plurall

CB142258

Parabéns!
Agora você faz parte do **Plurall**, a plataforma digital do seu livro didático! Acesse e conheça todos os recursos e funcionalidades disponíveis para as suas aulas digitais.

Baixe o aplicativo do **Plurall** para Android e IOS ou acesse **www.plurall.net** e cadastre-se utilizando o seu código de acesso exclusivo:

AAPPXBWR7

Este é o seu código de acesso Plurall. Cadastre-se e ative-o para ter acesso aos conteúdos relacionados a esta obra.

@plurallnet

@plurallnetoficial

SOMOS EDUCAÇÃO

PROJETO MÚLTIPLO

História

Ensino Médio

Cláudio Vicentino

Bacharel e licenciado em Ciências Sociais pela Universidade de São Paulo. Professor de História em cursos pré-vestibulares e de Ensino Médio. Autor de obras didáticas e paradidáticas para Ensino Fundamental e Médio.

Gianpaolo Dorigo

Bacharel e licenciado em História pela Universidade de São Paulo. Mestre em Filosofia pela Pontifícia Universidade Católica de São Paulo. Professor de História em cursos pré-vestibulares e de Ensino Médio. Autor de obras didáticas.

José Vicentino

Bacharel e licenciado em História pela Pontifícia Universidade Católica (PUC). Professor de História em cursos de Ensino Fundamental, Médio e pré-vestibulares.

editora scipione

editora scipione

Diretoria editorial: Lidiane Vivaldini Olo
Editoria de Ciências Humanas: Heloisa Pimentel
Edição: Vanessa Gregorut, Guilherme Reghin Gaspar
Assistente editorial: Mirna Acras Abed Moraes Imperatore
Colaboração: André Nicácio, Carina Carvalho
Supervisão de arte e produção: Sérgio Yutaka
Edição de arte: Eber Alexandre de Souza
Equipe de arte: Mauro Roberto Fernandes, Claudemir Camargo, Fábio Cavalcante
Supervisão de arte e criação: Didier Moraes
Coordenação de arte e criação: Andréa Dellamagna
Design gráfico (capa e miolo): UC Produção Editorial, Rafael Leal e Andréa Dellamagna
Grafismos: Shutterstock/Glow Images (utilizados na capa e aberturas de capítulos e seções)
Gerência de revisão: Hélia de Jesus Gonsaga
Equipe de revisão: Rosângela Muricy (coord.); Ana Paula Chabaribery Malfa, Gabriela Macedo de Andrade, Luís Maurício Boa Nova e Patrícia Travanca; Flávia Venézio dos Santos (estag.)
Supervisão de iconografia: Sílvio Kligin
Pesquisa iconográfica: Carlos Luvizari, Denise Duranol Kremer, Evelyn Torrecilla e Claudia Cristina Balista (assist.)
Tratamento de imagem: Cesar Wolf e Fernanda Crevin
Foto da capa: Universal History Archive/The Bridgeman Art Library/Keystone (Parte 1) The Bridgeman Art Library/Keystone/World Religion Photo Library/Coleção particular (Parte 2) Justin Tallis/Agência France-Presse (Parte 3)
Ilustrações: André Toma, Cassiano Röda, Hector Gómez Kazuhiko Yoshikawa, Osnei Roko, Rodval Matias
Cartografia: Allmaps, Maps World, Mário Yoshida

Direitos desta edição cedidos à Editora Scipione S.A.
Avenida das Nações Unidas, 7221, 3º andar, Setor D
Pinheiros – São Paulo – SP – CEP 05425-902
Tel.: 4003-3061
www.scipione.com.br/atendimento@scipione.com.br

Dados Internacionais de Catalogação na Publicação (CIP)
(Câmara Brasileira do Livro, SP, Brasil)

Vicentino, Cláudio
Projeto Múltiplo : história, volume único / Cláudio Vicentino, José Vicentino, Gianpaolo Dorigo. -- São Paulo : Scipione, 2014.

1. História (Ensino médio) I. Vicentino, José. II. Dorigo, Gianpaolo. III. Título.

14-07955 CDD-907

Índice para catálogo sistemático:
1. História: Ensino médio 907

2022
ISBN 978 85 262 9394-6 (AL)
ISBN 978 85 262 9395-3 (PR)
Código da obra CL 738775
CAE 502788 (AL)
CAE 502789 (PR)
1ª edição
10ª impressão

ABDR — EDITORA AFILIADA

Impressão e acabamento: Bercrom Gráfica e Editora

Uma publicação Abril EDUCAÇÃO

Apresentação

Caros alunos,

Queremos que vocês saibam que nós, os autores deste livro, temos as mãos "sujas de giz", ou seja, somos professores. Isso significa que a presente obra é fruto não apenas de estudos teóricos, mas, sobretudo, de nossa experiência em sala de aula. Nosso principal objetivo foi produzir um livro para alunos e professores do Ensino Médio que apontasse os diversos caminhos do saber histórico.

Ao redigir a obra, nossa primeira preocupação como professores, sem dúvida, foi oferecer a vocês uma ferramenta poderosa para a compreensão da realidade à sua volta. O mundo nos fala o tempo todo, e a História é um instrumento importante para conhecer os múltiplos significados desse dizer. Afinal, cada indivíduo, incluindo vocês, possui condições de vida mais impregnadas pelo passado do que imagina.

Chamamos a atenção também para o fato de que o discurso histórico não é "fechado", ou seja, não enuncia verdades prontas e acabadas. A ideia de "conhecer o passado como ele realmente foi" simplesmente não é praticável. Assim, pretendemos que vocês comecem a entender como o conhecimento histórico é construído e qual o seu significado, observando as perguntas feitas pelos historiadores e os problemas ou limitações encontrados pelos especialistas. Partindo da constatação de que o discurso histórico é uma construção, queremos que vocês reflitam sobre a impossibilidade de um conhecimento neutro. O que sabemos sobre o passado, querendo ou não, reflete os valores dos historiadores de determinado tempo, projeta seus interesses e suas crenças.

Pensando em auxiliar os alunos do Ensino Médio que pretendem prosseguir seus estudos, oferecemos recursos para desenvolver as competências e habilidades avaliadas pelo Exame Nacional do Ensino Médio (Enem), bem como conteúdos que fazem parte da programação dos grandes vestibulares.

Finalmente, acreditamos que um moderno curso de História envolve uma conexão permanente com outras áreas do conhecimento e com experiências cotidianas – ao contrário do conhecimento estanque, que se torna vazio, sem significado, e, por isso mesmo, desinteressante. Assim, nas próximas páginas vocês vão deparar com textos e atividades vinculadas à literatura, à arte, à política, à economia, etc.

O livro que vocês têm em mãos agora é uma obra viva, está aberta ao debate e exige o engajamento de todos, professores, alunos e autores. Bom estudo!

Os autores

Neste livro você vai encontrar

Cada parte da coleção é dividida em grandes temas e capítulos. Ao longo do livro, você vai encontrar os seguintes boxes e seções:

SABER HISTÓRICO Discutindo...

Esta seção apresenta como se construiu o conhecimento histórico sobre o período e os assuntos abordados em cada grande tema.

Para pensar historicamente

Uma reflexão inicial sobre o tema do capítulo, por meio de relações entre presente e passado e da vinculação entre eventos e processos históricos e o seu cotidiano.

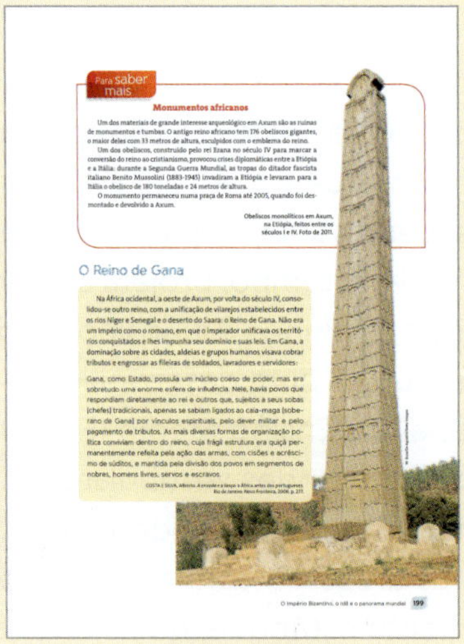

Para saber mais

Textos que aprofundam e complementam algum aspecto abordado no capítulo, podendo apresentar atividades da disciplina e de outras áreas do conhecimento.

Leituras da História

Reportagens, artigos e trechos de obras que documentam e trazem novos olhares sobre os temas abordados.

Este ícone indica os Objetos Educacionais Digitais relacionados aos conteúdos do livro.

Disponíveis em: <www.projetomultiplo.com.br>.

Infográfico

Ilustrações, fotografias e textos explicativos sintetizam e ajudam a compreender alguns temas e a relacioná-los ao assunto do capítulo.

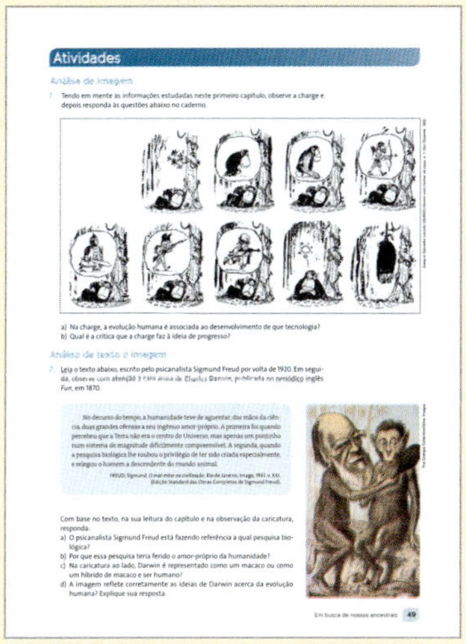

Atividades

Propõem o diálogo com vários documentos, linguagens e áreas do conhecimento e estimulam habilidades como leitura, reflexão, interpretação, observação, dedução, entre outras.

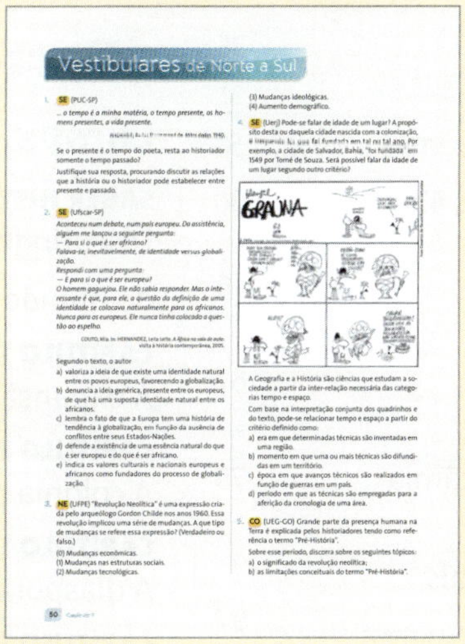

Vestibulares de Norte a Sul

Exercícios de vestibulares de todas as regiões do Brasil com diferentes abordagens dos assuntos.

Enem

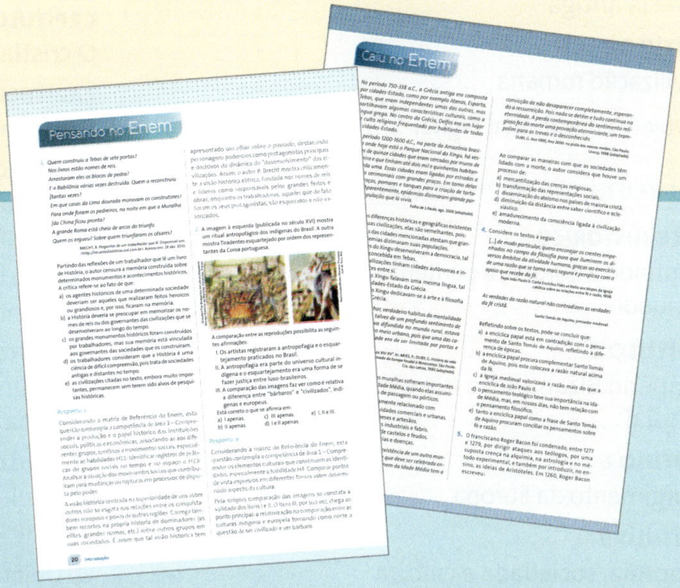

Preparamos duas seções especiais que vão aprimorar suas habilidades e competências: **Pensando no Enem** e **Caiu no Enem**. Com elas vocês vão ficar mais do que prontos para encarar esse e outros desafios!

Sumário geral

Parte 1

Parte 2

Parte 1

Divulgação/CCBB, Rio de Janeiro

INTRODUÇÃO

Bastidores da História

Acervo Caetano de Campos/Arquivo do jornal *O Estado de S. Paulo*

Professor e alunos durante aula na Escola Caetano de Campos, na praça da República em São Paulo, início do século XX. Com base na foto, podemos verificar que, naquela época, existiam salas de aula separadas para meninos e meninas nas escolas do país, visto que podem-se observar apenas estudantes meninos na imagem.

1 Estudar História: vários viajantes, múltiplos caminhos

Não faz muito tempo que se começou a ensinar História como disciplina autônoma na escola. No século XIX, o saber e o ensino de História privilegiavam os fatos políticos e os feitos de "grandes homens" e voltavam-se principalmente para a legitimação das nações que nasciam ou se consolidavam. Grande parte dos relatos históricos baseava-se em documentos oficiais escritos, entendidos como a única e verdadeira versão dos acontecimentos.

De lá para cá muita coisa mudou na pesquisa e no ensino de História. A partir das primeiras décadas do século XX, houve uma renovação e ampliação das abordagens e temáticas de pesquisa, dos documentos considerados fontes históricas e do próprio papel do historiador, permitindo novos olhares na construção do saber histórico, no estudo e no ensino da História. As pesquisas passaram a abranger toda atividade humana, levando à noção de uma **História total**. Há algumas décadas, estudar História deixou de significar apenas a memorização de datas, "fatos importantes" ou "personagens ilustres" e passou a compreender uma leitura do passado com base nas indagações e nos problemas que nos são postos pelo presente.

Steinberg Foundation

Charge de Saul Steinberg.

No estudo de História, a seleção de temas, períodos e elementos de pesquisa é feita com base nas preocupações e nos anseios de nossa época. Mas precisamos tomar cuidado para não reduzir outros lugares e outros tempos à nossa visão de mundo. Isso vale tanto para os historiadores como para você que estuda História na escola: devemos tentar entender o passado considerando o ponto de vista de quem viveu em determinada época, tendo como referência os valores e conceitos deles, e não os nossos.

Devemos lembrar que os historiadores são pessoas diferentes entre si no que se refere à origem, formação cultural, classe social e religião. Assim, também são diversas as suas interpretações sobre a História, embora muitas das preocupações (por exemplo, os problemas ambientais ou as desigualdades sociais) possam ser comuns a eles. Por isso, no subtítulo desta introdução, fizemos uma analogia dos historiadores com os viajantes: eles são vários, bem como os caminhos que cada um pode seguir.

A definição de passado é a de uma parte do tempo, anterior ao presente, que inclui tudo o que já aconteceu e, portanto, sem possibilidade de modificação. Entretanto, nossas **formas de olhar para o passado** mudam conforme muda o presente, e é por isso que a História é um conhecimento dinâmico. Não se encerra um assunto depois de um primeiro mapeamento. O que sabemos, por exemplo, sobre os antigos romanos continua sendo constantemente atualizado, opiniões e afirmações são modificadas de acordo com os recortes temáticos do historiador, com novas descobertas, pesquisas e abordagens.

Esse dinamismo caracteriza o trabalho do historiador, pesquisador dedicado a interpretar as experiências da humanidade fundamentado em diversos tipos de registro (documentos escritos, pinturas, fotografias, vestígios materiais, etc.).

2 Fonte histórica ou documento histórico

O que distingue o conhecimento histórico de outras formas de conhecimento sobre o passado (como o discurso religioso ou o senso comum) é o modo como esse conhecimento é produzido. O método histórico pode ser chamado de racional, no sentido de que nele predomina o melhor argumento, sustentado por evidências e pelo raciocínio lógico. Essas evidências que sustentam os argumentos históricos são as **fontes**.

Fonte histórica ou **documento histórico** é tudo aquilo que de algum modo está marcado pela presença humana. Além dos documentos escritos, as fontes históricas compreendem uma grande variedade de vestígios e evidências em objetos e materiais diversos.

Ao mesmo tempo que existe uma pluralidade de pontos de vista sobre o passado, múltiplas são as "vozes" que nos falam dele. Essas "vozes", ou melhor, essas fontes de informação estão nos discursos orais e escritos, nos monumentos, nas obras literárias e nas obras de arte em geral, nos objetos cotidianos e mesmo nos corpos preservados ou esqueletos de pessoas de agrupamentos antigos, bem como no DNA de seus descendentes. Portanto, para apreender as múltiplas "vozes" do passado, cabe ao historiador definir um enfoque sem deixar de considerar a existência de outros.

Arqueiro do Exército feito em terracota no século III a.C., encontrado no túmulo do imperador Shi Huang Ti.

Zhang Shui Cheng/The Bridgeman/Keystone

As fontes não falam por si e não trazem a verdade pronta: é preciso que o pesquisador interrogue o contexto em que foram produzidas, que grupo ou valores representam e de que maneira abordam e retratam os diferentes grupos sociais. Essas perguntas são geradas pelos interesses do historiador e pelas questões de sua época. Por isso, diferentes perguntas revelarão diferentes respostas de um mesmo documento ou, então, levarão a outros documentos.

Novos registros surgem a todo momento. O que antes o historiador não via como documento (por exemplo, as relações étnicas registradas no código genético humano) passou a ser concebido e aproveitado como evidência histórica, levando-nos a reescrever e reinterpretar o passado.

O olhar sobre a História faz-se obrigatoriamente sobre uma "realidade", sobre situações concretas das quais não se pode escapar, embora não seja possível reconstituí-las totalmente. Trabalha-se com partes e fragmentos, como um quebra-cabeça cuja imagem completa não se conhece, mas que se pode supor com base nas partes já montadas. Ao historiador e ao estudante cabe não apenas analisar essa "realidade", que chega de forma fragmentada e interpretada por diferentes sujeitos do passado e do presente, mas também desvendar os pontos de vista e os interesses que transparecem em uma ou outra versão desses acontecimentos.

O trabalho do historiador com as fontes históricas

Para chegar ao historiador como evidência, a fonte precisa ser recolhida, escolhida e analisada.

As fontes não são uma janela que expõe diretamente o passado, pois entre o passado e o historiador há uma série de "filtros": a própria preservação de uma fonte pode ser um desses filtros.

A primeira etapa do trabalho do historiador é realizar o levantamento dos documentos que pretende analisar. No entanto, algumas vezes não é possível obter determinados documentos: muitos podem ter se perdido ou se danificado em desastres e fenômenos naturais, como incêndios, enchentes, umidade e temperaturas inadequadas, deterioração dos materiais por insetos e fungos; outros, em fenômenos causados pelos seres humanos, intencionalmente ou não, como rasuras, danos provocados pelo uso de materiais, como grampos ou clipes, destruição de documentos considerados irrelevante, etc.

Além disso, essa seleção é feita de acordo com o tema, o interesse e outras variáveis adotadas pelo pesquisador. Assim, diferentes historiadores utilizarão diferentes fontes, e isso implicará reflexões e resultados também diversos. O modo como um historiador aproveita as informações dos documentos também não é sempre o mesmo, e isso constitui mais um filtro entre ele e o passado.

Avaliando fontes históricas

Ao analisar uma fonte, o pesquisador começa por se perguntar *por que* e *como* aquela fonte chegou até ele, *por quem* e *por que* foi produzida. Ele precisa definir a verdadeira data do documento, sua autoria, se ele é autêntico ou não, a qual série de documentos ele pode ser relacionado. Ele avalia ainda as informações e as ideias que constam do documento, comparando-as com o que já se sabe sobre aquele período histórico e com outros documentos. Até mesmo documentos considerados falsificados (de autoria falsa ou que não são do período que se alega) podem trazer informações importantes, porque testemunham um interesse em jogo no processo histórico que levou à falsificação.

Laura Lezza/Getty Images

Quando um documento de importância histórica se estraga, é necessário recuperá-lo. Para tanto, existem técnicas específicas e profissionais habilitados, como esta da imagem, que restaura parte do painel de uma das portas do Batistério de São João, em Florença, França. Foto de 2013.

Variáveis como essas nos ajudam a compreender que os documentos não nos permitem "ver", mas sim "ler" o passado. O historiador faz uma **leitura** do passado, e essa leitura significa a produção de uma **interpretação específica**.

Um exemplo interessante é a famosa *Carta de Pero Vaz de Caminha ao rei de Portugal, dom Manuel*. No final do século XIX, ela foi tida como uma espécie de "certidão de nascimento" do Brasil (considerando-se sob essa visão que o Brasil "surge" com a chegada dos portugueses). O documento – que descreve a terra, os habitantes, a fauna e a flora – esteve esquecido por três séculos em um arquivo português, até ser recuperado e publicado por historiadores brasileiros. Esses historiadores estavam interessados em construir uma narrativa que valorizasse o nascimento da nação brasileira. Nessa interpretação, destacavam a exuberância da natureza e os aspectos exóticos dos povos que aqui estavam. Apenas no século XX esse documento foi submetido a outra análise, mais crítica. Os historiadores passaram a enxergar na carta de Caminha uma importante fonte a respeito da mentalidade dos navegantes europeus – que julgavam o que viam com a superioridade do conquistador – analisando a maneira como descreviam as populações indígenas que encontraram, entre outros aspectos.

Cinema e História

Divulgação/Arquivo da editora

Capa do filme *O descobrimento do Brasil*, do cineasta Humberto Mauro, de 1937. Considerado o pai do Cinema Novo (movimento voltado especialmente para a realidade social e econômica brasileira), o cineasta Humberto Mauro realizou uma superprodução baseada na carta de Pero Vaz de Caminha e em outras fontes históricas, como o quadro *A primeira missa no Brasil* (reproduzido ao lado), pintado em 1860 por Victor Meireles. Ele foi responsável pela fotografia de diversos filmes oficiais do governo Getúlio Vargas e realizou uma obra de valorização da nação brasileira. O próprio filme é, assim, um documento revelando uma interpretação da história do país.

Jaime Acioli/Museu Nacional de Belas Artes - Iphan/MinC, Rio de Janeiro, RJ.

Evidentemente, nenhum historiador faz a leitura que bem entender sobre os documentos. Os conhecimentos são discutidos por outros estudiosos. Se algum historiador for arbitrário ou mesmo desonesto no uso das fontes, seu trabalho será desvalorizado e desacreditado entre os colegas.

O importante é ter claro que **a História não é uma narrativa única e definitiva de tudo o que aconteceu**. Ela é construída com base em vestígios, fontes e documentos, e grande parte dessas informações tem autores e intenções. Por isso, devemos exercer nossa capacidade analítica e crítica em nosso dia a dia: estranhando quando algumas mídias, em especial os jornais televisivos, prometem mostrar "tudo" sobre certo acontecimento ou fato, como uma completa, definitiva e única versão possível.

3 As múltiplas formas de exercitar o poder

É preciso considerar que, ao longo da História, muitas vezes determinados grupos sociais se apoderaram das principais instituições de uma sociedade. Passaram a escrever a História por meio da construção de um discurso quase uniforme da realidade social, encobrindo diversidades, conflitos, desigualdades e contradições. Entretanto também existiram – e existem – outros tipos de discurso: as memórias de idosos e os relatos de suas vivências e modos de vida; os discursos criminais sob a ótica dos réus e das testemunhas; os registros materiais de intervenção no espaço geográfico; enfim, existem muitas vozes e muitos suportes por meio dos quais elas se manifestam e podem ser estudadas.

De modo geral, podemos dizer que a escrita da História (a historiografia) é o resultado de uma série de disputas entre grupos sociais e suas formas de compreender e explicar o mundo. Quando um grupo chega ao poder e coloca seu projeto em prática, uma de suas primeiras atitudes é procurar justificar, no campo das ideias, sua força e as estratégias de sua atuação. Para isso recorre ao passado e encontra uma maneira que lhe pareça adequada de contar e explicar os eventos ocorridos.

Estar no poder implica ter acesso à maior parte dos recursos humanos e técnicos com que a sociedade conta (intelectuais; funcionários; a estrutura policial, educacional, religiosa e de comunicação) e a possibilidade de influenciar – incentivando, desestimulando e até proibindo – o que as pessoas falam, leem e escrevem.

Isso não quer dizer que os outros grupos, que não estão no poder, não possam contar o passado do seu ponto de vista. Ainda que não registrados pelo discurso oficial, esses grupos podem se manifestar, atuar politicamente, registrar e escrever sua própria história, mesmo que utilizando caminhos alternativos. Ocorre que, em contextos governamentais não democráticos, esses registros não oficiais são encobertos, adulterados, invalidados e até destruídos. Se não houver meios de se perpetuar (pela criação e pela preservação dos documentos escritos, orais ou visuais), as memórias e os registros de certos grupos podem ser silenciados, provocando uma lacuna nas formas de representar o passado.

O caso retratado na imagem (a fotomontagem) é exemplo do que pode acontecer na produção e na interpretação das fontes históricas, uma vez que mostra a produção de uma prova policial (um documento oficial) com a intenção de justificar ou abrandar a falha da polícia londrina e que, em determinado período, pode ser utilizada como a "verdade" dos fatos.

É preciso considerar também que os grupos que exercem o poder governamental não são sempre os mesmos. Quando falamos em elites econômicas ou grupos dominantes, devemos ter em mente que ao longo da História os grupos com maior poder ou força política compunham-se de setores com ideais,

Para saber mais

Produção de fotos

Agência France-Presse

Fotomontagem unindo as faces do suposto terrorista Hussain Osman e do brasileiro Jean Charles Menezes, morto em operação policial no dia 22 de julho de 2005 no metrô de Londres, duas semanas após a ocorrência de atentados terroristas de homens-bomba no sistema de transporte londrino. A polícia britânica apresentou a fotomontagem acima, justificando a morte do brasileiro como resultado de uma série de eventos imprevisíveis e trágicos, sendo um deles a sua suposta semelhança com Hussain Osman. A família alega que a foto utilizada do suposto terrorista não era a mesma a que os policiais tinham acesso no dia da operação policial. Eles dizem que Jean Charles estava diferente da imagem utilizada e que a fotomontagem constrói uma semelhança inexistente. O caso foi concluído com um acordo extrajudicial, mas levantou-se a dúvida sobre a interferência das autoridades policiais na produção das fotos.

origens e interesses diversificados (e em muitos momentos divergentes) e que, em momentos específicos da História, esses grupos se alternaram no poder.

Além disso, se é certo que geralmente as elites dominam quase todos os setores da vida social, também é verdade que a História está repleta de momentos em que os grupos que não estão no poder mudam essa ordem, estabelecendo estratégias de resistência e negociação e provocando alterações no sistema de dominação política e/ou de exploração econômica.

No continente americano, no momento em que se defrontavam europeus e nativos, estava em jogo um embate entre pelo menos três interesses distintos: o das populações indígenas; o dos jesuítas; e, por fim, o das Coroas lusitana e espanhola representadas pelas autoridades metropolitanas e pelos colonos. As várias populações indígenas (estima-se que por ocasião da chegada do europeu no atual território brasileiro existiam mais de mil povos somando algo entre 2 a 6 milhões de habitantes) desejavam basicamente garantir sua sobrevivência, manter a posse de suas terras, suas organizações sociais, seus mitos, ritos e outras características culturais anteriores à chegada dos conquistadores europeus, ainda que tenham estabelecido intensas trocas culturais e materiais.

André Toma/Arquivo da editora

Os conquistadores europeus, por sua vez, promoveram a ocupação e a exploração do território americano, contando com os indígenas como trabalhadores forçados (por escravização e outras formas compulsórias de trabalho) ou considerando-os obstáculos a serem removidos (por expulsão ou extermínio). Por fim, os jesuítas utilizavam o trabalho indígena nos aldeamentos, combatendo a violência física dos colonos sobre as populações indígenas e tratando-as como povos a serem civilizados, tutelados (ou seja, cuidados, protegidos), pacificados e cristianizados.

Coleção particular/The Bridgeman/Keystone

Dança dos indígenas Camanacami, do livro *Le costume ancien et moderne*, de Jules Ferrario, publicado em 1819.

André Toma/Arquivo da editora

Nessa luta de interesses e forças, os colonizadores impuseram sua dominação e contaram a História do seu ponto de vista. Até pouco tempo, em decorrência dessa visão, era comum que os nativos fossem descritos como preguiçosos, inferiores, selvagens e traiçoeiros. Praticamente sem registros escritos, o que possuímos a respeito dessas populações se restringe aos relatos dos cronistas europeus (e sua visão estereotipada e preconcebida do universo cultural indígena) e aos vestígios arqueológicos.

Apenas há algumas décadas as interpretações relativas aos nativos começaram a ser repensadas em razão da releitura e da valorização de outras fontes históricas e da preocupação de entidades governamentais e não governamentais com os problemas indígenas, como a questão agrária e a preservação cultural. É visível na documentação produzida pelos colonos, por exemplo, a incorporação de práticas indígenas agrícolas e alimentares em seu modo de vida, demonstrando que, embora a cultura europeia tenha predominado, o processo de conquista não foi apenas impositivo e destruidor, mas houve um intenso contato cultural. Assim, a história das populações nativas – e do processo de dominação, **aculturação**, resistência e permanência cultural – está, aos poucos, sendo recuperada e reelaborada.

aculturação: refere-se ao processo de absorção de uma cultura pela outra, resultando em uma nova cultura que conserva aspectos da inicial e da absorvida. Pode acontecer quando um grupo impõe seus traços culturais aos grupos dominados ou como consequência dos contatos e interações entre diferentes culturas.

Hoje as informações estão por toda parte, vindas simultaneamente das mais diversas fontes e representando muitas "vozes". Isso significa múltiplas possibilidades de apreender o presente. Ao mesmo tempo, contudo, em razão do caráter fragmentário dessas informações, torna-se difícil a elaboração de um quadro geral, articulado e, muito menos, completo e definitivo da realidade em que vivemos.

A História pode nos servir de referencial para esse processo de compreensão do mundo, para a capacitação analítica e crítica no exercício da cidadania e para a busca de uma vida pessoal mais satisfatória, permitindo compreender melhor o mundo em que vamos atuar e realizar nossos projetos, apoiados na reflexão sobre nossas identidades pessoais.

Em síntese, o historiador e o estudante, ao pesquisarem o passado, não podem deixar de considerar que tudo o que lhes chega é apenas uma das versões possíveis de um tempo e de um lugar. E eles próprios, em suas reflexões e análises, também produzirão apenas uma das versões possíveis nesse trabalho dinâmico de interpretar a História.

Vale observar que a relação presente-passado exige cuidados: como já dissemos no início desta introdução, é preciso fazer sempre as necessárias distinções entre os tempos. Por exemplo, cometemos equívoco histórico, denominado **anacronismo**, se julgamos determinados eventos do passado, de outras culturas, com outras regras morais, com base na cultura e nos valores de nossa sociedade. Em outras palavras, entre o atual e o antigo sempre se impõem atenção, cuidado, reflexões, relativizações e discussões, mas nunca censura ou juízos de valor.

A ideia de relativismo cultural nos foi legada pela **Antropologia**. O antropólogo teuto-americano Franz Boas (1858-1942) dizia: "A humanidade é uma. As civilizações, muitas". A moralidade, as práticas e as crenças funcionam de formas diferentes em culturas diferentes; por isso não é possível julgar uma cultura de acordo com os pontos de vista de outra.

Antropologia: do grego *anthropos*, 'homem', e *logos*, 'razão', 'pensamento'. Ciência que estuda a humanidade de maneira abrangente, desde os aspectos físicos (ou biológicos) aos aspectos culturais, que incluem crenças, costumes, rituais, linguagem, relações de parentesco, etc.

O conceito de relatividade cultural afirma que os padrões do certo e do errado (valores) e dos usos e das atividades (costumes) são relativos à cultura da qual fazem parte. Na sua forma extrema, esse conceito afirma que cada costume é válido em termos de seu próprio ambiente cultural.

HOEBEL, Edward Adamson; FROST, Everett. *Antropologia cultural e social*. Rio de Janeiro: Cultrix, 1996. p. 22.

Antes dessa contribuição da Antropologia, predominava na cultura ocidental a ideia de que as sociedades evoluíam das mais simples para as mais complexas, e assim existiriam grupos "atrasados" ou "adiantados". Contudo, sociedades que se organizavam de formas diferentes das que hoje predominam, por exemplo, não podem ser consideradas "atrasadas" ou inferiores por não dominarem tecnologias amplamente difundidas.

Chegou-se à conclusão de que nenhuma cultura pode medir a qualidade das outras com base em sua própria cultura, pois cada uma tem um sistema de valores próprio que não pode ser imposto às outras. O texto a seguir aborda o impacto e a importância dos estudos do antropólogo polonês Bronislaw Malinowski.

Com Malinowski, a Antropologia se torna uma "ciência" da **alteridade**, que vira as costas ao empreendimento evolucionista de reconstituição das origens da civilização e se dedica ao estudo de lógicas particulares das características de cada cultura. O que o leitor aprende ao ler ***Os argonautas*** é que os costumes dos trobriandeses, tão profundamente diferentes dos nossos, têm uma significação e uma coerência. Não são puerilidades que testemunham de alguns vestígios de humanidade, e sim de sistemas lógicos perfeitamente elaborados. Hoje, todos os **etnólogos** estão convencidos de que as sociedades diferentes da nossa são sociedades humanas tanto quanto a nossa, que os homens que nelas vivem são adultos que se comportam diferentemente de nós, e não "primitivos", autômatos atrasados [...] que pararam numa época distante e vivem presos a tradições estúpidas. Mas nos anos 1920 isso era propriamente revolucionário.

LAPLANTINE, François. *Aprender Antropologia*. São Paulo: Brasiliense, 1988. p. 81.

Central Press/Getty Images

Uma família da vila Kavataria nas ilhas Trobriand em Papua-Nova Guiné. Foto de 1947.

alteridade: condição do que é outro, do que é distinto. Colocar-se na condição do outro, perceber o outro.

Os argonautas: a obra *Os argonautas do Pacífico Ocidental*, de Malinowski, foi publicada em 1922 como resultado dos estudos desenvolvidos durante três expedições aos arquipélagos da Melanésia da Nova Guiné, principalmente nas ilhas Trobriand. Os trobriandeses são os nativos dessas ilhas, descritos como povos pescadores, comerciantes e navegadores.

etnólogos: estudiosos de povos e suas culturas.

Pensando no Enem

1. *Quem construiu a Tebas de sete portas?*
Nos livros estão nomes de reis.
Arrastaram eles os blocos de pedra?
E a Babilônia várias vezes destruída. Quem a reconstruiu
[tantas vezes?
Em que casas da Lima dourada moravam os construtores?
Para onde foram os pedreiros, na noite em que a Muralha
[da China ficou pronta?
A grande Roma está cheia de arcos do triunfo.
Quem os ergueu? Sobre quem triunfaram os césares?

BRECHT, B. *Perguntas de um trabalhador que lê*. Disponível em: <http://recantodasletras.uol.com.br>. Acesso em: 28 abr. 2010.

Partindo das reflexões de um trabalhador que lê um livro de História, o autor censura a memória construída sobre determinados monumentos e acontecimentos históricos. A crítica refere-se ao fato de que:

a) os agentes históricos de uma determinada sociedade deveriam ser aqueles que realizaram feitos heroicos ou grandiosos e, por isso, ficaram na memória.
b) a História deveria se preocupar em memorizar os nomes de reis ou dos governantes das civilizações que se desenvolveram ao longo do tempo.
c) os grandes monumentos históricos foram construídos por trabalhadores, mas sua memória está vinculada aos governantes das sociedades que os construíram.
d) os trabalhadores consideram que a História é uma ciência de difícil compreensão, pois trata de sociedades antigas e distantes no tempo.
e) as civilizações citadas no texto, embora muito importantes, permanecem sem terem sido alvos de pesquisas históricas.

Resposta: c

Considerando a matriz de Referência do Enem, esta questão contempla a competência de área 3 – Compreender a produção e o papel histórico das instituições sociais, políticas e econômicas, associando-as aos diferentes grupos, conflitos e movimentos sociais, especialmente as habilidades H11: Identificar registros de práticas de grupos sociais no tempo e no espaço e H13: Analisar a atuação dos movimentos sociais que contribuíram para mudanças ou rupturas em processos de disputa pelo poder.

A visão histórica centrada na superioridade de uns sobre outros não se esgota nas relações entre os conquistadores europeus e povos de outras regiões. Carrega também recortes na própria história de dominadores (as elites, grandes nomes, etc.) sobre outros grupos em suas sociedades. É assim que tal visão histórica tem apresentado um olhar sobre o passado, destacando personagens poderosos como protagonistas principais e decisivos da dinâmica do "desenvolvimento" das civilizações. Assim, o autor B. Brecht mostra criticamente a visão histórica elitista, fundada nos nomes de reis e líderes como responsáveis pelos grandes feitos e obras, enquanto os trabalhadores, aqueles que de fato foram os seus protagonistas, são esquecidos e não valorizados.

2. A imagem à esquerda (publicada no século XVI) mostra um ritual antropofágico dos indígenas do Brasil. A outra mostra Tiradentes esquartejado por ordem dos representantes da Coroa portuguesa.

Giraudon/The Bridgeman Art Library/Keystone/ Serviço Histórico da Marinha, Vincennes, França.

Reprodução/Museu Mariano Procópio, Juiz de Fora, MG.

A comparação entre as reproduções possibilita as seguintes afirmações:

I. Os artistas registraram a antropofagia e o esquartejamento praticados no Brasil.
II. A antropofagia era parte do universo cultural indígena e o esquartejamento era uma forma de se fazer justiça entre luso-brasileiros.
III. A comparação das imagens faz ver como é relativa a diferença entre "bárbaros" e "civilizados", indígenas e europeus.

Está correto o que se afirma em:

a) I apenas.
b) II apenas.
c) III apenas.
d) I e II apenas.
e) I, II e III.

Resposta: e

Considerando a matriz de Referência do Enem, esta questão contempla a competência de área 1 – Compreender os elementos culturais que constituem as identidades, especialmente a habilidade H4: Comparar pontos de vista expressos em diferentes fontes sobre determinado aspecto da cultura.

Pela simples comparação das imagens se constata a validade dos itens I e II. O item III, por sua vez, chega ao ponto principal: a relativização na comparação entre as culturas indígena e europeia tomando como norte a questão de ser civilizado e ser bárbaro.

4 Leituras do tempo

A História é o estudo das ações humanas ao longo do tempo e em determinado espaço geográfico. As diferentes formas de organização, constituição e ocupação do espaço fazem parte do campo de estudo da Geografia, uma das ciências com a qual os estudos historiográficos dialogam. Mas como definir o tempo?

Fine Art Images/Heritage Images/Getty Images

Nas imagens desta página, de cima para baixo: retrato de família russa, do final do século XIX – início do século XX; cartão-postal que mostra a ponte Hercílio Luz em Florianópolis, Santa Catarina, em 1926; e calendário norte-americano de cerca de 1881, distribuído por empresa de comércio de farinha.

Santo Agostinho, um dos grandes filósofos do cristianismo, dizia que, se não lhe perguntassem, sabia o que era o tempo; mas, se tivesse de defini-lo, não saberia. Existem muitas temporalidades possíveis e diversas maneiras de explicar e sentir a passagem do tempo. Todos nós convivemos com fenômenos temporais: dia, noite, estações do ano, crescimento, envelhecimento. Várias civilizações estabeleceram uma divisão do tempo adotando como base a observação dos ciclos da natureza: o movimento da Terra, do Sol e da Lua. Além da Lua e do Sol, o calendário maia, por exemplo, baseava-se na observação do planeta Vênus. Muitos calendários surgiram da análise dos astros, por sua influência sobre as plantações e a necessidade de definir os períodos de plantio, poda e colheita.

Reprodução/Coleção particular

Uma volta do planeta Terra em torno de seu eixo (rotação) foi interpretada por diversas culturas como um dia, que foi dividido em 24 partes iguais, chamadas de horas, por sua vez também subdivididas, e assim por diante. Decidiu-se que o dia não começa ao nascer do sol, mas aproximadamente seis horas depois que ele desaparece no horizonte. Outras civilizações poderiam fazer divisões diferentes: afirmar que o dia começa logo que o Sol aparece. No século VIII a.C., na Babilônia, os astrônomos definiam o início do dia quando o Sol estava a pino, em seu ponto mais alto no céu.

Transcendental Graphics/Getty Images

A semana de sete dias pode ter surgido de acordo com as fases da Lua.

Essas diferentes formas de dividir o tempo correspondem ao **tempo físico** ou **cronológico**. Cada civilização tem uma leitura particular do tempo, que pode ser a melhor, a mais adequada ou a mais confortável para os membros de seu grupo. Embora muitos tenham aceitado e incorporado as divisões do tempo como se fossem naturais, podemos perceber que suas bases são arbitrárias, artificialmente definidas, sendo passíveis de críticas ou de modificações.

O tempo cronológico, embora fundamental para a compreensão da História, não é seu objeto de estudo, mas sim o **tempo histórico**, ou seja, os períodos da existência humana em que ocorrem eventos que fazem parte de estruturas e contextos mais amplos, como a economia, as ideias, a política.

Dashu Xinganling/Shutterstock/Glow Images

Jiri Hera/Shutterstock/Glow Images

TEMPO

Dias, horas, semanas, meses são divisões do tempo integradas à nossa vida. Quando se estuda História, as divisões do tempo assumem outra dimensão, mais ampla, que nos ajuda a entender trechos do passado.

TEMPO HISTÓRICO

As formas de marcar o passado são convenções criadas pelos seres humanos. Elas podem se constituir de datas significativas para determinadas culturas ou indicar períodos em que se destaca um conjunto de acontecimentos ou situações relacionados.

Leo Pinheiro/Getty Images

Protesto contra o aumento da tarifa do transporte coletivo em São Paulo, em 2013.

TEMPO FÍSICO

Os fenômenos da natureza de fácil observação, como o dia e a noite, as fases da Lua, o aparecimento do Sol, etc., deram origem às convenções de tempo que conhecemos hoje, as quais foram criadas por diferentes culturas.

É lógico que esses períodos só existem mentalmente, pois a vida das pessoas não muda de modo inesperado na passagem de um período para outro. Datas, períodos, eras e outras formas de demarcar o tempo histórico são convenções e orientam a leitura do passado, mas não representam mudanças definitivas e rupturas em todos os aspectos da sociedade. Após uma revolução, por exemplo, algumas condições de vida ou o sistema de governo podem ser modificados de maneira brusca, mas o modo de pensar, as práticas e atitudes diante dos acontecimentos mudam mais lentamente, em ritmos diversos. Entretanto, estudando os períodos históricos podemos compreender a História de uma forma mais ampla e realizar divisões de acordo com alguns critérios, como organização social, relações de trabalho e sistemas de governo.

O tempo histórico, portanto, não é regular, contínuo e linear como o tempo físico ou cronológico, porém composto de **diferentes durações**, já que está vinculado às ações de grupos humanos e aos conjuntos de fenômenos – mentais, econômicos, sociais e políticos – que resultam dessas ações. Podem existir tantas divisões quantos forem os recortes ou pontos de vista: cultural, político, ideológico, etc.

Por exemplo, para alguns historiadores, o século XIX começa não em 1801, mas em 1789 (início da Revolução Francesa), e termina não em 1900, mas em 1914 (início da Primeira Guerra Mundial). Já o século XX teria se iniciado em 1914 e encerrado em 1991, com o fim da União Soviética. Isso porque essas datas – do início da Revolução Francesa, do início da Primeira Guerra Mundial e do fim da União Soviética – delimitam os períodos em que os eventos seguem algumas linhas mestras. Evidentemente não se trata de séculos no sentido de tempo cronológico, mas de tempo histórico.

Com base nessa ideia – de que o tempo das ações humanas não segue exatamente os relógios e os calendários –, outros historiadores argumentam que o tempo histórico pode ser de **longa**, de **média** ou de **curta** duração. Nas relações do ser humano com o meio natural que o cerca e nas modificações climáticas e geográficas, por exemplo, essas mudanças se dariam de maneira bastante lenta. Nas formas de organizar a produção, a distribuição e o consumo dos bens materiais (economia) e nas relações políticas, as mudanças seriam, em uma conjuntura de tempo médio, marcadas por rupturas e permanências; por fim, o tempo de curta duração é o tempo do evento, do fato, aquele que tradicionalmente era valorizado na História que se escrevia no século XIX, como vimos no início.

Medir o tempo histórico e dividi-lo em períodos (ou seja, **periodizá-lo**) é igualmente um ato arbitrário, pois a escolha do ponto inicial da contagem e dos eventos mais importantes é feita por algumas pessoas, segundo sua compreensão do mundo e da existência humana, e seguida por outros, sem que necessariamente exista uma concordância de todos. As periodizações também são expressões da cultura e evidenciam os principais valores de uma sociedade ou civilização.

Vejamos um exemplo. Há pouco mais de uma década chegamos no ano 2000, mas os judeus já passaram dessa data há muito tempo (seu calendário está sempre 3 761 anos à frente do cristão). Já os que seguem o islamismo ainda não chegaram no ano 2000 (a contagem de seu calendário inicia-se no ano 622 do calendário cristão). Afirmar que "chegamos no ano 2000" significa que, para nós, o tempo começa a ser contado a partir de um evento ocorrido há 2 mil anos, aproximadamente – no caso, o nascimento de Jesus de Nazaré, chamado de Cristo.

Concluindo: embora muitos no Ocidente não sejam cristãos, nossa periodização baseia-se na ideia de que o surgimento histórico de Cristo é tão importante para a humanidade que o tempo deve ser dividido em dois períodos: antes de Cristo (a.C.) e depois de Cristo (d.C.) (ver esquema a seguir). Também por isso as sociedades cuja religião majoritária segue essa crença (como as das Américas pós-ocupação europeia e as da Europa) são chamadas, em conjunto, de **civilizações cristãs ocidentais**.

Como a História lida com longos períodos de tempo, costuma-se usar uma unidade de tempo denominada século, equivalente a cem anos. O mecanismo de contagem dos séculos é similar ao dos anos. Por exemplo: o século XX vai de 1901 a 2000; o século XV, de 1401 a 1500; o século XXI, de 2001 a 2100; e o século IX a.C., de 801 a 900.

A contagem dos séculos

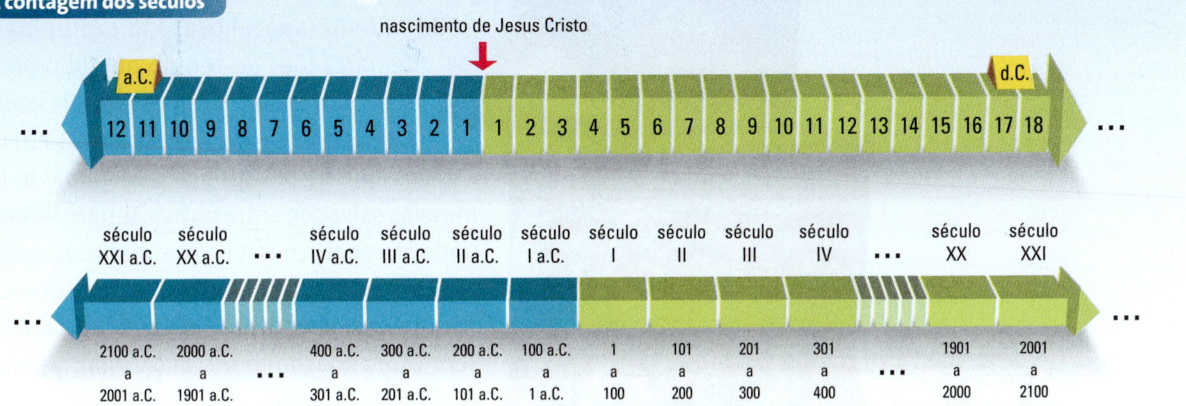

Os calendários

A História registra a criação de diferentes tipos de calendários: solares (como o calendário cristão); lunares (como o islâmico ou muçulmano); e lunissolares, em que os anos seguem o movimento da Terra em volta do Sol e os meses acompanham o movimento da Lua em torno da Terra (como o calendário hebreu).

Muçulmano

O termo "muçulmano" é muitas vezes empregado erroneamente como sinônimo de "árabe"; por isso vale a pena esclarecer essa diferença. A palavra "árabe" designa um povo semita que ocupa, sobretudo, a península Arábica; muçulmano é aquele, árabe ou não, que segue a religião muçulmana ou islâmica, fundada pelo profeta árabe Muhammad (Maomé) no século VII. O Alcorão (ou Corão), livro sagrado dos muçulmanos, é escrito em árabe e é nessa língua que as preces devem ser recitadas. O islamismo, num processo de expansão iniciado pelos árabes, acabou se tornando a religião de outros povos, como os turcos (na atual Turquia), os persas (no atual Irã) e vários povos africanos e orientais. A expansão da civilização árabe também envolveu a irradiação de sua cultura, seus princípios religiosos, sua forma de compreender o mundo e seu calendário. Assim, existem árabes não muçulmanos (árabes católicos, por exemplo) e muçulmanos não árabes.

Paquistão

Reproduções/Arquivo da editora

Turquia

A importância da Lua para os povos islâmicos não se restringe ao calendário; estende-se aos símbolos nacionais, como nas bandeiras destes países.

Argélia

Richard A. Cooke/Corbis/Latinstock

Estátua asteca de Xochipilli, produzida entre o século XIV e XVI.

Entre os gregos, os romanos e os maias, observa-se o predomínio da ideia de um tempo cíclico (em função dos ritmos naturais e da cosmologia, como já vimos). Os povos antigos acreditavam que o tempo era cíclico e que os fenômenos se repetiam. Assim, não haveria um momento inicial de criação do Universo, como a ideia difundida pela tradição judaico-cristã.

A concepção de um tempo linear, não cíclico, marcado por acontecimentos únicos, era uma característica dos hebreus e dos persas **zoroastristas**, que acabou sendo adotada também pelos cristãos. O nascimento de Cristo e o fim do mundo (apocalipse) são exemplos de demarcações do tempo que não poderiam se repetir. É importante ressaltar que as crenças dos zoroastristas em um juízo final, na ressurreição, na vinda de um messias salvador, entre outras, teriam influenciado as concepções religiosas judaicas, cristãs e islâmicas. No zoroastrismo há duas divindades que representariam a dualidade entre o Bem (Aura-Masda) e o Mal (Arimã), vencida, ao final, pelo Bem.

zoroastristas: seguidor do zoroastrismo, religião dualista fundada na antiga Pérsia pelo profeta Zaratustra (ou Zoroastro).

A Pedra do Calendário ou Pedra do Sol é uma gigantesca escultura asteca descoberta em 1790 na praça central da Cidade do México. Pesando 24 toneladas e medindo quase 4 metros de diâmetro, ela foi interpretada como a representação da divisão do tempo para os astecas. A figura central simboliza o quinto deus Sol (teriam existido quatro eras anteriores à que viviam, cada qual com o deus Sol correspondente, reproduzidos no interior dos quatro retângulos), em torno do qual estão representados os vinte dias do calendário sagrado, denominados vintenas. No total, seriam dezoito meses, e ao final do calendário existiriam mais cinco dias reservados à meditação. Há outra hipótese sobre sua função original: seria o lugar onde se realizavam sacrifícios humanos ao deus Sol. Uma cisão na pedra tornou-a imperfeita e impediu seu uso. Seria, portanto, mais correto classificá-la como um altar de sacrifícios, com uma representação da divisão do tempo segundo os astecas. A escultura está exposta no Museu de Antropologia da Cidade do México.

Ronaldo Schemidt/Agência France-Presse

A Pedra do Calendário, também conhecida como Pedra do Sol, é um baixo-relevo produzido pelos astecas em cerca de 1300 a 1521. Alguns estudiosos acreditam que ele pode ser uma representação da divisão do tempo para esse povo.

Divisão de tempo e poder

No processo de expansão de um povo, sua forma de compreender, dividir e periodizar o tempo também é transmitida a outros povos. Ao conhecer a história do surgimento do calendário cristão, percebemos que não basta que exista determinada marcação do tempo: é preciso que ela esteja ligada aos indivíduos ou grupos sociais que detêm o poder, tanto no âmbito econômico e político como no religioso, e que esse poder perdure. Como esse calendário foi adotado pelos povos europeus, que expandiram seu poder econômico e político por todo o globo, tornou-se referência para vários outros povos. Os líderes chineses, por exemplo, adotaram o calendário gregoriano em 1912, por causa das relações comerciais com o Ocidente, mas entre o povo chinês continua valendo seu calendário tradicional, usado há mais de 5 mil anos.

Outro exemplo de uso político da marcação do tempo foi a criação de um calendário pelos revolucionários franceses ao final do século XVIII, para marcar o início de uma nova era com a Revolução Francesa. No entanto, ele deixou de ser adotado quando o grupo que o criou foi tirado do poder.

Segundo o historiador francês Jacques le Goff, o calendário pode ser entendido como um recurso de controle do tempo, geralmente por parte dos poderosos.

Album/Oronoz/Latinstock

Calendário republicano instituído após a Revolução Francesa de 1789. Baseava-se no sistema decimal e foi aplicado na França a partir de 22 de setembro de 1792, perdurando enquanto os revolucionários estiveram no poder.

A conquista do tempo através da medida é claramente percebida como um dos importantes aspectos do controle do Universo pelo homem. De um modo não tão geral, observa-se como numa sociedade a intervenção dos detentores do poder na medida do tempo é um elemento essencial do seu poder: o calendário é um dos grandes emblemas e instrumentos do poder; por outro lado, apenas os detentores carismáticos do poder são senhores do calendário: reis, padres, revolucionários.

LE GOFF, Jacques. *História e memória*. Campinas: Ed. da Unicamp, 1990. p. 487.

← ANTES DE CRISTO (A.C.) ▼ 1 ERA CRISTÃ →

Idade Antiga

Da invenção da escrita, em aproximadamente 4000 a.C., até a desagregação do Império Romano do Ocidente, em 476 da Era Cristã.

PRÉ-HISTÓRIA

Hemis/Agência France-Presse

4000 a.C. – invenção da escrita

HISTÓRIA

Prisma/UIG/Getty Images

Podemos dizer que o fato de utilizarmos o calendário cristão resulta de um processo que se originou na conquista da América pelos europeus. Subjugaram-se os povos nativos e suas culturas, diferentes povos africanos foram trazidos para cá e escravizados, moldando novas sociedades marcadas por esses atos de violência e exploração. O poder passou a ser exercido, inicialmente, pelos descendentes de europeus sustentados por instituições e modelos europeus (políticos, jurídicos, policiais, educativos, religiosos, etc.). Por isso podemos dizer que o tempo (o calendário, a periodização) que utilizamos também é, até hoje, uma expressão da cultura do colonizador.

Nesse processo de colonização, herdamos ainda uma divisão da História de acordo com os grandes marcos ou eventos valorizados pela história cultural da Europa ocidental. Essa divisão foi ampliada ao final do século XIX, com a inclusão da Pré-História, formando assim a chamada periodização clássica (veja esquema abaixo).

Podemos questionar os critérios utilizados nos recortes adotados por essa divisão clássica. A queda do Império Romano do Ocidente, por exemplo, não é um evento marcante para os chineses ou para as civilizações da América pré-colombiana. É importante, por isso, ter em mente que as periodizações, embora nos ajudem a compreender a História, refletem determinado poder político, econômico e cultural, que se expressa nas datas e nos temas escolhidos para serem estudados. Trata-se de uma visão centrada nos interesses europeus – o **eurocentrismo**.

eurocentrismo: visão de mundo que considera os valores, as referências, as línguas, etc. da Europa como elementos fundamentais de leitura e construção do passado e atribui a ideia de exotismo, inferioridade e atraso às culturas não europeias.

O primeiro passo para superar o eurocentrismo na História é conhecê-lo historicamente, torná-lo objeto de estudo, procurando saber como foram feitas as escolhas e definidos os temas que constituíram a História que estudamos hoje.

Não podemos dispensar a periodização, pois ela tem a função de facilitar o estudo da História, mas devemos a todo instante lembrar que ela reflete uma dada cultura (a do Ocidente europeu) e que não consegue abranger a variedade de povos, temas e culturas existentes. Em outros lugares do mundo, a História é escrita e ensinada de acordo com critérios diversos. Assim, ao longo desta obra, procuraremos destacar que a História é construção e reflete as opções dos historiadores em diferentes momentos.

▼ 476

Idade Média

De 476 até a tomada de Constantinopla pelos turcos otomanos, em 1453.

The British Library/Robana/Getty Images

▼ 1453

Idade Moderna

De 1453 até 1789, data do início da Revolução Francesa.

Apic/Getty Images

▼ 1789

Idade Contemporânea

De 1789 até os dias de hoje.

Andrey Bayda/Shutterstock/Glow Images

Os primeiros agrupamentos humanos

Estes primeiros capítulos buscam discutir aspectos gerais sobre os mais remotos agrupamentos humanos: **Em busca de nossos ancestrais**, no capítulo 1, e **A ocupação do continente em que vivemos**, no capítulo 2. Um cuidado indispensável é quanto ao uso do termo "Pré-História", que criticamos aqui, proposto pela primeira vez no livro *The archeology and prehistoric annals of Scotland*, publicado em 1851, por Daniel Wilson. Originariamente se pretendia designar uma nova disciplina voltada para os períodos que não foram registrados por meio da escrita. Contudo, equívocos foram cometidos e continuam acontecendo, já que o uso desse termo serviu muitas vezes, como veremos em **Discutindo os primeiros agrupamentos humanos**, para qualificar povos e grupos humanos como "atrasados" e "inferiores".

Museu Nacional do Irã/The Bridgeman/Keystone

SABER HISTÓRICO

Discutindo os primeiros agrupamentos humanos

Lionel Bonaventure/Agência France-Presse

Pintura rupestre do Grande salão dos touros, caverna de Lascaux, França, datada em cerca de 17 mil anos. No detalhe, estatueta de um javali, de 6 mil a.C., encontrada no atual Irã.

1 As sociedades ágrafas

Houve um período na história em que os seres humanos se organizavam em pequenos grupos, com pouco ou nenhum contato entre si. Viviam da caça, da pesca e da coleta, deslocavam-se atrás de recursos naturais e tinham poucos objetos. Se olhássemos naquela época todo o planeta em busca de tais grupos, veríamos que nenhum deles era muito numeroso, porque seu modo de vida não permitia. Se a população crescesse muito, faltariam recursos e os deslocamentos seriam dificultados.

Essas primeiras formas de organização social, em pequenos clãs, dariam espaço para o processo de sedentarização e a ampliação de parte desses grupos, além do desenvolvimento de outras atividades, como a fabricação de instrumentos mais complexos, de cerâmicas utilitárias e cerimoniais, de gravuras e pinturas rochosas, as atividades agrícolas e a domesticação de animais. Práticas que não correspondiam a todos os povos e não ocorreram simultaneamente em todas as regiões. Assim, esses pequenos grupos que marcaram o começo da vida humana se tornariam bem numerosos, chegando a reunir milhares de pessoas.

Se esse período tivesse, nesta coleção, um espaço equivalente ao tempo em que essa situação perdurou, quase todas as páginas seriam dedicadas a essa época, e restaria apenas uma meia dúzia de páginas para todos os períodos que se seguiram. Cidades, reinos, civilizações, impérios, tudo isso é muito recente na trajetória do ***Homo sapiens*** sobre a Terra.

Homo sapiens: expressão em latim que significa 'homem sábio'.

A ideia de que antes da invenção da escrita o que existiu foi a "Pré-História", e não a História, está ligada ao pensamento de que a História não pode ser feita sem documentos escritos. Essa opinião se consolidou entre historiadores franceses e alemães, principalmente na segunda metade do século XIX, e constitui uma forma eurocêntrica de entender a história da humanidade, conforme vimos em *Bastidores da História*.

Pinturas rupestres no sítio arqueológico Toca do boqueirão da pedra furada, localizado no Parque Nacional Serra da Capivara, no Piauí. Essas pinturas foram feitas, aproximadamente, entre 12 e 29 mil anos atrás.

Fotos: Franco Hoff/Pulsar Imagens

Recentemente, contudo, os especialistas foram levados a reconhecer a importância dos registros ágrafos (não escritos), como as pinturas, as esculturas, os relatos orais e os vestígios materiais, como fontes históricas. Além disso, como a escrita não surgiu ao mesmo tempo em todos os lugares, e há alguns grupos que vivem no presente sem escrita, essa divisão ficou ainda mais inconsistente.

O termo "Pré-História" refere-se ao maior período da humanidade, envolvendo dezenas e dezenas de milhares de anos – descreve os tempos dos primeiros seres humanos até a invenção da escrita –, enquanto o período posterior envolve pouco mais de 6 mil anos; já a "Pré-História" na América refere-se ao período anterior à ocupação europeia. O termo continua sendo usado, mas devemos ter em mente as suas limitações. Considerar, por exemplo, que o primeiro registro sobre as populações indígenas do Brasil foi a carta de Pero Vaz de Caminha é desconsiderar como fontes históricas os grafismos, os objetos, etc. produzidos anteriormente e assumir uma visão eurocêntrica do conhecimento, como veremos adiante.

Museu Ashmolean, Universidade de Oxford, Reino Unido/The Bridgeman/Keystone

Estela egípcia dedicada a deusa Ísis no templo de Ramsés II em Koptos, de cerca de 1297-1185 a.C.

Andre Dib/Pulsar Imagens

2 Progresso e atraso cultural

Museu de Etnologia, Berlim/Album/akg-images/Latinstock

Representação de pássaro em relevo africano de bronze, de cerca de 1650. Benin, Nigéria.

A ideia eurocêntrica de que existiria uma pré-história contempla também a noção de **progresso histórico**. A humanidade evoluiria de estágios menos aperfeiçoados para situações melhores, conforme o tempo passa e as civilizações se sucedem. É como se existisse um roteiro, uma trajetória que devesse ser obrigatoriamente cumprida por todos os povos e sociedades, por toda a humanidade.

Assim, a Pré-História corresponderia a um período em que a humanidade estaria ensaiando seus passos, em que ainda não se organizava em civilizações e engatinhava no domínio de tecnologias essenciais, como o uso do fogo e dos metais.

Assumir que a História começa com a invenção da escrita, por volta de 4 mil anos antes de Cristo, entre os povos mesopotâmicos e egípcios, significaria acreditar, dentro da perspectiva evolucionista, que a parte da humanidade que havia elaborado sistemas de escrita já estava "desenvolvida", enquanto os demais estariam "atrasados" e não possuiriam, assim, uma cultura histórica.

Com essa visão, as nações europeias, já no século XVI, consideraram-se superiores às demais sociedades humanas e puderam justificar a conquista de povos, nações, reinos e até de continentes inteiros. Geralmente acompanhada de violência, exploração, extermínio físico e cultural e escravização, essa dominação foi, muitas vezes, apresentada como um "favor" aos povos submetidos e uma "missão" dos conquistadores, já que serviria para "melhorá-los", para "civilizá-los". A ideia de superioridade constituiu, além disso, uma base falsamente científica para a prática do racismo.

De forma mais radical, a exemplo do filósofo alemão Friedrich Hegel (1770-1831), chegou-se até mesmo a conceber que a África subsaariana, por exemplo, não tinha história. Segundo Hegel, em afirmação de 1830:

> A África não é uma parte histórica do mundo, não oferece qualquer movimento, desenvolvimento ou qualquer progresso histórico próprio. [...] O que entendemos propriamente por África é o espírito sem história, o espírito ainda não desenvolvido, envolto nas condições naturais.
>
> HEGEL, Wilhelm Friedrich. *Introdução à história da Filosofia*. São Paulo: Abril Cultural, 1985. p. 316-392. (Coleção Os Pensadores).

André Toma/Arquivo da editora

Para Hegel, essa "África propriamente dita" correspondia à região além do Egito e ao sul do Saara, separada, portanto, da África mediterrânea do norte.

Estamos nos tempos da **globalização**, mas isso não significa que todos os grupos humanos estejam vivendo da mesma forma. Ainda existem, nas partes do mundo mais afastadas dos grandes centros urbanos, pessoas que vivem com pouca ou nenhuma tecnologia atual e de acordo com as permanências e as recriações dos costumes e crenças de seus antepassados. Elas vivem em outro ritmo e em outro tempo. Acreditar que as referências cotidianas dessas pessoas devem ser suprimidas ou "modernizadas" é desconsiderar a história e a cultura delas. Além disso, as populações das grandes cidades são formadas por pessoas de diferentes origens e referências culturais. Não existe uma cultura, mas sim culturas plurais e diversificadas.

globalização: processo de integração econômica, social, cultural e política. É considerada a "terceira revolução tecnológica". Entre seus aspectos de maior impacto na atualidade estão: o fluxo de informações em escala mundial (possibilitado principalmente pela tecnologia da informação, como a internet, a televisão e o rádio) e a interligação de mercados mundiais.

Vivemos em um tempo de mecanização técnica. Lascar uma pedra para fazer uma ponta de lança ou trançar e tecer à mão, produzindo desde a fibra vegetal até o tingimento do tecido, são habilidades manuais que envolvem conhecimentos técnicos bastante específicos. Considerar essas práticas atrasadas ou situá-las fora do contexto histórico significa dizer que elas não são suficientemente importantes. As técnicas e tecnologias não devem ser avaliadas e comparadas com juízos de valor, mas, sim, vistas como importantes testemunhos da vida material de diferentes povos, de suas modificações e adequações ao longo do tempo.

As sociedades "primitivas" (esse termo se tornou depreciativo, mas significa 'aquele que é o primeiro a existir, que coincide com a origem') eram capazes de produzir e preparar tudo do que necessitavam para viver com os recursos que a natureza lhes oferecia. Embora também tenham desenvolvido práticas **predatórias**, com seus **impactos ambientais**, podemos afirmar que esse convívio com o meio geralmente se fez de maneira mais harmoniosa e que a vida social e mítica integrava e incorporava os ritmos, os seres e os ciclos naturais.

predatórias: que promovem a destruição.

impactos ambientais: alterações sociais, econômicas e ecológicas no meio ambiente provocadas por atividades e ações humanas.

Jeremy Horner/Alamy/Glow Images

Sáris – trajes tradicionais indianos – são pendurados para secar em uma espécie de varal de bambu, em Pali, na Índia. Depois eles serão tingidos e estampados. Foto de 2010.

Os órgãos indigenistas do governo brasileiro e as organizações não governamentais registram surtos de suicídio entre jovens indígenas e constantes mortes por epidemias, resultado de um longo processo de desestruturação cultural, de contato com as doenças "dos brancos" e com as drogas e bebidas alcoólicas às quais passaram a ter acesso, de conflitos fundiários e perda dos seus referenciais de identidade. Fatos como esses nos fazem pensar: aquilo que poderia ser considerado "progresso" para algumas culturas se coloca para outras como retrocesso e destruição.

Juca Varella/Folhapress

Desmatamento nas proximidades da rodovia Transamazônica, em Altamira, no Pará, em abril de 2012.

Ao estudarmos sociedades diferentes da nossa é importante nos mantermos abertos à compreensão de suas culturas, sem preconceitos ou julgamentos de valor. Afinal, se formos avaliar a sabedoria das sociedades europeias ocidentais, veremos que o "progresso" nem sempre significou "evolução" positiva e que a humanidade cria ameaças à sua própria existência no planeta. A destruição do meio ambiente, a produção da miséria, da fome e da violência, as trocas pessoais baseadas na cultura de mercado e no consumismo, a constante ameaça das armas nucleares, entre outros desafios da atualidade, demonstram a necessidade de repensarmos nossos valores e nossa cultura.

Diz o historiador brasileiro Alfredo Bosi:

> O que estaria errado na "religião do progresso" não é, evidentemente, a justa aspiração que todos os homens nutrem de viver melhor, mas os hábitos de dominação que esse desejo foi gerando por via de uma tecnologia destrutiva e de uma política de violência. Em outras palavras: a sequência dos tempos não produz necessária e automaticamente uma evolução do inferior para o superior.
>
> BOSI, Alfredo. O tempo e os tempos. In: NOVAES, Adauto (Org.). *Tempo e História*. São Paulo: Companhia das Letras, 1992. p. 22.

© Custodio/Acervo do cartunista

CAPÍTULO

1 Em busca de nossos ancestrais

Coleção particular/The Bridgeman/Keystone

Representação de como poderiam ter-se organizado os primeiros grupos humanos de que temos conhecimento.

Para pensar historicamente

Tempo e espaço

O tempo e o espaço são dois elementos centrais no conhecimento histórico. Assim, pensar historicamente significa, entre outras coisas, localizar fatos no tempo e no espaço. Por isso, no decorrer da leitura deste capítulo, procure responder: **quando** e **onde** os primeiros agrupamentos humanos ocorreram.

Considere que a concepção de tempo que usamos hoje e que explica a evolução dos primeiros grupos humanos não é necessariamente a concepção que esses grupos adotavam. Ao se "transportar" mentalmente para o passado e para lugares muito diferentes daquele em que você vive, é importante lembrar-se de que, além das diferenças no tempo e no espaço, existem diferenças na maneira de ver, organizar e sentir o mundo.

Além disso, lembre-se sempre de que a História é escrita e construída com base em variadas versões e fontes. Como todo conhecimento científico, o que sabemos é válido enquanto não for refutado por novos estudos, novas descobertas e teorias. Esse aspecto é muito ressaltado no estudo dos primeiros grupos humanos.

Certamente, você poderá agregar às discussões sugeridas novas descobertas publicadas em *sites*, revistas, jornais e ampliar o debate sobre o ponto de partida do que somos hoje, você, nós, e toda a humanidade.

A porta, o tempo e o espaço, pintura de Marcel Caram, de 2009.

Marcel Caram/Getty Images

1 África: nosso lugar de origem

Os conhecimentos que temos sobre os primeiros tempos da humanidade vêm dos **fósseis** e objetos encontrados nas escavações **paleontológicas**, que ganharam maior impulso a partir do fim do século XIX.

Os estudos dos vestígios deixados pela ação humana, obtidos em escavações **arqueológicas**, originam análises e teorias que serão confirmadas, aprimoradas ou negadas por descobertas e interpretações posteriores. Por meio deles, podem ser avaliadas as organizações sociais, as interferências humanas no meio ambiente e as concepções das primeiras sociedades.

fósseis: vestígios petrificados de seres vivos de épocas remotas, que conservam as características físicas essenciais.

paleontológicas: referentes à Paleontologia, ciência que estuda a vida de todos os organismos que viveram na Terra (animal, vegetal, a evolução primata-homem) e seu desenvolvimento no decorrer do tempo geológico.

arqueológicas: referentes à Arqueologia, ciência que estuda as culturas humanas do passado por meio de vestígios materiais.

Wild Horizons/UIG/Getty Images

Fóssil de um pterodáctilo, réptil voador do Período Jurássico com cerca de 200 milhões de anos, encontrado na Alemanha. Foto de 2011.

Mas por que essas pesquisas ganharam intensidade nos últimos tempos? Porque foi necessário que os pesquisadores estivessem convencidos de que os seres humanos tiveram ancestrais biológicos. Isso só foi possível depois da assimilação do grande abalo no conhecimento científico causado pela publicação do livro *A origem das espécies*, de Charles Darwin, em 1859. Charles Darwin foi um cientista inglês que propôs uma teoria da evolução das espécies segundo a qual elas evoluíram por seleção natural. De acordo com o darwinismo, ou evolucionismo, os seres vivos sofrem mutações genéticas; aqueles mais adaptados ao meio sobrevivem e deixam descendentes. Antes disso, só havia explicações mítico-religiosas (bíblicas, no caso das civilizações judaico-cristãs; mitológicas, no caso de povos africanos e indígenas; entre outras) para o surgimento da humanidade.

Charles Darwin em foto de 1870.

Michael Nicholson/Corbis/Latinstock

Para saber mais

Sobre evolução

No século XIX, época da supremacia econômica europeia e da expansão imperialista, ganhou força a doutrina racista do filósofo inglês Herbert Spencer, conhecida como darwinismo social. Segundo Spencer, a teoria da evolução de Darwin podia ser perfeitamente aplicada à evolução da sociedade: assim como ocorria uma seleção natural entre as espécies, com o predomínio dos animais e das plantas mais capazes, existia uma seleção natural também na sociedade: "A luta pela sobrevivência entre os animais correspondia à concorrência capitalista; a seleção natural não era nada além da livre troca dos produtos entre os homens; a sobrevivência do mais capaz, do mais forte, era demonstrada pela forma criativa dos gigantes da indústria, que engoliam os competidores mais fracos, em seu caminho para o enriquecimento"[1].

Deturpando as ideias de Darwin, que sempre evitou extrapolar os princípios do mundo animal e vegetal para as sociedades humanas, o darwinismo social foi utilizado como justificativa enganosa da superioridade de uns sobre outros nas sociedades europeias (ricos sobre pobres; vencedores sobre vencidos; dominadores sobre dominados), bem como entre sociedades distintas. Seguindo essa lógica, haveria uma evolução histórica das civilizações em etapas, cabendo às sociedades europeias o estágio mais avançado, afirmando sua superioridade, a dos brancos, sobre os demais.

1. De que forma a teoria da evolução explica a perpetuação de espécies mais adaptadas aos seus meios?
2. Como o darwinismo social de Spencer se utiliza da teoria da evolução para justificar a dominação de alguns grupos humanos sobre outros?

Situando nossas origens

No centro-norte da África, na floresta tropical das imediações do Chade, hoje desérticas, foi encontrado o crânio fóssil do mais antigo **hominídeo** conhecido até agora, com idade entre 6 e 7 milhões de anos. Pertencia ao gênero *Sahelanthropus tchadensis* e foi batizado de Toumai. Na região que atravessa a Etiópia, o Quênia e a Tanzânia, foram encontrados outros fósseis de ancestrais humanos, como os do gênero *Australopithecus* (do latim *australis*, 'do sul', e do grego *pithekos*, 'macaco'), que viveu no continente desde pelo menos 4 milhões de anos e se diferenciava de outros primatas pela dentição semelhante à dos humanos atuais, pelo andar bípede e pela postura ereta. Também foram encontrados fósseis do gênero *Homo*, sobretudo da espécie do *Homo habilis* (desde antes de 3 milhões de anos) e do *Homo erectus* (desde 2 milhões de anos). Ali viveram, portanto, diversas linhagens paralelas de nossos ancestrais, que se entrelaçaram até desembocarem no homem moderno.

hominídeo: os primatas são divididos em prossímios e antropoides. Nestes últimos estão classificadas as famílias dos hominídeos (família humana) e a dos pongídeos (cujas espécies atuais são o gorila, o chimpanzé, o orangotango e o gibão).

Gênero e espécie

No sistema tradicional de classificação biológica, os seres vivos são agrupados em gêneros, espécies e subespécies, conforme certas características. Assim, espécies que possuem um conjunto importante de características em comum formam um gênero.

No gênero *Homo* teria havido diversas espécies, entre elas o *Homo habilis*, o *Homo erectus* e o *Homo sapiens* (nossa espécie). As espécies teriam subespécies ou raças, como o *Homo sapiens sapiens*.

Essa classificação tem sido bastante discutida e sofre constantes alterações.

[1] BRUIT, Héctor H. *O imperialismo*. São Paulo: Atual, 1986. p. 9.

Uma das espécies de *Australopithecus* (entre as espécies registradas estão o *afarensis*, o *africanus*, o *boisei* e o *robustus*; os dois últimos são hoje em dia classificados como *Paranthropus*) era capaz de criar ferramentas e utilizar instrumentos rudimentares, conforme provam as evidências fósseis e os próprios instrumentos de pedra. Apenas os representantes do gênero *Homo* desenvolveram a linguagem e aprenderam a controlar o fogo. O *Homo erectus* teria originado o **homem de Neanderthal** (denominação dos fósseis encontrados desde 1856 na gruta de Neanderthal, perto de Düsseldorf, na Alemanha), o **homem de Cro-Magnon** (denominação dos fósseis encontrados em 1868 em Cro-Magnon, Dordogne, na França) e a espécie humana atual (*Homo sapiens*) com todas as suas variações, em um processo ocorrido ao longo dos últimos 500 mil anos.

Existem fortes indícios de terem sido os descendentes do *Homo erectus* os primeiros a povoar outros continentes, pois, até agora, já foram encontrados fósseis dessa espécie em várias regiões da Europa, em Java, na China, no Iraque, etc.

O estudo da idade dos esqueletos de nossa espécie, *Homo sapiens*, e das marcas que os primeiros humanos deixaram levou os especialistas a concluir que o continente africano foi o berço da humanidade, e dali nossa espécie se espalhou por outros continentes: Ásia, Europa, América e Oceania.

Fósseis do homem moderno, conhecido como *Homo sapiens sapiens*, têm sido encontrados em diversas partes do mundo, mas alguns pesquisadores apontam como os mais antigos (até agora conhecidos) os da África, que datam de cerca de 160 mil anos, ao passo que os de outros lugares teriam menos de 100 mil anos. Admitindo-se essa origem africana do homem moderno, acredita-se que, há cerca de 100 mil anos, indivíduos *Homo sapiens sapiens* empreenderam uma nova migração, dessa vez para todas as outras partes do planeta, suplantando ou incorporando outras linhagens.

Colaborando com essa versão, certas pesquisas genéticas, apoiadas em estudos de DNA, ressaltam "que todos os indivíduos investigados descendem de um só ancestral – de uma única Eva –, que viveu na África entre 143 mil e 285 mil anos"[2], tendo migrado para fora do continente e substituído as populações de *Homo erectus* na Ásia e *Homo neanderthalensis* na Europa. Trata-se da chamada hipótese de origem única ou monogenismo. As teorias da origem humana suscitam muitas divergências entre os estudiosos, assim como a determinação de rotas migratórias e de datas – quanto a essa última polêmica, há os que defendem, com base em pesquisas genéticas, ser de aproximadamente 500 mil anos a origem da "Eva africana".

André Toma/Arquivo da editora

[2] HERNANDEZ, Leila Leite. *A África na sala de aula*: visita à História contemporânea. São Paulo: Selo Negro, 2005. p. 58.

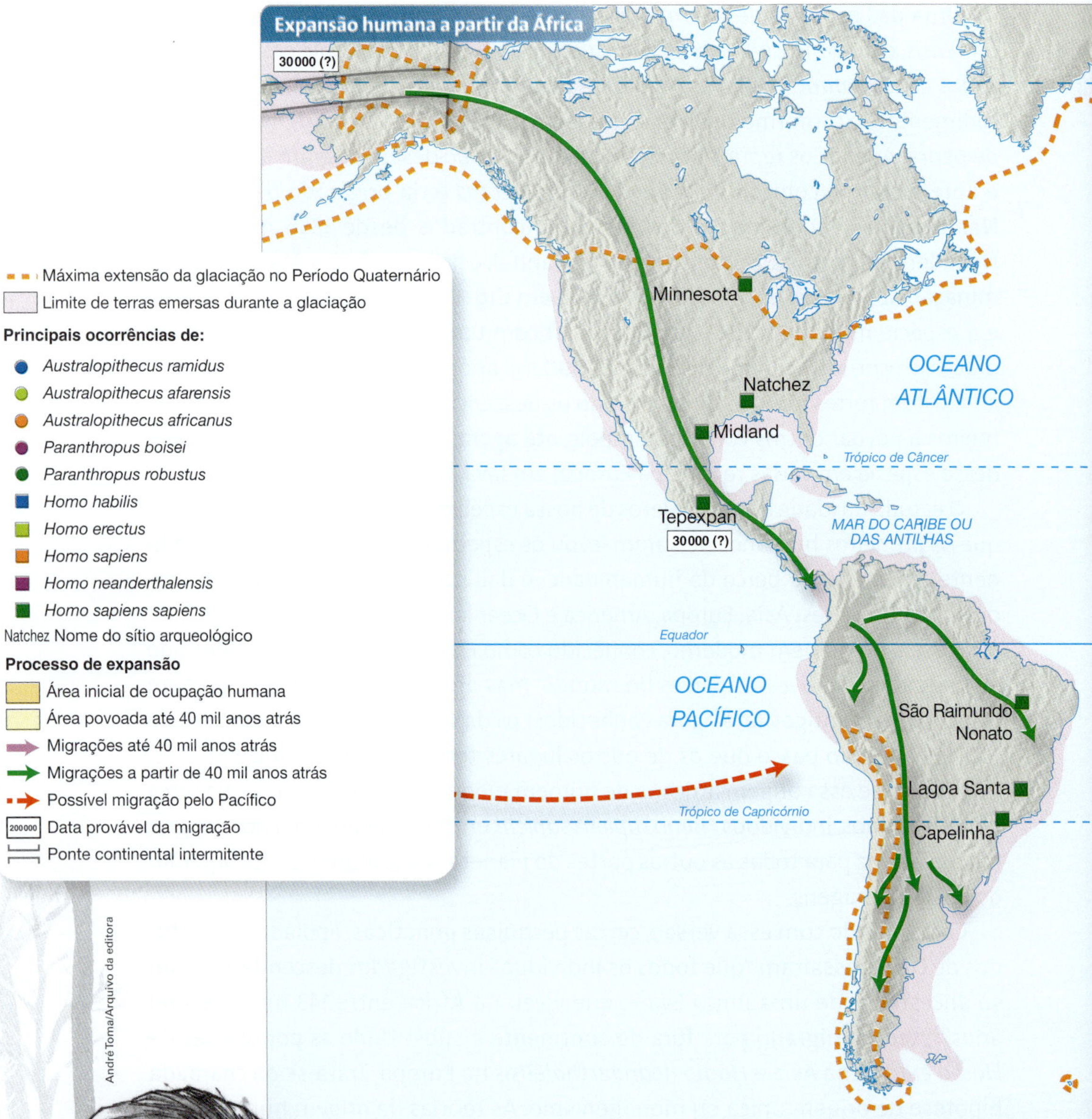

André Toma/Arquivo da editora

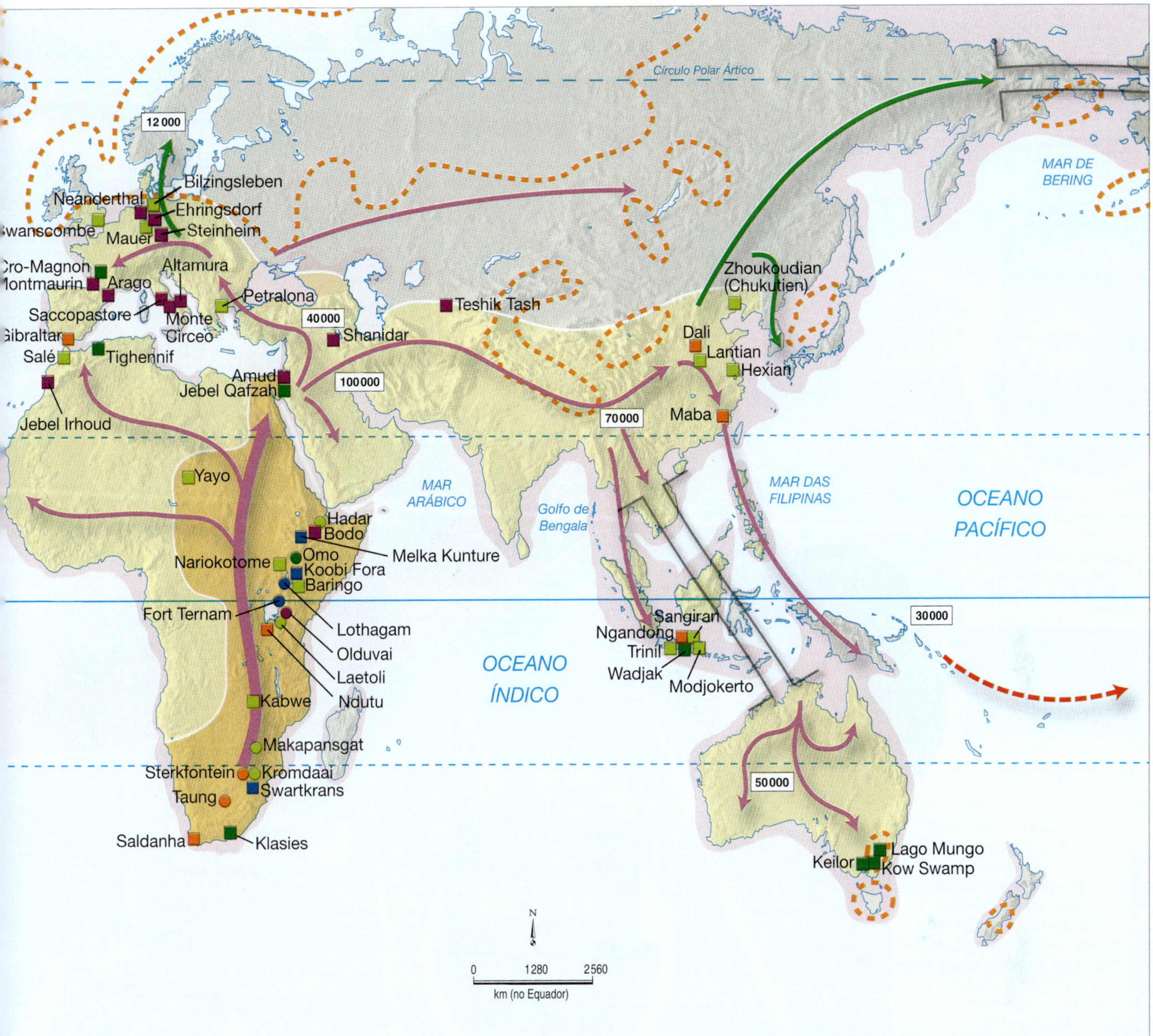

Allmaps/Arquivo da editora

Adaptado de: FONTANA, Joseph. *Introducción al studio de la Historia*. Barcelona: Crítica, 1999. p. 47.

Infográfico

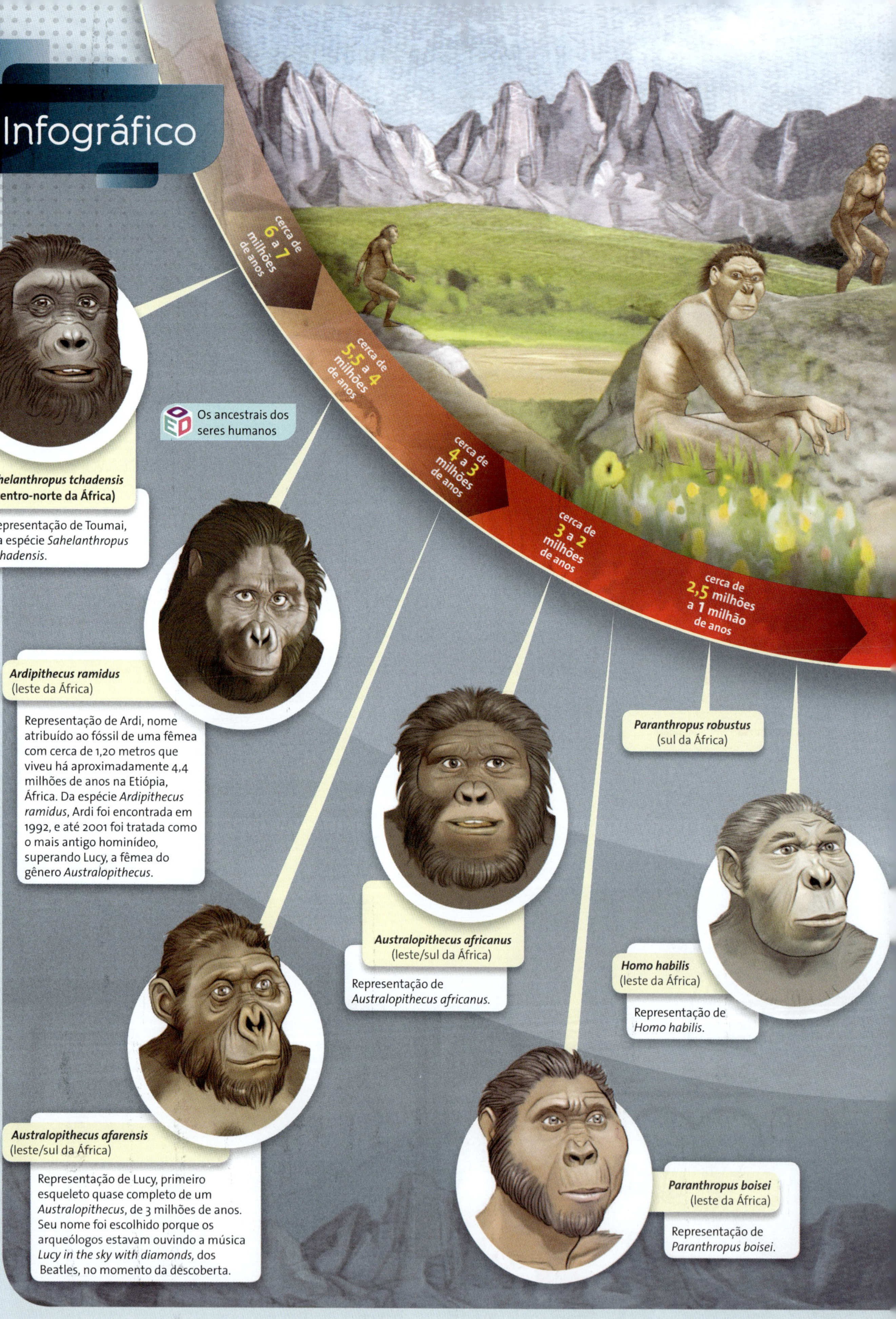

Sahelanthropus tchadensis (centro-norte da África)

Representação de Toumai, da espécie *Sahelanthropus tchadensis*.

Ardipithecus ramidus (leste da África)

Representação de Ardi, nome atribuído ao fóssil de uma fêmea com cerca de 1,20 metros que viveu há aproximadamente 4,4 milhões de anos na Etiópia, África. Da espécie *Ardipithecus ramidus*, Ardi foi encontrada em 1992, e até 2001 foi tratada como o mais antigo hominídeo, superando Lucy, a fêmea do gênero *Australopithecus*.

Australopithecus africanus (leste/sul da África)

Representação de *Australopithecus africanus*.

Paranthropus robustus (sul da África)

Homo habilis (leste da África)

Representação de *Homo habilis*.

Australopithecus afarensis (leste/sul da África)

Representação de Lucy, primeiro esqueleto quase completo de um *Australopithecus*, de 3 milhões de anos. Seu nome foi escolhido porque os arqueólogos estavam ouvindo a música *Lucy in the sky with diamonds*, dos Beatles, no momento da descoberta.

Paranthropus boisei (leste da África)

Representação de *Paranthropus boisei*.

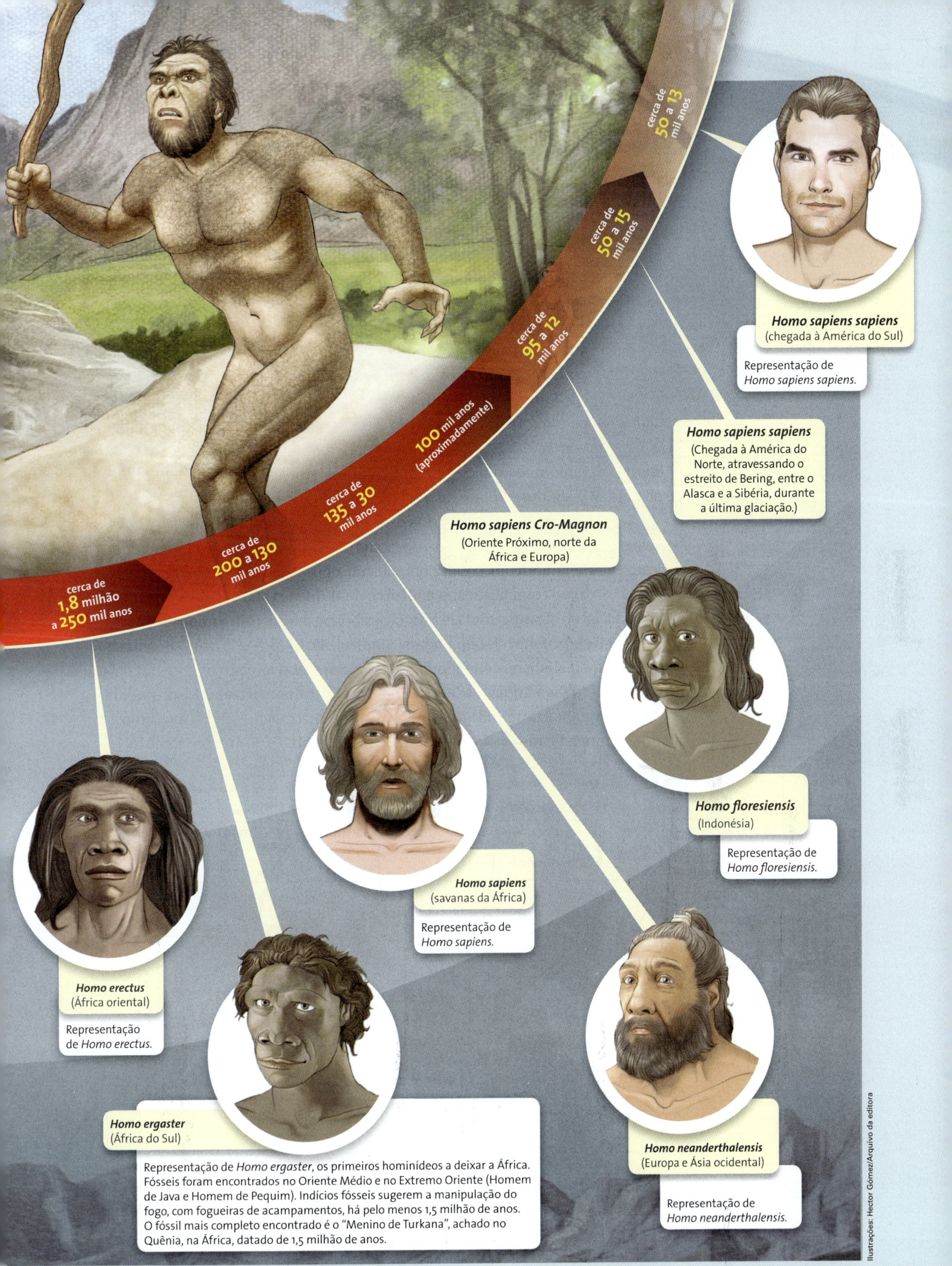

Ilustrações: Hector Gómez/Arquivo da editora

Quadro do provável caminho evolucionário dos hominídeos, desde o grupo dos *Sahelanthropus tchadensis* até o *Homo sapiens sapiens*, ao qual pertencem todos os grupos humanos atuais.

Pensando no Enem

1. O assunto na aula de Biologia era a evolução do homem. Foi apresentada aos **alunos** uma árvore filogenética, igual à mostrada na ilustração, que relacionava primatas atuais e seus ancestrais.

Após observar o material fornecido pelo **professor**, os alunos emitiram várias opiniões, a saber:

I. Os macacos antropoides (orangotango, gorila e chimpanzé e gibão) surgiram na Terra mais ou menos contemporaneamente ao homem.

II. Alguns homens primitivos, hoje extintos, descendem dos macacos antropoides.

III. Na história evolutiva, os homens e os macacos antropoides tiveram um ancestral comum.

IV. Não existe relação de parentesco genético entre macacos antropoides e homens.

Analisando a árvore filogenética, você pode concluir que:

a) todas as afirmativas estão corretas.

b) apenas as afirmativas I e III estão corretas.

c) apenas as afirmativas II e IV estão corretas.

d) apenas a afirmativa II está correta.

e) apenas a afirmativa IV está correta.

Resposta: b

A questão exige a observação da árvore filogenética. Note que a afirmação IV nega o sentido de árvore evolutiva bem como a afirmação II, sendo que esta contradiz a contemporaneidade do surgimento do homem e os antropoides da parte superior do gráfico.

Considerando a matriz de Referência do Enem, esta questão contempla a competência de área 6 – Compreender a sociedade e a natureza, reconhecendo suas interações no espaço em diferentes contextos históricos e geográficos, especialmente a habilidade H26: Identificar em fontes diversas o processo de ocupação dos meios físicos e as relações da vida humana com a paisagem.

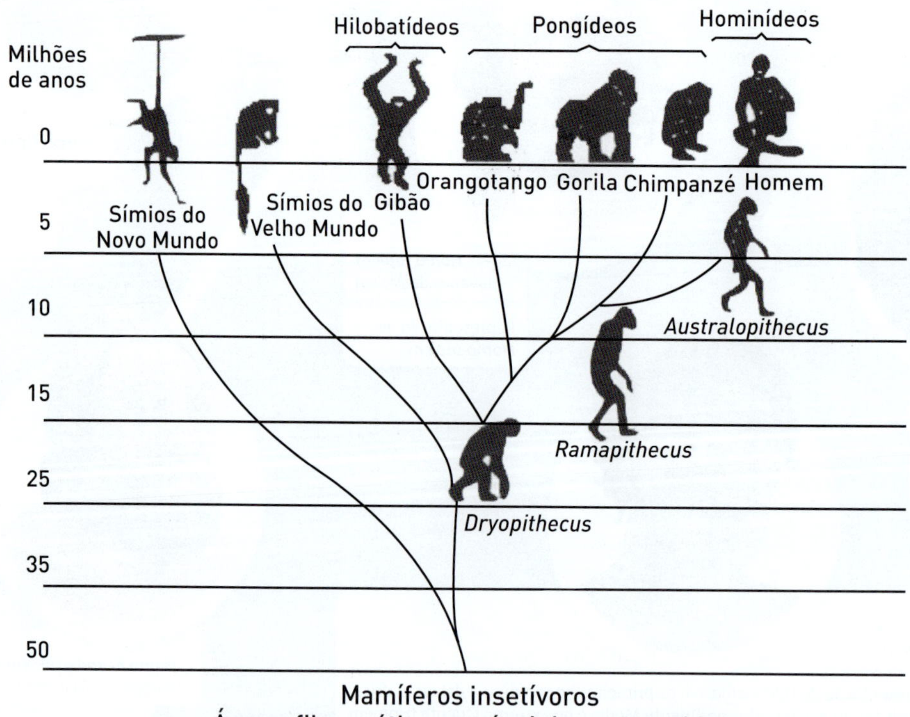

Árvore filogenética provável dos antropoides

2 A vida em grupo

Ao longo de seu processo de adaptação física ao meio, a espécie humana foi se tornando mais hábil com as mãos, aprendendo a utilizá-las como instrumento de trabalho. O desenvolvimento do cérebro favoreceu a capacidade de raciocínio, permitindo-lhe criar ferramentas que facilitavam suas atividades, como o preparo e o consumo de alimentos, e desenvolver sua criatividade, que, por sua vez, ampliou a cognição e o uso da capacidade cerebral.

O exame dos instrumentos deixados pelos primeiros humanos foi um dos critérios adotados pelos estudiosos para estabelecer divisões em períodos.

Convencionou-se que o primeiro período foi o **Paleolítico**, ou **Idade da Pedra Lascada**, que se iniciou há aproximadamente 2,7 milhões de anos e se estendeu até 10000 a.C.

Paleolítico: termo de origem grega que significa 'pedra antiga'.

Os primeiros grupos humanos do Período Paleolítico viviam em bandos e empregavam grande parte de seu tempo e energia na busca do sustento. Todo alimento que consumiam era extraído diretamente da natureza por meio de atividades de coleta, caça e pesca, realizadas com instrumentos fabricados principalmente de lascas de pedra, ossos ou madeira.

Pesquisas recentes indicam que, no início do período, homens e mulheres se dedicavam às mesmas tarefas básicas. Contudo, com o passar do tempo, para conseguir o alimento necessário de modo mais eficiente, as tarefas passaram a ser divididas conforme a idade, o sexo e as condições físicas dos membros do bando. Chamamos a isso de **divisão natural do trabalho**. Assim, os homens se tornaram quase sempre responsáveis pela fabricação de ferramentas, pela construção de tendas e pela caça e pesca, ao passo que as mulheres ficaram com a função de fazer, sobretudo, o trabalho de coleta de grãos, folhas, frutos, raízes, ovos, mel e insetos, além de várias atividades artesanais. Anciãos e crianças também ajudavam, conforme suas forças permitiam.

O constante deslocamento para encontrar novas áreas que lhes possibilitassem a sobrevivência – o **nomadismo** – levava os grupos humanos do Período Paleolítico a ocupar os lugares por espaços de tempo relativamente curtos, o que dispensava a construção de moradias firmes e duradouras. Por isso, em geral, ocupavam abrigos provisórios, como grutas e cavernas, ou cabanas feitas de gravetos e galhos de árvores e tendas de peles de animais.

Banquete na Idade da Pedra, pintura de Victor M. Vasnetsov, 1883.

The Bridgeman Art Library/Keystone/Galeria Tretyakov, Moscou Rússia.

Muito do que sabemos sobre a vida cotidiana das comunidades paleolíticas está relacionado a pinturas encontradas nas paredes de cavernas – as **pinturas rupestres**. Elas podem ter sido pintadas com pigmentos minerais. Outra variedade de arte rupestre é aquela gravada com auxílio de instrumentos de pedra, produzindo baixos-relevos.

A arte rupestre testemunha uma grande conquista de nossa espécie, que é a capacidade de representar concretamente seu pensamento e suas observações. Essa capacidade está na base da linguagem. A própria escrita pode ser considerada a "filha mais jovem" da arte, e em vários idiomas, como o japonês, o desenho das letras é uma arte.

3 O domínio sobre a natureza

Na história da Terra ocorreram períodos de queda drástica de temperatura, entremeados por ligeiro aquecimento. Em conjunto, esses períodos glaciais são denominados Era do Gelo, Idade do Gelo ou Era Glacial. A última glaciação iniciou-se há aproximadamente 100 mil anos antes do tempo presente, com temperaturas extremamente baixas, tendo terminado cerca de 13 mil anos atrás.

O fim da última glaciação tornou possível a sedentarização humana, ou seja, a sua fixação à terra. Esse fenômeno climático, que alterou as formas de vida existentes no planeta, também estimulou a migração de animais e seres humanos para lugares onde houvesse abundância vegetal, levando-os a ocupar diversas regiões do globo.

A fixação do ser humano em determinado lugar esteve associada à domesticação de animais e ao cultivo de plantas, que caracterizaram uma mudança profunda na história da humanidade. Essa mudança foi estabelecida pouco a pouco por nossos ancestrais, e não aconteceu ao mesmo tempo em todo o planeta. Tradicionalmente conhecida como "revolução" neolítica ou agrícola, ela caracteriza o período denominado **Neolítico**, ou **Idade da Pedra Polida**, que se estendeu de cerca de 10000 a.C. a 4000 a.C. Outros grupos, porém, permaneceram nômades e adotaram diferentes modos de vida.

E de que forma se deu o domínio da agricultura? O texto a seguir traz algumas informações que podem nos ajudar a refletir sobre como os historiadores têm abordado essa questão desde o século XIX e como ela tem sido vista em nossos dias.

Considerando a historiografia atual, é possível afirmar que passar para a agricultura e a pecuária como fontes principais de alimentação foi uma opção de vários grupos. Alguns pesquisadores defendem a teoria de que coube às mulheres decifrar o mistério da germinação e do crescimento das plantas, uma vez que eram as responsáveis pela coleta e estavam, portanto, mais familiarizadas com os ciclos e as características do mundo vegetal.

Vista de uma plantação de mostarda na província de Unnan, na China, em 2012.

Katie Garrod/JAI/Corbis/Latinstock

A evolução agrícola e pastoril

> Os historiadores acostumaram-se a separar a coleta e a agricultura como se fossem duas etapas da evolução humana bastante diferentes e a supor que a passagem de uma para a outra tivesse sido uma mudança repentina e revolucionária. Hoje, contudo, admite-se que essa transição aconteceu de maneira gradual e combinada. Da etapa em que o homem era inteiramente um caçador-coletor passou-se para outra em que começava a executar atividades de cultivo de plantas silvestres (limpava a terra, arrancava as ervas daninhas, aprendia a cultivar as plantas a partir das sementes) e de manipulação dos animais (reunião e proteção). Mas tudo isso era feito como uma atividade complementar da coleta e da caça.
>
> A passagem para a agricultura foi precedida da "domesticação" de plantas e animais – escolhendo as variedades mais interessantes para reproduzir e para cruzar mais adiante –, iniciando um processo de seleção artificial. Mas a domesticação não é mais que uma das condições da transição para a agricultura, que somente culminou quando se conseguiu obter uma dieta que proporcionasse todos os elementos nutritivos (cereais, carne e legumes) e que tornasse possível depender por completo do abastecimento de plantas e animais domesticados.
>
> FONTANA, Josep. *Introducción al estudio de la Historia*. Barcelona: Crítica, 1999. p. 90-91.

Como consequência da descoberta da agricultura e da criação de animais, esses grupos, em geral, fixaram-se em áreas férteis nas margens de grandes rios. Várias sequências de boas colheitas, e consequentemente de boa alimentação, durante longos períodos, levaram ao aumento da população, o que, por sua vez, gerou mudanças na organização social do grupo.

No Neolítico, os homens aprimoraram o arco e a flecha e utilizaram o fogo em muitas de suas atividades cotidianas, como para cozinhar, espantar animais, iluminar as moradias e se aquecer. Tornaram mais eficientes e sofisticados os instrumentos – de pedra polida – e passaram a utilizar madeiras, tanto para a construção de moradias e canoas como para a fabricação de instrumentos de defesa.

Mulher trabalha no cultivo de arroz na província de Guangxi, na China. Foto de 2013.

Keren Su/Corbis/Latinstock

Em diversas regiões do continente africano, foram encontrados inúmeros vestígios desse período, como instrumentos de pedra lascada/polida, machados, serras, lanças, arcos e flechas, arpões, anzóis, pictografias, vasilhames de barro, redes, etc. Tudo indica que a passagem das atividades de caça e coleta para as de produção de alimentos tenha acontecido bem cedo na região ao norte da linha do Equador, provavelmente por volta de 8000 a.C., diferentemente do sul do Saara, onde a agricultura deve ter se difundido somente no início da Era Cristã.

Grandes mudanças climáticas ocorridas em todo o continente africano nos últimos milênios antes da Era Cristã também influenciaram sobremaneira o quadro histórico geral, em especial nas áreas que hoje denominamos deserto do Saara. Tomando esse deserto, que é o maior do mundo, como modelo, comumente são apontadas duas grandes sub-regiões do continente africano: a África setentrional e a África subsaariana.

Vênus de Willendorf

Barbara Gindl/ epa/Corbis/Latinstock

As figuras humanas (principalmente femininas) e de animais são temáticas bastante comuns nas esculturas das primeiras populações. A Vênus de Willendorf, que você vê acima, data de aproximadamente 25 mil anos atrás. Ela foi encontrada na Áustria e é feita de pedra calcária, trabalhada com ferramentas de pedra pontiaguda.

Ao sul do Saara prevalecem ainda hoje os descendentes dos primeiros agricultores, falantes de línguas ligadas ao banto, denominação que designa uma origem linguística comum, possivelmente oriunda de um grupo de ancestrais africanos constituído nos últimos séculos antes de Cristo. Acredita-se que a origem do grupo banto esteja na região ao norte do rio Congo, nas atuais áreas de Camarões e da Nigéria. Por muitos séculos, esse povo, que vivia da caça, da pesca, da domesticação de animais, da agricultura de coivara e em permanente nomadismo, espalhou-se por áreas extensas da África subsaariana.

Ao final do Neolítico, em algumas regiões do planeta, tornara-se generalizado o uso dos metais, com técnicas de fundição de cobre, ferro e bronze. Utensílios e armas foram aperfeiçoados, e essa época ficou conhecida como **Idade dos Metais**. Apesar da impossibilidade de estabelecer uma cronologia exata desses avanços, supõe-se que o bronze tenha sido utilizado em diversas áreas do Oriente já por volta de 4000 a.C., alcançando a Europa e o mundo mediterrâneo cerca de 2 mil anos depois.

Como vimos, o desenvolvimento técnico aplicado na agricultura possibilitou maior produção e um consequente aumento populacional. Alguns grupos familiares passaram a exercer domínio sobre outros grupos, gerando sociedades ampliadas. A necessidade de garantir a defesa e a produção em áreas relativamente extensas, habitadas por várias aldeias ou grupos familiares (as tribos), levou ao início da organização de Estados.

As grandes transformações ocorridas ao longo do Período Neolítico mudaram radicalmente as formas de convivência humana em algumas regiões do mundo. A posse coletiva, que até então prevalecia nas comunidades, passou a coexistir com situações de posse privada: os instrumentos e o fruto do trabalho, antes pertencentes a toda a comunidade, agora se tornavam exclusivos de cada indivíduo, de famílias ou de grupos de famílias. Surgiram, nesse período, as primeiras organizações sociais, com a criação do Estado e o desenvolvimento da escrita – primeiramente, ao que parece, no **Oriente Próximo**, no Egito e na Mesopotâmia.

Oriente Próximo: nome que, antes da Segunda Guerra Mundial, era dado às terras mais próximas da Europa, estendendo-se do Mediterrâneo ao golfo Pérsico (veja o mapa da página 80).

Estado

O conceito de Estado é muito importante em História. Significa a autoridade própria que organiza uma sociedade, que define regras para a convivência do conjunto das pessoas submetidas a essa autoridade e que faz que as regras sejam cumpridas, valendo-se de um conjunto de instituições.

Atividades

Análise de imagem

1. Tendo em mente as informações estudadas neste primeiro capítulo, observe a charge e depois responda às questões abaixo no caderno.

Joaquín Salvador Lavado (QUINO)/*Humor com humor se paga*, n. 1. Don Quixote, 1982.

a) Na charge, a evolução humana é associada ao desenvolvimento de que tecnologia?
b) Qual é a crítica que a charge faz à ideia de progresso?

Análise de texto e imagem

2. Leia o texto abaixo, escrito pelo psicanalista Sigmund Freud por volta de 1920. Em seguida, observe com atenção a caricatura de Charles Darwin, publicada no periódico inglês *Fun*, em 1870.

> No decurso do tempo, a humanidade teve de aguentar, das mãos da ciência, duas grandes ofensas a seu ingênuo amor-próprio. A primeira foi quando percebeu que a Terra não era o centro do Universo, mas apenas um pontinho num sistema de magnitude dificilmente compreensível. A segunda, quando a pesquisa biológica lhe roubou o privilégio de ter sido criada especialmente, e relegou o homem a descendente do mundo animal.
>
> FREUD, Sigmund. *O mal-estar na civilização*. Rio de Janeiro: Imago, 1997. v. XXI. (Edição Standard das Obras Completas de Sigmund Freud).

The Granger Collection/Other Images

Com base no texto, na sua leitura do capítulo e na observação da caricatura, responda:

a) O psicanalista Sigmund Freud está fazendo referência a qual pesquisa biológica?
b) Por que essa pesquisa teria ferido o amor-próprio da humanidade?
c) Na caricatura ao lado, Darwin é representado como um macaco ou como um híbrido de macaco e ser humano?
d) A imagem reflete corretamente as ideias de Darwin acerca da evolução humana? Explique sua resposta.

Vestibulares de Norte a Sul

1. **SE** (PUC-SP)

... o tempo é a minha matéria, o tempo presente, os homens presentes, a vida presente.

ANDRADE, Carlos Drummond de. *Mãos dadas*, 1940.

Se o presente é o tempo do poeta, resta ao historiador somente o tempo passado?

Justifique sua resposta, procurando discutir as relações que a história ou o historiador pode estabelecer entre presente e passado.

2. **SE** (Ufscar-SP)

Aconteceu num debate, num país europeu. Da assistência, alguém me lançou a seguinte pergunta:
— Para si o que é ser africano?
Falava-se, inevitavelmente, de identidade versus *globalização.*
Respondi com uma pergunta:
— E para si o que é ser europeu?
O homem gaguejou. Ele não sabia responder. Mas o interessante é que, para ele, a questão da definição de uma identidade se colocava naturalmente para os africanos. Nunca para os europeus. Ele nunca tinha colocado a questão ao espelho.

COUTO, Mia. In: HERNANDEZ, Leila Leite. *A África na sala de aula*: visita à história contemporânea, 2005.

Segundo o texto, o autor

a) valoriza a ideia de que existe uma identidade natural entre os povos europeus, favorecendo a globalização.
b) denuncia a ideia genérica, presente entre os europeus, de que há uma suposta identidade natural entre os africanos.
c) lembra o fato de que a Europa tem uma história de tendência à globalização, em função da ausência de conflitos entre seus Estados-Nações.
d) defende a existência de uma essência natural do que é ser europeu e do que é ser africano.
e) indica os valores culturais e nacionais europeus e africanos como fundadores do processo de globalização.

3. **NE** (UFPE) “Revolução Neolítica” é uma expressão criada pelo arqueólogo Gordon Childe nos anos 1960. Essa revolução implicou uma série de mudanças. A que tipo de mudanças se refere essa expressão? (Verdadeiro ou falso.)

(0) Mudanças econômicas.
(1) Mudanças nas estruturas sociais.
(2) Mudanças tecnológicas.
(3) Mudanças ideológicas.
(4) Aumento demográfico.

4. **SE** (Uerj) Pode-se falar de idade de um lugar? A propósito desta ou daquela cidade nascida com a colonização, é frequente ler que foi fundada em tal ou tal ano. Por exemplo, a cidade de Salvador, Bahia, “foi fundada” em 1549 por Tomé de Souza. Será possível falar da idade de um lugar segundo outro critério?

Ivan Cosenza de Souza/Acervo do cartunista

A Geografia e a História são ciências que estudam a sociedade a partir da inter-relação necessária das categorias tempo e espaço.

Com base na interpretação conjunta dos quadrinhos e do texto, pode-se relacionar tempo e espaço a partir do critério definido como:

a) era em que determinadas técnicas são inventadas em uma região.
b) momento em que uma ou mais técnicas são difundidas em um território.
c) época em que avanços técnicos são realizados em função de guerras em um país.
d) período em que as técnicas são empregadas para a aferição da cronologia de uma área.

5. **CO** (UEG-GO) Grande parte da presença humana na Terra é explicada pelos historiadores tendo como referência o termo “Pré-História”.

Sobre esse período, discorra sobre os seguintes tópicos:

a) o significado da revolução neolítica;
b) as limitações conceituais do termo “Pré-História”.

CAPÍTULO

2 A ocupação do continente em que vivemos

Rogerio Reis/Pulsar Imagens

Arte rupestre localizada no sítio arqueológico Lajedo de Soledade, no município de Apodi, no Rio Grande do Norte. Essas pinturas datam de, aproximadamente, 3 mil a 10 mil anos atrás. Foto de 2008.

Para pensar historicamente

Ocupação e cultura

Quando e como o território americano foi ocupado? Que sociedades se desenvolveram nas terras do continente em que vivemos?

Neste capítulo você vai estudar parte dos movimentos migratórios das populações que se fixaram nas Américas e também algumas características culturais dos povos que aqui se desenvolveram.

A diversidade de hábitos, atividades, organizações sociais, costumes, artefatos materiais e paisagens geográficas é uma marca dessas sociedades. Observe a importância dos estudos arqueológicos e das ciências auxiliares ao possibilitarem a datação, o mapeamento genético e a recuperação da vida cotidiana desses primeiros agrupamentos humanos em nosso continente.

Cris Bouroncle/Agência France-Presse

Templo principal do sítio arqueológico maia de Tulum, no México. Foto de 2010.

1 Descobrindo caminhos

Foi provavelmente por causa das glaciações que grupos humanos paleolíticos chegaram ao continente que chamamos atualmente de América, abandonando suas regiões de origem, há dezenas de milhares de anos. Não há consenso entre os estudiosos sobre a data aproximada da chegada humana ao continente americano. As divergências não são pequenas; para alguns ela ocorreu há cerca de 20 mil anos; para outros, em torno de 50 mil ou perto de 100 mil anos. E a polêmica envolve as possíveis rotas de chegada dos primeiros grupos humanos.

A diversidade de características biológicas e linguísticas entre os nativos da América reforça as hipóteses de que o povoamento inicial do continente americano tenha se dado a partir de, pelo menos, dois caminhos migratórios de caçadores-coletores: do norte, pelo estreito de Bering, teriam vindo grupos asiáticos (a rota mais provável); e do sul, pelo oceano Pacífico, teriam chegado habitantes da Austrália e das ilhas polinésias (rota menos aceita no meio científico). Observe o mapa.

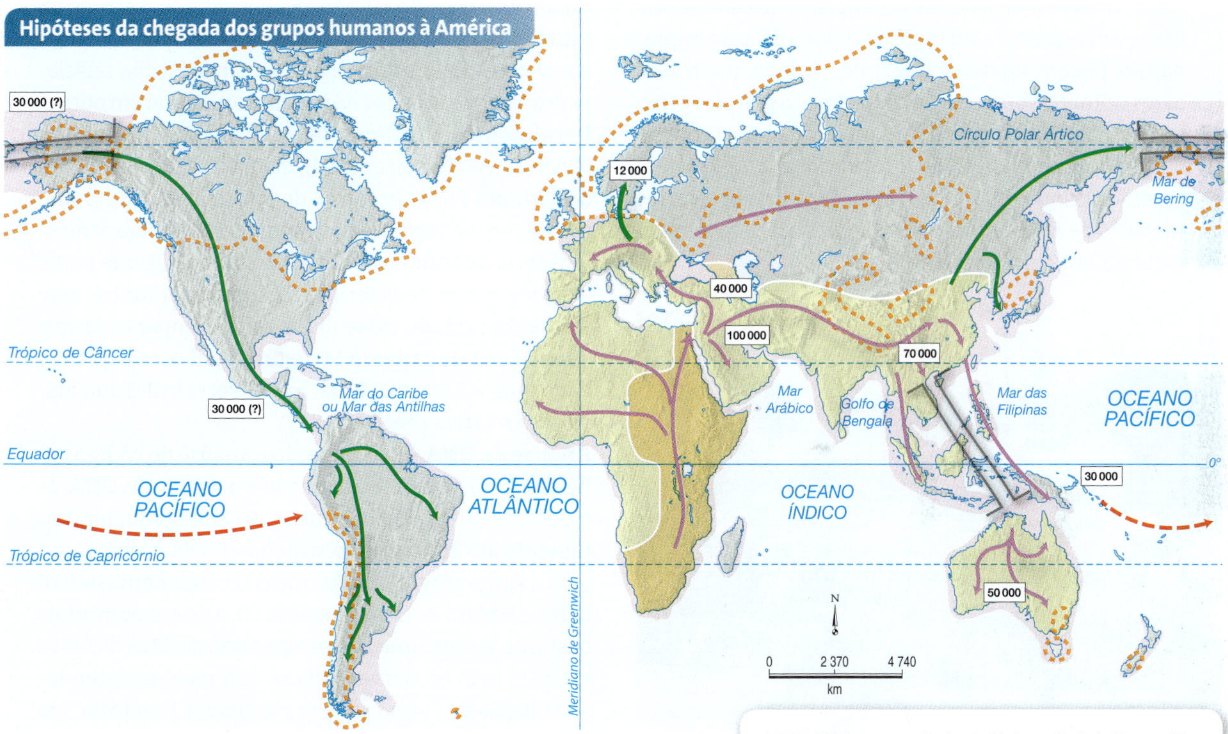

Organizado pelo autor.

Adaptado de: ATLANTE Storico de Agostini. Novara: Istituto Geografico de Agostini, 2005. p. 7.

Considerando a hipótese de que a ocupação humana da América do Norte se iniciou há pelo menos 20 mil anos, ela teria se estendido para o sul da América, em direção à Patagônia, antes de 10 mil anos atrás.

Os estudiosos consideram que os primeiros grupos humanos teriam percorrido pelo menos três caminhos para chegar à região que viria a ser o território brasileiro. Esses grupos teriam saído do litoral das atuais Colômbia e Venezuela e chegado à Amazônia; ou atravessado os Andes (em latitudes mais baixas); ou então entrado pelo litoral, seja vindo da Patagônia pelo oceano Pacífico em direção ao norte, seja partindo do Caribe e entrando pelo litoral nordestino em direção ao Atlântico Sul.

Verifica-se, etnicamente, a existência de **dois grandes grupos**. O que chegou **primeiro** se assemelha mais aos negros africanos e aos aborígines da Oceania. A esse grupo pertencem o esqueleto feminino encontrado em Lagoa Santa, Minas Gerais que, reconstituído com técnicas especiais, foi batizado de **Luzia** e o esqueleto masculino batizado de **Luzio**, encontrado no município de Cajati, no lado paulista do Vale do Ribeira. O **outro grande grupo**, posterior, parece-se mais com os asiáticos e está na base da composição étnica da maior parte dos grupos indígenas atuais das Américas.

Para saber mais

Extraindo informações do chão

A arqueologia é a ciência que fornece as principais informações sobre os hominídeos que antecederam o *Homo sapiens* e sobre os grupos humanos já desaparecidos, tivessem eles ou não conhecimento da escrita. Essa ciência procura vestígios materiais da ação humana, que podem ser desde lascas de madeira queimada, ossos humanos ou peças de cerâmica até grandes construções. Os arqueólogos estudam os objetos encontrados, na tentativa de obter informações sobre quem e como os criou e usou; para isso, contam com vários métodos de análise, como a estratigrafia, a datação pelo carbono 14 e a análise de DNA.

Sovfoto/UIG/Getty Images

Arqueólogos escavam túmulo antigo do primeiro imperador da China, Shi Huan Ti, na cidade de Xuzhou, na China. Foto de 2013.

Estratigrafia – Estudo da sequência das camadas de terra, que vão se sobrepondo com o passar do tempo. De acordo com o local, a posição e a profundidade em que cada objeto ou resto humano foi encontrado, o estudo da estratigrafia calcula há aproximadamente quanto tempo aqueles vestígios estão ali e de que modo estão relacionados a outros achados na mesma camada ou em outras.

Decaimento do carbono 14 – Cálculo da idade de um fóssil (de vegetal ou animal), medindo sua quantidade de carbono 14. No processo de fotossíntese ou no metabolismo, os vegetais e os animais captam da atmosfera certa quantidade do isótopo carbono 14, que passa a fazer parte de seus tecidos. Quando o ser morre, esse elemento captado vai se dissipando. Comparando-se a quantidade de carbono 14 de um fóssil com a quantidade que um ser vivo teria, é possível calcular sua idade com relativa precisão.

Análise de DNA – Recuperação e análise do código genético de fósseis. A recuperação e o estudo do DNA de ossos e de outros tecidos que se decompõem mais lentamente abriram novas possibilidades de investigação para a Arqueologia. Com técnicas recentemente descobertas, copiam-se fragmentos de DNA de restos mortais bastante antigos graças à recuperação do DNA de ossos e dentes bem conservados. Com isso, pode-se entender a evolução do *Homo sapiens*, rastrear a trajetória das migrações mais antigas e investigar a origem de plantas e animais domésticos.

1. O achado do fóssil humano conhecido como Luzia é de vital importância para os estudos acerca da origem do ser humano americano, pois é considerado, até o momento, o fóssil humano mais antigo das Américas. Levando em consideração os métodos citados, quais informações podem ser obtidas por meio do estudo do crânio de Luzia?
2. Como os métodos de decaimento do carbono 14 e análise de DNA permitem o estudo de características específicas sobre o achado de fósseis?

2 Diversidade de culturas

Quaisquer que tenham sido as rotas, os dados sobre esses primeiros povoadores são, em geral, agrupados de acordo com a ocupação de regiões geográficas distintas. Pesquisas arqueológicas têm demonstrado que a América contou com civilizações que desenvolveram técnicas de agricultura, metalurgia e engenharia, além de sistemas de escrita, arte, organização social e política. Entre as sociedades americanas com o maior número de artefatos descobertos e preservados estão as da **Mesoamérica**, que se desenvolveram a partir de 1200 a.C., e as da **região andina central**, após 300 a.C.

Mesoamérica: região do continente americano que compreende, aproximadamente, o sul do México e os territórios da Guatemala, de El Salvador, de Belize e parte da Nicarágua, de Honduras e da Costa Rica.

região andina central: refere-se à região da cordilheira dos Andes. As civilizações andinas habitaram principalmente a região próxima da linha do equador, atravessando os atuais territórios do Peru, da Bolívia e do Chile.

Para saber mais

Os povos pré-colombianos

O Período Pré-Colombiano nas Américas refere-se ao período antes do encontro das populações nativas com os europeus. Entre as civilizações que mais se destacaram estão as desenvolvidas pelos povos incas, astecas e maias. O auge da civilização inca ocorreu no século XVI, com a formação do maior império já existente nas Américas e o domínio de cerca de 10 milhões de pessoas. De acordo com as teorias mais recentes, seus ancestrais eram caçadores que fizeram a travessia da Ásia para o Alasca, ocuparam a região andina central e tornaram-se agricultores sedentários, com a domesticação de animais e o domínio agrícola. A rica cultura inca é revelada em vários aspectos: arquitetura, politeísmo, metalurgia, arte cerâmica, organização política e social, tradições agrícola e alimentar, como o plantio e o consumo da batata, do milho e de cereais nativos (por exemplo, a quinoa).

Os maias surgiram por volta de 700 a.C., entre a América do Norte e a América Central, e alcançaram seu apogeu econômico e cultural entre os séculos III e X da nossa era. Por volta de 300 d.C. ocupavam as regiões dos atuais territórios do México, de Honduras e da Guatemala. Os astecas viveram inicialmente no noroeste do atual território mexicano e, por volta do século XIV, no planalto central do México. Dedicaram-se às práticas da guerra e ao desenvolvimento de técnicas próprias ao cultivo do milho.

Sítios arqueológicos na América Latina

Museu Antropológico, México/Gianni Dagli Orti/ The Art Archive/ Other Images

Xilonen, deusa asteca do milho, c. 1500. O milho era considerado um alimento sagrado e foi a principal fonte de subsistência para os povos pré-colombianos, sendo também utilizado em trocas comerciais.

Antes da chegada dos europeus, a América do Norte também era ocupada por centenas de grupos nativos, falantes de mais de trezentas línguas diferentes. Entre os mais lembrados, que povoaram o território desde o Atlântico até o Pacífico, estavam os cherokees, os iroqueses, os comanches e os apaches. Vários nomes de regiões norte-americanas foram herdados de alguns grupos, a exemplo de Iowa, Dakota, Illinois, Missouri, Massachusetts, entre outros. Como em outras regiões do continente, a chegada do europeu trouxe confrontos, dominação e novas doenças, por exemplo o sarampo e a gripe, causando epidemias com milhares de vítimas. Em razão de séculos de colonização e expansão dos brancos de origem europeia, houve uma progressiva diminuição da população de origem nativa na América do Norte, e só recentemente ocorreu uma reversão dessa situação, voltando essa população nativa a crescer.

Luis Salvatore/Pulsar Imagens

Vista do sítio arqueológico Toca do Boqueirão da Pedra Furada, no Parque Nacional Serra da Capivara, em São Raimundo Nonato, no Piauí. Foto de 2010.

Os primeiros agrupamentos humanos das Américas tinham como base de subsistência a caça, a pesca, a coleta de frutos e raízes e, em alguns casos, atividades agrícolas. Os registros mais antigos dessas sociedades na região do atual Brasil podem ser encontrados no sítio arqueológico Toca do Boqueirão da Pedra Furada, no Piauí, na Toca da Esperança, na Bahia, em Lagoa Santa, em Minas Gerais, e no Vale do Ribeira, entre São Paulo e Paraná.

As pinturas rupestres encontradas no atual Piauí, no município de São Raimundo Nonato, foram datadas por alguns especialistas em mais de 12 mil anos. As pedras lascadas e os restos de fogueiras, supostamente deixados por grupos humanos, foram estimados em mais de 50 mil anos, porém essa datação foi contestada por outros estudiosos, por considerarem que esses vestígios poderiam ser resultado de raios (como as madeiras queimadas), quedas de blocos de rocha e outros fatores naturais. Esses estudiosos estimaram datas bem inferiores, abaixo de 30 mil anos.

O Brasil antes do Brasil

Os artefatos de caça, as pinturas rupestres e os restos de fósseis registrados para os primeiros grupos humanos habitantes do atual território brasileiro indicam a caça de grandes animais e a utilização de cavernas como forma de abrigo. Porém, são poucas as informações de que dispomos sobre como esses grupos estavam organizados internamente. Considerando os registros rupestres, sabemos que davam grande importância aos animais das regiões em que viviam, pois em geral estes são representados de maneira mais detalhada e em tamanho maior do que os seres humanos. E é possível que isso estivesse mais ligado às crenças e ao universo mágico desses povos do que à necessidade de se alimentar.

Homens, mulheres e figuras sem identificação social são pintados sozinhos, em pequenos grupos ou em bandos numerosos. Nesses últimos casos, aparecem envolvidos em diversas atividades coletivas, como caçadas, danças e lutas, o que indica que os membros das primeiras sociedades que viveram por aqui estavam ligados por fortes laços culturais.

Pensando no Enem

1. Segundo a explicação mais difundida sobre o povoamento da América, grupos asiáticos teriam chegado a esse continente pelo estreito de Bering, há 18 mil anos. A partir dessa região, localizada no extremo noroeste do continente americano, esses grupos e seus descendentes teriam migrado, pouco a pouco, para outras áreas, chegando até a porção sul do continente. Entretanto, por meio de estudos arqueológicos realizados no Parque Nacional Serra da Capivara (Piauí), foram descobertos vestígios da presença humana que teriam até 50 mil anos de idade. Validadas, as provas materiais encontradas pelos arqueólogos no Piauí:

a) comprovam que grupos de origem africana cruzaram o oceano Atlântico até o Piauí há 18 mil anos.
b) confirmam que o homem surgiu primeiramente na América do Norte e, depois, povoou os outros continentes.
c) contestam a teoria de que o homem americano surgiu primeiro na América do Sul e, depois, cruzou o estreito de Bering.
d) confirmam que grupos de origem asiática cruzaram o estreito de Bering há 18 mil anos.
e) contestam a teoria de que o povoamento da América teria iniciado há 18 mil anos.

Resposta: e

Esta questão demonstra a polêmica sobre o povoamento inicial do continente americano, para alguns estudiosos próximo a 20 mil anos e, para outros, bem antes disso. Há algumas décadas, era consenso entre grande parte dos arqueólogos que a chegada do homem à América teria ocorrido no final da Era Glacial, perto de 12 000 anos atrás. Teriam vindo da Ásia e atravessado o estreito de Bering, pelo Alasca, e depois se espalharam pelo continente americano, ocupando até 10 mil anos atrás o extremo da América do Sul. Mais recentemente, tais datas têm sido revistas. A chegada pelo estreito de Bering continua sendo a mais aceita como rota inicial, apesar de alguns apontarem a possibilidade da chegada via ilhas do Pacífico.

Arqueólogos falam hoje em cerca de 20 mil anos atrás e outros em mais de 30 mil anos. No caso do Piauí, com pesquisas no Parque Nacional Serra da Capivara, município de São Raimundo Nonato, a arqueóloga franco-brasileira Niède Guidon e o professor Shigueo Watanabe apontam a possibilidade de chegada à América bem antes de 35 mil anos. Já a arqueóloga Maria Beltrão, com pesquisas no município de Central, na Bahia, defende uma datação bem mais antiga, algo perto de 2 milhões de anos para o *Homo erectus*, antecessor do *Homo sapiens*.

Considerando a matriz de Referência do Enem, essa questão contempla a competência de área 1 – Compreender os elementos culturais que constituem as identidades, especialmente a habilidade H4: Comparar pontos de vista expressos em diferentes fontes sobre determinado aspecto da cultura.

2. 

Palê Zuppani/Pulsar Imagens

Pintura rupestre da Toca do Pajaú, Piauí. Disponível em: <www.betocelli.com>. Acesso em: 18 abr. 2014.

A pintura rupestre acima, que é um patrimônio cultural brasileiro, expressa:

a) o conflito entre os povos indígenas e os europeus durante o processo de colonização do Brasil.
b) a organização social e política de um povo indígena e a hierarquia entre seus membros.
c) aspectos da vida cotidiana de grupos que viveram durante a chamada pré-história do Brasil.
d) os rituais que envolvem sacrifícios de grandes dinossauros atualmente extintos.
e) a constante guerra entre diferentes grupos paleoíndios da América durante o período colonial.

Resposta: c

A pintura rupestre mostra aspectos do cotidiano das populações que viviam na região do atual Piauí. No entanto, não temos certeza sobre seu significado. Nela está representado um grupo de humanos – não é possível verificar o sexo –, que parecem lutar contra alguns animais. As alternativas **a**, **d** e **e** estão milhares de anos distantes daquele contexto histórico dos povos que ocupavam a Toca do Pajaú.

Considerando a matriz de Referência do Enem, essa questão contempla a competência de área 1 – Compreender os elementos culturais que constituem as identidades, especialmente as habilidades H3: Associar as manifestações culturais do presente aos seus processos históricos e H5: Identificar as manifestações ou representações da diversidade do patrimônio cultural e artístico em diferentes sociedades.

Além disso, pelo que sugerem as pinturas rupestres, essas sociedades não definiam rigidamente papéis femininos e masculinos. Embora existam desenhos de homens e mulheres, diferenciados pela representação de seus órgãos sexuais, muitas figuras não apresentam essa identificação, ou seja, foram representadas sem que o artista tivesse a preocupação de distinguir os sexos. Por isso, parte dos estudiosos considera que essas sociedades não eram patriarcais e que mulheres e homens compartilhavam de relativa igualdade. Essa hipótese é reforçada pela existência de esqueletos femininos enterrados juntamente com pontas de flechas.

Detalhe de pintura rupestre em rocha no Parque Nacional Serra da Capivara, em São Raimundo Nonato, no Piauí. Foto de 2013.

Andre Dib/Pulsar Imagens

tradição: termo usado pela Arqueologia para indicar um conjunto de práticas e técnicas de povos antigos que tenham características comuns, que persistem ao longo do tempo e são registradas em determinada região ou contexto geográfico, como características da produção de cerâmica, etc.

Os grupos de caçadores-coletores estiveram presentes em quase todo o território e guardavam muitas diferenças culturais entre si. Ao sul, nos atuais territórios do Paraná, de Santa Catarina e do Rio Grande do Sul, foi definida uma tradição denominada arqueologicamente **Humaitá**. Fazem parte dessa **tradição** grupos de caçadores-coletores dedicados à pesca, à caça e à coleta de raízes, moluscos e frutos silvestres, além da fabricação de objetos de pedra lascada e polida. Os registros mais antigos encontrados em Santa Catarina são vestígios de fogueiras datados de mais de 8 500 anos.

A descoberta de fragmentos de cerâmica no vale do rio Canoas, em Santa Catarina, indica resíduos de milho com datação entre cerca de 340 anos até 4 mil anos atrás. O que essa descoberta significa? Trata-se de uma evidência do cultivo de milho, do sedentarismo e de organizações sociais diferentes do nomadismo dos caçadores-coletores. Esses povos seriam agricultores há mais de 4 mil anos.

Zig Koch/Natureza Brasileira

Vasilhame em cerâmica da tradição Itararé-Taquara, do Museu Paranaense, em Curitiba, Paraná.

Para a região Sul também são classificadas as tradições **Umbu** (cerca de 6 700 anos, caçadores-coletores, dedicados à fabricação de instrumentos de caça) e **Itararé** (cerca de 1 500 anos, agricultores, construíam casas subterrâneas).

Já os vestígios da tradição sulista denominada **Taquara** foram localizados no **planalto Meridional** e compreendem principalmente cerâmicas datadas de 5 mil a 300 anos. Também foram encontrados vestígios de povos pescadores e coletores (sambaquianos), os **sambaquis**, com datação de cerca de 5 mil anos. Alguns sambaquis atingem 10 metros de altura. Por meio da análise das camadas de matéria orgânica e inorgânica, é possível estudar os dados da vida material e cotidiana, como a base alimentar dessas populações.

planalto Meridional: banhado pelos rios Uruguai e Paraná, recobre a maior parte do território da região Sul do Brasil.

sambaquis: do tupi *samba*, que significa 'marisco', e *ki*, 'amontoamento'. São montes de conchas, esqueletos de peixes, pontas de flechas, machados, cerâmicas e materiais orgânicos que passaram por um processo de fossilização química em decorrência das chuvas e da ação do tempo. Localizam-se principalmente no litoral do sul do país.

Leituras da História

Xokleng

No início da nossa era, os caçadores e coletores que até então tinham habitado o planalto do Brasil meridional foram substituídos por populações de agricultores cuja economia repousava sobre o cultivo do milho e a exploração dos pinheirais típicos dos planaltos do Sul do país. Além de instalar suas aldeias a céu aberto, esses novos grupos indígenas abriam grandes poços de até mais de 10 metros de diâmetro no solo para serem usados como residências – provavelmente sazonais – ou armazenar os pinhões. Esse fruto, extremamente abundante na região, podia ser guardado durante meses e sabemos que, no século XIX, os pinhões participavam da base alimentar das populações **Xokleng**. A essas "casas subterrâneas" (de fato, apenas semienterradas) estão associadas várias estruturas cerimoniais, como aterros e muros circulares de terra, além de cemitérios em pequenos abrigos situados nas imediações das cachoeiras. Galerias artificiais teriam servido de refúgio durante as investidas dos inimigos Tupi-Guarani, que ocupavam as regiões mais baixas.

JORGE, Marcos; RIBEIRO, Loredana; PROUS, André. *Brasil rupestre*: arte pré-histórica brasileira. Curitiba: Zencrane Livros, 2007. p. 152.

Xokleng: povo indígena do oeste de Santa Catarina. Arqueólogos da Universidade do Sul de Santa Catarina (Unisul) encontraram vasos de cerâmica de 2860 a.C. Segunda descoberta mais antiga do Brasil (a primeira é de objetos amazônicos de 4000 a.C.). Atualmente não existem mais de mil representantes.

Arquivo Histórico José Ferreira da Silva/Fundação Blumenau

A dizimação desse povo ocorreu pelos ataques dos chamados bugreiros e também por causa de doenças respiratórias pós-contato com os colonos. Na foto, mulheres e crianças do povo Xokleng, em Santa Catarina, 1906.

Há cerca de novecentos anos registram-se os vestígios dos povos tupis-guaranis, migrados da Amazônia e que se fixaram no litoral e nos vales dos rios do planalto Meridional. Na região amazônica, os habitantes desenvolveram a confecção de objetos feitos de pedra e, posteriormente, de cerâmica desde pelo menos 5 mil anos atrás. A cerâmica produzida na área da atual cidade de Santarém foi classificada como **cultura Santarém**. Por volta do ano 1000, sobressaiu-se a **cultura Marajoara**, como apontam os vestígios da cerâmica policrômica (muitas cores) que produziram. Há cerca de setecentos anos, existiriam na ilha de Marajó (Pará) cerca de 100 mil habitantes.

OED Urna marajoara

Urna funerária marajoara em forma de mulher grávida.

Divulgação/CCBB, Rio de Janeiro

Zig Koch/Natureza Brasileira

Cerâmica Tapajoara do Museu João Fona, em Santarém, no Pará.

Ocupação humana no atual território brasileiro
Considerando as datações como anos antes do presente (AP)

▼ 12 000 AP

Primeiros vestígios comprovados de ocupação humana em terras brasileiras

Luzia – fóssil humano mais antigo das Américas
População de Lagoa Santa

▼ 8 000 AP

Primeiras manifestações da arte rupestre em terras brasileiras (Nordeste e Centro)

Sambaquis fluviais (Sul)

Armando Favaro/Agência Estado

Pintura rupestre no sítio arqueológico do Boqueirão da Pedra Furada, no Parque Nacional da Serra da Capivara, em São Raimundo Nonato, no Piauí. Foto de 2005.

▼ 5 000 AP

Primeiros objetos de cerâmica (região amazônica)

Urna marajoara do tipo Joanes Pintado (restaurada). Ilha de Marajó, Pará.

Divulgação

A **tradição Aratu/Sapucaí**, examinada em diferentes localidades – de São Paulo a Mato Grosso e Goiás, e do litoral da Bahia ao Rio Grande do Norte –, tem registros que datam de antes do século VIII. Nessa tradição, destacam-se principalmente as cerâmicas denominadas utilitárias, como aquelas utilizadas para preparo e consumo de alimentos.

A **tradição Guarita** foi desenvolvida por grupos humanos da região do baixo rio Negro, no Amazonas, a partir do ano 1000, destacando-se por seus objetos cerâmicos cerimoniais, ou seja, utilizados em cerimônias e ritos como os de sepultamento.

Ainda envolvendo a área que hoje corresponde ao atual estado do Acre, estão sendo estudados aproximadamente duzentos sítios arqueológicos e, estima-se, com uma população de cerca de 60 mil pessoas, vivendo no interior da selva amazônica desde antes do ano 1000.

O quadro que os europeus encontraram ao chegar a essas terras era de expansão dos grupos tupis-guaranis, que conquistaram e dizimaram povos caçadores-coletores, como os povos dos sambaquis, e ocuparam a maior parte da costa litorânea da região que viria a ser o Brasil.

Depois de milênios de ocupação do continente americano, desenvolvendo as mais diversas organizações sociais e culturais, deu-se o encontro entre as populações ameríndias e uma nova leva de conquistadores. A chegada dos europeus no século XV significou o início do processo de destruição das populações americanas, embora muitos elementos de suas culturas tenham sido incorporados às culturas miscigenadas que se formaram a partir do contato. Os conquistadores europeus também tomaram conhecimento da batata, originária da região Andina, e do milho, cultivado inicialmente na Mesoamérica, hoje uma das bases da alimentação mundial.

Ader Gotardo/Museu de Arqueologia e Etnologia da Universidade de São Paulo

Urna funerária antropomorfa da tradição Guarita.

Período provável das primeiras migrações para o nosso território, assim como a ocorrência dos registros de arte rupestre, dos sambaquis, da pesca e da coleta, do surgimento da cerâmica, de artistas ceramistas e artistas da pedra, dos primeiros indícios e generalização da agricultura, das grandes aldeias, das casas subterrâneas até a imigração do Velho Mundo. Conforme vimos ao longo deste capítulo, observe as diferenças entre as regiões brasileiras em relação ao período de cada ocorrência.

▼ 4000 AP

Sambaquis, pesca e coleta (litoral central e sul)

Zig Koch/Natureza Brasileira

▼ 2000 AP

Primeiras práticas agrícolas em terras brasileiras

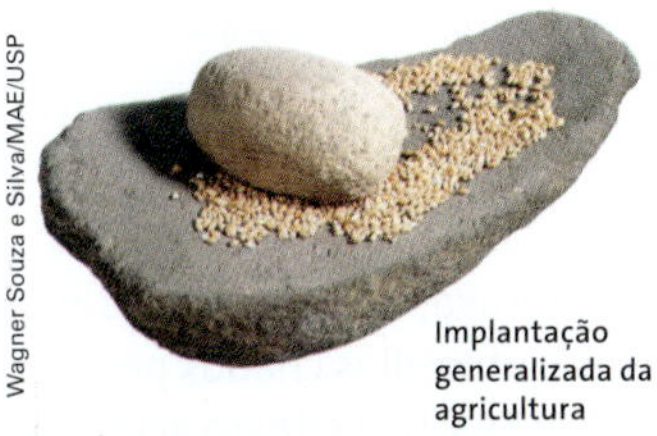

Wagner Souza e Silva/MAE/USP

Implantação generalizada da agricultura

▼ 1000 AP

Comunidades organizadas em grandes aldeias (Centro, Nordeste e Amazônia)

Construções habitacionais subterrâneas (Sul)

Ondas migratórias vindas do continente europeu

Gianni Dagli Orti/Corbis/Latinstock

Atividades

Leitura e valorização do patrimônio histórico

1. Em um artigo escrito para o portal *Canal Ciência* em 2002, o arqueólogo e pesquisador carioca Marcos Pereira Magalhães escreveu:

> As sociedades amazônicas pré-históricas, com muitos milhares de anos de sucesso em sua integração ecossocial na floresta, deixaram inúmeros vestígios materiais. Entretanto, a sociedade brasileira atual ainda não consegue valorizar suas soluções, e tal como desvaloriza os descendentes atuais daquelas sociedades – os indígenas –, despreza suas relíquias.
>
> Isso porque ainda vê esses descendentes e esses vestígios como parte de um passado morto, e não como integrantes da futura Civilização Brasileira, ora em gestação, que pode se valer da originalidade das soluções sociais e geopolíticas já testadas na floresta tropical. Daí o peso de uma visão que revaloriza o passado como ferramenta de construção do presente.
>
> Nova teoria da pré-história amazônica valoriza culturas ancestrais. Disponível em: <www.canalciencia.ibict.br/pesquisa/0006-Teoria-da-pre-historia-valoriza-culturas-ancestrais-na-amazonia.html>. Acesso em: 25 nov. 2013.

a) Para Marcos Pereira Magalhães, que contribuição a pesquisa arqueológica realizada na Amazônia poderia dar aos habitantes atuais da região?

b) Na opinião do estudioso, por que essas pesquisas são pouco valorizadas no país?

c) O artigo do qual foi extraído o excerto acima foi escrito no final de 2002. Faça uma pesquisa em jornais, revistas e na internet para saber se nos últimos anos ocorreu uma valorização maior do patrimônio arqueológico nacional. Discuta com os colegas o resultado de suas pesquisas.

Leitura e reflexão

2. Daniel é um indígena do povo Munduruku, formado em Filosofia e doutor em Educação pela Universidade de São Paulo. Leia o texto a seguir, escrito por ele, e depois responda às questões.

> Ao ser criado, cada povo precisa distanciar-se do mundo animal. Como conta o mito **Dessana**, as criaturas nascem com seus parceiros e com eles precisam construir um modo de sobreviver no mundo. Para isso precisam dominar a natureza. Num momento inicial, fizeram da própria natureza seus instrumentos e, com o passar do tempo, procuraram aperfeiçoá-los a fim de que seu domínio fosse total. Foi isso que fez com que o homem primitivo polisse a pedra transformando-a num machado; ou pegasse um osso e o transformasse numa ponta de flecha ou numa agulha; ou usasse fios de pelos animais e deles constituísse uma linha resistente para fabricar suas roupas.
>
> Foi assim. Ele foi criando, transformando, armazenando, construindo casas mais bem-acabadas para se proteger do frio ou do ataque dos animais selvagens. Esse domínio humano da natureza gerou um conhecimento que foi sendo passado de pai para filho. O modo de fazer as coisas, as casas, os casamentos, etc. gerou a cultura. Cultura é, assim, uma construção, uma passagem, um novo *status* humano. Esse *status* evolui proporcionalmente ao domínio desses novos conhecimentos.
>
> Do ponto de vista da organização social também houve uma mudança. O homem primitivo percebeu que tinha de contar com a ajuda de outras pessoas para que seu trabalho rendesse mais. Para isso, ele se organizou em comunidades em que o fruto do trabalho era de todos e não apenas de alguns; a terra era de todos e não havia patrões e empregados; portanto, não havia exploração de uns sobre os outros.
>
> MUNDURUKU, Daniel. *O banquete dos deuses*: conversa sobre a origem e a cultura brasileira. 2. ed. São Paulo: Global, 2009. p. 36-37.

Dessana: relativo ao povo indígena do alto rio Negro, no Amazonas, que fala a língua tukano.

a) Segundo Daniel Munduruku, o que é cultura e qual é a relação entre o domínio da natureza e os saberes e utensílios criados pelos grupos humanos?

b) Tomando como ponto de partida o texto acima, levante uma hipótese para explicar a diversidade cultural existente entre os povos que habitaram as Américas antes da chegada dos europeus.

c) Considerando o texto apresentado, que efeitos a imposição dos padrões europeus pode ter tido sobre as populações ameríndias?

Interpretação de letra de música

3. Leia com atenção a letra da canção a seguir. Depois, responda às questões.

Cultura e civilização

Gilberto Gil

a cultura
a civilização
elas que se danem
ou não
somente me interessam
contanto que me deixem meu licor de jenipapo
o papo
das noites de São João
somente me interessam
contanto que me deixem meu cabelo belo
meu cabelo belo
como a juba de um leão
contanto que me deixem
ficar na minha
contanto que me deixem
ficar com minha vida na mão
minha vida na mão
minha vida
a cultura
a civilização
elas que se danem
ou não
eu gosto mesmo
é de comer com coentro
eu gosto mesmo
é de ficar por dentro
como eu estive algum tempo
na barriga de Claudina
uma velha baiana
cem por cento

GIL, Gilberto. Cultura e civilização. In: *Gilberto Gil, 1969* (LP). Universal, 1969.

G. Evangelista/Opção Brasil Imagens

Apresentação de quadrilha em Campina Grande, Paraíba. Foto de 2012.

a) Segundo sua leitura da letra da canção, qual é a oposição que existe entre a civilização e o mundo que o compositor valoriza?

b) Em sua opinião, as comemorações de São João, a fabricação do licor de jenipapo, a utilização do coentro no preparo da comida, entre outros hábitos, são expressões culturais? Justifique sua resposta.

Observação e dedução

4. Observe com atenção os objetos arqueológicos reproduzidos a seguir.

Baleia esculpida em rocha. Esta peça foi encontrada em um sambaqui na região do atual município de Joinville, em Santa Catarina, e hoje faz parte do acervo do Museu Arqueológico de Sambaqui de Joinville (SC).

Colar feito de pequenas conchas e encontrado em um sambaqui na região do atual município de Joinville, em Santa Catarina. Atualmente essa peça pertence ao acervo do Museu Arqueológico de Sambaqui de Joinville (SC).

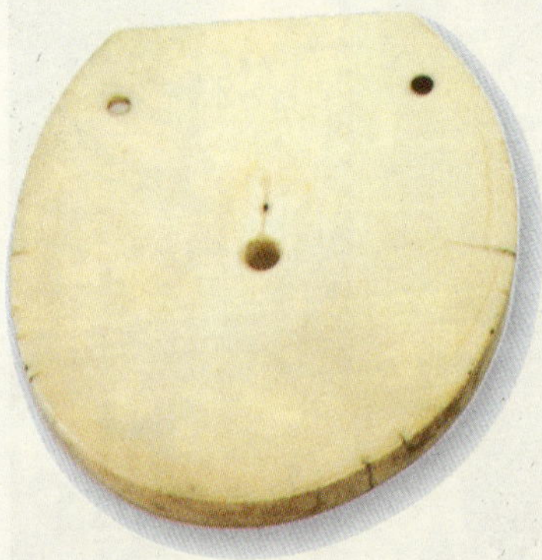

Pingente feito com osso de baleia. Atualmente essa peça pertence ao acervo do Museu Arqueológico de Sambaqui de Joinville (SC).

Vaso de cerâmica encontrado em um sambaqui. Atualmente esta peça pertence ao acervo do Museu do Homem do Sambaqui Padre João Alfredo Rohr, S. J.

Fotos: Sergio Vignes/Tempo Editorial

a) Que técnicas foram usadas na fabricação desses materiais?
b) Que utilidade esses objetos podem ter tido?

Vestibulares de Norte a Sul

1. **SE** (Fuvest-SP)

Há cerca de 2000 anos, os sítios superficiais e sem cerâmica dos caçadores antigos foram substituídos por conjuntos que evidenciam uma forte mudança na tecnologia e nos hábitos. Ao mesmo tempo que aparecem a cerâmica chamada itararé (no Paraná) ou taquara (no Rio Grande do Sul) e o consumo de vegetais cultivados, encontram-se novas estruturas de habitações.

Adaptado de: PROUS, André. *O Brasil antes dos brasileiros:* a pré-história do nosso país. Rio de Janeiro: Zahar, 2007. p. 49.

O texto associa o desenvolvimento da agricultura com o da cerâmica entre os habitantes do atual território do Brasil, há 2000 anos. Isso se deve ao fato de que a agricultura

a) favoreceu a ampliação das trocas comerciais com povos andinos, que dominavam as técnicas de produção de cerâmica e as transmitiram aos povos guaranis.
b) possibilitou que os povos que a praticavam se tornassem sedentários e pudessem armazenar alimentos, criando a necessidade de fabricação de recipientes para guardá-los.
c) proliferou, sobretudo, entre os povos dos sambaquis, que conciliaram a produção de objetos de cerâmica com a utilização de conchas e ossos na elaboração de armas e ferramentas.
d) difundiu-se, originalmente, na ilha de Fernando de Noronha, região de caça e coleta restritas, o que forçava as populações locais a desenvolver o cultivo de alimentos.
e) era praticada, prioritariamente, por grupos que viviam nas áreas litorâneas e que estavam, portanto, mais sujeitos a influências culturais de povos residentes fora da América.

2. **CO** (UFMT – adaptada) No Brasil, as questões relacionadas às etnias indígenas trazem à tona diversos problemas. Sobre a temática, assinale a afirmativa INCORRETA.

a) A ocupação de grandes extensões de terras em território mato-grossense com o objetivo de implantar atividades agropecuárias fez com que algumas etnias indígenas perdessem parte de seus territórios, diminuindo a antiga área de perambulação e provocando uma correspondente diminuição na disponibilidade de recursos alimentares naturais.
b) Os territórios dos povos Cinta-Larga, Zoró, Gavião e Suruí, nos estados de Rondônia e Mato Grosso, vêm sendo explorados por firmas madeireiras que denotam pouca preocupação com a conservação ambiental.
c) No território brasileiro não existem índios vivendo em isolamento haja vista que, desde 1997, a Fundação Nacional do Índio (Funai) adotou uma política de intensificar o contato, fato que contribuiu também para reduzir as taxas de mortalidade relacionadas às doenças tropicais e à má alimentação.
d) Parcela da etnia Parecí e da etnia Nambikwara passou por significativa desestruturação comunitária quando parte dos homens dessas aldeias se deslocou para a região de Comodoro (MT) a fim de explorar a venda ilegal de madeira.
e) Os índios do Acre e do Amazonas, para sobreviver, se refugiam em pontos remotos da mata, mantendo alguns hábitos inalterados, e, sem acesso à saúde pública e de qualidade, estão sujeitos à malária, às verminoses e a outras doenças.

3. **N** (Ufam) A Arqueologia é uma área em franca expansão na Amazônia e seus resultados de pesquisa têm promovido a revisão e/ou reformulação de teses consolidadas sobre a ocupação pré-colonial de nossa região. Algumas destas novidades estão indicadas, de forma sumária, nas alternativas abaixo. Analise-as, assinalando Verdadeiro ou Falso e, depois, marque a única sequência correta.

( ) Durante muito tempo, pesquisadores acreditaram que a pesquisa arqueológica era impossível na região devido às condições climáticas que impediam a conservação de vestígios materiais. Pesquisas recentes demonstram que estavam corretos, porque é muito difícil encontrar qualquer tipo de vestígio arqueológico na Amazônia.

( ) Houve uma reformulação na maneira de periodizar e, na Amazônia, não se utilizam termos como "Idade da Pedra", "Paleolítico" e "Idade dos Metais".

( ) O período paleoindígena, uma das fases identificadas pela pesquisa recente, refere-se a um momento em que as populações eram dispersas e pouco numerosas, organizadas em bandos nômades.

( ) A fase da pré-história tardia é uma das mais impressionantes por ter revelado a existência de sociedades estratificadas e complexas, com domínios culturais comparáveis às civilizações minoica e micênica.

( ) A importância dos cacicados complexos foi tão significativa que, ainda hoje, são facilmente identificáveis traços culturais e econômicos nas sociedades indígenas da Amazônia contemporânea.

a) V, V, V, F, F.
b) F, V, V, V, F.
c) F, V, F, V, V.
d) F, F, F, V, F.
e) V, F, V, F, F.

Civilizações antigas

Nos capítulos 3 a 6 estudaremos os povos da Antiguidade. Por convenção, a Antiguidade designa o período entre a invenção da escrita, em cerca de 4000 a.C., e a desagregação do Império Romano do Ocidente, em 476 d.C. Foi nesse período que a humanidade começou a conhecer a experiência de viver em cidades. Com elas surgiram os reinos, os impérios e as cidades-Estado, ou seja, cidades independentes em termos de economia, organização social e poder político, com estrutura de Estado próprias. Como você verá, para entender esse período é preciso conhecer algumas transformações fundamentais: a revolução agrícola, o domínio dos metais, as grandes aglomerações urbanas e a intensificação das relações entre diversos povos. Tradicionalmente, a Antiguidade é dividida em oriental (que compreende a civilização egípcia e a mesopotâmica, bem como os fenícios, hebreus e persas) e clássica ou ocidental (gregos e romanos). Essa divisão tradicional considera, portanto, apenas algumas civilizações, descartando as diferentes civilizações da África, da América e da Ásia, que incluímos nestes capítulos.

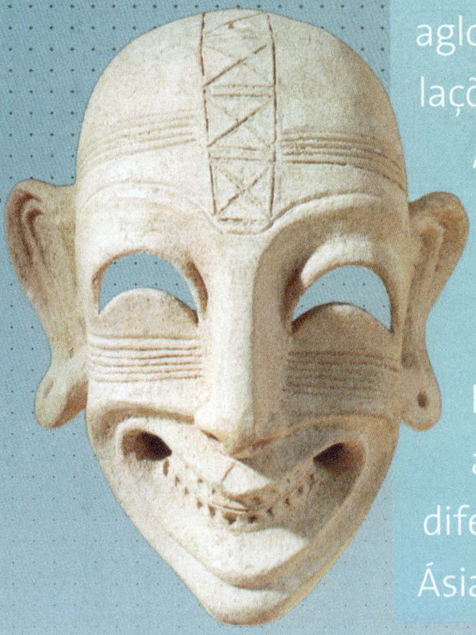

Museu do Bardo, Túnis, Tunísia/ Gianni Dagli Orti/The Art Archive/ Other Images

SABER HISTÓRICO

Discutindo as civilizações antigas

Jan Wlodarczyk/Alamy/Glow Images

Grande Templo de Ramsés II em Abu Simbel, Egito, construído no século XIII a.C. No detalhe, máscara em terracota do século IV a.C., de Cartago, atual Tunísia.

O tempo da História

O surgimento de cidades e do Estado não aconteceu ao mesmo tempo em todo o mundo. A História abarca diferentes momentos e diferentes formas de sentir e vivenciar o tempo, ou seja, múltiplas temporalidades.

Você já imaginou como seria se resolvêssemos registrar todos os acontecimentos humanos nos últimos 10 mil anos e tentássemos apresentar isso para as gerações atuais? Impossível, não é? Todas as narrativas sobre o passado são resultado de escolhas sobre o que é considerado importante conforme os objetivos do presente.

Museu Cernuschi, Paris/ The Art Archive/Other Images

Vaso em bronze do século IX a.C. representativo da arte da dinastia chinesa Chou.

No início do século XIX, no Brasil, por exemplo, praticamente não se ensinava a história do Brasil. A história da civilização era ensinada apenas como um pequeno capítulo da história sagrada, quer dizer, os ensinamentos sobre o passado conforme a Bíblia. Isso porque o Estado tinha uma forte ligação com a Igreja católica.

Hoje, as escolhas do conteúdo e do modo de estudar História refletem as preocupações do presente, o surgimento de novas evidências históricas e/ou a reinterpretação das já conhecidas, os posicionamentos de historiadores, autores de livros de História e professores. Além disso, a forma de aprender esse conteúdo será guiada pela própria leitura e interpretação que você faz da História, segundo seus interesses, suas ideias e suas crenças. Em cada civilização tratada nesta unidade, você estudará recortes, peças de um quadro histórico muito mais amplo e diverso. Peças que poderão ser aumentadas a partir de suas próprias pesquisas, de seus interesses e da troca de ideias com seus colegas de turma, amigos e professores.

Estudando civilizações antigas

Para obter informações sobre as civilizações antigas, o historiador procura dois tipos principais de vestígios: os **voluntários** e os **involuntários**. Os primeiros foram produzidos com o objetivo de registrar determinada informação ou imagem de pessoas ou instituições; os segundos resultam das atividades do dia a dia, sem outra intenção além de viver a própria vida. Ambos compõem as **evidências** que tornam possível interpretar e reinterpretar o passado.

Pesquisador trabalha em sítio arqueológico subaquático localizado no mar Vermelho, próximo ao Egito, em 2013.

No caso dessas civilizações antigas, as pesquisas envolvem técnicas arqueológicas e de análise de evidências históricas, principalmente documentos escritos e vestígios materiais, como esculturas, utensílios, construções. Essas técnicas são relevantes para todo o período, mas especialmente para períodos anteriores, como o Neolítico e a Idade dos Metais, em que estão as raízes das mudanças que originaram as primeiras aldeias e, a partir delas, as primeiras cidades. A todo momento, pesquisadores fazem novas descobertas em sítios arqueológicos, até mesmo sítios subaquáticos, como vestígios de navios naufragados que trazem informações sobre rotas de transportes e características da cultura, da política e do comércio entre os povos.

Os materiais encontrados em sítios arqueológicos são estudados por diferentes especialistas, que dispõem de técnicas específicas.

Museu do Louvre/The Bridgeman/Keystone

Pedra com escrita hieróglifa egípcia, de cerca de 1391-1353 a.C.

No caso dos documentos escritos, a análise implica a decifração e a tradução de inscrições em pedra, argila, conchas, papiro e outros materiais. Um dos estudiosos mais importantes na tradução da linguagem usada no Egito antigo foi o francês Jean-François Champollion (1790-1832), que começou a decifrar os hieróglifos – como são denominados os sinais da escrita do antigo Egito. É uma palavra de origem grega (*hierós* = 'sagrado' e *glýphein* = 'escrita'), cuja arte de ler e escrever era privilégio de sacerdotes, membros da realeza e escribas. São tidos, ao lado da escrita cuneiforme, como um dos mais antigos sistemas organizados de escrita no mundo. Uma outra escrita existente era a hierática, forma simplificada da escrita hieroglífica, pintada em papiros ou placas de barro. A escrita com hieróglifos era utilizada principalmente nas paredes de templos e túmulos.

Durante muitos séculos, os hieróglifos aguçaram a curiosidade dos pesquisadores, que não conseguiam decifrá-los. Em 1799, numa expedição científica e militar ao Egito, sob o comando de Napoleão Bonaparte, foi encontrado um bloco de granito negro que continha a mesma inscrição gravada em grego, **demótico** e hieróglifos. A pedra, que se tornaria conhecida como **Pedra de Roseta**, por ter sido encontrada no local de mesmo nome, foi a chave para a decifração dos hieróglifos. Como o grego permaneceu uma língua conhecida e usada até então, as traduções puderam ser feitas. O texto da Pedra de Roseta registrava um agradecimento dos sacerdotes egípcios ao faraó Ptolomeu V Epifânio, que havia concedido isenção de vários impostos ao povo egípcio.

demótico: língua utilizada por antigos egípcios em textos cotidianos.

Andrey Nekrasov/Alamy/Glow Images

Civilização

"Civilização" é uma palavra com muitos significados. As origens históricas do termo são diversas, podendo referir-se aos bons modos ou hábitos de civilidade (como comer com talheres), à intelectualidade, a um estágio avançado do "desenvolvimento" da cultura humana, em oposição ao estado de barbárie ou selvageria. No sentido que utilizamos, civilização equivale ao produto material e cultural do trabalho humano e às transformações da natureza. Refere-se especialmente às organizações sociais, políticas e simbólicas construídas pelo homem. Nesse sentido, todas as culturas humanas podem ser consideradas civilizadas, rompendo com a visão evolucionista e eurocêntrica construída durante o período de conquistas pelos europeus.

Eventos como o extermínio de milhões de pessoas promovido pelos nazistas alemães durante a Segunda Guerra Mundial, o lançamento de bombas atômicas sobre as cidades japonesas Hiroxima e Nagasaki, em 1945, realizado pelos norte-americanos, bem como a corrida armamentista nuclear, protagonizada por povos "avançados" e "civilizados" durante o período da Guerra Fria, no século XX, mostraram que a associação de "civilização" com valores "superiores" e humanistas não era tão verdadeira como se pensava até então.

ED Tábua de argila com escrita protocuneiforme

Museu do Louvre, Paris/Scala Florence/Imageplus

Tábua de argila com escrita protocuneiforme, originária do sul do atual Iraque. Data provável: 4000 a.C. A escrita cuneiforme é feita com o auxílio de glifos (figuras, símbolos) em formato de cunha sobre tábuas de argila úmida, posteriormente levadas ao forno.

É preciso considerar que civilização não é um estágio mais avançado que todos os povos teriam necessariamente de alcançar, como se fossem pessoas que passam por fases de crescimento e amadurecimento. Não é possível comparar as transformações das sociedades humanas com a evolução das espécies ou com o crescimento dos seres vivos.

O que existe são diferentes respostas de distintos grupos humanos a seus respectivos meios, resultando em diferentes culturas, que não podem ser comparadas, como se umas fossem classificáveis como melhores ou piores, ou mais ou menos "avançadas" que outras.

O Oriente Próximo e o Médio: Mesopotâmia e Egito

Parte da Mesopotâmia é hoje ocupada pelo Iraque e parte pelo Irã. Ainda é forte a crença de que foi nessa região que surgiu a vida urbana, embora descobertas recentes tenham encontrado cidades ainda mais antigas do que as mesopotâmicas.

No final do século XIX, a região era dominada pelo Império Turco Otomano, aliado da Alemanha, que, como todas as potências europeias na época, procurava expandir o seu território ou a sua influência sobre a África e a Ásia. Por isso os primeiros estudiosos das civilizações que ocuparam a região foram principalmente alemães, que fizeram escavações sistemáticas entre 1899 e 1917 (o Portal, ou Porta, de Ishtar, importante monumento mesopotâmico, foi levado para a Alemanha a fim de ser reconstruído e até hoje está em Berlim). Em 1920, após a Primeira Guerra Mundial e a desagregação do Império Otomano, a Mesopotâmia passou ao domínio inglês.

As escavações do fim do século XIX foram estimuladas pela decifração da escrita cuneiforme, encontrada em tábuas de argila no início daquele mesmo século. Isso permitiu não só o conhecimento dos povos mesopotâmicos, mas também dos persas e fenícios, civilizações com as quais esses povos mantinham relações. O estudo dos caracteres cuneiformes permitiu aos pesquisadores, ainda, analisar textos legais, contratos de propriedade, produção e comércio, entre outros documentos.

A civilização egípcia povoa a imaginação do Ocidente há cerca de três séculos. Está presente em referências arquitetônicas, filmes e desenhos animados.

O Egito contemporâneo, localizado no nordeste da África, adquiriu papel estratégico a partir de 1869, por oferecer aos europeus passagem terrestre e marítima, pelo canal de Suez, para a Ásia. No final do século XVIII, Napoleão Bonaparte já ocupara o Egito para enfraquecer militar e comercialmente sua maior rival, a Inglaterra, controlando rotas comerciais terrestres e dificultando o domínio inglês da Índia.

A expedição militar de Napoleão, que encontrou a Pedra de Roseta, já mencionada, durou de 1798 a 1801 e incluiu grande número de estudiosos, que fizeram, pela primeira vez, extenso, sistemático e exaustivo levantamento de informações e de objetos da antiga civilização local.

Khalid Mohammed/Associated Press

Dedicado à deusa babilônica Ishtar e construído aproximadamente em 575 a.C., o Portal de Ishtar foi o oitavo portal da cidade mesopotâmica da Babilônia. Sua reconstrução, com material colhido das escavações, encontra-se no Museu de Pergamon, em Berlim. Na foto, réplica erguida no local original, na região da antiga Babilônia, a 100 km ao sul de Bagdá, no Iraque. Foto de 2012.

Posteriormente, a Inglaterra, consolidada como maior potência econômica e militar do século XIX, foi impondo seu poder e influência sobre o Egito, até finalmente instalar funcionários ingleses em postos-chave do governo egípcio. Minada a soberania do país, o Egito tornou-se **protetorado** britânico em 1914. Nesse período, estudiosos ingleses foram os principais responsáveis pelas pesquisas arqueológicas em território egípcio. A época da colonização e dominação das potências europeias sobre nações asiáticas e africanas foi também o período da transferência de diversos objetos históricos e arqueológicos desses povos antigos para os principais museus da Europa, especialmente da Inglaterra, da França, da Alemanha e do Vaticano.

protetorado: é um Estado posto sob a autoridade de outro.

David Cole/Alamy/Glow Images

A foto, de 1922, registra a abertura da tumba do faraó Tutancâmon, em Luxor, no Egito, uma das descobertas mais importantes dessa época, feita pela equipe dos ingleses Lorde Carnavon e Howard Carter.

O Extremo Oriente: Índia e China

Por muito tempo, o Extremo Oriente não passava de uma nota de rodapé em grande parte dos livros de História Geral, que se dedicavam apenas às civilizações antigas mais próximas da Europa. Mesmo assim, parte dos historiadores, inicialmente uma minoria, percebia que aquela História "Geral" estava deixando de lado grandes grupos humanos para os quais a Europa dava pouca ou nenhuma importância até poucos séculos antes. Hoje, essa questão não pode ser mais ignorada, já que a maior parte da população mundial – e uma parte cada vez mais expressiva da economia planetária – está nos países da Ásia.

Conhecer alguns dados sobre a origem de alguns desses povos nos ajuda a compreender melhor o mundo em que vivemos, bem como a olhar a experiência humana de ângulos diferentes daqueles com que estamos acostumados.

Vamos ilustrar esse desinteresse da maioria dos historiadores por povos que não tinham relação direta com a Europa com um exemplo que não ocorreu na Antiguidade, mas no século XV. Por volta do ano 1400 de nossa era, o imperador chinês Zhong Di, da dinastia Ming, liderava um poderoso império cuja organização política era distinta da que existia na Europa, onde os povos estavam divididos em reinos com seus feudos, aldeias e pequenas cidades. Nessa época, os chineses haviam aprimorado as técnicas em geral, em especial as de guerra e de navegação.

Por ordem do poderoso imperador, foram construídos cerca de 300 *ba chuans*, navios gigantescos para a época, com aproximadamente 150 metros de comprimento. Uma frota deles partiu de Nanquim em 1421, atravessou o oceano Índico e passou pela costa da África, chegando até a metade inferior do continente, já no Atlântico. Com isso, percorreu o dobro da distância da viagem em que Colombo, setenta anos depois, chegaria à América. Assim, certos pesquisadores supõem que essa armada de *ba chuans* conseguiu fazer uma viagem de circum-navegação quase cem anos antes dos europeus.

Réplica em madeira de um dos navios chineses conhecidos como *ba chuan*, construídos no século XV.

Boaz Rottem/Alamy/Glow Images

A pergunta aqui não é se essa viagem continuou para a América depois de passar pela África – e nesse caso os asiáticos teriam chegado à América antes dos europeus. A pergunta a ser feita é: por que a viagem dos chineses parece uma grande novidade para nós, que nos acostumamos com a ideia de que os europeus foram os primeiros conquistadores a chegar ao continente americano? O importante é percebermos que existiu entre os historiadores europeus, além de desconhecimento e/ou desconsideração pelas culturas alheias, um profundo desejo de contar a história como se nada houvesse de mais antigo ou de mais importante que a Europa antes do século XVI.

Para ir além dessa visão centrada nos acontecimentos europeus, o estudo da Antiguidade aqui proposto inclui a Ásia, representada pela China e pela Índia. Obviamente outras civilizações significativas existiram nessa parte do mundo ao longo dos últimos 5 mil anos.

América e África

Livros antigos de história no Brasil começavam com a chegada dos espanhóis e portugueses à América. Com isso, afirmavam implicitamente a ideia de que os europeus haviam trazido a História ao continente e que antes disso existiria apenas uma pré-história pouco interessante. Com a ajuda de arqueólogos, antropólogos e historiadores, foi possível perceber que essa visão deixava de lado civilizações e experiências humanas, desconsiderando suas histórias. Logo, passou-se a recuperar o passado dos grupos que viviam como caçadores-coletores nômades, das aldeias que começavam a experimentar a agricultura e das civilizações que haviam erguido grandes cidades na América antes da chegada de Colombo.

The Art Archive/Other Images/ Museu do Ouro, Lima, Peru.

Detalhe de um *Tumi*, faca cerimonial representativa da arte pré-colombiana (cultura Chimu).

Vimos que a história tradicional do Ocidente, marcada por uma visão eurocentrista, quase sempre tratou como não relevante a história de outras regiões. Esse olhar, que tem subordinado e diminuído a importância de outros povos e que apresenta a Europa como eixo do movimento evolutivo, foi impulsionado desde a Antiguidade, época em que a região mediterrânea era definida como o centro do mundo. A África, desde então, passou a ser vista como distante, como a região dos "homens de faces queimadas"[1].

Trazendo um pouco dos estudos antes vistos como "secundários", pretendemos colaborar para o entendimento de que a história dos continentes americano e africano não é homogênea.

Thomas Cockrem/Alamy/Glow Images

Ruínas da cidade de Gedi, localizada no Malindi, Quênia. Foto de 2011.

Antiguidade Clássica: Grécia e Roma

As civilizações grega e romana são consideradas a base histórica e cultural do que hoje chamamos de Ocidente. Das civilizações antigas, essas são as mais acessíveis aos pesquisadores porque muitas fontes escritas e ruínas foram preservadas.

Mas, acima de tudo isso, um fator fundamental explica porque conhecemos melhor a Grécia e Roma do que todas as outras civilizações antigas. O que acontece é que a moderna História começa a surgir na Europa por volta do século XVIII, e as primeiras buscas por origens feitas pelos colecionadores, eruditos e escritores de então se referiam ao legado das civilizações europeias antigas: Grécia e Roma. O próprio fato de serem civilizações importantes na origem do cristianismo, religião fundamental para entender a história europeia ocidental, também foi um incentivo a essas pesquisas, somado ao fato de que estudiosos e ordens religiosas cristãs ajudaram a preservar boa parte das obras da cultura clássica.

Juntando experiências históricas tão diversas como essas que mencionamos nesta seção *Discutindo as civilizações antigas*, você poderá entender de forma mais ampla o surgimento das cidades, o domínio crescente sobre a natureza, a formação de cidades-Estado, reinos e grandes impérios, a complexidade crescente da arte e da cultura – em síntese, as bases mais remotas do mundo em que vivemos.

The Bridgeman/Keystone

Máscara teatral romana do século V a.C.

[1] Conforme DEL PRIORE, Mary; VENÂNCIO, Renato Pinto. *Ancestrais*: uma introdução à história da África atlântica. Rio de Janeiro: Elsevier, 2004. p. 56.

CAPÍTULO

3 A vida em cidades: Egito e Mesopotâmia

SABAH ARAR/Agência France-Press

O rio Tigre visto do centro cultural de Bagdá em junho de 2012.

Para pensar historicamente

Cidades na História

A probabilidade de você estar lendo estas linhas em uma cidade é de aproximadamente 85%. Sabemos disso porque essa é a taxa de urbanização do Brasil, ou seja, a porcentagem de pessoas que moram em cidades. O índice é superior à média dos países da Europa, que têm 75% de urbanização, e está bem acima da média mundial de 52%.

Para que você tenha uma ideia de como esse cenário urbano se modificou ao longo do tempo, em 1800 a taxa mundial de urbanização era de cerca de 2%. E houve um tempo em que não existiam cidades tal como as conhecemos hoje.

Neste e no próximo capítulo você conhecerá um pouco mais sobre a formação das cidades e poderá refletir sobre a situação histórica que, em algumas regiões e em determinadas épocas, favoreceu essa organização dos grupos humanos.

Leo Caldas/Pulsar Imagens

Vista aérea do centro de Recife, Pernambuco. Foto de 2013.

1 Dos grupos nômades às cidades

Como você viu antes, em alguns momentos (e esses momentos foram vários, em tempos diferentes e em distintas partes do globo) certos agrupamentos humanos começaram a trocar a caça e a coleta pela pecuária e pela agricultura. Com essas novas atividades, já não precisavam se locomover constantemente em busca de alimento, tornando-se sedentários, isto é, estabelecendo moradias fixas. Isso não significa que a mudança tenha sido repentina, ou que as atividades de caça e coleta tenham sido totalmente eliminadas. Os especialistas concordam que essas formas conviveram, mas aos poucos a fixação à terra foi se tornando predominante.

Com a fixação dos grupos humanos em um mesmo lugar, surgiram **aldeias**. Nelas já estavam presentes as principais características da cidade: perímetro definido, separado dos campos agrícolas e pastos circundantes, moradias permanentes, depósitos para guardar bens (objetos, alimentos) e cemitérios. Nesse momento, a separação dos espaços rural e urbano não está plenamente estabelecida.

Essa nova configuração da sociedade humana foi propiciada pelo desenvolvimento da agricultura e da conservação de alimentos, no Período Neolítico. Graças à armazenagem de alimentos podia-se agora ter alguma segurança diante do risco de más colheitas, especialmente de cereais, como o trigo e o milho. Além disso, a produção de alimentos controlada pelas pessoas permitia alimentar aqueles que não trabalhavam diretamente na agricultura. Como nem todos precisavam dedicar-se à agricultura, as atividades se diversificaram.

Boas colheitas dependiam da irrigação do solo, por isso era comum que essas comunidades se localizassem perto de rios que tinham fluxo abundante de água, pelo menos durante parte do ano.

Estima-se que as aldeias do Neolítico tenham surgido há 11 mil anos. Uma delas, a de Çatal Huyuk, foi descoberta na década de 1960, após escavações na Turquia. Calcula-se que ela tenha existido há cerca de 10 mil anos, reunindo de 5 mil a 10 mil habitantes. Em escavações recentes, pesquisadores iugoslavos encontraram, na atual Sérvia, outro sítio da Antiguidade, um conjunto de vilas denominado Lepenski Vir; estima-se que ele tenha existido há 8,5 mil anos.

Até as descobertas dessas povoações, considerava-se que as primeiras cidades teriam se desenvolvido na região do atual Iraque – conhecida como Mesopotâmia – há cerca de 5,5 mil anos. E, em períodos mais recentes (desde cerca de 4 mil anos atrás), registrou-se a existência de cidades nas regiões da Índia, da China, do Egito e da América Central.

Jason Quinlan/Catalhoyuk Research Project

Escavações em Çatal Huyuk, atual Turquia. Foto de 2013.

Atividades

Leitura e reflexão

1. Leia o texto a seguir, de Lewis Mumford, e depois responda às questões.

> A cidade, como se encontra na História, é o ponto de concentração máxima do poder e da cultura de uma comunidade. É o lugar onde os raios difusos de muitas formas separadas de vida entram em foco, com ganhos tanto em efetividade social quanto em significância. A cidade é a forma e o símbolo de uma relação social integrada: é o assento do templo, do mercado, o palácio da justiça, a academia do aprendizado. Aqui na cidade os bens da civilização são multiplicados e diversificados; aí é onde a experiência humana é transformada em signos viáveis, símbolos, padrões de conduta, sistemas de ordem. Aí é onde as questões da civilização são postas em foco; aí, também, o ritual ganha lugar no drama ativo de uma sociedade plenamente diferenciada e autoconsciente.
>
> Cidades são produto da terra. Elas refletem a habilidade do camponês em dominar a terra: tecnicamente eles apenas se valem de sua habilidade de aproveitar o solo para usos produtivos, ao guardar seu gado para segurança, ao regular as águas que umedecem seus campos, ao providenciar depósitos e celeiros para suas colheitas. Cidades são emblemas daquela vida sedentária que começa com a agricultura permanente: uma vida conduzida com a ajuda de abrigos permanentes, utilidades permanentes como pomares, vinhedos, e para intercâmbio e para novas combinações não dadas nos trabalhos de irrigação, e construções permanentes para proteção e armazenamento.
>
> [...]
>
> Cidades são produto do tempo. Elas são os moldes nos quais os tempos de vida dos homens são congelados e solidificados, dando forma definitiva, por meio da arte, a momentos que de outra forma desapareceriam com a vida e não deixariam formas de renovação ou maior participação atrás de si. Na cidade, o tempo torna-se visível: construções e monumentos e ruas públicas, mais abertas que o registro escrito, mais sujeitas ao olhar de muitos homens que os artefatos da zona rural, deixam uma marca sobre as mentes, tanto do ignorante quanto do indiferente. Por meio do fato material da preservação, o tempo desafia o tempo, o tempo se choca com o tempo: hábitos e valores sobrevivem ao grupo vivente, marcando em diferentes estratos do tempo o caráter de uma dada geração.
>
> MUMFORD, Lewis. *The Culture of Cities*. New York: Harcourt Brace, 1996. p. 3-4.

Paramount Pictures/Album/Latinstock

O fórum romano em cena do filme *A queda do Império Romano*, de Anthony Mann, Estados Unidos, 1964.

a) Segundo o autor, o que significa dizer que "as cidades são produto da terra"? E afirmar que "as cidades são produto do tempo"?

b) Selecione do texto um trecho que melhor defina cidade para você.

c) De que maneira você se relaciona com sua cidade? Que locais urbanos ou rurais de sua cidade revelam vestígios históricos?

Análise de imagem e redação

2. A urbanização e as invenções tecnológicas não trouxeram apenas avanços nem deixaram apenas monumentos de beleza e importância histórica.

Benett/Acervo do cartunista

Das primeiras concentrações urbanas à intensa urbanização das cidades contemporâneas, muitos desafios foram criados: a degradação ambiental, as dificuldades de deslocamentos nas grandes cidades, a destruição de registros e referências históricas, entre outros aspectos a serem enfrentados pela humanidade.

a) Observe os quadrinhos acima e retome os conceitos de civilização da seção *Discutindo as civilizações antigas*.
b) Em seguida, faça uma redação explicando por que a história das criações humanas não significou necessariamente progresso e bem-estar social.

Leitura de texto e pesquisa

3. Veja a seguir uma hipótese sobre o surgimento das cidades.

> Em seu clássico *A cidade na história*, Lewis Mumford defende algumas teses fascinantes sobre a origem das cidades. Entre outras, afirma que a cidade dos mortos (necrópolis) antecedeu a cidade dos vivos (pólis). As verdadeiras fundadoras de cidades e civilizações teriam sido as mulheres, que cultuavam seus mortos em lugares aos quais, mesmo em períodos de nomadismo, voltavam com regularidade, erguendo santuários para aqueles que haviam partido deste mundo. As mulheres ainda procuravam lugares seguros e protegidos para dar à luz, lugares esses simbolizados pelo círculo remetendo à cidade com muralhas. A cruz, a grade ou o tabuleiro representariam de forma mais imediata as ruas da cidade e, metaforicamente, a ousadia, o expansionismo dos homens, sua atitude conquistadora e guerreira. Por isso, não surpreende que os hieróglifos de mulher, casa e cidade se confundem.
>
> Esse mesmo símbolo já foi encontrado em Nimrod, em escavações na Mesopotâmia, sob a forma de um baixo-relevo assírio, mostrando que a existência de cidades no Oriente Próximo antecedeu por milênios a existência das cidades ocidentais, incluindo as cidades da Antiguidade clássica como Atenas e Roma.
>
> FREITAG, Bárbara. *Utopias urbanas*. Conferência de encerramento do IX Encontro da Sociedade Brasileira de Sociologia, em 2001. Disponível em: <http://e-groups.unb.br/ics/sol/itinerancias/grupo/barbara/utopias.pdf>. Acesso em: 11 dez. 2013.

a) Segundo o texto, qual seria o papel das mulheres no surgimento das cidades?
b) Faça um levantamento de informações sobre o surgimento da cidade em que você mora. Depois, exponha aos colegas o que você descobriu.

A história dos núcleos urbanos

2 Das cidades aos reinos e impérios

Neste e nos próximos capítulos, apresentaremos aspectos de cada uma das civilizações que selecionamos para esse nosso estudo. Não se pretende esgotar o assunto, mas apenas evidenciar alguns sinais da trajetória humana nesse período conhecido como Antiguidade, em que as cidades surgiram e se desenvolveram, das mais diferentes formas, em diferentes lugares do mundo. Com elas, firmavam-se espaços em que novas atividades ganhavam vida. Nas cidades estavam as construções públicas (ruas, pontes, templos, praças), o comércio (mercados e portos) e a sede do governo (palácios). Para proteção, geralmente eram cercadas por muralhas, demarcando seus limites com o campo da agricultura e do pastoreio.

A civilização mesopotâmica

Observe o mapa a seguir. A Mesopotâmia situa-se no Oriente Médio, entre os rios Tigre e Eufrates, na região conhecida como **Crescente Fértil**. Seu nome já sugere tratar-se de uma região fértil, embora localizada em meio a montanhas e desertos: Mesopotâmia vem do grego (*meso* = 'meio'; *potamos* = 'água') e significa 'terra ou região entre rios'.

Crescente Fértil

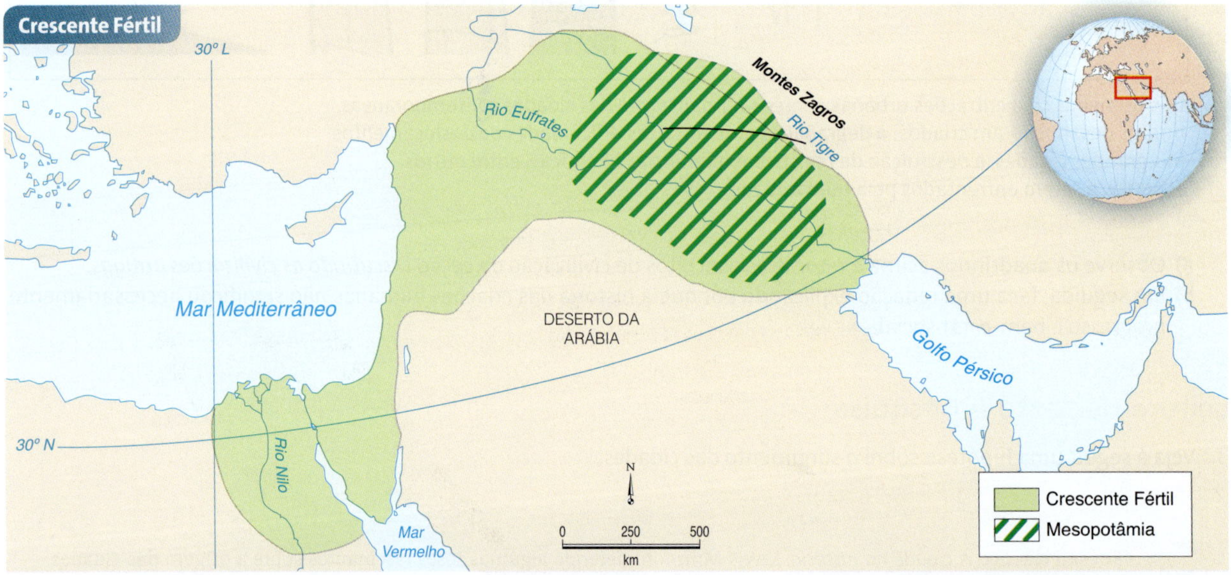

Allmaps/Arquivo da editora

Adaptado de: ALBUQUERQUE, M. M. de; REIS, A. C. F.; CARVALHO, C. D. de. *Atlas histórico escolar*. Rio de Janeiro: Fename, 1979. p. 73.

Quanto à organização socioeconômica, existem grandes semelhanças entre a mesopotâmica e a egípcia, que estudaremos a seguir. No entanto, algumas diferenças de caráter físico-geográfico podem ser destacadas. Situado entre dois desertos, o Egito vivia em relativo isolamento geográfico, o que lhe possibilitou longos períodos de estabilidade política; a Mesopotâmia, por sua vez, é ainda hoje uma planície aberta a invasões por todos os lados. Além disso, o regime de cheias do Tigre e do Eufrates não é tão regular como o do Nilo, no Egito; por isso são frequentes inundações violentas e até períodos de seca na região banhada por eles.

Os primeiros vestígios de sedentarismo humano na Mesopotâmia datam de aproximadamente 10000 a.C. Com o crescimento populacional e dos primeiros núcleos urbanos da região, desenvolveu-se um complexo sistema hidráulico, que tornou possível a drenagem de pântanos e a construção de diques e barragens, para evitar inundações e armazenar água para épocas de seca.

O sucesso das atividades produtivas levou à formação de grandes cidades com mais de mil habitantes já por volta de 4000 a.C., como Uruk. Essas cidades tinham principalmente função militar, protegendo a riqueza gerada pela agricultura e, ao mesmo tempo, exercendo o controle político da população da região.

ESSAM AL-SUDANI/Agência France-Press

Sítio arqueológico de Uruk, situado na região sudeste da antiga Mesopotâmia, em 2010.

Evolução política

No fim do Período Neolítico, diversas cidades já haviam sido criadas na Mesopotâmia, todas elas autônomas e habitadas por **sumérios**, povo oriundo do vizinho planalto do Irã. Ur, Nipur e Lagash, além da já citada Uruk, foram os principais centros urbanos. As cidades eram governadas por *patesis*, misto de chefes militares e sacerdotes, que exerciam o controle sobre a população, cobrando impostos e administrando as obras hidráulicas.

Jörg Kantel/Coleção particular

Planta da cidade sumeriana de Nipur, feita em tábua de argila (c. 1600 a.C.). Abaixo, reprodução da planta com identificação dos principais pontos.

1 e 2 Templos
3 Santuário
4 Parque
5 Rio Eufrates
6 Grande Recinto (talvez do palácio real)
7 e 8 Canais
9 a 15 Portos

Adaptado de: BARBERIS, Carlo. *Storia Antica e Medievale*. Milão: Casa Editrice G. Principato S.p.A., 1997. p. 37. v. 1.

Os sumérios chegaram a estabelecer relações comerciais com povos vizinhos, tanto na direção oeste, indo para o mar Mediterrâneo, como na direção leste, rumo à Índia. Desenvolveram a **escrita cuneiforme**, para registrar suas complexas transações econômicas.

Primeiros pictogramas e escrita cuneiforme

A escrita mesopotâmica inicial empregava pictogramas, associando uma forma ou imagem a cada palavra ou ideia, semelhante ao que ocorria no sistema egípcio de hieróglifos. Essa escrita, chamada de "Uruk IV", descoberta ao sul da Mesopotâmia, data de 3000 a.C. As inscrições encontradas eram principalmente listas de cabeças de gado ou de equipamentos agrícolas.

Por volta de 2500 a.C., o sistema de escrita aproximou-se de uma representação das palavras que usava símbolos em formato de cunha gravados na argila feitos com a ponta de um caniço cortado ou estilete. Esse sistema era capaz de representar não apenas uma palavra isolada, mas também valores fonéticos – ou seja, as formas podiam representar sons. Com o tempo, os símbolos cuneiformes foram simplificados e convencionados, o que facilitou sua representação em diferentes línguas.[1]

Universal History Archive/UIG/The Bridgeman/Keystone

Detalhe do painel do estandarte de Ur, produzido pelos sumérios entre 2600-2400 a.C.

Por volta de 2400 a.C., o **povo acádio**, que já vinha se introduzindo na região havia algum tempo, dominou a Mesopotâmia. O rei acádio Sargão I unificou as regiões centro e sul, submetendo os sumérios, ao mesmo tempo que incorporava sua cultura. Porém, contínuas invasões estrangeiras inviabilizaram a permanência do Império Acádio, que acabou desaparecendo por volta de 2100 a.C.

A partir do século XIX a.C., com os invasores **amoritas**, firmou-se uma nova tentativa de unidade da região, originando o Primeiro Império Babilônico. Com o rei Hamurabi (1792 a.C.-1750 a.C.), a cidade da Babilônia, a capital, transformou-se em um dos principais centros urbanos e políticos da Antiguidade. O império abrangia uma região que se estendia do golfo Pérsico à Assíria.

---

[1] RATHBONE, Dominic. *História ilustrada do mundo antigo*. São Paulo: Publifolha, 2011. p. 96.

Com Hamurabi foi organizado um código de leis escritas tido como um dos mais antigos de que se tem notícia. O **Código de Hamurabi** determinava penas para delitos domésticos, comerciais, ligados à propriedade, à herança, à escravidão e a falsas acusações, sempre baseadas na lei de talião, que pregava o princípio do "olho por olho, dente por dente".

Artigos do Código de Hamurabi

Artigo 200 Se um homem arrancou um dente de um outro homem livre igual a ele, arrancarão o seu dente.

Artigo 201 Se ele arrancou o dente de um homem vulgar, pagará um terço de uma mina de prata.

mina: medida de peso equivalente a cerca de 500 gramas.

Artigo 202 Se um homem agrediu a face de um outro homem que lhe é superior, será golpeado sessenta vezes diante da assembleia com um chicote de couro de boi.

Artigo 229 Se um pedreiro edificou uma casa para um homem, mas não a fortificou e a casa caiu e matou o seu dono, esse pedreiro será morto.

Artigo 230 Se causou a morte do filho do dono da casa, matarão o filho desse pedreiro.

Artigo 231 Se causou a morte do escravo do dono da casa, ele dará ao dono da casa um escravo equivalente.

Artigo 232 Se causou a perda de bens móveis, compensará tudo que fez perder. Além disso, porque não fortificou a casa que construiu e ela caiu, deverá reconstruir a casa que caiu com seus próprios recursos.

Código de Hamurabi. Bauru: Edipro, 1994. p. 36 e 38. (Clássicos).

Museu do Louvre, Paris/ Erich Lessing/Album/Latinstock

O Código de Hamurabi, em escrita cuneiforme, foi impresso em um bloco de rocha. Em sua parte superior, há uma representação de Hamurabi em frente ao deus sumeriano do Sol.

A pena seria, na medida do possível, semelhante ao delito cometido, embora pudesse variar conforme a posição social e econômica da vítima e do infrator. Para um ladrão, por exemplo, a pena era ter uma das mãos cortada.

Ao declínio do Primeiro Império seguiram-se invasões de diversos povos, chegando alguns a exercer eventualmente o controle da região. Observe no mapa a seguir a localização de alguns desses povos do Oriente Próximo. Os **assírios** tornaram-se conhecidos por seu forte caráter militar e pela violência ao tratarem os prisioneiros de guerra. Já os **caldeus**, fundadores do Segundo Império Babilônico, ficaram famosos pelas seguidas conquistas e pelo governo de Nabucodonosor (604 a.C.-561 a.C.), com suas obras urbanas na Babilônia. Esse poderio não foi capaz de conter as tropas dos conquistadores **persas** comandadas por Ciro I. No século VI a.C., a Babilônia foi integrada ao Império Persa.

Povos da Mesopotâmia do VI ao II milênio a.C.

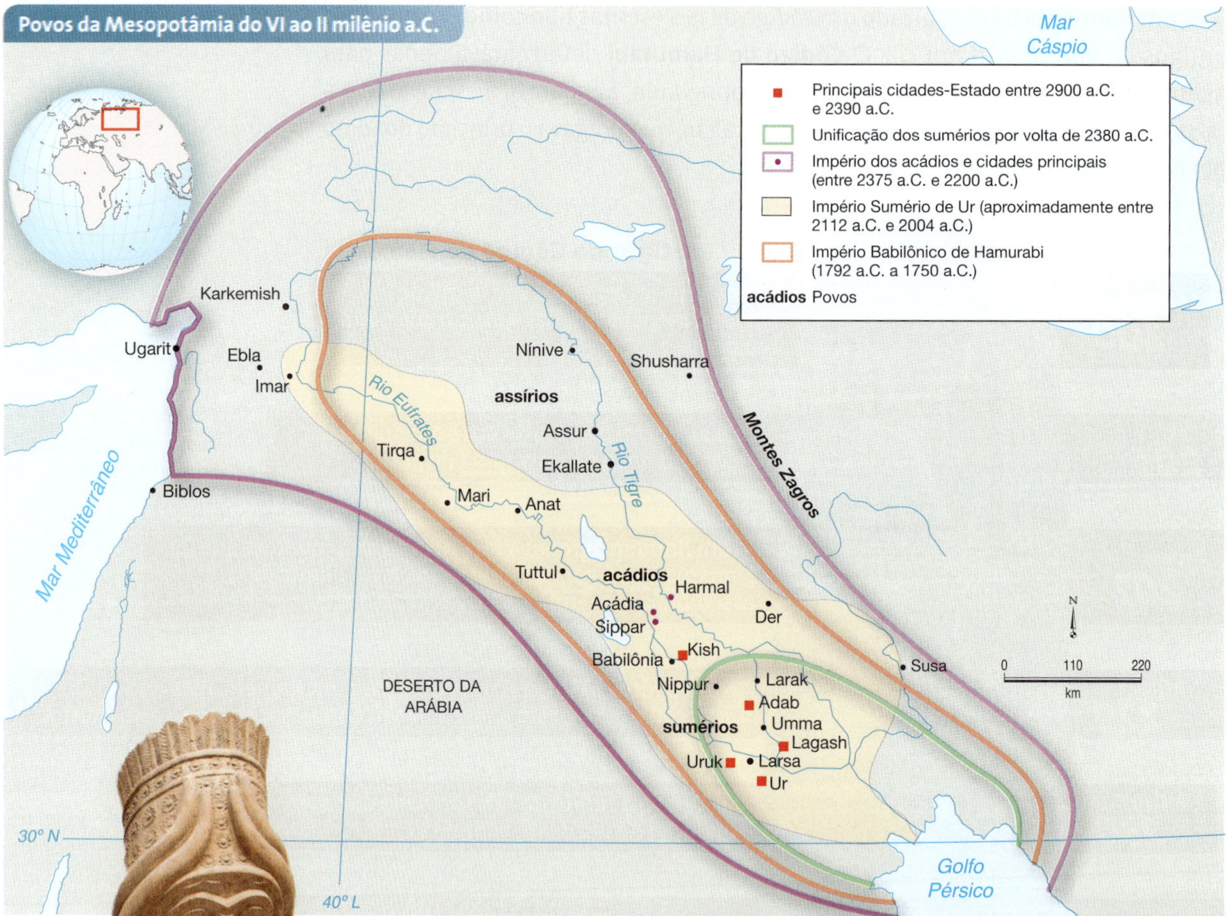

Allmaps/Arquivo da editora

Adaptado de: ATLANTE Storico de Agostini. Novara: Istituto Geografico de Agostini, 2005. p. 4.

Economia, sociedade e cultura na Mesopotâmia

Assim como no Egito, na Mesopotâmia a agricultura foi a principal atividade econômica praticada pela população. À frente das primeiras cidades, emergiram lideranças com a responsabilidade de cuidar dos canais de irrigação, da justiça e da burocracia. Não havia separação entre a vida prática, do dia a dia, e a vida religiosa. Todos prestavam serviços aos deuses e à administração locais, fazendo crescer o poder das duas principais instituições mesopotâmicas: o **templo** e o **palácio**. Cabia a elas a maior parte das terras, além da responsabilidade de cuidar da tributação e redistribuição dos excedentes agrícolas. Dessa forma, a estrutura social baseava-se na existência de uma elite que controlava a parcela da população submetida ao trabalho compulsório, caracterizando o domínio de todos os grupos sociais por meio de uma administração centralizada, de um governo despótico e teocrático, ou seja, associava-se a autoridade do governante à religiosidade.

Sylvain Sonnet/Corbis/Latinstock

Estátuas assírias que representam figuras aladas, guardiãs do Palácio do rei Sargão II.

Quanto aos escravos, seu número tendia a ser bastante elevado em certos períodos, principalmente durante o Império Assírio, e o comércio e o artesanato tiveram significativo desenvolvimento, pelos contatos com povos diversos.

A religião mesopotâmica servia de elemento de ligação entre a população e os governantes. Os sacerdotes (templo) tinham importante função política e o governante (palácio) era considerado um representante dos deuses – diferentemente do que ocorria no Egito, como veremos mais adiante, onde era visto como uma divindade viva.

Os povos da antiga Mesopotâmia eram politeístas, ou seja, adoravam vários deuses, que representavam elementos da natureza. Acreditavam que esses deuses – que habitariam os **zigurates**, templos em forma de pirâmides – podiam interferir em sua vida, causando o bem e o mal. Ishtar, deusa da chuva, da primavera e da fertilidade, ganhou muita importância na Mesopotâmia (ver foto do Portal de Ishtar na página 71). Havia também deuses próprios de cada cidade.

Os povos mesopotâmicos destacaram-se na ciência, arquitetura e literatura. Observando o céu, os sacerdotes desenvolveram os princípios da Astronomia e da Astrologia. Os zigurates, além de morada dos deuses e de abrigar celeiros e oficinas, eram também verdadeiras torres de observação dos céus. Possibilitaram cálculos do movimento de planetas e estrelas e a posterior elaboração de sofisticados calendários. Foram os mesopotâmios que elaboraram o calendário dividindo o ano em doze meses e a semana em sete dias, cada um dos quais dividido em dois períodos de doze horas.

Os mesopotâmios desenvolveram ainda cálculos algébricos, dividiram o círculo em 360 graus e calcularam as raízes quadrada e cúbica. Sua arquitetura introduziu o uso de arcos e a decoração em baixo-relevo. Na literatura, criaram poemas e narrativas épicas, como *A epopeia de Gilgamesh*. Esse texto, considerado por alguns estudiosos a narrativa escrita mais antiga de que se tem notícia (c. 2000 a.C.), conta as aventuras do lendário rei sumério Gilgamesh, de Uruk, na Mesopotâmia, que teria sido o quinto rei da primeira dinastia após o dilúvio de Uruk. Um dos episódios traz a referência ao dilúvio, narrativa recorrente em muitas culturas, estando presente nas narrativas mais antigas do Velho Testamento, que faz parte do livro sagrado dos judeus e dos cristãos.

O Zigurate de Ur, localizado em Nasiriya, atual Iraque (foto de 2014). Construído em homenagem ao deus da Lua, Nanna, entre 2113 e 2096 a.C., o Zigurate de Ur é o mais bem conservado da Mesopotâmia.

Ahmed Saad/Reuters/Latinstock

Atividades

Análise de texto

1. Para os historiadores, *A epopeia de Gilgamesh* é um documento importante para entender a sociedade suméria. Leia o trecho abaixo e depois responda às questões.

> Enlil da montanha, pai dos deuses, havia decretado o destino de Gilgamesh. Por isso Gilgamesh teve um sonho, e Enkidu disse: "O significado do teu sonho é o seguinte: o pai dos deuses te deu um trono, reinar é o teu destino; a vida eterna não é o teu destino. Por isso, não fique triste, não te atormentes nem te deixes oprimir por causa disso. Ele te deu o poder de atar e desatar, de ser as trevas e a luz da humanidade. Ele te deu a supremacia sem paralelo sobre o povo, te garante a vitória nas batalhas de onde não escapam fugitivos; o sucesso é teu nas incursões militares e nos implacáveis assaltos por ti empreendidos. Mas não abuses deste poder; sê justo com teus servos no palácio; faze justiça perante Shamash".
>
> ANÔNIMO. *A epopeia de Gilgamesh*. São Paulo: Martins Fontes, 1992. p. 103.

a) Quem teria sido Gilgamesh? O que o trecho "o pai dos deuses te deu um trono, reinar é o teu destino; a vida eterna não é o teu destino" revela sobre o papel de Gilgamesh em sua epopeia?

b) De acordo com o texto, o que podemos inferir sobre as características de um rei sumério? Identifique-as.

Leitura de imagem

2. O relevo reproduzido abaixo se encontra no palácio assírio do sudoeste de Nínive e representa a vitória do rei Assurbanípal sobre os elamitas em 653 a.C.

Werner Forman/Corbis/Latinstock

a) Que aspecto do combate entre assírios e elamitas o relevo enfatiza?

b) Com que objetivo essas cenas podem ter sido escolhidas para figurar nas paredes do palácio real?

A civilização egípcia

Instalada no extremo nordeste da África, em região desértica, a civilização egípcia floresceu às margens do rio Nilo, beneficiando-se do regime de cheias. As abundantes chuvas durante certos meses do ano na nascente do rio, ao sul, provocam o transbordamento de suas águas e o consequente depósito do húmus fertilizante em suas estreitas margens. Ao final do período de cheias, o rio volta ao seu leito normal e as margens, naturalmente fertilizadas, tornam possível uma rica agricultura.

Contudo, diante do aumento populacional no Neolítico, tornaram-se necessárias obras hidráulicas, como a construção de diques e canais, para o cultivo agrícola. Estudos e pesquisas arqueológicas e históricas apuraram que a organização do trabalho às margens do Nilo, a construção de diques e outras obras foram realizadas inicialmente pelas coletividades locais e regionais conhecidas como nomos. Mais tarde, ficaram a cargo de uma estrutura governamental mais complexa.

nomo: nome que recebiam as regiões administrativas, econômicas e religiosas do Egito antigo. O seu governante era chamado de nomarca.

Allmaps/Arquivo da editora

Adaptado de: DUBY, G. *Atlas histórico mundial*. Madri: Debate, 1989. p. 6.

Everett/Latinstock

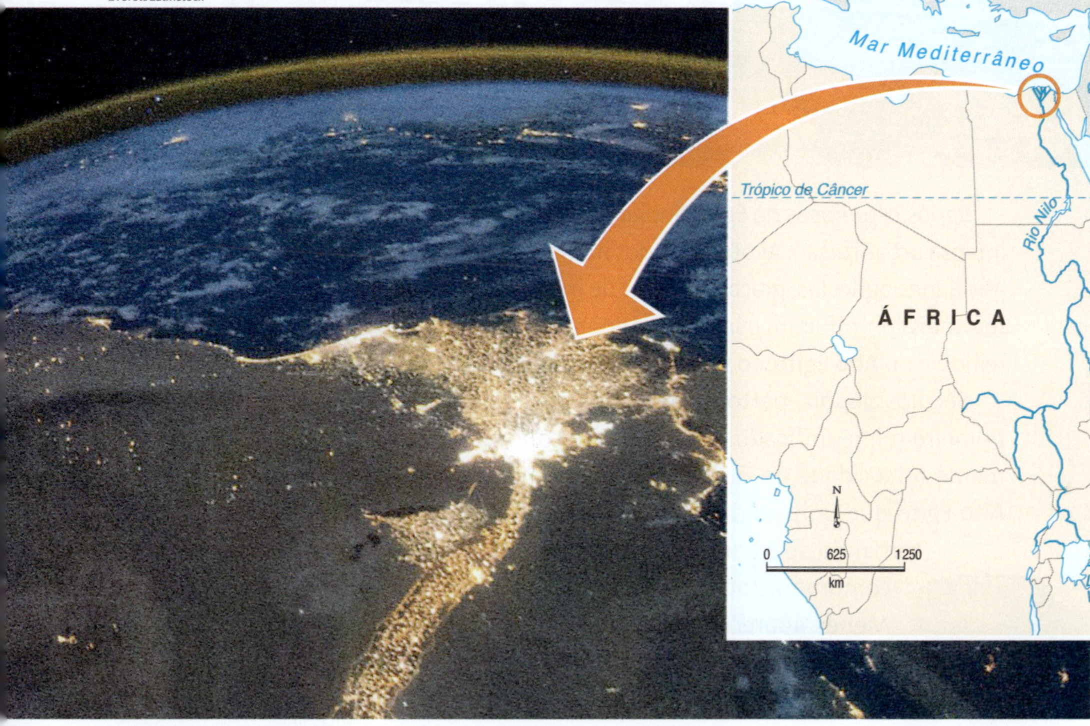

Vista noturna de satélite da região do vale do rio Nilo, onde podemos observar a grande concentração de luzes, que indica a ocupação dessa área.

Estima-se que uma das primeiras cidades surgidas na região do rio Nilo foi **Maadi** em cerca de 3500 a.C. Os estudos arqueológicos no sítio, que fica 15 quilômetros ao sul da cidade do Cairo, indicam evidências de abrigos e cabanas, estruturas administrativas, silos de grãos, como o trigo e a cevada (caixas de armazenamento feitas com tijolos de barro) e locais de sepultamento. Também foram encontrados cobre e betume, que assim como os grãos eram utilizados para trocas comerciais na Antiguidade. Essas evidências, que mostram uma sociedade organizada e hierarquizada, levam a crer que Maadi foi um importante centro comercial. O cobre era utilizado na fabricação de diversos objetos, e o betume era valorizado por se atribuírem a ele poderes curativos, além de ser utilizado na mumificação.

Entre as cidades egípcias, Abydos se tornou um centro importante ao dominar uma grande região no delta do Nilo, dois séculos antes de Mênfis, atual Cairo, tornar-se capital do Egito unificado. Em outros períodos, Núbia, Tebas e Karnac também se destacaram, e, no final do chamado Egito antigo, Alexandria teve seu momento de glória.

Dereje Belachew/Alamy/Glow Images

faraó: termo de origem egípcia que significa 'casa grande' ou 'grande morada'. Inicialmente denominava o palácio do rei, depois passou a denominar o título dos reis. É importante destacar que a palavra só passou a ser usada a partir do Novo Império (depois de 1580 a.C.).

Vários estudiosos do Egito antigo apontam que o Estado egípcio foi precedido por intensa urbanização. As atuações dos nomarcas – chefes dos nomos –, a expansão das atividades agrícolas, graças às obras de irrigação e drenagem, e as seguidas disputas regionais contribuíram para a fusão dos nomos, originando, por volta de 3500 a.C., dois reinos: o do **Alto Egito**, ao sul, e o do **Baixo Egito**, ao norte, na região do delta do Nilo.

Séculos depois, perto de 3200 a.C., deu-se a **unificação** do Estado egípcio, o primeiro reino unificado de que se tem conhecimento na História. A sede inicialmente foi a cidade de Tínis, e mais tarde Mênfis. Ao que parece, foi um chefe do Alto Egito que uniu os dois reinos, subordinando os cerca de quarenta nomos e tornando-se o primeiro faraó. Há dúvidas sobre seu nome, tendo sido mais comumente atribuídos os nomes Menés ou Narmer (em grego): o nome Menés aparece em alguns registros, como a Lista Real de Abydos e o Papiro de Turim, mas a sua existência, assim como a sua identidade como Narmer, não foi confirmada por nenhum achado arqueológico.

Museu Egípcio, Cairo/ Werner Forman Archive/Imageplus

Paleta de Narmer

A imagem ao lado mostra uma das faces da **Paleta de Narmer**, em reprodução exposta no Museu de Ontário, no Canadá. Acredita-se que essa Paleta, um pequeno monumento de 63 centímetros, seja uma placa cerimonial egípcia. Encontrada em 1898 pelo britânico James Quibell em suas escavações realizadas em Hierakonpolis, antiga cidade pré-dinástica do Alto Egito, hoje está sob a guarda do Museu do Cairo, Egito. Teria sido criada entre 3100 e 3200 a.C. Observe que seus relevos representam a unificação do Alto e do Baixo Egito e o primeiro faraó e rei unificador. Aos pés do faraó, à sua direita, há um homem agarrado pelos cabelos, que simbolizaria o inimigo, as regiões conquistadas. Acima, também à direita do faraó, está o deus falcão Hórus. As cabeças de vaca simbolizam a deusa Hathor.

Vista aérea da cidade do Cairo, no Egito. Foto de 2012.

Dereje Belachew/Alamy/Glow Images

Economia, sociedade e cultura na civilização egípcia

A **economia** egípcia apoiava-se na **servidão coletiva**: os camponeses eram obrigados a realizar grandes obras de irrigação coordenadas pelo Estado, além de construir depósitos de armazenagem, templos, palácios e monumentos funerários. O trabalho era feito quase sempre na época das cheias do Nilo, quando as atividades agrícolas eram interrompidas temporariamente.

O Egito era grande produtor de cereais, em especial trigo, e de algodão, linho e **papiro**. Os egípcios também criavam cabras, carneiros e gansos, e o rio oferecia a possibilidade da pesca. Praticava-se o artesanato e a produção de tecidos e vidros. A indústria de construção naval era também significativa.

papiro: planta com a qual se fazia um papel de mesmo nome; também era utilizado na fabricação de cestos e redes, além de servir de alimento (veja a imagem ao lado).

Pongphan Ruengchai/Alamy/Glow Images

Papiro (*Cyperus papyrus*), planta bastante comum às margens de rios africanos. As fibras para a fabricação do papel e de outros produtos eram obtidas de seu caule e de sua raiz.

A organização da **sociedade egípcia** era bastante rígida. Com o início do período dinástico na história egípcia – o **Império Egípcio** –, a partir da unificação, o faraó passou a concentrar todos os poderes e a maior parte das terras, sendo considerado um deus vivo. Configurou-se assim uma **monarquia teocrática**. O governante se impunha como senhor supremo do Egito, exercendo o papel de chefe de um Estado centralizado. Controlava a economia do país, com funcionários que administravam templos, terras, homens, barcos e rebanhos, cobravam tributos e trabalhos. Embora os nomarcas, que acumulavam grandes riquezas e tinham importante poderio regional, tenham, em alguns momentos, disputado esse poder com os faraós, eles acabaram passando a atuar como representantes do poder central, administrando aldeias e cidades, arrecadando impostos e fazendo cumprir as decisões do faraó.

Logo abaixo dos nomarcas na hierarquia vinham os sacerdotes, os grandes burocratas e os chefes militares. Em seguida, vinha a baixa burocracia, formada pelos escribas, conhecedores da complexa escrita hieroglífica e responsáveis pelos registros administrativos. Nessa camada intermediária figuravam também os comerciantes, que ganharam mais expressão no período conhecido como **Novo Império** – iniciado com o fortalecimento do Egito após a expulsão dos hicsos, que dominaram boa parte da região antes de 1580 a.C.

A base da sociedade egípcia era formada pela grande massa de camponeses. Os camponeses e artesãos tinham de pagar tributos e servir ao faraó, por meio do trabalho compulsório em campos, oficinas, minas e obras públicas. Eventualmente havia também escravos, capturados nas guerras, embora essa categoria social não tivesse grande importância no sistema econômico egípcio.

Aleksandar Kamasi/Shutterstock/Glow Images

Rodval Matias/Arquivo da editora

Colheita de uvas para a produção de vinho em pintura egípcia feita na tumba de Khaemuese, na cidade de Tebas.

A **religião** egípcia foi muito importante para a manutenção da ordem existente e, portanto, do domínio dos camponeses pelo Estado. O culto era politeísta, resultado da diversidade de nomos que, fundidos, deram origem à civilização egípcia. Alguns dos deuses eram Amon-Rá, Osíris, Ísis, Set, Hórus, Anúbis e Ápis.

Com o faraó Amenófis IV (1377 a.C.-1358 a.C.) foram realizadas profundas reformas de cunho político-religioso. Templos foram fechados e bens foram confiscados, valorizando o culto monoteísta ao deus Aton, representado pelo círculo solar, em lugar do politeísmo tradicional centrado principalmente no deus Amon-Rá. O próprio faraó teve seu nome mudado para Akhenaton (*Ech-n-Aton* = 'aquele que adora Aton'), e foi fundada uma nova capital próxima de Tebas, chamada Ahketaton ('horizonte do disco solar'). A longo prazo, porém, essas reformas não vingaram, ao que parece por causa das crenças tradicionais e da impopularidade da nova religião. Com a morte de Amenófis IV e sua sucessão por Tutancâmon, a religião tradicional politeísta foi restabelecida.

Como os egípcios acreditavam em vida após a morte e no retorno da alma ao corpo, cultuavam os mortos e desenvolveram técnicas de mumificação para conservar os cadáveres. Os corpos ficavam no túmulo junto com tudo o que seria utilizado no retorno à vida, como alimentos, utensílios, joias e objetos pessoais. No caso dos faraós, os corpos mumificados ficavam protegidos nas pirâmides, imensas construções repletas de passagens e câmaras para impedir a ação de saqueadores de túmulos.

Neste relevo do século XIV a.C., os raios do deus Sol Aton iluminam o faraó Amenófis IV, sua esposa Nefertite e seus três filhos.

Para saber mais

Mumificação

Para mumificar um corpo, geralmente se retiravam os principais órgãos internos, que eram tratados e depois colocados em recipientes chamados de vasos canopos. O coração, considerado o centro da inteligência e da força, era mantido no corpo. Em seguida, o corpo era coberto por um tipo de sal e deixado durante quarenta dias para desidratar. Depois, era embrulhado em camadas de linho embebido em diversas substâncias e coberto de resina. Com isso, os corpos se preservavam por milhares de anos.

A mumificação ampliou o conhecimento dos egípcios antigos sobre a anatomia humana. Conhecendo melhor os órgãos e sua localização, puderam realizar intervenções cirúrgicas e tratar fraturas, doenças do estômago e do coração.

Christian Larrieu/The Bridgeman/Keystone

Vasos de canopo (urnas em que se guardavam órgãos do morto após a mumificação) decorados com os quatro filhos do deus do céu Hórus. Cada órgão era depositado em um vaso independente: Amset para o estômago e os intestinos; Duatmufed para os pulmões; Kebehsenuf para o fígado; e Hapi para os órgãos menores.

1. Quais eram os cuidados tomados pelos egípcios em relação a seus mortos? Como esses cuidados se relacionam com o achado de múmias em perfeito estado de conservação na atualidade?
2. Como o processo de mumificação está relacionado ao avanço da medicina entre os antigos egípcios?

As técnicas desenvolvidas para a construção de templos religiosos e funerários (as pirâmides, por exemplo) e de obras hidráulicas, por sua vez, significaram um grande avanço da **arquitetura** e da **engenharia**.

O interesse em ciência demonstrado pelos egípcios é bastante claro em seus estudos de Astronomia, que resultaram na criação de um calendário solar composto de doze meses de trinta dias.

Com relação às **artes**, não se pode negar sua conotação religiosa. A pintura egípcia, destinada à representação de deuses, faraós e da nobreza em geral, caracterizava-se pela falta de perspectiva: tudo era representado no mesmo plano, sem ideia de profundidade. Na escultura, muitas vezes monumental, as linhas eram rígidas e perfeitamente simétricas. Na literatura, cultivava-se a poesia; uma das peças mais famosas foi o *Hino ao Sol*, composto por Amenófis IV.

A **escrita** egípcia desenvolveu-se de três formas:

- a hieroglífica, considerada sagrada, mais antiga e composta de mais de seiscentos caracteres;
- a hierática, uma simplificação da hieroglífica;
- a demótica, mais recente e popular, formada por cerca de 350 sinais.

Pensando no Enem

1. Ao visitar o Egito do seu tempo, o historiador grego Heródoto (484-420/30 a.C.) interessou-se por fenômenos que lhe pareceram incomuns, como as cheias regulares do rio Nilo. A propósito do assunto, escreveu o seguinte:

Eu queria saber por que o Nilo sobe no começo do verão e subindo continua durante cem dias; por que ele se retrai e a sua corrente baixa, assim que termina esse número de dias, sendo que permanece baixo o inverno inteiro, até um novo verão. Alguns gregos apresentam explicações para os fenômenos do rio Nilo. Eles afirmam que os ventos do noroeste provocam a subida do rio, ao impedir que suas águas corram para o mar. Não obstante, com certa frequência, esses ventos deixam de soprar, sem que o rio pare de subir da forma habitual. Além disso, se os ventos do noroeste produzissem esse efeito, os outros rios que correm na direção contrária aos ventos deveriam apresentar os mesmos efeitos que o Nilo, mesmo porque eles todos são pequenos, de menor corrente.

HERÓDOTO. *História* (trad.). livro II, 19-23. Chicago: *Encyclopaedia Britannica* Inc. 2. ed. 1990. p. 52-3; com adaptações.

Nessa passagem, Heródoto critica a explicação de alguns gregos para os fenômenos do rio Nilo. De acordo com o texto, julgue as afirmativas abaixo.

I. Para alguns gregos, as cheias do Nilo devem-se ao fato de que suas águas são impedidas de correr para o mar pela força dos ventos do noroeste.
II. O argumento embasado na influência dos ventos do noroeste nas cheias do Nilo sustenta-se no fato de que, quando os ventos param, o rio Nilo não sobe.
III. A explicação de alguns gregos para as cheias do Nilo baseava-se no fato de que fenômeno igual ocorria com rios de menor porte que seguiam na mesma direção dos ventos.

É correto apenas o que se afirma em
a) I.
b) II.
c) I e II.
d) I e III.
e) II e III.

Resposta: a

Considerando a matriz de Referência do Enem, essa questão contempla a competência de área 6 – Compreender a sociedade e a natureza, reconhecendo suas interações no espaço em diferentes contextos históricos e geográficos, especialmente as habilidades H26: Identificar em fontes diversas o processo de ocupação dos meios físicos e as relações da vida humana com a paisagem e H27: Analisar de maneira crítica as interações da sociedade com o meio físico, levando em consideração aspectos históricos e (ou) geográficos.

Os gregos desconheciam o regime de chuvas na nascente do Nilo, responsável pelas cheias, recorrendo aos ventos como justificativa que Heródoto contesta. Como vimos, era esse regime de cheias que inundava as margens, deixando-as propícias para as atividades agrícolas.

2. O Egito é visitado anualmente por milhões de turistas de todos os quadrantes do planeta, desejosos de ver com os próprios olhos a grandiosidade do poder esculpida em pedra há milênios: as pirâmides de Gizé, as tumbas do Vale dos Reis e os numerosos templos construídos ao longo do Nilo. O que hoje se transformou em atração turística era, no passado, interpretado de forma muito diferente, pois:

a) significava, entre outros aspectos, o poder que os faraós tinham para escravizar grandes contingentes populacionais que trabalhavam nesses monumentos.
b) representava para as populações do Alto Egito a possibilidade de migrar para o sul e encontrar trabalho nos canteiros faraônicos.
c) significava a solução para os problemas econômicos, uma vez que os faraós sacrificavam aos deuses suas riquezas, construindo templos.
d) representava a possibilidade de o faraó ordenar a sociedade, obrigando os desocupados a trabalhar em obras públicas, que engrandeceram o próprio Egito.
e) significava um peso para a população egípcia, que condenava o luxo faraônico e a religião baseada em crenças e superstições.

Resposta: a

Como autoridade suprema no Egito, os faraós determinavam a construção de grandes templos e pirâmides. Essas obras empregavam como mão de obra grande parcela da população, entre camponeses, artesãos e escravos. Esses locais, além se servirem para cultos religiosos e funerários, também se destinavam a perpetuar a memória de quem os havia erguido.

Considerando a matriz de Referência do Enem, essa questão contempla a competência de área 3 – Compreender a produção e o papel histórico das instituições sociais, políticas e econômicas, associando-as aos diferentes grupos, conflitos e movimentos sociais, especialmente a habilidade H11: Identificar registros de práticas de grupos sociais no tempo e no espaço.

Os períodos da história egípcia

A longa história egípcia tradicionalmente tem sido dividida em três grandes períodos: o Antigo Império (c. 3200 a.C.-2300 a.C.), o Médio Império (c. 2000 a.C.-1580 a.C.) e o Novo Império (c. 1580 a.C.-525 a.C.).

Em seus quase 3 mil anos de história de revoltas, conquistas e invasões estrangeiras, o Egito foi governado por faraós de 26 dinastias. O declínio final do império se deu com a invasão dos persas em 525 a.C. Comandados por Cambises, filho de Ciro e rei da Pérsia entre 530 a.C. e 522 a.C., os persas derrotaram os egípcios na Batalha de Pelusa e conquistaram definitivamente a região. A partir daí, o Egito foi dominado por vários povos durante pelo menos 2 500 anos, tendo se tornado sucessivamente província do Império Persa, território ocupado por macedônios, romanos, árabes, turcos e finalmente ingleses.

Cambises, imperador persa que conquistou o Egito no século VI a.C., representado no centro da litogravura do século XIX.

Essas últimas invasões, como você verá, tiveram grande efeito sobre a cultura egípcia, sobretudo o domínio macedônico, que abriu caminho para as ideias gregas. Esse domínio instaurou no Egito uma dinastia de origem macedônica, chamada ptolomaica ou lágida, à qual pertenceu Cleópatra, uma das personagens mais famosas da história antiga. Ocupou o trono em 51 a.C., depois da morte do pai, Ptolomeu XII, e nele permaneceu até sua morte, em 30 a.C.

O filho de Cleópatra com o ditador romano Júlio César foi o último rei ptolomaico. Depois desse período, o Egito caiu sob o domínio romano e, mais tarde, árabe – domínios que introduziram elementos culturais cristãos e muçulmanos, respectivamente.

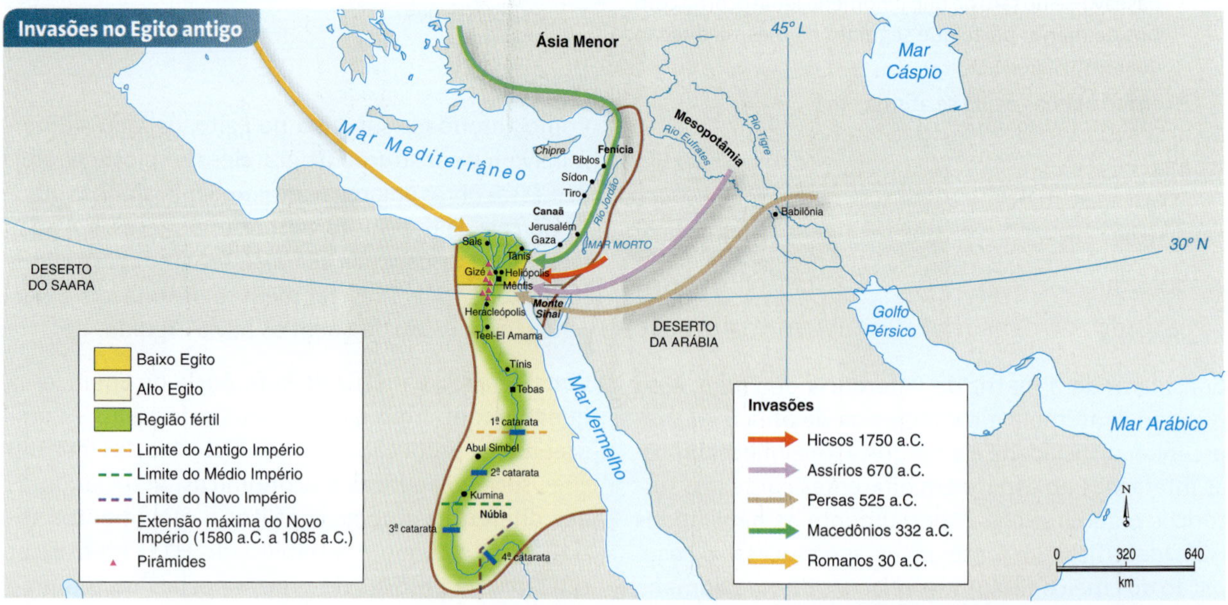

Adaptado de: BRANCANTI, Antonio. *I popoli antichi*. Firenze: La Nuova Italia, 1997. p. 34; BARBEIRO, Heródoto. *História*: de olho no mundo do trabalho. São Paulo: Scipione, 2004. p. 33.

Atividades

Leitura de imagem

1. Observe a imagem abaixo. É parte de uma pintura feita na parede do túmulo do nomarca Djehutihotep, construída na necrópole de Deir el-Bersha, durante a 12ª dinastia do Egito. Preste atenção na figura maior da imagem e nas características dos personagens que a rodeiam. A seguir, responda às questões.

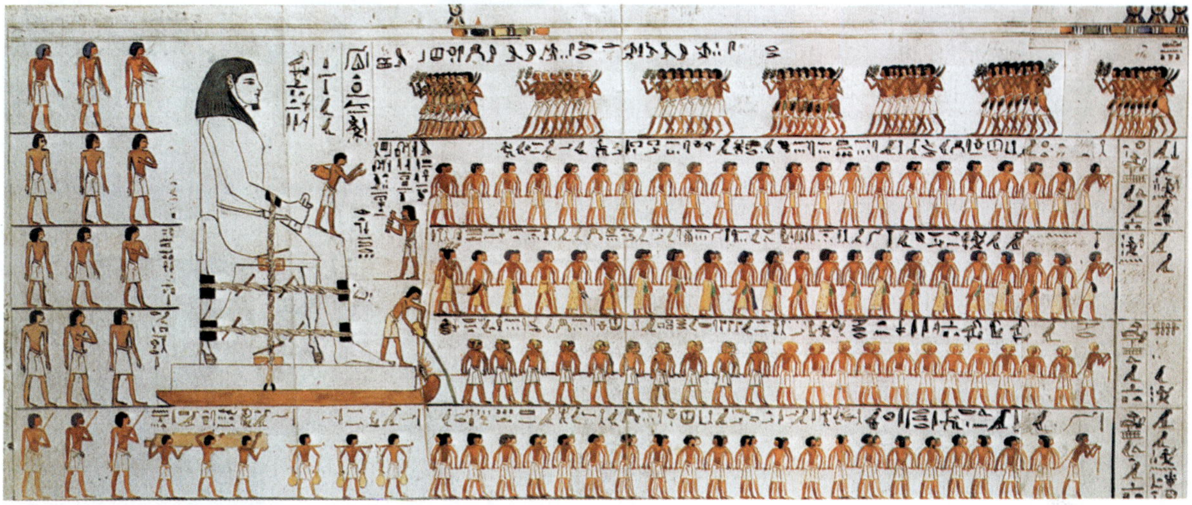

Coleção particular/Arquivo da editora

a) O que esses personagens estão fazendo?
b) Com base em seus conhecimentos sobre o Egito antigo, quem são os personagens que rodeiam a figura central? Justifique sua hipótese.
c) Considerando que esse afresco estava nas paredes do túmulo de um nomarca, que significado ele pode ter?

Leitura e reflexão

2. Leia o texto abaixo, escrito pelo historiador das religiões Mircea Eliade, e responda às questões.

> [...] foram a religião, e, sobretudo, o **dogma** da divindade do faraó, que contribuíram, desde o início, para modelar a estrutura da civilização egípcia. [...]
>
> A fundação do Estado unificado equivalia a uma **cosmogonia**. O faraó, deus-encarnado, instaurou um mundo novo, uma civilização infinitamente mais complexa e superior à das aldeias neolíticas. O essencial era assegurar o modelo divino; em outras palavras, evitar as crises suscetíveis de abalar os alicerces do novo mundo. A divindade do faraó constituía a melhor garantia. Uma vez que o faraó era imortal, a sua morte significava somente sua transladação ao Céu. A continuidade de um deus-encarnado para um outro deus-encarnado e, consequentemente, a continuidade da ordem cósmica e social, estava assegurada.
>
> [...] O faraó é a encarnação da ma'at, termo que se traduz por "verdade", mas cuja significação geral é 'a boa ordem' e, consequentemente, 'o direito', 'a justiça'. A ma'at pertence à Criação original: ela reflete, portanto, a perfeição da Idade do Ouro. [...]
>
> Enquanto encarnação da ma'at, o faraó constitui o modelo exemplar para todos os seus súditos. [...] A obra do faraó assegura a estabilidade do Cosmo e do Estado e, por conseguinte, a continuidade da vida.
>
> Adaptado de: ELIADE, Mircea. *História das crenças e das ideias religiosas*. Rio de Janeiro: Zahar, 1978. p. 109-117. t. 1. v. 1.

dogma: ponto fundamental e indiscutível de uma doutrina.

cosmogonia: princípios que buscam explicar a origem do Universo.

a) De acordo com as crenças religiosas egípcias, qual era o papel principal do faraó?
b) Por que a morte do faraó não abria uma crise política no Egito?
c) Tomando por base seus conhecimentos de História, aponte a principal diferença que havia entre as monarquias teocráticas egípcia e mesopotâmica.

Vestibulares de Norte a Sul

1. NE (UFC-CE) Leia com atenção as afirmativas a seguir sobre as condições sociais, políticas e econômicas da Mesopotâmia.

I. As condições ecológicas explicam por que a agricultura de irrigação era praticada através de uma organização individualista.
II. Na economia da Baixa Mesopotâmia, a fome e as crises de subsistência eram frequentes, causadas pela irregularidade das cheias e também pelas guerras.
III. Na Suméria, os templos e zigurates foram construídos graças à riqueza que os sacerdotes administravam à custa do trabalho de grande parte da população.
IV. A presença dos rios Tigre e Eufrates possibilitou o desenvolvimento da agricultura e da pecuária e também a formação do primeiro reino unificado da história.

Sobre as afirmativas anteriores, é correto afirmar:

a) I e II são verdadeiras.
b) III e IV são verdadeiras
c) I e IV são verdadeiras.
d) I e III são verdadeiras.
e) II e III são verdadeiras.

2. SE (Vunesp-SP) Observe a figura.

The Art Archive/Other Images

Painel decorativo da Tumba de Senedjem (Egito, século XIII a.C.).

A respeito do contexto apresentado, é correto afirmar:

a) a imagem demonstra que os agricultores das margens férteis do rio Nilo desconheciam a escrita.
b) ao contrário da economia da caça de animais, que exigia o trabalho coletivo, a agricultura não originava sociedades humanas.
c) a imagem revela uma apurada técnica de composição, além de se referir à economia e à cultura daquele período histórico.
d) os antigos egípcios cultivavam cereais e desconheciam as atividades econômicas do artesanato e da criação de animais.
e) a imagem comprova que as produções culturais dos homens estão desvinculadas de suas práticas econômicas.

3. CO (UFG-GO) Observe a imagem.

The Bridgeman Art Library/Keystone/Museu Britânico, Londres, Inglaterra.

Osíris. Disponível em: <www.akenatonjh.com.br>. Acesso em: 21 set. 2007.

A pintura egípcia pode ser caracterizada como uma arte que:

a) definiu os valores passageiros e transitórios como forma de representação privilegiada.
b) concebeu as imagens como modelo de conduta, utilizando-as em rituais profanos.
c) adornou os palácios como forma de representação pública do poder político.
d) valorizou a originalidade na criação artística como possibilidade de experimentação de novos estilos.
e) elegeu os valores eternos, presentes nos monumentos funerários, como objeto de representação.

4. S (UFRGS-RS) Durante o reinado de Hamurabi na Babilônia (1792 a.C.-1750 a.C.), foi escrita uma relação de sentenças legais que, modernamente, é conhecida pelo nome de Código de Hamurabi.

O objetivo da obra era

a) estabelecer uma ordem constitucional para fundar o Estado imperial mesopotâmico.
b) enaltecer a pessoa do rei, associando-a ao poder, à justiça e à sabedoria.
c) proporcionar aos cidadãos do império um código legal universal e aplicável a todas as situações conflituosas.
d) impor a lei do Talião como norma exclusiva para a ordem constitucional mesopotâmica.
e) promover a igualdade jurídica entre todos os súditos do rei.

CAPÍTULO

4 Antiguidade: outros povos orientais, africanos e americanos

Forte de Mehrangarh, no Rajastão, Índia. Foto de 2012.

Para pensar historicamente

A diversidade de povos e civilizações antigas

Neste capítulo destacaremos algumas das diversas civilizações que emergiram na Antiguidade em áreas do Crescente Fértil e para além delas. Dessa forma, procuramos escapar das escolhas centradas na antiga história tradicional de eixo europeu e acrescentar a este conteúdo a história de outros povos e regiões. Enfim, queremos ressaltar a diversidade de povos, culturas e realizações por todo o planeta, e não apenas no eixo mediterrâneo, durante os milênios mais antigos da história conhecida. Muitas dessas civilizações resultaram na reunião de grandes grupos humanos e na formação de cidades, reinos e impérios. Esse é um passo inicial que esperamos ser motivador para novas pesquisas e buscas.

Ayse Topbas/Getty Images

Cidade de Jenne-jeno, no Mali, em 2012.

1 A civilização dos hebreus, fenícios e persas

Na região do Crescente Fértil, as ricas terras encontradas nas margens dos grandes rios (Nilo, Tigre e Eufrates) possibilitaram não apenas o desenvolvimento das civilizações egípcia e mesopotâmica, mas também o de povos vizinhos, que, de alguma maneira e em algum momento, aproveitaram-se da riqueza daquelas. Trata-se de hebreus, fenícios e persas, responsáveis por alguns legados da cultura ocidental. Os hebreus se destacam por terem sido o primeiro povo a adotar o **monoteísmo ético**, religiosidade em que existe um só Deus e que exige um comportamento ético dos homens, ou seja, exige-se que ajam de maneira correta e justa. O monoteísmo ético está na base da religião de mais de 2 bilhões de pessoas hoje: os judeus, os cristãos e os muçulmanos.

Os hebreus

Mural gigante pintado por artistas palestinos na parede do estádio de Nablus, na Cisjordânia, em dezembro de 2013. A Cistordânia é um local de ocupação israelense, mas as terras da região são reivindicadas pelos palestinos.

Anadolu Agency/Getty Images

O povo hebreu estabeleceu-se na Palestina, região do atual território de Israel, às margens do rio Jordão. Praticou a agricultura e o pastoreio, embora com grandes dificuldades, por causa do clima seco. Os primeiros hebreus que ocuparam a região, por volta de 2000 a.C., tinham origem semita, como os cananeus, que já eram habitantes da região, mas foram derrotados pelas tribos hebraicas.

Muitas das informações de que dispomos sobre os hebreus são provenientes da Bíblia, mais especificamente do Antigo Testamento. Na Bíblia, dados históricos misturam-se com relatos místicos e religiosos, envolvendo as principais personagens da história antiga hebraica numa aura de mistério e religiosidade. Os estudos linguísticos e arqueológicos e os textos não bíblicos dialogam com essas representações.

O primeiro grande líder hebreu, segundo a tradição, foi Abraão, considerado o primeiro **patriarca** (chefe do clã). Pregava uma nova religião, monoteísta, que logo se tornaria o elemento unificador do povo hebreu. O Deus único, Javé (também chamado Iahweh ou Jeová), teria prometido a ele e seus descendentes uma terra onde "jorraria leite e mel". De acordo com a Bíblia, Abraão foi sucedido pelos patriarcas Isaac e Jacó. Dos herdeiros deste último descenderam os grupos familiares originais, chamados de "as 12 tribos de Israel".

É importante ressaltar, contudo, que nenhum desses patriarcas é mencionado em qualquer outro documento de época que não seja o Antigo Testamento. Além disso, muitos historiadores afirmam que a religião monoteísta de Jeová só surgiu muito depois da época dos patriarcas.

Segundo o relato bíblico, as crescentes dificuldades econômicas fizeram com que muitos hebreus se dirigissem ao rico vale do Nilo. Embora a princípio essa ocupação tenha sido pacífica, posteriormente eles foram escravizados. A resistência à escravidão provocou o fortalecimento da unidade religiosa monoteísta.

A fuga dos hebreus do Egito, conhecida como Êxodo, ocorreu sob a liderança do patriarca Moisés. Durante essa fuga, ainda segundo a Bíblia, Deus lhe ditou os Dez Mandamentos, um conjunto de leis escritas em duas pedras. Após 40 anos de jornadas pelo deserto, os hebreus acabaram retornando à Palestina, já sob a liderança de Josué. A presença dos hebreus no Egito e o Êxodo também não são confirmados por outras fontes que não a própria Bíblia. Além disso, esses eventos têm uma cronologia bastante duvidosa, seja pelas várias indicações bíblicas contraditórias, seja pela sua confrontação com outras fontes históricas, constituindo objeto de diferentes interpretações.

A região da antiga Palestina

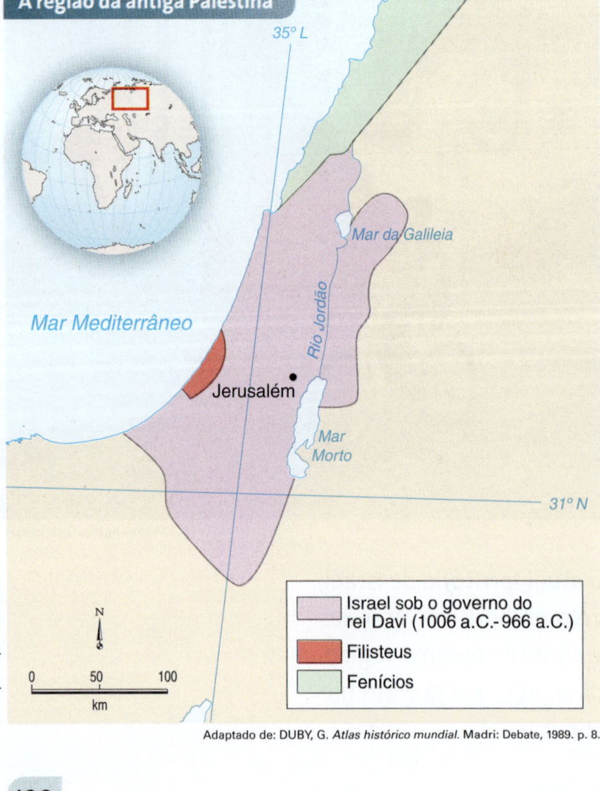

Adaptado de: DUBY, G. *Atlas histórico mundial*. Madri: Debate, 1989. p. 8.

Segundo os relatos bíblicos, os hebreus ocuparam a cidade de Jericó e, divididos em tribos, passaram a nomear juízes para combater os filisteus que ocupavam o litoral da Palestina (observe o mapa ao lado). Entre esses chefes guerreiros destacaram-se Gideão, Sansão e Samuel, que tentou promover a união das várias tribos. Após a provável instalação dos hebreus na Palestina, ocorreram várias tentativas de unificar as tribos em um reino, mas essa unificação só aconteceu com a liderança de Saul, em 1010 a.C., considerado o primeiro rei dos hebreus.

Davi, o sucessor de Saul, conseguiu lançar as bases para a formação de um verdadeiro Estado hebraico, com governo centralizado, exército permanente e organização burocrática. Jerusalém tornou-se capital do reino de Israel. Sob o comando de Salomão, filho de Davi, o Estado hebraico antigo atingiu seu apogeu, com grande desenvolvimento comercial. Para os cultos foi construído um grande templo dedicado a Jeová: o Templo de Jerusalém (conhecido como Templo de Salomão), na capital hebraica.

Os elevados impostos e o trabalho compulsório dos camponeses, todavia, acabaram gerando descontentamentos. O Estado unificado não sobreviveu à morte de Salomão. Logo surgiram disputas pela sucessão, que resultaram na divisão dos hebreus em dois reinos: o de **Israel**, com capital em Samaria, e o de **Judá**, com capital em Jerusalém.

A consequência imediata da divisão foi a invasão estrangeira, inicialmente pelos assírios e mais tarde por Nabucodonosor, rei da Babilônia no século VI a.C. Depois de saquear Jerusalém e destruir o Templo de Salomão, Nabucodonosor levou um grande número de habitantes do reino de Judá como escravos para a Mesopotâmia. Com a invasão persa à Babilônia, em 539 a.C., os hebreus escravizados foram libertados e puderam retornar à Palestina, embora politicamente fossem submetidos aos persas.

Os últimos invasores da Palestina na Antiguidade foram os macedônios e, a seguir, os romanos. A resistência à ocupação romana, em 70 d.C., foi reprimida brutalmente. Jerusalém foi destruída e os hebreus se dispersaram por outras regiões. Esse movimento tornou-se conhecido como **diáspora** e se estendeu por centenas de anos.

O Muro das Lamentações na cidade de Jerusalém em foto de maio de 2013. O local recebeu esse nome porque os judeus que o visitavam lamentavam a destruição do templo e a dispersão de seu povo. O muro foi a única parte que sobrou do Templo de Salomão, depois dos ataques de Tito à cidade, em 70 d.C. Hoje, é um lugar sagrado: os judeus fazem ali suas preces e depositam pequenos papéis com pedidos nos vãos das pedras.

Yadid Levy/Alamy/Glow Images

Os fenícios e os persas

Estatueta em terracota de um cavaleiro armado, arte fenícia (Biblos, entre os séculos VIII e VI a.C.). Peça localizada no Museu Real de Arte e História de Bruxelas, Bélgica.

A **Fenícia** situava-se no litoral da Síria, no norte da Palestina, onde se localiza atualmente o Líbano (veja mapa da página 100). Foi ocupada antes de 3000 a.C. por povos semitas que, além de desenvolverem a agricultura com o cultivo de cereais, videiras e oliveiras, a pesca e o artesanato, destacaram-se no comércio marítimo. A possibilidade de adquirir excedentes agrícolas do Egito foi um forte estímulo para a atividade comercial.

Os povos fenícios estavam organizados em cidades-Estado, como Biblos, Sidon e Tiro. Na Fenícia, as cidades-Estado eram chefiadas pela elite mercantil e proprietária das embarcações, constituindo uma talassocracia (do grego *thálassa* = 'mar', *kratía* = 'força, governo'), ou seja, um governo centrado no domínio marítimo.

Os fenícios chegaram a estabelecer rotas mercantis por todo o Mediterrâneo e até no litoral Atlântico do norte da África (observe o mapa da página a seguir). Instalaram povoados em várias regiões no Mediterrâneo, verdadeiros entrepostos comerciais, como Cartago, no norte da África.

No contato com vários povos propiciado pelas relações mercantis, os fenícios conheceram várias culturas e suas artes, técnicas e descobertas, tornando-se depositários dos conhecimentos de muitas regiões e muitos povos. Ao mesmo tempo, deram contribuições originais à humanidade, sendo a principal delas um alfabeto fonético simplificado, composto de 22 letras, que, incorporado pelos gregos e romanos, serviu de base para o alfabeto ocidental atual.

Os fenícios desenvolveram a Astronomia, associada às essenciais técnicas de navegação, e a Matemática, ligada às necessidades do comércio. As diversas cidades-Estado cultuavam vários deuses, os mais importantes geralmente denominados Baal (do hebraico *Bahal* = 'senhor'), associados ao Sol, e Astarteia, simbolizada pela Lua e que representa a fecundidade.

Cidade de Biblos, no Líbano, em 2012.

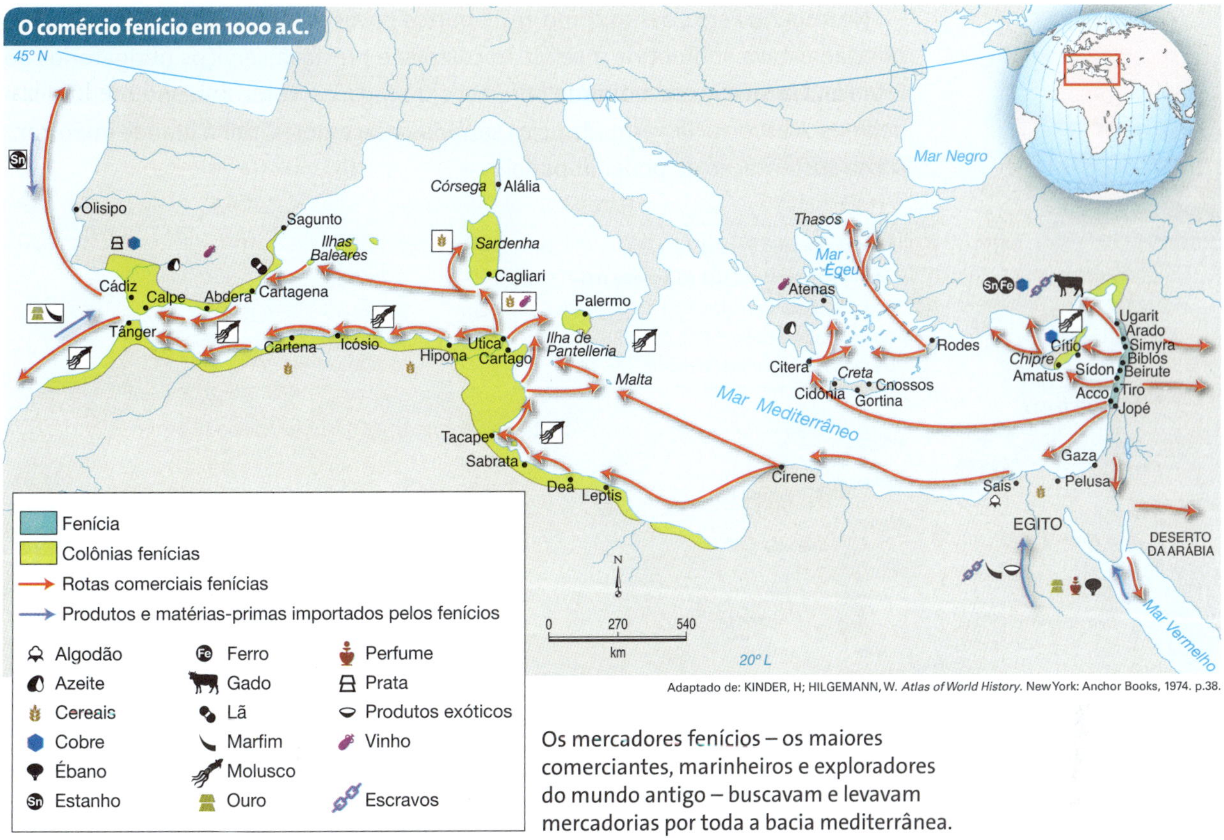

Allmaps/Arquivo da editora. Organizado pelo autor.

Adaptado de: KINDER, H; HILGEMANN, W. *Atlas of World History*. New York: Anchor Books, 1974. p.38.

Os mercadores fenícios – os maiores comerciantes, marinheiros e exploradores do mundo antigo – buscavam e levavam mercadorias por toda a bacia mediterrânea.

Já os povos que ocupavam o planalto iraniano, região chamada pelos gregos de *persis* ou *parsa*, usualmente denominada **Pérsia**, produziram uma civilização responsável por um dos maiores impérios do mundo antigo. Apesar da pobreza do solo, o planalto iraniano foi ocupado desde o sexto milênio antes da Era Cristã, recebendo grandes levas de populações indo-europeias por volta de 2000 a.C. O território foi unificado por Ciro I (559 a.C.-529 a.C.), rei persa que submeteu os povos vizinhos, os medos. Procurando expandir seus domínios, os persas invadiram a Mesopotâmia, a Palestina e a Fenícia e chegaram à Ásia Menor (no Ocidente) e à Índia (no Oriente).

Ciro, o principal conquistador, foi bastante hábil ao se aliar às elites locais dos territórios conquistados, em vez de simplesmente submetê-las ao seu domínio. Desse modo, garantiu relativa estabilidade a um vasto império. Como vimos, seu filho e sucessor, Cambises, atacou o Egito, conquistando o vale do Nilo após a vitória na Batalha de Pelusa (525 a.C.). Contrariando as regras de tolerância de seu pai, deu início a um período de centralização autoritária e de submissão dos povos conquistados.

O período de maior florescimento persa ocorreu no reinado de Dario I (524 a.C.-484 a.C.), que dividiu o império em províncias, as *satrapias*. Os sátrapas eram encarregados de cobrar impostos em nome do imperador e eram fiscalizados, por sua vez, por inspetores oficiais, conhecidos como "olhos e ouvidos do rei".

Dario também mandou construir estradas que ligavam os principais centros urbanos do império (Susa, Pasárgada, Persépolis), criou um eficiente sistema de correios, para maior controle das províncias, e implantou uma unidade monetária chamada *dárico*.

Album/Dea Picture Library/Latinstock

Arqueiro persa representado em mural do século V a.C. do Palácio de Dario I em Susa, atual Irã.

No Império Persa, assim como entre outros povos da Antiguidade oriental, a população estava submetida à servidão coletiva e prestava serviços obrigatórios ao Estado. O comércio era realizado por povos subjugados, como fenícios, babilônios e hebreus. A burocracia, formada pelos sátrapas e sacerdotes, tinha grande importância na sustentação do poder imperial.

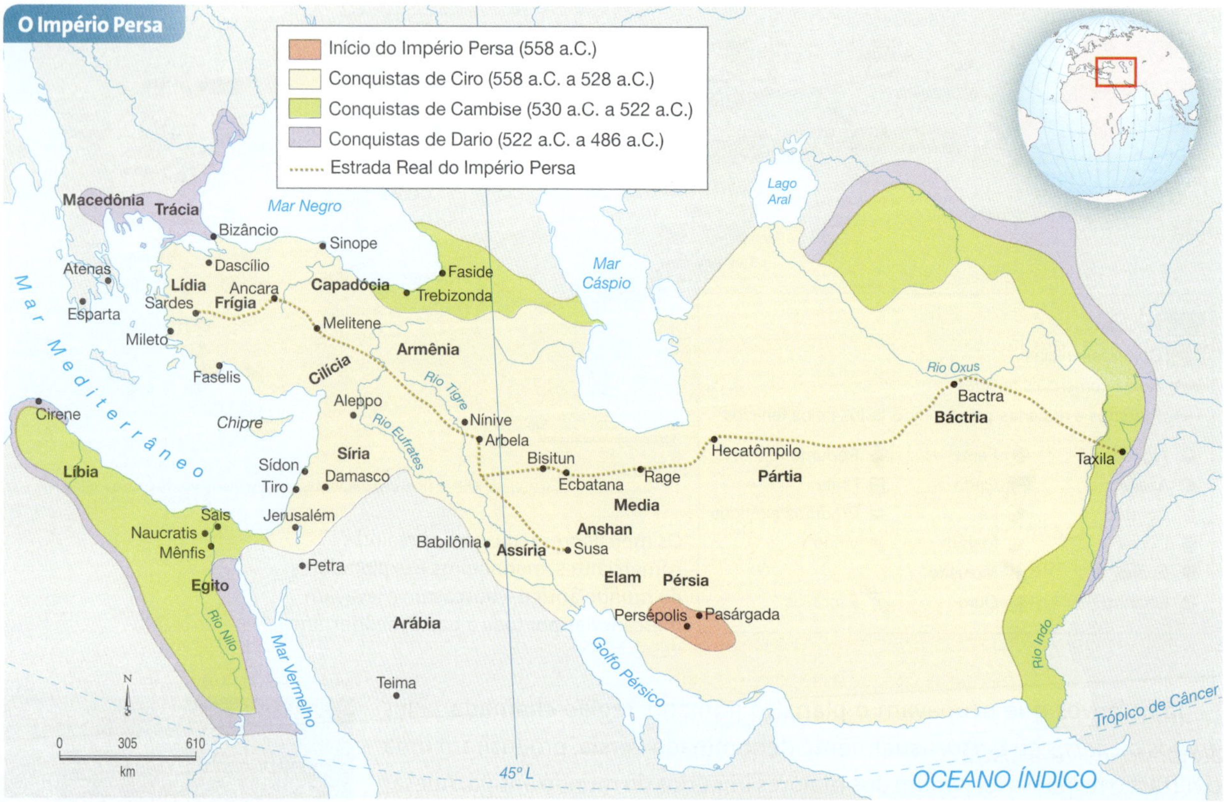

Allmaps/Arquivo da editora

Adaptado de: KINDER, H.; HILGEMANN, W. *Atlas of World History*. New York: Anchor Books, 1974. p. 44.

David Wong/Getty Images

O poder do imperador era garantido pelo seu numeroso exército, mantido com propósitos expansionistas. A existência desse exército, porém, não impediu o fracasso dos ataques feitos por Dario I e seu sucessor, Xerxes I, à Grécia.

Durante quase todo o século V a.C., os gregos e os persas se enfrentaram em conflitos que se tornaram conhecidos como **Guerras Médicas** – nome que faz referência ao povo **medo**, da Pérsia – ou Guerras Greco-Pérsicas. Em seu expansionismo, os persas haviam dominado as cidades gregas da Anatólia, na atual Turquia, prejudicando o comércio da Grécia com o Oriente. Os gregos lutavam pela independência dessas cidades.

Esses conflitos deram início à época áurea da Grécia, vitoriosa nas Guerras Médicas, e à desagregação do Império Persa. Mais tarde, todo o território persa seria dominado pelos macedônios.

Apesar de ter incorporado muitos conhecimentos de outros povos, como a escrita cuneiforme de origem mesopotâmica, a cultura persa teve características próprias. Sua religião era basicamente dualista, fundada na crença em duas divindades antagônicas principais: Ormuz-Mazda, deus do bem, da luz e do mundo espiritual, e Arimã, deus do mal e das trevas. O imperador seria o representante do bem na Terra, em sua infindável luta contra o mal, o que mostra o forte vínculo da religião com as estruturas de poder.

A religiosidade popular, entretanto, se distinguia da oficial. Incluía várias divindades, muitas delas adotadas nos contatos com outros povos. Em geral, os persas também admitiam a vida após a morte e o advento de um Messias à Terra, um salvador que libertaria os justos (assim como na religião judaica). Os princípios dessa religião, chamada de **zoroastrismo** ou **masdeísmo**, estavam no livro sagrado *Zend-Avesta*, que teria sido escrito por um personagem lendário: Zoroastro, também denominado Zaratustra.

Mulheres em frente ao palácio de Dario I em Persépolis, no Irã, em 2013.

Para saber mais

As mulheres no Antigo Oriente

A ausência na narrativa histórica daqueles que não ocupavam cargos governamentais, dos que não dirigiam as guerras ou dos que não foram responsáveis pelo que se consideravam "as grandes decisões históricas", fossem homens, fossem mulheres, é uma herança da antiga e criticada visão histórica. Tal visão tradicional é tributária do enfoque que valoriza tão somente os "grandes personagens" e "os grandes feitos". Numa perspectiva diferente, os historiadores têm realizado uma verdadeira garimpagem das fontes na busca de indícios que tragam à tona esses personagens escondidos e esquecidos. O caso das mulheres nas sociedades do Antigo Oriente é um bom exemplo.

Embora a situação delas nessas sociedades tenha variado de acordo com o tempo, o lugar e a condição social, ela nunca foi de igualdade em relação ao homem. Em geral, as mulheres estavam submetidas à autoridade masculina e deviam mostrar submissão ao marido. Os casamentos eram arranjados pelos pais dos noivos, às vezes quando estes ainda eram crianças, como forma de unir interesses e propriedades. A mulher deveria ser fiel ao marido, e o adultério feminino era punido com severidade. O homem, ao contrário, poderia ter mais de uma mulher, desde que tivesse condições financeiras para mantê-las.

Apesar de ocupar posição secundária à do homem, as mulheres podiam herdar propriedades e, no caso do falecimento do esposo, tornar-se chefe da casa e gerir negócios. Podiam também se divorciar e se casar novamente. Várias mulheres de condição social mais elevada recebiam educação formal, aprendendo a ler e escrever, mas a maioria era educada apenas para exercer as funções domésticas e para a maternidade.

Para os povos que habitaram a região da Antiga Mesopotâmia, o principal papel feminino era ser mãe. Por isso, as mulheres estéreis eram repudiadas pelos maridos e a única opção que lhes restava era a prostituição. Todavia, sobre as mulheres que viviam da prática do amor livre não recaía nenhum julgamento moral. A prostituição era aceita como atividade normal, sendo comum, inclusive, uma forma de prostituição sagrada realizada por sacerdotisas.

Bible History Online/Arquivo da editora

Este relevo comemorativo foi feito entre os séculos VIII e VII a.C. e é uma das poucas peças arqueológicas do Antigo Oriente em que mulheres aparecem representadas em seu cotidiano doméstico. Nela, vemos uma figura feminina tecendo com um carretel, enquanto uma serva a refresca com um abanador. A serviçal é representada em tamanho menor do que a personagem central porque o artista quis mostrar a diferença de hierarquia entre as duas mulheres ou porque se trata de uma criança. O relevo foi feito num tipo de pedra típico da região de Susa, na Pérsia.

Atividades

Comparação e reflexão

1. Egípcios, mesopotâmicos, hebreus, fenícios e persas apresentaram grandes realizações, muitas delas influenciando outros povos e outras culturas. De certa maneira, muito da cultura ocidental atual conta com seus feitos. Vamos estabelecer uma comparação entre seis povos da Antiguidade oriental.

   Reproduza o quadro abaixo em seu caderno e preencha os espaços.

Civilização	Localização	Economia	Sociedade	Governo	Cultura	Religião	Período
Egípcia	*****	*****	*****	*****	*****	*****	*****
Império Assírio	*****	*****	*****	*****	*****	*****	*****
Segundo Império Babilônico	*****	*****	*****	*****	*****	*****	*****
Fenícia	*****	*****	*****	*****	*****	*****	*****
Império Persa	*****	*****	*****	*****	*****	*****	*****
Hebraica	*****	*****	*****	*****	*****	*****	*****

Leitura e levantamento de hipóteses

2. Leia com atenção o texto abaixo e depois responda às questões que o acompanham.

> [...] Antes de Moisés, todos os israelitas, começando por Abraão e incluindo naturalmente os que se instalaram no Baixo Egito, não conheciam ainda Javé; eram inevitavelmente politeístas e antropomorfistas, partilhando uma religião que conhecemos mal, mas que deveria remeter-se às dos outros povos – sobretudo semitas – do Oriente Próximo, em especial a potente e irradiante Mesopotâmia. O Javé pregado por Moisés não teve predecessor – salvo talvez por seu nome [...]. Simplesmente, Moisés, sabedor do fato de que os homens não trocam de deuses com facilidade, apresentou Javé (e talvez ele assim supusesse) como o mero nome novo de um dos deuses (nós ignoramos qual) já conhecidos e venerados por seus compatriotas [...].
>
> Moisés [...] ensinou a seus compatriotas a necessidade de não ter outro deus além de Javé, de se ligar apenas a Ele, de só devotar culto religioso a Ele. É o que os historiadores da religião chamam de "henotismo": não se nega a existência de outros deuses (ainda é, portanto, politeísmo!), mas só se interessa e se aproxima de um; fica-se indiferente a todos os outros, que são ignorados. Em Israel, o monoteísmo autêntico é alcançado quando é possível afirmar: "Só Javé é Deus; e não há outro fora d'Ele". Foi o Deuterônimo que assim disse (capítulo 4,35), e ele é datado do século VII antes de nossa era, meio milênio depois de Moisés.
>
> BOTTÉRO, Jean. O Deus da Bíblia. In: BOTTÉRO, Jean; OUAKNIN, Marc-Alain; MOINGT, Joseph. *A mais bela história de Deus*: quem é o Deus da Bíblia? Rio de Janeiro: Difel, 2001. p. 21-22.

a) De acordo com o autor do texto, os hebreus que acompanharam Abraão na migração para Canaã já pregavam o monoteísmo? Explique.
b) Considerando as informações do texto, qual é a importância de Moisés na formação da cultura hebraica?
c) Em grupo ou em duplas, reflitam sobre o contexto histórico em que viveu Moisés, segundo o texto. Com base nele, levantem uma hipótese para explicar por que razão ele buscou convencer os hebreus a abandonar o culto a outras divindades e aceitar apenas o culto a Javé.

Leitura e reflexão

3. Leia o texto e faça o que se pede.

> Intensivos levantamentos arqueológicos nas regiões montanhosas centrais, na década de 1980, abriram perspectivas para a compreensão do caráter e das origens dos dois Estados, de Judá e de Israel. As novas perspectivas divergiam, de forma dramática, dos relatos bíblicos. Os levantamentos mostraram que a emergência dos israelitas nas regiões montanhosas não tinha sido acontecimento excepcional, mas, de fato, apenas uma de uma série de oscilações demográficas que podiam ser traçadas de um século antes.
>
> [...] Mas ainda mais surpreendente, os levantamentos [...] indicaram que em cada onda de assentamento nas regiões montanhosas sempre pareceram existir duas sociedades distintas nas montanhas – no norte e no sul – ocupando mais ou menos as áreas dos futuros reinos de Judá e Israel.

[...] Como o posterior reino de Israel, o assentamento do norte era denso e possuía complexa hierarquia de sítios pequenos, médios e grandes, todos dependentes da agricultura sedentária. A região do sul, como mais tarde o reino de Judá, era bem pouco povoada e apresentava principalmente sítios menores, sem aquela variedade de tamanhos.

[...]

Além das indicações arqueológicas da divisão norte-sul, existe alguma evidência textual importante no Egito. Uma dessas fontes são os chamados textos de execração, inscrições ofensivas gravadas em fragmentos de cerâmica e em estatuetas de prisioneiros de guerra, que deveriam ser quebrados e enterrados numa cerimônia a fim de causar infortúnio aos inimigos do Egito. Como antigas versões das bonecas de vodu, cobertas por muitos rabiscos ameaçadores, esses textos oferecem traços da geografia política de Canaã durante aquela época, em particular daqueles lugares e povos que os egípcios consideravam assustadores. Os textos mencionam grande número de cidades costeiras e nas planícies, mas apenas dois centros nas regiões montanhosas: Shechem e (de acordo com a maioria dos eruditos) Jerusalém.

FINKELSTEIN, Israel; SILBERMAN, Neil Asher. *A Bíblia não tinha razão*. São Paulo: Girafa, 2003. p. 212-215.

a) De acordo com o texto acima, as fontes materiais e textuais pesquisadas pelos historiadores e arqueólogos corroboram a versão bíblica sobre a cisão dos hebreus nos Estados de Judá e Israel? Explique apontando as provas oferecidas por eles para fundamentarem sua visão.
b) Em sua opinião, os autores do texto acima desconsideram a Bíblia como documento histórico? Justifique.

Análise de imagem

4. Observe ao lado a imagem de uma moeda fenícia.
   a) Em duplas, identifiquem duas características da moeda que permitem que os especialistas a classifiquem como de origem fenícia. Expliquem.
   b) Moedas fenícias como a vista ao lado são encontradas em sítios arqueológicos escavados em toda a costa mediterrânea. Como se explica isso?

Werner Forman Archive/Corbis/Latinstock

Moeda fenícia do século X a.C.

Leitura e reflexão sobre a história recente

5. O texto a seguir trata da apropriação da antiga cidade de Persépolis, capital do Império Persa, pelos governantes contemporâneos. Leia-o atentamente e depois faça o que se pede.

Em outubro de 1967, os delírios de grandeza do xá da Pérsia, Mohamad Reza Pahlevi, o levaram a se autocoroar e proclamar a si mesmo legítimo sucessor da **dinastia aquemênida**. Pouco depois, em 1971, o xá foi mais além e decidiu utilizar as ruínas de Persépolis como cenário para celebrar o 2500º aniversário da criação do Império Persa. A pompa e o esbanjamento retrocediam à Pérsia, contudo, desta vez, em um contexto totalmente diferente: a Pérsia, um país cuja população estava afundada numa pobreza extrema, desperdiçou mais de 240 milhões de dólares na organização do evento. Os faustos foram impressionantes e até lá se dirigiram cerca de 10 mil convidados, incluindo os principais mandatários políticos do mundo.

Persépolis e o nome do xá acabaram inevitavelmente unidos. Por isso, quando em 1979 eclodiu a revolução islâmica e a família Pahlevi foi expulsa, os extremistas ordenaram a demolição das tumbas reais de Dario, Xerxes e Artaxerxes. Apesar de que no final as escavadoras não entraram no recinto, os dirigentes muçulmanos proibiram qualquer símbolo relacionado com o Irã pré-islâmico, como os nomes de Ciro e Dario e, certamente, qualquer referência a Persépolis. Vinte e cinco anos após a revolução, o país considerou o turismo como uma oportunidade para sua economia e não teve outro remédio senão desempoeirar os antigos livros de história, aqueles que falam do passado glorioso do Império Persa. O governo iraniano destinou 5 milhões de dólares [em 2002] [...] para a restauração, proteção e promoção turística de Persépolis. [...] Só que hoje, as impressionantes ruínas servem de modelo para a construção de hotéis de luxo e para vender camisetas e suvenires. Sem dúvida, seu passado foi mais glorioso.

MARTORELL, Daniel. Persépolis, el escaparate imperial. *Historia y vida*. Barcelona, n. 427, out. 2003, p. 67.

dinastia aquemênida: denominação da dinastia de Ciro I, o unificador de medos e persas.

a) Reflita sobre a história do Império Persa e responda: por que razão, milhares de anos depois do fim da dinastia aquemênida, o governante do Irã procurou associá-la a seu nome?
b) Em sua opinião, a maneira de o governo do xá Mohamad Reza Pahlevi agir em relação à população iraniana foi similar ou contrária à forma como agiam os antigos reis persas com quem ele buscou se identificar? Justifique.
c) Qual foi a intenção do governo islâmico, estabelecido no Irã em 1979, ao procurar apagar o passado remoto do país?

2 O Extremo Oriente: Índia e China

Até aqui vimos algumas civilizações que se desenvolveram do Crescente Fértil até a região persa, aquelas mais próximas da Europa e mais destacadas tradicionalmente. Agora vamos mudar nosso foco para outras regiões. Ao escolhermos algumas civilizações dessas regiões, tivemos a intenção de oferecer uma visão geral e panorâmica das civilizações antigas.

Museu Nacional Karachi/The Art Archive/Other Images

Selo retratando elefante e monogramas, proveniente de Mohenjo-Daro, datado entre 2500 a.C. e 2000 a.C.

A Índia antiga

Escavações no vale do rio Indo, realizadas especialmente na década de 1920, ampliaram os conhecimentos sobre as cidades de Mohenjo-Daro e Harappa. A região pertenceu à Índia e hoje está no território do Paquistão, criado em 1947.

As descobertas mostraram que as civilizações que antes eram denominadas "civilizações do Indo" se estendiam muito além do vale desse rio.

As duas cidades, distantes 600 quilômetros entre si, foram erigidas por volta de 3000 a.C. Tinham canalização de água e esgoto, com algum tratamento, até nas casas mais humildes. Isso, para a época, representava um grande sinal de desenvolvimento urbano. Além disso, a distribuição das edificações, organizadas em forma de tabuleiro de xadrez, indica que houve um planejamento urbano, o que só poderia ser feito sob a orientação de um governo centralizado. Ambas tinham diversos quarteirões cortados por ruas largas (algumas com mais de 10 metros) e divididos em três zonas: a primeira era reservada ao grupo dos senhores poderosos, local das melhores habitações; na segunda moravam os mais pobres, com habitações mais modestas; e numa terceira zona ficava a área reservada ao centro comercial. Templos, palácios e outros edifícios públicos ficavam em uma área especial.

Ruínas de Mohenjo-Daro, no Paquistão em foto de 2014.

Nadeem Khawar/Getty Images

A extensão da Índia antiga

Allmaps/Arquivo da editora

Adaptado de: WORLD History Atlas: Mapping the Human Journey. London: Dorling Kindersley, 2005. p. 240-241.

Havia também casas de banho público com água aquecida e um sistema de rede de esgoto com tubos abaixo do nível das ruas. As esculturas – principalmente de mulheres – também caracterizam a civilização aí desenvolvida.

Os arqueólogos encontraram também celeiros feitos com técnicas engenhosas de isolamento e ventilação. Imagina-se que a construção tenha sido usada como uma espécie de banco, pois na época todos os valores eram medidos com base em quantidades de cereais.

A civilização aí desenvolvida era conhecida como **dravidiana**, em referência aos **drávidas**, grupo étnico que habitava o sul da Índia. Falavam idiomas que não pertenciam à família de **línguas indo-europeias** e desenvolveram uma escrita que ainda não foi decifrada.

Ainda não se compreende como a civilização dravidiana desapareceu. Supõe-se que tenha sido por causa de deslocamentos humanos em massa motivados por secas ou terremotos. Seus descendentes são encontrados principalmente no sul da Índia, e muitas de suas práticas de meditação ajudaram a formar a religião hindu.

No decorrer do segundo milênio antes da Era Cristã, de forma lenta, com imigrações e invasões, a região registra a chegada de povos seminômades indo-europeus, chamados de ários ou **arianos**. Dominando a escrita, os ários descreveram sangrentos conflitos por meio dos quais teriam se instalado no vale do rio Indo. Esses textos, que foram escritos em sânscrito, são conhecidos como *Vedas*, que significa 'conhecimento'. Por isso a civilização que surge nesse momento é chamada de **védica**.

A civilização védica está na base histórica da Índia como hoje a conhecemos. Sua cultura foi compartilhada pelos diversos reinos que se formaram na região. Caracterizava-se pela religião – hinduísmo e, posteriormente, o bramanismo – e pela forma de organização social – o sistema de castas.

O **hinduísmo** fundamentava-se nas crenças descritas nos *Vedas*, com a adoração de várias divindades, inclusive animais, e a crença em reencarnação. Seus seguidores tinham como objetivo principal a plena purificação – o chamado **nirvana** –, que poria fim ao eterno ciclo de nascimento, morte e reencarnação. Com o passar do tempo, o hinduísmo incorporou novos deuses e crenças, dando origem a uma religião mais complexa, conhecida como **bramanismo**. Entre as principais divindades do bramanismo estão Brahma, arquiteto do Universo; Vishnu, deus da conservação; e Shiva, deus da destruição.

Coleção particular/Album/akg-images/Latinstock

Estatuetas de bronze representando Vishnu e suas esposas Bhu (a Deusa da Terra) e Lakshmi ou Shri (Deusa da Beleza e da Prosperidade), encontradas em Tamil Nadu, Índia, por volta do ano 1000.

línguas indo-europeias: família linguística que inclui, por exemplo, latim (que gerou o português, o espanhol e o francês, entre outros idiomas), russo, polonês, sânscrito e uma série de dialetos.

O domínio dos guerreiros (**xátrias**) e dos sacerdotes (**brâmanes**) sobre os demais grupos sociais indianos fundamenta o sistema de **castas**. Nesse sistema, uma pessoa já nascia em uma casta, ou seja, em uma posição na sociedade, e nela permaneceria por toda a vida. Mesmo que enriquecesse, um indivíduo nascido numa casta inferior jamais poderia ascender à casta superior. As pessoas só podiam se casar com membros da mesma casta. Além disso, os membros de cada casta deveriam desempenhar funções sociais bastante específicas.

A divisão da sociedade indiana em castas tinha uma explicação religiosa. As castas teriam se originado de diferentes partes do corpo de Brahma: os brâmanes seriam oriundos da cabeça; os xátrias, dos braços; os vaixás, das pernas; e os sudras, dos pés do deus. Portanto, no topo dessa sociedade indiana estavam os **brâmanes**, poderosos sacerdotes que dominavam o conhecimento e a ordem política. Logo abaixo ficavam os **xátrias**, guerreiros, seguidos dos **vaixás**, comerciantes e artesãos. Mais abaixo na pirâmide social estavam os **sudras**, trabalhadores em geral, obrigados a servir às três castas superiores, pagando-lhes impostos. Na parte mais inferior da pirâmide social ficavam os "sem casta", os **párias**, considerados impuros e denominados "intocáveis" (não podiam ser tocados), pois não eram oriundos do corpo de Brahma. A eles cabiam os trabalhos considerados degradantes, que envolviam contato com excrementos e sangue, como queimar cadáveres e limpar latrinas. No interior de cada casta havia numerosas subdivisões.

Diversos hinos védicos, que fazem parte da literatura sânscrita, narram momentos importantes das divindades. O hino *Purusha Sukta*, por exemplo, narra o sacrifício do gigante cósmico Purusha para dar origem aos deuses, aos homens e a todas as coisas, bem como às castas. Leia um trecho a seguir.

Quando dividiram Purusha, quantos pedaços fizeram?

A que chamam sua boca, seus braços? A que chamam suas coxas e pés?

O Brahma foi sua boca, dos seus braços foi feito o Rajanya.

Suas coxas tornaram-se o vaixá, de seus pés o sudra foi produzido.

A Lua foi engendrada de sua mente, e de seu olho o Sol nasceu;

Indra e Agni nasceram de sua boca, e Vayu de seu alento.

De seu umbigo veio a atmosfera; o céu foi modelado de sua cabeça;

A terra de seus pés, e de suas orelhas as regiões. Assim eles formaram os mundos.

Hino Purusha Sukta, versos 12 a 15. Disponível em: <http://india-antiga-didatica.blogspot.com/2007/07/texto-de-apoio-o-purusha-sukta-hino-do.html>. Acesso em: 24 fev. 2014.

Album/R. u. S. Michaud/akg-images/Latinstock

Representação de Purusha (homem) e Prakriti (natureza) em miniatura do século XVIII.

Leituras da História

Por que a vaca é sagrada na Índia?

A tradição nasceu com o hinduísmo. Os *Vedas*, coletânea de textos religiosos de cerca de 1500 a.C., comentam a fertilidade do animal e o associam a várias divindades. Outra escritura hinduísta fundamental, o *Manusmriti*, compilado por volta do século I a.C., também enfatiza a importância da vaca para o homem. Nos séculos seguintes, foram criadas leis elevando gradualmente o *status* religioso bovino. No sistema de castas, que ainda vigora na sociedade indiana, a vaca é considerada mais "pura" até do que os brâmanes (indivíduos pertencentes à casta mais elevada, a dos sacerdotes) – por isso não pode ser morta nem ferida e tem passe livre para circular pelas ruas sem ser incomodada. O leite do animal, sua urina e até mesmo suas fezes são utilizados em rituais de purificação.

A adoração, no entanto, não é unanimidade entre os hindus e suscita debates inflamados no país. Em seu livro *The Myth of Holy Cow* (O mito da vaca sagrada, sem tradução para o português), o historiador indiano Dwijendra Narayan Jha, da Universidade de Délhi, sustenta a tese de que o hábito de comer carne era bastante comum na sociedade hindu primitiva e condena o "fundamentalismo em torno da santificação do animal", imposto pelos principais grupos religiosos da Índia. [...]

Disponível em: <http://mundoestranho.abril.com.br/mundoanimal/pergunta_286192.shtml#>. Acesso em: 24 fev. 2014.

Arterra Picture Library/Alamy/Glow Images

Vaca em rua da cidade de Rajastão, na Índia. A circulação do animal é livre pelas ruas do país.

O hinduísmo hoje é adotado por mais de 870 milhões de pessoas, predominando na Índia e no Nepal atuais com mais de 70% de seguidores. É a terceira crença com mais adeptos no mundo, depois do cristianismo e do islamismo.

Quanto às castas, em 1950 a Índia suprimiu esse sistema, mas na prática ele persiste até hoje. Em 1997, Kocheril Raman Narayanan, um membro da casta intocável, foi eleito presidente da Índia, fato inédito no país.

No século VI a.C., surgiu na cultura indiana uma doutrina que se opôs à sociedade de castas, o **budismo**. Foi criada pelo príncipe Sidharta Gautama, que, segundo a tradição, teria abandonado todo o luxo e poder e se engajado em uma caminhada mística que o levou à iluminação, ou ao nirvana. O budismo prega a igualdade entre os seres humanos e defende que cada pessoa deveria buscar a supressão dos desejos, alcançando assim a iluminação e tornando-se um buda ('iluminado'). Com disciplina moral, meditação e sabedoria, o budista exercita a preservação da vida e a moderação.

Representação de Buda. Escultura do século X, de origem indiana.

Museu Guimet, Paris/The Bridgeman/Keystone

Após ganhar muitos adeptos na Índia, o budismo conquistou seguidores de outros reinos e países, especialmente no Extremo Oriente e no Sudeste Asiático, como Japão, China, Vietnã e Laos. Atualmente, conta com mais de 370 milhões de adeptos, dos quais apenas cerca de 10 milhões estão na Índia.

Entre os vedas não prevaleceu a formação de grandes cidades. O centro da ordem política eram as cidades-Estado, que, ao se expandirem, formavam pequenos reinos governados por chefes políticos denominados **rajás** (do sânscrito *rajan* = rei). Embora muitas vezes se envolvessem em disputas regionais, os reinos se uniam sob o comando de um líder central, o **marajá** (do sânscrito *maha rajá* = 'grande rei'), quando estavam diante de uma ameaça maior.

Em aproximadamente 500 a.C., no entanto, as invasões persas resultaram na conquista do noroeste indiano, a região do rio Indo, que se converteu em uma satrápia (província) do Império Persa.

Depois de dois séculos sob domínio persa, a região do Indo foi anexada por Alexandre Magno – também conhecido como Alexandre, o Grande –, rei da Macedônia que governou de 336 a.C. a 323 a.C. O domínio macedônico durou pouco, de 334 a.C. a 327 a.C, tendo ruído logo após a morte de Alexandre (323 a.C.), quando seu império foi dividido.

Pouco depois, os reinos indianos se reunificaram sob a **dinastia Máuria**, família governante da região de Magadha. Um dos governantes dessa dinastia, Asoka (de 272 a.C. ou 268 a.C. a 235 a.C.), foi responsável pela expansão do império indiano do Ganges ao Indo e do Himalaia ao centro-sul da atual Índia (veja o mapa na página seguinte). Asoka converteu-se ao budismo e passou a propagar os ensinamentos de Sidharta Gautama. Tomou a decisão de não promover mais guerras, investiu em obras que beneficiavam a população, como hospitais, favoreceu a tolerância religiosa e proibiu o sacrifício de animais.

Detalhe de coluna erguida durante o governo do imperador Asoka, no século III a.C.

Museu Sarnath, Índia/The Bridgeman/Keystone

Edito de Asoka

A dinastia Máuria foi fundada pelo nobre Chandragupta. Veja um edito (parte de uma lei) promulgado por seu neto, o imperador Asoka, sobre o necessário respeito que deveria haver entre as crenças indianas de sua época:

"O rei amigo dos deuses deseja o progresso do essencial de todas as seitas. O progresso do essencial é que cada seguidor não ataque as outras seitas. O bom é que se escutem uns aos outros. O resultado é o progresso da seita de cada um e o triunfo da Lei." (texto adaptado)

Após a morte de Asoka, o império foi repartido entre seus descendentes, fragmentando-se em vários reinos autônomos que foram atacados por novas invasões estrangeiras. O budismo perdeu importância para o bramanismo, e a dinastia de Asoka desapareceu em algumas décadas. Mesmo em meio ao fracionamento e a seguidas disputas políticas e invasões, durante o século I d.C. os indianos realizaram intenso comércio com o Império Romano, exportando animais, aves, marfim, seda e especiarias, entre outros produtos.

No século IV d.C., a **dinastia Gupta** conseguiu reunificar o império indiano (320 d.C.) e restabeleceu a supremacia do hinduísmo. Muitos templos foram construídos nesse período.

A economia da região se fortaleceu com a ampliação dos cultivos agrícolas e dos rebanhos e o desenvolvimento da produção de tecidos. O comércio, principalmente com o Império Romano do Oriente, também prosperou durante a dinastia Gupta. O trabalho de artistas, cientistas e poetas era financiado pela Corte. Com o aumento de riquezas, a arrecadação de impostos também se elevou, o que tornou a dinastia rica e poderosa.

Por todos esses motivos, o período de reinado da dinastia Gupta é considerado a **Idade de Ouro** da Índia antiga.

O fim dessa dinastia se deu com a invasão dos hunos, povos nômades vindos da Ásia Central, no século VI d.C. Novamente, o império se fragmentou em pequenos reinos.

Ancient Art & Architecture Collection Ltd/Alamy/Glow Images

Detalhe de fachada de uma das grutas de Ajanta, do período Gupta, na cidade de Aurangabad, na Índia.

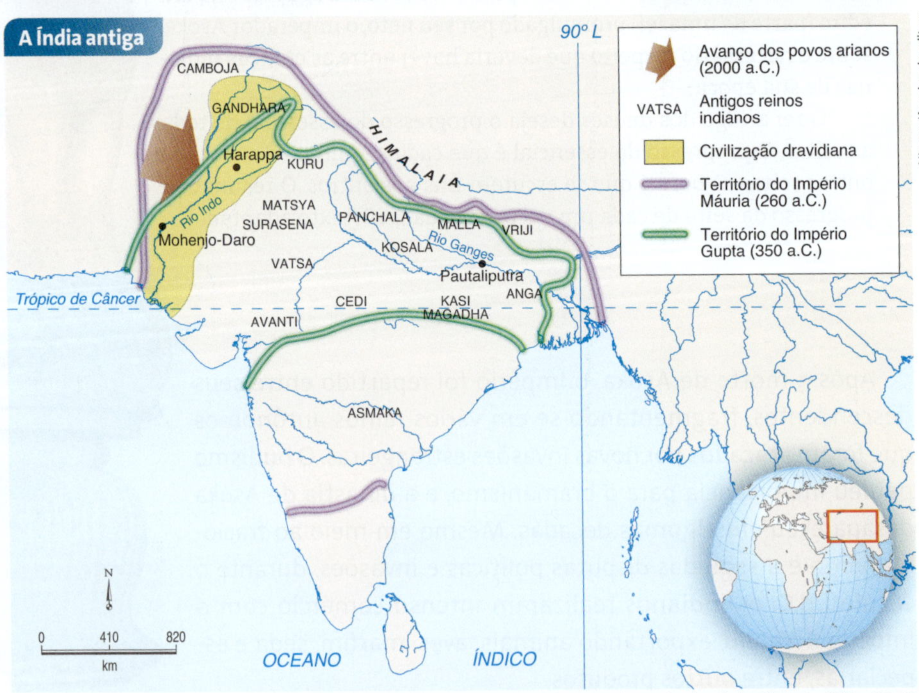

Allmaps/Arquivo da editora

Adaptado de: WORLD History Atlas. Mapping the Human Journey. London: Dorling Kindersley, 2005. p. 240-241.

A China antiga

Se Uruk foi uma das primeiras cidades de que se tem notícia, essa novidade não ficou restrita à Mesopotâmia. Também no Egito, como vimos, foram surgindo cidades que se bastavam a si mesmas, com economia, organização social e poder político próprios.

Aproximadamente em 1700 a.C. encontramos no norte da China suas primeiras cidades, no vale do rio Amarelo. Os reis da **dinastia Chang** criaram, com base na unificação de várias cidades e suas áreas de influência, um grande Estado que teve continuidade até aproximadamente 1100 a.C. O que se sabe sobre a dinastia Chang vem de objetos rituais, como cascas de bambu, ossos, cascos de tartaruga e textos escritos em **ideogramas** encontrados em escavações realizadas entre 1920 e 1930.

ideograma: é um símbolo gráfico ou desenho que representa ideias, sentimentos, objetos ou conceitos.
A escrita chinesa é ideográfica. Acredita-se que o primeiro sistema de escrita chinês tenha surgido na dinastia Chang.

Dinastias chinesas

Na história política da China alternam-se períodos de unificação política e territorial e períodos de fragmentação com guerras e invasões. Para uma visão simplificada e geral, podemos dividir as dinastias chinesas em dois grandes períodos: o das Antigas Dinastias (Xia, Chang e Chou) desde antes do século XVII a.C. até o século III a.C.; e o da China Imperial (dinastias Ch'in, Han, Sui, Thang, Song, Yuan, Ming e Manchu), do século III a.C. ao XX d.C.

Biblioteca Nacional, Paris/Erich Tessing/Album/Latinstock

Gravura do século XVII com o barco do imperador Yang-Ti, da dinastia Sui (581-618), e o Grande Canal da China. Após um grande período de fragmentação política foi promovida a reunificação territorial durante a dinastia Sui.

Museu de Arte de Cincinnati, Ohio, USA/The Bridgeman/Keystone

Recipiente para vinho feito de bronze durante a dinastia Chang (1700 a.C.-1100 a.C.).

Pensando no Enem

1. Observe as imagens abaixo:

O cômputo da Idade da Terra

Da Criação até o Dilúvio ___ 1.656 anos

Do Dilúvio até Abraão ___ 292

Do Nascimento de Abraão até Êxodo do Egito ___ 503

Do Êxodo até a Construção do Templo ___ 481

Do Templo até o Cativeiro ___ 414

Do Cativeiro até o Nascimento de Jesus Cristo ___ 614

Do Nascimento de Jesus Cristo até hoje ___ 1.560

Idade da Terra ___ 5.520 anos

Documento I

Avalia-se em cerca de quatro e meio bilhões de anos a idade da Terra, pela comparação entre a abundância relativa de diferentes isótopos de urânio com suas diferentes meias-vidas radiativas.

Documento II

Considerando os dois documentos, podemos afirmar que o pensamento que permite a datação da Terra é de natureza:

a) científica no primeiro e mágica no segundo.
b) social no primeiro e política no segundo.
c) religiosa no primeiro e científica no segundo.
d) religiosa no primeiro e econômica no segundo.
e) matemática no primeiro e algébrica no segundo.

Resposta: e

Questão bastante simples e de fácil resolução. Porém, remete às discussões sobre o criacionismo e o evolucionismo, implícitas nas visões religiosas e científicas do mundo. Na apresentação dos documentos fica evidente que o I destaca concepções religiosas e o II apoia-se em análises empíricas, científicas.

Considerando a matriz de Referência do Enem, essa questão contempla a competência de área 1 – Compreender os elementos culturais que constituem as identidades, especialmente as habilidades H1: Interpretar historicamente e/ou geograficamente fontes documentais acerca de aspectos da cultura e H4: Comparar pontos de vista expressos em diferentes fontes sobre determinado aspecto da cultura.

2. A linguagem utilizada pelos chineses há milhares de anos é repleta de símbolos, os ideogramas, que revelam parte da história desse povo. Os ideogramas primitivos são quase um desenho dos objetos representados. Naturalmente, esses desenhos alteraram-se com o tempo, como ilustra a seguinte evolução do ideograma 馬, que significa cavalo e em que estão representados cabeça, cascos e cauda do animal.

Considerando o processo mencionado acima, escolha a sequência que poderia representar a evolução do ideograma chinês para a palavra **luta**.

a) 

b) 

c) 

d) 

e) 

Resposta: b

Os chineses usam a escrita ideográfica, em que cada símbolo representa uma palavra ou um conceito. É diferente da escrita alfabética, a nossa, em que os sinais gráficos representam sons que servem para representar palavras. Na questão, é só comparar as alternativas com o exemplo apontado no enunciado (sobre o conceito 'cavalo'). Ou seja, perceber a evolução simplificadora da representação ideográfica que no caso de luta é simbolizada pelo ideograma da alternativa *b*, mostrando no primeiro o ponto de partida em que duas pessoas se confrontam e como esse ideograma "evoluiu". Nas demais alternativas temos as representações do ser humano (alternativa *a*), de bebida alcoólica (na alternativa *c*), de montanha (na alternativa *d*) e de pássaro (na alternativa *e*).

Considerando a matriz de Referência do Enem, essa questão contempla a competência de área 1 – Compreender os elementos culturais que constituem as identidades, especialmente a habilidade H5: Identificar as manifestações ou representações da diversidade do patrimônio cultural e artístico em diferentes sociedades.

A capital do reino Chang foi mudada algumas vezes, mas se estabeleceu finalmente em Yin. A rica cultura material incluía a criação de vasos de bronze decorados com imagens de seres míticos e animais, esculturas em jade e instrumentos musicais. Ergueram-se palácios, tumbas e fortificações, envolvendo o trabalho de milhares de camponeses e escravos.

Uma invasão de povos vindos de um reino a oeste, os **Chou** (ou Zhou), por volta de 1100 a.C., derrubou a dinastia Chang. Foi durante a dinastia Chou que se firmou a denominação **Reino do Meio**, atribuída pelos próprios chineses, que acreditavam ser o centro do mundo. Houve nesse período um grande impulso cultural, muitas vezes lembrado como a Idade de Ouro da filosofia chinesa.

Uma das fontes importantes para o conhecimento desse período da história da China são os escritos de Confúcio (Kong Fuzi ou Kung-Fu-Tze), que viveu no século VI a.C. Ele deixou uma grande obra, reunindo muitos textos antigos por seu valor moral, sem se preocupar com a veracidade histórica.

Os chineses antigos se dedicavam a registrar os conhecimentos e os feitos dos líderes locais e imperadores com o objetivo de deixar exemplos para as gerações futuras. No caso de Confúcio, ele não apenas recuperou textos, mas também desenvolveu um sistema de pensamento que influenciou fortemente o mundo chinês, tendo sido adotado como filosofia oficial durante a dinastia **Han** (III a.C.-III d.C.). O confucionismo sustenta os princípios de altruísmo, cortesia ritual, conhecimento ou sabedoria moral, integridade, fidelidade e justiça, retidão e honradez. Esses valores continuaram a ser respeitados mesmo após a dinastia Han, e até hoje estão presentes na civilização chinesa.

Coleção particular/Erich Lessing/Album/Latinstock

Vaso cerimonial de bronze produzido durante a dinastia Chou, encontrado em escavação de 1969, na província de Shaanxi, China.

Para saber mais

O confucionismo e o taoismo

Confúcio (551 a.C.-479 a.C.), um dos mais importantes pensadores da China antiga, deu início a uma doutrina que pregava certos comportamentos na sociedade e na família, nas relações públicas e privadas. Sem negar a existência das divindades, defendia a ideia de que cabe a cada indivíduo a prática das virtudes, como o respeito aos pais e às tradições ancestrais.

O **confucionismo**, como ficou conhecida essa doutrina, prega que o ser humano é naturalmente bom, e que todo mal decorre da falta de conhecimentos. Por isso, defende uma educação para a virtude e a harmonia, pelo amor pela verdade, para o bem e a generosidade. Isso sem recorrer a mandamentos ou revelações divinas, apresentando-se mais como uma filosofia. Depois de sua morte, contudo, Confúcio foi transformado pelas autoridades governamentais em objeto de culto, com templos e honrarias, adquirindo traços religiosos.

Lao-Tsé (c. 570 a.C.-490 a.C.), outro importante pensador do período, em seu livro *Tao Te King* (Livro do caminho e da virtude), expõe ideias que posteriormente foram desenvolvidas por seus discípulos (especialmente Li-Tsé e Tchoang-Tsé). Lao-Tsé defendia o abandono das vaidades do mundo, o retiro da vida pública e a dedicação à meditação solitária, que seria o caminho (Tao) para uma integração íntima com o Universo. Por isso, essa doutrina ficou conhecida como **taoismo**.

Biblioteca Nacional, Paris/The Bridgeman/Keystone

Representação de Confúcio feita na China, no século XVII.

Assim como os textos de Confúcio, muitos outros escritos da Antiguidade chinesa ajudam os pesquisadores a desvendar e compreender o passado. Os primeiros registros históricos da China eram feitos por sábios ligados aos poderes políticos. Essas primeiras fontes disponíveis eram literárias e mesclavam aspectos de arte, registro histórico e doutrina moral. Muitos sábios, ao estudar esses textos, acrescentavam nas entrelinhas seus próprios comentários, em caracteres menores. Quando esses textos eram recopiados, os caracteres menores se misturavam com os maiores. Para compreender esses textos, os especialistas modernos, ajudados por descobertas arqueológicas, usam conhecimentos de gramática histórica (ou seja, o estudo das mudanças nas regras e no estilo da escrita) para tentar datar os diversos trechos dos textos e assim associá-los criticamente com períodos e acontecimentos históricos.

Biblioteca Britânica, Londres/akg-images/Album/Latinstock

Representação do imperador Shi Huang Ti (221 a.C.-210 a.C.), retirada de um manuscrito do século XIX. Tudo o que era considerado hostil ao seu governo foi reprimido ou eliminado. Muitos textos de Confúcio foram destruídos nessa época, mas alguns parecem ter sido salvos pelo próprio pensador: cerca de sete décadas depois de seu governo, foi encontrada uma cópia de obra de Confúcio escondida numa fresta da parede de sua casa.

ED Muralha da China

A Grande Muralha

A Muralha da China se estende de leste a oeste, na região norte do país. Com aproximadamente 2 300 quilômetros de extensão (tendo chegado a cerca de 6 mil quilômetros), 7,5 metros de altura e 3,75 metros de largura, levou cerca de 2 mil anos para ser construída (de 220 a.C., aproximadamente, até o século XVI).

Testemunho de vários períodos históricos, essa obra pode nos dizer muito sobre a China antiga. Sua construção envolveu grandes conhecimentos de engenharia e alto nível de desenvolvimento tecnológico, pois o muro acompanha o contorno de montanhas e vales. Suas torres de observação foram dispostas estrategicamente.

A Muralha não forma uma única estrutura, mas sim diversas muralhas construídas e retomadas por sucessivas dinastias. Calcula-se que tenha requerido o trabalho de milhares de pessoas pertencentes a muitas gerações, entre escravos, soldados e camponeses.

Na atualidade, possui grande importância histórica e turística, mas sua função original era defensiva, embora nem sempre tenha evitado as invasões estrangeiras, como a dos povos que fundaram a dinastia Wei, no século IV d.C., e os povos das estepes liderados por Gêngis Khan, cujo neto conquistou a China e fundou a dinastia Yuan em 1271. Desde 2007, a Muralha da China faz parte da lista das Novas Sete Maravilhas do Mundo, por eleição informal promovida por uma organização não governamental sediada na Suíça.

A análise de documentos e diversas evidências materiais indicam que os governantes da dinastia Chou criaram um sistema de doação de territórios a chefes poderosos, dividindo a China em principados. Com o passar do tempo, isso acabou por descentralizar o poder político e reduzir a autoridade dos governantes. A invasão de povos nômades vindos do norte e do oeste agravou ainda mais esse quadro. A formação de alianças entre os principados e a hegemonia de um principado mais forte garantiram, durante certo tempo, alguma estabilidade. A partir do século V a.C., porém, as alianças já não se sustentavam e as guerras se tornaram mais intensas. Os sete reinos (principados) então existentes passaram a guerrear pelo domínio. Por isso, o período entre os séculos V a.C. e III a.C. ficou conhecido como "período dos reinos combatentes".

A recuperação da ordem e a reunificação foram obtidas com o rei Shi Huang Ti, do reino Ch'in, que derrubou a dinastia Chou e iniciou a **dinastia Ch'in** (221 a.C.-206 a.C.). É do nome desse reino que se originou o nome China.

Shi Huang Ti conseguiu criar um imenso império, impondo uma escrita comum, um calendário único, uma moeda única e a construção de grandes obras, como estradas e canais. Foi sob seu reinado que começou a ser construída a Grande Muralha, para proteger o império contra invasores nômades. O rei também adotou medidas para "apagar o passado" chinês, determinando a queima de livros e mandando matar estudantes e intelectuais. Muitos livros do período conhecido como Idade de Ouro da filosofia foram queimados.

Trecho da grande Muralha da China, em foto de 2012.

Dave Porter/Alamy/Glow Images

Após a morte de Shi Huang Ti, em 210 a.C., seguiram-se rebeliões internas e disputas pelo poder, e a dinastia Ch'in foi derrubada. Somente em 202 a.C., Lieu Pang conseguiu a reunificação imperial, iniciando outra dinastia, a **Han** (202 a.C.-220 d.C.). Essa dinastia, contemporânea do Império Romano, expandiu seus domínios com várias conquistas, destacando-se os enfrentamentos com os hunos do norte – povos nômades que eram os tradicionais adversários da China. Vastas áreas da Ásia oriental foram conquistadas, e o império chegou a se estender por boa parte da China atual, mais o Vietnã e a Coreia.

acupuntura: consiste na estimulação, com o uso de agulhas, por exemplo, de pontos anatomicamente definidos do corpo.

No período da dinastia Han os chineses desenvolveram a técnica de fabricação do papel e inventaram a bússola. São também dessa época os registros escritos mais antigos sobre a **acupuntura**, que já era praticada havia milhares de anos e que se tornaria uma importante prática da tradicional medicina chinesa.

O confucionismo foi adotado como doutrina oficial, mas isso não impediu a penetração do budismo, facilitada pela expansão do império a oeste, próximo à Índia, e pelas relações comerciais. O intercâmbio comercial, afinal de contas, era, ao mesmo tempo, intercâmbio cultural, religioso, científico, tecnológico, etc. Isso porque, em portos, feiras e entrepostos de negociação de mercadorias, comerciantes das mais diversas civilizações conviviam durante longos períodos antes de iniciar a viagem de volta.

O Império Chinês, em suas sucessivas dinastias, chegou até o século XX da nossa era, quando foi derrubado por uma revolução republicana. De sua história de conquistas e invasões, desde a Antiguidade, resultou na China uma população diversificada: o país tem hoje 56 grupos étnicos oficiais, cada um com suas tradições e seus costumes; são 129 idiomas no total, pois alguns grupos falam mais de uma língua.

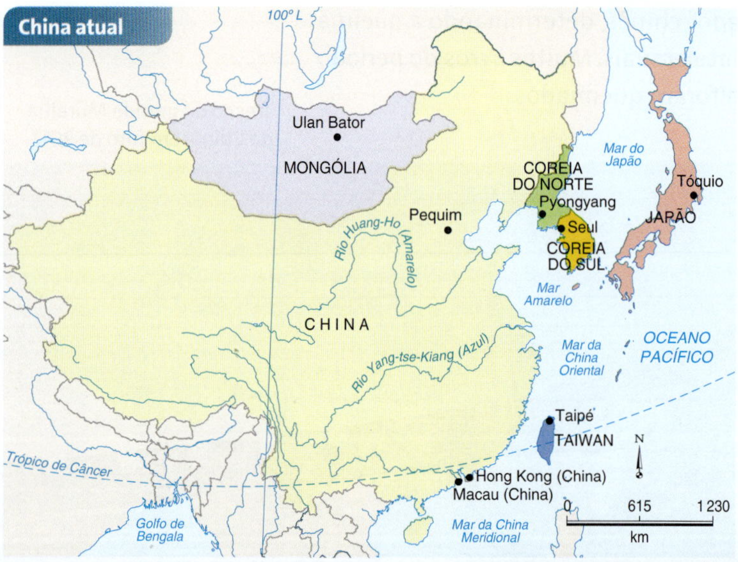

Adaptado de: EMBAIXADA DA REPÚBLICA POPULAR DA CHINA NO BRASIL. *A China ABC*. Disponível em: <http://portuguese.cri.cn/chinaabc/chapter1/chapter10101.htm>. Acesso em: 12 set. 2012.

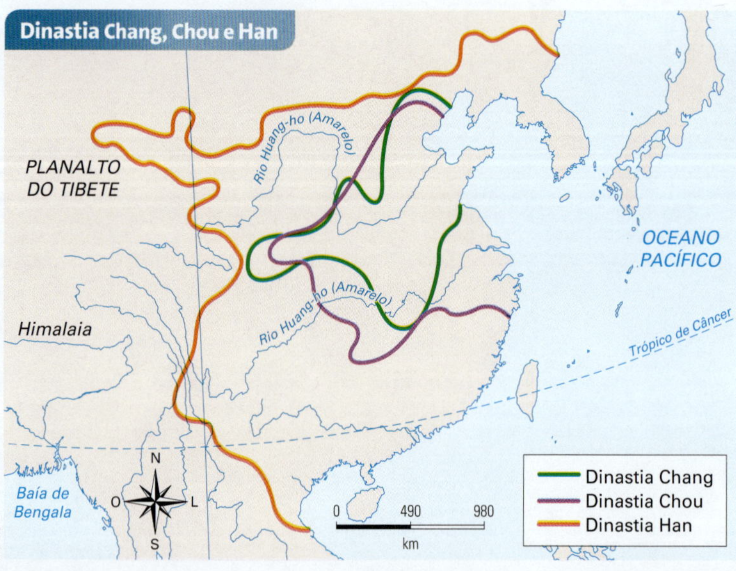

Adaptado de: WORLD Atlas History: Mapping the Human Journey. Londres: Dorling Kindersley, 2005. p. 260.

Mapas: Allmaps/Arquivo da editora

Para saber mais

A Rota da Seda

A rota comercial mais importante da China foi a Rota da Seda – expressão criada no século XIX pelo pesquisador alemão Ferdinand von Richthofen. Durante mais de mil anos, esse caminho terrestre – já conhecido dos persas pelo menos desde o século VIII a.C. – foi provavelmente a única ligação significativa entre o Ocidente e o Oriente, unindo a China aos portos do Mediterrâneo (veja o mapa).

O principal itinerário da rota tinha 12 mil quilômetros, partindo da China e chegando aos portos de Antioquia, na Síria, e os de Bursa e Constantinopla (a atual Istambul), na Turquia. A rota prosseguia então, por via marítima, desses portos até Veneza. Ao longo do tempo, essa rota foi sofrendo alterações, de acordo com a situação política dos diversos Estados cortados por ela.

Apenas quando Vasco da Gama descobriu o caminho marítimo para a Índia, em 1498, a rota perdeu importância. Era frequentada por mercadores persas, árabes, chineses e europeus, que percorriam seus milhares de quilômetros no lombo de camelos e outros animais, transportando mercadorias ao longo de montanhas, desertos e estepes em jornadas que chegavam a durar vários anos. Também soldados, artistas, sacerdotes e peregrinos cruzavam aqueles caminhos da Ásia Central.

Pela rota circulavam os mais diversos produtos, como especiarias, linho, joias, madeira, chás, porcelana e objetos de vidro – também considerados artigo de luxo até o século V, quando os chineses dominaram a técnica de sua fabricação. A seda, no entanto, era considerada o produto mais importante dessa rede comercial, uma das mercadorias mais cobiçadas na Europa e no mundo árabe. E, por um bom tempo, apenas os chineses conheciam o segredo de sua fabricação, a partir do casulo de certas lagartas.

Foi também pela rota que se difundiram grandes inventos dos chineses, como o papel, a pólvora e os fogos de artifício.

Rota da seda

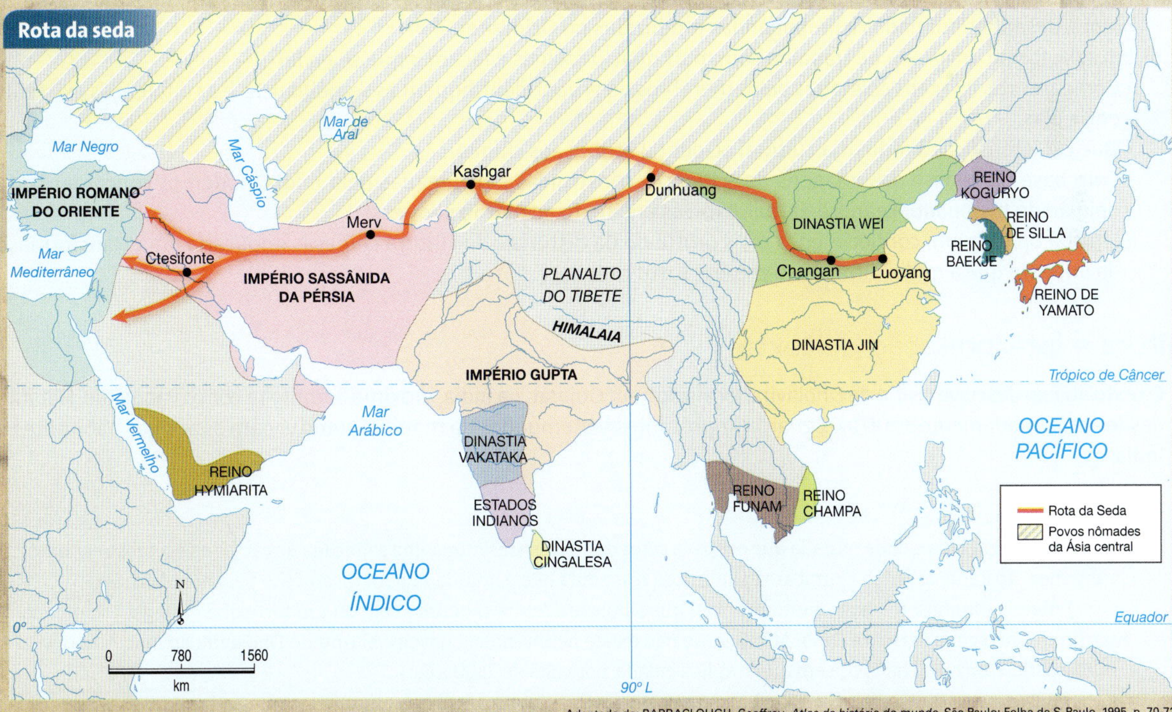

Adaptado de: BARRACLOUGH, Geoffrey. *Atlas da história do mundo*. São Paulo: Folha de S.Paulo, 1995. p. 70-72.

Atividades

Análise e redação

1. O escritor argentino Jorge Luis Borges (1899-1986) escreveu que "queimar livros e erguer fortificações é tarefa comum dos príncipes".
   a) Escreva um texto relacionando essa afirmação à China antiga e a outras situações que você conheça.
   b) Escreva em seu caderno alguns elementos da cultura chinesa destacados no texto. Quais desses elementos você acredita que tenham influenciado a cultura ocidental?

Leitura, pesquisa e reflexão

2. Leia o texto abaixo e faça o que se pede.

> No Ocidente, o conhecimento deficitário da língua e escritas chinesas e a dificuldade em compreender sistemas muito distantes das tradições religiosas e filosóficas europeias levaram muitos a considerar o confucionismo um amontoado de frases óbvias, citadas fora de seu contexto e reproduzidas até em biscoitos da sorte. Essa sabedoria atomizada virou motivo de chacota no cinema e nas obras feitas na Europa sobre a China, que reproduzem o modelo de mandarim de fala mansa, barriga proeminente e repetindo à exaustão "pérolas" de sabedoria com um risinho patético. A imagem apenas mostra como estamos distantes da compreensão do mundo chinês.
>
> KARNAL, Leandro. Uma história longa e sinuosa. *Biblioteca Entrelivros*: China. São Paulo: Duetto, Edição Especial n. 5, p. 11.

Imagebroker/Alamy/Other Images

Ideogramas chineses.

   a) Faça um levantamento de personagens chineses encontrados em romances, histórias em quadrinhos, charges, filmes, *games*, desenhos animados e propagandas produzidas no Ocidente.
   b) Em sala, forme um grupo de trabalho com mais quatro colegas e façam o que se pede:
      - Comparem as imagens coletadas pelos membros do grupo. Identifiquem as semelhanças e as diferenças existentes entre elas.
      - Que características a indústria cultural ocidental atribui aos chineses?
      - Com base na análise das imagens dos chineses construídas e divulgadas pela mídia, podemos concordar com a opinião do historiador Leandro Karnal, expressa no texto acima? Explique.
      - Em sua opinião, um conhecimento mais profundo da história e da cultura chinesas implicaria uma transformação da imagem que a mídia difunde do chinês? Justifique.

Leitura e interpretação de texto

3. O texto abaixo descreve o sítio de Dholavira, localizado em Gujarat, na Índia, próximo à fronteira com o Paquistão. Habitado desde aproximadamente 3000 a.C., guarda importantes testemunhos da maneira como viviam os antigos habitantes da Índia.

> Dholavira era uma cidade murada que ocupava cerca de 50 hectares numa ilha salpicada de cactos e vegetação espinhosa, em meio ao Rann de Kutch – uma área pantanosa ressecada que é inundada periodicamente pelo mar da Arábia.
>
> [...] Alguns estudiosos acham muito provável que Dholavira tenha sido um porto ou um forte que protegia o comércio marítimo com o golfo Pérsico e Omã. Atualmente não existe nenhuma via navegável unindo Dholavira ao mar, mas talvez tenha existido um canal na época em que surgiu a cidade, por volta de 2500 a.C.
>
> [...] Numerosos reservatórios se espalhavam por Dholavira – e é provável que alguns fossem usados para os banhos rituais. Mas, sobretudo, disse Bisht, "o que importava para essa gente era não perder nenhuma gota d'água". Não havia nenhum rio de água doce fluindo para essas regiões costeiras de alta salinidade. Por isso, Dholavira decerto dependia muito das chuvas, na época das monções. Duas ravinas próximas à cidade foram represadas para captar as águas pluviais e uma série de canaletas as conduzia para os reservatórios.

A principal colina de Dholavira, que se eleva a cerca de 15 metros de altura, tem maciças muralhas de pedra e parece uma fortaleza. Ali morava o governante, acredita Bisht. Ele não discorda de [...] outros que consideram a civilização do Indo uma espécie de Império econômico, composto de várias cidades-Estado com uma cultura comum. De fato, Dholavira já revelou artefatos idênticos aos encontrados em Harappa e Mohenjo-Daro.

Entretanto, [...] Bisht considera Dholariva obra de um poderoso monarca. "Seria preciso dispor de vastos recursos para construir uma cidade assim", diz. E, a julgar pelo trabalho braçal necessário para construir a cidadela, as cisternas e as muralhas da cidade, Bisht considera provável a existência de escravos.

EDWARDS, Mike. A civilização do rio Indo. *National Geographic Brasil.* São Paulo: Abril, volume 1, n. 2, jun. 2000. p. 140 e 141.

a) De acordo com as informações do texto acima, quais podem ter sido as funções originais da cidade de Dholavira?
b) Sem a presença de fontes permanentes de água doce, como os habitantes da cidade conseguiam sobreviver?
c) Muitos historiadores consideram que a necessidade de realizar obras de grande vulto para controlar as águas de rios como o Nilo, o Tigre e o Eufrates explicam o surgimento dos Estados do Antigo Oriente. Se considerarmos as informações do texto, esse raciocínio se aplicaria também à cidade de Dholavira? Explique.

Leitura e análise de imagem

4. Leia o texto e observe a fotografia abaixo. A seguir, responda às questões propostas.

Nascer hindu na Índia é entrar para o sistema de castas, uma das mais antigas formas de estratificação ainda em vigor. Arraigado na cultura indiana há 1,5 mil anos, o sistema segue um preceito básico: todos são criados desiguais. A hierarquização da sociedade hindu originou-se de uma lenda na qual os quatro principais grupos, ou varnas, emergem de um ser primordial [...].

Um quinto grupo consiste nas pessoas que são achuta, ou intocáveis. Não vieram do ser primordial. Eles são os excluídos – pessoas demasiado impuras para classificar-se como seres dignos. O preconceito define sua vida, particularmente nas áreas rurais, onde vivem três quartos da população indiana. Os intocáveis são evitados, insultados, proibidos de frequentar templos e casas de castas superiores, obrigados a comer e beber em utensílios separados em lugares públicos e, em casos extremos, mas não incomuns, são estuprados, queimados, linchados e baleados. [...]

Os intocáveis executam o "trabalho sujo" da sociedade – atividade que requer contato físico com sangue e excrementos humanos. Os intocáveis cremam os mortos, limpam latrinas, cortam cordões umbilicais, removem animais mortos das ruas, curtem couro, varrem sarjeta. Esses trabalhos, e a condição de intocável, são transmitidos aos descendentes. [...]

A Constituição de 1950 impõe um sistema de cotas em que são reservados cargos na legislatura federal em proporção igual à dos intocáveis na população: 15%. No jargão jurídico e administrativo, eles agora são conhecidos como "castas arroladas". Lugares reservados aos intocáveis têm também legislaturas estaduais, conselhos de aldeia, no serviço público e nas salas das universidades. [...]

Apesar de todas as leis, porém, o cerne do sistema de castas segue inalterado. [...]

Raveendran/Agência France-Presse

Pessoas da casta dos intocáveis, durante uma manifestação em Nova Délhi, Índia, em dezembro de 2013.

O'NEILL, Tom. Intocáveis. *National Geographic Brasil.* São Paulo: Abril, jun. 2003, p. 38-67.

a) Com base na leitura do capítulo, explique como se justifica a existência do sistema de castas na Índia.
b) Em sua opinião, a vigência do sistema de castas na Índia é compatível com o sistema democrático que rege a vida política do país desde 1950? Justifique.
c) Observe com atenção a fotografia que ilustra o texto. Você já presenciou alguma cena semelhante a essa no Brasil?
d) Para combater a exclusão produzida pelo sistema de castas, os indianos adotaram um sistema de cotas que assegura aos intocáveis o acesso à Câmara Legislativa, à universidade e ao serviço público, por exemplo. No Brasil, o sistema de cotas também foi adotado com a finalidade de favorecer a inclusão de grupos historicamente vítimas de exclusão social. Em sua opinião, o sistema de cotas poderá, a longo prazo, favorecer a constituição de uma sociedade mais igualitária? Justifique.

Museu Britânico, Londres/ Erich Lessing/Album/Latinstock

Arte olmeca, cerca de 1200 a.C.-800 a.C.

3 América e África

Na **América**, evidências e achados arqueológicos atestam que na Antiguidade o continente foi habitado por algumas populações que viviam em grandes grupos em regiões esparsas da América do Norte até a América do Sul.

Os núcleos urbanos mais antigos de que se tem conhecimento na América foram os dos **olmecas**, que se estabeleceram entre as fronteiras dos atuais México e Estados Unidos e viveram aproximadamente no ano 1200 a.C. Construíram monumentos em forma de cabeças gigantes, representando possivelmente seus reis, e pequenas esculturas em jade. Foram também os primeiros a utilizar um sistema de escrita.

Leituras da História

Escrita nas Américas tem quase 3 mil anos

Bloco de pedra achado no México mostra que os olmecas foram os primeiros a escrever no continente.

Um bloco de pedra com desenhos padronizados descoberto no México pode ser o mais antigo registro da existência de comunicação escrita nas Américas. O achado comprova que a civilização dos olmecas, que ocupou a região centro-sul desse país de 1200 a.C. a 400 a.C., foi a primeira a desenvolver a linguagem escrita no continente. Estima-se que o bloco encontrado no sítio arqueológico de Cascajal, em Veracruz, tenha sido produzido entre 1000 a.C. e 800 a.C. [...]

[...] Os glifos (pictogramas gravados em pedra que retratam o ser humano em qualquer atividade, com o objetivo de comunicar) têm todos os aspectos esperados de uma linguagem escrita. O texto completo é formado por 62 sinais, em que 28 são desenhos distintos. Cada símbolo corresponde a uma unidade de significado e os diferentes agrupamentos dos sinais produzem sentidos distintos. Além disso, há evidências de que o bloco era um suporte específico para desenhar "letras", porque a superfície foi preparada para a inserção do texto e para possibilitar que ele fosse apagado e refeito.

[...] O significado do texto, no entanto, ainda é uma incógnita. "Ainda não é possível entender os glifos, porque falta uma tradução que associe essa nova linguagem a uma já conhecida", afirma Stephen Houston, da Universidade Brown, nos Estados Unidos.

[...]

Anteriormente, pensava-se que os zapotecas (povo que habitou o sul do México entre os anos 500 a.C. e 700 d.C.) eram os responsáveis pela invenção da escrita na América.

Adaptado de: LOVATI, Franciane. *Ciência Hoje On-line*, 14 set. 2006. Disponível em: <http://cienciahoje.uol.com.br/noticias/arqueologia-e-paleontologia/escrita-nas-americas-tem-quase-tres-mil-anos>. Acesso em: 18 abr. 2014.

Rodriguez Martinez/Science Magazine

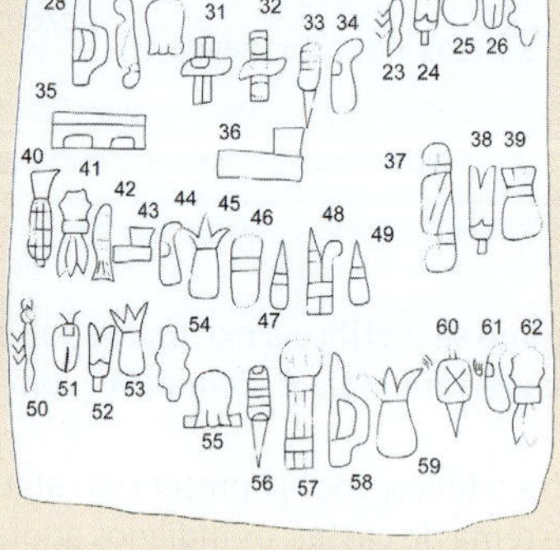

Rodriguez Martinez/Science Magazine

O bloco de Cascajal (à esquerda) pesa cerca de 12 quilos e tem 36 centímetros de comprimento, 21 centímetros de altura e 13 centímetros de largura. À direita, uma representação dos símbolos identificados no bloco.

Acredita-se que a cultura olmeca esteja na origem das demais civilizações que se desenvolveram na América, como a dos astecas, maias e incas.

O sítio arqueológico de Teotihuacán testemunha a existência de algumas dessas culturas. Situado a 40 quilômetros da atual Cidade do México, no México, o sítio foi encontrado em 1864 e consiste em ruínas de uma cidade construída aproximadamente no século I a.C., com palácios, templos, canais de irrigação e mercados. Duas grandes pirâmides de 60 metros de altura atestam o papel central da religiosidade.

Anna Omelchenko/Alamy/Glow Images

Enquanto as pirâmides do Egito destinavam-se a abrigar e proteger os corpos mumificados dos faraós, em Teotihuacán elas eram usadas como plataformas dos templos. A principal avenida da cidade é a Calçada dos Mortos, com um conjunto arquitetônico que inclui, entre outras, a Pirâmide do Sol, a Pirâmide da Lua (acima, em foto de 2012), o Templo de Quetzalcoatl, o Templo da Serpente Emplumada e outros templos e palácios.

Segundo alguns pesquisadores, a cidade teria sido ocupada por vários povos, em diferentes épocas. Ao ocupá-las, modificavam as construções e faziam outras edificações sobre as antigas.

Uma avenida de quase 2 quilômetros (a Avenida ou Rua dos Mortos) e outras duas grandes ruas revelam a existência de planejamento para criar a cidade.

Um pouco mais ao sul, na região entre o México e a Guatemala atuais, floresceu a cultura maia, entre os séculos III e X. Os maias formaram dezenas de cidades-Estado e tinham uma escrita complexa. Seus sacerdotes eram grandes sábios e conheciam a aritmética. Criaram dois calendários, um deles como o que hoje utilizamos, com ano de 365 dias. Seus artesãos construíram palácios, templos e pirâmides.

Bem mais tarde, os incas formaram um império que chegou a reunir 10 milhões de pessoas, já no século XIII. Nas diversas nações que constituíam o império eram faladas mais de setecentas línguas. A capital ficava em Cuzco, que hoje faz parte do Peru. O imperador era considerado um deus, descendente do Sol.

Acompanhamos algumas origens dessas civilizações no capítulo 2 e aprofundaremos o estudo mais adiante, no contexto dos confrontos com a chegada dos conquistadores europeus ao continente americano.

Ashley Cooper pics/Alamy/Glow Images

A África é um continente de grande diversidade étnica e cultural, como você pode observar na foto acima, que mostra a população na cidade de Marrakech, no Marrocos, norte da África, em 2012.

Voltando-nos agora para o contexto da **África**, destacamos algumas de suas raízes na Antiguidade. O estudioso Kabengele Munanga afirma que "áfrica" é um termo da Antiguidade greco-romana. Para os gregos, correspondia ao território atual da Líbia, e para os romanos, correspondia à atual Tunísia. Hoje engloba 56 países e uma grande diversidade cultural, geográfica, econômica e política.

Nas bordas do Egito antigo, surgiram reinos na Etiópia e, mais ao sul, também na Núbia, originados de criadores de gado que saíram do vale do Nilo e se instalaram na região dos Grandes Lagos. Com a desertificação do Saara, os povos que habitavam essas regiões foram migrando para o oeste e o sul. Esses povos, que dominavam a metalurgia do ferro, falavam o idioma banto e se instalaram na região do rio Níger. A palavra banto, criada no século XIX, visava dar conta de um vastíssimo grupo de falas aparentadas (mais de trezentas) de povos africanos. Atualmente, a denominação banto se aplica aos povos que fazem uso daquele idioma.

Expansão da língua banta

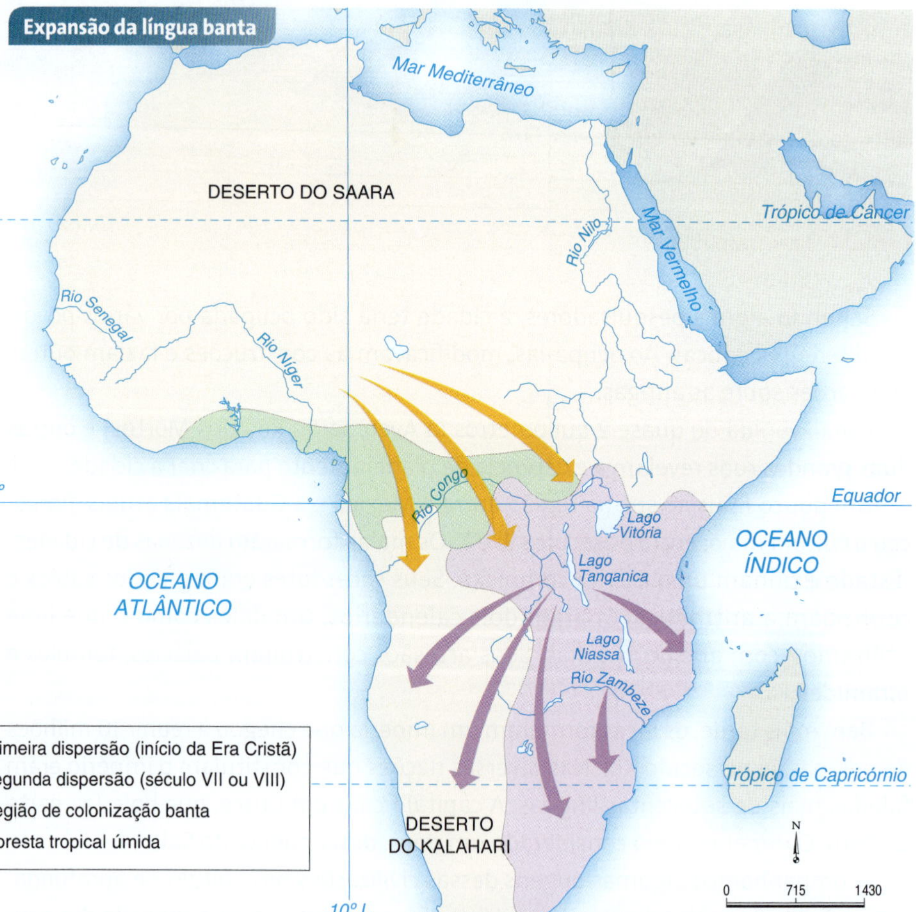

Allmaps/Arquivo da editora

Adaptado de: ANJOS, Rafael Sanzio Araújo dos. *Territórios das comunidades remanescentes de antigos quilombos no Brasil. Primeira configuração espacial.* Brasília: Editora & Consultoria, 2005. p. 22.

Leituras da História

Africanidades: um continente plural

A África é um imenso continente de 30 milhões de quilômetros quadrados de superfície que abriga diversas civilizações, milhares de etnias e culturas distintas. Possui uma população de [...] milhões de habitantes distribuídos entre centenas de povos que falam diversas línguas ao mesmo tempo diferentes e semelhantes. Geograficamente, o deserto do Saara do Norte criou uma divisão natural do continente em duas partes desiguais em extensão territorial: a África do Norte e a África Subsaariana.

A África do Norte, chamada, segundo os interesses, ora de África branca, ora de África árabe, abriga os países do Magreb (Marrocos, Argélia, Tunísia), Líbia e Egito.

A África Subsaariana, geralmente conhecida como África negra pelo fato de a maioria de sua população ser negroide, compreende todos os povos e países da África ocidental, oriental, central e austral. Considerar negra toda a África Subsaariana pode se constituir numa espécie de discriminação ou exclusão de uma minoria demográfica dessa população africana de ancestralidade ocidental, os eurodescendentes, que se encontram em sua maioria na República da África do Sul, Zimbábue, Namíbia, Angola, Moçambique, Cabo Verde, Guiné-Bissau, São Tomé e Príncipe.

MUNANGA, Kabengele. *Origens africanas do Brasil contemporâneo*: histórias, línguas, culturas e civilizações. São Paulo: Global, 2009. p. 13.

Como já vimos, a civilização antiga mais investigada da África foi sem dúvida o Egito. Porém, essa não foi a única civilização africana da Antiguidade. As suas relações com outros povos do continente foram intensas e importantes para o desenvolvimento egípcio.

Na África ocidental, estima-se que as primeiras cidades tenham surgido cerca de três séculos antes de Cristo. Um exemplo é Jenne-jeno, no delta do Níger, no atual Mali, cuja existência e antiguidade só foram descobertas com escavações arqueológicas a partir da década de 1970. Por isso, embora essa cidade seja considerada patrimônio da humanidade pela Unesco, sua história ainda é pouco conhecida. As escavações já mostraram que em Jenne-jeno cultivavam-se arroz, sorgo, painço (um tipo de milho miúdo) e cereais em áreas inundadas. Sua população fazia joias e algumas ferramentas de ferro, embora não houvesse fontes de minério de ferro nas proximidades, o que indica a existência de relações comerciais com outras regiões.

Heini Schneebeli/The Bridgeman/Keystone

Foram encontradas no sítio arqueológico de Jenne-jeno, no atual Mali (veja mapa ao lado), inúmeras peças em cerâmica como esta representação de cavaleiro, datada do século XVI, aproximadamente.

Localização de Mali

Adaptado de: SIMIELLI, Maria Elena. *Geoatlas*. 33. ed. São Paulo: Ática, 2009. p. 53.
Allmaps/Arquivo da editora

Escultura de Amenirdis I, sacerdotisa, filha do imperador kushita Kashta (770 a.C.-750 a.C.). Peça localizada no Templo de Karnak e depositada no Museu do Cairo, Egito.

Museu Egípcio, Cairo/ The Art Archive/Other Images

O reino de Kush

Durante os últimos séculos da história independente do Egito antigo (IX a.C.--VI a.C.), ganhou destaque o **reino de Kush**, ao sul, na região mais tarde denominada Núbia, onde atualmente fica o Sudão e o Sudão do Sul. Além de aquela ser uma região rica em ouro, sua capital, a cidade de Napata, tinha importante atuação como intermediária comercial entre Tebas (Egito) e a África Central.

Aproveitando-se das disputas políticas e dos conflitos no vizinho Egito, os núbios de Kush dominaram o Império Egípcio e estabeleceram um novo governo sob seu controle, conhecido como **kushita** ou dos **faraós negros**, que reinaram por algumas décadas. O poderio kushita no Egito só desapareceu com a invasão assíria, cujos exércitos possuíam armas de ferro mais eficientes que as de bronze dos egípcios e núbios. Em 653 a.C., os assírios foram derrotados pelo egípcio Psamético, príncipe de Sais, que retomou a independência egípcia. A partir de então os faraós egípcios buscaram apagar os vestígios da presença do domínio kushita no Egito.

Além de Napata, várias das cidades núbias antigas são alvo de estudos arqueológicos e históricos atualmente. Dentre elas estão as cidades Pnubs, Naga, Cartum, Dongola, Atbara, Meroe, Farás, Argos, Wad bem Naga, Kawa, Soba. Por meio do estudo de suas ruínas e vestígios, estão sendo levantados dados sobre o histórico do reino de Kush e da importante atuação que teve na região egípcia e centro-sul africano.

Eric lafforgue/Alamy/Glow Images

Pirâmides de Meroe no Sudão, fotografia de 2013. Meroe foi o centro econômico do Império Kush.

Sudão

Allmaps/Arquivo da editora

Adaptado de: SIMIELLI, Maria Elena. *Geoatlas*. 33. ed. São Paulo: Ática, 2009. p. 53.

Outro destaque do reino de Kush foi a afirmação feminina no topo do comando político. "Várias mulheres ascenderiam ao poder e se fariam retratar, de ancas largas, gordas e enérgicas, com uma túnica franjada, tão pouco egípcia, a cair do ombro direito, cheias de colares e enfeites..."[1]. Conhecidas como "rainhas-mães", destacaram-se, por exemplo, no reinado da rainha Shanakdakhete (c. 170 a.C.-160 a.C.), quando o centro administrativo estava na cidade de Meroe, e também no das rainhas Amanirenas e Amanishakehto.

O reino de Kush ainda manteve sua atuação comercial pelos séculos seguintes, mas, diante da permanente ameaça de vizinhos e seguidas invasões, foi finalmente conquistado pelo **reino de Axum**, em 325 d.C., como veremos mais à frente, no capítulo 7.

[1] COSTA E SILVA, Alberto. *A enxada e a lança*. Rio de Janeiro: Nova Fronteira, 1996. p. 127.

Atividades

Análise de imagem

1. A imagem ao lado representa Yum Kaax, uma importante divindade maia. Observe-a com atenção e responda:

   a) A que produto da economia maia esse deus era associado?

   b) Por que razão essa divindade era tão importante para os maias?

Cabeça de Yum Kaax, deus maia (c. 500 d.C.).

Análise de um conceito

2. O texto a seguir é do escritor moçambicano Mia Couto. Fala sobre diversidade, identidade e sobre os conceitos equivocados de africanidade.

> Durante anos, dei aulas em diferentes faculdades da Universidade Eduardo Mondlane. Os meus colegas professores queixavam-se da progressiva falta de preparação dos estudantes. Eu notava algo que, para mim, era ainda mais grave: uma cada vez maior distanciação desses jovens em relação ao seu próprio país. Quando eles saíam de Maputo em trabalhos de campo, esses jovens comportavam-se como se estivessem emigrando para um universo estranho e adverso. Eles não sabiam as línguas, desconheciam os códigos culturais, sentiam-se deslocados e com saudades de Maputo. Alguns sofriam dos mesmos fantasmas dos exploradores coloniais: as feras, as cobras, os monstros invisíveis.
>
> Aquelas zonas rurais eram, afinal, o espaço onde viveram os seus avós, e todos os seus antepassados. Mas eles não se reconheciam como herdeiros desse patrimônio. O país deles era outro. Pior ainda: eles não gostavam desta outra nação. E ainda mais grave: sentiam vergonha de a ela estarem ligados. A verdade é simples: esses jovens estão mais à vontade dentro de um *videoclipe* de Michael Jackson do que no quintal de um camponês moçambicano.
>
> [...]
>
> Numa conferência em que este ano participei na Europa, alguém me perguntou: o que é, para si, ser africano?
>
> E eu lhe perguntei, de volta: E para si, o que é ser europeu?
>
> Ele não sabia responder. Também ninguém sabe exatamente o que é africanidade. [...]
>
> As definições apressadas da africanidade assentam numa base exótica, como se os africanos fossem particularmente diferentes dos outros, ou como se as suas diferenças fossem o resultado de um dado de essência.
>
> África não pode ser reduzida a uma entidade simples, fácil de entender. O nosso continente é feito de profunda diversidade e de complexas mestiçagens. Longas e irreversíveis misturas de culturas moldaram um mosaico de diferenças que são um dos mais valiosos patrimônios do nosso continente. Quando mencionamos essas mestiçagens falamos com algum receio como se o produto híbrido fosse qualquer coisa menos pura. Mas não existe pureza quando se fala da espécie humana. Os senhores dizem que não há economia atual que não se alicerce em trocas. Pois não há cultura humana que não se fundamente em profundas trocas de alma. [...]

Mia Couto, em foto de 2011.

COUTO, Mia. *Economia*: a fronteira da cultura (2003). Disponível em: <www.macua.org/miacouto/Mia_Couto_Amecom2003.htm>. Acesso em: 18 abr. 2014.

Tendo em vista a sua leitura do texto de Mia Couto, do texto de Kabengele Munanga da página 127 e do item sobre as primeiras civilizações africanas, responda:

a) Por que não existe uma África?

b) No seu entender, a leitura que Mia Couto realiza do passado colonial no continente africano e das referências americanizadas no presente dos jovens moçambicanos, levando-os a um afastamento das tradições e dos patrimônios históricos locais, pode ser utilizada também no contexto das Américas?

Vestibulares de Norte a Sul

1. NE (UFBA)

Texto I: Artigos do Código de Hamurabi

– Se um homem furar o olho de um homem livre, furar-se-lhe-á um olho.

– Se ele fura o olho de um escravo alheio ou quebra um membro ao escravo alheio, deverá pagar a metade do seu preço.

– Se um arquiteto constrói uma casa para alguém, porém não a faz sólida, resultando daí que a casa venha a ruir e matar o proprietário, este arquiteto é passível de morte.

– Se, ao desmoronar, ela mata o filho do proprietário, matar-se-á o filho deste arquiteto.

AQUINO; FRANCO; LOPES, 1980, p. 114.

Texto II: Extratos da Lei Mosaica

Se um homem der um soco no olho do seu escravo ou serva, e, em consequência, eles perderem esse órgão, serão alforriados como compensação. Não se punirá o homicida antes de ouvidas as testemunhas. Ninguém será condenado pelo testemunho de um só.

Aquele que ferir seu pai ou sua mãe será punido de morte.

Aquele que ferir um de seus concidadãos será tratado como o tratou: receberá fratura por fratura e perderá olho por olho, dente por dente.

ARRUDA, 1981, p. 98.

Com base nesses textos e no conhecimento sobre o exercício do Direito entre os antigos mesopotâmios e hebreus, indique dois fundamentos em comum, presentes no conteúdo dos códigos de lei dos referidos povos.

2. S (UFSM-RS)

O mapa abaixo indica os diversos caminhos do povo hebreu na Antiguidade, destacando a migração de Ur para a Palestina (por volta de 1900 a.C.), a ida ao Egito (1700 a.C.), o Êxodo (1200 a.C.), a deportação para a Babilônia e o regresso à Palestina (século VI a.C.).

A migração dos hebreus para a Palestina

Adaptado de: MELLO & COSTA. História Antiga e Medieval: da comunidade primitiva ao Estado Moderno. São Paulo: Scipione, 1993. p. 67.

A partir desses dados, pode-se inferir:

a) O povo hebreu realizou trocas comerciais e culturais com o Egito e a Mesopotâmia, e essas trocas influíram na sua formação cultural e religiosa.
b) Como se percebiam como "povo eleito por Deus", os hebreus recusavam qualquer influência das culturas e das religiões dos povos do Oriente Médio.
c) A força política e militar dos hebreus se impôs sobre os reinos do Oriente Médio, originando uma cultura e religião dominantes na região.
d) As migrações dos povos da Antiguidade eram raras, devido às péssimas condições das estradas e à precariedade dos meios de transporte.
e) As migrações de povos tornaram-se possíveis com as facilidades criadas pelas sociedades estatais no Egito e na Mesopotâmia.

3. NE (UFRN) A evolução natural dos sistemas gráficos conduz a escrita para o fonetismo, que resultou na criação do alfabeto, cuja origem ocorreu na:

a) Grécia antiga, pela forte influência exercida através do comércio praticado na área mediterrânea ocidental.
b) civilização egeia, devido à formação dos primeiros núcleos urbanos em regiões como a Ilha de Creta.
c) antiga Fenícia, em função das necessidades comerciais e do uso de sinais que ampliaram a comunicação e a navegação.
d) civilização romana, dado o seu caráter expansionista e comercial e o contato com outros povos da Europa.

4. S (UFRGS-RS) O soberano dividiu o seu império em províncias, chamadas satrápias, sendo a terra considerada como propriedade real e trabalhada pelas comunidades.

Estas características identificam o:

a) império dos persas durante o reinado de Dario.
b) império babilônico durante o governo de Hamurabi.
c) antigo império egípcio durante a dinastia de Quéops.
d) reino de Israel sob o comando de Davi.
e) estado espartano durante a vigência das leis de Dracon.

CAPÍTULO

5 A Grécia antiga

Paul Panayiotou/Corbis/Latinstock

Vista noturna da Acrópole de Atenas, na Grécia, em foto de 2013.

Para pensar historicamente

Democracia e cidadania

As artes e obras arquitetônicas, o idioma, o pensamento filosófico, a mitologia, as instituições políticas são algumas das expressões culturais gregas de influência nas civilizações contemporâneas ocidentais. Conhecer parte desse legado possibilita o conhecimento de importantes aspectos de nossa cultura.

Os governos do mundo ocidental contemporâneo se baseiam nos princípios da democracia, termo de origem grega: *demos* significa 'povo' e *cratos*, 'poder'. Consolidada em Atenas, no século VI a.C., esse sistema deveria ser exercido por cidadãos preparados, conhecedores dos problemas da cidade onde viviam. Daí a importância que os gregos davam à educação e à formação dos cidadãos em sua sociedade. Mas os conceitos de democracia e de cidadania para os gregos são bem diferentes dos conceitos atuais, como veremos.

Ed Viggiani/Pulsar Imagens

Palácio do Planalto em Brasília, no Distrito Federal, em 2013.

1 Geografia e História

Nos capítulos anteriores você viu como grandes rios foram importantes para o surgimento das primeiras cidades de que se tem notícia. No caso da Grécia não é diferente: a Geografia é importante fator de explicação da História. Entretanto, nesse caso, não vamos falar de rios, mas de mar, ou melhor, dos mares Mediterrâneo, Jônico e Egeu. A formação da Grécia compreende um conjunto de povos que se desenvolveram nas regiões localizadas ao sul da **península Balcânica**, nas ilhas do mar Egeu e no litoral da Ásia Menor.

península Balcânica: também chamada de Bálcãs (derivação da palavra turca para montanha), é a denominação histórica e geográfica da região sudeste da Europa, que engloba atualmente a porção da Turquia no continente europeu, Grécia, Bulgária, Macedônia, Albânia, Romênia, Sérvia, Montenegro, Kosovo, Bósnia-Herzegovina, Croácia e Eslovênia.

É importante lembrar que os nomes **Grécia** e **gregos** surgiram entre os romanos (do latim *Græcia*). O território era chamado de Hélade – terra de Heleno ou, no grego, *Héllas* –, e seus habitantes, de helenos. Além disso, é preciso destacar que não houve um território unificado politicamente, apesar de utilizarmos a denominação Grécia. A organização de cidades-Estado autônomas foi facilitada pelas condições geográficas, como o relevo montanhoso, as diversas reentrâncias do mar na parte continental da Grécia, uma grande quantidade de ilhas e o consequente isolamento relativo das localidades.

As transformações sociais, o solo pouco fértil e as dificuldades de aproveitamento agrícola contribuíram para que os gregos se dedicassem à expansão comercial e marítima a partir do século VIII a.C. Isso ajuda a explicar a criação de comunidades gregas em diversos pontos da orla do mar Mediterrâneo, especialmente no sul da Itália, na região conhecida como Magna Grécia. Veja o mapa abaixo.

Adaptado de: BARRACLOUGH, G. *The Times Concise Atlas of World History*. London: Times Books Limited, 1986. p. 19.

A Grécia antiga estabeleceu as bases de seu desenvolvimento na atividade comercial e na expansão marítima. Observe os mares que banham os territórios gregos, a localização da chamada Grécia continental e as ilhas situadas no mar Egeu, que formam a chamada Grécia insular.

2 Civilizações cretense e micênica

A origem da civilização grega está ligada a duas civilizações que se desenvolveram no sul da península Balcânica: a cretense (ou minoica) e a micênica. A civilização cretense floresceu na ilha de Creta a partir do segundo milênio antes de Cristo. Os grandes centros dessa civilização formaram-se ao redor dos palácios de Cnossos, Festos, Mália e Cato Zacro. Na mitologia grega, Minos, o rei de Creta, conquistou Atenas e impôs o pagamento anual de um tributo: sete rapazes e algumas moças que serviriam de alimento para o Minotauro, monstro metade homem, metade touro, que ficava em um labirinto. Uma de suas filhas, Ariadne, se apaixonou pelo herói Teseu, que livrou Atenas dessa obrigação ao matar o Minotauro.

Dedicados à navegação e ao comércio, os cretenses entraram em contato com vários povos do Mediterrâneo e, a partir do século XV a.C., fundiram-se com os aqueus, dando origem à civilização **micênica**.

Durante os séculos XX a.C. ao XII a.C., a península grega recebeu ondas migratórias de vários povos, destacando-se os **indo-europeus**, como os jônios, os eólios e, a partir do século XII a.C., os dórios. Foi neste último século que a civilização micênica foi destruída, mas não existem evidências de que essa destruição tenha decorrido das invasões dos dórios, mas sim de um conjunto de invasores, sem que se saiba exatamente quais. Seja como for, as ondas de invasões dóricas estabeleceram domínios sobre a parte continental da Grécia, forçando a dispersão de diversos povos na direção das ilhas do mar Egeu e do litoral da Ásia Menor. Essa dispersão ficou conhecida como a **Primeira Diáspora Grega** e deu origem ao período conhecido na história da Grécia como **Período Homérico**.

Teseu enfrentando o Minotauro, escultura de mármore de Jean-Étienne Ramey, 1826, exposta no Jardim das Tulherias, em Paris.

Yann Guichaoua/Superstock/Glow Images

indo-europeus: denominação para o conjunto de povos nômades da Europa e da Ásia que, embora possuíssem certa unidade linguística (línguas indo-europeias), não formavam uma unidade política, étnica e geográfica. Ao que parece, localizavam-se, desde o quarto milênio a.C., ao norte do mar Negro.

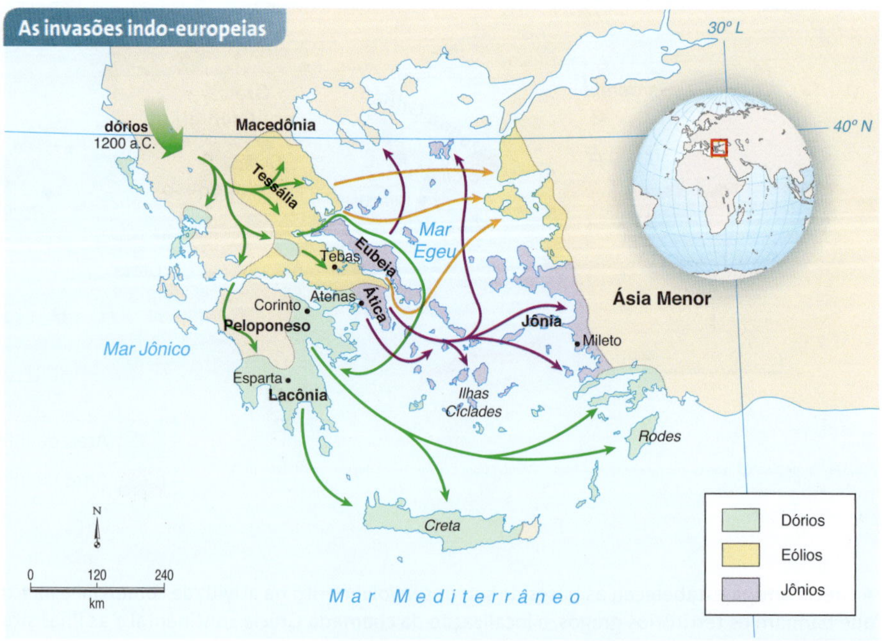

Allmaps/Arquivo da editora

Observe a localização das cidades-Estado de Atenas e Esparta.

Adaptado de: BARBERIS, Carlo. *Storia Antica e Medievale*. Milano: Casa Editrice G. Principato S.p.A., 1997. p. 90.

Leituras da História

Sítios arqueológicos na Grécia

O arqueólogo Álvaro Allegrette é pesquisador da École Française D'Athènes, instituição francesa sediada na Grécia, e um dos maiores especialistas em civilização cretense. Coordenou as escavações da Cripta Hipostila, na cidade de Malia, ilha de Creta. Leia o comentário desse pesquisador, em reportagem de Rodrigo Gallo:

Por conhecer profundamente a estrutura dos edifícios minoicos, Allegrette fala com propriedade: o palácio de Cnossos, em Heráclio, onde o ateniense Teseu teria matado o Minotauro, realmente é um labirinto. O prédio possui sete pavimentos, inclusive quatro abaixo do pátio central, tornando-o confuso para quem não conhece bem sua arquitetura. Isso comprova que a mitologia cretense tem uma base fundamentada na realidade daquele povo. [...] dentro de 15 anos, será possível conhecer muito mais sobre o povo minoico. O motivo é que a linguagem conhecida como Linear-A, ainda não decifrada, está sendo decodificada aos poucos pelos especialistas por conta de novos achados arqueológicos escritos nesse idioma. A importância disso é que, com esse conhecimento, será possível desvendar melhor os antigos hábitos e rituais religiosos do povo de Mália e Cnossos [...].

O arqueólogo argumenta ainda que a mitológica Guerra de Troia, narrada pelo poeta Homero, pode realmente ter ocorrido na Antiguidade. Porém, ele acredita que o conflito não foi ocasionado pelo rapto de Helena de Esparta, mas sim pela hegemonia das rotas comerciais da região. Enfim, para Allegrette, mitologia e história se misturam, dando origem às culturas gregas **pré-helênicas**.

GALLO, Rodrigo. Álvaro Allegrette: o explorador de Mália. *Leituras da História*. Portal Ciência e Vida, Escala, 3 ed. Disponível em: <http://leiturasdahistoria.uol.com.br/ESLH/Edicoes/3/artigo65891-1.asp>. Acesso em: 24 fev. 2014.

pré-helênico: denominação do período inicial de ocupação dos territórios gregos. Também denominado Período Pré-Homérico.

eFesenko/Shutterstock/Glow Images

Ruínas do Palácio de Cnossos, edificado no século XVI a.C., aproximadamente. Foto de 2012.

3 Do Período Homérico ao Período Arcaico (XII a.C.-VI a.C.)

O Período Homérico (XII a.C.-VIII a.C.) foi caracterizado pela **comunidade gentílica**, uma sociedade rural, formada por pequenas unidades agrícolas autossuficientes – os *genos*. As poucas informações dessa época encontram-se nas obras *Ilíada* e *Odisseia*, atribuídas a Homero. Como vimos, a importância dessas obras fez com que esse período fosse denominado **Homérico**, e o anterior, marcado pelas civilizações cretense e micênica, **Período Pré-Homérico**.

Nos *genos*, os bens econômicos, como terras, animais, sementes e instrumentos de trabalho, estavam sob o controle do chefe comunitário, chamado *pater*, que exercia funções religiosas, administrativas e jurídicas.

A pobreza do solo e a expansão demográfica levaram ao progressivo colapso da sociedade gentílica. As disputas pelas terras cultiváveis, o surgimento de proprietários, não proprietários e grupos que passaram a se dedicar ao comércio, bem como os conflitos entre os diversos *genos*, resultaram na crescente instabilidade, o que motivou a união dos mais poderosos de vários *genos* a fim de buscar o estabelecimento de um poder controlador e forte.

Os parentes mais próximos do *pater* apropriaram-se das terras mais ricas, passando a ser conhecidos como **eupátridas** ('bem-nascidos'). O restante das terras foi dividido entre os *georgoi* ('agricultores'), pequenos proprietários. Os mais prejudicados com essa divisão foram os *thetas* ('marginalizados'), excluídos da partilha.

A continuidade da expansão demográfica e a permanente escassez de terras na Grécia fizeram com que os excedentes populacionais balcânicos buscassem outras áreas para sobrevivência. Iniciou-se, assim, o processo de expansão grega no Mediterrâneo, com o estabelecimento de diversas **pólis** (cidades-Estado) gregas em toda a região, especialmente no sul da península Itálica e na ilha da Sicília. Os gregos também se voltaram para o mar Negro, em cujo litoral multiplicaram sua presença com novas cidades. O processo ficou conhecido como **Segunda Diáspora Grega**.

Desse modo, na península Balcânica e na orla do mar Mediterrâneo surgiram mais de cem pólis gregas, sendo Atenas e Esparta as mais importantes.

A expansão grega

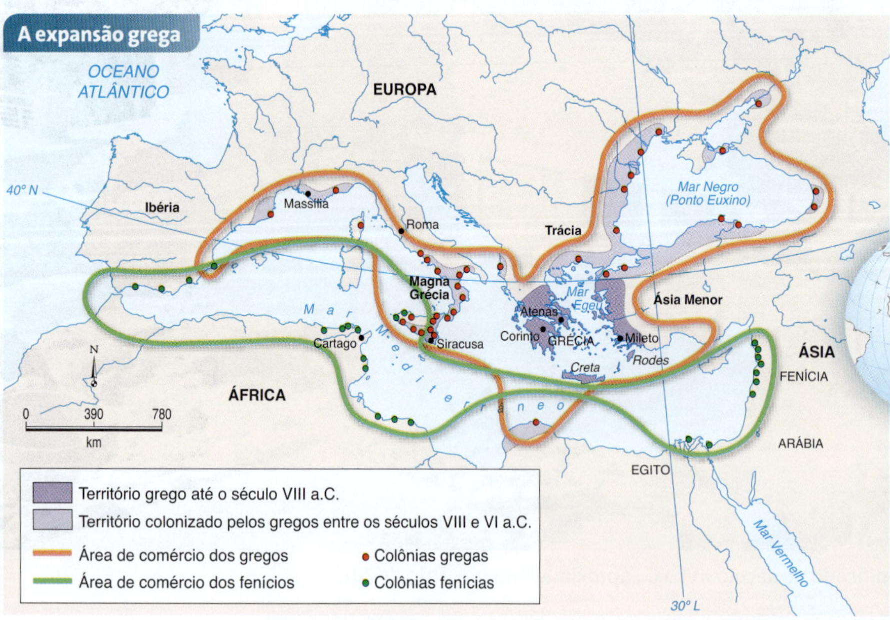

Allmaps/Arquivo da editora

Adaptado de: BARBERIS, Carlo. *Storia Antica e Medievale*. Milano: Casa Editrice G. Principato S.p.A., 1997. p. 92.

Observe a expansão grega pelo Mediterrâneo: na Primeira Diáspora, essa expansão dirigiu-se em especial para a Ásia Menor; na Segunda, para o sul da península Itálica, na Magna Grécia.

Constituição da pólis grega: *Acrópole* ('cidade do alto') – parte mais elevada da pólis, área fortificada onde os templos e principais edificações eram construídos; *Ágora* – a praça principal, onde se localizavam os mercados, as feiras e as assembleias do povo.

Entre os gregos a cidade passou a significar mais do que um lugar onde se reuniam as atividades de comércio, administração, defesa, cultura e religião. Até então, quase sempre a cidade era um lugar que concentrava o poder de um soberano ou de uma oligarquia. Com os gregos antigos, firmou-se a ideia de cidade como comunidade política, ou seja, um espaço em que os cidadãos conviviam e decidiam coletivamente os destinos do grupo. A cidadania, portanto, é a condição de pertencimento a uma comunidade política, que gera determinados deveres e direitos em relação a essa comunidade.

Nesse momento da história grega, tem-se a consolidação da pólis grega, inaugurando o que ficou conhecido como **Período Arcaico** (VIII a.C.-VI a.C.). Tendo como ponto geográfico central a **Acrópole** – local mais elevado da povoação e em torno da qual se desenvolveria um núcleo urbano –, as cidades-Estado foram inicialmente governadas por um rei (o **basileu**); mais tarde, adotou-se nas pólis um regime **oligárquico-aristocrático**, liderado pelos grandes proprietários de terras reunidos em um conselho de eupátridas.

oligarquia: do grego *oligos*, 'poucos', e *arquia*, 'poder', 'autoridade', é o governo de poucas pessoas; o regime oligárquico se fundamenta no exercício do poder por parte de um grupo reduzido de pessoas pertencentes à mesma família, grupo ou classe.

aristocracia: do grego *aristos*, 'melhores', e *cratos*, 'poder', 'Estado', é a forma de governo em que o poder está nas mãos de grupos privilegiados.

A pólis de Esparta

Esparta ficava na região da Lacônia, na península do Peloponeso, em um terreno fértil que era uma exceção no conjunto geográfico grego.

Fundada no século IX a.C. pelos dórios, que logo submeteram os primeiros habitantes da região, a sociedade espartana teve um desenvolvimento semelhante ao das demais pólis gregas pelo menos até o século VII a.C. As dificuldades econômicas pelas quais passaram as demais cidades-Estado na Grécia foram menos acentuadas em Esparta, que, diferentemente daquelas, não conheceu uma grande escassez agrícola combinada com o crescimento da população.

A sociedade espartana era formada por:

- **espartanos**: principal grupo social e elite militar, composto pelos descendentes dos conquistadores dórios; detentores do poder econômico, concentravam também o poder político e religioso, marginalizando as demais categorias sociais e utilizando a força militar para manter seus privilégios;
- **periecos**: habitantes da periferia da pólis, eram pequenos proprietários que se dedicavam às atividades rejeitadas pelos espartanos, como o artesanato e o comércio em pequena escala;
- **hilotas**: servos que eram propriedade da cidade-Estado; descendiam dos primitivos habitantes da Lacônia dominados pelos dórios; sem direitos políticos, seu trabalho era explorado pelos espartanos.

Rodval Matias/Arquivo da editora

A legislação espartana teria sido criada por **Licurgo**, personagem lendário, e se baseava no monopólio político dos cidadãos-guerreiros, os espartanos, e na marginalização dos demais. Como as demais cidades-Estado gregas, Esparta evoluiu, do ponto de vista político, para um sistema oligárquico, encabeçado pela **Apela** (a assembleia de guerreiros) e a **Gerúsia** (conselho de anciãos, formado por membros das famílias mais ricas, que exercia funções legislativas).

Diferentemente de outras pólis gregas que também tinham instituições oligárquicas, Esparta não passou pelas transformações econômicas (expansão do comércio, criação de novas cidades ao redor do Mediterrâneo que mantinham laços comerciais e religiosos com a pólis de origem) e sociais (ascensão de comerciantes enriquecidos e empobrecimento dos pequenos proprietários) ocorridas nas demais cidades-Estado. Essas transformações foram responsáveis pelas disputas sociopolíticas e favoreceram a introdução da democracia em outras pólis. A sociedade espartana, menos dinâmica que as demais, permaneceria, assim, oligárquica e aristocrática.

Outra visão de Esparta

Embora vista como oligárquica e fechada, Esparta foi uma das primeiras pólis gregas a criar um governo constitucional em que todo cidadão era igual perante a lei e o governante não podia fazer o que bem entendesse, tendo de, como qualquer cidadão, submeter-se à lei. Em estudo recente, o historiador Paul Cartledge, da Universidade de Cambridge (Reino Unido), demonstra que, como os outros gregos, os espartanos eram altamente competitivos e prezavam muito a liberdade. No contexto espartano, liberdade significava que os cidadãos não seriam obrigados – graças aos servos – a fazer nenhum trabalho manual, exceto nos assuntos de guerra, e que eles eram livres para governar a si mesmos, por um sistema de governo de controle mútuo, ordens e obediência, submetido à disciplina militar espartana.

Outra peculiaridade espartana residia no fato de as terras e a mão de obra – representada pelos hilotas – pertencerem ao Estado, monopolizado pelos espartanos. As áreas mais férteis ficavam no centro da pólis; a exploração de áreas mais pobres e montanhosas, em regiões periféricas, cabia aos periecos.

Numericamente inferiores aos hilotas, os espartanos passaram cada vez mais a se **militarizar**, como forma de manter a ordem vigente. A educação espartana, que estava sob a responsabilidade do Estado, enfatizava o aspecto militar, exigindo obediência e aptidão física. Crianças que nascessem com alguma deficiência física eram sacrificadas ao nascer, pois no futuro não poderiam servir ao Estado. Meninos saudáveis, por sua vez, eram separados da família aos 7 anos de idade e entregues ao Estado para receber formação militar. Aos 18 anos estavam prontos para ingressar no exército como **hoplitas**, soldados de infantaria armados de lanças e escudos e que envergavam pesadas armaduras. Aos 30 anos podiam casar-se e participar da vida política. Somente aos 60 deixavam de ter obrigações militares, e então poderiam ser eleitos para a Gerúsia.

ED Estátua de Dodona

Apesar de seu tradicional isolamento, Esparta acabou por buscar sua expansão já no Período Clássico (V a.C.-IV a.C.), levada por pressões externas, ameaças estrangeiras e o desejo de se transformar em uma potência hegemônica.

As Olimpíadas

Eleita sede dos Jogos Olímpicos de 2016, o Rio de Janeiro é a primeira cidade sul-americana a receber esse evento. A origem do termo vem da cidade de Olímpia, a 360 quilômetros de Atenas, onde havia um templo dedicado a Zeus. Esses jogos esportivos eram realizados a cada quatro anos, e contavam com a participação apenas de homens. Embora fossem realizados também em outras cidades, os jogos de Olímpia se destacaram entre os demais e passaram a ser denominados Jogos Olímpicos. A primeira Olimpíada teria ocorrido em 776 a.C. Em 393 d.C., foram suspensas pelo imperador romano Teodósio, retornando apenas em 1896, por incentivo do barão francês Pierre de Coubertin. Após 1503 anos, Atenas sediou a primeira versão moderna dos Jogos Olímpicos.

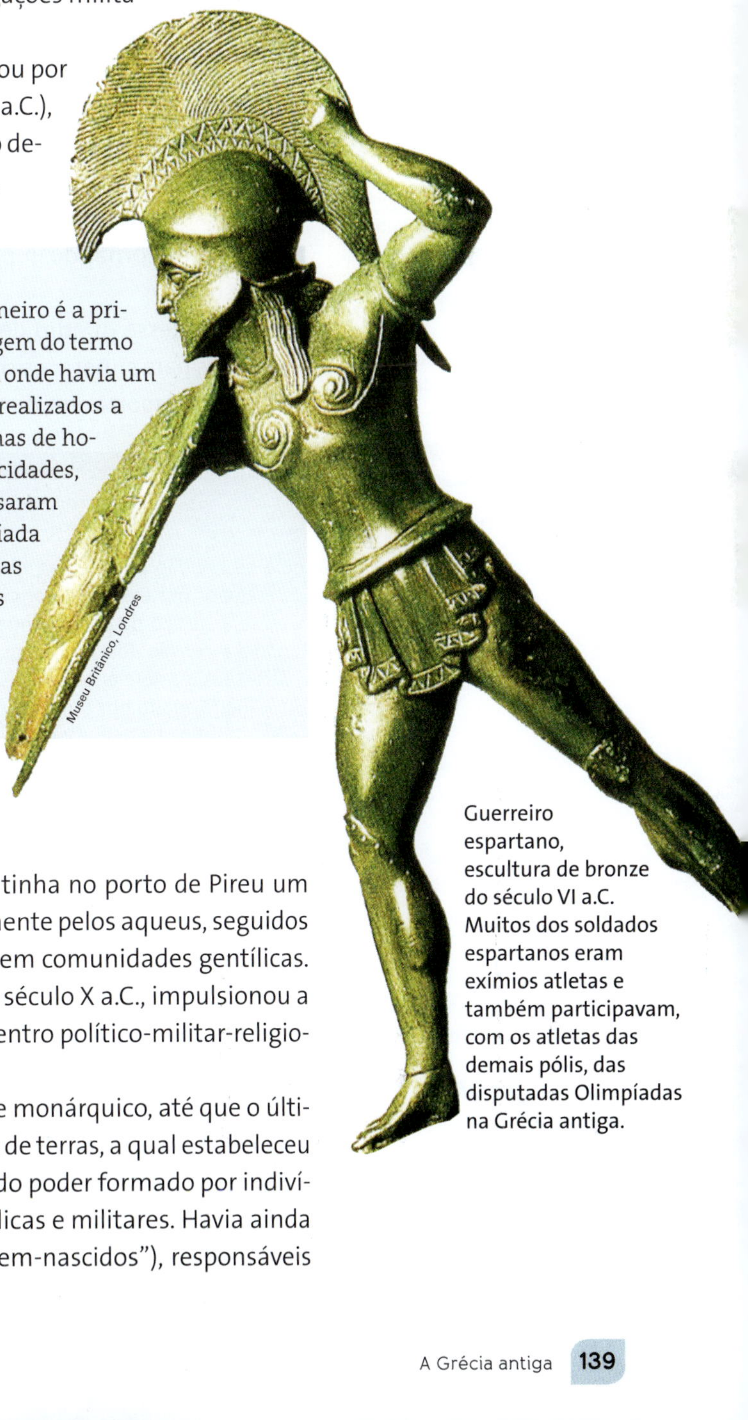
Museu Britânico, Londres

Guerreiro espartano, escultura de bronze do século VI a.C. Muitos dos soldados espartanos eram exímios atletas e também participavam, com os atletas das demais pólis, das disputadas Olimpíadas na Grécia antiga.

A pólis de Atenas

Atenas, situada na região da Ática, sul da Grécia, tinha no porto de Pireu um centro irradiador para sua expansão. Ocupada inicialmente pelos aqueus, seguidos pelos eólios e pelos jônios, a Ática estava organizada em comunidades gentílicas. A unificação dessas comunidades em tribos, perto do século X a.C., impulsionou a formação de uma sociedade de classes em torno do centro político-militar-religioso representado pela Acrópole ateniense.

Durante muito tempo, Atenas manteve um regime monárquico, até que o último basileu foi derrubado pela aristocracia proprietária de terras, a qual estabeleceu um regime oligárquico fundado no **arcontado**, órgão do poder formado por indivíduos com mandatos anuais e funções religiosas, jurídicas e militares. Havia ainda o **areópago**, conselho de eupátridas (os já citados "bem-nascidos"), responsáveis pelo controle e pela fiscalização dos arcontes.

A escassez de terras férteis, bem como os interesses comerciais, fizeram com que os atenienses, assim como os gregos de outras cidades-Estado, se voltassem para o Mediterrâneo, com o objetivo de fundar comunidades comerciais ou de povoamento (Segunda Diáspora Grega). Entre os séculos VIII a.C. e VI a.C. os atenienses se estabeleceram especialmente no sul da península Itálica e no litoral do mar Negro, além de progressivamente dominarem toda a Ática.

A expansão pelo Mediterrâneo provocou profundas alterações na estrutura econômica e social ateniense. Atenas praticava um vasto comércio com outras cidades-Estado, buscando nelas excedentes agrícolas (em especial trigo), metais e madeira, e vendendo-lhes produtos já beneficiados (vinho, azeite e peças de artesanato). Pequenos proprietários, os *georgoi*, incapazes de concorrer com o trigo barato que vinha dessas cidades e de oferecer produtos melhores, acabaram perdendo suas terras. Muitas vezes, diante da impossibilidade de pagar as dívidas que acabavam fazendo, eram escravizados.

Enquanto a tensão social crescia em Atenas, ameaçando a estabilidade do regime oligárquico, surgia uma categoria de homens enriquecidos pelo comércio que, por causa do crescente poder originado da ascensão econômica, começaram a questionar o monopólio político dos eupátridas. A chegada de grande número de escravos – trazidos quase sempre como prisioneiros de guerra – consolidou uma economia fundada na exploração do trabalho escravo e aumentou as tensões sociais já existentes, tornando impossível a manutenção do poder nas mãos de um único grupo social.

Diante desse quadro de instabilidade, vários legisladores atenienses fizeram propostas para superar os conflitos e atenuar as tensões sociais. Veja no boxe abaixo os mais importantes dentre eles.

tirania: governo de indivíduos que assumem o poder em situações excepcionais, desconsiderando as regras estabelecidas e utilizando a força para manter-se no governo, embora, no contexto da Grécia antiga, se mantivesse a ideia de representação da vontade do povo.

Principais legisladores atenienses

• **Sólon** – eliminou a escravidão por dívidas, libertando todos aqueles que haviam se tornado escravos por esse motivo; dividiu a sociedade de forma censitária, ou seja, de acordo com a renda de cada indivíduo, possibilitando a ascensão dos demiurgos (trabalhadores livres, como artesãos, comerciantes, magistrados); criou a **bulé**, conselho formado por quatrocentos membros com funções administrativas e legislativas. As leis criadas pela bulé eram submetidas à **eclésia**, assembleia popular aberta a todos os cidadãos: homens livres com mais de 18 anos. As reformas propostas por Sólon desagradaram a elite eupátrida, intensificando as lutas sociais e inaugurando um período de agitação política que atingiu seu ponto máximo com o advento de sucessivas **tiranias**.

Busto de Sólon.

The Bridgeman Art Library/ Keystone/Museu Arqueológico Nacional, Nápoles, Itália.

• **Drácon** – organizou e tornou público um registro escrito das leis, que até então se baseavam na tradição oral e eram conhecidas apenas pelos eupátridas; apesar de significar um avanço, os privilégios dos eupátridas continuaram inalterados e a insatisfação social, crescente.

As reformas de Clístenes encerraram o Período Arcaico ateniense e deram início ao Período Clássico (V a.C.-IV a.C.).

Os cidadãos atenienses

Todo cidadão tinha acesso à eclésia e, portanto, participava ativamente da tomada de decisões. Mas quem era o **cidadão** grego?

Na Grécia antiga, era considerado cidadão apenas o homem livre e ateniense (nascido em Atenas, filho de pai e mãe atenienses). Isso significa que mulheres, estrangeiros e escravos não participavam do processo político. Estes últimos formavam a maioria da população da pólis ateniense, que, segundo algumas estimativas, reunia mais de 200 mil habitantes.

Segundo a visão que por muito tempo predominou na historiografia, Atenas era aberta ao comércio, rica, dinâmica e democrática e apresentava-se como o oposto de Esparta – fechada, agrária e oligárquica. O boxe ao lado, porém, mostra que outras interpretações são possíveis.

Durante o século V a.C., as dezenas de pólis gregas uniram-se militarmente pela primeira vez para enfrentar um inimigo comum, os persas, que ameaçavam suas fronteiras orientais.

População de Atenas e Esparta no século V

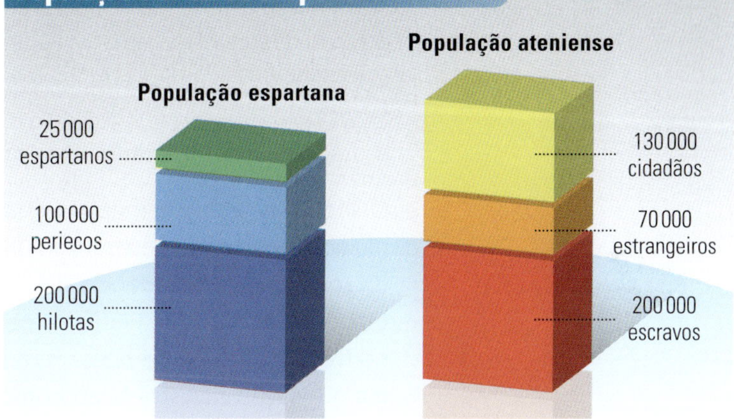

Adaptado de: BRANCATI, Antonio. *I Popoli Antichi 1*. Florença: La Nuova Italia Editrice, 1998. p. 82.

• **Clístenes** – Em 510 a.C., o estadista ateniense liderou uma rebelião contra o último tirano, derrubando-o e iniciando reformas que culminaram na implantação da democracia e na pacificação da pólis. Clístenes dividiu os cidadãos da Ática em dez tribos, formadas de acordo com o território que habitavam e não pela riqueza. A bulé passou a ter quinhentos membros, cinquenta por tribo, sendo presidida de forma sucessiva, com períodos iguais de tempo ao longo do ano, por membros de cada uma das tribos. A eclésia, assembleia popular, teve seu poder ampliado, dedicando-se a discutir e votar as leis.

Finalmente, Clístenes criou o **ostracismo**, mecanismo de defesa da democracia: tratava-se da condenação ao exílio, por dez anos, de todo aquele que fosse considerado uma ameaça à democracia. O exilado, todavia, não perdia suas propriedades. Para a tomada de decisões importantes, como o ostracismo, exigia-se que o número de votantes na eclésia fosse de pelo menos 6 mil cidadãos.

Ao criar o ostracismo, Clístenes pretendia defender os cidadãos contra o retorno da tirania.

Busto de Clístenes.

Em Esparta, as mulheres tinham uma vida mais ativa que em Atenas, onde permaneciam em casa, não tinham direitos políticos e deviam obediência ao pai e ao marido:

> [...] o tratamento dispensado à mulher grega encontra-se diferenciado, a mulher ateniense aparece descrita nos relatos antigos reclusa em suas casas – o *oikos* –, enquanto a mulher espartana exercita-se em público com vestes curtas. De acordo com os relatos dos antigos, a mulher espartana era livre para circular na cidade e recebia a educação estatal destinada a atender às necessidades do seu meio social. Essa mulher desempenhava a relevante função social de gerar filhos robustos e corajosos, ao passo que a mulher ateniense mantinha-se confinada em sua casa, aprendendo com as mulheres mais próximas, em geral a mãe, como administrar o lar e desenvolver as atividades domésticas, tais como tecer, fabricar utensílios de cerâmica e cuidar dos filhos. Contudo, esses modelos sustentados pelos antigos encontram-se incompletos, o que dificulta nossa interpretação da história da mulher grega no mundo antigo.
>
> O século IV a.C., período do qual dispomos de mais informação sobre a mulher espartana, representou uma fase de transição entre a prosperidade do século V e a decadência do sistema **políade** no terceiro século antes de Cristo. Os escritos de Platão remetem à necessidade de inclusão da mulher no funcionamento da pólis. Para o filósofo, a mulher deve receber a mesma educação ministrada ao homem, qual seja, o ensino da música, ginástica e também da guerra (República, 452a). A cidade idealizada por Platão responsabiliza a mulher pelo funcionamento da pólis, e ainda garante ao sexo feminino a igualdade de condições na organização social, política e econômica da cidade-Estado. As ideias de Platão sobre o aproveitamento do potencial feminino demonstram a preocupação do filósofo em manter a independência da pólis, principalmente com relação aos que exigiam grandes quantias por seus serviços na defesa da cidade.
>
> SILVA, Maria Aparecida de Oliveira. Plutarco e a participação feminina em Esparta. *Sæculum*. João Pessoa, jan./jun. 2005. p. 11-12.

políade: relativo à pólis.

Museu Terma, Roma/The Bridgeman/Keystone

Mulher tocando flauta, relevo grego de cerca de 470 a.C.-60 a.C.

Atividades

Leitura de imagens

1. Observe as imagens abaixo. Preste atenção nas personagens representadas e em suas vestimentas e ações. A seguir, responda às questões.

Museu da Villa Giulia, Roma

Detalhe de vaso grego do século VII a.C.

Vaso grego de cerca de 540 a.C.

Museu Arqueológico de Atenas/akg-images/Album/Latinstock

Museu Ashmolean, Universidade de Oxford/Erich Lessing/Album/Latinstock

Detalhe de vaso grego da segunda metade do século V a.C.

Vaso grego de cerca de 460 a.C.

Museu Ashmolean, Universidade de Oxford/The Bridgeman/Keystone

a) A que funções as figuras femininas e masculinas aparecem respectivamente associadas?
b) Relacione as funções masculinas e femininas ao papel desempenhado por homens e mulheres na pólis grega.

Refletindo sobre o presente

2. A Ágora, praça principal da pólis, era um espaço sem edificações, onde os cidadãos gregos conviviam e travavam discussões políticas. Por isso é considerada um espaço da cidadania. Alguns pesquisadores contemporâneos afirmam que a internet é a Ágora da atualidade, no sentido de permitir que todas as pessoas se expressem e se posicionem perante as questões sociais e políticas. Redes sociais, *blogs* e demais *sites* pessoais, ou mesmo as páginas do governo e de instituições públicas, permitem que pessoas de diferentes localidades estabeleçam debates políticos. Tendo em vista essas afirmativas, responda às questões abaixo em seu caderno e discuta-as com seus colegas:

a) Ao estudar a democracia ateniense você aprendeu que nem todos os membros da pólis gozavam do direito à cidadania. A quem esse direito era negado?
b) Consulte a Constituição brasileira e responda: no Brasil existem restrições ao direito à cidadania?
c) Em sua opinião, o direito à cidadania é suficiente para que todos os cidadãos brasileiros participem ativamente das decisões que envolvem os interesses coletivos? Justifique.

Leitura, pesquisa e reflexão

3. Em *sites* da internet, revistas especializadas de História e livros paradidáticos, pesquise o período das tiranias em Atenas. A seguir, explique a seguinte afirmação do historiador Ciro Flamarion Cardoso:

> Ao apoiar-se politicamente nas massas populares, em favor das quais tomava diversas medidas, [...] a tirania promoveu a configuração do *demos* como força política mais estruturada do que o fora até então: ela significou, assim, a destruição, não dos aristocratas, mas da sociedade e do regime aristocrático mais ou menos exclusivo.
>
> CARDOSO, Ciro F. *A cidade-Estado antiga*. São Paulo: Ática, 1993. p. 31.

4 Períodos Clássico e Helenístico

Período Clássico (séculos V a.C.-IV a.C.)

O Período Clássico foi marcado por violentas lutas dos gregos contra os persas e entre si. Apesar disso, o século V a.C. foi considerado o apogeu da antiga civilização grega, concentrando suas maiores realizações culturais. A partir das reformas de Clístenes, toda a Grécia acabaria recebendo influências atenienses, que se aprofundaram durante o governo de Péricles.

Nas Guerras Médicas, gregos e persas disputaram a hegemonia do mar Egeu.

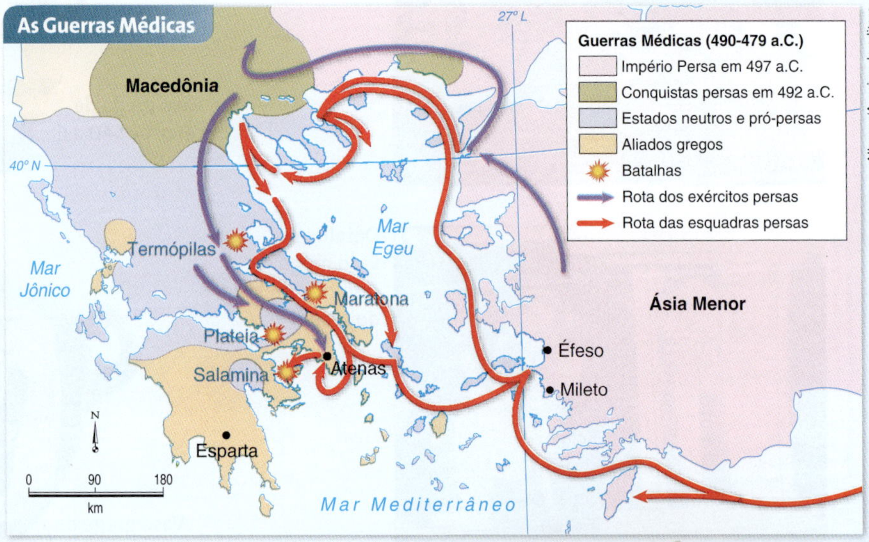

Adaptado de: KINDER, H.; HILGEMANN, W. *Atlas of World History*. New York: Anchor Books, 1974. p. 56.

Partenon na Acrópole de Atenas, em foto de 2014.

Por duas vezes os persas tentaram invadir a Grécia, provocando conflitos que ficaram conhecidos como Guerras Médicas (em referência aos **medos**, um dos povos que faziam parte da origem persa). A primeira das grandes guerras de gregos contra persas ocorreu entre 490 a.C. e 479 a.C. Liderados por Dario I, os persas desembarcaram na Grécia, mas foram surpreendidos pelo exército ateniense na Planície de Maratona, onde, apesar de sua superioridade numérica, foram derrotados pelos gregos. O prestígio ateniense cresceu muito após essa vitória, e a cidade começou a se destacar entre as demais pólis gregas.

Precavendo-se contra um possível novo ataque persa, após a primeira Guerra Médica os atenienses procuraram fortalecer sua marinha de guerra, já que o cenário das lutas seria o mar Egeu (observe o mapa).

A segunda ofensiva persa iniciou-se em 480 a.C., quando o imperador Xerxes partiu com aproximadamente 100 mil homens em direção à Grécia. Os gregos uniram-se contra os invasores, mas, apesar do sucesso espartano em retardar o avanço do inimigo, no desfiladeiro de Termópilas, os persas conseguiram invadir e saquear Atenas.

Apesar de vitoriosa, a campanha persa acabou se enfraquecendo, na medida em que suas tropas não eram facilmente guarnecidas por suprimentos e reforços. A derrota na grande batalha naval de Salamina, diante de Atenas, selou o destino dos persas, que mais uma vez se retiraram sem terem conseguido tomar a Grécia.

Durante a guerra, as pólis gregas formalizaram uma aliança conhecida como **Liga de Delos**. Tratava-se basicamente de uma união militar contra os persas. As cidades que participavam da aliança pagavam impostos – que eram depositados na ilha de Delos – para sustentar a frota e os exércitos conjuntos de todas as cidades-Estado. Atenas, com seu prestígio e poderio econômico, logo passou a administrar os recursos de Delos, tornando-se líder da liga.

Ao final das guerras contra os persas, os atenienses insistiram na manutenção da Liga de Delos e, portanto, na cobrança de tributos. As demais cidades gregas ficaram insatisfeitas com a medida, mas pouco podiam fazer contra o poderio militar ateniense. Chegava ao auge o **imperialismo ateniense**, ou seja, o período em que Atenas passou a dominar a Grécia antiga, subordinando boa parte das cidades-Estado.

Os atenienses começaram a interferir na vida política e social das outras pólis, transferindo o tesouro de Delos para Atenas e, com frequência, utilizando a força para manter subjugado o restante da Grécia. O controle dos recursos de outras cidades abriu caminho para o apogeu ateniense, particularmente entre os anos de 461 a.C. e 429 a.C., época conhecida como a Idade de Ouro de Atenas, quando a cidade era, então, dirigida por **Péricles**.

Durante o governo de Péricles, aprimorou-se a democracia. Observando que os homens livres pobres dificilmente participavam das instituições democráticas, Péricles criou uma pequena remuneração em dinheiro para os ocupantes de cargos públicos (subsídio denominado *mistoforia*), possibilitando a participação popular nos assuntos da administração da cidade.

Além disso, em seu governo Atenas foi reconstruída e embelezada; ergueram-se um templo dedicado à deusa Atena, o **Partenon**, e muralhas defensivas em torno da cidade.

Em grande parte, o brilhantismo cultural e a prosperidade atenienses foram conseguidos graças ao domínio e à exploração das demais pólis por parte de Atenas. O apogeu da democracia e de Atenas, portanto, assentava-se no imperialismo.

A insatisfação contra o domínio ateniense existia não apenas nas cidades da Liga de Delos, mas também entre as cidades aristocráticas que não se alinhavam a Atenas. Lideradas por Esparta, as pólis insatisfeitas formaram uma aliança contra Atenas, a Liga do Peloponeso.

Em 431 a.C., Atenas e Esparta entraram em guerra, arrastando as demais pólis para um conflito que ficaria conhecido como **Guerra do Peloponeso**. Atenas tinha o poderio marítimo, enquanto os exércitos de Esparta detinham o domínio terrestre. Nos dezessete anos de guerra, os soldados espartanos devastaram os campos da Ática e cercaram Atenas. O conflito só terminou em 404 a.C., com a vitória final de Esparta.

Com o fim da democracia ateniense e o retorno do poder oligárquico na Grécia, iniciou-se o período de domínio espartano. Esse domínio foi ameaçado por outras cidades, que lutavam pelo controle da península Balcânica. Foi o caso de Tebas, que derrotou Esparta em 371 a.C. e estabeleceu uma breve hegemonia.

As constantes guerras tiveram como resultado o enfraquecimento das cidades-Estado gregas, o que abriu caminho para a invasão dos macedônios, povo do norte da península Balcânica. Em 338 a.C., na Batalha de Queroneia, os exércitos gregos foram derrotados e a Grécia caiu sob o domínio da Macedônia.

A Guerra do Peloponeso

Adaptado de: DI SACCO, Paolo (Coord.). *Corso di storia antica e medievale*. Milano: Edizioni Scolastiche Bruno Mondadori, 1997. p. 135.

A Guerra do Peloponeso pôs fim ao imperialismo ateniense, dando lugar à hegemonia espartana.

5 A cultura grega

A Grécia atravessou um período de notável desenvolvimento artístico-cultural. O **Século de Péricles** constituiu o momento áureo da cultura grega, quando viveram os principais teatrólogos, filósofos, arquitetos e artistas.

O pensamento grego tinha por base a razão e, por isso, valorizava o ser humano (**antropocentrismo**), influenciando significativamente o **racionalismo** ocidental dos séculos seguintes. As palavras do teatrólogo grego Sófocles (495 a.C.-406 a.C.) atestam a importância atribuída ao homem na cultura grega. Afirmava ele: “Muitos são os prodígios; entretanto nada é mais prodigioso do que o homem”. Os artistas e os pensadores que fizeram da cultura grega uma das mais imponentes pertenciam, em geral, a uma elite sustentada por numerosos escravos e pequenos camponeses.

A **religião** grega caracterizou-se pelo politeísmo antropomórfico, ou seja, os gregos acreditavam em vários deuses que tinham formas e atributos semelhantes aos da espécie humana: suas fraquezas, paixões, virtudes. Mas uma característica fundamental distinguia os deuses dos humanos: a imortalidade, que se devia ao alimento do qual os deuses se nutriam: a **ambrosia**.

Acreditavam que muitos de seus deuses habitavam o Monte Olimpo, de onde comandavam o destino humano. Alguns de seus diversos mitos são personagens muito conhecidos, como Hércules, famoso por sua força extraordinária, ou Teseu, que em tempos remotos teria livrado a Grécia da opressão do Minotauro.

Entre as principais divindades estão: **Zeus**, senhor de todos os deuses; **Atena**, filha de Zeus, deusa da razão e da sabedoria e protetora da cidade de Atenas; **Apolo**, deus da luz e das artes; **Dioniso**, deus do vinho; e **Poseidon**, deus das águas.

The Bridgeman Art Library/Keystone/Museu Benaki, Atenas, Grécia.

The Bridgeman Art Library/Keystone/Museu Arqueológico Nacional, Atenas, Grécia.

The Bridgeman Art Library/Keystone/Museu do Vaticano, Cidade do Vaticano, Itália.

Estátua de Zeus, do século II a.C. (acima à esquerda). Atenas, réplica grega do século V a.C. (acima, à direita); e de Apolo, réplica romana de original grega do século IV a.C.

antropocentrismo: (do grego *anthropos*, ‘humano’, e *kentron*, ‘centro’), o homem como centro do Universo e das explicações racionais.

racionalismo: explicação da natureza e de tudo o que existe pela razão. Pode referir-se à corrente filosófica dos séculos XVII e XVIII e ao uso da razão em detrimento das explicações baseadas em crenças religiosas.

ambrosia: segundo a mitologia grega, a ambrosia e o néctar eram os alimentos ingeridos pelos deuses para reafirmarem sua imortalidade.

Vlas2000/Shutterstock/Glow Images

Teatro de Dioniso, localizado no lado sul da Acrópole de Atenas. Desde meados do século V a.C., a localidade era utilizada para apresentações teatrais em homenagem ao deus Dioniso. O palco era de madeira, e os espectadores se acomodavam na encosta da colina, sobre a terra batida. Somente no final do mesmo século foi construída uma arquibancada de madeira, aproveitando a declividade do terreno. A sua substituição por pedra se deu por volta de 330 a.C. Foto de 2011.

O surgimento e a consolidação do teatro grego também podem ser associados à mitologia, pois se deram a partir das manifestações em homenagem a Dioniso (Baco, para os romanos), o deus do vinho. As tragédias gregas mais destacadas foram escritas por Ésquilo (525 a.C.-456 a.C.), Sófocles (496 a.C.-406 a.C.) e Eurípedes (484 a.C.-406 a.C.). O maior representante da comédia antiga grega foi Aristófanes (445 a.C.-386 a.C.).

Na **arquitetura** e na **escultura** buscava-se uma expressão do **humanismo**, com o cultivo de princípios como o racionalismo e a simplicidade, resultando em equilíbrio, harmonia e ordem. A forma de pensar dos gregos influenciou o desenho urbano das pólis e as construções nelas existentes. Um exemplo é o *Pnyx*, construção na qual se reunia a eclésia (assembleia dos cidadãos), erguida aproveitando uma ladeira ou colina: originalmente, os cidadãos ficavam na parte de cima para ver o orador, que ficava na parte mais baixa, mas com o tempo essa disposição se inverteu, e o orador passou a ficar no alto.

humanismo: forma de explicação da realidade centrada no ser humano e em seus valores. Busca da compreensão de conceitos ligados ao ser humano, como a felicidade, a ética, a virtude, a justiça.

A arquitetura da Grécia antiga utilizou o mesmo recurso na construção dos teatros, aproveitando a inclinação de montanhas para dar suporte às arquibancadas.

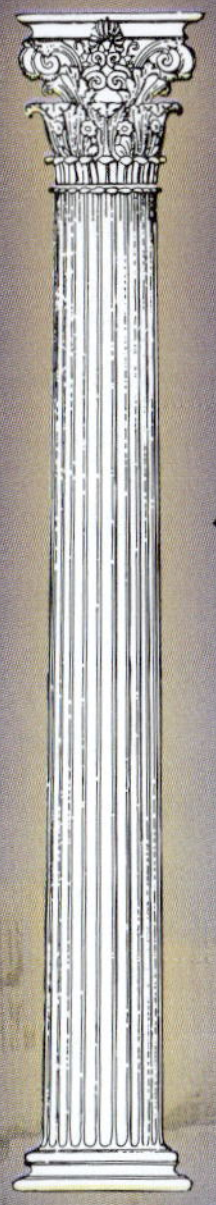

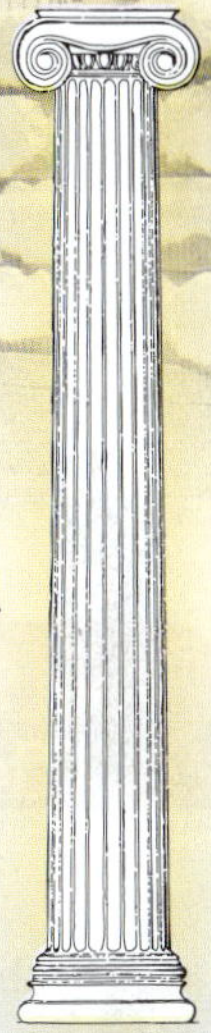

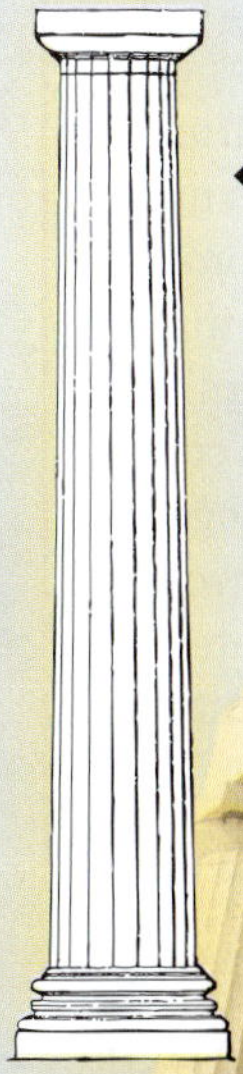

Abaixo, o Partenon, templo da deusa Atena em foto de 2012; acima, fragmento da colunata do templo de Trajano, na Turquia, foto de 2008. Ao centro, Erechtheion, em Atenas, em foto de 2011. Os estilos arquitetônicos refletiam importantes características das pólis gregas que lhes deram origem: o dórico de Esparta, o coríntio de Corinto e o jônico de Atenas.

Dois poemas **épicos** estiveram entre as primeiras fontes literárias gregas e ocidentais para os historiadores, a *Ilíada* e a *Odisseia*, cuja autoria é atribuída ao poeta Homero, que teria vivido entre 800 a.C. e 700 a.C., na Jônia (atual região da Turquia). As duas obras reúnem narrativas heroicas com referências históricas e mitológicas que eram transmitidas oralmente. Atualmente, questiona-se se essas obras teriam sido escritas pela mesma pessoa, e até a existência real de Homero.

épico ou **epopeia**: narrativa heroica de feitos e fatos históricos reais, lendários ou mitológicos.

Além dos poemas épicos, narrativas dos acontecimentos considerados importantes pelos gregos, como as de Heródoto e Tucídides, no século V a.C., foram preservadas.

O termo **História** tal como o entendemos hoje não existia. A palavra *historie* vem do grego e significa 'aquele que viu, que testemunhou'. Os relatos de Heródoto, considerado "pai da História", eram baseados no que "viu ou ouviu dizer dos que viram" os fatos e declaravam uma verdade sobre o mundo dos homens por meio de uma narrativa escrita, diferenciando-se da poesia e do mito, formados por narrativas e tradições orais. Heródoto teria registrado e reunido em seus escritos o que as testemunhas oculares narravam em diferentes versões e segundo suas memórias. Seus livros descrevem principalmente os "não gregos" (persas, babilônicos, egípcios, entre outros) e as Guerras Médicas, tratadas adiante.

Para saber mais

Ilíada e *Odisseia*: fontes literárias na História

Ao trabalhar com fontes literárias, o historiador se coloca diante de um tipo especial de problema, que é o de trabalhar com a ficção. Não caberá ao historiador preocupar-se em separar elementos "verdadeiros" de "falsos", mas sim identificar fatores da vida cotidiana, do imaginário e da sociedade da época na qual e para a qual a obra foi escrita. Os pesquisadores partem do pressuposto de que as obras literárias não relatavam necessariamente fatos acontecidos de verdade. Porém, como se dirigiam a pessoas de verdade, usavam informações de contexto, que incluem linguagem, usos, costumes, mitos e aspirações – enfim, características daquela época e daquele povo, revelando ainda não apenas o modo de pensar e a visão do autor ou dos autores, como também características de uma sociedade que ainda tinha na oralidade a sua principal forma de contar, transmitir e preservar histórias e tradições.

Uma fonte literária não pode ser o recurso único de conhecimento sobre uma sociedade. Como vimos, existem muitas fontes possíveis para o historiador: os vestígios da vida cotidiana, como utensílios, esculturas, construções, pinturas. Combinadas com fontes do mesmo período e com as fontes posteriores (como comentários de outros autores gregos, por exemplo), as informações extraídas das narrativas gregas podem ser cruzadas pelos pesquisadores, possibilitando a construção de hipóteses e interpretações históricas. Logicamente, a descoberta de novas fontes ou o desenvolvimento de novas formas de pensar sobre as fontes já existentes podem alterar as conclusões dos estudiosos sobre determinado período.

A civilização grega foi também o berço da **Filosofia** (palavra grega que significa 'amor à sabedoria'), estudo que tem por objetivo procurar explicações racionais e universais para a vida e para a humanidade.

Inicialmente, desenvolveu-se na filosofia grega a linha ou escola de pensamento que se tornaria conhecida como **pré-socrática** ('antes de Sócrates'), ou dos **filósofos da natureza**, que tentava buscar uma explicação para a origem das coisas que fosse além do mítico e do religioso.

Mais tarde, sobretudo em Atenas e no contexto da democracia, surgiu a escola **sofista**, que abriu mão de interpretações mais amplas sobre a origem das coisas e passou a enfatizar a prática da **retórica**, a arte do convencimento. Deixando de lado a busca por um conhecimento mais profundo ou verdadeiro, os sofistas estimulavam a expressão de opiniões como forma de atingir objetivos concretos (por exemplo, aprovação de uma lei). Um dos representantes dessa escola foi Protágoras (c. 485 a.C.-410 a.C.), autor da frase "O homem é a medida de todas as coisas", com a qual evidenciava o deslocamento das atenções do Universo para o ser humano.

sofista: do grego *sophistés*, que significa 'sábio'.
retórica: oratória; arte de bem argumentar, falar de modo a convencer, persuadir.

No século V a.C., época do apogeu ateniense, destacou-se o filósofo **Sócrates** (c. 470 a.C.-399 a.C.), que não apenas criticava os sofistas, mas afirmava a existência de um conhecimento verdadeiro e a capacidade do ser humano em atingi-lo pela prática filosófica apoiada no diálogo. Crítico da ordem ateniense, acabou sendo julgado e condenado à morte por "corromper a juventude".

Os princípios desenvolvidos por Sócrates foram assumidos por seu discípulo **Platão** (c. 428 a.C.-348 a.C.), considerado o fundador da filosofia ocidental. Em seus ensinamentos, Platão considerava a busca pelo conhecimento verdadeiro uma prática transcendente, isto é, que iria além dos dados obtidos pelos sentidos. Seria pelo pensamento que se chegaria às ideias eternas e imutáveis, como a beleza, a bondade e a verdade.

Finalmente, **Aristóteles** (384 a.C.-322 a.C.), já vivendo no período do domínio macedônico, levou a Filosofia para outra direção, afirmando a preponderância dos sentidos como forma de obter o conhecimento verdadeiro. Platão e Aristóteles fundaram duas correntes do pensamento que dominaram o debate filosófico no Ocidente até pelo menos o final do século XVIII.

Museu Metropolitano de Arte, Nova York

A morte de Sócrates, obra do francês Jacques-Louis David, feita em 1787. Condenado à morte, Sócrates toma cicuta (veneno) diante de seus discípulos, afirmando que preferia "a morte a ter que renunciar à Filosofia".

A ESPADA DE DÂMOCLES

Os gregos nos legaram contribuições em diversas áreas, como na literatura, no teatro, na Filosofia, na Medicina, etc. Algumas das histórias tradicionais que conhecemos também derivam dessa herança. A lenda da **Espada de Dâmocles** é uma delas. Entre suas várias versões temos a história que reporta a um conto antigo sobre a cidade de Siracusa, fundada por Corinto no século VIII a.C.

1

Em Siracusa, Dionísio, o velho, aproveitou-se das guerras contra Cartago para impor seu poder como tirano local no final do século V a.C. Por alguns anos, Dâmocles, amigo de Dionísio, mostrava uma incontrolável inveja diante de seu imenso poder. O tirano, então, resolveu armar uma situação para Dâmocles e ofereceu o seu lugar de poder por uma noite, em um grande banquete.

2

Dâmocles, mais que depressa, aceitou a oferta de Dionísio e ficou entusiasmado com a ideia de ser ele o grande poderoso de Siracusa, tendo todos à sua volta para servi-lo. Como prometido, Dionísio montou o banquete e Dâmocles recebeu todas as honrarias.

A espada de Dâmocles, pintura de Felix Auvray, século XIX.

A moral da história grega é a de que existe um preço a ser pago pelo poder. Quanto mais poder alguém possui, maiores são suas vantagens, mas também crescem suas responsabilidades e os riscos relacionados a ela.

3

De início, Dâmocles ficou entusiasmado com o luxo e a fartura da festa e dos serviçais que estavam à sua disposição. Porém, quando ele, sentado no trono, viu a espada que poderia cair facilmente sobre a sua cabeça, levantou-se e desistiu de desfrutar do poder recebido.

Pensando no Enem

1. *Para Platão, o que havia de verdadeiro em Parmênides era que o objeto de conhecimento é um objeto de razão e não de sensação, e era preciso estabelecer uma relação entre objeto racional e objeto sensível ou material que privilegiasse o primeiro em detrimento do segundo. Lenta, mas irresistivelmente, a Doutrina das Ideias formava-se em sua mente.*

ZINGANO, M. *Platão e Aristóteles*: o fascínio da filosofia. São Paulo: Odysseus, 2012 (adaptado).

O texto faz referência à relação entre razão e sensação, um aspecto essencial da Doutrina das Ideias de Platão (427 a.C.-346 a.C.). De acordo com o texto, como Platão se situa diante dessa relação?

a) Estabelecendo um abismo intransponível entre as duas.
b) Privilegiando os sentidos e subordinando o conhecimento a eles.
c) Atendo-se à posição de Parmênides de que razão e sensação são inseparáveis.
d) Afirmando que a razão é capaz de gerar conhecimento, mas a sensação, não.
e) Rejeitando a posição de Parmênides de que a sensação é superior à razão.

Resposta: d

Essa é uma questão de interpretação de texto que destaca o conhecimento mais razão como eixos do pensamento platônico, contraposto ao sensível-material.

2. Segundo *Aristóteles*, *"na cidade com o melhor conjunto de normas e naquela dotada de homens absolutamente justos, os cidadãos não devem viver uma vida de trabalho trivial ou de negócios — esses tipos de vida são desprezíveis e incompatíveis com as qualidades morais —, tampouco devem ser agricultores os aspirantes à cidadania, pois o lazer é indispensável ao desenvolvimento das qualidades morais e à prática das atividades políticas".*

VAN ACKER, T. *Grécia. A vida cotidiana na cidade-Estado.* São Paulo: Atual, 1994.

O trecho, retirado da obra **Política**, de Aristóteles, permite compreender que a cidadania:

a) possui uma dimensão histórica que deve ser criticada, pois é condenável que os políticos de qualquer época fiquem entregues à ociosidade, enquanto o resto dos cidadãos tem de trabalhar.
b) era entendida como uma dignidade própria dos grupos sociais superiores, fruto de uma concepção política profundamente hierarquizada da sociedade.
c) estava vinculada, na Grécia Antiga, a uma percepção política democrática, que levava todos os habitantes da pólis a participarem da vida cívica.
d) tinha profundas conexões com a justiça, razão pela qual o tempo livre dos cidadãos deveria ser dedicado às atividades vinculadas aos tribunais.
e) vivida pelos atenienses era, de fato, restrita àqueles que se dedicavam à política e que tinham tempo para resolver os problemas da cidade.

Resposta: b

A democracia grega era restrita aos cidadãos, não englobando os escravos, as mulheres e os estrangeiros que vivessem na cidade.

3. *A ética nasceu na pólis grega com a pergunta pelos critérios que pudessem tornar possível o enfrentamento da vida com dignidade. Isto significa dizer que o ponto de partida é a vida, a realidade humana, que, em nosso caso, é uma realidade de fome e miséria, de exploração e exclusão, de desespero e desencanto frente a um sentido da vida. É neste ponto que somos remetidos diretamente à questão da democracia, um projeto que se realiza nas realizações da sociabilidade humana.*

Disponível em: <www.jornaldeopiniao.com.br>. Acesso em: 3 maio 2009.

O texto pretende que o leitor se convença de que a:

a) ética é a vivência da realidade das classes pobres, como mostra o fragmento "é uma realidade de fome e miséria".
b) ética é o cultivo dos valores morais para encontrar sentido na vida, como mostra o fragmento "de desespero e desencanto frente a um sentido da vida".
c) experiência democrática deve ser um projeto vivido na coletividade, como mostra o fragmento "um projeto que se realiza nas realizações da sociabilidade humana".
d) experiência democrática precisa ser exercitada em benefício dos mais pobres, com base no fragmento "tornar possível o enfrentamento da vida com dignidade".
e) democracia é a melhor forma de governo para as classes menos favorecidas, como mostra o fragmento "É neste ponto que somos remetidos diretamente à questão da democracia".

Resposta: c

Como em outras questões do Enem, aqui o foco está centrado na democracia grega, sua relação com a atualidade e com a ética. Observe que a alternativa *a* restringe tal concepção para as "classes pobres", já que cidadania pressupõe a igualdade de direitos. Integra também o sentido de conjunto da sociedade nos seus valores morais e não se limita ao indivíduo para encontrar sentido na vida, como destaca a alternativa *b*. Já as alternativas *d* e *e* caminham no mesmo sentido restrito da *a*.

Período Helenístico (séculos IV a.C.-II a.C.)

O período iniciado com a conquista da Grécia pela Macedônia, no século IV a.C., tornou-se conhecido como **Período Helenístico** e estendeu-se até o século II a.C. Inicialmente governados por Felipe II, vencedor da Batalha de Queroneia, os macedônios não se limitaram à conquista da Grécia, logo partindo para o Oriente. O principal responsável por essas grandiosas conquistas foi **Alexandre, o Grande**, filho de Felipe II.

Educado por **Aristóteles**, Alexandre assimilou valores da cultura grega e, após sufocar revoltas internas, partiu para a expansão territorial, tomando a Ásia Menor, a Pérsia e chegando até as margens do rio Indo, na Índia. Morreu aos 33 anos (323 a.C.), e o grande império que conquistara não se manteve após sua morte. As divisões políticas e as constantes lutas internas levaram ao enfraquecimento do Império Macedônico e à sua posterior ocupação pelos romanos.

Entretanto, a grande obra de Alexandre da Macedônia, no plano cultural, sobreviveu ao esfacelamento de seu império territorial. O movimento expansionista promovido por Alexandre foi o responsável pela difusão da cultura grega pelo Oriente, fundando cidades (várias delas batizadas com o nome de Alexandria) que se tornaram verdadeiros centros de difusão dessa cultura.

Elementos gregos acabaram se fundindo com as culturas locais, dando origem à chamada **cultura helenística** ou **helenismo**.

helenismo: fusão da cultura grega com a oriental. Sendo herdeira da cultura grega, a denominação dessa nova cultura decorria da referência à forma como os gregos chamavam a si mesmos – **helenos**, já que a Grécia antiga era conhecida como Hélade.

A cultura helenística

O grande feito das conquistas de Alexandre foi favorecer o surgimento de uma nova cultura, herdeira da grega, mas diferente dela pela enorme dosagem de elementos orientais. Alexandria (no Egito), Pérgamo (na Ásia Menor) e a ilha de Rodes (no mar Egeu) constituíram alguns dos principais centros de difusão de seus valores.

Templo de Trajano do século II construído em Pérgamo, atual Bergama, na Turquia, em foto de 2014. Abaixo, busto de Alexandre, o Grande.

Manuel Cohen/Agência France-Presse

Kamira/Shutterstock/Glow Images

A cultura helenística caracterizou-se por apresentar uma arte mais realista, exprimindo violência e dor, componentes constantes dos novos tempos de guerras. Na arquitetura, predominavam o luxo e a grandiosidade – reflexo da imponência do Império Macedônico. Na escultura, turbulência e agitação eram traços significativos.

Nas **ciências**, vale destacar o avanço da Matemática com Euclides, criador da Geometria; da Física com Arquimedes de Siracusa; da Geografia com Eratóstenes; e da Astronomia com Aristarco, Hiparco e Ptolomeu, este último defensor do geocentrismo, teoria aceita até o início dos tempos modernos (séculos XV-XVI).

O helenismo originou ainda novas correntes filosóficas, como:

- **estoicismo**: fundada por Zenão, defendia a felicidade como o equilíbrio interior, o qual oferecia ao ser humano a possibilidade de aceitar, com serenidade, a dor e o prazer, a sorte e o infortúnio;
- **epicurismo**: fundada em Atenas por Epicuro, pregava a obtenção do prazer, base da felicidade humana, e defendia o afastamento dos aspectos negativos da vida;
- **ceticismo**: do grego *sképtomai*, 'olhar', 'investigar', fundada por Pirro, essa filosofia caracterizava-se pela negação da possibilidade de conhecer com certeza qualquer verdade. O conhecimento depende do sujeito e do objeto estudado, sendo, portanto, relativo. A felicidade consistiria em não julgar coisa alguma.

O helenismo ainda acrescentou à cultura grega uma instituição já presente na cultura oriental: o despotismo, segundo o qual a autoridade do governante era inquestionável.

A divisão do Império Macedônico, que se seguiu à morte de Alexandre, e as sucessivas lutas internas resultaram em seu enfraquecimento político, o que possibilitou a conquista romana nos séculos II a.C. e I a.C. Entretanto, mesmo conquistando a Grécia, Roma assimilou muitos de seus valores culturais, especialmente na forma helenística.

A cultura helenística substituiu a concepção clássica de que o "homem é a medida de todas as coisas" pelo monumentalismo, pessimismo, negativismo e relativismo. Observe um dos mais famosos exemplos de escultura helenística: *Laocoonte e seus filhos* (c. 25 a.C.).

Atividades

Análise de documentos

1. Aristófanes viveu em Atenas no século V a.C. Escreveu muitas comédias, entre elas *Lisístrata*, na qual as mulheres são as protagonistas. Nessa peça, cansadas de ficarem sem seus maridos, que estão sempre no campo de batalha, as mulheres inventam um interessante e engraçado estratagema para tê-los de volta. Numa passagem da peça, lemos o seguinte diálogo entre a ateniense Lisístrata e a espartana Lampito:

> Lampito: Nós, em Esparta, convenceremos nossos homens a votar por uma paz justa, leal. Mas os atenienses, que são de briga, como vai ser possível aquietá-los?
>
> Lisístrata: Não tenha receios quanto a isso. Daremos um jeito neles...
>
> Lampito: Enquanto eles tiverem navios de guerra e o Tesouro lá na Acrópole estiver cheio, acho difícil.
>
> Lisístrata: Mas nós pensamos nisso também. Vamos assaltar a Acrópole hoje, minha filha. As mulheres mais velhas têm ordem para isso; enquanto estivermos nos concentrando aqui, a pretexto de rezar juntas, elas ocuparão a Acrópole.
>
> ARISTÓFANES. *A greve do sexo (Lisístrata) e a revolução das mulheres*. Rio de Janeiro: Jorge Zahar, 2002. p. 23.

a) No Período Clássico, as cidades de Atenas e Esparta defendiam sistemas de governos bastante diferentes. Compare-os.
b) A peça *Lisístrata* se passa no contexto de uma guerra que marcou a história de toda a Grécia. Com base no diálogo acima, identifique essa guerra e comente suas consequências para o mundo grego.
c) Explique por que o uso de personagens femininas em um debate sobre a situação de guerra contribui para criar o clima de comédia da peça de Aristófanes.

2. Leia com atenção o trecho abaixo. Ele foi escrito pelo pensador grego Xenofonte, discípulo de Sócrates, entre os séculos V a.C. e IV a.C.

> Eventualmente, quando se demorava junto a algum artista que por motivos de trabalho exercitava a sua arte, era-lhe igualmente útil. Chegando certa vez em visita a Parrásio, o pintor, perguntou-lhe: "A pintura, Parrásio, não é representação daquilo que se vê? E, de fato, os corpos baixos e altos, à sombra e à luz, ásperos e macios, rugosos e lisos, jovens e velhos, vocês os imitam retratando-os por meio de cores". "É verdade", disse ele. "E quando representam modelos de Beleza, visto que não é fácil encontrar um homem perfeito em cada parte, vocês, juntando os mais belos detalhes de cada indivíduo, fazem com que pareça belo o corpo inteiro." "Fazemos justamente isso", disse. "E então, a atitude da alma extremamente sedutora, doce, amável, agradável, atraente, vocês conseguem reproduzir ou não se pode imitar?" "Como se pode imitar, Sócrates, aquilo que não tem proporção das partes, nem cor, nem nenhuma das coisas que enumeraste, e não é visível de forma alguma?" "E no entanto", retomou Sócrates, "não pode o homem olhar alguém com simpatia ou inimizade?" "Creio que sim", disse. "E tudo isso não se pode perceber na expressão dos olhos?" "Sem dúvida." "E te parece que tenham a mesma expressão no rosto aqueles que se mostram interessados no bem e no mal dos amigos e aqueles que não se interessaram?" "Certamente não, por Zeus! Quem se interessa tem uma expressão contente quando os amigos estão bem e torna-se sombrio se os amigos estão mal." "Logo, pode-se retratar também isso?" "E como!" "E assim também a magnificência, a generosidade, a grosseria, a indignidade, a temperança, a prudência, a arrogância e a vulgaridade transparecem no rosto e no comportamento do homem, tanto parado quanto em movimento." "É verdade." "Logo, podem ser imitadas?" "E como!" "E pensas que se contempla de melhor grado aquilo que deixa transparecer um caráter belo, bom, amável ou aquilo que o faz parecer feio, mau, odioso?" "Oh, há uma bela diferença, Sócrates!"
>
> XENOFONTE. Memórias de Sócrates, III. Apud: ECO, Umberto (Org.). *História da beleza*. Rio de Janeiro: Record, 2005. p. 48.

a) De acordo com o texto de Xenofonte, qual seria a função da Arte para os gregos?
b) A que conclusão nos leva o raciocínio de Sócrates sobre o Belo?
c) Em sua opinião, aquilo que identificamos hoje como Belo se assemelha em algum aspecto ao que os gregos consideravam Belo? Explique.

Vestibulares de Norte a Sul

1. **SE** (Fuvest-SP)

Não é possível pôr em dúvida por mais tempo, ao passar em revista o estado atual dos conhecimentos, ter havido realmente uma guerra de Troia histórica, em que uma coligação de Aqueus ou Micênios, sob um rei cuja suserania era conhecida pelos restantes, combateu o povo de Troia e os seus aliados. A magnitude e duração da luta podem ter sido exageradas pela tradição popular em tempos recentes, e os números dos participantes avaliados muito por cima nos poemas épicos. Muitos incidentes, tanto de importância primária como secundária, foram sem dúvida inventados e introduzidos na narrativa durante a sua viagem através dos séculos. Mas as provas são suficientes para demonstrar não só que a tradição da expedição contra Troia deve basear-se em fatos históricos, mas ainda que boa parte dos heróis individuais mencionados nos poemas foi tirada de personagens reais.

Carl W. Blegen. *Troia e os troianos*. Lisboa, Verbo, 1971. Adaptado.

A partir do texto acima,

a) identifique ao menos um poema épico inspirado na guerra de Troia e explique seu título;

b) explique uma diferença e uma semelhança entre poesia épica e história para os gregos da Antiguidade.

2. **NE** (UFPE) Na construção da sociedade ocidental, há um destaque, dado por muitos historiadores, aos feitos da civilização grega, nos setores mais diversos da sua vida. Muitos feitos culturais dos gregos:

a) permanecem atuantes na contemporaneidade, contribuindo para o pensamento ocidental, inclusive na formulação de seus valores éticos e políticos.

b) distanciam-se totalmente dos princípios dos nossos tempos, não sendo retomados pelos pensadores do mundo atual.

c) estão restritos aos tempos da Antiguidade clássica, onde predominavam os interesses da aristocracia comercial de Atenas.

d) são diferentes dos feitos dos romanos e dos de outros povos da Antiguidade, pela universalização das suas práticas democráticas e estéticas.

e) ficaram restritos às conquistas estéticas da arquitetura e da escultura, onde se salientava a harmonia das formas como princípio estético.

3. **CO** (UFMS) A respeito do desporto na Grécia antiga é correto afirmar que:

a) o desporto grego, apesar de bastante competitivo, muito raramente era sangrento e mortal, haja vista que tinha caráter religioso e comemorava a paz entre Atenas e Esparta.

b) por volta de 500 a.C., os maiores festivais atléticos estavam em completa decadência, deixando de conferir prestígio e glória às grandes famílias e às cidades de origem dos atletas.

c) em seus primórdios, as mais antigas competições em Olímpia tinham um significado meramente desportivo, ao passo que no século VIII a.C. passaram a ter um sentido estritamente religioso.

d) os gregos acreditavam no valor do desporto como treino, sobretudo para a guerra, haja vista que ambos, guerra e desporto, tinham para eles muito em comum.

e) nos tempos de Homero, vários atletas adquiriram grande prestígio e glória em suas cidades natais, chegando mesmo a serem vistos como deuses, cujas estátuas podiam fazer milagres e, por esse motivo, eram cultuadas publicamente.

4. **S** (PUC-PR) Os gregos antigos colocaram o Estado acima da religião, valorizaram os ideais da liberdade humana e glorificaram o homem como a mais importante criatura do Universo.

Analise as afirmações sobre a civilização grega:

I. A vitória dos gregos sobre os persas na batalha do desfiladeiro das Termópilas, deu a Esparta o controle sobre toda a Grécia.

II. As reformas de Sólon favoreceram o surgimento da democracia em Atenas.

III. A civilização helenística surgiu do amálgama da civilização grega com a romana.

IV. A democracia ateniense era direta e não se estendia a toda população de Atenas.

São afirmações corretas:

a) apenas I e II.

b) apenas II e IV.

c) I, II e III.

d) apenas II e III.

e) II, III e IV.

5. **NE** (UFPE) A sociedade grega criou seus mitos e deuses, mas também elaborou um pensamento filosófico que expressava sua preocupação com a verdade e a ética. Além de Aristóteles, Platão e Sócrates, muitos pensadores merecem ser citados e discutidos, como os sofistas, que:

a) defenderam a liberdade de expressão, embora estivessem ligados à aristocracia ateniense, contrária à ampliação da cidadania.

b) construíram reflexões sobre o comportamento humano que serviram de base para Aristóteles pensar a sua metafísica.

c) criticaram a existência de verdades absolutas, afirmando ser o homem a medida de todas as coisas.

d) ajudaram a consolidar o pensamento conservador grego, reafirmando a importância da mitologia.

e) formularam princípios éticos, revolucionários para a época e de grande significado para o pensamento de Platão.

CAPÍTULO

6 A civilização romana

Luigi Vaccarella/Grand Tour/Grand Tour/Corbis/Latinstock

Ruínas do Fórum romano. Roma, foto de 2011.

Para pensar historicamente

Roma e nós

Não é difícil entender o motivo da importância de estudarmos a civilização romana. Podemos dizer que é a civilização da Antiguidade que exerceu mais influência sobre o mundo ocidental. Para isso ficar claro, é só nos perguntarmos como seria a nossa vida hoje sem a Língua Portuguesa, o sistema jurídico e o cristianismo.

A Língua Portuguesa, "última flor do Lácio", segundo o poeta Olavo Bilac, é uma das ramificações do latim, língua original dos romanos. O cristianismo surgiu e se expandiu, a partir da Palestina, sob o domínio romano. A mesma civilização romana foi base para o domínio da Igreja cristã, ao tornar-se religião oficial do Estado. Após certas divisões do cristianismo, essa vertente passou a ser chamada de Igreja católica romana.

Tudo isso só foi possível porque o domínio romano – que na sua fase mais importante tornou-se um império – abarcava regiões tão distantes quanto Jerusalém e a Lusitânia.

Nós já vimos anteriormente outros exemplos de império. Um império é outra forma de Estado além da cidade-Estado e do reino. Trata-se de um Estado que domina amplos territórios, sob a chefia de um imperador, que reúne povos étnica e/ou culturalmente distintos e detém um poder hegemônico em sua área de influência. Como você sabe, o Brasil já teve uma fase em que se denominou um império, e isso, claro, não é à toa.

E na atualidade, você consegue imaginar algum sistema de governo que possa ser comparado a um império?

K.A.Willis/Shutterstock/Glow Images

Vista do Vaticano, sede do catolicismo, em foto de 2011.

1 Monarquia (da fundação de Roma ao século VI a.C.)

Roma nasceu de um pequeno povoado nas terras férteis do Lácio, centro da península Itálica, recebendo influência de diversos povos indo-europeus que se fixaram na região desde o século X a.C., como os **latino-faliscos** e os **sabinos**. As colinas de Palatino, Esquilino, Quirinal, Célio e Viminal foram ocupadas por comunidades tribais. Evidências arqueológicas apontam que por volta de 900 a.C. teve início a imigração e domínio dos **etruscos** no território do Lácio, até que, no século VIII a.C., a cidade (*urbs*) de Roma teria sido fundada. Observe o mapa abaixo.

latino: habitante do Lácio, que, em latim, é chamado de *Latium*.

falisco: povo indo-europeu que falava uma língua itálica, o falisco, semelhante ao latim. Os faliscos habitavam a cidade de Faleria e arredores.

A localização de Roma

Allmaps/Arquivo da editora

A Itália primitiva e seus principais povos.

Organizado pelo autor.

Mas, além dessa versão histórica, há uma versão lendária sobre a fundação de Roma registrada pelo poeta Virgílio, na *Eneida*, e reelaborada por diversos autores gregos e romanos (leia o boxe na próxima página).

Pesquisas históricas indicam que as aldeias que deram origem à cidade foram reunidas e viveram sob um governo monárquico até o século VI a.C. Os clãs eram comandados por um rei, que detinha também o comando do Exército e dos assuntos da justiça e a função de sacerdote. Os quatro primeiros reis (Rômulo, Numa Pompílio, Túlio Hostílio e Anco Márcio) fazem parte das narrativas lendárias da história romana. O período monárquico, que compreende o governo dos três últimos reis (Tarquínio, o Velho; Sérvio Túlio; e Tarquínio, o Soberbo), refere-se ao período de dominação etrusca, existindo registros históricos sobre sua existência.

sabino: povo da região central da península Itálica. O território original dos sabinos compreendia as atuais regiões do Lácio, Úmbria e Abruzzo.

etrusco: habitante da Etrúria, atualmente Toscana.

S-F/Shutterstock/Glow Images

Ruínas do Império Romano em Roma, em foto de 2013.

A lenda da fundação de Roma

Segundo uma das versões da lenda, o troiano Enéas, filho de Vênus e Anquises, após sobreviver à destruição de Troia, fugiu com seu filho Ascânio. Ao chegar ao Lácio foi recebido por Latino, rei das tribos nativas, tomando por esposa sua filha Lavínia. Após a morte de Enéas, seu filho cria a cidade de Alba Longa. Posteriormente, Numitor torna-se rei de Alba Longa, e seu irmão Amúlio retira-o do trono, tornando-se rei. Reia Sílvia, filha de Numitor, engravida do deus Marte e dá à luz dois gêmeos. Amúlio, que havia determinado que Reia se tornasse vestal (sacerdotisa virgem, em dedicação à deusa Vesta), condena-a à morte e ordena que seus filhos sejam lançados no rio Tibre. Deixados em um cesto nas margens do rio em Velabro, entre os montes Palatino e Capitolino, os gêmeos são nutridos por uma loba e depois encontrados e criados pelo pastor Fausto e sua mulher Larentia. Já adultos, os gêmeos Rômulo e Remo descobrem sua origem e matam Amúlio, colocando o avô, Numitor, novamente no trono. Decidem fundar uma cidade no local em que foram encontrados, mas Rômulo mata Remo e dá o seu nome à nova cidade fundada sobre o monte Palatino, Roma, em 753 a.C., tornando-se o primeiro de sete reis do período monárquico romano.

Museu Capitolino, Roma/Scala/Imageplus

Esta escultura feita de bronze durante muito tempo foi considerada uma obra do século V a.C. Pesquisas com carbono-14 divulgadas em 2008, no entanto, indicaram que ela foi feita mais de mil anos depois, entre os séculos VIII d.C. e XIV d.C.

Durante esse período, Roma possuía uma economia essencialmente agrícola. Do ponto de vista social, a elite romana era formada pelos **patrícios**, grandes proprietários de terra que constituíam uma aristocracia detentora de privilégios políticos e religiosos. Abaixo deles estavam os **plebeus**, homens livres que não tinham direitos políticos e eram, portanto, marginalizados. Muitos desses plebeus eram clientes – indivíduos que prestavam serviços aos patrícios, além de ser seus dependentes ou agregados. Na mais baixa situação social estavam os **escravos**, endividados ou vencidos em guerras, considerados simples instrumentos de trabalho e ainda pouco numerosos no período monárquico.

Do ponto de vista político, o rei acumulava funções executivas, judiciais e religiosas, mas seu poder era controlado pelo **Senado**, ou Conselho dos Anciãos, dominado pelos patrícios. O conjunto dos cidadãos em idade militar e aptos para lutar formava a **Assembleia** ou Cúria.

Senado: do latim *senatus*, mesma raiz de *senex*, que significa 'senil', e de *senior*, que significa 'ancião'. Referia-se à composição do Conselho: os chefes dos vários clãs da comunidade e sacerdotes.

No fim do século VII a.C., a estabilidade romana foi quebrada pela dominação dos etruscos, que impuseram sua força militar e política, passando a nomear os reis de Roma. Tarquínio, o Soberbo, último rei de origem etrusca, que governou de 534 a.C. a 509 a.C., foi deposto por uma insurreição liderada pelos patrícios. A Monarquia foi abolida e o Senado passou a representar o poder supremo, configurando-se um regime de características oligárquicas: a **República**.

2 República (séculos VI a.C.-I a.C.)

O governo republicano passou a ser exercido pelos **magistrados**, com assessoria do **Senado**. Na prática, o órgão máximo de poder na nova estrutura política instaurada em Roma era o Senado, que exercia funções legislativas e controlava toda a administração e as finanças, tendo poder até mesmo para declarar guerras. Seus membros vinham de um grupo restrito de famílias abastadas e eram vitalícios.

Os magistrados tinham a função de administrar a República, eram eleitos para mandatos de um ano e não recebiam nenhuma remuneração por esse trabalho, o que levava somente os mais ricos a se candidatar para a magistratura. Eram eles:

- os **cônsules**, que, sempre em número de dois, eram os mais importantes magistrados, propondo as leis, presidindo o Senado e as assembleias e, em caso de guerra, nomeando um ditador temporário;
- os **pretores**, que administravam a justiça;
- os **censores**, que faziam a contagem e a classificação da população de acordo com a renda;
- os **edis**, que cuidavam da conservação, do abastecimento e do policiamento da cidade;
- e os **questores**, encarregados do Tesouro público, ou seja, das finanças do governo.

As instituições republicanas completavam-se com as assembleias romanas (centurial, curial e tribal), encarregadas da nomeação dos magistrados e da **ratificação** das leis.

Museu Nacional Romano, Roma/Album/akg-images/Latinstock

Representação de um grupo de senadores romanos, século II a.C. Durante a República, a oligarquia patrícia consolidou seu predomínio por meio do Senado, principal instância do poder. Note que os senadores vestiam sobre a túnica a toga, denotando o *status* que detinham. A toga era um pano de lã com pouco mais de 5 metros de comprimento por 2,5 metros de largura, sendo pouco prática para atividades manuais. Na sociedade romana existia a toga simples, a com bordas vermelhas, de alto nível, a escura, para os indivíduos que estavam de luto, e a toga cândida, alvejada com cal, para os candidatos à eleição.

Na Roma antiga, havia três assembleias: a centurial, convocada pelo cônsul, consistia numa reunião do exército. Dividida em centúrias (grupos de cem homens), era formada por patrícios e plebeus ricos que votavam as leis, decidiam pela guerra ou pela paz e elegiam os magistrados; a curial dedicava-se aos assuntos religiosos; a tribal era formada por 35 tribos romanas. Inicialmente, existiam os *concilia plebis*, com a participação apenas da plebe (as decisões, *plebiscita*, eram aplicadas apenas aos plebeus). Depois, os plebiscitos se tornaram obrigatórios a todos os cidadãos, e as assembleias passaram a contar com a participação de patrícios e plebeus. Elegiam os magistrados em votações realizadas no fórum, no local denominado *comitium*. Possuíam também atribuições judiciais e, a partir do século III a.C., passaram a votar todas as leis.

magistrado: o termo originou-se do latim *magistratus*, que significa 'o cargo de governar' ou a 'pessoa que governa'. Funcionário do poder público investido de autoridade. Em Roma, referia-se aos detentores de cargos políticos.

ratificar: confirmar ou validar (no caso, confirmar a aprovação de uma lei que já passou pelo Senado).

Estrutura política da República romana

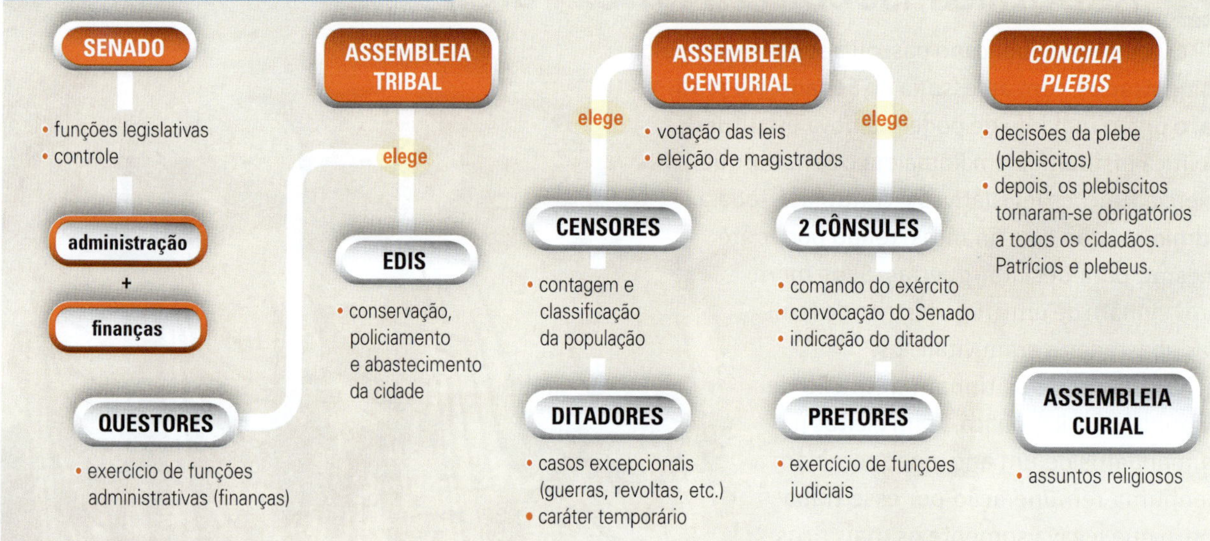

O sistema político republicano era controlado pelos patrícios, daí seu caráter oligárquico. Os plebeus, marginalizados e descontentes com sua situação, eram fonte de crescente tensão. A Roma republicana vivia sempre a possibilidade de uma convulsão social.

Escultura romana de Eumáquia encontrada em Pompeia.

Araldo de Luca/Corbis/Latinstock

Família e casamento

"Embora a palavra 'família' venha do latim, a noção dos romanos era muito diferente da atual de 'família nuclear'. A família romana tradicional era chefiada pelo homem mais velho, o *paterfamilias* ('pai de família'), que tinha autoridade sobre os membros, inclusive os netos e os escravos. Ele selecionava marido e mulher para os filhos, arranjando os casamentos deles com outros *paterfamilias*. Seus filhos adultos podiam ter esposa e filhos, mas não se tornavam chefes das próprias famílias antes da morte do pai. As filhas, muitas vezes, continuavam sob a autoridade do pai mesmo após casadas. Os antepassados já mortos faziam parte da família: seus retratos eram expostos na casa e seus túmulos visitados regularmente.

Os casamentos eram realizados em junho, mês da deusa Juno, padroeira das esposas e das mães. Antes da cerimônia ocorria a festa de noivado, em que o noivo dava à noiva um anel, usado no mesmo dedo em que hoje se usa a aliança de casamento. Para explicar o costume, o autor Aula Gélio (c. 125 d.C.-180 d.C.) escreveu: 'Quando se abre o corpo humano, vê-se um nervo muito delicado, que começa nesse dedo e chega ao coração'.

Embora a sociedade fosse dominada pelos homens, as mulheres romanas tinham mais direitos e independência que as gregas. Elas não podiam votar nem se candidatar em eleições, mas podiam possuir bens e comandar seus próprios empreendimentos. Esta é a estátua de Eumáquia, uma das cidadãs mais ricas de Pompeia. Patrona da **guilda** dos pisoeiros, ela usou sua riqueza para erguer um edifício público impressionante, junto ao fórum de Pompeia."[1]

guildas: associações de trabalhadores de um mesmo ofício (*collegia*), que visavam proteger os interesses de seus membros.

[1] RATHBONE, Dominic. *História ilustrada do mundo antigo*. São Paulo: Publifolha, 2011. p. 213 e 266.

Em 494 a.C., os plebeus, revoltados, retiraram-se de Roma para o Monte Sagrado, passando a exigir representação política na cidade. Sem os plebeus, as atividades de Roma ficaram paralisadas, e com isso eles conseguiram demonstrar que sua importância real não refletia em direitos políticos. Os patrícios cederam à pressão e criaram o cargo de **tribuno da plebe**, que, eleito pelos plebeus, tinha poder de veto sobre as decisões do Senado. O acontecimento é tido por muitos como um dos primeiros casos de intensa mobilização popular para forçar a concessão de benefícios por parte das classes dominantes.

Outras concessões foram feitas pelos patrícios, visando atenuar as tensões sociais. Em 450 a.C. foi elaborada a **Lei das Doze Tábuas**, primeira compilação das leis romanas. Até então as leis eram transmitidas oralmente e quase sempre manipuladas a favor dos patrícios; agora, as leis estavam escritas e ficavam expostas em tábuas no prédio do fórum romano, para conhecimento de todos. Em 445 a.C., foi permitido o casamento entre patrícios e plebeus. Em 367 a.C., os plebeus passaram a ter acesso às terras públicas.

Mesmo assim, os conflitos sociais continuaram, principalmente em consequência das transformações econômicas provocadas pela política de expansão territorial da República romana. Entre os séculos V a.C. e III a.C., Roma conquistou toda a península Itálica. O ponto alto dessas conquistas ocorreu com as **Guerras Púnicas** contra Cartago. Essa cidade, fundada por fenícios, controlava praticamente todo o comércio na bacia do Mediterrâneo desde o enfraquecimento grego decorrente das Guerras do Peloponeso. Sua situação geográfica privilegiada, uma vez que estava situada no norte da África e dominava a ilha da Sicília, contribuiu para o monopólio da ligação do Mediterrâneo ocidental com o oriental pelos cartagineses. Observe os mapas desta página.

Allmaps/Arquivo da editora

Adaptado de: DI SACCO, Paolo (Coord.). *Corso di storia antica e medievale*. Milano: Edizioni Scolastiche Bruno Mondadori, 1997. p. 171 e 219.

Bacia mediterrânea: *mare est nostrum*

A expansão romana a partir da península Itálica foi uma preparação para a conquista do Mediterrâneo, segundo a máxima "Mare est nostrum" (O mar é nosso), cunhada em moedas romanas da época. Veja no mapa acima a conquista da península Itálica.

Allmaps/Arquivo da editora

Adaptado de: DI SACCO, Paolo (Coord.). *Corso di storia antica e medievale*. Milano: Edizioni Scolastiche Bruno Mondadori, 1997. p. 171 e 219.

Os romanos viam a Sicília como um prolongamento da península e tinham interesse em suas terras férteis. O choque de imperialismos entre Roma e Cartago acabou por desencadear a guerra. Entre 264 a.C. e 146 a.C., ocorreram três grandes guerras, que culminaram com a destruição de Cartago e o controle romano de vastos territórios espalhados por todo o Mediterrâneo.

As conquistas provocaram profundas transformações em Roma. O Senado passou a administrar um vasto território, e a riqueza produzida convergia para a cidade, que agora era a capital de um grande império. O enorme afluxo de bens das províncias conquistadas, pela pilhagem de guerra ou pela cobrança de tributos, produziu um impacto na economia, com a queda cada vez mais acentuada dos preços dos produtos agrícolas. Em outras palavras, a guerra expansionista passou a ser elemento-chave da economia romana.

Os patrícios ligados ao Senado eram os maiores proprietários de terras. Os pequenos proprietários plebeus da península Itálica, não encontrando condições de sobreviver no campo, vendiam suas terras e transformavam-se em mão de obra barata na cidade.

A cidade de Roma, em consequência, passou a crescer desmedidamente, o que elevou a tensão social. Dos territórios conquistados chegavam milhares de escravos, consolidando a economia escravista. Surgia uma poderosa classe de comerciantes, chamados **homens-novos**, ansiosos por alguma participação política. Toda essa situação configurou a crise da República romana, pois o governo oligárquico não tinha mais condições de fazer frente às crescentes pressões sociais e políticas.

A Batalha de Zama, pintura de Giulio Romano do século XVI que mostra um dos episódios das Guerras Púnicas.

The Bridgeman Art Library/Keystone/Museu Pushkin, Moscou, Rússia.

A tensão social aumentava. Uma nova tentativa de superação da crise foi a ideia de **reforma agrária**, proposta pelos irmãos Tibério e Caio Graco, que exerciam o cargo de tribunos da plebe e viam na distribuição de terras uma forma de superar a crise, satisfazendo as necessidades da plebe empobrecida.

Em 133 a.C., Tibério Graco propôs que as terras do Estado deveriam ser distribuídas para os cidadãos pobres. Sob forte oposição das elites romanas, essa proposta de Tibério foi aprovada, mas sua execução acabou sendo impedida. Anos mais tarde, em 124 a.C., seu irmão Caio Graco, então tribuno eleito, retomou o projeto da lei agrária sem, no entanto, considerar as terras controladas por alguns senadores, considerados os mais importantes. Em 121 a.C., pressionado, Caio pediu que seu escravo o matasse, e seus muitos seguidores acabaram sendo perseguidos e mortos.

Ao fim desse processo, o projeto de reforma política e agrária dos irmãos Graco fracassou e a concentração de terras nas mãos dos patrícios continuou a existir. A questão agrária continuou desencadeando tensões sociais, e outras tentativas de redistribuição de terras foram defendidas, como a de 91 a.C., por iniciativa do tribuno Marco Lívio Druso, que acabou sendo assassinado.

A Guerra dos escravos

O gladiador Espártaco (em latim, *Spartacus*) viveu entre 120 a.C. e 70 a.C. Os escritos romanos (como os de Apiano e Plutarco) registram que Espártaco, ao desertar de uma tropa auxiliar do exército romano, foi capturado e tornado escravo. Possuindo grande força física, foi comprado por um negociante e levado para uma escola de gladiadores de Cápua (região da Campânia, na Itália), tornando-se líder da chamada **Guerra dos escravos** ou **Guerra dos gladiadores** (73 a.C.-71 a.C.) e de cerca de 120 mil escravos fugidos, somados às mulheres e crianças. A revolta foi controlada pelo comandante Marco Licínio Crasso. Antes dessa revolta, também chamada **Terceira guerra servil**, ocorreram outras duas revoltas, em 135 a.C. e 104 a.C., na Sicília, contra a opressão da escravidão.

Cena do filme *Spartacus*, produção norte-americana de Stanley Kubrick, de 1960.

Everett Collection/Keystone

Em meio ao conflito surgiram as ditaduras militares. Aliando-se ora aos aristocráticos patrícios, ora ao partido popular (composto de plebeus e homens-novos, que eram marginalizados politicamente), os ditadores eram generais do Exército, e seus governos refletiram a grande importância assumida pelas forças armadas no momento da crise.

As constantes disputas pelo poder entre os militares resultaram na criação dos **triunviratos**, governos de três líderes político-militares – o que também acabou aguçando divergências. O primeiro triunvirato era formado por Caio Júlio César, Pompeu e Crasso. Júlio César proclamou-se ditador, iniciou uma série de reformas econômicas e administrativas e tentou, sem sucesso, criar um novo pacto político no qual seu poder seria maior que o do Senado. Sucederam-se a proclamação da ditadura vitalícia de César e seu assassinato, em pleno Senado, em 44 a.C.

Seguiu-se o segundo triunvirato, formado por Marco Antônio, Otávio e Lépido, originando novos confrontos. Otávio, em 31 a.C., conseguiu derrotar seus rivais e recebeu do Senado os títulos de *princeps* ('primeiro cidadão') e *imperator* ('o supremo'). Atribuiu a si mesmo o título de *augustus* ('o divino'). Concentrando os poderes em suas mãos e realizando uma série de reformas, Otávio Augusto derrubou a República e instaurou o Império. Observe, no mapa abaixo, as conquistas de Otávio Augusto.

Estátua de Otávio, de 20 a.C., aproximadamente, vestido como um comandante vitorioso (imperador).

Araldo de Luca/Corbis/Latinstock

Domínio de Otávio Augusto

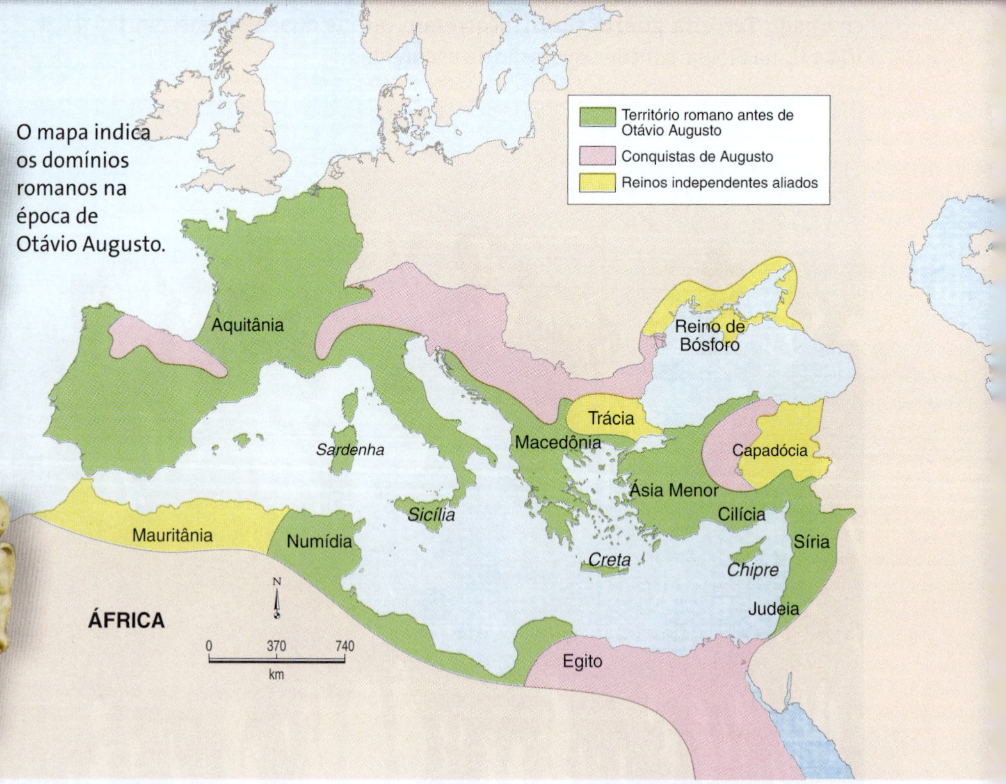

O mapa indica os domínios romanos na época de Otávio Augusto.

Allmaps/Arquivo da editora

Adaptado de: BARBERIS, Carlo. *Storia antica e medievale*. Milano: Casa Editrice G. Principato S.p.A., 1997. p. 329.

Atividades

Pesquisa e leitura de texto historiográfico

1. No texto reproduzido abaixo, a historiadora Maria Luiza Corassim discute os limites da reforma agrária na Roma antiga. Depois de lê-lo, faça o que se pede a seguir.

> **A reforma agrária**
>
> A lei agrária nunca foi revogada, mas foi sendo modificada em etapas sucessivas; Apiano descreve brevemente três leis que lhe alteraram o alcance, demolindo a reforma agrária dos Graco.
>
> Os lotes distribuídos eram inalienáveis; esta precaução destinava-se a proteger a pequena propriedade. O primeiro passo contra a reforma foi abolir esse vínculo; os ricos puderam então expulsar os camponeses comprando seus pequenos lotes. Uma segunda lei proibiu novas distribuições de terras; a maior parte do *ager publicus* consistia em terras ocupadas, e estas eram deixadas aos que detinham sua posse desde a lei de Tibério; mas os ocupantes ficavam obrigados a pagar um imposto cujo rendimento seria destinado às distribuições de trigo à plebe. Finalmente, o último passo: este imposto foi suprimido, declarando-se propriedade privada as terras já distribuídas e as ocupadas.
>
> Apenas as terras que não estavam ocupadas continuavam sendo consideradas *ager publicus*; este foi liberado para o uso como pastagem. Com o tempo, provavelmente, terminou sendo ilegalmente cercado e apropriado pelos ricos.
>
> Apiano conclui o seu relato afirmando que no final os pobres perderam tudo e ficaram reduzidos à desocupação. Em 107, quando Mário, um "homem-novo" que se elegera cônsul, precisou recrutar um exército para uma guerra na África do Norte, havia tal escassez de cidadãos *assidui* que decidiu permitir o alistamento de proletários. Esta foi uma mudança fundamental na história romana.
>
> CORASSIM, Maria Luiza. A reação senatorial. *A reforma agrária na Roma antiga*. São Paulo: Brasiliense, 1988. p. 73-74. (Tudo é História).

a) Faça uma pesquisa em *sites* da internet, enciclopédias e livros paradidáticos e responda: no que consistia a proposta de reforma agrária dos irmãos Graco?

b) Por que a lei agrária desagradou os senadores romanos?

c) De acordo com Maria Luiza Corassim, a aprovação da lei agrária em Roma foi capaz de assegurar à plebe romana condições de vida melhores? Explique.

d) No Brasil, existe um programa de reforma agrária previsto pela Constituição (artigos 184 a 191) e regulamentado por lei federal (Lei n. 8.629). Pesquise essa legislação e responda: a reforma agrária no Brasil, em sua opinião, contraria de modo contundente os interesses dos latifundiários? Justifique.

Observação e análise de fonte material

Coleção particular

2. A fotografia acima é de uma moeda romana do século II a.C. Observe com atenção as figuras gravadas nela e depois responda às questões propostas abaixo.

a) Na face da primeira moeda exibida acima, à esquerda, está representado um dos deuses do panteão romano. Pelas suas características e pelas cenas gravadas na outra face da moeda, tente identificá-lo.

b) Consulte o texto didático deste capítulo e responda: qual é a importância na mitologia romana da divindade representada na moeda?

c) Descreva a cena representada na face da moeda exibida à direita.

d) A moeda esteve em circulação no século II a.C. Nessa época, o que mais caracterizava a vida política e militar de Roma?

e) Considerando o contexto histórico do século II a.C. e as figuras observadas, que importância simbólica você pensa que poderia ter a circulação dessa moeda?

Análise de imagem

3. A imagem abaixo, datada do século I, é um afresco encontrado na cidade de Pompeia.

Museu Arqueológico Nacional, Nápoles, Itália/De Agostini Picture Library/The Bridgeman/Keystone

Afresco romano representando a doação de pães, do século I.

a) Observe com atenção as personagens e o ambiente retratado na pintura. Descreva o que você vê.
b) Pelo que nos é sugerido na imagem, você diria que Pompeia era uma cidade movimentada e próspera ou pequena e provinciana? Por quê?
c) Que indício a imagem nos oferece sobre a condição da mulher na sociedade romana?
d) O consumo de grãos da população romana superava em muito a quantidade do que era produzido na península Itálica. De que maneira, então, os padeiros poderiam obter a matéria-prima necessária para manter seus negócios?
e) Alguns historiadores acreditam que essa imagem poderia ser muito mais do que uma simples representação de venda de pães. Talvez uma pintura que mostrasse a distribuição de pães por parte do proprietário do negócio local (Sotérico) aos cidadãos para angariar apoio político. Quais elementos da imagem você destacaria que reforçariam essa hipótese?

3 O Alto Império (séculos I a.C.-III d.C.)

Com a centralização do poder nas mãos do imperador e a diminuição do poder do Senado, ocorreu uma profunda reforma política em Roma. O imperador passou não só a deter o poder político, mas também a ser cultuado como uma divindade, como indica seu título de *augustus* ('o divino'). Na prática, os imperadores eram ainda comandantes do Exército e impunham sua autoridade pela força.

OED O cerco à Jerusalém

Otávio Augusto, ao implantar o Império, dedicou-se a instituir reformas administrativas que progressivamente favoreceram a constituição de uma burocracia, nomeada com base em critérios censitários, ou seja, de acordo com os rendimentos. A burocracia era a nova classe privilegiada de Roma, formada tanto pela antiga aristocracia patrícia (que assim mantinha seus privilégios, embora subordinada politicamente ao imperador) quanto pelos comerciantes enriquecidos com a expansão territorial (homens-novos que, dessa forma, ganhavam espaço na partilha do poder).

Atenuava-se, assim, a tensão social entre as camadas mais abastadas. Otávio praticou várias vezes a doação de trigo (e, posteriormente, de pão) ao povo. Já os *munera* ou *ludi* (jogos, disputas e combates entre gladiadores) eram celebrados de acordo com a vontade do imperador e as circunstâncias políticas. Leia, a seguir, a interpretação do historiador Paul Veyne sobre essas estratégias.

A doação ocupava um lugar muito importante na sociedade romana: pão (sob a forma da distribuição de trigo), circo (organização de lutas de gladiadores) e festins públicos para o povo, mas também distribuição de terras, presentes para marcar o início do ano, presentes para o imperador e seus funcionários, etc. A maioria dos monumentos públicos das cidades greco-romanas (anfiteatros, basílicas, termas, etc.) foi oferecida por notáveis. Eu estava convencido de que essas doações não guardavam relação nenhuma com uma tentativa de despolitização e de manobra dos poderosos para afastar o povo da política. Na sociedade romana, os notáveis não eram senhores que viviam em seus castelos, mas nobres que viviam na cidade – como, aliás, aconteceria mais tarde, na Itália medieval –, e essa nobreza enxergava a cidade como sua propriedade, que ela governava. Em lugar de embelezar seus castelos, os nobres embelezavam a própria cidade, com o mecenato: construíam monumentos públicos e assim, com sua generosidade, mostravam que eram ricos e poderosos. Essas doações ostentatórias também eram destinadas a mostrar que a cidade não podia viver senão graças a eles. Não se trata de uma despolitização dos espíritos, mas de um cálculo político mais sábio.

VEYNE, Paul. Paul Veyne e a História. Entrevista realizada por Martine Fournier. *Folha de S.Paulo*, São Paulo, 28 jun. 2009. Disponível em: <www.bresserpereira.org.br/Terceiros/2009/09.06.PaulVeyneEAHistoria_entrevista.pdf>. Acesso em: 24 fev. 2014.

The Bridgeman Art Library/Keystone/Galleria Borghese, Roma, Itália.

Detalhe de mosaico romano do século IV que mostra um gladiador lutando contra um animal selvagem.

O Coliseu

O Coliseu, um dos principais símbolos do Império Romano, começou a ser construído em 72 d.C., por ordem do Imperador Flávio Vespasiano. As obras estenderam-se por anos e só foram concluídas no governo de seu filho, Tito. O edifício foi oficialmente chamado de Anfiteatro Flaviano e tinha capacidade para acomodar 50 mil pessoas. O nome Coliseu, segundo alguns estudiosos, teria sido atribuído somente séculos depois, devido à estátua chamada Colosso de Nero, encontrada nas proximidades da antiga construção.
O anfiteatro chegou a abrigar combates que duraram mais de cem dias e comemoravam sua inauguração.

1. No primeiro piso do Coliseu ficava o lugar destinado às pessoas mais abastadas de Roma. Também havia um local exclusivo para o imperador e seus convidados, a chamada tribuna imperial, num ponto próximo à arena.

2. Os outros andares eram destinados à plebe em geral. Havia lugares específicos para mulheres e crianças.

3. A fachada externa do Coliseu foi revestida de mármore e era rica em detalhes; nela havia colunas de diversos estilos e arcadas. Alguns desses arcos abrigavam esculturas de bronze.

4. A arena era o local onde a luta ocorria. Ali, os gladiadores se enfrentavam armados de lanças, espadas, escudos e também lutavam contra animais, como leões, tigres e ursos.

5. Os animais usados nos confrontos eram introduzidos na arena por um mecanismo parecido com um elevador, que os trazia do subsolo até um corredor em pequenas jaulas. De lá eles subiam rampas ou escadarias até chegarem à arena.

6. Havia pontos estratégicos de acesso direto à arena. Por ele entravam e saíam os gladiadores, os animais e até mesmo os cenários utilizados nas reconstituições de grandes batalhas.

7. O Coliseu possuía um tipo de cobertura retrátil, semelhante a um toldo, que podia ser aberto ou fechado e servia para proteger a plateia do Sol em dias mais quentes.

Calcula-se que mais de 10 mil gladiadores morreram em 320 anos de lutas.

DM7/Shutterstock/Glow Images

Adaptado de: CHANDLER, Fiona. *História Universal verbo do mundo antigo*. Lisboa: Editorial Verbo, 2000. p. 867.

Foto aérea do Coliseu, situado em Roma, Itália, de 2011.

Foto de SF Photo/Shutterstock/Glow Images

Além de garantir os privilégios da elite burocrática e o sustento da plebe, Otávio manteve a expansão territorial como objetivo permanente do Império. Roma conquistava territórios cada vez mais extensos. Centenas de milhares de estrangeiros eram escravizados, e o trabalho deles se tornou a base da economia romana. Ao mesmo tempo, o exército se fortalecia, o que era sinônimo de estabilidade política, isto é, de um imperador também forte.

O governo de Otávio Augusto (27 a.C.-14 d.C.) foi caracterizado ainda por ampliação do comércio entre as províncias, construção de estradas, pontes e aquedutos e grandes realizações culturais. A literatura floresceu, destacando-se a atuação do ministro Mecenas, que apoiou financeiramente artistas e escritores, como os poetas Virgílio, Horácio e Ovídio (origem da expressão mecenato). Esse período, considerado o mais rico da civilização romana em termos culturais, foi denominado Alto Império.

Após a morte de Otávio Augusto, assumiu o governo o imperador **Tibério**, seguindo-se diversos governantes tradicionalmente lembrados de maneira negativa. O governo de Tibério teria sido marcado pela imoralidade e pela corrupção, com intrigas, conspirações e perseguições. Foi durante seu governo que Jesus Cristo foi crucificado. Seu sucessor, **Calígula**, teria sido um déspota, e **Cláudio**, que o sucedeu, foi envenenado pela própria esposa.

Pompeia

O imperador **Nero**, por sua vez, foi acusado de atear fogo em Roma e culpar os seguidores do cristianismo – que por isso eram presos e levados às imensas arenas para enfrentar leões e outros animais selvagens, ou ainda gladiadores, em espetáculos públicos. Nero também teria ordenado a morte de sua mãe, a de seu meio-irmão e a de sua esposa. Embora certas fontes históricas, como os escritos dos historiadores Tácito e Suetônio, não retratem o imperador de forma favorável, alguns relatos apontam a sua popularidade entre o povo romano. A historiografia tradicional de Nero como "imperador maldito", reforçada com produções de historiadores cristãos nos séculos seguintes, tem sido questionada e revista, apontando novas interpretações.

Leia no quadro ao lado uma comparação entre Nero e o imperador Constantino, que destacaremos mais à frente, feita pelo escritor italiano Massimo Fini.

Somente com a dinastia dos **Flávios** (68 d.C.-96 d.C.) e, em especial, com a dos **Antoninos** (96 d.C.-192 d.C.) foram superadas as violentas disputas sucessórias, e Roma retomou a expansão territorial. As últimas anexações do Império e a estabilidade financeira firmaram a fase final do apogeu romano. Destacaram-se os imperadores Trajano, que retomou a ampliação do território, e Marco Aurélio, conhecido como o "imperador filósofo".

Entretanto, é essa mesma historiografia cristã, ou de inspiração cristã, que penetrou profundamente em todos os níveis nas nossas escolas e ainda dita normas. Assim, quando se fala de um imperador como Constantino, responsável pela adoção do cristianismo como religião do Estado, omite-se que assassinou o filho e a mãe. Além disso, dá-se-lhe mais importância histórica do que realmente teve, enquanto Nero continua sendo tão somente um monstro. [...]

Porém, a historiografia moderna dá um retrato muito mais equilibrado do "imperador maldito". Os historiadores anglo-saxões, franceses, romenos (pode parecer estranho, mas o mais importante centro de Estudos Neronianos está em Bucareste), além do italiano Mario Attílio Levi, foram os principais responsáveis pela recente e severa revisão crítica do personagem Nero e sua obra. E a imagem que resulta disso, ao menos como homem público, é muito diferente, ou melhor, completamente contrastante com as descrições habituais.

FINI, Massimo. *Nero, o imperador maldito.* São Paulo: Scrita Editorial, 1993. p. 13.

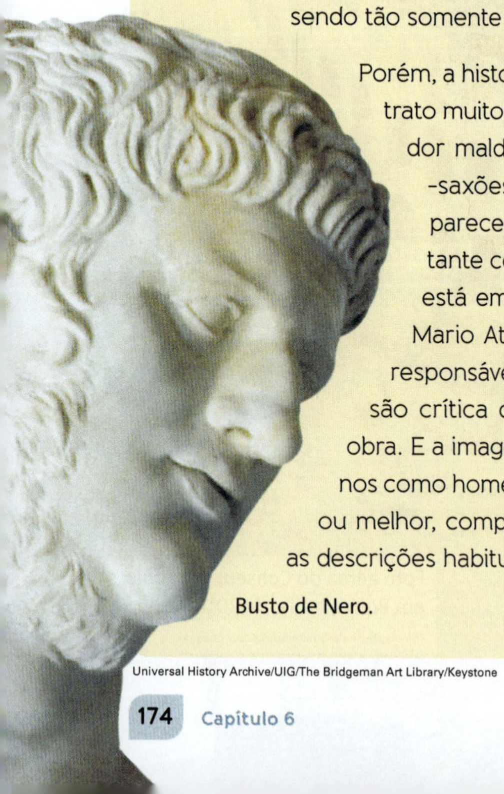

Busto de Nero.

Universal History Archive/UIG/The Bridgeman Art Library/Keystone

4 O Baixo Império (séculos III d.C.-V d.C.)

A partir do século III da Era Cristã, a civilização romana mergulhou em sucessivas crises, iniciando um período que alguns historiadores denominam Baixo Império, e outros, Antiguidade tardia. A expansão territorial, base de toda a riqueza e estabilidade política e social do Império Romano, foi se esgotando. Esse esgotamento ocorreu por vários motivos: a própria dimensão territorial alcançada; a pressão dos povos dominados e vizinhos; as dificuldades para novas anexações – em razão da distância e dos custos. Além disso, havia obstáculos naturais detendo os romanos, desde os desertos da África e do Oriente Médio até as florestas da Europa central.

Mais importante que expandir o território era manter e fortalecer as fronteiras do Império Romano. Sem novas conquistas, porém, não havia captura de escravos, e a mão de obra começou a escassear. A economia romana, que se baseava no trabalho escravo, entrou em crise. Os elevados custos para manter as estruturas imperiais, militares e administrativas abalaram o poder romano, reativando as disputas entre chefes militares e acelerando a crise imperial.

Paralelamente, crescia em meio à população cativa a adesão a uma nova crença, o cristianismo, que surgira durante o governo de Otávio Augusto e logo passara a se expandir dentro das fronteiras do Império.

Para os escravos, o caráter ético do espiritualismo cristão era consolador e carregado de esperanças: para os bons cristãos, uma vida melhor após a morte (no paraíso); para os maus ou para os pagãos, o contrário (uma vida eterna no inferno). Em última análise, o cristianismo oferecia aos escravos uma alternativa de salvação, ainda que após a morte.

Capela Arcivescovile, Ravena/The Bridgeman/Keystone

A ascensão do cristianismo correspondeu à desagregação do Império Romano. Cristo é representado nesse mosaico do século V como um legionário que derrota o mal, simbolizado por um leão e uma serpente. Capela do Palácio Episcopal, Ravena, Itália.

Dimensões do Império Romano no século III d.C.

Adaptado de: ATLAS of World History. New York: Oxford University Press, 2002. p. 55.

A nova religião passou a ter um caráter subversivo para a estrutura política romana, pois era universal, contrária à violência e rejeitava a divindade do imperador, bem como a estrutura hierarquizada e militarizada do Império. Na medida em que o colapso econômico rondava o Império, cada vez mais homens livres se convertiam ao cristianismo.

Em meio às dificuldades, o Estado romano passou a intervir cada vez mais na vida econômica e social da população, tentando salvar o Império Romano. Alguns imperadores que tomaram medidas nesse sentido foram Diocleciano, Constantino e Teodósio.

Busto de Diocleciano do século III.

DIOCLECIANO (284-305)

- Aumento do número de funcionários.
- Edito Máximo (301) – controle de preços das mercadorias e salários, para tentar combater a inflação.
- Crise de abastecimento.

Busto de Constantino, escultura do século IV.

CONSTANTINO (306-337)

- Novos títulos de nobreza.
- Maior força ao exército.
- Edito de Milão (313) – concede liberdade de culto aos cristãos.
- Construção de uma nova capital para o Império (324-330): Constantinopla.

Retrato de Teodósio [s.d.].

TEODÓSIO (378-395)

- Edito de Tassalônica (380): cristianismo como religião oficial do Império.
- Divisão do Império em duas partes (395): Império Romano do Ocidente, com sede em Roma, e Império Romano do Oriente (ou Império Bizantino), com sede em Constantinopla.
- Aumento da penetração dos povos germânicos nos territórios romanos.

O cristianismo em Roma

Nós, tendo-nos reunido em Milão sob ditosos auspícios e tendo cuidadosamente buscado tudo aquilo que pudesse ser útil ao bem e à tranquilidade públicos, entre outras coisas, que possam ser úteis à grande maioria dos homens, julgamos ser necessário regulamentar, acima de tudo, aquilo que respeita às honras devidas à Divindade a fim de podermos dar aos cristãos e a todos os outros a livre faculdade de terem a religião que escolherem. Que consequentemente, possa a Divindade, na sua morada, dar-nos testemunho de sua satisfação e mercê e seus favores, tanto a nós como aos povos que vivem sob nossa jurisdição.

LACTÂNCIO. In: ALENCAR, Rosane Dias de. *A construção da imagem do governante:* uma análise das representações do imperador Constantino (306 d.C.-337 d.C.). Goiânia, 2007. p. 39. Disponível em: <pos-historia.historia.ufg.br/uploads/113/original_Rosane_Alencar.pdf>. Acesso em: 18 abr. 2014.

No governo de Teodósio, um novo problema agravou a situação já crítica de Roma: o aumento da penetração de povos **bárbaros** – como os romanos denominavam todos os povos que não viviam dentro das fronteiras do Império Romano e não falavam latim. Inicialmente chegaram como trabalhadores agrícolas, muitas vezes arrendando vastas extensões de terras antes cultivadas por escravos, e logo sua entrada no Império se transformou em invasão. Em 476, um dos povos bárbaros, os hérulos, invadiram e saquearam a cidade de Roma, derrubaram o último imperador, Rômulo Augusto, e decretaram o fim do Império Romano, ao menos em sua parte ocidental.

As invasões bárbaras, contudo, não foram a causa única da desagregação do Império. Constituíram um sintoma de sua crescente debilidade, pois o Império Romano, enfraquecido econômica e politicamente pelas revoltas sociais e pelas crises políticas e do escravismo, época em que se acelerava a expansão do cristianismo, não teve condições de se defender de ataques externos.

A maldição do Império: destruição, pintura de Thomas Cole, 1836. A obra representa a invasão dos povos bárbaros ao Império Romano.

Reprodução/Coleção da Sociedade Histórica de Nova York, EUA.

Pensando no Enem

1. O fenômeno da escravidão, ou seja, da imposição do trabalho compulsório a um indivíduo ou a uma coletividade, por parte de outro indivíduo ou coletividade, é algo muito antigo e, nesses termos, acompanhou a história da Antiguidade até o séc. XIX. Todavia, percebe-se que tanto o *status* quanto o tratamento dos escravos variou muito da Antiguidade greco-romana até o século XIX em questões ligadas à divisão do trabalho. As variações mencionadas dizem respeito:

a) ao caráter étnico da escravidão antiga, pois certas etnias eram escravizadas em virtude de preconceitos sociais.
b) à especialização do trabalho escravo na Antiguidade, pois certos ofícios de prestígio eram frequentemente realizados por escravos.
c) ao uso dos escravos para a atividade agroexportadora, tanto na Antiguidade quanto no mundo moderno, pois o caráter étnico determinou a diversidade de tratamento.
d) à absoluta desqualificação dos escravos para trabalhos mais sofisticados e à violência em seu tratamento, independentemente das questões étnicas.
e) ao aspecto étnico presente em todas as formas de escravidão, pois o escravo era, na Antiguidade greco-romana, como no mundo moderno, considerado uma raça inferior.

Resposta: b

A escravidão não pode ser definida unicamente por seu aspecto econômico ou jurídico. Os escravos na Antiguidade não podiam ser vítimas de danos físicos causados pelos seus senhores. Isso evidenciava que eles não eram considerados como "coisas", mas sim como pessoas, que muitas vezes conseguiam sua liberdade. Outras vezes, atuavam em funções especializadas, comandando os negócios de seus senhores. Vale citar ainda que a escravidão antiga era centrada principalmente nos indivíduos estrangeiros, não sendo restrita a um grupo étnico. Ela também não estava voltada apenas ao trabalho na atividade agroexportadora.

2. *Durante a realeza, e nos primeiros anos republicanos, as leis eram transmitidas oralmente de uma geração para outra. A ausência de uma legislação escrita permitia aos patrícios manipular a justiça conforme seus interesses. Em 451 a.C., porém, os plebeus conseguiram eleger uma comissão de dez pessoas – os decênviros – para escrever as leis. Dois deles viajaram a Atenas, na Grécia, para estudar a legislação de Sólon.*

COULANGES, F. *A cidade antiga*. São Paulo: Martins Fontes, 2000.

A superação da tradição jurídica oral no mundo antigo, descrita no texto, esteve relacionada à:

a) adoção do sufrágio universal masculino.
b) extensão da cidadania aos homens livres.
c) afirmação de instituições democráticas.
d) implantação de direitos sociais.
e) tripartição dos poderes políticos.

Resposta: b

Na legislação oral, os grupos sociais aristocráticos apoiavam-se em interpretações que quase sempre os favoreciam. Nas leis escritas, como a Lei das 12 Tábuas, ficavam garantidos os direitos dos cidadãos romanos.

3. 

Reprodução/Centro Arqueológico do Mosaico de Lod, Israel.

A figura apresentada é de um mosaico, produzido por volta do ano 300 d.C., encontrado na cidade de Lod, atual Estado de Israel. Nele, encontram-se elementos que representam uma característica política dos romanos no período, indicada em:

a) Cruzadismo – conquista da Terra Santa.
b) Patriotismo – exaltação da cultura local.
c) Helenismo – apropriação da estética grega.
d) Imperialismo – selvageria dos povos dominados.
e) Expansionismo – diversidade dos territórios conquistados.

Resposta: e

Como aponta a datação da figura, representa o início do período denominado por alguns de Antiguidade tardia, a fase de transição para a ordem medieval europeia. Evidencia-se na imagem a diversidade de áreas conquistadas na época áurea de Roma imperial. O mosaico não remete ao cruzadismo, de muitos séculos depois. Também não retrata elementos culturais decorrentes da fusão entre cultura grega e oriental nem exaltação da cultura local.

5 A cultura romana

A arte romana alcançou muito prestígio em consequência do poderio político e militar obtido pelo Império Romano. Construções, como as fortificações e muralhas, e obras públicas, como aquedutos, pontes e estradas, resultaram da organização da sociedade romana e do sentido de utilidade que os romanos conferiam às suas criações arquitetônicas e artísticas.

Roma herdou dos gregos a visão humanista do mundo. Os romanos também eram politeístas, ou seja, acreditavam em vários deuses, incluindo as mesmas divindades gregas sob denominações diferentes. Assim, por exemplo, o deus grego Zeus passou a ser Júpiter para os romanos, Dioniso transformou-se em Baco, Poseidon em Netuno, Afrodite em Vênus. Os cultos aos deuses eram realizados por meio de orações, sacrifícios públicos, oferendas nos templos, danças e festas.

As pinturas murais, assim como as esculturas romanas, receberam influência etrusca, itálica e helênica.

Os romanos também se destacaram na língua e na literatura, com Cícero, o maior orador latino; Ovídio, autor de *Arte de amar*; Tito Lívio, autor de *História de Roma*; e Virgílio, autor de *Eneida* (relato da fundação mítica de Roma), entre muitos outros. (Veja o esquema na página a seguir.)

O Coliseu e outros anfiteatros – arenas ovais ou circulares rodeadas de degraus a céu aberto – foram palco das encenações teatrais, festivais públicos e espetáculos de gladiadores.

Deusa Afrodite e seu filho Eros. Escultura de mármore de 323 a.C.

The Art Archive

Eurasia Press/Photononstop/Agência France-Presse

O aqueduto costeiro em Israel (foto de 2012) foi construído por volta do século I a.C. Está a cerca de 9 quilômetros de Cesareia, na costa do Mediterrâneo, no sopé do monte Carmel. O aqueduto revela o considerável conhecimento de engenharia dos romanos, permitindo que a água escoasse das fontes até a cidade, pela ação da gravidade. Escavações arqueológicas mostraram vestígios de diferentes períodos, como as fortificações da cidade e o teatro romano.

O latim

Originalmente falada na região do Lácio, onde se desenvolveu a civilização romana, era a língua oficial do Império Romano e da Igreja católica. O chamado latim clássico tornou-se também a língua de grande parte dos pensadores medievais. O latim vulgar originou as línguas neolatinas (como italiano, francês, espanhol e português). Trata-se de uma língua morta (embora seja a língua oficial da cidade do Vaticano, empregada nos ritos católicos, não é a língua materna de nenhum país), mas o alfabeto latino, derivado dos alfabetos etrusco e grego (por sua vez, derivados do alfabeto fenício), continua a ser o mais amplamente usado no mundo, e suas expressões são muito utilizadas também no meio jurídico.

Virgílio (70-19 a.C.)

A Eneida – poema épico, trata das virtudes romanas. Narra a história da origem romana, com Enéas como herói refugiado de Troia que chega à Itália.

Horácio (65-8 a.C.)

As Sátiras – narrativa sobre os vícios e costumes da sua época.

As Epístolas – texto de influência grega, trata de valores, sexualidade feminina, entre outros.

Ovídio (43 a.C.-18 d.C.)

Amores – livro de poesias.

As metamorfoses – narrações mitológicas.

A arte de amar – poemas didáticos.

Tito Lívio (59 a.C-17 d.C.)

História de Roma – conta da fundação até o ano 9 a.C. Composto de 142 livros, apenas 35 são conhecidos. Aborda a grandeza de Roma.

Sêneca (4 a.C-65 d.C.)

Estoicismo – viver de acordo com a natureza. O homem é apenas uma peça dentro de uma lógica maior que rege o Universo.

Petrônio (27-66 d.C.)

Satiricon – novela que aborda os excessos da sociedade romana antiga (novos ricos de Roma).

Tácito (56-120 d.C.)

Annales e Historiae – obras que abordam a história de Roma.

Críticas ao poder excessivo dos imperadores.

Juvenal (55-128 d.C.)

Sátiras – Poemas que criticam os costumes e vícios da Roma antiga. Era reformador.

Busto de Sêneca, cópia romana de original grego do século II a.C.

Prisma/Album/Latinstock/Museu Britânico, Londres, Inglaterra.

As termas romanas, locais onde eram realizados os banhos públicos, também se destacaram no cotidiano romano. Ponto de encontro dos cidadãos, local de conversação e do exercício da vida política e intelectual, as termas já existiam em outras civilizações, mas foram amplamente desenvolvidas e utilizadas em Roma. A estrutura das termas seguia a estrutura espacial da cidade romana e apresentava pinturas e mosaicos decorativos.

Um dos maiores legados romanos à posteridade foi seu código de leis. Dividia-se em *Jus Naturale* (direito natural), compêndio de filosofia jurídica; *Jus Gentium* (direito das gentes), compilação de leis abrangentes, ou seja, não considerava nacionalidades; e *Jus Civile* (direito civil), leis aplicáveis aos cidadãos de Roma.

Atividades

Leitura e análise de fonte material

1. A fotografia ao lado retrata uma cena do relevo que cobre a Coluna de Trajano, monumento construído no século II para comemorar a vitória romana sobre os dácios. Observe-a com atenção.

   a) Trajano está representado em pé, sobre um muro ou mureta, à frente de outros comandantes e diante dos legionários, para quem fala diretamente. Como os legionários romanos aparecem representados?

   b) Qual é a relação que o relevo estabelece entre o imperador e os legionários?

   c) Que associação é possível fazer entre a representação na Coluna de Trajano e o cenário político de Roma no século II?

Angelo Hornak/Corbis/Latinstock

Detalhe da base da Coluna de Trajano, localizada em Roma.

Leitura e reflexão

2. O poema abaixo é de autoria de Konstantinos Kavafis, poeta egípcio do século XIX. Depois de tê-lo lido com atenção, responda às questões que o acompanham.

À espera dos bárbaros

O que esperamos na Ágora reunidos?

É que os bárbaros chegam hoje.

Por que tanta apatia no Senado?
Os senadores não legislam mais?

É que os bárbaros chegam hoje.
Que leis hão de fazer os senadores?
Os bárbaros que chegam as farão.

Por que o imperador se ergueu tão cedo
e de coroa solene se assentou
em seu trono, à porta magna da
[cidade?

É que os bárbaros chegam hoje.
O nosso imperador conta saudar
o chefe deles. Tem pronto para dar-lhe
um pergaminho no qual estão
[escritos
muitos nomes e títulos.
Por que hoje os dois cônsules e os
[pretores
usam togas de púrpura, bordadas,
e pulseiras com grandes ametistas
e anéis com tais brilhantes e
[esmeraldas?
Por que hoje empunham bastões tão
[preciosos
de ouro e prata finamente
[cravejados?
É que os bárbaros chegam hoje,
tais coisas os deslumbram.

Por que não vêm os dignos oradores
derramar o seu verbo como sempre?

É que os bárbaros chegam hoje
e aborrecem arengas, eloquências.

Por que subitamente esta
[inquietude?
(Que seriedade nas fisionomias!)
Por que tão rápido as ruas se
[esvaziam
e todos voltam para casa
[preocupados?
Porque é já noite, os bárbaros não
[vêm
e gente recém-chegada das fronteiras
diz que não há mais bárbaros.

Sem bárbaros o que será de nós?
Ah! eles eram uma solução.

KAVAFIS, Konstantinos. *À espera dos bárbaros*. Trad. José Paulo Paes. Disponível em: <www.algumapoesia.com.br/poesia/poesianet064.htm>. Acesso em: 18 abr. 2014.

a) Em que período da história romana Kavafis se inspirou para compor "À espera dos bárbaros"? Caracterize-o.

b) O poema de Kavafis expõe a invasão bárbara de uma maneira inusitada, que contrasta com os relatos deixados pelos romanos. Qual é essa diferença?

c) Considerando o poema acima, como o autor concebe a civilização ocidental, representada por Roma?

d) Em seu entendimento, por que os bárbaros seriam "a solução"?

Trabalho com mapa

3. O mapa abaixo indica as principais rotas de comércio ativas no Império Romano durante o século II. Observe-o e leia com atenção a legenda que o acompanha.

Fonte: Adaptado de Duby, Georges. *Atlas historique* Paris: Larousse, 2006.

Custos do Império em 180 d.C.	
Receita	74 500 000 denários
Gastos com entretenimento (por ano)	26 250 000 denários
Gastos com o Exército romano (por ano)	37 500 000 denários
Gastos com infraestrutura (por ano)	43 525 000 denários
Total de gastos públicos	107 275 000 denários

a) Por qual região do Império Romano passava a maioria das rotas comerciais controladas pelos romanos no interior de suas fronteiras?

b) Dos diversos bens comercializados das províncias, quais deles você acredita que fossem fundamentais para a economia romana? Por quê?

c) Qual era a receita do Império no final do século II?

d) Que porcentagem da receita era empregada na atividade militar?

e) Os dados oferecidos pelo mapa indicam prosperidade econômica ou a iminência de um cenário de crise? Justifique.

Vestibulares de Norte a Sul

1. **SE** (Fuvest-SP) Comparando-se as civilizações da Antiguidade Ocidental (Grécia e Roma) com as da Antiguidade Oriental (Egito e Mesopotâmia), constata-se que ambas conheceram as mesmas instituições básicas, muitas das quais, aliás, o Ocidente tomou do Oriente. Contudo, houve um setor original e específico da civilização greco-romana. Trata-se do:

a) econômico, com novas formas de indústria e comércio que permitiram o surgimento de centros urbanos.
b) social, com novas formas de trabalho compulsório e hierarquias sociais baseadas no nascimento e na riqueza.
c) religioso, com o aparecimento de divindades com representação antropomórfica e poderes ilimitados.
d) cultural, com o desenvolvimento das artes plásticas e de expressões artísticas derivadas do uso da escrita.
e) político, com a criação de práticas participativas no poder e instituições republicanas de governo.

2. **S** (UEPG-PR) Na antiguidade, na Grécia e na península Itálica, as respectivas sociedades organizavam-se, basicamente, em homens livres (grandes proprietários e pequenos produtores) e escravos. Tanto na Grécia como em Roma a necessidade de manter os escravos em submissão, de ampliar o território e protegê-lo contra os inimigos externos, enfim, a necessidade de legitimar a divisão da sociedade em classes, geraram graves problemas sociais. A respeito desse tema, some as alternativas que forem corretas.

(01) Durante o período imperial romano, o sistema econômico assentou-se sobre o trabalho livre, realizado em pequenas propriedades familiares, o que possibilitou a diluição dos conflitos sociais.
(02) Em Roma, a Realeza, a República e o Império assistiram à luta entre patrícios e plebeus, ricos e pobres, em episódios marcados por graves conflitos.
(04) Roma procurou dar o caráter de Império ao seu domínio sobre o mundo da época: em diversas regiões conquistadas na Itália concedeu o direito de cidadania a uma parcela significativa da mesma. Após o século III a.C., com a expansão pelo Mediterrâneo, parte das elites vencidas foi igualmente aquinhoada com esse direito.
(08) Tanto na Grécia como em Roma, a expansão escravista desacelerou o surto do comércio, comprometendo as atividades de comerciantes, usurários e artesãos.
(16) Na Grécia, as lutas sociais entre a aristocracia territorial e os setores populares tornaram-se intensas desde o século VII a.C. Politicamente elas se refletiam na revolta das massas populares contra governos que não atendiam às suas expectativas: Oligarquia, Plutocracia, Tirania, Democracia, foram formas que, de um modo ou de outro, garantiam os privilégios de poucos.

3. **N** (UFPA) Enfraquecida pelas lutas internas e pelas consequências do expansionismo, a República cedeu lugar ao Império na Roma antiga. Em relação à ordem imperial, afirma-se que:

a) a concentração dos poderes de Otávio, nos primeiros momentos do Império, respondia pelas necessidades da nobreza senatorial em dispor de um governo capaz de sufocar a anarquia e as rebeliões de escravos.
b) a organização do Império contou com expressiva participação popular, haja vista a importância que o Partido Democrático ocupou na queda do regime republicano.
c) o Império nasceu no interior da grave crise econômica que caracterizou os últimos tempos da República, crise provocada pelas derrotas de Roma nas guerras pela conquista da Itália.
d) a criação do Império, obra elaborada pelo Primeiro Triunvirato, representou o produto da vontade dos generais no sentido de criar um governo capaz de controlar a crise social do final da República.
e) as bases do Império foram, politicamente falando, sustentadas pelo poder dos camponeses romanos, principais interessados na existência de uma ordem que lhes assegurasse o domínio da terra.

4. **SE** (Fuvest-SP) Indique e comente quatro elementos da Antiguidade greco-romana presentes ainda hoje no mundo ocidental.

5. **NE** (Uece) A história política da Roma antiga é dividida em três etapas: a Monarquia, a República e o Império.

Sobre a participação dos plebeus no Regime Republicano, é correto afirmar:

a) a instalação da República foi um ato revolucionário dos plebeus, que afastaram os patrícios do poder, criando a Assembleia Popular.
b) a criação da Assembleia da Plebe resultou da resistência dos plebeus contra o controle do poder político republicano nas mãos dos patrícios.
c) o envolvimento da plebe na "res publica" (coisa pública) romana rompeu com a estrutura social, afastando os patrícios do poder.
d) o controle do poder pelos plebeus, criando leis populares, justificou o apoio dos patrícios à instalação do Império de Júlio César.

A Europa, periferia do mundo

O período histórico que vamos estudar corresponde ao esboço da construção da Europa. Ele carrega patrimônios de civilizações anteriores, principalmente a grega e romana e dá a eles novas roupagens. Como nome, "Europa" foi uma invenção grega, mas sua efetiva edificação se deu durante os dez séculos do que tradicionalmente chamamos de Idade Média. Ao final do século XV, a Europa que emergia ainda aparecia como que "esquartejada por novas tensões", segundo palavras do historiador Jacques Le Goff. Mesmo assim, preparava-se para sair da posição de periferia do mundo, depois de parte do seu território ter sido submetido ao domínio muçulmano, e estava prestes a superar, na véspera do século XVI, a China, a região mais poderosa do mundo de então.

Castelo Sforzesco, Milão/Erich Lessing/Album/Latinstock

SABER HISTÓRICO

Discutindo a Europa, a periferia do mundo

Jane Sweeney/JAI/Corbis/Latinstock

Vista da Igreja de Santa Sofia construída entre 532 e 537 em Constantinopla, atual Istambul, na Turquia, em 2010. Na foto da página anterior, astrolábio do século XIV, de Milão, na Itália.

Por que Idade Média?

turcos otomanos: a designação de turcos corresponde às populações da região central asiática. No século V, os chamados *gokturco* apareceram como os sucessores da civilização dos hunos que comandavam a Ásia central. Em um processo de expansão pelo Império Bizantino, turcos convertidos ao islamismo (chamados de selêucidas) dominaram regiões da península Ática nos séculos XI e XIII. Grupos seminômades se deslocaram do norte para o oeste da Pérsia, aliando-se aos selêucidas. Esses grupos se fixaram em uma região próxima ao Império Bizantino e desenvolveram um estado centralizado. Um dos monarcas foi Osman I (ou Othman), nome que teria originado a denominação turco otomano.

Médio é uma palavra que usamos para designar algo que está no meio, que exprime uma posição intermediária entre um ponto e outro. Na periodização eurocêntrica estabelecida no século XVIII, a Idade Média estaria no meio da História, entre a Idade Antiga e a Idade Moderna. Assim, o período de aproximadamente mil anos, que vai convencionalmente da desagregação do Império Romano do Ocidente – após sua ocupação pelos hérulos em 476 – até a tomada de Constantinopla pelos **turcos otomanos** em 1453, foi chamado de Idade Média. Mas essa indicação, sobretudo hoje, para nós que vivemos na Idade Contemporânea, ficou deslocada.

Museu Topkapi, Istambul/The Bridgeman/Keystone

Osman I, representação em tinta e folhas de ouro sobre papel, do século XVI. Acervo do Museu Topkapi, na Turquia.

Durante muito tempo, os estudiosos associaram ao período medieval as ideias de atraso, retrocesso, escuridão cultural, sob a alegação de que a Igreja, ao dominar todas as esferas da vida das pessoas, teria impedido o avanço do pensamento, da política e das artes.

A construção desse pensamento foi fundamentada na comparação do longo período medieval com o considerado "renascimento" das ciências e das artes. Entre os séculos XIV e XVI, generalizou-se na Europa uma série de movimentos artísticos e científicos que tinham em comum o rompimento com valores do período anterior e a recuperação de ideais e modelos da Grécia e da Roma antigas. Esses movimentos receberam o nome de **Renascimento**, trazendo a ideia de que, na Idade Média, a ciência e as artes ficaram paralisadas.

Os renascentistas foram muitas vezes vistos como os continuadores dos ideais científicos, artísticos e estéticos das civilizações clássicas. Era como se houvesse um grande intervalo entre os antigos gregos e romanos e os renascentistas de então.

Idade Média – idade das trevas?

Até o início do século XX, as análises sobre a Idade Média foram bastante influenciadas pelos historiadores da arte, para os quais a arquitetura, a pintura e a escultura medievais eram culturalmente inferiores em relação à produção da Antiguidade clássica. Durante o Renascimento, a Idade Média foi considerada o tempo do primitivismo, do atraso e do empobrecimento da cultura europeia, a ponto de os ingleses terem criado uma expressão que se tornou famosa para designar esse período: *Dark Ages*, 'era sombria', ou 'idade das trevas', das sombras.

Os intelectuais que inspiraram a Revolução Francesa, de 1789, também tiveram um papel importante na construção desse pensamento. Isso porque associaram a Idade Média aos privilégios da nobreza e do clero, à exploração servil dos camponeses e restrição das atividades econômicas ao ambiente rural.

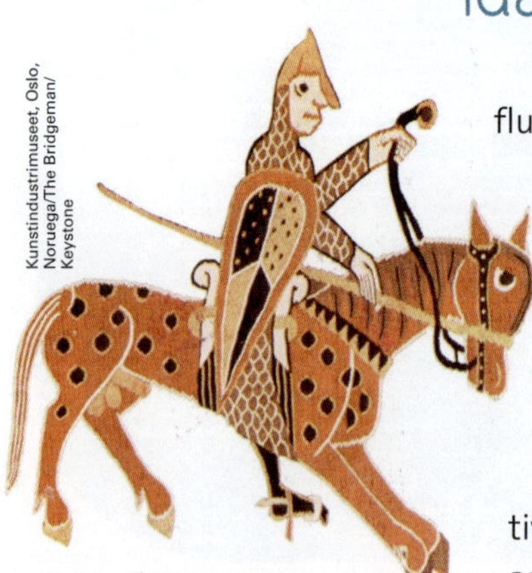

Kunstindustrimuseet, Oslo, Noruega/The Bridgeman/Keystone

Detalhe de tapeçaria normanda do século XII.

IR Stone/Shutterstock/Glow Images

Castelo Eilean Donan, na Escócia, construído no início do século XIII. Foto de 2011. Na Idade Média, os castelos serviam de residência fortificada para o rei ou para o senhor feudal. Também eram utilizados como prisão e como lugar para guardar armas e tesouros do reino.

No século XIX, essa forma pejorativa de identificar a Idade Média foi aos poucos sendo revertida por um movimento conhecido como Romantismo, que, das artes às ciências, começou a revalorizar os elementos e as heranças medievais.

Já no século XX, estudiosos como Henri Pirenne e Marc Bloch mostraram a riqueza e a importância cultural desse período europeu. Eles analisaram, entre outros aspectos, a complexa organização social das novas aldeias ou burgos, com a instalação planejada de castelos, fortificações e casas de camponeses. Mostraram que foi durante a Idade Média que surgiram mercadores preparados para viajar longas distâncias e cruzar os limites locais, ligando terras cristãs com culturas **pagãs** do norte e leste da Europa e da Ásia.

Marc Bloch defendeu em suas obras que, em termos de tecnologia, a Idade Média não foi inerte, pois nesse período houve algumas invenções importantes para a época, e muitas técnicas rurais e artesanais foram difundidas.

Parte dessa nova abordagem da Idade Média originou-se da evolução das técnicas de pesquisa, que permitiu resgatar, estudar e analisar, sob um novo olhar, a cultura material, as obras de arte, as informações sobre demografia, as técnicas rurais e artesanais, a alimentação, etc. Enfim, aprofundando a visão dos historiadores, passou-se a valorizar o estudo da Idade Média não só com base em documentos escritos, mas também contando com fontes diversificadas – o que é fundamental, considerando-se que pouquíssimas pessoas eram alfabetizadas naquele período e que o conhecimento histórico se faz com base em muitos olhares, vozes, vestígios e registros.

pagão: adepto de crenças religiosas politeístas; aquele que não segue as religiões judaico-cristãs.

Reprodução/A Medieval Miscellany p. 70

Iluminura medieval representando a colheita. *Livro de horas*, que pertencia ao duque de Berry, século XV.

iluminura: ilustração feita em manuscritos da Idade Média. É semelhante à miniatura, outro tipo de ilustração. A miniatura, no entanto, caracteriza-se por ornamentos e cores simples, enquanto a iluminura lança mão de maior variedade e gradação de cores.

Idade Média – onde?

Da mesma maneira que não se pode considerar aceitável a ideia de que entre 476 e 1453 o mundo ficou coberto por um manto de trevas culturais, também é distorcida a ideia de que o mundo inteiro teria passado pelos mesmos acontecimentos ocorridos na Europa. É preciso lembrar que a Idade Média é uma periodização que está circunscrita ao continente europeu, e não a toda a humanidade.

Se mudarmos o ponto de vista, poderemos dizer que, durante a Idade Média, a Europa era apenas a "periferia" do mundo muçulmano: tinha uma população relativamente pequena e estava cada vez mais isolada das principais rotas de comércio, que passavam pelo Mediterrâneo oriental. No mundo muçulmano, a Matemática e a Astronomia eram bem mais desenvolvidas que na Europa, e foi a esses conhecimentos que os europeus recorreram, no final da Idade Média, para realizar as navegações pelo Atlântico.

Na América, por sua vez, também floresciam civilizações que, posteriormente (século XVI), impressionariam os conquistadores europeus pela grandiosidade de suas cidades e arquitetura, como a capital dos astecas, Tenochtitlán, atual Cidade do México.

É essencial compreender, portanto, que a Idade Média é um período com algumas características homogêneas e que se refere à Europa. Não é uma periodização a ser aplicada a outras regiões do mundo, embora alguns conceitos – como o de feudalismo, que veremos adiante – possam ser utilizados para analisar circunstâncias históricas parecidas em outros lugares.

Moreno Novello/Shutterstock/Glow Images

Praça da Constituição, onde vemos a Catedral Metropolitana da cidade do México, em 2013.

Por que estudar a Idade Média?

O estudo da Idade Média é muito importante para nós, pois a herança europeia tem um papel significativo na formação da sociedade brasileira. Em outras palavras, as heranças medievais da Europa são importantes para compreendermos a nós mesmos. O historiador francês Jacques Le Goff afirma que é nesse período que se originam elementos importantes da atualidade, como a matriz de nossas atuais redes urbanas, o sistema de ensino, incluindo o sistema universitário, e até mesmo formas de comportamento, "a maneira de nos enamorarmos" e de constituirmos família. Para outro historiador, o brasileiro Hilário Franco Jr., a Idade Média também pode ser compreendida como o período de nascimento do Ocidente.

CAPÍTULO

7 O Império Bizantino, o Islã e o panorama mundial

Giraudon/The Bridgeman Art Library/Keystone/San Vitale, Ravena, Itália.

Mosaico do século VI, localizado na Igreja de San Vitale, em Ravena, na Itália. Ao centro está representado Justiniano I, imperador bizantino.

Para pensar historicamente

Permanências e mudanças

A importância do Império Romano foi muito grande, mas quando ele desapareceu no Ocidente, a vida das pessoas continuou seu ritmo normal. Por outro lado, para a maior parte da humanidade – vivendo no Extremo Oriente, África, Oceania e América –, nada mudou, porque tinha pouco ou nenhum contato com os romanos. Entre os povos que se libertaram da dominação imperial, as marcas de Roma continuaram existindo por muitos séculos, na cultura, na religião, na administração e em diversas formas de convivência. Na Europa que sobreviveu à desagregação do Império, é possível identificar mudanças na organização social, política e cultural. Na passagem da Antiguidade para a Idade Média – este período inicial também foi denominado de Alta Idade Média –, devemos ficar atentos tanto às mudanças quanto às permanências em relação à época anterior.

O que sobreviveu das velhas estruturas? Como ocorriam as modificações ou as adaptações aos novos tempos? E hoje, o que retemos, transformamos e desprezamos em relação aos períodos anteriores da nossa história? Quanto a história medieval europeia afetou o restante do mundo? Que escolhas se pode fazer para falar sobre esse período?

Walter Bibikow/JAI/Corbis/Latinstock

Ruínas do Império Romano na cidade de Dougga, na Tunísia em 2010.

1 O Império Romano com capital em Bizâncio

Para os bizantinos do início da Idade Média europeia não existia Império Bizantino, denominação dada pelos turcos muito tempo depois, e nem Império Romano do Oriente: somente Império Romano. Leia a seguir um texto sobre a permanência do Império Romano.

Quando pensamos na Idade Média, tendemos a pensar na queda do Império Romano e na vitória dos bárbaros. [...] Todavia, as coisas não foram realmente assim, posto que o Império Romano, na realidade, não caiu. Manteve-se durante a Idade Média. Nem Europa nem América seriam como são na atualidade se o Império Romano não tivesse continuado a existir depois de sua suposta queda. [...] A metade oriental do Império Romano permaneceu intacta, e durante séculos ocupou o extremo sudeste da Europa e as terras contíguas na Ásia.

Essa porção do Império Romano continuou sendo rica e poderosa durante os séculos em que a Europa ocidental estava debilitada e dividida. O Império continuou sendo ilustrado e culto em um tempo em que a Europa ocidental vivia na ignorância e na barbárie. O Império, graças ao seu poderio, conteve forças cada vez maiores dos invasores orientais durante mil anos; e a Europa ocidental, protegida por essa barreira de força militar, pôde desenvolver-se em paz até que sua cultura formou uma civilização especificamente sua.

O Império do sudeste transmitiu ao Ocidente tanto o direito romano como a sabedoria grega. Legou-lhe a arte, a arquitetura e os costumes [...].

ASIMOV, Isaac. *Constantinopla:* el imperio olvidado. Madrid: Alianza Editorial, 2004. p. 2.

Vista do Estreito de Bósforo em Istambul (antiga Constantinopla) na Turquia, em 2013.

S-F/Shutterstock/Glow Images

Quem conhece o escritor Isaac Asimov (1920-1992) geralmente o identifica por sua obra de ficção científica, com clássicos como *Eu, robô* e *O homem bicentenário*. Mas Asimov, professor de Bioquímica nascido na Rússia, também escreveu uma obra de divulgação histórica, de cujo livro sobre Constantinopla foi extraído o trecho da página anterior. Seu texto pode ser criticado por vários ângulos. Em primeiro lugar, ele sustenta a visão de Idade Média como idade das trevas, afirmando que a Europa medieval "vivia na ignorância e na barbárie", o que não é aceito pela historiografia atual; para ele, a porção oriental do Império Romano permaneceu inalterada ao longo de mil anos, o que também não é aceitável do ponto de vista histórico.

Asimov tem razão, todavia, quando chama a atenção para a **continuidade**. Afinal não é por ter uma nova capital (Bizâncio) que o Império Romano deixaria de ser ele mesmo. Embora continuasse se alterando ao longo do tempo, Bizâncio conservou a herança romana, mesclando-a aos poucos com elementos orientais. Manteve o cristianismo em unidade com Roma até o século XI, quando passou a ter um cristianismo independente.

A cidade de Constantinopla (a antiga Bizâncio dos gregos, hoje Istambul, na Turquia), capital do Império Bizantino, sempre praticou um comércio dinâmico e uma agricultura rentável. Por isso, foi menos atingida pela crise do escravismo, quando o expansionismo dos romanos se paralisou e, consequentemente, o número de prisioneiros de guerra se reduziu.

Na ordem política, a autoridade máxima era o imperador, ao mesmo tempo chefe do Exército e da Igreja. Ele era auxiliado por uma vasta burocracia, fundamental nas estruturas políticas imperiais.

O mais famoso imperador bizantino foi Justiniano (527-565), responsável pela temporária reconquista de grande parte do Império Romano do Ocidente, incluindo a própria cidade de Roma (veja o mapa abaixo). Seu maior legado foi a compilação das leis romanas desde o século II, o *Corpus Juris Civilis* (frase em latim que significa 'Corpo do Direito Civil'): uma revisão e atualização do Direito romano que serviu de base para os códigos civis de diversas nações na atualidade.

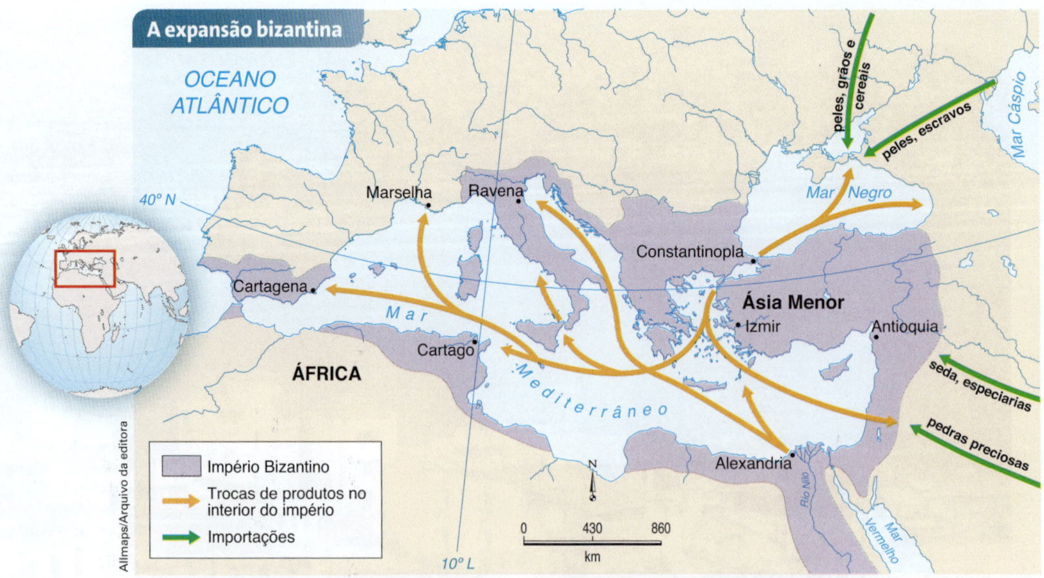

O Império Bizantino alcançou sua maior extensão com Justiniano no século VI, época de intensa troca comercial no Mediterrâneo e com povos orientais.

Apesar de preservarem tradições jurídicas e administrativas romanas, os bizantinos sofreram clara influência helênica: o grego era a língua popular predominante, superando até mesmo o latim nos decretos imperiais. Tão grande era o predomínio do grego que, no século VII, foi transformado em idioma oficial do Império.

Durante o governo de Justiniano foi construída a **Catedral de Santa Sofia**, monumento arquitetônico no estilo bizantino, com mosaicos voltados para a expressão da fé cristã.

Ao auge do governo de Justiniano, no século VI, seguiu-se um longo período de crises com alguns intervalos de recuperação, culminando na desagregação do Império Bizantino em 1453, quando os turcos otomanos tomaram Constantinopla. Do século VI ao século VIII, sucederam-se crescentes pressões nas fronteiras orientais desse Império e sobre seus domínios no Ocidente. Os gastos com guerras se elevaram, bem como as dificuldades econômicas e administrativas. O território encolheu progressivamente.

No Império Bizantino predominava o cristianismo, embora com características diferentes das que teve na parte ocidental do Império. A Igreja funcionava em estreita ligação com o poder imperial, cabendo ao imperador, por exemplo, ser o principal chefe da Igreja – **cesaropapismo** –, diferentemente do que ocorria no Ocidente.

Coleção Stapleton, Londres/The Bridgeman/Keystone

No século V, o imperador Theodosio II determinou a construção de muralhas ao redor da cidade de Constantinopla. As muralhas estendem-se por 7 km, com torres e fossos ao longo de seu trajeto. Acima, representação da cidade fortificada, em iluminura alemã do século XV.

Catedral de Santa Sofia, em Istambul, na Turquia. Foto de 2012.

Thom Lang/Corbis/Latinstock

Havia também divergências quanto à doutrina e interpretação do Antigo e do Novo Testamento. Um exemplo era a discordância quanto à natureza de Cristo: alguns defendiam que possuía somente a natureza divina, negando sua forma humana (monofisismo). Outro exemplo era, quanto ao culto dos **ícones**, em que divergiam sobre as imagens representando santos, a Virgem Maria e Cristo. Entre os séculos VIII a IX, desencadeou-se um movimento de destruição de imagens, tidas como indutoras da idolatria, prática que segundo algumas interpretações seria condenada pelo texto bíblico. O movimento, conhecido como **iconoclastia**, foi tornado oficial pelo imperador Leão III no século VIII, e seguido por seus sucessores: Constantino V, Constantino VI e Leão V. Essas atuações ativaram divergências com o comando cristão papal, sediado em Roma, que contestou tais medidas, condenando os iconoclastas.

ícone: do grego *eikon* ('imagem'), representação sacra pintada sobre um painel de madeira.

Para saber mais

O culto às imagens

A utilização de imagens e representações de pessoas santificadas ou o próprio Cristo em pinturas, esculturas e figuras decorativas e, posteriormente, o seu culto foram bastante comuns nos ritos bizantinos.

Controlada pelos monges, a confecção desses ícones gerava grandes recursos e enriquecimento e era vista como fonte de poder que ameaçava a supremacia imperial. No Ocidente, apesar das tentativas de controlar o culto às imagens, desenvolveu-se uma importante tradição **iconográfica**, tais como as imagens bíblicas presentes na arquitetura. As basílicas e os mosaicos eram encontrados tanto nas práticas artístico-cristãs orientais quanto nas ocidentais. Grande parte da iconografia de Constantinopla foi destruída pelos iconoclastas, pelas Cruzadas ou pelos muçulmanos. Parte da tradição se manteve em regiões com influência do Império Bizantino, como a Rússia e os Bálcãs.

iconográfico: relativo à arte ou técnica de representar por imagens, como pinturas, quadros, esculturas, retratos, medalhas e qualquer espécie de monumento, sem que se leve em conta o valor estético.

Atlantide Phototravel/Corbis/Latinstock

Detalhe de mosaico da Igreja de Santa Sofia, de cerca de 912, que mostra o imperador bizantino Leão VI se ajoelhando diante de Cristo.

A iconoclastia foi um dos principais motivos da desestruturação da unidade cristã. Além disso, questionando os **dogmas** cristãos defendidos pelo clero que seguia o papa de Roma, os bizantinos deram origem a algumas **heresias**, correntes doutrinárias discordantes da interpretação cristã tradicional.

Esse panorama de tensões, alimentadas pelas diferenças entre o Oriente e o Ocidente, além das disputas pelo poder entre o papa e o imperador, culminaram na divisão da Igreja em 1054. Surgiu uma cristandade oriental, chefiada pelo imperador – a Igreja cristã ortodoxa, com sede em Constantinopla –, e uma ocidental, a Igreja Católica Apostólica Romana, com sede em Roma e sob o comando do papa. O episódio recebeu o nome de **Cisma do Oriente** e consolidou as diferenças entre as tradições e as formas de organização do culto em cada uma das Igrejas.

dogma: do grego *dokein* ('opinião', 'decreto'). No cristianismo, dogmas são as verdades reveladas, indiscutíveis, propostas pelas autoridades da Igreja e que devem ser aceitas por todos os cristãos.

Atividades

Leitura e análise de imagens

1. Observe abaixo o mapa da cidade de Constantinopla. Ele foi desenhado em 1422 pelo cartógrafo florentino Cristoforo Buondelmonti. Depois, responda às questões.

Biblioteca Britânica, Londres/The Bridgeman/Keystone

Mapa de Constantinopla desenhado pelo cartógrafo Cristoforo Buondelmonti, século XV.

a) Com o auxílio de um atlas, identifique as principais referências geográficas mostradas no mapa.
b) O mapa acima oferece alguma pista sobre qual era a principal atividade econômica da cidade? Explique.
c) Que elementos do mapa de Constantinopla ajudam a entender por que os imperadores bizantinos conseguiram resistir à onda de invasões bárbaras que fez cair o Império Romano Ocidental?
d) Levante uma hipótese para explicar a utilidade de um mapa de Constantinopla para os florentinos.

2. Abaixo está reproduzido um relevo bizantino do século VI. Feito em marfim, é conhecido como *O imperador triunfante*. Observe-o com atenção e, depois, responda às questões.

Museu do Louvre, Paris/The Bridgeman/Keystone

O imperador triunfante, relevo em marfim, século VI.

a) Qual das figuras esculpidas domina a composição? Descreva-a.
b) A que personagem da sociedade bizantina você associaria a figura principal?
c) Que elementos da imagem levaram os pesquisadores a chamarem-na de *O imperador triunfante*?
d) Observe as imagens localizadas logo acima e logo abaixo da figura principal. O que elas representam?
e) A figura situada logo abaixo do cavaleiro, tocando o pé do imperador, simboliza a terra. Que elementos indicam isso?
f) Note que o topo da lança do cavaleiro toca a imagem superior, ao passo que as patas do cavalo estabelecem a ligação com as imagens inferiores. Como você interpreta essa posição do cavaleiro?

2 Na África

> A totalidade da África do norte era parte integrante do mundo clássico e do começo da Idade Média, mas só lentamente os ocidentais tomaram conhecimento do resto do continente africano. Em 429, no decorrer das "andanças tribais" dos povos germânicos, os vândalos passaram da Espanha ao norte da África e estabeleceram um reino que englobou grande parte da Argélia e Tunísia atuais, com seu centro em Cartago. A província foi reconquistada pelo Império Bizantino (533-[5]48), mas as invasões muçulmanas do século VII provocaram uma radical e permanente alteração nas estruturas políticas do mundo mediterrâneo. Em 700, todo o norte da África estava em mãos muçulmanas e, vinte anos depois, também a maior parte da Espanha. Mercadores muçulmanos abriram rotas através do Saara desde o século VIII, e seu controle político do Egito e do vale do Nilo asseguraram o contato contínuo com o Sudão e a Etiópia, e o perfeito conhecimento dessas regiões.
>
> ÁFRICA. *In:* LOYN, Henry R. (Org.). *Dicionário da Idade Média*. Rio de Janeiro: Jorge Zahar, 1997.

No período em que a Europa estava conturbada com a desagregação do Império Romano do Ocidente, na África estavam florescendo reinos importantes, entre eles os de Axum, Gana e os reinos da Núbia. As informações de que se dispõe sobre eles é restrita. Isso se deve, em parte, à falta de interesse em estudar a história africana que predominava até algumas décadas atrás. Em parte, também faltam documentos escritos preservados, embora os pesquisadores disponham de ricas fontes arqueológicas, bem como da linguística histórica e da tradição oral.

Reinos africanos

Adaptado de: PAOLUCCI, Silvio; SIGNORI, Giusepina. *Il corso della storia 2*. Bologna: Zanichelli, 1997. p. 56.

A tradição oral

> Qualquer adjetivo seria fraco para qualificar a importância que a tradição oral tem nas civilizações e culturas africanas. Nelas é a palavra falada que transmite de geração a geração o patrimônio cultural de um povo. A soma de conhecimentos sobre a natureza e a vida, os valores morais da sociedade, a concepção religiosa do mundo, o domínio das forças ocultas que cercam o homem, o segredo da iniciação nos diversos ofícios, o relato dos eventos do passado ou contemporâneos, o canto ritual, a lenda, a poesia – tudo isso é guardado pela memória coletiva, a verdadeira modeladora da alma africana e arquivo de sua história. Por isso já se disse que "cada ancião que morre na África é uma biblioteca que se perde".
>
> BÂ, Amadou Hampâté. A palavra, memória viva na África. In: A África e sua história. *O Correio da Unesco*. Rio de Janeiro:Fundação Getúlio Vargas, ano 7, n. 10-11, p. 17, 1979.

Bruno Morandi/Hemis/Corbis/Latinstock

Griots na região de Sofara, no Mali, em 2008. Os griots são contadores de história que ajudam a preservar o patrimônio cultural de seu povo.

O Reino de Axum

Nesta obra a história da África está presente nos estudos sobre os primórdios da humanidade, sobre a civilização egípcia (conquistada pelos persas no século VI a.C. e depois dominada por gregos, macedônios e romanos) e sobre a disputa entre Cartago e Roma pela hegemonia do Mediterrâneo. Também vimos, no capítulo 4, o Reino de Kush, que foi um importante produtor de ouro e centro de ligação comercial entre o nordeste e o centro africano. Observe, no mapa da página anterior, a localização do Egito e de Cartago no continente africano.

Em 325, o Reino de Kush foi conquistado pelo Reino de Axum, que surgiu em torno do chamado Chifre da África – região ao sul do mar Vermelho e da península Arábica, cuja forma se assemelha à de um chifre de rinoceronte (veja o mapa da página anterior). A região, além de fértil para a agricultura, é estratégica para o comércio que envolve desde a região do Egito até a Índia e China, por meio do oceano Índico, rota de intenso movimento desde a Antiguidade.

Os achados arqueológicos indicam que o norte da atual Etiópia, onde se situa Axum, e o sul da atual Arábia desenvolveram-se de forma integrada durante a Antiguidade, pois objetos e inscrições encontrados nesses lugares são muito parecidos. Esses achados também permitem concluir que havia uma vida urbana intensa nessa região, provavelmente resultante da atividade agrícola e mineradora.

A cidade de Axum, capital do Reino de Axum, cresceu mais rapidamente que as demais e expandiu sua influência sobre as outras – não se sabe ainda se por imposição militar ou não. Os axumitas – habitantes de Axum – negociavam com comerciantes de muitas partes do mundo e, para defender seus interesses, combatiam a pirataria no golfo de Aden e no mar Vermelho. Provavelmente por isso, expandiram sua influência para além de sua região de origem, principalmente para o sul da Arábia, o que garantia o controle do mar Vermelho.

W. Buss/De Agostini/Getty Images

Pintura no Monastério Abba Pentelewon, do século VI, localizado na parte noroeste do território de Axum.

A partir do século III, os axumitas – que tinham um alfabeto próprio – começaram a cunhar suas moedas. A análise dessas moedas permitiu saber o nome de alguns de seus reis entre os séculos III e IV.

Mais à frente, no momento em que a Europa ocidental adentra o século V, Axum continuava com suas intensas atividades comerciais, associadas a uma ampla rede de navegação. O cristianismo se expandia no reino, e várias igrejas foram erguidas. Com o fortalecimento do reino, formou-se uma rica nobreza que construiu grandes palácios. Axum foi ainda um grande aliado comercial e militar de Constantinopla em suas disputas com reinos rivais, como os persas.

O poderio do Reino de Axum foi barrado no século VII pela unificação islâmica promovida por Maomé e pela posterior expansão desse movimento, que transformou o mar Vermelho e o Mediterrâneo em espaços muçulmanos. Nesse período medieval, prevaleceu a conquista árabe de todo o norte africano, responsável pela introdução da religião islâmica no continente.

Para saber mais

Monumentos africanos

Um dos materiais de grande interesse arqueológico em Axum são as ruínas de monumentos e tumbas. O antigo reino africano tem 176 obeliscos gigantes, o maior deles com 33 metros de altura, esculpidos com o emblema do reino.

Um dos obeliscos, construído pelo rei Ezana no século IV para marcar a conversão do reino ao cristianismo, provocou crises diplomáticas entre a Etiópia e a Itália: durante a Segunda Guerra Mundial, as tropas do ditador fascista italiano Benito Mussolini (1883-1945) invadiram a Etiópia e levaram para a Itália o obelisco de 180 toneladas e 24 metros de altura.

O monumento permaneceu numa praça de Roma até 2005, quando foi desmontado e devolvido a Axum.

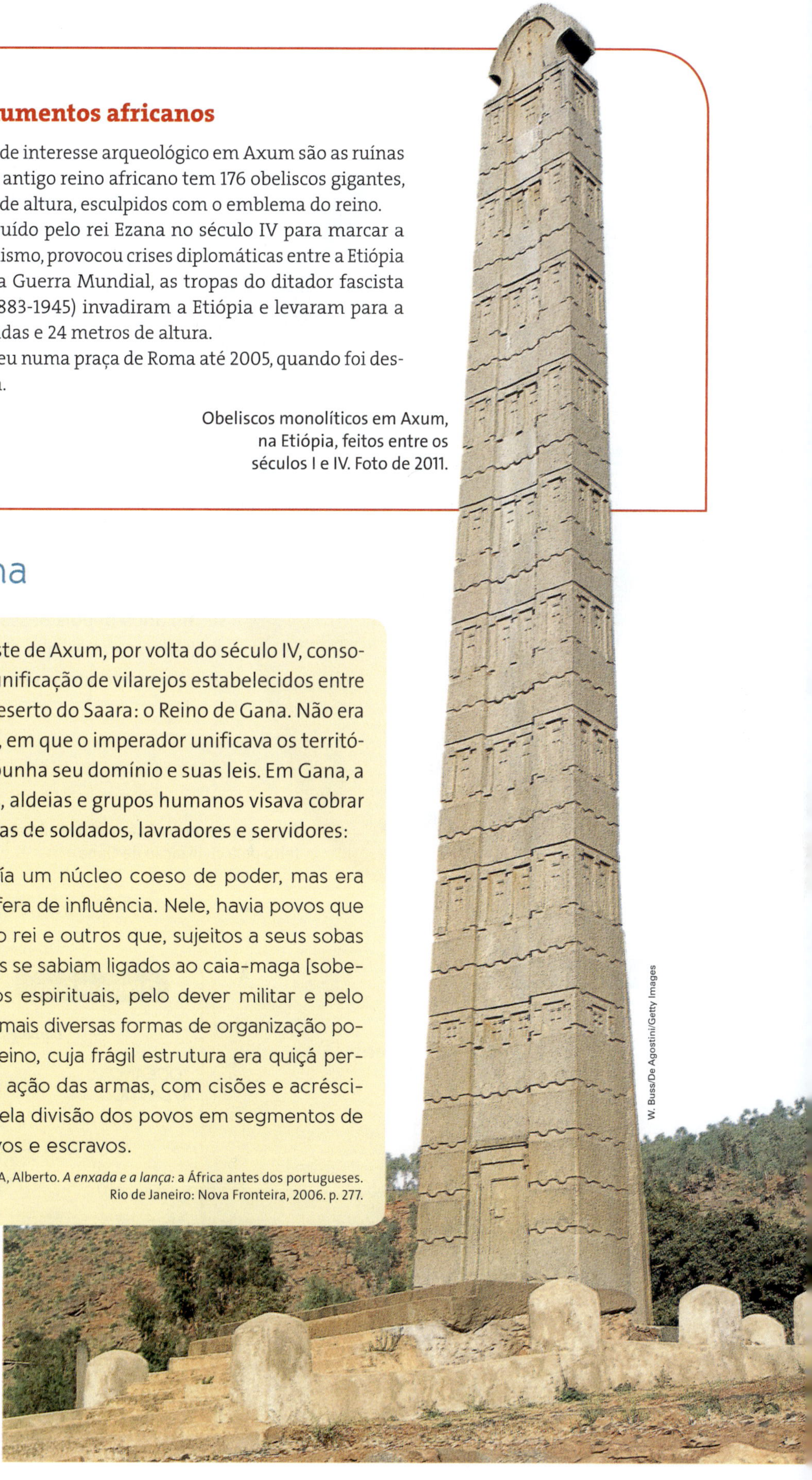

Obeliscos monolíticos em Axum, na Etiópia, feitos entre os séculos I e IV. Foto de 2011.

W. Buss/De Agostini/Getty Images

O Reino de Gana

Na África ocidental, a oeste de Axum, por volta do século IV, consolidou-se outro reino, com a unificação de vilarejos estabelecidos entre os rios Níger e Senegal e o deserto do Saara: o Reino de Gana. Não era um império como o romano, em que o imperador unificava os territórios conquistados e lhes impunha seu domínio e suas leis. Em Gana, a dominação sobre as cidades, aldeias e grupos humanos visava cobrar tributos e engrossar as fileiras de soldados, lavradores e servidores:

> Gana, como Estado, possuía um núcleo coeso de poder, mas era sobretudo uma enorme esfera de influência. Nele, havia povos que respondiam diretamente ao rei e outros que, sujeitos a seus sobas [chefes] tradicionais, apenas se sabiam ligados ao caia-maga [soberano de Gana] por vínculos espirituais, pelo dever militar e pelo pagamento de tributos. As mais diversas formas de organização política conviviam dentro do reino, cuja frágil estrutura era quiçá permanentemente refeita pela ação das armas, com cisões e acréscimo de súditos, e mantida pela divisão dos povos em segmentos de nobres, homens livres, servos e escravos.

COSTA E SILVA, Alberto. *A enxada e a lança:* a África antes dos portugueses. Rio de Janeiro: Nova Fronteira, 2006. p. 277.

Articulados com os povos nômades do deserto, denominados berberes, os ganeses e os habitantes de reinos próximos procuravam manter o controle das rotas comerciais pelas quais os produtos africanos integravam-se ao comércio oriental. Os principais produtos comercializados em Gana eram ouro (que valeu à região a denominação Costa do Ouro), escravos (que sustentavam a economia do reino) e sal (importante para a conservação de alimentos e para a manutenção da saúde dos povos que cruzavam os desertos, uma vez que provoca a retenção de líquidos no organismo).

O Reino de Gana, que correspondia à área entre as bacias do alto Níger e do Senegal, adquiriu grande expressão com o surgimento e expansão do islamismo, pois se beneficiou do desenvolvimento econômico e cultural propiciado pelas estruturas políticas imperiais dos muçulmanos. O auge da economia comercial em Gana se deu no século VIII.

O islamismo constituiu um dos centros de gravidade do mundo medieval, influenciando todo o Oriente Médio e expandindo-se para a África e mesmo para a Europa. Para entender o Brasil que começa a surgir quase mil anos depois dessa expansão, é preciso entender também os árabes, que chegaram a dominar a península Ibérica, onde se situam Portugal e Espanha.

André Held/akg-images/Album/Latinstock/ Institut Fondamental d'Afrique Noire, Dakar, Senegal.

Pingente de ouro em forma de máscara, feito pela civilização de Gana.

Adaptado de: SIMIELLI, Maria Elena. *Geoatlas*. 33. ed. São Paulo: Ática, 2009. p. 53; LUGAN, Bernard. *Atlas historique de l'Afrique des origines à nos jours*. Paris: Éditions du Rocher, 2001. p. 70.

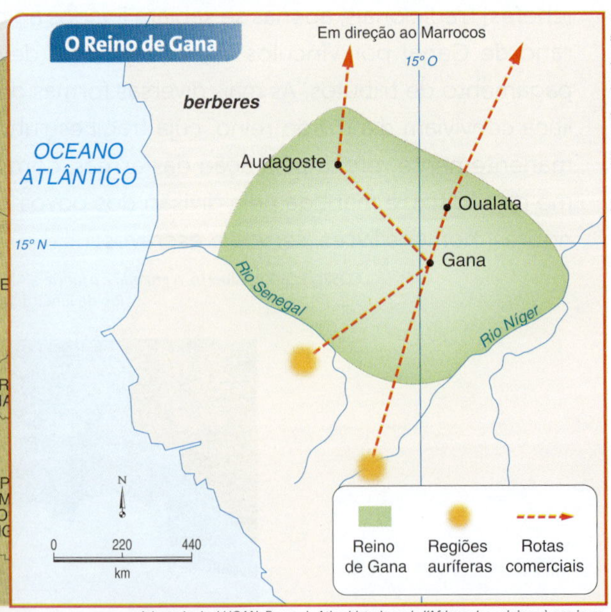

Adaptado de: LUGAN, Bernard. *Atlas historique de l'Afrique des origines à nos jours*. Paris: Éditions du Rocher, 2001. p. 70.

Mapas: Allmaps/Arquivo da editora

3 Os árabes e o islamismo

A península Arábica é uma região desértica, com poucas áreas propícias ao estabelecimento de núcleos de povoamento permanente (oásis e áreas litorâneas). Seus primeiros habitantes foram tribos de nômades do deserto, os **beduínos**.

Por volta do século VI, mais de trezentas tribos de origem semita habitavam a região, incluindo as tribos urbanas que ocupavam a faixa costeira do mar Vermelho e do sul da península – área que tinha melhores condições climáticas e maior fertilidade do solo. Essas tribos concentravam-se principalmente em Meca, sua principal cidade, e em Iatreb.

A importância de Meca era decorrente de seu valor comercial e religioso, uma vez que lá se encontrava a **Caaba**, santuário em que se depositavam as imagens dos diversos ídolos representando os deuses das tribos árabes. A tribo dos coraixitas detinha grande poder e prestígio e controlava a cidade de Meca.

Nascido em 570 e oriundo de uma família humilde da tribo coraixita, **Maomé** passou a difundir uma nova fé. Seus ensinamentos continham influências judaicas e cristãs e pregavam a existência de um deus único, Alá. Depois da morte de Maomé, os fundamentos de sua crença – denominada islamismo – foram reunidos em um livro sagrado, o **Corão**.

Maomé condenava a peregrinação das tribos até Meca para idolatrar os vários deuses (politeísmo) representados na Caaba. Sentindo-se ameaçados, os coraixitas repudiaram a nova religião e expulsaram Maomé e seus seguidores, os quais se instalaram na cidade vizinha de Iatreb (que teve seu nome mudado para Medina, que significa 'a cidade do profeta'). Essa fuga caracterizou, em 622, a **Hégira**, evento que foi tomado como marco do início do calendário muçulmano.

Bem recebido em Iatreb, o profeta conseguiu o apoio dos comerciantes locais e a ajuda dos beduínos, que formaram um exército para conquistar Meca. Em pouco tempo, todos os povos árabes da península converteram-se ao islamismo, o que os unificou.

Após a morte de Maomé, em 632, o esforço de expansão religiosa prosseguiu. Esse empenho é chamado no islamismo de *jihad*, que significa a dedicação, a luta por conseguir a fé perfeita em sua própria consciência e na daqueles que ainda não a conhecem. Também foi tida como a "guerra santa" contra infiéis ou inimigos do islã.

semitas: povos pertencentes ao grupo linguístico semita, como os árabes e os hebreus. A origem do termo vem do Gênesis, referindo-se à linhagem de descendentes de Sem, filho de Noé. Originaram-se na região da Etiópia ou Arábia e atualmente ocupam grande parte do Oriente Médio, do mar Vermelho até o planalto Iraniano.

islamismo: termo criado por Maomé; em árabe, islã significa 'rendição' ou 'submissão': seus seguidores têm a obrigação de obedecer à vontade de Deus.

Zurijeta/Shutterstock/Glow Images

Caaba, na cidade de Meca, em foto de 2013, durante a peregrinação anual dos muçulmanos a esse local. Observe ao centro a pedra negra, que teria sido oferecida por Alá a Ismael, filho de Abraão, considerado aquele que deu origem ao povo árabe. A peregrinação para Meca é um dos fundamentos do islamismo.

Natalia Davidovich/Shutterstock/Glow Images

Nicolas Asfouri/Agência France-Presse

Muitas são as formas de as mulheres encobrirem o corpo e o rosto. Em nome da chamada laicidade do Estado, ou seja, a sua desvinculação de qualquer religião, alguns países restringem o uso das vestimentas religiosas em espaços públicos. Na França, proíbe-se o uso nas escolas e nos centros públicos. Nas imagens, exemplos de véus usados pelas mulheres islâmicas.

Sunsinger/Shutterstock/Glow Images

Conquistada Meca, o Império Islâmico começava a se formar, conduzido pelo poder dos **califas**, como eram chamados os líderes árabes, ao mesmo tempo chefes religiosos e políticos.

A expansão do Império se iniciou pelos territórios vizinhos bizantinos e persas e, durante a **dinastia Omíada** (661-750), avançou também para o Ocidente, tomando o norte da África e chegando à península Ibérica. A expansão árabe em direção à Europa ocidental só foi detida na Batalha de Poitiers (732), quando árabes e francos se enfrentaram. Observe o mapa abaixo.

A expansão muçulmana

Allmaps/Arquivo da editora

Adaptado de: ALONSO, M. B. et al. *Geografía e Historia*. 1º ciclo. Madrid: Anaya, 2000. p. 231.

A unidade do Império foi quebrada sob a dinastia Abássida, que substituiu a Omíada em 750. Surgiram califados independentes, sediados em grandes cidades como Bagdá (no atual Iraque), Córdoba (na atual Espanha) e Cairo (no atual Egito).

A perda da unidade política foi acompanhada da divisão religiosa, com o crescimento de duas seitas principais: a dos **sunitas** e a dos **xiitas**. Os sunitas baseavam sua crença no Suna, livro de preceitos estabelecidos por Maomé; acreditavam na livre escolha dos chefes políticos pela comunidade de crentes. Os xiitas (do árabe, 'seguidores de Ali', genro de Maomé), por sua vez, defendiam que a autoridade política e religiosa deveria concentrar-se nas mãos de uma única pessoa que descendesse do profeta Maomé, exercendo o poder de maneira absoluta. Não admitiam outra fonte de ensinamento doutrinário que não fosse o Corão e seguiam as determinações de um grupo de religiosos – os *mujtahids*, cujos membros mais importantes são chamados de **aiatolás** (líderes espirituais).

As ações dos povos árabes tiveram consequências que foram além de seu próprio império. A expansão pela bacia do Mediterrâneo, o controle que obtiveram sobre a região e as constantes incursões realizadas no litoral sul da Europa intensificaram o declínio comercial e a ruralização na Europa ocidental. Mesmo contidos pelos francos, foram vizinhos – e fronteira – do que viria a se constituir como Europa ao longo da Idade Média.

A Grande Mesquita dos Omíadas, em Damasco na Síria, em 2010.

Attila Jandi/Shutterstock/Glow Images

Pensando no Enem

1. Existe uma regra religiosa, aceita pelos praticantes do judaísmo e do islamismo, que proíbe o consumo de carne de porco. Estabelecida na Antiguidade, quando os judeus viviam em regiões áridas, foi adotada, séculos depois, por árabes islamizados, que também eram povos do deserto. Essa regra pode ser entendida como:

a) uma demonstração de que o islamismo é um ramo do judaísmo tradicional.
b) um indício de que a carne de porco era rejeitada em toda a Ásia.
c) uma certeza de que do judaísmo surgiu o islamismo.
d) uma prova de que a carne do porco era largamente consumida fora das regiões áridas.
e) uma crença antiga de que o porco é um animal impuro.

Resposta: e

Tanto o islamismo como o judaísmo são religiões monoteístas, mas o islamismo não é um ramo e nem surgiu do judaísmo, apesar de guardar algumas crenças comuns. Da mesma forma, o fato de os povos do deserto não ingerirem carne de porco não possibilita dizer que ela era consumida em toda a Ásia e nem que fosse largamente consumida fora das regiões áridas.

Considerando a matriz de referência do Enem, essa questão contempla a competência de área 1 – Compreender os elementos culturais que constituem as identidades, especialmente a habilidade H2: Analisar a produção da memória pelas sociedades humanas.

2. *O café tem origem na região onde hoje se encontra a Etiópia, mas seu cultivo e consumo se disseminaram a partir da península Árabe. Aportou à Europa por Constantinopla e, finalmente, em 1615, ganhou a cidade de Veneza. Quando o café chegou à região europeia, alguns clérigos sugeriram que o produto deveria ser excomungado, por ser obra do diabo. O papa Clemente VIII (1592-1605), contudo, resolveu provar a bebida. Tendo gostado do sabor, decidiu que ela deveria ser batizada para que se tornasse uma "bebida verdadeiramente cristã".*

THORN, J. *Guia do café*. Lisboa: Livros e livros, 1998 (adaptado).

A postura dos clérigos e do papa Clemente VIII diante da introdução do café na Europa ocidental pode ser explicada pela associação dessa bebida ao

a) ateísmo.
b) judaísmo.
c) hinduísmo.
d) islamismo.
e) protestantismo.

Resposta: d

Os embates entre seguidores do cristianismo e do islamismo foram constantes por toda a Idade Média e a atitude papal e de seus clérigos evidenciam tais atritos.

Considerando a matriz de referência do Enem, essa questão contempla a competência de área 6 – Compreender a sociedade e a natureza, reconhecendo suas interações no espaço em diferentes contextos históricos e geográficos, especialmente a habilidade H27: Analisar de maneira crítica as interações da sociedade com o meio físico, levando em consideração aspectos históricos e (ou) geográficos.

3. O ano muçulmano é composto de 12 meses, dentre eles o Ramadã, mês sagrado para os muçulmanos que, em 2001, teve início no mês de novembro do Calendário Cristão, conforme a figura que segue.

Novembro 2001

Dom	Seg	Ter	Qua	Qui	Sex	Sab
				1	2	3
4	5	6	7	8	9	10
11	12	13	14	15	16	17
18	19	20	21	22	23	24
25	26	27	28	29	30	

☽	●	☾	○
min	nova	cresc	cheia
8	16	22	1/30

Considerando as características do Calendário Muçulmano, é possível afirmar que, em 2001, o mês Ramadã teve início, para o Ocidente, em:

a) 01 de novembro.
b) 08 de novembro.
c) 16 de novembro.
d) 20 de novembro.
e) 28 de novembro.

Resposta: c

O calendário muçulmano toma como início o ano da Hégira, quando Maomé sai de Meca para Yatreb (atual Medina) em 622. A base do calendário são as fases da Lua que têm seu início após o dia da Lua Nova. O calendário lunar é muito comum em diversas culturas, em especial nas "orientais".

Considerando a matriz de referência do Enem, essa questão contempla a competência de área 2 – Compreender as transformações dos espaços geográficos como produto das relações socioeconômicas e culturais de poder, especialmente a habilidade H7: Identificar os significados histórico-geográficos das relações de poder entre as nações.

4 Na China

André Toma/Arquivo da editora

Depois da longa unidade imperial durante as dinastias Ch'in (221 a.C.-206 a.C.) e Han (202 a.C.-220 d.C.), os chineses estavam fragmentados em diversos reinos. Crises políticas e sociais, disputas, guerras, invasões e divisões prevaleceram nos séculos seguintes ao governo Han. A reunificação só aconteceria pouco antes do final do século VI da Era Cristã, sob a liderança da curta dinastia Sui (581-618), que deu continuidade à construção da Grande Muralha da China, além de ter realizado outras obras públicas importantes. Tudo isso era financiado por recursos retirados da população por meio de tirania e trabalho compulsório. Essa situação, somada a fracassos em campanhas militares, desestabilizou a dinastia Sui, substituída após revoltas populares e traições pela dinastia Tang no começo do século VII.

O período da dinastia Tang (618-907) é visto pelos historiadores como um ponto alto da civilização chinesa, rivalizando com o período da dinastia Han, que data da Antiguidade. Em termos de território, por exemplo, o Império foi mais extenso durante a dinastia Tang. O intenso comércio com a Índia contribuiu para o enriquecimento cultural chinês em diversos campos. Na religião, o budismo, surgido na Índia mais ou menos na mesma época em que na China vivia Confúcio, integrou-se à cultura tradicional chinesa. A imprensa, criada na China, tornou a palavra escrita disponível para grandes públicos, centenas de anos antes de ser "inventada" na Europa.

Em meio à estabilidade política, a indústria chinesa se desenvolveu. A grande disponibilidade de carvão e ferro impulsionou a criação de novas tecnologias e siderúrgicas. Na história da China, a era Tang, desse modo, é considerada um período de grande expressão na economia, literatura e arte.

A organização administrativa e burocrática inspirava-se nos escritos de Confúcio, realizavam-se avaliações periódicas dos servidores civis e estimulava-se a competição pelos melhores cargos, o que permitia selecionar os talentos mais bem qualificados para atuar no governo. Espalhados pelo império, esses funcionários atuavam como intermediários entre a Corte, de um lado, e os nobres e senhores da guerra locais, de outro, transmitindo os

The Bridgeman Art Library/Keystone/Coleção particular, China.

Gravura colorida que representa um poeta chinês antigo.

valores de conduta mais importantes e garantindo a lealdade desses súditos, dos quais dependia a estabilidade do Império. Mesmo assim, uma série de reveses, como conflitos sociais e entre os estados, a partir do século VIII, desestabilizou o poder da dinastia Tang, que acabou por desaparecer no início do século X, dando lugar à dinastia Song (960-1279). A essência da estrutura administrativa adotada pela dinastia Tang, porém, permaneceu na China até o fim da monarquia imperial, no começo do século XX.

Sob a dinastia Song, os chineses empenharam-se no desenvolvimento agrícola ao sul do rio Azul, no cultivo de arroz (por meio da irrigação por inundação, que permitia duas colheitas ao ano) e na montagem de um sistema de portos comerciais marítimos nas regiões da Coreia, Japão, Indochina e Indonésia.

Foi durante o final do governo Tang e com os Song que se acrescentou mais uma importante invenção chinesa, a pólvora, usada em fogos de artifício e nas guerras.

Museu de Arte de Indianápolis/The Bridgeman/Keystone

Estatueta em barro de uma mulher nobre, produzida durante a dinastia Tang (618-907).

No século XII, cresceram continuamente as investidas contra a China, ao norte da Grande Muralha, por povos nômades turcos e mongóis. Foi nessa época que se destacou o chefe militar Gengis Khan, que centralizou o poder na região da Mongólia no início do século XIII. Até então, as diversas tribos da Mongólia não tinham um governo único. Gengis Khan montou um grande império na parte noroeste da China, estendendo-se da China até o golfo Pérsico, e iniciou conquistas sucessivas sobre a região chinesa.

Foi o neto de Gengis Khan, Kublai Khan, que concluiu a conquista da China pelos mongóis. Declarou-se imperador chinês em 1279 e deu início à dinastia Yuan (1279-1368). Ressalte-se que durante essa dinastia mongol prevaleceram muitas vezes a tolerância religiosa e o estímulo às atividades ligadas ao comércio e à indústria e também às artes e à filosofia. Mesmo assim, a ocupação afetou negativamente a agricultura chinesa, provocando revoltas e resistência. Estima-se que a população, que havia chegado a aproximadamente 120 milhões no século XII, reduziu-se para perto de 70 milhões no final do século XIV.

Foi também no século XIII que os imperadores chineses passaram a autorizar a entrada de europeus – e nesse contexto favorável ocorreu a famosa viagem de **Marco Polo**, estabelecendo contatos entre a China e a Europa. Apesar de tantas pressões a oeste e a norte, do século XIII ao XV, a China chegou a dominar um amplo comércio marítimo, com ligações por toda a área asiática e a África.

Marco Polo (1254-1324): explorador e mercador veneziano. Deixou registros detalhados de suas viagens pelos países asiáticos. Seus escritos formam a base documental europeia sobre a história da Ásia.

Biblioteca Nacional, Paris/The Bridgeman/Keystone

Genghis Khan na sua tenda em representação do historiador Rashid al-Din (1247-1318), século XIV.

5 Na América

Podemos dizer que os povos mencionados até aqui tinham alguma ideia da existência uns dos outros. O Império Romano, por exemplo, comprava seda da China, ainda que com diversos intermediários. O norte da África comerciava com a Europa, e os árabes expandiram seus domínios até o Oriente, entrando em confronto com os chineses, e até a Europa, ocupando o que hoje é Portugal e Espanha durante um longo período. Até onde se sabe, porém, nenhum desses povos tinha conhecimento da existência da América e de seus habitantes.

Tomando como exemplo as regiões que hoje são ocupadas pelo México e pelo Peru, pode-se ter uma pequena ideia do que ocorria na América quando os cristãos estavam próximos do ano 500 d.C.

A cidade de Teotihuacán, no atual México, já citada anteriormente, tinha funções religiosas e se manteve florescente por mais de um milênio, tendo sido ocupada e reformada por sucessivas civilizações. O que se costuma denominar *cultura de Teotihuacán* parece ter sido uma civilização cujas língua e origem exata são desconhecidas. Teria existido aproximadamente do século I a.C. ao X d.C., deixando como testemunho ruínas arquitetônicas que incluem diversas pirâmides de grande magnitude – que, diferentemente das egípcias, são formadas de degraus externos e conduzem a santuários para sacrifícios –, além de uma escultura representando seus deuses, cenas do cotidiano e máscaras funerárias. As escavações permitem concluir que *Tlaloc* era o principal deus dessa civilização, tendo sido cultuado também pelas culturas que a sucederam na área do México até o século XVI, como os astecas. Entre os restos de Teotihuacán figura uma serpente emplumada, considerada uma divindade por povos que viveram em épocas posteriores.

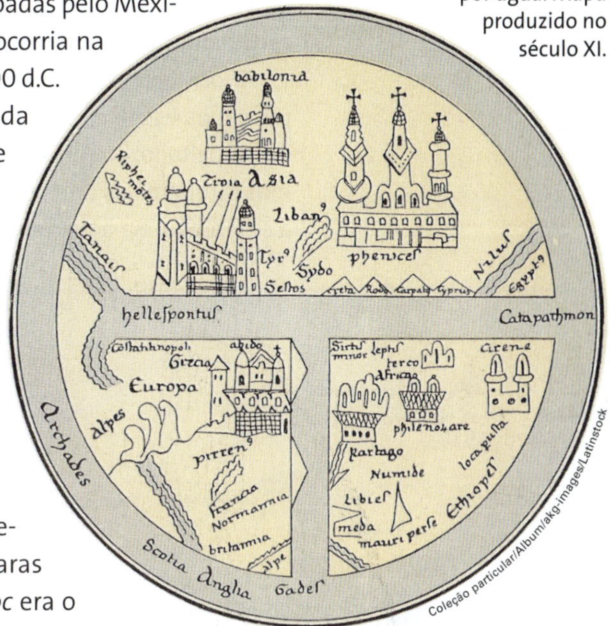

Representação circular com a divisão do mundo conhecido no período medieval: Europa, Ásia e África, divididos e circundados por água. Mapa produzido no século XI.

Coleção particular/Album/akg-images/Latinstock

A Pirâmide do Sol, em Teotihuacán, no México, em 2011.

Soeren Stache/dpa/Corbis/Latinstock

Os teotihuacanos desapareceram no século X por motivos ainda desconhecidos; foram sucedidos pelos toltecas, que, por sua vez, antecederam os astecas – povo que os espanhóis encontraram na região, ao iniciar a exploração e ocupação da América no século XVI.

Um pouco mais ao sul, na região chamada de Mesoamérica, onde atualmente estão a Guatemala e países vizinhos, desenvolveu-se desde o século III até o X a civilização maia. Caracterizava-se pela organização em cidades-Estado, mais ou menos como ocorria na Grécia antiga. As principais cidades foram Palenke, Tikal e Copán. Cada cidade era dirigida por um *halach*, que era um cargo hereditário, mas não de poder absoluto, pois governava com um conselho. Os chefes locais eram escolhidos pelos *halach* de cada cidade.

A sociedade maia era formada por quatro estratos básicos: nobres, sacerdotes, o povo e os escravos, sendo estes últimos cativos de guerra ou maias que haviam desrespeitado as regras de seu povo. Os sacerdotes cuidavam das questões religiosas, mas também das artes e das ciências de sua sociedade, que incluíam a Astronomia, a cronologia e a adivinhação (previsão do futuro).

Principais culturas pré-colombianas

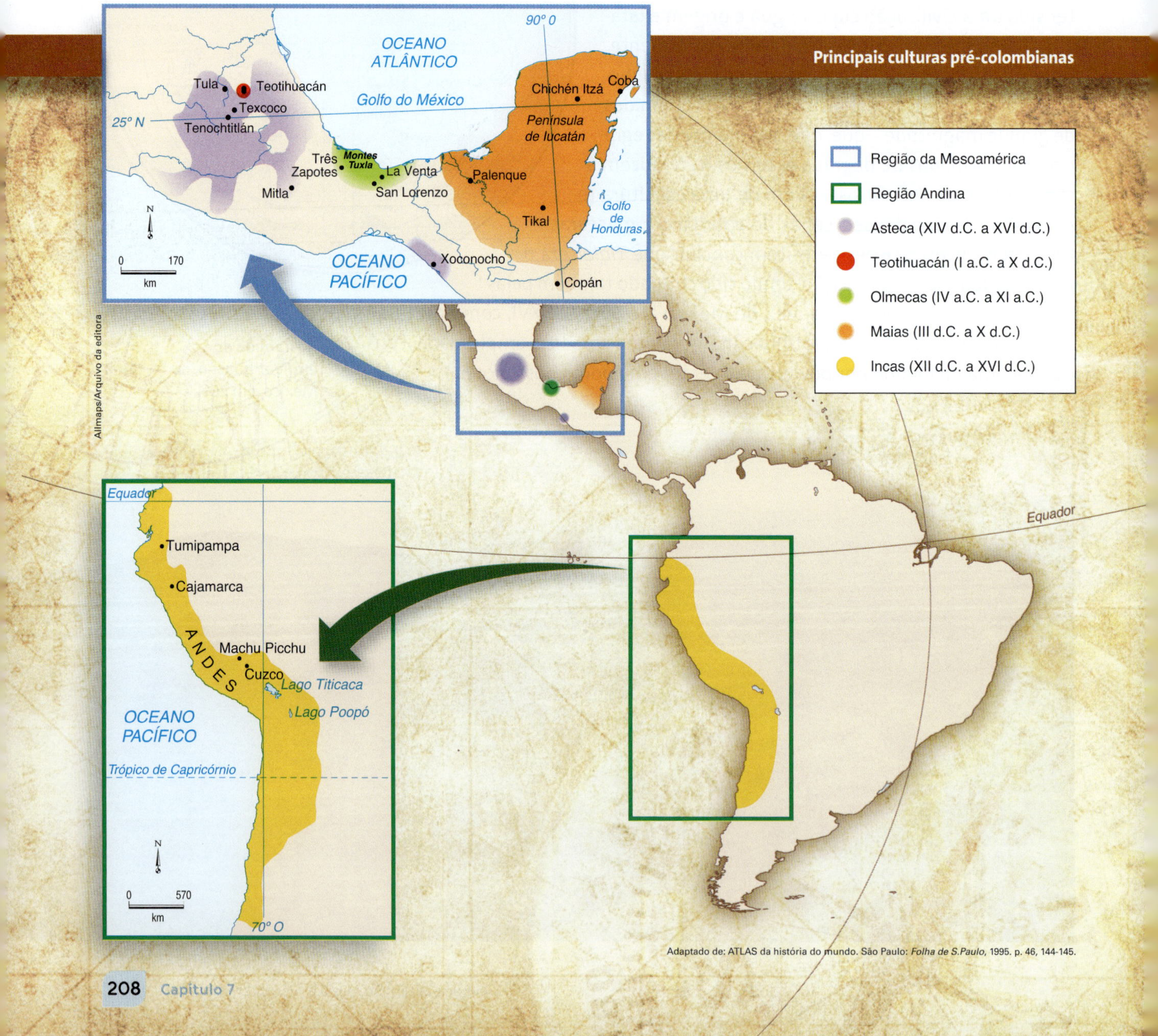

Adaptado de: ATLAS da história do mundo. São Paulo: *Folha de S.Paulo*, 1995. p. 46, 144-145.

Como outros povos, os maias tinham na agricultura a atividade central e destacaram-se na construção de palácios e templos, muitos dos quais ainda estão de pé. Os maias foram responsáveis pelo cultivo do cacau, embora o milho fosse sua base alimentar. Sua escrita, cujo significado ainda pouco se conhece, era de tipo hieroglífico. Destacaram-se ainda na Astronomia e na Matemática, tendo concebido o número zero, criação também atribuída aos indianos.

Na região andina, imediações do atual Peru, outras civilizações floresceram, com destaque para o Império Tiahuanaco e o Império Huari, entre os séculos VI e X. De todos, o mais famoso império, que retomaremos mais à frente, é o Império Inca, a partir do século XII.

Assim, diversas outras culturas floresceram na América, destacando-se em campos como a arquitetura, escultura, cerâmica, pintura e Astronomia. Para completar esse panorama da América nas proximidades dos anos 500 d.C., propomos um destaque para os indígenas da região que viria a ser o Brasil.

Como os indígenas pré-brasileiros – até onde se sabe – não tiveram escrita e pouco se registrou de suas tradições orais, não é possível traçar as fases de sua história política, como se faz com as civilizações indígenas centro-americanas e da região da cordilheira dos Andes. Não sabemos nomes de líderes, fases, acontecimentos gerais, nem se é possível reconstruí-los.

No entanto, é possível apontar costumes, movimentos populacionais e algumas relações entre as diversas etnias indígenas, utilizando métodos da Antropologia e da Linguística.

Cada etnia, a seu tempo, participaria da grande contribuição dada pelos indígenas à criação das sociedades pós-colombianas e pós-cabralina, que foi a adaptação ao clima, a domesticação de plantas para uso agrícola e o amplo conhecimento farmacológico de ervas, plantas e outros recursos.

Parte dos hábitos alimentares de cultivo e de consumo existentes hoje tem raiz histórica indígena, tais como o consumo do tomate, da batata, do tabaco, da mandioca, do feijão e tantos outros cultivos que se tornaram a base da economia e da alimentação na Europa, África e Ásia. As populações agricultoras eram, em muitos casos, também produtoras de cerâmica, cujos produtos culturais podem ser observados na produção cerâmica marajoara, por exemplo, bastante difundida e admirada, como vimos anteriormente.

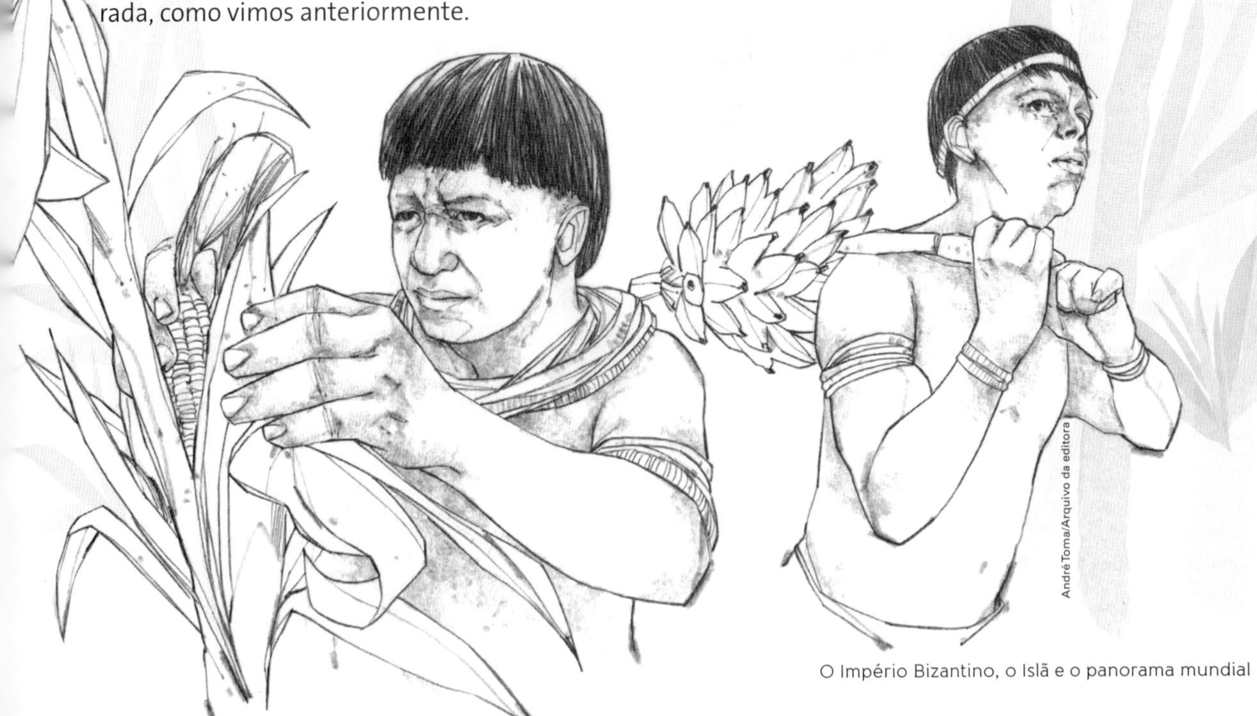

André Toma/Arquivo da editora

Atividades

Leitura e análise de documento

1. O texto abaixo foi escrito em 1068 por Al-Bakri, geógrafo e historiador muçulmano da Andaluzia. Leia-o com atenção.

> O rei [do Gana, no Sudão Ocidental, não o Gana atual] cobra um dinheiro de ouro para cada burro que entra carregado de sal no seu país, e dois dinheiros à saída. Cobra cinco "mitcal" por cada carga de cobre, e dez por carga de mercadorias. O melhor ouro local vem da cidade de Gaiarua, situada a 18 dias de marcha da cidade do soberano [...]. Se se descobre, em qualquer mina do reino que seja, ouro nativo, o rei apodera-se dele: não deixa aos seus súditos senão o pó de ouro. Sem isso, haveria demasiado ouro no mercado, correndo-se o risco da sua depreciação. As pepitas de ouro pesam entre uma onça e uma libra. Dizem que o rei possui um lingote de ouro grande como um rochedo. Há doze milhas entre Gaiarua e o Nilo: encontram-se aí muitos muçulmanos.
>
> AL-BAKRI, Livro dos itinerários e dos reinos, 1068. In: FREITAS, Gustavo de. *900 textos e documentos de História*. Lisboa: Plátano, [s.d.]. v. 2. p. 41.

a) Sabendo que Al-Bakri nunca deixou sua cidade natal, Córdoba, como ele pode ter obtido informações sobre o Reino de Gana?
b) De acordo com o texto, qual era a maior riqueza de Gana e quem a controlava?
c) Os relatos sobre Gana apontam para a existência de que forma de governo na região? Explique.
d) A descrição de Gana sugere a existência de uma organização social e política primitiva na África? Explique.

Leitura e construção de analogia

2. Leia o texto e faça uma analogia entre a construção da Grande Muralha da China, entre os séculos III a.C. e XV d.C., e a imposição de um *firewall* à internet pelo governo chinês de hoje.

> A internet chinesa é controlada através do "Escudo Dourado", um *firewall*, sistema de segurança que bloqueia *sites* que contenham certas palavras consideradas "perigosas" pelo governo. Os *sites* bloqueados entram em uma espécie de lista negra e, a partir deles, tenta-se chegar a outras URLs "subversivas".
>
> [...] Por mais rigoroso que seja, o governo não consegue controlar trocas de informações entre pessoas. Além de folhetins "subversivos" que circulam de forma clandestina, há também brechas digitais. Um canal de comunicação ainda não controlado pelo governo, por exemplo, é a transmissão de textos, fotos e vídeos via celular.
>
> [...] CCTV é o canal de TV oficial. Além dele, que é nacional, há também estações regionais, mas todas são do governo. Por isso, na China não há transmissões ao vivo. As coberturas supostamente em tempo real têm um *delay* (atraso) de nove segundos, tempo suficiente para cortar ou mudar a imagem, caso algo inesperado aconteça.
>
> PAIXÃO, Daniela. *Como funciona a censura na China?* Disponível em: <http://mundoestranho.abril.com.br/geografia/pergunta_287967.shtml>. Acesso em: 23 jan. 2014.

Comparação e análise

3. Leia o texto e responda às questões a seguir:

> **Existiu alguma grande civilização pré-colombiana no Brasil?**
>
> **Para historiador britânico, uma civilização é marcada por grandes construções**
>
> Não, ao menos no sentido usado pelo historiador britânico Kenneth Clark, autor do livro e da série da BBC, *Civilização*. Para ele, o maior traço de uma civilização estaria na arquitetura e nas obras de arte projetadas para resistirem ao tempo – prova de uma organização sólida que permitia não se preocupar apenas com o curto prazo. "Se você usar critérios materiais, de fato não foi encontrado até hoje no Brasil nada semelhante ao que foi construído, por exemplo, pelos maias, no México, antes da chegada dos europeus na América", diz o arqueólogo Eduardo Neves, do Museu de Arqueologia e Etnologia da Universidade de São Paulo e estudioso das sociedades do Norte do Brasil.

De acordo com ele, a sociedade pré-colombiana (ou pré-cabralina) com vestígios materiais mais sofisticados no território, que hoje é brasileiro, é a civilização marajoara, da ilha de Marajó, no Pará. Lá foram encontrados vestígios de cerâmica sofisticados, aterros artificiais e faixas de terra próprias para a agricultura. Segundo os arqueólogos, a sociedade marajoara teria se desenvolvido entre os séculos IV e XIV e não era composta por uma única etnia, mas por várias populações. [...]

O arqueólogo [Eduardo Neves] lembra que o fato de ainda não terem sido encontradas construções não significa que essa sociedade fosse menos avançada. "A não existência de monumentos de pedra pode significar que a abundância de alimentos na região fez com que essa sociedade atingisse um grau de equilíbrio em que não havia necessidade de outros recursos materiais", diz o arqueólogo. "Como não tivemos acesso nem à língua deles, dificilmente saberemos quão avançada foi a sociedade."

CAVALCANTE, Rodrigo. *Aventuras na História.* Disponível em: <http://historia.abril.com.br/cotidiano/existiu-alguma-grande-civilizacao-pre-colombiana-brasil-435493.shtml>. Acesso em: 18 abr. 2014.

a) Para o historiador britânico Kenneth Clark, que vestígios arqueológicos sugerem que um determinado povo tenha constituído uma civilização? Por quê?
b) O arqueólogo brasileiro Eduardo Neves concorda com as ideias de Kenneth Clark? Explique sua resposta.
c) Tendo em mente o texto que você leu, poderíamos dizer que há consenso entre os estudiosos acerca do que caracteriza uma civilização? Justifique.

Leitura e análise de imagem

4. A pintura abaixo foi feita no século XVII na parede da Igreja de Abreha Atsbeha, localizada em Tigrai, Etiópia. Ela representa o imperador axumita Yoannes IV, acompanhado de monges e outros membros de sua corte.

Christophe Boisvieux/Keystone

Representação do imperador axumita Yoannes IV em pintura do século XVII na parede da Igreja de Abreha Atsbeha, na Etiópia.

a) As características dessa pintura guardam muita semelhança com a arte bizantina (ver imagens da Igreja de San Vitale, na página 189). Com base no que você estudou neste capítulo, levante uma hipótese para explicar essa semelhança.
b) Observe com atenção as feições e características das personagens representadas. Em que aspectos elas diferem das figuras bizantinas?
c) Que ideia a pintura nos oferece sobre o reino de Axum? Por quê?
d) A Igreja de Abreha Atsbeha foi erguida no século IV, quando o Reino de Axum vivia seu esplendor. Esse período de glória estendeu-se até o século VII, quando a expansão árabe causou o declínio do seu poder. Um rápido renascimento ocorreu no século XV, mas esgotou-se ainda no século seguinte. A pintura sugere esse declínio? Explique.

Vestibulares de Norte a Sul

1. SE (PUC-SP)

O Brasil é uma criação recente. Antes da chegada dos europeus [...] essas terras imensas que formam nosso país tiveram sua própria história, construída ao longo de muitos séculos, de muitos milhares de anos. Uma história que a Arqueologia começou a desvendar apenas nos últimos anos.

Norberto Luiz Guarinello. *Os primeiros habitantes do Brasil*. A arqueologia pré-histórica no Brasil. São Paulo: Atual, 2009 (15ª edição), p. 6.

O texto acima afirma que

a) o Brasil existe há milênios, embora só tenham surgido civilizações evoluídas em seu território após a chegada dos europeus.
b) a história do que hoje chamamos Brasil começou muito antes da chegada dos europeus e conta com a contribuição de muitos povos que aqui viveram.
c) as terras que pertencem atualmente ao Brasil são excessivamente grandes, o que torna impossível estudar sua história ao longo dos tempos.
d) a Arqueologia se dedicou, nos últimos anos, a pesquisar o passado colonial brasileiro e seu vínculo com a Europa.
e) os povos indígenas que ocupavam o Brasil antes da chegada dos europeus, foram dizimados pelos conquistadores portugueses.

2. SE (Vunesp-SP)

As caravanas do Sudão ou do Níger trazem regularmente a Marrocos, a Tunes, sobretudo aos Montes da Barca ou ao Cairo, milhares de escravos negros arrancados aos países da África tropical [...] *os mercadores mouros organizam terríveis razias, que despovoaram regiões inteiras do interior. Este tráfico muçulmano dos negros de África, prosseguindo durante séculos e em certos casos até os mais recentes, desempenhou sem dúvida um papel primordial no despovoamento antigo da África.*

HEERS, Jacques. *O trabalho na Idade Média*.

O texto descreve um episódio da história dos muçulmanos na Idade Média, quando:

a) Maomé começou a pregar a Guerra Santa no Cairo como condição para a expansão da religião de Alá, que garantia aos guerreiros uma vida celestial de pura espiritualidade.
b) atuaram no tráfico de escravos negros, dominaram a África do Norte, atravessaram o estreito de Gibraltar e invadiram a península Ibérica.
c) a expansão árabe foi propiciada pelos lucros do comércio de escravos, que visava abastecer com mão de obra negra as regiões da península Ibérica.
d) os reinos árabes floresceram no sul do continente africano, nas regiões de florestas tropicais, berço do monoteísmo islâmico.
e) os árabes ultrapassaram os Pirineus e mantiveram o domínio sobre o reino Franco, até o final da Idade Média ocidental.

3. NE (UFPE) A religião muçulmana foi eixo da cultura de muitos povos e estimulou conquistas importantes no campo das vitórias imperialistas. Possui semelhanças com a religião cristã, embora mantenha tradições vindas de outros credos. A propósito da religião muçulmana, assinale verdadeiro ou falso:

( ) cultua um único Deus, além de, como os cristãos, acreditar na existência do bem e do mal.
( ) ficou ausente dos feitos culturais da literatura medieval, vinculando-se apenas às reflexões filosóficas.
( ) acredita nas revelações de Maomé, seu grande profeta, que prometia o paraíso para seus seguidores.
( ) se rege pelo Livro do Alcorão, onde se pode encontrar os princípios que definem suas crenças e suas relações com o judaísmo.
( ) desconfia das promessas de um juízo final, embora acredite na existência do inferno e do paraíso.

4. S (UFPR) A presença islâmica na península Ibérica estende-se desde 711, data da Batalha de Guadalete, quando os visigodos são vencidos pelos invasores árabes, até o século XV, quando, em 1492, os reis católicos da Espanha conquistam o reino de Granada, último núcleo muçulmano na península.

Tal convivência entre as culturas ocidental e árabe num mesmo espaço geográfico, durante cerca de sete séculos, teve como consequência principal:

a) a realização de uma síntese cultural que gera, nos séculos medievais, uma cultura peninsular mais pobre do que em qualquer outra parte da cristandade ocidental.
b) a interpretação e atualização da cultura clássica na cristandade ocidental através das contribuições dos árabes.
c) uma simpatia permanente entre cristãos e árabes que limitou o movimento das Cruzadas na Terra Santa.
d) o atraso da península Ibérica nas ciências ditas experimentais – Medicina, Astronomia, Matemática, Cartografia e Geografia.
e) o desenvolvimento de um estilo artístico nas mesquitas que privilegia as representações de figuras humanas.

CAPÍTULO

8 O surgimento da Europa

Farbregas/Shutterstock/Glow Images

Vista da cidade de Toledo, na Espanha, em 2012.

Para pensar historicamente

O espaço como construção social e histórica

O espaço é dado. A forma como nos relacionamos com ele é variável, de acordo com nossas necessidades, expectativas e história. Embora as terras e águas que compõem a Europa estivessem lá desde milhões de anos, não havia, historicamente, aquilo que chamamos hoje de Europa: um continente que, além de terras e águas, tem uma história comum – de acordos e de grandes conflitos também. É essa história comum que permite aos europeus a unificação da moeda, chamada Euro, e de vários procedimentos públicos que ensaiam a unificação de seus territórios, a ponto de já se falar em "cidadão da Zona do Euro".

No período do Império Romano ainda não se podia falar em Europa. Ela começa a surgir no período chamado de medieval. O historiador francês Marc Bloch, em 1934, dizia que:

> *O mundo europeu, enquanto europeu, é uma criação da Idade Média, que, quase ao mesmo tempo, rompeu a unidade, pelo menos relativa, da civilização mediterrânea e lançou desordenadamente no crisol os povos outrora romanizados junto com os que Roma nunca tinha conquistado. Então, nasceu a Europa no sentido humano da palavra... E esse mundo europeu assim definido, depois disso, nunca cessou de ser percorrido por correntes comuns.*

Apud LE GOFF, Jacques. *As raízes medievais da Europa*. Petrópolis: Vozes, 2007. p. 13.

Será que a comunidade europeia seleciona seus membros apenas por razões históricas? Até que ponto a construção do espaço não é também o triunfo de um projeto, de uma vontade coletiva construída entre tantas outras opções?

Neste capítulo você saberá um pouco sobre o início da construção social e histórica desse espaço.

Bombaert Patrick/Shutterstock/Glow Images

Bandeiras da União Europeia em frente ao edifício Berlaymont, sede da Comissão Europeia em Bruxelas, na Bélgica. Foto de 2013.

1 A Alta Idade Média

Os reinos bárbaros

As migrações bárbaras, que marcaram o fim do Império Romano do Ocidente, não se encerraram em 476 – continuaram ocorrendo durante boa parte da **Alta Idade Média**. São justamente as invasões, as trocas culturais e o estado de guerra constante na Europa ocidental que nos permitem compreender a estrutura econômica e social do período, denominado feudalismo, assunto que estudaremos no capítulo seguinte.

Alta Idade Média: denominação utilizada pelos historiadores que corresponde ao período compreendido entre os séculos V e X (a Baixa Idade Média se estenderia do século XI ao XV, como veremos adiante). Vale ressaltar que também é usual a denominação de **Antiguidade Tardia**, para o período que vai do século IV ao VIII, época tida como de transição.

O contato da Europa ocidental com os povos migrantes e a fragmentação político-cultural nos antigos domínios romanos acarretaram o surgimento de vários reinos bárbaros e a introdução de diversos idiomas. Até então, o latim era a língua corrente, por imposição dos conquistadores romanos.

Vimos no capítulo 6 que os romanos denominavam bárbaros todos os povos que não tinham se romanizado e que não falavam o latim ou o grego. Os não romanos são em geral classificados de acordo com sua origem ou língua: tártaro-mongóis (asiáticos como os hunos e turcos), eslavos (como os povos originários dos russos, sérvios e búlgaros, entre outros) e germanos, que deram origem aos francos, visigodos, anglos, saxões, ostrogodos, vândalos, entre outros. Os germanos ocuparam um papel fundamental nas chamadas migrações bárbaras, a começar pela conquista da cidade de Roma pela tribo germânica dos hérulos, como vimos.

The Bridgeman Art Library/Keystone/Museu Britânico, Londres, Inglaterra.

Objeto feito com osso de baleia por povos germanos no século VIII.

Bianchetti/Leemage/The Bridgeman Art Library/Keystone/Coleção particular

A pilhagem de Roma pelos vândalos, em 2 de junho de 455, gravura de Heinrich Leutemann, 1866.

Tirinha de *Hagar*, de Chris Browne, 2013, que ironiza a denominação "bárbaros" utilizada pelos romanos para remeter aos povos que não faziam parte do império.

O texto do historiador medievalista Georges Duby, abaixo, destaca algumas questões sobre as transformações das cidades, as características dos povos germânicos, sobretudo de sua arte, e a permanência de tradições culturais romanas. As observações do estudioso francês são fundamentais para entendermos as migrações bárbaras como um processo dinâmico em que as diferentes culturas não se sobrepuseram completamente umas às outras, mas se mesclaram em influências e diálogos diversos.

A **ruralização** foi uma característica da Europa medieval. Desde o final do Império Romano, as cidades vinham sendo abandonadas por causa das invasões e dos saques. Ao mesmo tempo, a falta de mão de obra escrava atraía vastos contingentes de trabalhadores para o campo, que arrendavam terras na condição de servos

Leituras da História

Ingredientes de uma nova civilização

A tradição situa no século V a passagem da Antiguidade para a Idade Média. Nesse momento, a Europa não existe. Praticamente tudo o que o historiador é capaz de conhecer ainda se organiza em torno do Mediterrâneo, no quadro do Império Romano. No entanto, um movimento em marcha há muito tempo tende a essivamente a parte grega de sua parte latina. De fato, é a leste que se encontram toda a vitalidade, toda a riqueza, toda a força, e ali a civilização antiga prossegue a sua história sem rupturas, ao passo que se desagrega a oeste – desde sempre numa posição de fraqueza –, onde o desmoronamento é precipitado pelas migrações dos povos germânicos. Deste lado, instala-se a desordem por três séculos, durante os quais se misturam os ingredientes de uma nova civilização. De uma nova arte.

[...] por todo lado as cidades subsistem. São, é verdade, cada vez menos numerosas à medida que nos afastamos do Mediterrâneo, mas uma rede de caminhos indestrutíveis liga-as de uma ponta à outra do Império, criando uma estreita comunidade cultural. Essas cidades despovoam-se. Os dirigentes afastam-se aos poucos, vão viver em suas casas no campo. No entanto, continuam vivas, imponentes, com suas muralhas, suas portas solenes, seus monumentos de pedra, estátuas, fontes, termas, o anfiteatro, o fórum onde se discutem os negócios públicos, escolas onde se formam os oradores, colônias de negociantes orientais que usam a moeda de ouro, ainda sabem onde conseguir o papiro, as especiarias, os panos importados do Oriente, e, nas vastas necrópoles que se estendem extramuros, os mausoléus, os sarcófagos dos ricos cobertos de esculturas. Todas essas cidades se voltam para Roma, seu modelo. Roma, a cidade imensa, implantada na própria fronteira que separa a latinidade do helenismo. [...]

Ao norte, a oeste, nos pântanos e nas florestas onde as legiões nunca penetra-

Caldeira de cobre de origem germânica de fins do século II.

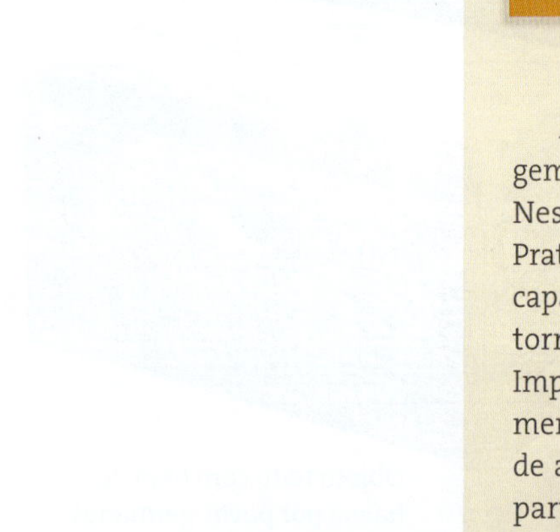

Coleção particular/akg-images/Album/Latinstock

(a estrutura econômica, social, política e cultural predominante na Europa ocidental durante a Idade Média, que você estudará no capítulo seguinte). O movimento dessa população marcou a volta a uma economia rural de subsistência.

Devido à instabilidade causada pelas guerras e à concentração da população em comunidades rurais, o comércio entrou em declínio, assim como a utilização de moedas. Para proteger-se da agressão externa, construíram-se castelos e residências fortificadas.

Ao mesmo tempo, ocorria o fortalecimento do cristianismo que, pouco a pouco, se impunha à nova sociedade em formação. Vários reinos bárbaros converteram-se à doutrina cristã, destacando-se o dos francos.

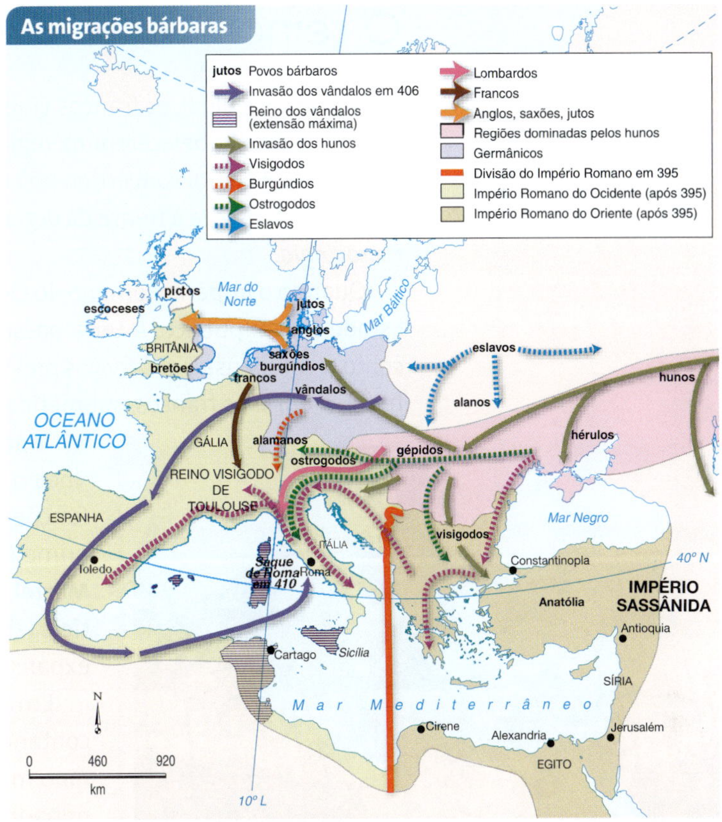

Observe no mapa as migrações dos povos "bárbaros" na Idade Média.

Adaptado de: BASCHET. Jérôme. *A civilização feudal*: do ano mil à colonização da América. São Paulo: Globo, 2006. p. 42.

ram, vivem as tribos "bárbaras". Essas populações dispersas, seminômades, de caçadores, criadores de porcos e guerreiros têm costumes e crenças muito diferentes. Também sua arte é diferente: não é a arte da pedra, mas a do metal, das contas de vidro, do bordado. Não há monumentos, apenas objetos que as pessoas transportam consigo, armas, e essas joias, esses amuletos com que os chefes se enfeitam na vida e que são postos ao lado de seus cadáveres no túmulo. Não há relevos, apenas o cinzelado. Uma decoração abstrata, símbolos mágicos entrelaçados em que às vezes se inserem as formas estilizadas do animal e da figura humana. Alguns desses povos, por terem se aproximado durante suas migrações dos territórios helenizados, foram evangelizados. São eles os primeiros, chefiados por seus reis, a se embrenhar no Império do Ocidente, assaltando o poder. Outros povos os seguem, sendo estes pagãos que em seu avanço pelas antigas fronteiras apagam nos territórios que ocupam os tênues vestígios da presença de Roma. É possível perceber a que ponto a cultura "bárbara", nesses tempos conturbados, se sobrepôs à cultura romana e a submergiu: a linha muito nítida que, curiosamente estável, cruza a Europa atual e separa a região das línguas românicas e a dos outros idiomas marca os limites desse avanço.

[...] Entretanto, a cultura romana conservou o seu prestígio. Fascinou os invasores. Foi para se alçarem ao seu nível, para participarem dessa espécie de felicidade que julgavam partilhada pelos cidadãos romanos, que os germanos atravessaram as fronteiras, que seus chefes, agora detentores do poder, não hesitaram em se autodenominar cônsules que moravam nas cidades, que favoreciam, como Teodorico, o desabrochar das letras latinas, que arrastavam os companheiros e, como Clóvis, mergulhavam nas águas do batismo. Tinham apenas um desejo: integrar-se. Para se integrarem de verdade, precisavam virar cristãos.

DUBY, Georges. *História artística da Europa*: a Idade Média. São Paulo: Paz e Terra, 1997. v. 1.

1. De acordo com o texto de Duby, quais as principais características que diferenciam a arte oriental e ocidental no final da Idade Antiga e início da Idade Média?
2. Apesar da ascensão da cultura germânica, não se pode dizer que a tradição romana tenha se perdido. O que, segundo Duby, teria ocasionado esta permanência cultural?

O reino cristão dos francos

Desde o século II, os francos vinham pressionando as fronteiras do Império Romano, até se estabelecerem na região da Gália, atual França. **Clóvis**, neto do herói franco Meroveu, foi convertido ao cristianismo em 496. Contando com o apoio da Igreja, Clóvis esteve à frente da organização do reino franco e consolidou a dinastia *merovíngia*.

Quando o Império Romano do Ocidente se desagregou, desapareceu a ideia de Estado e bem público. A terra passou a ser distribuída entre o clero e a nobreza, como recompensa por serviços prestados. A figura do rei tornou-se, assim, bastante frágil entre os francos, submetida ao poder dos proprietários de terra.

The Bridgeman Art Library/Keystone/Biblioteca Nacional, Paris, França.

A pouca autoridade dos reis nesse período valeu-lhes o título de "reis indolentes". Usualmente, suas funções eram delegadas ao *major domus*, espécie de primeiro-ministro. O mais importante deles foi **Carlos Martel**, que comandou os francos na **Batalha de Poitiers** (732), derrotando os árabes e interrompendo sua expansão em direção ao centro do continente.

Em 751, o filho de Carlos Martel, **Pepino, o Breve**, contando com o apoio do papa, depôs o último soberano merovíngio. Iniciou-se uma nova dinastia, denominada *carolíngia*. Pelo apoio recebido, Pepino cedeu ao papa grande extensão de terra no centro da península Itálica. Esse território foi transferido para a administração direta da Igreja, sob o nome de **Patrimônio de São Pedro**, e constituiu o embrião do atual Vaticano.

Carlos Magno, filho de Pepino, assumiu o trono em 768, fundando o Império Carolíngio; esse foi o período de maior poder dos francos na Alta Idade Média. Além de doar à nobreza e ao clero, em troca de lealdade, as terras adquiridas nas guerras de conquista, dividiu o território sob seu controle em **condados** e **marcas**.

Os administradores dessas áreas eram nomeados pelo imperador e fiscalizados por um corpo de funcionários chamados *missi dominici* ('emissários do senhor'). Dessa forma, Carlos Magno podia controlar um vasto território fazendo valer suas leis – conhecidas como Capitulares –, as primeiras leis escritas do Ocidente medieval.

Biblioteca Nacional de Paris, França.

O batismo de Clóvis (miniatura do século XV), considerado o fundador do reino franco. Diz a lenda (versão divulgada pelo cronista Gregório de Tours, um bispo franco) que, em uma difícil batalha, Clóvis dirigiu seus olhos aos céus e invocou o Deus de sua esposa Clotilde, que era cristã, prometendo que seria batizado se alcançasse a vitória. Daquele momento em diante a sorte da batalha mudou em seu favor, levando os inimigos à fuga.

O título de Imperador do Novo Império Romano do Ocidente foi concedido a Carlos Magno pelo papa Leão III no ano 800. O mandatário da Igreja via na ampliação do reino franco uma possibilidade de expansão do cristianismo e o retorno à própria concepção de império, desaparecida desde a desagregação do Império Romano do Ocidente. Se, de um lado, no contexto medieval, a ampliação do reino franco significava certa renovação do Império Romano, de outro, para muitos historiadores recentes, representou um evidente afastamento do Mediterrâneo e um passo para a formação da Europa.

Carlos Magno foi responsável, portanto, por uma experiência centralizadora durante a Alta Idade Média, além de ter propiciado um significativo desenvolvimento cultural. Durante o chamado Renascimento carolíngio fundaram-se escolas. O ensino foi estimulado e várias obras da Antiguidade greco-romana foram preservadas, graças principalmente à atuação da Igreja, que logo teria o monopólio da cultura no continente europeu. Foi na época carolíngia que os escribas passaram a separar as palavras e frases por um sistema de pontuação, o que representou um grande avanço no registro escrito. Leia o texto a seguir.

Leituras da História

Uma nova escrita

Um monge copista em manuscrito do século XV.

O Renascimento carolíngio foi gestado nos mosteiros da Gaula no sul da França, a partir do final do século VII. [...] Os escribas, que recopiavam os livros vindos de Roma, aperfeiçoaram a escritura, ancestral da Carolina, a escrita caligráfica surgida na Europa entre os séculos VIII e IX, que originou a distinção de maiúsculas e minúsculas nas modernas escritas europeias [...].

Jamais será excessivo insistir sobre o prodigioso trabalho dos ***scriptoria*** carolíngios. Milhares de manuscritos foram recopiados – quase oito mil foram conservados: as obras dos fundadores da Igreja, de gramáticos, poetas, prosadores. Graças aos copistas, uma grande parte da herança literária latina foi salva e preservada. Cícero, Virgílio, Tácito e muitos outros só se tornaram conhecidos pelo trabalho dos carolíngios.

scriptoria: os espaços dos monastérios reservados à leitura e escrita.

[...] Muitos escribas eram inexperientes, alguns quase analfabetos, e recopiavam os textos de uma maneira automática, sem compreender seu conteúdo. Aqueles que escreviam a partir do ditado acabavam usando uma ortografia fonética.

[...] Depois do término do manuscrito, se fosse um livro luxuoso de salmos ou um evangeliário encomendado por um bispo, ou por um príncipe, o pintor sucedia o escriba. Ele decorava as iniciais, enquadrava as páginas, pintava o que ficara em branco, segundo seu próprio talento ou segundo o estilo da escola onde fora formado. Temos então o manuscrito copiado, corrigido e ornamentado.

Em seguida, era necessário reunir as folhas, formar os cadernos para fazer um códice. [...] Desde a época carolíngia, a encadernação era utilizada para os livros valiosos, e era feita com peles de cervos. Assim, Carlos Magno autorizou os monges de um mosteiro francês a caçar cervos para criar um estoque do couro destinado à encadernação. A superfície lisa das encadernações era confiada a ourives, ou a artesãos que trabalhavam com marfim.

RICHÉ, Pierre. Quando copiar era um estímulo intelectual. *História Viva*, edição 28, fev. 2006. Disponível em: <www2.uol.com.br/historiaviva/reportagens/quando_copiar_era_um_estimulo_intelectual.html>. Acesso em: 23 jan. 2014.

viking: civilização originária da Escandinávia (que hoje compreende Suécia, Dinamarca e Noruega). Destacou-se por suas avançadas técnicas de navegação.

magiar: grupo étnico de origem asiática que invadiu a Europa e fundou o Reino da Hungria.

O poderio do Império Carolíngio, porém, não sobreviveu à morte de Carlos Magno em 814. Novos grupos invasores – **vikings** da Escandinávia, **magiares** do Leste Europeu e novas incursões árabes do Mediterrâneo, aliadas às disputas sucessórias – levaram ao fim a unidade territorial desse Império.

Luís, o Piedoso, filho de Carlos Magno, herdou o Império e o governou até 841. Seus filhos, pelo **Tratado de Verdun** (843), fizeram a partilha do Império e aceleraram sua derrocada.

No século IX, época da fragmentação do Império Carolíngio, nova onda de invasões tomava a Europa ocidental. Eram os húngaros, nórdicos e muçulmanos. Os nórdicos, mais conhecidos como *vikings*, dominaram a península da Escandinávia e espalharam-se por vários territórios vizinhos, além de promoverem incursões pelos mares e rios do continente. Populações buscando refúgio e proteção subordinavam-se aos grandes senhores de terras. Condes, marqueses e outros nobres passaram a ter uma importância crescente, fortalecendo assim a tendência à descentralização. Consolidava-se, nesse contexto, o feudalismo.

Carlos Magno mandou erguer a Catedral de Aachen por volta de 790. Ela é a catedral mais antiga do norte da Europa.

Florian Monheim/Arcaid/Corbis/Latinstock

Atividades

Estabelecendo relações

1. Em uma carta em que descrevia Carlos Magno, o monge inglês Alcuíno de York o identificou como "chefe sob cuja sombra os cristãos repousam em paz e que impõe terror sobre as nações pagãs". Mobilizando seus conhecimentos de História, explique o teor dessa citação.

Leitura e interpretação

2. Eginardo (775-840) foi um membro importante da corte carolíngia e escreveu várias obras, entre as quais *Anais do reino dos francos*. Numa passagem desse livro, registra que "nenhuma expedição militar ocorreu" entre os anos 790 e 792. Leia o texto a seguir e, com base nele, explique por que a ausência de guerras pelo período curto de dois anos mereceu destaque do autor.

> Em boa medida, a contínua atividade guerreira do monarca obedecia à lógica política do reino franco. A ascensão de sua dinastia repousava na fidelidade da aristocracia, cujo consenso em torno da figura do soberano se apoiava nos benefícios recebidos deste em forma de terras, cargos e benefícios diversos. E a submissão ou conquista de novos territórios proporcionavam ao soberano recursos com os quais recompensava a esta nobreza. Carlos Magno compartilhou com ela butins tão gordos como o tesouro do rei lombardo Desidério ou as fabulosas riquezas tomadas aos ávaros.
>
> [...]
>
> Cada novo movimento de ampliação dos domínios de Carlos Magno trazia consigo o germe de novos enfrentamentos. Assim, a ocupação do reino lombardo na Itália desencadeou atritos militares com o Império Bizantino, a outra potência da região; a conquista da fronteiriça Saxônia levou, por seu turno, a guerras com os povos limítrofes da área (daneses, eslavos); e o controle do ducado da Bavária conduziu à guerra com seus vizinhos, os ávaros.
>
> MESEGUER, Enrique. El senõr de la guerra, Carlomagno. *Historia National Geographic*. Barcelona: RBA Revistas, n. 36, dez. 2006.

Leitura e análise de imagem

3. A imagem ao lado foi feita no século XIV e representa uma importante cena da história dos francos, a coroação de Carlos Magno na Basílica de São Pedro, em Roma, no Natal do ano 800. Observe-a e responda às questões.
   a) Faça um texto descrevendo o cenário e os personagens da imagem da coroação de Carlos Magno.
   b) É possível inferir que dois importantes poderes estão associados no acontecimento representado pela imagem? Quais são eles? Algum deles se sobrepõe ao outro? Justifique.

J. T. Vintage/The Bridgeman Art Library/Keystone/Coleção particular

A coroação de Carlos Magno, miniatura de Jean Fouquet, século XIV.

Leitura e análise de texto, pesquisa e debate

4. O texto reproduzido abaixo é uma notícia publicada no *site* da revista *História Viva*, em dezembro de 2007. Depois de ler atentamente, responda às questões.

A polêmica da imigração na França

No mesmo dia em que São Paulo inaugurou a mostra comemorativa dos 120 anos da Hospedaria do Brás, desde 1998 transformada em Memorial do Imigrante, em Paris o novo Museu Nacional da História da Imigração abriu suas portas. Não sem muita controvérsia: o país está discutindo as novas medidas propostas pelo governo para dificultar a entrada de imigrantes. A polêmica é tanta que a ocasião não contou com a presença de autoridades, fato raro na França.

Projeto lançado no final dos anos 1980, o museu tem como mote fixar um novo olhar sobre a imigração, ressaltando seus aportes para a constituição da cultura francesa tal como ela é hoje. O lema parece, no entanto, estar na contramão do discurso oficial atual, em que o presidente Nicolas Sarkozy – ele mesmo filho de imigrantes húngaros – vem prometendo, desde o início de seu governo, dificultar o acesso de imigrantes ao país. Quando anunciou a criação do Ministério da Imigração, Integração, Identidade Nacional e Codesenvolvimento, em maio deste ano, oito historiadores que participavam do conselho científico do museu pediram demissão, como protesto ao Ministério que associa o conceito de imigração ao de identidade nacional.

Mesmo sem inauguração oficial, o museu abriu, com a mostra permanente Repères, que aborda 200 anos de imigração no país. Seu percurso apresenta como, desde a Idade Média, a França acolhe estrangeiros, como o teólogo Tomás de Aquino, além de mercadores e comerciantes. A cronologia acompanha os principais momentos e movimentos migratórios do país, e indica as épocas em que sentimentos xenofóbicos estiveram mais fortes, assim como os períodos em que a mão de obra estrangeira se fez necessária para a economia, como no entreguerras. Contando com fotografias de manifestações recentes de estrangeiros sem documentos, a mostra termina com uma mensagem: "Os habitantes da França devem conhecer, e tornar seu, esse longo passado de imigração". [...]

BETING, Graziella. A polêmica da imigração na França. *História Viva*, 12 dez. 2007. Disponível em: <www2.uol.com.br/historiaviva/noticias/a_polemica_da_imigracao_na_franca.html>. Acesso em: 23 jan. 2014.

Antoine Antoniol/Bloomberg/Getty Images

Museu da Imigração em Paris, na França. Foto de 2007.

a) O texto destaca uma notícia da época do presidente francês Nicolas Sarkozy, anterior ao atual presidente François Hollande. De acordo com o que foi publicado no *site* da revista *História Viva*, como a sociedade francesa encarava, então, a entrada de imigrantes no país?

b) Em jornais, revistas, na internet e em livros paradidáticos, procure informar-se sobre os seguintes tópicos relacionados à relação entre franceses e imigrantes no presente:
   - Qual é a origem da maioria dos imigrantes que vivem hoje na França?
   - Que razões atraem esses imigrantes para a França?
   - Em que condições os imigrantes vivem e trabalham na França?
   - Que argumentos são apresentados pelos que defendem a restrição da entrada de imigrantes na França?
   - Como os imigrantes que vivem na França reagem às manifestações de xenofobia?

c) Considerando as informações do texto acima, você avalia que a abertura do Museu Nacional da História da Imigração, em Paris, foi uma iniciativa importante para promover a boa convivência entre os franceses e os imigrantes que vivem no país? Ou, ao contrário, tratou-se de uma iniciativa que pode ser interpretada como uma provocação e acirramento da xenofobia? Debata o tema com os colegas.

2 Baixa Idade Média

No período que vai do século XI ao século XV, chamado de Baixa Idade Média, começaram a se configurar algumas transformações no feudalismo.

As origens dessas mudanças estão no esgotamento da autossuficiência produtiva, progressivamente abalada pelas transformações em curso na Europa, sendo a principal delas o surto demográfico verificado a partir dos séculos X e XI. Com a diminuição progressiva no ritmo das invasões, que caracterizaram praticamente toda a Alta Idade Média, as condições de vida se tornaram mais estáveis, o que provocou gradativo, mas significativo, aumento de população. Na Inglaterra, por exemplo, a população teria passado de 2 milhões, no século XI, para cerca de 5 milhões, no início do século XIV. Nas áreas de domínio italiano, o salto no mesmo período foi de 5 milhões para 10 milhões; e, na França, a população aumentou de 6 milhões para 15 milhões naquele intervalo de três séculos.

The Granger Collection/Other Images

Bibliotheque Nationale, Paris/The Bridgeman/Keystone

No início da Baixa Idade Média, a força animal passou a ser bem mais aproveitada, com a difusão do uso da ferradura e de acessórios como o peitoral para cavalos e a canga para bois. Também a força das águas dos rios começou a ser mais utilizada, fazendo girar as pás dos moinhos, para moer principalmente grãos de trigo. Acima, iluminuras mostram um moinho movido a água (século XIII) e o uso da ferradura de metal (de 1390).

A expansão demográfica desdobrou-se em inúmeros efeitos produtivos e sociais. Exigiu aumento das áreas cultivadas, para ampliar a produção, além de um desenvolvimento comercial mais vigoroso, ativando as trocas locais, desbancando a tendência ao imobilismo feudal das unidades produtivas autossuficientes. A intensificação da circulação de produtos (grãos, ovos, aves, gado, peixes, lã, ferramentas, etc.) impulsionou também diversos setores artesanais. Muitos deles haviam continuado ativos na Alta Idade Média, servindo a nobreza e o alto clero: armeiros, que trabalhavam para os nobres guerreiros; ourives, pintores e construtores, que trabalhavam na edificação de catedrais e castelos, entre outros. Inovações técnicas aplicadas aos trabalhos agrícolas também ganharam força, como a utilização dos arados de ferro, mais fortes e eficientes que os de madeira usados até então, e o aperfeiçoamento de moinhos hidráulicos. As terras cultiváveis foram ampliadas por meio do aterramento de pântanos e da derrubada de florestas.

Giraudon/The Bridgeman Art Library/Keystone/Museu Condé, Chantilly, França.

Calendário medieval que mostra cenas de trabalho dos camponeses, feito por Pietro de Crescenzi, em cerca de 1460.

O aumento populacional, aliado às elevadas taxações cobradas pelos senhores territoriais, deixou grande quantidade de **aldeões** à margem da atividade rural. Muitos procuraram outras oportunidades de sobrevivência, alguns foram expulsos dos feudos. Essa marginalização social não ficou restrita aos servos, atingiu também senhores. Nobres sem terra, vítimas do **direito de primogenitura**, que dava apenas ao filho mais velho as terras e os títulos paternos, vagavam pela Europa como **cavaleiros andantes**. Ofereciam seus préstimos militares a outros senhores em troca de terras ou de rendas.

Muito mais numerosos e igualmente excluídos, os servos tentavam sobreviver ocultando-se em bosques e reocupando antigos centros urbanos abandonados. Por vezes, quando encontrados, eram perseguidos pelos nobres.

Nesse contexto, assiste-se na Baixa Idade Média a um crescente expansionismo: o chamado *Drang nach Osten* ('marcha para o leste'), isto é, a expansão germânica em que cavaleiros alemães (ou *teutônicos*), sob o pretexto da propagação do cristianismo, dirigiram-se para o Oriente, para a atual Rússia, subjugando a região báltica; assiste-se à Reconquista cristã dos territórios tomados pelos árabes na península Ibérica; e ao movimento cruzadista, que contou com a participação de inúmeros cavaleiros de toda a Europa. Era a conquista de novas terras e riquezas para enfrentar as dificuldades que marcavam os primeiros séculos da Baixa Idade Média.

aldeão: camponês; natural ou habitante de aldeia.

cavaleiro andante: cavaleiro que, na Idade Média, percorria terras sozinho ou com alguns companheiros, com os mais diversos objetivos: guerrear, viver aventuras, defender os injustiçados, lutar pela Igreja, etc. Em torno de suas proezas foram construídas narrativas literárias e míticas.

El Cid – cavaleiro medieval

Os cavaleiros medievais, oriundos da nobreza e hábeis na cavalgaria e no uso de armas, como a espada e a lança, foram retratados não apenas pelas narrativas históricas, mas também pelas obras literárias e cinematográficas. Na imagem de 2008, temos a estátua representando Rodrigo Díaz, El Cid, na cidade de Burgos, na Espanha. O cavaleiro nasceu em 1043, no reino de Castela, e foi inspiração para o poema *Cantar de Mio Cid*. A imagem de El Cid chegou a ser utilizada como representação de um herói patriota pelo general Francisco Franco, ditador espanhol entre 1936 e 1975, embora muitos historiadores afirmem que o nobre guerreiro nem sempre lutou pelos cristãos espanhóis, fez alianças com os muçulmanos e se voltou contra as tropas do rei Afonso VI.

Walter Bibikow/JAI/Corbis/Latinstock

Estátua de El Cid na cidade de Burgos, na Espanha.

O movimento cruzadista

As **Cruzadas** foram expedições principalmente militares, organizadas pela Igreja para reconquistar a região da Palestina, que estava dominada pelos muçulmanos desde o século VII. Tratava-se de Jerusalém, a Terra Santa, onde ficam os lugares que Jesus percorreu, como também onde se encontra o Santo Sepulcro, local em que o corpo de Jesus foi sepultado.

A luta de reconquista já era desejada pelos imperadores bizantinos, que esperavam o auxílio do Ocidente no combate aos povos muçulmanos, sobretudo os turcos **seljúcidas**. Esse povo, organizado pela dinastia turca seljúcida (do fundador Seldjuk), nos séculos de XI a XIII, tinha no islamismo e na união das tribos sua força expansionista. De Bagdá, conquistada em 1055, dirigia-se para a Ásia Menor, ameaçando o reduto cristão bizantino. No século XIII, ganhou força a nova dinastia turca dos otomanos, que, no século XIV, lideraria novo processo expansionista na região.

Ao organizar as Cruzadas, a Igreja romana também tinha por objetivo estender sua influência ao território bizantino, dominado pela Igreja ortodoxa, a Igreja bizantina criada com o Cisma do Oriente, em 1054, e independente do papa de Roma.

Os milhares de indivíduos de alguma maneira excluídos da estrutura social feudal foram essenciais na montagem dessas expedições. A espinha dorsal dos exércitos cruzados era formada por cavaleiros sem terra, enquanto a maior parte das tropas a pé era constituída de antigos servos. Além disso, milhares de pessoas, incluindo mulheres, crianças e idosos, dispunham-se a seguir os cruzados e fazer a peregrinação aos locais sagrados após a expulsão dos muçulmanos.

Havia outros interesses em jogo, como o comércio, atividade até então secundária, mas crescente em importância em meio ao surto demográfico que ocorria na Europa. Negociantes italianos desejavam conquistar entrepostos e vantagens no comércio de produtos orientais, bem como o acesso às rotas comerciais do mar Mediterrâneo, dominadas pelos muçulmanos, que impediam a livre navegação.

Em 1095, o papa Urbano II pronunciou um inflamado discurso no **Concílio de Clermont**, convocando os cristãos a ingressar nas expedições cruzadistas rumo ao Oriente. Do século XI ao XIII, partiram da Europa cristã oito expedições (veja o mapa "Movimentos cruzadistas dos séculos XI a XIII", p. 227), entre as quais se destacaram as que apresentamos a seguir:

- Primeira Cruzada (1096-1099): denominada Cruzada dos Nobres, chegou a conquistar Jerusalém e a organizar na região um reino nos moldes feudais.
- Terceira Cruzada (1189-1192): também conhecida como Cruzada dos Reis, devido à participação dos monarcas da Inglaterra (Ricardo Coração de Leão), da França (Filipe Augusto) e do Sacro Império Romano-Germânico (Frederico Barba Roxa ou Barba Ruiva). Não tendo atingido seus objetivos militares, resultou no estabelecimento de acordos diplomáticos com os turcos, o que possibilitou as peregrinações.
- Quarta Cruzada (1202-1204): chamada de Cruzada Comercial, por ter sido liderada por comerciantes de Veneza, potência mediterrânea em grande ascensão. Foi desviada de Jerusalém, alvo religioso da investida cruzadista, para Constantinopla, que acabou sendo saqueada.

O misticismo e a espiritualidade que impregnavam a época medieval são plenamente visíveis na Cruzada das Crianças (1212), organizada com base na crença de que somente os "puros" e "inocentes" poderiam libertar Jerusalém. O mesmo aconteceu no início do movimento cruzadista, na chamada Cruzada dos Mendigos, organizada em 1096. Ambas foram dizimadas, principalmente no percurso europeu.

As expedições cruzadistas não conseguiram resolver totalmente as dificuldades europeias decorrentes do aumento populacional, da ambição por novas terras e da necessidade de aprimorar a produtividade agrícola para alimentar a crescente população. No entanto, algumas cidades, que nunca deixaram de fazer comércio durante os primeiros séculos da Idade Média, e outras, que emergiram ou ganharam impulso com a chegada de camponeses marginalizados nos feudos, tiveram amplas vantagens com as Cruzadas. Os exemplos mais marcantes são Gênova e Veneza, cujos comerciantes enriqueceram alugando barcos, financiando os cruzados e assumindo a liderança no comércio mediterrâneo.

The Bridgeman Art Library/Keystone

O ilustrador, pintor e escultor francês Gustave Doré (1832-1883) foi responsável pela ilustração de obras como a Divina Comédia, de Dante, e Dom Quixote, de Cervantes. Na imagem, uma de suas ilustrações, de 1877, mostrando a Cruzada das Crianças.

Não foram somente essas expedições, ocorridas ao longo de quase duzentos anos, que levaram ao renascimento comercial da Europa, embora elas certamente tivessem contribuído para sua dinamização. Muitos dos nobres, que arcaram com os elevados custos militares, empobreceram com as Cruzadas, enfraquecendo-se e favorecendo o fortalecimento dos governantes. Além disso, em vez de unir a cristandade, criaram oportunidade para divergências entre interesses de algumas regiões (como a rivalidade por domínios entre os governantes da Terceira Cruzada), enquanto propiciaram muita violência contra os não cristãos.

As Cruzadas tiveram, contudo, um papel significativo na mentalidade europeia. O espírito dessas expedições foi importante motivação, por exemplo, para a reconquista cristã da península Ibérica, dominada por árabes muçulmanos, e para as Grandes Navegações, que levaram à América. Essa mentalidade levou à construção da imagem dos europeus como capazes de impor sua visão de mundo e seus valores a todos os povos com quem entraram em contato, os quais consideravam "os outros".

Para alguns historiadores recentes:

> [...] A cruzada emerge, pois, como o ponto de chegada de um lento processo que conduz a Igreja, no Ocidente, da não violência, predominante até o século IV, ao uso sacralizado e meritório das armas. É essa dimensão sacralizadora que permite entender a cruzada como uma guerra santa, a qual tangencia certos aspectos que a assemelham com a *jihad*. Com efeito, durante vários séculos, as Cruzadas opuseram a cristandade e o mundo muçulmano pela posse de Jerusalém e dos lugares santos, posse que ainda hoje é mobilizadora nos intermináveis conflitos entre judeus e palestinos.
>
> GOMES, Francisco José Silva. A guerra santa, Cruzada e *jihad* na obra de Jean Flori. In: XI ENCONTRO REGIONAL DE HISTÓRIA (ANPUH). *Conflitos e Idade Média*. 20 out. 2004. Disponível em: <www.rj.anpuh.org/resources/rj/Anais/2004/Mesas/Francisco%20Jose%20Silva%20Gomes.doc>. Acesso em: 23 jan. 2014.

Para grande parte da historiografia dos países árabes, as Cruzadas e a ocupação de Jerusalém foram a primeira manifestação do imperialismo ocidental, que iria revelar-se de modo mais incisivo nos séculos seguintes.

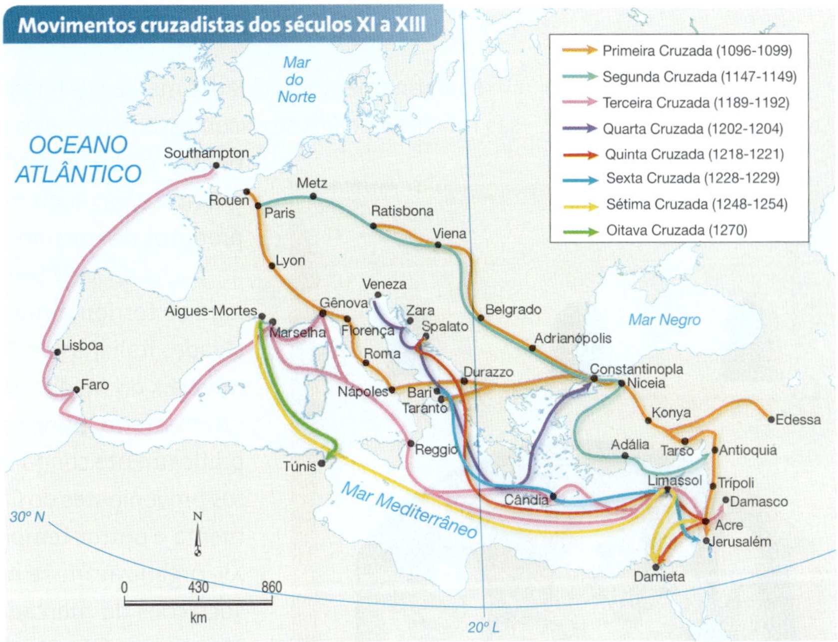

Allmaps/Arquivo da editora

Por quase duzentos anos, o Mediterrâneo oriental viveu o movimento das Cruzadas.

Adaptado de: KINDER, H.; HILGEMANN, W. *Atlas of World History*. New York: Anchor Books, 1974. p. 150 e 206.

O predomínio do espírito guerreiro na Idade Média decorreu de vários fatores, destacando-se a instalação dos povos bárbaros com seus valores militares, o fim da velha ordem garantida pelo Império Romano do Ocidente e os seguidos séculos de desordem, violência e insegurança. A miniatura do século XIII representa uma violenta cena de combate: cavaleiros medievais atacam uma cidade muçulmana.

The Pierpont Morgan Library, Nova York, EUA.

O renascimento comercial europeu

Paulatinamente, as cidades medievais foram tornando-se locais em que as diversas rotas comerciais se encontravam, primeiro com produtos de luxo, originados de pontos diversos do Oriente (que mesmo em pequenas quantidades rendiam elevados lucros), e sal. Depois, com produtos de consumo geral, como cereais e madeira.

The Bridgeman Art Library/Keystone/Biblioteca Nacional Austríaca, Viena, Áustria.

Nesta iluminura italiana do século XIV, representação de uma loja de peixes. Em geral, a atividade comercial vinha em crescente desenvolvimento desde o século XI.

A rota do Mediterrâneo, antigo caminho das Cruzadas, logo se tornou a mais importante e lucrativa. Partia das cidades italianas de Gênova e Veneza e atingia centros comerciais do Mediterrâneo oriental. Essas cidades prosperaram muito, principalmente porque seus comerciantes praticamente conquistaram o monopólio sobre os produtos provenientes do Oriente, como sedas e especiarias (pimenta e outros temperos). Paralelamente, desde o século XII, organizavam-se no norte da Europa as **hansas**, ou associações de mercadores. Na Inglaterra, destacava-se a *Merchants of the Staple*, associação que controlava a venda de lã (seu mais forte produto) e a importação de produtos oriundos da região **flamenga**.

Logo aconteceria a reunião de diversas hansas no norte da atual Alemanha, dando origem à **Liga Hanseática**, cujas poderosas cidades (Hamburgo, Brêmen, Lübeck, Rostock), habitadas principalmente por povos germânicos, passaram a controlar todo o comércio dos mares do Norte e Báltico. Seus comerciantes traziam trigo e pescado, importantes para a população que continuava a crescer, e madeiras, fundamentais para os empreendimentos de construção naval, além de outros produtos.

flamengo: originário de Flandres, atual Bélgica.

Dessa forma, consolidavam-se dois polos comerciais na Europa da Baixa Idade Média: um italiano e outro germânico. A ligação desses dois polos se fazia por rotas terrestres que convergiam para as planícies de Champanhe, região no centro da França. Lá se realizavam grandes **feiras**, onde os comerciantes do norte encontravam os do sul, constituindo centros de articulação do crescente comércio europeu.

A Liga Hanseática e as rotas comerciais

Adaptado de: DI SACCO, Paolo (Coord.). *Corso di storia antica e medievale*. Milano: Edizioni Scolastiche Bruno Mondadori, 1997. p. 133.

Allmaps/Arquivo da editora

Área de atuação da Liga Hanseática com as principais rotas comerciais da Baixa Idade Média. Note que a Liga Hanseática, cujo eixo era o mar do Norte, teve uma vasta área de atuação. Verifique também o forte vínculo entre o desenvolvimento comercial e a urbanização.

O desenvolvimento comercial e as transações financeiras tornaram necessária a utilização em larga escala de moedas, o que gerou a introdução de **letras de câmbio** e o desenvolvimento de atividades bancárias em geral. A terra deixou de ser a única fonte de riqueza e, nesse contexto, surgiu um novo grupo social, o dos mercadores.

letra de câmbio: ordem de pagamento; um título que dá direito a um saque.

O renascimento urbano na Europa

Ao longo das novas rotas comerciais, multiplicavam-se os **burgos**, isto é, as cidades. Muitas vezes, tratava-se de antigas cidades romanas abandonadas, que foram sendo reocupadas e voltavam a prosperar. Outras vezes, eram aglomerados que surgiam nas encruzilhadas de rotas comerciais terrestres, em regiões de feiras ou às margens de rios. Cercados de muralhas defensivas, os burgos têm sua denominação derivada do germânico *burgs* para o latim *burgu*, que significa 'pequena fortaleza'.

Havia também as aglomerações formadas em torno de antigos castelos, que extrapolaram os limites das muralhas originais. Nesse caso, como se originavam em terras pertencentes aos senhores feudais, que compunham a camada social dominante, ficavam submetidas a sua autoridade e, frequentemente, à cobrança de impostos. Com a expansão do comércio e da vida urbana, os habitantes dos burgos começaram a buscar autonomia, derivando daí o **movimento comunal**, que significou a luta pela emancipação dos burgos, entre os séculos XI e XIII, até então submetidos à autoridade e à cobrança de impostos dos senhores feudais.

Um burgo podia obter sua independência de forma pacífica, quase sempre mediante pagamento de uma indenização ao nobre ou bispo local. Porém, no caso de resistência dos senhores feudais, era necessário apoio externo, comumente por meio da intervenção real, que, nessa época, ganhava cada vez mais força, como você estudará mais adiante. As Cartas de Franquia eram os documentos que formalizavam a autonomia dos burgos, determinando isenção de pedágios, direitos senhoriais e outras obrigações, autorizando seus habitantes, os "burgueses", a cobrar impostos e organizar tropas e concedendo aos burgos independência administrativa e judiciária.

À medida que as cidades iam obtendo sua autonomia, as atividades mercantis tendiam a crescer, dando origem a instituições como as corporações de mercadores e as de ofício.

Os efeitos de um bom governo sobre a cidade, afresco de Ambrogio Lorenzetti, c. 1337-40.

Biblioteca Nacional de Viena/akg-images/Intercontinental Press

British Library, Londres.

As corporações de mercadores, também chamadas **guildas**, tinham por objetivo agrupar os negociantes locais para garantir o monopólio do comércio. As **corporações de ofício** reuniam os trabalhadores por especialidade, estabelecendo para seus membros a exclusividade de produção e definindo padrões de trabalho, visando à qualidade dos produtos, além de procurar evitar a concorrência dentro do burgo.

As corporações de ofício tinham uma organização fortemente hierarquizada, sendo controladas pelos **mestres-artesãos**, que não só realizavam o trabalho como também eram os proprietários das oficinas (muitas vezes localizadas em suas casas), das ferramentas, das matérias-primas e do conhecimento técnico necessário à produção. Abaixo do mestre vinham os **companheiros** ou **oficiais jornaleiros**, trabalhadores especializados, com ganhos estipulados pelo mestre.

Por fim, vinham os **aprendizes**, que, em troca do trabalho, recebiam alimentação, alojamento, vestuário e o aprendizado que lhes possibilitaria eventualmente se transformar em oficiais e, mediante autorização da corporação do seu ofício, em mestres.

Dessa forma, e ao contrário do que ocorria nos feudos, existia certa mobilidade social na atividade artesanal, mesmo que bastante reduzida no caso dos mestres, devido à dimensão do mercado urbano e ao controle da corporação exercido por eles.

Apesar desse dinamismo urbano, existia uma limitação cultural, típica da época, que dificultava o desenvolvimento dos negócios. Essa limitação referia-se ao pensamento cristão com base na filosofia denominada **escolástica**, que condenava o lucro e a prática da **usura**, considerados pecados capitais.

usura: empréstimo de dinheiro pelo qual se cobram taxas de juros excessivas. Durante o período medieval, condenava-se a prática da usura porque o lucro não seria decorrente do trabalho.

Acima, à esquerda, Iluminura italiana de 1390 retratando um alfaiate, que tira medidas de seu cliente; à direita, dois ajudantes executam seu ofício costurando os tecidos. Na imagem ao lado artesãos tingindo um tecido de lã, observados por um fiscal da corporação.

Essa mentalidade influenciava as corporações de ofício ao defender o "justo preço", que estipulava que cada mercadoria deveria ser vendida pelo preço da matéria-prima somado ao valor da mão de obra empregada. Rejeitando-se a possibilidade de lucro, inibia-se o acúmulo de capital (dinheiro e outros bens) e, evidentemente, de novos investimentos na produção, criando-se assim um freio ao crescimento econômico.

De qualquer forma, e a despeito das limitações, o comércio foi se difundindo. Embora lento, o enriquecimento dos comerciantes e de uma parcela dos mestres levou-os a controlar com exclusividade certas atividades comerciais e artesanais, a exemplo dos mercadores das hansas e dos mestres empregadores, indicando o processo de formação de um novo grupo social em ascensão: a **burguesia**. Observe-se, porém, que essa burguesia medieval é completamente distinta da burguesia que se formaria nos séculos XVIII e XIX. Além de o termo *burgueses* referir-se, originalmente, ao conjunto dos habitantes dos burgos (cidades), os mercadores, artesãos e banqueiros enriquecidos nessa época medieval tinham atuações próprias e diferentes daquelas da classe que geralmente designamos por esse termo. As metas predominantes da burguesia medieval eram a busca da riqueza fundiária e a integração à nobreza, com a aquisição de terras (feudos) e títulos de cavaleiro. Quadro muito diferente dos burgueses capitalistas, cujo ganho nas atividades econômicas destina-se, essencialmente, ao reinvestimento de capital.

A expansão do trabalho remunerado e da vida urbana, a possibilidade de lucros individuais (apesar das restrições religiosas) e uma **economia monetarizada** dependente da atividade mercantil – ou seja, do comércio – são elementos que nos permitem identificar, ao longo da Baixa Idade Média, transformações mais amplas das relações e estruturas sociais e econômicas, como veremos nos capítulos seguintes.

economia monetarizada: economia que utiliza moeda em larga escala.

Museu do Louvre, Paris/The Art Archive/Other Images

Nas comunas medievais, as duas principais fontes de riqueza eram os produtos do campo e do comércio. Paralelamente a essa atividade, foi ganhando força a banca, com o câmbio de moedas e empréstimos. Ao lado, um banqueiro e sua esposa em representação de Quentin Metsys, do século XIV.

Pensando no Enem

Os cruzados avançavam em silêncio, encontrando por todas as partes ossadas humanas, trapos e bandeiras. No meio desse quadro sinistro, não puderam ver, sem estremecer de dor, o acampamento onde Gauthier havia deixado as mulheres e crianças. Lá, os cristãos tinham sido surpreendidos pelos muçulmanos, mesmo no momento em que os sacerdotes celebravam o sacrifício da Missa. As mulheres, as crianças, os velhos, todos os que a fraqueza ou a doença conservava sob as tendas, perseguidos até os altares, tinham sido levados para a escravidão ou imolados por um inimigo cruel. A multidão dos cristãos, massacrada naquele lugar, tinha ficado sem sepultura.

MICHAUD, J. F. *História das cruzadas*. São Paulo: Ed. das Américas, 1956. Texto adaptado.

Foi, de fato, na sexta-feira 22 do tempo de Chaaban, do ano de 492 da Hégira, que os franj se apossaram da Cidade Santa, após um sítio de 40 dias. Os exilados ainda tremem cada vez que falam nisso, seu olhar se esfria como se eles ainda tivessem diante dos olhos aqueles guerreiros louros, protegidos de armaduras, que espelham pelas ruas o sabre cortante, desembainhado, degolando homens, mulheres e crianças, pilhando as casas, saqueando as mesquitas.*

(*franj = cruzados)

MAALOUF, Amin. *As Cruzadas vistas pelos árabes*. 2. ed. São Paulo: Brasiliense, 1989. Texto adaptado.

1. Avalie as seguintes afirmações a respeito dos textos acima, que tratam das Cruzadas.

I. Os textos referem-se ao mesmo assunto – as Cruzadas, ocorridas no período medieval –, mas apresentam visões distintas sobre a realidade dos conflitos religiosos desse período histórico.

II. Ambos os textos narram partes de conflitos ocorridos entre cristãos e muçulmanos durante a Idade Média e revelam como a violência contra mulheres e crianças era prática comum entre adversários.

III. Ambos narram conflitos ocorridos durante as Cruzadas medievais e revelam como as disputas dessa época, apesar de ter havido alguns confrontos militares, foram resolvidas com base na ideia do respeito e da tolerância cultural e religiosa.

É correto apenas o que se afirma em:

a) I.
b) II.
c) III.
d) I e II.
e) II e III.

Resposta: d

Os textos destacam elementos bem distantes das ideias de respeito e tolerância cultural e religiosa, aliás, uma das motivações cruzadistas.

Considerando a matriz de referência do Enem, essa questão contempla a competência de área 3 – Compreender a produção e o papel histórico das instituições sociais, políticas e econômicas, associando-as aos diferentes grupos, conflitos e movimentos sociais, especialmente as habilidades H11: Identificar registros de práticas de grupos sociais no tempo e no espaço; H14 e Comparar diferentes pontos de vista, presentes em textos analíticos e interpretativos, sobre situação ou fatos de natureza histórico-geográfica acerca das instituições sociais, políticas e econômicas.

2. Para uns, a Idade Média foi uma época de trevas, pestes, fome, guerras sanguinárias, superstições, crueldade. Para outros, uma época de bons cavaleiros, damas corteses, fadas, guerras honradas, torneios, grandes ideais. Ou seja, uma Idade Média "má" e uma Idade Média "boa". Tal disparidade de apreciações com relação a esse período da História se deve:

a) ao Renascimento, que começou a valorizar a comprovação documental do passado, formando acervos documentais que mostram tanto a realidade "boa" quanto a "má".
b) à tradição iluminista, que usou a Idade Média como contraponto a seus valores racionalistas, e ao Romantismo, que pretendia ressaltar as "boas" origens das nações.
c) à indústria de videojogos e cinema, que encontrou uma fonte de inspiração nessa mistura de fantasia e realidade, construindo uma visão falseada do real.
d) ao Positivismo, que realçou os aspectos positivos da Idade Média, e ao marxismo, que denunciou o lado negativo do modo de produção feudal.
e) à religião, que, com sua visão dualista e maniqueísta do mundo, alimentou tais interpretações sobre a Idade Média.

Resposta: b

É usual e disseminado atribuir à Idade Média europeia o sentido negativo: época de declínio de valores, barbárie, desorganização e crises. As denominações "*Dark Ages*", "Idade das Trevas" serve como uma caricatura sinistra e imprecisa daquele período. Também não quer dizer que o período foi o oposto dessa visão, e, nisso, a tradição romântica teve grande peso. Vale mais a avaliação do historiador Jacques Le Goff de que não foi nem um período negro e nem rosa, nem um buraco negro da história e nem um paraíso perdido.

Considerando a matriz de referência do Enem, essa questão contempla a competência de área 1 – Compreender os elementos culturais que constituem as identidades, especialmente habilidade H3: Associar as manifestações culturais do presente aos seus processos históricos.

Atividades

Leitura e interpretação de texto

1. O texto a seguir foi escrito pelo libanês Amin Maalouf com base em fontes muçulmanas. Nele, o autor faz uma descrição da chegada dos cristãos (genericamente chamados de *francos*) a Jerusalém, no final da Primeira Cruzada. Leia-o com atenção e faça o que se pede adiante.

Os cruzados libertam Jerusalém

[...] A população da Cidade Santa foi passada ao fio da espada, e os francos estiveram matando muçulmanos durante uma semana. Na mesquita de Al-Aqsa, mataram mais de 70 mil pessoas. E Ibn al-Atir, que evita citar cifras não comprováveis, corrige: mataram muita gente. Aos judeus, recolheram na sua sinagoga e lá os francos os queimaram vivos. Destruíram também os monumentos dos santos, e a tumba de Abraão – a paz esteja com ele!

Entre os monumentos saqueados pelos invasores, encontra-se a mesquita de Omar, erguida em memória do segundo sucessor do profeta, o califa Omar Ibn al-Jattab, que havia tomado Jerusalém dos romanos em fevereiro de 638. A partir desse feito, os árabes aproveitaram sempre que puderam a ocasião de evocar aquele acontecimento com a intenção de realçar a diferença entre seu comportamento e o dos francos. Naquele dia, Omar havia entrado montado em seu célebre camelo branco, enquanto o patriarca grego *[bizantino]* da Cidade Santa ia a seu encontro. O califa havia começado por prometer que se respeitariam as vidas e os bens de todos os habitantes, antes de pedir-lhe que o acompanhasse na visita a todos os lugares santos do cristianismo. [...] Os chefes francos, desgraçadamente, não são tão magnânimos. Celebram seu triunfo com uma matança indescritível e logo saqueiam selvagemente a cidade que dizem venerar.

MAALOUF, Amin. *La invasión*. Madrid: Alianza Editorial, 1994. p. 85-86.

a) O texto menciona a “diferença de comportamento” entre os árabes e os francos (cristãos). Explique a que diferença o texto se refere.

b) Reflita sobre seus conhecimentos em relação à Baixa Idade Média e responda: que intenções pode Amin Maalouf ter tido para escrever um livro em que as Cruzadas fossem contadas do ponto de vista dos muçulmanos?

Leitura e interpretação de tabela e mapa

2. A tabela abaixo nos oferece dados acerca das transformações demográficas ocorridas na Europa ocidental durante parte da Idade Média. Leia-a, e depois observe novamente o mapa da página 228 e responda às questões na sequência.

População europeia estimada (em milhões) no período de 500-1340

Região	Período			
	500	650	1000	1340
Grécia/Bálcãs	5,0	3,0	5	6,0
Itália	4,0	2,5	5	10,0
Espanha/Portugal	4,0	3,5	7	9,0
Total – Sul	**13,0**	**9,0**	**17**	**25,0**
França/Países Baixos	5,0	3,0	6	19,0
Grã-Bretanha	0,5	0,5	2	5,0
Alemanha/Escandinávia	3,5	2,0	4	11,5
Total – Oeste/Central	**9,0**	**5,5**	**12**	**35,5**

MEDIEVAL Sourcebook: Tables on Population in Medieval Europe. Disponível em: <www.fordham.edu/halsall/source/pop-in-eur.html>. Acesso em: 23 jan. 2014.

a) De acordo com a tabela acima, o que aconteceu com a população europeia no início da Alta Idade Média?

b) O que poderia explicar a oscilação demográfica constatada acima?

c) Que relação você percebe entre os dados oferecidos pela tabela e as informações contidas no mapa?

d) Mobilizando seus conhecimentos de História, proponha uma hipótese para explicar a relação estabelecida na questão anterior.

Vestibulares de Norte a Sul

1. **SE** (Fuvest-SP) As feiras na Idade Média constituíram-se:

a) instrumentos de comércio local das cidades para o abastecimento cotidiano dos seus habitantes.
b) áreas exclusivas de câmbio das diversas moedas europeias.
c) locais de comércio de amplitude continental que dinamizaram a economia da época.
d) locais fixos de comercialização da produção dos feudos.
e) instituições carolíngias para renascimento do comércio abalado com as invasões no Mediterrâneo.

2. **NE** (UFPI) As Cruzadas influíram decisivamente na história da Europa na Baixa Idade Média. A mais significativa de suas consequências foi:

a) a reunificação das Igrejas católica e ortodoxa, separadas em 1054 pelo Cisma do Oriente.
b) um novo Cisma no cristianismo com o início da Reforma Protestante no século XVI.
c) a conquista dos lugares sagrados do cristianismo situados na Ásia ocidental.
d) a "reabertura" do Mediterrâneo, que, possibilitando a reativação dos contratos entre Ocidente e Oriente, intensificou o renascimento comercial e urbano na Europa.
e) o declínio do comércio, o desaparecimento da vida urbana e a descentralização política no ocidente da Europa.

3. **SE** (Vunesp-SP)

[Na Idade Média] Homens e mulheres gostavam muito de festas.

Isso vinha, geralmente, tanto das velhas tradições pagãs [...], quanto da liturgia cristã.

(Jacques Le Goff. *A Idade Média explicada aos meus filhos*, 2007.)

Sobre essas festas medievais, podemos dizer que

a) muitos relatos do cotidiano medieval indicam que havia um confronto entre as festas de origem pagã e as criadas pelo cristianismo.
b) os torneios eram as principais festas e rompiam as distinções sociais entre senhores e servos que, montados em cavalos, se divertiam juntos.
c) a Igreja católica apoiava todo tipo de comemoração popular, mesmo quando se tratava do culto a alguma divindade pagã.
d) as festas rurais representavam sempre as relações sociais presentes no campo, com a encenação do ritual de sagração de cavaleiros.
e) religiosos e nobres preferiam as festas privadas e pagãs, recusando-se a participar dos grandes eventos públicos cristãos.

4. **S** (UEM-PR) Desde fins do Império Romano, as cidades vinham sendo abandonadas. Sendo assim, entre os séculos V e X, na Alta Idade Média, uma ruralização da vida foi se impondo e tornou-se uma característica da Europa medieval. A respeito desse período, some os valores da(s) alternativa(s) correta(s).

(01) No século VIII, Carlos Magno assumiu o trono do Império Carolíngio e, em troca de lealdade, doou as terras obtidas nas guerras de conquista ao clero e a nobreza e dividiu o território sob o seu controle em condados e marcas.
(02) Em razão da ruralização, as cidades foram todas abandonadas e deixaram de existir completamente na Europa até o início do século XV. Esse fato explica a sobrevivência do Império Romano do Oriente até o início da modernidade.
(04) O chamado renascimento carolíngio, ao impor o primado da razão sobre a fé e resgatar os valores artísticos e filosóficos da Antiguidade, antecipou em cinco séculos o notável processo de transformações culturais e racionalização que ocorreu no renascimento italiano do século XV.
(08) A ruralização propiciou o desenvolvimento de uma economia de subsistência e uma grande diminuição das trocas mercantis.
(16) Durante a Alta Idade Média, o nobre cavaleiro El Cid liderou os cristãos na luta contra os cristãos ortodoxos, invasores da península Itálica.

5. **NE** (UFRN)

O crescimento das cidades é um fenômeno da Europa Ocidental a partir do século XI. Tratando sobre a questão, Pierre Vilar afirma: As cidades dependiam dos senhores. Mas elas foram mais fortes que as aldeias para discutir com seus amos, rebelarem-se, obter ou impor "cartas de franquias". Coletivamente, continuavam vinculadas ao sistema feudal [...]. Mas em seu território, e sobretudo no recinto dentro da muralha, os habitantes eram livres e participavam da organização coletiva.

VILAR, Pierre. *Do feudalismo ao capitalismo*. 4. ed. São Paulo: Contexto, 1992. p. 39.

Refletindo sobre essa afirmação, pode-se concluir que

a) os moradores das cidades gozavam de significativa autonomia, mesmo submetidos à autoridade dos senhores, que lhes cobravam taxas.
b) os camponeses das aldeias medievais impuseram aos senhores feudais um documento que garantia autonomia política à comunidade.
c) os habitantes das cidades libertaram-se de inúmeras obrigações, entre elas a de participar das corporações de ofício.
d) as populações urbanas eram isoladas por muralhas que as impediam de estabelecer relações socioeconômicas com o mundo feudal.

CAPÍTULO

9 Economia, sociedade e cultura medieval

The Granger Collection/Other Images

Iluminura mostrando o trabalho de corte do trigo em um feudo medieval. Ilustra o *Livro de Horas Flamengo, de cerca de 1515.*

Para pensar historicamente

Subordinação e dominação

No mundo europeu ocidental durante a Idade Média, o sistema feudal era caracterizado pela subordinação da maior parte da população a um pequeno grupo – os senhores feudais –, pela produção agrária autossuficiente voltada para o consumo e pela importância e força da Igreja católica em todas as esferas do cotidiano.

A religiosidade media e ordenava o tempo, definindo os momentos de trabalho e de ócio, as festas, os jejuns, os momentos de atividades profanas e de dedicação ao sagrado, etc. Assim, os ritmos do cotidiano do mundo do trabalho e das produções materiais, artísticas e intelectuais eram governados por essas formas de ordenar o tempo e refletiam o contexto e as características da organização feudal.

Como em outros aspectos, também na cultura a Europa e as outras regiões do globo encontravam-se em processos históricos e ritmos de desenvolvimento diferentes. Neste capítulo você compreenderá como se estruturava a dominação na Europa feudal, incrustada entre as fronteiras da sociedade islâmica e de Bizâncio. Poderá, ainda, refletir sobre os mecanismos de subordinação e dominação sociais, culturais, econômicos e políticos.

Tibor Bognar/Corbis/Latinstock

A cidade fortificada de Carcassonne, na França em foto de 2012.

1 O feudalismo europeu

A vida em um castelo medieval

A estrutura econômica, social, política e cultural que predominou na Europa ocidental durante a Idade Média, em substituição ao escravismo greco-romano, foi chamada pelos historiadores de feudalismo. É importante ressaltar que esse sistema não foi imóvel e muito menos estagnado. Ao contrário, formou-se durante a Alta Idade Média (do século V ao X) e, principalmente a partir do século XI, início do período que costuma ser denominado Baixa Idade Média (século XI ao XV), mostrou seu dinamismo com o desenvolvimento das cidades e das atividades artesanais e comerciais. Destaque-se ainda que as características do feudalismo variaram de região para região e de época para época ao longo dos séculos. Ao mesmo tempo, os vizinhos da Europa ocidental – muçulmanos e bizantinos – tiveram outras formas de organização social e econômica que não o feudalismo, e a unidade imperial ou estruturas em califados permitia-lhes desenvolver intensamente o comércio, o que favoreceu a essas sociedades grande desenvolvimento, e Bizâncio viveu seu auge.

Reprodução/Biblioteca Nacional, Paris, França

Cena medieval representando o trabalho de servos no campo

De modo geral, do ponto de vista econômico, o sistema feudal, em sua formação, era caracterizado pelo predomínio da produção para consumo local, comércio bastante reduzido ou quase inexistente e ausência ou baixa utilização de moeda. O feudo, unidade de produção agrária, pertencia a uma camada de senhores feudais, que eram membros do alto clero ou nobres guerreiros.

O trabalho na sociedade feudal estava baseado na servidão, relação que mantinha os trabalhadores (servos, ou vilões ou aldeãos) presos à terra e subordinados a uma série de obrigações em impostos feudais e serviços. Nessa época era comum que as pessoas nascessem, vivessem e morressem sem jamais sair do lugar, atreladas às obrigações para com o senhor do feudo.

Kazuhiko Yoshikawa/Arquivo da editora

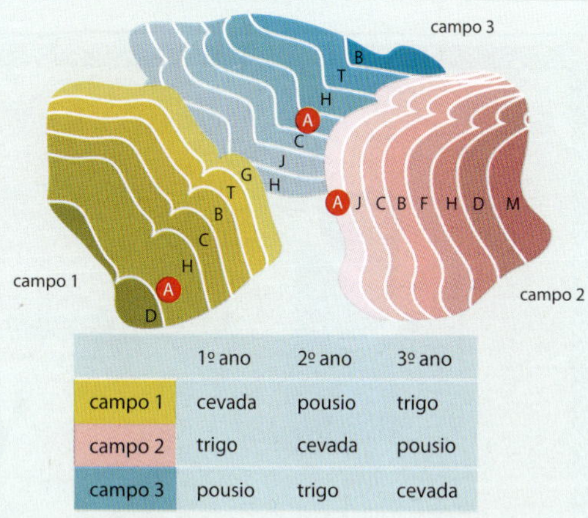

	1º ano	2º ano	3º ano
campo 1	cevada	pousio	trigo
campo 2	trigo	cevada	pousio
campo 3	pousio	trigo	cevada

Note que todos os campos estão divididos em faixas, cultivadas por diferentes servos: cada letra identifica um deles. Por exemplo, o servo A cultiva uma faixa no campo 1, uma no campo 2 e outra no campo 3.

Ao lado, modelo de um feudo, unidade de produção típica da Europa ocidental durante a Idade Média. Mais a direita, esquema de rotação de culturas, em três campos, que propiciava cultivos diferentes e o descanso a cada dois anos de cultivo, chamado pousio.

A sociedade feudal baseava-se na existência de dois grupos sociais principais – senhores e servos – e podia ser caracterizada como estamental, uma vez que as categorias eram claramente definidas e não era comum haver nenhum tipo de mobilidade. O estamento inferior – a camada produtiva e dominada constituída pelos servos – formava a maioria da população. Destaque-se que, além desse quadro geral, dependendo da região e ao longo do tempo, existiram desde aqueles mais subordinados à servidão e submissos às tributações, até alguns com um pouco mais de liberdade, inclusive isentos de algumas obrigações.

A exploração do trabalho servil era legitimada pela Igreja. Para ela, cada membro da sociedade tinha funções a cumprir em sua passagem pela Terra, o que disseminava uma mentalidade favorável à condição subordinada dos servos. Segundo essa mentalidade, era função do servo trabalhar, do clérigo rezar, e do nobre proteger militarmente a sociedade.

OED A família medieval

Leituras da História

A vida dos servos

Os tributos anuais pagos por um camponês francês chamado Guichard – que viveu na Borgonha [atual França], não longe das propriedades do bispo de Mâcon – eram típicos desses acordos. A cada Páscoa, ele dava ao cônego Étienne, seu senhor, um cordeiro; na estação do feno, devia-lhe seis peças de dinheiro. Quando chegava a época da colheita, Guichard era obrigado a dar uma medida generosa de aveia, bem como se reunir com outros camponeses para oferecer um banquete ao cônego. Na colheita da uva, Guichard pagava nova quantia em dinheiro, além de três pães e um pouco de vinho. Estava livre de obrigações durante os magros meses de inverno até o início da quaresma, quando o senhor aguardava um capão. Na metade desse período de penitência, devia mais seis peças de dinheiro, e logo depois chegava o momento de sacrificar o cordeiro da Páscoa e recomeçar todo o ciclo. [...]

A herdade [grande propriedade rural] feudal típica – a casa e as terras do senhor – era um mundo autossuficiente. Tinha sua própria igreja, seu moinho, uma cervejaria e uma padaria centrais, possivelmente uma taverna. Os campos eram divididos entre os lotes dos camponeses e o terreno pessoal do senhor. As cabanas dos camponeses geralmente ficavam agrupadas numa aldeia próxima da fonte de água; uma grande herdade podia conter várias aldeias. O senhor tinha seus próprios celeiros e estábulos, que geralmente ficavam perto de sua moradia ou castelo; seus arrendatários dividiam amiúde suas cabanas com uma vaca ou cabra da família e, com exceção dos mais pobres, todos tinham um porco.

De uma geração para outra, o cenário rural dificilmente se alterava. O século VIII trouxera para a Europa os moinhos d'água, arados mais fundos e eficientes e o ciclo de três anos de plantações – trigo, depois aveia ou cevada, depois repouso – que alimentava homens e animais e permitia que a terra recuperasse sua fertilidade. [...]

CAMPANHAS sagradas: 1100-1200. Rio de Janeiro: Time-Life/Cidade Cultural, 1990. p. 31-32. (História em Revista).

Colheita representada numa iluminura medieval. Inglaterra, século XIV.

Os senhores feudais, por sua vez, estabeleciam entre si relações de suserania e vassalagem. Isso ocorria, por exemplo, quando um nobre doava terras a outro nobre, em troca de ajuda em guerras e outras obrigações, como tributos. O senhor que doava o feudo tornava-se suserano, comprometendo-se a proteger militarmente o nobre que recebera a terra. Este passava a ser vassalo daquele, obrigado a prestar, principalmente, ajuda militar ao primeiro. Um suserano poderia ter diversos vassalos, e cada vassalo outros tantos, de forma que diversos senhores feudais, nobres guerreiros de uma região, assumiam um compromisso mútuo de defesa. Também ocorria de um nobre tornar-se suserano não por doar terras, mas por fazer outros tipos de concessão: por exemplo, ceder ao vassalo o direito de explorar pedágios em pontes ou estradas, ou recolher taxas numa aldeia ou região.

Para marcar essa relação de dependência, realizava-se uma cerimônia, a homenagem, durante a qual o senhor que recebia o benefício – por exemplo, a concessão de uma área territorial – fazia um juramento de fidelidade diante de uma relíquia religiosa ou perante os evangelhos.

Tratava-se de uma teia de relações em forma de pirâmide em cuja base estavam senhores feudais menos poderosos e ricos que eram somente vassalos; no meio estavam nobres vassalos de um e suseranos de vários; e, no topo, geralmente, um senhor feudal mais poderoso que todos: o rei.

Opressão e desprezo aos de baixo

A evolução da língua traduz com perfeição a carga de desprezo que oprime o campesinato: não ser nobre corresponde a ser ignóbil (*innobilis*), e o vilão (etimologicamente um habitante da vila, da aldeia) é por definição um ser grosseiro, do qual não se pode esperar nada além da vilania. Nessas condições, não faz sentido reconhecer a qualidade de homens livres a tais criaturas.

BONNASSIE, Pierre. Liberdade e servidão. In: LE GOFF, Jacques; SCHIMITT, Jean-Claude. *Dicionário temático do Ocidente medieval*. Bauru/São Paulo: Edusc/Imprensa Oficial do Estado, 2002. v. 2. p. 71.

Ao longo dos séculos, na progressiva complexidade de relações medievais de dependência e fidelidade entre senhores, surgiram até mesmo reis vassalos de outros suseranos. O fundamental, já que havia uma fragmentação de poderes nas mãos dos senhores e um poder central fraco, é que as relações de suserania e vassalagem garantissem a coesão mínima entre os membros do grupo social dominante, o que era indispensável para enfrentar ameaças que pudessem subverter a ordem estabelecida, especialmente por parte dos servos.

Os reis feudais não se caracterizavam por suas funções políticas e administrativas, mas principalmente pelas militares. No caso de agressão externa, como era comum durante a Alta Idade Média, o rei atuava como chefe militar de um exército formado por centenas de nobres e seus cavaleiros e tropas auxiliares.

Album/Oronoz/Latinstock

Cerimônia de vassalagem, registrada no *Livro de Punição de dom Sancho IV de Castela*, do século XIII.

Para saber mais

Sobre a mulher na Idade Média

A sociedade medieval era bem marcada pela hierarquia entre as ordens e isso ocorria também na distinção existente entre o masculino/feminino. Grande parte da literatura medieval optava por demonstrar as deficiências femininas em relação aos homens. Os religiosos, por abdicarem em tese do contato sexual com as mulheres, alimentavam uma visão ainda mais negativa dos aspectos ligados ao público feminino. De acordo com os escritos dos clérigos, as mulheres eram naturalmente propensas à luxúria e incapazes de orientar-se pela voz da razão, o que as tornava presas fáceis das tentações. Dissimuladas e falsas, elas tendiam a reproduzir o pecado original: estavam sempre prontas a seduzir os homens e causar sua ruína. Por isso, os religiosos aconselhavam os homens a manterem suas esposas sob vigilância constante e assegurar sua obediência. Uma mulher insubmissa colocava em risco não só sua família, mas toda a ordem social.

Nem mesmo a glorificação da Virgem Maria a partir do século XII, elevada muito acima das outras mulheres, ou a dama do amor cortesão, a inacessível amante dos poetas medievais, reverteram a depreciação feminina. Claro que, apesar do que a história tradicional reproduz, houve inúmeros exemplos medievais de mulheres na dianteira, administrando seus lares, ofícios, negócios variados e mesmo feudos, especialmente durante a minoridade dos herdeiros, além da posição de liderança em enfrentamentos cotidianos e mesmo na Corte, inclusive em situações de guerras.

A despeito de sua má reputação, a mulher desempenhava, por exemplo, uma função central nos acordos entre as casas aristocráticas. Por meio dos acordos matrimoniais, as famílias selavam a paz, asseguravam a perpetuação da linhagem e a transmissão das posses e privilégios aos descendentes. O fracasso da união poderia desencadear guerras e romper as delicadas teias de lealdade entre as famílias nobres. Por isso, a escolha de um esposo para uma jovem era assunto dos mais graves, que competia ao pai ou a outra autoridade masculina da família, desprezando-se a opinião da mulher na decisão. Nem a exigência da Igreja para que os casamentos só fossem feitos com o consentimento dos noivos foi capaz de impedir que as moças casassem contrariadas.

A necessidade de garantir a legitimidade dos herdeiros impôs mecanismos cada vez mais rigorosos de controle sobre o corpo feminino. Para impedir que a mulher mantivesse algum tipo de relação sexual antes do casamento, elas eram encaminhadas precocemente às núpcias. Assim, meninas de 12 ou 13 anos tornavam-se esposas de homens 15 ou 20 anos mais velhos. Confinadas ao lar, as mulheres deveriam mostrar obediência e mansidão, dedicando-se aos assuntos domésticos, como o preparo dos alimentos, a vigilância sobre os empregados e a criação dos filhos.

Havia grande cobrança pela maternidade, de modo que se esperava que a jovem engravidasse o mais breve possível depois de casada. A esterilidade era malvista e a mulher incapaz de gerar filhos corria o risco de ser repudiada pelo marido e posta à margem da sociedade. Ser mãe era a principal obrigação feminina e boa parte da vida adulta das mulheres da aristocracia era tomada pela gravidez: em geral, antes de completar 40 anos, uma nobre colocava no mundo mais de uma dezena de filhos. No entanto, em função da altíssima mortalidade infantil, poucos eram os casais que, ao falecer, tinham mais de 2 ou 3 filhos ainda vivos.

Biblioteca Britânica/The Bridgeman/Keystone

O ócio era entendido como um risco sem tamanho para as mulheres. Assim, o bordado e a tecelagem eram ensinados às meninas desde cedo. Na imagem, mulheres tecendo, ilustração do século XV, de autoria desconhecida, para a obra *De Claris Mulieribus* (Sobre Mulheres Famosas, 1361-1362) de Giovanni Boccaccio.

2 Islâmicos e bizantinos na contramão da Europa feudal

Logo após a morte de Maomé, a expansão do Império Islâmico esteve baseada na sucessão de califas de Damasco, capital do Império. O islamismo significou, para os árabes, a unificação de diversas tribos e a realização de seu ímpeto expansionista de caráter religioso e econômico-comercial. No século VIII, ele já se estendia do rio Indo até a península Ibérica, incluindo o norte da África e regiões do sul da Europa, como as ilhas da Córsega e a Sicília. A expansão muçulmana, iniciada com os árabes, incluiu os berberes e outros povos, convertidos, aliados ou submetidos ao domínio islâmico. Seu período de expansão (do século VII ao VIII) corresponde a movimentos contrários aos do feudalismo: em vez de fragmentação em feudos e reinos, unificação de tribos por meio de um império dirigido pelos califas; em vez de fechamento econômico, expansão comercial. Séculos depois, a expansão muçulmana enfrentou sua fragmentação, com a formação de califados independentes.

A expansão muçulmana na península Ibérica

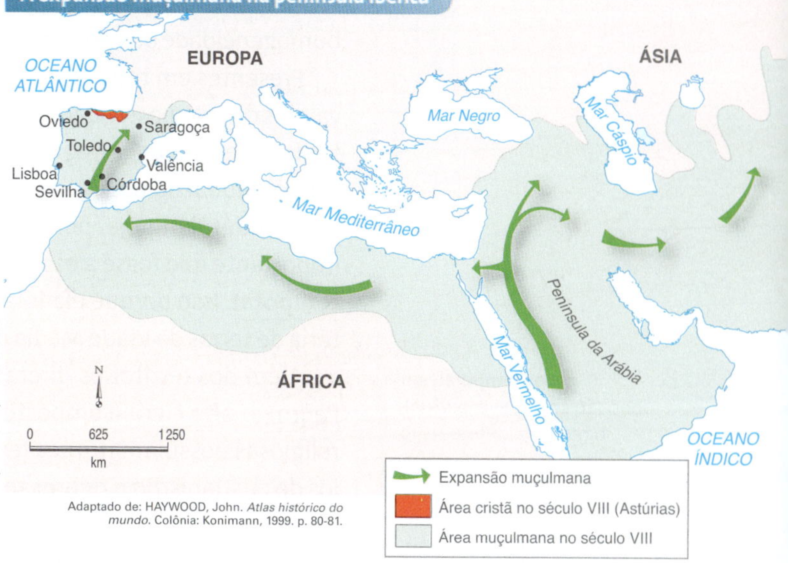

Adaptado de: HAYWOOD, John. *Atlas histórico do mundo*. Colônia: Konimann, 1999. p. 80-81.

Para a história do Brasil, um dos califados mais importantes foi o de Córdoba, que comandava a península Ibérica e marcou profundamente a formação dos espanhóis e portugueses modernos.

Os reinos de Portugal e Espanha, surgidos apenas nos séculos XII e XV, respectivamente, não foram precedidos por feudos nos moldes descritos até aqui na Idade Média europeia, mas pela dominação muçulmana – que demonstrava tolerância e acolhia judeus e cristãos, desde que afinados com os objetivos políticos e econômicos do califado.

Em Bizâncio, como vimos, o enfraquecimento do poder imperial, os ataques externos e o constante confronto com os muçulmanos em suas fronteiras foram provocando a desagregação do Império, que acabou por desaparecer em 1453, com a tomada de Constantinopla. Em seu lugar ergueu-se o Império Turco Otomano, que se estendeu até o século XX.

Catedral de Córdoba, na Espanha em 2012. Nessa região, podemos observar a influência da ocupação muçulmana na península Ibérica.

Tibor Bognar/Corbis/Latinstock

3 A Igreja medieval

Como você observou ao estudar a desagregação do Império Romano do Ocidente, o triunfo do cristianismo contribuiu para a religiosidade que marcou a Idade Média. Foi nessa época que a Igreja começou a se organizar com o objetivo de zelar pela homogeneidade dos princípios da religião cristã e promover a conversão dos pagãos.

Presentes em todos os níveis sociais, os membros da Igreja medieval incitaram valores como a passividade e a subordinação dos homens comuns perante o senhor, tanto o senhor espiritual (clérigo), encarregado de proteger as almas, quanto o senhor feudal da terra (nobre), que protegia os corpos.

O poder da Igreja, portanto, não estava restrito ao plano espiritual, por mais importante que fosse a espiritualidade para as sociedades medievais; era também **temporal**. Isso porque ela foi, pouco a pouco, se transformando na maior proprietária de terras da Idade Média e construindo fortes vínculos com a estrutura feudal.

poder temporal: em oposição ao poder espiritual, o temporal refere-se ao mundo, à vida terrena.

celibato clerical: proibição de casamento imposta aos sacerdotes.

Além dos territórios diretamente controlados pelo papa (o Patrimônio de São Pedro), o alto clero (composto pelos bispos, arcebispos e abades) e várias ordens religiosas possuíam muitos feudos. O **celibato clerical**, criado nos primeiros séculos do cristianismo e rigorosamente aplicado a partir do século XI, contribuía, além disso, para a manutenção do patrimônio eclesiástico feudal, ao evitar a divisão entre possíveis herdeiros dos membros do clero.

O crescente apego de parte do clero à terra e aos bens materiais acabou gerando reações dentro da própria Igreja. Surgiram ordens religiosas que procuravam afastar seus membros das tentações do mundo por meio do isolamento em mosteiros e abadias e de votos de castidade, pobreza e silêncio. Distinguiu-se, a partir de então, o **clero secular** (que vivia no *saeculum*, no "mundo", em contato com a terra, a administração e a exploração das riquezas) do **clero regular** (que vivia de acordo com a *regula*, as "regras", como eram chamados os votos que os religiosos faziam).

Com o tempo, num mundo em que uma restrita minoria era alfabetizada, as igrejas, os mosteiros e as abadias converteram-se nos principais centros da cultura letrada. Nesses mosteiros e abadias medievais funcionavam as escolas e as bibliotecas da época. Era lá que se preservavam e restauravam textos antigos da herança greco-romana.

Nessa miniatura do século XV está representada uma biblioteca com diversos manuscritos.

Apesar de todo seu poder e influência na sociedade, a estrutura da Igreja medieval encontrou dificuldades em manter a homogeneidade da doutrina cristã. Era comum o surgimento de seitas, facções ou orientações que, embora fundadas em princípios cristãos, se opunham à doutrina oficial da Igreja – eram as chamadas *heresias*. O difícil relacionamento com a Igreja bizantina também foi fator de ameaça ao poderio da Igreja com sede em Roma, que culminou, como já vimos, em 1054 no **Cisma do Oriente**.

Leituras da História

Igrejas e cemitérios

A rede de paróquias definiu as estruturas espaciais da Europa medieval, fixando a população no entorno do eixo que eram as igrejas e os cemitérios. Sobre isso, comenta Jérôme Baschet:

A presença dos cemitérios no centro das cidades e das aldeias é tão importante que pode ser considerada um sintoma, ou até mesmo um elemento marcante específico da sociedade feudal. Não há, portanto, nada de surpreendente em constatar que é a partir da segunda metade do século XVIII que os cemitérios são expulsos para o exterior das zonas habitadas, para onde a Antiguidade os havia relegado. O feudalismo termina quando os mortos, que a Igreja havia posto no centro do espaço social, são reconduzidos para fora das cidades e das aldeias.

BASCHET, Jérôme. *A civilização feudal*: do ano 1000 à colonização da América. São Paulo: Globo, 2006. p. 281.

Durante a Idade Média a Igreja passou a controlar o casamento, os nascimentos (pelo batismo) e os falecimentos. Na imagem abaixo, do século XII, a consagração do altar-mor da abadia de Cluny, França, por Urbano II. A cerimônia de consagração purifica o altar, para que possa ser usado no culto.

Atividades

Leitura de texto e levantamento de hipótese

1. Leia o texto a seguir, que explica o sentido do termo *vilão* na Idade Média.

> O termo *vilão*, que de início não é pejorativo, é sem dúvida o mais adequado, em primeiro lugar porque a noção moderna de "camponês" não tem equivalente nas concepções medievais. Nelas, os homens rurais não eram definidos por suas atividades (o trabalho na terra), mas pelo termo *vilão*, que abrange todos os aldeãos, seja qual for sua atividade (aí incluídos os artesãos), e que indica essencialmente residência local. Ele também não designa um estatuto jurídico (livre/não livre), questão que parece relativamente secundária. A base fundamental dessa relação social é antes de tudo de ordem espacial: ela designa todos os habitantes de um senhorio, os vilãos (ou, se quisermos, aldeãos) que sofrem a dominação do senhor do lugar.
>
> BASCHET, Jérôme. *A civilização feudal*: do ano 1000 à colonização da América. São Paulo: Globo, 2006. p. 128.

a) Qual o sentido do termo *vilão* na Idade Média?

b) Por que, segundo o texto, o termo *camponês* não era correntemente empregado no contexto da Idade Média?

c) Atualmente, qual é o sentido cotidiano da palavra *vilão*?

d) Reflita sobre a condição social dos vilões na Idade Média e procure levantar uma hipótese para explicar por que o termo *vilão* adquiriu o significado atual.

Leitura e interpretação de documento

2. Retome o texto da página 239, do historiador Pierre Bonnassie, e leia o extrato a seguir. Depois, responda às questões propostas.

> Os camponeses e os vilões / Os da mata e os da planície / Aos vinte, aos trinta, aos cem / Tiveram muitas reuniões / E espalharam a divisa de seu conselho / "Nosso inimigo é nosso senhor" / E falaram isso em segredo / E muitos juraram entre si / Que jamais, por sua vontade / Teriam senhor ou mediador [...] / Com tais ditos e palavras / E outras ainda mais loucas / Marcaram seu consentimento / E juraram solenemente / Que todos ficariam juntos / E juntos se defenderiam / E elegeram, não sei onde nem quando / Os mais hábeis, os que falavam melhor / Que foram por toda a região / Recolher os juramentos [...] / Raul se exaltou de tal modo / Que não fez qualquer julgamento / Colocou todos tristes e doloridos / De muitos arrancou os dentes / E outros mandou empalar / Arrancou os olhos, cortou os pulsos / A todos mandou assar os jarretes / Mesmo que com isso morressem / Outros foram queimados vivos / Ou colocados em chumbo fervente / Assim tratou a todos / Ficaram com aspecto horroroso / Não foram vistos depois disso em lugar nenhum / Onde não fossem reconhecidos / A comuna ficou reduzida a nada / E os vilões se portaram bem / Se retiraram e se demitiram / Daquilo que tinham começado.
>
> *Roman de Rou* (Romance de Rolão), de Guillaume de Jumièges e Wace (Revolta de camponeses na Normandia em 997).
> Apud LE GOFF, Jacques. *A civilização do Ocidente medieval II*. Lisboa: Editorial Estampa, 1984. p. 60-61.

a) Pela leitura do trecho acima, extraído de um romance do século IX, é possível afirmar que os camponeses eram completamente submissos e dominados pelos senhores feudais?

b) Ao estudar a condição dos camponeses na Idade Média, o historiador Pierre Bonnassie afirma que, diante da imagem que as camadas dominantes tinham dos camponeses, "não faz sentido reconhecer a qualidade de homens livres a tais criaturas". Com base nessa ideia, analise o trecho do romance do século IX, citado acima.

Leitura de imagens e reflexão

3. A solidez ou a fragilidade dos edifícios e das construções expressam as relações entre as pessoas da sociedade às quais se destinavam. Examine atentamente as duas construções seguintes.

Pascal Pavani/Agência France-Presse

Kiev.Victor/Shutterstock/Glow Images

No alto, em foto de 2013, castelo medieval em Najac, França; acima, em foto de 2012, a catedral de Notre-Dame (Nossa Senhora), em Paris, França.

a) Quais são as semelhanças entre as duas construções?

b) Qual é o significado de cada uma no contexto da sociedade feudal?

c) Que construções atuais você poderia citar como símbolos do poder dominante na sociedade?

4 A cultura na época medieval

teocentrismo: do grego *theos*, 'Deus'; e *kentron* 'centro'.

As pessoas da Idade Média davam significados próprios às coisas de seu tempo, mas nem por isso estavam estagnadas ou atrasadas culturalmente. O monopólio cultural da Igreja, somado à intensa religiosidade que acabou refletindo nas artes e na mentalidade da época, foi chamado de **teocentrismo** cultural.

A educação formal entrou em crise na Alta Idade Média, ficando restrita principalmente ao meio clerical. Durante o período merovíngio, a Igreja manteve escolas episcopais para garantir a formação do clero, enquanto dentro dos mosteiros realizavam-se a leitura e a cópia de documentos escritos e de alguns livros das civilizações grega e romana, além de, um pouco mais tarde, árabe. Nesse quadro, não é de estranhar que um dos principais filósofos medievais tenha sido um religioso do Baixo Império Romano, preocupado basicamente com assuntos ligados à doutrina cristã. **Santo Agostinho** (354-430), nascido no norte da África, estudou em Cartago e em Roma e foi um dos doutores da Igreja responsáveis pela síntese entre a filosofia clássica e o cristianismo. Entre suas obras figuram *Confissões* e *Cidade de Deus*.

Inspirado no grego Platão, Santo Agostinho dedicou-se a conhecer a essência humana e preocupou-se com o modo de alcançar a salvação da alma. Quanto ao homem, Santo Agostinho o definia como um ser corrompido, por ser herdeiro do pecado original. Em oposição a Deus, espiritual, perfeito, existia o homem, imperfeito, feito de carne, impuro, mortal.

Desse modo, a salvação somente seria obtida pelo homem pecador graças à intervenção divina, na medida em que Deus incluía o perdão entre seus infinitos atributos. Ao homem restava apenas a fé silenciosa em Deus e, consequentemente, a obediência ao clero. Nas palavras de Santo Agostinho, "a fé precede a razão". A onisciência de Deus, ou seja, o conhecimento total que Deus teria do presente, passado e futuro, faria do homem um ser predestinado, seja à salvação ou à condenação.

A Filosofia teve grandes pensadores islâmicos, como Ibn Rochd (Averróis), que promoveu uma exposição clara e organizada do pensamento de Aristóteles. Para Averróis, o pensamento permitiria harmonizar fé e razão e reivindicar o desenvolvimento autônomo da Filosofia, numa época em que o aspecto religioso era crucial para a vida social e política, seja na Europa, seja no Império Islâmico, seja ainda no Império Bizantino.

Ali Meyer/Corbis/Latinstock

Como vimos, o trabalho dos monges copistas, reclusos em mosteiros, permitiu preservar muitos manuscritos da Antiguidade clássica. No período medieval, eles eram praticamente os únicos com cultura letrada. Ao lado, São Gregório com os escribas, relevo de marfim do final do século IX.

Além de Averróis, destacou-se a obra de Abu Hatim Alrazi, conhecido como Razi pelos povos latinos. Mesmo tendo vivido entre os séculos IX e X, Razi afirmava que os profetas eram impostores perigosos, os textos sagrados eram lendas que degradavam a inteligência e as religiões eram fontes de guerras e embrutecimento mental. Seus argumentos só puderam ser divulgados na Europa no século XVIII, no contexto do Iluminismo – movimento de valorização da racionalidade, ou seja, a busca de verdades independentes das verdades religiosas. Somente fragmentos da obra de Razi chegaram até os dias de hoje.

Na Europa cristã, entre os séculos V e X, apenas uma parcela bem pequena da população dominava a leitura. A língua escrita era basicamente o latim e as pessoas geralmente se comunicavam em dialetos do latim ou em idiomas de origem germânica. Isso explica, em parte, por que a **pintura** e a **escultura** europeias possuíam papel educativo, além de contemplativo, na visão da Igreja católica. Assim, entre ornamentos dos mosteiros e igrejas, eventualmente se encontravam esculturas e afrescos, e os monges copistas ornamentavam os livros com as já citadas iluminuras. A **arquitetura** europeia medieval também refletiu a religiosidade herdada da Alta Idade Média. Os principais monumentos arquitetônicos do período foram igrejas, e o estilo predominante foi o **românico**, cujo máximo desenvolvimento se deu entre os séculos XI e XII na construção de castelos, mosteiros e igrejas. Caracterizado por grandes edifícios maciços, com grossas paredes para sua sustentação e pequeno número de janelas, exibia predominância de linhas horizontais. A simplicidade ornamental do exterior e do interior das construções era outra característica do estilo românico, cujas curvas baseavam-se no arco romano, semicircular. Observe a igreja abaixo.

ADS

KHD/Shutterstock/Glow Images

A arte românica confere aos castelos, mosteiros e igrejas medievais uma aparência de solidez e estabilidade. Na foto, em 2011, igreja de Notre-Dame-la-Grande, de Poitiers, França.

André Toma/Arquivo da editora

O interior das igrejas românicas era escuro e frio, mas suas grossas paredes criavam uma impressão de proteção.

Ao mesmo tempo, o Império Islâmico viveu o amplo desenvolvimento de suas potencialidades artísticas e culturais. Um modo de conhecer alguns aspectos dessa cultura é ler a obra *As mil e uma noites*, uma compilação de contos populares da época, de várias origens, reunidos a partir do século IX. Também os palácios e mesquitas construídos na Espanha muçulmana, como a Mesquita de Córdoba ou o Palácio de Alhambra, em Granada, são exemplos culturais da civilização muçulmana naquele momento.

Os bizantinos e, principalmente, os árabes se destacaram ainda em Astronomia, Medicina, Matemática e Física. Toda a nossa matemática está sustentada nos algarismos que chamamos de *arábicos* – os quais, apesar de terem sido criados na Índia, foram divulgados pelos árabes.

Embora o período medieval europeu tenha sido caracterizado como a época do obscurantismo das ideias e do predomínio da fé, diferentes elementos da cultura material atestam a importância e a riqueza do pensamento e da cultura medievais. Até mesmo narrativas posteriores sobre pretensos temores dos cristãos europeus quanto ao ano 1000, como sendo a chegada do final dos tempos, o fim do mundo, hoje são contestadas. Sobre isso, leia o texto a seguir.

O ano 1000

Do século XVI ao XIX, argumentando com a presença de inúmeros prodígios na documentação, os historiadores não duvidaram da ocorrência daquela obsessão [do fim do mundo no ano 1000] [...] vários historiadores adotaram o fato como verdadeiro e reforçaram sua existência. [...] Aceitando a ideia, Cesar Cantu, na Itália, Wilhelm Giesebrecht, na Alemanha, Augustin Thierry, na França e George Burr, nos Estados Unidos, contribuíram para sua petrificação e difusão nos manuais escolares.

Reagindo contra essa postura desde fins do século XIX diversos estudiosos procuraram demonstrar a falsidade daquela tese. Argumentou-se que os textos de época jamais mencionaram explicitamente a crença no fim do mundo no ano 1000. Lembrou-se de que, dos milhares de testamentos e cartas de doação da Alta Idade Média, apenas 35 referem-se ao fim do mundo, sem que nenhum deles assinale uma data precisa para tanto. [...] Assim, concluiu-se que "as pessoas do ano 1000 tinham outras coisas a fazer além de temer o fim do mundo".

FRANCO JR., Hilário. *O ano 1000*: tempo de medo ou tempo de esperança. São Paulo: Companhia das Letras, 1999. p. 16-17.

Palácio de Alhambra, em Granada. Foto de 2013.

Alan Copson/JAI/Corbis/Latinstock

5 Baixa Idade Média: dinamização cultural

Como vimos, pode-se afirmar que grande parte das expressões culturais medievais foi marcada pelo predomínio do pensamento religioso. Entretanto, na Baixa Idade Média, as transformações provocadas pela expansão comercial afetaram o monopólio cultural exercido pela Igreja. O crescimento do comércio, a urbanização e o contato cada vez mais intenso e frequente com outros povos, principalmente do Oriente, fizeram com que os europeus adquirissem outros valores, deixando de subordinar sua vida a uma "vontade divina". Aliás, o impulso das mudanças atingiu até mesmo a Igreja: no imaginário sobre a vida após a morte, surgiu no século XII um terceiro lugar ao lado do céu e do inferno: o purgatório.

Região intermediária destinada a desaparecer no Juízo Final, o purgatório era visto como um lugar transitório para aquelas almas que deviam purgar (pagar, limpar) seus poucos pecados (**veniais**) antes de ir para o céu. Os clérigos poderiam obter o perdão divino – **indulgência** – para certos defuntos mediante pagamento, o que constituiu um intenso comércio a partir do século XIII.

veniais: os pecados menores, passíveis de serem pagos por confissão ou pelo purgatório, opõem-se aos pecados mortais, mais graves.

Leituras da História

O purgatório e o poder da Igreja

Essa espacialização do purgatório tinha consequências essenciais. Fazia crescer o poder da Igreja, cuja ajuda era necessária para diminuir a duração das temporadas num lugar, o purgatório, tão penoso quanto o inferno – com essa diferença de não ser eterno, mas de duração variável. Com a construção do purgatório, historicamente, o homem vivente dependia na Terra do direito de jurisdição da Igreja, o foro eclesiástico. O homem morto, por sua vez, estava na dependência única do foro divino. Mas com o purgatório, as almas (humanas, dotadas de uma espécie de corpo) dependem daí em diante do foro conjunto de Deus e da Igreja. A Igreja faz transbordar seu poder, seu *dominium*, para além da morte.

Meu estudo sobre o purgatório me fez compreender que uma civilização se definia essencialmente por seu domínio do espaço e do tempo. A civilização medieval só podia se tornar poderosa estendendo até o além o domínio do espaço e do tempo sobre a Terra, cá embaixo. A civilização medieval repousava sobre a ausência de fronteira impermeável entre o natural e o sobrenatural. A eternidade que aboliria o espaço e o tempo era verdadeiramente jogada para fora da História.

LE GOFF, Jacques. *Em busca da Idade Média*. Rio de Janeiro: Civilização Brasileira, 2005. p. 145-146.

G. Dagli Orti/De Agostini Picture Library/The Bridgeman Art Library/Keystone/Museu de Arte de Villeneuve-Les-Avignon, França.

Purgatório, detalhe de pintura em madeira da obra *Coroação da Virgem*, de Enguerrand Quarton, 1454.

Com a dinâmica comercial, as cidades transformaram-se, aos poucos, em centros culturais e passaram a irradiar uma cultura cada vez menos subordinada aos valores da Igreja. No processo de renascimento urbano, comercial e intelectual, destacaram-se as **universidades**, que a partir do século XII se tornaram importantes centros de ensino, embora muitas ainda mantivessem sua estrutura original, geralmente concebida no reinado de Carlos Magno.

Nesse período, as antigas escolas monásticas e as catedrais, dedicadas basicamente ao estudo de textos religiosos, transformaram-se em centros de estudos mais amplos. A denominação *universitas*, inicialmente atribuída à coletividade urbana e aos trabalhadores de um ofício, logo designava também os trabalhadores intelectuais (alunos e professores) em alguns centros de estudos, que passaram a se chamar *universidades*. Constituída principalmente de membros da Igreja, a comunidade de alunos e professores passou a receber também representantes da nobreza e dos novos grupos sociais emergentes das cidades.

Nos centros de estudos, os cursos eram compostos pelo *trivium* (Gramática, Retórica e Lógica) e pelo *quadrivium* (Aritmética, Geometria, Astronomia e Música). Após esses estudos iniciais, o aluno era encaminhado para as "artes liberais", quando se preparava para exercer um ofício, ou então se especializava nas áreas de Teologia, Medicina ou Direito. As primeiras universidades surgiram com base nessa estrutura e se dedicavam a um estudo universal, como o próprio nome da instituição sugere.

O pensamento filosófico da Baixa Idade Média ainda era dominado pela religião, embora a teologia agostiniana da Alta Idade Média estivesse sendo substituída por uma nova concepção, a da **filosofia escolástica**.

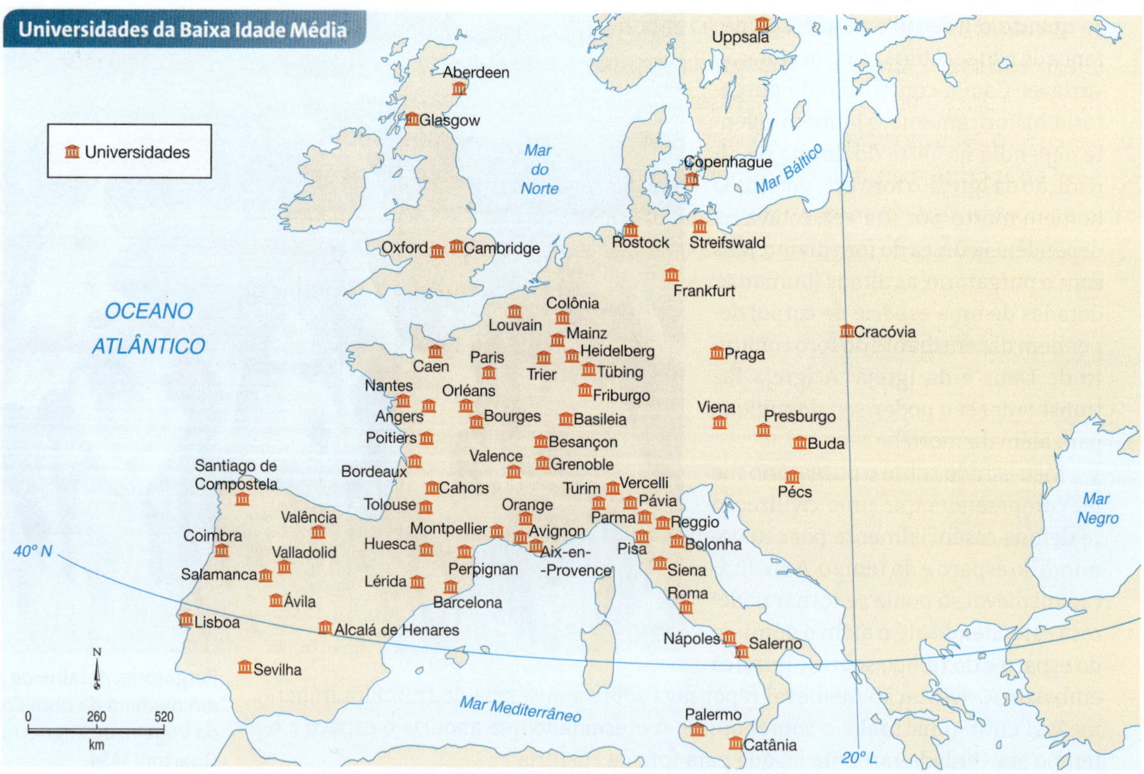

Allmaps/Arquivo da Editora

Adaptado de: BARBERIS, Carlo. *Storia antica e medievale*. Milão: Principato, 1997. v. 2. p. 632.

O mapa indica os principais centros universitários fundados até o século XII. No século XIII, o chamado "século das universidades", já eram oitenta as universidades europeias.

Giraudon/The Bridgeman Art Library/Keystone/Biblioteca Municipal, Cambrai, França.

Uma aula na universidade, representada na obra *Novela Super Sexto*, de Jean Andre, século XIV.

Também conhecido como *tomismo*, esse conjunto de ideias tem suas origens no pensamento de **Santo Tomás de Aquino** (1225-1274). Professor na universidade de Paris e autor da *Suma teológica*, inspirou-se em Aristóteles, desenvolvendo a tese de que o progresso humano não dependia apenas da vontade divina, mas também do esforço do indivíduo. Assim, o homem surgiria como um ser privilegiado, uma vez que, dotado de razão, estava preparado para assumir seu destino. Santo Tomás de Aquino procurava, dessa forma, conciliar fé e razão, refutando a ideia agostiniana (de Santo Agostinho, conforme vimos) de predestinação.

Como ser racional, o homem teria plenas condições de encontrar o caminho da salvação, evitando o pecado por meio do livre-arbítrio (livre escolha). Ao mesmo tempo, essa filosofia preservava a função do clero como orientador espiritual e moral da sociedade. A liberdade de escolha estava condicionada às concepções eclesiásticas, ou seja, cabia ao clero indicar o correto caminho da salvação a ser trilhado pelo homem em vida. A realização de boas obras (boas ações, caridade, etc.) confirmaria a salvação.

A filosofia escolástica reprovava a ambição do ganho – o lucro e o empréstimo de dinheiro a juros. Essa postura, todavia, era incompatível com a expansão da atividade comercial, e muitos membros da Igreja foram se mostrando tolerantes às novas práticas econômicas, o que provocou muitos conflitos. Porém, a própria Igreja obtinha lucros fazendo empréstimos a juros, numa flagrante contradição com seu discurso.

A **Arquitetura** foi a maior expressão artística da Baixa Idade Média, com o surgimento do estilo **gótico**, também denominado ogival, difundido a partir do século XII, em oposição ao estilo românico predominante até então.

As catedrais góticas eram construídas unicamente dentro das cidades e tinham um aspecto de leveza, se comparadas às construções românicas. Eram verticalizadas, dotadas de altas torres que se projetavam em direção ao céu de forma imponente. Construídas com novas técnicas, que permitiam edificações mais elevadas e paredes menos espessas, tinham grandes janelas, cobertas por vitrais multicoloridos que deixavam entrar a luz do dia.

Paul Hubble/FilmMagic/Getty Images

A verticalidade, os arcos cruzados em ponta ou ogivais (formando uma semicircunferência, em ângulo agudo) caracterizam o gótico, estilo arquitetônico predominante na Europa ocidental a partir do século XIII. Na foto de 2013, fachada da Catedral de Notre-Dame, em Paris.

Tanto o interior quanto o exterior das catedrais góticas eram trabalhados com minúcias ornamentais. Por serem localizadas no centro das cidades, não eram apenas lugares de culto, mas também de reunião e assembleias civis (como as dos membros das corporações de ofício) e verdadeiros centros da cultura e da arte do período. Representavam, assim, o poderio urbano e o da Igreja.

Durante a Idade Média, privilegiou-se o uso do latim em documentos escritos, pelo menos até o século XI, quando começaram a aparecer as primeiras obras escritas em **línguas vulgares**. O **trovadorismo** inaugurou uma nova fase da poesia medieval no século XII. Surgida no sul da França, na região de Provença, a poesia trovadoresca, também denominada *cortês*, espalhou-se por toda a Europa. Como na literatura medieval predominante até então, os trovadores ainda exaltavam a cavalaria, mas o tema preferido era o amor. Esse gênero literário louvava a mulher, o refinamento, a cortesia e a galanteria. O trovadorismo e a **poesia épica** foram a base dos primeiros romances medievais, exemplificados pelo ciclo da Távola Redonda, que narra as aventuras do mítico rei Artur, da Inglaterra, e seus cavaleiros. Ao mesmo tempo, o desenvolvimento cada vez maior das cidades favoreceu o surgimento de certo tipo de literatura urbana, os ***fabliaux***, versos satíricos que criticavam figuras sociais decadentes, como cavaleiros e membros do clero.

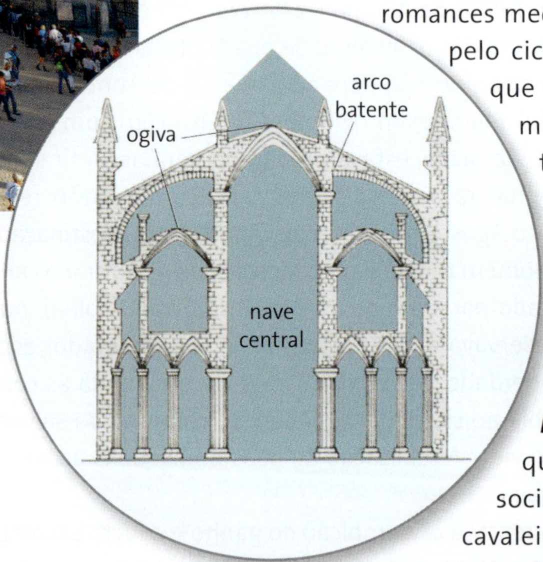

língua vulgar: língua do povo, em oposição à língua culta, o latim.

Havia ainda os poetas *goliardos*, que se diziam discípulos do gigante bíblico Golias: provavelmente estudantes pobres das escolas religiosas que voltavam sua produção literária à paródia do clero, até mesmo pelo conhecimento que tinham do latim e dos rituais litúrgicos. Suas atuações possuíam um tom profano, irreverente e crítico em relação à sociedade e aos valores da época. A mordacidade de seus poemas é evidente na coletânea *Carmina Burana*, manuscrito copiado no século XIII.

No final da Idade Média, a literatura mostrava um afastamento ainda maior da influência absoluta dos valores religiosos e das normas estritas da Igreja. Emergiam novas preocupações e manifestações, uma renovação cultural com tons mais humanistas.

Obras que merecem grande destaque nesse sentido são *O romance da rosa*, de Guilherme de Lorris e João Menung, e *A divina comédia*, do poeta florentino Dante Alighieri. Nessa obra, o autor relata sua viagem imaginária ao Inferno, Purgatório e Paraíso, encontrando mortos ilustres do passado ou de sua época (papas no Inferno e pagãos no Purgatório), discutindo fé e razão, religião e ciência, amor e paixões.

Leituras da História

Um tratado de fins do século XII

Capítulo XI – Do amor entre rústicos

Para que não chegues a pensar que o que dissemos antes a respeito do amor entre os plebeus se aplica também aos camponeses, acrescentaremos algumas observações a respeito destes. Afirmamos que é perfeitamente impossível encontrar camponeses que sirvam na corte do amor, pois eles são naturalmente levados a realizar as obras de Vênus, como o cavalo e o mulo, que são ensinados pelo instinto natural. É que aos camponeses bastam os incessantes trabalhos da terra e os prazeres ininterruptos da lavoura e da **charrua**.

Mas mesmo que, contrariando a sua natureza, lhes aconteça – raramente, é verdade – ser instigados pelo aguilhão do amor, não convém iniciá-los na arte de amar: seria de se temer que, desejando comportarem-se em oposição às suas disposições inatas, eles abandonassem a cultura das ricas terras que frutificam habitualmente graças a seus esforços, e que estas se tornassem improdutivas para nós. Mas se por acaso o amor das camponesas te atrair, abstém-te de lisonjeá-las com muitos louvores, [...]. No entanto, dizendo isso, não pretendemos incitar-te a amar camponesas; queremos apenas que, se imprudentemente fores levado a amá-las, possas aprender com estes poucos preceitos que atitude adotar.

CAPELÃO, André. *Tratado do amor cortês*. São Paulo: Martins Fontes, 2000. p. 206-208.

charrua: instrumento de arar a terra por tração animal ou mecânica.

De Agostini Picture Library/A. Dagli Orti/The Bridgeman/Keystone

Trovadores diante do imperador do Sacro Império Romano-Germânico e da sua corte, retirado do Codice Manesse, século XIII.

Infográfico

Fidelidade nos mitos da Europa Medieval

Coleção particular/The Bridgeman/Keystone

Miniatura do século XIII que representa a luta de Carlos Magno e de seus cavaleiros contra os sarracenos.

A *Canção de Rolando*

Uma das manifestações culturais mais comuns da Idade Média foram as canções de gesta. Elas constituíam um conjunto de poemas épicos que, em grande parte, contavam as lendas criadas em torno de Carlos Magno e seus cavaleiros, destacando-se os chamados "doze pares de França".

Um dos grandes exemplos desse tipo de literatura é a Canção de Rolando, que faz parte da obra A vida de Carlos Magno, escrita por Éginhard pouco antes da metade do século IX. A **Canção de Rolando** descreve a derrota dos francos na Batalha de Roncevaux, na região dos Pireneus em 778.

A história

No conto, Carlos Magno recebia a visita de emissários do rei sarraceno Marsílio, cujo exército ocupava Saragoça, com a proposta de um acordo de paz. Seu sobrinho Rolando pedia ao rei cautela, mas Carlos, influenciado pelo padrasto de Rolando, Ganelão, aceitou o trato. Ganelão foi indicado como mensageiro para levar a notícia ao rei pelo próprio enteado, que o fez se sentir ameaçado.

A traição

Ganelão resolveu trair Rolando e propor um acordo com Marsílio.

Segundo o plano, o rei mouro faria um pacto de paz com Carlos Magno, mas depois da retirada de grande parte das forças francas, ele atacaria a retaguarda do exército. Como previsto, o ataque resultou em combates violentos e, antes do retorno das tropas de Carlos Magno, todos os soldados francos acabaram mortos, inclusive Rolando.

Curiosidades

Existem muitas curiosidades em torno da Canção de Rolando. Primeiro, não se sabe se Rolando de fato existiu. Segundo, alguns dos fatos históricos a que ela se refere foram adaptados. Por exemplo, a batalha de Roncevaux, ocorrida no século VIII, foi travada contra os bascos e não contra os sarracenos, como descrito na canção. E Carlos Magno não conquistou a região de Saragoça como parte de sua vingança, conforme afirma o poeta no final da sua narrativa.

Essas alterações provavelmente estão relacionadas ao contexto histórico da época em que a Canção de Rolando foi escrita, no século XI, período em que ocorriam as Cruzadas e a luta dos cristãos contra os muçulmanos, vistos como infiéis.

Nela, são exaltadas as relações entre nobres cavaleiros, tipicamente feudais, que não existiam na época de Carlos Magno. Percebe-se, portanto, que a canção fazia parte do imaginário mítico medieval, produzida para celebrar o heroísmo de Carlos Magno e exaltar o povo francês.

Reprodução/Biblioteca Britânica, Londres.

AISA Media/Mary Evans Picture Library/Other Images

Manuscrito do século XIV que representa a Batalha de Roncevaux.

Obediência ao soberano, fidelidade, coragem, bravura e apelo à luta contra os infiéis permeiam a narrativa da Canção de Rolando. Com exceção de Ganelão, símbolo da infidelidade e merecedor de um castigo violento, os nobres são mostrados como modelos de moralidade e honrados guerreiros, valores apropriados para a imagem e preservação da ordem estabelecida durante a Idade Média.

Detalhe de uma miniatura que mostra Carlos Magno recebendo a notícia da morte de Rolando (ao centro) e indo ao encontro dele (à direita).

Pensando no Enem

1. A lei dos lombardos (*Edictus Rothari*), povo que se instalou na Itália no século VII e era considerado bárbaro pelos romanos, estabelecia uma série de reparações pecuniárias (composições) para punir aqueles que matassem, ferissem ou aleijassem os homens livres. A lei dizia:

"para todas estas chagas e feridas estabelecemos uma composição maior do que a de nossos antepassados, para que a vingança que é inimizade seja relegada depois de aceita a dita composição e não seja mais exigida nem permaneça o desgosto, mas dê-se a causa por terminada e mantenha-se a amizade".

ESPINOSA, F. *Antologia de textos históricos medievais*. Lisboa: Sá da Costa, 1976. Texto adaptado.

A justificativa da lei evidencia que

a) se procurava acabar com o flagelo das guerras e dos mutilados.
b) se pretendia reparar as injustiças causadas por seus antepassados.
c) se pretendia transformar velhas práticas que perturbavam a coesão social.
d) havia um desejo dos lombardos de se civilizarem, igualando-se aos romanos.
e) se instituía uma organização social baseada na classificação de justos e injustos.

Resposta: c

Competência de área 3 – Compreender a produção e o papel histórico das instituições sociais, políticas e econômicas, associando-as aos diferentes grupos, conflitos e movimentos sociais.

Habilidades: H11 - Identificar registros de práticas de grupos sociais no tempo e no espaço; H12 - Analisar o papel da justiça como instituição na organização das sociedades.

A questão aborda a integração da cultura consuetudinária lombarda com a prática jurídica romana, na montagem do novo mundo pós-Império Romano Ocidental. Os lombardos tinham migrado da região da Escandinávia no século V para as margens do Elba e em seguida para o sul, conquistando a área central da Itália na primeira metade do século VII, fazendo de Milão a capital do seu império. Chegaram a conquistar Ravena em 751, polo bizantino na península, e avançaram sobre Roma, sede do pontificado cristão. A partir de então, enfrentaram Carlos Magno, dos francos, protetor do papado, sendo derrotados e incorporados aos francos.

2.

Texto I

Anaxímenes de Mileto disse que o ar é o elemento originário de tudo o que existe, existiu e existirá, e que outras coisas provêm de sua descendência. Quando o ar se dilata, transforma-se em fogo, ao passo que os ventos são ar condensado. As nuvens se formam a partir do ar por feltragem e, ainda mais condensadas, transforma-se em água. A água, quando mais condensada, transforma-se em terra, e quando condensada o máximo possível, transforma-se em pedra.

BURNET, J. *A aurora da filosofia grega*. Rio de Janeiro: PUC-Rio, 2006 (adaptado).

Texto II

Basílio Magno, filósofo medieval, escreveu:

Deus, como criador de todas as coisas, está no princípio do mundo e dos tempos. Quão parcas de conteúdo se nos apresentam, em face desta concepção, as especulações contraditórias dos filósofos, para os quais o mundo se origina, ou de algum dos quatro elementos, como ensinam os jônios, ou dos átomos, como julga Demócrito. Na verdade, dão a impressão de quererem ancorar o mundo numa teia de aranha.

GILSON, E.; BOEHNER, P. *História da filosofia cristã*. São Paulo: Vozes, 1991 (adaptado).

Filósofos dos diversos tempos históricos desenvolveram teses para explicar a origem do universo, a partir de uma explicação racional. As teses de Anaxímenes, filósofo grego antigo, e de Basílio, filósofo medieval, têm em comum na sua fundamentação teorias que:

a) eram baseadas nas ciências da natureza.
b) refutavam as teorias de filósofos da religião.
c) tinham origem nos mitos das civilizações antigas.
d) postulavam um princípio originário para o mundo
e) defendiam que Deus é o princípio de todas as coisas.

Resposta: d

Competência de área 1 – Compreender os elementos culturais que constituem as identidades.

Habilidades: H1 - Interpretar historicamente e/ou geograficamente fontes documentais acerca de aspectos da cultura; H2 - Analisar a produção da memória pelas sociedades humanas; H4 - Comparar pontos de vista expressos em diferentes fontes sobre determinado aspecto da cultura. H5 - Identificar as manifestações ou representações da diversidade do patrimônio cultural e artístico em diferentes sociedades.

O aluno deve valer-se da interpretação de texto para se chegar à resposta. Essa questão permite inferir a especificidade de cada um dos períodos: a do mundo grego clássico e a do mundo medieval cristão. No caso de Basílio Magno, a visão teocêntrica religiosa é evidente, refutando a explicação racional helênica, apontando que o mundo e o tempo decorreram da vontade divina e tão somente dela. Já para Anaxímenes, a especulação do real escapa da crença e abre as portas para a busca de explicações para a origem das coisas, longe do mítico e religioso.

6 O conhecimento em todo o mundo

Por volta do ano 1000, os chineses, os indianos e os árabes tinham mais acesso aos conhecimentos eruditos e técnicos do que os europeus.

Séculos antes, quando o Império Romano do Ocidente ainda dominava o Mediterrâneo, os chineses já fabricavam papel. Os italianos só começaram a fabricá-lo (pela primeira vez na Europa) mais de mil anos depois. Além do papel, os chineses nessa época inventaram diversos utensílios e materiais (como a pólvora), e pensa-se que isso se deve, pelo menos em parte, à falta de uma mão de obra escrava abundante – como tinham os gregos e os romanos da época clássica –, o que os obrigava a procurar soluções engenhosas para as necessidades do trabalho.

AKG-Images/Album/Latinstock/Coleção particular

A produção de papel na China a partir de bambus, obra de Sung Ying Hsing, 1634.

Os chineses desenvolveram a impressão com **tipos móveis** 400 anos antes dos alemães, com Gutenberg, e inventaram a bússola e os relógios mecânicos.

Os indianos, por sua vez, criaram os nove algarismos que usamos, mais o zero, cuja concepção ocorreu também entre os maias, na América. Os indianos criaram as bases do cálculo, que ainda hoje utilizamos, e os algarismos foram conhecidos na Europa por intermédio dos sábios árabes muçulmanos.

Em sua lógica expansionista, os árabes muçulmanos tomaram o Egito e a Ásia ocidental, bem como a península Ibérica. Nesses contatos, os conhecimentos, livros e textos dos sábios árabes chegaram aos sábios muçulmanos e judeus da região espanhola, bem como aos sábios cristãos. Obras como as de Aristóteles e Platão, desse modo, foram "redescobertas" pelos europeus medievais.

tipos móveis: processo de impressão baseado no encaixe de letras ("tipos") de madeira ou chumbo em uma tábua, formando palavras e frases; agilizou a produção de documentos, livros e jornais, antes copiados manualmente, um a um.

Além disso, para orientar as campanhas militares e atividades comerciais em seu vasto Império, os geógrafos árabes desenvolveram um intenso trabalho de conhecimento e mapeamento do mundo. Esse conhecimento geográfico também foi partilhado na península Ibérica e contribuiu para as navegações portuguesas, no final do Período Medieval e início do Período Moderno.

Os contatos com a China ocorriam ainda pelas rotas da seda e das especiarias. Tornou-se famosa, como já vimos, a história do jovem mercador veneziano Marco Polo (1254-1324), que viajou à China no século XIII em companhia do pai e acabou trabalhando para Kublai Khan, na época soberano mongol da China, quando os mongóis haviam conquistado grande parte da região e chegaram a assumir o governo, dando início à dinastia **Yuan** (1270-1368), como você viu no capítulo 3. Dessa famosa aventura de 25 anos de Marco Polo, resultou um livro que introduziu a China e suas províncias no imaginário europeu. Cidades com cerca de 1 milhão de habitantes, navios enormes, papel-moeda, sistema de correios, riquezas, costumes e alimentos exóticos (o pistache, o gergelim), especiarias e alguns exageros e fábulas compõem o relato de Marco Polo.

Yi Lu/Corbis/Latinstock

Bússola chinesa do século II a.C.

Atividades

Leitura e interpretação de texto jornalístico e reflexão

1. Leia o texto a seguir.

A expropriação do tempo

Na Antiguidade e na Idade Média, apesar do nível técnico inferior, o tempo de produção diária, semanal ou anual era bem menor que no capitalismo. Como a religião tinha primazia sobre a economia, o tempo das festas e dos rituais religiosos era mais importante do que o tempo da produção; havia inúmeros dias feriados, que foram em boa parte abolidos na esteira da modernização. Além disso, as sociedades agrárias da velha Europa caracterizavam-se por enormes disparidades sazonais no volume de atividades. As épocas mais quentes do ano concentravam tarefas, legando para a população camponesa um inverno relativamente calmo, utilizado muitas vezes para a celebração das festividades privadas de que nos dão notícia algumas canções populares.

A população artesã das cidades era menos estruturada pelas diferenças sazonais, mas em compensação seus dias de trabalho nas oficinas eram reduzidos. Documentos britânicos do século XVIII relatam que os artesãos livres trabalhavam somente três ou quatro dias por semana, segundo a vontade e a necessidade. Era costume prolongar o final de semana segunda-feira adentro. A história da disciplina capitalista é também a história da luta encarniçada contra essa "segunda-feira" livre, que só aos poucos foi eliminada.

[...] Mas o objetivo da produção, mesmo com meios modestos, não era um fim abstrato como hoje, mas prazer e ócio. Esse conceito antigo e medieval de ócio não deve ser confundido com o conceito moderno de tempo livre. Isso porque o ócio não era uma parcela da vida separada do processo de atividade remunerada, antes estava presente, por assim dizer, nos poros e nos nichos da própria atividade produtiva.

[...] Num sistema de identidade entre produção, vida pessoal e cultura, aquilo que talvez hoje nos pareça formalmente uma jornada de trabalho de 12 horas não significava 12 horas de atividade tensa, sob o controle de um poder econômico objetivado. Esse tempo de produção era atravessado de momentos de ócio; havia, por exemplo, longas pausas, sobretudo para o almoço, que se estendiam por horas de refeição comunitária. [...]

KURZ, R. *Folha de S.Paulo*, 3 jan. 1999. p. 5.

a) O texto afirma que, na Antiguidade e na Idade Média, "a religião tinha primazia sobre a economia". Explique essa afirmação, considerando o modo como o tempo era utilizado nas diversas atividades.

b) Segundo o texto, o *ócio* nas sociedades anteriores ao capitalismo era diferente do tempo livre das sociedades atuais. Qual é essa diferença?

c) De que maneira você emprega seu tempo livre? Procure perceber relações entre essa experiência e o mundo contemporâneo.

Leitura e interpretação de texto historiográfico

2. Leia o texto a seguir.

A Idade Média foi dominada durante muito tempo, no espírito do grande público, por imagens de façanhas cavaleirescas e ritual cortesão, pelo fervor espiritual e pela sanguinária violência dos cruzados. Esses conceitos pitorescos têm sido propensos a obscurecer o verdadeiro valor do período como uma idade de real progresso em todas as áreas, de evolução política e social, de criatividade artística e intelectual, de avanço comercial e científico.

LOYN, Henry. *Dicionário ilustrado da Idade Média*. Rio de Janeiro: Zahar, 1990. p. 13.

a) O que o texto afirma sobre a imagem que o grande público tem da Idade Média?

b) Selecione e registre em seu caderno elementos culturais trabalhados ao longo do capítulo que permitem contestar essa imagem.

Leitura e interpretação de documento

3. O poema abaixo é atribuído aos goliardos e faz parte da coletânea de poemas – em sua maioria anônimos – conhecida pelo nome de *Carmina Burana*. O documento que contém esses poemas estava guardado em uma abadia beneditina da Baviera, na Alemanha, e foi escrito em latim. Caracteriza-se especialmente pela sua natureza satírica e mordaz, recheado de críticas bem-humoradas às autoridades, aos valores e aos costumes medievais.

A mão que dá ("presente")

A mão que dá "presente"
Torna mau quem é bom
O dinheiro faz aliados
O dinheiro dá conselho (tentador)
O dinheiro torna liso o que é áspero
O dinheiro amansa inimigos
Em mão de prelados, o dinheiro
Equivale ao direito
Vós cedeis ao dinheiro
Ó juízes!
Lá onde o dinheiro fala mais alto
O direito é invertido
O pobre é passado para trás
Mesmo tendo direito
Enquanto o rico convence
Pelo valor de suas posses
O juiz presta ouvido ao dinheiro
Este faz o que ele pede
Em favor do que o dinheiro clama
O pedido por ele é satisfeito

Carmina Burana. *Canções de Beuern*. Trad., introdução e notas de Maurice van Woensel. São Paulo: Ars Poetica, 1994.

Interfoto/Latinstock

Miniatura que faz parte do livro *Carmina Burana*, do século XIII.

a) Para os autores, que papel o dinheiro desempenha na sociedade?
b) De acordo com o poema, que relação existe entre o dinheiro e a justiça social?
c) A que segmentos da sociedade o poema dirige sua crítica?
d) O poema acima é coerente com os valores cristãos medievais ou os contraria? Justifique.

Vestibulares de Norte a Sul

1. **N** (UFPA) Leia com atenção o texto:

Aquele que jura fidelidade ao senhor deve ter sempre presente na memória estas seis palavras: incólume, seguro, honesto, útil, fácil e possível [...]

DELISLE, L. *apud* PEDRERO-SANCHEZ, Maria Guadalupe. *História da Idade Média*. São Paulo: UNESP, 2000. p. 94.

A respeito desse contexto dos direitos e deveres feudais, pode-se afirmar:

a) A sociedade feudal estabelecia uma subordinação de vassalagem ao senhor do que decorria uma sociedade na qual rei era meramente simbólico.
b) O trabalhador rural conseguia impor ao senhor feudal uma série de condições como forma de garantir a sua fidelidade senhorial.
c) Os servos representavam no domínio feudal uma expressiva força de trabalho remunerada a serviço da realeza merovíngia.
d) Nos domínios feudais, aquele que jurasse fidelidade ao senhor recebia em troca proteção militar e a titularidade da terra.
e) A fragmentação do poder político na sociedade medieval foi decorrente da expressiva população rural, que preferia render homenagem ao burguês em vez de ao rei.

2. **S** (UFPEL-RS)

TEXTO I

Deus quis que, entre os homens, uns fossem senhores e outros, servos, de tal maneira que os senhores estejam obrigados a venerar e amar a Deus, e que os servos estejam obrigados a amar e venerar o senhor...

St. Laud de Angers, Documents d'Historie Vivante. *In*: FREITAS, Gustavo de. *900 textos e documentos de história*. Vol. 1. Lisboa: Plátano, 1975.

TEXTO II

Capítulos do projeto de concórdia entre os camponeses da Catalunha e seus senhores.

[...] *VIII - que o senhor não possa dormir a primeira noite com a mulher do camponês:*

Pretendem alguns senhores que, quando o camponês toma a mulher, o senhor há de dormir a primeira noite com ela, e, em sinal de senhorio, a noite em que o camponês deva contrair núpcias, a mulher, estando deitada, vem o senhor, sobe à cama, passando sobre a dita mulher e como isso é infrutuoso para o senhor e uma grande humilhação para o camponês, um mau exemplo e uma ocasião para o mal, pedem e suplicam que isso seja totalmente abolido.

PEDRERO-SÁNCHEZ, Maria Guadalupe. *História*: textos e testemunhas. São Paulo: UNESP, 2000.

Os documentos se referem às práticas do

a) helenismo grego.
b) anglicanismo.
c) germanismo.
d) catolicismo medieval.
e) feudalismo europeu.

3. **NE** (UFPI) Entre as características do feudalismo, sistema político, social e econômico estruturado na Europa medieval, estão:

a) A existência de uma forte concentração de poder nas mãos dos monarcas.
b) Uma forte monetarização das relações econômicas, favorecendo o crescimento dos núcleos urbanos.
c) A terra não tinha valor, sendo inúmeras vezes concedida aos servos para que cultivassem a agricultura livremente.
d) A existência de uma sociedade estamental, formada por grupos sociais com status fixos, os senhores e os servos, em que os servos eram presos à terra e obrigados a prestar serviços e pagar impostos aos senhores.
e) Uma base econômica voltada ao comércio entre os vários feudos existentes.

4. **SE** (Mack-SP)

Em terras do Islão, era difícil separar Estado e religião. A palavra Islão designa o mundo dos crentes, dos que acreditam em um só deus e obedecem a um só chefe, Maomé, e a seus sucessores, os califas. Tem, portanto, significado religioso e político, isto é, designa um Estado Teocrático, em que o chefe religioso e o chefe político são um só.

ARRUDA, José Jobson de A. *Toda a História*.

A respeito da religião fundada por Maomé, pode-se, corretamente, afirmar que:

a) criou uma unidade político-religiosa, que possibilitou a expansão dos árabes.
b) impediu o expansionismo árabe para além das fronteiras do Oriente Médio.
c) concedeu autonomia aos califados e favoreceu a expansão do politeísmo islâmico.
d) reafirmou os antigos princípios da idolatria existentes na cidade de Meca.
e) negou a legitimidade da guerra como instrumento de difusão da fé islâmica.

CAPÍTULO

10 O mundo às vésperas do século XVI

Erich Lessing/Latinstock/Biblioteca Nacional, Paris, França.

A iluminura acima, presente na obra *Crônicas*, de Jean Froissart (século XIV), representa a Jacquerie em Meaux (França), ocorrida em 1358. As jacqueries eram revoltas populares lideradas pelos camponeses contrários às decisões da nobreza.

Para pensar historicamente

As origens dos Estados modernos

Neste capítulo vamos investigar o processo de formação das monarquias centralizadas europeias, as maneiras como os reis europeus procuravam legitimar seu poder e os obstáculos que encontravam perante o clero, a nobreza e os camponeses. Você conhecerá parte dos conflitos, das mazelas e dos desafios enfrentados pela população medieval, como a peste negra. Por fim, verá qual o contexto histórico às vésperas de 1500 nos territórios asiáticos, africanos e americanos.

A quem interessava essa centralização europeia? Quais os seus resultados? E fora da Europa: havia o mesmo processo histórico? Quais dados poderiam ser elencados para justificar o título da unidade a que este capítulo pertence? E na atualidade, quais dados você apontaria para justificar os Estados Unidos como centro da dinâmica mundial?

Chris Parypa Photography/Shutterstock/Glow Images

Foto da Casa Branca, residência presidencial em Washington, Estados Unidos, em 2013.

1 Formação das monarquias centralizadas na Europa

O desenvolvimento comercial e urbano da Europa encontrou sérios obstáculos em algumas estruturas feudais. A diversidade regional e política, típica do feudalismo, com os vários feudos e seus poderes locais, constituía um estorvo ao comércio, na medida em que diversos senhores interferiam nas relações comerciais, cobrando impostos dos mercadores. Além disso, não havia no continente uniformidade territorial de leis, unidade monetária legal ou mesmo de pesos e medidas, o que dificultava as transações comerciais. Dessa forma, para o grupo de burgueses europeus, ou seja, comerciantes, artesãos e banqueiros, seria conveniente um poder centralizado que se sobrepusesse aos poderes locais e impusesse normas e facilitasse o comércio. Assim, para garantir a autoridade do monarca, contribuíram para a formação de um exército mercenário a serviço do Estado.

Ao mesmo tempo, os diversos reis europeus tinham interesse em promover a centralização política como forma de reforçar sua autoridade, sobrepondo-se à nobreza e limitando o poder da Igreja. A comunhão de interesses entre reis e burgueses acabou levando à gradativa aproximação de ambos durante a Baixa Idade Média, o que transformaria inteiramente as relações políticas e desencadearia o processo de formação das monarquias centralizadas. Outro resultado importante foi que o exército do rei acabou servindo também aos interesses senhoriais, à nobreza, pois garantia a ordem contra as rebeliões rurais e mantinha a maior parte dos privilégios feudais.

No final da Idade Média, vários reinos europeus fortaleceram sua autoridade e passaram a centralizar o poder. Neste capítulo apresentaremos os casos francês, inglês e português, este último de importância direta para a compreensão da História do Brasil.

O reino francês

O processo de centralização francês contou com a atuação dos reis da **dinastia capetíngia**, fundada em 987 por Hugo Capeto e estendendo-se até 1328.

O primeiro dos reis capetíngios destacável para o processo centralizador francês foi **Filipe Augusto**, ou Filipe II (1180-1223). Usando como pretexto a necessidade de combater os ingleses que ocupavam o norte da França, Filipe Augusto iniciou a cobrança de impostos em todo o território francês, seguida da montagem de um poderoso exército que garantiria o poder real e o domínio de um território unificado.

Tinha início, assim, a transformação da monarquia feudal, centrada nos feudos e comandada pelos suseranos e vassalos locais, em Estado centralizado.

Após derrotar os ingleses, Filipe II utilizou seu poder armado para se impor à nobreza. Nomeou fiscais reais, que percorriam todo o reino cobrando impostos e fazendo prevalecer as leis e a justiça real sobre as dos nobres locais. Aliado da burguesia, o rei vendia Cartas de Franquia aos burgos que quisessem se libertar do controle dos senhores feudais e aceitar a proteção real. Para os senhores territoriais, a força monárquica acabava servindo para garantir o poderio e os privilégios da nobreza, mantendo a ordem e a subordinação servil.

Antes da formação dos exércitos nacionais, a força militar dos senhores feudais era formada de cavaleiros vassalos e servos. Na gravura, o combate entre franceses e ingleses em 1346, em Crécy, França, a primeira grande batalha da Guerra dos Cem Anos.

Biblioteca Nacional de Paris

Luís IX, que reinou de 1226 a 1270, levou adiante o processo de centralização, organizando uma rede de tribunais reais e instituindo uma moeda de circulação nacional. Participou da Sétima e da Oitava Cruzadas, ambas fracassadas, falecendo na última delas. Após sua morte, foi canonizado pela Igreja como São Luís.

O reinado de **Filipe IV, o Belo**, de 1285 a 1314, deu continuidade ao empreendimento iniciado pelos antecessores. Herdando um Estado já fortalecido, Filipe IV preocupou-se com sua legitimação. Em 1302, criou a assembleia dos Estados Gerais sob o primado da soberania real. Essa assembleia era composta de representantes do clero, da nobreza e comerciantes das cidades. As camadas pobres da população francesa não participavam da assembleia, cujo caráter era meramente consultivo, ou seja, não tinha poder de tomar decisões ou criar leis. Além disso, não se reunia periodicamente: era convocada conforme a vontade do monarca.

Apoiado pela assembleia, Filipe IV aprovou a taxação sobre os bens da Igreja. Teve início uma grave crise, envolvendo a participação do papa, que chegou até a ameaçar o rei de excomunhão. Quando o papa morreu, em 1303, Filipe IV interferiu na escolha de seu sucessor. Impôs o nome de um francês, que viria a ser o papa Clemente V, e forçou a transferência da sede da Igreja de Roma para a cidade de Avignon, no sul da França.

O episódio iniciou o período que foi denominado por contemporâneos como **cativeiro de Avignon** (em referência ao texto bíblico do cativeiro da Babilônia do século VI a.C.): durante setenta anos os papas submeteram-se à autoridade do rei da França, o que demonstra claramente o fortalecimento desses monarcas. A nomeação de outro papa em Roma, no mesmo período, desencadeou o **Cisma do Ocidente**, com a divisão da autoridade suprema da Igreja católica entre dois papas. Para a Igreja, tal situação só foi superada no início do século XV.

Na França, embora diversos fatores contribuíssem para a formação de um sólido Estado centralizado, a **Guerra dos Cem Anos** suspendeu o fortalecimento do poder monárquico no país, ainda que temporariamente. Historiadores do século XIX lhe deram esse nome pela longa duração do conflito (1337-1453), intermediado por vários períodos de paz.

Em meio aos efeitos do confronto e necessitando da nobreza para ampliar seu exército para uma guerra particularmente violenta e prolongada, a monarquia francesa teve de fazer certas concessões aos nobres e passou por um relativo enfraquecimento.

Gardel Bertrand/Hemis/Corbis/Latinstock

O Palácio dos Papas, em Avignon, na França. Foto de 2012.

A peste negra e as outras epidemias

A insatisfação da burguesia com as primeiras derrotas na guerra, a fome generalizada no país e a peste negra dificultaram a situação. A peste negra foi uma doença transmitida aos humanos pela pulga de ratos contaminados com a bactéria *Pasteurella pestis*, sendo sua forma mais comum a peste bubônica. Em meados do século XIV, quando as condições de higiene, alimentação e moradia eram precárias, a doença se espalhou rapidamente e matou cerca de um terço da população europeia, num total estimado de 25 milhões de pessoas. A peste provocava feridas com pus e hemorragias que deixavam manchas escuras na pele, daí sua denominação. Finalmente, eclodiram as rebeliões camponesas, denominadas *jacqueries* (uma alusão à expressão francesa *jacques bonhomme*, que equivale em português a "joão-ninguém"); a mais importante delas ocorreu em 1358 e caracterizou-se pela invasão de castelos e por assassinatos de senhores. Foram duramente reprimidas pelas forças da ordem, encabeçadas pelo Estado e seus nobres.

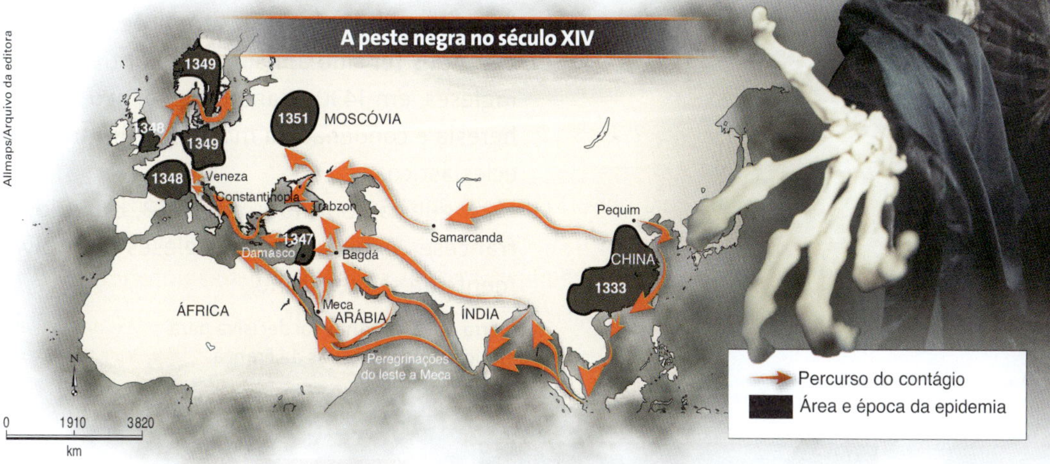

Adaptado de: PAOLUCCI, Silvio; SIGNORINI, Giuseppina. *Il Corso della Storia* 1. Bolonha: Zanichelli, 1997. p. 382.

A obra em tríptico (três pinturas) *O jardim das delícias*, de Jeronimus Bosch, pintada em 1505, aproximadamente, representa parte das preocupações e da mentalidade da sociedade medieval. À esquerda, O jardim de Éden, onde a vida se originou, do ponto de vista católico, com Adão, Eva, alguns animais e Cristo ao centro. O painel central, O jardim de encanto, mostra os prazeres provocados pela música, pela comida e pelo amor. À direita, O Inferno, com demônios, monstros e seres fantásticos provocando o sofrimento dos seres humanos e povoando o imaginário do sobrenatural.

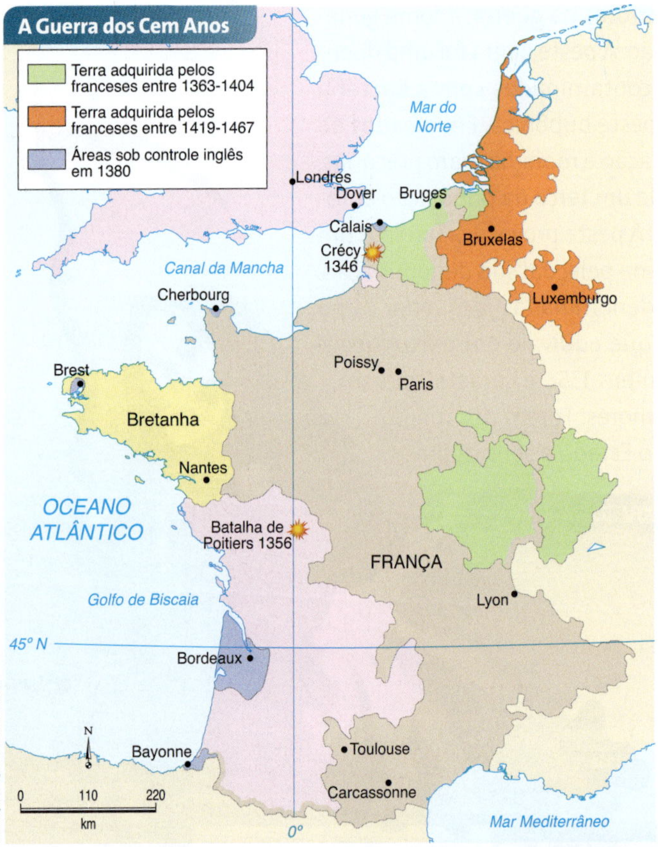

Allmaps/Arquivo da Editora

Adaptado de: ATLAS da história do mundo. São Paulo, *Folha de S.Paulo*, 1995. p. 140.

Somente a partir do início do século XV os franceses obtiveram vitórias militares decisivas, por ocasião de um grande levante popular contra os ingleses, quando prevaleceu uma forte ofensiva tendo à frente, principalmente, a figura de Joana d'Arc. Filha de camponeses humildes, Joana d'Arc dizia-se enviada por Deus para guiar os franceses na expulsão do exército inglês. Ela participou decisivamente de diversos combates que resultaram em vitória para os franceses, anulando a subordinação que se impusera à França para com a Inglaterra. Também levou Carlos VII a ser coroado, em Reims, segundo as antigas tradições dos francos. Após ter sido aprisionada e entregue aos ingleses, em 1430, Joana d'Arc foi acusada de heresia e condenada à morte por um tribunal eclesiástico.

A guerra continuou até 1453, quando os franceses expulsaram os ingleses definitivamente de seu território.

A Guerra dos Cem Anos foi decisiva para a definição das fronteiras da França.

The Granger Collection/Other Images

Museu Condé, Chantilly/The Bridgeman/Keystone

Para saber mais

Joana d'Arc

Joana d'Arc foi condenada à fogueira no século XV. O culto nacional a Joana d'Arc teve grande impulso no século XIX e início do século XX. Nessa época, uns destacavam a heroína como uma força vinda do povo, encarnação viva da nação, da unidade nacional e vítima simbólica da Igreja. Em 1920, Joana foi canonizada e, anos depois, tornou-se padroeira da França. De heroína, passou-se à representação de santa católica, expiando os pecados dos homens, especialmente os crimes de Filipe, o Belo. Inúmeras representações de sua imagem foram construídas por cineastas, literatos, historiadores, escultores e pintores. À esquerda, ilustração para um manuscrito do século XV. À direita, escultura de 1872, intitulada *Joana d'Arc de Domremy*, alusão à localidade onde nasceu. Enquanto na representação mais antiga foi valorizada a guerreira, na escultura do século XIX sobressai a imagem de uma mulher humilde com olhar piedoso.

O reino inglês

A Magna Carta

No início do período medieval, a ilha da Grã-Bretanha foi ocupada por povos germânicos, principalmente anglos e saxões. Na sucessão do rei anglo-saxão Eduardo, o Confessor (1042-1066), que não deixou filhos herdeiros, abriu-se a disputa pelo trono. No ano de 1066, os normandos – vindos do norte da atual França – invadiram a Inglaterra e, chefiados pelo rei **Guilherme, o Conquistador** (primo de Eduardo), derrotaram os anglo-saxões na **Batalha de Hastings**. Com a dinastia normanda, desenvolveu-se um eficiente sistema administrativo para cobrança de impostos e foi criado um forte exército. Foi Guilherme (1066-1087) quem dividiu o reino em condados, os *shires*, controlados pela nobreza e fiscalizados por funcionários chamados *sheriffs*.

Em 1154 a dinastia normanda foi substituída pela **Plantageneta**, cujo primeiro rei foi Henrique II, que reinou de 1154 a 1189. Para fortalecer seu poder, esses monarcas estabeleceram a justiça real e o *Common Law*, conjunto de leis a ser aplicado em todo o território.

O sucessor de Henrique II, Ricardo I, ou **Ricardo Coração de Leão** (1189-1199), envolveu-se em guerras com a França e na Terceira Cruzada, sua ausência contribuiu para enfraquecer o poder real na Inglaterra. A insatisfação da nobreza com o rei atingiu seu ponto culminante no reinado do sucessor de Ricardo, seu irmão **João Sem-Terra** (1199-1216).

Tomando parte em guerras contra a França e indispondo-se com o papa, João Sem-Terra ainda gerou descontentamento crescente entre a população por causa da cobrança de impostos cada vez mais elevados. Tentou, além disso, taxar os bens da Igreja. Enfrentou a revolta da nobreza, que acabou por lhe impor a **Magna Carta** (1215), segundo a qual o monarca, a partir de então, só poderia criar novos impostos ou alterar leis com a aprovação do Grande Conselho, órgão controlado por membros do clero e da nobreza.

Erich Lessing/Latinstock/Biblioteca do Arsenal, Paris, França

Universal History Archive/UIG/The Bridgeman Art Library/Keystone/Coleção particular

À esquerda, o rei Ricardo Coração de Leão embarca na Terceira Cruzada, em 1191. Iluminura do século XV. À direita, o rei João-Sem--Terra assina a Magna Carta. Xilogravura colorida, 1891.

O poder real, desse modo, foi fortemente limitado na Inglaterra, retardando o processo de centralização política. O Grande Conselho pode ser considerado o embrião do atual Parlamento inglês. Enquanto esteve controlado por membros da velha ordem feudal, seu caráter foi relativamente conservador. Só em 1265 a participação dos burgueses começou a ser admitida.

Mantendo uma estrutura política descentralizada, a Inglaterra envolveu-se na Guerra dos Cem Anos contra a França, cujas origens estavam na briga por territórios no norte da Europa, notadamente a próspera região têxtil de Flandres. Disputas sucessórias desencadearam o conflito em 1337.

Representação alegórica da rosa de Tudor em manuscrito inglês de 1516. A rosa vermelha, à direita, simboliza os Lancaster, e a rosa branca, à esquerda, os York. Em destaque, ao centro, a rosa de Tudor, criada ao término da Guerra das Duas Rosas, com a união dos dois emblemas, em razão do casamento de Henrique Tudor (descendente da família Lancaster e coroado Henrique VII) e Elizabeth de York.

Na Guerra dos Cem Anos, os ingleses obtiveram vitórias iniciais importantes, mas passaram por dificuldades internas durante o conflito. Assim como na França, a peste negra, as rebeliões camponesas (destacando-se o levante liderado por Wat Tyler e John Ball, em 1381) que transtornaram a vida da população e o prolongamento da guerra contribuíram para enfraquecer a nobreza. Leia a seguir trecho da pregação que John Ball fazia a populares denunciando as injustiças sociais.

No fim da Guerra dos Cem Anos, no século XV, iniciou-se uma disputa pela sucessão do trono inglês que afetaria ainda mais a nobreza: a **Guerra das Duas Rosas** (1455-1485). Essa guerra, assim chamada por causa das rosas que faziam parte do brasão das duas famílias em disputa, York e Lancaster, fragilizou a nobreza e abriu caminho para a centralização política do país.

A crítica da desigualdade

Boa gente, as coisas na Inglaterra não podem ir bem, nem vão melhorar, enquanto todas as riquezas não forem postas em comum, enquanto houver servos e nobres e enquanto a gente não se unir. [...] Por que é que eles nos mantêm na servidão? E se nós descendemos de um mesmo pai e de uma mesma mãe, Adão e Eva, como é que eles podem dizer e provar que eles são melhores senhores do que nós? [...] Quando Adão cavava a terra com a enxada e Eva tecia, onde é que estavam os nobres?

MOLLAT, Michel; WOLFF, Philippe. *Les révolutions populaires en Europe aux XIVe et XVe siècles*. Paris: Champs/Flammarion, 1993. p. 192-194. Apud CALADO, Alder Júlio Ferreira. *O novo no velho e o velho no novo*: interfaces libertárias do segundo milênio inspirando caminhos e buscas para o próximo. Disponível em: <http://dci2.ccsa.ufpb.br>. Acesso em: 28 jan. 2014.

Portugal e Espanha

Inicialmente povoada por iberos, celtas e ligures, a península Ibérica sofreu a invasão dos visigodos, no final do Império Romano, e dos árabes, no século VIII. A formação dos Estados na região, durante a Baixa Idade Média, está estreitamente vinculada à **Guerra de Reconquista** dos territórios tomados pelos muçulmanos (veja o mapa).

A religião islâmica foi levada para a península Ibérica, onde já existia o cristianismo, pela invasão árabe, iniciada em 711. Os cristãos só conseguiram manter reinos independentes no norte da península, na região montanhosa das Astúrias. Dali partiu o movimento da Reconquista, iniciado no século XI.

Leituras da História

O Islão na península Ibérica

Estas estradas, bordejadas por marcos miliários e que constituíram um dos mais poderosos meios da dominação romana, iriam novamente desempenhar a sua função, agora em favor dos exércitos muçulmanos e, sobretudo, em prol do estabelecimento de importantes rotas comerciais que possibilitaram o intercâmbio de produtos, de conhecimentos, de bens e de cultura.

Assim, mais significativo que os próprios militares, que se espalham pelo território, é a presença constante destes comerciantes árabes que, graças à relação que a Ibéria sempre manteve com o Mediterrâneo e suas rotas mercantis, percorrem agora todo o Al-Ândalus e também o próprio Garb.

Este aspecto tornou-se decisivo na forma rápida como o Islão se propagou pela península Ibérica e na aceitação que teve nas comunidades que com ele tomavam conhecimento. O Islão é rapidamente absorvido pela população, que se arabiza e adota a língua, os ritos e a cultura árabe/berbere, isto quando não se converte à própria religião muçulmana (muladis).

FERREIRA, Manuel dos Santos da Cerveira Pinto. *O Douro no Garb Al-Ândalus*: a Região de Lamego durante a presença árabe. Dissertação de mestrado em Patrimônio e Turismo. Portugal: Universidade do Minho, 2004. p. 44.

Sylvain Sonnet/Corbis/Latinstock

O Pátio das Donzelas, nos Reales Alcázares, em Sevilha. Foto de 2012.

Durante esse processo de Reconquista, organizaram-se os reinos de Leão, Navarra, Castela e Aragão. Os dois últimos anexaram os demais reinos e, em 1479, se uniram por meio do casamento de seus monarcas, Fernando de Aragão e Isabel de Castela, que ficaram conhecidos como os Reis Católicos.

Essa união real deu origem ao Estado centralizado espanhol, que, no entanto, só se consolidou com a conquista de Granada, último reduto árabe no sul da península, e a consequente expulsão dos **mouros**, em 1492.

Quanto a Portugal, suas origens remontam à doação de terras feita pelo rei Afonso VI de Leão a Henrique de Borgonha, nobre francês participante da Guerra de Reconquista.

mouro: habitante da antiga Mauritânia, designação para as populações árabe-berberes que ocuparam a península Ibérica.

A reconquista Ibérica

Allmaps/Arquivo da Editora

A Guerra de Reconquista serviu de base para a formação das monarquias centralizadas espanhola e portuguesa.

Adaptado de: SELLIER, J.; SELLIER, A. *Atlas de los pueblos de Europa occidental*. Madri: Acento, 1998. p. 60.

A doação do feudo estava atrelada ao compromisso matrimonial de Henrique de Borgonha com a filha ilegítima do rei, dona Teresa. As terras doadas correspondiam ao **condado Portucalense**. A independência desse feudo em relação ao Reino de Leão foi conseguida, após muitas disputas familiares, em 1139. Nessa ocasião, para garantir a independência do território, o filho de Teresa e Henrique, dom Afonso Henriques, expulsou de Portugal sua mãe, que defendia a sujeição do condado Portucalense ao Reino de Leão.

Assegurada a independência, iniciou-se a dinastia de Borgonha (1139-1383), a primeira de Portugal, dando prosseguimento à guerra contra os muçulmanos e expandindo as fronteiras do reino para o sul. À medida que se estendia o território, a monarquia fazia doações de terras à nobreza guerreira, sem, no entanto, conceder-lhe a posse hereditária. Desse modo, em Portugal evitou-se a formação de uma nobreza proprietária e autônoma, mantendo-se a hegemonia da autoridade real.

Héctor Gomez/Arquivo da editora

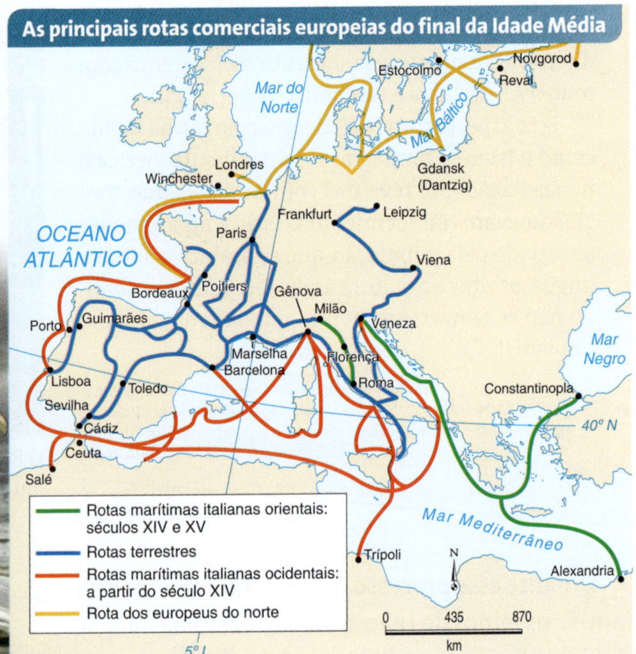

Allmaps/Arquivo da editora

Adaptado de: DUBY, G. E. *Atlas histórico mundial*. Madri: Debate, 1989. p. 54-55.

A rota marítimo-comercial do século XIV integrou a costa portuguesa ao desenvolvimento comercial europeu do final da Idade Média.

Analise o mapa acima. De que forma as rotas comerciais retratadas influenciaram a situação econômica de Portugal no século XIV?

O setor mercantil da sociedade portuguesa medieval, por sua vez, consolidou-se com a transformação de Portugal em escala da rota marítima que ligava o Mediterrâneo ao norte da Europa. Essa rota ganhou mais importância principalmente a partir do século XIV, quando a insegurança gerada pela crise europeia, abalada por guerras e pela peste negra, levou à busca de novos entrepostos comerciais (veja o mapa na página anterior).

Em 1383, a morte de Fernando I, último rei da dinastia de Borgonha, sem herdeiros diretos, desencadeou uma acirrada disputa sucessória.

Parte da nobreza apoiava a entrega da Coroa portuguesa ao genro de dom Fernando, o rei de Castela, representante de uma política eminentemente feudal. Entretanto, os comerciantes, aliados a setores populares, conseguiram impor o nome de dom João, mestre de Avis, ao trono. Foi a chamada **Revolução de Avis**. Em 1385, na Batalha de Aljubarrota, a derrota das tropas castelhanas garantiu a ascensão de dom João ao trono, dando origem à **dinastia de Avis**.

A nova dinastia caracterizou-se pela aproximação entre os interesses da monarquia e os do setor mercantil: os comerciantes pretendiam ampliar seus mercados e o rei desejava se fortalecer por meio da cobrança de impostos sobre o florescente comércio. Essa aliança de interesses terminou por desencadear o processo conhecido como **expansão marítima portuguesa**, a partir do século XV.

2 Uma volta ao mundo antes de 1500...

... na Ásia

Os muçulmanos haviam conquistado grande parte da Índia, e os sultões reinavam em Délhi. O sul estava dividido em Estados hindus; as populações hindus e muçulmanas estavam misturadas, e as línguas eram numerosas.

Retrato do sultão Osman I, retirado da obra *Zubdat al Tawarikh* de Seyyid Loqman, 1583.

R. and S. Michaud/akg-images/Album/Latinstock/Biblioteca Millet, Copenhague, Dinamarca.

O budismo praticamente havia desaparecido da Índia, onde surgira, mas chegou às montanhas do Tibete. Numerosos monastérios budistas foram criados, e os monges sábios, chamados *lamas*, haviam traduzido os textos do Buda para o tibetano.

Já na Ásia central e ocidental, o antigo Império Mongol, criado por Gêngis Khan, e que chegara a dominar grande parte da China, foi dividido entre vários líderes, alguns dos quais adotaram o islamismo. A Ásia ocidental e o Oriente Médio se tornaram muçulmanos e dois novos impérios foram criados: o Império Persa, entre o golfo Pérsico e o mar Cáspio; e o Império Otomano, sobre as ruínas do Império Bizantino – os otomanos e os turco-mongóis haviam vencido o imperador, cujo lugar em Constantinopla foi assumido por um sultão.

Na China, os imperadores governavam com a ajuda de funcionários chamados de "letrados", porque eram recrutados por meio de concursos muito difíceis, nos quais deviam demonstrar, entre outras habilidades, o conhecimento de milhares de caracteres da escrita chinesa. Os letrados, ou *mandarins*, não constituíam exatamente uma nobreza, já que esses concursos eram abertos a toda a população. Mas eles aproveitavam sua influência para adquirir terras e poder.

OED A cidade proibida

Como vimos, os chineses do norte tinham sido submetidos aos ataques dos povos mongóis, liderados por Gêngis Khan, cujos descendentes reinaram em Pequim com a dinastia Yuan (1270-1368). Os lamas tibetanos, bem como os coletores de impostos muçulmanos e outros estrangeiros, serviram ao domínio mongol sobre a China, um breve período em que se buscou restringir, por algum tempo, o papel da elite chinesa nos poderes imperiais.

Vaso chinês da dinastia Ming.

Museu Ashmolean, Universidade de Oxford/ The Bridgeman/Keystone

O reinado Yuan, mesmo conseguindo se entender com as elites chinesas, acabou derrotado por um movimento popular que visava à expulsão dos mongóis e ao retorno de uma dinastia chinesa. Seus membros contavam com uma organização secreta sustentada por camponeses e soldados, tendo entre seus líderes um filho de trabalhador agrícola e neto de um sacerdote. O movimento foi acumulando pequenas vitórias, até que tomou Pequim, fundando uma nova dinastia imperial, a dinastia Ming (1368-1644).

Com os Ming, a recuperação agrícola e a continuada expansão comercial que se seguiu possibilitaram o impulso populacional. Por volta de 1500, a China já havia superado 100 milhões de habitantes e grandes cidades haviam sido construídas.

The Granger Collection/Other Images

Tombuctu, cidade localizada no centro do Mali, em foto de 2011.

costa do Atlântico e o interior do Saara e controlava várias cidades e as rotas comerciais saarianas. Ficaram famosas, pelo luxo e riqueza das caravanas, as peregrinações de seus governantes a Meca, a terra santa dos muçulmanos. O Reino de Mali também se destacou pela fundação de mesquitas e centros de estudo que contavam com arquitetos trazidos do Oriente Próximo.

No século XIV, em razão de frequentes invasões e saques, o Reino de Mali foi sobrepujado pelo **Reino de Songai**, até então seu vassalo. Em Songai, que se tornou um enorme império, destacaram-se como grandes centros comerciais as cidades de Gao e Tombuctu – esta, famosa por ter um exército profissional, uma universidade (que atraía eruditos e poetas) e uma arrecadação sistemática de impostos. Contudo, devido a constantes ataques de povos do norte africano e dos portugueses, interessados no ouro e em várias outras mercadorias do comércio regional, esse reino desestruturou-se no século XV.

Mais ao sul ainda, os iorubas construíram um próspero reino ao redor da cidade sagrada de Ifé, com grande quantidade de artistas, responsáveis pela escultura de impressionantes estátuas de ébano, bronze e marfim.

África: dos antigos reinos às colônias europeias

The Granger Collection/Other Images

Escultura em bronze encontrada na região da cidade de Ifé, atual Nigéria, feita em data incerta entre os séculos XIII e XIV.

Reinos africanos em diferentes períodos

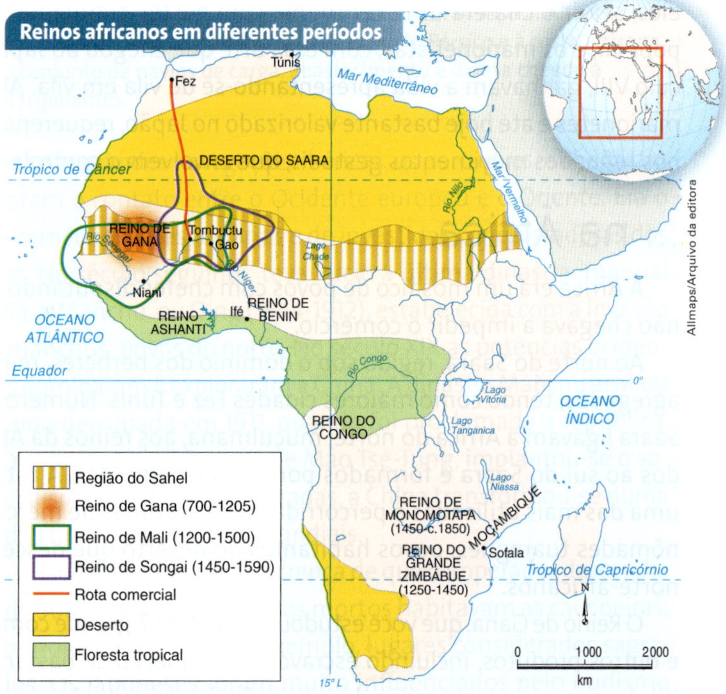

Allmaps/Arquivo da editora

Adaptado de: PAOLUCCI, Silvio; SIGNORINI, Giusepina. *Il corso della storia* 2. Bolonha: Zanichelli, 1997. p. 56; SOUZA, Marina de Mello. *África e Brasil africano*. São Paulo: Ática, 2006. p. 13.

Na costa oriental da África, a relação com a Índia era antiga, e várias cidades mercantes prosperavam, reunindo árabes, persas, hindus. Elas tinham um importante papel no comércio de escravos. No sul do continente, o **Reino Monomotapa** substituiu o antigo **Reino do Zimbábue**, estendendo suas relações comerciais com o litoral de Sofala, em Moçambique, e estabelecendo um importante comércio de ouro com a Índia e a Pérsia. Suas cerimônias complexas na Corte do soberano impressionaram os portugueses, ao que parece os primeiros europeus a conhecê-las.

... na América

Os incas, na América do Sul, impuseram sua dominação a um grande conjunto de povos, construindo um império de aproximadamente 10 milhões de pessoas em um grande território. Não conheciam a escrita nem o ferro nem a roda. Engenheiros notáveis, construíram uma rede de estradas com pontes suspensas sobre os vales, cobrando da população tributos em forma de trabalho. Os mensageiros corredores, homens treinados para auxiliar na comunicação e na administração, ficavam a uma distância de 2 a 5 quilômetros um do outro, o que permitia que as ordens do governante percorressem grandes distâncias em pouco tempo.

OED A família inca

O imperador, além de chefe militar, era considerado um deus na terra, o "filho do Sol". O auge dessa civilização ocorreu entre 1438 e a chegada dos espanhóis à região, em 1531.

Nesse período, o território do império chegou a atingir 4 mil quilômetros, desde o atual Equador até o Chile, compreendendo o domínio sobre vários grupos étnicos. Sob o imperador Pachakuti, que governou de 1438 a 1471, Cuzco transformou-se na capital do império, chegando a ter cerca de 100 mil habitantes. Outra cidade importante, exemplo de planejamento e sofisticação urbana, foi Machu Picchu, cujos vestígios ainda hoje causam profunda admiração.

A população estava submetida à servidão coletiva, em uma sociedade fortemente hierarquizada. A terra era considerada propriedade do imperador, administrada por funcionários locais (*curacas*), que, em cada aldeia (*ayllu*), determinavam a organização do trabalho, o montante dos impostos destinados ao imperador e a *mita*, trabalho compulsório em obras públicas. Na agricultura, os incas utilizavam sistemas de irrigação e "terraços" cultiváveis nas íngremes encostas das montanhas andinas, garantindo a produção de excedentes.

Na América Central, os astecas, vindos de mais ao norte da América, haviam lentamente migrado e imposto sua lei a um conjunto de cidades e tribos. Sua capital, Tenochtitlán (atual Cidade do México), fundada em 1325, cobria uma área de 13 quilômetros quadrados e chegou a ter uma população estimada entre 80 mil e 500 mil habitantes. Era uma cidade grandiosa, com uma rede de ruas e muitos jardins, mercados e imensos templos. A população era composta de "homens comuns", que, embora devessem obediência aos sacerdotes e aos senhores, podiam tornar-se senhores se fossem hábeis guerreiros e conseguissem fazer alguns prisioneiros na guerra.

As ruínas de Machu Picchu dão uma ideia da grandiosidade do Império Inca. Machu Picchu era um importante centro religioso e astronômico, localizando-se a 2 400 metros de altitude, próximo à floresta Amazônica (foto de 2012).

Herve Hughes/Hemis/Corbis/Latinstock

Tenochtitlán, capital asteca

Os astecas chegaram a controlar um império que se estendia do atual oeste mexicano até o sul da Guatemala, com uma população de talvez 12 milhões de habitantes.

O Império Asteca, cuja estrutura política era centralizada, exercia rígido controle sobre os povos vizinhos, que eram obrigados a lhe pagar tributos e estavam sujeitos a expedições punitivas. O imperador dirigia a "casta" sacerdotal na qual se apoiava a atividade agrícola. Nas aldeias havia os grupos familiares (*calpulli*) e predominava a posse comunal da terra, embora parte da produção devesse ser transferida para o Estado para sustentar o imperador, os militares, os funcionários administrativos e os sacerdotes. Portanto, o sistema predominante era também o de servidão coletiva. A religião baseava-se na crença em vários deuses e na prática de sacrifícios humanos. Estima-se que mais de 20 mil pessoas foram mortas anualmente nessas cerimônias públicas, realizadas ao ar livre, seja na grande pirâmide do centro de Tenochtitlán, seja nos vários templos dos bairros. O mais comum nesses sacrifícios era abrir o peito da vítima com uma faca, extirpar o coração e desmembrar o corpo em partes, que eram distribuídas à população e usadas como alimento.

O Império Asteca foi formado no século XV, tendo entrado em declínio com a invasão espanhola. Seu último imperador, Montezuma II, assistiu à destruição de seu império e de sua capital durante a conquista promovida pelo espanhol **Fernão Cortez**, entre 1519 e 1521, que liderou um exército de 500 espanhóis e cerca de 25 mil índios inimigos dos astecas. Para os povos nativos do continente, a chegada dos europeus representou a dizimação de sua população.

Planta de Tenochtitlán do século XVI. É atribuída ao conquistador Fernão Cortez como ilustração de sua segunda carta a Carlos V, imperador do Sacro Império Romano-Germânico. A capital asteca foi construída em uma ilha do lago Texcoco, com vários caminhos que ligavam a cidade ao continente.

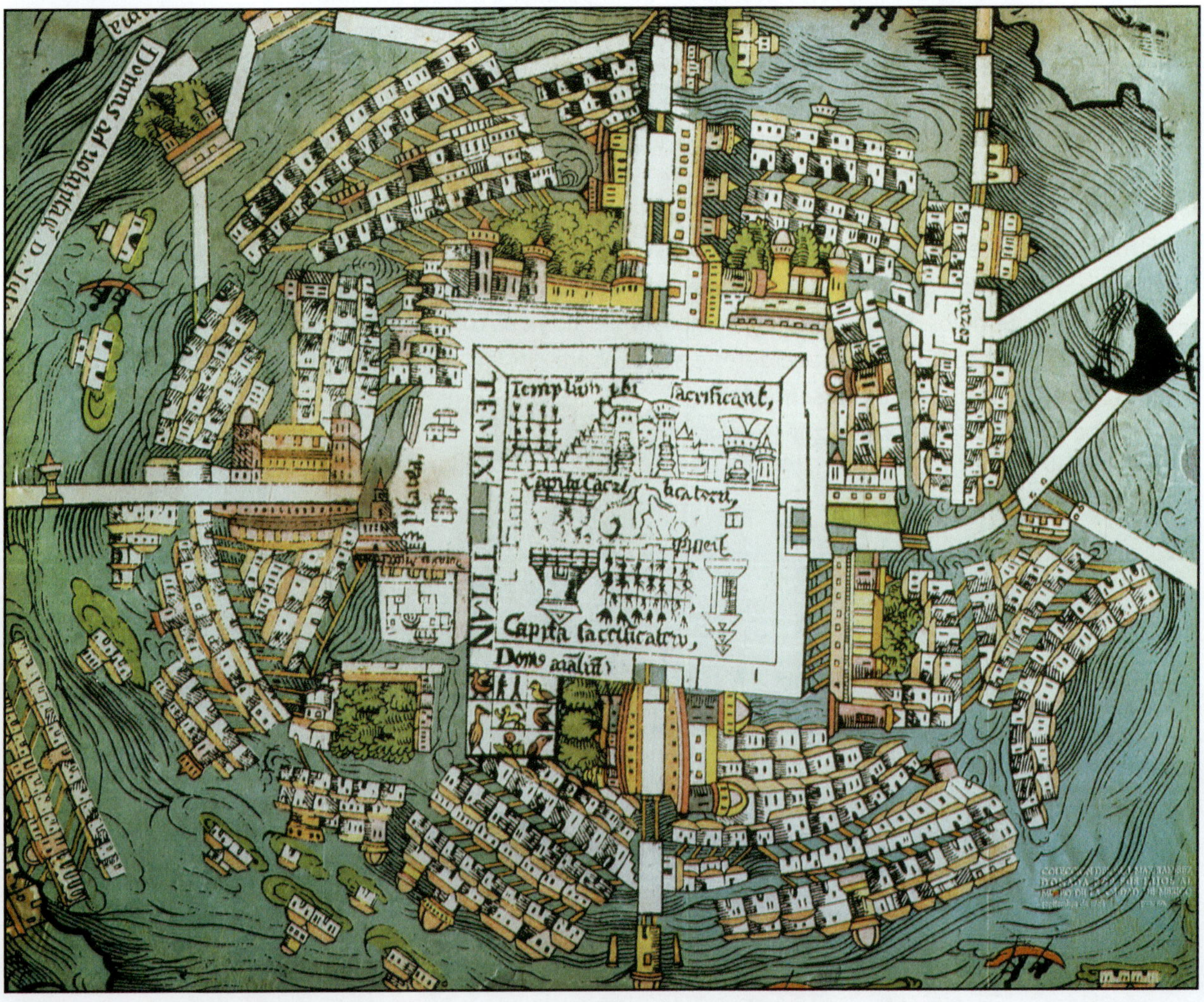

The Art Archive/Other Images/Museu da Cidade do México, México.

Pensando no Enem

1. *A peste negra dizimou boa parte da população europeia, com efeitos sobre o crescimento das cidades. O conhecimento médico da época não foi suficiente para conter a epidemia. Na cidade de Siena, Agnolo di Tura escreveu: "As pessoas morriam às centenas, de dia e de noite, e todas eram jogadas em fossas cobertas com terra e, assim que essas fossas ficavam cheias, cavavam-se mais. E eu enterrei meus cinco filhos com minhas próprias mãos [...] E morreram tantos que todos achavam que era o fim do mundo".*

DI TURA, Agnolo. *The Plague in Siena*: An Italian Chronicle. In: BOWSKY, William M. *The Black Death*: a turning point in history? New York: HRW, 1971. Texto adaptado.

O testemunho de Agnolo di Tura, um sobrevivente da peste negra, que assolou a Europa durante parte do século XIV, sugere que:

a) o flagelo da peste negra foi associado ao fim dos tempos.
b) a Igreja buscou conter o medo da morte, disseminando o saber médico.
c) a impressão causada pelo número de mortos não foi tão forte, porque as vítimas eram poucas e identificáveis.
d) houve substancial queda demográfica na Europa no período anterior à peste.
e) o drama vivido pelos sobreviventes era causado pelo fato de os cadáveres não serem enterrados.

Resposta: a

A peste negra foi vista como um dos indícios do final do mundo durante a Idade Média. Existiram diversos surtos da doença, em diferentes regiões da Europa e Ásia. O grande número de mortos foi associado à 'fúria divina' e à aproximação do 'Juízo Final'. A peste negra (peste bubônica) é transmitida pela pulga dos ratos que, ao picarem os humanos, os infectam com o bacilo causador da doença. Os indivíduos contaminados apresentam inchaço nas axilas e/ou virilhas e morrem rapidamente, em cerca de seis dias. Alguns grupos, como os judeus, chegaram a ser indicados como os responsáveis pela transmissão da doença e foram perseguidos durante esse período. O desespero diante da epidemia também contribuiu para o surgimento de seitas religiosas fanáticas, como a dos flagelantes. Estes eram grupos de pessoas que saíam às ruas se chicoteando como forma de se penitenciarem pelos pecados cometidos.

Considerando a matriz de Referência do Enem, essa questão contempla a competência de área 6 – Compreender a sociedade e a natureza, reconhecendo suas interações no espaço em diferentes contextos históricos e geográficos, especialmente a habilidade H27: Analisar de maneira crítica as interações da sociedade com o meio físico, levando em consideração aspectos históricos e (ou) geográficos. E também a competência de área 1 – Compreender os elementos culturais que constituem as identidades, especialmente as habilidades H1: Interpretar historicamente e/ou geograficamente fontes documentais acerca de aspectos da cultura; H4 - Comparar pontos de vista expressos em diferentes fontes sobre determinado aspecto da cultura.

2. O Império Inca, que corresponde principalmente aos territórios da Bolívia e do Peru, chegou a englobar enorme contingente populacional. Cuzco, a cidade sagrada, era o centro administrativo, com uma sociedade fortemente estratificada e composta por imperadores, nobres, sacerdotes, funcionários do governo, artesão, camponeses, escravos e soldados. A religião contava com vários deuses, e a base da economia era a agricultura, principalmente o cultivo da batata e do milho.

A principal característica da sociedade inca era a:

a) ditadura teocrática, que igualava a todos.
b) existência da igualdade social e da coletivização da terra.
c) estrutura social desigual compensada pela coletivização dos bens.
d) existência de mobilidade social, o que levou à composição da elite pelo mérito.
e) impossibilidade de se mudar de extrato social e a existência de uma aristocracia hereditária.

Resposta: e

A sociedade inca era rigidamente estratificada, sem mobilidade social.

Considerando a matriz de Referência do Enem, essa questão contempla a competência de área 3 – Compreender a produção e o papel histórico das instituições sociais, políticas e econômicas, associando-as aos diferentes grupos, conflitos e movimentos sociais, especialmente a habilidade H11: Identificar registros de práticas de grupos sociais no tempo e no espaço.

Atividades

Leitura e interpretação de documento

1. Leia atentamente o texto abaixo.

Lei aprovada na França em 1439

Para eliminar e remediar e pôr fim aos grandes excessos e pilhagens feitas e cometidas por bandos armados, que há muito vivem e continuam vivendo do povo [...]

O Rei proíbe, sob acusação de lesa-majestade e perda para sempre, para si e sua posteridade, de todas as honras e cargos públicos, e o confisco de sua pessoa e suas posses, a qualquer pessoa, de qualquer condição, que organize, conduza, chefie ou receba uma companhia de homens em armas, sem permissão, licença e consentimento do Rei [...]

Sob as mesmas penalidades, o Rei proíbe a todos os capitães e homens de guerra que ataquem mercadores, trabalhadores, gado ou cavalos ou bestas de carga, seja nos pastos ou em carroças, e não perturbem, nem às carruagens, mercadorias e artigos que estiverem transportando, e não exigirão deles resgate de qualquer forma; mas sim tolerarão que trabalhem, andem de uma parte a outra e levem suas mercadorias e artigos em paz e segurança, sem nada lhes pedir, sem criar-lhes obstáculos ou perturbá-los de qualquer forma.

Apud HUBERMAN, Leo. *História da riqueza do homem*. 15. ed. Rio de Janeiro: Zahar, 1979. p. 82.

a) O que determinava a lei acima?
b) Com base no que você estudou, identifique os grupos sociais beneficiados com essa lei e aqueles que viram seu poder reduzido por ela.
c) Como essa lei contribuiu para a formação do Estado nacional francês?

Leitura e interpretação de texto historiográfico

2. Leia o texto abaixo e responda às questões que o acompanham.

O foco inicial de infiltração islâmica na África pode ser localizado no Egito, na década de 640, por meio de contatos e trocas com comerciantes da península Arábica, através do mar Vermelho, e da parte oriental do Mediterrâneo. A partir daí, as populações árabes se dirigiram para a conquista da região do Magreb, num movimento simultâneo de penetração e conversão, em que, aos poucos, foram se mesclando as noções tribais árabes e berberes. Conforme assinalou D. T. Niane, "é comum indagar-se acerca das razões pelas quais o Islã obteve aceitação tão rápida não só na África como também em outros locais: ora, é preciso lembrar que o modo de vida dos nômades da Arábia pouco diferia, na época, daquele dos berberes e dos felás da África setentrional".

Quanto à África negra, essa expansão iniciou-se no século XII, com a conquista almorávida do Império de Gana. Na época, as trocas comerciais eram feitas por meio da navegação ao longo da costa atlântica até a foz do rio Senegal. No século XVI, essa influência se intensificou, coincidindo também com o início da penetração europeia no continente. A partir de então, assistir-se-ia ao estabelecimento de uma disputa entre árabes e europeus pelo controle do comércio com as diversas regiões da África.

MENDONÇA, Marina Gusmão de. *Histórias da África*. São Paulo: LCTE, 2008. p. 66.

a) De acordo com a autora, que fatores explicam a rápida expansão do islã pelo continente africano?
b) Consulte os capítulos referentes à Idade Média e identifique o que estava se passando na Europa ocidental:
- por ocasião da expansão árabe pelo norte da África;
- no momento em que o islamismo penetrou pela África Negra;
- quando os comerciantes muçulmanos intensificaram suas relações com os povos africanos.

c) Que relação é possível estabelecer entre o processo de centralização do poder político na Europa e o desenvolvimento da concorrência entre árabes e europeus pelos mercados africanos no século XVI?

Vestibulares de Norte a Sul

1. **SE** (FCC-SP) A Magna Carta (1215), aceita por João Sem-Terra, da Inglaterra, reveste-se de grande importância porque, entre outros aspectos:

a) assegurava aos homens livres proteção contra as arbitrariedades do poder político.
b) solucionava o conflito entre o Estado e a Igreja, decorrente do assassinato do bispo Thomas Beckett.
c) eliminava a influência política dos condes e barões na vida inglesa.
d) fazia com que a estrutura do governo inglês perdesse suas características feudais.
e) pôs fim à longa disputa com Filipe Augusto sobre os feudos ingleses na França.

2. **SE** (Vunesp-SP) A respeito da formação das Monarquias Nacionais europeias na passagem da Idade Média para a Época Moderna, é correto afirmar que:

a) o poder político dos monarcas firmou-se graças ao apoio da nobreza, ameaçada pela força crescente da burguesia.
b) a expansão muçulmana e o domínio do mar Mediterrâneo pelos árabes favoreceram a centralização.
c) uma das limitações mais sérias dos soberanos era a proibição de organizarem exércitos profissionais.
d) o poder real firmou-se contra a influência do papa e o ideal de unidade cristã, dominante no período medieval.
e) a ação efetiva dos monarcas dependia da concordância dos principais suseranos do reino.

3. **SE** (Fuvest-SP) A partir do século XI, na Europa ocidental, os poderes monárquicos foram lentamente se reconstituindo, e em torno deles surgiram os diversos Estados nacionais. Explique as razões desse processo de centralização política.

4. **NE** (UFBA) A formação das Monarquias Nacionais na Europa, entre os séculos XV e XVIII, resultou da superação de antigas práticas feudais e do estabelecimento de novos princípios.

A partir dessa afirmação, identifique uma dentre as práticas superadas e um novo princípio estabelecido para a formação das referidas monarquias.

5. **SE** (Unifesp)

... doentes atingidos por estranhos males, todos inchados, todos cobertos de úlceras, lamentáveis de ver, desesperançados da medicina, ele [o Rei] cura-os pendurando em seus pescoços uma peça de ouro, com preces santas, e diz-se que transmitirá essa graça curativa aos reis seus sucessores.

(SHAKESPEARE, William. *Macbeth*.)

Esta passagem da peça *Macbeth* é reveladora

a) da capacidade artística do autor de transcender a realidade de seu tempo.
b) da crença anglo-francesa, de origem medieval, no poder de cura dos reis.
c) do direito divino dos reis, que se manifestava em seus dons sobrenaturais.
d) da mentalidade renascentista, voltada ao misticismo e ao maravilhoso.
e) do poder do absolutismo, que obrigou a Igreja a aceitar o caráter sagrado dos reis.

6. **SE** (Fatec-SP) A dissolução do Feudalismo foi apressada, no final da Idade Média, por uma sucessão de acontecimentos que geraram a chamada "crise do séc. XIV". Entre esses acontecimentos é correto citar:

a) Epidemias, como a Peste Negra, originadas principalmente da falta de estrutura das cidades para suportar o aumento populacional e enfrentar o problema da fome.
b) Grande Fome, manifestada neste século, devido ao grande número de pragas que destruíram as plantações.
c) Guerra dos Cem Anos, envolvendo, de um lado, França e Espanha e, do outro, Inglaterra e Portugal, e que gerou inúmeras mortes.
d) Revolta dos Camponeses; estes, sem ter o que comer, abandonaram os campos e causaram muitas mortes nas cidades.
e) Epidemias, como a Peste Bubônica, que matou cerca de 2/3 de toda a população da Europa.

7. **SE** (PUC-SP)

Nos tempos de São Luís, as hordas que surgiam do leste provocam terror e angústia no mundo cristão. O medo do estrangeiro oprime novamente as populações. No entanto, a Europa soubera digerir e integrar os saqueadores normandos. Essas invasões tinham tornado menos claras as fronteiras entre o mundo pagão e a cristandade e estimulado o crescimento econômico. A Europa, então terra juvenil, em plena expansão, estendeu-se aos quatro pontos cardeais, alimentando-se, com voracidade, das culturas exteriores. Uma situação muito diferente da de hoje, em que o Velho Continente se entrincheira contra a miséria do mundo para preservar suas riquezas.

DUBY, Georges. *Ano 1000 ano 2000*. "Na pista de nossos medos". São Paulo: Editora da Unesp, 1998, p. 50-51

Luís IX (ou São Luís) governou a França de 1226 a 1270. Podem-se associar as "hordas [bandos de bárbaros ou de desordeiros] que surgiam do leste" aos:

a) hunos que, liderados por Átila a partir de 433, avançaram violentamente até as penínsulas Balcânica e Itálica.
b) grupos de nômades oriundos do Império Romano do Ocidente, no momento de sua desintegração, na segunda metade do século V.
c) mongóis que, vindos da Ásia, atingiram, até 1250, a Hungria e a Polônia, devastando as terras por onde passavam.
d) grupos de africanos trazidos das colônias portuguesas do litoral atlântico para o trabalho escravo nos séculos XVI e XVII.
e) vikings que, após realizarem invasões e saques, se integraram, no século X, à cultura e ao comércio da Europa mediterrânea.

Caiu no Enem

1. *No período 750-338 a.C., a Grécia antiga era composta por cidades-Estado, como por exemplo Atenas, Esparta, Tebas, que eram independentes umas das outras, mas partilhavam algumas características culturais, como a língua grega. No centro da Grécia, Delfos era um lugar de culto religioso frequentado por habitantes de todas as cidades-Estado.*

No período 1200-1600 d.C., na parte da Amazônia brasileira onde hoje está o Parque Nacional do Xingu, há vestígios de quinze cidades que eram cercadas por muros de madeira e que tinham até dois mil e quinhentos habitantes cada uma. Essas cidades eram ligadas por estradas a centros cerimoniais com grandes praças. Em torno delas havia roças, pomares e tanques para a criação de tartarugas. Aparentemente, epidemias dizimaram grande parte da população que lá vivia.

Folha de S.Paulo, ago. 2008 (adaptado).

Apesar das diferenças históricas e geográficas existentes entre as duas civilizações, elas são semelhantes, pois:

a) as ruínas das cidades mencionadas atestam que grandes epidemias dizimaram suas populações.
b) as cidades do Xingu desenvolveram a democracia, tal como foi concebida em Tebas.
c) as duas civilizações tinham cidades autônomas e independentes entre si.
d) os povos do Xingu falavam uma mesma língua, tal como nas cidades-Estado da Grécia.
e) as cidades do Xingu dedicavam-se à arte e à filosofia tal como na Grécia.

2. *Se a mania de fechar, verdadeiro* habitus *da mentalidade medieval nascido talvez de um profundo sentimento de insegurança, estava difundida no mundo rural, estava do mesmo modo no meio urbano, pois que uma das características da cidade era de ser limitada por portas e por uma muralha.*

DUBY, G. et al. "Séculos XIV-XV". In: ARIES, P.; DUBY, G. *História da vida privada da Europa Feudal à Renascença*. São Paulo: Cia. das Letras, 1990 (adaptado).

As práticas e os usos das muralhas sofreram importantes mudanças no final da Idade Média, quando elas assumiram a função de pontos de passagem ou pórticos.

Este processo está diretamente relacionado com

a) o crescimento das atividades comerciais e urbanas.
b) a migração de camponeses e artesãos.
c) a expansão dos parques industriais e fabris.
d) o aumento do número de castelos e feudos.
e) a contenção das epidemias e doenças.

3. *Quando ninguém duvida da existência de um outro mundo, a morte é uma passagem que deve ser celebrada entre parentes e vizinhos. O homem da Idade Média tem a convicção de não desaparecer completamente, esperando a ressurreição. Pois nada se detém e tudo continua na eternidade. A perda contemporânea do sentimento religioso fez da morte uma provação aterrorizante, um trampolim para as trevas e o desconhecido.*

DUBY, G. *Ano 1000, Ano 2000*: na pista dos nossos medos. São Paulo: Unesp, 1998 (adaptado).

Ao comparar as maneiras com que as sociedades têm lidado com a morte, o autor considera que houve um processo de:

a) mercantilização das crenças religiosas.
b) transformação das representações sociais.
c) disseminação do ateísmo nos países de maioria cristã.
d) diminuição da distância entre saber científico e eclesiástico.
e) amadurecimento da consciência ligada à civilização moderna.

4. Considere os textos a seguir.

[...] *de modo particular, quero encorajar os crentes empenhados no campo da filosofia para que iluminem os diversos âmbitos da atividade humana, graças ao exercício de uma razão que se torna mais segura e perspicaz com o apoio que recebe da fé.*

Papa João Paulo II. Carta Encíclica *Fides et Ratio* aos bispos da Igreja católica sobre as relações entre fé e razão, 1998.

As verdades da razão natural não contradizem as verdades da fé cristã.

Santo Tomás de Aquino, pensador medieval.

Refletindo sobre os textos, pode-se concluir que:

a) a encíclica papal está em contradição com o pensamento de Santo Tomás de Aquino, refletindo a diferença de épocas.
b) a encíclica papal procura complementar Santo Tomás de Aquino, pois este colocava a razão natural acima da fé.
c) a Igreja medieval valorizava a razão mais do que a encíclica de João Paulo II.
d) o pensamento teológico teve sua importância na Idade Média, mas, em nossos dias, não tem relação com o pensamento filosófico.
e) tanto a encíclica papal como a frase de Santo Tomás de Aquino procuram conciliar os pensamentos sobre fé e razão.

5. O franciscano Roger Bacon foi condenado, entre 1277 e 1279, por dirigir ataques aos teólogos, por uma suposta crença na alquimia, na astrologia e no método experimental, e também por introduzir, no ensino, as ideias de Aristóteles. Em 1260, Roger Bacon escreveu:

Pode ser que se fabriquem máquinas graças às quais os maiores navios, dirigidos por um único homem, se desloquem mais depressa do que se fossem cheios de remadores; que se construam carros que avancem a uma velocidade incrível sem a ajuda de animais; que se fabriquem máquinas voadoras nas quais um homem [...] *bata o ar com asas como um pássaro.* [...] *Máquinas que permitam ir ao fundo dos mares e dos rios.*

BRAUDEL, Fernand. *Civilização material, economia e capitalismo: séculos XV-XVIII*. São Paulo: Martins Fontes, 1996, vol. 3.

Considerando a dinâmica do processo histórico, pode-se afirmar que as ideias de Roger Bacon

a) inseriam-se plenamente no espírito da Idade Média ao privilegiarem a crença em Deus como o principal meio para antecipar as descobertas da humanidade.
b) estavam em atraso com relação ao seu tempo ao desconsiderarem os instrumentos intelectuais oferecidos pela Igreja para o avanço científico da humanidade.
c) opunham-se ao desencadeamento da Primeira Revolução Industrial, ao rejeitarem a aplicação da matemática e do método experimental nas invenções industriais.
d) eram fundamentalmente voltadas para o passado, pois não apenas seguiam Aristóteles, como também baseavam-se na tradição e na teologia.
e) inseriam-se num movimento que convergiria mais tarde para o Renascimento, ao contemplarem a possibilidade de o ser humano controlar a natureza por meio das invenções.

6. *Mirem-se no exemplo*

Daquelas mulheres de Atenas

Vivem pros seus maridos

Orgulho e raça de Atenas.

BUARQUE, C.; BOAL, A. "Mulheres de Atenas". In: *Meus caros amigos*, 1976. Disponível em: <http://letras.terra.com.br>. Acesso em: 4 dez. 2011 (fragmento)

Os versos da composição remetem à condição das mulheres na Grécia antiga, caracterizada, naquela época, em razão de

a) sua função pedagógica, exercida junto às crianças atenienses.
b) sua importância na consolidação da democracia, pelo casamento.
c) seu rebaixamento de *status* social frente aos homens.
d) seu afastamento das funções domésticas em períodos de guerra.
e) sua igualdade política em relação aos homens.

7. ***O canto triste dos conquistados: os últimos dias de Tenochtitlán***

Nos caminhos jazem dardos quebrados;

os cabelos estão espalhados.

Destelhadas estão as casas,

Vermelhas estão as águas, os rios, como se alguém as tivesse tingido,

Nos escudos esteve nosso resguardo,

mas os escudos não detêm a desolação...

PINSKY, J. et al. *História da América através de textos*. São Paulo: Contexto, 2007 (fragmento).

O texto é um registro asteca, cujo sentido está relacionado ao(à)

a) tragédia causada pela destruição da cultura desse povo.
b) tentativa frustrada de resistência a um poder considerado superior.
c) extermínio das populações indígenas pelo Exército espanhol.
d) dissolução da memória sobre os feitos de seus antepassados.
e) profetização das consequências da colonização da América.

8. *No contexto da polis grega, as leis comuns nasciam de uma convenção entre cidadãos, definida pelo confronto de suas opiniões em um verdadeiro espaço público, a ágora, confronto esse que concedia a essas convenções a qualidade de instituições públicas.*

MAGDALENO, F. S. *A territorialidade da representação política: vínculos territoriais de compromisso dos deputados fluminenses*. São Paulo: Annablume, 2010.

No texto, está relatado um exemplo de exercício da cidadania associado ao seguinte modelo de prática democrática:

a) direta.
b) sindical.
c) socialista.
d) corporativista.
e) representativa.

9. *Em geral, os nossos tupinambás ficaram admirados ao ver os franceses e os outros dos países longínquos terem tanto trabalho para buscar o seu arabotã, isto é, pau-brasil. Houve uma vez um ancião da tribo que me fez esta pergunta: "Por que vindes vós outros, mairs e pêros (franceses e portugueses), buscar lenha de tão longe para vos aquecer? Não tendes madeira em vossa terra?"*

LÉRY, J. *Viagem à Terra do Brasil*. In: FERNANDES, F. *Mudanças Sociais no Brasil*. São Paulo: Difel, 1974.

O viajante francês Jean de Léry (1534-1611) reproduz um diálogo travado, em 1557, com um ancião tupinambá, o qual demonstra uma diferença entre a sociedade europeia e a indígena no sentido

a) do destino dado ao produto do trabalho nos seus sistemas culturais.
b) da preocupação com a preservação dos recursos ambientais.
c) do interesse de ambas em uma exploração comercial mais lucrativa do pau-brasil.
d) da curiosidade, reverência e abertura cultural recíprocas.
e) da preocupação com o armazenamento de madeira para os períodos de inverno.

10. *Os vestígios dos povos Tupi-guarani encontram-se desde as Missões e o rio da Prata, ao sul, até o Nordeste, com algumas ocorrências ainda mal conhecidas no sul da Amazônia. A leste, ocupavam toda a faixa litorânea, desde o Rio Grande do Sul até o Maranhão. A oeste, aparecem (no rio da Prata) no Paraguai e nas terras baixas da Bolívia. Evitam as terras inundáveis do Pantanal e marcam sua presença discretamente nos cerrados do Brasil central. De fato, ocuparam, de preferência, as regiões de floresta tropical e subtropical.*

PROUS. A. *O Brasil antes dos brasileiros.* Rio de Janeiro: Jorge Zahar. Editor, 2005.

Os povos indígenas citados possuíam tradições culturais específicas que os distinguiam de outras sociedades indígenas e dos colonizadores europeus. Entre as tradições tupi-guarani, destacava-se:

a) a organização em aldeias politicamente independentes, dirigidas por um chefe, eleito pelos indivíduos mais velhos da tribo.

b) a ritualização da guerra entre as tribos e o caráter semissedentário de sua organização social.

c) a conquista de terras mediante operações militares, o que permitiu seu domínio sobre vasto território.

d) o caráter pastoril de sua economia, que prescindia da agricultura para investir na criação de animais.

e) o desprezo pelos rituais antropofágicos praticados em outras sociedades indígenas.

11. A Idade Média é um extenso período da História do Ocidente cuja memória é construída e reconstruída segundo as circunstâncias das épocas posteriores. Assim, desde o Renascimento, esse período vem sendo alvo de diversas interpretações que dizem mais sobre o contexto histórico em que são produzidas do que propriamente sobre o Medievo.

Um exemplo acerca do que está exposto no texto acima é:

a) a associação que Hitler estabeleceu entre o III Reich e o Sacro Império Romano Germânico.

b) o retorno dos valores cristãos medievais, presentes nos documentos do Concílio Vaticano II.

c) a luta dos negros sul-africanos contra o *apartheid* inspirada por valores dos primeiros cristãos.

d) o fortalecimento político de Napoleão Bonaparte, que se justificava na amplitude de poderes que tivera Carlos Magno.

e) a tradição heroica da cavalaria medieval, que foi afetada negativamente pelas produções cinematográficas de Hollywood.

12. — *Somos servos da lei para podermos ser livres.*

Cícero

— *O que apraz ao príncipe tem força de lei.*

Ulpiano

As frases acima são de dois cidadãos da Roma Clássica que viveram praticamente no mesmo século, quando ocorreu a transição da República (Cícero) para o Império (Ulpiano).

Tendo como base as sentenças acima, considere as afirmações:

I. A diferença nos significados da lei é apenas aparente, uma vez que os romanos não levavam em consideração as normas jurídicas.

II. Tanto na República como no Império, a lei era o resultado de discussões entre os representantes escolhidos pelo povo romano.

III. A lei republicana definia que os direitos de um cidadão acabavam quando começavam os direitos de outro cidadão.

IV. Existia, na época imperial, um poder acima da legislação romana.

Estão corretas, apenas:

a) I e II.

b) I e III.

c) II e III.

d) II e IV.

e) III e IV.

13. O texto abaixo reproduz parte de um diálogo entre dois personagens de um romance.

— *Quer dizer que a Idade Média durou dez horas? – Perguntou Sofia.*

— *Se cada hora valer cem anos, então sua conta está certa. Podemos imaginar que Jesus nasceu à meia-noite, que Paulo saiu em peregrinação missionária pouco antes da meia-noite e meia e morreu quinze minutos depois, em Roma. Até as três da manhã a fé cristã foi mais ou menos proibida. [...] Até as dez horas as escolas dos mosteiros detiveram o monopólio da educação. Entre dez e onze horas são fundadas as primeiras universidades.*

Adaptado de GAARDER, Jostein. *O Mundo de Sofia, Romance da História da Filosofia.* São Paulo: Cia das Letras, 1997.

O ano de 476 d.C., época da queda do Império Romano do Ocidente, tem sido usado como marco para o início da Idade Média. De acordo com a escala de tempo apresentada no texto, que considera como ponto de partida o início da Era Cristã, pode-se afirmar que

a) as Grandes Navegações tiveram início por volta das quinze horas.

b) a Idade Moderna teve início um pouco antes das dez horas.

c) o Cristianismo começou a ser propagado na Europa no início da Idade Média.

d) as peregrinações do apóstolo Paulo ocorreram após os primeiros 150 anos da Era Cristã.

e) os mosteiros perderam o monopólio da educação no final da Idade Média.

14. 

De acordo com a história em quadrinhos protagonizada por Hagar e seu filho Hamlet, pode-se afirmar que a postura de Hagar

a) valoriza a existência da diversidade social e de culturas, e as várias representações e explicações desse universo.
b) desvaloriza a existência da diversidade social e as várias culturas, e determina uma única explicação para esse universo.
c) valoriza a possibilidade de explicar as sociedades e as culturas a partir de várias visões de mundo.
d) valoriza a pluralidade cultural e social ao aproximar a visão de mundo de navegantes e não navegantes.
e) desvaloriza a pluralidade cultural e social, ao considerar o mundo habitado apenas pelos navegantes.

15. Foi proposto um novo modelo de evolução dos primatas elaborado por matemáticos e biólogos. Nesse modelo o grupo de primatas pode ter tido origem quando os dinossauros ainda habitavam a Terra, e não há 65 milhões de anos, como é comumente aceito.

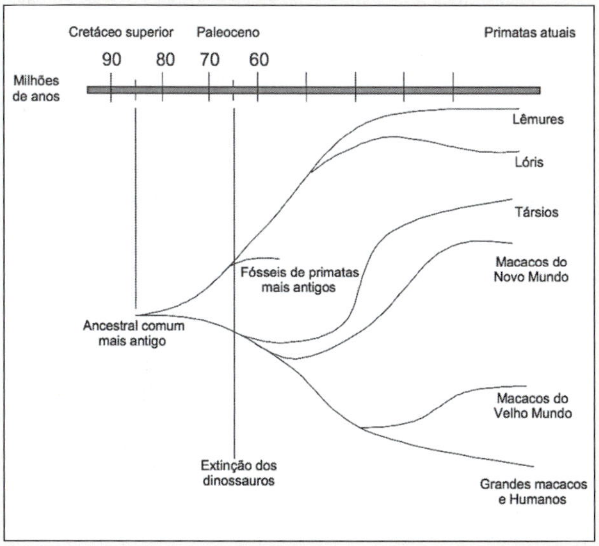

(Fonte: Raquel Aguiar. *Ciências Hoje* on-line 13/05/02.)

Examinando essa árvore evolutiva podemos dizer que a divergência entre os macacos do Velho Mundo e o grupo dos grandes macacos e de humanos ocorreu há aproximadamente:

a) 10 milhões de anos.
b) 40 milhões de anos.
c) 55 milhões de anos.
d) 65 milhões de anos.
e) 85 milhões de anos.

16. *A identidade negra não surge da tomada de consciência de uma diferença de pigmentação ou de uma diferença biológica entre populações negras e brancas e(ou) negras e amarelas. Ela resulta de um longo processo histórico que começa com o descobrimento, no século XV, do continente africano e de seus habitantes pelos navegadores portugueses, descobrimento esse que abriu o caminho às relações mercantilistas com a África, ao tráfico negreiro, à escravidão e, enfim, à colonização do continente africano e de seus povos.*

K. Munanga. Algumas considerações sobre a diversidade e a identidade negra no Brasil. In: *Diversidade na educação:* reflexões e experiências. Brasília: SEMTEC/MEC, 2003, p. 37.

Com relação ao assunto tratado no texto acima, é correto afirmar que

a) a colonização da África pelos europeus foi simultânea ao descobrimento desse continente.
b) a existência de lucrativo comércio na África levou os portugueses a desenvolverem esse continente.
c) o surgimento do tráfico negreiro foi posterior ao início da escravidão no Brasil.
d) a exploração da África decorreu do movimento de expansão europeia do início da Idade Moderna.
e) a colonização da África antecedeu as relações comerciais entre esse continente e a Europa.

Respostas

Os primeiros agrupamentos humanos

Capítulo 1

Vestibulares de Norte a Sul

1. São diversos os caminhos para se responder e justificar. Como ponto de partida, é preciso considerar que o historiador carrega seu contexto, valores, conhecimentos e preocupações na investigação do passado. Mas, descortina saberes e indagações que iluminam o presente. Assim, presente e passado para o historiador são tempos distintos, de contextos próprios, mas inter-relacionados. É o passado visto pelo presente, atualizado, num diálogo interminável entre o que aconteceu e o presente. Enfim, o tempo é eixo da história, (re)construindo interpretações criteriosas do que foi, e do que aconteceu a partir da vida e das dinâmicas sociais e culturais que se seguem.
2. B
3. V-V-V-F-V
4. B
5. O exercício aborda a problematização conceitual do uso do termo "pré-história". A sedentarização humana, o controle sobre as atividades agrícolas e a domesticação de animais foi adotada pela historiografia positivista dentro da concepção evolucionista como uma época de revolução. Segundo estes estudiosos, ela teria levado às grandes transformações, pois o uso de instrumentos e técnicas mais elaboradas fizeram parte deste período. Já na segunda parte do exercício, o termo "pré-história" traz em si um problema conceitual, uma vez que fora utilizado para separar as sociedades ágrafas das que utilizavam a escrita, como se as primeiras não produzissem e participassem dos processos históricos. Os estudos recentes mostraram as limitações desse conceito. Da mesma forma, vale ressaltar também que em vez de uma "revolução neolítica" houve muito mais um processo de transição para a chamada fase de sedentarização humana.

Capítulo 2

Vestibulares de Norte a Sul

1. B
2. C
3. B

Civilizações antigas

Capítulo 3

Vestibulares de Norte a Sul

1. E
2. C
3. E
4. B

Capítulo 4

Vestibulares de Norte a Sul

1. Os referidos códigos de leis dos povos da mesopotâmia e dos hebreus referem-se às práticas cotidianas, aos costumes e mostram distinção entre grupos sociais. Outro aspecto comum é a definição de punição equivalente, utilizada para membros do mesmo grupo social.
2. A
3. C
4. A

Capítulo 5

Vestibulares de Norte a Sul

1. a) A questão destaca os poemas *Ilíada*, *Odisseia* e *Eneida*. A *Ilíada* narra a guerra de Troia (Ílion) e a *Odisseia* trata das aventuras do herói grego, rei de Ítaca, Ulisses (Odisseu). O outro épico destacado é a *Eneida*, do poeta romano Virgílio. Na *Eneida*, toma-se como ponto de partida a destruição de Troia. Enquanto ela era consumida pelas chamas, Enéias, sobrinho do rei de Troia, Príamo, e um pequeno grupo escaparam, navegaram pelo Mediterrâneo e chegaram à península Itálica, onde seus descendentes fundaram, vários séculos depois, outra cidade, Roma. Muitos séculos à frente, Roma conquistaria a Grécia.

   b) Tanto na poesia épica como na história, busca-se descrever a trajetória grega; na primeira, os acontecimentos e feitos dos personagens são exacerbados, dando o tom característico desse tipo de narrativa. Já a história busca separar os fatos, com suas motivações, causas e seus fins. Para os gregos antigos, a Guerra de Troia não era vista como ficção, mas como um acontecimento decisivo na montagem da unidade cultural da Grécia.
2. A
3. D
4. B
5. C

Capítulo 6

Vestibulares de Norte a Sul

1. E
2. 22
3. A
4. O legado greco-romano está presente em diversos aspectos do mundo ocidental, como por exemplo na prática dos jogos olímpicos retomado no século XX, na arquitetura e nas Artes, na Matemática, Geometria e Física. A Filosofia, Política e a História também foram amplamente desenvolvidas naquele período e,

portanto, são fontes de estudos atuais nas mais diversas áreas do conhecimento. A questão da cidadania e as práticas e implementação das democracias atuais, sempre tomam por base o legado jurídico romano, por exemplo. No caso da jurisprudência foram compostas leis do direito civil, do direito natural e do direito das gentes. Também o latim merece ser lembrado como eixo originário da nossa língua portuguesa, uma de suas ramificações.

5. B

A Europa, periferia do mundo

Capítulo 7

Vestibulares de Norte a Sul

1. B
2. B
3. V-F-V-V-F
4. B

Capítulo 8

Vestibulares de Norte a Sul

1. C
2. D
3. A
4. 9
5. A

Capítulo 9

Vestibulares de Norte a Sul

1. A
2. E
3. D
4. A

Capítulo 10

Vestibulares de Norte a Sul

1. A
2. E
3. O desenvolvimento dos negócios e do novo grupo mercantil esbarrava na fragmentação da estrutura feudal. O rei juntou os interesses mercantis e da nobreza para se fortalecer, impondo uma ordem jurídica, monetária e tributária, tendo por base um exército nacional. Com essa centralização, os negócios ganharam mais impulso, servindo também para garantir a ordem e mesmo os privilégios da própria nobreza.
4. A atuação real no plano jurídico pode ser citada como um novo princípio estabelecido durante a formação das Monarquias nacionais europeias. A França, por exemplo, passou a contar com fiscais reais (Bailios e Senescais), que percorriam o reino cobrando impostos e fazendo valer as leis e a justiça real, inclusive sobre os nobres locais. Era a prevalência do nacional sobre o local, fundamental na centralização política do período.
5. B
6. A
7. C

Caiu no Enem

1. C
2. A
3. B
4. E
5. E
6. C
7. B
8. A
9. A
10. B
11. A
12. E
13. A
14. B
15. B
16. D

Sugestões de leitura

Os primeiros agrupamentos humanos

Capítulo 1 Em busca de nossos ancestrais

BOSCHI, Caio César. *Por que estudar história?* São Paulo: Ática, 2007.

GUGLIELMO, Antonio Roberto. *A Pré-história:* uma abordagem ecológica. São Paulo: Brasiliense, 1991.

REVISTA de História da Biblioteca Nacional. Arqueologia, n. 71. Vários artigos. Rio de Janeiro: SABIN, agosto de 2011.

Capítulo 2 A ocupação do continente em que vivemos

AQUINO, Rubim Santos Leão de et al. *Os primeiros brasileiros.* Rio de Janeiro: Record, 2000.

FUNARI, Pedro Paulo e NOELLI, Francisco Silva. *Pré-história no Brasil.* São Paulo: Contexto, 2002.

GUARINELLO, Norberto Luís. *Os primeiros habitantes do Brasil.* São Paulo: Atual, 1994.

Civilizações antigas

Capítulo 3 A vida em cidades: Egito e Mesopotâmia

FUNARI, Raquel dos Santos. *O Egito dos faraós e sacerdotes.* São Paulo: Atual, 2000. (Cotidiano na História geral).

JACQ, Christian. *Ramsés.* Rio de Janeiro: Bertrand Brasil, 2008.

PINSKY, Jaime. *As primeiras civilizações.* São Paulo: Atual, 1994.

REDE, Marcelo. *A Mesopotâmia.* São Paulo: Saraiva, 1997. (Que História é esta?).

Capítulo 4 Antiguidade: outros povos orientais, africanos e americanos

ANDRADE, Manuel Correia de. *O Brasil e a África.* São Paulo: Contexto, 1997.

ARAUJO, Kelly Cristina. *Áfricas no Brasil.* São Paulo: Scipione, 2003.

COOK, M.A. *Uma breve história do homem.* Rio de Janeiro: Jorge Zahar Ed. 2005.

FAIRBANK, John King. *China:* uma nova história. Porto Alegre, RS: L&PM, 2008.

GOODY, Jack. *O roubo da história:* como os europeus se apropriaram das ideias e invenções do Oriente. São Paulo: Contexto, 2008.

LOVEJOY, Paul E. *A escravidão na África*: uma história de suas transformações. Rio de Janeiro: Civilização Brasileira, 2002.

MESQUITA, Alice. *A criação do mundo:* lendas persas, chinesas, japonesas e mongóis. São Paulo: Aquariana, 2005.

SOUZA, Marina de Mello e. *África e Brasil africano.* São Paulo: Ática, 2006.

Capítulo 5 A Grécia Antiga

HOMERO. *Ilíada.* Tradução e adaptação de N. de Holanda. Rio de Janeiro: Ediouro, 1999.

________. *Odisseia.* Tradução e adaptação de Marques Rebelo. Rio de Janeiro: Ediouro, 1999.

RIBEIRO, Renato Janine. *A democracia.* São Paulo: Publifolha, 2001. (Folha explica).

SÓFOCLES. *Édipo rei.* Rio de Janeiro: Ediouro, 2001.

STONE, Isidoro F. *O julgamento de Sócrates.* São Paulo: Companhia das Letras, 2005.

Capítulo 6 A civilização Romana

GOSCINNY, René; UDERZO, Albert. *As aventuras de Asterix, o gaulês.* Rio de Janeiro: Record, 2006.

GRANDAZZI, Alexandre. *As origens de Roma.* São Paulo: Unesp, 2010.

JOLY, Fábio Duarte. *A escravidão na Roma antiga:* política, economia e cultura. São Paulo: Alameda, 2005.

RIBEIRO, Renato Janine. *A República.* São Paulo, Publifolha, 2001. (Folha explica).

SHAKESPEARE, William. *Júlio César.* Rio de Janeiro: Lacerda, 2001.

YOURCENAR, Marguerite. *Memórias de Adriano.* Rio de Janeiro: Nova Fronteira, 2006.

A Europa, periferia do mundo

Capítulo 7 O Império Bizantino, o Islã e o panorama mundial

HOURANI, Albert H. *Uma história dos povos árabes.* São Paulo: Companhia das Letras, 1994.

JAROUCHE, Mamede Mustafá (Trad.). *O livro das mil e uma noites.* Rio de Janeiro: Globo, 2007. v. 3.

Capítulo 8 O surgimento da Europa

MACDONALD, Fiona. *Como seria sua vida na Idade Média.* São Paulo: Scipione, 1996. (Como seria sua vida).

SARAMAGO, José. *História do cerco de Lisboa.* São Paulo: Companhia das Letras, 1993.

Capítulo 9 Economia, sociedade e cultura medieval

ECO, Umberto. *O nome da rosa.* Rio de Janeiro: Nova Fronteira, 1994.

FALCONES, Ildefonso. *A catedral do mar.* Rio de Janeiro: Rocco, 2007.

FRANCO Júnior, Hilário. *O ano 1000.* São Paulo: Companhia das Letras, 1999.

MACEDO, José Rivair. *Religiosidade e messianismo na Idade Média.* São Paulo: Moderna, 1993. (Desafios).

Capítulo 10 O Mundo às vésperas do século XVI

GORDON, Noah. *O Físico:* a epopeia de um médico medieval. São Paulo: Rocco, 1996.

JAROUCHE, Mamede Mustafá (Trad.) *O livro das mil e uma noites.* Rio de Janeiro: Globo, 2007. v. 3.

SHAKESPEARE, William. *MacBeth.* Rio de Janeiro: Paz e Terra, 1996.

YAZBEK, Mustafa. *A Espanha muçulmana.* São Paulo: Ática, 1987.

Bibliografia

ANDERSON, Perry. *Passagens da Antiguidade ao feudalismo*. São Paulo: Brasiliense, 1994.

ARIÈS, Philippe; DUBY, Georges. *História da vida privada*. São Paulo: Companhia das Letras, 1991-2. 5. v.

BAKHTIN, Mikhail Mikhailovich. *A cultura popular na Idade Média e no Renascimento*: o contexto de François Rabelais. São Paulo: Hucitec, 2008.

BARRACLOUGH, Geoffrey (Ed.). *Atlas da história do mundo*. São Paulo: Folha de S.Paulo/The Times, 1995.

BASCHET, Jéromê. *A civilização feudal:* do ano mil à colonização da América. São Paulo: Globo, 2006.

BETHELL, L. (Org.). *História da América Latina*. São Paulo: Edusp, 1998-2001. v. 1 a 4.

BITTENCOURT, Circe (Org.). *O saber histórico na sala de aula*. São Paulo: Contexto, 1997.

BLOCH, Marc. *Introdução à História*. Lisboa: Europa-América, 1997.

BORGES, Jóina Freitas. *A História Negada:* Em busca de novos caminhos. Teresina: FUNDAPI, 2004.

CARDOSO, Ciro Flamarion. *Antiguidade Oriental:* política e religião. São Paulo: Contexto, 1990.

_______. *O Egito antigo*. São Paulo: Brasiliense, 1982.

_______. *Sete olhares sobre a Antiguidade*. Brasília: Ed. da UnB, 1994.

_______. *Sociedades do Antigo Oriente Próximo*. São Paulo: Ática, 1995. (Princípios).

_______. *Uma introdução à História*. 10. ed. São Paulo: Brasiliense, 1994.

_______; BOUZON, Emanuel; TUNES, Cássio M. M. *Modo de produção asiático:* Nova visita a um velho conceito. Rio de Janeiro: Campus, 1990.

_______; BRIGNOLI, Hector Perez. *Os métodos da História*. Rio de Janeiro: Graal, 1979.

_______; VAINFAS, Ronaldo (Orgs.). *Domínios da História*. Rio de Janeiro: Campus, 1997.

CHESNEAUX, Jean. *Devemos fazer tábula rasa do passado?* Sobre a História e historiadores. São Paulo: Ática, 1995.

COOK, Michael A. *Uma breve história do homem*. Rio de Janeiro: Zahar, 2005.

CROUZET, Maurice (Dir.). *História geral das civilizações*. Rio de Janeiro: Bertrand Brasil, 1996. v. 17.

CUNHA, Manuela C. da. *História dos índios no Brasil*. São Paulo: Companhia das Letras, 1998.

D'ALESSIO, Márcia M. *Reflexões sobre o saber histórico*. São Paulo: Unesp, 1998.

DUBY, Georges. *A sociedade cavaleiresca*. São Paulo: Martins Fontes, 1989. (O homem e a História).

_______. *Ano 1000, ano 2000:* na pista de nossos medos. São Paulo: Unesp, 1998.

_______. *Idade Média:* idade dos homens. São Paulo: Companhia das Letras, 1990.

ELIAS, Norbert. *O processo civilizador*. Rio de Janeiro: Zahar Editor, 1993. v. 1-2.

FALCON, Francisco J. C. *Mercantilismo e transição*. São Paulo: Brasiliense, 1981.

FINLEY, Moses I. *Aspectos da Antiguidade*. São Paulo: Martins Fontes, 1991. (O homem e a História).

_______. *Economia e sociedade na Grécia antiga*. São Paulo: Martins Fontes, 1989. (O homem e a História).

FLORENZANO, Maria Beatriz. *Nascer, viver e morrer na Grécia antiga*. São Paulo: Atual, 1996.

_______. *O mundo antigo:* economia e sociedade. São Paulo: Brasiliense, 1982.

FONTANA, José L. *História:* análise do passado e projeto social. Bauru: Edusc, 1998.

_______. *A história dos homens*. Bauru: Edusc, 2004.

FRANCO Júnior, Hilário. *A Idade Média:* nascimento do Ocidente. São Paulo: Brasiliense, 1986.

_______. *O ano 1000*. São Paulo: Companhia das Letras, 1999.

FUNARI, Pedro Paulo A. *Antiguidade Clássica:* a história e a cultura a partir dos documentos. Campinas: Unicamp, 1995.

_______. *Arqueologia*. São Paulo: Ática, 1988. (Princípios).

_______. *Cultura popular na Antiguidade Clássica*. São Paulo: Contexto, 1989.

GARELLI, Paul. *O Oriente Próximo asiático:* das origens às invasões dos povos do mar. São Paulo: Edusp, 1982.

GOMBRICH, Ernst H. *História da arte*. 15. ed. Rio de Janeiro: Guanabara Koogan, 1993.

GOODY, Jack. *O roubo da História*. São Paulo: Contexto, 2008.

GRANDAZZI, Alexandre. *As origens de Roma*. São Paulo: Unesp, 2010.

HEERS, Jacques. *História medieval*. São Paulo: Difel, 1985.

HERNANDEZ, Leila Maria Gonçalves Leite. *A África na sala de aula:* uma visita à história contemporânea. São Paulo: Selo Negro, 2005.

HOBSBAWM, Eric. *Sobre História*. São Paulo: Companhia das Letras, 1998.

HOURANI, Albert H. *Uma história dos povos árabes*. São Paulo: Companhia das Letras, 1994.

INÁCIO, Inês C.; LUCA, Tânia R. de. *O pensamento medieval*. São Paulo: Ática, 1994. (Princípios).

JAEGER, Werner. *Paideia:* a formação do homem grego. São Paulo: Martins Fontes, 1989. (Paideia).

JOLY, Fabio Duarte. *A escravidão na Roma antiga:* política, economia e cultura. São Paulo: Alameda, 2005.

LE GOFF, Jacques. *Em busca da Idade Média*. Rio de Janeiro: Civilização Brasileira, 2005.

_______. *História e memória*. Campinas: Unicamp, 1992.

_______. *Por amor às cidades:* conversações com Jean Lebrun. São Paulo: Unesp, 1988.

_______; SCHMITT, Jean-Claude (Coord.). *Dicionário Temático do Ocidente Medieval*. Bauru: Edusc, 2002. v. 2.

_______. *As raízes medievais da Europa*. Petrópolis (RJ): Vozes, 2007.

MACEDO, José Rivair (Org.). *Desvendando a África*. Porto Alegre: UFRGS, 2008.

MATTOS, Regiane Augusto de. *História e cultura afro-brasileira*. São Paulo: Contexto, 2007.

MATYSZAK, Philip. *Os inimigos de Roma*. São Paulo: Manole, 2013.

MELATTI, Júlio Cezar. *Índios do Brasil*. São Paulo: Hucitec, 1993.

MONTEIRO, Hamilton M. *O feudalismo:* economia e sociedade. São Paulo: Ática, 1995. (Princípios)

MOSSÉ, Claude. *Péricles, o inventor da democracia*. São Paulo: Estação Liberdade, 2008.

MUMFORD, Lewis. *A cidade na História*. Belo Horizonte: Itatiaia, 1965.

NOVAES, Adauto (Org.). *Tempo e História*. São Paulo: Companhia das Letras, 1992.

PERRY, Marvin et al. *Civilização Ocidental:* uma história concisa. São Paulo: Martins Fontes, 1985.

PINSKY, Jaime (Org.). *O ensino de História e a criação do fato*. São Paulo: Contexto, 1997.

PROUS, André. *Arqueologia brasileira*. Brasília: Ed. da UnB, 1992.

QUEIROZ, Tereza. A. P. de. *A História do historiador*. São Paulo: Humanitas/FFLCH/USP, 1999.

_______. *As heresias medievais*. São Paulo: Atual, 1988.

RAMOS, Rui (Coord.). *História de Portugal*. Lisboa: A Esfera dos Livros, 2009.

REIS, José Carlos. *Escola dos Annales:* a inovação em história. São Paulo: Paz e Terra, 2000.

REVISTA de História da Biblioteca Nacional. Vários números. Rio de Janeiro: SABIN.

REVISTA História Viva. Vários números. São Paulo: Duetto.

REVISTA UFF: Tempo. Índios na História. Rio de Janeiro, n. 23, dez./2007.

REVISTA USP: Arqueologia Brasileira: Dossiê antes de Cabral I e II. São Paulo. n. 44, dez. 1999/jan./fev. 2000.

REVISTA USP: Dossiê Surgimento do Homem na América. São Paulo n. 34, jun./jul./ago. 1997.

ROSTOVTZEFF, Mikhail. *História de Roma*. Rio de Janeiro: Guanabara Koogan, 1986.

SANTIAGO, Theo (Org.). *Do feudalismo ao capitalismo*: uma discussão histórica. São Paulo: Contexto, 1992.

SCHMIDT, Joël. *Nero:* monstro sanguinário ou imperador visionário. Lisboa: Larousse, 2010.

SILVA, Alberto da Costa e. *A enxada e a lança:* a África antes dos portugueses. Rio de Janeiro: Nova Fronteira, 1996.

SILVA, Aracy L. da; GRUPIONI, Luís D. B. (Orgs.). *A temática indígena na escola:* novos subsídios para professores de 1º e 2º graus. 2. ed. São Paulo: Global/Brasília: MEC/Mari/Unesco, 1998.

TENÓRIO, Maria Cristina. *Pré-História da Terra Brasilis*. Rio de Janeiro: UFRJ, 2000.

VOVELLE, Michel. *As almas do purgatório, ou, O trabalho de luto*. São Paulo: UNESP, 2010.

WHITROW, G. J. *O Tempo na história:* concepções de tempo da Pré-história aos nossos dias. Rio de Janeiro: Zahar Editor, 1993.

História

Parte 2

Europa, o centro do mundo

Para entender nosso tempo: o século XIX

Europa, o centro do mundo

A partir destes capítulos, você estudará a história do Brasil mesclada à de outras partes do mundo, principalmente Europa e Américas. Não se trata de dois níveis de uma mesma história, mas de construções sobre vários povos e até civilizações diferentes.

O estudioso apropria-se do passado, escolhendo o que e como narrar. Assim, a história universal (ou mundial, ou geral) com que temos contato hoje é uma construção baseada no trabalho intelectual de centenas de historiadores, filósofos e outros pesquisadores, principalmente europeus, durante a Idade Moderna e Contemporânea. Como veremos, a história do Brasil, da mesma forma, é uma construção feita por intelectuais brasileiros e estrangeiros que se dedicaram a esse estudo, principalmente nos séculos XIX e XX.

Réplica da nau Santa Maria, que fez parte da esquadra de Cristóvão Colombo em 1492.

Coleção particular/Alfredo Dagli Orti/The Archive/Other Images

SABER HISTÓRICO

Discutindo a Europa, o centro do mundo

The Bridgeman Art Library/Keystone/Biblioteca John Carter Brown, Universidade Brown, Rhode Island, EUA

Mapa mostra a rota da viagem realizada por Magellan no século XV, com chegada e partida no continente europeu. Feito por Agnese Battista, no século XVI.

1 História do Brasil e História geral: duas histórias?

De início, é importante refletirmos sobre a construção do saber histórico antes de mesclarmos a denominada História Geral com a do Brasil. A periodização e a "regionalização" da história (ou seja, história da América, da Inglaterra, de Ouro Preto, por exemplo; a divisão e o enfoque em séculos, décadas passadas ou ontem...) constituem técnicas de estudo, formas de organizar e abordar um assunto. São recortes que evidenciam escolhas, e não uma constatação de que os eventos, na prática, organizaram-se dentro daquela periodização ou tiveram efeito apenas na regionalização criada ou escolhida.

Por isso, ao fazer uma história do Brasil, é impossível trabalhar com todos os assuntos referentes a essa regionalização. Ao optar por certo ponto de vista histórico, os estudiosos selecionam eventos e processos que consideram fundamentais, e, desse modo, muitos outros ficam excluídos, principalmente no que se refere aos grupos ou projetos dominados, derrotados ou abandonados.

Nesse ponto, são necessários alguns cuidados. A história universal é uma construção que advém do contexto de afirmação da Europa como centro do mundo, e a história do Brasil também nasce, inicialmente, para a afirmação da nação que se constituía no começo do século XIX. Por isso, denominar a região que viria a ser o Brasil como "Brasil colônia" é impróprio e vem dessa necessidade de afirmação nacional.

Zé Zuppani/Pulsar Imagens

Escultura encontrada na cidade maia de Copán, localizada no atual território de Honduras.

No Instituto Histórico e Geográfico do Brasil (IHGB) iniciou-se a construção da História do Brasil, de acordo com a visão e os interesses do Império. Na foto, de 2010, o prédio do IHGB, no Rio de Janeiro (RJ).

Laura Durand Dascal/Acervo da fotógrafa

Vamos entender: está implícito no nome "Brasil colônia" a mentalidade de que o período colonial seria o embrião da futura nação brasileira. Dessa forma, os historiadores do século XIX, contemporâneos da recente independência política (1822) e da instauração da República (1889), procuravam justificar a existência da nação brasileira já no passado colonial, usando para isso referenciais do momento em que viviam. No entanto, esses referenciais não existiam nem faziam sentido para os séculos XVI, XVII e XVIII.

O arranjo político feito com o projeto vitorioso que instaurou o Império brasileiro livre de Portugal era mais convincente quando se assegurava que a nação já existia antes de ser independente, o que não é verdade. O território que hoje constitui o Brasil, além de ter sido habitado por centenas de povos diferentes antes da chegada dos europeus, teve partes que pertenceram a outras metrópoles europeias (Espanha, Países Baixos, França) e a outros países sul-americanos (Paraguai, Guiana Francesa, Bolívia).

Além disso, foi mais do que uma colônia portuguesa: foi também Reino Unido a Portugal e Algarves e, ainda que por pouco tempo, já esteve dividido em mais de um país independente (durante a **Confederação do Equador** ou a **Revolução Farroupilha**, por exemplo).

Todas essas possibilidades foram vencidas, e o Brasil que conhecemos hoje é apenas o resultado do sucesso de **um** dos projetos em jogo. Dessa forma, cometeríamos um grande erro se procurássemos compreender o passado de uma nação considerando somente o que ela se tornou. Estaríamos fazendo do presente o limitador absoluto do passado, desconsiderando as possibilidades não viabilizadas.

Confederação do Equador: conflito emancipacionista ocorrido em 1824, contrário à centralização política imperial. Iniciou-se na província de Pernambuco e posteriormente envolveu várias outras províncias próximas.

Revolução Farroupilha: também denominada Guerra dos Farrapos, ocorreu nos territórios que hoje correspondem ao Rio Grande do Sul e Santa Catarina, entre 1835 e 1845; o movimento proclamou a República Rio-Grandense (RS) e a República Juliana (SC).

Mapa do Maranhão, de João Teixeira Albernaz, do século XVII, onde os franceses pretendiam implantar uma colônia.

Laura Durand Dascal/Acervo da fotógrafa

2 Idade Moderna: Europa como centro do mundo

A expressão **Idade Moderna** dá ideia de algo renovador, progressista. Para o historiador francês Jean Chesneaux[1], essa expressão “tempos modernos” está ligada à tentativa da burguesia de se colocar, no campo das ideias e dos valores, como impulsionadora da história. Essa classe social de fato está envolvida nas principais transformações do período que você irá estudar, desde a constituição dos Estados nacionais modernos, com o estabelecimento do Antigo Regime, até a sua derrubada ou a transformação das monarquias absolutistas em monarquias constitucionais.

Para o filósofo Enrique Dussel[2], a Europa, até 1492, pode ser interpretada como mera **periferia** do mundo muçulmano. Com poucas cidades, riqueza escassa, população relativamente pequena, artes e ciências engatinhando ou submetidas ao domínio da Igreja, o mundo europeu era inexpressivo se comparado ao mundo muçulmano. O Império Árabe dominava as principais rotas de comércio do Velho Mundo, o mar Mediterrâneo e os conhecimentos náuticos; tinha cultura e ciência relativamente mais exuberantes que os europeus, com ricas cidades e uma extensão geopolítica que envolvia partes da África, Ásia e Europa (península Ibérica e leste europeu).

Com as viagens dos “descobrimentos”, que levaram à conquista de povos e territórios até então desconhecidos e ao estabelecimento de rotas comerciais em vários pontos do planeta, o continente europeu deixa a sua condição de periferia e passa a ocupar um lugar cada vez mais central no cenário mundial. Espanha e Portugal firmam-se como as primeiras sociedades da Europa a ter a experiência de “descobrir” outros povos (os nativos, cujas culturas eram absolutamente desconhecidas para os europeus), de subjugá-los e de controlá-los.

A nau de Nicolau Coelho, um dos capitães da armada de Pedro Álvares Cabral. Ilustração do livro de Lisuarte de Abreu, do século XVI.

[1] No livro *Devemos fazer tábula rasa do passado?* Sobre a história e os historiadores. São Paulo: Ática, 1995. p. 96.

[2] No livro *1492*: o encobrimento do outro. Petrópolis: Vozes, 1993.

A expansão do poder e da influência europeia representa uma característica importante da modernidade: de periferia do mundo muçulmano, a Europa passa a ser um "construtor de periferias", e a América Latina é a sua primeira grande experiência de dominação sobre povos e terras desconhecidos até então.

Em 1992, época do aniversário dos 500 anos da chegada de Cristóvão Colombo à América, houve intensos e acalorados debates entre europeus e americanos. Os poderes constituídos e as classes dominantes na Espanha propunham uma grande comemoração do que, para eles, foi o encontro entre dois mundos, o que possibilitou o surgimento das nações da América.

Entretanto, partes das populações latino-americanas, principalmente os indígenas e os negros, protestaram e defenderam a necessidade de reflexão sobre o significado desse marco histórico. Para eles, a violência e a destruição física e cultural que decorreram da chegada dos europeus ao continente americano eram não só dados importantes para se compreender o passado, mas também fenômenos que permaneciam ativos no presente, ainda que sob outras formas. No Brasil, em 2000, no aniversário dos 500 anos da chegada de Cabral ao nosso território, a situação não foi diferente, e os manifestantes foram violentamente reprimidos.

Antonio Scorza/Agência France-Presse

Diversos povos indígenas realizaram protestos durante as comemorações dos 500 anos da chegada dos portugueses ao atual território do Brasil. (Porto Seguro, Bahia, 22 de abril de 2000).

Agora, sim, estamos em condições de compreender um pouco melhor a história que vamos estudar neste livro. Foi durante a assim chamada Idade Moderna que a Europa passou a centralizar o poder mundial, de acordo com a teoria de que a história teria um movimento evolutivo, tendo a própria Europa como eixo.

Por isso, tradicionalmente, o estudo da história começa pelo estudo das civilizações antigas da orla do mar Mediterrâneo, continua com Grécia e Roma clássicas, avança para o feudalismo e aborda, em seguida, o mundo como um apêndice da Europa. A partir daí, povos, lugares e civilizações só aparecem à medida que navegadores e comerciantes europeus atingem novas terras. Assim, para essa abordagem histórica, o Brasil só entra em cena com a chegada de Cabral.

O modelo dessa história levou à conhecida periodização em Idade Antiga, Média, Moderna e Contemporânea, o chamado modelo quadripartite. Sobre ele, o historiador Jean Chesneaux faz a sua crítica:

> O quadripartismo tem como resultado privilegiar o papel do Ocidente na história do mundo e reduzir quantitativa e qualitativamente o lugar dos povos não europeus na evolução universal. Por essa razão, faz parte do aparelho intelectual do imperialismo. Os marcos escolhidos não têm significado algum para a imensa maioria da humanidade: fim do Império Romano, queda de Bizâncio. Esses mesmos marcos destacam a história das superestruturas políticas, dos Estados, o que também não é inocente.
>
> CHESNEAUX, Jean. *Devemos fazer tábula rasa do passado?* Sobre a história e os historiadores. São Paulo: Ática, 1995. p. 95.

Angeli/Acervo do cartunista

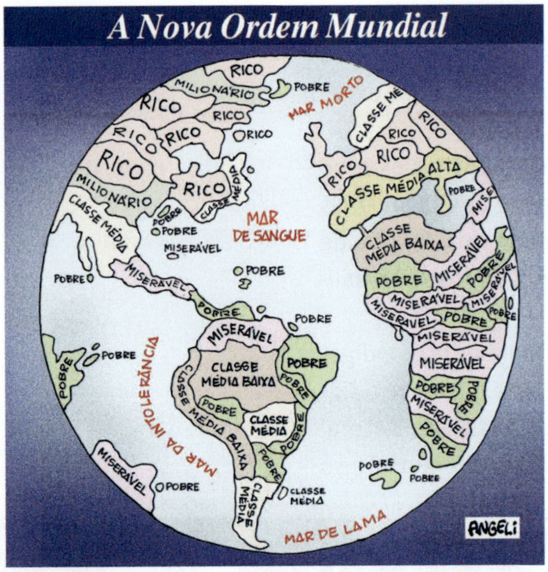

A nova ordem mundial, charge de Angeli.

A ideia construída pelos europeus, comprometidos com a dominação de outros povos, de que seriam o ápice da humanidade e o centro da história, está ligada àquelas de desenvolvimento, de progresso e, mais recentemente, de "ingresso no Primeiro Mundo" ou "mundo desenvolvido". Estabelece-se a concepção de que um povo, para atingir seus anseios, deve "desenvolver-se" ou "civilizar-se", isto é, deve imitar o modelo dos colonizadores. De diversas formas, essas ideias perpassaram a história e a política brasileira, ocultando que não somos uma continuidade do mundo europeu, mas uma síntese inacabada de diversas contribuições étnicas, culturais e políticas.

Reforçando a importância e amplitude do debate sobre essa questão, cabe acrescentar a observação de um importante historiador brasileiro da atualidade, Ciro Flamarion Cardoso. Segundo ele, apesar da necessária refutação de várias modalidades de evolucionismo:

> [...] neste início do século XXI, tanto quanto antes, continua sendo possível afirmar tranquilamente coisas como estas: a sociedade baseada na agricultura não pôde surgir pela primeira vez no mundo (ou surgir independentemente) antes da sociedade de caçadores-coletores; a sociedade urbana, ao surgir pela primeira vez no mundo (ou ao surgir independentemente), não podia preceder o conhecimento da agricultura; a sociedade industrial, ao aparecer historicamente pela primeira vez neste planeta, não pôde fazê-lo antes de existirem agricultura e cidades.
>
> CARDOSO, Ciro Flamarion. *Um historiador fala de teoria e metodologia*: ensaios. Bauru: Edusc, 2005. p. 25 e 26.

George Ourfalian/Reuters/Latinstock

Paquistaneses observam os danos materiais após um atentado terrorista em Quetta, em novembro de 2012. Além dos danos materiais, o atentado causou a morte de quatro soldados paquistaneses e uma mulher.

CAPÍTULO 11

A expansão europeia

Album/Latinstock

Detalhe de embarcações portuguesas em ilustração do século XVI. Retirada do livro de Lisuarte de Abreu.

Para pensar historicamente

A unificação do mundo

O mundo por volta de 1500 pode ser descrito em parte pelas civilizações e culturas que o compunham: Europa cristã, o Império Turco, uma África com forte presença islâmica ao norte e composta por diversos reinos, tribos e impérios na sua parte meridional. Na Índia, o Sultanato de Délhi seria substituído em pouco tempo pelo Império Grão-Mogol, islâmico, mas tolerante com o hinduísmo. No Sudeste Asiático, a cidade mercantil de Málaca exercia influência sobre toda a região e facilitava a expansão do islamismo para a região da Insulíndia, até as Filipinas. O arquipélago que hoje é a Indonésia assistia ao fim de um império de origem hinduísta e mergulhava na fragmentação. A China, livre da dominação mongol desde o século XIV, amealhava territórios que iam desde a Coreia até o Sudeste Asiático. Sem contar a América e a África, destacavam-se três grandes impérios: turco, indiano e chinês, assim como uma bem articulada economia no oceano Índico.

A Europa não passava de uma periferia apagada. A Idade Moderna é o período em que se estuda como foi que a Europa criou, ao longo dos séculos seguintes, e sob sua liderança, uma economia mundial.

Não foram apenas as navegações europeias as responsáveis por isso. Embora o comércio tenha existido desde os primórdios da humanidade, e o lucro tenha sido a base disso, o capitalismo foi a "invenção" que permitiu – e exigiu – essa transformação mundial.

Mas o que é, afinal, o capitalismo? Ele tem sido sempre o mesmo desde o seu surgimento? A quem ele beneficia, e a quem prejudica? Nos próximos capítulos, vamos somar elementos para que você possa construir suas respostas a essas perguntas.

Prostok/Shutterstock/Glow Images

O Grande Bazar, na Turquia, é um dos mais tradicionais espaços de compras em Istambul. Suas 61 ruas abrigam cerca de 3 mil lojas. Foto de 2014.

1 Emergindo da Idade Média

O final da Idade Média foi difícil para os europeus. A Guerra dos Cem Anos entre a França e a Inglaterra (1337-1453), a epidemia da peste negra e a desorganização da produção agrícola, que levou a um surto de fome, tiveram profundas consequências. Muitas rotas comerciais terrestres foram interrompidas, e a população diminuiu significativamente.

A retomada da atividade comercial se fez de forma lenta, na mesma medida em que a expansão demográfica ia se restabelecendo. A oferta de moeda se limitava cada vez mais na Europa, pois os metais preciosos eram desviados para o Oriente, em troca de especiarias e outros artigos de luxo, e as minas de ouro e prata do continente europeu se esgotavam. A falta de moeda prejudicou ainda mais o comércio.

Além disso, o monopólio da lucrativa rota mediterrânea das especiarias, exercido pelas cidades italianas, especialmente Veneza, restringia a possibilidade de lucros de outras cidades europeias.

Esses fatores acabaram por forçar o grupo mercantil europeu em formação a buscar novas alternativas para expandir o comércio. A saída foi a navegação atlântica. Teve origem assim o processo de expansão marítima europeia.

A empreitada de enfrentar a desconhecida navegação no oceano Atlântico exigia investimentos de vulto, que estavam muito além das possibilidades de qualquer cidade europeia isoladamente. Por isso, a expansão marítima só foi possível onde havia uma população unificada por uma centralização monárquica.

Gravura de 1579 que representa o movimentado porto de Gênova, por onde passavam mercadorias das regiões mais longínquas do Oriente.

akg-images/Intercontinental Press

2 O Estado moderno

A formação dos Estados modernos na Europa, ou seja, a centralização do poder por um Estado, dominando várias cidades, iniciou-se com a aproximação entre a monarquia e a burguesia, que tinham os mesmos interesses e recursos monetários. Muitos reis europeus protegeram e estimularam os negócios burgueses, quer desmontando as estruturas feudais que entravavam o comércio, quer promovendo e gerenciando a expansão comercial com as grandes navegações (Portugal, Espanha, França) ou, ainda, incentivando a criação e a manutenção de colônias na América (França, Inglaterra, Países Baixos).

A interferência dos reis nas negociações mercantis foi uma das facetas do caráter absolutista de seu poder. Modificava-se, assim, o sistema político feudal, em que cada vassalo reinava soberanamente sobre seu feudo. Estimulando a atividade mercantil, o monarca ampliava a arrecadação de impostos e se fortalecia ainda mais. Com os recursos, mantinha uma poderosa administração estatal, com vasta burocracia, constituída essencialmente de membros da nobreza, que sustentavam seu poder.

Ao convocá-los para exercer novos papéis na sociedade, os reis possibilitavam aos nobres a manutenção de seus privilégios, contrabalançando a expansão burguesa. Dessa forma, tanto nobres como burgueses continuavam dependentes do rei. Juntos e articulados na estrutura do Estado moderno, monarcas, burgueses e nobres combinavam poderes que asseguravam a ordem, a submissão da população, a dinâmica comercial e os privilégios. Essas características corresponderam ao chamado **Antigo Regime**, denominação criada mais tarde, durante a Revolução Francesa, em referência ao período anterior, de domínio absolutista.

Burguês, comerciante e burguesa, de Ferdinand Séré e Aug Racinet. Feita no século XIX, para a obra *História do traje e da mobília*.

Look and Learn/The Bridgeman Art Library/Keystone/Coleção particular

3 As navegações portuguesas

A participação dos portugueses no comércio europeu ganhou impulso no início do século XV. A precoce centralização monárquica – com a **Revolução de Avis**, em 1385, como você já viu –, associando os poderes políticos concentrados nas mãos do rei aos interesses do setor mercantil, teve papel decisivo na organização das grandes navegações portuguesas.

Esse contexto foi favorecido pelos estudos náuticos liderados por **dom Henrique, o navegador** (1394-1460). Esse filho mais novo dos monarcas portugueses atraiu para sua residência, em Sagres, Algarve, navegadores, cosmógrafos, cartógrafos, mercadores e aventureiros, desde o início do século XV. O conjunto de conhecimentos ali desenvolvidos tornou viável o projeto expansionista português, que acabou por superar as limitações ao comércio continental europeu do século XV.

Philip Spruyt/Stapleton Collection/Corbis/Latinstock

Detalhe do mapa da costa sudeste da África, do cartógrafo Arnold Florent van Langren, 1596.

As viagens pelo oceano Atlântico, que receberam na historiografia a denominação de **expansão marítima europeia**, tiveram como pano de fundo, desse modo, o estímulo governamental, somado ao interesse do grupo mercantil em ampliar sua área de atuação comercial, além da pretensa expansão religiosa ("fé cristã"). Os nobres também se envolveram nas expedições, interessados em conquistas e novos domínios. O evento considerado o marco inicial dessa expansão foi a tomada de Ceuta pelos portugueses, em 1415.

Leituras da História

Ceuta, pré-estreia da aventura ultramarina

O pretexto da luta contra infiéis moveu caravelas

Onde tudo começou? Tudo começou em Ceuta, no Marrocos. Em uma visão um tanto hiperbólica dos fatos, pode-se mesmo afirmar que o Brasil português nasceu no norte da África, no portal do deserto. Em 14 de agosto de 1415, uma poderosa frota lusitana invadiu o rico entreposto de Ceuta, antiga possessão muçulmana, para onde convergia todo o comércio entre a África árabe e a África negra. Aquele foi um momento chave na história, pois estabeleceu o início da expansão portuguesa ao redor do globo.

A tomada de Ceuta foi a primeira ação imperialista dos portugueses e, depois dela, os súditos do rei dom João I sentiram-se seguros para iniciar seu avanço por mares nunca dantes navegados. A decisão de invadir Ceuta foi audaciosa e astuta: a cidade, localizada próxima ao estreito de Gibraltar, não apenas era riquíssima e relativamente desprotegida, como se tratava de um autêntico ninho de piratas, cuja ação impedia o fluxo do comércio mediterrâneo. [...]

O comando da armada foi entregue aos filhos do rei dom João I, entre os quais o infante dom Henrique. Na manhã de 14 de agosto de 1415, com Ceuta desprotegida – por um inexplicável desleixo do soberano Sala-bin-Sala –, os lusos invadiram a cidade como uma horda de bárbaros. Mataram milhares de mouros, saqueando tudo o que podiam encontrar. Arrancaram dedos e orelhas das vítimas para roubar brincos e anéis, destruindo lojas, bazares, mesquitas e o palácio do governante. Depois de dez horas de batalha desigual, contra adversários desarmados, os portugueses tornaram-se senhores de Ceuta.

O principal saque foi perpetrado por dom Afonso de Barcelos, membro da Casa Real lusitana e meio-irmão de dom Henrique. Dom Afonso levou para Portugal mais de 600 colunas de alabastro e mármore arrancadas do palácio de Sala-bin-Sala. Aquela foi a última cruzada e a primeira vitória dos europeus na África muçulmana desde os dias de glória do Império Romano. Foi também o início da expansão ultramarina lusitana – que, 85 anos depois, os conduziria até o Brasil.

BUENO, Eduardo. *Época on-line*. Disponível em: <http://revistaepoca.globo.com/Revista/Epoca/0,,EMI172363-15518,00.html>. Acesso em: 30 jan. 2014.

Album/akg-images/Latinstock/Biblioteca Britânica, Londres, Inglaterra.

Representação de Ceuta no século XVI, em gravura publicada na obra *Civitates Orbis Terrarum* cidades do mundo, de 1582.

Pouco a pouco, ganhou corpo o objetivo português de realizar a viagem em torno da África. A cada ano, as expedições portuguesas avançavam mais milhas em direção ao sul, atingindo pontos cada vez mais distantes do litoral da África e ilhas do Atlântico (Açores, Madeira, Cabo Verde). Em 1488, o navegador **Bartolomeu Dias** chegou ao Cabo da Boa Esperança (antes chamado de Cabo das Tormentas), isto é, ao extremo meridional da África, demonstrando a existência de uma passagem para outro oceano, o Índico. Em 1498, **Vasco da Gama** alcançou finalmente as Índias, em expedição de reconhecimento. Dois anos depois, partiu a primeira grande frota destinada a fazer comércio em larga escala com o Oriente, comandada por **Pedro Álvares Cabral**, que chegou também ao litoral do novo continente, a América, na costa do território que viria a ser o Brasil.

Leituras da História

Uma viagem fantástica

Para os portugueses, o oceano era um velho conhecido, devido a sua posição geográfica, ao comércio e à pesca. Mas aventurar-se para áreas pouco conhecidas era um grande desafio, e havia grande probabilidade de morrer na viagem, tais eram os perigos do mar, bem como os problemas de higiene e alimentação a bordo. Armar uma nau foi, nessas primeiras décadas, um empreendimento de grande porte que exigia grandes capitais. Em certo sentido, a preparação para uma expedição a mares desconhecidos pode ser comparada à preparação das primeiras viagens espaciais: conhecem-se os objetivos e os perigos, mas há grandes riscos, exatamente pelos elementos que não se conhecem.

No caso das viagens por mar, com grande número de tripulantes, muitas vezes as condições dentro dos navios ou nos desembarques em regiões tropicais com focos de malária representavam uma catástrofe, dizimando a tripulação.

O historiador Fábio Pestana Ramos relata as condições das viagens:

O cotidiano em Portugal era sofrido para as pessoas humildes, mas nada comparado aos dramas vividos a bordo das embarcações. Embora as naus da Índia fossem mais amplas, a superlotação, com cargas e passageiros – frequentemente, novecentos embarcados –, deixava o ambiente muito apertado [...]

O volume de víveres, somado ao transporte ganancioso de mercadorias e de passageiros, que apinhavam as embarcações, restringia o espaço por pessoa a cerca de 50 cm² em média, nunca excedendo o dobro dessa metragem. Havia portanto pouquíssimo espaço para as pessoas se movimentarem.

RAMOS, Fábio Pestana. *Por mares nunca dantes navegados*. São Paulo: Contexto, 2008. p. 91.

Erich Lessing/Album/Latinstock/Biblioteca Marciana, Veneza, Itália.

A gravura do século XV mostra a construção de uma caravela.

Durante o período em que as navegações avançaram até que se conseguisse contornar a África, Portugal prosperou: seus navegadores adquiriam mais conhecimentos náuticos, e Lisboa tornava-se importante entreposto comercial. Entretanto, o enriquecimento do reino português era apenas aparente.

O capital gerado no processo de expansão marítima acabou sendo transferido para outros centros europeus, seja pela dependência de financiamentos externos, seja pelos gastos da Coroa e da nobreza, o que impediu a acumulação de capitais para investimento dentro do próprio reino.

Allmaps/Arquivo da editora

Na legenda do mapa estão relacionadas as conquistas portuguesas do século XV.

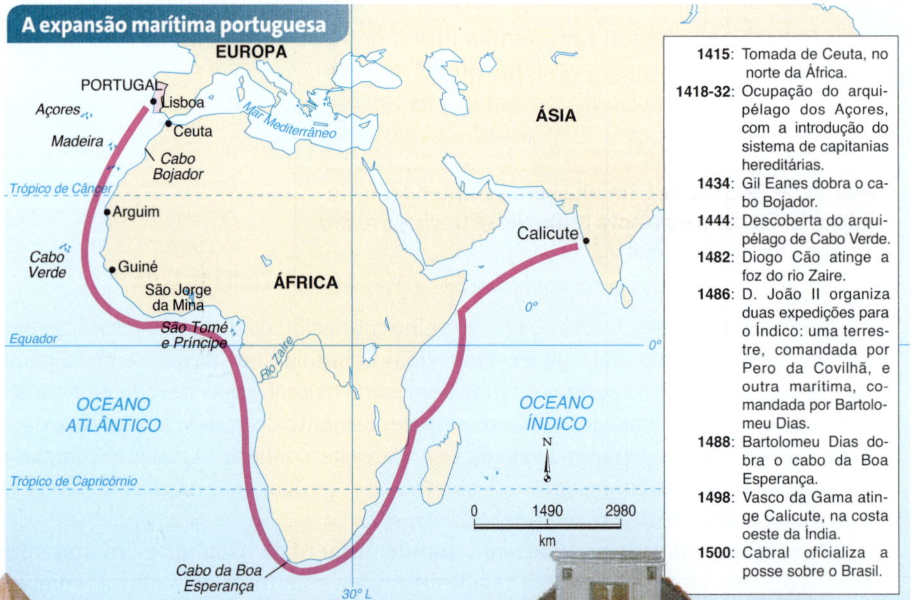

Adaptado de: ATLAS da história do mundo. São Paulo: *Folha de S.Paulo*, 1995. p. 163.

Representação da cidade de Lisboa, produzida no século XVI.

AKG-Images/Album/Latinstock/Museu Berardo, Lisboa, Portugal

Pensando no Enem

1. *De ponta a ponta, é tudo praia-palma, muito chã e muito formosa. Pelo sertão nos pareceu, vista do mar, muito grande, porque, a estender olhos, não podíamos ver senão terra com arvoredos, que nos parecia muito longa. Nela, até agora, não pudemos saber que haja ouro, nem prata, nem coisa alguma de metal ou ferro; nem lho vimos. Porém a terra em si é de muito bons ares [...]. Porém o melhor fruto que dela se pode tirar me parece que será salva esta gente.*

Carta de Pero Vaz de Caminha. In: MARQUES, A.; BERUTTI, F.; FARIA, R. *História moderna através de textos*. São Paulo: Contexto, 2001.

A carta de Pero Vaz de Caminha permite entender o projeto colonizador para a nova terra. Nesse trecho, o relato enfatiza o seguinte objetivo:

a) Valorizar a catequese a ser realizada sobre os povos nativos.
b) Descrever a cultura local para enaltecer a prosperidade portuguesa.
c) Transmitir o conhecimento dos indígenas sobre o potencial econômico existente.
d) Realçar a pobreza dos habitantes nativos para demarcar a superioridade europeia.
e) Criticar o modo de vida dos povos autóctones para evidenciar a ausência de trabalho.

Resposta: a

A colonização portuguesa visava o lucro através da exploração de metais, tráfico de escravizados e produção agrícola para abastecimento do mercado europeu. Para tanto, a catequização passou a ser instrumento fundamental no estabelecimento dos portugueses na colônia. Na visão da Igreja, os padres jesuítas que participaram da colonização tinham o destino de salvar as almas e converter os indígenas à religiosidade cristã-católica. Vale lembrar que foi a partir do Concílio de Trento que a reforma católica tomou a decisão de criar a Companhia de Jesus e enviar os padres jesuítas ao 'novo mundo'. Na América, estes eram responsáveis pela educação, cristianização e ampliação da fé cristã, tanto entre os povos indígenas como entre a população local. O modelo de introdução dos indígenas à sociedade portuguesa passava pela sua 'conversão' à religiosidade católica. Há, portanto, uma imposição dos costumes portugueses e de seus valores às populações indígenas.
Considerando a matriz de Referência do Enem, esta questão contempla a Competência de área 1 – Compreender os elementos culturais que constituem as identidades, especialmente a habilidade H1: Interpretar historicamente e/ou geograficamente fontes documentais acerca de aspectos da cultura. E também a Competência de área 3 – Compreender a produção e o papel histórico das instituições sociais, políticas e econômicas, associando-as aos diferentes grupos, conflitos e movimentos sociais, especialmente a habilidade H11: Identificar registros de práticas de grupos sociais no tempo e no espaço.

2. O texto abaixo reproduz parte de um diálogo entre dois personagens de um romance.

— Quer dizer que a Idade Média durou dez horas? – perguntou Sofia.

— Se cada hora valer cem anos, então sua conta está certa. Podemos imaginar que Jesus nasceu à meia-noite, que Paulo saiu em peregrinação missionária pouco antes da meia-noite e meia e morreu quinze minutos depois, em Roma. Até as três da manhã a fé cristã foi mais ou menos proibida. [...] Até as dez horas as escolas dos mosteiros detiveram o monopólio da educação. Entre dez e onze horas são fundadas as primeiras universidades.

Adaptado de GAARDER, Jostein. *O Mundo de Sofia, Romance da História da Filosofia*. São Paulo: Cia das Letras, 1997.

O ano de 476 d.C., época da queda do Império Romano do Ocidente, tem sido usado como marco para o início da Idade Média. De acordo com a escala de tempo apresentada no texto, que considera como ponto de partida o início da Era Cristã, pode-se afirmar que:

a) as Grandes Navegações tiveram início por volta das quinze horas.
b) a Idade Moderna teve início um pouco antes das dez horas.
c) o cristianismo começou a ser propagado na Europa no início da Idade Média.
d) as peregrinações do apóstolo Paulo ocorreram após os primeiros 150 anos da Era Cristã.
e) os mosteiros perderam o monopólio da educação no final da Idade Média.

Resposta: a

Essa atividade trabalha com a interpretação de texto, associada aos conhecimentos históricos do aluno. A relação entre o tempo (medido em horas) e os acontecimentos históricos exemplificados – o nascimento de Jesus, a proibição do cristianismo, o monopólio da educação pela Igreja etc. – permite ao aluno inferir a resposta correta.
Considerando a matriz de Referência do Enem, esta questão contempla a Competência de área 1 – Compreender os elementos culturais que constituem as identidades, especialmente as habilidades H1: Interpretar historicamente e/ou geograficamente fontes documentais acerca de aspectos da cultura, H2: Analisar a produção da memória pelas sociedades humanas, H3: Associar as manifestações culturais do presente aos seus processos históricos, H4: Comparar pontos de vista expressos em diferentes fontes sobre determinado aspecto da cultura e H5: Identificar as manifestações ou representações da diversidade do patrimônio cultural e artístico em diferentes sociedades.

Atividades

Leitura e reflexão

1. Leia o texto a seguir, do poeta português Fernando Pessoa, e depois faça o que se pede.

> Navegadores antigos tinham uma frase gloriosa: "Navegar é preciso; viver não é preciso".
>
> Quero para mim o espírito [d]esta frase, transformada a forma para a casar com o que eu sou: viver não é necessário; o que é necessário é criar.
>
> Não conto gozar a minha vida; nem em gozá-la penso. Só quero torná-la grande, ainda que para isso tenha de ser o meu corpo e a (minha alma) a lenha desse fogo.
>
> Só quero torná-la de toda a humanidade, ainda que para isso tenha de a perder como minha [...].
>
> PESSOA, Fernando. Nota solta, (s.d.), manuscrita a tinta pelo próprio poeta. Foi publicada pela primeira vez em 1960, na primeira edição de *Obra poética*. In: *Obra poética*. Rio de Janeiro: Nova Aguilar, 2005. p. 2. (Biblioteca Luso-brasileira, Série Portuguesa.)

a) Desenvolva as ideias que a frase "Navegar é preciso; viver não é preciso" pode inspirar, no contexto do período das Navegações.

b) Transformada pelo poeta, a frase ficou assim: "Viver não é necessário; o que é necessário é criar". Elabore uma nova frase, a partir dessas duas.

Leitura de poema

2. Leia este poema, que se refere à expansão marítima portuguesa, e depois responda às questões.

Mar português

Ó mar salgado, quanto do teu sal
São lágrimas de Portugal!
Por te cruzarmos, quantas mães choraram,
Quantos filhos em vão rezaram!
Quantas noivas ficaram por casar
Para que fosses nosso, ó mar!
Valeu a pena? Tudo vale a pena
Se a alma não é pequena.
Quem quer passar além do Bojador
tem que passar além da dor.
Deus ao mar o perigo e o abismo deu,
Mas nele espelhou o céu

PESSOA, Fernando. Mensagem. In: *Obra poética*. Rio de Janeiro: Nova Aguilar, 1986. p. 16. (Biblioteca Luso-brasileira, Série Portuguesa.)

Archivo Iconografico/Corbis/Latinstock

Gravura de Theodore de Bry mostrando navegação em mar da América portuguesa (século XVI).

a) Quais foram as consequências das Navegações, para o povo português, segundo o poema?

b) Explique o sentido que estes versos têm para você:

> Quem quer passar além do Bojador
> tem que passar além da dor.

4 Uma questão histórica: por que a China não descobriu a Europa?

O historiador italiano Scipione Guarracino lembra que, no início do século XIV, a China da dinastia Ming era a maior potência mundial, considerando sua estrutura político-administrativa sólida, o aparato técnico-científico e o rápido desenvolvimento de suas estruturas econômicas e comerciais. Nessa época, a dinastia imperial também se empenhava intensamente na expansão marítima e comercial.

Os chineses fizeram grandes expedições marítimas, chegando a Calicute, na Índia, quase um século antes de Cabral. Além disso, estiveram no sul da África oriental e entraram pelo mar Vermelho, enquanto os portugueses mal começavam a se aventurar na costa do norte da África. Entretanto, antes da década de 1440, a expansão marítima chinesa estagnou. E isso antes que pudessem dar a volta na África e chegar a Portugal ou ao Mediterrâneo. Várias hipóteses foram levantadas para explicar essa situação. Historiadores como Pierre Chaunu pesquisaram o assunto e sustentam que há indícios de que o motivo foi, pelo menos em parte, a estrutura social chinesa.

Por se tratar de uma "civilização vegetal" baseada em grãos, com alta densidade populacional, a China ocupava na agricultura uma grande parte dos recursos disponíveis. Isso dificultava a liberação de mão de obra para o trabalho nas florestas (indispensável para manter uma grande frota de navios), além das outras atividades produtivas não agrícolas.

Desde a dinastia Han, a China associava uma economia quase exclusivamente agrícola com uma forte burocracia estatal que incluía administradores, engenheiros e letrados de um modo geral. Essa burocracia não era hereditária, mas escolhida por concurso público, e tinha prestígio e renda alta. Assim, nem a propriedade privada nem a busca individual por riqueza tinham importância social significativa. O Estado chinês em geral resistia à iniciativa privada.

Os comandantes dos navios eram funcionários do império, e não comerciantes sedentos de lucro, por isso a expansão marítima chinesa não teve ímpeto para continuar até a Europa. Já os europeus, movidos pela iniciativa privada com apoio do Estado e pela ânsia de ampliar suas riquezas, não viam limites para sua expansão.

Erich Lessing/Album/Latinstock/ Museu Marítimo Nacional, Greenwich, Inglaterra.

Durante o segundo reinado da dinastia Ming, com o imperador Zhu Di, houve a expansão da frota chinesa e a construção de centenas de navios, os *Ba Chuan* ou juncos. De dimensões impressionantes (podiam chegar a cerca de 140 metros de comprimento, enquanto a maior nau portuguesa não chegava a 50 metros), entre março de 1421 e outubro de 1423, os juncos chineses teriam percorrido os oceanos Índico, Atlântico e Pacífico e regiões ao redor do globo, como a costa do continente americano. A expedição de circum-navegação de Fernão de Magalhães só ocorreu em 1519, cerca de cem anos depois das expedições marítimas chinesas. Ao lado, representação de junco chinês, em gravura do século XIX.

5 As navegações espanholas

Pouco antes de a expansão marítima portuguesa atingir o objetivo de chegar às Índias, a Espanha acabou por organizar expedições atlânticas, tornando-se a segunda monarquia europeia a fazê-lo. A primeira viagem espanhola, bastante modesta, foi concebida em 1492 pelo navegador genovês **Cristóvão Colombo**. Partiu em agosto daquele ano, em três pequenas caravelas, com o objetivo de atingir as Índias contornando o globo terrestre, navegando sempre em direção ao Ocidente. Procurava, desse modo, uma rota alternativa àquela controlada pelos portugueses no sul, em torno da África.

Colombo chegou ao continente americano pensando ter alcançado as Índias e morreu acreditando nisso. Somente em 1504 desfez-se o engano, quando o navegador Américo Vespúcio confirmou tratar-se de um novo continente.

Album/akg-images/Latinstock/Coleção particular

Colombo alcança a ilha de Guanaani (San Salvador), nas Bahamas.

A expansão marítima espanhola

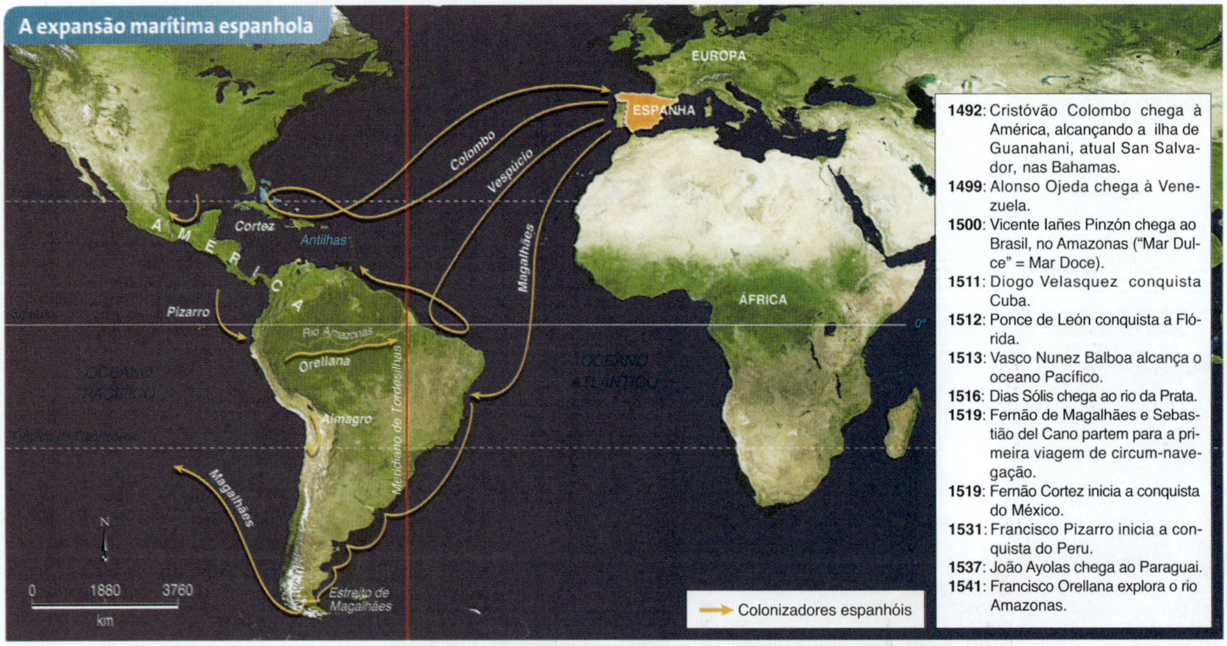

Allmaps/Arquivo da editora

Adaptado de: KINDER, H.; HILGEMANN, W. *Atlas of World History*. Nova York: Anchor Books, 1974. p. 224.

Na legenda do mapa estão relacionadas as conquistas espanholas na expansão ultramarina.

A essa altura, portugueses e espanhóis, espalhados pelo Atlântico, detinham o monopólio das expedições oceânicas, sendo seguidos por outras nações a partir do início do século XVI, especialmente a França e a Inglaterra. Entretanto, os dois reinos ibéricos já haviam decidido a partilha do mundo antes mesmo que outras nações começassem a se aventurar nos novos territórios: em 1493, com a bênção do papa Alexandre VI, foi editada a *Bula Intercoetera*, substituída no ano seguinte pelo **Tratado de Tordesilhas**. Ambos estabeleciam uma divisão das terras "descobertas e a descobrir" entre a Espanha e Portugal. A bula privilegiava a Espanha, e o Tratado de Tordesilhas corrigiu a linha demarcatória, atendendo a apelos dos portugueses. O tratado estipulava que todas as terras a oeste do Meridiano de Tordesilhas (situado 370 léguas a oeste do arquipélago de Cabo Verde) pertenceriam à Espanha, enquanto as terras a leste seriam portuguesas. Observe no mapa a seguir.

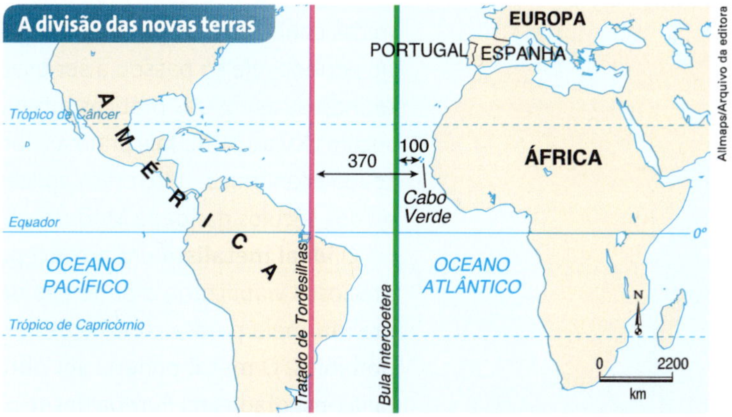

Adaptado de: ARMENTO, B. et al. *Across the centuries*. Boston: Houghton Mifflin, 2003. p. 378.

Observe no mapa que em lugar do meridiano situado 100 léguas a oeste de Cabo Verde, definido pela *Bula Intercoetera*, o novo meridiano estabelecido no Tratado de Tordesilhas ampliava bastante o espaço luso na região atlântica.

Os demais Estados europeus rejeitaram o tratado e, durante toda a Idade Moderna, ocorreram disputas pelos territórios recém-descobertos.

Detalhe do mural que representa a assinatura do Tratado de Tordesilhas. Essa obra está no Museu do Tratado de Tordesilhas, na Espanha.

6 O mercantilismo

Uma das medidas tomadas pelos reis europeus para promover o fortalecimento financeiro do Estado moderno foi a adoção de um conjunto de práticas econômicas conhecidas como **mercantilismo**. Vale observar que esse termo não existia no período; ele só passou a ser usado por economistas do final do século XVIII, referindo-se às rígidas práticas intervencionistas do Estado na economia durante os séculos XV ao XVIII. Tais práticas não constituíam um sistema coeso de ideias, uma teoria econômica, nem eram aplicadas de maneira homogênea na Europa, ao longo dos séculos da Idade Moderna. Vejamos alguns de seus aspectos.

O **ideal metalista** era a concepção de que uma maior quantidade de metais preciosos viabilizaria a obtenção de maior riqueza. Ter mais moedas (ouro/prata) era um meio para a compra de terras e títulos, e, para o Estado, mais poderes e domínios. O metal poderia ser obtido de forma direta, pela exploração de minas (aliás, esgotadas na Europa desde o século XV), ou pelo comércio, que possibilitava atrair e conseguir mais moedas. Outras práticas visavam obter uma **balança comercial favorável**, uma vez que o poderio e a riqueza de uma nação eram associados à sua capacidade de exportar mais que importar.

Baseados nesse entendimento sobre recursos econômicos, muitos reis adotaram medidas para ampliar as exportações. Por meio do estímulo à produção manufatureira e diminuição das importações, impunham barreiras tarifárias aos produtos estrangeiros, principalmente aqueles que pudessem ser fabricadas dentro das fronteiras de seu Estado (**protecionismo**). Essas práticas mostram um alto grau de intromissão do Estado nas atividades produtivas, compondo uma política econômica intervencionista.

Representando grandes possibilidades de acúmulo de riqueza, a **colonização** passou a ser o principal recurso pelo qual os Estados europeus tentaram atingir seus objetivos mercantilistas. Portugal e Espanha, precoces na expansão marítima e na partilha do mundo, usufruíram de meios significativos para enriquecer: Portugal pôde explorar o mercado de especiarias ao estabelecer rotas alternativas para as Índias. A Espanha apoderou-se de imensa riqueza em ouro e prata ao iniciar o processo de exploração das minas americanas, na primeira metade do século XVI.

Reprodução/Museu Metropolitano de Arte, Nova York, EUA.

Máscara funerária de ouro pintado. Artefato da civilização chimu, que habitou a região do atual Peru entre os séculos X e XV.

À esquerda, descarga de especiarias no Oriente. Abaixo, transporte de especiarias. *Livro das maravilhas*, por Marco Polo e Rustichello, França, século XV.

As demais nações europeias não reconheceram a partilha do mundo entre as nações ibéricas e, ao longo do século XVI, cobiçaram a riqueza acumulada pelos reinos ibéricos, com frequentes ataques a suas colônias. Países como França e Inglaterra, retardatários no processo de expansão marítima, pobres em colônias, enfatizaram outros aspectos do mercantilismo, como o **industrialismo**.

De certa forma, é irônico observar que na França e principalmente na Inglaterra a indústria manufatureira acabou por criar condições para a expansão capitalista. Já Espanha e Portugal, com vastas colônias das quais extraíam grande volume de metais preciosos, estagnaram economicamente. Tornaram-se cada vez mais dependentes de suas possessões na América e frequentemente passaram por violentos surtos inflacionários provocados pelo excesso de metais preciosos.

Além disso, a manutenção de estruturas políticas que beneficiavam a nobreza e o clero contribuiu para que as nações ibéricas se distanciassem do processo de desenvolvimento capitalista que se anunciava.

Atividades

Análise de documento

1. O texto a seguir é um trecho da carta de Pero Vaz de Caminha, escrivão da frota de Pedro Álvares Cabral, ao rei de Portugal. Leia-o e responda às perguntas que se seguem.

O Capitão, quando eles vieram, estava sentado em uma cadeira, bem-vestido, com um colar de ouro mui grande ao pescoço, e aos pés uma **alcatifa** por estrado. Sancho de Tovar, Simão Miranda, Nicolau Coelho, Aires Correia, e nós outros que aqui na nau com ele vamos, sentados no chão, pela alcatifa. Acenderam-se tochas. Entraram. Mas não fizeram sinal de cortesia, nem de falar ao Capitão nem a ninguém. Porém, um deles pôs olho no colar do Capitão, e começou de acenar com a mão para a terra e depois para o colar, como que nos dizendo que ali havia ouro. Também olhou para um castiçal de prata e assim mesmo acenava para a terra e novamente o castiçal, como se lá também houvesse prata.

[...]

Viu um deles um colar de contas de rosário, brancas; acenou que lhas dessem, folgou muito com elas, e lançou-as ao pescoço. Depois, tirou-as e enrolou-as no braço e acenava para a terra e de novo para as contas e para o colar do Capitão, como que dizendo que dariam ouro por aquilo.

[...]

RONCARI, Luís. *Literatura brasileira*: dos primeiros cronistas aos últimos românticos. São Paulo: Edusp, 1995. p. 31.

alcatifa: tapete

a) Quais são os principais temas da carta?
b) Como você descreveria a atitude dos portugueses em relação aos indígenas nesse primeiro contato?
c) Imagine como seria a descrição feita por um nativo indígena dos mesmos episódios narrados por Caminha. Registre sua hipótese escrevendo uma pequena carta.

Leitura e reflexão

2. A seguir temos dois textos do escritor uruguaio Eduardo Galeano. No primeiro, o escritor narra a chegada de Cristóvão Colombo à América. De forma jocosa, o segundo texto de Galeano faz referência ao possível ponto de vista das populações indígenas do Caribe diante da figura de Cristóvão Colombo. Leia-os e responda às questões propostas:

Texto 1

Colombo ficou deslumbrado quando atingiu a ilhota de San Salvador [...]. Presenteou aos indígenas "uns botões vermelhos e umas contas de vidro que se punham no pescoço, e outras muitas coisas de pouco valor com que fizeram muito prazer e ficavam tão nossos que era uma maravilha". Mostrou-lhes as espadas. Eles não as conheciam, seguravam-nas pelo fio, cortavam-se. Enquanto isso, conta o almirante em seu diário de navegação, "eu estava atento e trabalhava para ver se havia ouro, e tendo visto que alguns deles traziam um pedacinho pendente do buraco que tinham no nariz, por sinais que pude entender que indo ao Sul ou contornando a ilha pelo Sul, que estava ali um Rei que tinha grandes vasos disto, e tinha muitíssimo". Porque "do ouro se faz tesouro, e com ele quem o tem faz o que quiser no mundo e chega a levar as almas ao Paraíso".

GALEANO, Eduardo. *As veias abertas da América Latina*. Rio de Janeiro: Paz e Terra, 1989. p. 25.

Texto 2

Do ponto de vista da coruja, do morcego, do boêmio e do ladrão, o crepúsculo é a hora do café da manhã.

A chuva é uma maldição para o turista e uma boa notícia para o camponês.

Do ponto de vista do nativo, pitoresco é o turista.

Do ponto de vista dos índios das ilhas do Mar do Caribe, Cristóvão Colombo, com seu chapéu de penas e sua capa de veludo encarnado, era um papagaio de dimensões nunca vistas.

GALEANO, Eduardo. *De pernas pro ar*: a escola do mundo ao avesso. Porto Alegre: L&PM, 2001. p. 31.

a) De acordo com o texto 1, que fonte Eduardo Galeano usa para narrar esse episódio, ocorrido no século XV?
b) Explique que sentido pode ter, no texto 1, a afirmação de que "do ouro se faz tesouro, e com ele quem o tem faz o que quiser no mundo e chega a levar as almas ao Paraíso".
c) Em geral, a história a que temos acesso é aquela construída a partir dos relatos oficiais. Reflita e registre as razões pelas quais temos um silêncio histórico em relação aos pontos de vista não oficiais, ou seja, neste contexto, as versões das populações que foram submetidas à dominação europeia durante o processo de expansão marítima.

Vestibulares de Norte a Sul

1. **N** (UFPA-PA) Sobre os padres jesuítas, a Lei de 28 de abril de 1688 determinava o seguinte:

serão obrigados a fazer os resgates não só nas missões ordinárias e suas residências, mas para este efeito entrarão todos os anos em diversos tempos pelos sertões com a gente que entenderem necessária e cabos de escolta a sua satisfação, que uma e outra coisa lhe mandara dar prontamente nas ditas ocasiões o meu governador e capitão general.

RIO DE JANEIRO (Estado). Biblioteca Nacional do Rio de Janeiro. *Anais da Biblioteca Nacional do Rio de Janeiro*, v. 66, 1948. p. 98.

Essa lei atribuía aos jesuítas a prática dos resgates, os quais consistiam em

a) guerras contra os índios e a libertação de prisioneiros portugueses feitos por eles.
b) lutas contra os muitos quilombos de africanos fugidos e o resgate desses escravos para devolução aos seus senhores.
c) guerras contra os estrangeiros que invadiam os territórios da Amazônia portuguesa para escravizar os índios, e transformá-los em mão de obra nas propriedades agrícolas.
d) expedições em direção ao sertão para a compra de prisioneiros índios cativados nas guerras entre as próprias nações indígenas, os quais eram considerados escravos pelos portugueses.
e) capturas de índios do sertão pelos colonizadores, para a formação de núcleos próximos às grandes cidades a fim de evitar a formação de quilombos.

2. **CO** (UFG-GO) Leia o documento a seguir.

Agora vejo que vós outros sois grandes loucos, pois atravessais o mar e sofreis grandes incômodos para chegar aqui. Trabalhais tanto para amontoar riquezas para vossos filhos ou para aqueles que vos sobrevivem! Não será a terra que vos nutriu suficiente para alimentá-los também? Temos pais, mães e filhos a quem amamos; mas estamos certos de que, depois de nossa morte, a terra que nos nutriu também os nutrirá, por isso descansamos sem maiores cuidados.

LÉRY, Jean de. *Viagem à terra do Brasil*. Disponível em: <www.iande.art.- be/textos/velhotupinamba.htm>. Acesso em: 28 jan. 2013. (Adaptado).

O contato entre os viajantes europeus e as populações indígenas foi marcado pela oposição entre modos de vida. O documento apresentado evidencia a percepção de tempo do tupinambá, quando ele critica a

a) necessidade de acumulação de riqueza por parte do europeu para provimento futuro.
b) concepção messiânica europeia evocada pelos sacrifícios vivenciados na travessia marítima.
c) continuidade da vida após a morte em analogia aos ciclos da natureza.
d) existência de gerações distintas que trabalham pelo bem comum.
e) forma de exploração econômica da terra que exaure os recursos naturais.

3. **S** (UFRGS-RS) Leia o enunciado abaixo.

A expansão portuguesa não pode nem deve ser vista como um processo acumulativo: foi marcado por continuidades e descontinuidades, e por quebras e transformações nos padrões das suas atividades, do Atlântico ao Índico, da Índia ao Atlântico Sul, do Brasil à África.

BETHENCOURT, Francisco; CURTO, Diogo Ramada (dir.). *A expansão marítima portuguesa,1400-1800.* Lisboa: Edições 70, 2010. p. 8.

A partir da leitura do enunciado, considere as seguintes afirmações.

I. A reduzida capacidade demográfica da metrópole portuguesa não impediu a constante emigração com destino, principalmente, ao Brasil.
II. O tráfico de escravos, iniciado pelos portugueses, não tardou a envolver, na América, os domínios coloniais de Espanha, Inglaterra, França e Holanda.
III. A América Portuguesa foi um exemplo de colônia de povoamento, que serviu para o envio dos excedentes populacionais da metrópole.

Quais estão corretas?

a) Apenas I.
b) Apenas II.
c) Apenas I e II.
d) Apenas I e III.
e) Apenas II e III.

4. **NE** (UEM-MA) Quando os primeiros europeus chegaram à América, viviam, no território do atual Estado do Paraná, vários povos indígenas. A respeito desses povos, assinale a(s) alternativa(s) **correta(s)**.

(01) Entre os povos que habitavam a região, podem ser citados os Guarani e os Kaingang.
(02) Os Guarani praticavam a agricultura, cultivando mandioca, milho, algodão, entre outros produtos.
(04) Os Kaingang praticavam uma agricultura mais complexa que as tribos do litoral, utilizando-se do arado para cultivar as áreas que eram desmatadas pelas queimadas.
(08) Os jesuítas espanhóis que se fixaram na atual região Norte do Estado do Paraná, no início do século XVII, tinham como objetivo a catequese dos índios.
(16) Os Xokleng, também chamados Botocudos, os Xetá, os Tupinambá e os Aymoré, povos agricultores, eram os grupos mais numerosos na região onde atualmente se localiza o município de Maringá.

5. **SE** (PUC-SP)

Ao embarcar em um navio rumo ao Novo Mundo, famílias portuguesas, aventureiros de toda espécie, nobres, religiosos, degredados, prostitutas e marinheiros deixavam para trás tudo o que se poderia relacionar com dignidade. Não havia a bordo privacidade nem garantia de integridade física – doenças, estupros, fome e sede eram riscos inerentes à viagem, sem contar o perigo de acidentes.

RAMOS, Fábio Pestana. Os apuros dos navegantes. *História Viva*, n. 68, jun. 2009. p. 60.

O texto menciona aspectos curiosos e importantes da conquista europeia da América. Sobre as viagens mencionadas no texto, podemos afirmar que

a) as pessoas que aceitavam embarcar nos navios que partiam em direção ao Novo Mundo eram predominantemente miseráveis, o que explica a pobreza da população nas colônias.
b) escravos eram arregimentados na África para trabalhar nos navios que cruzavam os oceanos e para manter, dessa forma, um mínimo de organização e ordem a bordo.
c) as navegações ultramarinas, apesar de todos os inventos técnicos e da racionalidade que impulsionaram, tinham caráter aventuresco e comportavam inúmeros riscos.
d) nobres e pobres misturavam-se nos navios, sem que houvesse qualquer distinção social, o que explica a democracia racial e social implantada nas terras conquistadas.
e) as mulheres da nobreza que atravessavam o Atlântico conheciam os perigos da viagem e, por isso, levavam armas para que pudessem se defender de ataques a bordo.

6. **NE** (UFBA)

Não se pode dizer que Colombo descobriu a América, afirmam os estudiosos do assunto, pois, quando ele aqui chegou pela primeira vez, o continente americano era habitado por milhões de indígenas. O historiador mexicano Miguel León Portilla sugeriu, então, que 12 de outubro de 1492 devia ser lembrado como data do "encontro de dois mundos": o mundo americano e o europeu. Já outros historiadores discordam dele: preferem dizer que o dia da chegada de Colombo foi o dia da invasão da América pelo europeu. Afirmam que, devido à violência do contato entre europeus e nativos, só nos primeiros cinquenta anos após a chegada de Colombo, morreu mais da metade dos 88 milhões de nativos que o continente americano possuía no final do século XV.

JÚNIOR, Boulos, 2004, p. 122.

Considerando-se o conteúdo do texto e os conhecimentos sobre o Continente Americano como espaço integrador de culturas, pode-se afirmar:

(01) Sociedades urbanizadas foram encontradas entre os "milhões de indígenas" citados no texto, nas quais havia divisão de trabalho entre o campo e a cidade, e a produção pode ser classificada na categoria de modo de produção asiático.

(02) O referido "encontro entre dois mundos" levou ao início das atividades do tráfico negreiro por genoveses e venezianos, tendo como destino as colônias inglesas do México e do Peru.

(04) A violência do conquistador europeu contra as populações indígenas do Novo Mundo é semelhante àquela cometida contra populações do Continente Africano, trazidas para a América e aqui escravizadas.

(08) A sobrevivência de idiomas e práticas cotidianas de origem indígena entre populações camponesas de países da América de língua espanhola demonstra a resistência das culturas locais às experiências de aculturação daquelas populações pelos dominadores europeus.

(16) As culturas africanas trazidas para o Brasil — mesmo na condição de culturas dominadas pelo sistema escravista — participaram ativamente da construção da sociedade brasileira, a partir da força de trabalho aplicada no âmbito da economia agrícola para exportação, vigente nos períodos Colonial e Monárquico.

(32) A integração dos povos que formaram a sociedade brasileira foi orientada pela Igreja Católica que, respeitando as culturas de indígenas, europeus e africanos, procurou harmonizar usos e costumes de todos os povos, tendo como resultado o equilíbrio de oportunidades, existente entre os cidadãos do Brasil na contemporaneidade.

(64) A América é, geograficamente, um continente peculiar, possui terras em todas as zonas climáticas, detém a maior extensão latitudinal em áreas sísmicas e vulcânicas ativas e está concentrada em três hemisférios simultaneamente.

7. **SE** (Vunesp-SP)

O comércio foi de fato o nervo da colonização do Antigo Regime, isto é, para incrementar as atividades mercantis processava-se a ocupação, povoamento e valorização das novas áreas. E aqui ressalta de novo o sentido da colonização da época Moderna; indo em curso na Europa a expansão da economia de mercado, com a mercantilização crescente dos vários setores produtivos antes à margem da circulação de mercadorias – a produção colonial era uma produção mercantil, ligada às grandes linhas do tráfico internacional.

NOVAIS, Fernando A. *Portugal e Brasil na crise do Antigo Sistema Colonial* (1777-1808), 1981. Adaptado.

O mecanismo principal da colonização foi o comércio entre colônia e metrópole, fato que se manifesta:

a) na ampliação do movimento de integração econômica europeia por meio do amplo acesso de outras potências aos mercados coloniais.
b) na ausência de preocupações capitalistas por parte dos colonos, que preferiam manter o modelo feudal e a hegemonia dos senhores de terras.
c) nas críticas das autoridades metropolitanas à persistência do escravismo, que impedia a ampliação do mercado consumidor na colônia.
d) no desinteresse metropolitano de ocupar as novas terras conquistadas, limitando-se à exploração imediatista das riquezas encontradas.
e) no condicionamento político, demográfico e econômico dos espaços coloniais, que deveriam gerar lucros para as economias metropolitanas.

CAPÍTULO

12 A colônia portuguesa na América

Biblioteca Nacional, Paris

Terra Brasilis (detalhe), mapa elaborado pelos cartógrafos Lopo Homem, Pedro Reinel e Jorge Reinel, em cerca de 1519.

Leituras da História

Os índios e os 500 anos: a festa da exclusão

Difícil de acreditar, mas os herdeiros dos primeiros habitantes da Terra de Vera Cruz não tiveram lugar nem vez na festa oficial dos 500 anos do descobrimento, em abril do ano passado. Eles foram hostilizados pelo governo do estado da Bahia e pelo Ministério do Esporte e Turismo – os organizadores da festa.

Mais de 3 mil índios se deslocaram de várias aldeias do país até a área indígena de Coroa Vermelha, a 20 quilômetros de Porto Seguro. O centro de convergência foi a I Conferência Indígena, realizada na semana das comemorações do descobrimento, para tratar sobre o futuro dos índios brasileiros.

Os índios discordavam das comemorações dos "não índios" e deixaram claro que, para eles, não se tratava de "descobrimento", mas sim de "dominação". Tentaram manifestar esse sentimento e foram impedidos. A Polícia Militar da Bahia, com um contingente de 6 mil homens, foi truculenta e exerceu forte poder de repressão.

No início de abril os policiais destruíram, no meio da noite, um monumento-resistência que os índios Pataxó estavam erguendo na praia de Coroa Vermelha. Seria um mapa da América do Sul, feito em relevo de cimento, sobre o qual estaria a escultura de um casal indígena e onde os participantes da Conferência depositariam suas oferendas. Segundo a Associação Nacional de Ação Indigenista (Anai), com sede na Bahia, a vontade do ex-ministro de Esporte, Rafael Grecca, seria de construir no mesmo local um monumento que lembrasse uma caravela.

ÍNDIOS continuam lutando pela aprovação de seu Estatuto. Disponível em: <www.comciencia.br/reportagens/501anos/br08.htm>. Acesso em: 30 jan. 2014.

Kayser/Acervo do cartunista

Duas charges criadas por ocasião dos 500 anos da "descoberta" do Brasil: a primeira, à esquerda, do chargista brasileiro Kayser, ironiza os impactos da exploração do pau-brasil, fazendo referência à mudança do nome de Terra de Santa Cruz para Brasil. Abaixo, charge publicada na revista portuguesa *Grande Reportagem* e a representação do imaginário português em torno do samba, das telenovelas e do futebol, símbolos nacionais contemporâneos que reduzem a diversidade cultural brasileira e foram transferidos para o contexto da ocupação portuguesa de 1500.

Reprodução/Publicações Dom Quixote

Foi só trinta anos depois da chegada de Cabral que os portugueses se dedicaram a colonizar o território da América. O comércio português com o Oriente entrou em crise, reduzindo os lucros de Portugal. Além disso, invasões de outros povos europeus ameaçavam a posse da Colônia. A primeira expedição colonizadora foi comandada por **Martim Afonso de Souza**, que chegou em 1531.

Nomeado capitão-mor da esquadra e das terras coloniais pelo rei de Portugal, Martim Afonso chegou trazendo homens, sementes, plantas, ferramentas agrícolas e animais domésticos. Detinha amplos poderes para procurar riquezas, combater estrangeiros, policiar, administrar e povoar as terras coloniais.

Além de organizar expedições de exploração do território para reconhecimento e busca de riquezas, Martim Afonso dirigiu-se à foz do rio da Prata, no sul, para efetivar o domínio luso diante da crescente presença de outros exploradores europeus na região. Lá aprisionou vários navios piratas franceses.

Sua política colonizadora consistiu na distribuição de **sesmarias** (lotes de terra) aos novos habitantes que se dispusessem a cultivá-las, bem como na plantação da cana-de-açúcar e construção do primeiro engenho da colônia. Fundou, em 1532, as vilas de São Vicente e Santo André da Borda do Campo, respectivamente no litoral e no interior do atual estado de São Paulo.

Museu Paulista da USP, São Paulo

Detalhe de *A fundação de São Vicente* (1532), de Benedito Calixto. Veja a imagem completa na página 335.

Pensando no Enem

1. Distantes uma da outra quase 100 anos, as duas telas seguintes, que integram o patrimônio cultural brasileiro, valorizam a cena da primeira missa no Brasil, relatada na carta de Pero Vaz de Caminha. Enquanto a primeira retrata fielmente a carta, a segunda — ao excluir a natureza e os índios — critica a narrativa do escrivão da frota de Cabral. Além disso, na segunda, não se vê a cruz fincada no altar.

Museu Nacional de Belas-Artes, Rio de Janeiro

Primeira Missa no Brasil — Victor Meirelles (1861).

Coleção particular/Reprodução autorizada por João Candido Portinari

Primeira Missa no Brasil — Candido Portinari (1948).

Ao comparar os quadros e levando-se em consideração a explicação dada, observa-se que

a) a influência da religião católica na catequização do povo nativo é objeto das duas telas.
b) a ausência dos índios na segunda tela significa que Portinari quis enaltecer o feito dos portugueses.
c) ambas, apesar de diferentes, retratam um mesmo momento e apresentam uma mesma visão do fato histórico.
d) a segunda tela, ao diminuir o destaque da cruz, nega a importância da religião no processo dos descobrimentos.
e) a tela de Victor Meirelles contribuiu para uma visão romantizada dos primeiros dias dos portugueses no Brasil.

Resposta: e

A obra de Cândido Portinari tem expressão modernista e contrapõe-se à pintura de Victor Meirelles, com traços mais romantizados. A primeira missa, celebrada pelo Frei Henrique, ocorreu na Ilha de Vera Cruz (Coroa Vermelha em Porto Seguro – Bahia) e representa um marco da chegada dos portugueses na América. As pinturas destacam aspectos diferentes, com traços distintos e valorizam cada qual um olhar específico de seus autores, de acordo com a época em que viviam.

2. *Em geral, os nossos tupinambás ficam bastante admirados ao ver os franceses e os outros dos países longínquos terem tanto trabalho para buscar o seu arabotã, isto é, pau-brasil. Houve uma vez um ancião da tribo que me fez esta pergunta: "Por que vindes vós outros, mairs e perós (franceses e portugueses), buscar lenha de tão longe para vos aquecer? Não tendes madeira em vossa terra?"*

LERY, J. Viagem à terra do Brasil. *In*: FERNANDES, F. *Mudanças Sociais no Brasil*. São Paulo: Difel, 1974.

O viajante francês Jean de Lery (1534-1611) reproduz um diálogo travado, em 1557, com um ancião tupinambá, o qual demonstra uma diferença entre a sociedade europeia e a indígena no sentido:

a) do destino dado ao produto do trabalho nos seus sistemas culturais.
b) da preocupação com a preservação dos recursos ambientais.
c) do interesse de ambas em uma exploração comercial mais lucrativa do pau-brasil.
d) da curiosidade, reverência e abertura cultural recíprocas.
e) da preocupação com o armazenamento de madeira para os períodos de inverno.

Resposta: a

Para os povos indígenas, a madeira era utilizada para aquecer o grupo em períodos de frio. Por isso, o ancião tupinambá demonstra espanto em saber que os europeus vêm de longe para extrair madeira na América portuguesa. O que o indígena não sabe é que o pau-brasil tinha outra finalidade para os europeus. Ele era utilizado para produção de tintura, usada para tingir os tecidos. Esse diálogo mostra como as duas culturas possuem destinos diferentes para um produto; nesse caso, a madeira.

2 O projeto da exploração colonial portuguesa

A partir do século XVI, iniciativas colonizadoras diferenciadas marcaram a integração do continente americano à vida política e principalmente econômica da Europa. Parte da América do Norte foi colonizada por ingleses como uma região onde prevaleceu o povoamento, embora o sul do território dos atuais Estados Unidos fosse uma região predominantemente de exploração.

Já a colonização ibérica na atual América Latina caracterizou-se por se basear no domínio monopolista metropolitano, a serviço do Estado e de sua classe mercantil, que tinha interesse em assegurar a posse e a exploração colonial e executar a administração e a fiscalização.

Pelas características peculiares da colônia portuguesa e da expansão lusa, a colonização foi feita a partir da **agricultura**. Para viabilizar a ocupação e o povoamento da colônia, a Coroa portuguesa recorreu ao cultivo da **cana-de-açúcar**, pois até então, ao contrário do que ocorrera nas áreas de dominação espanhola, não haviam sido descobertos volumes significativos de metais preciosos.

Embora Portugal já conhecesse o cultivo da cana-de-açúcar desde o século XIII, foi só no século XV que essa atividade ganhou amplitude e deixou de ser uma produção limitada e isolada. A mudança ocorreu com a instalação de engenhos na ilha da Madeira, outra colônia portuguesa, onde as técnicas de cultivo se desenvolveram. O trabalho era feito por escravizados, trazidos das regiões conquistadas na costa africana.

Quanto ao financiamento, os portugueses contaram com o apoio de mercadores e banqueiros de Flandres (norte da Europa), que ficaram responsáveis pelos investimentos, refino e distribuição do açúcar.

Nesse empreendimento de proporções tão grandes, que Portugal implantou em sua colônia da América, a mão de obra também não representava um problema. A escravidão havia muito tempo era praticada por europeus e árabes na chamada África negra (centro-sul do continente). Foi considerada uma instituição justa quando, no seu início, os portugueses escravizavam os mouros, considerados infiéis pelos cristãos. A "infidelidade" religiosa acabou sendo também estendida dos mouros aos negros africanos, legitimando sua escravização.

O mapa feito por Francesco Grisellini no século XVIII mostra a costa noroeste africana e as ilhas Canárias e Madeira. O cultivo de açúcar pelos portugueses e espanhóis se desenvolveu nessas ilhas, antes de ser implementado no Brasil.

De Agostini Picture Library/The Granger Collection/Glow Images/Palácio Doge, Veneza, Itália

Leia o que diz o historiador Ronaldo Vainfas sobre a relação entre a Igreja e a escravidão:

> A Igreja apoiou a escravidão. Através da bula papal *Dum diversas*, de 1452, o papado concedeu aos portugueses o direito de atacar, conquistar e submeter pagãos e **sarracenos**, tomando seus bens e reduzindo-os à escravidão perpétua. A bula *Romanus pontifex*, de 1455, ampliou o território de atuação dos portugueses, incluindo Marrocos e as Índias. Várias outras bulas ratificaram ou ampliaram os poderes concedidos aos portugueses no sentido de converter homens à fé católica, escravizá-los e comercializá-los.
>
> VAINFAS, Ronaldo (dir.). *Dicionário do Brasil colonial*. Rio de Janeiro: Objetiva, 2000. p. 205.

sarraceno: a partir do período medieval foi o termo utilizado pelos cristãos para denominar os muçulmanos.

A utilização do trabalho escravo africano envolvia interesses ligados ao **tráfico negreiro**, que logo se tornou um empreendimento altamente lucrativo para a Coroa e para os mercadores portugueses.

Em relação ao trabalho indígena, havia diferentes formas de entender a legitimidade da utilização dessa mão de obra. Existiam também diversas interpretações das leis metropolitanas que regulavam as relações com os indígenas. Foi assim que foram se moldando as relações de colonos, jesuítas e funcionários metropolitanos com os povos nativos. Como estudado no capítulo 7 deste volume, a mão de obra indígena foi largamente utilizada por meio da aliança dos colonos com grupos nativos, da interferência dos jesuítas, que criaram aldeamentos indígenas, ou ainda por meio da dominação dos chamados "índios bravos", escravizados segundo o conceito de "guerra justa". O conceito de guerra justa legitimou o uso da força e a imposição de trabalhos forçados aos indígenas resistentes à conversão católica e ao aldeamento e que fossem hostis com os colonos. A escravização indígena também poderia ocorrer com os chamados "índios resgatados", indígenas que haviam sido feitos cativos por outros grupos indígenas.

Amparados por uma legislação contraditória e variada, colonos e jesuítas se beneficiaram do trabalho compulsório dessas populações. No entanto, mesmo nas regiões do território em que essa utilização foi comum, a dizimação cultural e física e a expulsão destes povos ao longo dos séculos levou ao predomínio do trabalho escravo africano nas atividades econômicas desenvolvidas na colônia portuguesa na América.

Fundação Biblioteca Nacional, Rio de Janeiro

Pequena moenda portátil, aquarela de Jean-Baptiste Debret, do início do século XIX.

As instalações açucareiras

Foi Martim Afonso de Souza quem trouxe as primeiras mudas de cana-de-açúcar da ilha da Madeira e instalou o primeiro engenho da colônia em São Vicente, no ano de 1533. Inaugurava-se, assim, a base econômica da colonização portuguesa no Brasil.

Os engenhos multiplicaram-se rapidamente pela costa da América portuguesa, chegando a 400 em 1610. A importância econômica do açúcar como principal riqueza colonial evidencia-se no valor das exportações do produto no período do apogeu da mineração (século XVIII): superior a 300 milhões de libras esterlinas, enquanto a mineração, na mesma época, gerou um lucro de cerca de 200 milhões.

A produção de açúcar voltava-se especialmente para a exportação. No entanto, a chamada **cultura do açúcar** movimentou um mercado interno e gerou hábitos alimentares, técnicas de produção e consumo dos derivados do açúcar (como o melaço, a rapadura e a cachaça), e marcas permanentes na cultura material brasileira, como os utensílios, máquinas e locais destinados ao beneficiamento da cana-de-açúcar.

Embora inicialmente tenham sido destinados à produção canavieira grandes investimentos de capital, as melhores terras e a maior parte da mão de obra, os pequenos engenhos também tiveram importância nas vilas coloniais. Além disso, outras lavouras e práticas econômicas movimentaram a economia colonial e o mercado interno e eram desenvolvidas como suporte à manutenção do engenho: plantio de milho, feijão, arroz; criação de animais; produção de ferro e louças, etc.

O responsável pela produção açucareira – o **senhor de engenho** – tinha enorme prestígio social. Era um tipo de "nobre da terra", um membro da "**açucarocracia**"[1]. Assim, no início da colonização e em algumas localidades da colônia da América portuguesa, a agricultura assentava-se sobre o latifúndio monocultor (grandes extensões de terras destinadas a uma cultura agrícola), escravista e exportador, um padrão de exploração agrícola denominado ***plantation*** pelos estudiosos.

O Nordeste, destacadamente o litoral de Pernambuco e da Bahia, concentrou a maior produção de açúcar da colônia, como se observa na tabela e no gráfico.

Engenhos instalados no Brasil (1570)	
Pernambuco	23
Bahia	18
Ilhéus	8
Porto Seguro	5
São Vicente	4
Espírito Santo	1
Itamaracá	1

Exportação de açúcar (1570-1760)

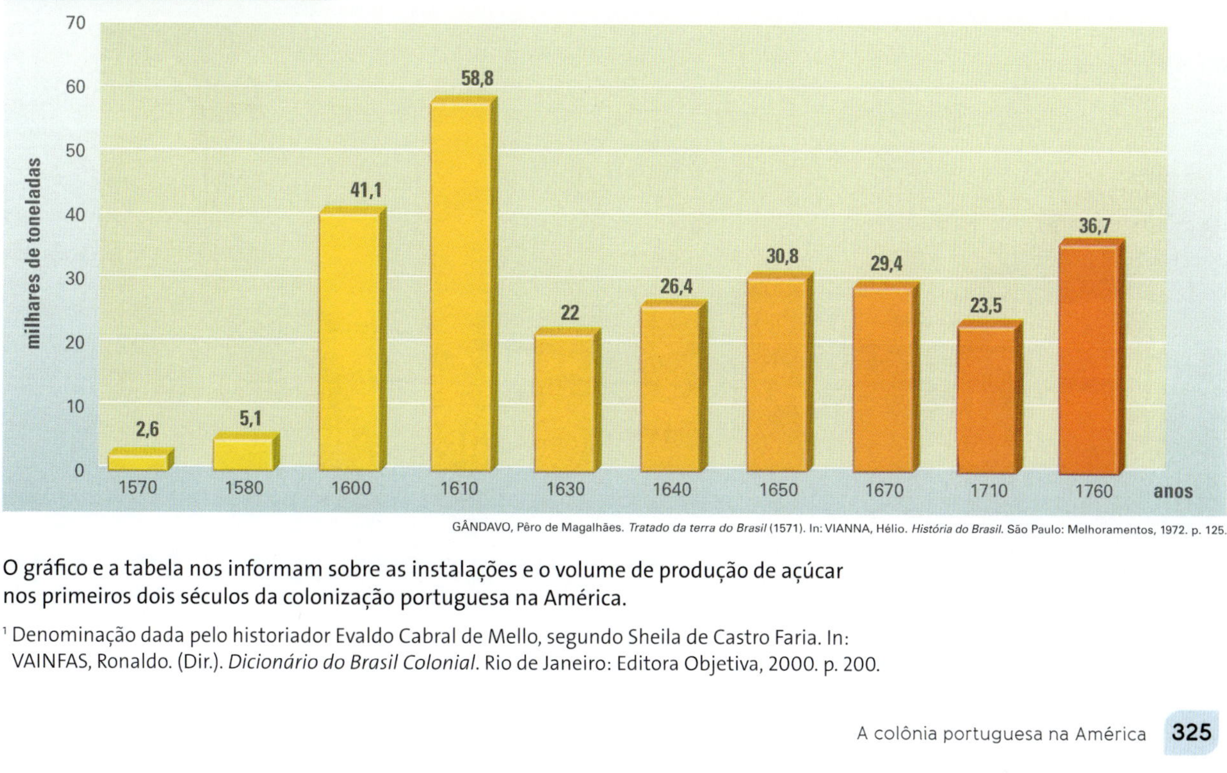

Cassiano Róda/Arquivo da editora

GÂNDAVO, Pêro de Magalhães. *Tratado da terra do Brasil* (1571). In: VIANNA, Hélio. *História do Brasil*. São Paulo: Melhoramentos, 1972. p. 125.

O gráfico e a tabela nos informam sobre as instalações e o volume de produção de açúcar nos primeiros dois séculos da colonização portuguesa na América.

[1] Denominação dada pelo historiador Evaldo Cabral de Mello, segundo Sheila de Castro Faria. In: VAINFAS, Ronaldo. (Dir.). *Dicionário do Brasil Colonial*. Rio de Janeiro: Editora Objetiva, 2000. p. 200.

tropeirismo: relativo aos tropeiros, indivíduos que se encarregavam de diversas ocupações ligadas ao transporte terrestre de mercadorias para o comércio interno ou à condução de tropas de mulas e bovinos.

As unidades açucareiras, conhecidas como engenhos, eram instaladas em propriedades de terra obtidas por doação (as sesmarias). Com seu predominante sentido exportador, muitas vezes acabou refletindo na falta de produtos para o abastecimento da população. Em tal quadro, na busca de superação de tais dificuldades crescia a diversificação de atividades, com o desenvolvimento do **tropeirismo**, de lavouras voltadas para abastecer o consumo colonial e de outras diferentes atividades econômicas.

Um grande engenho chegava a ter cerca de 5 mil moradores. Era constituído de áreas florestais, fornecedoras de madeira; plantações de cana; a casa-grande: residência do proprietário, de sua família, dos agregados e sede da administração; a capela; e a senzala, alojamento dos escravos. Uma área era destinada à lavoura de subsistência, com mandioca, milho, etc. A moenda, a casa das caldeiras e a casa de purgar formavam a fábrica do açúcar, o engenho propriamente dito. O produto era enviado para Portugal e depois para Flandres, onde era refinado e comercializado.

No topo da sociedade açucareira estavam os senhores de engenho, proprietários das unidades agroexportadoras. Abaixo deles estavam os "senhores obrigados" ou lavradores de cana, fazendeiros que não possuíam instalações de fabricação de açúcar. Moíam a cana em um engenho próximo, pagando, em geral, com metade do açúcar obtido. Uns e outros eram geralmente homens brancos, de ascendência lusitana, que tinham algum capital e haviam recebido as terras como recompensa por serviços prestados à Coroa, o que lhes garantia prestígio social e influência política.

Itamaraty, Brasília

Engenho de Pernambuco (detalhe), tela pintada no século XVII pelo holandês Frans Post. Em primeiro plano, observam-se as instalações de produção, o engenho propriamente dito.

O poder dessa aristocracia expandia-se pelas vilas, dominando as **câmaras municipais** e muito da vida colonial. Refletia-se também no âmbito privado, já que os senhores eram obedecidos e temidos como chefes. As **mulheres** administravam a casa, onde deveriam permanecer recolhidas, e controlavam o trabalho dos escravos domésticos. Esse caráter tipicamente patriarcal, predominante entre as elites coloniais, nem sempre vigorou. Entre as mulheres dessa elite, muitas comandaram engenhos (especialmente as viúvas), outras estiveram à frente de atividades comerciais e não era raro a reação à dominação masculina com pedidos de divórcio.

sociedade patriarcal: sociedade em que o chefe da família, senhor rural, proprietário de terras e de engenhos (no caso da Colônia portuguesa da América), controlava e dominava a organização familiar. No contexto colonial, trata-se de uma organização ampliada, que não se restringe ao núcleo básico de pais e filhos, incluindo os chamados agregados: parentes, criados e escravos.

Como a população da América portuguesa não se resumia apenas aos grandes engenhos e seus senhores, o predomínio masculino e sujeição feminina era menos efetivo em outros grupos sociais, com a existência de diferentes tipos de famílias. Havia a família dos africanos escravizados, dos indígenas, das concubinas que sustentavam seus filhos sozinhas, dos padres com suas amasiadas e filhos, etc. Enfim, para além da organização familiar típica dos senhores de engenho, existia um mosaico variado de modelo familiar no conjunto da população colonial, cabendo às mulheres diferentes atuações, muitas vezes ocupando o comando de unidades econômicas produtivas.

Na sociedade dos senhores de engenho prevalecia a rígida divisão social. A mobilidade social não era proibida, mas era pouco provável. As **pessoas livres**, como feitores, capatazes, padres, militares, comerciantes e artesãos, dedicavam-se a atividades complementares no engenho e nos poucos núcleos urbanos dessa época. Os africanos **escravizados** formavam a base econômica da sociedade açucareira e eram responsáveis por quase todo o trabalho da colônia, desde os serviços domésticos na casa-grande até a lavoura e a produção de açúcar. Em tudo eram vigiados por um feitor, que lhes aplicava castigos físicos constantemente.

A relação econômica entre a metrópole e a colônia se caracterizou pela exportação da produção (inicialmente o açúcar) e importação de artigos de luxo, para sustentar a opulência dos senhores de engenho do Nordeste. Os senhores mandavam vir roupas, alimentos e até objetos decorativos da Europa. Com o desenvolvimento da economia açucareira e o aumento da população nos engenhos e nos núcleos urbanos, a necessidade de alimentos, roupas e outros produtos também aumentou. Pouco a pouco, homens e mulheres assumiram o exercício de diversas outras atividades, ativando de forma gradual um nascente mercado comercial interno de outras mercadorias.

Coleção particular/Album/akg-images/Latinstock

Uma senhora em seu lar, de Jean-Baptiste Debret, 1830.
O artista compõe uma cena cotidiana no interior de uma casa senhorial. A senhora branca é retratada fazendo serviços domésticos com sua filha e seus escravos.

Leituras da História

Novos olhares sobre a época colonial

Até a década de 1970, prevaleceu na construção do conhecimento histórico sobre a colonização da América portuguesa o enfoque que privilegiava as relações metrópole-colônia. Sob tal perspectiva, o traço fundamental da economia colonial era fundamentado pela produção e pelo trabalho com vistas ao mercado externo e ao atendimento dos interesses da metrópole. Segundo Cláudia Chaves: "O grande problema que decorre dessa análise é a pouca importância dada à economia interna". A autora destaca que os novos enfoques privilegiaram a análise da produção interna, permitindo "perceber o curso do desenvolvimento das estruturas coloniais". Assim:

No final da década de 1970 e início da década de 1980, vários trabalhos foram publicados abordando a temática do mercado interno. Trabalhos esses, de base empírica, que se encarregaram de demonstrar a forte presença de relações de troca e a sua significação para o desenvolvimento interno da colônia. Trata-se agora de avaliar as especificidades do mercado interno brasileiro, as diversas modalidades em cada região e a sua integração com a sociedade local.

CHAVES, Cláudia Maria das Graças. *Mercadores das minas setecentistas*. Annablume, 1999. p. 27, 31 e 32.

Carro de bois (1638), de Frans Post. Museu do Louvre (Paris, França).

Açúcar: da supremacia à crise

Durante o século XVI e início do século XVII, o Brasil tornou-se o maior produtor de açúcar do mundo; ele foi o responsável pela riqueza dos senhores de engenho, da Coroa e de comerciantes portugueses. Mas foram sobretudo os holandeses que mais se beneficiaram com a atividade açucareira. Responsáveis pelas etapas de refinação e comercialização, eles ficavam com um terço do valor do açúcar vendido. Uma vez refinado em Flandres, o açúcar era comercializado na Europa por holandeses e portugueses.

Por razões dinásticas, entre 1580 e 1640 o monarca espanhol Filipe II dominou vastas extensões na Europa. Nesse período – conhecido como **União Ibérica** –, Portugal e suas colônias também estiveram subordinados ao controle espanhol.

Uma das medidas do governo espanhol foi excluir do negócio açucareiro do Brasil os Países Baixos, que também eram dominados pela Espanha e estavam em guerra por sua independência. Como já conheciam as técnicas de refino e comercialização do açúcar, os Países Baixos passaram a produzi-lo em suas colônias, como as Antilhas, concorrendo em melhores condições com o produto brasileiro. Em consequência, entre 1650 e 1688 o preço do açúcar produzido na América portuguesa caiu para um terço de seu valor. Essa crise da produção açucareira trouxe prejuízos para a economia portuguesa e para a colonial.

Giraudon/Biblioteca Nacional, Paris, França/The Bridgeman/Keystone.

Refinaria de açúcar, ilustração do livro *História das Antilhas*, de Jean-Batiste Labat, século XVIII.

Diante da crise da produção colonial de açúcar, o rei de Portugal, dom Pedro II (1683-1706), por meio de seu ministro, o conde de Ericeira, baixou as leis "pragmáticas". Essas leis proibiam o uso de certos produtos estrangeiros, a fim de reduzir as importações e equilibrar a balança comercial lusa. Além disso, com a ajuda de técnicos estrangeiros, a metrópole procurou reorientar as atividades produtivas no reino e nas colônias.

Estimulou-se na América portuguesa a produção do tabaco e de produtos alimentares destinados à exportação e intensificou-se a busca das **drogas do sertão**. Juntamente com a tentativa de revitalização da produção açucareira, essas medidas surtiram efeitos positivos um pouco mais tarde, já no início do século XVIII, coincidindo com o princípio da economia mineradora. Mesmo perdendo a supremacia no conjunto da economia colonial, o açúcar, que nessa fase propiciava ganhos bem menores que em séculos anteriores e concorria num mercado bastante competitivo, continuou a ser o principal produto exportado.

Em Portugal, porém, a política de desenvolvimento econômico praticada por Ericeira foi logo abandonada. O **Tratado de Methuen** (1703), resultado de pressões inglesas sobre Portugal, estabelecia que o reino português importaria da Inglaterra caros artigos manufaturados e exportaria vinho. Essas relações comerciais implicavam forte desigualdade de valor e de consumo, pois consumiam-se muito mais tecidos e produtos manufaturados do que vinhos. Isso contribuiu para as crescentes dificuldades econômicas de Portugal.

3 As capitanias hereditárias e os governos-gerais

O primeiro passo no sentido de viabilizar a empresa açucareira e, portanto, a colonização na América portuguesa foi a adoção do sistema de capitanias hereditárias, já utilizado por Portugal em suas colônias das ilhas do Atlântico (Açores, Cabo Verde e Madeira). Tratava-se da doação de largas faixas de terra aos capitães-donatários, regulamentada pelas Cartas de Doação e forais.

Reprodução/Museu do Louvre, Paris, França

Paisagem de Pernambuco com casa-grande, de Frans Post, 1665.

O donatário deveria colonizar a capitania, fundando vilas, e proteger a terra e seus colonos contra os ataques dos nativos e de estrangeiros. Deveria ainda fazer cumprir o monopólio real do pau-brasil (denominado **estanco**) e do comércio colonial. A Carta de Doação também estabelecia que caberia à Coroa um quinto dos metais preciosos que fossem encontrados. Apesar de seus amplos poderes administrativos, o donatário era um mandatário do rei, e não um senhor com autonomia total.

Ao todo foram criadas 15 capitanias, doadas a particulares entre 1534 e 1536, e posteriormente mais duas insulares, nas ilhas de Trindade e de Itaparica. As capitanias que mais prosperaram foram as de São Vicente e, sobretudo, Pernambuco. As condições climáticas favoráveis ao cultivo da cana-de-açúcar, a maior proximidade da Metrópole e a política de povoamento de seu donatário, Duarte Coelho, beneficiaram o desenvolvimento da capitania pernambucana.

O sistema de capitanias, utilizado como incentivo ao processo colonizador, acabou por fracassar. Mesmo sendo assistido pelo sistema de governos-gerais, uma forma que a Coroa encontrou de centralizar a administração colonial, o sistema não vingou especialmente devido à falta de recursos e de interesse dos donatários. O Regimento de 1548, que criou o sistema de governos-gerais, reafirmava a autoridade e soberania da Coroa e fortalecia os instrumentos colonizadores.

A divisão do território colonial brasileiro em capitanias

Allmpas/Arquivo da editora

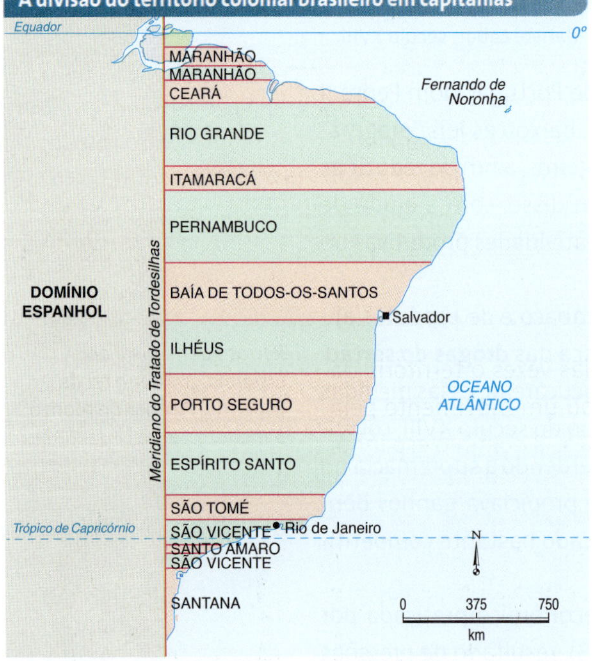

Adaptado de: CAMPOS, Flavio de; DOLHNIKOFF, Miriam. *Atlas história do Brasil*. São Paulo: Scipione, 2002. p. 7.

As capitanias destacadas no mapa acima tinham uma largura que variava de 200 a quase 700 quilômetros e iam do litoral à Linha de Tordesilhas.

O **governador-geral** tinha muitos poderes, mas também muitas obrigações: deveria neutralizar a ameaça constante dos indígenas, combatendo-os ou aliando-se a eles; reprimir os corsários; fundar povoações; construir navios e fortes; garantir o monopólio real sobre o pau-brasil; incentivar o plantio de cana-de-açúcar; procurar metais preciosos; e defender os colonos. Seus auxiliares, encarregados das finanças, da defesa do local e da justiça eram, respectivamente, o provedor-mor, o capitão-mor e o ouvidor-mor. O primeiro governador-geral, instalado em Salvador em 1549, foi Tomé de Sousa, tendo como sucessores Duarte da Costa e Mem de Sá.

O quarto governador-geral, nomeado em 1570, não chegou a desembarcar na colônia, pois foi atacado por piratas franceses em alto-mar. Mem de Sá permaneceu no cargo por mais dois anos, até falecer, em 1572, aos 74 anos. A metrópole decidiu então dividir a administração da colônia entre dois governadores: dom Luís de Brito, em Salvador, e dom Antônio Salema, no Rio de Janeiro.

4 A União Ibérica e a América colonial (1580-1640)

Com a morte do rei dom João III, em 1557, subiu ao trono seu neto, o menino dom Sebastião. Até sua maioridade, em 1568, foi substituído por dois regentes: sua avó, dona Catarina, e seu tio-avô, o cardeal dom Henrique. Após ter governado Portugal durante dez anos, dom Sebastião morreu lutando contra os mouros na **Batalha de Alcácer-Quibir**, no norte da África.

Batalha de Alcácer-Quibir: ocorrida em 1578; nessa batalha, dom Sebastião aliou-se ao sultão local, que lutava contra o exército marroquino comandado pelo seu tio, considerado por ele um usurpador do trono.

Por falta de descendentes diretos do rei, a Coroa voltou às mãos do cardeal dom Henrique. E quando o cardeal morreu, em 1580, novamente não havia herdeiros diretos. O rei da Espanha, Filipe II, neto de dom Manuel, o Venturoso (foi em seu reinado que ocorreram as principais descobertas marítimas, entre elas a do caminho das Índias e do Brasil), invadiu Portugal com suas tropas e assumiu o trono lusitano, unindo Portugal e Espanha e dando início à União Ibérica.

G. Costa/De Agostini Picture Library/The Bridgeman Art Library/Keystone/Museu Nacional de São Carlos, Cidade do México, México

Retrato de Felipe II de Espanha, primeiro rei da Espanha. Pintura de Alonzo Sanchez Coelho (1531-1588).

A promessa de Filipe II de garantir uma relativa autonomia a Portugal e de não submeter suas colônias diretamente à Espanha resultou em poucas mudanças políticas na colônia portuguesa da América. Mudou apenas a metrópole que exercia o monopólio comercial e o controle administrativo.

Na prática, o domínio espanhol aboliu as determinações do Tratado de Tordesilhas, o que favoreceu o avanço dos colonos portugueses em direção ao interior. O território expandiu-se, sobretudo na busca por metais preciosos.

O envolvimento da Espanha em diversos conflitos militares na Europa, porém, colocou seus inimigos contra a colônia portuguesa. Inglaterra, França e Países Baixos invadiram várias vezes o território da colônia. Isso enfraqueceu a economia lusitana e acarretou um movimento pela restauração da autonomia, liderado pelo duque de Bragança. O domínio espanhol só terminou em 1640, quando o duque foi coroado rei de Portugal com o título de dom João IV, inaugurando o governo da dinastia de Bragança.

Para combater as dificuldades econômicas herdadas do período anterior, o novo monarca intensificou a exploração e reforçou a administração colonial, criando o **Conselho Ultramarino**. Com a ampliação de seus poderes, os governos-gerais subordinaram colonos e donatários e, progressivamente, foram retomando as capitanias particulares.

A fiscalização da metrópole tornou-se mais ativa, e os choques entre a Coroa e os interesses locais semearam várias manifestações contra a autoridade metropolitana.

Para saber mais

O sebastianismo

A morte de dom Sebastião em Alcácer-Quibir, e de mais de 10 mil soldados no mesmo combate, deixou marcas profundas na população portuguesa. Segundo a historiadora Jaqueline Hermann:

"A esse contexto de derrota e tristeza juntou-se, ainda no calor dos acontecimentos, a demora das notícias sobre o rei e seu exército logo após a batalha. A expectativa da volta do rei e as inúmeras histórias que contavam sobre a sua prisão ou fuga conjugaram-se às histórias pessoais de mulheres que esperavam seus filhos, pais, irmãos e maridos, pois, segundo crônica da época, não havia família no reino que não tivesse um parente ou conhecido no exército derrotado no Marrocos." Em meio às incertezas da dominação espanhola, difundiu-se rapidamente a crença na volta do rei, que, ressuscitado, reorganizaria o reino e salvaria os portugueses das dificuldades que os assolavam.

O sebastianismo deixou raízes profundas no imaginário popular português e atravessou o oceano, espalhando-se entre os colonos. Mais de três séculos depois, no sertão baiano, esse mito reuniu milhares de fiéis em torno do líder Antônio Conselheiro na formação do Arraial de Canudos. Exemplos de sebastianismo – a crença na volta de um rei bom que trará uma vida melhor ao povo sofrido – encontram-se ainda hoje na literatura de cordel, popular no Nordeste brasileiro.

Dom Sebastião retratado antes de sua maioridade. Tela do pintor português Cristóvão de Morais, de 1571.

Museu Nacional de Arte Antiga, Lisboa/Album/akg-images/Latinstock

5 A administração portuguesa e os poderes locais

A administração da colônia, dividida em dois governos-gerais, voltou a ser unificada com o governador Lourenço da Veiga, de 1578 a 1608. Nesse último ano, uma nova divisão, abandonada em seguida, foi feita. Em 1621, realizou-se outra divisão administrativa da colônia, dessa vez entre o estado do Maranhão e Grão-Pará (com capital inicialmente em São Luís e depois em Belém) e o estado do Brasil, com capital em Salvador, e, a partir de 1763, no Rio de Janeiro. Depois de 1640, tornou-se cada vez mais comum usar-se o título de vice-rei em lugar de governador-geral.

As capitanias hereditárias e os governos-gerais continuaram convivendo até o século XVIII, enquanto se dava a progressiva criação de capitanias da Coroa, como a da Bahia de Todos-os-Santos e São Sebastião do Rio de Janeiro. Administradas por um governador nomeado pelo rei, foram aos poucos substituindo as capitanias hereditárias particulares por meio de compra, ou por falta de herdeiros ou, ainda, por não estarem efetivamente ocupadas.

O governador-geral da colônia e os governadores das capitanias chegaram a contar com tropas regulares e profissionais. Eram compostas de **milícias** e **ordenanças**. As milícias eram regimentos portugueses, uma força auxiliar formada por homens da população urbana, que não recebiam remuneração e prestavam serviço obrigatório. As ordenanças eram organizadas sempre que necessário, reunindo toda a população masculina em condições físicas e idade militar (entre 18 e 60 anos). Essa organização militar ajudou a impor as diretrizes metropolitanas, viabilizando a exploração colonial.

Na administração colonial, ocupavam papel secundário os senados das câmaras (câmaras municipais), que reuniam os administradores de vilas, povoados e cidades, responsáveis pelas questões políticas, administrativas, judiciárias, fiscais, monetárias e militares no âmbito local. Os vereadores que compunham as câmaras municipais eram todos grandes proprietários de terras, designados **homens bons**. Apenas os "homens bons" podiam votar e ser votados. A presidência da câmara cabia a um juiz, chamado de juiz de fora, quando nomeado pela autoridade régia, e juiz ordinário, quando eleito como os demais membros. A maioria da população, portanto, não participava da administração.

Fazendeiro com esposa em viagem, tela de Henry Koster, de cerca de 1820. A autoridade do senhor de engenho ia além de suas terras, alcançando povoados e vilas, por meio de seu controle sobre as câmaras municipais.

Museu Britânico, Londres

Atividades

Leitura e reflexão

1. Este capítulo se iniciou com uma pergunta: "Projeto colonial para servir a quem?". Os efeitos de uma visão europeia sobre o período colonial permanecem até os dias atuais. Com base nessa questão e na sua leitura do texto da página 320 ("Os índios e os 500 anos: a festa da exclusão"), responda:
   a) Por que a festa oficial do descobrimento foi excludente?
   b) O monumento-resistência construído pelos indígenas Pataxó e a ideia de um monumento simbolizando uma caravela, assim como a discordância indígena em relação ao termo "descobrimento", revelam diferentes visões e versões sobre nossa história. No seu entendimento, o discurso oficial das comemorações representou as visões e os sentimentos nacionais?

Análise de charges

2. Reveja as charges produzidas no contexto dos 500 anos da chegada dos portugueses à América e responda:

Kayser/Acervo do cartunista

Duas charges criadas por ocasião dos 500 anos da "descoberta" do Brasil: a primeira, à esquerda, do chargista brasileiro Kayser, ironiza os impactos da exploração do pau-brasil, fazendo referência à mudança do nome de Terra de Santa Cruz para Brasil. Abaixo, charge publicada na revista portuguesa *Grande Reportagem* e a representação do imaginário português em torno do samba, das telenovelas e do futebol, símbolos nacionais contemporâneos que reduzem a diversidade cultural brasileira e foram transferidos para o contexto da ocupação portuguesa de 1500.

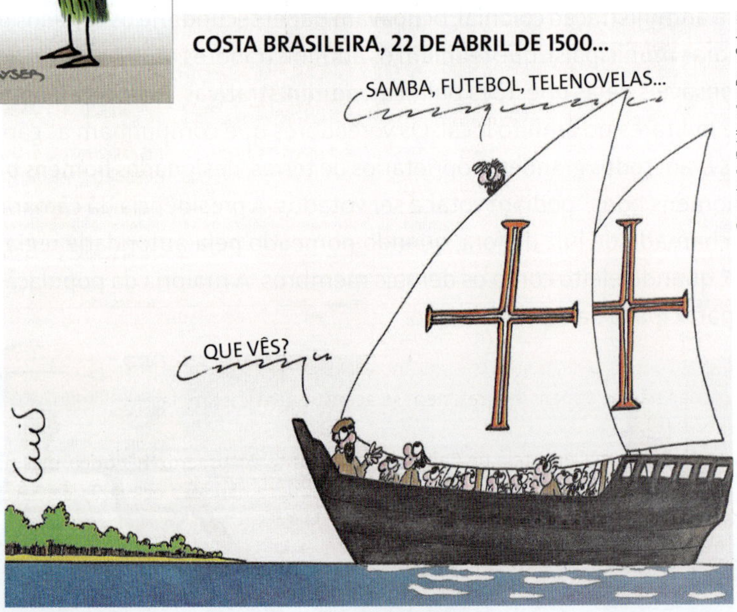

Reprodução/Publicações Dom Quixote

   a) Que prática econômica do início da colonização está retratada na primeira charge e que grupo detinha o monopólio de sua exploração?
   b) Charges são ilustrações que têm por objetivo satirizar acontecimentos do passado ou do presente. Assim, sua finalidade é a crítica, por meio do recurso do humor. Tendo isso em mente, identifique o fator humorístico da primeira charge.
   c) Que elementos da cultura brasileira estão presentes na charge portuguesa?
   d) Podemos afirmar que a charge portuguesa apresenta um anacronismo, ou seja, uma imprecisão histórica em relação ao período retratado?
   e) Com um ou dois colegas, crie uma charge satirizando a chegada dos portugueses ao Brasil, utilizando para isso o ponto de vista das populações indígenas.

Pinturas históricas: leituras possíveis

3. O texto a seguir, do historiador Ulpiano Menezes, faz uma análise da tela de Benedito Calixto sobre a fundação de São Vicente e as suas leituras históricas possíveis. Observe a imagem e leia-o para responder às questões propostas.

A fundação de São Vicente (1532), tela pintada no início do século XX por Benedito Calixto. A pintura foi feita sob encomenda da prefeitura de São Vicente.

A tela, [de Benedito Calixto] datada de 1900, retrata o desembarque de Martim Afonso de Souza, com centenas de companheiros, no futuro local de São Vicente, em 1532, onde fundaria oficialmente a primeira vila do Brasil.

[...]

A ação não é dramática, concentrada, mas narrativa, incorporando situações diversificadas e ocupando todos os planos. Os indígenas comparecem em todos eles. E se nas extremidades, no primeiro plano, parece haver alguma tensão (um soldado português desembainhou a espada; olhando em sua direção, alguns índios se agitam), em todos os demais pontos há mescla de índios e europeus, em tranquilidade e desenvolvendo variada gama de comportamentos: diálogo com a comitiva de Martim Afonso de Souza (que constitui a ação principal), ou com missionários mais adiante, ou ainda bem longe, à beira-mar, na orla da mata, ou, até mesmo, brincadeiras de curumins.

A preocupação com o detalhe preciso é evidente: transparece nas roupas e armas, nos adornos e outros artefatos de portugueses e aborígines, assim como no interior da maloca. Estaria nesta precisão o valor documental da pintura? [...].

Não há, por exemplo, nenhuma preocupação com assinalar a paisagem original ou algum traço físico do assentamento. É que aqui, a cidade (vila) não aparece, como tipo de assentamento, mas como modo particular, formalmente determinado e explícito, de apropriação simbólica do território. Daí a importância fundamental dos suportes de sentido: cruzeiro, bandeiras, estandartes, armas, indumentária, gestos e expressões, etc.

Note-se que, por isso mesmo, a oposição mais forte entre brancos e índios não se dá ao nível da aparência corporal, dos equipamentos ou armas em geral. É verdade que aparecem alabardas e espadas metálicas diante de tacapes e flechas; vestimentas requintadas e volumosas diante de peles e plumas; naus, diante de uma modesta urna cerâmica funerária. Mas não se opõem valores, nem se acentuam as distâncias.

[...]

Em suma, esta tela de Calixto é importante documento histórico, mas não relativamente ao século XVI. Na verdade, sabemos que a marca da colonização portuguesa não foi a ocupação de território, mas a exploração de recursos; o povoamento terá caráter eminentemente rural, de grande autonomia, e com um tipo de urbanização muitíssimo particular.

Em compensação, a tela nos remete aos tempos em que foi produzida e consumida. Ela é, sim, documento das necessidades simbólicas vividas por Calixto e sua sociedade, no final do século passado [N.E.: século XIX], procurando inventar uma história para a nação ainda jovem – e já superados os ressentimentos com a antiga metrópole.

A ocupação de território – ação expressa, em seu nível formal, como pacífica, nobre e tranquila, feita sob a égide da fé cristã e da coroa lusitana – integra os novos espaços e seus habitantes a um mundo já definido e superior [...].

Uma tela como esta é fonte preciosa de informações para reconstruir e entender o imaginário de sua época.

MENEZES, Ulpiano T. Bezerra de. Pintura histórica: documento histórico? Caderno de Sábado. *Jornal da Tarde/O Estado de S. Paulo*, 27 jul. 1991.

a) Quais elementos justificam a afirmação de Ulpiano: "A ação não é dramática, concentrada, mas narrativa"?

b) Por que a tela de Benedito Calixto informa mais sobre o período em que foi produzida do que sobre o século XVI?

Vestibulares de Norte a Sul

1. **SE** (Mack-SP)

Desde cedo, aprendemos, em casa ou na escola, que o Brasil foi descoberto por Pedro Álvares Cabral, em abril de 1500. Esse fato constitui um dos episódios da expansão marítima portuguesa, iniciada em princípios do século XV. Para entendê-la, devemos começar pelas transformações ocorridas na Europa Ocidental, a partir de uma data situada em torno de 1150.

FAUSTO, Boris. *História do Brasil.*

Entre as transformações citadas no texto, e que se encontram entre as causas da expansão marítima europeia no século XV, podemos, corretamente, citar:

a) o conflito religioso resultante da Reforma na Europa, o que fez com que missionários luteranos desembarcassem na América Ibérica, convertendo milhares de nativos à fé protestante, em detrimento do Catolicismo.
b) o estudo das atividades marítimas e técnicas de navegação desenvolvidas na Espanha medieval, principalmente em relação à exploração do litoral africano, o que fez deste país o pioneiro na navegação do Oceano Atlântico no século XV.
c) a precoce centralização do poder na Inglaterra – garantida pela união da monarquia plantageneta com a rica burguesia comercial –, possibilitando, aos ingleses, investimentos na compra de navios portugueses entre os séculos XIII e XV.
d) a permanência do "espírito cruzadista" na Península Ibérica, o que fez com que Portugal e Espanha estivessem empenhados na luta contra os "infiéis" no Oriente Médio, atrasando em dois séculos (XIV-XVI) a Expansão Marítima Ibérica.
e) a contradição entre o crescimento populacional nesse período e a baixa produção feudal, gerando a necessidade de se procurar novas áreas geográficas para exploração europeia, aumentando, assim, a quantidade de recursos materiais e alimentícios na Europa.

2. **S** (UFPR) Considere as seguintes afirmativas sobre a sociedade e a economia açucareiras entre os séculos XVI e XVII do período colonial brasileiro:

1. O período de produção açucareiro pode ser compreendido em seus aspectos econômicos como a primeira iniciativa de colonização do Brasil, em que o açúcar era o principal produto no comércio com a metrópole.
2. Entre 1630 e 1654, os espanhóis controlaram as fontes brasileiras de produção de açúcar em Pernambuco com o apoio dos indígenas e dos escravos, que podiam viver sob uma administração política mais tolerante aos seus costumes religiosos.
3. O declínio da economia açucareira ocorreu após a expulsão dos holandeses, que investiram na produção de açúcar nas Antilhas.
4. O sistema açucareiro caracterizou-se por uma agricultura em grandes propriedades, comandadas pelo senhor de engenho, que possuía plenos poderes políticos sobre a estrutura que os engenhos mobilizavam no campo e nas vilas.

Assinale a alternativa correta.

a) Somente as afirmativas 1, 2 e 3 são verdadeiras.
b) Somente as afirmativas 1, 3 e 4 são verdadeiras.
c) Somente as afirmativas 2 e 3 são verdadeiras.
d) Somente as afirmativas 3 e 4 são verdadeiras.
e) Somente as afirmativas 2, 3 e 4 são verdadeiras.

3. **SE** (Ufop-MG) Sobre o papel das Câmaras Municipais, no Brasil Colonial, não podemos afirmar:

a) Eram responsáveis pela administração pública e pelo exercício da justiça nas vilas e cidades.
b) Eram compostas pelos chamados homens bons que constituíam a sociedade colonial.
c) Exerciam controle sobre o comércio de abastecimento dos aglomerados urbanos.
d) Foram responsáveis pelo processo de centralização política que ocorreu na colônia.

4. **NE** (UFRN) No quadro da colonização, os portugueses consideravam-se legalmente proprietários das terras americanas definidas pelo Tratado de Tordesilhas. Partindo de Pernambuco, eles procuraram expandir a área conquistada. Na capitania do Rio Grande, construíram a fortaleza dos Reis Magos e, depois, fundaram Natal em 1599.

Sobre esse período histórico da Capitania do Rio Grande, é correto afirmar:

a) A sociedade fundamentada na cultura canavieira possibilitava a ascensão social dos grupos que não eram proprietários de terras, uma vez que lhes permitia participarem das Câmaras municipais.
b) A legitimidade da ocupação territorial foi questionada, interna e externamente, o que ficou evidente nas reações indígenas e nas incursões estrangeiras à costa potiguar.
c) O senhor de engenho tinha o controle da terra e da produção açucareira, mas subordinava-se ao poder dos "coronéis" da Guarda Nacional, controlada pelo poder central.
d) A ocupação das terras do interior ocorreu sem conflitos, uma vez que as tribos indígenas concentravam-se no litoral, onde se implantou a agroindústria açucareira.

CAPÍTULO

13 A diáspora africana

Coleção particular/Bettmann/Corbis/Latinstock

Escravos esperando para serem vendidos, em Richmond, Virgínia, em gravura de Eyre Crowe de 1861.

Para pensar historicamente

Deslocamentos populacionais forçados

O período da escravidão moderna pode ser considerado como o tempo de uma das maiores dispersões populacionais de toda a História. Calcula-se que mais de 12 milhões de africanos tenham sido trazidos para a América, estagnando a população da África, e o número dos indivíduos que saíam era bem maior do que o dos que chegavam aos portos americanos.

Hoje em dia, vários outros fatores obrigam as populações a se deslocar. É o caso dos conflitos armados entre povos, ou guerras civis dentro de um mesmo país. Grande parte desses conflitos tem acontecido na África.

Existe uma estreita relação entre a **diáspora** negra e a situação atual de intensa agitação e miséria em vários países da África. Além disso, as cicatrizes do sistema escravista na história contemporânea brasileira são enormes, embora nem sempre evidentes. As formas de discriminação, a má remuneração do trabalho braçal e as dívidas sociais com os descendentes das populações africanas escravizadas são alguns aspectos dessa história. Você saberia apontar exemplos concretos dessas cicatrizes?

diáspora: deslocamento de grandes grupos populacionais, em geral forçado ou incentivado.

Ismail Zitouny/Reuters/Latinstock

Migrantes da África subsaariana aguardam no porto de Trípoli após tentativa de cruzar o Mediterrâneo para Europa (2011).

1 Povos africanos na época moderna

A indumentária africana

Como você já estudou, a África, além de ser berço da humanidade, abrigava uma intensa e complexa atividade humana desde os tempos antigos, com reinos, impérios, cidades-Estado e rotas comerciais. No início do século XV, quando foram feitos os primeiros contatos com europeus organizados em Estados nacionais, grande parte da África estava integrada à civilização islâmica, sobretudo no norte e no leste do continente.

Homem berbere e camelos no Marrocos, em 2013.

Raquel Maria Carbonell Pagola/LightRocket/Getty Images

Olhando o mapa da página 52 é possível notar que o primeiro passo dos portugueses fora da Europa, a tomada da rica cidade de Ceuta em 1415, além de ter razões comerciais, relacionava-se com o próprio processo da Reconquista. Toda a expansão portuguesa para a África ocupou primeiro territórios islâmicos. Na África do Norte, predominavam povos de maioria semita, quer dizer, descendentes de tribos berberes e de árabes.

Na África subsaariana – ao sul do deserto do Saara – a presença negra era dominante, mas muitos grupos já estavam convertidos ao islamismo. Ali viviam diversas culturas africanas negras, como achantis, iorubas, dinkas, adalis e somalis. A África central, região do centro para o sul do continente, era ocupada por povos bantos, como fantes, bacongos e bosquímanos.

Werner Forman Archive/The Bridgeman Art Library/Keystone/Coleção particular, Nova York, EUA.

Estes bonecos em madeira, conhecidos por Akua'ba, são confeccionados por jovens mulheres da cultura Achanti para promover a fertilidade.

Esses são só alguns exemplos da diversidade de povos que viviam na África naquele período. Nem todos foram vítimas diretas do tráfico negreiro, mas a escravidão mudou a história do continente, gerando aquilo que muitos chamam de **diáspora africana**, o espalhamento dos africanos pelo mundo, sobretudo para a América colonial.

Em muitos reinos africanos, a estrutura do Estado estava apoiada em comunidades aldeãs. Nelas a população trabalhava seguindo princípios ancestrais, sendo comuns diversas formas de trabalho coletivo e de propriedade comunitária da terra para a prática da agricultura e pecuária.

Quando começou a ser realizada em grande escala pelos europeus, a escravidão não era novidade na África. Em alguns grupos, os prisioneiros de guerra eram escravizados; em outros, esse era um recurso para garantia de pagamento de dívidas ou punição para crimes graves. Na dimensão que os europeus lhe deram, contudo, a escravidão representou um imenso desequilíbrio na sociedade, na cultura e na economia dos povos africanos.

A África no final do século XV

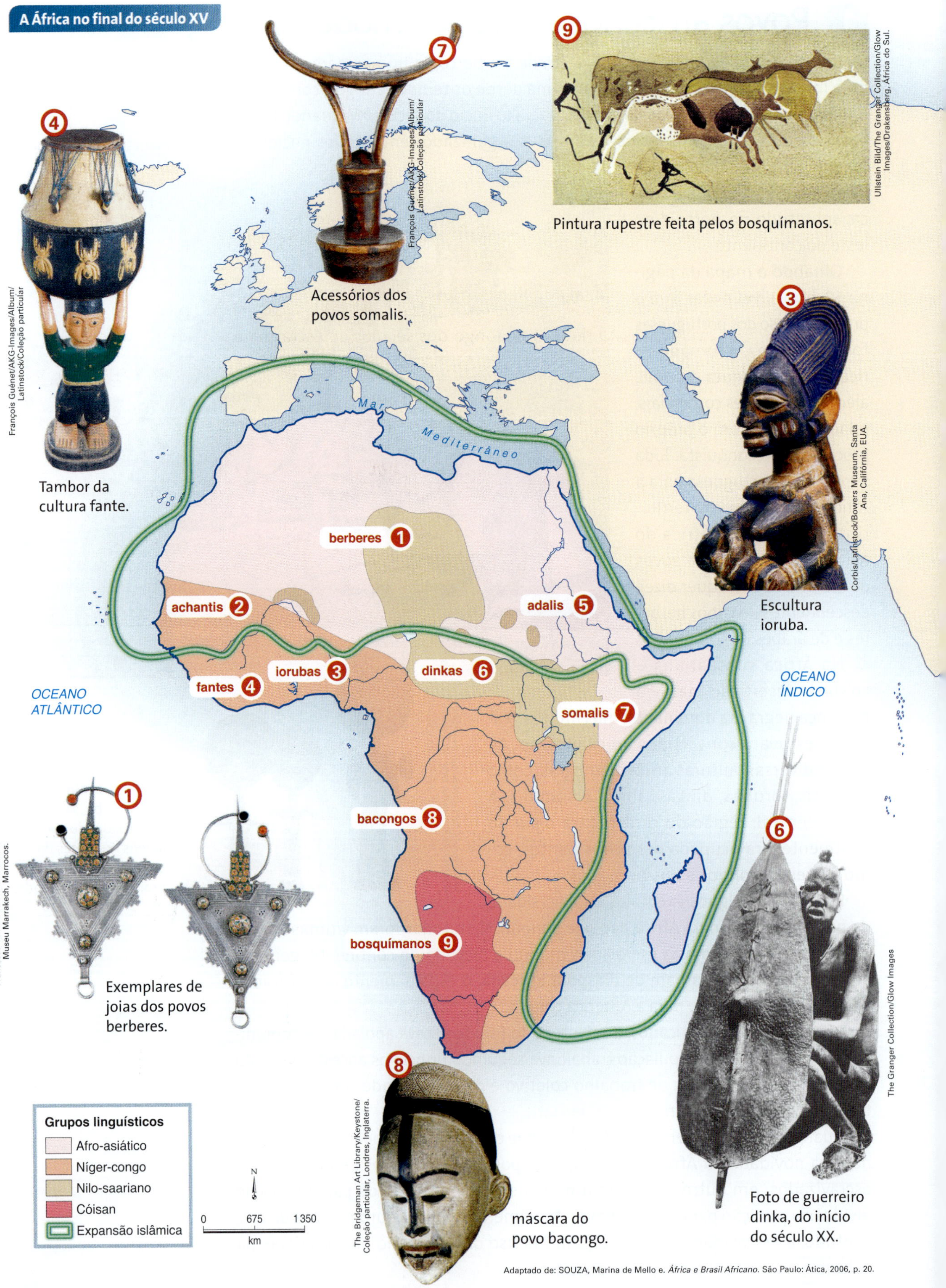

④ Tambor da cultura fante.
François Guénet/AKG-Images/Album/Latinstock/Coleção particular

⑦ Acessórios dos povos somalis.
François Guénet/AKG-Images/Album/Latinstock/Coleção particular

⑨ Pintura rupestre feita pelos bosquímanos.
Ullstein Bild/The Granger Collection/Glow Images/Drakensberg, África do Sul.

③ Escultura ioruba.
Corbis/Latinstock/Bowers Museum, Santa Ana, Califórnia, EUA.

① Exemplares de joias dos povos berberes.
Francesco Venturi/Corbis/Latinstock/Museu Marrakech, Marrocos.

⑧ máscara do povo bacongo.
The Bridgeman Art Library/Keystone/Coleção particular, Londres, Inglaterra.

⑥ Foto de guerreiro dinka, do início do século XX.
The Granger Collection/Glow Images

Adaptado de: SOUZA, Marina de Mello e. *África e Brasil Africano*. São Paulo: Ática, 2006, p. 20.

2 A inserção do escravismo na economia mundial

Com a interferência europeia, as práticas de escravidão mudaram completamente na África. Alguns grupos se especializaram em fazer guerra com o objetivo único de capturar prisioneiros e vendê-los. Pois, se antes a escravidão era uma consequência dos conflitos, a partir daí passou a ser a causa deles, desequilibrando de forma profunda as relações que existiam anteriormente. Pode-se dizer que, após o contato com os europeus, a escravidão africana mudou de sentido, e o escravizado, que antes era uma presa de guerra, passou a ser uma mercadoria negociável no mercado atlântico.

Os europeus formaram uma classe especial de comerciantes – os traficantes de escravos – e obtiveram muita riqueza ao longo dos séculos de escravismo moderno.

Principais rotas do tráfico de escravizados africanos

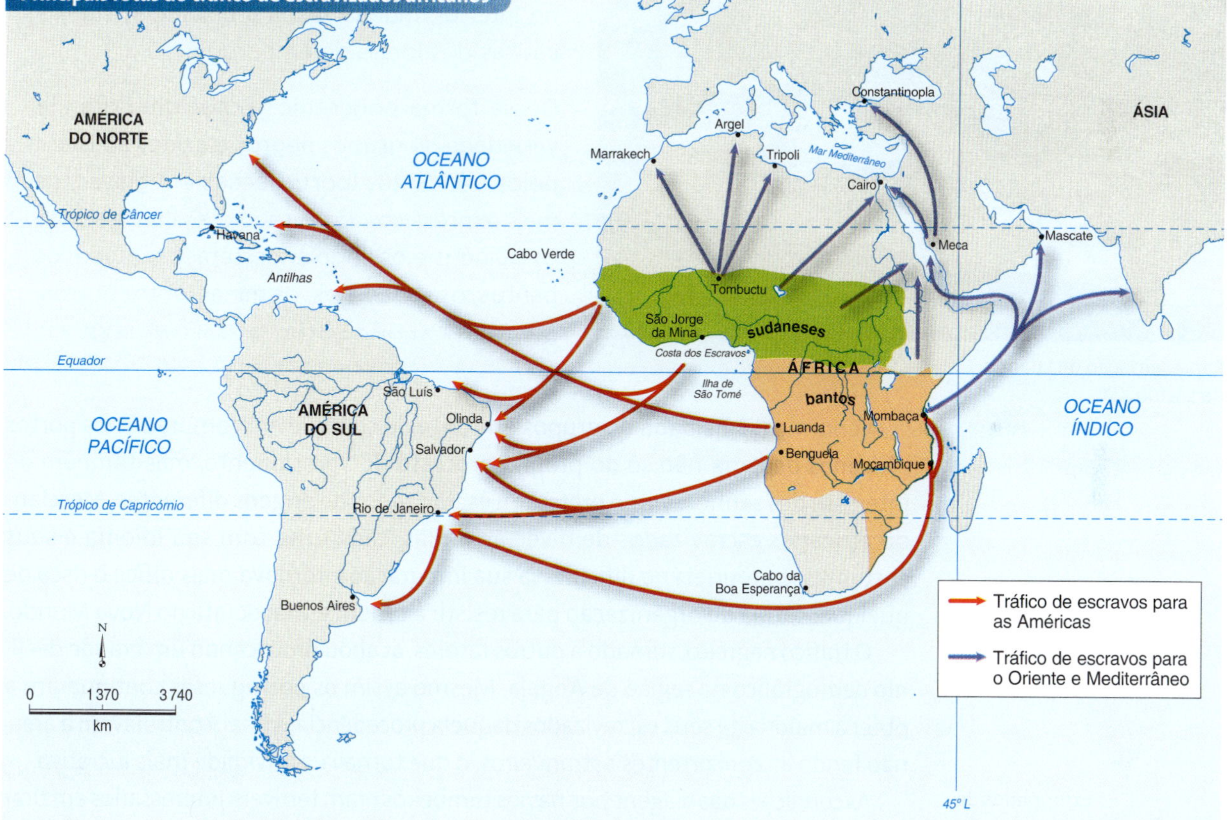

Allmaps/Arquivo da editora

Adaptado de: VICENTINO, Cláudio. *Atlas Histórico*: Geral e Brasil. São Paulo. Scipione, 2011. p. 93.

O tráfico negreiro teve várias rotas importantes, que se intensificavam ou enfraqueciam ao longo do tempo. A maior parte das rotas que alimentavam o escravismo no Brasil trazia escravizados da África ocidental.

Segundo o historiador Charles Boxer, o grosso dos africanos escravizados obtidos pelos portugueses na África ocidental foi de início comprado na costa da Guiné e quase todos pertenciam à etnia sudanesa ocidental. *Guiné* era o termo usado para denominar uma região mais ampla que a Guiné atual, e ia da embocadura do rio Senegal até o rio Orange. O centro do comércio deslocou-se depois em direção ao sul, para o reino banto do Congo, e posteriormente para o reino de Angola.

Sobre a origem dos africanos trazidos à força para o Brasil, o historiador Jaime Pinsky afirma:

> Na verdade, se essa "Grande Guiné" foi uma das zonas de origem do negro escravo, Angola foi outra. Através de seus portos, como Benguela e Luanda, sem dúvida um número muito grande de negros foi enviado, desde o início do tráfico. De outras regiões, como ilhas africanas ocidentais, ou zonas da África Oriental – como Madagascar e Moçambique – o tráfico foi menor, embora não desprezível.
>
> Deve-se, contudo, lembrar que o porto de origem do escravo não tinha, necessariamente, relação com sua origem étnica. [...] a captação de escravos dava-se, com frequência, no interior, muitas vezes a distâncias significativas dos locais de embarque.
>
> Dessa forma poderemos notar uma grande variedade de grupos negros trazidos ao Brasil pelos traficantes (portugueses e ingleses, os mais expressivos, já no século XVIII). Se temos os guinéus e os angolanos, temos também os bantus, os sudaneses, os minas, entre outros.
>
> PINSKY, Jaime. *A escravidão no Brasil*. São Paulo: Contexto, 1988. p. 32.

Representação de Luanda do século XIX.

A enorme diversidade de grupos étnicos e de clãs que era comprada nos portos africanos decorria não só do próprio processo de apresamento, mas também do interesse dos senhores, que preferiam escravizados de origens diferentes. Mesclando africanos escravizados de diversas etnias, cada uma com seu idioma e seus costumes, o proprietário dificultava sua integração e tornava mais difícil o risco de qualquer forma de organização para resistir à ordem escravocrata no Novo Mundo.

O tráfico negreiro, somado a outros fatores, acabou provocando um grande declínio demográfico na região de Angola. Mesmo assim os portugueses continuaram a obter a maioria de seus escravizados daquela procedência; afinal, controlavam a área, não tendo ali concorrentes estrangeiros, o que tornava a atividade mais lucrativa.

As condições das viagens nos navios tumbeiros eram terríveis. Interessados em tirar o máximo de lucro de suas atividades, os traficantes lotavam os porões dos navios, pois o preço de venda do escravizado – muito maior que o preço de compra – compensava a perda daqueles que morriam na travessia do Atlântico. Somando a brutalidade da captura e do transporte, a saúde fragilizada e o trabalho intenso após a chegada, cerca de 40% dos escravizados, em determinadas épocas, faleciam nos primeiros seis meses após sua captura, segundo o historiador Luiz Felipe de Alencastro. Apenas na viagem, aproximadamente 20% não resistiam. Por isso, além da diáspora negra, a escravidão moderna pode ser colocada ao lado dos grandes holocaustos da humanidade.[2]

[2] Jaime Pinsky utiliza a expressão "holocausto negro". Veja PINSKY, Jaime. *A escravidão no Brasil*. São Paulo: Contexto, 1998. p. 28.

Escravizados africanos na América

Indígenas e africanos foram escravizados na América portuguesa. Porém, rapidamente, nos setores mais dinâmicos da economia colonial, a mão de obra passou a ser predominantemente de origem africana. Para toda a América portuguesa, pode-se dizer que a escravidão africana prevaleceu em áreas voltadas à economia agroexportadora, como a açucareira nordestina desde o século XVII, e depois também nas áreas interioranas voltadas à mineração no século XVIII. A escravidão indígena foi intensa no sudeste até o século XVIII, e, no norte, até o século XIX. Muitas explicações já foram dadas para o predomínio da escravidão africana nos centros mais dinâmicos da colonização, mas a interpretação mais consolidada hoje é a de que a escravidão negra prosperou principalmente porque se tornou um bom negócio para comerciantes, sobretudo portugueses e ingleses, e integrou-se facilmente ao sistema comercial, que abrangia quase toda a margem do oceano Atlântico no território que hoje conhecemos como Brasil.

Na litografia de cerca de 1830, o pintor alemão J. M. Rugendas retratou escravizados africanos no porão de um navio negreiro ou navio tumbeiro, como são denominados os navios de tráfico e transporte dos escravizados para a colônia portuguesa na América. Tumbeiro vem de tumba, referência ao destino de muitos africanos escravizados durante as longas viagens.

Segundo o historiador brasileiro Fernando Novais, o tráfico de escravizados africanos para as colônias foi uma das atividades econômicas mais importantes da Idade Moderna, ao lado do comércio das especiarias orientais, da produção de açúcar e da mineração. Uma das evidências dessa importância era a intensa luta pela dominação dos portos africanos onde se fazia o tráfico. Quase todos os países europeus participavam da atividade e se revezavam no monopólio desse comércio.

Observe a cena de um mercado de negros retratada por Johann Moritz Rugendas em 1835. As duras condições do sistema escravista parecem atenuadas neste retrato do cotidiano.

Para discutir a escravidão, também é preciso compreender por que não se adotou o trabalho assalariado. Com tanta abundância de terras e a relativa facilidade de obtê-las – já que até 1850 as terras eram obtidas por doação ou por ocupação –, os imigrantes que viessem para o Brasil não se sujeitariam a trabalhar para outro. Desejariam eles mesmos tornarem-se pequenos proprietários, como na Europa.

Nos estudos sobre a escravidão no Brasil durante o período colonial, outro tema que ocupa os historiadores é a utilização da mão de obra indígena. Alguns sustentaram que o indígena mostrou-se inadaptado para o trabalho na lavoura, e por isso teria sido adotada a escravidão negra. Fernando Novais, no entanto, sustentou que a dispersão dos indígenas pelo território dificultava seu apresamento e transporte. E, mais uma vez, a questão econômica não pode ser deixada de lado: o tráfico negreiro era uma importante atividade comercial, que gerava altos lucros para os europeus e também alguns negociantes radicados nas áreas coloniais. Além desses argumentos, é preciso considerar que a diminuição da escravidão indígena, substituída pela africana durante o século XVI, deu-se em certas áreas do litoral e não por toda a colônia.

Na América hispânica, o comércio de escravizados era submetido a um rígido controle em proveito do tesouro real espanhol, que cobrava impostos e vigiava de perto a quantidade dos escravos introduzidos nas colônias espanholas. Os comerciantes espanhóis praticamente não traficaram africanos escravizados, apenas os compravam dos traficantes de outras metrópoles. No início, apenas dois portos poderiam receber escravos vindos da África: Cartagena, na Colômbia, e Vera Cruz, no México. No final do século XVIII, porém, o rei da Espanha liberou o comércio de africanos escravizados.

Nos séculos XVI e XVII, foram importados cerca de meio milhão de africanos escravizados para a região do Caribe, mais que todo o restante da América hispânica. Deve-se lembrar que no Caribe também se desenvolveu a economia açucareira.

Entretanto, foi entre o século XVIII e metade do XIX que chegaram à América quatro quintos dos africanos escravizados. Nesse período, em razão do crescimento das atividades produtivas, uma grande quantidade de escravizados aportou no sul das colônias inglesas na América do Norte, que viriam a formar posteriormente os Estados Unidos da América. Caribe, América portuguesa e América inglesa foram de longe os maiores importadores de africanos escravizados.

No sul dos Estados Unidos, entretanto, existiu uma situação completamente diferente da que ocorreu nas demais regiões americanas. A reprodução dos africanos escravizados foi muito incentivada, buscando-se com isso o aumento do número de escravizados sem ter de recorrer ao tráfico negreiro. Essa estratégia era, antes de tudo, muito mais vantajosa e politicamente bem vista pelos países europeus que se opunham ao tráfico negreiro.

Do total de africanos escravizados desembarcados na América, a distribuição ocorreu da seguinte forma: 38% vieram para o Brasil, 17% para a América espanhola, 17% para as Antilhas francesas e a Louisiana, 17% para as Antilhas britânicas, 5% para as Antilhas holandesas e dinamarquesas e 6% para os Estados Unidos.[4]

A partir da segunda metade do século XVIII, começou a perder força a ideia até então predominante de que a escravidão era um modo de geração de riquezas. Cada vez mais, considerava-se na América que a escravidão colocava em risco a segurança pública, em virtude do alto índice populacional dos escravizados e das revoltas por eles organizadas.

Africanos escravizados nos Estados Unidos trabalham em campos de algodão de uma plantação na Geórgia. Escola francesa, século XIX.

Bianchetti/Leemage/The Bridgeman Art Library/Keystone/Coleção particular

[4] ALENCASTRO, Luis Felipe. Proletários e escravos: imigrantes portugueses e cativos africanos no Rio de Janeiro, 1850-1872. *Novos Estudos Cebrap* (21), jul. 1988.

Pensando no Enem

1. *A identidade negra não surge da tomada de consciência de uma diferença de pigmentação ou de uma diferença biológica entre populações negras e brancas e(ou) negras e amarelas. Ela resulta de um longo processo histórico que começa com o descobrimento, no século XV, do continente africano e de seus habitantes pelos navegadores portugueses, descobrimento esse que abriu o caminho às relações mercantilistas com a África, ao tráfico negreiro, à escravidão e, enfim, à colonização do continente africano e de seus povos.*

MUNANGA, K. Algumas considerações sobre a diversidade e a identidade negra no Brasil. *In: Diversidade na educação:* reflexões e experiências. Brasília: SEMTEC/MEC, 2003, p. 37.

Com relação ao assunto tratado no texto acima, é correto afirmar que:

a) a colonização da África pelos europeus foi simultânea ao descobrimento desse continente.
b) a existência de lucrativo comércio na África levou os portugueses a desenvolverem esse continente.
c) o surgimento do tráfico negreiro foi posterior ao início da escravidão no Brasil.
d) a exploração da África decorreu do movimento de expansão europeia do início da Idade Moderna.
e) a colonização da África antecedeu as relações comerciais entre esse continente e a Europa.

Resposta: d

O processo de expansão mercantilista europeu levou à América escravizados africanos para trabalharem principalmente nas grandes lavouras (açúcar). O tráfico negreiro era altamente lucrativo e fez parte do sistema colonizador principalmente da América portuguesa, a partir da época moderna.

Considerando a matriz de Referência do Enem, esta questão contempla a Competência de área 2 – Compreender as transformações dos espaços geográficos como produto das relações socioeconômicas e culturais de poder, principalmente as habilidades H7: Identificar os significados histórico-geográficos das relações de poder entre as nações e H8: Analisar a ação dos estados nacionais no que se refere à dinâmica dos fluxos populacionais e no enfrentamento de problemas de ordem econômico-social.

2. *Torna-se claro que quem descobriu a África no Brasil, muito antes dos europeus, foram os próprios africanos trazidos como escravos. E esta descoberta não se restringia apenas ao reino linguístico, estendia-se também a outras áreas culturais, inclusive à da religião. Há razões para pensar que os africanos, quando misturados e transportados ao Brasil, não demoraram em perceber a existência entre si de elos culturais mais profundos.*

SLENES, R. Malungu, ngoma vem! África coberta e descoberta do Brasil. *Revista USP*, n.12, dez./jan./fev., 1991-92 (adaptado).

Com base no texto, ao favorecer o contato de indivíduos de diferentes partes da África, a experiência da escravidão no Brasil tornou possível a:

a) formação de uma identidade cultural afro-brasileira.
b) superação de aspectos culturais africanos por antigas tradições europeias.
c) reprodução de conflitos entre grupos étnicos africanos.
d) manutenção das características culturais específicas de cada etnia.
e) resistência à incorporação de elementos culturais indígenas.

Resposta: a

No início os escravizados eram oriundos da região da Guiné e posteriormente Angola. Diferentes povos foram escravizados e traficados a outros continentes. Neles, reconstruíram suas identidades e fundiram-se a novos costumes. Esta miscigenação cultural formou aquilo que hoje conhecemos por identidade cultural afro-brasileira, ou seja, diversas práticas e costumes de origem tanto africana como americana que hoje se apresentam no cotidiano da maioria dos brasileiros.

Considerando a matriz de Referência do Enem, esta questão contempla a Competência de área 1 – Compreender os elementos culturais que constituem as identidades, especialmente a habilidade H1: Interpretar historicamente e/ou geograficamente fontes documentais acerca de aspectos da cultura. E também a Competência de área 3 – Compreender a produção e o papel histórico das instituições sociais, políticas e econômicas, associando-as aos diferentes grupos, conflitos e movimentos sociais, especialmente a habilidade H11: Identificar registros de práticas de grupos sociais no tempo e no espaço.

Os escravizados na economia colonial

Diversos fatores determinaram a generalização do trabalho escravo africano no Brasil, a partir do final do século XVI.

A população indígena se reduzia, frequentemente vitimada por epidemias adquiridas em contato com os brancos, ou abalada pelo trabalho forçado, ou então pela desarticulação de sua economia de subsistência. Muitos morriam na luta de resistência contra os colonos, outros fugiam para o interior.

Além disso, a luta dos jesuítas contra a escravização dos indígenas levou os colonos a voltar-se cada vez mais para os escravizados africanos. Mediante um pagamento, a Coroa cedia às companhias particulares o *assiento*, o direito de explorar o tráfico negreiro.

Na África, enquanto isso, o tráfico provocava grande desestruturação. As guerras intertribais passaram a ser estimuladas pelos traficantes, os que não morriam eram escravizados pelos chefes vencedores e vendidos nos portos. Os chefes locais africanos, denominados **sobas**, vendo aí uma grande fonte de ganhos, passaram então a capturar seus conterrâneos e negociá-los com os traficantes em troca de fumo, tecidos, cachaça, armas, joias, vidros e outros produtos.

Coleção particular/The Bridgeman Art Library/Getty Images

Escravas africanas provenientes de diferentes nações, litografia de Jean-Baptiste Debret, de 1839.

Após a longa viagem iniciada na África, os que sobreviviam à travessia eram desembarcados e vendidos nos principais portos da colônia, como Salvador, Recife e Rio de Janeiro, completando-se a ligação entre o centro fornecedor de mão de obra (África) e o centro produtor de açúcar (América portuguesa). Para a Bahia dirigiram-se principalmente os sudaneses, trazidos da Nigéria, Daomé e Costa do Marfim, enquanto os bantos, capturados no Congo, Angola e Moçambique, iam para Pernambuco, Minas Gerais e Rio de Janeiro.

Acervo Iconographia/Reminiscências

Quilombo dos Palmares, por Seth, final da década de 1930.

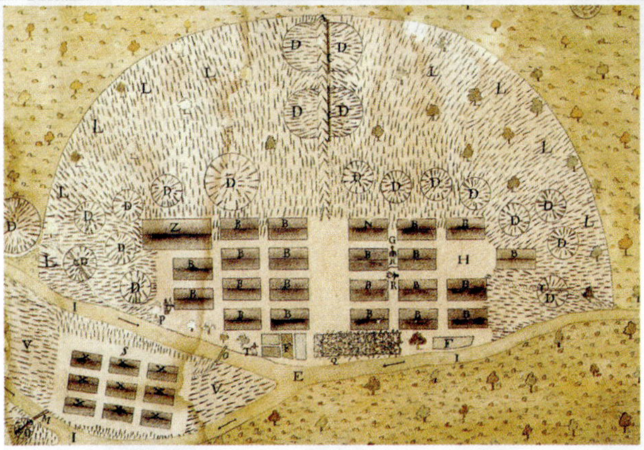

Reprodução/Arquivo Histórico Ultramarino, Lisboa, Portugal

Planta do quilombo conhecido por Buraco do Tatu. Obra integrante de manuscrito do Arquivo Histórico Ultramarino de Lisboa (c. 1764).

Durante todo o período que durou a exploração dos africanos escravizados e de seus descendentes na América portuguesa, registraram-se atos de resistência e rebeldia, como tentativas de assassinato de feitores e senhores, fugas, abortos e suicídios. Muitos dos fugitivos organizavam-se em **quilombos**, comunidades negras livres. O **Quilombo de Palmares**, em território do atual estado de Alagoas, foi o mais importante deles na resistência à escravidão.

Estabelecido no século XVII, Palmares era uma comunidade autossuficiente, que produzia gêneros agrícolas para seu próprio sustento e que chegou a abrigar mais de 20 mil escravizados fugidos dos engenhos. O sucesso da organização era uma ameaça aos senhores de engenho, pois estimulava o desejo de liberdade e a formação de outros quilombos. O primeiro a chefiar Palmares foi **Ganga Zumba**, provavelmente eleito "rei de Palmares" por uma assembleia de líderes. Ganga Zumba firmou um acordo com o governador de Pernambuco (o Acordo de 1678), uma tentativa de pôr fim à guerra que já durava mais de setenta anos. O acordo garantia liberdade aos negros nascidos em Palmares, além da concessão de terras no norte de Alagoas. É possível que ele só tenha sido aceito por Ganga Zumba depois que vários parentes seus, inclusive filhos, netos e irmão, tenham sido aprisionados em 1677 e 1678. Contudo, o acordo dividiu os palmarinos e, nas lutas que se seguiram no quilombo, Ganga Zumba foi envenenado pelos dissidentes. Com sua morte, o controle de Palmares passou para as mãos de **Zumbi**.

Após diversos cercos malsucedidos, uma expedição sob contrato realizada em 1694 e liderada pelo bandeirante da região de São Paulo, Domingos Jorge Velho, destruiu o que restava do quilombo.

Zumbi reorganizou a luta com os que haviam conseguido fugir, mas foi preso e morto em 20 de novembro de 1695. No Brasil essa data é, atualmente, consagrada como Dia da Consciência Negra.

Apesar dos enormes poderes dos senhores para impor sua ordem escravista, estes não foram suficientes para impedir enfrentamentos, como o ocorrido no engenho de Santana, na Bahia, em 1789. Os escravizados se uniram e pararam a produção de açúcar por dois anos, o que levou o governo a enviar uma tropa para acabar com a revolta. O grupo apresentou um texto com algumas condições para que voltassem a trabalhar. Leia o boxe abaixo.

Zumbi, óleo de Antônio Parreiras, século XIX. Ele é considerado o herói da luta dos africanos contra a dominação escravista no Brasil. Foi opositor ao Acordo de 1678, assinado por Ganga Zumba, pois esse acordo concedia direitos de liberdade a apenas parte dos palmarinos. Zumbi rejeitou diversos outros acordos similares propostos pelas autoridades metropolitanas.

Museu Antônio Parreiras, Niterói (RJ)

Leituras da História

O tratado proposto pelos escravizados

Meu senhor, nós queremos paz e não queremos guerra; se meu senhor quiser paz há de ser nessa conformidade, se quiser estar pelo que nós quisermos, a saber.

Em cada semana nos há de dar os dias de sexta-feira e de sábado para trabalharmos para nós não tirando um destes dias por causa do dia santo.

Para podermos viver nos há de dar rede, **tarrafa** e canoas. [...]

Os atuais feitores não os queremos, faça eleição de outros com a nossa aprovação. [...]

Poderemos plantar nosso arroz onde quisermos, e em qualquer brejo, sem que para isso peçamos licença, e poderemos cada um tirar jacarandás ou qualquer pau sem darmos parte para isso.

A estar por todos os artigos acima, e conceder-nos estar sempre de posse da ferramenta, estamos prontos para servirmos como dantes, porque não queremos seguir os maus costumes dos mais Engenhos.

Poderemos brincar, folgar, e cantar em todos os tempos que quisermos sem que nos impeça e nem seja preciso licença.

REIS, João José e SILVA, Eduardo. *Negociação e conflito*: a resistência negra no Brasil escravista, 1989.

tarrafa: rede de pesca que se joga com as mãos.

Atividades

Leitura e reflexão

1. Leia o texto a seguir, que faz um relato sobre a escravidão na África de 1500.

> Muito pouco se sabe sobre as várias formas e roupagens com que se apresentava a escravidão, no contexto de diferentes estruturas sociais, na África de 1500. A instituição tinha uma longa história no continente, uma história que se alongaria até o século XX [...].
>
> É muito provável que prevalecessem na maior parte da África – uma África rural e pouco urbanizada, com uma profusão de diminutas cidades-Estado e de vilarejos regidos por formas desconcentradas de mando – os tipos de escravidão que tinham por principais objetivos aumentar o número de dependentes de cada linhagem e favorecer a fome de honra, de prestígio e de poder dos chefes de família, em sociedades de competição extremamente aberta, por nelas não se terem ainda cristalizado classes e grupos de *status*.
>
> Nesses sistemas, o escravo vivia, em geral, com a família do dono e labutava ao seu lado, cumprindo as mesmas tarefas, e ao lado dos filhos, das mulheres, das filhas e das noras do senhor, pois, sendo escravo, nele não se distinguia o sexo na divisão de trabalho. Seu destino era corrigir a escassez de mão de obra e ampliar o número de dependentes de seu amo. Era estimulado a ter filhos. Estes, fossem de casais escravos ou oriundos do matrimônio ou da concubinagem entre homem livre e mulher cativa, pertenciam ao senhor, mas, tal qual uma pessoa escravizada em criança, quase nunca eram vendidos. Seus rebentos ou netos ou bisnetos acabavam por ser assimilados à linhagem do dono, perdendo, assim, com o tempo, a condição servil.
>
> COSTA E SILVA, Alberto. *A enxada e a lança*: a África antes dos portugueses. Rio de Janeiro: Nova Fronteira, 2006. p. 667.

a) Segundo o texto, podemos afirmar que o escravizado na África acabava de certa forma por se integrar à família de seu senhor? Explique sua resposta e justifique-a com passagens do texto.
b) Com base no texto acima e no que você estudou no capítulo, explique o que mudou nas características da escravidão existente na África depois da chegada dos europeus.

Construção de um herói brasileiro

2. Foi na segunda metade do século XIX, com os abolicionistas, que Zumbi ganhou a versão de herói da causa negra no Brasil. Leia o texto e responda às questões:

> Nesta sexta-feira, 20 de novembro, celebramos o Dia da Consciência Negra. A data é dedicada à reflexão sobre a inserção do negro na sociedade brasileira e relembra o dia da morte de Zumbi dos Palmares, em 1695, que atuou como um símbolo da resistência do negro à escravidão.
>
> Não se sabe muito sobre a história de Zumbi, pois muitos dos registros a respeito dele foram feitos por portugueses que colonizaram o Brasil e podem ter sido distorcidos. Os africanos chegaram ao Brasil para trabalhar como escravos a partir da metade do século XVI.
>
> A influência cultural dos negros no Brasil também é motivo de discussões nessa data. Um exemplo desse sincretismo é a Bahia, onde são usadas cerca de 5 mil palavras de origem africana.
>
> Histórico: entenda o significado do Dia da Consciência Negra. Disponível em: <www.abril.com.br/noticias/brasil/historico-entenda-significado-importancia-dia-consciencia-negra-513108.shtml>. Acesso em: 4 fev. 2014.

a) Considerando a história da escravidão na América e o que você estudou ao longo deste capítulo, qual a importância da celebração do Dia da Consciência Negra no Brasil?
b) Por que os relatos que possuímos a respeito de Zumbi podem ter chegado até nós de maneira distorcida?
c) Você considera que a herança cultural dos negros africanos foi absorvida no cotidiano cultural brasileiro? Se sim, em que aspectos?

Vestibulares de Norte a Sul

1. **S** (UFSM-RS)

Principais rotas do tráfico de escravos

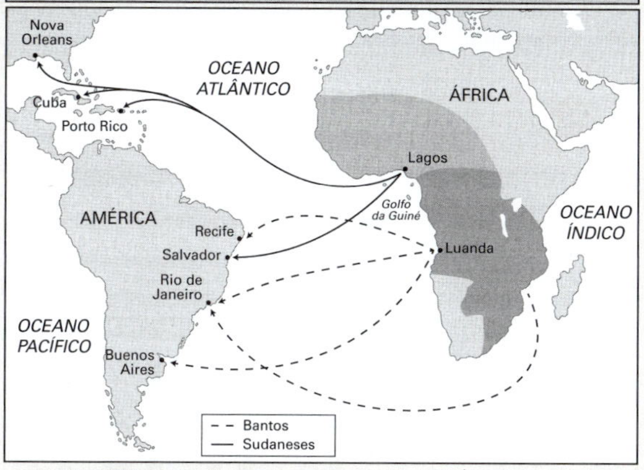

Fonte: RODRIGUES, Jaime. *O tráfico de escravos para o Brasil*, SP: Ática, 1997. p. 30. (adaptado)

A partir do mapa, pode-se inferir:

I. Os escravos africanos não se fizeram presentes nas colônias da América Espanhola, devido à presença ativa de missionários católicos.

II. Os povos africanos fizeram parte da matriz étnica, cultural e religiosa que forjou as sociedades do continente americano.

III. Apesar de presentes na economia colonial e imperial brasileiras, os escravos africanos se limitaram às áreas periféricas da economia.

IV. Os escravos africanos que vieram para as terras do Novo Mundo eram provenientes de um espaço restrito do continente africano.

Está(ão) correta(s)

a) apenas I.
b) apenas II.
c) apenas I, II e III.
d) apenas III e IV.
e) I, II, III e IV.

2. **SE** (UFTM-MG) Leia os dois excertos relativos aos quilombos, uma das formas de resistência à escravidão.

Folga nego,
branco não vem cá.
Se vier,
o diabo há de levar.

(Folclore alagoano)

[Creia Vossa Alteza] não está menos perigoso este estado [de Pernambuco], com o atrevimento destes negros, do que esteve com os holandeses, porque os moradores, nas suas mesmas casas e engenhos, têm os inimigos que os podem conquistar.

(Carta de 1671, enviada ao Rei de Portugal pelo governador Fernão Coutinho apud Antonio Mendes Júnior et al. *Brasil História*, 1976.)

Da leitura dos excertos conclui-se que

a) o segundo texto contradiz as afirmações do primeiro.
b) o governador preocupa-se mais com a ameaça holandesa.
c) o negro sentia-se ameaçado, mesmo nos quilombos.
d) o registro do folclore justifica os temores do governador.
e) os textos confirmam o caráter esporádico da fuga dos escravos.

3. **NE** (UFPB) O tráfico de pessoas, a partir do século XVI, provocou alterações significativas na estrutura social, nos territórios, na política e na demografia de vários reinos africanos. De acordo com o processo descrito, é correto afirmar:

a) O tráfico europeu de pessoas preferiu a exportação de mulheres, abastecendo o trabalho escravo em suas colônias.
b) A racionalidade do tráfico de pessoas impediu a morte e a fuga de escravos durante a captura e o transporte.
c) Os lucros obtidos com o tráfico de pessoas permitiram o alto desenvolvimento das economias de vários reinos africanos.
d) O tráfico de pessoas alterou o perfil populacional africano, tornando-o majoritariamente feminino em várias regiões.
e) A economia escravista promoveu a estabilidade política dos reinos africanos instalados no litoral atlântico.

4. **SE** (UFU-MG)

A santidade Jaguaripe (Bahia) foi uma espécie de antecessora, à moda indígena, do que seria Palmares no século XVII. Ela fez tremer o recôncavo, incendiando engenhos e aldeamentos jesuíticos, prometendo a seus adeptos a iminente alforria na "terra sem mal", paraíso tupi, e a morte ou escravização futura dos portugueses pelos mesmos índios submetidos ao colonialismo. Na santidade baiana predominavam especialmente os tupinambás, mas havia ainda uns cristãos, outros pagãos e ainda rebeldes africanos, assim como em Palmares haveria índios.

VAINFAS, Ronaldo. Deus contra Palmares: representações senhoriais e ideias jesuíticas. In: REIS, João Jose & GOMES, Flávio dos Santos. *Liberdade por um fio*: história dos quilombos no Brasil. São Paulo: Companhia das Letras, 1996, p.61-62 (adaptado).

Os movimentos conduzidos por indígenas e negros no Brasil colonial representaram

a) a resistência frente aos aldeamentos jesuíticos que buscavam impor aos colonizados a religião cristã em detrimento das crenças tradicionais, sendo Palmares, localizado na Serra da Barriga, o maior e mais duradouro símbolo dessa luta no século XVII.

b) a busca por reconstruir sociedades existentes antes do contato com os europeus, sendo que tanto na santidade Jaguaripe como no Quilombo de Palmares foi a religiosidade tupinambá e banto, respectivamente, revivida sem a presença de elementos cristãos.
c) a luta contra o colonialismo e a escravidão, sendo que Palmares entrou para a história não pelo nome português cristão, a exemplo da santidade dos tupis, senão como quilombo, vocábulo de origem banto (*kilombo*), alusivo a acampamento ou fortaleza.
d) a batalha pela manutenção de elementos culturais de seus antepassados, sendo a santidade de Jaguaripe e o Quilombo de Palmares formas de negar o colonialismo europeu, caracterizadas pela recusa ao enfrentamento direto dos senhores e das tropas portuguesas, visando os acordos.

5. **N** (UFPA) Leia com atenção o documento a seguir:

[...] *as povoações que os escravos fugidos fazem nos Mattos, a que naquele Estado chamam Mocambos, e no Brasil Quilombos em todo tempo foram muito prejudiciais às fazendas dos moradores, não só pela destruição que fazem nas culturas, mas por agregarem a si outros escravos, que convidados da liberdade da vida, e isenção de senhorio desamparam as mesmas fazendas, e associados uns com outros cometem todo gênero de insultos* [...]

(Consulta do Conselho Ultramarino para o rei D. João V, sobre a carta dos oficiais da Câmara da cidade de Belém do Pará, sobre a conveniência de se proceder à escolta militar dos mocambos, durante a captura dos índios e escravos negros fugidos dos seus Donos, AHU, cx. 31, doc. 2977).

O documento refere-se à resistência escrava no Estado do Grão-Pará e Maranhão, onde as comunidades organizadas por escravos fugitivos eram denominadas de mocambos. Com base na leitura do documento, é correto afirmar:

a) A diferença de denominação com relação às comunidades organizadas pelos escravos no Estado do Grão-Pará e Maranhão e no Estado do Brasil devia-se ao fato de que nos Mocambos se reuniam exclusivamente índios e nos Quilombos, exclusivamente negros, embora com o mesmo objetivo: resistir à colonização.
b) As comunidades organizadas por escravos fugitivos acabavam por se tornar postos avançados da colonização portuguesa na Amazônia e, paradoxalmente, garantias do domínio luso na região, já que funcionavam como "muralhas do sertão", ou seja, como barreiras à penetração de estrangeiros.
c) Nos mocambos ou quilombos, os escravos fugitivos montavam um sistema de produção agrícola de excedente, com o objetivo de fazer comércio com as cidades vizinhas, o que os tornava concorrentes dos colonos, cuja sobrevivência dependia da venda de sua produção às populações urbanas.
d) No Estado do Grão-Pará e Maranhão, os mocambos constituíam-se em espaços de socialização de um grande contingente de despossuídos, formado por índios, negros, mestiços e homens brancos pobres, que neles construíam uma identidade de interesses e passavam a desenvolver estratégias de resistência coletiva.
e) A excessiva violência dos portugueses na destruição dos mocambos pode ser justificada pela ameaça que essas comunidades representavam para o domínio luso na região, devido à presença nestas de estrangeiros clandestinos, principalmente provenientes da França, de onde fugiam das perseguições movidas por Napoleão.

6. **SE** (FGV-SP) Analise o gráfico abaixo:

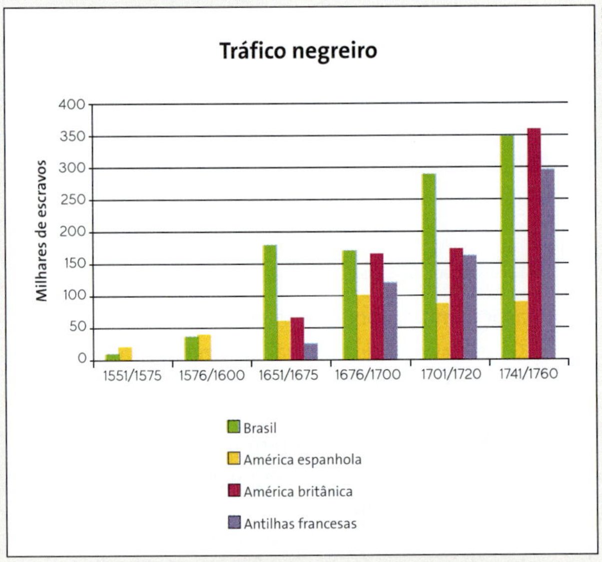

Adaptado de ALENCASTRO, L. F. *O trato dos viventes.* São Paulo: Companhia das Letras, 2000. p. 43.

O tráfico negreiro foi um dos mais importantes elementos do domínio colonial entre os séculos XVI e XVIII. A mão de obra escrava proveniente da África foi empregada nas principais atividades desenvolvidas nas colônias americanas, por iniciativa dos Estados europeus. Considerando os dados fornecidos pelo gráfico, é possível afirmar sobre a economia colonial nesse período:

a) A utilização de escravos africanos na América espanhola cresceu em escala progressiva e acompanhou o aumento da extração de prata e ouro até o final do século XVIII.
b) A introdução de escravos africanos nas Antilhas Francesas está associada à produção canavieira desenvolvida por holandeses após a sua expulsão de Pernambuco na metade do século XVII.
c) Os governantes ingleses impediram o tráfico de escravos em suas colônias e estimularam, em contrapartida, o desenvolvimento do povoamento europeu nos territórios americanos sob o seu controle.
d) A utilização de escravos africanos no Brasil ocorreu, apenas, com a descoberta de ouro e pedras preciosas na região das Minas Gerais, no século XVIII.
e) O número de escravos africanos trazido ao Brasil foi sempre superior ao volume de escravos destinados às demais áreas coloniais referidas no gráfico.

CAPÍTULO

14 Arte e tecnologia

Galeria Nacional, Parma, Itália.

Cabeça de mulher, desenho de Leonardo da Vinci, de cerca de 1508.

Para pensar historicamente

Cultura, arte e tecnologia

Você já parou para pensar no que é arte? E tecnologia?

Se usarmos um conceito amplo de cultura, tanto a arte quanto a tecnologia expressam a cultura de um povo ou de um conjunto de povos.

Antes do processo de integração do mundo pelas navegações e pelo comércio mundial europeu, as sociedades mais ou menos isoladas entre si desenvolveram arte e tecnologia de forma paralela.

De maneira simplificada, tecnologia é o conjunto de conhecimentos práticos sobre como utilizar os ambientes físicos e seus recursos materiais (plantar, colher, fabricar ferramentas, da pedra lascada ao aço, da canoa à estação orbital). Para se adaptar ao meio ambiente, o ser humano busca tecnologias específicas e necessárias em diferentes regiões e diferentes épocas.

Além de produzir bens de utilidade evidente, o ser humano também busca expressar no que produz seus sentimentos diante da vida. E aí se destaca a arte, que, como já se disse, é a tradução da beleza, ou o que vai além dela. Temos a arte que busca reproduzir a aparência do visível (a grega, por exemplo) e a arte que interpreta e representa o que se capta do mundo como sua essência (alguns grupos étnicos africanos e nativos americanos, por exemplo).

Todas as culturas possuem tecnologia e arte, e expressam características próprias de sua época e sociedade. Pense em alguns exemplos de arte e tecnologia de diferentes povos, em diferentes épocas.

Werner Forman Archive/The Bridgeman Art Library/Keystone/Museu Etnológico, Berlim, Alemanha

Placa decorativa que representa o Oba de Benin com seus pagens e guardas. Originária da atual Nigéria, a peça foi feita no início do século XVII.

1 A efervescência cultural europeia: o Renascimento

Na Europa, a dinamização comercial sustentou-se no fortalecimento da burguesia, que passou a ter papel cada vez maior na definição dos rumos políticos, religiosos e culturais. A hegemonia da nobreza ou da Igreja começou a ser suplantada pelos novos valores a partir dos séculos XV e XVI.

O movimento artístico e cultural que floresceu na Itália a partir do século XIV é conhecido como **Renascimento** ou **Renascença**. Pode ser caracterizado como uma tendência cultural laica (isto é, não eclesiástica) que se estendeu até o século XVI. Inspirado na cultura greco-romana, rejeitava os valores feudais a ponto de considerar o período medieval a "Idade das Trevas". Para os renascentistas, a época obscura seria abolida por um "renascimento" cultural posterior, justamente o momento em que estavam vivendo.

O próprio termo Renascimento, com o sentido de fazer "renascer" o mundo antigo, "trazendo de volta" o pensamento e as criações dos antigos gregos e romanos, não foi criado por historiadores posteriores, mas durante esse movimento artístico cultural. Muitos apontam que o primeiro a registrar a palavra Renascimento (*rinascita*) com tal sentido tenha sido o pintor e arquiteto italiano Giorgio Vasari (1511-1574).

Vale lembrar que, ao contrário da opinião dos renascentistas, o período medieval foi bastante rico culturalmente. Além disso, o Renascimento não foi um completo rompimento com o mundo medieval. Mesmo tomando a Antiguidade Clássica como principal fonte de inspiração, os renascentistas sofreram influências da própria cultura medieval. A presença de temas religiosos e as representações de festividades populares no Renascimento remetem à Idade Média. Os **menestréis** e os **trovadores**, por exemplo, figuras populares da Idade Média, também foram resgatadas no Renascimento.

Além disso, é preciso observar que o Renascimento não foi o simples "renascer" de valores da Antiguidade Clássica. O resgate da cultura greco-romana e o abandono de determinados elementos medievais acompanhavam os interesses da burguesia ascendente, como você verá adiante.

A característica central do Renascimento foi o **humanismo**, no sentido da valorização do ser humano, criação privilegiada de Deus. Daí surgiu o **antropocentrismo** renascentista, a ideia de que a humanidade é o centro do Universo. Opôs-se ao teocentrismo medieval, que tinha Deus como centro de todas as coisas e enxergava o ser humano como ser inferior, corrompido pelo pecado.

No período renascentista, valorizava-se o ser humano como ser racional, isto é, dotado de um dom quase divino, a **razão**, e por isso mesmo capaz de interpretar e conhecer a natureza. A aproximação dos seres humanos com Deus se fazia por meio da criatividade e da genialidade, atributos que lhe davam a imagem e a semelhança do Criador, possibilitando-lhes emergir das trevas da sujeição escolástica para exercer sua verdadeira humanidade.

O naturalismo, o hedonismo e o neoplatonismo também são características do movimento renascentista. O naturalismo prega a volta à natureza; a filosofia hedonista defende o prazer individual como o único bem possível; e o neoplatonismo, por sua vez, defende uma elevação espiritual, uma aproximação com Deus por meio da interiorização, da busca espiritual, em detrimento de qualquer desejo material. Assim, reafirma-se a colocação do ser humano no centro do mundo.

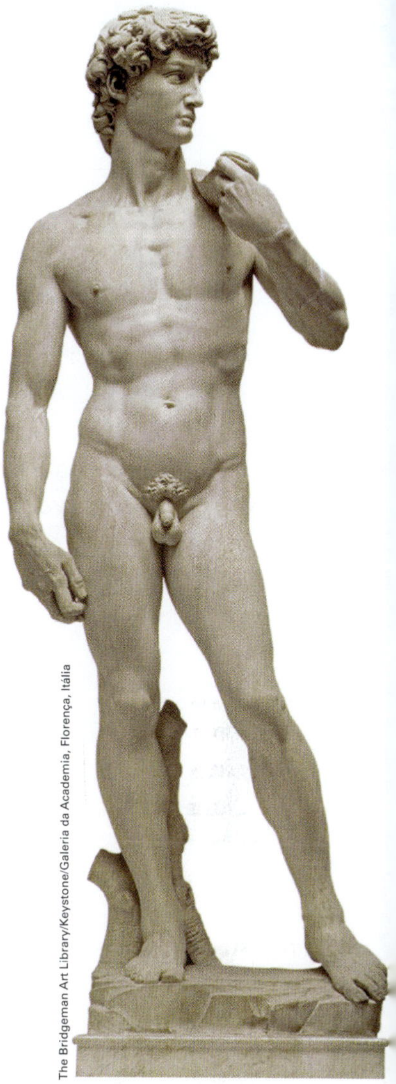

The Bridgeman Art Library/Keystone/Galeria da Academia, Florença, Itália

Davi, escultura de Michelangelo Buonarroti entre 1501 e 1504.

menestrel: músico e poeta que no período medieval percorria os povoados levando música e espetáculos diversos.

trovador: poeta lírico que compunha textos e canções. Os trovadores surgiram no século XI e floresceram especialmente nas regiões que mais tarde iriam constituir a Itália, França e Espanha.

2 Cidades italianas: origem do Renascimento

O Renascimento surgiu e atingiu maior expressividade na Itália, justamente o local onde o desenvolvimento comercial foi mais precoce. De fato, não existia, então, Itália como país, e sim como expressão geográfica. A península estava dividida em várias cidades e regiões, cuja unidade política só seria alcançada no século XIX. Na época do Renascimento, as cidades italianas eram grandes centros mercantis, situação conquistada desde o final da Idade Média, com destaque para os portos de Gênova e Veneza, embora houvesse outras cidades importantes na região, como Florença, Milão e Roma.

Ao mesmo tempo, a riqueza da região tornou possível o surgimento dos **mecenas**, indivíduos ricos que, em busca de promoção pessoal, patrocinavam produções artísticas e científicas. Membros da família Medici em Florença e dos Sforza em Milão foram alguns dos mais importantes.

Os abundantes vestígios materiais da antiga civilização romana existentes em toda a Itália também serviram de fonte de inspiração e estímulo para os artistas do Renascimento. A riqueza das cidades italianas atraiu sábios bizantinos, herdeiros das tradições gregas e romanas clássicas, que fugiam da crescente pressão dos turco-otomanos que avançavam na tomada de Constantinopla.

Galeria Uffizi, Florença

Botticelli conciliou os valores cristãos com os do paganismo. Ao lado, detalhe de uma de suas obras, *Nascimento de Vênus*, de cerca de 1483.

Um grande precursor do Renascimento literário na Itália foi **Dante Alighieri** (1265-1321), autor de *A divina comédia*. Apesar de criticar a Igreja, sua obra tem fortes influências medievais.

Na literatura, após a iniciativa de Dante Alighieri, generalizou-se a utilização do dialeto toscano (do norte da península Itálica), que seria matriz da língua italiana contemporânea. Mas foi **Petrarca** (1304-1374) o "pai do humanismo e da literatura italiana". Petrarca escreveu *De África*, de forte inspiração greco-romana, e *Odes a Laura*, expressando uma religiosidade essencialmente medieval. **Giovanni Boccaccio** (1313-1375) é outro grande nome do *Trecento* (termo italiano para designar os anos mil e trezentos), autor de *Decameron*, contos satíricos que criticam o **ascetismo** medieval.

ascetismo: no contexto da Igreja cristã medieval, o ascetismo é autodisciplina, voltar-se para as orações, para o espiritual, rejeitando prazeres.

No século XV, em Florença, destacou-se o pintor **Masaccio** (1401-1428), considerado um mestre da perspectiva, com sua pintura imitando o real. **Sandro Botticelli** (1445-1510), outro destaque, acreditava que a arte era uma expressão ao mesmo tempo espiritual, religiosa e simbólica. Sua busca da beleza atingiu o ponto máximo em *Nascimento de Vênus*, pintura que reúne elementos pagãos e cristãos. Mais do que sugerir o amor físico, a estonteante beleza do corpo nu da Vênus remete à pureza.

Leonardo da Vinci (1452-1519), com uma diversidade de interesses típica do homem renascentista, dedicou-se a vários ramos do conhecimento, tendo sido pintor, escultor, urbanista, engenheiro, físico, músico, filósofo e botânico – e em todas essas áreas atuou com genialidade. Como pintor, criou a *Gioconda* (a famosa *Mona Lisa*) e a *Última Ceia*, duas das mais conhecidas obras de arte do Ocidente.

Museu do Louvre, Paris

A enigmática *Mona Lisa* (ou *Gioconda*), tela de Leonardo da Vinci. Pesquisas recentes indicam que a Gioconda era de fato uma senhora (*monna*) chamada Lisa Gherardini, casada com o rico negociante de seda florentino Francesco Del Giocondo (por isso o apelido). Da Vinci foi mestre no jogo de luz e sombra, na representação do primeiro plano e da profundidade, estimulando a imaginação do observador. A *Mona Lisa* encontra-se hoje no Museu do Louvre, em Paris, e mede 77 cm de altura por 53 cm de largura.

3 O Renascimento em outras regiões da Europa

Kunsthistorisches Museum, Viena

Pieter Brueghel foi um dos maiores nomes do Renascimento artístico nos Países Baixos, retratando pequenas aldeias. *Dança dos camponeses*, tela de 1568.

Flandres

A expansão comercial de **Flandres** estimulou as artes e as ciências. **Erasmo de Roterdã** (1466-1536), considerado o "príncipe dos humanistas", buscou esclarecer questões religiosas usando uma linguagem menos rebuscada que seus antecessores filósofos. Em seu livro *Elogio da loucura*, chegou a denunciar alguns abusos da Igreja e a imoralidade do clero. Na pintura, destacaram-se os irmãos **Van Eyck** e **Pieter Brueghel**, que retrataram temas do cotidiano da sociedade, incluindo festas populares e homens do povo. Entretanto, o mais singular dos pintores renascentistas foi **Hieronymus Bosch**, cujas pinturas retratavam cenas fantásticas e oníricas, com formas próximas a sonhos e delírios.

Portugal

Em **Portugal**, destacaram-se o teatro de **Gil Vicente** (1465-1536) e, principalmente, a obra de **Luís Vaz de Camões** (1525-1580), autor de *Os lusíadas*, a maior epopeia da língua portuguesa.

Tarker/The Bridgeman Art Library/Keystone/Coleção particular

Gravura representando Luís Vaz de Camões, feita por Carretero.

França

Na **França**, **Rabelais** demonstrou todo o talento do humanismo em *Gargântua e Pantagruel*, exaltando o ser humano e criticando a Igreja. O filósofo **Montaigne**, em sua obra *Ensaios*, expôs seu ideal de equilíbrio: o sentimento de estar em harmonia com o Universo aceitando-o como ele é.

AKG-Images/Latinstock/Biblioteca Nacional, Paris, França

Gargântua na mesa, gravura colorida, Paris, 1838.

Alemanha

Na **Alemanha**, os pintores **Albrecht Dürer** (1471-1528) e **Hans Holbein** (1497-1543) foram os principais nomes do Renascimento.

Autorretrato com luvas de Albrecht Dürer, 1498.

Giraudon/The Bridgeman Art Library/Museu do Prado, Madri, Espanha

Cristo expulsa os comerciantes do templo. Obra de El Greco, c. 1600.

Reprodução/Galeria Nacional, Londres, Inglaterra

Espanha

O principal nome do **Renascimento espanhol** na pintura foi Domenico Theotokopoulos. Conhecido como **El Greco** (1541-1614), era dotado de estilo único em suas linhas nervosas e explosivas. Na literatura, o grande nome foi **Miguel de Cervantes** (1547-1616), autor de *Dom Quixote de la Mancha*, sátira aos valores medievais de cavalaria.

Inglaterra

O **Renascimento inglês** só veio a florescer no século XVI, depois de prolongado período de guerras internas. Seus principais nomes estão na literatura, como o já citado **Thomas Morus**, autor de *Utopia*, obra que descreve uma comunidade perfeita, tolerante, erguida em bases essencialmente racionais, que condena a cobiça e o desejo pelo poder. O escritor mais importante nesse período, no entanto, foi o dramaturgo **William Shakespeare**. Em suas peças teatrais (*Hamlet*, *Romeu e Julieta*, *Otelo* e várias outras), apresenta personagens dotados de grande profundidade psicológica, que traduz os dilemas da alma humana e debruça-se sobre questões existenciais ainda atuais em nosso tempo.

Bettmann/Corbis/Latinstock

As obras de Shakespeare ainda hoje são representadas no teatro e no cinema. Ao lado, retrato do dramaturgo feito por Martin Droeshout no século XVII.

4 Renascimento além da Arte

Também no desenvolvimento de outras áreas do conhecimento, notadamente da Física, Astronomia, Matemática e Biologia, a ampliação da gradual independência em relação a dogmas e proibições religiosas gerou mudanças.

Contrariando as antigas concepções geocentristas defendidas pela Igreja, ganhou aceitação definitiva na época a **teoria heliocêntrica**, ou seja, a ideia de que é o Sol que está no centro do Universo. A teoria, proposta por Copérnico, foi defendida por Galileu Galilei.

Essas novas ideias, porém, provocaram reações violentas por parte da Igreja.

Na divulgação da nova concepção, destacaram-se **Nicolau Copérnico** (1473-1543), Giordano Bruno (1548-1600) e Galileu Galilei (1564-1642).

Giordano Bruno foi condenado e queimado vivo pela Inquisição, por defender teses consideradas heréticas, e o matemático e físico Galileu foi também julgado e considerado suspeito pela Igreja. Somente em 1999 a Igreja católica retratou-se publicamente em favor de Galileu.

Outros nomes de destaque na astronomia foram **Tycho Brahe** (1546-1601) e **Johannes Kepler** (1571-1630), que chamou a atenção para o movimento elíptico dos astros.

Diagrama do sistema heliocêntrico de Copérnico, com a Terra e os planetas em órbita em torno do Sol; *De Revolutionibus* [Sobre revolução] (1543).

Harmonia Macrocósmica, Andreas Celarius

Leituras da História

Perdoai as nossas ofensas

"A Inquisição é um capítulo doloroso do qual os católicos devem se arrepender", afirmou João Paulo II no primeiro ano de seu pontificado, em 1978, como que antecipando o revisionismo que se seguiria. O primeiro alvo direto foi o obscurantismo científico: ele redimiu o italiano Galileu Galilei e o polonês Nicolau Copérnico, que derrubaram a cosmologia cristã ao descobrir que a Terra não se achava no centro do Universo. "Galileu, fiel e sincero, mostrou-se mais perspicaz do que seus adversários teólogos", disse. Reabilitou também o inglês Charles Darwin, [...]. "Hoje, os novos conhecimentos e as descobertas obtidas em várias disciplinas nos levam a reconhecer na teoria da evolução mais que uma hipótese", afirmou. Depois de admitir que os "hereges" estavam certos, o papa publicou em 1998 a encíclica *Fides et Ratio*, que procura conciliar fé e razão e é considerada pelos teólogos uma espécie de testamento intelectual do pontífice. Fora do âmbito da ciência, João Paulo II pediu desculpas pelo fato de a Igreja católica ter compactuado com a escravização de africanos e índios, e por não ter tido um papel mais efetivo na luta contra o nazismo. Foram, ao todo, mais de 100 pedidos de desculpas. O auge da expiação ocorreu na missa que deu início à Quaresma do ano 2000. "Perdoamos e pedimos para ser perdoados", proclamou João Paulo II na Basílica de São Pedro, passando em seguida a listar os atos a ser perdoados – entre eles, pecados contra a unidade cristã (perseguição a protestantes e ortodoxos), uso da violência "a serviço da verdade" (cruzadas e Inquisição) e a marginalização das mulheres.

Perdoai as nossas ofensas. Especial Papa João Paulo II. Veja *On line*, 6 de abril de 2005. Disponível em: <veja.abril.com.br/especiais/papa/p_044.html>. Acesso em: 4 fev. 2014.

Reprodução/Museu do Louvre, Paris, França

Galileu Galilei diante dos membros do Tribunal do Santo Ofício, no Vaticano, em 1633. Pintura de Robert-Fleury e Joseph Nicola.

O Renascimento nas áreas do conhecimento científico europeu rompeu com o monopólio da explicação do mundo e da natureza das mãos da Igreja, predominante no período medieval, abrindo caminho para explicações racionais, livre de limitações e dogmas. O racionalismo triunfava sobre concepções herdadas de uma tradição religiosa que se baseava na fé, e não na observação, experimentação e formulação de hipóteses.

Mesmo assim, destaca-se que no panorama italiano surgiu, ao mesmo tempo, a censura ao Renascimento. A reação foi imposta pela Contrarreforma, que procurava recuperar o poderio católico, abalado após a Reforma protestante do século XVI. Os valores humanistas, considerados pagãos, eram condenados pela Igreja (assunto do próximo capítulo).

Pensando no Enem

1. *Acompanhando a intenção da burguesia renascentista de ampliar seu domínio sobre a natureza e sobre o espaço geográfico, através da pesquisa científica e da invenção tecnológica, os cientistas também iriam se atirar nessa aventura, tentando conquistar a forma, o movimento, o espaço, a luz, a cor e mesmo a expressão e o sentimento.*

SEVCENKO, N. *O Renascimento*. Campinas: Unicamp, 1984.

O texto apresenta um espírito de época que afetou também a produção artística, marcada pela constante relação entre:

a) fé e misticismo.
b) ciência e arte.
c) cultura e comércio.
d) política e economia.
e) astronomia e religião.

Resposta: b

A influência greco-romana sobre o pensamento renascentista é constantemente expressa pelo confronto entre a ciência (agora empírica, heliocêntrica, antropocêntrica, humanista, etc.) e a fé. A razão passa a ter um valor maior ao homem renascentista.

2. [...] *Depois de longas investigações, convenci-me por fim de que o Sol é uma estrela fixa rodeada de planetas que giram em volta dela e de que ela é o centro e a chama. Que, além dos planetas principais, há outros de segunda ordem que circulam primeiro como satélites em redor dos planetas principais e com estes em redor do Sol.* [...] *Não duvido de que os matemáticos sejam da minha opinião, se quiserem dar-se ao trabalho de tomar conhecimento, não superficialmente mas duma maneira aprofundada, das demonstrações que darei nesta obra. Se alguns homens ligeiros e ignorantes quiserem cometer contra mim o abuso de invocar alguns passos da Escritura (sagrada), a que torçam o sentido, desprezarei os seus ataques: as verdades matemáticas não devem ser julgadas senão por matemáticos.*

COPÉRNICO, N. *De Revolutionibus Orbium Caelestium*.

Aqueles que se entregam à prática sem ciência são como o navegador que embarca em um navio sem leme nem bússola. Sempre a prática deve fundamentar-se em boa teoria. Antes de fazer de um caso uma regra geral, experimente-o duas ou três vezes e verifique se as experiências produzem os mesmos efeitos. Nenhuma investigação humana pode se considerar verdadeira ciência se não passa por demonstrações matemáticas.

VINCI, L. da. *Carnets*.

O aspecto a ser ressaltado em ambos os textos para exemplificar o racionalismo moderno é:

a) a fé como guia das descobertas.
b) o senso crítico para se chegar a Deus.
c) a limitação da ciência pelos princípios bíblicos.
d) a importância da experiência e da observação.
e) o princípio da autoridade e da tradição.

Resposta: d

Para os renascentistas a ciência deveria ser baseada na experimentação e através dela é que poderiam ser retiradas as explicações racionais. Este período retomou os estudos dos antigos gregos e romanos na busca pelo conhecimento.

3. O texto foi extraído da peça "Troilo e Créssida", de William Shakespeare, escrita provavelmente, em 1601.

"Os próprios céus, os planetas, e este centro
reconhecem graus, prioridade, classe,
constância, marcha, distância, estação, forma,
função e regularidade, sempre iguais;
eis porque o glorioso astro Sol
está em nobre eminência entronizado
e centralizado no meio dos outros,
e o seu olhar benfazejo corrige
os maus aspectos dos planetas malfazejos,
e, qual rei que comanda, ordena
sem entraves aos bons e aos maus."

(personagem Ulysses, Ato I, cena III).
SHAKESPEARE, W. *Troilo e Créssida*. Porto: Lello & Irmão, 1948.

A descrição feita pelo dramaturgo renascentista inglês se aproxima da teoria

a) geocêntrica do grego Claudius Ptolomeu.
b) da reflexão da luz do árabe Alhazen.
c) heliocêntrica do polonês Nicolau Copérnico.
d) da rotação terrestre do italiano Galileu Galilei.
e) da gravitação universal do inglês Isaac Newton.

Resposta: c

O destaque "o glorioso astro Sol está em nobre eminência entronizado e centralizado no meio dos outros" identifica a correlação com a visão coperniana em oposição à visão tradicional de Ptolomeu e seu geocentrismo.

5 Arte e tecnologia na Índia após as Grandes Navegações europeias

Para compreender melhor o período que você está estudando, é importante olhar para além da Europa e perceber outras formas de convívio com a arte e a tecnologia. A Índia é um bom exemplo.

No século XVI, os portugueses estabeleceram um entreposto comercial na Índia. Depois de cem anos de controle do comércio na região, contudo, começaram a perder espaço para outros comerciantes, como os holandeses e os ingleses, e mais tarde os franceses. Agora, competiam na Índia companhias comerciais de várias nações.

Na Índia não ocorreu um processo repentino de intensas mudanças culturais e tecnológicas como as que aconteceram na Europa a partir do século XIV.

Muitos dos conhecimentos técnicos com que os europeus entraram em contato nessa região eram milenares. Enquanto os europeus valorizavam os instrumentos e métodos mais modernos, rápidos e lucrativos, os indianos procuravam manter funcionando os métodos e artefatos adequados ao meio ambiente e à sociedade.

Um dos exemplos mais significativos foi a agricultura. Aos olhos dos europeus, os arados utilizados em algumas regiões da Índia eram toscos e ineficientes. Os ingleses tentaram impor seus arados grandes e pesados, com uma grande quantidade de ferro. Nos lugares em que conseguiram fazer isso, o trabalho agrícola ficou mais extenuante para seres humanos e animais, além de menos produtivo. O complexo sistema agrícola da região de Malabar e Gujarat, por exemplo, que à primeira vista poderia parecer "primitivo", na verdade era mais adaptado ao tipo de solo, pois mantinha sua fertilidade. Além disso, o cultivo envolvia a proximidade e a sucessão de diversas plantas, num equilíbrio que mantinha o solo fértil, arejado e não endurecido pelos efeitos do clima.

Para saber mais

Domínio inglês

Em meados do século XIX, o governo britânico ampliou sua presença na Índia. Aboliu a Companhia das Índias Orientais e transferiu o governo da Índia diretamente para o controle do Parlamento e da Coroa britânicos, nomeando um governador-geral para representar a Coroa britânica na Índia.

A partir de então, a Índia deixou de ser, para a Europa, um lugar de passagem ou de instalação de feitorias, para se tornar parte do Império Britânico. Para dominá-la, tornava-se necessário conhecer melhor sua cultura. Assim, multiplicaram-se no século XIX as expedições e estudos que, hoje, constituem fontes importantes para o conhecimento da perspectiva indiana sobre a relação entre o modo de vida, a cultura e as manifestações artísticas e soluções tecnológicas.

Coleção particular/Erich Lessing/Album/Latinstock

A gravura ao lado, de 1828, mostra indianos carregando um oficial britânico.

A tecelagem indiana também foi subestimada. Até 1700, a Índia era o principal exportador de produtos têxteis do mundo, seguida de perto pela China. Até 1800, ou seja, mesmo em plena Revolução Industrial inglesa, a Índia ainda produzia a maior variedade e abundância de produtos têxteis. O próprio desenvolvimento da indústria têxtil na Europa foi precedido pelo aproveitamento de técnicas indianas. Porém, ao contrário dos europeus, que usavam cada vez mais teares mecânicos com mão de obra pouco qualificada, as regiões têxteis da Índia empregavam uma grande massa de tecelões, a maioria com grande habilidade manual, tanto para tecer quanto para pintar os tecidos.

Aquarela indiana de 1873, mostrando um homem em um tear.

Biblioteca Britânica. Londres/Album/akg-images/Latinstock

Também no campo da Medicina os indianos se destacaram: antes dos europeus, já concebiam a existência de microrganismos e utilizavam a inoculação para imunizar as pessoas – por exemplo, contra a varíola.

Pode-se citar também o caso do aço. Apenas no início do século XIX os ingleses conseguiram reproduzir a técnica indiana para a produção de aço de alta qualidade.

Mas o importante é perceber que, apesar de ir se tornando o centro do mundo por causa do comércio e da expansão colonial, a Europa não era uma doadora de arte e tecnologia para o resto do mundo: em muitos casos, o que ocorria era um trânsito de mão dupla.

Museu Vitoria e Albert, Londres/The Bridgeman Art Library/Getty Images

Ilustração de um manuscrito de Bhanudatta, de cerca de 1660-1670, representando as divindades hindus Krishna e Radha.

Atividades

Observação de imagem e elaboração de texto

1. Examine as imagens e a seguir faça o que se pede.

A Anunciação, iluminura de um manuscrito francês do século XIV.

Biblioteca Nacional, Paris/Erich Lessing/Album/Latinstock

A Anunciação, pintura de Leonardo da Vinci, de 1472-1475, restaurada recentemente.

Galeria Uffizi, Florença/The Bridgeman Art Library/Getty Images

A Anunciação, afresco do mosteiro dominicano de São Marcos, Florença (Itália). Essa pintura foi feita por Fra Angelico, em cerca de 1450.

Museu de São Marco, Florença/Erich Lessing/Album/Latinstock

a) As três imagens, pintadas em momentos diferentes, representam a mesma cena bíblica: a Anunciação da Virgem Maria. Faça uma comparação entre elas, identificando suas semelhanças e diferenças.

b) Busque nos quadros de Fra Angelico e Leonardo da Vinci características típicas da arte renascentista que os diferenciam da arte medieval.

Análise de texto

2. Retome o texto da página 363, "Perdoai as nossas ofensas", e responda às questões propostas.

a) Quais foram os pedidos de desculpas anunciados por João Paulo II?

b) Qual a justificativa apresentada para a reabilitação de Charles Darwin?

c) Uma característica da ciência que se desenvolveu no Renascimento foi a de confrontar as teorias com dados obtidos da observação direta da realidade. Ou seja, as teorias deveriam ser empiricamente provadas. Em que aspecto essa maneira de buscar o conhecimento diferia daquela que predominou na Europa medieval?

d) Pesquise sobre os estudos de Galileu Galilei e explique em que elementos ele se baseou para sustentar a teoria heliocêntrica de Copérnico.

Reflexão sobre imagens e texto

3. Observe o projeto arquitetônico de Filippo Brunelleschi (abaixo), e reveja a imagem da cidade ideal de Francesco di Giorgio Martini (página 358) e o texto do historiador brasileiro Nicolau Sevcenko sobre as utopias dos projetos urbanos (página 358). Com base na sua leitura do capítulo e dessas fontes, responda:

a) De acordo com o historiador, o que há por trás dos projetos utópicos?

b) Qual a função do artista no contexto da cultura renascentista urbana?

c) Quais elementos técnicos são valorizados na elaboração desses projetos urbanos?

Hulton Archive/Getty Images

O *Hospital dos Inocentes*, na Piazza della Santissima Annunziata, em Florença, na Itália (foto de cerca de 1880). Este projeto foi feito por Filippo Brunelleschi, arquiteto renascentista, em 1419.

Vestibulares de Norte a Sul

1. **CO** (UFMS) No tocante à história da Europa Ocidental, durante a Idade Moderna, é correto afirmar que

a) o período compreendido entre os séculos XV e XVIII, o da chamada Idade Moderna, também é vulgarmente conhecido pela historiografia tradicional como Idade das Trevas.
b) na Europa Ocidental, o renascimento comercial e urbano e a formação dos Estados nacionais foram dois dos antecedentes históricos que favoreceram a expansão marítima dos séculos XV, XVI e XVII.
c) contrária à empresa de centralização política e territorial, realizada pelos reis, a burguesia passou, a partir do século XII, a se opor a participar de uma aliança com a realeza e, consequentemente, à formação dos Estados nacionais na Europa Ocidental.
d) como consequência do processo de centralização do poder real e da unificação territorial, a maioria dos Estados nacionais recém-constituídos caminhou, no século XV, rumo à formação de monarquias democráticas e parlamentaristas.
e) a formação dos reinos ibéricos se deu por conta da aliança feita entre a Igreja Católica Apostólica Romana e os muçulmanos, que ali estavam estabelecidos há séculos, cuja principal atividade era o comércio com o mundo mediterrâneo.

2. **NE** (UFC-CE) A análise histórica do Renascimento italiano, caso das obras de Leonardo da Vinci e de Brunelleschi, permite identificar uma convergência entre as artes plásticas e as concepções burguesas sobre a natureza e o mundo naquele período. Acerca da relação entre artistas e burgueses, é correto afirmar que ambos:

a) convergiram em ideias, pois valorizavam a pesquisa científica e a invenção tecnológica.
b) retomaram o conceito medieval de antropocentrismo ao valorizar o indivíduo e suas obras pessoais.
c) adotaram os valores da cultura medieval para se contrapor ao avanço político e econômico dos países protestantes.
d) discordaram quanto aos assuntos a serem abordados nas pinturas, pois os burgueses não financiavam obras com temas religiosos.
e) defenderam a adoção de uma postura menos opulenta em acordo com os ideais do capitalismo emergente e das técnicas mais simples das artes.

3. **S** (UPF-RS)

> [...] *comecei também a especular acerca da mobilidade da Terra. E, embora a ideia parecesse absurda* [...] *pensei que me fosse facilmente permitido experimentar se, uma vez admitido algum movimento da Terra, poderia encontrar demonstrações mais seguras* [...] *a respeito das revoluções dos* orbes celestes.
>
> Nicolau Copérnico

A citação diz respeito:

a) Ao surgimento do pensamento científico moderno, por afirmar que é a Terra que se move em torno do Sol.
b) Ao surgimento do pensamento científico moderno, por procurar demonstrar experimentalmente sua hipótese.
c) Ao surgimento do pensamento científico moderno, por contestar o modelo ptolomaico admitido pela Igreja Católica.
d) Às tentativas de harmonização entre a cosmologia cristã e a filosofia aristotélica.
e) À defesa de Galileu Galilei perante o tribunal da Inquisição.

4. **S** (UEL-PR)

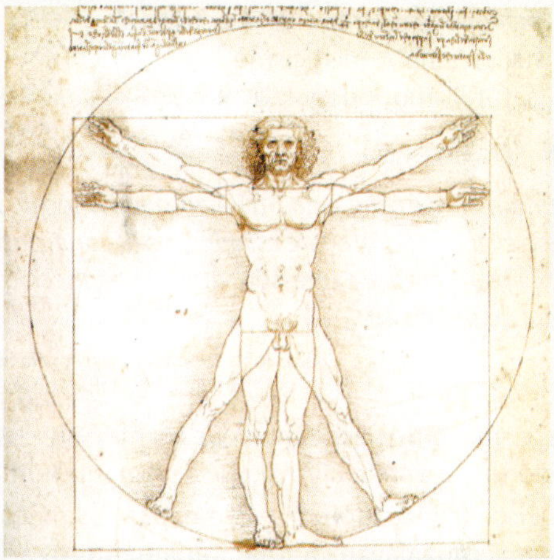

Reprodução/Galeria da Academia, Veneza, Itália

A figura acima se insere em um momento histórico marcado por inúmeras transformações científicas, tecnológicas e culturais. Com base nessas transformações e nos conhecimentos sobre cultura e ciência na Idade Moderna, considere as afirmativas a seguir.

I. A imprensa de tipos ou caracteres móveis restringiu a disseminação das informações científicas e culturais por meio da censura realizada pelo aparato estatal.
II. Por meio do ensino do latim e da autorização da interpretação dos dogmas pelos fiéis, a Igreja Católica disseminou os conhecimentos bíblicos para a população.
III. O método científico baseado na experiência, na observação e na verificação buscou as regularidades, estabelecendo certezas científicas sobre a natureza.
IV. Os Bizantinos e os Islâmicos preservaram os valores clássicos da cultura greco-romana, e o antropocentrismo constituiu-se em um modelo de proporções exatas.

Assinale a alternativa correta.

a) Somente as afirmativas I e II são corretas.
b) Somente as afirmativas I e IV são corretas.
c) Somente as afirmativas III e IV são corretas.
d) Somente as afirmativas I, II e III são corretas.
e) Somente as afirmativas II, III e IV são corretas.

5. **SE** (ESPM-SP)

Que obra de arte é o homem: tão nobre no raciocínio; tão vário na capacidade; em forma de movimento, tão preciso e admirável, na ação é como um anjo; no entendimento é como um Deus; a beleza do musndo, o exemplo dos animais.

(Willian Shakespeare. *Hamlet*)

Pois o Senhor reinará na terra com seus santos, como dizem as escrituras, e nela terá sua Igreja, na qual nenhum mal penetrará, afastada e pura de toda a mancha do mal. A Igreja se revelará então com grande clareza, dignidade e justiça. Então não haverá prazer em enganar, em mentir, em ocultar o lobo sob a pele da ovelha.

(Santo Agostinho. *A Cidade de Deus*)

Os textos permitem constatar o contraste de diferentes concepções entre a renascença e a mentalidade medieval. A alternativa que apresenta o contraste que os textos revelam é:

a) humanismo × laicismo.
b) individualismo × coletivismo.
c) antropocentrismo × teocentrismo.
d) hedonismo × misticismo.
e) naturalismo × dogmatismo.

6. **N** (Unama-AM)

Humanismo é uma palavra inventada no século XIX para descrever o programa de estudos, e seu condicionamento de pensamento e expressão, que era conhecido desde o final do século XV.

HALE, John. *Dicionário do renascimento italiano.* Rio de Janeiro: Jorge Zahar Editor, 1988. p. 187.

De acordo com o trecho anterior, e por meio de seus estudos históricos, é correto afirmar que o programa humanista:

a) Era encabeçado por reis e papas (os mecenas), os quais auxiliavam, humanitariamente, os artistas do século XIX a compreender as formas artísticas do Renascimento.
b) Atrelava-se ao modo de pensar renascentista, no qual o homem e a natureza passavam a ser valorizados na construção do conhecimento mundano.
c) Era marcado por uma valorização de temas naturalistas, opondo-se aos temas religiosos e sua ligação e proximidade com a Igreja católica e a protestante do século XIX.
d) Constituía-se por uma aproximação com o mundo grego e romano, valorizando o equilíbrio das formas e proporções, num exemplo de arte barroca (humanista) do século XV.

7. **CO** (Unemat-MT) A última grande novidade do mercado editorial é o polêmico livro do escritor Dan Brown chamado *Código Da Vinci*. No centro dessa obra, encontra-se a vida de Jesus Cristo e a obra do pintor italiano Leonardo da Vinci. Quem estuda história sabe muito bem a importância deste pintor para o desenvolvimento da arte e da ciência, pois ele é o expoente máximo de um período histórico bem definido. Assinale a alternativa que descreve esse período:

a) O Iluminismo, movimento intelectual e cultural que pregava o racionalismo e a ciência como alavanca do progresso da humanidade.
b) O Renascimento, movimento intelectual e cultural que desejava recuperar a cultura greco-romana.
c) O Racionalismo, movimento intelectual e cultural que pregava o fim dos dogmas religiosos e o avanço científico.
d) A Reforma Protestante, movimento intelectual e religioso que desejava reviver o cristianismo primitivo dos tempos de Jesus e dos apóstolos.
e) A Contrarreforma, movimento intelectual e religioso que pregava a defesa do cristianismo sem as determinações e interferências papais.

8. **SE** (Ufes) A imagem do "Homem Vitruviano" é uma representação elaborada no final do século XV por Leonardo da Vinci e exprime o antropocentrismo e a harmonia das formas que caracterizaram as obras artísticas do período renascentista. Sobre o renascimento, não é correto afirmar que:

a) um dos seus principais fundamentos intelectuais foi o Humanismo, concepção segundo a qual o homem deveria ser valorizado como o epicentro do mundo e da história, como havia ocorrido na Antiguidade Clássica.
b) o estudo do homem e da natureza, nesse período, fundamentava-se no espírito crítico, o que possibilitou o desenvolvimento do pensamento científico, como se comprova na defesa da teoria heliocêntrica por Nicolau de Cusa e Nicolau Copérnico.
c) os homens da época tenderam a valorizar a produção artística e intelectual das civilizações do Oriente Médio, especialmente a egípcia e a mesopotâmica, pela conexão que estas guardavam com a história hebraica descrita na Bíblia.
d) um dos seus maiores expoentes foi Leonardo da Vinci, um modelo do intelectual renascentista, pelo fato de se ter dedicado a múltiplas áreas do conhecimento, como, por exemplo, à Anatomia, à Física e à Botânica, além de à Pintura.
e) o termo "Renascimento" designa uma modalidade de expressão intelectual urbana e burguesa originária da Península Itálica, que se constituiu a partir do sincretismo entre a Cultura Clássica e a tradição judaico-cristã.

9. **NE** (UPE) O quadro de Sandro Botticelli, *O Nascimento de Vênus*, é uma expressão singular das mudanças artísticas trazidas pelo Renascimento e inspiradas na Antiguidade Clássica. Alguns o consideram a primeira pintura renascentista com tema exclusivamente mitológico e leigo. Nesse sentido, podemos afirmar que:

a) há pouca originalidade na arte renascentista, prevalecendo os modelos clássicos em contraste com a pintura medieval;
b) a pintura renascentista trouxe padrões estéticos renovadores, apesar da importância da influência clássica;
c) a arte renascentista trouxe a profissionalização do artista com o afastamento dos temas religiosos e a ausência da Igreja no financiamento das suas obras;
d) apenas o quadro de Botticelli expressa a influência da mitologia, sendo uma bela e marcante exceção;
e) O mundo renascentista expressou concepções estéticas renovadoras que não tiveram permanência na arte ocidental.

CAPÍTULO

15 O cristianismo em transformação

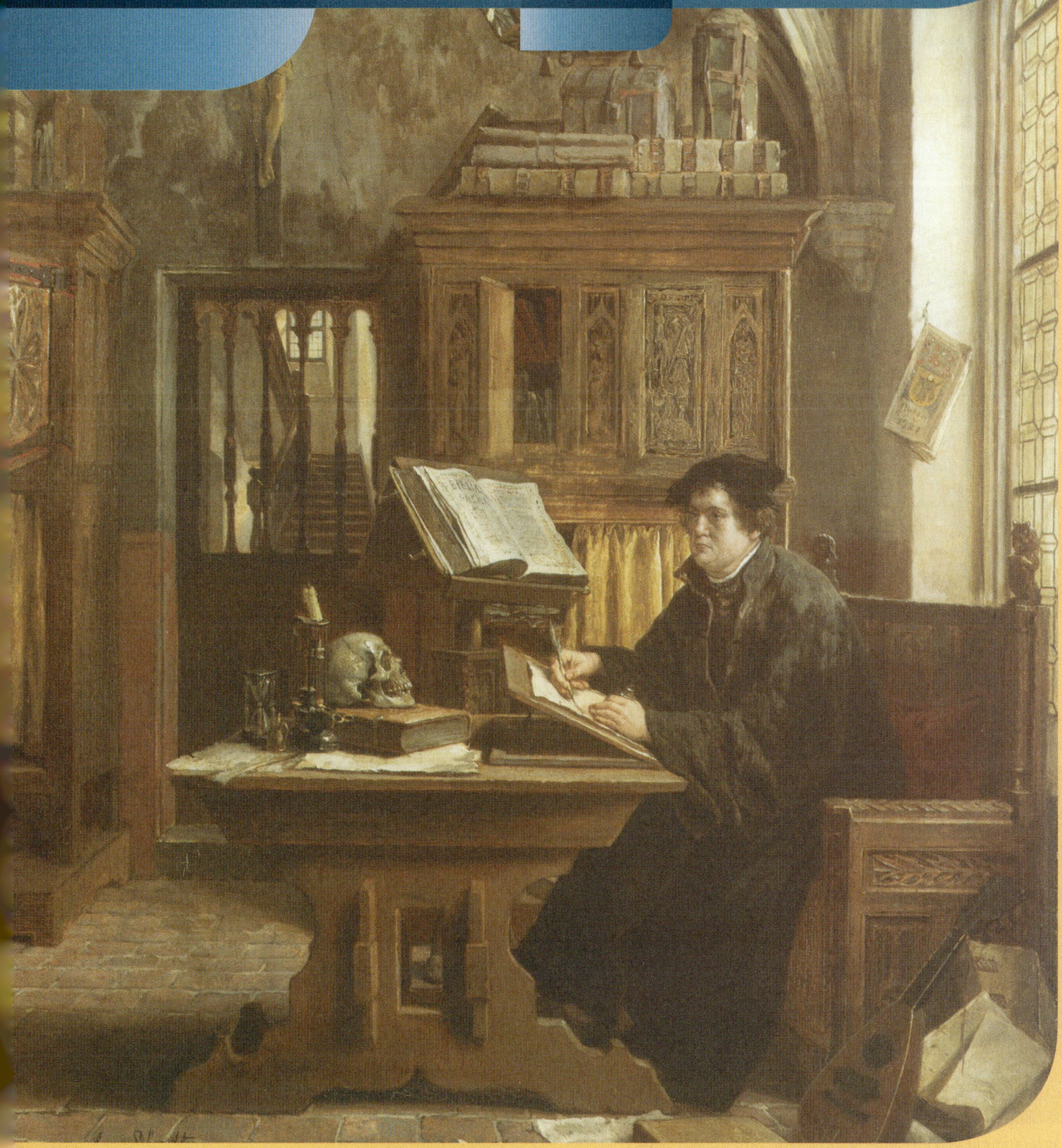
Fine Art Photographic Library/Corbis/Latinstock

Martinho Lutero traduzindo a Bíblia, castelo de Wartburg, 1521, pintura de Eugene Siberdt, de 1898.

Para pensar historicamente

Vida material e mentalidade

Neste capítulo discutiremos como a realidade material ajudou a moldar os valores burgueses e como eles se exprimiram em novas correntes religiosas. Essas, por sua vez, principalmente o calvinismo, serviriam de incentivo às práticas comerciais e financeiras. Veremos, também, como o catolicismo se alterou em reação à Reforma protestante e como a intervenção da Igreja colaborou para o projeto colonizador da América, favorecendo a riqueza efêmera de Portugal e da Espanha.

Estudando esses temas, você poderá refletir: Será que nossa mentalidade, incluindo a visão religiosa, afeta nossa vida material e a forma como agimos no mundo? E será que, ao mesmo tempo, essas ideias e sentimentos refletem as experiências materiais pelas quais passamos?

Eduardo Naddar/Agência O Globo

Igreja anglicana em Niterói, no Rio de Janeiro, em 2014.

1 O contexto da Reforma

A formação das monarquias centralizadas na Europa, desde o final da Idade Média, tornou tenso o relacionamento entre os reis e a Igreja, até então detentora de sólido poder temporal. Como você já estudou, além do domínio espiritual sobre a população, os membros do clero detinham o poder político-administrativo sobre os reinos. Roma – isto é, o papa – recebia tributos feudais provenientes das vastas extensões de terra controladas pela Igreja em toda a Europa, e o advento dos Estados centralizados fez com que essa prática passasse a ser questionada pelos monarcas.

Além disso, a Igreja enfrentou problemas com parte da burguesia ascendente. A expansão comercial encontrava alguns obstáculos na mentalidade religiosa, que condenava a usura – cobrança de juros por empréstimos – e defendia o "justo preço" das mercadorias, ou seja, produção e comercialização não pelas leis de mercado, mas pelo que se considerava a correta remuneração do trabalho. A atividade bancária, por exemplo, ficava comprometida na medida em que os empréstimos a juros eram considerados pecado.

Havia na própria Igreja dois sistemas teológicos que se defrontavam. De um lado, o **tomismo**, corrente predominante assumida especialmente pela cúpula romano-papal, que via no livre-arbítrio e nas boas obras o caminho para a salvação. Do outro, a teologia **agostiniana**, fundada no princípio da salvação pela fé e predestinação, ou seja, a ideia de que as boas obras não eram condição para a salvação; pelo contrário, demonstravam que o indivíduo era predestinado à salvação, e por isso dotado de graça.

Inserido em tal quadro geral, um fator importante na crise religiosa foi a desmoralização de parte do clero: abusos e poder excessivo de vários de seus membros contradiziam abertamente suas pregações moralizadoras. Embora condenassem a usura e desconfiassem do lucro, muitos membros da Igreja os praticavam de forma desenfreada. O comércio de bens eclesiásticos, o uso da autoridade para garantir privilégios, o desrespeito ao celibato clerical e até a venda de cargos eclesiásticos não eram raros na Igreja desde o final da Idade Média. O maior escândalo talvez fosse a **venda de indulgências**. As indulgências existiam havia muitos séculos no cristianismo, como obras que os fiéis deveriam fazer para compensar o mal originado pelos pecados que haviam confessado. Entretanto, no final da Idade Média, esse conceito foi distorcido e as obras foram substituídas por pagamentos a religiosos (incluindo o papa). Vale observar, como apontam alguns historiadores, que esse desregramento moral não envolvia todo o corpo eclesiástico, já que muitas ordens religiosas e parte do clero tinham uma conduta austera e mantinham seus votos cristãos de acordo com as proposições iniciais da Igreja, de observância aos ensinamentos e mandamentos de Cristo.

The Granger Collection/Glow Images/Coleção particular

Esta gravura alemã de 1530 retrata clérigos fazendo comércio de indulgências.

Para saber mais

Olhares sobre as razões da Reforma

O historiador Jean Delumeau é tido como um dos principais especialistas no movimento reformista do século XVI. Em seu livro *Nascimento e afirmação da Reforma* aponta o quadro complexo das razões do movimento e destaca algumas das explicações tradicionais como insuficientes para justificá-lo. Uma delas é sobre os abusos da Igreja:

A tese segundo a qual os Reformadores teriam deixado a Igreja porque estava repleta de devassidões e impurezas é insuficiente.[1]

Para fundamentar sua posição, Delumeau cita que os abusos da Igreja não eram novidade e que nem depois de buscar corrigir tais atuações conseguiu trazer de volta os que abraçaram o protestantismo, afora outros exemplos. Outra explicação tradicional que critica é a marxista:

Para Marx, as religiões são "filhas do seu tempo" e, mais precisamente, filhas da economia, essa mãe universal das sociedades humanas. Nessa ótica, a Reforma vinha a ser "a filha daquela nova forma de economia que surgiu [no século XVI] e... [se impôs] ao mundo rapidamente conquistado, a economia capitalista".[2]

O historiador aponta que isso não explica por que a península Itálica, região de grande prosperidade econômica no início do século XVI, ligada ao comércio mercantil, tenha permanecido católica. Buscando outros elementos importantes para a Reforma, Delumeau se debruça sobre a mentalidade da Europa daquela época, ressaltando um cristianismo popular, mais íntimo, num mundo de pestes, fome, guerras, superstições e medo. Juntavam-se o individualismo avançando e os fiéis desejosos de uma teologia mais adequada, de um movimento pela promoção da cristianização que os líderes protestantes souberam atender.

Sacro Império Romano-Germânico: a Reforma luterana

André Toma/ Arquivo da editora

O grande rompimento religioso iniciou-se na Alemanha, região do Sacro Império Romano-Germânico. A Alemanha era ainda basicamente feudal, agrária, com alguns enclaves mercantis ao norte. A Igreja era particularmente poderosa no Sacro Império, onde possuía cerca de um terço do total de terras. A nobreza alemã, por essa razão, estava ansiosa por diminuir a influência da instituição, além de cobiçar suas propriedades.

A Reforma teve início com **Martinho Lutero**, membro do clero e professor da Universidade de Wittenberg. Crítico, pregava a teoria agostiniana da predestinação, negando os jejuns e outras práticas apregoadas pela Igreja.

Em 1517, esse monge insurgiu-se contra a venda de indulgências, escrevendo um documento conhecido como *As 95 teses*, que radicalizava publicamente suas críticas à Igreja e ao próprio papa. Em 1520, o papa Leão X redigiu uma bula condenando Lutero, exigindo sua retratação e ameaçando-o de excomunhão.

Lutero queimou a bula em público, agravando a situação. Estabeleceu-se uma verdadeira crise política, na qual a nobreza alemã dividiu-se, em parte a favor, mas, em sua maioria, contra o papa.

[1] DELUMEAU, Jean. *Nascimento e afirmação da Reforma*. São Paulo: Pioneira, 1989. p. 59.

[2] Ibidem. p. 251.

SIRG

O Sacro Império Romano-Germânico (SIRG) unia partes do império construído na época de Carlos Magno (Germânia e Lotaríngea). Foi fundado em 962 por Oto I, rei da Germânia. Ele conquistou a Lotaríngea (região da Itália) e foi coroado imperador pelo papa João XII, em agradecimento à sua proteção ao poder da Igreja em Roma. Por causa dessa união entre o poder da Igreja e do soberano, o império ficou conhecido como Sacro Império Romano-Germânico, o qual desapareceu em 1806, com as guerras napoleônicas.

O Sacro Império Romano-Germânico

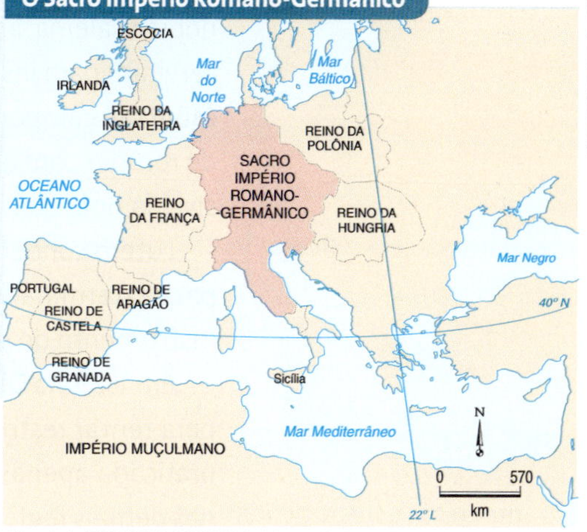

Allmaps/Arquivo da editora

Adaptado de: PAOLUCCI, S; SGNORINI, G. *Il Corso della Storia 1.* Bolonha: Zanichelli, 1997, p. 321.

Em 1521, o imperador **Carlos V** convocou uma assembleia, a chamada **Dieta de Worms**, na qual o monge foi considerado herege.

Acolhido por parte da nobreza, Lutero passou a dedicar-se à tradução da Bíblia do latim para o alemão e a desenvolver os princípios da nova corrente religiosa. Mais tarde, em 1530, a **Confissão de Augsburgo** fundamentou a doutrina luterana.

A Confissão de Augsburgo incluía:

- o princípio da salvação pela fé, rejeitando o tomismo;
- a livre leitura da Bíblia, vista como único dogma da nova religião (daí a importância de tê-la traduzida para o idioma comum do povo);
- a supressão do clero regular, do celibato clerical e das imagens religiosas (ícones);
- a manutenção de apenas dois sacramentos: batismo e eucaristia;
- a utilização do alemão, em lugar do latim, nos cultos religiosos;
- a negação da transubstanciação (transformação do pão e vinho no corpo e sangue de Cristo), aceitando-se a consubstanciação (pão e vinho representam o corpo de Cristo);
- submissão da Igreja ao Estado.

The Bridgeman Art Library/Keystone/George Church, Eisenach, Alemanha

Entrega de Confissão de Augsburgo, 25 de junho de 1530. Painel realizado pela escola alemã, no século XVII.

Ao subordinar a Igreja ao Estado, Lutero atraiu a simpatia de grande parte da nobreza alemã, ampliando o apoio à nova doutrina. Entretanto, essas mesmas ideias serviram para inspirar a revolta camponesa dos **anabatistas**. Liderados por **Thomas Müntzer**, camponeses viram, na quebra da autoridade religiosa, uma possibilidade de romper com as amarras da estrutura feudal, passando a confiscar terras, inclusive da nobreza.

Lutero condenou violentamente os anabatistas, pregando a utilização da força para exterminá-los. Repeliu também a burguesia, pois considerava o dinheiro um instrumento do demônio para a disseminação do pecado.

Em 1529, na Dieta de Spira, os nobres alemães e o imperador Carlos V se reuniram para tentar restringir a expansão da nova doutrina. Decidiu-se que ela poderia ser praticada apenas nas regiões que a aceitassem, mas estava proibida a divulgação nas demais regiões. Na Dieta, os seguidores de Lutero eram minoria e aceitaram as restrições **sob protesto** – razão pela qual os cristãos reformistas passaram a ser denominados **protestantes**.

Seguiram-se guerras religiosas que só foram resolvidas em 1555, pela **Paz de Augsburgo**, que estabeleceu o princípio de que cada governante dentro do Sacro Império poderia escolher sua religião e a de seus súditos (*cujus regis ejus religio* = 'cada príncipe com sua religião').

AKG-Images/Latinstock/Coleção particular

Xilogravura feita por Cranach e Giovante (cerca de 1545). Cranach era dono de uma prensa e distribuiu 1 milhão de cópias das 95 teses de Lutero. A figura representa, à esquerda, a Igreja de Lutero e, à direita, a Igreja católica. A Igreja protestante tem Lutero apontando o sacrifício de Cristo inspirado no Espírito Santo (pomba). Quase no centro, abaixo, está a pia de batismo e, mais abaixo, dois fiéis que comungam, ressaltando os dois sacramentos conservados pelos luteranos. No lado católico do púlpito, um sacerdote faz suas pregações tendo atrás de si, amparando-o, um demônio. Embaixo, à direita, o papa recolhe sacos de dinheiro. No alto, São Francisco implora a Deus, e o "Pai Eterno", desprezando tanta superstição e atuações indevidas, lança raios fulminantes de punição sobre clérigos.

Leituras da História

Os anabatistas

O movimento reformista na região da atual Alemanha desencadeou diversos conflitos, destacando-se o movimento dos anabatistas. Liderados por um discípulo de Lutero, Thomas Müntzer (1490-1525), os anabatistas formaram um grupo religioso composto por camponeses que defendia, além do batismo para os adultos convertidos à nova fé reformista, também a abrangência da Reforma no plano social, por meio da coletivização dos bens. Firmando-se como uma grande ameaça à nobreza que apoiava Lutero, foram bastante perseguidos, dirigindo-se para o sul da Alemanha, integrando a Guerra dos Camponeses e acabando por serem derrotados em 1525. Estima-se a morte de mais de 100 mil camponeses nesses confrontos.

Dos anabatistas descendem os mennonitas atuais, nome usado pela primeira vez em 1544. Tal denominação deriva do ex-pregador católico holandês Menno Simons (1496-1561), que se tornara batista, isto é, a favor de que o batismo só fosse ministrado aos crentes e confirmado com base na fé pessoal e não às crianças recém-nascidas. Sem acompanhar os revolucionários camponeses, Menno Simons organizou:

Coleção particular/Album/akg-images/Latinstock

A batalha de Frankenhausen, em 1525, culminou com a morte de milhares de camponeses e a prisão, tortura e decapitação de Thomas Müntzer. A imagem é uma interpretação contemporânea da batalha, feita pelo pintor Werner Tübke, em 1983. Nela, Müntzer aparece no centro, de preto, preparando os camponeses para a batalha.

> *[...] na Suíça, o chamado Movimento da Reforma Radical, cujos princípios são: a autoridade suprema da Bíblia, o batismo com base na profissão de fé consciente, o pacifismo, a recusa do juramento ou do uso de armas e a separação total entre Igreja e Estado.*
>
> *Desde os tempos de Carlos V, passando por Lutero [...] e até Stalin, os mennonitas – assim como todos os anabatistas – foram vítimas de constantes perseguições que causaram a morte de centenas de milhares de pessoas. Seus quatro séculos de história caracterizam-se por um movimento migratório constante – da Holanda para a Alemanha, e depois para a Polônia, Ucrânia, Sibéria, Canadá, Estados Unidos, México e América do Sul (Bolívia, Brasil, Uruguai e Paraguai). Calcula-se, atualmente, que existam 700 mil mennonitas (batizados) no mundo (o que significa vários milhões de pessoas, com suas famílias). Desse total, mais de 350 mil vivem nos Estados Unidos (entre eles, os amish), onde fica a sede de sua organização mundial: o Comitê Central Mennonita.*

CASSEN, Bernard. Quatro séculos de perseguições. *Le Monde diplomatique*. Agosto de 2001. Disponível em: <http://diplo.org.br/2001-08,a6>. Acesso em: 4 fev. 2014.

Suíça: a Reforma calvinista

A Suíça separou-se do Sacro Império em 1499, e a Reforma protestante iniciou-se em seu território com **Ulrich Zwinglio** (1489-1531), que levou as ideias de Lutero ao país em 1529. As reações à nova doutrina provocaram uma violenta guerra civil, na qual o próprio Zwinglio foi morto. Pouco depois, chegou a Genebra o francês **João Calvino** (1509-1564), que logo passou a divulgar suas ideias, fundando uma nova corrente religiosa.

As ideias de Calvino fundamentavam-se no princípio da **predestinação absoluta**, segundo o qual todos os homens estavam sujeitos à vontade de Deus, e apenas alguns estariam destinados à salvação eterna. O sinal da graça divina estaria em uma vida plena de virtudes, como o trabalho **diligente**, a sobriedade, a ordem e a **parcimônia**. Dessa forma, a doutrina calvinista exaltava características individuais necessárias às práticas comerciais. Suas ideias, portanto, estavam mais próximas dos valores burgueses.

diligente: dedicado, ativo.
parcimônia: contenção nos gastos.

Inspirado em Lutero, Calvino considerava a Bíblia a base da religião, não sendo necessária sequer a existência de um clero regular. Criticava o culto às imagens e admitia apenas os sacramentos da eucaristia e batismo.

O calvinismo expandiu-se rapidamente por toda a Europa, mais do que o luteranismo, na medida em que atendia às expectativas espirituais da burguesia. Assim, chegou aos Países Baixos e à Dinamarca, além da Escócia (levado por John Knox), cujos seguidores foram chamados de **presbiterianos**, da França (**huguenotes**) e da Inglaterra (**puritanos**).

O pensamento de Calvino

Da mão de Deus tens tu o que possuis. Tu, porém, deverias usar de humanidade para com aqueles que padecem necessidades. És rico? Isso não é para teu bel-prazer. Deve a caridade faltar por isso? Deve ela diminuir? Não está ela acima de todas as questões do mundo? Não é ela o vínculo da perfeição?

CALVINO, João. Sermão CXLI sobre Dt 24.19-22. *Opera Calvini*, tomo XXVIII, p. 204.

Akademie der Bildenden, Kuenste, Viena

Biblioteca Pública e Universitária de Genebra

No detalhe retrato de Calvino, realizado por artista da escola flamenca, no século XVI. Ao lado, tela de Pieter de Hooch, de 1662, representando os seguidores de Calvino. Para eles, servir ao Senhor e glorificá-lo constituía a missão primordial dos seres humanos.

A Reforma na Inglaterra

A Reforma protestante foi desencadeada na Inglaterra pelo rei Henrique VIII (1509-1547), que obteve com ela vantagens políticas. O pretexto do monarca inglês para romper com o papa foi a recusa da Igreja em anular seu casamento com Catarina de Aragão (com quem não tivera nenhum filho homem para sucedê-lo no trono), já que Henrique havia decidido casar-se com Ana Bolena, uma dama da corte.

O rei, então, proclamou-se chefe da Igreja inglesa e, em 1534, publicou o **Ato de Supremacia**, criando a **Igreja anglicana**. Excomungado pelo papa, reagiu, confiscando os bens dos membros da Igreja distribuídos pelo reino. Inicialmente, a Igreja na Inglaterra permaneceu muito semelhante à Igreja católica na doutrina e no cerimonial. A desaprovação às medidas do soberano inglês acabou provocando a decapitação do famoso humanista inglês Thomas Morus, que negava reconhecer a autoridade religiosa de Henrique VIII. Apenas no governo de Elizabeth I, filha de Ana Bolena e Henrique VIII, é que a Igreja anglicana se consolidaria como uma religião de doutrina protestante ministrada em língua inglesa. Também foram incorporados muitos princípios calvinistas, mas compostos com fundamentos católicos, como o culto e a estrutura eclesiástica, porém com a negação da autoridade papal e a valorização da justificação pela fé e pregação.

Catedral anglicana de Canterbury, Reino Unido, 2012.

NigelSpiers/Shutterstock/Glow Images

2 A Reforma Católica

A expansão das doutrinas protestantes pela Europa gerou uma reação da Igreja, que procurou reverter o quadro. Além de atuações contrárias à difusão do protestantismo, denominadas **Contrarreforma**, também buscou fortalecer a Igreja papal e moralizar todo o clero, adotando medidas que compuseram a Reforma Católica.

Uma iniciativa pioneira foi a fundação, em 1534, da **Companhia de Jesus**, ordem religiosa criada pelo ex-soldado espanhol **Ignácio de Loyola**. Organizados em rígida hierarquia e submetidos a uma disciplina quase militar, os "soldados de Cristo", como foram chamados, esforçaram-se em combater o protestantismo por meio do ensino e da expansão da fé católica. Daí derivou o projeto da catequese indígena na América e nos demais continentes onde havia colônias europeias.

Em 1542, o papa Paulo III convocou o **Concílio de Trento**, com o objetivo de discutir assuntos religiosos, inclusive com teólogos protestantes. Nenhum consenso foi possível, e o Concílio acabou apenas por reafirmar os princípios católicos, condenando o protestantismo. Entretanto, algumas medidas moralizadoras começaram a ser tomadas, como a proibição da venda de indulgências e a criação de escolas para a formação de eclesiásticos.

No Concílio de Trento, também ficou estabelecido o fortalecimento do **Santo Ofício da Inquisição**, direcionado para o combate aos fiéis reformadores ou que fossem apontados como ameaça. Nas décadas seguintes, sempre em nome da luta contra as heresias (entre as quais agora se incluíam as novas doutrinas) e comandada pelo superior da ordem jesuítica, a Inquisição condenou à tortura e à morte milhares de pessoas na Europa e nas colônias além-mar.

Foi criado também o **Index**, lista de livros proibidos pela Igreja católica. Dela faziam parte quaisquer obras consideradas contrárias aos princípios da fé, incluindo livros científicos (de Galileu Galilei e Giordano Bruno, entre outros) e as Bíblias protestantes.

Archivo Iconografico S.A./Corbis/Latinstock

Ignácio de Loyola diante do papa Paulo III, em pintura de autoria desconhecida. De nobre família basca, o ex-soldado completou seus estudos em Paris (1528-1534), sendo depois ordenado sacerdote (1537) e colocando-se a serviço do papa.

Para saber mais

O Tribunal do Santo Ofício

A Inquisição surgiu na Europa durante o período medieval com o objetivo de perseguir e condenar hereges. Foi oficializada em 1231, quando o papa Gregório IX convocou uma comissão de dominicanos para apurar os casos de heresia e de bruxaria. Na transição para o mundo moderno, confirmada depois com a Reforma Católica, a Inquisição deixou de ser subordinada diretamente ao papado e ganhou vínculos políticos com a região que investigava, dando mais força às perseguições. Assim, associava-se aos objetivos das monarquias, propondo-se defender tanto a Igreja como o Estado centralizado. Em 1478, os reis de Aragão e Castela, Fernando e Isabel, recorreram à Inquisição para a investigação, julgamento e punição de mouros e cristãos-novos (judeus convertidos à fé católica), que continuariam a praticar secretamente seus atos religiosos antigos, mesmo após a conversão. A perseguição aos conversos levaria à expulsão dos judeus em 1492. Da Espanha, em 1542, o papa Paulo III criou um órgão chamado Congregação do Santo Ofício para combater as religiões protestantes e garantir a unidade cristã. Na península Ibérica, a Inquisição não se resumia aos mouros e cristãos-novos, mas alcançava toda a população, firmando-se como uma das mais violentas da Europa e sendo extinta apenas no século XIX.

A tortura foi amplamente utilizada pela Inquisição desde o período medieval, juntamente com o confisco de bens, a exposição pública e, em casos mais graves em que não havia confissão e/ou arrependimento, a morte. Abaixo, gravura de cerca de 1580, mostrando a Inquisição em Guernsey, ilha próxima ao atual território francês.

Coleção particular/Album/akg-images/Latinstock

A Contrarreforma e a Reforma Católica não destruíram o protestantismo, mas limitaram sua expansão. A atuação na América por meio das iniciativas catequéticas dos jesuítas, nos séculos XVI e XVII, deixaram marcas permanentes na cultura religiosa. Os esforços posteriores e as ações contínuas da instituição católica romana no território americano fizeram da América Latina o local de maior concentração de católicos no mundo.

Pensando no Enem

1. *No final do século XVI, na Bahia, Guiomar de Oliveira denunciou Antônia Nóbrega à Inquisição. Segundo o depoimento, esta lhe dava "uns pós não sabe de quê, e outros pós de osso de finado, os quais pós ela confessante deu a beber em vinho ao dito seu marido para ser seu amigo e serem bem-casados, e que todas estas coisas fez tendo-lhe dito a dita Antônia e ensinado que eram coisas diabólicas e que os diabos lha ensinaram".*

ARAÚJO, E. *O teatro dos vícios.* Transgressão e transigência na sociedade urbana colonial. Brasília: UnB/José Olympio, 1997.

Do ponto de vista da Inquisição,

a) o problema dos métodos citados no trecho residia na dissimulação, que acabava por enganar o enfeitiçado.
b) o diabo era um concorrente poderoso da autoridade da Igreja e somente a justiça do fogo poderia eliminá-lo.
c) os ingredientes em decomposição das poções mágicas eram condenados porque afetavam a saúde da população.
d) as feiticeiras representavam séria ameaça à sociedade, pois eram perceptíveis suas tendências feministas.
e) os cristãos deviam preservar a instituição do casamento recorrendo exclusivamente aos ensinamentos da Igreja.

Resposta: e

O texto faz referências a práticas ligadas à crendice popular, relacionadas ao uso de chás, ervas, etc. O combate às crenças distintas da católica pela Inquisição não era exclusividade da Europa. O Tribunal do Santo Ofício não chegou a ser instaurado na América portuguesa, mas as denúncias eram feitas durante as chamadas visitações, onde funcionários do tribunal vinham às principais cidades coloniais. Nesse momento, as pessoas eram estimuladas a acusar vizinhos, parentes e conhecidos que tivessem práticas diferentes das pregadas pela Igreja católica.

Considerando a matriz de Referência do Enem, esta questão contempla a Competência de área 3 – Compreender a produção e o papel histórico das instituições sociais, políticas e econômicas, associando-as aos diferentes grupos, conflitos e movimentos sociais, especialmente a habilidade H11: Identificar registros de práticas de grupos sociais no tempo e no espaço.

2. Jean de Léry viveu na França na segunda metade do século XVI, época em que as chamadas guerras de religião opuseram católicos e protestantes. No texto abaixo, ele relata o cerco da cidade de Sancerre por tropas católicas.

[...] *desde que os canhões começaram a atirar sobre nós com maior frequência, tornou-se necessário que todos dormissem nas casernas. Eu logo providenciei para mim um leito feito de um lençol atado pelas suas duas pontas e assim fiquei suspenso no ar, à maneira dos selvagens americanos (entre os quais eu estive durante dez meses), o que foi imediatamente imitado por todos os nossos soldados, de tal maneira que a caserna logo ficou cheia deles. Aqueles que dormiram assim puderam confirmar o quanto esta maneira é apropriada tanto para evitar os vermes quanto para manter as roupas limpas* [...].

Nesse texto, Jean de Léry:

a) despreza a cultura e rejeita o patrimônio dos indígenas americanos.
b) revela-se constrangido por ter de recorrer a um invento de "selvagens".
c) reconhece a superioridade das sociedades indígenas americanas com relação aos europeus.
d) valoriza o patrimônio cultural dos indígenas americanos, adaptando-o às suas necessidades.
e) valoriza os costumes dos indígenas americanos porque eles também eram perseguidos pelos católicos.

Resposta: d

Jean de Léry esteve na Baía de Guanabara em tempos de disputas entre a coroa lusitana e francesa, mesma época da Reforma e Contrarreforma religiosa europeia. A França Antártica foi local de estudos e relatos de Léry, que, ao descrever a invasão à região de Sancerre (região central da França – ao sul de Paris), cita a barbárie das guerras religiosas dos europeus e valoriza os costumes indígenas que adaptavam, por exemplo, as redes para serem usadas nas casernas em tempos de confrontos.

Considerando a matriz de Referência do Enem, esta questão contempla a Competência de área 1 – Compreender os elementos culturais que constituem as identidades, especialmente a habilidade H5: Identificar as manifestações ou representações da diversidade do patrimônio cultural e artístico em diferentes sociedades. E também a Competência de área 3 – Compreender a produção e o papel histórico das instituições sociais, políticas e econômicas, associando-as aos diferentes grupos, conflitos e movimentos sociais, especialmente a habilidade H11: Identificar registros de práticas de grupos sociais no tempo e no espaço.

3 Guerras religiosas

As modificações no cristianismo europeu não foram assimiladas pacificamente em todos os lugares. Lembremos que o cristianismo oriental já se organizava em outra Igreja depois do Cisma do Oriente: no século XI, os cristãos dividiram-se entre a Igreja católica apostólica romana e a Igreja católica ortodoxa, esta fora da influência do papa romano. As Reformas provocaram guerras religiosas entre os próprios cristãos, pois cada lado acreditava ser o detentor da verdade. O próprio Lutero não era um personagem pacifista, e essa não era uma característica exclusiva da época. Como você já estudou, alguns séculos antes, o papado incentivara as Cruzadas, expedições militares e religiosas contra os muçulmanos.

Muitos soberanos aproveitaram-se da Reforma para afirmar seu poder e reduzir ou eliminar a concorrência do poder temporal da Igreja católica. Quando o soberano era católico, geralmente promovia perseguições contra os protestantes. De 1618 a 1648, os vários principados que constituíam o Império Germânico tornaram-se um campo de batalha entre cristãos na "Guerra dos Trinta Anos". Em 1572, na França, sob iniciativa do rei, os protestantes foram assassinados em massa na **Noite de São Bartolomeu**. Só no final do século XVI é que a liberdade de culto foi estabelecida na França.

Em Portugal e na Espanha, o protestantismo não encontrou terreno favorável para desenvolver-se. E nas colônias desses países o protestantismo praticamente também não existiu. Só começou a ter maior presença no século XIX, com novos processos de imigração. Mesmo assim, no caso do Brasil, o Estado era católico e os cultos de outras religiões não podiam ser realizados em templos que tivessem símbolos exteriores.

Dia do Massacre de São Bartolomeu (c. 1572-1584), de François Dubois.

4 Efeitos das Reformas na América

As Reformas tiveram profundas consequências sobre a América. Essa era a frente mais significativa da expansão europeia, pois a relação predominante era de ocupação da terra, enquanto na África e na Ásia, naquela época, a relação era muito mais de manutenção das relações comerciais, com algumas feitorias de pouca extensão territorial, quando era o caso. Na América do Norte, por exemplo, a colonização teve nos protestantes um forte sustentáculo. Já na Europa, as regiões de influência protestante eram lugares prioritários de ação dos missionários jesuítas.

Na América Central e do Sul, a grande aproximação das monarquias portuguesa e espanhola – unificadas entre 1580 e 1640 – com a Igreja católica tornou suas colônias um território aberto para a ação evangelizadora das ordens religiosas católicas.

A Companhia de Jesus chegou ao Brasil em 1549 e iniciou oficialmente a história religiosa na colônia. Além disso, os jesuítas atuaram também na América hispânica e, na América do Norte, divulgaram o cristianismo entre nativos e colonos do Canadá. Por toda parte, dedicavam-se à catequização dos indígenas, combatendo as tradições e os costumes que se chocavam com o cristianismo.

Nas colônias, os jesuítas se preocuparam em levar para a fé católica os negros africanos e os cristãos-novos. Entretanto, a conversão era, em muitos casos, apenas aparente, superficial.

A obra de cristianização das terras portuguesas e espanholas na América não contou apenas com jesuítas, como informa a historiadora Sônia Siqueira:

> [...] a obra capital da Igreja na América espanhola foi a conversão dos índios a um cristianismo sumário, primeiro e decisivo passo no sentido da europeização. O clero secular, desconhecedor das línguas indígenas, não se entregou à grande obra missionária. Mas as ordens religiosas – franciscanos, dominicanos, agostinhos – desempenharam no trabalho de conversão dos indígenas um papel capital antes que os jesuítas viessem ocupar o lugar de vanguarda nos séculos XVII e XVIII.
>
> SIQUEIRA, Sônia. *A inquisição portuguesa e a sociedade colonial*. São Paulo: Ática, 1978. p. 32.

Aldeia de Tapuia, de Johann Moritz Rugendas, de cerca de 1835. Essa gravura de Rugendas retrata sua visão do trabalho de catequização dos jesuítas junto aos indígenas.

Os jesuítas, em seu zelo missionário, acabaram criando conflitos com outros poderes militares ou econômicos. Um exemplo claro era o dos sertanistas, especialmente os bandeirantes da Vila de São Paulo, interessados em escravizar os indígenas das missões, onde viviam reunidos e estavam catequizados. Como já estavam adaptados ao trabalho agrícola e à manufatura, pela disciplina que lhes era imposta nas missões, esses indígenas eram mais valiosos que os demais. O historiador Pierre Chaunu faz uma reflexão a esse respeito, referindo-se à América hispânica:

> Os jesuítas exerceram sobre os índios de suas missões uma proteção vigilante mas muitas vezes tirânica, forçados a viver em aldeias (*reduciones*) e a trabalhar aí a terra; castigados como crianças com punições corporais, eram mais os súditos de pequenas teocracias do que propriamente do rei da Espanha. À frente de milícias índias, os jesuítas das célebres missões do Paraguai repeliam os assaltos dos caçadores de escravos, os bandeirantes paulistas.
>
> CHAUNU, Pierre. *História da América Latina*. São Paulo: Difusão Europeia do Livro, 1964. p. 37.

Ao mesmo tempo, os religiosos das colônias espanholas na América se opunham às violências contra os indígenas e as denunciavam. O religioso dominicano Bartolomeu de Las Casas, por exemplo, denunciou os assassinatos e outras violências cometidas pelos espanhóis na conquista do México. O franciscano Bernardino de Sahagún recolheu e organizou todos os dados que pôde sobre os povos asteca e nahuátl, também no México, que hoje constituem umas das poucas fontes de informação sobre esses povos no período pré-colombiano.

Além da presença de religiosos para as missões de evangelização, a Contrarreforma também significou, tanto para a Europa quanto para a América, a retomada da Inquisição. A monarquia espanhola sustentava a Igreja na América hispânica e a considerava um dos melhores agentes da autoridade real. A atuação eclesiástica ajudava o rei a conservar o poder sobre a população da América espanhola por intermédio da Inquisição, instaurada por um decreto real de 26 de janeiro de 1509. O primeiro tribunal da Inquisição entrou em funcionamento em Lima no ano de 1570, e no México em 1571.

No mundo hispano-americano os catequistas e os funcionários da Coroa lutaram contra manifestações religiosas surgidas nas colônias, principalmente quanto aos templos e ídolos.

André Toma/ Arquivo da editora

Os governos de Portugal e Espanha não agiram uniformemente diante das práticas ameríndias. Não houve, pelo menos na colônia portuguesa, nada semelhante às destruições movidas pelos espanhóis nos domínios de seu império. Além disso, não houve a instalação de um tribunal do Santo Ofício da Inquisição na colônia portuguesa. Por meio das chamadas visitações do Santo Ofício, uma rede de funcionários envolvia-se nos procedimentos e processos inquisitoriais nas vilas coloniais e submetia-se ao Tribunal de Lisboa. Quando da abertura de processos, o acusado seguia para Lisboa, onde ficava preso e era submetido a interrogatórios, frequentemente acompanhados de sessões de tortura, para que confessasse seu crime. A máquina inquisitorial na América portuguesa resultou "no seguinte balanço: 1074 presos, sendo 776 homens e 298 mulheres; 48% deles e 77% delas eram cristãos-novos acusados de judaizar... Vinte homens e duas mulheres da colônia foram queimados em Lisboa, todos por judaizar. Entre eles, o dramaturgo carioca Antônio José da Silva (1739) e a octogenária Ana Rodrigues, matriarca do engenho de Matoim. A velha sinhá embarcou para Lisboa acompanhada de uma escrava e morreu no cárcere em 1593. Nem assim ela escapou da fogueira. O Santo Ofício desenterrou seus ossos para queimá-los em auto de fé, no Terreiro do Paço".[3]

De acordo com a historiadora Laura de Mello e Souza, o Santo Ofício Lusitano, com menos de uma década de existência, estendeu seu braço sobre a colônia brasileira. Mas os documentos mostram que, apesar de importante, o domínio da Igreja sobre a mentalidade e as práticas dos colonos não era total. Em 1591, quando se deu a primeira visita do Santo Ofício às terras brasileiras, foram abertos diversos processos contra pessoas denunciadas por desacatar santos, clérigos e sacramentos, cometer práticas sexuais proibidas e realizar atos de feitiçaria. A Inquisição conclamava a população a denunciar os autores desses crimes, e muitos acabaram sendo denunciados por vingança pessoal ou por práticas da cultura indígena, como rituais de cura. Em tal quadro, tudo podia ser visto pela Inquisição como pecaminoso ou criminoso. Os bens dos condenados eram confiscados pela Igreja.

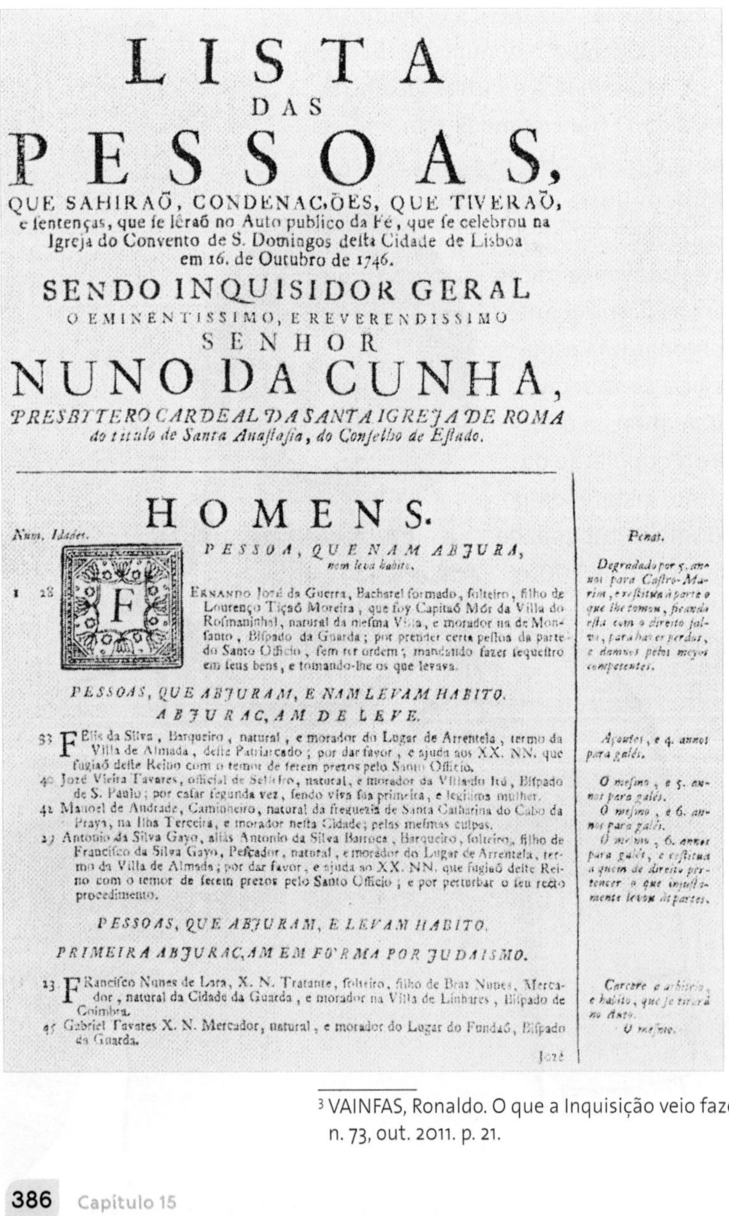

LISTA
DAS
PESSOAS,
QUE SAHIRAÕ, CONDENAC,ÕES, QUE TIVERAÕ, e fentenças, que fe lêraõ no Auto publico da Fé, que fe celebrou na Igreja do Convento de S. Domingos defta Cidade de Lisboa em 16. de Outubro de 1746.
SENDO INQUISIDOR GERAL
O EMINENTISSIMO, E REVERENDISSIMO
SENHOR
NUNO DA CUNHA,
PRESBYTERO CARDEAL DA SANTA IGREJA DE ROMA do titulo de Santa Anaftafia, do Confelho de Eftado.

HOMENS.

Num. Idades. — Penas.

PESSOA, QUE NAM ABJURA, nem leva habito.

1 28 FERNANDO Jozé da Guerra, Bachatel formado, folteiro, filho de Lourenço Tiçaõ Moreira, que foy Capitaõ Mór da Villa do Rofmaninhal, natural da mefma Villa, e morador na de Monfanto, Bifpado da Guarda; por prender certa peffoa da parte do Santo Officio, fem ter ordem; mandando fazer fequeftro em feus bens, e tomando-lhe os que levava. — Degradado por 5. annos para Caftro-Marim, e reftitua à parte o que lhe tomou, ficando efta com o direito falvo, para haver perdas, e damnos pelos meyos competentes.

PESSOAS, QUE ABJURAM, E NAM LEVAM HABITO.
ABJURAC,AM DE LEVE.

33 FElis da Silva, Barqueiro, natural, e morador do Lugar de Arrentela, termo da Villa de Almada, defte Patriarcado; por dar favor, e ajuda aos XX. NN. que fugiaõ defte Reino com o temor de ferem prezos pelo Santo Officio. — Açoutes, e 4. annos para galés.

40 Jozé Vieira Tavares, official de Selleiro, natural, e morador da Villa do Itú, Bifpado de S. Paulo; por cafar fegunda vez, fendo viva fua primeira, e legitima mulher. — O mefmo, e 5. annos para galés.

42 Manoel de Andrade, Caminheiro, natural da freguezia de Santa Catharina do Cabo da Praya, na Ilha Terceira, e morador nefta Cidade; pelas mefmas culpas. — O mefmo, e 6. annos para galés.

27 Antonio da Silva Gayo, aliàs Antonio da Silva Barroca, Barqueiro, folteiro, filho de Francifco da Silva Gayo, Pefcador, natural, e morador do Lugar de Arrentela, termo da Villa de Almada; por dar favor, e ajuda ao XX. NN. que fugiaõ defte Reino com o temor de ferem prezos pelo Santo Officio; e por perturbar o feu recto procedimento. — O mefmo, 6. annos para galés, e reftitua a quem de direito pertencer o que injuftamente levou ás partes.

PESSOAS, QUE ABJURAM, E LEVAM HABITO.

PRIMEIRA ABJURAC,AM EM FORMA POR JUDAISMO.

23 FRancifco Nunes de Lara, X. N. Tratante, folteiro, filho de Braz Nunes, Mercador, natural da Cidade da Guarda, e morador na Villa de Linhares, Bifpado de Coimbra. — Carcere a arbitrio, e habito, que fe tirará no Auto.

45 Gabriel Tavares X. N. Mercador, natural, e morador do Lugar do Fundaõ, Bifpado da Guarda. — O mefmo.

Jozé

Frontispício da *Lista das Pessoas* condenadas pelo Tribunal da Santa Inquisição, Lisboa, 1746.

[3] VAINFAS, Ronaldo. O que a Inquisição veio fazer no Brasil? *Revista de História da Biblioteca Nacional*, n. 73, out. 2011. p. 21.

Atividades

Leitura de fonte histórica

1. O texto abaixo foi escrito pelo teólogo francês João Calvino, no século XVI. Trata-se, portanto, de um documento histórico. Leia-o e responda à questão proposta.

> Se um homem muito rico e empreendedor, pretendendo comprar uma boa fazenda, leva emprestada de um vizinho uma parte do capital, por que razão aquele que empresta não poderá tirar algum lucro do rendimento, até que haja recebido o dinheiro de volta?
>
> João Calvino, citado por Jean Delumeau. *Nascimento e afirmação da Reforma*. São Paulo: Pioneira-Edusp, 1989. p. 304.

- Segundo o seu entendimento do texto e da Reforma calvinista, por que o calvinismo atendeu às expectativas espirituais de comerciantes e financistas?

Leitura de texto e análise de imagem

2. O texto a seguir destaca algumas das conclusões de um estudo sobre o processo de conversão dos indígenas ao cristianismo. Leia-o, analise as imagens e responda às questões propostas.

> O processo de evangelização dos índios brasileiros não se deu de forma efetiva, como fora planejado pelas ordens religiosas que aqui se instalaram no período colonial. O fracasso parcial do projeto de conversão dos gentios ao cristianismo deveu-se menos à resistência imposta pelas diversas etnias presentes nos estados do Brasil e Grão-Pará e Maranhão e mais a fatores culturais. [...]
>
> [...] Os religiosos demonstravam desconforto com a repetição de rituais pagãos entre homens e mulheres que já se consideravam cristãos. "Já havia três gerações de índios cristãos, mas os rituais baseados no universo cosmológico continuavam, conforme relatado nos documentos a que tive acesso", diz Carvalho Júnior. [...] Para o historiador, uma leitura atenta desses relatos revela a diferença entre a projeção feita pelos inquisidores e a articulação que as populações indígenas faziam entre as simbologias cristã e cosmológica. "As atividades eram descritas como demoníacas, mas quando olhadas com mais cuidado, elas lembram rituais indígenas anteriores", sustenta. Carvalho Júnior também localizou acusações contra a índia Sabina, personagem histórico relativamente conhecido. Segundo as descrições dos comissários, a despeito de fazer orações cristãs e frequentar a Igreja, ela reproduzia rituais indígenas, como sugar a doença pela boca, defumar a moradia ou administrar plantas medicinais. "Sabina não chegou a ser presa, pois gozava de certo prestígio junto às autoridades portuguesas, algumas delas suas clientes. Elas justificavam a condescendência dizendo que a índia não fazia feitiço, mas sim o retirava", esclarece o especialista.
>
> A preservação dos costumes originais, no entender do historiador, foi a principal responsável pelo insucesso parcial do projeto evangelizador das ordens religiosas. [...] "Na verdade, esses índios não resistiam propriamente ao processo de evangelização. Eles apenas buscavam nos rituais cosmológicos referências para poder traduzir o que estavam aprendendo. Eles se sentiam efetivamente cristãos, mas esse cristianismo tinha que fazer sentido. E para conferir sentido ao cristianismo, eles o articulavam com a simbologia anterior", argumenta Carvalho Júnior.
>
> ALVES FILHO, Manuel. *Tese mostra como os índios recriaram padrões religiosos da catequização*. Disponível em: <www.unicamp.br/unicamp/unicamp_hoje/jornalPDF/ju288pag05.pdf>. Acesso em: 4 fev. 2014.

Museu Nacional da Dinamarca, Copenhague

Museu Nacional da Dinamarca, Copenhague

O pintor neerlandês Albert Eckhout fez parte da comitiva de Maurício de Nassau e retratou as populações e a paisagem da região nordeste do atual território brasileiro, durante o século XVII. À esquerda, *Mameluca*, de 1641; à direita, *Homem Tapuia*, de cerca de 1641.

a) De acordo com o estudioso Almir Carvalho Júnior, por que as práticas indígenas que poderiam ser consideradas um exemplo de resistência ao processo de evangelização revelam adaptações e permanências culturais?
b) Por que podemos dizer que a aceitação das práticas da nativa Sabina pelas autoridades metropolitanas e eclesiásticas revelava uma flexibilidade na aplicação dos modelos europeus na colônia?
c) Observe as duas imagens de Albert Eckhout e descreva os sinais de europeização e os de permanência de traços culturais nativos.

Analisando práticas culturais

3. Para responder às próximas questões, leia o texto do historiador francês Jean Delumeau.

A realidade religiosa de hoje em dia na América Latina demonstra à evidência o caráter superficial da cristianização autoritária conduzida outrora pelo poder colonial. No Brasil, especialmente, cultos clandestinos subsistiram – e agora afloram novamente – entre os índios e sobretudo entre os negros trazidos da África. Os escritores e os viajantes dos séculos XVI-XVIII não puderam deixar de assinalá-los. Ao lê-los, percebe-se que o dia pertencia aos brancos e a noite, aos escravos. Posto o sol, os caminhos do Brasil se fechavam aos brancos que se trancafiavam em suas vastas moradas por temor dos escravos. E estes aproveitavam a escuridão para reencontrar e exprimir uma sociabilidade que não podia moldar-se à forma do sistema colonial. Contudo, para praticar com a maior liberdade possível essas liturgias pagãs, os escravos recorreram aos símbolos católicos que exteriormente significavam a sua integração à sociedade escravagista. E porque as palavras da língua portuguesa eram suspeitas a seus olhos e veículos de uma dominação que recusavam, utilizavam poucas palavras em seus cultos, mas um gestual rico de significação. A dança, a música e uma intensa efervescência religiosa alienavam seu apego aos ritos de seus ancestrais e sua vontade de não deixar destruir seu universo cultural. No Brasil, os senhores acabaram por não mais tentar suprimir essas manifestações religiosas. Tendo um viajante do século XVIII parado uma noite na morada de um grande proprietário, este perguntou na manhã seguinte: "Como passastes a noite?". "Bem quanto à acomodação", respondeu o convidado. "Mas não preguei o olho." Explicou por que: o alarido de cantos, de castanholas, de tamborins e outros instrumentos o mantivera constantemente desperto, e "gritos tão horríveis que lhe evocavam a confusão do inferno". Ao que o proprietário retrucou: "Para mim, não há nada melhor do que esse barulho para dormir despreocupado". Reconhecimento de um vasto fracasso.

DELUMEAU, Jean. *História do medo no Ocidente*. São Paulo: Companhia das Letras, 1989. p. 266-267.

Zacharias Wagener/Coleção Gabinete de Arte do Estado, Dresden, Alemanha.

Escravos africanos dançando ao som de tambores e instrumentos de corda. Gravura de Zacharias Wagener de cerca de 1630.

a) A historiografia recente aponta que em diferentes práticas coloniais e atuações metropolitanas é possível perceber um abismo entre aquilo que se desejava e idealizava instituir e as práticas reais, cotidianas, efetivas. Partindo do contexto da realidade religiosa na América Latina retratado por Jean Delumeau, procure explicar essa afirmação.
b) No seu entendimento, por que a sociabilidade dos escravos africanos "não podia moldar-se à forma do sistema colonial"?
c) A situação descrita por Jean Delumeau pode ser identificada como exemplo de sincretismo religioso? Justifique.

Vestibulares de Norte a Sul

1. **SE** (FGV-RJ)

A Reforma, a despeito de sua hostilidade à magia, estimulara o espírito de profecia. A abolição dos intermediários entre o homem e a divindade, bem como a ênfase na consciência individual, deixavam Deus falar diretamente a seus eleitos. Era obrigação destes tornar conhecida a Sua mensagem. E Deus não fazia acepção de pessoas: preferia falar a John Knox do que à sua rainha, Maria Stuart da Escócia. O próprio Knox agradeceu a Deus ter-lhe dado o dom de profetizar, que assim estabelecia que ele era um homem de boa-fé.

Na Inglaterra, as décadas revolucionárias deram ampla difusão ao que praticamente constituía uma profissão nova – a do profeta, quer na qualidade de intérprete dos astros, ou dos mitos populares tradicionais, ou, ainda, da Bíblia.

HILL, Christopher. *O mundo de ponta-cabeça.* Ideias radicais durante a Revolução Inglesa de 1640. Trad. Renato Janine Ribeiro. São Paulo, Companhia das Letras, 1987, p. 103.

O texto se refere ao ambiente político e religioso da Inglaterra no século XVII. A esse respeito é CORRETO afirmar:

a) A insatisfação popular na Inglaterra era decorrente da perspectiva protestante de manter os sacerdotes como intermediários entre Deus e os homens.
b) Os revolucionários basearam-se em princípios estritamente racionais e científicos, em uma nítida ruptura com as crenças e o profetismo da época.
c) Apesar de todas as disputas religiosas dos séculos XVI e XVII, os monarcas ingleses mantiveram-se neutros, o que permitiu a preservação da monarquia.
d) Para os revolucionários ingleses, Deus considerava apenas os parlamentares como pessoas aptas a transmitir a doutrina e indicar os caminhos da salvação.
e) A movimentação revolucionária esteve vinculada aos conflitos religiosos decorrentes da chamada Reforma Protestante iniciada no século XVI.

2. **N** (UFPA) Sobre os padres jesuítas, a Lei de 28 de abril de 1688 determinava o seguinte:

serão obrigados a fazer os resgates não só nas missões ordinárias e suas residências, mas para este efeito entrarão todos os anos em diversos tempos pelos sertões com a gente que entenderem necessária e cabos de escolta a sua satisfação, que uma e outra coisa lhe mandara dar prontamente nas ditas ocasiões o meu governador e capitão general.

RIO DE JANEIRO (Estado). Biblioteca Nacional do Rio de Janeiro. *Anais da Biblioteca Nacional do Rio de Janeiro*, v. 66, 1948. p. 98.

Essa lei atribuía aos jesuítas a prática dos resgates, os quais consistiam em

a) guerras contra os índios e a libertação de prisioneiros portugueses feitos por eles.
b) lutas contra os muitos quilombos de africanos fugidos e o resgate desses escravos para devolução aos seus senhores.
c) guerras contra os estrangeiros que invadiam os territórios da Amazônia portuguesa para escravizar os índios, e transformá-los em mão de obra nas propriedade agrícolas.
d) expedições em direção ao sertão para a compra de prisioneiros índios cativados nas guerras entre as próprias nações indígenas, os quais eram considerados escravos pelos portugueses.
e) capturas de índios do sertão pelos colonizadores, para a formação de núcleos próximos às grandes cidades a fim de evitar a formação de quilombos.

3. **N** (Unir-RO) Em 31 de outubro de 1517, Lutero afixou suas 95 teses na porta da Igreja de Wittenberg, marcando o início da Reforma Protestante. Abaixo são apresentadas as teses 05, 27 e 28.

05. O papa não quer nem pode dispensar de quaisquer penas senão daquelas que impôs por decisão própria ou dos cânones.

27. Pregam doutrina mundana os que dizem que, tão logo tilintar a moeda lançada na caixa, a alma sairá voando [do purgatório para o céu].

28. Certo é que, ao tilintar a moeda na caixa, pode aumentar o lucro e a cobiça; a intercessão da Igreja, porém, depende apenas da vontade de Deus.

Disponível em: <www.espacoacademico.com.br/034/34tc_lutero.htm>. Acesso em: 23 out. 2009.

Tomando por base o texto acima, pode-se afirmar que a crítica que Lutero faz à Igreja Católica está direcionada à

a) prática da simonia.
b) intervenção do papa nos assuntos do Sacro Império.
c) proibição da tradução da Bíblia para o alemão.
d) venda de indulgências.
e) adoção pelo papa do nicolaísmo.

4. **N** (UFPA) Na América portuguesa, houve três visitas documentadas da Inquisição. A primeira na Bahia e Pernambuco (1591-1595), a segunda na Bahia (1618-1621) e a terceira no Grão-Pará (1763-1769). Embora elas tenham diferido quanto às suas motivações e aos seus objetivos, pode-se afirmar que as três procuraram investigar e reprimir a(as)

a) práticas religiosas e os costumes considerados desviantes pela Igreja católica de então, como o luteranismo, a feitiçaria, a bigamia e a sodomia.
b) corrupção do clero e a venda das indulgências pelos padres que atuavam na América portuguesa.
c) rápida expansão das seitas protestantes em território brasileiro, durante o período colonial.

O príncipe de Maquiavel

Um dos primeiros grandes pensadores a justificar o poder centralizado dos reis foi **Nicolau Maquiavel** (1469-1527), que defendia a unidade italiana, criticando a fragmentação política vigente e a rivalidade entre as diversas repúblicas. Em sua principal obra, *O príncipe*, propõe a separação entre moral e política, vistas como duas esferas inconciliáveis (pelo menos no que se refere à forma como a Igreja concebia o poder político, isto é, atrelado a princípios cristãos).

Para Maquiavel, as **razões do Estado** deveriam ser superiores a tudo, e, em prol do Estado, justificava-se a utilização de artimanhas, ardis políticos e até a força e a violência, pois, nas suas palavras, "a força é justa, quando necessária".

Maquiavel é autor da conhecida máxima "os fins justificam os meios", segundo a qual ao Estado era autorizado o uso de qualquer método para atingir seus objetivos na busca da supremacia do príncipe e da indiscutível autoridade do Estado.

Já **Thomas Hobbes** (1588-1679), na obra *Leviatã*, articulou um sistema lógico e coerente para explicar a necessidade de um governo absolutista, sendo considerado por muitos o principal teórico do período. Para Hobbes, o Estado absoluto representa a superação do "estado de natureza". Por causa do egoísmo intrínseco ao homem (daí sua maldade), a sociedade humana tinha uma tendência ao caos ou à desarticulação, pois seus membros estavam dispostos a destruir uns aos outros para satisfazer seus interesses. Tratava-se da guerra de todos contra todos; afinal, "o homem era o lobo do homem", como afirmava Hobbes.

crime de lesa-majestade: crime cometido contra o rei ou contra o poder real, como traição, atentados, etc.

Dotados de razão, os seres humanos tentavam superar esse caótico "estado de natureza" original, formando a sociedade civil e estabelecendo um contrato, segundo o qual os homens cederiam seus direitos a um governo. Renunciar-se-ia à liberdade em nome da própria sobrevivência da sociedade.

O bispo francês **Jacques-Bénigne Bossuet** (1627-1704) foi o autor de *Política retirada da Sagrada Escritura*, segundo a qual o poder real está próximo de Deus. Essa proximidade faz com que as decisões reais sejam infalíveis, graças à inspiração divina. De Deus emana a autoridade do rei, e o maior delito dentro de um Estado absolutista é o de **lesa-majestade**, considerado crime contra Deus.

Para Bossuet, portanto, o direito divino é o fundamento e legitimação do poder real. Na opinião de alguns historiadores, o caso mais exemplar de governante que se serviu das ideias de Bossuet foi o do soberano francês Luís XIV, chamado "Rei Sol", que chegou a ser adorado e tido como dotado de poderes divinos. Outros historiadores, contudo, destacam o caráter sagrado atribuído aos monarcas e à realeza desde a formação das monarquias medievais, incluindo o poder de cura pelo simples toque do rei. Luís XIV, assim, teria continuado tradições já existentes, utilizando a seu favor e reforçando as ideias do século XVII sobre o direito divino dos reis.

Maquiavel retratado por Santi di Tito (século XVI). Maquiavel escreveu: "É necessário a um príncipe, para se manter, que aprenda a poder ser mau e que se valha ou deixe de valer-se disso segundo sua necessidade".

Palácio Velho, Veneza/akg-images/Latinstock

Leituras da História

O Leviatã

Diz-se que um Estado foi instituído quando uma multidão de homens concordam e pactuam, cada um com cada um dos outros, que a qualquer homem ou assembleia de homens a quem seja atribuído pela maioria o direito de representar a pessoa de todos eles (ou seja, de ser seu representante), todos sem exceção, tanto os que votaram a favor dele como os que votaram contra ele, deverão autorizar todos os atos e decisões desse homem ou assembleia de homens, tal como se fossem seus próprios atos e decisões, a fim de viverem em paz uns com os outros e serem protegidos dos restantes homens.

É desta instituição do Estado que derivam todos os direitos e faculdades daquele ou daqueles a quem o poder soberano é conferido mediante o consentimento do povo reunido.

Em primeiro lugar, na medida em que pactuam, deve entender-se que não se encontram obrigados por um pacto anterior a qualquer coisa que contradiga o atual. Consequentemente, aqueles que já instituíram um Estado, dado que são obrigados pelo pacto a reconhecer como seus os atos e decisões de alguém, não podem legitimamente celebrar entre si um novo pacto no sentido de obedecer a outrem, seja no que for, sem sua licença.

Portanto, aqueles que estão submetidos a um monarca não podem sem licença deste renunciar à monarquia, voltando à confusão de uma multidão desunida, nem transferir sua pessoa daquele que dela é portador para outro homem, ou outra assembleia de homens. Pois são obrigados, cada homem perante cada homem, a reconhecer e a ser considerados autores de tudo quanto aquele que já é seu soberano fizer e considerar bom fazer. Assim, a dissensão de alguém levaria todos os restantes a romper o pacto feito com esse alguém, o que constitui injustiça.

RIBEIRO, Renato Janine. *Hobbes*: o medo e a esperança. Disponível em: <www.cefetsp.br/edu/eso/valerio/hobbesjanine.html>. Acesso em: 14 fev. 2014.

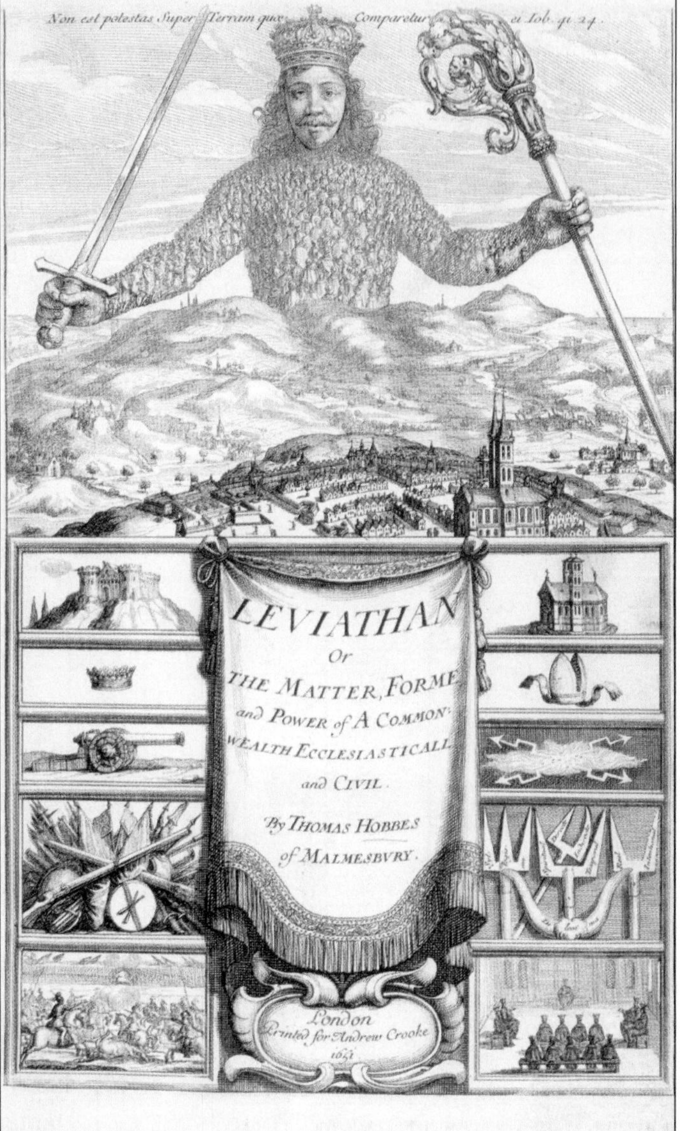

Detalhe de fac-símile da primeira edição da obra *Leviatã*, de Thomas Hobbes, de 1651.

1. Thomas Hobbes foi o primeiro filósofo moderno a desenvolver uma teoria contratualista. Transcreva um trecho do texto acima no qual fica evidente a defesa que Thomas Hobbes faz do contratualismo.
2. De acordo com Thomas Hobbes, é legítima a rebelião dos governados contra o governante? Por quê?
3. Na obra *Política retirada da Sagrada Escritura*, Jacques-Bénigne Bossuet escreve que "Deus protege todos os governos legítimos, qualquer que seja a forma em que estão estabelecidos: quem tentar derrubá-los não é apenas um inimigo público, mas também um inimigo de Deus". Identifique os pontos dessa ideia que estão em desacordo com a concepção de governo de Thomas Hobbes e aqueles que estão em acordo.

Os reis taumaturgos

Os reis taumaturgos é o título da obra do historiador francês Marc Bloch, publicada em 1924. Taumaturgo é aquele que faz milagres. Bloch investigou a crença no poder de cura dos reis franceses e ingleses desde o período medieval (entre os séculos XI e XII) até a Idade Moderna: acreditava-se na capacidade de cura das escrófulas, uma doença das glândulas linfáticas associada à tuberculose, com o toque das mãos reais. Nessa obra, o autor destaca a gradual modificação das estruturas políticas e da mentalidade popular em torno do poder divino dos reis e, em termos mais gerais, do próprio significado do sagrado na vida cotidiana. Leia a seguir um trecho:

"[...] na história das doutrinas políticas (como em todas as outras espécies de história) convém não levar muito a sério o corte tradicional que, obedecendo aos humanistas, costumamos fazer do passado da Europa nas proximidades de 1500. O caráter sagrado dos reis, tantas vezes afirmado pelos escritores medievais, permanece nos tempos modernos uma verdade que se mostra sem cessar."

BLOCH, Marc. *Os reis taumaturgos*. São Paulo: Companhia das Letras, 1998. p. 233.

Giraudon/The Bridgeman Art Library/Keystone/ Museu do Louvre, Paris, França

Baile de Máscaras no Salão dos Espelhos, feita por Charles Nicolas Cochin, 1795. Veja a foto atual desse local na página 398.

2 A monarquia francesa

A França foi o país onde o centralismo monárquico da Idade Moderna se desenvolveu de maneira mais marcante. A crise sucessória capetíngia de 1328 que levou à ocupação do trono francês pela família **Valois** resultou em disputas e em confrontos com a Inglaterra. O processo centralizador acabou interrompido pela Guerra dos Cem Anos, sendo retomado no século XVI, em um contexto marcado por disputas religiosas.

Esses conflitos envolveram a burguesia, a nobreza e populares e estavam ligados à fragmentação de poder e à definição dos limites do poder real. No governo de **Carlos IX** (1560-1574), intensificaram-se as lutas, envolvendo basicamente a burguesia calvinista (chamada de *huguenote*, na França) e a nobreza católica. O ponto máximo foi a Noite de São Bartolomeu, matança de huguenotes, inclusive do Almirante Gaspar de Coligny.

Durante o governo seguinte, de **Henrique III**, prosseguiram os conflitos que culminaram na vitória dos partidários protestantes, apoiados pela burguesia calvinista, que assim garantiu o acesso ao trono e inaugurou a dinastia **Bourbon**.

Com **Henrique IV**, houve a pacificação do país após converter-se ao catolicismo e ter decretado a liberdade de culto aos protestantes por meio do **Edito de Nantes**. Dessa forma, não apenas se limitavam os conflitos religiosos no país, como se retomava a aliança entre o rei e a burguesia.

Seu sucessor foi **Luís XIII**, em cujo governo o poder foi delegado a um ministro todo-poderoso, o **cardeal Richelieu**, que procurou transformar a França em uma potência continental na Europa.

Richelieu envolveu o país em violenta guerra contra a dinastia **Habsburgo**. Os membros dessa família, seguidores do catolicismo romano e opositores dos reformistas religiosos, controlavam a Áustria e a Espanha. Atacaram os protestantes dos Países Baixos, da Boêmia, Suécia e Dinamarca, visando transformarem-se na família hegemônica da Europa. A França saiu em defesa dos protestantes e enfrentou os Habsburgos, com o propósito de se fortalecer. Teve início assim a **Guerra dos Trinta Anos** (1618-1648). A vitória francesa abriu caminho para o apogeu do absolutismo no país, ainda no governo do sucessor de Luís XIII.

The Bridgeman/Keystone

Reprodução da primeira página do Edito de Nantes, século XVI, que decretou anistia a todos os que estavam em guerra e liberdade de culto aos protestantes.

Batalha de Nordligen, um dos conflitos que ocorreram durante a Guerra dos Trinta Anos. Obra de Jacques Courtois, 1634.

The Bridgeman Art Library/Keystone/Palácio Pitti, Florença, Itália

Luís XIV, que governou de 1643 a 1715, representou o apogeu do absolutismo francês. Durante o seu governo, concentrou grande poder em suas mãos, dando significado prático à sua frase *L'Etat c'est moi* (em francês, 'O Estado sou eu'). Seu ministro, **Colbert**, lançou as bases do mercantilismo francês, promovendo a navegação marítima em busca de colônias e manufaturas e, desse modo, favorecendo a burguesia.

Museu Cantini, Marselha (França)

Pintura de Claude-Guy Hallé, de 1685. Nela são ressaltados os sinais de riqueza da nobreza e a reverência prestada a Luís XIV (à direita, a cabeça que se destaca entre os demais).

O ápice do absolutismo, porém, também foi o auge de suas contradições. Ao mesmo tempo que garantia privilégios da nobreza, promovia a expansão dos negócios mercantis e manufatureiros, mas dificultava atuações políticas da burguesia, Luís XIV chegou mesmo a revogar o Edito de Nantes, servindo para justificar perseguições quando julgasse necessário. Os governos de seus sucessores, **Luís XV** (de 1715 a 1774) e **Luís XVI** (1774-1792), presenciaram o início do declínio da França e a ascensão da Inglaterra como potência europeia. Os excessivos gastos da Corte francesa e o envolvimento do reino em várias guerras, nem sempre vitoriosas, acabaram por comprometer as finanças do Estado e ameaçar a manutenção do próprio regime.

Criado por decisão de Luís XIV e com uma estrutura que correspondia às imagens grandiosas do poder do Rei Sol, o Palácio de Versalhes transformou-se em sede da monarquia francesa. Na foto, de 2010, a Sala dos Espelhos, no Palácio de Versalhes, França.

Corbis/Latinstock

Pensando no Enem

1. *Não ignoro a opinião antiga e muito difundida de que o que acontece no mundo é decidido por Deus e pelo acaso. Essa opinião é muito aceita em nossos dias, devido às grandes transformações ocorridas, e que ocorrem diariamente, as quais escapam à conjectura humana. Não obstante, para não ignorar inteiramente o nosso livre-arbítrio, creio que se pode aceitar que a sorte decida metade dos nossos atos, mas [o livre-arbítrio] nos permite o controle sobre a outra metade.*

MAQUIAVEL, N. *O Príncipe*. Brasília: EdUnB, 1979 (adaptado).

Em *O Príncipe*, Maquiavel refletiu sobre o exercício do poder em seu tempo. No trecho citado, o autor demonstra o vínculo entre o seu pensamento político e o humanismo renascentista ao:

a) valorizar a interferência divina nos acontecimentos definidores do seu tempo.
b) rejeitar a intervenção do acaso nos processos políticos.
c) afirmar a confiança na razão autônoma como fundamento da ação humana.
d) romper com a tradição que valorizava o passado como fonte de aprendizagem.
e) redefinir a ação política com base na unidade entre fé e razão.

Resposta: c

O humanismo renascentista rompia com o teocentrismo predominante no mundo europeu medieval. Os acontecimentos deixavam de ser entendidos como produto da vontade divina. A partir de então, eles eram analisados a partir de teorias e estudos baseados na racionalidade. Maquiavel foi um teórico que evidencia essa mudança da mentalidade no mundo moderno, nas explicações racionais e empíricas para formulação de tais teorias que se aplicam a esse "novo homem".

2. Na França, o rei Luís XIV teve sua imagem fabricada por um conjunto de estratégias que visavam sedimentar uma determinada noção de soberania. Nesse sentido, a charge apresentada demonstra:

a) a humanidade do rei, pois retrata um homem comum, sem os adornos próprios à vestimenta real.
b) a unidade entre o público e o privado, pois a figura do rei com a vestimenta real representa o público e sem a vestimenta real, o privado.
c) o vínculo entre a monarquia e o povo, pois leva ao conhecimento do público a figura de um rei despretensioso e distante do poder político.
d) o gosto estético refinado do rei, pois evidencia a elegância dos trajes reais em relação aos de outros membros da corte.
e) a importância da vestimenta para a constituição simbólica do rei, pois o corpo político adornado esconde os defeitos do corpo da pessoa.

Resposta: e

Na observação das imagens percebe-se: um manequim com as vestes reais; a representação do rei sem tais vestes e, por último, o rei com sua vestimenta simbólica.

Da crítica presente nessa charge depreende-se a importância da simbologia na construção política da figura do rei nos Estados absolutistas. Foi no governo de Luís XIV que houve a construção do Palácio de Versalhes, onde a Corte se reunia e vivia em torno do monarca. Na imagem do exercício, os adornos que compõem suas vestimentas fazem parte da simbologia utilizada para sustentar a grandiosidade do governante 'eleito por Deus'.

Charge anônima. BURKE, P. *A fabricação do rei*. Rio de Janeiro: Zahar, 1994.

3 A monarquia inglesa

A centralização política na Inglaterra da Baixa Idade Média foi frustrada pela **Magna Carta** de 1215, que limitava o poder real, submetendo-o ao controle do Grande Conselho (origem do Parlamento inglês). A **Guerra dos Cem Anos** pareceu apenas confirmar a primazia dos poderes locais sobre o do monarca; entretanto, o desenvolvimento burguês continuou existindo, bem como a busca por um Estado centralizado.

O poder dos barões ingleses (a nobreza) começou a ser ameaçado com os custos da Guerra dos Cem Anos e, principalmente, com a **Guerra das Duas Rosas**. Estendendo-se de 1455 a 1485, essa guerra foi provocada pela disputa do trono inglês entre as famílias York e Lancaster e acabou envolvendo toda a nobreza inglesa, que saiu enfraquecida de suas violentas batalhas. O final da guerra deu-se com a ascensão de uma nova família ao poder, a dos **Tudors**, e a pacificação dos Yorks e Lancasters por Henrique VII.

Mas o Estado centralizado inglês ganhou forma com **Henrique VIII** (que governou de 1509 a 1547), da família Tudor. Após ter submetido o Parlamento, decretou o **Ato de Supremacia**, que, como vimos, tornava oficial uma nova doutrina religiosa na Inglaterra, o anglicanismo. A nova corrente religiosa agradou à burguesia.

Após um curto e violento intervalo, no qual o catolicismo foi temporariamente restaurado no reino durante o governo de Maria I (1553-1558), o anglicanismo voltou a ser oficializado no governo de **Elizabeth I** (1558-1603).

A rainha Elizabeth colocou em prática uma política mercantilista agressiva, com a construção de uma poderosa frota e a exploração de colônias na América. Atacou o império colonial espanhol, invadindo colônias e, principalmente, saqueando navios. Em resposta, a marinha inglesa foi atacada pela maior marinha da época – a chamada **Invencível Armada** de Filipe II da Espanha –, contra a qual, no entanto, os ingleses saíram vitoriosos.

Não deixando herdeiros, Elizabeth I foi sucedida por **Jaime I** (1603-1625), que deu início à dinastia **Stuart**. Suas origens escocesas levaram-no a unificar os dois reinos.

Na parte inferior direita, Francis Drake (1541-1596), em gravura de Nicolas de Lamerssin (cerca de 1600). Abaixo, xilogravura colorida mostra o combate naval no canal da Mancha entre a marinha espanhola e a inglesa. Drake foi um ativo comandante nas incursões de corsários ingleses contra a Espanha, saqueando seus navios e suas colônias. Também participou, em 1588, da luta contra a Invencível Armada, levando ao fracasso a tentativa espanhola de desembarque na Inglaterra.

akg-images/Ipress

Album/akg/North Wind Picture Archives/Latinstock

Nesse período, estava em andamento uma importante transformação econômica, que começara no final da Idade Média: os **cercamentos** de terras agrícolas. Antigas propriedades autossuficientes, que produziam itens variados, passaram a se especializar na produção de um único produto voltado para comercialização no mercado. Por razões comerciais, o caso mais comum era a criação de ovelhas para extração de lã, matéria-prima para as rentáveis manufaturas têxteis; em menor escala, havia plantações de trigo.

Assim, terras comunais usadas coletivamente pela população rural, na antiga tradição feudal, passavam a ser exploradas em benefício de um proprietário único, um nobre, empregando reduzida mão de obra nas terras tomadas e cercadas. A contrapartida desse fenômeno de expulsão dos camponeses das terras em que viviam era o excedente demográfico, um contingente de população que deixou de ser absorvido pela economia rural.

Pode-se dizer que, na Inglaterra, graças à concentração de riquezas decorrente do processo dos cercamentos, grande parte da aristocracia se "aburguesou", sobrepondo-se ao rei. Lembre-se de que o centralismo político inglês tinha bases legais frágeis, uma vez que a Magna Carta limitava o poder real, submetendo-o às elites inglesas do Parlamento.

Finalmente, os Stuart, enfrentando poderes estabelecidos, desejavam reverter a situação e aumentar o poder do rei. Procuraram então acentuar os aspectos católicos do anglicanismo. Parte dos burgueses, por sua vez, passou a defender características calvinistas da doutrina anglicana e começou a questionar o poder do rei, fortalecendo o grupo dos **puritanos**.

Esses desentendimentos acentuaram-se e, em 1640, no governo de **Carlos I** (de 1625 a 1648), desencadeou-se uma **guerra civil** na Inglaterra, caracterizada como uma revolução burguesa. De um lado, os "cavaleiros", partidários do rei; de outro, os "cabeças redondas", partidários do Parlamento, foco da reação puritana e burguesa contra a monarquia absolutista.

Representação da execução do rei Carlos I, feita por John Weesop em 1653.

The Bridgeman Art Library/Keystone/Coleção particular

Habilmente lideradas por Oliver Cromwell, as tropas do Parlamento obtiveram diversas vitórias. (Cromwell era um importante membro da Câmara dos Comuns que defendia a religião protestante e era contrário a inovações). O rei foi derrotado e condenado à morte por decapitação. Alçado ao poder, Cromwell proclamou a república, que foi chamada de ***Commonwealth***, e passou a ter poderes ditatoriais garantidos pelo exército. O ditador invadiu o Parlamento e dispersou os membros que se opunham a seu centralismo. Recebeu o título vitalício de Lorde Protetor da Inglaterra, Irlanda e Escócia.

Câmara dos Comuns: câmara parlamentar do sistema bicameral surgida no século XIV. É chamada de câmara baixa (a primeira câmara e a câmara alta é a Câmara dos Lordes).

Atendendo diretamente aos interesses mercantis da burguesia, Cromwell decretou os **Atos de Navegação**, leis que protegiam os comerciantes ingleses e estimulavam a construção naval, visando enfrentar a poderosa concorrência holandesa.

Após a morte de Cromwell, em 1658, o país passou por grande instabilidade: seu filho Richard Cromwell não conseguiu conter a reação monárquica e antipuritana, o que possibilitou a restauração da monarquia Stuart. No entanto, a semente revolucionária fora lançada, e em 1688 iniciou-se a **Revolução Gloriosa**, quase um complemento da anterior.

O rei Stuart **Jaime II** foi afastado, e a burguesia vitoriosa instalou no poder um novo monarca, o protestante Guilherme de Orange, holandês de origem e casado com a filha mais velha do monarca deposto. Coroado com o título de **Guilherme III**, recebeu o trono concordando em assinar a **Declaração de Direitos** ou, em inglês, ***Bill of Rights***, por meio da qual abdicava, em seu nome e no de seus sucessores, de tentar submeter o Parlamento.

Garantiam-se, assim, os fundamentos da monarquia constitucional inglesa, além de serem firmadas a autonomia do judiciário, a liberdade de imprensa e a proteção à propriedade particular, temas de interesse dos membros da burguesia. Definiu-se ainda que novas taxações teriam de ser aprovadas pelo Parlamento e que haveria liberdade religiosa a todos os protestantes (**Ato de Tolerância**).

Para a Inglaterra, a **Revolução Gloriosa** de 1688-1689 teve a mesma importância da Revolução Francesa para o restante da Europa. Precedeu-a em cem anos, o que significa que desde o século XVII a Inglaterra tinha um governo comprometido com o enriquecimento da classe dos homens de negócios. Isso explica, em grande parte, o notável desenvolvimento econômico do país nos duzentos anos seguintes.

Em outros Estados europeus, a ordem absolutista firmou-se segundo especificidades regionais, a exemplo da Prússia, com a família dos Hohenzollern; da Áustria, com os Habsburgo; e da Rússia, com os Romanov.

William III e a rainha Mary. Xilogravura anônima, 1869.

The Granger Collection/Glow Images/Coleção particular

4 A monarquia espanhola: o caso de Felipe II

Um soberano pode exemplificar o Estado centralizado espanhol: trata-se de **Felipe II**, que reinou de 1556 a 1598. Exercendo uma política sucessória e expansionista, reinou sobre vários outros reinos, inclusive Portugal, durante a União Ibérica, de 1580 até sua morte. Por isso, podemos dizer que ele foi soberano das colônias hispano-portuguesas, na América e no resto do mundo. Beneficiando-se do princípio da hereditariedade dinástica, herdou boa parte dos tronos europeus de seu tempo, alguns dos quais negociou com parentes nobres.

Seu reinado foi marcado pelo autoritarismo em larga escala, traduzido em ações contra os protestantismos luterano, calvinista e anglicano, dentro e fora da Espanha. Sua intolerância religiosa era tamanha que chegou a expulsar judeus e muçulmanos da Espanha, privando o país de capitais e de grande parte de seus artesãos, em prejuízo de sua própria economia. Procurava controlar ideologicamente o reino, censurando as publicações de todo tipo. Ao mesmo tempo, promovia e impulsionava o catolicismo e a Inquisição.

Os estudos de historiadores a partir de fontes que se referem à intimidade do rei, como as cartas que trocava com os familiares, mostram uma imagem, entretanto, diferente daquela que se esperaria por conta de suas decisões de governo:

> Surpreendente também para um homem frequentemente acusado de ser obcecado pela religião, as cartas eram totalmente livres de religiosidade (inclusive as cartas às filhas). Fillipe II mencionava as funções da Igreja naturalmente, mas o tom era totalmente secular, sem efusões de sentimento piedoso. Livres tanto de didatismo quanto de beatice, as cartas têm um frescor e uma espontaneidade únicos em cartas reais.
>
> CHACON, Vamireh. *A grande Ibéria*: convergências e divergências de uma tendência. São Paulo: Editora Unesp/Brasília: Paralelo 15, 2005. p. 117.

O rei Felipe II em tela de Peter Paul Rubens, pintada no século XVII.

Museo do Prado, Madri/Erich Lessing/Album/Latinstock

Felipe II permaneceu três anos em Lisboa, governando seu reino a partir dali, o que contribuiu para deslocar o interesse espanhol do Mediterrâneo para o Atlântico. A América portuguesa foi inserida com destaque na estratégia naval mundial do soberano, que ordenou, por exemplo, a construção de uma cidade para ser capital da Paraíba, pensando em sua posição geográfica estratégica, por estar situada em um dos pontos do território mais próximos da África.

O grande obstáculo às pretensões de Felipe II foi o reino da Inglaterra, como você viu, que derrotou suas forças marítimas, frustrando suas pretensões de anexar também o reino inglês, o qual tinha comandado por um curto período ao casar-se com a rainha Maria I.

Atividades

Releitura e reflexão

1. Para responder às próximas questões, releia o item *Pensadores do Estado moderno*, no início do capítulo.
   a) Com base nas teorias do bispo Bossuet, estabeleça a relação entre política e religião nas monarquias centralizadas europeias.
   b) Que autor destacado no capítulo estabeleceu a ideia de que a sociedade civil surge do contrato entre o monarca e o povo?
   c) De acordo com esse mesmo autor, por que haveria necessidade de superar o "estado da natureza"?

Análise de imagens e de texto

2. Para responder às próximas questões, examine a imagem e o texto. Observe também a imagem de Luís XIV, por Hyacinthe Rigaud, em tela de 1701 (reproduzida na abertura do capítulo, na página 391).

   O trecho a seguir, citado pelo historiador norte-americano Robert Darnton, foi escrito por um burguês que vivia do arrendamento de suas terras na cidade francesa de Montpellier, em 1768. Ele faz referência às divisões sociais: o Segundo Estado era formado pela nobreza e o Terceiro Estado, pelo povo. Havia ainda o Primeiro Estado, formado pelo clero.

Museu de Belas Artes, Paris/Album/akg-images/Latinstock

Luís XV, retratado por Carle van Loo, no século XVIII. Em seu reinado, iniciou-se o processo de desagregação da monarquia absolutista francesa.

Desde que as pessoas começaram a enriquecer rapidamente, com as finanças e o comércio, o Segundo Estado conquistou um novo respeito. Seus gastos e seus luxos tornaram-no alvo da inveja do Primeiro. Inevitavelmente, os dois se fundiram, e hoje não há mais diferenças na maneira como administram suas casas, dão jantares e se vestem. [...]

Também não é mais possível enxergar diretamente diferenças entre os ramos do Terceiro [Estado]. O mais ordinário artesão comporta-se como igual do mais eminente *artiste* [artista], ou de qualquer pessoa que pratique um negócio superior ao seu.

[...] deveria existir um regulamento exigindo que todo criado, do sexo masculino ou feminino, usasse um distintivo bem visível, na roupa. Porque nada é mais impertinente do que ver um cozinheiro ou um camareiro que enverga um traje enfeitado com galões ou renda, põe a espada à cinta e se insinua em meio à melhor companhia, nos passeios públicos; ou ver uma camareira vestida tão elaboradamente quanto sua patroa; ou encontrar criados domésticos de qualquer tipo enfeitados como se fossem nobres. Tudo isto é revoltante. O estado dos criados é de servidão, de obediência às ordens de seus patrões. [...].

DARNTON, Robert. *O grande massacre de gatos e outros episódios da história cultural francesa.* Rio de Janeiro: Graal, 1986. p. 186-188.

a) Descreva as imagens, tentando identificar os diversos objetos que cercam os reis Luís XIV e Luís XV, bem como suas vestimentas. Em que medida tais objetos expressam o poder real?
b) Assim como as pinturas retratam a realeza francesa, o texto revela a importância da visibilidade dos sinais de distinção social. Explique por que esses sinais de distinção social eram importantes.
c) Que transformações sociais são destacadas pelo membro da burguesia francesa?

Análise de fonte histórica

3. O texto abaixo é um trecho das memórias escritas pelo monarca francês Luís XIV, constituindo uma importante fonte histórica do período, sobre as bases do Estado centralizado e sobre a atuação do monarca. Leia-o e responda às questões propostas.

Informado de tudo, escuto os meus súditos mais humildes; conheço a todo o momento o número e a qualidade das minhas tropas, bem como a situação das minhas praças; dou incessantemente as minhas ordens para todas as suas necessidades; trato imediatamente com os ministros estrangeiros; recebo e leio os despachos; redijo, eu mesmo, uma parte das respostas e passo aos meus secretários o cerne das demais; regulo os ingressos e os gastos do meu Estado; faço com que me prestem conta diretamente aqueles a quem coloco nos cargos importantes; conduzo os meus negócios de forma tão secreta quanto nenhum outro tinha feito antes de mim; distribuo as graças pelo meu próprio critério e conservo, se não me engano, aqueles que me servem, embora favorecidos com benefícios, destinados a eles mesmos e aos seus, dentro de uma modéstia muito longínqua da elevação e do poder dos primeiros ministros. [...].

A tranquilidade dos súditos só se encontra na obediência. [...] Sempre é menos ruim para o público suportar do que controlar incluso o mau governo dos reis, do qual Deus é único juiz. Aquilo que os reis parecem fazer contra a lei comum funda-se, geralmente, na razão de Estado, que é a primeira das leis, por consentimento de todo mundo, mas que é, no entanto, a mais desconhecida e a mais obscura para todos aqueles que não governam.

LUÍS XIV, Rei da França. *Memorias.* (Versão espanhola de Aurelio Garzón del Camino). México: Fondo de Cultura Económica, 1989. p. 28-37.

Museu do Louvre, Paris

a) Partindo da leitura do primeiro parágrafo do texto, explique a expressão atribuída ao monarca Luís XIV: "o Estado sou eu".
b) Segundo as palavras de Luís XIV, qual o único juiz que poderia julgar um rei?
c) Explique que papel Luís XIV atribuía aos súditos no trecho citado acima.
d) De acordo com Luís XIV, de que maneira a chamada "razão de Estado" legitima e justifica as ações do rei?
e) Referindo-se à razão de Estado, Luís XIV afirma que ela "é, no entanto, a mais desconhecida e a mais obscura para todos aqueles que não governam". Como você interpreta isso?

Vestibulares de Norte a Sul

1. SE (PUC-RJ)

Para o progresso do armamento marítimo e da navegação, que sob a boa providência e proteção divina interessam tanto à prosperidade, à segurança e ao poderio deste reino [...], nenhuma mercadoria será importada ou exportada dos países, ilhas, plantações ou territórios pertencentes à Sua Majestade, ou em possessão de Sua Majestade, na Ásia, América e África, noutros navios senão nos que [...] pertencem a súditos ingleses [...] e que são comandados por um capitão inglês e tripulados por uma equipagem com três quartos de ingleses [...], nenhum estrangeiro [...] poderá exercer o ofício de mercador ou corretor num dos lugares supracitados, sob pena de confisco de todos os seus bens e mercadorias [...].

Segundo Ato de Navegação de 1660. Apud: DEVON, Pierre. *O mercantilismo*. São Paulo: Perspectiva, 1973. p. 94-95.

Por meio do Ato de Navegação de 1660, o governo inglês:

a) estabelecia que todas as mercadorias comercializadas por qualquer país europeu fossem transportadas por navios ingleses.
b) monopolizava seu próprio comércio e impulsionava a indústria naval inglesa, aumentando ainda mais a presença da Inglaterra nos mares do mundo.
c) enfrentava a poderosa França retirando-lhe a posição privilegiada de intermediária comercial em nível mundial.
d) desenvolvia a sua marinha, incentivava a indústria, expandia o Império, abrindo novos mercados internacionais ao seu excedente agrícola.
e) protegia os produtos ingleses, matérias-primas e manufaturados, que deveriam ter sua saída dificultada, de modo a gerar acúmulo de metais preciosos no Reino inglês.

2. S (UFRGS-RS) Leia o segmento abaixo.

O rei tomou o lugar do Estado, o rei é tudo, o Estado não é mais nada. Ele é o ídolo a quem se oferecem as províncias, as cidades, as finanças, os grandes e os pequenos, em uma palavra, tudo.

JURIEN, Pierre. Apud ELIAS, Norbert. *A sociedade de corte*. Rio de Janeiro: Zahar, 2001. p. 133.

Essa afirmação de um contemporâneo de Luís XIV, na França, diz respeito a uma forma de governo que ficou conhecida como:

a) monarquia constitucional.
b) autocracia despótica oriental.
c) autocracia parlamentar.
d) monarquia absolutista.
e) tirania teocrática.

3. CO (UFG-GO) Leia o texto a seguir.

A ilha de Utopia tem cinquenta e quatro cidades grandes e magníficas, onde todos falam a mesma língua, têm os mesmos hábitos e vivem sob as mesmas leis e instituições. O governador conserva o cargo por toda a vida, a menos que se suspeite que o titular deseja instituir uma tirania. Uma lei proíbe que as questões de interesse público sejam discutidas durante menos de três dias, sendo crime de morte deliberar sobre assuntos de Estado fora do Senado ou da Assembleia Popular. Aparentemente, isso é feito para impedir que o governador e os representantes das famílias conspirem para ignorar os desejos da população e alterar a Constituição.

MORUS, Thomas. *Utopia*. São Paulo: Martins Fontes, 2009. p. 82 e seq. (Adaptado).

Este texto integra a obra de Thomas Morus, publicada em 1516, na Inglaterra governada por Henrique VIII. Ao narrar a vida cotidiana em um país fictício, chamado Utopia, o autor descreve instituições políticas que projetam um governo voltado à vida comunitária ideal. Com base no texto apresentado, explique como essa vida comunitária ideal:

a) revela os princípios que sustentam o processo de formação do Estado nacional moderno;
b) expressa um elemento de crítica ao governo absolutista.

4. SE (ESPM-SP)

Morto o rei, em maio do mesmo ano, a república foi proclamada, o que dava a entender que as reivindicações dos niveladores estavam sendo atendidas, mas a revolução parou aí, e a sensação de traição foi virando certeza. A revolta dos niveladores malogrou. Além da fracassada tentativa dos Niveladores, o país conheceu também o movimento dos Escavadores, que, por meio da ação direta e pacífica, tentaram chegar a uma forma de comunismo agrário.

(Paulo Miceli. *As Revoluções Burguesas*)

O texto deve ser relacionado com:

a) a Revolução Puritana, na Inglaterra;
b) a Revolução Gloriosa, na Inglaterra;
c) as Frondas, na França;
d) a Revolução Francesa de 1789;
e) a Revolução de 1830, na França.

5. CO (UEMT) A Declaração de Direitos, imposta a Guilherme de Orange após a Revolução Gloriosa na Inglaterra, estabeleceu, entre outros pontos, que:

a) a autoridade do monarca sobrepõe-se à do Parlamento;
b) a origem divina da Monarquia concede-lhe privilégios;
c) o poder da lei é superior ao poder do monarca;
d) o Parlamento legisla por delegação especial do rei;
e) a vontade do rei, independentemente do Parlamento.

CAPÍTULO

17 América portuguesa: expansão e diversidade econômica

Repouso de uma caravana, de Johann Moritz Rugendas, litografia presente na obra *Viagem pitoresca ao Brasil*, de cerca de 1835.

Para pensar historicamente

Economia e sociedade

Até que ponto nossa vida depende das condições materiais e econômicas?

A vida de uma pessoa pode ser completamente diferente da vida de outra que more na mesma cidade, na mesma época, dadas as suas condições econômicas, educacionais e de classe social. E pode ter muitas semelhanças com a vida das pessoas de outros tempos.

Grande parte das características culturais das diferentes regiões brasileiras da atualidade resultou das condições da vida material e das atividades econômicas desenvolvidas ao longo da história colonial. Neste capítulo, você poderá refletir sobre esses temas, no decorrer dos estudos sobre os acontecimentos políticos e econômicos do Brasil no período colonial.

João Luiz Bulcão/Tyba

Olinda atual guarda muitos vestígios da presença da ocupação holandesa, que ocorreu em meados do século XVII. Foto de 2011.

1 As invasões de nações europeias

Desde a chegada de Cabral, o domínio português sobre sua colônia na América foi ameaçado por outros países europeus. Nem mesmo a instauração dos governos-gerais em 1549 e a implantação bem-sucedida do empreendimento açucareiro conseguiram afastar as incursões estrangeiras que, ao contrário, aumentaram nos séculos XVI e XVII. A União Ibérica (1580-1640), período em que Portugal e suas colônias passaram a integrar as posses da Espanha, atraiu para o Brasil os inimigos europeus dos castelhanos, descontentes com sua hegemonia, sobretudo franceses e holandeses.

Os **franceses**, após terem realizado o contrabando de pau-brasil no litoral brasileiro no início do século XVI, fundaram, em 1555, uma colônia no Rio de Janeiro: a **França Antártica**. Foram expulsos pelo governador-geral Mem de Sá, em 1567, mas intensificaram sua presença no Nordeste brasileiro. Tentaram estabelecer no Maranhão uma nova colônia, a **França Equinocial**. Também essa tentativa fracassou.

Em decorrência da União Ibérica, os **holandeses** estenderam sua inimizade pelos espanhóis às colônias do Império Português. Nos Países Baixos, que na época também incluíam o território da atual Bélgica, o desenvolvimento comercial e a adoção do protestantismo calvinista pela maioria da população levaram as elites mercantis flamengas a lutar pela autonomia política diante do domínio espanhol e católico. Em 1581, obtiveram a independência.

A luta com os Países Baixos enfraqueceu o poderio espanhol. Após uma trégua, os Países Baixos retomaram a ofensiva militar, fundando, em 1621, a **Companhia das Índias Ocidentais**, destinada a controlar o comércio do açúcar brasileiro e apossar-se dos domínios ibéricos na costa americana e africana. Depois de uma tentativa frustrada de invadir Salvador, em 1630, os holandeses organizaram uma grande expedição que atacou a principal área açucareira da América portuguesa, a região de Olinda e Recife, onde permaneceram por quase 25 anos.

O legado holandês

A presença holandesa na colônia deixou inúmeros legados culturais: os monumentos arquitetônicos como palácios, igrejas e pontes; as referências que ainda hoje permanecem na cultura popular, como letras e imagens carnavalescas; os registros de artistas, cientistas, cartógrafos, pintores, entre outros membros da comitiva de Maurício de Nassau.

A rua da Cruz em Recife, desenho do século XIX de L. Schlappriz e litografia de F. H. Carls.

O domínio holandês na colônia portuguesa estendeu-se desde o litoral do atual Maranhão até o território que hoje corresponde ao Sergipe. Para administrá-lo foi nomeado o conde **Maurício de Nassau**, que permaneceu no cargo entre 1637 e 1644. Preocupado em normalizar a rica produção açucareira, o conde conseguiu a colaboração de muitos senhores de engenho, concedendo-lhes empréstimos que permitiram o aumento da produtividade. Ele também trouxe artistas e cientistas da Europa, concedeu liberdade de credo e modernizou Recife urbanisticamente.

O Brasil holandês

A extensão máxima do Brasil holandês foi atingida em 1641, quando a Holanda dominava sete das 14 capitanias brasileiras. Recife foi a cidade colonial que mais se beneficiou com esse domínio.

Adaptado de: *IstoÉ*. Brasil – 500 anos: atlas histórico. São Paulo: Grupo de Comunicação Três S.A., 1998. p. 18.

Os últimos anos da administração de Nassau foram de muitas dificuldades, com a queda de preço do açúcar no mercado europeu, perda de safras por incêndios, pragas e inundações e falência de muitos senhores.

A Companhia das Índias Ocidentais, apesar de todas essas dificuldades, determinou a cobrança integral das dívidas dos senhores de engenho, com juros elevados. Nassau, contrário às medidas e acusado de mau uso dos recursos, entregou o cargo, decidindo voltar à Europa. Com a saída de Nassau, aumentou o confronto dos senhores de engenho com a Companhia. Antes mesmo que ele deixasse o Brasil, a luta havia se intensificado no Maranhão, culminando com a expulsão dos holandeses de São Luís. A insurreição alastrou-se pelo Nordeste, atingindo Pernambuco em 1645. Eclodiu então o movimento que expulsou definitivamente os holandeses, a **Insurreição Pernambucana** (1645-1654).

Inicialmente os colonos não contaram com a ajuda do reino de Portugal. Apenas depois das primeiras vitórias o movimento foi ganhando apoio e reforços metropolitanos. A luta, que tinha entre seus líderes o negro Henrique Dias e o indígena Felipe Camarão, fortaleceu-se com a adesão dos senhores de engenho às forças populares.

Os holandeses foram obrigados a concordar com a **Paz de Haia**, assinada em 1661. Sob intermediação inglesa, reconheceram os domínios coloniais lusos em troca de uma indenização. Simultaneamente, aumentavam os vínculos entre Portugal e Inglaterra.

Expulsos do Nordeste brasileiro, os holandeses implantaram a empresa açucareira em seus domínios coloniais nas Antilhas, de onde passaram a concorrer com vantagem sobre o açúcar brasileiro, já que eles haviam aprendido as técnicas de cultivo da cana e de produção do açúcar. Isso provocou a primeira crise da economia colonial, levando o Nordeste à perda de sua supremacia econômica na colônia.

Para saber mais

Henrique Dias e Felipe Camarão à frente de negros e índios entre colonizadores

Henrique Dias e Felipe Camarão formaram poderosas lideranças na luta contra os holandeses. Na divisão das lideranças dos índios potiguares, quando alguns deles resolveram alinhar-se aos holandeses, Felipe Camarão (1601-1648) decidiu manter-se fiel aos portugueses. Participou da resistência armada contra os holandeses e seus aliados potiguares, obtendo diversos sucessos em batalhas, a mais memorável delas foi a primeira batalha de Guararapes. O indígena recebeu do rei Filipe III de Portugal (1621-1640) o hábito de cavaleiro da Ordem de Cristo, o direito de usar o título de dom e brasão de armas, bem como soldo de capitão-mor dos índios. Morreu pouco antes da vitória final portuguesa de "febre maligna". Já Henrique Dias (nascido entre 1575 e início do século XVII e morto em 1662) comandou um exército de negros libertos lutando em várias frentes de batalha até a vitória final. No período de relativa paz entre holandeses e colonizadores portugueses, Henrique Dias deixou os combates, "atuando talvez como capitão do mato em busca de escravos fugidos", retomando os embates contra os holandeses a partir de 1645, em seguidas ofensivas nas batalhas de Guararapes, em 1648 e 1649. Depois da expulsão dos holandeses, recebeu comendas, como a da Ordem de Cristo, alforria para seus comandados, além de fazendas e dinheiro.

Reprodução/Museu Nacional de Belas Artes – Iphan/MinC, Rio de Janeiro, RJ

Batalha dos Guararapes, de Victor Meirelles, 1879.

Igreja Nossa Sra. Conceição dos Militares, Recife

Detalhe de um painel de 1781 (anônimo) da Igreja de Nossa Senhora da Conceição dos Militares, no Recife, representando a expulsão dos holandeses pelos colonos brasileiros. Observe que as forças coloniais não usavam calçados.

Pensando no Enem

1. *Quando tomaram a Bahia, em 1624-1625, os holandeses promoveram também o bloqueio naval de Benguela e Luanda, na costa africana. Em 1637, Nassau enviou uma frota do Recife para capturar São Jorge da Mina, entreposto português de comércio do ouro e de escravos no litoral africano (atual Gana). Luanda, Benguela e São Tomé caíram nas mãos dos holandeses entre agosto e novembro de 1641. A captura dos dois polos da economia de plantações mostrava-se indispensável para o implemento da atividade açucareira.*

Adaptado de: ALENCASTRO, L. F. Com quantos escravos se constrói um país? In: *Revista de História da Biblioteca Nacional.* Rio de Janeiro, ano 4, n. 39, dez. 2008.

Os polos econômicos aos quais se refere o texto são:

a) as zonas comerciais americanas e as zonas agrícolas africanas.

b) as zonas comerciais africanas e as zonas de transformação e melhoramento americanas.

c) as zonas de minifúndios americanas e as zonas comerciais africanas.

d) as zonas manufatureiras americanas e as zonas de entreposto africano no caminho para a Europa.

e) as zonas produtoras escravistas americanas e as zonas africanas reprodutoras de escravos.

Resposta: e

A questão aborda o período em que Felipe II da Espanha tinha também sob seu comando a coroa portuguesa (União Ibérica). Os holandeses, após serem proibidos de manter suas relações mercantis no Atlântico, se apoderam de regiões americanas e africanas com as quais tinham relações mercantis antes da União Ibérica. Buscavam, assim, manter a lucratividade da atividade açucareira que dominavam.

2. Rui Guerra e Chico Buarque de Holanda escreveram uma peça para teatro chamada "Calabar", pondo em dúvida a reputação de traidor que foi atribuída a Calabar, pernambucano que ajudou decisivamente os holandeses na invasão do Nordeste brasileiro, em 1632.

— Calabar traiu o Brasil que ainda não existia? Traiu Portugal, nação que explorava a colônia onde Calabar havia nascido? Calabar, mulato em uma sociedade escravista e discriminatória, traiu a elite branca?

Os textos referem-se também a esta personagem.

Texto I

"[...] *dos males que causou à Pátria, a História, a inflexível História, lhe chamará infiel, desertor e traidor, por todos os séculos.*

Visconde de Porto Seguro. In: SOUZA JÚNIOR, A. *Do Recôncavo aos Guararapes.* Rio de Janeiro: Bibliex, 1949.

Texto II

Sertanista experimentado, em 1627 procurava as minas de Belchior Dias com a gente da Casa da Torre; ajudara Matias de Albuquerque na defesa do Arraial, onde fora ferido, e desertara em consequência de vários crimes praticados... (os crimes referidos são o de contrabando e roubo).

CALMON, P. *História do Brasil.* Rio de Janeiro: José Olympio, 1959.

Pode-se afirmar que:

a) A peça e os textos abordam a temática de maneira parcial e chegam às mesmas conclusões.

b) A peça e o texto I refletem uma postura tolerante com relação à suposta traição de Calabar, e o texto II mostra uma posição contrária à atitude de Calabar.

c) Os textos I e II mostram uma postura contrária à atitude de Calabar, e a peça demonstra uma posição indiferente em relação ao seu suposto ato de traição.

d) A peça e o texto II são neutros com relação à suposta traição de Calabar, ao contrário do texto I, que condena a atitude de Calabar.

e) A peça questiona a validade da reputação de traidor que o texto I atribui a Calabar, enquanto o texto II descreve ações positivas e negativas dessa personagem.

Resposta: e

Os textos abordados na questão remetem ao período das invasões holandesas no nordeste brasileiro. Sabe-se que Calabar nasceu em Porto Calvo, sul da capitania de Pernambuco, e que conhecia muito bem o território da região. Além da discussão sobre sua deserção das tropas lusas, nas quais teria se alistado voluntariamente, os pesquisadores procuram encontrar os motivos que o teriam levado a mudar de lado no confronto. O que se sabe é que, além de Calabar, grandes proprietários, indígenas, cristãos-novos, mestiços e escravos fugidos também colaboraram com os invasores.

2 Outras atividades e expansão territorial

A subordinação à metrópole não impediu que houvesse certo dinamismo nas relações econômicas e comerciais na América portuguesa. Houve até mesmo um comércio direto com áreas que não pertenciam ao domínio português, como a região do rio da Prata, no sul da América, e com regiões africanas, como Angola, Costa da Mina e Moçambique, além de Goa e Macau, na Ásia. Vários comerciantes que aqui residiam negociavam diretamente com os traficantes de escravizados da África. Outras atividades que reforçavam esse dinamismo eram o comércio interno de alimentos e os empréstimos. Alguns se dedicavam ainda a cobrar impostos em nome da Coroa, mediante contratos em leilões oficiais, prática usual metropolitana. Vários desses mercadores enriqueceram e, em geral, compraram terras e escravos, conquistando assim maior prestígio na sociedade colonial.

Além da atividade comercial, a colônia também cultivava produtos como mandioca, arroz, milho, feijão, tabaco e algodão e produzia aguardente e rapadura, tanto para a subsistência dos colonos quanto para exportação. Como se pode ver, além da importância da empresa açucareira para a política colonizadora portuguesa, havia outras atividades econômicas na colônia.

A mandioca estava na base da alimentação, especialmente dos escravos, e sua produção chegou a ser imposta aos senhores a fim de evitar crises alimentares, que poderiam afetar a população e comprometer o projeto colonizador.

O **fumo**, produzido principalmente na Bahia, era importante moeda de troca no comércio de escravizados nas regiões africanas. Chegou a representar a segunda maior receita de exportação agrícola da colônia. Sua importância econômica e o fato de o cultivo exigir menos terra e menos mão de obra atraíram inúmeros lavradores, especialmente entre o final do século XVII e o início do XVIII. A produção de tabaco era controlada, sobretudo, por mulatos e negros livres, e não foi uma atividade da elite.

A produção de **aguardente** e **rapadura**, embora reduzida, também era muito importante na troca por escravos africanos, sendo realizada principalmente no litoral de São Vicente.

O cultivo de **algodão**, mais intenso no Maranhão, estava ligado inicialmente à confecção das roupas dos escravos, já que os senhores e suas famílias usavam tecidos vindos da Europa. Porém, logo se transformou em produto de exportação.

A **pecuária** e a extração das **drogas do sertão**, com as expedições para o interior – enfrentando invasores estrangeiros ou procurando metais preciosos e indígenas –, foram decisivas para a ocupação do interior brasileiro e a ampliação das fronteiras da colônia. Nesses deslocamentos, os colonos enfrentavam muitas dificuldades. Era comum levarem indígenas como guias. Para se alimentar, saqueavam plantações de outros grupos indígenas, ou então plantavam gêneros alimentícios para colher na volta da expedição. Com o tempo, os habitantes dos povoados passaram a se fixar próximo dos caminhos, para oferecer pouso e alimentação, abrigando as pessoas e os animais usados no transporte.

Os perigos das viagens pelo interior eram muitos: animais ferozes ou venenosos, insetos, carrapatos, morcegos e aranhas, assim como a resistência de grupos indígenas manifestada em ataques e emboscadas. Os Caiapó, por exemplo, chegaram a viver do ataque e saque a expedições comerciais fluviais que se embrenhavam pelo interior.

André Toma/Arquivo da editora

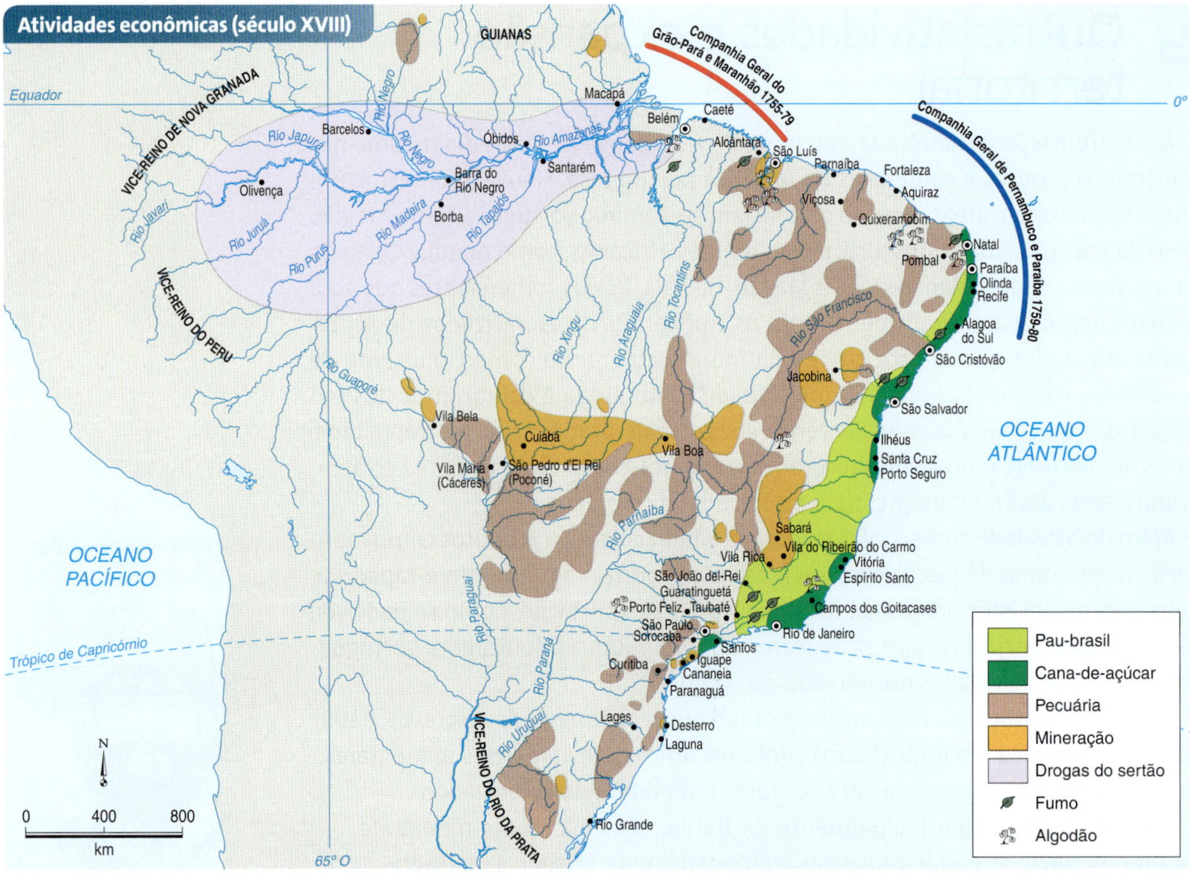

Allmaps/Arquivo da editora

Adaptado de: CAMPOS, Flavio de; DOLHNIKOFF, Miriam. *Atlas História do Brasil.* 3 ed. São Paulo: Scipione, 2002. p.15.

A ocupação do Nordeste e da região amazônica

A criação de gado se desenvolveu perto dos engenhos, como uma atividade complementar da rica empresa açucareira, e deixou pouco a pouco o litoral para se transformar num importante fator de ocupação do interior das capitanias do Nordeste. A pecuária oferecia a força motriz dos engenhos, transporte, alimento e couro, usado na confecção de roupas, calçados, móveis e outros utensílios tanto para os moradores dos engenhos como para as populações das vilas.

A criação extensiva do gado, solto nas terras, requeria sempre novas pastagens, o que favoreceu seu avanço pelo sertão. Já no século XVII, a atividade dos vaqueiros alcançava as capitanias do Ceará e Maranhão, ao norte, e as margens do rio São Francisco, ao sul, regiões onde surgiram importantes fazendas de gado, chamadas **currais**.

A criação de gado deslocou-se para o interior do Nordeste não só em busca de melhores pastagens, mas também para evitar que os animais destruíssem os canaviais. A atividade pecuarista utilizava principalmente trabalhadores livres, como mestiços de indígenas, e negros. Como pagamento, normalmente recebiam uma cria para cada quatro animais criados ao longo de cinco anos, o que servia de estímulo ao vaqueiro. As dificuldades geradas pela crise açucareira atraíram muitos colonos de estratos sociais inferiores para a pecuária. Assim, em contraste com a sociedade do açúcar, essa atividade permitia uma maior mobilidade social.

A ocupação do Norte e do Nordeste

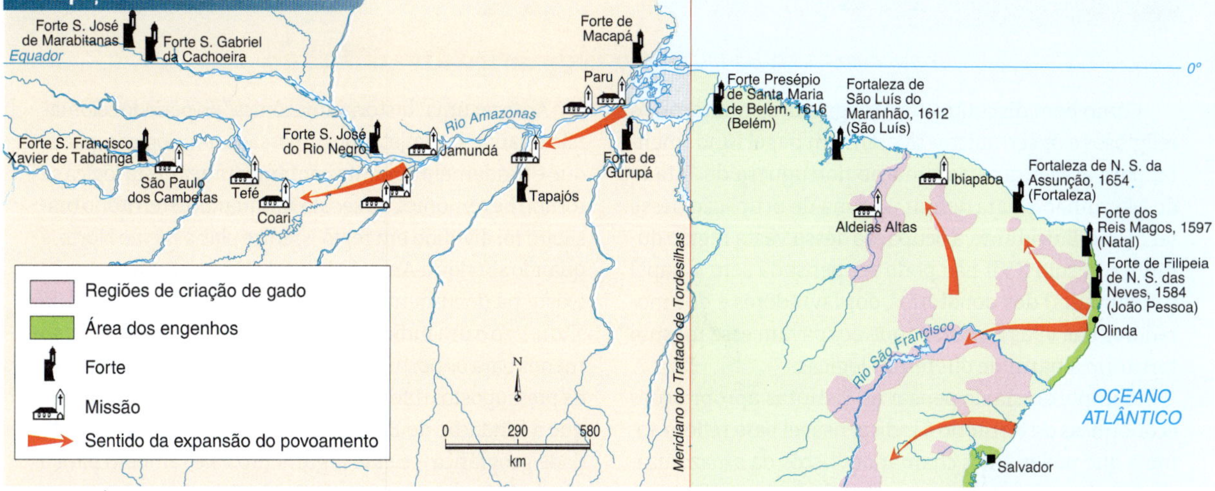

Allmaps/Arquivo da editora

Adaptado de: *IstoÉ. Brasil – 500 anos: atlas histórico*. São Paulo: Grupo de ComunicaçõesTrês S.A., 1998. p. 18.

As fortificações erguidas para defender o domínio luso transformaram-se em importantes cidades.

No início do século XVIII, a necessidade de abastecimento alimentar e de transporte para a empresa mineradora no centro-sul impulsionou a pecuária no Nordeste e no Sul da colônia.

O combate à presença estrangeira, especialmente durante a União Ibérica, também contribuiu para a ocupação do interior do Nordeste e da região que hoje chamamos Amazônica. As fortificações construídas pelas expedições militares, organizadas para combater as invasões, transformaram-se, com o tempo, em importantes cidades da região, como a Fortaleza de Filipeia de Nossa Senhora das Neves, fundada em 1584, na Paraíba, que se transformou na atual João Pessoa, e o Forte dos Reis Magos (1597), no Rio Grande do Norte, embrião da atual cidade de Natal.

Na região amazônica, quando comparada a outras partes da América portuguesa, a conquista e ocupação ocorreu relativamente tarde: apenas na época da União Ibérica. As dificuldades de comunicação entre o Maranhão e o resto do Brasil sugeriram a ideia de criar ali um Estado independente. Por decisão do rei da Espanha, em 1621 foi criado o Estado do Maranhão, que começava no Ceará, próximo do Cabo de São Roque, e ia até a fronteira setentrional, ainda indefinida, do Pará. Belém passou a ser uma base para repelir as investidas estrangeiras que colocavam em risco o acesso às minas de prata espanholas da região do Peru.

A ocupação das terras que constituem o atual estado do Amazonas contou ainda com jesuítas, que fundaram dezenas de aldeias de catequese. Contudo, a principal base econômica para a ocupação da Amazônia foi a coleta de recursos florestais – as drogas do sertão, como cacau, baunilha, guaraná e ervas medicinais e aromáticas – administrada pelos jesuítas, que utilizavam o conhecimento e a mão de obra indígenas. Uma das motivações para a exploração das drogas nativas foi a perda de espaço dos portugueses no comércio de especiarias da Ásia.

Como em outras partes da colônia, a ocupação da região Norte encontrou resistência dos nativos.

Nem todos os grupos indígenas eram hostis aos colonizadores: muitas nações se aliaram à Coroa, combatendo "estrangeiros" e outros grupos nativos, como, aliás, ocorreu em toda a América portuguesa. Os conquistadores portugueses preferiam as nações indígenas a seu lado, e não lutando contra eles.

Leituras da História

Um contexto histórico e geográfico diversificado

Como bem discutiu a historiografia, os militares, os religiosos e os sertanistas tiveram um papel fundamental para assegurar a dominação portuguesa do Estado do Maranhão e para definir a forma de ocupação desse território. Entretanto, a ocupação dessa vasta região durante o século XVII não pode ser pensada sem o papel fundamental dos donatários, dos lavradores e dos moradores das vilas e cidades, que ocupavam esse mesmo território a partir de diferentes lógicas.

A importância de pensar as distintas apropriações econômicas do território é indispensável para refletir sobre o que poderíamos chamar de "riscos da amazonização". É claro que existe uma realidade geográfica que podemos reconhecer como floresta amazônica. Entretanto, no século XVII (e no século XVIII também) a colonização portuguesa pensava essa região a partir de uma perspectiva político-administrativa que abrangia um território mais vasto que a Amazônia propriamente dita. Era o Estado do Maranhão e Pará, que em meados do século XVIII se transforma em Estado do Grão-Pará e Maranhão. Essa unidade administrativa do império português compreendia, em finais do século XVII, regiões tão diferentes como o Rio Negro, em plena floresta, e a capitania do Piauí, semiárida em parte do seu território, onde o gado havia se tornado a principal atividade econômica. [...]

Ao fazer uma "história amazônica" no período colonial, não estaríamos projetando no passado uma lógica espacial que é fundamentalmente contemporânea? Esta lógica se tornou hegemônica no século XX, quando o território brasileiro foi dividido em regiões, entre elas a região Norte, e quando se criou a Amazônia legal. O termo Amazônia não existe na documentação do século XVII nem do século XVIII. Isso é um indicativo de uma concepção espacial, ao menos para os portugueses, que pensava a região a partir de pressupostos diferentes dos nossos. Isso não quer dizer que a fundação do Estado do Maranhão criou uma realidade geográfica – e esse argumento vale também para o século XX –, mas que a criação do Estado do Maranhão imprimiu um sentido à ocupação da região. Esse sentido incorporou os vetores de uma ocupação militar, missionária e sertanista, mas também agrupou vetores decorrentes da fundação de vilas, da doação de capitanias, da distribuição de sesmarias e da experimentação agrícola.

[...] Escrever a história do território do Estado do Maranhão e Pará significa, então, compreender a sua heterogeneidade.

CHAMBOULEYRON, Rafael. Plantações, sesmarias e vilas. Uma reflexão sobre a ocupação da Amazônia seiscentista. *Nuevo Mundo Mundos Nuevos*, Debates, 2006. Disponível em: <http://nuevomundo.revues.orgindex2260.html>. Acesso em: 4 fev. 2014. p. 6-7.

1. De acordo com o texto, qual foi a perspectiva adotada pela Coroa portuguesa para pensar a região que hoje definimos como "amazônica"?
2. Por que o autor do texto acima questiona a possibilidade de fazer uma "história amazônica"?

A expansão bandeirante

OED As expedições bandeirantes

A pobreza da inicialmente próspera capitania de São Vicente, diante do sucesso do empreendimento açucareiro no Nordeste, levou à organização de **bandeiras**, expedições cujo objetivo era procurar riquezas no interior da colônia e capturar nativos para vender como escravos. Em certa época, as expedições também passaram a ser contratadas para atacar quilombos.

A necessidade de mão de obra era cada vez maior. Os holandeses, em 1637, ocuparam os mais importantes portos africanos de fornecimento de africanos escravizados para o Brasil. Com exceção de Pernambuco, que também estava sob o domínio holandês, a colônia não tinha acesso a carregamentos de escravos. Assim, embora as primeiras bandeiras de apresamento de indígenas visassem obter mão de obra para a pequena lavoura de São Vicente ou para regiões próximas, progressivamente passaram também a suprir as necessidades dos senhores de engenho do Nordeste, onde se localizava a maior produção agrícola baseada em mão de obra escrava.

Muitas bandeiras atacaram as missões jesuíticas do oeste e sul da colônia, capturando dezenas de milhares de nativos. Os indígenas aculturados tinham valor mais alto que os demais, por estarem mais adaptados ao trabalho agrícola segundo o modelo europeu.

O BANDEIRISMO E O ATAQUE ÀS MISSÕES JESUÍTICAS

J. L. Bulcão/Pulsar Imagens

Ruína de igreja jesuíta do século XVII, no vilarejo de Joanes, município de Salvaterra, PA. 2009.

Erich Sacco/Museu de História do Pantanal - MUHPAN, Corumbá, MS

Maquete das missões jesuíticas do Itatim.

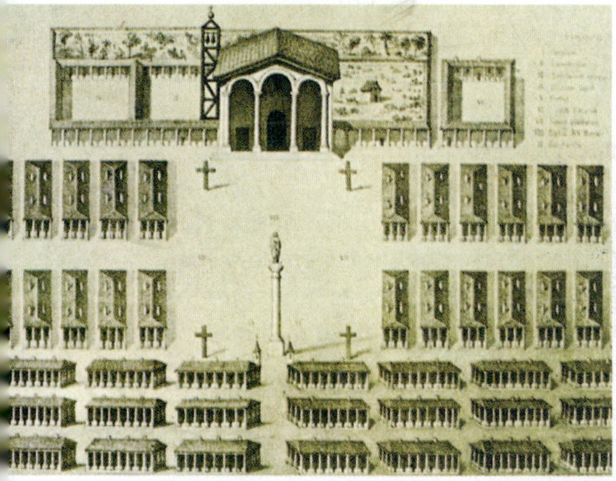

Reprodução/Coleção do Instituto de Estudos Brasileiros da USP, São Paulo, SP

Esquema construtivo de uma redução jesuítica em Guairá, no Paraguai. Essa disposição servia, entre outras coisas, para defender os moradores de possíveis ataques.

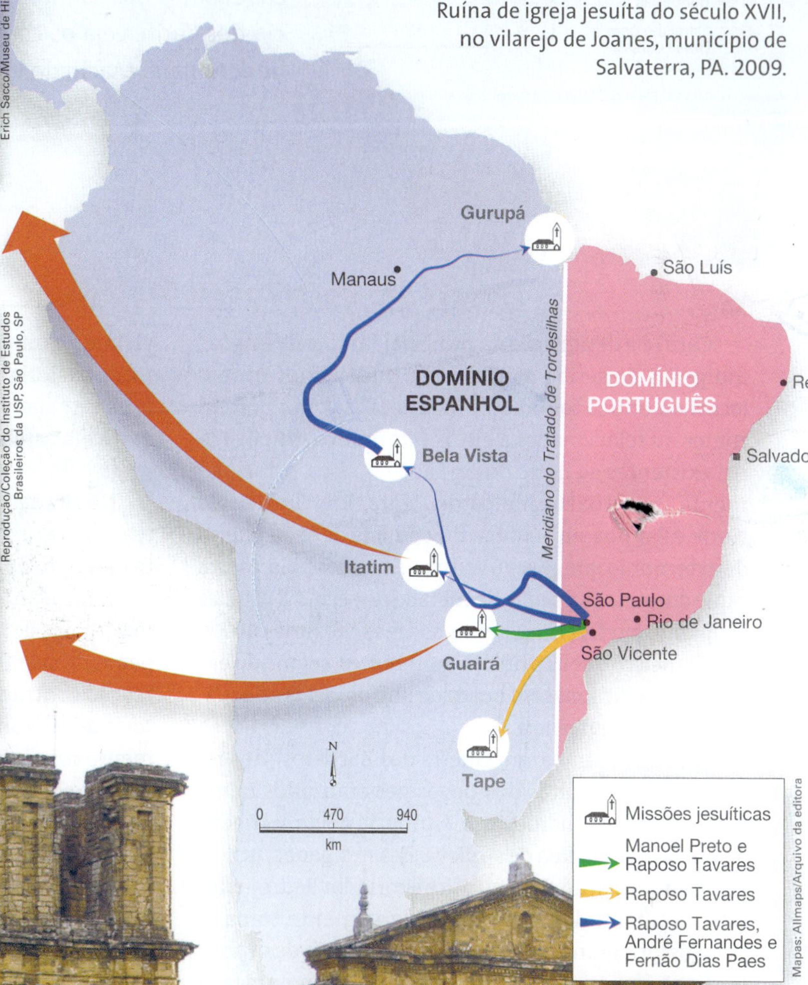

Mapas: Allmaps/Arquivo da editora

Ruína da Igreja de São Miguel, construída em 1735. São Miguel das Missões, RS.

Gerson Gerloff/Pulsar Imagens

Adaptado de: CAMPOS, Flavio de; DOLHNIKOFF, Miriam. *Atlas História do Brasil*. São Paulo: Scipione, 2002. p. 14.

As bandeiras partiam de Sorocaba (São Paulo) e utilizavam principalmente os rios Tietê, Paraná e Pardo para atingir Mato Grosso e Goiás (mapa à esquerda).

A atividade apresadora de indígenas entrou em declínio com o fim do domínio espanhol e a retomada do comércio de africanos pelos portugueses, normalizando o abastecimento de escravos para a colônia. As expedições, organizadas em bandeiras, dedicaram-se então a atacar aldeamentos de nativos insubmissos e de negros fugidos que viviam em quilombos. Essas expedições, a serviço dos fazendeiros ou da administração colonial, eram chamadas **bandeiras de contrato**. Entre elas, destacou-se a de Domingos Jorge Velho, que venceu a resistência dos Cariri e Janduí e destruiu o Quilombo dos Palmares, em fins do século XVII. Sobre a resistência dos Cariri, veja os comentários no quadro abaixo da historiadora Adriana Machado Pimentel de Oliveira Kraisch.

Leituras da História

Guerra dos Bárbaros ou Confederação dos Cariri?

Cariri é a designação da principal família de línguas indígenas do sertão do Nordeste, onde vários grupos locais ou etnias foram ou são referidos como pertencentes ou relacionados a ela. [...] Os muitos grupos Cariri existentes ao norte do rio São Francisco, principalmente nos atuais estados do Ceará, Rio Grande do Norte e Paraíba, enfrentaram a epopeia de uma guerra de extermínio que se seguiu à expulsão dos holandeses e que durou toda a segunda metade do século XVII. Eles ocuparam, preferencialmente, as áreas próximas ao Rio São Francisco e seus principais afluentes, seguindo em direção setentrional em busca de outros locais adequados para sobrevivência. [...]

Quando falamos em "Guerra dos Bárbaros" nos referimos aos conflitos dos povos generalizados como Tapuia do sertão nordestino. A própria documentação colonial, quando fala de sublevações indígenas, utiliza esta denominação. Segundo [o historiador Pedro] Puntoni, "a Guerra dos Bárbaros foi igualmente tomada pela historiografia como uma confederação das tribos hostis ao Império Português, um genuíno movimento organizado de resistência ao colonizador".

[...]

Os colonizadores, na sua tentativa de estabelecer um domínio dos campos agrícolas e de criação de gado, tentaram, de todas as formas, eliminar as nações Tapuia, que se localizavam em todos os sertões do Nordeste. Através da catequização e das chamadas "guerras justas", a escravidão e o massacre demonstraram que o europeu não estava preocupado em procurar conviver pacificamente com os processos culturais dos povos que viviam no interior. Estabelecer os núcleos de povoamento, na maioria das vezes, significava deslocar as populações indígenas localizadas nas proximidades dos rios e isto era estabelecer conflitos com estes Tapuia.

[...]

No Nordeste, especialmente no Rio Grande do Norte e no Ceará, a Confederação dos Cariris, embora muito menos falada, quase destruiu, em seus fundamentos, a colonização lusa. Ela pegou de surpresa muitos capitães-mores do interior, que, por terem sido muitas vezes pegos de surpresa, não conseguiram esboçar qualquer reação contra estes indígenas, num primeiro momento, fazendo com que os índios rebelados fossem duramente combatidos, causando uma guerra de extermínio que contou com o auxílio de forças armadas vindas de todo o país, sobretudo de bandeirantes paulistas.

Depois das batalhas, os prisioneiros mais fortes eram exterminados a ferro frio, as mulheres e as crianças eram escravizadas e enviadas para as fazendas para indenizar os proprietários de terra dos custos da "guerra justa". Dessas mulheres escravizadas e violadas descendemos nós – o povo caboclo. Darcy Ribeiro [antropólogo e político brasileiro] fala que esses primeiros "mestiços" eram "ninguém" e que, para existir, precisavam reinventar-se a si mesmos. Assim reinventamos uma nova cultura, uma nova civilização do semiárido.

KRAISCH, Adriana Machado Pimentel de Oliveira. Os índios tapuias do Cariri paraibano no período colonial: ocupação e dispersão. Anais do II Encontro Internacional de História Colonial. Mneme – *Revista de Humanidades*. UFRN. Caicó (RN), v. 9. n. 24, set/out. 2008. Disponível em: <www.cerescaico.ufrn.br/mneme/anais/st_trab_pdf/pdf_st2/adriana_kraisch_st2.pdf>. Acesso em: 4 fev. 2014.

As mais importantes bandeiras foram, contudo, as destinadas à procura de metais preciosos, incentivadas pela metrópole. O financiamento das expedições da região de São Paulo atual resultou na descoberta de ouro na região de Minas Gerais – como em Vila Rica, atual Ouro Preto, e Sabará –, depois Mato Grosso e Goiás, dando início à atividade econômica mineradora na colônia.

Os bandeirantes instalaram-se na região que viria a ser São Paulo por meio de acordos com indígenas, com os quais se aliaram. Esses acordos envolviam uniões com mulheres indígenas. Assim, o bandeirante era, em geral, um mestiço, que aprendia com os indígenas a sobreviver na mata e a fazer a guerra com outros grupos indígenas, para a qual os seus aliados tinham suficiente prática, já que a guerra era um evento importante do universo dos indígenas desde antes da chegada dos portugueses.

Portugueses, estrangeiros e colonos de diversas partes do Brasil, apelidados pelos paulistas de **emboabas** ("forasteiros"), foram atraídos para a região das minas, entrando em conflito armado com os descobridores das jazidas e terminando por expulsá-los da região. Os bandeirantes dirigiram-se então para a região central da colônia; em 1719, Pascoal Moreira Cabral descobriu ouro em Cuiabá e, em 1722, Bartolomeu Bueno Filho achou riquezas em Goiás.

Para saber mais

O mito dos heróis bandeirantes

As bandeiras procuravam riquezas, submetendo nativos e escravos fugidos e descobrindo metais preciosos. A versão histórica de glorificação desses aventureiros desbravadores de novos territórios surgiu no século XIX. O viajante francês Saint Hilaire, que esteve no Brasil entre 1816 e 1822, escreveu sobre a expansão interiorana dos paulistas, enfatizando a coragem desses conquistadores e referindo-se a eles como "uma raça de gigantes". Outros historiadores seguiram pelo mesmo caminho, exaltando os feitos dos bandeirantes, transformando-os em homens cultos, ricos e "heróis da pátria". Contudo, considerando-se que, dos séculos XVI ao XVIII, o Brasil ainda era português, não se sustenta essa ideia de "heróis nacionais". E mais: os bandeirantes primaram pelo uso da violência, escravizando indígenas e atacando jesuítas e escravos rebelados. Por fim, ao contrário do mito construído, não predominava a riqueza na região paulistana dos bandeirantes, pois em boa parte eles haviam sido pequenos lavradores desejosos de mão de obra escrava indígena e pequenos comerciantes que procuravam a fortuna rápida.

Os pioneiros, tela de Rafael Falco, século XIX.

Coleção particular

Leituras da História

As mulheres na época do bandeirismo

Boas esposas e mães de família, quase sempre recolhidas aos seus lares. [...] Essa era a imagem estereotipada das mulheres paulistas do período colonial que muitos historiadores repetiram em suas obras durante muito tempo. [...] Enquanto os maridos e filhos cuidavam dos negócios comerciais ou seguiam sertões adentro, à caça de indígenas e à procura de ouro nas bandeiras, elas simplesmente cuidavam das coisas do lar. [...] Tudo parecia encaixar-se claramente. Homens e mulheres teriam vivido em universos totalmente separados, com papéis sociais opostos. [...]

Pesquisas recentes têm demonstrado outra realidade, muito diferente da tradicional. [...]

Uma vez casadas, essas mulheres adquiriam sua importância social básica, que era gerar filhos do marido, e também gerenciar ao lado dele as propriedades do casal, que deveria se firmar dali em diante como uma unidade econômica. [...] Gerenciar o lar, portanto, extrapolava administrar simplesmente a casa, e passava por controlar todo um cotidiano produtivo nas propriedades, assim como toda a escravaria. Eram tarefas que as esposas realizavam ao lado dos maridos, ou mesmo sozinhas, quando eles se ausentavam por longos períodos, nas bandeiras. [...] Era desejável, portanto, que elas soubessem administrar e tomar decisões importantes, pois ficavam investidas de poder para representar seus maridos em pendengas judiciais, casar e dotar filhos. [...] Nessas ocasiões, elas firmavam matrimônios que implicavam criar ou aprofundar alianças com outras famílias de destaque na vila, o que poderia lhes trazer muitas vantagens políticas e facilitar a sobrevivência. Também podiam ampliar relações comerciais, diversificar a produção doméstica, quitar dívidas ou fazer empréstimos, adquirir mais escravos, enfim, agir como seus maridos agiriam se estivessem em casa.

DIAS, Madalena Marques. As bravas mulheres do bandeirismo paulista. *História Viva*, ed. 14, dez. 2004.

Reprodução/Mapoteca do Ministério das Relações Exteriores, Rio de Janeiro, RJ

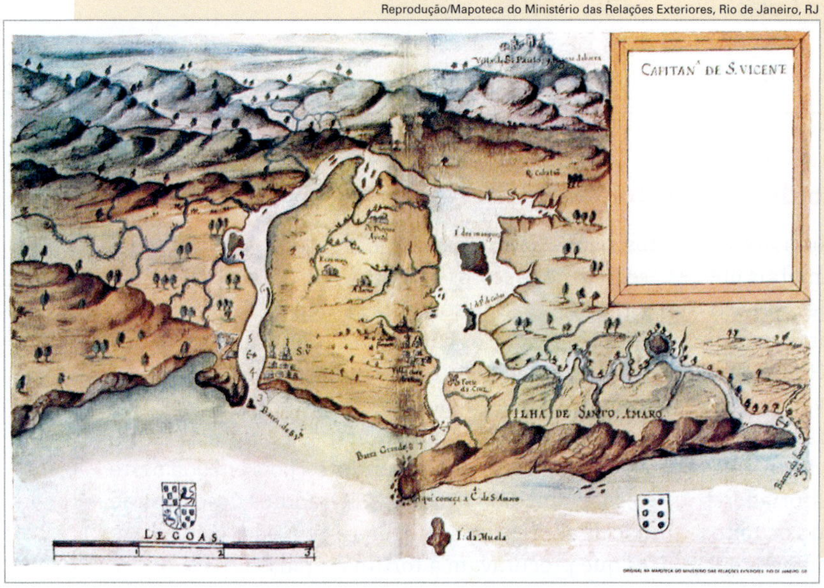

Mapa regional da capitania de São Vicente, de João Teixeira Albernaz, 1631. De São Vicente saíam muitas das expedições bandeirantes em direção ao interior do território da colônia.

A conquista do Sul

Apesar de terem dizimado muitos grupos indígenas e submetido grande parte à escravidão, é inegável o papel das bandeiras para a ocupação e povoamento do interior do Brasil, fundando povoados, criando vilas, dando início à exploração mineradora e, sobretudo, ampliando as fronteiras da colônia além dos limites estabelecidos pelo Tratado de Tordesilhas.

O domínio português estendeu-se pelo sul da colônia, com a destruição das missões jesuíticas pelas bandeiras de apresamento de indígenas e com a fundação, próximo à cidade de Buenos Aires, da colônia do Sacramento, em 1680. Constituída a fim de dominar o limite mais meridional de sua colonização e garantir a posse sobre o estuário do rio da Prata, a colônia do Sacramento rivalizava com os espanhóis, que escoavam por ali sua produção mineradora de Potosí, contexto que veremos no próximo capítulo. O sucesso inicial da presença lusa no extremo sul contou também com o apoio da Inglaterra, interessada no comércio da região.

Para sustentar a dominação lusa sobre o Sul, criaram-se as **estâncias**, grandes fazendas de gado cujo êxito foi favorecido pelas condições naturais dos pampas, uma planície forrada de excelente pastagem, e pelo mercado consumidor da região das minas. A pecuária sulista desenvolveu a produção de **charque**, carne-seca mais durável e fácil de transportar e utilizar. Aos poucos, a produção de charque tornou-se a base da economia da região, controlada pelos portugueses, consolidando-se plenamente no final do século XVIII.

Após a anulação dos limites impostos pelo Tratado de Tordesilhas, ocorrida durante a União Ibérica, foram estabelecidos novos tratados para resolver as contínuas disputas entre espanhóis e portugueses no sul da colônia, como o Tratado de Madri, de 1750, o Tratado de Santo Ildefonso, de 1777, e o Tratado de Badajós, de 1801.

Engenho de carne-seca brasileiro (1829), de Jean-Baptiste Debret.

Definições das fronteiras brasileiras

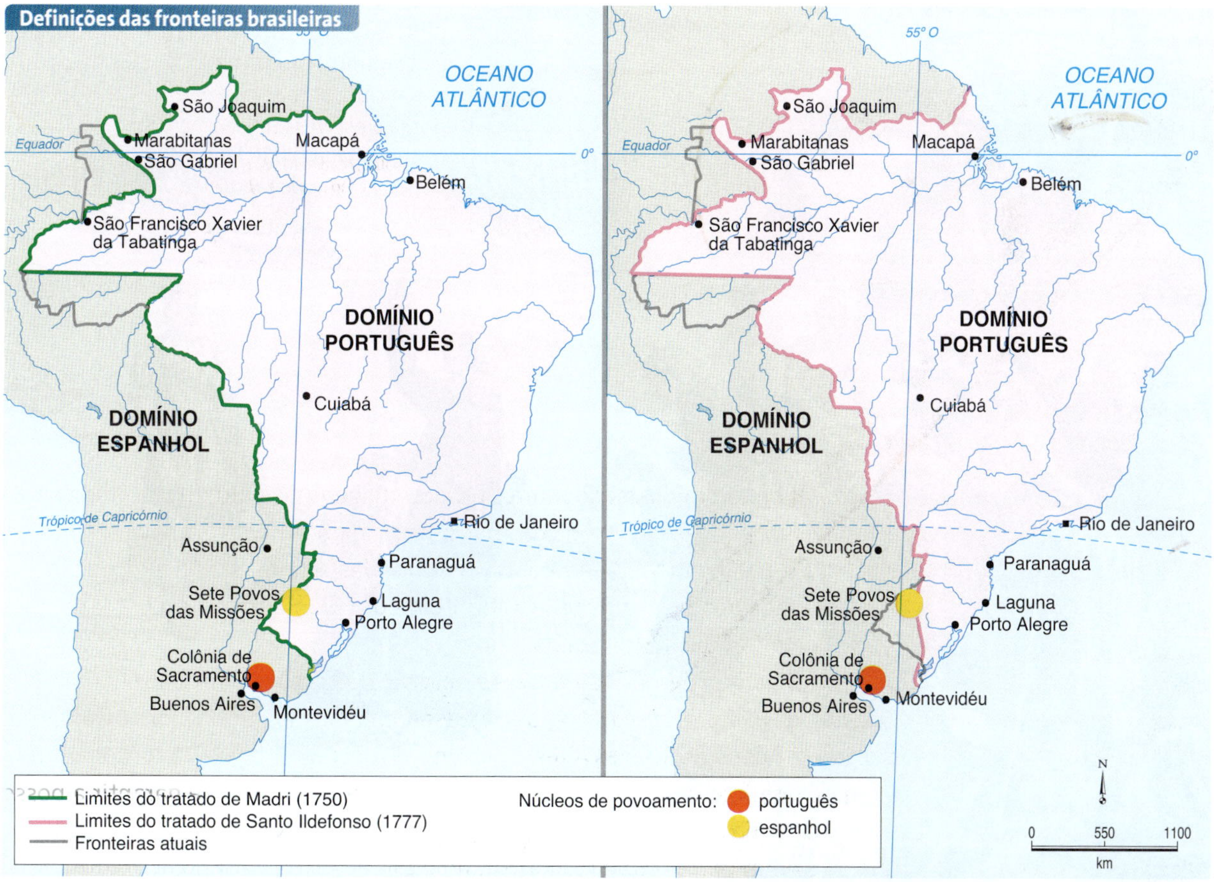

Adaptado de: CAMPOS, Flavio de; DOLHNIKOFF, Miriam. *Atlas História do Brasil*. São Paulo: Scipione, 2002. p. 16.

Somente em 1801 o Tratado de Badajós definiu as fronteiras do Sul do Brasil, muito próximas das decisões indicadas no Tratado de Madri, de 1750.

Infográfico

INDÍGENAS FAZENDO HISTÓRIA

INTERESSES

Desde os primórdios da colonização, os indígenas buscaram obter vantagens nas situações em que atuavam. Assim como os conquistadores europeus, a exemplo de franceses e portugueses, que viviam em confronto por domínios, também os nativos tinham hostilidades intertribais, motivando grupos rivais a se aproveitarem dessas cisões em momentos oportunos. Os nativos não ficaram à disposição dos colonizadores, "nem com eles colaboraram por ingenuidade e tolice. [...] Colaborar com os europeus e aldear-se podia significar, portanto, uma forma de resistência adaptativa, através da qual os povos indígenas buscavam rearticular-se para sobreviver o melhor possível no mundo colonial. Em vez de massa amorfa, simplesmente levada pelas circunstâncias ou pela prepotência dos padres, autoridades e colonos, os índios agiam por motivações próprias, ainda que pressionados por uma terrível conjuntura de massacres, escravizações e doenças."[1] No caso do conflito pelo Rio de Janeiro no século XVI, ocorrido entre franceses e portugueses, por exemplo, as diversas populações indígenas juntaram-se a um ou outro lado – segundo interesses próprios. E, de acordo com esses mesmos interesses, mudavam seu apoio durante o acontecimento.

Em 1565, Estácio de Sá parte de São Vicente para lutar contra os franceses no Rio de Janeiro. Pintura de Benedito Calixto, 1913.

Benedito Calixto/Palácio São Joaquim, Rio de Janeiro, RJ

[1] ALMEIDA, Maria Regina Celestino de. Identidades étnicas e culturais: novas perspectivas para a história indígena. In: ABREU, Marta; SOIHET, Rachel (Org.). *Ensino de História*: conceitos, temáticas e metodologia. 2. ed. Rio de Janeiro: Casa da Palavra, 2009. p. 29-30.

Antônio Firmino Monteiro/Palácio Pedro Ernesto, Rio de Janeiro, RJ

Fundação da cidade do Rio de Janeiro, pintura de Antônio Firmino Monteiro, 1884.

OCUPAÇÃO FRANCESA

Em 1555, os franceses invadiram o Rio de Janeiro e fundaram a França Antártica, estabelecendo-se na baía de Guanabara. Ali habitavam índios Tamoio e Maracajá. Estes últimos, por sua rivalidade com os Tamoio, acabaram se deslocando para o Espírito Santo. Acredita-se que uma parte do grupo tenha originado os Temiminó, liderados por Arariboia.

ARARIBOIA

Líder do povo Temiminó, aliou-se aos portugueses na luta pela expulsão dos franceses da baía de Guanabara. Sob seu comando, os indígenas ajudaram a frota de Estácio de Sá a recuperar a região e a fundar a cidade de São Sebastião do Rio de Janeiro (atual Rio de Janeiro), em 1565. Com isso, os Temiminó garantiam também a derrota de seus antigos inimigos, os Tamoio, que haviam apoiado os franceses na guerra, e a reconquista de seu território. A expulsão definitiva dos franceses só ocorreria dois anos mais tarde, em 1567.

Junius/Acervo do fotógrafo

Estátua de Arariboia na cidade de Niterói, Rio de Janeiro. Foto de 2009.

Atividades

Análise de imagens

1. As figuras abaixo são reproduções de retratos de monarcas. A primeira foi feita por Hyacinthe Rigaud em 1694 e retrata o monarca francês Luís XIV. A segunda é uma pintura de Dom João VI, rei de Portugal, feita por Jean-Baptiste Debret, em 1817.

Hyacinthe Rigaud/Museu do Louvre, Paris, França

Jean-Baptiste Debret/Museu Nacional de Belas Artes, Rio de Janeiro

a) Descreva as duas pinturas, destacando os recursos que os artistas utilizaram para valorizar a imagem dos monarcas.

b) Preste atenção agora nas figuras abaixo, que representam os bandeirantes paulistas. A primeira é do artista Henrique Bernardelli, intitulada *Ciclo de caça ao índio*, feita em 1923. A segunda é uma escultura em bronze de Manuel de Borba Gato, feita por Nicola Rollo em 1921.

Henrique Bernardelli/Museu Paulista da USP, São Paulo

Hélio Nobre/Acervo do Museu Paulista da USP, São Paulo

Que semelhança as duas representações dos bandeirantes têm com os quadros dos monarcas europeus?

c) Pelo que você estudou no capítulo sobre bandeirismo e sobre a situação da capitania de São Vicente nos séculos XVI e XVII, a imagem do bandeirante mostrada nas pinturas é condizente com a situação dos paulistas e da vila de São Paulo? Explique.

d) Note que as duas representações dos bandeirantes são posteriores às pinturas dos monarcas. Porém, as duas foram feitas na mesma época: a década de 1920. Pesquise o que acontecia no estado de São Paulo nesse período.

e) Com base em suas pesquisas, procure explicar por que Henrique Bernardelli e Nicola Rollo representaram os bandeirantes com as características que você observou. Que intenções estariam por trás dessa forma de representação?

Análise de documento histórico

2. O texto a seguir é um relato anônimo de 1748, escrito a partir da passagem de um navio francês pelo Rio de Janeiro. Leia-o e responda às questões propostas.

Quase todo o comércio feito no Brasil depende dos produtos vindos da Europa. Em matéria de gêneros alimentícios, o país recebe de Portugal medíocres quantidades de farinha, de vinho do Porto e de especiarias, o suficiente para satisfazer a frugalidade portuguesa. O comércio de produtos de luxo é infinitamente mais significativo. Importa-se de tudo: peças de ouro e prata, galões, tecidos finos diversos, toalhas e uma série de outras mercadorias da moda, produzidas, na sua maioria, pelas manufaturas francesas. Uma vez por ano, entre os meses de setembro e outubro, Lisboa envia para a sua colônia, sob escolta de três ou quatro navios de guerra, uma frota carregada com esses produtos. Esta frota, após distribuir a sua carga pela Bahia de Todos os Santos, Pernambuco e Rio de Janeiro, é carregada com ouro e alguns diamantes – provenientes dos Direitos do Rei ou pertencentes a alguns particulares interessados em remeter suas riquezas para Portugal – e volta a se reunir na Bahia em dezembro ou janeiro, retornando daí para Lisboa. Do país, os navios mercantes portugueses levam, além do ouro e da pedraria, somente tabaco, açúcar e algodão – este último, ao que parece, produzido contra a vontade da metrópole. [...]

O gado grosso é bastante comum no Rio de Janeiro, pois os padres jesuítas se encarregam de cuidar da sua conservação e reprodução. Para formar os seus rebanhos, esses religiosos fazem capturar nos bosques os vitelos e as novilhas selvagens, depois mandam abater uma parcela dos primeiros e confinam o restante, juntamente com as novilhas, nos muitos currais que têm, espalhados ao longo da costa do Brasil. Este processo lhes permite fornecer carne para todo o país. [...]

Os porcos abundam no país e são vendidos a um preço igual ou inferior aos praticados na Bretanha. A carne destes animais, contudo, tem um inconveniente: como os habitantes têm o hábito de alimentar os seus porcos com peixe, ela apresenta um gosto demasiado forte de pescado.

As galinhas são grandes, bonitas e de qualidade; seu preço, contudo, é bastante elevado. Em geral, são vendidas a três libras francesas. [...]

O país produz uma grande quantidade de frutas: laranjas, limões de diferentes espécies, figos, bananas, abacaxis, batatas-doces, melões d'água, pistaches, etc. Há também muitas hortaliças e legumes variados (couves, jerimuns, ervilhas, abóboras, etc).

O peixe é tão abundante que todo mundo tem por hábito secá-lo e estocá-lo, seja para consumo dos familiares, seja para a alimentação dos escravos. Apesar dessa prática, sobra ainda uma grande quantidade de pescado para ser usada como alimento para os porcos.

FRANCA, Jean M. Carvalho. Um visitante do Rio de Janeiro colonial. *Revista Brasileira de História [on-line]*. 1997, v. 17, n. 34. p. 149-161.

a) De acordo com o relato anônimo, quais produtos eram importados da Europa?

b) O que a utilização de produtos europeus permite revelar sobre o cotidiano e os hábitos coloniais?

c) Descreva os produtos locais destinados ao consumo e os produtos destinados à exportação, conforme o relato do viajante francês.

Benedito Calixto/Palácio São Joaquim, Rio de Janeiro, RJ

Vestibulares de Norte a Sul

1. **NE** (UFRN) Ao se referir ao domínio holandês sobre a capitania do Rio Grande, no século XVII, Câmara Cascudo afirmou:

A conservação do Rio Grande foi uma questão vital, indiscutida, e todas as fontes holandesas são unânimes [...]. "Em 1635 os Conselheiros Políticos exaltaram a conquista final desta Capitania, como um benefício inestimável da fortuna".

CASCUDO, Luís da Câmara. *História da Cidade do Natal.* Natal: RN Econômico, 1999. p. 66.

Um dos motivos pelos quais os flamengos exaltaram a conquista da capitania do Rio Grande foi o seguinte:

a) sem o amplo controle do rebanho bovino dessa capitania, a alimentação da crescente população holandesa em Pernambuco seria algo muito difícil.
b) para os holandeses, o essencial era o domínio da região açucareira do Engenho Cunhaú, cuja produção rivalizava com as dos maiores centros produtores do Nordeste.
c) à época, o expressivo processo de urbanização de Natal tornava o domínio dessa capitania imprescindível para a instalação da estrutura administrativa dos holandeses.
d) com a derrota holandesa na Batalha dos Guararapes, Maurício de Nassau foi forçado a deslocar suas tropas de Recife para a chamada Nova Amsterdam.

2. **N** (Unir-RO) O processo de colonização da Amazônia se intensificou no século XVII como se pode perceber pela fundação do povoado de Santa Maria de Belém do Grão-Pará, em 1616, e pela bandeira fluvial chefiada por Pedro Teixeira, em 1637, que tinha por objetivo estabelecer os limites territoriais da Coroa Portuguesa na Amazônia. Entre os resultados dessa expedição, pode-se destacar:

a) A heterogeneidade das populações nativas e a escolha do local de construção do Forte Príncipe da Beira.
b) A indicação do Oeste como rumo da colonização portuguesa na Amazônia e a diversificada riqueza das chamadas "drogas do sertão".
c) A descoberta de importantes áreas de mineração aurífera e o estabelecimento de contato com numerosas populações indígenas.
d) O mapeamento das rotas de ligação entre a Bacia Amazônica e a do Prata e a expulsão de grupos corsários ingleses que atuavam no curso do Solimões.
e) O estabelecimento definitivo do caminho amazônico para escoamento da prata contrabandeada de Potosí e o apaziguamento das disputas entre os bandeirantes paulistas e os jesuítas.

3. **N** (UFRR)

Não é gente matriculada nos livros de Vossa Majestade, não recebem saldo, nem ajuda de pano, ou de munição. São umas agregações que fazemos, alguns de nós, entrando cada um com seus servos de armas que têm. [...] *[para] adquirir o tapuia gentio-bravo e comedor de carne humana, para o reduzir para o conhecimento da urbana humanidade e humana sociedade.* [...] *em vão trabalha quem os quer fazer anjos, antes de os fazer homens* [...].

ENNES, Ernesto apud MONTELLATO, Andréa Rodrigues Dias. *História Temática:* diversidade cultural e conflitos. 6.ª série. São Paulo: Scipione, 2000. p. 98.

O relato acima é trechos de uma Carta de Domingos Jorge Velho datada de 15 de julho de 1694, enviada ao monarca português.

Observe o texto acima e marque o item VERDADEIRO:

a) Domingos Jorge Velho foi um dos principais bandeirantes do Brasil, atuou em vários estados do Nordeste: Bahia, Pernambuco, Piauí, Paraíba, Ceará e foi tido como o comandante da expedição que destruiu o Quilombo dos Palmares.
b) Estas expedições dos bandeirantes tinham como objetivo predominante capturar os indígenas, procurar por pedras e metais preciosos e descobrir novas terras para o Rei de Portugal.
c) Os bandeirantes paulistas tinham por objetivo colonizar as terras e civilizar os indígenas, dando-lhes uma vida digna como trabalhadores urbanos.
d) O único objetivo dos bandeirantes era lutar com indígenas rebeldes e escravos fugitivos.
e) Os bandeirantes, apesar de não receberem ajuda financeira do Rei, precisavam enviar-lhe cartas como esta, solicitando permissão para executar as expedições.

4. **S** (UEM-PR) Assinale a(s) alternativas(s) **correta(s)** sobre a formação do território brasileiro.

(01) De acordo com a divisão pactuada pelo Tratado de Tordesilhas, todo o território paranaense pertenceria a Portugal.
(02) Com o Tratado de Madri, firmado em 1750, a Espanha reconheceu os direitos portugueses sobre territórios no interior do continente sul-americano.
(04) No período colonial, as atividades econômicas dos colonizadores portugueses foram essenciais para a expansão do território português na América.
(08) Caso os limites estabelecidos pelo Tratado de Tordesilhas, firmado entre Portugal e Espanha em 1494, tivessem sido respeitados, o Brasil teria uma extensão territorial muito menor do que a atual.
(16) Com o final da Guerra do Paraguai, o Brasil impôs definitivamente o seu controle sobre regiões do atual Mato Grosso do Sul que eram pleiteadas pelo Paraguai.

CAPÍTULO

18 A América espanhola e a América inglesa

Latinstock/Bettmann/Corbis

Tratado de Penn com os indígenas, pintura de Edward Hicks, do século XIX, representando o fundador da colônia da Pensilvânia, William Penn, com um grupo de nativos americanos em 1682.

Para pensar historicamente

Cultura, dominação e refugiados

Não podemos entender completamente o significado da colonização do continente americano sem estudarmos a América do Norte, em especial o caso dos Estados Unidos. Inicialmente, as 13 colônias inglesas na América do Norte foram colonizadas, em grande parte, por indivíduos que tinham dificuldades econômicas, e sofriam perseguição político-religiosa em sua região de origem. Na área colonial, buscaram uma nova vida e maior liberdade.

Na América hispânica, a conquista espanhola significou a dizimação de boa parte dos povos nativos e a desintegração da cultura daqueles que foram dominados. Os conquistadores manifestaram uma severa intolerância em relação aos diferentes modos de viver e de ver o mundo das populações pré-colombianas.

Colonizadores e colonizados integram processos que envolvem ideais e culturas diferentes, os quais, muitas vezes, manifestam-se em choques violentos e em múltiplas formas de dominação e resistência.

Atualmente, guerras, conflitos, intolerância e, acima de tudo, o abismo econômico separando países ricos de pobres acabam forçando grandes contingentes de população a mudarem de país e de vida. Mas será que, nesse início do século XXI, ainda é possível fundarem-se países constituídos por uma população de refugiados, como ocorreu com a América colonial inglesa?

E como se apresentam os povos remanescentes das culturas pré-colombianas hoje em dia?

Ostill/Shutterstock/Glow Image

Mulher separa corantes para tingir tecidos em Cuzco, Peru. Foto de 2013.

1 América espanhola: a conquista das civilizações pré-colombianas

A integração da América ao contexto europeu se deu por meio do colonialismo mercantilista. Como já vimos, o crescimento do comércio europeu a partir do século XV, graças à expansão marítima, provocou uma dinamização comercial. Tendo definido que seu objetivo econômico era buscar riquezas, várias Coroas europeias partiram para a montagem e exploração de impérios coloniais.

Entre as colônias e as metrópoles foi estabelecido um conjunto de normas que regulamentou suas relações – chamado por muitos de **pacto colonial**. Segundo essas normas, as metrópoles exerceriam o "exclusivo comercial", ou seja, o monopólio sobre tudo o que as populações das colônias importassem ou exportassem. Outro princípio estabelecia que, enquanto a metrópole se concentrava no comércio, mais lucrativo, a colônia se dedicaria à produção de gêneros agrícolas e à extração de recursos naturais. Dessa forma, a ideia de "pacto" aqui deve ser considerada mais uma relação de subordinação.

Representação do imperador inca Túpac Amaru, de autoria desconhecida, século XVIII.

Museu Nacional, Cidade do México

Um vantajoso comércio colonial era fundamental para a prosperidade das metrópoles e, portanto, para a manutenção de um Estado centralizador e forte. Foi com esse objetivo que os europeus se estabeleceram na América. Submetendo os nativos e explorando seu trabalho, exterminaram grande parte dessas populações, o que causou o declínio de povos como os incas da América do Sul e os astecas do México.

Por volta do final do século XV, estima-se que perto de 100 milhões de indígenas, pertencentes a diversos grupos étnicos, ocupavam a América. Durante séculos, várias civilizações se desenvolveram no continente.

Na Mesoamérica, trecho que vai do México à Costa Rica, sucederam-se civilizações como os olmecas, os toltecas, o Império Teotihuacán e, principalmente, os maias e os astecas.

Por volta do século XII, na região da Cordilheira dos Andes, especialmente nos territórios dos atuais Peru e Bolívia, diversos grupos quíchuas foram reunidos formando o vasto **Império Inca**, que tinha como centro a cidade de Cuzco e era composto pelos elementos culturais das civilizações precedentes.

Chefiados por um imperador que, além de chefe militar, era considerado um deus na terra, o "filho do sol", os incas conheceram seu auge nos séculos XV-XVI, até a chegada dos espanhóis à região, em 1531.

David Rebata/Shutterstock/Glow Images

Igreja na Praça de Armas, em Cuzco, no Peru. Foto de 2013.

Pouco antes dos espanhóis, com a morte do imperador inca Huayna Cápac, em 1525, travou-se uma violenta disputa entre seus dois filhos, Huascar e Atahualpa, concebidos por esposas diferentes, e o poder central do império ficou abalado.

Sob o comando do conquistador espanhol **Francisco Pizarro**, tropas de conquistadores, vistos como aliados pelos homens de Huascar, capturaram Atahualpa, em Cajamarca. Na mesma época, os exércitos de Atahualpa prenderam, em Cuzco, o líder Huascar.

Arte asteca

Essa situação insólita, em que Huascar era prisioneiro de Atahualpa, que por sua vez era prisioneiro de Pizarro, durou quase um ano. Em 1533, Huascar foi assassinado em meio a conflitos entre grupos étnicos e as autoridades do antigo império. Atahualpa também foi condenado à morte por Pizarro, em agosto do mesmo ano. A dominação dos conquistadores, contudo, encontrou ainda uma forte resistência inca que durou mais de 40 anos, até a morte do último imperador, Túpac Amaru, em 1572, quando em definitivo os espanhóis firmaram sua presença e domínio.

Cidades na América pré-hispânica

A **civilização maia**, cujo centro era a península de Iucatã, na região sudeste do atual México, teve seu apogeu entre os séculos III e X. Organizava-se em cidades-Estado, e o domínio social, de caráter hereditário, era exercido por uma elite religiosa e militar. Em torno dos centros urbanos, que somavam mais de cinquenta, havia aldeias de camponeses submetidos à servidão coletiva.

Reunindo uma população superior a 2 milhões de habitantes, a civilização maia foi responsável pela criação de um sofisticado sistema de escrita e desenvolveu diversos calendários. Pouco se sabe sobre as causas de seu declínio. Suas cidades foram abandonadas e, na época da chegada dos espanhóis, já não existia uma civilização maia organizada.

A **civilização asteca** foi a mais grandiosa das civilizações da Mesoamérica. Com capital em **Tenochtitlán** (atual Cidade do México), fundada em 1325, reunia uma população estimada entre 80 mil e 500 mil habitantes. O fim do império ocorreu com a conquista espanhola, sob o comando de Fernão Cortez, entre 1519 e 1521.

Esta representação, de autoria desconhecida, mostra guerreiros astecas defendendo o templo de Tenochtitlán contra os conquistadores (1519-1521).

The Print Collector/Keystone

2 A exploração da América espanhola

A ideia de expansão da fé católica por meio da conversão dos indígenas foi utilizada como justificativa para a exploração da América. Até o final do século XVI, os europeus já haviam subjugado os grandes impérios Inca e Asteca, por força de sua agressividade, superioridade técnica militar (uso de armas de fogo e cavalos, desconhecidos até então na América) e mesmo habilidade política, ao fazer e desfazer alianças, jogando povos indígenas uns contra os outros. As doenças europeias, para as quais o organismo dos nativos não tinha defesa imunológica – como o sarampo, a gripe e a varíola –, também foram responsáveis pelo extermínio de grande número de ameríndios.

A violência dos conquistadores frente aos nativos, tidos como inferiores pelos europeus, é assim descrita por Bartolomé de Las Casas (1484-1566), frade dominicano famoso por denunciar as atrocidades dos conquistadores:

> [Os espanhóis] entravam nas vilas, burgos e aldeias, não poupando nem as crianças e os homens velhos, nem as mulheres grávidas e parturientes e lhes abriam o ventre e as faziam em pedaços como se estivessem golpeando cordeiros fechados em seu redil. Faziam apostas sobre quem, de um só golpe de espada, fenderia e abriria um homem pela metade, ou quem, mais habilmente e mais destramente, de um só golpe lhe cortaria a cabeça, ou ainda sobre quem abriria as entranhas de um homem de um só golpe. Arrancavam os filhos dos seios da mãe e lhes esfregavam a cabeça contra os rochedos. [...] Faziam certas forcas longas e baixas, de modo que os pés tocavam quase a terra, um para cada treze, em honra e reverência de Nosso Senhor e de seus doze Apóstolos (como diziam) e deitando-lhes fogo, queimavam vivos todos os que ali estavam presos. Outros, a quem quiseram deixar vivos, cortaram-lhes as duas mãos e assim os deixavam.
>
> LAS CASAS, Bartolomé de. *O paraíso destruído*: brevíssima relação da destruição das Índias. 6. ed. Porto Alegre: L&PM, 1996. p. 30.

Durante os primeiros dois séculos da colonização, XVI e XVII, os espanhóis se concentraram na extração de metais preciosos (ouro e prata do México e Peru), o que denotava o caráter de exploração das colônias hispânicas. Cumpriam-se os objetivos das práticas mercantilistas, com a transferência das riquezas coloniais para a metrópole espanhola. Além da exploração mineira, o comando metropolitano também distribuiu terras a colonizadores, formando as *haciendas*, típicas da região do Chile e de certas regiões mexicanas. As *haciendas* eram grandes propriedades, trabalhadas por nativos e nem sempre dedicadas à monocultura. Assim como na América portuguesa, também na América espanhola surgiram outras formas de propriedade agrícola, muitas dedicadas ao consumo interno da área colonial.

Trabalhando nas minas de ouro de Potosí, gravura de Theodore de Bry, século XVI.

O trabalho nas minas era feito por indígenas. Retirados de sua comunidade, eram obrigados a extrair minérios para os conquistadores em troca de uma remuneração irrisória – forma de trabalho que caracterizava a **mita**, também existente no Império Inca. A larga utilização da *mita* acabou por arruinar a estrutura comunitária indígena, contribuindo também para dizimar a população, vitimada pelas péssimas condições de trabalho nas minas.

O escritor Eduardo Galeano descreve o funcionamento da *mita* nas minas de prata de Potosí, cidade da atual Bolívia, no boxe abaixo:

Mita

Os índios entravam nas profundidades, e ordinariamente eram retirados mortos ou com cabeças e pernas quebradas, e nos engenhos todo o dia se machucavam. Os *mitayos* retiravam o minério com a ponta de uma barra e o carregavam nas costas, por escadas, à luz de uma vela. Fora do socavão, moviam enormes eixos de madeira nos engenhos ou fundiam a prata no fogo, depois de moê-la e lavá-la.

A *mita* era uma máquina de triturar índios. O emprego do mercúrio para extração de prata por amálgama envenenava tanto ou mais do que os gases tóxicos do ventre da terra. Fazia cair o cabelo, os dentes, e provocava tremores incontroláveis.

GALEANO, Eduardo. *As veias abertas da América Latina*. 28. ed. Rio de Janeiro: Paz e Terra, 1989. p. 52.

1. Pesquise as propriedades do mercúrio e seu papel na mineração de ouro e prata.
2. Investigue como o mercúrio afeta o meio ambiente e a saúde humana.

Ian Trower/JAI/Corbis/Latinstock

Vista de Potosi, Bolívia, 2012.

Outra forma de exploração do trabalho foi a **encomienda**, bastante empregada pelos espanhóis desde os primeiros anos de colonização. O rei da Espanha, por meio dos administradores coloniais, distribuía a *encomenderos*, obrigatoriamente espanhóis estabelecidos na América, o direito de explorar o trabalho de indígenas, devendo em troca oferecer-lhes uma educação cristã.

Pode-se considerar que os indígenas submetidos ao trabalho para enriquecer os espanhóis eram os sobreviventes da conquista, pois na derrubada dos impérios, sobretudo asteca e inca, milhões de nativos morreram. As estimativas mais conservadoras calculam 10 milhões de mortos, e as mais pessimistas falam em algumas dezenas de milhões, só no período de instalação do poder espanhol.

Sociedade colonial espanhola na América

Chapetones:
Espanhóis provenientes da metrópole que cuidavam da administração, da justiça, do clero e do exército.

Criollos:
A aristocracia colonial, formada por homens brancos, descendentes de espanhóis, porém nascidos na América. Eram grandes proprietários de terra ou dedicavam-se ao comércio. Politicamente, detinham um espaço de atuação em âmbito local, uma vez que exerciam o controle sobre as câmaras municipais (os chamados *cabildos* ou *ayuntamientos*)

Mestiços:
Nascidos da união de espanhóis com indígenas. Eram trabalhadores livres.

Ilustrações: Rodval Matias/Arquivo da editora

Indígenas:
Diferentemente dos mestiços, os indígenas estavam submetidos à *mita* e à *encomienda*.

Escravizados:
Havia um limitado número de escravizados africanos, em sua maioria concentrados na região do Caribe.

Do ponto de vista administrativo, o gerenciamento da colonização era feito na Espanha, por meio do Conselho Real e Supremo das Índias, cujos representantes nas colônias eram os *chapetones*.

A atividade comercial e a arrecadação de impostos eram realizadas pela **Casa de Contratação**, que, para melhor controlar o comércio colonial, instituiu o regime de "porto único". Por esse regime, somente um porto espanhol, de início o de Sevilha, onde ficava a sede daquela instituição, e no século XVIII o de Cádiz, ambos na Andaluzia, faria o comércio com a América. No Novo Mundo, os portos autorizados a realizar o comércio externo com a metrópole eram o de Veracruz (México), Porto Belo (Panamá) e Cartagena (Colômbia). Com esse sistema, a metrópole tinha condições de controlar tudo o que entrava nas colônias e saía delas, facilitando a aplicação da política mercantilista.

Algumas cidades da América espanhola tiveram um crescimento bastante expressivo, não apenas como centros comerciais e administrativos, mas também culturais. Já no século XVI foram fundadas universidades em Lima (no Vice-Reinado do Peru) e na Cidade do México (Vice-Reinado de Nova Espanha).

O **Conselho das Índias** nomeava os vice-reis e fiscalizava sua administração. Em cada vice-reinado havia divisões administrativas chamadas intendências, governadas pelos alcaides. As cidades mais importantes tinham sua própria câmara municipal (controlada pela elite *criolla*).

A América espanhola

Allmaps/Arquivo da editora

Tarker/The Bridgeman Art Library/Keystone/Coleção particular

Cidade e porto de Cadiz, Espanha. Gravura do século XVII.

A crescente prosperidade econômica da América gerou tensões entre *criollos* e *chapetones*. Não foram raros os choques entre a câmara municipal e o alcaide e demais autoridades representadas pelos *chapetones*. Um dos principais motivos era a exploração colonial: grande parte da riqueza produzida na América, sobretudo os metais preciosos, era transferida para a metrópole, em prejuízo dos colonos. Ao mesmo tempo, a autoridade ilimitada dos *chapetones* sobre os *criollos* e o veto à participação dos *criollos* na administração colonial, exceto pelas câmaras municipais, provocaram tensões que culminaram, no século XIX, no movimento de independência da América espanhola.

A apropriação do espaço urbano

Para a conquista da América, os espanhóis não fizeram uso apenas da violência física, contaram também com vários outros mecanismos para subjugar as populações nativas. À imposição da fé cristã e dos hábitos europeus juntaram-se a destruição de objetos, templos e ídolos indígenas, além da renomeação das terras e locais tomados pelos conquistadores.

Os europeus encontraram na América cidades sofisticadas, onde os maiores edifícios eram sede de um poder ao mesmo tempo político e religioso. Dessa forma, a área central dessas cidades era dominada por templos e palácios de governo.

Detalhe de pintura atribuída a Sanchez Coelho, *Vista da cidade de Sevilha*.

Oronoz/Album/Latinstock/Museu da América, Madri, Espanha

No mapa acima, divisão política da América espanhola antes das guerras de independência. De início, os espanhóis dividiram seus domínios americanos em dois vice-reinos: o de Nova Espanha (ao norte do atual Panamá) e o do Peru (toda a parte do Panamá para o sul). No século XVIII, o Vice-Reinado do Peru foi subdividido em Peru, Nova Granada e Prata. Completando a administração espanhola, foram criadas também as capitanias gerais.

Adaptado de: ATLAS da história do mundo. São Paulo: *Folha de S.Paulo*, 1995. p. 161.

A apropriação dos monumentos religiosos pelos espanhóis era dotada de importante aspecto simbólico: é bem conhecida a iniciativa de Fernão Cortez, conquistador dos astecas, de plantar uma cruz no alto do principal templo em forma de pirâmide de Tenochtitlán, capital do império. Dessa forma ele dava à conquista um sinal visível e aparentemente incontestável, no centro do espaço urbano. Assim, tanto a tomada quanto a construção de uma cidade eram instrumentos decisivos de dominação.

A fundação de cidades na América espanhola desenvolveu-se precocemente (ao contrário da América portuguesa, em que a urbanização só foi expressiva a partir do século XVIII, notadamente na área mineradora, como veremos). Nas palavras do historiador Richard Morse, a fundação de uma cidade era um ato litúrgico, que santificava a terra recém-apropriada. Mais que um mero exercício de cartografia, o planejamento urbano era o veículo para o transplante de uma ordem social, política e econômica, e exemplificava o "corpo místico" que estava no centro do pensamento político ibérico.

O plano em grade (quadriculado, com ruas se cruzando em ângulo de noventa graus) foi usado em larga escala na América, tendo como centro um quadrilátero, a praça principal ou "praça de armas". Essa disposição refletia a necessidade de ordem e um projeto burocrático de simetria: Igreja, palácio de governo e prisão deveriam dominar o espaço central da cidade.

Tom Hanslien/Loop Images/Corbis/Latinstock

Vista atual de Teotihuacan, conhecida como a "metrópole dos deuses". A foto de 2013 mostra a "Avenida dos Mortos", tendo ao fundo o Templo do Sol, em forma de pirâmide. No auge, a cidade chegou a ter mais de 100 mil habitantes.

Mais tarde, na América Latina, o crescimento explosivo da população iria dificultar a possibilidade de planejamento urbano abrangente e fundado em algum tipo de inclusão. A própria Cidade do México viria a se transformar em uma das maiores do mundo (com uma área metropolitana, Distrito Federal e adjacências, com mais de 20 milhões de habitantes), grande parte vivendo em condições precárias, em um espaço urbano improvisado.

O Zocalo, praça central na Cidade do México. À esquerda, a Catedral; à direita, o Palácio Nacional, sede de governo. Ainda voltados para a praça: o *ayuntamiento* (antiga Câmara Municipal colonial) e a Suprema Corte de Justiça.

Dubassy/Shutterstock/Glow Images

Leituras da História

A construção do conceito de América Latina

[...] desde a segunda metade do século XIX, por iniciativa do colombiano José Maria Torres Caicedo, América Latina é o nome como passou a ser designada a parte desse continente que nos cabe viver. Não **olvidemos** que os espanhóis designavam essa região por Índias Ocidentais que, diga-se de passagem, abrangia uma vasta região que ia desde o Caribe, passava por México e Peru e suas áreas adjacentes, e ia até as Filipinas, terra de Filipe [...].

Assim, o nome América foi enunciado pelas elites *criollas* para se afirmar com/contra as metrópoles europeias, a geografia aqui servindo para afirmar uma territorialidade própria que se distinguia das metrópoles europeias, e o nome América Latina afirmado por José Maria Torres Caicedo, com seu poema *Las Dos Américas*, publicado em 1856, para nominar o que Bolívar já havia denunciado em 1826 contra a Doutrina Monroe (1823), inscrevendo assim a distinção entre uma América Anglo-saxônica e uma Latina que, mais tarde, levaria José Martí a falar de “nuestra América”. Enfim, um anti-imperialismo precoce distingue as duas Américas.

Ora, América Latina ainda é uma América que se vê europeia – latina – e, com isso, silencia outros grupos sociais e nações que longe estavam da latinidade, a não ser sofrendo seus desdobramentos imperiais que tão marcadamente caracteriza a tradição eurocêntrica. Afinal, nos dirá Walter Mignolo, foi a latinidade e não a africanidade ou a indianidade que se impôs como nome do subcontinente.

PORTO-GONÇALVES, Carlos Walter; PEREIRA, Edir Augusto Dias. De América Latina, de Abya Yala, de América Mestiça, de América *Criolla* e de suas contradições. In: *ALAI – América Latina en Movimiento*, 23 set. 2009. Disponível em: <http://alainet.org/active/33221&lang=es>. Acesso em: 4 fev. 2014.

olvidar: esquecer.

Atividades

Pesquisa e análise de imagem

1. A imagem abaixo é a reprodução de um mural pintado pelo artista mexicano Diego Rivera (1886-1957) no Palácio Nacional da Cidade do México.

Palácio Nacional, Cidade do México.

Desembarque espanhol em Vera Cruz, mural de Diego Rivera, 1951.

a) Em livros de arte, revistas e *sites* da internet pesquise a biografia de Diego Rivera e informações sobre o movimento muralista no México. Dê especial atenção às relações do artista e do movimento artístico que ele representou com o cenário político mexicano das décadas de 1930 a 1950.
b) Observe a reprodução do mural feita acima. Preste atenção no cenário, nas personagens representadas e na maneira como foram caracterizadas. Procure diferenciar os espanhóis dos nativos, identificando suas respectivas ações e expressões, bem como os objetos associados a cada um. Que características o pintor atribui aos conquistadores espanhóis? E aos indígenas?
c) Na obra da página anterior, que papel Rivera atribui aos religiosos que desembarcaram na América com os conquistadores espanhóis?
d) Que associação a obra estabelece entre os nativos e os animais representados?
e) No mural, Fernão Cortez, o conquistador do México, aparece representado duas vezes: à direita, no alto, próximo à cruz de madeira, e no centro, junto a dois outros espanhóis. Localize as duas cenas e descreva a figura de Cortez, imaginada por Diego Rivera.
f) No mural, que efeitos a chegada dos espanhóis parece ter produzido na paisagem mexicana?
g) Reflita sobre todos os aspectos que você destacou acima e, com base neles, elabore uma análise de como a conquista espanhola é representada na obra **Desembarque espanhol em Vera Cruz**, lembrando-se de considerar o contexto em que foi pintada e as propostas defendidas pelo muralismo mexicano.

Leitura e interpretação de texto historiográfico

2. Leia o texto abaixo e responda às questões que o acompanham.

Em 1519, a cidade do México-Tenochtitlán contava com cerca de 400 mil habitantes, o que significa que, na época, era provavelmente a maior cidade do mundo, e que essa sociedade urbanizada com certeza dispunha de elites perfeitamente formadas para que pudesse funcionar de maneira eficaz. Compreende-se que, para administrar uma cidade de tal importância, os invasores não pudessem se abster dos saberes sofisticados, do prestígio e da influência da nobreza índia. Essa nobreza tinha uma formação notável. Antes da conquista espanhola, era formada em colégios de ensino superior, os *calmecac*, onde aprendia os saberes, os mitos, os rituais e as artes do mundo pré-colombiano. [...]

De fato, os missionários compreenderam cedo a importância estratégica das elites índias e rapidamente abriram escolas para assegurar uma educação cristã aos filhos da nobreza. É o que farão também, por toda a América, os missionários espanhóis e em particular os jesuítas. Mas devemos estar atentos à época em que foram abertas essas primeiras escolas no México. Os monges franciscanos que desembarcaram no México na década de 1520 são portadores do humanismo da Renascença, são leitores entusiastas de Erasmo e de Thomas Morus, querem que as elites indígenas conheçam os saberes europeus e para isso ensinam imediatamente a leitura, a escrita, o latim, a música, a pintura e a tipografia.

Os resultados foram prodigiosos. Em uma geração, os nobres indígenas aprenderam a ler e a escrever. Esse acontecimento é fundamental. É preciso compreender que a adoção da escrita latina constituiu uma verdadeira revolução técnica e intelectual, e ao mesmo tempo uma inovação tremendamente ambígua: de um lado, ler e escrever, pensar a língua indígena por intermédio do modelo do latim representa incontestavelmente uma forma sutil de colonização do imaginário, mas, por outro lado, essa aprendizagem teve também efeitos imprevistos, pois deu às elites índias o meio de redigir em língua *nahuatl*, e portanto de preservar uma quantidade impressionante de textos literários e de documentos de toda espécie.

GRUZINSKI, Serge. O renascimento ameríndio.
In: NOVAES, Adauto (Org.). *A outra margem do Ocidente*.
São Paulo: Companhia das Letras, 1999. p. 285-286.

a) Por que as elites índias tinham uma "importância estratégica", segundo a visão dos missionários espanhóis que atuaram no México no século XVI?
b) Tomando por base seus conhecimentos de História, quais seriam as intenções dos missionários ao abrir escolas para a elite ameríndia?
c) Em sua opinião, por que as escolas fundadas pelos missionários não se destinavam a todos os jovens ameríndios?
d) De acordo com o texto, a educação formal da nobreza asteca teve efeitos positivos para as populações ameríndias? Explique.
e) Reflita sobre as informações do texto e responda: Em sua opinião, a preservação da cultura ameríndia poderia ocorrer sem a educação das elites astecas? Argumente em favor de sua opinião.

3 A América inglesa

A ocupação da América do Norte pelos ingleses distinguiu-se da colonização ibero-americana em vários aspectos. Na América do Norte, o processo de colonização ocorreu mais tarde – a partir, principalmente, do fim do século XVI – e teve um caráter em grande parte espontâneo. Além disso, as próprias características físicas do litoral norte-americano eram diferentes, por se tratar de uma região não tropical e sem metais preciosos.

Na Inglaterra, a rainha Elizabeth I, que governou de 1558 a 1603, estimulou a construção naval e o comércio marítimo, no contexto da política mercantilista. O governo também apoiava outro tipo de presença inglesa no mar: no litoral do Caribe, os corsários ingleses saqueavam os galeões espanhóis repletos de metais preciosos que rumavam para a Europa.

Quando a Inglaterra se lançou à conquista colonial, no início do século XVII, o território da América tropical já estava sendo explorado por portugueses e, principalmente, espanhóis. Na América do Norte, era necessário disputar espaço com franceses e espanhóis. Quando os ingleses chegaram, as regiões que hoje correspondem ao Arizona, à Flórida e ao Novo México já eram territórios espanhóis.

A criação de companhias de comércio na Inglaterra, nas quais o Estado apoiava a burguesia nacional, fortaleceu o grupo que tomaria a frente no estabelecimento de colônias no Novo Mundo. Além disso, fatores políticos – como a derrota da nobreza feudal por Henrique VII e Henrique VIII – e culturais – o desenvolvimento de uma pequena burguesia com forte iniciativa econômica associada ao individualismo espiritual da teologia protestante – também foram importantes para a colonização da América inglesa. Como a Inglaterra oferecia poucos recursos para promover a colonização, diferentemente do que ocorreu nas demais regiões da América, esta decorreu fundamentalmente do empenho dessa pequena burguesia. Assim, as colônias inglesas começaram pobres e sem gerar importantes recursos para a metrópole inglesa.

Ilustração de 1915, de Howard Davie, mostra o desembarque de *sir* Walter Raleigh, acompanhado de soldados e colonos, na Virgínia em 1584.

The Bridgeman/Keystone

As primeiras tentativas colonizadoras ocorreram entre 1584 e 1587, quando foram enviadas três expedições inglesas à América do Norte, sob o comando de *sir* **Walter Raleigh**, que resultaram, porém, em grande fracasso, por causa da violenta reação dos povos nativos. Somente em 1607 a fundação da colônia de Virgínia, explorada por uma companhia de comércio – que reunia empresários acionistas e detinha o monopólio comercial e da colonização –, iniciou uma era de viabilidade econômica para a ocupação e exploração da região.

Um dos estímulos ao fluxo populacional da Inglaterra para a América do Norte, colaborando para seu povoamento, foi o processo de cercamento das propriedades agrícolas inglesas, o que gerou grande excedente demográfico. Expulsas do campo e não encontrando espaço na economia urbana, as vítimas dos cercamentos acabaram rumando para a América. Ao mesmo tempo, os crescentes conflitos políticos e religiosos dentro do Estado inglês estimularam a emigração de protestantes, como os puritanos e os *quakers*, grupo dissidente dos calvinistas ingleses fundado no século XVII.

Puritanos na América

Ao enfatizar a soberania de Deus e a dependência do homem, o puritanismo (apenas com um pouco mais de energia do que o protestantismo em geral) chocava-se de frente com o espírito moderno de otimismo e individualismo confiante. Ainda assim, ao mesmo tempo, o puritanismo imprimia um poderoso ímpeto psicológico ao esforço individual. Os puritanos eram "atletas morais", convencidos de que a vida correta era a melhor prova (embora não garantia) de que o indivíduo desfrutava a graça de Deus. A vida correta incluía trabalhar tão arduamente e ser tão bem-sucedido quanto possível em qualquer ofício mundano e negócio em que Deus houvesse colocado a pessoa. Animados por essas convicções, não era de admirar que os puritanos fossem altamente vitoriosos em suas atividades temporais, em especial nas circunstâncias favoráveis oferecidas pelo ambiente do Novo Mundo.

SELLERS, C. et al. *Uma reavaliação da história dos Estados Unidos*. Rio de Janeiro: Zahar, 1991. p. 29.

AKG-Images/Latinstock/Coleção particular

Navio *Mayflower* traz os Pais Peregrinos para a Inglaterra, em 1620. Gravura em metal realizada por John Burnet e colorida posteriormente.

As Treze Colônias inglesas

Na região da Virgínia, os primeiros núcleos de produção inicialmente se dedicaram à obtenção do tabaco, produto largamente consumido na Europa. Mais tarde, também foram produzidos corante índigo (anil), arroz e algodão. Além da Virgínia, outras colônias se transformaram em grandes centros de produção agrícola, como Geórgia, Carolina do Norte, Carolina do Sul, Maryland e Delaware.

Essas colônias situadas ao sul do território inglês da América do Norte têm sido consideradas genericamente **colônias de exploração**, assemelhando-se às colônias portuguesas, no sentido de terem se fundado economicamente no regime de *plantation* (latifúndio monocultor, baseado em trabalho escravo e cuja produção estava voltada para o mercado externo).

A colonização dos territórios mais ao norte (atuais estados de Nova Jersey, Nova York, Pensilvânia, Connecticut, Massachusetts, Rhode Island e New Hampshire) teve, entretanto, características bastante diferentes.

Nessa região, concentrava-se boa parte dos colonos que sofriam perseguição religiosa na Inglaterra. O primeiro grupo desembarcou do navio *Mayflower* em 1620 e fundou a cidade de Plymouth, em Massachusetts – núcleo inicial da **Nova Inglaterra**, assim chamada porque pretendia reproduzir as condições de vida da pátria dos colonos. Mais tarde, a Nova Inglaterra participou do comércio triangular entre a América, a Europa e a África: ali os comerciantes fabricavam rum, a partir do melaço obtido nas Antilhas, para trocar por escravos na África e vendê-los nas colônias de exploração do sul e nas colônias do Caribe.

Plantação de tabaco, xilogravura de cerca de 1700.

As 13 colônias inglesas em solo americano

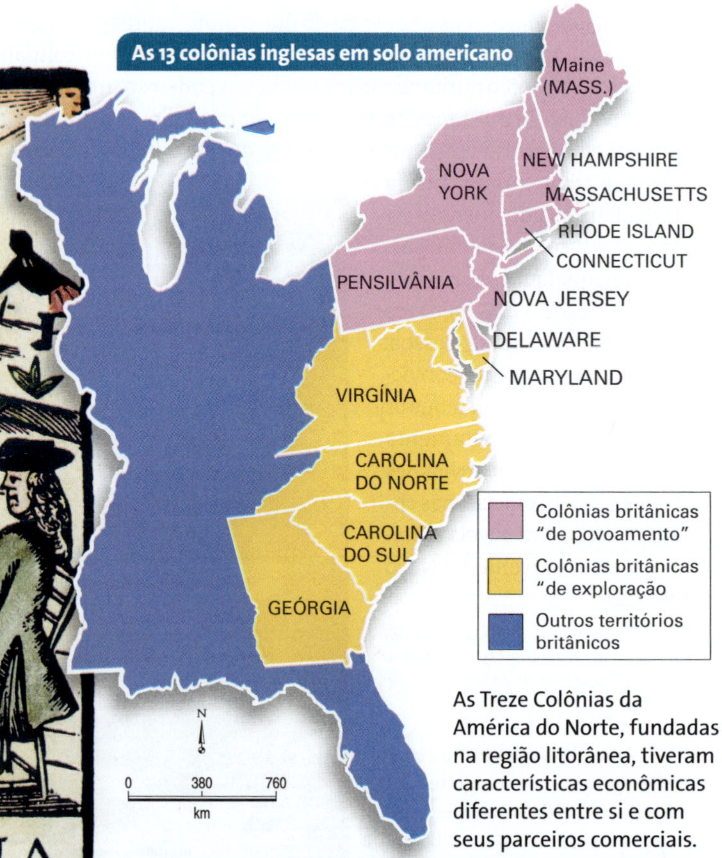

As Treze Colônias da América do Norte, fundadas na região litorânea, tiveram características econômicas diferentes entre si e com seus parceiros comerciais.

Adaptado de: FRANCO JR., Hilário; ANDRADE FILHO, Ruy de O. *Atlas História geral*. São Paulo: Scipione, 2000. p. 41.

Nas décadas seguintes, novas colônias próximas a essas foram fundadas, caracterizadas pela pequena e média propriedade e pela produção para subsistência da comunidade de colonos e para o mercado interno, distinguindo-se daquelas mais ao sul. No início, havia grande pobreza nas colônias do norte, pois a população mal conseguia produzir o suficiente para se manter. Porém, no longo prazo, a chegada constante de novos imigrantes e o predomínio do trabalho livre acabaram por criar um mercado consumidor local, impulsionando a produção de diversos produtos.

É importante observar que não se pode fazer uma classificação rígida entre colônias de povoamento e colônias de exploração. Assim como na América ibérica, houve nas diversas colônias da América inglesa iniciativas de formação de núcleos de povoamento, nos quais a produção estava voltada para o consumo interno, e também atividades em que se utilizava mão de obra escrava e cuja produção estava voltada para o mercado externo.

A grande diferença entre ingleses e ibéricos em seus domínios americanos consistiu na forma como as Coroas metropolitanas se impuseram no processo de colonização. Diferentemente dos espanhóis e portugueses, a Coroa britânica não exerceu uma fiscalização colonial intensiva no século XVII, em boa medida por causa de conturbações políticas internas. Sem um forte controle tributário, os colonos da América inglesa puderam dedicar-se a várias atividades produtivas e desfrutar de liberdade econômica e religiosa.

Mantendo poucos laços políticos e econômicos com a Inglaterra, as colônias do norte desenvolveram uma produção manufatureira e um comércio cada vez mais intenso e diversificado. A construção naval progrediu, tornando possível maior articulação entre as colônias, obtenção de itens externos e até comércio de longa distância, que envolvia o Caribe, a África e a Europa (veja o mapa abaixo).

O controle intenso sobre a colônia, tão característico do colonialismo ibérico, não esteve presente na colonização inglesa da América do Norte. Desde sua fundação, jamais houve um efetivo projeto normativo inglês de colonização.

Ao mesmo tempo, os intensos conflitos políticos internos na Inglaterra do século XVII, como a Revolução Puritana de 1641, a posterior guerra civil e a Revolução Gloriosa de 1688, contribuíram para afrouxar os laços de dominação.

Na verdade, já existia certa autonomia econômica e política, pelo menos entre as colônias da Nova Inglaterra. Mais tarde, no século XVIII, a monarquia liberal inglesa assegurou estabilidade política ao país e a Inglaterra emergiu como potência mundial. Nesse momento, buscou-se uma redefinição do papel das colônias, sujeitando-as a uma política fiscal inglesa e impondo o fim de suas liberdades comerciais e políticas. Os conflitos daí gerados culminariam no processo de independência das Treze Colônias inglesas na América do Norte.

O regime de *plantation* e o comércio triangular das colônias norte-americanas

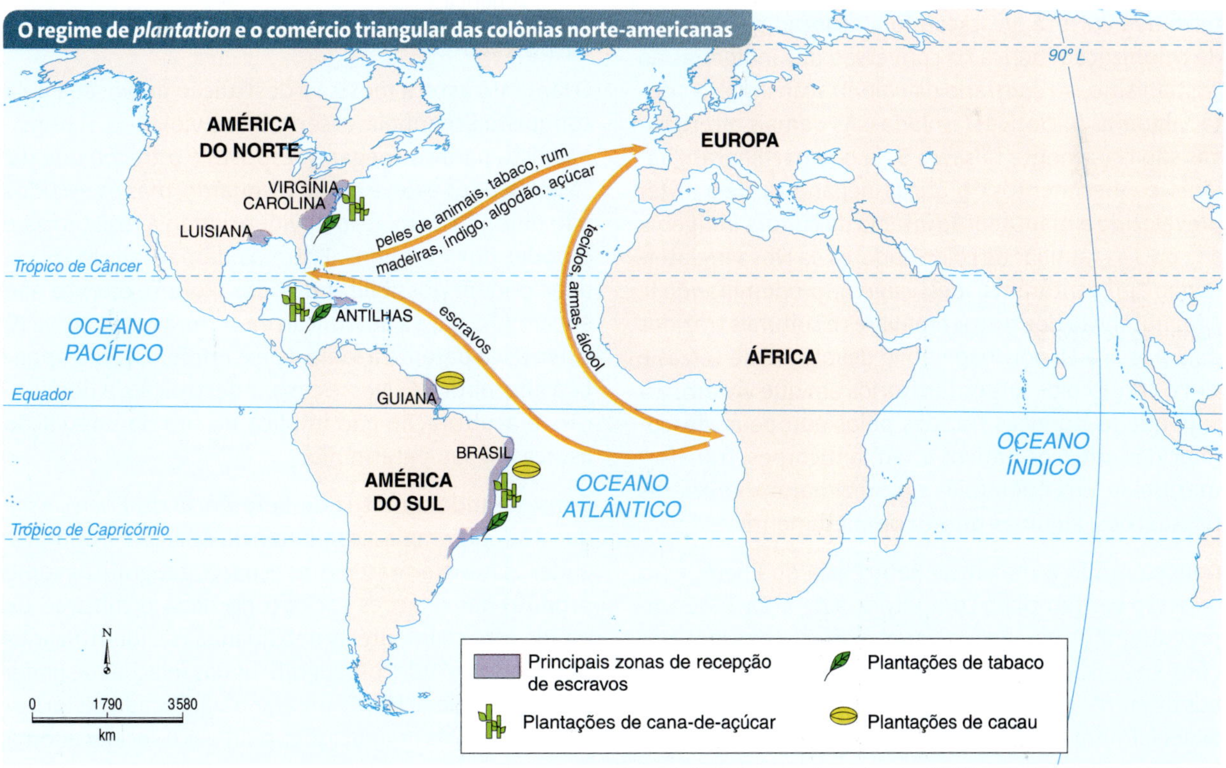

Adaptado de: KINDER, Hermann et al. *The Anchor Atlas of World History*. New York: Doubleday, 1974. p. 220-224.

Pensando no Enem

1. Na América inglesa, não houve nenhum processo sistemático de catequese e de conversão dos índios ao cristianismo, apesar de algumas iniciativas nesse sentido. Brancos e índios confrontaram-se muitas vezes e mantiveram-se separados. Na América portuguesa, a catequese dos índios começou com o próprio processo de colonização, e a mestiçagem teve dimensões significativas. Tanto na América inglesa quanto na portuguesa, as populações indígenas foram muito sacrificadas. Os índios não tinham defesas contra as doenças trazidas pelos brancos, foram derrotados pelas armas de fogo destes últimos e, muitas vezes, escravizados. No processo de colonização das Américas, as populações indígenas da América portuguesa:

a) foram submetidas a um processo de doutrinação religiosa que não ocorreu com os indígenas da América inglesa.
b) mantiveram sua cultura tão intacta quanto a dos indígenas da América inglesa.
c) passaram pelo processo de mestiçagem, que ocorreu amplamente com os indígenas da América inglesa.
d) diferenciaram-se dos indígenas da América inglesa por terem suas terras devolvidas.
e) resistiram, como os indígenas da América inglesa, às doenças trazidas pelos brancos.

Resposta: a

O enunciado da questão facilita a identificação da alternativa correta, destacando a atuação sistemática da colonização ibérica na conversão dos indígenas ao cristianismo, ao contrário da colonização inglesa, afora "algumas iniciativas" isoladas. As demais alternativas são claramente falsas: a B, já que partilharam valores, conhecimentos e práticas, negando a ideia de ter prevalecido a manutenção intacta da cultura indígena; a C, pois as famílias de colonizadores da Nova Inglaterra não apresentaram a mestiçagem, predominando lá a manutenção dos traços familiares e culturais trazidos da Europa; a D, pois não houve devolução de terras e sim o confisco de largos territórios em que viviam; e a E, já que as doenças trazidas pelos europeus, desconhecidas entre os nativos e sem anticorpos, transformaram-se em epidemias que dizimaram inúmeras populações, algumas quase completamente.

Considerando a matriz de Referência do Enem, essa questão contempla a competência de área 3 – Compreender a produção e o papel histórico das instituições sociais, políticas e econômicas, associando-as aos diferentes grupos, conflitos e movimentos sociais, especialmente as habilidades H11: Identificar registros de práticas de grupos sociais no tempo e no espaço, e H15: Avaliar criticamente conflitos culturais, sociais, políticos, econômicos ou ambientais ao longo da história.

2. ***O canto triste dos conquistados: os últimos dias de Tenochtitlan***

Nos caminhos jazem dardos quebrados;
os cabelos estão espalhados.
Destelhadas estão as casas,
Vermelhas estão as águas, os rios, como se alguém as tivesse tingido,
Nos escudos esteve nosso resguardo,
mas os escudos não detêm a desolação...

PINSKY, J. et al. *História da América através de textos*. São Paulo: Contexto, 2007 (fragmento).

O texto é um registro asteca, cujo sentido está relacionado ao (à)

a) tragédia causada pela destruição da cultura desse povo.
b) tentativa frustrada de resistência a um poder considerado superior.
c) extermínio das populações indígenas pelo Exército espanhol.
d) dissolução da memória sobre os feitos de seus antepassados.
e) profetização das consequências da colonização da América.

Resposta: b

O lamento asteca mostra a destruição provocada pela conquista espanhola, assentada na violência. A principal pista para se chegar à resposta é o trecho que diz "Nos escudos esteve nosso resguardo, mas os escudos não detêm a desolação", evidenciando a resistência e o poder dos europeus. Entre as demais alternativas, duas podem possibilitar dúvidas. Porém, o texto não encaminha para a destruição da cultura (alternativa A) e nem fica patente a ideia de extermínio, como aponta a alternativa C. Nesse caso, a destruição, a dominação, a aculturação não implica no fim da população asteca, no seu extermínio.

Considerando a matriz de Referência do Enem, essa questão contempla a competência de área 2 – Compreender as transformações dos espaços geográficos como produto das relações socioeconômicas e culturais de poder, especialmente as habilidades H7: Identificar os significados histórico-geográficos das relações de poder entre as nações e H9: Comparar o significado histórico-geográfico das organizações políticas e socioeconômicas em escala local, regional ou mundial.

Atividades

Leitura e interpretação de texto literário

1. No romance *Filha de feiticeira*, da inglesa Celia Rees, a personagem Mary é enviada para a América para escapar à indigência e à perseguição que vitimou sua avó, acusada de prática de bruxaria. Entregue aos cuidados de uma família de puritanos, Mary registra suas experiências e impressões em um diário. No trecho abaixo, a personagem descreve suas primeiras impressões junto dos moradores da cidade de Salém, onde ela e a família que a acolhe se hospedam tão logo desembarcam no Novo Mundo.

> As pessoas se assemelham às suas residências, à medida que nenhuma é muito humilde e nenhuma tem muitas posses. Não vi mendigos nem gente muito rica. O vestuário não revela nada, pois todos se vestem da mesma maneira, em cores tristes e sóbrias. Preto, marrom, marrom-avermelhado, tons de cinza e verde, sem adornos de renda ou seda. O que usam e podem usar é determinado pela lei. São rigorosos nisso e, desconfio, em muitas coisas mais. É difícil não notar a prisão, o tronco e o pelourinho.
>
> A boa gente de Salém nos mostra como será a vida. Isto não é nenhuma terra de leite e mel. Os rostos contam uma história de trabalho e dificuldades. Eles construíram a vida a partir do nada, moldaram-na pela floresta. Os pertences trazidos de casa são poucos e se destacam entre os móveis feitos com o que eles encontram à sua volta. Os utensílios de estanho são para exibir. Até os pratos, tigelas e colheres são de madeira.
>
> As pessoas são hospitaleiras, dividem casa e comida conosco, mas são carrancudas. Até o modo como falam é diferente. Um forte som nasalado torna a pronúncia áspera. Dão-nos mingau, e carne e legumes cozidos juntos. [...] A maior parte da comida é a mesma que faríamos em casa, menos o mingau, que é amarelo-forte. É feito do milho que cresce alto nos campos e jardins que cercam o povoado. Também há outras plantas: feijões e uma trepadeira baixa que dá frutos grandes, com gosto parecido com o da abóbora, mas que ficam redondos e alaranjados. Pelo menos a terra parece fértil. Uma das primeiras coisas que Martha fez foi se ajoelhar e apanhar um punhado.
>
> "Boa terra de cultivo", disse esfarelando-a entre os dedos e mostrando a Jonah. Ele aprovou, com um gesto de cabeça, e sorriu de prazer. Vão plantar juntos. Não só plantas de comer. Estão planejando cultivar ervas de que precisam para fazer remédios.
>
> REES, Celia. *Filha de feiticeira*. São Paulo: Companhia das Letras, 2004. p. 80-81.

a) Que aspectos da colonização inglesa na América Celia Rees destaca no trecho selecionado?

b) Com base nas características identificadas, você localiza a história do romance no sul ou no norte das colônias inglesas estabelecidas na América?

c) Repare como Celia Rees abusa das palavras com sentido negativo (não, nenhum, nenhuma) para descrever a vida na colônia inglesa na América. Reflita sobre o cotidiano na colônia e procure uma explicação para essa opção de recurso narrativo adotada pela autora.

North Wind Picture Archives/AKG-Images/Album/Latinstock

Puritanos ingleses prendem uma mulher acusada de bruxaria. Gravura colorizada de Howard Pylle, século XIX.

Leitura e interpretação de texto historiográfico

2. O texto que segue trata da formação das primeiras colônias inglesas na América. Leia-o com atenção e responda às questões que o acompanham.

Em 1629, uma nova carta, outorgada por Carlos I, fundou a *Massachusetts Bay Company*. No ano seguinte, mil ingleses, todos formados na doutrina puritana, embarcaram de Southampton em direção ao Novo Mundo, a fim de estabelecer sobre essas terras virgens uma nova ordem eclesiástica e política, que lhes permitiria viver de acordo com suas crenças. Eles eram devotos, animados pela vontade de trabalhar e pelo senso do dever. Além disso, muitos tinham instrução: cadetes, filhos de grandes fazendeiros, ministros religiosos.

Esses homens e essas mulheres determinados concebiam sua migração ao Novo Mundo como um capítulo do drama que se desenrola desde a criação do mundo e que só acaba no Juízo Final. Deus os guiara até esses lugares selvagens com o fim de arrancá-los das mãos de Satã e conduzi-los a Cristo. Seu destino era o de estabelecer uma nova idade do ouro na América do Norte. [...] Eles reconheciam um só soberano, Deus, o que tornava os homens do Novo Mundo irmãos, solidários. [...]

Concedendo a carta, o governo inglês pensou que a nova colônia, assim como a da Virgínia, seria governada a partir de Londres. Mas a *Massachusetts Bay Company* não entendeu dessa maneira, e o Massachusetts seria um estado quase independente durante meio século. A companhia instalou em Shawmut (Boston) um governador residente, assim como um conselho composto por grandes proprietários rurais, mercadores e pastores. Um acordo foi assinado por todos. O texto era curto: "Fazemos uma aliança (*covenant*) com o Senhor e entre nós, comprometendo-nos, na presença de Deus, a caminhar juntos em todas as suas sendas da forma que Ele desejar revelar-se a nós em Sua santa palavra da verdade".

Antes de existir politicamente, cada comunidade era de essência religiosa. [...] A Igreja e o Estado trabalhavam juntos para o bem da comunidade, buscando o consenso. Todas as decisões deviam ser unânimes – o que provocava debates intermináveis. Mas, uma vez obtido o consenso, os puritanos não contestavam a decisão tomada, convencidos de que "Deus esclarecera suficientemente os pastores e os magistrados de seu próprio povo para que estivessem preparados para governar com base na certeza e na verdade".

Eles não tinham deixado a Inglaterra para escapar a toda forma de governo, mas para trocar o que acreditavam ser um mau governo por um bom, ou seja, formado livremente por eles mesmos. Tanto no plano político como no religioso, acreditavam que o indivíduo só poderia se desenvolver em liberdade. Entretanto, convencidos de que a liberdade consiste em dar ao homem a oportunidade de obedecer aos desígnios divinos, ela apenas permitia ao indivíduo escolher o Estado que deveria governá-lo e a Igreja na qual ele iria louvar a Deus. [...]

Não tenhamos, entretanto, nenhuma ilusão. Os puritanos, apesar da separação relativa entre Igreja e Estado e o cuidado com a liberdade de consciência, se mostravam intolerantes àqueles que não pensavam como eles, mais por medo do caos social que beatice. Por isso, alguns agricultores, como Roger Williams, acabariam se exilando em Rhode Island. Outros acabariam banidos, com proibição de voltar à colônia, sob pena de morte. Quatro *quakers* recalcitrantes foram enforcados, entre 1658 e 1661. A ordem deveria reinar. O pensamento e a ação dos puritanos se inscreveram nos cânones de uma sociedade que primava pela ordem. [...]

CRÉTÉ, Liliane. *As raízes puritanas*. Disponível em: <www2.uol.com.br/historiaviva/reportagens/as_raizes_puritanas_imprimir.html>. Acesso em: 4 fev. 2014.

a) De acordo com o texto, como os primeiros colonos a desembarcarem na América entendiam sua transferência da Inglaterra para uma terra além-mar?
b) Qual era o modelo de sociedade que os primeiros colonos ingleses planejavam fundar na América?
c) Em sua opinião, podemos afirmar que o modelo de sociedade criado pelos colonos ingleses na América foi o embrião da democracia norte-americana? Justifique.

Museu Nacional, Cidade do México

Vestibulares de Norte a Sul

1. **CO** (UFG-GO)

[...] *Nos caminhos jazem dardos quebrados;*
os cabelos estão espalhados.
Destelhadas estão as casas,
incandescentes estão seus muros.
Vermes abundam por ruas e praças,
e as paredes estão manchadas de miolos arrebentados.
[...]

(O canto triste dos conquistados: os últimos dias de Technochtitlan (México, 1521-1528). In: LEÓN-PORTILLA, Miguel et al. *História documental do México*. México: UNAM, 1984. v. 1. p. 122.)

O trecho acima descreve a violência da conquista espanhola na América, ocorrida no final do século XV e início do XVI, a qual, a despeito de um reduzido número de soldados, conseguiu submeter os povos astecas, com uma população estimada em 25 milhões, e os povos incas, com 10 milhões de pessoas.

Sobre a conquista espanhola na América,

a) descreva a formação do Estado moderno na Espanha e sua relação com a expansão marítima nos séculos XV e XVI.
b) identifique duas estratégias militares utilizadas pelos espanhóis que facilitaram a conquista dos povos astecas e incas.

2. **SE** (Fuvest-SP) No século XVI, a conquista e ocupação da América pelos espanhóis:

a) desestimulou a economia da metrópole e conduziu ao fim do monopólio de comércio.
b) contribuiu para o crescimento demográfico da população indígena, concentrada nas áreas de mineração.
c) eliminou a participação do Estado nos lucros obtidos e beneficiou exclusivamente a iniciativa privada.
d) dizimou a população indígena e destruiu as estruturas agrárias anteriores à conquista.
e) impôs o domínio político e econômico dos *criollos*.

3. **N** (Ufac) Foram muitas as anotações feitas pelos "conquistadores" das Américas, durante os séculos XVI e XVII, para provar que os índios eram inferiores, entre outras, Galeano (1999, 63) destacou:

Suicidam-se os índios das ilhas do Mar do Caribe?
Porque são vadios e não querem trabalhar.
Andam desnudos, como se o corpo todo fosse a cara?
Porque são selvagens e não tem pudor.
Ignoram o direito de propriedade, tudo compartilham e não têm ambição de riqueza?
Porque são mais parentes do macaco do que do homem.
Banham-se com suspeitosa frequência?
Porque se parecem com hereges da seita de Maomé, que com justiça ardem nas fogueiras da Inquisição.
Acreditam nos sonhos e lhes obedecem as vozes?
Por influência de Satã ou por crassa ignorância.
É livre o homossexualismo? A virgindade não tem importância alguma?
Porque são promíscuos e vivem na antessala do inferno.
Jamais batem nas crianças e as deixam viver livremente?
Porque são incapazes de castigar e de ensinar.
Comem quando têm fome e não quando é hora de comer?
Porque são incapazes de dominar seus instintos.
Adoram a natureza, considerando-a mãe, e acreditam que ela é sagrada?
Porque são incapazes de ter religião e só podem professar a idolatria.

Com base no texto podemos inferir que:

a) As mais diversas etnias ameríndias, contatadas pelos europeus, haviam desenvolvido princípios comportamentais de acordo com sua cosmogonia e com seus modos de vida.
b) Os europeus compreenderam, desde o início, que os ameríndios não poderiam ser humanos como eles, pois eram selvagens e canibais.
c) Os ameríndios tomavam muito banho porque aqui era mais quente que na Europa e eles não haviam desenvolvido perfumes como os franceses.
d) Os europeus tinham os melhores métodos para educar seus filhos.
e) Os europeus e os ameríndios, mesmo com suas diferenças, uniram-se para construir o Novo Mundo.

4. **SE** (FEI-SP) As duas principais atividades econômicas que Portugal e Espanha incentivaram na América, no início da colonização foram, respectivamente:

a) cacau na América portuguesa e a mineração da prata e do ouro na América espanhola.
b) a mineração na América Portuguesa e a monocultura do tabaco na América espanhola.
c) a monocultura da cana-de-açúcar na América portuguesa e a pecuária na América espanhola.
d) a monocultura da cana-de-açúcar na América portuguesa e a mineração de ouro e de prata na América espanhola.
e) a monocultura do algodão na América portuguesa e a pecuária na América espanhola.

5. **SE** (PUC-RJ) A fundação da Virgínia e da Nova Inglaterra, no início do século XVII, fez a Inglaterra adentrar a disputa colonial no Novo Mundo. Nos vastos domínios dos impérios ibéricos nas Américas, foram produzidas sociedades muito diversas e complexas – por exemplo, as do V.R. da Nova Espanha, as da região caribenha e as do V.R. do Peru. Entretanto, também nas colônias britânicas, desde a sua formação, fortes diferenças acabaram forjando sociedades bem diversas. Essa diversidade foi expressão de vários fatores, entre eles estão:

I. O fato de os propósitos das Companhias de Comércio de Londres e de Plymouth terem sido radicalmente distintos, tal como as populações que transportaram para a América.
II. O predomínio dos interesses mercantis e escravistas nas colônias da Virgínia, ao sul, contrastando com as motivações de ordem mais religiosa e política dos puritanos que orientaram a ocupação das colônias ao norte.
III. A dificuldade de a Igreja Anglicana fazer valer a sua autoridade e administração nas colônias do norte, berço da intolerância religiosa, *loci* de separatistas religiosos – dos congregacionistas, presbiterianos, batistas e anabatistas etc.
IV. A decisão prévia do Rei James I de oferecer colônias particulares a donatários ou proprietários – como William Penn e *Lord* Baltimore – na região das Colônias do Meio.

Assinale a alternativa **CORRETA**:
a) I e II estão corretas.
b) III e IV estão corretas.
c) II e IV estão corretas.
d) II e III estão corretas.
e) I e IV estão corretas

6. **SE** (Vunesp-SP)

Desde o começo até hoje a hora presente os espanhóis nunca tiveram o mínimo cuidado em procurar fazer com que a essas gentes fosse pregada a fé de Jesus Cristo, como se os índios fossem cães ou outros animais: e o que é pior ainda é que o proibiram expressamente aos religiosos, causando lhes inumeráveis aflições e perseguições, a fim de que não pregassem, porque acreditavam que isso os impediria de adquirir o ouro e riquezas que a avareza lhes prometia.

(Frei Bartolomeu de Las Casas. Brevíssima relação da destruição das Índias, 1552.)

No contexto da colonização espanhola na América, é possível afirmar que:
a) existia concordância entre colonizadores e missionários sobre a legitimidade de sujeitar os povos indígenas pela força.
b) os missionários influenciaram o processo de conquista para salvar os índios da cobiça espanhola.
c) colonizadores, soldados e missionários respeitavam os costumes, o modo de vida e a religião dos povos nativos.
d) os padres condenavam as atitudes dos soldados porque pretendiam ficar com as riquezas das terras descobertas.
e) os missionários condenavam o uso da força e propunham a conversão religiosa dos povos indígenas.

7. **SE** (PUC-RJ) Sobre as relações estabelecidas entre europeus e povos nativos do continente americano por ocasião da conquista e colonização das terras do Novo Mundo, estão corretas as afirmativas, **À EXCEÇÃO DE:**
a) A catequese das populações nativas, fundamentada no princípio da tolerância religiosa, viabilizou o enraizamento dos valores cristãos.
b) A ocorrência de guerras e a propagação de epidemias contribuíram de modo significativo para a drástica redução demográfica das populações nativas.
c) Entre as imagens que os europeus construíram acerca do Novo Mundo, destacavam-se as visões que ressaltavam a pureza dos povos nativos e a fertilidade da terra.
d) O estabelecimento de alianças bélicas, favorecidas pelas rivalidades entre os povos nativos, contribuiu para a conquista europeia.
e) Os conquistadores europeus valeram-se de práticas de escambo e formas de trabalho compulsório, já existentes entre os povos nativos da América, para consolidarem novas relações de dominação.

8. **SE** (Cefet-RJ) O processo de conquista da América pelos Estados europeus na Época Moderna foi possível com o uso da força militar, da exploração econômica e da imposição de valores culturais aos povos indígenas americanos. A partir desta constatação, deve ser assinalado que:
a) A colonização inglesa na América do Norte desenvolveu relações pacíficas com os povos indígenas locais, em razão de interesses comerciais e da necessidade de conseguir aliados para enfrentar os espanhóis.
b) A colonização portuguesa em partes da América do Sul exterminou os indígenas, vistos como inúteis para o trabalho, e eliminou sua herança cultural ao longo da montagem e desenvolvimento da colonização.
c) A colonização espanhola se utilizou, em áreas como o planalto mexicano e a região andina, de hierarquias sociais e formas de trabalho desenvolvidas pelas civilizações indígenas ali existentes, que foram aproveitadas em benefício da dominação metropolitana.
d) Ao contrário do que ocorreu na América do Norte, a colonização inglesa no Caribe e em partes da América do Sul recorreu largamente à escravização indígena, como forma de contornar o monopólio do tráfico de africanos exercido pelos espanhóis.

9. **SE** (Fuvest-SP)

Quando Bernal Díaz avistou pela primeira vez a capital asteca, ficou sem palavras. Anos mais tarde, as palavras viriam: ele escreveu um alentado relato de suas experiências como membro da expedição espanhola liderada por Hernán Cortés rumo ao Império Asteca. Naquela tarde de novembro de 1519, porém, quando Díaz e seus companheiros de conquista emergiram do desfiladeiro e depararam-se pela primeira vez com o Vale do México lá embaixo, viram um cenário que, anos depois, assim descreveram: "vislumbramos tamanhas maravilhas que não sabíamos o que dizer, nem se o que se nos apresentava diante dos olhos era real".

Matthew Restall. *Sete mitos da conquista espanhola*. Rio de Janeiro: Civilização Brasileira, 2006, p. 15-16. Adaptado.

O texto mostra um aspecto importante da conquista da América pelos espanhóis, a saber,
a) a superioridade cultural dos nativos americanos em relação aos europeus.
b) o caráter amistoso do primeiro encontro e da posterior convivência entre conquistadores e conquistados.
c) a surpresa dos conquistadores diante de manifestações culturais dos nativos americanos.
d) o reconhecimento, pelos nativos, da importância dos contatos culturais e comerciais com os europeus.
e) a rápida desaparição das culturas nativas da América Espanhola.

CAPÍTULO

19 Apogeu e desagregação do sistema colonial

Reprodução/Museu Paulista da USP, São Paulo, SP

Entrada para as Minas, tela de Oscar Pereira da Silva, 1920.

Para pensar historicamente

Negociação e enfrentamento

Na colonização americana houve uma transposição de mecanismos político-administrativos que vigoravam na Europa. Com o desenvolvimento da colonização, esses mecanismos foram se ajustando às necessidades dos grupos locais. A monarquia e as elites negociavam e barganhavam cargos, recompensas, favores e poderes para a imposição da autoridade. Formavam o que alguns historiadores denominam "autoridades negociadas".

Estruturas de poder dependem da negociação de grupos sociais para viabilizar a neutralização das forças de oposição. A dominação gera resistência, não raro evoluindo para confrontos abertos, que questionam a ordem vigente e originam projetos alternativos de poder e de sociedade.

No período colonial da América, a contestação à ordem nem sempre partiu apenas das camadas submetidas (escravizados africanos ou populações indígenas), mas também daqueles que usufruíam as práticas exploratórias metropolitanas.

Muitas vezes, comerciantes, senhores de engenho, funcionários da administração, clérigos, *criollos*, entre outros, ao expressarem seu descontentamento, buscaram o apoio popular às suas demandas contra aspectos da administração colonial.

Será que essas elites locais desejavam a transformação radical da sociedade, com metas de favorecimento mais amplo da população, ou suas reivindicações limitavam-se aos interesses de seus negócios e condições de vida? Essas são algumas das questões possíveis para se refletir nas próximas páginas.

Niels Wenstedt/Demotix/Corbis/Latinstock

Milhares de argentinos se reuniram na praça da República, ao lado do Obelisco, para manifestar a insatisfação com o governo da presidente Cristina Kirchner. Foto de abril de 2013.

1 A atividade mineradora: interiorização e urbanização

Processo de exploração do ouro

Inumeráveis cartas, crônicas e relatórios da época contam-nos que os europeus que chegaram à América tinham algo que os nativos chamavam de "sede de ouro". Foi nos domínios da Espanha que primeiro se encontraram metais preciosos, logo no século XVI. O caso de Potosí, na atual Bolívia, em que foram descobertas grandes jazidas de prata, é significativo.

Quando a prata se esgotou, no final do século XVII, a maioria dos europeus deixou a América espanhola, levando o que era possível. E a Bolívia, de onde foi extraída a prata, é hoje um dos países mais pobres da América. Outras cidades mineiras da época colonial, como Guanajuato e Zacatecas, no México, tiveram o mesmo destino: esplendor na época da extração da prata, decadência e miséria após esse período.

Na Europa, por diversos fatores, incluindo os culturais e religiosos, grande parte dessa riqueza foi gasta, e não acumulada ou investida em manufaturas ou outros negócios.

Na América portuguesa havia a mesma "sede de ouro". As primeiras descobertas significativas de ouro na América portuguesa estão ligadas à expansão bandeirante e datam do final do século XVII, quando a produção e a comercialização do açúcar enfrentavam um período de crise. A notícia da descoberta de ouro e diamantes na colônia, tão esperada desde 1500, atraiu para a região das minas milhares de portugueses e colonos de outras regiões brasileiras, sobretudo do Nordeste. A população colonial passou de 300 mil habitantes no final do século XVII para 3,3 milhões no final do século XVIII.

A vila de Sabará, em Minas Gerais, em gravura de Estevão, do século XVIII, situava-se em plena região mineradora. Além de área mineradora, foi importante centro comercial e ainda hoje guarda expressivos monumentos arquitetônicos do período da mineração, em estilo **barroco mineiro**.

Reprodução/Coleção particular

A ocupação e o povoamento da região mineradora, como o atual estado de Minas Gerais e, em seguida, Goiás e Mato Grosso, alteraram o caráter predominantemente rural da colonização, com o surgimento de diversas vilas e cidades.

O desenvolvimento de um novo eixo econômico, deslocando as atividades principais da costa litorânea nordestina para o centro-sul, determinou a transferência da capital de Salvador para o Rio de Janeiro, em 1763.

A abertura de estradas e caminhos ligando a região das minas ao porto do Rio de Janeiro propiciou a intensificação do comércio, visando, sobretudo, ao abastecimento da região mineradora. O mercado consumidor se ampliou e se aqueceu, em decorrência do crescimento populacional e da riqueza obtida com o ouro. Além disso, estimulava-se a importação de artigos manufaturados, bem como a produção interna de alimentos e a criação de gado. A integração econômica das várias regiões e a consolidação do crescente mercado interno foram favorecidas pelo transporte de mercadorias feito por **tropas de mulas** (tropeiros) que cruzavam o território colonial em direção a Minas Gerais e ao Rio de Janeiro.

barroco mineiro: designação do estilo barroco, com as características peculiares que assumiu na região de Minas Gerais entre o início do século XVIII e o final do século XIX. Foi introduzido no Brasil como instrumento de doutrinação cristã e adquiriu características próprias.

Caravana de comerciantes vai à Tijuca (c. 1835), por Johann Moritz Rugendas.

Os caminhos do ouro, a cultura e o trabalho em Minas Gerais

O caráter urbano associado à atividade mineradora provocou mudanças significativas na estrutura social da colônia. Os exploradores que se dirigiram para a região das minas passaram a habitar as vilas próximas às áreas de mineração, estimulando as atividades culturais e a diversificação das atividades econômicas, bem como o comércio.

O ouro encontrado passou a circular entre as pessoas comuns, inclusive entre os escravos. Muitos viram nessa situação a possibilidade de comprar sua liberdade – por meio das **Cartas de Alforria**. Assim, embora a sociedade colonial ainda fosse demarcada por profundas desigualdades, houve a possibilidade de uma relativa mobilidade social, com o surgimento de um número muito maior de artesãos, comerciantes, pequenos proprietários, intelectuais, padres e funcionários públicos. Isso possibilitou a relativa distribuição de riquezas entre ricos e um segmento médio produtivo, composto de homens livres.

O historiador Eduardo França Paiva, com suas pesquisas e publicações, tem apontado o impulso da prática das alforrias. O texto a seguir, destaca o quadro diverso e dinâmico da sociedade colonial.

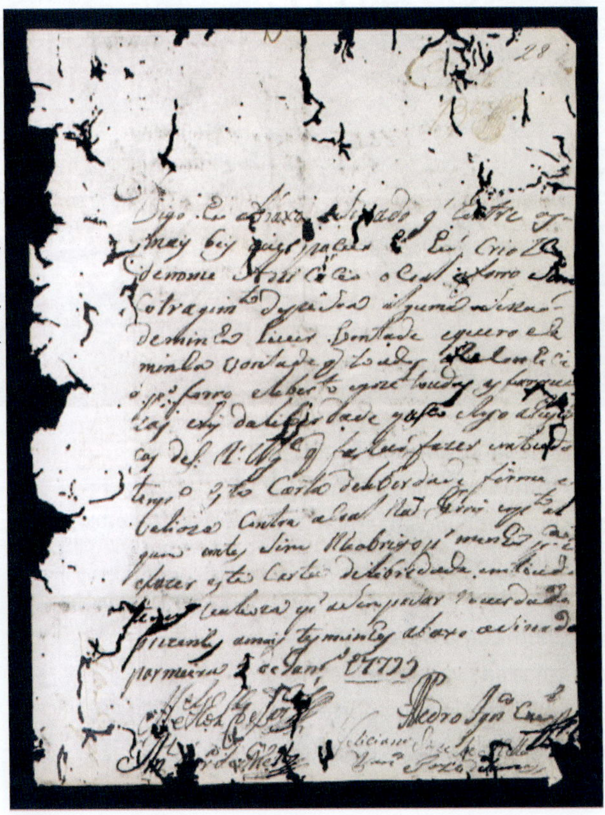

Manuscrito de uma carta de alforria, c. 1779.

Leituras da História

A sociedade em movimento

O ouro, de início, fomentou as mudanças, mas não foi ele o único elemento responsável por elas. Já nas primeiras décadas de ocupação das terras das Minas Gerais, gente de variada origem tentou fazer fortuna não apenas minerando, mas plantando roças e criando animais, oferecendo serviços de todo tipo e, sobretudo, praticando algum comércio. Nas vilas e arraiais das Minas tudo isso existiu, e nunca os escravos estiveram excluídos dessas possibilidades. Ruas, vielas, chafarizes e becos hospedaram milhares e milhares de escravos de ganho, de negras de tabuleiro, de coartados – cativos que pagavam sua alforria em parcelas, durante três ou quatro anos – e de forros. Enquanto alguns sobreviviam a duras penas, outros, e não foram poucos, conseguiam ganhar dinheiro, com o qual compravam a liberdade, casas, roupas, ferramentas de trabalho, joias e também escravos.

As mulheres ocuparam lugar destacado nesse mundo urbano colonial. Quando escravas, várias conheciam, além de autonomia, alguma fortuna. Depois de libertas, muitas outras ascendiam social e economicamente, transformavam-se em importantes comerciantes e proprietárias de escravos, e engrossavam a camada média urbana que habitava a antiga capitania. Mulheres como essas foram responsáveis por grande parte do consumo de tecidos produzidos na Índia especialmente para o Brasil.

Ignácia Ribeira, forra, moradora no arraial do Pompeu em 1777, possuía uma venda de secos e molhados, um escravo, ouro lavrado em barra, um colar de corais e tinha pago uma quantia avultada por sua liberdade: cerca de 300 mil réis. Izabel Pinheira, angolana, morreu viúva, no arraial da Roça Grande, em 1741, possuindo sete escravos que ficaram alforriados e coartados no testamento deixado por ela. Entre as mais afortunadas, estava a crioula Bárbara de Oliveira, natural da Bahia, que se mudara para Sabará, onde morreu em 1766. Ela possuía 22 escravos (mais mulheres que homens – um conjunto de grande porte, incomum até mesmo entre proprietários brancos). Também tinha muitas joias e roupas guardadas em canastras, como "uma saia de primavera de seda, uma de droguete preto e uma de seda passado de ouro". Ela possuía, ainda, ouro lavrado e em pó e muitos créditos na praça.

[...]

Cada vez mais a nova historiografia demonstra que essas mulheres não eram exceções nem gente alienada. Elas não lutaram contra a escravidão dos irmãos de cor e de raça, mas, ao atuarem no dia a dia, ajudaram a constituir uma sociedade diferente.

PAIVA, Eduardo França. As outras Chicas da história. *Aventuras na história*. São Paulo: Abril, 2009. Disponível em: <http://historia.abril.com.br/cultura/outras-chicas-silva-433508.shtml>. Acesso em: 3 mar. 2014.

Vendedoras de pão de ló (1834-1839), por Jean-Baptiste Debret.

Em sua primeira fase, a atividade mineradora exigia poucos investimentos, de forma que quase todos podiam participar da extração aurífera e diamantífera. As técnicas de **faiscação** e **garimpagem** utilizadas no início da mineração, ou seja, a retirada do ouro encontrado nos rios e barrancos (denominado **ouro de lavagem**), exigiam poucos recursos e pouca mão de obra. Mais tarde, quando se consolidou a exploração mineradora, estruturaram-se grandes unidades exploradoras – as **lavras** –, exigindo maiores investimentos para as escavações e grande número de escravos.

Apesar da presença de homens livres ou escravos forros, a mineração – assim como a produção de açúcar – era realizada majoritariamente por escravizados africanos. No garimpo, os escravizados que trabalhavam por conta própria eram obrigados a entregar determinadas quantidades de ouro a seus senhores; alguns chegavam a ser alforriados, como recompensa.

Por causa dos acidentes e das doenças a que estavam sujeitos nas lavras, os cativos tinham baixa expectativa de vida, não ultrapassando os 12 anos de atividade. Mesmo violentamente combatidas pela elite colonizadora, as fugas eram constantes, dando origem a grande número de quilombos em Minas Gerais.

Para administrar a região mineradora, a metrópole criou, em 1702, a **Intendência das Minas**, subordinada diretamente a Portugal, e não às autoridades coloniais. A Intendência controlava de perto a exploração aurífera. Era responsável pela distribuição dos lotes a ser explorados, denominados **datas** – que variavam de acordo com o número de escravos do minerador –, e pela cobrança do **quinto** – imposto de 20% sobre o ouro encontrado.

Biblioteca Nacional, Rio de Janeiro

Escravos na extração de diamantes, de Carlos Julião, século XVIII. O aumento populacional advindo da migração metropolitana, atraída pela economia mineradora, foi acompanhado da intensificação do tráfico negreiro e do tráfico interno. Apesar da inexistência de censo oficial, estimativas apontam que dos 320 mil habitantes da capitania de Minas Gerais, em 1776, havia cerca de 130 mil alforriados ou descendentes de ex-escravos, 110 mil escravos e 80 mil brancos, segundo o historiador Eduardo França Paiva[1].

[1] Apud PELEGRINI, Liliane. *Para atualizar a história*. Disponível em: <www.overmundo.com.br/overblog/para-atualizar-a-historia>. Acesso em: 3 mar. 2014.

O contrabando, contudo, era intenso. Para coibi-lo, a Coroa criou, em 1720, as **casas de fundição**. A partir de então, todo ouro encontrado nas minas ou nos garimpos deveria ser fundido em barras, tornando-se proibida a circulação do ouro em pó e em pepitas, formas mais fáceis de esconder e contrabandear. No momento de fundir o ouro, já era extraído o quinto pertencente à Coroa. O pagamento era comprovado com a emissão de um certificado, e a barra de ouro recebia uma chancela.

As remessas de metais preciosos da colônia para a metrópole aliviaram durante certo tempo as dificuldades financeiras de Portugal, decorrentes das relações comerciais desfavoráveis que mantinha na Europa e dos gastos excessivos com os luxos da Corte.

Diante dos crescentes sinais de esgotamento da produção aurífera, que se anunciava havia algumas décadas, o governo português determinou que o quinto mínimo seria de 100 arrobas de ouro (1 468,9 quilos) anuais para todos os municípios. A decisão só entrou em vigor a partir da década de 1770. Se o quinto recolhido no ano não atingisse o valor mínimo, a diferença seria completada pela **derrama**, cobrança compulsória feita por soldados metropolitanos autorizados a invadir casas e confiscar bens e propriedades, até completar o valor correspondente às 100 arrobas. A medida provocou conflitos e insatisfações na colônia.

Rubens Chaves/Pulsar Imagens

Construído entre 1782 e 1784, o prédio da Casa dos Contos de Ouro Preto serviu de residência de políticos na época da mineração e hoje abriga um museu, com finalidade de preservar essa memória. Foto de 2011.

O esgotamento das jazidas e o uso de técnicas rudimentares na mineração levaram ao declínio da produção do ouro na colônia, que se acentuou na segunda metade do século XVIII, num processo diferente do ocorrido com a economia açucareira, que, mesmo depois da crise da segunda metade do século XVII, nunca deixou de ser uma atividade econômica significativa.

A urbanização, o desenvolvimento comercial e de outras produções internas, como as de abastecimento da população, entretanto, permaneceram ativos e em expansão. Outra herança que permaneceu foi o desenvolvimento das artes associado à mineração. A arquitetura barroca é um exemplo. Assim como a música, a arquitetura foi influenciada tardiamente pela arte europeia, embora com traços peculiares, como se observa nas igrejas mineiras do século XVIII.

Nas artes, destacou-se o nome de Antônio Francisco Lisboa, o Aleijadinho. Filho de um construtor português e de uma escrava, suas obras estão espalhadas por várias cidades de Minas Gerais.

Leituras da História

Um barroco de traços peculiares

Os modelos barrocos europeus se aclimatam e se desenvolvem no Brasil ao longo do século XVIII, resvalando em soluções rococó – mais leves, simples e suaves – nas vilas e cidades de Minas Gerais a partir de 1760. Aí, as construções perdem suas feições monumentais, e os templos adquirem toques intimistas e dimensões reduzidas. A decoração em pedra-sabão constitui outro traço peculiar e original do barroco mineiro que se expande por diversos núcleos de mineração da colônia. A vida urbana de Vila Rica (elevada à categoria de cidade em 1714 e batizada Ouro Preto, em 1897) abriga uma população heterogênea, um intenso comércio e diversos tipos de artes: música, literatura (os integrantes da Arcádia), arquitetura, pintura e escultura. A predominância de mestiços nas artes plásticas mineiras, nesse período, é explicada em função da relativa liberdade desse segmento na obtenção de serviços que não podem ser feitos nem pelos escravos, nem pelos brancos, que não realizam trabalhos manuais. É nesse ambiente urbano que surgem novos profissionais, como o Aleijadinho, cujo aprendizado se dá pela prática no canteiro de obras, na elaboração de riscos, na escultura em pedra-sabão e na talha de altares. O contato com artistas mais experientes é outro fator decisivo na formação do artista: além de seu pai, Manuel Francisco Lisboa, ele se beneficia das relações com João Gomes Batista (desenhista e medalhista), e com José Coelho de Noronha e Francisco Xavier de Britto (entalhadores).

Verbete *Igreja São Francisco de Assis, Ouro Preto (MG)*. Disponível em: <www.itaucultural.org.br/AplicExternas/ enciclopedia_IC/index.cfm?fuseaction= marcos_texto&cd_verbete=4093>. Acesso em: 4 mar. 2014.

Rubens Chaves/Pulsar Imagens

Igreja de São Francisco de Assis, ornamentada com obras esculpidas atribuídas a Aleijadinho, século XVIII. Foto de 2011.

Claudio Larangeira/kino.com.br

Baruc, profeta esculpido em pedra-sabão no século XVIII por Antônio Francisco Lisboa, o Aleijadinho, um dos maiores artistas do barroco brasileiro.

1. Faça uma pesquisa em livros de arte e *sites* da internet e levante as principais características do barroco europeu.
2. Em que aspectos a arte barroca mineira se diferenciou do estilo barroco europeu?
3. Que relação há entre a atividade mineradora em Minas Gerais e o desenvolvimento do estilo barroco na região?

Ao mesmo tempo, os filhos de proprietários enriquecidos eram enviados à Europa para realizar os estudos universitários, tomando contato com os ideais iluministas difundidos no Velho Mundo. Alguns intelectuais e homens de letras ganharam destaque nesse período, como os poetas **Tomás Antônio Gonzaga**, **Cláudio Manuel da Costa** e **Inácio de Alvarenga Peixoto**.

A atividade mineradora no Brasil acelerou o desenvolvimento do capitalismo europeu, já que toneladas de ouro foram levadas para a Europa, por intermédio de Portugal, na forma de impostos ou pagamento pelos diversos produtos importados, especialmente os manufaturados ingleses.

Os termos do **Tratado de Methuen**, assinado em 1703 com os ingleses e conhecido como "tratado dos panos e vinhos", inviabilizaram o desenvolvimento industrial em território português, ao obrigar Portugal a importar produtos manufaturados da Inglaterra. Diante de suas dificuldades econômicas, o governo português utilizava boa parte das volumosas riquezas extraídas em sua colônia na América para pagar as dívidas desse comércio. Na Inglaterra, as riquezas obtidas do império português impulsionaram o desenvolvimento econômico, ampliando o poderio dos banqueiros, comerciantes e industriais.

Algo semelhante ocorria com a Espanha. Endividada, transferia a prata extraída na América a grandes banqueiros estrangeiros. Como, da mesma forma que Portugal, os espanhóis não investiam na produção manufatureira interna, ampliava-se sua dependência de produtos externos. E era, em grande medida, o fluxo de metais preciosos da América que sustentava essas importações.

Exportações e população no Brasil colonial

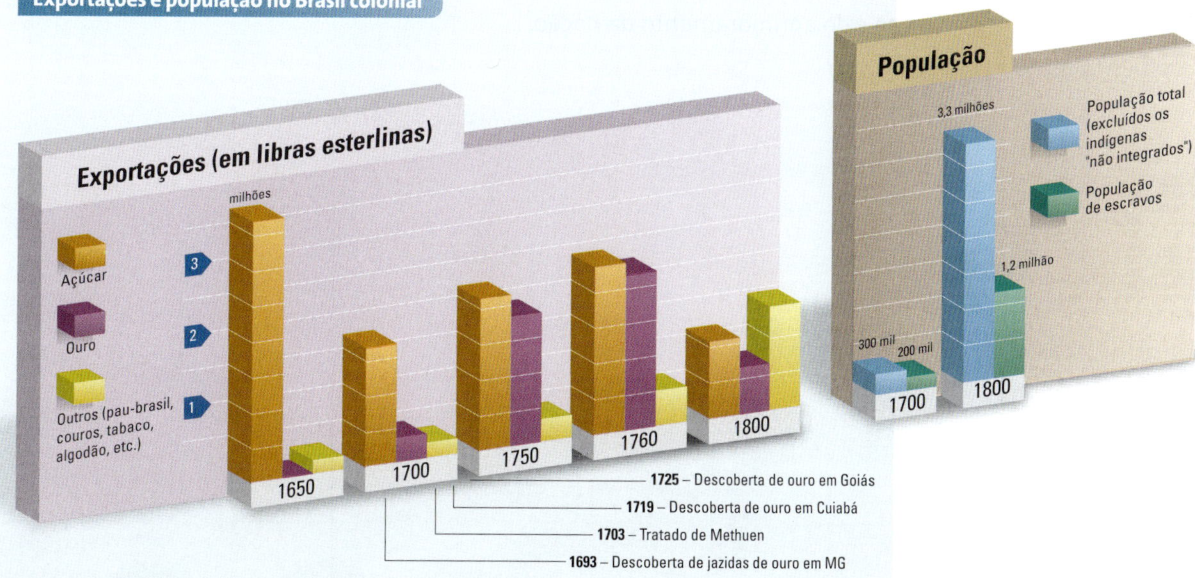

Cassiano Röda/Arquivo da editora

1. Observe com atenção o gráfico acima. Quais são os produtos de exportação brasileiros que estão representados no gráfico?
2. Entre 1650 e 1760, que item de exportação brasileiro mais cresceu?
3. Qual era a porcentagem de escravos no Brasil quando a exportação de ouro começou a crescer?
4. Essa porcentagem se manteve a mesma um século depois? Justifique.
5. É possível que haja relação entre a mineração e a mudança na relação entre livres e cativos no Brasil, entre 1700 e 1800? Explique sua hipótese.

2 A crise portuguesa e o reforço do controle colonial

Embora Portugal reforçasse a fiscalização e o controle da atividade mineradora, a exploração do ouro de sua colônia americana não lhe permitiu reequilibrar as finanças, que estavam parcialmente comprometidas pela luta contra o domínio espanhol e pela crise da empresa açucareira após a expulsão dos holandeses.

Na colônia, o sistema de monopólios estabelecia que certos produtos só poderiam ser importados da Europa por meio das companhias de comércio; eram também as companhias as únicas autorizadas a vender no exterior certas mercadorias produzidas na colônia. Para garantir lucros elevados, as companhias pagavam pouco pelos produtos da colônia e vendiam por preços altos os produtos importados da Europa. Insatisfeitos, os colonos por vezes agiam com violência contra essa situação desfavorável, e a Coroa se via obrigada, em alguns momentos, a rever essas reservas de mercado.

No século XVIII, enquanto a metrópole portuguesa reforçava o controle fiscal e administrativo e a espoliação da colônia, por meio das casas de fundição e da derrama, cresciam, em diversos países da Europa, e mesmo em certas regiões da América, ideias contrárias ao colonialismo mercantilista. O **Iluminismo**, por exemplo, condenava antigas estruturas de privilégios, absolutistas e colonialistas, características do que chamavam pejorativamente de **Antigo Regime**. Esse movimento – do qual fizeram parte intelectuais como Voltaire, Montesquieu e Rousseau – defendia a reorganização da sociedade segundo uma lei básica, a Constituição, que garantiria a liberdade econômica individual, cabendo ao Estado apenas cuidar da segurança e do aprimoramento da nação.

Vila Rica, gravura de Johann Moritz Rugendas, século XIX. No século XVIII, Vila Rica era um dos focos de tensão no relacionamento cada vez mais conflituoso entre a metrópole portuguesa e a colônia.

Coleção particular

Na América colonial, os ideais iluministas chegavam principalmente por meio dos filhos da elite, que eram mandados à Europa para realizar seus estudos universitários. Esses ideais contribuíram para firmar os anseios emancipacionistas que culminaram na independência dos Estados Unidos da América, em 1776, e dos demais países ibero-americanos, no século seguinte. Além disso, inspiraram os participantes da Revolução Francesa, de 1789, cujos desdobramentos alterariam substancialmente o panorama sociopolítico ocidental.

Em Portugal, o **marquês de Pombal**, ministro do rei dom José I, percebeu a extrema dependência econômica de seu país em relação à Inglaterra e preocupou-se em reequilibrar a deficitária balança comercial lusa. Buscou, de um lado, maior eficiência administrativa e desenvolvimento econômico no reino e, de outro, reforço às práticas mercantilistas referentes à colônia na América portuguesa. Suas iniciativas expressaram o chamado **despotismo esclarecido** em terras lusas da América.

Câmara Municipal de Oeiras, Portugal

Marquês de Pombal, obra de L. M. Van Loo. Como déspota esclarecido, D. José serviu-se do marquês de Pombal – como se tornou conhecido o ministro Sebastião José Carvalho e Melo, conde de Oeiras –, que combinou o absolutismo dos Braganças e interesses das antigas elites metropolitanas com o racionalismo iluminista.

Ao enfrentar a oposição do clero e da nobreza aos ideais iluministas e encontrando um pretexto na Guerra Guaranítica (1750), Pombal resolveu expulsar os jesuítas, rompendo a autonomia de que essa ordem religiosa desfrutava perante a Coroa. Confiscou-lhes as propriedades e transferiu para o Estado a responsabilidade sobre o ensino, até então praticamente monopólio da Companhia de Jesus. Para custear a educação, Pombal criou um imposto, o **subsídio literário**, que incidia sobre a carne, o vinho, o vinagre e a aguardente.

Com o objetivo de integrar os nativos da colônia ao reino, Pombal extinguiu a escravidão indígena, em 1757, incorporando algumas aldeias, sob a forma de vilas, à administração portuguesa. Suprimiu também a distinção entre "cristãos-velhos" e "cristãos-novos" (descendentes de judeus convertidos ao catolicismo), dada a importante atuação econômica e social dos judeus, tanto na metrópole como em suas colônias. Embora sem grande sucesso, Pombal tentou também fomentar a produção manufatureira, especialmente em Portugal.

Nesse período, a Coroa estava em dificuldades econômicas ainda maiores, em virtude do terremoto que, em 1755, destruiu a cidade de Lisboa. Ao mesmo tempo em que se reduzia a entrada de recursos, em razão dos crescentes sinais do declínio da produção de ouro no Brasil, a Coroa precisava investir na reconstrução da capital do reino. Pombal recorreu ao aumento dos tributos e ao estabelecimento de monopólios, favorecendo os produtos portugueses.

North Wind Picture Archives/AKG-Images/Album/Latinstock/Coleção particular

Ilustração do século XIX que representa o grande terremoto de Lisboa, que ocorreu em 1775 e destruiu muitas das construções da cidade.

Durante a administração pombalina, as capitanias hereditárias foram extintas e incorporadas aos domínios das capitanias da Coroa, cujos governadores eram nomeados diretamente pelo rei. Pombal também criou companhias de comércio, como a do Estado do Grão-Pará e Maranhão (1755-1778), para controlar o comércio colonial e aumentar a renda metropolitana. A capital da colônia, como já foi visto, foi transferida de Salvador para o Rio de Janeiro, de onde era mais fácil fiscalizar a exportação de ouro. Pombal realizou a primeira derrama (1762-1763) e, pouco depois, estabeleceu o controle da metrópole sobre a exploração de diamantes.

O marquês de Pombal deixou o ministério após a morte de dom José I, e muitas de suas realizações, como as companhias de comércio e o funcionamento de manufaturas na colônia foram anuladas por seus opositores. A rainha dona Maria I, a Louca (1777-1816), foi a principal responsável por tais mudanças, como a proibição de manufaturas na colônia pelo Alvará de 1785.

À crise da mineração seguiu a retomada agrícola, que se beneficiou da procura por produtos coloniais, como algodão e tabaco, desencadeada pela Revolução Industrial inglesa. O desenvolvimento da indústria têxtil europeia passou a exigir a importação de uma quantidade cada vez maior de algodão. O tradicional fornecedor europeu de algodão eram os Estados Unidos, que naquele momento estavam envolvidos em sua guerra de independência. Com isso, a produção algodoeira do Brasil, principalmente no Maranhão, ganhou espaço no mercado internacional. A exportação brasileira de tabaco, produzido principalmente no Recôncavo Baiano, também aumentou, devido ao crescimento do tabagismo na Europa.

Acrescente-se que, no final do século XVIII, o açúcar brasileiro ganhou novo impulso, valorizando-se no comércio internacional, com a interrupção da produção do açúcar nas Antilhas provocada por insurreições de escravizados.

3 Os confrontos coloniais: alguns destaques

Movimentos coloniais de revolta às medidas metropolitanas, surgidos a partir do século XVII, não expressavam um sentimento comum de identidade dos habitantes da América e não chegaram a reivindicar a independência nacional. Eram manifestações contra medidas isoladas e contrárias aos interesses dos colonos de determinadas regiões. Elas serviram, contudo, para evidenciar os interesses distintos das populações já enraizadas na América.

No caso da América portuguesa, essas rebeliões isoladas não revelam indícios de uma tomada de consciência nacional, visto que não reivindicavam o fim da ordem colonial ou mesmo da escravidão, com a integração social da população cativa; tampouco almejavam profundas alterações na estrutura socioeconômica sedimentada ao longo desse período.

Em 1682, foi criada a Companhia Geral do Comércio do Estado do Maranhão, com o objetivo de controlar os atritos entre fazendeiros e religiosos na disputa pelo trabalho indígena, mais barato que o africano, e incentivar a produção local. O Maranhão era uma região pobre, que se sustentava principalmente na exploração das drogas do sertão e na pequena lavoura.

A companhia venderia aos habitantes do Maranhão produtos europeus, como azeite, vinho e tecidos, e deles compraria o que produzissem, como algodão, açúcar, madeira e as drogas do sertão, para comercializar na Europa. Também deveria fornecer à região 500 escravos por ano, uma fonte alternativa de mão de obra, diante da resistência jesuítica em permitir a escravização de nativos. Os preços cobrados pela companhia, entretanto, eram abusivos, e ela não cumpria os acordos, como o fornecimento de cativos. Liderados pelo fazendeiro **Manuel Beckman**, os colonos tomaram a cidade de São Luís, expulsaram os representantes da companhia e os jesuítas e ocuparam o governo do Maranhão por quase um ano. O conflito ficou conhecido como **Revolta de Beckman**.

O movimento foi reprimido, e seus principais líderes, Manuel Beckman e Jorge Sampaio, foram enforcados. Os fazendeiros, porém, depois de comprovar suas queixas, conseguiram extinguir a Companhia Geral do Comércio do Estado do Maranhão, em 1685.

Reprodução/Museu Castro Maya, Rio de Janeiro, RJ

Plantação de algodão, de Fumagalli, século XIX.

No século XVII houve conflitos na região de Minas Gerais. De um lado, europeus e colonos de outras províncias; de outro, os descobridores das minas de ouro, os bandeirantes da região que atualmente corresponde a São Paulo. Apelidados de *emboabas*, os europeus e colonos enfrentaram os paulistas em vários combates. Esses conflitos ficaram conhecidos como **Guerra dos Emboabas**.

Em 1709, a fim de pacificar a região e melhorar sua administração, o governo português separou a capitania de São Paulo e Minas Gerais da capitania do Rio de Janeiro. Rechaçados, os bandeirantes partiram em busca de ouro na direção dos atuais estados de Goiás e Mato Grosso. Alguns deles, enriquecidos com a mineração, retornaram a São Paulo, onde estabeleceram unidades de produção de gêneros de abastecimento para as minas, integrando a economia paulista à mineira.

Em Pernambuco, a expulsão dos holandeses e a consequente crise da economia açucareira haviam lançado a aristocracia rural da vila pernambucana de Olinda em dificuldades econômicas. Entretanto, ainda era a aristocracia que controlava a vida política da capitania, por meio de sua câmara municipal, à qual estava submetido o povoado do Recife.

Enquanto Olinda predominava politicamente, Recife tornava-se o principal centro econômico de Pernambuco, com o intenso comércio exercido pelos portugueses, apelidados de **mascates**. Os comerciantes, que obtinham grandes lucros com sua atividade, passaram também a emprestar dinheiro a juros altos aos olindenses empobrecidos.

Vista de Recife e seu porto, de Gillis Peeters, 1637. Recife conseguiu autonomia municipal, a despeito dos olindenses e da Guerra dos Mascates.

A emancipação do Recife, que lhe dava o estatuto de vila independente, obtida em 1709 por pressão dos comerciantes portugueses, revoltou os olindenses e deu início à *Guerra dos Mascates*. Os principais envolvidos no conflito foram presos. O governador pernambucano nomeado pela Coroa um ano depois, Félix José Machado, manteve a autonomia do Recife – transformada no ano seguinte em sede administrativa de Pernambuco.

Na América hispânica, uma das revoltas anticoloniais foi a de 1781, liderada por Túpac Amaru, rico comerciante descendente dos antigos imperadores incas. A revolta teve características de conflito étnico: os indígenas se mobilizaram contra os espanhóis e toda a situação de exploração e extermínio a que eram submetidos.

A rebelião eclodiu em Tinta, no Peru. Os revoltosos depuseram as autoridades espanholas, tomaram toda a província, proibiram a **mita** para as minas de Potosí e libertaram os escravos. Recebendo cada vez mais apoio dos indígenas, atacaram Cuzco, centro administrativo do Vice-Reinado do Peru, realizando vários combates. A revolta terminou com a traição do líder por um de seus chefes, que o entregou aos espanhóis. Túpac Amaru foi executado com toda a sua família.

Para evitar o surgimento de um novo líder, os espanhóis exterminaram a nobreza indígena. Entretanto, a revolta inspirou outros movimentos contra os colonizadores, embora sem o mesmo grau de ameaça aos interesses coloniais.

Pensando no Enem

1. *Os tropeiros foram figuras decisivas na formação de vilarejos e cidades do Brasil colonial. A palavra tropeiro vem de "tropa" que, no passado, se referia ao conjunto de homens que transportava gado e mercadoria. Por volta do século XVIII, muita coisa era levada de um lugar a outro no lombo de mulas. O tropeirismo acabou associado à atividade mineradora, cujo auge foi a exploração de ouro em Minas Gerais e, mais tarde, em Goiás. A extração de pedras preciosas também atraiu grandes contingentes populacionais para as novas áreas e, por isso, era cada vez mais necessário dispor de alimentos e produtos básicos. A alimentação dos tropeiros era constituída por toucinho, feijão preto, farinha, pimenta-do-reino, café, fubá e coité (um molho de vinagre com fruto cáustico espremido). Nos pousos, os tropeiros comiam feijão quase sem molho com pedaços de carne de sol e toucinho, que era servido com farofa e couve picada. O feijão tropeiro é um dos pratos típicos da cozinha mineira e recebe esse nome porque era preparado pelos cozinheiros das tropas que conduziam o gado.*

Disponível em: <http//: www.tribunadoplanalto.com.br>. Acesso em: 27 nov. 2006.

A criação do feijão tropeiro na culinária brasileira está relacionada a

a) atividade comercial exercida pelos homens que trabalhavam nas minas.
b) atividade culinária exercida pelos moradores cozinheiros que viviam nas regiões das minas.
c) atividade mercantil exercida pelos homens que transportavam gado e mercadoria.
d) atividade agropecuária exercida pelos tropeiros que necessitavam dispor de alimentos.
e) atividade mineradora exercida pelos tropeiros no auge da mineração do ouro.

Resposta: c

O tropeirismo ganhou proeminência a partir do século XVIII, dado o impulso do transporte terrestre com o povoamento do interior frente à descoberta das minas de ouro. Nos dois séculos anteriores, ao contrário, era o transporte marítimo de cabotagem que predominava, dadas as atividades quase que somente litorâneas. Entre os tropeiros estavam homens livres e até escravizados, especializados na condução das tropas. Levavam as mais variadas mercadorias, de produtos vindos da Europa (como vinho, vinagre, azeite, bacalhau, queijos, manteigas, farinhas, nozes, sabão, tecidos e muitos outros), a produtos da própria colônia (gado bovino, mulas, coco, carne seca, algodão, escravos de outras regiões coloniais, etc.), como também escravizados trazidos da África. Eles abasteciam lojistas, vendeiros, mascates, taberneiros e diretamente mineradores.

Considerando a matriz de referência do Enem, essa questão contempla a competência de área 1 – Compreender os elementos culturais que constituem as identidades, especialmente as habilidades H3: Associar as manifestações culturais do presente aos seus processos históricos e H5: Identificar as manifestações ou representações da diversidade do patrimônio cultural e artístico em diferentes sociedades.

2. *A experiência que tenho de lidar com aldeias de diversas nações me tem feito ver, que nunca índio fez grande confiança de branco e, se isso sucede com os que estão já civilizados, como não sucederá o mesmo com esses que estão ainda brutos.*

NORONHA, M. Carta a J. Caldeira Brant. 2 jan. 1751. Apud: CHAIM, M. M. *Aldeamentos indígenas (Goiás: 1749-1811)*. São Paulo: Nobel, Brasília: INL, 1983 (adaptado).

Em 1749, ao separar-se de São Paulo, a capitania de Goiás foi governada por D. Marcos de Noronha, que atendeu às diretrizes da política indigenista pombalina que incentivava a criação de aldeamentos em função:

a) das constantes rebeliões indígenas contra os brancos colonizadores, que ameaçavam a produção de ouro nas regiões mineradoras.
b) da propagação de doenças originadas do contato com os colonizadores, que dizimaram boa parte da população indígena.
c) do empenho das ordens religiosas em proteger o indígena da exploração, o que garantiu a sua supremacia na administração colonial.
d) da política racista da Coroa Portuguesa, contrária à miscigenação, que organizava a sociedade em uma hierarquia dominada pelos brancos.
e) da necessidade de controle dos brancos sobre a população indígena, objetivando sua adaptação às exigências do trabalho regular.

Resposta: e

Foi durante o período pombalino, reinado de D. José I (1750-1777), que a política indigenista dos colonizadores formatou-se com a edição do *Diretório dos índios* (1757). Era um projeto "civilizacional", onde os indígenas teriam que viver como os europeus. Isso não continha a devastação das comunidades indígenas. Como aponta a alternativa correta, a política indigenista objetivava "sua adaptação às exigências do trabalho regular", ou seja, à ordem civilizacional da política metropolitana.

Considerando a matriz de Referência do Enem, essa questão contempla a competência de área 3 – Compreender a produção e o papel histórico das instituições sociais, políticas e econômicas, associando-as aos diferentes grupos, conflitos e movimentos sociais, especialmente as habilidades H11: Identificar registros de práticas de grupos sociais no tempo e no espaço e H15: Avaliar criticamente conflitos culturais, sociais, políticos, econômicos ou ambientais ao longo da história.

Atividades

Leitura de imagem e texto

1. Para responder às próximas questões, analise o texto do historiador Eduardo França Paiva e a imagem de Johann Moritz Rugendas.

Embora seja esse um quadro moldado a partir da demanda interna da colônia, é necessário sublinhar que tradições culturais africanas também deram suporte à sua conformação. Por exemplo, na África negra, nas regiões de mineração de ouro, as mulheres desempenhavam papéis centrais nas atividades exploratórias. No reino Ashanti, atual Gana, de onde saíram muitos escravos para a América portuguesa, elas chegaram a dominar setores importantes dessa atividade. Segundo Suzanne Preston Blier, referindo-se a esse reino africano:

"As mulheres monopolizavam o trabalho de faiscação do ouro, desde a prospecção até o transporte do metal recolhido, passando pela peneiração da lama aurífera e pela lavagem das pepitas soltas [...]".

Não obstante à ideia generalizada que subestima e, até mesmo, negligencia a atuação feminina na mineração, elas se transformaram em mão de obra especializada na área, tanto na África quanto no Brasil. Além disso, na mesma região Ashanti, mulheres (com suas crianças ao lado ou sendo carregadas nas costas das mães) montavam vendas nas ruas das cidades, onde ofereciam alimentos e objetos variados, pagos com ouro em pó, que servia de moeda para as transações. Ora, novamente, e não por pura coincidência, o quadro, quase que de maneira idêntica, pôde ser facilmente constatado nas Minas Gerais.

PAIVA, Eduardo França. Bateias, carumbés, tabuleiros: mineração africana e mestiçagem no Novo Mundo. p. 187-207. *In*: PAIVA, Eduardo França; ANASTASIA, Carla Maria Junho (Org.). *O trabalho mestiço*: maneiras de pensar e formas de viver – séculos XVI a XIX. São Paulo/Belo Horizonte: Annablume/PPGH-UFMG, 2002. p. 190.

Coleção particular

Lavagem de minério de ouro perto da montanha do Itacolomi, **Johann Moritz Rugendas, 1835.**

a) De acordo com o historiador brasileiro, qual o papel das mulheres na mineração?
b) Quais as semelhanças entre o contexto africano e o da colônia portuguesa na América?
c) Identifique na imagem de Rugendas elementos que permitem confirmar as ideias defendidas pelo historiador brasileiro.

Releitura e sistematização

2. Releia o item sobre os confrontos coloniais e faça no caderno um quadro-resumo das revoltas. Depois, observe seu quadro e responda às perguntas:

a) A que setores da sociedade pertenciam os líderes desses conflitos?
b) Os conflitos tinham por objetivo alterar a ordem social e beneficiar as camadas menos favorecidas? Fundamente sua resposta.
c) De que maneira as tensões entre a metrópole portuguesa e sua colônia americana foram ampliadas com o desenvolvimento da mineração?

Vestibulares de Norte a Sul

1. **SE** (Unicamp-SP)

Quando os portugueses começaram a povoar a terra, havia muitos destes índios pela costa junto das Capitanias. Porque os índios se levantaram contra os portugueses, os governadores e capitães os destruíram pouco a pouco, e mataram muitos deles. Outros fugiram para o sertão, e assim ficou a costa despovoada de gentio ao longo das Capitanias. Junto delas ficaram alguns índios em aldeias que são de paz e amigos dos portugueses.

(Pero de Magalhães Gandavo, *Tratado da Terra do Brasil*, em http://www.cce.ufsc.br/~nupill/literatura/gandal.html. Acesso em: 20 ago 2012.)

Conforme o relato de Pero de Gandavo, escrito por volta de 1570, naquela época,

a) as aldeias de paz eram aquelas em que a catequese jesuítica permitia o sincretismo religioso como forma de solucionar os conflitos entre indígenas e portugueses.
b) a violência contra os indígenas foi exercida com o intuito de desocupar o litoral e facilitar a circulação do ouro entre as minas e os portos.
c) a fuga dos indígenas para o interior era uma reação às perseguições feitas pelos portugueses e ocasionou o esvaziamento da costa.
d) houve resistência dos indígenas à presença portuguesa de forma semelhante às descritas por Pero Vaz de Caminha, em 1500.

2. **S** (UFPR) Assinale a alternativa correta sobre o papel social e econômico das cidades no período colonial da América Portuguesa.

a) As cidades nunca tiveram um papel significativo na economia colonial, pois toda a riqueza que interessava ao comércio português era de origem agrária. Dessa forma, as cidades eram núcleos administrativos sem qualquer povoamento significativo, que só se tornaram alvo de investimentos após a vinda da Família Real portuguesa.
b) As cidades passaram a ter um papel econômico primordial na colônia a partir da fundação de São Paulo, que se tornou um grande entreposto comercial. Posteriormente, com o ciclo do ouro, as cidades de Minas Gerais tornaram-se um centro irradiador de progresso econômico, superando a importância das áreas rurais na economia colonial. Isso impulsionou um maior desenvolvimento urbano, trazendo progresso material e cultural a toda a sociedade.
c) Mesmo com papel econômico secundário, a partir dos séculos XVII e XVIII, algumas cidades foram valorizadas com o aumento da participação da colônia no comércio ultramarino, em especial após as políticas pombalinas de incentivo às Companhias de Comércio. Além de possuírem órgãos administrativos e políticos, as cidades agregaram boa parte dos elementos sociais da colônia, definindo em seus espaços as diferenças de gênero, raça e *status* social.
d) Além de serem centros administrativos, as cidades formaram pequenos centros educacionais de catequese dos indígenas e de evangelização dos colonos, agregando uma população majoritariamente masculina. Por serem muito pobres, as cidades eram vilas incipientes, o que gerava uma concentração populacional e econômica nas áreas rurais.
e) As cidades foram centros administrativos importantes para o desenvolvimento econômico e social da colônia, por concentrarem escolas, jardins botânicos e assistência médica e jurídica à população. Escravos frequentemente fugiam para tentar uma vida melhor nas cidades, o que gerava uma rivalidade entre os centros urbanos e as áreas rurais.

3. **S** (UPF-RS) Sobre a mineração que se desenvolveu no Brasil colonial, podemos afirmar:

a) Contribuiu para a decadência do ciclo açucareiro, pois os grandes senhores de engenho abandonaram suas lavouras para se dedicar à mineração.
b) Contribuiu para o desenvolvimento da produção açucareira, na medida em que gerava capitais para serem investidos nesta atividade agroexportadora.
c) Contribuiu para o desenvolvimento do mercado interno, na medida em que criou um importante centro consumidor de produtos de subsistência de outras regiões.
d) Não favoreceu em nada o mercado interno, pois os raros produtos de subsistência que não eram produzidos na região eram importados da Europa.
e) Não contribuiu em nada para o mercado interno da Colônia, pois a zona de mineração era centro consumidor de gêneros de subsistência em proporções insignificantes.

4. **CO** (UFG-GO) No século XVIII, um dos instrumentos utilizados para a extração de ouro em Goiás foi a bateia: um prato na forma de cone, com o qual os mineradores executavam um movimento circular, separando o solo proveniente do leito dos rios e o ouro. A utilização desse instrumento na atividade mineradora

a) demonstrava o interesse pelo desenvolvimento técnico da mineração, com inserção de mecanismos de retardamento do processo de decantação.
b) demandava mão de obra especializada, capaz de estabelecer critérios de contraste entre translucidez aurífera e opacidade da bateia.
c) isentava a obrigatoriedade régia da fundição do ouro, ao facilitar a extração do minério, quando exposto ao sol, por meio da refração.

d) dispensava a utilização de outros instrumentos de trabalho, tendo em vista a eficiência do processo de decantação aplicado ao sistema de extração.

e) tornava o trabalho nas minas desgastante, pois havia a exigência constante em produzir um processo de centrifugação na bateia.

5. **S** (UEM-PR) A colonização portuguesa na América praticamente se limitara ao litoral durante o século XVI. A partir do século XVII, fatores econômicos e estratégicos acabaram por conduzir a uma interiorização da colonização. A esse respeito, assinale a(s) alternativa(s) correta(s).

(01) No Nordeste, a pecuária impulsionou a ocupação do sertão e conduziu a uma guerra contra os índios da região, a Guerra dos Bárbaros.

(02) O domínio holandês no Atlântico Sul dificultou o abastecimento de escravos africanos para os engenhos da Bahia. Esse fato impulsionou as expedições dos bandeirantes em busca do índio para ser escravizado.

(04) O avanço português em direção ao Sul levou à fundação da Colônia de Sacramento, no final do século XVII, à margem esquerda do rio da Prata.

(08) Além de capturar índios hostis, as expedições dos bandeirantes tinham por objetivo estabelecer alianças com as populações nativas do altiplano andino.

(16) No século XVIII, a descoberta e a exploração do ouro nas Minas Gerais impulsionaram decisivamente a ocupação daquela região pelos portugueses.

6. **S** (UEM-PR) O texto seguinte trata da questão do abastecimento da região das minas de ouro da América Portuguesa, no século XVIII. Leia-o e assinale a(s) alternativa(s) **correta(s)**.

Sendo a terra que dá ouro esterilíssima de tudo o que se há mister para a vida humana, e não menos estéril a maior parte dos caminhos das minas, não se pode crer o que padeceram ao princípio os mineiros por falta de mantimentos, achando-se não poucos mortos com uma espiga de milho na mão, sem ter outro sustento.

(ANTONIL. *Cultura e Opulência do Brasil*. Belo Horizonte: Itatiaia-Edusp, 1982, p. 169-171. In: TEIXEIRA, Francisco M.P. *Brasil, história e sociedade*. São Paulo: Ática, 2000, p. 93).

(01) A situação de fome descrita por Antonil persistiu e predominou por todo o século XVIII, em razão do grande crescimento demográfico da região mineradora.

(02) Após os anos iniciais, o crescimento das atividades que gravitavam em torno da mineração constituiu na região um próspero mercado de consumo, em grande parte abastecido por tropas de mulas.

(04) A atividade mineradora, com o crescimento populacional das Minas Gerais, promoveu o desenvolvimento, no Brasil, de atividades econômicas que se voltavam prioritariamente para o mercado interno.

(08) Em razão das características próprias da mineração e das dificuldades de abastecimento, o número de escravos utilizados como mão de obra diminuiu consideravelmente na primeira metade do século XVIII.

(16) Para impedir a expansão da produção de tecidos e da metalurgia, que cresceu acompanhando o desenvolvimento da mineração mineira, na primeira metade do século XVIII, a rainha de Portugal, D. Maria I, determinou, em 1723, o fechamento das manufaturas existentes em todo o território brasileiro.

7. **SE** (PUCC-SP)

Não, é nossa terra, a terra do índio. Isso que a gente quer mostrar pro Brasil: gostamos muito do Brasil, amamos o Brasil, valorizamos as coisas do Brasil porque o adubo do Brasil são os corpos dos nossos antepassados e todo o patrimônio ecológico que existe por aqui foi protegido pelos povos indígenas. Quando Cabral chegou, a gente o recebeu com sinceridade, com a verdade, e o pessoal achou que a gente era inocente demais e aí fomos traídos: aquilo que era nosso, que a gente queria repartir, passou a ser objeto de ambição. Do ponto de vista do colonizador, era tomar para dominar a terra, dominar nossa cultura, anulando a gente como civilização.

(Revista *Caros Amigos*, ano 4. n. 37. Abril/2000. p. 36).

A respeito do início da colonização, período abordado pelo texto, pode-se afirmar que a primeira forma de exploração econômica exercida pelos colonizadores, e a dominação cultural e religiosa difundida pelo território brasileiro são, respectivamente,

a) a *plantation* no Nordeste e as bandeiras realizadas pelos paulistas.

b) a extração das "drogas do sertão" e a implantação das missões.

c) o escambo de pau-brasil e a catequização empreendida pela Companhia de Jesus.

d) a mineração no Sudeste e a imposição da "língua geral" em toda a Colônia.

e) o cultivo da cana-de-açúcar e a "domesticação" dos índios por meio da agricultura.

8. **CO** (UFG-GO) Leia o texto a seguir.

A base da culinária tradicional goiana ocorreu em meados do século XVIII, com a fusão dos hábitos alimentares dos índios nativos que aqui viviam aos hábitos advindos de outras culturas, destacando-se a dos bandeirantes mineiros, paulistas e portugueses com a introdução de carnes salgadas.

SANTIAGO, Raquel de A. C. et al. *Alimentação saudável na culinária regional*. Goiânia: Índice Editora, 2012. p. 17. (Adaptado).

Nesse período, as consequências do movimento dos bandeirantes, para a dinâmica política regional e para os hábitos alimentares na dieta da população local, foram, respectivamente:

a) surgimento das oligarquias locais; incorporação de alimentos energéticos.

b) nomeação de administradores locais; incorporação de alimentos plásticos.

c) fortalecimento do movimento separatista do norte de Goiás; incorporação de alimentos energéticos.

d) criação da capitania de Goiás; incorporação de alimentos plásticos.

e) nomeação de administradores locais; incorporação de alimentos reguladores.

CAPÍTULO 20

O Iluminismo e a independência das colônias inglesas da América do Norte

The Art Archive/Other Images/Fundação Querini Stampalia, Veneza, Itália.

Lição de geografia, 1750, de Pietro Longhi, reflete a busca pelo saber que marca o século XVIII.

Para pensar historicamente

Liberalismo político e democracia

Neste capítulo, você entenderá melhor o surgimento e a difusão do Iluminismo na Europa do século XVIII. Compreenderá também que essa ideologia fundamentou a busca por novas formas de poder político e organização econômica.

Desse modo, conhecerá as origens do liberalismo político, sistema de ideias que hoje sustenta o conceito de democracia.

Mas, considerando que as posses de uma pessoa tendem a ampliar o seu poder de interferir nas decisões do Estado, até que ponto o liberalismo político é democrático?

Ubirajara Machado/Olhar Imagem

Vista aérea da Esplanada dos Ministérios, Praça dos Três Poderes, Palácio do Planalto, Supremo Tribunal Federal e Congresso Nacional, em Brasília, 2010.

1 A emergência do Iluminismo

O auge dos Estados centralizados modernos no século XVIII significou também o ponto máximo de suas contradições. As tensões envolvendo os monarcas, a nobreza e a burguesia geraram na Europa uma situação pré-revolucionária. A partir do final do século, a burguesia foi se equipando com armas teóricas que serviriam para questionar o poder dos reis conhecidos como absolutistas e criar uma nova ordem política. Essa ideologia, denominada **Iluminismo**, foi desenvolvida e incorporada pela burguesia com base nas lutas revolucionárias do final do século XVIII. Incorporada, mas não de uso exclusivo pela burguesia, já que nem toda nobreza era avessa às suas propostas. Para isso basta lembrar que vários dos pensadores iluministas eram nobres, e não burgueses, sem contar seus leitores, muitos deles também das elites tradicionais francesas nos salões e academias.

O pensador inglês **John Locke** (1632-1704) costuma ser considerado um precursor do movimento, tendo lançado as bases da filosofia política iluminista. Locke foi o autor de o *Segundo tratado sobre o governo civil*, obra na qual defende a ideia de que os homens são portadores de direitos naturais, como a vida, a liberdade e a propriedade. Para garantir que todos os indivíduos usufruíssem seus direitos, os homens criaram os governos.

Por consentimento da maioria, ainda segundo Locke, o governante recebe a autoridade e o dever de garantir os direitos das pessoas. Seria um "contrato" entre governante e governados, a princípio como também havia proposto Thomas Hobbes. Como você já estudou, Hobbes é considerado por muitos estudiosos o principal teórico dos governos centralizados modernos e elaborou todo um sistema lógico e coerente para explicar a necessidade do denominado Estado absolutista. No entanto, ao contrário do que Hobbes propunha, Locke defendia que, se o governante viola o contrato, utilizando os poderes delegados pela sociedade em proveito próprio, visando obter vantagens, a sociedade teria o direito de destituí-lo.

Surgia, assim, um verdadeiro princípio revolucionário por trás de toda a teoria política de Locke, que, dessa forma, rejeitava o absolutismo e refutava as teorias de Hobbes e de Jacques-Bénigne Bossuet, para quem o direito dos reis advinha de Deus.

Bettmann/Corbis/Latinstock

Locke envolveu-se com a Revolução Gloriosa, sendo um dos principais ideólogos do liberalismo.

"O Século das Luzes" (XVIII)

O século XVIII ficou conhecido como o "século das luzes", pela influência dos ideais e dos pensadores iluministas nesse período. Conheça os principais teóricos do Iluminismo:

Giraudon/The Bridgeman Art Library/Keystone/Museu Carnavalet, Paris, França

Voltaire (1694-1778): Em seu livro *Cartas inglesas*, criticou não apenas a Igreja, mas também os resquícios da servidão feudal. Ao mesmo tempo, acreditava que a livre expressão era um dos direitos naturais do homem e condenava firmemente a censura. Uma das frases que resumem sua postura iluminista é: "Posso não concordar com uma única palavra do que dizeis, mas defenderei até a morte o direito de dizê-la". Voltaire também criticava a guerra e rejeitava a ideia de revolução, acreditando que as reformas realizadas por monarcas, sob orientação dos filósofos, poderiam resultar em um governo progressista, "esclarecido". Durante sua vida, Voltaire procurou aproximar-se de vários monarcas absolutistas europeus, como os da Prússia e da Rússia, sugerindo reformas como conselheiro. O movimento reformista inspirado em suas ideias recebeu o nome de **despotismo esclarecido.**

The Granger Collection/Glow Images/Coleção particular

Barão de Montesquieu (1689-1755): autor de *O espírito das leis*, propunha a divisão dos poderes em três instâncias: Executivo, Legislativo e Judiciário. Dessa forma, o governante seria um simples executor da vontade da sociedade, conforme as leis redigidas por um corpo de legisladores e julgadas pelos tribunais, o que limitaria o poder absolutista dos reis. Montesquieu também pregava a necessidade de um conjunto de leis que expressassem os valores de toda a sociedade e que fossem obedecidas por todos, inclusive pelos governantes: seria a **Constituição** de um Estado. Em *Cartas persas*, denunciou os abusos do poder autoritário e os excessos cometidos no reinado de Luís XIV.

Giraudon/The Bridgeman Art Library/Keystone/Museu de Arte e História, Genebra, Suíça

Jean-Jacques Rousseau (1712-1778): em sua obra *O contrato social*, manifestou sua crença na liberdade dos homens, uma vez que nasciam todos iguais e, por meio de sua livre vontade, criavam as leis e organizavam a sociedade. Rousseau foi grande defensor da democracia, não como a compreendemos hoje, indissociável de eleições e de voto universal, mas como expressão da vontade geral da população de uma nação. Criticava o excessivo racionalismo, que, a seu ver, reprimia os indivíduos: o conhecimento e a felicidade humanos dependeriam, em grande parte, de cultivar e expressar os sentimentos. Suas ideias, rejeitadas pela alta burguesia pela crítica ao racionalismo, ao elitismo governamental e à opulência, tiveram forte influência nos setores médios e mais populares, provocando grande impacto na posterior Revolução Francesa, em seus momentos mais radicais.

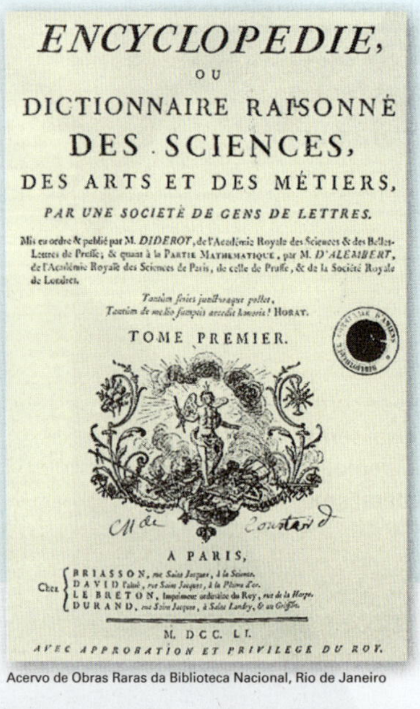

ENCYCLOPEDIE,
OU
DICTIONNAIRE RAISONNÉ
DES SCIENCES,
DES ARTS ET DES MÉTIERS,
PAR UNE SOCIETÉ DE GENS DE LETTRES.
Mis en ordre & publié par M. DIDEROT, de l'Académie Royale des Sciences & des Belles-Lettres de Prusse; & quant à la PARTIE MATHEMATIQUE, par M. D'ALEMBERT, de l'Académie Royale des Sciences de Paris, de celle de Prusse, & de la Société Royale de Londres.
Tantùm series juncturaque pollet,
Tantùm de medio sumptis accedit honoris! HORAT.
TOME PREMIER.
A PARIS,
Chez BRIASSON, rue Saint Jacques, à la Science.
DAVID l'aîné, rue Saint Jacques, à la Plume d'or.
LE BRETON, Imprimeur ordinaire du Roy, rue de la Harpe.
DURAND, rue Saint Jacques, à Saint Landry, & au Griffon.
M. DCC. LI.
AVEC APPROBATION ET PRIVILEGE DU ROY.

Acervo de Obras Raras da Biblioteca Nacional, Rio de Janeiro

A publicação da *Enciclopédia* enfrentou resistência e pressão dos grupos aliados ao Antigo Regime. Em 1759 foi condenada pelo papa Clemente XIII.

Os filósofos **Diderot** (1717-1783) e **D'Alembert** (1713--1784) foram os responsáveis pela compilação da *Enciclopédia*, obra monumental dividida em 35 volumes que constituiu uma tentativa de reunir, de forma sistemática, todo o conhecimento humano acumulado até então, conforme entendido pelos iluministas. A empreitada teve 130 colaboradores. A obra expressa valores como a substituição da fé pelo racionalismo; o estímulo à ciência; o deísmo (crença em Deus como força impulsionadora do Universo); e a ideia de contrato entre governantes e governados. Entre seus colaboradores incluem-se Voltaire, Montesquieu e Rousseau. Mesmo expressando divergência de opiniões entre seus autores, a *Enciclopédia* foi fundamental como instrumento divulgador dos ideais liberais para a política e para a economia.

Leituras da História

Progresso e tecnologia: do culto à crítica

O fundamento progressista das ideias iluministas, a crença num continuado aperfeiçoamento com base na razão, no avanço apoiado nas ciências, serviram de fundamento às ações "civilizadoras" das sociedades ocidentais do século XIX e XX. Assim, o desenvolvimentismo, o eurocentrismo e outras considerações destacadas na abertura desta unidade com o "**Discutindo o longo século XIX**" no Capítulo 21, entrelaçam-se.

Foi em meados do século XX que emergiram críticas ao Iluminismo, por parte de pensadores da geração de exilados da Segunda Guerra Mundial. Contestaram a ideia de progresso e a validade da tecnologia para a história da humanidade. Tais filósofos, membros do que ficou conhecido como Escola de Frankfurt, como Theodor Adorno e Horkheimer, apontaram que:

[...] uma vez derrotado o fanatismo religioso, o homem passou a ser vítima de um novo fanatismo, criando outro dogma, o da ciência e da tecnologia.

Nas últimas décadas do século XX surgiu outra corrente filosófica contrária ao Iluminismo, a pós-modernidade. Criticando o predomínio das sociedades ocidentais sobre o mundo e a imposição de seus valores a todas as culturas em contato com os ocidentais, os pós-modernos passaram a criticar a supremacia do cientificismo e do progresso. O culto ao progresso entrou em decadência nos meios intelectuais e os limites entre razão, senso comum e religiosidade começaram a ser repensados. Apesar disso, a estrutura de pensamento predominante no Ocidente continua a ser derivada do Iluminismo, e alguns autores atuais, inclusive, pregam a revalorização dos princípios iluministas.

SILVA, Kalina Vanderlei. *Dicionário de conceitos históricos*. São Paulo: Contexto, 2006. p. 212.

Os economistas do Iluminismo

Os pensadores iluministas produziram duas correntes distintas de interpretação da economia dos reinos e das nações: a **fisiocracia**, cujos princípios estiveram em voga no final do século XVIII, e o **liberalismo**, que logo passou a ser aceito como a "verdade" econômica.

A escola econômica fisiocrata despontou como crítica às concepções mercantilistas dominantes. Rejeitando o metalismo, os fisiocratas consideravam a **terra** – e não o acúmulo de metais preciosos – a única fonte de riqueza, sendo o comércio e a atividade manufatureira apenas meios de transformar ou fazer circular essa riqueza.

Seus principais nomes foram **Quesnay** (1694-1774), **Gournay** (1712-1759) e **Turgot** (1727-1781). Ao defender o fim das regulamentações que limitavam a atividade econômica, Gournay cunhou a expressão *Laissez faire, laissez passer, le monde va de lui même* ('Deixem fazer, deixem passar, o mundo vai por si mesmo').

O britânico **Adam Smith** (1723-1790) é considerado o "pai da economia como ciência". Sistematizou a análise econômica, elaborando e demonstrando leis. Condenava o controle estatal, afirmando que o **trabalho** é a única fonte de riqueza, e não o comércio.

Acreditava que os Estados enriqueceriam se aumentasse a produtividade do trabalho, o que seria possível pelo racionalismo. A concorrência, a divisão do trabalho e o livre-comércio permitiriam que se atingisse o equilíbrio social. Suas ideias caracterizam o **liberalismo econômico**, a cartilha do capitalismo liberal.

Gravura de William Tomkins que mostra uma casa de campo inglesa do século XVII.

English Heritage Photo Library/The Bridgeman Art Library/Keystone/ Audley End, Essex, Inglaterra

O despotismo esclarecido

No final do século XVIII, diversos reis absolutistas europeus, devidamente assessorados por seus ministros "esclarecidos", realizaram reformas de cunho iluminista. Essas reformas consistiram em atenuar as tensões entre monarcas e burguesia, por meio da modernização e do aumento da eficiência administrativa dos reinos e do incentivo à educação pública, com a criação de escolas e o apoio às academias literárias e científicas. Desse modo, os reis tentavam garantir uma sobrevida ao Estado absolutista.

O movimento ficou conhecido como **despotismo esclarecido** e carregava uma contradição fundamental: se, por um lado, alguns reis estavam dispostos a realizar reformas, por outro não iriam tolerar limitações ou perda de poderes. Assim, a burguesia local recebeu bem as reformas, mas, mais cedo ou mais tarde, também acabou exigindo mudanças políticas inaceitáveis para os monarcas com poderes excessivamente centralizados.

Os principais déspotas esclarecidos foram os reis da Áustria (José II), Rússia (Catarina II), Prússia (Frederico II), de Portugal (dom José II, com seu ministro, o marquês de Pombal) e da Espanha (Carlos III, com seu ministro, o conde de Aranda).

As reformas enfatizaram o aspecto econômico, procurando acomodar os interesses da nobreza e da burguesia locais a novas práticas mercantilistas, de modo que pudessem recuperar suas finanças e enfrentar a concorrência da França e da Inglaterra, já consolidadas como as maiores potências econômicas da Europa. As reformas também incluíram o estímulo à cultura, às artes e à filosofia.

The Granger Collection/Glow Images/Coleção particular

Catarina II da Rússia, em seu vestido de coroação, c. 1762.

Quanto às demais monarquias europeias, a inglesa já havia se submetido à autoridade de um parlamento burguês desde 1688, com a Revolução Gloriosa, como você estudou no capítulo 6. Os reis franceses, entretanto, permaneceram irredutíveis e não cederam às reformas, de modo que as relações entre os vários segmentos da sociedade se deterioraram cada vez mais. No final do século XVIII, assistiu-se ao rompimento da ordem existente, pela eclosão de uma revolução burguesa, a partir de 1789.

O sucesso da Revolução Francesa e sua expansão, bem como a vitória do movimento de independência dos Estados Unidos, fizeram com que as ideias iluministas deixassem de ser meras propostas e passassem a fundamentar o sistema político conhecido como **liberalismo político**, que iria se consolidar em grande parte do Ocidente a partir do início do século XIX.

Pensando no Enem

1. *É verdade que nas democracias o povo parece fazer o que quer; mas a liberdade política não consiste nisso. Deve-se ter sempre presente em mente o que é independência e o que é liberdade. A liberdade é o direito de fazer tudo o que as leis permitem; se um cidadão pudesse fazer tudo o que elas proíbem, não teria mais liberdade, porque os outros também teriam tal poder.*

MONTESQUIEU. *Do espírito das leis*. São Paulo: Editora Nova Cultural, 1997. (Adaptado).

A característica de democracia ressaltada por Montesquieu diz respeito:

a) ao *status* de cidadania que o indivíduo adquire ao tomar as decisões por si mesmo.
b) ao condicionamento da liberdade dos cidadãos à conformidade às leis.
c) à possibilidade de o cidadão participar no poder e, nesse caso, livre da submissão às leis.
d) ao livre-arbítrio do cidadão em relação àquilo que é proibido, desde que ciente das consequências.
e) ao direito do cidadão de exercer sua vontade de acordo com seus valores pessoais.

Resposta: b

O enunciado evidencia o condicionamento da liberdade às leis. Montesquieu ressaltava que "não existe outra palavra que tenha recebido maior número de diferentes significados e que tenha impressionado os espíritos de tão diversas maneiras do que *liberdade*". Para ele, a liberdade política só pode consistir em poder fazer o que se deve querer, segundo o que as leis permitem. E, para conter o abuso do poder, "é preciso que, pela disposição das coisas, o poder contenha o poder. Uma constituição pode ser tal que ninguém será obrigado a fazer as coisas a que a lei não o obrigue nem a não fazer as que a lei lhe permite".

Considerando a matriz de Referência do Enem, essa questão contempla a competência de área 5 – Utilizar os conhecimentos históricos para compreender e valorizar os fundamentos da cidadania e da democracia, favorecendo uma atuação consciente do indivíduo na sociedade, especialmente a habilidade H24: Relacionar cidadania e democracia na organização das sociedades.

2. O texto a seguir, de John Locke (1632-1704), revela algumas características de uma determinada corrente de pensamento.

Se o homem no estado de natureza é tão livre, conforme dissemos, se é senhor absoluto da sua própria pessoa e posses, igual ao maior e a ninguém sujeito, por que abrirá ele mão dessa liberdade, por que abandonará o seu império e sujeitar-se-á ao domínio e controle de qualquer outro poder?

Ao que é óbvio responder que, embora no estado de natureza tenha tal direito, a utilização dele é muito incerta e está constantemente exposto à invasão de terceiros porque, sendo todos senhores tanto quanto ele, todo homem igual a ele e, na maior parte, pouco observadores da equidade e da justiça, o proveito da propriedade que possui nesse estado é muito inseguro e muito arriscado. Estas circunstâncias obrigam-no abandonar uma condição que, embora livre, está cheia de temores e perigos constantes; e não é sem razão que procura de boa vontade juntar-se em sociedade com outros que estão já unidos, ou pretendem unir-se, para a mútua conservação da vida, da liberdade e dos bens a que chamo de propriedade.

Os pensadores. São Paulo: Nova Cultural, 1991.

Do ponto de vista político, podemos considerar o texto como uma tentativa de justificar:

a) a existência do governo como um poder oriundo da natureza.
b) a origem do governo como uma propriedade do rei.
c) o absolutismo monárquico como uma imposição da natureza humana.
d) a origem do governo como uma proteção à vida, aos bens e aos direitos.
e) o poder dos governantes, colocando a liberdade individual acima da propriedade.

Resposta: d

Para Locke, ao contrário de Hobbes, o Contrato Social não era um pacto de submissão e sim um pacto de consentimento entre o governo e os governados para garantir direitos.

Considerando a matriz de Referência do Enem, essa questão contempla a competência de área 3 – Compreender a produção e o papel histórico das instituições sociais, políticas e econômicas, associando-as aos diferentes grupos, conflitos e movimentos sociais, especialmente a habilidade H14: Comparar diferentes pontos de vista, presentes em textos analíticos e interpretativos, sobre situação ou fatos de natureza histórico-geográfica acerca das instituições sociais, políticas e econômicas.

Atividades

Leitura e interpretação de texto

1. O texto abaixo é de autoria do historiador e ensaísta búlgaro Tzvetan Todorov e faz parte de um livro dedicado à análise do pensamento iluminista. Depois de tê-lo lido, responda às questões propostas adiante.

> A autonomia sozinha não basta para descrever a maneira como as Luzes concebem o ideal da conduta humana. É melhor ser dirigido por sua própria vontade do que por uma regra vinda de fora, decerto, mas para ir aonde? Nem todas as vontades e ações são equivalentes. Ora, não se pode mais apelar ao céu para decidir quais são as boas e quais são as más, é preciso ater-se às realidades terrestres. Da finalidade longínqua – Deus – deve-se passar a uma finalidade bem mais próxima. Esta, proclama o pensamento das Luzes, é a própria humanidade. É bom o que serve para aumentar o bem-estar dos homens.
>
> Tal afirmação representa uma flexibilização da doutrina cristã mais do que sua rejeição. Esta colocou de fato a equivalência dos dois amores, a Deus e ao próximo. São Paulo proclama diversas vezes que "aquele que ama o próximo cumpriu a Lei". Simplesmente, os pensadores das Luzes declaram se satisfazer com um só termo dessa equação. [...] "O culto mais agradável a Deus é fazer o bem aos homens". O amor pelos seres humanos não tem necessidade de uma justificativa divina [...].
>
> Daí o ser humano se tornar o horizonte de nossa atividade, o ponto focal para o qual tudo converge. Quando Diderot se interroga sobre o princípio que unifica seu projeto enciclopédico, ele só vê um: o homem. E assim é para o universo que essa Enciclopédia tenta apreender e representar. "Por que não introduzimos o homem em nossa obra como ele está colocado no universo? Por que não faríamos dele um centro comum?". É ao mesmo tempo um direito e um dever: o homem se torna o centro da obra porque ele é o centro do mundo – ou melhor, é o que lhe dá sentido. [...]
>
> Uma palavra designa o bem-estar humano nesta Terra: é a felicidade. Sua busca se torna legítima e substitui a salvação. [...]
>
> Onde é preciso procurar as chaves da felicidade? A maioria dos filósofos e escritores não se contenta em encorajar as reformas sociais, mas valoriza as experiências individuais. E entre estas, o primeiro lugar é ocupado pelas afeições que ligam cada um aos seres que o cercam. [...]
>
> Por volta do fim do século XVIII, pretende-se erguer a felicidade como finalidade, não apenas da existência individual, mas também do governo do Estado. A "busca da felicidade" figurará nos Estados Unidos da Declaração da Independência; na França, Lavoisier, ao mesmo tempo químico notável e homem político, escreveu uma tese em 1787: "A verdadeira finalidade de um governo deve ser aumentar a soma dos prazeres, a soma da felicidade e do bem-estar de todos os indivíduos". [...] A Revolução, da qual será vítima Lavoisier, mostrará que é pouco recomendável deixar a totalidade de uma existência humana aos cuidados do governo. Resta, no entanto, o princípio segundo o qual as instituições sociais de um país devem estar a serviço dos homens e das mulheres que nelas vivem.
>
> TODOROV, Tzvetan. *O espírito das Luzes*. São Paulo: Barcarolla, 2008. p. 103-107.

a) De acordo com Todorov, o pensamento iluminista representou uma ruptura com o cristianismo? Explique.
b) O romantismo nasceu no final do século XVIII na Alemanha, Inglaterra e Itália, tendo se espalhado rapidamente pela Europa. Especialmente forte na França, valorizava os sentimentos e a emoção, a liberdade criativa, a história e o ideal de nação. Considerando o texto acima, explique que relação o surgimento do romantismo pode ter tido com a difusão do iluminismo.
c) Em sua opinião, de que maneira o Estado pode se tornar promotor da felicidade humana? Justifique.

Leitura, interpretação de texto e reflexão

2. Leia o texto de Rousseau, a seguir. Depois responda as questões propostas adiante.

> "[...] Quereis, portanto, dar consistência ao Estado? Aproximai os graus extremos, tanto quanto possível; não suporteis nem opulentos nem indigentes. Essas duas condições, naturalmente inseparáveis, são igualmente funestas ao bem comum [...] Que nenhum cidadão seja assaz opulento para poder comprar outro e que nenhum seja bastante pobre para se achar constrangido a vender-se. [...]"
>
> ROUSSEAU, Jean-Jacques. In: CHEVALIER, Jean-Jacques. *As grandes obras políticas*: de Maquiavel a nossos dias. Rio de Janeiro: Agir, 1980. p. 166.

a) Para Rousseau, qual é a condição fundamental para que um Estado se torne consistente? Explique.
b) Que relação podemos estabelecer entre as considerações expressas acima e a concepção de Estado construída no século XVIII?
c) Se partirmos das considerações feitas por Rousseau no trecho acima, podemos considerar o Estado brasileiro consistente? Justifique.

2 A fundação dos Estados Unidos da América

Nas colônias inglesas da América do Norte aconteceu a primeira aplicação efetiva dos ideais iluministas, com a geração de um movimento político e a organização de um novo país. Até então, a ideia e a prática de república restringiam-se à Antiguidade, ou eram uma exceção localizada em territórios exíguos, como nas repúblicas italianas.

Como você já estudou, no início da colonização o controle inglês sobre suas Treze Colônias na América do Norte foi brando. As revoluções inglesas no século XVII e o envolvimento em guerras europeias contribuíram para a debilidade do fiscalismo estabelecido pela metrópole. Livres da exploração, aos poucos as colônias conquistaram expressivo desenvolvimento econômico, não apenas as do sul agroexportador, mas também as do norte, onde havia intensa atividade comercial e manufatureira.

A expansão econômica do norte chegou a fazer concorrência com a Inglaterra, no comércio de longa distância com o Caribe, a África e a própria Europa. Além disso, com os progressos da Revolução Industrial durante o século XVIII, o reino inglês se lançou em busca de novos mercados consumidores, o que incluiu as próprias Treze Colônias.

Aos poucos, o Parlamento inglês foi lançando as bases de uma política fiscal, ou seja, de uma legislação voltada para a cobrança de impostos na América. **A Guerra dos Sete Anos** (1756-1763) contra a França acelerou o processo, ao desequilibrar as finanças do Estado inglês.

Além disso, o fato de o conflito ter se desenrolado parcialmente em território norte-americano serviu como pretexto para a cobrança de impostos. Os ingleses argumentaram que, por ter sido uma guerra em defesa da América inglesa contra as agressões francesas, os colonos deveriam ajudar a cobrir seus gastos.

O estreitamento dos laços entre a Inglaterra e suas colônias, entretanto, contrariava os princípios iluministas de liberdade e autodeterminação, além de comprometer a autonomia de que sempre gozaram as colônias. Os conflitos tornaram-se constantes, principalmente após a publicação de algumas leis que tolhiam cada vez mais a autonomia dos colonos americanos.

Guerra dos Sete Anos: desencadeada pela competição econômica e colonial entre a França e a Inglaterra na América do Norte e em outros territórios. No conflito, boa parte dos indígenas das colônias norte-americanas aliou-se aos franceses. A Inglaterra venceu o conflito, mas sua economia foi abalada.

Album/akg-images/Latinstock

William Penn desembarcando na Pensilvânia (1682), ocupada por nativos indígenas e holandeses, obra de J. G. L. Ferris, do século XIX. William Penn foi o fundador da província da Pensilvânia e idealizou um local com liberdade de expressão religiosa.

Leis promulgadas pela Inglaterra

Sugar Act ('Lei do Açúcar')

Em 1764, a Inglaterra lançou uma lei que taxava todos os carregamentos de açúcar que não fossem provenientes das Antilhas inglesas. A determinação prejudicava diretamente os interesses dos colonos, que adquiriam por todo o Caribe o melaço, matéria-prima para a produção de rum.

Stamp Act ('Lei do Selo')

No ano seguinte, o governo inglês, visando a ampliar a arrecadação, estabeleceu o princípio, segundo o qual todo o material impresso publicado nas colônias deveria receber um selo vendido pela metrópole. Inconformados, os colonos reuniram-se em Nova York, no Congresso da Lei do Selo, rejeitando o novo imposto e repudiando qualquer relação, inclusive comercial, com a metrópole, pelo menos enquanto os habitantes das Treze Colônias não tivessem uma representação no Parlamento inglês. Ela foi revogada em 1766.

North Wind Picture Archives/AKG-Images/Album/Latinstock/Coleção particular

Selo emitido durante a Lei do Selo, em 1765.

Tea Act ('Lei do Chá')

Em 1773, foi elaborada a lei por meio da qual o produto passou a ser monopolizado pela Companhia das Índias Orientais, sediada em Londres. A medida intensificava a tributação colonial e ampliava o controle da venda do produto, combatendo o contrabando do chá holandês e excluindo os norte-americanos do comércio do chá britânico. O estabelecimento de um regime de monopólio provocou, mais uma vez, violenta reação contra a metrópole. Em dezembro, colonos atacaram e ocuparam três navios ingleses no porto de Boston, jogando ao mar sua valiosa carga de chá. O episódio ficou conhecido como ***Boston Tea Party*** ('A Festa do Chá de Boston').

Library of Congress, Washington D.C.

No porto de Boston, a maior manifestação de protesto dos colonos na litografia de Nathaniel Currier, de 1846.

Hulton Archive/Getty Images

Soldados britânicos abrem fogo contra a multidão de moradores matando cinco pessoas, no que se chamou Massacre de Boston. Desenho de Alonzo Chappel, 1868.

Leis Intoleráveis

A metrópole promulgou uma série de leis como reação ao *Boston Tea Party*. O porto de Boston (o mais movimentado das Treze Colônias) ficaria fechado, enquanto os colonos não pagassem a pesada indenização cobrada pela carga de chá perdida; a colônia de Massachussetts (onde se localiza Boston) seria ocupada por tropas inglesas; os funcionários ingleses que cometessem crimes no período das investigações seriam julgados por tribunais de outra colônia ou na Inglaterra. Ao mesmo tempo, determinou-se o controle militar inglês sobre o território a oeste das colônias, impedindo-se assim a expansão territorial dos colonos para além da faixa litorânea.

Indignados com a série de leis promulgadas pela Inglaterra, os líderes dos colonos reuniram-se no **primeiro congresso continental** da Filadélfia, em 1774, e decidiram boicotar os produtos metropolitanos. No ano seguinte, no **segundo congresso**, determinou-se a separação em relação à Inglaterra.

Em 4 de julho de 1776, foi publicada a **Declaração de Independência** dos Estados Unidos da América. Redigida por **Thomas Jefferson**, com a colaboração de **Benjamin Franklin** e **John Adams**, entre outros, inspirava-se fortemente nas ideias iluministas de John Locke.

Após a proclamação da autonomia, Benjamin Franklin foi enviado à França para obter apoio ao novo país, enquanto George Washington foi encarregado de preparar um exército para enfrentar a reação metropolitana e garantir a independência. Após a vitória na Batalha de Saratoga, em 1777, sob a liderança de George Washington, os norte-americanos obtiveram o apoio decisivo da Espanha e da França. No caso dos franceses, o apoio estava ligado ao grande interesse em debilitar a Inglaterra e recuperar as perdas sofridas na Guerra dos Sete Anos.

Em 1781, o general inglês Cornwallis rendeu-se na Batalha de Yorktown, dando início às negociações que culminariam com a assinatura do Tratado de Versalhes (França), em 1783. Por meio desse tratado, a Inglaterra reconheceu a independência das Treze Colônias que, pouco depois, passaram a se denominar Estados Unidos da América.

> Quando, no curso dos acontecimentos humanos, se torna necessário um povo dissolver laços políticos que o ligavam a outro, e assumir, entre os poderes da Terra, posição igual e separada, a que lhe dão direito as leis da natureza e as do Deus da natureza, o respeito digno às opiniões dos homens exige que se declarem as causas que os levam a essa separação.
>
> Considerando estas verdades como evidentes por si mesmas, que todos os homens foram criados iguais, foram dotados pelo Criador de certos direitos inalienáveis, que entre estes estão a vida, a liberdade e a busca da felicidade.
>
> Que a fim de assegurar esses direitos, governos são instituídos entre os homens, derivando seus justos poderes do consentimento dos governados; que, sempre que qualquer forma de governo se torne destrutiva de tais fins, cabe ao povo o direito de alterá-la ou aboli-la e instituir novo governo, baseando-se em tais princípios e organizando-lhe os poderes pela forma que lhe pareça mais conveniente para realizar a segurança e a felicidade.
>
> JEFFERSON, Thomas. Declaração de Independência. In: *CONSTITUIÇÃO dos Estados Unidos da América e Declaração de Independência*. São Paulo: Jalovi, 1987. p. 9.

A formação do novo Estado

Ao final da guerra de independência, reuniu-se na Filadélfia novo congresso continental, mas agora denominado **convenção constitucional**, para redigir a **Constituição** do novo Estado independente. Basicamente, duas facções apresentaram propostas: os **republicanos** de Thomas Jefferson e os **federalistas** de Alexander Hamilton e George Washington.

Os republicanos defendiam a instauração de um poder central fraco e a concessão de grande autonomia para os estados, que seriam, na prática, como treze países independentes. Já os federalistas acreditavam na necessidade de um poder central forte, para garantir a união permanente dos estados. A solução encontrada e incorporada à Constituição de 1787 foi a criação dos Estados Unidos da América, uma **república federativa**, ou seja, dotada de um poder central forte que atribuía relativa autonomia aos estados-membros.

Adotou-se o sistema presidencialista, sendo George Washington o primeiro presidente. Fiel aos princípios iluministas de Montesquieu, o novo país estabeleceu a divisão política entre três poderes (Executivo, Legislativo e Judiciário).

Declaração de Independência, 4 de julho de 1776, obra de John Trumbull, do século XVIII.

A participação da sociedade da nova república ficava restrita aos homens comerciantes e latifundiários, tradicionalmente brancos, ingleses ou descendentes. Os indígenas e os negros continuaram excluídos das decisões políticas, o que evidenciava uma permanência herdada do Antigo Regime. Bastante concisa, a Constituição de 1787 permanece em vigor nos Estados Unidos até hoje, acrescida de algumas emendas.

O processo de independência dos Estados Unidos representou, portanto, um momento no qual propostas iluministas forneceram as justificativas teóricas para um movimento político concreto e as bases para a edificação de um novo tipo de Estado. Essa ação, por sua vez, serviu de inspiração para outros movimentos emancipacionistas em todo o continente americano, precipitando a desagregação do antigo sistema colonial estabelecido pelas metrópoles europeias desde o início das grandes navegações no século XV e, dessa forma, de todo o Antigo Regime.

Com a Revolução norte-americana, a ideia de que a República estava destinada a apenas territórios exíguos sucumbiu. O exemplo dos Estados Unidos, com sua República no além-Atlântico e num grande território, também ganhou seguidores na Europa, especialmente na França, então às vésperas da Revolução de 1789.

> Uma verdadeira paixão pelos Estados Unidos tomara conta dos franceses nos anos que precederam a Revolução, como testemunham Chateaubriand e o próprio Franklin, que escrevia de Paris a seus correspondentes americanos: "Aqui é comum dizer que nossa causa é a do gênero humano". Além do mais, essa República fora fundada por colonos com quem a França tecera contra a Inglaterra uma aliança vitoriosa: os que tinham se engajado na aventura eram conhecidos por ter sofrido [...] de "inoculação americana"; voltaram de lá, se não republicanos, pelo menos decididamente hostis ao absolutismo.
>
> OZOUF, Mona. *Varennes*: a morte da realeza, 21 de junho de 1791. São Paulo: Companhia das Letras, 2009. p. 175-176.

Atividades

Leitura de texto e reflexão

1. Algumas divergências podem ser observadas entre historiadores norte-americanos: uns interpretaram os fundadores dos Estados Unidos, os Patriarcas da pátria, como "semideuses", enquanto outros, numa postura crítica em relação à Constituição e seus construtores, consideraram-nos "plutocratas e egoístas". Sobre esse debate, leia o texto de Charles Sellers abaixo e faça o que se pede adiante.

> Os Patriarcas, então, talvez não tenham sido os semideuses de Jefferson nem os agentes da vontade de Deus de que falava Bancroft, mas os estudiosos modernos acham pouco mérito na acusação antifederalista de que eles eram "aventureiros gananciosos" e partidários da aristocracia. Bem ao contrário, historiadores recentes concordam que o produto de seus esforços foi basicamente democrático e que eles mesmos foram homens de grande estatura e visão, cuja devoção ao país transcendia preocupações com o bolso. Cabe notar, contudo, que democracia nesse contexto não se aplicava aos negros, à "parte servil" da própria nação de John Adams, ou às mulheres.
>
> As energias criadoras de seus construtores foram prodigalizadas na fundação de uma república para homens brancos, e não para estender os benefícios da liberdade a negros ou mulheres. Meio século após a ratificação, quando o abolicionista William Lloyd Garrison propôs que se queimasse a Constituição em nome da liberdade, ele o fez sobre o fundamento inatacável de que ela perpetuava a escravidão. Embora gerações subsequentes de norte-americanos celebrassem o trabalho de seus autores como uma carta de liberdade política, não se deve esquecer de que, em 1787, ela não era nada disso para negros, mulheres e índios.
>
> SELLERS, Charles; MAY, Henry; MCMILLEN, Neil R. *Uma reavaliação da história dos Estados Unidos*. Rio de Janeiro: Jorge Zahar, 1990. p. 92.

a) Diante do debate citado no enunciado da proposta, qual é a posição que a maioria dos historiadores do presente tem tomado?
b) Qual é a ressalva que o autor faz em relação a essa posição?
c) Releia o "Para pensar historicamente" no início do capítulo e responda: Em sua opinião, a democracia pode conviver com a exclusão de uma parte da sociedade? Argumente em favor de sua posição.

Leitura e compreensão de texto jornalístico

2. O texto abaixo é um artigo escrito pelo jornalista Ruy Castro por ocasião de uma reunião de ativistas de um movimento conhecido como *Tea Party*, ocorrido nos Estados Unidos em fevereiro de 2010. Leia-o com atenção e responda às questões que o acompanham.

> **Fantasia de patriota**
>
> RIO DE JANEIRO – Ao ver a foto do grupo de flibusteiros – casacas de veludo azul e vermelho, cabelos empoados, chapéus de três bicos e cada qual com um mosquetão, tudo com cara de brechó –, pensei que fosse um bloco de Carnaval. Mas no Idaho, um dos Estados mais caretas e sem graça dos EUA? A legenda da foto explicou: era um grupo de "patriotas" americanos – um conclave de organizações com nomes como Amigos da Liberdade, Aliança pela Liberdade ou Defensores da Liberdade. Na verdade, gente que está à direita de George W. Bush e para quem Barack Obama é o bicho e precisa ser exterminado antes de instalar sua "tirania socialista". Por tal tirania entendam-se medidas sociais, proteção a imigrantes e injeções de dinheiro do *Federal Reserve*, o Banco Central americano, para salvar a economia – à custa, dizem eles, de suas economias. Meio que inspirando e unindo essas organizações está o agressivo *"Tea Party"*, sendo *"Tea"* um anagrama para *"taxes enough already"*, ou "chega de mais impostos" – um movimento surgido há um ano na esteira da recessão, do desemprego e da própria existência de Obama. Não é ainda um partido, mas, pela preocupação do Partido Republicano com o seu crescimento, não demora a ser. O *"Tea Party"* é composto de senhoras patuscas que, até há pouco, estavam de avental sujo de ovo, fritando bolinhos, e não saberiam apontar Washington no mapa. Hoje promovem comícios com seguranças armados, usam retórica racista, estimulam a formação de milícias e falam até numa nova guerra civil. Sua heroína é Sarah Palin, candidata a vice na chapa Republicana derrotada por Obama e uma das mulheres mais ignorantes – e espertas – da América. Decididamente, essa turma fantasiada de patriota parece a fim de tudo, menos de Carnaval.
>
> CASTRO, Ruy. Fantasia de patriota. *Folha de S.Paulo*. Disponível em: <http://www1.folha.uol.com.br/fsp/opiniao/fz1702201005.htm>. Acesso em: 15 mar. 2014.

a) Escreva um parágrafo explicando do que o texto trata.
b) No seu entendimento, que opinião o jornalista manifesta em relação ao movimento do *Tea Party*? Justifique.
c) Com base em seus conhecimentos de História, explique por que o movimento em questão é chamado de *Tea Party*?
d) Explique o conceito de liberdade que está por trás desse movimento.
e) Em sua opinião, o *Tea Party* é um movimento de caráter liberal? Justifique.

Para entender nosso tempo: o século XIX

A partir de agora estudaremos o período que alguns historiadores chamam de "**longo século XIX**". Durante mais de cem anos, vários acontecimentos políticos, econômicos e sociais, em toda a sociedade ocidental, foram influenciados pelo evento que lhe dá início: a Revolução Francesa de 1789. Para alguns historiadores, essa Revolução foi "um momento fundador essencial, não apenas da história nacional, mas da humanidade..."; foi "a subversão total, em menos de dez anos, de todo um edifício político, institucional e social de longa data." Produzindo "todo um sistema de valores e diversidade de sonhos – que podemos chamar de antecipações – com os quais ainda vivemos hoje"[1].

Arquivos Charmet, Paris/The Bridgeman/Keystone

[1] VOVELLE, Michel. *A Revolução Francesa (1789-1799)*. São Paulo: Editora Unesp, 2012. p. 1 e 3.

SABER HISTÓRICO

Discutindo o século XIX

Rue des Archives/The Granger Collection/Glow Images/Coleção particular

Vista do modelo de vila de Saltaire, Inglaterra, criado por Titus Sal, em 1851.

1 Marcas do século XIX

O século XIX foi marcado por tentativas de restauração da monarquia – agora sujeita à limitação imposta pelos opositores cada vez mais expressivos do absolutismo – e pela repressão aos movimentos de afirmação popular, em meio às sucessivas conquistas políticas e sociais da população mais pobre. Em termos sociais e econômicos, pode-se observar a consolidação da burguesia, da industrialização e de um de seus principais efeitos: a expansão imperialista e o conflito entre as nações, que, conforme sabemos hoje, acabou por desembocar na grande guerra mundial de 1914. Aliás, retomando a reflexão já desenvolvida anteriormente sobre a visão eurocêntrica da história, a corrida imperialista e a consequente partilha da Ásia e da África foram realizadas em meio a justificativas preconceituosas e a uma visão racista. Numa posição radical, relembramos a concepção de que a África negra não tinha história, defendida pelo filósofo Hegel (1830). Francisco Varnhagen (1816-1878), autor da mais importante História do Brasil do século XIX, apontou algo semelhante, sobre os índios, afirmando que eram: "povos na infância, não há história: há etnografia"[2].

Contudo, a importância de cada processo histórico só se torna evidente quando os historiadores analisam detalhadamente os fatores que o causaram e as consequências dele derivadas, além dos desdobramentos que provocou na sociedade. Como já vimos, o conhecimento histórico, ao ser produzido, depende do olhar do historiador e das circunstâncias políticas, ideológicas e sociais em que está inserido. São eles que o sensibilizam para considerar este ou aquele fato como motivador do processo, ou, ainda, este ou aquele impacto na sociedade.

Partindo de três temas que estudaremos a partir de agora, a Revolução Francesa, a independência do Brasil e a Revolução Industrial, é possível entender melhor como o conhecimento histórico pode ser produzido segundo interesses e pontos de vista diversos, sem, contudo, deixar de ser História.

Gravura do século XVIII que carrega um sentido de união amável, singela, entre a Europa, ao centro, a África, à esquerda, e a América, à direita.

2 VARNHAGEN, Francisco A. *História geral do Brasil*. São Paulo: Melhoramentos, 1962. v. 1. p. 42.

2 Revolução Francesa – leituras

Diversos episódios ocorridos entre 1789 e 1799, na França, foram reconhecidos pelos que os vivenciaram como desencadeadores de uma grande mudança histórica. Alguns líderes desse conturbado período chegaram a instituir um novo calendário, entendendo que estava em curso uma revolução que, tanto quanto o nascimento de Cristo, mudaria irremediavelmente a História.

Os primeiros pesquisadores que se dedicaram a estudar esse movimento concluíram que houve, sim, uma revolução, independentemente de serem contra ela ou a seu favor, pois reconheciam uma relação entre os fatos ocorridos e uma grande mudança para todo o continente europeu e para o mundo. A Revolução Francesa acabou sendo tomada, no século XIX e mesmo no século XX, como modelo para os que pretendiam fazer outras revoluções contra as estruturas dominantes.

Próximo ao bicentenário da Revolução Francesa, em 1989, um grupo de historiadores insistiu na sua falta de importância, afirmando em linhas gerais que a França teria tido o mesmo desenvolvimento político caso não tivesse passado pela revolução, o que contradizia completamente a opinião dos estudiosos do século XIX e dos teóricos marxistas, ligados de alguma forma à Revolução Russa de 1917.

Hoje, continua a haver divergências entre aqueles que a estudam. E, apesar dos mais de duzentos anos que nos separam desse acontecimento, a revolução ainda significa um elemento de referência para os diversos posicionamentos políticos. Enfim, "uma lição aberta a todos"[3] e o "canteiro continua aberto"[4]. É uma mostra do quanto o passado participa do presente, mediado pela memória e pela ciência histórica, e quanto é necessário continuar a estudá-lo.

Execução do rei Luís XVI. Nesta gravura de Charles Monnet, de 1793, uma vista geral da multidão assistindo em 1793 à execução, na guilhotina, do rei Luís XVI – monarca absolutista que foi deposto pela Revolução Francesa. A produção de pinturas e gravuras sobre um evento como esse contribui para reforçar um posicionamento histórico.

[3] VOVELLE, Michel. *A Revolução Francesa (1789-1799)*. São Paulo: Editora Unesp, 2012. p. 277.

[4] Ibidem. p. 266.

3 As independências do Brasil

Quando se fala em independência do Brasil, é muito comum associá-la à imagem de dom Pedro I sacando a espada e proclamando impetuosamente a separação entre Brasil e Portugal, como na tela abaixo. Essa imagem, arraigada na mentalidade dos brasileiros, é resultado de escolhas feitas por historiadores e outros estudiosos ainda no século XIX.

Na verdade, não houve um momento específico em que a região que constituía a colônia portuguesa na América tenha se tornado uma nação. Houve, sim, um período no qual diversas atitudes foram tomadas, de parte a parte, e que acabaram resultando na fundação de um Império Brasileiro reconhecido por outras nações. Assim, a escolha de uma data ou de um fato para marcar essa passagem foi arbitrária, *a posteriori*, e refletiu o que se quis valorizar no momento.

Em 1822, os vários personagens envolvidos no processo tinham diferentes opiniões sobre qual acontecimento seria o mais significativo para simbolizar a independência. Alguns defendiam o dia 1º de agosto (em que dom Pedro I convocara uma Assembleia Constituinte); outros, o dia 6 de agosto (quando reivindicara a condição, para o Brasil, de "reino irmão" de Portugal); ou, ainda, 12 de outubro (em que o povo aclamou dom Pedro I como imperador do Brasil).

A rigor, o dia 7 de setembro só passou a fazer parte das datas nacionais em 1826, quando dom Pedro I precisava afirmar-se perante a elite e a população brasileira, diante da desconfiança que havia sobre seu desejo de reunificar as Coroas do Brasil e de Portugal. A data escolhida, que até hoje se comemora, surgiu assim de um interesse político em apresentar dom Pedro I como o grande responsável pela independência, colocando em segundo plano os demais atores e acontecimentos.

A independência da colônia portuguesa na América resultou da vitória de um dos vários projetos possíveis, pensados entre o final do século XVIII e o início do século XIX. Outros caminhos poderiam ter sido tomados. Os mais evidentes foram aqueles que não se identificavam com a criação de um império, com a unidade territorial, com a continuidade de um português na liderança do governo ou mesmo com a manutenção da elite tradicional no poder.

Exemplos disso são a Conjuração Mineira, a Revolta dos Alfaiates ou a Confederação do Equador. São eventos que não podem ser reduzidos a "momentos" do processo ou a contribuições para a independência de 1822, pois, além de haverem defendido objetivos diferentes, foram derrotados.

Independência ou morte mostra dom Pedro I proclamando a independência política do Brasil, em São Paulo, em 1822. A tela foi pintada em 1888 por Pedro Américo e está no Museu Paulista, em São Paulo (SP).

4 Revolução Industrial

Por muito tempo, as grandes mudanças tecnológicas que ocorreram no sistema produtivo europeu no final do século XVIII foram atribuídas ou à aplicação dos avanços científicos em novas invenções, ou a fatores naturais, como a disponibilidade de matérias-primas para a indústria.

Nessas interpretações, a tecnologia aparece como motivo central de todas as mudanças, como uma força autônoma que vai, por sua conta, transformando o mundo da produção. A crítica que se faz a essa postura baseia-se no fato de que a tecnologia não pode explicar todas as transformações envolvidas, pois sua aplicação ao sistema produtivo ocorreu em ritmos diferentes em várias partes do mundo.

Se a tecnologia fosse o fator determinante, a mudança teria mais ou menos a mesma intensidade em todos os lugares, e não foi o que aconteceu. A industrialização inglesa, por exemplo, foi muito mais acelerada que a francesa, mas foi mais lenta que a norte-americana, ocorrida posteriormente.

A explicação está não só nas novas técnicas, mas também nas formas de adaptação cultural das sociedades, dos patrões e dos operários a essas técnicas. Muitos historiadores argumentam que o sistema de fábrica não foi introduzido apenas por razões de eficiência, mas por ser adequado à necessidade dos capitalistas de controlar a mão de obra. Certos pesquisadores vão mais além e chegam a afirmar que foram as questões de hierarquia e poder social que estimularam as mudanças tecnológicas e organizacionais da produção, levando ao chamado sistema de fábrica.

A organização de fábricas, com máquinas e homens para operá-las, dividiu e simplificou as tarefas. Nesse cenário, não mais cabia o antigo oficial (artesão), um exímio conhecedor de todo o processo de obtenção daquilo que fabricava. Ele foi parcialmente substituído por máquinas que executavam serviços antes feitos manualmente e impunham um ritmo mais veloz à produção.

Os operários que trabalhavam nas fábricas não precisavam conhecer todo o processo produtivo, constituindo assim mão de obra mais barata que os operários especializados.

A Revolução Industrial é um tema especialmente significativo para nós, que vivemos num mundo também convulsionado por rápidas e profundas mudanças tecnológicas provocadas pela informática, pela robótica, pelas telecomunicações e pela biotecnologia.

André Toma/Arquivo da editora

The Bridgeman Art Library/Keystone/Museu Científico, Londres, Inglaterra

Tear hidráulico de 1775. A Revolução Industrial na Inglaterra iniciou-se pelo tradicional setor têxtil, que empregava milhares de pessoas.

Da mesma forma, vivemos os desdobramentos socioambientais impulsionados pela Revolução Industrial, especialmente quanto aos crescentes padrões de produção, consumo e urbanização, bem como quanto aos problemas ambientais globais surgidos em virtude das poluições – emissões de gás carbônico e de muitos outros poluentes que produzem o efeito estufa, as chuvas ácidas e a destruição da camada de ozônio. Assim, a Revolução Industrial é um tema importante não para buscar lições no passado, mas para adquirir elementos que enriqueçam as reflexões sobre os nossos tempos.

> Os padrões de produção e consumo gestados ao longo dos últimos séculos passaram a redefinir, cada vez mais profundamente, tanto o estado das águas, do ar, dos solos, da fauna e da flora quanto as próprias condições históricas da existência humana: seus espaços de moradia e de trabalho, seus fluxos migratórios, as situações de saúde e morte. Por conseguinte, é histórica a relação entre riscos industriais, meio ambiente e saúde das populações, que muda com as feições das diferentes formas civilizatórias. Nas sociedades industriais contemporâneas tal relação de historicidade mostra-se particularmente forte e perceptível quando são focalizados ramos industriais poluentes em demasia, como o petroquímico, o químico e o nuclear.
>
> FRANCO, Tânia; DRUCK, Graça. Padrões de industrialização, riscos e meio ambiente. *Ciência & saúde coletiva*, Rio de Janeiro, v. 3, n. 2, 1998. Disponível em: <www.scielo.br/pdf/csc/v3n2/7151.pdf>. Acesso em: 20 mar. 2014.

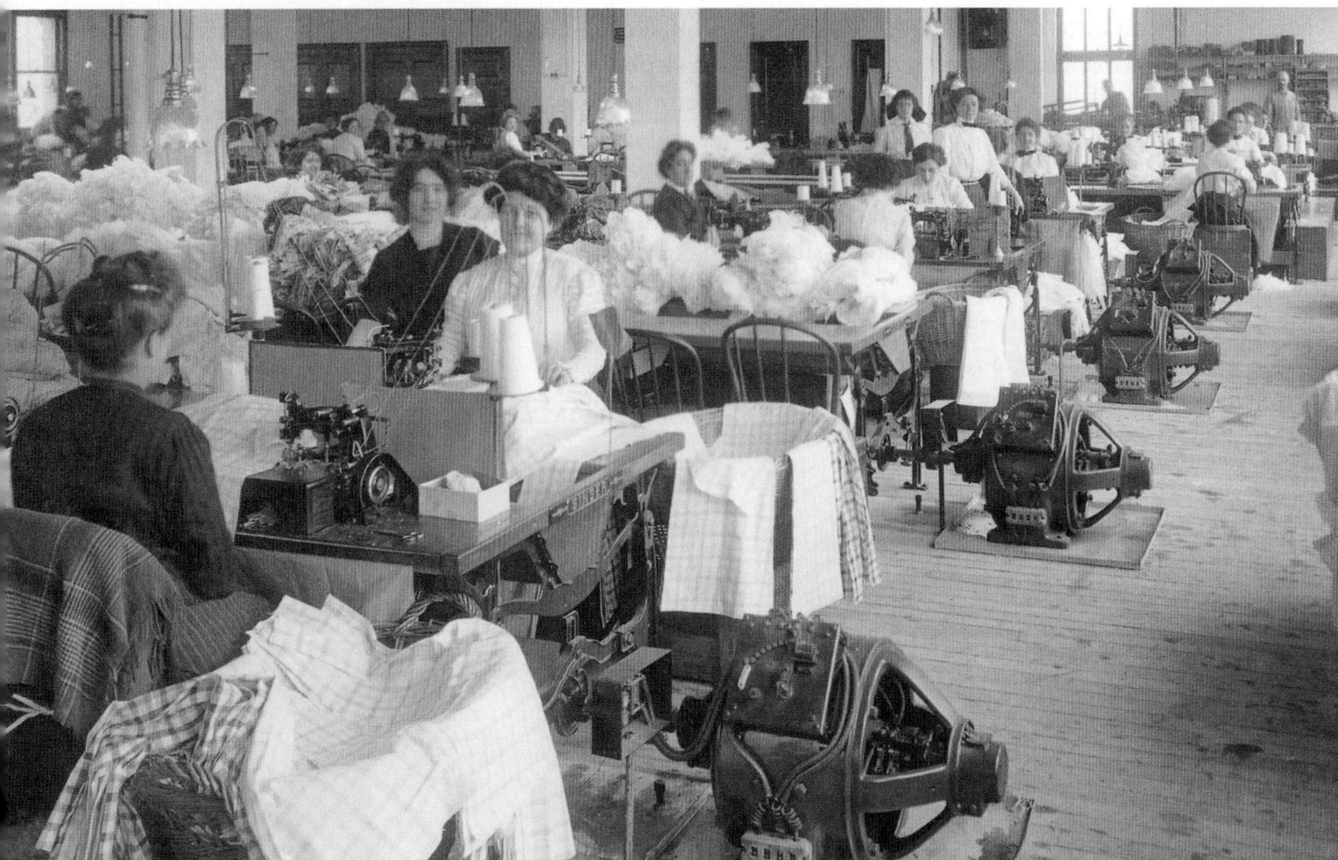
Corbis/Latinstock/Hall of Electrical History Foundation, Museu de Inovação e Ciência, Schenectady, Nova York, EUA

A industrialização gerou a formação de uma imensa massa de trabalhadores assalariados. Acima, Fundição Krupp, em Essen, na Alemanha, representada em pintura sobre metal de Otto Bolhangen (século XX).

CAPÍTULO

21 Uma era de revoluções

North Wind Picture Archives/AKG-Images/Album/Latinstock/Coleção particular

Representação da invasão da Assembleia pelos parisienses, em gravura francesa do século XIX.

Para pensar historicamente

Processos revolucionários

O século XVIII assistiu a muitas mudanças na economia, na política e no cotidiano. A Inglaterra, um pouco antes, passara por um ciclo revolucionário que abriu caminho para o desenvolvimento econômico e tecnológico que caracterizou a Revolução Industrial.

Na França, a persistência do absolutismo continuava gerando tensões entre a burguesia e o Estado aristocrático. Os entraves ao desenvolvimento econômico e outros fatores também colocam os setores mais pobres em uma situação no mínimo incômoda.

A Revolução Francesa foi feita em nome de alguns princípios como os da liberdade, da igualdade e da fraternidade, além do direito à propriedade. Porém, ela foi feita por diversos sujeitos sociais, desde os miseráveis até os mais ricos comerciantes e industriais. Para os diferentes segmentos sociais da França revolucionária, os princípios de liberdade, igualdade e fraternidade significavam coisas diferentes. Para alguns, por exemplo, a propriedade era condição para a liberdade, e para outros a propriedade tornava impossível a liberdade e a fraternidade.

Você saberia apontar exemplos na atualidade em que atuações econômicas e políticas teriam significados diferentes para segmentos sociais distintos?

Wissam Nassar/Corbis/Latinstock

Onda de protestos na praça Tahrir contra o governo islamita de Mohammed Morsi, no Cairo (Egito), 2013.

1 Revolução Inglesa, Revolução Industrial

Manchester na Era industrial

No marco implantado pela historiografia como passagem da Idade Moderna para a Idade Contemporânea, Portugal e Espanha já não eram protagonistas. Pioneiros na conquista e colonização da América, construíram impérios territoriais ao redor de todo o mundo, mas ficaram cada vez mais dependentes de suas colônias. Sua riqueza, obtida da exploração colonial, aos poucos foi transferida para outros países, como pagamento do grande volume de importações necessárias para atender a suas necessidades, uma vez que tinham poucas manufaturas. Dessa forma, o capital acumulado em moeda ou metais preciosos se esvaiu em pouco tempo. E, perdendo o poder econômico, perderam também a supremacia e a força, deixando de ocupar o centro de decisões e de influência.

O processo de desenvolvimento capitalista, intensificado pela dinamização comercial dos séculos XVI e XVII, estava ligado de modo intenso à circulação de mercadorias. A partir da segunda metade do século XVIII, entretanto, a produção, em larga escala, via **mecanização industrial**, iniciada na Inglaterra, passou a ser o principal motor desse processo.

A perspectiva de lucros motivou o desenvolvimento técnico da produção, e com o aumento dos lucros, por sua vez, ampliava-se o capital investido nas novas tecnologias, gerando um ciclo ascendente. Isso implicou grandes mudanças, tanto de ordem econômica quanto social, que possibilitaram o desaparecimento de relações e práticas feudais ainda existentes e o definitivo predomínio de valores da economia e sociedade capitalistas.

Cidades do Reino Unido

Adaptado de: SIMIELLI, Maria Elena. *Geoatlas.* São Paulo: Ática, 2000. p. 43.

akg-images/Ipress/Museu de Arte, Shrewsbury, Inglaterra.

As grandes cidades britânicas, nos anos 1800 (veja mapa), tiveram intenso impulso populacional com a industrialização. No campo, além das mudanças socioeconômicas, as transformações técnicas afetaram a paisagem rural, como mostra a pintura ao lado, de 1777, de William Williams. As chaminés, por todo o país, eram muito mais que simples marcas da paisagem: eram símbolos de uma ampla revolução produtiva e social.

O início do processo industrial na Inglaterra deve-se em parte a seu acúmulo de capital durante os séculos XVII e XVIII. Nesses séculos, a Inglaterra, graças a seu poderio naval e comercial, conseguiu formar uma extensa rede comercial mundial. O impulso inicial decorreu da vitória inglesa contra a Invencível Armada espanhola em 1588, quando a marinha espanhola reagiu às investidas inglesas em suas colônias. Importante papel exerceram também os Atos de Navegação, leis decretadas na Inglaterra em 1651 por Oliver Cromwell, que protegiam os comerciantes ingleses e atingiram especialmente os Países Baixos, seu maior rival no comércio e nos mares. Além disso, o Tratado de Methuen, de 1703, assinado com Portugal, abriu os mercados portugueses e de suas colônias aos manufaturados ingleses. Acrescente-se também a existência de grandes jazidas de carvão mineral e minério de ferro no solo britânico. Havia, além disso, uma grande população desempregada – portanto, mão de obra barata – expulsa do campo pelos processos de cercamento. Londres, por exemplo, de 1700 a 1800 era a cidade mais populosa da Europa. Com a escassez de emprego, essa volumosa mão de obra de baixíssimo preço atendia aos anseios dos industriais: já que o custo da força de trabalho era muito pequeno, eles podiam aplicar grandes somas de capital em novas instalações.

Ken Welsh/The Bridgeman Art Library/Keystone/Coleção particular

Mina de carvão Bradley, na Inglaterra. Gravura extraída da *Enciclopédia de artes úteis e manufatura*, realizada por Charles Tomlinson, século XIX.

O cenário que propiciou a industrialização da Inglaterra era favorável também no âmbito internacional. Seu principal concorrente na Europa, a França, fora superado na Guerra dos Sete Anos (1756-1763). Passo a passo, a política internacional inglesa foi consolidando sua supremacia mundial, contando com uma frota mercante cada vez maior, à frente de toda a Europa. Até o início do século XX, a Inglaterra se destacou como a maior potência econômica.

Politicamente, a Inglaterra sepultara o absolutismo após a Revolução Gloriosa, em 1688, quando ficou estabelecida a supremacia do Parlamento e inaugurou-se o Estado liberal inglês. Como você já estudou, o governo, controlado pelo Parlamento, estava comprometido com o enriquecimento da burguesia – pré-requisito para a plenitude capitalista burguesa que se instalaria com as maquinofaturas. A própria aristocracia inglesa, por não dispor de pensões como acontecia na França, acabou vendo com simpatia as atividades comerciais e industriais, e muitas vezes dedicou-se a elas.

Os avanços tecnológicos

Após as revoluções agrícola e pastoril, no Neolítico, a humanidade teve relativamente poucos avanços tecnológicos de grande impacto mundial. Um deles foi a Revolução Industrial, salto produtivo que mudou a face do mundo e colocou definitivamente a Europa em seu centro.

A industrialização da segunda metade do século XVIII iniciou-se com a mecanização do setor têxtil, cuja produção tinha amplos mercados nas colônias, inglesas ou não.

The Granger Collection/Glow Images/Coleção particular

Esses inventos ganharam maior capacidade quando passaram a ser acoplados à **máquina a vapor**, inventada por Newcomen (1712) e aperfeiçoada por James Watt (1765). Com a sofisticação das máquinas, houve aumento ainda maior da produção e de geração de capitais, que por sua vez eram reaplicados em novas máquinas. A mecanização alcançou o setor metalúrgico e impulsionou a produção em série.

Máquina a vapor rotatória.

Entre as principais invenções mecânicas do período, destacam-se a **máquina de fiar**, de James Hargreaves, o **tear hidráulico**, de Richard Arkwright, e o **tear mecânico**, de Edmund Cartwright. Todos esses teares tinham em comum, além de serem invenções do último terço do século XVIII, o fato de aumentarem muito a produção e diminuírem drasticamente a necessidade de mão de obra.

The Granger Collection/Glow Images/Coleção particular

The Granger Collection/Glow Images/Coleção particular

Máquina de fiar (*Spinning Janny*), de James Hargreaves.

A descoberta do uso do vapor como força motriz também beneficiou os transportes. Em 1805, o norte-americano Robert Fulton revolucionou a navegação marítima criando o **barco a vapor** e, em 1814, George Stephenson idealizou a **locomotiva a vapor**. Na década de 1830, começaram a circular os primeiros trens. Além disso, a impressão de jornais, revistas e livros com o uso do vapor desenvolveu as comunicações e favoreceu a difusão cultural, que, por sua vez, permitiram o surgimento de novas técnicas e invenções.

The Bridgeman Art Library/Keystone/Coleção particular

Locomotiva a vapor *North Star*.

The Granger Collection/Glow Images/Coleção particular

Barco a vapor de 1807.

Laminadores de ferro, de A. Von Mozel, 1875. Esta pintura do final do século XIX retrata o pesado trabalho numa laminação de ferro, com o ambiente hostil, sujo e quente de uma siderúrgica.

A Revolução Industrial logo alcançou o continente e o resto do mundo, chegando à Bélgica, à França e posteriormente à Itália, à Alemanha, à Rússia, aos Estados Unidos e ao Japão. Ao contrário da Inglaterra, esses países não adotaram o liberalismo econômico de modo tão pleno, assumindo atuações protecionistas que serviram para consolidar suas indústrias nacionais. A expansão industrial estimulou o imperialismo do século XIX, uma grande corrida colonial por novos mercados, indispensáveis para garantir que a produção fosse vendida e realimentasse os lucros e reinvestimentos. Gerava-se desse modo o contínuo crescimento de capital que caracteriza o sistema capitalista. Como você estudará mais adiante, essa corrida por mercados envolveu conflitos de interesses, que culminaram com a Primeira Guerra Mundial.

Para aumentar os lucros, elevou-se a **especialização do trabalho**. Isso representou a **alienação** do trabalhador em relação a sua atividade. Enquanto na Antiguidade ou na Idade Média o artesão conhecia o processo de produção inteiro, realizando ele mesmo todas as etapas, o operário moderno perdeu o controle do conjunto da produção. Passou a ser responsável por apenas uma parte do ciclo produtivo de uma mercadoria, ignorando os procedimentos técnicos envolvidos. Além disso, recebendo um salário em troca da atividade mecânica realizada, o operário *alienava* o seu trabalho aos capitalistas, transformando-o em mercadoria sujeita ao mercado.

alienação: conceito aplicado por Karl Marx em seus escritos, segundo o qual o trabalho especializado que caracterizou a industrialização "alienou" o operário, ou seja, separou-o do produto de seu trabalho. O trabalhador, desse modo, em vez de realizar-se pelo trabalho, se desumanizava, exercendo suas tarefas mecanicamente.

Novas formas de trabalho

A industrialização gerou significativas transformações em quase todos os setores da vida humana. Na estrutura socioeconômica, deu-se a separação definitiva entre o capital, representado pelos donos dos meios de produção, e o trabalho, representado pelos assalariados. Na maior parte dos casos, eliminou-se a antiga organização corporativa da produção utilizada pelos artesãos.

Os trabalhadores já não eram os donos das ferramentas e máquinas, passando a viver da única coisa que lhes pertencia: sua força de trabalho, transformada em mercadoria e explorada ao máximo. Para enfrentar o quadro social da nova ordem industrial, associaram-se em organizações como as *trade unions* (sindicatos).

A industrialização estabeleceu a supremacia burguesa na ordem econômica, isto é, toda a estrutura produtiva estava voltada para atender aos interesses de lucro da burguesia. Ao mesmo tempo, acelerou o êxodo rural, o crescimento urbano e a formação da classe operária – ou *proletariado*. Inaugurava-se uma nova época, na qual a política, a ideologia e a cultura gravitariam entre dois polos: a burguesia industrial e o proletariado.

Estavam fixadas as bases do progresso tecnológico e científico, visando à invenção e ao aperfeiçoamento constantes de novos produtos e técnicas para o maior e melhor desempenho industrial. Definiam-se também as condições para o imperialismo colonialista e o confronto entre burguesia e proletariado, que iriam definir as décadas seguintes da história europeia e mundial e ajudar a formar as bases do mundo contemporâneo.

Reprodução/Museu Britânico, Londres, Inglaterra

Bettmann/Corbis/Latinstock

A atividade artesanal medieval e a indústria do século XIX representam estruturas produtivas bem diferentes. Acima, iluminura de 1390 mostrando artesãos: pequena produção, trabalhadores donos dos meios de produção e dos frutos de seu trabalho, habilidade criativa e produtiva. Na foto ao lado, de 1881, trabalho industrial nos Estados Unidos: operários, grande produção, assalariados, sujeição à máquina, e alienação.

Atividades

Leitura e interpretação de texto literário

1. O trecho a seguir foi extraído do livro *Hard times* ("Tempos difíceis"), do escritor inglês Charles Dickens (1812-1870). Nele, Dickens descreve a cidade de Coketown (Preston). Leia-o com atenção e, a seguir, faça o que é pedido adiante.

> [Era] uma cidade de tijolos vermelhos, ou que seriam vermelhos se a fumaça e as cinzas o permitissem; tal como era, porém, a cidade tinha tonalidades artificiais de vermelho e preto que lembravam os rostos pintados dos selvagens.
>
> [...]
>
> Continha algumas ruas grandes, todas muito parecidas, e muitas ruas pequenas, ainda mais parecidas, habitadas por pessoas igualmente parecidas, que chegavam e saíam todas nas mesmas horas, fazendo o mesmo som nas mesmas calçadas, para fazer o mesmo trabalho, e para quem todos os dias eram iguais à véspera e ao dia seguinte, e todos eram a imagem do ano anterior e do subsequente.
>
> Apud WILLIAMS, Raymons. *O campo e a cidade*. São Paulo: Companhia das Letras, 1989. p. 214.

a) De acordo com Dickens, o que caracteriza a cidade industrial?
b) Repare que nesse trecho Charles Dickens abusa do uso de algumas palavras. Identifique as palavras que são recorrentes no texto e explique por que o autor optou por empregá-las tantas vezes num mesmo trecho.
c) Como, no texto de Dickens, a cidade mimetiza a fábrica e reflete o ritmo da produção fabril?

Leitura de textos, imagem e produção de síntese

2. A imagem e os textos a seguir, os quais foram redigidos, respectivamente, em 1747, 1934 e 1973, descrevem diferentes aspectos da vida e do trabalho do proletariado industrial. Baseando-se nos textos e na imagem faça uma dissertação com o tema "O trabalho na era industrial". Na sua dissertação, procure abordar as seguintes questões:

- Qual o tipo de qualificação necessária para o trabalhador industrial?
- Na sociedade industrial, qual é a relação que se estabelece entre o trabalho intelectual e o trabalho braçal?
- Que mudanças e/ou permanências podem ser identificadas no trabalho industrial entre a primeira Revolução Industrial, no século XVIII, e os dias de hoje?

The Granger Collection/Glow Images/Coleção particular

Pagamento a crianças pelo trabalho em olaria. Gravura em madeira, de autoria desconhecida, 1871.

Texto 1 (1747)

É fato notório [...] que a penúria até certo grau estimula a indústria; e que o operário que pode prover às suas necessidades trabalhando só três dias ficará ocioso e bêbado o resto da semana [...]. Os pobres, nos condados onde há manufaturas, jamais trabalharão mais horas do que é preciso para custear a alimentação e suas orgias semanais [...] sem temor podemos dizer que uma redução dos salários das manufaturas laníferas seria uma bênção e uma vantagem para a nação e não seria um prejuízo real para os pobres. Com esse recurso, poderíamos preservar nosso comércio, manter nossas rendas e, além de tudo, corrigir as pessoas.

SMITH, J. Memoirs of Wool, 1747. In: GORZ, André. *Crítica da divisão do trabalho*. 2. ed. São Paulo: Martins Fontes, 1989. p. 65.

Texto 2 (1934)

As mulheres são metidas num trabalho inteiramente maquinal, no qual só se lhes pede rapidez. Quando digo maquinal, nem imagine que seja possível sonhar com outra coisa enquanto se trabalha, e muito menos refletir. Não. O trágico dessa situação é que o trabalho é maquinal demais para fornecer assunto ao pensamento, e, além disso, impede qualquer outro pensamento. Pensar é ir menos depressa; ora, há normas de rapidez estabelecidas por burocratas sem piedade e que é preciso cumprir, para não ser despedido. [...]

II – O mistério da fabricação é claro, o operário ignora o uso de cada peça: 1) a maneira como se ajusta às outras; 2) a sucessão das operações por que passa; 3) o uso final do conjunto.

Mas tem mais: a relação de causas e efeitos no interior do próprio trabalho não é apreendida.

Não há nada de menos instrutivo que uma máquina [...].

Trechos de WEIL, Simone. *A condição operária e outros estudos sobre a opressão*. Rio de Janeiro: Paz e Terra, 1979. p. 68 e 96.

Texto 3 (1973)

A crescente qualificação social dos trabalhadores não reside, ao contrário do que afirma tese bem difundida, no aumento do seu conhecimento útil ou inútil (escolar); na escola, eles aprendem bem menos do que antigamente. Se são escolarizados é que, com o pretexto da instrução e enquanto ela se processa (desviada de seu objetivo aparente), pretende-se socializá-los de uma certa maneira: ensinar-lhes a veneração pelo Saber dos Outros e pela cultura erudita monumental, em detrimento da cultura viva não codificada; ensinar-lhes a submissão, a disciplina, o respeito à hierarquia. É precisamente isto que não funciona mais: a crise da escola e do despotismo da fábrica estão intimamente ligadas. [...] E a "cultura do trabalho" torna-se inaceitável, porque há muito tempo já se transformou em seu oposto: na descultura do trabalhador, visando adaptá-lo à desumanização da fábrica, à divisão hierárquica, parcelada, do trabalho militarizado.

GORZ, André. *Crítica da divisão do trabalho*. São Paulo: Martins Fontes, 1989. p. 85.

Para fazer sua dissertação, lembre-se de:

a) identificar as ideias principais de cada texto;
b) considerar pontos em comum entre os textos;
c) registrar, num rascunho, as ideias que pretende mobilizar na sua dissertação, sem perder de vista os tópicos propostos anteriormente;
d) elaborar uma introdução para sua dissertação, apresentando o tema ao leitor;
e) desenvolver sua argumentação, buscando expor de maneira lógica e articulada as ideias que registrou no rascunho;
f) terminar sua dissertação com um parágrafo conclusivo.

The Bridgeman Art Library/Keystone/Coleção particular

2 Revolução Francesa

A Revolução Francesa pode ser considerada, para o mundo político, aquilo que a Revolução Industrial foi para a economia. Em outras palavras, não se poderia mais entender a política dali em diante sem os referenciais da Revolução Francesa – por exemplo, a noção de esquerda e direita, que não existia antes, ou a ideia de soberania popular. A Revolução Industrial, cujo momento mais decisivo aconteceu um pouco antes e durante a Revolução Francesa, difundiu-se depois pela Europa e, lentamente, por outras partes do mundo. A Revolução Francesa, do mesmo modo, disseminou suas ideias pela Europa e pelo mundo, sendo o primeiro movimento ocorrido entre cristãos que, segundo o historiador Eric Hobsbawm, teve influência real sobre os povos islâmicos, que incorporaram noções como pátria e liberdade.

Charge francesa de 1789 que retrata a sociedade de privilégios, carregada pelo povo, submetido e acorrentado.

Com a Revolução Francesa, os entraves sociais, políticos e econômicos ao capitalismo foram decisivamente enfraquecidos. Embora no século XVIII os interesses burgueses orientassem as finanças e o comércio, ainda existiam obstáculos na estrutura de propriedade e direitos feudais apoiados na ordem do **Antigo Regime** – termo francês de então, referindo-se ao período que antecede a Revolução, caracterizado por um Estado centralizado, sustentado na sociedade de privilégios.

Além disso, verificava-se na França um crescimento demográfico expressivo, que exigia um desenvolvimento econômico correspondente. Em vez disso, a baixa produção agrícola decorrente dos empecilhos feudais à produtividade, agravada por secas e inundações, causou acentuada elevação no preço do trigo, e até mesmo o pão se tornou um item quase proibitivo para a população de baixa renda, espalhando miséria e fome no território francês.

Assumindo as insatisfações do período, os comerciantes, industriais e artesãos tornaram-se a vanguarda dos diversos grupos sociais que surgiam.

Luís XVI, rei da França e Navarra, de Antoine François Callet, 1789.

Maria Antonieta, retratada por Elizabeth Vigee-Lebrun em 1783.

Na França do século XVIII, o poder ainda se alicerçava na teoria do direito divino dos reis: Luís XVI governava sem nenhum empecilho à sua autoridade. A Assembleia dos Estados-Gerais (um conselho com representantes das várias camadas sociais) não era convocada desde 1614.

Essa situação passou a ser questionada pela sociedade, em meio à crise financeira do reino, provocada pela desordem administrativa, pelos gastos colossais com a manutenção da luxuosa corte de Versalhes e os enormes custos das diversas guerras dos monarcas Bourbon. A Guerra dos Sete Anos (1756-1763) e a participação na guerra de independência dos Estados Unidos (1776-1781), além de acarretarem gastos elevados, comprometeram todo o império colonial francês. Diante das dificuldades financeiras, o Estado impôs tributos e adotou medidas fiscais e comerciais, buscando receita orçamentária, mas prejudicando os negócios.

A ascensão econômica da burguesia esbarrava nos regulamentos, proibições e taxações ditados pelo Estado absoluto. Assim, era imperativo eliminar as práticas mercantilistas para que pudesse haver o progresso econômico apregoado pelos teóricos liberais.

Embora o papel econômico da burguesia fosse essencial para o Estado, ela não tinha suficiente influência política e era marginalizada socialmente. Essa situação decorria da **organização estamental** da sociedade francesa, dividida em **clero**, **nobreza** e **terceiro estado**. A burguesia (bastante heterogênea, composta de banqueiros, profissionais liberais, funcionários públicos e comerciantes) fazia parte do terceiro estado com as camadas populares (artesãos, trabalhadores manuais, *sans-culottes* e camponeses). A sociedade era sustentada principalmente pelos tributos pagos pelo terceiro estado, já que as duas outras camadas sociais tinham o privilégio da isenção de tributos.

Os iluministas, "filósofos da razão", ao criticarem o absolutismo, deixavam clara a inadequação da ordem social e política à ordem econômica, o que acabou por transformar o Iluminismo na bandeira ideológica da Revolução Francesa.

Clero (1º estado)

Nobreza (2º estado)

Burguesia e camadas populares (3º estado).

Ilustrações: Rodval Matias/Arquivo da editora

Sans-culotte, em gravura anônima do século XVIII.

Gianni Dagli Orti/Corbis/Latinstock

Sans-culottes: os agitadores

O termo *sans-culottes*, referido às pessoas que usavam calças compridas em vez dos calções até o joelho da gente rica, foi originariamente aplicado num sentido puramente social aos pequenos comerciantes, assalariados e vagabundos, quer da cidade, quer do campo. Durante a revolução, o termo passou a ser mais geralmente aplicado aos indivíduos politicamente ativos dessas classes, e o seu âmbito alargou-se com a inclusão dos agitadores mais radicais daquele período, independentemente do respectivo estrato social. Ativos tanto na Comuna de Paris (a designação que foi dada ao novo governo local da cidade) como nas sessões, os *sans-culottes* iriam constituir a base de poder em que os políticos populares haviam de firmar as suas exigências de uma política radical.

MCCRORY, Martin; MOULDER, Robert. *Revolução Francesa para principiantes*. Lisboa: Dom Quixote, 1983. p. 67.

A luta da aristocracia

As difíceis condições socioeconômicas que a população francesa vivenciava na década de 1780 causaram revoltas cada vez mais violentas nas cidades e no campo, na capital e nas províncias. A situação agravou-se a partir de 1786, quando a França reduziu as taxas alfandegárias de produtos têxteis e metalúrgicos ingleses, prejudicando a incipiente indústria francesa. A concorrência dos produtos ingleses provocou uma onda de falências, acompanhada de desemprego e queda de salários, arruinando o comércio nacional. A produção agrícola também estava enfraquecida, devido principalmente a secas e inundações. Os preços de produtos essenciais se elevavam, fomentando a insatisfação geral.

À crise econômica somava-se a política, com sucessivas demissões de ministros, que tinham seus projetos reformistas barrados pela intransigência da aristocracia. Quando, por exemplo, o ministro das Finanças de Luís XVI, Charles Alexandre Calonne, propôs a cobrança de impostos da nobreza e do clero, houve revoltas da aristocracia em muitas províncias, e a medida foi abandonada. A elite não admitia perder seus privilégios e direitos feudais para sanear a crise socioeconômica nacional. A crise política agravou-se, e Calonne acabou por se demitir. Luís XVI nomeou em seu lugar **Jackes Necker**, que o convenceu a convocar a Assembleia dos Estados-Gerais para maio de 1789.

Os membros do terceiro estado exigiram a substituição da tradicional votação por estado (clero, um voto; nobreza, um voto; e povo, um voto) por uma representação compatível de deputados com sua base de representação.

Em 5 de maio de 1789, quando se abriu a sessão dos Estados-Gerais no Palácio de Versalhes, os interesses antagônicos dos grupos sociais ali representados entraram em choque. Os representantes do terceiro estado exigiram a votação individual em vez da votação por estado, pois, desse modo, com o apoio dos deputados do baixo clero e da **nobreza togada**, poderiam mais facilmente alcançar a maioria na Assembleia dos Estados-Gerais.

nobreza togada: burgueses que adquiriram o título de nobres.

Diante da impossibilidade de conciliar os interesses, Luís XVI tentou dissolver a Assembleia, impedindo a entrada dos deputados na sala de sessões. Os representantes do terceiro estado rebelaram-se e invadiram a sala do jogo da pela (espécie de tênis em quadra coberta), onde permaneceram reunidos. Juraram que não se dispersariam enquanto não tivessem dado à França uma Constituição. Em 9 de julho, com muitos deputados do baixo clero, declararam-se em Assembleia Nacional Constituinte. Os ânimos se exaltavam e aumentavam as propostas de pegar em armas.

Luís XVI tomou medidas enérgicas para enfrentar a Assembleia. Demitiu Jacques Necker e nomeou em seu lugar o conservador barão de Bretevil. Enquanto isso, formava-se uma milícia burguesa, a **Guarda Nacional**, para resistir ao rei e liderar a população civil, que começava a se armar.

O povo, percebendo que os conflitos anunciavam novos rumos para a França, participou de modo decisivo dos protestos. Em 14 de julho, a multidão invadiu a fortaleza da Bastilha, onde eram encarcerados os inimigos da realeza: foi o estopim da rebelião, que se alastrou de Paris para o resto da França. A Bastilha, mais que uma prisão, era um símbolo do poder absolutista, e sua queda foi uma espécie de sinal da fraqueza do rei. No campo, onde os privilégios da aristocracia eram maiores, os camponeses invadiram e incendiaram castelos e mataram nobres. Esse período se tornou conhecido como Grande Medo.

A gravura do século XVIII representa a abertura da Assembleia dos Estados-Gerais em maio de 1789. Ao fundo está o trono de Luís XVI; na parte central estão, de um lado, os membros do clero, de outro, os membros da nobreza; nas galerias laterais, os representantes do terceiro estado.

A Assembleia Nacional

A primeira etapa da Revolução Francesa, conhecida como **fase da Assembleia Nacional** (1789-1792), caracterizou-se pela atuação da burguesia nas cidades e dos camponeses no interior. A burguesia lutava por conquistas sociais e políticas nas ruas e na Assembleia; os camponeses destituíam autoridades e nobres de seus castelos e repartições.

Declaração dos Direitos do Homem e do Cidadão. Detalhe de obra de Lesueur Brothers, século XVIII. Museu Carnavalet, Paris.

A Assembleia dos Estados-Gerais aboliu os privilégios feudais. Desse modo, tentava restabelecer a ordem dirigindo a insatisfação apenas contra os resquícios do feudalismo. Inspirada na Declaração de Independência dos Estados Unidos, foi aprovada a **Declaração dos Direitos do Homem e do Cidadão**, que estabelecia a igualdade de todos perante a lei, o direito à propriedade privada e o direito de resistência à opressão.

Os bens da Igreja foram confiscados e transformaram-se em **lastro** para a emissão de uma nova moeda, os *assignats*. Ao mesmo tempo, a **Constituição Civil do Clero**, aprovada em julho de 1790, determinou que os padres passavam a subordinar-se ao Estado, no papel de funcionários públicos – o que gerou manifestações de protesto e resistência entre os membros do clero.

Em 1791, a Assembleia Nacional proclamou a primeira Constituição da França, estabelecendo a monarquia constitucional. O rei exerceria o poder Executivo, limitado pelo poder Legislativo, cujos deputados seriam eleitos a cada dois anos.

lastro: garantia para o valor do dinheiro emitido pelo governo.

Só podiam votar, no entanto, aqueles que tivessem determinada renda mínima. Essa medida e outras que se seguiram – como a proibição de greves e de associações de trabalhadores – mostravam que a França estava sob comando burguês. Eliminaram-se os privilégios aristocráticos, mas ao mesmo tempo se firmava a distinção da burguesia diante do conjunto do terceiro estado.

Procissão dos membros do clero que não obedeceram à Constituição Civil do Clero, em gravura do século XVIII.

Na Assembleia Nacional, a disputa política era acirrada. Um dos grupos, o dos **girondinos**, representava a alta burguesia; eram assim chamados em referência à região de Gironda, no sul e sudeste da França, de onde vinha a maioria de seus componentes. Havia também os **jacobinos**, cujo nome estava ligado ao convento dos frades jacobinos (dominicanos), local de reunião dos parisienses revolucionários. Os jacobinos inicialmente faziam parte da ala moderada, mas, depois de 1792, transformaram-se no principal elo entre os membros radicais da Assembleia e o movimento popular, que ganhava cada vez mais força nas ruas, conferindo ao termo "jacobino" uma conotação de radicalismo político.

Conforme as medidas revolucionárias avançavam e se consolidavam, parte da nobreza ficava mais acuada, enquanto um grande número migrava para o exterior, buscando apoio para restaurar o Estado absolutista. Os monarcas das potências absolutistas vizinhas incentivavam esses movimentos, pois temiam a irradiação das ideias revolucionárias. Em 1791, esses países assinaram a Declaração de Pillnitz, na qual afirmavam a necessidade de restaurar a dignidade da monarquia francesa e ameaçavam invadir a França.

No mesmo ano, Luís XVI e sua família tentaram fugir para o vizinho Império Austríaco, mas foram presos na fronteira, na cidade de Varennes, e reconduzidos a Paris. O plano de Luís XVI era unir-se aos nobres exilados e invadir a França com o apoio de exércitos estrangeiros, num golpe contrarrevolucionário.

Numa gravura do século XVIII, anônima, Luís XVI é apanhado em flagrante durante a desastrada fuga do casal real.

Paralelamente, cresciam as dificuldades econômicas do governo revolucionário, obrigando-o à intensa emissão de *assignats*, o que desencadeou especulação e uma inflação descontrolada. Os ânimos revolucionários se acirraram, principalmente dos *sans-culottes*, que exigiam medidas radicais. Enquanto isso, o exército absolutista, que tinha em suas fileiras muitos nobres emigrados, marchava sobre a França. Em meio a essas tensões, os jacobinos proclamaram a "pátria em perigo" e forneceram armas à população.

Formou-se assim um exército popular sob o comando dos jacobinos **Marat**, **Danton** e **Robespierre**. Foi essa força que enfrentou o exército dos emigrados e prussianos e o conteve às portas de Paris, na **Batalha de Valmy**. O rei foi acusado de traição ao país, por colaborar com os invasores, e os revolucionários proclamaram a República.

Reprodução/Museu do Louvre, Paris, França

Batalha de Valmy, pintura realizada por Jean Baptiste Mauzaisse em 1835.

A Convenção Nacional (1792-1795)

A Assembleia Nacional Constituinte, transformada em uma nova instituição, a **Convenção Nacional**, assumiu o governo em 20 de setembro de 1792.

Nas reuniões, sentados à direita da presidência das sessões, ficavam os deputados **girondinos**, que desejavam consolidar as conquistas burguesas, estancar a revolução e evitar a radicalização. Ao centro ficavam os deputados da **Planície** ou **Pântano** – assim denominados por se agruparem na parte mais baixa –, burgueses sem posição política previamente definida. À esquerda, formando o partido da **Montanha**, pois se colocavam na parte mais alta do edifício, ficavam os representantes da pequena burguesia jacobina, que liderava os *sans-culottes*, defensores de um aprofundamento da revolução.

Para saber mais

O calendário revolucionário francês

O governo popular da Convenção adotou um novo calendário, o Republicano, que tinha seu início em setembro de 1792. Introduzido oficialmente em 1793, era dividido em 12 meses de 30 dias; os restantes 5 dias que faltavam para completar os 365 dias anuais eram feriados públicos, chamados de "dias dos *sans-culottes*". O domingo (*die dominicus* – dia do Senhor) foi abolido. Os meses tinham nomes relacionados aos ciclos agrícolas e da natureza:

Vindimário (do latim *vindemia* = vindima, colheita da uva), de 22/9 a 21/10

Brumário (do francês *brumas* = nevoeiro), de 22/10 a 20/11

Frimário (do francês *frimas* = geada), de 21/11 a 20/12

Nivoso (do latim *nivosus* = neve), de 21/12 a 19/1

Pluvioso (do latim *pluviosus* = chuvoso), de 20/1 a 18/2

Ventoso (do latim *ventosus* = vento), de 19/2 a 20/3

Germinal (do latim *germem* = germinação), de 21/3 a 19/4

Floreal (do latim *florens* = flores), de 20/4 a 19/5

Prairial (do francês *prairie* = prado), de 20/5 a 18/6

Messidor (do latim *messis* = colheita), de 19/6 a 18/7

Termidor (do grego *therme* = calor), de 19/7 a 17/8

Frutidor (do latim *fructus* = fruto), de 18/8 a 16/9

Dias dos *sans-culottes*, de 17/9 a 21/9

Em janeiro de 1793, Luís XVI foi guilhotinado na Praça da Revolução, em Paris. Vários países europeus, como Áustria, Prússia, Países Baixos, Espanha e Inglaterra, temendo que o exemplo francês se refletisse em seus territórios, formaram a **Primeira Coligação** contra a França. Encabeçando-a, a Inglaterra financiava os grandes exércitos continentais para conter a ascensão burguesa da França, sua potencial concorrente nos negócios europeus.

As dificuldades se avolumavam: à ameaça externa se somavam a crise econômica, as divisões políticas e as insatisfações gerais. Houve até mesmo levantes antirrepublicanos regionais, como a **Revolta da Vendeia**, no oeste da França.

Em junho de 1793, os jacobinos, comandando os *sans-culottes*, tomaram a Convenção, prendendo os líderes girondinos. Os jacobinos Marat, Hébert, Danton, Saint-Just e Robespierre assumiram o poder, dando início ao período da **Convenção Montanhesa** (1793-1794).

Biblioteca Britânica, Londres

Ilustração da partitura de *La marseillaise* (A marselhesa), canção revolucionária composta por Rouget de l'Isle em 1792, que mais tarde acabou se tornando hino nacional francês.

Gianni Dagli Orti/Corbis/Latinstock/Biblioteca Nacional, Paris, França.

A gravura foi uma arma de combate e um instrumento pedagógico na França revolucionária: quanto ao rei, evoluiu da devoção respeitosa à plena degradação. Ao lado, gravura anônima, retratando a execução de Luís XVI na guilhotina, em 1793.

Devido ao predomínio da atuação popular, esse período caracterizou-se como o mais radical de toda a Revolução Francesa. Em 1793, foi aprovada nova Constituição – a Constituição do Ano I –, que enfatizou o sufrágio universal e a democratização.

Os jacobinos dirigiam o país por meio do **Comitê de Salvação Pública**, responsável pela administração e defesa externa do país, de início comandado por **Danton**, seu criador. Abaixo vinha o **Comitê de Salvação Nacional**, que cuidava da segurança interna, e a seguir, o **Tribunal Revolucionário**, que julgava os opositores da Revolução.

Durante o governo montanhês, a radicalização política chegou ao auge e muitos foram guilhotinados, acusados de apoiar o rei. Quando, em julho de 1793, Marat, o ídolo dos *sans-culottes*, foi assassinado por uma girondina, **Charlotte Corday**, os ânimos se exaltaram.

Considerada excessivamente moderada, a liderança de Danton foi sendo sobrepujada pela de Robespierre. Iniciava-se, assim, o período do **Terror**, que vigorou entre setembro de 1793 e julho de 1794. Nesse período, milhares de pessoas acusadas de serem contrarrevolucionárias foram executadas: desde Maria Antonieta, a ex-rainha, até os próprios jacobinos, além de girondinos e membros do clero e da aristocracia.

Realizações do governo montanhês

Administrativamente, o governo montanhês adotou medidas que favoreciam a população, como a Lei do Preço Máximo, que tabelava os preços dos gêneros alimentícios; a venda pública, a preços baixos, de bens que pertenciam à Igreja e a nobres emigrados; a abolição da escravidão nas colônias; a criação do ensino público e gratuito. O governo empenhou-se também em acabar com a supremacia da religião católica e de seu clero, desenvolvendo um culto revolucionário fundado na razão e na liberdade. A Catedral de Notre-Dame, em Paris, por exemplo, foi transformada no Templo da Razão.

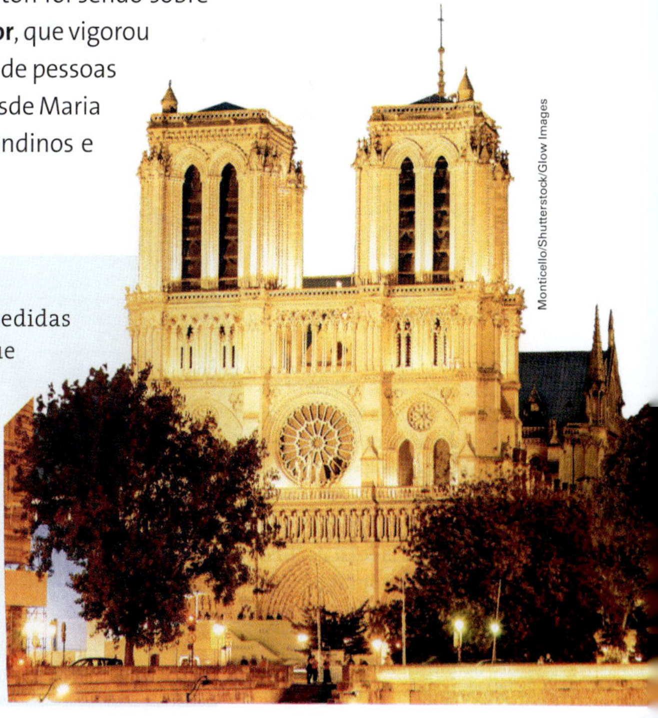

Monticello/Shutterstock/Glow Images

Catedral de Notre-Dame, em Paris (França), 2013.

Contudo, as crescentes cisões entre os revolucionários dentro da Convenção desagregavam o poder dos jacobinos. Havia os **radicais**, liderados por Hébert, que pregavam a ampliação das execuções de contrarrevolucionários, e os **indulgentes**, tendo à frente Danton, que desejavam conter a revolução e acabar com as prisões e execuções. Para resolver a disputa, Robespierre ordenou a execução de ambos (em março de 1794 os hebertistas, e em abril de 1794 os dantonistas), e com isso perdeu parte do apoio popular ligado especialmente a Danton.

As dificuldades econômicas e militares, somadas à insegurança da população provocada pelas sucessivas execuções, levaram Robespierre a perder progressivamente o prestígio como líder nacional.

Aproveitando-se da situação, a burguesia se reorganizou e, em julho de 1794, retomou o poder na Convenção, derrubando os líderes da Montanha numa sessão que se tornou conhecida historicamente como Golpe do Termidor, em referência ao mês do novo calendário republicano. Robespierre e Saint-Just, entre outros, foram guilhotinados. Os representantes do Pântano assumiram o comando da Revolução e devolveram o governo à burguesia.

A **Convenção Termidoriana** foi curta (1794-1795), mas permitiu a reativação do projeto político burguês, com a anulação de várias decisões montanhesas, como a Lei do Preço Máximo e o fim da supremacia do Comitê de Salvação Pública. Nas ruas de Paris, jovens de direita assaltavam os clubes republicanos, perseguindo, intimidando e executando os líderes dos *sans-culottes*; foi o chamado **Terror Branco**.

Em 1795, a Convenção elaborou uma nova Constituição – a Constituição do Ano III –, que restabelecia o critério censitário para as eleições legislativas, marginalizando, assim, grande parcela da população. O poder Executivo seria exercido por um Diretório, formado por cinco membros eleitos pelos deputados.

Georges Jacques Danton (acima), líder da fase radical da revolução e que disputou com Maximilien François Marie Isidore de Robespierre (centro) e Louis Antoine Saint-Just (ao lado) o destino do governo montanhês. Os retratos são do século XVIII. O de Danton e Saint-Just são de pintor anônimo. O de Robespierre é de Vigneron.

O Diretório e a instalação do Consulado (1795-1799)

O Diretório caracterizou-se pela supremacia girondina, que sofria oposição dos jacobinos, à esquerda, e dos defensores da monarquia, os realistas, que desejavam o retorno dos Bourbon, à direita. Enfrentou levantes populares internos e a continuidade das ameaças estrangeiras. Em 1795 e 1797, houve golpes realistas; em 1796, ocorreu a Conspiração dos Iguais, um movimento dos *sans-culottes* liderado por François Nöel **Babeuf**, também conhecido por seu pseudônimo Graco, que condenava a propriedade privada e lutava por uma "ditadura dos humildes". Babeuf defendia o fim de todas as desigualdades e o estabelecimento do bem-estar para todos. Sylvain Marèchal, jornalista e amigo de Babeuf, redigiu para os conjurados o Manifesto dos iguais, prenunciador de uma nova revolução.

Leituras da História

Manifesto dos iguais

Povo da França!

Durante quinze séculos, viveste escravo e, portanto, infeliz. Há seis anos, mal respiras, à espera da independência, da felicidade e da igualdade.

A igualdade, primeiro voto da natureza, primeira necessidade do homem, e principal laço de qualquer associação legítima! Povo da França, não foste mais favorecido que as outras nações que vegetam nesse globo desafortunado! Sempre e por toda a parte, a pobre espécie humana, entregue a antropófagos mais ou menos hábeis, foi joguete de todas as ambições, pasto de todas as tiranias. Sempre e por toda a parte, os homens foram ninados ao som de belas palavras. Desde tempos imemoriais, repetem-nos hipocritamente que os homens são iguais; e, desde tempos imemoriais, a mais aviltante e a mais monstruosa desigualdade pesa insolentemente sobre o gênero humano. Desde que as sociedades civis existem, o mais belo **apanágio** do homem é reconhecido, sem contradição, mas não pode se realizar nem uma única vez; a igualdade não foi mais do que uma linda e estéril ficção da lei. Agora que é exigida por uma voz mais forte, respondem-nos: "Calai-vos, miseráveis. A igualdade de fato não passa de uma **quimera**. Contentai-vos com a igualdade condicional: sois todos iguais perante a lei". Canalha, que queres mais? O que nos falta? Legisladores, governantes, ricos proprietários, escutai.

Somos todos iguais, não é? Esse princípio permanece inconteste, porque, a menos que seja louco, ninguém diria a sério que é noite quando é dia.

Pois bem! Exigimos viver e morrer iguais, assim como nascemos.

Queremos a igualdade real ou a morte. Eis do que necessitamos. E teremos essa igualdade real a qualquer preço. Infelizes daqueles que encontrarmos entre ela e nós! Infeliz daquele que opuser resistência a um voto tão pronunciado!

A revolução francesa foi apenas a mensageira de outra revolução muito maior, muito mais solene, e que será a última...

MARÈCHAL, Sylvain. Manifesto dos iguais. In: VOVELLE, Michel. *A Revolução Francesa (1789-1799)*. São Paulo: Editora Unesp, 2012. p. 59-60.

Ken Welsh/The Bridgeman/Keystone

François Nöel Babeuf, em gravura do livro *História da Revolução Francesa*, de Louis Blanc, século XIX.

apanágio: vantagem, privilégio.
quimera: fantasia, utopia.

Externamente, o exército francês acumulava vitórias contra as forças absolutistas da Europa que, em 1799, formaram a Segunda Coligação contra a França revolucionária.

Destacou-se no exército francês a figura de **Napoleão Bonaparte**, jovem militar brilhante e habilidoso. Os girondinos, necessitando consolidar a República burguesa contra as ameaças internas, aliaram-se a Bonaparte e, sob seu comando, desfecharam um golpe contra o Diretório, o chamado **golpe do 18 Brumário** (9 de novembro de 1799).

O Diretório foi substituído por nova forma de governo, o **Consulado**, formado por três representantes, sendo Napoleão um deles. O poder, na realidade, concentrou-se nas mãos de Napoleão, que ajudou a consolidar as conquistas burguesas da revolução.

Em dez anos, de 1789 a 1799, a França passou por profundas modificações políticas, sociais e econômicas. A aristocracia do Antigo Regime perdeu seus privilégios, o que libertou os camponeses dos antigos laços que os prendiam aos nobres e ao clero. Nas cidades desapareceram também as amarras feudais do corporativismo, que limitavam as atividades da burguesia, e criou-se um mercado de dimensão nacional.

A Revolução Francesa foi a alavanca que levou a França em definitivo para o capitalismo. Isso só foi possível a partir de mudanças sociais e políticas, a herança mais importante deixada pelos revolucionários franceses às nações de todo o mundo.

Historical Picture Archive/Corbis/Latinstock

Napoleão convencera o Diretório da necessidade de uma ofensiva militar contra a Inglaterra. A pintura acima, do século XIX, retrata a Batalha de Aboukir, em 1799, quando o exército de Napoleão, fundeado na Baía de Aboukir, no Egito, é surpreendido e derrotado pelos ingleses, comandados pelo almirante Horácio Nélson. Depois disso, os ingleses tornaram-se os senhores do Mediterrâneo.

Leituras da História

As mulheres na Revolução Francesa

Como afirmou o historiador Michel Vovelle, "a intervenção das mulheres está longe de ser insignificante"[5] na revolução vivida no dia a dia: seja nas jornadas e agitações populares, nas Sociedades Fraternas, nas atividades dos clubes, nos escritos reivindicando igualdade política com os homens. Às vezes, obtendo apoio de autoridades revolucionárias. Outras, a oposição agressiva contrarrevolucionária e mesmo de ativos revolucionários. Não foram poucos os exemplos do pleno engajamento feminino nas frentes de lutas.

"Não fiz a guerra como mulher, fiz a guerra como um bravo!", declarou Marie-Henriette Xaintrailles em carta ao imperador Napoleão Bonaparte (1769-1821). Indignada por lhe recusarem pensão de ex-combatente do Exército "porque era mulher", ela lembrou que, quando fez sete campanhas do Reno como ajudante de campo, o que importava era o cumprimento do dever, e não o sexo de quem o desempenhava.

Madame Xaintrailles não foi um caso isolado. Em 1792, quando a França declarou guerra à Áustria, voluntárias se alistaram no Exército para lutar ao lado dos homens contra as forças da coalizão austro-prussiana que ameaçavam invadir o país. Muitas se apresentaram com identidades falsas e disfarçadas de homem. Além de conseguirem se alistar, protegiam-se do risco da violência sexual. [...]

Não se conhece o número exato de mulheres-soldados durante o período revolucionário francês (1789-1799). Há oitenta casos registrados nos arquivos parlamentares, militares e policiais, e informações biográficas esparsas sobre apenas quarenta e quatro. Entretanto, existem muitas referências em imagens e testemunhos da época. [...] As irmãs Fernig, com 17 e 22 anos, foram exceções: eram nobres, e combateram vestidas de homem no Exército do general Dumouriez (1739-1823), na fronteira da atual Bélgica. Fora da batalha, passeavam com roupas de mulher e carabina ao ombro. Tornaram-se heroínas nacionais. [...]

Chamam atenção as descrições sempre exaltadas dos feitos marciais das soldadas. A impressão é que elas foram mitificadas para figurar no panteão dos exemplos patrióticos de que a Revolução tanto precisava no dramático ano II – no calendário revolucionário, setembro de 1793 a setembro de 1794. Nesse período marcado pela radicalização política do terror, a nação também enfrentava a guerra externa, guerra civil, inflação, penúria e revoltas urbanas. O exemplo das guerreiras podia inspirar os cidadãos.

De todo modo, as soldadas encarnavam as virtudes republicanas. Não era pouco. Por essa razão, Liberté Barreau e Rose Bouillon figuravam na Coletânea de Ações Heroicas e Cívicas dos Republicanos Franceses, publicada em 30 de dezembro de 1793. [...] Sacrificaram-se pela pátria sem esquecer as virtudes de seu sexo. Eis aí o grande mérito. Numa República marcada por apelos à moral, as mulheres-soldados contribuíram com um modelo de comportamento feminino positivo.

MORIN, Tania Machado. Revolução Francesa e feminina. *Revista de História da Biblioteca Nacional*, 8 dez. 2010. Disponível em: <www.revistadehistoria.com.br/secao/artigos/revolucao-francesa-e-feminina>. Acesso em: 31 mar. 2014.

Album/DEA/G. Dagli Orti/Latinstock

A marcha das mulheres para Versalhes, gravura do século XVIII.

[5] VOVELLE, Michel. *A Revolução Francesa (1789-1799)*. São Paulo: Ed. da Unesp, 2012. p. 258.

Pensando no Enem

Photoquest/Getty Images

Disponível em: http://primeira-serie.blogspot.com.br. Acesso em: 7 dez. 2011 (adaptado).

1. Na imagem do início do século XX, identifica-se um modelo produtivo cuja forma de organização fabril baseava-se na:

    a) autonomia do produtor direto.
    b) adoção da divisão sexual do trabalho.
    c) exploração do trabalho repetitivo.
    d) utilização de empregados qualificados.
    e) incentivo à criatividade dos funcionários.

Resposta: c

A análise da imagem permite observar trabalhadores em uma fábrica. A divisão do trabalho e a alienação do trabalhador fazem parte das características deste processo industrial que ampliava a produtividade e consequente lucratividade, somado à exploração do trabalho.

Considerando a matriz de Referência do Enem, essa questão contempla a competência de área 3 – Compreender a produção e o papel histórico das instituições sociais, políticas e econômicas, associando-as aos diferentes grupos, conflitos e movimentos sociais, especialmente a habilidade H11: Identificar registros de práticas de grupos sociais no tempo e no espaço. E também a competência de área 4 – Entender as transformações técnicas e tecnológicas e seu impacto nos processos de produção, no desenvolvimento do conhecimento e na vida social, especialmente as habilidades H16: Identificar registros sobre o papel das técnicas e tecnologias na organização do trabalho e/ou da vida social e H20: Selecionar argumentos favoráveis ou contrários às modificações impostas pelas novas tecnologias à vida social e ao mundo do trabalho.

2. Homens *da Inglaterra, por que arar para os senhores que vos mantêm na miséria?*

    Por que tecer com esforços e cuidado as ricas roupas que vossos tiranos vestem?

    Por que alimentar, vestir e poupar do berço até o túmulo esses parasitas ingratos que exploram vosso suor – ah, que bebem vosso sangue?

SHELLEY. Os homens da Inglaterra. Apud HUBERMAN, L. *História da riqueza do homem*. Rio de Janeiro: Zahar, 1982.

A análise do trecho permite identificar que o poeta romântico Shelley (1792-1822) registrou uma contradição nas condições socioeconômicas da nascente classe trabalhadora inglesa durante a Revolução Industrial. Tal contradição está identificada:

a) na pobreza dos empregados, que estava dissociada da riqueza dos patrões.
b) no salário dos operários, que era proporcional aos seus esforços na indústria.
c) na burguesia, que tinha seus negócios financiados pelo proletariado.
d) no trabalho, que era considerado uma garantia de liberdade.
e) na riqueza, que não era usufruída por aqueles que a produziam.

Resposta: e

A contradição a que o texto se refere se faz presente em uma sociedade em que a classe operária sobrevive em condições de pobreza, miséria e exploração. A riqueza, portanto, não se distribuía entre os trabalhadores em tempos industriais. Cabe aqui ressaltar que a contradição entre a classe operária e a elite burguesa empresarial serviu de combustível na conquista dos direitos trabalhistas, na formação política do operariado e consequentes levantes, barricadas, greves, revoluções e contrarrevoluções característicos do século XIX.

Considerando a matriz de Referência do Enem, essa questão contempla a competência de área 2 – Compreender as transformações dos espaços geográficos como produto das relações socioeconômicas e culturais de poder, especialmente a habilidade H10: Reconhecer a dinâmica da organização dos movimentos sociais e a importância da participação da coletividade na transformação da realidade histórico-geográfica. E também a competência de área 4 – Entender as transformações técnicas e tecnológicas e seu impacto nos processos de produção, no desenvolvimento do conhecimento e na vida social, especialmente a habilidade H16: Identificar registros sobre o papel das técnicas e tecnologias na organização do trabalho e/ou da vida social.

3. *Em nosso país queremos substituir o egoísmo pela moral, a honra pela probidade, os usos pelos princípios, as conveniências pelos deveres, a tirania da moda pelo império da razão, o desprezo à desgraça pelo desprezo ao vício, a insolência pelo orgulho, a vaidade pela grandeza de alma, o amor ao dinheiro pelo amor à glória, a boa companhia pelas boas pessoas, a intriga pelo mérito, o espirituoso pelo gênio, o brilho pela verdade, o tédio da volúpia pelo encanto da felicidade, a mesquinharia dos grandes pela grandeza do homem.*

HUNT, L. Revolução Francesa e Vida Privada. In: PERROT, M. (Org). *História da Vida Privada*: da Revolução Francesa à Primeira Guerra. V. 4. São Paulo: Companhia das Letras, 1991 (adaptado).

O discurso de Robespierre, de 5 de fevereiro de 1794, do qual o trecho transcrito é parte, relaciona-se a qual dos grupos político-sociais envolvidos na Revolução Francesa?

a) À alta burguesia, que desejava participar do poder legislativo francês como força política dominante.
b) Ao clero francês, que desejava justiça social e era ligado à alta burguesia.
c) A militares oriundos da pequena e média burguesia, que derrotaram as potências rivais e queriam reorganizar a França internamente.
d) À nobreza esclarecida, que, em função do seu contato com os intelectuais iluministas, desejava extinguir o absolutismo francês.
e) Aos representantes da pequena e média burguesia e das camadas populares, que desejavam justiça social e direitos políticos.

Resposta: e

O período entre setembro de 1793 e julho de 1794, conhecido como fase do Terror jacobino, foi liderado por Robespierre. Em seu discurso, ele fala sobre a formação de uma sociedade pautada especialmente na razão em busca de justiça social e direitos políticos. Os jacobinos compunham a pequena e média burguesia e tinham amplo apoio popular. Este período foi de perseguição e eliminação dos considerados contrarrevolucionários, como a rainha (não em exercício) Maria Antonieta, líderes girondinos (alta burguesia), membros do clero e também de alguns jacobinos.

Considerando a matriz de Referência do Enem, essa questão contempla a competência de área 3 – Compreender a produção e o papel histórico das instituições sociais, políticas e econômicas, associando-as aos diferentes grupos, conflitos e movimentos sociais, especialmente a habilidade H11: Identificar registros de práticas de grupos sociais no tempo e no espaço. E também a competência de área 5 – Utilizar os conhecimentos históricos para compreender e valorizar os fundamentos da cidadania e da democracia, favorecendo uma atuação consciente do indivíduo na sociedade, especialmente a habilidade H23: Analisar a importância dos valores éticos na estruturação política das sociedades.

Photoquest/Getty Images

Atividades

Leitura e análise de imagem

1. Observe a imagem com atenção. É uma tela de Jacques-Louis David, datada de 1791. Intitula-se *O juramento do jogo de pela*.

Erich Lessing/Album/Latinstock/Museu Carnavalet, Paris, França.

a) Faça uma pesquisa para saber quem foi Jacques-Louis David. Registre os dados principais de sua biografia (aqueles que, em sua opinião, podem ter interferido em sua produção artística).

b) Consulte o capítulo do livro e identifique o episódio da Revolução Francesa ao qual o quadro faz referência.

c) Com base no roteiro de observação abaixo, elabore uma análise do quadro.
- Repare na forma como o quadro foi "planejado": onde recai a luminosidade? Para onde convergem os gestos dos personagens?
- Identifique o personagem que recebe maior destaque e descreva seus gestos.
- Repare nos três personagens que estão abraçados à frente do personagem central. Tente identificá-los e procure refletir sobre por que estariam se abraçando.
- Repare que há diferenças entre os personagens que estão no chão e os que estão no alto, nas "janelas".
- Atenção aos movimentos do quadro: que "grupos" de movimentos você identifica?

d) Pensando nas suas respostas anteriores, procure refletir sobre que ideia Jacques-Louis David constrói do processo revolucionário.

Leitura e interpretação de texto historiográfico

2. Leia o texto a seguir do historiador inglês Eric Hobsbawm, e depois responda às questões.

> Mais especificamente, as exigências do burguês foram delineadas na famosa Declaração dos Direitos do Homem e do Cidadão, de 1789. Este documento é um manifesto contra a sociedade hierárquica de privilégios nobres, mas não um manifesto a favor de uma sociedade democrática e igualitária. "Os homens nascem e vivem livres e iguais perante as leis", dizia seu primeiro artigo; mas ela também prevê a existência de distinções sociais, ainda que "somente no terreno da utilidade comum". A propriedade privada era um direito natural, sagrado, inalienável e inviolável. Os homens eram iguais perante a lei e as profissões estavam igualmente abertas ao talento; mas se a corrida começasse sem ***handicaps*** era igualmente entendido como fato consumado que os corredores não terminariam juntos. A Declaração afirmava (como contrário à hierarquia nobre ou ao absolutismo) que "todos os cidadãos têm o direito de colaborar na elaboração das leis"; mas "pessoalmente ou através de seus representantes". E a assembleia representativa que ela vislumbrava como órgão fundamental de governo não era necessariamente uma assembleia democraticamente eleita, nem o regime nela implícito pretendia eliminar os reis. Uma monarquia constitucional baseada em uma oligarquia possuidora de terras era mais adequada à maioria dos liberais burgueses do que a república democrática...
>
> HOBSBAWM, Eric. *A era das revoluções:* 1789-1848. 6. ed. São Paulo: Paz e Terra, 1988. p. 77.
>
> ***handicap*:** posição de vantagem numa corrida ou outras competições.

a) Segundo o historiador, a Declaração dos Direitos do Homem e do Cidadão, de 1789, era um manifesto contra a sociedade hierárquica de privilégios nobres, mas isso não significava que fosse a favor de uma sociedade igualitária. Explique por quê.

b) Explique o que você entendeu sobre essa afirmação feita no texto: "Os homens eram iguais perante a lei [...] mas se a corrida começasse sem *handicaps* era igualmente entendido como fato consumado que os corredores não terminariam juntos".

c) Segundo Hobsbawm, quais os limites à igualdade presentes nos princípios revolucionários burgueses?

Leitura e interpretação de tabela

3. Preste atenção na tabela abaixo e faça o que se pede:

Uso de mão de obra infantil na Inglaterra, 1851-1881

Indústria e grupo etário	1851	1861	1871	1881
Mineração				
Homens abaixo de 15 anos	37.300	45.100	43.100	30.400
Mulheres abaixo de 15 anos	1.400	500	900	500
Homens entre 15-20 anos	50.100	65.300	74.900	87.300
Mulheres acima de 15 anos	5.400	4.900	5.300	5.700
Porcentagem total da força de trabalho abaixo de 15 anos	13%	12%	10%	6%
Têxteis e tingimento				
Homens abaixo de 15 anos	93.800	80.700	78.500	58.900
Mulheres abaixo de 15 anos	147.700	115.700	119.800	82.600
Homens entre 15-20 anos	92.600	92.600	90.500	93.200
Mulheres acima de 15 anos	780.900	739.300	729.700	699.900
Porcentagem total da força de trabalho abaixo de 15 anos	15%	19%	14%	11%

Fonte: BOOTH (1886, 353-399). Disponível em: <http://eh.net/encyclopedia/article/tuttle.labor.child.britain>. Acesso em: 31 mar. 2014.

a) Em que atividade a mão de obra infantil foi mais utilizada na Inglaterra?

b) Qual atividade empregava mais mulheres? Qual pode ter sido a razão dessa preferência?

c) Qual atividade empregava mais homens? Qual pode ter sido a razão dessa preferência?

d) Ao longo do século XIX, a tendência foi o aumento ou a diminuição do trabalho infantil? A que fatores você atribui essa tendência constatada?

Vestibulares de Norte a Sul

1. CO (UFMT)

A Revolução Francesa pode não ter sido um fenômeno isolado, mas foi muito mais fundamental do que os outros fenômenos contemporâneos e suas consequências foram portanto mais profundas.

HOBSBAWM, E. J. *A Era das Revoluções:* 1789-1848. Rio de Janeiro: Paz e Terra, 1977.

Uma das consequências mais profundas, segundo Hobsbawm, foi a Declaração dos Direitos do Homem e do Cidadão. Sobre ela, analise as afirmativas.

I. Representou as exigências da maioria dos liberais burgueses contra os privilégios da nobreza e do clero, mas não um manifesto a favor de uma sociedade democrática e igualitária.

II. Significou uma tentativa da monarquia absoluta de permanecer no poder, fazendo concessões à nobreza descontente e aos burgueses jacobinos que lutavam pela igualdade.

III. Foi um manifesto revolucionário a favor de uma sociedade efetivamente democrática e igualitária, do fim da monarquia e da nobreza, do desligamento da Igreja do Estado e da ascensão do povo ao centro da república democrática.

IV. Expressou a vontade de parte da burguesia de governar a partir de uma monarquia regulada por uma Constituição e apoiada numa oligarquia possuidora de terras.

Estão corretas as afirmativas:

a) III e IV, apenas.
b) II, III e IV, apenas.
c) I e IV, apenas.
d) I, II e III, apenas.
e) I, II, III e IV.

2. NE (UFRN) Refletindo sobre os resultados da Revolução Industrial inglesa do século XVIII, o historiador Eric Hobsbawm escreveu:

Saber se a Revolução Industrial deu à maioria dos britânicos mais ou melhor alimentação, vestuário e habitação, em termos absolutos ou relativos, interessa, naturalmente, a todo [estudioso]. Entretanto, ele terá deixado de apreender o que a Revolução Industrial teve de essencial, se esquecer que ela não representou um simples processo de adição ou subtração, mas sim uma mudança social fundamental.

HOBSBAWM, Eric. *Da Revolução Industrial inglesa ao imperialismo.* Rio de Janeiro: Editora Forense Universitária, 1983. p. 74.

A mudança referida acima resultou na:

a) crescente formação de sindicatos de orientação socialista, fundamentados nas aspirações políticas e sociais da classe média inglesa.
b) ruína dos grandes proprietários de terras, a partir do deslocamento do eixo econômico, do campo para a produção fabril de natureza urbana.
c) melhoria da ordem social existente, em virtude da significativa remuneração do trabalho feminino em relação à remuneração do homem adulto.
d) nova condição do proletariado, destituído de qualquer fonte de renda digna de menção além do salário em dinheiro que recebe por seu trabalho.

3. N (UFPA) Luis XVI, no momento da tomada da Bastilha, proferiu estas palavras: "Não quero me separar do 'meu clero' e da 'minha nobreza'", que refletem a sociedade francesa do Antigo Regime. Essa sociedade era

a) dividida em classes sociais, com uma nobreza parasitária que detinha todos os privilégios, inclusive em cobrar o dízimo das comunidades camponesas, especialmente daquelas consideradas revolucionárias.
b) formada de moradores de castelos medievais, pertencentes a uma notável nobreza de sangue, que detinha todos os privilégios, inclusive o de escolher os padres que atuavam nas paróquias.
c) dividida em Ordens ou Estados, sendo a nobreza e o clero, isto é, o primeiro e o segundo Estado, detentores da maioria dos privilégios e muito ricos em terras e rendas.
d) constituída de uma nobreza togada, muitos ricos e proprietários de terras que extrapolavam as fronteiras da França e que se sustentavam de impostos pagos pelos camponeses, como a talha e a corveia.
e) composta de duas Ordens – clero e nobreza – sendo o clero a mais rica, embora dependesse das rendas advindas dos tributos que a nobreza togada era obrigada a pagar à Igreja e dos impostos pagos pelos comerciantes.

4. S (UFPR)

O Jacobinismo transpôs a linha diante da qual hesitavam os constituintes. [...] Colocou-se no lugar de uma liberdade negativa que não atribui ao homem qualquer objetivo, uma liberdade dependente da ação virtuosa. Colocou-se no lugar da livre associação dos indivíduos independentes, anteriormente a qualquer sociedade, uma cadeia social que em toda parte e sempre manifestava sua preeminência sobre as individualidades. Em lugar da liberdade dos modernos, colocou-se a liberdade militante e mobilizada dos antigos. Nesse ponto naufragou o individualismo dos direitos do homem. É preciso reconhecer a coerência dos Jacobinos. Embora tenham continuado a evocar a liberdade em fórmulas paradoxais e exaltadas (o "despotismo da liberdade") não camuflaram o reino do extraordinário. Opuseram a liberdade da Constituição à liberdade da Revolução: "A Constituição, disse Saint-Just, é o reino da liberdade vitoriosa e pacífica. A Revolução consiste na guerra da liberdade contra os seus inimigos".

OZOUF, Mona. Liberdade. In: OZOUF, M.; FURET, François. *Dicionário crítico da Revolução Francesa.* Rio de Janeiro: Nova Fronteira, 1989. p. 784-785.

Com base no texto e nos conhecimentos sobre o tema, é correto afirmar que estiveram em jogo no episódio da Revolução Francesa dois conceitos de liberdade:

a) aquele que se fundava no direito natural e se opunha à ordem aristocrática do Antigo Regime e aquele que se fundava na ideia de um contrato social que, por meio da vontade geral, regularia o estado civil.
b) o dos antigos, que definia liberdade como ausência de coerção, e o dos modernos, que a definia como vontade positiva; o segundo postulava uma representação objetiva da felicidade humana, e o primeiro não contemplava qualquer representação de tal felicidade.
c) um deles de concepção aristotélica, que subordinava os objetivos morais à liberdade, e o outro que submetia a vida humana à finalidade virtuosa e justificava, por antecipação, as restrições impostas à liberdade.
d) as liberdades no plural – franquias e privilégios – dos modernos em oposição à liberdade absoluta, isto é, a garantia da liberdade individual vigente no Antigo Regime em oposição ao aniquilamento dessas liberdades em favor do bem-estar coletivo preconizado pelos revolucionários.
e) a "liberdade francesa", que se define pela supressão da necessidade de igualdade, e a "liberdade inglesa", fundada na ideia de que os indivíduos apresentam uma mesma solução se confrontados com os termos de um mesmo problema político.

5. **SE** (ESPM-SP)

Que o preço de todos os gêneros de primeira necessidade seja fixado invariavelmente sobre os dos ditos antigos, depois de 1789 até, inclusive, o ano 90, proporcionalmente às suas qualidades diversas; que as matérias-primas sejam também tabeladas, de maneira que os lucros da indústria, os salários do trabalho e os benefícios do comércio possam facultar ao homem industrioso, ao agricultor, ao comerciante, adquirir a coisas necessárias e indispensáveis à subsistência, e ainda tudo quanto possa contribuir para o bem-estar.

(Albert Soboul. *História da Revolução Francesa*)

A medida tratada no texto e colocada em vigor durante a Revolução Francesa pelo Comitê de Salvação Pública foi:

a) a Lei do Máximo;
b) a Lei dos Suspeitos;
c) a redação dos cadernos de queixas;
d) a abolição dos direitos feudais;
e) a abolição das corporações de ofício.

6. **NE** (UPE) A Revolução Francesa marcou a ascensão da burguesia ao poder, acabando com o absolutismo francês. Sobre a França revolucionária, assinale a alternativa correta.

a) A burguesia atuava também no campo, em especial no sul da França, onde dominava o comércio de tecido.
b) Os grupos políticos urbanos se restringiam ao apoio da nobreza reformada, a qual, assim como o clero, clamava por reformas econômicas.
c) A burguesia parisiense contestava o alto índice de impostos que era obrigada a pagar.
d) O drástico corte de gastos da Corte de Luís XVI diminuiu a crise econômica da França no fim do século XVIII.
e) Os camponeses ficaram alheios ao processo revolucionário, colhendo depois os frutos das conquistas burguesas.

7. **SE** (Fuvest-SP)

O problema agrário era portanto o fundamental no ano de 1789, e é fácil compreender por que a primeira escola sistematizada de economia do continente, os fisiocratas franceses, tomara como verdade o fato de que a terra, e o aluguel da terra, era a única fonte de renda líquida. E o ponto crucial do problema agrário era a relação entre os que cultivavam a terra e os que a possuíam, os que produziam sua riqueza e os que a acumulavam.

Eric Hobsbawm. *A era das revoluções*: 1789-1848.
Rio de Janeiro: Paz e Terra, 1982, p. 29.

a) Caracterize o momento social e econômico por que a França passava no período a que se refere o texto.
b) Quais são as principais diferenças entre as propostas fisiocratas e as práticas mercantilistas anteriores a elas?

8. **NE** (Uece)

Quem era a burguesia? Eram os escritores, os doutores, os professores, os advogados, os juízes, os funcionários – as classes educadas; eram os mercadores, os fabricantes, os banqueiros – as classes abastadas, que já tinham direitos e queriam mais. Acima de tudo, queriam – ou melhor, precisavam – lançar fora o jugo da lei feudal numa sociedade que realmente já não era feudal. Precisavam deitar fora o apertado gibão feudal e substituí-lo pelo folgado paletó capitalista. Encontraram a expressão de suas necessidades no campo econômico, nos escritos dos fisiocratas de Adam Smith; e a expressão de suas necessidades, no campo social, nos trabalhos de Voltaire, Diderot e dos enciclopedistas. O laissez-faire *no comércio e indústria teve sua contrapartida no "domínio da razão" na religião e na ciência.*

HUBERMAN, Leo. *História da riqueza do homem*. 21. ed.
Rio de Janeiro: Guanabara, 1986, p. 149.

Essa burguesia, descrita por Leo Huberman, foi responsável por uma das principais transformações políticas e sociais, que teve um impacto duradouro na história do país onde ocorreu e, mais amplamente, em todo o continente europeu. Essa Burguesia está ligada à:

a) Revolução Gloriosa, de 1688 a 1689.
b) Revolução Francesa, de 1789 a 1799.
c) Revolução Russa, de 1917.
d) Revolução de Avis, de 1383 a 1385.

9. **S** (UEL-PR) Observe a imagem ao lado:

Explique o contexto histórico da Revolução Francesa destacando o posicionamento do autor da imagem quanto à Igreja Católica.

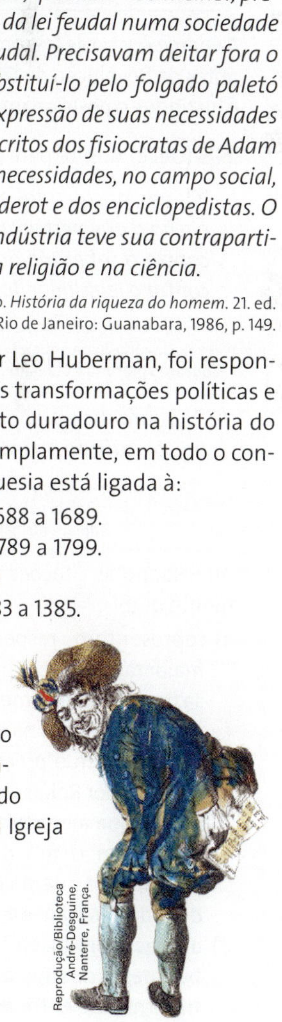

Reprodução/Biblioteca André-Desguine, Nanterre, França.

10. SE (Vunesp-SP)

The Bridgeman Art Library/Keystone/Museu Carnavalet, Paris, França.

A charge ilustra as três ordens sociais existentes na França antes da Revolução de 1789. Identifique essas três ordens e justifique o posicionamento dos personagens na charge.

11. NE (Uece) Atente para as seguintes citações:

I. *"Os reis, aristocratas e tiranos, independentemente da nação a que pertençam, são escravos que se revoltam contra o soberano da Terra, isto é, a humanidade, e contra o legislador do universo, a natureza."*

(Maximilien Robespierre, líder e comandante do terror Jacobino, defensor de ideias revolucionárias para aquele tempo, como voto universal, eleições diretas, educação gratuita e obrigatória e imposto progressivo, segundo a renda.)

II. "[...] *garantir a propriedade do rico, a existência do pobre, o usufruto do industrial e a segurança de todos.*"

(Boissy d'Anglas, sobre o objetivo da Constituição de 1795, da qual foi o relator, promulgada pela Convenção após a queda do regime de terror implantado pelos jacobinos sob liderança de Robespierre.)

Analisando as citações acima, pode-se afirmar corretamente que:

a) representam, respectivamente, os momentos de maior radicalização popular e de acomodação burguesa dentro do movimento revolucionário que derrubou o Antigo Regime na França em 1789.
b) caracterizam o processo de reação da nobreza que, liderada por Robespierre, atacou os interesses da burguesia que a escravizava.
c) significam o fim do Estado Burguês, pois tanto Robespierre quanto d'Anglas desejavam a segurança de todos os franceses indistintamente.
d) ambas reproduzem a preponderância dos princípios burgueses de supremacia da liberdade individual e da fraternidade entre as classes sociais.

12. SE (IFSP) Leia o excerto.

Em 1843, a revista inglesa The Artisan publicou um artigo sobre as condições sanitárias dos operários nas cidades.

O artigo nos revela que as ruas eram tão estreitas que qualquer um podia saltá-las e entrar na casa da frente pela janela; os prédios eram muito altos e estreitos de modo que a luz mal penetrava no pátio ou ruazinha que os separava; não havia esgotos ou banheiros públicos ou mesmo sanitários nas casas: imundícies e excrementos de pelo menos 50.000 pessoas corriam nas valetas, trazendo um mau cheiro insuportável, que não só feria o olfato, mas representava um grande perigo à saúde das pessoas. As casas dessa gente pobre que ali morava pareciam ser sempre muito sujas. A maior parte delas se compunha de um único cômodo, com pouquíssima ventilação, com janelas quebradas ou mal colocadas, por onde entrava um cortante vento no inverno. Não raras vezes, um monte de palha servia de cama para a família toda: ali se amontoavam numa confusão revoltante, homens, mulheres, velhos e crianças. A água só existia nas bombas públicas e era muito difícil transportá-la, o que logicamente, favorecia tamanha imundície.

(ENGELS, Friederich. *A situação da classe trabalhadora na Inglaterra.* São Paulo: Global. p. 47. Adaptado)

Na Inglaterra do século XIX, a vida miserável levada pelos operários se devia

a) à resistência desses trabalhadores aos ensinamentos dos patrões: para se ter saúde, a primeira condição é ter higiene.
b) à Revolução Gloriosa que, ao implantar o regime parlamentarista, deixou de lado as preocupações com a sociedade, pois isso não interessava economicamente aos lordes e aos burgueses.
c) à diminuição de empregos pelo fechamento das indústrias e à extinção dos programas habitacionais feitos pelo governo.
d) à crise econômica existente na Inglaterra, vítima de seguidas secas e excessivos gastos com a Coroa e com a nobreza britânicas.
e) aos baixíssimos salários que eram pagos, o que lhes impossibilitava viver de modo mais saudável e mais confortável.

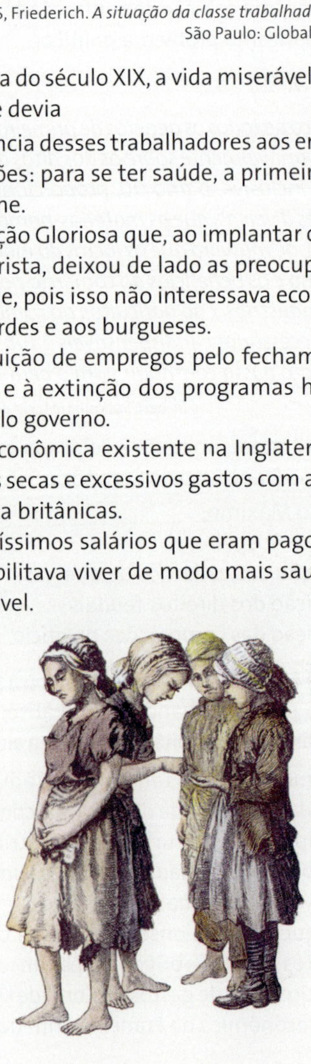

The Granger Collection/Glow Images/Coleção particular

CAPÍTULO 22 Napoleão Bonaparte e o Congresso de Viena

The Bridgeman Art Library/Keystone/Museu Nacional do Castelo de Versalhes, Versalhes, França.

Napoleão cruzando os Alpes, obra de Jacques Louis David, 1803.

Projetos políticos em confronto

A Europa após a Revolução Francesa mergulhou nas guerras napoleônicas que mudaram o mapa político do continente. Seguiu-se a reação monárquica, encabeçada pelo Congresso de Viena, que não conseguiu reconstituir totalmente o panorama político anterior. Esse embate entre o vendaval de mudanças e os sopros reacionários pode ser associado à tentativa de se reconstruir um vaso que se quebrou, colando seus cacos: o vaso já não seria mais o mesmo. Tal comparação serve não apenas para o confronto entre as forças da reação contra a onda revolucionária como também dentro delas próprias.

Teria ocorrido a consolidação da Revolução no governo de Napoleão Bonaparte? A luta contra o retorno ao Antigo Regime foi uma característica do período napoleônico; entretanto, os projetos populares mais radicais também foram enfrentados e rejeitados.

Qual grupo foi beneficiado com o advento do Estado napoleônico? Qual é a sua relação com o surgimento do Estado brasileiro?

Embarque de D. João VI e toda a família real no porto de Belém em 1807, por Nicolas Delariva.

1 A ascensão de Napoleão Bonaparte

Como observou o historiador Eric Hobsbawm (1917-2012), Napoleão Bonaparte (1769, Córsega-1821, Santa Helena) exerceu grande influência sobre a imaginação de muitos jovens de sua época. Com ele ganhou impulso a ideia de que a ambição, o estudo e o esforço seriam ingredientes fundamentais para se conseguir sucesso, reconhecimento e fama.

De certa forma, a trajetória de Napoleão foi algo possível porque a Revolução Francesa mudou as relações sociais de forma decisiva. Até então, todos os grandes conquistadores, como Alexandre, o Grande, Júlio César ou Carlos Magno, tinham origem real ou nobre. Napoleão não vinha de família aristocrática ou de grandes posses; havia estudado em um colégio militar francês, o que facilitou seu ingresso no exército, tornando-se cabo. Conseguiu – em grande parte por méritos próprios – dominar quase todo o continente europeu.

Sua chegada ao poder deu-se em meio às guerras que as monarquias europeias, temerosas da expansão revolucionária, investiam contra a França. A própria sociedade francesa sentia-se insegura com os rumos da Revolução. Essa situação debilitou o poder do Diretório. A burguesia, especialmente, ressentia-se da instabilidade social e política, pois a paz era fundamental para o progresso de seus negócios. Napoleão era a escolha lógica da burguesia para liderar uma reação – que se concretizou no golpe do 18 de Brumário, em 1799, com a entrega do poder a Napoleão.

O general Bonaparte no Conselho dos Quinhentos, obra de François Bouchot, 1840.

O Consulado (1799-1804)

O golpe do 18 de Brumário dissolveu o Diretório e o substituiu pelo Consulado, instituição com características aparentemente republicanas, mas cujo poder era centralizado e dominado por militares.

Prestigiado no meio militar e assumindo o governo pelas mãos da burguesia (comerciantes, industriais e financistas), Napoleão obteve também o apoio das populações rurais, concedendo-lhes as terras da Igreja e dos nobres emigrados que haviam sido confiscadas durante a Revolução. Esse era seu tripé político, sua base de poder.

As prioridades do Consulado eram enfrentar as ameaças externas ao país e reorganizar a economia e a sociedade francesas. Para sanear as finanças nacionais, deterioradas pelo longo período de guerras, foi fundado em 1800 o **Banco da França**, de propriedade do Estado. Criou-se um novo padrão monetário, o **franco**, em lugar dos *assignats* emitidos durante a Revolução. A indústria nacional e a produção agrícola foram estimuladas por financiamentos. Essas medidas visavam à recuperação e ao avanço da economia francesa.

Em 1801, o governo reatou as relações com a Igreja, por meio de um acordo assinado com o papa. No ano seguinte, foi elaborada uma nova Constituição, que deu a Napoleão mais poderes. Como primeiro-cônsul, ele detinha o controle do poder Executivo por dez anos, e os demais cônsules tornavam-se simples conselheiros.

A centralização político-administrativa permitiu a Napoleão escolher os ministros e os membros do Conselho de Estado, órgão cuja função era preparar os projetos de lei. De decreto em decreto, anulou discórdias e ameaças de golpe, restabelecendo a ordem no país. A autonomia das unidades administrativas francesas foi modificada, ampliando os poderes dos prefeitos como chefes das administrações departamentais.

Em 1804, foi promulgado o **Código Civil Napoleônico**. Inspirado no Direito Romano, o Código assegurava, por exemplo, a igualdade de todos os indivíduos perante a lei, o direito à propriedade privada e a proibição de sindicatos de trabalhadores e greves, garantindo assim as conquistas burguesas. Além disso, restabeleceu a escravidão nas colônias. O Código Civil Napoleônico exerceu profunda influência em toda a Europa e se transformou em referência de diretrizes legais e jurídicas do Ocidente capitalista.

Ainda no Consulado foi estabelecida uma reforma no ensino, tornando a educação responsabilidade do Estado e adequando-a às necessidades nacionais. Foram criados os liceus, internatos responsáveis pela formação dos futuros oficiais do exército ou ocupantes de altos cargos civis, e enfatizou-se o ensino superior por meio das escolas de Direito, Política e Técnica Naval.

Depois de ter sido proclamado primeiro-cônsul vitalício, Napoleão recebeu o título de imperador, em 1804, sendo coroado na catedral de Notre Dame com o título de Napoleão I.

A consagração do imperador Napoleão e a coroação da imperatriz Josefina, sua esposa, conforme a visão do pintor Jacques-Louis David em 1806-1807, contemporâneo dos acontecimentos.

Museu do Louvre, Paris

2 Napoleão e o Império (1804-1815)

Os primeiros anos do Império foram marcados pela prosperidade resultante das reformas promovidas por Napoleão. Mas havia muitos enfrentamentos externos que o ameaçavam. Eram comandados, em geral, pela Inglaterra, que tinha na França uma rival para seus produtos industrializados. Os demais países que formaram as diversas coligações – até 1815, foram sete – normalmente eram monarquias centralizadas que temiam os reflexos da Revolução Francesa sobre sua estabilidade política. Assim, por razões econômicas ou políticas, a França via-se cercada por diversos inimigos.

Superiores em terra, as forças napoleônicas, mesmo com o apoio da armada espanhola, não conseguiram vencer os britânicos no mar, quando tentaram invadir a Inglaterra. Contudo, os exércitos de Napoleão venceram a **Batalha de Ulm**, contra a Prússia, e a **Batalha de Austerlitz**, contra o Império Austríaco. Além disso, derrotaram a Terceira Coligação e levaram à extinção do Sacro Império Romano-Germânico, surgindo em seu lugar a **Confederação do Reno**. Com isso, muitos principados alemães ficaram sob o domínio político de Napoleão.

A hegemonia francesa sobre o continente europeu, entretanto, dependia da neutralização da Inglaterra, a maior potência econômica do período. Para enfraquecê-la, Napoleão decretou em 1806 o **Bloqueio Continental** (também chamado de Decreto de Berlim). Segundo esse decreto, os aliados franceses não mais poderiam comerciar com a Inglaterra, nem comprando suas manufaturas, nem fornecendo matérias-primas, sob o risco de serem invadidos pelas tropas francesas.

Representação da Batalha de Austerlitz, em gravura feita com base em desenho de Golles, de 1854.

Coleção particular/Album/akg-images/Latinstock

Ao mesmo tempo, entre 1806 e 1809, Napoleão venceu outras coligações de países europeus, dominou todo o continente e disseminou pelas regiões conquistadas os princípios liberais da Revolução Francesa, especialmente o Código Civil, derrubando as velhas estruturas aristocráticas. Entretanto, quando as invasões passaram a ser acompanhadas pela exploração das populações e pela submissão à França, os sucessos militares deram lugar à resistência e ao fracasso. O domínio napoleônico na península Ibérica e na Rússia, por exemplo, resultou em lutas nacionalistas e no início da decadência de Bonaparte.

Portugal foi um dos primeiros a sofrer a intervenção francesa por desobedecer ao Bloqueio Continental imposto por Napoleão. As fortes ligações econômicas e financeiras com os ingleses impediam que o príncipe regente, dom João, rompesse as relações comerciais com a Inglaterra. Com a invasão napoleônica a Portugal, a família real portuguesa fugiu para o Brasil, em 1808.

Observe no mapa a seguir os limites e a abrangência do Império de Napoleão Bonaparte.

Napoleão também impôs seu domínio sobre a Espanha, depondo o rei e nomeando governante seu irmão José Bonaparte, o que provocou forte resistência do povo espanhol. A luta popular de guerrilhas, financiada pela Inglaterra, irradiou-se pela península Ibérica, desgastando as forças napoleônicas.

O Império de Napoleão na Europa

Depois de conseguir estender seus domínios por grande parte da Europa continental, Napoleão continuava ameaçado pela maior potência econômico-naval da época: a Inglaterra.

Adaptado de: ATLAS da história do mundo. São Paulo: Folha de S.Paulo, 1995. p. 200-201.

3 Rio de Janeiro, sede da monarquia portuguesa (1808-1821)

Do Rio a Minas em 1808

Enquanto Portugal permaneceu ocupado pelas tropas francesas, sua colônia americana tornou-se o centro político-administrativo do Império português. A família real e centenas de funcionários da Corte se transferiram para o Brasil, contando com a escolta da marinha inglesa durante a viagem. Firmava-se assim uma inversão: Portugal perdia sua autonomia e a colônia americana tornava-se o eixo do Império.

Entre os outros domínios coloniais portugueses, alguns até mais próximos da metrópole, o Brasil foi escolhido como sede da Corte por causa de seu crescimento econômico e sua posição estratégica, possibilitando que os comerciantes britânicos tivessem acesso a outras áreas coloniais.

Antes de chegar ao Rio de Janeiro, dom João desembarcou em Salvador em janeiro de 1808 e logo decretou a **abertura dos portos**. A medida derrubava as limitações comerciais que caracterizavam o chamado "exclusivo colonial" – segundo o qual a colônia só poderia comerciar com a metrópole. Com isso, ficava autorizada a importação de quaisquer produtos vindos de países que mantivessem relações amigáveis com Portugal, o que beneficiava diretamente a Inglaterra, então em plena Revolução Industrial. No mês seguinte, a esquadra portuguesa deixou Salvador, levando dom João e sua Corte para o Rio de Janeiro, a nova sede da monarquia.

Ainda em 1808, dom João revogou o alvará de 1785 que proibia a instalação de manufaturas e indústrias no Brasil. Isso, entretanto, não foi suficiente para promover o início da industrialização na colônia, pois era impossível concorrer com os produtos ingleses, abundantes e a preços mais baixos.

Vista do Largo do Palácio no dia da aclamação de Dom João VI, pintura de Debret do início do século XIX.

Procurando ampliar ainda mais sua participação na economia da Colônia, a Inglaterra pressionou Portugal a assinar os **tratados de 1810**, que garantiam a taxação privilegiada de 15% de imposto sobre os produtos ingleses vendidos no Brasil, enquanto as mercadorias portuguesas pagariam 16% e as dos demais países, 24%.

Os ingleses não conseguiram apenas vantagens econômicas. Conquistaram também outros benefícios, como o julgamento dos cidadãos ingleses por juízes ingleses, caso cometessem crimes dentro do Império luso. Além disso, nas terras portuguesas, os protestantes ingleses adquiriam o direito à liberdade de culto, até então proibido. Como o governo português dependia da proteção britânica para conter a ameaça napoleônica, na prática a Inglaterra conseguia subordinar os interesses lusos aos seus.

Transformado na capital do Império luso, o Rio de Janeiro ganhou ares de capital europeia, com a instalação de órgãos públicos, como ministérios e tribunais, e a criação da Casa da Moeda e do Banco do Brasil. Foram fundados também o Jardim Botânico, as escolas de medicina da Bahia e do Rio de Janeiro, o Teatro Real, a Imprensa Real, a Academia Real Militar, a Academia Real de Belas-Artes e a Biblioteca Real, que constituíram estímulos à produção artística, científica e cultural da colônia.

Detalhe do Jardim Botânico do Rio de Janeiro, uma das três áreas verdes mais preservadas da cidade, 2013.

Jose Pedro Monteiro/dpa/Corbis/Latinstock

Em represália pela invasão de Portugal, dom João declarou guerra à França e invadiu a Guiana Francesa, em 1809, devolvendo-a em 1817, após Napoleão Bonaparte ter sido derrotado pelas forças europeias. Aproveitando-se das guerras de independência da América espanhola, invadiu também o território ao sul do Rio Grande do Sul, transformando-o na Província da Cisplatina. O atual Uruguai tornou-se independente do Brasil em 1828.

Reprodução/Coleção particular

Carruagem levando o santíssimo sacramento aos ricos ou pessoas importantes. Essa aquarela foi feita por Jean-Baptiste Debret no início do século XIX e mostra o Rio de Janeiro como sede da monarquia portuguesa.

4 O fim do Império Napoleônico

As derrotas francesas estimularam outros povos a resistir às forças de Napoleão. Aos poucos, quebrou-se a hegemonia continental napoleônica. Ao mesmo tempo os colonos da América espanhola tiveram a oportunidade, com a crise na metrópole, de avançar no processo de independência.

A tática russa

Enquanto isso, diante do estrangulamento da economia russa em virtude do Bloqueio Continental, o czar Alexandre I desprezou as ameaças de Napoleão e abriu os portos russos aos ingleses. Como a própria economia não tinha capacidade de substituir a da Inglaterra nas relações comerciais do continente, a França viu naufragar sua estratégia econômica do Bloqueio Continental.

Inconformado, em 1811, Napoleão respondeu à atitude da Rússia reunindo um poderoso exército de mais de 600 mil homens, que atravessaria toda a Europa Central e marcharia sobre a Rússia, na que viria a ser sua mais audaciosa e mais trágica campanha militar. Para enfrentar o imenso poderio do exército francês, os russos muitas vezes utilizaram a tática da **terra arrasada**: na iminência de invasão de alguma região, a própria população e os soldados russos destruíam tudo o que pudesse ter valor ou ser útil ao inimigo. Dessa forma, ao mesmo tempo que evitavam confrontos sanguinários, abatiam o ânimo dos franceses, impedidos de fazer saques e de reabastecer-se de alimentos.

A campanha da Rússia contou com mais de 600 mil soldados. A estratégia da terra arrasada, do general Kutuzov, não poupou sequer Moscou, incendiada pelos próprios russos antes que fosse tomada pelos franceses. Abaixo, *Incêndio de Moscou,* de William Heath, gravura de cerca de 1812.

Stapleton Collection/Corbis/Latinstock

Quando, depois de longas batalhas, o exército napoleônico finalmente conseguiu entrar em Moscou (1812), encontrou a cidade abandonada e incendiada. Sem abrigo, sem alimentos, fustigados pelo rigoroso inverno e enfrentando as implacáveis guerrilhas russas, os homens de Bonaparte iniciaram a retirada, permitindo que os russos assumissem a ofensiva. Napoleão saiu da Rússia com menos de 100 mil soldados, desmoralizado e tendo de enfrentar o restante da Europa, que se mobilizara contra ele.

Esgotado, o imperador francês sofreu diversas derrotas. Formara-se a **Sexta Coligação**, composta por Prússia, Inglaterra, Rússia e Império Austríaco, que acabou por vencê-lo na **Batalha das Nações**, em Leipzig, em outubro de 1813. Em março do ano seguinte, Napoleão foi obrigado pelos vitoriosos a assinar o **Tratado de Fontainebleau**. O tratado estabelecia que o imperador abria mão do trono francês, recebendo em troca uma pensão de 2 milhões de francos anuais e plena soberania sobre a **Ilha de Elba**, situada no mar Mediterrâneo, perto da Córsega, onde deveria permanecer exilado.

Com seu afastamento, restabeleceu-se a dinastia Bourbon na França, sendo coroado rei **Luís XVIII**, irmão de Luís XVI que fora guilhotinado durante a Revolução Francesa. Os Bourbon, contudo, ficaram no poder somente por alguns meses, pois Napoleão deixou Elba e desembarcou na França em março de 1815 com 1 200 soldados.

Comprovando sua ainda forte popularidade entre os membros do exército, foi recebido festivamente por seus ex-comandados e pela população e marchou em direção a Paris. Luís XVIII fugiu para a Bélgica, e Napoleão novamente tomou o poder na França. Foram, porém, pouco mais de três meses de governo, período conhecido como **Os Cem Dias**. Os governantes europeus, no Congresso de Viena, surpreenderam-se com o retorno de Napoleão e organizaram uma reação imediata. Ameaçado, Napoleão precisou reunir um exército e enfrentar as forças russas, prussianas, britânicas e austríacas. Na Batalha de Waterloo, aldeia da Bélgica, seus homens foram derrotados. Exilado na longínqua e isolada Ilha de Santa Helena, colônia da Inglaterra no Atlântico Sul, Napoleão morreu em 1821.

No período em que liderou a França e comandou seus exércitos, grande parte das conquistas sociais e políticas da Revolução se disseminou por outros países europeus. Assim, apesar das tentativas de restauração do Antigo Regime, as monarquias não conseguiriam restabelecer a velha ordem, pois a Europa tinha agora outro perfil histórico.

Napoleão em seu leito de morte, gravura de François Georgin, século XIX.

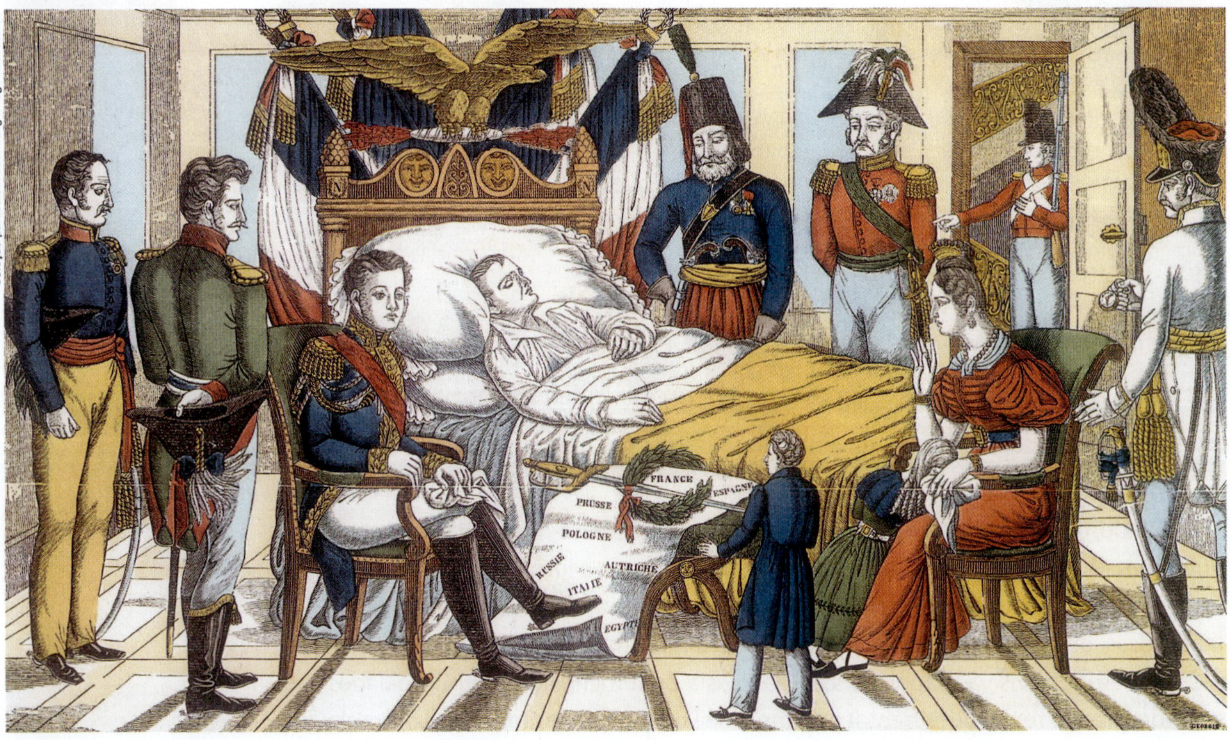

Coleção particular/Album/akg-images/Latinstock

5 Da Revolução Francesa à Revolução Haitiana

Enquanto o processo revolucionário francês se refletia no restante da Europa, uma das mais ricas colônias francesas, a Ilha de São Domingos, depois oficializada com o nome de Haiti, empreendia uma revolução escrava que se desdobraria na guerra de independência. A Revolução Haitiana foi bastante significativa, pois além de buscar a independência em relação à metrópole, representou uma importante revolução social. Quando Cristóvão Colombo ocupou a ilha, em 1492, chamou-a de *Hispaniola* ("A Espanhola"), denominação depois alterada para São Domingos. Já os habitantes originais da região, os arauaques, chamavam a ilha de Haiti (*Ahti*), que em seu idioma significa "terra alta", "montanhosa".

Durante o século XVII, em meio às disputas coloniais entre as potências europeias, a França ocupou a parte ocidental da ilha, que a seguir se transformou num dos principais polos de produção de açúcar, sob o sistema de *plantations*, monocultura em grandes extensões de terra voltada para exportação, com uso de mão de obra escravizada. No final do século XVIII, a sociedade colonial haitiana era composta de apenas 5% de brancos (ricos proprietários e homens livres pobres); 10% de negros livres e mestiços ricos e pobres; e 85% de escravos.

Em 1791, escravizados, ex-escravizados e mestiços ricos se uniram momentaneamente, inspirados pelas ideias revolucionárias francesas. Seu objetivo era lutar contra o domínio da pequena elite branca que subjugava a esmagadora maioria de escravizados de origem africana e excluía política e socialmente os mestiços ricos. O desdobramento do levante revolucionário resultou na abolição da escravidão na colônia caribenha francesa. Sob a liderança inicial de **Toussaint Louverture**, esse movimento das massas escravizadas prosseguiu mesmo após a repressão dos exércitos napoleônicos. Deportado para a França, Louverture morreu na prisão em 1803. Um ano depois, sob o comando de **Jacques Dessalines**, foi proclamada a independência do Haiti. Dessalines foi coroado imperador da primeira nação negra independente da história americana.

Em 1806, Dessalines foi assassinado, e o Haiti adotou o regime republicano. Apenas em 1825, em troca de uma indenização de 150 milhões de francos, o rei francês Carlos X reconheceu a independência do país.

Localização do atual Haiti: a primeira colônia americana a abolir a escravidão e a primeira república negra da história.

Adaptado de: ANTUNES, Celso. *Atlas geográfico escolar*. São Paulo: Scipione, 2003. p. 8.

Mesmo enfrentando muitas dificuldades nos primeiros anos do século XIX, o movimento revolucionário haitiano serviu de estímulo à rebeldia escravizada americana contra a exploração herdada da época colonial. A notícia dessa revolução espalhou-se pela América, gerando pânico entre os senhores de escravos e esperança entre os africanos cativos. Muitos escravizados consideraram heróis os líderes negros haitianos. No Brasil, principalmente na cidade do Rio de Janeiro, há registros de que a figura de Dessalines foi encontrada tatuada no corpo de africanos escravizados.

Bettmann/Corbis/Latinstock

Bettmann/Corbis/Latinstock

Retratos dos principais líderes da Revolução Haitiana: acima, Jean-Jacques Dessalines (1758-1806); ao lado, Toussaint Louverture (1743-1803).

Gravura do século XVIII que retrata cena da revolta liderada por Toussaint Louverture, em São Domingos, 1791.

Bettmann/Corbis/Latinstock

Pensando no Enem

1. *Eu, o Príncipe Regente, faço saber aos que o presente Alvará virem: que desejando promover e adiantar a riqueza nacional, e sendo um dos mananciais dela as manufaturas e a indústria, sou servido abolir e revogar qualquer proibição que haja a este respeito no Estado do Brasil.*

Alvará de liberdade para as indústrias (1º de abril de 1808). In: BONAVIDES, P.; AMARAL, R. *Textos políticos de história do Brasil*. V. 1. Brasília: Senado Federal, 2002. (adaptado)

O projeto industrializante de D. João, conforme expresso no alvará, não se concretizou. Que características desse período explicam esse fato?

a) A ocupação de Portugal pelas tropas francesas e o fechamento das manufaturas portuguesas.
b) A dependência portuguesa da Inglaterra e o predomínio industrial inglês sobre suas redes de comércio.
c) A desconfiança da burguesia industrial colonial diante da família real portuguesa.
d) O confronto entre a França e a Inglaterra e a posição dúbia assumida por Portugal no comércio internacional.
e) O atraso industrial da colônia provocado pela perda de mercados para as indústrias portuguesas.

Resposta: b

A questão utiliza um alvará do príncipe regente dom João à época da transferência da família real e toda corte portuguesa para o Brasil. Nesse momento, dom João VI desobedeceu ao Bloqueio Continental imposto pela França napoleônica, para que outras nações não fizessem comércio com a Inglaterra. Os portugueses fizeram um acordo com os ingleses (os chamados tratados de comércio de 1810) e abriram os portos da economia da colônia à Inglaterra em troca da proteção na transferência da corte. Dom João tinha como projeto iniciar a industrialização do Brasil, como podemos perceber no documento exposto nesse exercício. Porém, a concorrência, a superioridade e a dependência perante a Inglaterra levaram o Brasil, sede do Império Português, ao processo inverso do esperado.

2. *Em 2008 foram comemorados os 200 anos da mudança da família real portuguesa para o Brasil, onde foi instalada a sede do reino. Uma sequência de eventos importantes ocorreu no período 1808-1821, durante os 13 anos em que D. João VI e a família real portuguesa permaneceram no Brasil.*

Entre esses eventos, destacam-se os seguintes:

- *Bahia – 1808: parada do navio que trazia a família real portuguesa para o Brasil, sob a proteção da marinha britânica, fugindo de um possível ataque de Napoleão.*
- *Rio de Janeiro – 1808: desembarque da família real portuguesa na cidade onde residiriam durante sua permanência no Brasil.*
- *Salvador – 1810: D. João VI assina a carta régia de abertura dos portos ao comércio de todas as nações amigas, ato antecipadamente negociado com a Inglaterra em troca da escolta dada à esquadra portuguesa.*
- *Rio de Janeiro – 1816: D. João VI torna-se rei do Brasil e de Portugal, devido à morte de sua mãe, D. Maria I.*
- *Pernambuco – 1817: as tropas de D. João VI sufocam a revolução republicana.*

GOMES. L. *1808*: como uma rainha louca, um príncipe medroso e uma corte corrupta enganaram Napoleão e mudaram a história de Portugal e do Brasil. São Paulo: Editora Planeta, 2007 (adaptado).

Uma das consequências desses eventos foi

a) a decadência do império britânico, em razão do contrabando de produtos ingleses através dos portos brasileiros.
b) o fim do comércio de escravos no Brasil, porque a Inglaterra decretara, em 1806, a proibição do tráfico de escravos em seus domínios.
c) a conquista da região do rio da Prata em represália à aliança entre a Espanha e a França de Napoleão.
d) a abertura de estradas, que permitiu o rompimento do isolamento que vigorava entre as províncias do país, o que dificultava a comunicação antes de 1808.
e) o grande desenvolvimento econômico de Portugal após a vinda de D. João VI para o Brasil, uma vez que cessaram as despesas de manutenção do rei e de sua família.

Resposta: c

O exercício aborda uma série de eventos ocorridos durante os 13 anos do período joanino. A alternativa "a" é falsa, pois aponta a decadência do império britânico no período, mas a Inglaterra era uma potência industrial e marítima à época. Já a alternativa seguinte se refere ao fim do comércio de escravos no Brasil, fato que só ocorreu no governo de dom Pedro II (Lei Eusébio de Queirós). A alternativa "d" ressalta erroneamente o isolacionismo entre as províncias, e na alternativa "e" fala-se sobre o desenvolvimento de Portugal com o fim das despesas na manutenção da família real, o que não ocorreu.

6 O Congresso de Viena

Quando Napoleão Bonaparte foi derrotado na Batalha de Waterloo, em 1815, as grandes potências europeias já estavam mobilizadas para restabelecer no continente a situação política anterior à Revolução Francesa. Depois da Batalha das Nações, que resultou no exílio de Napoleão na ilha de Elba, o Império Austríaco, a Inglaterra, a Rússia, a Prússia e a França restaurada reuniram-se em Viena para definir acordos duradouros que evitassem conflitos entre os principais países da Europa e que garantissem a estabilidade política e social conservadora, antiliberal e antirrevolucionária. Interrompido durante os Cem Dias, o Congresso era presidido pelo representante austríaco, príncipe **Metternich**, e contava, ainda, com o czar Alexandre I (Rússia), Frederico Guilherme III (Prússia), Wellington e, depois, Castlereagh (Inglaterra) e Talleyrand (França), além de representantes de outros Estados.

Christel Gerstenberg/Corbis/Latinstock

Reunião dos delegados do Congresso de Viena, em imagem de Jean-Baptist Isabey, de cerca de 1880. Os Estados que venceram Napoleão reorganizam o mapa político europeu.

O Congresso de Viena pautou-se por dois princípios básicos. Um era o **princípio da legitimidade**, proposto por Talleyrand, visando restaurar nos Estados europeus as dinastias e as fronteiras nacionais que vigoravam no período pré-revolucionário, as únicas consideradas legítimas. O outro princípio era o **do equilíbrio europeu**. A restauração de fronteiras não foi inteiramente respeitada, já que Inglaterra, Rússia, Império Austríaco e Prússia apossaram-se de territórios de Estados mais fracos, como Polônia, Itália e a França derrotada.

Quanto à partilha colonial, a Inglaterra foi a grande beneficiada, pois obteve diversos novos territórios coloniais. Os Países Baixos incorporaram a Bélgica, e a Rússia ficou com a maior parte da Polônia. A Itália foi totalmente dividida. A Suíça passou a ser um Estado neutro. A Prússia ficou com parte da Polônia e da região do rio Reno, e o Império Austríaco ficou com outra parte da Polônia e o norte da Itália. Veja no mapa abaixo.

A Europa do Congresso de Viena (1815)

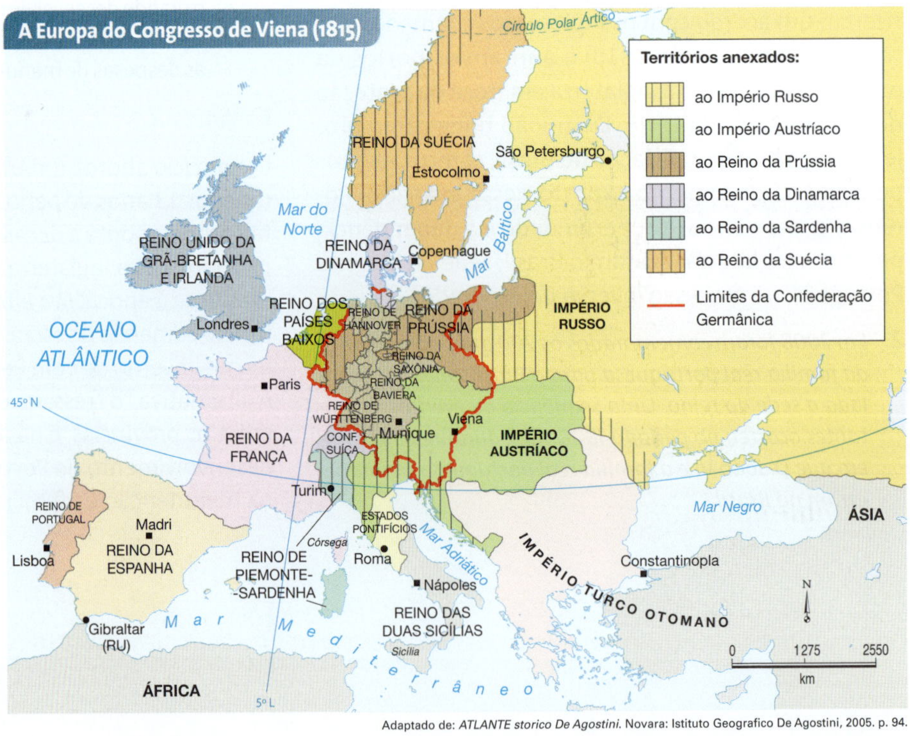

Allmaps/Arquivo da editora

As fronteiras europeias em 1815.

Adaptado de: *ATLANTE storico De Agostini*. Novara: Istituto Geografico De Agostini, 2005. p. 94.

Do Congresso de Viena surgiu ainda a **Santa Aliança**, proposta pelo czar Alexandre I, que, sob o pretexto de proteção à paz, à justiça e à religião no continente, objetivava lutar contra as manifestações nacionalistas e liberais decorrentes das ideias implantadas pela Revolução Francesa – como os movimentos de independência das colônias.

Vários fatores conjugados, porém, desagregaram os planos estabelecidos no Congresso de Viena, bem como a Santa Aliança. A Revolução Industrial espalhou-se por vários países, fortalecendo valores burgueses, liberais e nacionalistas e consolidando o capitalismo. Os princípios do Antigo Regime, restabelecidos em Viena em 1815, representavam entraves à nova sociedade. Assim, embora a Santa Aliança tivesse imposto suas decisões logo após a derrota napoleônica, gradativamente o sistema de alianças foi sendo mutilado, até ser engolido pelas revoltas liberais europeias e pelos processos de independência das colônias da América Latina.

A expansão de mercados consumidores era importante para a Inglaterra industrializada, que apoiava os movimentos de independência das colônias latino-americanas, defendendo o **princípio da não intervenção**. Essa atitude contrariava os interesses da Santa Aliança, que propunha a manutenção do domínio colonial e o envio de tropas às regiões que se rebelassem.

Numa demonstração de que os tempos haviam mudado e de que não seria admitida nenhuma tentativa de recolonização, os Estados Unidos lançaram a **Doutrina Monroe**, em 1823, cujo lema era "A América para os americanos".

O **nacionalismo** emergiu também na Europa, com alguns avanços na conquista de independência, a exemplo da Grécia, que em 1822 conseguiu sua emancipação do Império Turco Otomano.

Na França, em 1830, estabeleceu-se novamente um governo liberal, com a queda da dinastia Bourbon e a ascensão da família Orléans; ao mesmo tempo, a Bélgica proclamava sua independência dos Países Baixos. Desmoronavam, assim, as principais conquistas do Congresso de Viena e rompiam-se os laços que sustentavam a Santa Aliança.

A Doutrina Monroe determinava que os Estados Unidos estenderiam sua influência a todo o continente americano, descartando a tradicional ingerência europeia. Na charge, uma representação da doutrina.

Bettmann/Corbis/Latinstock

Atividades

O Haiti ontem e hoje: reflexão em grupo

1. Para fazer esta atividade, reúna-se em grupos de três alunos. Você viu que o Haiti, além de uma guerra de independência, organizou uma revolução que tinha o objetivo de transformar as estruturas sociais então vigentes.

Em janeiro de 2010, esse país foi sacudido por um violento terremoto que deixou centenas de milhares de mortos e de desabrigados. O caos que se seguiu expôs ao mundo a miséria e as dificuldades enfrentadas pelo povo haitiano. Em 2012, a região foi assolada pela supertempestade *Sandy*, deixando mais milhares de desabrigados e dezenas de mortos.

a) Façam uma pesquisa em livros, jornais ou na internet sobre:
- a ação da ONU no país;
- as condições sociais do Haiti antes do terremoto;
- os planos de reconstrução do país depois do terremoto e da supertempestade.

b) Debatam com os outros colegas os resultados das investigações de seu grupo.

Análise de imagem

2. Examine a imagem e depois faça o que se pede. Trata-se do quadro *Os fuzilamentos do 3 de maio*, de 1814, e refere-se ao massacre de populares realizado por tropas napoleônicas durante a invasão da Espanha. Seu autor, o pintor espanhol Francisco de Goya (1746-1828), foi testemunha da invasão e deixou uma representação da violência da guerra em uma série de obras, dentre as quais se destacam a pintura abaixo e a série de gravuras *Os desastres da guerra*.

Museu do Prado, Madri

a) Descreva os personagens do quadro. Considere como estão dispostos na cena, a expressão de seus rostos e a posição dos corpos, as roupas que vestem, as cores usadas.

b) Com base nessa descrição, tente identificar a forma como o pintor expressou ou interpretou a violência da guerra na Espanha. Elabore um breve texto comentando o que descobriu.

Vestibulares de Norte a Sul

1. **SE** (IBMEC-SP) A expansão napoleônica no século XIX influenciou decisivamente vários acontecimentos históricos no período. Dentre esses acontecimentos podemos destacar:

a) A Independência dos Estados Unidos. Com a atenção da Inglaterra voltada para as batalhas com a marinha napoleônica, os colonos americanos declararam sua independência, vencendo rapidamente os ingleses.

b) A formação da Santa Aliança, um pacto militar entre Áustria, Prússia, Inglaterra e Rússia que evitou a eclosão de movimentos revolucionários na Europa e impediu a independência das colônias espanholas e inglesas na América.

c) A Independência do Brasil. Com a ocupação de Portugal pelas tropas napoleônicas, houve um enfraquecimento da monarquia portuguesa que culminou com as lutas pela independência e o rompimento de D. Pedro I com Portugal.

d) A Independência das colônias espanholas. Em 1808 a Espanha foi ocupada pelas tropas napoleônicas ao mesmo tempo em que se difundiam os ideais liberais da Revolução Francesa que inspiraram as lutas pela independência.

e) O Congresso de Viena. A França de Napoleão assinou um pacto com a Áustria, Inglaterra e Rússia cujo objetivo maior era estabelecer uma trégua e reorganizar todo o mapa europeu.

2. **SE** (PUC-RJ) Como general, cônsul e, depois, imperador, Napoleão Bonaparte transformou a França de um país sitiado numa potência expansionista com influência em todo o continente europeu. No entanto, a expansão francesa com seus ideais burgueses encontrou muitas resistências, principalmente entre as nações dominadas por setores aristocráticos.

Assinale a opção que identifica corretamente uma ação implementada pelo governo napoleônico.

a) O estabelecimento do catolicismo cristão e romano como religião de estado.

b) A descentralização das atividades econômicas, o que permitia que as economias locais prosperassem sem o pagamento de impostos.

c) A adoção do Código Civil que garantia a liberdade individual, a igualdade perante a lei e o direito à propriedade privada.

d) O estímulo, por parte das leis francesas, à criação de sindicatos de trabalhadores, livres da influência do Estado.

e) A estatização de toda a propriedade agrícola, comercial e industrial nas regiões dominadas pelo exército napoleônico.

3. **SE** (FGV-SP)

Os soberanos do Antigo Regime venceram Napoleão, em que eles viam o herdeiro da Revolução, e a escolha de Viena para a realização do Congresso, para a sede dos representantes de todos os Estados europeus, é simbólica, pois Viena era uma das únicas cidades que não haviam sido sacudidas pela Revolução e a dinastia dos Habsburgos era o símbolo da ordem tradicional, da Contrarreforma, do Antigo Regime.

(René Remond. *O século XIX*: introdução à história do nosso tempo.)

Acerca do Congresso de Viena (1815), é correto afirmar que

a) tornou-se a mais importante referência da vitória do liberalismo na Europa, na medida em que defendia a legitimidade de todas as dinastias que aceitavam a limitação dos seus poderes por meio de cartas constitucionais.

b) países como a Inglaterra, Portugal e a Espanha, os mais prejudicados com o expansionismo napoleônico, defendiam que a França deveria tornar-se republicana, com o intuito de evitar novos surtos revolucionários.

c) foi orientado, entre outros, pelo princípio da legitimidade — que determinava a volta ao poder das antigas dinastias reinantes no período pré-revolucionário, além do recebimento de volta dos territórios que possuíam em 1789.

d) presidido pelo chanceler austríaco Metternich, mas controlado pelo chanceler francês Talleyrand, decidiu-se por uma solução conciliatória após o caos napoleônico: haveria a restauração das dinastias, mas não a volta das antigas fronteiras.

e) criou, a partir da sugestão do representante da Prússia, um organismo multinacional, a Santa Aliança, que detinha a tarefa de incentivar regimes absolutistas a se modernizarem com o objetivo de sufocar as lutas populares.

4. **SE** (UFU-MG) A chamada "Era Napoleônica" (1799-1814) foi uma época marcada por grandes conflitos bélicos na Europa. Sobre esse momento e suas repercussões na história do continente americano, assinale a alternativa INCORRETA.

a) A necessidade financeira decorrente dos custos militares levou Napoleão Bonaparte a vender territórios coloniais franceses na América do Norte. Nesse contexto, o vasto território da Louisiana foi incorporado aos EUA.

b) O envolvimento da França em conflitos bélicos contra quase toda Europa favoreceu a perda de colônias francesas na América. A independência do Haiti e a ocupação da Guiana Francesa pelos portugueses são exemplos disso.

c) Durante o apogeu do Império Napoleônico, a Espanha tornou-se politicamente dependente da França. Essa situação favoreceu anseios autonomistas na América espanhola e levou a Inglaterra a apoiar movimentos de independência.
d) Com o "bloqueio continental", a Inglaterra teve seus interesses comerciais na América seriamente prejudicados. Nesse contexto, os britânicos invadiram a Argentina em 1806 e a controlaram até 1815, quando o Congresso de Viena decretou sua independência.

5. **NE** (UFC-CE) Assinale a alternativa que apresenta, corretamente, uma realização de Napoleão Bonaparte, que representou uma consolidação das ideias da Revolução Francesa.

a) O impedimento do retorno do uso de títulos de nobreza, reivindicado pelos seus generais e pela burguesia francesa que desejava tornar-se a nova elite do país.
b) A criação do Código Civil, inspirado no direito romano e nas leis do período revolucionário, que, na sua essência, vigora até hoje na França.
c) A abolição da escravidão nas colônias francesas, reafirmando o princípio da liberdade presente na Declaração dos Direitos do Homem e do Cidadão.
d) A realização de uma reforma agrária, prometida, mas não efetivada, pelos jacobinos, o que garantiu a popularidade de Napoleão entre os camponeses.
e) A criação da Constituição Civil do Clero, que proibiu toda forma de culto religioso no território francês.

6. **NE** (UFPE) A Revolução Francesa de 1789 produziu mudanças políticas que abalaram a Europa. Era um sinal de que os ideais iluministas conquistaram muitos simpatizantes. Nesse cenário, o período napoleônico foi marcado por guerras, mas também por realizações que consolidaram o domínio burguês na França. Este é um período em que:

( ) as reformas administrativas favoreceram a centralização da organização do Estado, atendendo, em grande medida, aos interesses da burguesia.

( ) a unificação das leis, através do Código Civil de 1804, serviu para garantir o direito à propriedade privada.

( ) os decretos napoleônicos ampliaram a cidadania, inclusive aumentando os direitos políticos das mulheres.

( ) a reforma educacional consagrou as ideias de Rousseau, destacando o nacionalismo e a luta pela democracia popular.

( ) a fundação de escolas públicas mostrou o interesse de divulgar ideais burgueses e de exaltar a figura de Napoleão.

7. **SE** (FGV-SP) Entre 1814-1815, representantes das nações europeias reuniram-se no chamado Congresso de Viena. As principais discussões desses encontros giraram em torno:

a) Da adoção do Código Napoleônico por todos os Estados europeus, como forma de modernizar as instituições sociais e adequá-las ao desenvolvimento capitalista do período.
b) Da reorganização da Europa após as guerras napoleônicas, procurando garantir à burguesia os avanços conquistados após anos de revoluções.
c) Da definição de fronteiras e governantes europeus a partir da ideia de legitimidade, isto é, a restauração do poder e das divisões territoriais anteriores à Revolução Francesa.
d) Da necessidade de banir definitivamente os princípios fundamentais do Antigo Regime, tais como a desigualdade jurídica, a dominação aristocrática e o absolutismo.
e) Da implementação do Parlamentarismo como a única forma de garantir a dominação aristocrática e a restauração das dinastias destronadas pelas revoluções.

8. **SE** (Vunesp-SP) Durante o império de Napoleão Bonaparte (1804-1814), foi instituído um Catecismo, que orientava a relação dos indivíduos com o Estado.

O cristão deve aos príncipes que o governam, e nós devemos particularmente a Napoleão 1º, nosso imperador, amor, respeito, obediência, fidelidade, serviço militar, os impostos exigidos para a conservação e defesa do império e de seu trono; nós lhe devemos ainda orações fervorosas pela sua salvação, e pela prosperidade espiritual e material do Estado.

(Catecismo Imperial de 1806.)

O conteúdo do Catecismo contradiz o princípio político da cidadania estabelecido pela Revolução de 1789, porque

a) o cidadão participa diretamente das decisões, sem representantes políticos e comandantes militares.
b) a cobrança de impostos pelo Estado impede que o cidadão tenha consciência de seus direitos.
c) a cidadania e a democracia são incompatíveis com as formas políticas da monarquia e do império.
d) o cidadão foi forçado, sob o bonapartismo, a romper com o cristianismo e o papado.
e) o cidadão reconhece os poderes estabelecidos por ele e obedientes a leis.

CAPÍTULO

23 Brasil: surge um país

Reprodução/Coleção particular

Coroação de dom Pedro, imperador do Brasil, de Jean-Baptiste Debret, início do século XIX.

Os limites da independência

Talvez devêssemos sempre usar aspas ao falarmos em "independência" do Brasil, por termos dúvidas em relação ao verdadeiro significado desse termo. Quando um país ou um território torna-se efetivamente independente? O que significa ser independente?

Em 1822, o Brasil formalizou sua separação política de Portugal. Mas será que a partir de então nos tornamos verdadeiramente independentes? Apenas nós, brasileiros, tomamos as decisões que dizem respeito ao nosso futuro? De 1822 até hoje, quais são as forças externas que influenciam a vida do conjunto de brasileiros ou limitam a real independência do país?

Esses questionamentos mostram a existência de diferentes interpretações e projetos de independência. Que projetos foram esses? Como se deu o processo de independência para indígenas, afro-brasileiros e colonos pobres?

Sérgio Lima/Folhapress

A presidente da República Dilma Rouseff desfila em carro aberto durante as comemorações do dia de independência, na Esplanada dos Ministérios, 2011.

1 Conspirações contra a ordem colonial

A proclamação de independência do Brasil não ocorreu da noite para o dia. Em uma série de situações, diferentes sujeitos históricos questionaram a situação colonial. Desde o final do século XVIII, as tensões entre as autoridades metropolitanas e os interesses dos colonos se multiplicaram, dando origem a movimentos anticolonialistas, de ruptura com a metrópole. Merecem destaque a **Conjuração Mineira**, também denominada Inconfidência Mineira, e a **Conjuração Baiana**, que, embora tenham tido um caráter regional, não se limitaram a contestar este ou aquele imposto ou algum tipo de abuso por parte da metrópole, mas sim vínculos de subordinação à metrópole portuguesa. Imersos na turbulência revolucionária do período, os rebelados receberam a influência dos ideais iluministas, da independência dos Estados Unidos (1776) e da Revolução Francesa (1789).

Leituras da História

Inconfidência ou conjuração?

O termo inconfidência tem sido utilizado pela historiografia para caracterizar os movimentos de contestação à metrópole ocorridos no Brasil em fins do século XVIII. Cabe distinguir, porém, os termos inconfidência e conjuração, muitas vezes tratados como sinônimos: inconfidência se associa à ideia de traição e infidelidade ao soberano e à metrópole, ao passo que conjuração espelha melhor a perspectiva dos colonos, levados a urdir conspirações em defesa de seus interesses. De todo modo, tenham sido inconfidências ou conjurações, foram movimentos inseridos nos contextos da crise do sistema colonial.

GOUVÊA, Maria de Fátima Silva. Inconfidência Mineira. In: VAINFAS, Ronaldo (Dir.). *Dicionário do Brasil colonial*. Rio de Janeiro: Objetiva, 2000. p. 301.

Veja agora o comentário de Ronaldo Vainfas, professor de história moderna da Universidade Federal Fluminense.

Inconfidência ou conjuração? Dá quase no mesmo, pois a primeira significa "infidelidade ao príncipe", e a segunda, conspiração contra ele.

Prosseguindo com os dilemas vocabulares, é válido dizer história brasileira sem que houvesse o Brasil como nação no final do século XVIII? Claro que sim, deixando os preciosismos de lado, sobretudo neste caso. Porque a Inconfidência Mineira, além de esboçar, na época, alianças com outras capitanias, foi tema impactante na construção da memória nacional. Memória, história e historiografia: dimensões do conhecimento que seguem juntas, rivalizando desde sempre.

Basta lembrar que, no século XIX, em meio à construção do Estado imperial, a Inconfidência nem sequer era considerada tema relevante e, no campo da memória, não tinha valor para a caracterização da identidade brasileira. O século XIX era tempo de Império, e a dinastia reinante era a mesma do século XVIII, em Portugal, a Casa de Bragança, contra a qual se insurgiram os inconfidentes. Melhor silenciar.

[...] *Mas a importância da Inconfidência só foi reconhecida após 1889, sobretudo pelo Estado, empenhado em reconstruir a memória nacional à luz dos valores republicanos.*

José Murilo de Carvalho esclarece, no clássico "A Formação das Almas" (1990), como o até então obscuro Tiradentes foi transformado em herói nacional; em pinturas e retratos, é representado como o próprio Cristo, mártir da República: cabelos longos, barba e bigode.

Nossa historiografia, neste ponto, ficou atrás da história e da memória. O celebrado Capistrano de Abreu, em seus "Capítulos de História Colonial" (1907), tratou a Inconfidência Mineira com desfaçatez, afirmando que mal se diferenciava dos levantes pernambucanos, quer a Guerra dos Mascates (1710-11), quer a Revolução de 1817 contra o futuro dom João VI, pai de nosso primeiro imperador.

VAINFAS, Ronaldo. O livro a respeito do livro que inspirou Tiradentes. *Folha de S.Paulo*, 13 out. 2013. Disponível em: <www1.folha.uol.com.br/ilustrissima/2013/10/1355181-o-livro-a-respeito-do-livro-que-inspirou-tiradentes.shtml>. Acesso em: 26 mar. 2014.

A CONJURAÇÃO MINEIRA

(1789)

Principais causas

A queda da exploração de ouro na segunda metade do século XVIII dificultou o pagamento dos tributos que a metrópole cobrava da colônia. Julgando que os mineiros estivessem sonegando impostos, o governo português obrigava a população da Capitania das Minas a entregar parte dos seus bens para completar a quantia de cem arrobas anuais de ouro a ser paga à Coroa. Essa cobrança recebia o nome de derrama. Os altos preços das mercadorias importadas, como tecidos, calçados, ferramentas e outros produtos manufaturados, proibidos de serem fabricados na colônia, aumentavam o descontentamento da população.

Obra *A mais importante das reuniões dos conjurados*, de Pedro Américo.

O início do movimento

Um grupo de colonos começou a se reunir secretamente em Vila Rica, para conspirar contra o governo português e preparar uma insurreição. A maior parte pertencia à alta sociedade mineira, e alguns eram recém-chegados da Europa, onde haviam tido contato com as ideias revolucionárias iluministas. No grupo, destacavam-se os poetas Cláudio Manuel da Costa, Inácio José de Alvarenga Peixoto e Tomás Antônio Gonzaga, e o alferes Joaquim José da Silva Xavier, conhecido como Tiradentes, um dos poucos participantes de origem modesta e responsável pela divulgação do movimento.

O que queriam

Os rebeldes reivindicavam um governo republicano, tomando a Constituição dos Estados Unidos como modelo. Defendiam a transformação de São João del-Rei na capital do novo país, a obrigatoriedade do serviço militar e o apoio à industrialização. Nada ficou definido quanto à escravidão, pois a maioria dos conjurados possuía terras e muitos escravos. Restrito à região das Minas e do Rio de Janeiro, o movimento conseguiu apenas manifestações de simpatia, sem nenhum apoio efetivo da sociedade.

A prisão dos conspiradores

A iminência de uma derrama em Vila Rica, no início de 1789, acelerou a revolta. Os líderes do movimento decidiram que prenderiam o novo governador da região, o visconde de Barbacena, quando tivesse início a cobrança. Com isso, esperavam contar com o apoio da população revoltada. Tiradentes deveria ir ao Rio de Janeiro para divulgar o movimento e obter apoio, armas e munições. No entanto, a rebelião em Vila Rica não aconteceu. Alguns de seus participantes, como Joaquim Silvério dos Reis, denunciaram os planos em troca do perdão de suas dívidas pessoais. O visconde de Barbacena suspendeu a derrama e determinou a prisão dos conspiradores.

Jornada dos mártires, sem data, por Antônio Parreiras.

O fim do movimento

Em 1792, os demais envolvidos foram exilados nas colônias portuguesas na África e proibidos de retornar ao Brasil. Apenas Tiradentes assumiu responsabilidade pela revolta. Foi condenado à morte e enforcado em 21 de abril de 1792, no Campo de São Domingos, no Rio de Janeiro. Seu corpo foi esquartejado e seus membros distribuídos pelas cidades onde estivera buscando apoio. Sua cabeça foi exposta publicamente em Vila Rica para intimidar possíveis conspiradores e evitar novas rebeliões. A transformação de Tiradentes em herói nacional e mártir só aconteceu no período republicano, quando ganhou força a oposição ao regime imperial e se exaltou a atuação dos líderes da conjuração.

Tiradentes esquartejado, 1893, por Pedro Américo.

A Conjuração Baiana (1798)

A Conjuração Baiana é considerada, por alguns historiadores, a mais popular das rebeliões coloniais. Contou com a participação de homens livres pobres, entre eles alfaiates, e por isso ficou conhecida também como Rebelião dos Alfaiates.

Acervo Iconographia/Reminiscências

Imagem de um dos panfletos incitando a revolta popular: *Aviso ao povo bahianense. Há de chegar o tempo feliz da nossa liberdade, o tempo em que seremos todos iguais, todos irmãos.*

A transferência da capital da colônia para o Rio de Janeiro, em 1763, acarretou dificuldades econômicas para a ex-capital, a cidade de Salvador, onde vivia uma população miserável, sobrecarregada de tributos, que frequentemente contestava a exploração exercida pela metrópole. O sucesso da independência dos Estados Unidos, as realizações da Revolução Francesa e a rebelião escrava na Ilha de São Domingos propagaram na Bahia os ideais de liberdade, igualdade e fraternidade, por intermédio dos intelectuais e profissionais liberais, empolgando parte da população de Salvador.

Para incitar a população a se rebelar, em 12 de agosto de 1798, apareceram em lugares públicos de Salvador panfletos (pasquins) pregando o levante geral do povo. Os pasquins, afixados em diversos pontos da cidade de Salvador, destacavam questões como os critérios de ascensão social e a liberdade de comerciar com outras nações.

Segundo indícios obtidos da análise da **devassa** que as autoridades realizaram e outros documentos apreendidos, nos encontros secretos eram discutidos princípios revolucionários e a possibilidade de conspiração contra as autoridades lusas, contando com a participação de alguns membros da pequena elite baiana e, principalmente, das camadas pobres da população de Salvador.

devassa: averiguação, inquérito. Os *Autos da Devassa* são os inquéritos judiciais abertos pelas autoridades coloniais e imperiais para apurar responsabilidades em rebeliões.

Os conspiradores pregavam a proclamação de um governo republicano, democrático e livre de Portugal. Reivindicavam liberdade de comércio e aumento dos soldos dos soldados. Além disso, expunham a influência dos ideais revolucionários franceses ao propor a fundação de uma "República Bahiense".

Um dos panfletos espalhados por Salvador durante a Conjuração Baiana dizia:

> Animai-vos povo bahiense que está para chegar o tempo feliz da nossa Liberdade: o tempo em que todos seremos irmãos: o tempo em que todos seremos iguais.
>
> RUY, Affonso. *A primeira revolução social brasileira (1798).* São Paulo: Companhia Editora Nacional, 1978. p. 68.

O movimento acabou descoberto pelas autoridades portuguesas e o então governador do Bahia, dom Fernando José de Portugal e Castro, reagiu com uma violenta repressão. Muitos dos envolvidos no movimento foram presos.

Entre os participantes mais pobres, muitos foram condenados às penas mais duras. Alguns receberam castigos corporais e outros, como os alfaiates João de Deus Nascimento, Manuel Faustino dos Santos Lira e os soldados Lucas Dantas e Luís Gonzaga das Virgens e Veiga, foram enforcados e esquartejados. Também houve envolvidos inocentados e alguns tiveram suas penas revogadas.

A execução dos participantes da Conjuração Baiana ocorreu na Praça da Piedade, em Salvador. Na obra, *Igreja do Hospício de Nossa Senhora da Piedade da Bahia*, de Johann Moritz Rugendas, 1835.

A Revolução Pernambucana (1817)

Em 1817, teve início na capitania de Pernambuco outra rebelião. A região que fora a principal produtora e exportadora de açúcar à época inicial da colonização, já havia passado por momentos de confronto de interesses, a exemplo da **Insurreição Pernambucana** (1645-1654), contra os holandeses, e da **Guerra dos Mascates** (1709), que opôs os senhores de engenho de Olinda e os comerciantes do Recife. Com ideias de liberdade e independência, a população se revoltava contra o aumento dos impostos determinado após a chegada da Corte ao Brasil, em 1808.

A Revolução Pernambucana foi uma das últimas rebeliões que precederam a independência. No detalhe de *Os mártires de 1817*, de Antônio Parreiras (século XIX), a execução do padre Miguelinho (Miguel Joaquim de Almeida Castro), fuzilado no largo do Campo da Pólvora, em Salvador, em 12 de junho de 1817, e outro revoltoso preso com correntes.

A elevação de tributos para custear as despesas da Corte aumentou o descontentamento dos colonos, que já estavam insatisfeitos com a baixa dos preços de produtos produzidos na capitania, como algodão e açúcar. Grupos populares e a camada média da população – que reunia padres, militares, comerciantes e intelectuais – desejavam mais autonomia e a instalação de um regime republicano sediado em Recife.

Os revoltosos derrubaram o governador pernambucano e decretaram a extinção de alguns impostos e o aumento dos soldos aos militares. Também instituíram a liberdade de imprensa e de religião e a igualdade entre os cidadãos. A Lei Orgânica, publicada pelo governo republicano como uma Constituição, garantia a igualdade de direitos e de propriedade privada, incluindo o direito de possuir escravos, tranquilizando a elite local, mas desagradando alguns de seus líderes que defendiam o fim da escravidão.

O movimento conquistou adeptos em Alagoas, na Paraíba e no Rio Grande do Norte, entretanto, acabou derrotado por divergências internas e pela violenta repressão das tropas portuguesas vindas da Bahia e do Rio de Janeiro. Seus participantes foram presos e alguns, executados sem julgamento. A revolução, que começara em 6 de março de 1817, terminou em 19 de maio do mesmo ano.

João Prudente/Pulsar Imagens

O Leão do Norte, vitral que homenageia a Revolução Pernambucana. Palácio do Campo das Princesas, em Recife, Pernambuco. Foto de 2009.

2 O período joanino e a independência

Embora derrotadas, as rebeliões separatistas mostravam a insatisfação provocada pela exploração da metrópole sobre a colônia. Além disso, o processo de consolidação do capitalismo promovia o fortalecimento dos interesses comuns entre setores coloniais e grandes potências industriais, exigindo uma economia livre do controle mercantilista.

O processo pela independência brasileira foi marcado pelos ideais e transformações da era das revoluções, entre o fim do século XVIII e início do século XIX. Livre do controle metropolitano, o Brasil passou a se integrar cada vez mais aos principais centros econômicos do período. A burguesia derrubava as últimas antigas barreiras ao seu desenvolvimento, como aconteceu na independência norte-americana e na Revolução Francesa. Os desdobramentos da Revolução Francesa e das guerras napoleônicas, com a transferência da Corte e da família real para o Brasil, aceleraram o processo de independência da colônia portuguesa na América.

Como você viu, dom João transformara o Rio de Janeiro em sede do Império Luso. Isso implicou muitas mudanças, como a reestruturação urbana e administrativa e a criação de empregos para as elites portuguesas (funcionários graduados, aristocracia, comerciantes, oficiais, diplomatas, destacados negociantes e proprietários). A vida pública e a atuação política na Corte também atraíam as elites coloniais (latifundiários e grandes negociantes), que passavam a vivenciar novos comportamentos e convenções típicos das Cortes monárquicas.

O Brasil foi elevado à categoria de Reino Unido de Portugal e Algarves em dezembro de 1815, legitimando a permanência do rei no território americano. Essa mudança também possibilitou a participação portuguesa no Congresso de Viena, que estava redefinindo as fronteiras europeias depois da queda de Napoleão Bonaparte. A medida atendeu às aspirações e aos interesses dos súditos do novo reino, mas desagradou aos súditos em Portugal, que se viam ameaçados ao serem igualados aos ex-colonos.

A rainha Maria I faleceu em 1816, levando dom João ser coroado em cerimônia no Rio de Janeiro a 6 de fevereiro de 1818 como dom João VI, rei de Portugal, Brasil e Algarves.

Enquanto isso, em Portugal, graças ao apoio inglês, a população havia vencido as tropas invasoras napoleônicas. No entanto, os portugueses enfrentavam crescentes dificuldades econômicas e a intervenção militar inglesa, representada pelo comandante militar Lorde Beresford, que passou a governar na prática Portugal durante a ausência da família real.

A **Revolução Liberal** ocorreu nesse contexto, em 1820, na cidade do Porto. Os líderes do movimento defendiam o liberalismo em Portugal, reformulando a estrutura do reino segundo princípios europeus. Para isso, convocaram as **Cortes portuguesas** e redigiram uma Constituição que pusesse limites aos poderes reais. Exigiram o afastamento do Lorde Beresford e o imediato regresso de dom João VI, a quem impunham o juramento de obediência à nova Constituição. Receoso de perder a Coroa, o monarca português voltou para Portugal em abril de 1821, com a família e a Corte, deixando seu filho dom Pedro como príncipe regente no Brasil.

Cortes portuguesas: Cortes Gerais Extraordinárias e Constituintes da Nação Portuguesa, assembleia criada durante a Revolução do Porto. Era formada por deputados eleitos em todo o Império Luso especificamente para redigir uma Constituição para Portugal.

Opondo-se aos líderes da Revolução Liberal, estavam as cortes, que procuravam assegurar a hegemonia de Portugal no Império Luso-Brasileiro para conseguir enfrentar as dificuldades econômicas. Propunham a restauração de predomínios portugueses e a anulação da autonomia administrativa representada por órgãos criados por dom João durante sua permanência no Rio de Janeiro. Exigiram também o regresso imediato do príncipe dom Pedro, sob pretexto de completar sua formação cultural.

Leituras da História

As duas faces do Rio de Janeiro

Desde que o Rio é Rio de Janeiro, ou melhor desde 1763, quando desbancou Salvador e tornou-se capital – e o grande centro administrativo colonial e depois imperial –, duas faces pretensamente distintas convivem, se suportam. De um lado, a Cidade Maravilhosa, cuja natureza deixou estupefatos tantos e mais tantos estrangeiros. Aí está o paraíso edenizado, descrito por suas colinas e baías, com seus golfinhos pulando nas águas e o sol a dourar tudo e todos. Do outro lado, reside o espetáculo da população mestiça, dada a hábitos estranhos, como diziam e reclamavam os viajantes. Os relatos mencionam a existência de "africanos por toda parte", com seus dorsos nus, danças lascivas, vozerio alto e festas barulhentas, descontroladas. Tal qual Janus, o deus grego de duas faces, o Rio de Janeiro mais lembrava uma cidade dividida: uma face representava a civilização e a corte, que pretendia se assemelhar aos Bourbons, Habsburgos e também Braganças; a outra reproduzia o mundo escravo, com costumes e práticas considerados "odiosos". E esse tipo de dicotomia tomou as descrições e a imaginação dos cientistas, naturalistas, ou meros curiosos, que foram se acumulando com o passar dos anos. Na mesma medida em que tentavam compreender essa exótica corte tropical dos portugueses, estranhavam as ambiguidades de todos os tipos que por aqui grassavam.

O viajante inglês Luccock dizia que todo cuidado era pouco quando se caminhava pelas ruas. O andarilho desavisado, que pretendia apenas tomar "uma fresca", podia facilmente levar um balde de excrementos na cabeça. Abriam-se janelas e gelosias e, do alto do segundo pavimento das casas, um líquido escuro era arremessado, sendo antecipado por um breve aviso: "Lá vai carga!". Dispositivos foram criados com o objetivo de impedir tal prática, assim como se tentou disciplinar o cheiro pestilento das ruas, recorrendo-se aos tigres. Tigres, ou tigrados, eram escravos cuja atividade resumia-se a recolher os detritos que se acumulavam nas ruas e nas calçadas. O apelido era, por sua vez, resultado da naturalização da vexatória profissão: de tanto lidarem com as fezes, ficavam como que camuflados; tigrados. Nada de esgotos, banheiros públicos ou privados; a prática implicava, simplesmente, deixar as amostras ao ar livre.

Não é de hoje, portanto, o problema que assola nossos governantes cariocas.

SCHWARCZ, Lília Moritz. De tigres a mijões. *O Estado de S. Paulo*. 21 fev. 2010. p. J-8.

Acima, *Os refrescos do Largo do Palácio*. Gravura de Jean-Baptiste Debret, publicada em sua obra *Viagem pitoresca e histórica ao Brasil*, no século XIX.

A regência de dom Pedro e a proclamação da independência

Independência ou morte

Na colônia, sentindo-se ameaçados em sua autonomia, alguns indivíduos favoráveis à independência e contrários ao retorno das medidas controladoras por parte de Portugal formaram o **Partido Brasileiro**. Apesar do nome, a organização não tinha as características de um partido político de nossos tempos – era apenas um agrupamento de pessoas que lutavam em defesa de interesses comuns. Entre seus membros estavam nascidos na colônia e portugueses com vínculos econômicos com o Brasil. Esse grupo representava basicamente os interesses de aristocratas rurais, burocratas e comerciantes.

Em sua oposição às medidas lusas, o Partido Brasileiro buscou o apoio de dom Pedro. Entregou-lhe um documento com cerca de 8 mil assinaturas, no qual pedia ao regente que permanecesse, alegando que, caso retornasse a Portugal, como desejavam as Cortes, o Brasil perderia a autonomia administrativa conquistada.

Ao receber o documento, o príncipe concordou em permanecer no Brasil. Esse dia, 9 de janeiro de 1822, ficou conhecido como o **Dia do Fico** e significou mais um avanço em direção ao rompimento com Portugal.

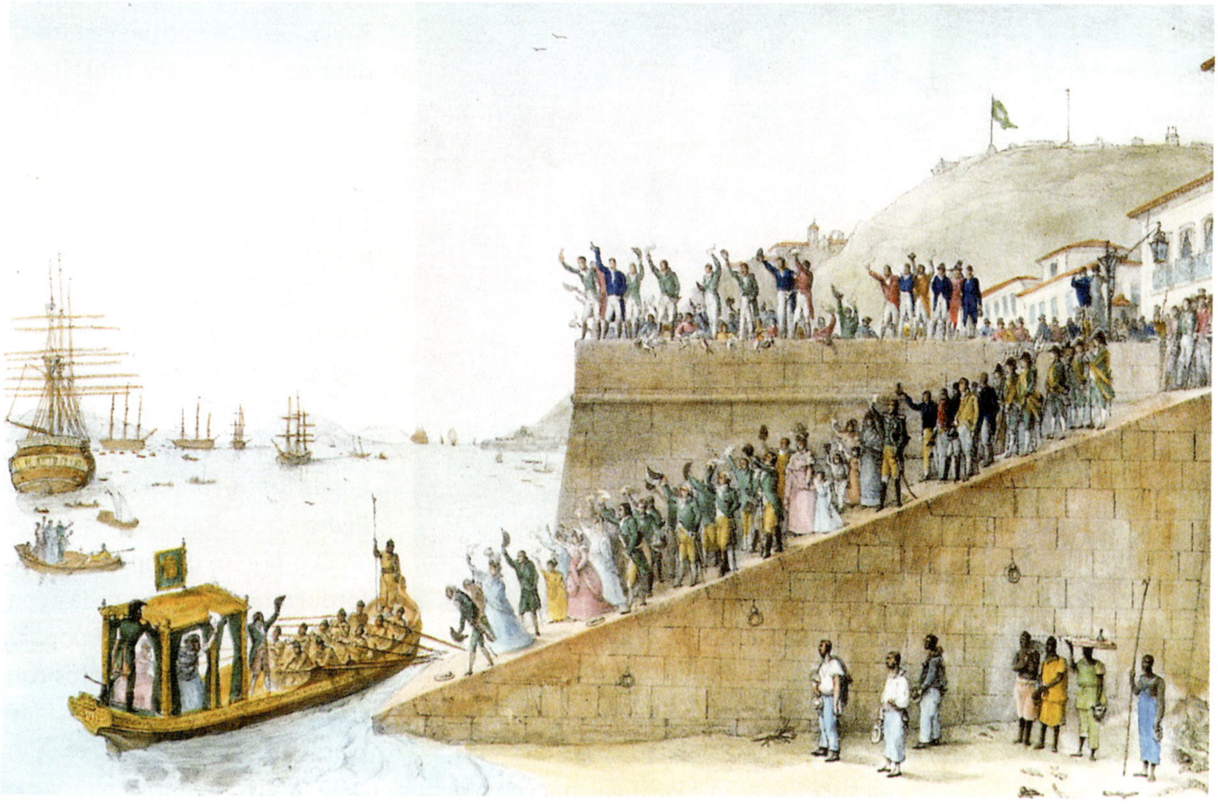

A rebelião do Porto obrigou a família real portuguesa a retornar a Portugal em 1821. Acima, *Partida da rainha para Portugal*, registrada por Jean-Baptiste Debret em cerca de 1830.

As reações à decisão de dom Pedro se sucederam rapidamente. As tropas portuguesas que permaneceram no Rio de Janeiro manifestaram sua contrariedade. Em resposta, o príncipe regente forçou seu comandante a abandonar a capital. Em seguida, a demissão em massa dos ministros portugueses levou dom Pedro a organizar um novo ministério, formado só por brasileiros, sob a chefia de José Bonifácio.

O novo ministério estabeleceu, em maio de 1822, o "Cumpra-se", decreto pelo qual as ordens de Portugal só seriam executadas dentro do território brasileiro com a expressa autorização do príncipe regente.

Em junho de 1822, dom Pedro convocou uma **Assembleia Constituinte** para elaborar a lei básica que deveria regulamentar a vida dos brasileiros, tornando cada vez mais inevitável um confronto com Portugal. Em agosto, enquanto visitava a província de São Paulo, chegaram novas ordens de Lisboa, anulando suas decisões e exigindo seu imediato regresso, sob a ameaça de envio de tropas portuguesas ao Brasil.

Museu Paulista, São Paulo

O príncipe dom Pedro e Jorge Avilez na fragata União, em 8 de janeiro de 1822 (detalhe). Retratado como herói por Oscar Pereira da Silva, nessa pintura de 1922 (ano do centenário da independência do Brasil), dom Pedro trata com firmeza o representante militar das Cortes portuguesas. Assim se constrói um mito nacional.

Dom Pedro voltava de Santos e, no caminho, encontrou um mensageiro enviado por José Bonifácio com as notícias recém-chegadas da Corte. O encontro se deu na tarde do dia 7 de setembro, às margens do riacho Ipiranga, em São Paulo. Ao ler as notícias e as considerações feitas pelo conselheiro José Bonifácio e por sua esposa, dona Leopoldina, que o substituíra durante sua ausência, dom Pedro decidiu proclamar o Brasil independente de Portugal.

Dom Pedro teve ainda que enfrentar as tropas portuguesas sediadas no Brasil, que se opunham à independência. Depois de derrotá-las, foi coroado imperador do Brasil, com o título de **dom Pedro I**.

O processo de independência foi dirigido pela aristocracia e contou com a participação popular apenas nos enfrentamentos contra as tropas portuguesas. A independência do Brasil trouxe o fim da subordinação a Portugal, mas não modificou a estrutura produtiva ou a sociedade brasileira. Significava a libertação de amarras coloniais, mas a dependência econômica permaneceria enquanto se mantivessem os privilégios ingleses. O predomínio socioeconômico e político da aristocracia rural, subjugando a maioria da população foi mantido, garantindo os interesses da elite agrária: a escravidão, base da economia brasileira, e a produção agrícola voltada para a exportação. Como as elites não eram politicamente homogêneas e não tinham um projeto claro para a nova nação, a questão a se discutir era como se estruturaria o Estado nacional brasileiro.

Pensando no Enem

1. *Após a Independência, integramo-nos como exportadores de produtos primários à divisão internacional do trabalho, estruturada ao redor da Grã-Bretanha. O Brasil especializou-se na produção, com braço escravo importado da África, de plantas tropicais para a Europa e a América do Norte. Isso atrasou o desenvolvimento de nossa economia por pelo menos uns oitenta anos. Éramos um país essencialmente agrícola e tecnicamente atrasado por depender de produtores cativos. Não se poderia confiar a trabalhadores forçados outros instrumentos de produção que os mais toscos e baratos. O atraso econômico forçou o Brasil a se voltar para fora. Era do exterior que vinham os bens de consumo que fundamentavam um padrão de vida "civilizado", marca que distinguia as classes cultas e "naturalmente" dominantes do povaréu primitivo e miserável. [...] E de fora vinham também os capitais que permitiam iniciar a construção de uma infraestrutura de serviços urbanos, de energia, transportes e comunicações.*

(Paul Singer. Evolução da economia e vinculação internacional. In: I. Sachs; J. Willheim; P. S. Pinheiro (Orgs.). *Brasil*: um século de transformações. São Paulo: Cia. das Letras, 2001, p. 80).

Levando-se em consideração as afirmações acima, relativas à estrutura econômica do Brasil por ocasião da independência política (1822), é correto afirmar que o país:

a) se industrializou rapidamente devido ao desenvolvimento alcançado no período colonial.
b) extinguiu a produção colonial baseada na escravidão e fundamentou a produção no trabalho livre.
c) se tornou dependente da economia europeia por realizar tardiamente sua industrialização em relação a outros países.
d) se tornou dependente do capital estrangeiro, que foi introduzido no país sem trazer ganhos para a infraestrutura de serviços urbanos.
e) teve sua industrialização estimulada pela Grã-Bretanha, que investiu capitais em vários setores produtivos.

Resposta: c

No processo de independência a união da elite com o Imperador manteve o projeto agroexportador, base da estrutura econômica, tendo por força produtiva o trabalho escravo. Pela análise do texto é possível entender que este sistema, de dependência dos mercados europeus decorrente da prática agroexportadora e escravocrata, serviu de entrave à economia, pois não havia investimentos no desenvolvimento de ferramentas, ou tecnologias destinadas ao trabalho ou à produção. ("Isso atrasou o desenvolvimento de nossa economia por pelo menos uns oitenta anos"). A industrialização brasileira encontrava obstáculos desde o período colonial por proibições metropolitanas ou pela concorrência inglesa (como, por exemplo, durante o período joanino).

Considerando a matriz de Referência do Enem, essa questão contempla a competência de área 4 – Entender as transformações técnicas e tecnológicas e seu impacto nos processos de produção, no desenvolvimento do conhecimento e na vida social, especialmente a habilidade H18: Analisar diferentes processos de produção ou circulação de riquezas e suas implicações socioespaciais.

2. *O alfaiate pardo João de Deus, que, na altura em que foi preso, não tinha mais do que 80 réis e oito filhos, declarava que "Todos os brasileiros se fizessem franceses, para viverem em igualdade e abundância".*

MAXWELL, K. Condicionalismos da independência do Brasil. SILVA, M. N. (Org.). *O império luso-brasileiro*, 1750-1822. Lisboa: Estampa, 1986.

O texto faz referência à Conjuração Baiana. No contexto da crise do sistema colonial, esse movimento se diferenciou dos demais movimentos libertários ocorridos no Brasil por:

a) defender a igualdade econômica, extinguindo a propriedade, conforme proposto nos movimentos liberais da França napoleônica.
b) introduzir no Brasil o pensamento e o ideário liberal que moveram os revolucionários ingleses na luta contra o absolutismo monárquico.
c) propor a instalação de um regime nos moldes da república dos Estados Unidos, sem alterar a ordem socioeconômica escravista e latifundiária.
d) apresentar um caráter elitista burguês, uma vez que sofrera influência direta da Revolução Francesa, propondo o sistema censitário de votação.
e) defender um governo democrático que garantisse a participação política das camadas populares, influenciado pelo ideário da Revolução Francesa.

Resposta: e

A Conjuração dos Alfaiates ou Baiana de 1798 contou com apoio de membros da pequena elite baiana e, principalmente, das camadas pobres da população de Salvador. Seus participantes aspiravam por uma república democrática e com liberdades comerciais, independentes de Portugal. Tinham por inspiração os ideais revolucionários franceses. O projeto de construção de uma República Bahiense continha propostas de igualdades jurídicas, ou seja, as leis deveriam ser iguais a todos os homens. Entre essas ideias estava presente também o abolicionismo.

Considerando a matriz de Referência do Enem, essa questão contempla a competência de área 2 – Compreender as transformações dos espaços geográficos como produto das relações socioeconômicas e culturais de poder, especialmente a habilidade H10: Reconhecer a dinâmica da organização dos movimentos sociais e a importância da participação da coletividade na transformação da realidade histórico-geográfica.

Para pensar historicamente

Américas e seus processos de independência

Desde 2010, tem ocorrido eventos comemorativos do Bicentenário da Independência da América espanhola. As efemérides favorecem embates em torno da memória e da história, além de possibilitar reavaliações nas experiências latino-americanas.

Somos acostumados a ter determinadas visões sobre o nosso país e outras ainda sobre os países vizinhos. Mesmo pouco conhecendo da história deles, nos permitimos definir o "caráter nacional" e o comportamento dos habitantes dos outros países da América.

De acordo com o filósofo búlgaro Tzvetan Todorov, o conhecimento pode conduzir à compreensão e à comunicação não violenta. Para isso, nada melhor do que pensarmos como ocorreu o surgimento dos atuais estados nacionais latino-americanos para, em seguida, o compararmos com o processo de surgimento do Brasil.

Em que medida o processo de independência na América espanhola foi diferente daquele ocorrido na América portuguesa? E, hoje, o que nos une aos demais países latino-americanos e o que nos separa deles?

Juan Mabromata/Agência France-Presse

Pessoas levam uma bandeira imensa da Argentina em comemoração ao bicentenário da independência, na avenida 9 de Julho em Buenos Aires, em 2010.

1 Cenário das independências

O desenvolvimento econômico capitalista, o triunfo do liberalismo, o imperialismo e uma grande efervescência nacionalista e socialista na Europa, que você estudará nos próximos capítulos, também envolveram as Américas no século XIX, de acordo com as peculiaridades históricas regionais. Conquistadas e colonizadas por europeus, as Américas exerceram um papel decisivo no desenvolvimento capitalista ocidental, especialmente com o crescente e volumoso comércio transatlântico e, mais tarde, entre o norte e o sul do próprio continente americano.

Entre os séculos XVIII e XIX, com o declínio do Antigo Regime, o liberalismo serviu de base ideológica para a superação dos entraves ao progresso capitalista. Enquanto os Estados Unidos lutavam por independência, as metrópoles ibéricas continuavam envolvidas em práticas mercantilistas e colonialistas, que dificultavam o livre-comércio e o desenvolvimento manufatureiro, condições fundamentais para a autonomia econômica.

Na Espanha, o reinado de Carlos III (1759-1788) foi um exemplo de **despotismo esclarecido**, assumindo medidas para modernizar a administração, tais como fundação de escolas; expulsão dos jesuítas; estímulo à produção e ao comércio; e diante da rivalidade com a Inglaterra, apoio aos revolucionários norte-americanos na guerra de independência. Contudo, ao mesmo tempo, fortaleceu as regras do comércio monopolista com as colônias e intensificou o combate ao contrabando de produtos industrializados ingleses, com consequente aumento do custo de vida nas colônias, gerando crescente insatisfação contra a Espanha de Carlos III e, em seguida, contra seu sucessor Carlos IV (1788-1808).

Quando as tropas napoleônicas invadiram Portugal e ocuparam a Espanha, enfraquecendo as metrópoles e desencadeando o processo de independência da América Latina, os colonos já haviam organizado diversas manifestações contra a dominação ibérica.

Biblioteca Nacional, Buenos Aires/Gianni Dagli Orti/The Art Archive/AFP

Gravura de 1818, de Emeric Essex Vidal, representando o mercado público em Buenos Aires, Argentina.

Rebeliões latino-americanas do século XVIII

Allmaps/Arquivo da editora

Org. pelos autores desta obra.

Sociedade hispano-americana

Os *criollos*, membros das elites hispano-americanas, desejavam romper com a metrópole monopolista, que lhes dificultava as transações mercantis, sobretudo com a Inglaterra. Para os colonos, a coroa espanhola restringia os setores produtivos, além de limitar o acesso aos cargos administrativos e políticos. Para a Inglaterra, contudo, interessava a independência das colônias, uma vez que eliminaria as barreiras monopolistas comerciais e ativaria novos mercados, indispensáveis ao seu progresso industrial. *Criollos* e ingleses tinham interesses convergentes: a independência das colônias espanholas na América.

No início do século XIX, estima-se que a população total da América espanhola era de aproximadamente 22 milhões de habitantes. Destes, mais de 12 milhões eram indígenas; 6 milhões, mestiços (descendentes de espanhóis e populações locais); 800 mil, negros escravos; e 3 milhões, *criollos*.

Os *chapetones*, grupo minoritário da América espanhola (cerca de 300 mil indivíduos), composto de espanhóis nascidos na metrópole, ocupavam os altos cargos da administração colonial, vivendo em permanente confronto com a elite local – e desejavam a manutenção das relações metrópole-colônia. Os *criollos*, que se guiavam pelos ideais iluministas liberais e pelo exemplo norte-americano, eram partidários do livre comércio e da luta pela independência, embora não cogitassem mudanças na estrutura socioeconômica.

As rebeliões locais, de um lado, como manifestações isoladas, sinalizavam o esgotamento do sistema colonial; de outro, expressavam os vários projetos de independência. Diversas rebeliões eclodiram na América hispânica contra os espanhóis e seu domínio, organizadas tanto por *criollos* quanto por indígenas. Destacou-se, entre estas últimas, a rebelião de **Tupac Amaru** (1780), no Vice-Reinado do Peru.

Incas semeando milho. Desenho feito por Poma de Ayala entre 1583-1615.

The Granger Collection/Glow Images/Coleção particular

A rebelião de Tupac Amaru (1780)

Desde o início da dominação espanhola, foram constantes as revoltas indígenas americanas. No século XVIII, época da expansão iluminista e de uma crescente fiscalização metropolitana, os confrontos entre os habitantes da colônia e as autoridades da metrópole se intensificaram.

Os espanhóis utilizavam o trabalho dos indígenas em larga escala desde o início da colonização, com jornadas de até 16 horas diárias. Para garantir a subordinação indígena na região dos Andes, os colonizadores recorriam aos **caciques** ou **curacas** (que comandavam os *ayllu* – as aldeias). Em troca de alguns benefícios – como redução de tributos e dispensa da obrigação de trabalhar para os colonos –, esses chefes indígenas colaboravam na manutenção da estrutura colonial.

Foi um curaca, porém, que liderou uma das maiores revoltas da América espanhola, reagindo contra a tributação imposta por autoridades metropolitanas: José Gabriel **Condorcanqui** Noguera (1738-1781), que dizia descender de Tupac Amaru, um líder inca do século XVI que resistiu à conquista espanhola.

Condorcanqui estudou em escolas eclesiásticas e na universidade de São Marcos (Lima, no Peru), onde foi influenciado por ideias iluministas. Adotou o nome de **Tupac Amaru II** e obteve apoio de muitos *criollos* contra as autoridades metropolitanas e a elite branca de Lima, deflagrando, em 1780, uma rebelião que começou com o enforcamento de um *chapetone* e se irradiou por várias regiões. Ele recebeu ainda apoio de dezenas de milhares de indígenas, mestiços, escravos e alguns colonos empobrecidos, que radicalizaram o projeto inicial da rebelião.

O movimento foi duramente reprimido. Tupac Amaru II foi capturado e executado com grande violência: amarraram-lhe os pés e as mãos a quatro cavalos, tentando com isso estraçalhar o seu corpo, mas não tiveram sucesso. Decidiu-se então decapitar e esquartejar o líder, enviando seus restos para diversas regiões do vice-reino, para que servisse de advertência. Em seguida, mataram em praça pública vários outros de seus familiares.

Mesmo depois disso, as batalhas dos rebelados prosseguiram por mais dois anos, resultando em aproximadamente 80 mil rebeldes mortos, na maior revolta colonial americana.

Monumento representando Tupac Amaru II, sua esposa e seus filhos. Praça de Armas em Cusco, Peru. Foto de 2010.

Craig Lovell/Stock Connection/Glow Images

2 As guerras de independência

O enfraquecimento da metrópole espanhola – com a invasão de Napoleão Bonaparte, que destituiu o rei Carlos IV (da dinastia Bourbon) e coroou José Bonaparte, seu irmão –, estimulou o movimento autonomista liderado pelos *criollos*. Organizados em *cabildos* (Câmaras Municipais), os colonos depuseram as autoridades metropolitanas e assumiram a administração das colônias, instalando **juntas governativas**. Entre 1810 e 1814, os centros urbanos coloniais hispano-americanos transformaram-se nos grandes irradiadores dos ideais separatistas, contando com o apoio da Inglaterra e a adesão de parte da população.

Embora frustrados os primeiros movimentos de independência, seus ideais se fortaleceram entre os colonos. A revolução que libertou a maioria dos países latino-americanos aconteceu entre 1817 e 1825, tendo como líderes **Simón Bolívar** e **José de San Martín**, que percorreram quase toda a América Latina, com o apoio efetivo da Inglaterra e dos Estados Unidos. Os rebeldes foram favorecidos ainda pela distância da metrópole e pela situação interna da Espanha. Depois que os exércitos de Napoleão Bonaparte foram expulsos, ela estava novamente desestabilizada com a eclosão da Revolução Liberal (1820-1823), o que dificultou o envio de tropas contrarrevolucionárias à América.

Simón Bolívar e San Martín

Simón Bolívar, que ficou conhecido como "o Libertador", foi um exemplo típico dos ideais da elite *criolla*. Nascido na capitania-geral da Venezuela, republicano, comandou a luta pela libertação da América Latina, partindo dos atuais territórios da Venezuela e do Peru em direção ao sul. Defendia uma América do Sul livre, unida e republicana. San Martín, da região que viria a constituir a Argentina, embora com os mesmos ideais de independência, era a favor da monarquia constitucional e iniciou seus movimentos de independência de Buenos Aires em direção ao norte, no chamado "movimento sulista".

Dirigindo-se para o **Peru**, acompanhado pelo mercenário inglês lorde Cochrane, San Martín alcançou e libertou Lima, principal centro de resistência espanhola, em 1821. Simón Bolívar, por sua vez, apoiado pela Inglaterra e pelos Estados Unidos, organizou um exército regular e libertou a **Venezuela** em 1817, a **Colômbia** em 1819 e o **Equador** em 1821, rumando ele também para o Peru.

As forças de Bolívar e San Martín encontraram-se em Guayaquil, no Equador, no ano seguinte. Depois desse encontro, San Martín desistiu de seu projeto monárquico diante da proposta republicana de Bolívar, a quem coube consumar a independência do Peru – só conseguida definitivamente com a **Batalha de Ayacucho**, em 1824.

Na América do Sul, o **Paraguai** constituiu uma República em 1813, chefiada pelo *criollo* Gaspar Francia. A atual **Argentina** proclamou sua independência em 1816, que só seria consolidada com os êxitos militares de **Manuel Belgrano** e **San Martín**. O Uruguai, que desde 1821 estava incorporado ao Brasil com o nome de Província Cisplatina, transformou-se em Estado independente em 1828, com o nome de República Oriental do Uruguai.

O **Chile** foi libertado por San Martín, à frente de cerca de 5 mil homens no chamado Exército dos Andes, em 1818, após as batalhas de Chacabuco e Maipú. **Bernardo O'Higgins**, líder do movimento de libertação na região, foi nomeado dirigente do Estado chileno.

Mapa: Aleksandra Gigowska/Shutterstock/Glow Images

Simón Bolívar em monumento na cidade de Washington D. C., nos Estados Unidos.

Mesut Dogan/Shutterstock/Glow Images

Vista da rua de Guaiaquil, Equador, por Louis Remy Mignot, 1859.

The Bridgeman Art Library/Keystone/Coleção da Sociedade Histórica de Nova York, EUA

Batalha de Boyacá (1819). Afresco do teto do Capitólio, Caracas, Venezuela.

The Granger Collection/Glow Images/Coleção particular

A praça de Bolívar, Bogotá, 1837.

Giraudon/The Bridgeman Art Library/Keystone/Casa-Museu 20 de Julho de 1810, Bogotá, Colômbia

Vista da cidade de Lima, no Peru, extraído de *Os costumes antigos e os modernos*, de Jules Ferrario, publicado entre 1820-1830.

The Stapleton Collection/The Bridgeman Art Library/Keystone/Coleção particular

San Martín em monumento na cidade de Berlim, na Alemanha.

Anticiclo/Shutterstock/Glow Images

Grande Palácio do Chile antes da independência, por Claudio Linati, século XIX.

Oronoz/Album/Latinstock/Museu da América, Madri, Espanha.

Praça do mercado de Buenos Aires, na Argentina, extraído de *Os costumes antigos e os modernos*, prancha 1, por Jules Ferrario, publicado entre 1820-1830.

The Stapleton Collection/The Bridgeman Art Library/Keystone/Coleção particular

Leituras da História

As mulheres na guerra de libertação

Quando se fala em exército, nesse período, imaginamos sempre homens marchando a pé ou a cavalo, lutando. Esquecemo-nos de que as mulheres, muitas vezes com filhos, acompanhavam seus maridos-soldados; além disso, como não havia abastecimento regular das tropas, muitas trabalhavam – cozinhando, lavando ou costurando – em troca de algum dinheiro [...]. Expostas à dureza das campanhas e aos perigos das batalhas, enfrentavam corajosamente os azares das guerras [...].

[Havia, ainda] a presença não apenas de mulheres que seguiam ao lado de seus companheiros, mas de várias mulheres soldados que pegaram em armas para conseguir a libertação das colônias. [...]

Há variadas narrativas sobre outro tipo de participação das mulheres, por exemplo, as que trabalhavam como mensageiras, levando informações para os insurgentes. Sua condição de mulheres supostamente levantava menos suspeitas; entretanto, várias delas acabaram sendo descobertas, presas e algumas condenadas à morte.

PRADO, Maria Ligia Coelho. A participação das mulheres nas lutas pela independência política da América Latina. *América Latina no século XIX – tramas, telas e textos*. São Paulo/Bauru: Edusp/Edusc, 1999. p. 34-35 e 40.

Eliana Aponte/Reuters/Latinstock

Mulheres soldados com roupas tradicionais em comemoração ao bicentenário do México, 2010.

Em 1810, ocorreu a primeira tentativa de emancipação política no **México** (na época, Vice-Reinado de Nova Espanha), que se distinguiu dos demais movimentos da América espanhola por ter sido uma iniciativa das massas populares e por seu caráter predominantemente rural. Encabeçando a insurreição, sucederam-se **Miguel Hidalgo**, padre **Morelos** e **Vicente Guerrero**, que deram ênfase às reformas sociais populares, propondo o fim da escravidão e a igualdade de direitos e opondo-se à aristocracia fundiária e aos altos funcionários.

Os ideais populares divergiam dos propósitos das elites *criollas* mexicanas, que quase sempre estiveram mais atreladas aos *chapetones* e controlavam a maior parte das áreas rurais. Cerca de metade das terras mexicanas pertencia ao clero.

Para os mestiços e indígenas que formavam 80% dos 6 milhões de habitantes da região, a luta pela independência do México deveria incluir propostas para resolver a situação dos camponeses diante das grandes propriedades fundiárias controladas pela aristocracia.

Enviado pelo vice-rei para lutar contra os insurretos mexicanos, **Agustín Itúrbide**, de forma oportunista, aliou-se a Guerrero em 1821, formulando o **Plano de Iguala**, que proclamava a independência do México, a igualdade de direitos entre *criollos* e espanhóis, a supremacia da religião católica, o respeito à propriedade e um governo monárquico. A coroa foi oferecida a Fernando VII da Espanha, que sofria forte oposição dos defensores de ideias liberais em seu país. Confirmava-se assim que o projeto de independência em curso era aquele que atendia aos interesses das mesmas elites (*criollos*, *chapetones* laicos e o clero) que dominavam o México na fase colonial.

Leituras da História

Simbologias históricas – uma obra de Diego Rivera

Neste mural, Rivera retrata alguns personagens da Guerra de Independência *[do México]*, iniciada em 1810, por meio da representação pictórica dos líderes de maior vulto desse fato histórico: Hidalgo e Morelos, de um lado, ocupam o centro desta cena, enquanto no canto esquerdo, o Imperador Itúrbide aparece com um peso negativo, aliás o único a ser representado com esta conotação. Deste grupo central, o padre Hidalgo é o personagem principal que carrega na sua mão direita uma corrente quebrada, simbolizando a liberdade, a ruptura, o fim do domínio colonial, enquanto em sua mão esquerda sustenta um estandarte com a imagem da Virgem de Guadalupe. Ao lado de Hidalgo está o padre José María Morelos, o principal general e ideólogo da Guerra. Morelos aponta seu braço para a direita, em direção ao futuro, gesto este acompanhado por um estranho personagem situado mais abaixo que se encontra vestido com uma armadura e uma planta de milho a seus pés como símbolo da terra e que está carregando uma espada em sua mão direita e uma espingarda na esquerda. Da mesma forma que Morelos, este personagem indica, com sua espada, a direção do futuro para um grupo de camponeses armados com rifles e sabres. Seus interlocutores são os camponeses mas também o espectador dos murais.

É importante notar neste detalhe as duas intenções de Rivera como artista engajado politicamente. O primeiro aspecto a ser destacado é a relação e o sentido eminentemente social que o autor empresta às lutas pela independência, expressa na questão da demanda por terras pelos camponeses. Esse aspecto estabelece uma relação entre passado e presente, pois na guerra pela independência está em questão o "pensamento social mexicano", ou uma "revolução agrária" [...]

A representação da águia ocupa uma posição central, um pouco mais abaixo da representação do padre Miguel Hidalgo. Esta imagem está baseada num monumento de pedra pertencente à cultura mexicana, encontrado em 1926 na ala sul do Palácio Nacional, outrora o local onde se situava o Palácio de Montezuma. O ponto principal do monumento é a águia que sustenta em seu bico uma serpente apoiada sobre um pé de nopales, que simboliza a fundação de Tenochtitlán. Desta maneira, Rivera se apoia na arqueologia para reforçar o mito que funda a identidade cultural mexicana e serve de vínculo tangível entre o México moderno e seu passado remoto. Deste modo, reforça-se sobre este achado um capital ideológico. É a imagem do centralismo político, como reflexo de um Estado forte, condição que, desde o século passado, se pensava como indispensável para integrar uma nação. O discurso que este símbolo traz refere-se ao mito de origem e a sede do poder político contemporâneo. Este inclusive é o símbolo da atual bandeira mexicana. [...] Visualmente se estabelece então uma poderosa fonte de legitimidade política.

VASCONCELLOS, Camilo de Mello. As representações das lutas de independência no México na ótica do muralismo. Diego Rivera e Juan O'Gorman. *Revista de História*, n. 153, dez. 2005. p. 283-304; p. 295-297.

Emiliano Rodriguez/Alamy/Other Images

A Guerra de Independência do México (1810), do pintor mexicano Diego Rivera (1886-1957), foi produzida entre 1929 e 1935. Em seus diversos murais pintados no Palácio Nacional, no México, Rivera procurou abarcar a história mexicana desde seus mitos de origem às projeções do futuro.

1. Observe a reprodução do mural *A Guerra de Independência do México*, de Diego Rivera. O artista organizou as figuras da composição numa sequência cronológica. Que segmento da pintura representa a história colonial mexicana? Que segmento representa a história mais recente?
2. Na composição, vários elementos interagem para que a história mexicana seja mostrada como uma história de lutas. Identifique pelo menos três desses elementos.

Em 1822, entretanto, Itúrbide proclamou-se imperador, com o título de **Agustín I**. A seguir, foi deposto e fuzilado num levante republicano. Em 1824, o México tornava-se efetivamente independente e elegia seu primeiro presidente, o general Guadalupe Vitória. A estrutura agrária e social que mantinha a maioria da população submetida ao controle das elites mexicanas permaneceu basicamente a mesma.

Unidade política e fragmentação

No **Congresso do Panamá** (1826), quando quase toda a América Latina já estava independente, Bolívar tentou concretizar seu ideal de unidade política, defendendo alianças entre os Estados hispano-americanos, a criação de uma força militar comum e a abolição da escravidão, entre outras medidas. Seus esforços de solidariedade continental – ideal de Pan-Americanismo bolivarista –, no entanto, encontraram a oposição dos ingleses e norte-americanos e das próprias oligarquias locais e seus dirigentes, como a monarquia brasileira de dom Pedro I, recém-instalada, comprometida com as elites escravistas.

Inicialmente unida ao México, a América Central proclamou sua independência em 1824, formando as Províncias Unidas da América Central, unidade que pouco durou em virtude de pressões inglesas e norte-americanas. A região fragmentou-se em repúblicas autônomas a partir de 1838: Guatemala, Honduras, El Salvador, Nicarágua e Costa Rica.

Independência da América espanhola

Sem unidade, os novos Estados independentes da América Latina ficaram como áreas frágeis ao intervencionismo europeu (época da Santa Aliança) e às hegemonias econômicas e políticas das potências mundiais.

Embora tivessem acabado com o domínio metropolitano e obtido liberdade política, os novos Estados latino-americanos assumiam outra forma de dependência, agora econômica. Atendendo aos interesses do desenvolvimento capitalista, a América Latina, governada pela aristocracia *criolla*, assumiu a função de fornecer matérias-primas e consumir manufaturados ingleses. Dessa forma, preservavam-se as antigas estruturas, apenas adaptadas aos novos tempos.

No aspecto político, chefes locais, em geral líderes oriundos das forças militares mobilizadas pelos *criollos* nas guerras de independência, passaram a disputar o poder de suas respectivas regiões. Comandantes carismáticos, autoritários, personalistas, que irradiavam magnetismo pessoal na condução de seus comandados, esses chefes foram denominados **caudilhos**.

A divisão de poderes criou um quadro de dificuldades para a consolidação dos novos Estados nacionais, que enfrentaram desunião e instabilidade.

Pensando no Enem

1. *Por volta de 1880, com o progresso de uma economia primária e de exportação, consolidou-se em quase toda a América Latina um novo pacto colonial que substituiu aquele imposto por Espanha e Portugal. No mesmo momento em que se afirmou, o novo pacto colonial começou a se modificar em sentido favorável à metrópole. A crescente complexidade das atividades ligadas aos transportes e às trocas comerciais multiplicou a presença dessas economias metropolitanas em toda a área da América Latina: as ferrovias, as instalações frigoríficas, os silos e as usinas, em proporções diversas conforme a região, tornaram-se ilhas econômicas estrangeiras em zonas periféricas.*

Adaptado de: DONGHI, T. H. *História da América Latina*. 2. ed. Rio de Janeiro: Paz e Terra, 2005.

De acordo com o texto, o pacto colonial imposto por Espanha e Portugal a quase toda a América Latina foi substituído em função:

a) das ilhas de desenvolvimento instaladas nas periferias das grandes cidades.
b) da restauração, por volta de 1880, do pacto colonial entre a América Latina e as antigas metrópoles.
c) do domínio, em novos termos, do capital estrangeiro sobre a economia periférica, a América Latina.
d) das ferrovias, frigoríficos, silos e usinas instaladas em benefício do desenvolvimento integrado e homogêneo da América Latina.
e) do comércio e da implantação de redes de transporte, que são instrumentos de fortalecimento do capital nacional frente ao estrangeiro.

Resposta: c

A questão exige uma reflexão das práticas coloniais a partir do século XVI em comparação com o período pós-independência na América. O imperialismo característico do século XIX se deu de múltiplas formas e proporções. A América Latina permaneceu como grande exportador de produtos primários, necessários ao desenvolvimento industrial europeu e norte-americano, transformando essas regiões em "*ilhas econômicas estrangeiras em zonas periféricas*", como citado no texto. O desenvolvimento destas ilhas resultou em regiões heterogêneas, que se desenvolveram especialmente a partir das áreas portuárias próximas da produção, ligadas por vias fluviais ou por ferrovias. Dessa forma, a dependência do capital estrangeiro em investimentos tornou o capital nacional vulnerável.

2. *A formação dos Estados foi certamente distinta na Europa, na América Latina, na África e na Ásia. Os Estados atuais, em especial na América Latina — onde as instituições das populações locais existentes à época da conquista ou foram eliminadas, como no caso do México e do Peru, ou eram frágeis, como no caso do Brasil —, são o resultado, em geral, da evolução do transplante de instituições europeias feito pelas metrópoles para suas colônias. Na África, as colônias tiveram fronteiras arbitrariamente traçadas, separando etnias, idiomas e tradições, que, mais tarde, sobreviveram ao processo de descolonização, dando razão para conflitos que, muitas vezes, têm sua verdadeira origem em disputas pela exploração de recursos naturais. Na Ásia, a colonização europeia se fez de forma mais indireta e encontrou sistemas políticos e administrativos mais sofisticados, aos quais se superpôs. Hoje, aquelas formas anteriores de organização, ou pelo menos seu espírito, sobrevivem nas organizações políticas do Estado asiático.*

GUIMARÃES, S. P. Nação, nacionalismo, Estado. *Estudos Avançados*. São Paulo: Edusp, v. 22, n. 62, jan./abr. 2008 (adaptado).

Relacionando as informações ao contexto histórico e geográfico por elas evocado, assinale a opção correta acerca do processo de formação socioeconômica dos continentes mencionados no texto.

a) Devido à falta de recursos naturais a serem explorados no Brasil, conflitos étnicos e culturais como os ocorridos na África estiveram ausentes no período da independência e formação do Estado brasileiro.
b) A maior distinção entre os processos históricos formativos dos continentes citados é a que se estabelece entre colonizador e colonizado, ou seja, entre a Europa e os demais.
c) À época das conquistas, a América Latina, a África e a Ásia tinham sistemas políticos e administrativos muito mais sofisticados que aqueles que lhes foram impostos pelo colonizador.
d) Comparadas ao México e ao Peru, as instituições brasileiras, por terem sido eliminadas à época da conquista, sofreram mais influência dos modelos institucionais europeus.
e) O modelo histórico da formação do Estado asiático equipara-se ao brasileiro, pois em ambos se manteve o espírito das formas de organização anteriores à conquista.

Resposta: b

O texto trata sobre a formação socioeconômica dos continentes, abordando o aspecto de formação dos Estados em cada um deles. A alternativa *c* está incorreta, pois o sistema administrativo da América, África e Ásia, durante o processo de independência, era derivado e adaptado daqueles que foram estabelecidos por seus colonizadores. Já na alternativa *d*, o equívoco ocorre em afirmar que a formação do Estado brasileiro sofreu mais influência dos modelos europeus. É importante lembrar que, após a independência, estabeleceu-se uma monarquia centralizada e domínio aristocrático, enquanto que grande parte da América e Europa vivia em repúblicas e monarquias liberais, controladas fortemente pela burguesia.

Atividades

Leitura e interpretação de documento

1. Com suas palavras, explique a seguinte afirmação da historiadora Maria Ligia Prado:

> A independência política e a formação dos Estados Nacionais na América Latina se fizeram a partir do rompimento do sistema colonial, dirigidas por setores dominantes da colônia, descontentes com a impossibilidade de usufruir as "novas vantagens" que o capitalismo do novo século lhes oferecia. [...] Além disso, aqui havia, antes da colonização espanhola e portuguesa, culturas autóctones que se rebelaram e lutaram para sobreviver depois do impacto da chegada dos europeus. Junto a elas estavam os negros africanos que também foram incorporados a este continente.
>
> PRADO, Maria Ligia. *A formação das nações latino-americanas*. São Paulo: Atual, 1985. p. 2.

Análise de imagem

2. Observe a imagem abaixo. Trata-se de uma pintura de autoria desconhecida, datada de 1835. Intitula-se *Alegoria de Hidalgo, a Pátria e Itúrbide*.

Coleção particular

a) Consulte as informações oferecidas pelo capítulo e explique qual foi o papel do padre Hidalgo e de Itúrbide no processo de independência mexicana.
b) Descreva a imagem, considerando o seguinte:
   - Observe como e onde estão representados Hidalgo e Itúrbide.
   - Preste atenção na figura que representa a pátria e em suas características.
   - Repare na figura deitada ao chão, à esquerda de Hidalgo.
   - Observe os objetos espalhados pelo chão.
c) Com base nos elementos observados e nos seus conhecimentos de História, analise a imagem, procurando compreender seu significado.
d) Reflita sobre o papel de Hidalgo e Itúrbide no processo de independência do México. Depois, responda: em sua opinião, a pintura oferece uma visão crítica da independência mexicana? Justifique sua resposta.

Vestibulares de Norte a Sul

1. **S** (UFPR) Leia o trecho do discurso do presidente da República Bolivariana da Venezuela, Hugo Chávez, na 60ª assembleia da ONU, em 2005:

Pois bem, nós lutaremos pela Venezuela, pela integração latino-americana e pelo mundo. Reafirmamos aqui nesse salão, nossa infinita fé no homem, hoje sedento de paz e de justiça para sobreviver como espécie. Simón Bolívar, pai de nossa pátria e guia de nossa revolução, jurou não dar descanso a seu braço, nem repouso a sua alma, até ver a América livre. Não demos nós descanso a nossos braços, nem repouso a nossas almas até salvar a humanidade.

(CHAVEZ, H. apud SOUZA, Maria de Fátima Rufino de; MARQUES DA SILVA, Maria Zélia. Bolívar, para além das representações e discursos políticos. *Ameríndia*. vol. 5, número 1/2008, p. 3)

Discorra sobre os problemas de implantação do projeto de desenvolvimento almejado por figuras políticas como Simón Bolívar e San Martín para as ex-colônias hispânicas no século XIX. Em seguida, explique por que e de que forma a figura de Bolívar é lembrada e cultuada nos dias atuais na política latino-americana.

2. **SE** (PUC-RJ) Sobre os movimentos de independência ocorridos na América Hispânica nas primeiras décadas do século XIX, estão corretas as afirmações a seguir, À EXCEÇÃO DE:

a) A invasão napoleônica da Espanha em 1808 e a deposição do rei Fernando VII resultaram no estabelecimento de Juntas de Governo locais, tanto na Espanha como na América.
b) A liderança destes movimentos esteve nas mãos da elite crioula que, descontente com a política colonial adotada pelos Bourbons desde o final do século XIX, aliou-se aos chapetones nesta luta.
c) O ano de 1810 pode ser considerado o ano do início da explosão revolucionária no continente americano, quando os primeiros movimentos de independência manifestaram- se com impressionante rapidez e sincronia.
d) A volta de Fernando VII ao trono da Espanha, em 1814, mudou drasticamente a situação, uma vez que as autoridades régias na América, livres de quaisquer restrições constitucionais, perseguiram e sufocaram a maioria dos movimentos autonomistas.
e) Concretizando o ímpeto revolucionário iniciado em 1810, toda a América Hispânica tornou-se independente até o final da década de 1830, com a exceção de Cuba, Filipinas e Porto Rico.

3. **SE** (Vunesp-SP) Octávio Paz, escritor mexicano, assim se referiu à participação de índios e mestiços no movimento de Independência do México:

A guerra se iniciou realmente como um protesto contra os abusos da metrópole e da alta burocracia espanhola, mas também, e sobretudo, contra os grandes latifundiários nativos. Não foi a rebelião da aristocracia contra a metrópole, mas sim a do povo contra a primeira. Daí que os revolucionários tenham concedido maior importância a determinadas reformas sociais que à independência propriamente dita: Hidalgo decreta a abolição da escravatura; Morelos a divisão dos latifúndios. A guerra de Independência foi uma guerra de classes e não se compreenderá bem o seu caráter se ignorarmos que, diferente do que ocorreu na América do Sul, foi uma revolução agrária em gestação.

(*O labirinto da solidão*, 1976.)

Segundo o autor, a luta pela Independência do México:

a) contou com o apoio dos proprietários rurais, embora eles considerassem desnecessária a questão da ruptura com a Espanha.
b) opôs-se aos ideais políticos do Iluminismo europeu, dividindo o país em regiões politicamente independentes.
c) recebeu a solidariedade de movimentos revolucionários europeus, dado o seu caráter de guerra popular.
d) enfraqueceu o Estado Nacional, favorecendo a anexação de territórios mexicanos pelos Estados Unidos da América.
e) apresentou um caráter popular, manifestando questões sociais de longa duração na história do país.

4. **SE** (UFJF-MG) A respeito do processo de independência na América Espanhola, é INCORRETO afirmar que:

a) a invasão da Espanha pelas tropas napoleônicas levou à reorganização do comércio das colônias, favorecendo a desarticulação do pacto colonial e a implantação de práticas comerciais mais livres.
b) a Inglaterra ofereceu apoio à independência das colônias espanholas, pois via na região uma possibilidade de ampliação dos mercados para seus produtos industrializados.
c) os índios lutaram contra a independência e para manutenção do trabalho forçado, pois viam no sistema colonial a única maneira de preservação de suas atividades econômicas.
d) os *criollos* pretendiam romper o exclusivo colonial, mas não pretendiam encaminhar uma alteração na estrutura social das colônias.
e) a emergência de uma revolução liberal na Espanha dificultou o envio de tropas para as colônias, favorecendo o processo de independência.

5. **S** (UEL-PR)

Joseph Strayer defende que a formação dos Estados Nacionais americanos teve como modelo o Estado Moderno Europeu. Para ele, existem premissas básicas para o surgimento dos Estados Nacionais: o aparecimento de unidades políticas persistentes no tempo e geograficamente estáveis, o desenvolvimento de instituições permanentes e impessoais e o consenso com relação à necessidade de uma autoridade suprema (Estado).

(STRAYER, Joseph R. *As origens medievais do Estado Moderno*. Lisboa: Gradina, 1969. p. 11-15.)

Com base no texto e nos conhecimentos sobre o tema, é correto afirmar:

a) A formação dos Estados Nacionais nas colônias portuguesas e espanholas são exemplos de rompimento com a moderna concepção de Estado Europeu.
b) A formação dos Estados Nacionais nas Américas portuguesa e espanhola se deu por meio de movimentos contra o colonizador e acompanhou o processo de desenvolvimento do capitalismo nesses espaços.
c) No século XVIII os espaços nacionais americanos já estavam definidos e delimitados, com governos próprios e burguesias constituídas, facilitando a ruptura dos vínculos entre essas colônias e suas respectivas metrópoles.
d) Os Estados constituídos nas Américas portuguesa e espanhola são considerados amplamente democráticos por terem como fundamento ideias liberais.
e) Os movimentos sociais latino-americanos se colocaram à frente das lutas pela independência e pela formação dos Estados Nacionais, apesar de negarem a necessidade de uma autoridade suprema de instituições permanentes e impessoais.

6. **SE** (UFMG- adaptada) Leia este trecho:

[...] *não somos índios nem europeus, mas uma espécie intermediária entre os legítimos proprietários do continente e os usurpadores espanhóis: em suma, sendo americanos por nascimento e nossos direitos os da Europa, temos de disputar estes aos do país e mantermo-nos nele contra a invasão dos invasores — encontramo-nos, assim, na situação mais extraordinária e complicada.*

BOLÍVAR, Simón. "Carta de Jamaica", 1815.

Ao escrever esse texto, o autor refere-se à situação ambígua dos:

a) criollos, formados na tradição europeia, mas identificados com o Novo Continente.
b) escravos negros americanos, que perderam seus laços culturais com a África.
c) mulatos libertos nascidos na América, divididos entre diferentes tradições culturais.
d) cholos, indígenas educados por europeus, afastados das suas raízes identitárias originais.
e) chapetones, espanhóis colonizadores e administradores da área colonial americana.

7. **S** (UFSM-RS) As primeiras décadas do século XIX foram marcadas pelo movimento de independência dos países da América Latina, com exceção de Cuba, que permaneceu colônia espanhola até 1898.

Qual das alternativas a seguir reflete a situação desses países após a independência?

a) De forma geral, não houve profundas transformações nas estruturas políticas e socioeconômicas, com exceção do Equador.
b) A América Espanhola se dividiu em vários países, diferente do que aconteceu com o Brasil, em função não só das especificidades culturais, mas também da pressão norte-americana.
c) Esses países podem ser caracterizados pela estabilidade política e pelo predomínio das oligarquias rurais.
d) Ocorreram a desarticulação do sistema colonial, a liderança da aristocracia rural "criolla" e a subordinação à Inglaterra.
e) Diante da ausência do poder político institucionalizado, surgiram os "caudillos", que preservaram o personalismo político e defenderam a modernização e a independência do capital estrangeiro.

8. **S** (Udesc) Analise as proposições em relação à Independência dos países latino-americanos, e assinale (V) para verdadeira e (F) para falsa.

( ) As guerras da independência dos países da América, de colonização espanhola, ocorreram principalmente na primeira metade do século XIX e estão vinculadas à ocupação da Espanha pelo exército francês de Napoleão Bonaparte.
( ) Ao se tornarem independentes de suas metrópoles, na primeira metade do século XIX, a maioria dos novos países latino-americanos também proclamaram a libertação dos escravos e o fim da escravidão.
( ) Muitos países latino-americanos independentes tinham uma população majoritariamente descendente de grupos indígenas. Um exemplo é o México que em 1821, ano da independência, tinha 40% da população indígena, 40% da população mestiça e 20% da população europeia ou de seus descendentes.
( ) Um dos países mais pobres da América Central, na atualidade, é o Haiti, que teve sua capital, Porto Príncipe, arrasada por um terremoto em 12 de janeiro de 2010. Este país foi colônia francesa e sua economia era baseada em grandes propriedades para a exportação com a utilização do trabalho escravo. Foi o último país da América Latina a se tornar independente e a abolir a escravidão.

Assinale a alternativa que contém a sequência **correta**, de cima para baixo.

a) F – F – V – F
b) V – F – V – F
c) V – F – F – V
d) V – F – V – V
e) F – V – F – F

CAPÍTULO

25 Novos projetos políticos, sociais e econômicos: liberalismo, socialismo e nacionalismo

Album/akg-images/Latinstock

Distribuição de alimentos na porta de um açougue durante a Comuna de Paris (1871). Litografia do século XIX, de autoria desconhecida.

Para pensar historicamente

A conquista do futuro

Liberalismo e socialismo: dois projetos concorrentes herdeiros do Iluminismo. O nacionalismo está em outra ordem de projeto e pode ser tanto liberal quanto socialista, embora estes sejam, a princípio, internacionalistas. No entanto, uma vez aplicados, os projetos não são o que os seus criadores queriam deles, mas aquilo que os processos históricos permitiram que eles fossem. E foram essas as ideias que "deram as cartas" na história desde então.

O pensamento marxista deu à palavra "revolução" novos sentidos. Além disso, no nome dos partidos políticos brasileiros da atualidade, multiplicam-se as referências a expressões criadas pelo pensamento do século XIX, como social-democracia, liberal e outras.

As grandes transformações econômicas, políticas e sociais do final do século XVIII e início do século XIX, na Europa e nas Américas, foram acompanhadas por doutrinas e teorias que buscavam ou justificar e regular a ordem capitalista burguesa que se estabelecia, ou condená-la ou reformá-la. Estruturaram-se, então, respectivamente, o pensamento **liberal** e as doutrinas **socialistas**, todas vinculadas a um novo ramo do conhecimento, a **economia política**, campo interdisciplinar que estuda as relações entre a economia e o poder político. Até que ponto os atuais partidos políticos refletem as ideias expressas em seus nomes? Até que ponto os projetos de futuro dessas ideias se concretizaram, e qual o saldo desses projetos na atualidade?

Cris Faga/Fox Press Photo/Agência Estado

Manifestação em São Paulo contra o aumento da passagem de ônibus, em junho de 2013.

1 O pensamento liberal

Surgidas com o Iluminismo e lançadas pelos fisiocratas franceses, as bases do **liberalismo**, formuladas por Adam Smith (1723-1790), eram a defesa da propriedade privada, do individualismo econômico e da liberdade de comércio, de produção e de contrato de trabalho (salários e jornada), sem controle do Estado ou pressão dos sindicatos. Em sua obra *A riqueza das nações*, mostrava que a divisão do trabalho era essencial para o crescimento da produção e do mercado, e que a **livre concorrência** forçaria o empresário a ampliar a produção, buscando novas técnicas, aumentando a qualidade do produto e baixando ao máximo os custos de produção.

> [...] O esforço natural de cada indivíduo para melhorar sua própria condição quando se permite que ele atue com liberdade e segurança constitui um princípio tão poderoso que, por si só, e sem qualquer outra ajuda, não somente é capaz de levar a sociedade à riqueza e à prosperidade, como também de superar uma centena de obstáculos impertinentes com os quais a insensatez das leis humanas com excessiva frequência obstrui seu exercício.
>
> SMITH, Adam. *A riqueza das nações*: investigação sobre sua natureza e suas causas. São Paulo: Nova Cultural, 1996. v. II. p. 44.

Estátua de Adam Smith, no Monumento Royal Mile, Edimburgo, Escócia.

Alan Wilson/Alamy/Glow Images

O consequente decréscimo do preço final favoreceria a **lei natural da oferta e da procura**, viabilizando o sucesso econômico geral. Ao Estado competia somente zelar pela propriedade e pela ordem, não lhe cabendo intervir na economia, já que a harmonização dos interesses individuais ocorreria por uma "**mão invisível**", levando ao bem-estar coletivo.

Seguindo a linha de Adam Smith, surgiram vários outros teóricos continuadores do liberalismo clássico, como David Ricardo e Thomas Malthus.

Thomas Malthus (1766-1834), em sua obra *Ensaio sobre o princípio da população*, afirma que a natureza impõe limites ao progresso material, já que a população cresce em progressão geométrica, enquanto a produção de alimentos aumenta em progressão aritmética. Para ele, a pobreza e o sofrimento são inerentes à sociedade humana, e as guerras e as epidemias ajudam no equilíbrio temporário entre a produção e a população.

A Lei dos Pobres (1834), votada pelo Parlamento inglês, foi um reflexo das ideias de Malthus. A lei determinava a centralização da assistência pública. Os desempregados eram recolhidos às *workhouses* ("casas de trabalho"), onde ficavam confinados à espera de trabalho. Havia instalações separadas para homens e mulheres, que viviam ali em condições precárias. A medida, portanto, ao mesmo tempo que retirava das ruas boa parte da população mais miserável e a mantinha sob controle – desestimulando o crescimento populacional e a pobreza –, fornecia mão de obra barata ou quase escrava para a indústria nascente.

A Inglaterra adquiria uma nova configuração social com a industrialização e o êxodo rural. No campo predominavam grandes propriedades; nas cidades, onde vivia grande contingente de miseráveis, ficava a maioria das fábricas. Como não existia nenhuma legislação trabalhista ou inspeção estatal, as fábricas eram instaladas em locais insalubres e a jornada de trabalho chegava a ser superior a 14 horas.

Interessados em obter a mão de obra mais barata possível, os industriais muitas vezes preferiam o trabalho de mulheres e crianças – algumas com idade inferior a 8 anos, que trabalhavam em troca de alojamento e comida. Em 1802, um decreto parlamentar determinou que as crianças oriundas das *workhouses* não trabalhariam mais de 12 horas diárias. Depois, o decreto foi estendido a todas as crianças operárias.

The Granger Collection/Glow Images/Coleção particular

Trabalhadores ingleses e luditas destruindo uma *spinning jenny* durante motim do início do século XIX. Ilustração de 1935.

Além de condições sub-humanas de trabalho, os operários enfrentavam grandes dificuldades em épocas de guerra, como no período napoleônico, quando os preços dos gêneros alimentícios subiram tanto que a fome se disseminou pelo continente europeu. Enquanto isso, o emprego de máquinas no processo produtivo substituía trabalhadores e obrigava-os a vender sua força de trabalho aos empresários a preços cada vez mais baixos.

No início do século XIX, os trabalhadores da indústria têxtil se organizaram para denunciar que a situação de crise e miséria que enfrentavam se devia ao maquinário instalado. Liderados, ao que parece, por um trabalhador de nome Ned Ludd, o movimento **luddita** ou luddismo, como ficou conhecido, pretendia resolver o problema da miséria social com a destruição das máquinas industriais. A iniciativa, que causava grandes prejuízos aos donos de indústrias, foi reprimida com a pena de morte e a deportação dos implicados. Conforme Edward Palmer Thompson:

> [...] podemos ver o movimento ludista como uma transição. Devemos encarar, através da destruição das máquinas, os motivos dos indivíduos que brandiam as marretas. Enquanto um "movimento do próprio povo", fica-se surpreendido não com seu atraso, mas com sua maturidade crescente.
>
> Longe de ser "primitivo", ele demonstrou alto grau de disciplina e autocontrole. [...] foi uma fase de transição em que as águas do sindicalismo, represadas pelas Leis de Associação, lutaram por irromper e se converter numa presença manifesta e explícita.
>
> THOMPSON, Edward Palmer. Um exército de justiceiros. In: THOMPSON, E. P. *A formação da classe operária inglesa*. 3. ed. Rio de Janeiro: Paz e Terra, 2002. v. 3. p. 179.

O descontentamento aumentava, prenunciando uma revolução social. Formaram-se as primeiras organizações trabalhistas, as *trade unions*, que procuravam catalisar as insatisfações e organizar as lutas da classe operária e que, por isso, foram vistas pelos industriais como órgãos de ação criminosa.

2 As ideias socialistas

Em reação aos efeitos das crises sociais relacionadas à Revolução Industrial, surgiram correntes de pensamento como o **socialismo**, formulado por Karl Marx (1818-1883) e Friedrich Engels (1820-1895), e o **anarquismo**, que propunham reformulações sociais e a construção de um mundo mais justo.

No *Manifesto comunista*, publicado em 1848, Marx e Engels esboçaram as proposições e postulados do chamado **socialismo científico**, que foram definidos em *O capital*, a obra mais conhecida de Marx e que causou nas décadas seguintes uma revolução na economia e nas ciências sociais. A obra propõe uma interpretação socioeconômica da história conhecida como **materialismo histórico** e define os conceitos de luta de classes, mais-valia e revolução socialista. Leia um trecho do *Manifesto comunista* a seguir:

> A condição essencial da existência e da supremacia da classe burguesa é a acumulação da riqueza nas mãos dos particulares, a formação e o crescimento do capital; a condição de existência do capital é o trabalho assalariado. Este baseia-se exclusivamente na concorrência dos operários entre si. O progresso da indústria, de que a burguesia é agente passivo e inconsciente, substitui o isolamento dos operários, resultante de sua competição, por sua união revolucionária mediante a associação. Assim, o desenvolvimento da grande indústria socava o terreno em que a burguesia assentou o seu regime de produção e de apropriação dos produtos. A burguesia produz, sobretudo, seus próprios coveiros. Sua queda e a vitória do proletariado são igualmente inevitáveis.
>
> MARX, K.; ENGELS, F. *O manifesto comunista*. Disponível em: <www.culturabrasil.pro.br/manifestocomunista.htm>. Acesso em: 31 mar. 2014.

Segundo o **materialismo histórico**, toda sociedade é determinada, em última instância, por suas condições socioeconômicas, a chamada **infraestrutura**. Adaptadas a ela, as instituições, a política, a ideologia e a cultura como um todo compõem o que Marx chamou de **superestrutura**.

De forma simplificada, seria tomar a Revolução Francesa como exemplo. Naquele momento, fazia-se necessário transformar a ultrapassada ordem político-jurídica (a superestrutura) que caracterizava o Antigo Regime, de modo que se adaptasse à infraestrutura então vigente.

Museu Karl Marx, Irier, Alemanha/Erich Lessing/Album/Latinstock

Retrato de Karl Marx, de 1875, autoria anônima.

A **luta de classes**, na análise marxista, é o agente transformador da sociedade. O antagonismo entre dominadores e dominados – como senhores e servos na Idade Média, ou operários e burgueses no mundo contemporâneo – induz às lutas e às transformações sociais. Esse antagonismo está relacionado à estrutura produtiva, especialmente à existência da propriedade privada.

O conceito marxista de **mais-valia** corresponde ao valor da riqueza produzida pelo operário que excede o valor remunerado de sua força de trabalho e que é apropriado pelos capitalistas. Caracteriza a exploração dos operários, um fator imprescindível para a acumulação de capital pela burguesia.

Contra a ordem capitalista e a sociedade burguesa, Marx considerava inevitável a ação política do operariado, a **revolução socialista**, que inauguraria a construção de uma nova sociedade. Num primeiro momento, seriam instalados o controle do Estado pela **ditadura do proletariado** e a socialização dos meios de produção, eliminando a propriedade privada.

Numa etapa posterior, a meta seria o **comunismo**, que representaria o fim de todas as desigualdades sociais e econômicas, inclusive o fim do próprio Estado.

Outra corrente ideológica surgida no século XIX foi o **anarquismo**, da qual emergem alguns teóricos, muitas vezes divergentes quanto suas proposições. Entre estes, ficaram mais conhecidos **Pierre-Joseph Proudhon** (1809-1865) e **Mikhail Bakunin** (1814-1876).

H Bedford Lemere/English Heritage/Arcaid/Corbis/Latinstock

Trabalhadores em fábrica de embalagem de caixas de sabão, Inglaterra, 1897.

Essa linha de pensamento propunha a supressão de toda e qualquer forma de governo, defendendo a liberdade geral. Entre seus precursores destaca-se **Pierre--Joseph Proudhon** (1809-1865), que, em sua obra *O que é a propriedade?*, critica a ordem econômica e defende valores liberais, atacando os abusos do capitalismo. Proudhon enfatiza o respeito à pequena propriedade e propõe a criação de cooperativas e de bancos que concedam empréstimos sem juros aos empreendimentos produtivos, além de crédito gratuito aos trabalhadores.

Propõe ainda uma sociedade sem classes, sem exploração, uma sociedade de homens livres e iguais. O Estado seria destruído e substituído por uma "república de pequenos proprietários".

Mikhail Bakunin (1814-1876), em foto de 1865.

The Stapleton Collection/The Bridgeman Art Library/Keystone/Coleção particular

As propostas de Proudhon inspiraram principalmente o russo **Mikhail Bakunin** (1814-1876), que se tornou o líder do **anarquismo terrorista**. Para ele, a violência era a única forma de alcançar uma sociedade sem Estado e sem desigualdades, um novo mundo de felicidade e liberdade para os trabalhadores braçais.

O anarquismo, também conhecido como **comunismo libertário**, e o marxismo coincidem quanto ao objetivo final: implantar o comunismo, estágio em que não haveria mais divisões de classe, exploração, nem mesmo o Estado. Para os marxistas, entretanto, antes dessa meta é necessária uma fase intermediária socialista sob controle da ditadura do proletariado. Já para os anarquistas, cujo alvo era erradicar o Estado, as classes, as instituições e as tradições, o comunismo seria instalado imediatamente.

As críticas mútuas entre anarquistas e marxistas motivaram uma convivência de seguidos choques e divergências.

Charge de Felix Vallotton que critica a ação policial contra as ações anarquistas. Gravura de 1893.

The Bridgeman Art Library/Keystone/Coleção particular

Pensando no Enem

1. *O movimento operário ofereceu uma nova resposta ao grito do homem miserável no princípio do século XIX. A resposta foi a consciência de classe e a ambição de classe. Os pobres então se organizavam em uma classe específica, a classe operária, diferente da classe dos patrões (ou capitalistas). A Revolução Francesa lhes deu confiança: a Revolução Industrial trouxe a necessidade da mobilização permanente.*

HOBSBAWM, E. J. *A era das revoluções*. São Paulo: Paz e Terra, 1977.

No texto, analisa-se o impacto das Revoluções Francesa e Industrial para a organização da classe operária. Enquanto a "confiança" dada pela Revolução Francesa era originária do significado da vitória revolucionária sobre as classes dominantes, a "necessidade da mobilização permanente", trazida pela Revolução Industrial, decorria da compreensão de que:

a) a competitividade do trabalho industrial exigia um permanente esforço de qualificação para o enfrentamento do desemprego.
b) a completa transformação da economia capitalista seria fundamental para a emancipação dos operários.
c) a introdução das máquinas no processo produtivo diminuía as possibilidades de ganho material para os operários.
d) o progresso tecnológico geraria a distribuição de riquezas para aqueles que estivessem adaptados aos novos tempos industriais.
e) a melhoria das condições de vida dos operários seria conquistada com as manifestações coletivas em favor dos direitos trabalhistas.

Resposta: b

O texto analisa o impacto da Revolução Francesa e da Revolução Industrial na formação da classe operária. Nesse processo, ocorria alienação do trabalhador em relação ao seu trabalho, atividades exercidas em ambientes insalubres, desigualdade de gênero nos salários, especialização do trabalhador em funções repetitivas, etc. Com isso, o aluno deve perceber que a alternativa *b* é a correta, pois trata da necessidade de transformação do capitalismo, ou seja, o surgimento de ideologias alternativas a ele vinculado. O crescimento do movimento operário e de ideologias alternativas ao capitalismo e um contexto marcado pelo crescimento da produtividade industrial e da desigualdade social são cenários típicos de meados do século XIX.

2. *A economia solidária foi criada por operários, no início do capitalismo industrial, como resposta à pobreza e ao desemprego que resultavam da utilização das máquinas, no início do século XIX. Com a criação de cooperativas (de produção, de prestação de serviços, de comercialização ou de crédito), os trabalhadores buscavam independência econômica e capacidade de controlar as novas tecnologias, colocando-as a serviço de todos os membros da empresa. Essa ideia persistiu e se espalhou: da reciclagem ao microcrédito, já existem milhares de empreendimentos desse tipo hoje em dia, em várias partes do mundo. Na economia solidária, todos os que trabalham são proprietários da empresa. Trata-se da possibilidade de uma empresa sem divisão entre patrão e empregados, sem busca exclusiva pelo lucro e mais apoiada na qualidade do que na quantidade de trabalho, em convivência com a economia de mercado.*

SINGER, Paul. *A recente ressurreição da economia solidária no Brasil*. Disponível em: <www.cultura.ufpa.br/itcpes/documentos/ecosolv2.pdf>. Acesso em: 23 mar. 2014. (com adaptações).

A economia solidária, no âmbito da sociedade capitalista, institui complexas relações sociais, demonstrando que:

a) a fraternidade entre patrões e empregados, comum no cooperativismo, tem gerado soluções criativas para o desemprego desde o início do capitalismo.
b) a rejeição ao uso de novas tecnologias torna a empresa solidária mais ecologicamente sustentável que os empreendimentos capitalistas tradicionais.
c) a prosperidade do cooperativismo, assim como a da pirataria e das formas de economia informal, resulta dos benefícios do não pagamento de impostos.
d) as contradições inerentes ao sistema podem resultar em formas alternativas de produção.
e) o modelo de cooperativismo dos regimes comunistas e socialistas representa uma alternativa econômica adequada ao capitalismo.

Resposta: d

A alternativa *a* está incorreta, pois a economia solidária não promove a separação entre a propriedade do meio de produção e o trabalho. A empresa solidária dá prioridade à qualidade do trabalho e sua quantidade, e não ao lucro. Esse tipo de empresa é uma forma de organização dos trabalhadores em busca de alternativas decorrentes do sistema capitalista.

3 O Nacionalismo

O progresso econômico capitalista e a insustentabilidade do Antigo Regime enfraqueceram as decisões do Congresso de Viena (1815). A partir da Revolução de 1830, na França – que derrubou o governo absolutista dos Bourbon –, o liberalismo e o socialismo se estabeleceram como correntes ideológicas no mundo capitalista emergente.

O nacionalismo é mais um fenômeno que surgiu em plena "era das revoluções". Parte do princípio de que um povo tem o direito de se autogovernar e exercer sua soberania sobre um território, de forma autônoma. Esse princípio acabou servindo às colônias, desde as americanas até, mais tarde, as africanas e asiáticas, para reivindicar sua independência. Dois exemplos de nacionalismo em ação foram os processos de unificação da Itália e da Alemanha, que até a segunda metade do século XIX não existiam como os países que hoje conhecemos.

A unificação italiana

A Itália, imbuída de forte sentimento nacionalista, despertado principalmente pelas divisões impostas pelo Congresso de Viena, aceleraria sua política de unificação.

A península Itálica, até o século XIX, estava fragmentada em vários Estados e ducados, segundo determinações impostas pelo Congresso de Viena. Era mais uma expressão geográfica do que uma unidade política.

No início do século XIX, destacaram-se os carbonários – cujo nome está associado às cabanas dos carvoeiros, onde se encontravam secretamente –, tidos como os precursores dos movimentos pela unificação italiana. Reunindo monarquistas e republicanos, sem uma linha de ação definida, os carbonários atuavam em toda a Itália. A partir das lutas de 1848, que veremos no próximo capítulo, destacaram-se os republicanos, liderados por **Mazzini** e **Garibaldi,** (que também participou da Revolução Farroupilha, no Brasil), e os monarquistas, liderados pelo conde **Cavour**. Estes últimos tomaram a frente das lutas pela unificação a partir do reino do Piemonte-Sardenha, estado independente, industrializado e progressista, governado por Vítor Emanuel II.

Museu Nacional do Ressurgimento Italiano, Palermo

Pintura do século XIX, na qual Garibaldi aparece retratado na tela pendurada na parede.

A Prússia, por seu lado, iniciou, em 1860, um programa de modernização militar sustentado pela aliança da alta burguesia com os grandes proprietários e aristocratas. Tendo à frente o chanceler Otto von Bismarck, reiniciaram-se as lutas pela unificação alemã com uma estratégia que visava à exaltação do espírito nacionalista alemão por meio de sua participação em guerras. Na Guerra das Sete Semanas (1866), desfez-se a Confederação Germânica e a Prússia saiu vitoriosa sobre a Áustria, organizando a Confederação Germânica do Norte sob a liderança do *Kaiser* Guilherme I Hohenzollern, de quem Bismarck era ministro. O processo de unificação de toda a Alemanha, entretanto, encontrava obstáculos nos Estados autônomos do sul, apegados às soberanias locais ou ainda sob influência austríaca.

Napoleão III opunha-se à completa unificação alemã, pois faria emergir uma grande potência em suas fronteiras orientais. O aguçamento das tensões deu-se quando, em 1869, o trono espanhol ficou vago, cabendo a Coroa a um primo do *Kaiser* Guilherme I, Leopoldo Hohenzollern. Napoleão III vetou a sucessão, vendo-a como um cerco da família Hohenzollern à França.

Napoleão III: sobrinho de Bonaparte, foi imperador da França entre 1852 e 1870.

Como era previsto por Bismarck, os Estados do sul da antiga Confederação Germânica uniram-se aos do norte na guerra contra a França, vencendo-a na Batalha de Sedan e completando a unificação germânica. Em janeiro de 1871, num episódio humilhante aos franceses, Guilherme I foi coroado imperador do Segundo *Reich* ("Império") na Sala dos Espelhos do Palácio de Versalhes, em Paris. Pouco depois foi assinado entre os dois Estados o Tratado de Frankfurt, segundo o qual a França teria de pagar uma indenização à Alemanha e entregar-lhe o território da Alsácia-Lorena.

Com a unificação, a Alemanha cresceu vertiginosamente, a ponto de, em 1900, superar a Inglaterra na produção de aço. O desenvolvimento industrial alemão colocou em risco a hegemonia britânica mundial, causando muitos atritos. A exigência alemã de uma nova divisão colonial que a favorecesse, somada às alianças político-militares, levou à Primeira Guerra Mundial.

Museu Carnavalet, Paris

Nos arredores de Paris, na Sala dos Espelhos do Palácio de Versalhes, os alemães coroaram seu imperador Guilherme I e consagraram o Segundo *Reich*, o Segundo Império depois do Sacro Império Romano-Germânico. Pintura do século XIX.

4 As lutas trabalhistas e as Internacionais Operárias

O socialismo está inseparavelmente ligado aos movimentos dos trabalhadores e seus projetos de mudança social. O movimento operário europeu, durante o século XIX, teve períodos de ascensão e de refluxo. Na Inglaterra, a ascensão trabalhista desembocou no **cartismo**, movimento popular que reivindicava reformas nas condições de trabalho (especialmente limitação da jornada) e direitos políticos (sufrágio universal). Na década de 1850, porém, após as revoluções sociais frustradas de 1848 e a repressão do Estado, o movimento operário foi consideravelmente abalado.

Em 1864, o movimento operário voltou a ganhar força, quando foi fundada em Londres a **Primeira Internacional Operária**, também chamada de Associação Internacional dos Trabalhadores. Os primeiros encontros foram marcados pelas divergências entre marxistas, anarquistas e sindicalistas. O conflito teórico entre Marx e Bakunin ganhou maior repercussão com os acontecimentos da **Comuna de Paris** (1871), um governo popular de curta duração.

Reprodução/Acervo Iconographia/Reminiscências

Participantes do congresso da Primeira Internacional Operária, reunidos em 1866.

Em 1872, num congresso em Haia, nos Países Baixos, Bakunin e seus seguidores anarquistas foram expulsos da Internacional e, em 1876, a própria associação foi dissolvida em virtude da divisão entre os trabalhadores.

Numa nova investida trabalhista, foi fundada a **Segunda Internacional Operária** (1889), com um sentido mais reformista e menos revolucionário, adotando os ideais da Social-Democracia Alemã, primeiro partido político socialista. Segundo esses ideais, o socialismo seria alcançado lentamente, pelas reformas, pelo voto, pela via parlamentar. Mas a união dos trabalhadores foi breve: no início do século XX, os marxistas revolucionários, liderados pelo russo **Vladimir Lenin** e pela alemã **Rosa Luxemburgo**, opuseram-se aos moderados.

As massas trabalhadoras dividiram-se ainda mais durante a Primeira Guerra Mundial (1914-1918), sepultando a Segunda Internacional. Em 1919, em Moscou, em meio à Revolução Russa, formou-se a **Terceira Internacional**, que assumiu o nome de Internacional Comunista, conhecida também como *Comintern*, e que seria o embrião dos partidos comunistas de todo o mundo.

Os moderados ou reformistas da Segunda Internacional, discordantes dos revolucionários russos, tentaram reorganizá-la, adotando, a partir de 1923, o nome de Internacional Socialista, base dos partidos socialistas. A partir de então, comunistas e socialistas separaram-se, com visões de mundo e propostas diferentes. Enquanto os socialistas passaram a ser rotulados pelos comunistas de seguidores do reformismo utópico, os comunistas eram acusados de serem radicais, revolucionários e autoritários.

The Bridgeman Art Library/Keystone/Museu Russo, São Petesburgo, Rússia

Abertura do II Congresso da Internacional Comunista em Petrogrado, 1920. Obra de Boris M. Kustodiev, de 1921.

Atividades

Leitura e reflexão

1. Leia o texto abaixo, retome as ideias de Marx e Engels trabalhadas no capítulo (incluindo o trecho do **Manifesto comunista** da página 571) e responda as questões propostas.

> Marx e Engels – que assimilaram com extraordinária rapidez o pensamento social e histórico de sua época – elaboraram, portanto, uma teoria completa e coerente, que explicava mais mistérios do passado, simplificava mais complicações do presente e abria para o futuro um caminho aparentemente mais prático do que qualquer outra teoria dessa espécie jamais proposta. E fizeram mais: apresentaram um "princípio dinâmico" (expressão usada por Marx em sua tese de doutorado) [...] que impulsionava todo o sistema, motivava de modo convincente uma progressão na história, como nenhuma outra generalização histórica fizera antes, e que não apenas despertava o interesse do leitor num grande drama, mas também o obrigava a reconhecer que ele próprio era parte dele e o estimulava a desempenhar um papel nobre.
>
> WILSON, Edmund. *Rumo à Estação Finlândia*: escritores e atores da História. São Paulo: Companhia das Letras, 1987. p. 153.

a) Explique os trechos sublinhados.
b) Qual a importância da ação política do operariado na análise marxista?

Análise e comparação de imagens

2. As imagens abaixo referem-se, na ordem, às três Internacionais, movimentos dos trabalhadores vistos no capítulo. Observe-as e realize as atividades.

Desenho francês em que se lê "fraternidade socialista".

Coleção particular

Coleção particular

Cartaz inglês em que se lê "solidariedade no trabalho".

Coleção particular

Cartaz russo em que se lê "Viva a Terceira Internacional Comunista" em inglês, francês, italiano e alemão.

a) Identifique as diferenças entre as imagens.
b) Explique como cada imagem representa as características do respectivo movimento.

Vestibulares de Norte a Sul

1. **NE** (UFSE)

Em 1870 o mapa da Europa sofreu profundas modificações. Novas forças apareceram [...], nascidas da aspiração pela independência e da unidade nacional.

RÉMOND, René. *O século XIX*. São Paulo: Cultrix, 1974. p. 160.

Analise as proposições que definiram as mudanças a que o texto faz referência.

( ) O articulador da unificação no sul da Itália foi o republicano Garibaldi que organizou a insurreição no Reino das Duas Sicílias, reunindo um exército de voluntários conhecido como os Mil de Garibaldi.

( ) A unidade italiana obteve êxito com a aliança do Reino do Piemonte-Sardenha com a França de Napoleão III para anexar territórios italianos ao norte, sob o domínio da Áustria.

( ) Quando as tropas francesas abandonaram o Estado Pontifício para enfrentar os alemães, as forças de unificação invadiram Roma, transformando-a na capital italiana, o que foi consagrado em um plebiscito.

( ) Pelo tratado de Frankfurt a França pagou uma indenização à Alemanha, bem como lhe entregou as províncias de Alsácia-Lorena, fomentando o revanchismo francês e o desenvolvimento industrial alemão.

( ) A aliança entre os reinos da Prússia, Moravia e a França incentivou os movimentos de libertação nacional no Império Austro-Húngaro e favoreceu a criação do Estado Nacional Prussiano.

2. **SE** (Uerj)

Socialista surgiu como descrição filosófica em princípios do século XIX. Sua raiz linguística era o sentido desenvolvido de social. A distinção decisiva entre socialista e comunista, como em certo sentido esses termos são hoje comumente utilizados, veio com a mudança de nome, em 1918, do Partido Operário Socialdemocrata Russo para Partido Comunista Panrusso. Dessa época em diante, uma distinção entre socialista e comunista tornou-se amplamente vigente.

WILLIAMS, Raymond. Socialista. In: *Palavras-chave:* um vocabulário de cultura e sociedade. São Paulo: Boitempo, 2007.

Na história europeia, durante o século XX, estabeleceu-se uma diferença entre socialismo e comunismo relacionada ao seguinte aspecto:

a) crítica dos valores liberais
b) controle da indústria pelo Estado
c) defesa da ditadura do proletariado
d) importância do sentimento patriótico

3. **SE** (PUC-RJ) Leia, com atenção os textos a seguir.

Documento 1:

Defendi por quarenta anos o mesmo princípio: liberdade em cada coisa, na religião, na filosofia, na literatura, na indústria, na política; e por liberdade entendo o triunfo da individualidade, seja sobre a autoridade que gostaria de governar de forma despótica, seja sobre as massas que reclamam o direito de sujeitar a minoria à maioria.

Documento 2:

Detesto a comunhão, porque é a negação da liberdade e porque não concebo a humanidade sem liberdade. Não sou comunista, porque o comunismo concentra e engole, em benefício do Estado, todas as forças da sociedade; porque conduz inevitavelmente à concepção da propriedade nas mãos do Estado, enquanto eu proponho [...] a extinção definitiva do princípio mesmo da autoridade e tutela, próprios do Estado, o qual, com o pretexto de moralizar e civilizar os homens, conseguiu [...] somente escravizá-los, persegui-los e corrompê-los.'

Nos documentos anteriores, estão expressas duas visões da realidade social elaboradas no século XIX representativas das ideias:

a) do liberalismo e do socialismo utópico.
b) da doutrina social da Igreja e do socialismo científico.
c) do socialismo utópico e do anarquismo.
d) do liberalismo e do anarquismo.
e) da doutrina social da Igreja e do socialismo utópico.

4. **S** (Udesc) Sobre os Movimentos Sociais, sobretudo na Europa, formados na segunda metade do século XIX, assinale a alternativa CORRETA.

a) Problemas sociais como mão de obra barata numerosa e jornada de trabalho de até dezesseis horas por dia indicavam a necessidade de organização e a criação de entidades como associações de ajuda mútua e sindicatos.
b) Os anarquistas foram vitoriosos em quase todas suas iniciativas de organização, e a maior expressão disso foi a formação do Estado Franco-Prussiano.
c) Os movimentos sociais do período buscaram melhorar as relações tranquilas que patrões e operários mantinham nas fábricas.
d) O trabalho infantil e a exploração da mão de obra não pertenciam mais à realidade europeia no período.
e) Os sindicatos criados no período receberam imediato apoio dos patrões, preocupados com a condição de vida de todos.

5. **S** (UEL-PR)

Texto 1

Thomas Malthus (1766-1834) assegurava que, se a população não fosse de algum modo contida, dobraria de 25 em 25 anos, crescendo em progressão geométrica, ao passo que, dadas as condições médias da terra disponíveis em seu tempo, os meios de subsistência só poderiam aumentar, no máximo, em progressão aritmética.

Texto 2

A ideia de um mundo famélico assombra a humanidade desde que Thomas Malthus previu que no futuro não haveria comida em quantidade suficiente para todos.

Organismos internacionais – Organização das Nações Unidas, Banco Mundial e Fundo Monetário Internacional – chamaram a atenção para a gravidade dos problemas decorrentes da alta dos alimentos. O Banco Mundial prevê que 100 milhões de pessoas poderão submergir na linha que separa a pobreza da miséria absoluta devido ao encarecimento da comida.

(Adaptado: FRANÇA, R. O fantasma de Malthus. *Veja*. 23 abr. 2008.)

Para K. Marx (1818-1883), a teoria malthusiana do crescimento populacional:

a) permitia entender, de modo científico, as razões pelas quais os proletários teriam dificuldades para ascender socialmente.
b) apresentava as bases adequadas sobre as quais se deveria elaborar a teoria do valor trabalho.
c) reforçava valores da burguesia ascendente que, posteriormente a 1848, assumia posições cada vez mais conservadoras.
d) era o primeiro passo na construção de uma teoria explicativa do real caráter de classe da sociedade burguesa.
e) apreendia a essência do proletariado moderno e os motivos pelos quais a classe burguesa estaria fadada a desaparecer.

6. **SE** (PUC-MG) As mudanças do sistema capitalista a partir de 1870/1880, nas sociedades mais industrializadas, tiveram como característica principal:

a) Fortalecimento da democracia como regime mais racional na condução dos povos civilizados.
b) Fortalecimento das práticas de livre-cambismo devido à concorrência perfeita desenvolvida no capitalismo da época.
c) Aumento da concentração e da centralização do capital monopolista dentro da lógica do imperialismo.
d) Aparecimento de uma nova esquerda, fundadora de uma ética mais humanista e voltada para os interesses populares.

7. **NE** (Uece) O século XIX foi marcado pelo surgimento de correntes de pensamento que contestavam o modelo capitalista de produção e propunham novas formas de organizar os meios de produção e a distribuição de bens e riquezas, buscando uma sociedade que se caracterizasse pela igualdade de oportunidades. No que diz respeito a essas correntes, assinale a afirmação verdadeira.

a) O socialismo cristão buscava aplicar os ensinamentos de Cristo sobre amor e respeito ao próximo aos problemas sociais gerados pela industrialização, mas apesar de vários teóricos importantes o defenderem, a Igreja o rejeitou através da Encíclica Rerum Novarum, lançada pelo Papa Leão XIII.
b) No socialismo utópico, a doutrina defendida por Robert Owen e Charles Fourrier, prevaleciam as ideias de transformar a realidade por meio da luta de classes, da superação da mais-valia e da revolução socialista.
c) O socialismo científico proposto por Karl Marx e Friedrich Engels, através do manifesto Comunista de 1848, defendia uma interpretação socioeconômica da história dos povos, denominada materialismo histórico.
d) O anarquismo do russo Mikhail Bakunin defendia a formação de cooperativas, mas não negava a importância e a necessidade do Estado para a eliminação das desigualdades.

8. **S** (UFPR) No Brasil, desde 2011, tem havido diversas comemorações dos 150 anos da Unificação Italiana, relembrando os fortes laços culturais entre os dois países. Sobre a relação entre a Unificação Italiana e a imigração de italianos para as Américas, é correto afirmar:

a) A unificação italiana foi o resultado de uma série de revoltas populares, que culminaram em 1861 com a formação de uma república socialista sob a direção de Giuseppe Mazzini. A burguesia, que não concordava com o novo regime, emigrou para as Américas, levando capital suficiente para iniciar a industrialização em países como a Argentina, o Brasil e os Estados Unidos.
b) O processo da unificação italiana contou com a intensa participação do Império brasileiro, pois D. Pedro II almejava estabelecer relações comerciais com os italianos. É notória a participação de Giuseppe Garibaldi na política brasileira do período imperial. Após a unificação, contudo, nem o Brasil nem os demais países aliados conseguiram levantar a Itália de uma profunda crise econômica, o que levou a uma grande leva emigratória para as Américas de 1880 a 1930.
c) A unificação italiana foi um processo iniciado no início do século XIX, que se concluiu em 1861, com uma monarquia constitucionalista, sob o comando de uma aliança entre burgueses e latifundiários, que afastou os setores populares do poder. Muitos italianos camponeses e trabalhadores saíram empobrecidos após a unificação, o que estimulou uma intensa emigração para as Américas entre 1880 e 1930, engrossando fileiras de trabalhadores agrícolas e operários.
d) A unificação italiana durou de 1861 a 1870, agregando estados independentes sob a direção do reino de Piemonte-Sardenha. Porém, sua conclusão só foi possível após a Unificação Alemã, que marcou o fim da ingerência de Otto Von Bismark na política europeia. Após esse processo, o monarca instituído perseguiu duramente seus inimigos políticos, que emigraram para as Américas.
e) A emigração italiana para as Américas teve início por conta de uma série de dificuldades financeiras causadas por problemas climáticos, que, por volta de 1850, prejudicaram as colheitas. O volume de emigrantes intensificou-se após a unificação em 1861, em decorrência do fato de que o governo anarquista instituído fracassou na tentativa de reerguer o país.

CAPÍTULO

26 Europa e Estados Unidos no século XIX

Hulton Archive/Getty Images

A grande reunião cartista realizada em Kennington Commom, em abril de 1848 (gravura do século XIX).

Para pensar historicamente

Liberalismo, socialismo, nacionalismo e imperialismo

Confrontos violentos, na Europa e na América, foram constantes no século XIX. Dentro de cada país e entre eles cresceram disputas envolvendo os mais diversos interesses. A consolidação do Estado liberal, as reivindicações socialistas, as unificações políticas nacionais e as disputas por mercados internacionais firmaram-se como as marcas do século.

Será que essas lutas e suas conquistas atingiram do mesmo modo todos os segmentos sociais? Quais foram os beneficiados nos diferentes casos?

Com as transformações sociais, políticas e econômicas e as reivindicações para a melhoria nas condições de vida e de trabalho das populações surgem novos movimentos e correntes teóricas. Por outro lado, ações imperialistas perpetuaram disputas, dominações e imposições culturais, econômicas e políticas.

Em que medida esse conjunto de teorias, ações e acontecimentos históricos continua a ser utilizado para o entendimento das questões da atualidade? Como o ideário e o motor dos movimentos sociais continuaram e continuam a inspirar gerações em todo mundo?

Dmitry Serebryakov/Agência France-Presse

As bandeiras ucranianas e russas resgatam ideias nacionais durante manifestação contra a decisão da Rússia de anexar a Crimeia, em 2014.

1 Um mundo em movimento

No processo de consolidação do Estado liberal burguês, com a industrialização e o progresso do capitalismo na Europa, viu-se o triunfo do imperialismo, em meio à efervescência do sentimento nacionalista e da doutrina socialista. Os enfrentamentos não se restringiam ao campo das ideias, e foram muitos os conflitos armados, grande parte envolvendo a disputa por mercados coloniais. A população europeia, mergulhada em guerras e instabilidade política e econômica, enfrentava condições sociais adversas, como a baixa remuneração para a maioria da população, falta de moradia, desabastecimento e perseguições.

Procurando sobreviver e recomeçar a vida, grandes massas de emigrantes buscaram novas oportunidades em outras terras. O mapa abaixo mostra as principais rotas de emigração entre o século XIX e o início do século XX. Uma análise dessas rotas fornece importantes informações sobre a situação mundial naquele período.

Observe no mapa que os principais fluxos migratórios partiam da Europa e da Ásia rumo à América do Norte, América do Sul e **Austrália**. Calcula-se que entre 1815 e 1914 cerca de 40 milhões de europeus abandonaram definitivamente seus locais de origem para se instalarem nos Estados Unidos, Canadá, Brasil, Argentina, Austrália e **Nova Zelândia**.

O grande movimento populacional da Europa para outros continentes – o Novo Mundo, como era denominada a América, e o Novíssimo, como passou a ser conhecida a Oceania (Austrália, Nova Zelândia, Papua Nova Guiné e outras ilhas) – esteve associado ao clima de crise e turbulência política dos países europeus.

Austrália: calcula-se que, antes da chegada dos europeus, a população de aborígines, primeiros habitantes do território, era de 150 a 350 mil, reduzida atualmente a cerca de 60 mil. Colonizada pelos ingleses, a Austrália foi utilizada no século XVIII como lugar para deportação de condenados – criminosos ingleses. A partir de meados do século XIX, atraiu muitos colonos com suas pastagens, indústria de lã e na corrida pelo ouro.

Nova Zelândia: a colonização inglesa, apesar da presença inicial dos holandeses, também resultou numa atuação que provocou a dizimação dos nativos – os maoris, originários da Polinésia. Foi um dos primeiros países a praticar políticas públicas sociais (aposentadoria, assistência médica e outros benefícios para os trabalhadores de origem britânica) já em 1898, em virtude da grande presença de ativistas sindicais entre os colonizadores.

Rotas dos emigrantes do século XIX e início do século XX

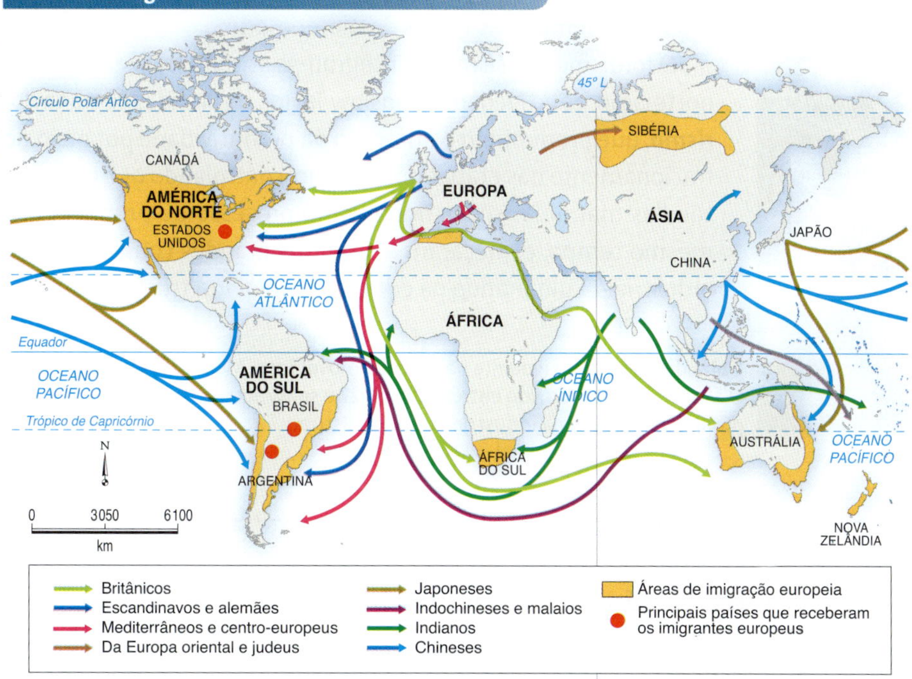

Allmaps/Arquivo da editora

Adaptado de: SANTACANA, Juan; ZARAGOZA, Gonzalo. *Historia – Ciencias Sociales. Secundária*. Madri: SM, 1996. p. 19.

No século XIX, a população mundial passou de aproximadamente 900 milhões para 1,6 bilhão de habitantes[1]. Alguns estudiosos calculam que nesse período a população das Américas, África do Sul, Austrália, Nova Zelândia e Sibéria tenha aumentado de quase 6 milhões para 200 milhões de habitantes[2].

[1] Dados de PARKER, Geoffrey (Ed.). *Atlas da história do mundo*. São Paulo: Folha de S.Paulo/Times Books, 1995. p. 204.

[2] Dados citados por SANTACANA, Juan; ZARAGOZA, Gonzalo. *Historia – Ciencias Sociales*. Secundária. Madri: SM, 1996. p. 18-9.

2 A Segunda Revolução Industrial

Como já vimos, ao longo do século XIX o processo de industrialização iniciado principalmente na Inglaterra acelerou-se e chegou a outros países, como França e Bélgica e, um pouco mais tarde, Itália, Alemanha, Rússia, Estados Unidos e Japão. Na segunda metade do século, ocorreram diversas inovações técnicas: a descoberta da **eletricidade**; o desenvolvimento do processo para transformação do **ferro em aço**; o surgimento e o avanço de novos meios de transporte (ampliação das **ferrovias**, seguida da invenção do **automóvel** e do **avião**, a partir da invenção do **motor de combustão interna**) e mais tarde dos meios de comunicação (invenção do **telégrafo** e do **telefone**); o desenvolvimento da **indústria química** e de outros setores. Esse conjunto propiciou às sociedades da época uma nova dinâmica e ficou conhecido como **Segunda Revolução Industrial**.

Bettmann/Corbis/Latinstock

Automóvel desenvolvido por Charles E. Duryea em 1895.

Com o objetivo de obter maiores lucros, levou-se ao extremo a **especialização do trabalho**. Além disso, a produção foi ampliada, passando-se a fabricar **artigos em série**, o que barateava o custo por unidade. Surgiram as linhas de montagem, esteiras rolantes pelas quais circulavam as partes do produto a ser montado, de forma a agilizar a produção e aumentar sua eficiência.

Implantadas primeiramente na indústria automobilística Ford, nos Estados Unidos, as esteiras conduziam o chassi do carro por toda a fábrica. Os operários distribuíam-se ao longo da linha de produção e montavam o carro com peças que chegavam a suas mãos em outras esteiras rolantes. Esse método de racionalização da produção em massa, que foi chamado de **fordismo**, estava ligado ao princípio de que a empresa deveria dedicar-se a apenas um produto e dominar as fontes de matéria-prima.

O fordismo, desse modo, integrou-se às teorias do engenheiro norte-americano Frederick Winslow Taylor, conhecidas como **taylorismo**, que propunham o aumento da produtividade por meio do fracionamento das etapas do trabalho, controlando os movimentos das máquinas e dos homens no processo de produção. Ao mesmo tempo, começaram a surgir os grandes conglomerados industriais, culminando na criação de *holdings*, trustes e cartéis.

Album/akg-images/Latinstock

Linha de montagem (volante para o automóvel Ford, Modelo T) em foto de 1911. O Modelo T foi produzido entre 1908 e 1927 e se tornou um símbolo da produção em série na indústria automobilística.

Para saber mais

A concentração do capital industrial

- ***Holdings***: grandes empresas financeiras que controlam vastos complexos industriais, sendo proprietárias da maior parte de suas ações.
- **Trustes**: companhias que absorvem seus concorrentes ou estabelecem acordos entre si, monopolizando a produção de certas mercadorias, determinando os preços e dominando o mercado. Podem ser horizontais (com empresas do mesmo ramo) ou verticais (empresas de ramos diferentes).
- **Cartéis**: grandes empresas independentes, produtoras de mercadorias de um mesmo ramo, que se associam para evitar a concorrência, estabelecendo divisão de mercados e definindo preços.

3 Inglaterra e a Era Vitoriana

Nas primeiras décadas do século XIX, a Inglaterra consolidou-se como principal potência mundial, situação que vigorou até o início do século XX – não sem contestações e disputas.

A rainha Vitória ocupou o trono inglês durante a maior parte desse século, governando o reino por mais de 60 anos (1837-1901). Adotou uma política marcadamente burguesa e impulsionadora do liberalismo. Essa fase de apogeu britânico tornou-se conhecida como **Era Vitoriana**.

O rápido crescimento industrial, a poderosa marinha mercante e o Estado solidamente estruturado garantiam o poderio britânico, que desde a derrota de Napoleão Bonaparte, em 1815, não encontrava nenhum rival suficientemente forte para ameaçar de forma decisiva sua estabilidade, liderança e hegemonia internacional. Foi a era da libra esterlina como moeda do comércio internacional.

O período vitoriano foi também uma época de grandes conquistas trabalhistas. Organizações de trabalhadores como as *trade unions* venceram a resistência do empresariado e obtiveram sucessivas melhorias nas condições de trabalho (legislação trabalhista, redução da jornada de trabalho, melhores salários), bem como maior espaço na vida política inglesa.

Corbis/Latinstock/Coleção Stapleton

Pintura da rainha Vitória do início do século XIX, de Franz Winterhalter. Seu longo reinado de 63 anos só terminou três semanas depois de ter acabado o século XIX, o chamado "século britânico".

Em 1838, os operários ingleses elaboraram uma petição ao Parlamento, a **Carta do Povo**, que reivindicava o sufrágio universal, o voto secreto, o fim do critério censitário (renda mínima pessoal) para votar e ser votado, a remuneração dos eleitos e eleições anuais. O documento foi rejeitado pelo Parlamento, mas inspirou um movimento de massas, o **movimento cartista**, que pressionou os governantes e obteve algumas conquistas, como a regulamentação do trabalho infantil e feminino, a permissão de associações políticas e a jornada de trabalho de 10 horas. Mais do que isso, o cartismo foi um importante marco na organização dos trabalhadores.

Mais tarde, os movimentos populares foram retomando força e conquistando, em 1858, o fim do censo eleitoral para a Câmara dos Comuns e, em 1867, a ampliação do direito de voto, deixando ainda de fora os trabalhadores industriais mais pobres. Posteriormente, foi estabelecido o voto secreto e o direito de voto foi estendido aos trabalhadores rurais. No final dos anos 1880, os sindicatos foram oficialmente reconhecidos e foi regulamentada a duração da jornada de trabalho dos adultos (homens e mulheres) e crianças.

Após as eleições de 1906, as disputas políticas e a busca pela ampliação dos direitos eleitorais e sociais estruturaram definitivamente o Partido Trabalhista, formado em 1893 por líderes sindicais, e também levaram ao sufrágio "universal" britânico em 1918.

The Bridgeman Art Library/Keystone/Galeria de Arte Astley Cheetham, Stalybridge, Greater Manchester, Inglaterra

A abertura da casa de reunião dos cartistas, pintura de Harry Rutherford, cerca de 1960-1970.

Leituras da História

Papéis femininos

A historiadora Catherine Hall analisa como se processou a distinção entre os espaços públicos e os privados e entre os papéis que deveriam ser assumidos por homens e mulheres, na Inglaterra do século XIX. A autora expõe como os ideais de privacidade e dos papéis femininos defendidos pelas classes abastadas foram, em certa medida, adotados pelo operariado. Além disso, a regulamentação do trabalho feminino não é tratada exatamente como uma conquista, mas resultado de uma imposição masculina.

"Pode-se ver uma convergência entre as ideias dos evangélicos e as de alguns meios do operariado no desenvolvimento de uma política oficial, no decorrer da década de 1840, relativa ao trabalho das mulheres. Entre 1830 e 1840, os homens foram reconhecidos como cidadãos responsáveis, ao passo que as mulheres eram maciçamente reduzidas ao silêncio. A ideia então defendida [...] era que o homem devia receber um "salário familiar", uma quantia suficiente que lhe permitisse sustentar toda a sua família. [...] As reivindicações salariais em sindicatos de operários qualificados anunciam a ideia do "salário familiar". No entanto, não é o caso de ver aí uma aceitação irrestrita das ideias da burguesia, tratando-se antes de uma adaptação e uma reforma de um ideal específico de classe.

No começo da década de 1840, para tomar apenas um exemplo, o receio da burguesia quanto ao emprego de mulheres em ofícios incompatíveis com sua natureza manifestou-se com relação ao trabalho feminino nas minas. [...] Uma burguesa que trabalhasse para ganhar dinheiro não era feminina. No caso do trabalho das mulheres pobres, as normas eram um pouco diferentes. As mulheres podiam ter um ofício, se fosse um prolongamento do seu papel feminino "natural". Não se considerava inconveniente que as empregadas domésticas limpassem, cozinhassem e cuidassem das crianças. [...] Mas certos ofícios executados pelas mulheres eram considerados totalmente incompatíveis com a natureza delas, principalmente se fossem exercidos num ambiente misto. Uma mulher trabalhando em subterrâneos era a negação mais categórica da concepção de feminilidade sustentada pelos evangélicos. A comissão nomeada para investigar o trabalho infantil nas minas ficou assombrada e horrorizada ao ver as condições de trabalho das mulheres. Além do mais, elas trabalhavam ao lado de homens, sem estarem inteiramente vestidas como deveriam. Era uma afronta à moral pública, que ameaçava de ruína a família operária.

[...] Observavam que, se as mulheres dos donos das minas podiam ficar em casa, isso também devia valer para as suas. [...] O trabalho feminino era visto como uma ameaça ao setor, pois a presença das mulheres mantinha o baixo nível dos salários. Os mineiros tinham suas boas razões para preferir, em termos ideais, sustentar as necessidades de suas mulheres em casa. [...] Elas detestavam suas condições de trabalho, mas precisavam de dinheiro. Não foram ouvidas e, ao final de um dos maiores debates da década de 1840, os homens foram definitivamente reconhecidos como trabalhadores, e as mulheres como esposas e mães, por obra do Estado, da burguesia filantrópica e dos operários."

HALL, Catherine. Sweet Home. In: *História da vida privada*: da Revolução Francesa à Primeira Guerra. São Paulo: Companhia das Letras, 1991. p. 79-82.

Interior de uma cabana de mineiros de carvão, gravura de Godefroy Engelmann, de 1829.

The Bridgeman Art Library/Getty Images/Museu Nacional de Artes e Tradições Populares, Paris, França.

Pensando no Enem

1. *A Inglaterra pedia lucros e recebia lucros, tudo se transformava em lucro. As cidades tinham sua sujeira lucrativa, suas favelas lucrativas, sua fumaça lucrativa, sua desordem lucrativa, sua ignorância lucrativa, seu desespero lucrativo. As novas fábricas e os novos altos-fornos eram como as pirâmides, mostrando mais a escravização do homem que seu poder.*

DEANE, P. *A Revolução Industrial*. Rio de Janeiro: Zahar, 1979 (adaptado).

Qual relação é estabelecida no texto entre os avanços tecnológicos ocorridos no contexto da Revolução Industrial Inglesa e as características das cidades industriais no início do século XIX?

a) A facilidade em se estabelecerem relações lucrativas transformava as cidades em espaços privilegiados para a livre iniciativa, característica da nova sociedade capitalista.
b) O desenvolvimento de métodos de planejamento urbano aumentava a eficiência do trabalho industrial.
c) A construção de núcleos urbanos integrados por meios de transporte facilitava o deslocamento dos trabalhadores das periferias até as fábricas.
d) A grandiosidade dos prédios onde se localizavam as fábricas revelava os avanços da engenharia e da arquitetura do período, transformando as cidades em locais de experimentação estética e artística.
e) O alto nível de exploração dos trabalhadores industriais ocasionava o surgimento de aglomerados urbanos marcados por péssimas condições de moradia, saúde e higiene.

Resposta: e

Uma característica do processo de industrialização foi o forte crescimento dos centros urbanos. Os locais de residência de uma grande massa de trabalhadores fabris primava pela precariedade e péssimas condições de habitação. A sua conformação arquitetônica externava a exclusão do operariado na participação das riquezas geradas pela dinamização industrial.

Considerando a matriz de Referência do Enem, essa questão contempla a competência de área 4 – Entender as transformações técnicas e tecnológicas e seu impacto nos processos de produção, no desenvolvimento do conhecimento e na vida social, especialmente a habilidade H20: Selecionar argumentos favoráveis ou contrários às modificações impostas pelas novas tecnologias à vida social e ao mundo do trabalho.

2. A Revolução Industrial ocorrida no final do século XVIII transformou as relações do homem com o trabalho. As máquinas mudaram as formas de trabalhar e as fábricas concentraram-se em regiões próximas às matérias-primas e grandes portos, originando vastas concentrações humanas. Muitos dos operários vinham da área rural e cumpriam jornadas de trabalho de 12 a 14 horas na maioria das vezes em condições adversas. A legislação trabalhista surgiu muito lentamente ao longo do século XIX e a diminuição da jornada de trabalho para oito horas diárias concretizou-se no início do século XX.

Pode-se afirmar que as conquistas no início do século XX, decorrentes da legislação trabalhista, estão relacionadas com:

a) a expansão do capitalismo e a consolidação dos regimes monárquicos constitucionais.
b) a expressiva diminuição da oferta de mão de obra, devido à demanda por trabalhadores especializados.
c) a capacidade de mobilização dos trabalhadores em defesa dos seus interesses.
d) o crescimento do Estado ao mesmo tempo que diminuía a representação operária nos parlamentos.
e) a vitória dos partidos comunistas nas eleições das principais capitais europeias.

Resposta: c

O texto relata as transformações nas relações do homem com o trabalho no início da Revolução Industrial e suas manifestações até o início do século XX. Ainda que as conquistas tenham ocorrido lentamente, as mobilizações dos trabalhadores, as diversas revoluções e contrarrevoluções do século XIX, somados ao desenvolvimento tecnológico-científico foram acontecimentos positivos no enfrentamento da desigualdade social e na luta por direitos trabalhistas. As lutas trabalhistas visavam a redução da jornada de trabalho, melhores salários e condições para o trabalho, liberdades e garantias que pouco a pouco foram reconhecidas.

Considerando a matriz de Referência do Enem, essa questão contempla a competência de área 3 – Compreender a produção e o papel histórico das instituições sociais, políticas e econômicas, associando-as aos diferentes grupos, conflitos e movimentos sociais, especialmente a habilidade H13: Analisar a atuação dos movimentos sociais que contribuíram para mudanças ou rupturas em processos de disputa pelo poder. E também a competência de área 5 – Utilizar os conhecimentos históricos para compreender e valorizar os fundamentos da cidadania e da democracia, favorecendo uma atuação consciente do indivíduo na sociedade, especialmente a habilidade H22: Analisar as lutas sociais e conquistas obtidas no que se refere às mudanças nas legislações ou nas políticas públicas.

4 A França no século XIX

Após a queda de Napoleão Bonaparte em Waterloo (1815), como já vimos, foi coroado Luís XVIII, irmão do rei Luís XVI, que fora guilhotinado durante a Revolução Francesa. Uma nova Constituição restabeleceu na França um governo elitista, combinando o absolutismo com um aparente liberalismo, voto censitário e cerceamento dos direitos e da liberdade conseguidos durante a Revolução Francesa. Seu sucessor e também irmão, Carlos X, que reinou de 1824 a 1830, chegou a restabelecer os moldes de um governo centralizado e restaurar os privilégios do clero e da nobreza.

A forte oposição dos liberais a Carlos X, sob a liderança do duque Luís Filipe de Orléans e da imprensa, mobilizou a sociedade, preparando o palco em que aconteceria a **Revolução de 1830**. Nesse ano, frente às decisões de Carlos X em suprimir a liberdade de imprensa e conter as medidas de controle político, populares reagiram com levantes e barricadas nas ruas de Paris, pressionando por mudanças. Carlos X abdicou do trono e exilou-se na Inglaterra.

A Revolução de 1830 sepultou definitivamente as intenções restauradoras do Congresso de Viena, motivando um período de progressismo, de ímpeto revolucionário, que levaria às revoluções de 1848 e a diversos movimentos nacionalistas.

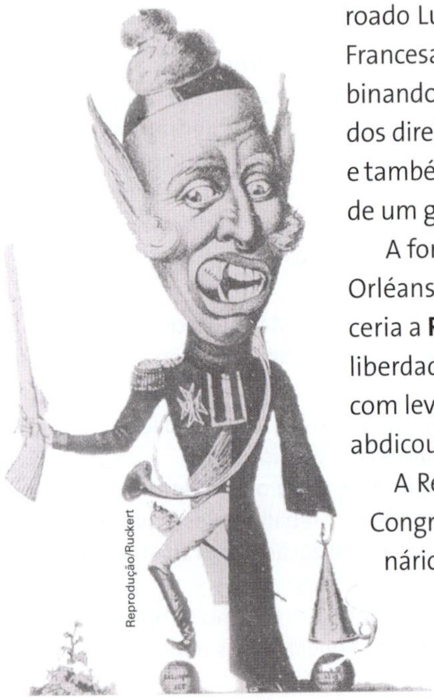

Caricatura de Carlos X, mostrando-o como uma figura risível, ligada ao clero e aos militares.

Para saber mais

Um retrato da Revolução de 1830

A liberdade guiando o povo celebra a revolução de julho de 1830, na qual diversos setores da população francesa lutaram contra a restauração conduzida pelo rei Carlos X. A liberdade é representada pela figura de uma mulher, também símbolo da pátria: segura, protetora, generosa e maternal (observe os seios à mostra). As pessoas do povo olham-na e seguem-na, como se aguardassem sua voz de comando. Nos detalhes percebem-se os últimos acontecimentos: confrontos armados, fumaça, corpos sem vida e personagens representativas – o trabalhador de uma manufatura (com o sabre e de avental); o migrante rural (de lenço vermelho na cabeça); o aluno parisiense, simbolizado no garoto que, provavelmente, retrata uma personagem de *Os miseráveis*, de Victor Hugo, e, à esquerda, de cartola, o próprio pintor, Delacroix, que, não tendo participado do movimento, tenta, segundo ele mesmo, compensar essa omissão retratando-se de arma em punho.

A liberdade guiando o povo, pintura a óleo de Eugène Delacroix, de 1831.

Com a queda da dinastia Bourbon, em 1830, subiu ao trono Luís Filipe de Orléans, que se tornaria conhecido como o "rei burguês" ou o "rei das barricadas" – pois foi coroado com o apoio da burguesia francesa, depois de liderar os levantes com barricadas nas ruas de Paris. Sua posse representou um avanço liberal que repercutiu por toda a Europa, pois simbolizava os anseios das nações prejudicadas pelas medidas adotadas pelo Congresso de Viena. Inspirou o nacionalismo na Bélgica, que se proclamou independente dos Países Baixos, bem como na Alemanha, na Itália e na Polônia, que iniciaram as lutas nacionais contra a dominação estrangeira.

Caricatura de Luís Filipe de Orléans, cuja ascensão representou o retorno da burguesia ao poder. Feita por Richard & Doyle, 1847.

Luís Filipe reformulou a Constituição dos Bourbon, enfatizando o liberalismo: submeteu-se à Constituição, fortaleceu o Legislativo, aboliu a censura e determinou que a religião católica deixaria de ser a religião oficial no país. Porém manteve o limite censitário para o voto e para a candidatura a cargos legislativos. Atendeu, assim, exclusivamente aos interesses da burguesia, ignorando os do proletariado.

Além da falta de direitos civis, os operários e as massas urbanas em geral enfrentavam condições precárias de vida e de trabalho. Muitos não encontravam emprego. Desencadeou-se, em **fevereiro de 1848, um novo movimento revolucionário**, com intensa mobilização popular e operária e com a adesão da **Guarda Nacional**. Luís Filipe abdicou e, assim como seu antecessor, refugiou-se na Inglaterra. A revolução exaltou em outros países da Europa central e oriental o ânimo das massas populares que ansiavam por mudanças profundas, desencadeando uma sucessão de levantes que passou à história como **Primavera dos Povos**.

Guarda Nacional: força de segurança de natureza militar; na França, teve origem nas milícias formadas entre os populares durante a Revolução Francesa (1789).

A derrubada de Luís Filipe levou ao retorno do sistema republicano, que havia vigorado entre 1792 e 1804. O novo governo proclamou o fim da pena de morte e o estabelecimento do sufrágio universal nas eleições. Os conflitos entre os líderes operários e burgueses, entretanto, afloravam. Os socialistas, tendo como meta a criação de uma república social, reivindicavam medidas governamentais que garantissem empregos, direito de greve e limitação das jornadas de trabalho. Conseguiram alguns avanços, mas eram combatidos pelos liberais moderados, que temiam um novo governo radical, como ocorrera durante a Revolução Francesa.

Em abril de 1848 ocorreram novos conflitos, quando o governo provisório instalado no lugar de Luís Filipe, com o objetivo de organizar uma nova Constituição republicana, realizou a eleição de deputados para a Assembleia Constituinte. Os moderados venceram as eleições, apoiados principalmente por proprietários rurais, o que aumentou a polarização política entre socialistas e burgueses. Os populares voltaram a manifestar-se nas ruas, tumultuando Paris. O governo reagiu com violência: sob o comando do general Cavaignac, suspendeu os direitos individuais e massacrou a revolta, com mais de 3 mil fuzilamentos e 15 mil deportações.

Para saber mais

A Primavera dos Povos: uma imagem

Na pintura *Primavera dos Povos*, os cidadãos de todas as nações caminham agitando suas bandeiras, em direção à estátua feminina que representa a República e ergue a tocha da liberdade. À frente, na fila das bandeiras tricolores e guiando os povos, está a bandeira francesa, seguida pela alemã, austríaca e italiana. No primeiro plano, no chão, estão águias e coroas abandonadas e quebradas, símbolos do poder monárquico imperial. No céu, a palavra *fraternidade* brilha como uma auréola sobre um Cristo que abençoa o promissor e romântico amanhã de liberdade e igualdade entre os povos.

The Bridgeman Art Library/Keystone/Museu Carnavalet, Paris, França.

Primavera dos Povos, de Frederic Sorrieu, século XIX.

Em seguida, foi aprovada a nova Constituição republicana, em que o poder Legislativo caberia a uma assembleia eleita por sufrágio universal por três anos e o poder Executivo ficaria a cargo de um presidente, eleito por quatro anos.

Em dezembro de 1848, com 73% dos votos, foi eleito presidente **Luís Bonaparte**, sobrinho de Napoleão I, a grande figura carismática nacional. Os franceses viam em Luís Bonaparte a chance de voltar à glória da época do Império.

Em seu governo, procurou unir e pacificar o país, enfatizando o ideal de progresso e de poderio nacional. Em 1851, para perpetuar-se no poder, fechou a Assembleia e estabeleceu uma ditadura. O golpe ficou conhecido como "o 18 Brumário de Luís Bonaparte", em referência ao golpe que deu início à era napoleônica. Por meio de um plebiscito, Bonaparte ganhou poderes para elaborar uma nova Constituição, segundo a qual passou a ser cônsul, como seu tio Napoleão I. Após um novo plebiscito em que obteve 95% dos votos, transformou a França novamente em Império, recebendo o título de Napoleão III.

Durante o governo ditatorial desse período, denominado Segundo Império, em que o poder Legislativo e as forças de oposição foram marginalizados, a França modernizou-se e sua economia se desenvolveu. A capital do Império, Paris, foi dotada pelo prefeito Haussmann de parques, bulevares e construções elegantes; sediou exposições internacionais, que divulgaram o progresso cultural e industrial de todo o mundo. Paris foi modelo de reforma urbana para muitas outras cidades. Certamente, tais mudanças estavam associadas à dinâmica desenvolvimentista e à superpopulação e miséria dos cortiços. Das críticas às reformas, as principais "recaíam sobre o excesso de gastos financeiros; a falta de habitações populares para os que foram desalojados; os transtornos causados com a transformação de Paris em um canteiro de obras; a denúncia de estratégia militar oculta sobre as reformas (já que grandes avenidas inibiam motins populares); e o saudosismo em torno da velha cidade familiar que seria demolida[3]." O historiador Eric Hobsbawm destaca que "para os planejadores de cidades, os pobres eram ameaça pública, suas concentrações potencialmente capazes de se desenvolver em distúrbios, deveriam ser impedidas e cortadas por avenidas e bulevares, que levariam os pobres dos bairros populosos a procurar habitações em lugares menos perigosos [4]."

akg-images/Ipress/Museu de Belas Artes, Paris, França.

Luís Napoleão Bonaparte, num retrato de 1860, de Franz X. Winterhalter, tornou-se o novo imperador francês com o nome de Napoleão III.

As pressões liberais aumentaram a partir de 1860, obrigando o imperador a conceder liberdade de imprensa, além de ampliar os poderes da Assembleia Nacional.

A aliança com potências monarquistas garantia a Napoleão III a aprovação para a restauração do Império. A política externa francesa, no entanto, foi ambígua. Ao mesmo tempo em que defendia a política das nacionalidades – ou seja, o princípio de que as nações deveriam ter seu próprio país –, Napoleão III também tentou impor sua dominação a outros países. Chegou a dar apoio aos unificadores italianos e depois se opôs a eles, frente às pressões católicas, transferindo o apoio ao Papa contra os unificadores.

As rivalidades com a Rússia levaram a França e a Inglaterra a se aliarem e garantirem o Império Turco Otomano contra a expansão russa nos Bálcãs, na Guerra da Criméia (1854-1856). Napoleão III também envolveu o país em uma guerra no México (1862-1867), para defender o comércio francês na América e conter a hegemonia norte-americana.

A França lutou ainda contra a Prússia, que liderava o processo de unificação da Alemanha. Como você já viu, os exércitos franceses enfrentaram os alemães, tentando impedir a unificação do país, e foram derrotados. Em batalha, Napoleão III foi capturado pelos prussianos. Foi o fim do Segundo Império. No acordo de paz, os franceses perderam o território da Alsácia-Lorena, região rica em minérios, e tiveram de pagar uma pesada indenização – o que gerou um desejo de revanche que se realizaria na Primeira Guerra Mundial.

[3] TOURINHO, Adriana de Oliveira. A influência das reformas urbanas parisienses no Rio de Janeiro dos anos 20. Anais das jornadas de 2007, Programa de Pós-Graduação em História Social da UFRJ. P. 4. In: Disponível em: <http://revistadiscenteppghis.files.wordpress.com/2009/05/adriana-tourinho-a-influencia-das-reformas-urbanas-parisienses-no-rio-de-janeiro-dos-anos-20.pdf>. Acesso em: 2 abr. 2014.

[2] HOBSBAWM, Eric. J. *A era do capital*: 1848-1875. Rio de Janeiro: Paz e Terra, 1982. p. 224.

A queda de Napoleão III levou à proclamação da Terceira República francesa. Os conflitos externos e a crise interna originada da derrota provocaram intensos conflitos políticos e sociais, ganhando força projetos e visões de mundo antagônicos. Firmava-se um caldo de cultura de ativismo político em efervescência, juntando em disputas valores nacionais, monárquicos, republicanos, liberais e socialistas. A confluência dessa diversidade de anseios e posições deu-se em março de 1871, com a proclamação de um governo autônomo, a **Comuna de Paris**.

A aurora dos grandes ideais

Grande escritor do século XIX, Victor Hugo (1802-1885) considerava esse século como a "aurora dos grandes ideais", o ponto de partida da edificação das bases para a felicidade humana. Em 1848, o escritor considerava Luís Bonaparte uma alternativa para resgatar a grandiosidade francesa bonapartista. Tempos depois, definiu Napoleão III como o "assassino da França", firmando-se como um de seus mais intransigentes opositores. Esse destacado literato romântico chamava Napoleão Bonaparte, a quem admirava, de "o grande", ao contrário de Luís Bonaparte, a quem apelidou de "Napoleão, o pequeno".

Vitor Hugo, em foto de 1853.

Mansell/The LIFE Picture Collection/Time Life Pictures/Getty Images

Napoleão III, prisioneiro, é escoltado pelo chanceler alemão Otto von Bismarck (a cavalo, à esquerda), em pessoa. Pintura de Wilhelm Camphausen, de 1876.

Reprodução/Coleção particular

Formada por dezenas de membros de várias tendências políticas radicais, a Comuna era a administração municipal eleita pelo povo. Aboliu o serviço militar obrigatório e estabeleceu que a Guarda Nacional, única força militar desde então permitida em Paris, passaria a ser formada por todos os cidadãos parisienses; declarou nulos os decretos de Versalhes e proclamou a autonomia municipal extensiva a todas as cidades da França. Em sua breve duração de 72 dias, praticou uma política de forte inspiração socialista, proclamando a absoluta igualdade civil de homens e mulheres, suprimindo o trabalho noturno e criando pensões para viúvas e órfãos. Caracterizou-se como a primeira experiência histórica de autogestão democrática e popular.

A Comuna de Paris foi derrotada pela Terceira República com ajuda dos alemães, numa repressão sangrenta que matou mais de 20 mil pessoas e exilou outras 70 mil para a Guiana Francesa.

A Terceira República sobreviveu até 1940, quando a França foi invadida por Hitler, durante a Segunda Guerra Mundial (1939-1945).

Album/akg-images/Latinstock

RÉPUBLIQUE FRANÇAISE

N° 42 LIBERTÉ — ÉGALITÉ — FRATERNITÉ N° 42

COMMUNE DE PARIS

La Commune de Paris DÉCRÈTE:

1° La conscription est abolie;

2° Aucune force militaire, autre que la garde nationale, ne pourra être créée ou introduite dans Paris;

3° Tous les citoyens valides font partie de la garde nationale.

Hôtel-de-Ville, le 29 mars 1871.

LA COMMUNE DE PARIS.

Reprodução/Biblioteca Nacional, Paris, França.

O governo da Comuna cabia a um conselho composto por 71 membros, mais da metade formada por operários (25) e artesãos (12). Além deles também participavam do conselho vários intelectuais e especialistas e seis comerciantes. Ao lado, detalhe do manifesto da Comuna de Paris, de 29 de maio de 1871, em que se lê: "República Francesa. Liberdade, igualdade, fraternidade. A Comuna de Paris DECRETA: 1. O alistamento obrigatório é abolido; 2. A guarda nacional é a única força militar permitida em Paris; 3. Todos os cidadãos válidos fazem parte da guarda nacional". Acima, população parisiense armada em maio de 1871.

5 Portugal e Espanha

Na primeira metade do século XIX, Portugal enfrentou sucessivos abalos em seu poderio, começando pelas invasões napoleônicas e a independência do Brasil. Com a morte de dom João VI, a sucessão foi definida por meio de uma guerra civil, opondo dom Pedro (que havia abdicado do trono do Brasil) e seu irmão dom Miguel. Dom Pedro apoiava as forças liberais, enquanto dom Miguel estava ligado aos setores centralizadores.

A guerra civil estendeu-se de 1832 a 1834, quando foi coroada dona Maria II, filha de dom Pedro – que em seu favor renunciou ao trono. Derrotado, dom Miguel foi obrigado a exilar-se, embora continuasse reclamando o direito ao trono. Dom Pedro, que em Portugal era o rei dom Pedro IV, morreu pouco depois, de tuberculose, como um herói liberal – enquanto no Brasil ficou marcado pelas atitudes centralizadoras.

Abalada por revoltas e instabilidades, a política portuguesa só se equilibrou na década de 1850, quando então o Estado português pôde investir na modernização da economia do país. Em todo esse período, o governo português manteve sua presença colonialista na África, impondo seu domínio em regiões como Angola e Moçambique.

A Espanha, assim como Portugal, foi invadida pelas tropas de Napoleão Bonaparte, o que provocou a renúncia sucessiva dos Bourbon Carlos IV e Fernando VII, sendo nomeado como rei da Espanha o irmão do imperador francês, José Bonaparte. Os espanhóis resistiram organizando guerrilhas e contando com o auxílio britânico. As forças napoleônicas se desgastaram, e em 1814 a dinastia Bourbon foi restaurada.

Reassumindo a Coroa como rei da Espanha, Fernando VII (1814-1833) enfrentou diversos motins liberais e intervenções militares francesas, desestabilizando a vida política e econômica do país. Os movimentos separatistas se multiplicavam em suas colônias americanas, e as medidas de repressão empreendidas pela Espanha apenas adiaram a definitiva independência de seus domínios na América espanhola.

O governo de Isabel II (1833-1868), que o sucedeu, não foi mais estável. Durante sua menoridade, o trono era continuamente ameaçado pelas pretensões de seu tio dom Carlos, que mesmo após a coroação da rainha continuou a disputa, com golpes, intrigas e escândalos.

Os desastres da guerra (n. 5), uma das 82 gravuras produzidas entre 1810 e 1814 pelo pintor espanhol Francisco Goya, retratando os horrores de guerra contra as tropas francesas.

Corbis/Latinstock/Coleção Burstein

Consolidou-se por fim uma monarquia liberal, interrompida durante algum tempo pela Primeira República espanhola (1873-1874). As últimas décadas do século XIX foram marcadas pelo impulso industrial e pela perda de quase todas as colônias que restavam do Império colonial espanhol. Depois dos movimentos de independência no início do século XIX, a Espanha perdeu para os Estados Unidos o domínio sobre Cuba, Porto Rico, Guam (Ilha da Micronésia) e Filipinas, na Guerra Hispano-Americana (1898).

6 Os Estados Unidos no século XIX

A organização política do Estado norte-americano realizou-se em meio a duas tendências partidárias: a **republicana**, que desejava maior autonomia para os Estados e que deu origem ao atual Partido Democrata, e a **federalista**, que defendia um forte governo central e que foi o embrião do Partido Republicano.

As duas tendências foram combinadas na Constituição de 1787, elaborada por deputados dos 13 Estados iniciais, com a organização de uma república federativa presidencialista e assegurando a cada Estado da federação o direito de ter sua própria Constituição. O poder Executivo ficaria com o presidente eleito por seis anos, e o Legislativo, com a Câmara de Deputados e o Senado. À Suprema Corte de Justiça caberia o poder Judiciário e a função de zelar pela Constituição.

Em 1789, o Congresso elegeu George Washington o primeiro presidente dos Estados Unidos. Em seu mandato consolidou-se o desenvolvimento comercial, industrial e financeiro do país, atraindo com isso um grande número de imigrantes europeus.

O progressismo e o crescimento demográfico estimularam a conquista de territórios na América do Norte (expansão interior) e a ampliação da atuação econômica em todo o continente americano (expansão exterior). Na expansão para o interior, a população indígena foi massacrada em intensos confrontos.

Expansão territorial dos Estados Unidos

Allmaps/Arquivo da editora

Adaptado de: FRANCO JR., Hilário; ANDRADE FILHO, Ruy de O. *Atlas história geral*. São Paulo: Scipione, 2000. p. 51.

Em sua marcha para o oeste, os Estados Unidos conquistaram os territórios situados entre os oceanos Atlântico e Pacífico. Posteriormente, passaram a dominar também o Alasca e o arquipélago do Havaí.

O expansionismo dos norte-americanos, que ambicionavam a região do Canadá, somado aos atritos comerciais, provocou uma nova guerra contra a Inglaterra, ao final da qual ficaram definidos os limites entre os Estados Unidos e o Canadá inglês.

A guerra despertou o sentimento nacionalista norte-americano com relação à unidade territorial e à ameaça que as potências europeias representavam para o crescente comércio entre os Estados Unidos e a América Latina. O nacionalismo foi expresso na **Doutrina Monroe** (1823), defendida pelo presidente James Monroe e resumida em sua mensagem ao Congresso: "A América para os americanos".

Em meados do século XIX, o país atingiu dimensões continentais, com a expropriação de nativos e a compra de áreas coloniais pertencentes a potências europeias – caso da **Louisiana**, que pertencia à França; da **Flórida**, domínio da Espanha; e do **Alasca**, comprado da Rússia. Além disso, foram anexados os territórios mexicanos do Texas, Califórnia, Novo México, Arizona, Utah e Nevada, após uma guerra entre os Estados Unidos e o México (1845-1848). Esse ideal de "dilatação das fronteiras" sustentava-se em parte na ideia de **Destino Manifesto**, segundo a qual Deus teria reservado um destino glorioso aos Estados Unidos.

A conquista da costa oeste deu aos Estados Unidos acesso direto aos cobiçados mercados da China e do Japão. A anexação da Flórida abriu caminho para o Golfo do México e o mar das Antilhas, pontos importantes para alcançar toda a América Latina.

O progresso da América, pintura de John Gast, 1872.

A Guerra da Secessão

Ao mesmo tempo em que se davam a expansão territorial e econômica e o desenvolvimento capitalista dos Estados Unidos, crescia a rivalidade econômica, social e política entre os estados do norte, predominantemente industriais, e os do sul, em que a atividade agrícola prevalecia.

Por volta de 1860, os nortistas precisavam expandir seus mercados, e a escravidão sulista era um entrave: escravos não eram compradores nem podiam fazer parte do mercado interno. Para os sulistas, os escravos eram a base da economia latifundiária. Tarifas de proteção contra os produtos estrangeiros eram outro ponto de discórdia, pois favoreciam as indústrias do norte e prejudicavam a exportação dos produtos agrários do sul. Nas eleições de 1860, o debate sobre a escravidão foi a grande questão entre o candidato democrata Stephen Douglas e o republicano nortista Abraham Lincoln, terminando com a vitória de Lincoln.

Quando o presidente Abraham Lincoln colocou em prática políticas prejudiciais aos fazendeiros sulistas, as divergências se agravaram.

Leituras da História

Lincoln: o antiescravismo e a União

Corbis/Latinstock

Abraham Lincoln, em foto de 1865. Cinco dias após a rendição dos confederados, em 14 de abril de 1865, Lincoln foi assassinado por um fanático sulista.

A maior parte dos sulistas ficou irritada com a eleição de Lincoln, visto por eles como um verdadeiro abolicionista. Já alguns nortistas o viam como conservador, na medida em que não defendia abertamente uma luta para terminar com o regime escravista, embora condenasse como um grande erro da humanidade.

Seu discurso ambíguo e carregado de retórica foi capaz de administrar, por algum tempo, a forte pressão sofrida durante seu mandato. Afirmava, por exemplo, que a "raça branca" era sim superior. Dizia que não toleraria que algo fosse feito contra a escravidão nos territórios em que ela já existia, mas, ao mesmo tempo, que defenderia a todo custo os interesses da União, que invadiria estados que quisessem se separar e recolheria, da mesma forma, os direitos aduaneiros de importação nos estados que fossem a favor da secessão. O próprio Lincoln demonstrou suas expectativas ao afirmar que não esperava que a "casa" não caísse, mas que, ao menos, deixasse de ser dividida.

O presidente pode ser considerado um antiescravista, mas nunca um abolicionista aberto e declarado.

KARNAL, Leandro et al. *História dos Estados Unidos*: das origens ao século XXI. São Paulo: Contexto, 2008. p. 130-132.

Descontentes, os estados do sul separaram-se da União e formaram os **Estados Confederados da América**. Os estados do norte (**federalistas**), porém, eram autossuficientes. Utilizando armas e navios construídos por eles mesmos, conseguiram derrotar as forças sulistas (**confederadas**). A guerra, que ficou conhecida como **Guerra de Secessão** (separação), durou quatro anos e mobilizou mais de 2,5 milhões de homens, com o emprego de recursos bélicos modernos. Mais de 600 mil pessoas morreram no confronto, que foi o mais sangrento do século XIX. A vitória dos nortistas consolidou sua supremacia; os estados do sul ficaram totalmente arrasados.

federalista: no contexto da Guerra de Secessão, defensor da República presidencialista federalista estabelecida pela Constituição de 1787.

confederado: no contexto da Guerra de Secessão, separatista que defendia a criação dos Estados Confederados da América.

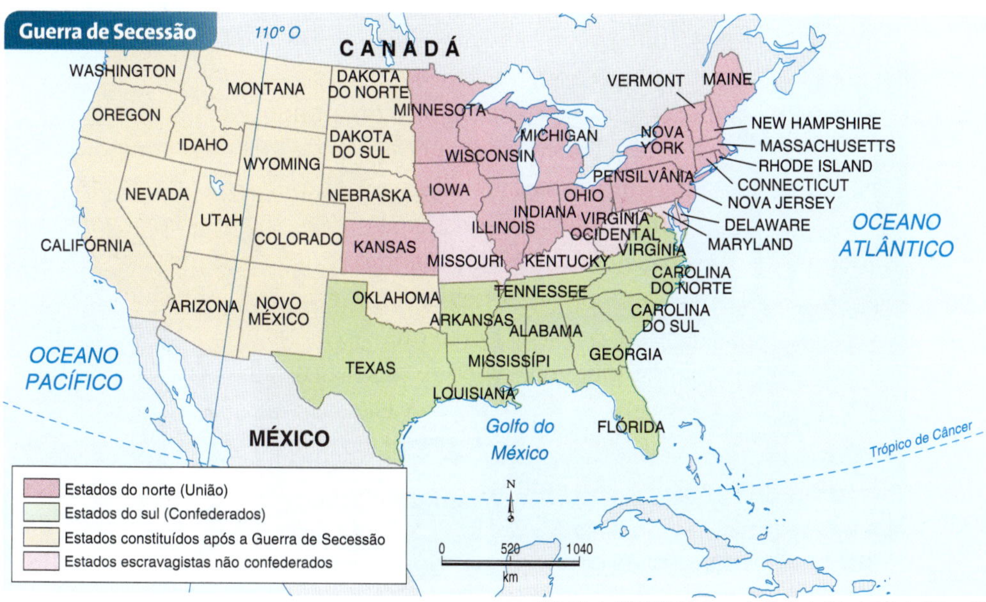

Allmaps/Arquivo da editora

Adaptado de: ATLAS História do mundo. São Paulo: Folha de S.Paulo, 1995. p. 218.

As acentuadas desigualdades entre os estados do norte e os do sul desencadearam a Guerra de Secessão norte-americana. O mapa mostra, com a divisão política atual, a posição que os estados adotaram no conflito.

Em meio à guerra, Lincoln assinou um decreto que determinava a libertação dos escravos apenas nas áreas rebeldes. Somente em 1865, com a completa vitória militar nortista, foi aprovada uma emenda à Constituição proibindo a escravidão em todo o país. Outras duas emendas (de 1868 e 1870) determinaram importantes conquistas legais: a garantia de igual proteção das leis e dos processos judiciais para todos os cidadãos dos Estados Unidos e o direito de voto para todos, sem exceções motivadas por "raça, cor ou prévio estado de servidão" (Emenda XIV, Constituição dos Estados Unidos da América, 1870).

Na prática, porém, os 4,5 milhões de libertos não alcançaram plenamente os mesmos direitos que o restante da população americana. Manteve-se a segregação social e política que motivaria constantes lutas e radicalismos.

Uma potência mundial emergente

O desenvolvimento industrial – que impulsionou a construção de ferrovias ligando o país de costa a costa – tornou os Estados Unidos, já no final do século XIX, a primeira potência mundial, possuidores do maior parque industrial do planeta. Ao fim de um século de expansão territorial, a nova potência passara de 16 estados em 1800 para 45 em 1900, com limites leste/oeste definidos por dois oceanos. A prosperidade tornou-se atrativa à imigração, resultando em grande crescimento demográfico: de pouco mais de 30 milhões de habitantes em 1865, a população passou para mais de 90 milhões em 1914. Ao mesmo tempo, como você viu, a instabilidade política e econômica na Europa contribuía para que as populações desejassem encontrar oportunidades de vida em outros continentes, com várias levas dirigindo-se para os Estados Unidos. Em sentido inverso, contando com o clima de confronto e seus efeitos nos Estados Unidos, também houve um fluxo de norte-americanos em direção ao Brasil. A maioria, formada por pequenos proprietários, se fixaram nas cidades de Santa Bárbara D'Oeste, Americana e Piracicaba, interior de São Paulo.

Família de imigrantes norte-americanos em Santa Bárbara D'oeste, final do século XIX.

A consolidação do capitalismo após a Guerra de Secessão favoreceu também o expansionismo imperialista norte-americano para o restante do continente americano e para a Ásia. No final do século XIX, o país anexou o Havaí e, como você viu, derrotou a Espanha na Guerra Hispano-Americana, conquistando territórios no Pacífico (Filipinas e Guam) e no Caribe (Porto Rico). Esse confronto atendeu aos interesses norte-americanos sobre o açúcar e o tabaco de Cuba.

A Doutrina Monroe e a teoria do Destino Manifesto serviram como base ideológica para que os Estados Unidos assumissem a tutela sobre toda a América, especialmente a América Central. Adaptados pelo presidente Theodore Roosevelt (1901-1909), os fundamentos da Doutrina Monroe tornaram-se conhecidos como **Corolário Roosevelt** e foram utilizados pelos Estados Unidos como justificativa para intervir nos países do continente, na posição de "salvadores da América". Era a política do ***Big Stick*** ("grande porrete"), sintetizada na frase do presidente Roosevelt: "Devemos falar macio, mas carregar um grande porrete". Entre as várias intervenções norte-americanas na América Latina, desde o final do século XIX até as últimas décadas do XX, destacaram-se as efetuadas em Cuba, no Panamá e na Nicarágua.

A política do *Big Stick* foi definida por Roosevelt em sua mensagem presidencial ao Congresso de 1904:

> Se uma nação demonstra que sabe como agir com adequada eficiência e decência em assuntos políticos e sociais, se mantiver a ordem e respeitar suas obrigações, não precisará temer uma interferência norte-americana. A injustiça crônica ou a impotência que resultam de um afrouxamento geral das regras de uma sociedade civilizada podem exigir, afinal de contas, na América ou em outro continente, a intervenção de uma nação civilizada – e, no hemisfério ocidental, a adesão dos Estados Unidos à Doutrina Monroe poderá vir a forçar os Estados Unidos, embora contra a sua vontade, em casos flagrantes de injustiça ou de impotência, a exercer um poder de polícia internacional.
>
> Disponível em: <www.ourdocuments.gov/doc.php?flash=old&doc=56>. Acesso em: 31 mar. 2014. (Tradução dos autores).

The Bridgeman Art Library/Keystone/Coleção particular

Charge que retrata o presidente Roosevelt como um enorme policial, que tenta estabelecer relação entre os Estados Unidos e outros países de acordo com sua "nova diplomacia".

Pensando no Enem

1. Na década de 30 do século XIX, Tocqueville escreveu as seguintes linhas a respeito da moralidade nos Estados Unidos:

A opinião pública norte-americana é particularmente dura com a falta de moral, pois esta desvia a atenção frente à busca do bem-estar e prejudica a harmonia doméstica, que é tão essencial ao sucesso dos negócios. Nesse sentido, pode-se dizer que ser casto é uma questão de honra.

Adaptado de: TOCQUEVILLE, A. *Democracy in America*. Chicago: Encyclopædia Britannica, Inc., Great Books 44, 1990.

Do trecho, infere-se que, para Tocqueville, os norte-americanos do seu tempo:

a) buscavam o êxito, descurando as virtudes cívicas.
b) tinham na vida moral uma garantia de enriquecimento rápido.
c) valorizavam um conceito de honra dissociado do comportamento ético.
d) relacionavam a conduta moral dos indivíduos com o progresso econômico.
e) acreditavam que o comportamento casto perturbava a harmonia doméstica.

Resposta: d

Essa relação entre a moralidade e o progresso econômico está diretamente vinculada às raízes religiosas protestantes dos colonizadores e fundadores dos Estados Unidos. Merece lembrar a famosa frase de João Calvino: "O comerciante que busca o lucro, pelas qualidades que o sucesso econômico exige: o trabalho, a sobriedade, a ordem, responde também o chamado de Deus, santificando de seu lado o mundo pelo esforço, e sua ação é santa".

Considerando a matriz de Referência do Enem, essa questão contempla a competência de área 5 – Utilizar os conhecimentos históricos para compreender e valorizar os fundamentos da cidadania e da democracia, favorecendo uma atuação consciente do indivíduo na sociedade, especialmente a habilidade H23: Analisar a importância dos valores éticos na estruturação política das sociedades.

2. O consumo diário de energia pelo ser humano vem crescendo e se diversificando ao longo da História, de acordo com as formas de organização da vida social. O esquema apresenta o consumo típico de energia de um habitante de diferentes lugares e em diferentes épocas.

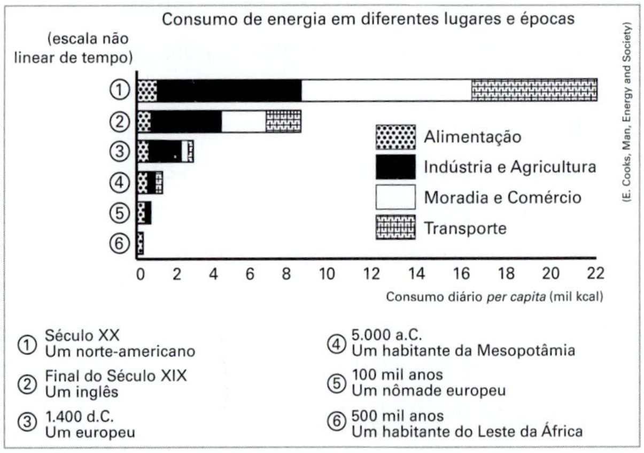

Segundo esse esquema, do estágio primitivo ao tecnológico, o consumo de energia *per capita* no mundo cresceu mais de 100 vezes, variando muito as taxas de crescimento, ou seja, a razão entre o aumento do consumo e o intervalo de tempo em que esse aumento ocorreu. O período em que essa taxa de crescimento foi mais acentuada está associado à passagem

a) do habitante das cavernas ao homem caçador.
b) do homem caçador à utilização do transporte por tração animal.
c) da introdução da agricultura ao crescimento das cidades.
d) da Idade Média à máquina a vapor.
e) da Segunda Revolução Industrial aos dias atuais.

Resposta: e

A Segunda Revolução Industrial teve início perto da segunda metade do século XIX e pela análise dos dados é possível concluir o aumento considerável do consumo de energia pelo homem nesse período. Considerando a matriz de Referência do Enem, essa questão contempla a competência de área 4 – Entender as transformações técnicas e tecnológicas e seu impacto nos processos de produção, no desenvolvimento do conhecimento e na vida social, especialmente a habilidade H20: Selecionar argumentos favoráveis ou contrários às modificações impostas pelas novas tecnologias à vida social e ao mundo do trabalho.

Atividades

Leitura e reflexão

1. Leia o texto a seguir da historiadora francesa Michelle Perrot e responda as questões propostas.

> Sabe-se hoje que o escândalo da moradia popular foi assinalado, ao longo do século XIX, pelos reformadores sociais vindos dos mais diferentes horizontes, desde os partidos conservadores até os anarquistas [...]. Sobre Paris, que foi o território mais examinado, as observações abundam desde o início do século. Todas concluem pela exiguidade e insalubridade generalizadas da habitação operária, o que será confirmado pela pesquisa oficial realizada após a epidemia de cólera de 1832, que fez 18 602 vítimas na capital. O relatório, com efeito, concluiu: "Ali onde uma população miserável encontra-se amontoada em alojamentos sujos, exíguos, foi também onde a epidemia multiplicou suas vítimas". Nas ruas mais estreitas e sórdidas, as taxas de mortalidade pela cólera foram de 33,87%; nas demais, de 19,25%.
>
> Sob o Segundo Império, Haussmann ocupa-se apenas dos bairros bons e constrange os proletários a um êxodo para a periferia. À margem de suas brilhantes avenidas, os pardieiros prosperam sem peias.
>
> PERROT, M. (Org.) *Da Revolução Francesa à Primeira Guerra*. Trad. Denise Bottmann, Bernardo Joffily. São Paulo: Companhia das Letras, 1991. p. 358. (História da Vida Privada, 4).

a) Procure informações no capítulo sobre as ações do prefeito Haussmann na capital do Império Francês.
b) Compare essas ações com a situação das moradias populares francesas relatada por Michelle Perrot.

Análise de imagem

2. A figura abaixo é uma ilustração do século XIX. Observe-a e responda as questões que se seguem.

Nos cartazes, pode-se ler (no sentido horário): *sustento à Coroa; reforma, sem impostos; a união faz a força; Tom Paine: os direitos do homem; o rei é amigo do povo; orçamento da reforma, lista negra.*

a) A que movimento inglês e a qual período estudado no capítulo a ilustração se refere?
b) Quem são os personagens retratados e o que estão fazendo? Quais suas reivindicações?
c) Releia o texto de Catherine Hall, da página 588, e aponte as diferenças entre as concepções acerca do trabalho e dos papéis femininos e masculinos na Inglaterra.

Comentário de documento histórico

3. Releia o trecho da mensagem presidencial de Roosevelt ao Congresso dos Estados Unidos de 1904 (página 601) e depois responda:

- Considerando as ideias do Destino Manifesto e também que não havia à época uma instituição internacional como a Organização das Nações Unidas, que decide sobre conflitos em outros países, comente o documento presidencial, argumentando sobre sua legitimidade.

Vestibulares de Norte a Sul

1. **SE** (Fatec-SP) Considere a foto abaixo para responder à questão.

Berliner Verlag/Archiv/dpa/Corbis/Latinstock

O Arco do Triunfo foi iniciado por ordem de Napoleão Bonaparte em 1806, e a Paris dos boulevares (das avenidas) surgiu a partir da reforma urbana implantada pelo barão Haussmann, prefeito de Paris entre 1853 e 1870, período em que a França era governada por Luís Bonaparte. A foto demonstra o resultado final dessas duas iniciativas que representam a vitória do projeto.

a) socialista de uma cidade em que seus espaços devem pertencer igualmente a todos os cidadãos.
b) burguês em que o embelezamento da cidade, os parques, novos edifícios e monumentos devem atender mais às necessidades da classe burguesa do que às da população mais pobre.
c) anarquista de uma cidade onde a população não precisaria de um órgão governamental, pois os próprios cidadãos a governariam.
d) neoliberal em que a economia da cidade deve ser gerada não mais pelo investimento do Estado e sim pelo livre investimento das empresas privadas.
e) comunista de uma cidade moldada nas diretrizes da Primeira Internacional Comunista.

2. **SE** (Fuvest-SP)

No Ocidente, o período entre 1848 e 1875 "é primariamente o do maciço avanço da economia do capitalismo industrial, em escala mundial, da ordem social que o representa, das ideias e credos que pareciam legitimá-lo e ratificá-lo".

E. J. Hobsbawm. *A era do capital*: 1848-1875.

A "ordem social" e as "ideias e credos" a que se refere o autor caracterizam-se, respectivamente, como

a) aristocrática e conservadoras.
b) socialista e anarquistas.
c) popular e democráticas.
d) tradicional e positivistas.
e) burguesa e liberais.

3. **S** (Udesc) Assinale a alternativa CORRETA, em relação à chamada "Primavera dos Povos".

a) A "Primavera dos Povos" não influenciou a formação dos movimentos sociais do século XIX.
b) Foi uma revolução brasileira, mas que atingiu também outros países do Cone Sul.
c) Houve influência da "Primavera dos Povos" no Brasil através do movimento dos "seringueiros".
d) Atribuição colocada ao movimento revolucionário francês em 1848, que derrubou a monarquia de Luís Felipe e trouxe à discussão a exploração burguesa e a dominação política.
e) A influência da "Primavera dos Povos" se restringiu às preocupações francesas do período.

4. **SE** (Unifesp) A Guerra Civil americana opôs o norte e o sul dos Estados Unidos entre 1861 e 1865. Entre os motivos da luta, podemos citar:

a) O interesse expansionista dos estados do norte, que pretendiam anexar regiões de colonização espanhola no Caribe e na América Central.
b) A decisão unilateral dos estados do norte de abolir a escravidão negra e incentivar a servidão dos indígenas capturados na expansão para o oeste.
c) O desrespeito de estados do sul e do norte aos princípios democráticos da Constituição elaborada após a independência norte-americana.
d) A divergência entre os estados do norte e do sul quanto à manutenção da escravidão e à tributação das mercadorias importadas.
e) O assassinato do presidente nortista Abraham Lincoln, que desencadeou os conflitos entre escravistas e abolicionistas.

CAPÍTULO

27 A construção do Estado brasileiro

Marc Ferrez/Coleção Gilberto Ferrez/Acervo Instituto Moreira Salles

Largo de São Francisco de Paula, na cidade do Rio de Janeiro, em foto de 1895.

Para pensar historicamente

Projetos para o Brasil

O processo de construção do Estado nacional brasileiro estendeu-se pelo século XIX, após ter sido iniciado pelo imperador dom Pedro I. Esse processo resultou de um projeto político vencedor, uma composição entre uma fração da monarquia portuguesa, associada com proprietários rurais e comerciantes brasileiros. Entretanto, esse arranjo logo começou a manifestar divergências.

Além disso, outros projetos políticos, que não haviam sido contemplados na independência, também se manifestaram. Enquanto os grupos oligárquicos (latifundiários), por exemplo, procuravam criar mecanismos políticos que garantissem sua perpetuação no poder, no lado oposto estava boa parte da população, que continuava excluída do Estado "nacional" monárquico brasileiro.

Quais foram os mecanismos políticos de concentração do poder criados pelos grupos oligárquicos? Eles ainda existem? Que projetos para o Brasil podemos identificar na atualidade?

Volta à cidade de um proprietário de chácara, aquarela feita por Jean-Baptiste Debret, 1822.

1 A consolidação de um projeto de país (1822-1831)

O Primeiro Reinado iniciou-se com a proclamação da independência, que garantiu ao Brasil autonomia em relação a Portugal.

Diferentemente do que ocorreu em outras ex-colônias americanas, que após longas lutas por sua independência adotaram o regime republicano, no Brasil foi instituído rapidamente o regime monárquico. De imediato, a ordem socioeconômica não sofreu alteração, nem mesmo em suas estruturas predominantemente coloniais, como o escravismo, o latifúndio e o domínio político da aristocracia. Mas é preciso destacar que o processo de emancipação política e de construção do Estado Imperial não foi pacífico e não envolveu apenas um único projeto político, ao contrário do que algumas correntes da historiografia sustentaram durante certo tempo.

Para garantir a independência, dom Pedro I contou com o apoio das elites locais, formadas principalmente por altos funcionários públicos e membros da aristocracia rural. Expulsou as tropas portuguesas que se opunham à separação entre Brasil e Portugal e arrecadou impostos para reorganizar as milícias, comprar navios e contratar experientes militares britânicos e franceses para lutar contra as forças metropolitanas.

Depois das províncias do Rio de Janeiro, de São Paulo, de Minas Gerais, de Santa Catarina e do Rio Grande do Sul aderirem à independência com dom Pedro, seguiram-se as demais, umas mais tarde até por problemas de distância e dificuldades de comunicação. Maiores resistências contra dom Pedro foram localizadas nas províncias do Norte, na Bahia e na Cisplatina, seguindo-se a violência de vários e intensos combates e represálias. Alguns historiadores chamam esses conflitos de guerras de independência.

No Pará, por exemplo, um desses militares contratados, o oficial inglês Grenfell, subordinado a Thomas Cochrane, comandou a repressão local. Depois de controlada a província e da prisão de 254 civis e soldados, tidos como partidários de Lisboa, Grenfell encarcerou-os no porão de um navio, levando quase todos à morte por asfixia.

O reconhecimento da independência

Na Europa, após a derrota de Napoleão Bonaparte, em 1815, seguiu-se uma reação monárquica centralizadora, sinalizada pelas decisões do Congresso de Viena e pela Santa Aliança. Esse contexto dificultou o reconhecimento internacional da independência do Brasil.

O governo dos Estados Unidos foi o primeiro a reconhecer a independência do Brasil, em 1824. O governo da Inglaterra atuou como mediador entre o Brasil e as Cortes portuguesas, que só reconheceram a independência em agosto de 1825. Os ingleses emprestaram ao Brasil cerca de 2 milhões de libras esterlinas para o pagamento da indenização exigida por Portugal, embora o dinheiro não tenha saído de Londres, já que os ingleses logo cobraram de Portugal uma dívida no mesmo valor.

A ação mediadora do reino britânico permitiu-lhe reafirmar com o governo brasileiro, em 1827, os tratados de 1810. Assim, os produtos britânicos importados pelo Brasil continuaram com tarifas aduaneiras reduzidas. Depois da Inglaterra outros governos da Europa e da América Latina reconheceram a independência do Brasil.

Dom Pedro I, o primeiro dos dois monarcas brasileiros, numa pintura de 1902, de Benedito Calixto.

Museu Paulista da USP, São Paulo

Palácio do Itamaraty, Brasília

Coroação de dom Pedro I como primeiro imperador do Brasil, em 1822, representada num óleo de Jean-Baptiste Debret, pintado em 1828.

O baixo preço das mercadorias que ingressavam no Brasil desestimulava o desenvolvimento da produção industrial interna, provocando um crescente déficit no comércio internacional do país.

Essa situação fez com que o governo brasileiro recorresse a frequentes empréstimos, endividando-se cada vez mais e aumentando a dependência econômica em relação à Inglaterra. Consolidava-se, assim, uma divisão das funções econômicas: o Brasil abastecia o mercado internacional de produtos primários e permanecia dependente do núcleo econômico capitalista, liderado pela Inglaterra.

A organização política do Estado brasileiro

A organização do novo Estado independente coube a 90 deputados pertencentes à aristocracia (grandes proprietários, membros da Igreja, juristas), reunidos em maio de 1823, em Assembleia Constituinte. A maioria dos deputados constituintes defendia o estabelecimento de uma monarquia constitucional que garantisse os direitos individuais e limitasse os poderes do imperador. Não desejavam, contudo, promover alterações estruturais que afetassem o domínio aristocrático-escravista ou que dessem origem a um regime amplamente democrático.

Museu Paulista, São Paulo

José Bonifácio de Andrada e Silva, um dos principais articuladores da independência, em retrato pintado por Oscar Pereira da Silva, em 1925.

O PROJETO DE 1823: A CONSTITUIÇÃO DA MANDIOCA

Em 1823, o deputado Antônio Carlos de Andrada, irmão de José Bonifácio, apresentou à Assembleia um projeto de Constituição. Esse projeto foi apelidado de **Constituição da mandioca**.

Direito ao voto

O projeto previa a instituição do voto censitário, ao qual o eleitor teria que comprovar elevada renda, segundo a quantidade de terras e escravos. Somente votavam os eleitores com renda superior ao equivalente a 150 alqueires de mandioca. Como somente uma pequena elite detinha terras e escravos, esse projeto impedia a participação política da grande maioria da população brasileira.

Juvenal Pereira/Pulsar Imagens

Palácio Tiradentes, sede da Assembleia Legislativa do Estado do Rio de Janeiro, em foto de 2013. Nesse prédio reuniram-se os deputados e senadores para elaborar o projeto da Constituição de 1823.

E a divisão dos poderes?

No projeto da Constituição da mandioca, o poder Legislativo (deputados e senadores) seria soberano. O poder Executivo (do imperador) e as forças armadas estariam subordinados ao poder Legislativo.

Ao propor a limitação do poder do imperador, ficava claro que essa elite tinha um projeto próprio de país independente, diferente do projeto monárquico de dom Pedro e daqueles que o apoiavam. Dom Pedro I, vendo seu poder limitado por esse plano, dissolveu a Assembleia Constituinte e, em novembro de 1823, ordenou a prisão e o exílio dos irmãos Andrada.

O PROJETO MONÁRQUICO: A CONSTITUIÇÃO DE 1824

Após dissolver a Assembleia, dom Pedro I nomeou um Conselho de Estado (seis ministros e quatro personalidades políticas) para ajudá-lo a redigir a Constituição. Esta ficou pronta em março de 1824 e foi outorgada (aprovada sem consulta popular). Entre outras determinações, estabelecia a monarquia hereditária, oficializava a religião católica e subordinava a Igreja ao controle do Estado. A divisão político-administrativa do território em províncias, governadas por presidentes nomeados pelo imperador, também foi estabelecida nessa constituição.

Direito ao voto

O voto era censitário. Eleitores ou candidatos deveriam comprovar determinada renda mínima anual, que variava conforme a categoria de eleitor e também para ser elegível a diferentes cargos: os **eleitores de paróquia** escolheriam os **eleitores de província**, responsáveis pela escolha dos deputados e senadores numa segunda eleição.

Considerando cidadãos todos os homens livres nascidos no Brasil ou naturalizados brasileiros, com igual acesso aos direitos civis, a Constituição de 1824 firmava diferenças quanto aos direitos políticos. Os cidadãos foram classificados em três grupos: os **cidadãos passivos** não alcançavam a renda suficiente para ter direitos políticos; os **cidadãos ativos votantes** tinham renda suficiente para votar, mas não para se candidatar; e os **cidadãos ativos eleitores elegíveis** tinham renda suficiente para votar e ser eleitos.

Arquivo do jornal *O Estado de S. Paulo*/Agência Estado

Capa de 1824. Apesar de outorgado por dom Pedro I, o texto dessa Constituição foi enviado a algumas Câmaras Municipais para avaliações e propostas, buscando certa legitimidade.

E a divisão dos poderes?

A Constituição estabelecia a separação do poder político em quatro ramos:

- poder **Executivo** (imperador e ministros de Estado, responsáveis pela execução das leis);
- poder **Legislativo** (Câmara de Deputados e Senado, encarregados da elaboração das leis);
- poder **Judiciário** (juízes e tribunais, que zelariam pelo cumprimento das leis e julgamento dos infratores);
- poder **Moderador** (atribuição exclusiva do imperador, que regularia os demais poderes), combinando o constitucionalismo a mecanismos centralizadores.

A Constituição de 1824 e a cidadania

A Constituição de 1824 não apresentava qualquer "critério racial que diferenciasse os descendentes de africanos de qualquer outro cidadão brasileiro. Enquanto os libertos (alforriados que tinham obtido a liberdade) propriamente ditos não podiam ser eleitores, seus filhos e netos poderiam exercer os direitos de cidadania brasileira em toda sua plenitude, caso tivessem a renda e a propriedade exigidas."[1]. Assim, com tais barreiras, a Constituição restringia ou impedia a participação política dos grupos sociais menos favorecidos e mantinha a essência elitista da "Constituição da mandioca", diferenciando-se pela implantação do poder Moderador, cujo exercício era atribuição exclusiva do imperador.

Ao longo do período em que vigorou a Constituição de 1824, a despeito da afirmação da igualdade de direitos civis para todos os cidadãos, o exercício cotidiano da cidadania quase nunca foi o mesmo entre brancos e negros, entre ricos e pobres, entre senhores poderosos e demais indivíduos, devido a influências, fraudes, pressões e outros recursos de favorecimento.

Outro projeto de país: a Confederação do Equador

O fechamento da Assembleia Constituinte e a imposição da Constituição de 1824 pelo imperador provocaram protestos em várias províncias, especialmente no Nordeste. Além disso, crises como a do açúcar e do algodão, relacionadas à concorrência estrangeira, e os crescentes impostos determinados pelo governo central geraram descontentamento na população.

Em Pernambuco, a população rebelou-se quando dom Pedro I nomeou um novo presidente para a província. Os ideais republicanos da Revolução de 1817 ainda estavam na memória dos pernambucanos; além disso, esse regime de governo estava sendo adotado em toda a América. Sob o comando do governador deposto, Manuel de Carvalho Paes de Andrade, o movimento de caráter separatista, republicano e basicamente urbano e popular, espalhou-se pelo Nordeste, obtendo a adesão do Rio Grande do Norte, do Ceará, da Paraíba e depois de Alagoas e Sergipe. Em outras províncias vizinhas, como Piauí e Pará, também ocorreram manifestações de apoio.

[1] GRINBERG, Keila. Cidadania. In: *Dicionário do Brasil Imperial (1822-1889)*. Direção Ronaldo Vainfas. Rio de Janeiro: Objetiva, 2002. p. 139.

Confederação do Equador, confronto entre tropas rebeldes e forças legalistas na Batalha dos Afogados, Recife, 1824, por Leandro Martins.

As províncias rebeldes formaram a **Confederação do Equador**, cujo nome faz referência à sua localização geográfica, próximas à linha do Equador. Os revoltosos decidiram extinguir o tráfico negreiro e convocar o recrutamento geral para enfrentar as tropas monárquicas.

Além de Paes de Andrade, os principais líderes do movimento foram Joaquim do Amor Divino Rebelo, mais conhecido como **Frei Caneca**, divulgador dos ideais republicanos em seu jornal, e **Cipriano Barata**, veterano das insurreições de 1798, na Bahia, e 1817, em Pernambuco, dirigente de vários jornais do Nordeste. Um dos participantes, o major Emiliano Mundurucu, redigiu um manifesto por uma revolução de caráter radical, como a haitiana, atemorizando aliados e inimigos da Confederação.

Para dominar os rebelados, dom Pedro I contou com empréstimos feitos na Inglaterra. Os revoltosos foram brutalmente reprimidos, sofrendo ataques por terra e por mar.

Os revoltosos foram julgados por um tribunal presidido por Lima e Silva, que condenou à execução 16 participantes. A pena de enforcamento de Frei Caneca teve de ser mudada para a de fuzilamento, pois os responsáveis pela execução da sentença, mesmo sob ameaças, recusaram-se a enforcar o padre carmelita.

Detalhe do quadro *A execução de Frei Caneca*, de Murillo La Greca, sem data conhecida.

De vencedor a vencido: a abdicação de dom Pedro I

A balança comercial deficitária e o aumento da dívida externa, em virtude de frequentes empréstimos obtidos da Inglaterra, fragilizaram a economia do Primeiro Reinado. A diminuição das receitas obtidas com o comércio exterior deveu-se a duas principais razões: a queda das importações por parte dos países europeus, resultante das dificuldades causadas pelas guerras napoleônicas, e a crescente oferta de produtos primários, como açúcar e algodão, graças ao aumento da produtividade de outros países.

A partir de 1820, o café produzido na região que corresponde à atual Baixada Fluminense passou a representar 20% das exportações brasileiras. Contudo, sua importância econômica só ultrapassaria a do açúcar e do algodão na década seguinte, não servindo ainda para aliviar as dificuldades financeiras do Império.

André Toma/Arquivo da editora

Os elevados gastos com a organização do Estado e a inexistência de uma significativa fonte nacional de recursos levaram dom Pedro I a autorizar sucessivas emissões de dinheiro, desvalorizando a moeda circulante e produzindo crescente inflação[2]. Em 1829, devido a essa situação, foi decretada a falência do Banco do Brasil.[3]

A alta inflacionária barateava os produtos de exportação, ao mesmo tempo em que encarecia as importações. Essa situação aumentou a hostilidade contra os comerciantes portugueses, que controlavam boa parte do varejo e usufruíam de privilégios com o imperador.

Além disso, o autoritarismo de dom Pedro I, que governou o Brasil sem o poder Legislativo até 1826, descontentava a elite agrária e os grupos urbanos, desgastando as relações políticas entre eles. Muitos jornalistas, como **Líbero Badaró** e **Evaristo da Veiga**, passaram a criticar a atuação do imperador. Em seus artigos, esses jornalistas opunham-se ao autoritarismo imperial e, especialmente depois do episódio da Confederação do Equador, acusavam o imperador de ser antibrasileiro. Também alertavam os leitores para as intenções recolonizadoras de dom Pedro I, o que, ressaltavam, comprovava-se por sua proximidade dos grupos portugueses. Ao mesmo tempo, o governo passou a proteger um periódico – *Gazeta do Brasil* –, no qual, em algumas ocasiões, foram publicados textos de autoria do imperador. Neles, criticava os deputados opositores e reafirmava que seu poder sobrepunha-se ao das Câmaras. A *Gazeta* é considerada o primeiro jornal subvencionado (com concessão de dinheiro ou de vantagens pelo governo) na história da imprensa brasileira.[4]

Duas situações ocorridas nas primeiras décadas do século XIX agravaram a animosidade contra o imperador, a ponto de impedir sua permanência no poder: a Guerra da Cisplatina e a Guerra de Sucessão portuguesa.

A Província Cisplatina, anexada ao Brasil por dom João VI, iniciou sua guerra de independência em 1825, contando com o apoio da Argentina, que desejava incorporá-la a seu território. Os gastos com o conflito e as sucessivas derrotas das forças militares brasileiras fizeram com que o governo imperial pedisse novos empréstimos aos bancos ingleses. Consequentemente, houve um aumento da dívida externa, fragilizando a economia nacional.

Em 1828, a Província Cisplatina obteve sua independência política, constituindo a República Oriental do Uruguai. Com a independência da Província Cisplatina, a livre navegação na bacia do Rio da Prata ficou garantida, o que atendia aos interesses ingleses de acesso comercial à região e também ao trânsito fluvial brasileiro para alcançar a região de Mato Grosso. O imperador foi criticado por seu desejo em manter a Cisplatina anexada ao território brasileiro.

[2] Ainda não se empregava o termo *inflação*, mas o deputado mineiro Bernardo de Vasconcelos já falava em algo parecido, quando aludia à *inchação* do meio circulante.

[3] Estudiosos designam como o primeiro Banco do Brasil esse que funcionou de 1808 a 1829. Bem mais tarde, em 1851, o barão de Mauá criou seu Banco do Brasil privado, que durou até 1853, quando o ministro da Fazenda do Império o encampou e fez sua fusão com o Banco Comercial do Rio de Janeiro, transformados, em 1854, no segundo Banco do Brasil.

[4] NEVES, Lúcia Bastos Pereira das. In: VAINFAS, Ronaldo de (Dir.). *Dicionário do Brasil imperial*. Rio de Janeiro: Objetiva, 2002. p. 12-13.

Com a morte de seu pai, dom João VI, em 1826, a possibilidade de ascensão de dom Pedro I ao trono lusitano reacendeu nos brasileiros o temor da recolonização. O imperador passou a ser pressionado para abdicar da Coroa portuguesa em favor de sua filha **Maria da Glória**, de 7 anos de idade. Até sua maioridade, ela seria substituída por um regente, seu tio dom Miguel.

Entretanto, dom Miguel proclamou-se o novo rei de Portugal. Dom Pedro I reagiu, iniciando uma guerra contra o irmão para garantir a Coroa à filha. A organização e financiamento de tropas para o conflito prejudicou os cofres brasileiros.

Além das despesas de guerra, o recrutamento forçado de soldados provocou insatisfação e revolta na população mais pobre, que ansiava por melhores condições de vida após a independência.

Enquanto isso, os enfrentamentos políticos no Brasil acirravam-se. Numa resposta violenta às críticas feitas ao imperador, vindas principalmente da imprensa, seus aliados políticos assassinaram, em 1830, em São Paulo, seu opositor, o jornalista liberal Líbero Badaró. Após esse episódio, manifestações contrárias ao despotismo imperial do Brasil agitaram as províncias. Em Ouro Preto, Minas Gerais, o imperador foi recebido com faixas negras em sinal de luto pelo jornalista assassinado.

No Rio de Janeiro, os partidários de dom Pedro I, portugueses em sua maioria, decidiram organizar uma recepção ao imperador após seu retorno de Ouro Preto, para compensar as hostis manifestações mineiras. Decoraram as casas com luminárias e acenderam fogueiras. A oposição dos brasileiros, porém, deu origem a vários conflitos de rua. Durante os confrontos que se seguiram, estudantes, cadetes e outros manifestantes apagavam fogueiras "portuguesas" e atacavam as casas iluminadas, recebendo em resposta garrafas e cacos de vidro atirados pelas janelas – foi a chamada **Noite das Garrafadas** (13 de março de 1831). Durante esse mesmo período, na Europa, ocorriam lutas liberais contra a restauração aristocrática imposta pelo Congresso de Viena.

Juramento da Constituição do Uruguai em 18 de julho de 1830. Pintura de Juan Manuel Blares, 1872.

Oronoz/Album/Latinstock/Museu Histórico Nacional Casa de Rivera, Montevidéu, Uruguai

O imperador adotou algumas manobras para se reconciliar com os brasileiros, como a nomeação de um ministério liberal. No entanto, logo o ministério foi destituído e substituído por outro, de tendência centralizadora. Com o apoio das tropas do exército e da crescente movimentação popular, as pressões cresceram contra o imperador. Dom Pedro I viu-se obrigado a abdicar do trono brasileiro em favor de seu filho dom Pedro de Alcântara, então com 5 anos de idade.

Dom Pedro embarcou para Portugal, onde enfrentou e venceu seu irmão dom Miguel, tornando-se o novo monarca português com o título de dom Pedro IV. Em 1834, abdicou novamente do trono português em favor de sua filha, dona Maria da Glória.

No Brasil, como dom Pedro de Alcântara era menor de idade, decidiu-se que, obedecendo à Constituição de 1824, o governo seria exercido por uma regência.

A volta de dom Pedro I a Portugal afastava definitivamente a ameaça de atrelamento a Portugal que assombrava o país, consolidando a independência brasileira. Ao mesmo tempo, tinha início um período de transição política no qual se concretizou a hegemonia da elite agrária, comercial e burocrática, apesar de inúmeras manifestações contrárias.

Abdicação de dom Pedro I, pintura de Aurélio Figueiredo, do século XIX. Sentado junto à mãe, vê-se o menino dom Pedro de Alcântara. O futuro imperador ficaria sob os cuidados de José Bonifácio até alcançar a maioridade.

2 O período regencial (1831-1840)

Rebeliões regenciais

O período compreendido entre 1831 e 1840 é considerado por alguns historiadores como um dos mais agitados da história brasileira. Após a abdicação de dom Pedro I em favor de seu filho de apenas 5 anos de idade, determinou-se a escolha de uma regência para governar o país. Segundo a Constituição, entretanto, a eleição dos regentes deveria ser feita pela Assembleia Geral que, naquele momento, estava em recesso, com boa parte dos parlamentares ausentes da capital, o Rio de Janeiro.

Para contornar a situação, os poucos deputados presentes na capital decidiram escolher uma regência provisória, até que os demais parlamentares retornassem e a eleição pudesse, enfim, ser realizada.

A **Regência Trina Provisória**, formada por senadores, readmitiu o "ministério dos brasileiros", deposto por dom Pedro I. Em seguida, anistiou os prisioneiros políticos, decretou a suspensão temporária do exercício do poder Moderador e convocou eleições para escolher uma regência permanente.

A **Regência Trina Permanente**, com um mandato de quatro anos, foi eleita por deputados e senadores reunidos em Assembleia Geral. **Diogo Antônio Feijó** foi indicado para o Ministério da Justiça, tornando-se responsável por manter a ordem no país, reprimindo as crescentes rebeliões. Criou, logo no início de seu mandato, a **Guarda Nacional** [5], milícia armada formada por cidadãos ativos (brasileiros livres com posses), que passou a ser o principal instrumento do governo para reprimir os levantes populares.

O comando dessa milícia cidadã em cada município cabia ao **coronel**, patente geralmente vendida pelo governo aos grandes fazendeiros. Ao garantir, localmente, a ordem e os poderes existentes, eles acabavam por assumir o papel do Estado, ao mesmo tempo em que defendiam seus interesses pessoais.

Com alistamento obrigatório para todos os cidadãos com direito de voto nos municípios, a Guarda Nacional tinha caráter elitista e atuava localmente. Seus membros eram dispensados de servir o exército, o que reduzia o efetivo militar.

Durante o período regencial, os membros da elite buscavam preservar seus interesses e divergiam entre si sobre como o Brasil deveria ser governado. Isso originou três grupos políticos:

---

[5] A concepção dessa organização paramilitar dos "cidadãos armados" deu-se já no Primeiro Reinado, mas só se efetivou com a lei de 18 de agosto de 1831. Segundo o regulamento, seria composta por todos os brasileiros entre 21 e 60 anos, desde que fossem "cidadãos ativos" (eleitores e elegíveis). Dessa forma, estava excluída a maioria esmagadora da população. A Guarda Nacional só foi extinta em 1922.

Grupo	O que pretendia	Características
Restaurador ou caramuru	Defendia a volta de dom Pedro I ao Brasil. Contrário a reformas socioeconômicas, era favorável à centralização monárquica.	Liderado por José Bonifácio, o grupo era formado por comerciantes portugueses, militares conservadores e altos funcionários públicos. Contava com o jornal *O Caramuru* como veículo de divulgação de suas ideias.
Liberal moderado ou chimango	Defendia a ordem vigente, baseada na monarquia e na escravidão, fontes dos privilégios de seus membros. Opunha-se à volta do ex-imperador e defendia o governo centralizado no Rio de Janeiro e a manutenção da unidade territorial do Brasil.	O grupo era formado por membros da aristocracia rural que atuavam no governo regencial. Seus principais líderes eram o padre Feijó, o jornalista Evaristo da Veiga e o político Bernardo Pereira de Vasconcelos.
Liberal exaltado	Era o grupo de tendência mais radical dentro do cenário político governamental brasileiro. Defendia a autonomia das províncias e a descentralização do poder imperial.	Composto por proprietários rurais, membros das classes médias urbanas e militares. Os membros mais radicais do grupo eram favoráveis ao fim da monarquia e à instauração da república, destacando-se, entre seus líderes, o major do exército Miguel Frias e o jornalista Cipriano Barata. Suas propostas de mudança eram bem recebidas pelos setores menos favorecidos da sociedade. Ficaram conhecidos como farroupilhas.

Tanto os liberais exaltados como os moderados concordavam, de início, com a necessidade de reformas que garantissem maior autonomia às províncias, bem como a unidade do Império. Nesse sentido, empreenderam as transformações descentralizadoras do início do período regencial, constituindo um avanço liberal entre 1831 e 1835.

As pressões por mudanças continuavam, denunciando que, por baixo dos acordos que permitiram a continuidade do Império após a abdicação, outros projetos para o Brasil continuavam ativos. Foi elaborado, então, em 1834, um Ato Adicional que estabelecia alterações na Carta outorgada de 1824. Esse ato visava conciliar as tendências políticas centralizadoras dos moderados e descentralizadoras dos exaltados. Fazia concessões à descentralização política do Brasil, como a criação das Assembleias Legislativas Provinciais e a substituição da Regência Trina pela Regência Una, eleita pelas Assembleias

Litografia de Bartichen (século XIX): Câmara dos Senadores no Campo da Aclamação, no centro da cidade do Rio de Janeiro, atual praça da República. Após a abdicação de dom Pedro I, o Legislativo foi fortalecido e passou a ser um dos eixos principais dos desdobramentos políticos regenciais.

Provinciais do país. Além disso, suspendia o poder Moderador até que houvesse um novo imperador.

Nessa nova fase, aconteceram as regências de Feijó (1835-1837), de orientação mais liberal e descentralizadora, e de Araújo Lima (1837-1840), conservador e centralista. Nesses dois períodos ocorreram no país diversas revoltas, que serão estudadas a seguir.

Durante as regências surgiram as duas principais forças políticas do Império, o **Partido Liberal**, composto pela classe média urbana, clérigos e proprietários rurais do Sudeste e Sul do país (tendência denominada progressista), e o **Partido Conservador**, em sua maioria grandes proprietários rurais, comerciantes, magistrados e burocratas (tendência regressista). Os liberais eram favoráveis à manutenção da autonomia provincial das Assembleias e adeptos do governo Feijó. Os conservadores eram mais centralistas e defendiam total rigor contra os questionamentos à ordem social, política e econômica do Império.

Em 1840, os liberais que lutavam para recuperar o poder fundaram o **Clube da Maioridade**, que reivindicava a antecipação da maioridade de dom Pedro II, na época com 14 anos. Segundo eles, a presença do imperador no trono poria fim às revoltas regionais em curso e afastaria o fantasma da fragmentação política e territorial do país, argumento que cativou a elite política. A coroação de dom Pedro II, em julho de 1840, conhecida como **Golpe da Maioridade**, foi uma vitória desse grupo e encerrou o período regencial. Contudo, a tendência centralizadora que se manifestara durante o período regressista, iniciado em 1837, permaneceu no período seguinte.

Reprodução/Biblioteca Municipal Mário de Andrade, São Paulo, SP

OUTROS PROJETOS
AS REBELIÕES

As chamadas rebeliões regenciais questionavam o excesso de centralização política e a cobrança de vários tributos, instituídos para organizar e manter o novo Estado brasileiro. Também criticavam a situação de miséria em que se encontrava a maioria da população e reivindicavam liberdade e maior acesso ao cenário político.

CABANAGEM
(PARÁ, 1835-1840)

A cidade de Belém, em meados do século XIX, era controlada por uma elite de comerciantes locais composta, sobretudo, de portugueses que exploravam a população mais humilde. O porto da cidade escoava toda a produção da província.

Reprodução/Biblioteca Municipal Mário de Andrade, São Paulo, SP

O nome Cabanagem vinha das cabanas construídas na beira dos rios – os grupos mais pobres que viviam ali eram, assim, chamados de *cabanos*. Na imagem, cabanas no Pará em desenho de E. Riou de 1858.

Início

O ponto de partida da Cabanagem, levante ocorrido entre 1835 e 1840 no estado do Pará, foi a divisão da elite local em torno da nomeação do presidente da província. Com o tempo, o movimento contou com a adesão da população pobre: indígenas, mestiços e negros da região. Os rebeldes tomaram Belém, assumiram o governo provincial e decidiram proclamar a independência da província.

O movimento

O movimento, de caráter predominantemente popular, acabou fracassando pela traição de vários participantes, pela falta de consenso entre seus líderes e pela indefinição quanto aos rumos do governo da província.

Fim

A revolta foi violentamente sufocada por tropas governamentais enviadas à região: a "pacificação", em 1840, custou a vida de aproximadamente 20% da população total da província.

Memorial da Cabanagem, em Belém (PA). A obra, de Oscar Niemeyer, foi inaugurada em 1985.

Fernando Bueno/Pulsar Imagens

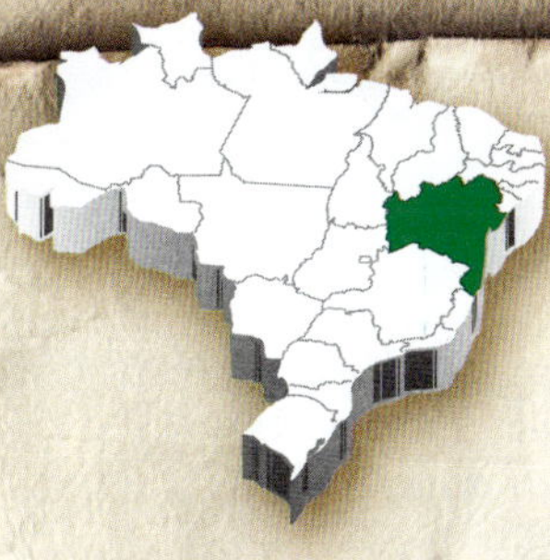

SABINADA

(BAHIA, 1837-1838)

Em Salvador, a Sabinada defendia a liberdade para os escravos "crioulos" (nascidos no Brasil) que apoiassem a revolução. Os integrantes do movimento lutavam contra as determinações do governo regencial, que convocou tropas baianas para lutar contra os participantes da Revolução Farroupilha.

A cidade representada numa litografia de Aubrun, a partir de foto de Victor Frond, 1859.

Início

Essa revolta contra as dificuldades econômicas da população da província da Bahia expressava o descontentamento dos grupos médios urbanos e a resistência da população local contra as determinações do governo central. O estopim do movimento foi o recrutamento forçado da população, em 1837, para combater os farroupilhas gaúchos.

Cartão-postal do Elevador Lacerda, constituído na década de 1870 e foi reformado em 1930. Salvador, Bahia, c. 1898.

O movimento

O termo Sabinada tem origem no nome de seu principal líder, o médico Francisco Sabino Barroso. Os revoltosos conquistaram o poder na província e proclamaram a **República Bahiense**. Decidiram manter o governo republicano e independente até que dom Pedro II pudesse assumir o trono, o que deveria ocorrer em 1843.

Fim

As tropas regenciais, com a ajuda dos senhores de engenho da região do Recôncavo, fiéis ao Rio de Janeiro, cercaram e venceram os revoltosos em Salvador, em 1838. Milhares de pessoas foram aprisionadas e executadas, entre elas os líderes mais expressivos do movimento.

Uniformes militares, por Jean-Baptiste Debret, 1834-1839. Extraída da obra *Viagem pitoresca e histórica ao Brasil*, tomo terceiro. Nesta imagem podemos observar os integrantes das tropas regenciais.

BALAIADA

(MARANHÃO, 1838-1841)

A economia maranhense na época da revolta enfrentava grandes dificuldades em razão da concorrência norte-americana na produção de algodão. Com isso, a população pobre revoltou-se e passou a exigir melhores condições de vida.

Início

Os pobres e miseráveis da região maranhense, inclusive escravos, que compunham mais da metade da população da província (216 mil recenseados), passaram a contestar os privilégios dos latifundiários e comerciantes portugueses. Milhares de rebeldes do Maranhão logo ganharam apoio de rebeldes do Piauí, ampliando o movimento.

Reprodução/Coleção particular

Rua Portugal, em São Luís, no Maranhão. Início do século XIX.

Reprodução/Biblioteca Municipal Mário de Andrade, São Paulo, SP.

Artesãos de balaios, atividade dos líderes da revolta do Maranhão, a Balaiada (1838--1841); litografia realizada por Charles Ribeyrolles, para a obra *Brazil pitoresco*.

O movimento

Os principais líderes rebeldes foram o vaqueiro Raimundo Gomes, o "Cara Preta", Manuel dos Anjos Ferreira, o "Balaio", fabricante de cestos e inspiração para o nome da revolta, e o negro Cosme Bento, que liderou uma força de cerca de 3 mil escravos. Os balaios chegaram a ocupar a Vila de Caxias, importante centro urbano da província, e pretendiam tomar também a capital, São Luís.

Fim

O movimento foi derrotado pelas tropas do governo sob o comando do coronel Luís Alves de Lima e Silva, que, graças a essa vitória, recebeu o título de barão de Caxias. Cosme Bento foi enforcado e os negros rebelados foram novamente escravizados.

REVOLUÇÃO FARROUPILHA

(RIO GRANDE DO SUL, 1835-1845)

A Revolução Farroupilha foi uma tentativa de separar do império brasileiro a província do Rio Grande do Sul. Dela fizeram parte os estancieiros e a população pobre que compunham as tropas. Ela foi a mais longa rebelião brasileira.

Início

A Revolução Farroupilha teve início em 1835, quando Bento Gonçalves, filho de um rico proprietário de terras no Rio Grande do Sul, tomou a cidade de Porto Alegre, depondo o presidente da província. No ano seguinte, os revoltosos proclamaram a República Rio-Grandense, com sede na Vila Piratini. Logo a revolta alastrou-se pelo sul do país, atingindo Santa Catarina, onde foi proclamada a República Juliana, com o auxílio de Davi Canabarro e Giuseppe Garibaldi, líder revolucionário italiano que participou ativamente do movimento.

A Revolução Farroupilha foi a mais longa rebelião brasileira. Acima, trecho do quadro *A batalha dos Farrapos*, de *Wasth Rodrigues*, 1937.

Imagem comemorativa da nova república, do artista Antonio Parreiras, de 1912-1914.

O movimento

A Revolução Farroupilha, ou Guerra dos Farrapos, recebeu seu nome dos pobres esfarrapados que compunham a maioria da tropa insurgente, embora fosse liderada pelos estancieiros (fazendeiros de gado do sul do país). Eles reivindicavam maior autonomia provincial e a redução dos altos impostos que incidiam sobre o charque (carne-seca) gaúcho. Os estancieiros não tinham condições de competir em situação de igualdade com o charque da região do Prata; outros subprodutos do gado, como couro e sebo, destinados às demais províncias, enfrentavam obstáculos semelhantes.

Fim

Durante o Segundo Reinado, a rebelião entrou em declínio, especialmente diante da repressão empreendida pelo governo central, comandada pelo Barão de Caxias. O acordo de paz com o Império garantia anistia geral aos revoltosos e o atendimento de algumas reivindicações que originaram a revolta. Por sua importante atuação, Caxias recebeu o título de "Pacificador do Império".

Pensando no Enem

1. *Art. 92. São excluídos de votar nas Assembleias Paroquiais:*
I. Os menores de vinte e cinco anos, nos quais não se compreendam os casados, e Oficiais militares que forem maiores de vinte e um anos, os Bacharéis Formados e Clérigos de Ordens Sacras.
IV. Os Religiosos, e quaisquer que vivam em Comunidade claustral.
V. Os que não tiverem de renda líquida anual cem mil réis por bens de raiz, indústria, comércio ou empregos.

Adaptado de: *Constituição Política do Império do Brasil (1824).* Disponível em: <https://legislação.planalto.gov.br>. Acesso em: 27 abr. 2010.

A legislação espelha os conflitos políticos e sociais do contexto histórico de sua formulação. A Constituição de 1824 regulamentou o direito de voto dos "cidadãos brasileiros" com o objetivo de garantir:

a) o fim da inspiração liberal sobre a estrutura política brasileira.
b) a ampliação do direito de voto para a maioria dos brasileiros nascidos livres.
c) a concentração de poderes na região produtora de café, o Sudeste brasileiro.
d) o controle do poder político nas mãos dos grandes proprietários e comerciantes.
e) a diminuição da interferência da Igreja católica nas decisões político-administrativas.

Resposta: d

A Constituição de 1824 sustentava a participação política no caráter censitário. Com isso, reservava às elites o domínio e controle das eleições e dos poderes, excluindo a grande maioria da população.

2. *Após o retorno de uma viagem a Minas Gerais, onde Pedro I fora recebido com grande frieza, seus partidários prepararam uma série de manifestações a favor do imperador no Rio de Janeiro, armando fogueiras e luminárias na cidade. Contudo, na noite de 11 de março, tiveram início os conflitos que ficaram conhecidos como a Noite das Garrafadas, durante os quais os "brasileiros" apagavam as fogueiras "portuguesas" e atacavam as casas iluminadas, sendo respondidos com cacos de garrafas jogadas das janelas.*

VAINFAS, R. (Org.). *Dicionário do Brasil Imperial.* Rio de Janeiro: Objetiva, 2008 (adaptado).

Os anos finais do I Reinado (1822-1831) se caracterizaram pelo aumento da tensão política. Nesse sentido, a análise dos episódios descritos em Minas Gerais e no Rio de Janeiro revela

a) estímulos ao racismo.
b) apoio ao xenofobismo.
c) críticas ao federalismo.
d) repúdio ao republicanismo.
e) questionamentos ao autoritarismo.

Resposta: e

O centralismo político com dom Pedro I tinha sido estruturado com a Constituição de 1824. A resistência a esse centralismo já se externara por parte de membros da aristocracia que apoiou o projeto constitucional (Constituição da mandioca"). Ela aumentou com a Confederação do Equador e continuou crescendo com a Guerra da Cisplatina e mais ainda com a participação nas guerras pela sucessão do trono português. Seguidos empréstimos, dificuldades financeiras e excessos de tributação, completaram o quadro de oposição. Esse era um momento propício para as críticas nos jornais, destacando-se as do jornalista Líbero Badaró, que acabou assassinado por apoiadores do imperador. Foi nesse clima que dom Pedro viajou a Minas Gerais e foi recebido friamente. Já no Rio de Janeiro, portugueses tentaram fazer uma recepção festiva como um desagravo ao que acontecera, ganhando oposição de brasileiros na Noite das Garrafadas.

3. Após a abdicação de D. Pedro I, o Brasil atravessou um período marcado por inúmeras crises: as diversas forças políticas lutavam pelo poder e as reivindicações populares eram por melhores condições de vida e pelo direito de participação na vida política do país. Os conflitos representavam também o protesto contra a centralização do governo. Nesse período, ocorreu também a expansão da cultura cafeeira e o surgimento do poderoso grupo dos "barões do café", para o qual era fundamental a manutenção da escravidão e do tráfico negreiro.

O contexto do Período Regencial foi marcado:

a) por revoltas populares que reclamavam a volta da monarquia.
b) por várias crises e pela submissão das forças políticas ao poder central.
c) pela luta entre os principais grupos políticos que reivindicavam melhores condições de vida.
d) pelo governo dos chamados regentes, que promoveram a ascensão social dos "barões do café".
e) pela convulsão política e por novas realidades econômicas que exigiam o reforço de velhas realidades sociais.

Resposta: e

A turbulência política da época regencial decorria da ordem imperial preestabelecida, que mantinha a exclusão política e social, resultando no centralismo como instrumento utilizado por parte das elites para conter as pressões por mudanças pela população.

Os excluídos dessa história: negros e indígenas

Em muitos aspectos, a vida no Império não se distinguia muito da que predominara no período colonial. A grande mudança política representada pela independência não implicou significativas mudanças sociais e econômicas. Os setores da sociedade que eram subjugados não viram mudanças expressivas em sua condição de vida, exceto pela participação de alguns batalhões formados por negros nas guerras de independência. Muitos escravizados conseguiram a liberdade por terem participado daqueles conflitos.

Os indígenas, por exemplo, estavam fora de toda a movimentação política no Rio de Janeiro e nas capitais das províncias. Desde o período da colônia, o indígena era considerado um obstáculo para o projeto de país almejado pelas elites, um grupo visto como "inferior" que atrapalhava as atividades econômicas e que geralmente não interessava nem como escravizado.

José Bonifácio e alguns outros humanistas, ao mesmo tempo, desejavam promover a integração do indígena à sociedade nacional. Os estudos e os debates que Bonifácio promoveu tanto nas Cortes de Lisboa quanto na sede do poder Legislativo brasileiro após a independência, porém, não receberam muita atenção. Pelo contrário, o Estado brasileiro preferiu políticas de "europeização" da população brasileira, com projetos de imigração de suíços e alemães, sendo os primeiros já a partir de 1818 e os alemães a partir de 1824, ocupando áreas próximas à capital do Império. Apenas no final do século XIX começou a ser questionada com mais vigor a ideia até então predominante de que negros e indígenas eram inferiores aos europeus.

Interior de uma oca de índios bororos, aquarela de Adrien Taunay, 1827. Após a independência, os grupos indígenas continuavam sendo alvo de discriminação por parte da sociedade dominante, com a participação ou conivência dos órgãos estatais.

A atitude desses povos discriminados, contudo, não era de passividade. Além das fronteiras da sociedade dominante, onde acabava o alcance do Estado ou dos proprietários, começavam terras distantes e relativamente livres para negros, indígenas e mestiços. Esses grupos promoviam saques, atacavam povoações e faziam emboscadas contra as expedições governamentais. Os "brancos" viviam, assim, em constante alerta diante da ameaça de que essa contínua guerra sociorracial pudesse espalhar-se e destruir a ordem estabelecida.

Dom Pedro I seguiu a política que seu pai, dom João VI, adotara no Brasil,

Escravos de Ganho, aquarela de Joaquim Cândido Guillobel, 1812. Note os pés descalços dos escravizados representados pelo artista. O uso de sapatos era um indicador que diferenciava negros forros dos escravizados, proibidos de calçá-los. Havia punições para escravos que usassem sapatos.

empreendendo uma guerra de extermínio contra os Botocudo e os Caigangue. Tal política visava garantir a posse e a comunicação entre as províncias do Sul, envolvendo também o sul de São Paulo, que no Segundo Reinado viria a se tornar o Paraná. O aldeamento, por meio de colônias-presídio para indígenas sobreviventes, foi uma prática constante de controle que acabava resultando na morte da maioria dos confinados. Dessa forma, os levantes e confrontos de indígenas com a nascente civilização brasileira continuavam ao longo do século XIX.

Os africanos e seus descendentes escravizados eram um grupo essencial para a sociedade naquele momento. Além de constituir a principal força produtiva, realizavam todos os tipos de trabalhos manuais. Na mentalidade lusitana da época, os trabalhos braçais eram degradantes. Era considerado vergonhoso se uma pessoa de boa posição social fosse vista trabalhando, ou mesmo carregando alguma mercadoria ou objeto volumoso.

Com o crescimento das cidades, a figura do **escravo de ganho** passou a ser muito comum. Tipicamente urbanos, esses escravizados desempenhavam vários ofícios, do comércio aos serviços de higiene pessoal e saúde. Ao final do dia ou da semana, deviam apresentar a seu senhor a quantia em dinheiro por ele estipulada, caso contrário recebiam castigos físicos severos. A escravidão urbana permitia, entretanto, que o escravizado obtivesse mais dinheiro do que a quantia exigida por seu senhor, e com o tempo pudesse conseguir sua alforria. Tornou-se comum que alguns poucos forros (escravos alforriados) passassem a ter vários escravizados, ou chegassem, por exemplo, à condição de oficiais nas forças armadas. Nesse caso, o ex-escravizado apenas liderava regimentos de negros, o que mostra outra face do preconceito: os soldados não negros não aceitavam ser comandados por negros. O fenômeno dos quilombos, iniciado no período colonial, continuou ocorrendo durante o Império. Longe de ser uma prática isolada de resistência, o ato de fugir e organizar comunidades fora do alcance do poder do Estado ou dos senhores era mais regular do que se supunha na época.

Os dados citados pelo antropólogo Kabengele Munanga[6], nascido na República do Congo e radicado no Brasil, demonstram que os quilombos foram uma prática de resistência comum e constante, e que muitas comunidades remanescentes dos quilombos perduram até os dias atuais.

[6] MUNANGA, Kabengele. *Origens africanas do Brasil contemporâneo*: histórias, línguas, culturas e civilizações. São Paulo: Global, 2009. p. 93.

Atualmente, de acordo com dados da Fundação Cultural Palmares, há 2 408 comunidades remanescentes de quilombos no Brasil, em pelo menos 24 estados. A população quilombola no país chega a 1,17 milhão de pessoas. São 214 mil famílias, muitas ainda lutam pelo reconhecimento oficial de suas terras.[7]

A constante vigilância das forças policiais contra negros e mestiços também levou a outras formas de organização não violentas. Muitos negros aproveitavam as práticas do catolicismo para se reunir e se ajudar mutuamente, e ainda para recordar suas tradições africanas sob a forma de irmandades ou confrarias. Na confraria de Nossa Senhora do Rosário dos Pretos, por exemplo, nas províncias do Nordeste do país, realizavam-se festas em que se elegiam e se coroavam os reis do Congo.

Várias revoltas de escravizados ocorreram durante o período regencial, e o poder constituído tentava precaver-se judicialmente: o Código Criminal de 1830 previa a pena de morte para os líderes dessas insurreições, caracterizadas como tais sempre que reunissem 20 ou mais cativos em rebelião. Uma lei de junho de 1835 reforçou o espírito punitivo, determinando julgamento sumário e forca para os que atentassem contra a vida de seus senhores, feitores e familiares. Mesmo sob essa forte ameaça, as revoltas de escravizados continuaram acontecendo, como a de Carrancas e a dos Malês.

Ricardo Teles/Pulsar Imagens

Grupo de congada na Festa de Nossa Senhora do Rosário dos Homens Pretos, em Serro (MG), 2013.

[7] Dados de 2013, disponíveis em: *Fundação Cultural Palmares* <www.palmares.gov.br/wp-content/uploads/2013/10/4-quadro-geral-das-crqs-ate-25-10-2013.pdf> e *Portal Brasil* <www.brasil.gov.br/cidadania-e-justica/2013/12/dilma-anuncia-politicas-publicas-para-fortalecer-programa-brasil-quilombola>. Acessos em: 5 mar. 2014.

Infográfico

A CONSTRUÇÃO DE IDENTIDADE COMO FORMA DE RESISTÊNCIA

A interação entre o colonizador europeu e os escravizados africanos na América portuguesa deu-se nos mais diversos âmbitos. Ela ocorreu tanto nas relações de trabalho como nas relações que perpassavam o campo cultural. Dessas relações surgiram diversas manifestações, como a festa da coroação dos reis negros, realizada nos quilombos e nas irmandades.

Carlos Julião/Fundação Biblioteca Nacional/DRD/Divisão de Iconografia

Coroação de um rei nos festejos de reis, aquarela de Carlos Julião, de cerca de 1776.

Reis do Congo
Os reis do Congo, também conhecidos como reis negros, expressavam ligações simbólicas entre os afro-brasileiros, seus antepassados e as estruturas políticas africanas. Essas festas faziam referência às chefias ancestrais africanas e aos seus ritos de fidelização da comunidade para com seus reis e rainhas.

Irmandades
As irmandades eram associações religiosas laicas que promoviam o culto e a assistência solidária entre seus membros no plano econômico e espiritual. Também buscavam prestar assistência a doentes, presos e desamparados. Membros das irmandades recebiam os donativos que iriam arcar com os custos das festas, dos cultos e de toda a assistência.

Jean-Baptiste Debret/Biblioteca Municipal Mário de Andrade, São Paulo.

Coleção particular

Discriminação

As festividades realizadas pelas comunidades negras tiveram ora condenação, ora aceitação pela administração senhorial. Foram vistas com desconfiança, uma vez que elas permitiam comportamentos tradicionalmente proibidos aos escravos, como a manifestação pública de danças e cantos.

Mas, em alguns casos, os cortejos de coroação de um rei negro, organizados pelas irmandades nas festas de seus santos padroeiros, eram aceitos como forma de promover a inclusão dos escravizados e aproximá-los da sociedade colonial.

Festa de Nossa Senhora do Rosário, de Johann Moritz Rugendas, litografia presente na obra *Viagem pitoresca ao Brasil*, do início do século XIX.

A festa

A festividade era animada por instrumentos musicais africanos como oboés e tambores, acompanhados por danças típicas. Os participantes seguiam o rei e a rainha, que eram eleitos entre a comunidade, e marchavam dançando e cantando versos feitos para a ocasião. Os indicados ao trono podiam ser escravizados livres ou não. As roupas trajadas pelo rei, pela rainha e por sua corte eram muito coloridas, bem como as coroas, cetros e outras insígnias que demonstravam o poder real, feitas de papelão e geralmente forradas com papel de cores vibrantes.

Comemoração do Dia da Consciência Negra, em Ribeirão Preto, SP. Foto de 2011.

Edson Silva/Folhapress

Coleta para manutenção da Igreja do Rosário por uma irmandade negra, litografia de Jean-Baptiste Debret.

Novas identidades

Nessa construção de novas identidades estão, por exemplo, os ajustes que as imagens dos santos do culto católico ganharam dos cultos afro-brasileiros, com sentidos e papéis semelhantes aos das imagens e objetos usados nas religiões tradicionais africanas. "Dessa forma, os elementos da cultura dominante de origem europeia, ao serem incorporados pelas comunidades afrodescendentes, receberam sentidos por elas criados."[8]

[8] SOUZA, Marina de Mello e. *Catolicismo negro no Brasil*: Santos e Minkisi, uma reflexão sobre miscigenação cultural. Disponível em: <www.afroasia.ufba.br/pdf/afroasia_n28_p125.pdf>. Acesso em: 26 mar. 2014.

A Revolta de Carrancas (Minas Gerais, 1833)

Pouco conhecida na historiografia, a Revolta de Carrancas tem chamado a atenção dos pesquisadores pelos autos referentes às penas aplicadas aos escravizados rebeldes. Teve o maior número de escravizados condenados à pena de morte por enforcamento no Brasil durante o Império: 16, no total. É considerada a maior revolta escrava da província de Minas Gerais e instaurou um clima de terror na região, com a invasão das sedes das fazendas e morte de fazendeiros e familiares.

Essa revolta contra castigos e por liberdade teve início na freguesia de Carrancas, região estratégica, próxima das estradas que ligavam Minas Gerais às províncias de São Paulo e Rio de Janeiro. Restringiu-se às fazendas da família Junqueira e ocorreu durante disputas políticas regionais entre restauradores (caramurus) e liberais moderados. Entre seus participantes, os autos destacam como líder principal o escravizado Ventura Mina.

Leituras da História

Negros rebeldes em Minas Gerais

O historiador Marcos Ferreira de Andrade destaca a importância da revolta, a diversidade étnica e cultural dos participantes e a afirmação de um projeto de liberdade no contexto imperial brasileiro:

> Os escravos da família Junqueira se apropriaram, a seu modo, do contexto de disputas entre a elite que estava colocado naquele instante. Apropriaram-se até mesmo dos apelidos que os membros da elite utilizavam para desqualificar ou enquadrar seus oponentes. O depoimento de Maria Joaquina do Espírito Santo, mulher parda, agregada e moradora na fazenda Bom Jardim, é revelador, nesse aspecto. O grupo de escravos, liderados por Ventura, que se dirigiu para aquela fazenda, na noite do dia treze, passou pela casa da testemunha. Depois de ameaçá-la, exigiu que lhes entregasse logo as espingardas que havia na casa. Um dos escravos que fazia parte do grupo, o preto Antônio Benguela, "pulava no seu terreiro e batia nos peitos dizendo para ela e seu companheiro: Vocês não costumam falar nos caramurus, nós somos os caramurus, vamos arrasar tudo".

ANDRADE, Marcos Ferreira de. *Imprensa moderada e escravidão*: o debate sobre o fim do tráfico e temor do haitinismo no Brasil Regencial (1831-1835). Disponível em: <www.escravidaoeliberdade.com.br/site/images/Textos4/marcosferreiradeandrade.pdf>. Acesso em: 26 mar. 2014.

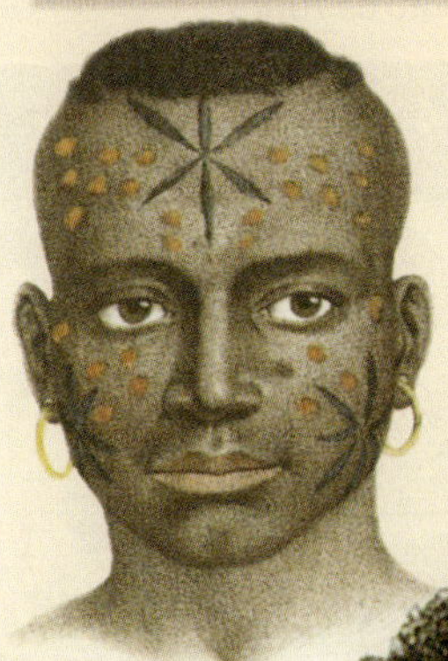

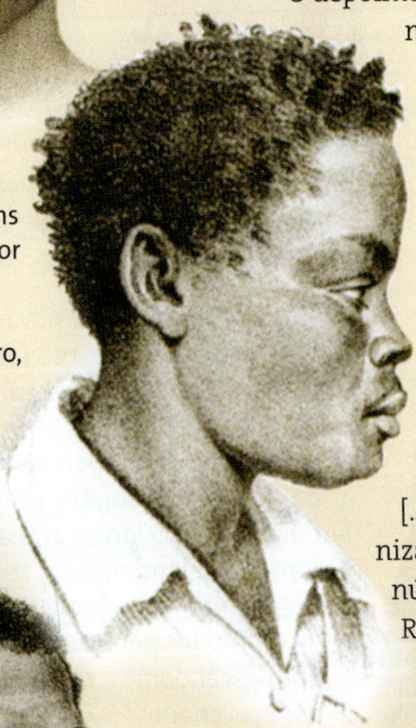

Africanos de diferentes origens representados por Rugendas em 1835: acima, de Angola; no centro, de Benguela; e abaixo, de Moçambique.

Reprodução/Coleção particular

> [...] o que mais chama a atenção na Revolta de Carrancas foi a organização e sucesso do levante enquanto não houve repressão, além do número de escravos condenados à pena de morte, superando os da Revolta dos Malês, e a composição étnica variada dos participantes. A revolta contou com a participação de cativos de origens diversas: crioulos, minas, angolas, benguelas, congos, cassanges e moçambiques. Dos 31 escravos indiciados no processo, nove (29%) eram crioulos, e 17 (54,8%) oriundos da África Central e dois minas. Constata-se a presença significativa de escravos falantes de bantu, considerados pela historiografia como mais acomodados e menos afeitos a revoltas, diferente dos "minas" e "nagôs". A diversidade étnica e cultural dos escravos da freguesia de Carrancas não impediu que eles se associassem; pelo contrário, revela a superação de tais diferenças para que o projeto de liberdade fosse alcançado [...].

ANDRADE, Marcos Ferreira de. *Negros rebeldes nas Minas Gerais*: a revolta dos escravos de Carrancas (1833). Disponível em: <www.acervos.ufsj.edu.br/site/fontes_civeis/revolta_carrancas.pdf>. Acesso em: 26 mar. 2014.

A Revolta dos Malês (Bahia, 1835)

O Brasil começou a receber africanos do tronco linguístico iorubá, da África Ocidental, principalmente no século XIX. *Malê* era usado para designar os africanos que sabiam ler e escrever em árabe, e eram muçulmanos. De acordo com o historiador João José Reis, "o termo malê deriva de *imale*, que significa muçulmano em iorubá."[9]

Na preparação do levante, os escravos muçulmanos, liderando diversos grupos de outras crenças, se organizaram para tomar o poder e instalar "uma Bahia só de africanos". Há quem afirme que um dos projetos era escravizar "brancos" e mestiços ou crioulos, estes vistos como cúmplices dos senhores.

No levante, que durou apenas alguns dias, não houve invasões, saques nem atentados contra senhores e suas famílias. Mesmo assim, as forças da situação reprimiram a revolta com violência.

Reprodução/Coleção particular

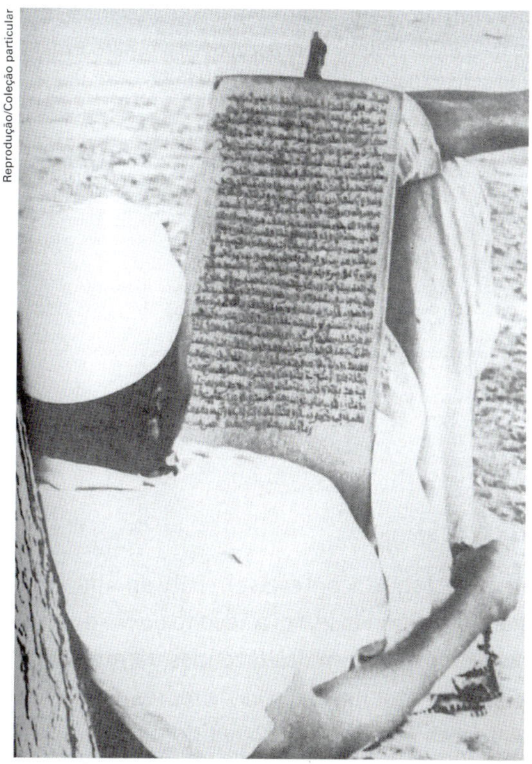

Reprodução/Arquivo Público do Estado da Bahia, Salvador, BA

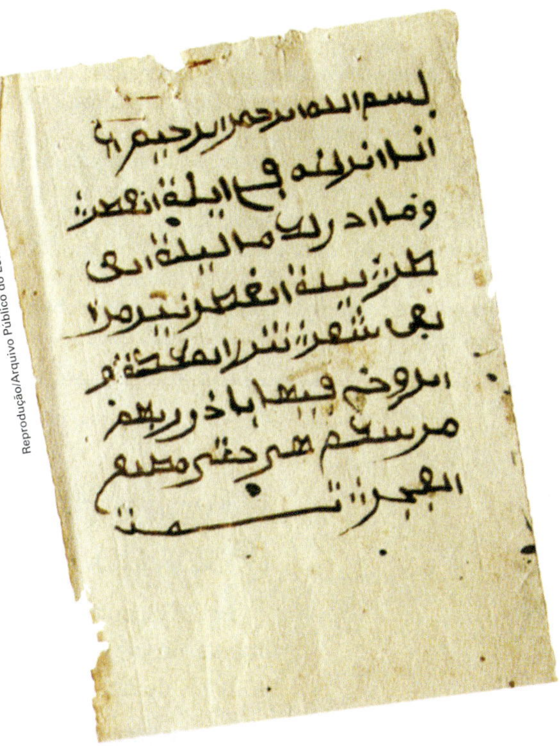

Muçulmano com tábua de escrever e teçubá, espécie de rosário utilizado em orações muçulmanas diárias. Foto do século XIX, em Salvador (BA).

A repressão estancou a adesão ao levante em Salvador e impediu que os revoltosos realizassem o plano de chegar até os engenhos e libertar os negros da zona rural. Derrotados, quase todos os cerca de 600 africanos que aderiram à revolta acabaram punidos: alguns dos líderes foram executados e os demais, castigados publicamente com açoites, prisões e deportações.

Assim como em Minas Gerais (Carrancas), a Revolta dos Malês, na Bahia, aumentou os temores de "haitianismo" – como os poderes estabelecidos denominavam o conjunto de levantes escravos, lembrando a rebelião no Haiti, décadas antes. Artigos do jornal *Aurora Fluminense*, entre fevereiro e março de 1835, expunham esses temores:

[9] REIS, João José. O sonho da Bahia muçulmana. *Revista de História*. Disponível em: <www.revistadehistoria.com.br/secao/dossie-imigracao-italiana/o-sonho-da-bahia-muculmana>. Acesso em: 27 mar. 2014.

AURORA FLUMINENSE

23 DE FEVEREIRO DE 1835

Tem corrido o boato de que alguma coisa se tenta no Rio de Janeiro, de análogo ao que sucedeu na Bahia. Cuidamos que o temor exagera as suspeitas: mas em objeto tão melindroso, não é perdida toda a vigilância da parte das autoridades. Nós ousamos chamar sobre esta matéria a atenção do Exmo. Ministro da Justiça e do Sr. Chefe da Polícia.

AURORA FLUMINENSE

27 DE MARÇO DE 1835

A todos consta que as doutrinas Haitianas são aqui pregadas com impunidade; que os escravos são aliciados com o engodo da liberdade, e concitados por espíritos vertiginosos, nacionais e estrangeiros, dentro e fora da província, para romper nas mesmas comoções, de que estão os da Bahia dando funestíssimo exemplo: que há na Corte Sociedades secretas que trabalhão sistematicamente nesse sentido; que têm cofres para os quais contribui grande número de sócios de cor, livres e cativos; que desses cofres saem os subsídios com que se entretêm e mantêm emissários, encarregados de propagar doutrinas subversivas pelos escravos das fazendas de lavoura, onde se introduzem a título de mascates ou pombeiros! Os membros dessas Sociedades, e seus fautores, nacionais e estrangeiros, são indigitados pela voz pública... e todavia parece que a administração policial da Corte ou tudo ignora, ou estranhamente descuidada dorme sobre a cratera do vulcão! E entretanto o incêndio já lavra perto da porta!

Apud ANDRADE, Marcos Ferreira de. Imprensa moderada e escravidão: o debate sobre o fim do tráfico e o temor do haitianismo no Brasil Regencial (1831-1835). *4º Encontro Escravidão e Liberdade no Brasil Meridional.* Maio de 2009. Curitiba. p. 17-18. Disponível em: <www.escravidaoeliberdade.com.br/site/images/Textos4/marcosferreiradeandrade.pdf>. Acesso em: 26 mar. 2014.

Revolta de Manoel Congo (Paty do Alferes, 1838)

Em 1838, outra revolta que merece destaque aconteceu em Paty do Alferes, nas imediações de Vassouras, Vale do Paraíba fluminense. Foi a Revolta de Manoel Congo. Mais de duas centenas de escravizados fugiram das fazendas da região e enfrentaram as forças da repressão da Guarda Nacional e tropas do exército, sob o comando de Luís Alves de Lima e Silva, futuro Duque de Caxias. Vencidos após alguns dias, 60 rebelados foram condenados a receber 50 açoites diários durante 13 dias e a andar com ferros no pescoço sob a vigília do senhor. Manuel Congo foi condenado à força, por sua liderança, e executado em novembro de 1839.

Wilton Junior/Agência Estado

Foto do interior do Memorial de Manuel Congo, localizado em Vassouras, Rio de Janeiro.

Atividades

Análise documental

1. Analise o Capítulo VI da Constituição de 1824 e responda às questões.

CAPÍTULO VI.
Das Eleições.

Art. 90. As nomeações dos Deputados, e Senadores para a Assembleia Geral, e dos membros dos Conselhos Gerais das Províncias, serão feitas por eleições indiretas, elegendo a massa dos cidadãos ativos em Assembleias Paroquiais os eleitores de Província, e estes os Representantes da Nação, e Província.

Art. 91. Têm voto nestas eleições primárias.

I. Os cidadãos brasileiros, que estão no gozo de seus direitos políticos.
II. Os estrangeiros naturalizados.

Art. 92. São excluídos de votar nas Assembleias Paroquiais.

I. Os menores de vinte e cinco anos, nos quais se não compreendem os casados, e oficiais militares, que forem maiores de vinte e um anos, os bacharéis formados, e clérigos de Ordens Sacras.
II. Os filhos de famílias que estiverem na companhia de seus pais, salvo se servirem ofícios públicos.
III. Os criados de servir, em cuja classe não entram os guarda-livros e primeiros-caixeiros das casas de comércio, os criados da casa Imperial, que forem de galão branco, e os administradores das fazendas rurais e fábricas.
IV. Os religiosos e quaisquer que vivam em comunidade claustral.
V. Os que não tiverem de renda líquida anual cem mil réis por bens de raiz, indústria, comércio, ou empregos.

[...]

Art. 94. Podem ser eleitores, e votar na eleição dos Deputados, Senadores, e Membros dos Conselhos de Província todos, os que podem votar na Assembleia Paroquial. Excetuam-se:

I. Os que não tiverem de renda líquida anual duzentos mil réis por bens de raiz, indústria, comércio, ou emprego.
II. Os libertos.
III. Os criminosos pronunciados em querela, ou devassa.

Art. 95. Todos os que podem ser eleitores, hábeis para serem nomeados Deputados. Excetuam-se:

I. Os que não tiverem quatrocentos mil réis de renda líquida, na forma dos arts. 92 e 94.
II. Os Estrangeiros naturalizados.
III. Os que não professarem a Religião do Estado.

CONSTITUIÇÃO Política do Império do Brasil, 1824. Disponível em: <www.planalto.gov.br/ccivil_03/Constituicao/Constituicao24.htm>. Acesso em: 31 mar. 2014.

a) Quem estava excluído do poder político de acordo com o texto constitucional de 1824?
b) Retome o texto da página 610, "A Constituição de 1824 e a cidadania" e faça uma relação das brechas encontradas pela população para o exercício da cidadania.

Análise de texto e imagem

2. As sátiras políticas foram um importante recurso de contestação e crítica durante o período imperial. Por meio do exagero, do escárnio e da criação de situações ridículas, os desenhistas transmitiam aos leitores dos periódicos sua crítica acerca da situação política e social do país. As charges reproduzidas a seguir foram publicadas no periódico *Cabrião*, impresso na cidade de São Paulo em 1866 e 1867. Para responder às próximas questões, analise-as e relacione-as ao que foi estudado no capítulo e ao texto historiográfico que segue.

O voto, segundo a Carta Constitucional de 1824, era oral e a descoberto: "o votante dava pessoalmente os nomes das pessoas em quem queria votar aos secretários das mesas paroquiais (mesas de votação), os quais formavam com ele a cédula que, depois de lida, era assinada pelo votante com uma cruz".

Tal situação "advinha por um lado da noção corrente na época de que o voto constituía um ato público e uma forma de o eleitor manter abertamente suas opiniões, embora, na verdade, funcionasse como uma forma de controlar o voto. Por outro lado, respondia a uma questão prática, na medida em que o direito de voto se estendia aos analfabetos".

É preciso considerar que, mesmo entre a elite agrária, a maioria dos indivíduos era analfabeta.

Quanto ao controle do voto, ele era possível graças à força das mesas eleitorais, que fizeram da fraude e da corrupção uma prática constante nas eleições brasileiras. Dada a falta de leis precisas sobre os trabalhos eleitorais, cabia às mesas determinar quem estava qualificado ao pleito e isto no mesmo dia da eleição, além de ser responsável pela apuração dos votos, o que, de certa forma, já dirigia o resultado eleitoral.

A composição da mesa eleitoral dava-se da seguinte forma:

"o presidente da assembleia (que deveria ser um juiz de fora) juntamente com o pároco propunham à massa do povo, reunida na matriz, quatro cidadãos de 'confiança pública' – dois para serem secretários e dois para escrutinadores – que, se aprovados por aclamação do povo, formariam com eles a mesa eleitoral. Por este processo de composição da mesa, pouco se poderia esperar da neutralidade dos trabalhos eleitorais, pois, na verdade, quem determinava a escolha dos cidadãos que preencheriam as funções da mesa eleitoral, cabendo à multidão apenas referendá-los ou não, eram o presidente e o pároco, ambos figuras ligadas ao governo. E assim as eleições se faziam, aceitando à mesa o voto de quem queria e recusando outros a pretexto de falta de condições legais, iniciando e terminando a votação no momento que lhe aprouvesse, e apurando os votos como lhe convinha".

Trechos de KINZO, Maria D'Alva Gil. *Representação política e sistema eleitoral no Brasil*. São Paulo: Símbolo, 1980. p. 51 e 70.

Charge 1

Charge "Compra de votos", de Ângelo Agostini, publicada no jornal *O Cabrião*, que circulou em São Paulo no final do século XIX.

Charge 2

Charge "Venda de títulos e honrarias", de Paulo R. Salomão, publicada no jornal *O Cabrião*.

a) Descreva os elementos de cada charge.
b) Quais as práticas representadas nas duas imagens?
c) Para produzir o efeito humorístico desejado, as charges articulam linguagem verbal e não verbal. Identifique, em cada uma das charges, os elementos verbais e não verbais que se articulam para produzir a sátira.
d) O que é possível supor quando percebemos a presença de diferentes tipos de armas na primeira charge?
e) Em sua análise da segunda charge, o que a figura do indígena está representando?
f) De acordo com o texto de Maria Kinzo, por que o sistema eleitoral permitia fraudes e corrupções?

Vestibulares de Norte a Sul

1. **SE** (Cefet-MG)

[...] nasci e me criei no tempo da regência; e que neste tempo o Brasil vivia, por assim dizer, muito mais na praça pública do que mesmo no lar doméstico; ou, em outros termos, vivia em uma atmosfera tão essencialmente política que o menino [...] em casa muito depressa aprendia a falar liberdade e pátria [...], começava logo a ler e aprender a constituição política do império. Daqui resultava que não só o cidadão extremamente se interessava por tudo quanto dizia respeito à vida pública; mas que não se apresentava um motivo, por mais insignificante que fosse de regozijo nacional ou político, que imediatamente todos não se comovessem [...] e se tratasse de pôr na rua uma bonita alvorada. [...] eu vou dizer o que é que então se tinha por costume de chamar de alvorada. Quando se tratava [...] de regozijo geral por qualquer ato político ou público, apenas a noite começava a escurecer, toda a vila tratava logo de iluminar-se [...].

REZENDE, Francisco de Paula Ferreira de. *Minhas Recordações*. Belo Horizonte: Imprensa Oficial, 1987 (1887). p. 67-68. (Adaptado)

O texto acima se refere a um período da história brasileira no qual se

a) confirmou o princípio político do republicanismo.
b) constatou a influência política de ideários socialistas.
c) atribuiu a conquista de direitos humanos à luta política.
d) presenciou a emergência de diferentes projetos políticos.
e) reproduziu a forma norte-americana de manifestação política.

2. **SE** (FGV-SP)

A independência oficial do Brasil, prevalecendo sobre a libertação sonhada pelos patriotas – para usar uma palavra em voga na época – frustrou grande parte da população. A independência oficial sedimentou uma estrutura econômica e política herdada da Colônia, pouco alterando a situação das massas e, por adotar um centralismo autoritário, pressionava também o sistema político nas províncias.

A oportunidade perdida de democratizar a prática política, de um lado, e a insistência em manter inalterado o instituto da escravidão, de outro, praticamente fizeram aflorar todo o anacronismo do Estado brasileiro, provocando várias reações. Entre elas a Sabinada [...].

(Júlio José Chiavenato, *As lutas do povo brasileiro*)

É correto caracterizar essa rebelião como

a) um movimento apoiado pelas camadas médias e baixas de Salvador, que tomou o poder da cidade e separou a província da Bahia do resto do Império do Brasil provisoriamente até a maioridade de D. Pedro de Alcântara.
b) a mais radical revolução social ocorrida no Brasil do século XIX, já que o governo sabino foi efetivamente revolucionário, tendo como uma das primeiras ações a extinção do trabalho cativo em terras baianas.
c) um episódio marcado pelo ingênuo republicanismo dos rebeldes baianos, derivado das reformas políticas ocorridas nos Estados Unidos do presidente Monroe e que defendia o poder advindo das classes populares.
d) uma rebelião elitista, apoiada nos setores da elite baiana – brancos, proprietários e letrados –, que defendia o separatismo como forma de preservar os interesses econômicos da mais rica província nordestina.
e) uma revolução liberal radical, inspirada no parlamentarismo inglês, que exigia a imediata convocação de uma Assembleia Nacional Constituinte e a proclamação de uma república federalista.

3. **NE** (UFPB) A pintura é uma manifestação artística que pode ser utilizada como fonte histórica, reforçando uma versão da história. Nesse sentido, observe o quadro do pintor paraibano Pedro Américo:

No campo da historiografia, essa imagem:

a) sintetiza o verdadeiro sentimento de toda a nação em relação a Portugal.

b) expõe a luta de classes existente no país no período da independência.

c) expressa o apoio popular ao processo de autonomia política do Brasil.

d) representa uma visão heroica e romanceada da separação política do país.

e) mostra a independência como anseio de grupos subalternos.

4. **S** (UEL-PR) No contexto histórico das transformações ocorridas no século XIX, que envolveram questões da identidade nacional e da política, no Brasil, após a abdicação de D. Pedro I, ocorreu uma grave crise institucional. As tentativas de superação por meio das Regências provocaram uma série de revoltas como a Sabinada (BA), a Balaiada (MA) e a Cabanagem (PA).

A superação da crise, que coincidiu com o fim do período regencial, deveu-se à:

a) antecipação da maioridade do príncipe herdeiro.

b) consolidação da Regência Una e Permanente.

c) formação e consolidação do Partido Republicano.

d) fundação das agremiações abolicionistas.

e) volta imediata de D. Pedro I às terras brasileiras.

5. **S** (Udesc) Observe as imagens e o excerto:

Tudo assenta, pois, neste país, no escravo negro; na roça, ele rega com seu suor as plantações do agricultor; na cidade, o comerciante fá-lo carregar pesados fardos; se pertence ao capitalista é como operário ou na qualidade de moço de recados que aumenta a renda senhor.

DEBRET, Jean-Baptiste. *Viagem Pitoresca e Histórica ao Brasil.* São Paulo: Livraria Martins Editora, 1979, p. 85.

Sobre o contexto histórico e as relações sociais e de poder que lhes são inerentes, representados nas reproduções de imagem e no excerto de Jean-Baptiste Debret (1768-1848), analise as proposições abaixo:

I. As imagens reproduzem o cotidiano do ambiente de trabalho e da rua, vivenciado pelas negras livres na primeira metade do século XIX, nas cidades.

II. O excerto e as imagens indicam a significativa participação dos negros na economia do Brasil dos oitocentos, seja na condição de escravos ou na de libertos.

III. Nas imagens, a observação sensível do vestuário e dos calçados supõe que também entre a população negra havia relações sociais hierárquicas.

Assinale a alternativa **correta**.

a) Somente as afirmativas I e III são verdadeiras.

b) Somente a afirmativa II é verdadeira.

c) Somente a afirmativa III é verdadeira.

d) Somente as afirmativas I e II são verdadeiras.

e) Todas as afirmativas são verdadeiras.

6. **NE** (UFRN) Após ser proclamada a Independência do Brasil, o Império foi regido por uma Constituição outorgada por D. Pedro I, em 1824. Nos artigos referentes às eleições, lê-se:

CAPÍTULO VI
Das Eleições

Art. 90. As nomeações dos deputados e senadores para a Assembleia Geral e dos membros dos conselhos gerais das províncias serão feitas por eleições indiretas, elegendo a massa dos cidadãos ativos em assembleias paroquiais os eleitores de províncias e estes os representantes da nação e província.

Art. 91. Têm votos nestas eleições primárias:

1º) Os cidadãos brasileiros que estão no gozo de seus direitos políticos;

2º) Os estrangeiros naturalizados.

Art. 92. São excluídos de votar nas Assembleias Paroquiais: [...]

5º) Os que não tiverem de renda líquida anual 100$000 [100 mil réis] por bens de raiz [imóveis], indústria, comércio ou empregos.

Art. 93. Os que não podem votar nas Assembleias primárias de Paróquias não podem ser membros, nem votar na nomeação de alguma autoridade eletiva nacional.

MINISTÉRIO DA JUSTIÇA. *Constituição política do império do Brasil*, edição fac-similar. Rio de Janeiro: Arquivo Nacional, 1972. [Adaptado]

Os artigos citados permitem inferir que:

a) a doutrina de origem europeia, que inspirou a emancipação política e a Constituição, se opunha à ideia de igualdade.

b) o voto censitário, nos termos adotados no texto constitucional, caracterizou a chamada "Constituição da mandioca".

c) o texto constitucional imposto à Nação restringiu a participação política das camadas populares.

d) a implantação do voto censitário tornou o direito de votar restrito às elites latifundiárias.

CAPÍTULO

28 África e Ásia no século XIX

Gravura representa o jornalista Henry Morton Stanley e um grupo de exploradores consultando o mapa da África, sob o olhar de nativos. O jornalista britânico realizou diversas viagens ao território, apoiando sua exploração comercial e influenciando o rei belga Leopoldo II na criação do Estado Independente do Congo. (Sem data)

Bettmann/Corbis/Latinstock

Para pensar historicamente

O "outro" na expansão imperialista

A expansão imperialista do século XIX foi um novo passo no processo de mundialização da ordem capitalista. As populações africanas e asiáticas foram subjugadas e incorporadas à ordem europeia.

Ao longo da história ocidental e até boa parte do século XIX, os territórios africanos foram conquistados e suas populações, escravizadas, inferiorizadas e estigmatizadas. O tráfico de escravos rendeu fortunas a algumas elites econômicas e muita miséria, exploração e sofrimento para dezenas de milhões de africanos.

Na Ásia, o novo colonialismo europeu do século XIX, sustentado em guerras de conquista e pela manutenção do domínio nos territórios, também deixou um enorme saldo de imposições culturais e econômicas, de mortos, feridos e famintos.

Como essa trágica herança afeta hoje os países africanos e asiáticos?

Na foto, construções precárias e sem acabamento contrastam com prédios ao fundo, em Luanda, Angola. Foto de 2012.

Siphiwe Sibeko/Reuters/Latinstock

1 Práticas imperialistas

A história tradicional do Ocidente, com uma visão eurocentrista, quase sempre tratou como não relevante a história de outras regiões. Esse olhar, que tem a Europa como eixo do movimento civilizatório e evolutivo, como já destacamos, foi construído desde a Antiguidade, época em que a região mediterrânea era definida como o centro do mundo. A África, desde então, passou a ser vista como distante, como o local dos "homens de faces queimadas".[1] Daquele período até o final da Idade Média, especialmente com a religiosidade cristã medieval, a cor negra foi associada ao pecado e ao demônio. Também os asiáticos foram vistos com estranhamento e desconfiança, mas com certo fascínio por sua cultura tão distinta. Poucos eram os que conseguiam considerar africanos e asiáticos como seres humanos iguais aos europeus, diferentes apenas no aspecto étnico e cultural. Essa ideia da supremacia europeia e consequente inferioridade de outras culturas, especialmente as africanas e asiáticas, como vimos, consolidou-se durante a Idade Moderna, quando a Europa passou a centralizar o poder econômico, político e militar mundial.

As práticas imperialistas intensificaram-se na segunda metade do século XIX, a partir dos países europeus industrializados. Inglaterra e França, seguidos por outros países, levaram à partilha os continentes africano e asiático. Na mesma época, os Estados Unidos e o Japão exerceram práticas imperialistas, em especial em suas regiões de influência – respectivamente, América Latina e costa oriental da Ásia.

Contudo, diferentemente do **colonialismo** do século XVI, cuja meta era a obtenção de especiarias, gêneros tropicais e metais preciosos no continente americano, o **neocolonialismo** do século XIX, motivado pelo capitalismo industrial e financeiro, procurava mercados consumidores de manufaturados e fornecedores de matérias-primas (como ferro, cobre, petróleo, manganês, trigo e algodão), também buscava territórios para instalar parte de seu excedente populacional[2] e novas áreas de investimento de capitais. Com essas conquistas, garantiam-se impostos e contingentes para os exércitos imperialistas.

Gravura do século XIX: nativos africanos com peças de vestuário europeu, demonstrando a interferência neocolonial no continente.

Outro aspecto característico do impulso imperialista do século XIX foi a conquista de bases estratégicas para a segurança do comércio marítimo.

As disputas entre potências por áreas coloniais agravaram conflitos e estimularam o **armamentismo**, o que levou à formação de blocos de países rivais e à criação de uma conjuntura tensa e propícia a uma confrontação em grande escala.

[1] Conforme DEL PRIORE, Mary; VENÂNCIO, Renato Pinto. *Ancestrais:* uma introdução à história da África Atlântica. Rio de Janeiro: Elsevier, 2004. p. 56.

[2] A população europeia era cerca de 70 milhões em 1500, passou a 190 milhões em 1800 e saltou para 423 milhões em 1900. Já a população mundial estimada durante o século XIX era de 900 milhões no seu início e 1,6 bilhão no final. Conforme dados de PARKER, Geoffrey (Ed.). *Atlas da história do mundo.* São Paulo: Times Books/Folha de S. Paulo, 1995. p. 204.

2 A marca do colonialismo na África

Por séculos prevaleceu a mentalidade de enquadrar os africanos num grau inferior da escala evolutiva, a mesma que classificava os vários povos em avançados e atrasados ou civilizados e primitivos. Comerciantes, conquistadores e teóricos ressaltavam uma suposta selvageria dos povos da África, característica quase sempre relacionada à natureza do continente, fundamentando assim a crença de que a identidade daqueles povos seria determinada meramente por traços físicos ou biológicos, e não por sua história. Impunham a ideia de que o homem africano era incapaz de produzir cultura e história, argumento que serviu aos escravagistas e aos imperialistas do século XIX, que, aliás, utilizaram também o discurso de "civilizar" a África para justificar suas ações.

Rio Quilombo, no Distrito da Chapada, por Aimé-Adrien Taunay, século XIX.

Aime-Adrien Taunay/Arquivo da editora

Além dos indisfarçáveis interesses de conquista, exploração e dominação, esse discurso tradicional encobria as diversidades e características próprias dos povos africanos, decorrentes de milênios de sua história. Nesse caso, insere-se até mesmo a insistente utilização de certas denominações, como "africanos" e "europeus", que mais acobertam do que esclarecem as especificidades de tais povos, uma vez que essas denominações "não são sequer conceitos, menos ainda categorias analíticas capazes de definir seus membros, pelo grau de generalização que comportam"[3].

Não é possível entender a África atual sem o tráfico de escravos, que teve como um dos principais destinos o Brasil. Ao mesmo tempo, é preciso destacar que os primeiros abolicionistas foram os próprios escravizados, com sua permanente resistência e constantes revoltas. A resistência dos cativos africanos à escravidão deu-se das mais variadas formas, apesar das limitadas possibilidades de sucesso e das severas e violentas punições. Além das resistências individuais, isoladas, foram inúmeras as coletivas, como mostram vários documentos. Fugas ocorriam logo

[3] RODRIGUES, Jaime. África, "uma sociedade mais feliz do que a nossa": escravos e senhores transitórios nas redes do tráfico negreiro. *Projeto História*. São Paulo: Educ, n. 27, jul./dez. 2003. p. 124.

após o aprisionamento, durante as marchas dos libambos (colunas de escravos amarrados), nos mercados e embarques, quando empurrados para os tumbeiros (navios negreiros), durante as viagens e nos desembarques. Nas unidades escravistas, a situação não era diferente, com a organização de quilombos e revoltas constantes.

Durante a Idade Moderna, Portugal e vários outros Estados europeus ocuparam militarmente algumas regiões costeiras da África, usando-as como base para o comércio de ouro, marfim e, sobretudo escravos. Porém, até o século XIX, os estados europeus não avançaram para o interior do continente. Com a explosão industrial, as potências lançaram-se vorazmente sobre a África, dividindo-a em regiões e determinando fronteiras desordenadamente, conforme o desfecho de suas disputas imperialistas. Diante da grande resistência de populações locais, os colonizadores buscavam aliados estimulando discórdias entre as tribos. No final do século XIX, a posse de armas sofisticadas, como a metralhadora, garantiu a supremacia europeia por quase toda a África.

Os conquistadores sustentaram sua expansão com um discurso de que os africanos eram incapazes de governar a si próprios e que, por isso, precisavam dos europeus para seu próprio bem, para sair da barbárie e chegar à civilização. A mesma justificativa era utilizada no caso dos asiáticos. Esse seria o "fardo do homem branco", ou seja, cuidar de povos "inferiores" para que pudessem progredir e aceitar o cristianismo. Essa foi uma das fontes mais importantes do racismo contemporâneo e tem na sua base o interesse econômico nas riquezas dos povos colonizados. Ao repetir o discurso, ignoravam ou fingiam desconhecer toda a história anterior das civilizações africanas e asiáticas.

No caso da África, em especial, os conquistadores logo descobriram que não poderiam governar sem o apoio de alguns dos chefes locais, ou sem aproveitar as estruturas de poder que já existiam. Era evidente, portanto, que os africanos podiam se autogovernar e a ocupação estrangeira tinha motivos econômicos e militares, não humanitários. Assim, em poucas décadas, importantes reinos desapareceram na África, a exemplo do Axanti e Benin. Nada diferente do que também aconteceu no sudeste da Ásia, com o Vietnã, e na Ásia Central, com os russos submetendo os turcomenos, os cazaques e os quirguis, povos muçulmanos.

Festival do povo Axanti, representado por Robert Havell em 1819.

The Bridgeman Art Library/Keystone/Lambeth Palace Library, Londres, Inglaterra.

Leituras da História

Missão civilizadora

Os glorificadores da expansão conseguiram fazer triunfar a ideia, hoje ainda viva em vários setores da vida econômica, de que a expansão ultramarina era o objetivo final da política, tendo sido os ingleses, entre outros, os primeiros a associar os benefícios do imperialismo ao triunfo da civilização, esse grande feito dos "povos superiores". No momento em que os avanços da ciência e o sucesso do darwinismo asseguravam aos mais dotados a tarefa de espalhar pelo mundo os benefícios do progresso, os ingleses se julgavam necessariamente destinados, em essência, a realizar essa tarefa. "Eu acredito nesta raça", dizia Joseph Chamberlain em 1895. Graças ao seu avanço, ao seu *savoir-faire* ["saber fazer"], os ingleses se encarregavam de civilizar o mundo, "este fardo do homem branco". Os franceses, movidos pela doutrina das Luzes e pelo brilho da Revolução de 1789, julgavam sobretudo estar cumprindo uma missão libertadora [...]. Ademais, ao considerarem os indígenas como crianças, eram levados por suas convicções, republicanas ou não, a julgar que, educando-os, eles se civilizariam. Portanto, resistir-lhes era dar provas de selvageria.

Ora, essa ideia de civilização não era neutra. A história e o direito ocidental haviam codificado os fundamentos dela: princípio e formas da propriedade, modalidades de transmissão das heranças, legislação aduaneira, liberdade dos mares, etc. Assim, um conceito cultural, a civilização, e um sistema de valores tinham uma função econômica precisa. Aqueles que não se conformassem a essas regras de direito tornavam-se delinquentes, criminosos, e, portanto, passíveis de punição.

FERRO, Marc (Org.). *O livro negro do colonialismo*. Rio de Janeiro: Ediouro, 2004. p. 22-23.

Em 1869, os interesses econômicos europeus levaram à abertura do canal de Suez, ligando o mar Mediterrâneo ao mar Vermelho. Com isso, já não era preciso circum-navegar a África para chegar à sua costa oeste e ao Oriente.

As resistências coloniais não foram poucas. Na Argélia, as forças armadas do chefe muçulmano Abd el-Kader conseguiram resistir por dez anos ao exército francês. No Senegal, a conquista francesa também desencadeou ações de resistência, o mesmo ocorrendo com o Reino Axanti. No Saara, os nômades tuaregues, montados sobre camelos, mostraram ser guerreiros difíceis de vencer. Na África do Sul, os colonos bôeres (descendentes de holandeses), resistiram aos ingleses e chegaram a um acordo, dividindo o país com eles e criando um sistema de segregação racial. O Reino da Etiópia enfrentou os italianos e conseguiu manter sua soberania por meio de um tratado no qual fazia diversas concessões.

akg-images/Ipress

Após dez anos de construção, o Canal de Suez foi inaugurado em 1869, encurtando distâncias e facilitando os negócios com os domínios imperiais. Ao lado, xilogravura colorida de 1869 registra o dia da inauguração do canal.

Os europeus tiveram a seu favor a nova onda de inovações tecnológicas da Segunda Revolução Industrial. Desde o quinino – substância química tomada para prevenir a malária –, passando pelas estradas de ferro e pelo telégrafo, até as armas mais eficientes e baratas, a tecnologia tornou viável e lucrativa a expansão colonial sobre a África e a Ásia.

As tecnologias e a expansão imperialista

O que as armas de carregamento automático, a metralhadora, a navegação a vapor, o quinino e outros inventos conseguiram foi diminuir o custo, tanto em termos financeiros quanto humanos, da penetração, conquista e exploração de novos territórios. O efeito de redução dos custos foi tão significativo que agora não só o governo, como os grupos menores podiam participar do imperialismo. A Bombay Presidence abriu a Rota do Mar Vermelho; a Royal Niger Company conquistou o califado de Sokoto, e até indivíduos como Macgregor Laird, William Mackinnon, Henry Stanley e Cecil Rhodes puderam precipitar os acontecimentos e reivindicar direito a vastos territórios que depois se converteram em partes de impérios. Tendo-se tornado tão mais barato, devido ao fluxo das novas tecnologias do século XIX, o imperialismo começou a ganhar aceitação entre os povos e os governos da Europa e levou as nações a se transformar em impérios.

HEADRICK, Daniel R. *The Tools of Empire:* Technology and European Imperialism in the Nineteenth Century. New York: Oxford University Press, 1981. p. 205.

Reprodução/Revista *Punch*, Londres, Inglaterra

Alvo da partilha imperialista, a África foi palco de várias disputas entre as potências industriais. Na caricatura ao lado, do final do século XIX, o ambicioso e aventureiro Cecil Rhodes (1853-1902), que personificou as ambições do domínio britânico no continente.

Sean Sexton Collection/Corbis/Latinstock

Navio a vapor Piedmond na rota entre Oaklands e São Francisco, em 1880, Califórnia, Estados Unidos.

O Congo Belga (atual República do Zaire) foi o mais impressionante exemplo de desestruturação social devastadora e de perda de vidas na África colonizada. Em 1877, o rei Leopoldo, da Bélgica, criou na África o Estado Independente do Congo, em área que adquiriu como propriedade particular. Ali, a violência foi associada não apenas à repressão às rebeliões, mas também à exploração sistemática de riquezas como o marfim e a borracha. Com um discurso humanitário e de combate à escravidão, a política do rei Leopoldo provocou milhões de mortes entre os africanos que lutavam

Roger-Viollet/The Bridgeman Art Library/ Keystone/Coleção particular

Rei Leopoldo II, da Bélgica, em foto do século XIX.

contra a dominação. Explorada ao extremo no trabalho e vitimada por doenças, essa população enfrentou uma violência física e cultural que talvez só tenha encontrado precedente na conquista e exploração da América.

Jornalistas e missionários esforçaram-se em denunciar as atrocidades no Congo, no que pode ser considerada a primeira campanha internacional de direitos humanos. Pressões internacionais, em 1908, forçaram o rei Leopoldo a entregar suas possessões privadas no Congo ao governo belga.

Entre os fatores que se conjugaram para facilitar a partilha africana, proporcionando o conhecimento do continente aos europeus, estão as atuações dos missionários. "Em 1815, havia apenas 200 missionários católicos fora da Europa. Em 1900, são 6.100. O mesmo acontece com os missionários protestantes, que são 16.000 em 1900. Trata-se

de uma nova era de evangelização, inspirada nos ideais humanitários e pela cruzada contra a escravidão, que abre rotas de penetração para o interior do continente."[4]

No caso do antigo Sudão (hoje Sudão e Sudão do Sul), o domínio do Reino Unido encontrou constantes resistências e revoltas nacionalistas, como a chefiada por Muhammad Ahmed bin' Abd Allah, seguida pela efetiva ocupação em 1898 pelos britânicos.

1. Observe o mapa "A áfrica nos séculos XIX-XX (até 1914)". O que as nações europeias buscavam naquela parte do mundo?
2. Observe o mapa da África atual e compare-o com o mapa anterior. O que aconteceu com os territórios coloniais entre os séculos XIX e XXI?

A África é um continente que representa cerca de 22% da superfície terrestre do planeta (30 milhões de km²), tem cerca de 1 bilhão de habitantes[5], 53 países e uma imensa riqueza cultural – a maioria dos países é multiétnica. O continente luta para superar seus graves problemas sociais e econômicos.

[4] CHAGASTELLES, Jania Maria Seggiaro. As sociedades africanas e o colonialismo. In: MACEDO, José Rivair (Org.). *Desvendando a história da África*. Porto Alegre: Ed. da UFRGS, 2008. p. 113.

[5] Conforme dados do Censo americano (*US Census Bureau*). Disponível em: <www.census.gov/ipc/www/idb/region.php>. Acesso em: 30 mar. 2014.

3 O colonialismo europeu na Ásia

O território asiático também despertou o interesse dos países europeus, assim como ocorreu na África. Nesse processo de conquista, destacaram-se os russos, que expandiram seus domínios sobre a região siberiana e em seguida para o sul do continente; a Grã-Bretanha que acabou transformando a Índia na "joia da coroa", além de estender seu controle sobre a Birmânia, a Malásia e Hong-Kong. Já a França avançou sobre o sudeste asiático, na "União Indochinesa", em áreas do Vietnã, do Laos e do Cambodja. Outros controlaram a Indonésia (Países Baixos), Timor (Portugal) e as Filipinas (Espanha).

A Guerra do Ópio

Na **China**, o grande crescimento demográfico em meados do século XIX atraiu o interesse das potências imperialistas, que desejavam explorar esse mercado consumidor. A penetração dominadora da Europa, dos Estados Unidos e do Japão realizou-se por meio de várias guerras, entre as quais a **Guerra do Ópio** (1841).

Ópio: droga viciante, extraída da papoula, que tem propriedades anestésicas.

Até o século XVIII, o ópio era utilizado pelos chineses como medicamento. Os ingleses, que produziam grandes quantidades desse produto em seus domínios da Índia, desejavam forçar a exportação de ópio para a China. Para isso, disseminaram o vício entre os chineses.

As autoridades chinesas, diante dos malefícios que o entorpecente estava causando à população, reagiram em 1839, obrigando o representante britânico a entregar cerca de 20 mil caixas de ópio, que foram jogadas ao mar.

O episódio provocou uma guerra, cuja vitória inglesa, sustentada em navios de casco de ferro e outras inovações técnicas, obrigou a China a abrir cinco de seus portos ao livre-comércio e entregar a ilha de Hong Kong à Inglaterra.

Anos depois (1857-1860), sob o pretexto de vingar o assassinato de um missionário francês, um exército franco-inglês, apoiado por norte-americanos e russos, ocupou a capital chinesa, Pequim. Nessas condições, o governo chinês foi obrigado a abrir mais sete portos ao comércio internacional, além da instalação de embaixadas europeias e o direito de atuação de missões cristãs em território chinês. Algumas décadas depois foi a vez da investida japonesa sobre a China.

Navios britânicos destroem frota inimiga, em Canton, 1841, na Primeira Guerra do Ópio.

A Guerra dos *Boxers*

A **Guerra dos *Boxers*** foi outro dos grandes conflitos imperialistas que atingiram a China. Os "punhos fechados" ou *boxers*, como eram chamados pelos ingleses, eram chineses nacionalistas radicais que queriam libertar o país da dominação imperialista. Em 1900, organizaram uma grande rebelião em que morreram cerca de 200 estrangeiros, inclusive o embaixador alemão. Em represália, uma força expedicionária internacional, composta por ingleses, franceses, alemães, russos, japoneses e norte-americanos, invadiu a China, subjugando o país e obrigando suas autoridades a reconhecerem todas as concessões já realizadas às potências imperialistas.

Em 1911, o Partido Nacionalista Chinês – *Kuomintang* –, sob a liderança de Sun Yat-sen, promoveu o fim da monarquia milenar, proclamando a república. Não conseguiu, contudo, superar os entraves ao desenvolvimento autônomo chinês, principalmente pela presença imperialista internacional no país.

No **Japão**, os Estados Unidos organizaram em 1854 uma investida militar e, sob a ameaça de seus navios de guerra, obrigaram os japoneses a abrir os portos ao comércio mundial, fechados desde o século XVIII. A abertura comercial japonesa deu início à europeização do país, que passou por profundas transformações econômicas, militares, técnicas e científicas. A sujeição do Japão ao Ocidente, ao mesmo tempo, ativou o nacionalismo e a oposição ao xogum, por ter permitido a abertura. A origem do xogunato remonta ao século VIII, criado como um título para comandantes militares. Ao longo dos séculos essa instituição ganhou enorme prestígio e acabou sob domínio de uma única família – Tokugawa – rival de outros clãs poderosos no século XIX. Instalado na cidade de Edo, antigo nome de Tóquio, sobrepunha-se mesmo ao poder do imperador – também chamado de micado – que ficava na cidade sagrada de Kyoto.

Diferentemente da China, entretanto, o imperador japonês decidiu modernizar seu país para enfrentar o imperialismo. Apoiado pelos opositores às transformações, especialmente os clãs rivais do xogunato, o imperador Mutsuhito promoveu a centralização política. Inaugurou uma nova fase na história japonesa, iniciada a partir de 1868: a era do industrialismo e da modernização, que ficou conhecida como **Era Meiji**.

O Japão industrializou-se rapidamente. Ao mesmo tempo, empreendeu uma política imperialista contra os chineses. Em 1894, declarou guerra à China, com o objetivo de tomar a região da Manchúria (observe o mapa ao lado).

Allmaps/Arquivo da editora

Adaptado de: PAOLUCCI, Silvio; SIGNORINI, Giuseppina. *Il corso della storia 3: Il novecento*. Bolonha: Zanichelli, 1997. p. 98.

Durante a Era Meiji, o imperador Mutsuhito, que reinou de 1868 a 1912, mudou a capital de Kyoto para Tóquio. Transferiu os complexos industriais do Estado para poderosos grupos financeiros – os *zaibatsu* – e iniciou a versão imperialista do Japão, conquistando vários domínios no continente asiático e ilhas do Pacífico.

Também interessada na região, a Rússia opôs-se e, em 1904, teve início a Guerra Russo-Japonesa, com a tomada, pelos japoneses, de Port Arthur e de parte da Ilha de Sacalina. Pelo tratado de Portsmouth, a Rússia acabou se rendendo à supremacia japonesa sobre a China.

akg-images/Ipress

O desenvolvimento econômico japonês desdobrou-se no expansionismo imperialista. A guerra com a China em 1894-1895 definiu a redivisão de forças no Extremo Oriente, esbarrando na Rússia czarista. Acima, a gravura de 1894, de Yoshu, representa o ataque japonês a Ping-Yang, na China.

No início do século XX, o Japão já se tornara um dos países mais avançados e poderosos do mundo, graças a sua dinâmica desenvolvimentista, superior à de muitos países industriais do Ocidente. Promoveu também maior expansão colonialista, o que logo esbarrou no expansionismo norte-americano que avançava sobre o Oceano Pacífico, originando muitos atritos entre as duas potências no decorrer das décadas de 1930 e 1940.

A **Índia**, por sua vez, foi arruinada pelo imperialismo inglês, depois de haver prosperado sob o domínio mongol – quando o soberano Akbar (que reinou de 1556 a 1605) preocupou-se em favorecer a agricultura, melhorar e abrir estradas e fortalecer o artesanato. Mas a revolução industrial arruinou seu comércio, pois os ingleses compravam o algodão indiano e o revendiam como tecidos já prontos, a baixo custo, para a própria Índia, fazendo grande concorrência com a produção local.

Alguns historiadores, entretanto, têm outra explicação para a crise que a tecelagem indiana sofreu no século XIX. Segundo eles, os tecidos indianos tinham custo inferior e qualidade superior à dos tecidos ingleses. Por isso, a Inglaterra precisou levantar uma proteção com tarifas alfandegárias até o século XIX, com o objetivo de proteger sua indústria têxtil. Essa atitude efetivamente teria arruinado a tecelagem indiana, e não exatamente a mecanização.

Ainda assim, a mecanização inglesa não podia competir com a seda artesanal indiana, de alta qualidade, e sobre ela também recaíram tarifas de importação da Inglaterra. O famoso liberalismo econômico inglês só se concretizaria na segunda metade do século XIX.

A indústria têxtil indiana, desse modo, acabou por falir. O equilíbrio ancestral da vida e da economia foi rompido pela colonização. Nos séculos XVIII e XIX, em razão das imposições dos ingleses e da consequente desestruturação de sua economia local, espalhando a miséria, cerca de 50 milhões de indianos morreram de fome.

A dominação da Índia pelos ingleses começou com uma empresa privada, a Companhia Britânica das Índias Orientais, que estabeleceu entrepostos comerciais nas principais cidades costeiras, e a partir daí foi ocupando territórios. No final do século XIX, diversos grupos indianos se revoltaram e empreenderam uma guerra contra os ingleses. Foi o Levante Indiano de 1857, conhecido como **Guerra dos Sipaios** (denominação da milícia nativa que servia aos britânicos), iniciado nas unidades militares contra os oficiais (ingleses). O movimento foi reprimido com extrema violência. Mais tarde, em 1876, o primeiro-ministro britânico Benjamin Disraeli transformou a Índia em parte do Império Britânico, sendo a rainha Vitória coroada com o título de imperatriz da Índia.

Os ingleses não governaram diretamente toda a Índia. Em algumas regiões, estabeleceram um sistema em que os soberanos locais eram mantidos, mas na condição de vassalos da Coroa da Inglaterra.

Carestia e epidemias na Índia colonial inglesa

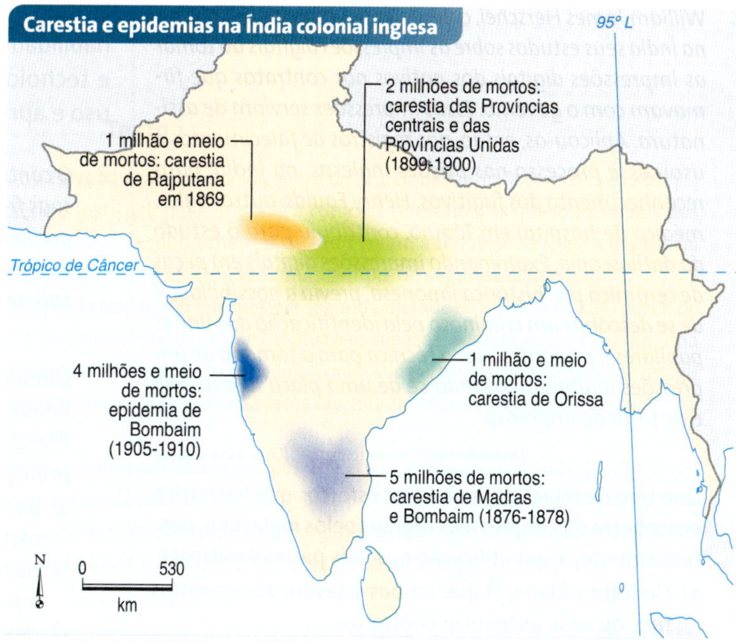

Allmaps/Arquivo da editora

Adaptado de: CAMERA, Augusto; FABIETTI, Renato. *Elementi di storia XVIII e XIX secolo*. Bolonha: Zanichelli, 1997. p. 979.

No final do século XIX, a Inglaterra controlava, além da Índia, a Birmânia e várias regiões vizinhas, como o Tibete e o Afeganistão, dominando vastos territórios, que iam do Mar Vermelho ao Oceano Índico. Avançava também sobre a Bacia do Pacífico, a Austrália e as ilhas vizinhas, numa cadeia de pontos estratégicos.

Em 1900, as colônias britânicas e a Inglaterra constituíam o maior império colonial do mundo. Temendo a emergência de outras potências imperialistas, estabeleceram um pacto, eixo da *British Commonwealth of Nations* (Comunidade Britânica de Nações). Existente até hoje, a *Commonwealth*, como é conhecida, compõe-se de países que, depois de sua autonomia política, continuaram unidos por interesses comerciais e diplomáticos comuns, como Austrália, África do Sul e Canadá.

Ingleses são carregados em carruagens por nativos do Ceilão, atual Sri Lanka, em 1875.

The Stapleton Collection/The Bridgeman Art Library/Keystone/Coleção particular

Texto: análise e reflexão

2. Para responder as questões, leia o texto a seguir.

> É importante ver fixada [...] a função principal que se atribui à fotografia no âmbito das exposições universais.
>
> Na iconografia de 89 [1889, Exposição Universal de Paris], vê-se que a gravura é utilizada para a representação de todos os tipos de assuntos: vistas panorâmicas, espetáculos noturnos, o "exótico" e também a arquitetura, objetos técnicos e objetos artesanais de luxo. [...]. Benedict [Burton Benedict, antropólogo] [...] analisa as diferentes formas com que ingleses, franceses e americanos trataram suas colônias nas exposições universais. O ponto que nos parece um dos mais importantes de sua análise é a afirmação do poder das exposições de criar imagens estereotipadas (que podem conduzir ao estabelecimento de papéis) de determinados grupos étnicos e de incuti-las nesses mesmos grupos, a ponto de, após sua independência política, eles passarem a usar essas mesmas imagens, como símbolos da identidade nacional.
>
> Assim, reservam-se a cada nação, colônia ou mesmo continente (geopolítica), e a determinados ramos da atividade humana, certos papéis a cumprir no "concerto das nações". Esses papéis são concebidos, sobretudo, em função das necessidades da indústria, em escala mundial [...].
>
> A classificação é, assim, além de um problema de ordenação de produtos, também um problema de ordenação de papéis e de criação e difusão de imagens a eles correspondentes. E, em última análise, a grande imagem que se cria é a imagem do próprio mundo, ou melhor, do mundo que se deseja implantar.
>
> BARBUY, Heloísa. *A exposição universal de 1889 em Paris:* visão e representação na sociedade industrial. São Paulo: Loyola, 1999. p. 36-45.

a) De acordo com o texto, qual a importância das mensagens veiculadas por meio de imagens no contexto das exposições universais?

b) Em que medida as classificações (de nação, das atividades humanas, da sociedade) atendiam aos interesses imperialistas?

c) O cartão-postal retrata a reprodução do Pavilhão da Algéria. Na sua opinião, o que a representação do "exotismo" africano informa sobre as práticas imperialistas e eurocêntricas da França?

Archives Charmet/The Bridgeman Art Library/Keystone/Biblioteca Histórica da Vila de Paris, Paris, França.

Pavilhão da Algéria na Exposição Internacional de Paris, em 1900. Podemos observar o retrato do governador colonial francês Édouard Laferrière.

Vestibulares de Norte a Sul

1. **NE** (UFBA)

Por volta de 1830, a maioria dos países da América já tinha proclamado a independência. Entretanto as diferenças entre eles eram bastante claras. Os Estados Unidos da América (EUA) começavam a se tornar o país mais industrializado do planeta. A América Latina continuava presa às pesadas heranças coloniais: predominavam as economias exportadoras de produtos primários, governos de latifundiários que olhavam com ar de superioridade para a multidão de governados de pele mais escura, grandes comerciantes que enriqueciam importando montanhas de produtos, de qualidade ou quinquilharias das fábricas inglesas, ausência de direitos para a maioria da população.

SCHIMIDT, 2005. p. 427.

Com base na análise do texto, associada aos conhecimentos sobre o imperialismo, pode-se afirmar:

(01) O imperialismo europeu do século XIX, em direção à América Latina, foi possível após estabelecer com os Estados Unidos acordos de limites de áreas a serem recolonizadas.

(02) As pesadas heranças coloniais referidas no texto explicam o limitado número de imigrantes europeus direcionados à Argentina e ao Brasil, no período de 1820 a 1880.

(04) Os Estados Unidos, ao se tornarem o país mais industrializado do planeta, reuniram condições econômicas e políticas para concretizar seu projeto imperialista, no século XX, em direção à América Latina.

(08) O olhar de superioridade dos governos de latifundiários em relação à multidão de governados de pele mais escura revela o fortalecimento dos desequilíbrios sociais, ampliados no contexto da dominação imperialista dos Estados Unidos.

(16) O número de imigrantes europeus com destino aos Estados Unidos se intensificou durante a Primeira Grande Guerra, devido à ruralização da economia europeia.

(32) O fortalecimento econômico do Brasil, nas três primeiras décadas do século XX, motivado pela política de substituição das importações, impediu a presença imperialista norte-americana no país, durante o período da Guerra Fria.

2. **N** (Ufam) Em sua obra *A Era dos Impérios*, o historiador inglês Eric Hobsbawm comenta:

Os centenários foram inventados no fim do século XIX. Em algum momento entre o centésimo aniversário da Revolução Americana (1876) e o da Revolução Francesa (1889) – ambos comemorados com as exposições internacionais de praxe – os cidadãos instruídos do mundo ocidental tomaram consciência do fato de que aquele mundo, nascido entre a Declaração de Independência, a construção da primeira ponte de ferro do mundo e a tomada da Bastilha, estava completando cem anos. Qual seria o resultado de uma comparação entre o mundo dos anos 1880 e dos anos 1780?

I. A concorrência entre as novas potências industrialmente mais bem equipadas resultou em concentrações e centralizações do capital, gerando grandes empresas com poder suficiente para monopolizar segmentos inteiros do mercado.

II. As potências capitalistas do Ocidente empreenderam uma política de ocupação territorial e econômica comumente denominada de Imperialismo.

III. As rivalidades interimperialistas provocaram uma intensa militarização da concorrência internacional, o que conduziu à formação de dois blocos políticos e ideológicos antagônicos: o capitalista e o socialista.

Dessas afirmações:

a) Todas estão corretas;
b) Apenas I e III estão corretas;
c) Apenas II e III estão corretas;
d) Apenas I e II estão corretas;
e) Nenhuma está correta.

3. **N** (Ufac) Embora o conceito de raça tenha sido desautorizado pela ciência atual, a prática do racismo permanece ativa. Para Hernandez (2005, 131-2):

Essa situação a partir da modernidade tem raízes histórico-estruturais no tráfico atlântico de escravos, elemento fundamental do sistema colonial do século XVI, e foi reforçado pelo imperialismo colonial de fins do século XIX na África. Mas, enquanto este tem sido por vezes qualificado como contingente, o racismo integra um corpo ideológico que antecede e transcende o imperialismo colonial.

O texto acima nos permite afirmar que:

a) Como o Brasil não é mais colônia, racismo é coisa do passado.
b) O racismo atualmente só é identificado nas piadas de programas humorísticos.
c) O racismo existe dos dois lados porque há negros que não gostam de brancos e vice-versa.
d) O racismo é saudável, pois nos Estados Unidos essa prática levou ao desenvolvimento e, atualmente, temos um negro na presidência daquele país.
e) O eurocentrismo e a ideia de que uns são "mais capazes, mais aptos" do que os outros consideram, como natural, a submissão de povos dominados, notadamente na África.

4. **SE** (Ufop-MG) Das duas últimas décadas do século XIX até os anos que antecederam à Primeira Guerra Mundial, ocorreu a expansão das economias capitalistas. A respeito das consequências do Imperialismo nos continentes asiático e africano, no período indicado, assinale a afirmativa incorreta.

a) Os povos asiáticos e africanos aceitaram pacificamente as políticas implementadas pelas potências europeias em seus países.
b) Ocorreu a desorganização das atividades econômicas tradicionais, como a agricultura de subsistência, o artesanato coletivista e a pecuária itinerante.
c) Na Índia, houve a decadência da indústria têxtil artesanal, pois essa foi obrigada a comprar produtos industrializados da Inglaterra.
d) Ocorreu a divisão territorial da China em várias zonas de influência europeia e norte-americana.

5. **SE** (UFF-RJ) Segundo o cientista social Celso Uemori,

A noção de 'luta pela existência' de Charles Darwin foi apropriada por diversas tendências intelectuais e serviu a vários propósitos políticos. Ela deu suporte para aqueles que queriam legitimar o capitalismo e fazer apologia do individualismo, do mercado, do fim dos monopólios e da competição. Ensejou concepções conservadoras como a prática da eugenia, a justificação do elitismo, da conquista e da colonização dos europeus sobre as populações asiáticas e africanas e o racismo.

UEMORI, Celso. Darwin por Manoel Bomfim. In: *Revista Brasileira História*, v. 28, n. 56, São Paulo, 2008.

Assinale a opção que melhor sintetiza a proposta de Charles Darwin.

a) Coletivismo e o fim da propriedade privada são expressões legítimas da seleção natural das espécies e demonstram a validade da teoria hereditária das raças humanas.
b) Cada espécie tem uma trajetória de evolução, independente das condições da natureza, porque a ação determinante sobre o desenvolvimento é cultural.
c) A seleção natural é uma derivação complexa do criacionismo que combina ambiente, sociedade e relações sociais, admitindo que há dois caminhos para a evolução.
d) A inteligência é sempre hereditária, independente das condições socioeconômicas dos indivíduos e vincula-se aos arquétipos e ao ambiente cultural.
e) A cada geração, a seleção natural da espécie favorece a permanência de características adaptadas e constantemente aprimoradas em relação ao ambiente.

6. **S** (UFSM-RS)

A exploração europeia na Ásia e na África, intensificada na virada do século XIX para o século XX, deveu-se em grande arte aos avanços científicos e tecnológicos do período. Graças ao barco a vapor, os europeus puderam penetrar com maior facilidade pelo interior dos continentes; a descoberta do quinino, alcaloide extraído de arbustos e utilizado como remédio, reduziu o elevado número de mortes por causa da malária, doença que afetava os europeus no seu avanço pelo território africano.

AZEVEDO, Gislaine; SERIACOPI, Reinaldo. *História. Ensino Médio.* São Paulo: Ática, 2005. p. 335.

É(São) característica(s) desse contexto histórico:

I. a associação entre os interesses econômicos dos governos dos Estados nacionais europeus, das grandes empresas e dos bancos para investir em regiões da África, Ásia e América Latina.
II. a busca das potências imperialistas de assegurar o controle exclusivo tanto das fontes de matérias-primas – ferro, carvão e petróleo – como dos mercados consumidores para seus produtos industrializados.
III. a partilha da África na Conferência de Berlim, que autorizou o retalhamento do território africano em colônias das principais potências europeias da época, como a Grã-Bretanha, a França, a Alemanha e a Bélgica.
IV. a expansão da dominação imperialista para várias regiões da Ásia por parte de países ocidentais, como a Grã-Bretanha na Índia e na China, a França na Indochina e os Estados Unidos nas Filipinas.

Está(ão) correta(s):

a) apenas I.
b) apenas II.
c) apenas I, II e III.
d) apenas III e IV.
e) I, II, III e IV.

7. **NE** (UPE) O último Estado independente da Índia, o reino de Panjab, foi conquistado no período de 1846-1848; daí por diante, a dominação inglesa se estendeu por todo o território. Apesar da completa sujeição em que se encontravam reinos e Estados, o povo indiano empreendeu vários esforços para recobrar a liberdade.

Sobre a dominação inglesa na Índia, assinale a alternativa **CORRETA**.

a) As revoltas pela libertação nacional da Índia obtiveram pleno êxito no século XIX, devolvendo a independência ao país em 1898.
b) A Grande Revolta de 1857-1858 foi promovida pela classe liberal indiana, preocupada em recuperar seus poderes perdidos para o proletariado inglês.
c) Durante a segunda metade do século XX, a Índia foi, de fato e de direito, uma possessão britânica, gerida para seu exclusivo interesse.
d) A Índia oferecia um mercado de monopólio à Inglaterra no momento em que esta se encontrava em plena expansão industrial.
e) A administração inglesa colonial vetou que indianos assumissem qualquer cargo na administração pública.

CAPÍTULO

29 O Segundo Reinado no Brasil

Reprodução/Instituto Moreira Salles

Partida para a colheita de café no Vale do Paraíba, fotografia de Marc Ferrez, do século XIX.

Para pensar historicamente

Sociedade escravista em ebulição

A principal marca do Segundo Reinado no Brasil foi a questão escravista. Ela esteve presente em diversos debates políticos no parlamento, nos confrontos militares, na expansão cafeeira e nas revoltas e movimentos sociais do período.

A escravidão deixou marcas profundas na sociedade brasileira.

Preconceitos de cor, marginalização, diferenças sociais, desvalorização do trabalho manual e desrespeito aos trabalhadores são alguns traços deixados por ela. Esses traços ainda são visíveis em seu cotidiano, em suas relações pessoais ou familiares?

Blocos com flores nas mãos, durante protesto da Associação de Esporte e Lazer contra o racismo no esporte, na praia de Copacabana, no Rio de Janeiro (RJ), em 2014.

Marcelo Fonseca/Folhapress

1 Economia e sociedade

O Segundo Reinado teve início com a antecipação da maioridade de dom Pedro II, em 1840. Esse período pode ser considerado o apogeu da Monarquia brasileira, representante legítima dos interesses das elites. A centralização política e administrativa iniciada em 1837 permaneceu e as revoltas herdadas do período anterior, bem como novos movimentos sociais que colocavam em risco a ordem monárquica, foram "pacificados". O Partido Conservador e o Partido Liberal, os dois únicos partidos do período, integraram o governo elitista de dom Pedro II.

A ambição civilizatória no Brasil Imperial

A oligarquia escravista-exportadora, em especial açucareira e cafeeira, bem como seus representantes na organização imperial, marcaram a feição do país durante o Segundo Reinado, mantendo a ordem socioeconômica construída ao longo do processo de colonização.

Apesar da aparente continuidade entre o período colonial e o Império, novas forças sociais emergiram na segunda metade do século XIX, principalmente a partir do surto industrial e do processo de urbanização. O **cacau** e a **borracha**, de alto valor comercial no mercado externo, ganharam destaque na produção agrícola brasileira. A mão de obra escravizada foi gradualmente substituída pela assalariada, constituída basicamente de imigrantes.

Ao mesmo tempo em que se mantinha o caráter elitista na política, a economia tornava-se mais racional e produtiva. O Sudeste tornou-se o novo polo econômico, com grande crescimento populacional e mudanças em sua estrutura étnico-social.

Entre as décadas de 1850 e 1880, o número absoluto de escravizados declinou acentuadamente. Na contagem total da população, o aumento progressivo do número de brancos e de indivíduos livres revelava a substituição da mão de obra escrava pela livre e a entrada, no Brasil, de numerosos imigrantes europeus. No entanto, a maioria desses indivíduos que compunham o novo perfil da população continuava excluída da participação na riqueza produzida no país e dos mecanismos de poder político do Estado imperial.

Coleção particular

Carregadores de café a caminho da cidade, aquarela de Jean-Baptiste Debret, cerca de 1826.

Frederic Lewis/Getty Images

Homem mostra uma bola de borracha, posteriormente usada para fazer sola de sapato, no município de Seringueiras (RO), no início do século XX.

topseller/Shutterstock/Glow Images

A ascensão da cafeicultura

Na Europa, o café era considerado uma bebida de luxo desde o século XVII. No entanto, a produção brasileira só passou a ser realizada em larga escala e voltada para a exportação no fim do século XVIII, quando a produção colonial francesa entrou em crise.

Cultivado em pequenas lavouras próximas ao Rio de Janeiro, o café logo atingiu a Zona da Mata mineira e parte do litoral fluminense. A crescente demanda de café no mercado internacional fez com que o produto se espalhasse, fixando-se no Vale do Paraíba, entre as províncias do Rio de Janeiro e de São Paulo, e, depois, alcançando o Oeste Paulista, principalmente a partir dos anos 1870. Nessa região, o café encontrou solo e clima bastante favoráveis, transformando a Província de São Paulo no principal centro produtor do país.

Location Pinacoteca di Brera, Milan/Corbis/Latinstock

O transporte do café era feito em tropas de mulas e, após os anos 1860, por ferrovias até os portos. Os portos de Rio de Janeiro e Santos escoavam a produção de café do Vale do Paraíba e de São Paulo, respectivamente. Acima, Porto de Santos na Província de São Paulo, em 1822, numa pintura de Benedito Calixto, bem antes de superar o Porto do Rio de Janeiro como maior escoadouro da produção cafeeira brasileira.

O porto de Santos, situado no litoral paulista, tornou-se o mais importante escoadouro da produção cafeeira, ultrapassando o Rio de Janeiro em importância comercial. As fazendas de café espalharam-se da região de Campinas em direção a Ribeirão Preto, alcançando mais tarde o sul de Minas Gerais e o norte do Paraná.

Diferentemente das lavouras no Vale do Paraíba, as áreas de cultivo de café no Oeste Paulista firmaram-se após a proibição do tráfico de africanos escravizados para o Brasil, nos anos 1850. Diante da necessidade de mão de obra para a área cafeeira, o tráfico interno de escravizados ganhou impulso, até 1885, quando também foi proibido (Lei Saraiva-Cotegipe ou Lei dos Sexagenários). No tráfico interno de escravizados, as províncias do Norte e do Nordeste supriam as áreas de café do Sudeste. Esse fluxo também se dava de áreas mais pobres para áreas mais dinâmicas, como, por exemplo, de áreas urbanas para as lavouras.[1]

Com a transformação da Província de São Paulo em novo eixo econômico, os chamados "barões do café" passaram a ter maior importância na vida econômica e política do Brasil. Fixaram-se nos elegantes arredores das cidades e contavam com o desenvolvimento dos meios de transporte (estradas de ferro e portos) e de comunicação (telégrafo e telefone). Muitos deles dedicavam-se a outras atividades econômicas urbanas, como o comércio, bancos e indústrias, diversificando a economia nacional.

1 Estimativas apontam que na região fluminense e de São Paulo estava boa parte dos cativos do país, cerca de 30% em 1872, a maioria na lavoura cafeeira.

mayakova/Shuttestock/ Glow Images

A partir da década de 1820, o café assumiu a liderança das exportações brasileiras, ultrapassando produtos como açúcar, algodão, fumo e couros. Nos anos 1880, a produção cafeeira brasileira já era responsável por 56% da produção mundial de café, ampliando-se ainda mais nas décadas seguintes, na época republicana.

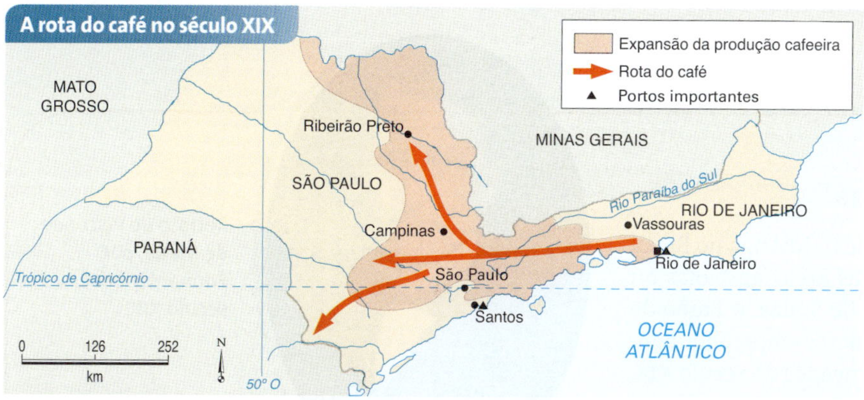

Allmaps/Arquivo da editora

Adaptado de: CAMPOS, Flavio de; DOLHNIKOFF, Miriam. *Atlas história do Brasil*. São Paulo: Scipione, 2002. p. 24.

Com o café, o Sudeste do país assumiu a liderança na economia agroexportadora brasileira.

Marc Ferrez/Coleção Gilberto Ferrez/Acervo Instituto Moreira Salles

Escravizados trabalham em terreiro de uma fazenda de café no Vale do Paraíba. Foto realizada por Marc Ferrez, c. 1882.

O início da industrialização brasileira

Em 1842, o governo brasileiro não renovou o tratado de comércio de 1810, que estabelecia baixas tarifas alfandegárias para os produtos britânicos. Posteriormente, em 1844, o governo decretou a **Tarifa Alves Branco**, que elevava o tributo sobre os produtos importados.

A decisão favoreceu um surto de desenvolvimento manufatureiro interno. Além das novas taxas de importação, uma elevação no preço dos gêneros importados estimulou a implantação de indústrias no Brasil, sobretudo no ramo têxtil, para abastecer o mercado interno. No entanto, exigências fiscais acabaram diminuindo em 30% a taxação sobre os tecidos de algodão importado, metade do que se esperava. Isso acabou limitando os empreendimentos no setor industrial.

A sobrevivência de algumas fábricas nos anos 1860-1870 deveu-se também a uma conjuntura favorável: a Guerra de Secessão nos Estados Unidos (1861-1865), que quebrou a produção estadunidense de algodão, estimulando a produção têxtil no Brasil, e a Guerra do Paraguai (1864-1870), cujas despesas obrigaram o governo a buscar maior arrecadação, elevando as tarifas alfandegárias de importação.

Para saber mais

A "era Mauá"

Alguns esforços na criação de indústrias no Brasil contavam com capital vindo das áreas agrícolas ou comerciais. Irineu Evangelista de Souza, o Barão de Mauá, por exemplo, possuía inúmeros empreendimentos industriais particulares em meados do século XIX.

Reprodução/Instituto Histórico e Geográfico Brasileiro, Rio de Janeiro, RJ.

Retrato de Visconde de Mauá, por Édouard Viénot, século XIX.

De Agostini Picture Library/G. Dagli Orti/The Bridgeman Art Library/Keystone/Fundação Biblioteca Nacional, Rio de Janeiro, RJ.

Escritório telegráfico, pintura de Bertichem, que mostra o local onde estava o primeiro telégrafo brasileiro.

Mauá se associou ao governo na construção de ferrovias e rodovias e, em 1874, na instalação do cabo submarino para comunicação telegráfica direta entre o Brasil e a Europa.

Mesmo assim, seu sucesso relativo foi muito mais decorrente de suas relações pessoais do que de uma política governamental de incentivos. Em 1860, por pressão dos cafeicultores ("agraristas"), foi reduzida a taxa para os importados, o que desestimulou investimentos em produção nacional. Mauá perdeu seus empreendimentos para os ingleses e acabou falindo em 1878.

A atuação de Mauá e de outros empreendedores mostrou que a economia brasileira podia desenvolver-se de maneira autônoma, mesmo com a estrutura escravocrata e provinciana do país.

A modernização dos transportes

Estradas de ferro começaram a ser instaladas com o objetivo de melhorar o sistema de comunicações e transportes, facilitando o escoamento da produção agrícola. Em 1854, foi inaugurada a primeira estrada de ferro do Brasil, a Rio-Petrópolis, obra de Mauá, ligando a Baía de Guanabara ao sopé da serra, com 14 km de extensão.

Um ano após a construção da ferrovia Rio-Petrópolis, com o patrocínio de empresas inglesas, teve início a construção da Ferrovia Recife-São Francisco e da Ferrovia dom Pedro II, mais tarde chamada de Central do Brasil, que recebeu também recursos do governo e de diversos empresários brasileiros, devendo interligar o Rio de Janeiro e São Paulo.

A modernização dos transportes esteve intimamente relacionada ao desenvolvimento econômico do Império, unindo os centros produtores aos portos. Após a implantação da Estrada de Ferro Santos-Jundiaí, as ferrovias foram avançando até a Zona da Mata, em Minas Gerais, e pelo interior paulista.

Marc Ferrez/Coleção Gilberto Ferrez/Acervo Instituto Moreira Salles

Estrada de ferro da empresa São Paulo Railway, da linha entre São Paulo – Santos, 1895.

A instalação de empreendimentos industriais no Brasil do Segundo Reinado significou uma mudança nas relações entre o país e as potências capitalistas da época (Inglaterra e Estados Unidos, principalmente), sem, entretanto, romper a dependência. Apesar de certa modernização tecnológica, o surgimento de novas indústrias no Brasil foi apenas um "surto", e não um verdadeiro processo de industrialização.

A mão de obra no Segundo Reinado

O tráfico escravista era legal e amplamente praticado até o início do século XIX. O desenvolvimento capitalista, consolidado com a Revolução Industrial iniciada na Inglaterra, ampliou o mercado consumidor de produtos industrializados. Nesse contexto, a escravidão era considerada um obstáculo ao crescimento capitalista e as pressões pelo seu fim multiplicaram-se. Os britânicos, que desejavam preservar a mão de obra necessária para os empreendimentos que estavam iniciando no continente africano, lideravam as pressões internacionais.

Além das razões econômicas, o desenvolvimento e a consolidação de princípios liberais levaram diversos grupos a combater a escravidão por razões humanitárias, como afirma o historiador Manolo Florentino.

> O abolicionismo britânico tinha natureza cultural e política. Na vanguarda do movimento estavam ativistas que não abriam mão da crença na unidade do gênero humano, com destaque para os *quakers*, que rejeitavam o uso da violência com o mesmo empenho com que recusavam qualquer sacramento ou hierarquia eclesiástica.
>
> Tratando-se de convencer por meio da palavra e de petições antiescravistas, ajudava contar com uma sólida tradição parlamentar, desfrutar de liberdade de imprensa e circular pela eficiente rede inglesa de comunicações. Mas o pulo do gato do mais ambicioso projeto de persuasão política surgido no Ocidente antes do advento do *marketing* moderno foi insistir no sofrimento do africano como metáfora do arbítrio vivido pelo inglês comum – o único meio de escamotear o fator racial que os apartava.
>
> O rapto de cidadãos reproduzia as tripulações da mais poderosa Marinha do mundo – dezenas de milhares de homens foram capturados por gangues armadas do serviço naval durante as guerras napoleônicas. Do mesmo modo, ainda no plano das sensibilidades, as terríveis condições materiais das primeiras gerações de operários britânicos estabeleciam pontes entre as trajetórias do inglês comum e as dos milhares de escravos capturados na África. Eis o fermento para a abolição do tráfico em 1807, da escravidão na década de 1830 e da legitimação moral dos aprisionamentos feitos pela *Royal Navy* até a segunda metade do século.
>
> Claro que tudo isso justificou as posteriores conquistas coloniais na África e na Ásia. Mas a aventura abolicionista britânica bem merece uma estátua em cada uma das praças mais importantes das antigas sociedades escravistas das Américas.
>
> FLORENTINO, Manolo. Sensibilidade inglesa. *Revista de História da Biblioteca Nacional*. Disponível em: <www.revistadehistoria.com.br/secao/capa/sensibilidade-inglesa>. Acesso em: 16 mar. 2014.

Litografia, 1835.

Desembarque de negros, de 1835, de Johann Moritz Rugendas, mostra um grupo de escravizados sendo contabilizado pelos negociantes.

Logo após a independência, dom Pedro I assumiu o compromisso de extinguir o tráfico negreiro até 1830, em troca do reconhecimento da emancipação do Brasil pelo governo da Inglaterra. O acordo, ratificado pela Regência em 1831, não saiu do papel, sendo apenas uma lei "para inglês ver".

Empresas inglesas no Brasil, que controlavam mais da metade das exportações nacionais, militares e políticos pressionavam o governo brasileiro, que acabou cedendo aos interesses britânicos. Dentre essas pressões, destaca-se a *Bill Aberdeen* ("bill" significa "projeto de lei" em inglês), aprovada pelo Parlamento inglês em 1845. A Bill Aberdeen legalizava a captura de qualquer navio brasileiro usado no tráfico negreiro. Incursões britânicas em águas territoriais do Império e seguidos conflitos levaram à assinatura da **Lei Eusébio de Queirós**, em 1850. Essa lei proibiu o tráfico Atlântico de escravizados. No entanto, o tráfico negreiro continuou sendo praticado ilegalmente.

As diversas formas de resistência interna dos escravizados, como fugas e rebeliões, bem como a pressão de setores da população contrários à escravidão e o estímulo à imigração para fornecer novos trabalhadores foram decisivos para o fim do tráfico de escravizados.

A queda do tráfico de escravizados para o Brasil

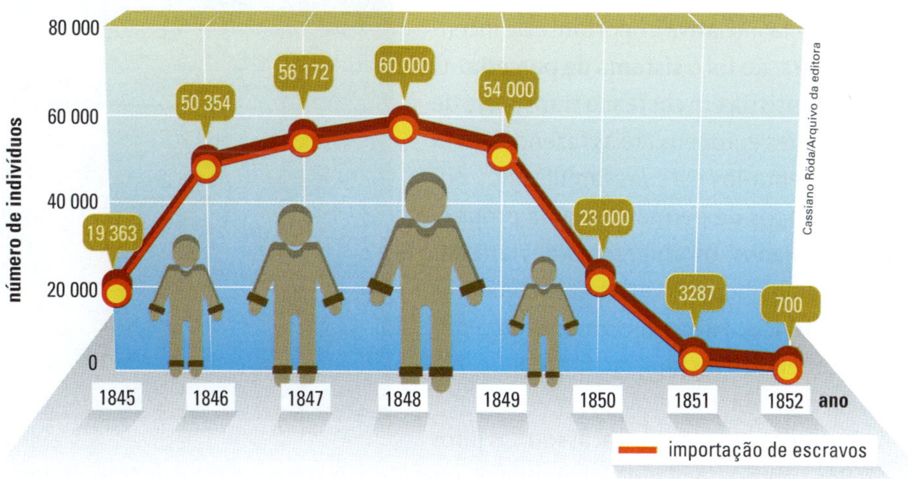

HOLANDA, Sérgio Buarque de. *Raízes do Brasil*. Rio de Janeiro: J. Olympio, 1956. p. 92.

O aumento da importação de escravizados nos anos imediatamente anteriores à Lei Eusébio de Queirós decorreu da preocupação dos senhores brasileiros com as pressões inglesas pelo fim do tráfico. A lei, por sua vez, não extinguiu completamente o tráfico, que continuou ilegalmente, mas de forma bastante reduzida e em declínio. Contudo, se o tráfico negreiro declinava, o tráfico interno ganhava impulso, abastecendo as áreas produtoras de café.

Como já apontamos, a falta de mão de obra nas lavouras de café, provocada pela extinção do tráfico legal de africanos, foi solucionada temporariamente pelo tráfico interno de escravizados, do Norte e Nordeste para a região Centro-Sul. A expansão cafeicultora, porém, demandava mais trabalhadores. Diante do problema, os fazendeiros agenciaram a vinda de milhares de imigrantes europeus para trabalhar nos cafezais, a partir da segunda metade do século XIX.

A difícil conjuntura europeia daquele período ajudou na vinda de imigrantes para o Brasil. A crise econômica e os efeitos de diversas guerras obrigaram camponeses de diversos locais da Europa a sair em busca de oportunidades em outros lugares. A Itália e a Alemanha, que passavam por muitas dificuldades, como as guerras pela unificação nacional, foram os maiores "exportadores" de mão de obra para o Brasil. De lá vieram os mais numerosos grupos de imigrantes, seguidos dos eslavos. Esses europeus dirigiram-se principalmente para as províncias de São Paulo, Paraná, Santa Catarina e Rio Grande do Sul.

Guilherme Gaensly/Fundação do Patrimônio Histórico da Energia de São Paulo

De 1870 a 1920, entraram no Brasil cerca de 1,4 milhão de italianos (43% do total de imigrantes)[2]. Na foto, imigrantes italianos recém-chegados à Hospedaria dos Imigrantes, na cidade de São Paulo, hoje transformada em Memorial do Imigrante.

A primeira iniciativa importante de incentivo à imigração foi o **sistema de parceria.** O sistema consistia em custear o transporte de trabalhadores europeus até as fazendas, bem como sustentá-los e a suas famílias nos primeiros tempos de permanência na propriedade. Instalados, os imigrantes deviam dar início ao trabalho, cultivando café e gêneros de subsistência. Ficavam com um terço dos lucros, cabendo o restante ao fazendeiro, para pagar a dívida inicial.

A parceria, no entanto, fracassou. Os juros cobrados sobre a dívida inicial eram elevados (de até 12% ao mês) e os trabalhadores eram maltratados pelos fazendeiros, habituados ao sistema escravista. A remuneração paga pelo café cultivado era muito baixa. Em algumas fazendas, ocorreram revoltas de colonos que exigiam a quitação de suas dívidas ou melhores condições de trabalho e maior remuneração.

A fazenda de Ibicaba, em Limeira, interior da província de São Paulo, foi palco de uma dessas revoltas. Na "revolta de Ibicaba" ou "revolta dos parceiros" (1856-1857), os colonos incumbiram o suíço Davatz, mestre-escola da fazenda, a apresentar uma lista de reivindicações. Davatz foi demitido durante as negociações e voltou para a Suíça, onde escreveu um livro detalhando as condições de trabalho e acusando os fazendeiros de tratarem os colonos como escravos. A repercussão da revolta de Ibicaba contribuiu para suspender temporariamente a imigração europeia, que só foi retomada em 1870.

Ao mesmo tempo, no Brasil, a campanha abolicionista avançava e investia-se no trabalhador estrangeiro. O governo imperial adotou o sistema de imigração subvencionada, substituindo a iniciativa privada pela estatal, e regulamentou as relações entre fazendeiros e trabalhadores.

[2] ALVIM, Zuleika Maria Forcione. O Brasil italiano (1880-1920). In: FAUSTO, Boris (Org.). *Fazer a América*. São Paulo: Edusp, 1999. p. 383.

Foto do Memorial do Imigrante, localizado em São Paulo, em 1936.

Lei de Terras

Com a entrada maciça de imigrantes no país, a possibilidade de surgirem pequenas propriedades com mão de obra familiar e voltadas para o mercado interno incomodava os latifundiários. Pressionado, o governo imperial aprovou uma lei que dificultava o acesso de imigrantes recém-chegados, libertos e homens livres às terras, principalmente as mais produtivas.

A **Lei de Terras**, aprovada em 1850, foi uma medida decisiva para conter o desvio da mão de obra livre para outras atividades que não a agroexportação. A partir de então, as terras públicas só poderiam tornar-se propriedade privada por meio da compra, e não mais por doação ou posse. Com os preços propositalmente elevados, as terras se tornaram inacessíveis à maioria da população.

Os vínculos da aristocracia econômica com o Estado imperial escravista estabeleceram uma quase monopolização dos recursos econômicos (terras, capitais e trabalho). Assumindo o controle político, as elites, especialmente a cafeeira, puderam garantir e maximizar seus lucros e suas fontes de poder, consolidando o caráter oligárquico do Segundo Reinado.

2 A evolução política do Segundo Reinado

Os interesses e projetos dos dois principais grupos políticos do Império, o Partido Conservador e o Partido Liberal, não eram substancialmente diferentes. Com pequenas discordâncias, ambas as correntes aceitavam e defendiam a estrutura oligárquica, imperial e escravista da sociedade brasileira, divergindo apenas na forma de mantê-la. Isso explica a alternância desses grupos no controle do governo imperial.

Reprodução/*O Mequetrefe*, 9 jan. 1878.

Com sua política diplomática, dom Pedro II sustentava e, ao mesmo tempo, manipulava os partidos Liberal e Conservador.

O parlamentarismo foi estabelecido em 1847, após algumas situações iniciais de confronto entre os grupos, que envolviam violentas eleições ilegítimas (as chamadas "eleições do cacete"), e lutas contra o poder central, como a Revolução Farroupilha e a Revolta Liberal de 1842. O chamado **parlamentarismo** às avessas tinha um caráter centralizador e oligárquico. Com o critério censitário e a exclusão dos escravos, não se caracteriza como um sistema político representativo da sociedade brasileira.

Em 1853, estabeleceu-se uma **conciliação** partidária em um novo ministério, formado por liberais e conservadores. A estabilidade proporcionada por esse arranjo durou até 1858, quando o revezamento entre liberais e conservadores no poder recomeçou, situação que predominou até o fim do Império.

A emergência de novos setores sociais ligados ao café e os efeitos da Guerra do Paraguai (1864-1870) impediram a manutenção dessa conciliação. Além disso, alguns membros do Partido Liberal passaram a exigir reformas sociais mais profundas, como a ampliação do direito de voto, maior autonomia provincial e a abolição gradual da escravidão. Esses membros deixaram o Partido Liberal e fundaram o **Partido Republicano** em 1870. A partir de então, começava o processo que culminaria na proclamação da República, em 1889.

A Revolução Praieira (Pernambuco, 1848-1850)

A última das rebeliões provinciais ocorreu em Pernambuco, em 1848. A Revolução Praieira (1848-1850) foi o desfecho de um longo ciclo revolucionário pernambucano. Após esse ciclo, a região se inseriu na ordem política do Império.

O movimento recebeu esse nome porque o jornal divulgador dos ideais dos revoltosos tinha sua sede na Rua da Praia, Recife. Em 1848, os rebeldes publicaram nesse jornal o "Manifesto ao Mundo", no qual expunham suas principais reivindicações: voto livre e universal, liberdade de imprensa, garantia de trabalho, nacionalização do comércio (que estava em mãos de portugueses), independência dos poderes e extinção do poder Moderador. Contavam com o apoio de alguns senhores de engenho ligados ao Partido Liberal e entre seus principais líderes estavam o **capitão Pedro Ivo** e o **general Abreu e Lima**, que pregava a divisão das fortunas.

A Revolução Praieira teve origem nas difíceis condições econômicas e sociais da província de Pernambuco e na enorme concentração de terras nas mãos de poucos proprietários. A revolução ocorreu durante a "primavera dos povos", conjunto de revoluções populares na Europa e em várias localidades da América em 1848. A rebelião foi derrotada pelas tropas governamentais em 1850.

Vista do porto de Recife no século XIX, local da Revolução Praieira.

3 A política externa e o declínio do Império oligárquico

No início do Segundo Reinado, a atenção do governo esteve voltada para a ordenação política e social, consolidando pouco a pouco a aliança entre os poderosos do país, como os membros da alta magistratura, do grande comércio e da grande propriedade.

A instauração do parlamentarismo imperial garantiu a concretização do regime e a fase de conciliação, na década de 1850, significou o auge da dominação oligárquica durante o Império. Com o projeto político imperial consolidado, a atenção do governo se voltou para a política externa. Nessa fase, ocorreram diversos conflitos na região do Prata, no extremo sul do país, e atritos diplomáticos com a Inglaterra.

A Questão Christie (1863)

Os frequentes empréstimos realizados junto ao governo inglês criaram uma forte dependência da economia brasileira em relação à Inglaterra. Durante o Segundo Reinado, porém, o Brasil obteve alguma autonomia, graças às crescentes exportações de café.

Ao mesmo tempo, a Revolução Industrial havia se expandido, alcançando a França, a Alemanha e os Estados Unidos. O Brasil passou a comprar gêneros industrializados desses países, ameaçando a tradicional hegemonia da nação inglesa.

Em meio às tensões entre os dois países estava a questão do tráfico de escravos, contestado pela Inglaterra e considerado fundamental para a estrutura produtiva brasileira agroexportadora.

Investimentos de países que viviam a Segunda Revolução Industrial passaram a fluir para o Brasil, garantindo alguma autonomia diante da Inglaterra. Na charge de Angelo Agostini, a entrada de capitais estrangeiros.

A decisão do governo brasileiro de não renovar o tratado de comércio com a Inglaterra, aprovando em seu lugar a Tarifa Alves Branco, em 1844, aliviou a situação financeira do governo imperial, mas afetou diretamente o comércio inglês no país.

Em resposta, o Parlamento inglês aprovou a *Bill Aberdeen*, que dava à marinha inglesa poderes para apreender qualquer navio negreiro que cruzasse o Atlântico em direção ao Brasil.

Como já vimos, por pressão inglesa, foi aprovada no Brasil, em 1850, a Lei Eusébio de Queirós, que proibiu definitivamente o tráfico de escravizados.

As relações diplomáticas entre os governos de Brasil e Inglaterra começaram a se agravar em 1860, quando o embaixador inglês no Rio de Janeiro, **William Dougal Christie** abusou de sua autoridade para acobertar dois marinheiros de seu país que tinham assassinado um agente alfandegário. O fato foi publicado em jornais cariocas e seguiram-se diversos protestos.

Em 1861, um novo incidente precipitou as desavenças entre os dois países. O navio inglês *Prince of Wales* naufragou no litoral do Rio Grande do Sul e teve sua carga roubada por desconhecidos. O embaixador inglês no Rio de Janeiro exigiu que um oficial inglês acompanhasse as investigações e que o governo brasileiro indenizasse a Inglaterra pela perda.

No ano seguinte, mais um incidente ocorreu. Alguns marinheiros ingleses, embriagados e em trajes civis, foram presos por promoverem arruaças nas ruas do Rio de Janeiro. Depois de constatado que eram militares, os prisioneiros ingleses foram soltos. Mesmo assim, o embaixador Christie exigiu indenização pela carga do navio roubado, a demissão dos policiais que haviam efetuado a prisão dos marinheiros e desculpas oficiais do governo imperial à Inglaterra.

Diante da recusa do Brasil em cumprir as exigências britânicas, Christie ordenou que seus navios de guerra aprisionassem cinco navios brasileiros ancorados no porto do Rio de Janeiro. A decisão resultou em diversas manifestações contra a Inglaterra.

Dom Pedro II, posteriormente, pagou a indenização referente ao roubo da carga, mas o governo inglês recusou-se a pedir desculpas oficiais pela atitude de seu embaixador. Em 1863, dom Pedro II rompeu relações diplomáticas com a Inglaterra. Era o desfecho da Questão Christie. As relações foram reatadas em 1865, quando o governo inglês apresentou desculpas oficiais a dom Pedro II.

Acervo Iconographia/Reminiscências/Museu Nacional de Belas Artes, Rio de Janeiro, RJ.

Estudo para a Questão Christie por Victor Meirelles, 1864.

As intervenções brasileiras na região do rio da Prata

O Brasil se envolveu em conflitos armados na região do rio da Prata a partir de 1850. Disputas territoriais, o controle da navegação nos rios da Bacia do Prata, para garantir o acesso a algumas províncias, e a tentativa de impedir o surgimento de algum Estado rival nas fronteiras do sul são algumas razões para o envolvimento brasileiro nesses conflitos.

A emancipação política do Vice-Reinado do Prata, no início do século XIX, fragmentou a região em três países: a Argentina, o Paraguai e o Uruguai, que foi inicialmente anexado ao Brasil. O porto de Buenos Aires controlava o estuário do Prata e dominava o fluxo de mercadorias na região.

Contudo, as elites interioranas do Prata se opunham a um projeto de unificação argentina e ao controle alfandegário de Buenos Aires. Por sua vez, o Uruguai (Província Cisplatina), com apoio argentino e mediação inglesa, tornou-se independente em 1828.

4 O fim do Império

Apesar de dom Pedro II persistir na busca de conciliação com os grupos oligárquicos, não conseguiu impedir que novos conflitos de interesses surgissem em meio às grandes transformações socioeconômicas do período. As divergências na elite imperial acabaram enfraquecendo a Monarquia. Como vimos, um dos fatores de desgaste foi a questão do fim da escravidão.

Outro fator de desgaste do governo imperial no final do século XIX foi o atrito com a Igreja católica. Os conflitos tiveram sua origem no regime do padroado. Com o padroado, o imperador controlava a hierarquia eclesiástica e o conjunto do clero, podendo nomear bispos. O imperador tinha ainda o direito de ratificar ou não o cumprimento das ordens do papa no país (dar o "beneplácito", a autorização). A bula papal que impedia membros da maçonaria de pertencer aos quadros da Igreja foi rejeitada pelo imperador – dom Pedro II era maçom. A maior parte dos religiosos permaneceu fiel ao imperador, porém os bispos de Olinda e de Belém preferiram acatar o papa. O imperador decidiu punir os bispos "rebeldes", processando-os e condenando-os à prisão com trabalhos forçados.

Os dois bispos foram anistiados anos depois, mas vários membros da Igreja consideraram a punição severa demais e passaram a opor-se à Monarquia. A Igreja não chegou a conspirar contra o poder monárquico, mas ficou evidente que o clero não o apoiaria se fosse ameaçado.

Ao mesmo tempo, no final do século XIX, membros do exército foram assumindo uma posição cada vez mais contrária ao governo imperial.

Após a Guerra do Paraguai, as Forças Armadas começaram a atrair cada vez mais jovens provenientes de classes menos abastadas. Estavam interessados na carreira de oficial, que garantia a perspectiva da ascensão profissional (e, portanto, social) quase exclusivamente por méritos próprios. As escolas militares passaram a ganhar importância, com destaque para a **Escola Militar da Praia Vermelha**, no Rio de Janeiro.

Vista aérea da Praia Vermelha com o Círculo Militar e o Instituto Militar de Engenharia no Rio de Janeiro, 2013.

Surgiram atritos entre oficiais do exército e os políticos civis, chamados pejorativamente de "casacas". O controle que o poder civil exercia sobre os militares e o pouco interesse que o governo imperial tinha no exército, destinando-lhe baixos soldos, lentas promoções e poucos investimentos foram fatores que acentuaram esses atritos.

Alguns oficiais do exército passaram a assumir posições radicalmente contrárias às da Monarquia em todas as questões relevantes do final do Império, defendendo a abolição e a instalação da República. Nas escolas militares crescia o positivismo, teoria criada por Auguste Comte em meados do século XIX. A teoria sustentava-se na ideia de ordem com base na "aliança" das classes sociais e de progresso e tinha uma postura tida como científica diante dos fenômenos sociais e naturais.

No Brasil, pregava-se, acima de tudo, a modernização, que passaria pela instalação de uma República, no lugar do "carcomido" regime imperial. Caberia ao exército garantir firmemente a ordem, para viabilizar o progresso capitalista, livrando o Estado dos "casacas" corruptos e antipatriotas.

Os confrontos não tardaram. Em 1883, o tenente-coronel **Sena Madureira** manifestou-se pela imprensa contra as reformas no sistema de aposentadoria militar. Após sua punição, o governo proibiu declarações dos militares na imprensa sobre qualquer assunto relacionado à política.

O governo imperial, sensível a críticas contra o escravismo, determinou que o tenente-coronel fosse detido e transferido do Rio de Janeiro para o Rio Grande do Sul, gerando grande inquietação na oficialidade. Em 1886, o mesmo Sena Madureira fez declarações públicas e teria sido mais uma vez punido, não fosse a recusa de seu superior Deodoro da Fonseca em repreendê-lo, num claro ato de insubordinação ao governo imperial. O descontentamento atingira seu auge, configurando o que se tornou conhecido na História como **questão militar**.

Ismar Ingber/Pulsar Imagens

Pensando no Enem

1. *O suíço Thomas Davatz chegou a São Paulo em 1855 para trabalhar como colono na fazenda de café Ibicaba, em Campinas. A perspectiva de prosperidade que o atraiu para o Brasil deu lugar a insatisfação e revolta, que ele registrou em livro. Sobre o percurso entre o porto de Santos e o planalto paulista, escreveu Davatz:*

"As estradas do Brasil, salvo em alguns trechos, são péssimas. Em quase toda parte, falta qualquer espécie de calçamento ou mesmo de saibro. Constam apenas de terra simples, sem nenhum benefício. É fácil prever que nessas estradas não se encontram estalagens e hospedarias como as da Europa. Nas cidades maiores, o viajante pode naturalmente encontrar aposento sofrível; nunca, porém, qualquer coisa de comparável à comodidade que proporciona na Europa qualquer estalagem rural. Tais cidades são, porém, muito poucas na distância que vai de Santos a Ibicaba e que se percorre em cinquenta horas no mínimo". Em 1867 foi inaugurada a ferrovia ligando Santos a Jundiaí, o que abreviou o tempo de viagem entre o litoral e o planalto para menos de um dia. Nos anos seguintes, foram construídos outros ramais ferroviários que articularam o interior cafeeiro ao porto de exportação, Santos.

DAVATZ, T. *Memórias de um colono no Brasil.* São Paulo: Livraria Martins, 1941 (adaptado).

O impacto das ferrovias na promoção de projetos de colonização com base em imigrantes europeus foi importante porque:

a) o percurso dos imigrantes até o interior, antes das ferrovias, era feito a pé ou em muares; no entanto, o tempo de viagem era aceitável, uma vez que o café era plantado nas proximidades da capital, São Paulo.
b) a expansão da malha ferroviária pelo interior de São Paulo permitiu que mão de obra estrangeira fosse contratada para trabalhar em cafezais de regiões cada vez mais distantes do porto de Santos.
c) o escoamento da produção de café se viu beneficiado pelos aportes de capital, principalmente de colonos italianos, que desejavam melhorar sua situação econômica.
d) os fazendeiros puderam prescindir da mão de obra europeia e contrataram trabalhadores brasileiros provenientes de outras regiões para trabalhar em suas plantações.
e) as notícias de terras acessíveis atraíram para São Paulo grande quantidade de imigrantes, que adquiriram vastas propriedades produtivas.

Resposta: b

A implantação das ferrovias está ligada à necessidade de modernização do processo de produção cafeeiro. A ampliação das vias férreas, por sua vez, se relaciona com o fluxo de mão de obra imigrante europeia, no período da diminuição da oferta de escravizados e das lutas abolicionistas, o que permitiu maior ocupação de imigrantes nas regiões interioranas paulistas.

2. *Substitui-se então uma história crítica, profunda, por uma crônica de detalhes onde o patriotismo e a bravura dos nossos soldados encobrem a vilania dos motivos que levaram a Inglaterra a armar brasileiros e argentinos para a destruição da mais gloriosa república que já se viu na América Latina, a do Paraguai.*

CHIAVENATTO, J. J. *Genocídio americano:* A Guerra do Paraguai. São Paulo: Brasiliense, 1979 (adaptado).

O imperialismo inglês, "destruindo o Paraguai, mantém o status quo *na América Meridional, impedindo a ascensão do seu único Estado economicamente livre".*

Essa teoria conspiratória vai contra a realidade dos fatos e não tem provas documentais. Contudo essa teoria tem alguma repercussão.

DORATIOTO. F. *Maldita guerra:* nova história da Guerra do Paraguai. São Paulo: Cia. das Letras, 2002 (adaptado).

Uma leitura dessas narrativas divergentes demonstra que ambas estão refletindo sobre

a) a carência de fontes para a pesquisa sobre os reais motivos dessa Guerra.
b) o caráter positivista das diferentes versões sobre essa Guerra.
c) o resultado das intervenções britânicas nos cenários de batalha.
d) a dificuldade de elaborar explicações convincentes sobre os motivos dessa Guerra.
e) o nível de crueldade das ações do exército brasileiro e argentino durante o conflito.

Resposta: d

A leitura dos textos acerca do imperialismo inglês na América do Sul, particularmente em relação às causas da Guerra do Paraguai, apontam as possibilidades e os pontos de vistas expressos nos estudos acerca desse episódio. Eles demostram a dificuldade dos estudiosos em chegar a um consenso sobre o assunto.

A expansão do republicanismo

Em 1870, a imprensa do Rio de Janeiro publicou o Manifesto Republicano, elaborado por membros de uma dissidência radical do Partido Liberal. Pouco tempo depois, fundou-se o **Partido Republicano** e, em 1873, o **Partido Republicano Paulista**. No mesmo ano, um grupo com alguns dos principais cafeicultores paulistas aderiu ao movimento republicano na Convenção de Itu.

O movimento republicano cresceu em poucos anos, deslocando-se para São Paulo, mais especificamente para o interior do estado. Isso atestava o apoio cada vez maior dos cafeicultores ao projeto republicano.

A questão religiosa representou um sério abalo no já enfraquecido Império. A charge de Angelo Agostini, publicada em cerca de 1886 na *Revista Illustrada*, mostra o rompimento entre Estado e Igreja.

Reprodução/Coleção de Artes Visuais do Instituto de Estudos Brasileiros da USP, São Paulo, SP.

Reprodução/Coleção de Artes Visuais do Instituto de Estudos Brasileiros da USP, São Paulo, SP.

Os choques com o exército, no contexto da questão militar, ajudaram a precipitar o fim do Império. Na charge de Angelo Agostini, publicada em cerca de 1886 na *Revista Illustrada*, o marechal Deodoro da Fonseca, que se recusou a punir Sena Madureira, é deposto pelo gabinete ministerial do cargo de presidente e comandante de armas do Rio Grande do Sul.

O Oeste Paulista era o centro mais dinâmico da economia do país. O rápido escoamento do café pelas ferrovias e a utilização do trabalho assalariado (imigrantes, principalmente) geravam um mercado consumidor em franca expansão e um dinamismo pouco conhecido em outras regiões do país.

O poder econômico dos cafeicultores, no entanto, não encontrava contrapartida na política, uma vez que o Império era excessivamente centralizado no Rio de Janeiro. A elite burocrática imperial era, em grande parte, proveniente de outras áreas do país (Nordeste e região fluminense), portanto, desvinculada dos interesses ligados à cafeicultura do Oeste Paulista.

O movimento republicano se articulava; a adesão dos cafeicultores do Oeste Paulista foi decisiva. Acima, *Convenção de Itu*, óleo de J. Barros, de 1873.

A federação, isto é, de maior autonomia para os estados membros, era um dos ideais da República. Os cafeicultores, sabendo que qualquer mudança no quadro institucional do Império geraria resistência da burocracia estatal, abraçaram a ideia. A Província Imperial de São Paulo, dependente do governo central, poderia assim se transformar no Estado de São Paulo, com grande autonomia.

A aliança entre membros do exército, cafeicultores paulistas e setores médios urbanos possibilitou o republicanismo, observado passivamente pela Igreja. Os membros das aristocracias agrárias tradicionais (nordestina e sulista), por sua vez, viam na abolição da escravidão uma traição do governo imperial. Por isso, distanciaram-se dele a partir de 1888, enfraquecendo ainda mais o regime.

Tentando salvar a Monarquia, no final daquele ano, dom Pedro II nomeou Afonso Celso de Oliveira Figueiredo, o visconde de Ouro Preto, para o cargo de primeiro-ministro. O novo primeiro-ministro lançou um projeto de reformas políticas em grande parte inspiradas nas ideias republicanas. O Parlamento, cujos deputados tentavam ainda manter seus privilégios, recusou o projeto. Essa recusa desencadeou uma crise que culminou com o fechamento da Assembleia Legislativa e a convocação de novas eleições.

Os republicanos aproveitaram a crise para divulgar o boato de que o governo iria reprimir violentamente os oficiais do exército, incluindo a prisão de **Deodoro da Fonseca** e **Benjamin Constant**, este, feroz crítico do regime.

Na noite de 14 de novembro, as unidades militares estacionadas em São Cristóvão, no Rio de Janeiro, se rebelaram. Na manhã do dia seguinte, os rebeldes marcharam em direção ao centro da cidade, sob o comando de Deodoro, e depuseram o imperador, enviado para o exílio dois dias depois. Na tarde do mesmo dia, na Câmara Municipal do Rio de Janeiro, José do Patrocínio declarava a proclamação da República. Enquanto isso, os cafeicultores do Oeste Paulista aplaudiam e preparavam-se para participar da montagem do novo regime.

No dia seguinte à proclamação da República, foi entregue a dom Pedro II um documento assinado por Deodoro da Fonseca, chefe do governo provisório. O documento comunicava o imperador de sua destituição e exigia que a família imperial deixasse o país em 24 horas.

Em resposta, dom Pedro II escreveu sua mensagem: "À vista da representação escrita, que me foi entregue hoje, às três horas da tarde, resolvo, cedendo ao império das circunstâncias, partir com toda a minha família para a Europa, amanhã, deixando esta pátria, de nós estremecida, à qual me esforcei por dar constantes testemunhos de entranhado amor e dedicação, durante quase meio século, em que desempenhei o cargo de Chefe da Nação. Ausentando-me, pois, eu com todas as pessoas de minha família, conservarei do Brasil a mais saudosa lembrança, fazendo ardentes votos por sua grandeza e prosperidade. Rio de Janeiro, 16 de novembro de 1889. Dom Pedro d'Alcântara [4]".

Dom Pedro II morreu em 5 de dezembro de 1891, no Hotel Berdford, em Paris.

Declaração da República, litografia de Frias A. da Silveira. Dom Pedro II recebe a declaração de que o Brasil deixara de ser Monarquia para tornar-se uma República.

[4] GOMES, Laurentino. *1889*: como um imperador cansado, um marechal vaidoso e um professor injustiçado contribuíram para o fim da Monarquia e a proclamação da República no Brasil. São Paulo: Globo, 2013. p. 290-291.

Atividades

Leitura e interpretação de texto historiográfico

1. O texto abaixo trata do movimento militar que culminou com a queda da Monarquia no Brasil em 1889. Leia-o com atenção e responda às questões que o acompanham.

> A própria forma pela qual em geral nos referimos aos eventos ocorridos em 15 de novembro de 1889 – a "proclamação da República" – já incorpora algumas ideias importantes. Em primeiro lugar, a de que ocorreu uma "proclamação". Mas o que é "proclamar"? É apenas anunciar publicamente algo – no caso, que a monarquia fora substituída pela República. Logo surgem outras ideias, como a de que a República no Brasil teria sido algo inevitável, uma etapa necessária da "evolução" da sociedade brasileira. Mais ainda, podemos imaginar que o fácil sucesso do golpe de Estado – que, tecnicamente, foi o que aconteceu no 15 de novembro – seria resultado de um consenso nacional, e que os militares, os principais protagonistas do movimento, teriam atuado de forma unida e coesa.
>
> Não é essa a visão que hoje podemos ter desses fatos. Não havia uma maioria republicana no país e nem mesmo unidade entre os militares. De fato, apenas uma pequena fração do exército, e com características muito específicas, esteve envolvida na conspiração republicana.
>
> O golpe de 1889 foi um momento-chave no surgimento dos militares como protagonistas no cenário político brasileiro. A República então "proclamada" sempre esteve, em alguma medida, marcada por esse sinal de nascença (ou, para muitos, pecado original). Havia muitos republicanos civis no final do Império, mas eles estiveram praticamente ausentes da conspiração. O golpe republicano foi sem dúvida militar, em sua organização e execução. No entanto, ele foi fruto da ação de apenas alguns militares. Quase não houve participação da Marinha, nem de indivíduos situados na base da hierarquia militar (as "praças", como os soldados ou sargentos). Mas isso não significa que o movimento foi promovido por oficiais situados no topo da hierarquia. Dos generais, apenas Deodoro da Fonseca esteve presente. Os oficiais superiores podiam ser contados nos dedos, e o que mais se destacou entre eles não exercia posição de comando de tropa: trata-se do tenente-coronel Benjamin Constant, professor de matemática na Escola Militar.
>
> Quem foram, então, os militares que conspiraram pela República e se dirigiram ao Campo de Santana na manhã do dia 15 de novembro de 1889 dispostos a derrubar o Império? Basicamente, um conjunto de oficiais de patentes inferiores do exército (alferes-alunos, tenentes e capitães) que possuíam educação superior ou "científica" obtida durante o curso da Escola Militar, então localizada na Praia Vermelha, no Rio de Janeiro. Na linguagem da época, a "mocidade militar".
>
> [...]
>
> O republicanismo da "mocidade militar" era oriundo da valorização simbólica do mérito individual somada à cultura cientificista hegemônica entre os alunos e jovens oficiais. A "mocidade militar" era francamente republicana desde muito antes da "Questão Militar" de 1886-1887, geralmente considerada um marco da radicalização política dos militares ao final do Império. A partir de 1878, alunos da Escola Militar criaram clubes secretos republicanos e, em diversas ocasiões, cantaram ou tentaram cantar, desafiando seus superiores, a *Marseillaise*, o hino revolucionário francês. É notável o radicalismo de sua atuação e o fato de que, nos escritos e nas memórias dos jovens "científicos", não apareçam referências a professores ou políticos convertendo-os ao republicanismo. As referências a esse respeito levam sempre a livros por eles adquiridos e devorados e, principalmente, à influência de outros jovens "científicos" agrupados em associações e clubes de alunos.
>
> Entre a "mocidade militar" não havia clareza a respeito de como a República vindoura seria organizada. Parece ter sido suficiente saber que se tratava da única forma "científica" de governo, aquela onde reinaria o mérito, ordenador de toda a vida social. A falta de definição a respeito de como seria a República facilitou, por um lado, a unidade de pensamento e ação da "mocidade militar" antes do golpe de 1889; por outro lado, ajudou a apressar sua fragmentação tão logo a República foi instituída. [...]
>
> CASTRO, Celso. 15 de novembro de 1889: a proclamação da República. *CPDOC*. Disponível em: <http://cpdoc.fgv.br/producao/dossies/FatosImagens/ProclamacaoRepublica>. Acesso em: 27 mar. 2014.

a) Podemos considerar que a proclamação da República do Brasil, em 1889, decorreu de um consenso nacional? Justifique.

b) Que setor da sociedade brasileira articulou a derrubada da Monarquia?

c) Que ideais e valores permearam o movimento republicano entre a chamada "mocidade militar"?

d) Os grupos que participaram da instauração da República no Brasil tinham um projeto político claro para a nação? Explique.

Análise de tabela

2. Observe com atenção a tabela abaixo. Com seus conhecimentos sobre o processo de abolição do tráfico negreiro no período coberto pela tabela, responda às questões.

Importação de escravos entre 1842 e 1856			
1842	17 435	1848	60 000
1843	19 095	1849	54 000
1844	22 849	1850	23 000
1845	19 363	1851	3 287
1846	50 354	1852	700
1847	56 172	1853/56	128 (em média)

DOWBOR, Ladislau. *A formação do capitalismo dependente no Brasil*. Lisboa: Prelo, 1977. p. 103.

a) Em que período é maior a importação de africanos escravizados? O que pode explicar o crescimento dessa importação?

b) Utilizando os dados da tabela, construa um gráfico para representar a evolução do tráfico de escravos para o Brasil entre 1842 e 1845.

c) Como se explica a queda nas importações de escravos africanos a partir de 1850?

d) Que efeitos a diminuição da importação de escravos africanos pode ter tido sobre a economia nacional? Explique, tomando por base seus conhecimentos de História do Brasil.

Observação e análise de fotografias

3. Observe o conjunto de imagens e faça as atividades propostas.

Reprodução/Coleção particular

Família negra retratada nas primeiras décadas do século XX. Autor desconhecido.

Reprodução/Coleção Brasiliana/Fundação Rank-Packard/Fundação Estudar

Família imperial do Brasil, em gravura de Auguste Sisson feita com base em fotografia de Victor Frond, de 1860.

a) Aponte semelhanças entre as duas fotografias.

b) Uma fotografia é uma representação que atende a determinados interesses e reflete o olhar do fotógrafo, assim como o contexto em que se insere. O que as fotografias acima nos sugerem acerca da sociedade do final do século XIX e início do século XX, bem como das pessoas retratadas?

Vestibulares de Norte a Sul

1. CO (UFGO) A partir de 1850, houve um decréscimo significativo na importação de escravos no Brasil. Essa situação está relacionada

a) à permanência do tratado de 1810, renovado em 1826, reafirmando o compromisso do Brasil em abolir o tráfico negreiro.
b) ao início das campanhas abolicionistas, pressionando pela promulgação de leis que libertassem os escravos menores de 18 anos.
c) às sanções políticas da Inglaterra contrárias ao tráfico de escravos, obrigando à promulgação da Lei Eusébio de Queiroz.
d) à decretação da tarifa Alves Branco, que aumentava as taxas entre 30% e 60%, ocasionando dificuldades para importação.
e) aos desdobramentos da Guerra do Paraguai, que trouxeram desgastes políticos à Monarquia, abalando a manutenção da ordem escravista.

2. CO (UFMS) Leia atentamente o texto abaixo. Em seguida, analise as afirmativas que se seguem e aponte qual(is) delas está(ão) correta(s)

A instrução primária no Brasil foi estabelecida como direito individual dos cidadãos, ativos e passivos, pela Constituição Imperial de 1824 (art. 179). Evidentemente, escravos não eram cidadãos e, portanto, a legislação educacional excluía expressamente os escravos do acesso às escolas públicas [...]. *Mas quanto aos indivíduos livres, em tese, independentemente da cor, o acesso às escolas era franqueado. O critério de diferenciação era a liberdade, e não a cor da pele. É verdade que, em 1835, momento em que se tentava proibir o tráfico de africanos, leis provinciais buscavam barrar o ingresso dos africanos libertos, mas isso deveu-se ao fato de que estes eram considerados estrangeiros e, portanto, não eram súditos do Império brasileiro, não podendo gozar das prerrogativas dos nacionais.* [...]

SCHUELER, Alessandra F. M. de. *Quando os negros começaram a frequentar a escola no Brasil houve segregação explícita?*.

I. Segundo a Constituição Imperial de 1824, os escravos não tinham acesso às escolas públicas por serem considerados bens materiais e não cidadãos.
II. Os indivíduos livres, desde que não fossem negros, poderiam ter acesso às escolas públicas.
III. Quando, em 1835, os republicanos tentavam proibir o tráfico de africanos, o único critério de diferenciação para o acesso às escolas públicas era a liberdade, não importando se fossem estrangeiros ou nacionais.
IV. Em 1835, leis provinciais buscavam barrar o acesso de africanos às escolas, pois, mesmo que libertos, não eram considerados súditos do Império brasileiro.

Assinale a alternativa correta.

a) A afirmativa I está correta e as II, III e IV estão erradas.
b) As afirmativas I e III estão corretas e as II e IV estão erradas.
c) As afirmativas II e IV estão corretas e a I e III estão erradas.
d) A afirmativa III está correta e a I, II e IV estão erradas.
e) As afirmativas I e IV estão corretas e a II e III estão erradas.

3. NE (UFBA)

A política externa do Segundo Reinado girou em torno de dois eixos fundamentais: as relações privilegiadas com a Inglaterra, que foram interrompidas momentaneamente com a Questão Christie, e as constantes intervenções do Brasil na Bacia do Prata, que geraram conflitos com vários países da região, como, por exemplo, Argentina e Paraguai.

CÁCERES, 1993. p. 191.

Considerando-se o texto e os conhecimentos sobre a política brasileira no Segundo Reinado, pode-se afirmar:

(01) As "relações privilegiadas" referidas no texto dizem respeito a concessões especiais feitas pela Inglaterra ao Brasil, anistiando a dívida brasileira com aquele país por ocasião do reconhecimento da independência.

(02) A chamada "Questão Christie" (1863) representa mais um episódio dos conflitos entre Brasil e Inglaterra, ocorridos no período mais agudo da pressão inglesa contra o tráfico de africanos escravizados para o Brasil.

(04) A dependência econômica do Brasil frente à Inglaterra, no período referido, comprova-se através dos empréstimos ingleses para obras de infraestrutura e as importações brasileiras de produtos daquele país por preços mais competitivos no mercado.

(08) O Brasil desenvolveu uma política imperialista de agressão sistemática contra os países com os quais fazia fronteira, por ser a única monarquia entre os países republicanos da América do Sul.

(16) A pressão brasileira na região platina, na segunda metade do século XIX, explica-se, em parte, pelo temor do Brasil de perder o livre acesso à navegação comercial no Rio da Prata.

(32) Um dos desdobramentos da Guerra do Paraguai na política interna brasileira diz respeito ao fortalecimento do Exército e das reivindicações políticas dos oficiais de alta patente, ocasionando conflitos com o governo monárquico.

Caiu no Enem

1. *Em um engenho sois imitadores de Cristo crucificado porque padeceis em um modo muito semelhante o que o mesmo Senhor padeceu na sua cruz e em toda a sua paixão. A sua cruz foi composta de dois madeiros, e a vossa em um engenho é de três. Também ali não faltaram as canas, porque duas vezes entraram na Paixão: uma vez servindo para o cetro de escárnio, e outra vez para a esponja em que lhe deram o fel. A Paixão de Cristo parte foi de noite sem dormir, parte foi de dia sem descansar, e tais são as vossas noites e os vossos dias. Cristo despido, e vós despidos; Cristo sem comer, e vós famintos; Cristo em tudo maltratado, e vós maltratados em tudo. Os ferros, as prisões, os açoites, as chagas, os nomes afrontosos, de tudo isto se compõe a vossa imitação, que, se for acompanhada de paciência, também terá merecimento de martírio.*

VIEIRA, A. *Sermões*. Tomo XI. Porto: Lello & Irmão, 1951 (adaptado).

O trecho do sermão do Padre Antônio Vieira estabelece uma relação entre a Paixão de Cristo e

a) a atividade dos comerciantes de açúcar nos portos brasileiros.
b) a função dos mestres de açúcar durante a safra de cana.
c) o sofrimento dos jesuítas na conversão dos ameríndios.
d) o papel dos senhores na administração dos engenhos.
e) o trabalho dos escravos na produção de açúcar.

2. O texto foi extraído da peça Tróilo e Créssida de William Shakespeare, escrita, provavelmente, em 1601.

"Os próprios céus, os planetas, e este centro
reconhecem graus, prioridade, classe,
constância, marcha, distância, estação, forma,
função e regularidade, sempre iguais;
eis porque o glorioso astro Sol
está em nobre eminência entronizado
e centralizado no meio dos outros,
e o seu olhar benfazejo corrige
os maus aspectos dos planetas malfazejos,
e, qual rei que comanda, ordena
sem entraves aos bons e aos maus."

(personagem Ulysses, Ato I, cena III).

SHAKESPEARE, W. *Tróilo e Créssida*: Porto: Lello & Irmão, 1948.

A descrição feita pelo dramaturgo renascentista inglês se aproxima da teoria

a) geocêntrica do grego Claudius Ptolomeu.
b) da reflexão da luz do árabe Alhazen.
c) heliocêntrica do polonês Nicolau Copérnico.
d) da rotação terrestre do italiano Galileu Galilei.
e) da gravitação universal do inglês Isaac Newton.

3. *Seguiam-se vinte criados custosamente vestidos e montados em soberbos cavalos; depois destes, marchava o Embaixador do Rei do Congo magnificamente ornado de seda azul para anunciar ao Senado que a vinda do Rei estava destinada para o dia dezesseis. Em resposta obteve repetidas vivas do povo que concorreu alegre e admirado de tanta grandeza.*

"Coroação do Rei do Congo em Santo Amaro", Bahia apud DEL PRIORE, M. Festas e utopias no Brasil colonial. In: CATELLI JR., R. *Um olhar sobre as festas populares brasileiras*. São Paulo: Brasiliense, 1994 (adaptado).

Originária dos tempos coloniais, a festa da Coroação do Rei do Congo evidencia um processo de

a) exclusão social.
b) imposição religiosa.
c) acomodação política.
d) supressão simbólica.
e) ressignificação cultural.

4. *Em teoria, as pessoas livres da Colônia foram enquadradas em uma hierarquia característica do Antigo Regime. A transferência desse modelo, de sociedade de privilégios, vigente em Portugal, teve pouco efeito prático no Brasil. Os títulos de nobreza eram ambicionados. Os fidalgos eram raros e muita gente comum tinha pretensões à nobreza.*

FAUSTO, B. *História do Brasil*. (São Paulo: Edusp; Fundação do Desenvolvimento da Educação.)

Ao reelaborarem a lógica social vigente na metrópole, os sujeitos do mundo colonial construíram uma distinção que ordenava a vida cotidiana a partir da

a) concessão de títulos nobiliárquicos por parte da Igreja Católica.
b) afirmação de diferenças fundadas na posse de terras e de escravos.
c) imagem do Rei e de sua Corte como modelo a ser seguido.
d) miscigenação associada a profissões de elevada qualificação.
e) definição do trabalho como princípio ético da vida em sociedade.

5. *Mas uma coisa ouso afirmar, porque há muitos testemunhos, e é que vi nesta terra de Veragua [Panamá] maiores indícios de ouro nos dois primeiros dias do que na Hispaniola em quatro anos, e que as terras da região não podem ser mais bonitas nem mais bem lavradas. Ali, se quiserem podem mandar extrair à vontade.*

Carta de Colombo aos reis da Espanha, julho de 1503.

Apud AMADO, J.; FIGUEIREDO, L. C. *Colombo e a América*: quinhentos anos depois. São Paulo: Atual, 1991 (adaptado).

O documento permite identificar um interesse econômico espanhol na colonização da América a partir do século XV. A implicação desse interesse na ocupação do espaço americano está indicada na

a) expulsão dos indígenas para fortalecer o clero católico.
b) promoção das guerras justas para conquistar o território.
c) imposição da catequese para explorar o trabalho africano.
d) opção pela policultura para garantir o povoamento ibérico.
e) fundação de cidades para controlar a circulação de riquezas.

6. *Os vestígios dos povos Tupi-guarani encontram-se desde as Missões e o rio da Prata, ao sul, até o Nordeste, com algumas ocorrências ainda mal conhecidas no sul da Amazônia. A leste, ocupavam toda a faixa litorânea, desde o Rio Grande do Sul até o Maranhão. A oeste, aparecem (no rio da Prata) no Paraguai e nas terras baixas da Bolívia. Evitam as terras inundáveis do Pantanal e marcam sua presença discretamente nos cerrados do Brasil central. De fato, ocuparam, de preferência, as regiões de floresta tropical e subtropical.*

PROUS. A. *O Brasil antes dos brasileiros*. Rio de Janeiro: Jorge Zahar Editor, 2005.

Os povos indígenas citados possuíam tradições culturais específicas que os distinguiam de outras sociedades indígenas e dos colonizadores europeus. Entre as tradições tupi-guarani, destacava-se

a) a organização em aldeias politicamente independentes, dirigidas por um chefe, eleito pelos indivíduos mais velhos da tribo.
b) a ritualização da guerra entre as tribos e o caráter semissedentário de sua organização social.
c) a conquista de terras mediante operações militares, o que permitiu seu domínio sobre vasto território.
d) o caráter pastoril de sua economia, que prescindia da agricultura para investir na criação de animais.
e) o desprezo pelos rituais antropofágicos praticados em outras sociedades indígenas.

7. *Dali avistamos homens que andavam pela praia, obra de sete ou oito. Eram pardos, todos nus. Nas mãos traziam arcos com suas setas. Não fazem o menor caso de encobrir ou de mostrar suas vergonhas; e nisso têm tanta inocência como em mostrar o rosto. Ambos traziam os beiços de baixo furados e metidos neles seus ossos brancos e verdadeiros. Os cabelos seus são corredios.*

CAMINHA, P. V. Carta. RIBEIRO, D. et al. *Viagem pela história do Brasil*: documentos. São Paulo: Companhia das Letras, 1997 (adaptado).

O texto é parte da famosa Carta de Pero Vaz de Caminha, documento fundamental para a formação da identidade brasileira. Tratando da relação que, desde esse primeiro contato, se estabeleceu entre portugueses e indígenas, esse trecho da carta revela a

a) preocupação em garantir a integridade do colonizador diante da resistência dos índios à ocupação da terra.
b) postura etnocêntrica do europeu diante das características físicas e práticas culturais do indígena.
c) orientação da política da Coroa Portuguesa quanto à utilização dos nativos como mão de obra para colonizar a nova terra.
d) oposição de interesses entre portugueses e índios, que dificultava o trabalho catequético e exigia amplos recursos para a defesa da posse da nova terra.
e) abundância da terra descoberta, o que possibilitou a sua incorporação aos interesses mercantis portugueses, por meio da exploração econômica dos índios.

8. O tráfico de escravos em direção à Bahia pode ser dividido em quatro períodos:

1º – O ciclo da Guiné durante a segunda metade do século XVI;
2º – O ciclo de Angola e do Congo no século XVII;
3º – O ciclo da Costa da Mina durante os três primeiros quartos do século XVIII;
4º – O ciclo da Baía de Benin entre 1770 e 1850, estando incluído aí o período do tráfico clandestino.

A chegada dos daomeanos (jejes) ocorreu nos dois últimos períodos. A dos nagô-iorubás corresponde, sobretudo, ao último. A forte predominância dos iorubás na Bahia, de seus usos e costumes, seria explicável pela vinda maciça desse povo no último dos ciclos.

VERGER, Pierre. *Fluxo e refluxo do tráfico de escravos entre o golfo do Benin e a Bahia de Todos-os-Santos*: dos séculos XVII a XIX. Tradução de Tasso Gadzanis. São Paulo: Corrupio, 1987. p. 9. (com adaptações).

Os diferentes ciclos do tráfico de escravos da costa africana para a Bahia, no Brasil, indicam que

a) o início da escravidão no Brasil data do século XVI, quando foram trazidos para o Nordeste os chamados "negros da Guiné", especialistas na extração de ouro.
b) a diversidade das origens e dos costumes de cada nação africana é impossível de ser identificada, uma vez que a escravidão moldou os grupos envolvidos em um processo cultural comum.
c) os ciclos correspondentes a cada período do tráfico de diferentes nações africanas para a Bahia estão relacionados aos distintos portos de comercialização de escravos.
d) o tráfico de escravos jejes para a Bahia, durante o ciclo da Baía de Benin, ocorreu de forma mais intensa a partir do final do século XVII até a segunda metade do século XVIII.
e) a escravidão nessa província se estendeu do século XVI até o início do século XVIII, diferentemente do que ocorreu em outras regiões do país.

9. *Esclarecimento é a saída do homem de sua menoridade, da qual ele próprio é culpado. A menoridade é a incapacidade de fazer uso de seu entendimento sem a direção de outro indivíduo. O homem é o próprio culpado dessa menoridade se a causa dela não se encontra na falta de entendimento, mas na falta de decisão e coragem de servir-se de si mesmo sem a direção de outrem. Tem coragem de fazer uso de teu próprio entendimento, tal é o lema do esclarecimento. A preguiça e a covardia são as causas pelas quais uma tão grande parte dos homens, depois que a natureza de há muito os libertou de uma condição estranha, continuem, no entanto, de bom grado menores durante toda a vida.*

KANT, I. *Resposta à pergunta*: o que é esclarecimento? Petrópolis: Vozes, 1985 (adaptado).

Kant destaca no texto o conceito de esclarecimento, fundamental para a compreensão do conceito de esclarecimento, a partir da Modernidade. Esclarecimento, no sentido empregado por Kant, representa

a) a reivindicação de autonomia da capacidade racional como expressão da maioridade.
b) o exercício da racionalidade como pressuposto menor diante das verdades eternas.
c) a imposição de verdades matemáticas, com caráter objetivo, de forma heterônoma.
d) a compreensão de verdades religiosas que libertam o homem da falta de entendimento.
e) a emancipação da subjetividade humana de ideologias produzidas pela própria razão.

10. Algumas transformações que antecederam a Revolução Francesa podem ser exemplificadas pela mudança de significado da palavra "restaurante". Desde o final da Idade Média, a palavra *restaurant* designava caldos ricos, com carne de aves e de boi, legumes, raízes e ervas. Em 1765 surgiu, em Paris, um local onde se vendiam esses caldos, usados para restaurar as forças dos trabalhadores. Nos anos que precederam a Revolução, em 1789, multiplicaram-se diversos *restaurateurs*, que serviam pratos requintados, descritos em páginas emolduradas e servidos não mais em mesas coletivas e malcuidadas, mas individuais e com toalhas limpas. Com a Revolução, cozinheiros da corte e da nobreza perderam seus patrões, refugiados no exterior ou guilhotinados, e abriram seus restaurantes por conta própria. Apenas em 1835, o Dicionário da Academia Francesa oficializou a utilização da palavra restaurante com o sentido atual. A mudança do significado da palavra restaurante ilustra:
a) a ascensão das classes populares aos mesmos padrões de vida da burguesia e da nobreza.
b) a apropriação e a transformação, pela burguesia, de hábitos populares e dos valores da nobreza.
c) a incorporação e a transformação, pela nobreza, dos ideais e da visão de mundo da burguesia.
d) a consolidação das práticas coletivas e dos ideais revolucionários, cujas origens remontam à Idade Média.
e) a institucionalização, pela nobreza, de práticas coletivas e de uma visão de mundo igualitária.

11. *No clima das ideias que se seguiram à revolta de São Domingos, o descobrimento de planos para um levante armado dos artífices mulatos na Bahia, no ano de 1798, teve impacto muito especial; esses planos demonstravam aquilo que os brancos conscientes tinham já começado a compreender: as ideias de igualdade social estavam a propagar-se numa sociedade em que só um terço da população era de brancos e iriam inevitavelmente ser interpretados em termos raciais.*

MAXWELL. K. Condicionalismos da Independência do Brasil. In: SILVA, M. N. (Coord.) *O Império luso-brasileiro*, 1750-1822. Lisboa: Estampa, 1986.

O temor do radicalismo da luta negra no Haiti e das propostas das lideranças populares da Conjuração Baiana (1798) levaram setores da elite colonial brasileira a novas posturas diante das reivindicações populares. No período da Independência, parte da elite participou ativamente do processo, no intuito de:
a) instalar um partido nacional, sob sua liderança, garantindo participação controlada dos afro-brasileiros e inibindo novas rebeliões de negros.
b) atender aos clamores apresentados no movimento baiano, de modo a inviabilizar novas rebeliões, garantindo o controle da situação.
c) firmar alianças com as lideranças escravas, permitindo a promoção de mudanças exigidas pelo povo sem a profundidade proposta inicialmente.
d) impedir que o povo conferisse ao movimento um teor libertário, o que terminaria por prejudicar seus interesses e seu projeto de nação.
e) rebelar-se contra as representações metropolitanas, isolando politicamente o Príncipe Regente, instalando um governo conservador para controlar o povo.

12. No tempo da independência do Brasil, circulavam nas classes populares do Recife trovas que faziam alusão à revolta escrava do Haiti:

Marinheiros e caiados
Todos devem se acabar,
Porque só pardos e pretos
O país hão de habitar.

AMARAL, F. P. do. apud CARVALHO, A. *Estudos pernambucanos*. Recife: Cultura Acadêmica, 1907.

O período da independência do Brasil registra conflitos raciais, como se depreende
a) dos rumores acerca da revolta escrava do Haiti, que circulavam entre a população escrava e entre os mestiços pobres, alimentando seu desejo por mudanças.
b) da rejeição aos portugueses, brancos, que significava a rejeição à opressão da Metrópole, como ocorreu na Noite das Garrafadas.
c) do apoio que escravos e negros forros deram à monarquia, com a perspectiva de receber sua proteção contra as injustiças do sistema escravista.
d) do repúdio que os escravos trabalhadores dos portos demonstravam contra os marinheiros, porque estes representavam a elite branca opressora.
e) da expulsão de vários líderes negros independentistas, que defendiam a implantação de uma república negra, a exemplo do Haiti.

13. No início do século XIX, o naturalista alemão Carl Von Martius esteve no Brasil em missão científica para fazer observações sobre a flora e a fauna nativas e sobre a sociedade indígena. Referindo-se ao indígena, ele afirmou:

"Permanecendo em grau inferior da humanidade, moralmente, ainda na infância, a civilização não o altera, nenhum exemplo o excita e nada o impulsiona para um nobre desenvolvimento progressivo [...]. *Esse estranho e inexplicável estado do indígena americano, até o presente, tem feito fracassarem todas as tentativas para concilia-lo inteiramente com a Europa vencedora e torná-lo um cidadão satisfeito e feliz."*

MARTIUS, C. V. *O estado do direito entre os autóctones do Brasil*. Belo Horizonte/ São Paulo: Itatiaia/Edusp, 1982.

Com base nessa descrição, conclui-se que o naturalista Von Martius

a) apoiava a independência do Novo Mundo, acreditando que os índios, diferentemente do que fazia a missão europeia, respeitavam a flora e a fauna do pais.
b) discriminava preconceituosamente as populações originárias da América e advogava o extermínio dos índios.
c) defendia uma posição progressista para o século XIX: a de tornar o indígena cidadão satisfeito e feliz.
d) procurava impedir o processo de aculturação, ao descrever cientificamente a cultura das populações originárias da América.
e) desvalorizava os patrimônios étnicos e culturais das sociedades indígenas e reforçava a missão "civilizadora europeia", típica do século XIX.

14. Texto para a próxima questão:

Se compararmos a idade do planeta Terra, avaliada em quatro e meio bilhões de anos (4,5 × 109 anos), com a de uma pessoa de 45 anos, então, quando começaram a florescer os primeiros vegetais, a Terra já teria 42 anos. Ela só conviveu com o homem moderno nas últimas quatro horas e, há cerca de uma hora, viu-o começar a plantar e a colher. Há menos de um minuto percebeu o ruído de máquinas e de indústrias e, como denuncia uma ONG de defesa do meio ambiente, foi nesses últimos sessenta segundos que se produziu todo o lixo do planeta!

O texto, ao estabelecer um paralelo entre a idade da Terra e a de uma pessoa, pretende mostrar que:
a) a agricultura surgiu logo em seguida aos vegetais, perturbando desde então seu desenvolvimento.
b) o ser humano só se tornou moderno ao dominar a agricultura e a indústria, em suma, ao poluir.
c) desde o surgimento da Terra, são devidas ao ser humano todas as transformações e perturbações.
d) o surgimento do ser humano e da poluição é cerca de dez vezes mais recente que o do nosso planeta.
e) a industrialização tem sido um processo vertiginoso, sem precedentes em termos de dano ambiental.

15.

Bettmann/Corbis/Latinstock/United Artists

A figura representada por Charles Chaplin critica o modelo de produção do início do século XX, nos Estados Unidos da América, que se espalhou por diversos países e setores da economia e teve como resultado
a) a subordinação do trabalhador à máquina, levando o homem a desenvolver um trabalho repetitivo.
b) a ampliação da capacidade criativa e da polivalência funcional para cada homem em seu posto de trabalho.
c) a organização do trabalho, que possibilitou ao trabalhador o controle sobre a mecanização do processo de produção.
d) o rápido declínio do absenteísmo, o grande aumento da produção conjugado com a diminuição das áreas de estoque.
e) as novas técnicas de produção, que provocaram ganhos de produtividade, repassados aos trabalhadores como forma de eliminar as greves.

16.

Reprodução/Pinacoteca do Estado de São Paulo, São Paulo, SP.

DEBRET, J. B.; SOUZA, L. M. (Org.). *História da vida privada no Brasil*: cotidiano e vida privada na América Portuguesa, v. 1. São Paulo: Companhia das Letras, 1997.

A imagem retrata uma cena da vida cotidiana dos escravos urbanos no início do século XIX. Lembrando que as atividades desempenhadas por esses trabalhadores eram diversas, os escravos de aluguel representados na pintura:
a) vendiam a produção da lavoura cafeeira para os moradores das cidades.
b) trabalhavam nas casas de seus senhores e acompanhavam as donzelas na rua.
c) realizavam trabalhos temporários em troca de pagamento para os seus senhores.
d) eram autônomos, sendo contratados por outros senhores para realizarem atividades comerciais.
e) aguardavam a sua própria venda após desembarcarem no porto.

17.

Reprodução/Pinacoteca do Estado de São Paulo, São Paulo, SP.

Antonio Rocco, *Os imigrantes*, 1910, Pinacoteca do Estado de São Paulo.

Um dia, os imigrantes aglomerados na amurada da proa chegavam à fedentina quente de um porto, num silêncio de mato e de febre amarela. Santos. – É aqui! Buenos Aires é aqui! – Tinham trocado o rótulo das bagagens, desciam em fila. Faziam suas necessidades nos trens dos animais onde iam. Jogavam-nos num pavilhão comum em São Paulo. – Buenos Aires é aqui! – Amontoados com trouxas, sanfonas e baús, num carro de bois, que pretos guiavam através do mato por estradas esburacadas, chegavam uma tarde nas senzalas donde acabava de sair o braço escravo. Formavam militarmente nas madrugadas do terreiro homens e mulheres, ante feitores de espingarda ao ombro.

(ANDRADE, Oswald de. *Marco Zero II – Chão*. Rio de Janeiro: Globo, 1991).

Levando-se em consideração o texto de Oswald de Andrade e a pintura de Antonio Rocco reproduzida anteriormente, relativos à imigração europeia para o Brasil, é correto afirmar que:

a) a visão da imigração presente na pintura é trágica e, no texto, otimista.
b) a pintura confirma a visão do texto quanto à imigração de argentinos para o Brasil.
c) os dois autores retratam dificuldades dos imigrantes na chegada ao Brasil.
d) Antonio Rocco retrata de forma otimista a imigração, destacando o pioneirismo do imigrante.
e) Oswald de Andrade mostra que a condição de vida do imigrante era melhor que a dos ex-escravos.

18.

Reprodução/Museu Imperial, Petrópolis, RJ.

Marc Ferrez/Instituto Moreira Salles

As imagens anteriores, que retratam dom Pedro I e dom Pedro II, procuram transmitir determinadas representações políticas acerca dos dois monarcas e seus contextos de atuação. A ideia que cada imagem evoca é, respectivamente

a) habilidade militar — riqueza pessoal.
b) liderança popular — estabilidade política.
c) instabilidade econômica — herança europeia.
d) isolamento político — centralização do poder.
e) nacionalismo exacerbado — inovação administrativa.

19. **TEXTO I**

Já existe, em nosso país, uma consciência nacional que vai introduzindo o elemento da dignidade humana em nossa legislação, e para qual a escravidão é uma verdadeira mancha. Essa consciência resulta da mistura de duas correntes diversas: o arrependimento dos descendentes de senhores e a afinidade de sofrimento dos herdeiros de escravos.

NABUCO, J. *O abolicionismo*. Disponível em: <www.dominiopublico.gov.br>. Acesso em: 12 out. 2011 (adaptado).

TEXTO II

Joaquim Nabuco era bom de marketing. *Como verdadeiro estrategista, soube trabalhar nos bastidores para impulsionar a campanha abolicionista, utilizando com maestria a imprensa de sua época. Criou repercussão internacional para a causa abolicionista, publicando em jornais estrangeiros lidos e respeitados pelas elites brasileiras. Com isso, a campanha ganhou vulto e a escravidão se tornou um constrangimento, uma vergonha nacional, caminhando assim para o seu fim.*

COSTA e SILVA, P. *"Um abolicionista bom de marketing"*. Disponível em: <www.revistadehistoria.com.br>. Acesso em: 27 de jan. 2012 (adaptado).

Segundo Joaquim Nabuco, a solução do problema escravista no Brasil ocorreria como resultado da:

a) evolução moral da sociedade.
b) vontade política do Imperador.
c) atuação isenta da Igreja Católica.
d) ineficácia econômica do trabalho escravo.
e) implantação nacional do movimento republicano.

20. **Ó Sublime Pergaminho**

Libertação geral
A princesa chorou ao receber
A rosa de ouro papal
Uma chuva de flores cobriu o salão
E o negro jornalista
De joelhos beijou a sua mão
Uma voz na varanda do paço ecoou:
"Meu Deus, meu Deus
Está extinta a escravidão"

MELODIA, Z.; RUSSO, N.; MADRUGADA, C. Sublime Pergaminho. Disponível em: <www.letras.terra.com.br>. Acesso em: 28 abr. 2010.

O samba-enredo de 1968 reflete e reforça uma concepção acerca do fim da escravidão ainda viva em nossa memória, mas que não encontra respaldo nos estudos históricos mais recentes. Nessa concepção ultrapassada, a abolição é apresentada como:

a) conquista dos trabalhadores urbanos livres, que demandavam a redução da jornada de trabalho.
b) concessão do governo, que ofereceu benefícios aos negros, sem consideração pelas lutas de escravos e abolicionistas.
c) ruptura na estrutura socioeconômica do país, sendo responsável pela otimização da inclusão social dos libertos.
d) fruto de um pacto social, uma vez que agradaria os agentes históricos envolvidos na questão: fazendeiros, governo e escravos.

e) forma de inclusão social, uma vez que a abolição possibilitaria a concretização de direitos civis e sociais para os negros.

21. *A dependência regional maior ou menor da mão de obra escrava teve reflexos políticos importantes no encaminhamento da extinção da escravatura. Mas a possibilidade e a habilidade de lograr uma solução alternativa – caso típico de São Paulo – desempenharam, ao mesmo tempo, papel relevante.*

FAUSTO, B. *História do Brasil*. São Paulo: Edusp, 2000.

A crise do escravismo expressava a difícil questão em torno da substituição da mão de obra, que resultou

a) na constituição de um mercado interno de mão de obra livre, constituído pelos libertos, uma vez que a maioria dos imigrantes se rebelou contra a superexploração do trabalho.

b) no confronto entre a aristocracia tradicional, que defendia a escravidão e os privilégios políticos, e os cafeicultores, que lutavam pela modernização econômica com a adoção do trabalho livre.

c) no "branqueamento" da população, para afastar o predomínio das raças consideradas inferiores e concretizar a ideia do Brasil como modelo de civilização dos trópicos.

d) no tráfico interprovincial dos escravos das áreas decadentes do Nordeste para o Vale do Paraíba, para a garantia da rentabilidade do café.

e) na adoção de formas disfarçadas de trabalho compulsório com emprego dos libertos nos cafezais paulistas, uma vez que os imigrantes foram trabalhar em outras regiões do país.

22. *Para o Paraguai, portanto, essa foi uma guerra pela sobrevivência. De todo modo, uma guerra contra dois gigantes estava fadada a ser um teste debilitante e severo para uma economia de base tão estreita. Lopez precisava de uma vitória rápida e, se não conseguisse vencer rapidamente, provavelmente não venceria nunca.*

LYNCH, J. "As Repúblicas do Prata: da Independência à Guerra do Paraguai". BETHELL, Leslie (Org.). *História da América Latina*: da independência até 1870, v. 3. São Paulo: Edusp, 2004.

A Guerra do Paraguai teve consequências políticas importantes para o Brasil, pois

a) representou a afirmação do Exército Brasileiro como um ator político de primeira ordem.

b) confirmou a conquista da hegemonia brasileira sobre a Bacia Platina.

c) concretizou a emancipação dos escravos negros.

d) incentivou a adoção de um regime constitucional monárquico.

e) solucionou a crise financeira, em razão das indenizações recebidas.

23. *Viam-se de cima as casas acavaladas umas pelas outras, formando ruas, contornando praças. As chaminés principiavam a fumar, deslizavam as carrocinhas multicores dos padeiros; as vacas de leite caminhavam como seu passo vagaroso, parando à porta dos fregueses, tilintando o chocalho; os quiosques vendiam café a homens de jaqueta e chapéu desabado; cruzavam-se na rua os libertinos retardios com os operários que se levantavam para a obrigação; ouvia-se o ruído estalado dos carros de água, o rodar monótono dos bondes.*

(AZEVEDO, Aluísio de. *Casa de Pensão*. São Paulo: Martins, 1973)

O trecho, retirado de romance escrito em 1884, descreve o cotidiano de uma cidade, no seguinte contexto:

a) a convivência entre elementos de uma economia agrária e os de uma economia industrial indicam o início da industrialização no Brasil, no século XIX.

b) desde o século XVIII, a principal atividade da economia brasileira era industrial, como se observa no cotidiano descrito.

c) apesar de a industrialização ter-se iniciado no século XIX, ela continuou a ser uma atividade pouco desenvolvida no Brasil.

d) apesar da industrialização, muitos operários levantavam cedo, porque iam diariamente para o campo desenvolver atividades rurais.

e) a vida urbana, caracterizada pelo cotidiano apresentado no texto, ignora a industrialização existente na época.

Respostas

Europa, o centro do mundo

Capítulo 11

Vestibulares de Norte a Sul

1. D
2. A
3. C
4. 11
5. C
6. 01 + 02 + 04 + 08 + 16 + 64 = 95
7. E

Capítulo 12

1. E
2. B
3. D
4. B

Capítulo 13

1. B
2. D
3. D
4. C
5. D
6. B

Capítulo 14

1. B
2. A
3. B
4. C
5. C
6. B
7. B
8. C
9. B

Capítulo 15

1. E
2. D
3. D
4. A
5. A
6. B
7. A
8. A

Capítulo 16

1. B
2. D
3. a) A formação dos estados-nação pressupõe um território delimitado sobre o qual incide uma lei e cujos cidadãos possuam uma mesma cultura, ou seja, falem a mesma língua e possuam os mesmos hábitos. Embora no século XVI esse processo ainda seja incipiente, seu registro em Utopia, quando Morus se refere à população da ilha, aponta o movimento de ordenação das monarquias nacionais.

   b) Vários elementos integram as críticas dirigidas ao Absolutismo. Essas críticas, por sua vez, podem ser identificadas em três circunstâncias da narração (o candidato deve explicar um elemento da crítica):

   - em Utopia, o governante e os representantes das famílias são eleitos, mesmo que seu cargo seja vitalício. No Absolutismo, o governante não era eleito, pois o direito divino dos reis era resguardado por lei;
   - na ilha, há mecanismos legais e institucionais que têm por objetivo impedir a tirania e restringir que interesses individuais se sobreponham aos interesses da população como um todo – há, assim, a demarcação de um princípio de soberania em nome do interesse público, que se sustenta na lei, maior do que a ação da liderança. No Absolutismo, a soberania popular inexiste;
   - na comunidade ideal de Morus, as leis não podiam ser alteradas pelo governante, sem consulta e deliberação de uma Assembleia Popular. No contexto absolutista, as Assembleias representativas eram convocadas para a resolução de questões pontuais (impostos, por exemplo) e o Rei poderia alterar leis sem a deliberação da Assembleia.
4. A
5. C

Capítulo 17

1. A
2. B
3. A
4. 30

Capítulo 18

1. a) A formação do Estado moderno espanhol deu-se nas guerras contra os árabes (Reconquista) e na fusão dos reinos de Leão, Castela, Navarra e Aragão, completada com o casamento dos reis Fernando e Isabel. A tomada de Granada completou a unidade espanhola na Ibérica e serviu de impulso para a corrida expansionista, cabendo a Cristóvão Colombo comandar a empreitada sob financiamento real.

   b) A utilização de armas de fogo, do cavalo e alianças com nativos rivais aos astecas e incas.
2. D
3. A
4. D
5. C
6. E
7. A
8. C
9. C

Capítulo 19

1. C
2. C
3. C
4. E
5. 01 + 02 + 04 + 16 = 23
6. 02 + 04 = 06
7. C
8. D

Capítulo 20

1. A
2. 79
3. E
4. B
5. C
6. A
7. Um dos princípios liberais: a divisão dos poderes em três, como forma de não concentrar o poder nas mãos de apenas uma pessoa;

   Opinião do jornal que contradiz o princípio: "a dominação do parlamento, a debilidade do governo, a insignificância do presidente"

   Com a crise econômica que abateu o mundo no período entre-guerras, o sistema liberal entrou em colapso, com especial destaque para a Crise de 1929, nos EUA. Em países europeus já debilitados pela Primeira Guerra, como a Alemanha, a crise econômica fortaleceu a formação de regimes de extrema direita, como o Fascismo.
8. A

Para entender o nosso tempo: o século XIX

Capítulo 21

1. C
2. D
3. C
4. A
5. A
6. E
7. a) A França na segunda metade do século XVIII estava em profunda crise social e econômica. O país vivia o Antigo Regime, Absolutismo e Mercantilismo. Havia o Primeiro Estado, o Clero, o Segundo Estado, Nobreza e o Terceiro Estado constituído pela burguesia, camponeses, homens pobres da cidade, que, juntos, representavam 95% da população francesa. Os dois primeiros Estados não pagavam impostos e a nobreza ainda recebia pensões do Estado. Assim, somente o Terceiro Estado pagava impostos mantendo o Estado. O voto era por estamento e cada Estado tinha direito a um voto. A burguesia apoiada em ideias Iluministas defendia o voto por cabeça e, não por estamento, considerando que o Terceiro Estado possuía maioria. Na economia, a França estava mergulhada em uma grave crise econômica e financeira devido aos gastos excessivos da corte, o apoio no processo de independência dos EUA e o tratado comercial entre Inglaterra e França que tanto prejudicou a burguesia francesa.

   b) A política mercantilista caracterizava-se, entre outros, pelo intervencionismo estatal na economia através do protecionismo e pelo metalismo, enquanto os fisiocratas defendiam a liberdade econômica através do *laissez faire laissez passer* e que a riqueza vem da terra, da agricultura.
8. B
9. A Revolução Francesa, 1789-1799, foi uma Revolução realizada pelo Terceiro Estado (burguesia, pobres urbanos, camponeses) sob a liderança da burguesia inspirada no ideário Iluminista que se pautava principalmente nas ideias de liberdade e igualdade. Os pensadores do Iluminismo criticavam o Antigo Regime que consistia no Absolutismo e Mercantilismo. A França estava em grave crise econômica e financeira devido ao luxo da corte dos Bourbons instalada no Palácio de Versalhes, a ajuda aos EUA na guerra de independência, ao tratado feito com a Inglaterra que tanto prejudicou a indústria francesa, a crise na agricultura que impossibilitava o povo de obter o alimento básico. Enquanto isso, o Primeiro Estado composto pelo Clero e o Segundo Estado constituído pela nobreza possuíam privilégios como isenção tributária, pensões, entre outros. Somente o Terceiro Estado pagava impostos e mantinha o Estado. O voto era por estamento, o que favorecia a manutenção dos privilégios. Este cenário, em que as estruturas política e econômica estavam saturadas, é que propiciou a tão relevante Revolução Francesa.
10. A sociedade francesa do Antigo Regime era hierarquizada e estratificada, dividida em três estados:

    Primeiro Estado: Clero;

    Segundo Estado: Nobreza;

    Terceiro Estado: trabalhadores e burguesia.

    Na dinâmica social francesa, apenas o Terceiro Estado pagava impostos, sustentando, assim, toda a sociedade. Por isso, na charge, o nobre e o clérigo estão "nas costas" do trabalhador.
11. A
12. E

Capítulo 22

1. D
2. C
3. C
4. D
5. B
6. V - V - F - F - V
7. C
8. E

Capítulo 23

1. C
2. Alternativas II e IV
3. D
4. D
5. D
6. E
7. E
8. A
9. F – V – F – V – V

Capítulo 24

1. O pan-americanismo era um projeto de emancipação e desenvolvimento para as ex-colônias hispânicas, que estava baseado na integração continental das jovens nações, por conta de seu passado colonial e cultural em comum. Um projeto que almejava desenvolvimento agrícola e industrial interdependente, que conferisse ao continente autonomia política e econômica em relação à Europa e aos Estados Unidos, baseado num ideal republicano, liberal e antiescravagista. Contudo, esse projeto não vislumbrou a heterogeneidade latino-americana nem os diversos interesses políticos e econômicos das elites "criollas" escravocratas e da Igreja Católica. Atualmente, a figura de Bolívar é cultuada na política latino-americana por conta de seus ideais de integração e por representar um ideal de autonomia e de emancipação do continente em relação a outras nações – foi transformado em herói anti-imperialista por Hugo Chávez e Evo Morales, por exemplo, a fim de buscar uma identidade histórica para suas políticas nacionais.
2. B
3. E
4. C
5. B
6. A
7. D
8. B

Capítulo 25

1. V - V - V - V - F
2. C
3. D
4. A
5. C
6. C
7. C
8. C

Capítulo 26

1. B
2. E
3. D
4. D

Capítulo 27

1. D
2. A
3. D
4. A
5. E
6. C

Capítulo 28

1. 14
2. D
3. E
4. A
5. E
6. E
7. D

Capítulo 29

1. C
2. E
3. 52

Caiu no Enem

1. E	9. A	17. C
2. C	10. B	18. B
3. E	11. D	19. A
4. B	12. A	20. B
5. E	13. E	21. B
6. B	14. E	22. A
7. B	15. A	23. A
8. C	16. C	

Sugestões de leituras para o aluno

Europa, o centro do mundo

Capítulo 11 A expansão europeia

BUENO, Eduardo. *A viagem do descobrimento*: a verdadeira história da expedição de Cabral. Rio de Janeiro: Objetiva, 1998. (Terra Brasilis).

CALVINO, Ítalo. *Cidades invisíveis*. São Paulo: Companhia das Letras, 1990.

CERVANTES, Miguel de. *Dom Quixote*: o cavaleiro da triste figura. Tradução e adaptação de J. Angeli. São Paulo: Scipione, 1997. (Reencontro).

PESSOA, Fernando. *Mensagem*. São Paulo: Companhia das Letras, 2000.

Capítulo 12 A colônia portuguesa na América

BUENO, Eduardo. *Náufragos, traficantes e deserdados*. Rio de Janeiro: Objetiva, 2006. (Terra Brasilis).

FARIA, Sheila de Castro. *A colônia brasileira*: economia e diversidade. São Paulo: Moderna, 2004.

FRANCO, Sílvia Cintra; SANTANA, Sérgio Reinhardt. *A inquisição ibérica*. São Paulo: Ática, 1995. (O cotidiano da história).

_________. *Capitães do Brasil*. Rio de Janeiro: Objetiva, 2006. (Terra Brasilis).

_________. *A coroa, a cruz e a espada*. Rio de Janeiro: Objetiva, 2006. (Terra Brasilis).

Capítulo 13 A diáspora africana

HEYWOOD, Linda M. (Org.). *Diáspora negra no Brasil*. São Paulo: Contexto, 2010.

MATTOS, Regiane Augusto de. *História e cultura afro-brasileira*. São Paulo: Contexto, 2007.

OLINTO, Antonio. *A alma da África*. Rio de Janeiro: Bertrand Brasil, 2006. 3. v.

PRIORE, Mary del; VENÂNCIO, Renato Pinto. *Ancestrais*: uma introdução à história da África Atlântica. Rio de Janeiro: Elsevier, 2004.

Capítulo 14 Arte e tecnologia

ALIGHIERI, Dante. *A divina comédia*. São Paulo: Ed. 34, 2001.

SEVCENKO, Nicolau. *O Renascimento*. 17. ed. São Paulo: Atual, 1994.

Capítulo 15 O cristianismo em transformação

ARMSTRONG, Karen. *Uma história de Deus*. São Paulo: Companhia das Letras, 1994.

CHEVALIER, Tracy. *Moça com brinco de pérola*. Rio de Janeiro: Bertrand Brasil, 2002.

Capítulo 16 O caminho das monarquias europeias

DUMAS, Alexandre. *Os três mosqueteiros*. Rio de Janeiro: Ediouro, 1995.

DARTON, Robert. *O grande massacre de gatos e outros episódios da história cultural francesa*. Rio de Janeiro: Graal, 1986.

ELIAS, Norbert. *O processo civilizador*: uma história de costumes. Rio de Janeiro: Jorge Zahar, 1994.

MAQUIAVEL, Nicolau. *O príncipe*. São Paulo: Martins Fontes, 2004.

RIBEIRO, Renato Janine. *A etiqueta no Antigo Regime*. São Paulo: Moderna, 1999. (Polêmica).

Capítulo 17 América portuguesa: expansão e diversidade econômica

AVANCINI, Elsa Gonçalves. *Doce inferno*: açúcar, guerra e escravidão no Brasil holandês (1580-1654). São Paulo: Atual, 1991. (História em Documentos).

MIRANDA, Ana. *O boca do inferno*. São Paulo: Companhia das Letras, 1989.

Capítulo 18 A América espanhola e a América inglesa

BROWN, Dee. *Enterrem meu coração na curva do rio*: a dramática história dos índios americanos. Porto Alegre: L&PM, 2003.

FUENTES, Carlos. *O espelho enterrado*. Rio de Janeiro: Rocco, 2001.

YAZBEK, Mustafa. *A conquista do México*. 2. ed. São Paulo: Ática, 1991. (O Cotidiano da História).

Capítulo 19 Apogeu e desagregação do sistema colonial

GONZAGA, Tomás Antonio. *Cartas chilenas*. São Paulo: Companhia das Letras, 2006.

REGO, Lígia; BRAGA, Ângela. *Antônio Francisco Lisboa*: o Aleijadinho. São Paulo: Moderna, 1999.

SARAMAGO, José. *Memorial do convento*. Rio de janeiro: Bertrand Brasil, 2002.

Capítulo 20 O Iluminismo e a independência das colônias inglesas da América do Norte

McCULLOUGH, David. *1776*: a história dos homens que lutaram pela independência dos Estados Unidos. Rio de Janeiro: Jorge Zahar Editor, 2006.

KARNAL, Leandro. *Estados Unidos*: da colônia à independência. São Paulo: Contexto, 1992. (Repensando a história).

Para entender o mundo: o século XIX

Capítulo 21 Uma era de revoluções

YAZBEK, Mustafa. *A conquista do México*. 2. ed. São Paulo: Ática, 1991. (O Cotidiano da História).

HOBSBAWM, Eric. *A era das revoluções*: Europa – 1789-1848. 19. ed. Rio de Janeiro: Paz e Terra, 2005.

OZOUF, Mona. *Varennes*: a morte da realeza, 21 de junho de 1791. São Paulo: Companhia das Letras, 2009.

VOLTAIRE, François Marie Arouet. *Cândido ou o otimismo*. São Paulo: Scipione, 2001.

Capítulo 22 "Colando os cacos" do poder monárquico

STENDHAL. *A cartuxa de Parma*. Globo, 2004.

__________. *Napoleão*. São Paulo: Boitempo, 2001.

__________. *O vermelho e o negro*. São Paulo: Cosac & Naify, 2003.

TOLSTÓI, Leon. *Guerra e paz*. São Paulo: Ediouro, 2000.

Capítulo 23 Brasil: surge um país

TORERO, José Roberto. *O chalaça*. Rio de Janeiro: Objetiva, 1999.

Capítulo 24 As independências na América espanhola

MÁRQUEZ, Gabriel García. *O general em seu labirinto*. Rio de Janeiro: Record, 1989.

POMER, Leon. *As independências na América Latina*. São Paulo: Brasiliense, 1981.

Capítulo 25 Novos projetos políticos: liberalismo, socialismo e nacionalismo

HUGO, Victor. *Os miseráveis*. São Paulo: Cosac & Naify, 2006.

MARX, Karl. *Manifesto do Partido Comunista*. São Paulo: Global, 2002.

WILSON, Edmundo. *Rumo à estação Finlândia*: escritores e atores da História. São Paulo: Companhia das Letras, 1986.

Capítulo 26 Europa e Estados Unidos no século XIX

DICKENS, Charles. *Retratos londrinos*. Rio de Janeiro: Record, 2003.

FLAUBERT, Gustave. *Bouvard e Pécuchet*: dois patetas iluminados. Tradução e adaptação de Paulo Mendes Campos. São Paulo: Scipione, 2002. (Reencontro literatura).

HOBSBAWM, Eric. *A era do capital*. 15. ed. Rio de Janeiro: Paz e Terra, 2009.

STOWE, Harriet Beecher. *A cabana do pai Tomás*. São Paulo: Melhoramentos, 1969.

Capítulo 27 A construção do Estado brasileiro

FLORES, Moacyr. *A revolução dos farrapos*. São Paulo: Ática, 1998. (Guerras e revoluções).

VERÍSSIMO, Érico. *Um certo capitão Rodrigo*. São Paulo: Companhia das Letras, 2004.

Capítulo 28 África e Ásia no século XIX

CONRAD, Joseph. *Coração das trevas*. São Paulo: Companhia das Letras, 2008.

HOBSBAWM, Eric. *A era do capital*. 15. ed. Rio de Janeiro: Paz e Terra, 2009.

Capítulo 29 O Segundo Reinado no Brasil

BERNARDES, Denis. *Um Império entre Repúblicas*: Brasil século XIX. São Paulo: Global, 2000.

CALDEIRA, Jorge. *Mauá*: empresário do Império. São Paulo: Companhia das Letras, 1995.

MACHADO DE ASSIS. *Dom Casmurro*. Rio de Janeiro: Globo, 2008.

__________. *Memórias póstumas de Brás Cubas*. Rio de Janeiro: Globo, 2008.

MENEZES, Alfredo da Mota. *A guerra é nossa*: a Inglaterra não provocou a Guerra do Paraguai. São Paulo: Contexto, 2012.

SCHWARCZ, Lília Moritz. *As barbas do imperador*: D. Pedro II, um monarca nos trópicos. São Paulo: Companhia das Letras, 1998.

Bibliografia

AKCELRUD, Isaac. *O Oriente Médio*. São Paulo: Atual/ Campinas: Unicamp, 1985.

ALGRANTI, Leila M. *D. João VI*: os bastidores da independência. São Paulo: Ática, 1987. (Princípios).

ANDERSON, Perry. *Linhagens do estado absolutista*. São Paulo: Brasiliense, 1995.

ARIÈS, Philippe; DUBY, Georges. *História da vida privada*. São Paulo: Companhia das Letras, 1991-2. v. 5.

ARRUDA, José Jobson de. *A grande Revolução Inglesa, 1640-1780*: Revolução Inglesa e Revolução Industrial. São Paulo: Hucitec, 1996.

BARRACLOUGH, Geoffrey (Ed.). *Atlas da história do mundo*. São Paulo: Folha de S.Paulo/The Times, 1995.

BASCHET, Jéromê. *A civilização feudal*: do ano mil à colonização da América. São Paulo: Globo, 2006.

BERBEL, Márcia. *Escravidão e política Brasil e Cuba (1826-1865)*. São Paulo: Hucitec: Fapesp, 2010.

BERNARDES, Denis. *Um Império entre Repúblicas*: Brasil século XIX. São Paulo: Global, 1983.

BESOUCHET, L. *Pedro II e o século XIX*. Rio de Janeiro: Nova Fronteira, 1993.

BETHELL, Lídia (Org.). *História da América Latina*. São Paulo: Edusp, 1998-2001. v. 1 a 4.

BITTENCOURT, Circe (Org.) *O saber histórico na sala de aula*. São Paulo: Contexto, 1997.

BRUIT, Hector. *O imperialismo*. São Paulo: Atual, 1986.

BUENO, Eduardo. *A viagem do descobrimento*: a verdadeira história da expedição de Cabral. Rio de Janeiro: Objetiva, 1998. (Terra Brasilis).

BURKE, Peter. *A fabricação do rei*: a construção da imagem pública de Luís XIV. Rio de Janeiro: Jorge Zahar Editor, 1994.

CALDEIRA, Jorge. *Mauá*: empresário do Império. São Paulo: Companhia das Letras, 1995.

CARDOSO, Ciro Flamarion (Org.). *Escravidão e abolição no Brasil*. Rio de Janeiro: Jorge Zahar Editor, 1988.

CARVALHO, Marcus. *A construção da ordem*: a elite imperial. Rio de Janeiro: Ed. da UFRJ/Relume-Dumará, 1996.

________. *Teatro de sombras*: a política imperial. Rio de Janeiro: Ed. da UFRJ/Relume-Dumará, 1996.

CARVALHO, Maria Sílvia de. *Homens livres na ordem escravocrata*. São Paulo: Unesp, 1997.

CATANI, Afrânio Mendes. *O que é imperialismo*. São Paulo: Brasiliense, 1981. (Primeiros Passos).

CHAUÍ, Marilena. *Brasil, mito fundador e sociedade autoritária*. São Paulo: Fundação Perseu Abramo, 2000.

________. *Conformismo e resistência*: aspectos da cultura popular no Brasil. São Paulo: Brasiliense, 1996.

CHIAVENATO, Júlio J. *As várias faces da Inconfidência Mineira*. São Paulo: Contexto, 1997.

COOK, Michael. A. *Uma breve história do homem*. Rio de Janeiro: Jorge Zahar Editor, 2005.

COSTA, Emília V. da. *Da senzala à colônia*. São Paulo: Unesp, 1998.

________. *A abolição*. São Paulo: Unesp, 2010.

COSTA e SILVA, Alberto da. *A enxada e a lança*. Rio de Janeiro: Nova Fronteira, 2006.

CROUZET, Maurice (Dir.). *História geral das civilizações*. Rio de Janeiro: Bertrand Brasil, 1996. v. 17.

CUNHA, Manuela C. *História dos índios no Brasil*. São Paulo: Companhia das Letras, 1998.

CURRAN, Mark. *História do Brasil em cordel*. São Paulo: Edusp, 1998.

DEANE, Phyllis. *A Revolução Industrial*. Rio de Janeiro: Jorge Zahar Editor, 1969.

DOBB, Maurice. *A evolução do capitalismo*. 9. ed. Rio de Janeiro: LTC, 1987.

DORATIOTTO, Francisco. *Maldita guerra*: nova história da Guerra do Paraguai. São Paulo: Companhia das Letras, 2002.

EISENBERG, Peter Louis. *Guerra civil americana*. São Paulo: Brasiliense, 1982.

FALCON, Francisco J. C. *Mercantilismo e transição*. São Paulo: Brasiliense, 1981.

FAORO, Raymundo. *Os donos do poder*. 10. ed. São Paulo: Globo, 1996.

FARIA, Sheila de C. *A colônia em movimento*. Rio de Janeiro: Nova Fronteira, 1998.

FAUSTO, Bóris (Dir.). *História do Brasil*. São Paulo: Edusp, 1994.

________. *História geral da civilização brasileira*. 3. ed. Rio de Janeiro: Bertrand Brasil, 1995. v. 10-1.

FERRO, Marc. *História das colonizações*: das conquistas às independências, séculos XIII a XX. São Paulo: Companhia das Letras, 1996.

________. (Org.). *O livro negro do colonialismo*. Rio de Janeiro: Ediouro, 2004.

FLORENZANO, Maria Beatriz. *As revoluções burguesas*. São Paulo: Brasiliense, 1981.

FORTES, Luiz R. S. *O Iluminismo e os reis filósofos*. São Paulo: Brasiliense, 1981.

FREITAS, Marcos Cezar de (Org.). *Historiografia brasileira em perspectiva*. São Paulo: Contexto, 1998.

FURET, François. *Dicionário crítico da Revolução Francesa*. Rio de Janeiro: Nova Fronteira, 1989.

FURTADO, Celso. *Formação econômica do Brasil*. 25. ed. São Paulo: Nacional, 1995.

GODECHOT, Jacques. *A Revolução Francesa*: cronologia comentada, 1787-1799. Rio de Janeiro: Nova Fronteira, 1989.

GOMBRICH, Ernst H. *História da arte*. 15. ed. Rio de Janeiro: Guanabara Koogan, 1993.

GONZÁLEZ, Horácio. *A comuna de Paris*: os assaltantes do céu. São Paulo: Brasiliense, 1981.

GOODY, Jack. *O roubo da História*. São Paulo: Contexto, 2008.

GORENDER, Jacob. *Marxismo sem utopia*. São Paulo: Ática, 1999.

GRINBERG, Keila; SALLES, Ricardo (Org.). *O Brasil Imperial III*: 1870-1889. Rio de Janeiro: Civilização Brasileira, 2009.

HALPERIN DONGHI, T. *História da América Latina*. 2. ed. Rio de Janeiro: Paz e Terra, 1989.

HILL, Cristopher. *O eleito de Deus*: Oliver Cromwell e a Revolução Inglesa. São Paulo: Companhia das Letras, 1988.

_______. *O mundo de ponta-cabeça*: ideias radicais durante a Revolução Inglesa de 1640. São Paulo: Companhia das Letras, 1987.

HOBSBAWM, Eric. *A era das Revoluções*: Europa – 1789-1848. 19. ed. Rio de Janeiro: Paz e Terra, 2005.

HOLANDA, Sérgio B. de; FAUSTO, Boris. (Dir.). *História geral da civilização brasileira*. 6. ed. Rio de Janeiro: Bertrand Brasil, 1996. v. 1-11.

HOURANI, Albert H. *Uma história dos povos árabes*. São Paulo: Companhia das Letras, 1994.

IGLÉSIAS, Francisco. *A Revolução Industrial*. São Paulo: Brasiliense, 1981.

JANCSÓ, Istvan. *Na Bahia, contra o Império*: história do ensaio de sedição de 1798. São Paulo: Hucitec/Salvador: Ed. da UFBA, 1996.

KARNAL, Leandro. [et al.] *História dos Estados Unidos*: das origens até o século XXI. São Paulo: Contexto, 2008.

LE GOFF, Jacques. *História e memória*. Campinas: Unicamp, 1992.

_______. *Por amor às cidades*: conversações com Jean Lebrun. São Paulo: Unesp, 1988.

LETTS, Rosa Maria. *O Renascimento*. São Paulo: Círculo do Livro, [s.d.]

LINHARES, Maria Yedda. (Org.). *História geral do Brasil*. 5. ed. Rio de Janeiro: Campus, 1990.

MAESTRI, Mário. *O escravismo no Brasil*. São Paulo: Atual, 1994.

MARQUES, Maria Eduarda C. M. *A guerra do Paraguai*: 130 anos depois. Rio de Janeiro: Relume-Dumará, 1995.

MARX, Karl. *Formações econômicas capitalistas*. São Paulo: Paz e Terra, 1985.

_______. *Manifesto do Partido Comunista*. São Paulo: Global, 1984.

MATTOSO, Kátia de Queirós. *Ser escravo no Brasil*. São Paulo: Brasiliense, 1990.

MAXWELL, Keneth. *A devassa da devassa*: a Inconfidência Mineira, Brasil e Portugal, 1750-1808. São Paulo: Paz e Terra, 1995.

MELATTI, Júlio Cezar. *Índios do Brasil*. São Paulo: Hucitec, 1993.

MELLO, Alex Fiuza de. *Marx e a globalização*. São Paulo: Boitempo, 1999.

MELLO, Evaldo Cabral. de. *O negócio do Brasil*. Rio de Janeiro: Topbooks, 1998.

_______. *Olinda restaurada*. Rio de Janeiro: Topbooks, 1997.

MICELI, Paulo. *O mito do herói nacional*. São Paulo: Contexto, 1997.

MONTEIRO, Hamilton M. *Brasil Império*. São Paulo: Ática, 1990. (Princípios).

MOTA, Carlos Guilherme (Org.). *Brasil em perspectiva*. São Paulo: Difel, 1976.

_______. (Org.). *Viagem incompleta*: a experiência brasileira (1500-2000). São Paulo: Senac, 2000. v. 2.

MULLETT, Michael. *A contrarreforma*. Lisboa: Gradiva, 1985.

MUMFORD, Lewis. *A cidade na História*. Belo Horizonte: Itatiaia, 1965.

NOVAES, Adauto (Org.). *A descoberta do homem e do mundo*. São Paulo: Companhia das Letras, 1998.

NOVAIS, Fernando A. (Dir.). *História da vida privada no Brasil*. São Paulo: Companhia das Letras, 1998. 4. v.

_______. *Portugal e Brasil na crise do antigo sistema colonial*. 4. ed. São Paulo: Hucitec, 1986.

OZOUF, Mona. *Varennes*: a morte da realeza. São Paulo: Companhia das Letras, 2009.

PARRON, Tâmis. *A política da escravidão no Império do Brasil*, (1826-1865). Rio de Janeiro: Civilização Brasileira, 2011.

PEREGALLI, Enrique. *A América que os europeus encontraram*. São Paulo: Atual, 1994.

PERRAULT, Gilles (Org.). *O livro negro do capitalismo*. Rio de Janeiro: Record, 1999.

PERROT, Michelle. *Os excluídos da história*: operários, mulheres e prisioneiros. Rio de Janeiro: Paz e Terra, 1988

PERRY, Marvin et al. *Civilização ocidental*: uma história concisa. São Paulo: Martins Fontes, 1985.

PINSKY, Jaime (Org.). *A escravidão no Brasil*. São Paulo: Contexto, 1998.

_______. *História da América através de textos*. São Paulo: Contexto, 1994.

POMER, Leon. *As independências na América Latina*. São Paulo: Brasiliense, 1981.

_______. *Paraguai*: nossa guerra contra esse soldado. São Paulo: Global, 1984.

PRADO JÚNIOR, Caio. *Formação do Brasil contemporâneo*. 21. ed. São Paulo: Brasiliense, 1989.

_______. *História econômica do Brasil*. 38. ed. São Paulo: Brasiliense, 1990.

PRIORE, Mary del; VENÂNCIO, Renato Pinto. *Ancestrais*: uma introdução à história da África Atlântica. Rio de Janeiro: Elsevier, 2004.

RAMOS, Rui (Coord.). *História de Portugal*. Lisboa: A Esfera dos Livros, 2009.

RESENDE, Maria Efigênia Lage; VILLALTA, Luiz Carlos (Org.). *História de Minas Gerais*: as minas setecentistas. Belo Horizonte: Autêntica/Cia. do Tempo, 2007. v. 1-2.

REVISTA de História da Biblioteca Nacional. Vários números. Rio de Janeiro: SABIN.

REVISTA História Viva. Vários números. São Paulo: Duetto.

REVISTA Brasileira de História: Dossiê Identidades/Alteridades. São Paulo. v. 19, n. 38, 1999.

RIBEIRO, Renato Janine. *A etiqueta no Antigo Regime*: do sangue à doce vida. São Paulo: Brasiliense, 1983.

RODRIGUES, Antonio E. M.; FALCON, Francisco J. C. *Tempos modernos*: ensaios de história cultural. Rio de Janeiro: Civilização Brasileira, 2000.

SALE, Kirkpatrick. *Inimigos do futuro*: a guerra dos luditas contra a Revolução Industrial e o desemprego: lições para o presente. Rio de Janeiro: Record, 1999.

SANDRONI, Paulo. *Novíssimo dicionário de economia*. São Paulo: Best Seller, 2000.

SANTIAGO, Theo. (Org.). *Do feudalismo ao capitalismo*: uma discussão histórica. São Paulo: Contexto, 1992.

SCHWARCZ, Lília Moritz. *As barbas do imperador*. São Paulo: Companhia das Letras, 1999.

________; REIS, Letícia V. de S. (Orgs.). *Negras imagens*: ensaios sobre cultura e escravidão no Brasil. São Paulo: Edusp, 1996.

SCHWARTZ, Stuart B. *Segredos internos*. São Paulo: Companhia das Letras, 1988.

SELLERS, C.; MAY, H.; McMILLEN, N. R. *Uma reavaliação da história dos Estados Unidos*: de colônia a potência imperial. Rio de Janeiro: Jorge Zahar Editor, 1990.

SEVCENKO, Nicolau. *O Renascimento*. 17. ed. São Paulo: Atual, 1994.

SKINNER, Quentin. *As fundações do pensamento político moderno*. São Paulo: Companhia das Letras, 2003.

SOBOUL, Albert. *A Revolução Francesa*. São Paulo: Difel, 1974.

SOUZA, Laura de M. E. *Desclassificados do ouro*. Rio de Janeiro: Graal, 1986.

________. *O império deste mundo, 1680-1720*. São Paulo: Companhia das Letras, 2000. (Virando Séculos, 4).

STALLYBRASS, Peter. *O casaco de Marx*: roupas, memória, dor. Belo Horizonte: Autêntica, 1999.

THOMPSON, Edward P. *A formação da classe operária*. Rio de Janeiro: Paz e Terra, 1987. v. 3.

TOCQUEVILLE, A. *A democracia na América*. São Paulo: Edusp, 1977.

TODOROV, Tzvetan. *A conquista da América*: a questão do outro. 3. ed. São Paulo: Martins Fontes, 2003.

TULARD, Jean. *História da Revolução Francesa (1789-1799)*. Rio de Janeiro: Paz e Terra, 1989.

VAINFAS, Ronaldo. (Dir.). *Dicionário do Brasil Colonial (1500-1808)*. Rio de Janeiro: Objetiva, 2000.

________. *Dicionário do Brasil imperial (1822-1889)*. Rio de Janeiro: Objetiva, 2002.

________. *Dicionário do Brasil joanino*. Rio de Janeiro: Objetiva, 2008.

VOVELLE, Michel. *A revolução francesa (1789-1799)*. São Paulo: Unesp, 2012.

________. *Jacobinos e jacobinismo*. Bauru, SP: Edusc, 2000.

WASSERMAN, Cláudia (Coord.). *História da América Latina*: cinco séculos. Porto Alegre: Ed. da UFRGS, 1996.

WEBER, Max. *A ética protestante e o espírito do capitalismo*. 8. ed. São Paulo: Pioneira, 1994.

WESSELING, Hill L. *Dividir para dominar*: a partilha da África (1880-1914). Rio de Janeiro: Ed. da UFRJ/Revan, 1998.

WILSON, Edmundo. *Rumo à estação Finlândia*: escritores e atores da História. São Paulo: Companhia das Letras, 1986.

Arquivos Charmet, Paris/The Bridgeman/Keystone

História

Parte 3

Acervo Iconographia/Reminiscências

Um marco do desenvolvimento brasileiro no século XX: a extração do primeiro barril de petróleo em solo brasileiro, pela Petrobras, ocorrido na Bahia, em 1955.

Para entender o século XX

Em 1995, o historiador inglês Eric Hobsbawm referiu-se ao período de 1914 a 1945 como a "Era da Catástrofe". De fato, o período foi marcado por grandes tragédias, como a Primeira e a Segunda Guerra Mundial, a crise de 1929, seguida da Grande Depressão na economia mundial, a ascensão de regimes totalitários, os campos de extermínio e o lançamento de bombas atômicas sobre a população civil. Esses episódios, que serão assuntos dos próximos capítulos, não apenas foram atos de violência inédita na história da Humanidade como definiram, por bem ou por mal, os rumos da política mundial nos 50 anos seguintes.

SABER HISTÓRICO

Discutindo o século XX

Bettmann/Corbis/Latinstock

Operários fazem uma pausa no trabalho sentados em uma das barras de ferro da construção do prédio Rockfeller Center, em Nova York, em 29 de setembro de 1932.

1 Século XX – A história se acelera?

Você notará que este tema e o próximo são bastante longos nesta coleção, embora o período de tempo seja relativamente curto. Isso se deve, em primeiro lugar, à importância dos conteúdos para a explicação do mundo em que vivemos; em segundo lugar, porque a "história se acelera", ou seja, os eventos que modificam a realidade sucedem-se mais rapidamente.

Fatores de aceleração da história

- **boa parte do mundo urbanizou-se rapidamente no século XX:** aumentaram as aglomerações populacionais, cujo ritmo de vida acelera-se – devido ao ritmo da produção econômica, da divulgação de informações, do acesso à educação, das comunicações, dos transportes, etc. –, distinto, portanto, do antigo mundo, majoritariamente rural, em que o tempo histórico estava mais próximo do ciclo do sol, da lua, das estações do ano, enfim do tempo da natureza;
- **a população mundial cresceu enormemente:** no século XX, pelo que se sabe, viveram mais pessoas que em qualquer outra época da humanidade, e o planeta terminou o século com mais de 6 bilhões de habitantes. Com mais pessoas, "acontecem" mais fatos significativos, e sempre há mais gente interessada e capacitada a registrá-los, narrá-los e comentá-los;
- **o número de historiadores (profissionais ou não) e as fontes à disposição também aumentaram:** a informática auxiliou o resgate de informações sobre o passado e multiplicou a quantidade de acervos documentais, ampliando as fontes de trabalho dos historiadores;
- **os interesses de pesquisa mudaram:** aceitam-se hoje novos temas, novos objetos e novas abordagens para explicar, comparar, compreender modos de vida, crenças, soluções econômicas de diferentes sociedades – e de parcelas específicas da sociedade, como as mulheres, os operários, os migrantes, etc. – em tempo e locais diferentes.

Reprodução/Arquivo do Estado de São Paulo, São Paulo, SP.

Detalhe da capa da revista quinzenal *A Cigarra*, publicada em São Paulo, em julho de 1925.

Abaixo, imagem registra as obras realizadas no trilho do bonde que levava ao bairro da Pompeia, em São Paulo. Foto de 1938.

Ao lado, imagem do passaporte de um casal de imigrantes que desembarcou no Porto de Santos, em 1908.

Massao Goto Filho/Agência Estado

Alex Silva/Agência Estado

2 O socialismo e as guerras

O século XX é balizado por dois eventos de significado fundamental para se entender as relações político-ideológicas, sociais e econômicas entre os povos: o início da **Primeira Guerra Mundial** e a **queda da União Soviética** e do socialismo no Leste europeu.

Ao fim da Segunda Guerra, o mundo esteve dividido, predominantemente, em blocos de países sob influência dos Estados Unidos e da União Soviética, que entraram em confronto sempre de forma indireta (apoiando os respectivos aliados em conflitos locais) e mantiveram o mundo sob a tensão de uma guerra nuclear iminente. Este período ficou conhecido como **Guerra Fria** – cujo fim, em 1989, iniciou uma nova ordem internacional.

Todos esses eventos geraram uma grande quantidade de fatos a serem narrados e analisados. A **seleção**, a **escolha** do que se vai ou não estudar e considerar importante, e de como se vai abordar, tornou-se uma questão ainda mais complexa.

Multiplicaram-se também os focos com base nos quais essa seleção é feita e, assim, ficou mais fácil conhecer outros lados da história que é contada.

Robert Wallis/SIPA/Corbis/Latinstock

A queda do muro de Berlim, em novembro de 1989, que também se deu graças à mobilização popular, é um marco divisor entre o período da Guerra Fria e o da nova ordem internacional. Na foto, populares tentam destruir o muro em 9 de novembro de 1989.

Fazer prevalecer dentro de uma sociedade determinada versão de algum evento da história é fundamental para dar suporte a políticas particulares, já que elas se sustentam na opinião pública – situação incomum dentro das estruturas de poder vigentes até o século XIX, quando só uma minoria participava das definições das políticas das sociedades e de seus Estados nacionais.

Em vista disso, é fundamental que sejamos hábeis em compreender a história e saibamos nos posicionar criticamente diante das versões disseminadas todos os dias pelos mais variados meios de comunicação (imprensa escrita, televisiva e informatizada, livros, etc.).

3 História em múltiplos focos

O surgimento de um espaço para a visão dos vencidos é uma mudança historiográfica que não pode ser atribuída a um único autor ou tendência nem a um momento exato. Mas a Segunda Guerra Mundial contribuiu para essa perspectiva dos fatos.

As descolonizações no século XX na África e na Ásia também colaboraram para mudar a forma de escrever e explicar a história: os povos que conseguem se constituir como nações soberanas têm a necessidade de relembrar o período em que foram dominados para dar um sentido ao processo de libertação e de construção nacional.

No Brasil, especificamente, vários grupos tidos como oprimidos passaram a buscar, a escrever e a valorizar suas histórias: os negros nas sociedades (aberta ou veladamente) racistas, as mulheres nas sociedades patriarcais e machistas, os trabalhadores, as minorias étnicas, os homens e as mulheres com diferentes opções sexuais, etc.

Desse modo, várias transformações na maneira de compreender a história como ciência, dentro e fora do Brasil, exigiram que ela fosse construída e ensinada de novas formas. Em termos políticos, a emergência das reivindicações dos operários, trabalhadores rurais, negros e mulheres – entre outros **sujeitos históricos** – propiciou novos focos para a história, seu registro, sua escrita.

Há outros, ainda, que afirmam que a história finalmente encontrou uma multiplicidade de eixos ou focos. Mas a síntese é que a história universal, única, homogênea, que traz apenas uma teoria da história, da sociedade e do homem, está em crise irreversível.

Nas palavras do historiador francês contemporâneo Marc Ferro:

"O espelho quebrou. A história universal morreu, está morta por ter sido a miragem da Europa, que a dimensionou na medida da própria mudança. Os outros povos dela só participavam, a título de passageiros, quando a Europa andou por eles". Frente a história tradicional, aquela que pretendia ser a única versão cabível, cabe a afirmação: "Contra a história que pretendia explicar as coisas 'tal como se passaram' – isto é, da única maneira em que podiam passar – Walter Benjamin propunha ao historiador que trabalhasse como o físico na desintegração do átomo, com o fim de liberar as enormes forças que ficaram presas na explicação linear da história, que teria sido, segundo suas palavras, 'o narcótico mais poderoso do nosso século'"[1].

[1] FERRO, Marc. *A manipulação da História no ensino e nos meios de comunicação*. São Paulo, Ibrasa, 1983. p. 290.

Alfredo Rizzutti/Agência Estado

Manifestantes saem às ruas para exigir eleições diretas após vinte anos de ditadura militar no Brasil. Comício realizado em São Paulo, em abril de 1984.

CAPÍTULO

30 O Brasil, uma república (1889-1914)

Proclamação da República, tela de 1893, pintada por Benedito Calixto.

Para pensar historicamente

O nascimento da República e a inclusão social

A proclamação da República no Brasil, em 1889, gerou expectativas em torno da criação de um novo pacto social, no qual fossem incluídos grupos até então marginalizados politicamente.

No entanto, desde o início da República ficou claro que tentativas de alteração da ordem ou expressões de desagrado seriam reprimidas.

Enquanto estuda este capítulo, você poderá refletir sobre o que os movimentos populares reivindicavam e o que significava para eles, naquele momento, a inclusão social. Por fim, compare: essa inclusão é a mesma que os grupos populares procuram atualmente?

José Patrício/Agência Estado

Integrantes do Movimento dos Trabalhadores Sem Teto fazem protesto cobrando soluções habitacionais na região central de São Paulo, em dezembro de 2013.

1 Diferentes projetos republicanos

A proclamação da República em 1889 e a libertação dos escravos um ano antes representaram a possibilidade de criar um regime baseado na soberania popular, no exercício pleno da cidadania, que chegaria aos setores da população marginalizados na sociedade ou simplesmente excluídos do jogo político até então.

Na prática, a proclamação da República foi, em grande parte, resultado da aliança dos cafeicultores paulistas com o exército contra o inimigo comum – o império –, embora as duas forças tivessem projetos políticos republicanos distintos.

Nos primeiros dias após o 15 de novembro, porém, houve consenso de que os militares deveriam exercer o poder político durante o delicado período de gestação e instalação das instituições republicanas, pois se temia um contragolpe monárquico.

Esse período inicial (1889-1894) ficou conhecido como República da Espada, por ser comandado pelos governos militares dos marechais **Deodoro da Fonseca** (1889-1891) e **Floriano Peixoto** (1891-1894).

Vencida a primeira etapa de instauração do regime republicano, o consenso entre cafeicultores e militares sobre a permanência do exército no poder rompeu-se, pois o grupo paulista não estava disposto a aceitar por muito tempo a hegemonia política militar.

Nesse contexto, é possível identificar três projetos de república para o Brasil de 1889: um liberal, um jacobino e um positivista.

Projeto	Grupos sociais	Características	Base teórica
Republicano liberal	Era formado principalmente por cafeicultores paulistas.	Reivindicava a descentralização política (autonomia dos estados) e a formação de uma república federativa.	Tinha por base o sistema norte-americano, segundo o qual o Estado deve garantir: as liberdades individuais; a livre competição econômica; a separação dos três poderes; eleições; e a separação entre Igreja e Estado.
Republicano jacobino	Era formado por setores da população urbana, que incluíam baixa classe média (pequenos comerciantes, funcionários) e setores intelectualizados (jornalistas, médicos, advogados e professores).	Defendia a liberdade pública de reunião e discussão. Reivindicava decisões coletivas com a participação popular na administração. Era sensível a medidas que tivessem algum alcance social.	Tinha como base a Primeira República Francesa (1792-1794), de Danton e Robespierre.
Republicano positivista	Era formado principalmente por um grupo rio-grandense e tinha ampla aceitação do exército.	Fazia a promoção de um espírito ordeiro (não revolucionário) e forte atuação do Estado.	Obedecia ao Positivismo de Auguste Comte (1798-1857), segundo o qual caberia ao Estado zelar pela ordem, proteger os cidadãos e garantir seus direitos. Tinha como base um Estado forte e militarizado.

Uma das características principais do novo regime foi a exclusão da maioria da população, em especial o povo mais pobre. Isso já começara pela Proclamação da República. Como relatou o jornalista republicano Aristides Lobo na época: "o povo assistiu bestializado" aos eventos da proclamação.

Da República da Espada, passou-se à República Oligárquica, garantindo o predomínio dos grupos com força econômica no Brasil, excluindo a maioria da população. Vale lembrar outras denominações usuais para essa fase inicial republicana, como "República Velha", criada pelos vencedores revolucionários de 1930, expressando a visão de que a partir dali iniciava-se uma nova fase republicana, que nada tinha em relação à antiga. Outra denominação utilizada é a expressão "Primeira República", emprestada da historiografia francesa, em clara referência ao governo que sucedeu à queda da monarquia na Revolução Francesa. República da Espada e República Oligárquica parecem melhor representar a estrutura de poder que prevaleceu entre 1889 e 1930.

André Toma/Arquivo da editora

Reprodução/Fundação Maria Luisa e Oscar Americano, São Paulo, SP.

Alegoria à proclamação da República e à partida da família imperial, de autor anônimo, século XIX.

2 O governo provisório de Deodoro da Fonseca (1889-1891)

O governo provisório da recém-instalada república tinha por objetivo resolver os primeiros e mais urgentes problemas criados pela proclamação e dirigir o país até que pelo menos fosse redigida uma nova Constituição. O próprio apoio dos cafeicultores devia-se a esse caráter provisório, já que o marechal Deodoro da Fonseca, presidente que assumira o poder, desde o início havia se cercado de oficiais positivistas, como **Benjamin Constant**, nomeado ministro da Guerra.

Alguns problemas iniciais que afetaram o novo regime foram a falta de apoio da marinha, ainda fortemente monarquista, e o excessivo autoritarismo de Deodoro. Por sua experiência no exército, que incluía a Guerra do Paraguai, e afeito à disciplina rígida, estava acostumado a dar ordens e a ser obedecido. Esbarrava, assim, em vários interesses civis, dificultando articulações políticas e inviabilizando consensos com os cafeicultores.

Mesmo assim, cumprindo a função provisória, o governo Deodoro da Fonseca implantou as primeiras e mais urgentes medidas, destacando-se: extinção das instituições imperiais; convocação de eleições para a Assembleia Constituinte; banimento da família imperial; separação entre Igreja e Estado; a "grande naturalização", projeto que oferecia a cidadania brasileira a todos os estrangeiros então residentes no Brasil.

Benjamin Constant, divulgador da República, foi mais um homem de letras do que um soldado. Professor da Escola Militar, dedicava-se a divulgar os ideais positivistas fundados na trilogia "amor por princípio, a ordem por base e o progresso por fim", mais tarde fixados por ele na bandeira brasileira sob o lema "ordem e progresso". Foto de Juan Gutierrez, século XIX.

Outra importante medida do período foi a nomeação do intelectual baiano **Rui Barbosa** (1849-1923) para o Ministério da Fazenda. Apesar de ser considerado um livre-pensador, Rui Barbosa defendia algumas ideias simpáticas ao exército, em geral, e aos positivistas, em particular. Sua atuação marcou o primeiro momento em que o governo brasileiro esboçou uma política industrialista.

Os dois maiores obstáculos ao desenvolvimento industrial eram a falta de recursos e a grande demanda por moeda, associados à expansão do trabalho assalariado após a libertação dos escravos e à entrada maciça de imigrantes no país. Rui Barbosa determinou a emissão de papel-moeda, concedendo a alguns bancos privados esse direito, e criou leis para facilitar o estabelecimento de **sociedades anônimas**. Criou ainda um novo regime de taxas alfandegárias para encarecer os produtos estrangeiros e favorecer o surgimento de indústrias no Brasil.

O resultado da emissão de grandes somas de papel-moeda sem **lastro** foi um violento processo inflacionário conhecido como **Crise do Encilhamento**, também caracterizado por uma febre especulativa, falência de indústrias recém-surgidas e desemprego.

sociedade anônima: empresa em que o capital não pertence a um proprietário específico; ele é dividido em cotas (ações), cada uma delas representando uma fração do capital. As ações são negociadas na bolsa de valores; as pessoas que compram essas ações são proprietárias de uma parte da empresa.

lastro: garantia para o valor do dinheiro emitido pelo governo. Naquele momento, todo dinheiro emitido deveria ter seu valor correspondente em ouro ou bens depositado nos cofres do governo.

O termo “encilhamento”

Denominava-se assim o local cheio de barracas, no Derby ou no Jocquey Club, onde se amontoavam, ao redor dos jóqueis encilhando cavalos, os grupos de jogadores, apostadores e demais viciados em corridas de cavalos, que se misturavam aos curiosos em geral. Ali, na beira da raia, um pouco antes da largada do páreo, se imiscuíam para palpitarem sobre as corridas e discutirem sobre as qualidades dos potros e éguas. O clima de confusão, de desordem, de febril jogatina que ali reinava fez com que, por injusta mas correta comparação, assim fosse denominada a instável e claudicante política econômica da nascente república brasileira.

SCHILLING, Voltaire. *Encilhamento:* a nuvem de papel. Disponível em: <http://educaterra.terra.com.br/voltaire/brasil/2002/08/28/001.htm>. Acesso em: 21 abr. 2014.

Encilhamento: a especulação afetou os poderosos; as falências e a inflação atingiram a todos. A charge de 1890, de Angelo Agostini, reforça a crítica ao programa monetário brasileiro, empreendido por Rui Barbosa.

Tentando manter-se no poder, Deodoro da Fonseca e o grupo positivista retardaram ao máximo a instalação de uma Assembleia Constituinte. As eleições só foram convocadas em junho de 1890, após intensas pressões do grupo paulista, e os deputados constituintes eleitos foram empossados em novembro de 1890. Após três meses de debates sobre um projeto já preparado pelo grupo de Rui Barbosa, promulgou-se a nova Constituição.

O congresso e a Constituição, alegoria alusiva à eleição de Deodoro e Floriano em 1891, caricatura de Pereira Neto publicada na *Revista Ilustrada*.

Principais características da Constituição de 1891

- O Brasil passava a ser uma **república federativa**, com um governo central e 20 estados-membros que desfrutavam de grande autonomia, inclusive jurídica, administrativa e fiscal.
- Procedia-se à **divisão dos três poderes**, independentes entre si, com Legislativo bicameral, formado pela Câmara dos Deputados e pelo Senado.
- Estabelecia-se o voto universal masculino, não secreto, que excluía do processo eleitoral mulheres, analfabetos, mendigos, menores de 21 anos, padres e soldados.

Capa da Constituição Brasileira de 1891.

Em suma, apesar de ampliar o acesso à chefia do Executivo, antes restrito a membros da família real, e de mudar o critério de seleção de eleitores, o sistema político continuava tão excludente quanto era sob o regime imperial.

> Sendo função social antes que direito, o voto era concedido àqueles a quem a sociedade julgava poder confiar a sua preservação. No império como na república, foram excluídos os pobres (seja pelo censo, seja pela exigência de alfabetização), os mendigos, as mulheres, os menores de idade, as **praças de pré**, os membros de ordens religiosas. Ficava fora da sociedade política a maioria da população. A exclusão dos analfabetos pela Constituição republicana era particularmente discriminatória, pois ao mesmo tempo se retirava a obrigação do governo de fornecer instrução primária, que constava do texto imperial.
>
> CARVALHO, José Murilo de. *Os bestializados*: o Rio de Janeiro e a república que não foi. 3. ed. São Paulo: Companhia das Letras, 1996. p. 44-45.

praça de pré: militar abaixo da patente de oficial.

Na Constituição de 1891, ficava determinado também que o próximo presidente da República após a promulgação da Constituição, excepcionalmente, seria eleito pela Assembleia Constituinte. Em março de 1891, Deodoro da Fonseca passou a ser o primeiro presidente constitucional da República brasileira.

3 A "República da Espada"

O marechal Deodoro da Fonseca venceu a eleição com uma vantagem relativamente reduzida sobre Prudente de Morais (129 votos contra 97); o candidato a vice da oposição, Floriano Peixoto, teve uma votação superior à do próprio candidato a presidente. Foram escolhidos presidente e vice de chapas diferentes.

A vitória do marechal Deodoro deveu-se à pressão dos militares sobre os cafeicultores e as oligarquias agrárias em geral. Para as elites civis, porém, que criticavam os efeitos desastrosos da política econômica do governo e acreditavam que era tempo de os militares voltarem aos quartéis, o governo provisório já havia cumprido sua missão de garantir a nova Constituição e dar os primeiros passos para a consolidação republicana.

Apesar de suas tendências autoritárias, Deodoro da Fonseca agora deveria submeter sua vontade à de um Congresso em grande parte controlado por cafeicultores. Os choques entre o presidente e o Congresso se tornaram frequentes, acrescentando à crise econômica a primeira grande crise política republicana.

estado de sítio: suspensão, por um período determinado, de direitos garantidos pela Constituição, como o direito de ir e vir e a liberdade de imprensa. É uma medida de exceção, que visa ampliar as possibilidades de ação do Estado para restabelecer a ordem constitucional em situações de anormalidade.

Uma das medidas que geraram descontentamento tanto entre os oficiais positivistas quanto entre os cafeicultores paulistas foi a nomeação de uma grande figura da monarquia para o Ministério da Fazenda (o barão de Lucena). A reação do presidente foi a decretação do **estado de sítio** em novembro de 1891, com o fechamento do Congresso e a prisão de vários políticos da oposição, caracterizando um golpe de Estado. Alguns dos principais opositores, porém, tiveram uma atitude inesperada: tendo escapado à prisão, articularam o enfrentamento ao golpe. O movimento espalhou-se pelo país e até dentro do exército, sob a liderança de Floriano Peixoto. Na Estrada de Ferro Central do Brasil, iniciou-se uma greve dos trabalhadores contrários ao golpe.

No dia seguinte, a insatisfação da marinha veio à tona, quando o almirante **Custódio de Melo** mandou apontar os canhões dos navios atracados na baía de Guanabara para a cidade, ameaçando bombardeá-la e exigindo a renúncia do presidente. Deodoro da Fonseca cedeu às pressões e em seu lugar assumiu o vice-presidente Floriano Peixoto.

Bastante hábil, diferentemente de seu antecessor, Floriano Peixoto conseguiu articular em torno de si o apoio dos republicanos radicais (a ponto de "florianismo" poder ser considerado sinônimo de "jacobinismo") e dos positivistas. Embora também autoritário, procurou seguir a Constituição e conseguiu agradar a diferentes grupos políticos. Sua política econômica voltou-se tanto para as pretensões sociais e populares do republicanismo radical quanto para as ambições modernizadoras dos positivistas.

Marc Ferrez/Instituto Moreira Salles

Vista da Baía de Guanabara, fotografia feita por Marc Ferrez, em 1885. Durante a primeira Revolta da Armada, os navios, sob o comando do almirante Custódio de Melo, atracaram na Baía de Guanabara ameaçando bombardear a cidade do Rio de Janeiro.

A charge de 1892 de Angelo Agostini mostra o barão de Lucena, de origem monárquica, sentado na Constituição da república.

Reprodução/*Revista Illustrada*, ano 17, n. 640, mar. 1892.

Floriano Peixoto (1839-1895), chamado pela imprensa de Esfinge, visto aqui como guardião dos interesses públicos. No Egito antigo, a figura da esfinge era utilizada para guardar as pirâmides, e representava ao mesmo tempo poder e mistério (charge de 1891).

Reprodução/*Revista Illustrada*, ano 16, n. 619, abr. 1892.

O apoio dos cafeicultores, porta-vozes de um projeto republicano liberal, foi outra grande conquista de seu governo. Intimidados com as medidas de força de seu antecessor, tidas como ameaçadoras à ordem republicana, acercaram-se de Floriano.

Nos primeiros dias de seu governo, Floriano Peixoto baixou uma série de medidas que beneficiaram a população mais pobre da capital federal, como a construção de casas populares, o que o tornou uma figura querida nesses setores da sociedade do Rio de Janeiro, embora no restante do Brasil ele permanecesse pouco conhecido. Essas ações tiveram um papel importante para a sustentação de seu governo.

A concessão de benefícios instituída por Floriano Peixoto caracterizou o **paternalismo**, uma relação política na qual se oferecem vantagens, como se fossem um "presente", sem, no entanto, permitir maior participação política.

Na verdade, o espírito de lealdade política ligada às compensações tinha suas origens na relação entre rei e súditos da época colonial, evoluindo para a dominação oligárquica, as trocas de favores entre poderosos e as relações conservadoras entre o poder e o povo. Paralelamente, Floriano Peixoto estimulava a indústria, com linhas de crédito abertas pelo Banco do Brasil.

Revoltas e oposição

Apesar de Floriano Peixoto contar com o apoio do Congresso Nacional e de parte da sociedade brasileira, logo começou a enfrentar oposições. Pouco depois de ter assumido a presidência, um grupo de militares contestou a legitimidade de seu governo. Isso porque Deodoro renunciou antes de dois anos no poder, e, nesse caso, a Constituição previa nova eleição, e não a posse do vice visando completar o mandato.

Reprodução/*Revista Illustrada*, maio 1892.

Após o Manifesto dos Treze Generais, Floriano reagiu com demissões e muitas promoções (charge de maio de 1892).

Em abril de 1892, treze generais do exército redigiram um manifesto pedindo o afastamento do presidente e a realização de eleições. A reação de Floriano foi pronta e dura, e os oficiais envolvidos foram afastados e presos, com base no Código Militar, acusados de insubordinação.

Enquanto isso, nos estados as disputas políticas entre grupos locais desestabilizavam o governo. No Rio Grande do Sul, a disputa envolvia o governo estadual, liderado por Júlio de Castilhos, da base de sustentação do presidente Floriano Peixoto, e positivista – pois nesse estado foi mais comum o positivismo entre os civis. A Castilhos e sua agremiação, o Partido Republicano do Rio Grande do Sul (PRR), opunha-se Silveira Martins, líder do Partido Federalista, contrário à excessiva centralização política. Em fevereiro de 1893, os federalistas levantaram-se contra os republicanos, e Floriano Peixoto assumiu a defesa do governador rio-grandense. Logo o conflito local se transformou em conflito nacional, já que os opositores de Floriano acabaram apoiando o movimento federalista.

Tendo de um lado federalistas e de outro republicanos, a **Revolução Federalista**, como se tornou conhecida, ganhou nova dimensão e se expandiu para outros estados do Sul, em decorrência da eclosão de outra revolta, a **Revolta da Armada**.

Soldados do 4º Batalhão de Artilharia da Guarda Nacional, em 1894, durante a Revolta da Armada.

A nova **Revolta da Armada** eclodiu no Rio de Janeiro em setembro de 1893, desencadeada por uma situação política peculiar. A marinha – abrigando tendências monarquistas em seu corpo de oficiais – contava ainda com o republicanismo de alguns oficiais que apoiavam as pretensões políticas do almirante Custódio de Melo, que desde 1891 ambicionava a presidência.

Repetindo o episódio da Revolta de 1891, os oficiais da marinha dirigiram os canhões para a cidade do Rio de Janeiro, exigindo a renúncia de Floriano Peixoto, que, ao contrário do que fizera Deodoro, resistiu. Entre setembro de 1893 e março de 1894, a capital foi constantemente bombardeada pelos canhões dos poderosos navios da marinha, enquanto o exército e as fortalezas em terra respondiam ao ataque. Em meio à destruição provocada pelo fogo cruzado, a população fugia para o interior, enquanto alguns batalhões de voluntários protegiam as praias para evitar o desembarque dos rebeldes.

Em novembro de 1893, as tropas federalistas gaúchas avançaram sobre Santa Catarina, encontrando-se em Desterro (capital do estado) com destacamentos navais revoltosos. A Revolução Federalista unia-se à Revolta da Armada e, em janeiro do ano seguinte, os rebeldes já chegavam ao Paraná, tomando a capital, Curitiba.

André Toma/Arquivo da editora

Juan Gutierrez/Museu Histórico Nacional, Rio de Janeiro, RJ.

Leituras da História

Maragatos × pica-paus

Muitos acabaram emigrando para o Uruguai e Argentina, para daí invadirem o Rio Grande do Sul em levas sucessivas. A primeira invasão ocorreu em fevereiro de 1893, quando os revoltosos tentaram tomar a cidade de Bagé. Iniciava-se, então, uma das mais violentas revoluções da história brasileira: a Revolução Federalista, apelidada de "Revolução da Degola", devido ao grande número de pessoas degoladas, por ambas as partes.

Os federalistas receberam de seus inimigos o apelido de "maragatos". A origem do termo é controvertida. Porém, ao que tudo indica, a palavra originou-se no Uruguai, de onde partiu Gumercindo Saraiva, chefiando um grupo de uruguaios conhecidos por "maragatos", por serem descendentes de espanhóis vindos da região de *La Maragatería*. Os castilhistas passaram a usar o termo de forma pejorativa, identificando os federalistas como "invasores estrangeiros e mercenários".

Aos castilhistas atribuiu-se o apelido de "pica-paus", pois usavam roupas azuis e quepe vermelho.

O símbolo dos "maragatos" era um lenço vermelho, enquanto o dos "pica-paus", um lenço branco.

MOCELLIN, Renato. *Federalista*: a revolução da degola. São Paulo: Ed. do Brasil, 1989. p. 17.

Detroit Publishing Co/Biblioteca do Congresso, Washington, DC, EUA.

O couraçado *Aquidaban*, em foto tirada provavelmente em 1893. O navio foi usado para combater tropas **legalistas** durante a Revolta da Armada em 1893.

legalista: defensor do governo legalmente constituído.

Os revoltosos, porém, foram vencidos pelas tropas florianistas no Paraná. A chegada de reforços paulistas possibilitou o início da contraofensiva, que expulsou os rebeldes federalistas para o sul, sendo reconquistada a cidade de Desterro, daí em diante chamada de Florianópolis.

No Rio de Janeiro, os navios de guerra recém-adquiridos por Floriano Peixoto derrotaram os últimos navios ainda sublevados, levando à rendição dos rebeldes da marinha no início de 1894. Fracassavam as revoltas, e Floriano iria governar até o último dia de seu mandato.

Equilíbrio político delicado

Com a proximidade da sucessão presidencial, os paulistas, cujos principais líderes estiveram ao lado do presidente, escolheram o republicano histórico Prudente de Morais como candidato para a primeira eleição presidencial direta. Seu vice era baiano (Manuel Vitorino) e intimamente ligado ao grupo florianista. Realizadas as eleições e contados os votos, os cafeicultores paulistas assumiram o controle do primeiro governo civil da República.

A Constituição, redigida de acordo com o projeto liberal dos paulistas, estava consolidada; e o regime, fortalecido – enquanto pouco a pouco perdiam força o republicanismo radical (ou jacobino e florianista) e o positivismo republicano. O colapso desses dois projetos esteve ligado à falta de uma base social significativa para viabilizá-los.

A vitória coube ao projeto de **República liberal** dos cafeicultores paulistas, mas essa república seria bem pouco democrática, se comparada com o modelo norte-americano. Aqui, a exclusão política e a fraude, não raro contando com o apoio da autoridade constituída, seriam a norma.

No caso do Brasil de 1890, tratava-se basicamente de manter os privilégios de poucos. A própria ideia de um sistema que garantisse a livre competição entre os indivíduos soava, no mínimo, incomum em um país marcado por desigualdades sociais drásticas. A lei pressupunha uma sociedade que na realidade não existia. O principal instrumento para o exercício da cidadania, o voto, era acessível a poucos.

Apenas aparentemente liberal, o novo período republicano, inaugurado pela eleição de Prudente de Morais, esteve longe de ser pacífico. As camadas pobres desconfiaram da república, mantendo quase sempre uma atitude de indiferença, ou a apoiaram na medida em que conseguiam extrair dele poucas vantagens imediatas; ou, ainda, reagiram violentamente, quando nem mesmo suas mínimas necessidades estavam sendo satisfeitas.

O caráter transitório da administração de Prudente de Morais (1894 -1898) deve-se à presença ainda significativa de políticos florianistas próximos ao poder e à possibilidade bastante real de um retorno dos militares ao governo. A Revolução Federalista ainda estava em andamento na ocasião da posse do novo presidente, acrescentando razoável dose de intranquilidade ao período.

A principal obra de Prudente de Morais deveria ser, portanto, fazer o país retornar à normalidade dentro do projeto político liberal da oligarquia cafeeira. Entre suas primeiras realizações, esteve o fim da Revolução Federalista, em agosto de 1895. A habilidade política de Prudente, anistiando os principais líderes rebeldes, foi importante para o encerramento relativamente pacífico das hostilidades.

A Monarquia — Não é por falar mal, mas com franqueza... eu esperava outra coisa.
A República — Eu também!

A charge *15 de novembro*, de K. Lixto (publicada como capa da revista *Fon-Fon*!, em 13 de novembro de 1909), pode ser interpretada como um balanço negativo do cenário republicano. À esquerda, a figura de uma senhora representando a monarquia; à direita, a república na figura de uma jovem senhora em trajes elegantes.

Prudente de Morais em foto de 1894, ano de sua eleição para a presidência da República.

Infográfico

O CONFLITO DE CANUDOS

Durante o governo de Prudente de Morais, aconteceu a **Guerra de Canudos** (1896-1897), um grande conflito que envolveu a população sertaneja do Nordeste, destacadamente da Bahia.

Desenho de Antônio Conselheiro, do livreto *Breve notícia sobre o célebre fanático Antônio Conselheiro.*

Detroit Publishing Co/Biblioteca do Congresso, Washington, DC, EUA.

As causas

Durante as secas prolongadas, a população perdia suas fontes de sustento e muitas pessoas procuravam sobreviver migrando para outra região. Aumentava o banditismo social, com assaltos e invasões de fazendas e povoados por grupos armados. Também se disseminava nessas épocas o misticismo religioso: uma vez condenados à miséria material, os sertanejos passavam a buscar apoio no imaginário espiritual, levando uma vida de devoção religiosa e exaltação mística. O misticismo religioso quase sempre se desenvolvia em torno de um líder messiânico, cujo discurso era capaz de mobilizar populações com promessas de salvação eterna em troca das misérias terrenas.

O líder

Antônio Maciel, o **Antônio Conselheiro**, foi um desses líderes. Percorria o interior do Nordeste a pé, fazendo seus discursos e profecias, dando conselhos, proclamando a fé no Reino de Deus. Além das pregações, prestava alguma assistência à população mais pobre, erguendo ou reformando igrejas e construindo cemitérios. Entre seus fiéis, havia um número expressivo de cangaceiros. Conselheiro criticava o governo republicano e em sua comunidade circulavam versos que faziam referências elogiosas a um passado monárquico glorioso, onde havia reis que protegiam o povo. Dessa forma, a população de Canudos retomava as antigas lendas de origem portuguesa do sebastianismo, que previam a volta (mística) do rei D. Sebastião, inaugurando uma era de prosperidade. Esse material foi usado como argumento para acusar Antônio Conselheiro e seu grupo de monarquistas, o que ajudava os inimigos a mobilizar a república contra Canudos.

Acampamento do 16º Batalhão de Infantaria da Bahia, que participou dos combates no arraial de Canudos.

Flávio de Barros/Arquivo Histórico do Museu da República, Rio de Janeiro, RJ.

A comunidade

Em 1893, Antônio Conselheiro e seus seguidores estabeleceram-se na antiga fazenda de Canudos, às margens do rio Vaza-Barris. Fundaram a aldeia de Belo Monte, que logo começou a atrair grande quantidade de sertanejos, por representar uma alternativa para o tradicional regime de exploração a que estavam submetidos havia séculos. Essa comunidade livre era vista como uma ameaça pelos poderosos, inclusive por receio de perda de mão de obra, e não demorou para que o governo do estado da Bahia resolvesse acabar com o "mau exemplo" de Conselheiro e sua comunidade mística.

Fotos: Flávio de Barros/Álbum Canônico Virtual de Canudos/Instituto Moreira Salles, Rio de Janeiro, RJ.

Imagens do arraial de Canudos (1897): acima, um casebre típico do povoado; abaixo, sobreviventes do confronto com o exército.

A luta

O confronto entre os soldados do exército e os moradores de Canudos foi intenso. Entre 1896 e 1897 o governo da Bahia e o governo federal enviaram quatro expedições. A primeira tinha cerca de 100 homens e foi prontamente massacrada. Daí em diante, os números aumentaram de 500 a 15 mil soldados, armados com metralhadoras e canhões. Finalmente, após quase um ano de batalhas, em 5 de outubro de 1897, Canudos foi finalmente derrotado, e os últimos defensores foram mortos pelas tropas.

Desdobramentos

O fenômeno Canudos não foi único no sertão nordestino. Outros beatos e também bandos armados existiram na passagem do século XIX para o XX. Os bandos, conhecidos como cangaceiros, ora participavam de disputas regionais, ora saqueavam. Vale destacar o exemplo de João Calangro, no sertão do Ceará, na primeira década republicana, e, a partir dos anos 1920, o mais conhecido de todos, Virgulino Ferreira da Silva, Lampião.

4 O apogeu da ordem oligárquica (1898-1914)

A sucessão de Prudente de Morais

Vítima de um atentado realizado pelo soldado Marcelino Bispo durante a cerimônia de recepção das tropas vitoriosas que retornavam de Canudos, em 5 de novembro de 1897, Prudente de Morais declarou estado de sítio. Desconfiando de conspiração florianista, embora nada de concreto tivesse sido provado, realizou violenta perseguição policial aos inimigos. Foi nesse momento que as oligarquias conseguiram garantir a concretização de seu projeto hegemônico, na medida em que o florianismo começava a se esfacelar como alternativa política.

A posse do presidente seguinte, Campos Sales, paulista e cafeicultor, iniciou um poderoso domínio oligárquico na política brasileira.

A República Oligárquica

Desde o final do período colonial, o domínio oligárquico vinha se estruturando no exercício do poder por intermédio de uma parte da elite agrária brasileira, embora muitas vezes de forma indireta, como durante a monarquia. Naquela época, a centralização política e a decorrente dependência de uma burocracia imperial impediam que os latifundiários exercessem um domínio pleno sobre os mecanismos políticos. Embora a vasta burocracia imperial fosse recrutada em meio às elites, elas muitas vezes eram tradicionais e não tão poderosas do ponto de vista econômico, como a elite nordestina, agarrando-se a seus cargos como forma de evitar um enfraquecimento ainda maior.

A situação tornou-se insustentável a partir da expansão da lavoura do café, a nova riqueza econômica do país, rumo ao oeste paulista, e da consequente formação de uma nova aristocracia cafeeira, menos dependente da escravidão, que começou a questionar os antigos mecanismos políticos imperiais. Daí o advento da República.

Campos Sales (1898-1902)

Rodrigues Alves (1902-1906)

Afonso Pena (1906-1909)

Nilo Peçanha (1909-1910)

Hermes da Fonseca (1910-1914)

A partir de Campos Sales, as oligarquias exerceram o poder de forma direta, principalmente por meio de seu setor mais avançado – o dos fazendeiros do café. Porém, foi justamente nesse período que começou a crise do café, com a queda brutal e constante dos preços do produto no mercado mundial.

Não deixa de ser curioso que, justamente no momento em que a oligarquia cafeeira assumiu plenamente o controle político do país, suas bases econômicas estivessem sendo corroídas. Boa parte da história econômica do período pode ser resumida na ação do Estado em financiar o sucesso da cafeicultura ou, em outros termos, transferir recursos do país para os cafeicultores.

Augusto Malta/Arquivo da editora

As elites do Rio de Janeiro tinham na avenida Central (atual avenida Rio Branco), esquina com a rua do Ouvidor, o eixo de sua vida social e cultural na capital do Brasil (foto de 1906).

Economia: o combate à crise do café

A queda nos preços do café no mercado internacional abalou a economia do país, uma vez que, por volta de 1900, o produto correspondia a mais de 56% do valor das exportações brasileiras.

Um dos efeitos da crise era a impossibilidade de pagar a dívida externa que vinha crescendo desde a independência. Ao mesmo tempo, a excessiva emissão de moeda nos primeiros anos da República, agravada pelos *deficits* crônicos na receita governamental, acabavam no descontrole inflacionário. Campos Sales enfrentou o problema com novos empréstimos para pagar os juros da dívida, em troca de um acordo com os credores para sanear a economia brasileira. A garantia do empréstimo era a receita pública futura das taxas de alfândega, da Estrada de Ferro Central do Brasil e do serviço de abastecimento de água do Rio de Janeiro. Essa política ficou conhecida como *funding loan*.

O *funding loan* representou uma *moratória*, ou seja, em troca de uma suspensão temporária no pagamento da dívida externa, concordava-se com seu aumento e a ampliação dos prazos para pagá-la. Nos primeiros anos após a assinatura do acordo, o país viveu um período de relativa tranquilidade econômica. Entretanto, as causas da crise se mantiveram e logo o problema voltou à tona, obrigando a um novo acordo com os banqueiros no mandato de Hermes da Fonseca.

Para o saneamento financeiro, Campos Sales contou com a atuação do ministro da Fazenda Joaquim Murtinho, encarregado do combate à inflação. Uma das medidas tomadas foi a redução de gastos do governo, paralisando quase totalmente as obras públicas e aumentando os impostos, com novas taxas, especialmente sobre os produtos de consumo.

Com o equilíbrio orçamentário, o governo pôde reduzir drasticamente a emissão de papel-moeda, obtendo algum resultado no controle da inflação e consequente queda, mas seus desdobramentos sobre a economia nacional colocaram dúvidas sobre o sucesso do plano.

A diminuição, em volume, do **meio circulante** levou à **recessão**, com uma queda acentuada da atividade econômica em todo o país. A elevação indiscriminada dos impostos atingiu todas as categorias sociais, principalmente os setores mais humildes, que não tinham como se defender e, além disso, enfrentavam desemprego cada vez maior por causa da recessão.

meio circulante: soma de todo o dinheiro que está em circulação no país, inclusive nos bancos.

recessão: diminuição generalizada da atividade econômica.

valorização cambial: valorização da moeda nacional diante de moedas estrangeiras.

A valorização cambial da moeda – o mil-réis –, por sua vez, acabou barateando os produtos importados, em sua maioria industrializados, o que dificultou a sobrevivência da frágil indústria nacional.

Para combater a desvalorização do café originada pelo excesso de produção mundial, na qual o Brasil ocupava o primeiro lugar, os cafeicultores reuniram-se em 1906 na cidade de Taubaté. Combinou-se um plano de intervenção governamental na cafeicultura, com o objetivo de promover a elevação dos preços do produto e, assim, assegurar os lucros dos produtores. O acordo ficou conhecido como **Convênio de Taubaté**.

Os governadores dos três principais estados produtores (São Paulo, Minas Gerais e Rio de Janeiro) concordaram em comprar toda a produção cafeeira e criar estoques reguladores. Os produtores não perderiam seus lucros, pois o café seria vendido de qualquer maneira, e o preço internacional seria mantido, pois o governo só venderia o produto dos estoques reguladores no mercado internacional conforme surgisse a demanda. Isso porque, havendo uma superoferta internacional do produto, seu preço tenderia a cair.

A oligarquia cafeeira havia encontrado um meio de evitar, ainda que temporariamente e por meios artificiais, a decadência econômica.

A princípio, o café se valorizou. A economia do país, no entanto, foi prejudicada. O café era comprado dos fazendeiros por um elevado preço fixo, e isso só foi possível graças a um volumoso empréstimo externo feito pelos governos estaduais, envolvendo bancos ingleses e também norte-americanos, que iniciavam suas operações no Brasil. Além disso, se a demanda internacional não fosse suficiente, os estoques teriam de ser destruídos, transferindo os prejuízos para o governo e socializando as perdas para toda a população.

Outro problema é que o Brasil não era o único país produtor de café. A própria elevação dos preços no mercado internacional acabou por estimular a produção de café em outros países, aumentando a concorrência e levando o plano ao naufrágio. A política de valorização do café adotada pelos três principais estados produtores chegou a ser proposta ao governo federal, mas foi repudiada em 1906 pelo então presidente Rodrigues Alves, que alegou a necessidade de conter gastos e deter a inflação, herança das políticas de Campos Sales e seu ministro Joaquim Murtinho.

No entanto, o novo presidente – Afonso Pena, empossado no mesmo ano – promoveu a adoção da política de valorização do café pelo governo federal. O mesmo fizeram seus sucessores, pelo menos até Artur Bernardes (1922-1926), quando o estado de São Paulo passou a bancar sozinho a política de valorização.

Vista de embarque de café no porto de Santos, em sacas de 60 kg. Com a valorização do produto no governo Afonso Pena, o café recebeu o título de "ouro negro" das exportações e do poderio da elite nacional. Foto de 1895, de Marc Ferrez.

A borracha: alternativa ao café?

O desenvolvimento da indústria em diversos países era intenso no início do século XX, podendo-se falar de uma segunda Revolução Industrial, que já vinha ocorrendo desde meados do século anterior. Novos setores industriais emergiram e outros se aprimoraram tecnologicamente, acarretando novas demandas de matéria-prima.

Tradicionalmente integrado à economia capitalista como área dependente e produtora de matérias-primas, o Brasil passou a suprir parte das novas necessidades da indústria. Uma delas foi a **borracha**, produto fundamental para a próspera indústria de pneumáticos e de automóveis.

A borracha, contudo, jamais ocupou o lugar do café na economia brasileira. Caracterizou-se como um surto econômico, que teve seu início, apogeu e decadência em, aproximadamente, 50 anos. Mesmo assim, a economia da borracha acabou provocando um problema entre o Brasil e a Bolívia em 1903, quando trabalhadores brasileiros ocuparam o Acre, território até então boliviano.

Depois de contendas com o exército daquele país, brasileiros e bolivianos assinaram um acordo, o Tratado de Petrópolis, segundo o qual o Brasil anexaria o Acre e, em troca, pagaria uma pesada indenização de 2 milhões de libras esterlinas para a Bolívia.

Para saber mais

A extração da borracha

A borracha é extraída da seringueira – *Hevea brasiliensis* –, vegetal nativo das florestas tropicais da América, sendo a bacia do Amazonas a maior reserva natural da espécie. Já em 1887, a exportação da borracha atingiu 17 mil toneladas, e a partir de então o crescimento da exportação do produto foi bastante acelerado. O preço alcançou seu ápice em 1910, quando a borracha foi responsável por 40% do valor das exportações brasileiras, aproximando-se do percentual ocupado pelo café.

Os trabalhadores responsáveis pela extração – nascidos na região ou migrantes nordestinos fugindo da seca – habitavam cabanas miseráveis às margens dos rios e percorriam a cada dia vários quilômetros a pé em plena mata, para extrair a seiva utilizada na produção da borracha. Completamente isolados, esses trabalhadores sobreviviam no limite da subsistência. Vendiam a borracha extraída para os seringalistas, proprietários de vastas áreas de floresta. Estes, sim, prosperavam, vendendo grandes lotes de borracha para o exterior.

Fernando Bueno/Pulsar Imagens

Palacete Bolonha, em Belém, concluído em 1915. Inspirado no estilo neogótico europeu, em plena Amazônia. Foto de 2010.

- A borracha natural é obtida a partir da coagulação do látex. Pesquise:
  a) Como se dá o processo de coagulação do látex?
  b) Quais são as propriedades físicas da borracha?
  c) Quais são as possíveis aplicações da borracha natural?
  d) Que relação existe entre o crescimento da exportação da borracha brasileira e as transformações econômicas que se operavam na Europa no século XIX?

Modernização da cidade do Rio de Janeiro

5 As lutas sociais

A revolta popular de 1904

Entre 1902 e 1906, a capital da república, Rio de Janeiro, foi reconstruída, principalmente a região central. De velha cidade colonial, com ruas estreitas, atravancadas e insalubres, passou-se a moderna capital, nitidamente inspirada em Paris e em seus planos de urbanização, realizados pelo arquiteto Haussmann no século anterior.

Com edifícios construídos no melhor estilo eclético europeu, então na moda, suas belíssimas e rebuscadas fachadas contribuíam para o projeto de fazer do Rio de Janeiro uma moderna Paris tropical à beira-mar.

No entanto, vastos contingentes de populares foram sumariamente expulsos de suas habitações para dar lugar ao "progresso". Derrubaram-se os cortiços, ergueram-se belos edifícios, construindo-se um cenário para as elites e, simultaneamente, excluindo o povo, principal vítima das medidas de combate à inflação iniciadas por Joaquim Murtinho anos antes, mas ainda em vigor. Por tudo isso, a tensão social no Rio de Janeiro era explosiva.

Nesse tenso ambiente, foi iniciado o saneamento da cidade, planejado e executado pelo médico sanitarista Oswaldo Cruz. Era necessário combater a peste bubônica, a malária e a varíola, males endêmicos que acometiam os habitantes da cidade e faziam a má fama da capital brasileira no exterior.

Em outubro de 1904 aprovou-se uma lei que instituía a vacinação obrigatória contra a varíola, estopim para uma revolta popular, comumente chamada de **Revolta da Vacina**. Não convencida quanto aos efeitos da vacina, com uma moral resistente à exposição de partes do corpo a agentes sanitários do governo (por exemplo, os ombros das senhoras), insuflada pelos últimos remanescentes de uma oposição jacobino-positivista, mas, principalmente, humilhada por um poder público autoritário e violento, a população do Rio de Janeiro revoltou-se.

As ruas e avenidas elegantes foram tomadas de assalto. Barricadas foram erguidas e, durante uma semana, a capital da República foi palco de violentos combates, até que as forças da polícia e do exército conseguiram reprimir os rebeldes.

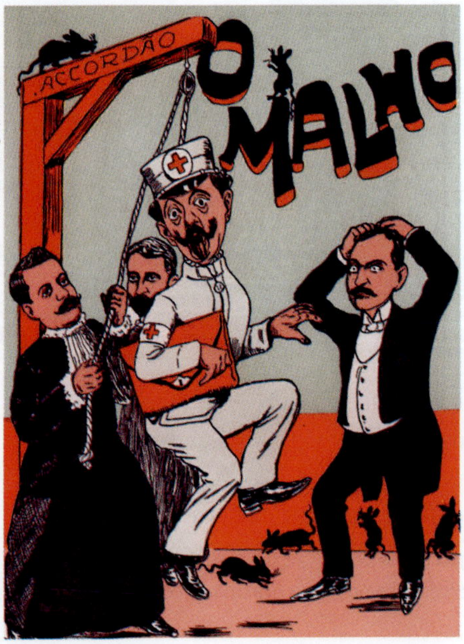

Acervo Iconographia/Reminiscências

Charge de 1905, extraída da revista *O Malho*, alusiva à campanha da vacinação obrigatória. Enquanto Oswaldo Cruz é enforcado, os ratos andam soltos.

A avenida Central, marco da nova Rio de Janeiro que se modernizava, apesar do aumento da exclusão social. Observe as ricas fachadas se abrindo para a larga avenida, repleta de transeuntes, num dia de Carnaval, em 1907.

Acervo Iconographia/Reminiscências

Revolta da Chibata (1910) e do Contestado (1914)

Nos modernos **couraçados** Minas Gerais e São Paulo, a situação era bastante tensa em novembro de 1910. Ali sobrevivia um velho regimento disciplinar que, entre outros exageros, previa castigos corporais violentos para os marinheiros, com utilização da chibata até para infrações leves. Os maus-tratos aos marujos por parte dos oficiais, as más condições de alojamento e a má alimentação serviram de estopim para a revolta.

couraçado: tipo de navio de guerra caracterizado por grandes canhões e protegido por couraça de aço. Era um dos principais símbolos do poder militar e prestígio de um país, em uma época marcada por acelerada corrida naval.

Sob o comando de **João Cândido**, marujo negro e analfabeto, sublevaram-se os marinheiros dos dois grandes navios, ameaçando bombardear a cidade do Rio de Janeiro com os potentes canhões. Enviaram uma mensagem ao recém-empossado presidente da República, Hermes da Fonseca (1910-1914), reivindicando o fim dos castigos com chibata na marinha – razão pela qual a rebelião se tornou conhecida como **Revolta da Chibata**.

Diante do poder de fogo dos rebeldes, o governo aceitou negociar, determinando, a princípio, a entrega dos navios em troca do perdão aos líderes do movimento e da promessa de discutir a abolição dos castigos.

Poucos dias depois, os fuzileiros navais, baseados na ilha das Cobras, no Rio de Janeiro, estimulados pela aparente vitória de seus colegas marinheiros, revoltaram-se em defesa de propostas semelhantes às dos marujos. Sem contar com o poder de fogo intimidador dos marinheiros, os fuzileiros não conseguiram sequer estabelecer negociações com o governo, que reprimiu violentamente o movimento.

Em meio à repressão aos fuzileiros, o governo decretou estado de sítio e mandou aprisionar os principais líderes da revolta, desrespeitando a anistia concedida anteriormente. Dos 600 prisioneiros, poucos sobreviveram aos maus-tratos na prisão ou aos trabalhos forçados na Amazônia.

A Revolta da Chibata foi uma das rebeliões sociais do início do século no Brasil. Na foto, marinheiros são escoltados para a prisão.

Desfecho semelhante teve a **Revolta do Contestado**, com um número de vítimas ainda maior.

Suas origens devem-se ao isolamento e abandono em que vivia a população de uma vasta área situada entre os estados do Paraná e de Santa Catarina, em um território "contestado" pelos dois governos estaduais.

Enquanto esteve abandonado, o território não recebeu nenhuma atenção oficial, atraindo grupos marginalizados de origens diversas. Lá se desenvolveram comunidades místicas em torno de **líderes messiânicos**, sendo o principal deles o "monge" **José Maria**, supostamente irmão de outro líder messiânico da região no final do século XIX, **João Maria**.

O início do conflito estava ligado à concessão pelo governo de uma vasta área da região à empresa *Brazil Railway Company* para a construção da estrada de ferro que ligaria São Paulo ao Rio Grande do Sul. A atuação dessa empresa e de sua subsidiária, a madeireira *Southern Brazil Lumber and Colonization Company*, expulsando violentamente indígenas e camponeses miseráveis de suas aldeias e vilas, com apoio de grandes empresários e oligarquias locais, mobilizou a reação popular, que engrossou as fileiras das comunidades místicas nos confrontos.

Ao criar uma alternativa ao poder político dos "coronéis" e com a disposição até de enfrentá-los, o movimento do Contestado representava, do ponto de vista das elites, um perigo a ser eliminado, o que aconteceu quando, no final de 1913, começaram a ser enviadas tropas para exterminar as comunidades populares da região, com o massacre de seus habitantes. Somente em 1916, no governo de Venceslau Brás, efetivou-se a completa derrota dos contestados, deixando um saldo de cerca de 6 mil mortos.

Os movimentos operários

O crescimento das cidades e o avanço da industrialização provocou o aumento da classe operária, sobretudo no eixo Rio-São Paulo. O exemplo de São Paulo é expressivo. Em 1872, o estado tinha pouco mais de 800 mil habitantes; e a capital, 23 mil habitantes. Em 1900, no estado havia aproximadamente 2,2 milhões; e, na capital, 580 mil habitantes. O número de indústrias quintuplicou de 1889 a 1907 e teve crescimento semelhante até 1920, chegando a 13 mil[1].

Descontente com seus salários e com a situação econômica do país, associada a constantes elevações do custo de vida, o proletariado urbano organizou-se em associações e sindicatos, com o objetivo de ajuda mútua e luta por melhores condições de vida e trabalho. A influência dos anarquistas, principalmente de origem italiana e espanhola, e depois dos comunistas, dava uma base ideológica aos movimentos operários, estimulando greves e outras atividades organizativas e reivindicatórias.

O crescimento da indústria na República foi acompanhado de crescente movimentação operária. O Estado considerava essa movimentação de trabalhadores crime e a reprimia violentamente.

Da mesma forma que a capoeira era proibida pelo Código Penal de 1890, por ameaçar a ordem constituída, as Leis Adolfo Gordo previam a expulsão do país para estrangeiros considerados indesejáveis para a "manutenção da ordem". A cada movimento grevista, diversos imigrantes eram expulsos do Brasil. A polícia invadia domicílios, espancava e deportava líderes operários e fechava associações de trabalhadores. Segundo Washington Luís, quando ainda era presidente do estado de São Paulo, a questão social era um caso de polícia.

Mesmo assim, os trabalhadores conquistaram diversas vitórias, tanto em termos salariais e de condições de trabalho quanto em termos de legislação trabalhista: nesse período foram aprovadas algumas leis em defesa dos trabalhadores nos estados e no âmbito federal.

A Redenção de Cã, de Modesto Brocos, de 1895, tem sido interpretada como uma representação da ideologia do branqueamento da população brasileira: a matriarca negra em posição de agradecimento ou prece religiosa diante de seu neto, fruto da união entre sua filha mestiça e um homem branco. O título dado à pintura, fundamental para essa interpretação, retoma uma visão bíblica sobre o filho de Noé, Cã, do qual teriam surgido os descendentes negros.

[1] MOREIRA, Sílvia. *São Paulo na Primeira República*. São Paulo: Brasiliense, 1988. p. 9.

Acervo Iconographia/Reminiscências

O senador Pinheiro Machado exercia grande influência sobre o governo federal, graças à verdadeira "máquina" por ele montada no Congresso. Foto de 1910.

Apesar de todo esse sistema de poder, frequentemente ocorriam conflitos. Nas eleições presidenciais de 1910, por exemplo, paulistas e mineiros se desentenderam e o eleito foi o marechal Hermes da Fonseca – que disputou a eleição com Rui Barbosa, cuja campanha baseava-se no argumento de que o poder deveria ficar com os civis (Campanha Civilista).

Diferentemente de seus predecessores militares, Deodoro da Fonseca e Floriano Peixoto, que eram voltados para a modernização do país, Hermes da Fonseca (sobrinho de Deodoro) governou de forma conservadora do ponto de vista econômico, permanecendo atrelado aos planos de valorização do café. Na área política, porém, realizou uma sistemática intervenção nos estados, promovendo a substituição de grupos oligárquicos por outros. Esse processo costuma ser denominado **Política das Salvações**.

A substituição de grupos oligárquicos liga-se à própria forma como se deu a ascensão de Hermes da Fonseca, em uma eleição disputada. Assim, se a oligarquia do estado da Bahia apoiou Rui Barbosa, por que mantê-la no poder? O mesmo se aplicava ao senador gaúcho Pinheiro Machado, que representava um estado de grande importância econômica e peso eleitoral na federação. Apesar de não ocupar nenhum cargo decisivo, Pinheiro Machado conseguiu criar um bloco parlamentar, o bloco "pinheirista", formalizado em seguida com o nome de PRC (Partido Republicano Conservador), reunindo a bancada dos pequenos estados. Sua ascensão acabou se tornando intolerável por criar uma alternativa ao monopólio político exercido por São Paulo e Minas Gerais. Nesse quadro, a "salvação" consistiria em promover intervenções nos estados pinheiristas, substituindo uma oligarquia fiel ao senador gaúcho por um grupo mais ligado ao presidente da República.

As "salvações" foram realizadas com sucesso nos estados da Bahia, de Pernambuco e de Alagoas, fracassando na Paraíba, no Piauí e no Rio Grande do Sul. No Ceará, o coronel do exército Franco Rabelo candidatou-se ao cargo de governador em 1912, com o apoio da oposição estadual. Durante a campanha, o governador Nogueira Acioli, pinheirista, representando a situação, desencadeou violenta perseguição aos seus adversários, chegando a utilizar forças policiais do estado e agindo com extrema violência. Pressionado, acabou renunciando, abrindo caminho para a vitória de Rabelo.

Coronel Floro Bartolomeu e Padre Cícero, em foto de data indeterminada.

Acervo Iconographia/Reminiscências

Logo em seguida, porém, o deputado Floro Bartolomeu iniciou a reação, revoltando-se contra o novo governador. Era a **Revolução Cearense de 1914**. A cidade de Juazeiro foi tomada e os revoltosos, das mais diversas origens, abençoados pelo **padre Cícero Romão Batista**, rumaram em direção à capital do estado, onde derrubaram o governador e promoveram o retorno de Nogueira Acioli, ou seja, de um político ligado a Pinheiro Machado.

O episódio demonstra que os mecanismos político-oligárquicos, apesar de adequados à finalidade para a qual foram criados, estavam longe da perfeição. O imobilismo gerado pela política dos governadores, por meio da qual o mesmo grupo oligárquico permaneceria indefinidamente no poder, gerava forte insatisfação em outros grupos oligárquicos dos estados. O próprio monopólio político de São Paulo e Minas Gerais descontentava outros estados, notadamente o Rio Grande do Sul.

Além disso, as revoltas sociais ocorridas nos primeiros anos da república deixaram claro que a marginalização social e política continuou inalterada no país. Qualquer proposta de realização da cidadania republicana permaneceu como mera promessa.

Pensando no Enem

1. *A serraria construía ramais ferroviários que adentravam as grandes matas, onde grandes locomotivas com guindastes e correntes gigantescas de mais de 100 metros arrastavam, para as composições de trem, as toras que jaziam abatidas por equipes de trabalhadores que anteriormente passavam pelo local. Quando o guindaste arrastava as grandes toras em direção à composição de trem, os ervais nativos que existiam em meio às matas eram destruídos por este deslocamento.*

MACHADO, P. P. *Lideranças do Contestado*, Campinas: Unicamp, 2004 (adaptado).

No início do século XX, uma série de empreendimentos capitalistas chegou à região do meio-oeste de Santa Catarina – ferrovias, serrarias e projetos de colonização. Os impactos sociais gerados por esse processo estão na origem da chamada Guerra do Contestado. Entre tais impactos, encontrava-se:

a) a absorção dos trabalhadores rurais como trabalhadores da serraria, resultando em um processo de êxodo rural.
b) o desemprego gerado pela introdução das novas máquinas, que diminuíam a necessidade de mão de obra.
c) a desorganização da economia tradicional, que sustentava os posseiros e os trabalhadores rurais da região.
d) a diminuição do poder dos grandes coronéis da região, que passavam a disputar o poder político com os novos agentes.
e) o crescimento dos conflitos entre os operários empregados nesses empreendimentos e os seus proprietários, ligados ao capital internacional.

Resposta: c

A introdução de mecanismos capitalistas (grandes empreendimentos, projetos de colonização) escorados em novas técnicas (serraria a vapor, ferrovias) provocou uma profunda desorganização nos modos de vida tradicionais da região. O desequilíbrio social e econômico provocado por essas transformações foi uma das causas da Guerra do Contestado no Sul do país.

Considerando a matriz de Referência do Enem, essa questão contempla a Competência de área 5 – Utilizar os conhecimentos históricos para compreender e valorizar os fundamentos da cidadania e da democracia, favorecendo uma atuação consciente do indivíduo na sociedade, especialmente a habilidade H28: relacionar o uso das tecnologias com os impactos socioambientais em diferentes contextos histórico-geográficos.

2. *A figura do coronel era muito comum durante os anos iniciais da República, principalmente nas regiões do interior do Brasil. Normalmente, tratava-se de grandes fazendeiros que utilizavam seu poder para formar uma rede de clientes políticos e garantir resultados de eleições. Era usado o voto de cabresto, por meio do qual o coronel obrigava os eleitores de seu "curral eleitoral" a votarem nos candidatos apoiados por ele. Como o voto era aberto, os eleitores eram pressionados e fiscalizados por capangas, para que votassem de acordo com os interesses do coronel. Mas recorria-se também a outras estratégias, como compra de votos, eleitores-fantasmas, troca de favores, fraudes na apuração dos escrutínios e violência.*

Disponível em: <www.historiadobrasil.net/republica>. Acesso em: 12 dez. 2008 (adaptado).

Com relação ao processo democrático do período registrado no texto, é possível afirmar que:

a) o coronel se servia de todo tipo de recursos para atingir seus objetivos políticos.
b) o eleitor não podia eleger o presidente da República.
c) o coronel aprimorou o processo democrático ao instituir o voto secreto.
d) o eleitor era soberano em sua relação com o coronel.
e) os coronéis tinham influência maior nos centros urbanos.

Resposta: a

Práticas políticas como as descritas no texto, corrompiam o exercício da cidadania, criando um regime político bem pouco democrático, em que o voto era quase uma formalidade. O poder oligárquico não conhecia limites na busca pelo exercício do poder e das vantagens daí decorrentes.

Considerando a matriz de Referência do Enem, essa questão contempla a Competência de área 5 – Utilizar os conhecimentos históricos para compreender e valorizar os fundamentos da cidadania e da democracia, favorecendo uma atuação consciente do indivíduo na sociedade, especialmente a habilidade H24: relacionar cidadania e democracia na organização das sociedades.

Atividades

Leitura e análise de charge

1. A charge abaixo foi criada pelo desenhista J. Carlos (1884-1950) na época em que a vacinação obrigatória contra a varíola e as medidas de saneamento básico de Oswaldo Cruz eram implementadas no Rio de Janeiro. Observe-a atentamente e leia a legenda que a acompanha. Em seguida, faça as atividades propostas.

Acervo Iconographia/Reminiscências

a) A pessoa mais alta representada na charge é uma caricatura do médico sanitarista Oswaldo Cruz. Que características dele foram ressaltadas pelo desenhista?

b) Apesar de o rosto da segunda pessoa representada estar omitido, sua postura corporal sugere algumas de suas características. Em sua opinião, que características são essas?

c) Analise a charge considerando:
- o contexto histórico em que foi produzida;
- as características das personagens representadas;
- a legenda que a acompanha.

Leitura, comparação e interpretação de documentos

2. Leia os textos a seguir. Eles foram escritos por diferentes autores e se referem ao arraial de Canudos, fundado pelo beato Antônio Conselheiro no final do século XIX.

Texto 1

Palavras do Barão de Geremoabo, latifundiário baiano:

O trabalho estava desorganizado porque a maioria das famílias estava sempre pronta para seguir o Conselheiro, muitos pequenos proprietários também vendiam seus bens e partiam para Canudos.

ATAÍDE, Yara Dulce Bandeira de. As origens do povo do Bom Jesus do Conselheiro. *Revista da USP*. São Paulo, n. 20, 1993-94. p. 89.

Texto 2

Versos recolhidos em Canudos, por Euclides da Cunha:

Garantidos pela lei
Aqueles malvados estão
Nós temos as leis de Deus
Eles têm a lei do Cão!
Bem desgraçados são eles
Pra fazerem a eleição
Abatendo a lei de Deus
Implantando a lei do Cão!
Casamento vão fazendo
Para o povo iludir
Vão casar o povo todo
No casamento civil!

D. Sebastião já chegou
E traz muito regimento
Acabando com o civil
E fazendo o casamento!
O Anticristo nasceu
Para o Brasil governar
Mas aí está o Conselheiro
Para dele nos livrar!
Visita vem nos fazer
Nosso rei D. Sebastião
Coitado daquele pobre
Que viver na lei do Cão!

CUNHA, Euclides da. *Os sertões*. 33. ed. Rio de Janeiro: Francisco Alves, 1987. p. 139.

Texto 3

Relatório do Tenente Pires Vieira, comandante da 1ª expedição contra Canudos:

Combate de Uauá – Logo que chegamos ao arraial, no dia dezenove, mandei estabelecer o serviço de segurança, postando guardas avançadas nas quatro estradas que ali conduzem em distância conveniente, a fim de evitar qualquer surpresa; nomeei o pessoal de ronda, e conservei toda a força no acantonamento. [...]

Às cinco horas da manhã do dia vinte e um, fomos surpreendidos por um tiroteio partido da guarda avançada, colocada na estrada que vai ter a Canudos. Esta guarda, tendo sido atacada por uma multidão enorme de bandidos fanáticos, resistiu-lhes denodamente, fazendo fogo em retirada. Por essa ocasião o soldado da segunda companhia Theotonio Pereira Bacellar, que por se achar muito estropiado não pôde acompanhar a guarda, foi degolado por um bandido. Imediatamente, dispus a força para a defensiva, fazendo colocar em distância conveniente do acantonamento uma linha de atiradores, que causou logo enormes claros nas fileiras dos bandidos. Estes, não obstante, avançaram sempre, fazendo fogo, aos gritos de viva o nosso Bom Jesus! Viva o nosso Conselheiro! Viva a monarquia! etc. etc. etc., chegando até alguns a tentarem cortar a facão os nossos soldados. Um deles trazia alçada uma grande cruz de madeira, e muitos outros traziam imagens de santos em vultos. Avançaram e brigaram com incrível ferocidade, servindo-se de apitos para execução de seus movimentos e manobras. Pelo grande número que apresentaram foram por algumas praças calculados em três mil! Há, porém, nisso exagero, proveniente de erro de apreciação; seriam uns quinhentos, mais ou menos, os que nos atacara [*sic*], divididos em vários grupos, que procuravam envolver a nossa força e apoderar-se do arraial, o que não conseguiram devido às enérgicas providências que tomei, eficazmente auxiliado pelos oficiais e a disciplina das praças [...].

Disponível em: <www.umbuzada.com/canudos.php>. Acesso em: 21 jan. 2013.

a) Identifique o autor de cada um dos documentos. A que estrato da sociedade cada um deles está associado?
b) No primeiro documento, que preocupação é manifestada em relação ao arraial?
c) De acordo com o segundo documento, como os habitantes encaravam a instauração da República no Brasil?
d) Como são descritos os habitantes de Canudos no terceiro documento?
e) Reflita sobre suas respostas dadas às questões anteriores. Com base nelas, analise os motivos que levaram as autoridades republicanas a organizar um feroz combate ao arraial de Canudos.

Flavio de Barros/Museu da República, Rio de Janeiro, RJ.

Vestibulares de Norte a Sul

1. **N** (Ufac) A Proclamação da República, no Brasil, em 1889, ou seja, um ano depois da abolição da escravatura, gerou expectativas em partes significativas da população, de que a partir daquela data poderiam participar das decisões governamentais. Contudo, a Constituição de 1891 frustrou essas expectativas. Entre as disposições que limitavam a participação popular, podemos identificar:

   a) O estabelecimento do voto universal masculino, não secreto, que excluía analfabetos, mendigos, mulheres, padres, soldados e menores de 21 anos.
   b) O sistema federativo, pois os estados saíram fortalecidos, podendo cada um indicar seu próprio candidato à Presidência da República.
   c) A adoção do sistema parlamentar de representação bicameral.
   d) As correntes jacobinistas, pois eram formadas por setores intelectualizados da jovem república.
   e) O próprio Marechal Deodoro da Fonseca, que por ser militar, queria estender o voto aos soldados.

2. **S** (PUC-RS) Depois de proclamada a República brasileira e instaurado o governo provisório do Mal. Deodoro da Fonseca (1889-1891), foram necessárias medidas no plano econômico-financeiro para solucionar a insuficiência de papel-moeda em circulação no país. Rui Barbosa, ministro da fazenda, elaborou uma rápida solução que ficou conhecida como Encilhamento.

   Esse plano econômico-financeiro tinha como principal característica

   a) o confisco do papel-moeda em circulação, o que gerou inflação e especulação.
   b) a emissão de papel-moeda para a reativação dos negócios, o que provocou inflação e especulação.
   c) a criação de nova moeda para o país, levando o Brasil à condição de nação desenvolvida.
   d) a organização do mercado e de novos negócios, a partir da criação de mais quatro bancos no país.
   e) a distribuição equilibrada da renda, provocando um aquecimento na economia do mercado interno.

3. **S** (UFPR) Sobre o movimento do Contestado, ocorrido de 1912 a 1916, considere as afirmativas abaixo:

   1. No início do movimento, o monge José Maria, sua principal liderança, foi morto, mas suas orientações continuaram a exercer influência sobre os participantes.
   2. Esse movimento acabou por agregar diferentes segmentos sociais, como posseiros e sitiantes expulsos de suas terras, e comunidades negras e caboclas.
   3. O movimento do Contestado tinha características milenares e messiânicas, mas também políticas, de contestação social.
   4. Apesar do cunho contestatório, a simpatia para com a República é uma característica continuamente presente no movimento do Contestado.
   5. Uma das principais causas do movimento foi o fato de os sertanejos – ou caboclos – terem sido expulsos de suas terras pela estrada de ferro construída na região.

   Assinale a alternativa correta.

   a) Somente as afirmativas 3, 4 e 5 são verdadeiras.
   b) Somente as afirmativas 1 e 4 são verdadeiras.
   c) Somente as afirmativas 1, 2, 3 e 5 são verdadeiras.
   d) Somente as afirmativas 2 e 3 são verdadeiras.
   e) Somente as afirmativas 1, 2, 4 e 5 são verdadeiras.

4. **NE** (UFC-CE)

   A travessia para o Juazeiro fez-se a marchas forçadas, em quatro dias. E quando lá chegou o bando dos expedicionários, fardas em trapos, feridos, estropiados, combalidos, davam a imagem da derrota. Parecia que lhes vinham em cima, nos rastros, os jagunços. A população alarmou-se, reatando o êxodo. Ficaram de fogos acesos na estação da via-férrea todas as locomotivas. Arregimentaram-se todos os habitantes válidos dispostos ao combate. E as linhas do telégrafo transmitiram ao país inteiro o prelúdio da guerra sertaneja.

   O trecho acima é parte do livro de Euclides da Cunha que teve sua primeira edição em 1902 e relata o cotidiano de um conflito ocorrido nos primeiros anos da República. O livro de Euclides e o conflito ao qual se refere são, respectivamente:

   a) *Inferno Verde*, Caldeirão.
   b) *Inferno Verde*, Cabanagem.
   c) *Os Sertões*, Canudos.
   d) *Os Sertões*, Caldeirão.
   e) *A guerra do fim do Mundo*, Contestado.

5. **NE** (UFC-CE) Leia o texto a seguir.

   Em novembro de 1904, data da revolta [da Vacina], o trabalho de demolição das casas para abrir a avenida Central, executado por cerca de 1800 operários, terminara, e 16 novos edifícios estavam sendo construídos. O eixo central da avenida fora inaugurado em 7 de setembro, em meio a grandes festas, já com serviços de bonde e iluminação elétrica. A derrubada de cerca de 640 prédios rasgara, através da parte mais habitada da cidade, um corredor que ia da Prainha ao Passeio Público.

   CARVALHO, José Murilo de. *Os bestializados:* o Rio de Janeiro e a República que não foi. São Paulo: Companhia das Letras, 1987. p. 37.

   Sobre as obras públicas descritas na citação acima, assinale a alternativa correta.

   a) Faziam parte do projeto republicano de remodelação urbanística da capital brasileira, para destruir os vestígios físicos da colonização portuguesa.
   b) Eram parte do programa nacional de industrialização, que pretendia transformar a cidade do Rio de Janeiro no maior polo industrial da América Latina.
   c) Foram postas em prática sob a motivação de ideais higienistas e de modernização e aformoseamento do espaço urbano, característicos daquele período.

d) Ocorreram graças às ações reivindicatórias da população mais pobre do Rio de Janeiro, que reclamava melhorias em suas condições de moradia e transporte.

e) Foram realizadas com o objetivo de fixar as camadas populares na região central do Rio de Janeiro, impedindo que migrassem para as áreas nobres da zona norte.

6. **S** (UFSM-RS)

The Bridgeman Art Library/Keystone/Fogg Art Museum, Universidade de Harvard, Cambridge, MA, EUA.

A estação de Saint-Lazare, de Claude Monet, 1877.

Dorival Moreira/Pulsar Imagens

Locomotiva em ruínas no estado de Rondônia. Foto de 2010.

As duas imagens são representativas de um dos ícones de uma época. A pintura impressionista de Monet, ao dar ênfase na luz e no movimento, inventa a plasticidade da locomotiva envolta na fumaça do progresso vencendo as brumas do caminho rumo à conquista da cidade.

Na imagem da locomotiva da estrada de ferro Madeira-Mamoré, a natureza da floresta recobre o símbolo do progresso que invadiu a região amazônica.

Assinale verdadeira (V) ou falsa (F) em cada uma das alternativas a respeito das características dos contextos históricos a que remetem essas duas imagens.

( ) Crença na vitória da razão científica sobre o obscurantismo, com o desaparecimento das nuvens da escuridão para dar lugar ao predomínio da crença na luz do progresso humano simbolizado pela locomotiva e sua fumaça entrando na cidade iluminada pela luz elétrica.

( ) Desenvolvimento de novos inventos e inovações tecnológicas, como a locomotiva, a luz elétrica, o telégrafo, a pilha e o navio a vapor, que contribuíram para consolidar o poder da burguesia industrial e reforçar a dominação imperialista das potências industriais europeias sobre os mundos americano, africano e asiático.

( ) Expansão e interiorização das ferrovias na América, África e Ásia, para integrar os mercados produtores aos consumidores, transportar as matérias-primas e os alimentos a fim de atender às demandas dos mercados, de acordo com as necessidades e os interesses das potências imperialistas.

( ) Emergência de novos centros econômicos no interior da Amazônia voltados para a extração da borracha no território do Acre recém-incorporado ao Brasil, reforçando o dinamismo e a euforia criados pelo aumento da demanda extrativista da região Norte, efêmera concorrente para a economia cafeeira do Sudeste.

A sequência correta é:

a) V - F - V - F.

b) F - F - F - V.

c) V - V - V - V.

d) F - F - V - F.

e) V - V - F - V.

7. **SE** (Vunesp-SP)

A proclamação da República não é um ato fortuito, nem obra do acaso, como chegaram a insinuar os monarquistas; não é tampouco o fruto inesperado de uma parada militar. Os militares não foram meros instrumentos dos civis, nem foi um ato de indisciplina que os levou a liderar o movimento da manhã de 15 de novembro, como tem sido dito às vezes. Alguns deles tinham sólidas convicções republicanas e já vinham conspirando há algum tempo [...]. *Imbuídos de ideias republicanas, estavam convencidos de que resolveriam os problemas brasileiros liquidando a Monarquia e instalando a República.*

(Emília Viotti da Costa. *Da monarquia à república*, 1987.)

O texto identifica a proclamação da República como resultado:

a) da unidade dos militares, que agiram de forma coerente e constante na luta contra o poder civil que prevalecia durante o Império.

b) da fragilidade do comando exercido pelo Imperador frente às rebeliões republicanas que agitaram o país nas últimas décadas do Império.

c) de um projeto militar de assumir o comando do Estado brasileiro e implantar uma ditadura armada, afastando os civis da vida política.

d) da disseminação de ideais republicanos e salvacionistas nos meios militares, que articularam a ação de derrubada da Monarquia.

e) de uma conspiração de civis, que recorreram aos militares para derrubar a Monarquia e assumir o controle do Estado brasileiro.

8. S (Udesc) Leia o excerto e observe a reprodução da pintura:

Reprodução/Museu da Republica, Rio de Janeiro, RJ.

Marechal Deodoro da Fonseca proclamando a República em 1889, de Henrique Bernardelli, [s. d.].

"Não pretendo reconstituir as diferentes versões dadas pelos participantes do 15 de novembro. Basta observar que por muito tempo digladiaram-se partidários de Deodoro, Benjamin Constant, Quintino Bocaiuva, Floriano Peixoto. A disputa tomava às vezes caráter apaixonado e girava em torno de pontos aparentemente irrelevantes. Tome como exemplo o que se poderia chamar a guerra dos vivas. Quem deu vivas a quem, ou a quê, em que momento? As versões são desencontradas. Deodoro teria dado um viva ao imperador ao entrar no Quartel-General? Ao sair do Quartel? Benjamin Constant deu vivas à República para abafar o viva ao imperador dado por Deodoro? Teria esse censurado os vivas à República dizendo que ainda era cedo ou que fossem deixados ao povo? O que significa o famoso óleo de H. Bernadelli, transformado em versão oficial e sagrada do momento da proclamação?"

(CARVALHO, José Murilo. *A formação das almas.* O imaginário da República no Brasil. São Paulo: Companhia das Letras, 1990, p. 36).

Analise as proposições considerando o contexto histórico, as questões levantadas pelo historiador José Murilo de Carvalho e o significado da pintura de Henrique Bernadelli.

I. Pode-se afirmar que não apenas ocorreram disputas de poder entre os participantes envolvidos no acontecimento, mas também em relação ao próprio estabelecimento de uma versão oficial, sobre o 15 de novembro, destinada à história.
II. Transformações tão importantes, como a mudança de um regime político, por exemplo, implicam conflitos sobre a definição dos papéis dos vários atores envolvidos, os títulos de propriedade que cada um julgava ter sobre o novo regime e a própria natureza da República.
III. Ao afirmar que o óleo de Henrique Bernadelli é uma versão oficial e sagrada da proclamação, o historiador José Murilo de Carvalho está indicando que o Marechal Deodoro da Fonseca foi o fundador da República no Brasil.
IV. A notoriedade como versão oficial do óleo de Henrique Bernadelli, por um lado, permite compreender a força de um grupo que considerava a proclamação um ato estritamente militar, executado sob a liderança do marechal Deodoro da Fonseca e, por outro, refletir sobre a busca de um herói que pudesse significar o novo regime político instaurado e legitimar uma versão oficial.

Assinale a alternativa correta.

a) Somente as afirmativas II e IV são verdadeiras.
b) Somente as afirmativas I, II e IV são verdadeiras.
c) Somente as afirmativas I e III são verdadeiras.
d) Somente a afirmativa III é verdadeira.
e) Todas as afirmativas são verdadeiras.

9. S (G1-CFTMG) Analise a reprodução do quadro *Café*, pintado por Cândido Portinari, em 1935.

Reprodução autorizada por João Candido Portinari/Imagem do acervo do Projeto Portinari

Nesse quadro, o artista:

a) apresenta a froça do trabalho coletivo para a produção da riqueza agrícola.
b) evidencia a necessidade do feitor para a fiscalização dos trabalhadores.
c) expõe a imagem idílica do campo para a identificação da mão de obra rural.
d) demonstra a fragilidade humana para a realização de tarefas na colheita.

CAPÍTULO

31 Um mundo em guerra (1914-1918)

AKG-Images/Latinstock/Licenciado por AUTVIS Brasil, 2014.

A trincheira, pintura de Otto Dix, de 1916.

Para pensar historicamente

Um século marcado pela guerra

Neste capítulo, você estudará a Primeira Guerra Mundial, que ficou conhecida como a Grande Guerra até 1939, quando outra guerra de proporções ainda maiores fez com que as pessoas começassem a chamá-la de Primeira Guerra Mundial. Para muitos historiadores, ela representou a abertura efetiva do século XX.

Cerca de 9 milhões de pessoas perderam suas vidas. O luto, a fome, os ferimentos e as doenças foram outras desgraças que acompanharam os sobreviventes. A consequência populacional dessas mortes acompanhou a Europa por várias décadas. Diante desse quadro, ficam as perguntas:

- O conflito entre as nações que se enfrentaram referia-se a interesses das suas populações nacionais ou de apenas alguns de seus grupos sociais e políticos?
- As riquezas vindas do domínio colonial eram concentradas na mão de poucos. O ônus do conflito armado que se originou pelas disputas coloniais foi pago apenas pelos seus beneficiados ou foi "socializado" para toda a população?

Soldados caminham em campo devastado na Bélgica. Foto de agosto de 1917.

Photographe Amateur/adoc-photos/Album/Latinstock

1 A política de alianças

No final do século XIX, o mundo era dominado pelas potências capitalistas europeias, sobretudo a Inglaterra. Surgiam, entretanto, indícios do deslocamento desse centro dinâmico, pois alemães e norte-americanos sobrepunham-se aos ingleses na produção de ferro e aço, matérias-primas fundamentais para o desenvolvimento industrial do período.

Nos Estados Unidos, as indústrias química, elétrica e automobilística se desenvolviam consideravelmente e, na Alemanha, a indústria bélica prosperava com o programa naval de 1900, que visava conquistar um tardio império colonial, o que despertava e acirrava a rivalidade britânica.

A Inglaterra, por meio de suas casas bancárias, era responsável por mais da metade do total de capitais investidos em várias partes do mundo e constituía o maior império colonial e uma das maiores potências militares do início do século XX. Apesar disso, cada vez mais sua hegemonia, a chamada *Pax Britannica*, era ameaçada por outros países imperialistas que exigiam a redivisão colonial, sobretudo na África e na Ásia.

A esses elementos desafiadores da paz mundial vieram se somar as reivindicações das minorias nacionais europeias, que exigiam direito de autogoverno, baseando-se nos ideais de unificação italianos e alemães e intensificando o militarismo europeu. Poloneses, irlandeses, finlandeses e, principalmente, os povos do Império Austro-Húngaro (húngaros e grupos eslavos, como os sérvios, os croatas e os eslovenos) lutavam por suas independências, envolvendo as grandes potências e ativando suas rivalidades.

Como vimos, a derrota francesa na Guerra Franco-Prussiana acarretou a perda da região da Alsácia-Lorena para a Alemanha, o que despertou um forte espírito nacionalista, de revanche, entre os franceses, abrindo a possibilidade de uma nova guerra europeia. A Alemanha, desde sua unificação, fundamentou a política externa no isolamento da França, criando um sistema internacional de alianças político-militares que cerceassem o revanchismo francês.

Autoria desconhecida/Arquivo da editora

A charge inglesa de 1914 mostra o *Kaiser* Guilherme II estendendo a mão sobre a saboneteira em forma de Europa. A frase diz: "Ele não será feliz enquanto não a possuir".

Em 1873, o chanceler alemão Otto von **Bismarck** instaurou a **Liga dos Três Imperadores**, da qual faziam parte a Alemanha, a Áustria-Hungria e a Rússia. Entretanto, as divergências entre a Rússia e a Áustria com relação à região dos **Bálcãs**, originadas do apoio russo às minorias eslavas da região, que almejavam a independência, acabaram com essa aliança em 1878. Em 1882, o *Reich* (império) alemão firmou a **Tríplice Aliança**, unindo-se ao Império Austro-Húngaro e à Itália. Somente na última década do século XIX a França começou a sair de seu isolamento internacional, conseguindo estabelecer um pacto militar com a Rússia em 1894. Em 1904, a Inglaterra se aproximou da França, formando o bloco **Entente Cordiale**, que fundia os interesses comuns dos dois países no plano internacional. A partir de então, as antigas hostilidades franco-inglesas foram esquecidas para que os dois países enfrentassem um inimigo comum: o sucesso econômico da Alemanha, sua expansão colonial e seu exaltado nacionalismo.

Pôster russo de 1914 sobre a Tríplice Entente, representando a Rússia ao centro (com a cruz), a França à esquerda (com o coração) e a Inglaterra à direita (com a âncora).

A adesão da Rússia à Entente Cordiale originou a **Tríplice Entente**. Assim, passavam a existir na Europa dois grandes blocos antagônicos: a Tríplice Aliança e a Tríplice Entente, que fomentaram a tensão que levou os países europeus aos preparativos armamentistas.

O posicionamento da Itália diante desses dois blocos era dúbio, pois, embora fizesse parte da Tríplice Aliança, cultivava sérios conflitos com o Império Austro-Húngaro. Por causa da disputa pelas regiões irredentas – Trentino, parte sul do Tirol e da Ístria –, chegou a assinar acordos secretos de não agressão com a Rússia e com a França, países da Tríplice Entente.

A política de alianças: preparação para a guerra

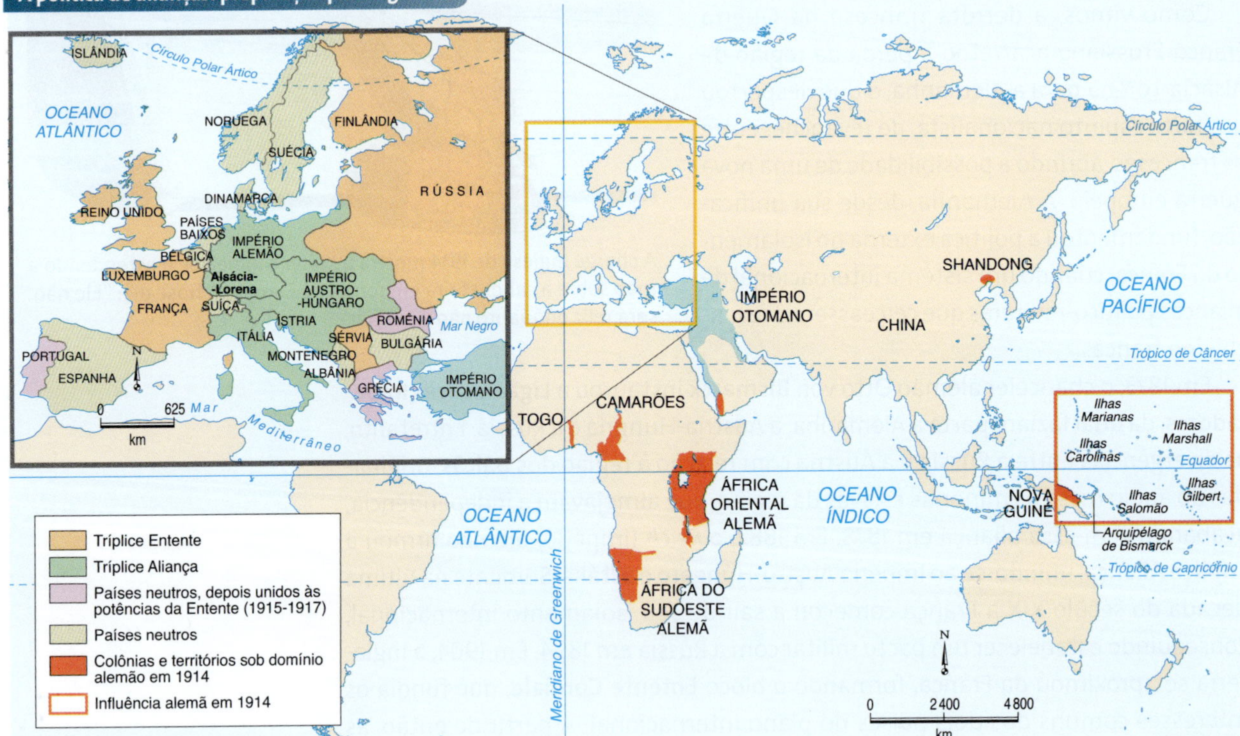

Adaptado de: CAMERA, Augusto; FABIETTI, Renato. *Elementi di storia XX secolo*. Bolonha: Zanichelli, 1999. p. 1.169. vol. 3.

A expansão colonial alemã colocou em xeque os domínios herdados no século XIX – daí as crescentes tensões entre as potências que rivalizaram na Primeira Guerra Mundial.

2 A questão balcânica

A disputa pelos Bálcãs – região entre os mares Negro e Adriático – iniciou-se no final do século XIX, com o desmembramento do Império Turco-Otomano, que se encontrava em rápida desagregação após mais de quatro séculos de existência. A intervenção imperialista internacional na região, polarizada pela Tríplice Entente e pela Tríplice Aliança e as lutas nacionalistas dos diversos povos que faziam parte do império originaram agudas crises locais e internacionais.

Pretendendo dominar a região do mar Negro ao mar Egeu, passando pelos Bálcãs, a Rússia defendia o **pan-eslavismo** e a independência das minorias nacionais. Sua intenção era unificar os povos eslavos balcânicos, libertando-os do enfraquecido Império Turco e garantindo sua influência e supremacia sobre as novas nações. Mas encontrou resistência do Império Austro-Húngaro e da Alemanha.

O ideal de unificação eslava, encabeçado pela Sérvia e que resultaria na **Grande Sérvia**, tornou-se mais distante quando as regiões da Bósnia e da Herzegovina foram tomadas ao domínio turco e anexadas à Áustria-Hungria, em 1908. Desse modo, para conquistar a unidade, os sérvios tinham agora de lutar contra os impérios Turco e Austro-Húngaro. Nos anos seguintes, essa situação provocou agitações nacionalistas na região, promovidas pela Sérvia com respaldo russo.

Le Petit Journal. 18 out. 1908/Biblioteca Nacional, Paris

Os imperadores da Áustria-Hungria e da Rússia partilham os Bálcãs, enquanto o sultão turco (Abdul Hamid II), à direita, assiste impotente e furioso ao desmembramento do Império Otomano. Charge publicada no *Le Petit Journal*, em 1908.

Allmaps/Arquivo da editora

Adaptado de: PARKER, Geoffrey (Ed.). *Atlas da história do mundo.* São Paulo: Times Books/*Folha de S.Paulo*, 1995. p. 210.

Os povos eslavos pertencem originariamente ao grupo indo-europeu: russos, ucranianos, sérvios, croatas, eslovenos, tchecos, eslovacos, morávios e polacos, entre outros. A fixação de vários grupos eslavos e de outros povos na região balcânica, favorecendo a diversidade de nacionalidades e de lutas autonomistas, ajudou a transformá-la num eixo de atuações de vizinhos e no estopim da Primeira Guerra Mundial.

A morte do herdeiro do Império Austro-Húngaro

Reunidos, a partir de 1912, em uma coligação de países balcânicos contra o arruinado Império Turco, os países da região acabaram se desentendendo quanto à definição de fronteiras. Em 1913, a Bulgária, apoiada pela Áustria-Hungria, atacou a Sérvia, mas foi derrotada pela coligação desta com Montenegro, Romênia e Grécia. Ao mesmo tempo, os povos eslavos da Bósnia e da Herzegovina, submetidos ao domínio austro-húngaro, aproveitavam-se da situação e rebelavam-se, buscando a independência, com respaldo da Sérvia.

Pretendendo acalmar os ânimos na região, em 1914 o herdeiro do trono austro-húngaro, **arquiduque Francisco Ferdinando**, viajou a Sarajevo, capital da Bósnia, com o objetivo de acompanhar manobras militares e assim afirmar a força da monarquia austro-húngara. Em 28 de junho de 1914, entretanto, Francisco Ferdinando foi assassinado por terroristas bósnios, num atentado planejado pela organização secreta sérvia Mão Negra, contrária ao domínio austríaco. Em represália, o governo austríaco deu um ultimato à Sérvia, com uma série de exigências que feriam a autonomia do país. Os sérvios não aceitaram as exigências, o que frustrou qualquer possibilidade de solução pacífica para o impasse criado com o assassinato.

Em 1º de agosto de 1914, o Império Austro-Húngaro declarou guerra à Sérvia. Imediatamente, a Rússia posicionou-se a favor da Sérvia e, a partir de então, o sistema de alianças foi ativado, resultando na entrada da Alemanha, França e Inglaterra no conflito, que se generalizou.

Exatamente um mês depois, os grandes exércitos marchavam para a guerra.

O arquiduque Francisco Ferdinando e sua esposa Sophie em Sarajevo, em 28 de junho de 1914, momentos antes de serem assassinados.

Time Life Pictures/Getty Images

3 O desenvolvimento do conflito

A grande guerra

A Grande Guerra ou Primeira Guerra Mundial foi assim chamada por envolver todas as grandes potências do mundo ocidental da época. No esforço de guerra, cada Estado assumiu o controle da economia e todos os cidadãos foram recrutados para participar tanto do exército quanto da produção industrial, principalmente de armamentos. Os tanques de guerra, os encouraçados, os submarinos, os obuses de grosso calibre e a aviação, entre outras inovações tecnológicas da época, constituíram artefatos bélicos de um poder de destruição até então inimaginável.

De forma sintética, pode-se dizer que o conflito teve duas fases: em 1914, houve a **guerra de movimento** e, de 1915 em diante, **a guerra de posição ou de trincheiras**. A primeira fase estava relacionada ao **Plano Schlieffen**, estratégia ofensiva alemã elaborada ainda em 1905, sob os efeitos do clima de revanchismo francês que preponderava em sua política externa. Esse plano previa a mobilização de boa parte do exército alemão para invadir o território francês, pela Bélgica e pela Alsácia-Lorena, e render Paris ao final de seis semanas. Alcançado tal intento, os alemães julgavam que estariam livres para enfrentar os russos, direcionando suas tropas para o ataque e a invasão daquele país.

Para atacar a França, os alemães invadiram a Bélgica, violando a neutralidade desse país. Esse foi o pretexto para a Inglaterra declarar guerra à Alemanha. Mesmo assim, a marcha dos exércitos alemães em direção a Paris surpreendeu as tropas francesas. Do lado leste, uma ofensiva russa inesperada, ainda em 1914, obrigou as forças alemãs a se dividirem, deslocando tropas para a região da Prússia Oriental. A França, beneficiando-se do apoio inglês, conteve o fulminante ataque alemão na **Batalha do Marne**, em setembro do mesmo ano. Com o fracasso da guerra de movimento, teve início a guerra de posição ou de trincheiras, que, devido às condições dos combatentes, originou a usual denominação de "guerra de sangue e barro" para o período. Outras potências entraram no conflito, posicionando-se ao lado da **Tríplice Entente** (França, Inglaterra e Rússia): Japão (1914), Itália (1915), Romênia (1916) e Grécia (1917). Ao lado das chamadas **potências centrais** (Alemanha e Áustria-Hungria) colocaram-se o Império Turco-Otomano (1914) e a Bulgária (1915).

Bettmann/Corbis/Latinstock

Apesar da proibição do uso de armas químicas, estabelecida pela Convenção Internacional de Haia, assinada em 1899, gases letais e inabilitadores foram utilizados nessa guerra. Na foto, soldados e cães alemães com máscaras antigases. Data incerta, entre 1916 e 1918.

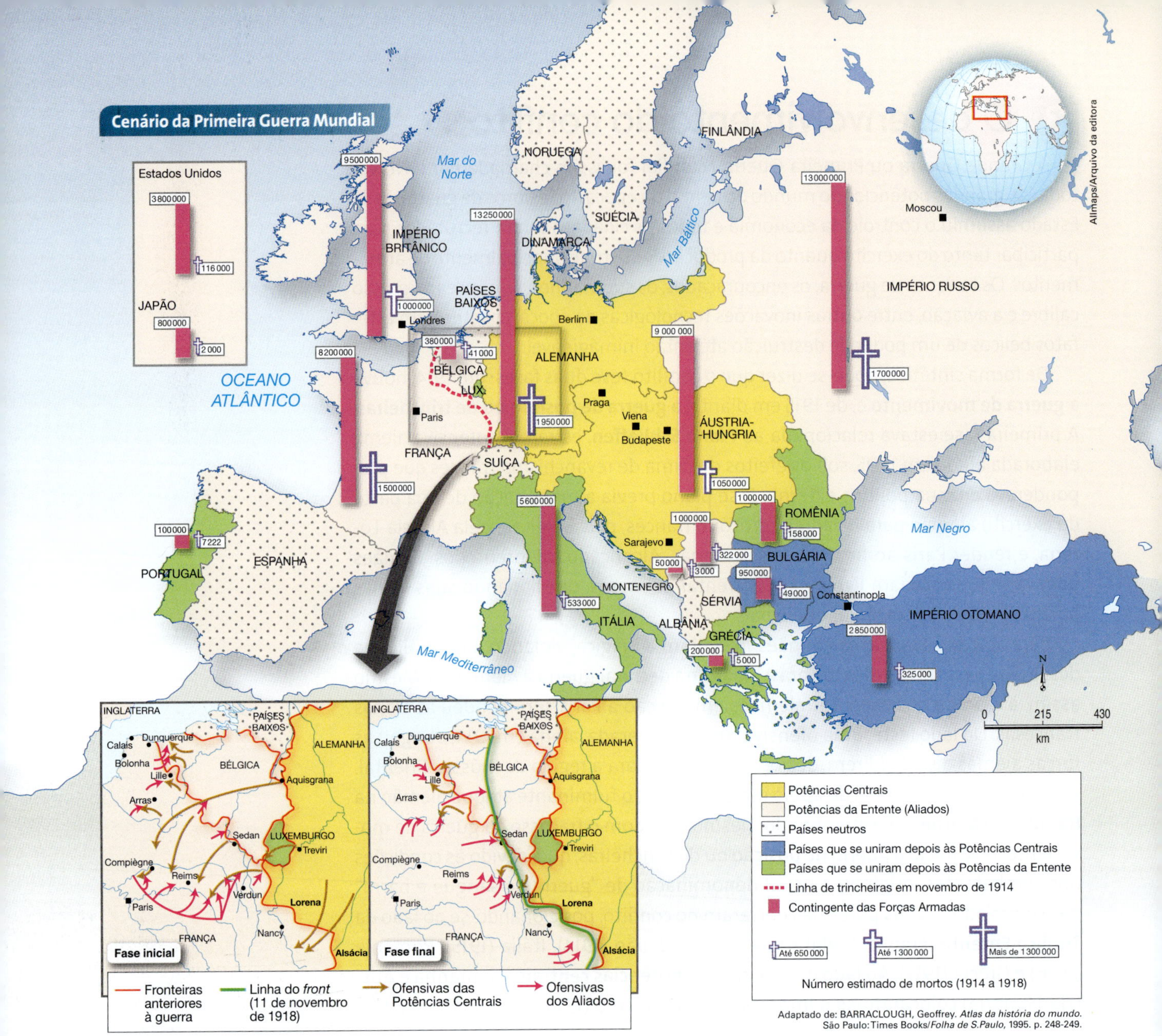

Cenário da Primeira Guerra Mundial

Adaptado de: BARRACLOUGH, Geoffrey. *Atlas da história do mundo*. São Paulo: Times Books/*Folha de S.Paulo*, 1995. p. 248-249.

A Primeira Guerra Mundial começou com uma grande ofensiva das tropas alemãs e desembocou nas trincheiras, com poucos avanços ou recuos.

Enquanto na frente ocidental a guerra entrava na fase das trincheiras, na frente oriental ocorria uma sequência de vitórias alemãs, como na Batalha de Tannenberg, na qual 100 mil russos foram aprisionados. Em 1916, em Verdun, frustrou-se nova ofensiva alemã contra a França. Ali, por 9 meses, cerca de 2 milhões de soldados dos dois lados deram 23 milhões de tiros de artilharia e 976 mil morreram, sem que houvesse avanço ou recuo na frente de batalha.

O ano de 1917, ao contrário, foi marcado por acontecimentos decisivos para a guerra. As contínuas derrotas russas aceleraram a queda da autocracia czarista, culminando nas revoluções de 1917, que resultaram na implantação do regime socialista. Com a ascensão do novo governo, concluiu-se um acordo de paz em separado, o **Tratado de Brest-Litovski**, de 1918, oficializando a saída dos russos da guerra.

Também em 1917, a derrota italiana na **Batalha de Caporetto** possibilitou às potências centrais voltarem-se para a frente ocidental franco-inglesa, e a Alemanha intensificou o bloqueio marítimo à Inglaterra, objetivando deter seus movimentos e o abastecimento da ilha da Grã-Bretanha.

Sentindo-se ameaçados pela agressividade marítima alemã, os Estados Unidos, que até então se mantinham neutros, embora fornecessem alimentos e armas aos países da Entente, usaram como pretexto o afundamento do transatlântico *Lusitânia* (que resultou na morte de dezenas de passageiros norte-americanos) para declarar guerra contra as potências centrais. A entrada dos Estados Unidos na guerra, em 1917, com seu imenso potencial industrial e humano, reforçou o bloco liderado pela Inglaterra e pela França, que passou a obter sucessivas vitórias perante os alemães a partir do final de 1918. Movimentos similares aos bolcheviques russos e rendição em massa de soldados alemães, aceleraram o desmoronamento do IIº Reich alemão e do Império Austro-Húngaro.

A derrota das potências centrais diante da superioridade econômico-militar dos aliados, como eram denominados os integrantes da Entente, acarretou a renúncia do *Kaiser* alemão, em novembro de 1918, e a assinatura do armistício. O cessar-fogo foi conseguido por meio de um plano de paz formulado pelo presidente norte-americano **Woodrow Wilson** (os chamados **14 Pontos de Wilson**), que pregava "uma paz sem vencedores".

The Bridgeman Art Library/Keystone/Museu Imperial da Guerra, Londres, Inglaterra.

Cartaz inglês de 1915 em que Lord Kitchener (ministro da Guerra e popular herói das lutas coloniais que antecederam a Primeira Guerra Mundial) solicita alistamento voluntário no exército. Essa imagem mais tarde inspirou o cartaz estadunidense que você observa abaixo, à esquerda.

akg-images/Ipress

Cartaz alemão de propaganda, divulgando campanha de arrecadação de fundos para o financiamento do esforço de guerra alemão.

akg-images/Ipress

Cartaz italiano de 1917 convocando todos para o cumprimento do dever, incluindo a participação nas campanhas para "empréstimos" (financiamento) de guerra.

Swim Ink2, LLC/Corbis/Latinstock

Cartaz americano de 1917 em que o Tio Sam, símbolo do estado norte-americano, convoca voluntários para a guerra.

Imagem de fundo: robert_s/Shutterstock/Glow Images

TRINCHEIRAS DA MORTE

VALAS SE ESTENDIAM POR 600 QUILÔMETROS

Retrato mais marcante da Primeira Guerra Mundial (1914-1918), as linhas de trincheiras surgiram em setembro de 1914, quando os alemães, que haviam invadido a França, foram barrados perto de Paris. Decididos a não retroceder nenhum palmo de território conquistado, eles iniciaram a construção das valas ao longo de toda a frente de combate. Vendo os alemães fortificarem-se, os aliados também cavaram os próprios abrigos. Em poucos meses, as linhas de trincheiras estenderam-se da Suíça até o litoral norte da França, por mais de 600 quilômetros. Foi, então, que começou um longo e angustiante impasse. Os dois lados tentavam quebrar a guarda do oponente com ataques e contra-ataques em massa. Ficavam separados por uma faixa de lama e cadáveres de menos de 300 metros, a "terra de ninguém". Durante os anos da guerra, viver nas trincheiras tornou-se uma mistura de miséria, coragem e horror.

LABIRINTO

As trincheiras tinham 2,30 m de profundidade por 2 m de largura. Eram revestidas por sacos de areia para amortecer balas e estilhaços. Se o inimigo tomasse a primeira linha, os defensores recuavam para outras, cujo traçado complexo aparentava um verdadeiro labirinto.

ARMAS QUÍMICAS

Os exércitos utilizaram mais de 100 mil toneladas de gás durante a guerra. Essa arma foi responsável por 90 mil soldados mortos e cerca de 1,2 milhão de enfermos. Alguns soldados preferiam saltar para fora e ser fuzilados a enfrentar a nuvem de gás mostarda acumulada nos buracos.

ARAME FARPADO

Para retardar os ataques, uma rede de arame farpado, com até 30 m de largura, era instalada à frente das trincheiras. Enquanto os soldados lutavam para cruzar o emaranhado de fios, eram vítimas fáceis de atiradores inimigos.

Aventuras na História. São Paulo: Abril, ed. 10, jun. 2004, p. 6-7.

Leituras da História

Depoimentos de quem lutou na guerra

O equilíbrio das forças em conflito a partir de 1915 fez com que a guerra se configurasse como uma guerra de trincheiras, visando manter posição e desenvolver combates para tomar território ao outro exército. A guerra de trincheiras foi extremamente cruel, e chegou-se ao uso de armas químicas – os gases venenosos – para tentar contornar os impasses.

"Ainda estou atolado nessa trincheira. [...] Não me lavei, nem mesmo cheguei a tirar a roupa, e a média de sono, a cada 24 horas, tem sido de duas horas e meia." (Capitão E. G. Venning, França)

"Em geral, para dormirmos aquecidos, deitávamos uns junto aos outros, dividindo cobertores – cada homem levava dois. O frio, no entanto, se mostrou preferível à lama (formada com o degelo) [...] Pelo menos, podíamos nos mover." (Sargento E. W. Wilson, Rio Somme)

"O campo de batalha é terrível. Há um cheiro azedo, pesado e penetrante de cadáveres. Homens que foram mortos no último outubro estão meio afundados no pântano e nos campos de nabos em crescimento. [...] Um pequeno veio de água corre através da trincheira, e todo mundo usa a água para beber e se lavar; é a única água disponível. Ninguém se importa com o inglês pálido que apodrece alguns passos adiante." (Rudolf Binding, que serviu numa das divisões da Jungdeutschland)

"Na verdade, gentileza e compaixão com os feridos foram talvez as únicas coisas decentes que vi na guerra. Não é raro ver um soldado inglês e outro alemão lado a lado, num mesmo buraco, cuidando um do outro, fumando calmamente". (Tenente Arthur C. Young, França, 16 de setembro de 1916).

Documentos compilados por MARQUES; BERUTTI; FARIA. *História contemporânea através de textos*. 11. ed. São Paulo: Contexto, 2005. p. 119-120.

Hulton-Deutsch Collection/Corbis/Latinstock

Soldados búlgaros comem em trincheira. Foto de 1915, aproximadamente.

- A coleta de depoimentos sobre o passado recente é um método importante para os pesquisadores que trabalham com História Oral. Por meio dela, é possível registrar a maneira como determinados grupos sociais excluídos da história oficial, como operários e indígenas, vivenciaram determinadas experiências e que visão construíram delas. No entanto, é sempre preciso ter em mente que as lembranças que os indivíduos guardam do passado dependem da forma como estas foram processadas pela memória e que elas refletem a visão de mundo característica do grupo social ao qual esses indivíduos pertencem.

  Tendo isso em mente, releia os depoimentos acima e responda:

  a) Todos os depoimentos acima foram colhidos na mesma época? Justifique sua resposta.
  b) Os depoimentos acima têm alguma coisa em comum? Explique.
  c) Todos os depoentes citados são do sexo masculino. Como as mulheres vivenciaram a Primeira Guerra Mundial? Faça uma pesquisa sobre as condições de vida enfrentadas pelas mulheres nesse período.
  d) Que associação podemos fazer entre memória e identidade?

As características da guerra

Para a época em que ocorreu, a Grande Guerra teve uma duração incomum. No final do século XIX, as guerras entre países costumavam ser mais rápidas; as mais demoradas eram conflitos coloniais, ocorridos longe da Europa. No início, todos os contendores esperavam uma guerra de movimento (em que tropas se deslocam e conquistam outro território), rápida, mas nenhuma potência conseguiu vantagem suficiente para sobrepor-se a outra e vencer o conflito. Por isso, ele derivou para uma guerra de posição (em que o objetivo é não perder terreno e, aos poucos, ir conquistando território do inimigo), o que tornou as trincheiras a marca registrada da Primeira Guerra Mundial.

Além disso, o equilíbrio de forças levou os oponentes a tentar convencer os países neutros a se engajar em um lado ou em outro. Para isso, foram feitas promessas de territórios e benefícios que não puderam ser cumpridas ao final da guerra, provocando novos descontentamentos.

Em termos de extensão do conflito, a amplitude também foi uma marca importante do confronto, resultado do sistema de "paz armada", que juntava o armamentismo com alianças que iam se estendendo pelos continentes com base em interesses comuns entre países. Pela primeira vez, todos os grandes países da Europa entram em guerra ao mesmo tempo.

A África foi envolvida no conflito na medida em que a maior parte do seu território, naquele momento, era de colônias europeias. Na Ásia, o governo japonês viu mais vantagens em participar do conflito do que se manter neutro, e declarou guerra à Alemanha interessada nas bases alemãs na China. Os chineses, por sua vez, entraram na guerra, pelo menos nominalmente, para não se inferiorizarem diante do Japão. O Oriente Médio foi arrastado para a guerra com a Áustria e a Alemanha.

Em termos de intensidade, a Primeira Guerra Mundial pode ser vista como a primeira experiência de "**guerra total**", ou seja, que exige que todos os habitantes de um país e todas as suas forças se voltem para sustentar as tropas com recursos materiais e humanos. Isso se deveu ao impasse criado pela guerra de posições. O Estado passou a dirigir toda a economia para o esforço nacional de vencer os inimigos, e por isso uma das estratégias da guerra foi a de atingir a economia e a produção dos outros. A guerra também impulsionou o avanço tecnológico bélico e ainda avançou para o setor psicológico: esse era o objetivo de bombardear a população civil nas cidades distantes dos *fronts*, ou seja, abater o moral dos adversários. Essa prática seria tristemente comum nas guerras do século XX.

Print Collector/Getty Images

Ruínas da cidade de Ypres, na Bélgica, destruída pelos alemães durante a Primeira Guerra Mundial.

Os tratados de paz: sementes para a guerra

Com o fim das operações militares, os vitoriosos reuniram-se em 1919 no Palácio de Versalhes, nos arredores de Paris, para as decisões do pós-guerra. O encontro foi dirigido pelo presidente norte-americano Wilson e os chanceleres Lloyd George, da Inglaterra, e Georges Clemenceau, da França.

O plano proposto pelo presidente norte-americano foi inviabilizado por diversos acordos paralelos e, principalmente, por pressão da França e da Inglaterra. As conversações resultaram no **Tratado de Versalhes**, que considerou a Alemanha culpada pela guerra e criou uma série de determinações que visavam a enfraquecê-la e desmilitarizá-la.

Por esse tratado, estabelecia-se a devolução da Alsácia-Lorena à França e o acesso da Polônia ao mar por uma faixa de terra dentro da Alemanha que desembocava no porto livre de Dantzig – seria o chamado "corredor polonês". A Alemanha perdia todas as suas colônias ultramarinas e parte de seu território europeu para os franceses, ingleses e seus aliados. Perdia também a artilharia e a aviação; passava a ter um exército limitado a 100 mil homens e ficava proibida de construir navios de guerra. Era ainda obrigada a indenizar as potências aliadas pelos danos causados, em um total aproximado de 30 bilhões de dólares, valor que foi sendo renegociado na década de 1920 até ser extinto em 1932.

O Tratado de Versalhes também oficializou a criação da **Liga das Nações**, que funcionaria como um fórum internacional no interesse da paz mundial. Essa pretensão, porém, não se concretizou, pois a liga não contou no início com a participação da Alemanha e da Rússia nem do próprio país que a idealizara e que se transformara na maior potência mundial: os Estados Unidos. Por discordar de muitas das decisões de Versalhes, os norte-americanos preferiram assinar com a Alemanha um acordo de paz em separado.

No mesmo ano de 1919, o Império Austro-Húngaro foi desmembrado pelo **Tratado de Saint Germain**. A Áustria perdeu a saída para o mar e foi obrigada a reconhecer a independência da Polônia, da Tchecoslováquia e da Hungria e a criação do Reino dos Sérvios, Croatas e Eslovenos (que, em 1929, adotaria o nome de Iugoslávia), perdendo, assim, a maior parte de seu território. Com a Hungria foi assinado o Tratado de Trianon e com a Bulgária, o Tratado de Neuilly.

Uma grande multidão estava presente no Salão dos Espelhos do Palácio de Versalhes, França, durante a assinatura do tratado de paz, em 28 de junho de 1919.

Lt. M. S. Lentz/Corbis/Latinstock

Desse modo, o conjunto de tratados assinados entre 1919 e 1921 selou a desintegração territorial dos impérios Austro-Húngaro, Turco-Otomano (Tratado de Sèvres, depois reformado pelo Tratado de Lausanne) e Alemão. Determinou também o início do processo de consolidação da independência de novos Estados, cuja soberania foi ratificada pelas populações envolvidas por meio de plebiscito. Tais países, quase todos situados na península Balcânica e constituídos de etnias eslavas, passaram a integrar as novas áreas para a atuação dos interesses capitalistas das potências vencedoras.

Caricatura de E. Schilling, de 1919, que mostra como as determinações de Versalhes representaram um fardo pesado para o povo alemão.

Somado ao fato de que essas mesmas potências conseguiram, ao final das discussões diplomáticas ocorridas no período, manter praticamente intactas suas possessões na África e na Ásia, verificou-se, na década de 1920, o fortalecimento da supremacia econômica e financeira dos Estados Unidos, seguidos de perto pela Inglaterra e França. Vinte anos mais tarde, essa supremacia seria contestada pelo espírito revanchista alemão que não havia morrido em Versalhes nem nos acordos posteriores.

Grandes impérios autoritários foram destruídos: o Império Otomano, o domínio monárquico dos Habsburgos, que comandava boa parte da Europa Central, a Alemanha monárquica dos *Kaisers* e a Rússia dos *czares*. A origem desses regimes dinásticos era muito anterior à Revolução Francesa, e seu desaparecimento levou junto seus vestígios do Antigo Regime.

As novas nações europeias

Adaptado de: BARRACLOUGH, Geoffrey. *Atlas da história do mundo*. São Paulo: Times Books/*Folha de S.Paulo*, 1995. p. 240-241.

Atividades

Leitura de documento

1. O texto abaixo foi escrito pelo artista Filippo Marinetti e publicado no jornal italiano *Le Figaro*, em fevereiro de 1909. Trata-se do *Manifesto Futurista*, que propunha uma nova concepção estética, afinada com os novos tempos da era industrial. Leia-o com atenção e responda em seu caderno às questões propostas.

1. Nós queremos cantar o amor ao perigo, o hábito da energia e da temeridade.
2. A coragem, a audácia, a rebelião serão elementos essenciais de nossa poesia.
3. A literatura exaltou até hoje a imobilidade pensativa, o êxtase, o sono. Nós queremos exaltar o movimento agressivo, a insônia febril, o passo de corrida, o salto mortal, o bofetão e o soco.
4. Nós afirmamos que a magnificência do mundo se enriqueceu de uma beleza nova: a beleza da velocidade. Um automóvel de corrida com o seu cofre enfeitado com tubos grossos, semelhantes a serpentes de hálito explosivo... um automóvel rugidor, que parece correr sobre a metralha, é mais bonito que a Vitória de Samotrácia.
5. Nós queremos glorificar o homem que segura o volante, cuja haste ideal atravessa a Terra, lançada também numa corrida sobre o circuito da sua órbita.
6. É preciso que o poeta prodigalize com ardor, esforço e liberdade, para aumentar o entusiástico fervor dos elementos primordiais.
7. Não há mais beleza, a não ser na luta. Nenhuma obra que não tenha um carácter agressivo pode ser uma obra-prima. A poesia deve ser concebida como um violento assalto contra as forças desconhecidas, para obrigá-las a prostrar-se diante do homem.
8. Nós estamos no promontório extremo dos séculos!... Por que haveríamos de olhar para trás, se queremos arrombar as misteriosas portas do Impossível? O Tempo e o Espaço morreram ontem. Já estamos vivendo no absoluto, pois já criamos a eterna velocidade onipotente.
9. Queremos glorificar a guerra – única higiene do mundo –, o militarismo, o patriotismo, o gesto destruidor dos libertários, as belas ideias pelas quais se morre e o desprezo pela mulher.
10. Queremos destruir os museus, as bibliotecas, as academias de toda a natureza, e combater o moralismo, o feminismo e toda a vileza oportunista e utilitária.
11. Cantaremos as grandes multidões agitadas pelo trabalho, pelo prazer ou pela sublevação; cantaremos as marés multicores e polifônicas das revoluções nas capitais modernas; cantaremos o vibrante fervor noturno dos arsenais e dos estaleiros incendiados por violentas lutas elétricas; as estações esganadas, devoradoras de serpentes que fumam; as fábricas penduradas nas nuvens pelos fios contorcidos de suas fumaças; as pontes, semelhantes a ginastas gigantes que cavalgam os rios, faiscantes ao sol com um luzir de facas; os piróscafos aventurosos que farejam o horizonte, as locomotivas de largo peito, que pateiam sobre os trilhos, como enormes cavalos de aço enleados de carros; e o voo rasante dos aviões, cuja hélice freme ao vento, como uma bandeira, e parece aplaudir como uma multidão entusiasta.

Manifesto Futurista. Disponível em: <http://memoriavirtual.net/2005/02/da-vinci/futurismo-manifesto-futurista>. Acesso em: 21 abr. 2014.

Album/akg-images/Latinstock/Museu de Arte Contemporânea, Roma, Itália.

A carga dos lanceiros, de Umberto Boccioni, de 1915. Boccioni foi um dos autores e principais teóricos do Manifesto Futurista de Pintura.

a) Que relação o *Manifesto Futurista* estabelece entre a arte e a tecnologia?
b) O que Marinetti propõe no lugar da arte marcada pela "imobilidade pensativa, o êxtase, o sono"?
c) Em sua opinião, a concepção estética futurista pode ser vista como um reflexo do contexto político europeu do início do século XX? Justifique.

Leitura e reflexão

2. Leia a carta de um oficial inglês, publicada no jornal *The Times* de 1º de janeiro de 1915, no período de conflito conhecido como guerra de trincheiras, contando o Natal de seus soldados. Com base nela, responda às questões propostas a seguir:

> Foi só um estranho Natal! Tudo calmo, a não ser uns tiros de emboscada do lado direito, mas nada no fronte. Nas trincheiras, aconteceram as cenas mais extraordinárias. Em frente à nossa barricada, nossos homens saíram e se misturaram com os alemães, conversando, trocando cigarros etc. Alguns dos nossos foram mesmo até as trincheiras inimigas e lá ficaram algum tempo, entretidos! Começaram a cantar, cada lado uma canção, até que todos terminaram com o "God Save the King" ("Deus Salve o Rei"), que os saxões cantaram com bastante sentimento. Um dos meus homens recebeu uma garrafa de vinho e o regimento chegou a jogar uma partida de futebol com os saxões, que saíram vitoriosos por 3 a 2!
>
> Carta de um oficial, citada no *The Times*, Londres, 1º jan. 1915. In: *História do século XX*. Jornal do século. São Paulo: Abril Cultural, 1974. p. 491.

a) De acordo com o texto, qual foi o clima que se estabeleceu entre os combatentes alemães e ingleses no Natal de 1914?
b) O clima descrito pelo autor é coerente com o contexto político europeu de 1914? Justifique.
c) Que reflexão a leitura do depoimento propõe sobre as divergências que opunham a Alemanha e a Inglaterra?
d) Retome a seção "Para pensar historicamente" e, com base no depoimento acima, registre sua opinião sobre as questões propostas naquela seção.

Leitura de gráficos e levantamento de hipóteses

3. Em 2009, grande parte do planeta alarmou-se com uma provável pandemia de gripe causada pelo vírus H1N1. Nos momentos de pico da doença, muitos se lembraram da gripe espanhola que, em 1918, fez milhões de vítimas no mundo. Na ocasião, o mundo vivia o fim da Primeira Guerra Mundial. Observando o gráfico abaixo, podemos pensar nos efeitos da gripe espanhola no início do século XX.

Taxa de mortalidade associada à gripe espanhola nos Estados Unidos, no início do século XX

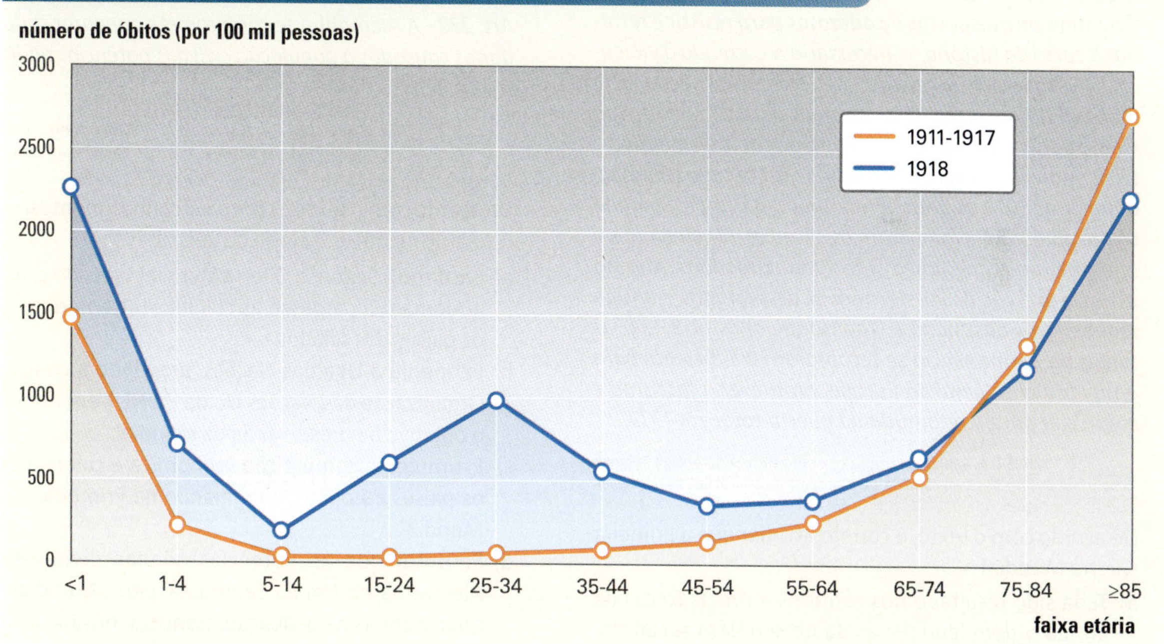

Cassiano Röda/Arquivo da editora

Disponível em: <http://forum.hardmob.com.br/showthread.php?t=390939>. Acesso em: 21 abr. 2014.

a) O gráfico acima diz respeito aos casos de gripe espanhola observados em que país do mundo?
b) Em relação à mortalidade dos casos de gripe espanhola, o que mudou no período entre 1911-1917 e 1918?
c) Considerando os dados do gráfico, pode-se dizer que a pandemia de gripe espanhola afetou os desdobramentos da Primeira Guerra Mundial? Explique.
d) Em sua opinião, que efeitos a pandemia de gripe espanhola pode ter causado sobre a economia dos países afetados pela doença? Justifique sua hipótese.
e) Em sua opinião, é possível fazer alguma associação entre a guerra e a ocorrência da pandemia de gripe espanhola?

Vestibulares de Norte a Sul

1. **NE** (Ufal) As riquezas geradas pelo crescimento do capitalismo provocavam disputas entre as grandes potências com seus projetos imperialistas já no limiar do século XX. Muitos desses conflitos levaram o mundo a conviver com uma grande guerra violenta e uso de armas diferentes. Em 1919, as negociações em busca da paz:

a) tiveram êxito, não deixando rancores nem sentimentos de vinganças entre os países da Europa.
b) foram dirigidas pelas propostas dos Estados Unidos, garantindo a volta da democracia na Europa Ocidental.
c) deixaram os alemães insatisfeitos com as propostas feitas, criando tensões e sentimentos de revanchismo.
d) tornaram os Estados Unidos a maior potência do Ocidente e um aliado incondicional dos povos europeus.
e) transformaram a vida internacional, melhorando as relações diplomáticas e fortalecendo a economia internacional.

2. **S** (UEL-PR)

A Grande Guerra de 1914 foi uma consequência da remobilização contemporânea dos anciens regimes *da Europa. Embora perdendo terreno para as forças do capitalismo industrial, as forças da antiga ordem ainda estavam suficientemente dispostas e poderosas para resistir e retardar o curso da história, se necessário recorrendo à violência. A Grande Guerra foi antes a expressão da decadência e queda da antiga ordem, lutando para prolongar sua vida, que do explosivo crescimento do capitalismo industrial, resolvido a impor a sua primazia. Por toda a Europa, a partir de 1917, as pressões de uma guerra prolongada afinal abalaram e romperam os alicerces da velha ordem entricheirada, que havia sido sua incubadora. Mesmo assim, à exceção da Rússia, onde se desmoronou o antigo regime mais obstinado e tradicional, após 1918-1919 as forças da permanência se recobraram o suficiente para agravar a crise geral da Europa, promover o fascismo e contribuir para a retomada da guerra total em 1939.*

MAYER, A. *A força da tradição*: a persistência do Antigo Regime. São Paulo: Companhia das Letras, 1987. p. 13-14.

De acordo com o texto, é correto afirmar que a Primeira Guerra Mundial:

a) Teria sido resultado dos conflitos entre as forças da antiga ordem feudal e as da nova ordem socialista, especialmente depois do triunfo da Revolução Russa.
b) Resultou do confronto entre as forças da permanência e as forças de mudança, isto é, do escravismo decadente e do capitalismo em ascensão.
c) Foi consequência do triunfo da indústria sobre a manufatura, o que provocou uma concorrência em nível mundial, levando ao choque das potências capitalistas imperialistas.
d) Foi produto de um momento histórico específico em que as mudanças se processavam mais lentamente do que fazem crer os historiadores que tratam a guerra como resultado do imperialismo.
e) Engendrou o nazifascismo, pois a burguesia europeia, tendo apoiado os comunistas russos, criaram o terreno propício ao surgimento e à expansão dos regimes totalitários do final do século.

3. **S** (Ufpel-RS) Artigos do Tratado de Versalhes (século XX):

Art. 45 - Alemanha cede à França a propriedade absoluta [...], com direito total de exploração, das minas de carvão situadas na bacia do rio Sarre.

Art. 119 - A Alemanha renuncia, em favor das potências aliadas, a todos os direitos sobre as colônias ultramarinas.

Art. 171 - Estão proibidas na Alemanha a fabricação e a importação de carros blindados, tanques, ou qualquer outro instrumento que sirva a objetivos de guerra.

Art. 232 - A Alemanha se compromete a reparar todos os danos causados à população civil das potências aliadas e a seus bens".

MARQUES, Adhemar Martins et alli: *História contemporânea:* textos e documentos. São Paulo: Contexto, 1999.

De acordo com o texto e com seus conhecimentos, é correto afirmar que o Tratado de Versalhes:

a) Encerrou a Segunda Guerra Mundial, fazendo com que a Alemanha perdesse as colônias ultramarinas para os países dos Aliados.
b) Extinguiu a Liga das Nações, propondo a criação da Organização das Nações Unidas (ONU), em 1945, com o objetivo de preservar a paz mundial.
c) Estimulou a competição econômica e colonial entre os países europeus, culminando na Primeira Guerra Mundial.
d) Permitiu que as potências aliadas dividissem a Alemanha no fim da Segunda Guerra Mundial, em quatro zonas de ocupação: francesa, britânica, americana e soviética.
e) Impôs duras sanções à Alemanha, no fim da Primeira Guerra Mundial, fazendo ressurgir o nacionalismo e reorganizando as forças políticas do país.

CAPÍTULO

32 A Revolução Russa

Bettmann/Corbis/Latinstock

Populares de Petrogrado, adeptos da revolução, em foto de 1918.

Para pensar historicamente

Reflexões sobre as experiências históricas

Na Revolução Russa, líderes do proletariado comandaram o processo revolucionário, forçando uma ruptura social e política inédita, cujos desdobramentos se refletiram internacionalmente por todo o século XX.

Entretanto, após os acontecimentos de 1917, o movimento revolucionário não manteve coerência em relação aos desafios impostos pela sociedade soviética e pela comunidade internacional.

Qual seria o caráter do sistema soviético? Por que não obteve êxito em criar uma sociedade sem classes? Teria sido uma forma de resistir ao sistema capitalista?

A resposta a essas questões depende do critério que usamos, ou seja, se avaliamos uma experiência histórica pelo que seus sujeitos dizem dela, ou pelos resultados que efetivamente produziu. Ao estudar este capítulo, reflita sobre as várias análises possíveis da Revolução Russa e de outros processos históricos.

Vista da Catedral de São Basílio na Praça Vermelha, em Moscou, Rússia. Foto de 2013.

Tony Zelenoff/Shutterstock/Glow Images

1 A corrosão do czarismo russo

As contradições presentes na Rússia no início do século XX – muitas delas decorrentes dos valores impostos pelo Antigo Regime – chocavam-se com o mundo capitalista emergente. Os grandes proprietários de terras, o clero e os oficiais do exército, no alto da pirâmide social, configuravam uma sociedade baseada na posse de terras e de títulos honoríficos. Mantendo uma estrutura que carregava muitos aspectos do mundo feudal, a sociedade russa não mostrava o dinamismo de outras sociedades capitalistas.

Os nobres proprietários possuíam a maior parte das terras férteis e exploravam o trabalho dos camponeses, que viviam em situação próxima da servidão.

Desde o final do século XIX, diversos imperadores vinham adotando tímidas políticas modernizadoras. Entre elas estavam a abolição da servidão e o encorajamento de investimentos estrangeiros para impulsionar a industrialização russa. Ao mesmo tempo, a modernização industrial aumentava o contraste entre a estrutura oligárquica que sustentava o czar e as cidades modernizadas. Anarquistas e marxistas russos difundiam suas ideias entre as populações urbanas e rurais, e grandes greves operárias marcaram a Rússia do começo do século XX. Além deles, outros sujeitos sociais se opunham à estrutura autoritária do czarismo e todos concorreram para a Revolução de 1917.

Os monarcas da **dinastia Romanov**, no poder desde 1613, governavam de forma autoritária. O czar se confundia com o Estado e agia politicamente sustentado na grandeza imperial e voltado para a ampliação de seu poder como déspota. Essa postura, naturalmente, não satisfazia as aspirações burguesas de industrialização e modernização.

Nicolau II em retrato de 1913.

Trabalhadores agrícolas russos, em foto tirada entre 1907 e 1914.

A corrosão do poder czarista, devido ao seu caráter despótico, em contraste com os regimes constitucionais de muitas nações europeias, fragilizou seu poderio e debilitou o império. O fracasso do czar Nicolau II na Guerra Russo-Japonesa (1904-1905), ao disputar a Coreia e a Manchúria, incentivou forças de oposição a intensificar pressões contra o despotismo dos Romanov.

A primeira evidência de impasse político se deu em 22 de janeiro de 1905, quando uma manifestação popular em frente ao palácio de inverno dos monarcas, em **São Petersburgo**, foi reprimida violentamente. Os manifestantes, pacíficos e desarmados, queriam se reunir com o czar para convocar uma Assembleia Constituinte e implantar melhores condições de trabalho e regras trabalhistas.

São Petersburgo foi mais tarde chamada de Petrogrado, depois, de Leningrado e, atualmente, São Petersburgo, seu nome de origem.

Apesar de não desrespeitarem a autoridade do czar, para quem chegaram a cantar o hino da fidelidade ao governo, *Deus salve o czar*, os manifestantes acabaram sendo dizimados às centenas, por tropas de soldados e da polícia. O episódio ficou conhecido como **Domingo Sangrento**.

Depois disso, uma onda de protestos e intranquilidade espalhou-se pelo Império Russo, resultando em uma greve geral e em levantes militares, como o do **encouraçado *Potemkin***, da esquadra do mar Negro. Essa situação obrigou o czar a assinar o Tratado de Portsmouth, em 5 de setembro de 1905, pondo fim ao conflito com o Japão. O país foi obrigado a entregar ao vencedor a parte setentrional da ilha de Sacalina e a península de Liaotung e a reconhecer os direitos exclusivos dos japoneses sobre a Coreia.

Ria Nowosti/Album/akg-images/Latinstock

Na foto, forças militares reprimem a população em frente ao palácio de inverno dos monarcas russos, em São Petersburgo, no dia 22 de janeiro de 1905. Com o Domingo Sangrento, como este dia ficou conhecido, instalou-se o descrédito e a revolta da nação russa com o estado czarista.

O encouraçado *Potemkin*

O episódio envolvendo esse navio ocorreu na cidade de Odessa. Sobre ele, o cineasta russo Serguei Eisenstein realizou, em 1925, o filme *O encouraçado Potemkin*, para relembrar os vinte anos da revolta de 1905 – ocasião em que marinheiros de um navio do *czar* rebelaram-se contra a tirania de seus comandantes e assumiram o controle da embarcação. A população de Odessa apoiou a revolta, mas as forças repressoras do regime czarista esmagaram o movimento com violência desmedida.

Album/akg-images/Latinstock

O encouraçado *Potemkin* foi construído em 1898 e serviu à marinha russa até 1918. Na foto, marinheiros amotinados a bordo do navio, em 1905. Esta foi mais uma demonstração popular do descontentamento com o governo czarista.

Diante das crescentes manifestações, no mês seguinte o czar lançou o **Manifesto de outubro**, prometendo a instauração de uma monarquia constitucional e parlamentar. As agitações populares, tanto de trabalhadores da indústria como de camponeses, estimularam a formação dos **sovietes** – conselhos de trabalhadores – em várias regiões da Rússia, o que ativou a participação popular.

Duma

Em 1906, Nicolau II cumpriu a promessa de instaurar uma **Duma** (parlamento), a fim de redigir uma nova Constituição para o país. Controlada por deputados predominantemente originários das elites nacionais, a Duma, no entanto, acabou ficando submetida à autoridade do czar, que aumentou os próprios poderes por meio de decretos. As críticas dos parlamentares levaram-no, no ano seguinte, a dissolver a Duma.

O movimento de abertura do regime czarista mostrava-se oscilante, pendular. Em 1911 a reação absolutista se impôs novamente. A monarquia autocrática czarista convivia com a Constituição, com a Duma e com os sovietes – todos, agora, sem poderes efetivos.

Entre os opositores do czarismo, destacaram-se várias agremiações político-ideológicas, como os *narodnikis* (populistas), os anarquistas (partidários das ideias de **Bakunin**) e, principalmente, os social-democratas (defensores dos princípios marxistas).

AKG-Images/Latinstock

A foto de maio de 1906 mostra o czar Nicolau II e a czarina Alexandra abrindo os trabalhos da Duma no Palácio de Inverno de São Petersburgo.

Os social-democratas dividiram-se, a partir de 1903, em duas facções. Os **mencheviques** (do russo *'menshe'* = menos, indicando sua presença minoritária no Congresso da Social-Democracia dos Trabalhadores Russos) caracterizavam-se como marxistas ortodoxos e pregavam o desenvolvimento e o amadurecimento do capitalismo para só, então, almejar o socialismo. Eram liderados por Gheorghi Plekhanov e Iulii Martov.

A outra facção dos social-democratas russos era a dos **bolcheviques** (do russo *'bolshe'* = "mais", indicando o caráter de maioria no mesmo congresso), que defendiam a revolução socialista, a instalação da ditadura do proletariado, com a aliança de operários e camponeses, e tinham como líder Vladimir Ilitch Lênin (1870-1924).

A progressiva divisão dos social-democratas levou-os à separação definitiva em 1914. Apesar disso, tanto bolcheviques como mencheviques continuavam a catalisar o crescente e generalizado descontentamento da população russa em relação ao czarismo.

O colapso do czarismo

Membro da Tríplice Entente, com a Inglaterra e a França, a Rússia lutou contra a Alemanha e a Áustria-Hungria durante a Primeira Guerra Mundial, visando a conquistas territoriais. A guerra, porém, agravou as contradições sociais e políticas internas.

As sucessivas derrotas da Rússia diante do poderio militar alemão, pelas quais o czar foi responsabilizado, foram acompanhadas de deserções em massa de soldados da frente de batalha, favorecendo a organização das oposições que se preparavam para a insurreição.

No final de 1916, após a conquista de boa parte de seu território pelos alemães, a Rússia estava militarmente aniquilada e economicamente desorganizada. Sua população convivia com o desabastecimento e a escassez de gêneros básicos. Em fevereiro de 1917, os trabalhadores fizeram várias greves e manifestações, apoiadas por motins de soldados e marinheiros, o que acabou por gerar a deposição de Nicolau II.

A fotografia mostra a cidade de Vilkowisky, na Rússia, sob o domínio alemão durante a Primeira Guerra Mundial.

Culture Club/Getty Images

2 A revolução menchevique

Em março de 1917, foi instalada a República da Duma, sob a chefia de um nobre politicamente moderado, o príncipe Lvov, sobre o qual pesava a influência de **Alexandre Kerensky**, líder menchevique. Kerensky era membro do Soviete de Petrogrado, outro centro de poder criado logo após a queda do czar, composto de operários, marinheiros e soldados.

Kerensky só assumiu efetivamente o poder da Duma em julho de 1917, com a renúncia de Lvov. Comprometido com a ideia de desenvolver o capitalismo russo para depois lutar pelo socialismo, conforme pregavam os mencheviques, ele manteve a Rússia na Primeira Guerra Mundial, atendendo aos compromissos e ligações com a burguesia que o apoiava. Essa situação não era apoiada pelos bolcheviques, que defendiam que a revolução proletária estava prestes a ocorrer, o que levaria à paz no plano internacional e às mudanças almejadas no plano interno.

Liderados por Vladimir Lênin e Leon Trótski (1879-1940), os bolcheviques ganharam popularidade com as **Teses de abril**. Sintetizadas na plataforma de "Paz, terra e pão", propunham a saída da Rússia do conflito, a divisão das grandes propriedades entre os camponeses e a regularização do abastecimento interno. Sob o lema "Todo poder aos sovietes", Trótski recrutou uma milícia revolucionária em Petrogrado, a **Guarda Vermelha**, entre trabalhadores bolcheviques dos sovietes.

Hulton-Deutsch Collection/Corbis/Latinstock

Kerensky, no carro e de uniforme militar, inspeciona tropas no *front* de 1917.

Para saber mais

Às vésperas da revolução

O clima de radicalização ao qual chegou a Rússia às vésperas da revolução é relatado pelo jornalista norte-americano John Reed, que mais tarde participaria do governo bolchevique:

Nós, americanos, custávamos a crer que a luta de classes fosse capaz de gerar ódios tão intensos. Vi oficiais da frente norte que preferiam abertamente uma catástrofe militar a qualquer entendimento com os comitês de soldados. O secretário da seção dos cadetes de Petrogrado garantiu-me que o descalabro econômico geral era parte de um plano organizado para desmoralizar a revolução aos olhos das massas. Um diplomata aliado, cujo nome prometi não revelar, confirmou o que me dissera o oficial. Soube ainda que muitas minas de carvão perto de Khárkov tinham sido incendiadas e inundadas por seus próprios donos, e que muitos engenheiros de fábricas têxteis, antes de abandoná-las em poder dos operários, destruíram suas máquinas. Empregados ferroviários haviam sido igualmente surpreendidos por trabalhadores quando inutilizavam suas locomotivas.

Grande parte da burguesia preferia os alemães à revolução. Nesse número, contava-se o próprio Governo Provisório, que não escondia mais seu ponto de vista.

REED, John. *Os dez dias que abalaram o mundo.* São Paulo: Círculo do Livro, 1984. p. 32.

1. O texto de John Reed é um exemplo de jornalismo literário. Pesquise as principais características desse gênero textual.
2. Com base em sua pesquisa e na leitura do texto acima, você diria que o relato feito por John Reed sobre a Revolução de Outubro foi imparcial? Justifique.
3. As características do jornalismo literário prejudicam o uso desse tipo de texto como fonte documental para o estudo da História? Justifique.

3 A revolução bolchevique

Revolução Russa

Em 7 de novembro (ou 25 de outubro, no calendário juliano, até então em vigor na Rússia), os bolcheviques tomaram de assalto os departamentos públicos e o Palácio de Inverno, em Petrogrado. Destituíram o governo republicano menchevique e em seu lugar criaram o Conselho de Comissários do Povo.

Assim, deram início ao novo governo russo, com a publicação do primeiro documento oficial da revolução, "Apelo aos trabalhadores, soldados e camponeses", redigido por Lênin e que transferia todo o poder para os sovietes. No comando do conselho estavam Vladimir Lênin, como presidente, Leon Trótski, como encarregado dos negócios estrangeiros, e Josef Stálin (1879-1953), chefiando os negócios internos.

O governo de Vladimir Lênin (1917-1924)

De início, o novo governo nacionalizou as indústrias e os bancos estrangeiros, redistribuiu as terras no campo e firmou um armistício com a Alemanha, em Brest-Litovski. Para sair do conflito, a Rússia teve de abrir mão de alguns territórios (Estônia, Letônia, Lituânia, Finlândia, Ucrânia e Polônia).

As mudanças nas estruturas tradicionais de poder, entretanto, ativaram a oposição dos mencheviques e czaristas (que passaram a ser chamados de **russos brancos**). Com o apoio das potências aliadas, que receavam a propagação da revolução de caráter popular pelo mundo, as duas facções mergulharam o país numa sangrenta guerra civil, que só terminou em 1921, com a vitória dos bolcheviques (denominados **russos vermelhos**, por serem oriundos da Guarda Vermelha, fundada por Trótski).

Durante a guerra civil, o governo de Lênin adotou como política econômica o **comunismo de guerra**, caracterizado pela centralização da produção e pela eliminação da economia de mercado, típica do capitalismo. Seu objetivo era conseguir recursos para enfrentar o cerco internacional e a guerra contra os russos brancos e seus aliados europeus. As requisições forçadas, com o confisco pelo Estado da produção agrícola, fizeram desaparecer os procedimentos de compra e venda de produtos, tornando desnecessário até o uso de moeda.

Underwood & Underwood/Corbis/Latinstock

As sucessivas derrotas russas na Primeira Guerra Mundial aceleraram a decomposição do Estado liberal menchevique. Na foto de 1925, Trótski discursa para tropas do Exército Vermelho.

Em 1921, apesar da vitória bolchevique sobre os russos brancos e aliados, surgiram sérias crises de abastecimento, além de revoltas camponesas provocadas pelo confisco da produção agrícola. Para evitar o colapso total da economia após a guerra civil, Lênin instituiu a **Nova Política Econômica** (NEP), um planejamento estatal sobre a economia que combinava princípios socialistas com elementos capitalistas, estimulando a pequena manufatura privada, o pequeno comércio e a venda livre de produtos pelos camponeses nos mercados. Pretendia, dessa forma, motivar a produção e garantir o abastecimento.

Bettmann/Corbis/Latinstock

Vladimir Ilitch Lênin comandou a Revolução Bolchevique e foi o primeiro presidente da Rússia socialista. Foto sem data.

Lênin justificava a inserção de componentes capitalistas na economia russa sob a alegação de que eram necessários para fortalecê-la e, desse modo, possibilitar a implantação do regime socialista. A NEP durou até 1928 e permitiu a recuperação parcial da economia soviética, reativando setores fundamentais: indústria e agricultura e comércio.

Em contraste com a relativa liberalização econômica, consolidou-se o centralismo governamental sob o governo do único partido, o Partido Comunista Russo, nome dado pelos bolcheviques, a partir de 1918. Nesse mesmo ano foi elaborada uma Constituição que criava a República Soviética Socialista Russa e, em 1923, outra, que instituía a **União das Repúblicas Socialistas Soviéticas (URSS)**, mais conhecida por União Soviética. Esse foi o resultado de um acordo de união das diferentes regiões do antigo Império Russo, convertidas em repúblicas federativas e socialistas. Com a mudança do nome, o ex-partido bolchevique transformou-se, em 1925, no Partido Comunista da União Soviética (PCUS).

Com a morte de Lênin, em 1924, o poder soviético foi disputado por Leon Trótski, chefe do exército, e Josef Stálin, secretário-geral do Partido Comunista. Trótski defendia a revolução permanente, difundindo o socialismo pelo mundo. Stálin pregava a consolidação interna da revolução, a estruturação de um Estado revolucionário forte e a implantação do socialismo em um só país, para então tentar expandir a revolução para a Europa. Stálin saiu vitorioso e, nos anos seguintes, marginalizou Trótski e seus seguidores até eliminá-los.

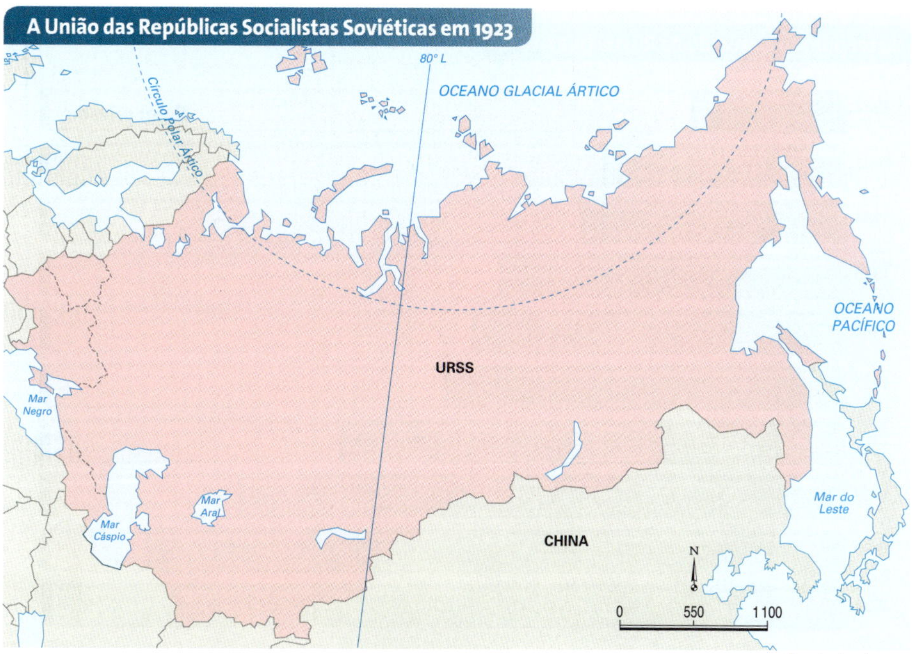

Allmaps/Arquivo da editora

A União das Repúblicas Socialistas Soviéticas em 1923.

Organizado pelo autor.

4 O governo de Josef Stálin (1924-1953)

A partir de 1928, a economia soviética, sob o comando de Stálin, viveu a socialização total, com a abolição da NEP e a instauração dos **planos quinquenais**, que objetivavam modernizar e industrializar a União Soviética. O primeiro deles (1928-1933) estava voltado para o aumento da produção de maneira global, com o estímulo à industrialização, sobretudo na área da indústria pesada (siderurgia, maquinaria, etc.).

No meio rural, foi feita a coletivização agrícola, com duas formas de estabelecimento rural: os *sovkhozes* (fazendas estatais) e os *kolkhozes* (cooperativas).

Ao ser implantado o segundo plano quinquenal, na década de 1930, já se notavam os efeitos positivos do primeiro plano: a indústria de base crescera aproximadamente sete vezes em relação a 1928, e a indústria de bens de consumo, quatro vezes.

O terceiro plano quinquenal, iniciado em 1938, visava desenvolver a indústria especializada, especialmente a química, mas não pôde ser colocado em prática devido à eclosão da Segunda Guerra Mundial.

No plano político, Stálin consolidou seu poder assumindo integralmente o controle do Partido Comunista, transformado no poder máximo que supervisionava todos os sovietes.

Subordinada ao partido estava a polícia política revolucionária, organização chamada inicialmente de Cheka e, depois, em 1922, transformada em GPU, a Administração Política do Estado, sob a chefia de Stálin.

Centralizando todo o poder do Estado soviético, Stálin livrou-se da oposição de Trótski, exilando-o em 1929. Mais tarde, principalmente entre 1936 e 1938, reafirmou sua autoridade ao afastar todos os potenciais opositores, recorrendo para isso a julgamentos, condenações, expulsões do partido e punições – processos que ficaram conhecidos como *expurgos de Moscou*. Sem alarde ou protestos, que eram abafados pelo medo, muitos líderes políticos e cidadãos comuns foram aprisionados, executados ou mandados para prisões em regiões remotas, como a Sibéria.

Setor público e privado na Rússia (1922-1931)

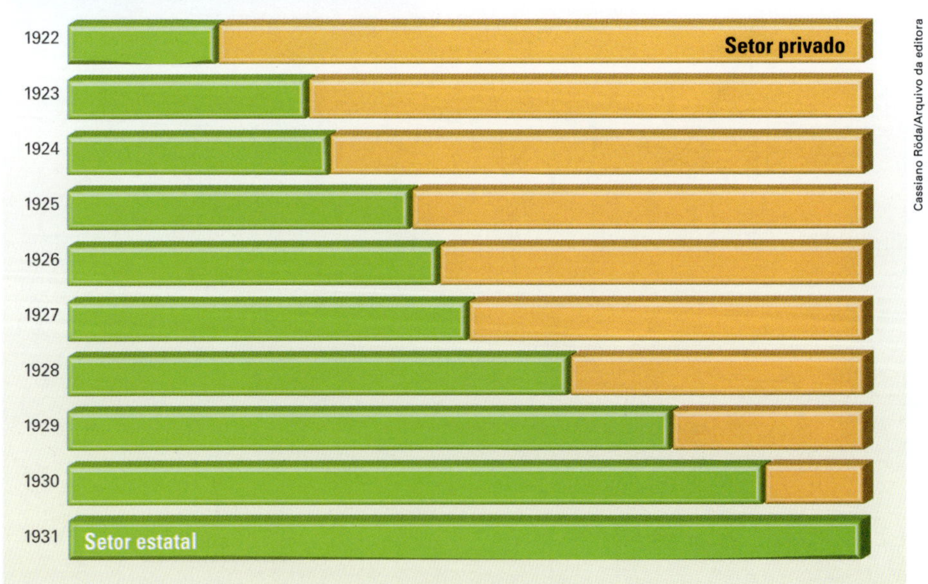

De 1922 a 1931, prevaleceu o encolhimento do setor privado em relação ao estatal.

Adaptado de: CAMERA, Augusto; FABIETTI, Renato. *Elementi di storia – XX secolo*. Bolonha: Zanichelli, 1999. p. 1273.

Mesmo fora da União Soviética, Trótski continuou a fazer oposição ao governo stalinista, criticando os processos de Moscou e a farsa das retratações de acusados, até ser assassinado por um agente da polícia política soviética, no México, em 1940.

No plano externo, 65 partidos comunistas internacionais, representando mais de 3 milhões de comunistas do mundo todo, apoiaram abertamente a política stalinista no congresso da Internacional Comunista (*Komintern*), ocorrido em 1935, em Moscou. Um ano antes, a União Soviética já participava da Liga das Nações, como prova de reconhecimento diplomático por parte de vários países capitalistas outrora aliados do exército russo branco.

Na década de 1930, a consolidação do governo fascista de Benito Mussolini, na Itália, e a ascensão do governo nazista de Adolf Hitler, na Alemanha, provocariam uma alteração substancial na política mundial, envolvendo a União Soviética nos conflitos do período. O pacto anti *Komintern*, assinado entre o Japão, a Itália e a Alemanha, em 1936, tornava-se um desafio não só à existência de um país sob o regime comunista, mas também ao movimento operário internacional.

Reprodução/Coleção particular, Londres, Inglaterra.

Manifesto propagandístico de Stálin destacando a construção de usina siderúrgica em Moscou, em 1930.

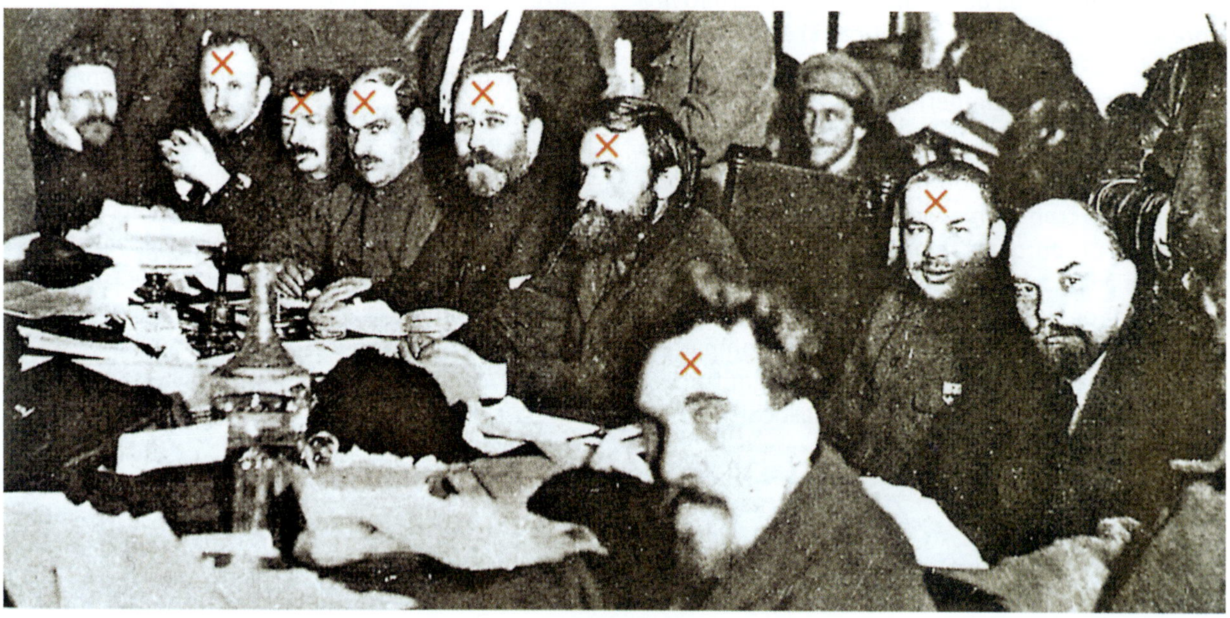

Reprodução/Museu Lênin, Moscou, Rússia

Todos os membros dessa reunião do IX Congresso do PCUS de 1920 assinalados foram vítimas das perseguições de Stálin.

Pensando no Enem

1. A primeira metade do século XX foi marcada por conflitos e processos que a inscreveram como um dos mais violentos períodos da história humana.

Entre os principais fatores que estiveram na origem dos conflitos ocorridos durante a primeira metade do século XX estão:

a) a crise do colonialismo, a ascensão do nacionalismo e do totalitarismo.
b) o enfraquecimento do império britânico, a Grande Depressão e a corrida nuclear.
c) o declínio britânico, o fracasso da Liga das Nações e a Revolução Cubana.
d) a corrida armamentista, o terceiro-mundismo e o expansionismo soviético.
e) a Revolução Bolchevique, o imperialismo e a unificação da Alemanha.

Resposta: a

Os fatores que estiveram na origem dos conflitos da primeira metade do século XIX são a crise do colonialismo, a ascensão do nacionalismo e do totalitarismo. O colonialismo, que teve plena expansão no século XIX, entrou em colapso ainda nas primeiras décadas do século XX. Já o nacionalismo, cujas raízes remontam ao final do século XVIII (Revolução Francesa), ganhou impulso no século XIX e atingiu sua plenitude com o nazifascismo, exemplo de regime totalitarista, no século XX. A alternativa *b* apresenta como dado errado a corrida nuclear, a *c* a Revolução Cubana e a *d* o terceiro-mundismo, todos elementos da segunda metade do século XX. Já a alternativa *e* apresenta erroneamente a unificação da Alemanha, que é de 1870, apesar de estarem corretas a Revolução Bolchevique e o imperialismo.

Considerando a matriz de Referência do Enem, a questão contempla a competência de área 2 – Compreender as transformações dos espaços geográficos como produto das relações socioeconômicas e culturais de poder, especialmente as habilidades H7: identificar os significados histórico-geográficos das relações de poder entre as nações e H9: comparar o significado histórico-geográfico das organizações políticas e socioeconômicas em escala local, regional ou mundial.

2. *Na produção social que os homens realizam, eles entram em determinadas relações indispensáveis e independentes de sua vontade; tais relações de produção correspondem a um estágio definido de desenvolvimento das suas forças materiais de produção. A totalidade dessas relações constitui a estrutura econômica da sociedade – fundamento real, sobre o qual se erguem as superestruturas política e jurídica, e ao qual correspondem determinadas formas de consciência social.*

MARX, K. Prefácio à crítica da economia política.
In. MARX, K. ENGELS F. *Textos 3*.
São Paulo. Edições Sociais, 1977 (adaptado).

Para o autor, a relação entre economia e política estabelecida no sistema capitalista faz com que:

a) o proletariado seja contemplado pelo processo de mais-valia.
b) o trabalho se constitua como o fundamento real da produção material.
c) a consolidação das forças produtivas seja compatível com o progresso humano.
d) a autonomia da sociedade civil seja proporcional ao desenvolvimento econômico.
e) a burguesia revolucione o processo social de formação da consciência de classe.

Resposta: b

As ideias marxistas serviram de base ideológica para a revolução bolchevique e para a estruturação da União Soviética. Segundo Marx, o capitalismo seria o estágio de maior exploração e da alienação do trabalhador, acirrando as lutas de classes.

Considerando a matriz de Referência do Enem, essa questão contempla a competência de área 3 – Compreender a produção e o papel histórico das instituições sociais, políticas e econômicas, associando-as aos diferentes grupos, conflitos e movimentos sociais, especialmente as habilidades H11: identificar registros de práticas de grupos sociais no tempo e no espaço, H13: analisar a atuação dos movimentos sociais que contribuíram para mudanças ou rupturas em processos de disputa pelo poder e H14: comparar diferentes pontos de vista, presentes em textos analíticos e interpretativos, sobre situação ou fatos de natureza histórico-geográfica acerca das instituições sociais, políticas e econômicas.

Atividades

Leitura de documento

1. O texto abaixo é um discurso proferido por Lênin, líder da revolução bolchevique, em Petrogrado, no dia 15 de abril de 1917, logo depois de seu exílio na Suíça. Leia-o atentamente e, em seguida, responda às questões:

> Caros camaradas, soldados, marinheiros e trabalhadores! Estou feliz em poder saudar em suas pessoas a vitoriosa revolução russa e saudá-los como a vanguarda da revolução proletária internacional.
>
> A guerra pirata do imperialismo é o início da guerra civil por toda a Europa... Não está longe a hora em que os povos irão virar as suas armas contra seus exploradores capitalistas... Esta é a aurora da revolução socialista.
>
> A Alemanha ferve...
>
> A qualquer dia, agora, toda a Europa capitalista irá tombar. A Revolução Russa, por vocês realizada, preparou o caminho e deu início a uma nova época. Longa vida à revolução proletária internacional.
>
> Não sei ainda se vocês estão de acordo com o Governo Provisório. Mas sei muito bem que, enquanto eles ficam fazendo doces discursos e fazendo tantas promessas, eles estão é a enganar vocês e a todo o povo da Rússia. O povo precisa de paz. O povo precisa de pão e de terra. E eles dão a vocês guerra, fome e nada de comida, e a terra continua com os seus donos. Marinheiros, camaradas, vocês têm de lutar pela revolução, lutar até o fim.
>
> Apud FIGUEIREDO, Carlos. *Cem discursos históricos*. Belo Horizonte: Leitura, 2002. p. 310-311.

a) A quem Lênin se dirige em seu discurso?

b) O que estava acontecendo na Europa e, em particular, na Rússia, quando Lênin proferiu esse discurso? Em seu caderno, transcreva os trechos do discurso que fazem referência a esses acontecimentos.

c) Qual era a projeção de Lênin para o processo revolucionário na ocasião em que proferiu o discurso?

d) Que estratégia Lênin empregou em seu discurso para conquistar a simpatia da população? Explique.

Leitura e análise de tabela

2. A tabela abaixo oferece dados acerca da produção e do consumo de cereais na Rússia, entre os anos de 1922 e 1928. Observe-a:

Produto e consumo teórico de cereais (1922-1928)

Ano da colheita	Superfície semeada (milhões de hectares)	Produção total (milhões de toneladas)	Produtividade (quintais por hectare)	População (milhões de habitantes)	Consumo por habitante
1922	66,2	56,3	8,55	132	4,6
1923	78,6	57,4	7,3	135,5	4,25
1924	82,9	51,4	6,2	139	3,69
1925	87,3	74,7	8,6	143	5,22
1926	93,7	78,3	8,4	147	5,32
1927	94,7	72,8	7,6	149	4,88
1928	92,2	73,3	7,9	150,5	4,87

Apud BERSTEIN, Serge; MILZA, Pierre. *História do século XX* (1900-1945): o fim do mundo europeu. São Paulo: Companhia Editora Nacional, 2007. v. 1. p. 230.

a) Com base no que você estudou no capítulo, responda: o que estava acontecendo na Rússia no período considerado na tabela?

b) Em que ano a população russa enfrentou maiores privações? Explique esse resultado utilizando os dados da tabela.

c) Considerando os dados da tabela, a política econômica do governo revolucionário foi capaz de corrigir os problemas da economia russa? Explique.

Leitura e análise de cartazes

3. Examine as imagens abaixo, feitas pelo artista e escritor Vladmir Mayakóvski em 1917. Preste atenção às personagens representadas, à maneira como estão caracterizadas, aos elementos do cenário e às diferenças existentes entre o primeiro e o segundo quadro. Em seguida, responda às questões.

As legendas dizem: "Eis quem os soldados defendiam antes!" e "Eis quem os soldados defendem agora!". Nas bandeiras da figura, lê-se: "Terra e Liberdade", "República Democrática" e "Livre".

a) Descreva as personagens representadas no primeiro quadro e identifique-as.
b) Observe o cenário do primeiro quadro e explique a associação feita entre ele e as personagens da figura.
c) Descreva as personagens representadas no segundo quadro e identifique-as.
d) Leia, na legenda das imagens, a tradução das frases escritas nas bandeiras e responda: que relação pode-se estabelecer entre essas frases e a mudança nas personagens representadas?
e) Pesquise a biografia de Mayakóvski, dando atenção ao seu envolvimento com os acontecimentos políticos que marcaram a Rússia depois da revolução bolchevique. Considerando as experiências do escritor nos últimos anos de sua vida, como você imagina que ele teria representado esse período da história russa? Em seu caderno, desenhe um terceiro quadro para a imagem reproduzida no livro, seguindo o mesmo modelo dos outros dois.

Vestibulares de Norte a Sul

1. **CO** (UFMT)

O campo, em 1922, colheu 50% a mais de grãos do que no ano anterior. A indústria de consumo dava mostras de recuperação, sobretudo a têxtil. Embora o volume da produção fosse ainda um quinto, em 1922, do que fora no período anterior à Primeira Guerra Mundial, em relação ao ano anterior crescera aproximadamente 50 %. O tráfego ferroviário fora reativado em todo o país.

HECKER, A. *Revolução Russa*: uma história em debate. São Paulo: Expressão e Arte Editora, 2007.

No trecho acima, o autor fala sobre a Nova Política Econômica (NEP), instalada por Lênin pouco tempo depois da tomada do poder na Rússia. Sobre a NEP, analise as afirmativas.

I. Representou uma suavização da política econômica anterior, admitindo algumas manifestações capitalistas ou de economia mista para reorganizar o aparelho produtivo.

II. Contribuiu para o surgimento de uma nova categoria social, os *nepmen*, empresários da iniciativa privada que colaborariam com o governo bolchevique e dispostos a uma adaptação ao comunismo.

III. Expressou o rompimento definitivo da Rússia com o sistema capitalista e uma forte guinada ao comunismo socialista.

IV. Significou melhoria nas condições do trabalhador industrial: aumento salarial e diminuição da jornada de trabalho.

Estão corretas as afirmativas:

a) I e IV, apenas.
b) II e III, apenas.
c) III e IV, apenas.
d) I, II, III e IV.
e) I e II, apenas.

2. **NE** (UFSE) Entre as consequências da Revolução Russa para a história do século XX, pode-se considerar [assinale verdadeiro ou falso]:

( ) O reforço do poder do Vaticano na Europa Oriental e na Ásia, pois a Igreja Católica era anti capitalista e favorável a uma sociedade igualitária.

( ) A implantação de regimes totalitários, de tipo soviético, em vários países das Américas, como Bolívia, Paraguai, México e Cuba.

( ) O apoio da burguesia a regimes fascistas em vários países da Europa, como a Itália e a Alemanha, com medo das revoluções socialistas inspiradas no exemplo russo.

( ) A divisão do mundo em duas grandes zonas de influência – capitalista liberal e socialista soviética – após a Segunda Guerra Mundial.

( ) A volta de monarquias inspiradas no Antigo Regime, apoiadas pelas burguesias europeias, temerosas da expansão dos ideais revolucionários.

3. **SE** (UFF-RJ)

Em 1921, o problema nacional central era o da recuperação econômica – o índice de desespero do país é eloquente: naquele ano, 36 milhões de pessoas não tinham o que comer. Nas novas e ruinosas condições da paz, o "comunismo de guerra" revelava-se insuficiente: era preciso estimular mais efetivamente os mecanismos econômicos da sociedade. Assim, ainda em 1921, no X Congresso do Partido, Lenin propõe um plano econômico de emergência: a Nova Política Econômica.

NETO, J. P. *O que é stalinismo*. São Paulo: Brasiliense, 1981.

Sobre a chamada Nova Política Econômica é correto afirmar que:

a) ela reintroduziu práticas de exploração econômica anteriores à Revolução Russa de 1917, que se traduziram num abandono temporário de todas as transformações socialistas já feitas e um retorno ao capitalismo.
b) ela consistiu na manutenção de elementos econômicos socialistas, na organização da economia (como o planejamento) e na permissão para o estabelecimento de elementos capitalistas por meio da livre iniciativa em certos setores.
c) ela significou fundamentalmente uma reforma agrária radical que promoveu a coletivização forçada das propriedades agrárias e a construção de fazendas coletivas, os *Kolkhozes*.
d) seu resultado foi catastrófico, mesmo permitindo a volta controlada de relações capitalistas na economia, já que ela ampliou ainda mais o nível de desemprego e produziu fome em grande escala.
e) ela significou, com a abertura para o capitalismo, um aumento substancial da produção industrial, mas, ao mesmo tempo, por ter retirado todos os incentivos anteriormente concedidos à produção agrícola, foi a razão da ruína do campo.

4. SE (UFU-MG) Interprete as imagens a seguir:

The Bridgeman Art Library/Keystone/ Collection Kharbine-Tapabor, Paris, França

Universal History Archive/ The Bridgeman Art Library/Keystone

Essas imagens apresentam um dos recursos utilizados pelo stalinismo para a anulação dos "inimigos" do regime soviético.

A respeito do stalinismo na União Soviética, marque a alternativa correta.

a) Stálin empreendeu um governo autoritário, com características totalitárias, espalhando o terror, massacrando grupos considerados oposicionistas, cujas práticas foram denunciadas e apuradas após sua morte, o que desencadeou uma grande crise do socialismo real e do marxismo ocidental.
b) No plano econômico, foram estabelecidos os chamados Planos Quinquenais, responsáveis pela implementação da reforma agrária com distribuição de pequenas propriedades aos camponeses e incentivo ao consumo de bens domésticos que promoveu a melhoria do padrão de vida dos trabalhadores em relação ao mundo capitalista.
c) A segunda fotografia, ao retirar a figura de Trótski, demonstra a tentativa de eliminar não só a presença deste líder dos documentos oficiais, mas a própria memória em relação à Revolução Russa, quando defendia que a revolução socialista deveria ser limitada ao território russo para depois estendê-la a outros países, na chamada política do socialismo em um só país.
d) A imagem de Stálin como o grande líder da revolução pode ser atestada pela sua postura diante dos trabalhadores na foto e pela técnica de adulteração de fotografias que retirou Trótski da segunda imagem. Estas iniciativas foram também implementadas nos programas radiofônicos e na produção de filmes pelo governo de Stálin, a fim de justificar as suas medidas impopulares no chamado "comunismo de guerra".

5. SE (Uerj)

The Bridgeman Art Library/Keystone/Collection Kharbine-Tapabor, Paris, França.

Camaradas, a vida de nosso bem-amado Stálin pertence ao povo inteiro. Stálin é nosso guia, nosso sol. Morte a todos os restos do bando fascista.

Sokorine, militante do Partido Comunista da URSS, 1936.
Apud FERREIRA, Jorge. *O socialismo soviético.*
In: REIS, Daniel Aarão Filho (Org.)
O século XX: o tempo das crises.
Rio de Janeiro: Civilização Brasileira, 2000.

O terror e a propaganda foram dois lados complementares do regime stalinista. Contudo, muitos historiadores afirmam que eles não são suficientes para explicar o grau de aprovação conseguido por este regime tanto dentro como fora da União Soviética.

O apoio político dado a Stálin dentro da URSS também é explicado pela:

a) Eclosão da segunda Revolução Russa, que modificou as bases ideológicas do bolchevismo e excluiu lideranças como a de Trótski.
b) Manipulação estatal do nacionalismo, que possibilitou a mobilização popular e revitalizou o caráter messiânico da cultura russa.
c) Entrada de capitais estrangeiros após a Segunda Guerra Mundial, que facilitou a retomada da industrialização e permitiu a diminuição do desemprego.
d) Introdução da Nova Política Econômica, que permitiu a manutenção da pequena propriedade privada e assegurou a permanência da aliança operário-camponesa.

CAPÍTULO

33 Uma jovem República Velha (1914-1930)

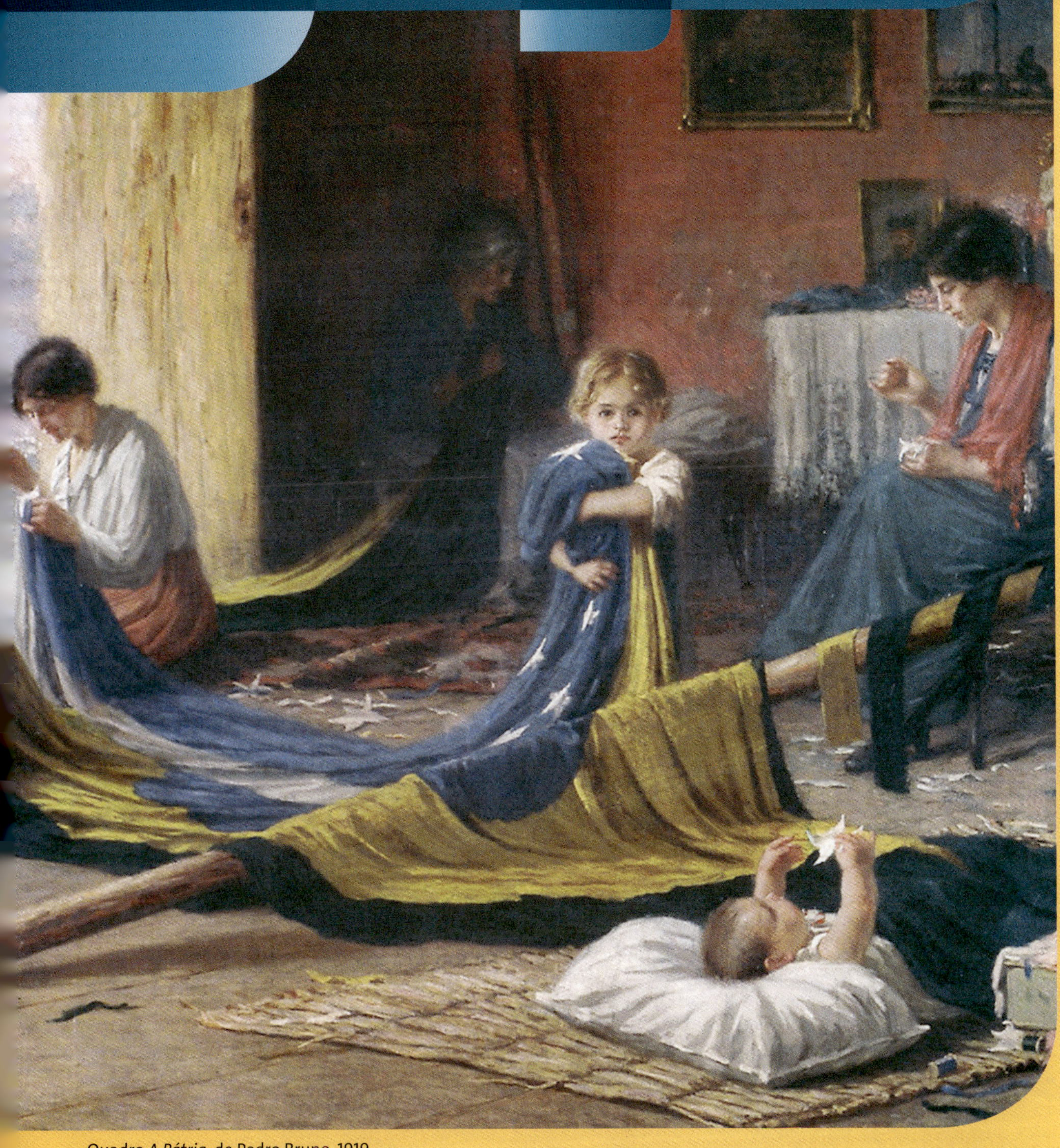

Quadro *A Pátria*, de Pedro Bruno, 1919.

Rompimento e permanência

A expressão "República Velha" não é neutra – ela reflete a posição daqueles que ajudaram a derrubar o sistema político republicano que vigorou de 1889 a 1930. Trata-se, então, de um termo usado no debate entre os personagens de um momento histórico específico.

Quais eram os sujeitos envolvidos nos debates e nas lutas pelo poder político no período que foi chamado de República Velha? Eles representavam toda a sociedade ou apenas setores dela? Será que o grupo que chegou ao poder depois da "República Velha" representava efetivamente uma mudança?

Fazenda da Fortaleza de Santa Anna, que ficava em Juiz de Fora, Minas Gerais. Xilogravura de autoria desconhecida, de 1869.

1 Crise política

A proclamação da República produziu grandes expectativas no país. Imaginava-se que boa parte de seus males estava ligada à monarquia, e que a república, regime de iguais regidos por uma mesma lei, seria moderna e menos propensa a vícios. Em pouco tempo essas expectativas foram frustradas.

O sistema político da República Velha – de acesso restrito sempre às mesmas famílias ou grupos oligárquicos – acabou por gerar insatisfações. Certos setores estavam irremediavelmente condenados à oposição, fossem grupos ou famílias secundários dentro dos estados, fossem oligarquias de outros estados que não Minas Gerais ou São Paulo no âmbito federal. Como não havia uma verdadeira alternância de poder, o descontentamento desses grupos conduziu ao rompimento do pacto político, originando as **oligarquias dissidentes**.

Diante do imobilismo do sistema, as dissidências oligárquicas tornavam-se cada vez mais frequentes e demonstravam a corrosão interna de todo o sistema. Enquanto aqueles que detinham o monopólio do poder político no país aproveitavam para obter vantagens econômicas excepcionais – por exemplo, a política de valorização do café –, outros grupos oligárquicos disputavam o poder visando garantir seus privilégios particulares, sem, no entanto, conseguir. Os choques, portanto, eram quase inevitáveis.

As oligarquias ainda enfrentavam problemas externos que contribuíram para enfraquecê-las ainda mais. O Brasil passava por transformações econômicas que provocavam o surgimento de novas classes sociais ou, pelo menos, o fortalecimento de grupos recentemente formados. Os novos grupos sociais, essencialmente urbanos, logo demonstraram sua força, com reivindicações próprias e atuação política independente, quase sempre contrária às oligarquias.

Finalmente, o exército, calado desde o episódio de Canudos, voltou a manifestar-se politicamente por meio de seus jovens líderes, embora defendesse ideias não necessariamente novas. Dessa forma, o período que se iniciou em 1914 foi bastante agitado, com o enfraquecimento da ordem oligárquica e sua posterior queda em 1930.

Os presidentes do período foram:

Venceslau Brás (1914-1918)

Delfim Moreira (1918-1919)

Epitácio Pessoa (1919-1922)

Artur Bernardes (1922-1926)

Washington Luís (1926-1930)

2 As transformações sociais e econômicas

Durante os anos de 1889 a 1930, o Brasil passou por mudanças sociais e econômicas cujos efeitos só se fariam sentir em longo prazo. É o caso da expansão demográfica, bastante acelerada e intensificada no período graças à imigração europeia.

Devido à entrada de imigrantes e sua concentração no Sul e no Sudeste do Brasil, essas regiões tiveram um crescimento populacional mais acelerado que as demais. Uma porcentagem significativa da população, sobretudo dessas regiões, habitava cidades cada vez maiores. A **urbanização** refletia maior diversificação da economia, bem como o desenvolvimento de uma infraestrutura ligada aos transportes (basicamente ferrovias), comércio, bancos e meios de comunicação (telégrafo, jornal e rádio).

No entanto, a transformação mais significativa verificada no período foi o **desenvolvimento das indústrias**, principalmente no estado de São Paulo, inegavelmente vinculado às condições criadas pela cafeicultura, bem como à decorrente concentração da produção no estado.

A eclosão da Primeira Guerra Mundial, em julho de 1914, deu grande impulso ao desenvolvimento industrial brasileiro.

Com a guerra, a atividade industrial europeia concentrou-se na produção bélica, reduzindo a oferta de itens exportáveis. Em consequência, o Brasil passou gradualmente a importar menos produtos industrializados, o que estimulou a produção nacional. Além disso, a desvalorização cambial da moeda brasileira, ao encarecer as importações, contribuiu para diminuir a concorrência estrangeira. O Brasil passou a produzir basicamente bens de consumo não duráveis, como têxteis e alimentos processados industrialmente.

Nesse contexto, grupos sociais urbanos (burguesia industrial, operariado, classe média) se desenvolveram e passaram a ter uma importância inédita no país, convertendo-se em grupos de pressão política com atuação crescente.

Rua movimentada em Belém do Pará: comércio dinâmico e equipamento urbano moderno (fiação elétrica, transporte coletivo sobre trilhos). Postal do início do século XX.

O embrião da burguesia industrial brasileira no início do século tinha interesses frequentemente similares aos das oligarquias. Na foto, a família do coronel João Luiz Paixão Cortez, fazendeiro e proprietário de frigorífico no Rio Grande do Sul, em 1916.

3 Novos sujeitos na cena histórica

A expansão da indústria brasileira nas primeiras décadas do século XX deveu-se em grande parte ao capital proveniente da cafeicultura, aplicado na produção de artigos manufaturados. Isso mostrava que os donos das fábricas frequentemente também eram os proprietários dos cafezais. Contudo, os interesses da lavoura sempre eram colocados em primeiro plano. Além dos **cafeicultores**, eventualmente **comerciantes** voltaram-se para a atividade industrial, muitos dos quais eram imigrantes enriquecidos. Esses dois grupos tiveram grande importância na formação da burguesia industrial nacional.

As possíveis divergências entre essa nascente burguesia e a política econômica adotada pelo governo oligárquico, voltada exclusivamente para a lavoura, eram aplacadas pela vinculação do grupo industrial ao capital cafeeiro. No entanto, por mais tímida que fosse a burguesia industrial na defesa de seus interesses, sua simples existência representava uma alternativa política ao monopólio do poder exercido pelas oligarquias. Caso o regime oligárquico entrasse em colapso, a burguesia poderia muito bem se colocar à frente de um novo regime.

O operariado, submetido à intensa exploração, teve suas origens ligadas à imigração. Em seu trabalho, a norma eram longas jornadas e péssimas condições de trabalho para homens, mulheres e crianças, bem como salários baixíssimos. Sindicatos e outras associações organizavam movimentos, como greves, e iam aos poucos se firmando, nos frequentes confrontos com a repressão dos patrões.

Leituras da História

Uma experiência no Brás

Nasci no Brás, rua Carlos Garcia, 26, no dia 30 de novembro de 1906. Meus pais vieram da Itália: meu pai era **toscano** e minha mãe era **vêneta** [...].

Comecei a trabalhar com nove anos numa oficina de gravura que ainda existe: Masucci, Petracco e Nicoli [...] Nessa fábrica foi a minha infância, mocidade e boa parte da velhice. Saí de lá com 55 anos de trabalho, aposentado. Quando entrei, ganhava quinhentos réis por dia, quinze mil-réis por mês; trabalhava das sete da manhã até as cinco horas. Quinhentos réis por dia já dava para comprar leite e pão [...].

A oficina tinha seções com muito barulho, mau cheiro de ácido. Noutra oficina se fazia a fundição de placas de bronze, cada seção era separada. A nossa era um pouco mais sossegada quanto ao barulho, mas tinha o mau odor de ácido que prejudicava. Chegamos a trabalhar até de máscaras nesse tempo [...]. Uma vez, uma bombona de ácido nítrico explodiu quando era transportada. Felizmente não atingiu os operários que estavam perto, na vista. Atingiu nas mãos, na roupa e não foi um acidente muito grave. Tiveram a felicidade de não acertar os olhos, se fosse nos olhos cegava, o ácido nítrico é um ácido perigoso.

Cecherinni era o nome de um operário que foi laminar uma peça de ouro e ficou inválido. Ele era dourador. Ficou doente e meio louco, mas continuou trabalhando nos banhos de ouro. Naquele tempo não tinha indenização, ele continuou fazendo o que podia [...].

Sonho às vezes que estou trabalhando na oficina porque fiquei 44 anos nessa oficina, sempre, desde menino, na infância, na mocidade e numa parte da velhice. Essa oficina não me sai do pensamento.

BOSI, Ecléa. *Memória e sociedade*: lembranças de velhos. São Paulo: Companhia das Letras, 1994. p. 124, 133 e 153.

- O operário que teve suas memórias registradas no texto acima afirma que o ácido nítrico é muito perigoso. Pesquise sobre o ácido nítrico para saber:
  a) Quais efeitos malignos ele pode trazer para a saúde humana.
  b) Em que atividade ele é utilizado.
  c) Que cuidados são recomendados para quem lida com esse produto atualmente em seu trabalho.

toscano: proveniente da região da Toscana, no norte da Itália (cidade de Florença e vizinhanças).

vêneto: proveniente da região do Veneto, também no norte da Itália (cidade de Veneza e vizinhanças).

anarquismo: corrente ideológica surgida no século XIX que pregava a supressão de toda e qualquer forma de governo, defendendo a liberdade geral.

Nesse meio, florescia também uma rica **imprensa operária**, com periódicos publicados até mesmo em língua estrangeira (por exemplo, italiano), não apenas porta-vozes das opiniões dos trabalhadores, mas também divulgadores de sua ideologia. Em um primeiro momento, as ideias mais disseminadas no meio operário foram as do anarquismo, trazido para o país pelos imigrantes italianos e espanhóis.

A greve de 1917 iniciou-se em São Paulo, com trabalhadores da indústria têxtil reivindicando melhores salários. Três meses depois, o movimento se organizava em Santos, Rio de Janeiro, Curitiba e em diversas cidades do interior paulista, totalizando mais de 70 mil trabalhadores parados, de diversas categorias. Na foto, comício na Praça da Sé, em São Paulo, durante a mobilização.

A ideologia anarquista estimulava a organização e a resistência dos trabalhadores. Suas ideias fomentaram a grande **greve geral de 1917**, reprimida violentamente pelas autoridades policiais. De qualquer forma, o operariado, embora crescente, era ainda muito frágil e tinha dificuldades para viabilizar um projeto próprio de governo.

O impacto da Revolução Russa de 1917 e o surgimento de algumas grandes unidades industriais no Brasil, agrupando centenas de trabalhadores na mesma fábrica, influenciaram a fundação e a expansão do **Partido Comunista do Brasil** (PCB), em 1922. Sua atividade sindical desenvolveu-se a partir de 1925, apesar de o partido ter permanecido ilegal entre 1922 e 1927. No entanto, mesmo nesse período, o partido chegou a ter uma representação política, por meio do **Bloco Operário e Camponês**, que não apenas elegeu alguns representantes para funções legislativas, como também chegou a apresentar candidato para as eleições presidenciais de 1930, o operário marmorista Minervino de Oliveira.

Leituras da História

Mulheres anarquistas em São Paulo

A condição de opressão da mulher em geral foi tema da imprensa anarquista por jornalistas, escritoras e educadoras que se destacaram pela atuação em defesa da causa feminina. No início do século XX, Ernestina Lesina, anarquista, dedicada à defesa das mulheres operárias, foi uma das fundadoras do jornal operário *Anima Vita* em São Paulo. Considerada uma brilhante oradora junto aos trabalhadores, defendeu a emancipação das mulheres e da classe operária. Participou da formação da Associação de Costureiras de Sacos, em 1906, lutando pela redução da jornada de trabalho e pela organização sindical. Este fato de as mulheres trabalhadoras terem tido um papel decisivo nas greves de 1901 a 1917, denunciando os maus-tratos e a exploração das costureiras e têxteis, foi digno de registro. Outra mulher de destaque na luta dos trabalhadores foi Maria Lopes; operária paulista, juntamente com outras anarquistas, como Teresa Carini e Teresa Fabri, assinaram, em 1906, um Manifesto às Trabalhadoras de São Paulo, publicado no jornal anarquista *A Terra Livre*, incentivando as costureiras a denunciarem as condições degradantes de vida, as longas jornadas de trabalho e os baixos salários[1].

Mulheres trabalhando na Fiação e Tecidos Progresso da Fronteira, em foto de 1916.

MINARDI, Inês M. *Trajetória de luta*: mulheres imigrantes italianas anarquistas. Disponível em: <www.anpuhsp.org.br/sp/downloads/CD%20XIX/PDF/Autores%20e%20Artigos/Ines%20M.%20Minardi.pdf>. Acesso em: 20 jan. 2014.

[1] Matos, Maria Izilda. Trama e poder. São Paulo: Edusp; 2013.

A classe média

Grupo basicamente urbano, a classe média tendia a se opor ao regime oligárquico. Além de sofrer as consequências da inflação provocada pelas sucessivas valorizações do café, tinha pouca participação política, em razão da fraude eleitoral que se tornara comum no período e do voto rural – parcela decisiva do eleitorado ainda em 1930, conservadora e moralista. Grande parte da classe média defendia o voto secreto e repudiava o poder dos coronéis.

Em princípio, compartilhava com a burguesia os mesmos valores (intelectuais e sociais), mas tinha dificuldade em expressar-se politicamente por meio de um partido e evitava manifestações mais radicais, como greves. Na verdade, tanto quanto a elite, temia as massas.

A insatisfação da classe média com o regime transferia-se para o exército, que tinha muitos oficiais oriundos desse setor da sociedade. Na década de 1920, surgiu um movimento em meio à jovem oficialidade do exército, o **tenentismo**, que rapidamente atraiu a simpatia de grande parte desses setores sociais urbanos.

4 O tenentismo

As origens do movimento tenentista ligam-se às mudanças ocorridas no interior do próprio exército: a Escola Militar da Praia Vermelha foi fechada em 1904 e, em 1911, criou-se a Escola Militar do Realengo, ambas no Rio de Janeiro. A primeira destacara-se, desde o final do império, por formar oficiais dotados de sólida base positivista, preocupados com questões nacionais, e não apenas militares. Já o ensino no Realengo tinha outro caráter, eminentemente técnico. A própria eclosão da Primeira Guerra Mundial em 1914 e as transformações técnicas daí decorrentes (por exemplo, novas armas, como tanques, gás venenoso e aviões) impunha mais profissionalização às novas gerações de oficiais formados a partir do final da década de 1910.

O abandono em que o governo oligárquico deixara o exército e as restrições políticas, e não, necessariamente, profissionais, impostas à ascensão na carreira militar, geravam preocupação e descontentamento entre os tenentes. Esse baixo oficialato rejeitava os oficiais da velha-guarda, isto é, as altas cúpulas militares ligadas ao governo.

Os tenentes propunham um processo revolucionário para livrar as forças armadas de influências tão nefastas, embora pouco discutissem a respeito do que fazer após a revolução. Não tinham um projeto consistente para o Brasil, mas propunham a moralização do país, pelo voto secreto e mais centralização política, eliminando o poder das oligarquias e dos "coronéis". Defendiam ainda o ensino obrigatório.

Na verdade, não rejeitavam o sistema republicano (e muito menos o capitalismo), mas apenas seus dirigentes. Para eles, colocando-se o homem certo no lugar certo e realizando umas poucas reformas, os problemas do Brasil estariam solucionados. O "homem certo" deveria ser procurado entre os tenentes, o que demonstrava não só o caráter romântico, mas principalmente o **elitismo** do movimento.

As revoltas tenentistas representaram o mais forte elemento de ameaça ao regime oligárquico a partir da década de 1920.

Reprodução/Arquivo da editora

Tropa brasileira reunida em 1912: cavalos, espadas, quepes de tecido. Na Primeira Guerra Mundial seriam utilizados tanques, metralhadoras e capacetes de aço.

5 Aumento dos confrontos

Em 1918, faleceu o recém-reeleito Rodrigues Alves e assumiu provisoriamente o vice-presidente Delfim Moreira. Nas novas eleições que se seguiram, não houve consenso entre as oligarquias paulista e mineira, e o nome apoiado foi o do paraibano Epitácio Pessoa. Para as eleições de 1922, São Paulo e Minas Gerais lançaram a candidatura de Artur Bernardes. Os estados do Rio Grande do Sul, da Bahia, de Pernambuco e do Rio de Janeiro, que ocupavam papel secundário na vida política nacional nesse período, resolveram desafiar as oligarquias dominantes, no movimento chamado **Reação Republicana**, e lançaram como candidato o político fluminense Nilo Peçanha. O surgimento de uma dissidência oligárquica fez das eleições de 1922 uma disputa verdadeira, caso raro na República Velha.

Nilo Peçanha e a Reação Republicana passaram a pregar a moralização política – o que, embora representasse uma flagrante contradição com as origens oligárquicas do movimento, sensibilizou parte do crescente eleitorado urbano. Muitos órgãos de imprensa também se envolveram apoiando um dos lados.

Observe que as oligarquias que formavam a Reação Republicana tradicionalmente beneficiavam-se das práticas políticas "de curral" em seus estados. Assim, sua pregação pela moralização da política era quase sempre uma estratégia eleitoral para atrair votos dos setores urbanos. Cabe questionar se uma eventual vitória do movimento resultaria de fato em uma ruptura com as práticas políticas predominantes até então.

Nas eleições de março de 1922 – fraudulentas, como era comum –, Artur Bernardes foi vitorioso. Em meio ao descontentamento no meio militar, a posse do novo presidente foi marcada para novembro daquele ano. Reagindo à vitória de Bernardes e tentando impedir sua posse, em 5 de julho de 1922, sublevou-se um grupo de oficiais do exército no Forte de Copacabana, na capital da República, Rio de Janeiro.

A **Revolta do Forte de Copacabana**, como acabou sendo chamada, foi a primeira grande rebelião tenentista e, mesmo fracassada, teve grande importância, pois tornou público o movimento. Alguns de seus líderes foram consagrados como heróis.

A Revolta do Forte de Copacabana, em 1922, foi a primeira das rebeliões tenentistas a abalar o domínio oligárquico. Na foto, marcha dos tenentes na avenida à beira-mar no Rio de Janeiro. Ao centro, um civil que se juntou à marcha. Foto de julho de 1922.

Acervo Iconographia/Reminiscências

Em 1923, explodiu a **Revolução Gaúcha**. O estopim foi a eleição – pela quinta vez consecutiva – do velho político "pica-pau" (pertencente ao Partido Republicano Rio-Grandense) **Borges de Medeiros** para o governo do estado. Seus rivais, os "maragatos", liderados por **Assis Brasil**, levantaram-se contra a reeleição, contando com o apoio do presidente da República.

A solução para o conflito só surgiu após meses de intensos combates, quando os dois lados firmaram o **Pacto de Pedras Altas**, estabelecendo que, concluído o mandato de Borges de Medeiros, ficavam proibidas as reeleições para governador no estado. Abria-se, assim, espaço para uma nova geração de políticos gaúchos, entre os quais logo se destacariam Flores da Cunha, Osvaldo Aranha, Lindolfo Collor e Getúlio Vargas.

No governo de Artur Bernardes, o desgaste do regime oligárquico se intensificou, com pressões – sobretudo rebeliões tenentistas – e a própria crise interna, que multiplicou as dissidências oligárquicas nos níveis federal e estadual.

Em 1924, mais precisamente em julho, iniciou-se a segunda grande revolta tenentista, a **Revolução Paulista de 1924**.

Em São Paulo, unidades do exército, com o apoio de elementos da poderosa Força Pública do estado, sublevaram-se, tomando pontos estratégicos da cidade. No comando do movimento estava o general **Isidoro Dias Lopes**, auxiliado por Miguel Costa. Os rebelados atacaram o palácio dos Campos Elísios, sede do governo estadual. Após intensos combates, o governador Carlos de Campos fugiu.

O movimento rejeitava a participação popular. À população pedia-se apoio, compreensão e, principalmente, passividade. Além disso, a preocupação maior estava em garantir os interesses das elites, tudo se fazendo para "restabelecer a vida normal", e não necessariamente criar algo novo.

A reação do governo federal foi violenta: a cidade de São Paulo foi cercada e iniciou-se um pesado bombardeio, que acabou por atingir os bairros mais pobres da cidade, como o Brás, bairro operário. Pressionados pelo poder de fogo governamental e tratados com desconfiança cada vez maior pelo operariado, os rebeldes decidiram abandonar a cidade. Em 27 de julho, furou-se o bloqueio do exército e os revoltosos se deslocaram rumo ao oeste, em direção ao norte do Paraná, fronteira com o Paraguai e a Argentina.

A foto, do mesmo ano, mostra as barricadas nas ruas durante a Revolução Paulista de 1924.

Enquanto isso, no Rio Grande do Sul, o tenente **Luís Carlos Prestes**, com o apoio do também tenente João Alberto, reuniu algumas unidades militares do interior do estado e organizou uma coluna armada que se dirigiu para o norte, a fim de encontrar os paulistas. Em abril de 1925, rebeldes tenentistas paulistas e gaúchos encontraram-se próximo a Foz do Iguaçu, sempre fustigados por forças governamentais.

Seguindo uma sugestão de Prestes, os revolucionários se dividiram em dois grupos: enquanto um deles, liderado pelo general Isidoro, buscou refúgio político na Argentina e no Paraguai, outro continuou a luta, sob o comando de Miguel Costa e Luís Carlos Prestes. Originou-se, assim, a **Coluna Prestes**, que, após um desvio pelo território paraguaio, retornou ao Brasil pelo Mato Grosso e iniciou sua marcha pelo interior. Durante quase dois anos, isto é, até fevereiro de 1927, a coluna percorreu aproximadamente 25 mil quilômetros, passando por 11 estados, e sempre evitando o confronto direto com as tropas governamentais, geralmente em maior número.

A coluna fez nascer um mito em torno do nome de Luís Carlos Prestes. O "Cavaleiro da Esperança", como passou a ser chamado, tornou-se um herói nacional, pelo menos para os grupos contrários à ordem oligárquica, notadamente setores médios urbanos. Seu grande feito foi manter a coluna ativa, invencível e capaz de sobreviver às privações de uma campanha desgastante. No início de 1927, liderados por Prestes, os últimos sobreviventes do movimento, menos da metade dos 1 500 originais, buscaram refúgio na Bolívia.

Artur Bernardes reagiu às atribulações porque passou seu governo com medidas autoritárias, como a decretação quase constante de estado de sítio, restrições à liberdade de imprensa e a reforma constitucional de 1926, fortalecendo o poder do presidente, sem, contudo, alterar as práticas políticas oligárquicas. Seu governo refletiu a crise do regime.

Acervo Iconographia/Reminiscências

No mapa acima, o percurso da Coluna Prestes ao longo de quase dois anos. Na foto abaixo, de 1927, membros da coluna já no exílio, tendo ao centro Luís Carlos Prestes.

A Semana de Arte Moderna

No mês de fevereiro de 1922, o Teatro Municipal de São Paulo foi palco da Semana de Arte Moderna. Sob vaias e assobios, um grupo de jovens artistas e intelectuais divulgou suas novas ideias.

O movimento modernista tinha duas vertentes. Uma delas, destruidora, com o objetivo de romper as amarras formais que impediam a livre manifestação cultural, criticava a submissão às correntes culturais europeias e às desgastadas fórmulas artísticas então em moda, como a poesia parnasiana. A outra estava voltada para a investigação e a criação de novas formas de expressão, debatendo-se entre o **futurismo** – com sua exaltação da técnica, do movimento, da velocidade e da experimentação, até mesmo linguística – e o **primitivismo**, a busca de uma expressão cultural menos afetada pela civilização. Essa busca passava por investigações sobre o inconsciente, aproximando a tendência do **surrealismo**.

Os principais nomes do nascente modernismo brasileiro foram Mário de Andrade, Oswald de Andrade e Manuel Bandeira, na literatura; Anita Malfatti, Tarsila do Amaral e Emiliano Di Cavalcanti, na pintura; Guiomar Novais e Heitor Villa-Lobos, na música; e Victor Brecheret, na escultura.

Entretanto, esse movimento cultural nascia sob a luz de uma contradição: ao mesmo tempo que queria romper com os modelos estéticos importados da Europa, o Brasil dava seus primeiros passos modernistas justamente de acordo com os padrões ditados pelas vanguardas modernistas europeias, como o futurismo e o surrealismo. Essa contradição acabou originando o principal projeto estético do modernismo brasileiro nos anos 1920: o **movimento antropofágico**. Iniciado com a publicação do *Manifesto da Poesia Pau-Brasil*, de Oswald de Andrade (1924), o movimento aceitava a cultura estrangeira (europeia), desde que fosse "devorada" e "digerida" internamente, isto é, reelaborada, a ponto de poder transformar-se em produto nacional autêntico.

O modernismo deu origem a outro ramo radicalmente nacionalista: o **verde-amarelismo**, que tendia francamente para a direita xenófoba e tinha como um dos principais expoentes o futuro líder **integralista** Plínio Salgado.

Reprodução/Museu do Teatro Municipal de São Paulo, São Paulo, SP.

Grupo de modernistas em São Paulo. Na foto, de 1922, destacam-se (da esquerda para a direita) Patrícia Galvão (a Pagu, 1ª), Anita Malfatti (2ª), Tarsila do Amaral (3ª) e Oswald de Andrade (no centro, ao fundo).

integralismo: movimento político de inspiração fascista, atuante no Brasil durante a década de 1930. Ver capítulo 35.

Reprodução/Museu de Arte Latino-Americano de Buenos Aires, Argentina/Cedida por Tarsila Educação/ <www.tarsiladoamaral.com.br>

Abaporu

Quadro *Abaporu*, de Tarsila do Amaral, pintado em 1928. No tupi-guarani, *aba* e *poru* significam *'o homem que come'*. A composição teria inspirado Oswald de Andrade a escrever o *Manifesto Antropófago*, publicado no mesmo ano.

6 A revolução de 1930

O governo de Washington Luís (1926-1930)

O sucessor de Artur Bernardes na presidência da República foi Washington Luís, carioca de nascimento, mas com toda a carreira política feita em São Paulo. Era considerado "moderno", e sua passagem pelo governo da capital paulista e do estado de São Paulo foi marcada pelo envolvimento em processos de racionalização administrativa e gerenciamento técnico-científico, dando impulso à historiografia, museologia, ciências sociais, estatísticas e censos, além de diversas manifestações esportivas e culturais.

Como prefeito, havia colocado o Teatro Municipal à disposição para a realização da Semana de Arte Moderna, em 1922. Decretou o fim do estado de sítio, mantido quase ininterruptamente durante o mandato de Artur Bernardes, o fechamento de prisões destinadas a presos políticos e o restabelecimento da liberdade de imprensa. Não concedeu, no entanto, anistia política e, por meio da **Lei Celerada**, acabou com a recém-instaurada liberdade de imprensa (1927). Sob o pretexto de combater o comunismo, a lei previa pena de prisão para os responsáveis por "delitos ideológicos". Lançou um plano nacional de construção de estradas de rodagem: "Governar é abrir estradas" era seu lema. Contudo, seu principal projeto de governo envolvia uma reforma monetária e financeira: tratava-se da tentativa de montar um enorme depósito em ouro que pudesse servir como lastro para a moeda brasileira, fortalecendo-a perante as moedas estrangeiras.

O Brasil, nesse momento, sofria os efeitos da quebra da Bolsa de Valores de Nova York (1929). A economia mundial sofreu um forte abalo, dando início à **Grande Depressão** e à ruína da economia norte-americana. A produção industrial dos Estados Unidos caiu drasticamente e o desemprego se expandiu. Para o Brasil, uma das consequências mais graves foi a queda dos preços do café no mercado internacional.

Os cafeicultores, como de hábito, procuraram salvação no governo federal, mas Washington Luís negou qualquer auxílio, argumentando que a queda nos preços do café seria compensada pelo aumento no volume das exportações – o que não aconteceu.

A atitude do presidente gerou grande insatisfação entre os cafeicultores paulistas, sua principal base de sustentação. Não se pode dizer que os cafeicultores tenham passado, a partir de então, a fazer oposição ao governo; no entanto, sua disposição em defendê-lo diminuiu muito, principalmente no caso de golpe ou revolução eventuais.

Fachada do prédio sede da Bolsa Oficial do Café em Santos, no litoral de São Paulo. Foto da década de 1930.

Arquivo/Agência Estado

As eleições de 1930

Para concorrer às eleições presidenciais de 1930, Washington Luís indicou outro candidato paulista, **Júlio Prestes**, recusando o mineiro Antônio Carlos, candidato natural à sucessão presidencial. Caminhava-se para mais um rompimento, e as eleições de março daquele ano foram realmente disputadas.

Propaganda do Partido Democrático: a maltratada república finalmente rompe as algemas e tira sua máscara. Era a defesa do voto secreto.

Os mineiros formaram a **Aliança Liberal**, uma frente de oposição à candidatura oficial de Júlio Prestes. De início, ofereceram a vaga de candidato a presidente aos gaúchos, que prontamente aceitaram, lançando o nome do governador de seu estado, Getúlio Vargas. Em seguida, ofereceram a candidatura à vice-presidência a um estado menor, a Paraíba, sendo indicado o governador João Pessoa. Naturalmente, por mais que fraudassem, os três estados não teriam como competir com os demais estados da república. Assim, a Aliança Liberal tentou atrair os votos dos descontentes com o regime oligárquico que, a essa altura, não eram poucos: setores da burguesia, proletariado e camadas médias. Os tenentes, frustrados em suas tentativas de derrubar o regime pela força, viram no apoio à Aliança uma alternativa política para a ascensão ao poder.

Finalmente, o Partido Democrático (PD) apoiou a Aliança. Formado em São Paulo, em 1926, defendia um programa liberal, de âmbito nacional, reformista, incluindo em suas propostas o voto secreto.

Em torno de Getúlio Vargas, em oposição à oligarquia dominante, agrupavam-se setores sociais díspares, quando não francamente antagônicos. Os próprios tenentes, supostamente contrários ao regime oligárquico, estavam aliados a outros grupos oligárquicos.

O desfecho revolucionário

Para obter o apoio dos tenentes, fortalecendo a luta contra o regime oligárquico, era fundamental para a Aliança Liberal que Luís Carlos Prestes, o principal líder tenentista, assumisse uma posição clara de apoio à candidatura de Getúlio Vargas.

Com alguns sobreviventes da coluna que levou seu nome, Prestes permaneceu na Bolívia por um ano. No início de 1928, mudou-se para a Argentina, onde entrou em contato com outros líderes tenentistas exilados. Porém, antes de deixar a Bolívia, recebera a visita de **Astrojildo Pereira**, dirigente do PCB, que tentou sensibilizá-lo com as propostas de seu partido. Embora não tivesse mostrado interesse por essas propostas, Prestes iniciou a partir daí sua lenta guinada para a esquerda. Depois de algum tempo, o antigo líder tenentista acabou aderindo às ideias comunistas.

Durante o prolongado exílio, o contato com líderes comunistas argentinos e uruguaios facilitou sua aproximação com esses ideais políticos. Procurado pela Aliança Liberal, Prestes repudiou a candidatura Vargas e, em seguida, divulgou um manifesto (maio de 1930). Nele constavam: rejeição ao programa da Aliança Liberal e condenação dos dois grupos que disputavam as eleições; denúncia da submissão do país aos interesses do imperialismo inglês e norte-americano, então em luta pelo domínio da América Latina; proposta de revolução "agrária e anti-imperialista" a ser realizada pela massa dos trabalhadores; reforma agrária; nacionalização de empresas estrangeiras; anulação da dívida externa; e estabelecimento de um governo popular e democrático.

Com o manifesto, Prestes rompia com os principais líderes tenentistas, notadamente Juarez Távora, que lhe respondeu violentamente às propostas. Por outro lado, ao incorporar ideias marxistas, Prestes ofereceu ao tenentismo a possibilidade de ganhar, ao mesmo tempo, legitimação teórica e base social, características que o movimento jamais teve.

As eleições ocorreram em 1º de março e resultou em vitória do candidato da situação, Júlio Prestes. A princípio, os velhos líderes oligárquicos da Aliança Liberal (Borges de Medeiros, Antônio Carlos, Artur Bernardes, João Pessoa) aceitaram o resultado. Buscando a própria sobrevivência política, reconheceram a vitória do candidato da situação e procuraram compor-se com o novo presidente.

Fundação Getúlio Vargas/CPDOC

Foto que mostra a campanha da Aliança Liberal no Rio de Janeiro, em 1929.

Entretanto, a geração mais jovem da Aliança, formada por líderes gaúchos e mineiros como Osvaldo Aranha, Virgílio de Melo Franco e Francisco Campos, não aceitou os resultados e começou a falar em revolução. Os próprios tenentes retomaram o apelo às armas, apesar da ausência de Prestes, que na época divulgava seu manifesto. Finalmente, esperava-se o apoio dos setores sociais urbanos a um eventual movimento armado.

Em 26 de julho de 1930, ainda antes da posse do candidato eleito, João Pessoa foi assassinado. O crime deveu-se a disputas locais paraibanas; no entanto, causou verdadeira comoção popular no país e serviu de estopim para o movimento revolucionário.

Em meio à agitação popular, a frase do político mineiro Antônio Carlos pode caracterizar a Revolução de 1930 que se iniciava: "Façamos a revolução antes que o povo a faça". Diante da inevitabilidade da revolução, as elites assumiram a liderança, para que ela não escapasse a seu controle. Rearticulava-se, então, a Aliança Liberal, com a velha-guarda e a ala jovem das oligarquias dissidentes, mais os tenentes.

Os combates tiveram início simultaneamente em Minas Gerais e no Rio Grande do Sul. Em 3 de outubro, Juarez Távora rebelou-se no Nordeste, tendo a Paraíba como foco de irradiação. A maior parte da força revolucionária, sob comando do então coronel **Góis Monteiro**, concentrava-se no sul do país, onde os contingentes do exército eram mais fortes.

De lá marcharam para o Rio de Janeiro, passando por São Paulo, onde esperavam os combates decisivos. No entanto, a motivação paulista era bem pequena: pegar em armas para salvar os últimos dias do governo Washington Luís parecia um esforço demasiado para os cafeicultores paulistas, bastante abalados pela continuidade da crise econômica.

Por fim, em 24 de outubro, o alto comando das forças armadas no Rio de Janeiro deu o golpe de misericórdia no governo: os generais Tasso Fragoso e Mena Barreto, mais o almirante Isaías Noronha, lideraram o movimento que depôs Washington Luís e impediu a posse de Júlio Prestes. A revolução havia triunfado. Mais alguns dias e Getúlio Vargas chegaria ao Rio de Janeiro, onde seria empossado presidente provisório da República.

Para a historiografia tradicional, a chegada de Vargas ao poder costuma ser descrita como uma revolução. Todavia, existe uma visão mais recente que considera que o movimento de 1930 teria sido uma reação, ou seja, uma rearticulação de forças no sentido de barrar forças sociais que se organizavam e ganhavam impulso. Seja como for, a "revolução" não chegou a representar um rompimento decisivo na história do país, uma vez que a permanência de pessoas e grupos ligados ao velho esquema oligárquico era marcante. A própria ascensão de Vargas demonstrava essa característica. No entanto, apesar desse perfil, ela significou uma mudança na base social brasileira.

Até então, desde a independência, os sucessivos governos brasileiros representavam os interesses de uma única categoria socioeconômica, fosse a aristocracia rural escravocrata do império, fosse a oligarquia cafeeira dos primeiros anos da república. Agora, o novo governo representava vários grupos distintos, como as oligarquias dissidentes, os setores urbanos e os tenentistas, aparentemente vitoriosos dentro das forças armadas. Assim, uma das principais funções, se não a principal, de Getúlio Vargas seria manter a aliança que havia tornado possível o advento de seu governo.

Em foto de 1930, o comando revolucionário em um trem, a caminho de São Paulo: Miguel Costa, Góis Monteiro e Getúlio Vargas.

Pensando no Enem

1. *Até que ponto, a partir de posturas e interesses diversos, as oligarquias paulista e mineira dominaram a cena política nacional na Primeira República? A união de ambas foi um traço fundamental, mas que não conta toda a história do período. A união foi feita com a preponderância de uma ou de outra das duas frações. Com o tempo, surgiram as discussões e um grande desacerto final.*

FAUSTO, B. *História do Brasil*. São Paulo: Edusp, 2004 (adaptado).

A imagem de um bem-sucedido acordo café com leite entre São Paulo e Minas, um acordo de alternância de presidência entre os dois estados, não passa de uma idealização de um processo muito mais caótico e cheio de conflitos. Profundas divergências políticas colocavam-nos em confronto por causa de diferentes graus de envolvimento no comércio exterior.

TOPIK, S. *A presença do estado na economia política do Brasil de 1889 a 1930*. Rio de Janeiro: Record, 1989 (adaptado).

Para a caracterização do processo político durante a Primeira República, utiliza-se com frequência a expressão "política do café com leite". No entanto, os textos apresentam a seguinte ressalva a sua utilização:

a) A riqueza gerada pelo café dava à oligarquia paulista a prerrogativa de indicar os candidatos à presidência, sem necessidade de alianças.
b) As divisões políticas internas de cada estado da federação invalidavam o uso do conceito de aliança entre estados para este período.
c) As disputas políticas do período contradiziam a suposta estabilidade da aliança entre mineiros e paulistas.
d) A centralização do poder no executivo federal impedia a formação de uma aliança duradoura entre as oligarquias.
e) A diversificação da produção e a preocupação com o mercado interno unificavam os interesses das oligarquias.

Resposta: c

O primeiro texto fala de aspectos da "política do café com leite", que, longe de um acordo pacífico, implicava a submissão temporária de uma oligarquia estadual à outra, o que não deixava de gerar eventuais divergências. O segundo texto descreve a aliança como caótica e cheia de conflitos. Dessa forma, os dois textos questionam a estabilidade dessa política. Sabemos que a crise final da República Velha, com seu desdobramento na Revolução de 1930, ocorreu por causa da indicação do paulista Júlio Prestes para a sucessão do também paulista Washington Luís.

Considerando a matriz de Referência do Enem, essa questão contempla a competência de área 3 – Compreender a produção e o papel histórico das instituições sociais, políticas e econômicas, associando-as aos diferentes grupos, conflitos e movimentos sociais, especialmente as habilidades H11: identificar registros de práticas de grupos sociais no tempo e no espaço, H14: comparar diferentes pontos de vista, presentes em textos analíticos e interpretativos, sobre situação ou fatos de natureza histórico-geográfica acerca das instituições sociais, políticas e econômicas e H15: avaliar criticamente conflitos culturais, sociais, políticos, econômicos ou ambientais ao longo da história.

2. *Nos estados, entretanto, se instalavam as oligarquias, de cujo perigo já nos advertia Saint-Hilaire, e sob o disfarce do que se chamou "a política dos governadores". Em círculos concêntricos esse sistema vem cumular no próprio poder central que é o sol do nosso sistema.*

PRADO, P. *Retrato do Brasil*. Rio de Janeiro: José Olympio, 1972.

A crítica presente no texto remete ao acordo que fundamentou o regime republicano brasileiro durante as três primeiras décadas do século XX e fortaleceu o (a):

a) poder militar, enquanto fiador da ordem econômica.
b) presidencialismo, com o objetivo de limitar o poder dos coronéis.
c) domínio de grupos regionais sobre a ordem federativa.
d) intervenção nos estados, autorizada pelas normas constitucionais.
e) isonomia do governo federal no tratamento das disputas locais.

Resposta: c

A política dos governadores foi base para a sustentação e predomínio das oligarquias no período republicano e consistia em acordos entre o governo federal e estaduais com apoio dos coronéis locais.

Considerando a matriz de Referência do Enem, essa questão contempla a competência de área 2 – Compreender as transformações dos espaços geográficos como produto das relações socioeconômicas e culturais de poder, especialmente a habilidade H9: comparar o significado histórico-geográfico das organizações políticas e socioeconômicas em escala local, regional ou mundial; e, também, a competência de área 3 – Compreender a produção e o papel histórico das instituições sociais, políticas e econômicas, associando-as aos diferentes grupos, conflitos e movimentos sociais, especialmente a habilidade H11: identificar registros de práticas de grupos sociais no tempo e no espaço.

Atividades

Comparação e análise de documentos

1. Leia os dois textos abaixo, que correspondem a diferentes projetos escritos no mesmo ano (1930). Depois, faça uma comparação entre esses dois textos, conforme o roteiro a seguir.

Manifesto de maio, 1930, por Luís Carlos Prestes

Somos governados por uma minoria que, proprietária das terras e das fazendas e dos latifúndios e senhores dos meios de produção e apoiada nos imperialismos estrangeiros que nos exploram e nos dividem, só será dominada pela verdadeira insurreição generalizada, pelo levantamento consciente das massas das nossas populações dos sertões e de nossas cidades.

Contra as duas vigas mestras que sustentam os atuais oligarcas, precisam, pois, ser dirigidos os nossos golpes – a grande propriedade territorial e o imperialismo norte-americano. Essas as duas causas fundamentais da opressão política em que vivemos e das crises econômicas sucessivas em que nos debatemos.

O governo dos coronéis, chefes políticos, donos da terra, só pode ser o que aí temos: opressão política e exploração impositiva.

Citado em: FAORO, Raimundo. *Os donos do poder*. 11. ed. São Paulo: Globo, 1995. p. 680.

Declaração de Juarez Távora, maio, 1930

Discordo do último manifesto revolucionário do General Luís Carlos Prestes. Não creio na exequibilidade da revolução desencadeada pela massa inerme do proletariado [...]. A revolução possível no Brasil terá [...] de continuar a apoiar-se nos mesmos meios em que tem sido alicerçada até aqui [...] deverá haver, assim, lugar em suas fileiras [...] para o burguês e para o proletário. Mas não creio que lá cheguemos adotando o exotismo dos conselhos de operários, marinheiros e soldados, que nos aconselha o general Luís Carlos Prestes [...]. Creio sim no equilíbrio e excelência de um regime baseado na representação proporcional de todas as classes, erigido em regulador imparcial de suas dependências e interesses recíprocos [...], seguindo a diretriz já apontada por Alberto Torres [...] ou por um caminho paralelo, que busque as novas tendências e necessidades [...] do nosso meio.

Citado em: *Nosso século*. São Paulo: Abril, 1985. p. 36, v. 5.

a) Quem são os autores dos textos e quais as ideias principais de cada um?
b) Qual a relação de cada um dos textos com o que ocorria no mundo naquele momento e qual os precedentes revolucionários internacionais?
c) Explique o significado de cada texto em termos de projetos diferentes para o Brasil de 1930: quais aspectos dos diferentes projetos significariam um rompimento com a velha ordem e quais significariam uma permanência da velha ordem?

Leitura e análise de tabela

2. Observe com atenção a tabela abaixo.

Custo de vida e índices de salários (1914-1921)					
Ano	**Custo de vida**	**Salários**	**Ano**	**Custo de vida**	**Salários**
1914	100	100	1918	144	117
1915	108	100	1919	148	123
1916	116	101	1920	163	146
1917	128	107	1921	167	158

FAUSTO, Boris (Org.). *História geral da civilização brasileira*. Rio de Janeiro: Bertrand Brasil, 1990. p. 147. Tomo III, v. 2.

a) O que a tabela mostra?
b) Com os dados da tabela, monte um gráfico mostrando a evolução dos salários e do custo de vida no período entre 1914 e 1921. Use cores diferentes para identificar a evolução dos salários e do custo de vida.
c) De acordo com os dados da tabela e com o gráfico que você construiu, que conclusões se podem tirar sobre a condição de vida dos trabalhadores brasileiros durante a República Velha?

d) Que efeito sobre o cenário político brasileiro a situação mostrada na tabela pode ter causado?

e) De acordo com a tabela, em que anos os trabalhadores tiveram reajustes maiores? Que acontecimentos podem explicar os aumentos nessa época?

Pesquisa e análise de documento

3. O fragmento abaixo é parte da conferência intitulada "Arte moderna", proferida pelo escritor Menotti Del Picchia na abertura da Semana de Arte Moderna, em 15 de fevereiro de 1922.

> Pela estrada de rodagem da via-láctea, os automóveis dos planetas correm vertiginosamente. Vela o Cordeiro do Zodíaco, perseguido pela Ursa Maior, toda dentada de astros. As estrelas tocam o *jazz-band* de luz, ritmando a dança harmônica das esferas. O céu parece um imenso cartaz elétrico, que Deus arrumou no alto, para fazer o eterno reclamo da sua onipotência e da sua glória.
>
> Este é o estilo que de nós esperam os passadistas, para enforcar-nos, um a um, nos finos baraços dos assobios das suas vaias. Para eles nós somos um bando de bolchevistas das estéticas, correndo a 80 H.P. rumo da paranoia. Somos o escândalo com duas pernas. O cabotinismo organizado em escola. Julgam-nos uns cangaceiros da prosa, do verso, da escultura, da pintura, da coreografia, da música, amotinados na jagunçada dos Canudos literários da Pauliceia desvairada...
>
> [...]
>
> Aos nossos olhos riscados pela velocidade dos bondes elétricos e dos aviões, choca a visão das múmias eternizadas pela arte dos embalsamadores. Cultivar o helenismo como força dinâmica de uma poética do século é colocar o corpo seco, enrolado em vendas, de um Ramsés ou de Amnésis, a governar uma república democrática, onde há fraudes eleitorais e greves anarquistas.
>
> [...]
>
> Não! Paremos diante da tragédia hodierna, a cidade tentacular radica seus gânglios numa área territorial que abriga 600 000 almas. Há na sua angústia e na sua luta odisseias mais formidáveis que as que cantou o aedo cego: a do operário reivindicando seus direitos, a do burguês defendendo sua arca; a dos funcionários deslizando nos trilhos dos regulamentos; a do industrial combatendo o combate da concorrência; a do aristocrata exibindo o seu fausto; a do político assegurando a sua escalada; a da mulher quebrando as algemas da sua escravidão secular nos guníceos (sic) eventrados pelas ideias libertárias *post-bellum*... Tudo isso – e o automóvel, os fios elétricos, as isomas, os aeroplanos, a arte – tudo isso forma os nossos elementos da estética moderna, fragmento de pedra em que construiremos, dia a dia, a Babel do nosso Sonho, no nosso desespero de exilados de um céu que fulge lá em cima, para o qual galgamos na ânsia devoradora de tocar com as mãos as estrelas!
>
> Disponível em: <http://literalmeida.blogspot.com/2008/01/conferencia-de-menotti-durante-semana-de.html>. Acesso em: 20 jan. 2014.

a) Compare o texto que você acabou de ler com o trecho do *Manifesto Futurista* reproduzido no capítulo 31 (página 752) e responda: que semelhanças e diferenças há entre eles?

b) Como o texto de Menotti Del Picchia traduz as transformações sociais e econômicas que vinham ocorrendo no Brasil no início do século XX?

c) A que segmento da sociedade brasileira o texto acima pode ser associado? Justifique sua resposta.

Grupo de modernistas em São Paulo. Na foto, de 1922, destacam-se (da esquerda para a direita) Patrícia Galvão (a Pagu, 1ª), Anita Malfatti (2ª), Tarsila do Amaral (3ª) e Oswald de Andrade (no centro, ao fundo).

Reprodução/Museu do Teatro Municipal de São Paulo, São Paulo, SP.

Vestibulares de Norte a Sul

1. **CO** (UFGO) Leia o documento a seguir.

1º) O candidato Getúlio Vargas não sairá do seu Estado para fazer propaganda, nem para ler sua plataforma; 2º) se for vencido, na eleição, conformar-se-á com o resultado das urnas, dando por terminado o dissídio e passando a apoiar o governo constituído; 3º) o presidente da República e o candidato Júlio Prestes comprometem-se: a) a não apoiar elementos divergentes da situação do Rio Grande [...]; b) a reconhecer na apuração das eleições de representantes ao Congresso Federal os candidatos diplomados; c) passada a eleição, as relações entre o governo da República e o do Rio Grande do Sul serão restabelecidas nos mesmos termos anteriores à divergência sobre a sucessão presidencial [...]; e) se for eleito o presidente do Rio Grande do Sul, o atual presidente da República não combaterá o seu reconhecimento e o Dr. Getúlio Vargas assumirá para com São Paulo compromisso idêntico ao proposto aos Srs. Washington Luís e Júlio Prestes, em relação ao Rio Grande.

FONTOURA, J. N. *Memórias*. Apud FAUSTO, Boris. A revolução de 1930. In: MOTA, Carlos Guilherme (Org.). *Brasil em perspectiva*. Rio de Janeiro: Difel, 1977. p. 236. Texto adaptado.

Produzido em 1929, esse documento refere-se ao processo político-eleitoral na Primeira República. De acordo com sua leitura, verifica-se:

a) a aliança entre os estados mais representativos da federação, estabelecida por meio da política conhecida como "café com leite".
b) a complexidade da distribuição de forças políticas, observada na relevância dos estados de menor representatividade nos pleitos.
c) o desacordo da Aliança Liberal em relação às orientações para o processo eleitoral acordadas entre os estados.
d) a importância do voto popular nas eleições em função das diferentes dimensões dos colégios eleitorais nos estados.
e) o respeito aos princípios republicanos, traduzidos na posição de árbitro assumida pelo então presidente Washington Luís.

2. **NE** (UFC)

Morte à gordura!
morte às adiposidades cerebrais!
Morte ao burguês-mensal!
ao burguês-cinema! ao burguês-tílburi!
Padaria Suissa! Morte viva ao Adriano!
"–Ai, filha, que te darei pelos teus anos?
– Um colar... – Conto e quinhentos!!!"
[...] *Fora! Fu! Fora o bom burguês!...*

O trecho acima, transcrito do poema *Pauliceia Desvairada*, de Mário de Andrade, foi recitado na Semana de Arte Moderna, realizada de 11 a 18 de fevereiro de 1922, no Teatro Municipal de São Paulo. Sobre esse movimento, é correto afirmar que:

a) Teve como princípio uma arte baseada na estética romântica e realista.
b) Tentou traduzir a cultura e os problemas nacionais através da arte.
c) Gerou uma valorização da arte europeia em detrimento da arte brasileira.
d) Foi uma tentativa de renovar as manifestações artísticas no Brasil Império.
e) Foi um grupo de poetas e escultores que reafirmaram o parnasianismo no Brasil.

3. **N** (Ufam) O grande acontecimento no período anterior à Revolução de 1930, no âmbito da criação cultural no Brasil, foi a Semana de Arte Moderna. Promovida no Teatro Municipal de São Paulo em fevereiro de 1922, ela é um verdadeiro divisor de águas no processo histórico nacional. Qual a alternativa correta relativa ao período em que se inclui a Semana?

a) Os participantes da Semana da Arte Moderna representaram os porta-vozes da ideologia anarquista disseminada nas elites paulista e mineira.
b) A década de 20 promoveu mudanças políticas no nordeste brasileiro influenciadas pela emergência do socialismo em países europeus e latino-americanos.
c) A Semana de Arte Moderna contribuiu para o surgimento de uma camada intelectual cuja concepção ideológica era o anarquismo que muito influenciou os políticos paulistas.
d) O Brasil vivenciava um processo de industrialização, sobretudo em São Paulo, com o consequente crescimento das principais cidades e o aparecimento de camadas sociais especificamente urbanas.
e) O movimento "antropofágico", implementado pelos artistas modernistas, provocou uma grande reação negativa na intelectualidade amazônica que defendia a integração das populações indígenas na sociedade local.

4. **CO** (UFMS) A estrada de ferro conhecida como Noroeste do Brasil, inaugurada em 1914, foi construída com as seguintes finalidades:

a) Estreitar as relações do Brasil com o Paraguai e substituir a navegação fluvial na bacia platina.
b) Estabelecer uma ligação direta com o antigo Mato Grosso e estreitar as relações com a Bolívia.
c) Estimular o povoamento do Leste do antigo Mato Grosso e estimular o comércio bovino com o Estado de Goiás.
d) Promover a ligação entre São Paulo e o antigo Mato Grosso e estabelecer o acesso exclusivo às áreas produtoras de erva-mate.
e) Possibilitar o aumento da renda dos pecuaristas nacionais e estrangeiros do Pantanal Mato-Grossense e estimular o desenvolvimento da agricultura no Sul do antigo Mato Grosso.

CAPÍTULO

34 A crise de 1929 e o nazifascismo

Hulton Archive/Getty Images

Vista da *Times Square* em Nova York, repleta de automóveis, bondes e pedestres. Foto de 1927.

Para pensar historicamente

Economia e política

Desde a Baixa Idade Média, com o desenvolvimento comercial, as Bolsas de Valores ganharam vida negociando mercadorias e capitais. Nelas, os investidores buscam lucro, comprando e vendendo papéis (ações) que representam frações do capital de empresas.

Nas Bolsas, a aplicação de capitais e a especulação – venda ou compra rápida com o objetivo de lucro elevado na oscilação dos preços – firmam vínculos profundos com variações de preços, crescimento econômico e crises por todo o mundo.

O sistema capitalista convive com crises cíclicas desde o século XIX e, em 2008, o mundo assistiu ao início de mais uma crise financeira com consequências globais, a pior desde a quebra da Bolsa de Nova York, em 1929.

Com as crises, a atuação do Estado ganha força. Um dos principais debates do século XX ocorreu em torno do papel do Estado na economia: ele deve intervir ou não? Qual é a relação entre crises econômicas e o crescimento das propostas autoritárias?

Na contemporaneidade, fascismo e nazismo são dois termos muito utilizados para fazer referência a situações nas quais vemos a presença da violência, do autoritarismo ou da discriminação. No final do capítulo, você deverá saber o que foram o fascismo e o nazismo e será capaz de situá-los no tempo e de reconhecer as principais características das doutrinas que fundaram esses movimentos.

Sakis Mitrolidis/Agência France-Presse

Manifestantes protestam contra medidas tomadas pelo governo grego em Tessalônica, Grécia. Foto de 2013.

1 A crise da Bolsa de Nova York e a Grande Depressão

Wall Street e as crises econômicas

Terminada a Primeira Guerra Mundial, os Estados Unidos transformaram-se no dínamo do capitalismo mundial: de maior devedor (3 bilhões de dólares), o país passou à invejável posição de maior credor mundial (11 bilhões de dólares). Mais que isso: os Estados Unidos, que em 1918 já eram responsáveis por mais de um terço da produção industrial mundial, em 1929, passaram para mais de 42%. Além disso, permaneceram atraindo população: somente entre 1900 e 1910, entraram nos Estados Unidos perto de 9 milhões de imigrantes europeus. A prosperidade econômica, entretanto, tinha contradições que se tornavam cada vez maiores, levando a uma profunda crise que se expandiu para o resto do mundo.

Terminado o mandato do democrata Woodrow Wilson (1912-1920), todos os presidentes norte-americanos seguintes, até 1932, foram do Partido Republicano, fiéis defensores do **liberalismo econômico** e da Doutrina Monroe – "A América para os americanos". Voltados para seus interesses no continente, os Estados Unidos abdicaram de um engajamento total nos assuntos internacionais. Não ratificaram o Tratado de Versalhes e decidiram não participar da Liga das Nações, deixando aos europeus a tarefa de solucionar os conflitos ocorridos na Europa.

A ausência dos Estados Unidos na Liga das Nações foi um dos fatores do seu fracasso. Criada como fórum para a paz internacional, acabou fragilizada e sem poder para resolver os seguidos impasses europeus do pós-Grande Guerra, especialmente diante da edificação dos Estados totalitários nazifascistas e expansionistas.

Bettmann/Corbis/Latinstock

Na onda isolacionista, de xenofobia e perseguição a ativistas trabalhistas e a políticos, autoridades norte-americanas prenderam, em 1921, Nicola Sacco (à direita da foto) e Bartolomeo Vanzetti, dois imigrantes italianos anarquistas. Condenados injustamente por roubo e assassinato, foram executados em 1927, apesar das manifestações populares. Cinco décadas depois, Sacco e Vanzetti foram reconhecidos como inocentes e perdoados postumamente.

Em 1919, foi aprovada a Lei Seca, proibindo a produção e a venda de bebidas alcoólicas. Nessa época de *boom* econômico e de gângsteres, destacou-se Al Capone, líder da maior organização criminosa de Chicago e o grande responsável pela venda clandestina de bebidas. A Lei Seca, no entanto, foi sendo desmoralizada, especialmente depois de ter sido encontrada uma destilaria de uísque na fazenda do senador Morris Sheppard, justamente o autor dessa lei. Em 1933, a lei foi revogada pelo presidente Franklin Roosevelt. Na foto, barril de cerveja confiscado é derramado em uma boca de lobo.

Universal History Archive/Getty Images

Defensores de políticas isolacionistas, os Estados Unidos baixaram diversas leis restritivas à migração a partir de 1921, reduzindo drasticamente a entrada de estrangeiros no país, também pouco fizeram para resolver as crescentes contradições do desenvolvimento econômico. Eram partidários de que as dificuldades que surgiam na economia seriam resolvidas pelo próprio mercado, que tinha uma tendência intrínseca à racionalidade e à superação dos problemas econômicos, não cabendo ao Estado interferir na ordem econômica.

O desenvolvimento econômico não foi acompanhado por aumento nos salários e na renda dos trabalhadores. Essa estabilidade salarial, incompatível com o crescimento da produtividade, acentuou a desigualdade na distribuição da renda – apenas uma elite correspondente a 5% da população detinha um terço da renda do país – e impossibilitava o aumento do consumo. A dificuldade para expandir o consumo interno, enquanto a produção do país aumentava, resultou numa grande estocagem de mercadorias.

A explosão da crise e o *New Deal*

A crise explodiu em 24 de outubro, a chamada **Quinta-Feira Negra**, quando muitas pessoas tentaram vender suas ações e não encontraram compradores, o que provocou uma redução drástica dos preços. Os investidores, atemorizados, tentavam livrar-se dos papéis, originando uma avalanche de ofertas de ações que derrubou ainda mais velozmente os preços, arruinando a todos.

Do dia para a noite, prósperos empresários passaram a ser donos de papéis sem nenhum valor. A desordem econômica atingiu profundamente toda a sociedade estadunidense: 85 mil empresas faliram, 4 mil bancos fecharam e as demissões de trabalhadores alcançaram um total aproximado de 12 milhões. Foi um período de pobreza e fome.

Multidão de desempregados aguarda em frente a um restaurante que iria servir refeições gratuitas em Nova York. Os efeitos da crise de 1929 podiam ser vistos em cenas como essas nas ruas das principais cidades norte-americanas. Foto de 1930.

Bettmann/Corbis/Latinstock

A intensa atividade econômica nos Estados Unidos também impulsionou, especialmente a partir de 1928, a especulação financeira por meio da compra e venda de ações de grandes empresas na Bolsa de Valores de Nova York, situada no centro da cidade, em *Wall Street*. Em meados de 1929, o valor das ações quadruplicou, e cada vez mais investidores foram atraídos pela possibilidade de enriquecer facilmente.

O aumento do número de investidores e do volume de investimentos, contudo, tinha um limite físico. O mercado interno limitado e o externo arrasado pela Primeira Guerra Mundial, com os países europeus procurando recuperar sua produtividade, completavam o quadro econômico. A superprodução sem escoamento, gerando uma estocagem cada vez maior devido ao subconsumo, levou a especulação financeira ao limite. Ou seja, o valor das ações estava muito acima de seu valor real, baseado apenas na confiança de que esses papéis continuariam valorizados e não em lucros das vendas da produção. O presidente Herbert Hoover, entretanto, mantinha sua posição liberal, recusando-se a uma intervenção estatal para estancar ou reverter a situação.

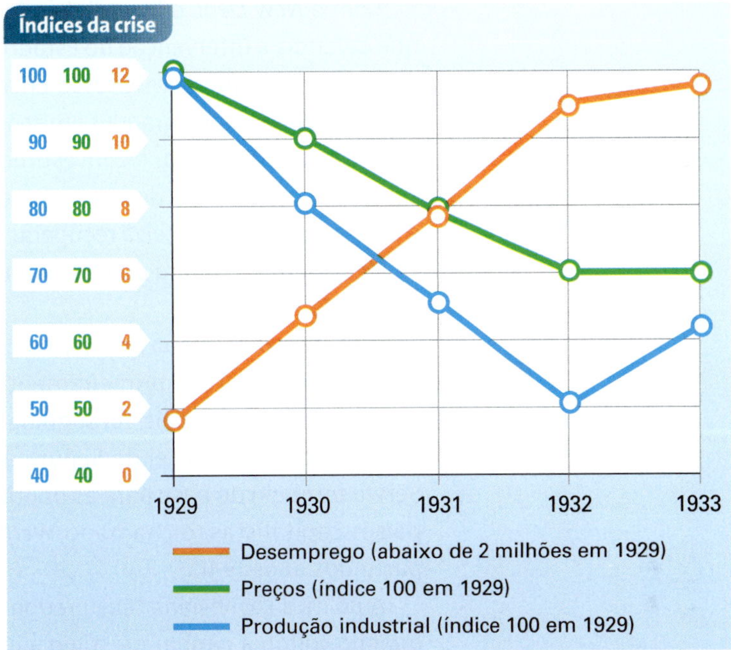

Adaptado de: CAMERA, Augusto; FABIETTI, Renato. *Elementi di storia 3.* Bolonha: Zanichelli, 1999. p. 1.374.

A crise de 1929 abalou todo o mundo, com exceção da União Soviética, fechada em si mesma e orientada segundo os planos quinquenais, sob o governo de Josef Stálin. A difusão da crise contou com dois elementos básicos: a redução das importações norte-americanas, afetando duramente os países que dependiam de seu mercado (o café brasileiro é um exemplo), e o repatriamento de capitais estadunidenses investidos em outros países.

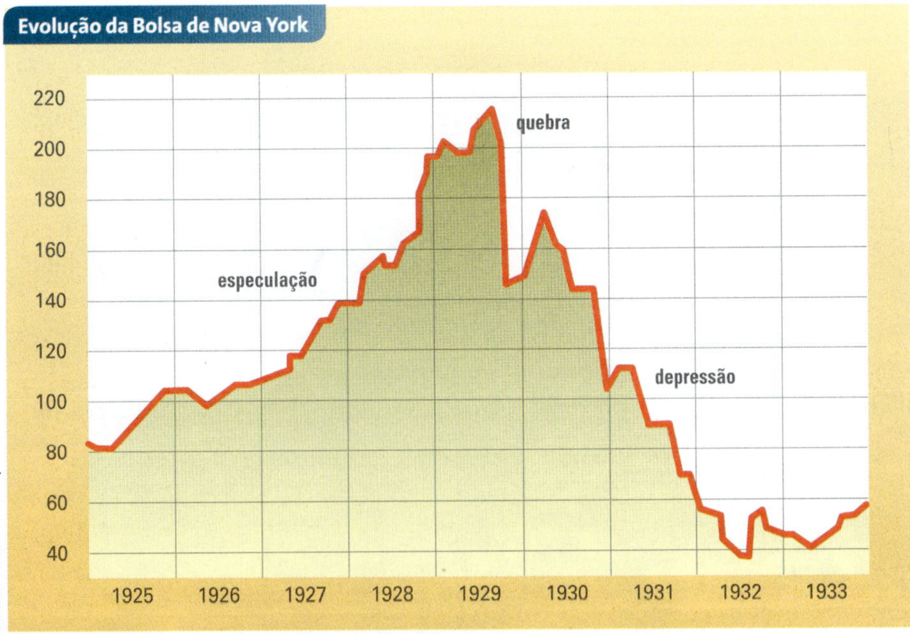

Gráficos: Cassiano Röda/Arquivo da editora

Adaptado de: CAMERA, Augusto; FABIETTI, Renato. *Elementi di storia 3.* Bolonha: Zanichelli, 1999. p. 1.374.

Em meio à crise econômica, os republicanos foram derrotados nas eleições nacionais pelo Partido Democrata, em 1932. Franklin Delano Roosevelt foi então eleito presidente dos Estados Unidos, e uma de suas primeiras providências foi limitar o liberalismo econômico, intervindo na economia por meio do *New Deal*, plano elaborado por um grupo de renomados economistas que se baseava nas teorias do economista inglês John Maynard Keynes (1884-1946).

Com o *New Deal*, o liberalismo de Adam Smith cedeu lugar ao *keynesianismo*, que defendia a intervenção do Estado para controlar o desenvolvimento da economia, de modo que combatesse crises e garantisse emprego e direitos sociais. Roosevelt determinou grandes emissões monetárias, inflacionando deliberadamente o sistema financeiro; fez investimentos estatais de monta, como hidrelétricas; estimulou uma política de empregos, entre outras medidas, o que ativou o consumo e possibilitou a progressiva recuperação da economia. Dez anos depois, os Estados Unidos se aproximaram do patamar econômico em que se encontravam antes da crise de 1929.

A política keynesiana da busca do pleno emprego para estimular as economias em recessão, adotada primeiramente nos Estados Unidos e depois em diversos outros países industriais, foi seguida pela instalação de modernos sistemas previdenciários, como a Lei de Seguridade dos Estados Unidos, aprovada em 1935. Serviu também de base para as políticas de bem-estar social desenvolvidas pelos países capitalistas, o chamado ***Welfare State***, expressão que entrou em uso a partir dos anos 1940.

A política keynesiana teve predomínio internacional até o final dos anos 1970, quando voltou a ganhar prestígio a liberdade de mercado, defendida por teóricos como Friedrich von Hayek e por membros da escola monetarista de Chicago, como Milton Friedman e Robert Lucas. A partir de 2008, em virtude da crise econômica internacional iniciada naquele ano e originada em parte das políticas neoliberais de não controle da economia pelo Estado, reacendeu-se o debate entre defensores do neoliberalismo e do keynesianismo. Os Estados, ao contrário do que ocorrera nos meses seguintes à crise de 1929, intervieram pesadamente na economia para tentar diminuir os efeitos dessa crise.

Foto de 1934, que mostra a construção da hidrelétrica do Vale do Tennessee, nos Estados Unidos.

Bettmann/Corbis/Latinstock

2 O ideário nazifascista

O nazifascismo caracterizou-se por ser um movimento essencialmente nacionalista, antidemocrático, antioperário, antiliberal e antissocialista que se estruturou na Europa entre o final da Primeira e o início da Segunda Guerra Mundial. Sua expansão teve como contexto a situação de crise e a miséria nos países europeus, ligadas aos efeitos da Primeira Guerra Mundial e à crise de 1929.

Na Alemanha, foi representado por **Adolf Hitler**, cujo livro *Mein Kampf* (*Minha luta*) serviu como base teórica do governo nazista. O outro polo importante do movimento ocorreu na Itália e foi liderado por **Benito Mussolini**, que ocupou o governo em 1922.

Em outros países, formas peculiares de totalitarismo também foram adotadas, como o **franquismo** na Espanha e o **salazarismo** em Portugal.

Esses novos governos representaram uma reação nacionalista às frustrações resultantes da Primeira Guerra Mundial e um modo de fortalecer o Estado, além de atender às aspirações de estabilidade diante das ameaças revolucionárias de esquerda e especialmente diante da implantação do socialismo na União Soviética.

A doutrina nazifascista caracterizava-se basicamente pelos seguintes pontos:

- **totalitarismo**, em que o Partido Fascista ou Nazista confundia-se com o Estado, formando a síntese das aspirações nacionais;
- **nacionalismo**, propondo a subordinação do indivíduo aos interesses da nação;
- **idealismo**, acreditando no poder transformador das ideias e convicções;
- **romantismo**, que negava a razão como solucionadora dos problemas nacionais, defendendo, ao contrário, que somente a fé, o autossacrifício, o heroísmo e a força seriam capazes de superar as dificuldades;
- **autoritarismo**, segundo o qual a autoridade do líder – o *Duce* (na Itália) ou o *Führer* (na Alemanha) – era indiscutível;
- **militarismo**, que possibilitaria a salvação nacional por meio da luta e da guerra;
- **anticomunismo**.

No caso alemão, havia ainda o **antissemitismo**, isto é, a perseguição racista aos judeus, justificada pela afirmação de que, na Primeira Guerra Mundial, os alemães haviam sido traídos pelos judeus marxistas, o que teria provocado a sua derrota. Além disso, segundo o nazismo, os judeus, vistos como antinacionais e sem pátria, ameaçavam a formação da "grande raça ariana alemã". Assim, a ideia fundamental do nazismo era expressa na máxima: *Ein Volk, ein Reich, ein Führer* ("Um povo, um império, um líder").

No caso do regime totalitário italiano, baseado no **corporativismo**, o povo, produtor de riquezas, organizava-se em corporações sindicais que governavam o país por meio do Partido Fascista, representado pelo próprio Estado. Ao contrário da visão marxista, negava-se a oposição entre classes na estrutura social, e o Estado corporativo deveria buscar a harmonização dos interesses conflitantes do capital e do trabalho dentro dos quadros das corporações.

Pôster do filme *O eterno judeu*, de 1937, que pregava o antissemitismo.

Peter Newark Military Pictures/The Bridgeman Art Library/Keystone

Hitler e Mussolini contaram com o capital financeiro e o apoio da alta burguesia na edificação do Estado totalitário, representado, no caso nazista, pelo magnata Krupp e, no caso da Itália, pela Confederação Geral da Indústria, pela Associação dos Bancos e pela Confederação da Agricultura.

O fascismo italiano

A Primeira Guerra Mundial deixou para a Itália enormes perdas financeiras e humanas e nenhum ganho territorial. Firmou-se um panorama de caos econômico – causado pela inflação, pelo alto índice de desemprego e pela paralisação de diversos setores produtivos – em meio à agitação política revolucionária das esquerdas, sucedendo-se greves e invasões de fábricas e terras.

Bettmann/Corbis/Latinstock

O símbolo do fascismo era constituído de um feixe de varas, simbolizando a unidade do povo, servindo de cabo para um machado, representando a autoridade do Estado. O mesmo símbolo era usado pelas magistraturas de maior autoridade no Império Romano.

O governo parlamentar, composto pelo Partido Socialista e pelo Partido Popular, não chegava a um acordo quanto às grandes questões políticas, gerando impasses e impopularidade. Diante desse quadro de instabilidade, as elites passaram a apoiar a atuação das *squadre d'azione* (expressão italiana que significa "comandos de ação"), milícias armadas formadas pelos **camisas-negras**, membros do Partido Fascista italiano criado por Mussolini em 1919. Dois anos depois, os fascistas elegeram o maior número de representantes no Parlamento.

Apoiado na crise parlamentar e na ideia da "mediocridade democrática", Mussolini organizou o assalto ao poder. Em 1922, 50 mil "camisas-negras", vindos de todas as regiões da Itália, dirigiram-se para a capital exigindo o poder – foi a chamada **Marcha sobre Roma**. O rei Vítor Emanuel III cedeu à pressão, e o líder fascista passou a organizar o gabinete governamental, no cargo de primeiro-ministro.

Em 1924, por meio de eleições fraudulentas, os fascistas ganharam maioria parlamentar. A oposição, liderada pelo deputado socialista Giacomo Matteotti, denunciou as irregularidades eleitorais, mas foi calada pela repressão generalizada, que culminou no rapto e assassinato do deputado.

Bettmann/Corbis/Latinstock

A foto ao lado mostra os dois ditadores na ocasião da visita de Mussolini à Alemanha, em 1937.

No ano seguinte às eleições, Mussolini tornou-se *Duce* (o condutor supremo da Itália), com o respaldo da Confederação Geral da Indústria, da polícia política fascista (Ovra) e de tribunais especiais, que julgavam e condenavam os dissidentes. Concretizou-se, assim, um Estado totalitário, em que eram eliminados os principais focos oposicionistas, ao mesmo tempo que se impunham leis de exceção, suprimia-se a imprensa oposicionista e era cassada a licença de todos os advogados antifascistas.

O totalitarismo fascista segundo Mussolini

Anti-individualista, a concepção fascista é feita para o Estado: mas também é para o indivíduo, enquanto forma corpo com o Estado, consciência e vontade universal do Homem na sua existência histórica. Ela contraria o liberalismo clássico, nascido da necessidade de reagir contra o absolutismo, e que, desde aí, esgotou a sua função histórica, desde que o Estado se transformou e passou a possuir a mesma consciência e a mesma vontade que o povo. O liberalismo coloca o Estado a serviço do indivíduo. [...] Para o fascista, tudo está no Estado, nada de humano ou espiritual existe fora do Estado. Nesse sentido, o fascismo é totalitário, e o Estado fascista, síntese e unidade de todo o valor, interpreta, desenvolve e dá potência à vida integral de um povo.

MUSSOLINI, Benito. *A doutrina do fascismo*, 1930. In: VVAA, *Temas de História* 12. Porto: Porto Editora, [s.d.], p. 244.

Ullstein Bild/The Granger Collection/Glow Images

Mussolini saúda a população presente na Praça da Vitória, em Gênova, Itália. Foto de 1938.

Em 1929, Mussolini ganhou também o apoio do clero ao assinar o **Tratado de Latrão**, que solucionava a antiga **Questão Romana**. Indicando a conciliação entre Igreja e Estado, o papa Pio XI reconhecia o Estado italiano, e Mussolini, a soberania do Vaticano. O catolicismo passou a ser a religião oficial da Itália.

Questão Romana: conflito entre a Igreja Católica e o Estado italiano. Surgiu com a conquista de Roma na unificação italiana, em 1871. O papa Pio IX não reconheceu a perda dos territórios e considerou-se "prisioneiro" no Vaticano.

Após garantir para si plenos poderes e cercar-se das elites dominantes, Mussolini buscou o desenvolvimento econômico do país. Centrado numa imensa propaganda de massa e na proibição de greves, seu governo apresentou sucessos na agricultura e na indústria até que a depressão mundial de 1929 mergulhou o país novamente na crise.

Para superá-la, Mussolini intensificou a produção de armamentos e as conquistas territoriais apoiado na ideia de restaurar o Império Romano. Voltando-se para a África, invadiu a Abissínia (atual Etiópia) e, em seguida, associou-se à Alemanha e ao Japão em diversas agressões internacionais.

Propaganda fascista

Exemplos da influência da propaganda fascista na imprensa. *"Duce! Duce! Duce!"* (1) era o brado de aclamação a Mussolini, conforme a ilustração da capa de uma revista da época. Página de um livro escolar italiano de 1931 (2), mostrando uma criança fazendo a saudação fascista. O texto diz: "Benito Mussolini ama muito as crianças. As crianças da Itália amam muito o Duce. Viva o Duce!". Capa de livro (3) italiano de 1932, cujo título é *O grupo Líder Balilla*. Balilla era uma organização fascista de crianças entre 8 e 14 anos.

1

2

3

O nazismo alemão

Nazismo na Alemanha

Similarmente ao fascismo italiano, o nazismo alemão emergiu da derrota na Primeira Guerra Mundial e pelas condições impostas à Alemanha pelo Tratado de Versalhes. Com o final da guerra, o regime monárquico dos *Kaiser* alemães foi substituído pela **República de Weimar** (1918-1933), que herdou uma grave crise socioeconômica.

A República de Weimar foi governada por uma coalizão formada por socialistas, católicos e social-democratas. Regido por uma Carta progressista, esse governo teve de enfrentar sérias dificuldades políticas e uma crescente onda de insatisfação social provocada pela gravíssima crise econômica que abateu a Alemanha no pós-guerra.

A hiperinflação alemã

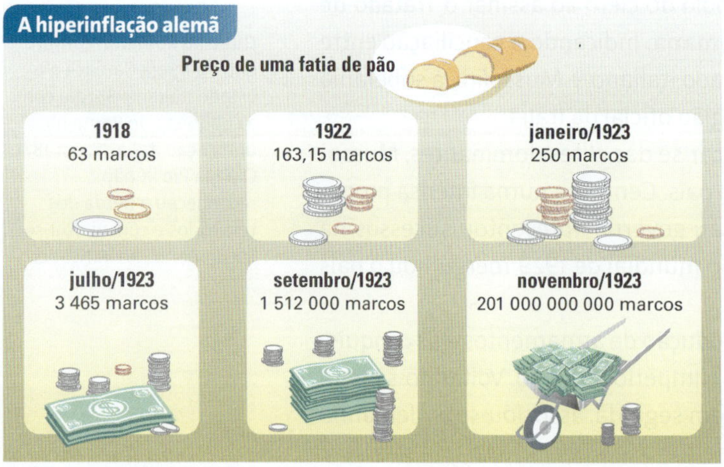

Em 1923, os governantes da República de Weimar decidiram cancelar os pagamentos impostos pelo Tratado de Versalhes. Em represália, os franceses invadiram o Vale do Ruhr, importante região mineradora e siderúrgica da Alemanha. Apoiados pelo presidente socialista Friedrich Ebert, os mineradores e operários dessa região entraram em greve, negando-se a trabalhar para os franceses. Para sustentar a greve, o Parlamento autorizou a emissão de papel-moeda. O resultado foi uma espiral inflacionária, que chegou a atingir o índice de 32.400% ao mês.

Em 1919, em Munique, um pequeno grupo de nacionalistas, entre os quais estava Adolf Hitler, fundou um partido totalitário, nos moldes do fascismo italiano, que adotou, logo depois, o nome de **Partido Nacional-Socialista dos Trabalhadores Alemães** (*National-Sozialistische Deutsche Arbeiter Partei* – NSDAP), popularmente chamado de **nazi**. Com forte apelo ao sentimento nacional diante das dificuldades do pós-guerra, o novo Partido Nacional-Socialista ganhou cada vez mais adeptos. Para intimidar os opositores, principalmente judeus, comunistas e socialistas, os nazistas atuavam com uma polícia paramilitar denominada **Seções de Assalto (SA)** (*Sturmabteilung*) – **os camisas-pardas**.

Diante do agravamento da situação socioeconômica e da ineficiência do governo republicano, Hitler e seus seguidores tentaram assumir o poder, em novembro de 1923. Numa cervejaria de Munique, proclamaram o fim da República. Embora tivessem sido todos presos, ganharam ampla publicidade em todo o país. O *Putsch* ("golpe", em alemão) de Munique, como ficou conhecido, pareceu, por seu malogro total, o fim do nascente Partido Nazista. Foi, no entanto, apenas um recuo momentâneo na escalada nazista, que contaria mais tarde com circunstâncias propícias a seu reerguimento definitivo.

Na prisão, Hitler escreveu *Mein Kampf*, obra em que desenvolveu os fundamentos do nazismo:

- a ideia pseudocientífica da existência da **raça ariana** – que seria descendente de um grupo indo-europeu mais puro;
- o **nacionalismo** exacerbado;
- o **totalitarismo**;
- o **anticomunismo**;
- o domínio de territórios indispensáveis ao desenvolvimento alemão, inclusive com a conquista da Europa Oriental – o princípio do **espaço vital**.

As ideias nazistas não tiveram presença expressiva até que a quebra da Bolsa de Valores de Nova York, no fim de 1929, veio abalar a economia mundial, especialmente a da Alemanha. Em 1932, muitos dos 6 milhões de desempregados alemães engrossavam as fileiras do Partido Nacional-Socialista, ao lado de ex-soldados, jovens estudantes e agricultores, descontentes com a fragilidade política e econômica do governo democrático de Weimar. Outros, porém, alinhavam-se aos grupos políticos de esquerda, especialmente aos comunistas, o que amedrontou a elite e a classe média alemã, que viram na proposta nazista a salvação nacional.

Austrian Archives/Corbis/Latinstock

Após a quebra da Bolsa de Valores de Nova York, em 1929, a situação econômica e social da Alemanha se agrava, aumentando o número de desempregados e os índices de inflação. Na foto, de 1931, unidade móvel do exército atende aos pobres fornecendo refeição gratuitamente nas proximidades de Berlim.

Hulton-Deutsch Collection/Corbis/Latinstock

Adolf Hitler atravessa a multidão de trabalhadores de uma fábrica alemã. Foto de novembro de 1933.

As tropas das SA passaram a agir livremente, e a popularidade nazista se impôs. Em 1932, nas eleições para o Parlamento, os nazistas conquistaram 230 cadeiras (em 1930, eram aproximadamente 30) e, em 1933, com a crise do sistema parlamentarista, o presidente Hindenburg ofereceu a Hitler a chancelaria – o comando do Estado. Elevado ao poder, o líder nazista visou inicialmente eliminar a forte oposição, especialmente a dos políticos de esquerda. Para tanto, usou diversos meios, inclusive a organização de uma farsa: provocou um incêndio que destruiu o prédio do Parlamento em Berlim, o *Reichstag*, e acusou os comunistas de terem um golpe em andamento, o que lhe permitiu a instalação de uma ditadura totalitária. Os deputados e líderes das esquerdas foram presos e levados para **campos de concentração** – áreas de confinamento cercadas e vigiadas, onde muitos opositores foram exterminados, bem como milhões de judeus e prisioneiros de guerra, no genocídio que se tornou conhecido como **holocausto**.

Para sustentar o poder hitlerista, foram criadas a **Gestapo** – polícia secreta do Estado – e as **Seções de Segurança** (SS), polícia política do partido, bem treinada, disciplinada e fiel ao *Führer*.

Hitler eliminou os partidos, os jornais de oposição e os sindicatos e suspendeu o direito de greve. Depurou o próprio nazismo, eliminando vários líderes das SA que divergiam de sua autoridade absoluta. Na chamada Noite dos Longos Punhais (junho de 1934), cerca de 70 líderes e 5 mil outros nazistas foram mortos por soldados do exército, pelas SS e pela Gestapo.

Um pouco antes, em 21 de março de 1933, Adolf Hitler proclamou a criação do Terceiro Reich (em alemão, "império"), sucessor do Sacro Império Romano-Germânico (962-1806) e do Império dos *Kaiser* Hohenzollern (1871-1919). Com a morte do presidente Hindenburg, em agosto de 1934, Hitler acumulou essa função e a de chanceler, adotando oficialmente o título de *Führer*.

Joseph Goebbels coordenou a propaganda nazista, ganhando o apoio de quase toda a nação aos grandiosos planos do *Führer*. A campanha racista criava um bode expiatório e aproximava a população alemã dos nazistas ao propor a purificação racial por meio do extermínio dos judeus. Para cumprir seu plano de genocídio denominado "solução final", os campos de concentração foram multiplicados e milhões de judeus, assassinados. Toda a sociedade foi envolvida no programa nazista do Terceiro Reich: das crianças aos adultos; nas escolas e instituições, todos eram induzidos a filiar-se à Juventude Hitlerista ou ao Partido Nazista.

A propaganda nazista

Para saber mais

A população alemã tinha conhecimento do extermínio dos judeus nos campos de concentração?

Assim, tanto na Alemanha quanto nos países invadidos sabia-se que os judeus eram enviados em vagões ferroviários para algum lugar. Mas sabiam para onde e para o quê? É verdade que não houve ordem explícita de Hitler ou de Goebbels para o extermínio – argumento muito utilizado pelos "revisionistas". Mas não foi preciso. O nazismo tomou uma infinidade de medidas que, isoladas e justapostas, permitiu que os alemães ignorassem, ou desejassem ignorar, o que estava acontecendo, diz Ferro[1]. A compartimentação das atividades que envolviam o extermínio, desde o ponto de partida ao de chegada, assegurava que um profissional não soubesse a exata função do outro. Mas como os ferroviários poderiam desconhecer o destino dos passageiros amontoados nos vagões, os trabalhadores químicos não perceber para que fabricavam o gás **cyklon**, os juristas, os funcionários, os policiais, entre tantas outras categorias, ignorar a finalidade de suas funções? Sabemos que o nazismo tornou as câmaras de gás um segredo de Estado, mas a estratégia não impediu que milhares de pessoas conhecessem, ou ao menos suspeitassem, de sua existência. Se o número dos "executores diretos" do extermínio é calculado entre 300.000 e 400.000 pessoas, os "indiretos", sem dúvida, são multiplicados em muitas vezes. Portanto, pelo menos na Alemanha, é difícil garantir que "poucos sabiam".

FERREIRA, Jorge. *Problematizando a Segunda Guerra Mundial*. Disponível em: <www.historia.uff.br/tempo/resenhas/res1-2.pdf>. Acesso em: 20 jan. 2014.

Galeria Bilderwelt/Hulton Archive/Getty Images

Húngaros de ascendência judaica chegam em Auschwitz-Birkenau, um complexo de campos de concentração e de extermínio localizado na Polônia. Repare na estrela de Davi, identificação obrigatória que cada pessoa judia deveria portar. Foto de 1944.

A nazificação alemã completou-se com o armamentismo e o total militarismo, que reativaram o desenvolvimento econômico baseado na indústria bélica. A militarização da Alemanha visava à expansão territorial e à conquista do "**espaço vital**", o que viria a constituir o estopim de um novo conflito europeu.

cyklon ou zyklon: produto à base de ácido cianídrico, cloro e nitrogênio usado inicialmente como pesticida e depois como o gás que provocou as mortes nos campos de concentração alemães, na Segunda Guerra Mundial.

1 FERRO, Marc. *História da Segunda Guerra Mundial*. Tradução de Mauro Lando e Isa Mara Lando. São Paulo: Ática, 1995.

Pensando no Enem

1. *A depressão econômica gerada pela Crise de 1929 teve no presidente americano Franklin Roosevelt (1933-1945) um de seus vencedores.* New Deal *foi o nome dado à série de projetos federais implantados nos Estados Unidos para recuperar o país, a partir da intensificação da prática da intervenção e do planejamento estatal da economia. Juntamente com outros programas de ajuda social, o* New Deal *ajudou a minimizar os efeitos da depressão a partir de 1933. Esses projetos federais geraram milhões de empregos para os necessitados, embora parte da força de trabalho norte-americana continuasse desempregada em 1940. A entrada do país na Segunda Guerra Mundial, no entanto, provocou a queda das taxas de desemprego, e fez crescer radicalmente a produção industrial. No final da guerra, o desemprego tinha sido drasticamente reduzido.*

EDSFORD, R. *America's Response to the Great Depression.* Blackwell Publishers, 2000 (tradução adaptada).

A partir do texto, conclui-se que

a) o fundamento da política de recuperação do país foi a ingerência do Estado, em ampla escala, na economia.
b) a crise de 1929 foi solucionada por Roosevelt, que criou medidas econômicas para diminuir a produção e o consumo.
c) os programas de ajuda social implantados na administração de Roosevelt foram ineficazes no combate à crise econômica.
d) o desenvolvimento da indústria bélica incentivou o intervencionismo de Roosevelt e gerou uma corrida armamentista.
e) a intervenção de Roosevelt coincidiu com o início da Segunda Guerra Mundial e foi bem-sucedida, apoiando-se em suas necessidades.

Resposta: a

Através da política do *New Deal*, fundamentada nas ideias do economista inglês John M. Keynes, observou-se o progressivo afastamento das práticas econômicas liberais, substituídas pelo intervencionismo estatal.

Considerando a matriz de Referência do Enem, essa questão contempla competência de área 2 – Compreender as transformações dos espaços geográficos como produto das relações socioeconômicas e culturais de poder, especialmente a habilidade H8: analisar a ação dos estados nacionais no que se refere à dinâmica dos fluxos populacionais e no enfrentamento de problemas de ordem econômico-social.

2. Os regimes totalitários da primeira metade do século XX apoiaram-se fortemente na mobilização da juventude em torno da defesa de ideias grandiosas para o futuro da nação. Nesses projetos, os jovens deveriam entender que só havia uma pessoa digna de ser amada e obedecida, que era o líder. Tais movimentos sociais juvenis contribuíram para a implantação e a sustentação do nazismo, na Alemanha, e do fascismo, na Itália, Espanha e Portugal.

A atuação desses movimentos juvenis caracterizava-se:

a) pelo sectarismo e pela forma violenta e radical com que enfrentavam os opositores ao regime.
b) pelas propostas de conscientização da população acerca dos seus direitos como cidadãos.
c) pela promoção de um modo de vida saudável, que mostrava os jovens como exemplos a seguir.
d) pelo diálogo, ao organizar debates que opunham jovens idealistas e velhas lideranças conservadoras.
e) pelos métodos políticos populistas e pela organização de comícios multitudinários.

Resposta: a

Os movimentos sociais juvenis amparados pelo estado totalitário reproduziam suas práticas políticas, fundadas no emprego da violência contra opositores.

Considerando a matriz de Referência do Enem, essa questão contempla a competência de área 3 – Compreender a produção e o papel histórico das instituições sociais, políticas e econômicas, associando-as aos diferentes grupos, conflitos e movimentos sociais, especialmente as habilidades H11: identificar registros de práticas de grupos sociais no tempo e no espaço, H12: analisar o papel da justiça como instituição na organização das sociedades e H13: analisar a atuação dos movimentos sociais que contribuíram para mudanças ou rupturas em processos de disputa pelo poder.

Atividades

Leitura e análise de gráficos

1. Observe com atenção os dois gráficos abaixo e, em seguida, responda às questões.

Movimentação da Bolsa de Valores de Nova York (1927-1933)

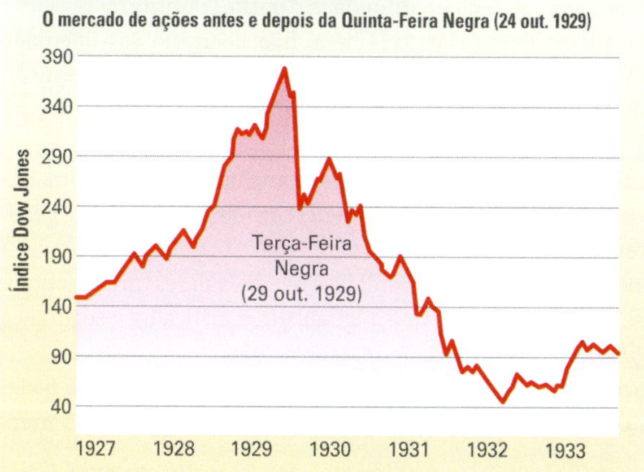

Disponível em: <http://resistir.info/crise/imagens/stock_market_crash.jpg>. Acesso em: 20 jan. 2014.

Taxa de desemprego nos Estados Unidos (1929-1942)

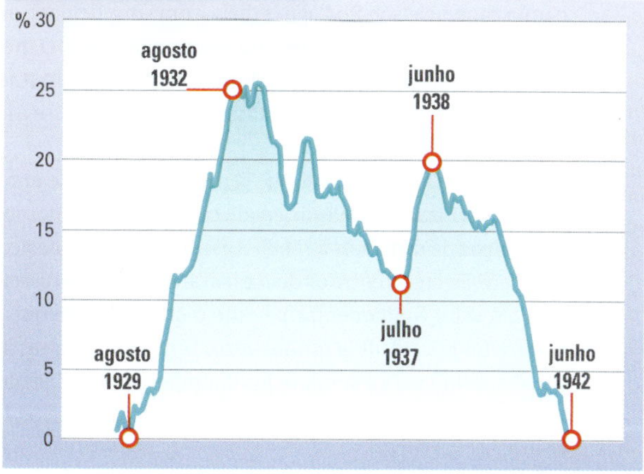

Disponível em: <www.econmicro.com/images/urdep.png>. Acesso em: 20 jan. 2014.

Gráficos: Cassiano Röda/Arquivo da editora

a) O que cada um dos gráficos mostra?
b) Que relação há entre a quebra da Bolsa de Valores e a taxa de desemprego nos Estados Unidos? Justifique sua resposta com dados dos gráficos e com base em seus conhecimentos de História.
c) Estabeleça uma relação entre as transformações observadas no segundo gráfico e a política econômica adotada por Franklin Roosevelt.

Leitura e análise de cartaz de propaganda

2. Observe com atenção a imagem ao lado e faça as atividades propostas a seguir.
   a) Pesquise em livros ou na internet sobre o cenário político alemão na ocasião das eleições parlamentares de 1932.
   b) Com base no que você estudou neste capítulo, responda: quais foram os elementos mais marcantes da ideologia nazista?
   c) Identifique os elementos presentes no cartaz reproduzido ao lado.
   d) Descreva cada um desses elementos, comentando sobre a maneira como foram representados e projetados no cartaz, ou seja: qual é a sua cor, o seu tamanho, a sua localização, etc.
   e) Com base em seus conhecimentos sobre a época e a ideologia nazista, que significados podem ser atribuídos a esse cartaz? Avalie o que os elementos gráficos que o compõem (tamanho, volume e cor) valorizam.

Reprodução/Coleção particular

Reprodução de um cartaz utilizado na campanha eleitoral para o Parlamento da Alemanha, em 1932. O texto, em alemão, diz: *O povo vota para a Lista 1: Nacional-socialistas.*

Leitura e análise de artigo de jornal

3. Leia o artigo abaixo, de autoria de João Pereira Coutinho. Depois, responda às questões propostas.

A unanimidade é burra

SEMPRE tive horror a multidões. Não falo de multidões anônimas em cidades anônimas. Dessas gosto. De me perder nelas e com elas. Falo das outras: multidões politicamente organizadas, que suspendem o raciocínio para seguirem um líder e uma causa. Nelson Rodrigues dizia, com simplicidade avassaladora, que toda unanimidade é burra. Confirmo.

A culpa é minha. A culpa é do meio onde cresci. O meu pai era um liberal clássico. Liberal, não: libertário. Se a liberdade é o valor supremo da existência humana, qualquer limitação à liberdade seria objetivamente um dano. Drogas, prostituição, eutanásia o Estado que se afastasse. Só quando existe invasão da liberdade alheia deve o poder político intervir. Caso contrário, o indivíduo é soberano.

Não para a minha mãe, que sempre gostou de se apresentar, e de se olhar, como uma humanista de esquerda. Uma sociedade civilizada é uma sociedade capaz de cuidar dos mais pobres. O que implica a existência de um Estado sólido e generoso, capaz de distribuir a renda e garantir serviços básicos de decência.

E eu? Eu cresci entre os dois, escutando ambos e discordando de ambos. Sim, a liberdade é um dos valores fundamentais. Não é o valor fundamental, perante o qual todos os outros se vergam. Valores como a igualdade, a justiça ou a segurança podem ter prioridade, e muitas vezes têm, para garantir a sobrevivência de uma comunidade política.

O mesmo para a senhora minha mãe: uma sociedade deve cuidar dos mais fracos; mas não deve permitir que o poder político cresça de forma intolerável e potencialmente perigosa. O poder corrompe. O poder absoluto corrompe absolutamente. *Lord Acton "dixit"*.

Foi assim que me tornei um conservador pluralista e cético, avesso aos extremos e aos extremistas. E assim continuo: olho em volta e constato, sem surpresa, que os meus amigos se espalham generosamente pela esquerda e pela direita. Discordo muito deles. Mas, por causa deles, dou por mim a discordar várias vezes de mim próprio. Eles não existem para confirmar as minhas certezas. Eles existem para as testar. Malditos sejam. Abençoados sejam.

Agradeço-lhes publicamente. E agradeço também à revista *Spectator*, que publicou artigo do cientista político Cass Sunstein que só reforça a minha gratidão. Sunstein publicou livro recente, intitulado *Going to extremes*: how like minds unite and divide ("Ir aos extremos: como mentes semelhantes unem e dividem"). A tese é luminosa: pessoas que pertencem a grupos que pensam uniformemente da mesma forma tendem a radicalizar as suas posições.

Existem testes empíricos citados por Sunstein: na França, um grupo de cidadãos franceses foi dividido em grupos menores para trocarem opiniões sobre o presidente francês e o papel dos Estados Unidos no mundo. Ponto de partida: todos os cidadãos, antes da experiência, tinham visão simpática do presidente e visão negativa dos Estados Unidos. Ponto de chegada: depois da experiência, os que gostavam do presidente francês passaram a gostar ainda mais. Os que não gostavam dos Estados Unidos passaram a gostar ainda menos.

O segredo, conta Sunstein, está na própria dinâmica da troca de informação: quando os outros reforçam as nossas verdades, eles não se limitam a justificar epistemologicamente o que pensamos. Eles conferem uma sensação de maior segurança ao que pensamos, radicalizando as nossas atitudes. E basta que exista entre o grupo uma autoridade incontestada e incontestável para que o pensamento uniforme se transforme em ação uniforme. É a receita para o desastre.

A história do extremismo, para Sunstein, é também a história de como certos grupos foram se afastando progressivamente do pluralismo real das sociedades humanas. O Tratado de Versalhes, a falência de Weimar ou a Grande Depressão podem explicar Hitler e a ascensão do partido nazista. Não explicam tudo: é preciso entender os nazistas como um grupo homogêneo, impermeável à crítica externa. Uma realidade fechada onde os diferentes membros se reforçam mutuamente numa espécie de endogamia intelectual e ideológica. Nós, os puros, contra os inimigos impuros: eis a mentalidade típica do extremista. De ontem e de hoje.

Não se iludam. Um esquerdista faz sempre falta numa reunião de reacionários. Um direitista faz sempre falta numa passeata de Porto Alegre. Porque as sociedades livres, no essencial, não se distinguem dos casamentos felizes. E não há casamento que resista quando trocamos vozes distintas por monólogos entediantes.

COUTINHO, João Pereira. A unanimidade é burra. *Folha de S.Paulo*, São Paulo, 7 jul. 2009. Caderno Ilustrada.

a) Por que João Pereira Coutinho, o autor do artigo que você acabou de ler, concorda com a opinião do dramaturgo e escritor Nelson Rodrigues de que a "unanimidade é burra"?

b) O artigo de João Pereira Coutinho permite uma associação entre a difusão da ideologia nacionalista e o crescimento do nazismo na Alemanha? Justifique sua resposta.

c) Em sua opinião, que contribuição o texto proporciona para a reflexão acerca da ascensão dos regimes totalitários na Europa às vésperas da Segunda Guerra Mundial?

d) Reúnam-se em grupo e elaborem um texto argumentativo sobre a seguinte questão: hoje, a sociedade valoriza e estimula as diferenças ou incentiva os indivíduos a buscar a uniformidade e a isolar aqueles que são diferentes?

Vestibulares de Norte a Sul

1. **N** (UFRR) A atual [2009] crise financeira internacional tem sido comparada à Crise de 1929. Naquele contexto, a queda da Bolsa de Nova York teve consequências mundiais e atingiu de forma diferenciada os vários países. Nos Estados Unidos, o período de desemprego e miséria vivido nos primeiros anos da década de 1930 ficou conhecido como Grande Depressão. A principal resposta do governo americano à crise foi a criação de uma política federal denominada *New Deal*. Assinale a alternativa correta sobre o *New Deal*.

a) Os projetos postos em prática pelo Estado tinham como única meta recolocar os Estados Unidos na sua posição de superpotência política e militar.

b) O governo, preocupado em gerar empregos, promoveu a realização de concursos públicos e incentivou o setor financeiro.

c) Seus principais objetivos foram criar atividades econômicas, fomentar o consumo e estimular o setor privado, visando a geração de empregos.

d) Na avaliação dos economistas, a década de 1930 foi considerada uma década perdida para o desenvolvimento dos Estados Unidos.

e) A construção civil foi um setor da economia norte-americana pouco atingido, por isso foi o setor onde o governo investiu menos.

2. **SE** (UFMG) Considerando-se a crise econômica mundial iniciada, em 1929, com a quebra da Bolsa de Nova York, é CORRETO afirmar que:

a) a Alemanha sofreu impacto imediato e violento desse evento, em razão dos laços econômicos estreitos que vinha mantendo com os Estados Unidos.

b) a escassez de matérias-primas e de crédito, entre outras causas do *crash* norte-americano, muito contribuiu, na época, para alimentar a espiral inflacionária.

c) a URSS foi um dos países atingidos por esse evento, pois a recessão no mundo capitalista prejudicou as exportações de petróleo do país.

d) os países da América do Sul sentiram os efeitos desse evento, devido à repatriação do capital estrangeiro anteriormente investido nessa região.

3. **SE** (Uerj)

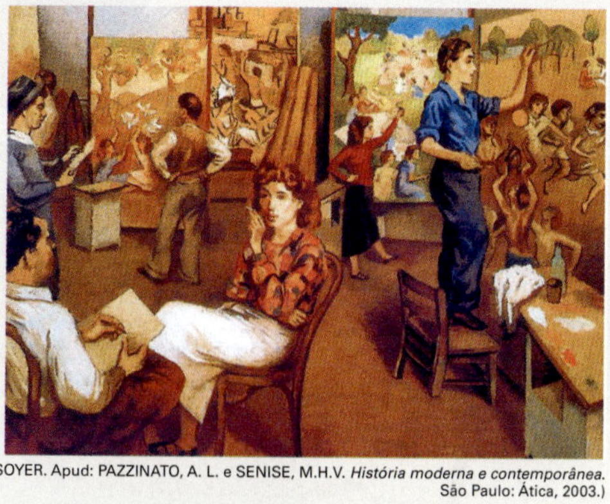

MPI/Getty Images/Licenciado por AUTVIS, Brasil, 2014

(MOSER, SOYER. Apud: PAZZINATO, A. L. e SENISE, M.H.V. *História moderna e contemporânea*. São Paulo: Ática, 2003.)

Em vários momentos da História, arte e poder se encontram. O quadro de Moser Soyer retrata diversos artistas pintando imagens esperançosas e otimistas, associadas ao "*New Deal*", implementado pelo governo Roosevelt.

Nesse clima de euforia e com o objetivo de reerguer a economia norte-americana, esse governo adotou como medidas:

a) redução da produção agrícola e realização de grandes obras públicas.

b) repressão aos movimentos dos trabalhadores urbanos e elevação do poder aquisitivo.

c) valorização da moeda e incentivo ao aumento da produção industrial de bens duráveis.

d) concessão de empréstimos aos pequenos agricultores e estabelecimento de um modelo econômico de livre-mercado.

4. **NE** (UFPE) Sobre a crise econômica de 1929 e sua relação com o liberalismo, assinale a alternativa correta.

a) A crise de 1929 foi provocada, sobretudo, pelo alto grau de desenvolvimento tecnológico, combinado à política liberal com base na ociosidade de capitais europeus do pós-guerra.

b) Baseados em uma política liberal, os empresários norte-americanos mantiveram o ritmo de produção que vinha sendo adotado durante a Primeira Guerra e o mercado internacional não respondeu às ofertas.

c) Para enfrentar a crise econômica de 1929, foi adotada a política liberal de empréstimos através da qual os países europeus mais ricos passaram a dar crédito aos Estados Unidos.

d) Com a crise de 1929, a política econômica liberal passou a ser desacreditada pelos empresários norte-americanos que passaram a apoiar uma política estatal intervencionista.

e) A política liberal adotada no período do pós-guerra dos EUA proibiu os empréstimos a juros e as especulações com ações, numa tentativa de frear a crise econômica, então, já prevista.

5. **SE** (UFMG) A experiência nazista alemã inaugurou uma nova modalidade na política: as grandes manifestações de massa.

Todas as alternativas apresentam afirmações que contêm estratégias utilizadas na mobilização das massas no período nazista, EXCETO:

a) O '*Führer*' estimulou o uso do uniforme para dissimular as diferenças sociais e projetar a imagem dos alemães como uma nação coesa.

b) O governo alemão atribuía enorme importância à política de rua pela capacidade de ela transmitir sensação de conforto e encorajamento à multidão.

c) O governo nazista musicou, filmou e teatralizou os assuntos políticos para atrair a multidão aos eventos públicos.
d) O governo alemão estimulou linchamentos e execuções em praça pública visando ao incitamento ideológico e à difusão do ódio racial contra os muçulmanos.
e) Os nazistas organizaram paradas, desfiles e concentrações de rua como grandes espetáculos, com a intenção de emocionar e contagiar a multidão.

6. **S** (UFRS)

"Os verdadeiros chefes não têm nenhuma necessidade de cultura e ciência".

(H. Goering)

"Quando ouço a palavra cultura, ponho a mão no revólver."

(J. Goebbels)

"Os intelectuais são como as rainhas que vivem das abelhas trabalhadoras."

(A. Hitler)

"Sem espírito militar a escola alemã não poderá existir. Um professor pacifista é um palhaço ou um criminoso. Deve ser exterminado."

(Ministro Schewemm - Bavária)

"Professores alemães... nenhum menino e nenhuma menina da escola devem sair de vossas aulas sem o sagrado propósito de ser um inimigo mortal do bolchevismo judeu, na vida e na morte."

(F. Weachter)

Contextualizando historicamente as declarações anteriores, de lideranças nazistas na Alemanha, pode-se afirmar que:

a) o nazismo não tinha nenhum projeto para as áreas de educação e cultura, pois dentro da perspectiva do culto ao corpo e da obediência sem questionamentos, aquelas lhes eram completamente indiferentes.
b) ao contrário da produção cultural, à qual eram refratários, os nazistas permitiram a permanência das diretrizes educacionais da República de Weimar.
c) tanto a educação como a cultura foram áreas enquadradas dentro dos pressupostos básicos do regime transformando-se em instrumentos ideológicos de controle e propaganda.
d) o Estado nazista interveio fortemente somente nas escolas frequentadas por alunos não arianos e filhos de pais bolcheviques.
e) educação e militarização da sociedade eram projetos excludentes dentro do projeto nazista de dominação.

7. **SE** (UFRJ) Leia o texto a seguir, sobre o início do processo revolucionário na Alemanha, em fins de 1918, e responda à questão a seguir.

Entre o primeiro dia de agitação das equipagens e o dia da queda do regime imperial e da proclamação da República, passou pouco tempo. O Movimento teve início nas cidades costeiras como Wilhelmshavem, Kiel e Hamburgo, estendendo-se depois para o interior. Partiu dos marinheiros o brado de rebeldia contra a ordem para retornar a guerra.

[...] *Rapidamente o movimento se generalizou, com a criação de conselhos de operários e soldados, com uma força espontânea e irresistível.*

ALMEIDA, Â. M. *A República de Weimar e a Ascensão do Nazismo*. São Paulo: Brasiliense, 1982. p. 26.

A assim chamada "Revolução Alemã" de 1918/1919 pode ser relacionada a um movimento

a) De amplo espectro político e de cunho liberal-nacionalista, que objetivava resistir à intervenção estrangeira e às humilhantes condições impostas pelo tratado de Versalhes.
b) Que buscava realizar, num momento em que a monarquia se encontrava particularmente fragilizada pela derrota na Guerra, os ideais liberais e democráticos de 1848.
c) Político diretamente inspirado no modelo de revolução social e política seguido pelo partido bolchevique russo, na revolução de outubro de 1917.
d) Dirigido por setores da extrema direita nacionalista que, com um programa que combatia o liberalismo e tinha traços claros de antissemitismo, prenunciava o nazismo.
e) Que buscava através de uma revolução política conservadora restabelecer uma ordem social derrubada após a derrota na Primeira Guerra Mundial: a monarquia parlamentar.

Ullstein Bild/The Granger Collection/Glow Images

CAPÍTULO

35 Vargas de 1930 a 1945

Acervo Iconographia/Reminiscências

Getúlio Vargas, chefe do movimento que depôs o presidente Washington Luís, é recepcionado no Palácio do Catete, em 31 de outubro de 1930.

A construção de um mito

Getúlio Vargas é uma figura polêmica, fundamental para entendermos o século XX no Brasil. Isso não se deve apenas a suas realizações políticas, mas principalmente ao processo de construção pública de sua pessoa como um líder paternalista, pacificador das relações sociais, "Pai dos Pobres" e defensor intransigente dos interesses nacionais.

Alguns dos personagens da história brasileira foram consagrados ao longo dos anos. No entanto, hoje sabemos que a história é construída por homens e mulheres de diferentes condições sociais. Podemos afirmar que a figura de Getúlio Vargas é um mito de nossa história. O que configura um mito? Como, por que e para que ele é criado? Neste capítulo você vai obter alguns elementos para pensar a respeito dessas questões.

José Roberto Couto/Tyba

A Igreja Nossa Senhora da Candelária e os prédios na Avenida Presidente Vargas no Rio de Janeiro. Foto de 2014.

1 O governo provisório (1930-1934)

A Era Vargas

O movimento político-militar que pôs fim à República Oligárquica ficou consagrado na historiografia como **Revolução de 1930**, assim denominada por seus participantes e simpatizantes. Ela foi responsável por algumas mudanças consideráveis no campo político. Já vimos que o novo governo, encabeçado por Getúlio Vargas, surgiu de um movimento que aglutinou diversas forças sociais (oligarquias dissidentes, classes médias, setores da burguesia urbana) e instituições (notadamente o exército), que reivindicavam participação política em um cenário até então dominado quase exclusivamente pela oligarquia cafeeira.

Embora os grupos oligárquicos (inclusive os aparentemente derrotados cafeicultores) ainda tivessem um papel decisivo a representar no novo governo, não iriam mais exercer o poder de forma hegemônica. Nesse período, o Estado oligárquico brasileiro vivia uma crise. As disputas pelo exercício do poder abriam espaço para a intermediação política, o que favoreceu o fortalecimento do poder pessoal de Getúlio Vargas. Bastante habilidoso, ele soube transformar-se no árbitro das forças em disputa, ou, ainda, no único indivíduo capaz de manter coesa a aliança que havia se formado em 1930. Não evitou, entretanto, descartar este ou aquele grupo político quando as circunstâncias exigiam.

A composição do novo governo já refletia a necessidade de satisfazer às diversas forças políticas: gaúchos e mineiros dominavam os ministérios. Políticos do Partido Democrático (oposição em São Paulo) e da oligarquia paraibana também ocuparam cargos no governo recém-instaurado.

A força do governo, entretanto, estava nas lideranças tenentistas que Getúlio tentou manter ao seu lado a qualquer custo. Nomeou tenentistas para o cargo de **interventores**, isto é, substitutos temporários dos governadores estaduais.

A limitação ideológica do tenentismo, que combatia a república oligárquica em nome de umas poucas reformas e sem se filiar a nenhuma linha política ou partidária, levaria esse movimento ao colapso. Como alternativa de sobrevivência, os tenentistas tiveram como opção abraçar um programa mais amplo, como Prestes já havia feito ao se converter ao comunismo.

Outros tenentes, por sua vez, simpatizaram com o fascismo, então em ascensão em vários países. Formaram as **Legiões Revolucionárias**, procurando atrair também os operários e os desempregados, cada vez mais numerosos, já que os efeitos da crise de 1929 se aprofundavam. Essa ala à direita do tenentismo organizou-se por meio do chamado Clube 3 de Outubro.

Arquivo do jornal *O Estado de S. Paulo*/Agência Estado

População comemora a vitória da Revolução de 1930, em São Paulo. No novo governo, esse mesmo povo teria pouca participação.

A divisão dos tenentes entre as tendências de esquerda e direita e o fortalecimento do poder pessoal de Getúlio Vargas levaram ao esvaziamento do tenentismo. Mais tarde, pouco restaria aos integrantes do movimento além de submeter-se ao presidente e incorporar-se à estrutura burocrática do novo Estado getulista, em gestação no início da década de 1930.

No momento da construção do governo revolucionário e durante seus primeiros anos no poder, o presidente fez apelos às classes trabalhadoras urbanas, acenando-lhes com a possibilidade de criar leis favoráveis a elas e oferecendo-lhes outros benefícios.

Outra medida adotada para consolidar o novo governo foi atrair as antigas forças agroexportadoras paulistas, deixando claro que pouco poderia ser feito sem os cafeicultores, que ainda formavam o grupo econômico mais poderoso do país.

A defesa do setor cafeeiro e o estímulo à indústria

Com o objetivo de apoiar os cafeicultores, Vargas lançou-se em defesa da cafeicultura, fortemente abalada pela Grande Depressão, iniciada em 1929. Para isso, buscou reeditar a velha política de valorização do café, agora sob rígido controle do governo central. Por meio do **Conselho Nacional do Café** (CNC), promoveu a compra e a estocagem do produto.

Arquivo do jornal *O Estado de S. Paulo*/Agência Estado

O café usado como combustível de locomotivas. Com a compra dos estoques de café não vendidos, o governo preservava a atividade econômica do Brasil. Foto de 1931.

Mas essa prática já estava desgastada, pois a produção mundial de café aumentava, e com ela a concorrência. Consequentemente, a política de valorização do produto, apesar de aumentar ligeiramente os preços durante certo tempo, acabou por levar à formação de estoques imensos, para os quais não havia compradores externos. A partir de julho de 1931, o governo decidiu queimar os estoques de café.

Essa política beneficiou a economia em curto prazo. O comprometimento do governo com a manutenção da demanda do produto ajudou a manter em funcionamento o restante da economia brasileira. A atividade cafeeira sustentou as atividades comerciais e bancárias, as ferrovias e até a pequena indústria nacional, uma vez que todos esses setores, de algum modo, dependiam dos recursos gerados pela cafeicultura. As marcas da crise de 1929 tinham deixado no setor cafeeiro e industrial um desemprego de cerca de 2 milhões de trabalhadores e uma redução de 20% nos salários.

Ao mesmo tempo, as importações caíram, uma vez que grande parte do café não era exportado, mas vendido ao governo. Dessa forma, reduzia-se a entrada de moeda estrangeira no país (moeda que deveria ser usada para pagar a conta das importações). Levando-se em consideração que a maior parte das importações era de produtos industrializados, surgiu a oportunidade de que essa produção passasse a ser realizada dentro do Brasil.

Entre 1933 e 1939, a indústria brasileira teve um crescimento expressivo, principalmente nos setores menos sofisticados: a indústria leve, baseada na produção

Homens trabalhando no polo industrial do Glicério, em São Paulo, 1930.

de têxteis e processamento de alimentos, que requeriam investimentos menores e contavam com a utilização da capacidade ociosa. Desde o final do século anterior, construía-se no país a base de uma indústria leve que operava com capacidade ociosa desde pelo menos o final da Primeira Guerra Mundial. Foi justamente o emprego desse potencial não utilizado que fez a produção industrial brasileira dar um salto durante os anos 1930.

Os anos 1930 inauguraram o modelo de **industrialização por substituição de importações**. Apesar do predomínio da indústria leve, novos setores logo se desenvolveram, com participação decisiva do Estado.

A Revolução Constitucionalista de 1932

Ao proteger a cafeicultura, o governo varguista procurou garantir o apoio dos fazendeiros paulistas, ao mesmo tempo em que estimulava o processo de industrialização. No entanto, a defesa do setor cafeeiro implicava alguns riscos políticos para o presidente: uma vez fortalecida, a oligarquia cafeeira paulista poderia tentar retomar o poder perdido em 1930.

Vargas desagradou as elites paulistas ao nomear João Alberto, um interventor pernambucano e tenentista. Mesmo depois de nomear o interventor Pedro de Toledo, civil e paulista, a tensão continuava. Eternizando a situação do governo provisório, Vargas dava a entender que não se esforçaria para devolver ao país a normalidade constitucional.

Com um papel secundário no governo provisório, o Partido Democrático rompeu com Vargas. Juntamente com o Partido Republicano Paulista, que recompunha suas forças, formou a **Frente Única Paulista** e exigiu, além da nomeação de um interventor civil e paulista para o Estado, a imediata reconstitucionalização do país.

As promessas de Vargas referentes à redemocratização e convocação de uma Assembleia Constituinte eram vagas e pouco consideradas. A Frente Única aproveitou-se da situação e passou a exigir a elaboração de uma nova Constituição, atraindo o apoio popular. Embora parecesse modernizador e liberalizante ao propor a redemocratização, o movimento revolucionário de 1932, que se iniciava, era também conservador, uma vez que a oligarquia cafeeira, que o liderava, pretendia retornar ao poder.

Em maio de 1932, após conflitos de rua que terminaram com a morte de estudantes paulistas, organizou-se um movimento que pregava a luta armada. Surgiu um grupo de enfrentamento denominado MMDC, iniciais dos nomes das vítimas – Martins, Miragaia, Dráusio e Camargo. Em 9 de julho de 1932, os líderes paulistas romperam com o governo Vargas: tinha início a revolução.

Iniciou-se a organização de um exército constitucionalista, com o alistamento voluntário de dezenas de milhares de jovens, principalmente da classe média. A mobilização foi grande no estado de São Paulo, mas sem adesão significativa dos operários.

Leituras da História

A Revolução Constitucionalista além dos memorialistas

Foram produzidas inúmeras publicações sobre a Revolução Constitucionalista; muitas a apresentam numa versão épica, como exemplo de heroísmo. Leia as observações do historiador Marcelo Santos de Abreu, analisando o assunto.

É certo que a Revolução Constitucionalista não foi um movimento da "plutocracia" apenas, ou da "oligarquia", mas esteve muito longe da unanimidade que atravessava "todas as classes sociais" pretendida por seus memorialistas. Da mesma forma, [...] a "união sagrada dos paulistas" não era apenas a unidade em torno de um "ideal", mas uma coalizão das facções da classe dominante ou das facções da elite política tão débil quanto aquela que levara Getúlio Vargas ao poder em 1930. De fato, a história representada no memorialismo aproxima-se do mito uma vez que insistia em ressaltar a coesão social resultante de uma crise. Esta análise preliminar do memorialismo revolucionário e da historiografia crítica torna evidente que a produção da história em qualquer registro é análoga à dinâmica da memória social, feita de lembrança e esquecimento. E que a preocupação de narrar, mobilizando os recursos da memória para configurar um testemunho ou da razão para elaborar uma interpretação crítica dos acontecimentos socialmente relevantes, é feita de menção e silêncio.

ABREU, Marcelo Santos de. *A Revolução Constitucionalista de 1932*: memorialismo, historiografia, produção do silêncio. Disponível em: <http://revistadiscenteppghis.files.wordpress.com/2009/05/marcelo-abreu-a-revolucao-constitucionalista-de-1932_memorialismo-historiografia-producao-do-silencio.pdf>. Acesso em: 2 fev. 2014.

Avelino Ginjo/Museu da Imagem e do Som, São Paulo, SP

Passeata no centro da cidade de São Paulo durante a Revolução Constitucionalista, em 1932.

A fragilidade do exército constitucionalista, porém, logo se fez sentir, com carências de todo gênero. A indústria de São Paulo tentou suprir o movimento com armas e munições, já que a marinha, fiel a Vargas, havia bloqueado os portos paulistas, impossibilitando as importações.

Após três meses de combates às vezes intensos, com um saldo de 600 a 900 mortos, as tropas leais ao governo federal acabaram forçando os paulistas à rendição.

A Constituição de 1934

Encerrado o movimento de 1932, a repressão do governo varguista aos líderes paulistas surpreendeu por sua relativa brandura. Limitou-se a algumas prisões, deportações e cassação de mandatos, e em julho de 1934 houve anistia geral. Na verdade, Vargas buscava uma composição com os paulistas derrotados, pois era impossível ignorar a elite paulista, e esta, por sua vez, aceitou a busca de entendimento.

Percebendo a força do apelo constitucionalista, Getúlio decidiu acelerar o processo de redemocratização. Instituiu, em 1932, um **Código Eleitoral** que introduzia o voto secreto, o voto feminino e a justiça eleitoral, além dos deputados classistas, isto é, eleitos pelos sindicatos. Nessas condições, foram realizadas as eleições para a Assembleia Constituinte em maio de 1933, aprovando-se uma nova Constituição em julho do ano seguinte.

O voto feminino no Brasil

Assim, em 1932, foi promulgado o novo Código Eleitoral (Decreto nº 21.076, de 24.2.1932), de cuja comissão de redação Bertha Lutz havia participado. Estava assegurada a cidadania política às mulheres brasileiras, embora sem a exigência da obrigatoriedade do alistamento eleitoral e do voto.

Essa legislação permitiu que fosse eleita a primeira parlamentar de nossa história. Assim, no dia 13 de março de 1934, uma voz feminina se fez ouvir, pela primeira vez, no plenário do Palácio Tiradentes, sede da Câmara dos Deputados e dos trabalhos da Assembleia Constituinte. Tratava-se de Carlota Pereira de Queirós, uma médica paulista e primeira deputada federal do Brasil, eleita pelo voto popular: "Além de representante feminina, única nesta Assembleia, sou, como todos os que aqui se encontram, uma brasileira, integrada nos destinos do seu país e identificada para sempre com os seus problemas [...]".

CÂMARA dos Deputados. *Mulher e cidadania*: 80 anos do voto feminino. Disponível em: <www2.camara.leg.br/a-camara/conheca/museu/exposicoes-2012/mulher-e-cidadania-80-anos-do-voto-feminino>. Acesso em: 2 fev. 2014.

Em sua essência, a nova Constituição pouco divergia da anterior, de 1891. As novidades incluíam: o **Código Eleitoral**, que, criado para a eleição dos membros da Assembleia Constituinte, acabou sendo incorporado à nova Carta, inclusive com as provisões referentes à **representação classista**, cuja bancada agora faria parte do Congresso; criação do **Tribunal do Trabalho e legislação trabalhista**, incluindo o direito à liberdade de organização sindical; possibilidade de nacionalização de empresas estrangeiras e do estabelecimento do monopólio estatal sobre determinadas indústrias; disposições transitórias determinando que o próximo presidente da República seria eleito pelo voto indireto da Assembleia Constituinte. No dia seguinte à promulgação da nova Carta, Getúlio Vargas foi eleito presidente constitucional do Brasil.

Arquivo do jornal *O Estado de S. Paulo*/Agência Estado

Sessão da Assembleia Constituinte de 1934. À esquerda, de chapéu, Carlota Pereira de Queirós, primeira deputada brasileira. A Constituição de 1934 trouxe inovações, como a representação classista.

2 O governo constitucional (1934-1937)

A radicalização ideológica

Eleito indiretamente pelo Congresso para um mandato de quatro anos, sem direito à reeleição, Getúlio Vargas demonstrava, no início de seu governo constitucional, a intenção de fazer o país voltar à normalidade. Entretanto, apesar da entrada em vigor da Constituição e de uma clara definição dos limites do poder Executivo, continuava a aproveitar-se da crise de hegemonia existente no país, ou seja, da incapacidade de um único grupo controlar o poder.

A radicalização foi uma particularidade do novo período, inédita num país no qual os interesses econômicos e particulares sempre se sobrepuseram às ideias, mas se caracterizava como um fenômeno mundial, no contexto da Grande Depressão, quando as propostas socialistas pareceram bastante tentadoras. O exemplo soviético, então imune à crise, mostrava-se como alternativa para alguns. Mesmo nos países capitalistas mais avançados, a solução para a crise passava por uma intervenção cada vez maior do Estado na economia, como no *New Deal* do presidente norte-americano Franklin Roosevelt. As propostas fascistas, por sua vez, defendiam uma ampliação da atuação do Estado, não apenas na área econômica mas também no conjunto da sociedade, por meio de violentas ditaduras políticas. Assim, o fascismo, de Benito Mussolini, na Itália, e o nazismo, de Adolf Hitler, na Alemanha, pareciam surgir como um "terceiro caminho" entre socialismo e capitalismo.

Hulton-Deutsch Collection/Parkinstock

Na década de 1930, o nazismo e o fascismo expandiam-se pelo mundo, notadamente na Europa. No centro da foto de 1934, o líder nazista alemão Adolf Hitler.

Integralistas e aliancistas

A **Ação Integralista Brasileira** deu início ao movimento de inspiração fascista no Brasil, em 1932. Seus membros repudiavam a democracia liberal, defendendo em seu lugar um governo autoritário, chefiado por um líder "inspirado" que pudesse levar o país ao progresso. Rejeitavam também o comunismo, em razão da crença fascista na desigualdade entre os homens.

O integralismo nutria forte apelo nacionalista, tendo o intelectual **Plínio Salgado**, seu principal líder, participado da Semana de 22 e da criação do "verde-amarelismo", movimento cultural de cunho nacionalista. Tal nacionalismo tendia à xenofobia, quando não para o racismo assumido. A sociedade deveria ser organizada hierarquicamente, segundo princípios militares, e sustentada na total disciplina de cada um de seus membros.

Em 1933, o movimento tornou-se público, com a realização de uma grande passeata em São Paulo, expandindo-se depois por todo o Brasil, principalmente pelo Centro-Sul, região mais urbanizada e de forte presença imigrante europeia, sobretudo italiana e alemã.

A rejeição ao fascismo, as desconfianças em relação ao futuro da democracia liberal brasileira sob Vargas e a intensa mobilização popular, característica do Brasil da década de 1930, levaram à criação de um movimento político de formas radicalmente opostas ao integralismo. Tratava-se da **Aliança Nacional Libertadora** (ANL), uma frente ampla de oposição ao fascismo e ao autoritarismo.

Da ANL participavam indivíduos de todas as categorias sociais e convicções políticas e filosóficas, tendo os comunistas à frente. Criada em março de 1935, contava com um número crescente de adeptos por todo o país.

As propostas da ANL não se resumiam às do Partido Comunista, o que mostra o caráter de frente ampla do movimento. Seu programa baseava-se na suspensão do pagamento da dívida externa e seu cancelamento unilateral; na nacionalização das empresas estrangeiras; na defesa das liberdades individuais; no combate ao fascismo, com a criação de um governo popular; na reforma agrária, com a garantia da manutenção das pequenas e médias propriedades.

Os aliancistas convocavam os líderes tenentistas para uma nova revolução. Luís Carlos Prestes lançou seu primeiro manifesto público em apoio à ANL, no qual afirmava que Vargas estava ligado aos integralistas e pedia a adesão das Forças Armadas à Aliança. Defendia a realização da reforma agrária e finalizava com um apelo à "luta pela libertação nacional", ou seja, a revolução imediata.

O movimento sempre foi ativo dentro das Forças Armadas e, ao mesmo tempo, os comícios da Aliança atraíam multidões, o que dava a seus líderes a certeza da aceitação de suas propostas. No PCB (inicialmente Partido Comunista do Brasil, mais tarde Partido Comunista Brasileiro), cuja importância dentro da ANL era decisiva, amadurecia a ideia de revolução, um movimento que pudesse sair dos quartéis e ganhar as ruas.

Reprodução/Arquivo Público do Estado, Rio de Janeiro, RJ.

Cartazes de propaganda integralista de 1935 e 1937. No cartaz do alto, a exaltação nacionalista aparece junto ao símbolo do movimento, o *sigma* (letra grega que corresponde ao "s" do nosso alfabeto).

Usando como pretexto o apelo revolucionário contido no manifesto de Prestes e a palavra de ordem "Todo poder à ANL!", Vargas decretou a ilegalidade do movimento. Então clandestina, a Aliança passou a ser totalmente controlada pelo PCB. Além disso, o decreto de Vargas estimulou a preparação da revolução, que foi considerada a única alternativa para o movimento. De Moscou, o *Komintern*, órgão criado para coordenar e patrocinar movimentos revolucionários socialistas e anticoloniais no mundo inteiro, apoiava a revolução, inclusive com o envio de dinheiro e agentes.

Acervo Iconographia/Reminiscências

Comício da Aliança Nacional Libertadora (ANL) na Cinelândia, Rio de Janeiro. Foto de 1935.

Em novembro de 1935, eclodiu o levante, planejado para ser iniciado dentro dos quartéis. A falta de coordenação entre os diversos núcleos comunistas fez com que começasse em dias diferentes em Natal e Recife e no Rio de Janeiro. Em Pernambuco, o golpe fracassou, enquanto no Rio Grande do Norte durou quatro dias, com a instalação de um governo revolucionário. Após intensos combates, os rebeldes acabaram se rendendo. Fracassava, assim, a chamada **Intentona Comunista**, nome pejorativo dado pelos vencedores, que significa "projeto insensato" ou "projeto louco".

Em todo o episódio, a tão esperada adesão popular não aconteceu, limitando-se a algumas iniciativas isoladas. Na verdade, o movimento foi o pretexto para que o governo desencadeasse violenta repressão a todos os participantes e simpatizantes do comunismo.

estado de guerra: situação que prolonga a vigência do estado de sítio, aumentando seu alcance e possibilitando o início de mobilização militar visando operações de guerra.

Foi aprovada pelo Congresso a decretação do estado de sítio, seguido do **estado de guerra**, válido em todo o território nacional até 1937. Foram criados nesse período o Tribunal de Segurança Nacional, responsável pelo severo julgamento do que fosse considerado crime contra a segurança e as instituições, e a Comissão Nacional de Repressão ao Comunismo.

O Legislativo perdeu autonomia e as forças policiais ganharam poder. Fortalecia-se o poder do presidente, anulando, na prática, a democracia liberal e o regime constitucional.

Leituras da História

O levante potiguar

Natal amanheceu tranquila naquele sábado, 23 de novembro de 1935. A capital do Rio Grande do Norte tinha, então, uma população de 40 mil habitantes. Na cidade pouco industrializada, o movimento portuário era intenso. Navios seguiam para a Europa carregando sal e algodão – os principais produtos da economia potiguar.

A calmaria daquele dia começou a ser perturbada com a chegada de uma carta do chefe da Região Militar para o comandante do 21º Batalhão de Caçadores (BC). Nela, o general Manuel Rabello autorizava a dispensa de praças suspeitos de participação em assaltos a bondes.

A notícia da expulsão de quase 30 soldados causou silenciosa revolta no quartel. À tarde, militares do 21º BC reuniram-se com dirigentes do Partido Comunista Brasileiro (PCB) estadual para examinar a situação. Às 19h30, no mesmo quartel, o cabo Giocondo Alves Dias, o sargento Quintino Clementino de Barros e o soldado Raimundo Francisco de Lima, muito bem armados, renderam o oficial de dia: "O senhor está preso, em nome de Luís Carlos Prestes".

Dominado, o quartel foi aberto para os civis que apoiavam o movimento. [...] No dia seguinte, domingo, Natal já estava integralmente sob controle dos insurretos. [...]

A conquista do interior do estado passou para a ordem do dia, com a formação de três colunas de combatentes. Segundo Homero Costa, em seu livro *A insurreição comunista de 1935*, a primeira deveria seguir em direção a Mossoró; a segunda, até a divisa do Rio Grande do Norte com a Paraíba; e a última, para a cidade de Goianinha.

Os revolucionários ocuparam 17 dos 41 municípios potiguares e, quando possível, entregaram o poder a personalidades locais ligadas à Aliança Nacional Libertadora (ANL). [...]

Em julho de 1935, Prestes lançou um manifesto que terminava assim: "Abaixo o fascismo! Abaixo o governo odioso de Vargas! Por um governo popular nacional revolucionário! Todo poder à ANL!".

O plano insurrecional contava com o apoio da Internacional Comunista (IC), que enviou alguns de seus assessores – Olga Benário entre eles – para o Brasil. A ação começaria com levantes militares a serem acompanhados pela mobilização de trabalhadores em greves em todo o território nacional.

Em princípio, no dia 23 de novembro, o PCB de Natal procurou convencer os militares subalternos do 21º BC a não se rebelar. Argumentou que ainda não era o momento. Ante a inevitabilidade do levante, os comunistas dele participaram e se tornaram os seus dirigentes. No dia 24, militares sublevaram-se em Recife, sendo vencidos um dia depois.

Pegos de surpresa pelo levante na capital do Rio Grande do Norte, a direção nacional do partido e os agentes da IC decidiram colocar em marcha movimentos no Distrito Federal e em alguns estados. Só conseguiram levar o plano adiante no Rio de Janeiro, sendo vencidos no fim da manhã do dia 27. [...]

MATTOS, Marco Aurélio Vannucchi de. Levante Potiguar. In: *História Viva*. Ano VI, n. 62. p. 68, 70 e 71. [s.d.]

O golpe do Estado Novo

A Constituição de 1934, apesar de desrespeitada com as medidas adotadas, por estabelecer estado de guerra sem haver guerra formal declarada nem um exército inimigo a ser enfrentado, ainda previa a realização de eleições para a sucessão presidencial em 1937. Assim, mesmo sob o clima repressivo, teve início a disputa eleitoral, com o surgimento de duas candidaturas: a do paulista **Armando de Salles Oliveira** e a do paraibano **José Américo de Almeida**.

O primeiro, cuja candidatura fora lançada por setores originários do velho Partido Democrático, representava uma oposição liberal ao centralismo varguista. O segundo parecia ser o candidato oficial do governo à sucessão. Um terceiro candidato foi Plínio Salgado, da Ação Integralista, que era fortemente rejeitado pelo eleitorado.

Embora parecesse colaborar com a campanha presidencial, Vargas não descartava a possibilidade de manter-se no poder, contando com o apoio de certos setores da sociedade, para os quais interessava mais a estabilidade que a normalidade constitucional. Às pretensões continuístas de Vargas somaram-se os interesses do exército.

robert_s/Shutterstock/Glow Images

Acervo Iconographia/Reminiscências

Fachada do Quartel da Polícia Militar de Natal após o bombardeio ocorrido em 23 e 24 de novembro de 1935.

Acervo Iconographia/Reminiscências

Tropas governamentais no combate, em 1935.

indústria pesada: tipo de indústria que inclui setores como mecânica pesada, siderurgia e química, entre outros.

Nacionalista, anticomunista e, obviamente, preocupada com questões relativas à segurança nacional, a alta cúpula militar foi lentamente sendo atraída por uma solução autoritária para a crise política brasileira. A ideia de uma ditadura sustentada na atuação e influência do exército poderia garantir a manutenção de políticas firmes de combate às esquerdas.

Além disso, um governo forte poderia implantar no país a **indústria pesada** que, na visão dos militares, era preponderante para garantir a segurança do país, ainda mais numa época de acentuada tensão internacional, como a que antecedeu a Segunda Guerra Mundial. Supondo o desinteresse do capital estrangeiro em estabelecer esse tipo de indústria (pois este, de fato, jamais havia sido aplicado consistentemente nesse setor no Brasil), era necessário utilizar capital nacional, que, por ser escasso, só seria mobilizado por meio da atuação do Estado. Nascia, assim, um modelo de desenvolvimento industrial estatizante e ligado às Forças Armadas.

Em setembro de 1937, o governo divulgou falsamente a existência de um plano comunista para assumir o poder no Brasil, o **Plano Cohen**, que, na verdade, fora redigido por um oficial integralista do exército. O plano serviu de pretexto para o golpe: em 10 de novembro, Vargas ordenou o fechamento do Congresso, a extinção dos partidos políticos e a suspensão da campanha presidencial e da Constituição. Estava instalada a ditadura do **Estado Novo**.

Reprodução/Coleção particular

Charge de J. Carlos alusiva ao processo sucessório de 1937. Getúlio Vargas espalha cascas de banana diante do Palácio do Catete, sede da Presidência da República.

Acervo Iconographia/Reminiscências

Tropas do Exército cercam o Senado, em 10 de novembro de 1937, dia do golpe do Estado Novo.

3 O Estado Novo (1937-1945)

A Constituição de 1934 foi substituída por uma nova, que pretendia dar uma aparência de legalidade ao novo governo. Redigida às pressas pelo jurista Francisco Campos, ministro da Justiça de Vargas, foi parcialmente inspirada nas Constituições fascistas da Itália e da Polônia – daí seu apelido de **Polaca** (palavra depreciativa, utilizada na época para vulgarmente designar prostitutas).

Eram características da Constituição de 1937: centralização política, com o fortalecimento do poder do presidente; extinção do Legislativo, cujas funções passariam a ser exercidas pelo Executivo; subordinação do poder Judiciário ao Executivo; indicação dos governadores (interventores) dos estados pelo presidente; legislação trabalhista.

Reprodução/Coleção particular

— Catalepsia?
— Não, senhor: fratura de crânio.

Pelo golpe do Estado Novo, Vargas implantou uma ditadura sem disfarces. Na charge, de J. Carlos, ele golpeia violentamente a estrutura política do país.

Diferentemente do regime nazifascista, o Estado Novo não tinha o respaldo de um partido político do qual Vargas fizesse parte, além de faltar uma forte característica daquela ideologia europeia: a legitimação do Estado por meio de certa visão de história (restaurar o Império Romano ou a ideia do Terceiro Reich, o terceiro império alemão, que foi planejado para durar mil anos e ver a redenção da raça ariana), como você já estudou.

Destaque-se a relativa tranquilidade com que a população recebeu o golpe: a oposição foi mínima, senão inexistente. Isso se deve em parte ao apelo anticomunista, fomentado durante anos pela propaganda oficial.

Ao mesmo tempo, os principais líderes políticos do país, aqueles que eventualmente poderiam fazer uma oposição de cunho liberal a Vargas, viam-se comprometidos com o novo regime: em 1937, os interventores nomeados nos estados eram quase todos governadores, e agora iriam se eternizar no poder, pelo menos enquanto durasse a ditadura. Pode-se falar até mesmo em uma nova "política dos governadores", com compromissos pessoais entre os líderes estaduais e o governo federal.

Quanto ao crescente operariado urbano, a oposição foi pequena: privado de seus principais líderes de esquerda desde 1935, pouco lhe restava senão aceitar passivamente o novo regime. Todavia, por trás dessa aparente passividade, há de se reconhecer que, a partir da década de 1930, a crescente massa de trabalhadores urbanos já havia se convertido em ator central da política brasileira, pois passou a ser impensável a instauração de um poder político sem levar em consideração suas demandas. De acordo com a historiadora Angela de Castro Gomes, se os trabalhadores passaram a aceitar Vargas é porque tinham a consciência dos ganhos provenientes dessa aceitação. Por trás desse jogo está a própria constituição do operariado e sua identificação como grupo social específico: no Estado Novo, consolidou-se entre os trabalhadores a ideia de que "ser operário" é motivo de orgulho, independentemente da atuação do governante.

Curiosamente, a mais séria tentativa de derrubar o Estado Novo partiu de um grupo simpatizante de medidas autoritárias e fascistas: os integralistas, que haviam aplaudido o golpe de 1937 – afinal, feito em nome do combate ao comunismo. O próprio Vargas foi bastante tolerante, permitindo a sobrevivência do grupo, ao contrário de outras agremiações políticas; no entanto, não havia ligações com os **camisas-verdes** do movimento integralista. Mantidos à margem do governo, em 1938 tentaram, sem sucesso, assaltar o Palácio Guanabara e derrubar Vargas, no movimento que se tornou conhecido como **Intentona Integralista**. Porém, mal organizados, fracassaram. Seguiram-se o exílio de Plínio Salgado e o desaparecimento do movimento integralista.

Vargas e os trabalhadores

No pós-30 havia um processo de controle dos trabalhadores, sem dúvida, mas havia também um processo de negociação, que eu queria ressaltar. Entrevistei para a minha tese o Seu Hílcar Leite, um gráfico comunista e depois **trotskista**, que me disse: "Eu ia para a porta da fábrica falar mal do Getúlio e quase apanhava. Os trabalhadores adoravam o Getúlio!". Ora, dizer que se vivia um processo de manipulação dos trabalhadores, que eram todos enganados durante tanto tempo, era algo insatisfatório para mim. Essas pessoas seriam completamente desprovidas de discernimento? Ou, afinal, tinham uma lógica em seu comportamento político que deveríamos encontrar e respeitar? Os trabalhadores, quando "gostam" de Vargas, entendem que há ganhos nessa negociação, e vão explorar essa possibilidade.

GOMES, Angela de Castro. Liberdade não é de graça. Entrevista à *Revista de História da Biblioteca Nacional*, 1º mar. 2007. Disponível em: <www.revistadehistoria.com.br/v2/home/?go=detalhe&id=492&pagina=3>. Acesso em: 2 fev. 2014.

trotskista: corrente de esquerda formada pelos seguidores das ideias de Leon Trotsky (1879-1940), que criticava o modelo soviético stalinista.

Integralistas a caminho de São Paulo, para participar de ato na Praça da Sé, em 1934.

Acervo Iconographia/Reminiscências

O fortalecimento do poder do Estado

Para consolidar a ditadura varguista, foi criado o **Departamento de Imprensa e Propaganda** (DIP), responsável por enaltecer os atos do governo, procurando sempre exaltar a figura do presidente e, de alguma maneira, aproximá-lo das camadas populares. O DIP tentava, assim, controlar os meios de comunicação de massa, além de realizar violenta censura e promover eventos culturais que valorizassem a figura de Vargas, identificando-o como legítimo representante dos interesses nacionais.

Fotos: Acervo Iconographia/Reminiscências

Cartazes do Departamento de Imprensa e Propaganda (DIP) de 1944, poderosa arma nas mãos de Vargas.

Paralelamente, o poder policial se fortaleceu, principalmente a Polícia Especial, cujo chefe, **Filinto Müller**, era conhecido por sua truculência. A violência da polícia já havia se manifestado na ocasião da repressão à Intentona Comunista de 1935. Prestes havia sido preso naquele ano e iria amargar dez anos de prisão, em regime solitário. Menos sorte tiveram seus companheiros, que foram torturados.

O caso de **Olga Benário**, mulher de Prestes, judia alemã de nascimento e agente soviética no Brasil, presa com o marido, provocou comoção quando ela foi deportada, grávida, para a Alemanha nazista, onde ficou confinada em um campo de concentração. Poucos anos depois da prisão, foi assassinada na câmara de gás do campo de Ravensbrück.

O principal meio de fortalecimento do poder do Estado, no entanto, foi a aproximação de Getúlio Vargas aos trabalhadores urbanos, configurando uma prática apelidada de **populismo**. Esses trabalhadores, oriundos do processo de êxodo rural a partir da década de 1930, diferenciavam-se muito dos primeiros operários do início do século, em grande parte imigrantes politizados. A aproximação entre Vargas e trabalhadores não era uma simples manifestação de cima para baixo, mas também das atuações e exigências da classe trabalhadora.

Leia no boxe abaixo uma reflexão do historiador Jorge Ferreira sobre o termo populismo.

Leituras da História

Populismo: conceito ou insulto?

Há um grupo de historiadores convencidos de que populismo é realmente mais um insulto que um conceito teórico. É como chamar alguém de fascista, que não significa que se esteja acusando, estritamente, de seguidor do regime fascista. Tudo não passa de um termo usado para desqualificar o oponente. Populismo vem servindo para definir coisas muito diferentes. Cabe tanto um Getúlio Vargas quanto um Adhemar de Barros, Jânio, Jango, JK, trabalhistas, até Fernando Collor de Mello. Não existe um conceito teórico que junte coisas tão distintas assim. Populista é sempre o adversário.

[*O populismo*] Foi uma construção dos liberais derrotados e, depois, das esquerdas revolucionárias. Para os liberais, eles só poderiam ter perdido porque alguém se deixou ludibriar. Para as esquerdas, que queriam primazia nos movimentos populares, os populistas eram todos os demais, inclusive outros ramos marxistas. Além da direita e da esquerda, juntaram-se nessa poderosa aliança a universidade, tentando dar uma consistência teórica à definição, e a imprensa, difundindo e popularizando a caracterização. O princípio, totalmente improvável, é da existência de uma multidão de tolos, um bando de idiotas, a seguir um líder malicioso e poderosíssimo. Um sujeito capaz de enganar milhões e milhões de pessoas durante décadas. É uma afirmação da mesma família daquela outra: O povo brasileiro não sabe votar. As multidões apoiaram Vargas e outros governos ditos populistas por entender que ganhavam com isso, melhoravam de vida. Preferiam esse projeto ao outro, batido nas urnas. O conceito de populismo não é uma coisa que sempre existiu, um dado como o sol e a chuva. É uma invenção humana, com história.

FERREIRA, Jorge. Revista *Época*. Globo, 22 set. 2009. Disponível em: <http://revistaepoca.globo.com/Revista/Epoca/0,,EMI31162-15228,00-JORGE+FERREIRA+TODOS+POPULISTAS.html>. Acesso em: 26 abr. 2014.

Acervo Iconographia/Reminiscências

Por um lado, a satisfação das reivindicações populares por meio de uma legislação trabalhista cada vez mais ampla aproximava o presidente das camadas populares; por outro, porém, acabava por desmobilizar essa parcela da sociedade. Aliás, foi Vargas quem ajudou a dificultar a mobilização espontânea dos trabalhadores com sua política sindical, que atrelava fortemente os sindicatos ao Estado, sendo os líderes sindicais meros funcionários estatais, e as sedes dos sindicatos, locais de exercício da propaganda oficial do governo.

Manifestação trabalhista favorável a Getúlio Vargas, em foto de 1941. O presidente não só contava com seu poder pessoal de atração como também tinha uma imagem pública solidamente construída pelo DIP.

Tradicionalmente, no dia 1º de maio, Getúlio fazia um discurso anunciando uma nova concessão popular e exaltando os trabalhadores, que passaram a considerá-lo o "pai" de todos os brasileiros. Assim, foram introduzidos no Brasil o **salário mínimo**, a semana de trabalho de 44 horas, a Consolidação das Leis do Trabalho (CLT), a Justiça do Trabalho, a carteira profissional, as férias remuneradas e outros benefícios aos trabalhadores. Além disso, os sindicatos – apesar de objeto de controle governamental – passaram a receber recursos de um "imposto sindical", obrigatório a todos os trabalhadores e equivalente a um dia de trabalho.

Nas palavras do historiador José Murilo de Carvalho, "o acréscimo do autoritarismo na legislação sindical [...] acentuou alguns aspectos negativos. O principal deles foi o peleguismo. A expressão vem de "pelego", peça de lã de carneiro que se coloca sobre a sela de montaria para torná-la mais confortável para o cavaleiro. O pelego sindical, em geral um operário [...] era aquele funcionário que procurava beneficiar-se do sistema, bajulando o governo e o empregador e negligenciando a defesa dos interesses de classe. Juntos, o imposto sindical, a estrutura piramidal e a justiça do trabalho constituíam um viveiro de pelegos."[1]

Nesse contexto, temos condições de começar a entender o surgimento do "mito" Getúlio Vargas. Se por um lado havia cada vez mais apoio à figura do líder, por outro, a maior parte da forma desse apoio era moldada por meio de iniciativas oficiais, nas quais se destacava a atuação dos técnicos do DIP. Por "forma" entende-se o tipo de manifestação de apoio, o vocabulário utilizado para se referir ao presidente e assim por diante. Mesmo assim, vale observar que o mito Vargas "não foi criado simplesmente pela propaganda. Ele expressou um conjunto de experiências que, longe de se basear em promessas irrealizáveis, alterou a vida dos trabalhadores."[2]

Comemoração do 1º de maio na Esplanada do Castelo, no Rio de Janeiro, em 1943.

Reprodução/A Noite

1 CARVALHO, José Murilo de. *Cidadania no Brasil*: o longo caminho. (15ª edição) Rio de Janeiro: Civilização Brasileira, 2012.

2 FERREIRA, Jorge. Revista *Época*. Globo, 22 set. 2009. Disponível em: <http://revistaepoca.globo.com/Revista/Epoca/0,,EMI31162-15228,00-JORGE+FERREIRA+TODOS+POPULISTAS.html>. Acesso em: 26 abr. 2014.

Pensando no Enem

1. *O autor da constituição de 1937, Francisco Campos, afirma no seu livro* O Estado Nacional *que o eleitor seria apático; a democracia de partidos conduziria à desordem; a independência do Poder Judiciário acabaria em injustiça e ineficiência; e que apenas o Poder Executivo, centralizado em Getúlio Vargas, seria capaz de dar racionalidade imparcial ao Estado, pois Vargas teria providencial intuição do bem e da verdade, além de ser um gênio político.*

CAMPOS. F. *O Estado nacional.* Rio de Janeiro: José Olympio, 1940 (adaptado).

Segundo as ideias de Francisco Campos,

a) os eleitores, políticos e juízes seriam mal-intencionados.
b) o governo Vargas seria um mal necessário, mas transitório.
c) Vargas seria o homem adequado para implantar a democracia de partidos.
d) a Constituição de 1937 seria a preparação para uma futura democracia liberal.
e) Vargas seria o homem capaz de exercer o poder de modo inteligente e correto.

Resposta: e

Os argumentos apresentados no livro de Francisco Campos e citados no texto deixam clara sua opinião sobre Getúlio Vargas e sua " grande capacidade", uma vez que é descrito como "gênio político" e dotado de intuição "providencial" sobre o bem e a verdade. Portanto, para Campos, Vargas era um homem que exercia o poder com inteligência e de forma correta.

Considerando a matriz de Referência do Enem, essa questão contempla a competência de área 3 – Compreender a produção e o papel histórico das instituições sociais, políticas e econômicas, associando-as aos diferentes grupos, conflitos e movimentos sociais, especialmente as habilidades H11: Identificar registros de práticas de grupos sociais no tempo e no espaço, H13: Analisar a atuação dos movimentos sociais que contribuíram para mudanças ou rupturas em processos de disputa pelo poder e H15: Avaliar criticamente conflitos culturais, sociais, políticos, econômicos ou ambientais ao longo da história.

2. *De março de 1931 a fevereiro de 1940, foram decretadas mais de 150 leis novas de proteção social e de regulamentação do trabalho em todos os seus setores. Todas elas têm sido simplesmente uma dádiva do governo. Desde aí, o trabalhador brasileiro encontra nos quadros gerais do regime o seu verdadeiro lugar.*

DANTAS, M. *A força nacionalizadora do Estado Novo.* Rio de Janeiro: DIP, 1942. Apud BERCITO, S. R. *Nos tempos de Getúlio*: da revolução de 30 ao fim do Estado Novo. São Paulo: Atual, 1990.

A adoção de novas políticas públicas e as mudanças jurídico-institucionais ocorridas no Brasil, com a ascensão de Getúlio Vargas ao poder, evidenciam o papel histórico de certas lideranças e a importância das lutas sociais na conquista da cidadania. Desse processo resultou a

a) criação do Ministério do Trabalho, Indústria e Comércio, que garantiu ao operariado autonomia para o exercício de atividades sindicais.
b) legislação previdenciária, que proibiu migrantes de ocuparem cargos de direção nos sindicatos.
c) criação da Justiça do Trabalho, para coibir ideologias consideradas perturbadoras da "harmonia social".
d) legislação trabalhista que atendeu reivindicações dos operários, garantindo-lhes vários direitos e formas de proteção.
e) decretação da Consolidação das Leis do Trabalho (CLT), que impediu o controle estatal sobre as atividades políticas da classe operária.

Resposta: d

Durante a Era Vargas, o governo, centralizado na figura autoritária do presidente, reagiu ao acirramento das lutas sociais no país através da criação de um amplo repertório de leis trabalhistas. Seguiu-se o fortalecimento do poder político do presidente, e sua hábil legitimação ao identificar as leis sociais como uma "dádiva do governo".

Considerando a matriz de Referência do Enem, essa questão contempla a competência de área 5 – Utilizar os conhecimentos históricos para compreender e valorizar os fundamentos da cidadania e da democracia, favorecendo uma atuação consciente do indivíduo na sociedade, especialmente as habilidades H22: Analisar as lutas sociais e conquistas obtidas no que se refere às mudanças nas legislações ou nas políticas públicas e H25: Identificar estratégias que promovam formas de inclusão social.

A intervenção do Estado na economia

A centralização do poder no Estado Novo criou condições para que se iniciasse o trabalho de coordenação e planejamento econômico, com ênfase no prosseguimento da industrialização por substituição de importações.

Uma planificação total da economia nos moldes soviéticos estava fora de cogitação, uma vez que o princípio da propriedade privada jamais fora questionado pelo regime. As empresas estatais, que logo seriam fundadas, passaram a representar um complemento ao setor privado. Desse modo, acompanhando uma tendência mundial, tanto no mundo capitalista quanto na União Soviética, o governo recusava o *laissez-faire* liberal e passava a realizar ações para dirigir o desenvolvimento da economia.

A atuação do Estado era executada por meio dos diversos órgãos criados tanto para auxiliar setores específicos quanto para coordenar o conjunto da economia e estabelecer diretrizes de política econômica. Esses órgãos promoviam a expansão de setores tradicionais e fomentavam novas atividades, viabilizando, por exemplo, a instalação de empresas estatais.

A indústria pesada, concentrada nas empresas estatais, parecia estar além da capacidade do empresariado nacional por demandar grandes investimentos e só proporcionar retorno a longo prazo. As maiores estatais se dedicavam aos setores de: **siderurgia** (Companhia Siderúrgica Nacional, em Volta Redonda, no Rio de Janeiro, 1940); **mineração** (Companhia Vale do Rio Doce – atualmente, Vale S. A. – em Minas Gerais, 1942); **mecânica pesada** (Fábrica Nacional de Motores, no Rio de Janeiro, 1943); **química** (Fábrica Nacional de Álcalis, em Cabo Frio, no Rio de Janeiro, 1943); e **hidreletricidade** (Companhia Hidrelétrica do Vale do São Francisco, 1945).

A Segunda Guerra Mundial, iniciada em 1939, favoreceu o aumento do preço dos produtos agrícolas exportados pelo Brasil. Ao mesmo tempo, porém, as dificuldades de importação de máquinas, equipamentos e até de matérias-primas acabaram levando a uma pequena desaceleração da produção industrial. Apesar disso, no período do Estado Novo o processo industrial consolidou-se no país.

Em síntese, a industrialização brasileira se deu em meio a um regime autoritário, o que nos permite caracterizar a Era Vargas como um período de modernização conservadora.

Extração e carregamento de minério de ferro nos vagões de transporte em Minas Gerais, 1942.

A crise do Estado Novo e a redemocratização

A participação do Brasil na Segunda Guerra Mundial ao lado dos aliados criou uma situação insólita: combatia-se a ditadura fascista na Europa, enquanto no Brasil se mantinha um regime ditatorial, embora desgastado, inspirado nesse mesmo fascismo.

Em 1943, circulou clandestinamente o **Manifesto dos Mineiros**, documento redigido por intelectuais que pedia o fim da ditadura e a redemocratização do país, apelos repetidos no Primeiro Congresso Nacional de Escritores, em janeiro de 1945. Ambas as declarações foram censuradas pelo DIP, até que, em fevereiro, o jornal *Folha Carioca* publicou uma entrevista com o general Góis Monteiro, que defendia a realização de eleições.

A entrevista surpreendeu o país, sobretudo por não ter sido censurada pelo DIP. Vargas começava a dar sinais de abrandamento da ditadura: em 28 de fevereiro, decretou uma emenda constitucional regulamentando a criação de partidos políticos e marcando eleições gerais para o final de 1945.

Na verdade, Getúlio percebeu que a redemocratização era inevitável, e o iminente final da guerra, com o retorno dos "pracinhas" da FEB, só iria acelerar o processo. Muitos acreditavam que essa volta facilitaria um golpe para depor o presidente: após derrotar a ditadura na Europa, a FEB completaria seu trabalho fazendo o mesmo no Brasil.

Acervo Iconographia/Reminiscências

Primeiro ataque da Força Expedicionária Brasileira (FEB) a Monte Castelo na Itália, em 1945.

Vargas antecipou-se, desencadeando ele mesmo o processo de redemocratização. Suas pretensões continuístas eram evidentes: ao democratizar o Brasil, ele surgiria como grande defensor do sistema democrático, apresentando como referência sua luta contra os regimes ditatoriais na Europa. O prazo até as eleições era curto, impossibilitando que uma eventual oposição se organizasse seriamente ou que representasse um obstáculo a seus objetivos de voltar ao poder. O presidente iniciou a organização de dois partidos políticos para o apoiarem: o **Partido Trabalhista Brasileiro** (PTB), criado dos sindicatos controlados por Vargas, e o **Partido Social Democrata** (PSD), formado com o apoio dos interventores nos estados e da burocracia estatal favorecida ao longo do Estado Novo.

Arquivo/Folhapress

Multidão com faixas e cartazes no Largo da Carioca, no Rio de Janeiro, durante comício queremista, em 1950. Esse movimento defendia a permanência de Getúlio na presidência da República.

Enquanto isso, a oposição recém-nascida organizava a **União Democrática Nacional** (UDN), de cunho liberal. Ao mesmo tempo, voltava à legalidade o **Partido Comunista Brasileiro** (PCB), reforçado com a libertação de Luís Carlos Prestes. Enquanto redemocratizavam o Brasil, os aliados do presidente cuidavam também de organizar o **movimento queremista**, em cujos comícios repetia-se o lema "Queremos Getúlio!", provando seu interesse no continuísmo. A adesão ao queremismo foi bastante grande, envolvendo até mesmo o Partido Comunista, que ainda contava com muitos simpatizantes.

Apesar da violência com que a ditadura tratou o partido e seus membros desde 1935, foi surpreendente o apoio de Prestes e do PCB a Vargas. Na verdade, o partido seguia orientações de Moscou: a União Soviética ainda estava ao lado das democracias liberais capitalistas na luta contra o fascismo e, portanto, recomendava aos partidos comunistas do mundo inteiro que apoiassem os líderes comprometidos com o combate ao fascismo, como era o caso de Getúlio. Este, por sua vez, interessava-se por qualquer tipo de apoio a seu continuísmo.

Temendo uma guinada à esquerda por parte do presidente, o exército, em outubro de 1945, por intermédio de seus comandantes Góis Monteiro e Eurico Gaspar Dutra, acabou por desencadear um golpe, derrubando-o e garantindo a realização de eleições sem sua participação. Encerrava-se o Estado Novo.

O insucesso do cantador. Getúlio: "Nunca mais toco viola".

Reprodução/Fundação Biblioteca Nacional, Rio de Janeiro, RJ.

Em 1930, Vargas foi derrotado nas eleições; em 1945, foi afastado do poder por um golpe. Nos dois casos, ele acabaria retornando.

Atividades

Leitura e análise de fonte historiográfica

1. O texto abaixo discute a apropriação que diferentes correntes políticas fizeram da imagem de Carlos Prestes nas décadas de 1920 e 1930. Leia-o atentamente e faça as atividades propostas a seguir.

> [...] Como o pai, Prestes seguiria a carreira militar. Nos anos 1920, aproximou-se da juventude rebelde do Exército que viria a originar o tenentismo, movimento político-militar que se desenvolveu entre 1920-1935.
>
> Em outubro de 1924, já como capitão, levou o Batalhão Ferroviário de Santo Ângelo, no Rio Grande do Sul, a aderir ao levante iniciado meses antes em São Paulo. Impossibilitados de manter domínio sobre a capital do estado, os revolucionários paulistas recuaram rumo ao interior, até o oeste do Paraná. Ali se encontraram com Prestes e sua tropa, decidindo que o combate contra as forças legalistas iria continuar. [...] A imprensa batizou o pequeno exército rebelde de Coluna Prestes [...] exaltando a figura do jovem capitão, atribuindo-lhe a alcunha que o acompanhará por décadas: "Cavaleiro da Esperança".
>
> Prestes se recusou a participar da Revolução de 1930 [...]. No mesmo ano divulgou manifesto declarando sua adesão ao marxismo, e em 1931 seguiu para a União Soviética, no intuito de conhecer a "pátria do socialismo". [...]
>
> A adesão de Prestes significou grande trunfo para o até então pouco expressivo Partido Comunista Brasileiro. O "Cavaleiro da Esperança" levou consigo seu prestígio pessoal e o PCB soube explorar a imagem popular do líder. Durante décadas ele foi homenageado e cultuado, num trabalho cuidadoso do que foi chamado de culto à personalidade.
>
> Ao apropriar-se do mito do "Cavaleiro da Esperança", a intenção do Partido Comunista era conquistar o imaginário popular, que tradicionalmente associava o herói salvador à figura do paladino que, montado em seu corcel, combatia o mal e defendia as causas justas. [...]
>
> A militância anticomunista também acreditava na eficácia política do mito de Prestes, tanto que tratou de combatê-lo. Para ela, Prestes encarnava a imagem da traição, da covardia e da subserviência a ordens estrangeiras. Não era o Cavaleiro da Esperança, e sim o "Cavaleiro da Desesperança" – mero traidor vendido ao "ouro de Moscou". [...]
>
> A chamada Intentona Comunista, levante organizado por Prestes e sufocado pelo governo Vargas, que perseguiu e prendeu vários de seus participantes, inclusive ele, foi o marco inicial do processo de transformação nas representações do personagem, que passaria de herói a bandido no discurso da grande mídia. Os argumentos antiprestistas se reproduziram ao longo do tempo, na mesma medida em que o líder permanecia como uma referência central para a esquerda brasileira.
>
> MOTTA, Rodrigo Patto de Sá. O cavaleiro e o mito. *Revista de História da Biblioteca Nacional.* Rio de Janeiro, ano 2, n. 16, jan. 2007. p. 77-78.

a) Qual foi a intenção dos comunistas ao exaltarem a imagem de Luís Carlos Prestes?

b) As ações e os posicionamentos de Prestes foram interpretados da mesma forma por comunistas e anticomunistas? Explique.

c) Faça uma pesquisa em jornais, revistas ou na internet sobre a opinião expressa na mídia acerca de algum político de grande expressão. Pode ser um presidente, um governador, um líder sindical, etc. A seguir, compare a imagem desse político no passado e no presente, respondendo às seguintes questões:
- A imagem dessa pessoa passou por alguma mudança? Qual?
- Que explicação pode ser atribuída a essa mudança, caso ela tenha ocorrido?

Leitura de texto e redação

2. Leia atentamente o texto a seguir.

> Foi em meio à ideologia que mobilizava multidões que surgiu o Estado Novo no Brasil (1937-1945). Estado Novo foi também o nome que receberam outras ditaduras na mesma época: a de Franco, na Espanha, e a de Salazar, em Portugal, por exemplo. O "novo" aqui representava o ideal político de encontrar uma "via" que se afastasse tanto do capitalismo liberal quanto do comunismo, duas doutrinas políticas que, desde meados do século XIX e mais intensamente a partir da revolução soviética, competiam entre si no sentido de oferecer uma alternativa política e econômica para o mundo.
>
> D'ARAUJO, Maria Celina. *O Estado Novo.* Rio de Janeiro: Jorge Zahar, 2000. p. 8.

- Apropriando-se de considerações do texto acima e mobilizando seus conhecimentos sobre o assunto, escreva uma dissertação explicando por que o Estado fundado por Vargas com o golpe de 1937 era chamado de "novo". Lembre-se de que, numa dissertação, você deve expor com propriedade o tema em questão. Para isso, você deverá desenvolver o assunto mobilizando argumentos que convençam o leitor sobre a posição que você sustenta. Por isso, as ideias devem estar bem embasadas e expostas numa sequência lógica, de maneira coerente.

Leitura e análise de literatura de cordel

3. Como explicado na seção *Para pensar historicamente*, Vargas é um mito construído ao longo de seu governo. Esse texto, extraído de um cordel, refere-se às condições em que ocorreu sua morte – suicídio – em 1954. O cordel surgiu na região Nordeste do Brasil, no século XIX, e só mais tarde se espalhou para outras regiões do país. Feitos na forma de folhetos e produzidos com papel barato, os cordéis eram vendidos nas feiras e adquiridos pela população não só como um meio de diversão mas também como veículo de informação. As capas dos cordéis eram ilustradas com belas xilogravuras feitas pelos próprios cordelistas e os exemplares eram expostos pendurados em cordões esticados em lugares públicos – daí o nome desse gênero literário. Leia atentamente e depois responda às questões.

Jesus Cristo, pelo povo
Padeceu morte e paixão.
Getúlio foi outro Cristo,
Varou o seu coração
Com uma bala sublime
Para salvar a nação!

Morreu, mas ressuscitou
E subiu ao céu com glória,
Assim há de ser Getúlio,
Que vai ficar na memória,
Viver eternamente
Alumbrando a nossa História.

Revista *Nossa História*. São Paulo: Vera Cruz, ano 1, n. 10, ago. 2004. p. 17.

Matrizes de xilogravura do artista pernambucano J. Borges para folhetos e livros de cordel. Fotos de 2007.

Fotos: Marcia Mendes/JC Imagem

Sérgio Pedreira/Folhapress

Exemplares de literatura de cordel vendidos no Mercado Modelo em Salvador, Bahia, 2011.

a) Em geral, os versos dos cordéis são escritos em sextilhas. Quantas sextilhas você reconhece no cordel acima?
b) Que palavras rimam em cada sextilha?
c) Qual é a função do uso da métrica e da rima nos cordéis?
d) Conforme o texto, qual seria a semelhança entre Getúlio Vargas e Jesus?
e) O que essa analogia revela sobre a ideia que o autor do texto tem de Getúlio Vargas?
f) Você concorda com o autor do texto sobre essa ideia em relação a Getúlio? Justifique sua resposta com base em seus conhecimentos sobre o governo de Getúlio Vargas.
g) Em sua opinião, a memória de Getúlio Vargas ainda influencia o cenário político brasileiro? Escreva um texto argumentativo, apresentando dados concretos que justifiquem sua resposta.

Vestibulares de Norte a Sul

1. **CO** (UFGO) Nas décadas de 1930 e 1940, em alguns países latino-americanos, como Argentina e Brasil, desenvolveu-se um fenômeno político-social conhecido como populismo. No período, os principais setores e classes sociais expressaram diferentes visões a respeito desse fenômeno, significando, para:

a) a burguesia industrial, um governo contrário à modernização, por se apoiar num Estado forte e intervencionista.
b) as camadas médias urbanas, um governo autoritário que as excluiu do processo político, tal como o Estado oligárquico.
c) as oligarquias agrárias, um governo nocivo aos seus interesses, ao efetivar uma reforma agrária de caráter indenizatório.
d) o operariado, um governo que possibilitou a garantia de direitos trabalhistas, ao elaborar um conjunto específico de leis.
e) as forças armadas, um governo que contrariou os interesses nacionalistas, ao se alinhar ao imperialismo estadunidense.

2. **N** (Unir-RO) Em 1937, o Governo Vargas implantou o Estado Novo. Sobre esse período, é correto afirmar:

a) Foi um período de intenso combate ao crime organizado, no qual as quadrilhas de tráfico internacional de armas e drogas estiveram desarticuladas.
b) Foi um período de intenso avanço das liberdades democráticas, no qual o Partido Comunista Brasileiro lançou a candidatura de Luis Carlos Prestes a uma vaga na Câmara dos Deputados.
c) Foi marcado por uma ditadura política violenta na qual os direitos e liberdades democráticos foram severamente limitados e os opositores presos, tendo sido alguns deportados.
d) Foi um período marcado por rigorosa política de segurança nas ruas do Rio de Janeiro, protegendo os cidadãos da ação de assaltantes e inibindo a prostituição.
e) Foi um período de grandes avanços na política externa, notadamente pelo estreitamento de relações entre o Brasil e os países do Leste Europeu.

3. **SE** (Ufop-MG) Em 30 de março de 1935, veio a público o manifesto do movimento social e político conhecido como ANL (Aliança Nacional Libertadora), organizado por comunistas e tenentes de esquerda, tendo aclamado Luís Carlos Prestes como presidente de honra. Assinale, dentre as alternativas abaixo, o item que não pertence ao programa básico da ANL.

a) Suspensão do pagamento da dívida externa.
b) Nacionalização das empresas estrangeiras.
c) Garantia das liberdades dos setores populares.
d) Estabelecimento de um governo marxista-socialista.

4. **S** (UFPEL-RS) Manifesto de Luís Carlos Prestes (maio/1930):

[...] *Mais uma vez os verdadeiros interesses populares foram sacrificados vilmente, mistificado todo o povo, por uma campanha aparentemente democrática, mas que, no fundo, não era mais do que a luta entre os interesses contrários de duas correntes oligárquicas, apoiadas e estimuladas pelos dois grandes imperialismos que nos escravizam e aos quais os politiqueiros brasileiros entregam, de pés e mãos atados, toda a Nação. Fazendo tais afirmações, não posso, no entanto, deixar de reconhecer entre os elementos da Aliança Liberal grande número de revolucionários sinceros, com os quais creio poder continuar a contar na luta franca e decidida que ora proponho contra todos os opressores.*[...] *Contra as duas vigas mestres que sustentam economicamente os atuais oligarcas, precisam, pois, ser dirigidos os nossos golpes – a grande propriedade territorial e o imperialismo anglo-americano. Essas, as duas causas fundamentais da opressão política em que vivemos e das crises econômicas em que nos debatemos.* [...] *O governo dos coronéis, chefes políticos, donos da terra, só pode ser o que aí temos: opressão política e exploração não positiva.*

TÁVORA, Juarez. *Memórias:* uma vida e muitas lutas. Rio de Janeiro: Ed. José Olímpio, 1973.

De acordo com o texto e com seus conhecimentos, é correto afirmar que o Manifesto se posiciona:

a) a favor de uma república comunista, nos moldes da soviética, e, para tanto, apoia a Aliança Liberal, que ganhou as eleições de 1930.
b) contra a Aliança Liberal, por ela manter os privilégios oligárquicos associados ao imperialismo anglo-americano, defendendo a ideia de uma revolução popular no Brasil.
c) contrário à Aliança Liberal, mantenedora da estrutura oligárquica de poder, ao defender, entre outros pontos, o "voto de cabresto" e o livre comércio externo.
d) de forma neutra, uma vez que havia, na formação da Aliança Liberal, os Partidos Republicanos Paulista, Rio-grandense e Mineiro, representantes da política do "café com leite".
e) em prol da Aliança Liberal como meio para os trabalhadores urbanos e rurais chegarem ao poder, seguindo o modelo do comunismo pregado por Mao-Tsé-Tung, quando da realização da "Longa Marcha".

CAPÍTULO

36 A Segunda Guerra Mundial (1939-1945)

Archive Holdings Inc./The Image Bank/Getty Images

Navio bélico da frota norte-americana é atingido pelo bombardeio japonês, durante o ataque à base naval de Pearl Harbor, localizada no Oceano Pacífico, em dezembro de 1941. O ataque estimulou os Estados Unidos a se engajar com tropas na Segunda Guerra Mundial, ao lado da França e da Inglaterra.

Para pensar historicamente

Justificando a guerra

Durante as guerras, é comum que cada um dos lados em confronto tente "demonizar" o inimigo para convencer sua população de que a guerra é legítima. Dessa forma, o conflito torna-se, simbolicamente, uma luta do bem contra o mal, da civilização contra a barbárie, e assim por diante. Tal discurso costuma encobrir os interesses reais – quase sempre econômicos e políticos – por trás da guerra.

A Segunda Guerra Mundial foi um conflito em que as atrocidades cometidas por um dos lados (especialmente da Alemanha nazista) foram tão impactantes, que provocaram quase um consenso de que essa guerra teria sido "justa". O massacre sistemático e organizado de minorias (judeus, ciganos, homossexuais) em campos de extermínio é um exemplo dessas atrocidades. É interessante pensar até que ponto o bloco vencedor da guerra também não cometeu atrocidades. Essa constatação não serve para minimizar os crimes feitos pelo regime nazista e muito menos para tentar estabelecer uma contabilidade macabra, baseada em quem teria matado mais ou menos. Porém, é importante pensar que a guerra quase sempre resulta em atrocidades, e a eventual "justiça" de uma guerra não pode servir para encobri-las.

Mondadori Portfolio/Getty Images

Portão de entrada de Auschwitz, campo de concentração construído na Polônia pelos alemães durante a Segunda Guerra Mundial. Foto da década de 1940.

1 A guerra reaparece no horizonte

A Segunda Guerra Mundial

Os efeitos da grande crise de 1929 exacerbaram os conflitos originados do Tratado de Versalhes (1919). A reação às condições de paz disseminou um forte sentimento nacionalista, culminando no totalitarismo nazifascista. Para evitar um confronto, alguns líderes políticos do período entreguerras adotaram uma política de concessões conhecida como **política de apaziguamento**. Essa política, no entanto, não foi suficiente para garantir a paz internacional.

A **Liga das Nações**, na prática, revelou-se um órgão internacional frágil, com pouca força para mediar e resolver novos conflitos. Assim, as pequenas nações – lesadas em seus direitos territoriais e políticos – ficavam à mercê dos Estados mais fortes.

Na Ásia, o Japão invadiu a Manchúria em 1931 (região na atual China) e avançou pelas ilhas do Pacífico. Na África, a Itália tomou a Abissínia em 1935 (atual Etiópia). Na Europa, a Alemanha reincorporou o Sarre (1935) e ocupou militarmente a Renânia (1936), zonas da fronteira francesa, desmilitarizadas pelo Tratado de Versalhes. Para evitar confrontos, muitas nações europeias foram tolerantes com essas ações de força. A falência da Liga das Nações e da paz internacional administrada por ela se confirmava a cada novo movimento expansionista dos Estados totalitários.

Reprodução/Museu de Arte Moderna de Nova York, EUA.

"Ajude a Espanha", manifesto do pintor surrealista espanhol Joan Miró (1893-1983) aos franceses, em 1937. Pedia apoio à resistência antifranquista e combate às tropas golpistas de Franco apoiadas pelo Eixo Alemanha-Itália.

Hulton-Deutsch Collection/Corbis/Latinstock

Soldados alemães cruzam a ponte de Colônia, durante a ocupação da Renânia, em 1936.

O general golpista Francisco Franco alcançou o poder com a **Guerra Civil Espanhola** (1936-1939), em que morreram mais de 1 milhão de pessoas. O confronto também pôs fim à República Socialista Espanhola. Adolf Hitler e Benito Mussolini, ao darem ajuda militar às tropas de Francisco Franco, puderam testar novos armamentos produzidos por seus países, consolidando a aliança chamada **Eixo Berlim-Roma**.

A expansão japonesa na Ásia levou o Japão a entrar em conflito com a União Soviética e com outros países imperialistas ocidentais. Em seguida, o país se uniria aos alemães e italianos, formando com eles o **Eixo Roma-Berlim-Tóquio**. Os três países assinaram o **pacto anti-*Komintern***, para combater o comunismo internacional.

A primeira manifestação significativa da expansão nazista, chamada de *Anschluss*, aconteceu na Áustria, país anexado ao Terceiro Reich, em 1938. A meta seguinte era a região dos **Sudetos** (área fronteiriça da República Tcheca com a Alemanha e a Áustria), sob o pretexto de que a região contava com uma população predominantemente alemã.

Autoridades da Inglaterra e da França, aliadas na Primeira Guerra Mundial, reuniram-se com Hitler e Mussolini. Para evitar um confronto geral, decidiram pela entrega dos Sudetos aos nazistas, ampliando o território alemão em direção ao leste. Em troca, o governo alemão comprometia-se a não realizar nenhuma nova expansão sem o consentimento franco-britânico, confirmando a política de apaziguamento do período. Esse tratado ficou conhecido como Acordo de Munique.

Mesmo com o Acordo de Munique, os governos inglês e francês ressaltavam o apoio e as garantias à Polônia contra possíveis agressões estrangeiras. A Alemanha cobiçava conquistar o "corredor polonês", faixa de terra que dava saída para o mar à Polônia, onde se localizava o porto de Dantzig (*Gdansk*, em polonês).

No mapa abaixo, estão destacadas várias das anexações dos nazistas.

Adaptado de: *Atlas da história do mundo*. São Paulo: Folha de S.Paulo, 1995. p. 265.

O mapa exibe os movimentos da política de agressão hitlerista sobre os países vizinhos da Alemanha a partir da segunda metade da década de 1930.

Uma mulher de Edger (Tchecoslováquia) faz a saudação nazista em prantos diante da invasão das tropas alemãs. Foto de 1938.

Em 1939, Hitler assinou com Stálin o **Pacto Germano-Soviético**. O pacto garantia a não agressão entre as duas nações por dez anos. As diferenças ideológicas, políticas e sociais entre o nazismo e o socialismo soviético foram relegadas a segundo plano.

2 O desenvolvimento do conflito

Hitler invadiu a Polônia em 1º de setembro de 1939. Os governos da Inglaterra e da França reagiram, dando início à Segunda Guerra Mundial.

Em poucos dias, as tropas polonesas foram destruídas e o país ocupado. Conforme havia sido combinado no Pacto Germano-Soviético, a Alemanha aceitou a ocupação soviética de territórios poloneses à leste (e os estratégicos Estados bálticos). Mais tarde, em 1940, o governo soviético ordenou a execução de milhares de prisioneiros de guerra poloneses. O episódio ficou conhecido como o **massacre de Katyn** e é considerado uma das grandes atrocidades cometidas durante a guerra.

Em abril de 1940 as tropas alemãs prosseguiram com a Blitzkrieg ("guerra-relâmpago"), estratégia que empregava maciçamente veículos blindados (as divisões Panzer) e aviões (Luftwaffe) visando vitórias rápidas. O avanço militar nazista foi fulminante: a Alemanha ocupou a Dinamarca, a Noruega, os Países Baixos e a Bélgica.

Paris, a capital francesa, foi ocupada pelos nazistas em junho de 1940. Seguiu-se a rendição da França, com a ocupação militar do país pelos alemães e o estabelecimento de um regime "fantoche" na cidade de **Vichy,** no centro-sul do país. O marechal Pétain, herói da Primeira Guerra Mundial, chefiava o regime pró-alemão de Vichy.

O território da Inglaterra enfrentava ataques da aviação alemã. No norte da África, os ingleses rebatiam os ataques da Itália. Os italianos tentavam tomar o controle do Canal de Suez para romper as ligações da Inglaterra com as suas colônias. Italianos e alemães atacaram também a Grécia e a Iugoslávia, passando a controlar a região balcânica.

Em junho de 1941, Hitler desrespeitou o pacto de não agressão e ordenou a invasão da União Soviética (Operação Barbarossa) a fim de conseguir minérios, cereais e petróleo, fundamentais para seus planos bélicos. Depois de um ataque-surpresa, utilizando as técnicas da *Blitzkrieg*, os alemães obtiveram rápidas vitórias nas primeiras batalhas travadas em território soviético.

Fotógrafo alemão anônimo/The Bridgeman Art Library/Keystone

Soldados alemães em ofensiva, durante a Batalha de Moscou, em 1941. Na foto podemos observar um dos tanques da divisão Panzer.

Os generais nazistas contavam com uma rápida e decisiva vitória sobre os soviéticos, pois nas fronteiras russas havia 3 milhões de soldados alemães preparados para a conquista. O sucesso dos primeiros meses levou os nazistas até os subúrbios de Moscou, a capital soviética. Inicialmente o exército soviético pouco pôde fazer para deter o avanço dos invasores, mas o grande número de soldados russos, o vasto território e a resistência das tropas e da população reverteram esse cenário. A partir do final de 1941 e principalmente em 1942, os alemães passaram a experimentar duras e decisivas derrotas.

Reprodução/Coleção particular

Cartaz com a ilustração de um samurai, guerreiro japonês, destruindo navios aliados.

Contrário ao Eixo, o governo dos Estados Unidos estava ajudando materialmente a Inglaterra. No Pacífico, a tensão entre os Estados Unidos e o Japão crescia, especialmente após o ataque japonês à Indochina. Em dezembro de 1941, os japoneses atacaram *Pearl Harbor*, a maior base naval norte-americana no Pacífico Sul, dando prosseguimento a sua política expansionista. No dia seguinte, o Congresso dos Estados Unidos declarou guerra ao Japão, oficializando o confronto no Pacífico.

Um dos aspectos mais controversos da participação dos Estados Unidos na guerra foi o tratamento dado à população norte-americana de origem japonesa. Desconfiando de sua lealdade, o governo norte-americano deteve milhares de pessoas em campos de internamento durante a guerra. O mesmo tipo de tratamento não foi dispensado à população norte-americana de origem alemã ou italiana, sugerindo que a detenção de nipo-americanos teve fundamento racista.

Os domínios do Eixo

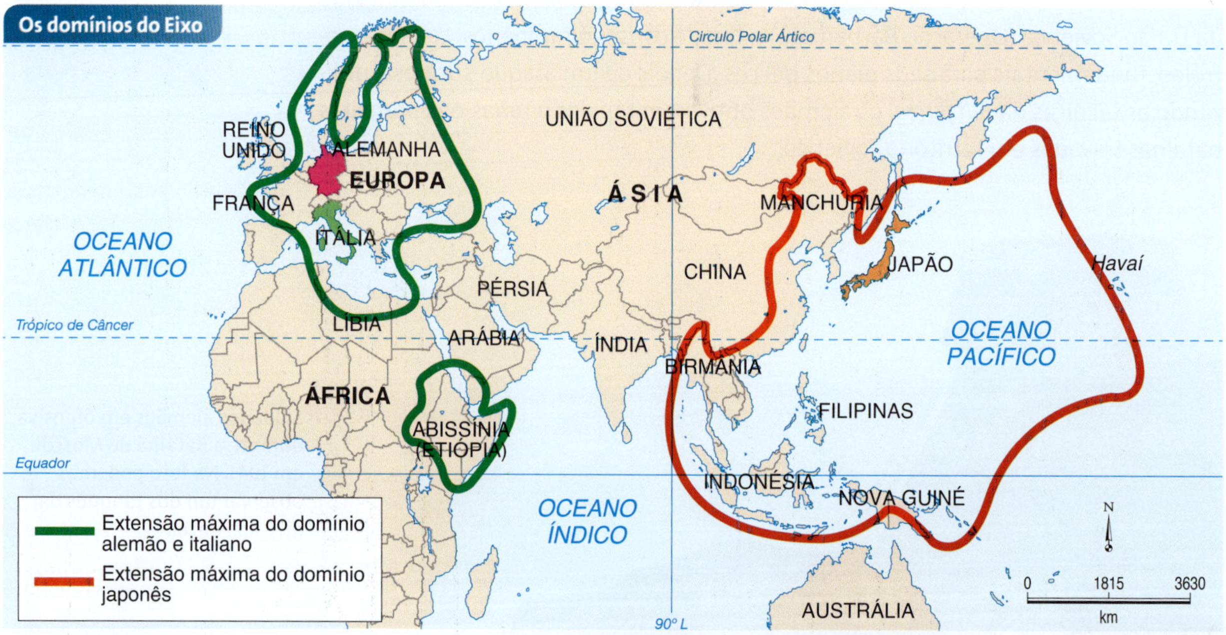

Allmaps/Arquivo da editora

Adaptado de: FRANCO JR., Hilário; ANDRADE FILHO, Ruy de O. *Atlas história geral*. São Paulo: Scipione, 2000. p. 73.

As potências do Eixo chegaram a dominar grandes extensões territoriais na Europa, na Ásia e na África.

Até o início de 1942, a Alemanha, a Itália e o Japão dominaram a guerra, conquistando regiões da Europa, África e Ásia. A partir de então, iniciou-se a derrocada do Eixo Roma-Berlim-Tóquio, pondo fim à expansão totalitária.

A luta nazista contra os soviéticos na **Batalha de Stalingrado** durou alguns meses e levou ao aniquilamento da ofensiva alemã. A situação da guerra se inverteu e passou a ser de progressivo avanço soviético contra a Alemanha. Formava-se a **primeira frente aliada**, que marcharia pouco a pouco em direção a Berlim.

Os aliados iniciaram o avanço no norte da África e, em 1943, um exército anglo-americano derrotou as tropas do Eixo na **Batalha de El Alamein**, no Egito. Essa vitória deu aos aliados o controle do Mediterrâneo e possibilitou o desembarque na Itália, abrindo uma **segunda frente aliada** de avanço sobre a Alemanha. Em setembro de 1943, a Itália se rendeu depois de o rei italiano demitir o primeiro-ministro Mussolini. No mês seguinte, o governo italiano declarou guerra à Alemanha.

A **terceira frente aliada** foi criada a partir do **Dia D**, em 6 de junho de 1944. A chamada Operação *Overlord* desembarcou na Normandia, norte da França, e avançou pelo continente, anulando as forças alemãs estacionadas no norte da Europa. Pouco depois, Paris era libertada, enquanto as três frentes convergiam sobre a Alemanha, o centro do Eixo.

A primeira frente aliada foi a primeira a chegar a Berlim, dando o golpe final sobre o Terceiro Reich. Em 1º de maio de 1945, a bandeira vermelha foi hasteada no alto do *Reichstag*, o antigo Parlamento alemão.

Mussolini e Hitler morreram poucos dias antes da rendição final (8 de maio), em circunstâncias dramáticas. O *Duce*, assassinado por populares em Milão; e o *Führer*, por suicídio.

Corbis/Latinstock

Bettmann/Corbis/Latinstock

O Dia D: as forças aliadas desembarcaram na Normandia, costa noroeste francesa, abrindo uma terceira frente de avanço contra a Alemanha. Na foto, desembarque de soldados norte-americanos na praia de Omaha, em junho de 1944. No detalhe, soldados nos navios de desembarque da operação.

Yevgeny Khaldei/Corbis/Latinstock

Soldado soviético coloca a bandeira de seu país em edifício de Berlim, em maio de 1945.

No Oriente, a luta ainda continuou por mais dois meses. Os Estados Unidos avançaram progressivamente, cercando o Japão, e passaram a dominar o conflito no Pacífico. Em 6 de agosto de 1945, os norte-americanos lançaram um novo e poderoso recurso bélico sobre a cidade de **Hiroxima**: a bomba atômica. Três dias depois, outra bomba atômica foi lançada sobre **Nagasáqui**. A rendição incondicional do Japão foi obtida a 19 de agosto, oficializando o final da guerra. Leia no boxe abaixo sobre uma experiência com a bomba, idealizada pelo físico Oppenheimer como parte do projeto Manhattan.

A criação da bomba atômica

OED Bomba atômica lançada em Hiroshima

No final da guerra, o projeto Manhattan era maior do que toda a indústria automobilística dos Estados Unidos. Mas esse foi apenas o trabalho de preparação – o suprimento do material necessário [...]. Surgiam problemas científicos em escala jamais encontrada antes. Para essa tarefa, seria necessário reunir as maiores inteligências científicas do país. [...]

A escuridão da última hora da noite foi subitamente interrompida por um clarão intenso e ofuscante, seguido de uma estranha e silenciosa rajada de calor. Formou-se uma imensa nuvem em formato de cogumelo, subindo gradualmente 12 km em direção à atmosfera. A aterrorizada face esquelética de Oppenheimer estava consciente das palavras do Bhagavad-Gita que lhe vinham à mente:

Transformei-me na Morte,
A destruidora de mundos.

STRATHERN, P. *Oppenheimer e a bomba atômica*. Rio de Janeiro: Zahar, 1998, p. 44 e 70.

O bombardeiro *Enola Gay* lançou a bomba às 8 horas e 16 minutos da manhã do dia 6 de agosto de 1945, em Hiroxima, dando início à ameaça atômica sobre a humanidade. Três dias depois, foi a vez de Nagasáqui (foto de agosto de 1945). Centenas de milhares de pessoas foram exterminadas em instantes.

Corbis/Latinstock

O Brasil na Segunda Guerra Mundial

A Segunda Guerra Mundial, ocorrida entre 1939 e 1945, envolveu combates em todos os continentes e mares do planeta. Daí a importância estratégica do Brasil, com seu vasto litoral atlântico e com o litoral nordeste projetando-se em direção à África.

Getúlio Vargas não definiu a posição do governo brasileiro perante a guerra. Ora pendia para os aliados, ora para o Eixo, acompanhando as tendências de seus auxiliares mais próximos no início da guerra. Filinto Müller, chefe de polícia, Lourival Fontes, do Departamento de Imprensa e Propaganda (DIP), Francisco Campos, ministro da Justiça, e o general Eurico Gaspar Dutra, chefe do Estado-Maior do Exército, inclinavam-se para o Eixo. Do outro lado, Osvaldo Aranha, ministro do Exterior e ex-embaixador em Washington, defendia o alinhamento com os Estados Unidos e os aliados.

Em 11 de junho de 1940, Vargas pronunciou um discurso saudando o sucesso nazista enquanto a Alemanha ocupava e rendia a França. Temerosos, os Estados Unidos intensificaram as tentativas de aproximação com o Brasil. Já em setembro, o governo norte-americano autorizou um empréstimo de 20 milhões de dólares com o objetivo de iniciar a construção da usina siderúrgica de Volta Redonda. A decisão forçou uma definição do governo brasileiro em relação à guerra, que agora foi favorável aos aliados.

Na verdade, os Estados Unidos só entrariam na guerra em dezembro de 1941, mas sua participação era considerada inevitável. Portanto, um dos objetivos da diplomacia norte-americana, nos anos que precederam a entrada oficial do país na guerra, foi garantir o apoio de todo o bloco americano aos aliados. No caso do Brasil, esse apoio foi conseguido também com o empréstimo para a siderúrgica.

Em janeiro de 1942, o Brasil rompeu relações diplomáticas com os países do Eixo, e em agosto declarou guerra, após o afundamento de diversos de seus navios por submarinos alemães. Imediatamente após a declaração de guerra, iniciou-se a preparação de um contingente militar para ser enviado à frente de batalha na Europa. Foi organizada a Força Expedicionária Brasileira (FEB), com aproximadamente 25 mil homens. Entre julho de 1944 e o final da guerra, a FEB e a FAB participaram da campanha da Itália, integrando o Quinto Exército norte-americano.

Apesar de as lutas dos brasileiros serem travadas contra tropas alemãs de segunda linha, mal equipadas e desabastecidas, tratava-se da primeira vez que uma tropa latino-americana combatia num conflito tão intenso, em território europeu. Seu desempenho nessas condições foi bastante satisfatório.

Soldado brasileiro da FEB confraterniza com crianças italianas. A menina tem uma bandeira dos Estados Unidos nas mãos; o menino imita os adultos. Foto de 1944.

3 Balanço da guerra

A Segunda Guerra Mundial deixou um saldo devastador: um custo material superior a 1 bilhão e 300 milhões de dólares (em dólares de 1945, mais valorizados que os de hoje), mais de 30 milhões de feridos e mais de 50 milhões de mortos. Morreram ainda cerca de 5 milhões de judeus, grande parte nos campos de extermínio mantidos pelo regime nazista. A União Soviética perdeu mais de 20 milhões de habitantes; a Polônia, 6 milhões; a Alemanha, 5 milhões e meio; o Japão, 1 milhão e meio.

Auschwitz, Treblinka e Sobibor são os nomes de alguns campos de trabalho forçado e extermínio, onde se praticava o assassinato em massa, incluindo o uso de câmaras de gás e fornos crematórios.

O grau de destruição material da guerra foi inédito. Grandes cidades da Alemanha e Japão foram simplesmente devastadas por ataques aéreos arrasadores, que chegavam a incluir milhares de aviões. Tais ataques mataram centenas de milhares de civis. Foi a primeira vez que a população civil foi colocada em larga escala na linha de frente da guerra. O ponto culminante de tais práticas foi o ataque nuclear ao Japão.

Civis alemães entre os escombros da Segunda Guerra Mundial. Foto de março de 1945.

O mundo pós-Segunda Guerra Mundial estava arrasado e dividido entre capitalistas e socialistas, liderados respectivamente pelos Estados Unidos e pela União Soviética. O planeta seria marcado pela **Guerra Fria**, um período de insegurança, considerado por muitos historiadores como a grande herança deixada pela Segunda Guerra Mundial.

Antes do fim da guerra, as grandes potências firmaram acordos sobre seu encerramento. O primeiro dos acordos foi a **Conferência de Teerã**, no Irã, em novembro de 1943. A conferência reuniu pela primeira vez os três grandes estadistas ocidentais da época: Josef Stálin, da União Soviética, Winston Churchill, da Inglaterra, e Franklin Roosevelt, dos Estados Unidos. Decidiu-se que as forças anglo-americanas interviriam na França, completando o cerco de pressão à Alemanha, juntamente com as forças orientais russas. Essa decisão se concretizou no desembarque dos aliados na Normandia. Deliberou-se também sobre a divisão da Alemanha e sobre as fronteiras da Polônia, além de se formularem propostas de paz com a colaboração de todas as nações. Os Estados Unidos e a Inglaterra reconheceram ainda a fronteira soviética no Ocidente, com a anexação da Estônia, da Letônia, da Lituânia e do leste da Polônia.

Em fevereiro de 1945, deu-se a **Conferência de Yalta**, na Crimeia (União Soviética). Novamente reunidos, Roosevelt, Churchill e Stálin discutiram a criação da **Organização das Nações Unidas** (ONU). Definiram também a partilha mundial, deixando o predomínio sobre a Europa Oriental para a União Soviética, que incorporou os territórios alemães a leste. Estabeleceu-se a participação da União Soviética na rendição do Japão, com a divisão da Coreia em áreas de influência soviética e norte-americana. Separava-se o mundo capitalista do socialista.

Em agosto, realizou-se nos subúrbios de Berlim a **Conferência de Potsdam**. Com a rendição alemã, Stálin, **Harry Truman**, sucessor de Roosevelt, e **Clement Attllee**, sucessor de Churchill, criaram o Tribunal de Nuremberg para julgar os criminosos de guerra, a desmilitarização do país, a abolição dos trustes e cartéis que subsidiaram o nazismo e a cessão de Dantzig à Polônia.

A principal medida, no entanto, foi a divisão da Alemanha em quatro **zonas de ocupação**: inglesa, francesa, norte-americana e soviética. O conjunto das zonas inglesa, francesa e norte-americana mais tarde deu origem à Alemanha Ocidental (República Federal da Alemanha). A zona soviética posteriormente originou a Alemanha Oriental (República Democrática Alemã). A cidade de Berlim, situada na zona soviética, também foi dividida em quatro zonas.

A divisão da Alemanha em quatro zonas de ocupação

DUBY. Georges. *Grand atlas historique*. Paris: Larrouse, 2004.

Hulton-Deutsch Collection/Corbis/Latinstock

Da esquerda para a direita, sentados, Churchill, Roosevelt e Stálin reunidos em Yalta, em 1945.

Infográfico A FUNDAÇÃO DA ONU

Criação

A Organização das Nações Unidas (ONU) passou a existir oficialmente em 24 de outubro de 1945. Seus objetivos principais são manter a paz e a segurança internacionais, promover a cooperação entre os povos na busca de soluções para problemas econômicos, sociais, culturais e humanitários e fomentar o respeito aos direitos humanos e às liberdades fundamentais. Destinada a substituir a fraca e ineficiente Liga das Nações, a ONU obteve relativo sucesso, especialmente na área de justiça, embora não tenha conseguido solucionar satisfatoriamente os grandes conflitos internacionais nas décadas seguintes à Segunda Guerra Mundial.

Assembleia Geral

A **Assembleia Geral** é composta de todos os países-membros (mais de 180, atualmente) e sua função é discutir os assuntos relacionados com a paz, a segurança, o bem-estar e a justiça no mundo. Não pode tomar decisões, tendo apenas função consultiva.

Secretariado

Sua função é administrar a organização. É dirigido pelo secretário-geral, escolhido pelo Conselho de Segurança e votado pela Assembleia Geral.

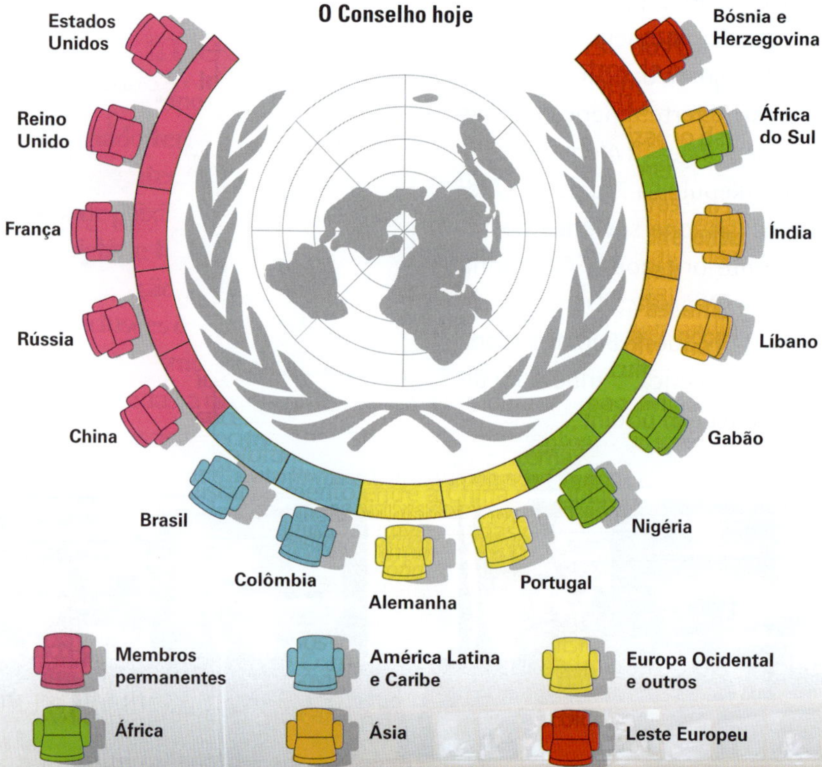

Hulton-Deutsch Collection/Corbis/Latinstock

Fonte: Revista *Nova Escola*. Disponível em: <http://revistaescola.abril.com.br/fundamental-2/serve-conselho-seguranca-onu-639933.shtml>. Acesso em: 24 abr. 2014.

Foto de reunião do Conselho de Segurança da ONU em março de 2014.

Timothy A. Clary/Agência France-Presse

Cem Ozdel/Anadolu Agency/Getty Images

Conselho de Segurança

O **Conselho de Segurança**, seu órgão mais importante, tem cinco membros permanentes, com direito de veto: Estados Unidos, Rússia (antes de 1991, era a União Soviética), Reino Unido, França e China (inicialmente a China Nacionalista, Formosa, e, a partir de 1971, a China continental, comunista). Outros dez membros são eleitos pela Assembleia Geral, com mandato de dois anos. As cadeiras ocupadas por esses dez membros temporários seguem um critério de divisão regional equitativa, como mostra o esquema na página ao lado.

O direito de veto das grandes potências limitou seu caráter, retirando-lhe a credibilidade que deveria ter como uma organização que representa todos os países do mundo.

Na segunda metade do século XX, teve início uma ampla discussão sobre a reformulação do Conselho de Segurança, com a possível inclusão de novos membros.

A ação das forças de manutenção da paz, tropas multinacionais que atuam em zonas de conflito armado, depende da aprovação do Conselho de Segurança. Os membros das forças de manutenção de paz são conhecidos como **capacetes azuis**.

Rouelle Umali/Xinhua Press/Corbis/Latinstock

Soldados da Força de Segurança da ONU nas Filipinas, em 2013.

Conselho Econômico e Social

A ONU também tem um Conselho Econômico e Social ao qual estão ligadas diversas agências especializadas, como a Organização para Alimentação e Agricultura (FAO), a Organização das Nações Unidas para Educação, Ciência e Cultura (Unesco), Organização Internacional do Trabalho (OIT), Fundo das Nações Unidas para a Infância (Unicef), entre outras.

Daniel Acker/Bloomberg/Getty Images

O projeto da sede da Organização das Nações Unidas, em Nova York, nos Estados Unidos, contou com o trabalho de uma equipe internacional de arquitetos. Entre eles, o brasileiro Oscar Niemeyer.

O atual secretário-geral da ONU, Ban Ki-Moon, discursa na sede da instituição, em Nova York, em setembro de 2012.

De cima para baixo, logotipo da Organização para Alimentação e Cultura (FAO); Organização das Nações Unidas para Educação, Ciência e Cultura (Unesco) e Fundo das Nações Unidas para a Infância (Unicef).

4 A Europa nos primeiros anos do pós-guerra

Depois de 1945, ao contrário do que aconteceu com o fim da Primeira Guerra Mundial, as grandes potências não só conservaram seus exércitos como desenvolveram ainda mais a indústria bélica. Dessa vez, o mundo se organizava sobre novas bases, destituindo a Europa da posição de eixo do poder mundial e firmando Washington e Moscou como novos centros, reativando o confronto entre capitalismo e socialismo.

Os países tendiam a alinhar-se a um ou outro polo de poder, consolidando a bipolarização do mundo, marcada pela tensão internacional e alimentada pelo conflito ideológico e político entre os Estados Unidos e a União Soviética.

© Jean Plantu/Acervo do cartunista

O enfrentamento Leste-Oeste, numa charge de Jean Plantu.

Os Estados Unidos despontaram como um Estado superior a qualquer outro em recursos materiais, financeiros e tecnológicos, como a nação detentora da bomba atômica e do domínio nuclear. O país também tinha a vantagem de não ter sofrido a devastação da guerra em seu território.

Para a União Soviética, era importante igualar-se belicamente aos norte-americanos para que o socialismo pudesse perdurar. Assim, embora tivesse saído da guerra com um saldo catastrófico, a União Soviética dirigida por Stálin tinha como metas prioritárias a reconstrução nacional e a corrida nuclear. Em 1949, alcançava parte de seus objetivos ao dominar a tecnologia bélica nuclear. A partir daí, a conjuntura internacional reconhecia como potências os países que tinham o domínio bélico atômico. Vinte anos depois do fim da Segunda Guerra Mundial, 25 nações já estavam nessa condição.

A Europa aderiu à nova situação de bipolarização mundial. Os países da Europa Ocidental (como Inglaterra, França e Itália) se alinharam com os Estados Unidos. Já nos países da Europa Oriental, houve a instalação e fortalecimento de regimes comunistas.

A prosperidade das duas décadas posteriores à guerra promoveu grandes avanços sociais. Assim, os governos capitalistas desmobilizaram partidos comunistas e grupos radicais revolucionários ao incorporar projetos social-democratas reformistas. Do outro lado, os governos que se alinharam ao bloco comunista tiveram que se sujeitar à interferência direta do governo soviético em algumas ocasiões.

Um caso interessante ocorreu na Iugoslávia, o primeiro país a optar por um regime comunista. Sob o comando de **Josip Broz Tito**, líder guerrilheiro da resistência à ocupação alemã, o governo iugoslavo pretendia formar uma Federação dos Bálcãs, composta de Albânia, Bulgária, Grécia, Hungria, Iugoslávia e Romênia, com Estados livres e unidos buscando o desenvolvimento regional autônomo, contestando a hegemonia soviética. Stálin opôs-se ao movimento e, em 1948, o Kremlin – sede do governo soviético – condenou o regime de Tito, rompendo com a Iugoslávia em 1950. A partir de então, a Iugoslávia assumiu uma posição neutra no conflito Leste-Oeste, aproximando-se dos países não alinhados do Terceiro Mundo.

Reprodução/Jornal *The Asahi Shimbun*, Tóquio, Japão.

Charge de Lurie representando a corrida bélica entre as duas potências hegemônicas do período da Guerra Fria.

Bettmann/Corbis/Latinstock

Marechal Tito discursa para a população da cidade de Skopje, na então Iugoslávia, atual Macedônia, em outubro de 1953.

Governante de origem croata, Tito estabeleceu o centralismo estatal sob o controle de um partido único e conseguiu harmonizar a convivência das diversas etnias do país, estabelecendo, mais tarde, em 1970, a presidência rotativa entre as seis repúblicas iugoslavas: Eslovênia, Croácia, Bósnia-Herzegovina, Sérvia, Montenegro e Macedônia. Com sua morte, em 1980, emergiram várias manifestações de descontentamento, que se ampliaram com as transformações que ocorriam no Leste Europeu, na crise do "**socialismo real**". No início da década de 1990, os desentendimentos entre os grupos étnicos acentuaram-se e desembocaram em sangrenta guerra civil, opondo as repúblicas antes formadoras da Iugoslávia.

socialismo real: refere-se aos países comandados pelos partidos comunistas no pós-guerra.

Como vimos, após a Conferência de Potsdam, formaram-se duas áreas de influência. A parte da Alemanha que ficou sob o controle soviético se tornou a República Democrática Alemã sob um regime comunista. A parte que estava sob tutela capitalista formou a República Federal da Alemanha. A Alemanha capitalista recebeu forte ajuda econômica dos Estados Unidos, o que foi decisivo para o ressurgimento de uma Alemanha potente.

A recuperação alemã contou com o **Plano Marshall**, plano econômico-social anunciado em 5 de junho de 1947 pelo secretário de Estado norte-americano George Marshall. O objetivo do plano era recuperar a devastada Europa Ocidental com grandes investimentos.

A União Soviética, por sua vez, dominava sete países do Leste: Alemanha Oriental, Tchecoslováquia, Bulgária, Romênia, Polônia, Hungria e Albânia (até 1961). No **Extremo Oriente**, o Japão sofreu a ocupação norte-americana (1945-1952). Os *zaibatsu* – fortes grupos econômicos – foram dissolvidos, e com eles a grande propriedade e as indústrias bélicas, como parte do plano de desmilitarização. Além disso, em 1947, foi imposta ao Japão uma Constituição parlamentar que limitava os poderes do imperador Hiroíto.

Por causa do avanço socialista que ocorreu no Extremo Oriente a partir da década de 1950, a política de ocupação do Japão foi alterada, visando a reabilitação do país, que passou a ser aliado dos Estados Unidos. Durante 1955 e 1956, o índice de produção industrial do país dobrou em relação à situação anterior à guerra. Seu desenvolvimento econômico quase ininterrupto consolidou a economia japonesa como uma das mais fortes do mundo capitalista no final do século XX.

A reconstrução do pós-guerra e a adesão à ordem bipolar nas relações internacionais, portanto, firmaram as estruturas da Guerra Fria, quadro que predominaria até o final da década de 1980.

Caricatura soviética de 1950 sobre o Plano Marshall, representando a entrada das potências capitalistas na Europa.

Pensando no Enem

1. *As Brigadas Internacionais foram unidades de combatentes formadas por voluntários de 53 nacionalidades dispostos a lutar em defesa da República espanhola. Estima-se que cerca de 60 mil cidadãos de várias partes do mundo – incluindo 40 brasileiros – tenham se incorporado a essas unidades. Apesar de coordenadas pelos comunistas, as Brigadas contaram com membros socialistas, liberais e de outras correntes político-ideológicas.*

SOUZA, I. I. A Guerra Civil Europeia. *História Viva*, n. 70, 2009 (fragmento).

A Guerra Civil Espanhola expressou as disputas em curso na Europa na década de 1930. A perspectiva política comum que promoveu a mobilização descrita foi o(a)

a) crítica ao stalinismo.
b) combate ao fascismo.
c) rejeição ao federalismo.
d) apoio ao corporativismo.
e) adesão ao anarquismo.

Resposta: b

Em meio à intensa polarização ideológica na década de 1930, havia a convicção de que a luta contra o fascismo era mundial, ocorrendo episódios de intensa mobilização contra esse tipo de regime. O exemplo mais característico e violento foi a Guerra Civil Espanhola que opôs os nacionalistas da Falange Nacional fascista aos republicanos, que representavam o governo eleito do país, resultando na formação das Brigadas Internacionais.

Considerando a matriz de Referência do Enem, essa questão contempla a competência de área 3 – Compreender a produção e o papel histórico das instituições sociais, políticas e econômicas, associando-as aos diferentes grupos, conflitos e movimentos sociais, especialmente as habilidades H11: Identificar registros de práticas de grupos sociais no tempo e no espaço, H13: Analisar a atuação dos movimentos sociais que contribuíram para mudanças ou rupturas em processos de disputa pelo poder e H15: Avaliar criticamente conflitos culturais, sociais, políticos, econômicos ou ambientais ao longo da história.

2. *Em discurso proferido em 17 de março de 1939, o primeiro-ministro inglês à época, Neville Chamberlain, sustentou sua posição política: "Não necessito defender minhas visitas à Alemanha no outono passado, que alternativa existia? Nada do que pudéssemos ter feito, nada do que a França pudesse ter feito, ou mesmo a Rússia, teria salvado a Tchecoslováquia da destruição.*

Mas eu também tinha outro propósito ao ir até Munique. Era o de prosseguir com a política por vezes chamada de 'apaziguamento europeu', e Hitler repetiu o que já havia dito, ou seja, que os Sudetos, região de população alemã na Tchecoslováquia, eram a sua última ambição territorial na Europa, e que não queria incluir na Alemanha outros povos que não os alemães."

Disponível em: <www.johndclare.net> (com adaptações).

Sabendo-se que o compromisso assumido por Hitler em 1938, mencionado no texto acima, foi rompido pelo líder alemão em 1939, infere-se que:

a) Hitler ambicionava o controle de mais territórios na Europa além da região dos Sudetos.
b) a aliança entre a Inglaterra, a França e a Rússia poderia ter salvado a Tchecoslováquia.
c) o rompimento desse compromisso inspirou a política de 'apaziguamento europeu'.
d) a política de Chamberlain de apaziguar o líder alemão era contrária à posição assumida pelas potências aliadas.
e) a forma que Chamberlain escolheu para lidar com o problema dos Sudetos deu origem à destruição da Tchecoslováquia.

Resposta: a

A "Política de apaziguamento" fracassou frente o expansionismo nazista. A Conferência de Munique foi sua última manifestação, resultando na aproximação da Alemanha com a URSS (Pacto Germano-Soviético) e como estímulo à ambição nazista sobre o corredor polonês, o que ocasionou o confronto com os demais países.

Considerando a matriz de Referência do Enem, essa questão abrange a competência de área 2 – Compreender as transformações dos espaços geográficos como produto das relações socioeconômicas e culturais de poder, especialmente as habilidades H7: Identificar os significados histórico-geográficos das relações de poder entre as nações, H8: Analisar a ação dos estados nacionais no que se refere à dinâmica dos fluxos populacionais e no enfrentamento de problemas de ordem econômico-social e H9: Comparar o significado histórico-geográfico das organizações políticas e socioeconômicas em escala local, regional ou mundial.

Atividades

Leitura e análise de documento

1. O texto abaixo pertence ao escritor e jornalista americano John Gunther, que foi correspondente na Europa em plena Segunda Guerra Mundial. No livro *Por dentro da Europa*, de 1940, John Gunther traça um perfil da personalidade de Adolf Hitler.

Adolf Hitler, irracional, contraditório, complexo, é uma personalidade imprevisível; nisso estão seu poder, sua ameaça. Para milhões de alemães honestos ele é sublime, uma figura de adoração; enche-os de amor, medo e êxtase nacionalista. Para muitos outros alemães, é esquálido e ridículo – um charlatão, um histérico de sorte e um demagogo mentiroso. Quais os motivos desse paradoxo? Quais as fontes de seu prodigioso poder?

Esse homem pançudo, de bigodinho à Charlie Chaplin, dado à insônia e emocionalismo, chefe do Partido Nazista, comandante em chefe do Exército e da Marinha alemães, líder da nação alemã, criador, presidente e chanceler do Terceiro Reich, nasceu na Áustria em 1889. Não é alemão nato. Esse é um ponto muito importante a inflamar seu nacionalismo inicial. Ele criou o implacável patriotismo do fronteiriço, do exilado. Só um austríaco poderia levar tão a sério o germanismo.

Hulton-Deutsch Collection/Corbis/Latinstock

Hitler faz a saudação nazista em uma comemoração do partido na Alemanha, em 1934.

A história pessoal de Hitler inclui muitos episódios extraordinários e bizarros. Antes de discutirmos seu nascimento e infância, de esboçarmos sua carreira, talvez seja bom apresentar um amplo quadro detalhado desse personagem e sua rotina, atitudes, hábitos diários, suas características e limitações individuais.

Sua imaginação é inteiramente política. Vi os primeiros quadros dele, os que apresentou à Academia de Arte de Viena quando rapaz. São prosaicos, absolutamente desprovidos de ritmo, cor, sentimento ou fantasia espiritual. São desenhos de arquiteto: desenho penoso e preciso; nada mais. [...]

Seus estudos foram muito breves, e nenhum esforço de generosidade faria alguém chamá-lo de gênio. Não chega nem perto da cultura e peso intelectual, digamos, de Mussolini. Quase não lê nada. O Tratado de Versalhes, provavelmente, foi a mais concreta influência individual em sua vida; mas é duvidoso que o tenha lido todo. Não gosta de intelectuais. Jamais esteve fora da Alemanha (excetuando-se suas experiências de guerra em Flandres e duas visitas a Mussolini), e não fala nenhum idioma estrangeiro, a não ser algumas palavras em francês.

[...] Hitler acha difícil tomar decisões rápidas: essa capacidade deriva de harmonia interior, que ele não tem. Não é um "homem forte, silencioso".

[...] É extremamente emocional. Raramente responde a perguntas. Fala com a gente como se estivesse num comício, e nada detém o jorro de palavras.

[...]

Por algum tempo se disse que seu melhor traço era a lealdade. Ele jamais, dizia a piada, abriria mão de três coisas: dos judeus, dos amigos e da Áustria. Ninguém faria essa piada hoje, agora que o capitão Roehm está morto. [...]

Um após outro, foi eliminando os que o ajudaram em sua carreira: Drexler, Feder, Gregor Strasser. [...]

Como a de todos os fanáticos, sua capacidade de acreditar nas próprias invenções, de iludir-se, é enorme. Assim, é inteiramente "sincero" – acredita mesmo – quando, numa entrevista ao *Daily Mail*, diz que a revolução nazista custou apenas 26 vidas. Crê absolutamente no que diz – no momento.

Mas suas mentiras têm sido notórias. Heiden conta algumas das mais recônditas inverdades, e outras são conhecidas de todo estudioso. Ele prometeu às autoridades da Baviera não fazer um *putch*; e prontamente fez um. Prometeu tolerar um governo Papen; depois combateu-o. Prometeu não mudar a composição do seu primeiro gabinete; depois mudou-a. Prometeu matar-se se o golpe de Munique falhasse; falhou, e ele continua vivo.

GUNTHER, John. Um retrato de Hitler. In: LEWIS, Jon E. (Ed.). *O grande livro do jornalismo*. Rio de Janeiro: José Olympio, 2008. p. 151-154.

a) Explique o contexto político da guerra na época em que foi escrito o texto acima.
b) Qual é a imagem que a descrição do jornalista constrói do líder nazista?
c) A descrição feita por John Gunther transmite alguma intencionalidade? Explique.
d) Em sua opinião, a personalidade de personagens históricos permite explicar os fatos históricos? Justifique.

Leitura e análise de fonte historiográfica

2. No final da Segunda Guerra Mundial, os países aliados promoveram um intenso bombardeio aéreo às cidades alemãs, matando centenas de milhares de civis. A ação dos Aliados é, ainda hoje, motivo de controvérsias, como mostram os trechos abaixo. O primeiro é de autoria de Jörg Friedrich, historiador alemão que estudou minuciosamente os ataques às cidades da Alemanha. O segundo foi escrito por Robin Neillards, historiador britânico especialista em Segunda Guerra Mundial. Leia-os com atenção.

Texto 1

Cerca de meio milhão de civis alemães foram mortos durante a Segunda Guerra. A maioria deles, entre setembro de 1944 e março de 1945, em ataques táticos (que têm como objetivo real atingir as tropas e os equipamentos militares) e estratégicos (que podem focar em alvos puramente civis para, com isso, baixar a moral do inimigo e minar sua vontade de resistir).

Para os alemães, porém, era impossível saber se enfrentavam um bombardeio tático ou estratégico. Na prática, ambos eram realizados da mesma forma: por meio de ataques aéreos que, inicialmente, despejavam explosivos de alta potência e, em seguida, bombas incendiárias. [...]

O objetivo dos bombardeios nunca era destruir alvos individuais, mas criar o máximo possível de zonas devastadas no centro da cidade-alvo. [...]

Não cabe aos historiadores fazer julgamentos. Os britânicos que defenderam os bombardeios utilizando a necessidade militar como legitimação fazem um julgamento que contradiz, diretamente, os veredictos do Tribunal de Nuremberg. Os generais nazistas usaram a "necessidade militar" como justificativa para seus atos, mas a corte decidiu que isso não era desculpa. As salvas de metralhadoras alemãs contra civis judeus, poloneses ou russos eram um crime de guerra porque os civis não são um alvo militar. As mortes de civis causadas pelo bombardeio aéreo são diferentes porque a munição que os matou viajava na vertical, e não na horizontal?

A supressão da Alemanha nazista e, consequentemente, dos horrores do Terceiro Reich, deve muito mais às campanhas em terra do que às cidades bombardeadas. O que o ataque aéreo fez foi suprimir a proteção aos civis, um princípio que data de séculos. Não podemos encará-lo como uma simples estratégia bélica [...].

FRIEDRICH, Jörg. Revista *BBC História*. São Paulo: Tríade, ano 1, ed. 1. p. 97.

Texto 2

A ofensiva aérea aliada não pode ser considerada um crime, mas um ato de guerra legítimo num conflito deflagrado pela Alemanha. A morte de civis era inevitável – e obviamente lamentável – mas não criminosa. Qualquer alegação em contrário é uma tentativa de minimizar a culpa alemã e de introduzir a noção de equivalência. [...] O bombardeio aéreo e Auschwitz não são a mesma coisa.

Em 1934, a Alemanha retirou-se da Conferência de Desarmamento de Genebra, após negar o apoio à proposta britânica de banir o bombardeio aéreo. Hitler acreditava que na guerra vindoura [...] a destruição atingiria somente outras nações, enquanto o solo germânico permaneceria intacto. A escalada que levou ao bombardeio de cidades inclui a destruição de Guernica por aviões alemães, em 1936, e o bombardeio alemão de Varsóvia e Roterdã, em 1939 e 1940. [...] Os alemães acreditavam que poderiam bombardear cidades europeias, matando milhares de civis, sem retribuição?

[...]

A criminalidade também requer a intenção. A ofensiva aérea nunca teve civis como alvos; o objetivo era atingir a moral nazista, por meio da destruição de casas e fábricas. A moral do inimigo é, sem dúvida, um alvo legítimo e a maioria dos mortos era de operários de guerra. Por que é legítimo matar alguém usando uma arma e é um crime matar quem fabrica essas armas?

Por fim, não se deve esquecer que se tratava de uma guerra. Em 1939, a Alemanha deu início a uma guerra racista e genocida para escravizar a Europa e eliminar quem os nazistas julgavam indesejáveis. O sofrimento do povo alemão é de responsabilidade do regime por ele apoiado, não dos que lutaram para dar cabo a essa tirania. [...]

NEILLARDS, Robin. Revista *BBC História*. São Paulo: Tríade, ano 1, ed. 1. p. 97.

- Sob a orientação do professor e tendo como base as ideias defendidas nos dois textos, organizem-se em dois grandes grupos para refletir e debater sobre a seguinte questão: no contexto da Segunda Guerra Mundial, os bombardeios aéreos às cidades alemãs eram justificáveis?

Observação de imagem e reflexão

3. Observe a foto abaixo, que mostra a cidade japonesa de Hiroxima após um bombardeio, em 1945.

Bettmann/Corbis/Latinstock

Cenário de destruição em Hiroxima, no Japão. Foto de 8 de setembro de 1945.

a) Que tipo de bomba causou tamanha destruição na cidade de Hiroxima?
b) Que país foi responsável por esse bombardeio?
c) O que o país agressor pretendia com esse bombardeio?
d) Em livros, revistas e *sites*, pesquise mais informações sobre o episódio retratado nas imagens. Informe-se sobre as características da arma usada, as justificativas oferecidas para seu uso e seus efeitos sobre cidades, pessoas e meio ambiente a curto, médio e longo prazos. Registre as informações em seu caderno.
e) Em sua opinião, o uso de armas como a lançada sobre o Japão em 1945 era justificável? Explique.
f) Apesar de toda a destruição causada pelo bombardeio em Hiroxima e Nagasáqui, o episódio é pouco lembrado por reportagens, filmes e romances que têm a Segunda Guerra Mundial como tema. Discuta com seus colegas a possível razão desse silêncio.

Vestibulares de Norte a Sul

1. **N** (Unir-RO)

Sem ter sido um episódio propriamente militar, a tentativa de ampliar dramaticamente a produção brasileira de borracha foi um projeto governamental que recebeu apoio técnico e financeiro dos norte-americanos em guerra contra o eixo Roma, Berlim e Tóquio.

Esse texto do Historiador Marcus Vinicius Neces se refere ao episódio conhecido na historiografia como a Batalha da Borracha que consistiu basicamente:

a) No recrutamento de nordestinos para cortar seringa na Amazônia, em plena segunda guerra mundial, num esforço de suprir o fornecimento da borracha para os Estados Unidos, que havia sido cortado pelos Japoneses. Os Nordestinos enviados para a Batalha da Borracha ficaram conhecidos como "Soldados da Borracha".
b) No conflito entre nordestinos e japoneses nos seringais da Amazônia durante a segunda guerra mundial.
c) No conflito entre seringueiros e seringalistas por conta da exploração do trabalho nos seringais, durante a segunda guerra mundial.
d) No recrutamento de paranaenses em plena segunda guerra mundial a fim de trabalhar nos seringais e construir as rodovias. Esses trabalhadores ficaram conhecidos como "Soldados de Borracha".
e) No conflito entre os governos brasileiro e americano em relação ao domínio e financiamento dos seringais da Amazônia, durante a segunda guerra mundial.

2. **SE** (PUC-RJ) A Segunda Guerra Mundial foi um acontecimento que envolveu, de forma diferenciada, vários países. Sobre a participação do Brasil na Segunda Guerra Mundial é CORRETO afirmar que:

a) O governo brasileiro, em harmonia com a posição dos países sul-americanos, rompeu relações diplomáticas com os países do Eixo, mas não se envolveu diretamente no conflito.
b) Interessado em uma maior aproximação com os Estados Unidos, o governo brasileiro declarou guerra aos países do Eixo e enviou tropas para lutar no cenário de guerra europeu.
c) Liderados pelos Estados Unidos, o Brasil e todos os países americanos romperam relações diplomáticas e declararam guerra aos países do Eixo, no início da conflagração mundial, em 1939.
d) Apesar de o Brasil ter recebido apoio técnico e financeiro alemão para a construção de uma usina siderúrgica, os militares brasileiros optaram por lutar junto aos países Aliados.
e) A maior identificação política com o regime nazista alemão levou o governo brasileiro a prorrogar até quase o final da guerra, em 1944, a declaração de apoio aos países Aliados.

3. **SE** (FGV-SP) Em 1936, a Espanha viu-se envolvida em uma sangrenta guerra civil que se estendeu até 1939 e causou cerca de um milhão de mortos. A respeito desse conflito, é correto afirmar:

a) Foi provocado por uma revolução popular que proclamou a república, estabeleceu um regime socialista em fevereiro de 1936 e contou com o apoio de tropas do exército soviético.
b) Foi provocado pela reação de setores conservadores e antirrepublicanos à vitória da Frente Popular nas eleições de fevereiro de 1936 e contou com o apoio de forças militares nazifascistas.
c) Foi provocado pelo movimento separatista da Catalunha, que se recusou a integrar a República espanhola a partir de 1936 e contou com a intervenção militar de tropas francesas.
d) Foi provocado por setores antimonarquistas derrotados nas eleições de fevereiro de 1936 e que desejavam proclamar uma república na Espanha, e contou com o apoio de brigadas de voluntários vindos de diversos países.
e) Foi provocado pela reação de monarquistas, militares, fascistas e setores da Igreja católica contra a instauração da república na Espanha, em 1931, e contou com o apoio de tropas militares da Inglaterra.

4. **NE** (UFPE) Em 24 de outubro próximo passado, chefes de Estados, reunidos em Nova Iorque, comemoraram 50 anos de aniversário da Organização das Nações Unidas – ONU. O que representa esta organização?

a) A organização dos países do Ocidente para o enfrentamento com os países do Oriente.
b) A vitória da Liga das Nações, vigente durante a Primeira e a Segunda Guerras Mundiais.
c) O fim da guerra fria entre o mundo capitalista e o mundo comunista.
d) A descolonização da América e da África e os respectivos engajamentos políticos dos dois continentes.
e) Uma força internacional acima das nações, na defesa da paz mundial, dos direitos do homem e da igualdade dos povos.

Para entender o nosso tempo: do pós-guerra ao século XXI

Após a "Era da Catástrofe", seguiu-se a Guerra Fria, período em que a humanidade viveu sob risco de extinção devido ao crescimento dos arsenais nucleares dos Estados Unidos e da União Soviética. Todavia, a difícil manutenção da paz nesse período foi acompanhada de uma relativa prosperidade nos países centrais, seguida da formação de uma periferia mundial empobrecida (o "Terceiro Mundo"). O final abrupto da Guerra Fria, com o desmoronamento da União Soviética em 1991, criou uma situação nova e potencialmente instável, marcada pelo ressurgimento das lutas nacionalistas, ascensão do fundamentalismo religioso, prática de políticas econômicas concentradoras de renda e atos de terrorismo.

Daniel Karmann/dpa/Corbis/Latinstock

Um homem observa parte do Muro de Berlim exposta na praça Potsdamer, em Berlim. Foto de 2004.

SABER HISTÓRICO

Discutindo do pós-guerra ao século XXI

Juca Martins/Pulsar Imagens

Ato realizado em setembro de 1992, no vale do Anhangabaú, em São Paulo, pelo *impeachment* do presidente Collor.

1 A crise do eurocentrismo

“Civilizadores” e “bárbaros”: o declínio da Europa como centro do mundo

Do século XV até o XIX, a violência dos europeus colonialistas e imperialistas contra os habitantes da África, Ásia e América era justificada como uma tarefa civilizadora a ser cumprida pelos povos “mais desenvolvidos”.

Assim, os astecas foram dizimados em nome da fé cristã. Os conquistadores espanhóis consideravam seu dever acabar com uma sociedade que fazia sacrifícios humanos e cultuava diversos deuses. A escravidão negra na América e na África era afirmada como legítima, pois permitia que os nativos africanos conhecessem o cristianismo, fossem batizados e trabalhassem de modo considerado “civilizado” pelos europeus da época.

Pretendia-se, com isso, ensinar aos povos dessas regiões que eles deveriam seguir o exemplo superior e “civilizado” dos europeus, imitando seus modelos morais, políticos, religiosos e econômicos.

No século XX, esse argumento começou a ser desmontado principalmente durante as guerras mundiais, iniciadas por conflitos europeus que se espalharam por todo o mundo. Eram os povos “civilizados” que empreendiam matanças em escala nunca antes vista.

Na foto abaixo, de 1896, a outra face da “civilidade” europeia levada à Africa: aprisionamento de membros da tribo Herero, da etnia banto, pelas tropas do governo colonial alemão, na região da atual Namíbia. Para os colonizadores, a população local era indispensável para a exploração econômica, baseada na pecuária e na extração de minérios nas terras pilhadas dos nativos.

Album/akg-images/Latinstock

Os Estados Unidos jogaram bombas atômicas sobre a população civil japonesa (1945), destruindo duas cidades e produzindo um sofrimento que se manteve por décadas, por causa da radiação atômica e das doenças e deformações causadas por ela nos sobreviventes e em seus descendentes.

Se já não se acreditava muito que as nações ocidentais eram de fato tão "civilizadas", os novos acontecimentos contribuíram para desgastar essa imagem.

Na segunda metade do século XX, a Europa, arrasada pela guerra, deixou de ser o centro político e econômico do mundo, dividiu-se e tornou-se zona de influência dos Estados Unidos e da União Soviética.

Além dessa bipolaridade, ganhou força o movimento pela emancipação política e econômica de um "Terceiro mundo", composto de países que pretendiam não se alinhar às ideias hegemônicas estabelecidas com a Guerra Fria.

Eram países libertados recentemente do domínio imperialista, onde predominava a miséria social, dívidas financeiras e outros impasses. Localizados principalmente abaixo da Linha do Equador, esses países lançaram novas questões e desafios para a história ao manter viva a luta pela própria soberania.

Bettmann/Corbis/Latinstock

A fotografia mostra os destroços da cidade de Hiroxima após a explosão da bomba atômica. Estima-se que foram mortas mais de 100 mil pessoas.

Relativismo cultural

A difusão da ideia de relativismo cultural, construída pelo antropólogo alemão Franz Boas nas primeiras décadas do século XX, foi uma das marcas da crise do eurocentrismo. Segundo essa ideia, é impossível medir o valor de uma ou de várias culturas usando os valores de uma delas para avaliar as demais. Assim, negava a hierarquia entre culturas, a visão darwinista de que todas as culturas viviam evoluindo em etapas, progredindo das mais primitivas às mais avançadas, sendo o Ocidente o topo a ser atingido. Em outras palavras, assumindo a diversidade cultural, o relativismo cultural reforça que uma crença ou atividade humana deve ser interpretada nos termos de sua própria cultura. Por isso, para Boas, a civilização não é um valor absoluto, mas relativo.

O relativismo cultural foi uma das bases da Organização das Nações Unidas (ONU), uma entidade internacional criada em 1945 que busca integrar legitimamente todas as nações e promover o diálogo, de modo que novas guerras fossem evitadas.

Thomas Mukoya/Reuters/Latinstock

A sociedade de consumo e a indiferença ambiental

Após a Segunda Guerra Mundial, os governos dos países centrais, sobretudo os Estados Unidos, estudavam formas de impulsionar a economia. A ambientalista Annie Leonard comenta:

> O analista de vendas Victor Lebow articulou uma solução que se tornaria norma para o sistema todo. Ele disse: "Nossa enorme economia produtiva exige que façamos do consumo nosso modo de vida, que transformemos a compra e o uso de bens em rituais, que busquemos nossa satisfação espiritual, a satisfação do nosso ego, no consumo. Precisamos que as coisas sejam consumidas, destruídas, substituídas e descartadas em um ritmo cada vez mais acelerado". O conselheiro econômico do presidente Eisenhower afirmou: "A finalidade principal da economia americana é produzir mais bens de consumo". Mais bens de consumo? Não é providenciar cuidados médicos, educação ou transportes seguros, sustentabilidade ou justiça? Bens de consumo?
>
> Traduzido de *Story of stuff*: referenced and annotated script. Disponível em: <http://dev.storyofstuff.org/wp-content/uploads/2011/10/annie_leonard_footnoted_script.pdf>. Acesso em: 4 maio 2014.[1]

A organização da extração de matérias-primas, industrialização e distribuição passaram progressivamente a se articular à lógica do consumo e do descarte rápido do que havia sido comprado. A cultura de massas acabou se encarregando da parte ideológica dessa tarefa, ou seja, de criar modas e tirá-las de cena, tornando obsoletos os objetos comprados para acompanhá-la.

Pode-se dizer que o Brasil impulsionou efetivamente sua entrada nessa situação na década de 1970, com o chamado Milagre Econômico do governo militar. Entretanto, a desigualdade de renda mantinha o esquema da sociedade de consumo restrito às classes média e alta, percentualmente pequenas no

[1] Nesse *site* também é possível baixar gratuitamente o vídeo *A história das coisas*. Ele está em inglês, mas existem versões legendadas ou dubladas em português em *sites* de compartilhamento de vídeos pela internet.

A publicidade estimula o consumo exagerado, motivando consumidores a descartar aparelhos eletrônicos e eletrodomésticos e substituí-los por novos modelos, contrastando com o discurso ecológico. O descarte desses aparelhos tornou-se um problema ambiental. Na foto, funcionários separam peças de eletrodomésticos para reciclagem, no Quênia, 2014.

total da população. Devido ao crescimento populacional e, mais recentemente, à redução das desigualdades, a parcela de brasileiros envolvidos no consumismo está cada vez maior.

Com a globalização, de certa forma, toda a economia do mundo passou a buscar os altos padrões de consumo norte-americano, o que nos leva a uma insustentabilidade ambiental.

O grande dilema do discurso ecológico hoje é sua contradição com a economia. Os objetivos ambientais, como a diminuição do uso de combustíveis fósseis, a redução das emissões de CO_2 e a preservação de recursos naturais nos continentes e nos oceanos, chocam-se com os interesses de consumo das sociedades centrais e dos países em desenvolvimento.

Novos sujeitos na política: mulheres, negros, terceiro-mundistas...

O debate político e os projetos nacionais e internacionais tendiam a ser ou pretendiam ser válidos para toda uma sociedade ou conjunto de sociedades. Entretanto, principalmente nos anos 1960, tais projetos pareciam não mais resolver questões "pontuais", cujas soluções eram sempre adiadas.

O inconformismo expresso nos diversos movimentos sociais, protestos e mobilizações ocorridos em todo o mundo durante os anos 1960 impulsionou o ativismo pelos direitos de negros, mulheres, homossexuais, estudantes, minorias étnicas e outros grupos sociais. A mobilização contra a guerra e a opressão alcançou, também, comportamentos e valores morais, com críticas ao poder autoritário dos pais sobre os jovens, à desigualdade de direitos entre homens e mulheres e aos valores machistas.

Também ganharam espaço as lutas de autoafirmação dos países do chamado Terceiro Mundo, questionando profundamente suas sociedades.

Nessa época, as perspectivas de história das mulheres, da história dos vencidos, enfim, a história *vista de baixo*, como ficou conhecida, ganharam força na historiografia. Retomou-se a pesquisa histórica desses temas, procurando-se enxergar esses personagens que haviam passado despercebidos.

Mobilizações antiguerra, a expansão do feminismo e a luta do movimento negro por direitos civis são exemplos de questões que marcaram os anos 1960. Na foto, jovens manifestam sua insatisfação com a guerra do Vietnã, entre outras solicitações.

Bettmann/Corbis/Latinstock

A história imediata

Durante muito tempo, os historiadores acreditavam que, para escrever a história de determinado tema, era necessário estar distante dele no tempo. Com os personagens e acontecimentos não mais existindo e com o historiador isento de qualquer tipo de paixão ou interesse, seria possível escrever uma história neutra e imparcial. O debate historiográfico foi mostrando que a pretendida isenção do historiador em relação a seu objeto de estudo não era totalmente possível. Mais que isso, as conclusões dos historiadores passaram a não ser mais entendidas como um discurso que transmitisse uma verdade indiscutível.

Nas últimas décadas, a ciência histórica tem considerado a possibilidade de tornar o tempo presente, os acontecimentos e seus desdobramentos mais imediatos como objeto de análise e interpretação. Por meio dessa concepção, tem se desenvolvido a corrente denominada **história imediata** ou **história do tempo presente**. Além de estudar a relação dos acontecimentos contemporâneos com o passado, essa corrente analisa também os acontecimentos que estão sendo vivenciados e que influenciam as condições de existência da humanidade simultaneamente aos estudos feitos pelo historiador.

Milhares de jovens se mobilizaram em São Paulo contra o aumento das tarifas de ônibus, trem e metrô, junho de 2013.

Cris Faga/Fox Press Photo/Agência Estado

CAPÍTULO

37 O período liberal democrático (1945-1964)

Acervo Iconographia/Reminiscências

Um marco do desenvolvimento brasileiro no século XX: a extração do primeiro barril de petróleo em solo brasileiro, pela Petrobras, ocorrido na Bahia, em 1955.

Para pensar historicamente

Uma experiência de democracia

No Brasil da década de 1950, as políticas voltadas para o desenvolvimento ganharam destaque, em um quadro político marcado ainda pelo apelo carismático de Getúlio Vargas, pelo avanço nas conquistas dos trabalhadores e pelo controle dos sindicatos pelo Estado.

Na atuação dos líderes políticos, entretanto, a doação de objetos e favores para indivíduos ou grupos restritos foi sendo substituída por promessas de realizações concretas que atingem grandes contingentes populacionais.

No "país do futuro", o grande governante passa a ser o realizador, não importando o custo das obras.

Como você estudará no capítulo, nesse período, os brasileiros tiveram sua primeira grande experiência de vida democrática.

Buda Mendes/LatinContent/Getty Images

Vista aérea do estádio do Maracanã, Maracanãzinho e conjunto aquático Julio Delamare, que passaram por reformas para a Copa do Mundo em 2014 e as Olimpíadas de 2016.

1 Novos ares na política

Após a deposição de Getúlio Vargas, as eleições de 1945 marcaram o fim do Estado Novo e possibilitaram a escolha de um novo presidente e deputados constituintes. O período democrático que se iniciava foi marcado pela Guerra Fria, com disputas entre os Estados Unidos e a União Soviética por áreas de influência e, portanto, pela hegemonia no mundo.

Os candidatos à presidência do Brasil foram o general **Eurico Gaspar Dutra**, pela coligação Partido Social Democrata-Partido Trabalhista Brasileiro (PSD-PTB), o brigadeiro **Eduardo Gomes**, pela União Democrática Nacional (UDN), e **Yedo Fiúza**, pelo Partido Comunista Brasileiro (PCB).

Dutra era amparado pelos poderosos partidos vinculados ao ex-presidente Vargas, o que tornava quase impossível a vitória de outro candidato. Em sua campanha, apoiada pelo presidente deposto, pregou a conciliação nacional em um momento de transição e foi eleito com 55% dos votos.

Surpreendentes, porém, foram os 569 mil votos dados aos comunistas, possibilitando a eleição de uma bancada de 15 membros[1] na Assembleia Constituinte, incluindo um senador, Luís Carlos Prestes.

Em 1946, foi promulgada a nova Constituição brasileira, a quinta na história do país.

A Constituição de 1946

- Mais democrática, porém ainda com restrições;
- Estabelecia o voto secreto e universal;
- Confirmava a existência de três poderes, com a devida importância destinada ao Legislativo;
- Negava o direito de voto aos analfabetos;
- Limitava o direito de greve;
- Dificultava a realização da reforma agrária por meio de altas indenizações que deveriam ser pagas aos proprietários em caso de desapropriação.

Apesar de apoiado por Vargas, Dutra não seguiu a cartilha do Estado Novo. Foi avesso à intervenção estatal, caracterizando-se por um estrito **liberalismo**, isto é, pelo princípio da não intervenção do Estado na economia, com a abertura do país às importações. Com apoio no Congresso, teve um mandato relativamente tranquilo.

Acervo Iconographia/Reminiscências

O general Dutra (em primeiro plano, terceiro a partir da esquerda, com binóculo), acompanhando as operações em visita à FEB na Itália. Foto de 1944.

[1] Um senador e 14 deputados: João Amazonas, Maurício Grabóis, Joaquim Batista Neto, José Maria Crispim, Osvaldo Pacheco, Jorge Amado, Milton Cayres de Brito, Gregório Bezerra, Agostinho Dias de Oliveira, Alcedo Coutinho, Claudino José da Silva, Alcides Sabença, Carlos Marighela e Abílio Fernandes.

Reprodução/Arquivo da editora

Publicado na *Revista Doméstica*, dez. 1949 (RJ)

Reprodução/Arquivo da editora

Publicado em *O Cruzeiro*, 3 maio 1947

Durante o governo de Dutra, o Brasil foi invadido por uma variedade de produtos de consumo não duráveis (especialmente têxteis e alimentícios), importados dos Estados Unidos. Ao lado, anúncios de época de alguns desses produtos.

Com o fim da guerra e a desmobilização militar, a indústria voltava a produzir bens de consumo em larga escala e procurava mercado para esses produtos. O Brasil passaria a receber um grande volume de importações dos Estados Unidos.

O resultado dessa política logo se fez sentir nas reservas nacionais em moeda estrangeira, acumuladas durante os anos da guerra. Grande parte delas foi usada para financiar importações de produtos supérfluos ou de mercadorias que já eram produzidas no Brasil, o que provocou uma desaceleração no crescimento da indústria nacional. A própria dívida externa, que havia tido significativa redução durante a guerra, voltou a aumentar.

A partir de 1947, o governo adotou um tímido intervencionismo, sob a forma do plano Salte, que previa investimentos estatais em saúde, alimentação, transporte e energia (daí a sigla). Nesse mesmo período, o governo passou a dificultar a entrada de bens de consumo não duráveis no Brasil e começou a patrocinar a compra de máquinas e de equipamentos fundamentais para a indústria de bens de capital. Mesmo com os resultados modestos do plano Salte, o **controle do câmbio** e a regulamentação das importações estimularam a economia brasileira, que apresentou, mais uma vez, crescimento acelerado.

controle do câmbio: trata-se do controle, pelo governo, do valor da moeda nacional em relação às moedas estrangeiras.

Arquivo/Folhapress

Viaduto Cumbica, sobre a via Dutra, que liga Cumbica a São Miguel, 1950.

Na política interna, prevaleceu o **conservadorismo**. A força demonstrada pelo Partido Comunista nas eleições de 1945 e ampliada nas eleições estaduais de janeiro de 1947[2] assustava as elites, e Dutra, que as representava, logo reagiu. O registro do PCB foi cassado em maio de 1947, e o partido, mais uma vez, retornou à ilegalidade, sob o pretexto de não ser brasileiro, mas representante da União Soviética. Como resultado de quinze anos de ditadura, com Getúlio Vargas combatendo novas lideranças e investindo na propaganda de si mesmo, não existiam grandes figuras nacionais para disputar a presidência, tanto em 1945 quanto em 1950. Assim, o PSD, seguindo orientação do presidente Dutra, lançou a candidatura do mineiro **Cristiano Machado**, quase um desconhecido fora de seu estado. A UDN, sem muitas opções, resolveu insistir com **Eduardo Gomes**.

Enquanto isso, **Getúlio Vargas** planejava seu retorno. Eleito senador em 1945, poucas vezes foi ao Congresso, preferindo permanecer em seu retiro em São Borja, no Rio Grande do Sul, onde recebia políticos de todo o país e fazia suas articulações. Logo que anunciou sua candidatura à presidência da República pelo PTB, começou a receber manifestações de simpatia e apoio.

Habilidosamente, procurou fortalecer sua candidatura aproximando-se de setores do PSD e oferecendo cargos em seu futuro governo a alguns líderes do partido. A estratégia era clara: por meio do PTB, Vargas falava à população urbana; e, por meio dos "caciques" do PSD, mobilizava a forte máquina desse partido nas áreas rurais ou menos urbanizadas. Fez também alianças com políticos de expressão regional, como o paulista **Ademar de Barros**, do Partido Social Progressista (PSP). O acordo foi selado e Vargas partiu para as eleições sustentado por um forte esquema político. Obtendo a vitória com 48% dos votos, deixou longe Eduardo Gomes, com 29% dos votos, e Cristiano Machado, com 21%.

Arquivo/Folhapress

Integrantes do Movimento Queremista Brasileiro com faixas em prol do senador Getúlio Vargas à Presidência da República, na praça Almeida Júnior, em São Paulo (SP), 1950.

[2] Para as Assembleias Estaduais, o Partido Comunista elegeu 46 deputados em quinze estados e no Distrito Federal.

2 Liberalismo — nacionalismo: projetos para o desenvolvimento

A questão que se colocava após o governo Dutra era qual a melhor forma de alcançar o desenvolvimento econômico nacional, aparente e irremediavelmente ligado à industrialização. Dois projetos se opunham: o liberalismo e o nacionalismo.

Segundo o **projeto liberal**, países como o Brasil tinham um desenvolvimento industrial recente, por isso contavam com reservas de capital escassas. Não teriam condições de promover o desenvolvimento por conta própria, sendo necessário recorrer ao **capital internacional**. Como este estava disponível em grande volume, isso garantiria um desenvolvimento acelerado.

A penetração do capital estrangeiro seria feita por empréstimos ou aplicação direta de empresas multinacionais, com a correspondente transferência de tecnologia.

Já a remessa de lucros para o exterior era tida como vantajosa, uma vez que serviria para atrair cada vez mais investimentos (portanto, mais riqueza e empregos) para um país tão "lucrativo" como o Brasil. Quanto à política interna, o liberalismo defendia a ideia de que o governo deveria buscar a estabilidade econômica, restringindo a emissão de moeda para controlar a economia e a inflação.

O **projeto nacionalista**, ao contrário, rejeitava a abertura da economia ao capital estrangeiro por considerá-lo sujeito a limitações. Um país do centro da economia mundial capitalista jamais aceitaria transferir recursos para um país periférico como o Brasil a ponto de transformá-lo em um concorrente. Além disso, o projeto nacionalista considerava desaconselhável o endividamento externo e achava ingenuidade acreditar que as multinacionais transfeririam tecnologia de ponta para o país.

A alternativa defendida pelos nacionalistas era recorrer ao capital nacional para promover o desenvolvimento econômico autônomo do país. Como esse capital não existia em grande volume nas mãos da iniciativa privada (que tinha pouco interes-

Praia de Dentro, na Baía de Guanabara, onde se localiza a Escola Superior de Guerra. Rio de Janeiro, 2014.

se em investimentos sem retorno imediato em lucros), abria-se espaço para a atuação do Estado. A estrutura governamental tinha condições de mobilizá-lo, garantindo a independência econômica do país e a possibilidade de adotar medidas de caráter social.

Com o acirramento da Guerra Fria, o debate se intensificou. Assumir uma postura nacionalista podia ser considerado adesão ao estatismo comunista. Em contrapartida, os nacionalistas chamavam os liberais de "entreguistas". Embora pudesse, de fato, haver "entreguistas" e comunistas entre liberais e nacionalistas, tais expressões eram usadas como acusações, nem sempre com fundamento.

O PTB fez sua opção pelo nacionalismo, mesmo porque suas propostas se aproximavam de Vargas e de sua própria prática de governo entre 1930 e 1945. A UDN optou pelo liberalismo.

Os líderes do PSD, o maior de todos os partidos, estavam dispostos a aceitar qualquer proposta, desde que os levasse ao poder e lá os mantivesse. No entanto, por terem uma liderança proveniente da elite socioeconômica do país, com líderes políticos que controlavam os derradeiros "currais" eleitorais, evitavam qualquer radicalização do projeto nacionalista, principalmente no que se refere às preocupações sociais.

No exército, um grupo de oficiais ligados à **Escola Superior de Guerra (ESG)**, criada em 1949, rejeitava o nacionalismo. De acordo com esse grupo, em um mundo marcado pela bipolarização entre Estados Unidos e União Soviética, não existiam mais fronteiras nacionais, mas sim "ideológicas". O Brasil deveria assumir seu papel no bloco ocidental-capitalista e aceitar as decorrências econômicas desse alinhamento.

Ao mesmo tempo, o nacionalismo econômico era visto por alguns oficiais como uma necessidade. Essa postura tinha longa tradição nas Forças Armadas, desde o velho florianismo, passando pelos tenentistas das décadas de 1920 e 1930. As Forças Armadas estavam, portanto, aparentemente divididas. Entretanto, em nome da unidade da instituição, o corpo de oficiais estava quase sempre disposto a seguir a orientação dos comandantes, desprezando convicções pessoais.

Rubens Chaves/Pulsar Imagens

3 O segundo governo de Getúlio Vargas (1951-1954)

Mesmo comprometido com o nacionalismo, Vargas foi forçado a manter muitos membros do PSD no poder para cumprir acordos assumidos durante a campanha. Isso provocou certo descontrole dos atos do governo. A tentativa do presidente de ampliar sua base de apoio transparece em sua mensagem ao Congresso em 1951, quando afirmou que iria "facilitar o investimento de capitais privados estrangeiros, sobretudo em associação com os nacionais, uma vez que não ferissem os interesses políticos fundamentais do nosso país". Ao mesmo tempo, falava às camadas populares em tons nacionalistas.

Levando adiante o projeto nacionalista, Vargas criou a **Petrobras**, empresa estatal que passaria a ter o monopólio da prospecção e do refino de petróleo no Brasil, em 1953. Ainda dentro do projeto nacionalista, planejou a criação da **Eletrobrás** para geração e distribuição de energia elétrica.

Getúlio Vargas cumprimenta trabalhador da Petrobras que estava com a mão suja de petróleo. Bahia, 1952.

Reprodução/Arquivo Petrobras

Buscando ampliar seu apoio popular, Getúlio nomeou o jovem petebista gaúcho **João "Jango" Goulart** como ministro do Trabalho, em junho de 1953. No mesmo ano, uma onda de greves alarmava as forças conservadoras. Quando o ministro passou a defender a proposta de Getúlio Vargas de reajustar o salário mínimo em 100%, para repor as perdas perante a crescente inflação (veja o gráfico a seguir), os militares lançaram o Manifesto dos Coronéis, exigindo sua demissão.

O presidente cedeu, mas não conseguiu acalmar a oposição, que, na época, tinha a UDN como centro e **Carlos Lacerda** como líder. Lacerda fazia críticas ao presidente e denunciava a "esquerdização" do Brasil e a corrupção no Executivo, por meio de seu jornal, *Tribuna da Imprensa*.

Brasil: variação anual da inflação (1947-1953)

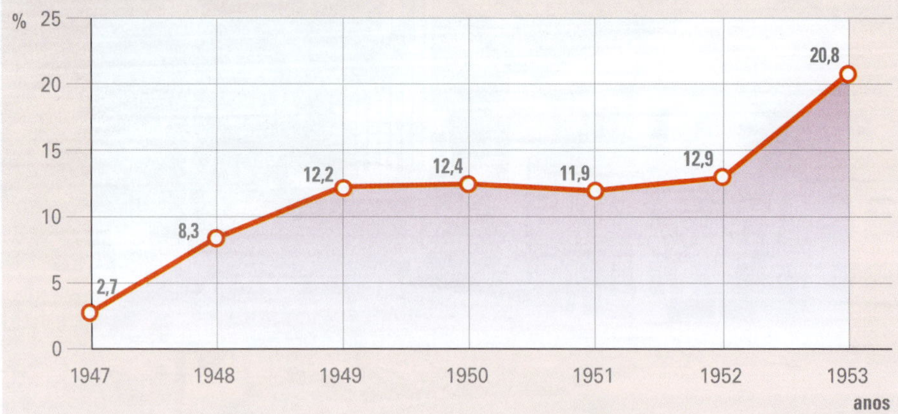

Cassiano Róda/Arquivo da editora

As taxas de inflação entre 1947 e 1953 eram elevadas, com tendência para maiores altas.

No dia 5 de agosto de 1954, Lacerda foi ferido em um atentado no qual morreu seu guarda-costas, Rubens Florentino Vaz, major da Força Aérea. As investigações que se seguiram levaram a **Gregório Fortunato**, chefe da guarda pessoal de Getúlio e mandante do crime. O envolvimento de Fortunato incriminava o presidente, por muitos considerado o verdadeiro mentor do atentado.

As oposições se articularam, principalmente dentro das Forças Armadas, exigindo sua renúncia. Pressionado, vendo desaparecer todo o apoio político de que dispunha e na iminência de um golpe, Getúlio Vargas suicidou-se com um tiro no coração nas primeiras horas da manhã de 24 de agosto de 1954.

Seu ato provocou violenta comoção popular, principalmente quando foi divulgada sua carta-testamento, encontrada ao lado do corpo. A população, que parecia ser a única força a ainda apoiar Vargas, saiu às ruas e rapidamente passou da incredulidade à revolta. Durante todo o dia 24, tudo aquilo que lembrava oposição a Vargas foi atacado, desde sedes de jornais até o próprio prédio do Ministério da Aeronáutica no Rio de Janeiro.

A intensa reação popular impediu que forças conservadoras assumissem o poder, abortando qualquer golpe em preparação. O vice-presidente **Café Filho** assumiu a presidência.

Domicio Pinheiro/Agência Estado

Carlos Lacerda discursa na sede da União Democrática Nacional no Rio de Janeiro, 1956.

Arquivo/Agência Estado

Funeral de Getúlio Vargas seguido por uma multidão de pessoas, em 31 de agosto de 1954.

Atividades

Leitura em duplas

1. Em duplas, leiam atentamente o texto abaixo, que reproduz trechos da carta-testamento de Getúlio Vargas, e respondam às questões.

Trechos da carta-testamento de Getúlio Vargas, agosto de 1954

Reprodução/Agência Jornal do Brasil

Mais uma vez, as forças e os interesses contra o povo condenaram-me novamente e se desencadeiam sobre mim.

Não me acusam, insultam; não me combatem, caluniam e não me dão o direito de defesa. Precisam sufocar a minha voz e impedir a minha ação para que eu não continue a defender, como sempre defendi, o povo e principalmente os humildes. Sigo o destino que me é imposto. Depois de decênios de domínio e espoliação dos grupos econômicos e financeiros internacionais, fiz-me chefe de uma revolução e venci. Iniciei o trabalho de libertação e instaurei o regime de liberdade social. Tive de renunciar. Voltei ao governo nos braços do povo. A campanha subterrânea dos grupos internacionais aliou-se à dos grupos nacionais revoltados contra o regime de garantia do trabalho. A lei de lucros extraordinários foi detida no Congresso. Contra a justiça da revisão do salário mínimo se desencadearam os ódios. Quis criar a liberdade nacional na potencialização de nossas riquezas através da Petrobras; mal começa esta a funcionar, a onda de agitação se avoluma. A Eletrobrás foi obstaculada até o desespero. Não querem que o trabalhador seja livre. Não querem que o povo seja independente [...].

Tenho lutado mês a mês, dia a dia, hora a hora, resistindo a uma pressão constante, incessante, tudo suportando em silêncio, tudo esquecendo, renunciando a mim mesmo, para defender o povo que agora se queda desamparado. Nada mais vos posso dar, a não ser o meu sangue. Se as aves de rapina querem o sangue de alguém, querem continuar sugando o povo brasileiro, eu ofereço em holocausto a minha vida. Escolho este meio de estar sempre convosco [...].

Ao ódio respondo com o perdão. E aos que pensam que me derrotaram, respondo com a minha vitória. Era escravo do povo e hoje me liberto para a vida eterna. Mas esse povo de quem fui escravo não mais será escravo de ninguém. Meu sacrifício ficará para sempre em sua alma e meu sangue será o preço do seu resgate.

Lutei contra a espoliação do Brasil. Lutei contra a espoliação do povo. Tenho lutado de peito aberto. O ódio, as infâmias, a calúnia não abateram o meu ânimo. Eu vos dei a minha vida. Agora ofereço a minha morte. Nada receio. Serenamente dou o primeiro passo no caminho da eternidade e saio da vida para entrar na história.

Citado em DEL PRIORE, Mary et al. *Documentos de história do Brasil*: de Cabral aos anos 90. São Paulo: Scipione, 1997. p. 98-99.

a) Que interesses Getúlio Vargas afirma defender ao cometer o suicídio? Justifique sua resposta com passagens do texto.

b) Relendo o capítulo, a quem Getúlio Vargas se refere no trecho "Não querem que o trabalhador seja livre. Não querem que o povo seja independente"?

Reprodução/Arquivo Petrobras

4 O governo de Café Filho (1954-1955) e a campanha pela sucessão presidencial

O breve governo de Café Filho foi marcado por uma retomada dos princípios econômicos que haviam sido parcialmente abandonados por Vargas.

No entanto, o grande assunto do governo de Café Filho foi a sucessão presidencial, realizada sob o impacto da morte de Vargas. O primeiro a lançar sua candidatura oficialmente foi **Juscelino Kubitschek**, governador de Minas Gerais e representante de uma nova geração de políticos, ainda que criado dentro da máquina partidária do PSD de Minas.

Arquivo Nacional/Agência Nacional

Juscelino (à esquerda) no dia da posse, acompanhado de Nereu Ramos e do vice-presidente João Goulart (à direita).

O PTB tinha como candidato natural **João Goulart**, que enfrentava violenta oposição de setores mais conservadores, como as Forças Armadas. Assim, o partido procurou estabelecer uma aliança com uma força de "centro", e Juscelino parecia um aliado natural. Os dois partidos formaram uma aliança aparentemente imbatível, com Juscelino candidato a presidente e Jango, a vice.

A UDN lançou como candidato mais uma vez um militar vinculado às velhas lutas tenentistas, **Juarez Távora**. Um quarto candidato foi o paulista **Ademar de Barros**, que ambicionava a presidência desde o acordo firmado com Vargas em 1950.

O resultado das eleições de 1955 indicou a vitória de Juscelino, com 36% dos votos, apenas uma pequena vantagem sobre os surpreendentes 30% de Juarez e 26% de Ademar. Curiosamente, João Goulart conseguiu obter maior votação que Juscelino, uma vez que os votos para presidente e vice eram separados: cerca de 3,5 milhões de eleitores de um contra 3 milhões de outro.

Lacerda, apelidado de "o corvo" por seus detratores, não aceitou o resultado das eleições e propôs abertamente um golpe militar para que o país não fosse entregue a "comunistas" e "corruptos". Seu jornal publicou um documento falso, a **Carta Brandi**, na tentativa de provar o envolvimento de Jango com a importação ilegal de armas para equipar milícias operárias. Diante da iminência de um golpe para impedir a posse de Juscelino, o general **Henrique Teixeira Lott**, ministro da Guerra e, portanto, comandante do exército, acabou se antecipando aos golpistas. Com a autoridade de ministro que ainda lhe restava, ordenou ele mesmo um golpe para o dia seguinte. Tratava-se de um contragolpe preventivo, um golpe para evitar o golpe[3].

Com as tropas nas ruas, o ministro assumiu o poder, entregando a presidência da República, em 11 de novembro, ao presidente do Senado, Nereu Ramos, que governou por quase três meses até a posse de Juscelino e Jango, em 31 de janeiro de 1956.

---

[3] Ainda em novembro de 1955, Café Filho afastou-se da presidência, vítima de um ataque cardíaco, sendo substituído, em 8/11/1955, pelo presidente da Câmara dos Deputados, **Carlos Luz**, do PSD, contrário a Juscelino e aliado da UDN.

5 O desenvolvimentismo de Juscelino Kubitschek (1956-1961)

Comparado a outras épocas, o governo de Juscelino pode ser lembrado como um período que aliou tranquilidade política a prosperidade econômica. Escolhido em eleições relativamente limpas, assumiu o mandato no dia previsto e cumpriu-o até o fim, passando o cargo ao sucessor eleito.

O governo de Juscelino deu prioridade ao desenvolvimento econômico-industrial do país. Isso se reflete no crescimento do **Produto Interno Bruto (PIB)**, que subiu em média 7% ao ano, e na **renda *per capita***, que aumentou em um ritmo quatro vezes maior do que no restante da América Latina.

Produto Interno Bruto (PIB): soma de toda a riqueza (bens e serviços) produzida no país em um determinado período.

renda *per capita*: divisão do valor do PIB pela população. Em linhas gerais, serve para medir o grau de desenvolvimento de um país ou região, embora oculte informações sobre distribuição de renda.

Do ponto de vista político, a aliança PSD-PTB garantia uma base de apoio no Legislativo. Habilmente, Juscelino deixou a UDN isolada na oposição.

O "nacionalismo" de Juscelino era limitado por sua associação com o capital internacional. Ao prometer rentabilidade aos que se dispusessem a cooperar com seu projeto econômico, JK fez um apelo explícito ao capital estrangeiro, que começou a ingressar no país num ritmo jamais visto.

A indústria desenvolveu-se bastante e novos produtos começaram a ser fabricados no Brasil. Nos anos 1930, havia se desenvolvido a indústria leve, de **bens de consumo não duráveis** (têxteis, alimentos), quase sempre em mãos privadas, e, nos anos 1940, a indústria pesada, de **base** (aço, mecânica), em mãos do governo. Durante a presidência de Juscelino, nasceu e se fortaleceu a indústria de **bens de consumo duráveis** (automóveis, eletrodomésticos), geralmente controlada por empresas multinacionais.

Assim, o modelo de industrialização por substituição de importações, implantado primeiro na República Velha, durante a Primeira Guerra Mundial, consolidava-

Congresso Nacional em construção. Brasília, Distrito Federal, 1960.

-se. Por volta de 1960, os principais produtos importados pelo Brasil (petróleo e trigo) não eram itens industrializados.

A coordenação global da política econômica do governo era feita com base no **Plano de Metas**, que definia os principais objetivos a serem atingidos, agrupados em cinco setores: **energia, transporte**, **indústria, educação** e **alimentação**. Nas duas últimas áreas, as metas não foram alcançadas, o que passou despercebido diante da exaltação do sucesso das demais.

Isso mostra a concentração do plano no estabelecimento de metas visíveis, que podiam ser usadas em propagandas, praticamente ignorando questões sociais, monetárias e fiscais. Embora não estivesse incluída no plano, a construção de Brasília ilustra essa prática.

No final da década de 1950, os preços do café, ainda a principal fonte de divisas na época, registraram queda. Para administrar esse problema, Juscelino realizava novos empréstimos no exterior, aumentando a dívida externa brasileira. No fim do seu governo, esse capital começava a escassear, ou pelo menos não existia no volume necessário.

Em 1960, realizaram-se eleições para a sucessão presidencial. Os partidos PSD e PTB repetiram a aliança vitoriosa de 1955. O **general Lott** foi o candidato, tendo João Goulart como vice.

O Partido Social Progressista (PSP) relançou a candidatura de **Ademar de Barros**. A UDN, por sua vez, apoiou o então governador de São Paulo, **Jânio Quadros**, político independente, com vínculos partidários inconstantes.

Jânio Quadros venceu as eleições com 48% dos votos, representando quase 6 milhões de eleitores, ou seja, a maior votação absoluta que um político havia conseguido no Brasil até então. No início de 1961, Jânio Quadros foi o primeiro presidente da República a ser empossado em Brasília, a nova capital do país.

Ed Viggiani/Pulsar Imagens

Linha de produção de automóveis em São Paulo na década de 1960. O modelo econômico criado por Juscelino Kubitschek privilegiava a atuação de empresas multinacionais.

Congresso Nacional, atual sede do Poder Legislativo. Brasília, Distrito Federal, 2013.

Arquivo Nacional/Jornal *Correio da Manhã*

6 O governo de Jânio Quadros (1961)

Jânio Quadros foi um político de carreira meteórica. Sem jamais se comprometer com nenhum partido e poucas vezes cumprindo um mandato até o final, despontava em 1960 como um candidato imbatível à presidência da República, e sua vitória não causou surpresa.

Jânio soube trabalhar sua imagem como nenhum outro político da época: apresentava-se como um homem simples, de classe média, disposto a enfrentar os poderosos na luta pela moralização governamental. Assumiu a imagem do "intérprete da vontade do povo", de "um governo que representa a nação", guiado pelos "superiores interesses da comunidade", conforme propagandeava em seus discursos.

Acervo Última Hora/Folhapress

Jânio Quadros (de óculos, à direita) é recebido pela população ao desembarcar em Santos. Foto de 1959.

Professor de Língua Portuguesa antes de ingressar na política, caprichava no vocabulário, nem sempre sendo compreendido pelas audiências. Seu gesticular espalhafatoso, olhar vidrado e curiosa pronúncia encantavam as plateias e mascaravam sua total inconsistência. Adotava como símbolo uma vassoura, com a qual supostamente varreria a corrupção da cidade, mais tarde do estado e finalmente do país. Suas aparições públicas eram cuidadosamente preparadas para que todos pudessem ver de perto seus hábitos simples. Foi um político da era da televisão, concentrando seus esforços no aperfeiçoamento de sua imagem.

Quanto à sua posição política, não era nacionalista nem liberal, tampouco fiel a esta ou àquela agremiação política, o que tornava impossível uma definição ideológica. Em 1960, Jânio não "era" da UDN, apenas "estava" no partido. Sua proposta de moralização e combate à corrupção era vaga, sem detalhamento de como seria realizada.

A formação de seu governo logo decepcionou os eleitores, com a nomeação de um ministério composto de figuras inexpressivas. Em seguida, passou a concentrar-se em assuntos menores, como proibição de brigas de galo, uso de lança-perfume ou utilização de biquínis nas praias. Tentava, assim, encobrir sua falta de projeto, ou a incapacidade de criá-lo, com medidas altamente polêmicas, sem importância real para o país.

Enquanto isso, a situação econômica do Brasil se complicava, com a dívida externa começando a escapar do controle, a inflação subindo e a economia deixando de crescer no ritmo acelerado da época de Juscelino.

O presidente colocou em prática uma política de combate à inflação que gerou recessão e descontentamento generalizado. Ao mesmo tempo, promoveu um corte nos gastos do governo, retirando os subsídios à importação de trigo e petróleo, gerando um aumento no preço do pão e dos combustíveis. Tais medidas diminuíram a sua popularidade.

De sucesso, apenas renegociou a dívida externa, sob as "bênçãos" do FMI. No entanto, todas as medidas econômicas foram tomadas pensando-se em resolver problemas imediatos, sem nenhum planejamento a longo prazo, contrastando fortemente com a política governamental de seu antecessor.

Jânio rompeu com a UDN poucos meses após assumir, e seu relacionamento com o Legislativo passou a depender de longas negociações, às quais o presidente não estava acostumado e pelas quais não se interessava. Seu estilo era autoritário e se exprimia por meio de "bilhetinhos", ordens explícitas e manuscritas transmitidas aos ministros e a outros membros do Executivo, quase sempre desconsiderando o Congresso e evitando qualquer tipo de negociação.

Com as dificuldades na sua política interna, Jânio procurou desviar a atenção para a política externa, tentando se aproximar de grupos nacionalistas ou de esquerda ao fugir do alinhamento automático aos Estados Unidos ou à União Soviética.

Iniciou conversações para restabelecer relações diplomáticas com a União Soviética, enviou o vice-presidente João Goulart em missão oficial à China comunista e condenou a agressiva política norte-americana em relação a Cuba de Fidel Castro. Chegou até a convidar o líder revolucionário de Cuba, Ernesto "Che" Guevara, para uma visita ao Brasil, para profunda insatisfação dos anticomunistas e das Forças Armadas.

Em 25 de agosto de 1961, Jânio subitamente renunciou. Sem mais explicações e surpreendendo o país, o presidente enviou uma carta de renúncia ao Congresso, falando de "forças terríveis" que se levantavam contra ele, sem esclarecer quais seriam essas forças. Logo em seguida, partiu para o exterior.

Especula-se que Jânio tenha tentado um golpe. Recebendo críticas de todos os lados e sofrendo oposição cerrada no Congresso, sem nenhum apoio, o presidente pode ter suposto que o Legislativo e, principalmente, as Forças Armadas jamais aceitariam a posse do vice, João Goulart, sempre associado aos setores de esquerda. Talvez imaginasse que os 6 milhões de eleitores se mobilizassem por sua permanência e, assim, nos braços do povo, com apoio das Forças Armadas e do Legislativo, retornaria ao poder, fortalecido. De qualquer maneira, o suposto golpe não funcionou: o Congresso aceitou passivamente o pedido de renúncia.

Reprodução/Arquivo da editora

A "política externa independente" de Jânio Quadros: aproximação (superficial) com o bloco socialista. Na foto, Jânio recebe o ministro de Cuba e ex-guerrilheiro Ernesto "Che" Guevara, em Brasília, em 1961.

DIARIO DE PERNAMBUCO

JÂNIO RENUNCIOU E MAZZILI ASSUMIU COM A GARANTIA DAS FORÇAS ARMADAS

O Documento Da Renúncia

A crise girou em torno destes homens

REPERCUSSÃO NO EXTERIOR: URSS E EUA

Renúncia E Desespero

Prontidão Das Unidades Militares Em Todo País

JOÃO GOULART ASSUMIRIA A PRESIDÊNCIA

CANAL 6

Arquivo Diário de Pernambuco/D.A. Press

Diário de Pernambuco anuncia a renúncia de Jânio Quadros, em 26 de agosto de 1961.

7 O governo de João Goulart (1961-1964)

Como esperado, as Forças Armadas vetaram a posse de João Goulart. Os ministros militares diziam que sua posse na presidência seria altamente inconveniente por motivos de "segurança nacional".

Arquivo do jornal *O Estado de S. Paulo*/Agência Estado

O impedimento da posse de João Goulart como presidente constitucional, em 1961, representou um golpe. Na foto, Jango em Montevidéu, última escala antes da volta ao Brasil.

Os ministros militares solicitaram então ao Congresso que aprovasse a manutenção do presidente interino **Ranieri Mazzilli** no cargo, até que se realizassem novas eleições presidenciais. O Congresso rejeitou o pedido, desencadeando assim uma grave crise política.

Em 30 de agosto de 1961, os ministros militares lançaram um manifesto à nação, no qual insistiam na "inconveniência" da posse de Jango, tido como agitador e comprometido com interesses comunistas. As Forças Armadas, entretanto, estavam divididas. Muitos oficiais defendiam o respeito à legalidade e, portanto, a posse de Jango. A situação complicou-se com a tomada de posição pela legalidade do general Machado Lopes, comandante do Terceiro Exército, no Rio Grande do Sul, tradicionalmente a mais bem armada das quatro subdivisões do exército brasileiro. O governador do Rio Grande do Sul, **Leonel Brizola**, do PTB, cunhado de Goulart, passou a defender radicalmente a posse, ameaçando até mesmo com resistência armada para fazer valer o respeito à Constituição. Do sul, Brizola organizou a **Voz da Legalidade**, uma rede de rádio criada para conseguir apoio a Jango em todo o Brasil.

O Congresso decidiu pela implantação do parlamentarismo, instituído no Brasil por uma emenda constitucional, em 2 de setembro de 1961. Jango poderia assumir a presidência, embora o governo de fato fosse para as mãos de um primeiro-ministro.

Entre setembro de 1961 e janeiro de 1963, portanto, o Brasil viveu sob um frágil regime parlamentar, com a rápida sucessão de três primeiros-ministros, entre eles, Tancredo Neves.

A emenda constitucional que havia introduzido o parlamentarismo afirmava que o sistema seria posto em prática em caráter experimental. Um **plebiscito** para confirmar ou não a adoção do sistema de governo deveria ser realizado em 1965, convenientemente no fim do mandato de Jango como presidente. No entanto, o fracasso do sistema era visível, e o plebiscito acabou sendo antecipado em dois anos. Após intensa campanha, os eleitores se manifestaram favoráveis ao retorno do presidencialismo.

Arquivo/Folhapress

O governador do Rio Grande do Sul, Leonel Brizola, inspeciona as barricadas montadas para garantir a posse de João Goulart. Porto Alegre, 1961.

Jango apoiou-se, em 1963, em um regime presidencialista restabelecido, no **Plano Trienal**, uma tentativa de, ao mesmo tempo, combater a inflação e lançar as bases para a retomada do crescimento econômico em níveis semelhantes àqueles obtidos na época de Juscelino.

O plano deveria ser acompanhado de reformas estruturais mais profundas, chamadas por Jango de **reformas de base**, que incluíam quatro categorias: **agrária**, **tributária**, **financeira** e **administrativa**.

Se adotadas, as reformas de base representariam a mais séria tentativa de promover a distribuição de renda já feita no país. Goulart enfatizava a primeira categoria, dando a seu governo uma conotação aparentemente revolucionária.

No Nordeste, o advogado e político pernambucano Francisco Julião liderava as **Ligas Camponesas**, organizando os trabalhadores rurais em torno de propostas da reforma agrária, tão defendida pelo presidente Goulart. Ao mesmo tempo, os sindicatos fortaleciam-se não apenas em defesa das reformas de base, mas também para organizar greves em protesto pelo aumento do custo de vida e por reivindicações salariais.

Em poucos momentos na história do Brasil viu-se uma mobilização política tão intensa. O programa das reformas de base era discutido nas ruas, nas escolas, nas fábricas, no campo.

No entanto, o plano envolvia certos obstáculos insuperáveis. O apoio estrangeiro (entenda-se norte-americano), fundamental para a renegociação da dívida externa, e o ingresso de capitais que financiassem o desenvolvimento acabaram improváveis. Quanto ao combate à inflação, originalmente pensou-se em controlar o déficit público e as emissões monetárias gradualmente, mas faltavam recursos e cresciam os gastos. Também não houve suficiente apoio nem sucesso com a criação da Superintendência Nacional de Abastecimento (**Sunab**), encarregada de controlar preços, limitando os lucros de produtores e comerciantes. Por volta de junho de 1963, o plano já havia fracassado, e o governo, perdido o controle da economia.

Acervo Iconographia/Reminiscências

Manifestação popular em apoio a João Goulart, em março de 1964. Enquanto a polícia do Exército protegia os manifestantes, a Banda dos Fuzileiros animava o evento.

Paralelamente, a situação política se agravava, com os partidos se dividindo em facções e contrafacções. O PTB, apesar de seu crescimento excepcional nos últimos anos, não conseguia controlar sozinho o Congresso. Lá, as forças que apoiavam Jango agruparam-se na **Frente Parlamentar Nacionalista**, enquanto seus opositores reuniam-se na **Ação Democrática Parlamentar**. Em 13 de março de 1964, em um comício realizado próximo à estação ferroviária **Central do Brasil**, no Rio de Janeiro, Jango falou para aproximadamente 150 mil pessoas, radicalizando sua promessa de reforma agrária. Antecipou também a futura "reforma urbana" (que assustou os proprietários de imóveis residenciais nas cidades), além de prometer mudar os impostos, taxando os mais ricos.

Acervo Iconographia/Reminiscências

João Goulart e sua esposa Maria Teresa, no comício da Central do Brasil, no Rio de Janeiro, em 1964.

Jango atemorizou a tal ponto a classe média, as elites e as Forças Armadas que acabou acelerando a conspiração que pretendia derrubá-lo. O golpe se articulava com base na ESG e tinha como líder o general **Castelo Branco,** chefe do Estado-Maior do Exército. Contava também com o apoio do governo norte-americano. Gravações da alta cúpula do governo norte-americano, dentro do contexto da Guerra Fria, revelaram a discussão de uma intervenção armada dos EUA para a deposição de João Goulart:

> Na discussão sobre o Brasil, no dia 7 de outubro de 1963, [...] abordou-se o nome dos possíveis sucessores de João Goulart [...].
>
> Após o embaixador [Lincoln Gordon] falar sobre eventuais parcerias culturais entre os dois países, Kennedy o interrompeu: "Temos alguma decisão imediata para pressioná-lo?", perguntou, referindo-se a João Goulart. "O que devemos fazer imediatamente no campo político, nada?", prosseguiu. Gordon revelou haver dois planos: "Goulart abandona a imagem [de esquerdista] e resolve pacificamente. Ou talvez não tão pacífico: ele pode ser tirado involuntariamente". [...]
>
> Ao ouvir de Lincoln Gordon as alternativas do que fazer no Brasil, John Kennedy lhe respondeu com uma pergunta: "Você vê a situação indo para onde deveria, acha aconselhável que façamos uma intervenção militar?". Gordon explicou que eles estavam trabalhando com o cenário de intervenção, caso Jango desse uma guinada à esquerda, influenciado pelo que chamou de "velhos amigos" — um deles, Brizola.
>
> Mas um Plano de Contingência preparado a partir da reunião de outubro estava pronto desde o dia 11 de dezembro de 1963. Quando a sedição militar começou, no dia 31 de março do ano seguinte, ele foi posto em prática, resultando na Operação Brother Sam.4

Ainda em março de 1964, a **Marcha da Família com Deus pela Liberdade**, espécie de resposta conservadora ao comício da Central do Brasil, ocorreu em São Paulo. A presença de quase 500 mil pessoas mostrou aos golpistas que existia uma base social de apoio ao movimento. Em seguida, iniciou-se uma revolta de marinheiros no Rio de Janeiro, que acabou servindo como pretexto do golpe: a disciplina nas Forças Armadas estava em jogo, pois alguns marinheiros não obedeciam mais a seus comandantes.

---

[4] Elio Gaspari – Ditadura Envergonhada. Disponível em: <http://arquivosdaditadura.com.br/documento/multimidia/pouco-antes-seu-assassinato-kennedy>. Acesso em: 14 jan. 2014.

Na noite de 31 de março, o general **Olympio de Mourão Filho** (o mesmo que, em 1937, criara o Plano Cohen) sublevou a guarnição de Juiz de Fora, em Minas Gerais, e iniciou a marcha para o Rio de Janeiro, onde se encontrava o presidente. Ali, entregaria a Jango um manifesto exigindo sua renúncia. Praticamente todas as unidades militares apoiaram o golpe, e em 48 horas todo o Brasil submetera-se ao movimento. Os governadores dos principais estados deram seu apoio: Ademar de Barros, em São Paulo; Carlos Lacerda, no Rio de Janeiro; e Magalhães Pinto, em Minas Gerais.

Ao receber o manifesto, o presidente partiu para Brasília, numa tentativa de controlar a situação. Entretanto, na capital, percebeu que não contava com nenhum apoio militar. Deixou Brasília e rumou para o Rio Grande do Sul, onde Brizola tentava organizar a resistência. Jango, entretanto, renunciou a qualquer tentativa de resistir. No dia do golpe, os principais líderes sindicais haviam sido detidos, dificultando qualquer mobilização mais ampla.

O episódio todo demonstra o colapso do modelo varguista de política, bem como seus limites. Segundo esse modelo, o Estado agia como intermediário entre a burguesia e o proletariado urbano, "forçando" essa mesma burguesia a realizar concessões (por meio de uma política trabalhista), assim, evitando o crescimento de propostas mais radicais de transformação da sociedade em favor dos trabalhadores.

No entanto, a industrialização levou à expansão do proletariado urbano e ao surgimento de novas reivindicações, como uma distribuição de renda global. Os trabalhadores acabaram se voltando para o Estado, ao qual estavam atrelados, e de lá veio o projeto de distribuição de renda: as reformas de base. Nesse momento, aquele modelo de Estado não mais atendia aos interesses das elites, que promoveriam sua desmontagem e a criação de um novo modelo, autoritário e centralista, imunizado contra a sublevação dos movimentos sociais, com margem de manobra para dar continuidade ao processo de modernização conservadora da economia sem ter que se preocupar com reivindicações populares. Esse é o caráter do novo regime que surgiu em abril de 1964.

Tropas nas ruas do Rio de Janeiro em 1º de abril de 1964: o golpe triunfou.

Pensando no Enem

1.

Meta de Faminto

JK – Você agora tem automóvel brasileiro, para correr em estradas pavimentadas com asfalto brasileiro, com gasolina brasileira. Que mais quer?

JECA – Um prato de feijão brasileiro, seu doutô!

THEO. In: LEMOS, R. (Org.). *Uma história do Brasil através da caricatura (1840-2001)*. Rio de Janeiro: Bom Texto, Letras & Expressões. 2001.

A charge ironiza a política desenvolvimentista do governo Juscelino Kubitschek, ao

a) evidenciar que o incremento da malha viária diminuiu as desigualdades regionais do país.
b) destacar que a modernização das indústrias dinamizou a produção de alimentos para o mercado interno.
c) enfatizar que o crescimento econômico implicou aumento das contradições socioespaciais.
d) ressaltar que o investimento no setor de bens duráveis incrementou os salários de trabalhadores.
e) mostrar que a ocupação de regiões interioranas abriu frentes de trabalho para a população local.

Resposta: c

A charge evidencia a contradição entre um projeto de crescimento econômico que promete modernizar o país, promovendo a nacionalização da produção, ao mesmo tempo em que demandas básicas (como alimentação) permaneciam insatisfeitas.

Considerando a matriz de Referência do Enem, essa questão contempla a competência de área 3 – Compreender a produção e o papel histórico das instituições sociais, políticas e econômicas, associando-as aos diferentes grupos, conflitos e movimentos sociais, especialmente as habilidades H11: Identificar registros de práticas de grupos sociais no tempo e no espaço; H14: Comparar diferentes pontos de vista, presentes em textos analíticos e interpretativos, sobre situação ou fatos de natureza histórico-geográfica acerca das instituições sociais, políticas e econômicas; e H15: Avaliar criticamente conflitos culturais, sociais, políticos, econômicos ou ambientais ao longo da História.

2. *Em meio às turbulências vividas na primeira metade dos anos 1960, tinha-se a impressão de que as tendências de esquerda estavam se fortalecendo na área cultural. O Centro Popular de Cultura (CPC) da União Nacional dos Estudantes (UNE) encenava peças de teatro que faziam agitação e propaganda em favor da luta pelas reformas de base e satirizavam o "imperialismo" e seus "aliados internos".*

KONDER, L. *História das Ideias Socialistas no Brasil*. São Paulo: Expressão Popular, 2003.

No início da década de 1960, enquanto vários setores da esquerda brasileira consideravam que o CPC da UNE era uma importante forma de conscientização das classes trabalhadoras, os setores conservadores e de direita (políticos vinculados à União Democrática Nacional — UDN —, Igreja Católica, grandes empresários etc.) entendiam que esta organização

a) constituía mais uma ameaça para a democracia brasileira, ao difundir a ideologia comunista.
b) contribuía com a valorização da genuína cultura nacional, ao encenar peças de cunho popular.
c) realizava uma tarefa que deveria ser exclusiva do Estado, ao pretender educar o povo por meio da cultura.
d) prestava um serviço importante à sociedade brasileira, ao incentivar a participação política dos mais pobres.
e) diminuía a força dos operários urbanos, ao substituir os sindicatos como instituição de pressão política sobre o governo.

Resposta: a

Durante a década de 1960, grupos de atuação cultural, como o CPC, ligado à União Nacional dos Estudantes, explicitamente esquerdista, eram vistos como "agentes" do comunismo, sobretudo por setores mais conservadores (como a Igreja, os grandes empresários) e partidos de direita (como a UDN).

Considerando a matriz de Referência do Enem, essa questão contempla a competência de área 1 – Compreender os elementos culturais que constituem as identidades, especialmente as habilidades H1: Interpretar historicamente e/ou geograficamente fontes documentais acerca de aspectos da cultura; H2: Analisar a produção da memória pelas sociedades humanas; H3: Associar as manifestações culturais do presente aos seus processos históricos; e H4: Comparar pontos de vista expressos em diferentes fontes sobre determinado aspecto da cultura.

Atividades

Análise de texto e reflexão

1. Leia o texto abaixo, do historiador brasileiro Paulo Vizentini, e responda às questões:

Três meses após a derrubada de Vargas, o general Eurico Gaspar Dutra tomava posse como presidente eleito. O condestável do Estado Novo e simpatizante do Eixo era agora um fiel aliado de Washington. Essa seria a marca de seu governo. Uma mudança dessa magnitude resultava tanto de uma nova relação de forças internas como, sobretudo, externas. Prenunciavam-se os anos da Guerra Fria e uma nova ordem mundial, o que alterava profundamente as possibilidades de inserção internacional do Brasil. [...]

A diplomacia brasileira não apenas alinhava-se automaticamente com as posições americanas nas organizações internacionais, como às vezes chegava a exceder-se em seu apoio. Em outubro de 1947 o Brasil rompeu relações diplomáticas com a União Soviética a partir de um incidente sem maior importância. Na verdade, essa ruptura fazia parte de uma política mais ampla, e fora longamente preparada pelo governo.

VIZENTINI, Paulo. Do nacional-desenvolvimentismo à PEI. In: FERREIRA, J. et al. (Org.). *O Brasil republicano*. Rio de Janeiro: Civilização Brasileira, 2003. p. 198-200.

a) De acordo com o texto, que mudanças o governo de Dutra impôs à política externa brasileira, quando comparado ao governo do Estado Novo?

b) Que fatores do cenário internacional, implementados após a Segunda Guerra, foram responsáveis por essa mudança? Explique.

c) Para o autor, que reais motivos levaram o Brasil a romper relações diplomáticas com a União Soviética em 1947?

Análise de texto e de imagem

2. Leia o texto abaixo, da historiadora brasileira Maria Antonieta Leopoldi, sobre o governo JK. Em seguida, observe atentamente a fotografia e responda às questões:

Acervo Iconographia/Reminiscências

O presidente Juscelino Kubitschek chegando a Brasília, em carreata, 1961. O automóvel e a nova capital federal foram dois símbolos muito associados à imagem de JK.

A expansão industrial nos anos JK foi acelerada, tal como pretendia o Plano de Metas. Entre 1949 e 1955 a indústria de transformação crescera a uma taxa média anual de 8,9%. Em 1958 essa taxa atingiu o seu ápice: 16,2%, desacelerando em 1959 e 1960 para 11,9 e 9,6% ao ano.

O principal instrumento de viabilização desse crescimento industrial foi o Plano de Metas. Ele continha uma estratégia de dinamização de novos setores da produção industrial – os bens intermediários e os bens de produção. Para isso o plano também buscava completar a infraestrutura energética e de transportes do país, prevendo insumos e benefícios cambiais para a instalação de um parque industrial mais avançado. [...]

Sem dúvida, o grande salto qualitativo da indústria brasileira no período JK se deveu ao sucesso das metas ligadas à indústria de base, em especial aos novos setores que surgiram a partir do Plano de Metas e da ação conjugada dos planejadores e empresários. A indústria automobilística, a construção naval e os setores de mecânica pesada e equipamentos elétricos são o símbolo dessa nova era industrial brasileira.

LEOPOLDI, Maria Antonieta. Crescendo em meio à incerteza: a política econômica do governo JK (1956-1960). In: GOMES, Angela de Castro (Org.). *O Brasil de JK*. Rio de Janeiro: FGV, p. 127-128.

a) Qual foi a principal medida, segundo o texto, que justifica o alto crescimento econômico do governo JK? No que essa medida consistia?

b) Que setores da economia foram os mais privilegiados pelas medidas adotadas pelo governo JK, de acordo com a autora?

c) Observe atentamente a fotografia. Que elementos da imagem reforçam a tese defendida no texto de prosperidade econômica do governo JK? Cite pessoas, objetos, gestos e o contexto geral da foto para justificar sua resposta.

Vestibulares de Norte a Sul

1. **CO** (UFMS) O texto abaixo trata da história do Brasil republicano.

Fala-se muito no perigo comunista para o Brasil, mas esse perigo não existe mais.

Pois o Brasil já é um país comunista. [...] Os homens públicos falam sem nenhuma propriedade. [...] A mudança da capital para Goiás é prova de que o Governo caminha decididamente para a esquerda. [...] A tremenda corrida imobiliária e a construção de incontáveis arranha-céus levou os operários a alturas que nunca alcançaram em outros países. Temos aí a verdadeira ascensão do proletariado. [...] Como provam as crônicas especializadas, o país tem uma sociedade absolutamente sem classe.

FERNANDES, Millôr. Lições de um ignorante. Apud Dantas Filho; Doratioto; Francisco F. F. *A República Bossa-Nova*. São Paulo: Atual, 1991. p. 69-70.

A partir da análise do texto apresentado e com base em seus conhecimentos sobre a história do Brasil, é correto afirmar que

a) no debate político nacional do início da década de 1960, havia grande liberdade de expressão, visto que as bases para o estabelecimento do comunismo no Brasil já estavam assentadas.
b) no início da década de 1960, o Brasil vivia um clima de liberdade de expressão, permitindo, inclusive, que escritores e meios de comunicação satirizassem até mesmo os setores mais conservadores da sociedade.
c) nos primeiros anos da década de 1960, havia o risco real e iminente da implantação do regime comunista no Brasil, o que justificou a revolução militar de 1964.
d) a ameaça de expansão comunista no Brasil, nos primeiros anos da década de 1960, era visível e, portanto, havia grandes possibilidades de ascensão do proletariado ao poder.
e) na década de 1960, a construção de grandes obras de engenharia, contrariamente ao que pensavam os comunistas brasileiros, levaria o País à categoria de uma grande nação.

2. **N** (Unir-RO) Leia atentamente a letra da música *Desafinado*, de Antônio Carlos Jobim e Newton Mendonça.

Se você disser que eu desafino, amor
Saiba que isso em mim provoca imensa dor
Só privilegiados têm ouvido igual ao seu
Eu possuo apenas o que Deus me deu.
Se você insiste em classificar
Meu comportamento de antimusical
Eu, mesmo mentindo, devo argumentar
Que isto é Bossa Nova, isto é muito natural.
O que você não sabe nem sequer pressente
É que os desafinados também têm um coração.

HISTÓRIA da música popular brasileira. Grandes compositores. São Paulo: Abril Cultural, 1982.

Ao longo da década iniciada em 1950, surgiram vários movimentos culturais importantes, tais como Bossa Nova, Cinema Novo, Arquitetura Modernista. Dentre as razões para o seu surgimento, pode-se destacar:

a) O encontro entre a cultura popular nordestina e a música erudita, fortalecendo as manifestações musicais e artísticas rurais.
b) O impulso recebido pelo otimismo advindo das transformações sociais e industriais e pela vontade de conhecer, criticar e interpretar a nova realidade urbana e rural do país.
c) O pessimismo advindo das mudanças verificadas durante o governo de Juscelino Kubitschek, principalmente na educação e na economia.
d) A fusão entre as influências históricas da cultura brasileira, o Lundu e o Samba, com as novas manifestações culturais europeias.
e) A transformação do país que culminaria com a implantação de novo regime político a partir de 1964, fortalecendo as práticas democráticas.

3. **SE** (PUC-MG) O período da história da república no Brasil, compreendido entre a queda do Estado Novo (1945) e o golpe civil-militar de 1964, ficou conhecido como populista, embora suas raízes estivessem presentes na revolução de 1930. Sobre o populismo é correto afirmar que foi, exceto:

a) um estilo de governar com e para o povo, permitindo a livre manifestação da massa popular urbana e autonomia de suas formas de organização e participação política.
b) um estilo de governo sempre sensível às pressões populares e, concomitantemente, enquanto política de massas, procurou conduzir e manipular as aspirações das camadas sociais.
c) expressão da crise da forma oligárquica de governo típica da República Velha, representando também a democratização do Estado, embora apoiado no autoritarismo.
d) a constituição de um Estado mediador com a conquista e a manutenção de uma base social urbana de apoio e a execução de uma política industrializante, regulando as relações de classe.
e) expressão política do deslocamento do polo dinâmico da economia, do setor agrário para o urbano, por meio do processo de desenvolvimento industrial.

CAPÍTULO

38 O pós-guerra e a Guerra Fria

Cortesia de Everett Collection/Keystone

Sessão do Conselho de Segurança da ONU, de 25 de outubro de 1962, em que os representantes diplomáticos dos Estados Unidos revelaram onde estavam instalados os mísseis soviéticos em solo cubano. Essa descoberta desencadeou um dos momentos de maior tensão entre os governos soviético e norte-americano no pós-Segunda Guerra Mundial.

Para pensar historicamente

Centro e periferia

No período pós-Segunda Guerra, alguns Estados tornaram-se centro do poder político, econômico e militar mundial.

Um dos protagonistas foram os Estados Unidos. A União Soviética assumiu a condição de contraponto, aglutinando aliados fora da esfera de influência norte-americana.

Ao estudar este capítulo, reflita sobre os motivos que teriam levado a esse mapa de distribuição de forças, com um cenário de centro e de periferia. Dentro dos países periféricos, quais grupos sociais mostravam apoio ou simpatia por este ou aquele bloco de poder e por que razões?

Uma última questão: os atuais eixos do desenvolvimento capitalista possuem ou não raízes no quadro erguido após a Segunda Guerra Mundial, no período da Guerra Fria?

Manifestantes em Moscou carregam bandeiras russas e ucranianas contra as políticas do presidente Vladimir Putin na Ucrânia. Foto de 2014.

Oleg Nikishin/Getty Images

1 A consolidação da Guerra Fria

O papel da televisão na Guerra Fria

Os Estados Unidos e a União Soviética terminaram a Segunda Guerra Mundial como aliados. Sua atuação conjunta contra o Eixo foi decisiva para livrar a Europa da presença nazista. Entretanto, as relações entre ambos se deterioraram rapidamente. Após 1947, os especialistas começam a falar em Guerra Fria, ou seja, um confronto indireto entre as superpotências.

O motivo mais claro do rompimento era ideológico. Capitalismo e socialismo, incompatíveis em sua forma de entender o mundo, levaram ao desacordo entre os Estados Unidos e a União Soviética no que se refere às finalidades da ordem política e aos métodos de atuação dentro dela. Sem constituir um período homogêneo, a Guerra Fria durou quase meio século, até o esfacelamento da União Soviética, em 1991.

Em março de 1947, com o objetivo de combater o comunismo e a influência soviética, o presidente norte-americano **Harry Truman** proferiu um discurso no Congresso no qual afirmou que os Estados Unidos se posicionariam a favor das nações livres que desejassem resistir às tentativas de dominação. No mesmo ano, o secretário de Estado George Marshall lançou o **Plano Marshall**, programa de investimentos e de recuperação econômica para os países europeus em crise após a guerra. Esse oferecimento estendeu-se aos países do Leste Europeu, que haviam sido libertados do nazismo pelo Exército Vermelho. Em todos eles, as respectivas agremiações comunistas haviam tomado o poder.

Entendendo o Plano Marshall como uma tentativa de diminuir sua esfera de influência, a União Soviética criou o ***Kominform***, organismo encarregado de coordenar a ação dos partidos comunistas europeus. Era sua tarefa, também, afastar da supremacia norte-americana os países que estavam sob sua influência, gerando o bloco da "cortina de ferro" (expressão usada por Churchill em 1946). Complementando a reação soviética, foi criado o **Comecon** em 1949, uma réplica do Plano Marshall para os países socialistas, voltado para sua integração econômico-financeira.

Rook76/Shutterstock/Glow Images

Selo impresso pela Tchecoslováquia mostra o prédio da Comecon, que fica em Moscou, c. 1974.

Popperfoto/Getty Images

A Guerra Fria foi também um enfrentamento ideológico. Na foto, aeronave dos Aliados leva suprimentos para a população de Berlim, que estava sob bloqueio russo em julho de 1948.

Diante do revigoramento da Alemanha Ocidental, graças aos investimentos do Plano Marshall e à unificação administrativa de seu território (antes dividido entre os aliados capitalistas), o governo da União Soviética impôs, em 1948, um bloqueio terrestre à cidade de Berlim, situada na parte soviética. O Ocidente capitalista respondeu com o abastecimento à Berlim capitalista por via aérea, acirrando os ânimos e criando grande tensão internacional. No ano seguinte eram instituídas as duas Alemanhas, a Ocidental – República Federal da Alemanha – e a Oriental – República Democrática Alemã.

Em agosto de 1961, foi construído o **Muro de Berlim**, que separou concretamente os dois lados da cidade e se tornou símbolo da divisão alemã e da Guerra Fria. Sua derrubada, em 1989, por sua vez, constituiria o marco do final desse período. Em seguida, se daria a reunificação da Alemanha.

Outros fatos significativos somaram-se a essa crescente tensão internacional. Um deles foi a criação, em abril de 1949, da **Organização do Tratado do Atlântico Norte** (Otan), uma aliança político-militar dos países ocidentais, opondo toda a Europa Ocidental à União Soviética. Do lado soviético, em 1955, foi criado o **Pacto de Varsóvia**. A bipolarização mundial atingia sua plenitude.

Em 1949, em meio a essa situação tensa, ocorreram a Revolução Chinesa e a explosão da primeira bomba atômica soviética. No ano seguinte, iniciou-se a Guerra da Coreia, um dos ápices da Guerra Fria e até então a mais séria ameaça à paz mundial depois da Segunda Guerra Mundial.

O Muro de Berlim, construído em 1961, foi um dos principais símbolos da Guerra Fria. Na foto de 1961, trecho do muro diante do Portão de Brandemburgo.

Associated Press/Glow Images

2 Revolução Chinesa

O século XX na China iniciou-se com a tentativa de derrubada de valores de dominação e exploração do povo chinês, submetido, desde o século XIX, a várias potências imperialistas

A **República** chinesa, proclamada em 1911, em meio à ebulição sociopolítica, quase nada pôde fazer diante das potências imperialistas que ocupavam o país. Com o fim da Primeira Guerra Mundial, o domínio das potências imperialistas na China era encabeçado pelo Japão. O governo republicano, liderado por **Sun Yat-sen**, do Partido Nacionalista (***Kuomintang***), sofria sucessivas pressões regionais pela autonomia, provocadas por chefes militares locais, além do contínuo domínio internacional.

No início da década de 1920, o governo do *Kuomintang* conviveu com o **Partido Comunista Chinês** (PCC), que crescia vertiginosamente, e com a União Soviética. O objetivo imediato do governo era a unificação nacional, a luta contra a autonomia dos senhores locais e a dominação das potências imperialistas. Para isso, contava com o apoio dos comunistas.

Em 1925, porém, **Chiang Kai-shek** assumiu o comando das tropas do *Kuomintang* e iniciou uma política agressiva contra o Partido Comunista. Após derrotas nas cidades de Xangai e Pequim, o Partido Comunista, sob a liderança de Mao Tse-tung e Chu Teh, retirou-se para o interior do país a fim de organizar suas bases de apoio. Em 1931, foi proclamada a República Soviética da China, em Kiangsi, no leste do país.

Aproveitando-se da fragilidade chinesa, o Japão invadiu a Manchúria, em 1931, e estabeleceu um Estado-satélite – o **Manchukuo** – no norte do país. O *Kuomintang* passou a sofrer dupla pressão: do imperialismo japonês e da ameaça comunista no interior do país.

Em 1934, os nacionalistas organizaram uma grande campanha militar para esmagar os comunistas. Para fugir das tropas do *Kuomintang*, os 100 mil homens do Exército Popular de Libertação, liderados por Mao, percorreram 10 mil quilômetros a pé. Esse episódio é conhecido como a **Longa Marcha** (1934-1935). Ao fim de um ano, restaram apenas 9 mil homens. Mao Tse-tung tornou-se o principal líder comunista e foi escolhido para secretário-geral do PCC.

Diante do avanço japonês, Mao Tse-tung propôs a organização de uma nova frente única – *Kuomintang* e PCC –, o que levou a um acordo, concluído em 1937. Até o final da Segunda Guerra Mundial, essa frente única deu ao PCC o controle de parte do exército chinês, além de uma crescente popularidade ao denunciar a corrupção das tropas de Chiang Kai-shek.

Corbis/Latinstock

Retratado com comitiva e familiares, Sun Yat-sen (no centro) é considerado o "pai da China moderna" e defensor da doutrina dos "três princípios do povo": nacionalismo, democracia e reformismo social.

Adaptado de: BARRACLOUGHB, G. (Ed.). *The Times concise atlas of world history*. London: Times Books, 1986. p. 122-123.

O Japão, mesmo recriminado pela frágil Liga das Nações por sua agressão à China, continuou a ampliar suas conquistas militares e consolidar domínios, avançando da Manchúria para o sul do país. O governo imperial japonês chegou a declarar oficialmente seu interesse por todo o território chinês. O confronto entre os dois Estados (Japão e China) durou de 1931 até 1945, quando terminou a Segunda Guerra Mundial.

Após a derrota do Japão na Segunda Guerra Mundial, Chiang Kai-shek decretou, em 1946, uma mobilização nacional, para eliminar definitivamente o "perigo vermelho". Contando com o apoio norte-americano, que lhe fornecia recursos militares e financeiros, Chiang Kai-shek passou a ser visto pelos chineses como um "cúmplice do estrangeiro".

Enquanto isso, a União Soviética, envolvida com seus próprios problemas de pós-guerra, adotava com a China uma política ambígua e hesitante, deixando sem apoio os guerrilheiros do Exército Popular de Libertação, que, mesmo assim, continuaram avançando e atacando o *Kuomintang*.

O exército do PCC foi ganhando terreno, até entrar vitorioso em Pequim, em janeiro de 1949. Em 10 de outubro, foi proclamada a **República Popular da China**. Chiang Kai-shek e seus seguidores refugiaram-se na Ilha de Formosa (atual Taiwan), onde instalaram o governo da **China Nacionalista**, que recebeu forte apoio norte-americano durante a Guerra da Coreia e durante toda a Guerra Fria. Ao mesmo tempo, os Estados Unidos isolaram a China, negando-lhe reconhecimento diplomático e intercâmbio econômico (situação que se manteve até a década de 1970).

As forças comunistas desfilam em Xangai em junho de 1949, ao final da Guerra Civil na China, que durou de 1946 a 1949.

3 A Guerra da Coreia (1950-1953)

Durante a Segunda Guerra Mundial, para acelerar a rendição japonesa e desocupar o território da Coreia, determinou-se que o paralelo 38° Norte seria o limite geográfico para atuação militar de soviéticos e norte-americanos.

Terminada a guerra, no entanto, esse limite transformou-se em divisão real, surgindo dois Estados coreanos sob ocupação de cada uma das duas potências: a República da Coreia, ao sul, sob domínio norte-americano, e a República Popular Democrática da Coreia do Norte, sob ocupação soviética.

Com isso, a região tornou-se área de sucessivos conflitos armados, sobretudo pelas divergências político-ideológicas entre os dois Estados e a tensão gerada pela Guerra Fria. A vitória dos comunistas de Mao Tse-tung na China, no final de 1949, serviu de motivação aos coreanos do norte para invadir o sul, em 1950, visando à unificação territorial da Coreia.

Na ONU, os Estados Unidos e seus aliados consideraram a Coreia do Norte agressora e intervieram para conter seu avanço. Os governos da China e da União Soviética deram apoio aos norte-coreanos, deixando evidente a bipolarização na região. Diante do risco de uma guerra indesejada, as potências envolvidas forçaram iniciativas para obtenção de um acordo de paz.

A morte de Stálin, em março de 1953, abriu espaço para mudanças na política externa soviética.

Após a vitória da Revolução Socialista chinesa, Mao Tse-tung (imagem a esquerda) fundou a República Popular da China, enquanto seu rival, Chiang Kai-shek (imagem a direita), fundava a China Nacionalista, em Formosa.

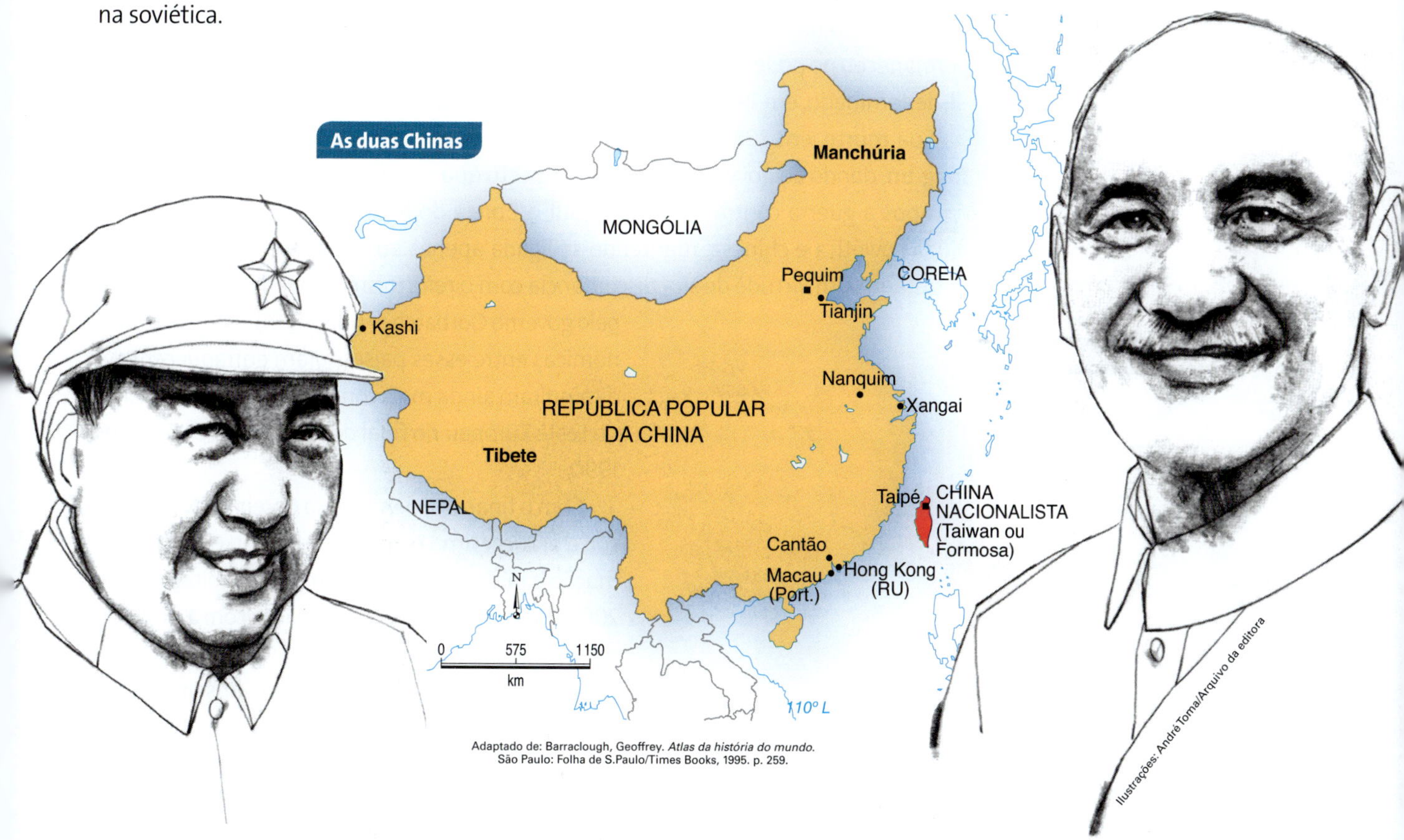

Adaptado de: Barraclough, Geoffrey. *Atlas da história do mundo*. São Paulo: Folha de S.Paulo/Times Books, 1995. p. 259.

A eleição do novo presidente norte-americano, o republicano Dwight Eisenhower, também ajudou a acelerar as negociações para um armistício. Finalmente, em 27 de julho de 1953, foi assinado um acordo de paz em **Pan Munjon**, restabelecendo as fronteiras sobre o paralelo 38° Norte e aproximando a União Soviética e os Estados Unidos. Encerrava-se a fase crítica.

Tropas norte-coreanas e chinesas comemoram a vitória contra a Coreia do Sul, em 25 de junho de 1950.

Para a Coreia, entretanto, a manutenção da divisão em Norte e Sul preservou o clima de confrontação e atritos fronteiriços ao longo das décadas seguintes.

O regime adotado pela Coreia do Norte manteve-se sob o forte controle do Partido Comunista, o único autorizado a funcionar no país, tendo à frente **Kim Il-sung**. Este permaneceu no poder até a sua morte, em 1994, sendo substituído pelo filho **Kim Jong-il**, denominado, em 1998, "presidente eterno" do país.

Sua morte, em 2011, foi seguida da ascensão ao poder de seu filho, o jovem **Kim Jong-un**, dando ao governo do país um aspecto quase dinástico.

Após a guerra contra a Coreia do Sul, a Coreia do Norte contou com importante ajuda soviética e chinesa, mantendo-se ligada apenas aos países do bloco socialista. Entretanto, em virtude de sua discordância com o reformismo soviético empreendido pelo governo Gorbatchev (1985-1991), as ligações econômicas entre esses países foram enfraquecendo e diminuíram ainda mais com o colapso do socialismo no Leste Europeu no final dos anos 1980 e início dos 1990.

A Coreia no final da guerra

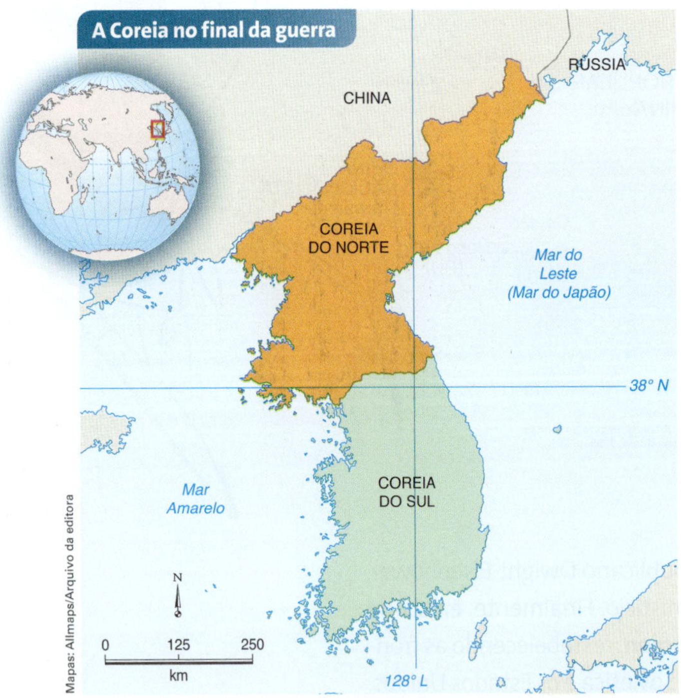

Adaptado de: Barraclough, Geoffrey. *Atlas da história do mundo*. São Paulo: Folha de S.Paulo/Times Books, 1995. p. 274.

Com o final da Guerra Fria, a Coreia do Norte passou a praticar uma política que oscilou entre aproximação e distanciamento do mundo capitalista. Em 2006 o país realizou testes nucleares, com a explosão de uma bomba atômica subterrânea. Em seguida, perante as sanções aprovadas pelo Conselho de Segurança da ONU, retomou a busca de acordos de não agressão e de desarmamento, como contrapartida à liberação de depósitos bancários do país congelados nos Estados Unidos e obtenção de empréstimos e fornecimento de petróleo. Em 2007, chegou a firmar acordo no Grupo dos Seis (as duas Coreias, mais a China, Estados Unidos, Federação Russa e Japão), comprometendo-se a desativar todas as suas instalações nucleares.

Em 2009, contudo, expulsou do país técnicos da AIEA (agência atômica da ONU) e abandonou o fórum de negociações do Grupo dos Seis, além de realizar testes de lançamento de mísseis de curto alcance e, em seguida, outra explosão atômica subterrânea, retomando seu programa nuclear. Com essa política, repetiu um terceiro teste nuclear em fevereiro de 2013, com uma explosão atômica ainda mais forte que as anteriores, recebendo imediata condenação internacional, seguida de mais sanções, especialmente norte-americanas e europeias, elevando ainda mais a tensão regional.

A Coreia do Sul, por sua vez, recebeu investimentos e tecnologia estrangeira, ascendendo à posição de **Tigre Asiático**, embora, de início, fosse um país essencialmente agrário e não muito distante da situação econômica de seu parceiro do Norte.

Em junho de 2000, o presidente sul-coreano Kim Dae-jung visitou Pyongyang, capital da Coreia do Norte, num inédito encontro de cúpula com o "grande líder" Kim Jong-il, para firmar promessas de ampliação do diálogo e de ajuda entre as duas Coreias. Novas investidas para uma maior aproximação com a Coreia do Norte continuaram, a partir de então, inviabilizadas pela política nuclear e pela retórica agressiva do governo do Norte.

Cartaz de propaganda comunista representando o líder Kim Il-sung.

Tigres Asiáticos: denominação atribuída a um conjunto de países da Ásia que na década de 1980 apresentaram um desenvolvimento elevado e repentino, com uma economia voltada para a exportação. Fazem parte do grupo: Hong Kong, Coreia do Sul, Cingapura e Taiwan.

Fotografia, de 2011, de estaleiro em Ulsan, cidade onde se concentra o principal parque industrial da Coreia do Sul.

4 Estados Unidos e União Soviética durante a Guerra Fria

O armamentismo e a tensão crescente entre os blocos capitalista e socialista, que caracterizavam a Guerra Fria, sofreram uma reversão parcial em 1953, com a morte do líder soviético, Josef Stálin, a política do presidente norte-americano Dwight Eisenhower e o acordo de paz de Pan Munjon, na Coreia. Instaurou-se então um período de aproximação entre a União Soviética e os Estados Unidos, conhecido como **Coexistência Pacífica**.

Esse período iniciou-se com uma série de reuniões de cúpula entre os dirigentes das duas superpotências para acordos sobre a limitação de armamentos. Até os anos 1960, procurou-se diminuir os atritos da Guerra Fria, o alinhamento à União Soviética ou aos Estados Unidos, possibilitando uma multipolarização internacional.

Em protesto contra a condição de simples satélites dos Estados Unidos, países europeus como França e Inglaterra, recuperados economicamente, desenvolveram políticas regionais independentes.

Em 1955, a **Conferência de Bandung**, na Indonésia, reuniu 23 países asiáticos e seis africanos com o objetivo de criar o que seria um novo bloco político de âmbito global. Os países independentes, mas economicamente subdesenvolvidos, que foram chamados de **Terceiro Mundo**, posicionaram-se pelo não alinhamento automático a uma das duas superpotências. Como meta prioritária, assumiram o desenvolvimento econômico para superar dificuldades sem se envolver na bipolarização Estados Unidos-União Soviética.

No bloco socialista, o sucessor de Stálin, **Nikita Kruschev**, iniciou um processo de "desestalinização", alterando profundamente a política interna e externa soviética. Além disso, a partir de 1959 o distanciamento entre a China e a União Soviética dividiu os partidos comunistas mundiais, originando divergências que provocaram a multipolarização e puseram fim à coesão soviética.

Embora servisse como canal de entendimento no mundo organizado em dois blocos, a coexistência pacífica não pôs fim aos conflitos entre capitalismo e socialismo. A aproximação entre norte-americanos e soviéticos e até mesmo a paz mundial foram ameaçadas por novos focos de tensão: a Guerra do Vietnã, a descolonização africana, a Revolução Cubana, a invasão da Hungria pelos soviéticos e o rompimento entre a União Soviética e a China.

Plateia ouve pronunciamento durante a Conferência de Bandung, na Indonésia, 1955.

Lisa Larsen/Time Life Pictures/Getty Images

Os norte-americanos de 1945 a 1969

A chegada do homem à Lua.

Com a morte de Franklin Delano Roosevelt, em 1945, o vice-presidente, **Harry Truman**, assumiu a presidência dos Estados Unidos. Seu governo caracterizou-se pelo início da Guerra Fria e suas mais intensas manifestações. Difundiu-se no país a ideia de que qualquer oposição ao governo era sinal de antiamericanismo ou comunismo, produto de sabotagem e traição nacional. À frente dessa histeria política, estava o senador **Joseph MacCarthy**.

O macarthismo atingiu seu auge com o "caso Rosenberg", que consistiu na prisão e julgamento do casal judeu **Ethel e Julius Rosenberg**, acusado de passar segredos da bomba atômica aos soviéticos. Depois de um tumultuado processo, e apesar dos pedidos de clemência vindos de muitos países, ambos foram executados, em 1953. A febre macarthista atingiu todo o país, só refluindo no segundo mandato do presidente Eisenhower.

Getty Images/<www.gettyimages.com>

Joseph MacCarthy iniciou uma terrível "caça às bruxas", disseminando o pânico comunista pela sociedade norte-americana. Na foto de 1954, o senador MacCarthy localiza as "células comunistas" nos Estados Unidos.

Eleito em 1952 pelo Partido Republicano, **Dwight Eisenhower** foi reeleito em 1956, governando os Estados Unidos até 1960. Na política externa, oscilou entre o enfrentamento da Guerra Fria e a prática da coexistência pacífica. Comandou uma política agressiva contra os soviéticos, estabelecendo pactos militares com países alinhados contra o comunismo. Ao mesmo tempo, favoreceu a retomada das relações com a União Soviética, originando os primeiros acordos do pós-guerra.

Eisenhower destinava imensas verbas para a construção de mísseis e exploração espacial, a fim de ultrapassar os soviéticos, que haviam lançado o primeiro satélite artificial do mundo, o **Sputnik**. Enquanto isso, recebia Kruschev em 1959, nos Estados Unidos, para conversações confidenciais e amigáveis.

Sovfoto/UIG/Getty Images

Lançamento de foguete que levava o satélite espacial soviético Sputnik 1, em 1957.

Integrante do Partido Democrata, **John Fitzgerald Kennedy** venceu o republicano **Richard Nixon** nas eleições de 1960, governando até 1963, quando foi assassinado. Ao assumir a Presidência, Kennedy teve de enfrentar a questão da vitória de Fidel Castro em Cuba, em 1959. Hostil aos norte-americanos, a **Revolução Cubana** anulou a tradicional hegemonia norte-americana naquela ilha, grande produtora de açúcar e charutos e apreciado local turístico.

Em 1961, desejando reaver a supremacia perdida, o governo Kennedy colocou em prática um plano de invasão à ilha. Um grupo de soldados formado por exilados cubanos e mercenários norte-americanos desembarcou na Baía dos Porcos com o objetivo de derrubar Fidel Castro do governo. O plano foi elaborado pela CIA (Agência Central de Inteligência, órgão do governo norte-americano dedicado a espionagem e ações clandestinas) durante a administração Eisenhower e fracassou. O episódio ficou conhecido como a **invasão da Baía dos Porcos**. Kennedy teve de assumir pessoalmente a responsabilidade da ação, desgastando-se politicamente.

O presidente norte-americano temia novos episódios de rebeldia na América Latina, onde o descontentamento sociopolítico causado pelo subdesenvolvimento era evidente e onde a população enfrentava graves dificuldades econômicas. Estabeleceu então a **Aliança para o Progresso**, um programa de ajuda econômica aos vizinhos do continente, para garantir a supremacia das ideias, valores e interesses de seu país no continente.

Em 1962, outro fato pôs em risco a aproximação Leste-Oeste e até mesmo a paz mundial. O centro da crise era novamente Cuba, onde o governo de Fidel Castro, inicialmente independente, fizera a opção pelo socialismo, aliando-se à União Soviética. O governo soviético foi acusado de instalar na ilha mísseis apontados para os Estados Unidos, a apenas 300 km de distância. Ameaçando invadir Cuba, o governo norte-americano exigiu a retirada dos mísseis. Diante da gravidade do incidente e de suas possíveis consequências, Kruschev, que assumira compromissos de defesa dos cubanos, preferiu recuar, desmontando as rampas para lançamento de mísseis da ilha.

Keystone-France/Gamma-Keystone/Getty Images

Armas que serviram aos soldados mercenários cubanos e norte-americanos que desembarcaram em Cuba na tentativa de golpe contra Fidel Castro, 1961.

Kennedy adotou medidas voltadas para o bem-estar social da população norte-americana nas áreas de educação e saúde e tornou ilegal a discriminação racial, ganhando de um lado imensa popularidade e de outro a forte oposição dos mais conservadores. Sua carreira foi encerrada em 22 de novembro de 1963, ao ser baleado durante uma visita à cidade de Dallas, no Texas.

Reuters/Latinstock

O presidente John Kennedy, momentos antes de ser atingido por uma bala que o mataria, em Dallas (Texas), no dia 22 de novembro de 1963. Esse crime nunca chegou a ser totalmente esclarecido: conspiração ou ato isolado de um delinquente?

O vice-presidente **Lyndon Johnson** assumiu o governo e foi reeleito para o período de 1964 a 1968. Manteve uma atitude ofensiva contra o comunismo, distanciando-se dos soviéticos, e envolveu completamente os Estados Unidos na Guerra do Vietnã, chegando a enviar mais de 500 mil soldados para a região. Essa participação provocou grandes manifestações de protesto contra a guerra e o intervencionismo norte-americano na região.

Ainda em seu governo, as manifestações do movimento negro contra o racismo se intensificaram sob a liderança do reverendo pacifista **Martin Luther King**. Desde o final da década de 1950, suas pregações reuniram milhares de simpatizantes e sobrepuseram-se a outras organizações radicais, como a dos muçulmanos negros de Malcom X e os *Black Panthers* ("panteras-negras").

Luther King adotara a doutrina do indiano Mahatma Gandhi, que defendia a **desobediência civil** e a **não violência** como meios de obter conquistas sociais. Boicote aos meios de transporte exclusivos dos brancos, no sul do país, movimentos políticos de intelectuais e de sindicatos, e marchas pelos direitos civis foram alguns dos recursos usados pelo movimento negro em sua luta. Pouco a pouco o movimento ganhou a adesão da maioria branca, e algumas decisões favoráveis foram obtidas nos tribunais.

Martin Luther King, que chegou a receber o prêmio Nobel da Paz em 1964, foi assassinado em 1968. No mesmo ano, como reflexo de um agitado período sociopolítico, o senador Robert Kennedy, irmão do presidente John Kennedy, foi assassinado. Ao condenar abertamente a Guerra do Vietnã, tornara-se o preferido na campanha presidencial em curso. Seu assassinato, cometido por um palestino, foi tido como um protesto contra a proteção dada pelos Estados Unidos ao Estado de Israel durante os conflitos árabe-israelenses no Oriente Médio.

Hulton-Deutsch Collection/Corbis/Latinstock

Martin Luther King (1929-1968), líder do movimento contra a segregação racial e pela igualdade de direitos civis da população negra dos Estados Unidos, numa manifestação em Washington em 1963.

OED Martin Luther King e os direitos civis

5 Os soviéticos até 1964

Após a Segunda Guerra Mundial, a União Soviética governada por Stálin teve que enfrentar dois grandes desafios: sua própria reconstrução e a consolidação de sua liderança no bloco comunista, agora englobando os países do Leste Europeu.

Com o quarto e o quinto planos quinquenais (1946-1950 e 1951-1955), a União Soviética recuperou o nível de produção anterior à guerra, dando ênfase para a área bélica. Com isso, também consolidou sua posição de superpotência industrial e militar. Reforçou, assim, o desenvolvimento do setor de bens de produção, relegando a segundo plano a produção de bens de consumo.

Entretanto, a sociedade soviética, cada vez mais concentrada em núcleos urbanos graças à industrialização, mobilizava-se por melhorias no padrão de vida. Os soviéticos exigiam mais bens de consumo e mais autonomia, contrastando com o centralismo stalinista.

O culto a Stálin, visto como o "grande líder" soviético, possibilitou a mobilização nacional no esforço de superação das dificuldades do pós-guerra. Por meio de expurgos, prisões e outras formas de repressão, eliminou divergências e oposições. O governo stalinista procurou manter o monolitismo político-ideológico. Irradiando-se por todos os países aliados, essa prática levou à expulsão de mais de 1 milhão de pessoas dos partidos comunistas, muitas das quais foram mortas.

A morte de Stálin em março de 1953, em decorrência de um derrame cerebral, provocou disputas pelo poder na cúpula política soviética. De 1953 a 1955, Malenkov assumiu o governo soviético. De 1955 até 1964, assumiu Kruschev, cujo governo destacou-se sobretudo pelo início do processo de "desestalinização".

Stálin mobilizou todos os recursos da economia soviética, articulando a produção coletivizada rural e o desenvolvimento industrial. Foi esse impulso econômico que sustentou a posição de grande potência mundial da União Soviética nas duas primeiras décadas do período da Guerra Fria. Ao mesmo tempo, ele desencadeou violenta perseguição política a seus inimigos e estimulou o culto à personalidade, exemplificado pelo cartaz acima (de 1933), que o mostra como condutor da União Soviética (à direita se lê no cartaz: "O capitão do país dos sovietes nos conduz de vitória em vitória").

Agência France-Presse/Getty Images

No XX Congresso do Partido Comunista da União Soviética (PCUS), em fevereiro de 1956, em Moscou, Kruschev condenou o "culto à personalidade", a repressão política e o autoritarismo de Stálin, além de afirmar que "as prisões em massa faziam mal ao país e à causa do progresso socialista". Ao lado, foto de fevereiro de 1956, em que os dirigentes do Partido Comunista da União Soviética ouvem a fala de Kruschev.

Kruschev defendeu também que os diversos países poderiam chegar ao socialismo por caminhos diferentes do soviético, além de considerar ultrapassada a tese de Lênin sobre a inevitabilidade de uma guerra total entre socialismo e capitalismo. A "desestalinização" envolvia a descentralização administrativa e enfatizava a produção de bens de consumo, com o objetivo de dinamizar a economia socialista e elevar o padrão de vida da população.

O dirigente soviético acreditava na descentralização política, na liberalização cultural – até então freada pelo regime stalinista – e na elevação do bem-estar social como táticas para alcançar eficiência econômica e tecnológica. Essa política garantiu aos soviéticos o pioneirismo na corrida espacial ao lançarem, em 1957, o **satélite artificial Sputnik** e concretizarem o primeiro voo espacial tripulado, com o astronauta **Yuri Gagarin**, em 1961. Com esse feito, os soviéticos quebravam o mito ocidental de que somente os Estados Unidos produziam tecnologia sofisticada.

Kruschev lançou a coexistência pacífica com os norte-americanos. Também imprimiu maior flexibilidade político-ideológica às relações com seus aliados do bloco comunista, como a admissão do reconhecimento da política de Josip Broz Tito (1955) da Iugoslávia, que divergira de Stálin, como uma via diferente de desenvolvimento do socialismo.

Fine Art Images/Heritage Images/Getty Images

O cosmonauta soviético Yuri Gagarin, primeiro homem a ir ao espaço, a bordo da Vostok 1, em 12 de abril de 1961.

Entretanto, o abalo (negação do stalinismo) ao centralismo monolítico do bloco comunista provocou o surgimento de dissidências externas. Em 1956, a agitação política no mundo socialista cresceu descontroladamente: na **Polônia**, o líder Wladyslaw Gomulka, destituído do governo no período stalinista, foi reconduzido ao poder; na **Hungria**, do mesmo modo, Mátyás Rákosi foi substituído na direção do Partido Comunista por Imre Nagy, que, representando os anseios populares de dinamização e autonomia, tentou retirar o país do Pacto de Varsóvia.

Em resposta, os exércitos soviéticos entraram na Hungria, em novembro de 1956, ocuparam Budapeste e, com a morte de aproximadamente 200 húngaros, derrubaram Nagy, colocando János Kádár no cargo de primeiro-ministro. Nos discursos, entretanto, Kruschev mantinha a defesa da existência de diferentes vias para o socialismo, elogiando o não alinhamento e o neutralismo, e procurando, dessa forma, aproximar-se dos países do Terceiro Mundo.

A **China**, sob a liderança de Mao Tse-tung, firmou sua autonomia opondo-se à ideia de coexistência pacífica e acusando as reformas de Kruschev de traição aos princípios socialistas. As divergências sino-soviéticas cresceram, manifestando-se em conflitos de fronteira e em acusações mútuas. Culminaram em 1959, com o rompimento do acordo nuclear assinado pelos dois países.

Afastando-se cada vez mais da China, a União Soviética retirou-lhe a ajuda econômica e técnica em 1960. Esse conflito rompia definitivamente o projeto de unidade socialista comandada pelos soviéticos, desgastando o poder governamental de Kruschev. Em 1961, a Albânia também rompia relações diplomáticas com a União Soviética, alinhando-se com a China.

Diante da rivalidade com os Estados Unidos, acrescida da chinesa, o governo de Kruschev passou a dar maior apoio aos norte-vietnamitas na Guerra do Vietnã. Outra medida polêmica de seu governo foi a construção do Muro de Berlim, em 1961, com o objetivo de interromper o grande fluxo de refugiados da Alemanha Oriental para a Ocidental.

Como vimos antes, as relações capitalismo-socialismo sofreram novo abalo em 1962, com **a crise dos mísseis de Cuba**, que quase precipitou uma guerra total. Na tentativa de reverter a crescente tensão internacional, Kruschev e Kennedy assinaram em 1963 vários acordos, que incluíam a proibição de testes nucleares. Mesmo assim, os reveses sucessivos da política de Kruschev minaram seu poder na União Soviética, precipitando sua queda.

Em 1964, ele foi destituído pelo Comitê Central do Partido Comunista. O governo soviético ficou a cargo de uma *troika* (triunvirato) formada por **Leonid Brejnev**, primeiro-secretário do partido, **Alexey Kossiguin**, presidente do Conselho de Ministros, e **Nikolai Podgorny**, presidente do Soviete Supremo. O poder retomava assim a linha centralista da era stalinista na União Soviética.

Hulton-Deutsch Collection/Corbis/Latinstock

A intervenção militar soviética encerrou o curto período de liberalização socialista húngara, que ficou conhecido como "Primavera de Budapeste". Na foto de 1956, tanque soviético e populares numa rua de Budapeste.

6 O socialismo na China e em Cuba

A revolução popular liderada por **Mao Tse-tung**, em 1949, sepultou a velha condição de "quintal do mundo" que caracterizara a China desde o século XIX. A força do sentimento nacional e a atuação do Partido Comunista Chinês criaram uma via socialista independente, que se desgarrou do bloco soviético e até rivalizou com ele.

Diferentemente do que indicavam os fundamentos da ideologia marxista, a Revolução Chinesa não se fez baseada no operariado urbano, mas a partir da atuação da população rural, camponesa, o que firmou sua singularidade política em plena Guerra Fria.

Em Cuba, o socialismo foi estabelecido em meio à derrubada de uma ditadura apoiada pelos Estados Unidos, originando um Estado que ativou diversas políticas alinhadas com os soviéticos e o Leste Europeu e mergulhou em profundas dificuldades após o fim da Guerra Fria.

A República Popular da China

OED A aclamação de Mao

Após sua vitória, em 1949, o Partido Comunista Chinês aproximou-se da União Soviética, com a assinatura, no ano seguinte, do Tratado de Amizade, Aliança e Ajuda. O novo governo adotou medidas drásticas, como a nacionalização das indústrias e a reforma agrária, para enfrentar as dificuldades econômicas que ressurgiram com a Guerra da Coreia, em 1950.

O primeiro plano quinquenal, anunciado em 1953 por Chou En-lai, propunha uma nova linha geral de transição para o socialismo, com prioridade para a indústria pesada. Em 1955, a coletivização da agricultura acelerou-se com a organização de 1 milhão de cooperativas. O aumento dos salários, contudo, não acompanhou o aumento da produtividade industrial.

Ao perceber que o desenvolvimento socialista estava aquém das exigências sociais e ameaçava o governo do Partido Comunista, Mao Tse-tung proclamou a liberalização política interna, tentando obter maior envolvimento popular. Essa iniciativa permitiu o aparecimento de críticas aos abusos dos funcionários do partido e à atuação de oposicionistas contrários ao centralismo planificado.

Associada ao lema "Que 100 flores desabrochem, que 100 escolas de pensamento rivalizem entre si" (1956), a abertura foi chamada de **Movimento das 100 Flores**. A iniciativa foi encerrada quando se transformou em ameaça ao governo e fugiu do controle do PCC. Seguiram-se diversas prisões e programas de "reeducação" de vários ativistas considerados direitistas. Mao justificou-se dizendo que o Movimento das 100 Flores tivera por objetivo "fazer as serpentes saírem de suas tocas".

Na década de 1950, a China passava por intensas transformações econômicas e culturais.
Na foto de outubro de 1955, parada comemorativa do Dia da Nação, em Pequim. Os integrantes carregam um retrato de Mao.

Agência France-Presse/Getty Images

Novamente fortalecido o governo central, decidiu-se pelo programa de reformas chamado **Grande Salto para a Frente**, em agosto de 1957. O programa pretendia promover a industrialização do país de forma descentralizada, junto às comunas agrícolas, sem comprometer, portanto, o predomínio da base camponesa do socialismo chinês.

Para saber mais

O conflito sino-soviético

O compromisso soviético de fornecer armas nucleares aos chineses, assumido em 1957, foi rompido em 1959 nos preparativos para um encontro de representantes soviéticos com o presidente norte-americano Dwight Eisenhower, dentro da política de Coexistência Pacífica. A atitude soviética recebeu severas críticas dos chineses, para os quais o imperialismo norte-americano continuava ameaçador. Como represália, em 1960 a União Soviética retirou seus conselheiros técnicos da China.

A política de priorização da produção de bens de consumo e de "desestalinização" adotada por Kruschev distanciava ainda mais o PCUS do PCC. Naquele momento, os chineses procuravam desenvolver a indústria de base, e Mao Tse-tung era venerado como o grande guia chinês, tornando-se alvo da crítica ao culto da personalidade feita pelo líder soviético.

Em 1962, o agravamento das relações sino-soviéticas chegou ao ponto de ruptura, quando o PCC acusou Kruschev e o PCUS de "revisionistas", ou seja, os soviéticos estariam modificando as teses marxistas originais, distanciando-se do socialismo puro.

Já nos anos 1970, enquanto o monolitismo socialista se desestruturava, o governo chinês tratava pouco a pouco de aproximar-se diplomaticamente dos Estados Unidos. Essa política possibilitou seu ingresso na ONU (1971) e a visita do presidente norte-americano Richard Nixon (1972) à China. Com uma política autônoma, os chineses tornaram-se militarmente autossuficientes, adquirindo também poderio nuclear: explodiram sua primeira bomba atômica em 1964 e a de hidrogênio em 1967.

Em 1969, as relações entre a China e a União Soviética haviam se deteriorado de tal forma que entre os dois países socialistas existiam apenas algumas modestas transações econômicas e questões diplomáticas de rotina. Somente a partir de 1986 ocorreram progressos na reaproximação entre eles.

Cartaz chinês de 1967 criticando a política de Kruschev. O conflito sino-soviético derivava de divergências ideológicas, mas afetava pontos políticos e econômicos entre os dois países.

O projeto Grande Salto teve resultados limitados mesmo com a mobilização geral da população, inclusive de intelectuais e estudantes conclamados a trabalhar no campo, e com o crescimento da produção rural em 65%. Como as relações sino-soviéticas tornaram-se mais difíceis, as dissidências e a oposição interna ao Partido Comunista Chinês se intensificaram.

Em meados da década de 1960, Mao Tse-tung deu início a um movimento de expurgos a opositores políticos dentro do governo – a **Revolução Cultural**, que envolveu toda a população chinesa.

Esse movimento, que começou tentando integrar o trabalho manual ao intelectual, estimulou o fervor revolucionário, a participação popular e a produtividade e atacou a burocratização partidária e governamental. Logo desdobrou-se em críticas ao PCC, aos opositores de Mao, apelidados de "pró-burguesia" e "kruschevistas", atraindo a participação de toda a sociedade contra o inimigo capitalista.

Os *dazibaos*, jornais murais públicos feitos por populares, espalharam-se pelo país, divulgando o movimento – que em pouco tempo se transformou numa luta pelo poder empreendida pelo grupo maoísta.

Sustentado pelo Exército Popular de Libertação, liderado por **Lin Biao**, o grupo maoísta opunha-se ao grupo de **Liu Shaoqi** e **Deng Xiaoping**. Fortes adversários de Mao dentro do Partido Comunista Chinês, Shaoqi e Xiaoping acabaram sendo perseguidos e forçados a fazer autocrítica pública. Com isso, reforçava-se a campanha em favor da liderança de Mao.

Multiplicaram-se as organizações revolucionárias, inspiradas na obra *Pensamento de Mao Tse-tung*, que ficou conhecido como *Livro vermelho*. Nele, firmavam-se as ideias de reeducação socialista, de críticas ao burocratismo, de fidelidade a Mao e permanente alerta contra o inimigo.

O Grupo Central da Revolução Cultural reprimiu direitistas e ultraesquerdistas, que pretendiam aprofundar ainda mais as críticas e o andamento da própria revolução.

No final de 1967 e início de 1968, consolidou-se a autoridade de Mao, que expurgou do partido seus opositores, entre os quais Deng Xiaoping. Mao sobrepôs-se até mesmo ao PCC, transformando-se no líder máximo nacional, a quem chamavam de "o grande timoneiro".

Mao Tse-tung morreu em setembro de 1976, aos 83 anos de idade, abrindo um novo período de disputa pelo poder na China.

Mao deixou uma China bem diferente da que herdara no início da revolução de 1949. Com a redução da mortalidade infantil, a população e a expectativa de vida média haviam praticamente dobrado. Mesmo sem conseguir eliminar o analfabetismo, com mais de um quarto da população marginalizada da formação básica, a China de Mao havia multiplicado por seis as matrículas nas escolas primárias.

Hulton Archive/Getty Images

O culto de Mao Tse-tung: o pequeno *Livro vermelho*. Na foto de 1968, crianças leem o livro em praça pública.

Manifestação da Guarda Vermelha na província de Ning Xian. Foto de data incerta, entre 1966 e 1968. A Guarda Vermelha era constituída basicamente de jovens, mobilizados para divulgar o pensamento de Mao Tse-tung e combater aquilo que se opunha à China idealizada pelo líder. Na foto, repare nos exemplares de *dazibaos* afixados nas paredes.

Zhou Thong/Album/akg-images/Latinstock

A China pós-Mao

Em fins de 1976, **Hua Kuofeng** assumiu o governo chinês, imprimindo uma linha política de centro. Em 1977 ocorreu a reabilitação de Deng Xiaoping e, à medida que se deu sua ascensão no PCC, o grupo de Chiang Ching foi marginalizado. Chiang Ching, esposa de Mao e líder do Grupo Central da Revolução Cultural, foi julgada em 1981. Foi considerada responsável pelos excessos da Revolução Cultural (perseguições, imposição de autocríticas sobre atuações e erros quanto a concepções socialistas e culto à personalidade) e condenada à prisão.

Deng Xiaoping, agora líder do governo chinês, iniciava o período de "desmaoização" do país, afastando do governo os mais fiéis seguidores de Mao Tse-tung. No final dos anos 1980, a imagem de Mao perdera a força que possuíra durante mais de trinta anos.

Deng Xiaoping tinha como meta modernizar a agricultura, a indústria, a defesa e a ciência e tecnologia. Essas medidas atraíram para a China uma imensa onda de investimentos externos. O predomínio agrário da época de Mao se revertia, e na década de 1980 a população rural já era inferior a 80% da população total.

Após a morte de Deng Xiaoping, em fevereiro de 1997, e a liderança política seguinte, de **Jiang Zemin**, dois pontos ficaram evidentes para a continuidade do desenvolvimento chinês. Em primeiro lugar, a questão da maior integração ao capitalismo globalizado e sua convivência com a burocracia herdada da ordem socialista, a corrupção e a ineficiência produtiva. Em segundo lugar, a falta de simetria entre a abertura econômica e as liberdades políticas, além dos efeitos da ampliação das desigualdades sociais, resultante da adoção da economia de mercado.

Esse quadro estava claro nas pressões pela liberalização política na China durante a década de 1980, atingindo seu ápice em abril de 1989, com a ocupação popular da **Praça da Paz Celestial**, no centro de Pequim. Como um novo "assalto ao céu" (busca do paraíso socialista), exigiu-se liberdade de manifestação e de imprensa, num movimento liderado por estudantes em defesa da democratização do país. Entretanto, o governo adotou uma linha repressiva, sufocando o movimento à força e recusando-se a ampliar as liberdades políticas nos anos seguintes.

Nesta segunda década do século XXI, sob o comando de Xi Jinping (início de mandato em março de 2013), a China continua aumentando a abertura ao sistema capitalista, combinando-a com a ordem comunista herdada da revolução de 1949. Assim, há certa liberdade econômica: os chineses podem ter os próprios negócios, o país está aberto a investimentos estrangeiros, existem mais vínculos com o circuito de negócios internacionais, admite-se o consumismo e a população tem liberdade para viajar ao exterior. Essa economia mais aberta contrapõe-se à manutenção de uma estrutura política baseada no regime de partido único e ao controle estatal das comunicações, além da censura e repressão às manifestações contrárias ao partido.

CNN/Getty Images

A violenta repressão à ocupação da Praça da Paz Celestial por estudantes, em 1989, valeu ao governo de Deng Xiaoping a condenação internacional. Acima, imagem de vídeo em que um estudante tenta barrar o avanço de tanques com seu próprio corpo, em protesto contra o autoritarismo governamental em Pequim.

Em contrapartida, o sucesso econômico chinês confirmou-se nos últimos anos com a admissão do país na Organização Mundial de Comércio (OMC) em novembro de 2001, a entrada de empresários no PCC e as seguidas taxas de crescimento econômico superiores a 7,5% até 2013.

Outro fator visível da força da economia chinesa são suas reservas internacionais, que passaram de US$ 819 bilhões em 2005 para mais de US$ 4 trilhões em 2013. Com esse vertiginoso crescimento, a China tornou-se a segunda maior economia e maior potência comercial do mundo em 2013.

Variação anual do PIB chinês (em %)

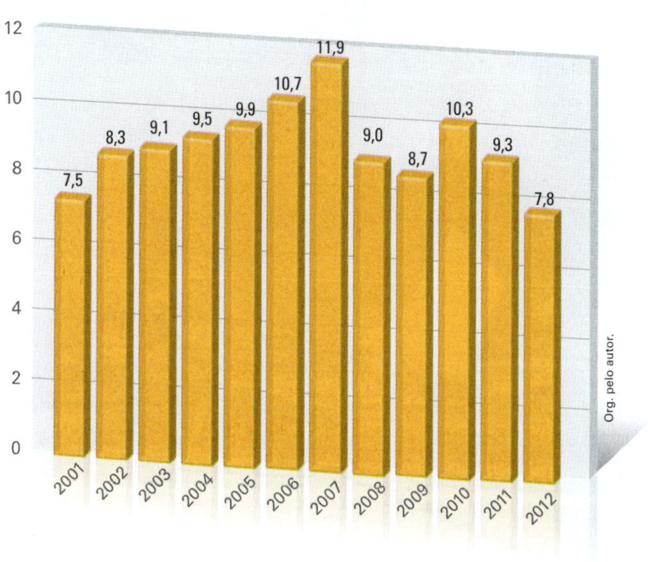

Org. pelo autor.

Crescimento das reservas internacionais chinesas (em US$ bilhões)

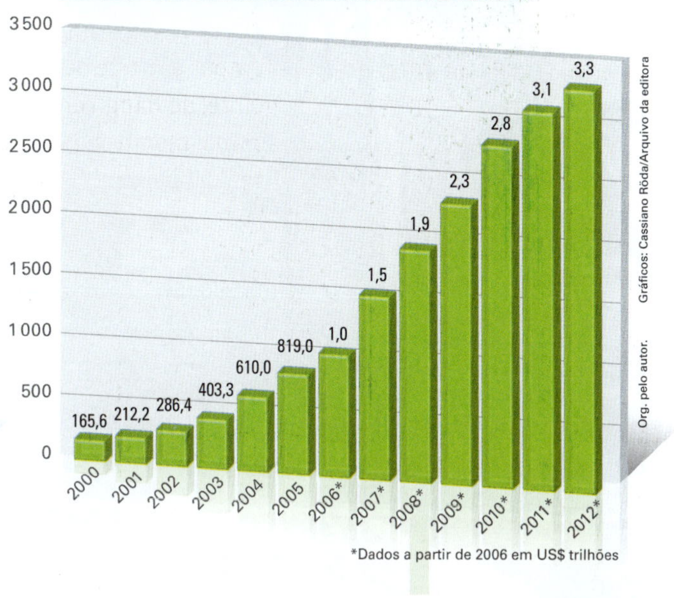

Org. pelo autor.

*Dados a partir de 2006 em US$ trilhões

Gráficos: Cassiano Röda/Arquivo da editora

A Revolução Cubana (1959)

A independência cubana, em 1898, logo esbarrou na política do *Big Stick* ("grande porrete") – que, como já vimos, era utilizada pelos Estados Unidos para justificar seu intervencionismo na América Latina. Seguindo essa política, os Estados Unidos fizeram incluir a Emenda Platt na Constituição cubana de 1901, dando início à tutela político-econômica norte-americana sobre Cuba. Além de ceder aos Estados Unidos uma área de 117 quilômetros quadrados – a Baía de Guantánamo, ainda hoje uma base norte-americana em solo cubano –, Cuba ficou sob ameaça de uma invasão norte-americana e sujeição a governos locais ditatoriais, como o de Gerardo Machado, até 1933, e o de Fulgêncio Batista, de 1934 a 1958.

Na década de 1950, entretanto, a oposição à ditadura cresceu consideravelmente. Surgiram movimentos guerrilheiros sob a liderança de Fidel Castro, Camilo Cienfuegos e Ernesto "Che" Guevara, que a partir de 1956 obtiveram sucessivas vitórias e ocuparam várias cidades e povoados. Em 31 de dezembro de 1958, Fulgêncio Batista, derrotado, fugiu de Cuba para a vizinha República Dominicana.

Fidel Castro cumprimenta a população, com o braço erguido, após sair vitorioso na guerrilha contra a ditadura de Fulgêncio Batista, em janeiro de 1959.

Rolls Press/Popperfoto/Getty Images

A política de mudanças adotada pelo governo revolucionário, a partir de 1959, chocava-se fortemente com os tradicionais interesses dos Estados Unidos no país. A realização de reforma agrária e a nacionalização das refinarias de açúcar, usinas e indústrias – a maior parte pertencente a norte-americanos – levaram os Estados Unidos a suspender a importação do açúcar cubano. Sendo a venda do açúcar vital para a economia de Cuba, um novo mercado precisaria ser criado, e o país voltou-se para os soviéticos.

A ligação de Cuba ao bloco soviético serviu de justificativa para o governo de John Kennedy tomar medidas radicais. Em janeiro de 1961, os Estados Unidos tentaram derrubar Fidel Castro na invasão da Baía dos Porcos. O completo fracasso aumentou o prestígio do líder cubano.

Em seu primeiro discurso ao país após a vitória, Fidel anunciou formalmente ao mundo que Cuba passava a se considerar um país socialista. Ao entrar para esse bloco, Cuba se tornou um importante ponto estratégico para a União Soviética, que promoveu a tentativa de instalação de mísseis na ilha, originando a crise dos mísseis de 1962, como vimos anteriormente.

Em 1962, em plena atmosfera de Guerra Fria, Cuba foi expulsa da Organização dos Estados Americanos (OEA), sob a acusação de que disseminava a subversão pelo continente, embora contasse com aliados de peso na América, como o México. Simultaneamente, John Kennedy lançou para a América Latina a **Aliança para o Progresso.**

O isolamento forçado de Cuba serviu de motivo para o governo apoiar os movimentos guerrilheiros que ocorriam em diversos pontos do continente. Na Bolívia, Colômbia e países centro-americanos, atuava pessoalmente o líder da Revolução Cubana, "Che" Guevara, que acabou morto em outubro de 1967 na Bolívia.

Fidel Castro, à direita, conversa com "Che" Guevara, em foto de 1959.

The New York Times/Latinstock

Marcha de camponeses e pequenos agricultores do interior de Cuba para Havana, a fim de participarem das manifestações em apoio ao governo revolucionário. Foto de junho de 1959.

Bob Henrique/Magnum/Latinstock

À atitude ofensiva cubana, o governo dos Estados Unidos respondeu com uma política de apoio aos golpes militares do continente, implantando governos ditatoriais para afastar o perigo comunista. Também atuou militarmente contra governos apoiados por Cuba, como o governo sandinista na Nicarágua.

Nos anos 1980, a América Central transformou-se numa região de guerra civil, de guerrilhas e crise. No início da década seguinte, o apaziguamento internacional promovido pelo presidente norte-americano George Bush e pelo presidente soviético Mikhail Gorbatchev suavizou esse quadro.

A Revolução Cubana, no contexto da América Latina, foi uma forma diferenciada de enfrentar os problemas de miséria e ditadura produzidos pelo subdesenvolvimento, sem se alinhar automaticamente aos Estados Unidos. Assim, após mais de 25 anos da revolução, o governo cubano, a despeito de várias dificuldades, pôde proclamar que conseguira o fim do desemprego e da miséria e que o analfabetismo fora erradicado do país.

Porém, as mudanças no Leste Europeu e a derrocada da União Soviética, entre 1989 e 1991, que veremos a seguir, fortaleceram as pressões por reformas que eliminassem o monolitismo, obstáculo a uma abertura sintonizada com as transformações dos ex-socialistas e exigidas pelos países capitalistas. Ao mesmo tempo, o bloqueio econômico dos Estados Unidos implementado desde 1961 multiplicava as dificuldades da população cubana e do próprio regime socialista. Os efeitos dessa política têm sido tão negativos que muitas das conquistas sociais, econômicas e culturais obtidas até os anos 1980 foram anuladas ou estão sob ameaça.

A enorme retração econômica do Leste Europeu, provocada pelo esfacelamento da União Soviética, levou os dirigentes comunistas cubanos a tentar, em meados da década de 1990, um reformismo econômico e uma aproximação com a comunidade internacional discordante do bloqueio norte-americano. Após adotar por décadas o lema revolucionário castrista "socialismo ou morte", passavam, pragmaticamente, a dizer "queremos capital, e não capitalismo". Outro mecanismo adotado pelo governo cubano foi o incremento do turismo, atraindo divisas que ajudaram a enfrentar a asfixia econômica.

Muitas pressões da comunidade internacional têm sido feitas pelo fim do bloqueio norte-americano a Cuba, mas uma posição contrária é defendida pela comunidade cubana estabelecida na Flórida. Muitos desses cubanos que estão nos Estados Unidos tinham deixado Cuba por serem opositores à revolução liderada por Fidel Castro ou por serem contrários ao governo cubano na pós-revolução. Esses cubanos da Flórida acreditavam que a pobreza decorrente do isolamento internacional acabaria derrubando Fidel Castro. Estabelecidos em grande número nesse estado norte-americano, os cubanos exerciam, desde o final dos anos 1990, um enorme peso nas eleições locais e, com suas ramificações, influenciavam a política externa dos Estados Unidos.

1962: a crise dos mísseis

Adaptado de: HISTOIRE-Géographie. Paris: Hatier, 1991. p. 115.

Jaime Razuri/Agência France-Presse

Mulheres cubanas fazem manifestação em Miami, EUA, 1994. Na Flórida existe uma grande comunidade de cubanos que deixou a ilha durante ou após a revolução por não concordar com as políticas de Fidel Castro.

Nos últimos anos vigorou em Cuba uma política pendular de isolamento e reaproximação do governo com vários países, especialmente com os Estados Unidos e países da União Europeia. Foi nesse quadro que se integrou a visita do papa João Paulo II à ilha, em 1998, bem como o crescente intercâmbio comercial e os financiamentos canadenses e europeus concedidos ao país. Mesmo assim, dissidências internas e oposição à ordem política, seguidas de repressão e prisões, têm sido destacadas como indicadoras de uma estrutura fechada e antidemocrática, motivo de críticas e de entrave à maior integração de Cuba no circuito dos negócios e da política internacional.

A Venezuela tem sido um importante aliado de Cuba, com um crescente intercâmbio comercial. Os acordos com o governo venezuelano de Hugo Chávez garantiram a Cuba o abastecimento de cerca de um terço do petróleo consumido na ilha a partir de 2004. Em troca, o governo cubano forneceu à Venezuela medicamentos genéricos, assistência de equipes médicas e profissionais da educação e implantou núcleos de produção de vacinas, além de colaborar na criação de centros de processamento de leite de soja, para atender às escolas da Venezuela. Outro importante parceiro comercial de Cuba nos últimos anos tem sido a China, que, junto com a Venezuela, tem representado grande parte do comércio internacional do país.

Em 2006, Fidel afastou-se do comando político por problemas de saúde, passando o poder a seu irmão Raúl Castro. Nos últimos anos continuaram as dúvidas sobre o futuro da ilha quanto a mudanças políticas e maior integração à comunidade internacional, especialmente quanto à normalização das relações entre os Estados Unidos e Cuba, defendida pela maioria dos países do continente americano.

Marcelino Vazques/Agência France-Presse/Getty Images

Fidel Castro e Hugo Chávez (foto de 2004, Havana) criaram a Alba (Alternativa Bolivariana para as Américas). Chávez foi eleito presidente da Venezuela pela primeira vez em 1998 e reeleito outras vezes. Após sofrer um golpe frustrado apoiado pelos Estados Unidos em 2002, ganhou popularidade e ampliou seus poderes governamentais. Contando com imensos recursos advindos da produção petrolífera, Chávez deu início ao que denominou "revolução socialista bolivariana", estatizando empresas e firmando alianças internacionais anti-norte-americanas. Em 2012 obteve a aceitação da Venezuela como membro do Mercosul e, na reeleição de outubro, foi vitorioso para mais um mandato. Entretanto, Chávez não pôde realizar o juramento oficial de posse do novo mandato presidencial em janeiro de 2013 por problemas de saúde, passando mais de dois meses em Cuba para tratamento de um câncer na região pélvica, só retornando à Venezuela em fevereiro de 2013 e falecendo em março do mesmo ano. Foi sucedido por Nicolás Maduro.

Pensando no Enem

1. Do ponto de vista geopolítico, a Guerra Fria dividiu a Europa em dois blocos. Essa divisão propiciou a formação de alianças antagônicas de caráter militar, como a OTAN, que aglutinava os países do bloco ocidental, e o Pacto de Varsóvia, que concentrava os do bloco oriental. É importante destacar que, na formação da OTAN, estão presentes, além dos países do oeste europeu, os EUA e o Canadá. Essa divisão histórica atingiu igualmente os âmbitos político e econômico que se refletia pela opção entre os modelos capitalista e socialista.

   Essa divisão europeia ficou conhecida como

   a) Cortina de Ferro.
   b) Muro de Berlim.
   c) União Europeia.
   d) Convenção de Ramsar.
   e) Conferência de Estocolmo.

Resposta: a

Na Europa pós-Segunda Guerra Mundial, a formação de um bloco de países capitalistas e outro de países socialistas, acabou resultando na criação de uma linha fronteiriça intransponível e fortemente militarizada, conhecida como a "Cortina de Ferro".

Considerando a matriz de Referência do Enem, essa questão contempla a competência de área 2 – Compreender as transformações dos espaços geográficos como produto das relações socioeconômicas e culturais de poder, especialmente as habilidades H7: Identificar os significados histórico-geográficos das relações de poder entre as nações e H9: Comparar o significado histórico-geográfico das organizações políticas e socioeconômicas em escala local, regional ou mundial.

2. *Nós nos recusamos a acreditar que o banco da justiça é falível. Nós nos recusamos a acreditar que há capitais insuficientes de oportunidade nesta nação. Assim nós viemos trocar este cheque, um cheque que nos dará o direito de reclamar as riquezas de liberdade e a segurança da justiça.*

   KING Jr., M. L. *Eu tenho um sonho*, 28 ago. 1963. Disponível em: www.palmares.gov.br. Acesso em: 30 nov. 2011 (adaptado).

   O cenário vivenciado pela população negra, no sul dos Estados Unidos nos anos 1950, conduziu à mobilização social. Nessa época, surgiram reivindicações que tinham como expoente Martin Luther King e objetivavam:

   a) a conquista de direitos civis para a população negra.
   b) o apoio aos atos violentos patrocinados pelos negros em espaço urbano.
   c) a supremacia das instituições religiosas em meio à comunidade negra sulista.
   d) a incorporação dos negros no mercado de trabalho.
   e) a aceitação da cultura negra como representante do modo de vida americano.

Resposta: a

A mobilização da população negra norte-americana foi fundamental não só para o fim da segregação racial nos estados do sul do país, como também para a consolidação dos direitos civis e consolidação da cidadania.

Considerando a matriz de Referência do Enem, essa questão contempla a competência de área 3 – Compreender a produção e o papel histórico das instituições sociais, políticas e econômicas, associando-as aos diferentes grupos, conflitos e movimentos sociais, especialmente as habilidades H11: Identificar registros de práticas de grupos sociais no tempo e no espaço; H12: Analisar o papel da justiça como instituição na organização das sociedades; H13: Analisar a atuação dos movimentos sociais que contribuíram para mudanças ou rupturas em processos de disputa pelo poder; H14: Comparar diferentes pontos de vista, presentes em textos analíticos e interpretativos, sobre situação ou fatos de natureza histórico-geográfica acerca das instituições sociais, políticas e econômicas; e H15: Avaliar criticamente conflitos culturais, sociais, políticos, econômicos ou ambientais ao longo da história.

3. *Os 45 anos que vão do lançamento das bombas atômicas até o fim da União Soviética, não foram um período homogêneo único na história do mundo. [...] dividem-se em duas metades, tendo como divisor de águas o início da década de 70. Apesar disso, a história deste período foi reunida sob um padrão único pela situação internacional peculiar que o dominou até a queda da URSS.*

   (HOBSBAWM, Eric J. *Era dos Extremos*. São Paulo: Cia das Letras, 1996)

   O período citado no texto e conhecido por "Guerra Fria" pode ser definido como aquele momento histórico em que houve

   a) corrida armamentista entre as potências imperialistas europeias ocasionando a Primeira Guerra Mundial.
   b) domínio dos países socialistas do Sul do globo pelos países capitalistas do Norte.
   c) choque ideológico entre a Alemanha Nazista / União Soviética Stalinista, durante os anos 30.
   d) disputa pela supremacia da economia mundial entre o Ocidente e as potências orientais, como a China e o Japão.
   e) constante confronto das duas superpotências que emergiram da Segunda Guerra Mundial.

Resposta: e

O período mencionado no texto corresponde à época da bipolarização mundial e dos alinhamentos dos demais países aos EUA ou à URSS.

Atividades

Análise de texto historiográfico

1. Leia o texto abaixo de historiadores brasileiros sobre a Revolução Cubana e responda às questões propostas a seguir:

> De fato, a Revolução Cubana marcou a história da América Latina. Ela passou a ser símbolo de liberdade que passava pela vitória frente aos Estados Unidos. O governo de Washington estava ciente do potencial revolucionário latino-americano e temeroso do exemplo cubano. Em março de 1961, Washington lançou a "Aliança para o Progresso", pacote pelo qual se pretendia acabar com as tentativas revolucionárias dos latino-americanos. Reconhecendo a situação de miséria do continente, o plano apontava a necessidade de mudanças no perfil social na América Latina, e mais do que generosidade, o plano revela a temeridade americana com relação à influência da Revolução Cubana na região. Prometia muitos benefícios e dinheiro em troca da ruptura com Havana.
>
> GUERCIO, Maria Rita; CARVALHO, Dorisney de. Cuba e Estados Unidos: uma história de hostilidades. In: COGGIOLA, Osvaldo (Org.). *Revolução Cubana: história e problemas atuais*. São Paulo: Xamã, 1998. p. 133.

a) De acordo com o texto, por que a Revolução Cubana foi um marco na História da América Latina? Justifique.
b) De que maneira o reconhecimento da miséria no continente latino-americano e a oferta de recursos poderiam, na visão dos Estados Unidos, evitar a propagação de revoluções? Elabore uma justificativa baseada no que você estudou neste capítulo sobre a Revolução Cubana.
c) No contexto da Guerra Fria, qual era a preocupação dos Estados Unidos diante de episódios como a declaração do caráter socialista da Revolução Cubana e o alinhamento de Cuba com a União Soviética, em 1961?
d) De que maneira esses episódios influenciaram ações como a Aliança para o Progresso?

Leitura de imagem

2. Observe o pôster abaixo, elaborado pelo artista gráfico polonês Roman Cieslewicz (1930-1996) em 1968. Em seguida, responda às questões propostas.

Super-homem, 1968, de Roman Cieslewicz.

a) Quem os personagens retratados pelo artista representam? Se necessário, pesquise na internet o significado das siglas CCCP e USA, estampadas na roupa dos personagens.
b) De que forma o artista retrata essas duas nações? Justifique sua resposta descrevendo aspectos presentes no pôster.
c) Com base no contexto da Guerra Fria – que envolvia o mundo em 1968, ano em que o artista elaborou a imagem –, que relação Cieslewicz sugere entre essas duas nações? Justifique sua resposta com elementos da imagem.
d) De que maneira a localização das siglas CCCP e USA e a posição dos personagens fazem referência à ideologia de cada uma das nações representadas?

Análise de texto e reflexão

3. Leia o artigo abaixo sobre a economia chinesa atual. Em seguida, responda às questões.

Em breve, uma zona comercial comparável àquela criada pelo Mercosul ou à União Europeia será alavancada pela China. Neste ano [2010] o país vai ultrapassar o Japão e se tornar a segunda maior economia do mundo. E deverá ocupar o primeiro lugar até 2026, de acordo com uma estimativa do banco americano Goldman Sachs.

Sessenta anos depois, retomando uma declaração de Mao Tse-tung feita em 1º de outubro de 1949, o seu sucessor (distante) Hu Jintao fez a seguinte avaliação: "Hoje a China se mantém de pé graças às realizações do socialismo". De fato, o reerguimento foi espetacular. Há muito tempo o país deixou de ser humilhado ou desmembrado pela Europa e pelo Japão. E, mais importante, uma parte de sua população tornou-se próspera.

Contudo, o socialismo é outra conversa... Tão estranha à realidade que se pode até mesmo afirmar que o crescimento chinês (de 9,6% em 2008, de 8,7% em 2009) auxiliou, em parte, a locomotiva estadunidense em pane. E contribuiu para a convalescência de um sistema capitalista que acabava de amargar sua principal derrocada desde 1929.

HALIMI, Serge. O "modelo" de Pequim. In: Le Monde Diplomatique Brasil, 3 fev. 2010. Disponível em: <www.diplomatique.org.br/artigo.php?id=626>. Acesso em: 16 fev. 2013.

TK Kurikawa/Shutterstock/Glow Images

Rua comercial de Pequim, China. Foto de abril de 2012.

a) Qual é o feito da economia chinesa destacado pelo texto?
b) É correto afirmar que o autor do texto concorda com a opinião de Hu Jintao de que os feitos da economia chinesa ocorreram "graças às realizações do socialismo"? Por quê?
c) De acordo com o autor do texto, o crescimento da economia chinesa ajudou até mesmo os Estados Unidos a superarem a crise econômica mundial de 2008. Compare essa situação com o conflito ideológico travado durante a Guerra Fria e responda: é correto afirmar que ele permanece? Argumente sua opinião.

Pesquisa em *sites*, jornais e revistas

4. Como vimos no capítulo, a Guerra Fria foi o confronto entre duas superpotências, Estados Unidos e URSS, que interferiu em outros conflitos locais. Um desses episódios que envolveu um embate entre socialismo e capitalismo foi a Guerra da Coreia (1950-1953), entre a República da Coreia, ao sul, sob domínio norte-americano, e a República Popular Democrática da Coreia do Norte, sob influência soviética. Apesar do fim da Guerra Fria, porém, ainda hoje esses países permanecem divididos e frequentemente ocorrem enfrentamentos entre eles.

Para saber mais sobre esse assunto, faça um levantamento em jornais, revistas e na internet de notícias sobre a Coreia do Norte e a Coreia do Sul. Procure informações sobre a organização política atual desses países, os conflitos que aconteceram na região nas últimas duas décadas, o posicionamento desses países em relação à política externa estadunidense, além de outras informações que você considerar relevantes. Em seguida, compare as informações encontradas e elabore uma dissertação sobre os atuais conflitos ocorridos na região. Não se esqueça de indicar as fontes utilizadas na pesquisa.

Vestibulares de Norte a Sul

1. **CO** (UFG-GO) A ação dos estudantes em Paris tornou-se emblema de 1968, ano apresentado como revolucionário. Esse movimento explicita um conjunto de transformações culturais para o século XX, relacionadas à

a) consolidação da sociedade de consumo, que, atendendo aos desejos juvenis, era considerada uma conquista contemporânea.
b) subordinação à organização política corporativa, expressa na vinculação dos jovens aos partidos e órgãos universitários.
c) aversão aos valores urbanos, exaltando a vida simples e comunitária como meio alternativo à sociedade opressora.
d) rejeição das construções utópicas em nome de uma perspectiva utilitária, instrumental e realista, que se adaptava ao mercado.
e) constituição de novas formas de relação social, afirmando a emancipação feminina e a autonomia juvenil em face da tradição familiar.

2. **SE** (UFMG) Os anos posteriores à Segunda Guerra Mundial foram tensos entre as grandes potências mundiais. Considerando-se a Organização do Tratado do Atlântico Norte (OTAN) e o Pacto de Varsóvia, criados nesse período, é CORRETO afirmar que

a) a OTAN visava a apaziguar os conflitos relacionados à divisão da cidade de Berlim, bem como a proteger os países sob sua influência econômica das ameaças de invasão externa e de conflitos militares.
b) ambos desenvolveram políticas que incentivaram a chamada corrida armamentista, que, durante o período da Guerra Fria, colocou o Planeta sob a ameaça de uma guerra nuclear.
c) ambos foram estabelecidos, simultaneamente, para defender os interesses dos países que disputavam, após a Segunda Guerra, uma reordenação dos espaços europeu e americano.
d) os países signatários do Pacto de Varsóvia se aliaram e, para defender seus interesses financeiros, formaram um bloco econômico, a fim de competir com a Alemanha, a Inglaterra e os Estados Unidos.

3. **SE** (FGV-RJ) Em 20 de julho de 1969, o mundo acompanhou maravilhado o desembarque dos astronautas da missão Apollo 11 em solo lunar. No dia seguinte, o jornal *New York Times* abordaria o evento de um ponto de vista exterior à humanidade, estampando poesia na primeira página: "Homens andam na Lua". Algumas linhas abaixo, o jornal trazia a célebre frase pronunciada por Neil Armstrong ao pisar em solo lunar: "Um pequeno passo para um homem, um gigantesco salto para a humanidade".

Considerando o contexto mundial na década de 1960 e a chegada do homem à Lua, podemos considerar:

I. A conquista da Lua e os consequentes avanços tecnológicos frutos dessa realização só podem ser compreendidos no contexto da Guerra Fria, período em que duas superpotências (EUA e URSS) lutavam pela hegemonia política e militar do mundo.

II. Na verdade, a URSS não representou uma ameaça à hegemonia norte-americana durante a corrida espacial, uma vez que, nesse período, os soviéticos desenvolveram, em parceria com os EUA, as estações espaciais para pesquisa científica na órbita da Terra.

III. Decididos a superar os soviéticos, os EUA criaram a NASA – Agência Espacial norte-americana – e cumpriram o desafio proposto pelo então presidente John F. Kennedy, de levar um astronauta até a Lua e trazê-lo de volta, em segurança.

IV. Com o fim da Guerra Fria, os EUA e a URSS perderam interesse pela corrida espacial e passaram a priorizar a luta contra o terrorismo, principalmente após a invasão do Iraque e do Afeganistão e os ataques terroristas de 11 de setembro de 2001.

V. A corrida espacial teve início com o lançamento do Sputnik – primeiro satélite artificial da Terra – pela URSS, que, anos depois, mandou para o espaço o cosmonauta Yuri Gagárin, pioneiro das missões tripuladas.

a) I e II estão corretas.
b) II e IV estão corretas.
c) II, III e V estão corretas.
d) I, III e V estão corretas.
e) Todas as afirmações estão corretas.

4. **N** (UFRR) Sobre a Idade Contemporânea, observe as sentenças e marque a alternativa correta.

I. A primeira Guerra Mundial foi ganha pela Tríplice Aliança composta de Estados Unidos, França e Inglaterra e, ao final do conflito, foi criada a Liga das Nações.

II. Após a Segunda Guerra Mundial foi criada a Organização das Nações Unidas.

III. A Guerra Fria foi o período da bipolaridade do poder no qual Estados Unidos e Japão disputavam a hegemonia do sistema internacional.

IV. A queda do muro de Berlim ocorreu em 1991, no mesmo ano em que surgiu a nova Constituição Russa.

V. A Revolução Russa ocorreu em 1917 e implantou um sistema socialista no país que viria a ser denominado União das Repúblicas Socialistas Soviéticas.

a) São corretos apenas os itens II e V.
b) São corretos somente os itens I, II e V.
c) Apenas o item IV é verdadeiro.
d) São falsos os itens I, II e IV.
e) Apenas os itens III e IV são falsos.

5. SE (Uerj)

O capitalismo do século XIX tropeçou de desastre em desastre nas bolsas de valores e nos investimentos empresariais irracionais. Após a Segunda Guerra Mundial, essa desordem foi de algum modo posta sob controle na maioria das economias avançadas: sindicatos fortes, garantias trabalhistas e empresas de grande escala combinaram-se e produziram uma era, de mais ou menos trinta anos, de relativa estabilidade.

Adaptado de SENNETT, Richard. *A corrosão do caráter: as consequências pessoais do trabalho no novo capitalismo.* Rio de Janeiro: Record, 2010.

A estabilidade mencionada no texto foi proporcionada pela condição socioeconômica e pelo modelo de organização do Estado identificados em:

a) implantação dos sistemas de crédito – moderno
b) estruturação dos impérios coloniais – corporativista
c) organização das redes produtivas globais – autocrático
d) formação das sociedades de consumo de massa – de bem-estar social

6. SE (Uerj)

Os monumentos da cidade vão permanecer como leões nas areias do deserto
Desafiando o destino
E quando os muros forem derrubados com estrondo
A queda vai ecoar
Para o testemunho de toda Europa

GOTTFRIED BENN In: *Folha de São Paulo*, 16/11/1989

Ralph Gatti/Agência France-Presse

Em 2009, comemoram-se na Alemanha vinte anos da derrubada do Muro de Berlim. Sua construção, em 1961, esteve relacionada à:

a) divisão étnica da cidade
b) crise dos regimes democráticos europeus
c) bipolaridade das relações internacionais
d) reação nacionalista à influência estrangeira

7. SE (Uerj)

Em 25 de junho de 1950, tropas da Coreia do Norte ultrapassaram o Paralelo 38, que delimitava a fronteira com a Coreia do Sul. Com a aprovação do Conselho de Segurança da ONU, quinze países enviaram tropas em defesa da Coreia do Sul, comandadas pelo general norte-americano Douglas MacArthur. Após três anos de combate, foi assinado um armistício em 27 de julho de 1953, mantendo a divisão entre as Coreias.

Adaptado de cpdoc.fgv.br.

O governo norte-coreano anunciou recentemente que não mais reconheceria o armistício assinado em 1953, o que trouxe novamente ao debate o episódio da Guerra da Coreia.

O fator que explica a dimensão assumida por essa guerra na década de 1950 está apresentado em:

a) mundialização do acesso a fontes de energia.
b) bipolaridade das relações políticas internacionais.
c) hegemonia soviética em países do Terceiro Mundo.
d) criação de multinacionais japonesas no extremo Oriente.

8. NE (Uece) Após o fim do conflito da Segunda Guerra Mundial (1939-1945), emergiram como superpotências antagônicas os Estados Unidos da América – EUA – e a União das Repúblicas Socialistas Soviéticas – URSS –, ambas vitoriosas sobre o eixo. A disputa entre os EUA, representante do mundo capitalista, e a URSS, líder do bloco socialista, ia desde aspectos ideológicos, políticos e econômicos, até conflitos regionais em que cada superpotência apoiava um dos lados envolvidos como forma de afirmar sua superioridade. Essa época de enfrentamento durou até o início da década de 1990, quando a URSS passou por profundas transformações de ordem política e econômica.

No que diz respeito à disputa entre os EUA e a URSS, neste período da História do século XX, assinale a afirmação verdadeira.

a) A disputa entre as duas superpotências foi chamada de guerra fria, pelo fato de não ter ocorrido nenhum conflito em que ambas tenham-se envolvido, mesmo isoladamente.
b) Dentre as principais manifestações de disputa entre as potências capitalista e socialista, estavam a corrida armamentista nuclear e a corrida espacial.
c) Na Guerra da Coreia (1950-1953), os EUA deram apoio ao governo marxista-leninista norte-coreano, liderado por Kim Il-Sung; hoje a Coreia do Norte é governada por seu filho, Kim Jong-il.
d) O apoio soviético aos insurgentes muçulmanos, chamados de *mujahidin*, no Afeganistão, levou-os a derrubar o regime comunista no país.

CAPÍTULO

39 Descolonização e lutas sociais no "Terceiro Mundo"

RIA Nowosti/Album/akg-images/Latinstock

Pela independência de Angola, crianças da província de Cabinda são treinadas a manusear rifles em acampamento do Movimento Popular de Libertação de Angola (MPLA). Foto de 1970.

Para pensar historicamente

Outros sujeitos na política mundial

Com o enfraquecimento europeu resultante da Segunda Guerra Mundial, as antigas metrópoles coloniais não conseguiram manter suas áreas de influência e colônias na África e na Ásia. Apesar da intervenção norte-americana em áreas-chave do mundo, para conter a influência da União Soviética, diversos países lutaram e obtiveram sua independência.

Qual é o papel atual dos países que eram conhecidos como "terceiro mundo" nas relações internacionais? Qual é o peso econômico desses países no mundo contemporâneo?

Dançarinos fazem apresentação no estádio Kasarani, em Nairobi, em 2013. O evento comemorou os cinquenta anos de independência do Quênia da Grã-Bretanha.

Simon Maina/Agência France-Presse

1 A descolonização africana e asiática

Independência na África e na Ásia

Se, por um lado, a Guerra Fria significou a inexistência de um conflito direto entre as superpotências, por outro, a disputa entre elas por áreas de influência em todo o mundo deu-se de forma intensa. Foi esse o motivo que fez das ex-colônias africanas e asiáticas, transformadas em países independentes, um espaço bélico.

Entre as décadas de 1950 e 1960, mais de 40 países africanos e asiáticos conseguiriam a independência, reflexo da decadência europeia, do apoio das Nações Unidas e dos interesses dos Estados Unidos e da União Soviética. A partir desse momento, passou-se a designar terceiro mundo as nações que se recusavam a um alinhamento automático ao lado dos Estados Unidos ou da União Soviética, buscando um desenvolvimento independente. Aos países da África e Ásia, podem-se acrescentar os da América Latina.

Em 1955, na Conferência de Bandung, na Indonésia, os problemas do Terceiro Mundo foram discutidos por 29 nações africanas e asiáticas. Foram declarados o apoio às lutas anticoloniais e o combate ao racismo. Procurou-se também uma posição alternativa à bipolarização mundial entre Estados Unidos e União Soviética, o que ficou conhecido como **não alinhamento.**

A independência dos países afro-asiáticos

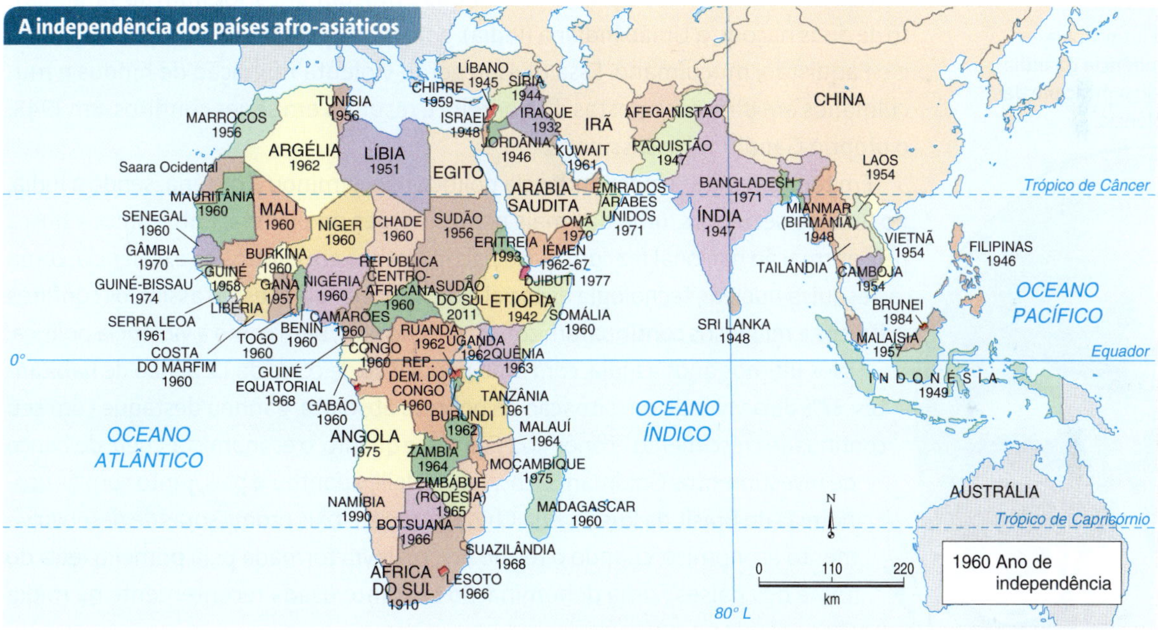

Adaptado de: PARKER, Geoffrey (Ed.). *Atlas da história do mundo*. São Paulo: Times Books/ Folha de S.Paulo, 1995. p. 272-3.

Submetidos por séculos à dominação colonial europeia, os continentes africano e asiático em poucos anos passaram a abrigar algumas dezenas de novas nações.

Ásia

No continente asiático, um dos processos de independência mais importantes que ocorreram foi o da **Índia**. O domínio britânico no século XIX ampliou os negócios com os indianos, seguido pela construção de ferrovias, sistemas administrativos e educacionais de estilo ocidental. A partir da abertura do Canal de Suez, em 1869, até o final dos anos 1920, o comércio exterior indiano cresceu sete vezes. Mesmo assim, diante do aumento populacional – entre 1881 e 1931 a população cresceu de 253 milhões para 352 milhões – e a sujeição aos britânicos, não houve uma alteração na situação geral de pobreza, alimentando a conscientização de uma identidade indiana, reforçada pelo racismo britânico. Esse processo esteve ligado à formação do Partido do Congresso (ou Congresso Nacional indiano) pelos hindus, em 1885, e à Liga Muçulmana, organizada pela população islâmica em 1906. Na década de 1920, **Mahatma Gandhi** ganhou destaque na luta contra os ingleses por meio de seu projeto de não violência e boicote aos produtos ingleses. No início da década seguinte, Gandhi criou o movimento de desobediência civil, cuja atuação resultou na sua prisão pelos ingleses, confirmando sua liderança e impulsionando o movimento de libertação.

Embora usassem de violência na repressão ao movimento nacionalista da Índia, os ingleses tentaram evitar um confronto aberto, isto é, uma guerra total. Depois de 1945, os britânicos não alimentavam esperanças realistas de preservar o legado imperial. Os recursos do país estavam extremamente escassos, e os custos de manutenção, até mesmo no império índico, já não eram contrabalançados por vantagens econômicas e estratégicas: enquanto em 1913 as exportações destinadas ao subcontinente índico chegavam a quase um oitavo do total das exportações britânicas, depois da Segunda Guerra Mundial estas representavam apenas 8,3%, com tendência à queda. Em todo caso, era evidente que a pressão em prol da independência se tornara irresistível.[1] Em 1947, acabaram cedendo a independência à Índia, mantendo, na medida do possível, seus interesses econômicos.

As divisões internas no país, entre **hindus** e muçulmanos, levaram ao surgimento de duas nações, a União Indiana (Índia), governada pelo primeiro-ministro Nehru, e o Paquistão, muçulmano. Essa divisão gerou violenta migração de hindus e muçulmanos em direções opostas da fronteira e resultou em sérios conflitos. Em 1948, o próprio Gandhi foi assassinado.

Gandhi lutava pela independência da Índia, seguindo o princípio da não violência.

Em toda a região, a independência política não eliminou a miséria, sendo a Índia, no final do século XX, uma das mais pobres nações do planeta. Entretanto, a busca pela afirmação nacional fez com que o país investisse em centros de excelência, como a pesquisa nuclear, tecnologia espacial e de informática. Mesmo assim, os conflitos étnicos e religiosos continuaram constantes no país, bem como a violência política.

Nos últimos anos a Índia, com uma população de cerca de 1,2 bilhão de habitantes, 37% dela vivendo em situação de pobreza absoluta, ganhou destaque com seu continuado crescimento econômico. Com esse quadro, o economista-chefe do banco de investimentos Goldman Sachs, Jim O'Neill, apontou o país, junto com as economias do Brasil, da Rússia e da China, como as mais promissoras de desenvolvimento econômico, criando o termo Bric (palavra formada pela primeira letra do nome dos países), uma denominação bastante usada recentemente na mídia sobre assuntos econômicos.

A Indochina, inicialmente colonizada pela França, foi ocupada pelo Japão durante a Segunda Guerra Mundial. A resistência popular armada à ocupação japonesa transformou-se em luta pela libertação nacional após o fim da guerra. **Ho Chi Minh**, líder nacionalista, fundou o ***Vietminh***, movimento pela libertação do Vietnã, que iniciou prolongada luta de guerrilhas contra a França. Em 1954, os franceses foram derrotados na **Batalha de Dien Bien Phu**, forçando a negociação de uma retirada francesa do país.

Indochina: termo adotado pela França para referir-se à colônia do Sudeste Asiático, situada entre as culturas indiana e chinesa, que compreendia os atuais países do Vietnã, Laos e Camboja.

[1] JUDT, Tony. *Pós-Guerra*: uma história da Europa desde 1945. Rio de Janeiro: Objetiva, 2008. p. 301.

A Conferência de Genebra, logo após a derrota militar francesa, decidiu que o **Vietnã** ficaria dividido em duas partes até que se realizassem eleições livres: o Vietnã do Norte, comunista, liderado por Ho Chi Minh, e o Vietnã do Sul, capitalista, governado por Bao Dai.

Entretanto, organizou-se no sul um forte movimento popular (o ***Vietcong***) pela unificação do país que logo iniciou violenta guerra de guerrilhas na região. Os Estados Unidos não permitiram a realização das eleições e, diante da crescente atuação dos guerrilheiros, passaram a apoiar o governo do Vietnã do Sul, promovendo a queda de Bao Dai e sua substituição por ditadores submissos a Washington, que abriram o país à intervenção militar norte-americana e, assim, deram início à **Guerra do Vietnã**.

Vietcong: (Viet Nam Cong Sam) comunistas do Vietnã, expressão criada em 1960 no Vietnã do Sul.

Guerra subterrânea: os túneis do Vietnã

A partir de 1965, o conflito se intensificou, com a intervenção maciça de tropas norte-americanas e o emprego de sofisticado armamento contra a guerrilha sul-vietnamita. Simultaneamente, ocorria o bombardeio em larga escala do Vietnã do Norte, acusado de apoiar a guerrilha do sul. Além do Vietnã, dividido e sob intervenção norte-americana e confrontação generalizada, também o Laos e o Camboja mergulharam na violência da guerra e das disputas da Guerra Fria. No Camboja, o governo do grupo guerrilheiro Khmer Vermelho radicalizou o extermínio de rivais e opositores, deixando, segundo dados oficiais, 2,8 milhões de mortos e centenas de milhares desaparecidos.

A divisão do Vietnã

Allmaps/Arquivo da editora

Adaptado de: SCALZARETTO, R.; MAGNOLI, D. *Atlas: geopolítica*. São Paulo: Scipione, 1996. p. 32.

A impopularidade da guerra do Vietnã nos Estados Unidos e a dificuldade de obter uma vitória militar decisiva no campo de batalha acabaram resultando numa retirada gradual das tropas norte-americanas do país. Finalmente, em 1975, a cidade de Saigon foi tomada pela guerrilha, encerrando formalmente a guerra e unificando o país.

No **Oriente Médio**, em 1947, ao final da Segunda Guerra Mundial, a ONU dividiu o território da **Palestina**, então sob administração inglesa, em duas áreas: uma judaica e outra palestina. Os dois povos reivindicavam o território, baseados em disputas milenares. Submetendo os dois lados, a colonização inglesa atenuou os conflitos. Entretanto, em 1948, por determinação das Nações Unidas, os ingleses se retiraram da região.

Na foto, de 1972, crianças vietnamitas fugindo de bombardeio de *napalm* (gasolina gelatinosa usada como bomba incendiária) da aviação norte-americana.

Associated Press/ Glow Images

ED A criação do Estado de Israel

No mesmo ano, foi criado o **Estado de Israel**. Os países árabes vizinhos (Egito, Iraque, Jordânia, Líbano e Síria) saíram em defesa dos palestinos, que se consideraram prejudicados pela partilha realizada pela ONU. Iniciou-se a **Primeira Guerra Árabe-Israelense** (1948-1949), que resultou na vitória de Israel, na ampliação do seu território e no desencadeamento de uma permanente tensão na região. O conflito árabe-israelense passou para a órbita da Guerra Fria com o apoio dado pelos Estados Unidos a Israel, o que forçou os países árabes a uma aproximação com a União Soviética.

Em 1956, o Egito, governado por Gamal Abdel Nasser, decidiu pela nacionalização do Canal de Suez, meio de ligação vital entre o Mediterrâneo e o Índico-Pacífico. Essa iniciativa levou França e Inglaterra a uma intervenção armada no país, com o apoio de Israel, cujas tropas tomaram toda a península do Sinai: foi a **Segunda Guerra Árabe-Israelense**. A intervenção da ONU e o desejo das superpotências de não generalizar a guerra na região levaram à restauração da situação anterior à guerra.

Em 1967, a tensão na região voltou a crescer. A **Organização para a Libertação da Palestina** (OLP) organizava guerrilhas, enquanto as tropas pacificadoras da ONU se retiravam da península do Sinai, deixando frente a frente tropas israelenses e egípcias. O bloqueio de portos israelenses pelo Egito acabou desencadeando a **Guerra dos Seis Dias** ou **Terceira Guerra Árabe-Israelense**. Em pouco tempo, tropas de Israel tomaram o Sinai, a Faixa de Gaza e as colinas de Golã, na fronteira com a Síria.

O prolongado domínio israelense sobre os territórios conquistados em 1967 gerou enorme insatisfação nos países árabes e a preparação de uma nova guerra, que explodiu em 1973: a **Guerra do *Yom Kippur*** (o "Dia do Perdão" judaico) ou **Quarta Guerra Árabe-Israelense**. A iniciativa árabe de reconquista de alguns territórios foi logo detida. Mais uma vez, as pressões das superpotências encerraram o conflito, com a manutenção de Israel nos territórios ocupados em 1967.

Em 1979, o egípcio Anuar Sadat e o israelense Menachem Begin assinaram os **acordos de Camp David**, nos Estados Unidos, com a mediação do presidente norte-americano Jimmy Carter, encerrando as disputas entre Egito e Israel. A questão palestina, todavia, continuou existindo, com a OLP lutando pela criação de um Estado independente na Cisjordânia e na Faixa de Gaza.

No mapa à esquerda, podem-se ver as etapas de formação do Estado de Israel e, no da direita, as sucessivas guerras árabe-israelenses. Trata-se de um equilíbrio político bastante delicado.

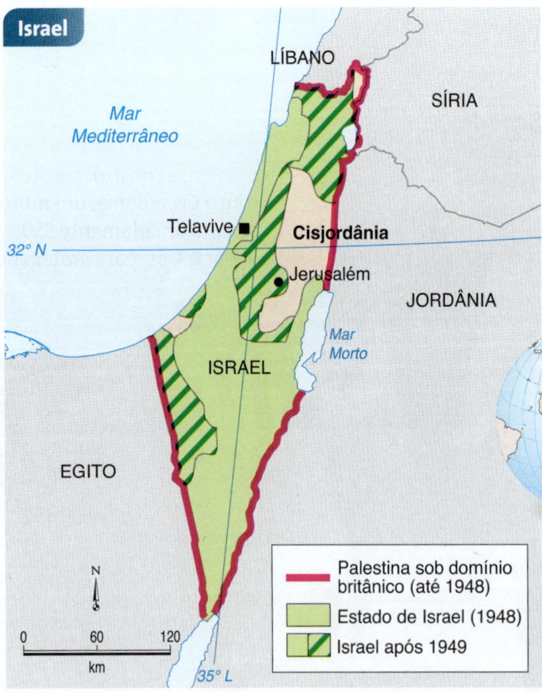

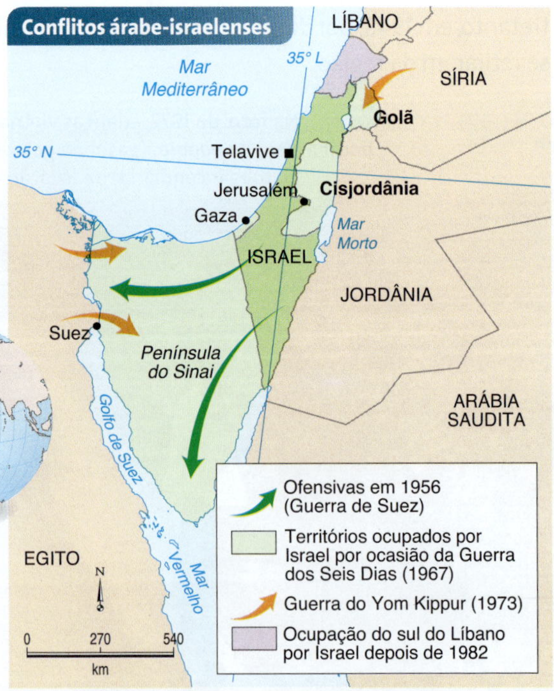

Mapas: Allmaps/Arquivo da editora

Org. pelo autor. Adaptado de: DUBY, Georges. *Atlas histórico mundial*. Madrid: Debate, 1989, p. 213.

Durante toda a década de 1980, continuaram os conflitos no Oriente Médio, incluindo a ocupação israelense do Líbano e as **intifadas** ("revolta das pedras") – conflitos de rua entre população palestina e tropas israelenses – em territórios palestinos ocupados por Israel.

Apenas na década de 1990, uma pretensa paz definitiva foi esboçada na região. Em 1993, **Yitzhak Rabin**, primeiro-ministro de Israel, e **Yasser Arafat**, líder histórico da OLP, assinaram um acordo segundo o qual a organização palestina reconhecia o Estado de Israel e renunciava à violência, enquanto Israel concedia autonomia aos palestinos (ainda que limitada) em certas áreas de Gaza e da Cisjordânia.

Ao longo da década de 1990, continuaram ocorrendo conflitos localizados entre palestinos e israelenses, ao mesmo tempo que se promoviam novos entendimentos e encontros de cúpula, especialmente em 1999 e 2000. Sob supervisão principalmente dos Estados Unidos, os dois lados discutiam os impasses da região, disputada em décadas de confrontos: assentamentos de judeus em territórios ocupados, retorno de refugiados palestinos que estavam nas áreas vizinhas, bem como o domínio da cidade de Jerusalém, dos recursos hídricos e das fronteiras. Sempre presente estava a questão da criação definitiva do Estado palestino e seu reconhecimento por parte de Israel.

De 2002 a 2013, ganharam intensidade os conflitos violentos entre palestinos e israelenses, resultando em muitas mortes para os dois lados. Os palestinos, por meio de contínuos atentados suicidas e lançamento de mísseis, e Israel, respondendo com medidas militares, comprometiam o encaminhamento do processo de pacificação regional. Depois da morte de Yasser Arafat (dezembro de 2004), o novo líder palestino e presidente da Autoridade Nacional Palestina (ANP) passou a ser o moderado Mahmoud Abbas, da facção Fatah, que retomou as negociações com o primeiro-ministro israelense Ariel Sharon. Até 2013 foram feitos vários ensaios de entendimento, seguidos de violentas confrontações com inúmeras vítimas. Em 2012, a Palestina foi reconhecida pela Assembleia Geral da ONU como Estado observador das Nações Unidas, um passo importante frente o acesso às agências da ONU. Ao mesmo tempo, continuavam as manifestações internacionais em favor de negociações para se alcançar a paz na região.

Ammar Awad/Reuters/Latinstock

Grafite do artista Banksy no muro da cidade de Belém, que separa o território palestino de Israel.

Issam Rimawi/APA Images/Zuma Press/Easypix Brasil

Desde 2002, o governo israelense constrói, na divisa com a Cisjordânia, um muro de aproximadamente 350 quilômetros, para proteger o seu território e assentamentos israelenses de atentados terroristas. Porém, o muro vem sendo recriminado pela comunidade internacional, pois tem avançado sobre territórios palestinos e piorado as negociações de paz entre árabes e israelenses. Na foto de 2012, trecho nas cercanias de Ramallah, centro administrativo da Autoridade Nacional Palestina.

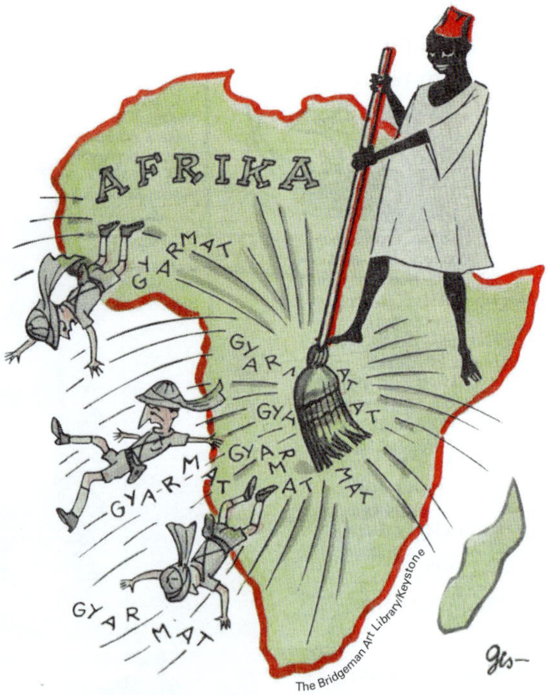

The Bridgeman Art Library/Keystone

Caricatura húngara de Szego, de 1960, sobre a descolonização africana.

Central Press/Getty Images

Populares comemorando a independência nas ruas de Argel.

África

A colônia francesa da **Argélia** só obteve sua independência após uma violenta guerra. Entre 1952 e 1956, ataques terroristas atingiram instalações francesas no país e, a partir de 1956, a Frente de Libertação Nacional (FLN) argelina intensificou suas ações, motivada pela derrota francesa no Vietnã e pelo apoio da opinião pública internacional a sua causa.

Diante da indecisão do governo francês em manter o domínio sobre a região, o comandante militar francês em Argel, general Salan, por sua própria conta, estabeleceu um Comitê de Segurança Pública, destinado a garantir a Argélia francesa. Passou a pressionar militarmente o governo da França, enviando tropas de paraquedistas para a Córsega, a fim de preparar um eventual golpe em Paris. A iminente ameaça militar levou ao poder, na França, o **general De Gaulle** (1958), líder da resistência francesa ao nazismo e bastante prestigiado nas Forças Armadas.

De Gaulle afastou os militares golpistas e, depois de encontros com a FLN argelina, negociações (Acordos de Evian[2]) e consultar a população em plebiscito, efetivou a independência da Argélia. Em 1962, formava-se a República Democrática Argelina, sob a liderança de **Ahmed Ben-Bella**.

Após a Conferência de Berlim, em 1885, o **Congo** passou a ser propriedade pessoal do rei belga, Leopoldo II, tornando-se em seguida colônia belga, que servia à pilhagem e exploração de diamantes, ouro, cobre e estanho pelas companhias metropolitanas e estrangeiras.

Violentas manifestações populares, em 1959, obrigaram a Bélgica a conceder a independência ao país. Em 1960 foi transformado em Estado livre do Congo, tendo como presidente **Joseph Kasavubu** e como primeiro-ministro **Patrice Lumumba**.

Logo após a independência do Congo, uma de suas províncias também se declarou independente: Katanga. O movimento de emancipação dessa província mineradora, promovido por soldados belgas e mercenários a serviço da companhia belga *Union Minière*, levou à guerra civil no Congo. Lumumba, que não conseguiu obter ajuda de tropas das Nações Unidas nem apoio da União Soviética para enfrentar os rebeldes, foi demitido por Kasavubu — aliado aos belgas e aos norte-americanos —, preso e assassinado por mercenários.

[2] Encontro na estância hidromineral de Evian, no lago de Genebra.

Lumumba transformou-se em símbolo da independência africana, num Congo dividido em várias facções rivais e marcado por lutas crescentes, só contidas com a intervenção da ONU e com a entrega do cargo de primeiro-ministro, em 1964, a **Moisés Tshombe**, o líder da independência de Katanga.

Em 1965, Tshombe foi derrubado por um golpe, liderado por **Mobutu Joseph Désiré**, que implantou uma ditadura pessoal e permaneceu no poder até 1997, quando foi destituído, vindo a morrer no exílio logo em seguida. Nesse mesmo ano, o país, que mudara seu nome para República do Zaire em 1971, adotou a denominação República Democrática do Congo, permanecendo mergulhado em sucessivas crises, confrontos entre etnias rivais e facções políticas, com o agravamento de suas dificuldades socioeconômicas.

Bettmann/Corbis/Latinstock

Retrato de Agostinho Neto, em 1976, quando visitou Moscou.

Um processo de independência diferente ocorreu nas **colônias ultramarinas portuguesas**. A ditadura portuguesa de António de Oliveira Salazar, iniciada na década de 1930, conservou Portugal durante quarenta anos distante dos avanços econômicos, políticos e sociais do período, retardando o processo de independência de suas colônias, desencadeado somente a partir de 1970.

O **Movimento Popular pela Libertação de Angola** (MPLA), fundado em 1956 por **Agostinho Neto**, iniciou o processo guerrilheiro contra o colonialismo salazarista, mas outras organizações de libertação também surgiram, como a **Frente Nacional de Libertação de Angola** (FNLA), dirigida por Holden Roberto, e a **União Nacional pela Independência Total de Angola** (Unita), chefiada por Jonas Savimbi.

A **Revolução dos Cravos** (1974), que derrotou a ditadura fascista portuguesa, resultou no Acordo de Alvor, marcando a libertação angolana para 1975. Diante da ocupação do norte de Angola pela FNLA, apoiada pelo Zaire, e do sul pela Unita, com apoio da África do Sul e dos Estados Unidos, o MPLA ocupou a capital, Luanda, e proclamou a independência.

A luta contra as outras facções continuou, arrasando cada vez mais a economia nacional. A normalização do país começou com a distensão internacional do início dos anos 1990 e o final da Guerra Fria, fato que estimulou a decisão de promover eleições pluripartidárias em 1992. Porém, Jonas Savimbi (Unita) não reconheceu a vitória de José Eduardo dos Santos (MPLA), presidente desde 1979, e a guerra civil reiniciou.

Em 1996, tentou-se uma composição de governo em Angola formada pelo MPLA e pela Unita, que logo resultou em novos confrontos armados. Em 2001 já se computavam aproximadamente 1 milhão de mortos, milhões de desabrigados e destruição generalizada. Os angolanos viviam sob ameaça constante, pois havia 12 milhões de minas terrestres espalhadas pelo país. Em fevereiro de 2002, Jonas Savimbi foi morto por soldados do exército angolano e, em abril, foi assinado um acordo de cessar-fogo na Assembleia Nacional, em Luanda.

Bettmann/Corbis/Latinstock

Na foto, Patrice Lumumba, símbolo da luta pela libertação africana, pouco antes de ser assassinado, em 1961.

A Revolução dos Cravos derrubou a ditadura salazarista em abril de 1974, irradiando esperanças de liberdade para as colônias africanas. Na foto, de 1974, militares em Lisboa usam cravos – símbolo de liberdade – em suas armas.

O armistício, que prometia anistia e paz depois de 27 anos de guerra, foi apoiado pela nova liderança da Unita e pelo presidente José Eduardo dos Santos. Nos anos seguintes prevaleceu o empenho do governo na reconstrução nacional e a ativação dos negócios regionais, com a participação do país na Comunidade de Desenvolvimento da África Austral (SADC – *Southern African Development Community*), que procura ampliar o livre-comércio e eliminar as barreiras tarifárias entre os países da região. Nas eleições de 2012, José Eduardo dos Santos (MPLA) foi reeleito à Presidência do país.

Minas terrestres

A mina terrestre é um artefato enterrado sob o solo, que explode sob a passagem de veículos ou pessoas, dificultando assim o avanço de forças inimigas. A ONU calcula que 23 mil civis (entre os quais muitas crianças) tenham sido mutilados por pisar acidentalmente em minas terrestres instaladas no país durante a guerra civil. A ameaça persiste até os dias de hoje, não apenas em Angola, pois milhões de minas permanecem enterradas em diversas áreas de conflito no mundo, e nem sempre há registros de sua localização.

Garota angolana, vítima de explosão de minas terrestres, aprecia cartaz de concurso de beleza destinada a jovens na mesma condição. O objetivo do concurso é colaborar para a elevação da autoestima das vítimas desses artefatos. (2008)

Em **Moçambique**, o processo de independência foi iniciado em 1962 pela **Frente de Libertação de Moçambique** (Frelimo), de inspiração socialista, liderada por **Eduardo Mondlane**. Quando Mondlane foi assassinado, em 1969, **Samora Machel** assumiu o comando do movimento. Com a revolução de 1974, Portugal acelerou as negociações pela libertação dessa colônia, reconhecendo sua independência em 1975, com Machel na Presidência.

Governada por uma minoria branca e alinhada com o bloco norte-americano nos anos 1980, a África do Sul procurou desestabilizar o governo socialista de Machel por meio da **Resistência Nacional Moçambicana** (Renamo). Apesar da assinatura do Acordo de Nkomati, que estabeleceu a não agressão com a África do Sul, os confrontos foram constantes.

Foi somente na década de 1990, com a abertura do país, que se estabeleceram acordos entre o governo e os guerrilheiros para a pacificação moçambicana. Em 1994, foram realizadas eleições que deram vitória ao líder da Frelimo, sucessor de Machel, Joaquim Chissano. O novo presidente voltou-se para a reconstrução de Moçambique, arrasada por anos de luta, conseguindo um relativo êxito no controle da inflação e na aplicação de um programa de privatizações. Reeleito em 1999, ele deu ênfase às obras de infraestrutura (gasoduto, eletricidade etc.) e ao crescimento econômico, conseguindo a vitória de seu candidato à Presidência da República nas eleições de 2004, Armando Guebuza. Nas eleições presidenciais e legislativas de 2009, Guebuza, candidato à reeleição, e os candidatos do seu partido, Frelimo, receberam mais de 75% dos votos.

Em **Guiné-Bissau** e **Cabo Verde**, a luta contra o colonialismo começou em 1961, sob a liderança de Amílcar Cabral, do **Partido Africano de Independência da Guiné e Cabo Verde** (PAIGC), assassinado em 1973. A independência da Guiné-Bissau foi então proclamada por Luís Cabral, embora só tenha sido oficializada em 1974, após a Revolução dos Cravos.

Em 1980, Cabo Verde separou-se da Guiné-Bissau, e, na década de 1990, os dois países abandonaram o regime marxista de um só partido e ampliaram as liberdades políticas e econômicas. O pluripartidarismo e as eleições não puseram fim às dificuldades sociais e econômicas, muito menos às rivalidades e confrontações nas décadas seguintes. Em Cabo Verde, a aridez do solo do arquipélago e outras dificuldades agrícolas têm provocado forte movimento de emigração. Na Guiné-Bissau prevaleceram vários motins, atuação guerrilheira e deposição de presidentes.

Em **Ruanda**, as marcas da turbulenta descolonização no continente africano, como o grave subdesenvolvimento e a instabilidade institucional, refletiram-se, nos anos 1990, em disputas pelo poder por parte de grupos étnicos hutus (90% da população) e tutsi. Superdimensionando heranças coloniais, os graves e sangrentos conflitos produziram milhões de mortos e refugiados.

Coral se apresenta em Kigali, durante a cerimônia que relembra o 20º aniversário do genocídio em Ruanda. Em 1994, milhares de pessoas foram mortas por membros do governo extremista e por milícias. Foto de abril de 2014.

Chip Somodevilla/Getty Images

Na **África do Sul**, após diversas guerras de ocupação e predomínio dos boers e a corrida por ouro (Transvaal) e pedras preciosas do século XIX, o Império Britânico venceu a Guerra dos Boers (1899-1902) e dominou a região. Em 1910 formou-se a União da África do Sul, fiel à Coroa Britânica, que estabelece um regime segregacionista conhecido por *apartheid*. O governo da África do Sul instaurou seguidas leis na montagem do regime, algumas delas:

- 1913, o *Native Land Act* define apenas 7,5% das terras para 78% da população e 92,5% para os brancos;
- 1923 o *Native Urban Areas Act* exclui dos africanos à propriedade urbana e formam-se as *townships*, zonas afastadas dos brancos;
- 1927 uma lei da imoralidade que proibia relações sexuais entre negros e brancos fora do casamento;
- 1949, é proibido o casamento inter-racial e os negros só poderiam circular nas cidades portando passes especiais;
- 1950, definição de áreas de habitação exclusiva aos brancos, o *Population Registration Act* que classificavam 3 "grupos raciais" formados por brancos (2,6 milhões ou 15,6% da população), os "de cor" (1,1 milhão ou 6,7% da população) e os negros (12,6 milhões ou 77,3% da população). A lei permitia o controle migratório e de mão de obra, restringindo lugares e serviços públicos, além de excluir direitos políticos e dar características policiais ao regime. Também o *Suppression of Communism Act* que determina combate a "toda doutrina que vise instaurar a ditadura do proletariado e provocar desordens no seio da União, impondo mudanças políticas, econômicas ou sociais com o apoio de um governo estrangeiro ou não."
- 1951, criação dos "bantustões" (*homelands*), os bolsões de residência negra;
- 1953, *Public Safety Act* e o *Criminal Law Act* permitiam acionar o Estado de Emergência, suspender as liberdades públicas e condenar subversivos. Também proibia o uso dos mesmos espaços públicos entre brancos e negros (banheiros, bebedouros, escolas, praias, arquibancadas, etc.);
- 1960, O Massacre de Shaperville, em 21 de março tornou-se símbolo da repressão policial (69 mortos entre estudantes, mulheres e crianças), mas também símbolo da luta pelos direitos. O Congresso Pan-Africano organizava as manifestações. Formas de resistência e lutas contra o *apartheid* foram firmadas no Congresso do Povo de 1955 com a participação dos principais movimentos de luta como CNA (*African National Congress*), CIAS (Congresso Indiano da África do Sul), COM (Congresso dos Povos Mestiços), CD (Congresso democrático) que se lançam na defesa da democracia.
- 1962, Nelson Mandela fora preso e condenado à prisão perpétua pelo Tribunal de Rivonia no ano seguinte. Tornou-se grande símbolo da resistência e da luta contra o *apartheid*.
- 1971, proibida a cidadania sul-africana aos habitantes dos "batustões".

Dennis Lee Royle/AP Photo/Glow Images

Protesto de mulheres na África do Sul que pedia, entre outras reivindicações, a libertação de Nelson Mandela, em agosto de 1962.

Foi com a liderança de **Nelson Mandela** que a luta contra o *apartheid* foi vitoriosa depois de séculos de sujeição. Mandela tornou-se governante do país em 1994, e a África do Sul foi reconhecida como um exemplo das potencialidades africanas, apesar de fortes oposições e discordâncias quanto aos rumos do país.

Em 2002, foi constituída oficialmente a **União Africana (UA)**, organização que substituiu a Organização da Unidade Africana (OUA), em vigor desde 1963. Mostrando-se bastante ativa, já em 2003 e 2004, a UA procurou travar entendimentos pela superação de crises regionais e por maior integração entre seus membros. O objetivo da organização, inspirado no modelo da **União Europeia (UE)**, é estabelecer um espaço único para seus quase 1 bilhão de habitantes, com um Parlamento continental, um tribunal pan-africano, um Banco Central e, mais adiante, uma única moeda.

Criar uma África integrada e forte é um desafio imenso no século XXI, pois se trata de um continente marcado por pobreza, guerras, rivalidades, disputas territoriais, instabilidade política e epidemias avassaladoras, segundo palavras do presidente sul-africano Thabo Mbeki.

Duas décadas após o fim do *apartheid*, o presidente sucessor de Mbeki, Jacob Zuma, tinha pela frente um quadro de enorme desigualdade social: segundo o economista Sampie Terreblanche, formou-se "uma elite negra de cerca de 2 milhões de pessoas e uma classe média de 6 milhões de pessoas. O fosso entre esses 8 milhões de negros ricos e os 20 milhões a 25 milhões de pobres cresceu perigosamente."[3]

Em 2011, a África do Sul passou a integrar o bloco dos BRIC (Brasil, Rússia, Índia e China), criado 10 anos antes, que passou a ser chamado de BRICS, apontado como um conjunto de países com imensos potenciais de formarem grandes economias no futuro. Mesmo assim, em 2014, prevalecia o dado preocupante da África do Sul com um desemprego que atingia, oficialmente, 25,2% dos trabalhadores, época da primeira eleição sem Mandela no país (morreu em dezembro do ano anterior), cujo resultado foi a reeleição de Zuma para mais um mandato de 5 anos.

Schalk Van Zuydam/Pool/Epa/Corbis/Latinstock

Nelson Mandela (1918-2013), principal líder da luta contra o *apartheid* na África do Sul, foi o ganhador do prêmio Nobel da Paz, em 1993.

[3] CESSOU, Sabine. Impasse social na África do Sul. *Le Monde Diplomatique Brasil*. Fevereiro 2013. p. 25.

2 A América Latina e as lutas sociais

Apesar de sua independência política, conquistada a partir do século XIX, os países da América Latina mantiveram laços de dependência econômica com as grandes potências capitalistas mundiais, inicialmente a Inglaterra e posteriormente os Estados Unidos.

As forças tradicionais, defensoras do vínculo político-econômico com os grandes centros capitalistas, não poucas vezes têm se chocado com as forças reformistas e nacionalistas e também com as de extrema-esquerda, num quadro de busca pela reformulação das estruturas vigentes. Por isso, ditaduras militares, governos pró-libertação, movimentos reformistas, revolucionários e guerrilheiros têm caracterizado o conturbado quadro político da América Latina desde o século XIX.

Adaptado de: BAYLAC, M. H. *Historie terminale*. Paris: Larousse Bordas, 1998. p. 193.

México

Após a proclamação de sua independência por Agustín Itúrbide, em 1821, o México passou a viver um período de instabilidade política sob a forma de ditaduras e de dependência econômica. As condições sociais se deterioraram com a perda de quase metade de seu território, após a guerra travada contra os Estados Unidos, em 1848, e as intervenções estrangeiras sucessivas, como a dos franceses, entre 1861 e 1867, que tentaram instalar na região o governo Habsburgo de Maximiliano, um prolongamento do Segundo Império napoleônico na América.

Agência France-Presse/Getty Images/Museu de Arte Moderna de Nova York, EUA.

Na foto, de 1915, os líderes populares Pancho Villa (no centro) e Emiliano Zapata (à direita) no palácio presidencial da Cidade do México.

Underwood & Underwood/Corbis/Latinstock

Na pintura de 1931, de Orozco, índios mexicanos seguindo Zapata.

Essas condições propiciaram a instalação da ditadura de Porfirio Díaz (1877-1880, 1884-1911), sob a qual se deu intensa concentração fundiária e entrada de elevadas somas de capital estrangeiro, voltadas para a exploração e o controle dos recursos minerais e da produção de artigos de exportação. Dessa forma, para a população local, em sua grande maioria concentrada nas áreas rurais, aumentaram a miséria e a dependência em relação aos grandes senhores.

No início do século XX, esse quadro levou ao crescimento da insatisfação entre a população, o que provocou greves operárias nas cidades e revoltas na zona rural. Dessas lutas surgiram líderes populares, como **Emiliano Zapata** e **Pancho Villa**, que, comandaram milhares de camponeses, nas exigências por distribuição de terras via reforma agrária, opondo-se aos latifundiários, aos quais se juntaram a Igreja e as elites constituídas. Parte da elite, no entanto, sob o comando de Francisco Madero, insurgia-se contra Porfírio Díaz. Essas forças uniram os exércitos revolucionários e depuseram Porfirio Díaz em maio de 1911.

As camadas populares permaneceram insatisfeitas com as tímidas medidas sociais tomadas por Madero, que foi assassinado em 1913. O general Victoriano Huerta reinstalou a ditadura, ligada aos interesses dos Estados Unidos.

Pancho Villa voltou a lutar contra as forças federais, enquanto Zapata liderava no sul a revolução camponesa pela reforma agrária. As pressões levaram Huerta a renunciar em 1914 em favor de um governo constitucional liderado por Venustiano Carranza (1914-1915).

Em 1917, foi promulgada a nova Constituição liberal do país e Carranza foi eleito presidente. Insatisfeitos com o não atendimento de suas reivindicações, especialmente a redivisão fundiária, os movimentos populares continuaram em luta. Entretanto, perderam força, especialmente com o assassinato de Zapata em 1919 e o afastamento de Villa em 1920, seguido de seu assassinato em 1923. Assim, institucionalizou-se o projeto liberal.

Na década de 1930, a reforma agrária, motivo da revolução de 1910, ainda não havia sido realizada: mais de 80% das terras mexicanas estavam em mãos de pouco mais de 10 mil mexicanos. As manifestações nacionalistas e as reivindicações sociais encontraram no presidente Lázaro Cárdenas (1934-1940) um representante que expropriou terras e companhias estrangeiras, nacionalizou o petróleo e estimulou a formação de sindicatos camponeses e operários.

O partido do governo passou a chamar-se Partido da Revolução Mexicana, transformado em 1948 no **Partido Revolucionário Institucional** (PRI), que permaneceu hegemônico no poder, vencendo todas as eleições presidenciais, até ser derrotado em 2000.

Nas últimas décadas do século XX, entretanto, o latifúndio voltou a dominar a estrutura agrária do país e houve intensa subordinação aos capitais internacionais, levando a economia à beira do colapso. Diante da imensa dívida externa e do grave quadro inflacionário, em 1990 o presidente **Andres Salinas de Gortari** buscou acordos internacionais que atraíssem investimentos estrangeiros, especialmente dos Estados Unidos.

A íntima vinculação ao bloco econômico norte-americano, unindo-se à economia de dois dos gigantes do capitalismo, Estados Unidos e Canadá, possibilitou a integração ao **Nafta** (Acordo Norte-Americano de Livre-Comércio), oficializada em 1º de janeiro de 1994 e comemorada como uma passagem para o mundo desenvolvido.

Esse episódio, entretanto, foi ofuscado pelo levante do **Exército Zapatista de Libertação Nacional** (EZLN), que tomou várias cidades no estado de **Chiapas**, uma região empobrecida no sudeste do país.

Os zapatistas, como ficaram conhecidos, proclamavam a exigência de "pão, saúde, educação, autonomia e paz" para os camponeses da região. Liderados por um homem mascarado, autodenominado "subcomandante Marcos", sublevavam-se contra o governo e denunciavam o Nafta como danoso ao povo mexicano.

Os enfrentamentos e sucessivos acordos entre o governo de Andres Salinas e os camponeses revoltosos durante o ano de 1994 contaram, ainda, com a turbulência eleitoral durante a campanha à presidência. Foram assassinados dois membros do partido do governo (PRI), Luis Donaldo Colosio, candidato que estava à frente nas pesquisas eleitorais, e, logo em seguida, José Francisco Massieu, secretário do partido, ambos defensores de amplas reformas políticas no país.

Mario Castillo/Reuters/Latinstock

O levante dos zapatistas em 1994, além de derrotar o exército mexicano e tomar a capital do estado de Chiapas, San Cristóbal de las Casas, representou um sério revés à economia de mercado da integração neoliberal mexicana. Na foto, membros do EZLN em protesto em Chiapas, contra a violência e os altos níveis de criminalidade no país. Foto de 2011.

A economia mexicana mergulhou na instabilidade em meio a acusações de envolvimento do governo nos assassinatos, especialmente o irmão do presidente, Raúl Salinas, e escândalos de corrupção. As eleições deram vitória ao novo candidato do PRI, Ernesto Zedillo, que assumiu o cargo em dezembro de 1994.

Nas eleições presidenciais de 2000, tiveram fim 71 anos seguidos de governo PRI, quando Vicente Fox venceu para a presidência pelo Partido de Ação Nacional (PAN). Nas eleições de 2006, Felipe Calderón, do mesmo partido, elegeu-se presidente com apoio de Fox, derrotando por pouca margem de votos Andrés Manuel López Obrador, do Partido da Revolução Democrática (PRD), num clima de acusações de fraudes e contestações. Depois de uma breve ausência, o PRI retornou ao poder presidencial com a vitória do seu candidato Peña Nieto, empossado em dezembro de 2012.

Chile

Em 1970, **Salvador Allende**, da Unidade Popular, composta por socialistas e comunistas, substituiu o governo de Eduardo Frei, do Partido Democrata Cristão, que se caracterizou por um reformismo limitado. Sua vitória foi o resultado de um longo período de lutas populares no Chile, de uma elaborada política de união das forças de esquerda e do debilitamento do grupo conservador chileno em decorrência da fraqueza do governo de Frei.

A vitória socialista desencadeou uma mobilização social, com invasão de terras e ocupação de fábricas, pressionando o governo a avançar além de seus propósitos originais. Em resposta, ocorreu a rearticulação das forças conservadoras, o que provocou sabotagens e instabilidade.

"Kissinger: A coisa está se consolidando, e claro, os jornais... sangrando, porque um governo pró-comunista foi derrubado. No período de Eisenhower, seríamos heróis...

Nixon: Bem, nós não... como você sabe, nossas mãos não aparecem nesse caso.

Kissinger: Nós não fizemos. Quero dizer, nós os ajudamos... criamos as melhores condições possíveis."[4]

The Dmitri Baltermants Collection/Corbis/Latinstock

Salvador Allende (ao centro), pouco antes de sua morte, no palácio presidencial de *La Moneda* atacado pelos golpistas. Segundo documentos do governo norte-americano, levados a público em 2004 (acima), as frases trocadas entre o presidente Nixon e seu secretário de Estado Henry Kissinger mostram interesses e envolvimento dos Estados Unidos no golpe de Estado de 1973, que custou a vida de milhares de chilenos e derrubou o presidente Allende.

[4] *Diário de Pernambuco*. 30 maio 2004. p. B16.

Ao mesmo tempo, os Estados Unidos, sob o governo de Richard Nixon, sentiram-se desafiados, uma vez que ocorreu a nacionalização de diversas empresas norte-americanas que atuavam no Chile, especialmente mineradoras. Os norte-americanos responderam custeando campanhas que desencadearam a desestabilização do governo de Allende, fortalecendo o desejo golpista da cúpula militar chilena.

Em 11 de setembro de 1973, as forças armadas chilenas, sob o comando do general **Augusto Pinochet**, bombardearam a sede do governo, o palácio presidencial de *La Moneda*, em Santiago, numa ação que levou Allende a resistir até a morte.

Ao assumir o governo, Pinochet estabeleceu uma das ditaduras mais violentas da América Latina: mais de 60 mil pessoas morreram ou desapareceram no Chile nos anos 1970, e 200 mil abandonaram o país por motivos políticos. Na década de 1980, as pressões populares e internacionais sobre a ditadura chilena avolumaram-se e, em 1987 e 1988, diante da distensão nas relações internacionais e do esgotamento político interno, as pressões pela redemocratização tornaram-se irrefreáveis.

A partir dos anos 1990, buscou-se no Chile uma transição pacífica para a democracia por meio de eleições presidenciais. O vitorioso foi Patrício Aylwin Azocar, candidato pela frente oposicionista Acordo pela Democracia, denominada *Concertación*. Seu sucessor foi Eduardo Frei (1994), seguido, em 2000, pelo também governista Ricardo Lagos.

Pinochet, contudo, continuou na chefia do exército, deixando o cargo somente em 1998, quando assumiu uma cadeira de senador vitalício no Parlamento chileno. Segundo a Constituição em vigor, elaborada durante seu governo, todo presidente chileno que ficasse no poder por mais de seis anos teria o direito a uma vaga no Senado até o fim da vida, sem necessidade de disputar eleições.

Na economia, o país assumiu as receitas neoliberais desde a época da ditadura de Pinochet, crescendo num ritmo bastante rápido, e continuou na mesma situação com os governos que o sucederam. Os avanços econômicos e a estabilidade financeira fizeram do Chile um dos países considerados bem-sucedidos no processo de economia capitalista globalizada, típica dos anos 1990 em diante.

Paralelamente a esse sucesso, continuava pendente a responsabilização criminal pelas mortes, torturas e atos de repressão da época da ditadura militar, exigida por vários setores nacionais e organismos internacionais de direitos humanos. Em 1998, em visita à Inglaterra para tratamento médico, Pinochet foi preso em resposta à Justiça espanhola, que o julgava por torturas causadas a cidadãos espanhóis.

O caso arrastou-se durante 15 meses e somente no início de 2000 Pinochet retornou a seu país, sob forte ameaça de julgamento pelos crimes cometidos durante seu governo. Em julho de 2002, a Suprema Corte de Justiça chilena decidiu encerrar definitivamente o processo contra Augusto Pinochet (86 anos), considerando-o em estado de "demência". Dias depois, ele renunciou ao cargo de senador vitalício, abandonando a vida política. Em 2004, vieram a público as contas multimilionárias que o ex-ditador possuía em bancos estrangeiros, criadas com recursos obtidos de governos aliados a sua ditadura, como o norte-americano, e de outras transações financeiras ilegais. Pinochet morreu em 2006, no mesmo ano em que a *Concertación* elegeu o quarto presidente chileno, a socialista Michelle Bachelet. Em 2010, a *Concertación* não conseguiu vencer as eleições presidenciais, sucedendo Bachelet o opositor Sebastián Piñera. Todavia, em 2013, a mesma Michele Bachelet foi vitoriosa nas novas eleições presidenciais chilenas.

Pensando no Enem

1.

Judiciário contribuiu com ditadura no Chile, diz Juiz Guzmán Tapia

As cortes de apelação rejeitaram mais de 10 mil habeas corpus *nos casos das pessoas desaparecidas. Nos tribunais militares, todas as causas foram concluídas com suspensões temporárias ou definitivas, e os desaparecimentos políticos tiveram apenas trâmite formal na Justiça. Assim, o Poder Judiciário contribuiu para que os agentes estatais ficassem impunes.*

Disponível em: <http://www.cartamaior.com.br>. Acesso em: 20 jul. 2010 (adaptado).

Segundo o texto, durante a ditadura chilena na década de 1970, a relação entre os poderes Executivo e Judiciário caracterizava-se pela

a) preservação da autonomia institucional entre os poderes.
b) valorização da atuação independente de alguns juízes.
c) manutenção da interferência jurídica nos atos executivos.
d) transferência das funções dos juízes para o chefe de Estado.
e) subordinação do poder judiciário aos interesses políticos dominantes.

Resposta: e

O violento regime militar chileno caracterizou-se pela prática de prisões ilegais, seguindo-se a tortura e o "desaparecimento" de presos políticos, bem como o puro e simples assassinato. No texto, percebe-se a cumplicidade da Justiça, com os tribunais rejeitando a concessão de *habeas corpus*, para os desaparecidos, levando o autor do artigo a afirmar que o Poder Judiciário contribuiu para que os agentes do estado ditatorial permanecessem impunes.

2. *Tendo encarado a besta do passado olho no olho, tendo pedido e recebido perdão e tendo feito correções, viremos agora a página – não para esquecê-lo, mas para não deixá-lo aprisionar-nos para sempre. Avancemos em direção a um futuro glorioso de uma nova sociedade sul-africana, em que as pessoas valham não em razão de irrelevâncias biológicas ou de outros estranhos atributos, mas porque são pessoas de valor infinito criadas à imagem de Deus.*

Desmond Tutu, no encerramento da Comissão da Verdade na África do Sul. Disponível em: <http://td.camara.leg.br>. Acesso em: 17 dez. 2012 (adaptado).

No texto, relaciona-se a consolidação da democracia na África do Sul à superação de um legado

a) populista, que favorecia a cooptação de dissidentes políticos.
b) totalitarista, que bloqueava o diálogo com os movimentos sociais.
c) segregacionista, que impedia a universalização da cidadania.
d) estagnacionista, que disseminava a pauperização social.
e) fundamentalista, que engendrava conflitos religiosos.

Resposta: c

Comentário:

A derrubada do regime segregacionista do *apartheid* na África do Sul foi fundamental para a criação da democracia no país. Durante a segregação, a população negra era considerada "cidadãos de segunda classe", submetidos a todo tipo de restrições, incluindo o próprio direito à livre circulação.

3. O cartum, publicado em 1932, ironiza as consequências sociais das constantes prisões de Mahatma Gandhi pelas autoridades britânicas, na Índia, demonstrando

Dinodia/age Fotostock/Keystone

LORD WILLINGDON'S DILEMMA

a) a ineficiência do sistema judiciário inglês no território indiano.
b) o apoio da população hindu à prisão de Gandhi.
c) o caráter violento das manifestações hindus frente à ação inglesa.
d) a impossibilidade de deter o movimento liderado por Gandhi.
e) a indiferença das autoridades britânicas frente ao apelo popular hindu.

Resposta: d

O movimento liderado por Gandhi acabou sendo irrefreável e o governo britânico teve que ceder às reivindicações de libertação da Índia.

A América Central

Após a independência do México (1821), que fazia parte do Vice-Reinado da Nova Espanha, a região recebeu o nome de Províncias Unidas da América Central. Em 1838, os interesses das elites locais associados aos dos Estados Unidos e da Inglaterra, países defensores do lema "dividir para governar", propiciaram a formação de diversos Estados autônomos na região: Guatemala, Honduras, El Salvador, Nicarágua e Costa Rica, alinhados às tradicionais potências, especialmente os Estados Unidos.

Para manter seus benefícios na região, os norte-americanos fizeram diversas intervenções armadas, como no **Panamá**, em 1903, garantindo o controle da **Zona do Canal**, e outras que tinham o objetivo de sufocar os movimentos guerrilheiros locais, como o do líder camponês nicaraguense Augusto César Sandino, entre 1927 e 1934. Desprezando o princípio de não intervenção e autodeterminação dos povos, defendido pela ONU (após 1945) e pela OEA, os Estados Unidos mantiveram a região sob seu controle por meios econômicos e diplomáticos.

Apesar disso, no final dos anos 1970 e principalmente nos anos 1980, os movimentos populares ganharam força na América Central, colocando em risco a supremacia norte-americana. O principal exemplo dessa nova conjuntura foi a **Revolução Sandinista**, de 1979, na **Nicarágua**, que derrubou a ditadura de Anastácio Somoza, aliado dos Estados Unidos.

A posição de força dos norte-americanos, entretanto, nunca foi abandonada e, apoiando ex-soldados somozistas (os chamados "contras"), provocaram a desorganização interna do país sob o governo sandinista.

Nas eleições de 1990, o líder sandinista Daniel Ortega foi derrotado por Violeta Chamorro, da **União Nacional Opositora** (UNO), partido pró-Estados Unidos. Durante seu governo, contudo, acabou por se aproximar dos sandinistas, apesar das pressões norte-americanas e de seu próprio partido.

Em 1993, a UNO rompeu com a presidente, seguindo-se um agravamento do quadro político e a radicalização das facções partidárias na Nicarágua. A Frente Sandinista de Libertação Nacional (FSLN), ainda não refeita da derrota de 1990, passou por várias dissidências, das quais a mais importante aconteceu em 1994, quando Ernesto Cardenal, ex-ministro da Cultura do governo sandinista, que foi suspenso de suas funções sacerdotais pelo Vaticano, abandonou o partido. Nas eleições de 1996, Daniel Ortega (FSLN) foi novamente derrotado no pleito presidencial, cabendo a vitória a Arnoldo Alemán, da coalizão conservadora Aliança Liberal (AL), que não realizou mudanças substanciais no país.

Rivalidades políticas e projetos de mudança continuaram presentes na Nicarágua. Em novembro de 2001, o ex-vice-presidente de Alemán, Enrique Bolaños Gayer, do Partido Liberal Constitucional (PLC), venceu as eleições presidenciais, derrotando outra vez o candidato sandinista Daniel Ortega. Em 2006 foi a vez da vitória sandinista de Daniel Ortega, assumindo a presidência em 2007, seguida da reeleição em 2011, e de um terceiro mandato presidencial em janeiro de 2012.

O **Panamá**, num amplo movimento nacional pela retomada do controle da Zona do Canal – que desde sua inauguração em 1914 era administrado pelos Estados Unidos –, conseguiu acordos com o governo de Jimmy Carter, pelos quais os norte-americanos se comprometeram a devolver o canal à soberania panamenha até o ano 2000. De outro lado, evidenciando sua frágil soberania, o país foi invadido em 1989 por forças norte-americanas que derrubaram o presidente Manuel Antonio Noriega, acusado de ligações com o tráfico internacional de drogas.

Noriega foi preso e levado aos Estados Unidos para julgamento. Em 1999, foi eleita a primeira mulher para a presidência do país, Mireya Moscoso, que, em dezembro, recuperou a administração da Zona do Canal interoceânico, conforme estabelecido no acordo com o governo de Carter. Noriega cumpriu 21 anos de prisão nos Estados Unidos e França por narcotráfico e lavagem de dinheiro, sendo extraditado para o Panamá em dezembro de 2011, para cumprir pena por vários crimes, inclusive pelo desaparecimento de opositores durante seu governo (1983-1989).

Reprodução/Memorial da América Latina, São Paulo, SP.

Apesar das derrotas eleitorais dos anos 1990, os sandinistas continuaram como importante força política na Nicarágua. Na foto, Daniel Ortega.

Outra intervenção norte-americana ocorreu no **Haiti**, em 1994, dessa vez para reempossar o presidente Jean-Bertrand Aristide, um padre católico democraticamente eleito, mas deposto por uma junta militar. A operação garantiu que Aristide cumprisse seu mandato até ser sucedido, em 1996, na primeira transferência de governo por via eleitoral da história do Haiti, tendo por base o partido **Lavalas** (lavalas quer dizer "avalanche"). Em contraste com essa tendência democrática inédita, o país convivia com uma taxa de desemprego de quase 70%. O sucessor de Aristide foi seu mais próximo colaborador, René Préval, que, com as eleições de 2000, devolveu o cargo a Aristide. Contudo, o novo governo de Aristide não conseguiu reverter o quadro de dificuldades econômico-sociais nem a corrupção e a violência entre facções políticas. Em 2004, ano do bicentenário da independência dessa primeira república negra, Aristide foi deposto e o país mergulhou em confrontos armados, seguidos da intervenção de tropas norte-americanas e francesas, respaldadas pela ONU. Meses depois coube às tropas brasileiras a liderança das forças de paz da ONU – a Missão de Estabilização das Nações Unidas no Haiti (Minustah) –, da qual também participaram militares de outros países latino-americanos, como Argentina e Chile. No início de 2006, foram realizadas as eleições presidenciais, vencendo René Préval, enquanto continuavam presentes os efetivos militares da Minustah e a expectativa de um efetivo desenvolvimento dessa que é a nação mais pobre das Américas e de menor **Índice de Desenvolvimento Humano** do continente.

Índice de Desenvolvimento Humano: indicador usado pela ONU desde os anos 1990 para avaliar o desenvolvimento de uma população com base em dados como o poder de compra das pessoas, a expectativa de vida e a educação, analisados de modo comparativo entre as nações.

No início de 2010, um forte terremoto abalou o Haiti, provocando grande devastação e perda de vidas, dificultando ainda mais o processo de reconstrução do país.

Thony Belizaire/Agência France-Presse/Getty Images

O terremoto que atingiu o Haiti, em janeiro de 2010, causou a morte de mais de 200 mil pessoas e mais de 300 mil feridos, além de milhares de desabrigados. Na foto, de abril de 2010, cerimônia de hasteamento da bandeira deste país, diante do Palácio Presidencial, na capital Porto Príncipe, parcialmente destruído pelos tremores.

A América Latina: do século XX ao século XXI

O duradouro estado de guerra na América Central reforçou o contínuo processo de empobrecimento e miséria, bastante comum em toda a América Latina, ativando por décadas a ebulição político-ideológica e o permanente desejo de mudanças. No início do século XXI, estimava-se que 60% dos 34 milhões de habitantes da América Central viviam abaixo da linha de pobreza, representando, de certa forma, o limite extremo da crise político-econômica por que sempre passou a América Latina.

Tomando toda a América Latina e o Caribe, as estimativas indicavam que o número de pobres para toda a região chegava a 221 milhões de pessoas, sendo que cerca de 97 milhões viviam em extremada pobreza.[5] Para o conjunto de seus países, a penúria da maioria da população, o desemprego, as taxas inflacionárias recordes dos anos 1980 e 1990, bem como o sucateamento do parque industrial (envelhecimento e não reposição de maquinário), exigiram políticas inovadoras, adotadas por partidos reformistas e de centro. Substituindo ditaduras – muitas vezes longas e violentas – e após um período de transição democrática, subiram ao poder presidentes eleitos diretamente em quase todos os países da região.

Muitas vezes os novos governos empenharam-se no saneamento econômico interno e na abertura dos mercados nacionais ao capitalismo internacional, assim como na reformulação do papel do Estado na economia. Dessa forma, foram privatizadas as empresas do governo e diminuídos os gastos públicos, especialmente aqueles voltados para as políticas sociais, o que possibilitou um relativo sucesso econômico, porém quase sempre divorciado de uma política de bem-estar social. Outras vezes, sem abandonar grande parte dos vínculos com a ordem neoliberal do capitalismo internacional, enfatizaram mais as políticas sociais de geração de empregos e atendimentos às populações mais pobres, ao mesmo tempo que crescia a concentração de renda e o aumento do poder das megaempresas nacionais ou multinacionais.

A democratização, obtida em quase todo o continente e sempre em busca de consolidação, teve baixas momentâneas, como aconteceu no Peru, na última década do século XX (1992). Ali, o presidente Alberto Fujimori fechou o Congresso e tomou em suas mãos todos os poderes nacionais, ignorando a Constituição, anulando direitos e reelegendo-se sucessivamente por três vezes. Durante seu longo governo, o principal sucesso de Fujimori foi o de ter diminuído o poder de ação do grupo terrorista Sendero Luminoso, sem, contudo, ter reduzido os problemas sociais do país. O prolongamento de seu mandato e as medidas intransigentes por ele impostas à sociedade peruana não impediram que um escândalo de compra de parlamentares viesse a público.

Marco Simola/Demotix/ Corbis/Latinstock

Vista do palácio do governo em Lima, no Peru. Foto de 2010.

5 Dados da Cepal 2004. Disponível em: <http://www.eclac.cl/publicaciones/DesarrolloSocial/0/LCL2220PE/PSE2004_Cap1_Pobreza.pdf>. Acesso em: 20 fev. 2013.

Não tendo condições políticas nem militares para se manter no poder, Fujimori pediu asilo político ao Japão em novembro de 2000. Em agosto de 2001, o Congresso do Peru aprovou, por unanimidade, uma "acusação constitucional" contra o ex-presidente, por homicídio, corrupção e sequestros durante os anos de seu governo. A Presidência do país passou ao candidato que perdera a eleição anterior, Alejandro Toledo. Sem conseguir controlar as dificuldades nacionais, Toledo teve de enfrentar novos escândalos políticos e rebeliões, enquanto o ex-presidente Fujimori continuava refugiado no Japão. Em outubro de 2005, Fujimori surpreendeu a todos, aparecendo na capital chilena, onde foi preso. Nas eleições de 2006, o vitorioso foi o ex-presidente Alan Garcia, que intensificou o processo para a extradição de Alberto Fujimori. Este foi transferido para o Peru em 2007 e condenado a mais de 25 anos de prisão em 2009. Nas eleições de 2011, venceu as eleições Ollanta Humala, derrotando Keiko Fujimori, filha do ex-presidente, que continuava preso.

A **Argentina** é outro exemplo latino-americano de instabilidade política, mudanças e crescentes dificuldades nas últimas décadas. Foi em meio a acirradas disputas políticas que chegou ao poder em 1943, Juan Domingo Perón, que logo obteve apoio popular com suas reformas trabalhistas, bem como prestígio com a atuação de sua esposa, Evita Perón. Após a morte de Evita em 1952, as crescentes dificuldades econômicas e pressões políticas desembocaram num golpe que derrubou Perón em 1955, seguindo-se eleições, golpes de Estado e o retorno de Perón. Eleito presidente em 1973 acabou falecendo no ano seguinte, sendo sucedido por sua então esposa e vice-presidente Isabelita. Um novo golpe militar depôs Isabelita em 1976, iniciando uma violenta ditadura militar repressiva, marcada por sequestros de opositores, rapto de filhos de jovens ativistas políticos torturados e mortos. Estima-se em cerca de 30 mil o número de desaparecidos políticos.

Na foto, Juan Domingo Perón ao lado de sua mulher, Evita, em Buenos Aires, em 1950.

Foi só com o fracasso na Guerra das Malvinas (1982), contra a Inglaterra, que detinha a posse desse território reivindicado pela Argentina no Atlântico Sul e chamada pelos ingleses de Falklands, que a ditadura militar ruiu, devolvendo o governo aos civis. A redemocratização do país foi realizada com a eleição de Raul Alfonsin, da UCR (União Cívica Radical), cujo governo não conseguiu conter a crescente crise financeira e inflacionária. Em 1989, foi eleito seu sucessor, o peronista Carlos Menem, que, com o ministro Domingos Cavallo, implementou um plano econômico emergencial em 1991. Foi estabelecida a paridade do peso com o dólar, atrelando a moeda nacional à moeda norte-americana, ao mesmo tempo que se adotou uma ampla política de privatização de empresas estatais, seguindo os fundamentos neoliberais em voga nos anos 1990. Menem se reelegeu em 1995.

Nas eleições presidenciais de 1999, o candidato de oposição Fernando de la Rúa (União Civil Radical-UDR e Frente do País Solidário-Frepaso) venceu o candidato apoiado por Menem. Como novo presidente argentino, Fernando de la Rúa adotou várias medidas de austeridade, afetando ainda mais o emprego e ampliando as dificuldades sociais.

Manifestações de protesto, saques e descontrole administrativo e financeiro aprofundaram a crise, levando de La Rúa a abdicar da Presidência em dezembro de 2001. Após sucessivas renúncias dos chefes de Estado indicados para ocupar o cargo, Eduardo Duhalde assumiu interinamente a presidência até as eleições de 2003. O novo governo argentino adotou algumas reformulações econômicas, como o fim do câmbio fixo, mas não obteve apoio significativo interno e muito menos das finanças internacionais.

Em 2003, Duhalde foi substituído por Nestor Kirchner, que procurou combater o caos financeiro e político, tendo alcançado relativo sucesso. Em 2006, por exemplo, a Argentina pagou integralmente sua dívida para com o FMI e obteve expressivas taxas de crescimento do PIB, acima de 8%. Já quanto ao Mercosul, o bloco continuou esbarrando em divergências nacionais. Em 2007 a Presidência passou a ser ocupada pela esposa de Nestor, Cristina Kirchner, iniciando um governo marcado por forte oposição e frequentes manifestações dos exportadores de bens agrícolas contra impostos e juros elevados. Mesmo assim, Cristina Kirchner foi reeleita, assumindo seu segundo mandato em 2011.

Em julho de 2012, as "Mães e Avós da Praça de Maio", obtiveram êxito na justiça ao conseguirem a condenação de várias autoridades argentinas a penas que variaram de 5 a 50 anos de prisão por atuações criminosas durante a ditadura militar.

Daniel Garcia/Agência France-Presse

As "Mães da Praça de Maio" em Buenos Aires, 2011.

O **narcotráfico** tornou-se um problema no conjunto latino-americano nos anos 1990 e início de 2000: produto em expansão no continente e o segundo maior no comércio mundial, que movimenta várias centenas de bilhões de dólares por ano. Parte significativa dessa produção – estima-se que dois terços da produção mundial – é originária da **Colômbia**. Neste país, a riqueza gerada pelo tráfico de drogas tem financiado os constantes conflitos entre guerrilheiros e a milícia dos "paras" (grupos paramilitares de fazendeiros e militares), em enfrentamentos típicos da época da Guerra Fria.

No final dos anos 1990, depois de 36 anos de guerra civil e dezenas de milhares de mortos, o governo colombiano do presidente Andrés Pastrana (1998-2002) iniciou negociações com grupos guerrilheiros, especialmente as **Forças Armadas Revolucionárias da Colômbia** (Farc), tentando pacificar o país. Sem avanços definitivos nos entendimentos e sob pressão dos Estados Unidos, o presidente Pastrana, em 2000, pôs em andamento o Plano Colômbia, um pacote de mais de 1,3 bilhão de dólares para um programa antidrogas no país.

De 2001 a 2006, com Pastrana e seu sucessor Álvaro Uribe, a nação continuou mergulhada na guerra civil de mais de quatro décadas, num impasse em que nem a guerrilha tinha condições de tomar o poder definitivamente nem as forças governamentais tinham capacidade militar para, apesar da bilionária ajuda norte-americana, derrotá-la. As iniciativas pela pacificação, especialmente as de 2004 e 2005, com prisões e anistia àqueles que depunham as armas, não tiveram os efeitos esperados. Além disso, outro aspecto fundamental do **Plano Colômbia**, destacado por muitos críticos, era a novidade quanto à ingerência direta dos Estados Unidos na América do Sul, especialmente na área amazônica, podendo vir a ser um perigoso precedente para sua maior presença militar na região. Entre as bases que passaram a ter presença norte-americana na região, estão a de Malambo, Palanquero e Apiay, esta distante apenas 400 km da fronteira brasileira.

Soldados que participaram da operação que terminou com a morte de Alfonso Cano, um dos principais líderes das Farc, na base militar de Popayan, em novembro de 2011.

Fernando Vergara/AP Photo/Glow Images

No combate aos guerrilheiros colombianos, o presidente Álvaro Uribe conseguiu a união do bloco conservador do país e reforçou a aliança com os Estados Unidos, o que provocou atritos com governos vizinhos de esquerda, como o de Hugo Chávez, da Venezuela, Rafael Correa, do Equador e Evo Morales, da Bolívia, entre outros. Quando deixou o governo, em 2010, sucedido por Juan Manuel dos Santos, o país de pouco menos de 50 milhões de habitantes tinha cerca de 20 milhões de colombianos vivendo na pobreza e 7,7 milhões em estado de indigência, um quadro de grandes desigualdades, propício para as confrontações entre a ordem conservadora e as rebeliões guerrilheiras contestatórias.

As duas Colômbias

O país andino e amazônico carrega dura e emocionante história, no confronto secular entre os brancos, ricos e de alma europeia, e seu povo, quase todo mestiço, de face acobreada, seja pela origem amazônica ou pelas alturas frias da grande cordilheira. Até hoje, tantos séculos de história, não foi possível fundir em um só caráter as duas etnias principais, a dos autóctones e a de origem europeia. Elas, ao longo da formação do país, tornaram-se classes sociais. A maioria absoluta é constituída dos pobres mestiços. Os mestiços acompanham uma ou outra visão de mundo. As Farc, queiram ou não os políticos e intelectuais que têm dirigido o país, são a Colômbia predominantemente mestiça e pobre. A outra Colômbia é senhora das terras médias em que se produz o café – de excelente qualidade – e dos outros recursos nacionais. Grande parte dessa elite participa hoje da principal riqueza exportável da Colômbia, a das drogas. A maconha, que foi a primeira delas, tem hoje participação marginal no comércio ilegal. A cocaína continua sendo o principal produto, tendo superado, segundo as estimativas, a receita da venda ao exterior do café – mas a heroína, refinada do ópio extraído da papoula, começa a crescer em importância econômica.

SANTAYANA, Mauro. *Jornal do Brasil*, 04 set 2012. Disponível em: <www.jb.com.br/coisas-da-politica/noticias/2012/09/04/colombia-a-paz-dificil-e-quase-tardia>. Acesso em: 12 jun. 2014.

Luis Robayo/Agência France-Presse/Getty Images

Na primeira década do século XXI, as Farc ainda mantinham dezenas de reféns, para serem trocados por prisioneiros guerrilheiros em poder do Estado. Pablo Moncayo, em 2010, de uniforme militar, ao ser libertado depois de 12 anos como refém.

Atividades

Análise de texto e reflexão

1. Leia o texto abaixo, escrito pelo intelectual, crítico literário e ativista palestino Edward Said (1935-2003) e, em seguida, responda às questões propostas.

Numa visita a Beirute durante a terrível guerra civil de 1975-1976, um jornalista francês escreveu com pesar sobre a área deserta no centro da cidade que "ela outrora parecia pertencer [...] ao Oriente de Chateaubriand e Nerval". Ele tinha razão sobre o lugar, é claro, e especialmente no que dizia respeito a um europeu. O Oriente era praticamente uma invenção europeia e fora desde a Antiguidade um lugar de episódios romanescos, seres exóticos, lembranças e paisagens encantadas, experiências extraordinárias. Agora estava desaparecendo; num certo sentido, já desaparecera, seu tempo havia passado. [...]

Os americanos não sentirão exatamente o mesmo sobre o Oriente [...]. Ao contrário dos americanos, os franceses e os britânicos – e em menor medida os alemães, os russos, os espanhóis, os portugueses, os italianos e os suíços – tiveram uma longa tradição do que vou chamar Orientalismo, um modo de abordar o Oriente que tem como fundamento o lugar especial do Oriente na experiência ocidental europeia. O Oriente não é apenas adjacente à Europa; é também o lugar das maiores, mais ricas e mais antigas colônias europeias, a fonte de suas civilizações e línguas, seu rival cultural e uma de suas imagens mais profundas e mais recorrentes do Outro. Além disso, o Oriente ajudou a definir a Europa (ou o Ocidente) com sua imagem, ideia, personalidade, experiência contrastantes. Mas nada nesse Oriente é meramente imaginativo. O Oriente é uma parte integrante da civilização e da cultura material europeia. [...] Em contraste, a compreensão americana do Oriente parecerá consideravelmente menos densa, embora nossas recentes aventuras no Japão, na Coreia e na Indochina devam estar criando uma consciência "oriental" mais sóbria, mais realista. Além disso, a enorme expansão do papel político e econômico da América no Oriente Próximo (o Oriente Médio) exige com urgência nossa compreensão desse Oriente.

[...] Histórica e culturalmente, há uma diferença quantitativa bem como qualitativa entre o envolvimento franco-britânico no Oriente e – até o período do domínio americano depois da Segunda Guerra Mundial – o envolvimento de qualquer outra potência europeia e atlântica. Falar do Orientalismo, portanto, é falar principalmente, embora não exclusivamente, de um empreendimento cultural britânico e francês [...]. A minha ideia é que o Orientalismo deriva de uma intimidade particular experimentada entre a Grã-Bretanha, a França e o Oriente, que até o início do século XIX significava apenas a Índia e as terras bíblicas. Do começo do século XIX até o fim da Segunda Guerra Mundial, a França e a Grã-Bretanha dominaram o Oriente e o Orientalismo; desde a Segunda Guerra Mundial, os Estados Unidos dominam o Oriente, abordando-o como a França e a Grã-Bretanha outrora o fizeram.

SAID, Edward. *Orientalismo*: o Oriente como invenção do Ocidente. São Paulo: Companhia das Letras, 2001. p. 27-31.

a) Explique a afirmação feita pelo autor do texto de que o "Oriente era praticamente uma invenção europeia".
b) A que processo histórico o autor se refere ao dizer que, na década de 1970, o Oriente havia quase desaparecido como "invenção europeia", mas que essa sensação não era compartilhada pelos norte-americanos?
c) Para o autor, qual era a concepção de Oriente para o Ocidente:
   - até o início do século XIX?
   - após esse período e até a Segunda Guerra Mundial?
   - após a Segunda Guerra Mundial?
d) Que papel o Oriente desempenhou na construção de uma identidade europeia?

Análise de texto e reflexão

2. Leia o texto abaixo da historiadora brasileira Marina de Mello e Souza e responda às questões:

Junto com os movimentos de libertação cresceu a ideia de uma unidade africana, só possível de ser criada a partir dos efeitos da colonização, e que foi batizada com o nome de "pan-africanismo". Por trás dessa ideia havia um forte sentimento anticolonial, e de valorização do que foi chamado de "negritude", ou seja, um conjunto de características culturais próprias das sociedades africanas e afro-americanas, formadas a partir da diáspora atlântica. A ideia de negritude é fruto do contato com o Ocidente, com a escravidão, com a dominação colonial e com o racismo. Ela não existe em africanos que não passaram por um processo de formação ocidental, que não foram assimilados pelos valores da sociedade colonizadora. A ideia de negritude incorpora a contribuição ocidental além de recuperar as raízes africanas.

Por ter se formado a partir do contato com as culturas ocidentais, o movimento da negritude contém a ideia de raça à medida que defende uma diferenciação entre o negro e o branco. Nesse movimento, a ideia de raça negra é um forte elemento de sustentação da possibilidade de africanos e afrodescendentes pensarem a África como uma unidade, onde todos os países tenham identidades a partir das quais possam agir juntos para a superação do colonialismo e dos seus efeitos negativos. Unidos em torno do pan-africanismo e da negritude, não só a África como um todo mas os afrodescendentes de além-mar se engajaram na luta pelo fim do colonialismo, com o apoio de muitos segmentos sociais, mesmo nos países coloniais.

SOUZA, Marina de Mello e. *África e Brasil africano*. São Paulo: Ática, 2007. p. 167-8.

a) O que é o pan-africanismo, segundo a autora?
b) Explique por que a autora afirma que a ideia de "negritude" não existe em "africanos que não passaram por um processo de formação ocidental".
c) Em que medida a ideia de "negritude" e de "raça negra" se relacionam ao anticolonialismo na África? Explique.

Análise de documento e imagem

3. Observe atentamente a imagem a seguir. Ela mostra uma manifestação organizada pelo Exército Zapatista de Libertação Nacional (EZLN) no México, em 2007. Em seguida, leia o documento, redigido em 1994 por este mesmo grupo, e responda às questões:

Primeira Declaração da Selva Lacandona [janeiro de 1994]

Ao povo do México.

Somos produto de 500 anos de luta: primeiro contra a escravidão, na guerra de independência contra a Espanha encabeçada pelos insurgentes; depois para não sermos absorvidos pelo expansionismo norte-americano; em seguida, para promulgar a nossa Constituição e expulsar o Império francês do nosso solo. A ditadura Porfirista nos negou a justa aplicação das leis da Reforma e o povo se rebelou criando seus próprios líderes; foi assim que surgiram Villa e Zapata, homens pobres como nós, aos quais também se negou um mínimo de instrução, para que, como nós, fossem utilizados como bucha de canhão e deixassem o poderoso saquear as riquezas de nossa pátria, sem se importar com o fato de estarmos morrendo de fome e doenças curáveis, de não termos nada, absolutamente nada, sem um teto digno, sem terra, sem trabalho, sem saúde, sem alimentação, sem educação, sem ter direito a eleger livre e democraticamente nossas autoridades, sem independência dos estrangeiros, sem paz e sem justiça para nós e para os nossos filhos.

Porém, nós hoje dizemos: BASTA!

PRIMEIRA Declaração da Selva Lacandova. In: FELICE, Massimo Di; MUÑOZ, Cristobal (Org.). *A revolução invencível*: cartas e comunicados. São Paulo: Boitempo, 1998. p. 39.

Agência France-Presse/ Getty Images

Manifestante zapatista na Cidade do México, em 2007.

a) Descreva a imagem, identificando quem são as pessoas fotografadas e o que elas fazem. Descreva também a imagem que aparece na bandeira.
b) Que lutas político-sociais latino-americanas os autores do documento relacionam à sua própria luta?
c) Relacione a imagem ao documento e responda: em sua opinião, a manifestação retratada é uma forma de luta compatível com o que prega o documento? Por quê? Justifique sua opinião com elementos presentes na imagem.

Vestibulares de Norte a Sul

1. **CO** (UFMT)

Sobre os processos de colonização e descolonização do continente africano, marque V para as afirmativas verdadeiras e F para as falsas.

( ) Após o processo de descolonização, vários grupos étnicos foram forçados a conviver em um mesmo Estado, intensificando os conflitos armados como o ocorrido entre as etnias Tutsi e Hutus, em Ruanda.

( ) O critério de regionalização do continente africano mais utilizado pós-descolonização, com base em elementos étnicos e culturais, classifica-o em África Branca ou Setentrional e África Negra ou Subsahariana.

( ) As potências imperialistas europeias reunidas na Conferência de Berlim dividiram o espaço da África entre si, criando fronteiras sem respeitar a antiga organização tribal e a distribuição geográfica das etnias no continente.

Assinale a sequência correta.

a) V, V, V
b) V, F, V
c) V, V, F
d) F, F, V
e) F, F, F

2. **CO** (UFG-GO)

A resistência à discriminação racial tem inúmeras expressões intelectuais e populares, seja nos Estados Unidos, nas Antilhas, na Europa ou na África, sendo identificadas, desde o início do século XX, como movimento da *Negritude*. Esse movimento de resistência propunha

a) a negação de acontecimentos históricos associados à escravidão e à ocupação imperialista.
b) a valorização das características culturais e físicas negras e seu vínculo com a África.
c) a unificação dos dialetos do continente africano para estabelecer a unidade política.
d) a liderança africana dos movimentos pelos direitos civis em curso nos outros continentes.
e) a ocidentalização da cultura africana como forma de combate ao colonizador.

3. **NE** (UFBA)

Em relação ao Socialismo Real, pode-se concluir:

(01) O papel determinante do Estado na elaboração dos planos que nortearam as estruturas e as relações econômicas resultou em uma experiência denominada "economia planificada" na União Soviética.

(02) As ideias de Karl Marx foram absorvidas e postas em prática pela URSS com a implantação do socialismo via agricultura, após a "perestroika", servindo também de modelo para países como Indonésia e Albânia.

(04) O socialismo praticado na República Popular da China difere do soviético, porque a fidelidade chinesa a suas tradições religiosas exigiu que o país adotasse práticas menos duras no processo de implantação do regime socialista.

(08) As relações entre o socialismo cubano e a URSS, estabelecidas a partir da década de 60 do século XX, alimentaram comercial e militarmente a ilha caribenha, o que condicionou a inevitável dependência econômica de Cuba frente ao estado soviético.

(16) A Cuba socialista, apesar das pressões norte-americanas e de seu completo isolamento em relação aos países da América Latina, continua a promover movimentos armados radicais no continente, sendo atualmente a responsável direta pela manutenção dos grupos guerrilheiros na Venezuela, na Bolívia e no Brasil.

(32) A China e a Coreia do Norte, no Oriente, registram dificuldades na preservação de relações diplomáticas, porque continuam a disputar a supremacia militar atômica no mundo socialista, ao lado de Cuba e do Vietnã.

(64) A produção do espaço na União Soviética se fundamentava na estatização dos meios de produção e no poder do proletariado, expresso na ditadura de partido único com rígido controle sobre a sociedade.

4. **NE** (UFRN)

A China atravessava grandes dificuldades econômicas em 1966, quando Mao Tsé-Tung deu início à *Revolução Cultural*, que se declarava contrária a "quatro velharias": "velhas ideias, velha cultura, velhos costumes e velhos hábitos". Apesar de propagar transformações nessas áreas, a *Revolução Cultural* foi também um movimento político, pois

a) fortaleceu o poder de Mao Tsé-Tung, em razão da repressão aos líderes acusados de direitistas e do expurgo dos que faziam oposição ao grupo maoísta.
b) possibilitou a consolidação da Guarda Vermelha no poder, a qual reimplantou o burocratismo, o autoritarismo e o nepotismo típico do modelo soviético.
c) ampliou a influência do modelo soviético sobre o comunismo chinês, com o investimento de muitos capitais e contando com a cooperação de técnicos soviéticos no planejamento da economia.
d) traçou uma nova diretriz para o país, com a qual Mao Tsé-Tung buscava o desenvolvimento de relações internacionais que atraíssem capitais e empresas estrangeiras.

5. **CO** (UFMS) Leia atentamente parte do discurso pronunciado por Salvador Allende, transmitido pela Rádio Magallanes, em 11 de setembro de 1973.

[...] *Tenho fé no Chile e em seu destino. Outros chilenos superarão esse momento negro e amargo em que a traição pretende se impor; continuem sabendo que muito mais cedo do que tarde novamente se abrirão as grandes avenidas por onde passará o homem digno, para construir uma sociedade melhor.* [...]

Apud ALEGRIA, Fernando. *Salvador Allende*. São Paulo: Brasiliense, 1984.p. 94.

Com base nessa parte do discurso e em seus conhecimentos sobre a história da América Latina, é correto afirmar que

a) Salvador Allende reconhecia que, durante o período em que esteve na presidência do Chile, o seu governo foi um fracasso. Segundo ele, somente um governo forte, sob a liderança dos militares, poderia conduzir seu país para a construção de uma sociedade melhor.
b) em seu discurso, Salvador Allende já previa a ascensão de Pinochet ao Palácio de *la Moneda*, pois, como afirma em seu pronunciamento, "novamente se abrirão as grandes avenidas por onde passará o homem digno, para construir uma sociedade melhor".
c) após a última oportunidade em que se dirigiu ao povo chileno, em 11 de setembro de 1973, Salvador Allende, o presidente do Chile, veio a morrer no interior do Palácio de *la Moneda*, o qual foi bombardeado pela Força Aérea e pelos tanques do Exército Chileno.
d) desde 1973, já havia no interior da América Latina representantes da Al Qaeda com objetivos de expandir a religião islâmica através da Guerra Santa e, por isso, houve o atentado terrorista em 11 de setembro de 1973 contra o Palácio de *la Moneda*.
e) o final do governo de Salvador Allende foi muito parecido com o de Jânio Quadros. Allende, assim como Quadros, também renunciou ao cargo de presidente, entregando-o aos militares.

6. **NE** (UFPI)

Deve entender-se por carisma a qualidade extraordinária de uma personalidade... A dominação carismática subverte o passado e é neste sentido especificamente revolucionária. É legítima na medida em que o carisma especial encontra reconhecimento, e dele carecem os homens de confiança, os discípulos, o séquito. Quando o que se leva em conta é o carisma, não se pode falar de uma livre eleição de um sucessor, senão de um "reconhecimento" de que existe o carisma no pretendente à sucessão... A designação pelo próprio senhor de um sucessor ou representante é uma forma muito adequada da conservação da continuidade do domínio em todas as organizações originariamente carismáticas tanto proféticas como militares...

Disponível em: <http://almanaque.folha.uol.com.br/filosofiaweber1.htm>. Acesso em: 20 ago. 2009.

Líderes carismáticos no Brasil e na América Latina foram comuns no período populista, ou seja, na passagem para o processo de modernização das sociedades latino-americanas. De acordo com a definição anterior, do teórico alemão Max Weber, podemos citar como lideranças carismáticas, apenas:

a) Getulio Vargas, Juan Perón, Mão Santa.
b) Fernando Collor, George Bush e Paz Estensoro.
c) Getulio Vargas, Lázaro Cárdenas e Juan Perón.
d) Mão Santa, Alberto Silva e Paz Estensoro.
e) Lázaro Cárdenas, Juscelino Kubitschek e Fernando Henrique Cardoso.

7. **SE** (Uerj)

A Declaração Universal dos Direitos Humanos (ONU, 1948) conta hoje com a adesão da maioria dos estados-nacionais. O conteúdo desse documento, no entanto, permanece como um ideal a ser alcançado. Observe o que está disposto em seu artigo XV:

1. Toda pessoa tem direito a uma nacionalidade.

2. Ninguém será arbitrariamente privado de sua nacionalidade, nem do direito de mudar de nacionalidade.

portal.mj.gov.br

Desde a década de 1960, em virtude de conflitos, o direito expresso nesse artigo vem sendo sonegado à maior parte da população pertencente ao seguinte povo e respectivo recorte espacial:

a) árabe – regiões ocupadas pela Índia
b) esloveno – distritos anexados pela Sérvia
c) palestino – territórios controlados por Israel
d) afegão – províncias dominadas pelo Paquistão

8. **SE** (Fuvest-SP) Entre os fatores que permitem associar o contexto histórico de Portugal, na década de 1970, às independências de suas colônias na África, encontram-se

a) o Salazarismo, que dominou Portugal desde a década de 1930, e a intensificação dos laços coloniais com Cabo Verde e Guiné-Bissau, 40 anos depois.
b) a influência política e militar do Pacto de Varsóvia, no norte do continente africano, e o surgimento de movimentos contra o *apartheid* nas colônias portuguesas.
c) o não cumprimento, por Portugal, da exigência internacional de que libertasse suas colônias africanas e sua exclusão da Comunidade Europeia, no princípio da década de 1970.
d) a Revolução dos Cravos, de 1974, que encerrou o longo período ditatorial português, e a ampliação dos movimentos de libertação nacional, como os de Angola e Moçambique.
e) o imediato cessar-fogo estabelecido pelo regime democrático português, implantado em 1974, e o fim dos conflitos internos nas colônias portuguesas da África.

CAPÍTULO

40 O regime militar

Acervo Iconographia/Reminiscências

A Passeata dos Cem Mil, ocorrida no Rio de Janeiro em 26 de junho de 1968, reuniu artistas, intelectuais e outros setores da população na maior manifestação contra a ditadura militar realizada até então.

Para pensar historicamente

Democracia e ditadura

A deposição do presidente João Goulart com um golpe militar em 1964 deu início a mais um período ditatorial na história brasileira. Sua instalação contou com apoio de setores da sociedade civil e outra vez a sociedade ficava sob a tutela de um Estado autoritário.

Em sua opinião, o que diferencia uma sociedade democrática de uma sociedade autoritária? Que mudanças foram promovidas pelos militares que configuraram a chamada ditadura? Quais elementos podem ser apontados para estabelecer conexões entre civis e o poder militar?

Como você já viu na seção *Saber Histórico: Discutindo do pós-guerra ao século XXI*, a década de 1960 foi marcada por movimentos sociais diversos e por inúmeras manifestações populares. No Brasil, que tipo de manifestações contra a ditadura ocorreram no período de 1964 a 1985, ano da eleição indireta do primeiro presidente civil pós-ditadura?

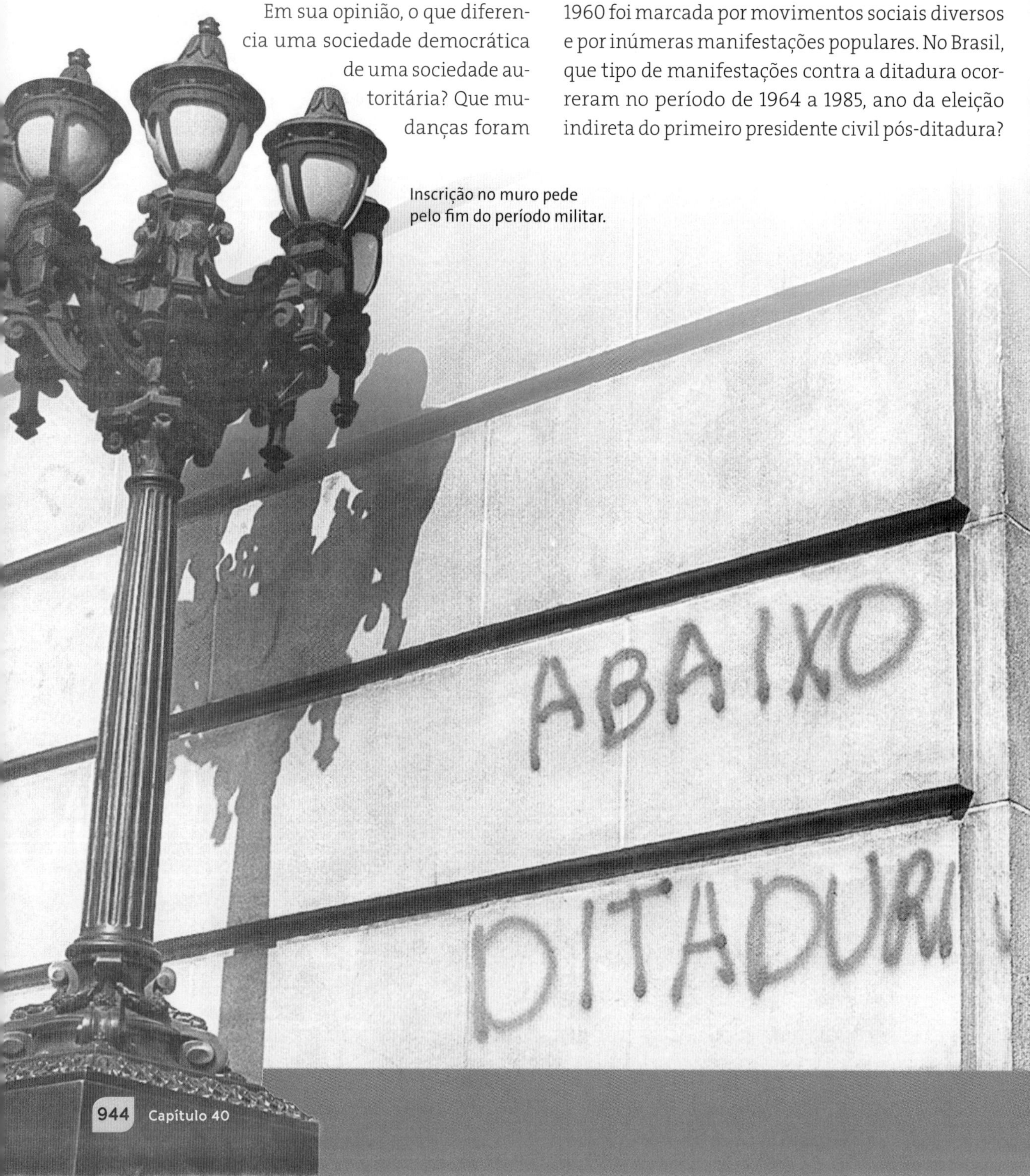

Inscrição no muro pede pelo fim do período militar.

1 A montagem da ditadura

Ditadura militar

O regime militar instaurado no Brasil em 1964 estendeu-se por 21 anos, nos quais a Presidência da República foi ocupada pelos comandantes do Exército. Seus líderes, contudo, insistiam em acentuar o caráter temporário do período, e o teor do Ato Institucional nº 1 (AI-1), outorgado em 9 de abril de 1964 pela Junta Militar que assumiu o poder após o golpe, fornecia ferramentas para esse objetivo. O AI-1 decretava:

- realização de eleições indiretas para presidente da República em um prazo de dois dias a contar da publicação do ato e de eleições diretas em outubro de 1965;
- fortalecimento dos poderes do presidente, que poderia apresentar emendas constitucionais ao Congresso e aprová-las por maioria simples, suspender temporariamente os direitos políticos de qualquer cidadão por dez anos, em nome de "interesses nacionais", e decretar estado de sítio sem a autorização do Congresso;
- suspensão temporária da estabilidade dos funcionários públicos.

A estratégia dos militares era clara: impor ao Congresso um candidato militar que, uma vez nomeado presidente, pudesse realizar a "limpeza" tão desejada por forças conservadoras (o que afetaria basicamente a esquerda) e devolvesse o poder aos civis em um prazo de pouco mais de um ano.

A Constituição de 1946 foi modificada e estava sujeita a alterações cada vez maiores; a imprensa permaneceu relativamente livre, e os tribunais, funcionando. Em 1965, estavam previstas também eleições para governador de estado, que se realizaram normalmente. Esse quadro nos permite afirmar que, apesar do golpe e do crescente autoritarismo do Executivo, manteve-se um clima de relativa liberdade no país.

O presidente nomeado pelo Congresso foi o marechal **Humberto de Alencar Castelo Branco**, com o apoio dos governadores dos estados participantes do golpe (Carlos Lacerda, da Guanabara, que hoje faz parte do Rio de Janeiro; Ademar de Barros, de São Paulo; e Magalhães Pinto, de Minas Gerais). Veterano da Força Expedicionária Brasileira na campanha da Itália, ligou-se à Escola Superior de Guerra e era bastante respeitado entre os oficiais do Exército por seus dotes intelectuais.

Arquivo O Globo/Agência O Globo

Posse de Humberto de Alencar Castello Branco; tornou-se presidente em 1964 e prometeu eleições para o ano seguinte, mas permaneceu no poder até 1967.

Ao assumir a Presidência, Castelo Branco procurou apurar as denúncias de violência e dar um basta à tortura, no que obteve sucesso, substituindo-a pela cassação de mandatos e suspensão de direitos.

A política econômica do novo governo foi entregue aos ministros Otávio Gouveia de Bulhões (Fazenda) e Roberto Campos (Planejamento). Juntos, elaboraram o Plano de Ação Econômica do Governo (Paeg), uma tentativa de estabilizar a economia e lançar as bases para a retomada do crescimento econômico.

O plano previa, em primeiro lugar, o combate ao *deficit* público: proibiu-se aos governos estaduais a emissão de **títulos** sem prévia autorização do governo federal; procurou-se combater os gastos excessivos das empresas estatais, tornando-as rentáveis, o que determinou um aumento nos preços dos produtos e serviços oferecidos por essas empresas (petróleo e energia). Essas medidas, somadas ao aumento no preço do trigo importado provocado pela desvalorização da moeda, desencadearam uma elevação do custo de vida. Em seguida, os impostos foram aumentados, obtendo-se um equilíbrio entre a receita e as despesas do governo.

títulos: documentos vendidos por um governo ou banco, que se compromete a comprá-lo de volta após um certo período, pagando juros.

O objetivo seguinte era normalizar a oferta de crédito, ou seja, de empréstimos bancários. As elevadas taxas de inflação inviabilizavam a existência de crédito de longo prazo, uma vez que o valor das parcelas da dívida tendia a ser corroído pela inflação, gerando prejuízos para os credores. Em julho de 1964, foi criada a Obrigação Reajustável do Tesouro Nacional (ORTN), um índice atualizado mensalmente de acordo com a variação dos preços. Todos os contratos e prestações seriam atualizados por ele, tornando possível a correção monetária. Implantava-se, assim, a indexação da economia brasileira.

A política salarial baseada no arrocho reduziu os salários do setor público, enquanto os do setor privado dependiam da livre negociação entre patrões e empregados, cabendo aos tribunais do trabalho a resolução de conflitos. Na verdade, a fórmula da livre negociação era um engodo: os tribunais contavam com juízes nomeados pelo governo, obedientes a ele em sua política de arrocho salarial.

O movimento sindical, por seu lado, pouco podia fazer, pois se encontrava enfraquecido pela prisão dos principais líderes e pelas constantes intervenções, previstas na legislação vigente antes de 1964 e mantidas pelo novo governo. Houve queda da inflação e alcançou-se estabilidade econômica, o que abriu caminho para um grande surto de crescimento, promovido à custa dos trabalhadores. Observe os índices do gráfico ao lado.

Taxa de inflação (1964-1967) (números aproximados)

O governo militar em seus primeiros anos teve sucesso no combate à inflação, apesar do elevado custo social.

A existência de um regime forte, autoritário, tornou possível a adoção de certas medidas francamente impopulares, como também foi impopular o conjunto da nova política econômica. Outro resultado da política adotada pela dupla Bulhões-Campos foi o retorno dos investimentos estrangeiros, tendo à frente o governo dos Estados Unidos.

Entretanto, a situação política do país se deteriorava. Lacerda, que havia apoiado o golpe, agora se levantava contra a política econômica do governo. Os políticos ligados ao regime militar sofreram sucessivas derrotas eleitorais, como em 1965, na eleição para prefeito de São Paulo (com a vitória de Faria Lima, apoiado por Jânio Quadros) e para governador de estado (vitória de Negrão de Lima, na Guanabara, e Israel Pinheiro, em Minas Gerais, ambos ligados a Juscelino Kubitschek).

Tudo isso provocou o "endurecimento" do regime, de modo que as medidas autoritárias se multiplicaram e o retorno dos militares aos quartéis foi adiado para um futuro cada vez mais distante. Ao mesmo tempo, a linha-dura, representada pelo ministro da Guerra, Costa e Silva, ganhava mais espaço no governo.

O mandato de Castelo Branco foi prorrogado em julho de 1964, por uma emenda constitucional, devendo estender-se até março de 1967. Em outubro de 1965, foi decretado o **AI-2**, uma grande vitória da linha-dura. O ato previa o fortalecimento ainda maior do Executivo, chegando a dar ao presidente o poder de decretar o recesso do Congresso Nacional, das Assembleias estaduais e das Câmaras de Vereadores.

As eleições para presidente da República passaram a ser indiretas, isto é, realizadas pelo Congresso, e os partidos políticos foram extintos, sendo criados em seu lugar a **Aliança Renovadora Nacional** (Arena) e o **Movimento Democrático Brasileiro** (MDB). O primeiro seria formado por políticos que apoiavam o governo militar, enquanto o segundo correspondia a uma oposição consentida.

O **AI-3**, de fevereiro de 1966, estendia as eleições indiretas para governador de estado e para prefeito de municípios considerados áreas de "segurança nacional", incluindo as capitais de estados. A liberdade era cada vez menor e o jogo político eleitoral ganhava cada vez mais aspecto de farsa. Tal foi o caso do Congresso, fechado em outubro de 1966, após a cassação de muitos parlamentares, e só reaberto, pelo **AI-4** de 1967, para aprovar uma nova Constituição.

A nova carta constitucional, sexta brasileira e quinta republicana, teve vida curta. Incorporou uma série de princípios presentes nos atos institucionais impostos até então, mas logo foi ultrapassada por novos atos do governo militar. Castelo Branco ia sendo gradativamente envolvido pela linha-dura. No início de 1967, o marechal **Artur da Costa e Silva** foi escolhido presidente da República. Pelos meios legais que aparentemente os militares toleravam, a atuação dos parlamentares era constantemente barrada, fosse por meio de cassações, que voltaram a se multiplicar após o AI-2, fosse pelo fechamento do Congresso, decretado pelo presidente.

Plenário da Câmara Federal na instalação do Movimento Democrático Brasileiro (MDB), 1966.

Arquivo/Agência Estado

Dessa forma, o MDB era um partido que não tinha as mínimas condições de exercer real oposição ao governo. Os principais líderes políticos do país tentaram articular um movimento de oposição que não estivesse necessariamente ligado a partidos políticos e que pudesse superar as velhas disputas anteriores a 1964, tudo em nome de um retorno à democracia.

Carlos Lacerda, que pretendia candidatar-se a presidente nas eleições previstas para 1965 (mais tarde canceladas) e que apoiara o golpe, viu suas pretensões frustradas com o progressivo endurecimento do regime. Procurou aproximar-se de **Juscelino Kubitschek**, que também pretendia concorrer às mesmas eleições presidenciais canceladas, e de **João Goulart**, então exilado no Uruguai. Juntos formaram a **Frente Ampla** de oposição, que, no entanto, teve sua atividade cerceada pela perseguição a seus principais líderes: tanto Lacerda quanto Juscelino tiveram seus direitos políticos cassados e acabaram sendo exilados.

Carlos Namba/Arquivo da editora

Durante o Congresso da União Nacional dos Estudantes (UNE) foram presos 1200 estudantes, em Ibiúna, outubro de 1968.

A mobilização popular, principalmente dos estudantes, trabalhadores e artistas, intensificou-se. Desde o governo Goulart, os estudantes se mobilizavam em associações como a **União Nacional dos Estudantes** (UNE), insistindo nas reformas de base e apoiando qualquer guinada de Jango à esquerda. A partir de 1964, tornaram-se vítimas da repressão e, principalmente durante o governo Costa e Silva (1967-1969), reagiram intensamente.

No entanto, a causa imediata de muitas manifestações estudantis, principalmente no ano de 1968, estava ligada a problemas específicos da educação, e não propriamente políticos. Em março daquele ano, por exemplo, foi feita uma manifestação diante do **Calabouço**, um restaurante ligado à Universidade Federal do Rio de Janeiro, por melhor qualidade da alimentação e preços mais baixos. A polícia foi chamada e o resultado da intervenção policial foi a morte do estudante Edson Luís de Lima Souto. Seu velório, enterro e missa foram acompanhados por milhares de estudantes. Seguiram-se tensões e novos choques com a polícia.

Estudantes enfrentam policiais durante manifestação na Candelária, após missa de sétimo dia do estudante Edson Luís, em abril de 1968.

Arquivo O Globo/Agência O Globo

Multiplicaram-se as manifestações e passeatas organizadas por todas as universidades brasileiras. A violência da polícia e do exército contra essas demonstrações de insatisfação fez com que setores da classe média e também da Igreja se solidarizassem com os estudantes, engrossando o número daqueles que, nas ruas, protestavam contra o regime.

O ponto mais alto desse movimento foi a **Passeata dos Cem Mil**, no Rio de Janeiro, em junho de 1968. Em outubro do mesmo ano, porém, o congresso da UNE realizado clandestinamente – uma vez que a associação havia sido declarada ilegal já em outubro de 1964 – em Ibiúna, no estado de São Paulo, acabou sendo descoberto pela polícia, que prendeu nada menos que 1240 dos principais líderes estudantis do país, enfraquecendo o movimento.

No ano de 1968 também ocorreram duas **greves** bastante agressivas na periferia de São Paulo (Osasco) e de Belo Horizonte (Contagem). As reivindicações trabalhistas misturavam-se com a oposição ao regime, e nos dois casos a repressão governamental foi violenta.

O meio artístico e cultural, que passava por grande agitação desde o início da década, procurou resistir à repressão do regime. As origens da agitação podem ser encontradas nos **Centros Populares de Cultura** (CPC), criados na época por estudantes e que procuravam promover uma aproximação entre a arte e a população em geral. O **teatro** estava à frente do movimento, destacando-se os grupos Arena e Oficina, com Augusto Boal e José Celso Martinez Corrêa como líderes. No cinema, surgiu o movimento chamado **Cinema Novo**, afastando-se dos padrões norte-americanos e discutindo problemas sociais e culturais essencialmente brasileiros, pelos diretores Glauber Rocha e Nelson Pereira dos Santos, entre outros.

Na **música**, as canções de protesto encontraram palco nos grandes festivais organizados a partir de 1965 pela TV Record, onde também nasceu a **Tropicália**, retomando princípios antropofágicos propostos por Oswald de Andrade (1922). Toda essa atividade intelectual estava mesclada de política.

Enquanto isso, um pequeno grupo de opositores do regime, percebendo que qualquer tipo de oposição pacífica ao governo estava destinado a desencadear uma repressão desproporcionalmente violenta, resolveu partir para a luta armada.

Divulgação/Arquivo da editora

Capa de *Tropicália ou Panis et circencis*, disco-manifesto de um movimento do qual saíram alguns dos nomes mais conhecidos hoje da música popular brasileira.

Arquivo do jornal *O Estado de S. Paulo*/Agência Estado

Encenação da peça teatral *Roda Viva*, com texto de Chico Buarque e direção de José Celso Martinez Corrêa. Considerada subversiva, a peça foi censurada (1968).

Infográfico

PASSEATAS CONTRA A DITADURA

Pouco restou aos opositores do regime senão sair às ruas e se manifestar publicamente. A Passeata dos Cem Mil, em 1968, no Rio de Janeiro, foi a maior dessas manifestações, que acabavam por transformar as ruas em palco de enfrentamento com forças policiais. Somente na década de 1980, com o movimento pelas Diretas Já, ocorreriam passeatas maiores que as da época.

Arquivo/Agência Estado

Cortejo composto de cerca de 50 mil pessoas em março de 1968, após o velório do estudante Edson Luís, morto em confronto com a polícia.

Entre os equipamentos padrão utilizados pelas tropas de choque, encontravam-se capacetes e escudos para defesa e cacetetes para ataque. Disparadores de gás lacrimogêneo também eram empregados em larga escala. Sempre ao alcance das mãos estavam as armas de fogo, até mesmo aquelas capazes de disparar balas de borracha (que feriam sem matar).

Cavalaria do exército ocupa as ruas de São Paulo em 1968.

Arquivo/Agência Estado

As polícias militares estaduais mantinham as tropas de choque e a cavalaria encarregadas de lidar com manifestações de massas. Essas tropas agiam com violência, visando dissolver as manifestações e deter seus participantes mais exaltados. Progressivamente, a tecnologia das tropas de choque foi se sofisticando, com o emprego de carros blindados apelidados de "brucutus". Equipados com mangueiras de água de alta pressão, eram muito eficientes para dispersão de multidões.

Kioshi Araki/Agência Estado

Os carros blindados chamados de "brucutus" em São Paulo, em julho de 1968.

Jorge Butsuem/Arquivo da editora/EA

A pichação ajudava a deixar marcas na paisagem urbana, lembrando a mobilização contra o regime.

Nas passeatas, faixas e cartazes traziam palavras de ordem contra a ditadura ("Abaixo a ditadura", "Pelo fim da censura", "Contra o imperialismo"). Em caso de confronto, os manifestantes arremessavam o que estivesse ao alcance das mãos: paus, pedras, tijolos. Em certos casos, eram empregados "coquetéis molotov" (garrafas de vidro contendo líquido inflamável — geralmente gasolina e óleo automotivo — e pavio de pano).

Acervo Última Hora/Folhapress

Manifestação estudantil na rua 25 de março, em São Paulo, 1977.

Para saber mais

Anos rebeldes

A década de 1960 foi marcada por vários movimentos sociais, protestos e mobilizações em todo o mundo, tanto em países capitalistas como socialistas. Por essas características, esse período é chamado de Anos Rebeldes. Por toda parte, diferentes grupos exprimiam seus projetos para a sociedade e seu inconformismo com a situação daquele momento. Eram ativismos pelos direitos de negros, de mulheres, de homossexuais, de estudantes, de minorias étnicas, entre muitos outros.

Henry Diltz/Corbis/Latinstock

Janis Joplin durante sua apresentação no *Woodstock Music and Art Fair*, o Festival de Woodstock, ocorrido em Bethel, Nova York, em 1969.

Como vimos, nos Estados Unidos, ganhou força a luta contra o conflito no Vietnã. No início, acreditava-se que este teria curta duração. Ao contrário: arrastou-se por muitos anos e envolveu praticamente toda a sociedade norte-americana. Também absorveu boa parte do orçamento do governo e mobilizou centenas de milhares de jovens para o alistamento.

Lutar contra a invasão do Vietnã tornou-se a bandeira dos movimentos de contestação ao conservadorismo da sociedade norte-americana, não só nos Estados Unidos como em todo o mundo.

Ao mesmo tempo que se protestava contra a guerra, condenava-se também a repressão às tentativas de abertura democrática nos países socialistas, como a Primavera de Praga. Assim, apesar das intensas críticas ao capitalismo, os procedimentos do Estado soviético não eram aceitos sem contestação.

Além das práticas políticas, muitos desses movimentos criticavam ainda os comportamentos e valores morais, como o poder autoritário dos pais sobre os jovens; a desigualdade de direitos entre homens e mulheres; a subordinação feminina aos homens e aos valores machistas.

As mobilizações iam desde atuações políticas violentas até o pacifismo do movimento *hippie*; das pichações ao enfrentamento guerrilheiro; das lutas contra a discriminação racial dos negros ou pela emancipação feminina crescente aos protestos musicais e à negação do comportamento convencional.

Entre os jovens, difundia-se o uso da minissaia, dos cabelos compridos, das roupas coloridas. O discurso era de liberdade individual e busca do prazer. Disseminavam-se as pílulas anticoncepcionais e a pregação do amor livre, bem como o uso de drogas, como maconha e LSD.

Propostas revolucionárias e pacifistas, resumidas no refrão Paz e Amor, mesclavam-se criativamente nas várias manifestações de protesto, nos enfrentamentos contra a ordem vigente ou na montagem de comunidades alternativas, a exemplo dos *hippies*.

A música firmou-se como importante canal de protesto social. Os meios de comunicação, a indústria fonográfica e a organização de *shows* e festivais garantiam acesso a um público amplo de cantores e bandas vinculados a movimentos sociais e políticos. Explodia o *rock*, com uma nova forma de percepção do mundo e comportamentos. Bandas como Beatles, Rolling Stones, The Doors e músicos como Jimmy Hendrix, Janis Joplin, Joan Baez e Bob Dylan traduziam o novo momento e a discordância da juventude.

No campo social foi a época dos movimentos negros nos Estados Unidos por garantia de direitos civis, reconhecimento da plena cidadania e fim do racismo, que em muitos estados era uma política oficializada.

Paris, capital da França, transformou-se no centro da rebeldia dos estudantes e dos trabalhadores europeus contra o governo. Em maio de 1968, explodiu uma revolução na cidade, com barricadas e propostas para uma sociedade livre, liderada por socialistas ou anarquistas.

A década de 1960, em especial o ano de 1968, tornou-se ícone por tudo que representou de lutas e conquistas. Muitos a veem ainda como uma época que não terminou, pelo fato de as promessas de paz, amor e liberdade contra a opressão e a alienação das sociedades autoritárias e conservadoras ainda não terem se concretizado.

Bettmann/Corbis/Latinstock

Manifestantes em marcha vindos da praça da Bastilha, em Paris, em maio de 1968.

Em dezembro de 1968, o presidente Costa e Silva decretou o **AI-5**, o mais violento de todos os atos institucionais até então outorgados. Previa:

- fechamento do Legislativo (Senado e Câmara dos Deputados) pelo presidente da República, que, nos períodos de recesso, poderia legislar em seu lugar;
- suspensão dos direitos políticos e garantias constitucionais individuais, incluindo a suspensão do *habeas corpus* (instrumento jurídico cuja função é resguardar o corpo do indivíduo da ameaça de sofrer violência ou coação em sua liberdade de locomoção);
- intervenção federal em estados e municípios;
- possibilidade de o presidente decretar estado de sítio sem autorização do Congresso.

André Toma/Arquivo da editora

Ao contrário do caráter provisório dos demais atos institucionais, o AI-5 apresentava-se como uma medida permanente, só vindo a ser revogado onze anos depois. Assim, a aparência democrática do regime ruía de uma vez por todas: o Brasil mergulhava na ditadura total. A violência só tendia a aumentar.

Arquivo do jornal *O Estado de S.Paulo*/Agência Estado

Na Avenida Presidente Vargas (centro do Rio de Janeiro), soldados reprimem uma passeata de estudantes em agosto de 1968, meses antes da aprovação do AI-5 (Ato Institucional nº 5).

2 A ditadura total (1968-1977)

Logo após decretar o AI-5, Costa e Silva sofreu um derrame cerebral. O vice--presidente, o civil Pedro Aleixo, foi proibido de assumir pelos ministros militares, que indicaram um novo presidente, o general **Emílio Garrastazu Médici**, para ser confirmado pelo Congresso.

Arquivo/Agência Estado

Militantes do Movimento Revolucionário 8 de outubro são detidos no Rio de Janeiro e levados para a Ilha das Flores, em 29 de julho de 1969.

Médici governou o país com grande violência, de 1969 a 1974 – período caracterizado pela repressão e a tortura, além de instaurar uma forte censura aos meios de comunicação. O pretexto desse radicalismo era a intensificação da luta armada contra o regime.

A luta armada assumiu a forma da **guerra de guerrilha,** inspirada na Revolução Cubana de Fidel Castro, que assumira o poder (1959) e na Guerra do Vietnã (1955-1975), então em pleno andamento. Os dois movimentos guerrilheiros tinham como modelos teóricos, respectivamente, as obras de "Che" Guevara e de Mao Tse-tung, que, aliás, também havia comandado uma guerra de guerrilhas vencedora na China, em 1949.

As propostas de Guevara incluíam a criação de focos revolucionários, ou seja, grupos militares muito bem treinados que, operando de uma ou mais bases em pontos remotos do país, poderiam desestabilizar o governo e criar condições para sua substituição forçada. Já Mao Tse-tung enfatizava a necessidade de organizar uma base camponesa que pudesse apoiar os movimentos dos guerrilheiros, que não teriam apenas papel militar, mas também social.

Três focos guerrilheiros acabaram sendo criados no Brasil: na Serra do Caparaó, em Minas Gerais; no Vale do Ribeira, em São Paulo; e na região do baixo Araguaia, no Pará. O primeiro deles foi derrotado pela rápida intervenção das forças governamentais. O segundo, chefiado pelo capitão **Carlos Lamarca**, oficial dissidente do exército, resistiu por mais tempo. Apesar de a guerrilha ter sido também rapidamente reprimida no local, Lamarca conseguiu fugir e acabou sendo morto no sertão da Bahia em 1971, após violenta perseguição.

O movimento que envolveu mais pessoas e durou mais tempo foi o do **Araguaia**, talvez porque seus participantes, ligados ao PC do B (Partido Comunista do Brasil), dissidência do PCB (Partido Comunista Brasileiro), tenham conseguido obter apoio da população local. Outra razão talvez tenha sido o fato de o foco guerrilheiro ter se estabelecido em plena Floresta Amazônica, em região de difícil acesso. Esse fato consistia em sua grande contradição: sua atuação permanecia ignorada nos grandes centros urbanos, tornando inviável a desestabilização do regime nessas condições.

O foco guerrilheiro só foi descoberto pelo Exército em 1972 e destruído em 1975, na maior operação militar organizada pelo Exército brasileiro desde a Segunda Guerra Mundial.

O fracasso da guerrilha no interior do país foi acompanhado pelo inesperado sucesso da **guerrilha urbana**, uma experiência quase sem precedentes no mundo até então. Organizada por **Carlos Marighella**, líder da Aliança Libertadora Nacional (ALN), operava na região das grandes capitais, principalmente São Paulo. Dessa forma, o movimento guerrilheiro urbano tinha mais condições de desestabilizar o regime que os focos rurais. Na verdade, isso era um reflexo da própria formação social brasileira: nos anos 1960, o Brasil estava rapidamente deixando de ser um país rural, diferenciando-se de Cuba, China e Vietnã. Em vista do intenso processo de urbanização, buscar um modelo de luta armada baseado na experiência desses países era um contrassenso.

Os tradicionais meios com que o Exército contava para desbaratar a guerrilha rural, como tropas especiais e helicópteros, eram inúteis para a repressão à guerrilha urbana. A arma encontrada pelas forças armadas foi a informação, cuja obtenção era fundamental para organizar com sucesso as operações de contraguerrilha. Daí o crescimento dos órgãos de informação das forças armadas, como o Centro de Informação do Exército (CIEx), o Centro de Informações da Marinha (Cenimar), o Centro de Informação Social do Exército (Cisa) e o **Serviço Nacional de Informações** (SNI), subordinado diretamente à Presidência da República. Ao mesmo tempo, cada região militar contava com um **Comando de Operações de Defesa Interna** (Codi), que controlava a atuação das tropas dos **Destacamentos de Operações Internas** (DOI).

Com o objetivo de coordenar o trabalho dos diversos grupos, foi criada, no início de 1969, a **Operação Bandeirantes** (Oban), que subordinava oficiais dos órgãos de informação do Exército e contingentes das polícias militares. Era comandada pelo delegado da polícia civil paulista **Sérgio Paranhos Fleury**, até então ligado aos **esquadrões da morte** no combate aos criminosos comuns.

Vidal Cavalcante/Folhapress

Aos 70 anos, Alzira Grabois exibe um cartaz com as fotos de desaparecidos políticos na Guerrilha do Araguaia, entre eles, seu marido, Maurício Grabois. A manifestação ocorreu na Praça da Sé, em São Paulo, 1987.

A Oban contava com mecanismos próprios de financiamento, ou seja, doações (nem sempre espontâneas) de industriais e homens de negócio. Alguns identificados com os ideais da Guerra Fria, na luta anticomunista, outros assustados com a agitação da esquerda. A repressão teve sucesso com Fleury comandando pessoalmente a emboscada que resultou na morte de Marighella nas ruas de São Paulo, em novembro de 1969.

A tortura utilizada na busca de informações transformou nomes e siglas, como Fleury e DOI-Codi, em sinônimos de violência contra o indivíduo. Escoradas na doutrina da "segurança nacional", segundo a qual os militares estavam encarregados da defesa contra ameaças internas, as forças armadas e policiais moveram verdadeira guerra contra os opositores do regime. No final do governo Médici, a guerrilha já havia sido praticamente esmagada, tanto no campo quanto nas cidades, com exceção dos últimos núcleos no Araguaia.

Delfim Martins/Pulsar Imagens

A Estação Pinacoteca (foto) abriga o Memorial da Resistência de São Paulo, dedicado a preservar as memórias da resistência e repressão política do Brasil republicano. Parte do edifício sediou, de 1940 a 1983, o Departamento Estadual de Ordem Política e Social (Deops), polícia política especialmente violenta durante a ditadura militar.

Os bastidores do "milagre" econômico brasileiro

Na área econômica, o governo Médici foi responsável pelo advento do chamado "milagre" econômico brasileiro: crescimento da economia em ritmo bastante acelerado. O principal ideólogo do "milagre" foi o economista **Antonio Delfim Netto**, ministro da Fazenda desde o governo Costa e Silva. O "milagre" deveu-se ao ingresso maciço de capitais estrangeiros, como já se verificava no Brasil desde o final da década de 1960.

Durante vários anos, não foram feitos investimentos estrangeiros em razão do descontrole da inflação e dos sucessivos traumas políticos provocados pelo governo Jânio Quadros, da implantação do parlamentarismo e do agitado governo "esquerdista" de João Goulart. Esses capitais externos voltaram ao território nacional, atraídos pela estabilidade política promovida pelos governos militares, firmemente comprometidos com o combate às esquerdas, e pelos esforços para estabilização da economia lançados no governo de Castelo Branco. As baixas taxas de juros praticadas no mercado internacional no início da década de 1970 e o aval do governo norte-americano ao regime militar contribuíram para tornar possível a instrumentalização do "milagre".

Chegando em grande volume, o capital estrangeiro era absorvido por empresas privadas brasileiras, empresas privadas estrangeiras (multinacionais) e empresas estatais. As **empresas privadas brasileiras** concentraram-se no setor chamado *labour intensive*, isto é, indústrias que têm fraca demanda de capital e forte demanda de mão de obra (têxtil, processamento de alimentos, ou seja, de bens de consumo *não duráveis*). As **empresas multinacionais**, por sua vez, direcionaram suas atividades para os setores de *capital intensive*, de forte demanda de capital e relativamente fraca demanda de mão de obra (indústria automobilística, de eletrodomésticos, de máquinas, ou seja, de bens de consumo *duráveis*). Finalmente, as **empresas estatais** voltaram-se para os setores ligados à "segurança nacional", envolvendo indústria pesada, geração de energia, telecomunicações e indústria bélica.

O modelo como um todo assemelhava-se muito àquele implantado por Juscelino Kubitschek entre 1956 e 1961, com a diferença de que o Estado passava a ter um papel empreendedor muito maior do que outrora.

Linha de montagem de automóveis da indústria automobilística Ford no estado de São Paulo, 1983.

Luiz Saez Parra/Folhapress

Para viabilizar o crescimento acelerado da produção industrial brasileira, procurou-se ampliar o mercado consumidor externo e interno. Pela primeira vez, a produção industrial brasileira passava a encontrar um mercado consumidor significativo no exterior, não apenas em países do Terceiro Mundo, mas também na Europa e nos Estados Unidos. Entretanto, eram as empresas multinacionais as que mais exportavam. Ao transferirem suas linhas de montagem para países como o Brasil, que contava com grandes depósitos de matéria-prima (ferro, por exemplo), indústrias de base capazes de transformar essa matéria-prima (siderúrgicas) e mão de obra abundante e barata, as multinacionais conseguiam oferecer ao mercado externo produtos modernos e sofisticados a preços baixos.

A equipe econômica do governo também trabalhava para manter baixos os salários, e, portanto, os custos de produção. Qualquer reivindicação trabalhista por melhores salários era reprimida com violência. Quanto à ampliação do mercado consumidor interno, aqui encontramos uma das peculiaridades do "milagre": enquanto se promovia o achatamento salarial dos trabalhadores mais humildes, buscava-se a expansão do poder de compra dos trabalhadores mais especializados, basicamente da classe média. Os salários dos executivos e os ganhos dos profissionais liberais da classe média subiram consideravelmente, bem como as facilidades de crédito.

Nesse momento, a classe média brasileira conseguiu atingir seus objetivos mais imediatos: o consumo. Nas grandes cidades, chegou-se a criar um modo de vida próprio: a casa própria, cheia de eletrodomésticos, o segundo automóvel da família (o primeiro havia sido adquirido provavelmente na época de Juscelino), o apartamento na praia ou o sítio no campo. Os filhos estudavam em escolas particulares e, por meio dos cursinhos pré-vestibulares, garantiam seu ingresso no ensino superior gratuito. Com o diploma universitário, conseguia-se a perpetuação da ascensão social.

A expansão econômica foi realmente espetacular, com a taxa de crescimento do Produto Interno Bruto (PIB) mantendo-se elevada a cada ano, e o governo não demorou em tirar proveito disso. Surgia o mito do Brasil potência, alimentado pela propaganda oficial: "Ninguém segura este país", "Brasil, ame-o ou deixe-o", "Pra frente, Brasil", "Até 1964 o Brasil era o país do futuro: agora o futuro chegou".

Em charge de 1970, Ziraldo deixava clara a sua crítica ao regime, especialmente sua relação entre o poder militar e a população.

A própria conquista do tricampeonato mundial de futebol no México, em 1970, colaborou para criar um clima de quase euforia e reforçar a imagem positiva do país para os porta-vozes do discurso oficial. Os governos lançaram-se ainda à concretização de grandes projetos de engenharia civil, as obras faraônicas, símbolos do Brasil potência: a Transamazônica, a ponte Rio-Niterói, a hidrelétrica de Itaipu, todas de interesse questionável e custos astronômicos.

No entanto, a dependência em relação ao capital estrangeiro era bastante expressiva, e a dívida externa crescia em proporções alarmantes. O problema era minimizado graças à manutenção de baixas taxas de juros no mercado internacional e à expansão acelerada do PIB. Além disso, foram elevados os custos sociais das novas diretrizes econômicas do governo, principalmente com o arrocho salarial que atingiu vastos setores da população mais pobre. Na verdade, o "milagre" gerou uma acentuada desigualdade da distribuição de renda.

A luta pelo fim do regime

Em março de 1974, encerrou-se o mandato de Médici, que foi substituído pelo general **Ernesto Geisel**. Sua ascensão marcou o retorno do grupo castelista ao poder, embora o próprio Castelo Branco já houvesse falecido (em misterioso acidente aéreo, em julho de 1967). O principal projeto do novo governo foi realizar a abertura política, isto é, o processo de redemocratização do país "lento, gradual e seguro", de acordo com as palavras do presidente. Nessa tarefa, seria auxiliado pelo general **Golbery do Couto e Silva**, braço direito de Geisel.

A abertura política foi provocada por diversos fatores, sendo o principal o fato de que a entrega do poder aos civis fazia parte do projeto original do grupo castelista, em 1964. A sequência golpe-"limpeza"-retorno aos quartéis seria finalmente concluída, embora com muitos anos de atraso.

Além disso, o regime passava por um processo natural de desgaste; afinal, em 1974 completou-se o décimo ano seguido de governos militares e até mesmo setores beneficiados pelo regime sentiam certa insatisfação, como ficou demonstrado nas eleições legislativas de 1974. Nesse ano, o partido de oposição, MDB, apesar de todas as dificuldades, acabou vencendo a situacionista Arena nas grandes cidades.

Pelé é carregado por seus companheiros da seleção brasileira de futebol após o Brasil conquistar o tricampeonato da Copa do Mundo no México, em 1970.

Aquivo/AP Photo/Glow Images

O esgotamento do "milagre" econômico também contribuiu para a abertura do regime. Era impossível manter taxas de crescimento do PIB acima de 10% ao ano, e os governos militares, que em grande parte se justificavam pelo sucesso na área econômica, logo se veriam em apuros. Aliás, alguns problemas já se anunciavam, como a alta da inflação, encoberta pelos índices oficiais. E, para agravar a situação, ocorreu a primeira grande **crise do petróleo**, em 1973, quando o país, dependente da importação de mais de 80% do total do petróleo que consumia, viu seriamente comprometido seu balanço de pagamentos.

Finalmente, o esmagamento da oposição mais radical ao regime, por meio da violenta guerra suja, fez com que a redemocratização não mais parecesse uma alternativa ameaçadora aos olhos de muitos militares.

O processo de abertura política, no entanto, enfrentava duas grandes limitações. Em primeiro lugar, os militares estavam pouco propensos a entregar o poder para a oposição. Um governo civil seria tolerado e era até inevitável, mas desde que mantivesse inalteradas certas diretrizes, incluindo o prosseguimento da política econômica vigente nas suas linhas mais gerais, isto é, na associação com o capital estrangeiro. Em segundo lugar, em momento algum os militares tolerariam uma apuração efetiva das violências e excessos cometidos durante o período de combate à guerrilha, vista por eles como uma guerra de fato e, portanto, justificando atos normalmente considerados ilegais ou até criminosos.

Uma das principais iniciativas de Geisel para consolidar a abertura política foi a desmontagem do aparelho repressivo. Durante o combate aos opositores do regime, os órgãos de informação e segurança haviam crescido desmesuradamente: se, por um lado, os generais decidiam as estratégias a ser adotadas no combate à "subversão", por outro, o trabalho era operacionalizado por escalões mais baixos. Estes haviam se fortalecido no processo e não aceitariam a desmontagem do aparelho repressivo, muitas vezes encontrando apoio na alta oficialidade mais radical, ligada à linha-dura. O governo Geisel moveu uma grande batalha contra esses setores, vistos como principal obstáculo à redemocratização.

Arquivo do jornal *O Estado de S. Paulo*/Agência Estado

O crescimento do MDB foi significativo a partir de 1974, principalmente nos estados do Centro-Sul. Ao lado, foto de convenção do partido em 1974, no Rio de Janeiro.

Finalmente, a inflação, que já vinha crescendo desde a época do "milagre", fugiu a qualquer controle, sendo alimentada até mesmo pelo mecanismo da correção monetária. Na falta de recursos externos, emitia-se dinheiro internamente, ativando o crescimento da inflação e ocasionando grande déficit das contas públicas. Assim, já no início da década de 1980, o Brasil passava a viver uma situação de **estagflação**, isto é, estagnação econômica com inflação.

A adoção de uma política recessiva pelo governo teve como resultado o aumento das taxas de inflação, que não atingiam as classes altas, mas contra as quais os setores mais humildes não tinham como se proteger. Quanto ao comércio e à indústria, percebendo claramente que os pobres não tinham dinheiro e os ricos mantinham seus ganhos, especializaram-se no atendimento a essa fatia do mercado. Em vez de muitos produtos a preços razoáveis para várias pessoas, aumentaram os preços, passando a ganhar com a venda de poucos produtos para poucas pessoas a preços altos. Em outras palavras, tratava-se de compensar no preço unitário os prejuízos decorrentes da queda no volume das vendas.

Durante o governo Geisel, aprofundaram-se as distorções da economia brasileira. O **intervencionismo estatal** atingiu seu auge, bem como a política das obras faraônicas. A combinação empresas estatais-autoritarismo político mostrou-se catastrófica, na medida em que, muitas vezes, os vastos recursos dirigidos a essas empresas acabavam em mãos de particulares, não existindo nenhum controle da sociedade civil sobre o setor público. Um exemplo foi a assinatura do **acordo nuclear entre Brasil e Alemanha**, em 1975, que resultou na construção das caríssimas e ineficientes usinas de Angra dos Reis.

Usinas nucleares Angra 1 e Angra 2, em Angra dos Reis, Rio de Janeiro, 2013.

Alex Larbac/Tyba

Assim, as empresas estatais começavam a combinar excessivos gastos com pessoal e ineficiência econômica, gerando, mais tarde, a convicção de que, generalizadamente, empresas estatais são pouco eficientes e precisam ser privatizadas. Os custos públicos dessa ineficiência eram atendidos com emissões de papel-moeda ou então com bem remunerados empréstimos feitos ao governo, favorecendo instituições financeiras (bancos), que ganhavam com o processo.

Para combater uma crise que já se anunciava antes mesmo de sua posse, Figueiredo convocou Delfim Netto para o Ministério do Planejamento, que mais uma vez teria poderes amplos para conduzir a economia do país. Após rápida e fracassada tentativa de ajuste interno, procurou estimular as exportações, concedendo incentivos fiscais e, principalmente, desvalorizando a moeda. O objetivo era conseguir os dólares necessários para manter em dia o pagamento dos juros da dívida externa.

A partir de meados da década de 1980, o Brasil começou a ter saldos excepcionalmente favoráveis para a época em sua balança comercial, algo em torno de 1 bilhão de dólares por mês, chegando a obter o terceiro maior saldo mundial, atrás apenas do Japão e da Alemanha Ocidental (embora o saldo japonês, por exemplo, chegasse a ser quase dez vezes maior que o brasileiro).

O grande volume de dólares que ingressava anualmente no país, contudo, ficava nas mãos do governo, que o remetia para o exterior como parte do pagamento da dívida, enquanto os exportadores recebiam o equivalente em cruzeiros. As grandes emissões de cruzeiros para o pagamento dos exportadores acabavam por acelerar a inflação. Dessa forma, os compromissos internacionais eram mantidos, os bancos estrangeiros continuavam lucrando e a sociedade brasileira pagava a conta.

A grande insatisfação com o regime militar verificada entre os trabalhadores mais organizados – os operários dos setores automobilístico e metalúrgico, por exemplo – desencadeou uma onda de greves entre 1978 e 1979. Esse processo foi responsável pelo surgimento de novas lideranças sindicais desvinculadas do velho esquema do trabalhismo e dos partidos políticos existentes. Entre essas lideranças destacava-se a de **Luiz Inácio da Silva**, o Lula, do Sindicato dos Metalúrgicos do ABC paulista.

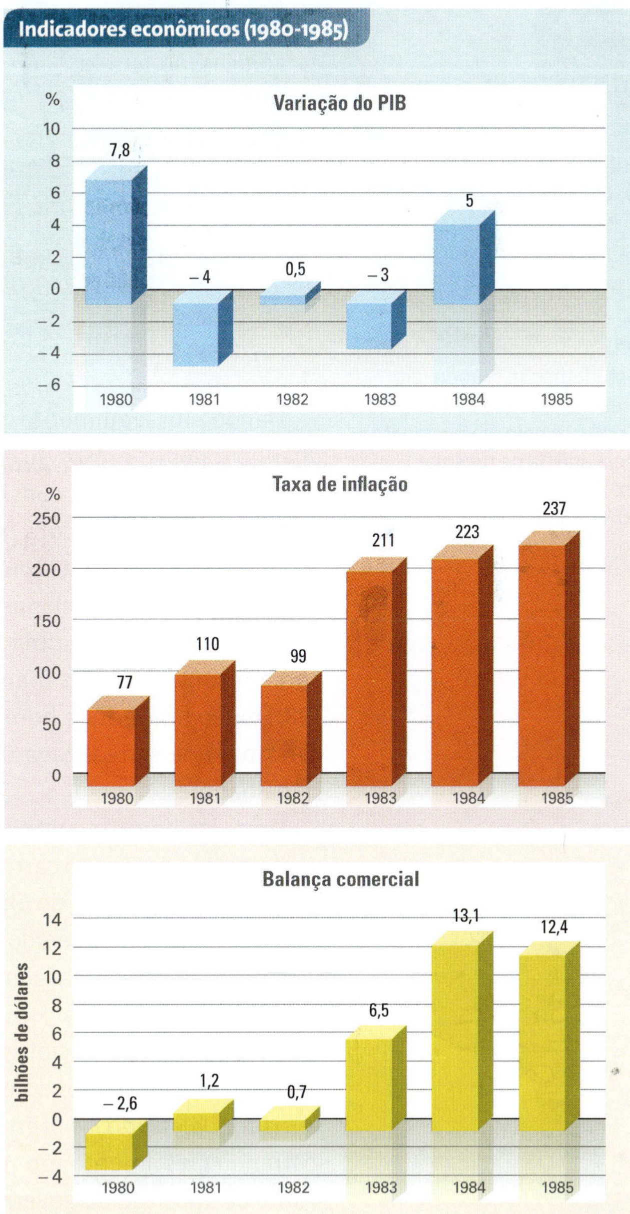

Cassiano Röda/Arquivo da editora

IBGE

O fim do regime militar: crise da dívida, inflação e superávits comerciais.

Juca Martins/Olhar Imagem

Estudantes se reúnem em frente ao Largo São Francisco pelo dia nacional pela anistia de presos e exilados políticos. São Paulo, 1978.

Dando prosseguimento à abertura, o Congresso aprovou a **Lei da Anistia**, perdoando todos os presos ou exilados acusados de crimes políticos. A lei, no entanto, não incluía aqueles considerados culpados por atos terroristas e luta armada contra o governo, embora perdoasse todos os militares e policiais que haviam cometido violências na repressão como sequestros, torturas e assassinatos.

Os grupos mais reacionários dentro das forças armadas, por sua vez, apelaram para o terrorismo, em uma série de atentados a bomba e sequestros, que não tiveram consequências mais sérias no processo da abertura. Em 30 de abril de 1981, explodiram duas bombas no **Riocentro**, centro de convenções da capital carioca, onde se realizava um grande festival de música em homenagem aos trabalhadores.

Uma das bombas atingiu a central de energia, enquanto outra explodiu acidentalmente dentro do carro que a transportava, matando um sargento e ferindo gravemente um oficial do Exército. O atentado fracassado que causou um verdadeiro escândalo (só superado por aquele provocado pela não apuração do episódio), marcou o fim do embate entre os militares da linha-dura e os do processo de abertura política.

No final de 1979, iniciou-se a organização de novos partidos políticos no lugar da Arena e do MDB, tendo em vista principalmente as eleições diretas para governador de estado, as primeiras realizadas no país desde 1965. O MDB vinha registrando crescimento em meio à opinião pública e transformou-se em grande frente de oposição ao governo, atraindo políticos de diversas correntes. Seu líder,

Ulysses Guimarães, ganhava prestígio como principal voz da oposição no país.

A reforma partidária foi proposta com o objetivo de enfraquecer o MDB nas eleições para governador em 1982, acreditando-se que ele fosse se fragmentar em pequenos partidos representativos de suas várias correntes. O partido de apoio ao governo, a Arena, por sua vez, transformou-se no **Partido Democrático Social** (PDS).

Ulysses Guimarães, entretanto, trabalhou habilmente para manter o caráter de frente de oposição de sua nova agremiação política, o **Partido do Movimento Democrático Brasileiro** (PMDB), tendo razoável sucesso nesse sentido. Outros partidos que surgiram com a reforma foram o **Partido Trabalhista Brasileiro** (PTB), pálida lembrança do velho partido dos anos 1950 e 1960; o **Partido Democrático Trabalhista** (PDT), em torno do veterano Leonel Brizola; e o **Partido dos Trabalhadores** (PT), organizado pelos novos líderes sindicais surgidos nas greves de 1978-1979, principalmente Lula.

As eleições ocorreram pacificamente no dia 15 de novembro de 1982. A oposição, com o PMDB à frente, conseguiu a maioria dos votos, elegendo os governadores dos principais estados: **Franco Montoro** e **Tancredo Neves**, do PMDB, respectivamente em São Paulo e Minas Gerais; e **Leonel Brizola**, do PDT, no Rio de Janeiro. Ao mesmo tempo, foram realizadas eleições legislativas, e o PDS, escorado nas pouco representativas leis eleitorais vigentes, conseguiu 235 das 480 cadeiras da Câmara dos Deputados.

Durante o ano de 1983, o PT, de fraco desempenho nas eleições do ano anterior, procurou liderar uma campanha pela realização de eleições diretas para a escolha do sucessor de Figueiredo. Essa medida passava por uma reforma constitucional, e o PT acreditava que, pela mobilização popular, o Congresso (ou seja, o PDS) pudesse se sensibilizar e aprovar a medida.

A campanha pelas **Diretas Já**, como foi divulgada e ficou conhecida, começou timidamente, mas logo ganhou o apoio dos membros do PMDB e do PDT. Em pouco tempo, multidões tomaram as ruas das cidades em comícios gigantescos, numa mobilização popular rara na história do país.

Orlando Brito/Arquivo da editora

Manifestação pelas eleições diretas presidenciais na Praça da Sé, em São Paulo, em janeiro de 1984.

Apesar da atuação da oposição e do voto favorável de mais de 50 deputados do PDS, a emenda constitucional que estabelecia as eleições diretas para presidente da República acabou não sendo aprovada pelo Congresso, gerando frustração em todo o país. A luta seguinte das oposições seria no Colégio Eleitoral, que escolheria um novo presidente.

A união dos partidos de oposição durante o movimento pelas Diretas Já fez surgir a possibilidade de vitória nas eleições indiretas marcadas para janeiro de 1985. Em 1984, o partido do governo, por sua vez, apresentava-se dividido, já que a escolha do candidato para a Presidência não mais estava nas mãos dos militares, tendo essa incumbência passado para o PDS.

Um candidato despontava: era o coronel do exército **Mário Andreazza**, nome que contava com a simpatia dos militares. No entanto, o ex-prefeito da cidade de São Paulo e ex-governador do estado, **Paulo Maluf**, do PDS, também tinha pretensões na disputa presidencial. Por meio de diversas concessões e promessas de campanha, ele acabou conseguindo o apoio da maioria dos políticos de seu partido, sendo indicado como candidato oficial na convenção de agosto de 1984.

Apesar de conservador e tendo construído sua carreira política à sombra dos militares, Maluf descontentava a velha-guarda do PDS, que tinha à frente nomes de outros antigos políticos, como José Sarney, Aureliano Chaves, Antônio Carlos Magalhães e Marco Maciel. O partido também vinha apoiando o regime militar, no qual seus líderes tiveram papel decisivo, como ocorreu no fracasso do movimento pelas Diretas Já no Congresso. O grupo que sempre se beneficiara do regime, fornecendo seus quadros políticos e administrativos e até obtendo vantagens pessoais, estava diante da possibilidade de não mais fazer parte das estruturas do poder, uma vez que Maluf sempre agia por conta própria.

Carlos Fenerich/Arquivo da editora

Tancredo Neves comemorando sua vitória no Colégio Eleitoral com a esposa, Risoleta Neves, e Ulysses Guimarães. Congresso Nacional, Brasília, em 15 de janeiro de 1985.

Diante dessa situação, formou-se uma dissidência dentro do PDS, a **Frente Liberal**, que mais tarde daria origem ao Partido da Frente Liberal (PFL). A Frente procurou aproximar-se do PMDB, que lançou a candidatura do moderado político mineiro **Tancredo Neves** à Presidência da República. Estabeleceu-se uma aliança entre os dois agrupamentos políticos, da qual nasceu a chapa Tancredo-Sarney, candidatos, respectivamente, à Presidência da República e à vice-Presidência.

O Colégio Eleitoral reuniu-se em 15 de janeiro de 1985 para escolher o novo presidente do Brasil, dando vitória a Tancredo Neves. Com uma complicada manobra política, a oposição havia conseguido assumir o poder, ainda que se valendo de uma chapa bastante conservadora e do apoio de políticos que antes haviam participado do regime militar. De qualquer maneira, os 21 anos de governo militar haviam se encerrado, e uma nova época se iniciava no país.

Pensando no Enem

1. *"Boicote ao militarismo", propôs o deputado federal Márcio Moreira Alves, do Movimento Democrático Brasileiro (MDB), em 2 de setembro de 1968, conclamando o povo a reagir contra a ditadura. O clima vinha tenso desde o ano anterior, com forte repressão ao movimento estudantil e à primeira greve operária do regime militar. O discurso do deputado foi a 'gota d'água'. A resposta veio no dia 13 de dezembro com a promulgação do Ato Institucional nº 5 (AI-5).*

DITADURA descarada. In: *Revista de História da Biblioteca Nacional.* Rio de Janeiro, ano 4, nº 39, dez. 2008 (adaptado).

Considerando o contexto histórico e político descrito acima, o AI-5 significou

a) a restauração da democracia no Brasil na década de 60.
b) o fortalecimento do regime parlamentarista brasileiro durante o ano de 1968.
c) o enfraquecimento do poder central, ao convocar eleições no ano de 1970.
d) o desrespeito à Constituição vigente e aos direitos civis do país a partir de 1968.
e) a responsabilização jurídica dos deputados por seus pronunciamentos a partir de 1968.

Resposta: d

O Ato Institucional número 5 de dezembro de 1968 fora redigido pelo Ministro da Justiça Luís Antônio da Gama e Silva e entrou em vigor no mandato do então presidente Costa e Silva. Ampliava ainda mais o poder do Executivo, que acabou fechando o Congresso Nacional. Era uma resposta do Governo Militar às críticas por parte de membros do Legislativo federal às torturas e violências cometidas contra brasileiros. Sua duração se estendeu até 1978 e mostrava a arbitrariedade do regime com os que eram contrários aos seus posicionamentos.

Considerando a matriz de Referência do Enem, essa questão contempla a competência de área 5 – Utilizar os conhecimentos históricos para compreender e valorizar os fundamentos da cidadania e da democracia, favorecendo uma atuação consciente do indivíduo na sociedade, especialmente a habilidade H24: Relacionar cidadania e democracia na organização das sociedades. E também a competência de área 3 – Compreender a produção e o papel histórico das instituições sociais, políticas e econômicas, associando-as aos diferentes grupos, conflitos e movimentos sociais, especialmente a habilidade H15: Avaliar criticamente conflitos culturais, sociais, políticos, econômicos ou ambientais ao longo da história.

2. **PSD - PTB - UDN**
PSP - PDC - MTR
PTN - PST - PSB
PRP - PR - PL - PRT

Finados

FORTUNA. *Correio da Manhã*, ano 65. n. 22 264, 2 nov. 1965.

A imagem foi publicada no jornal *Correio da Manhã*, no dia de Finados de 1965. Sua relação com os direitos políticos existentes no período revela a

a) extinção dos partidos nanicos.
b) retomada dos partidos estaduais.
c) adoção do bipartidarismo regulado.
d) superação do fisiologismo tradicional
e) valorização da representação parlamentar.

Resposta: c

A imagem indica claramente, e de forma irônica, o principal "morto" a ser lembrado no dia de Finados: o sistema político partidário vigente até então. A criação de um regime bipartidário fundado na ARENA (situação) e MDB (oposição consentida) foi um golpe contra as liberdades democráticas do período.

Considerando a matriz de Referência do Enem, essa questão contempla a competência de área 5 – Utilizar os conhecimentos históricos para compreender e valorizar os fundamentos da cidadania e da democracia, favorecendo uma atuação consciente do indivíduo na sociedade, especialmente a habilidade H24: Relacionar cidadania e democracia na organização das sociedades.

Atividades

Análise de imagem

1. A figura ao lado é a reprodução de um cartaz do Movimento Feminino pela Anistia no Brasil, divulgado em 1975.

   a) Preste atenção à imagem. Que mudanças você nota nos desenhos das personagens femininas da primeira fileira superior até a fileira inferior do cartaz?

   b) O que acontecia no cenário político nacional em 1975, quando o cartaz foi divulgado?

   c) Por que o cartaz convoca o leitor para "sair da sombra"?

   d) Em sua opinião, a divulgação de movimentos como o que vemos no cartaz foi importante para mudar o cenário político brasileiro? Explique.

Reprodução/Arquivo Público do Estado de São Paulo

Análise de documento e reflexão

2. O texto 1 trata da opinião do pensador Benjamin Constant (1767-1830) sobre o chamado Período do Terror durante a Revolução Francesa. Já o texto 2 é parte do *Pequeno manual do guerrilheiro urbano*, redigido pelo revolucionário brasileiro Carlos Marighella em 1969. Após a leitura dos textos, responda às questões.

Texto 1

Desordens particulares, calamidades pavorosas, momentâneas e ilegais não constituem o Terror. Esse só existe quando o crime é o sistema de governo e não quando é seu inimigo, quando o governo o ordena e não quando o combate.

Citado por: OZOUF, Mona. *Varennes:* a morte da realeza, 21 de junho de 1791. São Paulo: Companhia das Letras, 2009. p. 223.

Texto 2

Eu gostaria de fazer uma dupla dedicatória deste trabalho; primeiro, em memória de Edson Souto, Marco Antônio Brás de Carvalho, Nelson José de Almeida ("Escoteiro") e a tantos outros heroicos combatentes e guerrilheiros urbanos que caíram nas mãos dos assassinos da polícia militar, do exército, da marinha, da aeronáutica, e também do DOPS, instrumentos odiados da repressora ditadura militar.

Segundo, aos bravos camaradas – homens e mulheres – aprisionados em calabouços medievais do governo brasileiro e sujeitos a torturas que se igualam ou superam os horrendos crimes cometidos pelos nazistas. Como aqueles camaradas cujas lembranças nós reverenciamos, bem como aqueles feitos prisioneiros em combate, o que devemos fazer é lutar.

[...]

A acusação de "violência" ou "terrorismo" sem demora tem um significado negativo. Ele tem adquirido uma nova roupagem, uma nova cor. Ele não divide, ele não desacredita, pelo contrário, ele representa o centro da atração. Hoje, ser "violento" ou um "terrorista" é uma qualidade que enobrece qualquer pessoa honrada, porque é um ato digno de um revolucionário engajado na luta armada contra a vergonhosa ditadura militar e suas atrocidades.

MARIGHELLA, Carlos. *Pequeno manual do guerrilheiro urbano*. Disponível em: <www.midiaindependente.org/pt/red/2004/06/283439.shtml>. Acesso em: 12 mar. 2013.

   a) Faça uma pesquisa, em livros ou na internet, e relembre o que foi o Período do Terror durante a Revolução Francesa. Defina-o brevemente.

   b) No texto 1, o que Benjamin Constant quer dizer ao afirmar que o terror existe quando "o crime é o sistema de governo e não quando é seu inimigo"? Explique relacionando essa afirmação com o contexto do Período do Terror.

   c) Que acusações Marighella faz ao Estado brasileiro vigente em 1969, presentes no texto 2?

   d) Que argumentos Marighella utiliza para defender que "hoje, ser 'violento' ou um 'terrorista' é uma qualidade que enobrece qualquer pessoa honrada"? Justifique.

   e) De acordo com o pensamento de Benjamin Constant, as ações violentas cometidas pelos guerrilheiros dos anos 1960 seriam formas de "terror"? E as ações da ditadura militar? Justifique suas respostas.

Análise de texto historiográfico

3. Leia o texto abaixo do historiador brasileiro Marcos Napolitano. Em seguida, responda às questões.

> A partir dos eventos ocorridos no "ciclo revista" de 1978/1980, os sujeitos coletivos puderam definir suas identidades e articular suas reivindicações frente ao Estado. Neste processo, a "questão democrática" foi reelaborada historicamente, deixando de ser apenas um tema que inspirava a resistência contra a ditadura, para nortear diversos projetos de sociedade. A "questão operária" consolidou, no espaço público, uma outra formulação da "questão democrática", que se exercitava desde o início dos anos 70: não mais se tratava de criar a produção do consenso mas, sobretudo, aprimorar a equação do conflito.
>
> NAPOLITANO, Marcos. As greves do ABC: a questão social encontra a questão democrática. In: *Cultura e poder no Brasil republicano*. Curitiba: Juruá, 2002. p. 104.

a) Releia o texto didático e identifique quem eram os participantes do que o autor chama "ciclo grevista" e por que eles estavam insatisfeitos.

b) De acordo com o autor, por que as greves dos metalúrgicos redefiniram o movimento pela volta da democracia e introduziram novas questões entre os opositores da ditadura militar? Justifique.

4. Apesar de muitas vezes aparecerem nas peças de publicidade como um objeto ou numa posição de sujeição ao homem (veja as imagens abaixo), as mulheres desempenharam papel ativo no cenário político e cultural da década de 1970. Para conhecer melhor algumas das mulheres que marcaram presença no cenário nacional dos anos 1970, reúna-se em grupo de quatro colegas e faça uma pesquisa em *sites* da internet, livros e revistas, procurando nomes de destaque nos seguintes campos:

a) política;
b) literatura;
c) artes plásticas;
d) música;
e) cinema e/ou teatro;
f) ciências.

A seguir, cada grupo deve selecionar um dos nomes pesquisados e procurar conhecer mais profundamente sua biografia, suas ideias e sua produção na área em que atuou. De posse desses dados, cada grupo escolherá um de seus membros para interpretar para a sala a personagem pesquisada.

Para a encenação, o grupo deve criar uma fala de apresentação para a personagem, destacando suas realizações e evidenciando sua importância no contexto da década de 1970. O grupo deve também ficar atento à caracterização da personagem, buscando compor um figurino condizente com a personalidade e o papel social dela. Nessa etapa, será importante buscar auxílio dos professores que ministram aulas na área em que a personagem escolhida atuava ou próxima a ela.

Ao final dos trabalhos, façam um debate acerca da questão: "O espaço de atuação das mulheres hoje é maior do que na década de 1970?".

Reprodução/Arquivo da editora/*Revista Manchete*, 11 mar. 1972.

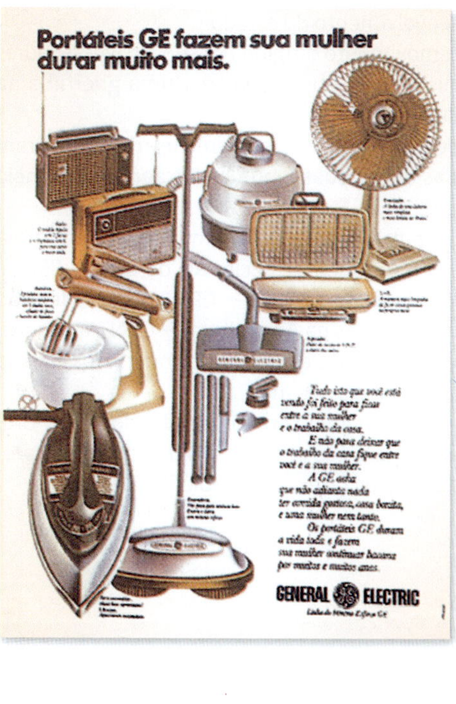

O apelo ao consumo: era o "milagre" alcançando a classe média. Observe a visão preconceituosa do *slogan* da propaganda, à esquerda, em que a mulher surge como mais um "objeto", relegada a tarefas domésticas.

Vestibulares de Norte a Sul

1. NE (UFC-CE)

É preciso dizer que o que ocorreu comigo não é exceção, é regra. Raros os presos políticos brasileiros que não sofreram torturas. Muitos, como Schael Schreiber e Virgílio Gomes da Silva, morreram na sala de torturas. Outros ficaram surdos, estéreis ou com outros defeitos físicos.

BETO, Frei. *Batismo de Sangue*: guerrilha e morte de Carlos Marighella. 14. ed. rev. e ampliada. Rio de Janeiro: Rocco, 2006.

A partir desse trecho do depoimento de frei Tito de Alencar, escrito na prisão, em 1970, assinale a alternativa correta sobre a situação dos direitos humanos no decorrer da ditadura instalada no Brasil em 1964.

a) Os governos estabelecidos depois de 1964 conseguiram provar que os que morreram na prisão já estavam doentes e não aceitavam o tratamento médico oferecido.

b) A tortura realizada nas delegacias de polícia era uma exceção, na medida em que havia a publicação de reportagens na imprensa com o objetivo de defender os direitos humanos.

c) A tortura de presos começou a ser utilizada no Brasil a partir de 1972 e foi abolida com o movimento em torno da Anistia em 1979, em sintonia com os movimentos pelos direitos humanos.

d) A coerção em torno dos meios de comunicação e a tortura em presos políticos eram meios utilizados pelo regime de 1964 para reprimir movimentos e opiniões divergentes da ideologia oficial.

e) A repressão aos meios de comunicação se realizou a partir do Governo do Presidente Médici, momento em que se inaugura a prática da tortura para obter depoimentos de subversivos.

2. CO (UFMS) A respeito da história da divisão do antigo estado de Mato Grosso e da criação do estado de Mato Grosso do Sul, ocorrida por meio da Lei Complementar nº 31, de 11 de outubro de 1977, é correto afirmar que:

a) a cisão territorial representou, dentre outras coisas, a concretização de lutas históricas pela divisão, impetradas por lideranças políticas residentes no Sul do antigo Mato Grosso, atual Mato Grosso do Sul.

b) apesar das lutas pró-divisão remontarem a quase um século, a separação somente se concretizou em 1977, fruto de uma decisão pessoal do presidente Ernesto Geisel. Sua decisão surpreendeu todos os políticos da época, tanto da Arena como do MDB, pois até então eles não tinham feito qualquer discussão sobre o assunto no Congresso Nacional.

c) os militares ligados ao poder palaciano defendiam, de maneira uníssona, que o nome do novo Estado fosse Rio Pardo ou Maracaju, reportando-se a antigas propostas de divisão apresentadas na década de 1930.

d) desde o início da década de 1970, grande parte dos políticos nortistas passou a apoiar a divisão, pois entendia que Mato Grosso sem a região Sul do Estado poderia colocar em prática um grande plano de desenvolvimento estratégico: aumento do fluxo migratório associado ao crescimento da agropecuária, investimento em atividades industriais, ampliação da malha viária, aumento da matriz energética com a construção de novas hidrelétricas e incentivo ao turismo.

e) em 1977, dos 93 municípios existentes no antigo Mato Grosso, apenas 38 ficaram com Mato Grosso do Sul, o que explica as atuais diferenças socioeconômicas existentes entre esses dois Estados da Federação.

3. N (Ufac) A década de 70 do século passado marca uma virada significativa na configuração socioeconômica e política da história do Acre. A tentativa de transformar a economia extrativista, com base na produção de borracha e na coleta de castanha, em uma economia de base pecuária, colocou em conflito os antigos moradores dos seringais contra os novos donos das terras, em sua maioria fazendeiros e grileiros vindos de outros estados, que aqui eram denominados como "paulistas". Nesse conflito, os seringueiros desenvolveram uma forma de resistência denominada "empate". Sobre os "empates" podemos afirmar:

a) Eram movimentos que recebiam financiamentos estrangeiros, principalmente das Organizações Não Governamentais — ONGs, para criarem obstáculos ao desenvolvimento do estado.

b) Era um movimento dirigido por subversivos e padres comunistas, que objetivava criar uma guerrilha na Floresta Acreana.

c) Que recebiam apoio do estado, mesmo assim eram contra as derrubadas, porque elas agrediam o meio ambiente.

d) Que tiveram o apoio de alguns setores da Igreja Católica, (Comunidades Eclesiais de Base – CEBs e Comissão Pastoral da Terra — CPT), da Confederação dos Trabalhadores na Agricultura — CONTAG e de alguns militantes de esquerda (clandestinos na sua maioria), para sua organização.

e) Que tinham na Ordem dos Advogados do Brasil - OAB – Seccional Acre, sua principal aliada para mover processos contra os fazendeiros violentos.

CAPÍTULO

41 O fim da Guerra Fria e a Nova Ordem Mundial

Gerard Fouet/Agência France-Presse/Getty Images

Destroços do antigo monumento em homenagem a Lênin, removido da área central da cidade de Vilnius (Lituânia), após a independência do país em relação a Moscou, em março de 1990.

Para pensar historicamente

Os desafios da globalização

A mundialização capitalista foi seguida da formação de grandes blocos de nações hegemônicas e de grandes conglomerados empresariais. O gerenciamento econômico e as atuações governamentais acabaram atrelados a interesses acima dos nacionais, subordinando a política à economia mais ampla. Com a globalização, qual o destino dos estados nacionais do ponto de vista político?

Tal destino seria estímulo ou entrave a políticas públicas nacionais? E, ainda, as políticas públicas devem priorizar as questões sociais, subordinando os interesses do mercado ao bem-estar de todos? Isso seria barreira ou motivação para a dinamização econômica? E seu inverso: as políticas públicas deveriam ser direcionadas para o desenvolvimento da livre concorrência, em favor do mercado prioritariamente? Sendo assim, seus resultados beneficiariam toda a sociedade?

Alemães comemoram a reunificação do país em frente ao Portão de Brandemburgo, em Berlim, outubro de 1990.

Gilles Leimdorfer/Agência France-Presse

1 O fim da Guerra Fria

A distensão, instituída nas relações entre Estados Unidos e União Soviética no início da década de 1970, caracterizou-se por acordos bilaterais que tinham o objetivo de diminuir riscos de uma guerra nuclear e amenizar conflitos. Nesse contexto, destacaram-se acordos da série **Salt** (*Strategic Arms Limitations Talks* – Conversações sobre Limitações de Armas Estratégicas), entre 1972 e 1979, que efetivamente passaram a controlar o arsenal nuclear das duas superpotências.

No início da década de 1980, porém, o presidente norte-americano Ronald Reagan retomou a chamada "política da intimidação", acentuando a corrida armamentista e frustrando quaisquer tentativas de acordo entre 1985 e 1986. A Europa, temendo transformar-se em palco de uma guerra nuclear, pressionou a retomada dos encontros de cúpula entre os Estados Unidos e a União Soviética.

Jimmy Carter (à esq.) e Leonid Brejnev (à dir.) durante a cerimônia de encerramento da Conferência do tratado de Salt-2, em Viena, em junho de 1979.

Ao mesmo tempo, o dirigente soviético Mikhail Gorbatchev imprimiu em seu país, a partir de 1985, a reestruturação econômica e a abertura política, que remodelaram não só o bloco socialista (levando ao colapso de suas estruturas), como também as relações internacionais.

Em novembro de 1987, Reagan e Gorbatchev, abrindo nova rodada de negociações sobre desarmamento, assinaram um acordo para a eliminação dos mísseis de médio alcance na Europa e na Ásia. Em janeiro de 1988, o governo soviético anunciou o início da retirada de suas tropas do Afeganistão. No ano seguinte, a abertura política e os efeitos da *perestroika* desmontaram o bloco socialista, apressando o fim da confrontação tradicional com os Estados Unidos.

No início dos anos 1990, aceleraram-se acordos de desarmamento nuclear, com o Tratado de Redução de Armas Estratégicas (Start); em 1991, o Comecon e o Pacto de Varsóvia foram dissolvidos. Simultaneamente, tiveram início gestões para a remodelação da Organização do Tratado do Atlântico Norte (Otan).

Em dezembro de 1991, a União Soviética desapareceu, dando lugar à **Comunidade de Estados Independentes** (CEI), tendo a Rússia como principal herdeira da ex-União Soviética em termos políticos, geopolíticos e econômicos.

Adaptado de: DUFOUR, Annie (Ed.). *Grand Atlas d'aujourd'hui.* Paris: Hachette, 2000. p. 56. Em 1997, a capital do Casaquistão passa a ser Astana.

Após o fim da União Soviética, surgiu a Comunidade de Estados Independentes, com a Federação Russa à frente.

Estados Unidos nos anos 1960

Mantendo o consenso entre as elites norte-americanas, o partido republicano e o democrata continuaram se revezando no poder. **Richard Nixon**, eleito pelo Partido Republicano em 1968 e reeleito em 1972, governou os Estados Unidos até 1974. Retomou a reaproximação com os países comunistas, sem perder o tradicional caráter ofensivo, e iniciou mais um período de distensão, tendo à frente o secretário de estado Henry Kissinger.

Em 1971, os Estados Unidos apoiaram a entrada da China comunista no Conselho de Segurança da ONU; e, em 1972, o presidente norte-americano encontrou-se com Mao Tse-Tung. A aproximação com a China representava mais um passo ofensivo do governo norte-americano, ao unir-se a uma potência vizinha e rival dos soviéticos.

Após a visita à China, Nixon foi à União Soviética, onde assinou com o presidente Leonid Brejnev o tratado **Salt-1**, de limitação de armas nucleares.

O período Nixon caracterizou-se também pela pressão da opinião pública em relação à **Guerra do Vietnã**, o que o levou a adotar a política de "vietnamização" da guerra e à tentativa de retirar os soldados norte-americanos do conflito, oferecendo, em contrapartida, armamentos a seu aliado, o governo do Vietnã do Sul.

Enquanto levava adiante esse projeto, Nixon procurou enfraquecer os guerrilheiros do Vietnã do Sul, os *vietcongs*, bombardeando maciçamente seus aliados comunistas do Vietnã do Norte. Estes, entretanto, avançaram progressivamente, respondendo aos ataques.

Apesar da aproximação diplomática com os países comunistas, os Estados Unidos não descuidavam de sua supremacia sobre os países subdesenvolvidos. Além da questão do Vietnã, participaram oficiosamente no respaldo ao golpe de 1964 no Brasil e na derrubada do presidente chileno **Salvador Allende**, de tendência socialista, em 1972, cujas reformas prejudicavam os interesses econômicos norte-americanos. Após um golpe sangrento, instaurou-se no Chile a ditadura militar de Augusto Pinochet.

O fim do governo Nixon deu-se com o escândalo **Watergate**, iniciado em 1972. Membros do Partido Republicano – ao qual Nixon pertencia – foram surpreendidos tentando instalar um sistema de escuta para espionar os escritórios do rival Partido Democrata, no edifício Watergate, em Washington, a quatro meses das eleições presidenciais.

Protesto contra a Guerra do Vietnã em Washington, nos Estados Unidos, em 1967.

Leif Skoogfors/Corbis/Latinstock

Denunciado pelo jornal *Washington Post*, que não poupou sequer a alta cúpula governamental, o caso atingiu Nixon e mobilizou toda a imprensa e a opinião pública norte-americana. Comprovado seu envolvimento, o presidente foi obrigado a renunciar. Caso não o fizesse, seria impedido, pelo Congresso, de governar (*impeachment*). A presidência foi então ocupada pelo vice-presidente **Gerald Ford** (1974-1976), que, em 1975, concedeu "perdão pleno e absoluto" a Nixon por todos os delitos que pudesse ter cometido enquanto ocupava a presidência.

Marcado pela derrota norte-americana na Indochina (Vietnã, Laos e Camboja), o governo Ford viveu a plena desmoralização de seu partido e da administração republicana, o que impossibilitou sua tentativa de reeleição. A economia norte-americana enfrentou dificuldades, como a elevação dos preços do petróleo determinada desde 1973 pela **Organização dos Países Exportadores de Petróleo** (Opep), dominada pelos países árabes. Os efeitos dessa alta foram sentidos em todo o mundo capitalista, espalhando recessão e dificuldades, o que minou a liderança norte-americana e o governo Ford.

Diana Walker/Time Life Pictures/Getty Images

Jimmy Carter, em foto de 1979. Defendeu os direitos humanos durante sua gestão.

Eleito presidente pelo Partido Democrata, **Jimmy Carter** (1977-1980) fez acordos de distensão com os soviéticos, assinou o **Salt-2** (1979) e adotou uma política de defesa dos **direitos humanos**. Sua política internacional motivou a redemocratização de países capitalistas governados por ditaduras e intensificou as críticas às limitações das liberdades públicas nos países comunistas. Diante das denúncias de violações dos direitos humanos, como tortura, prisões e cerceamento da oposição, Carter chegou a negar créditos para a compra de armamentos a vários países da América Latina, na época sem liberdades democráticas estabelecidas, como Brasil, Argentina, El Salvador e Guatemala.

Carter também mediou a **Conferência de Camp David**, em 1978, que deu origem a um tratado de paz entre o Egito, governado na época por Anuar Sadat, e Israel, dirigido por Menachem Begin. Com esse tratado, estabeleceram-se relações diplomáticas entre esses países, que estavam em guerra havia anos. Era o ponto de partida para a pacificação do Oriente Médio.

No final do governo Carter, emergiram diversas crises internacionais que arruinaram o prestígio da administração democrata. No Irã, em 1979, o **xá Reza Pahlevi**, tradicional aliado dos Estados Unidos, foi derrubado por uma revolução islâmica. O novo líder do país, **aiatolá Khomeini**, passou a pregar um nacionalismo religioso com posições radicalmente antinorte-americanas, levando a uma postura de enfrentamento com os Estados Unidos.

Na Nicarágua, também em 1979, a **Revolução Sandinista**, de inspiração marxista, acabou com o longo período de dominação da família Somoza, aliada histórica dos Estados Unidos. A derrubada do ditador Anastácio Somoza pelos guerrilheiros da **Frente Sandinista de Libertação Nacional** (FSLN) envolveu o governo Carter em novas dificuldades para sua política externa.

Candidato à reeleição em 1980, Carter foi derrotado por **Ronald Reagan**. Tinha início um novo período de predomínio do Partido Republicano. Reagan assumiu em 1981 e foi reeleito em 1984, permanecendo no poder por oito anos, época de impulso nas pregações em favor da economia de mercado, o **neoliberalismo**.

No primeiro mandato, Reagan ampliou as sanções econômicas à União Soviética e a repressão aos regimes de esquerda na América Central e no Caribe. Ao mesmo tempo, retomou a corrida armamentista, implantando uma política intimidadora aos soviéticos. A instalação de armas poderosas na Europa fez crescer os protestos populares, provocados pelo medo de que o continente se transformasse em arena de um conflito nuclear.

Reagan iniciou também um programa militar que ficou conhecido como Guerra nas Estrelas, sofisticado projeto bélico que visava proteger os Estados Unidos contra possíveis mísseis inimigos com base na formação de um "escudo" de mísseis dirigidos para o céu. Após sofrer pressões internas e externas, o projeto não chegou a ser implantado.

O desenvolvimento econômico interno ocorrido durante seu governo garantiu-lhe popularidade e permitiu que se reelegesse em 1984. Por causa das pressões europeias e da política implantada pelo novo governante soviético, Mikhail Gorbatchev, o governo norte-americano reverteu a política de intimidação ao bloco socialista, retomando a distensão com a União Soviética. Em 1987, foram assinados acordos de desarmamento nuclear, ratificados na viagem do presidente norte-americano à União Soviética no ano seguinte.

Internamente, o país adotou uma política de corte de gastos públicos, principalmente na área de bem-estar social, e de desregulamentação da economia, provocando o desemprego e a concentração da renda pelos mais ricos, dentro dos princípios do neoliberalismo.

George Bush foi o sucessor de Reagan pelo Partido Republicano, para o período de 1989 a 1993, dando continuidade à política de entendimento com Gorbatchev em meio à desmontagem dos regimes socialistas do Leste Europeu até o desaparecimento da União Soviética, no início da década de 1990.

Reafirmando sua supremacia internacional, com respaldo da ONU, os Estados Unidos praticamente comandaram, no início de 1991, a **Guerra do Golfo** contra o Iraque. Essa guerra decorreu da invasão do território do Kuwait, em 1990, pelo Iraque, governado por **Saddam Hussein**, que procurava projetar-se como grande líder das nações árabes.

Peter Turnley/Corbis/Latinstock

Soldados norte-americanos sobre um tanque durante a Guerra do Golfo (1991).

A oferta de petróleo às potências ocidentais a preços baixos e a busca de novos acessos do Iraque ao Golfo Pérsico foram os pretextos para a invasão e posterior anexação territorial do Kuwait. Respaldadas pela ONU, as grandes potências, tendo à frente os Estados Unidos, exigiram a desocupação do Kuwait e, não sendo atendidas, declararam guerra a Saddam Hussein.

A coalizão internacional de aproximadamente 30 países, liderada pelos Estados Unidos, iniciou em janeiro de 1991 o bombardeio contra o Iraque, desencadeando a operação Tempestade no Deserto, a maior mobilização militar mundial desde a Segunda Guerra. O confronto terminou em 40 dias com a derrota do Iraque, que sofreu grandes perdas materiais e humanas. Terminada a guerra, a ONU estabeleceu sanções econômicas ao Iraque, especialmente o embargo sobre suas exportações de petróleo, além de impor a eliminação de seus arsenais de armas nucleares, biológicas e químicas e dos mísseis de longo alcance.

Nas eleições de 1992, Bush foi derrotado pelo candidato do Partido Democrata **Bill Clinton**, que assumiu o governo em 20 de janeiro de 1993.

Com Clinton, a economia norte-americana apresentou sucessivos índices de crescimento, o que favoreceu sua reeleição em 1996. Apesar de governar em um período de excelente desempenho econômico, entre 1998 e 1999, foi ameaçado de *impeachment* por seu envolvimento com uma ex-estagiária da Casa Branca, Monica Lewinsky. Em fevereiro de 1999, o Senado absolveu o presidente.

Nas eleições presidenciais de 2000, o partido de Clinton indicou Al Gore para concorrer com o candidato do Partido Republicano, **George Walter Bush**, filho do ex-presidente Bush. Numa apuração de votos repleta de irregularidades, com várias recontagens, George W. Bush saiu vitorioso.

Em janeiro de 2001, George W. Bush assumiu o cargo de 43º presidente dos Estados Unidos, proclamando, em seguida, a reativação militar, especialmente a montagem de um escudo antimísseis, o *National Missile Defense*.

No dia 11 de setembro de 2001, a questão do escudo antimísseis norte-americano foi colocada em segundo plano: terroristas suicidas destruíram completamente dois grandes edifícios – as torres do World Trade Center, em Nova York – e parte do Pentágono, nos arredores de Washington. Os ataques, tidos como os maiores sofridos até então pelos Estados Unidos em seu próprio território, foram realizados com aviões de carreira sequestrados e se voltaram contra os símbolos do poderio econômico e militar dos Estados Unidos, deixando milhares de mortos e uma forte sensação de vulnerabilidade no país mais poderoso do mundo.

Aquivo/Agência France-Presse

Rua de Bagdá após bombardeio norte-americano durante a Guerra do Golfo, no Iraque, em 1991.

Muralhas

Quando os chineses iniciaram a Grande Muralha, em 214 a.C., e Adriano contratou seu sistema defensivo no norte da Inglaterra, 300 anos depois, eles estavam reagindo precisamente ao mesmo instinto que está movendo a política norte-americana agora – manter distantes os bárbaros hostis. O Escudo de Defesa Antimísseis é, em termos militares, uma muralha, embora excepcionalmente complexa.

Mas as muralhas têm o hábito de ser vencidas ou contornadas, como qualquer historiador da **Linha Maginot** poderia confirmar, e esta muralha pode ser evitada com bombas nucleares de baixa potência em maletas ou por alguém numa lancha, disparando em volta da Ilha de Manhattan. Portanto, defesa não é, evidentemente, a história toda, e entre as razões que motivaram Bush é preciso lembrar que sua muralha vai custar entre US$ 60 bilhões e US$ 100 bilhões, a maior parte deles gasta com as indústrias de defesa.

PORTER, Henry. Falando com as paredes: ao querer afastar os "bárbaros", os EUA se isolam do mundo. *The Observer. Carta Capital.* Ano VII, n. 147, 23 maio 2001. p. 40.

Linha Maginot: linha de fortificações na fronteira francesa da Suíça até a Bélgica, visando defender-se da Alemanha. Construída nos anos 1930 e idealizada pelo político Andre Maginot, de nada serviu para conter o avanço nazista.

A situação desdobrou-se na primeira guerra declarada do século XXI, tendo como alvo um grupo terrorista fixado no Afeganistão (a *Al-Qaeda*, responsabilizada pelos ataques de 11 de setembro) e apoiado pelo grupo governamental **Talibã**.

O período de "guerra ao terror", iniciado em 2001, resultou na derrubada do governo Talibã no Afeganistão e implantou nos Estados Unidos várias medidas policiais destinadas a evitar novos atentados terroristas. Um desdobramento foi a adoção da Doutrina Bush, sustentada na possibilidade de ação militar unilateral dos Estados Unidos em qualquer país do mundo, acima de leis e políticas internacionais, e sempre tendo como justificativa a "guerra ao terror".

A ameaça estaria nos países que formavam o "eixo do mal", como Iraque, Irã e Coreia do Norte, que, segundo Bush, fabricavam armas de destruição em massa e patrocinavam o terrorismo internacional. A partir de então, os Estados Unidos adotaram medidas agressivas e de endurecimento contra os rivais, como a transferência de prisioneiros de guerra do Afeganistão para a base norte-americana de Guantánamo (onde seriam vítimas de tortura, como denunciou a imprensa a partir de 2004), e pressão e ameaça de guerra, especialmente contra o Iraque.

Getty Images/<www.gettyimages.com>

As torres do World Trade Center atingidas por dois aviões pilotados por terroristas em 11 de setembro de 2001.

Leituras da História

A construção da crise no Afeganistão

Conflitos no século XXI

Em razão de sua posição geográfica estratégica, o Afeganistão sempre foi área sujeita a invasões e disputas (desde os gregos de Alexandre Magno, na Antiguidade, passando pelos mongóis, turcos, ingleses e paquistaneses, até os russos e norte-americanos nos períodos seguintes). A monarquia centralizada, estabelecida no século XVIII, que duraria até 1973, foi um dos alvos, nas disputas coloniais do século XIX, dos confrontos entre o Império Russo e o Britânico, ficando este último com o domínio regional até a independência do país em 1919.

Com a queda da monarquia em 1973, quando Daud Khan destituiu o rei Zahir Shah, deu-se uma sucessão de golpes militares, conflitos e intervencionismos que arrasaram o país, provocando a fuga de milhões de afeganes (cerca de 2,5 milhões). Daud Khan foi assassinado em 1978 e, sob a liderança de Mohamed Taraki, instalou-se um regime de partido único inspirado na União Soviética e sujeito à crescente oposição de grupos islâmicos apoiados por Paquistão e Irã e armados pelos Estados Unidos.

As lutas entre as facções políticas, étnicas e religiosas culminaram no fuzilamento de Taraki, em 1979, seguido da invasão da União Soviética, na qual morreram mais de 15 mil russos e cerca de 800 mil afeganes. Os soviéticos retiraram-se do país dez anos depois, mantendo o apoio (financeiro e em armas) ao governo de Mohammad Najibullah, que foi obrigado a renunciar em 1992, quando grupos guerrilheiros tomaram Cabul, a capital do país.

Seguiram-se confrontos entre as facções políticas e islâmicas rivais, destacando-se o grupo islâmico **Talibã** ou **Taleban** ("estudante", em persa), milícia que ganhou supremacia sobre aproximadamente 90% do território nacional no final da década de 1990, impondo-lhe rígidas leis muçulmanas. Esse grupo era formado pela maioria étnica do Afeganistão, os *pashtuns*, enquanto em outro grupo, que controlava pequenas áreas ao norte do território, conhecido como Aliança do Norte, predominavam três grupos étnicos minoritários: os *usbeques*, os *tajiques* e os *hazaras*.

Em 1998, os Estados Unidos dispararam mísseis contra alvos no Afeganistão, sob a acusação de serem centros de apoio às ações terroristas internacionais, especialmente da **Al-Qaeda**, organização liderada por **Osama bin Laden**. Esse fundamentalista islâmico era um milionário de origem saudita que migrara para o Afeganistão, onde obteve ajuda militar e financeira dos Estados Unidos no combate aos soviéticos, na Guerra do Afeganistão, durante a década de 1980.

Bin Laden fundou a Al-Qaeda (em português, *A Base*) em 1990 e, no final dessa década, controlava uma ampla rede de ação em diversos países contra o que chamava de "influência ocidental" e interferência dos Estados Unidos no mundo islâmico. Em 1999, a ONU determinou sanções contra o governo Talibã, como restrições aos voos internacionais e exigências de extradição de Bin Laden para julgamento em um tribunal internacional.

Em 11 de setembro de 2001, nos atentados realizados em Nova York e Washington, quando as torres do World Trade Center e o Pentágono foram atingidos por aviões sequestrados por terroristas, Osama bin Laden foi acusado pelas autoridades norte-americanas de ser o articulador da ação, que deixou milhares de mortos nos Estados Unidos. O presidente Bush declarou guerra aos terroristas e aos Estados que os abrigassem, exigindo do governo afegane a prisão e a entrega de Bin Laden. O desdobramento da crise foi o bombardeio, por parte dos Estados Unidos, sobre o Afeganistão e a derrubada do Talibã. Osama bin Laden foi morto numa operação militar dos Estados Unidos no Paquistão em maio de 2011.

Após a derrota militar e a queda do Talibã, foi estabelecido um governo provisório, aliado dos Estados Unidos e chefiado por Hamid Karzai (dezembro de 2001), com a difícil tarefa de pôr fim às permanentes disputas das várias facções e reconstruir o país. Mesmo sem a presença do Talibã, continuou a haver conflitos armados entre chefes guerreiros regionais, crescimento do consumo de ópio, criminalidade e descontrole governamental. No final de 2004, realizaram-se eleições presidenciais, tendo sido vitorioso o presidente interino Hamid Karzai, reeleito em 2009 para mais um mandato de cinco anos. Em 2012, continuava a crescer a produção de ópio, os atentados, a reorganização do Talibã e as seguidas disputas armadas entre milícias pelo domínio de territórios no Afeganistão. Os Estados Unidos e seus aliados da Otan definiram um acordo de retirada de suas tropas do país até 2014, sendo que no final de 2013 ainda mantinham cerca de 350 milhares de soldados no Afeganistão, sendo 90 mil norte-americanos.

Bush e Bin Laden em anúncio criado por agência de publicidade para uma revista de grande circulação no Brasil. O anúncio mostra o rosto desses líderes desenhado com palavras significativas. Observe.

Considerado grande inimigo dos Estados Unidos, o Iraque, de Saddam Hussein, possuía em 2003 a segunda maior reserva petrolífera em exploração do mundo, o que – diante de um iminente ataque dos norte-americanos – fez disparar os preços internacionais do barril de petróleo.

Em março de 2003, sem o apoio da comunidade internacional nem do Conselho de Segurança da ONU, mas com o auxílio de forças britânicas, os Estados Unidos deram início à invasão ao Iraque, ainda liderado por Saddam Hussein. O uso de armamentos sofisticados e de tecnologias de última geração provocou muitas mortes e destruição em larga escala. Os bombardeios aéreos e os ataques das tropas que avançaram rapidamente até chegar à capital, Bagdá, em abril de 2003, justificaram a afirmação de Ives Gandra Martins de que, em contrapartida ao "terrorismo às escuras", de Bin Laden, Bush respondeu com o "terrorismo oficial", só diferenciados em dimensão: "o primeiro destruiu duas torres, e o segundo, um país inteiro".[1]

Terrorismo

O ideal das nações, de uma paz universal representada pela ONU, foi maculado pela declaração de uma guerra que a comunidade mundial (mais de 80%) condenava e que as nações do mundo não autorizaram.

A esperança de que o século XXI, como dizia Norberto Bobbio em *Era dos direitos*, descortinasse um tempo em que a enunciação dos direitos (século XX) fosse seguida de suas garantias foi definitivamente tisnada, visto que não só a garantia de que cada nação deve escolher seu próprio destino deixou de existir, como, o que é pior, os direitos foram definitivamente sepultados por um país que é o mais forte em armas de destruição em massa e o mais fraco no respeito aos povos e nações do mundo.

Até a figura tirânica desse outro genocida, Saddam Hussein, passou a segundo plano porque o minúsculo e poderoso presidente dos Estados Unidos conseguiu demonstrar ser mais eficiente em matar civis do que o déspota iraquiano.

MARTINS, Ives Gandra. O terrorismo oficial de Bush. *Folha de S.Paulo*. São Paulo, 9 abr. 2003. p. A3.

Faleh Kheiber/Pool/Epa/Corbis/Latinstock

Abu Ghraib, no Iraque, e Guantánamo, em Cuba, chegaram a ser descritas como prisões-inferno. Nelas, os prisioneiros eram tidos como "combatentes inimigos" e suspeitos de terrorismo. A designação de "combatentes inimigos" procurava eximir os Estados Unidos de obedecerem às Convenções de Genebra, ou seja, a legislação internacional sobre os direitos dos prisioneiros. Na foto, prisioneiros iraquianos sendo conferidos por soldados norte-americanos e libertados da prisão militar de Abu Ghraib, por ocasião do mês sagrado para os muçulmanos, o Ramadã (2005).

[1] MARTINS, Ives Gandra. O terrorismo oficial de Bush. *Folha de S.Paulo*. São Paulo, 9 abr. 2003. p. A3.

Agência France-Presse/Getty Images

Escombros num quarteirão da cidade de Fallujah, no Iraque, após um ataque aéreo norte-americano em setembro de 2004. Muitas mulheres e crianças foram mortas.

No final de 2004, os inspetores de armas dos Estados Unidos apresentaram ao Senado um relatório confirmando a existência de armas proibidas no Iraque, tidas como de destruição em massa. Depois de meses de investigação, nenhum vestígio foi encontrado do suposto arsenal, derrubando, assim, a principal justificativa para a guerra contra o Iraque.

Contudo, reeleito presidente para mais quatro anos, Bush manifestou sua intenção de aprofundar a "guerra contra o terror" e intensificar a atuação no Iraque, fazendo também ameaças a países rivais, especialmente contra o Irã, a Coreia do Norte e, posteriormente, Cuba, considerados pelas autoridades norte-americanas como governos favoráveis ao terror e participantes do denominado "eixo do mal".

O quadro de violência continuou intenso no Iraque, com ataques da resistência iraquiana e investidas dos soldados norte-americanos, apesar da prisão de Saddam Hussein em 2004, das eleições presidenciais iraquianas de 2005, da execução de Saddam Hussein em 2006 e da sucessão de Bush por Barack Obama, do Partido Democrata, em 2009.

Em dezembro de 2011, a guerra do Iraque foi oficialmente encerrada a um custo estimado em torno de US$ 1 trilhão, um saldo de mortos de mais de 4 mil soldados norte-americanos e bem mais de 100 mil civis iraquianos, além de dezenas de milhares de mutilados. A destruição do país servia de mais combustível para os conflitos entre facções iraquianas rivais, especialmente entre xiitas e sunitas, com seguidos atentados e inúmeras vítimas, como sequência de uma guerra real herdada daquela que fora declarada finalizada.

O governo Obama, além de herdar os efeitos desastrosos da política internacional de seu antecessor, também teve de enfrentar uma grande crise econômica iniciada em 2008, último ano do governo Bush, considerada a mais profunda crise do sistema desde 1929. O novo governo norte-americano tentou reverter seus efeitos quanto a falências, queda produtiva e desemprego, praticando um intervencionismo estatal na economia com a liberação de trilhões de dólares para empresas e setores em dificuldades. O reformismo da política externa e interna e os altos custos de tais políticas firmavam-se como elementos desafiadores ao sucesso do governo Obama, o primeiro presidente negro dos Estados Unidos da América.

Reeleito para a Presidência dos Estados Unidos, no discurso de posse de janeiro de 2013, Barack Obama reforçou suas promessas de recuperar a economia, adotar medidas diante das mudanças climáticas e buscar a paz, via diálogo, com outras nações. Entre as questões mais importantes estavam o desemprego (cerca de 12 milhões de desempregados em dezembro de 2012), corte de gastos e redução do *déficit* para equilibrar as contas norte-americanas. Da mesma forma, destacavam-se também a concorrência chinesa, os atritos com o Irã e a retirada do exército norte-americano do Afeganistão, presente no país desde 2001, entre tantas outras questões. Dessas, ganhou repercussão internacional a divulgação de informações pelo ex-técnico do NSA (Agência de Segurança Nacional, sigla em inglês) Edward Snowden. Suas denúncias apontaram a espionagem da NSA via gravações de dados dos acessos na internet e ligações telefônicas por todo o mundo de milhões de pessoas, empresas, órgãos governamentais e mesmo das maiores autoridades de países como Brasil, Alemanha, França, México, Vaticano, etc. Com ampla divulgação, a atuação norte-americana recebeu condenação pública generalizada de governantes e da própria ONU.

Leituras da História

Iraque: dez anos de guerra (2003-2013)

O futuro do Iraque está sendo determinado por várias forças e quase nenhuma delas é composta de iraquianos com uma visão unificadora. Encurralados entre sectarismo amargo, extremismo, fome de poder, elites acumuladoras de riqueza, poderes regionais, interesses ocidentais e um legado de guerra extremamente violento, o povo iraquiano está sofrendo para além do que as análises políticas ou estatísticas que visam apreender sua angústia são capazes de demonstrar.

O escritor iraquiano Hussein Al-alak, residente no Reino Unido, escreveu, em referência ao décimo aniversário da invasão do Iraque, um tributo para as "vítimas silenciosas", as crianças. Ele reportou que, de acordo com o ministro do Trabalho e dos Assuntos Sociais, há uma estimativa de 4,5 milhões de crianças que são hoje órfãs, com "chocantes 70%" delas tendo perdido seus pais desde a invasão de 2003.

"Deste total, cerca de 600 000 crianças estão vivendo nas ruas, sem abrigo ou comida para sobreviver", escreveu Al-alak. Aquelas que estão vivendo nos poucos orfanatos administrados pelo Estado "estão atualmente carentes do essencial".[2]

Arquivo/AP Photo/Glow Images

Criança iraquiana em campo de refugiados localizado em Irbil, à 350km de Bagdá, em 2014.

[2] Baroud, Ramzy. O Iraque à beira do abismo. *Carta Maior*. 1º mar. 2013. Disponível em: <www.cartamaior.com.br/templates/materiaMostrar.cfm?materia_id=21670&boletim_id=1551&componente_id=26550>. Acesso em: 8 maio 2014.

Leituras da História

Norte da África e Oriente Médio em ebulição

Pouco antes do anúncio da retirada oficial dos exércitos dos EUA do Iraque, o norte da África e o Oriente Médio mergulharam em seguidas rebeliões populares que depuseram governantes autoritários há muito tempo no poder. Apelidada pela mídia de "Primavera árabe", por envolver diversos países islâmicos de língua árabe, o movimento começou na Tunísia, em dezembro de 2010. Foi um desdobramento da morte de Mohamed Bouazizi, que ateou fogo no próprio corpo como protesto por humilhações perpetradas pelas autoridades tunisianas que haviam confiscado seus bens de uso no trabalho. Do funeral de Bouazizi em diante, o levante popular espalhou-se, derrubando o presidente Zine El-Abidine Ben Ali, desembocando em eleições legislativas e formação de uma Assembleia Constituinte.

A contestação popular logo chegou ao vizinho Marrocos, levando o rei Mohammed VI a liderar reformas políticas, eleições e referendo de uma nova Constituição. No Egito, as imensas manifestações e confrontos na praça Tahrir, no Cairo e em outras cidades, derrubaram o presidente Hosni Mubarak e seu regime, abrindo disputas para uma nova ordenação política do país. Em 2012 foi eleito presidente do Egito Mohammed Mursi, membro de uma organização religiosa política, a Irmandade Muçulmana, que acabou deposto em 2013 num levante militar que impôs a ditadura no país. Na Líbia, Muamar Kaddafi, no poder desde 1969, enfrentou violentamente as manifestações, mergulhando o país numa guerra civil que culminou na intervenção da Otan, seguida da prisão e execução de Kaddafi, filhos e membros do regime deposto. Também na Síria, as manifestações contrárias ao regime do presidente Bashar al-Assad dividiram o país, resultando numa sangrenta guerra civil.

As manifestações populares por mudanças e por direitos políticos espalharam-se por vários outros países da região, com desdobramentos diversos, deixando pelo norte da África e Oriente Médio rastros de incertezas quanto à democratização política e à estabilização. E nesse aspecto, o rótulo de "primavera" soa mais como tão somente um desejo do que efetivamente uma realidade. Certamente, as transformações espalharam efeitos tanto sobre as regiões até então resistentes às forças ocidentais atuantes na área como sobre os regimes até então pró-ocidentais, produzindo ainda mais incertezas sobre o jogo de forças e domínios e trazendo novas questões e desafios para o Oriente Médio e para os Estados Unidos, o mais poderoso ator no tabuleiro de forças da região.

Tais incertezas têm até rearranjado a composição das forças locais e internacionais em confrontação. Um exemplo a se confirmar é o caso da Síria no início de 2014. O país mergulhou em plena guerra civil e teve forte intervenção de milhares de guerrilheiros da Al-Qaeda, apoiados pela Arábia Saudita sunita (até então tradicional aliada dos EUA) contra o governo de Bashar al-Assad. Em contrapartida, o governo sírio tem recebido o apoio do Irã, xiita, e do governo atual do Iraque, entre outros, plantando brechas de aproximação com os EUA, tradicionais combatentes daqueles guerrilheiros desde o início do século atual.

A União Soviética de 1964 a 1991

Com a queda de Nikita Kruschev, ascendeu ao poder **Leonid Brejnev** (1964-1982), cujo governo retomou internamente o centralismo político-administrativo, reprimindo as dissidências. Externamente, fez uso da força para impor o monolitismo do bloco comunista.

A retomada do centralismo reforçou a máquina burocrática e afetou profundamente a produtividade soviética. A União Soviética e seus aliados perderam competitividade tecnológica em relação ao Ocidente, muito mais acentuada nos setores civis do que na indústria bélica. Às dissidências respondia-se com velhos métodos stalinistas, como medidas de força, prisões e trabalhos forçados.

Brejnev enfrentou a deterioração das relações com a China e sufocou a liberalização do regime socialista da Tchecoslováquia, invadindo-a em 1968 com as forças do Pacto de Varsóvia.

A Primavera de Praga (1968)

A Tchecoslováquia era governada por Alexander Dubcek, que imprimiu ao país reformas voltadas para um "socialismo humanizado", estimulando a criatividade artística e científica. Esse movimento ficou conhecido como Primavera de Praga. As lideranças stalinistas foram afastadas e procedeu-se à descentralização e à liberalização do sistema, com amplo apoio de operários, intelectuais e estudantes.

O reformismo tcheco, calcado na autonomia, esbarrava, entretanto, na conjuntura soviética e internacional do final da década de 1960. Brejnev revertia a desestalinização de Kruschev e, no plano externo, experimentava o endurecimento da relação com os Estados Unidos, restabelecendo a política de blocos, num retorno à confrontação da Guerra Fria. Em 20 de agosto de 1968, as tropas do Pacto de Varsóvia, sob orientação de Moscou, cruzaram a fronteira da Tchecoslováquia, invadindo-a. Os dirigentes do movimento, tendo à frente Dubcek, foram presos e enviados a Moscou e, mais tarde, expulsos do partido.

Em 1969, Gustav Husák substituiu Alexander Dubcek como primeiro-secretário do Partido Comunista tcheco. A União Soviética conseguiu, assim, manter a integridade do bloco dos países socialistas.

Getty Images/<www.gettyimages.com>

Em agosto de 1968, os tanques soviéticos tomaram Praga, enterrando o reformismo em curso na Tchecoslováquia.

O final do governo Brejnev

As medidas de força, como a repressão à Primavera de Praga, não eliminaram as crescentes críticas ao centralismo soviético. Pelo contrário, em 1976, os partidos comunistas da Europa Ocidental manifestaram sua oposição ao dirigismo e à tutela ideológica dos soviéticos. Divulgaram um documento por meio do qual defendiam a passagem do capitalismo para o socialismo de maneira autônoma e independente do Partido Comunista da União Soviética. Era a oficialização do **eurocomunismo**.

Na Polônia, já na década de 1980, as pressões pela participação do operariado no governo lideradas pelo Sindicato Solidariedade, dirigido por Lech Walesa, reativaram a questão do **socialismo democrático**. Ganhando cada vez mais prestígio nacional e internacional, a atividade de Walesa e do Solidariedade acirrou as dificuldades nas relações Leste-Oeste.

Comparativamente às décadas de 1950 e 1960, a perda do ritmo produtivo soviético – com diminuição das taxas de crescimento industrial e agrícola e de produtividade do trabalho, na renda *per capita* e no Produto Nacional Bruto (PNB) – foi agravada pela não participação da União Soviética no comércio mundial. O país deixou de exportar principalmente maquinaria, meios de transporte e equipamentos, como fazia nos anos 1960, para se concentrar cada vez mais na exportação de petróleo e gás (matérias-primas, portanto), os quais representavam, em 1985, perto de 53% das exportações soviéticas.

Taxas de crescimento anual médio da União Soviética (1950-1985) (em porcentagem)

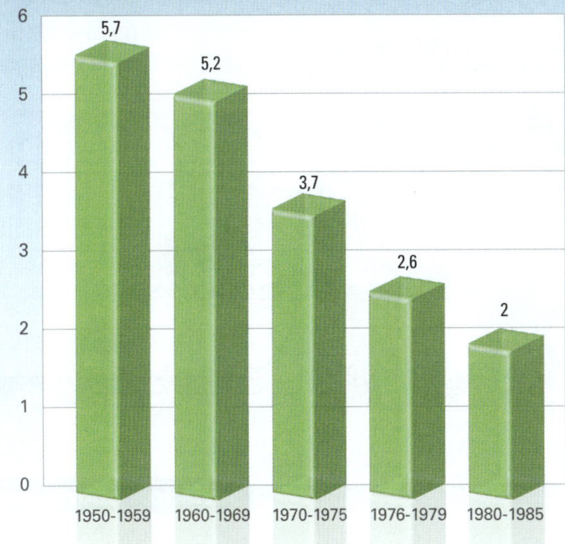

Cassiano Róda/Arquivo da editora

Citado em: Segrillo, Ângelo. *O declínio da União Soviética*. Rio de Janeiro: Record, 2000. p. 259.

Na mesma época, 60% de suas importações eram basicamente de máquinas e produtos industrializados. O país procurava com isso satisfazer suas necessidades mais prementes, segundo as determinações da *nomenklatura* (a alta burocracia soviética). Resolvia problemas localizados e obtinha produtos importados e receitas imediatas, sem atacar com profundidade os impasses produtivos, o que tornava cada vez mais urgente uma alteração de rumos.

Com a morte de Brejnev, em 1982, aumentaram as dificuldades econômicas soviéticas, os entraves burocráticos ao desenvolvimento tecnológico e as dissidências internas, enquanto a ofensiva anticomunista do governo Reagan ganhava fôlego.

Um exemplo foi a invasão do Afeganistão (1979), que deixou em aberto a questão da ocupação desse país após a morte de Brejnev. Ao condenar internacionalmente a invasão, o governo Carter promoveu uma grande ofensiva norte-americana, financiando e fornecendo armamentos aos guerrilheiros muçulmanos das montanhas afegãs. Durante a administração Reagan, dizia-se que estava criado o "Vietnã" da União Soviética, pois o exército soviético vencia nas grandes cidades afegãs, mas era derrotado nas regiões interioranas, caminhando para a derrota definitiva.

Brejnev foi sucedido por curtos governos da velha-guarda soviética: Iúri Andropov (1982-1984) e Konstantin Tchernenko (1984-1985), que mantiveram a deterioração política interna e externa e os elevados custos na manutenção da guerra do Afeganistão. Com a morte de Tchernenko, ascendeu ao governo Mikhail Gorbatchev, que seria responsável por profundas alterações na política da União Soviética.

O governo de Gorbatchev (1985-1991)

O novo governo lançou, ainda em 1985, um amplo projeto de transformações, sintetizado na política da *perestroika* ("reestruturação" econômica) e da *glasnost* ("transparência" política). O plano previa mudanças na economia, na sociedade e até mesmo no socialismo, por meio da dinamização da produção e da democratização das estruturas sociopolíticas. No âmbito externo, Gorbatchev propôs a gradual desativação das armas nucleares até o ano 2000. Após conversações de resultado quase nulo com Ronald Reagan na Islândia (1986), então no auge do projeto denominado de "Guerra nas Estrelas", Gorbatchev assinaria, no ano seguinte, um acordo de eliminação dos mísseis de médio e curto alcance, localizados na Europa e na Ásia. Estabeleceram-se também entendimentos sobre questões que abrangiam desde direitos humanos até problemas regionais das superpotências.

Em 1988, a União Soviética iniciou sua retirada do Afeganistão, finalizada no ano seguinte, depois de oito anos de árduo e desastroso enfrentamento contra a guerrilha apoiada por estados vizinhos e financiada pelos Estados Unidos. Começava uma fase de distensão profunda, a mais ampla desde o advento da Guerra Fria, o que indicava uma política de desarmamento geral, pelo menos no bloco do Leste.

© Plantu/Acervo do cartunista

Na charge, de 1985, Plantu ironiza a destruição de mísseis, mostrando Gorbatchev e Reagan jogando seus mísseis num caminhão de lixo e dizendo:

Gorbatchev: A gente não poderia ter pensado nisso antes?

Reagan: Pensado em quê?

Soviéticos e norte-americanos no Afeganistão

Tecendo comparações do intervencionismo no Afeganistão, o analista Vitor Sebestyen escreveu: "Gorbatchev era assombrado pela imagem dos americanos deixando Saigon: 'Não podemos sair de cuecas', disse a seu principal assessor de política externa, Anatoli Chernyayev, que chamava o Afeganistão de 'nosso Vietnã, mas pior'. [...]

Em 1988, Robert Gates, então vice-diretor da CIA, apostou com Michael Armacost, então subsecretário de Estado, que o Exército soviético não sairia do Afeganistão. Os soviéticos, humilhados, retiraram-se pouco depois. É justo supor que Gates pagou. Mas haverá algum jogador agora que apostaria dinheiro na retirada do Exército norte-americano de uma maneira igualmente humilhante? E será que o secretário da Defesa aceitaria a aposta?".

AÇÃO dos EUA remete à soviética. *O Estado de S. Paulo*, 3 nov. 2009, p. A11.

Patrick Robert/Sygma/Corbis/Latinstock

Retirada das tropas soviéticas de Cabul, Afeganistão, em maio de 1988.

A partir de 1990, no processo de distensão, reformulou-se o papel de organismos militares criados durante a Guerra Fria, cujos entendimentos e decisões culminaram no fim das forças militares do Pacto de Varsóvia, em 1991.

A profundidade dos acordos de desarmamento, as transformações ocorridas nos países europeus orientais, o fim do monolitismo socialista e a democratização desfechada pela *glasnost* mudaram as relações de poder internacional, lançando por terra o clima de confrontação Leste-Oeste e as alianças geopolíticas bipolares.

Thierry Orban/Sygma/Corbis/Latinstock

O reformismo de Gorbatchev acabou implodindo o socialismo real e a Guerra Fria. Na foto, de 1987, o líder soviético é recebido com entusiasmo pelos cidadãos de Praga.

No plano interno, Mikhail Gorbatchev deu início, com sua política de abertura, à mais ampla reforma econômica e política da União Soviética, que se irradiou para os demais países que compunham o bloco comunista.

O ponto alto na política interna foi o fim do monopólio do poder do Partido Comunista soviético, o que possibilitou o multipartidarismo e a definição de eleições diretas em todos os níveis para 1994. Entretanto, nas 15 repúblicas que formavam a União Soviética, tais mudanças políticas estimularam movimentos nacionalistas, que lutavam pelas respectivas independências, colocando em risco a própria existência da unidade socialista construída depois de 1945.

No plano econômico, ainda em 1990, a *perestroika* foi implantada para dinamizar a produção e o desenvolvimento. Nesse sentido, foram legalizadas as funções de artesãos e comerciantes e restabeleceu-se a propriedade privada no campo, embora com limites. Também se efetivou a abertura do país às empresas estrangeiras, facilitando a concessão de licenças.

Alvo de críticas e resistência dos burocratas, detentores tradicionais do poder na União Soviética, Gorbatchev justificava sua política reformista como a preparação para o futuro, libertando-se das amarras externas e internas dos governos anteriores.

As mudanças do Leste Europeu

Nos demais países do bloco socialista, as mudanças iniciadas pela União Soviética foram rapidamente assimiladas, ganhando dinamismo próprio e mudando a face do Leste Europeu.

Na **Hungria**, em 1989, adotou-se o multipartidarismo, e o Partido Comunista mudou de orientação política, transformando-se em Partido Socialista. Em seguida, o país procedeu a uma ampla privatização da economia, permitindo também a entrada de capital estrangeiro, que, embora em pequeno volume, ajudou a Hungria a se aproximar rapidamente das potências capitalistas ocidentais.

Na **Polônia**, em abril de 1989, foi legalizado o Solidariedade, sindicato independente, e, em junho, o país passou a ser o primeiro do Leste Europeu a ter um governo de maioria não comunista. No ano seguinte, as reformas econômicas e democráticas avançaram e, em, dezembro, o líder sindical Lech Walesa obteve a vitória nas eleições presidenciais.

Peter Turnley/Corbis/Latinstock

Um guarda de fronteira da Alemanha Oriental cumprimenta uma mulher da Alemanha Ocidental através de um buraco no Muro de Berlim, durante o período de reunificação. (1990)

A queda do muro de Berlim

Na **Bulgária**, o dirigente comunista Todor Jivkov renunciou após 35 anos no poder, sendo sucedido por líderes reformistas. Nas eleições de novembro de 1991, a União das Forças Democráticas foi vitoriosa e estabeleceu o primeiro governo não comunista búlgaro desde 1944.

Na **Tchecoslováquia**, as manifestações pela democracia levaram à renúncia do dirigente Milos Jakes, acompanhada da abertura das fronteiras, do pluripartidarismo e de eleições livres, passando o governo a Alexander Dubcek e Vaclav Havel. Era a denominada **Revolução de Veludo**, assim chamada devido à forma pacífica das transformações. Em 1991, teve início a privatização da economia e, em janeiro de 1993, o país foi desmembrado em duas repúblicas, a República Tcheca e a Eslováquia.

Na **Romênia**, as manifestações populares na cidade de Timisoara, que exigiam mudanças políticas e econômicas, acabaram reprimidas a tiros, causando milhares de mortes e dando início a uma revolta incontrolável. Em dezembro de 1989, o ditador Nicolae Ceausescu e sua mulher foram presos e executados sumariamente. No ano seguinte, realizaram-se eleições livres e gerais, seguidas de reformas econômicas.

Na **Alemanha Oriental** (antiga República Democrática Alemã), Erich Honecker foi destituído em outubro de 1989, e em novembro caía o Muro de Berlim, tendo início a união com a Alemanha Ocidental, concluída em outubro de 1990. Em 1991, a capital da Alemanha reunificada foi transferida de Bonn para Berlim (até então capital alemã-oriental).

A **Albânia** foi o último Estado do Leste Europeu a implementar mudanças liberalizantes. O país encontrava-se sob ditadura stalinista, liderada por Enver Hoxha, que governou de 1946 a 1985. Em março de 1991, o Partido Comunista, rebatizado de Socialista, venceu as primeiras eleições livres do país, permitindo que se acelerassem as ligações com o Ocidente capitalista. Em meio a dificuldades econômicas, o Partido Democrata obteve a maioria dos votos nas eleições parlamentares de março de 1992, pondo fim ao tradicional controle comunista.

Em 1990, os comunistas iugoslavos foram derrotados nas eleições gerais em quatro repúblicas da **Iugoslávia**, mas venceram na Sérvia (a mais poderosa delas) e em Montenegro, mantendo o controle político federal. Tal situação estimulou as lutas étnico-políticas e a ambição de independência das demais repúblicas (Eslovênia, Croácia, Bósnia-Herzegovina e Macedônia), desencadeando a guerra civil.

Andre Durand/Agência France-Presse/Getty Images

Remoção da estátua de Lênin da praça principal de Bucareste (Romênia) em março de 1990.

A intervenção da União Europeia, que reconheceu a independência das repúblicas, fez com que o governo federal iugoslavo, controlado pelos sérvios, se opusesse ainda mais radicalmente à desintegração do país, o que dificultou qualquer possível acordo para a pacificação da região.

A ruína do **socialismo real** no Leste Europeu desmontou as tradicionais estruturas socioeconômicas da região, aumentando o desemprego, a inflação, as desigualdades sociais e os conflitos étnicos e políticos. A maior parte das novas posições empresariais, nos moldes ocidentais de um comando burguês, coube aos membros da tradicional burocracia e seus parentes, em íntima associação com os empresários internacionais. A situação de crise da região representou incertezas quanto à solidez da ordem internacional que se estabelecia em substituição à Guerra Fria.

O fim da União Soviética

O governo de Gorbatchev, que produziu num curto período uma verdadeira revolução no bloco socialista, afetando e alterando por completo as relações políticas e econômicas nos âmbitos nacional e internacional, teve de enfrentar, dentro da União Soviética, a passividade e a inércia burocráticas. Esse entrave desorganizou a já limitada produção econômica e as pressões dos grupos que desejavam reformas mais rápidas e profundas.

Ainda no plano interno, sua administração enfrentava grande impopularidade em virtude basicamente de dois fatores: primeiro, a explosiva questão do separatismo nacionalista no interior das fronteiras do país; segundo, e mais grave, a questão do desabastecimento interno, provocando filas e manifestações, ampliado pelas elites burocráticas que dirigiam a economia soviética e eram contrárias às reformas.

Em agosto de 1991, membros dessa burocracia conservadora afastaram Gorbatchev do poder, num golpe que visava reverter o quadro político-econômico da União Soviética, à beira do descontrole. Bóris Yeltsin, presidente da principal república soviética, a Rússia, e líder dos radicais reformistas, convocou uma greve geral e obteve o apoio de milhares de civis e militares, que, mobilizados em frente ao Parlamento russo, derrotaram os golpistas.

Yeltsin transformou-se no principal líder político soviético, sobrepondo-se ao próprio Gorbatchev, que se viu obrigado a renunciar ao cargo de secretário-geral do PCUS e dissolver o partido, então acusado de ligações com os golpistas, ficando apenas com o enfraquecido cargo de presidente da União Soviética.

Em setembro de 1991, declarações unilaterais de independência das repúblicas bálticas (Estônia, Letônia e Lituânia), acompanhadas de distúrbios e conflitos com tropas soviéticas, levaram Gorbatchev a reconhecer oficialmente a soberania dos três Estados, que, em seguida, foram admitidos na ONU. Era o primeiro golpe mortal na debilitada União Soviética.

Peter Turnley/Corbis/Latinstock

O golpe de Estado contra Gorbatchev (à esquerda), na verdade, beneficiou Yeltsin (à direita), que, oportunista, pôs fim à União Soviética.

O golpe final contra Gorbatchev deu-se em dezembro de 1991, quando Rússia, Ucrânia e Belarus assinaram o Acordo de Minsk (capital de Belarus), proclamando o fim da União Soviética e a criação da Comunidade de Estados Independentes (CEI), que, pouco depois, obteve a adesão de outras ex-repúblicas da União Soviética. Em 25 de dezembro do mesmo ano, Gorbatchev renunciava ao cargo de presidente da União das Repúblicas Socialistas Soviéticas, país que, naquele momento, já não existia.

Os ex-países socialistas na globalização capitalista

Na charge, Plantu ironiza a impotência da União Europeia diante das crises: primeiro da Bósnia e depois da Chechênia.

Após o fim da União Soviética, os ex-países socialistas viveram graves crises econômicas e políticas. A abertura de seus mercados ao capitalismo internacional e a desmontagem da ordem socialista favoreceram a emergência de uma nova elite econômica, uma nova "burguesia", em grande parte descendente das criticadas elites burocráticas que ocupavam os altos cargos administrativos do período anterior.

À crise socioeconômica que tomou a ex-União Soviética e os países do Leste Europeu, com inflação galopante e queda da produção nacional, somou-se, em algumas regiões, a confrontação étnico-política, destacando-se a da **Bósnia-Herzegovina**; da **Croácia** e de **Kosovo**, na ex-Iugoslávia; e da **Chechênia**, na Rússia.

Após a Primeira Guerra Mundial, os povos eslavos do sul da Europa constituíram um reino – a Iugoslávia – que incluiu principalmente sérvios, croatas e eslovenos, tendo por capital Belgrado. Nessa época, eram os sérvios que detinham a maior influência e o poder regional, cabendo aos bósnios de religião muçulmana – herdeiros das influências do Império Turco Otomano, que dominara a região por vários séculos – uma posição de sujeição.

Durante a Segunda Guerra Mundial, alemães e italianos chegaram a ocupar a Iugoslávia e criar um novo Estado na Croácia, o qual, sob tutela nazifascista, massacrou diversas etnias, especialmente a sérvia. Entretanto, também nesse período, emergiu a liderança do croata Tito, comandante do Partido Comunista regional. Com seus seguidores, ele derrotou os nazifascistas e construiu a Iugoslávia da época da Guerra Fria, formada por uma federação estável de seis repúblicas autônomas (Eslovênia, Croácia, Bósnia-Herzegovina, Sérvia, Macedônia e Montenegro).

Como já vimos, a abertura política da década de 1990, provocada pela queda do socialismo real, desembocou em eleições nas quais os comunistas foram derrotados em várias repúblicas, mas venceram em Montenegro e na Sérvia. As repúblicas da Croácia e da Eslovênia abandonaram a união (1991), dando início à guerra civil. Depois da declaração de independência da Croácia e da Eslovênia, em meio à confrontação, o Parlamento de Belgrado, na Sérvia, criou em 1992 a nova Iugoslávia, formada apenas pela Sérvia e por Montenegro. Em seguida, a Assembleia da ONU admitiu os vários novos países da ex-república iugoslava e determinou embargo comercial total contra a Sérvia, em razão do apoio de Belgrado aos sérvios na região bósnia, que haviam criado uma república rebelde e se opunham à independência da Bósnia muçulmana e croata.

Nem as negociações nem a presença de tropas da ONU ou sanções econômicas impostas pelos Estados Unidos e pela União Europeia à nova Iugoslávia conseguiram a pacificação da região. Em resposta aos bombardeios das tropas da ONU e da Otan, os sérvios-bósnios chegaram até a sequestrar centenas de soldados das Nações Unidas.

Os grupos rivais criaram e mantiveram "campos de concentração" de prisioneiros, promoveram extermínio em massa ("limpeza étnica") e estupros. Somente depois de quatro anos de uma guerra que deixou 250 mil mortos, centenas de milhares de feridos e quase 3 milhões de refugiados, em 1995, os diversos lados da guerra civil, pressionados pelas maiores potências mundiais, assinaram um acordo de paz.

A paz – avalizada pelos governos de Estados Unidos, Reino Unido, França, Alemanha, Rússia e Espanha – determinava a divisão territorial da Bósnia-Herzegovina, cuja viabilização contaria com a presença de tropas e observadores da ONU e da Otan. O acordo – chamado pelos norte-americanos de **Acordo de Dayton** (cidade do estado de Ohio onde foram realizadas as negociações) e pelos franceses de **Tratado de Paris** (local da assinatura do documento) – constituiu, até então, o mais importante avanço para a pacificação e estabilização da Bósnia.

Em 1998, entretanto, agravou-se o conflito separatista do **Kosovo**, província de maioria albanesa (superior a 80%), mas controlada pela Iugoslávia. A violência dos confrontos entre os kosovares do Exército de Libertação de Kosovo (ELK) e o exército iugoslavo repetiu-se nas atrocidades dos campos de extermínio, exigindo a intervenção da Otan, em 1999. Liderada pelos Estados Unidos, a organização militar fez mais de 25 mil incursões aéreas, bombardeando a Iugoslávia e pressionando seu governante, **Slobodan Milosevic**, a aceitar um acordo para a pacificação da região.

As ações de extermínio em Kosovo, porém, prosseguiram, só que dessa vez dirigidas pelos muçulmanos albaneses contra a minoria sérvia local, configurando uma situação de destruição e ódio. Em 1999, para reverter esse quadro, Kosovo foi transformado num protetorado internacional, ficando sob o controle militar de uma força de paz estrangeira (Kfor) e sob administração de uma missão da ONU (Unmik).

A sequência de guerras arrasou toda a região da ex-Iugoslávia e, em outubro de 2000, pressões populares levaram ao afastamento de Slobodan Milosevic do poder. Vojislav Kostunica, representante da principal coligação de oposição, foi o sucessor, com o apoio internacional, na esperança de pôr fim aos conflitos na Sérvia e promover a reorganização de toda a região, bem como o retorno dos milhares de refugiados que abandonaram as repúblicas da ex-Iugoslávia em direção ao Ocidente durante os anos de guerra, aliviando, assim, a tensão nas fronteiras da Europa desenvolvida.

A divisão da Iugoslávia

Allmaps/Arquivo da editora

Adaptado de: SIMIELLI, Maria Elena. Geoatlas. 32. ed. São Paulo: Ática, 2006. p. 67.

Em 2001, o ex-líder Slobodan Milosevic foi extraditado para julgamento no Tribunal Internacional de Crimes de Guerra em Haia. Esse tribunal fora criado pela ONU em 1993 para julgamento de crimes de guerra e crimes contra a humanidade, ocorridos no território da ex-Iugoslávia, sendo o primeiro organismo internacional dessa natureza desde o fim da Segunda Guerra Mundial (Tribunais de Nuremberg, na Alemanha, e de Tóquio, no Japão). Além de Milosevic, dezenas de políticos e militares foram procurados para serem julgados pelo tribunal. O julgamento de Milosevic iniciou-se em 2002 e continuou até março de 2006, quando ele foi encontrado morto em sua cela na prisão da ONU, perto de Haia.

A Iugoslávia, por sua vez, deixou de existir oficialmente em fevereiro de 2003, passando a se chamar União da Sérvia e Montenegro. Em 2006, por meio de um plebiscito, decidiu-se pela completa separação entre Sérvia e Montenegro. Em 2008, Kosovo separou-se, completando a fragmentação da ex-Iugoslávia.

A **Rússia**, em meio às mudanças políticas, aos conflitos étnicos e ao agravamento da crise socioeconômica, também teve de enfrentar a declaração de independência da **Chechênia**, na região do Cáucaso, em 1991, sob a liderança de Dzhokhar Dudayev. Com Groznyy, a capital e várias outras cidades mergulharam em violentos confrontos; nem mesmo um acordo de paz, assinado entre rebeldes e autoridades da Rússia, conseguiu pacificar o território. Transformada em república "autônoma" (porém ainda parte integrante da Rússia) com o fim da guerra de independência, em 1996, e tendo população de maioria chechena e religião muçulmana, a Chechênia não obteve a aceitação oficial de seu separatismo, o que motivou frequentes conflitos com as autoridades russas.

Em 1999, depois de vários atentados terroristas em diversas cidades russas, atribuídos a muçulmanos apoiados pela Chechênia, o governo de Moscou iniciou uma forte ofensiva militar contra o território rebelde, sem conseguir, no entanto, sua completa submissão. Em quase meia década de conflito, morreram milhares de soldados russos e dezenas de milhares de chechenos (de uma população de 1,2 milhão), a maioria entre a população civil, tendo havido êxodo de mais de 300 mil refugiados.

Os diversos novos atentados realizados por separatistas chechenos em 2002 levaram o presidente Vladimir Putin (eleito em 2000) a convocar um referendo para março de 2003. De cada cem eleitores chechenos, 89 votaram a favor de uma nova Constituição chechena, confirmando sua vinculação à república da Rússia. Seguiram-se as eleições para presidente (2004) e para o Parlamento (2005).

O fim da URSS

O resultado foi um desastre completo. Se compararmos os efeitos positivos do colapso da União Soviética e de seu sistema político aos seus efeitos negativos, eu diria que estes últimos são incomparavelmente maiores. E isto certamente vale para a maioria dos russos. Muitos russos mais velhos dizem que preferiam retornar à década de 1970, sob o governo de Brejnev. Um sinal claro do desastre russo é o fato de que a era Brejnev possa aparecer como uma época de ouro para os russos. No Ocidente, simplesmente não fazemos a menor ideia das dimensões da catástrofe humana que se abateu sobre a Rússia. Ela significa a inversão total de tendências históricas: a expectativa de vida da população masculina caiu dez anos ao longo da última década, e grande parte da economia reduziu-se à agricultura de subsistência. Não creio que tenha acontecido nada de similar no século XX.

HOBSBAWM, Eric J. *O novo século*: entrevista a Antonio Polito. São Paulo: Companhia das Letras, 2000. p. 84.

Em 2006, muitos guerrilheiros chechenos depuseram as armas perante uma proposta de anistia russa. Em 2009, o governo russo anunciou o fim de sua atuação intervencionista, denominada "operação antiterrorismo", em meio a avanços nos entendimentos entre autoridades chechenas e lideranças separatistas.

Várias outras regiões da Rússia também proclamaram sua independência, a exemplo da Tartária e do Dniester (na Moldávia). A diversidade étnica da Rússia, no início do século XXI, era o combustível para a instabilidade sociopolítica. A dificuldade para acordos de paz residia nessa ampla variedade étnica, que há séculos prevalece na região. Predominam os russos étnicos (85% de sua população), mas também há diversos outros grupos minoritários distribuídos por seu vasto território, entre eles tártaros, ucranianos, chuvaques, bashquires, belarusianos, casaques, usbeques e ossétios, entre outros.

O pós-socialismo, tanto para o Leste Europeu como para as ex-repúblicas soviéticas, representou, de modo geral, dificuldades e crises econômicas e sociais. O PIB de 1997 de cada uma das ex-repúblicas, por exemplo, era inferior ao de 1990, num claro sinal de empobrecimento.

Obrigados a processar uma transição para o livre mercado que lhes permitisse ser absorvidos pelo novo modelo de desenvolvimento capitalista, os países ex-socialistas tiveram contra si a fragilidade das respectivas economias associada à voracidade dos investidores internacionais. Na grande maioria deles, a situação social advinda dessa combinação levou a realidades muito mais difíceis de equacionar do que as enfrentadas no passado. Com tais efeitos, compreende-se que líderes como o russo Gorbatchev e o polonês Lech Walesa fossem, vinte anos depois da queda do Muro de Berlim, tão rejeitados politicamente em seus países.

Peter Turnley/Corbis/Latinstock

Em outubro de 1993, Moscou teve a sede do Parlamento atacada por tanques do exército russo, cumprindo ordens de Yeltsin.

No plano político, o primeiro presidente da Federação Russa, Bóris Yeltsin, enfrentou franca oposição parlamentar, que acabou por levar ao fechamento do Parlamento em 1993, seguido de eleições que renovaram o Legislativo russo e da aprovação de uma nova Constituição para o país.

Em 1996, Yeltsin foi reeleito, mas sofreu forte oposição política e muitas pressões, entre as quais a ameaça de *impeachment* em 1999, sob a acusação de ser o responsável pelo desmoronamento social, econômico e político da região. Yeltsin renunciou à presidência em 31 de dezembro desse mesmo ano, quando assumiu **Vladimir Putin**, então primeiro-ministro. Com essa manobra, Yeltsin salvou-se de uma devassa em suas contas públicas e privadas e, antecipando as eleições, conseguiu eleger seu sucessor.

Putin fora o grande articulador das ofensivas sobre o território da Chechênia em 1999, associando sua imagem ao sentimento de defesa da tão desgastada soberania nacional russa. Visto como "homem de pulso firme", ele ganhou o reconhecimento público nas eleições de março de 2000, momento de grave crise.

mercado negro: na economia de um país, conjunto de atividades ilegais, em geral de compra e venda de mercadorias sem pagamento de impostos; pode envolver mercadorias proibidas, como drogas ou armas, roubadas ou, ainda, importadas sem obedecer aos trâmites legais.

Os dados eram implacáveis: embora 99% da população fosse alfabetizada, 35% dela vivia abaixo da linha da pobreza; o índice de desemprego era de 12,4% em março de 1999; a inflação, de 40% ao ano (1999); e o **mercado negro** movimentava 22% do PIB (Produto Interno Bruto). Até mesmo Putin reconhecia: "Somos um país rico de gente pobre". Contudo, em março de 2004, a imagem de autoridade firme de Putin no governo da Federação Russa foi decisiva para que ele fosse reeleito, obtendo 71% dos votos nas eleições presidenciais. Em 2008, Putin apoiou o candidato vitorioso à Presidência **Dmitri Medvedev**, que o sucedeu. Ainda em 2008, Putin assumiu o cargo de primeiro-ministro do governo Medvedev.

Mesmo sendo o maior país em extensão territorial e dono do segundo maior arsenal de armas nucleares do planeta, a Rússia do início do século XXI já não contava mais com a tradicional zona de influência externa que possuíra na época da URSS. Mesmo assim, a partir de 2009, passou a ser um importante membro do BRIC.

Durante o governo Putin/Medvedev, foi retomado o crescimento da economia, em grande parte, por causa das exportações de hidrocarbonetos e seus altos preços no mercado internacional, recuperando a posição econômica da Rússia de 1990. Em 2012, Putin foi novamente eleito presidente, sucedendo Medvedev, e este assumia o cargo de primeiro-ministro.

Em 2014, formou-se um novo polo de atrito entre a Rússia e o Ocidente. A Ucrânia, ex-República Soviética e independente desde 1991, transformou-se em área de disputas, recebendo de alguns analistas a indicação de representar uma retomada da Guerra Fria, porém sem as bandeiras ideológicas daquela época. A intensificação das manifestações no centro de Kiev, na Praça da Independência, iniciadas no final de 2013, culminaram na deposição do então presidente pró-Rússia Viktor Yanukovych, no início de 2014. Contudo, a região ucraniana da Crimeia, com maioria da população de origem russa, decidiu, via referendo, pela independência ante a Ucrânia, ganhando o reconhecimento do governo Putin, seguida da integração à Federação Russa, e a reprovação dos governos dos EUA, da Europa e do Japão, que adotaram sanções econômicas e diplomáticas contra a Rússia. Em seguida, outras regiões ucranianas de maioria russa também passaram a negar o governo da Ucrânia e a buscar a integração com a Rússia. Montou-se um quadro de movimentação de tropas ucranianas e russas, além de forças da OTAN, o que ampliou a tensão regional, potencializando rivalidades e as possibilidades de confrontação bélica.

Manifestantes seguram as bandeiras da Rússia e da Crimeia durante um ato pró-Rússia em Simferopol na então autônoma República da Crimeia, em março de 2014.

Kyodo/AP Images/Glow Images

2 A nova ordem internacional

Com o fim da Guerra Fria, instaurou-se um novo mundo, baseado em novas relações econômicas e geopolíticas, que não mais trazia a anterior marca da divisão Leste--Oeste nem o velho confronto entre o bloco capitalista e o socialista. Esse mundo passou a ter novas características, destacadamente a completa hegemonia da ordem capitalista, e compunha o que alguns preferiram chamar de nova ordem internacional.

Antes mesmo da década de 1960, o capitalismo ingressara numa nova fase de desenvolvimento, chamada de **Terceira Revolução Industrial**, baseada numa dinâmica produtiva com sofisticada tecnologia, principalmente em **microeletrônica** – que envolvia computação, comunicações e robótica –, **biotecnologia** e **química fina**.

Eram necessários mais investimentos em pesquisas e implementação tecnológica, cuja viabilização passou a depender principalmente de grandes conglomerados empresariais, possuidores de enormes volumes de capital. Em tal situação, acentuaram-se os processos de fusões, aquisições e parcerias de empresas, exigindo, em contrapartida, grande retorno do investimento feito.

Isso passou a ser garantido, em parte, por lucros obtidos nos amplos mercados desprovidos de barreiras nacionais protecionistas. Paralelamente ao processo típico de concentração de capitais, procedeu-se à irradiação mundial dos negócios, globalizando mercados.

Na região asiática, emergiu outro fator inovador dessa nova ordem internacional: o caso chinês, cuja economia em constante crescimento – em média, 9,5% ao ano desde 1978 – transformou o país num dos mais dinâmicos eixos comerciais do mundo. Contando com um Estado que é acionista majoritário nas 150 maiores empresas do país, a China passou a ser a terceira maior economia mundial (seu PIB superou o da Alemanha), ficando atrás apenas de Estados Unidos e Japão entre 2007 e 2008. Apesar da crise internacional iniciada em 2008, o PIB chinês continuou em forte crescimento, fazendo do país a segunda maior economia mundial em 2010.

Tais tendências econômicas recentes estimularam vários especialistas a fazer projeções de que a produção econômica do grupo de países que compõem o BRICS poderia superar a do **G7** (grupo dos sete países mais ricos da época final da Guerra Fria: Estados Unidos, Japão, Alemanha, Reino Unido, França, Canadá e Itália) em alguns anos, e a da China superaria a dos Estados Unidos. Caso se confirme, isso aponta um deslocamento econômico que poderá ter muita influência na correlação de forças internacionais.

Reprodução/The History Channel

1917-1997 – A Revolução Russa tem 80 anos é o título deste cartaz que ilustra a abertura de um documentário de televisão norte-americano.

Eric Sander/Getty Images

Funcionários trabalhando em empresa de biotecnologia, do setor farmacêutico, em São Francisco, Califórnia (EUA), 1994.

O neoliberalismo e o "Estado mínimo"

reserva de mercado: barreiras protecionistas que dificultam a entrada de concorrentes.

Com o dinamismo de empresas ligadas a amplos mercados, a qualidade e o preço dos produtos, em meio à intensa competitividade, passaram a ser decisivos para a garantia de lucratividade. Lentamente, em vários países do mundo, foi surgindo a tendência de queda das **reservas de mercado**, que haviam sido conseguidas com barreiras protecionistas, favoráveis a apenas alguns setores da economia.

Um ponto de vista

Essa ideologia [o neoliberalismo] baseia-se no pressuposto de que a liberalização do mercado otimiza o crescimento e a riqueza no mundo, e leva à melhor distribuição desse incremento. Toda tentativa de controlar e regulamentar o mercado deve, portanto, apresentar resultados negativos, pois restringe a acumulação de lucros sobre o capital e, portanto, impede a maximização da taxa de crescimento. Em minha opinião, ninguém nunca conseguiu justificar de maneira satisfatória essa concepção. Talvez fosse possível dizer que um mercado capitalista livre produz uma taxa de crescimento maior que a de qualquer outro sistema, mas ainda assim permaneceria a dúvida quanto a este ser o melhor mecanismo para distribuir a riqueza.

Para os profetas de um mercado livre e global, tudo que importa é a soma da riqueza produzida e o crescimento econômico, sem qualquer referência ao modo como tal riqueza é distribuída.

HOBSBAWM, Eric. *O novo século*: entrevista a Antonio Polito. São Paulo: Companhia das Letras, 2000. p. 78.

Esse dinamismo impulsionou a expansão capitalista – a globalização –, contando com a queda do bloco soviético socialista. Integrada a esse quadro, ganhou intensidade a formação de blocos econômicos, associações regionais de livre mercado que derrubaram antigas barreiras protecionistas; dezenas desses blocos nasceram na década de 1990. À frente dessas organizações estão o **Nafta** (*North American Free Trade Agreement* – Acordo Norte-Americano de Livre-Comércio), sob a liderança dos Estados Unidos e envolvendo o Canadá e o México; a **União Europeia**, com a economia alemã como a mais forte e dinâmica; e o **Bloco do Pacífico**, sob a liderança do Japão.

Por intermédio do **Gatt** (*General Agreement on Tariffs and Trade* – Acordo Geral sobre Tarifas Aduaneiras e Comércio) e, a partir de 1995, da **Organização Mundial de Comércio** (OMC), a superação econômica das barreiras nacionais se fortaleceu, abrindo caminho para integrações até entre os próprios blocos econômicos regionais.

Paralelamente às associações econômicas regionais, com diminuição ou eliminação dos protecionismos e atração de investimentos internacionais, estabeleceu-se a limitação dos gastos governamentais, com a prevalência da economia de mercado e a busca de um "Estado mínimo".

Navio com *containers* no porto de Roterdã, na Holanda, considerado o maior porto marítimo da Europa. Foto de 2012.

VanderWolf Images/Shutterstock/Glow Images

O fortalecimento do setor privado e a crise do Estado intervencionista deram impulso, por sua vez, às pregações neoliberais, cujos principais defensores eram o austríaco **Friedrich Hayek**, ganhador do prêmio Nobel de Economia em 1974, com suas ideias antikeynesianas, e os norte-americanos **Milton Friedman** (1912-2006), prêmio Nobel de Economia em 1976, e **Robert Lucas**, prêmio Nobel de Economia em 1995, entre outros. Um dos centros mais importantes das teorias neoliberais era o departamento de economia da Universidade de Chicago, conhecido como Escola de Chicago, onde atuavam famosos professores como Milton Friedman, autor da obra *Capitalismo e liberdade*.

Richard Olivier/Corbis/Latinstock

Na política, as condições favoráveis ao **neoliberalismo** só se efetivaram com os governos conservadores de Margareth Thatcher, a partir de 1979, no Reino Unido; Ronald Reagan, a partir de 1980, nos Estados Unidos; e Helmut Kohl, a partir de 1982, na Alemanha. Em seguida, o neoliberalismo irradiou-se pelo mundo, integrando-se ao que alguns denominaram "pensamento único".

Shepard Sherbell/Corbis/Latinstock

Todos os países que seguiram as orientações neoliberais implementaram políticas de venda de empresas estatais a empresários ou grupos privados. Essas **privatizações** ampliaram o espaço econômico dos grandes conglomerados e a subordinação dos Estados ao mercado internacional.

O novo modelo de pensamento social e político, o neoliberalismo, era estimulado pelo principal eixo da ordem capitalista, os Estados Unidos, com medidas que visavam influir na atuação de governos, organismos internacionais e grupos econômicos, naquilo que se convencionou chamar de **Consenso de Washington**. Essa denominação havia sido criada em 1989 por um ex-funcionário do Banco Mundial e do FMI, o economista inglês John Williamson, durante a preparação de uma conferência pelo *Institute for International Economics* (IEE), de Washington. A conferência, como exigia o Congresso norte-americano, negociava o refinanciamento da dívida externa de vários países, em troca de reformas especialmente centradas na abertura das economias nacionais ao capital internacional e no término das regras que impediam a livre circulação de mercadorias e investimentos, entre outros aspectos.

Shepard Sherbell/Corbis/Latinstock

Durante os governos Thatcher, Reagan e Kohl, foram implementadas as políticas neoliberais, impulsionando a economia de mercado, o livre-comércio e o colapso da ordem da Guerra Fria.

Por todo o mundo, a adoção do Consenso de Washington envolveu, ainda, a redução dos gastos públicos com saúde, educação, previdência social e outras políticas sociais, significando, para os países desenvolvidos, a desmontagem de boa parte do Estado de bem-estar social e, para os países dependentes, chamados de países em desenvolvimento ou emergentes, a piora das condições sociais. Essa situação produziu extremos de pobreza para a maioria das populações e riqueza para um reduzido número de pessoas. Da mesma forma, ampliou-se o descompasso entre países e regiões no tocante à produção e ao usufruto das novas tecnologias. Em 2000, tomando um exemplo extremo, somente na cidade de Tóquio, no Japão, havia mais telefones do que em todo o continente africano.

A chamada Terceira Revolução Industrial implicou, ainda, a questão do **desemprego**, como decorrência do uso de altas tecnologias produtivas (robótica, informatização, etc.) ou como resultado da reformulação e otimização da produção, incluindo-se o remanejamento e a demissão de funcionários nas empresas e instituições estatais.

Diferentemente da Primeira Revolução Industrial (século XVIII) e da Segunda Revolução Industrial (século XIX), a época do capitalismo global encontrou parte dos movimentos trabalhistas em refluxo e fragilizada, assim como sindicatos enfraquecidos. Além disso, a globalização abriu a possibilidade de busca de mão de obra barata em qualquer parte do mundo, por causa das reestruturações e da enorme oferta de trabalhadores.

Assim, graças à alta tecnologia, boa parte do trabalho nas grandes indústrias passou a ser feita de forma intensiva e com menos mão de obra, levando ao declínio a filiação de trabalhadores às organizações sindicais. De certa forma, a própria força ideológica da sobrevalorização do mercado em vez das políticas sociais também teve sua contribuição ao fragilizar o movimento trabalhista.

Os neoliberais defendem que essa condição do trabalho e do trabalhador é irreversível enquanto as prioridades forem a modernização e a ampliação da economia de mercado. Já os antineoliberais reclamam medidas voltadas para aliviar as dificuldades sociais, que somente podem ser garantidas pela ação do governo, dos sindicatos e da população. Defendem, ainda, que somente com o aprimoramento contínuo da democracia os cidadãos poderão participar amplamente das decisões que lhes dizem respeito e se obterá maior eficiência do Estado no âmbito da promoção da justiça social e da garantia das liberdades individuais.

Para saber mais

Crise de 2008: na economia e na teoria econômica

Em 2009, Paul Krugman, colunista do New York Times Magazine *e ganhador do prêmio Nobel de Economia de 2008, teceu os seguintes comentários sobre os economistas e a crise de 2008, cujos desdobramentos continuaram nos anos seguintes:*

É difícil acreditar agora, mas pouco tempo atrás os economistas estavam parabenizando a si mesmos pelo sucesso da própria profissão.

Esse – suposto – sucesso era tanto teórico quanto prático, proporcionando à profissão uma era dourada. [...]

No ano passado, tudo desabou.

Na sequência da crise, as fissuras na profissão dos economistas aumentaram, tornando-se fendas jamais vistas antes. [...]

O que houve com a profissão dos economistas? E para onde ela vai a partir do ponto atual? [...]

Eis o que acho que os economistas precisam fazer. Primeiro, eles precisam enfrentar a inconveniente realidade de que os mercados financeiros estão muito aquém da perfeição; que eles estão sujeitos a extraordinários delírios e à loucura das multidões. Segundo, eles precisam admitir que a ciência econômica keynesiana ainda é o melhor arcabouço teórico de que dispomos para compreender as recessões e depressões. Terceiro, eles terão de se esforçar ao máximo para incorporar as realidades das finanças à macroeconomia.

A visão que deve emergir conforme a profissão repensa seus fundamentos pode não ser muito clara; certamente não será arrumada; mas temos de manter a esperança de que ela terá a virtude de estar, ao menos, parcialmente correta.

KRUGMAN, Paul. Como puderam os economistas errar tanto? *O Estado de S. Paulo*, 6 set. 2009. p. B8 e B9.

Spencer Platt/Getty Images

Operadores trabalham na Bolsa de Valores de Nova York momentos após a sua abertura, em 13 de outubro de 2008.

A ordem monetária internacional

Para as relações comerciais e financeiras no âmbito dos blocos econômicos mundiais, tornou-se imprescindível o uso de um regime estável de taxa de câmbio (paridade entre moedas) e de uma moeda capaz de circular livremente pelos países-membros, sem obstáculos criados por políticas nacionais. Entre as dificuldades enfrentadas pelos defensores da reformulação monetária, estaria a questão de regular a emissão dessa moeda única internacional e determinar as taxas cambiais na conversão das atuais moedas para a nova.

Foi nesse contexto que algumas uniões comerciais internacionais discutiram a questão monetária. No caso da União Europeia, os países-membros definiram a criação de uma moeda regional (euro), assinando o Acordo de Maastricht (1992), reforçado pelo Acordo de Madri (1995), instituindo o novo padrão monetário regional a partir de 2002.

Outro sério problema para os Estados na economia globalizada é o volume gigantesco dos valores financeiros em circulação pelo mundo, que tanto podem estimular fortemente a economia desta ou daquela região, com imensos investimentos de capitais, quanto sufocá-la, com a saída dos capitais aplicados.

Nesse quadro monetário internacional têm surgido propostas para sua alteração, visando a obtenção de garantias de estabilidade nos fluxos e valores. Um exemplo é a sugestão feita em 1995, e reiterada nos anos seguintes pelo **G24**, grupo dos 24 países representantes das nações em desenvolvimento da América Latina, África e Ásia. Na proposta, tomando o FMI como avalista, seria criado um novo padrão monetário internacional baseado num valor médio de uma cesta composta das cinco principais moedas do mundo. O contexto dessas discussões pode ser mais bem compreendido se for traçado um breve histórico da ordem monetária internacional ao longo do século XX.

Até meados dos anos 1990, a economia mundial, em contínua expansão, contou com várias ordens monetárias, cuja variação espelhou as transformações históricas do capitalismo.

Yves Herman/Reuters/Latinstock

Bandeira da União Europeia em frente à sede da Comissão Europeia em Bruxelas, na Bélgica, em 2012.

Do padrão-ouro à supremacia do dólar: o sistema Bretton Woods

Do século XIX a 1914, o mundo capitalista ocidental contou com um sistema monetário sustentado no **padrão-ouro**. Isso significava que todas as moedas nacionais eram convertidas em quantidades fixas e padronizadas de ouro, o que determinava as respectivas taxas cambiais nas relações comerciais e de fluxos de capitais entre as nações. Essa foi a época da predominância internacional da libra esterlina inglesa.

Com a Primeira Guerra Mundial, a conversibilidade foi abandonada em meio às crescentes emissões monetárias dos vários países, originando as taxas flexíveis em vigor na década de 1920. Tal sistema definia a relação entre as moedas, obtida com base em seus valores em 1914, multiplicados pelo diferencial de inflação entre elas.

A ordem flexível permitiu amplos fluxos de capitais especulativos, provocando profundas oscilações, que afetaram o intercâmbio internacional de mercadorias e de serviços e dos próprios valores monetários. Ao mesmo tempo, deu-se a ascensão da supremacia internacional do dólar norte-americano, expressando a liderança dos Estados Unidos no mundo ocidental.

Na foto, de 1944, os representantes reunidos em Bretton Woods.

Próximo do final da Segunda Guerra Mundial, em 1944, a ordem monetária internacional foi novamente reorganizada no **Acordo de Bretton Woods**, que criou o Fundo Monetário Internacional (FMI) e o Banco Mundial. Nessa localidade do estado de New Hampshire, Estados Unidos, reuniram-se representantes de 44 países, incluindo a União Soviética, e definiu-se um regime de câmbio em que o ouro e o dólar eram transformados no eixo central do sistema monetário internacional.[3]

No fundo, o dólar substituía a posição que fora antes ocupada pela libra esterlina. Esse sistema, porém, começou a apresentar dificuldades pouco tempo depois, principalmente devido à emissão progressiva de dólares por parte dos Estados Unidos, a fim de garantir recursos para financiar seus gastos públicos, como os programas sociais do presidente Kennedy e a política externa, principalmente a Guerra do Vietnã.

Em 1971, o presidente norte-americano Richard Nixon quebrou o Acordo de Bretton Woods simplesmente suspendendo a conversibilidade do dólar ao ouro e pouco depois desvalorizou o dólar e liberou seu preço em relação ao ouro e a outras moedas.

O reinado do dólar: o antissistema Bretton Woods e as crises

Em 1976, oficializou-se outra ordem monetária internacional, que deixava livre a taxa cambial dos países. Era um antissistema Bretton Woods, inspirado nos monetaristas norte-americanos liderados por Milton Friedman, em que prevaleciam as taxas flutuantes das moedas, livremente determinadas pelos mercados.

Foi dentro desse antissistema que, na década de 1970, ocorreu uma acentuada desvalorização do dólar em relação a outras moedas fortes, especialmente o iene (Japão) e o marco alemão, situação que só foi revertida durante os anos 1980, com o governo Reagan. Graças ao pagamento de altas taxas de juros aos investimentos feitos nos Estados Unidos, foram atraídos enormes capitais internacionais, sem, contudo, anular os constantes *deficits* norte-americanos.

O grande fluxo de recursos para os Estados Unidos dispensava a emissão de moeda e até servia para cobrir despesas. A partir de 1985, o governo norte-americano, sob o comando do secretário do Tesouro James Baker, retomou passo a passo a normalização da taxa cambial do dólar, desvalorizando-o em relação ao iene e ao marco alemão e conservando a taxa cambial flutuante. Essa medida, que facilitava as idas e vindas do capital especulativo, resultou em violentas oscilações das taxas cambiais das nações.

[3] O Acordo de Bretton Woods determinava que os Estados Unidos garantiriam a conversão do dólar em ouro entre os bancos centrais dos países, baseada na paridade de 35 dólares por onça-troy de ouro (exatamente 31,104 gramas).

Um exemplo das consequências desestabilizadoras que podem ser provocadas pela entrada de grande volume de investimentos seguida de fuga de capitais especulativos aconteceu no México, entre 1994 e 1995, obrigando o governo desse país a buscar ajuda financeira internacional, especialmente nos Estados Unidos e em órgãos internacionais. O empenho norte-americano visou, antes de tudo, evitar uma completa quebradeira no México, cujas dificuldades, temia-se, poderiam irradiar-se para todo o Nafta. Para o México, mesmo assim, a crise derrubou o PIB em mais de 7%, dobrou o desemprego e fez a inflação saltar de 7,1%, em 1994, para mais de 48%, em 1995. O "efeito tequila" – como ficou conhecido – respingou em vários outros países latino-americanos. Especulação e movimentações financeiras continuaram produzindo novas crises: em 1997, foi a vez do Sudeste Asiático; em 1998, da Rússia; em 1999, do Brasil; entre 2000 e 2002, da Turquia e Argentina; e, em 2008, no eixo do sistema, EUA. Essa crise de 2008 tem sido apontada como a mais grave da economia capitalista desde 1929. Iniciou-se nos Estados Unidos, no final do governo de George W. Bush, prosseguindo durante o primeiro mandato de Barack Obama.

Irradiando-se pelo mundo, a crise abalou as crenças num mercado autorregulado – não precisando de controle externo a ele – e nos fundamentos neoliberais, reativando o intervencionismo estatal para conter colapsos econômicos ainda mais intensos e profundos por todo o sistema internacional.

Na Europa, para dar conta dessa situação, discutiam-se medidas de socorro e atuações, apesar de todas as dificuldades e divergências entre seus Estados-membros, não apenas entre Estados, mas também no interior das próprias nações, já que os efeitos das medidas atingiam diferentemente os diversos grupos sociais. Entre as principais respostas apresentadas, boa parte recaía sobre políticas de austeridade, como não substituição dos funcionários aposentados, redução dos salários nominais, fortes cortes nas despesas públicas, diminuição dos serviços sociais e aumento de tributação – medidas com grande resistência social, ativando grandes manifestações públicas e dificuldades políticas.

Tony Savino/Corbis/Latinstock

Manifestantes protestam contra a proposta de socorro aos bancos no distrito financeiro de Nova York, nos Estados Unidos, durante a crise de 2008.

Norte e Sul: desigualdades e meio ambiente

A globalização e suas políticas neoliberais ao mesmo tempo que motivaram surtos de otimismo desenvolvimentista em alguns setores sociais também atraíram críticas quanto a seus efeitos sociais e sobre o meio ambiente. Entre os aspectos mais criticados estava o agravamento das desigualdades econômicas e sociais em todo o mundo.

Contudo, vários governantes, nos últimos anos, buscaram combinar as políticas neoliberais e sociais, temperando medidas que, se não reverteram por completo as desigualdades sociais, conseguiram melhorar o desenvolvimento econômico e a inclusão social, fazendo despencar as taxas de pobreza e miséria, exemplos evidentes entre BRICS e outros países da América Latina. Mesmo assim, continuaram carregando enormes índices de desigualdades sociais e suas consequências. Um exemplo da reversão, segundo o Banco Mundial, foi o indicador sobre o total da população que vivia com renda diária individual inferior a US$ 1,25 (o novo método para definir a linha de pobreza), o qual chegou a 1,39 bilhão de pessoas em 2005, 25% da população mundial, caindo para 1,29 bilhão em 2008, sendo a China a principal responsável por essa diminuição.

Noah Addis/Corbis/Latinstock

Jovem coletando água em uma área ocupada por cerca de 40 mil pessoas nos arredores de Madri, Espanha, formando um bolsão de pobreza na capital espanhola (2010).

Porém, mesmo os países centrais do desenvolvimento capitalista têm registrado números significativos de bolsões de pobreza, seja nos EUA, seja na Europa. A **Organização Internacional do Trabalho** (OIT) apontou que cerca de um terço da população economicamente ativa (PEA) do mundo (1 bilhão de pessoas) estava desempregada ou subempregada. Taxas elevadíssimas de desemprego atingiam inclusive países europeus desenvolvidos, como Espanha, França e Alemanha. Destacando somente o número de desempregados que haviam sido registrados em 2007, a OIT chegava a um total de 179,5 milhões e, ante a crise internacional iniciada em 2008, estimavam-se acréscimos progressivos, sendo que em 2012 alcançou 197 milhões (dos quais 73,8% eram jovens). As estimativas da OIT para 2013 eram de um acréscimo de 5,1 milhões e mais 3 milhões de desempregados em 2014.

©Tom Toles/The Washington Post

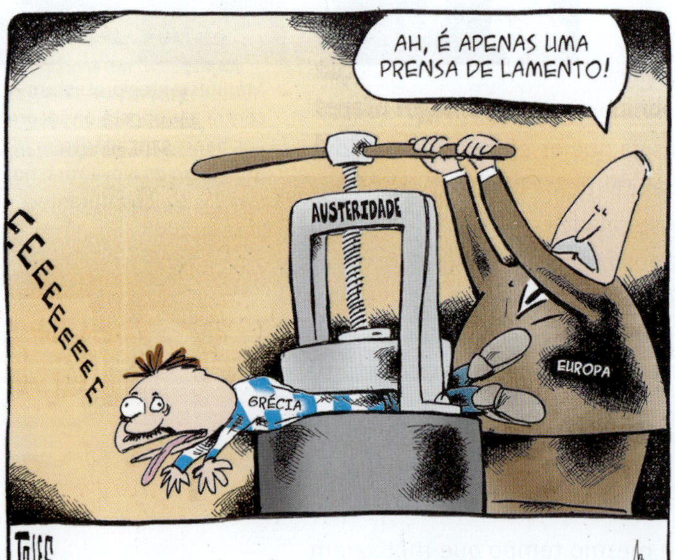

Charge publicada na *Folha de S.Paulo*, em fevereiro de 2012.

Nesse quadro, as cerca de 190 nações denotam que seus Estados estão desempenhando cada vez menos a função de garantir o bem-estar e de agir para atenuar as diferenças sociais, ou estão se mostrando impotentes para controlar a piora da situação. Numa ordem internacional em que o mercado se firmou cada vez mais como eixo da vida, da organização social e da política, não é de se estranhar a crescente valorização do consumo, definidor do *status* social, orientador de objetivos e metas individuais.

Outro desafio que tem causado preocupação relaciona-se ao agravamento dos problemas ambientais e ao aproveitamento dos recursos naturais, que parecem incompatíveis com o crescimento econômico mundial. Um possível controle do problema exigiria uma atuação planetária, porém prevalece uma teimosa ausência de regras efetivas e falta de ação coordenada de órgãos internacionais.

Não são poucos os estudiosos que insistem na não sustentabilidade do meio ambiente frente à dinâmica de nossa sociedade consumista. Um exemplo contundente são as mudanças climáticas como decorrência do consumo dos recursos naturais, muito além do que a natureza consegue repor. Estima-se que a elevação da temperatura do planeta neste século, devido ao efeito estufa advindo principalmente da. emissão de poluentes, será de 1,4 a 5,8 graus, ampliando o número e a dimensão de furacões, inundações e secas, provocando a elevação dos oceanos e o desaparecimento de diversas ilhas e regiões. Segundo Nicolas Stern, ex-economista-chefe do Banco Mundial, as mudanças climáticas poderão resultar numa recessão econômica mundial jamais vista, com uma perda de cerca de 20% do Produto Bruto Mundial.

Como destaca o jornalista Washington Novaes,[4] "o Japão já consome 7,1 vezes mais que os recursos disponíveis em seu território, a Grã-Bretanha, 3,5 vezes, e os Estados Unidos, 1,9. O Brasil, embora use menos recursos que sua disponibilidade interna, consome mais que a média global disponível. Em 2050, afirma o estudo da Global Footprint Network, o mundo precisará de recursos equivalentes ao dobro dos disponíveis na Terra. (...) Porque 'o crescimento infinito é ilusão'. Bem na linha que se propaga entre economistas de que já vivemos uma 'crise de finitude de recursos', com o consumo global maior que a reposição. E crescerá ainda mais, com a população mundial — hoje pouco acima de 7 bilhões de pessoas e um acréscimo de 80 milhões por ano — chegando a mais de 9 bilhões em 2050".

São questões que escapam às tradicionais divisões ideológicas, já que nem o capitalismo nem o socialismo se mostraram capazes de criar padrões de produção e consumo sustentáveis, e matrizes energéticas compatíveis com as necessidades e possibilidades do planeta.

Poluição lançada por uma grande usina, em Xangai, China, em 28 de janeiro de 2010. Os impactos causados pela poluição têm desencadeado sucessivos protestos na China.

Qilai Shen/Epa/Corbis/Latinstock

[4] Disponível em http://www.ihu.unisinos.br/noticias/523235-avancos-em-conceitos-e-recuos-nas-praticas-artigo-de-washington-novaes. Acesso em: 8 maio 2014.

Atividades

Conhecendo o ponto de vista de um geógrafo

1. No texto a seguir, o geógrafo Carlos Walter Porto-Gonçalves faz algumas considerações sobre os limites existentes na relação das sociedades com a natureza. Leia-o e, a seguir, responda às questões que o acompanham.

> Quando se sabe que 20% dos habitantes mais ricos do planeta consomem cerca de 80% da matéria-prima e energia produzidas anualmente, vemo-nos diante de um modelo-limite. Afinal, seriam necessários cinco planetas para oferecermos a todos os habitantes da Terra o atual estilo de vida que, vivido pelos ricos dos países ricos e pelos ricos dos países pobres, em boa parte é pretendido por aqueles que não partilham esse estilo de vida. Vemos, assim, que não é a população pobre que está colocando o planeta e a humanidade em risco, como insinua o discurso malthusiano.
>
> A promessa moderna de que os homens e as mulheres, sendo iguais por princípio, são iguais na prática não pode concretamente ser realizada se a referência de estilo de vida para essa igualdade for o *american way of life*. Mais do que nunca vemos que a modernidade é colonial, não só na medida em que não pode universalizar seu estilo de vida, mas pelo modo como, pela colonização dos corações e mentes, procura instilar a ideia de que é desejável e, acima de tudo, possível que todos se europeízem ou americanizem. Entretanto, esse estilo de vida só pode existir se for para uma pequena parcela da humanidade, sendo assim, na sua essência, injusto. [...]
>
> É, assim, enorme o risco que se coloca para toda a humanidade e todo o planeta quando se unifica ou se pretende unificar um mesmo estilo de vida. A homogeneização é, deste modo, contrária à vida, tanto no sentido ecológico quanto cultural. O que a espécie humana – *homo sapiens sapiens* – fez ao longo de sua aventura no planeta foi construir diferentes sentidos culturais para suas práticas, a partir de diferentes vivências com diferentes ecossistemas e as variadas trocas entre culturas que ao longo da história se pode experimentar.
>
> PORTO-GONÇALVES, Carlos Walter. *O desafio ambiental*. Rio de Janeiro: Record, 2004. p. 31-32.

a) O autor refere-se, no início do seu texto, ao discurso malthusiano. Mobilizando seus conhecimentos de Geografia, pesquise quem foi Thomas Malthus e que teoria ele defendia acerca do crescimento populacional.
b) Cite ao menos dois recursos no planeta cujo esgotamento representa um risco iminente.
c) Para Carlos Walter Porto-Gonçalves, a quem deve ser atribuída a responsabilidade para o esgotamento dos recursos naturais do planeta?
d) Na opinião do autor, é possível a concretização do sonho de se criar uma sociedade em que todos os habitantes gozem dos padrões de vida hoje desfrutados pelas classes sociais mais elevadas? Por quê?

Leitura e interpretação de texto

2. O texto a seguir foi escrito em junho de 2004 pelo romancista moçambicano Mia Couto para o periódico *Savana*. Leia-o atentamente e depois responda às questões que o acompanham.

> Os americanos entregam o poder aos iraquianos: este foi o cabeçalho que, esta semana, dominou o noticiário internacional. A manchete está cheia de equívocos. Não estamos perante um fato, mas diante de um argumento. O que os americanos entregaram não foi o "poder", mas uma situação de caos quase incontrolável. Também não é verdade que esse "poder" (que é realmente uma ausência de poder) tenha sido entregue aos "iraquianos". Foi provisoriamente entregue a um grupo bem identificado a quem falta ainda força efetiva e representatividade formal.
>
> A imagem do atual Iraque foi fabricada por acumulação de logros e mentiras de diferentes sinais e proveniências. Um dos maiores equívocos que consumimos provém do uso da palavra "guerra" para designar aquilo que ocorre naquele país. Fala-se em "guerra" no Iraque. Não existe guerra. Existe, sim, uma expedição punitiva, uma renovada cruzada do "bem" contra o "mal".
>
> Outro logro: fala-se de "resistência iraquiana" como se houvesse uma única força política e militar partilhando os mesmos propósitos nacionalistas contra a intervenção norte-americana. Não existe. A situação é muito mais complexa do que isso. As intenções terroristas dos radicais religiosos têm pouco a ver com os interesses do povo iraquiano.
>
> Sem glória e sem crédito, os norte-americanos fazem de conta que passam o poder para as mãos dos iraquianos. Os noticiários falam de uma "viragem". Mas o cenário que hoje se abre no Iraque não é uma nova página. É um livro contaminado. Mais do que isso, é um livro armadilhado. A intervenção americana ajudou a extremar conflitos internos e deu força a fundamentalismos que irão manter-se mesmo sem a presença militar estrangeira.
>
> [...]

Com Saddam, o Iraque era um país impossível. Sem ele, e com a intervenção de Bush, converteu-se num país inviável. À violência do Estado se seguiu uma violência contra o Estado (qualquer que seja o formato que esse Estado vier a adotar).

A administração Bush esperaria que o mundo se inclinasse de gratidão perante a missão "humanitária-militar" que fez cair Saddam Hussein. Sucedeu o inverso. Nem a comunidade internacional tirou o chapéu nem, muito menos, os iraquianos se mostraram reconhecidos. Um mundo de ingratos, dirão os cavaleiros do Eixo do Bem. Mas mesmo dentro dos Estados Unidos as apreensões se acumulam à medida que diariamente morrem jovens soldados americanos. O presidente Bush bem pode interditar que se tirem fotos dos caixões. Mas não pode evitar que esse luto pese na alma dos seus concidadãos.

Os *[norte-]*americanos sempre agiram em nome do "bem" e da "boa consciência". Essa mesma consciência faz com que a defesa dos interesses americanos seja apresentada como a defesa dos interesses de toda a humanidade. [...]

A sucessão de mentiras construída para credenciar a ocupação acabou desabando como um baralho de cartas (ou seria um baralho sem cartas?). Os torturadores das prisões do Iraque, Guantánamo e Afeganistão estão sentando a tal "boa consciência" na cadeira dos condenados. Os americanos contemplam no espelho do horror que atribuíam invariavelmente aos outros. Afinal, o "mal" não reside sempre fora: está dentro destes "*boys*" e das suas chefias, acende-se diariamente nas televisões dos lares dos pacatos cidadãos [norte-]americanos. Em quantos despertará a lucidez perante um mundo que não é feito de "anjos" e "demônios"?

A 11 de Setembro ruíam as torres gêmeas em Nova Iorque. Depois disso foi ruindo outro edifício perante uma certa ingenuidade: a ideia de uma democracia acima de suspeita, de uma América tolerante, de uma nação que pode inspirar a humanidade.

De demonstração de força de alguém que se pretende polícia universal, a ocupação do Iraque revelou, afinal, a incapacidade de entender os outros, a arrogância de quem imagina o mundo como um quintal em redor da casa-grande.

O Iraque revelou a impotência daquele que é hoje a grande única potência.

Couto, Mia. A impotência da grande potência. In: *Pensatempos*. Lisboa: Caminho, 2005. p. 41-44.

a) O artigo acima foi escrito por ocasião do fim da ofensiva norte-americana no Iraque em 2004. De acordo com seus estudos, o que motivou os ataques dos Estados Unidos ao país do Oriente Médio?
b) Qual é a crítica que o escritor Mia Couto dirige aos Estados Unidos?
c) Além dos Estados Unidos, Mia Couto dirige suas críticas a outro alvo, embora o faça de maneira não tão clara. Que alvo é esse? Explique.
d) Em jornais, revistas e *sites* da internet, pesquise a situação política, social e econômica do Iraque hoje. Tendo em mente os resultados da pesquisa, responda: Mia Couto acertou ao prever, em 2004, uma escalada de violência e um crescimento da instabilidade política no Iraque após o fim da ofensiva norte-americana? Explique.

Peter Turnley/Corbis/Latinstock

Vestibulares de Norte a Sul

1. **S** (PUC-RS)

Em dezembro de 1991, era criada a Comunidade de Estados Independentes (CEI), o que determinava a extinção da União Soviética. No interior da crise econômica e institucional, que mostrava efeitos havia pelo menos uma década, um elemento decisivo para a criação da CEI foi

a) a pressão diplomática do governo J. Carter.
b) o fortalecimento do Pacto de Varsóvia.
c) o nacionalismo das repúblicas bálticas.
d) o embargo militar decretado pela OTAN.
e) o apoio irrestrito do Partido Comunista russo.

2. **CO** (UEMS)

A modernização e o crescimento das redes de transporte, por exemplo, ferroviário, foram fenômenos decisivos para a consolidação do capitalismo como um sistema econômico e social de escala mundial. Entretanto, durante muitos anos, essa escala foi fortemente disciplinada pela importância dos Estados Nacionais. Ao longo da segunda metade do século XX, transformações como o enfraquecimento dos Estados Nacionais, formação e fortalecimento de diversos organismos internacionais (Organização das Nações Unidas, Fundo Monetário Internacional, Banco Mundial), grandes avanços no campo da informática, digitalização dos processos de comunicação, entre outros, produziram um novo fenômeno de ampliação do alcance do capitalismo. Esse fenômeno ficou conhecido como

a) evolucionismo.
b) globalização.
c) mercantilização.
d) desenvolvimentismo.
e) industrialização.

3. **S** (UFPR)

O patriarcalismo [...] caracteriza-se pela autoridade, imposta institucionalmente, do homem sobre a mulher e filhos no âmbito familiar.

CASTELLS, Manuel. *A era da informação*: economia, sociedade e cultura. São Paulo: Paz e Terra, 1999. v. II. p. 169.

Sobre esse tema, considere as seguintes afirmativas:

1. O fim da Segunda Guerra Mundial marca o início da contestação ao patriarcalismo no Ocidente.
2. A contestação ao patriarcalismo é derivada dos processos de transformação do trabalho feminino e da conscientização da mulher.
3. Mudanças tecnológicas no processo de reprodução da espécie e o crescimento de uma economia global são decorrentes da crise do modelo familiar patriarcal.
4. Para que uma autoridade como a patriarcal possa ser exercida, é preciso que permeie toda a organização social, desde a cultura até a política.

Assinale a alternativa correta.

a) Somente as afirmativas 1 e 4 são verdadeiras.
b) Somente as afirmativas 1, 2 e 3 são verdadeiras.
c) Somente as afirmativas 1, 3 e 4 são verdadeiras.
d) Somente as afirmativas 2 e 4 são verdadeiras.
e) Somente as afirmativas 1 e 2 são verdadeiras.

4. **NE** (UFBA)

Vivemos num mundo muito diferente daquele em que nossos bisavós viveram. De lá para cá, as mudanças foram muitas. Hoje, por meio do fax, pode-se enviar uma carta ao Japão em menos de um minuto. Com um telefone celular, pode-se conversar com alguém que esteja sentado no banco de uma praça. Pela internet, pode-se visitar o Louvre — um museu francês que contém obras de artistas de diferentes épocas e de várias partes do mundo — sem sair de casa. Hoje é possível também viajar em trens e aviões muito mais velozes do que os que nossos bisavós conheceram. Se compararmos o modo de se vestir e de se enfeitar do tempo dos nossos bisavós com o atual, veremos que aí também houve mudanças acentuadas. [...] Para muitas pessoas, a História lembra apenas velharia, túmulos de reis, cidades em ruínas, papéis roídos por ratos. Lembra um passado frio, distante, morto. Mas a ideia que temos de História é outra. Acreditamos que faz sentido estudar o passado porque ele nos ajuda a compreender o presente.

BOULOS JÚNIOR, 2004. p. 8-9.

Com base no texto, indique dois componentes indispensáveis à construção do conhecimento histórico.

5. **SE** (Uerj)

O capitalismo do século XIX tropeçou de desastre em desastre nas bolsas de valores e nos investimentos empresariais irracionais. Após a Segunda Guerra Mundial, essa desordem foi de algum modo posta sob controle na maioria das economias avançadas: sindicatos fortes, garantias trabalhistas e empresas de grande escala combinaram-se e produziram uma era, de mais ou menos trinta anos, de relativa estabilidade.

Adaptado de SENNETT, Richard. *A corrosão do caráter*: as consequências pessoais do trabalho no novo capitalismo. Rio de Janeiro: Record, 2010.

A estabilidade mencionada no texto foi proporcionada pela condição socioeconômica e pelo modelo de organização do Estado identificados em:

a) implantação dos sistemas de crédito – moderno.
b) estruturação dos impérios coloniais – corporativista.
c) organização das redes produtivas globais – autocrático.
d) formação das sociedades de consumo de massa – de bem-estar social.

CAPÍTULO

42 O Brasil no século XXI

Fernando Bueno/Pulsar Imagens

Museu Nacional Honestino Guimarães (Museu da República), projetado por Oscar Niemeyer, em Brasília. (2010)

Para pensar historicamente

Democracia e neoliberalismo

Vivemos, atualmente, o mais longo período de regime democrático da história do Brasil desde a proclamação da República em 1889. Neste capítulo, vamos estudar que conquistas ocorreram ao longo das três últimas décadas. Que significados a Constituição de 1988, conhecida como "A Constituição Cidadã", adquiriu?

Segundo humores dos mercados, por vezes o Brasil tem sido classificado como um local seguro para se fazer investimentos. Que consequências isso pode ter para a população? Que relações essa conjuntura econômica tem com a questão do neoliberalismo?

A reflexão sobre o momento atual do Brasil implica o resgate e a interpretação de sua história recente, abrindo possibilidades para a análise do cenário político, econômico e social estabelecido na atualidade.

Wilson Dias/Agência Brasil

Votação da Medida Provisória 595, sobre a regulamentação de instalações portuárias públicas e privadas. Câmara dos Deputados, Brasília, DF, 16 de maio de 2013.

1 O Brasil e a globalização

A modernização do Brasil ocorria já havia décadas, baseada na busca da industrialização e na diversificação produtiva, com bases em uma política de substituição de importações. A ideia modernizadora nunca perdeu um viés nacionalista, de busca da soberania, alimentando políticas cujas fontes de inspiração variavam entre as propostas da Comissão Econômica para a América Latina (Cepal), órgão regional da ONU dirigido para a modernização latino-americana, e suas adaptações durante o governo Juscelino Kubitschek e, mais tarde, a ditadura militar. Todas as propostas de modernização até os anos 1980 reservavam algumas áreas à exploração exclusiva de empresas nacionais ou estatais. Definidas como estratégicas, essas áreas concentravam-se no ramo de insumos e matérias-primas para a produção, como o aço e minérios em geral, e de recursos energéticos, como petróleo e eletricidade.

Esses setores exigiam investimentos vultosos, com retorno financeiro a longo prazo, inibindo, assim, o investimento privado. Para suprir esses entraves, era o governo, desde a década de 1930, que garantia, no âmbito interno, os recursos necessários, ou os viabilizava pela contratação de empréstimos e financiamentos estrangeiros. Chegou mesmo a se aproveitar da divisão da Guerra Fria para conseguir algumas vantagens no cenário internacional, obtendo investimentos e acordos comerciais. Aliás, o pragmatismo da atuação na política internacional remontava à época da Segunda Guerra Mundial, quando do empréstimo concedido pelos Estados Unidos para a construção da usina de Volta Redonda, durante o Estado Novo.

As elites empresariais, que comandavam a política brasileira em conjunto com a elite política no poder, criaram, na segunda metade da década de 1950 e durante a ditadura militar, um ideário de envolvimento de vários outros setores da sociedade nesse projeto modernizador. Formulavam metas de superação do atraso produtivo e dos entraves herdados ao longo de séculos de subordinação colonial e de dependência, tomando como modelo os países capitalistas centrais.

O projeto de potência emergente internacional sustentava-se em justificativas para as grandes obras, no dispêndio de grande volume de recursos e na garantia da cooperação da sociedade para a manutenção da unidade nacional.

A partir do final da década de 1950, as multinacionais começaram a se instalar no país, assegurando e reforçando a ligação entre o capitalismo nacional e o internacional. No final da década de 1980, porém, a política industrial de substituição de importações, com ou sem a participação dos grandes conglomerados capitalistas internacionais, passou a mostrar seus limites, esgotando-se rapidamente.

Um dos aspectos mais críticos dessa política industrial era a queda de produtividade, pois o mercado externo cada vez mais competitivo, exigente de elevada qualidade a baixo custo, pressionava o modelo nacional e suas altas tarifas protecionistas. Se, por um lado, essas tarifas preservavam as elites empresariais da concorrência dos produtos estrangeiros, por outro aprofundavam a distância tecnológica, o que resultava em dificuldade na disputa pela garantia de algum desenvolvimento. Além da carência de capitais nacionais próprios, a instabilidade crescente e a desorganização econômica afugentavam investidores e debilitavam a credibilidade do país no exterior.

O distanciamento entre o modelo desenvolvimentista brasileiro e a vanguarda capitalista mundial devia-se, principalmente, a profundas e importantes transformações internacionais promovidas pela Terceira Revolução Industrial. A nova dinâmica produtiva e tecnológica exigia imensos investimentos, que somente as grandes corporações empresariais dos centros capitalistas mais poderosos poderiam financiar. Exigia a ampliação de mercados e fim das barreiras protecionistas, estimulando as associações regionais de livre-comércio, os blocos econômicos. Esse cenário consolidou-se definitivamente no início da década de 1990 com a sedimentação do Nafta (*North American Free Trade Agreement* – Acordo Norte-Americano de Livre Comércio), da União Europeia, do bloco do Pacífico e, em uma versão bem mais modesta, no sul da América Latina, do Mercosul. Adotava-se, assim, o neoliberalismo.

A adesão ao neoliberalismo decorreu, também, de fracos resultados desenvolvimentistas conseguidos no final da década de 1980, quando o avanço do processo de globalização pusera em xeque o modelo de desenvolvimento econômico adotado pelo Brasil, apegado ao protecionismo nacional-desenvolvimentista, que mantinha o país excluído das grandes rotas dos capitais internacionais, da dinamização tecnológica e produtiva internacional.

Além disso, a insistência na adoção de um modelo ultrapassado de desenvolvimento estimulava as pressões e as exigências sociais internas. O declínio do bloco socialista findou uma época em que as nações conseguiam vantagens ao jogar com a diplomacia internacional bipolarizada. A era da globalização exigia integração e adaptação da produção nacional aos padrões mundiais e ao projeto de acomodação neoliberal.

Diante do impasse econômico-financeiro do Brasil e das circunstâncias internacionais, o neoliberalismo tornou-se base de programas de recuperação do país, lançados em 1990. No entanto, algumas características das medidas tomadas, demonstravam que muitas vezes os interesses das elites continuavam se sobrepondo aos interesses da sociedade como um todo, impedindo que o desenvolvimento social interno avançasse. Foi nesse contexto que a direção política brasileira encaminhou a construção da ordem democrática e os programas econômicos nos primeiros anos após o fim da ditadura.

Reginaldo Manente/Agência Estado

Luiz Inácio Lula da Silva, na época presidente do Sindicato dos Metalúrgicos do ABC, comanda uma greve trabalhista. Foto de 1978.

2 O governo de José Sarney (1985-1990)

Os primeiros passos para efetivar a redemocratização política foram dados com a eleição indireta de Tancredo Neves. Contudo, na véspera de sua posse, em 14 de março de 1985, Tancredo foi internado às pressas para uma cirurgia de emergência, cabendo ao vice, José Sarney, assumir interinamente a presidência da República, em meio à perplexidade nacional.

Orlando Brito/Arquivo da editora

Com a morte de Tancredo Neves, em abril de 1985, ascendeu ao poder José Sarney (em foto dos anos 1980), que herdou uma situação econômica deteriorada.

O primeiro presidente civil após 21 anos de ditadura militar, Tancredo Neves, de 75 anos de idade, acabou por falecer em 21 de abril, vítima de infecção generalizada após cirurgia de diverticulite aguda. O cortejo fúnebre, que partiu de um hospital na cidade de São Paulo até o aeroporto, de onde seguiria para Minas Gerais, seu estado natal, foi acompanhado por cerca de 1 milhão de pessoas, numa clara demonstração das esperanças que a sociedade brasileira depositava no novo presidente e no governo democrático que se instalava.

À conjuntura política, ao mesmo tempo incerta e esperançosa, acrescentava-se a deterioração da situação econômica, no auge da crise da dívida externa. A redemocratização havia feito surgir entre a população a ideia de que todos os males do país se deviam exclusivamente à má administração da economia por parte dos últimos governos militares, sentimento reforçado pelos intelectuais e pela imprensa, bem como pela oposição partidária (composta de PMDB, PDT e PT).

Entretanto, a dimensão dos problemas a ser enfrentados exigia muito mais que apenas um novo regime político, pois eles decorriam, sobretudo, da longa trajetória histórica nacional, sustentada nas práticas paternalistas e tutelares do poder instituído. Assim, a instalação do governo José Sarney fez emergir as limitações do novo regime, uma vez que o presidente era um político que havia apoiado os governos militares e deles participado (dentro da Arena), só tendo mudado de posição nas eleições indiretas de 1984.

Evolução econômica

Logo no início do governo Sarney, destacou-se a proeminente figura de Ulysses Guimarães, presidente do PMDB, partido que teria maior peso no novo governo, cabendo-lhe, por exemplo, os ministérios da importante área econômica. Ligado ao PMDB, Dílson Funaro foi nomeado ministro da Fazenda, e logo se cercou de uma equipe de economistas críticos do modelo econômico adotado nos últimos anos. Preparou-se um plano de combate à inflação que ficou conhecido como Plano Cruzado, divulgado e implantado de surpresa em 1º de março de 1986.

Jorge Rosenberg/Arquivo da editora

População acompanha o cortejo fúnebre de Tancredo Neves, em São Paulo, no dia 21 de abril de 1985.

O plano consistia numa tentativa de combate à inflação sem comprometer o crescimento econômico, partindo do pressuposto de que adotar a recessão para esse fim – como fora feito em casos anteriores – era um equívoco, em razão das desigualdades sociais e do estado de miséria em que vivia grande parte da população. Em uma época de elevada inflação, era comum a prática de remarcar os preços, de acordo com os índices da inflação passada, já antecipando a inflação futura. Era o fator inercial embutido no aumento dos preços, causado pela longa convivência com altas taxas inflacionárias.

medidas econômicas heterodoxas: consideradas radicais e contrárias a medidas econômicas tradicionais.

Foram então adotadas medidas de caráter **heterodoxo**, tais como: congelamento de preços pelo período de um ano, com o objetivo de combater a inflação inercial; imediato reajuste dos salários, acrescido de abono; determinação para que os reajustes posteriores de salários ocorressem quando a inflação alcançasse certo patamar; fim da correção monetária; e implantação de nova moeda no país, o cruzado, que teria o valor do cruzeiro menos três zeros. Esperava-se que, num intervalo de 12 meses, a população se "acostumasse" com preços estabilizados, e a inexistência da correção monetária fizesse com que o impulso inflacionário diminuísse ou desaparecesse.

Marco Antonio Cavalcante/Agência Jornal do Brasil

Em todo o Brasil, donas de casa munidas com tabelas de preços da Superintendência Nacional de Abastecimento e Preços (Sunab), órgão fiscalizador do governo, agiam como se tivessem poder de polícia, muitas vezes diante das câmeras de televisão, caso um gerente comercial fosse surpreendido remarcando preços. Foto de 1986, Rio de Janeiro.

Os primeiros resultados foram bons: os preços ao consumidor, congelados, mantiveram-se inalterados. Um apelo do presidente da República para que a própria população se envolvesse no plano, fiscalizando o congelamento e denunciando os infratores, provocou adesão maciça. A inflação, que em fevereiro de 1986 fora de 15%, em abril chegou a ser negativa, e, nos três meses seguintes, próxima de zero. Ao mesmo tempo, esperava-se um deslocamento do capital imobilizado em aplicações financeiras para o setor produtivo da economia, enquanto os salários se valorizavam, passando a ter efetivo poder de compra. Pode-se falar até mesmo de uma modesta distribuição de renda, quando se observa que o consumo de certos produtos básicos cresceu inesperadamente nos primeiros meses do congelamento.

Todavia, essa situação favorável não durou muito. A perda de rentabilidade dos fundos de poupança e a sensação generalizada de segurança resultaram em transferência maciça de recursos para o consumo, que cresceu de forma acelerada. Ao mesmo tempo, os preços congelados desestimulavam os produtores a aumentar sua produção para satisfazer o consumo crescente, e o resultado foi o desabastecimento. Além disso, surgiu o ágio, considerado o grande inimigo do plano do governo: diante da grande procura, as mercadorias eram vendidas oficialmente pelo preço congelado, mas acrescidas de uma diferença, o que representava, na prática, o retorno da inflação.

Quando os primeiros sinais de desequilíbrio começaram a surgir, o governo manteve rígido o congelamento de preços, provavelmente tendo em vista dividendos políticos nas eleições do final daquele ano de 1986. Foram adotadas medidas de caráter aparentemente populares, voltadas contra empresários que foram considerados "criminosos", por conspirarem contra a economia popular, aumentando os preços.

Viviane Rocha/Agência Jornal do Brasil

O desaparecimento das mercadorias nos supermercados foi o ponto alto do desabastecimento, resultado do congelamento de preços durante o Plano Cruzado. Foto de 1986, Rio de Janeiro.

Ao mesmo tempo, autorizavam-se as importações para suprir o mercado de produtos essenciais que começavam a escassear, comprometendo a balança comercial, único ponto positivo da economia brasileira na primeira metade da década de 1980. Em consequência, as reservas internacionais do país começavam a desaparecer. O Brasil caminhava para a moratória, a impossibilidade de manter o pagamento dos juros da dívida externa.

À turbulência econômica somavam-se as questões políticas, uma vez que nas eleições de 1986 ficariam definidos os deputados e senadores incumbidos de elaborar a nova Constituição que substituiria a de 1967, implantada pela ditadura militar. Os partidos que davam sustentação ao governo (PMDB e PFL) obtiveram maioria parlamentar nas eleições de novembro de 1986 para a Assembleia Constituinte, e logo em seguida foram baixadas medidas de ajuste econômico (Plano Cruzado II), com o descongelamento dos preços. Porém, era tarde demais: depois de nove meses “engessados”, os preços dispararam. A inflação escapou de qualquer controle, até atingir a taxa mensal de 2,5% em novembro e 7,5% no mês seguinte.

O governo Sarney tentou reajustar a economia com outros planos econômicos (Plano Bresser, em 1987; Plano Verão, em 1989), sem obter, porém, efeitos maiores do que a queda das taxas de inflação de um mês para o outro, seguida de rápida retomada dos preços nos meses seguintes. A expectativa de novos congelamentos levava os empresários a aumentar ainda mais os preços, como forma de defesa. O descontrole econômico marcou a administração Sarney, com a inflação, no fim, atingindo 933% anuais em 1988 e espantosos 1764% em 1989.

Os gastos excessivos do governo pioraram a situação. Uma Comissão Parlamentar de Inquérito (CPI), instaurada em 1988 pelo Senado, fazia acusações de favorecimento a grupos privados na prestação de serviços para a esfera federal e de administração de recursos públicos que beneficiavam interesses particulares. Pressões do PFL e do PMDB forçaram o arquivamento do processo.

Em junho de 1988, um grupo formado pelos “integrantes históricos” do PMDB (Fernando Henrique Cardoso, Franco Montoro, Mário Covas, José Serra e Pimenta da Veiga, entre outros) rompeu com o PMDB e fundou o Partido da Social Democracia Brasileira (PSDB).

Evolução política

O grande evento político do período foi a convocação da Assembleia Nacional Constituinte, eleita em 1986. Sarney retardou ao máximo qualquer mudança no Plano Cruzado, com o objetivo de manter sua popularidade e o prestígio do governo. Assim, nas eleições de novembro, a aliança PMDB-PFL saiu vitoriosa, garantindo a maioria das cadeiras na Constituinte e todos os governos estaduais. Durante um ano e meio, debateu-se e votou-se a nova Carta constitucional brasileira, finalmente promulgada em outubro de 1988. São características da Constituição de 1988:

- democracia liberal com separação dos três poderes e eleição direta para todos os cargos executivos e legislativos, prevendo-se a realização de dois turnos nas eleições dos cargos executivos (presidente da República, governadores de estado e prefeitos dos municípios com mais de 200 mil habitantes);
- voto obrigatório para pessoas entre 18 e 70 anos; facultativo a analfabetos, jovens entre 16 e 18 anos e pessoas com mais de 70 anos;
- fim da censura prévia, garantia do direito de greve, liberdade sindical;
- nacionalismo econômico, reservando-se uma série de atividades às empresas nacionais;
- intervenção do Estado na economia, atribuindo-se uma série de funções reguladoras e gerenciadoras;
- amplo assistencialismo social, garantindo-se os direitos trabalhistas;
- descentralização administrativa e financeira, afetando estados e municípios;
- defesa dos direitos de crianças e adolescentes.

Wilson Pedrosa/Agência Jornal do Brasil

Na foto, José Sarney, presidente da República (à esquerda), Ulysses Guimarães, presidente da Assembleia Constituinte (ao centro), e Humberto Lucena, presidente do Senado, durante a promulgação da Constituição, no Congresso Nacional, Brasília, em 5 de outubro de 1988.

Previa-se ainda uma revisão constitucional cinco anos após sua promulgação, na qual seria incluída a realização de um plebiscito sobre a forma de governo a ser adotada no Brasil, ou seja, a continuação do presidencialismo, previsto na Constituição, ou a introdução do parlamentarismo.

Destaca-se também na Carta constitucional a garantia dos direitos iguais dos homens e das mulheres quanto aos assuntos conjugais e familiares, além de ficar assegurado o papel do Estado para coibir a violência doméstica. Disso decorreu a instituição de leis específicas nos anos seguintes, especialmente a lei Maria da Penha (Lei n. 11 340/2006), que criminalizou e tornou mais rigorosa a punição de violência contra a mulher ocorrida no âmbito doméstico ou familiar.

Jarbas Oliveira/Agência Estado

A cearense Maria da Penha Maia Fernandes (foto de 2011) foi identificada com o nome da Lei n. 11 340, por ter sido vítima dos maus-tratos de seu esposo, que quase a levaram à morte entre 1983 e 1984. Maria da Penha liderou a luta contra a violência doméstica, ao lado de outras organizações civis.

A Assembleia Constituinte aprovou também o mandato presidencial de cinco anos (anteriormente eram quatro), uma das propostas mais defendidas pela equipe governamental. Para conseguir sua aprovação, o governo favoreceu vários parlamentares com a concessão de emissoras de rádio e televisão.

A Constituição de 1988 completou a transição para um regime democrático no país. Ficou conhecida por Constituição Cidadã, pois apresentou avanços nos direitos do cidadão, introduzindo instrumentos legais. Ficava, ainda, na contramão do que acontecia no plano internacional, ampliando a atuação do Estado nos âmbitos econômico e social, quando a regra neoliberal impunha o contrário.

A sucessão presidencial

No fim do governo Sarney, seriam realizadas as primeiras eleições diretas para a Presidência da República desde 1960. A esquerda, representada principalmente por Luiz Inácio Lula da Silva, do PT, e por Leonel Brizola, do PDT, surgia com considerável potencial de vitória, ameaçando a continuidade das forças conservadoras no governo.

Ulysses Guimarães, consagrado no movimento das Diretas Já, saiu candidato pelo PMDB, mas sem chances por causa de sua participação no governo Sarney. Paulo Maluf, ainda sem projeção nacional e recuperando-se do fiasco da campanha indireta de 1985, não representava uma candidatura viável. No recém-criado PSDB, foi lançado o nome de Mário Covas, prejudicado pela falta de estrutura partidária nacional, além de seu passado peemedebista.

Nesse contexto, apresentou-se a candidatura de Fernando Collor de Mello. Governador de Alagoas, Collor obteve apoio de setores conservadores, temerosos diante da possibilidade de um governo de esquerda e da ausência de um candidato que pudesse proteger seus interesses. Recebendo farta contribuição em sua

Em janeiro de 1991, foi lançado o Plano Collor II, uma tentativa de reforçar o combate à inflação. Tentou-se novamente congelar preços e salários, elevaram-se as taxas de juros com o objetivo de estimular a poupança e desestimular novos negócios, mantendo baixo o nível de atividade econômica, de modo a forçar a queda dos preços.

Porém, o descaso do governo com o dinheiro público, manifestado pela concessão de benefícios a grupos privados e ao próprio presidente da República, começava a ficar claro. Em outubro daquele ano, foram feitas denúncias de que o empresário alagoano Paulo César Farias (PC Farias), amigo pessoal de Collor e tesoureiro da campanha presidencial, estaria pressionando presidentes de estatais (no caso, a Petrobras) para a realização de negócios contrários aos interesses da empresa pública, mas favoráveis a grupos particulares.

A partir daí, a vida e os negócios de PC Farias foram investigados, principalmente pela imprensa. Em maio de 1992, surpreendentes declarações de Pedro Collor, irmão do presidente, revelavam que o ocupante do mais alto cargo do Executivo nacional seria o beneficiário de operações financeiras obscuras, coordenadas por seu ex-tesoureiro.

Em junho de 1992, o Congresso Nacional instalou uma CPI, que logo apurou o funcionamento do chamado "esquema PC": empresários forneciam dinheiro a PC Farias, em troca de favores governamentais. O dinheiro assim obtido era enviado para o exterior em dólares e depositado em **paraísos fiscais**. De volta ao Brasil, os valores eram depositados em contas fantasmas, abertas por pessoas com nomes fictícios, que dirigiam o dinheiro para as contas pessoais de membros do governo, incluindo parlamentares e a própria família Collor, além de PC Farias.

paraíso fiscal: país onde se facilitam operações bancárias, sem o pagamento de impostos nem identificação dos proprietários das contas.

O presidente, que cortava os gastos do governo, arrochava salários e ampliava o número de desempregados, vivia luxuosamente de dinheiro obtido ilegalmente, conforme as denúncias e investigações provavam. A mobilização da sociedade brasileira pelo *impeachment*, ou seja, o afastamento legal do presidente, levou PC Farias a fugir

do país, logo após ser decretada sua prisão. Entretanto, só seria preso em novembro de 1993, após ter sido identificado, detido e deportado da Tailândia. PC Farias foi encontrado morto em 1996, em Maceió, Alagoas, tendo cumprido curta pena na cadeia.

Quanto a Collor, ignorava a crescente mobilização popular. No dia 16 de setembro, havia convocado uma manifestação em seu apoio, pedindo às pessoas que saíssem às ruas vestidas de verde e amarelo. De fato, naquele domingo, milhões saíram às ruas, mas de preto, pedindo o *impeachment*.

Em 29 de setembro de 1992, a Câmara dos Deputados decidiu pelo afastamento do presidente Fernando Collor de Mello por 441 votos a 38. Assumia a presidência, logo em seguida, seu vice, Itamar Franco.

Entre julho e agosto de 1992, a Rede Globo de televisão exibiu a minissérie "Anos Rebeldes", que mostrava a mobilização política de jovens brasileiros de classe média durante os primeiros anos do Regime Militar. De alguma forma também inspirados pela série, os jovens de 1992 colocaram-se à frente da mobilização popular anti--Collor em todo o Brasil. De fato, em uma passeata no Rio de Janeiro, lia-se o cartaz "Anos rebeldes: próximo capítulo". O episódio todo leva a uma reflexão sobre a importância que a televisão ganhou no espaço público brasileiro, seja como agente político, seja como elemento gerador de uma identidade nacional. Leia no boxe da página seguinte o que a socióloga Esther Hamburger escreveu sobre essa questão.

A integração neoliberal

O governo de Collor iniciou a abertura econômica e comercial, abandonando o tradicional modelo substitutivo de importações. Privatizações, demissões de servidores públicos, enxugamento do aparelho do Estado, com venda de mansões, residências e carros oficiais, bem como a redução do número de ministérios foram a tônica nacional, só encoberta pelos acontecimentos políticos explosivos.

Milhares de manifestantes protestam pedindo o *impeachment* do presidente Fernando Collor de Mello na Praia de Ipanema, no Rio de Janeiro. Foto de 1992.

Carlão Limeira/Agência Estado

Para saber mais

A televisão na formação do espaço público

A presença maciça da televisão em um país situado na periferia poderia ser descrita como mais um paradoxo de uma nação que ao longo de sua história foi representada como uma sociedade de contrastes, riqueza e pobreza, modernidade e arcaísmo, sul e norte, litoral e interior, etc. E, de fato, a televisão está implicada na reprodução de representações que perpetuam matizes de desigualdade e discriminação. A super-representação de brancos em relação a negros e mulatos consiste em um exemplo gritante da maneira como, por omissão, os mais diversos programas televisivos contribuíram para a reprodução da discriminação racial.

O meio televisivo, porém, deriva sua penetração intensa na sociedade brasileira de uma capacidade peculiar de acenar exatamente o contrário. A TV capta, expressa e constantemente atualiza representações de uma comunidade nacional imaginária. Longe de prover interpretações consensuais, ela fornece um repertório comum por meio do qual pessoas de classes sociais, gerações, sexo e regiões diferentes se posicionam, se situam umas em relação às outras. Ao tornar o repertório comum acessível a cidadãos os mais diversos, a TV sinaliza a possibilidade, ainda que sempre adiada, da integração plena. Ela alimenta cotidianamente uma disputa simbólica, uma corrida pelo domínio das informações necessárias, um jogo de inclusão e exclusão social.

A televisão oferece a difusão de informações acessíveis a todos sem distinção de pertencimento social, classe social ou região geográfica. Ao fazê-lo, ela torna disponíveis repertórios anteriormente da alçada privilegiada de certas instituições socializadoras tradicionais como a escola, a família, a Igreja, o partido político, a agência estatal. A televisão dissemina a propaganda e orienta o consumo que inspira a formação de identidades. Nesse sentido, a televisão, e a telenovela em particular, é emblemática no surgimento de um novo espaço público, no qual o controle da formação e dos repertórios disponíveis mudou de mãos, deixou de ser monopólio dos intelectuais, políticos e governantes titulares dos postos de comando nas diversas instituições estatais.

HAMBURGER, Esther. Diluindo fronteiras: a televisão e as novelas no cotidiano. In: *História da vida privada no Brasil*. São Paulo: Cia. das Letras, 1998. (Coleção coordenada por F. NOVAIS, volume organizado por L. M. SCHWARCZ.)

Indígenas mundurucus assistem televisão no prédio da Fundação Nacional do Índio (Funai), em Brasília, DF. Foto de 2013.

Pedro Ladeira/Folhapress

Pensando no Enem

1. **A chegada da televisão**

A caixa de pandora tecnológica penetra nos lares e libera suas cabeças falantes, astros, novelas, noticiários e as fabulosas, irresistíveis garotas-propaganda, versões modernizadas do tradicional homem-sanduíche.

SEVCENKO, N. (Org.). História da Vida Privada no Brasil 3. *República*: da *Belle Époque* à Era do Rádio. São Paulo: Cia. das Letras, 1998.

A TV, a partir da década de 1950, entrou nos lares brasileiros provocando mudanças consideráveis nos hábitos da população. Certos episódios da história brasileira revelaram que a TV, especialmente como espaço de ação da imprensa, tornou-se também veículo de utilidade pública, a favor da democracia, na medida em que

a) amplificou os discursos nacionalistas e autoritários durante o governo Vargas.
b) revelou para o país casos de corrupção na esfera política de vários governos.
c) maquiou indicadores sociais negativos durante as décadas de 1970 e 1980.
d) apoiou, no governo Castelo Branco, as iniciativas de fechamento do parlamento.
e) corroborou a construção de obras faraônicas durante os governos militares.

Resposta: b

A questão destaca um aspecto jornalístico de utilidade pública em favor da democracia ao destacar casos de corrupção por parte de governantes e autoridades públicas.

Considerando a matriz de Referência do Enem, essa questão contempla a competência de área 4 – Entender as transformações técnicas e tecnológicas e seu impacto nos processos de produção, no desenvolvimento do conhecimento e na vida social, especialmente as habilidades H19: Reconhecer as transformações técnicas e tecnológicas que determinam as várias formas de uso e apropriação dos espaços rural e urbano, e H20: Selecionar argumentos favoráveis ou contrários às modificações impostas pelas novas tecnologias à vida social e ao mundo do trabalho.

2. **Movimento dos Caras-Pintadas**

Eder Chiodetto/Folhapress

Disponível em: http://www1.folha.uol.com.br. Acesso em: 17 abr. 2010 (adaptado).

O movimento representado na imagem, do início dos anos de 1990, arrebatou milhares de jovens no Brasil.
Nesse contexto, a juventude, movida por um forte sentimento cívico,

a) aliou-se aos partidos de oposição e organizou a campanha Diretas Já.
b) manifestou-se contra a corrupção e pressionou pela aprovação da Lei da Ficha Limpa.
c) engajou-se nos protestos relâmpago e utilizou a internet para agendar suas manifestações.
d) espelhou-se no movimento estudantil de 1968 e protagonizou ações revolucionárias armadas.
e) tornou-se porta-voz da sociedade e influenciou no processo de *impeachment* do então presidente Collor.

Resposta: e

Em 1990, em meio a crescentes críticas, o presidente Fernando Collor teve que enfrentar ampla mobilização popular partindo da juventude, o movimento dos "caras-pintadas", numa referência a cores e *slogans* pintados na face dos manifestantes. Exigia-se nada menos que sua renúncia diante de graves acusações de corrupção. O movimento representou a primeira vez, desde as grandes passeatas dos anos 1960, que a juventude converteu-se no principal grupo de mobilização em defesa de mudanças políticas.

Considerando a matriz de Referência do Enem, essa questão contempla a competência de área 3 – Compreender a produção e o papel histórico das instituições sociais, políticas e econômicas, associando-as aos diferentes grupos, conflitos e movimentos sociais, especialmente as habilidades H11: Identificar registros de práticas de grupos sociais no tempo e no espaço; H13: Analisar a atuação dos movimentos sociais que contribuíram para mudanças ou rupturas em processos de disputa pelo poder, e H15: Avaliar criticamente conflitos culturais, sociais, políticos, econômicos ou ambientais ao longo da história.

4 O governo de Itamar Franco (1992-1995)

A imagem pacata e tranquila do vice-presidente Itamar Franco atraiu progressivamente a simpatia popular, enquanto crescia o repúdio a Collor. Formou-se quase uma coalizão de todos os partidos políticos em torno do novo presidente, com destaque para o PSDB, cujos membros passaram a ter grande influência no governo.

Além do respaldo político obtido pelo governo, a situação econômica do país dava alguns sinais de melhora. Não no que se refere à inflação – que se mantinha fora de controle –, sobretudo na questão da dívida externa. Como o Brasil foi o último dos grandes países da América Latina a decretar moratória, precedido pelo México e pela Argentina, as dificuldades iniciais desses países abriram caminho para uma moratória bem menos traumática.

Otávio Magalhães/Agência Estado

A foto, de 1994, mostra a velha moeda, cruzeiro real, sendo incinerada: prova do sucesso do Plano Real no combate à inflação.

A partir de 1989, os Estados Unidos haviam passado a defender e sustentar o processo de securitização da dívida externa, que consistia na emissão de títulos da dívida de países devedores, negociados normalmente no mercado internacional como outros papéis, com garantia do Tesouro norte-americano. Esse processo atingiu sua maturidade em 1994, durante o governo Itamar.

A progressiva queda das taxas de juros no mercado internacional fazia com que as transferências de capital do Brasil para os bancos credores diminuíssem sensivelmente, já que diminuíam os valores dos compromissos da dívida externa. A economia voltou a crescer, atingindo em 1994 uma taxa de quase 5% anuais, o melhor resultado desde o início dos anos 1980, excetuando-se 1986, o ano do Plano Cruzado.

Em 28 de fevereiro de 1994, o governo anunciou o Plano Real, mais uma tentativa de combater a inflação. Na realidade, a criação de uma nova moeda era a última etapa de um grande programa de estabilização da economia, que estava sendo posto em prática desde dezembro de 1993 por uma equipe de economistas, tendo à frente o ministro da Fazenda, Fernando Henrique Cardoso.

Pelas novas regras monetárias, o real seria uma moeda forte, contando, para isso, com: 1) o fim da indexação, ou seja, o fim do repasse automático da inflação mensal para os salários, prestações, aluguéis e contratos em geral; 2) a vinculação da nova moeda ao

dólar norte-americano. De fato, o plano previa que a emissão de novos reais seria possível somente se existisse um volume equivalente de dólares nos cofres do Banco Central.

Ao mesmo tempo, mantinha-se o câmbio valorizado: um dólar equivaleria a 90 centavos de real, taxa que lentamente subiu para 1/1, ou seja, um dólar passou a equivaler a um real. A manutenção da taxa de câmbio era garantida pelo Banco Central: quando a demanda por dólares crescesse no país (para o pagamento de parcelas da dívida externa, por exemplo), ameaçando desvalorizar o real, o BC interviria no mercado de câmbio, vendendo grande quantidade de dólares e forçando uma queda em seu valor.

Apesar do êxito imediato do Plano Real, seu prosseguimento dependia da manutenção das reservas em dólares, e isso somente seria possível pela permanência de elevadas taxas de juros no país. Dessa forma, o capital internacional, circulando cada vez mais rapidamente e livre de obstáculos no contexto da globalização econômica, seria atraído para o país, como de fato ocorreu.

A especulação financeira cresceu enormemente, colocando em risco a valorização monetária nacional, e muitos passaram a considerar esse elemento o aspecto mais frágil do plano. Esse desafio foi enfrentado em 1994, quando uma forte desvalorização da moeda mexicana provocou o súbito afastamento do capital especulativo internacional não só daquele país, como também de outros países latino-americanos, como Brasil e Argentina, quase levando a economia dessas nações à ruína. Ao mesmo tempo, o Plano Real promovia uma nova rodada de abertura da economia às importações, ainda de acordo com os princípios do neoliberalismo. O governo defendia a abertura econômica como forma de baixar a inflação e aumentar a eficiência da indústria nacional.

A curto prazo, a abertura econômica foi realizada e a inflação caiu, embora o aumento da eficiência da indústria brasileira tenha ocorrido apenas de forma localizada. Maiores foram os efeitos negativos de tal política na indústria nacional. As falências começaram a se multiplicar e o desemprego aumentou. Paralelamente, a manutenção de elevadas taxas de juros no país inviabilizava a sobrevivência de empresas em dificuldades, acelerando ainda mais o processo de falências e desemprego. A situação recessiva forçava uma queda ainda maior da inflação, que o governo alardeava como prova do sucesso do plano.

Gilberto Alves/Agência Jornal do Brasil

Ao assumir a presidência no lugar de Collor, Itamar Franco foi cercado pelo apoio do PSDB, que controlava a área econômica do governo. Na foto, Itamar, à esquerda, empossando ministros.

Conjuntura Econômica. Rio de Janeiro: FGV/Instituto Brasileiro de Economia, set. 1996.

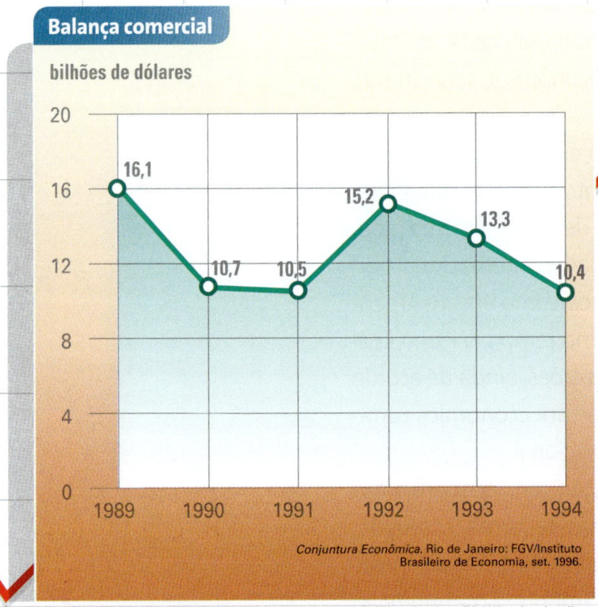

Conjuntura Econômica. Rio de Janeiro: FGV/Instituto Brasileiro de Economia, set. 1996.

Gráficos: Cassiano Röda/Arquivo da editora

Até 1994, a balança comercial permanecia elevada, criando condições para o aumento das reservas em dólar.

Rangizzz/Shutterstock/Glow Images

A sucessão política

Os aspectos positivos do plano – entre eles, a queda da inflação – foram sentidos de imediato, enquanto o lado negativo (falências, desemprego) só seria percebido a médio prazo. O ministro da Fazenda Fernando Henrique Cardoso tornou-se conhecido, abrindo caminho para candidatura na eleição presidencial de 1994.

O principal adversário de Fernando Henrique Cardoso foi o candidato do PT Luiz Inácio Lula da Silva. Com o sucesso econômico do plano e o respaldo político generalizado, Fernando Henrique Cardoso foi eleito presidente da República nas eleições de 3 de outubro daquele ano, com maioria absoluta em um único turno. Obteve quase 55% dos votos válidos e o segundo colocado, Lula, pouco mais de 27% dos votos.

5 O governo de Fernando Henrique Cardoso (1995-2002)

Fernando Henrique Cardoso foi eleito presidente da República embalado pelo êxito do Plano Real. O combate aos níveis elevados da inflação nos anos anteriores foi um importante objetivo nacional. E, durante os oito anos em que esteve na presidência, Fernando Henrique fez da manutenção do combate à inflação sua principal meta e conquista.

Moacyr Lopes Junior/Folhapress

Em 1999, Fernando Henrique Cardoso encontra o então presidente dos Estados Unidos, Bill Clinton, na Casa Branca.

Política econômica

A manutenção da moeda forte dependia da entrada no país de um grande volume de dólares. Desde que o fluxo de dólares permanecesse constante, o governo teria condições de, administrando suas reservas, manter a cotação do real e seu poder de compra. A entrada de moeda estrangeira no país seria possível de duas formas: por meio do capital produtivo e do capital especulativo. Simplificadamente, capital produtivo é aquele montante de recursos que uma empresa estrangeira investe no país para, efetivamente, desenvolver atividades ligadas à produção (indústria, serviços, etc.); capital especulativo é aquele que busca vantagens sem, muitas vezes, trazer benefícios ao lugar onde é investido. Um exemplo é o investimento na compra de títulos, sendo remunerado por meio de uma taxa de juro: quanto mais alto o juro, mais atraente o investimento e, portanto, mais capital especulativo deve entrar no país.

Uma das principais formas utilizadas pelo governo de Fernando Henrique Cardoso para atrair o capital produtivo internacional foi a privatização das estatais, surgidas principalmente a partir da Era Vargas, como grandes empresas atuantes em setores que necessitavam de pesado investimento com retorno a longo prazo e, por isso, fora das possibilidades do empresariado nacional. Assim, foram surgindo as companhias nos setores de siderurgia, mineração, indústria química, petróleo, telecomunicações, entre outros. Apontadas como pouco eficientes, essas grandes empresas estatais foram postas à venda, sobretudo para grupos estrangeiros, que passaram a adquirir ações (ou pelo menos ter importante participação) em um grande número delas.

A venda da Companhia Vale do Rio Doce (CVRD), uma das mais valiosas empresas estatais, foi emblemática no processo de privatização. Foto de 1997, Rio de Janeiro.

Exemplos de privatizações ocorridas a partir de maio de 1997 foram a Companhia Vale do Rio Doce, empresa no setor de mineração e siderurgia, a Telebrás, empresa de telecomunicações, o Banespa, pertencente ao estado de São Paulo. As privatizações resultam em US$ 91 bilhões.

Ao longo do governo Fernando Henrique, as taxas de juros permaneceram elevadas, atraindo o capital especulativo e disponibilizando dólares para a manutenção do real como moeda forte. No entanto, a elevação dessas taxas gera um problema: se os rendimentos pagos a investidores, estrangeiros ou não, são altos, isso significa que os juros cobrados de quem faz um empréstimo dos bancos também são altos. A manutenção dos juros elevados dificulta enormemente o funcionamento de empresas (principalmente as pequenas), que passam a ter dificuldade para conseguir dinheiro emprestado. Mesmo no que se refere à modernização de uma empresa, aos investimentos produtivos em geral e à abertura de novas empresas, a disponibilidade de crédito é essencial. É por isso que se diz que uma política de juros altos pode ser também uma política recessiva, que gera a estagnação econômica.

Assim como o Brasil, diversos países em desenvolvimento também adotaram políticas de juro alto para atrair o capital estrangeiro. Os avanços da globalização econômica permitiram uma rápida circulação desse capital, de um país para outro, conforme as mudanças econômicas mundiais, regionais, ou apenas por causa de simples especulação. Muitas vezes, as dificuldades econômicas desses países provocavam o temor de um calote, o que resultaria em grandes perdas para os investidores. Nesses momentos de insegurança, o capital especulativo abandonava os países emergentes e buscava refúgio em aplicações mais seguras, ainda que menos lucrativas, como os países de economia sólida.

Dessa forma, qualquer crise que ocorria em um país em desenvolvimento podia gerar temor nos investidores e provocar um vasto contágio: os dólares simplesmente começavam a fugir de todos esses países, debilitando ainda mais sua economia e causando um desequilíbrio de fato. A crise do México de 1994-1995 e as demais, ocorridas em 1990-2000, provocaram fuga de dólares do Brasil. Consequentemente, os juros aumentaram ainda mais (para compensar o capital especulativo internacional com ganhos fabulosos, apesar dos riscos), a moeda foi desvalorizada e aumentou a instabilidade econômica.

Os efeitos da política neoliberal

Por ter enfatizado a desregulamentação do mercado nacional e a privatização dos serviços, a política econômica adotada nos oito anos do governo Fernando Henrique enquadrou-se no modelo neoliberal. O governo buscou o equilíbrio fiscal, mantendo seus gastos dentro do limite do que foi arrecadado, inclusive com a aprovação da Lei de Responsabilidade Fiscal, que limitava os gastos de estados e municípios. Porém, o compromisso com o pagamento de uma dívida imensa (tanto interna quanto externa) fez com que os recursos disponíveis não fossem utilizados necessariamente na redução, por exemplo, do *deficit* social. A vulnerabilidade da economia nacional também aumentou, à medida que a dependência do capital estrangeiro se ampliou. Uma boa notícia no final do governo Fernando Henrique foi o progressivo crescimento das exportações, resultado direto da desvalorização cambial, principalmente a partir de 2001.

Em 2002, o país começou a obter saldos favoráveis na casa de US$ 1 bilhão por mês. Tratava-se do melhor resultado da balança comercial brasileira desde a década de 1980. O aumento da produção de petróleo, constante durante toda a década, ajudou no fortalecimento da balança comercial, e o Brasil aproximou-se da autossuficiência em sua produção. Em contrapartida, a brutal desvalorização da moeda em 2001-2002 acenou com o fantasma da volta da inflação. De um lado, o encarecimento de produtos importados; de outro, o aumento nos preços de alguns produtos brasileiros conforme começavam a escassear, pois estavam destinados preferencialmente ao mercado externo.

Manifestação no Rio de Janeiro contra a privatização da Companhia Vale do Rio Doce.

Otávio Magalhães/Agência Estado

Alan Marques/Folhapress

Com o custo de vida elevado, muitas pessoas foram procurar melhores oportunidades em outras cidades. Na foto de 2003, família de migrantes em Brasília pede esmola na Esplanada dos Ministérios.

Assim, na ausência de poupança interna, a política econômica do governo Fernando Henrique priorizou a atração da poupança externa. Os custos foram muito elevados, uma vez que, no primeiro momento, a dependência frente a capitais externos se tornou maior do que nunca e as desigualdades sociais internas continuavam gritantes. O resultado foi um crescimento econômico limitado.

Mais comprometido com as finanças internacionais e suas frequentes oscilações na disponibilidade de recursos, o governo Fernando Henrique recorre ao FMI, muitas vezes tendo o Tesouro norte-americano como fiador.

Administrando dificuldades e conseguindo recursos, a política econômica priorizou a busca da estabilidade, tida como indispensável para lançar as bases de uma possível retomada da expansão econômica, ainda que a médio ou longo prazo.

Política interna

A eleição de Fernando Henrique, em 1994, foi resultado da aliança PSDB-PFL, que se manteve ao longo de dois mandatos. O governo também atraiu o apoio do PTB e as simpatias do PMDB, resultando na formação de um bloco majoritário no Congresso. Por trás dessas alianças estava a ideia de garantir a governabilidade por meio do apoio às reformas propostas. Porém, os interesses de grupos que participavam do poder havia muito tempo acabaram tolhendo grande parte das mudanças propostas.

A promessa contida no primeiro discurso de posse, "varrer do mapa do Brasil a fome e a miséria", e que implicava algum tipo de distribuição de renda, não era prioridade, em grande parte em razão da resistência desses grupos tradicionais. Da mesma forma, foi adiada qualquer proposta de reforma política, a fim de tornar o sistema partidário coerente e regido por princípios éticos: continuou existindo o aluguel de legendas, a compra de votos, a venda de candidaturas e as mudanças de partido. Apesar do compromisso com grupos fisiológicos, os oito anos de governo Fernando Henrique foram um período relativamente longo de normalidade democrática, em que as instituições (partidos, judiciário, eleições, etc.) funcionaram sem grandes sobressaltos ou rupturas. De fato, trata-se de situação bem rara na história republicana. Depois de conseguir alterar a Constituição, aprovando uma emenda que permitia a reeleição presidencial, Fernando Henrique encabeçou mais uma vez a aliança PSDB-PFL, nas eleições de 1998. Teve como principal concorrente, mais uma vez, Luiz Inácio Lula da Silva, do PT. Em pleito marcado pelo pessimismo, pouca mobilização e medo da crise, Fernando Henrique Cardoso foi vencedor já no primeiro turno, com 53% dos votos.

Em 2001, Fernando Henrique tentou fazer seu sucessor. Durante algum tempo, o ministro da Fazenda Pedro Malan foi o candidato de sua preferência, mas o desinteresse deste e a própria dinâmica partidária acabaram por definir a candidatura de José Serra, peessedebista histórico e ministro da Saúde durante boa parte do governo FHC.

Na frente oposicionista, Luiz Inácio Lula da Silva pela quarta vez era candidato a presidente da República. Ciro Gomes, jovem liderança ascendente, porém sem vínculos partidários mais sólidos, lançou-se candidato pelo PPS e, após rápida subida nas pesquisas eleitorais do início de 2002, amargou forte queda. A disputa foi para o segundo turno entre José Serra (PSDB) e Lula (PT). Em meio a um crescente apoio e em um clima de otimismo generalizado, Luiz Inácio Lula da Silva foi eleito no segundo turno com 61% dos votos válidos.

Política externa

Durante os anos Fernando Henrique, a principal iniciativa do Brasil na área de política externa foi o prosseguimento do processo de integração econômica com países vizinhos do Mercosul. Em janeiro de 1995, foram simbolicamente removidas as barreiras alfandegárias entre Brasil, Argentina, Paraguai e Uruguai.

Ainda longe de representar união plena ou mercado comum de fato, o Mercosul incluiu a adoção de medidas como tarifas externas comuns e fim das barreiras entre países-membros, bem como adoção de compensações e dinamização comercial.

Mercosul: o mais importante projeto de integração de mercados no sul do continente americano.

Os resultados foram rápidos: o fluxo do comércio entre os sócios fundadores do Mercosul subiu de US$ 4 bilhões, em 1990, para US$ 15 bilhões, em 1995. Com uma população de mais de 200 milhões de habitantes e um PIB combinado por volta de US$ 1 trilhão de dólares, o Mercosul representaria o surgimento de um bloco econômico de peso no mercado internacional. Na época, o Mercosul foi considerado uma tentativa de resposta sul-americana ao processo de globalização da economia, expressando a tendência de formação de blocos regionais.

Sociedade

Em foto de 17 de abril de 1996, centenas de trabalhadores sem-terra protestam na cidade de São Paulo contra o massacre de 19 integrantes do MST em Eldorado dos Carajás, PA.

Paulo Whitaker/Reuters/Latinstock

A conjuntura social nos anos FHC ficou marcada em grande parte pelo crescente desemprego. A abertura para as importações, gerando desindustrialização; o aumento da concorrência, que produziu políticas de reengenharia nas empresas – busca de aumento de eficiência e redução de custos por meio de demissões –; a continuidade do processo de fusões empresariais; a automação nas indústrias e serviços e a simples estagnação econômica, todos esses fatores contribuíram para a elevação das taxas de desemprego.

Se a taxa nacional de desemprego manteve tendência de alta, aproximando-se dos 8%, nas grandes regiões metropolitanas a situação era bem mais grave, muitas vezes aproximando-se dos 20% no início de 1999 e final de 2002.[1] Isso significou não apenas uma séria questão social, como também um forte estímulo à violência urbana, que se agravou nos anos de governo de Fernando Henrique.

A taxa de mortes por homicídio passou de 19 (por mil habitantes) em 1992 para 26,5 no final do governo. A população mais jovem, com maior dificuldade para encontrar espaço em um mercado de trabalho contraído, foi particularmente afetada: em 1999, 38% das mortes de jovens de 15 a 24 anos foram provocadas por homicídio.[2] O crime organizado expandiu-se em torno do tráfico de drogas, convertendo-se em verdadeiro poder paralelo nas favelas. Surpreendentemente, o mesmo ocorreu dentro das prisões, muitas vezes transformadas em centros de gerenciamento do tráfico e do crime organizado.

No campo, a tensão social encontrou expressão no Movimento dos Trabalhadores Rurais Sem Terra (MST). Atuante desde a década de 1980, o MST promoveu ocupação de **terras devolutas** ou latifúndios improdutivos, tentando agilizar o mecanismo formal de reforma agrária. Procurando defender suas propriedades, muitos latifundiários passaram a organizar milícias armadas, e os conflitos com os sem-terra se multiplicaram. Em abril de 1996, em Eldorado dos Carajás, a própria polícia do estado do Pará (então governado por Almir Gabriel, do PSDB) foi responsável pelo massacre de 19 integrantes do MST que obstruíam uma estrada. O episódio foi condenado pela comunidade internacional.

terras devolutas: terras públicas, ou seja, sem proprietário registrado.

[1] Fontes: IBGE e Dieese.

[2] Números do Centro Latino-Americano de Estudos de Violência e Saúde Jorge Careli (Claves). *Folha de S.Paulo*, 19 dez. 2002, Especial. p. 16.

6 O governo de Luiz Inácio Lula da Silva (2003-2010)

A eleição de Lula, em 2002, representou a vitória de uma liderança política historicamente vinculada a propostas de mudança social: diante da situação de dramática desigualdade social e da crescente moderação do discurso político de seu partido (o PT, Partido dos Trabalhadores), Lula passou a ser visto como uma alternativa moderada de combate à desigualdade. No fim de 2006, Lula foi eleito para um segundo mandato de quatro anos.

Economia e sociedade

Desde o início ficou claro que o novo governo não iria adotar nenhuma medida de choque como solução para os graves problemas econômicos nacionais. Por um lado, tal decisão mostrou-se adequada, principalmente em razão do recente histórico de medidas "mirabolantes" adotadas por diversos governos com resultados amargos (Plano Cruzado em 1986, Plano Collor em 1990). Porém, ao evitar medidas grandiosas, o governo acabou limitando-se às práticas econômicas do final do período Fernando Henrique, ou seja, manteve-se uma política econômica baseada no combate à inflação, por meio das altas taxas de juros, estimulando as exportações e o equilíbrio fiscal, subordinado aos gastos governamentais à receita, para lidar com uma imensa dívida, tanto externa quanto, principalmente, interna.

No que se refere à inflação, o governo conseguiu mantê-la em níveis baixos. As altas taxas de juros, conservadas em quase todo período, contribuíram de forma decisiva. O resultado foi a transferência de recursos a setores privados. Contudo, do primeiro mandato ao início do segundo, registrava-se uma situação descendente na política de juros, provocada, entre outras razões, pelo excesso da oferta de capital externo, fruto da expansão econômica mundial em andamento (o maior surto mundial de expansão da produção e do crédito em trinta anos).

Quanto às exportações, manteve-se a tendência de alta registrada desde a primeira grande desvalorização do real, em 1999. A própria eleição de Lula gerou, no primeiro momento, uma aceleração da desvalorização, na medida em que havia temor de um governo comprometido com medidas "esquerdizantes". Além disso, a manutenção do crescimento econômico da China (cada vez mais compradora no mercado internacional) e a estabilidade da economia norte-americana, superando os abalos imediatamente posteriores aos atentados terroristas de 11 de setembro de 2001, contribuíram para criar um clima de estabilidade e crescimento da economia mundial, ajudando a expandir as exportações brasileiras. Porém, passou a ocorrer uma concentração cada vez maior das exportações no setor primário (minérios e produtos agrícolas).

Caio Guatelli/Folhapress

Operário de armazém de distribuição de grãos no Porto de Santos controla a saída de soja que será exportada para o Japão. Foto de 2003.

Nelson Almeida/Pulsar Imagens

Luiz Inácio Lula da Silva, em janeiro de 2003, após receber a faixa presidencial durante a cerimônia de posse.

Apesar da intensa propaganda, as despesas do governo na área social ficaram muito aquém do esperado, afetando políticas públicas por não provocar o "enxugamento" de uma máquina político-administrativa inflada. Em 2006, estimaram-se em R$ 420 bilhões as despesas da administração pública do setor federal, algo como 19,7% do PIB.[3] Somando os gastos com as máquinas governamentais federal, estadual e municipal, bem como Executivo, Legislativo e Judiciário, chegou-se perto "de 38% de tudo o que é produzido" no país.[4] Assim, além do *deficit* anual de R$ 77 bilhões com a Previdência Social (R$ 35 bilhões relativos aos aposentados do setor público), área à qual são destinados aproximadamente 7,5% do PIB, somavam-se os gastos crescentes com pessoal. Somente na esfera municipal registrou-se um enorme aumento no número de municípios: de 4 491 em 1991 para 5 564, em 2005. Como resultado, surgiram no período mais de mil novos prefeitos, Câmaras de Vereadores e todo o aparato necessário para administrar uma cidade.[5]

Muitas vezes o compromisso do governo com a área social ficou bastante distante do esperado, como foi o caso do programa Fome Zero. Lançado já no discurso de posse, o projeto atraiu a simpatia da população, porém não representou nenhuma mudança radical em relação aos programas sociais já existentes. Ainda na área social, o principal projeto do governo foi o Bolsa Família, baseado na transferência direta de recursos para famílias de baixa (ou nenhuma) renda. No início de 2010, segundo o Ministério do Desenvolvimento Social, o projeto atendia 12,5 milhões de famílias.[6] Assumindo o compromisso de manter os filhos na escola e respeitar, por exemplo, o calendário de vacinação de crianças, as famílias de baixa renda se tornavam aptas a receber um valor mensal de R$ 22,00 a R$ 200,00.

Resultados

A adoção de uma política econômica amigável a interesses estrangeiros, com abertura para o capital especulativo e para a manutenção dos acordos com o FMI até 2005 e do compromisso com o pagamento da dívida externa, acabou por limitar o ritmo da expansão econômica, apesar da conjuntura internacional favorável.

A partir de 2000, a economia de países como China e Índia (e, durante algum tempo, até mesmo a da Argentina) crescia a ritmo mais acelerado que a do Brasil, aproveitando-se da situação econômica internacional favorável. Apesar de tímidos, os números da economia brasileira finalmente começavam a apresentar, em 2004, índices melhores. Outro dado positivo é que, apesar da desigualdade socioeconômica continuar extremamente elevada, ocorreu sua redução ao nível mais baixo dos últimos 30 anos.[7]

---

3 KASSAI, Lúcia. O governo na contramão. *Revista da Indústria*. Fiesp, jul. 2007. Disponível em: <www.fiesp.com.br/revista/2007/07/pdf/pag-18-23.pdf>. Acesso em: 25 mar. 2014.

4 MORAES, Antônio Ermírio. Mais eficiência e menos gastos. *Folha de S.Paulo*, São Paulo, 12 ago. 2007, p. A2. Disponível em: <www1.folha.uol.com.br/fsp/opiniao/fz1208200706.htm>. Acesso em: 25 mar. 2014.

5 KASSAI, Lúcia. O governo na contramão. *Revista da Indústria*. Fiesp, jul. 2007. Disponível em: <www.fiesp.com.br/revista/2007/pdf/pag-18-23.pdf>. Acesso em: 25 mar. 2014.

6 Disponível em: <www.mds.gov.br/adesao/mib/matrizviewbr.asp?>. Acesso em: 25 mar. 2014. Dados extraídos de RODRIGUES, Fernando; PATU, Gustavo. País obtém combinação histórica em 2004. *Folha de S.Paulo*, 1º jan. 2005. p. B1.

7 Para mais informações, consulte o *site*: <www.ipea.gov.br/sites/000/2/publicacoes/NTquedaatualizada.pdf>.

Entre 2008 e 2009, surgiu uma situação inédita. O colapso do mercado imobiliário nos Estados Unidos, seguido da segunda maior crise da ordem capitalista (a anterior foi a quebra da Bolsa de Nova York de 1929), que gerou pânico nos mercados internacionais e temor de uma nova Depressão. Apesar da desconfiança inicial, a crise mundial atingiu o Brasil com menor intensidade do que se esperava. Mesmo assim, reverteu o crescimento do PIB, que ficou negativo em 2009. A existência de uma grande reserva cambial no país, o clima de otimismo gerado pelo crescimento econômico dos três anos anteriores e a elevação do consumo de camadas populares, graças a medidas socioeconômicas e assistenciais mantiveram o valor da moeda e a economia em funcionamento, sem retração permanente de demanda – diferentemente do que ocorreu em outros países, especialmente nos Estados Unidos. Além disso, na medida em que países como Brasil, Índia e China mantinham-se quase imunes à crise, eles passaram a ser vistos como os responsáveis por uma retomada do crescimento econômico mundial, o que acabou resultando na atração de mais investimentos e na aceleração da economia. De fato, em 2010, o crescimento do PIB deu um salto significativo, atingindo a marca de 7,5%, maior taxa anual desde 1986.

Um dos aspectos problemáticos do governo Lula foi não dar prioridade aos investimentos em infraestrutura. Em diversos setores, houve o sucateamento da infraestrutura existente e a falta de investimentos em novos projetos, como estradas, portos, saneamento e urbanização. Somente a partir do segundo mandato de Lula começaram a surgir planos de investimento maiores, muitas vezes sob o rótulo do Programa de Aceleração do Crescimento (PAC).

Charge publicada no jornal *Folha de S.Paulo*, em dezembro de 2004, retrata as limitações do crescimento econômico daquele ano.

De 2007 a 2010, sem redução expressiva da violência urbana, mas em meio a uma situação de crescimento econômico inicial e sob efeito da crise internacional de 2008, foram gerados milhões de novos empregos com carteira de trabalho assinada, um crescimento recorde em relação aos últimos anos. Mesmo assim, em janeiro de 2010, a taxa de desemprego girava em torno de 12,6%, segundo Pesquisa de Emprego e Desemprego (PED)[8] tomando como base seis grandes regiões metropolitanas. Ao otimismo de muitos quanto a um crescimento econômico sustentado ou reservas e dúvidas de outros diante dos efeitos da crise internacional, no início de 2010, somava-se o começo da campanha eleitoral à sucessão de Lula. Outra notícia positiva na época foi a queda na concentração de renda, graças ao impacto dos programas assistenciais e aos avanços na educação, além da redução da desigualdade no mercado de trabalho. Apesar de significativa, a diminuição da concentração de renda não fez com que o país deixasse de estar entre os piores do mundo em distribuição de renda.

[8] Disponível em: <www.salariominimo.net/2010/03/15/taxa-de-desemprego-no-brasil-janeiro-2010/>. Acesso em: 25 mar. 2014.

Marcelo Casal Junior/Agência Brasil/ABr

O presidente Lula discursa durante o lançamento do Programa de Aceleração do Crescimento (PAC), em 22 de janeiro de 2007, Brasília. Na imagem, vemos também a ministra da Casa Civil, Dilma Rousseff; a primeira-dama, Marisa Letícia; o vice--presidente José Alencar; o presidente da Câmara dos Deputados, Aldo Rebelo; e o ministro da Fazenda, Guido Mantega.

O quadro político

O governo Lula foi importante para consolidação do regime democrático liberal e fortalecimento de algumas de suas instituições. A ascensão do Partido dos Trabalhadores (PT) ao poder e a observação de sua prática administrativa constituíram importante aprendizado político.

Para seus opositores, o governo Lula privilegiou políticas que resultavam em apoio popular imediato em detrimento de planejamentos de longo prazo. Esse seria o caso dos projetos assistenciais, que, em vez ampliar o acesso à renda (por meio do trabalho), dedicaram-se simplesmente à *entrega de dinheiro*. No governo Lula, algumas das práticas mais criticadas dos governos anteriores permaneceram vivas, como a negociação a qualquer custo com os membros do Congresso, visando à obtenção de maioria parlamentar. Nesse contexto, parte dos principais membros do PT, no governo, foram acusados e condenados pelo pagamento a deputados, por votos em favor dos projetos do governo – o que colocou em crise o perfil "ético" do partido.

A respeito das práticas políticas do governo Lula, escreveu o petista Frei Betto, que chegou a ser assessor especial do presidente entre 2003 e 2004:

> O governo Lula optou por privilegiar alianças partidárias que, por vezes, incluíram políticos notoriamente corruptos, de práticas antagônicas aos fundamentos do PT. No calor do processo eleitoral, essas alianças não se pautaram por metas estratégicas capazes de delinear o perfil de um novo país. O balaio de votos pesou mais que a utopia de construir "um outro Brasil possível".
>
> Extraído de BETTO, Frei. *Calendário do poder*. Rio de Janeiro: Rocco, 2007; Citado em ROSSI, Clóvis. A vaia do amigo do rei. *Folha de S.Paulo*, 28 jul. 2007, p. A2.

Em agosto de 2007, no desdobramento da crise da Ação Penal 470 (Mensalão), o Supremo Tribunal Federal abriu processos para julgar quarenta pessoas acusadas, algumas delas da cúpula do PT. O julgamento se encerrou somente em 2014, quando as sentenças foram oficializadas.

Do primeiro para o segundo mandato de Lula, os principais líderes do partido (entre eles, José Dirceu e Antônio Palocci) foram afastados de postos governamentais, e o presidente passou a depender cada vez mais de forças provenientes dos partidos conservadores tradicionais e dos micropartidos. Assim, voltaram a ganhar relevância antigos líderes, como José Sarney, por sua vez envolvido – a partir de 2009 – em nova sucessão de escândalos durante sua atuação como presidente do Senado. Partidos de oposição ao governo, como o PSDB e o DEM, foram denunciados também, notadamente nos governos estaduais de Minas Gerais e Distrito Federal.

Sergio Lima/Folhapress

Manifestação na Esplanada dos Ministérios em Brasília, em junho de 2005.

A credibilidade de Lula permaneceu em grande parte intocada, mas o esvaziamento de seu partido e algumas derrotas eleitorais significativas (por exemplo, em São Paulo e Porto Alegre, nas eleições de 2004 para prefeito) deram força àquilo que muitos denominaram *lulismo*. Caracterizado pelo discurso social e por programas assistencialistas, o lulismo reforçou a imagem do presidente da República como um indivíduo acima da política partidária e capaz de estabelecer um diálogo direto com a população carente. O resultado foi a grande popularidade do presidente, principalmente entre os mais pobres, paralelamente à perda de prestígio de seu partido.

Com Lula, o Estado apenas começou a colher os frutos de um programa de estabilização de longo prazo, restando a grande tarefa de superar os gargalos existentes na infraestrutura econômica para uma possível continuação do crescimento.

Seja como for, a popularidade de Lula foi suficiente para fazer seu sucessor: Dilma Rousseff, praticamente desconhecida no plano nacional até ser nomeada ministra-chefe da Casa Civil em 2005. Dilma acabou vencendo as eleições de 2010, derrotando no segundo turno o candidato do PSDB, José Serra, e tornando-se a primeira mulher a ocupar a Presidência da República na história do Brasil.

Rumo a uma mudança de paradigma?

Durante mais de vinte anos, incluindo as décadas de 1980 e 1990 e os primeiros anos do novo século, o país foi marcado inicialmente pela inflação e, em seguida, pela estagnação econômica, e qualquer período de crescimento era acompanhado pela paralisia dos anos seguintes. Ao mesmo tempo, vivia-se na dependência da situação econômica internacional, quando qualquer abalo tinha consequências imediatas no país.

Criou-se assim uma geração cética em relação ao potencial brasileiro. Porém, por volta de 2009, algumas mudanças começaram a acontecer. Não só a mídia, mas também lideranças políticas internacionais começaram a falar do BRIC, bloco formado por Brasil, Rússia, Índia e China como as potências do futuro, como já apontamos anteriormente.

A permanência da estabilidade política e econômica e, sobretudo, a quase imunidade do país ao grande abalo econômico de 2008-2009 só reforçaram essa visão. A isso acrescentou-se a descoberta de grandes reservas petrolíferas no litoral brasileiro, o chamado "pré-sal", que trouxe novas perspectivas favoráveis à economia.

A crescente atuação diplomática do Brasil também passou a ser notada. Desde 2004 o país liderava a Missão das Nações Unidas para a Estabilização do Haiti, cujo maior contingente era formado por tropas brasileiras. Em 1999, foi criado o G20, grupo das dezenove maiores economias do mundo, mais a União Europeia. Trata-se de um órgão que vem assumindo uma importância cada vez maior na comunidade internacional e do qual o Brasil participa.

Em outubro de 2009, o Comitê Olímpico Internacional elegeu a cidade do Rio de Janeiro como sede das Olimpíadas de 2016. Historicamente, são escolhidas como cidades olímpicas preferencialmente centros tradicionais (em países da Europa e Estados Unidos) ou centros emergentes (caso das Olimpíadas de Seul-1988 e Pequim-2008). Outro destaque foi a escolha do país como sede da Copa do Mundo de Futebol em 2014. Nesse sentido, era visível a percepção da comunidade internacional em relação ao potencial do país naquele momento, assumindo um relativo otimismo, inédito nos últimos anos.

Destaca-se ainda que algumas das boas notícias nos últimos anos acabaram se compondo com outras sobre os custos das construções dos estádios esportivos e de outras obras de infraestrutura, nem sempre distantes de sobrepreços acompanhados por acusações de gastos indevidos. Porém, no final do governo Lula prevaleciam ares menos pessimistas e negativistas quanto ao país.

Na foto de 2010, os "capacetes-azuis", militares brasileiros da missão de paz das Nações Unidas no Haiti, desembarcam na Base Aérea do Galeão, Rio de Janeiro.

Marcos de Paula/Agência Estado

7 O governo de Dilma Rousseff (2011-...)

Pedro Ladeira/Agência France-Presse

A presidente Dilma Rousseff faz um discurso no Palácio do Planalto, em dezembro de 2012, anunciando mais investimentos nos aeroportos brasileiros.

Nas eleições de 2010, realizadas em clima de relativo otimismo em relação ao futuro do país, o presidente Lula havia indicado como candidata à sua sucessão a economista Dilma Rousseff. Ministra das Minas e Energia no início do governo Lula, assumiu a chefia da Casa Civil em 2005, após o afastamento de José Dirceu.

Dilma iniciou sua trajetória política em 1964, em Belo Horizonte, atuando como militante na luta contra a ditadura. Em 1970, foi presa e torturada. A economista era pouco conhecida no país, não havia participado de qualquer campanha eleitoral como candidata até então e se filiou ao PT apenas em 2000. O engajamento de Lula na campanha foi essencial para sua vitória, diante das candidaturas de oposição: o veterano José Serra pelo PSDB (que obteve 43% dos votos no 2º turno) e Marina Silva do PV (Partido Verde). A imagem da presidente como uma "técnica" ou "gerente" acabou sendo favorável à sua popularidade, tanto na eleição como nos primeiros anos de mandato. Sua imagem tinha ao mesmo tempo a aura de novidade e de aparente afastamento de uma classe política.

No plano econômico, o Brasil passou a ter algumas dificuldades. A crise mundial, iniciada em 2008, agravou-se e acabou sendo mais persistente do que se imaginava, com seus desdobramentos começando a ser sentidos no Brasil. O PIB passou a ter um desempenho insatisfatório, com crescimento de 2,7% em 2011, de 0,9% em 2012 e 2,3% em 2013, bem abaixo dos 7,5% verificados no último ano do governo Lula. Também o saldo da balança comercial (diferença entre as exportações e as importações) caiu bastante, tendo um *superavit* de US$ 29,8 bilhões em 2011, US$ 19,4 bilhões em 2012 e somente US$ 2,6 bilhões em 2013. Ao mesmo tempo, a inflação apresentou tendência de alta, apesar de a taxa de desemprego manter-se bastante baixa, situação que os economistas tiveram dificuldades de explicar. Dessa forma, os efeitos negativos de pequeno crescimento e alta inflação foram quase que compensados pelo baixo desemprego.

No plano político, durante o governo Dilma encerrou-se o julgamento do caso da Ação Penal 470 pelo Supremo Tribunal de Justiça, com condenações aos principais envolvidos, incluindo sentenças de prisão para líderes históricos do PT, como José Dirceu e José Genoíno. Para muitos, o julgamento foi um marco no combate à corrupção. Para outros, o julgamento teve motivações políticas e foi influenciado pela pressão de setores da imprensa.

Ainda no plano político, cabe destacar a criação da Comissão Nacional da Verdade, em 2011, cujo intento é investigar crimes cometidos por agentes do Estado, inclusive no período do Regime Militar. Convém lembrar que a Lei de Anistia de 1979 perdoava crimes cometidos no período, tanto por parte de opositores do regime quanto por seus agentes. Todavia, tal lei foi criada em época de restrições democráticas e acabou resultando em situações eticamente pouco confortáveis, por exemplo, como o perdão a torturadores.

No plano econômico, em 2013, um ano antes das eleições presidenciais, o governo de Dilma ampliou medidas para a recuperação econômica, contando com progressiva queda dos juros, diminuição de tributos sobre setores produtivos e incremento nas linhas de financiamento, entre outros. Porém, frente os resultados obtidos, bastante tímidos, comprometendo gastos do governo em diversas áreas, juntou-se o temor da volta da velha ameaça de inflação. Ela, na média anual até 2013, superava a média do governo Lula, além disso, em 2014 houve uma retomada na elevação dos juros.

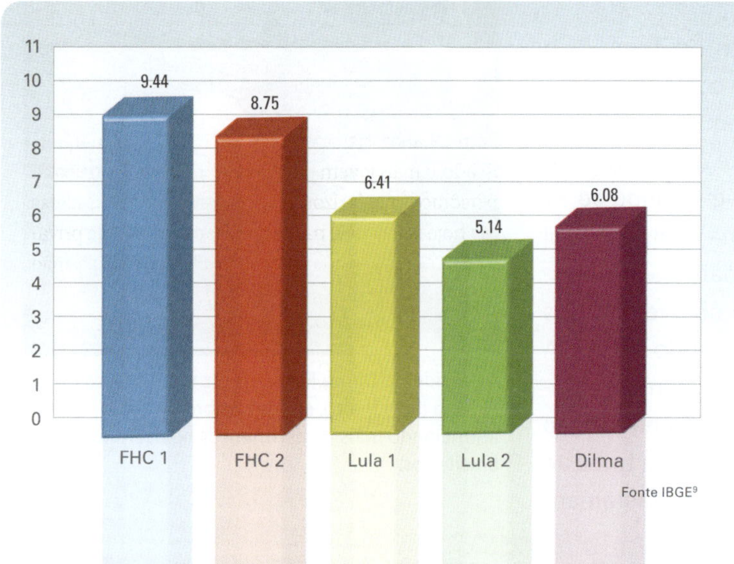

Os dados se referem ao Índice de Preços ao Consumidor Amplo (IPCA), principal indicador oficial de inflação, calculado pelo Instituto Brasileiro de Geografia e Estatística (IBGE).

Diogo Moreira/Frame/Agência Estado

Protesto do Movimento Passe Livre, na Avenida Paulista, contra o aumento da passagem de ônibus em São Paulo. Foto de junho de 2013.

Finalmente, no plano social, em 2013, assistiu-se às Manifestações de Junho em vários estados do país. Tendo como estopim o reajuste nos preços do transporte coletivo em São Paulo, multidões tomaram as ruas, sob a liderança descentralizada do Movimento Passe Livre, um grupo que se organizou durante o primeiro Fórum Social Mundial, em Porto Alegre, a fim de reivindicar a melhora na qualidade do transporte público e tarifa zero.

Em meio a choques com a polícia, multidões desvinculadas de forças políticas formais denunciavam sobretudo as péssimas condições de vida nas cidades: transporte público de baixa qualidade, falta de habitação popular, sucateamento da educação e abuso das forças policiais. Em meio a gastos cada vez mais exagerados com os preparativos para a Copa do Mundo em 2014, cartazes diziam: "Queremos escolas padrão Fifa". As manifestações se consolidaram em São Paulo, por causa do uso exagerado da violência e espalharam-se pelo país, principalmente nas capitais, onde os embates entre jovens e forças policiais foram mais acirradas. O movimento conseguiu, em diversos estados, que se revogasse o aumento, inclusive em São Paulo. Também se viu excessos por parte de uma pequena parcela de manifestantes, que depredaram bens públicos e privados. Após a redução da tarifa em São Paulo, o movimento se desmobilizou, ao mesmo tempo, descentralizou-se, com outros desdobramentos.

Desse processo ficaram perguntas: qual será o resultado político dessas mobilizações? Retomará impulso? Haverá um reflexo desse movimento nas urnas?

---

[9] Em 2011, a inflação foi de 6,5%; em 2012, foi 5,84%; em 2013, foi 5,91% resultando na média anual de 6,1%. Entre 2003 e 2010, governo Lula, a média foi 5,8%. Entre 1995 e 2002, governo FHC, a média foi 9,1% . CRESPO, Silvio Guedes. In: <http://achadoseconomicos.blogosfera.uol.com.br/2014/01/10/inflacao-anual-de-dilma-e-proxima-a-de-lula-e-inferior-a-de-fhc/>. Acesso em: 20 jun. 2014.

Atividades

Análise de documento

1. A reportagem abaixo foi publicada no dia 30 de setembro de 1992. Leia o texto e responda às questões propostas.

Fernando Affonso Collor de Mello, 43, está afastado da Presidência da República. Em decisão inédita na América Latina, a Câmara autorizou a abertura do processo de *impeachment* por 441 votos a 38. Houve uma abstenção e 23 ausências. A 821 dias do fim de seu mandato, Collor deve deixar o cargo hoje, assim que for notificado da instauração do julgamento no Senado sob acusação de crime de responsabilidade. O vice Itamar Augusto Cautiero Franco, 62, assume automaticamente. Será o 37º presidente do Brasil. [...]

Manifestações em 17 cidades somaram 500 mil pessoas, segundo a PM. Em São Paulo, 120 mil tomaram o Anhangabaú. Em Brasília, 100 mil foram para a frente do Congresso. [...]

O *impeachment* interrompe o primeiro governo eleito diretamente em 29 anos. Na campanha, o "caçador de marajás" anunciou que deixaria "a direita indignada e a esquerda perplexa". Empossado, o mais jovem presidente prometeu derrubar a inflação com um golpe. Fez do *marketing* seu estilo de governo, voou de supersônico, popularizou o *jet ski* e estampou suas ideias em camisetas nas corridas de domingo. Mas fixou uma agenda de questões hoje aceita pelo país e iniciou o processo de privatização e abertura da economia. Seu plano econômico, porém, fracassou. Forçado a rever a autossuficiência, estendeu a mão para um frustrado entendimento nacional. Isolado, abraçou a fisiologia e chamou para o ministério nomes do regime militar.

Em maio, o irmão Pedro deflagrou as denúncias de corrupção que terminaram por depor o governo. Uma Comissão Parlamentar de Inquérito foi criada para investigar as atividades de Paulo César Farias, tesoureiro da campanha do presidente, após 84 dias de investigação, a CPI concluiu que a conduta de Collor era incompatível com a dignidade do cargo. [...]

IMPEACHMENT! *Folha de S.Paulo*, 30 set. 1992. Disponível em: <http://almanaque.folha.uol.com.br/brasil_30set1992.htm>. Acesso em: 25 mar. 2014.

a) Que acontecimento da história do Brasil a matéria comunica? Como ele ocorreu?
b) De acordo com a reportagem, é possível afirmar que esse fato foi bem recebido pela população? Justifique.
c) Como a reportagem caracteriza o primeiro governo eleito diretamente em 29 anos? Identifique que aspectos do mandato de Collor foram mais destacados.
d) Qual foi o critério alegado pela CPI para definir o afastamento de Collor do cargo, mesmo com as investigações de corrupção ainda em andamento?

Comparação de pontos de vista

2. Os dois textos a seguir, publicados na imprensa na primeira década dos anos 2000, avaliam aspectos relacionados aos governos de Fernando Henrique Cardoso. Leia-os e, em seguida, responda às questões.

Texto 1

[...] Depois de várias tentativas consideradas "heterodoxas" de combate à inflação, no final da década de 80 começava a se desenhar para o país um cenário similar ao dos outros países da região – a adesão ao neoliberalismo. [...]

O primeiro projeto neoliberal coerente foi posto em prática por Fernando Collor de Mello, eleito presidente em 1989, porém afastado depois pelo Congresso, por corrupção, em 1992, deixando interrompido o processo de abertura da economia, de privatização, de diminuição do tamanho do Estado e de desregulação econômica – pilares do Consenso de Washington. Fernando Henrique Cardoso, primeiro como ministro da Economia do vice-presidente de Collor de Mello – Itamar Franco – e depois como presidente eleito, em 1994, retomaria esse projeto, dando-lhe novo formato – o de combate à inflação, como modalidade latino-americana do projeto neoliberal de ataque aos gastos estatais como suposta raiz da estagnação e do atraso econômico. [...]

Um balanço sintético das transformações vividas pelo Brasil na década de 90, e especialmente durante o governo Cardoso, pode ser resumido em dois aspectos centrais: a financeirização da economia e a precarização das relações de trabalho. A modalidade adotada de estabilização monetária, como foi dito, centrada na atração de capitais financeiros para os papéis da dívida pública, promoveu esse capital a um papel hegemônico na economia. As campanhas de Cardoso foram prioritariamente financiadas pelos maiores bancos brasileiros, o sistema bancário foi o beneficiário do único plano – milionário – de salvação econômica e, principalmente, os serviços da dívida pública consomem mais do que 100 bilhões de reais por ano. [...]

Esses dois grandes fenômenos – a financeirização da economia e a precarização do mundo do trabalho, com todos os seus desdobramentos – sintetizam a pesada herança deixada por Cardoso para seus sucessores. Uma herança que, além de econômica e social, também se reflete no campo político. [...]

SADER, Emir. A Era Pós-Cardoso. *Le Monde Diplomatique Brasil*, 1º out. 2002. Disponível em: <http://diplo.org.br/2002-10,a455>. Acesso em: 25 mar. 2014.

Caiu no Enem

1. O texto abaixo foi extraído de uma crônica de Machado de Assis e refere-se ao trabalho de um escravo.

"Um dia começou a guerra do Paraguai e durou cinco anos, João repicava e dobrava, dobrava e repicava pelos mortos e pelas vitórias. Quando se decretou o ventre livre dos escravos, João é que repicou. Quando se fez a abolição completa, quem repicou foi João. Um dia proclamou-se a República. João repicou por ela, repicaria pelo Império, se o Império retornasse."

(MACHADO, Assis de. *Crônica sobre a morte do escravo João*, 1897)

A leitura do texto permite afirmar que o sineiro João:

a) por ser escravo tocava os sinos, às escondidas, quando ocorriam fatos ligados à Abolição.

b) não poderia tocar os sinos pelo retorno do Império, visto que era escravo.

c) tocou os sinos pela República, proclamada pelos abolicionistas que vieram libertá-lo.

d) tocava os sinos quando ocorriam fatos marcantes porque era costume fazê-lo.

e) tocou os sinos pelo retorno do Império, comemorando a volta da Princesa Isabel.

2. *"Viam-se de cima as casas acavaladas umas pelas outras, formando ruas, contornando praças. As chaminés principiavam a fumar; deslizavam as carrocinhas multicores dos padeiros; as vacas de leite caminhavam com o seu passo vagaroso, parando à porta dos fregueses, tilintando o chocalho; os quiosques vendiam café a homens de jaqueta e chapéu desabado; cruzavam-se na rua os libertinos retardios com os operários que se levantavam para a obrigação; ouvia-se o ruído estalado dos carros de água, o rodar monótono dos bondes."*

(AZEVEDO, Aluísio de. *Casa de Pensão*. São Paulo: Martins, 1973)

O trecho, retirado de romance escrito em 1884, descreve o cotidiano de uma cidade, no seguinte contexto:

a) a convivência entre elementos de uma economia agrária e os de uma economia industrial indicam o início da industrialização no Brasil, no século XIX.

b) desde o século XVIII, a principal atividade da economia brasileira era industrial, como se observa no cotidiano descrito.

c) apesar de a industrialização ter-se iniciado no século XIX, ela continuou a ser uma atividade pouco desenvolvida no Brasil.

d) apesar da industrialização, muitos operários levantavam cedo, porque iam diariamente para o campo desenvolver atividades rurais.

e) a vida urbana, caracterizada pelo cotidiano apresentado no texto, ignora a industrialização existente na época.

Charge capa da revista "O Malho", de 1904.
Disponível em: http://1.bp.blogspot.com.

3. A imagem representa as manifestações nas ruas da cidade do Rio de Janeiro, na primeira década do século XX, que integraram a Revolta da Vacina. Considerando o contexto político-social da época, essa revolta revela

a) a insatisfação da população com os benefícios de uma modernização urbana autoritária.

b) a consciência da população pobre sobre a necessidade de vacinação para a erradicação das epidemias.

c) a garantia do processo democrático instaurado com a República, através da defesa da liberdade de expressão da população.

d) o planejamento do governo republicano na área de saúde, que abrangia a população em geral.

e) o apoio ao governo republicano pela atitude de vacinar toda a população em vez de privilegiar a elite.

4. — *Para consolidar-se como governo, a República precisava eliminar as arestas, conciliar-se com o passado monarquista, incorporar distintas vertentes do republicanismo. Tiradentes não deveria ser visto como herói republicano radical, mas sim como herói cívico-religioso, como mártir, integrador, portador da imagem do povo inteiro.*

CARVALHO, J. M. C. *A formação das almas*: O imaginário da República no Brasil. São Paulo: Companhia das Letras, 1990.

— *Ei-lo, o gigante da praça,/O Cristo da multidão!*
É Tiradentes quem passa/Deixem passar o Titão.

ALVES, C. Gonzaga ou a revolução de Minas. In: CARVALHO, J. M. C. *A formação das almas*: O imaginário da República no Brasil. São Paulo: Companhia das Letras, 1990.

A 1ª República brasileira, nos seus primórdios, precisava constituir uma figura heroica capaz de congregar diferenças e sustentar simbolicamente o novo regime. Optando pela figura de Tiradentes, deixou de lado figuras como Frei Caneca ou Bento Gonçalves. A transformação do inconfidente em herói nacional evidencia que o esforço de construção de um simbolismo por parte da República estava relacionado

a) ao caráter nacionalista e republicano da Inconfidência, evidenciado nas ideias e na atuação de Tiradentes.
b) à identificação da Conjuração Mineira como o movimento precursor do positivismo brasileiro.
c) ao fato de a proclamação da República ter sido um movimento de poucas raízes populares, que precisava de legitimação.
d) à semelhança física entre Tiradentes e Jesus, que proporcionaria, a um povo católico como o brasileiro, uma fácil identificação.
e) ao fato de Frei Caneca e Bento Gonçalves terem liderado movimentos separatistas no Nordeste e no Sul do país.

5. *O artigo 402 do Código penal Brasileiro de 1890 dizia: Fazer nas ruas e praças públicas exercícios de agilidade e destreza corporal, conhecidos pela denominação de capoeiragem: andar em correrias, com armas ou instrumentos capazes de produzir uma lesão corporal, provocando tumulto ou desordens. Pena: Prisão de dois a seis meses.*

SOARES, C. E. L. *A Negregada instituição*: os capoeiras no Rio de Janeiro: 1850-1890. Rio de Janeiro: Secretaria Municipal de Cultura, 1994 (adaptado).

O artigo do primeiro Código Penal Republicano naturaliza medidas socialmente excludentes. Nesse contexto, tal regulamento expressava

a) a manutenção de parte da legislação do Império com vistas ao controle da criminalidade urbana.
b) a defesa do retorno do cativeiro e escravidão pelos primeiros governos do período republicano.
c) o caráter disciplinador de uma sociedade industrializada, desejosa de um equilíbrio entre progresso e civilização.
d) a criminalização de práticas culturais e a persistência de valores que vinculavam certos grupos ao passado de escravidão.
e) o poder do regime escravista, que mantinha os negros como categoria social inferior, discriminada e segregada.

6. *As secas e o apelo econômico da borracha — produto que no final do século XIX alcançava preços altos nos mercados internacionais — motivaram a movimentação de massas humanas oriundas do Nordeste do Brasil para o Acre. Entretanto, até o início do século XX, essa região pertencia à Bolívia, embora a maioria da sua população fosse brasileira e não obedecesse à autoridade boliviana. Para reagir à presença de brasileiros, o governo de La Paz negociou o arrendamento da região a uma entidade internacional, o* Bolivian Syndicate, *iniciando violentas disputas dos dois lados da fronteira. O conflito só terminou em 1903, com a assinatura do Tratado de Petrópolis, pelo qual o Brasil comprou o território por 2 milhões de libras esterlinas.*

Disponível em: <www.mre.gov.br>. Acesso em: 3 nov. 2008 (adaptado).

Compreendendo o contexto em que ocorreram os fatos apresentados, o Acre tornou-se parte do território nacional brasileiro

a) pela formalização do Tratado de Petrópolis, que indenizava o Brasil pela sua anexação.
b) por meio do auxílio do *Bolivian Syndicate* aos emigrantes brasileiros na região.
c) devido à crescente emigração de brasileiros que exploravam os seringais.
d) em função da presença de inúmeros imigrantes estrangeiros na região.
e) pela indenização que os emigrantes brasileiros pagaram à Bolívia.

7. A palavra tatuagem é relativamente recente. Toda a gente sabe que foi o navegador Cook que a introduziu no Ocidente, e esse escrevia *tattou*, termo da Polinésia de *tatou* ou *tu tahou*, desenho.

[...] *Desde os mais remotos tempos, vemo-la a transformar-se: distintivo honorífico entre uns homens, ferrete de ignomínia entre outros, meio de assustar o adversário para os bretões, marca de uma classe de selvagens das ilhas marquesas* [...] *sinal de amor, de desprezo, de ódio* [...]. *Há três casos de tatuagem no Rio, completamente diversos na sua significação moral: os negros, os turcos com o fundo religioso e o bando de meretrizes, dos rufiões e dos humildes, que se marcam por crime ou por ociosidade.*

RIO, João do. Os Tatuadores. *Revista Kosmos*. 1904, apud: *A alma encantadora das ruas*, SP: Cia. das Letras, 1999.

Com base no texto são feitas as seguintes afirmações:

I. João do Rio revela como a tatuagem já estava presente na cidade do Rio de Janeiro, pelo menos desde o início do século XX, e era mais utilizada por alguns setores da população.
II. A tatuagem, de origem polinésia, difundiu-se no ocidente com a característica que permanece até hoje: utilização entre os jovens com função estritamente estética.
III. O texto mostra como a tatuagem é uma prática que se transforma no tempo e que alcança inúmeros sentidos nos diversos setores das sociedades e para as diferentes culturas.

Está correto o que se afirma apenas em

a) I. b) II. c) III. d) I e II. e) I e III.

8.

Antonio Rocco. *Os imigrantes*, 1910, Pinacoteca do Estado de São Paulo.

Um dia, os imigrantes aglomerados na amurada da proa chegavam à fedentina quente de um porto, num silêncio de mato e de febre amarela. Santos. — É aqui! Buenos Aires é aqui! — Tinham trocado o rótulo das bagagens, desciam em fila. Faziam suas necessidades nos trens dos animais onde iam. Jogavam-nos num pavilhão comum em São Paulo. — Buenos Aires é aqui! — Amontoados com trouxas, sanfonas e baús, num carro de bois, que pretos guiavam através do mato por estradas esburacadas, chegavam uma tarde nas senzalas donde acabava de sair o braço escravo. Formavam militarmente nas madrugadas do terreiro homens e mulheres, ante feitores de espingarda ao ombro.

ANDRADE, Oswald de. *Marco Zero II – Chão*. Rio de Janeiro: Globo, 1991.

Levando-se em consideração o texto de Oswald de Andrade e a pintura de Antonio Rocco reproduzida acima, relativos à imigração europeia para o Brasil, é correto afirmar que

a) a visão da imigração presente na pintura é trágica e, no texto, otimista.
b) a pintura confirma a visão do texto quanto à imigração de argentinos para o Brasil.
c) os dois autores retratam dificuldades dos imigrantes na chegada ao Brasil.
d) Antonio Rocco retrata de forma otimista a imigração, destacando o pioneirismo do imigrante.
e) Oswald de Andrade mostra que a condição de vida do imigrante era melhor que a dos ex-escravos.

9. *Desgraçado progresso que escamoteia as tradições saudáveis e repousantes. O 'café' de antigamente era uma pausa revigorante na alucinação da vida cotidiana. Alguém dirá que nem tudo era paz nos cafés de antanho, que havia muita briga e confusão neles. E daí? Não será por isso que lamento seu desaparecimento do Rio de Janeiro. Hoje, se houver desaforo, a gente o engole calado e humilhado. Já não se pode nem brigar. Não há clima nem espaço.*

ALENCAR, E. Os cafés do Rio. In: GOMES, D. *Antigos cafés do Rio de Janeiro*. Rio de Janeiro: Kosmos, 1989 (adaptado).

O autor lamenta o desaparecimento dos antigos cafés pelo fato de estarem relacionados com

a) a economia da República Velha, baseada essencialmente no cultivo do café.
b) o ócio ("pausa revigorante") associado ao escravismo que mantinha a lavoura cafeeira.
c) a especulação imobiliária, que diminuiu o espaço disponível para esse tipo de estabelecimento.
d) a aceleração da vida moderna, que tornou incompatíveis com o cotidiano tanto o hábito de "jogar conversa fora" quanto as brigas.
e) o aumento da violência urbana, já que as brigas, cada vez mais frequentes, levaram os cidadãos a abandonarem os cafés do Rio de Janeiro.

10. *João de Deus levanta-se indignado. Vai até a janela e fica olhando para fora. Ali na frente está a Panificadora Italiana, de Gamba & Filho. Ontem era uma casinhola de porta e janela, com um letreiro torto e errado: "Padaria Nápole". Hoje é uma fábrica... João de Deus olha e recorda... Quando Vittorio Gamba chegou da Itália com uma trouxa de roupa, a mulher e um filho pequeno, os Albuquerques eram donos de quase todas as casas do quarteirão. [...] O tempo passou. Os negócios pioraram. A herança não era o que se esperava. Com o correr dos anos os herdeiros foram hipotecando as casas. Venciam-se as hipotecas, não havia dinheiro para resgatá-las: as propriedades, então, iam passando para as mãos dos Gambas que prosperavam.*

VERÍSSIMO, Érico. *Música ao longe*. Porto Alegre: Globo, 1974 (adaptado).

O texto foi escrito no início da década de 1930 e revela, por meio das recordações do personagem, características sócio-históricas desse período, as quais remetem

a) à ascensão de uma burguesia de origem italiana.
b) ao início da imigração italiana e alemã, no Brasil, a partir da segunda metade do século.
c) ao modo como os imigrantes italianos impuseram, no Brasil, seus costumes e hábitos.
d) à luta dos imigrantes italianos pela posse da terra e pela busca de interação com o povo brasileiro.
e) às condições socioeconômicas favoráveis encontradas pelos imigrantes italianos no início do século.

São Paulo, 18 de agosto de 1929.

11. *Carlos [Drummond de Andrade],*

Achei graça e gozei com o seu entusiasmo pela candidatura Getúlio Vargas – João Pessoa. É. Mas veja como estamos... trocados. Esse entusiasmo devia ser meu e sou eu que conservo o ceticismo que deveria ser de você. [...].

Eu... eu contemplo numa torcida apenas simpática a candidatura Getúlio Vargas, que antes desejara tanto. Mas pra mim, presentemente, essa candidatura (única aceitável, está claro) fica manchada por essas pazes fragílimas de governistas mineiros, gaúchos, paraibanos [...], com democráticos paulistas (que pararam de atacar o Bernardes) e oposicionistas cariocas e gaúchos. Tudo isso não me entristece.

Continuo reconhecendo a existência de males necessários, porém me afasta do meu país e da candidatura Getúlio Vargas. Repito: única aceitável.

Mário [de Andrade]

LEMOS, Renato. *Bem traçadas linhas*: a história do Brasil em cartas pessoais. Rio de Janeiro: Bom Texto, 2004. p. 305.

Acerca da crise política ocorrida em fins da Primeira República, a carta do paulista Mário de Andrade ao mineiro Carlos Drummond de Andrade revela

a) a simpatia de Drummond pela candidatura Vargas e o desencanto de Mário de Andrade com as composições políticas sustentadas por Vargas.
b) a veneração de Drummond e Mário de Andrade ao gaúcho Getúlio Vargas, que se aliou à oligarquia cafeeira de São Paulo.
c) a concordância entre Mário de Andrade e Drummond quanto ao caráter inovador de Vargas, que fez uma ampla aliança para derrotar a oligarquia mineira.

d) a discordância entre Mário de Andrade e Drummond sobre a importância da aliança entre Vargas e o paulista Júlio Prestes nas eleições presidenciais.
e) o otimismo de Mário de Andrade em relação a Getúlio Vargas, que se recusara a fazer alianças políticas para vencer as eleições.

12. Leia um texto publicado no jornal *Gazeta Mercantil*. Esse texto é parte de um artigo que analisa algumas situações de crise no mundo, entre elas, a quebra da Bolsa de Nova Iorque em 1929, e foi publicado na época de uma iminente crise financeira no Brasil.

"Deu no que deu. No dia 29 de outubro de 1929, uma terça-feira, praticamente não havia compradores no pregão de Nova Iorque, só vendedores. Seguiu-se uma crise incomparável: o Produto Interno Bruto dos Estados Unidos caiu de 104 bilhões de dólares em 1929 para 56 bilhões em 1933, coisa inimaginável em nossos dias. O valor do dólar caiu a quase metade. O desemprego elevou-se de 1,5 milhão para 12,5 milhões de trabalhadores – cerca de 25% da população ativa – entre 1929 e 1933. A construção civil caiu 90%. Nove milhões de aplicações, tipo caderneta de poupança, perderam-se com o fechamento dos bancos. Oitenta e cinco mil firmas faliram. Houve saques e norte-americanos que passaram fome."

(*Gazeta Mercantil*, 5 jan. 1999)

Ao citar dados referentes à crise ocorrida em 1929, em um artigo jornalístico atual, pode-se atribuir ao jornalista a seguinte intenção:

a) questionar a interpretação da crise.
b) comunicar sobre o desemprego.
c) instruir o leitor sobre aplicações em bolsa de valores.
d) relacionar os fatos passados e presentes.
e) analisar dados financeiros americanos.

13. A Idade Média é um extenso período da História do Ocidente cuja memória é construída e reconstruída segundo as circunstâncias das épocas posteriores. Assim, desde o Renascimento, esse período vem sendo alvo de diversas interpretações que dizem mais sobre o contexto histórico em que são produzidas do que propriamente sobre o Medievo.

Um exemplo acerca do que está exposto no texto acima é

a) a associação que Hitler estabeleceu entre o III Reich e o Sacro Império Romano Germânico.
b) o retorno dos valores cristãos medievais, presentes nos documentos do Concílio Vaticano II.
c) a luta dos negros sul-africanos contra o *apartheid* inspirada por valores dos primeiros cristãos.
d) o fortalecimento político de Napoleão Bonaparte, que se justificava na amplitude de poderes que tivera Carlos Magno.
e) a tradição heroica da cavalaria medieval, que foi afetada negativamente pelas produções cinematográficas de Hollywood.

14. *É difícil encontrar um texto sobre a Proclamação da República no Brasil que não cite a afirmação de Aristides Lobo, no* Diário Popular de São Paulo, *de que "o povo assistiu àquilo bestializado". Essa versão foi relida pelos enaltecedores da Revolução de 1930, que não descuidaram da forma republicana, mas realçaram a exclusão social, o militarismo e o estrangeirismo da fórmula implantada em 1889. Isto porque o Brasil brasileiro teria nascido em 1930.*

MELLO, M. T. C. *A república consentida*: cultura democrática e científica no final do Império. Rio de Janeiro: FGV, 2007 (adaptado).

O texto defende que a consolidação de uma determinada memória sobre a Proclamação da República no Brasil teve, na Revolução de 1930, um de seus momentos mais importantes. Os defensores da Revolução de 1930 procuraram construir uma visão negativa para os eventos de 1889, porque esta era uma maneira de

a) valorizar as propostas políticas democráticas e liberais vitoriosas.
b) resgatar simbolicamente as figuras políticas ligadas à Monarquia.
c) criticar a política educacional adotada durante a República Velha.
d) legitimar a ordem política inaugurada com a chegada desse grupo ao poder.
e) destacar a ampla participação popular obtida no processo da Proclamação.

15. *Fugindo à luta de classes, a nossa organização sindical tem sido um instrumento de harmonia e de cooperação entre o capital e o trabalho. Não se limitou a um sindicalismo puramente "operário", que conduziria certamente a luta contra o "patrão", como aconteceu com outros povos.*

FALCÃO, W. Cartas sindicais. In: *Boletim do Ministério do Trabalho, Indústria e Comércio*. Rio de Janeiro, 10 (85), set. 1941 (adaptado).

Nesse documento oficial, à época do Estado Novo (1937-1945), é apresentada uma concepção de organização sindical que

a) elimina os conflitos no ambiente das fábricas.
b) limita os direitos associativos do segmento patronal.
c) orienta a busca do consenso entre trabalhadores e patrões.
d) proíbe o registro de estrangeiros nas entidades profissionais do país.
e) desobriga o Estado quanto aos direitos e deveres da classe trabalhadora.

16.

Cartaz da Revolução Constitucionalista. Disponível em: <http://veja.abril.com.br>. Acesso em: 29 jun. 2012.

Elaborado pelos partidários da Revolução Constitucionalista de 1932, o cartaz apresentado pretendia mobilizar a população paulista contra o governo federal.

Essa mobilização utilizou-se de uma referência histórica, associando o processo revolucionário:

a) à experiência francesa, expressa no chamado à luta contra a ditadura.
b) aos ideais republicanos, indicados no destaque à bandeira paulista.
c) ao protagonismo das Forças Armadas, representadas pelo militar que empunha a bandeira.
d) ao bandeirantismo, símbolo paulista apresentado em primeiro plano.
e) ao papel figurativo de Vargas na política, enfatizado pela pequenez de sua figura no cartaz.

17.

– Havera' ainda quem resista a'poderosa influencia do partido Mulherista.?!

PEDERNEIRAS, R. *Revista da Semana*, ano 35, n. 40, 15 set. 1934. In: LEMOS, R. (Org.). *Uma história do Brasil através das caricaturas* (1840–2001). Rio de Janeiro: Bom Texto, Letras e Expressões, 2001.

Na imagem, da década de 1930, há uma crítica à conquista de um direito pelas mulheres, relacionado com a

a) redivisão do trabalho doméstico.
b) liberdade de orientação sexual.
c) garantia da equiparação salarial.
d) aprovação do direito ao divórcio.
e) obtenção da participação eleitoral.

18. A definição de eleitor foi tema de artigos nas Constituições brasileiras de 1891 e de 1934. Diz a Constituição da República dos Estados Unidos do Brasil de 1891:

Art. 70. São eleitores os cidadãos maiores de 21 anos que se alistarem na forma da lei.

A Constituição da República dos Estados Unidos do Brasil de 1934, por sua vez, estabelece que:

Art. 180. São eleitores os brasileiros de um e de outro sexo, maiores de 18 anos, que se alistarem na forma da lei.

Ao se comparar os dois artigos, no que diz respeito ao gênero dos eleitores, depreende-se que

a) a Constituição de 1934 avançou ao reduzir a idade mínima para votar.
b) a Constituição de 1891, ao se referir a cidadãos, referia-se também às mulheres.
c) os textos de ambas as Cartas permitiam que qualquer cidadão fosse eleitor.
d) o texto da carta de 1891 já permitia o voto feminino.
e) a Constituição de 1891 considerava eleitores apenas os indivíduos do sexo masculino.

19. *O que o projeto governamental tem em vista é poupar à Nação o prejuízo irreparável do perecimento e da evasão do que há de mais precioso no seu patrimônio. Grande parte das obras de arte até mais valiosas e dos bens de maior interesse histórico, de que a coletividade brasileira era depositária, têm desaparecido ou se arruinado irremediavelmente. As obras de arte típicas e as relíquias da história de cada país não constituem o seu patrimônio privado, e sim um patrimônio comum de todos os povos.*

ANDRADE, R. M. F. Defesa do patrimônio artístico e histórico. O Jornal, 30 out. 1936. In: ALVES FILHO, I. *Brasil, 500 anos em documentos*. Rio de Janeiro: Mauad, 1999 (adaptado).

A criação no Brasil do Serviço do Patrimônio Histórico Artístico Nacional (SPHAN), em 1937, foi orientada por ideias como as descritas no texto, que visavam

a) submeter a memória e o patrimônio nacional ao controle dos órgãos públicos, de acordo com a tendência autoritária do Estado Novo.
b) transferir para a iniciativa privada a responsabilidade de preservação do patrimônio nacional, por meio de leis de incentivo fiscal.
c) definir os fatos e personagens históricos a serem cultuados pela sociedade brasileira, de acordo com o interesse público.
d) resguardar da destruição as obras representativas da cultura nacional, por meio de políticas públicas preservacionistas.
e) determinar as responsabilidades pela destruição do patrimônio nacional, de acordo com a legislação brasileira.

20. *A partir de 1942 e estendendo-se até o final do Estado Novo, o Ministro do Trabalho, Indústria e Comércio de Getúlio Vargas falou aos ouvintes da Rádio Nacional semanalmente, por dez minutos, no programa "Hora do Brasil". O objetivo declarado do governo era esclarecer os trabalhadores acerca das inovações na legislação de proteção ao trabalho.*

GOMES, A. C. *A invenção do trabalhismo*. Rio de Janeiro: IUPERJ/Vértice. São Paulo: Revista dos Tribunais, 1988 (adaptado).

Os programas "Hora do Brasil" contribuíram para

a) conscientizar os trabalhadores de que os direitos sociais foram conquistados por seu esforço, após anos de lutas sindicais.
b) promover a autonomia dos grupos sociais, por meio de uma linguagem simples e de fácil entendimento.
c) estimular os movimentos grevistas, que reivindicavam um aprofundamento dos direitos trabalhistas.
d) consolidar a imagem de Vargas como um governante protetor das massas.
e) aumentar os grupos de discussão política dos trabalhadores, estimulados pelas palavras do ministro.

21. A industrialização do Brasil é fenômeno recente e se processou de maneira bastante diversa daquela verificada nos Estados Unidos e na Inglaterra, sendo notáveis, entre outras características, a concentração industrial em São Paulo e a forte desigualdade de renda mantida ao longo do tempo. Outra característica da industrialização brasileira foi

a) a fraca intervenção estatal, dando-se preferência às forças de mercado, que definem os produtos e as técnicas por sua conta.
b) a presença de políticas públicas voltadas para a supressão das desigualdades sociais e regionais, e desconcentração técnica.
c) o uso de técnicas produtivas intensivas em mão de obra qualificada e produção limpa em relação aos países com indústria pesada.
d) a presença constante de inovações tecnológicas resultantes dos gastos das empresas privadas em pesquisa e em desenvolvimento de novos produtos.
e) a substituição de importações e a introdução de cadeias complexas para a produção de matérias-primas e de bens intermediários.

22. A figura de Getúlio Vargas, como personagem histórica, é bastante polêmica, devido à complexidade e à magnitude de suas ações como presidente do Brasil durante um longo período de quinze anos (1930-1945). Foram anos de grandes e importantes mudanças para o país e para o mundo. Pode-se perceber o destaque dado a Getúlio Vargas pelo simples fato de este período ser conhecido no Brasil como a “Era Vargas”.

Entretanto, Vargas não é visto de forma favorável por todos. Se muitos o consideram como um fervoroso nacionalista, um progressista ativo e o “Pai dos Pobres”, existem outros tantos que o definem como ditador oportunista, um intervencionista e amigo das elites.

Considerando as colocações acima, responda à questão seguinte, assinalando a alternativa correta:

Provavelmente você percebeu que as duas opiniões sobre Vargas são opostas, defendendo valores praticamente antagônicos. As diferentes interpretações do papel de uma personalidade histórica podem ser explicadas, conforme uma das opções abaixo. Assinale-a.

a) Um dos grupos está totalmente errado, uma vez que a permanência no poder depende de ideias coerentes e de uma política contínua.
b) O grupo que acusa Vargas de ser ditador está totalmente errado. Ele nunca teve uma orientação ideológica favorável aos regimes politicamente fechados e só tomou medidas duras forçado pelas circunstâncias.
c) Os dois grupos estão certos. Cada um mostra Vargas da forma que serve melhor aos seus interesses, pois ele foi um governante apático e fraco – uma verdadeira marionete nas mãos das elites da época.
d) O grupo que defende Vargas como um autêntico nacionalista está totalmente enganado. Poucas medidas nacionalizantes foram tomadas para iludir os brasileiros, devido à política populista do varguismo, e ele fazia tudo para agradar aos grupos estrangeiros.
e) Os dois grupos estão errados, por assumirem características parciais e, às vezes conjunturais, como sendo posturas definitivas e absolutas.

23. *Em discurso proferido em 17 de março de 1939, o primeiro-ministro inglês à época, Neville Chamberlain, sustentou sua posição política: “Não necessito defender minhas visitas à Alemanha no outono passado, que alternativa existia? Nada do que pudéssemos ter feito, nada do que a França pudesse ter feito, ou mesmo a Rússia, teria salvado a Tchecoslováquia da destruição.*

Mas eu também tinha outro propósito ao ir até Munique. Era o de prosseguir com a política por vezes chamada de ‘apaziguamento europeu’, e Hitler repetiu o que já havia dito, ou seja, que os Sudetos, região de população alemã na Tchecoslováquia, eram a sua última ambição territorial na Europa, e que não queria incluir na Alemanha outros povos que não os alemães”.

Disponível em: <www.johndclare.net> (com adaptações).

Sabendo-se que o compromisso assumido por Hitler em 1938, mencionado no texto acima, foi rompido pelo líder alemão em 1939, infere-se que

a) Hitler ambicionava o controle de mais territórios na Europa além da região dos Sudetos.
b) a aliança entre a Inglaterra, a França e a Rússia poderia ter salvado a Tchecoslováquia.
c) o rompimento desse compromisso inspirou a política de ‘apaziguamento europeu’.
d) a política de Chamberlain de apaziguar o líder alemão era contrária à posição assumida pelas potências aliadas.
e) a forma que Chamberlain escolheu para lidar com o problema dos Sudetos deu origem à destruição da Tchecoslováquia.

24. O objetivo de tomar Paris marchando em direção ao Oeste era, para Hitler, uma forma de consolidar sua liderança no continente. Com esse intuito, entre abril e junho de 1940, ele invadiu a Dinamarca, a Noruega, a Bélgica e a Holanda. As tropas francesas se posicionaram na Linha *Maginot*, uma linha de defesa com trincheiras, na tentativa de conter a invasão alemã.

Para a Alemanha, o resultado dessa invasão foi

a) a ocupação de todo o território francês, usando-o como base para a conquista da Suíça e da Espanha durante a segunda fase da guerra.
b) a tomada do território francês, que foi então usado como base para a ocupação nazista da África do Norte, durante a guerra de trincheiras.
c) a posse de apenas parte do território, devido à resistência armada do exército francês na Linha *Maginot*.
d) a vitória parcial, já que, após o avanço inicial, teve de recuar, devido à resistência dos blindados do general De Gaulle, em 1940.
e) a vitória militar, com ocupação de parte da França, enquanto outra parte ficou sob controle do governo colaboracionista francês.

25. *O ataque japonês a Pearl Harbor e a consequente guerra entre americanos e japoneses no Pacífico foi resultado de um processo de desgaste das relações entre ambos. Depois de 1934, os japoneses passaram a falar mais desinibidamente da “Esfera de coprosperidade da Grande Ásia*

Oriental", considerada como a "Doutrina Monroe Japonesa". A expansão japonesa havia começado em 1895, quando venceu a China, impôs-lhe o Tratado de Shimonoseki passando a exercer tutela sobre a Coreia. Definida sua área de projeção, o Japão passou a ter atritos constantes com a China e a Rússia. A área de atrito passou a incluir os Estados Unidos quando os japoneses ocuparam a Manchúria, em 1931, e a seguir, a China, em 1937.

REIS FILHO, D. A. (Org.). *O século XX, o tempo das crises*. Rio de Janeiro: Civilização Brasileira, 2008.

Sobre a expansão japonesa, infere-se que

a) o Japão tinha uma política expansionista, na Ásia, de natureza bélica, diferente da doutrina Monroe.
b) o Japão buscou promover a prosperidade da Coreia, tutelando-a à semelhança do que os EUA faziam.
c) o povo japonês propôs cooperação aos Estados Unidos ao copiarem a Doutrina Monroe e proporem o desenvolvimento da Ásia.
d) a China aliou-se à Rússia contra o Japão, sendo que a doutrina Monroe previa a parceria entre os dois.
e) a Manchúria era território norte-americano e foi ocupada pelo Japão, originando a guerra entre os dois países.

26. *O Massacre da Floresta de Katyn foi noticiado pela primeira vez pelos alemães em abril de 1943. Numa colina na Rússia, soldados nazistas encontraram aproximadamente doze mil cadáveres. Empilhado em valas estava um terço da oficialidade do exército polonês, entre os quais, vários engenheiros, técnicos e cientistas. Os nazistas aproveitaram-se ao máximo do episódio em sua propaganda antissoviética. Em menos de dois anos, porém, a Alemanha foi derrotada e a Polônia caiu na órbita da União Soviética — a qual reescreveu a história, atribuindo o massacre de Katyn aos nazistas. A Polônia inteira sabia tratar-se de uma mentira; mas quem o dissesse enfrentaria tortura, exílio ou morte.*

Disponível em: <http://veja.abril.com.br>. Acesso em: 19 maio 2009 (adaptado).
Disponível em: <http://dn.sapo.pt>. Acesso em: 19 maio 2009 (adaptado).

Como o Massacre de Katyn e a farsa montada em torno desse episódio se relacionam com a construção da chamada Cortina de Ferro?

a) A aniquilação foi planejada pelas elites dirigentes polonesas como parte do processo de integração de seu país ao bloco soviético.
b) A construção de uma outra memória sobre o Massacre de Katyn teve o sentido de tornar menos odiosa e ilegítima, aos poloneses, a subordinação de seu país ao regime stalinista.
c) O exército polonês havia aderido ao regime nazista, o que levou Stalin a encará-lo como um possível foco de restauração do Reich após a derrota alemã.
d) A Polônia era a última fronteira capitalista do Leste europeu e a dominação desse país garantiria acesso ao mar Adriático.
e) A aniquilação do exército polonês e a expropriação da burguesia daquele país eram parte da estratégia de revolução permanente e mundial defendida por Stalin.

27. *A consolidação do regime democrático no Brasil contra os extremismos da esquerda e da direita exige ação enérgica e permanente no sentido do aprimoramento das instituições políticas e da realização de reformas corajosas no terreno econômico, financeiro e social.*

Mensagem programática da União Democrática Nacional (UDN) — 1957.

Os trabalhadores deverão exigir a constituição de um governo nacionalista e democrático, com participação dos trabalhadores para a realização das seguintes medidas: a) Reforma bancária progressista; b) Reforma agrária que extinga o latifúndio; c) Regulamentação da Lei de Remessas de Lucros.

Manifesto do Comando Geral dos Trabalhadores (CGT) — 1962. BONAVIDES, P. AMARAL, R. *Textos políticos da história do Brasil*. Brasília: Senado Federal, 2002.

Nos anos 1960 eram comuns as disputas pelo significado de termos usados no debate político, como democracia e reforma. Se, para os setores aglutinados em torno da UDN as reformas deveriam assegurar o livre mercado, para aqueles organizados no CGT elas deveriam resultar em

a) fim da intervenção estatal na economia.
b) crescimento do setor de bens de consumo.
c) controle do desenvolvimento industrial.
d) atração de investimentos estrangeiros.
e) limitação da propriedade privada.

28. *Não é difícil entender o que ocorreu no Brasil nos anos imediatamente anteriores ao golpe militar de 1964. A diminuição da oferta de empregos e a desvalorização dos salários, provocadas pela inflação, levaram a uma intensa mobilização política popular, marcada por sucessivas ondas grevistas de várias categorias profissionais, o que aprofundou as tensões sociais. Dessa vez, as classes trabalhadoras se recusaram a pagar o pato pelas "sobras" do modelo econômico juscelinista.*

MENDONÇA, S. R. *A industrialização brasileira*. São Paulo: Moderna, 2002 (adaptado).

Segundo o texto, os conflitos sociais ocorridos no início dos anos 1960 decorreram principalmente

a) da manipulação política empreendida pelo governo João Goulart.
b) das contradições econômicas do modelo desenvolvimentista.
c) do poder político adquirido pelos sindicatos populistas.
d) da desmobilização das classes dominantes frente ao avanço das greves.
e) da recusa dos sindicatos em aceitar mudanças na legislação trabalhista.

29. A seguir são apresentadas declarações de duas personalidades da História do Brasil a respeito da localização da capital do país, respectivamente um século e uma década antes da proposta de construção de Brasília como novo Distrito Federal.

Declaração I: José Bonifácio

Com a mudança da capital para o interior, fica a Corte livre de qualquer assalto de surpresa externa, e se chama para as províncias centrais o excesso de população vadia das cidades marítimas. Desta Corte central dever-se-ão logo abrir estradas para as diversas províncias e portos de mar.

(Carlos de Meira Matos. *Geopolítica e modernidade*: geopolítica brasileira.)

Declaração II: Eurico Gaspar Dutra

Na América do Sul, o Brasil possui uma grande área que se pode chamar também de Terra Central. Do ponto de vista da geopolítica sul-americana, sob a qual devemos encarar a segurança do Estado brasileiro, o que precisamos fazer quanto antes é realizar a ocupação da nossa Terra Central, mediante a interiorização da Capital.

(Adaptado de José W. Vesentini. *A capital da geopolítica*.)

Considerando o contexto histórico que envolve as duas declarações e comparando as ideias nelas contidas, podemos dizer que

a) ambas limitam as vantagens estratégicas da definição de uma nova capital a questões econômicas.
b) apenas a segunda considera a mudança da capital importante do ponto de vista da estratégia militar.
c) ambas consideram militar e economicamente importante a localização da capital no interior do país.
d) apenas a segunda considera a mudança da capital uma estratégia importante para a economia do país.
e) nenhuma delas acredita na possibilidade real de desenvolver a região central do país a partir da mudança da capital.

30. *O ano de 1954 foi decisivo para Carlos Lacerda. Os que conviveram com ele em 1954, 1955, 1957 (um dos seus momentos intelectuais mais altos, quando o governo Juscelino tentou cassar o seu mandato de deputado), 1961 e 1964 tinham consciência de que Carlos Lacerda, em uma batalha política ou jornalística, era um trator em ação, era um vendaval desencadeado não se sabe como, mas que era impossível parar fosse pelo método que fosse.*

FERNANDES, Hélio. Carlos Lacerda, a morte antes da missão cumprida. In: *Tribuna da Imprensa*, 22 maio 2007 (com adaptações).

Com base nas informações do texto acima e em aspectos relevantes da história brasileira entre 1954, quando ocorreu o suicídio de Vargas (em grande medida, devido à pressão política exercida pelo próprio Lacerda), e 1964, quando um golpe de Estado interrompe a trajetória democrática do país, conclui-se que

a) a cassação do mandato parlamentar de Lacerda antecedeu a crise que levou Vargas à morte.
b) Lacerda e adeptos do getulismo, aparentemente opositores, expressavam a mesma posição político-ideológica.
c) a implantação do regime militar, em 1964, decorreu da crise surgida com a contestação à posse de Juscelino Kubitschek como presidente da República.
d) Carlos Lacerda atingiu o apogeu de sua carreira, tanto no jornalismo quanto na política, com a instauração do regime militar.
e) Juscelino Kubitschek, na presidência da República, sofreu vigorosa oposição de Carlos Lacerda, contra quem procurou reagir.

31. Zuenir Ventura, em seu livro *Minhas memórias dos outros* (São Paulo: Planeta do Brasil, 2005), referindo-se ao fim da "Era Vargas" e ao suicídio do presidente em 1954, comenta:

Quase como castigo do destino, dois anos depois eu iria trabalhar no jornal de Carlos Lacerda, o inimigo mortal de Vargas (e nunca esse adjetivo foi tão próprio).

Diante daquele contexto histórico, muitos estudiosos acreditam que, com o suicídio, Getúlio Vargas atingiu não apenas a si mesmo, mas o coração de seus aliados e a mente de seus inimigos.

A afirmação que aparece "entre parênteses" no comentário e uma consequência política que atingiu os inimigos de Vargas aparecem, respectivamente, em:

a) a conspiração envolvendo o jornalista Carlos Lacerda é um dos elementos do desfecho trágico e o recuo da ação de políticos conservadores devido ao impacto da reação popular.
b) a tentativa de assassinato sofrida pelo jornalista Carlos Lacerda por apoiar os assessores do presidente que discordavam de suas ideias e o avanço dos conservadores foi intensificado pela ação dos militares.
c) o presidente sentiu-se impotente para atender seus inimigos, como Carlos Lacerda, que o pressionavam contra a ditadura e os aliados do presidente teriam que aguardar mais uma década para concretizar a democracia progressista.
d) o jornalista Carlos Lacerda foi responsável direto pela morte do presidente e este fato veio impedir definitivamente a ação de grupos conservadores.
e) o presidente cometeu o suicídio para garantir uma definitiva e dramática vitória contra seus acusadores e oferecendo a própria vida Vargas facilitou as estratégias de regimes autoritários no país.

32. A moderna democracia brasileira foi construída entre saltos e sobressaltos. Em 1954, a crise culminou no suicídio do presidente Vargas. No ano seguinte, outra crise quase impediu a posse do presidente eleito, Juscelino Kubitschek. Em 1961, o Brasil quase chegou à guerra civil depois da inesperada renúncia do presidente Jânio Quadros. Três anos mais tarde, um golpe militar depôs o presidente João Goulart, e o país viveu durante vinte anos em regime autoritário.

A partir dessas informações, relativas à história republicana brasileira, assinale a opção correta.

a) Ao término do governo João Goulart, Juscelino Kubitschek foi eleito presidente da República.
b) A renúncia de Jânio Quadros representou a primeira grande crise do regime republicano brasileiro.
c) Apos duas décadas de governos militares, Getúlio Vargas foi eleito presidente em eleições diretas.
d) A trágica morte de Vargas determinou o fim da carreira política de João Goulart.
e) No período republicano citado, sucessivamente, um presidente morreu, um teve sua posse contestada, um renunciou e outro foi deposto.

33. *"Os 45 anos que vão do lançamento das bombas atômicas até o fim da União Soviética não foram um período homogêneo único na história do mundo. [...] dividem-se em duas metades, tendo como divisor de águas o início da década de 70. Apesar disso, a história deste período foi reunida sob um padrão único pela situação internacional peculiar que o dominou até a queda da URSS."*

(HOBSBAWM, Eric J. *Era dos extremos*. São Paulo: Cia. das Letras, 1996)

O período citado no texto e conhecido por "Guerra Fria" pode ser definido como aquele momento histórico em que houve

a) corrida armamentista entre as potências imperialistas europeias ocasionando a Primeira Guerra Mundial.
b) domínio dos países socialistas do Sul do globo pelos países capitalistas do Norte.
c) choque ideológico entre a Alemanha Nazista/União Soviética Stalinista, durante os anos 30.
d) disputa pela supremacia da economia mundial entre o Ocidente e as potências orientais, como a China e o Japão.
e) constante confronto das duas superpotências que emergiram da Segunda Guerra Mundial.

34. Em conflitos regionais e na guerra entre nações tem sido observada a ocorrência de sequestros, execuções sumárias, torturas e outras violações de direitos.

Em 10 de dezembro de 1948, a Assembleia Geral das Nações Unidas adotou a Declaração Universal dos Direitos do Homem, que, em seu artigo 5º, afirma:

Ninguém será submetido a tortura nem a penas ou tratamentos cruéis, desumanos ou degradantes.

Assim, entre nações que assinaram essa Declaração, é coerente esperar que

a) a Constituição de cada país deva se sobrepor aos Direitos Universais do Homem, apenas enquanto houver conflito.
b) a soberania dos Estados esteja em conformidade com os Direitos Universais do Homem, até mesmo em situações de conflito.
c) a violação dos direitos humanos por uma nação autorize a mesma violação pela nação adversária.
d) sejam estabelecidos limites de tolerância, para além dos quais a violação aos direitos humanos seria permitida.
e) a autodefesa nacional legitime a supressão dos Direitos Universais do Homem.

35.

Protesto contra a Guerra do Vietnã em Nova York, em abril de 1967. Disponível em: <http://goldenyears66to69.blogspot.com>. Acesso em: 10 out. 2011.

Nos anos que se seguiram à Segunda Guerra, movimentos como o Maio de 1968 ou a campanha contra a Guerra do Vietnã culminaram no estabelecimento de diferentes formas de participação política. Seus *slogans*, tal como "Quando penso em revolução quero fazer amor", se tornaram símbolos da agitação cultural nos anos 1960, cuja inovação relacionava-se

a) à contestação da crise econômica europeia, que fora provocada pela manutenção das guerras coloniais.
b) à organização partidária da juventude comunista, visando ao estabelecimento da ditadura do proletariado.
c) à unificação das noções de libertação social e libertação individual, fornecendo um significado político ao uso do corpo.
d) à defesa do amor cristão e monogâmico, com fins à reprodução, que era tomado como solução para os conflitos sociais.
e) ao reconhecimento da cultura das gerações passadas, que conviveram com a emergência do rock e outras mudanças nos costumes.

36. *O ano de 1968 ficou conhecido pela efervescência social, tal como se pode comprovar pelo seguinte trecho, retirado de texto sobre propostas preliminares para uma revolução cultural. "É preciso discutir em todos os lugares e com todos. O dever de ser responsável e pensar politicamente diz respeito a todos, não é privilégio de uma minoria de iniciados. Não devemos nos surpreender com o caos das ideias, pois essa é a condição para a emergência de novas ideias. Os pais do regime devem compreender que autonomia não é uma palavra vã; ela supõe a partilha do poder, ou seja, a mudança de sua natureza. Que ninguém tente rotular o movimento atual; ele não tem etiquetas e não precisa delas".*

Journal de la comune étudiante. Textes et documents. Paris: Seuil, 1969 (adaptado).

Os movimentos sociais, que marcaram o ano de 1968,

a) foram manifestações desprovidas de conotação política, que tinham o objetivo de questionar a rigidez dos padrões de comportamento social fundados em valores tradicionais da moral religiosa.
b) restringiram-se às sociedades de países desenvolvidos, onde a industrialização avançada, a penetração dos meios de comunicação de massa e a alienação cultural que deles resultava eram mais evidentes.
c) resultaram no fortalecimento do conservadorismo político, social e religioso que prevaleceu nos países ocidentais durante as décadas de 70 e 80.
d) tiveram baixa repercussão no plano político, apesar de seus fortes desdobramentos nos planos social e cultural, expressos na mudança de costumes e na contracultura.
e) inspiraram futuras mobilizações, como o pacifismo, o ambientalismo, a promoção da equidade de gêneros e a defesa dos direitos das minorias.

37. Em 1947, a Organização das Nações Unidas (ONU) aprovou um plano de partilha da Palestina que previa a criação de dois Estados: um judeu e outro palestino. A recusa árabe em aceitar a decisão conduziu ao primeiro conflito entre Israel e países árabes.

A segunda guerra (Suez, 1956) decorreu da decisão egípcia de nacionalizar o canal, ato que atingia interesses anglo-franceses e israelenses. Vitorioso, Israel passou a controlar a Península do Sinai. O terceiro conflito árabe-israelense (1967) ficou conhecido como Guerra dos Seis Dias, tal a rapidez da vitória de Israel. Em 6 de outubro de 1973, quando os judeus comemoravam o *Yom Kippur* (Dia do Perdão), forças egípcias e sírias atacaram de surpresa Israel, que revidou de forma arrasadora. A intervenção americano-soviética impôs o cessar-fogo, concluído em 22 de outubro.

A partir do texto acima, assinale a opção correta.

a) A primeira guerra árabe-israelense foi determinada pela ação bélica de tradicionais potências europeias no Oriente Médio.
b) Na segunda metade dos anos 1960, quando explodiu a terceira guerra árabe-israelense, Israel obteve rápida vitória.
c) A guerra do *Yom Kippur* ocorreu no momento em que, a partir de decisão da ONU, foi oficialmente instalado o Estado de Israel.
d) A ação dos governos de Washington e de Moscou foi decisiva para o cessar-fogo que pôs fim ao primeiro conflito árabe israelense.
e) Apesar das sucessivas vitórias militares, Israel mantém suas dimensões territoriais tal como estabelecido pela resolução de 1947 aprovada pela ONU.

38. *A formação dos Estados foi certamente distinta na Europa, na América Latina, na África e na Ásia. Os Estados atuais, em especial na América Latina — onde as instituições das populações locais existentes à época da conquista ou foram eliminadas, como no caso do México e do Peru, ou eram frágeis, como no caso do Brasil —, são o resultado, em geral, da evolução do transplante de instituições europeias feito pelas metrópoles para suas colônias. Na África, as colônias tiveram fronteiras arbitrariamente traçadas, separando etnias, idiomas e tradições, que, mais tarde, sobreviveram ao processo de descolonização, dando razão para conflitos que, muitas vezes, têm sua verdadeira origem em disputas pela exploração de recursos naturais. Na Ásia, a colonização europeia se fez de forma mais indireta e encontrou sistemas políticos e administrativos mais sofisticados, aos quais se superpôs. Hoje, aquelas formas anteriores de organização, ou pelo menos seu espírito, sobrevivem nas organizacões políticas do Estado asiático.*

GUIMARÃES, S. P. Nação, nacionalismo, Estado. *Estudos Avançados*. São Paulo: Edusp, v. 22, nº 62, jan.-abr. 2008 (adaptado).

Relacionando as informações ao contexto histórico e geográfico por elas evocado, assinale a opção correta acerca do processo de formação socioeconômica dos continentes mencionados no texto.

a) Devido à falta de recursos naturais a serem explorados no Brasil, conflitos étnicos e culturais como os ocorridos na África estiveram ausentes no período da independência e formação do Estado brasileiro.
b) A maior distinção entre os processos histórico-formativos dos continentes citados é a que se estabelece entre colonizador e colonizados, ou seja, entre a Europa e os demais.
c) À época das conquistas, a América Latina, a África e a Ásia tinham sistemas políticos e administrativos muito mais sofisticados que aqueles que lhes foram impostos pelo colonizador.
d) Comparadas ao México e ao Peru, as instituições brasileiras, por terem sido eliminadas à época da conquista, sofreram mais influência dos modelos institucionais europeus.
e) O modelo histórico da formação do Estado asiático equipara-se ao brasileiro, pois em ambos se manteve o espírito das formas de organização anteriores à conquista.

39. *A Revolução Cubana veio demonstrar que os negros estão muito mais preparados do que se pode supor para ascender socialmente. Com efeito, alguns anos de escolaridade francamente aberta e de estímulo à autossuperação aumentaram, rapidamente, o contingente de negros que alçaram aos postos mais altos do governo, da sociedade e da cultura cubana. Simultaneamente, toda a parcela negra da população, liberada da discriminação e do racismo, confraternizou com os outros componentes da sociedade, aprofundando o grau de solidariedade.*

Tudo isso demonstra, claramente, que a democracia racial é possível, mas só é praticável conjuntamente com a democracia social. Ou bem há democracia para todos, ou não há democracia para ninguém, porque à opressão do negro condenado à dignidade de lutador da liberdade corresponde o opróbrio do branco posto no papel de opressor dentro de sua própria sociedade.

RIBEIRO, D. *O povo brasileiro:* a formação e o sentido do Brasil. São Paulo: Companhia das Letras, 1999 (adaptado).

Segundo Darcy Ribeiro, a ascensão social dos negros cubanos, resultado de uma educação inclusiva, com estímulos à autossuperação, demonstra que:

a) a democracia racial está desvinculada da democracia social.
b) o acesso ao ensino pode ser entendido como um fator de pouca importância na estruturação de uma sociedade.
c) a questão racial mostra-se irrelevante no caso das políticas educacionais do governo cubano.
d) as políticas educacionais da Revolução Cubana adotaram uma perspectiva racial antidiscriminatória.
e) os quadros governamentais em Cuba estiveram fechados aos processos de inclusão social da população negra.

40. Na América do Sul, as Forças Armadas Revolucionárias da Colômbia (Farc) lutam, há décadas, para impor um regime de inspiração marxista no país. Hoje, são acusadas de envolvimento com o narcotráfico, o qual supostamente financia suas ações, que incluem ataques diversos, assassinatos e sequestros. Na Ásia, a Al Qaeda, criada por Osama bin Laden, defende o fundamentalismo islâmico e vê nos Estados Unidos da América (EUA) e em Israel inimigos poderosos, os quais deve combater sem trégua. A mais conhecida de suas ações terroristas ocorreu em 2001, quando foram atingidos o Pentágono e as torres do World Trade Center.

A partir das informações acima, conclui-se que

a) as ações guerrilheiras e terroristas no mundo contemporâneo usam métodos idênticos para alcançar os mesmos propósitos.
b) o apoio internacional recebido pelas Farc decorre do desconhecimento, pela maioria das nações, das práticas violentas dessa organização.
c) os EUA, mesmo sendo a maior potência do planeta, foram surpreendidos com ataques terroristas que atingiram alvos de grande importância simbólica.
d) as organizações mencionadas identificam-se quanto aos princípios religiosos que defendem.
e) tanto as Farc quanto a Al Qaeda restringem sua atuação à área geográfica em que se localizam, respectivamente, América do Sul e Ásia.

41. Os textos a seguir foram extraídos de duas crônicas publicadas no ano em que a seleção brasileira conquistou o tricampeonato mundial de futebol.

O General Médici falou em consistência moral. Sem isso, talvez a vitória nos escapasse, pois a disciplina consciente, livremente aceita, é vital na preparação espartana para o rude teste do campeonato. Os brasileiros portaram-se não apenas como técnicos ou profissionais, mas como brasileiros, como cidadãos deste grande país, cônscios de seu papel de representantes de seu povo. Foi a própria afirmação do valor do homem brasileiro, como salientou bem o presidente da República. Que o chefe do governo aproveite essa pausa, esse minuto de euforia e de efusão patriótica, para meditar sobre a situação do país. [...] A realidade do Brasil e a explosão patriótica do povo ante a vitória na Copa.

Danton Jobim. *Última Hora*, 23 jun. 1970 (com adaptações).

O que explodiu mesmo foi a alma, foi a paixão do povo: uma explosão incomparável de alegria, de entusiasmo, de orgulho. [...] Debruçado em minha varanda de Ipanema [um velho amigo], perguntava: — Será que algum terrorista se aproveitou do delírio coletivo para adiantar um plano seu qualquer, agindo com frieza e precisão? Será que, de outro lado, algum carrasco policial teve ânimo para voltar a torturar sua vítima logo que o alemão apitou o fim do jogo?

Rubem Braga. *Última Hora*, 25 jun. 1970 (com adaptações).

Avalie as seguintes afirmações a respeito dos dois textos e do período histórico em que foram escritos.

I. Para os dois autores, a conquista do tricampeonato mundial de futebol provocou uma explosão de alegria popular.
II. Os dois textos salientam o momento político que o pais atravessava ao mesmo tempo em que conquistava o tricampeonato.
III. À época da conquista do tricampeonato mundial de futebol, o Brasil vivia sob regime militar, que, embora politicamente autoritário, não chegou a fazer uso de métodos violentos contra seus opositores.

É correto apenas o que se afirma em

a) I.
b) II.
c) III.
d) I e II.
e) II e III.

42. *Diante dessas inconsistências e de outras que ainda preocupam a opinião pública, nós, jornalistas, estamos encaminhando este documento ao Sindicato dos Jornalistas Profissionais no Estado de São Paulo, para que o entregue à Justiça; e da Justiça esperamos a realização de novas diligências capazes de levar à completa elucidação desses fatos e de outros que porventura vierem a ser levantados.*

Em nome da verdade. In: O Estado de S. Paulo, 3 fev. 1976. Apud. FILHO, I. A. *Brasil, 500 anos em documentos*. Rio de Janeiro: Mauad, 1999.

A morte do jornalista Vladimir Herzog, ocorrida durante o regime militar, em 1975, levou a medidas como o abaixo-assinado feito por profissionais da imprensa de São Paulo. A análise dessa medida tomada indica a

a) certeza de cumprimento das leis.
b) superação do governo de exceção.
c) violência dos terroristas de esquerda.
d) punição dos torturadores da polícia.
e) expectativa da investigação dos culpados.

43. *Embora o Brasil seja signatário de convenções e tratados internacionais contra a tortura e tenha incorporado em seu ordenamento jurídico uma lei tipificando o crime, ele continua a ocorrer em larga escala. Mesmo que a lei que tipifica a tortura esteja vigente desde 1997, até o ano 2000 não se conhece nenhum caso de condenação de torturadores julgado em última instância, embora tenham sido registrados nesse período centenas de casos, além de numerosos outros presumíveis, mas não registrados.*

Disponível em: <www.dhnet.org.br>. Acesso em: 16 jun. 2010 (adaptado).

O texto destaca a questão da tortura no país, apontando que

a) a justiça brasileira, por meio de tratados e leis, tem conseguido inibir e, inclusive, extinguir a prática da tortura.
b) a existência da lei não basta como garantia de justiça para as vítimas e testemunhas dos casos de tortura.
c) as denúncias anônimas dificultam a ação da justiça, impedindo que torturadores sejam reconhecidos e identificados pelo crime cometido.
d) a falta de registro da tortura por parte das autoridades policiais, em razão do desconhecimento da tortura como crime, legitima a impunidade.
e) a justiça tem esbarrado na precária existência de jurisprudência a respeito da tortura, o que a impede de atuar nesses casos.

44. Em dezembro de 1998, um dos assuntos mais veiculados nos jornais era o que tratava da moeda única europeia. Leia a notícia destacada abaixo.

"O nascimento do Euro, a moeda única a ser adotada por onze países europeus a partir de 1º de janeiro, é possivelmente a mais importante realização deste continente nos últimos dez anos que assistiu à derrubada do Muro de Berlim, à reunificação das Alemanhas, à libertação dos países da Cortina

de Ferro e ao fim da União Soviética. Enquanto todos esses eventos têm a ver com a desmontagem de estruturas do passado, o Euro é uma ousada aposta no futuro e uma prova da vitalidade da sociedade europeia. A "Euroland", região abrangida por Alemanha, Áustria, Bélgica, Espanha, Finlândia, França, Holanda, Irlanda, Itália, Luxemburgo e Portugal, tem um PIB (Produto Interno Bruto) equivalente a quase 80% do americano, 289 milhões de consumidores e responde por cerca de 20% do comércio internacional. Com este cacife, o Euro vai disputar com o dólar a condição de moeda hegemônica."

(*Gazeta Mercantil*, 30 dez. 1998)

A matéria refere-se à "desmontagem das estruturas do passado" que pode ser entendida como

a) o fim da Guerra Fria, período de inquietação mundial que dividiu o mundo em dois blocos ideológicos opostos.
b) a inserção de alguns países do Leste Europeu em organismos supranacionais, com o intuito de exercer o controle ideológico no mundo.
c) a crise do capitalismo, do liberalismo e da democracia levando à polarização ideológica da antiga URSS.
d) a confrontação dos modelos socialista e capitalista para deter o processo de unificação das duas Alemanhas.
e) a prosperidade das economias capitalista e socialista, com o consequente fim da Guerra Fria entre EUA e a URSS.

45. Para o filósofo inglês Thomas Hobbes (1588-1679), o estado de natureza é um estado de guerra universal e perpétua. Contraposto ao estado de natureza, entendido como estado de guerra, o estado de paz é a sociedade civilizada.

Dentre outras tendências que dialogam com as ideias de Hobbes, destaca-se a definida pelo texto abaixo.

II – Nem todas as guerras são injustas e correlativamente, nem toda paz é justa, razão pela qual a guerra nem sempre é um desvalor, e a paz nem sempre um valor.

BOBBIO, N.; MATTEUCCI, N. ; PASQUINO, G. *Dicionário de Política*, 5. ed. Brasília: Universidade de Brasília; São Paulo: Imprensa Oficial do Estado, 2000.

Tropas da Aliança do Tratado do Atlântico Norte (OTAN) invadiram o Iraque em 1991 e atacaram a Sérvia em 1999.

Para responder aos críticos dessas ações, a OTAN usaria, possivelmente, argumentos baseados

a) na teoria da guerra perpétua de Hobbes.
b) tanto na teoria de Hobbes como na tendência expressa no texto II.
c) no fato de que as regiões atacadas não possuíam sociedades civilizadas.
d) na teoria de que a guerra pode ser justa quando o fim é justo.
e) na necessidade de pôr fim à guerra entre os dois países citados.

46. *1. [...] O recurso ao terror por parte de quem já detém o poder dentro do Estado não pode ser arrolado entre as formas de terrorismo político, porque este se qualifica, ao contrário, como o instrumento ao qual recorrem determinados grupos para derrubar um governo acusado de manter-se por meio do terror...*

2. Em outros casos, os terroristas combatem contra um Estado de que não fazem parte e não contra um governo (o que faz com que sua ação seja conotada como uma forma de guerra), mesmo quando por sua vez não representam um outro Estado. Sua ação aparece então como irregular, no sentido de que não podem organizar um exército e não conhecem limites territoriais, já que não provêm de um Estado".

BOBBIO, N.; MATTEUCCI, N. ; PASQUINO, G. (Org.). *Dicionário de Política*, Brasília: Edunb, 2000.

De acordo com as duas afirmações, é possível comparar e distinguir os seguintes eventos históricos:

I. Os movimentos guerrilheiros e de libertação nacional realizados em alguns países da África e do sudeste asiático entre as décadas de 50 e 70 são exemplos do primeiro caso.
II. Os ataques ocorridos na década de 1990, como às embaixadas de Israel, em Buenos Aires, dos EUA, no Quênia e Tanzânia, e ao World Trade Center em 2001, são exemplos do segundo caso.
III. Os movimentos de libertação nacional dos anos 50 a 70 na África e sudeste asiático, e o terrorismo dos anos 90 e 2001 foram ações contra um inimigo invasor e opressor, e são exemplos do primeiro caso.

É correto o que se afirma apenas em

a) I.
b) II.
c) I e II.
d) I e III.
e) II e III.

47. No dia 7 de outubro de 2001, Estados Unidos e Grã-Bretanha declararam guerra ao regime Talibã, no Afeganistão.

Leia trechos das declarações do presidente dos Estados Unidos, George W. Bush, e de Osama Bin Laden, líder muçulmano, nessa ocasião:

George Bush:

Um comandante-chefe envia os filhos e filhas dos Estados Unidos à batalha em território estrangeiro somente depois de tomar o maior cuidado e depois de rezar muito. Pedimos-lhes que estejam preparados para o sacrifício das próprias vidas. A partir de 11 de setembro, uma geração inteira de jovens americanos teve uma nova percepção do valor da liberdade, do seu preço, do seu dever e do seu sacrifício. Que Deus continue a abençoar os Estados Unidos.

Osama Bin Laden:

Deus abençoou um grupo de vanguarda de muçulmanos, a linha de frente do Islã, para destruir os Estados Unidos. Um milhão de crianças foram mortas no Iraque, e para eles isso não é uma questão clara. Mas quando pouco mais de dez foram mortos em Nairóbi e Dar-es-Salaam, o Afeganistão e o Iraque foram bombardeados e a hipocrisia ficou atrás da cabeça dos infiéis internacionais. Digo a eles que esses acontecimentos dividiram o mundo em dois campos, o campo dos fiéis e o campo dos infiéis. Que Deus nos proteja deles.

(Adaptados de *O Estado de S. Paulo*, 8 out. 2001)

Pode-se afirmar que

a) a justificativa das ações militares encontra sentido apenas nos argumentos de George W. Bush.
b) a justificativa das ações militares encontra sentido apenas nos argumentos de Osama Bin Laden.
c) ambos apoiam-se num discurso de fundo religioso para justificar o sacrifício e reivindicar a justiça.
d) ambos tentam associar a noção de justiça a valores de ordem política, dissociando-a de princípios religiosos.
e) ambos tentam separar a noção de justiça das justificativas de ordem religiosa, fundamentando-a numa estratégia militar.

48. O texto abaixo é um trecho do discurso do primeiro-ministro britânico, Tony Blair, pronunciado quando da declaração de guerra ao regime Talibã:

"Essa atrocidade [o atentado de 11 de setembro, em Nova York] foi um ataque contra todos nós, contra pessoas de todas e nenhuma religião. Sabemos que a Al-Qaeda ameaça a Europa, incluindo a Grã-Bretanha, e qualquer nação que não compartilhe de seu fanatismo. Foi um ataque à vida e aos meios de vida. As empresas aéreas, o turismo e outras indústrias foram afetadas e a confiança econômica sofreu, afetando empregos e negócios britânicos. Nossa prosperidade e padrão de vida requerem uma resposta aos ataques terroristas."

(*O Estado de S. Paulo*, 8 out. 2001)

Nesta declaração, destacaram-se principalmente os interesses de ordem

a) moral.
b) militar.
c) jurídica.
d) religiosa.
e) econômica.

49. *Uma mesma empresa pode ter sua sede administrativa onde os impostos são menores, as unidades de produção onde os salários são os mais baixos, os capitais onde os juros são os mais altos e seus executivos vivendo onde a qualidade de vida é mais elevada.*

SEVCENKO, N. *A corrida para o século XXI*: no loop da montanha russa. São Paulo: Cia. das Letras, 2001 (adaptado).

No texto estão apresentadas estratégias empresariais no contexto da globalização. Uma consequência social derivada dessas estratégias tem sido

a) o crescimento da carga tributária.
b) o aumento da mobilidade ocupacional.
c) a redução da competitividade entre as empresas.
d) o direcionamento das vendas para os mercados regionais.
e) a ampliação do poder de planejamento dos Estados nacionais.

50. *Entre as promessas contidas na ideologia do processo de globalização da economia estava a dispersão da produção do conhecimento na esfera global, expectativa que não se vem concretizando. Nesse cenário, os tecnopolos aparecem como um centro de pesquisa e desenvolvimento de alta tecnologia que conta com mão de obra altamente qualificada. Os impactos desse processo na inserção dos países na economia global deram-se de forma hierarquizada e assimétrica. Mesmo no grupo em que se engendrou a reestruturação produtiva, houve difusão desigual da mudança de paradigma tecnológico e organizacional. O peso da assimetria projetou-se mais fortemente entre os países mais desenvolvidos e aqueles em desenvolvimento.*

BARROS, F. A. F. *Concentração técnico-científica*: uma tendência em expansão no mundo contemporâneo? Campinas: Inovação Uniemp, v. 3, nº 1, jan./fev. 2007 (adaptado).

Diante das transformações ocorridas, é reconhecido que

a) a inovação tecnológica tem alcançado a cidade e o campo, incorporando a agricultura, a indústria e os serviços, com maior destaque nos países desenvolvidos.
b) os fluxos de informações, capitais, mercadorias e pessoas têm desacelerado, obedecendo ao novo modelo fundamentado em capacidade tecnológica.
c) as novas tecnologias se difundem com equidade no espaço geográfico e entre as populações que as incorporam em seu dia a dia.
d) os tecnopolos, em tempos de globalização, ocupam os antigos centros de industrialização, concentrados em alguns países emergentes.
e) o crescimento econômico dos países em desenvolvimento, decorrente da dispersão da produção do conhecimento na esfera global, equipara-se ao dos países desenvolvidos.

51. *TEXTO I*

O que vemos no país é uma espécie de espraiamento e a manifestação da agressividade através da violência. Isso se desdobra de maneira evidente na criminalidade, que está presente em todos os redutos — seja nas áreas abandonadas pelo poder público, seja na política ou no futebol. O brasileiro não é mais violento do que outros povos, mas a fragilidade do exercício e do reconhecimento da cidadania e a ausência do Estado em vários territórios do país se impõem como um caldo de cultura no qual a agressividade e a violência fincam suas raízes.

Entrevista com Joel Birman. A Corrupção é um crime sem rosto. *IstoÉ*. Edição 2099; 3 fev. 2010.

TEXTO II

Nenhuma sociedade pode sobreviver sem canalizar as pulsões e emoções do indivíduo, sem um controle muito específico de seu comportamento. Nenhum controle desse tipo é possível sem que as pessoas anteponham limitações umas às outras, e todas as limitações são convertidas, na pessoa a quem são impostas, em medo de um ou outro tipo.

ELIAS, N. *O processo civilizador*. Rio de Janeiro: Jorge Zahar, 1993.

Considerando-se a dinâmica do processo civilizador, tal como descrito no Texto II, o argumento do Texto I acerca da violência e agressividade na sociedade brasileira expressa a

a) incompatibilidade entre os modos democráticos de convívio social e a presença de aparatos de controle policial.
b) manutenção de práticas repressivas herdadas dos períodos ditatoriais sob a forma de leis e atos administrativos.
c) inabilidade das forças militares em conter a violência decorrente das ondas migratórias nas grandes cidades brasileiras.
d) dificuldade histórica da sociedade brasileira em institucionalizar formas de controle social compatíveis com valores democráticos.
e) incapacidade das instituições político-legislativas em formular mecanismos de controle social específicos à realidade social brasileira.

52. *Um aspecto importante derivado da natureza histórica da cidadania é que esta se desenvolveu dentro do fenômeno, também histórico, a que se denomina Estado-nação. Nessa perspectiva, a construção da cidadania na modernidade tem a ver com a relação das pessoas com o Estado e com a nação.*

CARVALHO, J. M. *Cidadania no Brasil:* o longo caminho. Rio de Janeiro: Civilização Brasileira, 2004 (adaptado).

Considerando-se a reflexão acima, um exemplo relacionado a essa perspectiva de construção da cidadania é encontrado

a) em D. Pedro I, que concedeu amplos direitos sociais aos trabalhadores, posteriormente ampliados por Getúlio Vargas com a criação da Consolidação das Leis do Trabalho (CLT).
b) na Independência, que abriu caminho para a democracia e a liberdade, ampliando o direito político de votar aos cidadãos brasileiros, inclusive às mulheres.
c) no fato de os direitos civis terem sido prejudicados pela Constituição de 1988, que desprezou os grandes avanços que, nessa área, havia estabelecido a Constituição anterior.
d) no Código de Defesa do Consumidor, ao pretender reforçar uma tendência que se anunciava na área dos direitos civis desde a primeira constituição republicana.
e) a Constituição de 1988, que, pela primeira vez na história do país, definiu o racismo como crime inafiançável e imprescritível, alargando o alcance dos direitos civis.

53. *A Lei 10.639, de 9 de janeiro de 2003, inclui no currículo dos estabelecimentos de ensino fundamental e médio, oficiais e particulares, a obrigatoriedade do ensino sobre História e Cultura Afro-Brasileira e determina que o conteúdo programático incluirá o estudo da História da África e dos africanos, a luta dos negros no Brasil, a cultura negra brasileira e o negro na formação da sociedade nacional, resgatando a contribuição do povo negro nas áreas social, econômica e política pertinentes à História do Brasil, além de instituir, no calendário escolar, o dia 20 de novembro como data comemorativa do "Dia da Consciência Negra".*

Disponível em: <www.planalto.gov.br>. Acesso em: 27 jul. 2010 (adaptado).

A referida lei representa um avanço não só para a educação nacional, mas também para a sociedade brasileira, porque

a) legitima o ensino das ciências humanas nas escolas.
b) divulga conhecimentos para a população afro-brasileira.
c) reforça a concepção etnocêntrica sobre a África e sua cultura.
d) garante aos afrodescendentes a igualdade no acesso à educação.
e) impulsiona o reconhecimento da pluralidade étnico-racial do país.

54. *Para Caio Prado Jr., a formação brasileira se completaria no momento em que fosse superada a nossa herança de inorganicidade social — o oposto da interligação com objetivos internos — trazida da colônia. Este momento alto estaria, ou esteve, no futuro. Se passarmos a Sérgio Buarque de Holanda, encontraremos algo análogo. O país será moderno e estará formado quando superar a sua herança portuguesa, rural e autoritária, quando então teríamos um país democrático. Também aqui o ponto de chegada está mais adiante, na dependência das decisões do presente. Celso Furtado, por seu turno, dirá que a nação não se completa enquanto as alavancas do comando, principalmente do econômico, não passarem para dentro do país. Como para os outros dois, a conclusão do processo encontra-se no futuro, que agora parece remoto.*

SCHWARZ, R. *Os sete fôlegos de um livro.* Sequências brasileiras. São Paulo: Cia. das Letras, 1999 (adaptado).

Acerca das expectativas quanto à formação do Brasil, a sentença que sintetiza os pontos de vista apresentados no texto é:

a) Brasil, um país que vai pra frente.
b) Brasil, a eterna esperança.
c) Brasil, glória no passado, grandeza no presente.
d) Brasil, terra bela, pátria grande.
e) Brasil, gigante pela própria natureza.

55. *Colhe o Brasil, após esforço contínuo dilatado no tempo, o que plantou no esforço da construção de sua inserção internacional. Há dois séculos formularam-se os pilares da política externa. Teve o país inteligência de longo prazo e cálculo de oportunidade no mundo difuso da transição da hegemonia britânica para o século americano. Engendrou concepções, conceitos e teoria própria no século XIX, de José Bonifácio ao Visconde do Rio Branco. Buscou autonomia decisória no século XX. As elites se interessaram, por meio de calorosos debates, pelo destino do Brasil. O país emergiu, de Vargas aos militares, como ator responsável e previsível nas ações externas do Estado. A mudança de regime político para a democracia não alterou o pragmatismo externo, mas o aperfeiçoou.*

SARAIVA, J. F. S. O lugar do Brasil e o silêncio do parlamento. *Correio Braziliense*, Brasília, 28 maio 2009 (adaptado).

Sob o ponto de vista da política externa brasileira no século XX, conclui-se que:

a) o Brasil é um país periférico na ordem mundial, devido às diferentes conjunturas de inserção internacional.
b) as possibilidades de fazer prevalecer ideias e conceitos próprios, no que tange aos temas do comércio internacional e dos países em desenvolvimento, são mínimas.
c) as brechas do sistema internacional não foram bem aproveitadas para avançar posições voltadas para a criação de uma área de cooperação e associação integrada a seu entorno geográfico.

d) os grandes debates nacionais acerca da inserção internacional do Brasil foram embasados pelas elites do Império e da República por meio de consultas aos diversos setores da população.
e) a atuação do Brasil em termos de política externa evidencia que o país tem capacidade decisória própria, mesmo diante dos constrangimentos internacionais.

56. Os textos abaixo relacionam-se a momentos distintos da nossa história.

"A integração regional é um instrumento fundamental para que um número cada vez maior de países possa melhorar a sua inserção num mundo globalizado, já que eleva o seu nível de competitividade, aumenta as trocas comerciais, permite o aumento da produtividade, cria condições para um maior crescimento econômico e favorece o aprofundamento dos processos democráticos. A integração regional e a globalização surgem assim como processos complementares e vantajosos."

(*Declaração de Porto*, VIII Cimeira Ibero-Americana, Porto, Portugal, 17 e 18 out. 1998)

"Um considerável número de mercadorias passou a ser produzido no Brasil, substituindo o que não era possível ou era muito caro importar. Foi assim que a crise econômica mundial e o encarecimento das importações levaram o governo Vargas a criar as bases para o crescimento industrial brasileiro."

(POMAR, Wladimir. *Era Vargas* – a modernização conservadora)

É correto afirmar que as políticas econômicas mencionadas nos textos são:

a) opostas, pois, no primeiro texto, o centro das preocupações são as exportações e, no segundo, as importações.
b) semelhantes, uma vez que ambos demonstram uma tendência protecionista.
c) diferentes, porque, para o primeiro texto, a questão central é a integração regional e, para o segundo, a política de substituição de importações.
d) semelhantes, porque consideram a integração regional necessária ao desenvolvimento econômico.
e) opostas, pois, para o primeiro texto, a globalização impede o aprofundamento democrático e, para o segundo, a globalização é geradora da crise econômica.

57. Você está estudando o abolicionismo no Brasil e ficou perplexo ao ler o seguinte documento:

Texto 1

Discurso do deputado baiano Jerônimo Sodré Pereira – Brasil, 1879. No dia 5 de março de 1879, o deputado baiano Jerônimo Sodré Pereira, discursando na Câmara, afirmou que era preciso que o poder público olhasse para a condição de um milhão de brasileiros, que jazem ainda no cativeiro. Nessa altura do discurso foi aparteado por um deputado que disse: "BRASILEIROS, NÃO".

Em seguida, você tomou conhecimento da existência do Projeto Axé (Bahia), nos seguintes termos:

Texto 2

Projeto Axé, Lição Cidadania 1998 – Brasil

Na língua africana Iorubá, axé significa força mágica. Em Salvador, Bahia, o Projeto Axé conseguiu fazer, em apenas três anos, o que sucessivos governos não foram capazes: a um custo dez vezes inferior ao de projetos governamentais, ajuda meninos e meninas de rua a construírem projetos de vida, transformando-os de pivetes em cidadãos.

A receita do Axé é simples: competência pedagógica, administração eficiente, respeito pelo menino, incentivo, formação e bons salários para os educadores. Criado em 1991 pelo advogado e pedagogo italiano Cesare de Florio La Rocca, o Axé atende hoje a mais de duas mil crianças e adolescentes.

A cultura afro, forte presença na Bahia, dá o tom do Projeto Erê (entidade criança do candomblé), a parte cultural do Axé. Os meninos participam da banda mirim do Olodum, do Ilé Ayê e de outros blocos, jogam capoeira e têm um grupo de teatro.

Todas as atividades são remuneradas. Além da bolsa semanal, as crianças têm alimentação, uniforme e vale-transporte.

Com a leitura dos dois textos, você descobriu que a cidadania:

a) jamais foi negada aos cativos e seus descendentes.
b) foi obtida pelos ex-escravos tão logo a abolição fora decretada.
c) não era incompatível com a escravidão.
d) ainda hoje continua incompleta para milhões de brasileiros.
e) consiste no direito de eleger deputados.

58. *O movimento* hip-hop *é tão urbano quanto as grandes construções de concreto e as estações de metrô, e cada dia se torna mais presente nas grandes metrópoles mundiais. Nasceu na periferia dos bairros pobres de Nova Iorque. É formado por três elementos: a música (o* rap*), as artes plásticas (o grafite) e a dança (o* break*). No* hip-hop *os jovens usam as expressões artísticas como uma forma de resistência política. Enraizado nas camadas populares urbanas, o* hip-hop *afirmou-se no Brasil e no mundo com um discurso político a favor dos excluídos, sobretudo dos negros. Apesar de ser um movimento originário das periferias norte-americanas, não encontrou barreiras no Brasil, onde se instalou com certa naturalidade – o que, no entanto, não significa que o* hip-hop *brasileiro não tenha sofrido influências locais. O movimento no Brasil é híbrido:* rap *com um pouco de samba,* break *parecido com capoeira e grafite de cores muito vivas.*

(Adaptado de *Ciência e Cultura*, 2004)

De acordo com o texto, o *hip-hop* é uma manifestação artística tipicamente urbana, que tem como principais características

a) a ênfase nas artes visuais e a defesa do caráter nacionalista.
b) a alienação política e a preocupação com o conflito de gerações.
c) a afirmação dos socialmente excluídos e a combinação de linguagens.
d) a integração de diferentes classes sociais e a exaltação do progresso.
e) a valorização da natureza e o compromisso com os ideais norte-americanos.

Respostas

Capítulo 30

Vestibulares de Norte a Sul

1. A
2. B
3. C
4. C
5. C

Capítulo 31

Vestibulares de Norte a Sul

1. C
2. D
3. E
4. B
5. E

Capítulo 32

Vestibulares de Norte a Sul

1. E
2. F, F, V, V, F
3. B
4. B
5. A

Capítulo 33

Vestibulares de Norte a Sul

1. B
2. B
3. D
4. B
5. A
6. 1) Reforma eleitoral democratizante/centralização política.

   2) Revolta do Forte de Copacabana: reação à eleição de Artur Bernardes em 1922, resultou em confronto nas ruas do Rio de Janeiro, divulgou o movimento; Revolução Paulista de 1924: tentativa de derrubar o regime, resultou no bombardeio da cidade de São Paulo por forças legalistas, a fuga dos rebeldes originou a Coluna Paulista, que mais tarde iria se juntar a rebeldes gaúchos e formar a Coluna Prestes; Coluna Prestes: desdobramento da Revolução de 1924/percorreu o interior do Brasil durante meses/afirmou a liderança de Luís Carlos Prestes.

Capítulo 34

Vestibulares de Norte a Sul

1. C
2. A
3. A
4. A
5. B
6. D
7. C
8. C

Capítulo 35

Vestibulares de Norte a Sul

1. D
2. C
3. D
4. B
5. D

Capítulo 36

Vestibulares de Norte a Sul

1. A
2. B
3. B
4. E
5. A
6. C
7. A

Capítulo 37

Vestibulares de Norte a Sul

1. B
2. B
3. 27
4. C

5. A

6. 29

7. B

Capítulo 38

Vestibulares de Norte a Sul

1. E
2. B
3. D
4. A
5. D
6. B

Capítulo 39

Vestibulares de Norte a Sul

1. A
2. B
3. 73
4. A
5. C
6. C

Capítulo 40

Vestibulares de Norte a Sul

1. D
2. A
3. D
4. A
5. A
6. C

Capítulo 41

Vestibulares de Norte a Sul

1. C
2. B
3. D
4. Mudanças de conceitos, práticas e hábitos.
   Permanências de conceitos, instituições.
   Relação passado/presente.
   Uso de fontes escritas, iconográficas, orais, eletrônicas, digitais.
   Interdisciplinaridade: inclusão de conteúdos de outras ciências como apoio à construção do conhecimento histórico.

5. D

6. D

Capítulo 42

Vestibulares de Norte a Sul

1. D
2. A
3. C
4. D

Caiu no Enem

1. E
2. A
3. A
4. C
5. D
6. C
7. E
8. C
9. D
10. A
11. A
12. D
13. A
14. D
15. C
16. D
17. E
18. E
19. D
20. D
21. E
22. E
23. A
24. E
25. A
26. B
27. E
28. B
29. C
30. E
31. A
32. E
33. E
34. B
35. C
36. E
37. B
38. B
39. D
40. C
41. D
42. E
43. B
44. A
45. D
46. C
47. C
48. E
49. B
50. A
51. E
52. E
53. E
54. B
55. E
56. C
57. D
58. C

Sugestões de leitura

Para entender nosso tempo: o século XX

Capítulo 30 O Brasil, uma república (1889-1914)

BARRETO, Lima. *Triste fim de Policarpo Quaresma*. Porto Alegre: L&PM, 1998.

HARDMAN, Foot. *Trem fantasma*: a ferrovia Madeira--Mamoré e o modernismo nas selvas. São Paulo: Companhia das Letras, 2005.

ISHIKAWA, Tatsuzo. *Sobô*. São Paulo: Ateliê, 2008.

SANTOS, Joel Rufino dos. *Afinal, quem fez a República?*. São Paulo: FTD, [s.d.].

Capítulo 31 Um mundo em guerra (1914-1918)

HILLS, Ken. *A Primeira Guerra Mundial*. São Paulo: Ática, 1990. (Guerras que mudaram o mundo).

REMARQUE, Erich M. *Nada de novo no front*. Porto Alegre: L&PM, 2004.

Capítulo 32 A Revolução Russa

BABEL, Isaac. *O exército de cavalaria*. São Paulo: Cosac Naify, 2006.

MONTEFIORE, Simon S. *Sashenka*. Rio de Janeiro: Objetiva, 2009.

ORWELL, George. *A revolução dos bichos*. São Paulo: Companhia das Letras, 2007.

REIS FILHO, Daniel A. *A Revolução Russa, 1917-1921*. São Paulo: Brasiliense, 1983.

Capítulo 33 Uma jovem República Velha (1914-1930)

CUNHA, Euclides da. *Os sertões*. 33. ed. Rio de Janeiro: Francisco Alves, 1987.

GATTAI, Zélia. *Anarquistas, graças a Deus*. São Paulo: Companhia das Letras, 2004.

SOUZA, Márcio. *Galvez, o imperador do Acre*. Rio de Janeiro: Record, 2001.

VARGAS LLOSA, Mário. *A guerra do fim do mundo*. São Paulo: Companhia das Letras, 1995.

Capítulo 34 A crise de 1929 e o nazifascismo

BRENER, Jayme. *1929:* a crise que mudou o mundo. São Paulo: Ática, 1998.

ČAPEK, Karel. *A Guerra das salamandras*. Rio de Janeiro: Record, 2011.

FITZGERALD, F. Scott. *O grande Gatsby*. Porto Alegre: L&PM, 2002.

ORWELL, George. *1984*. São Paulo: Companhia das Letras, 2009.

Capítulo 35 Vargas de 1930 a 1945

BRENER, Jayme. *1935*: a Revolta Vermelha. São Paulo: Ática, 1994.

MORAIS, Fernando. *Olga*. São Paulo : Companhia das Letras, 1994.

Capítulo 36 A Segunda Guerra Mundial (1939-1945)

CERCAS, Javier. *Soldados de Salamina*. Rio de Janeiro: Globo/Biblioteca Azul, 2012.

LITTEL, Jonathan. *As benevolentes*. São Paulo: Companhia das Letras, 2007.

MATTHEWS, Rupert. *Segunda Guerra Mundial*: Stalingrado. São Paulo: M.Books do Brasil, 2013.

McEWAN, Ian. *Reparação*. São Paulo: Companhia das Letras, 2002.

SCHNAIDERMAN, Boris. *Guerra em surdina*. 4. ed. São Paulo: Cosac Naify, 2004.

Do pós-guerra ao século XXI

Capítulo 37 O período liberal democrático (1945-1964)

FONSECA, Rubem. *Agosto*. Rio de Janeiro: Agir, 2004.

SKIDMORE, Thomas. *Brasil*: de Getúlio a Castelo. 10. ed. Rio de Janeiro: Paz e Terra, 1982.

Capítulo 38 O pós-guerra e a Guerra Fria

BRYSON, Bill. *Vida e época de Kid Trovão*. São Paulo: Companhia das Letras, 2007.

GREENE, Graham. *Nosso homem em Havana*. Porto Alegre: L&PM, 2007.

HOBSBAWM, Eric. *Era dos extremos*: o breve século XX: 1914-1991. 10. ed. São Paulo: Companhia das Letras, 2008.

KUNDERA, Milan. *A brincadeira*. São Paulo: Companhia das Letras, 1999.

Capítulo 39 **Descolonização e lutas sociais no "Terceiro Mundo"**

ACHEBE, Sinua. *O Mundo se despedaça*. São Paulo: Companhia das Letras, 2009.

ANDERSON, John Lee. *Che Guevara*, uma biografia. Rio de Janeiro: Objetiva, 1997.

ANTUNES, A. Lobo. *Os cus de Judas*. Rio de Janeiro: Objetiva, 2003.

CANÊDO, Letícia Bicalho. *A descolonização da Ásia e da África*. São Paulo: Atual, 2001. (Discutindo a História).

FUENTES, Carlos. *Os anos com Laura Diaz*. Rio de Janeiro: Rocco, 2000.

VALLADARES, Eduardo; BERBEL, Márcia. *Revoluções do século XX*. São Paulo: Scipione, 1994. (Ponto de Apoio).

Capítulo 40 **O regime militar**

GABEIRA, Fernando. *O que é isso companheiro?* São Paulo: Companhia das Letras, 2009.

PAIVA, Marcelo Rubens. *Feliz ano velho*. Rio de Janeiro: Objetiva, 2006.

SKIDMORE, Thomas. *Brasil*: de Castelo a Tancredo. 4. ed. Rio de Janeiro: Paz e Terra, 1988.

Capítulo 41 **O fim da Guerra Fria e a Nova Ordem Mundial**

BRENER, Jayme. *O mundo pós-Guerra Fria*. São Paulo: Scipione, 1996. (Ponto de Apoio).

SADER, Emir (Org.). *O mundo depois da queda*. São Paulo: Paz e Terra, 1995.

Capítulo 42 **O Brasil no século XXI**

ABREU, Caio F. *Morangos mofados*. Rio de Janeiro: Agir, 2005.

LINS, Paulo. *Cidade de Deus*. São Paulo: Companhia das Letras, 2002.

Bibliografia

ABREU, Martha; SOIHET, Rachel (Org.). *Ensino de história*: conceitos, temáticas e metodologia. Rio de Janeiro: Casa da Palavra, 2009.

ALMEIDA, Ângela Mendes de. *A República de Weimar e a ascensão do nazismo*. São Paulo: Brasiliense, 1982.

ALMEIDA, Cláudio A. *Cultura e sociedade no Brasil*: 1940-1968. São Paulo: Atual, 1996.

ANDERSON, Perry. *O fim da História*: de Hegel a Fukuyama. Rio de Janeiro: Jorge Zahar, 1992.

ANUÁRIO 2012. Página 12. Coordenação de Ernesto Tiffenberg. Buenos Aires: Editorial La Página, 2012.

ARENDT, Hannah. *Origens do totalitarismo*. São Paulo: Companhia das Letras, 1989.

ARIÈS, Philippe; DUBY, Georges. *História da Vida Privada*. São Paulo: Companhia das Letras, 1991-1992. v. 5.

BARRACLOUGH, Geoffrey (Ed.). *Atlas da História do mundo*. São Paulo: Folha de S.Paulo/The Times, 1995.

BECKER, Jean-Jacques. *O Tratado de Versalhes*. São Paulo: Ed. da Unesp, 2011.

BETHELL, Leslie. (Org.) *História da América Latina*. São Paulo: Edusp, 1998-2001. v. 1 a 4.

BETTO, Frei. *Conversa sobre fé e ciência*. Frei Betto & Marcelo Gleiser com Waldemar Falcão. Rio de Janeiro: Agir, 2011.

BITTENCOURT, Circe (Org.). *O saber histórico na sala de aula*. São Paulo: Contexto, 1997.

BRASIL NUNCA MAIS. Arquidiocese de São Paulo: Vozes, 1985.

CANÊDO, Letícia B. *A descolonização da Ásia e da África*. São Paulo: Atual, 1985.

CARDOSO, Miriam L. *Ideologia do desenvolvimento*: Brasil, JK–JQ. Rio de Janeiro: Paz e Terra, 1978.

CARVALHO, José Murilo de. *A formação das almas*. São Paulo: Companhia das Letras, 1990.

________. *Cidadania no Brasil*: o longo caminho. Rio de Janeiro: Civilização Brasileira, 2012.

________. *Os bestializados*. São Paulo: Companhia das Letras, 1987.

CASTRO, Celso. *Os militares e a República*. Rio de Janeiro: Jorge Zahar, 1995.

CHANG, Jung; HALLIDAY, Jon. *Mao*: a história desconhecida. São Paulo: Companhia das Letras, 2006.

CHAUÍ, Marilena. *Brasil, mito fundador e sociedade autoritária*. São Paulo: Fundação Perseu Abramo, 2000.

________. *Conformismo e resistência*: aspectos da cultura popular no Brasil. São Paulo: Brasiliense, 1996.

CHOSSUDOVSKY, Michel. *A globalização da pobreza*: impactos das reformas do FMI e do Banco Mundial. São Paulo: Moderna, 1999.

COGGIOLA, Osvaldo. *A Revolução Chinesa*. São Paulo: Moderna, 1985.

________. *Neoliberalismo ou crise do capital?* São Paulo: Xamã, 1996.

________. *O trotskismo na América Latina*. São Paulo: Brasiliense, 1984.

________. (Org.). *Segunda Guerra Mundial*: um balanço histórico. São Paulo: Xamã/USP/FFLCH, 1995. (Eventos).

COOK, Michael A. *Uma breve história do homem*. Rio de Janeiro: Jorge Zahar, 2005.

CROUZET, Maurice (Dir.). *História geral das civilizações*. Rio de Janeiro: Bertrand Brasil, 1996. v. 17.

CUNHA, Euclides da. *Os Sertões*. 33. ed. Rio de Janeiro: Francisco Alves, 1987.

CUNHA, Manuela C. da. *História dos índios no Brasil*. São Paulo: Companhia das Letras, 1998.

CURRAN, Mark. *História do Brasil em cordel*. São Paulo: Edusp, 1998.

D'ARAUJO, Maria Celina de; CASTRO, Celso. (Orgs.). *Ernesto Geisel*. Rio de Janeiro: Ed. da FGV, 1997.

________. (Orgs.). *Os anos de chumbo*: a memória militar sobre a repressão. Rio de Janeiro: Relume-Dumará, 1994.

________. (Orgs.). *Visões do golpe*: a memória militar sobre 1964. Rio de Janeiro: Relume-Dumará, 1994.

DOBB, Mark. *A evolução do capitalismo*. 9. ed. Rio de Janeiro: LTC, 1987.

DOWBOR, Ladislau. *A formação do Terceiro Mundo*. São Paulo: Brasiliense, 1981.

________; IANNI, Octávio; RESENDE, Paulo-Edgar (Orgs.). *Desafios da globalização*. Petrópolis: Vozes, 1997.

DULLES, John W. F. *Anarquistas e comunistas no Brasil (1909--1935)*. Rio de Janeiro: Nova Fronteira, 1977.

FAORO, Raimundo. *Os donos do poder*. 10. ed. São Paulo: Globo, 1996.

FAUSTO, Bóris. *A Revolução de 1930*. 13. ed. São Paulo: Brasiliense, 1991.

________. (Org.). *Fazer a América*: a imigração em massa para a América Latina. São Paulo: Edusp, 1999.

________. *História do Brasil*. São Paulo: Edusp, 1994.

________. (Dir.). *História geral da civilização brasileira*. 3. ed. Rio de Janeiro: Bertrand Brasil, 1995. v. 1-10.

FENELON, Dea R. *A Guerra Fria*. São Paulo: Brasiliense, 1983.

FERNANDES, Florestan. *O que é revolução*. São Paulo: Brasiliense, 1985. (Primeiros Passos).

FERREIRA NETO, Edgard L. *Os partidos políticos no Brasil*. São Paulo: Contexto, 1988.

FERRO, Marc. *A reviravolta da história*: a queda do Muro de Berlim e o fim do comunismo. Rio de Janeiro: Paz e Terra, 2011.

________. *História das Colonizações*: das conquistas às independências, séculos XIII a XX. São Paulo: Companhia das Letras, 1996.

___________. *História da Segunda Guerra Mundial*. São Paulo: Ática, 1995. (Século XX).

________. (Org.). *O livro negro do colonialismo*. Rio de Janeiro: Ediouro, 2004.

FIORI, José Luís; LOURENÇO, Marta S.; NORONHA, José C. de. (Org.). *Globalização*: o fato e o mito. Rio de Janeiro: Ed. da UERJ, 1998.

FORRESTER, Viviane. *O horror econômico*. São Paulo: Ed. da Unesp, 1997.

FREITAS, Marcos Cézar (Org.). *Historiografia brasileira em perspectiva*. São Paulo: Contexto, 1998.

FURTADO, Celso. *O capitalismo global*. São Paulo: Paz e Terra, 1998.

GAGGERO, Horacio. *Historia da América em los siglos XIX y XX*. Buenos Aires: Aique Grupo Editor, 2011.

GASPARI, Élio. *A ditadura derrotada*. São Paulo: Companhia das Letras, 2003.

________. *A ditadura encurralada*. São Paulo: Companhia das Letras, 2004.

________. *A ditadura envergonhada*. São Paulo: Companhia das Letras, 2002.

________. *A ditadura escancarada*. São Paulo: Companhia das Letras, 2002.

GENTILI, Pablo A. A.; SILVA, Thomás T. da (Orgs.). *Neoliberalismo, qualidade total e educação*. Petrópolis: Vozes, 1994.

GOLDFEDER, Sônia. *A primavera de Praga*. São Paulo: Brasiliense, 1981.

GOMBRICH, Ernst H. *História da arte*. 15. ed. Rio de Janeiro: Guanabara Koogan, 1993.

GOMES, Ângela de C. *A invenção do trabalhismo*. 3. ed. Rio de Janeiro: Ed. da FGV, 2005.

GONZALES, Horácio. *A Revolução Russa*. São Paulo: Moderna, 1986.

GOODY, Jack. *O roubo da História*. São Paulo: Contexto, 2008.

GOULD, Stephen Jay. *O milênio em questão*. São Paulo: Companhia das Letras, 1999.

HADDAD, Fernando. *O sistema soviético*. São Paulo: Página Aberta, 1992.

HALPERIN DONGHI, Túlio. *História da América Latina*. 2. ed. Rio de Janeiro: Paz e Terra, 1989.

HATOUM, Milton. *Órfãos do Eldorado*. São Paulo: Companhia das Letras, 2008.

HOBSBAWM, Eric J. *A era das revoluções*: Europa – 1789-1848. 19. ed. Rio de Janeiro: Paz e Terra, 2005.

________. *A era do capital*. 15. ed. Rio de Janeiro: Paz e Terra, 2009.

________. *A era dos impérios*. 12. ed. Rio de Janeiro: Paz e Terra, 2007.

________. *Como mudar o mundo*: Marx e Marxismo, 1840-2011. São Paulo: Companhia das Letras, 2011.

________. *Ecos da Marselhesa*: dois séculos reveem a Revolução Francesa. São Paulo: Companhia das Letras, 1996.

________. *Era dos extremos*: o breve século XX: 1914-1991. 10. ed. São Paulo: Companhia das Letras, 2008.

________. *O novo século*: entrevista a Antonio Polito. São Paulo: Companhia das Letras, 2000.

________. *Pessoas extraordinárias*: resistência, rebelião e jazz. São Paulo: Paz e Terra, 1998.

________. *Revolucionários*. Rio de Janeiro: Paz e Terra, 1982.

HOLANDA, Sérgio Buarque de; FAUSTO, Bóris (Dir.). *História geral da civilização brasileira*. 6. ed. Rio de Janeiro: Bertrand Brasil, 1996. v. 1-11.

HOURANI, Albert H. *Uma história dos povos árabes*. São Paulo: Companhia das Letras, 1994.

HUNTINGTON, Samuel P. *O choque de civilizações e a reconquista da Ordem Mundial*. Rio de Janeiro: Objetiva, 1997.

IANNI, Octávio. *A era do globalismo*. Rio de Janeiro: Civilização Brasileira, 1996.

________. *O colapso do populismo no Brasil*. Rio de Janeiro: Civilização Brasileira, 1967.

JUDT, Tony. *Pós-guerra*: uma história da Europa desde 1945. Rio de Janeiro: Objetiva, 2008.

KARNAL, Leandro. *História dos Estados Unidos*: das origens até o século XXI. São Paulo: Contexto, 2008.

KONDER, Leandro. *Introdução ao fascismo*. Rio de Janeiro: Graal, 1977.

KUCINSKI, Bernardo. *A síndrome da antena parabólica*: ética no jornalismo brasileiro. São Paulo: Fundação Perseu Abramo, 1998.

LACERDA, Carlos. *Depoimento*. 3. ed. Rio de Janeiro: Nova Fronteira, 1987.

LAULAN, Yves M. *O planeta balcanizado*. São Paulo: Instituto Liberal, 1992.

LEAL, Victor N. *Coronelismo, enxada e voto*. Rio de Janeiro: Nova Fronteira, 1975.

LEGOFF, Jean. *História e memória*. Campinas: Ed. da Unicamp, 1992.

________. *Por amor às cidades*: conversações com Jean Lebrun. São Paulo: Ed. da Unesp, 1988.

LEITE, Bertília. *Fim de milênio*: uma história dos calendários, profecias e catástrofes cósmicas. Rio de Janeiro: Jorge Zahar, 1999.

LINHARES, Maria Yedda. *A luta contra a metrópole (Ásia e África)*. São Paulo: Brasiliense, 1981.

________. (Org.). *História geral do Brasil*. 5. ed. Rio de Janeiro: Campus, 1990.

________. *O Oriente Médio e o mundo árabe*. São Paulo: Brasiliense, 1982.

LÖWY, Michael (Org.). *Revoluções*. São Paulo : Boitempo, 2009.

MacMILLAN, Margareth. *Paz em Paris*, 1919. Rio de Janeiro: Nova Fronteira, 2004.

MAESTRI FILHO, M. *1910*, a Revolta dos Marinheiros. São Paulo: Global, 1982.

MAGALHÃES, Mário. *Marighella*: o guerrilheiro que incendiou o mundo. São Paulo: Companhia das Letras, 2012.

MARTIN, Hans P. *A armadilha da globalização*. São Paulo: Globo, 1997.

MARTINS, José de Souza. *O cativeiro da terra*. São Paulo: Hucitec, 1996.

________. *O poder do atraso*: ensaios de sociologia lenta. São Paulo: Hucitec, 1999.

MATTHEWS, Rupert. *Segunda Guerra Mundial:* Stalingrado. A resistência heroica que destruiu o sonho de Hitler dominar o mundo. São Paulo: M.Books do Brasil, 2013.

McCANN, Frank D. *Soldados da pátria*: história do exército brasileiro (1889-1937). São Paulo: Companhia das Letras, 2007.

MELATTI, Júlio Cezar. *Índios do Brasil*. São Paulo: Hucitec, 1993.

MELLO, Alex Fiuza de. *Marx e a globalização*. São Paulo: Boitempo, 1999.

MELO, Marcos. *Brasil mostra a tua cara*: a História do Brasil nas entrelinhas da MPB (1930-1985). AgBook Alpha Graphics, [s.d.].

MOKHTAR, Gamal (Ed.). *História Geral da África, II*: África antiga. 2.ed. rev – Brasília: Unesco, 2010.

MONIZ BANDEIRA, Luiz Alberto. *Formação do império americano*: da guerra contra a Espanha à guerra no Iraque. Rio de Janeiro: Civilização Brasileira, 2005.

MORAES, Dênis; VIANA, Francisco. *Prestes*: lutas e autocríticas. 2. ed. Petrópolis: Vozes, 1982.

MORAIS, Fernando. *Os últimos soldados da Guerra Fria*. São Paulo: Companhia das Letras, 2011.

MOTA, Carlos Guilherme (Org.). *Brasil em perspectiva*. São Paulo: Difel, 1976.

________. (Org.). *Viagem incompleta*: a experiência brasileira (1500-2000). São Paulo: Senac, 2000. v. 2.

NOVAIS, Fernando A. (Dir.). *História da vida privada no Brasil*. São Paulo: Companhia das Letras, 1998. v. 4.

NÓVOA, Jorge L. B. (Org.) *A História à deriva*: um balanço de fim de século. Salvador: Ed. da UFBA, 1993.

OLIC, Nelson B. *A Guerra do Vietnã*. São Paulo: Moderna, 1988.

OUTHWAITE, William; MOTTOMORE, Tom (Eds.). *Dicionário do Pensamento Social do Século XX*. Rio de Janeiro: Jorge Zahar, 1996.

PERISSINOTTO, Renato M. *Classes dominantes e hegemonia na República velha*. Campinas: Ed. da Unicamp, 1994.

PERRAULT, Gilles (Org.). *O livro negro do capitalismo*. Rio de Janeiro: Record, 1999.

PERRY, Marvin et al. *Civilização Ocidental*: uma história concisa. São Paulo: Martins Fontes, 1985.

PINHEIRO, Paulo S. *Estratégias da ilusão*. São Paulo: Companhia das Letras, 1991.

PINSKY, Jaime (Org.). *História da América através de textos*. São Paulo: Contexto, 1994.

PRADO, Maria Lígia. *O populismo na América Latina*. São Paulo: Brasiliense, 1981.

PRADO JÚNIOR, Caio. *Formação do Brasil Contemporâneo*. 21. ed. São Paulo: Brasiliense, 1989.

________. *História econômica do Brasil*. 38. ed. São Paulo: Brasiliense, 1990.

PRESTES, A. L. *A Coluna Prestes*. 2. ed. São Paulo: Brasiliense, 1990.

REES, Laurence. *Stálin, os nazistas e o ocidente*: a Segunda Guerra Mundial entre quatro paredes. São Paulo: Larousse do Brasil, 2009.

REIS FILHO, D. A. *A construção do socialismo na China*. São Paulo: Brasiliense, 1981.

________. *A Revolução Chinesa*. São Paulo: Brasiliense, 1981.

________. *Uma revolução perdida*: a história do socialismo soviético. São Paulo: Fundação Perseu Abramo, 1997.

REVISTA Brasileira de História: *Dossiê Identidades/Alteridades*. São Paulo. v. 19, n. 38, 1999.

REVISTA de História da Biblioteca Nacional. Vários números. Rio de Janeiro: SABIN.

REVISTA *História Viva*. Vários números. São Paulo: Duetto.

RIBEIRO, Darcy. *O Processo civilizatório*: estudos de antropologia da civilização; etapas da evolução sociocultural. 5. ed. Petrópolis: Vozes, 1979.

RICHARD, Lionel. *A República de Weimar*. São Paulo: Companhia das Letras, 1988.

RODRIGUES, Antonio E. M.; FALCON, Francisco J. C. *Tempos modernos*: ensaios de história cultural. Rio de Janeiro: Civilização Brasileira, 2000.

SADER, Emir (Org.). *O mundo depois da queda*. São Paulo: Paz e Terra, 1995.

________. *Século XX*: uma biografia não autorizada. O século do imperialismo. São Paulo: Fundação Perseu Abramo, 2000.

________ (Org.). *Vozes do século*: entrevistas da New Left Review. Rio de Janeiro: Paz e Terra, 1997.

________; GENTILI, Pablo. *Pós-neoliberalismo II*: que estado para que democracia? Petrópolis: Vozes, 1999.

________. *Pós-neoliberalismo*: políticas sociais e o estado democrático. Rio de Janeiro: Paz e Terra, 1995.

________. (Coord. geral). *Enciclopédia contemporânea da América Latina e do Caribe*. São Paulo: Boitempo; Rio de Janeiro: Laboratório de Políticas Públicas da UERJ, 2006.

SAFLATE, Vladimir. *A esquerda que não teme dizer seu nome*. São Paulo: Três Estrelas, 2012.

________; TELES Edson (Orgs.). *O que resta da ditadura*: a exceção brasileira. São Paulo: Boitempo, 2010.

SANDRONI, Paulo. *Novíssimo dicionário de Economia*. São Paulo: Best Seller, 2000.

SCHNAIDERMAN, Boris. *Guerra em Surdina*. 4. ed. São Paulo: Cosac Naify, 2004.

SCHWARCZ, Lilia Moritz (Coord.). *A abertura para o mundo* (1889-1930). Rio de Janeiro: Objetiva/Mapfre, 2012. ("História do Brasil Nação, 1808-2012", v. 3).

SEGRILLO, Ângelo. *O declínio da União Soviética*. Rio de Janeiro: Record, 2000.

SELLERS, Charles; MAY, Henry; McMILLEN, Neil R. *Uma reavaliação da história dos Estados Unidos*: de colônia a potência imperial. Rio de Janeiro: Jorge Zahar, 1990.

SEVCENKO, Nicolau. *A revolta da vacina*: mentes insanas em corpos rebeldes. São Paulo: Scipione, 1999. (História em Aberto).

________. *Orfeu extático na metrópole*. São Paulo: Companhia das Letras, 1992.

SKIDMORE, Thomas. *Brasil*: de Castelo a Tancredo. 4. ed. Rio de Janeiro: Paz e Terra, 1988.

________. *Brasil*: de Getúlio a Castelo. 10. ed. Rio de Janeiro: Paz e Terra, 1982.

SOARES, Gláucio A. D.; D'ARAUJO, Maria Celina de; CASTRO, Celso (Org.). *A volta aos quartéis*: a memória militar sobre a abertura. Rio de Janeiro: Relume-Dumará, 1995.

SODRÉ, Nelson Werneck. *A farsa do neoliberalismo*. Rio de Janeiro: Graphia, 1996.

SOUZA, Marina de Mello e. *África e Brasil africano*. São Paulo: Ática, 2006.

STALLYBRASS, Peter. *O casaco de Marx*: roupas, memória, dor. Belo Horizonte: Autêntica, 1999.

THUROW, Lester. *O futuro do capitalismo*: como as forças econômicas de hoje moldam o mundo de amanhã. Rio de Janeiro: Rocco, 1997.

TOPIK, Steven. *Comércio e canhoneiras*: Brasil e Estados Unidos na era dos Impérios (1889-1897). São Paulo: Companhia das Letras, 2009.

TRÓTSKY, Leon. *A história da Revolução Russa*. Rio de Janeiro: Paz e Terra, 1977. v. 3.

UTZ, Arthur. *Entre o neoliberalismo e o neomarxismo*: uma filosofia de caminhos alternativos. São Paulo: Edusp, 1981.

VALLADARES, Eduardo; BERBEL, Márcia. *Revoluções do século XX*. São Paulo: Scipione, 1994. (Ponto de Apoio).

VARGAS, Getúlio. *Diário* (2 volumes). São Paulo: Siciliano; Rio de Janeiro: FGV, 1995.

WAACK, Willian. *Camaradas*. São Paulo: Companhia das Letras, 1993.

WASSERMAN, Cláudia. *História Contemporânea da América Latina*: 1900-1930. Porto Alegre: Ed. da UFGRS, 1992.

________. (Coord.). *História da América Latina*: cinco séculos. Porto Alegre: Ed. da UFRGS, 1996.

PROJETO MÚLTIPLO

Caderno de Estudo

História

Ensino Médio

Cláudio Vicentino

Bacharel e licenciado em Ciências Sociais pela Universidade de São Paulo. Professor de História em cursos pré-vestibulares e de Ensino Médio. Autor de obras didáticas e paradidáticas para Ensino Fundamental e Médio.

Gianpaolo Dorigo

Bacharel e licenciado em História pela Universidade de São Paulo. Mestre em Filosofia pela Pontifícia Universidade Católica de São Paulo. Professor de História em cursos pré-vestibulares e de Ensino Médio. Autor de obras didáticas.

José Vicentino

Bacharel e licenciado em História pela Pontifícia Universidade Católica (PUC). Professor de História em cursos de Ensino Fundamental, Médio e pré-vestibulares.

editora scipione

editora scipione

Diretoria editorial: Lidiane Vivaldini Olo

Editoria de Ciências Humanas: Heloisa Pimentel

Edição: Vanessa Gregorut

Colaboração: André Nicácio, Carina Carvalho

Supervisão de arte e produção: Sérgio Yutaka

Edição de arte: Eber Alexandre de Souza

Equipe de arte: Mauro Roberto Fernandes, Claudemir Camargo, Fábio Cavalcante

Supervisão de arte e criação: Didier Moraes

Coordenação de arte e criação: Andréa Dellamagna

Design gráfico (capa e miolo): UC Produção Editorial e Andréa Dellamagna

Grafismos: Shutterstock/Glow Images (utilizados na capa e aberturas de capítulos e seções)

Gerência de revisão: Hélia de Jesus Gonsaga

Equipe de revisão: Rosângela Muricy (coord.); Ana Paula Chabaribery Malfa, Gabriela Macedo de Andrade, Gloria Cunha e Patrícia Travanca; Flávia Venézio dos Santos (estag.)

Supervisão de iconografia: Sílvio Kligin

Pesquisa iconográfica: Carlos Luvizari, Denise Duranol Kremer, Evelyn Torrecilla e Claudia Cristina Balista (assist.)

Tratamento de imagem: Cesar Wolf e Fernanda Crevin

Foto da capa: Universal History Archive/The Bridgeman Art Library/Keystone (Parte 1)

Direitos desta edição cedidos à Editora Scipione S.A.

Avenida das Nações Unidas, 7221, 3º andar, Setor D

Pinheiros – São Paulo – SP – CEP 05425-902

Tel.: 4003-3061

www.scipione.com.br/atendimento@scipione.com.br

Dados Internacionais de Catalogação na Publicação (CIP)
(Câmara Brasileira do Livro, SP, Brasil)

Vicentino, Cláudio
Projeto Múltiplo : história, volume único / Cláudio Vicentino, José Vicentino, Gianpaolo Dorigo. -- São Paulo : Scipione, 2014.

1. História (Ensino médio) I. Vicentino, José. II. Dorigo, Gianpaolo. III. Título.

14-07955 CDD-907

Índice para catálogo sistemático:

1. História: Ensino médio 907

2022

ISBN 978 85 262 9394-6 (AL)

ISBN 978 85 262 9395-3 (PR)

Código da obra CL 738775

CAE 502788 (AL)

CAE 502789 (PR)

1ª edição

10ª impressão

Impressão e acabamento: Bercrom Gráfica e Editora

Uma publicação Abril EDUCAÇÃO

Apresentação

O Ensino Médio é a época na qual a maioria dos adolescentes faz uma escolha que os acompanhará por toda a vida: a da profissão que desejam seguir.

Além da profissão, a escolha da universidade também é um fator decisivo para o seu futuro sucesso profissional. E, para que você tenha um bom desempenho no exame vestibular da universidade que escolher, além de conhecer muito bem todo o conteúdo do Ensino Médio, você deve ter uma ótima habilidade em resolver exercícios. Por esse motivo, este caderno reúne mais de 200 questões das mais variadas e renomadas universidades do país, questões de níveis complexos, que, no todo, representam um momento único de preparação para o vestibular. Para auxiliá-lo com as resoluções, cada sequência de exercícios de um mesmo tema é precedida por quadros-resumos que sintetizam os principais tópicos do conteúdo.

Encare o período de estudo com este caderno como oportunidade de aperfeiçoar sua capacidade de resolver exercícios de forma rápida e segura.

Utilize este caderno como um instrumento de aperfeiçoamento de suas habilidades e não desista dos seus sonhos.

Bons estudos!

Sumário

Vestibular em foco

Theo Szczepanski/Arquivo da Editora

A escrita da História ontem e hoje

Durante o século XIX

- O saber e o ensino de História privilegiavam os fatos políticos e os feitos de "grandes homens".
- A escrita tinha função de sustentar e legitimar as nações que nasciam ou se consolidavam.
- Os documentos oficiais escritos muitas vezes eram entendidos como a única e verdadeira versão dos acontecimentos.

Renovação no século XX

- Ampliação das abordagens e temáticas, dos documentos considerados fontes históricas e do próprio papel do historiador.
- Toda atividade humana é objeto da história (noção de História total).
- Leitura do passado com base em indagações e problemas postos pelo presente.

A construção do conhecimento histórico

O historiador: um leitor do passado com os olhos do presente.

Preocupações com o presente

Interpretação do passado

Relações de poder

Método

Fontes

Documentos escritos

Outros

Pinturas

Fotografias

Vestígios materiais

Tempo histórico: diferentes durações

Periodização: expressa valores de uma sociedade.

Eurocentrismo: determinou a periodização predominante hoje.

Idade Antiga: da invenção da escrita (cerca de 4000 a.C.) até a desagregação do Império Romano do Ocidente, em 476 d.C.

Idade Medieval: de 476 até a tomada de Constantinopla pelos turcos otomanos, em 1453.

Idade Moderna: de 1453 até 1789, data do início da Revolução Francesa.

Idade Contemporânea: de 1789 até os dias de hoje.

Exercícios

1. (UPE)

A diversidade dos testemunhos históricos é quase infinita. Tudo o que o homem diz ou escreve, tudo o que fabrica, tudo o que toca pode e deve informar sobre ele.

BLOCH, Marc. *Apologia da História ou o ofício de historiador.* Rio de Janeiro: Jorge Zahar Editor, 2001, p. 79. (Adaptado).

Sobre as fontes históricas, com base no texto acima, assinale a alternativa CORRETA.

a) O pensamento marxista aboliu a utilização de fontes escritas nas pesquisas históricas.
b) A afirmação do texto sintetiza a nova perspectiva historiográfica sobre as fontes históricas.
c) Os utensílios produzidos pelo homem se enquadram como registros arqueológicos e não como fontes para o historiador.
d) Marc Bloch, no texto, defende a primazia das fontes escritas.
e) A escola positivista foi a primeira a fazer uso da chamada história oral.

2. (UFU-MG)

[...] *devia ser um ponto capital para o historiador reflexivo mostrar como no desenvolvimento sucessivo do Brasil se acham estabelecidas as condições para o aperfeiçoamento de três raças humanas* [...].

MARTIUS, Carl F. Ph. von. "Como se deve escrever a História do Brasil". *In:* _____. *O estado de direito entre os autóctones do Brasil.* Belo Horizonte: Itatiaia; São Paulo: Edusp, 1982. p. 89.

Considerando o texto, escrito por von Martius e publicado em 1845 pela Revista do Instituto Histórico e Geográfico Brasileiro, assinale a alternativa correta.

a) O autor demonstra que o branco português não obteve participação tão significativa na formação histórica do Brasil quanto o africano ou o indígena.
b) O autor procura, em uma perspectiva evolutiva da humanidade, demonstrar que a história do Brasil é o resultado do cruzamento gradativo entre brancos, indígenas e africanos.
c) O aperfeiçoamento das três raças no Brasil é resultado de um conjunto de políticas de branqueamento populacional, ao mesmo tempo em que se extinguem as populações africanas e indígenas.
d) O branco teria que aprender a cultura e a língua do indígena para sobreviver no Brasil, assim como deveria aprender a cultura do trabalho com o africano para desenvolver-se economicamente.

3. (UFSM-RS) Leia os textos:

Texto I

A intensa radiação solar na região equatorial é responsável direta pelas altas taxas de evaporação da água de sua superfície, levando à formação de massas de ar quente e úmido que condicionam os altos índices pluviométricos observados. Assim, elevadas temperaturas, intensa radiação solar e muita chuva caracterizam o clima das regiões tropicais e nos fazem entender as luxuriantes formações florestais e as riquezas dos recifes de corais típicos dessas latitudes. Esses fatores reunidos explicam, ainda, a elevada produtividade associada aos referidos ecossistemas.

UZUNIAN & BIRNER. *Biologia.* São Paulo: Harbra, 2007. p. 820.

Texto II

É seguramente fácil encontrar casos de correlação íntima entre um fato geográfico e um fato social. A contiguidade de duas regiões, planície e montanha, onde a ordem dos trabalhos não é a mesma e onde as colheitas amadurecem em datas diferentes, torna disponíveis os trabalhadores que alugarão periodicamente seus braços. A presença de uma grande cidade faz nascer à sua porta cultivos especiais, associados a hábitos igualmente especiais, como o dos horticultores. A ocorrência bem localizada de um produto de primeira necessidade pode engendrar consequências sociais e políticas.*

VIDAL DE LA BLANCHE, Paul. *As condições geográficas dos fatos sociais.* Disponível em: <www4.fct.unesp.br/raul/saude_ambiental/condicoes_geograficas_faros_sociais.pdf>.

*contiguidade = proximidade, vizinhança.

O desenvolvimento das ciências neste século XXI oferece uma variedade de explicações sobre os processos que envolvem as relações entre os seres humanos e os ecossistemas. A História, ciência social, na medida em que estabelece o diálogo e o debate com os demais campos do conhecimento científico, pode confrontar explicações e buscar novas e mais abrangentes formas de entender o conjunto dos processos que envolveram as ações humanas ao longo do tempo e nos diversos espaços.
Como se pode perceber, através das informações da Biologia e da Geografia nos textos apresentados, essa abertura é possível e necessária, porque a História é uma ciência cada vez mais

a) pragmática.
b) experimental.
c) teórica.
d) interdisciplinar.
e) factual.

4. (UPE) A História é uma área do conhecimento, que sofreu várias inovações metodológicas no século XX. Essas inovações provocaram mudanças que estão ligadas à eclosão da Escola dos *Annales*. Nessa perspectiva, é correto afirmar que:

a) a Escola dos *Annales* reafirmou os postulados positivistas, reforçando uma história política como a única perspectiva de análise da sociedade.
b) a produção cultural humana assim como as mentalidades, o imaginário, o cotidiano e a cultura popular foram vistos como novos interesses de estudo dos historiadores.
c) a análise econômica desaparece da pauta de temáticas estudadas pela História após o advento dos *Annales*.
d) a única preocupação dos historiadores influenciados pelo pensamento dos *Annales* se refere à cultura.
e) não existem ainda hoje ecos do pensamento dos *Annales* nos estudos sobre a história do Brasil.

5. (Osec-SP)

Se o conhecimento da História nos apresenta uma importância prática, é porque nela aprendemos conhecer os homens que, em condições diferentes e com meios diferentes, no mais das vezes inaplicáveis à nossa época, lutaram por valores e ideais análogos, idênticos ou opostos aos que possuímos hoje; o que nos dá consciência de fazer parte de um todo que nos transcende, a que no presente damos continuidade e que os homens vindos depois de nós continuarão no porvir.

A consciência histórica existe apenas para uma atitude que ultrapassa o eu individualista; ela é precisamente um dos principais meios para realizar essa superação.

GOLDMAN, Lucien.

De acordo com o texto, podemos afirmar que:

a) a História é importante porque fornece à atualidade os meios de resolver seus problemas;
b) o estudo da História mostra a universalidade e a identidade dos valores e ideais humanos;
c) tem consciência o homem que conhece os fatos históricos de sua época;
d) a consciência histórica existe na medida em que o homem é capaz de se reconhecer no processo histórico;
e) a importância prática da História se relaciona com o estudo e o conhecimento do presente.

6. (UFC-CE)

A História humana não se desenrola apenas nos campos de batalha e nos gabinetes presidenciais. Ela se desenrola também nos quintais entre plantas e galinhas, nas ruas de subúrbios, nas casas de jogos, nos prostíbulos, nos colégios, nas usinas, nos namoros de esquinas.

GULLAR, Ferreira.

No que refere ao fato histórico e à produção do conhecimento histórico, é correto afirmar que:

a) o fato histórico não tem que ser, necessariamente, um grande acontecimento; ele também se faz no cotidiano das pessoas.
b) a missão do historiador é, a partir dos documentos primários; estabelecer os fatos históricos e estudá-los em sua linearidade.
c) o trabalho do historiador é mostrar os fatos como realmente ocorreram, não cabendo uma abordagem crítica.
d) a nova História tem-se preocupado, basicamente, em gerar uma produção histórica objetivando contestar a interpretação marxista da História.
e) a história marxista enfoca fatos históricos protagonizados por "heróis", reforçando a ideologia da classe dominante.

7. (UnB-DF) Pode-se dizer em relação à História que:

(0) Hoje, ela está voltada preferencialmente para o estudo dos grandes fatos políticos, com destaque para a biografia dos governantes.
(1) Tendo em vista sua atual opção por compreender globalmente a sociedade, a História não mais se preocupa com a investigação dos eventos.
(2) Ao contrário do que ocorreu no século passado, hoje a História busca um caminho próprio, desvinculado das demais ciências sociais.
(3) A chamada História Nova recusa-se a admitir a História como ciência do passado e a "reduzir o presente a um passado incoativo".
(4) O estudo das fontes e a crítica dos documentos são partes fundamentais do processo de produção historiográfica.

8. (UFPA)

Os judeus tinham que usar uma estrela amarela, [...] tinham que entregar as bicicletas, [...] não podiam andar de bonde, [...] ficavam proibidos de dirigir automóveis.[...] só podiam fazer compras das três às cinco horas e só em casas que tivessem placa dizendo 'casa israelita'. Os judeus deviam recolher-se às suas casas às oito da noite [...]. Ficavam proibidos de ir a teatros, cinemas e outros lugares de diversão.

FRANK, Anne. *Diário de uma jovem*. São Paulo: Editora Mérito S. A., 1958, p. 14, 3ª edição.

Esse trecho, que foi retirado do diário de uma adolescente judia prisioneira num campo de concentração, na Alemanha, onde morreu em 1945, revela

a) poucas e distorcidas informações para se compreender o que foi a 2ª Guerra Mundial.
b) detalhes das perseguições sofridas pelos judeus na Alemanha, durante a 1ª Guerra Mundial.
c) ideias falsas, pois os alemães não podiam abrir mão do dinheiro que os judeus gastavam em locais como cinemas e teatros.
d) aspectos importantes para nossa compreensão acerca das perseguições sofridas pelos judeus, desde a 2ª Guerra Mundial até os anos de 1960, com o fim do *apartheid*.
e) a importância desse diário como documento histórico que registrou, para a posteridade, a perseguição sofrida pelos judeus durante a 2ª Guerra Mundial.

9. (UFPE) Entre as diversas concepções que norteiam os estudos históricos, destaca-se a Nova História, a qual:

( ) compreende a História como a ciência que estuda os fatos ocorridos no passado humano, utilizando como suporte para a construção desse conhecimento apenas as fontes escritas.
( ) tem como foco de análise a evolução das sociedades humanas e as mudanças ocorridas através dos movimentos sociais, utilizando como testemunhos principais os documentos manuscritos.
( ) corresponde a uma concepção surgida no século XIX, que acredita ser a História mestra da vida, constituindo-se uma ciência por possuir objetos e métodos próprios de análise.
( ) surgida no início do século XX, consiste no estudo da História como uma área do conhecimento humano de caráter multidisciplinar, que rompe com a "História narrativa", postulando a "História problema".
( ) defende a ideia de que a realidade social é culturalmente constituída, compreendendo-a em suas múltiplas dimensões, utilizando-se de uma gama variada de fontes ou testemunhos históricos.

10. (UFBA)

> *O Estado deve ser fundamentalmente diferenciado da Nação, porque o Estado consiste em uma organização política, um poder independente no plano externo, e supremo no interno, provido de recursos humanos e financeiros para sustentar sua independência e autoridade. Não podemos identificar o primeiro com a segunda, como se costumava fazer, até entre os próprios patriotas catalães, que falavam ou escreviam sobre uma nação catalã no sentido de um Estado catalão independente.* [...] .
>
> (CASTELLS, 1999, p. 60).

O conceito em análise, contido no texto, permite reconhecer como Estado

(01) os reinos e os impérios da Antiguidade, visto constituírem organizações políticas dirigidas por governos geralmente autoritários, apoiados no poder da classe dominante e na força militar, a fim de garantir as conquistas e a defesa de ameaças externas.

(02) os feudos da Europa medieval, por terem conservado as fronteiras e a divisão política vigentes no antigo Império Romano do Ocidente.

(04) as formações políticas que se construíram na Idade Moderna europeia, por possuírem fronteiras definidas, território unificado, sistema de leis e de justiça organizados, língua oficial predominante, moeda única e governo centralizado sob a forma de monarquias ou oligarquias aristocráticas.

(08) os reinos da Itália (1860) e da Alemanha (1871), depois das lutas travadas interna e externamente, por alcançarem a unificação dos seus respectivos territórios, fator indispensável à concepção do Estado e ao reconhecimento de sua existência por outros países europeus.

(16) a Nação Palestina, cujos cidadãos, dispersos no Egito, no Irã e em campos de refugiados da Síria, têm utilizado métodos pacifistas, para manterem o *status* de Estado, já reconhecido pela ONU desde o fim da Segunda Guerra Mundial.

(32) a Organização dos Estados Americanos (OEA), por aglutinar todos os países da América e por estar submetida aos princípios da Doutrina Monroe.

11. (Unioeste-PR) Sobre a História, enquanto disciplina, é INCORRETO afirmar que

a) construir a história é uma tarefa de investigação e o historiador a faz mediante o estudo desinteressado e neutro dos vestígios que documentam a atividade humana.

b) o historiador formula as perguntas a serem feitas aos documentos selecionados e ele o faz com base em sua cultura e suas escolhas.

c) muitos historiadores, até meados do século XX, privilegiavam o estudo do documento escrito e davam preferência aos documentos oficiais.

d) os documentos escritos ainda são considerados fontes fundamentais para a compreensão dos fatos, mas, nas últimas décadas, a noção de documento se ampliou.

e) o estudo das fontes e a crítica dos documentos são partes fundamentais do processo de investigação histórica.

12. (Fesp-PE) A História é marcada por continuidades e descontinuidades que mostram as dificuldades encontradas pelos homens na sua luta para construir sua cultura. Para compreender esses processos, o historiador deve considerar que:

a) cada cultura é um reflexo das vontades e das necessidades individuais dos povos, sendo importante destacar que as conquistas materiais determinam mecanicamente a maneira de sentir a pensar;

b) os processos históricos são um conjunto de comportamentos que se repetem, criando culturas com estruturas semelhantes;

c) a análise dos fatos históricos exige critérios teóricos e metodológicos, para que se possa ter uma melhor compreensão do que aconteceu;

d) a História é um conjunto de fatos que jamais se repetirão, onde o papel das grandes personalidades merece destaque especial, para que se chegue a uma verdade definitiva;

e) os povos produzem suas histórias determinadas pelos seus desejos e pelas suas necessidades, mas não conseguem se libertar do domínio das forças da natureza.

13. (UFRN) No texto abaixo, o historiador grego Tucídides apresenta elementos essenciais da constituição da História como disciplina científica.

> *Os homens [comuns], na verdade, aceitam uns dos outros relatos de segunda mão dos eventos passados, negligenciando pô-los à prova.* [...]
>
> *Quanto aos fatos da guerra, considerei meu dever relatá-los, não como apurados através de algum informante casual nem como me parecia provável, mas somente após investigar cada detalhe com o maior rigor possível, seja no caso de eventos dos quais eu mesmo participei, seja naqueles a respeito dos quais obtive informações de terceiros. O empenho em apurar os fatos se constitui numa tarefa laboriosa, pois as testemunhas oculares de vários eventos nem sempre faziam os mesmos relatos a respeito das mesmas coisas, mas variavam de acordo com suas simpatias por um lado ou pelo outro, ou de acordo com sua memória. Pode acontecer que a ausência do fabuloso em minha narrativa pareça menos agradável ao ouvido, mas quem quer que deseje ter uma ideia clara tanto dos eventos ocorridos quanto daqueles que algum dia voltará a ocorrer em circunstâncias idênticas ou semelhantes em consequência de seu conteúdo humano, julgará a minha história útil e isto me bastará. Na verdade, ela foi feita para ser um patrimônio sempre útil, e não uma composição a ser ouvida apenas no momento da competição por algum prêmio.*

Segundo o texto,

a) a pretensão de o historiador possuir a verdade é ilegítima, já que ele tece a narrativa com elementos de segunda mão.

b) o historiador, para enriquecer a narrativa, deve recorrer ao auxílio de fábulas.

c) o testemunho baseado na memória garante a credibilidade do relato histórico.

d) a História é definida como um saber que, através da apuração rigorosa dos fatos, tem relação privilegiada com a verdade.

OS PRIMEIROS AGRUPAMENTOS HUMANOS

Pré-História

Origens

Diversas espécies de hominídeos

A origem do ser humano (*Homo sapiens sapiens*), na África

Grandes mudanças climáticas

A expansão humana para outros continentes

Periodização

Paleolítico → **Neolítico**

Idade da Pedra Lascada
- coleta, caça e pesca
- nomadismo
- abrigos provisórios
- instrumentos de pedra, ossos e, possivelmente, madeira lascados
- bandos pouco numerosos

Henri Lhote/Arquivo da editora

Idade da Pedra Polida
- prática da agricultura e criação de animais
- seminomadismo e sedentarismo
- moradias fixas
- instrumentos de ossos polidos, cestarias e cerâmica
- transição para a Idade dos Metais
- bandos numerosos

Idade dos Metais
- metalurgia
- organizações sociais mais numerosas

O ser humano na América

Hipóteses para a chegada do ser humano à América

Pela América do Norte, pelo estreito de Bering, teriam vindo grupos asiáticos (a rota mais provável), que povoaram o continente.

Para a América do Sul, pelo oceano Pacífico, teriam chegado habitantes da Austrália e das ilhas polinésias (rota menos aceita no meio científico).

Povos e civilizações pré-colombianas

- Nativos norte-americanos
- Civilizações mesoamericanas e andinas
- Nativos sul-americanos

Exercícios

1. (UFPE) Na Pré-História encontramos fases do desenvolvimento humano. Qual a alternativa que apresenta características das atividades do homem na fase Neolítica?
   a) Os homens praticavam uma economia coletora de alimentos.
   b) Os homens fabricavam seus instrumentos para obtenção de alimentos e abrigo.
   c) Os homens aprenderam a controlar o fogo.
   d) Os homens conheciam uma economia comercial e já praticavam os juros.
   e) Os homens cultivavam plantas e domesticavam animais, tornando-se produtores de alimentos.

2. (UFG-GO) As pinturas rupestres são evidências materiais do desenvolvimento intelectual dos seres humanos. Embora tradicionalmente estudadas pela Arqueologia, elas ajudaram a redefinir a concepção de que a História se inicia com a escrita, pois
   a) funcionam como códices velados de uma comunidade à espera de decifração.
   b) expressam uma concepção de tempo marcada pela cronologia.
   c) indicam o predomínio da técnica sobre as forças da natureza.
   d) atestam as relações entre registros gráficos e mitos de origem.
   e) registram a supremacia do indivíduo sobre os membros de seu grupo.

3. (UTFPR) Tradicionalmente, podemos definir a pré-história como o período anterior ao aparecimento da escrita. Portanto, esse período é anterior há 4000 a.C, pois foi por volta desta época que os sumérios desenvolveram a escrita cuneiforme. Com base nesse entendimento, qual a alternativa que apresenta características das atividades do homem na fase paleolítica?
   a) Os homens aprenderam a polir a pedra. A partir de então, conseguiram produzir instrumentos (lâminas de corte, machados, serras com dentes de pedra mais eficientes e mais bem acabados).
   b) Os homens descobriram uma forma nova de obter alimentos: a agricultura, que os obrigou a conservar e cozinhar os cereais.
   c) Semeando a terra, criando gado, produzindo o próprio alimento, os homens não tinham mais por que mudar constantemente de lugar e tornaram-se sedentários.
   d) Os homens conheciam uma economia comercial e já praticavam os juros.
   e) Os homens ainda não produziam seus alimentos, não plantavam e nem criavam animais. Em verdade, eles coletavam frutos, grãos e raízes, pescavam e caçavam animais.

4. (Fuvest-SP) Sobre o surgimento da agricultura – e seu uso intensivo pelo homem – pode-se afirmar que:
   a) foi posterior, no tempo, ao aparecimento do Estado e da escrita.
   b) ocorreu no Oriente próximo (Egito e Mesopotâmia) e daí se difundiu para a Ásia (Índia e China), Europa e, a partir desta para a América.
   c) como tantas outras invenções teve origem na China, donde se difundiu até atingir a Europa e, por último, a América.
   d) ocorreu, em tempos diferentes, no Oriente Próximo (Egito e Mesopotâmia), na Ásia (Índia e China) e na América (México e Peru).
   e) de todas as invenções fundamentais, como a criação de animais, a metalurgia e o comércio, foi a que menos contribuiu para o ulterior progresso material do homem.

(UEL-PR) Leia o texto I, a seguir, e responda às questões 5 e 6.

Texto I

Muitas vezes, o processo de evolução por seleção natural é alvo de interpretações distorcidas. E quando o assunto é a evolução humana, a distorção pode ser ainda maior, pois o Homo sapiens é apresentado como o ápice do desenvolvimento.

As ilustrações mais conhecidas da evolução estão todas direcionadas no sentido de reforçar uma cômoda concepção da inevitabilidade e da superioridade humanas. A principal versão dessas ilustrações é a série evolutiva ou escada de progresso linear. Esse avanço linear ultrapassa os limites das representações e alcança a própria definição do termo evolução: a palavra tornou-se sinônimo de progresso. A história da vida não é uma escada em que o progresso se faz de forma previsível e sim um arbusto ramificado e continuamente podado pela tesoura da extinção.

(Adaptado de: GOULD, S. J. *Vida maravilhosa*: o acaso na evolução e a natureza da história. São Paulo: Companhia das Letras, 1989. p. 23-31.)

Reprodução: UEL-PR, UEL 2013

A árvore filogenética, representada na figura 2, a seguir, é construída com base nas comparações de DNA e proteínas.

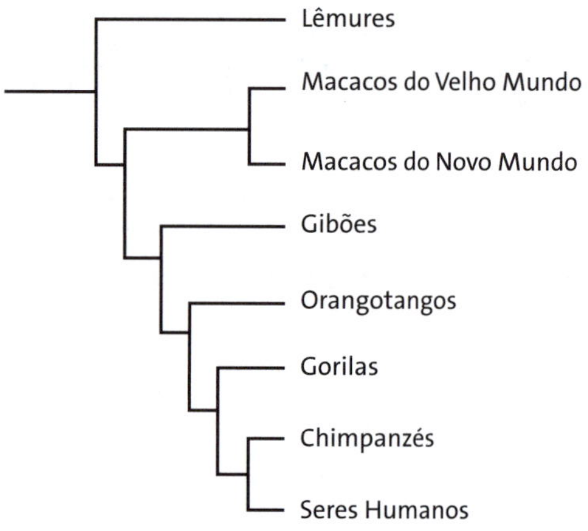

Figura 2: Árvore Filogenética.

5. Com base na análise dessa árvore filogenética, assinale a alternativa correta.
   a) O grupo formado pelos lêmures é o mais recente, porque divergiu há mais tempo de um ancestral comum.
   b) Os chimpanzés apresentam maior proximidade filogenética com os gorilas do que com os humanos.
   c) Os gorilas compartilham um ancestral comum mais recente com os gibões do que com o grupo formado por chimpanzés e seres humanos.
   d) Os gorilas são os ancestrais comuns mais recentes do grupo formado por chimpanzés e seres humanos.
   e) Os macacos do Velho Mundo e do Novo Mundo apresentam grande proximidade filogenética entre si.

6. Com essa noção de progresso, referida no texto I, construía-se a crença de que o ser humano caminhava em direção a um progresso irresistível, e ele próprio seria o exemplo dessa noção, implicando, por exemplo, a minimização do trabalho braçal e uma supervalorização das atividades intelectuais. Porém, no século XX, tendências de pensamento demonstraram que a razão, ao mesmo tempo que é libertadora, também tem a capacidade de subjugar os homens. Essa crítica às concepções modernas da razão foi o sustentáculo de um movimento contestador e pacifista, denominado movimento _______________.

   Assinale a alternativa que apresenta o termo que preenche, corretamente, a lacuna do enunciado.
   a) contracultural.
   b) modernista.
   c) neoliberal.
   d) trabalhista.
   e) *yuppie*.

7. (UFPE) Para explicar os primeiros aglomerados humanos, no mundo antigo, leva-se em consideração a combinação de fatores sociais, demográficos, religiosos e políticos.

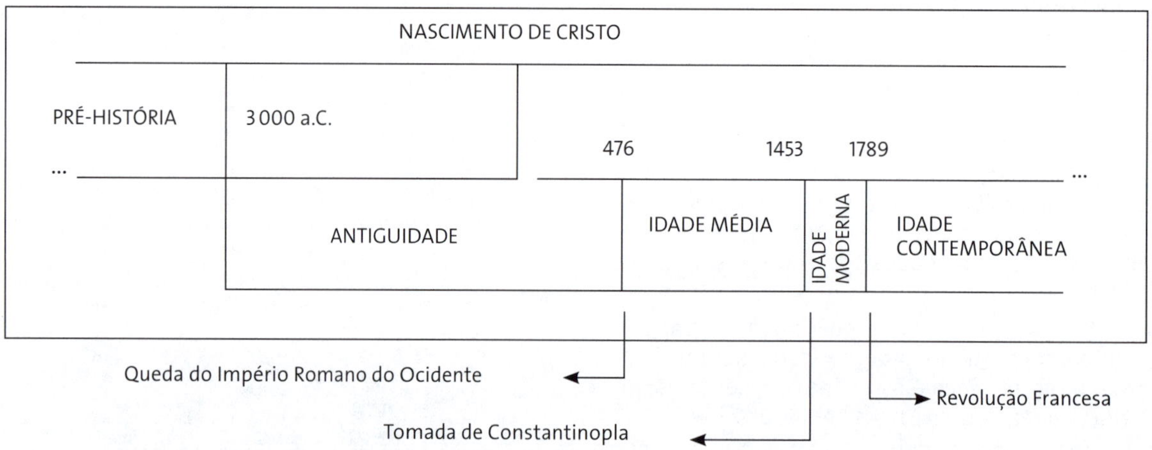

Assinale a alternativa que reúne fatores decisivos para o surgimento da cidade antiga.
   a) A sedentarização, a produção de excedentes na agricultura e o aparecimento de ofícios permitiram a sobrevivência dos homens e o surgimento das cidades.
   b) As guerras, o surgimento da propriedade privada e a religião obrigavam o homem a se fixar e buscar proteção junto aos aglomerados.
   c) O desenvolvimento do trabalho de artífices como ceramistas, cuteleiros, ferreiros, marceneiros e a grande desorganização do mundo rural.
   d) O monoteísmo substituindo o politeísmo e a necessidade de comercializar produtos artesanais determinaram a fixação do homem em um espaço menor.
   e) A invenção da roda, o monoteísmo e as grandes construções possibilitaram o aumento da população, e com ela, o êxodo rural.

8. (Ufpel-RS)

Texto 1

Em todo o mundo, a leste e a oeste, as populações começaram a trocar a dependência às hordas de grandes animais "muitas das quais em rápido declínio" pela exploração de animais menores e de plantas. [...] Onde as condições fossem particularmente adequadas [...], as peças do quebra-cabeça da domesticação se acomodaram e os coletores transformaram-se em agricultores.

CROSBY, Alfred W. *Imperialismo ecológico*. São Paulo: Companhia das Letras, 1993.

Texto 2

Os historiadores acostumaram-se a separar a coleta e a agricultura como se fossem duas etapas da evolução humana bastante diferentes e a supor que a passagem de uma à outra tivesse sido uma mudança repentina e revolucionária. Hoje, contudo, admite-se que essa transição aconteceu de maneira gradual e combinada. Da etapa em que o homem era inteiramente um caçador-coletor passou-se para outra em que começava a executar atividades de cultivo de plantas silvestres [...] e de manipulação dos animais [...]. Mas tudo isso era feito como uma atividade complementar da coleta e da caça.

In: VICENTINO, Cláudio. *História para o ensino médio*: história geral e do Brasil. São Paulo: Scipione, 2005.

Os textos analisam

a) o final do Período Neolítico e se posicionam de forma convergente quanto ao papel revolucionário desempenhado pela agricultura e pela domesticação dos animais.
b) o início do Período Neolítico e divergem entre si a respeito da existência da Revolução Neolítica, pois enquanto um indica uma transformação radical, o outro destaca a simultaneidade da caça, coleta e agricultura.
c) o início do Paleolítico Inferior e são contraditórios entre si, no que se relaciona aos efeitos da agricultura, dentre eles a sedentarização humana.
d) o final do Paleolítico Superior, no momento em que ocorreu a Revolução Agrícola, ambos afirmando que a caça e a coleta foram suprimidas pela agricultura.
e) a Transição Mesolítica, e concordam que, com o cultivo das plantas e a criação de animais, ocorreu a suspensão das atividades de caça e coleta, provocando a Revolução Neolítica.

9. (UFPB) As relações entre as explicações míticas e as científicas encontram, na origem da espécie humana, um dos pontos fundamentais e controvertidos.

Sobre tais explicações, leia as afirmativas.

I. O livro do Gênesis estabelece, sobretudo para as tradições religiosas judaico-cristãs, o mito do Éden, no qual viviam Adão, criado por Deus e feito à sua semelhança, e Eva, criada também por Ele a partir de uma costela de Adão. Desse casal, descenderiam todos os homens. Os partidários dessa explicação são chamados de CRIACIONISTAS.

II. O livro "A Origem das Espécies", de autoria do naturalista inglês do século XIX, Charles Darwin, estabelece, nas tradições modernas, a consolidação de uma explicação científica sobre o aparecimento da vida e o surgimento do 'homo sapiens', que seria resultado das mutações genéticas adaptativas de símios. Essa explicação ficou conhecida como EVOLUCIONISTA.

III. O conhecimento histórico, baseado nas concepções científicas, demarca o aparecimento da espécie humana no período Paleolítico ou Idade da Pedra Lascada, ao que se segue o período Neolítico ou Idade da Pedra Polida e depois o período da Idade dos Metais, que, reunidos, compõem a chamada "PRÉ-HISTÓRIA".

Está(ão) correta(s):

a) apenas I
b) apenas II
c) apenas I e II
d) apenas II e III
e) I, II e III

10. (UFRS) Recentemente, no estado americano de Arkansas, a teoria da evolução elaborada por Charles Darwin foi retirada dos currículos e teve proibida a sua utilização. Não obstante, os estudos paleontológicos, antropológicos e arqueológicos vêm possibilitando avanços na compreensão do período da pré-história, confirmando a existência de um longo período em que ocorreu o processo de hominização. Sobre esse processo, analise as afirmações abaixo.

I. As mais antigas formas de vida humana registradas pela Paleontologia denominam-se hominídeos, como comprovam os achados dos fósseis identificados como *Australopithecus*, *Pithecantropus*, *Sinantropus*, entre outros.

II. Os fósseis demonstram que, no curso evolutivo da Humanidade, mais de um milhão de anos antes de surgir o 'Homo Sapiens', existiram várias espécies a caminho da humanização, e as mudanças físicas ocorridas ao longo de centenas de milhares de anos propiciaram sua adaptação a qualquer ambiente.

II. As evidências arqueológicas indicam que a espécie humana não nasceu pronta nem física, nem culturalmente. Necessitou de um enorme período de tempo para desenvolver um conjunto de habilidades técnicas e de conhecimentos que lhe permitisse elaborar instrumentos de trabalho e utensílios.

Quais estão corretas?

a) Apenas I.
b) Apenas II.
c) Apenas III.
d) Apenas II e III.
e) I, II e III.

11. (UFRGS-RS) A Idade da Pedra costuma ser dividida em três períodos: Paleolítico, Mesolítico e Neolítico.

Associe as cinco características da Idade da Pedra listadas a seguir, no bloco inferior, aos períodos citados no bloco superior.

1 - Paleolítico

2 - Mesolítico

3 - Neolítico

( ) domesticação de animais.

( ) descoberta do fogo.

( ) formas e motivos abstratos na arte.

( ) artefatos de pedra lascada.

( ) difusão da agricultura.

A sequência correta de preenchimento dos parênteses, de cima para baixo, é

a) 3 - 1 - 2 - 1 - 3.

b) 1 - 3 - 1 - 2 - 3.

c) 2 - 1 - 3 - 3 - 1.

d) 1 - 2 - 3 - 2 - 1.

e) 3 - 2 - 1 - 3 - 2.

12. (UFPI) Nas últimas décadas o Piauí vem figurando como um tema obrigatório nas discussões sobre o primitivo povoamento do território americano, o que decorre, principalmente, dos achados arqueológicos da Serra da Capivara, no município piauiense de São Raimundo Nonato. Sobre esse assunto, assinale, nas alternativas a seguir, aquela que está INCORRETA:

a) Os municípios de São Raimundo Nonato, no Piauí, e de Central, na Bahia, detêm os mais antigos vestígios da presença humana na região nordeste.

b) O acervo arqueológico de São Raimundo Nonato é administrado pela FUMDHAM - Fundação Museu do Homem Americano.

c) A arqueóloga Niède Guidon, personalidade mais conhecida entre os profissionais que atuam junto ao acervo arqueológico de São Raimundo Nonato, tem protagonizado, ao longo dos anos, vários conflitos e polêmicas com o governo do Piauí, com órgãos federais como o IBAMA e até mesmo, com nativos do município de São Raimundo Nonato.

d) Os achados arqueológicos de São Raimundo Nonato, no Piauí, assim como aqueles encontrados na Bahia, impõem uma revisão das teorias sobre o povoamento da América e não deixam dúvidas quanto à natureza autóctone do homem americano.

e) Hoje, apesar de ainda ser forte a tese do povoamento da América ter-se dado através do Estreito de Behring, os estudiosos, a partir de acervos arqueológicos como os do Piauí, consideram seriamente a hipótese de múltiplas correntes de povoamento. Quanto à data da chegada dos primeiros povoadores, ainda há muitas controvérsias, não estando, em rigor, nada definitivamente estabelecido.

13. (UPE) Entre os nômades, o trabalho não tem o mesmo valor que nas sociedades agrárias. Os índios Ianomâmi, da Amazônia, desenvolvem suas atividades, em média, três horas por dia e não valorizam o trabalho nem o progresso tecnológico. Os Guaiaqui, caçadores nômades da floresta paraguaia, passam, pelo menos, metade do dia em completa ociosidade. Quanto ao desenvolvimento social, do pensar e do fazer dos primeiros humanos, é correto afirmar que a

a) produção de novas ferramentas de pedra polida foi a transformação mais importante ocorrida nesse período.

b) fabricação de ferramentas e a utilização do fogo evidenciam que a sobrevivência humana não está diretamente relacionada à adaptação cultural do homem.

c) abundância de recursos animais e vegetais promoveu a sedentarização do homem.

d) capacidade de conseguir mais alimentos deu ao homem menor controle sobre o meio ambiente.

e) troca da caça e da coleta pela agricultura ocorreu de maneira súbita.

14. (UEM-PR)

O primeiro meio pelo qual o ser humano registrou sua própria existência foi a pedra – as pinturas rupestres mais antigas, encontradas em cavernas da Espanha, datam de cerca de quarenta mil anos atrás.

Quando a escrita foi encontrada na Mesopotâmia, em 4.000 a.C., foi preciso um suporte que a tornasse portátil. A solução foram as tabuletas de argila, pranchas do tamanho de uma folha de papel, gravadas com argila ainda úmida, usando uma ponta afiada de madeira. Se as tabuletas se destinavam a uso definitivo, eram cozidas em fornos, como vasos de cerâmica – se não, eram apagadas. Um estilo de escrita desenvolvido foi chamado cuneiforme.

(Revista *Aventuras na História*. Edição 114. Janeiro de 2013. p. 14.)

A partir dessas formas de registro, outras foram surgindo e a escrita tornou-se um meio para a transmissão de tradições, transformando-se num veículo de expressão e organização social. Com base na relação entre o surgimento da escrita e a aceleração do desenvolvimento das civilizações, é correto afirmar que:

a) tanto nas primeiras civilizações, quanto nas civilizações vindouras, a escrita possui um papel fundamental na cultura.

b) foi a escrita, à medida em que se transformava em um sistema informacional, a grande responsável pelo surgimento do Estado.

c) não são consideradas "civilizações" as sociedades que não desenvolveram a escrita, já que não deixaram registro de sua cultura.

d) comprovadamente, as civilizações que dominaram a escrita, tais como a Mesopotâmia e o Egito, tornaram-se superiores às demais, dominando-as.

AS MAIS ANTIGAS CIVILIZAÇÕES: A MESOPOTÂMIA

A origem das primeiras cidades

Grupos nômades: caça/ coleta. → **Neolítico: agricultura, domesticação de animais, conservação de alimentos.** →

- Aumento da população.
- Sedentarização e estabelecimento em vales férteis.
- Diversificação econômica e social.

→ **Surgimento de cidades na Mesopotâmia (entre os rios Tigre e Eufrates) e em outras partes do mundo.**

Política, sociedade e cultura na Mesopotâmia

Política

Características
- Administração centralizada
- Governo despótico
- Teocracia

Instituições
- Palácio
- Templo

→ **Controle**
- Terras
- Tributação
- Excedentes agrícolas

Economia e sociedade

Características
- Predomínio agrário
- Divisão social

→ **Principais grupos sociais**
- Elite política/religiosa
- Escravos

Principais atividades econômicas
- Agricultura
- Comércio
- Artesanato

Cultura

Áreas	Características ou obras principais
Arquitetura	Zigurates (templos/pirâmides)
Ciência	Astronomia e calendário
Literatura	*A epopeia de Gilgamesh*

Religião

Politeísta, associada à política

Templos → Zigurates

Gianni Dagli Orti/ Corbis/Latinstock

Exercícios

1. (Ufes) Na Antiguidade Oriental, o modo de produção asiático caracterizou-se fundamentalmente pelo(a)
   a) fracionamento da propriedade fundiária em partes entregues a nobres da Casa Real.
   b) concentração do controle da produção num partido político.
   c) apropriação formal da terra pelo Estado e efetiva pela comunidade camponesa, cujos membros deveriam pagar impostos e prestar serviços ao Estado.
   d) emprego da força de trabalho escravo, com um comércio operoso, controlado por uma burguesia ativa e numerosa.
   e) industrialização acentuada, calcada sobre uma farta e barata força de trabalho servil, amplamente dominada pela aristocracia fundiária.

2. (Vunesp-SP)

   O palácio real constitui naturalmente, na vida da cidade mesopotâmica, um mundo à parte. Todo um grupo social o habita e dele depende, ligado ao soberano por laços que não são somente os de parente a chefe de família, ou de servidor a senhor. [...] Este grupo social é numeroso, de composição muito variada, abrangendo trabalhadores de todas as profissões, domésticos, escribas, artesãos, homens de negócios, agricultores, pastores, guardiões dos armazéns, etc., colocados sob a direção de um intendente. É que a existência de um domínio real, dotado de bens múltiplos e dispersos, faz do palácio uma espécie de vasta empresa econômica, cujos benefícios contribuem para fundamentar solidamente a força material do soberano.

   Aymard; Auboyer, *O Oriente e a Grécia – As civilizações imperiais.*

   a) Como se organizava a vida social e política na Mesopotâmia?
   b) Um dos grandes legados da Mesopotâmia foi a criação do Código de Hamurabi. Quais os principais aspectos desse Código?

3. (UFC-CE) Leia com atenção as afirmativas a seguir sobre as condições sociais, políticas e econômicas da Mesopotâmia.
   I. As condições ecológicas explicam por que a agricultura de irrigação era praticada através de uma organização individualista.
   II. Na economia da Baixa Mesopotâmia, a fome e as crises de subsistência eram frequentes, causadas pela irregularidade das cheias e também pelas guerras.
   III. Na Suméria, os templos e zigurates foram construídos graças à riqueza que os sacerdotes administravam à custa do trabalho de grande parte da população.
   IV. A presença dos rios Tigre e Eufrates possibilitou o desenvolvimento da agricultura e da pecuária e também a formação do primeiro reino unificado da história.

   Sobre as afirmativas anteriores, é correto afirmar:
   a) I e II são verdadeiras.
   b) III e IV são verdadeiras.
   c) I e IV são verdadeiras.
   d) I e III são verdadeiras.
   e) II e III são verdadeiras.

4. (UFSM-RS)

   [...] *E a situação sempre mais ou menos / Sempre uns com mais e outros com menos / A cidade não para, a cidade só cresce / O de cima sobe e o de baixo desce* [...].

   Este trecho da música do pernambucano Chico Science (1966-1997) e grupo Nação Zumbi nos remete à vida em cidades, processo que passou a ser significativo na história, a partir do 4º milênio a.C., na Mesopotâmia.

   Sobre esse processo é correto afirmar:
   a) Com o surgimento e crescimento das cidades, houve um progressivo aumento da especialização do trabalho e da igualdade social, enfraquecendo o poder político.
   b) A diminuição da produção agrícola assegurou excedentes para a manutenção de especialistas, desenvolvendo a urbanização em cidades-Estado socialmente desiguais.
   c) Apesar da urbanização e das novas tecnologias de irrigação, mantém-se um Estado de caráter exclusivamente político e que não intervém na economia, conservando a ordem social hierarquizada.
   d) A sedentarização do homem, o desenvolvimento de cidades, a especialização do trabalho e uma sociedade socialmente desigual levaram à constituição de polos de poder como o Templo e o Palácio.
   e) Mesmo se legitimando através de conquistas militares ou como mediadores entre o mundo terreno e o mundo divino, os soberanos separaram a esfera política da religiosa no intuito de conservar uma sociedade desigual.

5. (UFPR) Os zigurates eram construções que serviam como templos e observatórios astronômicos. Foram edificados na Antiguidade pelos:
   a) egípcios.
   b) mesopotâmicos.
   c) persas.
   d) romanos.
   e) gregos.

6. (Fatec-SP) O Iraque, recentemente em guerra com os EUA e Inglaterra, já foi palco de uma grande civilização na Antiguidade, a Mesopotâmia.

   Desta civilização, inserida na área do Crescente Fértil, é correto afirmar:
   a) teve em Senaqueribe seu mais importante rei, que além de transformar a Babilônia num dos principais centros urbanos, elaborou o 1º código de leis completo, assentado nas antigas tradições sumerianas.

b) durante o governo de Nabucodonosor foram realizadas grandes construções públicas, merecendo destaque os "Jardins Suspensos da Babilônia", considerados uma das maravilhas do Mundo Antigo.
c) Nabopalassar, que substituiu Nabucodonosor, não conseguiu manter o império, que foi conquistado por Ciro, o Grande, da Pérsia.
d) Assurbanípal, rei dos Assírios, depois de dominar a Caldeia, mudou a capital do império para a cidade de Ur.
e) com Hamurábi, os sumerianos, vindos do planalto do Irã, fixaram-se na Caldeia e fundaram diversas cidades autônomas, como Ur, Nínive e Babilônia.

7. (FCL-SP)
Examine as proposições e responda de acordo com o código.
I. A região que compreendia a Mesopotâmia, entre os rios Tigre e Eufrates e atualmente parte do Iraque, foi habitada entre 3200 e 2000 a.C. por diferentes povos semitas, entre os quais se incluíam os sumérios.
II. A cidade de Babel, capital do império de Hamurabi, desenvolveu-se e abrigou parte da civilização babilônica antes do nascimento de Cristo.
III. Outro importante rei babilônico, em cujo império foram construídas grandes obras arquitetônicas, foi Nabucodonosor, que também viveu antes do nascimento de Cristo.
a) Todas as proposições são verdadeiras.
b) Apenas as proposições I e II são verdadeiras.
c) Apenas as proposições I e III são verdadeiras.
d) Apenas as proposições II e III são verdadeiras.
e) Todas as proposições são falsas.

8. (EFCA-MG) A mais antiga coleção de normas penais econômicas e civis passou à História da Mesopotâmia com o nome de
a) Código de Hamurabi.
b) Alcorão.
c) Código de Drácon.
d) Lei das Doze Tábuas.
e) Código de Justiniano.

9. (UFPE) Na(s) questão(ões) a seguir escreva nos parênteses a letra (V) se a afirmativa for verdadeira ou (F) se for falsa. Esta questão versa sobre a ESCRITA:
( ) Na sua fase inicial, 3.500 a.C., era um desenho estilizado de um objeto, hoje denominado de pictograma.
( ) O ser humano, para exprimir graficamente suas ações, criou símbolos representativos a que chamamos de ideogramas, cuja invenção data mais ou menos de 3.200 a.C.
( ) As sociedades ágrafas encontravam-se na fase da História Antiga; o conceito de civilização não está relacionado com as sociedades que apresentam um sistema de escrita.
( ) Antes da invenção da escrita, a humanidade já conhecia o conceito de propriedade privada de Estado e de classes sociais.
( ) Uma das primitivas formas de representação gráfica – a escrita cuneiforme – surgiu entre os sumérios, povos que habitavam a Mesopotâmia.

10. (Ufes) O código de Hamurabi foi achado em Susa, em 1902. Esse documento constitui:
a) Um legado da civilização egípcia: tratado do Estado egípcio sobre as leis que regulavam a economia altamente estatizada daquele povo, produzido entre 2700 e 2400 a.C.
b) Um legado da civilização sumeriana: compilação de tratados escritos por diferentes reis da Suméria, versando sobre as leis que regulavam a vida social e familiar do povo sumeriano.
c) Um legado da civilização babilônica: princípios de direito natural e consuetudinário, escrito pelo rei da Babilônia, os quais vigoravam entre os povos conquistados durante seu Império.
d) Um legado da civilização babilônica: princípios religiosos herdados do povo sumeriano, que foram produzidos, segundo a lenda, pelos deuses babilônicos entre os séculos XV e X a.C.
e) Um legado da civilização egípcia: conjunto de leis dinásticas escritas entre os séculos XIV e IX a.C., as quais regulavam o casamento e a propriedade de terras férteis.

11. (UFRGS-RS) O atual Iraque obrigou territorialmente a maior parte da Antiga Mesopotâmia (terra entre rios), berço de ricas civilizações. Entre essas civilizações encontram-se os sumerianos, os quais se caracterizavam por:
a) apresentar uma comunidade constituída por clãs familiares independentes, onde a administração política descentralizada era exercida pelos patriarcas das aldeias;
b) constituir um império duradouro e unificado, imune, graças a suas defesas naturais e a seus grandes exércitos, aos perigos inerentes às migrações de sociedades nômades;
c) representar uma sociedade liderada pela oligarquia mercantil e pelos proprietários de navios, cujo poder e riqueza advinham, sobretudo, do comércio e do domínio dos mares do Oriente Médio;
d) provocar uma ruptura embrionária entre a dimensão divina e a dimensão humana da figura real, dado que o Patesi não era o próprio Deus, como no Egito, mas apenas seu representante;
e) formar um povo economicamente autossuficiente, que não praticava relações comerciais com o exterior.

12. (FFFCMPA-RS) Considere o texto abaixo:
Localizada entre dois grandes rios, lá reinaram na Antiguidade Assurbanipal e Nabucodonosor. A Torre de Babel, os Jardins Suspensos da Babilônia e o herói mítico Gilgamesh são algumas conhecidas referências das manifestações artístico-culturais dos povos que habitavam essa região. O texto diz respeito à antiga civilização que se desenvolveu na região que hoje corresponde ao território:
a) da Etiópia;
b) do Egito;
c) da Turquia;
d) do Iraque;
e) de Madagascar.

AS MAIS ANTIGAS CIVILIZAÇÕES: O EGITO

Formação, sociedade e economia do Egito antigo

Revolução Neolítica: agricultura e domesticação de animais.

→ **Aumento da produção agrícola, do consumo e da população.**

→ **Fixação das comunidades no vale do rio Nilo.**

Obras hidráulicas: irrigação e diques.

Necessidade de organização e cooperação

Estado = Faraó → Monarquia teocrática: a partir da unificação (aprox. 3200 a.C.), Faraó considerado um deus vivo.

Sacerdotes → Destacavam-se os escribas, conhecedores da escrita hieroglífica, responsáveis pelos registros administrativos.

Funcionários → Religião politeísta. Vida após a morte; culto aos mortos; mumificação.

Exército

Excedentes agrícolas

Campo ↔ Cidade

Campo → Agricultura e criação de animais

Cidade → Artesanato

Comércio

Nova organização social (servidão coletiva)

Possibilidade de expansão

Antigo Império (c. 3200 a.C.-2300 a.C.)
Médio Império (c. 2000 a.C.-1580 a.C.)
Novo Império (c. 1580 a.C.-525 a.C.)

Dominação pelo Império Persa (525 a.C.)

Cultura

Arquitetura, arte e escrita
grandes avanços nas áreas de arquitetura e engenharia. Construção de templos religiosos e funerários (pirâmides) e de obras hidráulicas. A arte tinha conotação religiosa. A escrita se desenvolveu de três formas: a hieroglífica, considerada sagrada, a hierática, uma simplificação da hieroglífica; e a demótica, mais recente e popular.

Fundação Charles Edwin Wilbour/The Bridgeman/Keystone

Exercícios

1. (UFSM-RS)

Reprodução/UFSM-RS, 2011

Pintura mural no túmulo de Sennedjem, em Tebas (1306-1290 a.C.)
In: ARRUDA e PILETTI. *Toda a História.* São Paulo: Ática, 2008. p. 21.

A ilustração sintetiza a sociedade egípcia. A partir das informações que ela contém, é possível afirmar:

I. Na base da sociedade, encontrava-se o rio Nilo, cujas águas podiam ser aproveitadas para o cultivo sem necessidade de técnicas específicas nem aprimoramento de organização social.

II. O ecossistema do Nilo tinha como um dos elementos o sol, o qual está representado na figura de um deus, com disco solar sobre a cabeça, transmitindo a ideia de que ele ilumina e aquece o rio, a terra e os homens.

III. As árvores frutíferas e as cenas de plantio e colheita ocupam o centro da pintura, indicando a importância tanto das águas do rio quanto da luz da divindade solar para o ecossistema.

IV. A pintura é uma representação alegórica e não realista, não indicando informação sobre a estrutura política e administrativa (o faraó e seus funcionários), por isso não serve como fonte para o estudo da história e sociedade egípcias.

Está(ão) correta(s):

a) apenas I e II.
b) apenas II e III.
c) apenas III.
d) apenas III e IV.

2. (UFC-CE) Aos egípcios devemos uma herança rica em cultura, ciência e religiosidade: eram habilidosos cirurgiões e sabiam relacionar as doenças com as causas naturais; criaram as operações aritméticas e inventaram o sistema decimal e o ábaco.

Sobre os egípcios é correto afirmar também que:

a) foram conhecidos pelas construções de navios, que os levaram a conquistar as rotas comerciais para o Ocidente, devido à sua posição geográfica, perto do mar Mediterrâneo.
b) deixaram, além dos hieróglifos, outros dois sistemas de escrita: o hierático, empregado para fins práticos, e o demótico, uma forma simplificada e popular do hierático.
c) praticaram o sacrifício humano como forma de obter chuvas e boas colheitas, haja vista o território onde se desenvolveram ser desértico.
d) fizeram uso da escrita cuneiforme, que inicialmente foi utilizada para designar objetos concretos e depois ganhou maior complexidade.
e) usaram as pirâmides para fins práticos, como, por exemplo, a observação astronômica.

3. (Vunesp-SP) Os Estados Teocráticos da Mesopotâmia e do Egito evoluíram acumulando características comuns e peculiaridades culturais. Os Egípcios desenvolveram a prática de embalsamar o corpo humano porque:

a) se opunham ao politeísmo dominante na época.
b) os seus deuses, sempre prontos para castigar os pecadores, desencadearam o dilúvio.
c) depois da morte a alma podia voltar ao corpo mumificado.
d) construíram túmulos, em forma de pirâmides truncadas, erigidos para a eternidade.
e) os camponeses constituíam categoria social inferior.

4. (Fuvest-SP) A partir do III milênio a. C. desenvolveram-se, nos vales dos grandes rios do Oriente Próximo, como o Nilo, o Tigre e o Eufrates, estados teocráticos, fortemente organizados e centralizados e com extensa burocracia. Uma explicação para seu surgimento é

a) a revolta dos camponeses e a insurreição dos artesãos nas cidades, que só puderam ser contidas pela imposição dos governos autoritários.
b) a necessidade de coordenar o trabalho de grandes contingentes humanos, para realizar obras de irrigação.
c) a influência das grandes civilizações do Extremo Oriente, que chegou ao Oriente Próximo através das caravanas de seda.
d) a expansão das religiões monoteístas, que fundamentavam o caráter divino da realeza e o poder absoluto do monarca.
e) a introdução de instrumentos de ferro e a consequente revolução tecnológica, que transformou a agricultura dos vales e levou à centralização do poder.

5. (FGV-SP) Um império teocrático, baseado na agricultura, na arregimentação de camponeses para grandes obras e profundamente dependentes das águas de um grande rio.

Esta frase se refere aos:

a) fenícios e a importância do Tigre;
b) hititas e a importância do Eufrates;
c) sumérios e a importância do Jordão;
d) cretenses e a importância do Egeu;
e) egípcios e a importância do Nilo.

6. (PUC-PR) Relacione o texto às proposições a seguir colocadas, assinalando a correta:

> *Ó senhor de todos! Rei de todas as casas. Nas decisões mais distantes fazes o Nilo celeste para que desça como chuva e açoite as montanhas, como um mar para regar os campos e jardins estranhos. Acima de tudo, porém, fazes o Nilo do Egito que emana do fundo da terra. E assim, com os teus raios, cuidas de nossas hortas. Nossas colheitas crescem, e crescem por ti [...]. Tu estás em meu coração. Nenhum outro te conhece, a não ser teu filho Aknaton.*

a) Destaca a função geradora da vida do Deus Amon e do faraó, responsáveis por tudo que existia no Egito.
b) Mostra que o Sol, Áton, era encarnado na terra do faraó Aknaton.
c) Evidencia que o alimento e a vida do homem dependiam do grande Deus Tebano.
d) O texto acima assinala o caráter ideológico na sociedade egípcia, destacando a figura do faraó ligada ao Deus principal e reforçando seu papel político.
e) Mostra a profunda ligação mística entre o faraó e o Deus que dominou o Egito no Médio Império.

7. (Unimes-SP) Quase tudo o que se sabe da cirurgia egípcia encontra-se no Papiro Cirúrgico, de Edwin Smith. Mede ele, desenrolado, quatro metros e meio de comprimento e é a cópia, feita no século XVII a.C., de um livro mais antigo que se supõe tenha sido escrito na Época das Pirâmides e publicado com comentários explicativos antes de 2500 a.C.

A Época das Pirâmides (3000 a.C. – 2475 a.C.) corresponde:

a) ao Antigo Império.
b) ao Império Médio (época feudal).
c) ao Novo Império.
d) ao período tebano.
e) ao período saíta.

8. (Ufpel-RS) Observe atentamente as colunas a seguir sobre a História do Egito e as relacione:

1ª Coluna

(1) Período Pré-Dinástico
(2) Antigo Império
(3) Médio Império
(4) Novo Império

2ª Coluna

( ) expansão territorial com anexação da Etiópia, Síria e Fenícia.
( ) unificação do Alto e do Baixo Egito efetuada pelo faraó Menés.
( ) formação dos nomos.
( ) invasão dos hicsos.

A ordem que relaciona corretamente a segunda coluna, em relação à primeira, é a seguinte:

a) 1, 2, 3, 4.
b) 3, 1, 4, 2.
c) 2, 4, 1, 3.
d) 4, 2, 1, 3.
e) 4, 3, 2, 1.

9. (Uece) As relações entre o Estado e a religião, existentes entre os povos da Antiguidade, caracterizaram diferentes formas de organização político-social. Sobre essas relações, é correto afirmar que:

a) o politeísmo implantado pelas monarquias hebraicas restringia a concepção do rei como ser humano, tornando-o, ungido de Deus.
b) a teocracia egípcia, concepção divina de poder, personificada no faraó como próprio Deus, limitou-se ao período do Novo Império.
c) a monarquia teocrática, no Egito antigo, ocorria através da personificação de Deus e do Estado na figura do faraó.
d) o Código de Hamurabi era um manual de orientação espiritual, que autorizava os fiéis a fazer justiça com as próprias mãos.

10. (Unipa) Um dos nomes utilizados pelos egípcios antigos para designar o escultor era "aquele que mantém vivo". Esta designação conferida aos escultores no antigo Egito demonstra que

a) os artistas eram considerados superiores ao faraó.
b) a população não se preocupava com a vida após a morte.
c) as crenças religiosas impregnavam a vida cultural.
d) os sacerdotes não exerciam poder sobre a população.
e) as manifestações artísticas não se desenvolveram no país.

11. (UEL-PR) A arquitetura dos templos do antigo Egito forneceu para a posteridade a mais fértil e expressiva documentação sobre a cultura egípcia. Entre suas principais características pode-se indicar a

a) ausência de telhados, uma vez que a chuva era muito rara.
b) utilização de tijolos de argila queimada na construção de paredes, escadarias e de colunas.
c) grandeza nas dimensões e construções sólidas.
d) adoção de diversos tipos de materiais, conforme as figuras retratadas.
e) preocupação em atrelar arte e ciência em uma mesma construção.

12. (UFC-CE) O nome do rei egípcio Amenófis IV (c.1377 a.C.-c.1358 a.C.) está ligado à reforma religiosa que substituiu o culto de Amon-Rá por Áton e determinou o fim do politeísmo. Além do caráter religioso, essa reforma buscava:

a) limitar a riqueza e o poder político crescentes dos sacerdotes.
b) reunificar o Egito, após as disputas promovidas pelos nomarcas.
c) pôr fim às revoltas camponesas motivadas pelos cultos antropomórficos.
d) reunir a população, por meio da religião, para fortalecer a resistência aos hicsos.
e) restabelecer o governo teocrático, após o crescimento da máquina administrativa.

ANTIGAS CIVILIZAÇÕES: ORIENTAIS, DA ÁFRICA E DA AMÉRICA

	Hebreus	Fenícios	Persas	Indianos	Chineses	Americanos	Africanos
Geografia	Estabeleceram-se na Palestina, nas margens do rio Jordão.	Situaram-se no litoral da Síria.	Ocuparam o planalto iraniano.	Situaram-se no vale do rio Indo.	Ocuparam o norte da China, no vale do rio Amarelo.	Os povos se espalharam desde a América do Norte até a América do Sul.	Havia ocupação por todo o continente.
Religião	Monoteísta	Politeísta	Zoroastrismo	Hinduísmo, bramanismo e budismo	Confucionismo, taoismo e budismo	Crenças variadas	Crenças variadas
Política	Abraão foi o patriarca (chefe do clã). Saul unificou as tribos e foi o primeiro rei.	Eram organizados em cidades-Estado, chefiadas pela elite. Estabeleceram um governo talassocrático, centrado no domínio marítimo.	O território foi unificado por Ciro I. O apogeu se deu no reinado de Dário I, que dividiu o império em províncias, as satrápias.	Após diversas invasões, eles se reunificaram com a dinastia Máuria. O período da dinastia Gupta é considerado a Idade do Ouro indiana e teve fim com a invasão dos hunos.	As principais dinastias foram: Chang, Chou, Ch'in e Han.  Coleção Arqueológica da República Popular da China/Erich Lessing/Album/Latinstock	Os olmecas foram os primeiros a desenvolverem um núcleo urbano e a escrita.	Os principais reinos eram: Egito, Etiópia/Núbia, Jenne-Jeno (Mali), Kush e Axum.
Economia e sociedade	Economia agrícola e pastoril.	Destacaram-se no comércio marítimo. Estabeleceram rotas e entrepostos comerciais por todo o Mediterrâneo.  Museu Real de Arte e História, Bruxelas/The Bridgeman/Keystone	A sociedade era formada por sátrapas, sacerdotes, exército e camponeses submetidos à servidão coletiva. Praticavam o comércio e a agricultura. Tinham um grande sistema de estradas e de correio e um sistema monetário unificado.	A sociedade se dividia em castas: brâmanes, xátrias, vaixás, sudras e párias. Praticavam a agricultura e o comércio, principalmente com os romanos.  Museu Nacional Karachi/The Art Archive/Other Images	Praticavam o comércio. Durante séculos a Rota da Seda foi a principal ligação comercial entre o Oriente e o Ocidente.	Praticavam a agricultura.  Museu Britânico, Londres/Erich Lessing/Album/Latinstock	Praticavam o comércio, a agricultura e a criação de gado.
Cultura	As principais informações proveem do Antigo Testamento.  Album/AKG-Images/Latinstock	Criaram o alfabeto de 22 letras e se destacaram na Astronomia e na Matemática.	Tinham um eficiente sistema de correio, ligado às estradas que cortavam o império.	Durante a civilização védica, povos arianos escreveram textos que ficaram conhecidos como *Vedas*. Eles descreviam os conflitos que esses povos travaram para se estabelecer na região do vale do rio Indo.	Durante a dinastia Han, destacaram-se dois pensadores: Confúcio e Lao-tsé. Criaram a bússola, o papel e a acupuntura.	Os maias desenvolveram um calendário de 360 dias. As civilizações americanas tinham conhecimento de Arquitetura e Astronomia.	Tinham conhecimento de metalurgia, fabricando peças de ferro, bronze e ouro.  Coleção F. D. Oldenburg/Museu Etnológico de Berlim

Exercícios

1. (UPF-RS) Com relação à civilização hebraica é incorreto afirmar:
   a) O denominado "Cativeiro da Babilônia" constituiu-se no processo de diáspora dos hebreus da região da Palestina. Esse processo os tornou um povo vagante desde aquela migração forçada e consequente dispersão de sua civilização – situação só reparada com a criação do Estado de Israel em 1948.
   b) Suas leis foram sistematizadas a partir de reelaborações de códigos de várias civilizações do Oriente Próximo, todavia, apresentaram uma novidade em relação às demais ao defender os pobres, viúvas e órfãos.
   c) A defesa de um deus uno, transcendente e bom implicava a vivência ética e moral visando à salvação futura de cada um.
   d) A consideração de si mesmos como "povo eleito" incutia nos hebreus a responsabilidade de serem exemplos de moralidade e vivência para as demais civilizações antigas.
   e) A importância dedicada à história devia-se à compreensão de que é na atuação temporal/cotidiana que se está constituindo o caminho para a salvação futura.

2. (PUC-PR) Na Antiguidade muitos povos consideravam que as doenças eram enviadas pelos deuses. No final do século VIII a.C., quando os assírios sitiaram a cidade de Jerusalém e ameaçaram invadi-la, uma epidemia virulenta acometeu o acampamento matando muitos soldados. Nessa ocasião, Ezequias, rei de Judá, considerou essa epidemia uma bênção de Deus.

   Nesse contexto, marque a alternativa INCORRETA sobre a religião dos hebreus:
   a) Os hebreus consideravam Deus como soberano absoluto, fonte de todo o Universo e dono de uma vontade suprema.
   b) O Deus hebreu era transcendente, não se identificava com nenhuma força natural; estava acima da natureza.
   c) Os hebreus consideravam Deus bom e que fazia exigências éticas ao seu povo. Ao contrário dos deuses do Oriente Próximo, Deus não era atraído pela luxúria ou impelido pelo mal.
   d) Deus para os hebreus era uno, soberano, transcendente e bom.
   e) Para os hebreus o poder de Deus vinha de um poder preexistente, habitava a natureza e fazia parte dela.

3. (UFRGS-RS) Em relação aos povos da Antiguidade, é correto afirmar que
   a) os assírios foram submetidos por Nabucodonosor, originando o episódio conhecido como o Cativeiro da Babilônia.
   b) os fenícios foram os criadores do alfabeto, posteriormente aperfeiçoado pelos gregos e latinos.
   c) os hebreus criaram um quadro religioso caracterizado pelo politeísmo e a mumificação.
   d) os egípcios estabeleceram, em 300 a.C., o importante Código de Hamurabi, um dos primeiros códigos jurídicos escritos.
   e) os persas, após derrotarem as tropas de Alexandre, conseguiram anexar o território grego ao seu império.

4. (UFPE) Entre os povos do Oriente Médio, os hebreus foram os que mais influenciaram a cultura da civilização ocidental, uma vez que o cristianismo é considerado como uma continuação das tradições religiosas hebraicas.

   A partir do texto anterior, assinale a alternativa incorreta:
   a) Originários da Arábia, os hebreus constituíram dois reinos: o de Judá e o de Israel na Palestina.
   b) As guerras geraram a unidade política dos hebreus. Esta unidade se firmou primeiro em torno de juízes e, depois em volta dos reis.
   c) Os profetas surgiram na Palestina por volta dos séculos VIII e VII a.C., quando ocorreu uma onda de protestos dos trabalhadores contra os comerciantes.
   d) A religião hebraica passou por diversas fases, evoluindo do politeísmo ao monoteísmo difundido pelos profetas.
   e) Os hebreus se organizaram social e economicamente com base na propriedade da terra, o que deu início à Diáspora.

5. (Vunesp-SP) Na região onde atualmente se encontra o Líbano, instalou-se, no III milênio a.C., um povo semita, que passou a ocupar a estreita faixa de terra, com cerca de 200 quilômetros de comprimento, apertada entre o mar e as montanhas. Várias razões os levaram ao comércio marítimo, merecendo destaque sua proximidade geográfica com o Egito; a costa, que oferecia lugares para bons portos; e os cedros, principal riqueza, usados na construção de navios.

   O contido nesse parágrafo refere-se ao povo
   a) fenício.
   b) hebreu.
   c) sumério.
   d) hitita.
   e) assírio.

6. (UFMS) Sobre a Bíblia e a história dos hebreus, é correto afirmar que

a) a Bíblia é, ao mesmo tempo, o livro cujas traduções estão mais espalhadas pelo mundo e, segundo alguns historiadores, um dos menos lidos de todos os best-sellers. Além de ser um livro sagrado, ela também é uma importante fonte de pesquisa para o conhecimento da história dos hebreus.
b) o povo hebreu, do qual a Bíblia é originária, desde seus primórdios manifestou total desprezo pelas suas tradições escritas. Isso significa que, para eles, a tradição oral teve mais importância na transmissão de conhecimentos e costumes, enfim, para a manutenção de sua identidade.
c) na Bíblia, a história dos hebreus começa em Gênesis, quando Moisés, um dos patriarcas, recebeu a ordem de deixar a sua terra natal para ir rumo à terra que Deus lhe mostrou para nela se estabelecer.
d) embora a Bíblia seja considerada um livro sagrado, ela não deve ser vista como um documento que possa ser estudado por historiadores, pois religião e ciência são diferentes esferas do conhecimento.
e) a Bíblia, composta pelo Antigo e pelo Novo Testamento, é considerada integralmente um livro sagrado para cristãos, judeus e muçulmanos.

7. (UTFPR) Os hebreus se constituíram inicialmente em um pequeno grupo de pastores nômades, organizados em clãs, chefiados por um patriarca. Conduzidos por Abraão, deixaram a cidade de Ur, na Mesopotâmia, e se fixaram na Palestina ("Canaã", a Terra Prometida), por volta de 2000 a.C. Todavia, entre os povos da Antiguidade Oriental, os hebreus foram um dos que mais influenciaram a cultura da civilização ocidental, uma vez que o cristianismo é considerado uma continuação das tradições religiosas hebraicas. Sobre esse povo, assinale a alternativa INCORRETA.

a) As guerras geraram a unidade política dos hebreus. Esta unidade se firmou primeiro em torno de juízes e, depois, em volta dos reis.
b) A religião foi uma das bases da cultura hebraica e sua principal característica sempre foi a crença em vários deuses, entre os quais o principal era Jeová que, segundo a tradição, morava no monte Sinai junto a outros deuses e semideuses.
c) Durante o domínio romano na Palestina, o nacionalismo dos hebreus foi sufocado pelos imperadores romanos e o auge da repressão aconteceu com a destruição do templo de Jerusalém, quando os hebreus, então, dispersaram-se por várias regiões do mundo. Esse episódio ficou conhecido como Diáspora.
d) A Palestina era uma pequena faixa de terra que se estendia pelo vale do rio Jordão. Limitava-se ao norte com a Fenícia, ao sul, com as terras de Judá, a leste, com o deserto da Arábia e, a oeste, com o mar Mediterrâneo.
e) Os hebreus eram um povo de origem semita, assim como os árabes.

8. (FSG-RS) Relacione a coluna II, que apresenta afirmações relativas a povos da Antiguidade, com a coluna I, que identifica os mesmos.

Coluna I

(1) Fenícios
(2) Hebreus
(3) Mesopotâmia
(4) Egípcios
(5) Persas

Coluna II

( ) Sua religião era antropomórfica, na medida em que o homem determinava a função e o lugar dos ritos religiosos e funerários.
( ) Fundaram colônias como Cartago, Cádiz e destacaram-se na produção de tecidos.
( ) Sua religião era complexa, fruto de uma reforma, introduzida por Zoroastro ou Zaratustra, e cujos princípios estão no Avesta.
( ) Povo que fora regido pela Lei Mosaica.
( ) Entre suas contribuições está a escrita cuneiforme.

A sequência numérica correta, de cima para baixo, na coluna II, é:

a) 1 - 2 - 5 - 4 - 3
b) 1 - 4 - 3 - 2 - 5
c) 4 - 1 - 5 - 2 - 3
d) 4 - 2 - 5 - 1 - 3
e) 5 - 1 - 3 - 4 - 2

9. (UTFPR) Dentre os povos da Antiguidade Oriental, um se destacou como de exímios navegadores e excelentes comerciantes. Eram os fenícios, cuja principal contribuição legada às civilizações posteriores foi o (a):

a) alfabeto fonético.
b) organização estatal centralizada.
c) formação de um exército e de uma marinha de guerra profissionais.
d) religião monoteísta.
e) organização política democrática.

10. (UFPI) Entre as principais características da civilização hebraica, merecem destaque especial:

a) A religião politeísta em que as figuras mitológicas de Abraão, Isaac e Jacó formavam uma tríade divina.
b) A criação de uma federação de cidades autônomas e independentes (cidades-estado) controladas por uma elite mercantil.
c) A criação de um alfabeto (aramaico) que seria incorporado e aperfeiçoado pelos egípcios, tornando-se conhecido como escrita hieroglífica.
d) As práticas religiosas caracterizadas pela crença na existência de um único Deus (monoteísmo) e no messianismo, pois acreditavam na vinda de um messias libertador do povo hebreu.
e) As inovações tecnológicas desenvolvidas na agricultura, possibilitando grande crescimento da produtividade agrícola na região palestina.

11. (UFRN) Entre os hebreus da Antiguidade, os profetas eram considerados mensageiros de Deus, lembrando ao povo as demandas da justiça e da Lei dadas por Javé. Isaías, um dos profetas dessa época, em nome de Javé proclamou:

> *Ai dos que decretam leis injustas; dos que escrevem leis de opressão, para negarem justiça aos pobres, para arrebatarem o direito aos aflitos do meu povo, a fim de despojarem as viúvas e roubarem os órfãos! (Isaías 10:1-2)*
>
> *Ai dos que ajuntam casa a casa, reúnem campo a campo, até que não haja mais lugar, e ficam como únicos moradores no meio da terra! (Isaías 5:8)*

Esses pronunciamentos do profeta Isaías estão ligados a uma época da história hebraica em que ocorre

a) a saída dos hebreus do Egito, sob o comando de Moisés, e o estabelecimento em Canaã, conquistando as terras dos povos que ali habitavam.

b) a imigração para o Egito, quando os hebreus receberam terras férteis no delta do rio Nilo, por influência de José, que exercia ali o cargo de governador.

c) a formação de uma aristocracia, que enriquecera com o comércio e com a apropriação das terras dos camponeses endividados.

d) a conquista de Jerusalém por Nabucodonosor, quando os judeus foram despojados de suas terras e deportados para a Babilônia.

12. (UFRN) Na Antiguidade, durante o reinado de Ciro I (559-529 a. C.), os persas construíram um vasto império e governaram diferentes povos, adotando uma política que respeitava as diferenças culturais e religiosas. Esse modo de proceder está exemplificado no fato de

a) incorporarem a cultura sumeriana, especialmente os registros da nova língua semítica em caracteres cuneiformes.

b) arregimentarem entre os caldeus, após a conquista da Babilônia, os sátrapas, administradores encarregados das províncias imperiais.

c) libertarem os judeus cativos na Babilônia, que retornaram à Palestina e reconstruíram o templo de Salomão e o culto a Iavé.

d) difundirem no Egito o culto de Ahura-Mazda, que, integrando-se às ideias religiosas egípcias, deu origem ao maniqueísmo.

13. (PUC-SP) Diáspora é o termo que designa a dispersão dos hebreus por várias regiões do mundo, após serem expulsos de seu território no século II. Somente depois de 1948, com a criação do Estado de Israel, esse povo pôde voltar a se reunir num mesmo país. Entretanto, essa reconquista vem sendo, há quase meio século, motivo de contendas entre os israelenses e o povo ocupante daquela região.

O povo que provocou a dispersão dos hebreus no século II e o povo que manteve o confronto com os israelenses desde 1948 são, respectivamente:

a) os egípcios e os iranianos.

b) os romanos e os palestinos.

c) os palestinos e os egípcios.

d) os romanos e os iranianos.

e) os egípcios e os palestinos.

14. (UEL-PR) As cidades antigas, construídas por diversas sociedades, expressaram através do tempo sua cultura, arquitetura, ciência e modo de vida. Muitas se tornaram monumentos ao ar livre, nos quais se desenvolveram pesquisas arqueológicas que abasteceram de objetos históricos as maiores coleções museográficas europeias.

Relacione as cidades, na coluna da esquerda, com as suas respectivas sociedades, na coluna da direita.

(I) Biblos — (A) Suméria
(II) Chichén-Itza — (B) Persa
(III) Lagash — (C) Maia
(IV) Machu-Pichu — (D) Inca
(V) Pasárgada — (E) Fenícia

Assinale a alternativa que contém a associação correta.

a) I-B, II-D, III-E, IV-A, V-C.

b) I-C, II-A, III-D, IV-E, V-B.

c) I-C, II-D, III-E, IV-B, V-A.

d) I-E, II-A, III-D, IV-B, V-C.

e) I-E, II-C, III-A, IV-D, V-B.

15. (Uece) Atente para o que é dito sobre a religiosidade nas sociedades do antigo oriente próximo. Em seguida, assinale com V as afirmações verdadeiras e com F as afirmações falsas.

( ) Entre os persas, desenvolveu-se uma religião dualista, criada por Zoroastro, em que Aura-Mazda, deus do bem, e Ahriman, deus do mal, lutavam pelo domínio das ações humanas.

( ) Os egípcios acreditavam que, após a morte, a alma seria julgada por Anúbis e iria para o céu ou para o inferno, de acordo com suas ações na Terra.

( ) O faraó Amenófis IV promoveu uma revolução religiosa no Egito, estabelecendo o culto a um só deus, Aton, simbolizado pelo disco solar.

( ) A mumificação garantia a preservação do corpo após a morte, para o eventual retorno da alma após o julgamento no tribunal de Osíris.

( ) Os hebreus evoluíram de um monoteísmo ético para um panteísmo religioso.

A sequência correta, de cima para baixo, é:

a) V – V – F – V – F.

b) F – V – F – F – V.

c) V – F – V – V – F.

d) F – F – V – V – V.

A GRÉCIA ANTIGA: DAS ORIGENS AO PERÍODO ARCAICO

Período Pré-Homérico (séculos XX a.C.-XII a.C.)

Civilização minoica ou cretense

Aqueus

Civilização micênica

Migrações (jônios, eólios, dórios)

Primeira Diáspora Grega

Período Homérico (séculos XII a.C.-VIII a.C.)

Comunidade gentílica
Sociedade rural formada por *genos*, controladas pelos *pater*.

Expansão demográfica

Pobreza do solo

Conflitos entre os *genos* por terras cultiváveis

Domínio dos eupátridas

Segunda Diáspora Grega

Período Arcaico (séculos VIII a.C.-VI a.C.)

Consolidação da pólis grega

Economia Agrícola, sem grandes transformações.

Atenas

Regime monárquico

Acabou por ser derrubado pela aristocracia proprietária de terras

Regime oligárquico (Aerópago e Arcontado)

Transformações sociais e políticas

Legisladores

Drácon: leis escritas.

Sólon: fim da escravidão por dívidas, mudanças na estrutura de poder.

Acirramento das tensões

Democracia

Esparta

Grupos sociais

Espartanos: elite militar
Periecos: habitantes da periferia, pequenos proprietários
Hilotas: servos que eram propriedade da pólis

Sistema político

Apela: assembleia de guerreiros
Gerúsia: conselho de anciãos

Museu Britânico, Londres

Exercícios

1. (Vunesp-SP)

A cidade-Estado clássica parece ter sido criada paralelamente pelos gregos e pelos etruscos e/ou romanos. No caso destes últimos, a influência grega foi inegável, embora difícil de avaliar e medir.

CARDOSO, Ciro Flamarion S. Cardoso. *A cidade-Estado antiga*, 1985.

Aponte quais eram as características comuns às cidades-Estados clássicas.

I. Possuíam governo tripartido em assembleia, conselho e certo número de magistrados escolhidos entre os homens elegíveis.
II. Os cidadãos podiam participar de forma direta no processo político.
III. Havia separação entre os órgãos de governo e de justiça.

a) As afirmativas I e II estão corretas.
b) Apenas a afirmativa III está correta.
c) As afirmativas I e III estão corretas.
d) Apenas a afirmativa II está correta.
e) As afirmativas I, II e III estão corretas.

2. (PUC-SP) No sentido contemporâneo do termo, sobretudo com implicações de unidade política, a palavra nação não pode ser aplicada à Grécia Antiga. Tanto assim que:

a) prevaleciam padrões culturais diferenciados nas várias regiões.
b) as formas de governo foram únicas, mas guardavam total autonomia.
c) não havia unidade de língua e religião entre as várias populações urbanas.
d) as cidades eram independentes nos assuntos de seu próprio interesse.
e) predominavam as tendências à proibição de atividades econômicas semelhantes.

3. (UEL-PR) Com a nova divisão da sociedade, qualquer cidadão poderia participar das decisões do poder. Apenas os escravos e os metecos (estrangeiros) não participavam das decisões políticas, pois não tinham direito de cidadania.

Ao texto pode-se associar:

a) Drácon e a expansão colonial em direção ao Mediterrâneo.
b) Sólon e a militarização da política espartana.
c) Pisístrato e a helenização da península Balcânica.
d) Péricles e a hegemonia cultural grega no Peloponeso.
e) Clístenes e a democracia escravista ateniense.

4. (Unicamp-SP)

A época arcaica [séculos VIII-VI a.C.] é talvez o período mais importante da história grega. O período arcaico trouxe consigo inovações capitais em todos os domínios. A novidade maior é o desenvolvimento da pólis (cidade-Estado grega), cuja característica essencial é a unificação entre cidade e campo. Outras conquistas da época arcaica foram o aparecimento da noção de cidadão e a codificação das leis, que limitavam os poderes arbitrários dos poderosos; a justiça torna-se, portanto, um negócio público.

Adaptado de: AUSTIN, M. Austin; VIDAL-NAQUET, P. Vidal-Naquet. *Economia e sociedade na Grécia antiga*. Ed. 70, s.d.

a) Cite três características da pólis grega.
b) Por que a codificação das leis foi uma etapa importante na formação da pólis?

5. (Fuvest-SP)

Vendo Sólon [que] a cidade se dividia pelas disputas entre facções e que alguns cidadãos, por apatia, estavam prontos a aceitar qualquer resultado, fez aprovar uma lei específica contra eles, obrigando-os, se não quisessem perder seus direitos de cidadãos, a escolher um dos partidos.

Aristóteles, em *A Constituição de Atenas*.

A lei visava

a) diminuir a participação dos cidadãos na vida política da cidade.
b) obrigar os cidadãos a participar da vida política da cidade.
c) aumentar a segurança dos cidadãos que participavam da política.
d) deixar aos cidadãos a decisão de participar ou não da política.
e) impedir que conflitos entre os cidadãos prejudicassem a cidade.

6. (FGV-SP)

Representando um pequeno número em relação às outras classes, eles estavam constantemente preparados para enfrentar quaisquer revoltas, daí a total dedicação à arte militar. A agricultura, o comércio e o artesanato eram considerados indignos para o [...], que desde cedo se dedicava às armas. Aos sete anos deixava a família, sendo educado pelo Estado que procurava fazer dele um bom guerreiro, ensinando-lhe a lutar, a manejar armas e a suportar as fadigas e a dor. Sua educação intelectual era bastante simples [...]. Aos vinte anos o [...] entrava para o serviço militar, que só deixaria aos sessenta, passando a viver no acampamento, treinando constantemente para as coisas da guerra [...]. Apesar de ser obrigatório o casamento depois dos trinta anos, sua função era de simplesmente fornecer mais soldados para o Estado.

A transcrição acima refere-se aos cidadãos que habitavam:

a) Atenas.
b) Creta.
c) Esparta.
d) Chipre.
e) Roma.

7. (Unipa)

Quando uma criança nascia, o pai não tinha direito de criá-la: devia levá-la a um lugar chamado lesche. Lá assentavam-se os Anciões da tribo. Eles examinavam o bebê. Se o achavam bem encorpado e robusto, eles o deixavam. Se era mal nascido e defeituoso, jogavam-no no que se chamava os Aspetos, um abismo ao pé do Taigeto.

(Plutarco, A vida de Licurgo. *Apud* Jaime Pinsky. *100 textos de história antiga*, São Paulo, Global, p. 108.)

O texto acima refere-se aos

a) egípcios.
b) babilônicos.
c) romanos.
d) espartanos.
e) hebreus.

8. (UESB-BA)

[...] *A economia gentílica, agrícola e pastoril, baseava-se na propriedade comunitária da terra. A sociedade era igualitária e se caracterizava pela inexistência de classes. A autoridade política, baseada na religião e na tradição, era exercida pelo pater, o mais velho dos membros dos genos. A reunião de diversos genos formava a frátria e a reunião de várias frátrias, uma tribo* [...]

A organização que o texto descreve identifica a sociedade:

a) cretense no período Arcaico.
b) grega no período Homérico.
c) romana no período Clássico.
d) germânica na alta Idade Média.
e) feudal na baixa Idade Média.

9. (PUC-RS) Responder à questão com base nas afirmativas abaixo, sobre a passagem do Período Homérico para o Período Arcaico, na Grécia Antiga.

I. Com a desagregação da comunidade gentílica e a expansão das atividades agrícolas, comerciais e artesanais, formam-se as cidades-estados.
II. Com a Segunda Diáspora Grega, criam-se novas colônias no Mar Negro e no Mar Mediterrâneo.
III. O movimento colonizador retardou o desenvolvimento agrícola e comercial das cidades-estados, pois causou a falta de mão de obra na Grécia.
IV. A concorrência dos cereais importados arruinou os pequenos agricultores gregos e favoreceu o surgimento de ricos artesãos, armadores e comerciantes na Ática.

Pela análise das alternativas, conclui-se que somente estão corretas:

a) I e II.
b) I, II e IV.
c) I e IV.
d) II e III.
e) III e IV.

10. (Udesc) São fontes indispensáveis para o conhecimento dos primeiros tempos daquilo que viria a se constituir na civilização grega os poemas "Ilíada" e "Odisseia", atribuídos a Homero. Seus versos tratam, sobretudo, de episódios e consequências relacionadas com a seguinte alternativa:

a) o domínio do fogo ofertado aos homens por Prometeu;
b) a longa guerra contra a cidade de Troia;
c) a implantação da democracia em Atenas;
d) os combates e batalhas da Guerra do Peloponeso;
e) a conquista da Grécia pelas tropas romanas.

11. (UFPE) Sobre o processo de expansão das cidades gregas, ocorrido por volta de 750 a.C., assinale a alternativa correta.

a) Todas as conquistas realizadas durante a segunda diáspora grega tiveram por base vias continentais em que os caminhos terrestres foram os de maior importância.
b) Com a melhoria das técnicas de navegação, incluindo a utilização da âncora, foi possível a conquista de novas áreas via Mediterrâneo, onde poderosos impérios dificultavam a expansão grega.
c) A travessia dos mares pelos gregos foi dificultada pela ascensão do poder bélico do Império Fenício na Ásia.
d) A exportação de gêneros alimentícios gregos para áreas conquistadas só foi possível devido ao desenvolvimento de novas técnicas e à alta produtividade agrícola.
e) A segunda diáspora veio a ser a solução para garantir a situação socioeconômica dos gregos.

12. (Ufscar-SP)

E muitos a Atenas, para a pátria de geração divina, reconduzi, vendidos que foram - um injustamente, o outro justamente; e outros por imperiosas obrigações exilados, e que nem mais a língua ática falavam, de tantos lugares por que tinham errado; e outros, que aqui mesmo escravidão vergonhosa levavam, apavorados diante dos caprichos dos senhores, livres estabeleci.

O texto, um fragmento de um poema de Sólon – arconte ateniense, 594 a.C. –, citado por Aristóteles em "A Constituição de Atenas", refere-se:

a) ao fim da tirania.
b) à lei que permitia ao injustiçado solicitar reparações.
c) à criação da lei que punia aqueles que conspiravam contra a democracia.
d) à abolição da escravidão por dívida.
e) à instituição da Bulé.

13. (UnB-DF) Leia o trecho adiante, extraído do poema de Tirteu (séc. VII a.C - Esparta) chamado ARETÉ (excelência).

É um bem comum para a cidade e todo o povo / que um homem aguarde, de pés fincados, na primeira fila, / encarniçado e de todo esquecido da fuga vergonhosa, / expondo sua vida e ânimo sofredor, e, aproximando-se, inspire confiança com suas palavras ao que lhe fica ao lado. / Um homem assim distingue-se no combate. / Em breve derrota as falanges furiosas dos inimigos, / com seu ardor detém as vagas da batalha. / Se ele cair na primeira fila, perdendo a cara vida, / deu glória à cidade, ao povo e ao pai, / [...]. O seu túmulo, os seus filhos serão notáveis entre os homens, bem como os filhos dos filhos, e toda a posteridade. / Jamais perecerá a sua nobre glória e o seu renome, / [...].

Com o auxílio do texto, julgue os itens seguintes, relativos à história da Grécia arcaica.

( ) No momento de constituição da "polis", valores e poderes aristocráticos ainda se encontravam presentes na formação do homem grego.

( ) No séc. VII a.C. espartano, a antiga aristeia – combate singular entre dois guerreiros – já cede lugar às batalhas hoplíticas, em que o sucesso militar depende do desempenho coletivo da falange, dos "pés fincados, na primeira fila", do compromisso com o companheiro "que lhe fica ao lado".

( ) O atributo maior do herói homérico, a valentia, fundamental para a conquista da fama mantém-se e transforma-se no renome do soldado da "polis", que dá "glória à cidade, ao povo e ao pai".

( ) A definição do estatuto dos cidadãos como semelhantes e iguais, base para consolidação da 'polis', contradiz as transformações militares que substituem o combate individual pelo soldado hoplita.

14. (UFSC)

Entre os pobres muitos se dirigem a terras estranhas, vendidos e cobertos de correntes [...].

Quantos dos que tinham sido vendidos, uns injustamente, outros com justiça, fiz voltar para Atenas, sua pátria, fundada pelos deuses [...].

Dei liberdade a outros que, aqui mesmo (em Atenas), sofriam servidão indigna e tremiam diante do humor dos patrões.

Eis o que realizei, graças à soberania da lei, fazendo com que a força e a justiça agissem concordemente.

(Sólon, Elegias. *Apud* HOLANDA, S. Buarque de. *História da Civilização*. 6. ed. São Paulo: Nacional, 1979. p. 58.)

Com base no texto acima e nos seus conhecimentos sobre a sociedade e a democracia ateniense, assinale a(s) proposição(ões) correta(s).

( ) Na experiência democrática vivida pelos atenienses durante o período helenístico, a escravidão foi eliminada através da legislação elaborada por Sólon, sobrevivendo apenas a servidão voluntária.

( ) As leis de Sólon, consideradas avançadas para a época da sua promulgação, admitiam a escravização dos endividados ou filhos de escravos, pois a perda de direitos individuais não feria os princípios da democracia ateniense.

( ) Na sociedade ateniense, as três principais classes sociais eram representadas por: cidadãos nobres, homens livres nascidos de pai e mãe ateniense; metecos, estrangeiros autorizados a viver na Ática; e escravos, prisioneiros de guerra ou filhos de escravos.

( ) Drácon publicou as primeiras leis escritas em Atenas e com elas reforçou o direito dos nobres de interpretar as leis segundo as próprias conveniências, dando origem à tirania e ao adjetivo "draconiano", que significa severo, rígido.

( ) As reformas implantadas por Sólon foram rechaçadas pelos tiranos, nobres empobrecidos pelas decisões democráticas, tomadas em praça pública e com a participação de toda a população de Atenas.

( ) As manifestações de descontentamento com as leis de Drácon fez com que a administração de Atenas fosse confiada ao arconte Sólon, que realizou importantes reformas: proibiu a escravização de pessoas endividadas e perdoou as dívidas dos pequenos lavradores, devolvendo-lhes as terras perdidas.

15. (Fuvest-SP)

Não esqueçamos que o processo de formação de um povo e de uma civilização gregos não se desenrolou segundo um plano premeditado, nem de maneira realmente consciente. Tentativa, erro e imitação foram os principais meios, de tal modo que uma certa margem de diversidade social e cultural, amiúde muito marcada, caracterizou os inícios da Grécia. De fato, nem o ritmo nem a própria direção da mudança deixaram de se alterar ao longo da história grega.

Moses I. Finley. *O mundo de Ulisses*. 3. ed. Lisboa: Presença, 1998, p. 16.

a) Indique um elemento "imitado" de outros povos e sociedades que teria estado presente nos "inícios da Grécia".

b) Ofereça pelo menos dois exemplos do que o autor chama de "diversidade social e cultural", que "caracterizou os inícios da Grécia".

16. (FGV-SP) No ano de 509 a.C., o legislador Clístenes assumiu a função de arconte máximo na pólis de Atenas, instaurando um novo regime político. Acerca das reformas jurídico-políticas de Clístenes, é CORRETO afirmar:

a) Clístenes, integrante da classe social dos artesãos, consolidou o regime oligárquico, tendo comandado a Pólis ateniense em seu período de máximo esplendor, o Governo dos Trinta Tiranos.

b) Clístenes era eupátrida, mas procurou conciliar e acomodar interesses dos pequenos proprietários, comerciantes e artesãos na instauração do regime democrático em Atenas.

c) A democracia instituída pelas reformas de Clístenes era regida pelo princípio do sufrágio universal, excluindo dos direitos políticos apenas os escravos.

d) Ao instaurar um regime político híbrido entre democracia, monarquia e oligarquia, Clístenes decretou o encerramento definitivo das atividades do Helieu, o Tribunal de Justiça.

e) Durante a gestão de Clístenes, todo o poder político efetivo deixa de ser exercido pelos cidadãos e retorna à comunidade gentílica, cabendo ao *pater famílias* a disciplina dos mercados e a nomeação dos magistrados.

A GRÉCIA ANTIGA: PERÍODOS CLÁSSICO E HELENÍSTICO

Período Arcaico (séculos VIII a.C.-VI a.C.)

Consolidação da pólis grega (aristocrática)

Esparta → O regime permanece oligárquico

Atenas → Regime monárquico → Regime oligárquico → Democracia

Período Clássico (século VI a.C.-V a.C.)

Museu Britânico, Londres/ The Bridgeman/Keystone

Guerras médicas
Gregos × Persas

Liga de Delos (união grega contra os persas) → Vitória grega e hegemonia ateniense → Imperialismo ateniense Idade de Ouro de Atenas

Política
Péricles, aprimoramento da democracia.

Filosofia
Sócrates (c. 470 a.C.-399 a.C.), Platão (c. 428 a.C.-348 a.C.) e Aristóteles (384 a.C.-322 a.C.).

Arte
Teatro: Ésquilo (525 a.C.-456 a.C.), Sófocles (496 a.C.-406 a.C.), Eurípedes (484 a.C.-406 a.C.).
Escultura, arquitetura.

Guerra do Peloponeso
Atenas × Esparta
→ Vitória de Esparta

Período Helenístico (séculos IV a.C.-II a.C.)

Conquista da Grécia pela Macedônia (Felipe II)

Império Macedônico (Alexandre, o Grande) → Conquista do Oriente; Helenismo; Expansão da cultura grega

Morte de Alexandre e divisão do Império Macedônico

Conquista da Grécia por Roma

Exercícios

1. (UEPB) Sobre o papel da mulher na sociedade grega, NÃO é correto afirmar que:

a) a mulher, durante a vida inteira, era considerada incapaz, devendo ter sempre um homem para gerir sua vida, fosse pai, filho ou esposo.

b) os costumes e as leis impediam a participação feminina na esfera pública, igualando as mulheres aos escravos e estrangeiros.

c) todas as mulheres gregas recebiam, desde a infância, um rigoroso treinamento físico e psicológico, e eram preparadas para serem mães e esposas de guerreiros.

d) as espartanas gozavam de maior liberdade, pois podiam participar dos jogos, de reuniões públicas e da administração do patrimônio familiar.

e) a democracia ateniense era patriarcal e excluía as mulheres da vida pública.

2. (Vunesp-SP) Observe e compare os monumentos.

O Templo de Luxor, localizado na cidade de Luxor, sul do Egito, foi construído por Amenhotep III e ampliado nos períodos de Tutancamon, Horembeb e Ramsés II. Contém vários pátios com colunas e estátuas de Ramsés II.

Pártenon, templo da acrópole de Atenas, construído no século V a.C. na Grécia.

Palácio do Planalto, construído no século XX em Brasília.

O elemento comum às construções apresentadas constitui:

a) Um esforço de ostentação perdulária, de demonstração de hegemonia de poder de grandes impérios unificados.

b) Uma expressão simbólica das concepções religiosas da Antiguidade, que se estendem até os dias atuais.

c) Um aspecto da arquitetura monumental que se opõem à concepção do homem como medida de todas as coisas.

d) Um princípio arquitetônico estrutural modificado ao longo da história por concepções religiosas, políticas e artísticas.

e) Uma comprovação do predomínio dos valores estéticos sobre os religiosos, políticos e sociais.

3. (UFPB) Leia os textos que seguem.

I. A constituição que nos rege nada tem a invejar aos outros povos; serve a eles de modelo e não os imita. Recebe o nome de democracia, porque o seu intuito é o interesse do maior número e não de uma minoria. Nos negócios privados, todos são iguais perante a lei; mas a consideração não se outorga senão àqueles que se distinguem por algum talento. É o mérito pessoal, muito mais do que as distinções sociais, que franqueia o caminho das honras. Nenhum cidadão capaz de servir à pátria é impedido de fazê-lo por indigência ou por obscuridade de sua posição.

Livres em nossa vida pública, não pesquisamos com curiosidade suspeita a conduta particular de nossos cidadãos... Somos cheios de submissão às autoridades constituídas, assim como às leis, principalmente as que têm por objeto a proteção dos fracos e as que, por não serem escritas, não deixam de atrair àqueles que as transgridem a censura geral... Ouso dizê-lo, Atenas é a escola da Grécia.

Discurso de Péricles (fragmento).

II. Alguns pretendem que o poder do senhor seja contra a natureza, que se um é escravo, e o outro livre, é porque a lei o quer, que pela natureza não há diferença entre eles e que a servidão é obra não da justiça, mas da violência. A família, para ser completa, deve compor-se de escravos e de indivíduos livres. Com efeito, a propriedade é uma parte integrante da família, pois sem os objetos de necessidade é impossível viver e viver bem. Não se saberia pois conceber lar sem certos instrumentos. Ora, entre os instrumentos, uns são inanimados, outros vivos... O escravo é uma propriedade que vive, um instrumento que é homem. Há homens assim feitos por natureza? Existem homens inferiores, tanto quanto a alma é superior ao corpo, e o homem ao bruto; o emprego das forças corporais é o melhor partido a esperar do seu ser: são os escravos por natureza... útil ao próprio escravo, a escravidão é justa.

Aristóteles. *Política* (fragmento).

Com base nos textos I e II e nos seus conhecimentos sobre a Antiguidade grega, você pode concluir que:

a) os textos I e II se contradizem, pois Péricles (texto I) afirma que "todos são iguais perante a lei", enquanto Aristóteles (texto II), ao discutir a existência do escravo, declara que "existem homens inferiores".
b) os textos I e II se contradizem, pois Péricles afirma que as leis "têm por objeto a proteção dos fracos", enquanto Aristóteles diz que "se um é escravo, e o outro livre, é porque a lei o quer".
c) os textos I e II não podem ser confrontados, pois Péricles viveu num período que antecede de muitos séculos o nascimento de Aristóteles.
d) os textos I e II tratam de temas diferentes e não se contradizem, pois Péricles discute as relações entre leis e cidadania (e os escravos não eram considerados cidadãos), enquanto Aristóteles justifica a existência da escravidão.
e) o texto II desmente o texto I, pois não pode haver democracia se observamos a existência de escravos em Atenas.

4. (UFG-GO) Leia o texto a seguir:

Tolerância, fraternidade e igualdade: foi com esses ideais em mente que, em 1892, o barão Pierre de Coubertin apresentou à comunidade esportiva internacional a ideia de ressuscitar os Jogos Olímpicos. Na Grécia antiga, os jogos da cidade sagrada de Olímpia (entre os sécs. VIII e IV a.C.) enfatizavam que competir sem vencer equivalia a desonra suprema. As corridas, as lutas, os saltos e os lançamentos de disco e de dardo serviam como a coroação da superioridade do indivíduo, oferecida em homenagem ao deus Zeus.

VENTUROLI, Thereza. Tudo pelos louros. *Veja*, São Paulo, n. 33, 18 ago. 2004. p. 96. Adaptado.

Segundo o texto, a diferença de motivação entre os Jogos Olímpicos da Grécia antiga e os atuais está:

a) na homenagem ao deus Zeus nos jogos gregos antigos e na divulgação da fraternidade nos jogos olímpicos atuais.
b) no anseio de vitória constante dos gregos antigos e nos ideais igualitários e fraternais de Coubertin para os jogos modernos.
c) no caráter sagrado dos jogos olímpicos antigos e na característica competitiva dos jogos olímpicos contemporâneos.
d) no desejo de participação nas diversas modalidades nos jogos antigos e no espírito de tolerância nas olimpíadas modernas.
e) no espírito competitivo dos gregos e no desejo de Coubertin de ressuscitar os jogos olímpicos da Grécia antiga.

5. (Fuvest-SP) Analise, no processo histórico da Grécia, a relação entre os elementos citados abaixo.

a) Confederação de Delos.
b) Imperialismo ateniense.
c) Guerras do Peloponeso.

6. (Unicamp-SP)

Nada é mais presente na vida cotidiana da coletividade do que a oratória, que partilha com o teatro a característica de ser a manifestação cultural mais popular e mais praticada na Atenas clássica. A civilização da Atenas clássica é uma civilização do debate. As reações dos atenienses na Assembleia eram influenciadas por sua experiência como público do teatro e vice-versa. Trata-se de uma civilização substancialmente oral. O grego era educado para escutar. O caminho de Sócrates a Aristóteles ilustra perfeitamente o percurso da cultura grega da oralidade à civilização da escrita, que corresponde, no plano político e social, à passagem da cidade-Estado ao ecumenismo helenístico.

Adaptado de MASARACCHIA, Agostino. *La prosa greca del V e del IV secolo a.C. In*: D'ANNA, Giovanni (Org.). *Storia della letteratura greca.* Roma: Tascabile Economici Newton, 1995. p. 52-4.

a) Estabeleça relações entre o modelo político vigente na Atenas clássica e a importância assumida pelo teatro e pela oratória nesse período.
b) Aponte características do Período Helenístico que o diferenciam da Atenas clássica.

7. (Mack-SP)

[...] andava pelas ruas e praças de Atenas, pelo mercado e pela assembleia indagando a cada um: 'Você sabe o que é isso que está dizendo?', 'Você sabe o que é isso em que você acredita?', [...], 'Você diz que a coragem é importante, mas o que é a coragem?', 'Você acredita que a justiça é importante, mas o que é a justiça?',..., 'Você crê que seus amigos são a melhor coisa que você tem, mas o que é a amizade?'.

Suas perguntas deixavam seus interlocutores embaraçados,... descobriam surpresos que não sabiam responder e que nunca tinham pensado em suas crenças e valores [...]

[...] as pessoas esperavam que ele respondesse, mas para desconcerto geral, dizia: 'Não sei, por isso estou perguntando.' Daí a famosa frase: 'Sei que nada sei' ".

(Marilena Chauí)

O texto relaciona-se com:

a) a criação dos princípios da Lógica, por Aristóteles, de maneira a formar uma ciência Analítica: A Metafísica.

b) as tragédias de Sófocles, que tinham como tema dominante o conflito entre o indivíduo e a sociedade.
c) a obstinação do historiador Tucídides em descobrir as causas políticas que determinaram os acontecimentos históricos.
d) as preocupações de Eurípedes com os problemas do homem, suas paixões, grandezas e misérias.
e) a filosofia de Sócrates, voltada para as questões humanas, preocupada com as virtudes morais e políticas.

8. (Mack-SP)

Frank Miller inspirou-se na verdadeira Batalha de Termópilas, ocorrida em 438 a.C, na Grécia, para escrever *Os 300 de Esparta*. A adaptação da história em quadrinhos de Miller foi levada ao cinema, em 2006, pelo diretor Zack Sn der, com o título *300*. A respeito do contexto das Guerras Médicas (500-479 a.C), tema abordado no filme, assinale a alternativa correta.

Reprodução/Mack-SP, 2010

a) O domínio e a expansão naval fenícia ameaçavam a hegemonia da Grécia sobre o mar Egeu, o que ocasionou a formação de uma aliança defensiva grega.
b) Desenvolvendo uma política imperialista, Atenas entrou em conflito com Esparta que, agrária e oligárquica, permaneceu fechada à expansão territorial.
c) O expansionismo persa, que já havia dominado cidades gregas da Ásia Menor e estabelecido o controle persa sobre rotas comerciais do Oriente, ameaçava a soberania da Grécia, tornando inevitável o conflito grego-pérsico.
d) Esparta, por priorizar a formação física e militar, cultivando no indivíduo o patriotismo incondicional ao Estado, liderou a ofensiva grega contra os assírios, que ameaçavam as instituições democráticas gregas.
e) O forte espírito militarista presente na cultura helenística e difundido em todas as pólis gregas permitiu que, no conflito contra os medos, a Grécia obtivesse a supremacia militar e se sagrasse vencedora.

9. (Uece) A respeito da "Liga de Delos", que seria a base do imperialismo ateniense, podemos dizer corretamente:

a) decorreu da aliança de cidades gregas e persas contra a expansão macedônica.
b) pretendia libertar algumas cidades gregas, lideradas pela cidade de Delos, da dominação espartana.
c) surgiu de um processo de sujeição ou de domínio exercido por Atenas sobre as demais cidades da Liga.
d) definia-se, de início, como uma aliança militar, que previa autonomia para seus participantes, reservando à Atenas o comando das operações.
e) mesmo sendo liderada por Atenas, Esparta apresenta grande influência sobre ela.

10. (Faap-SP) Nasceu em Atenas, em família nobre e rica. Teve esmerada educação. Dedicou-se à poesia, escrevendo poemas líricos e trágicos. Escreveu *A Apologia de Sócrates*, *Críton*, *A República*, *Banquete* ou *Simpósio* e *Frédon*:

a) Platão
b) Sócrates
c) Arquimedes
d) Aristóteles
e) Pitágoras

11. (Faap-SP) Natural de Halicarnasso, colônia dórica. Cresceu na última fase das Guerras Médicas. Viajou pelo Egito, Pérsia, Fenícia, Chipre, Assíria e Itália. Sua obra denomina-se Exposição de Pesquisas. É considerado por Cícero o "pai da História":

a) Heródoto
b) Tales de Mileto
c) Sócrates
d) Platão
e) Xenofonte

12. (Faap-SP) As consequências das conquistas de Alexandre, entre outras, foram:

1. Formação de grandes focos da cultura helenística: Alexandre fomentou a fusão entre vencedores e vencidos. Dez mil soldados gregos e macedônicos casaram-se com mulheres persas. Ele mesmo desposou a filha do rei Dario III, Estátira;
2. Difusão da cultura grega: a língua grega foi assimilada por muitos povos. A escrita grega substituiu a escrita cuneiforme e demótica. A indumentária grega e o mobiliário foram adotados pelos vencidos, bem como cerimônias, danças e canções;
3. Progresso econômico: com o desenvolvimento do comércio e o renascimento da agricultura. O tráfico da seda e da porcelana intensificou-se. As cidades tornaram-se grandes centros mercantis. Os portos foram restaurados. Estradas foram abertas. Levantaram-se fortalezas para proteger as caravanas de mercadores;

Responda com apoio no seguinte código:

a) desde que apenas I esteja correta.
b) desde que apenas 2 esteja correta.
c) desde que apenas 3 esteja correta.
d) desde que todas estejam corretas.
e) desde que todas estejam erradas.

13. (Fatec-SP)

> *Vivemos sob uma forma de governo que não se baseia nas instituições de nossos vizinhos; ao contrário, servimos de modelo a alguns ao invés de imitar outros. Seu nome é democracia, pois a administração serve aos interesses da maioria e não de uma minoria.*
>
> (Tucídides, *História da Guerra do Peloponeso*. Texto adaptado).

O trecho acima faz parte do discurso feito por Péricles em homenagem aos atenienses mortos na guerra do Peloponeso. Por esse discurso é correto afirmar que:

a) a guerra do Peloponeso foi injusta e trouxe muitas mortes tanto para os atenienses como para os espartanos, que lutavam em lados opostos pela hegemonia da Grécia.

b) Péricles se orgulhava da cidade de Atenas por ser ela uma cidade democrática, que não imitava o sistema político de outras cidades-Estado, mas era imitada por elas.

c) Atenas e Esparta possuíam o mesmo sistema político descrito por Péricles, a democracia, mas divergiam sobre como implantá-lo nas demais cidades- Estado gregas.

d) Atenas, por não partilhar do sistema político democrático de Esparta, criou a Liga de Delos e declarou Guerra à Liga do Peloponeso.

e) Esparta era a única cidade-Estado democrática em toda a Grécia antiga e desejava implantar esse sistema nas cidades-Estado gregas.

14. (PUC-PR) Foi uma forma de governo estranha a Atenas e a Esparta, as duas principais polis ou cidades-estados da civilização grega:

a) monarquia-diarquia.

b) tirania.

c) teocracia.

d) democracia.

e) oligarquia.

15. (UEL-PR) Uma das características da cultura política grega é a noção de cidadania. Tal noção define a vinculação da pessoa a uma determinada pólis, por laços essencialmente familiares, e estabelece, concomitantemente, a permanente obrigação de defesa da cidade, a contribuição para seu bem geral, e o direito de opinar sobre seus destinos. Foi em virtude desta última implicação do conceito de cidadania que, em sentido lato, quase todas as cidades gregas tenderam à democracia. As diferenças se fazem sentir quanto à forma de participação do cidadão.

Com base no texto e nos conhecimentos sobre a cidadania grega, é correto afirmar:

a) As reformas de Péricles buscaram, entre outras coisas, incorporar todos os cidadãos ao processo decisório da Eclésia e dos tribunais, tornando possível a participação dos menos abastados, por meio de modesta remuneração.

b) Nas pólis que se mantinham institucionalmente oligárquicas, ou sujeitas a modalidades de tirania, era vedado aos cidadãos comuns externar suas opiniões sobre as decisões públicas.

c) As mulheres, numa cultura patriarcal que reservava a vida pública exclusivamente aos homens, eram cidadãs partícipes da discussão política, tendo voz ativa e voto na assembleia.

d) Nas cidades gregas, o estrangeiro era um hóspede destituído da cidadania, tendo os seus direitos privados devidamente assegurados, sem restrições quanto à propriedade fundiária e aos direitos cívicos.

e) O escravo, que antes de tudo estava excluído da cidadania, era considerado como parte da comunidade e, portanto, capacitado a opinar sobre os negócios públicos.

16. (FGV-SP)

> *Fui atrás dos assassinos de meu pai e depois de semear o terror entre os gregos com a destruição de Tebas, fui aclamado comandante por eles. E ao assumir o reino da Macedônia, não achei digno de me contentar em comandar só com o que meu pai tinha me deixado; ao contrário, lançando meus pensamentos por toda a terra e pensando que seria perigoso se eu não dominasse todos os povos, à frente de poucos homens invadi a Ásia e no Granico, em grande batalha, fui vencedor. Depois de conquistar a Lídia a Jônia e a Frígia, em resumo, depois de submeter todos os que se apresentaram diante de meus pés, cheguei a Issos. Lá Dario me esperava, à frente de muitas miríades de soldados* [...] *Para terminar: eu morri enquanto reinava* [...] *dando pouco valor às coisas do Ocidente preferi lançar-me na direção da Aurora.*
>
> (LUCIANO, *Diálogo dos Mortos*. Trad., São Paulo: Edusp/Palas Athena, 1999, p. 189 e 191.)

O comandante militar que se apresenta no trecho anterior é:

a) César, o general romano responsável pela conquista da Gália no século I a.C.

b) Ulisses, o herói grego da conquista de Troia em torno do século XIII a.C.

c) Átila, rei dos hunos, cujas campanhas assolaram a Gália e a Itália no século V.

d) Alexandre, o imperador macedônico conquistador da Pérsia no século IV a.C.

e) Aníbal, general cartaginês que impôs várias derrotas aos romanos no século III.

ROMA: DAS ORIGENS À CRISE REPUBLICANA

Ocupação da península Itálica por diversos povos

Monarquia

Invasão etrusca (por volta de 900 a.C.)

Fundação de Roma (753 a.C.)

Insurreição liderada pelos patrícios (509 a.C.)

República (séculos VI a.C.-I a.C.)

República romana

Expansionismo

Conflitos sociais patrícios × plebeus

Guerras Púnicas (264 a.C. a 146 a.C.) Gregos × Persas

Concessões aos plebeus

Transformações sociais trazidas pela expansão:
- Abundância de escravos
- Expansão comercial (homens novos)
- Empobrecimento da plebe

Crise social

Tentativas de superação da crise social

Proposta de reforma agrária (irmãos Graco)

Ditaduras militares

Primeiro Triunvirato

Ditadura de Júlio César

Segundo Triunvirato

A sociedade romana

Patrícios: aristocracia agrária detentora de privilégios políticos e religiosos.
Plebeus: homens livres sem direitos políticos.
Escravos: endividados ou vencidos em guerras.

Museu Capitolino, Roma/Scala/Imageplus

O sistema político na República
(Controlado por patrícios)

Senado
Exercia funções legislativas, controlava a administração e as finanças, declarava guerras. Formado por membros vitalícios, de um pequeno grupo de famílias abastadas.

Magistrados
Tinham a função de administrar a República, eram eleitos para mandatos de um ano (cônsules, pretores, censores, edis, questores).

Império Romano (31 a.C.)

Otávio recebe os títulos de *princeps* ('primeiro cidadão') e *imperator* ('o supremo').

Exercícios

1. (Fuvest-SP) Na atualidade, praticamente todos os dirigentes políticos, no Brasil e no mundo, dizem-se defensores de padrões democráticos e de valores republicanos. Na Antiguidade, tais padrões e valores conheceram o auge, tanto na democracia ateniense, quanto na república romana, quando predominaram:
   a) a liberdade e o individualismo.
   b) o debate e o bem público.
   c) a demagogia e o populismo.
   d) o consenso e o respeito à privacidade.
   e) a tolerância religiosa e o direito civil.

2. (FGV-SP)

   Para ganhar o favor popular, o candidato deve conhecer os eleitores por seu nome, elogiá-los e bajulá-los, ser generoso, fazer propaganda e levantar-lhes a esperança de um emprego no governo. [...] Talvez sua renda privada não possa atingir todo o eleitorado, mas seus amigos podem ajudá-lo a agradar a plebe. [...] Faça com que os eleitores falem e pensem que você os conhece bem, que se dirige a eles pelo seu nome, que sem parar e conscienciosamente procura seu voto, que você é generoso e aberto, que, mesmo antes do amanhecer, sua casa está cheia de amigos, que todas as classes são suas aliadas, que você fez promessas para todo mundo e que as cumpriu, realmente, para a maior parte das pessoas.

   Marco Túlio Cícero, *Notas sobre as eleições*.

   As práticas políticas na antiga Roma nos fazem refletir sobre as atuais. Essas palavras de Cícero (106-43 a.C.) revelam:
   a) a concessão de favores, por parte dos eleitores, para cativar os candidatos.
   b) a necessidade de coagir o eleitorado para conseguir seu apoio.
   c) o desinteresse da população diante do poder econômico dos candidatos.
   d) a existência de relações clientelistas entre eleitores e candidatos.
   e) a pequena importância das relações pessoais para o sucesso nas eleições.

3. (PUC-PR)

   Sob os teus olhos, Eneas dirigirá rude guerra, aniquilará tribos ferozes; dará aos seus guerreiros muralhas e leis. Depois dele, seu filho Ascânio (que se chamará também Júlio) deixará Lavínio para estabelecer o seu trono no rochedo de Alba, que ele cercará de sólidas muralhas. A sacerdotisa, de família real, cara a Marte, terá dois filhos gêmeos.

   O texto de Virgílio trata da fundação mítica de:
   a) Roma.
   b) Esparta.
   c) Atenas.
   d) Constantinopla.
   e) Cartago.

4. (PUC-PR) As lutas por riquezas e territórios sempre estiveram presentes na História. Na Antiguidade, o Mediterrâneo foi disputado nas Guerras Púnicas por:
   a) gregos e persas.
   b) macedônicos e romanos.
   c) romanos e germânicos.
   d) romanos e cartagineses.
   e) gregos e romanos.

5. (PUC-PR)

   Os animais da Itália possuem cada um sua toca, seu abrigo, seu refúgio. No entanto, os homens que combatem e morrem pela Itália estão à mercê do ar e da luz e nada mais: sem lar, sem casa, erram com suas mulheres e crianças.

   Estas são palavras de Tibério Graco, político romano do século II a.C.

   Nesse contexto da história de Roma, podemos afirmar que:
   a) Roma encontrava-se num período de paz e prosperidade resultado da política da "Paz Romana" promovida pelo regime imperial.
   b) Resultado das expansões territoriais, Roma tornou-se superpopulosa; apesar de rica, acentuaram-se as diferenças sociais: de um lado uma aristocracia privilegiada que vivia em meio a festas e mordomias e de outro a maior parte da população vivia na mais absoluta miséria.
   c) Esse é um período que coincide com a tentativa de estabelecimento de um regime democrático em Roma, por modelo e influência da política ateniense de Péricles.
   d) Nessa época Roma enfrentava as dificuldades das Guerras Médicas em que disputava o território cartaginês com os persas.
   e) Nesse período a sociedade romana vivia uma situação de decadência da autoridade central e declínio das atividades comerciais, resultado principalmente da disseminação do cristianismo.

6. (Unifesp) Conflitos e lutas sociais variadas originaram as crises que fizeram o Estado romano passar do governo monárquico ao republicano e deste, ao imperial. Nos três regimes políticos, contudo, os integrantes de um único grupo, ou classe social, mantiveram sempre o mesmo peso e posição. Foram os, assim chamados,
   a) plebeus (isto é, populares).
   b) proletários (isto é, sem bens).
   c) patrícios (isto é, nobres).
   d) servos (isto é, escravos).
   e) clientes (isto é, dependentes).

7. (FGV-SP) Após a conquista da península Itálica, Roma ampliou seus domínios em torno do Mediterrâneo, que passou a ser designado como *mare nostrum*, um verdadeiro lago interno que permitia a comunicação, as transações comerciais e o deslocamento de tropas para as diversas regiões romanas. A respeito dessa expansão, é correto afirmar:

a) A conquista de novos territórios desacelerou o processo de concentração fundiária nas mãos da aristocracia patrícia, uma vez que o Estado romano estabeleceu um conjunto de medidas que visava distribuir terras aos pequenos e médios proprietários e à plebe urbana empobrecida.
b) Apesar da conquista do Mediterrâneo, os romanos não conseguiram estabelecer a integração das diversas formações sociais ao sistema escravista nem tampouco se dispuseram a criar mecanismos de cooptação social e política dos seus respectivos grupos dominantes.
c) As conquistas propiciaram, pela primeira vez na Antiguidade, a combinação entre o trabalho escravo em larga escala e o latifúndio, associação que constituiu uma alavanca de acumulação econômica graças às campanhas militares romanas.
d) As conquistas militares acabaram por solucionar o problema agrário em Roma, colocando em xeque as medidas defendidas por líderes como os irmãos Graco, que postulavam a expropriação das terras particulares dos patrícios e sua repartição entre as camadas sociais empobrecidas.
e) A expansão militar levou os romanos a empreender um duro processo de latinização dos territórios situados a leste, o que se tornou um elemento de constante instabilidade político-social durante a República e também à época do Império.

8. (UFC-CE) Analise o comentário abaixo sobre a situação da mulher romana.

> *Suas qualidades domésticas, virtude, docilidade, gentileza, bom caráter, dedicação ao tricô, piedade sem superstição, discrição nas roupas e na maquiagem, por que relembrá-las? Por que falar do seu carinho e devoção aos familiares, já que você tratava tão bem meus pais quanto os seus* [...].
>
> (Elogio fúnebre a Túria. *apud* FUNARI, Pedro Paulo Abreu. *Roma*: vida pública e vida privada. 4. ed. São Paulo: Atual, 1993, p. 47.)

Considerando a ideia básica do texto, é correto afirmar que:

a) a mulher usufruía de prerrogativas idênticas às desfrutadas pelo homem na vida em sociedade.
b) a mãe de família dirigia, com toda a independência, a educação dos filhos e os negócios do marido.
c) o respeito dedicado à mulher romana garantiu a sua emancipação da tutela masculina, a partir do regime republicano.
d) as condições de liberdade, reservadas à mulher, tinham como limite a autoridade do pai de família.
e) a independência feminina constituía uma vitória, acatada pela nobreza romana, após a implantação do Império.

9. (UEL-PR)

> *Varrão, escritor romano do período republicano (116-27 a.C.), em seu Rerum Rusticarum (Da Coisa Rústica), descrevia aos seus contemporâneos como deveriam tratar os escravos:*
>
> *Você não deve deixar seus escravos muito deprimidos ou animados. Não deixe os capatazes usarem os chicotes, se conseguirem o mesmo resultado com encorajamento. Não compre muitos escravos do mesmo país, pois eles conversam entre si. Se você os tratar bem, lhes der alimentos e roupas extras e permissão para seus animais pastarem no seu terreno – eles trabalharão melhor.*
>
> (RODRIGUES, Joelza Ester. *História em Documento*: imagem e texto. 2. ed. São Paulo: FTD, 2002. p. 235.)

Com base no texto e nos conhecimentos sobre a escravidão romana, considere as afirmativas a seguir.

I. Varrão propõe abrir mão da violência no tratamento dos escravos visando a obter um rendimento maior de seu trabalho.
II. Varrão procura demonstrar a inviabilidade da compra de escravos de um mesmo país, posto que propiciaria a realização de processos comunicativos e possíveis revoltas.
III. Os capatazes romanos, na visão de Varrão, deveriam usar estratégias sutis de repressão para obter um trabalho consentido.
IV. Varrão compartilha das ideias de Columela, autor da época que apregoa a redução dos custos do trabalho escravo para obtenção de maior produtividade.

Estão corretas apenas as afirmativas:

a) I e II.
b) II e IV.
c) III e IV.
d) I, II e III.
e) I, III e IV.

10. (UFJF-MG) Sobre a organização político-social de Roma no final do período republicano (II e III a.C.), assinale a alternativa CORRETA:

a) A atuação dos Tribunos da Plebe, como Tibério e Caio Graco, criou uma estrutura fundiária baseada em pequenos lotes ocupados pela população de baixa renda e levou ao fim dos latifúndios em Roma.
b) O direito à cidadania foi estendido a todos os habitantes que vivessem em qualquer região que tivesse sido conquistada por Roma.
c) O regime democrático atingiu seu apogeu com a maior participação, através de eleições, de toda a população livre concentrada nos grandes centros urbanos.
d) O poder político do Senado, no que se refere aos assuntos internos administrativos, foi transferido para a Assembleia dos Plebeus, conduzindo a um longo período de paz.
e) Houve o aumento do número de prisioneiros de guerra convertidos em escravos, utilizados como mão de obra na economia romana.

11. (FGV-SP)

A partir de então, passou-se a eleger cônsules em número de dois, ao invés de um único rei, com o propósito de que, se um deles tivesse a intenção de agir mal, o outro, investido de igual autoridade, o coibisse.

EUTRÓPIO, Flávio. Sumário da história romana, *In: Historiadores latinos*, NOVAK, G., M e outros (orgs.), trad., São Paulo: Martins Fontes, 1999, p. 259.

O trecho acima refere-se ao período da história de Roma conhecido como:

a) diarquia, instituída logo após a época imperial.
b) democracia, organizada após a revolta dos plebeus e dos escravos.
c) consulado, criado para diminuir o poder dos tiranos.
d) república, estabelecida pela aristocracia patrícia.
e) *pax romana*, imposta pelos senadores como forma de limitar o poder dos patrícios.

12. (Fuvest-SP)

Em verdade é maravilhoso refletir sobre a grandeza que Atenas alcançou no espaço de cem anos depois de se livrar da tirania... Mas acima de tudo é ainda mais maravilhoso observar a grandeza a que Roma chegou depois de se livrar de seus reis.

(Maquiavel, *Discursos sobre a primeira década de Tito Lívio*).

Nessa afirmação, o autor

a) critica a liberdade política e a participação dos cidadãos no governo.
b) celebra a democracia ateniense e a República romana.
c) condena as aristocracias ateniense e romana.
d) expressa uma concepção populista sobre a antiguidade clássica.
e) defende a pólis grega e o Império romano.

13. (UEL-PR) Leia o texto a seguir:

A crise desencadeada na sociedade romana pela transformação acelerada das estruturas sociais ocorrida após a segunda guerra púnica atingiu em meados do século II a.C. uma fase em que se tornava inevitável a eclosão de conflitos declarados. A agudização das contradições no seio da organização social romana, por um lado, e, por outro, as fraquezas cada vez mais evidentes do sistema de governo republicano tiveram como resultado uma súbita eclosão das lutas sociais e políticas.

Fonte: ALFOLDY, G. *A História Social de Roma*. Tradução de Maria do Carmo Cary. Lisboa: Editorial Presença, 1989. p. 81.

Com base no texto e nos conhecimentos sobre o tema, considere as afirmativas a seguir.

I. Na revolta dos escravos, as frentes estavam bem definidas, pois tratava-se principalmente de uma luta dos escravos rurais contra os seus senhores e contra o Estado romano, que protegia estes últimos. Este período iniciou-se com a primeira revolta de escravos na Sicília e terminou com a revolta de Espártaco.

II. As revoltas dos habitantes das províncias e dos itálicos podem ser consideradas movimentos de camadas sociais homogêneas. Os seus objetivos eram a luta pela libertação dos membros de uma camada social oprimida e não a libertação de comunidades, Estados ou povos outrora independentes da opressão do Estado romano.

III. Um dos conflitos mais significativos tinha lugar entre os cidadãos romanos, divididos em grupos, com objetivos opostos. O objetivo primeiro de uma das facções, a dos políticos reformistas, era resolver os problemas sociais do proletariado de Roma; a ela se opunha a resistência da oligarquia, igualmente numerosa.

IV. Nas últimas décadas da República, o objetivo primordial dos conflitos passou a ser a conquista do poder de Estado. A questão era saber se esse poder seria exercido por uma oligarquia ou por um único governante. A consequência última destes conflitos não foi a mudança da estrutura da sociedade romana, mas a alteração da forma de Estado por ela apoiada.

A alternativa que contém todas as afirmativas corretas é:

a) I e II.
b) II e III.
c) III e IV.
d) I, II e III.
e) I, III e IV.

14. (UFG-GO)

O governo da República romana estava dividido em três corpos tão bem equilibrados em termos de direitos que ninguém, mesmo sendo romano, poderia dizer, com certeza, se o governo era aristocrático, democrático ou monárquico. Com efeito, a quem fixar a atenção no poder dos cônsules a constituição romana parecerá monárquica; a quem fixá-la no Senado ela mais parecerá aristocrática e a quem fixar no poder do povo ela parecerá claramente democrática.

(POLÍBIOS. *Historia*. Brasília: Ed. da UnB, 1985. Livro VI, 11. p. 333.)

Políbios descreve a estrutura política da República romana (509-27 a. C.), idealizando o equilíbrio entre os poderes. Não obstante, a prática política republicana caracterizou-se pela

a) organização de uma burocracia nomeada a partir de critérios censitários, isto é, de acordo com os rendimentos.
b) manutenção do caráter oligárquico com a ordem equestre dos "homens novos" assumindo cargos na administração e no exército.
c) adoção da medida democrática de concessão da cidadania romana a todos os homens livres das províncias conquistadas.
d) administração de caráter monárquico com o poder das assembleias baseado no controle do exército e da plebe.
e) preservação do caráter aristocrático dos patrícios que controlaram o Senado, a Assembleia centuriata e as magistraturas.

15. (UFV-MG) A respeito das classes que compunham a sociedade romana na Antiguidade, é CORRETO afirmar que:

a) os "plebeus" podiam casar-se com membros das famílias patrícias, forma pela qual conseguiam quitar suas pendências de terra e dinheiro, conseguindo assim certa ascensão social.

b) os "plebeus" compunham a classe formada pelos camponeses, artesãos e alguns que conseguiam enriquecer-se por meio do comércio, atividade que lhes era permitida.

c) os "clientes" eram estrangeiros acolhidos pelos patrícios e transformados em escravos, quando sua conduta moral não condizia com a de seus protetores.

d) os "patrícios" foram igualados aos plebeus, durante a democracia romana, quando da revolta dos clientes, que lutaram contra a exclusão social da qual eram vítimas.

e) os "escravos" por dívida eram o resultado da transformação de qualquer romano em propriedade de outrem, o que ocorria para todos que violassem a obrigação de pagar os impostos que sustentavam o Estado expansionista.

16. (UEPB) Dentre os movimentos sociais que marcaram a República romana, podemos destacar as lutas entre patrícios e plebeus. Sobre estas lutas, é correto afirmar:

a) O casamento entre patrícios e plebeus não foi permitido, apesar das conquistas do povo romano nas lutas contra os patrícios.

b) Apesar da marginalização política, não havia discriminação entre patrícios e plebeus.

c) Os plebeus conquistaram, em 367 a.C, o direito de participar do consulado com a promulgação da Lei Licínia, que também regulamentou a exploração das terras públicas.

d) Quando um patrício tornava-se insolvente, sem condições de pagar dívidas, tinha de se submeter ao nexum. Este foi um dos fatores que causou os conflitos entre plebeus e patrícios.

e) Em 450 a.C, foi publicada a Lei das Doze Tábuas, um dos fundamentos do Direito Romano, que não assegurou a igualdade jurídica entre patrícios e plebeus.

17. (UEPG-PR) A antiguidade Greco-romana tornou a escravidão absoluta na forma e dominante na extensão, convertendo-se maciça e generalizada na Grécia (séculos V e IV a.C.) e em Roma (entre II a.C. e II d.C.). Nesse contexto, assinale o que for correto.

1 - A escravidão e a liberdade helênicas eram indivisíveis, pois uma era a condição estrutural da outra; uma condição polarizada da perda completa de liberdade justaposta a uma nova liberdade sem impedimentos.

2 - Embora solidamente enraizado na sociedade clássica antiga, o sistema escravista foi sendo paulatinamente abolido no período.

4 - Os escravos conseguiram melhores condições de vida após promoverem constantes revoltas, como a de Spartacus (73-71 a.C.), que liderou o último movimento rebelde contra Roma.

8 - Nesse período assistiu-se ao aparecimento de uma classe média de proprietários rurais e o desaparecimento do latifúndio.

16 - Foi na República romana que se efetivou a união entre a grande propriedade agrícola e a escravidão em grande escala, ou seja, sua sistematização por uma aristocracia urbana, cujo resultado foi a instituição rural do latifúndio escravo extensivo.

18. (Fuvest-SP)

César não saíra de sua província para fazer mal algum, mas para se defender dos agravos dos inimigos, para restabelecer em seus poderes os tribunos da plebe que tinham sido, naquela ocasião, expulsos da Cidade, para devolver a liberdade a si e ao povo romano oprimido pela facção minoritária.

Caio Júlio César. *A Guerra Civil*. São Paulo: Estação Liberdade, 1999, p. 67.

O texto, do século I a.C., retrata o cenário romano de

a) implantação da Monarquia, quando a aristocracia perseguia seus opositores e os forçava ao ostracismo, para sufocar revoltas oligárquicas e populares.

b) transição da República ao Império, período de reformulações provocadas pela expansão mediterrânica e pelo aumento da insatisfação da plebe.

c) consolidação da República, marcado pela participação política de pequenos proprietários rurais e pela implementação de amplo programa de reforma agrária.

d) passagem da Monarquia à República, período de consolidação oligárquica, que provocou a ampliação do poder e da influência política dos militares.

e) decadência do Império, então sujeito a invasões estrangeiras e à fragmentação política gerada pelas rebeliões populares e pela ação dos bárbaros.

19. (Unicamp-SP)

Por que as pessoas se casavam na Roma Antiga? Para esposar um dote, um dos meios honrosos de enriquecer, e para ter, em justas bodas, rebentos que, sendo legítimos, perpetuassem o corpo cívico, o núcleo dos cidadãos. Os políticos não falavam exatamente em natalismo, futura mão de obra, mas em sustento do núcleo de cidadãos que fazia a cidade perdurar exercendo a "função de cidadão" ou devendo exercê-la.

(Adaptado de P. Ariès e G. Duby, História da Vida Privada. São Paulo: Companhia das Letras, 1990. v. 1, p. 47.)

a) Por que o casamento tinha uma conotação política entre os cidadãos, na Roma Antiga?

b) Indique dois grupos excluídos da cidadania durante a República romana (509-27 a.C.).

20. (UFRGS-RS) No bloco superior abaixo, são listados alguns líderes que atuaram no período republicano da Antiga Roma; no inferior, são atadas ações desses líderes.

Associe corretamente o bloco inferior ao superior.

1. Otávio
2. Caio Mário
3. Tibério Graco
4. Pompeu

( ) Operou uma reforma militar que permitiu o recrutamento de soldados entre a população mais pobre de Roma.

( ) Acumulou uma série de títulos e cargos e acabou por estabelecer em Roma o sistema político imperial.

( ) Tentou implementar uma reforma que permitisse a distribuição de terras públicas entre os cidadãos mais pobres de Roma.

A sequência correta de preenchimento dos parênteses, de cima para baixo, é:

a) 2 – 1 – 4.
b) 1 – 2 – 4.
c) 2 – 1 – 3.
d) 1 – 2 – 3.
e) 3 – 4 – 2.

21. (Vunesp-SP)

> *O vínculo entre os legionários e o comandante começou progressivamente a assimilar-se ao existente entre patrão e cliente na vida civil: a partir da época de Mário e Sila, os soldados procuravam os seus generais para a reabilitação econômica e os generais usavam os soldados para incursões políticas.*
>
> (Perry Anderson, *Passagem da antiguidade ao feudalismo.*)

O texto oferece subsídios para a compreensão:

a) da crise da República romana.
b) da implantação da monarquia etrusca.
c) do declínio do Império Romano.
d) da ascensão do Império Bizantino.
e) do fortalecimento do Senado.

22. (UFV-MG) A respeito das classes que compunham a sociedade romana na Antiguidade, é CORRETO afirmar que:

a) os "plebeus" podiam casar-se com membros das famílias patrícias, forma pela qual conseguiam quitar suas pendências de terra e dinheiro, conseguindo assim certa ascensão social.
b) os "plebeus" compunham a classe formada pelos camponeses, artesãos e alguns que conseguiam enriquecer-se por meio do comércio, atividade que lhes era permitida.
c) os "clientes" eram estrangeiros acolhidos pelos patrícios e transformados em escravos, quando sua conduta moral não condizia com a de seus protetores.
d) os "patrícios" foram igualados aos plebeus, durante a democracia romana, quando da revolta dos clientes, que lutaram contra a exclusão social da qual eram vítimas.
e) os "escravos" por dívida eram o resultado da transformação de qualquer romano em propriedade de outrem, o que ocorria para todos que violassem a obrigação de pagar os impostos que sustentavam o Estado expansionista.

23. (Ufscar-SP)

> *Quando a notícia disto chegou ao exterior, explodiram revoltas de escravos em Roma (onde 150 conspiraram contra o governo), em Atenas (acima de 1.000 envolvidos), em Delos e em muitos outros lugares. Mas os funcionários governamentais logo as suprimiram nos diversos lugares com pronta ação e terríveis torturas como punição, de modo que outros que estavam a ponto de revoltar-se caíram em si.*
>
> (Diodoro da Sicília, sobre a Guerra Servil na Sicília. 135-132 a.C.)

É correto afirmar que as revoltas de escravos na Roma Antiga eram

a) lideradas por senadores que lutavam contra o sistema escravista.
b) semelhantes às revoltas dos hilotas em Esparta.
c) provocadas pela exploração e maltratos impostos pelos senhores.
d) desencadeadas pelas frágeis leis, que deixavam indefinida a situação de escravidão.
e) pouco frequentes, comparadas com as que ocorreram em Atenas no tempo de Sólon.

24. (PUCC-SP) Sobre os primitivos habitantes da Itália, pode-se afirmar que os:

a) italiotas acomodaram-se no Sul da Itália, onde desenvolveram povoados.
b) gregos ocuparam a parte Central da Península, subdividindo-se em vários clãs.
c) etruscos, provavelmente originários da Ásia, ocuparam o Norte da Península.
d) lígures fixaram-se ao Sul combatendo ferrenhamente os etruscos.
e) sículos penetraram na Península através da cadeia dos Alpes e ocuparam o Norte.

ROMA: PERÍODO IMPERIAL

Fundação do Império Romano (31 a.C.)

Apogeu: Alto Império (séculos I a.C.-III d.C.)

Centralização do poder pelo imperador

- Formação de uma burocracia
- Jogos e distribuição de alimento para a plebe
- Expansão territorial
- Grandes obras

Formação de uma burocracia / Jogos e distribuição de alimento para a plebe → Acomodação das tensões sociais

Expansão territorial → Aquisição de escravos

Acomodação das tensões sociais / Aquisição de escravos / Grandes obras → Apogeu do Império Romano

Apogeu do Império Romano →

Florescimento cultural no Império Romano

- Visão humanista e religião politeísta (herdadas dos gregos)
- Poesia e literatura: Virgílio, Horácio e Ovídio
- Direito: códigos de leis

Crise: Baixo Império (séculos III d.C.-V d.C.)

Capela Arcivescovile, Ravena/The Bridgeman/Keystone

Apogeu do Império Romano → Limites à expansão territorial → Escassez de escravos → Crise econômica → Disputa entre chefes militares → Crise política

Crescimento do cristianismo → Subversão na estrutura política → Crise política

Crise política → Tentativas de salvar o Império →

- Diocleciano (284-305): fixou os preços de mercadorias e salários.
- Constantino (306--337): liberdade de culto aos cristãos; segunda capital em Constantinopla.
- Teodósio (378-395): cristianismo como religião oficial, divisão do Império Romano em duas partes.

Tentativas de salvar o Império → Desagregação do Império Romano do Ocidente (476 d.C.)

Invasão dos povos de fora do Império (os "bárbaros") → Desagregação do Império Romano do Ocidente (476 d.C.)

Exercícios

1. (Fuvest-SP) Cesarismo/cesarista são termos utilizados para caracterizar governantes atuais que, à maneira de Júlio César (de onde o nome), na antiga Roma, exercem um poder
   a) teocrático.
   b) democrático.
   c) aristocrático.
   d) burocrático.
   e) autocrático.

2. (UFS-SE) Considere o texto que segue:

   > [...] *A Antiguidade Greco-romana sempre constituiu um universo centralizado em cidades. O esplendor e a solidez da antiga pólis helênica e a posterior República romana, que ofuscaram tantos períodos subsequentes, traduziam um nível de organização e cultura urbanas que jamais seriam igualados em outro milênio.* [...]
   >
   > ANDERSON, Perry Anderson. *Passagens da antiguidade ao feudalismo.* Trad. Beatriz Sidou. São Paulo: Brasiliense, 1989. p. 19.

   Analise as afirmações sobre a Antiguidade Clássica [e assinale verdadeiro ou falso]:
   ( ) A riqueza material que sustentava a atividade intelectual e cívica provinha da agricultura; os proprietários de terras dominavam os agrupamentos urbanos.
   ( ) O cenário geográfico onde se desenvolveram as civilizações grega e romana foi fundamental para a expansão do comércio, que se baseou na abertura de vias terrestres de comunicação.
   ( ) O pleno exercício da cidadania repousava no trabalho escravo. A liberdade do cidadão estava intrinsecamente ligada à permanência da escravidão, tanto na Grécia quanto em Roma.
   ( ) As cidades-estado gregas evoluíram em sua forma de governo mas permaneceram estados autônomos e não realizaram a unificação do território. Diferentemente das cidades-estados gregas, Roma estendeu seus domínios sobre o mundo da época e concedeu cidadania à parte das elites das regiões conquistadas e fundou um Império.
   ( ) A cultura helenística, que resultou do domínio dos Antoninos sobre o território grego, foi imposta pelos romanos aos povos conquistados quando transformaram o mar Mediterrâneo em um lago romano, impulsionados pelos avanços dos macedônios.

3. (Unifesp-SP)

   > *Podemos dizer que antes as coisas do Mediterrâneo eram dispersas... mas como resultado das conquistas romanas é como se a história passasse a ter uma unidade orgânica, pois as coisas da Itália e da África passaram a ser entretecidas com as coisas da Ásia e da Grécia e o resultado disso tudo aponta para um único fim.*
   >
   > POLÍBIO. *História*, I.3.

   No texto, a conquista romana de todo o Mediterrâneo é:
   a) criticada por impor aos povos uma única história, ditada pelos vencedores.
   b) desqualificada, por suprimir as independências políticas regionais.
   c) defendida, por estabelecer uma única cultura, a do poder imperial.
   d) exaltada, por integrar as histórias particulares em uma única história geral.
   e) lamentada, por sufocar a autonomia e identidade das culturas.

4. (UFRR-RR) Sabe-se que desde 510 a.C. Roma dedicou-se ao domínio de toda a península itálica. A partir de 264 a.C. voltou-se contra Cartago e as colônias cartaginesas no norte da África, Sicília, Sardenha, Córsega, Baleares e península ibérica. De 200 a.C. até o ano 476, Roma atravessou seis séculos de contínua expansão territorial, formando um império ainda mais vasto do que o de Alexandre, o Grande.

   Assim sendo, escolha a alternativa que está de acordo com o texto supracitado:
   a) O sistema econômico do Império romano era agrário, possuindo uma classe intermediária entre senhores e escravos, que era responsável pelo cultivo da terra. Essa classe era conhecida como "Bárbaros".
   b) A implantação do Império romano se deu pelas bases do cristianismo que absorveu as religiões pagãs das tribos gentias instaladas nas fronteiras.
   c) A divisão social em Roma era rígida e compreendia a corte do imperador, os sacerdotes, latifundiários, pequenos comerciantes, exército, bárbaros e servos. Esta divisão era regida exclusivamente pela economia.
   d) O regime de governo, durante o século VI a.C., era monárquico, no qual o rei, eleito pelo Senado, governava durante toda a vida, acumulando a chefia militar, administrativa, jurídica e religiosa.
   e) Júlio César foi o primeiro grande imperador de Roma, sua ascensão foi realizada por um golpe violento contra o Senado, bem como pela morte brutal de todos os chanceleres da corte.

5. (ESPM-SP)

   > *Eu, Constantino Augusto, assim como eu, Licínio Augusto, reunidos... para discutir todos os problemas relativos... ao bem público, entendemos dever regular, em primeiro lugar, entre outras disposições..., aquelas sobre as quais repousa o respeito pela divindade, isto é, dar aos cristãos, como a todos, a liberdade e a possibilidade de seguir a religião da sua escolha... a fim de que a divindade suprema, a quem rendemos espontaneamente homenagem, possa testemunhar-nos em todas as coisas o seu favor e a sua benevolência costumadas...*
   >
   > FREITAS, Gustavo de Freitas. *900 textos e documentos de História.*

O documento apresentado é um fragmento do(a):

a) Edito do Máximo.
b) Lei Canuleia.
c) Lei Licínia.
d) Edito de Milão.
e) Edito de Tessalônica.

6. (UFPR) O cristianismo católico tornou-se religião oficial do Império Romano no ano de 380 d.C., data da edição do famoso édito de Tessalônica, outorgado pelo Imperador Teodósio. Desde a sua criação até este momento, a caminhada foi dura e difícil para os seguidores de Cristo. Exemplo disso foram as perseguições movidas por alguns imperadores romanos, eternizadas pelos relatos fantásticos e emotivos de vários escritores e historiadores cristãos.

Podemos apontar como principais causas dessas perseguições:

a) O ódio e a intolerância tanto das autoridades como da população pagã do mundo romano, que viam na figura de Cristo e na comunidade cristã uma ameaça ao poder do imperador.
b) A constante penetração de elementos cristãos tanto nas filas do exército imperial romano como em cargos administrativos de elevada importância, que poderiam servir de "mau exemplo" tanto em termos políticos como ideológicos.
c) Aspectos de índole moral, na medida em que os cristãos eram acusados pelos pagãos de realizarem orgias e assassinatos de crianças em seus rituais.
d) A associação entre os cristãos e os inimigos bárbaros que punha em risco a estabilidade política e religiosa interna do mundo imperial romano.
e) A necessidade de oferecer à população de Roma "pão e circo", com os cristãos sendo sacrificados na arena do Coliseu para minimizar a ameaça de revoltas populares contra as autoridades imperiais.

7. (Ufal) Considere a ilustração.

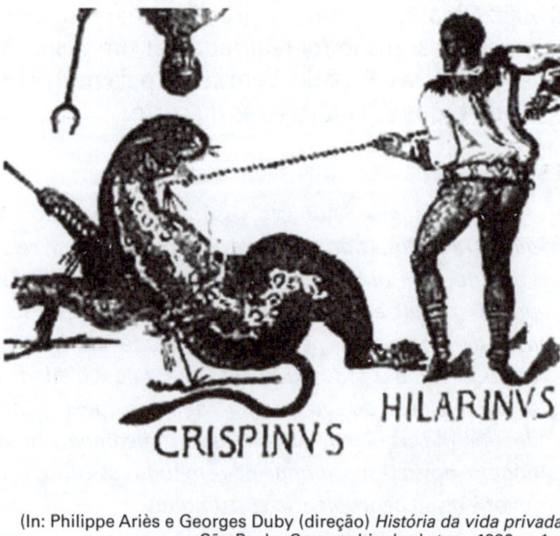

Reprodução/Ufal

(In: Philippe Ariès e Georges Duby (direção) *História da vida privada*. Trad. São Paulo: Companhia das Letras, 1992. v. 1, p. 119)

Durante muitos séculos, os antigos romanos divertiram-se com a atuação dos gladiadores nos chamados espetáculos públicos, que utilizavam diferentes tipos de armas, permitidas pelas autoridades de Roma, como as que podem ser observadas na ilustração. Esses gladiadores eram recrutados, principalmente, entre

a) homens poderosos da plebe.
b) cidadãos da nobreza romana.
c) servos dos latifúndios estatais.
d) escravos das áreas dominadas.
e) heróis das conquistas romanas.

8. (UFRN) Sidônio Apolinário, aristocrata da Gália romana, escrevendo a um amigo, num período de grandes transformações culturais, assim se expressou:

> *O vosso amigo Eminêncio, honrado senhor, entregou uma carta por vós ditada, admirável no estilo* [...]. *A língua romana foi há muito tempo banida da Bélgica e do Reno; mas se o seu esplendor sobreviveu de qualquer maneira, foi certamente convosco; a nossa jurisdição entrou em decadência ao longo da fronteira, mas enquanto viverdes e preservardes a vossa eloquência, a língua latina permanecerá inabalável. Ao retribuir as vossas saudações o meu coração alegra-se dentro de mim por a nossa cultura em desaparição ter deixado tais traços em vós* [...].
>
> Apud PEDRERO-SÁNCHEZ, Maria Guadalupe. *História da Idade Média: textos e testemunhas*. São Paulo: Editora UNESP, 2000. p. 42-43.

A opinião contida no fragmento da carta está diretamente relacionada às

a) invasões dos territórios do Império Romano pelos povos germânicos, provocando mudanças nas instituições imperiais.
b) influências da cultura grega sobre a latina após a conquista da Grécia pelos romanos e sua anexação ao Império.
c) vitórias dos romanos sobre Cartago nas chamadas Guerras Púnicas (264-146 a. C.), impondo a cultura do Império a todo o norte da África.
d) crises que se abateram sobre o Império Romano depois do governo de Marco Aurélio (161-180 d. C.), quando o exército passou a controlar o poder.

9. (Unaerp-SP) Na história de Roma, o século III da era cristã é considerado o século das crises. Foi nesse período que:

a) As tensões geradas pelas conquistas se refletiram nas contendas políticas, criaram um clima de constantes agitações, promovendo desordens nas cidades.
b) O exército entrou em crise e deixou de ser o exército de cidadãos proprietários de terras.
c) O império romano começou a sofrer a terrível crise do trabalho escravo, base principal de sua riqueza.
d) Os soldados perderam a confiança no Estado e tornaram-se fiéis a seus generais partilhando com eles os espólios de guerra.
e) Os conflitos pela posse da terra geraram a guerra civil.

10. (UFMS) Sobre a história de Roma, é correto afirmar:

(01) Paralelamente à versão lendária da fundação de Roma pelos irmãos gêmeos Rômulo e Remo, descobertas arqueológicas atestam que, antes de 753 a.C., a região do Lácio já era habitada por povos de diferentes etnias, organizados em comunidades agrícolas e pastoris, entre eles os etruscos que, entre os séculos VII e VI a.C., expandiram seu território e controlaram a monarquia em Roma.

(02) O período republicano foi marcado por lutas entre patrícios e plebeus, as quais resultaram na criação de magistrados especiais, conhecidos como Tribunos da Plebe, encarregados de defender os interesses jurídicos, políticos e sociais da plebe junto ao Senado.

(04) A expansão dos domínios romanos, na península Itálica e em torno do Mar Mediterrâneo, acarretou uma desaceleração do processo de concentração fundiária nas mãos da aristocracia patrícia, haja vista que o Estado romano estabeleceu uma série de medidas visando distribuir terras aos pequenos e médios proprietários e à plebe urbana empobrecida.

(08) Entre as maiores heranças culturais dos romanos, para a civilização ocidental, estão o Direito, bem como a língua latina, que serviu de matriz linguística a inúmeros idiomas modernos.

(16) Deterioração do exército, crise de suprimento da mão de obra escrava, inflação, instabilidade política, instituição do colonato, como novo tipo de relação de trabalho, foram algumas das características que marcaram o período da história romana conhecido como Diarquia, instaurada entre os séculos III e V d.C.

11. (UFPI) Sobre a queda do Império Romano do Ocidente no ano de 476 d.C. podemos afirmar que:

a) Ocorreu, após os conflitos entre Roma e os cartagineses, o que enfraqueceu as bases econômicas do Império.
b) Teve, no fortalecimento do cristianismo, a única motivação explícita.
c) Foi provocada pela conjugação de uma série de fatores, destacando-se a ascensão do cristianismo, as invasões bárbaras, a anarquia nas organizações militares e a crise do sistema escravista.
d) Teve, na superioridade dos povos bárbaros, a única explicação possível.
e) Teve, em Carlos Magno, Imperador dos francos, a principal liderança político-militar a comandar os povos bárbaros na queda de Roma.

12. (UFPE) O crescimento do Império Romano contribuiu para aumentar suas dificuldades administrativas. O Direito teve uma importância fundamental na superação dessas dificuldades. Na história do Ocidente, o direito romano:

a) foi superado pelos ensinamentos trazidos pelos mestres bizantinos da Idade Média.
b) mantém um lugar de destaque nos estudos das normas sociais existentes na Antiguidade.
c) teve uma importância ilimitada ao mundo europeu medieval, sendo esquecido pelos modernos.
d) conseguiu firmar-se no mundo europeu, mas manteve-se desconhecidos nas culturas orientais.
e) está superado no mundo atual, não merecendo atenção dos estudos jurídicos contemporâneos.

13. (UFTM-MG)

> *Os romanos deram o nome de pax romana ao período de estabilização das fronteiras. Nesse período, 300 mil soldados, deslocando-se rapidamente pelas estradas do Império, defenderam as fronteiras junto aos rios Reno e Danúbio contra as incursões das tribos germânicas, contiveram invasões orientais e sufocaram rebeliões internas. A paz romana foi, antes de tudo, uma "paz armada", o maior símbolo do apogeu do Império, que, no entanto, já carregava em seu interior os sinais de sua decadência.*
>
> (Flavio de Campos e Renan Garcia Miranda, *A escrita da História*)

O fim das conquistas romanas

a) fortaleceu os plebeus, em especial os mais ricos, que conquistaram a instituição do tribunato da plebe e a permissão do casamento com os patrícios.
b) provocou a guerra de Roma contra Cartago – as Guerras Púnicas –, pois os cartagineses colocaram em risco as conquistas romanas na Sicília e no norte da África.
c) gerou o término do suprimento de escravos, decorrendo disso todo um processo de desordem econômica em Roma, com a fragilização do Exército e o avanço dos germanos.
d) estabeleceu uma nova condição jurídica para os plebeus, que não podiam mais ser vítimas da escravização por dívidas e foram beneficiados com a distribuição de terras.
e) motivou o crescimento dos espaços urbanos no Império, com o consequente aumento das atividades manufatureiras e comerciais, além do crescimento da população.

14. (UFJF-MG) A partir do século III assiste-se ao longo processo de crise do Império Romano do Ocidente e ao desenvolvimento das instituições feudais, que daria início ao período medieval. Assinale o item que NÃO se enquadra nesse contexto.

a) A expansão do Império Romano do Ocidente cessou, levando ao decréscimo da obtenção de escravos e riquezas.
b) As fronteiras pouco controladas devido à fragilidade romana possibilitaram a invasão dos povos bárbaros e a fragmentação territorial do Império.
c) O poder político exercido pelas grandes cidades se manteve, levando a um crescimento da urbanização e desenvolvimento das instituições comerciais.
d) Desenvolveu-se o sistema de colonato através do qual escravos e plebeus empobrecidos passaram a trabalhar como colonos nas terras dos grandes proprietários.
e) Iniciaram-se as relações de suserania e vassalagem baseadas em fidelidade e prestação de serviços dos vassalos para com os senhores.

15. (Ufam) Nos últimos anos, a indústria hollywoodiana investiu em filmes sobre a Antiguidade Clássica que se tornaram grandes sucessos. Heróis como Máximo em "Gladiador" ou Aquiles em "Troia" não deixam de representar um estímulo para um conhecimento aprofundado desse momento histórico. A respeito do referido período você pode afirmar que:

I. No século V a.C. os gregos consideravam a polis como o único contexto em que o homem podia realizar as suas capacidades espirituais, morais e intelectuais, ou seja, a sua cidadania.

II. O princípio de liberdade política, fundamental à política grega e estranho à experiência política do Oriente Próximo, era vital para a conformação do ideal democrático no Ocidente.

III. A grande realização de Roma foi transcender a estreita orientação política da cidade-Estado e criar um Estado universal que unificou as diferentes sociedades do mundo mediterrâneo.

IV. Entre os resultados do imperialismo romano sobressaem-se o afluxo de capitais, desenvolvimento de uma economia monetária, a concentração da propriedade fundiária e o crescimento da mão de obra servil.

Com relação a estas afirmativas, você pode concluir que:

a) Todas as proposições estão corretas;
b) Apenas as proposições II, III e IV estão corretas;
c) Apenas as proposições I, II e IV estão corretas;
d) Apenas as proposições I, II e III estão corretas;
e) Todas as proposições estão erradas.

16. (UFFS-SC) Analise o texto abaixo:

O legado romano às tecnologias de construção é inegável. Até hoje são utilizados para as alvenarias......................., para vencer vãos ....e o sistema de ....para as ruas.

Assinale a alternativa que completa **corretamente** as lacunas do texto.

a) a areia; o arco; asfalto
b) o concreto simples; a viga; asfalto
c) o concreto simples; o arco; calçamento
d) a argamassa; a laje; regularização
e) o barro; a treliça; calçamento

17. (Unicamp-SP) O termo "bárbaro" teve diferentes significados ao longo da história. Sobre os usos desse conceito, podemos afirmar que:

a) bárbaro foi uma denominação comum a muitas civilizações para qualificar os povos que não compartilhavam dos valores destas mesmas civilizações.
b) entre os gregos do período clássico o termo foi utilizado para qualificar povos que não falavam grego e depois disso deixou de ser empregado no mundo mediterrâneo antigo.
c) bárbaros eram os povos que os germanos classificavam como inadequados para a conquista, como os vândalos, por exemplo.
d) gregos e romanos classificavam de bárbaros povos que viviam da caça e da coleta, como os persas, em oposição aos povos urbanos civilizados.

18. (UFG-GO) Leia o verbete a seguir.

> ***vândalo*** *(do latim vandalus). S. m. 1. Membro de um povo germânico de bárbaros que, na Antiguidade, devastaram o Sul da Europa e o Norte da África. 2. Fig. Aquele que destrói monumentos ou objetos respeitáveis. 3. Fam. Indivíduo que tudo destrói, quebra, rebenta.*
>
> FERREIRA, Aurélio Buarque de Holanda. *Novo Aurélio Século XXI:* dicionário da língua portuguesa. 3. ed. Rio de Janeiro: Nova Fronteira, 1999. (Adaptado).

O verbete "vândalo" indica que o mesmo termo adquire diferentes significados. O sentido predominante no dicionário citado, e amplamente empregado na cobertura midiática das recentes manifestações no Brasil, decorre da prevalência, na cultura ocidental, de uma

a) visão de mundo dos romanos, que, negando a cultura dos povos germânicos, consolidou a dicotomia entre civilização e barbárie.
b) mentalidade medieval, que, após a queda do Império Romano, se apropriou da herança cultural dos povos germânicos conquistadores, valorizando-a.
c) concepção renascentista, que resgatou os valores cristãos da sociedade romana, reprimidos desde as invasões dos povos bárbaros.
d) imagem construída por povos dominados pelo Império, que identificaram os vândalos como símbolo de resistência à expansão romana.
e) percepção resultante dos conflitos internos entre os povos germânicos que disseminou uma imagem negativa em relação aos vândalos.

19. (Uece)

> "[...] *com seus 10 a 15 mil habitantes, a Pompeia dos anos 70 d.C. apresentava-se como uma cidadezinha provinciana enriquecida. Possuía uma agricultura desenvolvida, que alguns autores consideram capitalista devido à sua orientação para o mercado. No campo, predominavam fazendas escravistas voltadas para a produção de mercadorias, trigo, azeite e, principalmente, vinhos de diversas qualidades: populares, aromatizados, para aperitivo, medicinais, para citar apenas alguns. A criação de gado e a floricultura também eram praticadas no campo. As principais manufaturas encontravam-se concentradas no interior do recinto urbano: fábricas de cerâmica, construção civil, tinturarias, lavanderias, manufaturas têxteis e de confecções, de conservas de peixe e panificadoras. Embora não possamos falar em revolução industrial, não cabe dúvida que a urbanização ligava-se ao papel articulador do mercado numa economia baseada no consumo de massa."*
>
> FUNARI, Pedro Paulo A. *A vida quotidiana na Roma antiga.* São Paulo: Annablume, 2003. p. 54-55.

No fragmento acima, Pedro Paulo de Abreu Funari se refere a:

a) uma cidade medieval que vivenciou o lento processo de transição da economia rural e agrícola do feudalismo para uma economia urbana e mercantil da modernidade.

b) uma cidade romana que viveu o seu apogeu no período do Império, com grande pujança econômica e desenvolvimento urbano grandioso, até sua destruição pela erupção vulcânica do monte Vesúvio.

c) uma colônia inglesa na América que se desenvolveu autonomamente em relação à sua metrópole, praticando comércio com áreas vizinhas e diversificando suas atividades econômicas.

d) uma cidade europeia que teve seu desenvolvimento econômico ligado ao processo de industrialização de manufaturas têxteis e de confecções desenvolvidas a partir da evolução técnica oportunizada pela revolução industrial moderna.

Leia o texto para responder à(s) questão(ões) a seguir.

Apesar de não ter sido tão complexo quanto os governos modernos, o Império [Romano] também precisava pagar custos muito altos. Além de seus funcionários, da manutenção das estradas e da realização de obras, precisava manter um grande exército distribuído por toda a sua extensão. A cobrança de impostos é que permitia ao governo continuar funcionando e pagando seus gastos.

(Carlos Augusto Ribeiro Machado. *Roma e seu império*, 2004.)

20. (Vunesp-SP) Os gastos militares intensificaram-se a partir dos séculos III e IV d.C., devido

a) ao esforço romano de expandir suas fronteiras para o centro da África.

b) às perseguições contra os cristãos, que, bem-sucedidas, permitiram o pleno retorno ao politeísmo.

c) à necessidade de defesa diante de ataques simultâneos de bárbaros em várias partes da fronteira.

d) aos anseios expansionistas, que levaram os romanos a buscar o controle armado e comercial do mar Mediterrâneo.

e) à guerra contra Cartago pelo controle de terras no norte da África e na Península Ibérica.

21. (Mack-SP) Durante a República Romana, a conquista da igualdade civil e política, os tribunos da plebe e a lei das Doze tábuas foram decorrentes:

a) da marginalização política, discriminação social e desigualdade econômica que afetavam a plebe romana.

b) da crise do sistema escravista de produção, transformando escravos em colonos e consequente declínio da agricultura.

c) do elevado poder do exército, que para conter a pressão das invasões bárbaras realizou reformas político-administrativas.

d) do afluxo de riqueza para Roma devido às conquistas e enfraquecimento da classe equestre.

e) da elevação do cristianismo que pregava a igualdade de todos os homens.

22. (Fuvest-SP) Várias razões explicam as perseguições sofridas pelos cristãos no Império Romano, entre elas:

a) a oposição à religião do Estado Romano e a negação da origem divina do Imperador, pelos cristãos.

b) a publicação do Edito de Milão que impediu a legalização do Cristianismo e alimentou a repressão.

c) a formação de heresias como a do Arianismo, de autoria do bispo Ário, que negava a natureza divina de Cristo.

d) a organização dos Concílios Ecumênicos, que visavam promover a definição da doutrina cristã.

e) o fortalecimento do Paganismo sob o Imperador Teodósio, que mandou martirizar milhares de cristãos.

23. (UFRN) Sidônio Apolinário, aristocrata da Gália romana, escrevendo a um amigo, num período de grandes transformações culturais, assim se expressou:

O vosso amigo Eminêncio, honrado senhor, entregou uma carta por vós ditada, admirável no estilo [...]. *A língua romana foi há muito tempo banida da Bélgica e do Reno; mas se o seu esplendor sobreviveu de qualquer maneira, foi certamente convosco; a nossa jurisdição entrou em decadência ao longo da fronteira, mas enquanto viverdes e preservardes a vossa eloquência, a língua latina permanecerá inabalável. Ao retribuir as vossas saudações o meu coração alegra-se dentro de mim por a nossa cultura em desaparição ter deixado tais traços em vós* [...].

Apud PEDRERO-SÁNCHEZ, Maria Guadalupe. *História da Idade Média: textos e testemunhas*. São Paulo: Editora UNESP, 2000. p. 42-43.

A opinião contida no fragmento da carta está diretamente relacionada às

a) invasões dos territórios do Império Romano pelos povos germânicos, provocando mudanças nas instituições imperiais.

b) influências da cultura grega sobre a latina após a conquista da Grécia pelos romanos e sua anexação ao Império.

c) vitórias dos romanos sobre Cartago nas chamadas Guerras Púnicas (264-146 a. C.), impondo a cultura do Império a todo o norte da África.

d) crises que se abateram sobre o Império Romano depois do governo de Marco Aurélio (161-180 d. C.), quando o exército passou a controlar o poder.

24. (Unaerp-SP) Na história de Roma, o século III da era cristã é considerado o século das crises. Foi nesse período que:

a) As tensões geradas pelas conquistas se refletiram nas contendas políticas, criaram um clima de constantes agitações, promovendo desordens nas cidades.

b) O exército entrou em crise e deixou de ser o exército de cidadãos proprietários de terras.

c) O império romano começou a sofrer a terrível crise do trabalho escravo, base principal de sua riqueza.

d) Os soldados perderam a confiança no Estado e tornaram-se fiéis a seus generais partilhando com eles os espólios de guerra.

e) Os conflitos pela posse da terra geraram a Guerra Civil.

O IMPÉRIO BIZANTINO

Império Romano

Expansão do cristianismo

Ocidente (Roma)

Dependência da expansão ↔ **Invasões bárbaras**

Queda e fragmentação

Oriente (Bizâncio)

Dinamismo comercial e menor dependência da expansão

Império Bizantino

Justiniano (527-565)
Apogeu do Império Bizantino

Reconquista temporária do Império do Ocidente

Divergências com Igreja Romana

Cesaropapismo
Recusa em reconhecer o papa
Iconoclastia

Cisma do Oriente (1054)

Coleção Stapleton, Londres/The Bridgeman/Keystone

Igreja católica romana (Ocidente)

Sem unidade política: ocidente medieval.

Igreja cristã ortodoxa (Oriente)

Império Bizantino, até sua desagregação com a conquista dos turcos otomanos e a tomada de Constantinopla, em 1453.

Exercícios

1. (UFPB) A imagem abaixo está em um mosaico da igreja de San Vitale, na cidade de Ravena, na Itália. A figura é de influência cultural bizantina e representa o imperador Justiniano cercado de cortesãos.

Reprodução/UFPB-RS

O Império Romano do Oriente tinha como capital Constantinopla. Originou-se da divisão do Império Romano em 395 d.C. e, no período medieval, passou a ser mais conhecido como Império Bizantino, perdurando cerca de mil anos, até 1453 d.C., quando foi dominado pelos turcos. A sua longa duração produziu uma civilização que deixou uma herança cultural com repercussões significativas até os dias atuais.

Da herança cultural bizantina fazem parte:

(1) O *Corpus Juris Civilis*, uma compilação da legislação e jurisprudência romanas e, também, bizantinas, base do direito civil moderno em muitos países.

(2) A atitude iconoclasta, contra a adoração de imagens nas igrejas, contribuição de considerável influência sobre o catolicismo ocidental.

(4) A religião cristã ortodoxa, decorrente do chamado Cisma do Oriente, devido a disputas político-religiosas com o Papado de Roma.

(8) A organização de uma cultura artística laica, desvinculada da religião, especialmente na pintura dos ícones e na arquitetura.

(16) A separação entre Igreja e Estado, ardorosamente defendida pelos adeptos do Estado laico, concepção política decisiva na formação do Estado ocidental moderno.

2. (UFPB) Em inícios do século VIII, o império Bizantino, tendo à frente Leão Isáurico, encontrava-se abatido diante da expansão muçulmana. Leão entendeu que as derrotas do Império deviam-se à adoração crescente dos fiéis às imagens de santos e resolveu destruí-las.

Esse movimento ficou conhecido como:

a) Monofisista
b) Cesaropapista
c) Iconoclasta
d) Telefisista
e) Legitimista

3. (PUC-PR)

> *É bizantino esperar de uma política bancária que aumenta os depósitos compulsórios e que eleva a alíquota do PIS/Cofins uma redução expressiva das taxas de crédito. Também o é culpar a Selic e o lucro dos bancos pelos empréstimos caros no Brasil, ignorando as demais causas. A superação da barreira do crédito demanda um diagnóstico realista e a eliminação das bizantinices.*
>
> (Roberto Luis Troster, *Folha de S.Paulo*, 03. ago.2006, p. A3).

O autor nos compara, com muita propriedade, com o Império Bizantino, onde:

a) o povo não era atingido por tributações exageradas, causa da paz e equilíbrio sempre presentes naquela sociedade.
b) seus habitantes deleitavam-se com discussões filosóficas, sutis e que não levavam a nenhuma conclusão.
c) as decisões econômicas eram tomadas democraticamente.
d) havia programas de previdência e aposentadorias bastante complexos.
e) as decisões políticas eram tomadas com grande objetividade e rapidez.

4. (Vunesp-SP) É certo que as civilizações da Antiguidade legaram à posteridade um respeitável acervo cultural. No entanto, para superar equívoco, assinale a alternativa INCORRETA.

a) A pintura egípcia revela belos exemplos de descrição de movimento, sendo a figura humana representada com a cabeça e os pés de perfil.
b) Entre as Civilizações Mesopotâmicas que se desenvolveram no vale dos rios Tigre e Eufrates, predominou, durante certo tempo, a forma asiática de produção.
c) No período denominado Homérico, houve a dissolução das comunidades gentílicas e a formação gradativa das cidades-Estado da Grécia.
d) A escrita egípcia era em caracteres cuneiformes.
e) O Direito Romano, sujeito a novas interpretações, tornou-se parte importante do Código de Justiniano, influenciou juristas da Idade Média e até das fases históricas subsequentes.

5. (UFPE) Um estudo da economia bizantina no período medieval:

a) atesta um grande desnível social, com a presença da servidão, de latifundiários aristocratas e de uma Igreja de grande poder político;
b) registra a falta de prestígio dos comerciantes, que levavam uma vida urbana simples e sem ostentação;
c) mostra uma atividade comercial pouco desenvolvida e muito semelhante à do feudalismo europeu;

d) revela a força dessa economia, em razão das pequenas propriedades administradas com o apoio do poder estatal;
e) evidencia a falta de apoio do Estado na gestão dos negócios, devido à presença soberana da Igreja.

6. (Mack-SP) O ano de 1054 foi marcado pelo "Cisma do Oriente". Após um longo processo de conflitos, ocorreu a ruptura entre o papado romano e o patriarca de Constantinopla, ocasionando:

a) a criação da igreja Cristã Ortodoxa Grega.
b) a transferência da sede do papado para a cidade de Avignon.
c) o conflito denominado Querela das Investiduras.
d) a fundação da Igreja Cristã Protestante.
e) a divisão do Clero em secular ortodoxo e regular monástico.

7. (Ufes)

> *Segundo a crença dos cristãos de Bizâncio, os ícones (imagens pintadas ou esculpidas de Cristo, da Virgem e dos Santos) constituíam a "revelação da eternidade no tempo, a comprovação da própria encarnação, a lembrança de que Deus tinha se revelado ao homem e por isso era possível representá-Lo de forma visível".*
>
> (Franco Jr., H. e Andrade Filho, R. O. *O Império Bizantino*. São Paulo: Brasiliense, 1994. p. 27).

Apesar da extrema difusão da adoração dos ícones no Império Bizantino, o imperador Leão III, em 726, condenou tal prática por idolatria, desencadeando assim a chamada "crise iconoclasta".

Dentre os fatores que motivaram a ação de Leão III, podemos citar o (a):

a) intolerância da corte imperial para com os habitantes da Ásia Menor, região onde o culto aos ícones servia de pretexto para a aglutinação de povos que pretendiam se emancipar.
b) necessidade de conter a proliferação de culto às imagens, num contexto de reaproximação da Sé de Roma com o imperador bizantino, uma vez que o papado se posicionava contra a instituição dos ícones e exigia a sua erradicação.
c) tentativa de mirar as bases políticas de apoio à sua irmã, Teodora, a qual valendo-se do prestígio de que gozava junto aos altos dignitários da Igreja Bizantina, aspirava secretamente a sagrar-se imperatriz.
d) aproximação do imperador, por meio do califado de Damasco, com o credo islâmico que, recuperando os princípios originais do monoteísmo judaico-cristão, condenava a materialização da essência sagrada da divindade em pedaços de pano ou madeira.
e) descontentamento imperial com o crescente prestígio e riqueza dos mosteiros (principais possuidores e fabricantes de ícones), que atraíam para o serviço monástico numerosos jovens, impedindo-os, com isso de contribuírem para o Estado na qualidade de soldados, marinheiros e camponeses.

8. (Vunesp-SP) A civilização bizantina floresceu na Idade Média, deixando em muitas regiões da Ásia e da Europa testemunhos de sua irradiação cultural. Assinale importante e preponderante contribuição artística bizantina que se difundiu expressando forte destinação religiosa:

a) adornos de bronze e cobre.
b) aquedutos e esgotos.
c) telhados de beirais recurvos.
d) mosaicos coloridos e cúpulas arredondadas.
e) vias calçadas com artefatos de couro.

9. (PUC-Campinas) O Império Bizantino, ao longo de sua história, apresentou um governo que se caracterizou por:

a) proporcionar condições sociais que possibilitaram eliminar, desde suas origens, o problema da escravidão.
b) procurar eliminar suas origens romanas e por restringir o poder dos soberanos, que era bastante limitado.
c) apresentar um caráter despótico associado à grande influência religiosa, dando-lhe uma feição teocrática.
d) controlar, chegando a eliminar completamente, o poder da burocracia no Estado.

10. (FGV-SP) Entre as múltiplas razões que explicam a sobrevivência do Império Romano no Oriente, até meados do século XV, está a:

a) capacidade política dos bizantinos em manter o controle sobre seu território subordinado a uma Monarquia Despótica e Teocrática;
b) autonomia comercial das Cidades-estados otomanas subordinadas ao Império Romano do Ocidente;
c) essencial ruralização da sociedade para proteger-se de migrações desagregadoras;
d) capacidade do Sultão Maomé II de manter, ao longo de seu governo, a unidade otomana do Império Bizantino;
e) política descentralizada, consequência das migrações gregas e romanas.

11. (PUC-PR) No século VI, o Império Bizantino foi governado pelo seu mais célebre imperador, Justiniano. Conseguiu anexar várias regiões ao seu território, praticou o cesaropapismo, isto é, fazia constantes intervenções nos assuntos religiosos e mandou edificar a suntuosa Igreja de Santa Sofia. Na cultura jurídica, organizou o *Corpus Juris Civilis*, no qual podemos destacar:

I. Um código, que continha toda a legislação romana revisada desde o imperador Adriano.
II. O *Digesto* ou *Pandectas*, que incluía um sumário da jurisprudência romana.
III. A *Recomendação*, que teve suas origens no antigo patronato romano.
IV. As *Institutas*, que constituíram um resumo para ser utilizado pelos estudiosos de Direito.

V. As *Novelas* ou *Autênticas*, que reuniam as novas leis do imperador.

VI. O *Dominus Noster*, inspiração nas Monarquias despóticas e teocráticas do Oriente.

VII. As leis Licínia e Ogúlnia, que tratavam de assuntos referentes ao Direito Civil e ao Direito Penal.

a) I, II, IV e V.
b) I, II, III e VII.
c) II, III e IV.
d) II, IV, VI e VII.
e) I, IV, V e VI.

12. (UFV-MG) O Império Bizantino se originou do Império Romano do Oriente, reunindo diferentes povos: gregos, egípcios, eslavos, semitas e asiáticos. Em razão disso, foi preciso criar um eficiente sistema político e administrativo para dar força e coesão àquele mosaico de povos e culturas. Sobre o Império Bizantino é INCORRETO afirmar que:

a) a religião fornecia a fundamentação do poder imperial, mas absorvia grande parte dos recursos econômicos, originando várias crises.
b) a intolerância religiosa não deixava espaço de autonomia para que os indivíduos escolhessem seus próprios caminhos para a salvação.
c) a estrutura eclesiástica era extensa e muito influente, provocando intensa espiritualidade popular e várias controvérsias teológicas.
d) a fusão entre poder temporal e poder espiritual permitia que o imperador indicasse laicos para postos na hierarquia eclesiástica.
e) a importância política do imperador impediu que o patriarcado se desenvolvesse independentemente, tal como o Papado do Ocidente.

13. (Vunesp-SP) Observe a figura.

Reprodução/Vunesp-SP, 2010

Madona e Filho, Berlinghiero, século XII.
(www.literaria.net/RP/L2/RPL2.htm)

O ícone, pintura sobre madeira, foi uma das manifestações características da civilização bizantina, que abrangeu amplas regiões do continente europeu e asiático. A arte bizantina resultou

a) do fim da autocracia do Império Romano do Oriente.
b) da interdição do culto de imagens pelo cristianismo primitivo.
c) do "Cisma do Oriente", que rompeu com a unidade do cristianismo.
d) da fusão das concepções cristãs com a cultura decorativa oriental.
e) do desenvolvimento comercial das cidades italianas.

14. (UFRGS-RS) Assinale a alternativa que apresenta um dos resultados do entrecruzamento de culturas no Império Bizantino.

a) As artes visuais diversificaram-se a ponto de serem eliminadas as características estéticas de inspiração greco-cristã.
b) A adoração popular a ícones religiosos gerou crises na Igreja de Bizâncio.
c) Elementos clássicos, como a retórica e a língua grega, foram superados em função da interação cultural cosmopolita.
d) A arquitetura passou a primar pela simplicidade, a fim de se adequar à doutrina religiosa ortodoxa.
e) A estrutura jurídica do Império Bizantino não sofreu a influência do direito romano.

15. (ESPM-SP) Observe a imagem, leia o texto e responda:

Reprodução/ESPM-SP, 2012

Depois da queda do Império Romano do Ocidente (476) Roma caiu num período de obscuridade enquanto Constantinopla permanecia o farol da civilização e da cultura, sendo constantemente embelezada por monumentos magníficos. Um deles, Santa Sofia, obra-prima da arquitetura, erguida no século VI e considerada pelos historiadores de arte como a oitava maravilha do mundo. Em 1453 Constantinopla foi submetida ao domínio de outro povo e o monumento passou por modificações exteriores e interiores.

Assinale a alternativa que apresente, respectivamente, os responsáveis pela construção e pelas posteriores alterações em Santa Sofia:

a) gregos – persas;
b) gregos – turcos seljúcidas;
c) bizantinos – árabes muçulmanos;
d) bizantinos – turcos otomanos;
e) francos – hindus.

O ISLÃ E O MUNDO APÓS O SÉCULO V

Áreas cristianizadas

- Antigo Império Romano do Ocidente
- Império Bizantino

Árabes

- Em 622 ocorreu a Hégira, (fuga de Maomé com seus seguidores), marco do início do calendário islâmico.
- Após a morte de Maomé, sua fé seguiu se expandindo e formou-se o Império Islâmico.
- Durante a dinastia Omíada (661-750) a expansão árabe incluiu a península Ibérica.
- Na dinastia Abássida o poder se fragmentou. Ocorreu ainda a divisão religiosa, entre sunitas e xiitas.

China

- Reunificação sob a dinastia Sui (581-618).
- Dinastia Tang (618--907), ponto alto da civilização chinesa (expansão territorial, florescimento cultural, inovações técnicas, confucionismo).
- Conflitos com mongóis e turcos ao norte. Gêngis Khan, centralizou o poder na Mongólia no início do século XIII.
- Kublai Khan concluiu a conquista da China pelos mongóis e deu início à dinastia Yuan (1270-1368).

América

Civilizações andinas

- Império Tiahuanaco e Império Huari, entre os séculos VI e X.
- Posteriormente a região foi dominada pelos incas.

Maias

- Desenvolveu-se entre os séculos III e X.
- Cidades-Estado, com a sociedade hierarquizada e agrária.
- Avanços técnicos e científicos e escrita hieroglífica.

Cultura de Teotihuacán

- Língua e origem exatas desconhecidas.
- Teria existido aproximadamente do século I a.C. ao X d.C.
- Construíram grandes pirâmides.
- Sucedidos por toltecas e astecas.

África

Reino de Axum

- Conquista do Reino de Kush pelo Reino de Axum (325).
- Ampla rede de navegação e comércio, alfabeto próprio, aliança com o Império Bizantino, presença do cristianismo.
- Enfraquecimento com a unificação islâmica no século VII.

Norte da África

Ocupação pelos vândalos (429), conquista pelo Império Bizantino (533-548), domínio islâmico a partir do século VII.

Reino de Gana

- Consolidação no século IV.
- Estrutura política não centralizada.
- Comércio com os berberes.
- Beneficiado pela expansão muçulmana, teve seu auge econômico no século VIII.

Exercícios

1. (UFRS) O texto abaixo refere-se aos progressos de uma importante civilização dentro da História da Humanidade nos séculos VII ao XIV da era cristã. A partir das informações fornecidas, identifique o povo que marca esta civilização, indicando, também, a religião, o livro sagrado, o profeta, a principal cidade e a atividade econômica que caracterizam este povo.

Um povo, até então quase desconhecido, unificara-se levado pelo impulso de uma nova religião. [...] Os mais antigos Estados desmoronavam e, do Sir-Daria ao Senegal, as religiões estabelecidas inclinavam-se diante de uma recém-chegada, a mesma que, hoje, conta cerca de 300 milhões de fiéis. A nova civilização resultante destas conquistas alinhar-se-ia entre as mais brilhantes e seria, de vários pontos de vista, a preceptora do Ocidente, depois de ter por sua vez recolhido, vivificando-a, grande parte do legado antigo.

PERROY, E. "A Preeminência das Civilizações Orientais". *In*: CROUZET, M. *História Geral das Civilizações*. Tomo III, p. 95.

a) árabes - islamismo - Novo Testamento - Cristo - Bombaim - agricultura
b) hebreus - judaísmo - Antigo Testamento - Moisés - Jerusalém - comércio
c) árabes - budismo - Corão - Maomé - Meca - artesanato
d) persas - zoroastrismo - Livro dos Ensinamentos - Nostradamus - Bagdá - artesanato
e) árabes - islamismo - Corão - Maomé - Meca - comércio

2. (Vunesp-SP)

Os muçulmanos entenderam que deveriam constituir uma frota para o Mediterrâneo. O resultado inicial foi a conquista de Chipre e de Rodes. A Córsega foi ocupada em 809, a Sardenha em 810, Creta em 829, a Sicília em 827. As cidades fundadas pelos gregos na Sicília foram sendo conquistadas. Palermo caiu em 831, Messina em 843, Siracusa em 848, Taormina em 902.

RISLER, Jacques Risler. *A civilização árabe*, 1955.

Esta ocupação resultou

a) no clima de intolerância religiosa e de perseguição ao cristianismo no conjunto das regiões ocupadas pelos árabes.
b) na decadência acentuada do patrimônio cultural, científico e filosófico da civilização grega antiga e clássica.
c) na derrocada dos regimes democráticos do Ocidente, inspirados no modelo da antiga democracia ateniense.
d) na reconquista, pelos muçulmanos, de muitas regiões e cidades invadidas pelo movimento das Cruzadas europeias.
e) no aprofundamento da crise da atividade comercial europeia, com o consequente deslocamento da população para os campos.

3. (Mack-SP)

Em terras do Islão, era difícil separar Estado e religião. A palavra Islão designa o mundo dos crentes, dos que acreditam em um só deus e obedecem a um só chefe, Maomé, e a seus sucessores, os califas. Tem, portanto, significado religioso e político, isto é, designa um Estado Teocrático, em que o chefe religioso e o chefe político são um só.

José Jobson de A. Arruda, *Toda a História*.

A respeito da religião fundada por Maomé, pode-se, corretamente, afirmar que:

a) criou uma unidade político-religiosa, que possibilitou a expansão dos árabes.
b) impediu o expansionismo árabe para além das fronteiras do Oriente Médio.
c) concedeu autonomia aos califados e favoreceu a expansão do politeísmo islâmico.
d) reafirmou os antigos princípios da idolatria existentes na cidade de Meca.
e) negou a legitimidade da guerra como instrumento de difusão da fé islâmica.

4. (Uece - adaptada) Sobre os fundamentos do Islã ou Islame, assinale o correto.

a) É uma religião politeísta que surgiu no final do século IV d.C. e tem em Maomé seu principal mártir. Seu livro sagrado é o Talmude.
b) É uma religião monoteísta que surgiu no século X d.C. Sua sede religiosa é a cidade de Medina e seu livro sagrado é a Kaaba.
c) É uma religião politeísta que surgiu no século I d.C. Sua sede é Jerusalém, Maomé seu fundador e não tem um livro sagrado.
d) É uma religião monoteísta que surgiu no século VII d.C. Seu profeta é Maomé e seu livro sagrado é o Alcorão.
e) É uma religião politeísta que surgiu no século XX. Sua sede religiosa é Bagdá, Saddan Hussein seu fundador e seu livro sagrado é o Antigo Testamento.

5. (UFJF-MG) O islamismo, religião fundada por Maomé e de grande importância na unidade árabe, tem como fundamento:

a) o monoteísmo, influência do cristianismo e do judaísmo, observado por Maomé entre povos que seguiam essas religiões.
b) o culto dos santos e profetas através de imagens e ídolos.
c) o politeísmo, isto é, a crença em muitos deuses, dos quais o principal é Alá.
d) o princípio da aceitação dos desígnios de Alá em vida e a negação de uma vida pós-morte.
e) a concepção do islamismo vinculado exclusivamente aos árabes, não podendo ser professado pelos povos inferiores.

6. (Vunesp-SP) O islamismo, ideologia difundida a partir da Alta Idade Média, em que o poder político confunde-se com o poder religioso, era dotado de certa heterogeneidade, o que pode ser constatado na existência de seitas rivais como:

a) politeístas e monoteístas
b) sunitas e xiitas
c) cristãos e muezins
d) sunitas e cristãos
e) xiitas e politeístas

7. (UFRN) A expansão do Império Muçulmano, durante a época medieval, está ligada ao crescimento do Islamismo. Pode-se afirmar, também, que a expansão muçulmana:

a) criou um intercâmbio comercial entre Oriente e Ocidente, o qual estimulou o aumento da produção, a difusão de técnicas e a propagação de mercadorias;
b) exerceu uma grande influência sobre as crenças do Oriente, sendo a principal fonte de desenvolvimento do monoteísmo no Império Bizantino;
c) decorreu da crescente necessidade de mercados fornecedores de escravos para a produção de seda, comercializada pelas tribos da Península Arábica;
d) resultou de um processo de unificação político-administrativa das diversas tribos arábicas que lutavam contra a dominação da Igreja Católica.

8. (UFSE)

I. Os intelectuais árabes interessavam-se por diversos ramos de estudos ao mesmo tempo; o sábio Al-Biruni, por exemplo, era matemático, astrônomo, botânico, poeta e historiador.
II. Havia interesse em conciliar a observação rigorosa e desinteressada com as consequências práticas das novas descobertas; por outro lado, as descobertas do dia a dia contribuíam para aumentar o rigor das observações e análises dos estudiosos árabes.
III. Os estudiosos se orientavam pelo raciocínio lógico, pela observação direta e pela experimentação, sem se atrelarem a especulações religiosas.

Com base nos itens I, II e III pode-se afirmar que as características comuns que marcaram a atividade intelectual dos árabes, nas diversas áreas do conhecimento na época da expansão do islamismo, foram, respectivamente:

a) o antropocentrismo, o ecletismo e a crítica a concepções religiosas;
b) a praticidade, o naturalismo e a influência do ritualismo religioso;
c) a originalidade, o naturalismo e a harmonia da fé com a razão;
d) o ecletismo, a praticidade e a pouca influência religiosa;
e) o cosmopolitismo, o misticismo e o ritualismo religioso.

9. (PUCC-SP) Para compreender a unificação religiosa e política da Arábia por Maomé, é necessário conhecer:

a) a atuação das seitas religiosas sunita e xiita, que contribuíram para a consolidação do Estado teocrático islâmico.
b) os princípios legitimistas obedecidos pela tribo coraixita, da qual fazia parte.
c) os fundamentos do sincretismo religioso que marcou a doutrina islâmica.
d) as particularidades da vida dos árabes nos séculos anteriores ao surgimento do islamismo.
e) a atuação da dinastia dos Omíadas que, se misturando com os habitantes da região do Maghreb, converteram-se à religião muçulmana e passaram a ser chamados de mouros.

10. (Faap-SP) O Império Islâmico, que dominou grande parte do mundo medieval, chegou a alcançar um notável desenvolvimento científico. Para que isso acontecesse, muito contribuíram os conhecimentos que sobreviveram de uma civilização anterior. Que civilização foi essa?

a) Germânica
b) Babilônica
c) Grega
d) Romana
e) Egípcia

11. (UFMS) Analise as alternativas abaixo e, em seguida, aponte qual(is) está(ão) correta(s):

I. O budismo, religião que não considera a ideia de um deus ou de um ser supremo que controla o universo, baseia-se na vida e nos ensinamentos de Sidartha Gautama, que ensinou a forma de superar a miséria da existência.
II. O islamismo tem cinco princípios básicos: a profissão da fé; a oração, que se faz cinco vezes ao dia; o *zakat*, imposto obrigatório e destinado a atender aos necessitados; o jejum de Ramadã; e o *hadj* ou a peregrinação a Meca.
III. O cristianismo, especialmente o catolicismo romano, é a única das grandes religiões que está submetida ao controle do clero organizado e considera a ideia de um deus ou ser supremo que controla o Universo.
IV. O budismo, religião que considera a ideia de um deus ou de um ser supremo que controla o Universo, baseia-se na vida e nos ensinamentos de Buda, que ensinou a forma de superar a miséria da existência.

a) As afirmativas I e II estão corretas e as III e IV estão erradas.
b) As afirmativas I, II e III estão corretas e a IV está errada.
c) As afirmativas II e III estão corretas e as I e IV estão erradas.
d) As afirmativas II e IV estão corretas e as I e III estão erradas.
e) As afirmativas I e III estão corretas e as II e IV estão erradas.

12. (Upis-DF) Em 711, os muçulmanos atravessaram o Estreito de Gibraltar e conquistaram quase toda a Península Ibérica. Depois transpuseram os Pireneus e entraram na Gália, mas foram derrotados em 732 por Carlos Martel na famosa Batalha de:

a) Aljubarrota
b) Poitiers
c) Waterloo
d) Alcáder-Quebir
e) Granada

13. (Unifor-CE) Observe atentamente a foto da Mesquita de Córdoba, construída, na Espanha, entre os séculos VIII e X.

Neirfy/Shutterstock/Glow Images

COSTA, Luis C. A.; MELLO, Leonel, I. A. *História antiga e medieval*. São Paulo: Scipione, 1993. p. 249.

A mesquita foi idealizada e construída pelos muçulmanos. Sobre eles pode-se afirmar que:

a) desconheciam técnicas de navegação até a sua chegada à Europa, quando tomaram contato e aperfeiçoaram a bússola e a pólvora;
b) proporcionaram grande contribuição aos povos da península Itálica e Balcânica na Europa, mas não conseguiram o mesmo sucesso na península Ibérica;
c) impediram que os europeus praticassem quaisquer atividades comerciais, em razão do domínio que exerceram sobre o mar Mediterrâneo por quase oito séculos;
d) se destacaram pela intolerância com que tratavam os povos dominados, desrespeitando as culturas locais e a religião, em prejuízo das atividades produtivas;
e) difundiram valores culturais da Antiguidade Clássica no mundo ocidental, no contexto marcado pelo expansionismo territorial.

14. (UPE) Muitas vezes, dá-se um destaque exagerado às guerras comandadas pelos árabes nos tempos medievais, enquanto as suas contribuições culturais permanecem como exemplos da riqueza de seus feitos. Além disso, as suas atividades comerciais dão mostras do dinamismo dos árabes, pois:

a) conseguiram dominar o comércio medieval, trazendo mercadorias do Oriente para a Europa Central, em grande quantidade;
b) utilizaram muitos instrumentos comerciais como cartas de crédito e companhias de ações para facilitar os negócios;
c) centralizaram suas atividades em corporações estatais bastante produtivas, com manufaturas articuladas com a exportação comercial;
d) desenvolveram rotas comerciais no Oceano Pacífico, por onde exportavam seda e pólvora para as cidades da Ásia;
e) tiveram boas relações com as cidades francesas e italianas durante os séculos finais da Idade Média, vendendo-lhes especiarias do Oriente.

15. (UEFS-BA) Depois de passar a tocha que ajudou a iluminar a Era das Trevas na Europa, os árabes entraram num longo e agitado sono, do qual só agora começam a despertar. Desde a Segunda Guerra Mundial, libertos por fim de séculos de domínio estrangeiro, abençoados com os recursos trazidos pelo petróleo e agora aproveitando a tecnologia ocidental, os povos árabes, há tanto tempo divididos, mais uma vez buscam a unidade. *Nahda*, assim os árabes chamam essa renascença. Até agora não passa de um sentimento, um começo, um espírito que se nota no mundo árabe.

> *"A época dos impérios passou", comentou certa noite um amigo de Meca. "Mas com certeza iremos, com a permissão de Alá, reflorescer de novo, unificados por nossa religião, cultura e língua."*
>
> *E contou a história do cético que provocou Maomé sobre a promessa islâmica de ressurreição: "Que poder seria capaz de trazer o homem de volta à vida, depois de transformado em ossos e pó?"*
>
> *"O mesmo que criou o homem a partir da argila", respondeu imperturbável o Profeta.*
>
> BELT, 2001, p. 143.

A partir da análise do texto e dos conhecimentos sobre a civilização muçulmana, pode-se afirmar:

a) Os países muçulmanos defendem, na atualidade, o restabelecimento do Império Islâmico e o domínio dos povos cristãos ocidentais.
b) A dominação europeia sobre o mundo muçulmano, no contexto da Segunda Guerra Mundial, deveu-se ao apoio desses povos à Alemanha hitlerista.
c) A expansão muçulmana, a partir do século VIII, estabeleceu grandes avanços técnicos, filosóficos, culturais e científicos na sociedade europeia.
d) A Europa só conseguiu superar o obscurantismo medieval, a ignorância e a ausência de produção filosófica e cultural a partir da dominação muçulmana.
e) A unidade religiosa dos muçulmanos possibilitou que, durante a dominação imperialista, suas fronteiras políticas e divisões étnicas e culturais fossem respeitadas pelos europeus.

SURGIMENTO DA EUROPA: A ALTA IDADE MÉDIA

A Alta Idade Média (séculos V-X)

Museu de Arte, Berna, Suíça.

Migrações bárbaras

↓

Desagregação do Império Romano do Ocidente

↓

- Fuga para o campo / Ruralização
- Guerras constantes / Construções fortificadas
- Redução do comércio

↓

Formação do feudalismo (Alta Idade Média)

A formação do reino franco

Fundação

Dinastia Merovíngia

Dinastia Carolíngia

↓

Apogeu – Carlos Magno coroado pelo papa como imperador do Ocidente (800)

↓

- Domínio de vastos territórios
- Renascimento cultural carolíngio
- Divisão da administração (condes, marqueses)

↓

Divisão do Império pelos sucessores: Tratado de Verdun

↓

Fim da dinastia Carolíngia (século X)

A sociedade feudal

Senhores feudais — Relações de suserania e vassalagem

↓

- Nobreza → Monopólio da força
- Clero — Predomínio do pensamento religioso → Monopólio da Igreja

↓

Servos — Subordinados e obrigados a pagar tributo

Exercícios

1. (Fuvest-SP) Qual a diferença entre as obrigações de um vassalo e as de um servo na sociedade feudal?

2. (PUC-PR) Dentre os vários reinos bárbaros que se formaram na Europa, após a queda do Império Romano Ocidental, um teve grande destaque, em virtude de personagens como Clóvis e Carlos Magno.

   O grupo germano organizador de tal reino foi o dos:

   a) saxões.
   b) godos.
   c) ostrogodos.
   d) francos.
   e) vândalos.

3. (UFRS) Analise as afirmações abaixo, relativas à formação da sociedade feudal.

   I- A origem da condição servil está relacionada com o sistema do "colonato", que remonta ao século IV da era cristã.

   II- O processo de feudalização implicou enfraquecimento do poder real, já que cada feudo tinha autonomia e era governado pelo seu senhor.

   III- Neste processo, a cidade nunca deixou de cumprir seu papel, já que nela se concentravam os senhores feudais e os principais centros de produção.

   Quais estão corretas?

   a) Apenas I.
   b) Apenas II.
   c) Apenas I e II.
   d) Apenas I e III.
   e) I, II e III.

4. (Mack-SP)

   Eis dois homens frente a frente: um que quer servir; o outro, que aceita ou deseja ser chefe. O primeiro une as mãos e assim juntas coloca-as nas mãos do segundo [...] ao mesmo tempo a personagem que oferece as mãos pronuncia algumas palavras, muito breves, pelas quais se reconhece o homem de quem está na sua frente. Depois, chefe e subordinado beijam-se na boca: símbolo de acordo e de amizade. Eram estes os gestos que serviam para estabelecer um dos vínculos mais fortes que a época feudal conheceu.

   (Marc Bloch)

   Trata-se da cerimônia denominada *Homenagem* que tinha por finalidade:

   a) obrigar os membros do clero regular a aceitar a imposição de um dogma religioso.
   b) estabelecer um vínculo de obrigações feudais entre o servo da gleba e o senhor feudal.
   c) celebrar a vitória dos cavaleiros cristãos na luta contra os muçulmanos pagãos.
   d) oficializar uma relação de dependência recíproca entre um suserano e seu vassalo.
   e) sacralizar os acordos de união e amizade entre os padres e seus fiéis servos.

5. (PUC-RS) Dentre os reinos bárbaros, surgidos após as invasões germânicas e o fim do Império Romano, o reino franco foi o mais importante, por que:

   a) os reis francos se converteram ao cristianismo e defenderam o Ocidente contra o avanço dos muçulmanos.
   b) promoveu o desenvolvimento das atividades comerciais entre o Ocidente e o Oriente, através das Cruzadas.
   c) nesse período a sociedade feudal atingiu sua conformação clássica e o apogeu econômico e cultural.
   d) houve uma centralização do poder e viveu-se um período de paz externa e interna, o que permitiu controlar o poder dos nobres sobre os servos.
   e) os reis francos conseguiram realizar uma síntese entre a cultura romana e a oriental, que serviria de inspiração ao Renascimento Cultural do século XIV.

6. (UFC-CE)

   O enorme Império de Carlos Magno foi plasmado pela conquista. Não há dúvida de que a função básica de seus predecessores, e mais ainda a do próprio Carlos, foi a de comandante de exército, vitorioso na conquista e na defesa [...] Como comandante de exército Carlos Magno controlava a terra que conquistava e defendia. Como príncipe vitorioso, premiou com terras os guerreiros que lhe seguiam a liderança...

   ELIAS, Norbert. *O processo civilizatório*. Rio de Janeiro: Zahar, 1993, vol. II, p. 25.

   De acordo com seus conhecimentos e com o parágrafo acima, é correto dizer que a feudalização deveu-se:

   a) à necessidade de conceder terras a servidores, o que diminuía as possessões reais, e enfraquecia a autoridade central em tempos de paz.
   b) à venda de títulos nobiliários e à preservação das propriedades familiares.
   c) à propagação do ideal cavalheiresco de fidelidade do vassalo ao Senhor.
   d) a princípios organizacionais de sistemas ecológicos de agricultura de subsistência.
   e) à teoria cristã que afirmava: "para cada homem, seu rebanho", interpretada, durante a Idade Média, como a fragmentação do poder terreno.

7. (FGV-SP)

   O sacerdote, tendo-se posto em contato com Clóvis, levou-o pouco a pouco e secretamente a acreditar no verdadeiro Deus, criador do Céu e da Terra, e a renunciar aos ídolos, que não lhe podiam ser de qualquer ajuda, nem a ele nem a ninguém [...] O rei, tendo pois confessado um Deus todo-poderoso na Trindade, foi batizado em nome do Pai, do Filho e do Espírito Santo e ungido do santo Crisma com o sinal da cruz. Mais de três mil homens do seu exército foram igualmente batizados [...].

   São Gregório de Tours. A conversão de Clóvis. *Historiae Eclesiasticae Francorum*. *Apud*: PEDRERO-SÁNCHES, M.G., *História da Idade Média. Textos e testemunhas*. São Paulo: Ed. Unesp, 2000, p. 44-45.

A respeito dos episódios descritos no texto, é correto afirmar:

a) A conversão de Clóvis ao arianismo permitiu aos francos uma aproximação com os lombardos e a expansão do seu reino em direção ao norte da Itália.
b) A conversão de Clóvis, segundo o rito da Igreja Ortodoxa de Constantinopla, significou um reforço político-militar para o Império Romano do Oriente.
c) Com a conversão de Clóvis, de acordo com a orientação da Igreja de Roma, o reino franco tornou-se o primeiro Estado germânico sob influência papal.
d) A conversão de Clóvis ao cristianismo levou o reino franco a um prolongado conflito religioso, uma vez que a maioria dos seus integrantes manteve-se fiel ao paganismo.
e) A conversão de Clóvis ao cristianismo permitiu à dinastia franca merovíngia a anexação da Itália a seus domínios e a submissão do poder pontifício à autoridade monárquica.

8. (UFAM) Entre o Édito de Milão (313), a morte de Teodósio (395) e a coroação de Carlos Magno (800), nascera no Ocidente um mundo novo, resultado da convergência e fusão das estruturas romanas e dos povos germânicos. Com relação a esse momento histórico são feitas as seguintes afirmativas:

I. Essa transformação se realiza sob a égide do cristianismo.
II. O traço mais óbvio desse novo mundo não é a unidade política, mas a dicotomia e a mobilidade social.
III. Mesmo vivendo sob uma concepção teocrática de mundo, os homens dessa época conseguiram adotar uma postura clássica.
IV. Durante todo esse período as relações econômicas tinham como principais características a escassez endêmica e o recrudescimento do comércio da produção artesanal.

Com base nas afirmações, qual das opções abaixo é a correta?

a) A proposição III;
b) A proposição I;
c) A proposição II;
d) A proposição IV;
e) Todas as proposições.

9. (UFPA) Para o historiador Le Goff:

> *A grandiosa construção carolíngia, com efeito, ia durante o século IX desagregar-se rapidamente sob os golpes conjugados dos inimigos exteriores – novos invasores e dos agentes de fragmentação internos.*
>
> (LE GOFF, Jacques. *A civilização do Ocidente medieval.* Lisboa: Estampa, 1984, p. 71).

O processo de fragmentação interna do império carolíngio, aludido pelo historiador, refere-se à própria forma de governo e às relações de poder do império instauradas por Carlos Magno, fundadas em razão de vários fatores, entre os quais, a

a) doação de terras a seus vassalos como forma de retribuição pelo auxílio militar prestado na conquista da Germânia e da Lombardia; o que esfacelou o poder do imperador nos territórios conquistados.
b) distribuição de foros e tenças aos seus vassalos, em troca da participação das guerras de reconquista da França do poder dos muçulmanos, que haviam ocupado a região no início de seu reinado.
c) doação de terras em sesmarias aos marqueses, responsáveis pela segurança militar das fronteiras do império (as marcas) ensejou a desagregação da autoridade do imperador nas mãos desses indivíduos cada vez mais poderosos.
d) distribuição de benesses e favores na Corte carolíngia, que se constituiu como espaço de negociação política entre os poderosos do reino, tornando-se Terceiro Estado francês.
e) doação de terras e benefícios a indivíduos de quem o imperador esperava fidelidade, o que incitou, por sua vez, a multiplicação das redes de vassalagem com vistas à garantia de ajuda militar.

10. (UEPB) Um dos reinos germânicos que mais se destacaram no território do antigo império romano foi o dos francos. Sobre os francos é correto afirmar:

a) Pepino, o breve, foi o principal perseguidor do cristianismo da dinastia carolíngea.
b) Carlos Magno incentivou a atividade intelectual nos mosteiros e procurou cercar-se de religiosos conhecidos pela erudição.
c) Clóvis, da dinastia merovíngea, recebeu o apoio do islamismo no projeto de unificação do território.
d) Carlos Martel foi derrotado pelos árabes em 732, na batalha de Poitiers.
e) Os condes não podiam legislar, nem administrar a justiça, limitando-se à função de fiscalizar os condados.

11. (FGV-SP)

> *Em primeiro lugar, fizeram homenagem desta maneira: o conde perguntou ao futuro vassalo se queria tornar-se seu homem sem reservas, e este respondeu: "Eu o quero"; estando então suas mãos apertadas nas mãos do conde, eles se uniram por um beijo. Em segundo lugar, aquele que havia feito homenagem hipotecou sua fé [...]; em terceiro lugar, ele jurou isto sobre as relíquias dos santos. Em seguida, com o bastão que tinha à mão, o conde lhes deu a investidura [...].*
>
> (Galbert de Bruges, In: FREITAS, Gustavo de. *900 textos e documentos de História.*)

Da situação descrita no documento, resultou:

a) a formação de um exército de mercenários, pois os vassalos lutavam por terras, o que se tornou fundamental às monarquias nacionais.
b) o fortalecimento da autoridade dos monarcas, que ganharam o direito de comandar seus vassalos e, assim, reprimir as rebeliões senhoriais e camponesas.
c) a organização das Cruzadas, devido ao interesse do Papado em reafirmar seu poder sobre a cristandade após o Cisma do Oriente.
d) o surgimento de Estados nacionais, já que os reis conseguiram o apoio militar e financeiro dos nobres em sua luta contra os poderes locais.
e) a fragmentação do poder real, uma vez que os vassalos deviam obediência direta a seu suserano, que exercia autoridade em sua região.

12. (UFC-CE) Acerca dos aspectos socioeconômicos do sistema feudal, é correto afirmar que:

a) era um sistema que tinha como base a existência da pequena propriedade fundiária, com produção de subsistência.
b) foi uma forma de organização do Estado e da sociedade cuja essência residia nos vínculos de subordinação pessoal.
c) impediu o desenvolvimento das cidades e do comércio nos vários séculos em que caracterizou o conjunto do mundo europeu.
d) significou a completa substituição da cultura e das instituições romanas pelas organizações germânicas, difundidas pelos invasores bárbaros.
e) caracterizou-se pelo trabalho escravo e pelo desenvolvimento acelerado das técnicas agrícolas, que garantiu incremento demográfico durante toda a Idade Média.

13. (UFPI) Sobre a queda do Império Romano do Ocidente no ano de 476 d.C. podemos afirmar que:

a) Ocorreu, após os conflitos entre Roma e os cartagineses, o que enfraqueceu as bases econômicas do Império.
b) Teve, no fortalecimento do cristianismo, a única motivação explícita.
c) Foi provocada pela conjugação de uma série de fatores, destacando-se a ascensão do cristianismo, as invasões bárbaras, a anarquia nas organizações militares e a crise do sistema escravista.
d) Teve, na superioridade dos povos bárbaros, a única explicação possível.
e) Teve, em Carlos Magno, Imperador dos francos, a principal liderança político-militar a comandar os povos bárbaros na queda de Roma.

14. (UEL-PR) Observe a figura e leia o texto a seguir:

Reprodução/UEL-PR, 2008

(Disponível em: http://www.culturabrasil.pro.br/imagens/feudalismo1.jpg. Acesso em: 22 jun. 2007.)

Tem-se como absolutamente certo que, a partir do fim do século VIII, a Europa Ocidental regrediu ao estado de região exclusivamente agrícola. É a terra a única fonte de subsistência e a única condição de riqueza. Todas as classes da população, desde o imperador, que não possuía outras rendas além das de suas terras, até o mais humilde dos servos, todos viviam direta ou indiretamente, dos produtos do solo, fossem eles fruto de seu trabalho, ou consistissem, apenas, no ato de colhê-los e consumi-los. [...] Toda a existência social funda-se na propriedade ou na posse da terra.

(PIRENNE, H. *História econômica e social da Idade Média*. São Paulo: Mestre Jou, 1968. p. 13.)

De acordo com os conhecimentos sobre o tema e a sociedade feudal europeia, é correto afirmar:

I. As terras comunais, pastagens naturais, pântanos e florestas eram consideradas propriedade legítima dos camponeses.
II. O rei, considerado soberano absoluto, tinha o poder de administrar os feudos de seus súditos.
III. Os laços de vassalagem também se realizavam entre os senhores feudais.
IV. Os servos eram obrigados a prestar serviços nas terras do manso senhorial para o sustento do senhor feudal.

Assinale a alternativa que contém todas as afirmativas corretas.

a) I e II.
b) I e III.
c) III e IV.
d) I, II e IV.
e) II, III e IV.

15. (UFMS) Acerca da história do Império Carolíngio, é correto afirmar que:

a) o Papa Leão III coroou Carlos Magno como Imperador do "novo Império Romano do Oriente", cuja capital passou a ser Constantinopla;
b) o chamado "Renascimento Carolíngio" também significou um reflorescimento das Letras e das Artes.
c) após a morte de Carlos Magno, o governo foi exercido por seu filho Luís, o Piedoso, que intensificou ainda mais as expedições de conquista;
d) Carlos, o Calvo, e Luís, o Germânico, somaram esforços no sentido de manter a unidade imperial estabelecida por Luís, o Piedoso;
e) o "novo Império Romano do Oriente" foi desmantelado pelos exércitos muçulmanos que se estabeleceram na Península Ibérica.

16. (Vunesp-SP)

[...] *o elemento religioso não limitou os seus efeitos ao fortalecimento, no mundo da cavalaria, do espírito de corpo; exerceu também uma ação poderosa sobre a lei moral do grupo. Antes de o futuro cavaleiro receber a sua espada, no altar, era-lhe exigido um juramento, que especificava as suas obrigações."*

(BLOCH, Marc. *A sociedade feudal*, 1987.)

O texto mostra que os cavaleiros medievais, entre outros aspectos de sua formação e conduta,

a) mantinham-se fiéis aos comerciantes das cidades, a quem deviam proteger e defender na vida cotidiana e em caso de guerra.
b) privilegiavam, na sua formação, os aspectos religiosos, em detrimento da preparação e dos exercícios militares.
c) valorizavam os torneios, pois neles mostravam seus talentos e sua força, ganhando prestígio e poder no mundo medieval.
d) agiam apenas de forma individual, realizando constantes disputas e combates entre si.
e) definiam-se como uma ordem particular dentro da rígida estrutura feudal, mas mantinham vínculos profundos com a Igreja.

AS CRUZADAS DA EUROPA MEDIEVAL

Baixa Idade Média (séculos XI-XV)

Transformações no feudalismo
↓
Aumento populacional
↓
Servos à margem da atividade rural | **Nobres sem terras**

Crescimento do cristianismo
↓
Reconquista da Península Ibérica
↓
Luta contra os "infiéis"

↓

Movimento cruzadista

↓

Papa Urbano II – Concílio de Clermont: convocação dos cristãos ↔ **Interesses comerciais**

1ª Cruzada (1096-1099) – Cruzada dos nobres, chegou a reconquistar Jerusalém, mas depois foi derrotada.
↓
3ª Cruzada (1189-1192) – Cruzada dos reis, estabeleceu acordos diplomáticos que permitiam as peregrinações.
↓
4ª Cruzada (1202-1204) – Cruzada comercial, liderada por mercadores venezianos. Saque de Constantinopla.

Interesses comerciais → Reabertura do Mediterrâneo

1ª, 3ª e 4ª Cruzadas → Reabertura do Mediterrâneo

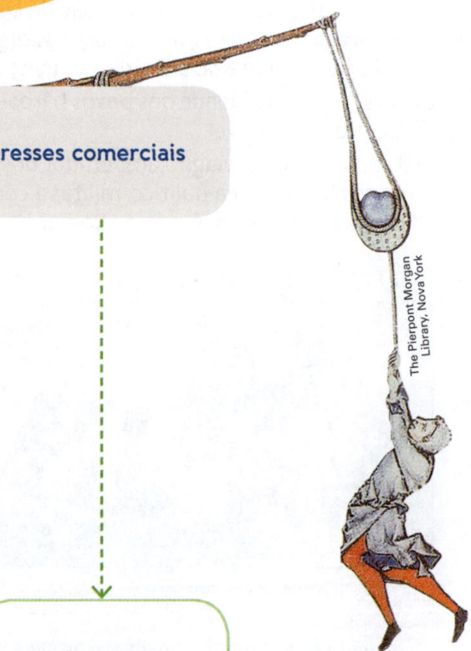
The Pierpont Morgan Library, Nova York

Exercícios

1. (Unir-RO)

A figura abaixo mostra os principais grupos sociais existentes no Ocidente feudal.

Reprodução/Unir-RO, 2010

A partir da ilustração e de seus conhecimentos, assinale a afirmativa correta.

a) A base da sociedade feudal eram os camponeses que, com seu trabalho, sustentavam os clérigos e os senhores feudais.
b) A Igreja, no seu papel de defensora dos mais pobres, combatia os abusos dos senhores feudais em relação aos camponeses.
c) A cavalaria, que tinha a função de proteger a sociedade, era a principal aliada dos camponeses que lutavam contra os poderes eclesiásticos.
d) O rei atuava no sentido de minimizar os conflitos entre a Igreja e a cavalaria.
e) Os principais grupos sociais do Feudalismo eram os burgueses, os clérigos e os cavaleiros.

2. (Ufes)

Reprodução/Ufes, 2007

Na Idade Média havia, para além das fronteiras da Cristandade, diversos povos pagãos, bem como 'infiéis' muçulmanos, que controlavam a Terra Santa. Desse modo, não havia, para o cristão medieval, maior prova de fé do que enfrentar tais inimigos. [...] Muitos cristãos dirigiam-se à Terra Santa para conhecer e adorar a região onde Cristo teria vivido. Outros, participantes de verdadeiras peregrinações armadas, as Cruzadas, procuraram conquistar pela força das armas os lugares desejados pela fé.

(CAMPOS, F. & MIRANDA, R. G. *A escrita da História*. São Paulo: Escala Educacional, 2005, p. 125-126. Adaptado.).

Com relação ao movimento das Cruzadas, É CORRETO afirmar que:

a) foi instituído por iniciativa do Papa Gregório VII, preocupado com o avanço dos árabes nos Pirineus.
b) foi o mais importante movimento herético católico do final do século XIV depois da Reforma Protestante.
c) trouxe para o interior da Europa populações empobrecidas e marginalizadas que participaram de revoltas populares e heresias.
d) teve, como um dos seus desdobramentos, a Cruzada Popular, que reunia, principalmente, cavaleiros da pequena nobreza e camponeses.
e) propiciou a queda de Constantinopla diante dos otomanos, ao permitir que os territórios de Bizâncio fossem administrados por europeus, árabes e turcos.

3. (Uece) Sobre o movimento das Cruzadas, em que a Igreja Católica procurou retomar as "terras santas" dos mouros, assinale a opção correta.

a) as Cruzadas ampliaram as possibilidades do comércio europeu na Ásia.
b) as Cruzadas foram financiadas unicamente com recursos da Igreja e não tinham fins comerciais.
c) os senhores feudais que financiavam as Cruzadas eram recompensados unicamente com títulos religiosos.
d) do ponto de vista militar, as Cruzadas obtiveram êxito total contra os mouros, expulsando-os da Europa e da Terra Santa.

4. (PUC-SP) As Cruzadas tiveram caráter:

a) exclusivamente religioso, buscando resgatar a Terra Santa das mãos dos árabes e expandir o catolicismo.
b) exclusivamente comercial, buscando novas terras para a agricultura e mercado para os produtos europeus.
c) religioso e comercial, buscando conciliar a ação expansionista religiosa à abertura de novas rotas comerciais.
d) político e religioso, buscando ampliar o poder do Papado e produzir uma fusão entre o catolicismo e o islamismo.
e) político e comercial, buscando expandir o absolutismo monárquico e abrir mercados para produtos do Vaticano.

5. (UFSM-RS) As cruzadas se estenderam pelos séculos XI, XII e XIII, levando milhares de pessoas da Europa a deslocarem-se em direção ao Oriente Próximo. Pode-se dizer que é(são) causa(s) dessas cruzadas:

I. Aumento da população e pobreza na Europa.
II. Ambições comerciais das cidades italianas (Gênova, Veneza, Pisa etc.).

III. Reunificação da cristandade.

IV. Liberação de rotas para o Oriente através de Constantinopla que se encontrava sob domínio mameluco.

Está(ão) correta(s):

a) apenas I e II.

b) apenas III.

c) apenas I, II e III.

d) apenas IV.

e) I, II , III e IV.

6. (PUC-RS) Responder a questão com base nas afirmativas abaixo, sobre as Cruzadas na Baixa Idade Média.

I. Vários setores da sociedade europeia tinham interesses nas Cruzadas: a Igreja, o Império Bizantino, os nobres sem terra e as cidades comerciais italianas.

II. As cruzadas fracassaram como empreendimento religioso-militar, inclusive porque terminaram interrompendo o rico comércio europeu com o Oriente Médio.

III. Uma nova classe social surgiu, ligada à atividade comercial, e o poder dos nobres começou gradualmente a declinar.

IV. Foi a partir da renovação do poder da Igreja, com o movimento das Cruzadas, que se construíram as grandes catedrais românicas na Europa Ocidental.

Pela análise das alternativas, conclui-se que somente estão corretas:

a) I e II.

b) I e III.

c) I, II e III.

d) II e IV.

e) III e IV.

7. (UFRS) Os séculos XI e XII constituem um período de expansão na Europa ocidental marcado pelo crescimento demográfico e das cidades, pelo dinamismo da economia interna e pela extensão do comércio internacional. Nesse ínterim, os europeus assumem uma atitude ofensiva, da qual um dos resultados são as Cruzadas.

Considere as afirmações abaixo a esse respeito.

I. No início, as Cruzadas foram encorajadas pelos imperadores bizantinos, os quais buscavam apoio contra os invasores que pressionavam as fronteiras do Império do Oriente.

II. Nos séculos X e XI, numerosos foram os cristãos que, para obter o perdão de suas faltas e assegurar a saúde eterna de suas almas, realizaram longas e difíceis viagens aos lugares santos da cristandade. Essa tradição e a conquista turca no Oriente fizeram com que a guerra santa contra os muçulmanos, já forjada nas Guerras de Reconquista da Península Ibérica, tomasse maior impulso.

III. Às motivações religiosas juntaram-se o espírito de aventura e a possibilidade de ganhos materiais, o que pouco a pouco transformou as Cruzadas numa verdadeira empresa de colonização.

Quais estão corretas?

a) Apenas I.

b) Apenas II.

c) Apenas III.

d) Apenas I e II.

e) I, II e III.

8. (Ufal) As Cruzadas misturavam interesses econômicos com interesses religiosos e não alcançaram o resultado esperado pelas suas lideranças. De fato, elas serviram para:

a) aprofundar a crise do feudalismo, contribuindo para destruir suas bases sociais e econômicas.

b) dificultar o comércio entre Oriente e Ocidente, provocando guerras constantes entre bizantinos e muçulmanos.

c) enfraquecer o poder econômico das cidades italianas, renovando práticas religiosas do catolicismo menos solidárias.

d) fragmentar o poder da Igreja Católica, abrindo espaço social para o surgimento das monarquias constitucionais.

e) consolidar a grande propriedade rural, prejudicando a vida urbana e as mudanças no comércio.

9. (UFC-CE)

> [...] *Por volta do ano de 1010, começaram a circular rumores no Ocidente de que, sob a instigação dos judeus, os sarracenos tinham causado a destruição do Santo Sepulcro e decapitado o patriarca de Jerusalém* [...] *Então, na esteira da cruzada proclamada pelo Papa Urbano II no Concílio de Clermont em 1095, foi engendrada uma atmosfera de histeria religiosa...*
>
> RICHARDS, Jeffrey. *Sexo, desvio e danação:* as minorias na Idade Média. Rio de Janeiro: Jorge Zahar Ed., 1993. p. 97).

A partir do texto e considerando os objetivos das Cruzadas, assinale a alternativa que corresponde à relação entre a Igreja Católica e os judeus na Idade Média:

a) Uma colaboração recíproca, pois os judeus eram considerados fiéis observadores da fé e dos ritos cristãos.

b) Uma ação conjunta em defesa da Terra Santa, uma vez que os judeus participaram como bravos combatentes nas primeiras Cruzadas.

c) Uma aproximação entre judeus e cristãos em virtude da prática da usura, defendida arduamente pela Igreja medieval.

d) Uma grande hostilidade, pois a Igreja, no século XI, buscou cristianizar o mundo e muitas comunidades judaicas, sob a acusação de adoradores do Diabo, foram perseguidas e exterminadas.

e) Uma relação econômica, pois a Guerra Santa foi sistematicamente financiada por grupos judeus dispostos a contribuir com a expansão do cristianismo.

10. (Ulbra-RS) No filme "O Incrível Exército de Brancaleone", é produzida uma imagem interessante e hilária da Idade Média europeia, apresentando cenas das cruzadas, da peste negra e sobre a formação dos nobres. Partindo dos conhecimentos específicos de Idade Média, podemos destacar que:

I. As cruzadas tinham como argumento a libertação da Terra Santa, que estava em poder dos mouros, porém despertava interesses econômicos quanto à possibilidade de um desenvolvimento do comércio.
II. A peste negra dizimou quase 1/3 da população europeia e teve origem, principalmente nos burgos, nos hábitos de higiene do homem medieval.
III. Os nobres representavam um segmento dominante e construíram com os servos um conjunto de obrigações recíprocas.

Assinale a alternativa correta:

a) Apenas a proposição I está correta.
b) Apenas as proposições I e II estão corretas.
c) Apenas as proposições I e III estão corretas.
d) Apenas as proposições II e III estão corretas.
e) As proposições I, II e III estão corretas.

11. (Fatec-SP) Considere a ilustração a seguir.

Reprodução/Fatec-SP, 2009

(In: BARBOSA, Elaine Senise, NAZARO JUNIOR, Newton e PÊRA, Silvio Adegas. *Panorama da História*. Curitiba: Positivo, 2005. vol. 1, p. 121)

A partir dos conhecimentos da história do feudalismo europeu, pode-se inferir que, na ilustração:

a) as classes sociais relacionavam-se de forma harmoniosa por incorporarem em suas mentes os princípios elementares do cristianismo.
b) as castas sociais poderiam modificar-se ao longo do tempo, pois isso dependia fundamentalmente da vontade do poder divino do papa.
c) as terras dos feudos eram divididas igualmente entre os vários segmentos sociais, priorizando-se os que dependiam dela para sobrevivência.
d) a organização social possibilitava a mobilidade, permitindo a ascensão dos indivíduos que trabalhassem e acumulassem riqueza material.
e) a estrutura da sociedade era marcada pela ausência de mobilidade, sendo caracterizada por uma hierarquia social dominada por uma instituição cristã.

12. (UEL-PR) Uma das consequências das Cruzadas foi a consolidação do renascimento comercial europeu, ao

a) interromper a expansão dos francos do norte da Europa e ao impedir que o comércio ficasse monopolizado pelas cidades de Antuérpia e Amsterdã.
b) expulsar os árabes do Mediterrâneo e ao permitir o domínio do comércio pelas cidades italianas, na região, principalmente Gênova e Veneza.
c) estender o controle comercial do pontificado romano a todo o continente, favorecendo as cidades de Flandres e Champagne.
d) possibilitar a apropriação pelos mercadores europeus dos centros comerciais dominados pelos bretões e florentinos.
e) generalizar o comércio baseado na troca direta, herdado dos povos germanos e saxões.

13. (UFBA) A partir da análise das ilustrações e dos conhecimentos sobre diversidade cultural, pode-se afirmar:

Reprodução/UFBA, 2006

(01) A leitura e a interpretação muçulmana do episódio das Cruzadas, contradizendo a interpretação cristã, comprova a influência da diversidade cultural na compreensão dos fatos históricos.
(02) O fenômeno das Cruzadas constitui um exemplo, entre muitos outros, do choque cultural entre cristãos e muçulmanos na região do Oriente Médio, influindo no contexto político-econômico das regiões circunvizinhas.
(04) O caráter individual e subjetivo das crenças religiosas impede que a religião seja tomada como motivo para a explosão da intolerância cultural entre grupos ou povos.
(08) A parte ocidental do Oriente Médio, região na qual a luta das Cruzadas foi mais intensa, compreende, atualmente, a Turquia, a Síria, o Líbano, a Jordânia, o Estado de Israel e os territórios palestinos, estrategicamente localizados em pontos importantes do comércio internacional, especialmente o do petróleo, que concentra diversos focos de tensões geopolíticas, étnicas e culturais.
(16) As relações de negociação estabelecidas entre o catolicismo e o protestantismo, na Irlanda, evitaram o confronto entre republicanos (irlandeses) e monarquistas (ingleses), no período pós-Segunda Guerra Mundial.
(32) Diversas comunidades indígenas brasileiras, apesar de quase dizimadas, buscam, na atualidade, preservar suas culturas, baseadas na consciência de sua continuidade histórica, e na identidade comum existente entre as várias comunidades, apesar de suas diferenças particulares.

O RENASCIMENTO COMERCIAL E URBANO MEDIEVAL

Renascimento comercial e urbano

- Cruzadas → Reabertura do Mediterrâneo → Liderança das cidades italianas (Gênova e Veneza)
- Associações de mercadores → Rotas terrestres → Predomínio germânico
- Feiras → Articulação de rotas terrestres → Champanhe, na França

Liderança das cidades italianas, Predomínio germânico e Champanhe → Desenvolvimento comercial

Desenvolvimento comercial → Moeda; Sistema bancário

Feiras → Formação de burgos e povoados →
- burguesia
- trabalho livre
- corporações de ofício

Formação de burgos e povoados → Renascimento urbano → Renascimento cultural

Desenvolvimento comercial → Renascimento cultural

Renascimento cultural →
- Valorização da cultura greco-romana
- Universidades
- Escolástica (São Tomás de Aquino)

The Granger Collection/Other Images

Museu do Louvre, Paris/The Art Archive/Other Images

Exercícios

1. (Ufes) A ocorrência de feiras livres é observada, em cidades brasileiras, desde a época colonial, quando se destacaram a Feira de Santana e as feiras de Sorocaba, Campina Grande, Caruaru, entre outras. Em cidades europeias, esses eventos econômicos e culturais se tornaram comuns, a partir da Idade Média, com o renascimento do comércio e da vida urbana, quando se notabilizaram as feiras de Provins e de Troyes, na região de Champagne; as feiras de Bruges e de Antuérpia, na região de Flandres; as feiras de Colônia, de Lubeck e de outras cidades que constituíram a Liga Hanseática.

   Explique:

   a) dois fatores que contribuíram para o renascimento do comércio e da vida urbana, no contexto europeu;
   b) o significado das corporações de ofícios, que se difundiram, a partir do século XII, nas cidades europeias.

2. (Vunesp-SP) Sobre as associações de importantes grupos sociais da Idade Média, um historiador escreveu:

   > *Eram cartéis que tinham por objetivo a eliminação da concorrência no interior da cidade e a manutenção do monopólio de uma minoria de mestres no mercado urbano.*
   >
   > LE GOFF, Jacques. *A civilização do Ocidente medieval.*

   O texto caracteriza de maneira típica:

   a) as universidades medievais.
   b) a atuação das ordens mendicantes.
   c) as corporações de ofício.
   d) o domínio dos senhores feudais.
   e) as seitas heréticas.

3. (Unifesp)

   > *Por trás do ressurgimento da indústria e do comércio, que se verificou entre os séculos XI e XIII, achava-se um fato de importância econômica mais fundamental: a imensa ampliação das terras aráveis por toda a Europa e a aplicação à terra de métodos mais adequados de cultivo, inclusive a aplicação sistemática de esterco urbano às plantações vizinhas.*
   >
   > MUMFORD, Lewis. *A cidade na História*. São Paulo: Martins Fontes, 1982.

   O texto trata da expansão agrícola na Europa ocidental e central entre os séculos XI e XIII.

   Dentre as razões desse aumento de produtividade, podemos citar:

   a) o crescimento populacional, com decorrente aumento do mercado consumidor de alimentos.
   b) a oportunidade de fornecer alimentos para os participantes das Cruzadas e para as áreas por eles conquistadas.
   c) o fim das guerras e o estabelecimento de novos padrões de relacionamento entre servos e senhores de terras.
   d) a formação de associações de profissionais, com decorrente aperfeiçoamento da mão de obra rural.
   e) o aprimoramento das técnicas de cultivo e uma relação mais intensa entre cidade e campo.

4. (FGV-SP) A respeito das cidades medievais, é CORRETO afirmar:

   a) As cidades da Idade Média Central (sécs. XI-XIII), constituídas no interior do sistema feudal, desvencilharam-se das atividades agrícolas e significaram uma completa ruptura com relação ao cenário rural dominante.
   b) Encravadas no mundo rural, as cidades da Idade Média Central (sécs. XI-XIII) representaram uma profunda alteração com relação às cidades da Antiguidade clássica na medida em que passaram a constituir principalmente centros econômicos, onde, além do comércio, desenvolveram a especialização de funções e a divisão social do trabalho.
   c) As cidades da Idade Média Central (sécs. XI-XIII) estabeleceram-se a partir dos modelos da Antiguidade Oriental, recriando, em novas condições históricas, as instituições políticas características do mundo helenístico.
   d) O desenvolvimento e a proliferação das cidades da Idade Média Central (sécs. XI-XIII) ocorreu num contexto de retração econômica decorrente, entre outros fatores, da diminuição das áreas cultivadas, da queda acentuada do volume de mão de obra e da estagnação das técnicas agrícolas.
   e) A expansão urbana da Idade Média Central (sécs. XI-XIII) foi decisiva para o desenvolvimento de uma nova sensibilidade religiosa, na qual o modelo da Jerusalém Celestial esteve presente e estimulou o aparecimento de grupos religiosos essencialmente urbanos, como os cluniacenses e os cistercienses.

5. (Mack-SP)

   > *As cidades medievais tiveram origem nas aglomerações de mercadores – os burgos, de onde surgiu o termo burguês para designar seu morador.*
   >
   > KOSHIBA, Luiz. *História*: origens, estruturas e processos.

   Assinale a alternativa que apresenta o papel das cidades na transição da Idade Média para a Idade Moderna.

   a) Foram as principais válvulas de escape para o excedente populacional que surgiu após a abolição das relações servis de produção no campo.
   b) Favoreceram a fusão de elementos da antiga ordem feudal com o novo sistema econômico, impedindo as contradições socioeconômicas durante esse processo.
   c) Foram as responsáveis pela promoção da centralização do poder político e pelo fortalecimento econômico da nobreza feudal.
   d) Desenvolveram-se independentemente da economia de mercado, produzindo produtos artesanais apenas para o uso de seus habitantes mais abastados, os burgueses.
   e) Representaram um indício da incompatibilidade entre o tipo restrito da produção do feudo e a nova realidade econômica que emergia graças ao renascimento comercial.

6. (UEL-PR)

> *Durante os séculos XI a XIII verificou-se nas atividades agrícolas e artesanais da Europa Centro-Ocidental um conjunto de transformações [...] que repercutiram no crescimento das trocas mercantis. Situa-se aí historicamente o chamado renascimento urbano medieval.*
>
> Fonte: RODRIGUES, A. E.; FALCON, F. *A formação do mundo moderno.* 2. ed. Rio de Janeiro: Elsevier, 2006, p. 9.

Com base no texto e nos conhecimentos sobre o tema, é correto afirmar que tais mudanças econômicas:

a) Caracterizaram-se pelo desenvolvimento das técnicas de produção e amplo emprego de recursos energéticos, tais como carvão e petróleo.
b) Implicaram no capitalismo mercantil incrementado pelo amplo comércio atlântico, fomentado por negociantes italianos e príncipes alemães.
c) Aumentaram a produção no campo e na cidade e fomentaram a circulação de bens e moedas, viabilizados por novos instrumentos de crédito a governantes e comerciantes.
d) Privatizaram as terras e introduziram um modelo de produção fabril, promovido pelo governo britânico.
e) Reforçaram o predomínio político e comercial dos senhores feudais sobre os governos citadinos.

7. (Mack-SP)

> *Chegou o dia em que o comércio cresceu, e cresceu tanto que afetou profundamente toda a vida da Idade Média. O século XI viu o comércio andar a passos largos; o século XII viu a Europa ocidental transformar-se em consequência disso.*
>
> (Leo Huberman)

Assinale a alternativa relacionada ao texto anterior.

a) Os efeitos do renascimento urbano e comercial foram sentidos simultaneamente em todo o território europeu.
b) O modo de produção servil foi imediatamente substituído pelo desenvolvimento de centros industriais e pelo trabalho assalariado.
c) A ampliação de novos mercados e centros urbanos contribuiu para a redução do crescimento demográfico e da migração.
d) A expansão marítima comercial europeia, através da aliança dos reis com a burguesia, consolidou as relações mercantis na Ásia, Europa e América.
e) O renascimento comercial trouxe o crescimento das cidades, a expansão do mercado e a ascensão de um novo grupo social.

8. (Fuvest-SP) As comunas medievais caracterizaram-se por:

a) radicalismo político que tendia ao anticlericalismo.
b) autonomia das cidades em relação aos senhores feudais, com governo, direito e símbolos próprios.
c) aumento do clericalismo, resultando no reforço da autoridade papal.
d) fortalecimento da submissão à autoridade dos senhores feudais.
e) aglomeração de marginalizados que exerciam o banditismo.

9. (Unicamp-SP) Godrici de Finchale foi um mercador que viveu no século XI, na Baixa Idade Média, no leste da atual Inglaterra.

> *Quando rapaz, depois de ter passado os anos da infância sossegadamente em casa, chegou à idade varonil, principiou a aprender com cuidado e persistência o que ensina a experiência do mundo. Para isso decidiu não seguir a vida de lavrador, mas estudar, aprender e exercer os rudimentos de concepções mais sutis. Por esta razão, aspirando à profissão de mercador, começou a seguir o modo de vida do vendedor ambulante, aprendendo primeiro como ganhar em pequenos negócios e coisas de preço insignificante; e, então, sendo ainda um jovem, o seu espírito ousou pouco a pouco comprar, vender e ganhar com coisas de maior preço.*
>
> (Adaptado de Reginald of Durnham, "Libellus de Vita et Miraculis S. Godrici", em Fernando Espinosa. *Antologia de textos históricos medievais*. 3. ed., Lisboa: Sá da Costa Editora, p. 198)

a) Segundo o texto, o ofício de mercador exigia uma preparação diferente daquela do lavrador. Quais eram as diferenças entre esses dois ofícios?
b) Cite duas características do renascimento comercial e urbano ocorrido no final do período medieval.

10. (UPF-RS) Sobre as cidades europeias da Idade Média, leia as afirmativas abaixo.

I. Praticamente não havia cidades, pois o comércio feudal era frágil, sustentado por feiras esparsas.
II. Desapareceram depois das invasões bárbaras, restando pequenas cidades no sul da França.
III. Muitas cidades medievais tiveram seu crescimento relacionado com as grandes feiras.
IV. Algumas cidades italianas, como Veneza, eram importantes comercialmente.
V. As cidades cresceram com o planejamento do poder público e o grande incentivo da Igreja Católica.

Estão corretas apenas:

a) II e V.
b) III e IV.
c) I e V.
d) I e IV.
e) II, III e IV.

11. (Unemat-MT) Observe o mapa abaixo:

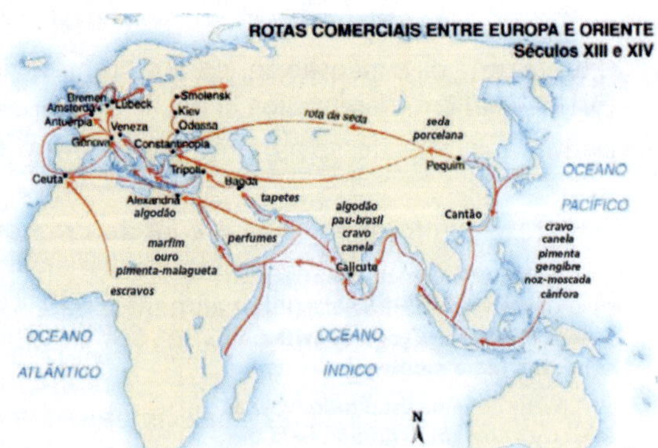

Sobre a economia da Europa no século XIII, julgue as alternativas:

a) Existem três grandes rotas comerciais restritas ao continente europeu: a rota veneziana, a rota flamenga (mar do Norte/Báltico) e a rota africana.

b) Na Europa, por causa do comércio das especiarias, duas grandes cidades se destacam: Veneza e Constantinopla.

c) Três grandes rotas levam produtos do Extremo Oriente para o Oriente Médio: rota da seda, rotas das especiarias e uma rota do mar Vermelho que abastece Cairo.

d) As rotas do mar do Norte e mar Báltico comercializam, principalmente, produtos como especiarias, seda, marfim, escravos.

12. (Favic-BA) Como uma das consequências da acumulação de riquezas proporcionada pelo crescimento do comércio e da vida urbana, no fim da Idade Média, pode-se citar:

a) a decadência do poder absoluto dos reis, contestado pelos filósofos iluministas defensores da democracia.

b) a organização do movimento cruzadista com o apoio financeiro da burguesia, interessada em comercializar com o Oriente.

c) a invenção da imprensa, que permitiu maior troca de ideias, inclusive sobre a Igreja Católica, o que contribuiu para a eclosão do movimento reformista.

d) o fato de que os artesãos ficaram prejudicados quando o comércio interno das cidades nascentes foi atingido pela falta de circulação de moedas, abalando o sistema corporativo.

e) a concentração de riquezas em poder dos comerciantes, porque a circulação de mercadorias gerava mais lucros que a sua produção, dando origem à fase de acumulação primitiva de capitais.

13. (UEFS-BA)

Sistema familiar: os membros de uma família produzem artigos para o seu consumo, e não para a venda. O trabalho não se fazia com o objetivo de atender ao mercado [...] *Sistema de corporações: produção realizada por mestres artesãos independentes, com dois ou três empregados, para o mercado, pequeno e estável. Os trabalhadores eram donos tanto da matéria-prima que utilizavam como das ferramentas que trabalhavam* [...] *Sistema doméstico: produção realizada em casa* [...] *pelo mestre artesão com ajudantes, tal como no sistema de corporações. Com uma diferença importante: os mestres já não eram independentes; tinham ainda a propriedade dos instrumentos de trabalho, mas dependiam, para a matéria-prima, de empreendedor que se interpusera entre eles e o consumidor* [...] *Sistema fabril: produção para um mercado casa vez maior e oscilante, realizada fora de casa, nos edifícios do empregador e sob rigorosa supervisão. Os trabalhadores perderam sua completa independência* [...].

(Huberman, p. 115)

Em relação à evolução do sistema de produção, pode-se afirmar:

a) O sistema de produção familiar atendia aos interesses mercantilistas das metrópoles, na medida em que o Estado Absolutista tinha o controle absoluto sobre a produção artesanal.

b) O sistema de corporações de ofício atendia às necessidades da sociedade medieval, cuja produção era restrita aos mercados feudais.

c) O racionalismo renascentista, ao desenvolver a divisão técnica do trabalho, foi fundamental para o desenvolvimento das corporações de ofício.

d) O surgimento do sistema doméstico, provocando o aparecimento do comerciante intermediário, atrasou o desenvolvimento da maquinofatura, ao deslocar o capital da produção para a circulação.

e) O desenvolvimento do sistema fabril foi dificultado pela concorrência estabelecida pelos artesãos, presos às formas tradicionais de produção.

14. (UFPE) Apesar das dificuldades de comunicação durante a Idade Média, o comércio era desenvolvido por terra, rios e mar. Sobre esta prática econômica, analise as proposições abaixo:

a) Os normandos conseguiram manter aberto o comércio na região do mar Báltico, estabelecendo uma circulação de mercadorias apenas entre reinos da Europa Ocidental.

b) A rota do mar do Norte e do mar Báltico se tornou uma das mais ativas, chegando a ocupar o terceiro lugar em importância na Europa, durante a Idade Média.

c) O principal circuito comercial europeu, deste período, estava formado pelos entrepostos do Oriente Médio, pelas cidades da península Itálica e pela região de Flandres.

d) Os tecidos de seda produzidos na região de Flandres chegaram aos mais distantes mercados orientais, com o apoio dos entrepostos comerciais dominados pelos árabes.

e) O comércio do norte da Europa foi controlado por mercadores da Hansa Teutônica ou Liga Hanseática, constituída no século XIV.

15. (UFRGS-RS) No final da Idade Média, nas cidades do Ocidente, os ofícios eram organizados por associações profissionais com forte influência nas atividades econômicas e nas formas de sociabilidade urbanas. Leia as afirmações a seguir sobre as corporações de ofício:

I. As primeiras associações profissionais começaram a surgir desde o século IX; eram congregações com forte influência religiosa e tinham por objetivo o auxílio mútuo entre os membros.

II. Na Baixa Idade Média, eram em geral controladas por um colegiado integrado pelos Mestres de Ofício, os quais fiscalizavam o respeito aos regulamentos corporativos, excluindo das decisões os artífices menos qualificados.

III. Seus estatutos previam o controle do tipo de matéria-prima utilizada na produção, a quantidade e a qualidade dos produtos, o preço e as condições de venda das mercadorias, com o fim de evitar a concorrência.

Quais estão corretas?

a) Apenas I.

b) Apenas I e III.

c) I, II e III.

d) Apenas II

e) Apenas II e III.

A CULTURA MEDIEVAL EUROPEIA

Alta Idade Média (séculos V-X)

- **Guerra constante**
- **Fim da unidade política**
- **Descentralização**
- **Diminuição do comércio**
- **Ruralização**
- **Perda do legado cultural greco-romano**
- **Morte: experiência cotidiana**

- insegurança
- medo
- pessimismo
- busca de segurança espiritual

Triunfo do cristianismo

Filosofia

Santo Agostinho

- homem corrompido
- salvação: nas mãos de Deus
- "fé precede razão"
- predestinação

Arquitetura Estilo românico

- pesado
- horizontal ("preso à terra")
- ambientes escuros, propícios à entrega espiritual

Richard List/Corbis/Latinstock

Baixa Idade Média (séculos XI-XV)

- **Expansionismo (Cruzadas)**
- **Renascimento comercial e urbano**
- **Volta à unidade política (monarquias centralizadas)**
- **Retomada do legado cultural greco-romano**
- **Universidades**

- segurança
- mobilidade social

Transformações feudais

Filosofia

Santo Tomás de Aquino

- homem: privilegiado (razão)
- salvação: nas mãos do homem
- "livre-arbítrio"
- boas obras

Arquitetura Estilo gótico

- leve
- vertical ("elevando-se" ao céu)
- ambientes claros, mais propícios à busca racional

Mike Southern; Eye Ubiquitous/Corbis/Latinstock

Exercícios

1. (Vunesp-SP)

[Na Idade Média] Homens e mulheres gostavam muito de festas.

Isso vinha, geralmente, tanto das velhas tradições pagãs [...], quanto da liturgia cristã.

LE GOFF, Jacques. *A Idade Média explicada aos meus filhos*, 2007.

Sobre essas festas medievais, podemos dizer que:

a) muitos relatos do cotidiano medieval indicam que havia um confronto entre as festas de origem pagã e as criadas pelo cristianismo.
b) os torneios eram as principais festas e rompiam as distinções sociais entre senhores e servos que, montados em cavalos, se divertiam juntos.
c) a Igreja católica apoiava todo tipo de comemoração popular, mesmo quando se tratava do culto a alguma divindade pagã.
d) as festas rurais representavam sempre as relações sociais presentes no campo, com a encenação do ritual de sagração de cavaleiros.
e) religiosos e nobres preferiam as festas privadas e pagãs, recusando-se a participar dos grandes eventos públicos cristãos.

2. (Vunesp-SP)

[Na época feudal] o mundo terrestre era visto como palco da luta entre as forças do Bem e as do Mal, hordas de anjos e demônios. Disso decorria um dos traços mentais da época: a belicosidade.

FRANCO JUNIOR, Hilário. *O feudalismo*, 1986. Adaptado.

A belicosidade (disposição para a guerra) mencionada expressava-se, por exemplo,

a) no ingresso de homens de todas as camadas sociais na cavalaria e na sua participação em torneios.
b) no pacto que reunia senhores e servos e determinava as chamadas relações vassálicas.
c) na ampla rejeição às Cruzadas e às tentativas cristãs de reconquista de Jerusalém.
d) no empenho demonstrado nas lutas contra muçulmanos, vikings e diferentes formas de heresias.
e) na submissão de senhores e vassalos, reis e súditos, ao Islamismo.

3. (Unicamp-SP) No século XIII, um teólogo assim condenava a prática da usura:

O usurário que adquirir um lucro sem nenhum trabalho e até dormindo, o que vai contra a palavra de Deus que diz: "Comerás teu pão com o suor do teu rosto". Assim o usurário não vende a seu devedor nada que lhe pertença, mas apenas o tempo, que pertence a Deus. Disso não deve tirar nenhum proveito.

Adaptado de: LE GOFF, J. *A Bolsa e a vida*. São Paulo: Brasiliense, 1989.

a) O que é usura?
b) Por que a Igreja medieval condenava a usura?
c) Relacione a prática da usura com o desenvolvimento do capitalismo no final da Idade Média.

4. (Fuvest-SP) Perto do ano 1000, manifestações de medo foram verificadas em todo o Ocidente, como se o fim do milênio trouxesse consigo o fim dos tempos. Tal situação deve ser entendida como:

a) manifestação da crescente religiosidade que caracterizava a sociedade feudal.
b) indício do crescente analfabetismo das camadas populares e diminuição da religiosidade clerical.
c) decorrência da tomada do Império Bizantino pelos muçulmanos do norte da África.
d) traço típico de uma sociedade em transição que se tornava mais clerical e menos guerreira.
e) característica do momento de centralização política e de formação das monarquias nacionais.

5. (UFPE) Sobre práticas de cura na Idade Média, assinale a alternativa correta.

a) Médicos e feiticeiras realizavam práticas medicinais. Aqueles com base nos tratados gregos e essas fundamentadas em práticas empíricas das ervas.
b) Feiticeiras medievais foram, para a medicina medieval, verdadeiras cirurgiãs, que atendiam doentes de todas as camadas sociais.
c) Os tratados de medicina aplicados pelos gregos, judeus e árabes foram proibidos pela Inquisição.
d) O saber sobre a cura, praticado por feiticeiras e carrascos, foi amplamente usado na França e na Inglaterra, onde eram respeitados como verdadeiros médicos.
e) Com base na higiene doméstica e no saneamento construído nas vilas e cidades medievais, muitas doenças foram combatidas durante a Idade Média.

6. (Vunesp-SP) Na Idade Média ocidental, a Igreja cristã justificava e explicava o ordenamento social. Ao lado dos clérigos, que detinham o conhecimento da leitura e da escrita, um dos grupos sociais da época era constituído por:

a) assalariados, que trabalhavam nas terras dos que protegiam as fronteiras da Europa medieval das invasões dos povos bárbaros germânicos.
b) usurários, que garantiam o financiamento das campanhas militares da nobreza em luta contra os infiéis muçulmanos.
c) donos de manufaturas de tecidos de algodão, que abasteciam o amplo mercado consumidor das colônias americanas.
d) servos, que deviam obrigações em trabalho aos senhores territoriais que cuidavam da defesa militar da sociedade.
e) escravos, que garantiam a sobrevivência material da sociedade em troca da concessão da vida por parte dos seus vencedores.

7. (PUCC-SP)

Reparando seu livro sobre o imperador Adriano, Marguerite Yourcenar encontrou numa carta de Flaubert esta frase: "Quando os deuses tinham deixado de existir e o Cristo ainda não viera, houve um momento único na história, entre Cícero e Marco Aurélio, em que o homem ficou sozinho". Os deuses pagãos nunca deixaram de existir, mesmo com o triunfo cristão, e Roma não era o mundo, mas no breve momento de solidão flagrado por Flaubert o homem ocidental se viu livre da metafísica – e não gostou, claro. Quem quer ficar sozinho num mundo que não domina e mal compreende, sem o apoio e o consolo de uma teologia, qualquer teologia?

(Luiz Fernando Veríssimo. *Banquete com os deuses*)

A compreensão do mundo por meio da religião é uma disposição que traduz o pensamento medieval, cujo pressuposto é:

a) o antropocentrismo: a valorização do homem como centro do Universo e a crença no caráter divino da natureza humana.
b) a escolástica: a busca da salvação através do conhecimento da filosofia clássica e da assimilação do paganismo.
c) o panteísmo: a defesa da convivência harmônica de fé e razão, uma vez que o Universo, infinito, é parte da substância divina.
d) o positivismo: submissão do homem aos dogmas instituídos pela Igreja e não questionamento das leis divinas.
e) o teocentrismo: concepção predominante na produção intelectual e artística medieval, que considera Deus o centro do Universo.

8. (UFCG-PB) A cultura medieval é marcada por diversos movimentos artísticos que ganharam visibilidade mediante diversas práticas. Na composição dessa identidade cultural medievalista, emergiram, na baixa Idade Média, os goliardos.

Reprodução/UFCG-PB

A partir da leitura da imagem acima e dos seus conhecimentos sobre a temática, é correto afirmar que os goliardos:

I. Identificados como clérigos itinerantes ou estudantes boêmios, desenvolviam a arte musical cantando poemas sobre bebidas, amor e fortunas.
II. Diabolizavam o riso e sacralizavam a seriedade e a introspecção como fundamento da cultura e da etiqueta na Baixa Idade Média.
III. Compunham poemas que celebravam a sexualidade e criticavam tanto a tirania ideológica quanto as práticas religiosas e morais da Igreja.
IV. Identificavam-se com a cultura dos charivaris, ocasiões em que era comum incinerar sacos cheios de gatos, associados à feitiçaria.
V. Recepcionavam os códigos culturais dos povos árabes, copiando destes o gosto pela música, dança e vestimentas orientais.

Estão corretas:

a) I e III.
b) IV e V
c) I e II
d) I, II e III.
e) III, IV e V.

9. (Uepa)

A Idade Média equipou a Europa. Mostrou-se conquistadora e inovadora no domínio da tecnologia, sabendo aperfeiçoar e difundir técnicas que muitas vezes lhe eram anteriores. Se é um exagero falar da revolução tecnológica, houve uma forte aceleração de um processo tecnológico até então muito lento. A Idade Média continuou a ser um mundo de madeira, mas aumentou seriamente a utilização da pedra e do ferro. [...] Os transportes terrestres foram aperfeiçoados pelo arranjo e conservação das estradas, pela construção de carroças maiores e mais sólidas, pelo arranjo da atrelagem de animais de cargas [...], pela construção de pontes e pela abertura de novas vias, a mais célebre das quais foi a Via Alpina de S. Gotardo, no século XIII.

(Le GOFF, Jacques. *A velha e nova Europa*. Lisboa: Gradiva, 1994. *In*: MOCELLIN, Renato e CAMARGO, Rouvane. *Passaporte para a História*. São Paulo: Editora do Brasil, 2007, p. 13).

A partir da leitura do texto e dos seus estudos históricos, é correto afirmar que a Idade Média:

a) é ainda considerada por muitos historiadores como a "Idade das Trevas" devido à ausência de instrumentos e/ou realizações que identificassem alguma tecnologia.
b) é um período em que houve um desenvolvimento tecnológico, e nele se identifica o aperfeiçoamento de transportes e a construção de pontes e aberturas de vias.
c) hoje está sendo renomeada como o "período das luzes", visto muitos estudiosos terem descoberto que nele ocorreu uma verdadeira revolução tecnológica no campo das construções.
d) no campo das construções arquitetônicas, registra mudanças significativas, como, por exemplo, a substituição do uso da madeira pela pedra e pelo ferro.
e) aperfeiçoou diversas técnicas herdadas do mundo antigo, ao mesmo tempo que promoveu uma aceleração do processo tecnológico dos meios de transporte, substituindo a tração animal pela utilização do vapor.

10. (UFPA) Sobre a Cavalaria Medieval, leia o enunciado abaixo:

> *O escudeiro, antes de entrar na ordem da cavalaria durante a Idade Média europeia, deve confessar-se das faltas que cometeu contra Deus* [...].
>
> *Libro de La Orden de Caballeria. Apud*: PEDRERO-SANCHEZ, Maria Guadalupe. *História da Idade Média*: textos e testemunhas. São Paulo: Unesp, 2000. p. 102.

Sobre esse primeiro "mandamento" que regia o ingresso do jovem na cavalaria, é importante observar que a:

a) estrutura original da cavalaria era de natureza guerreira e religiosa, demasiado próxima das ordens monástico-religiosas, o que ameaçava o poder terrenal da nobreza e a unidade espiritual e física da instituição.
b) obrigação para com os preceitos religiosos forjou nos cavaleiros uma moral militar que se sobrepunha à defesa de Deus, da Igreja e da nobreza, quebrando a unidade da Cristandade consolidada desde os tempos imperiais de Roma.
c) Igreja gerou no seio da cavalaria um sentimento de fraternidade militar, despojando-a de seu papel guerreiro, visando apenas ao combate àqueles que não seguissem os ensinamentos evangélicos, conforme determinavam os príncipes.
d) religiosidade dos cavaleiros determinará o fim da prática dos torneios e das guerras justas, sendo a cavalaria mais tarde absorvida pelos Estados Absolutistas, servindo apenas para o aparato das cortes reais europeias.
e) Igreja teve um papel fundamental em relação à cavalaria, incutindo a fé e cristianizando-lhe os rituais, tanto que na oração da investidura era pedido a Deus que abençoasse a espada do cavaleiro para que ele pudesse defender a Igreja, as viúvas, os órfãos e todos os servidores de Deus.

11. (UFC-CE) Na sociedade medieval, vigorava uma ideologia que considerava as mulheres inferiores aos homens, resultando em um cotidiano marcado pela hegemonia da autoridade masculina. Ainda que a Igreja pregasse que homens e mulheres eram objetos do amor de Deus, não eram poucos os religiosos que percebiam as mulheres como agentes do demônio.

Com base nas informações acima e em seus conhecimentos, assinale a alternativa correta sobre a cultura e a sociedade europeias, no período classicamente conhecido como Idade Média.

a) As mulheres eram consideradas inferiores aos homens por serem incapazes de trabalhar com as técnicas tradicionais de cura por meio do uso de plantas medicinais.
b) A mentalidade era profundamente marcada pelo ideário católico, que preconizava, inclusive, o papel que homens e mulheres deveriam desempenhar na sociedade.
c) A submissão feminina à autoridade masculina caracterizou a sociedade daquele tempo como uma organização tipicamente matriarcal.
d) A mulher, ainda que posta em uma condição submissa em relação ao homem, tinha grande poder e influência sobre a Igreja Católica.
e) A condição feminina era fruto da grande influência que o racionalismo científico exercia sobre a cultura daquele período.

12. (UFV-MG) Considerada por muitos como a "Idade das Trevas", a Idade Média foi arcada por uma intensa transformação cultural, pois aos poucos a deterioração da herança cultural do Império Romano foi abrindo espaço para o surgimento de um outro tipo de cultura, baseada no poder crescente da Igreja Católica. Com relação à cultura Medieval, é INCORRETO afirmar:

a) A proliferação das universidades retardou o fortalecimento do renascimento cultural europeu, visto que estas seguiam fielmente os desígnios do Papa e do catolicismo.
b) Durante a Alta Idade Média, a Igreja adquiriu o controle sobre a educação, dominando o ensino através das escolas religiosas e sendo o clero a elite intelectual.
c) Os mosteiros funcionaram como depositários da cultura e os monges atuavam, em grande parte, como copiadores de manuscritos antigos.
d) Na Baixa Idade Média, a filosofia escolástica buscava a harmonia entre a razão e a fé, afirmando que o progresso dependia também do esforço do homem.

13. (UEM) Inicialmente, o termo gótico fora utilizado pelos estudiosos de forma desdenhosa para definir uma arquitetura que consideravam "tão bárbara, que ela poderia até ter sido criada pelos godos, povo que invadira o Império Romano e destruíra muitas de suas obras".

(PROENÇA, Graça. *História da Arte*. São Paulo: Ática, 2007. p. 74).

Mais tarde, o termo perderia o caráter depreciativo ao continuar ligado a uma das grandes revoluções na técnica construtiva. Acerca da arquitetura gótica, é correto afirmar que:

(01) a abóbada de nervuras, estrutura gerada em função do emprego do arco semicircular, é um dos legados da técnica construtiva da arquitetura românica adotada pelos novos construtores.
(02) o emprego do arco ogival permitiu a construção de igrejas mais altas com a impressão de verticalidade ainda mais acentuada pelo desenho das ogivas que se alongam e apontam para o alto.
(04) o arcobotante foi um importante recurso técnico introduzido pela arquitetura gótica, pois, ao transmitir a pressão de uma abóbada diretamente para contrafortes externos, permitiu aumentar as aberturas de iluminação.
(08) ao lançar mão do uso de pilares dispostos a intervalos regulares os construtores do período conseguiram suprimir as grossas paredes que sustentavam a estrutura e que caracterizavam a arquitetura românica.
(16) os vitrais, que na arquitetura românica tinham cores predominantemente escuras com o objetivo de obscurecer o interior das igrejas, ganharam cores radiantes ao serem importados para as igrejas góticas.

AS RELAÇÕES DE PODER NA EUROPA OCIDENTAL MEDIEVAL

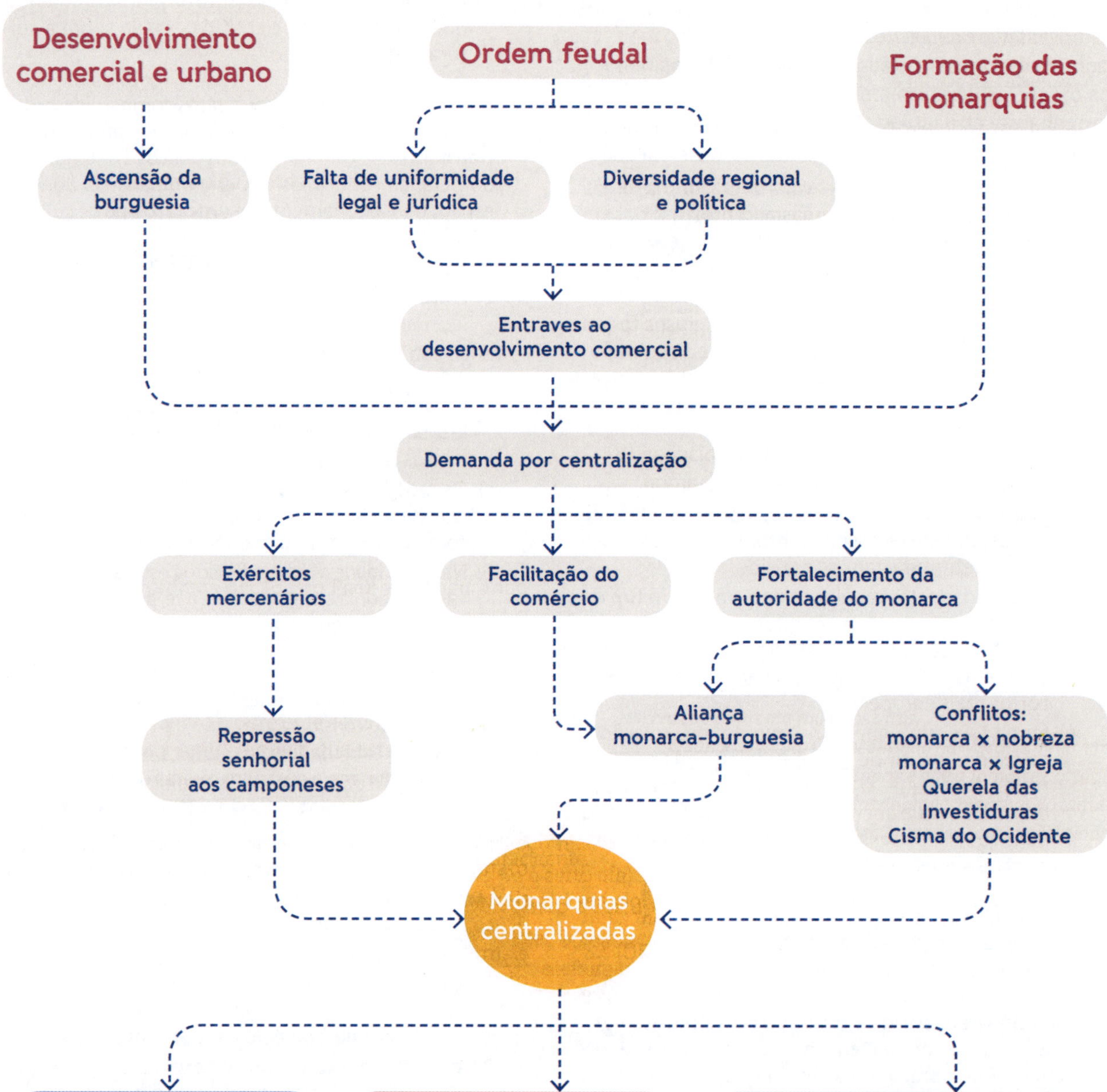

França

- Filipe II (1180-1223) – início da centralização, poder armado, tributos.
- Luís IX (1226-1270) – tribunais, moeda de circulação nacional.
- Filipe IV, o Belo (1285-1314) – criação dos Estados Gerais, Cisma do Ocidente.
- Guerra dos Cem Anos (1337-1453) – relativo enfraquecimento do poder monárquico.
- Peste negra, rebeliões camponesas (século XIV).

Inglaterra

- Guilherme, o Conquistador (1066-1087) – dinastia Normanda, organização do poder real.
- Henrique II (1154-1189) – *Common Law*.
- João Sem-Terra (1199-1216) – conflitos e imposição da Magna Carta, que limitava o poder real.
- Guerra dos Cem Anos (1337-1453) – crise social.
- Guerra das Duas Rosas (1455-1485) – enfraquecimento da nobreza, centralização política.

Península Ibérica

- Reconquista (1150-1492) – guerra para tomar os territórios controlados pelos muçulmanos. Organização dos reinos de Leão, Navarra, Castela e Aragão (unificados no final do século XV).

Portugal:
- Independência do condado Portucalense (1139).
- Dinastia de Borgonha (1139-1383) – reconquista, hegemonia da autoridade real.
- Revolução de Avis (1385) – aproximação entre os interesses da monarquia e os do setor mercantil, desencadeando a expansão marítima.

Exercícios

1. (Ufes) Em fevereiro de 1076, o papa Gregório VII, reagindo contra a decisão dos bispos alemães de se proclamarem independentes da Santa Sé, excomunga Henrique IV, soberano do Sacro Império Romano-Germânico, nos seguintes termos:

[Dirigindo-se a S. Pedro] "A mim como teu representante me foi especialmente confiado e a mim pela tua graça foi dado por Deus o poder de ligar e desligar no Céu e na terra. Apoiando-me pois nesta crença para a honra e defesa da tua Igreja e em nome de Deus Todo-Poderoso, o Pai, o Filho e o Espírito Santo, por intermédio do teu poder e autoridade, retiro o governo de todo o reino dos Germanos e da Itália ao rei Henrique, porque ele ergueu-se contra a tua Igreja com uma inaudita soberba. E liberto todos os cristãos do juramento de fidelidade que lhe tiverem feito ou vierem a fazer, e proíbo a quem quer que seja de o servir como rei, porque é justo que aquele que procura diminuir a honra da tua Igreja perca também a honra que deveria ter".

SPINOZA, F. *Antologia de textos históricos medievais*. Lisboa: Sá da Costa, 1981, p. 290.

O episódio faz parte de um dos mais importantes conflitos ocorridos no período medieval entre o papado e o Império, denominado "Questão das Investiduras" (1075-1122), que consistiu:

a) na retomada, por parte da Santa Sé, das propriedades fundiárias concedidas em arrendamento aos príncipes alemães para que investissem na produção agrícola, destinada a abastecer os núcleos urbanos emergentes.
b) na decisão de Gregório VII, proclamada diante dos bispos reunidos no Concílio de Avignon, de impedir por todos os meios as investidas de Henrique IV e seus aliados contra a Itália, o que levou o papado a buscar o apoio da monarquia francesa.
c) na condenação, por parte de Gregório VII, da interferência do poder laico na composição do clero, especialmente no que dizia respeito à indicação dos bispos pelos soberanos.
d) no repúdio de Henrique IV às pretensões do papado de sagrar os cavaleiros alemães, uma vez que historicamente tal prerrogativa cabia apenas ao imperador, como herdeiro legítimo dos Césares romanos.
e) na cisão entre a Santa Sé e a monarquia alemã, por conta da revelação de que agentes papais teriam penetrado no território do Sacro Império Romano-Germânico com o objetivo de sublevar a nobreza contra Henrique IV.

2. (UFG-GO)

I. Só a Igreja romana foi fundada por Deus.
II. Só o pontífice romano, portanto, tem o direito de ser chamado universal.
III. Só ele pode nomear e depor bispos. [...]
VIII. Só ele pode usar a insígnia imperial.
IX. O papa é o único homem a quem todos os príncipes beijam os pés.
XII. É-lhe lícito destituir os imperadores.

GREGÓRIO VII, *Dictatus papae*. *Apud*: SOUZA, José Antonio C. R. de; BARBOSA, João Morais. *O reino de Deus e o reino dos homens*. Porto Alegre: Edipucrs, 1997. p. 47-48.

O documento expressa a concepção do poder papal de Gregório VII (1073-1085) que se relaciona com:

a) o "Cisma do Oriente", que selou a separação entre as duas Igrejas, a católica romana e a ortodoxa grega.
b) o "Cativeiro de Avinhão", período de 70 anos em que os papas submeteram-se à autoridade do rei da França.
c) a "Querela das Investiduras", conflito político que demarcou as esferas do poder papal e as do poder imperial.
d) a "Doação de Constantino", que serviu como justificativa para o estabelecimento do Patrimônio de São Pedro.
e) o "Cisma do Ocidente", que dividiu a autoridade suprema da Igreja entre dois papas, o de Roma e o de Avinhão.

3. (UEL-PR) Considere as proposições a seguir.

I. "No Século XIV, as insurreições camponesas e urbanas, o clima de agitação social e a falta de segurança nas estradas contribuíram para que o setor mercantil transferisse a rota terrestre, que ligava a cidade de Flandres [...], para a via marítima...".
II. "A conquista de Ceuta significou apropriação de importantes lucros para o Estado e o grupo mercantil a ele ligado. Ao mesmo tempo, para a nobreza [...] ela foi vista como uma forma de combater os infiéis e conquistar terras...".
III. "No final do antigo regime, significativos setores da nobreza, enfraquecidos, deixaram de participar das atividades mercantis, o que fez com que a burguesia e o rei se lançassem ao comércio marítimo."
IV. "Os portugueses iniciaram a sua aventura expansionista através da pirataria e do saque às frotas italianas e iniciaram a expansão do seu império com a conquista do litoral africano."
V. "No final do Século XV, Portugal detinha a exclusividade da rota atlântica das especiarias e dos artigos de luxo – o mais importante setor do comércio internacional na época.".

Sobre a expansão marítima portuguesa, são corretas SOMENTE as proposições:

a) I, II e V.
b) I, III e IV.
c) I, III e V.
d) II, III e IV.
e) II, IV e V.

4. (Fuvest-SP) No processo de formação dos estados nacionais da França e da Inglaterra, podem ser identificados os seguintes aspectos:

a) Fortalecimento do poder da nobreza e retardamento da formação do Estado moderno.
b) Ampliação da dependência do rei em relação aos senhores feudais e à Igreja.
c) Desagregação do feudalismo e centralização política.
d) Diminuição do poder real e crise do capitalismo comercial.
e) Enfraquecimento da burguesia e equilíbrio entre o Estado e a Igreja.

5. (Cesgranrio-RJ) A consolidação da Monarquia Francesa:

a) deveu-se à política de Luís XI.
b) foi fruto da desintegração da nobreza feudal, esgotada pela Guerra dos Cem Anos e pelas crises de sucessão dinástica.
c) tornou-se possível graças à formação definitiva da configuração territorial da França, o que ocorreu no século XVI.
d) resultou do desenvolvimento de uma burguesia mercantil que apoiou o processo de centralização monárquico.
e) ocorreu como resultado das vitórias obtidas contra os ingleses.

6. (Unirio – adaptada) Leia o trecho de *Vou-me embora pra Pasárgada*.

Vou-me embora pra Pasárgada
Lá sou amigo do rei
Lá tenho a mulher que eu quero
Na cama que escolherei
Vou-me embora pra Pasárgada

BANDEIRA, Manuel. *Vou-me embora pra Pasárgada e outros poemas*. Rio de Janeiro: Ediouro, 1997.

O reino imaginário de Pasárgada e os privilégios dos amigos do rei podem ser comparados à situação da nobreza europeia com a formação das Monarquias nacionais modernas. A razão fundamental do apoio que esta nobreza forneceu ao rei, no intuito de manter-se "amiga" do mesmo, conservando inúmeras regalias, pode ser explicada pela (o):

a) composição de um corpo burocrático que absorve a nobreza, tornando esse segmento autônomo em relação às atividades agrícolas que são assumidas pelo capital mercantil;
b) subordinação dos negócios da burguesia emergente aos interesses da nobreza fundiária, obstaculizando o desenvolvimento das atividades comerciais;
c) manutenção de forças militares locais que atuaram como verdadeiras milícias aristocráticas na repressão aos levantes camponeses;
d) repressão que as monarquias empreenderiam às revoltas camponesas, restabelecendo a ordem no meio rural em proveito da aristocracia agrária;
e) completo restabelecimento das relações feudo-vassálicas, freando temporariamente o processo de assalariamento da mão de obra e de entrada do capital mercantil no campo.

7. (Ufes) O conceito de realeza sagrada e maravilhosa atravessou toda a Idade Média sem nada perder de seu vigor, muito pelo contrário: todo esse tesouro de legendas, de ritos curativos, de crenças meio eruditas, meio populares, que constituía grande parte da força moral das monarquias não cessou de crescer [...] À primeira vista, o que parece estar em oposição à marcha geral dos acontecimentos é – no reinado dos primeiros capetíngeos, por exemplo – o caráter sagrado correntemente reconhecido à pessoa do rei, pois, na verdade a força da monarquia era então muito pequena é, na prática, os próprios reis eram frequentemente pouco respeitados pelos súditos. Ademais, o que deve surpreender o historiador dos séculos X e XI não é a fraqueza da realeza francesa, o surpreendente é que essa realeza tenha-se mantido e tenha conservado suficiente prestígio para poder mais tarde, a partir de Luís VI, com a ajuda das circunstâncias, desenvolver rapidamente suas energias latentes e, em menos de um século, transformar-se em grande potência dentro e fora da França.

(BLOCH, M. Os reis taumaturgos. São Paulo: Companhia das Letras, 1998. 187-188.)

Dentre os fatores que propiciaram o fortalecimento da autoridade real, na França, durante a dinastia dos Capeto (987-1328), é correto afirmar que:

a) aliança de Luís VI com o soberano plantageneta João Sem Terra garantiu-lhe o apoio da nobreza inglesa contra o imperador do Sacro Império Romano-Germânico.
b) criação do Parlamento de Paris, em substituição aos Estados Gerais, sob o reinado de Hugo Capeto, permitiu à realeza controlar de modo estrito a concessão de títulos de nobreza a membros do clero e da burguesia.
c) abandono do direito romano, em prol das concepções jurídicas islâmicas, reforçou as pretensões dos capetíngeos em livrar o papado da tutela dos juristas italianos.
d) atuação de Carlos Magno, membro mais ilustre da dinastia, imprimiu ao Império Capetíngeo estruturas administrativas eficazes, por intermédio dos condes e marqueses.
e) crença nos poderes sobrenaturais dos monarcas capetíngeos, especialmente na sua capacidade de curar certos tipos de tumores, integrava uma mentalidade segundo a qual o rei era tido como uma entidade sagrada e inviolável.

8. (Ufam)

Embora no princípio do século XIV a maioria dos Estados cristãos flutuasse ainda no interior de fronteiras incertas, o conjunto da Cristandade encontrava-se estabilizado. Como disse A. Lewis, era o 'fim da fronteira'. A expansão medieval terminara. Quando a Europa voltasse a se expandir no fim do século XV, seria outro fenômeno.

LE GOFF, J. *A civilização do Ocidente Medieval*. Bauru: Edusc, 2005, p. 99.

Após ler o texto com atenção, você pode depreender que:

a) Durante este período existiu um vasto território no Ocidente europeu, antes marginal, que passou a ser cultivado pela pressão do crescimento demográfico e pelo intenso comércio muçulmano.

b) A queda demográfica iniciada por uma série de intempéries no início do século XIV e agravada pela peste favoreceu o recrudescimento feudal no Ocidente, prejudicando o desenvolvimento de uma economia monetária.

c) Somente a partir do século XV que as frágeis monarquias europeias iniciaram um processo de centralização, ao derrotar os senhores feudais com o apoio das camadas médias urbanas.

d) O fenômeno apontado no texto refere-se à instalação de um novo sistema de produção estruturado na acumulação do capital urbano.

e) A primeira metade do século XIV findou-se com uma epidemia, denominada de peste negra, que dizimou um terço da cristandade, provocando transformações profundas no mundo feudal.

9. (Cefet-MG) A peste negra, que dizimou grande parte da população europeia no século XIV, provocando escassez de mão de obra e alimentos, e sendo uma das causas da decadência do feudalismo, pode ser descrita como:

a) a peste bubônica, transmitida por ratos infectados.

b) uma seca violenta que devastou as lavouras.

c) nuvens de gafanhotos provenientes do norte da África.

d) a cólera, trazida pelos cruzados quando retornavam da Terra Santa.

e) fungos que surgiram pelo excesso de umidade, atacando as plantações de cereais.

10. (Ufpel-RS)

Diante da crise agrária fazia-se necessária a conquista de novas áreas produtoras. Diante da crise demográfica fazia-se necessário o domínio sobre as populações não europeias. Diante da crise monetária fazia-se necessária a descoberta de novas fontes de minérios. Diante da crise social fazia-se necessário um monarca forte, controlador das tensões e das lutas sociais. Diante da crise político-militar fazia-se necessária uma força centralizadora e defensora de toda a nação. Diante da crise clerical fazia-se necessária uma nova Igreja. Diante da crise espiritual fazia-se necessária uma nova visão de Deus e do homem. Começavam os novos tempos.

Fonte: FRANCO JR., Hilário. *O Feudalismo*. São Paulo: Brasiliense. p. 93

As crises que são referidas no texto caracterizaram:

a) a transição do feudalismo para o capitalismo comercial, na Europa, no início da Idade Moderna.

b) a formação do feudalismo, na Europa Ocidental, no início da Idade Média.

c) a substituição do escravismo clássico pela servidão, na área geográfica correspondente ao antigo Império Romano.

d) o pleno domínio econômico, político e social da burguesia europeia durante a Revolução Industrial.

e) a manutenção da hegemonia da Igreja Católica e a revitalização do poder político dos senhores feudais na Europa renascentista.

11. (Ufla-MG) "Há um consenso entre os historiadores que a partir de meados da Baixa Idade Média, teria se iniciado o processo de crise do sistema feudal, então predominante na Europa Ocidental".

São características da crise feudal, EXCETO:

a) Constantes invasões de povos bárbaros na Europa, que teriam aumentado a partir do século V.

b) Expansão predatória da exploração de terras, que teria contribuído para o desgaste de sua fertilidade.

c) Intenso desmatamento, que teria gerado a alternância de períodos chuvosos e secos e alterações climáticas e ecológicas.

d) Diminuição da produção agrícola associada ao encarecimento dos produtos e ao esgotamento das minas de ouro e prata da Europa.

e) Aumento do número de nobres e de suas necessidades de consumo, que teria aumentado consideravelmente o grau de exploração sobre a massa camponesa.

12. (PUC-PR) A peste negra matou mais da metade da população europeia em meados do século XIV. Causada pela bactéria *Yersinia pestis*, a doença representou uma ameaça às áreas mais pobres e infestadas de ratos. A partir do contexto das adversidades vividas na Europa desse período, marque a alternativa CORRETA:

a) Esse período também é marcado pelo fortalecimento do poder e do prestígio do papado. O ideal medieval de uma comunidade cristã unificada e guiada pelo papa foi reforçado.

b) Marca esse período a assinatura do Tratado de Verdun, que acabou com o reino construído por Carlos Magno.

c) A peste negra influenciou, positivamente, o fortalecimento do poder dos senhores feudais e marcou o declínio das atividades comerciais.

d) O pensamento escolástico de Santo Agostinho (1225-1274) predomina nesse contexto em detrimento da perspectiva cristã de São Tomás de Aquino (354-430).

e) Pertence a esse período a série de conflitos conhecida como Guerra dos Cem Anos (1337-1453). Entre franceses e ingleses, essa guerra se iniciou no século XIV, perdurando até o século XV, e contribuiu para a formação dos Estados nacionais inglês e francês.

13. (Emescam-ES) A "peste negra", catástrofe social e demográfica, que atingiu a Europa em meados do século XIV, produziu profundos efeitos na sociedade da época.

Com base nos conhecimentos sobre esse fato, pode-se destacar entre as principais consequências, EXCETO:

a) Queda na quantidade de mão de obra disponível ocasionada pelo declínio demográfico.
b) Melhoria na infraestrutura de saneamento das cidades medievais, com a construção de esgotos que fizeram diminuir a disseminação de doenças.
c) Expansão da fome fazendo aumentar a dependência dos servos em relação aos senhores de terra.
d) Revoltas camponesas em consequência dos tributos cobrados, ocasionando a fuga dos camponeses para as cidades.
e) Desarticulação da estrutura feudal, provocando, junto a outros fatores, a desintegração do feudalismo, fazendo com que os senhores feudais fossem perdendo poder político. Ao mesmo tempo, fortaleciam-se a burguesia e o poder real.

14. (IFG-GO) Sobre a grande crise feudal e o início da transição do feudalismo para o capitalismo, a partir do início do século XIV, assinale a alternativa incorreta.

a) A recuperação dos solos por meio da rotação de áreas, o motor básico que impulsionara a economia feudal por três séculos, acabou se tornando insuficiente para atender as demandas da nova estrutura social, no contexto do esgotamento de terras adequadas e disponíveis para o cultivo.
b) A formação dos Estados nacionais foi outra das consequências imediatas da grande crise.
c) A população continuou a crescer e a produção caiu nas terras inadequadas e disponíveis para o cultivo, nos níveis da técnica agropecuária existente. Como consequência, o solo se deteriorava por causa da pressa e do mau uso e a produção em geral declinava.
d) As estruturas profundas da crise emergiram na forma de conflitos aristocráticos, de fome, de epidemias, de revoltas populares e de exacerbação de fanatismos religiosos.
e) Novas formas de produção, circulação e consumo, a exemplo do arrendamento em 'espécie' de terras de propriedade aristocrática, o desenvolvimento de novas técnicas de cultivo e a procura do lucro por meio da agricultura comercial emergem lentamente no quadro de crise.

15. (Vunesp-SP) A Baixa Idade Média tem sua importância ligada à dissolução de um modo de produção e o início da longa fase de transição que levará ao desenvolvimento de um outro. Assinale a alternativa diretamente relacionada com a crise e a desagregação do sistema feudal:

a) Condenação do modo de produção feudal pela Igreja Católica Apostólica Romana.
b) Declínio do comércio a longa distância, florescimento da pequena indústria e enfraquecimento do poder central dos monarcas.
c) Equilíbrio entre o ritmo da produção e do consumo.
d) Exigências senhoriais sobrecarregando os camponeses e a substituição de obrigações antigas por contratos de arrendamento da terra e por pagamento em dinheiro.
e) Predomínio do modo assalariado de trabalho acarretando, em curto prazo, mudanças profundas na Europa Oriental.

16. (Uece) A peste, a fome e a guerra constituíram os elementos mais visíveis daquela que ficou conhecida como a crise do século XIV, na Europa. Como consequência dessa crise ocorrida na Baixa Idade Media,

a) o movimento de renascimento urbano foi iniciado e depois interrompido por mais de três séculos, reaparecendo somente na Revolução Industrial do século XVIII.
b) os camponeses, que estavam em via de conquistar a liberdade, voltaram a apoiar o sistema feudal por mais alguns séculos, como forma de superar a crise.
c) o processo de centralização e concentração do poder político nas mãos dos reis, com o apoio da burguesia, intensificou-se até se tornar absoluto no início da modernidade.
d) entre as classes sociais, a nobreza foi a menos prejudicada pela crise, ao contrário do que ocorreu com a burguesia.

17. (UFRN) O historiador Jacques Le Goff, analisando o Ocidente europeu na Idade Média, comenta:

> *O conflito entre o tempo da Igreja e o tempo dos mercadores afirma-se pois em plena Idade Média, como um dos acontecimentos maiores da história mental destes séculos, durante os quais se elabora a ideologia do mundo moderno, sob a pressão da alteração das estruturas e das práticas econômicas.*
>
> LE GOFF, Jacques. *Para um novo conceito de Idade Média*: tempo, trabalho e cultura no Ocidente. Lisboa: Estampa, 1979. p. 45.

Esse conflito referido pelo autor diz respeito:

a) à tensão entre a moral burguesa, que defendia o "justo preço" e a moderação do lucro, e os valores clericais, que enalteciam o ócio, como expressão da confiança na Providência.
b) à contradição entre a exploração dos servos, a qual sustentava a produção nos domínios feudais, e a concepção de uma sociedade fraterna defendida pela Igreja.
c) às dificuldades de conciliação entre os interesses religiosos das Cruzadas e as ambições das cidades italianas, que lucravam com as novas rotas comerciais abertas pelo movimento cruzadista.
d) à incompatibilidade entre o ponto de vista defendido pela Igreja sobre a economia e as ideias capitalistas da burguesia, a qual gradativamente se consolidava.

Desafio

Theo Szczepanski/Arquivo da Editora

Exercícios desafio de História

1. Faça um texto tomando por base o esquema-resumo do tema 1, completando com um (ou alguns) argumento(s) visto(s) na Introdução do Livro 1.

2. Procure um assunto, um tema que esteja sendo debatido nos jornais e faça um levantamento das propostas e posicionamentos apresentados. Com esses dados, elabore um texto crítico apontando os aspectos positivos e negativos estudados, descrevendo quais posicionamentos foram tomados. Conclua a atividade emitindo seu posicionamento sobre o tema. (Pode ser feito em grupo ou individualmente).

3. (Olimpíadas da Unicamp-SP)

Nos últimos 20 anos vários pesquisadores vêm sugerindo que a ocupação da América seria mais antiga, mas, há pouco tempo, surgiram provas convincentes. Entre elas está Luzia, cujos estudos trouxeram ainda outras novidades.

No município de Pedro Leopoldo, região de Lagoa Santa, Minas Gerais, um grupo de arqueólogos brasileiros e franceses encontrou, em 1975, partes de um esqueleto em uma gruta chamada Lapa Vermelha IV. As informações iniciais sugeriam que o esqueleto (de uma mulher entre 20 e 25 anos de idade – Luzia) deveria ser muito antigo, mas naquela época não foi possível datar com precisão o material. [...]

Só a partir das pesquisas feitas [por] Walter Neves, da Universidade de São Paulo, Luzia teve sua idade revelada. O resultado foi surpreendente: ela tinha vivido em Minas Gerais há 11.500 anos! Essa data, junto com outros vestígios de populações pré-históricas que teriam vivido há mais de 11.000 anos nas Américas do Sul e do Norte, revelou que o povoamento do nosso continente ocorreu antes do que se pensava. Apesar de existir muita discussão sobre o tempo necessário para que todo o continente tenha sido ocupado, a presença de humanos na América do Sul há 11.500 anos indica que os primeiros migrantes teriam chegado no continente americano há pelo menos 14.000 ou 15.000 anos.

Hoje, muitos cientistas já admitem que a primeira migração deva ter ocorrido entre 15 000 e 20 000 anos. Mas há pesquisadores que admitem até 50.000 anos! Os dados que existem ainda não são suficientes para que possamos chegar a uma conclusão.

RODRIGUES, C. Luzia. *Ciência Hoje das Crianças*, SBPC, n. 102, maio 2000.

Sobre pré-história: Norberto Luiz Guarinello. *Os primeiros habitantes do Brasil*. São Paulo: Atual Editora, 2009 (15. ed.)

Sobre o tema da questão: Walter Alves Neves, Luis Beethoven Pilo. *O povo de Luzia*: em busca dos primeiros americanos. Rio de Janeiro: Globo, 2008.

Ou ainda: Walter A. Neves; João Paulo V. Atui. "O mito da homogeneidade biológica na população paleoíndia de Lagoa Santa: implicações antropológicas". *In*: *Revista de Antropologia*, vol.47 n.1, São Paulo, 2004. Disponível em: <www.scielo.br/scielo.php?script=sci_arttext&pid=S0034-77012004000100005&lang=pt>.

O texto sobre descobertas arqueológicas no atual território brasileiro revela que:

a) existe uma pré-história na América do Sul.

b) assim como em outras áreas do conhecimento histórico, uma nova descoberta permite novas interpretações sobre o passado.

c) a datação de Luzia permitiu retroceder a época da presença humana no continente americano.

d) o conhecimento sobre o passado remoto não tem base científica e por isso as datas podem apresentar enormes diferenças.

4. Explique como a fixação de grupos humanos nos vales de grandes rios favoreceu a criação de Estados com poder centralizado.

5. Podemos considerar que o desenvolvimento da atividade comercial foi uma decorrência da "Revolução Neolítica"? Justifique.

6. Faça um texto de no máximo uma página, explicando o esquema-resumo do tema 3 e completando-o no que achar necessário.

7. Que semelhanças você nota em relação ao desenvolvimento e às características das civilizações mesopotâmica e egípcia?

8. Refaça em seu caderno o esquema-resumo do tema 4, acrescentando mais elementos sobre a civilização egípcia.

9. (Fuvest-SP) Caracterize as relações entre os camponeses e o Estado no Egito Antigo.

10. Explique a importância dos Dez Mandamentos para a construção de uma unidade hebraica.

11. Indique os fatores que contribuíram para o estabelecimento da talassocracia fenícia.

12. Que medidas tomadas por Dario I permitiram o controle do poder central sobre o vasto Império Persa?

13. Faça uma síntese da evolução política da China antiga, seguindo as indicações do esquema-resumo do tema 5.

14. Consultando as informações do capítulo 4, compare a forma de organização política predominante da Índia durante o apogeu da civilização védica e o período imediatamente posterior ao domínio macedônico, juntando-os ao esquema-resumo em seu caderno.

15. Apesar da grande diversidade de etnias, religiões e culturas existentes no continente africano desde a Idade Antiga, poucos foram os grupos que se mantiveram isolados ao longo do tempo. Quais fatores favoreceram o intercâmbio entre os diferentes povos africanos?

16. Consultando as informações do capítulo 5, escreva em seu caderno um texto breve, caracterizando cada um dos períodos da história grega identificados no esquema-resumo.

17. Durante o oitavo século antes de Cristo, a civilização grega experimentou importantes transformações, que tiveram como consequência o desmembramento das comunidades gentílicas e a formação das pólis. Responda:

a) Que transformações foram essas?

b) O que caracteriza a pólis grega?

18. À época dos legisladores atenienses que procuravam resolver os problemas derivados das transformações sociais, Sólon, Drácon e Clístenes tiveram papel de destaque. Descreva em seu caderno quais foram as medidas por eles implementadas.

19. Explique as semelhanças e as diferenças da democracia grega com a brasileira atual.

20. Com base no esquema-resumo do tema 7 e na leitura do livro, escreva um texto no qual sejam diferenciados os processos de evolução política de Esparta e de Atenas.

21. Na Grécia antiga, democracia e imperialismo estiveram associados. Elabore um texto evidenciando essa relação.

22. Explique as causas e as consequências do imperialismo ateniense.

23. Explique o que significa helênico e helenismo. Indique ao menos três aspectos culturais da civilização helenística.

24. Escreva em seu caderno o segmento do esquema-resumo do tema 8 que vai do estabelecimento até a crise da República romana. Depois, complete-o, indicando as razões e os resultados das lutas entre patrícios e plebeus.

25. Orientando-se pelo esquema-resumo do tema 8 e consultando as informações do capítulo 6, explique como a expansão territorial e militar romana desencadeou os fatores que levariam o governo republicano a uma profunda crise.

26. Qual a importância das Guerras Púnicas para a República romana?

27. A expansão republicana romana estabeleceu um período de lutas constantes entre patrícios e plebeus. Responda em seu caderno a importância e o significado:

a) dos Tribunos da Plebe;

b) das Leis das XII Tábuas;

c) das propostas dos irmãos Graco.

28. Orientando-se pelo esquema-resumo do tema 9, explique de que maneira a política do "pão e circo" funcionava como um mecanismo importante de estabilização da ordem no Império.

29. Com base no esquema-resumo 9 relacione o fim da expansão territorial romana ao colapso do Império Romano.

30. Comente exemplificando dois elementos da Antiguidade romana presentes ainda hoje no mundo ocidental.

31. Descreva resumidamente em seu caderno o período compreendido entre o primeiro triunvirato e o estabelecimento do Império Romano.

32. Tomando o esquema-resumo do tema 10, escreva um breve texto sobre as divergências entre as Igrejas cristãs de Roma e de Bizâncio, apontando o desfecho com o Cisma do Oriente.

33. No esquema-resumo do tema 10, acrescente mais um item: bizantinismo. Em seguida, monte um pequeno texto definindo esse termo.

34. Escreva um pequeno texto justificando com exemplos a seguinte afirmação: o esquema-resumo do tema 11 nos permite concluir que, na Idade Média, a civilização ocidental não tinha posição hegemônica no cenário internacional, nem impunha a outros povos seus padrões culturais e seu modelo de organização política, social e econômica.

35. Escreva uma explicação para o processo de fragmentação política ocorrido na Alta Idade Média europeia a partir dos fatores destacados no esquema-resumo do tema 12.

36. Buscando refazer o esquema-resumo do tema 12 em seu caderno, explique o Tratado de Verdun (843) e seu significado para o Império Carolíngeo e para a ordenação política europeia.

37. Com base no esquema-resumo do tema 13, elabore um texto sobre as transformações que ocorriam na Europa, no qual apareçam articulados os seguintes tópicos:

Crescimento demográfico – Cruzadas – ampliação do comércio – cristãos × islâmicos.

38. Explique ao menos duas consequências do movimento cruzadista:

a) para a península Ibérica;

b) para o mar Mediterrâneo;

c) para o Império Árabe.

39. Apoiando-se no esquema-resumo do tema 14, descreva as transformações econômicas e sociais da Baixa Idade Média.

40. Explique dois motivos que levaram a Idade Média a ser chamada 'Idade das Trevas' e, em seguida, contraponha com outros dois motivos que neguem essa afirmação.

41. Elabore uma relação entre o movimento cruzadista e a formação das cidades medievais.

42. Tomando como referência o esquema-resumo do tema 15, compare o pensamento de São Tomás de Aquino e de Santo Agostinho nos seguintes aspectos:

a) influência grega;

b) predestinação e salvação;

c) semelhanças e diferenças.

43. Compare o estilo românico com o gótico e aponte exemplos arquitetônicos europeus.

44. Com base no esquema-resumo do tema 16, descreva as transformações políticas europeias da Baixa Idade Média e aponte que grupos sociais se beneficiaram.

45. Em seu caderno refaça o esquema-resumo do tema 16 acrescentando explicações à Questão das Investiduras e ao Cisma do Ocidente, destacando disputas entre o poder real e o da Igreja.

46. Escreva um pequeno texto descrevendo o panorama mundial às vésperas do século XVI, destacando tópicos por região, inclusive da Europa.

Khalid Mohammed/Associated Press

TEMA 1

Bastidores da História

1. b
2. b
3. d
4. b
5. d
6. a
7. 3+4= 7
8. e
9. e
10. 1+4+8 = 13
11. a
12. c
13. d

TEMA 2

Os primeiros agrupamentos humanos

1. e
2. a
3. e
4. d
5. e
6. a
7. a
8. b
9. e
10. d
11. a
12. d
13. c
14. a
15. d

TEMA 3

As mais antigas civilizações: a Mesopotâmia

1. c
2. a) A organização política predominante na Mesopotâmia foi a cidade-Estado, onde o monarca, funcionários do governo e sacerdotes formavam a aristocracia, enquanto comerciantes e artesãos faziam parte do grupo dos homens livres. Abaixo desse grupo vinham os escravos.

   b) O código de Hamurábi foi o primeiro código de leis escritas. Sua função era estruturar o poder despótico do estado e consolidar a autoridade da aristocracia.
   Seus princípios foram inspirados na Lei do Talião, que determinava que a pena deveria ser correspondente ao crime ("olho por olho, dente por dente").
3. b
4. d
5. b
6. b
7. d
8. a
9. V-V-F-F-V
10. c
11. c
12. d
13. d

TEMA 4

As mais antigas civilizações: o Egito

1. b
2. b
3. c
4. b
5. e
6. b
7. a
8. d
9. c
10. c
11. c
12. a

TEMA 5

Antigas civilizações: orientais, da África e América

1. a
2. e
3. b
4. e
5. a
6. a
7. b
8. c
9. a
10. d
11. c
12. c
13. b
14. e
15. c

TEMA 6

A Grécia antiga: das origens ao Período Arcaico

1. e
2. d
3. e
4. a) A pólis grega é uma entidade, ao mesmo tempo, política, cultural e religiosa. Conforme o próprio texto diz, ela unificou a cidade e o campo. Retrata-se como a referência central para a vida cotidiana do homem grego, onde se faz presente como cidadão.
   A codificação das leis também pode ser um elemento relacionado à pólis.

   b) Porque, sendo escrita, a lei se torna pública e menos suscetível a alterações pelos poderosos.
5. b
6. c
7. d
8. b
9. c
10. b
11. b
12. d
13. 0-1-2
14. 4+ 32 = 36
15. a) Entre os elementos "imitados" de outros povos e sociedades presentes nos "inícios da Grécia", podemos citar as técnicas agrícolas, navais e os valores religiosos aprendidos com a civilização cretense.

b) Um exemplo de "diversidade social e cultural", que "caracterizou o início da Grécia", é a diferença entre as culturas que se desenvolveram nesse período, descritas pelos poemas de Homero e Hesíodo.

16. b

TEMA 7

A Grécia Antiga: Períodos Clássico e Helenístico

1. c
2. d
3. d
4. b
5. No processo histórico grego, Atenas lidera a criação de uma Liga militar entre as cidades-Estado gregas com o propósito de impedir o avanço persa sobre a região. A dominação e controle ateniense após as Guerras Médicas levou às guerras entre as pólis gregas (Liga de Delos × Liga do Peloponeso).
6. a) Durante o Período Clássico a democracia era a base do regime ateniense. Os debates públicos, os discursos, a oratória e a retórica tinham papel de destaque, pois eram de grande importância para a vida do cidadão ateniense. No teatro, encontramos elementos tanto políticos como dos costumes, apontando reflexões e dialogando com o modo de viver dos cidadãos. Na prática política, o discurso passa a tomar grande importância nas Assembleias, local de debate democrático.
   b) São características do Período Helenístico a presença de uma unidade Imperial e de elementos orientais.
7. e
8. c
9. d
10. a
11. a
12. d
13. b
14. c
15. a
16. d

TEMA 8

Roma: das origens à crise republicana

1. b
2. d
3. a
4. d
5. b
6. c
7. c
8. d
9. d
10. e
11. d
12. b
13. c
14. e
15. b
16. c
17. 1+16 = 17
18. b
19. a) Para assegurar a manutenção dos privilégios das elites patrícias, através de filhos legítimos de cidadãos romanos, garantindo-lhes o poder político e marginalizando outros grupos.
    b) Escravos, libertos, estrangeiros, mulheres, crianças, plebeus em alguns períodos.
20. c

TEMA 9

Roma: Período Imperial

1. e
2. V-F-V-V-F
3. c
4. d
5. d
6. d
7. d
8. a
9. c
10. 1+2+8 = 11
11. c
12. b
13. c
14. c
15. d
16. c
17. a
18. a
19. b.
20. c.

TEMA 10

O Império Bizantino

1. 1+4= 5
2. c
3. b
4. d
5. a
6. a
7. e
8. d
9. c
10. a
11. a
12. b
13. d
14. b
15. d

TEMA 11

O Islã e o mundo após o século V

1. e
2. e
3. a
4. d
5. a
6. b
7. d
8. d
9. d
10. c
11. b
12. b
13. e
14. b
15. c

TEMA 12

Surgimento da Europa: a Alta Idade Média

1. As obrigações de um vassalo compunham-se de compromissos de reciprocidade estabelecidos nas relações horizontais, ou seja, entre senhores. As obrigações servis, entretanto, definiam a condição de submissão dos servos e a sua exploração pelos membros da nobreza e do clero.
2. d
3. c
4. d
5. a

6. a
7. c
8. b
9. e
10. b
11. e
12. b
13. c
14. c
15. b
16. e

TEMA 13

As Cruzadas da Europa Medieval

1. a
2. d
3. a
4. c
5. c
6. b
7. e
8. a
9. d
10. e
11. e
12. b
13. 1+2+8+32 = 43

TEMA 14

O Renascimento comercial e urbano medieval

1. a) Respostas prováveis:
• as peregrinações de cristãos europeus aos Lugares Santos, propiciando o estabelecimento de relações comerciais que atendessem ao suprimento das necessidades gerais daqueles peregrinos em romaria, implicando relações de trocas de produtos e/ou de produtos por moedas;
• as Cruzadas ou Guerra Santa, enquanto iniciativa do cristianismo representado pelo Bispo de Roma, para libertação dos Lugares Santos, que se encontravam sob o controle principalmente dos povos identificados com a fé islâmica;
• trata-se de um embate iniciado no final do século XI e que se estendeu até o final do século XIII, contribuindo significativamente para o incremento do intercâmbio comercial e para a própria expansão europeia, inclusive no que concerne ao intercâmbio comercial entre as regiões europeias e o Oriente;
• a estabilização dos reinos medievais e relativa pacificação, propiciando o incremento demográfico e o esgotamento das terras férteis, contribuindo para a migração dos excedentes demográficos em busca de alternativas de sobrevivência nas vilas e nos burgos e disponibilizando mão de obra para as atividades artesanais, bem como para as relações de trocas ou intercâmbios comerciais;
• enriquecimento da nobreza feudal decorrente da Guerra Santa ou Cruzadas, inclusive por meio de saques, propiciando acumulação de riqueza que seria empregada na aquisição de produtos disponibilizados pelos intercâmbios comerciais, incluindo o gosto pelos artigos de luxo geralmente observados no Oriente;
• também se inclui o conhecimento de novos produtos, como as especiarias, que se incorporaram aos hábitos alimentares e à conservação de alimentos perecíveis;
• a própria tradição comercial das cidades da outrora denominada Magna Grécia, no mar Mediterrâneo, destacando-se as cidades da península italiana, que atuaram como entrepostos e pontos de origem das novas rotas comerciais que se consolidaram no interior da Europa, em cujo entroncamento se originaram ou se desenvolveram burgos ou cidades como polos comerciais;
• quanto à Guerra Santa, deve-se considerar que foi por ocasião da Quarta Cruzada que os mercadores europeus das cidades do Mediterrâneo obtiveram o privilégio de fixação de entrepostos comerciais para distribuição de mercadorias provenientes do Oriente para as rotas comerciais terrestres e fluviais, que adentravam ao interior do continente europeu, em direção às feiras que se consolidavam.

b) Respostas prováveis:
• As corporações de ofícios, bem como as guildas, tinham como importância a proteção mútua mediante constituição de um fundo, nos burgos, especialmente contra a predominância da aristocracia feudal, que se impunha nos feudos; enfim, as guildas ou corporações de ofícios tinham como objetivo principal a defesa dos interesses econômicos e profissionais dos trabalhadores que lhes eram associados;
• ambas formavam uma associação de mestres, que eram donos de oficinas, bem como artesãos ou artistas e aprendizes das artes e ofícios;
• agregavam pessoas das relações familiares ou outras pessoas desprovidas de *status* e condições econômicas, como aprendizes de uma profissão;
• as corporações de ofícios, bem como as guildas, reproduziam e consolidavam o conhecimento, a normatização e o refinamento das competências e especializações profissionais;
• constituíram-se guildas de alfaiates, sapateiros, ferreiros, açougueiros, artesãos, comerciantes, artistas plásticos entre outros profissionais;
• as corporações de ofícios e as guildas associavam professores e estudantes que, a partir do final do século XII, e início do século XIII, constituíram corporações que se denominaram *Universitas Magistrorum*, reunindo professores, e *Universitas Scholarium*, reunindo estudantes, com vistas aos estudos gerais e que propiciaram a gênese das Universidades;
• também serão considerados, positivamente, os comentários críticos ou ressalvas sobre as supostas diferenças entre corporações de ofícios, enquanto ambientes de aprendizagem de uma profissão, diferentemente das guildas, consideradas corporações de comerciantes.

2. c
3. e
4. b
5. e
6. c
7. e
8. b
9. a) No texto, o autor opõe o ofício do lavrador, de fácil exercício e pouca exigência intelectual, à do mercador, mais complexo e exigente, pois requeria daqueles que seguiam esta carreira a prática de manejo com moedas, negociar preços de modo a obter lucro nas transações e capacidade de convencimento para ganhar clientes.
   b) Como características deste período, o aluno poderia citar:
   • o crescimento acentuado da atividade mercantil, estimulando a retomada da circulação monetária e da consequente fundação de casas bancárias e da atividade dos cambistas;
   • crescimentos dos pequenos centros urbanos, fossem eles antigas cidades, feiras em franco desenvolvimento ou mesmo pequenas fortificações, conhecidas como burgos;
   • ascensão de uma nova camada social, a burguesia, associada às atividades comerciais e urbanas;
   • surgimento de feiras que concentravam centros de troca de produtos, bem como a circulação de mercadorias entre as cidades;
   • desenvolvimento da atividade artesanal, através das oficinas e das corporações de ofício;
   • retomada do contato comercial com o Oriente, abastecendo o mercado europeu de especiarias.
10. b
11. a
12. e
13. b
14. b
15. e
16. 2+4=6

TEMA 15

A cultura medieval europeia

1. a
2. d
3. a) Usura é um contrato de empréstimo em que o devedor é obrigado a pagar juros.
   b) A Igreja condenava o usuário por considerar que ele não produz riqueza ao lucrar com aquilo que não lhe pertence. A prática da usura estaria, portanto, contrariando o princípio bíblico de que "ganharás o pão com o suor do seu rosto".
   c) O Renascimento comercial e urbano, ocorrido no final da Idade Média, desencadeou o processo de formação do capitalismo. A dinamização das atividades econômicas foi acompanhada da expansão das atividades de crédito, inclusive a prática dos empréstimos com juros. A mentalidade ainda fortemente religiosa, ao condenar a usura, acabava criando obstáculos para o pleno desenvolvimento do capitalismo.
4. a
5. a
6. d
7. e
8. a
9. b
10. e
11. b
12. a
13. 2+4+8 = 13
14. e

TEMA 16

Relações de poder na Europa Ocidental medieval

1. c
2. c
3. a
4. c
5. d
6. d
7. e
8. e
9. a
10. a
11. a
12. e
13. b
14. b
15. d
16. c
17. d
18. V-F-V-F-F
19. a

Desafio

1. O ideal é articular os itens destacados no esquema-resumo, mencionando o processo pelo qual passou a historiografia (durante o século XIX e sua renovação no século XX) e os componentes que formam a construção do conhecimento histórico, concluindo com uma reflexão sobre a divisão tradicional da história e o eurocentrismo.
2. Resposta pessoal.
3. Tomando o texto como referência, a única alternativa errada é a D. A maior nota dada a uma alternativa indica que ela seria a mais correta, e a menor, a que estaria completamente errada. Seguindo esse critério, podemos dizer que:

   A = 1; B = 5; C = 4; D = 0.
4. Ao fixarem-se às margens de grandes rios e com o consequente desenvolvimento da capacidade de armazenar produtos agrícolas e domesticar animais, alguns grupos humanos tiveram um aumento populacional. Esse crescimento gerou a necessidade de administrar a vida urbana, a produção de produtos, seu armazenamento, sua distribuição e a estruturação dos poderes. Integra-se a tal quadro a construção de diques e canais, erguidos em esforços coletivos em benefício da comunidade.
5. Sim, pois o surgimento das cidades em meio ao crescimento de agrupamentos humanos provocado pela sedentarização no período Neolítico favoreceu as trocas comerciais entre as vilas que rodeavam as cidades.

6. Resposta pessoal. O texto deve contemplar cada um dos itens citados no esquema-resumo, podendo ser completado por algum dos aspectos desenvolvidos no livro-texto. Uma possibilidade interessante é listar em uma página os itens do esquema-resumo, explicando cada um deles.

7. Ambos os povos fixaram-se em regiões próximas a rios e desenvolveram técnicas de irrigação que permitiram o aumento da produção agrícola. Também houve, nos dois casos, o aumento da população em função da melhoria das condições de vida provocadas pela sedentarização e o consequente crescimento de algumas aldeias, que se transformaram em cidades. É possível identificar também na história das duas civilizações a existência de um Estado centralizado que, a certa altura, se responsabilizou pela construção e manutenção de diques e canais de irrigação.

8. Resposta pessoal.

9. No Egito Antigo, os camponeses estavam subordinados ao Estado, que detinha as terras e os instrumentos de trabalho. Eles realizavam grandes obras públicas e trabalhavam nas construções de diques de irrigação, armazéns, templos, palácios e monumentos funerários.

10. Os Dez Mandamentos apresentados por Moisés aos hebreus impuseram ao povo um código moral que, sendo atribuído a Deus, conferia unidade e estabilidade à comunidade, fortalecendo os vínculos e a identidade entre seus membros.

11. A civilização fenícia se desenvolveu numa estreita faixa de terra localizada entre o mar e as montanhas, onde eram escassas as terras férteis. Em função disso, os fenícios dependiam muito da navegação. Assim, tornaram-se grandes pescadores e exímios comerciantes, tendo controlado as rotas marítimas de toda a costa mediterrânica. Esse domínio sobre os mares conferiu enorme poder a um grupo de grandes comerciantes e donos de embarcações, que assumiram o governo das cidades fenícias. Esse governo comandado por uma elite de homens ligados à atividade marítima ficou conhecido como talassocracia.

12. Para controlar seu enorme império, Dario I dividiu-o em unidades administrativas chamadas de satrápias e nomeou homens de sua confiança para governá-las. Para manter essas satrápias sob sua autoridade, conservava-as sob estrita vigilância. Além disso, impôs um único padrão monetário e criou um eficiente sistema de correios que agilizava a comunicação entre as várias partes do Império.

13. O importante é reconhecer e selecionar para a elaboração de seus respectivos textos as informações relativas ao tema da política, diferenciando-as das demais. Com isso, articular essas informações com autonomia, sem copiar fragmentos soltos do texto didático. Um exemplo possível é o apontado abaixo:

As primeiras cidades chinesas se desenvolveram aproximadamente no vale do rio Amarelo. Elas estavam organizadas como cidades-Estado, não havendo então um poder central. O primeiro estado chinês foi criado no século XVIII a.C. pelos reis da dinastia Chang, que uniram várias cidades-Estado sob sua autoridade e iniciaram a construção de grandes templos, palácios e fortificações por meio da mobilização de milhares de camponeses e escravos. Derrubada pelo ataque de um reino do oeste por volta de 1100 a.C., a dinastia Chang foi substituída pela dinastia Chou (ou Zhou). Sob o reinado dos novos governantes, a China, conhecida então como Reino do Meio, atingiu grande esplendor cultural. Foi nesse período que o pensamento de Confúcio difundiu-se pelo império, influenciando fortemente os governos seguintes. Contudo, o fortalecimento dos grandes senhores de terra e a consequente fragmentação do poder político favoreceram a invasão do império por povos nômades vindos do norte e do oeste, o que causou o enfraquecimento dos Chou. Por isso, o período que se estende do século V a.C. ao século III a.C. foi marcado pelas guerras e pela instabilidade política, sendo conhecido como "período dos reinos combatentes". Essa situação só chegou ao fim com a ascensão ao poder de Shi Huang Ti, do reino Ch'in, que fundou a dinastia Ch'in e reunificou o império. Durante seu reinado, ocorreu forte repressão política e foi iniciada a construção da Grande Muralha da China para proteger o império contra os invasores nômades. A morte de Shi Huang Ti, em 210 a.C., abriu um novo período de rebeliões internas e disputas pelo poder, interrompidas em 202 a.C. com a ascensão ao poder de outra dinastia, a Han. Iniciaria aí uma fase de expansão e de contenção dos hunos, invasores nômades do norte. A dinastia Han foi marcada pela adoção do confucionismo como doutrina oficial, mas também pela penetração do budismo na China. Foi ainda um período de grande desenvolvimento intelectual e comercial.

14. Durante o apogeu da civilização védica, os indianos não constituíam um Estado unitário, com poder centralizado. Embora compartilhassem uma identidade cultural, estavam organizados em cidades-Estado que, ao se expandirem, constituíam pequenos reinos comandados pelos rajás. Em caso de uma ameaça maior, esses reinos uniam-se temporariamente sob as ordens de um marajá. A formação de um império organizado sob a autoridade de um único chefe político ocorreu logo após o fim do domínio macedônico. Durante a dinastia Máuria, o império indiano conheceu um período de expansão.

Contudo, após a morte do imperador Asoka, no século III a.C., o império se fragmentou novamente, só voltando a se unificar no século IV d.C., sob a dinastia Gupta.

15. A atividade comercial foi um dos principais fatores de interação entre os povos africanos. Outros aspectos que favoreceram o intercâmbio entre os povos da África estão ligados ao expansionismo de reinos e mesmo de novas potências que avançaram sobre o continente africano.

16. O Período Pré-Homérico caracteriza-se pela formação e desenvolvimento da cultura minoica na ilha de Creta e da civilização micênica, no Peloponeso. O período também é marcado pela chegada à península Balcânica de povos indo-europeus, como eólios, aqueus, jônios e dórios. Há controvérsias sobre se esses últimos teriam sido os responsáveis pela Primeira Diáspora Grega, marcada pelo esvaziamento das cidades, a retração do comércio e o deslocamento da população para as zonas rurais. Muitos historiadores afirmam que o conjunto de povos migrantes foi responsável por esse acontecimento. O período seguinte é conhecido como Período Homérico, pois foi associado às obras da Ilíada e Odisseia, atribuídas a Homero. Nele ocorre a formação de comunidades gentílicas, baseadas na existência dos genos, chefiados por um *pater*. O crescimento populacional, somado à escassez de terras férteis na Grécia, levou a uma crescente desigualdade na distribuição das terras e na consequente desagregação das comunidades gentílicas. Essas transformações provocaram a Segunda Diáspora Grega, quando os gregos se expandiram pelo mar Mediterrâneo fundando colônias, e a formação e consolidação das cidades-Estado, as pólis, sob controle da aristocracia proprietária de terras. Esse terceiro período recebe o nome de Período Arcaico.

17. a) As transformações que causaram a dissolução das comunidades gentílicas foram o aumento demográfico combinado à escassez de terras férteis, processo que resultou na apropriação das melhores terras pelos parentes mais próximos dos chefes dos genos e no surgimento da desigualdade social no interior da sociedade grega.

b) A pólis grega se caracteriza pela existência de uma área rural e outra urbana (a Acrópole), estando o centro de decisões concentrado nesta última. Para os antigos gregos, a pólis era uma comunidade de homens livres que decidiam de maneira autônoma sobre os destinos da coletividade.

18. Drácon: leis escritas

Sólon: República censitária (Conselho dos 400 e participação de acordo com a renda), fim da escravidão por dívidas.

Clístenes: democracia (Conselho dos 500), ostracismo.

19. Na semelhança está a participação cidadã. Nas diferenças temos: a cidadania na Grécia cabia apenas aos homens atenienses adultos (exclusão das mulheres e escravos); democracia direta na Grécia e indireta no Brasil.

20. Esparta não experimentou, no século VIII a.C., as dificuldades econômicas profundas como aquelas que afetaram outras cidades-Estado gregas. Controlada por uma elite guerreira que mantinha sob seu poder os camponeses hilotas, organizou-se como uma oligarquia aristocrática e assim se manteve por centenas de anos. Quanto a Atenas, organizou-se, a princípio, também como um regime oligárquico, controlado pela aristocracia proprietária de terras. Contudo, a instabilidade social produzida pela insatisfação dos pequenos agricultores livres e pela ascensão dos comerciantes acabou favorecendo a realização de reformas políticas que reduziriam o poder dos aristocratas e permitiram maior participação dos demos nos processos de decisão política, instaurando a democracia.

21. Durante as Guerras Médicas, os atenienses assumiram a liderança da Liga de Delos e o controle sobre os recursos recolhidos das cidades-Estado gregas para financiar os gastos militares. Essa posição privilegiada permitiu que Atenas se destacasse como potência militar, sobretudo nos mares. Findos os conflitos contra os persas, os atenienses se negaram a abolir a Liga e os impostos. Usando seu poderio militar, passaram a impor seus interesses a outras cidades--Estado, inclusive interferindo na deposição de governos oligárquicos para favorecer os defensores do regime democrático no interior delas. Quanto aos recursos recolhidos, eram revertidos na realização de grandes obras em Atenas e na sustentação do seu regime democrático. Assim, o aprofundamento da democracia ateniense foi em grande medida subsidiado pela sua ação imperialista sobre as demais cidades-Estado da Grécia.

22. As causas do imperialismo ateniense estão relacionadas à supremacia, adquirida via Liga de Delos, e interesses comerciais sobre toda a área grega. Como resultado, houve um descontentamento com a hegemonia ateniense, acirrando a rivalidade com Esparta e seus aliados, que culminou nas Guerras do Peloponeso.

23. Helênico significa grego (aquele vem da região grega chamada de Hélade) e helenismo, a fusão da cultura grega com a oriental. Nessa fusão das duas culturas, a arte adquiriu um caráter mais realista, a arquitetura ganhou em grandiosidade e na política prevaleceu o despotismo.

24. Entre as razões a serem indicadas no esquema, devem constar o monopólio do poder político pelos patrícios e a decorrente marginalização dos plebeus, reduzidos à condição de dependentes ou agregados dos patrícios. Entre os resultados, deve ser destacada a conquista de direitos civis e políticos pelos plebeus, exemplificada pela criação do tribunato da plebe, pela elaboração da Lei das 12 Tábuas, pela liberação do casamento entre patrícios e plebeus e pelo advento do acesso de plebeus às terras públicas.

25. Resposta pessoal. Exemplo:

Com a expansão territorial e militar romana, ocorreu um enorme afluxo de bens das províncias conquistadas, pela pilhagem de guerra ou pela cobrança de tributos, o que causou uma queda cada vez mais acentuada dos preços dos produtos agrícolas. Dos territórios conquistados chegavam milhares de escravos, consolidando a economia escravista. Ao mesmo tempo, surgia uma poderosa classe de comerciantes, os homens-novos, ansiosos por alguma participação política. Os patrícios ligados ao Senado concentravam em suas mãos as terras conquistadas, enquanto os pequenos proprietários plebeus da península Itálica, não encontrando condições de sobreviver no campo, vendiam suas terras e transformavam-se em mão de obra barata na cidade. Em consequência, a cidade de Roma cresceu desmedidamente, o que elevou a tensão social. Toda essa situação configurou a crise da República romana, pois o governo oligárquico não tinha mais condições de fazer frente às crescentes pressões sociais e políticas.

26. As Guerras Púnicas possibilitaram aos romanos a conquista do Mediterrâneo Ocidental, pondo fim à concorrência cartaginense e a principal força comercial e militar da região. Com a vitória, abriram-se novas possibilidades de conquistas. Durante a República, os chefes militares e os indivíduos enriquecidos pelo escravismo ganharam força. No lado oposto da escala social republicana, a ampliação do uso da mão de obra escrava foi acompanhada pela proletarização da plebe, fator de impulso para a instabilidade política no fim da República, que resultou em ditaduras, guerras civis e depois na instalação do Principado.

27. a) Eram invioláveis e representavam os interesses populares.

b) Consolidaram as Leis escritas de Roma, pondo fim às leis orais consuetudinárias, interpretadas segundo interesses das elites patrícias.

c) As propostas dos irmãos Graco defendiam a reforma agrária e a garantia da distribuição de víveres para a população urbana.

28. A exploração das riquezas das províncias e da mão de obra escrava em larga escala prejudicava os plebeus na medida em que barateava o custo da produção e dificultava a concorrência dos pequenos produtores. Porém, ao mesmo tempo, permitia a acumulação de riqueza nas mãos dos governantes, dos grandes comerciantes e dos patrícios, que financiavam a política do "pão e circo". Essa política, que consistia em oferecer alimento e diversão à plebe, mantinha-a minimamente saciada e ocupada, diminuindo as chances de revolta e o clima de crise social.

29. Com o fim da expansão territorial, caiu consideravelmente a oferta de escravos no Império. Como grande parte da produção dependia do trabalho escravo, o resultado foi uma crise de produção que, por sua vez, teve como efeito um aumento do custo de vida, principalmente nos centros urbanos. Pressionada pela miséria e pela fome, a população abandonou as cidades e buscou se fixar nas áreas rurais, trabalhando nas grandes propriedades agrícolas. Por sua vez, o Estado viu esvaírem-se seus recursos, tornando-se incapaz de sustentar a pesada máquina pública romana. Essa soma de dificuldades (crise de mão de obra e de produção, queda na arrecadação dos impostos, alta do custo de vida, ruralização) contribuiu para o colapso do Império no século V.

30. As contribuições dos romanos à civilização ocidental estão em diversas esferas da nossa sociedade, como a língua de raiz latina, o direito romano, a religião cristã, etc.

31. O primeiro triunvirato (Júlio César, Pompeu e Crasso) desdobrou-se na ditadura de César que acabou assassinado por senadores. A reação a tal acontecimento resultou na formação do segundo triunvirato (Marco Antonio, Otávio e Lépido), evoluindo outra vez para disputas entre seus membros, que culminaria na vitória de Otávio Augusto e na instituição do Império Romano.

32. A Igreja cristã bizantina mesclou-se com valores orientais e pouco a pouco se diferenciou daquela que tinha sua sede em Roma. A relação entre o Patriarca e o imperador bizantino em muito se diferenciava da relação do papa com os governantes dos reinos medievais europeus. Além disso, havia divergências na interpretação da Bíblia, a exemplo da questão da natureza de Cristo e quanto aos ícones (imagens).

33. Resposta pessoal.

34. Resposta pessoal. Exemplo:

O esquema-resumo nos mostra que durante a Idade Média europeia havia uma enorme diversidade de modelos de organização social, política e econômica, bem como diferentes padrões culturais pelo mundo. Em determinadas ocasiões, esses modelos e padrões conviviam de maneira mais ou menos pacífica, a despeito de suas diferenças, como nas situações em que mercadores árabes-muçulmanos negociavam tanto com reis africanos pagãos como com cristãos orientais; ou quando mercadores cristãos eram recebidos pelos imperadores chineses. Nesse período, o poder estava disperso em pequenos núcleos, que não tinham força suficiente para subjugar outros povos.

35. A conquista do Império Romano Ocidental pelos bárbaros deu origem à formação de vários reinos na Europa, dentre os quais o reino dos francos, que, graças a uma aliança firmada entre a monarquia e o papado, conseguiu se expandir e constituir um novo Império. Todavia, o imperador já não gozava da mesma autoridade dos antigos governantes romanos. De um lado, a influência da Igreja sobre os assuntos políticos tendia a crescer e, de outro, a imposição da autoridade imperial dependia da lealdade da nobreza guerreira e proprietária de terras. Essa dependência tornou-se ainda maior depois que Carlos Magno dividiu o território do Império Franco em condados e marcas, e entregou sua administração para nobres por ele nomeados. Após a morte de Carlos Magno e a assinatura do Tratado de Verdun, aqueles nobres ampliaram seu poder e passaram a exercê-lo com enorme autonomia, tornando-se praticamente senhores absolutos das terras que administravam.

36. Resposta pessoal. Espera-se que seja mencionado que o Tratado de Verdun (843) fragmentou o Império Carolíngio, completando o processo de descentralização política da Idade Média europeia.

37. Resposta pessoal. Exemplo:

Durante a Baixa Idade Média, houve uma reconfiguração do espaço, principalmente no que se refere ao renascimento comercial e urbano. O período foi marcado pela formação de cidades em torno dos castelos dos senhores feudais e nas principais encruzilhadas comerciais, assim como a retomada de cidades abandonada. Outra reconfiguração espacial foi causada pelas Cruzadas, promovidas pela Igreja Católica, que visaram à difusão da fé católica, tomando novos territórios, especialmente a leste do Mediterrâneo. Esse expansionismo cruzadista representava a confrontação entre cristãos e islâmicos, disputando territórios, regiões, comércios, valores e riquezas, em que se destacavam as motivações econômicas.

38. a) Na península Ibérica, a formação dos reinos cristãos de Leão, Castela, Navarra, Aragão e de Portugal.

b) No Mediterrâneo, a retomada pelos comerciantes europeus ocidentais das rotas de comércio.

c) No Império Árabe, o movimento cruzadista significou mais um fator de pressão, de enfraquecimento, que contribuiu para sua fragmentação.

39. Resposta pessoal. Exemplo:

O expansionismo europeu dinamizou as transformações econômicas e sociais. Ocorreu um amplo crescimento comercial, tanto pelas rotas terrestres quanto pelas marítimas. Com isso, houve o desenvolvimento do grupo mercantil, da burguesia, e da urbanização. Também ocorreu um aumento das atividades artesanais, com a formação e o crescimento das corporações de ofício.

40. A visão negativa da Idade Média formou-se a partir do Renascimento Cultural dos séculos XIV, XV e XVI. Seus integrantes estavam interessados em apresentar novos encaminhamentos culturais e artísticos, considerando aquilo que vinha antes deles como um período de estagnação. Na verdade, durante a Idade Média, como em outras épocas, houve um grande desenvolvimento artístico e cultural, a exemplo da arquitetura gótica, do surgimento das universidades, etc.

41. Com o desenvolvimento comercial impulsionado pelas Cruzadas, a urbanização europeia ganhou enorme impulso, transformando-se em eixos de grandes mudanças sociais, culturais e políticas.

42. Para Santo Agostinho, assim como para São Tomás de Aquino, Deus criou, a partir do nada, o Universo e tudo o que há nele, incluindo o ser humano, cuja alma é imortal. Santo Agostinho, porém, acreditava que o ser humano, feito à imagem e semelhança divina, teria se corrompido desde o pecado original, de modo que a salvação dependeria exclusivamente de uma graça de Deus. Nesse sentido, nada do que o indivíduo fizesse poderia salvá-lo. Já São Tomás de Aquino defendia que o ser humano, sendo um ser racional, tinha livre-arbítrio para escolher entre o Bem e o Mal, podendo assim encontrar o caminho da salvação da alma. São Tomás buscava, deste modo, conciliar fé e razão, refutando a ideia agostiniana de predestinação. Essa atividade pode ser desenvolvida interdisciplinarmente com Filosofia. Ao estudarmos as bases do pensamento agostiniano e compará-las às ideias de São Tomás de Aquino, podemos verificar o processo de maior valorização da razão, fator que seria ainda mais evidenciado no Renascimento. O pensamento de Santo Agostinho teve como eixo o filósofo Platão e São Tomás de Aquino baseava suas ideias em Aristóteles.

43. Na Alta Idade Média predominou a arquitetura românica, até o século XI, com edifícios pesados, escuros, de planta horizontal e paredes grossas. Pouco ornamentados, eram prédios sóbrios, que

conduziam o fiel à introspecção e ao silêncio. Essas características eram coerentes com um período de insegurança, em que se ansiava por proteção física e espiritual. No interior desses edifícios, o fiel estava mais propenso à contemplação e à obediência do que à ação e à reflexão crítica. Exemplo: a Igreja de Notre-Dame-la Grande de Poitiers, França. Diferentemente, na Baixa Idade Média (século XII em diante), marcada pelo Renascimento Comercial e Urbano, predominou a arquitetura gótica, com edifícios leves, muito altos e ornamentados, iluminados pelas janelas amplas de vitrais coloridos. Nesse ambiente, feito para congregar um número muito grande de pessoas, a sensação é a de leveza e de otimismo, refletindo a vida mais dinâmica das cidades. Exemplo: Igreja de Notre-Dame de Paris, França.

44. Resposta pessoal. Exemplo:

A Baixa Idade Média foi o período em que prevaleceram processos políticos de centralização do poder nas mãos dos monarcas. Para tanto, unificaram moedas, exércitos, impostos e leis nacionais, anulando a autonomia dos senhores feudais. Com seus poderios, os reis favoreceram a dinamização comercial e o grupo mercantil emergente, ao mesmo tempo que garantiam a ordem e os privilégios sociais, atendendo, assim, à nobreza tradicional.

Sobre esses grupos vale ressaltar que a burguesia foi favorecida pela imposição de condições que conferiam maior segurança e solidez aos seus negócios, o que lhe garantiu prosperar economicamente. A nobreza acabou encontrando na monarquia centralizada um apoio importante para controlar as revoltas camponesas e para ter seus privilégios assegurados. No processo, vale ressaltar as guerras civis, envolvendo os grupos sociais populares, a exemplo de Wat Tyler, John Ball, e as *jacqueries*.

45. Tente montar uma nova ordenação de itens no seu esquema-resumo, ao mesmo tempo destacando que o Cisma do Ocidente foi a divisão da cristandade ocidental em vários papas, produto do conflito entre o rei francês e o papado. Esse era o confronto entre o poder tido como universal/espiritual do papa e o poder real dos capetíngios franceses.

46. Resposta pessoal. Espera-se que sejam apontados aspectos da Ásia, com a expansão mongol e seus desdobramentos na China, os mais importantes reinos africanos do período e os povos e grandes civilizações da América (maias, astecas e incas).

Significado das siglas

Acafe-SC	Associação Catarinense de Fundações Educacionais (Santa Catarina)
Cefet-CE	Centro Federal de Educação Tecnológica do Ceará
Cefet-PR	Centro Federal de Educação Tecnológica do Paraná
Cefet-SP	Centro Federal de Educação Tecnológica de São Paulo
Cesgranrio-RJ	Centro de Seleção de Candidatos ao Ensino Superior do Grande Rio (Rio de Janeiro)
Ceub-DF	Centro de Ensino Unificado de Brasília (Distrito Federal)
Efoa-MG	Escola de Farmácia e Odontologia de Alfenas (Minas Gerais)
Ence-Uerj-Cefet-UFRJ	Escola Nacional de Ciências Estatísticas, Universidade Estadual do Rio de Janeiro, Centro Federal de Educação Tecnológica, Universidade Federal do Rio de Janeiro
Faap-SP	Fundação Armando Álvares Penteado (São Paulo)
Fac. Med. ABC-SP	Faculdade de Medicina do ABC (São Paulo)
Fac. Souza Marques-RJ	Faculdades Souza Marques (Rio de Janeiro)
Fatec-SP	Faculdade de Tecnologia de São Paulo
FCC-SP	Fundação Carlos Chagas (São Paulo)
FCMSCSP	Faculdade de Ciências Médicas da Santa Casa de São Paulo
FEI-SP	Faculdade de Engenharia Industrial (São Paulo)
Fesp-PE	Fundação Universidade de Pernambuco
FGV-SP	Fundação Getúlio Vargas (São Paulo)
FMU-Fiam-SP	Faculdades Metropolitanas Unidas, Faculdades Integradas Alcântara Machado (São Paulo)
FMU-SP	Faculdades Metropolitanas Unidas (São Paulo)
FUA-AM	Fundação Universidade do Amazonas
FUABC-SP	Fundação do ABC (São Paulo)
FUC-MT	Faculdades Unidas Católicas de Mato Grosso
Furg-RS	Fundação Universidade Federal do Rio Grande (Rio Grande do Sul)
Fuvest-SP	Fundação Universitária para o Vestibular (São Paulo)
IFCE	Instituto Federal de Educação, Ciência e Tecnologia do Ceará
IFSP	Instituto Federal de Educação, Ciência e Tecnologia de São Paulo
Ifsul-RS	Instituto Federal de Educação, Ciência e Tecnologia Sul-rio-grandense
Mack-SP	Universidade Presbiteriana Mackenzie (São Paulo)
Osec-SP	Organização Santamarense de Educação e Cultura (São Paulo)
PUCC-SP	Pontifícia Universidade Católica de Campinas (São Paulo)
PUC-MG	Pontifícia Universidade Católica de Minas Gerais
PUC-PR	Pontifícia Universidade Católica do Paraná
PUC-RJ	Pontifícia Universidade Católica do Rio de Janeiro
PUC-RS	Pontifícia Universidade Católica do Rio Grande do Sul
PUC-SP	Pontifícia Universidade Católica de São Paulo
UCMG	Universidade Católica de Minas Gerais
Ucsal-BA	Universidade Católica de Salvador (Bahia)
UCS-RS	Universidade de Caxias do Sul (Rio Grande do Sul)
Udesc	Universidade para o Desenvolvimento do Estado de Santa Catarina
Uece	Universidade Estadual do Ceará
UEG-GO	Universidade Estadual de Goiás
UEL-PR	Universidade Estadual de Londrina (Paraná)
UEMG	Universidade do Estado de Minas Gerais
UEM-PR	Universidade Estadual de Maringá (Paraná)
UEPB	Universidade Estadual da Paraíba
UEPG-PR	Universidade Estadual de Ponta Grossa (Paraná)
Uerj	Universidade Estadual do Rio de Janeiro
Ufac	Universidade Federal do Acre
Ufal	Universidade Federal de Alagoas
UFBA	Universidade Federal da Bahia
UFC-CE	Universidade Federal do Ceará
Ufes	Universidade Federal do Espírito Santo
UFF-RJ	Universidade Federal Fluminense (Rio de Janeiro)
UFG-GO	Universidade Federal de Goiás
UFJF-MG	Universidade Federal de Juiz de Fora (Minas Gerais)
Ufla-MG	Universidade Federal de Lavras (Minas Gerais)
UFMA	Universidade Federal do Maranhão
UFMG	Universidade Federal de Minas Gerais
UFMS	Universidade Federal de Mato Grosso do Sul
UFMT	Universidade Federal de Mato Grosso
Ufop-MG	Universidade Federal de Ouro Preto (Minas Gerais)
UFPA	Universidade Federal do Paraná
UFPB	Universidade Federal da Paraíba
UFPE	Universidade Federal de Pernambuco
Ufpel-RS	Universidade Federal de Pelotas (Rio Grande do Sul)
UFPI/Psiu	Universidade Federal do Piauí/Programa Seriado de Ingresso na Universidade
UFPI	Universidade Federal do Piauí
UFPR	Universidade Federal do Paraná
UFRGS-RS	Universidade Federal do Rio Grande do Sul
UFRJ	Universidade Federal do Rio de Janeiro
UFRN	Universidade Federal do Rio Grande do Norte
UFRRJ	Universidade Federal Rural do Rio de Janeiro
UFSC	Universidade Federal de Santa Catarina
Ufscar-SP	Universidade Federal de São Carlos (São Paulo)
UFSJ-MG	Universidade Federal de São João Del-Rei (Minas Gerais)
UFSM-RS	Universidade Federal de Santa Maria (Rio Grande do Sul)
UFS-SE	Universidade Federal de Sergipe
UFTM-MG	Universidade Federal do Triângulo Mineiro (Minas Gerais)
UFT-TO	Universidade Federal do Tocantins
UFU-MG	Universidade Federal de Uberlândia (Minas Gerais)
UFV-MG	Universidade Federal de Viçosa (Minas Gerais)
Unaerp-SP	Universidade de Ribeirão Preto (São Paulo)
UNA-MG	União de Negócios e Administração (Minas Gerais)
UnB-DF/PAS	Universidade de Brasília/Programa de Avaliação Seriada (Distrito Federal)
UnB-DF	Universidade de Brasília (Distrito Federal)
Uneb-BA	Universidade do Estado da Bahia
Unemat-MT	Universidade do Estado de Mato Grosso
Unicamp-SP	Universidade de Campinas (São Paulo)
Unifap	Universidade Federal do Amapá
Unifesp	Universidade Federal do Estado de São Paulo
Unifor-CE	Universidade de Fortaleza (Ceará)
Unip-SP	Universidade Paulista Objetivo (São Paulo)
Unirio-RJ	Universidade do Rio de Janeiro
Unir-RO	Fundação Universidade Federal de Rondônia
Unisa-SP	Universidade Santo Amaro (São Paulo)
UPE	Universidade Estadual de Pernambuco
USU-RJ	Universidade Santa Úrsula (Rio de Janeiro)
Vunesp-SP	Fundação para o Vestibular da Unesp – Universidade Estadual Paulista Júlio de Mesquita Filho (São Paulo)

PROJETO MÚLTIPLO

Caderno de Estudo

História

Ensino Médio

Cláudio Vicentino

Bacharel e licenciado em Ciências Sociais pela Universidade de São Paulo. Professor de História em cursos pré-vestibulares e de Ensino Médio. Autor de obras didáticas e paradidáticas para Ensino Fundamental e Médio.

Gianpaolo Dorigo

Bacharel e licenciado em História pela Universidade de São Paulo. Mestre em Filosofia pela Pontifícia Universidade Católica de São Paulo. Professor de História em cursos pré-vestibulares e de Ensino Médio. Autor de obras didáticas.

José Vicentino

Bacharel e licenciado em História pela Pontifícia Universidade Católica (PUC). Professor de História em cursos de Ensino Fundamental, Médio e pré-vestibulares.

editora scipione

editora scipione

Diretoria editorial: Lidiane Vivaldini Olo
Editoria de Ciências Humanas: Heloisa Pimentel
Edição: Vanessa Gregorut
Assistente editorial: Mirna Acras Abed Moraes Imperatore
Colaboração: André Nicácio, Carina Carvalho
Supervisão de arte e produção: Sérgio Yutaka
Edição de arte: Eber Alexandre de Souza
Equipe de arte: Mauro Roberto Fernandes, Claudemir Camargo, Fábio Cavalcante
Supervisão de arte e criação: Didier Moraes
Coordenação de arte e criação: Andréa Dellamagna
Design gráfico (capa e miolo): UC Produção Editorial e Andréa Dellamagna
Grafismos: Shutterstock/Glow Images (utilizados na capa e aberturas de capítulos e seções)
Gerência de revisão: Hélia de Jesus Gonsaga
Equipe de revisão: Rosângela Muricy (coord.); Ana Paula Chabaribery Malfa, Gabriela Macedo de Andrade, Gloria Cunha, Luís Maurício Boa Nova e Patrícia Travanca; Flávia Venézio dos Santos (estag.)
Supervisão de iconografia: Sílvio Kligin
Pesquisa iconográfica: Carlos Luvizari, Denise Duranol Kremer, Evelyn Torrecilla e Claudia Cristina Balista (assist.)
Tratamento de imagem: Cesar Wolf e Fernanda Crevin
Foto da capa: The Bridgeman Art Library/Keystone/World Religion Photo Library/ Coleção particular (Parte 2)
Cartografia: Allmaps

Direitos desta edição cedidos à Editora Scipione S.A.
Avenida das Nações Unidas, 7221, 3º andar, Setor D
Pinheiros – São Paulo – SP – CEP 05425-902
Tel.: 4003-3061
www.scipione.com.br/atendimento@scipione.com.br

Dados Internacionais de Catalogação na Publicação (CIP)
(Câmara Brasileira do Livro, SP, Brasil)

Vicentino, Cláudio
Projeto Múltiplo : história, volume único /
Cláudio Vicentino, José Vicentino, Gianpaolo Dorigo.
-- São Paulo : Scipione, 2014.

1. História (Ensino médio) I. Vicentino, José.
II. Dorigo, Gianpaolo. III. Título.

14-07955 CDD-907

Índice para catálogo sistemático:
1. História: Ensino médio 907

2022
ISBN 978 85 262 9394-6 (AL)
ISBN 978 85 262 9395-3 (PR)
Código da obra CL 738775
CAE 502788 (AL)
CAE 502789 (PR)
1ª edição
10ª impressão

Impressão e acabamento: Bercrom Gráfica e Editora

Uma publicação Abril EDUCAÇÃO

Apresentação

O Ensino Médio é a época na qual a maioria dos adolescentes faz uma escolha que os acompanhará por toda a vida: a da profissão que desejam seguir.

Além da profissão, a escolha da universidade também é um fator decisivo para o seu futuro sucesso profissional. E, para que você tenha um bom desempenho no exame vestibular da universidade que escolher, além de conhecer muito bem todo o conteúdo do Ensino Médio, você deve ter uma ótima habilidade em resolver exercícios. Por esse motivo, este caderno reúne mais de 200 questões das mais variadas e renomadas universidades do país, questões de níveis complexos, que, no todo, representam um momento único de preparação para o vestibular. Para auxiliá-lo com as resoluções, cada sequência de exercícios de um mesmo tema é precedida por quadros-resumos que sintetizam os principais tópicos do conteúdo.

Encare o período de estudo com este caderno como oportunidade de aperfeiçoar sua capacidade de resolver exercícios de forma rápida e segura.

Utilize este caderno como um instrumento de aperfeiçoamento de suas habilidades e não desista dos seus sonhos.

Bons estudos!

Sumário

Vestibular em foco

Theo Szczepanski/ Arquivo da editora

A EXPANSÃO EUROPEIA

Comércio europeu – séculos XI-XVI

Séculos XI a XIII
- Renascimento comercial e urbano
- Novas rotas e tecnologias

Século XIV
- Guerra dos Cem Anos
- Peste Negra
- Queda na produção agrícola
- Retração comercial e demográfica

Século XV
- Escassez de moeda
- Limitação demográfica
- Monopólio do Mediterrâneo por Gênova e Veneza

Século XVI
- Expansão ultramarina
- Colonização da América

União de interesses
- Monarquia
- Burguesia
- Nobreza

Centralização monárquica → **Mercantilismo**

Expansão marítima

Portugal
Revolução de Avis (1385)
- Combate aos mouros
- Centralização com apoio do grupo mercantil

Expansão
- Conquista de Ceuta (1415)
- Grandes Navegações

Espanha
- Cristóvão Colombo chega à América (1492)

Bula *Inter Coetera* (1493)
Tratado de Tordesilhas (1494)
Partilha das terras entre Portugal e Espanha

Mercantilismo: Metalismo, Protecionismo, Industrialismo, Colonialismo

Lucros comerciais → **Burguesia** → Impostos → **Monarquia** → **Monopólio do Estado sobre as colônias**

Monarquia → Privilégios → **Nobreza**

Nobreza → Apoio → **Monarquia**

Exercícios

1. (UEG-GO) Leia o fragmento abaixo.

E enquanto o fero ecoar na mente
Da estirpe que em perigos sublimados
Plantou a cruz em cada continente.

BANDEIRA, Manuel. A Camões. In: *Estrela da vida inteira*. Rio de Janeiro: Nova Fronteira, 2007. p. 44.

Tem-se, no fragmento, uma referência

a) à expansão do cristianismo, quando o imperador romano Constantino, vendo uma cruz no céu antes de uma batalha que venceu, converteu-se à nova fé.

b) à Reforma Protestante, quando Martinho Lutero rompeu com a Igreja Católica pregando suas teses na porta da Catedral de Notre-Dame, em Paris.

c) às Cruzadas, quando os cristãos invadiram e tomaram Jerusalém, empunhando cruzes e espadas para combater os muçulmanos.

d) às grandes navegações, quando os portugueses marcavam a posse de novos territórios rezando uma missa e erguendo um cruzeiro.

2. (UEPB)

"Hoje, os aviões nos levam, por exemplo, de São Paulo ou Rio de Janeiro a Lisboa em apenas 9 horas, de maneira confortável, de modo que, ao chegarmos ao nosso destino, pouco sentimos o efeito da viagem de tantos milhares de quilômetros. Coisa bem diferente passava a tripulação das caravelas que cruzava o Atlântico, por mais de 45 dias sem ver terra."

FREITAS NETO, José Alves de; TASINAFO, Célio Ricardo. *História Geral e do Brasil*. HARBRA. p. 231

Sobre as Grandes Navegações é correto afirmar:

a) A estratégia portuguesa utilizada para chegar ao Oriente foi a circum-navegação da África. Em 1415, marinheiros lusos tomaram a cidade de Ceuta, importante entreposto comercial dos árabes, localizada no norte do continente africano.

b) A viagem era penosa, cheia de imprevistos devido aos poucos avanços tecnológicos do período, levando à falta de orientação, pois instrumentos como o astrolábio e a bússola só foram descobertos por ocasião da Revolução Industrial.

c) Os reis Fernando e Isabel decidiram financiar o projeto de Colombo para chegar ao Oriente, que dominou a rota da circum-navegação da África até o extremo sul deste continente, fundando feitorias no litoral africano e atingindo o Cabo da Boa Esperança.

d) O empreendimento desde o princípio tinha por meta principal encontrar novas terras e alcançou seu objetivo com Cristóvão Colombo e Pedro Álvares Cabral ao chegarem à América e ao Brasil respectivamente.

e) A descentralização política, o fortalecimento do sistema feudal, a localização geográfica e os avanços tecnológicos foram fatores determinantes para o sucesso destas expedições.

3. (Unicamp-SP)

Alexandre von Humboldt (1769-1859) foi um cientista que analisou o processo das descobertas marítimas do século XVI, classificando-o como um avanço científico ímpar. A descoberta do Novo Mundo foi marcante porque os trabalhos realizados para conhecer sua geografia tiveram incontestável influência no aperfeiçoamento dos mapas e nos métodos astronômicos para determinar a posição dos lugares. Humboldt constatou a importância das viagens imputando-lhes valor científico e histórico.

Adaptado de H. B. Domingues, "Viagens científicas: descobrimento e colonização no Brasil no século XIX", em Alda Heizer e Antonio A. Passos Videira, *Ciência, Civilização e Império nos trópicos*. Rio de Janeiro: Acess Editora, 2001, p. 59.

Assinale a alternativa correta.

a) O tema dos descobrimentos relaciona-se ao estudo da inferioridade da natureza americana, que justificava a exploração colonial e o trabalho compulsório.

b) Humboldt retoma o marco histórico dos descobrimentos e das viagens marítimas e reconhece suas contribuições para a expansão do conhecimento científico.

c) Os conhecimentos anteriores às proposições de Galileu foram preservados nos mapas, métodos astronômicos e conhecimentos geográficos do mundo resultantes dos descobrimentos.

d) Os descobrimentos tiveram grande repercussão no mundo contemporâneo por estabelecer os parâmetros religiosos e sociais com os quais se explica o processo da independência nas Américas.

4. (UEPB) O olhar que os europeus tinham sobre o mundo medieval mudou com o advento do chamado mundo moderno, devido à inserção de novos elementos, tais como:

a) A presença dos cavaleiros, a economia autossuficiente, a força dos artesãos e o teocentrismo.

b) A presença dos cavaleiros, o pensamento humanista; a contrarreforma católica e a descentralização do poder político.

c) O teocentrismo, a presença do Estado Moderno e as reformas religiosas, e o tribunal de Inquisição.

d) A imprensa como espaço de divulgação do pensamento teocêntrico, a descentralização do poder político e a Guerra dos Cem Anos.

e) A descoberta do Novo Mundo, a presença de novos atores sociais como a burguesia e a utilização da bússola, da pólvora e da imprensa.

5. (Fuvest-SP)

Quando Bernal Díaz avistou pela primeira vez a capital asteca, ficou sem palavras. Anos mais tarde, as palavras viriam: ele escreveu um alentado relato de suas experiências como membro da expedição espanhola liderada por Hernán Cortés rumo ao Império Asteca. Naquela tarde de novembro de 1519, porém, quando Díaz e seus companheiros de conquista emergiram do desfiladeiro e depararam-se pela primeira vez com o Vale do México lá embaixo, viram um cenário que, anos depois, assim descreveram: "vislumbramos tamanhas maravilhas que não sabíamos o que dizer, nem se o que se nos apresentava diante dos olhos era real".

RESTALL, Matthew. *Sete mitos da conquista espanhola.* Rio de Janeiro: Civilização Brasileira, 2006, p. 15-16. Adaptado.

O texto mostra um aspecto importante da conquista da América pelos espanhóis, a saber,

a) a superioridade cultural dos nativos americanos em relação aos europeus.
b) o caráter amistoso do primeiro encontro e da posterior convivência entre conquistadores e conquistados.
c) a surpresa dos conquistadores diante de manifestações culturais dos nativos americanos.
d) o reconhecimento, pelos nativos, da importância dos contatos culturais e comerciais com os europeus.
e) a rápida desaparição das culturas nativas da América Espanhola.

6. (UFRN) O fragmento textual seguinte se refere a uma característica de sociedades africanas em épocas anteriores à expansão marítima e comercial europeia.

A forma como uma sociedade organiza a distribuição dos bens que produz ou adquire revela muito do caráter desta sociedade, de seus valores, usos e costumes. No caso das sociedades de linhagens da África negra, todo o sistema social estava baseado nas esferas da reciprocidade e da distribuição, como forma de garantir a coesão social do grupo. Os velhos guardam a experiência e o conhecimento dos costumes. Assim, não era uma sociedade dirigida pelos mais produtivos e dinâmicos (como na lógica capitalista) e, sim, pelos que guardavam a tradição e o saber mágico.

Adaptado de: SILVA, Francisco C. T. da. Conquista e colonização da América portuguesa. *In*: LINHARES, Maria Yedda (Org.). *História geral do Brasil*. Rio de Janeiro: Elsevier, 1990. p. 48.

Ao estabelecer uma comparação entre a organização social expressa no fragmento e as sociedades africanas exploradas pelos europeus à época das Grandes Navegações, é correto afirmar:

a) A organização da sociedade de linhagens sofreu mudanças a partir da generalização do comércio escravista promovida por interesses mercantilistas na África.
b) A existência prévia da escravidão na África possibilitou a manutenção da sociedade de linhagens, sem transformações sociais significativas.
c) O papel social desempenhado pelas lideranças nativas permaneceu inalterado apesar da ampla divulgação do cristianismo entre os povos africanos.
d) O conquistador europeu encarava a organização societária de linhagens como uma ameaça à sua dominação e, por isso, subjugou inicialmente os anciãos.

7. (Fatec-SP)

As caravelas foram um grande avanço tecnológico no final do século XV. Graças a elas, foi possível realizar viagens de longa distância de forma eficiente. Centenas de homens embarcaram nas caravelas dos descobrimentos. Alguns buscavam enriquecimento rápido, outros, oportunidade de difundir a fé em Cristo. Estes homens eram atraídos pela aventura, porém as surpresas nem sempre eram agradáveis. Nas embarcações, proliferavam doenças e a alimentação era precária.

Adaptado de: *Revista de História da Biblioteca Nacional*, setembro de 2012, p. 22-25.

Sobre a época descrita no texto e considerando as informações apresentadas, é correto afirmar que as viagens nas caravelas

a) foram realizadas no contexto da expansão do mercantilismo europeu, visando também à ampliação do catolicismo.
b) não pretendiam descobrir novos territórios, apenas estabelecer rotas para aventureiros e marginalizados da sociedade.
c) tinham como principal objetivo retirar as populações muçulmanas da Península Ibérica, após as Guerras de Reconquista.
d) eram feitas em condições precárias, pois eram clandestinas, ou seja, eram realizadas sem o consentimento das Coroas europeias.
e) não ocorriam em condições apropriadas, embora a maior parte dos tripulantes das caravelas pertencesse à nobreza feudal.

8. (FGV-SP) Leia o texto.

Após os primeiros contatos particularmente violentos com a África negra, os portugueses viram-se obrigados a mudar de política, diante da firme resistência das populações costeiras. Assim, empenharam-se, principalmente, em ganhar a confiança dos soberanos locais. Os reis de Portugal enviaram numerosas missões diplomáticas a seus homólogos da África ocidental. Assim, entre 1481 e 1495, D. João II de Portugal enviou embaixadas ao rei do Futa, ao koi *de Tombuctu e ao* mansa *do Mali.*

Duas missões diplomáticas foram enviadas ao Mali, mostrando a importância que o soberano português atribuía a esse país. A primeira partiu pelo Gâmbia, a segunda partiu do forte de Elmina. *O* mansa *que as recebeu, Mahmud, era filho do* mansa *Ule (Wule) e neto do* mansa *Musa (...).*

LY-TALL, Madina. O declínio do Império do Mali. In Djibril Tamsir (editor), *História geral da África, IV*: África do século XII ao XVI.

No contexto apresentado, o Império português mudou a sua estratégia política, pois

a) encontrou um povo que desconhecia o uso da moeda na prática comercial.
b) descobriu tribos que não passaram pelas etapas do desenvolvimento histórico, como o feudalismo.
c) reconheceu a presença de um Estado marcado por sólidas estruturas políticas.

d) identificou a tendência africana em refutar todas as influências externas ao continente.
e) percebeu na África, em geral, a produção voltada apenas para as trocas ritualísticas.

9. (UFG-GO) A expressão "expansão marítima europeia" é utilizada pela historiografia contemporânea, ao tratar dos séculos XV e XVI, para
a) identificar o processo de aquisição de territórios na Europa por meio da drenagem de regiões próximas ao mar, tal como ocorrido nos Países Baixos.
b) caracterizar o domínio político sobre o Oriente, auxiliado pela invenção da pólvora, da bússola e do astrolábio nas universidades europeias.
c) criticar o belicismo europeu que usou o argumento religioso de "combate ao infiel" para justificar suas conquistas territoriais na Ásia.
d) definir o desenvolvimento econômico europeu bem como o contato e comércio com povos de outros continentes.
e) legitimar a adoção da cultura europeia por parte de outras nações como ação integrante do projeto civilizacional iluminista.

10. (UFF-RJ) Considerando o processo de expansão da Europa moderna a partir dos séculos XV e XVI, pode-se afirmar que Portugal e Espanha tiveram um papel predominante. Esse papel, entretanto, dependeu, em larga medida, de uma rede composta por interesses
a) políticos, inerentes à continuidade dos interesses feudais em Portugal; intelectuais, associados ao desenvolvimento da imprensa, do hermetismo e da Astrologia no mundo ibérico; econômicos, vinculados aos interesses italianos na Espanha, nos quais a presença de Colombo é um exemplo; e sociais, vinculados ao poder do clero na Espanha.
b) políticos, vinculados ao processo de fragmentação política das monarquias absolutas ibéricas; sociais, associados ao desenvolvimento de novos setores sociais, como a nobreza; coloniais, decorrentes da política da Igreja católica que via os habitantes do Novo Mundo como o homem primitivo criado por Deus; e econômicos, presos aos interesses mouros na Espanha.
c) políticos, vinculados às práticas racistas que envolviam a atuação dos comerciantes ibéricos no Oriente; científicos, que viam na expansão a negação das teorias heliocêntricas; econômicos, ligados ao processo de aumento do tráfico de negros para a Europa através de alianças com os Países Baixos; e religiosos, marcados pela ação ampliada da Inquisição.
d) políticos, associados ao modelo republicano desenvolvido no Renascimento italiano; religiosos, decorrentes da vitória católica nos processos da Reconquista ibérica; econômicos, ligados ao movimento geral de desenvolvimento do mercantilismo; e sociais, inerentes à vitória do campo sobre a cidade no mundo ibérico.
e) políticos, vinculados ao fortalecimento da centralização dos estados ibéricos; econômicos, provenientes do avanço das atividades comerciais; religiosos, relacionados com a importância do Papado na Península Ibérica; e intelectuais, decorrentes dos avanços científicos da Renascença e que viram na expansão a realidade de suas teorias sobre Geografia e Astronomia.

11. (Mack-SP) A primeira arte a surgir no Brasil pós-descobrimento foi a arquitetura, sendo os fortes militares e as Igrejas os tipos mais comuns de edificações. Se os primeiros visavam salvaguardar as populações litorâneas e combater a pirataria estrangeira, as construções religiosas, edificadas durante muito tempo pedra por pedra enviada de Portugal, e apenas montadas no Brasil por arquitetos locais, cumpriam dois importantes papéis. Nos séculos XVI e XVII, além da preocupação das autoridades portuguesas em ensinar o modelo civilizatório europeu aos indígenas, a construção de igrejas, seguindo o modelo metropolitano, servia
a) à preocupação de acompanhar de perto a veracidade e a sinceridade do processo de conversão dos cristãos novos, residentes no Brasil, muitos deles ainda seguidores secretos do judaísmo.
b) à manutenção da memória dos europeus emigrados para que, no espaço físico dessas igrejas, não se esquecessem de sua própria cultura, já que muitos haviam se acostumado com os hábitos locais.
c) à manifestação irrefutável da superioridade civilizatória europeia perante as rudimentares construções indígenas, que não poderiam competir com o monumentalismo português.
d) à necessidade de registrar o número de índios cristianizados e, portanto, leais à Coroa Portuguesa, além de realizar casamentos, batismos e todos os cerimoniais cristãos para os portugueses residentes no Brasil.
e) para combater, no campo religioso, os ataques de corsários e huguenotes franceses que, além de se interessarem em ocupar o território nacional, desejavam converter os indígenas ao protestantismo.

12. (ESPM-SP)

No exame dos aspectos essenciais da economia europeia entre 1480 e 1560, a atenção dos historiadores é imediatamente atraída para o vasto fenômeno que se convencionou chamar 'revolução dos preços', fenômeno especialmente notável a partir de 1520.

No uso que se faz, habitualmente, dessa expressão 'revolução dos preços' não se aplica apenas ao movimento altista dos preços, mas também de uma outra finalidade, mais ou menos explicitamente expressa, de recordar outro grande fenômeno paralelo.

(Ruggiero Romano e Arberto Tenenti. *História Universal siglo XXI*: los fundamentos del mundo moderno.)

O outro grande fenômeno paralelo mencionado no final do texto foi:
a) a chegada ao continente europeu de escravos indígenas;
b) a chegada ao continente europeu de especiarias asiáticas;
c) a chegada ao continente europeu do açúcar produzido na América;
d) a chegada ao continente europeu dos carregamentos de ouro e prata extraídos das minas americanas;
e) a chegada ao continente europeu de toneladas de matérias-primas extraídas do continente africano.

A COLÔNIA PORTUGUESA NA AMÉRICA

Colonização

- **Presença estrangeira**
  - **França** → **Enfrentamento** → **Feitorias**
  - **Países Baixos (Holanda)** → **Companhia das Índias Ocidentais** → **Mercado externo**
- **Primeiras expedições**
  - Pau-brasil
  - Defesa do território
  - Martim Afonso de Souza (1531)
  - → **Feitorias**
- **Monocultura açucareira**
  - → ***Plantation* (ocupação litorânea)**
    - **Mercado externo**
    - **Trabalho compulsório**
      - Tráfico Negreiro (África)
      - "Guerra Justa" contra os indígenas
    - **Latifúndios** → **Aristocracia rural**
- **Administração**
  - → **Capitanias hereditárias (1534)** → **Governo Geral (1548)** → **Câmaras Municipais** → **Aristocracia rural**
- **Mercado interno**
  - → **Necessidade de abastecimento**
    - Tropeiros
    - Pequenas plantações de alimentos
    - Pecuária
    - Formação de vilas
    - → **Homens livres**

Coleção particular/Album/akg-images/Latinstock

Exercícios

Observe o mapa histórico do Brasil:

Fonte: acervo cedido pela Justiça Federal para a Universidade de São Paulo

1. (PUC-SP) Esse mapa foi executado por Giacomo Gastaldi, em 1556 e editado na República de Veneza no ano de 1565. Considerando seu conhecimento sobre o território brasileiro e o que está representado no mapa, é correto afirmar que
   a) havia um bom conhecimento da fauna e da flora brasileiras, o que pode ser observado nas figuras desenhadas e na localização e distribuição dos animais e das formações vegetais.
   b) não era certo representar indígenas e brancos em interação, trocando bens florestais na zona litorânea, pois esse tipo de relação ocorreu no interior, onde se situavam as florestas.
   c) a representação correta do relevo e da hidrografia nas terras interiores revelava as ações de exploração do terreno, que estava preparando a ocupação das terras pelo colonizador.
   d) os detalhes do litoral revelam um maior conhecimento dessa parte do território, enquanto o interior representado era mais fruto de imaginação do que de conhecimento.
   e) o mapa representa, no limite do trecho conhecido (no poente), um vulcão em atividade, atualmente inativo.

2. (Ufla-MG) Enumere os eventos, de acordo com o período em que ocorreram e indique a alternativa que apresente a ordem CORRETA:
   1. Período Pré-colonial (1500-1530)
   2. Período Colonial (1530-1808)

   ( ) extração assistemática de pau-brasil.
   ( ) criação das Capitanias Hereditárias (D. João III).
   ( ) envio das expedições "exploradoras" e "guarda-costas".
   ( ) chegada dos jesuítas para catequese dos índios e educação dos colonos.

   a) 1 - 2 - 2 - 1
   b) 2 - 2 -1 - 1
   c) 1 - 1 - 2 - 2
   d) 2 - 1 - 1 - 2
   e) 1 - 2 - 1 - 2

3. (UEPB) A Bahia foi palco da maior rebelião indígena do século XVI:

   > *"Emissários da seita percorriam engenhos e lavouras, incitando os índios escravizados a fugir. Faziam o mesmo nos aldeamentos da Companhia de Jesus. Chegaram a incendiar um engenho e destruíram a Igreja de Santo Antônio. Escravistas de toda a capitania protestavam junto ao governador. Os jesuítas, desesperados, exigiam providências. Os moradores, em geral, viviam apavorados."*
   >
   > FIGUEIREDO, Luciano. Coleção Revista de História de Bolso. Biblioteca Nacional. Vol. 1. p. 12.

   Analise as proposições a seguir:

   I. A rebelião ocorrida na Bahia em 1585 não foi senão o auge de uma série de movimentos que, dotados de forte cunho milenarista, eclodiam desde meados dos quinhentos em todo o litoral.
   II. As rebeliões indígenas do século XVI ficaram conhecidas como "santidades" e a mais importante de todas foi a Santidade de Jaguaripe.
   III. Na Santidade de Jaguaripe, catolicismo e mitologia tupinambá se mesclavam e os membros da santidade banalizavam o catolicismo para revigorar suas tradições. Apegaram-se a seus mitos, devidamente cristianizados para enfrentar a história trágica que lhes reservava a colonização.

   Está(ão) correta(s) a(s) proposição(ões):

   a) I, II e III
   b) Apenas II e III
   c) Apenas I e II
   d) Apenas I e III
   e) Apenas II

4. (UFG-GO) Leia o fragmento a seguir.

   > *Que sejam trazidos duzentos carneiros de cargas, daqueles que costumam trazer e carregar a prata de Potosi, para acarrear o ouro e a prata.*
   >
   > Adaptado de: HOLANDA, Sérgio Buarque. *Visão do paraíso*. São Paulo: Brasiliense, 1994, p. 97.

   O fragmento apresentado, de 1609, destaca uma das medidas tomadas por D. Francisco de Sousa, governador-geral do Brasil, para intensificar a busca por metais e pedras preciosas no interior do território. Nesse documento, o imaginário colonial português se constitui pela influência

   a) da notícia sobre as riquezas do território espanhol, que circulava na colônia portuguesa.
   b) do consumo interno de especiarias espanholas, que tornava a vida cotidiana na colônia mais aprazível.

c) da quantidade de prata extraída em Minas Gerais, que aguçava o interesse da população litorânea.
d) da carência dos transportes nas regiões auríferas, que obrigava os colonos a escravizar indígenas.
e) da eficiência administrativa da Coroa Espanhola, que foi apropriada como modelo pelos portugueses.

5. (UFSM-RS) Analise o mapa e o texto.

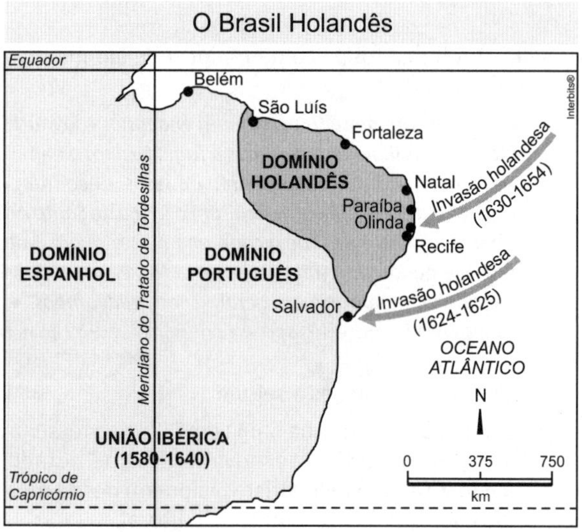

Os domínios holandeses da colônia portuguesa estenderam-se desde o litoral dos atuais Maranhão até Sergipe. Para administrá-los, foi nomeado o conde Maurício de Nassau, que permaneceu no cargo entre 1637 e 1644. Preocupado em normalizar a rica produção açucareira, o conde conseguiu a colaboração de muitos senhores de engenho, concedendo-lhes empréstimos que permitiram o aumento da produtividade. [...]

A administração de Nassau destacou-se pelas realizações urbanísticas e culturais, saneando e modernizando Recife, que se converteu num centro urbano repleto de notáveis obras arquitetônicas, passando a chamar-se Mauritzstadt, ou cidade Maurícia.

Adaptado de: VICENTINO, Cláudio; DORIGO, Gianpaolo. *História para o Ensino Médio*. São Paulo: Scipione, 2008. p. 188-189.

A economia colonial portuguesa do nordeste açucareiro constituiu um dos núcleos fundamentais do mercado mundial em expansão, nos séculos XVI e XVII. As invasões dos holandeses, o domínio das regiões produtoras e os investimentos feitos atestam essa importância.

Integram esse contexto histórico, entre outros, os seguintes processos:

I. o domínio da Espanha sobre Portugal durante a denominada "União Ibérica".
II. as rivalidades entre holandeses e espanhóis na Europa, fruto das lutas para a formação do Estado Nacional holandês em territórios sob o domínio da monarquia espanhola.
III. a continuidade da produção açucareira, caracterizada como uma economia colonial típica, voltada para o exterior, com a função de promover a acumulação primitiva do capital.
IV. o enfraquecimento do controle dos senhores sobre seus escravos durante o conflito com os holandeses, facilitando o aumento das fugas e a ampliação da população dos quilombos, principalmente o de Palmares.

Está(ão) correta(s)

a) apenas I.
b) apenas II.
c) apenas I, II e III.
d) apenas III e IV.
e) I, II, III e IV.

6. (Unicamp-SP) *"Quando os portugueses começaram a povoar a terra, havia muitos destes índios pela costa junto das Capitanias. Porque os índios se levantaram contra os portugueses, os governadores e capitães os destruíram pouco a pouco, e mataram muitos deles. Outros fugiram para o sertão, e assim ficou a costa despovoada de gentio ao longo das Capitanias. Junto delas ficaram alguns índios em aldeias que são de paz e amigos dos portugueses."*

GANDAVO, Pero de Magalhães. *Tratado da Terra do Brasil*, em http://www.cce.ufsc.br/~nupill/literatura/gandal.html. Acessado em 20/08/2012.

Conforme o relato de Pero de Gandavo, escrito por volta de 1570, naquela época,

a) as aldeias de paz eram aquelas em que a catequese jesuítica permitia o sincretismo religioso como forma de solucionar os conflitos entre indígenas e portugueses.
b) a violência contra os indígenas foi exercida com o intuito de desocupar o litoral e facilitar a circulação do ouro entre as minas e os portos.
c) a fuga dos indígenas para o interior era uma reação às perseguições feitas pelos portugueses e ocasionou o esvaziamento da costa.
d) houve resistência dos indígenas à presença portuguesa de forma semelhante às descritas por Pero Vaz de Caminha, em 1500.

7. (ESPM-SP) Leia os versos de Gregório de Matos abaixo e responda:

O açúcar já se acabou? Baixou.
E o dinheiro se extinguiu? Subiu.
Logo já convalesceu? Morreu.
À Bahia aconteceu
o que a um doente acontece,
cai na cama, o mal lhe cresce,
baixou, subiu e morreu.

A decadência econômica que afetava a Bahia e o Nordeste brasileiro no final do século XVII decorria:

a) da invasão francesa e da devastação da lavoura canavieira;
b) da região se encontrar então sob a ocupação holandesa;

c) da concorrência que o açúcar produzido pelos holandeses, nas Antilhas, fazia ao açúcar produzido no Brasil;
d) do deslanchar naquele tempo da cafeicultura;
e) do fato de a Espanha, que dominava a região na época, ter seu interesse voltado para a extração da prata em regiões como México e Peru.

8. (FGV-SP) Sobre a conquista holandesa do Nordeste brasileiro, no período colonial, é correto afirmar:
a) Os conflitos entre portugueses e holandeses devem ser compreendidos no contexto da União Ibérica (1580-1640) e da separação das Províncias Unidas do Império Habsburgo.
b) A ocupação das áreas de plantio de cana obrigou os holandeses a intensificarem a escravização dos indígenas, uma vez que não possuíam bases no continente africano.
c) Estabelecidos em Pernambuco, os holandeses empreenderam uma forte perseguição aos judeus e católicos ali residentes e fortaleceram a difusão do protestantismo no Brasil colonial.
d) A administração de Maurício de Nassau foi caracterizada pelo pragmatismo e pela desmontagem do grande centro de artistas e letrados organizado pelas autoridades portuguesas em Olinda.
e) Os holandeses implementaram uma nova e eficiente estrutura produtiva baseada em pequenas e médias propriedades familiares, que se diferenciava das antigas *plantations* escravistas.

9. (Fuvest-SP) A economia das possessões coloniais portuguesas na América foi marcada por mercadorias que, uma vez exportadas para outras regiões do mundo, podiam alcançar alto valor e garantir, aos envolvidos em seu comércio, grandes lucros. Além do açúcar, explorado desde meados do século XVI, e do ouro, extraído regularmente desde fins do XVII, merecem destaque, como elementos de exportação presentes nessa economia:
a) tabaco, algodão e derivados da pecuária.
b) ferro, sal e tecidos.
c) escravos indígenas, arroz e diamantes.
d) animais exóticos, cacau e embarcações.
e) drogas do sertão, frutos do mar e cordoaria.

10. (UFRGS-RS) Considere o enunciado abaixo e as três propostas para completá-lo.

A união das Monarquias Ibéricas (1580-1640) foi a solução para uma grave crise político-dinástica em Portugal diante da morte de Dom Sebastião, que não tinha herdeiros ao trono. Durante sessenta anos, Portugal foi governado por monarcas da Espanha. Esse período histórico

I. fez com que Portugal participasse de sérios conflitos, principalmente aqueles travados pela Espanha contra Inglaterra, França e Holanda.
II. determinou o bloqueio econômico dos Países Baixos (Holanda), os quais foram impedidos de comercializar seus produtos nos portos ibéricos de todo o mundo.
III. resultou na ocupação e no estabelecimento de uma colônia holandesa no litoral nordeste do Brasil por mais de duas décadas.

Quais propostas estão corretas?
a) Apenas I.
b) Apenas II.
c) Apenas I e III.
d) Apenas II e III.
e) I, II e III.

11. (UFRN) Os estudos históricos sobre a formação do espaço norte-rio-grandense mostram que o povoamento do interior do Rio Grande do Norte intensificou-se a partir da segunda metade do século XVIII, época em que estava consolidado o povoamento português no litoral e a Europa entrava no processo da Revolução Industrial.

Nesse período, na capitania do Rio Grande, a organização socioeconômica das áreas do sertão foi marcada
a) pelo estabelecimento de uma economia monocultora, em que o algodão conquistou as áreas antes destinadas à pecuária.
b) pelo desenvolvimento da indústria têxtil, que aproveitava a matéria-prima de produção local.
c) pela nítida separação dos vários setores produtivos e a especialização das atividades econômicas por grupos sociais.
d) pela integração entre a pecuária, a produção algodoeira e as culturas de mantimentos.

12. (UFTM-MG) *Em 1570, a Província de Santa Cruz contava com 60 engenhos. Destes, 41 situavam-se nas capitanias de Pernambuco e da Bahia. Quinze anos depois, o número de engenhos nestas duas regiões mais do que triplicou, atingindo a marca dos 131. No final do século, em 1590, a colônia contava com 150 engenhos espalhados pelas capitanias de Pernambuco, Bahia, Espírito Santo, Rio de Janeiro e São Vicente. As duas primeiras capitanias, entretanto, continuavam a concentrar o maior número de unidades produtivas, que correspondia a 80% do total (...). Em 1584, cerca de 40 navios eram utilizados para transportar o açúcar de Recife para Lisboa. No início do século XVII, em 1614, mais de 130 navios eram utilizados no transporte do açúcar de Pernambuco para a metrópole.*

LOPEZ, Adriana; MOTA, Carlos Guilherme. *História do Brasil, uma interpretação*, 2008.

Infere-se do texto que
a) a produção açucareira distribuiu-se de forma equilibrada por toda a colônia.
b) os lucros propiciados pelo açúcar inibiram o desenvolvimento da pecuária em larga escala.
c) a prosperidade das regiões dependia da capacidade administrativa dos donatários.
d) a cana forneceu a base material para o estabelecimento dos portugueses nos trópicos.
e) o crescimento da produção foi lento e constante ao longo dos séculos XVI e XVII.

A DIÁSPORA AFRICANA

Comunidades africanas Escravidão familiar (guerra e dívida)

Projeto mercantilista

Metrópole

Presença europeia na África – escravidão como negócio
- Captura
- Venda

- Agricultura colonial voltada para exportação
- Inadequação do trabalho livre
- Extermínio indígena

Lucro

Demanda por mão de obra

Escravizados africanos

Tráfico negreiro

Feitorias

Resistência à escravidão

Fugas

Quilombos

Revoltas

- A agricultura de subsistência e excedentes para troca

Palmares
- Mais importante quilombo, com mais de 20 mil pessoas
- Liderado por Zumbi
- Derrotado em 1694
- Na data da morte de Zumbi, 20 de novembro, é celebrado hoje o Dia da Consciência Negra

Coleção particular/The Bridgeman Art Library/Getty Images

Exercícios

1. (PUC-RJ) Entre os séculos XVI e XIX, o embarque forçado de africanos para a América, onde seriam utilizados como escravos nas plantações e minas das colônias, constituiu uma das formas mais vis de transferência de população em grande escala para o Novo Mundo. Embora várias regiões americanas tenham se beneficiado do trabalho escravo, três delas se destacaram como as principais receptoras dos maiores contingentes africanos importados pelas Américas.

   A partir do dito acima, assinale a afirmação **INCORRETA**.

   a) Os maiores plantéis escravistas nas Américas, durante o período colonial, estiveram associados à América portuguesa, ao Caribe espanhol e às colônias inglesas do sul, na Virgínia.
   b) O tabaco, a cana-de-açúcar, o algodão e o café constituíram monoculturas fortemente presentes nos principais momentos de expansão da lavoura escravista nas Américas.
   c) No século XVIII, o tráfico negreiro foi intensificado para as Américas, sob o comando dos principais mercadores ingleses de Londres, Liverpool e Bristol.
   d) A abolição do tráfico, em 1807, pelo Parlamento inglês, ocorreu devido a importantes pressões de protestantes ingleses evangélicos e de Quakers, que viam em William Wilberforce o seu maior ativista.
   e) A França e a Inglaterra, a partir do Tratado de Paris, de 1814, tornaram o comércio de escravos "incompatível com os princípios da justiça natural" e aboliram a escravidão em suas colônias americanas.

2. (PUC-RJ) Do século XV ao XIX, uma enorme quantidade de africanos foi alocada pelo tráfico negreiro nos territórios americanos que se encontravam sob o controle dos impérios europeus. Por causa dessa imigração forçada, cerca de 400 mil cativos foram enviados para as colônias da América inglesa, 1,6 milhão para a América espanhola e 3,6 milhões para a América portuguesa. Levando-se em conta a intermitente ação do contrabando, chega-se a um total de 10 milhões de pessoas. Sabe-se, entretanto, que a escravatura sobreviveu ao mundo colonial e ajustou-se às formas de governo que, com a independência, dois Estados americanos politicamente soberanos – Estados Unidos e Brasil – adotaram para si.

   Analise as afirmativas abaixo que relacionam escravidão e estado-nação independente.

   I. Embora a República norte-americana, por princípio, pregasse a ampliação da igualdade política, modificações sutis feitas na Carta Constitucional de 1787 expressaram os arranjos políticos entre os estados escravistas e os estados livres.
   II. No Brasil, a escravidão foi defendida apenas pelos cafeicultores fluminenses e mineiros, mas o poder de ambos junto ao Imperador mostrou-se suficiente para mantê-la até o final do Segundo Reinado.
   III. Ordem monárquica ou ordem republicana importaram pouco para os escravos naquelas sociedades e para os libertos, que continuaram sendo segregados pela cor e tiveram sua mobilidade social igualmente dificultada.
   IV. A aceitação da existência de "diferentes condições de gente" pela Monarquia brasileira e a manutenção de privilégios para alguns cidadãos contribuíram para tornar a escravidão fenômeno naturalizado aos olhos de muitos contemporâneos.

   São afirmativas corretas:

   a) I, II, III e IV.
   b) III e IV, apenas.
   c) I e III, apenas.
   d) II e IV, apenas.
   e) I e IV, apenas.

3. (UFPA) Sobre a história cultural dos povos africanos e a formação da sociedade brasileira, é correto afirmar que

   a) a contribuição dos africanos escravizados vindos para o Brasil, na formação social brasileira, foi basicamente como força produtiva de riquezas, uma vez que as nações africanas eram muito primitivas, vivendo ainda na "Idade da Pedra".
   b) os africanos, ainda que escravizados, foram sujeitos no processo de constituição da sociedade brasileira, por terem contribuído culturalmente em diversos aspectos, seja no campo religioso, seja nas práticas alimentares ou lúdicas, o que fez do Brasil em alguma medida uma nação com origens africanas.
   c) os povos africanos oriundos de Angola e Moçambique eram os mais evoluídos, uma vez que conheciam a metalurgia, a tapeçaria e a ourivesaria, ao passo que os africanos da Senegâmbia e da Guiné eram bastante atrasados, tanto que faziam uso de utensílios de pedra lascada, sendo então preteridos como escravos.
   d) os africanos não possuíam propriamente uma cultura, nem mesmo tinham história, pois eram povos sem escrita, portanto viviam na chamada "Pré-História", sendo exceção os povos do Norte da África que sabiam ler e escrever, uma vez que eram muçulmanos. Os africanos muçulmanos, no entanto, nunca vieram como escravos para o Brasil.
   e) a contribuição cultural dos africanos para a conformação da sociedade brasileira de fato somente ocorreu após o fim da escravidão, quando muitos africanos passaram a imigrar para o Brasil, como trabalhadores livres e colonos, pois na condição de escravos não passavam de força de trabalho.

TEXTO PARA AS PRÓXIMAS 2 QUESTÕES:

Os africanos não escravizavam africanos, nem se reconheciam então como africanos. Eles se viam como membros de uma aldeia, de um conjunto de aldeias, de um reino e de um grupo que falava a mesma língua, tinha os mesmos costumes e adorava os mesmos deuses. [...] Quando um chefe [...] entregava a um navio europeu um grupo de cativos, não estava vendendo africanos nem negros, mas [...] uma gente que, por ser considerada por ele inimiga e bárbara, podia ser escravizada. [...] O comércio transatlântico [...] fazia parte de um processo de integração econômica do Atlântico, que envolvia a produção e a comercialização, em grande escala, de açúcar, algodão, tabaco, café e outros bens tropicais, um processo no qual a Europa entrava com o capital, as Américas com a terra e a África com o trabalho, isto é, com a mão de obra cativa.

(Alberto da Costa e Silva. *A África explicada aos meus filhos*, 2008. Adaptado.)

4. (Vunesp-SP) Ao caracterizar a escravidão na África e a venda de escravos por africanos para europeus nos séculos XVI a XIX, o texto

a) reconhece que a escravidão era uma instituição presente em todo o planeta e que a diferenciação entre homens livres e homens escravos era definida pelas características raciais dos indivíduos.
b) critica a interferência europeia nas disputas internas do continente africano e demonstra a rejeição do comércio escravagista pelos líderes dos reinos e aldeias então existentes na África.
c) diferencia a escravidão que havia na África da que existia na Europa ou nas colônias americanas, a partir da constatação da heterogeneidade do continente africano e dos povos que lá viviam.
d) afirma que a presença europeia na África e na América provocou profundas mudanças nas relações entre os povos nativos desses continentes e permitiu maior integração e colaboração interna.
e) considera que os únicos responsáveis pela escravização de africanos foram os próprios africanos, que aproveitaram as disputas tribais para obter ganhos financeiros.

5. (Vunesp-SP) Ao caracterizar a "integração econômica do Atlântico", o texto

a) destaca os diferentes papéis representados por africanos, europeus e americanos na constituição de um novo espaço de produção e circulação de mercadorias.
b) reconhece que europeus, africanos e americanos se beneficiaram igualmente das relações comerciais estabelecidas através do Oceano Atlântico.
c) afirma que a globalização econômica se iniciou com a colonização da América e não contou, na sua origem, com o predomínio claro de qualquer das partes envolvidas.
d) sustenta que a escravidão africana nas colônias europeias da América não exerceu papel fundamental na integração do continente americano com a economia que se desenvolveu no Oceano Atlântico.
e) ressalta o fato de a América ter se tornado a principal fornecedora de matérias-primas para a Europa e de que alguns desses produtos eram usados na troca por escravos africanos.

6. (PUC-RJ) Sobre as características da sociedade escravista colonial da América portuguesa estão corretas as afirmações abaixo, À EXCEÇÃO de uma. Indique-a.

a) O início do processo de colonização na América portuguesa foi marcado pela utilização dos índios – denominados "negros da terra" – como mão de obra.
b) Na América portuguesa, ocorreu o predomínio da utilização da mão de obra escrava africana seja em áreas ligadas à agroexportação, como o nordeste açucareiro a partir do final do século XVI, seja na região mineradora a partir do século XVIII.
c) A partir do século XVI, com a introdução da mão de obra escrava africana, a escravidão indígena acabou por completo em todas as regiões da América portuguesa.
d) Em algumas regiões da América portuguesa, os senhores permitiram que alguns de seus escravos pudessem realizar uma lavoura de subsistência dentro dos latifúndios agroexportadores, o que os historiadores denominam de "brecha camponesa".
e) Nas cidades coloniais da América portuguesa, escravos e escravas trabalharam vendendo mercadorias como doces, legumes e frutas, sendo conhecidos como "escravos de ganho".

7. (Fuvest-SP)

Trabalho escravo ou escravidão por dívida é uma forma de escravidão que consiste na privação da liberdade de uma pessoa (ou grupo), que fica obrigada a trabalhar para pagar uma dívida que o empregador alega ter sido contraída no momento da contratação. Essa forma de escravidão já existia no Brasil, quando era preponderante a escravidão de negros africanos que os transformava legalmente em propriedade dos seus senhores. As leis abolicionistas não se referiram à escravidão por dívida. Na atualidade, pelo artigo 149 do Código Penal Brasileiro, o conceito de redução de pessoas à condição de escravos foi ampliado de modo a incluir também os casos de situação degradante e de jornadas de trabalho excessivas.

Adaptado de: ESTERGI, Neide. *A luta contra o trabalho escravo*, 2007.

Com base no texto, considere as afirmações abaixo:

I. O escravo africano era propriedade de seus senhores no período anterior à Abolição.
II. O trabalho escravo foi extinto, em todas as suas formas, com a Lei Áurea.
III. A escravidão de negros africanos não é a única modalidade de trabalho escravo na história do Brasil.
IV. A privação da liberdade de uma pessoa, sob a alegação de dívida contraída no momento do contrato de trabalho, não é uma modalidade de escravidão.
V. As jornadas excessivas e a situação degradante de trabalho são consideradas formas de escravidão pela legislação brasileira atual.

São corretas apenas as afirmações:

a) I, II e IV
b) I, III e V
c) I, IV e V
d) II, III e IV
e) III, IV e V

8. (UFPE) Um dos temas constantes na História do Brasil refere-se à escravidão. Muitas explicações são atribuídas ao fato de que a escravidão indígena foi sendo substituída pela africana. Assinale a(s) alternativa(s) correta(s).

a) A principal razão pela qual a escravidão indígena foi sendo substituída pela africana deve-se ao fato de que o indígena era preguiçoso, preferia pescar e caçar a trabalhar forçado na agricultura.
b) O africano era uma raça mais adaptada ao trabalho agrícola, principalmente ao trabalho físico pesado. Na África, já estava habituado a esse tipo de atividade e, por essa razão, ele se adaptou melhor que os indígenas.
c) Os indígenas se rebelavam com mais frequência contra o trabalho escravo que lhes era imposto, porque sua religião tinha como um dos mandamentos fundamentais o exercício da liberdade.
d) A morte dos povos indígenas – em razão dos ataques dos brancos e do contágio de doenças – além da proteção da Igreja, que condenava a escravidão desses povos gerou a busca pela alternativa do trabalho escravo africano.
e) É completamente equivocada a afirmação de que o africano se adaptou melhor à escravidão do que o indígena; qualquer povo livre sempre reagirá a qualquer tentativa de transformá-lo em escravo.

9. (Unicamp-SP)

"Reconhecem-se todos obedientes a um que se chama o Ganga Zumba, que quer dizer senhor grande; a este têm por seu Rei e Senhor [...] todos os que chegam a sua presença põem logo o joelho no chão e batem as palmas das mãos em sinal de seu reconhecimento e protestação de sua excelência; [a cidade de Macaco] está fortificada por um cerco de pau a pique [...] e pela parte de fora toda se semeia de armadilhas de ferro e de covas tão ardilosas que perigará nelas a maior vigilância; ocupa esta cidade dilatado espaço, formado de mais de 1.500 casas."

Fonte: adaptado de SILVA, Leonardo Dantas. "Alguns documentos para a história da escravidão". Recife, Editora Massangana, 1988, p. 29. Esse documento, escrito na época do quilombo de Palmares, descreve aspectos fundamentais de sua organização.

a) Identifique, no documento, duas características de Palmares que também eram observadas nos grandes quilombos americanos.
b) Cite dois exemplos de ocupação estrangeira da América Portuguesa ao longo do período de existência do quilombo de Palmares.

10. (Fatec-SP) A escravidão indígena adotada no início da colonização do Brasil foi progressivamente abandonada e substituída pela africana, entre outros motivos, devido:

a) ao constante empenho do Papado na defesa dos índios contra os colonos.
b) à bem-sucedida campanha dos jesuítas em favor dos índios.
c) à completa incapacidade dos índios para o trabalho.
d) aos grandes lucros proporcionados pelo tráfico negreiro aos capitais particulares e à coroa.
e) ao desejo manifestado pelos negros de emigrarem para o Brasil em busca de trabalho.

11. (UFJF-MG)

"São pois os ditos índios aqueles que vivendo livres e sendo senhores naturais das suas Terras, foram arrancados delas com suma violência e tirania [...] até chegarem às terras de São Paulo onde os moradores serviam e servem deles como escravos."

Antônio Vieira – 1692

"Os escravos são as mãos e os pés do senhor de engenho, porque sem eles no Brasil não é possível fazer, conservar e aumentar a fazenda, nem ter engenho corrente. [...] Os de Cabo Verde e São Tomé são mais fracos. Os de Angola, criados em Luanda, são mais capazes de aprender ofícios mecânicos. [...]"

Antonil – 1711

Podemos perceber, através dos trechos citados acima, que índios e negros participaram da construção da história brasileira a partir de diferentes circunstâncias, mas ambos, igualmente, foram vítimas de um forte processo de exclusão social. Com base nessa reflexão, assinale a alternativa incorreta:

a) No início da colonização, recorreu-se à escravização da mão de obra indígena, rompendo as relações amistosas dos primeiros contatos entre portugueses e nativos.
b) As epidemias e as mortes por trabalho forçado, ao causarem rápido decréscimo da população nativa, bem como as pressões jesuíticas contrárias à sua escravização, constituíram importantes obstáculos à transformação do índio em principal força de trabalho.
c) Embora exercessem funções mais especializadas, como a de ferreiros e carpinteiros, os escravos africanos eram fundamentalmente utilizados nas atividades agrícolas e mineradoras.
d) A expulsão dos índios de suas terras, sua escravização, bem como o seu aldeamento nas missões jesuíticas, contribuíram para a dissolução de seus padrões culturais.
e) O tráfico de escravos africanos era uma atividade da qual participavam somente elementos da Corte Portuguesa – burocratas e grandes proprietários – através do comércio triangular África – Lisboa – Brasil.

O RENASCIMENTO

Renascimento comercial e urbano

→ **Fortalecimento da burguesia** → **Mecenato**
- Sforza: Milão
- Médicis: Florença
- Ferrara: Nápoles

→ **Maior circulação de ideias** → **Avanços científicos**

Mecenato + Avanços científicos →

Renascimento cultural e científico

Idade Média
- Ideais divinos
- Emoção
- Foco na Igreja
- Teocentrismo

✕

- Humanismo
- Racionalismo
- Neoplatonismo
- Individualismo
- Antropocentrismo

→
- Heliocentrismo

→
- Nicolau Copérnico
- Galileu Galilei

→ Condenados pela Igreja

Começa na Itália
- Dante Alighieri
- Botticelli
- Leonardo da Vinci
- Michelangelo

→ **Espalha-se pela Europa**
- Erasmo de Roterdã
- Shakespeare
- Camões
- Miguel de Cervantes

Galleria Nazionale delle Marche, Urbino/Album/akg-images/Latinstock

Exercícios

1. (Espcex (Aman))

> *A partir do século XI, a Europa Ocidental foi palco de uma série de mudanças: crescimento da população, avanço técnico, aumento da produtividade agrícola, intensificação do comércio entre o Ocidente e o Oriente e ascensão da burguesia (mercadores, armadores, banqueiros). Todas essas mudanças inspiraram uma nova visão do mundo, da arte e do conhecimento, impulsionando, assim, um movimento de grande renovação cultural, único na história do Ocidente: o Renascimento.*
>
> BOULOS JR, 2011.

São características do Renascimento:

a) antropocentrismo e misticismo.
b) hedonismo e antropocentrismo.
c) teocentrismo e individualismo.
d) teocentrismo e nacionalismo.
e) misticismo e hedonismo.

2. (UFPR)

> *O conhecimento histórico é sempre [...] uma consciência de si mesmo: ao estudar a história de uma outra época, os homens não podem deixar de compará-la com seu próprio tempo [...]. Mas, ao comparar a nossa época e a nossa civilização com as outras épocas e civilizações, corremos o risco de lhes aplicar a nossa própria medida [...].*
>
> GUREVICH, Aron. *As categorias da cultura medieval*. Lisboa: Editorial Caminho, p. 15.

Aplicando o raciocínio exposto acima aos sentidos que a Idade Média adquiriu em diferentes tempos históricos, identifique como verdadeiras (V) ou falsas (F) as seguintes afirmativas:

( ) Atualmente, os historiadores entendem o medievo na sua multiplicidade, com suas especificidades regionais e temporais, ao mesmo tempo em que mostram a permanência e a relevância de determinadas instituições e invenções medievais, como a universidade, o livro, a imprensa e o banco.

( ) No século XV, surge a noção negativa de Idade Média, considerada uma era intermediária e homogênea de trevas e ignorância, separando a antiguidade Greco-romana e o Renascimento, que se via como herdeiro do período "clássico" – noção que ainda perdura entre muitas pessoas.

( ) Nos séculos XX e XXI, obras como *O Senhor dos Anéis*, *As crônicas de Nárnia* e *Game of Thrones* evocam elementos medievais imaginativos, tais como a floresta como lugar do mágico, cavaleiros, espadas, dragões, religiosidade, dando continuidade a recriações da Idade Média em curso desde o século XIX.

( ) Na recente historiografia, por conta das apropriações midiáticas da Idade Média, procura-se estabelecer as diferenças e as distâncias entre a Idade Média e a História do Brasil, mostrando que o medievo não possui relação com a formação de nosso país, por ter sido um fenômeno europeu.

Assinale a alternativa que apresenta a sequência correta, de cima para baixo.

a) F – F – V – V.
b) V – V – F – V.
c) F – V – V – F.
d) V – V – V – F.
e) V – F – F – V.

3. (UEPB) O olhar que os europeus tinham sobre o mundo medieval mudou com o advento do chamado mundo moderno, devido à inserção de novos elementos, tais como:

a) A presença dos cavaleiros, a economia autossuficiente, a força dos artesãos e o teocentrismo.
b) A presença dos cavaleiros, o pensamento humanista, a contrarreforma católica e a descentralização do poder político.
c) O teocentrismo, a presença do Estado Moderno e as reformas religiosas, e o tribunal de Inquisição.
d) A imprensa como espaço de divulgação do pensamento teocêntrico, a descentralização do poder político e a Guerra dos Cem Anos.
e) A descoberta do Novo Mundo, a presença de novos atores sociais como a burguesia e a utilização da bússola, da pólvora e da imprensa.

4. (UFPE) Sobre o movimento historicamente reconhecido como Renascimento, que se difundiu na Europa a partir do final do século XV, analise as proposições abaixo.

( ) Em contraposição à teoria geocêntrica, de Ptolomeu, difundida nas universidades medievais, a teoria heliocêntrica, de Copérnico, representou uma revolução no conhecimento humano.

( ) A expansão marítima europeia do século XV está diretamente relacionada aos novos conceitos de homem e de mundo que caracterizam o movimento renascentista.

( ) Embora tenha sido um movimento restrito ao campo das artes plásticas, o Renascimento provocou grandes mudanças no modo de pensar de homens e mulheres da Europa.

( ) Com o Renascimento, o comércio europeu via Mediterrâneo foi alargado, propiciando um maior intercâmbio de mercadorias e ideias entre Oriente e Ocidente.

( ) A visão de mundo renascentista era também caracterizada pelo antropocentrismo, o que significa que o homem ocupava uma posição central nas preocupações humanas.

5. (Vunesp-SP) Podemos afirmar que as obras *A divina comédia*, escrita por Dante Alighieri no início do século XIV, e *Dom Quixote*, escrita por Miguel de Cervantes no início do século XVII,

a) parodiaram as novelas de cavalaria e defenderam a hegemonia da Igreja Católica e da aristocracia, respectivamente.
b) derivaram de registros orais e foram apenas organizadas e sistematizadas na escrita de seus autores.
c) contribuíram para a unificação e o estabelecimento da forma moderna dos idiomas italiano e espanhol.
d) assumiram forte conotação anticlerical e intensificaram as críticas renascentistas à conduta e ao poder da Igreja Católica.
e) retrataram o imaginário da burguesia comercial ascendente na Itália e na Espanha do final da Idade Média.

6. (UPE) Analise a imagem a seguir:

Interbits ®

Disponível em: http://www.infoescola.com/pintura/o-nascimento-de-venus/

O quadro *O nascimento de Vênus*, de Sandro Botticelli, é uma das grandes realizações da arte renascentista.

Sobre essa obra e seu contexto histórico, assinale a alternativa CORRETA.

a) A temática pagã da obra, baseada na mitologia greco-romana, constituiu-se numa ousadia que destoava do restante da produção artística do Renascimento.
b) A nudez representada no quadro também aparece em obras de outros artistas da época, como Michelangelo.
c) Botticelli, personagem símbolo do ideal humanista, também foi arquiteto, engenheiro, músico e poeta.
d) *O nascimento de Vênus*, assim como a *Última Ceia* de Da Vinci, é uma pintura de temática bíblica.
e) Botticelli destacou-se por sua produção em escultura.

7. (UFRN) Os historiadores fazem distinção entre o período medieval e a modernidade na Europa Ocidental. As imagens a seguir evidenciam essa nova concepção de mundo, característica da modernidade.

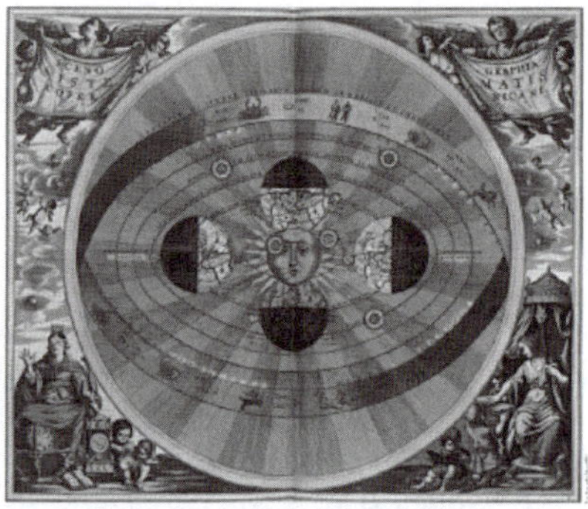

Disponível em: <www.commons.wimedia.org.br>. Acesso em: 22 jun. 2012.

Sistema copernicano, de Andreas Cellarius

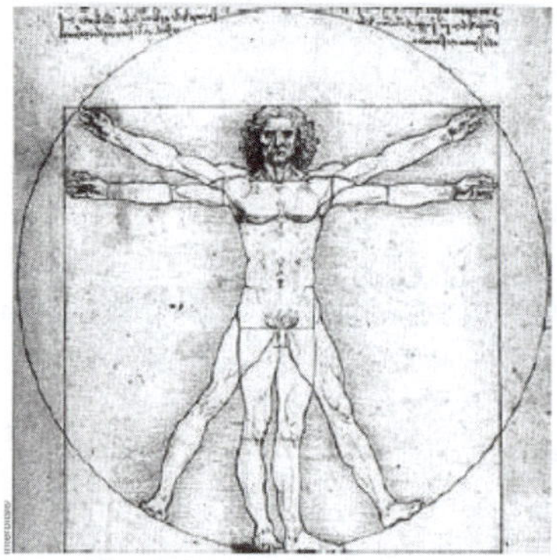

Disponível em: <www.variedades1.com>. Acesso em: 22 jun. 2012.

Homem Vitruviano, de Leonardo da Vinci

Essas imagens remetem a aspectos da mentalidade do mundo moderno, que era caracterizado

a) pela reafirmação da visão aristotélica do universo e do homem, afirmando um padrão de círculos perfeitos no movimento dos astros.
b) pela subordinação à visão clerical, que valorizava a iluminação divina para chegar à verdade sobre o homem, a mais perfeita realização de Deus.
c) por um esquema do universo baseado no modelo heliocêntrico e por uma exaltação das capacidades humanas para chegar à verdade.
d) por um ideal que partia da valorização do homem e, por consequência, via a Terra como centro do universo.

8. (UFPR) Considere os dois extratos de documentos abaixo:

1. Ilustrações publicadas na obra "De humani corporis fabrica", do médico belga André Vessálio (1543).

Interbits ®

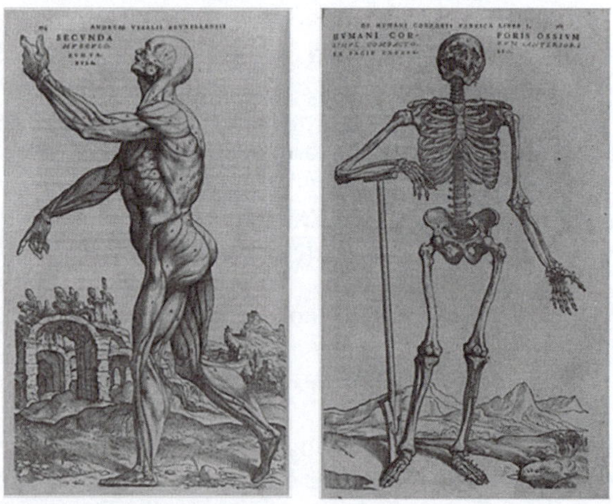

(Fonte: http://www.nlm.nih.gov/exhibition/historicalanatomies/vesalius_home.html)

2.

Aconselho-te, meu filho, a que empregues a tua juventude em tirar bom proveito dos estudos e das virtudes [...]. Do direito civil quero que saibas de cor os belos textos e que mos compare com filosofia. Enquanto ao conhecimento das coisas da natureza, quero que a isso te entregues curiosamente [...] depois [...] revisita os livros dos médicos gregos, árabes e latinos, sem desprezar os talmudistas e cabalistas, e por frequentes anatomias adquire perfeito conhecimento do outro mundo [o microcosmos] que é o homem.

RABELAIS, François. *Pantagruel* [1532]. In: FREITAS, Gustavo de. *900 textos e documentos de História*. Lisboa: Plátano, 1976, v. 11

Considerando os documentos acima, além dos conhecimentos sobre o período, disserte sobre as principais características do Renascimento, relacionando-as com as transformações sociais em curso na Europa.

9. (UFSC)

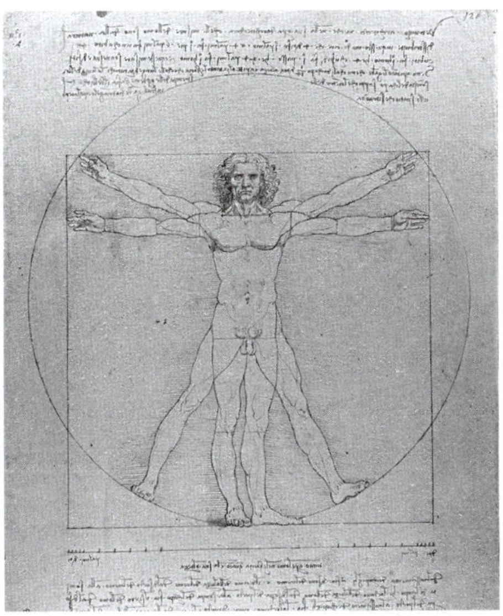

Interbits ®

Disponível em: <www.infoescola.com/desenho/o-homem-vitruviano> Acesso em: 31 de ago. 2012.

Sobre o Renascimento, é CORRETO afirmar que:

(01) uma das características mais importantes do Renascimento foi a ruptura com a Antiguidade Clássica.

(02) os estudos astronômicos desenvolvidos por Nicolau Copérnico durante o Renascimento permitiram a conclusão de que os planetas giravam em torno da Terra.

(04) os mecenas foram personagens importantes no Renascimento, pois sua oposição aos artistas fez com que estes exercessem com mais afinco sua criatividade.

(08) Leonardo da Vinci, artista de grande versatilidade e inúmeros interesses, é um representante do Humanismo.

(16) o período renascentista se beneficiou da preservação de textos antigos pelos monges e da criação de universidades.

(32) as cruzadas, que incrementaram o intercâmbio entre muçulmanos e cristãos, bem como o domínio mouro na Península Ibérica, contribuíram para o Renascimento.

10. (PUC-RS) Instrução: Responder à questão associando os nomes dos artistas e escritores do Renascimento italiano (coluna A) com as características gerais de suas obras (coluna B).

Coluna A

1. Sandro Botticelli
2. Leonardo da Vinci
3. Giovanni Boccaccio
4. Michelangelo

Coluna B

( ) Escultor e pintor que realizou as obras Pietà, Davi e Moisés, inspirando-se na escultura greco-romana.

( ) Escritor que produziu Decameron em dialeto italiano, obra na qual, com humor, faz uma crítica ao clero e aos costumes da época.

( ) Pintor que, além de ter produzido o retrato mais famoso da história da arte, notabilizou-se como gênio inventivo.

( ) Pintor que, influenciado pela mitologia clássica, concebeu *Nascimento de Vênus* e *Alegoria da Primavera*.

a) 1 – 3 – 2 – 4
b) 2 – 4 – 3 – 1
c) 3 – 1 – 2 – 4
d) 4 – 3 – 1 – 2
e) 4 – 3 – 2 – 1

11. (UFG-GO) Leia a citação a seguir.

Mago designa um homem que alia o saber ao poder de agir para a criação de mundos desejáveis.

BRUNO, Giordano. Tratado da magia, 1591. Apud JOB, Nelson. *Ontologias em devir:* confluências entre magia e ciência. Disponível em: <www.hcte.ufrj.br/downloads/sh/sh3/trabalhos/NelsonJob.pdf>. Acesso em: 14 nov. 2012.

Tal como demonstra a citação de Giordano Bruno, sentenciado pela Inquisição à morte na fogueira, a magia despertava o interesse de pensadores e cientistas que estudavam as formas de intervir nas forças da natureza, no período entre os séculos XV e XVI. Com base no exposto,

a) explique como a citação de Giordano Bruno contraria os princípios que sustentaram a ação da Inquisição;
b) relacione a citação de Giordano Bruno aos valores renascentistas sobre o conhecimento humano.

12. (Vunesp-SP)

[...] *tudo que os renascentistas pretendiam era assumir a condição humana até seus limites, até as últimas consequências. Nem Deus e nem o demônio; todo o desafio consistia em ser absolutamente, radicalmente humano, apenas humano.*

SEVCENKO, Nicolau. *O Renascimento*, 1985.

Explique a caracterização que o texto faz do Renascimento e dê exemplo de uma obra artística em que tal intenção se manifeste.

A REFORMA RELIGIOSA

Igreja Católica

Tomismo
- Livre-arbítrio
- Boas obras

Crise moral de setores da Igreja
- Indulgências
- Relíquias
- Usura

Agostinianos
- Salvação pela fé
- Predestinação

Reforma Protestante × Contrarreforma (Reforma católica)

Reforma Protestante

Lutero (95 teses)
- Salvação pela fé
- Livre interpretação da Bíblia
- Submissão da Igreja ao Estado
- Apoio da nobreza

→ Thomas Münzer: Anabatistas

Calvino
- Predestinação absoluta
- Livre interpretação da Bíblia
- Não condenava o lucro
- Apoio da burguesia

Henrique VIII
- Monarca inglês
- Ato de Supremacia (chefe do Estado e da religião)

- Guerras religiosas: Europa e colônias

Contrarreforma (Reforma católica)

- Companhia de Jesus
- Concílio de Trento
- Index (livros proibidos)
- Tribunal do Santo Ofício

Apoio das monarquias ibéricas

Chegada à América
- Jesuítas
- Inquisição

Coleção particular/Album/akg-images/Latinstock

Exercícios

1. (FGV-SP) Leia o fragmento.

Um famoso escândalo político foi o de Antônio Perez, que em 1571 era secretário de Estado de Felipe II, tendo alcançado um dos postos mais importantes na monarquia. Por rivalidades, viu-se envolvido em intrigas internacionais. Conhecia todos os segredos da coroa, tendo absoluto controle sobre o Tesouro. Foi acusado de vender cargos, de suborno e de trair segredos do Estado. Felipe viu um caminho para atingi-lo: a Inquisição. Tinha de ser acusado de heresia. Foi difícil encontrar provas contra seu catolicismo, mas o confessor do rei conseguiu-as. Mesmo sendo íntimo amigo do inquisidor-mor e tendo o apoio da população de Saragoça, Perez foi acusado de herege. Conseguiu fugir e morreu em Paris, e, conforme testemunhou o núncio apostólico da região, sempre viveu como fiel católico.

NOVINSKY, Anita. *A inquisição.*

A partir do texto, é correto concluir que a Inquisição espanhola

a) ampliou as suas prerrogativas nas nações europeias menos fiéis ao poder do papado, com o intuito de ampliar o número de seguidores.
b) perdeu parte de suas atribuições e poderes a partir da Contrarreforma católica, conforme deliberação do Concílio de Trento.
c) manteve, durante a sua existência secular, vínculos essenciais com a questão religiosa, excepcionalmente confundindo-se com a questão política.
d) resumiu sua atuação a alguns poucos casos exemplares, com o intuito de evitar a propagação do islamismo e das igrejas reformadas.
e) apesar de sua fundamentação religiosa, esteve vinculada ao Estado e serviu aos interesses de grupos ligados ao poder.

2. (UEA-AM) Lutero, ao protestar contra abusos de agentes e enviados do Papa, despertou a atenção de grupos e indivíduos cujas práticas econômicas eram rejeitadas pelo discurso católico. Suas críticas e pregações eram radicais e atraíam apoios e demandas radicais. A Reforma não foi, portanto, uniforme, nem é definível por um único comentário. Assinale a alternativa errada a respeito do contexto da Reforma Protestante:

a) Lutero apoiou a secularização dos bens eclesiásticos quando os príncipes cobiçavam os bens e o poder da Igreja, mas condenou os camponeses que promoviam a secularização por ação própria.
b) A predestinação apregoada por Calvino interessava aos burgueses porque justificava práticas e valores burgueses e permitia identificar o sucesso individual e material como sinal da aprovação divina.
c) Para Carlos V, a reforma quebrava a unidade ideológica do seu império, já carente de unidade linguística e cultural e formado por territórios às vezes descontínuos, onde emergiam interesses divergentes de príncipes e senhores regionais.
d) O Ato de Supremacia de 1534, além do aspecto religioso, serviu para reforçar o absolutismo inglês política e materialmente e buscou resolver problemas dinásticos.
e) A Contrarreforma, embora não tenha tornado a Igreja Católica uma instituição liberal, impediu a expansão do protestantismo.

3. (Unicamp-SP)

"Uma pobre mulher, enforcada em 1739 por ter roubado carvão, acreditava que não houvesse pecado nos pobres roubarem os ricos e que, de qualquer forma, Cristo havia morrido para obter o perdão para tais pecadores."

Christopher Hill, *A Bíblia Inglesa e as revoluções do século XVII.* Rio de Janeiro: Civilização Brasileira, 2003, p. 608.

Considerando o trecho acima, podemos afirmar, quanto à sociedade inglesa dos séculos XVII e XVIII, que:

a) A religião fornecia argumentos para diversos grupos sociais agirem de acordo com seus interesses e necessidades.
b) Ainda dominava na sociedade inglesa a ideia da necessidade da confissão intermediada pela Igreja para perdão dos pecados.
c) A reforma anglicana, ao atacar a propriedade privada, distanciou-se das elites inglesas e tornou-se a religião dos pobres.
d) As revoluções Puritana e Gloriosa foram um obstáculo ao desenvolvimento burguês da Inglaterra e contrapunham-se à relação entre religião e política.

4. (UEPB) *A arte mineira caracterizou-se pelo estilo barroco que esteve em voga na Europa até princípios do século XVIII.*

NETO, José Alves de Freitas; TASINAFO, Célio Ricardo. *História Geral e do Brasil.* HARBRA. p. 325.

Sobre o barroco é correto afirmar:

a) Como forma única de expressão, as imagens barrocas são uniformes e regulares, conforme o pensamento religioso católico.
b) O barroco expressava o racionalismo da época moderna, condenando as expressões metafísicas e o sentimento religioso.
c) Era um estilo intimamente ligado à Contrarreforma, pois expressava os fundamentos da devoção religiosa por meio de construções, esculturas e iconografias que enalteciam os princípios da fé católica.
d) O barroco esteve intimamente ligado ao protestantismo, condenando as iconografias e dando ênfase apenas ao estilo arquitetônico.
e) O barroco mineiro desenvolveu características universais evitando as especificidades e o regionalismo.

5. (Fuvest-SP) *"O senhor acredita, então", insistiu o inquisidor, "que não se saiba qual a melhor lei?" Menocchio respondeu: "Senhor, eu penso que cada um acha que sua fé seja a melhor, mas não se sabe qual é a melhor; mas, porque meu avô, meu pai e os meus são cristãos, eu quero continuar cristão e acreditar que essa seja a melhor fé".*

Carlo Ginzburg. *O queijo e os vermes*. São Paulo: Companhia das Letras, 1987, p. 113.

O texto apresenta o diálogo de um inquisidor com um homem (Menocchio) processado, em 1599, pelo Santo Ofício. A posição de Menocchio indica

a) uma percepção da variedade de crenças, passíveis de serem consideradas, pela Igreja Católica, como heréticas.
b) uma crítica à incapacidade da Igreja Católica de combater e eliminar suas dissidências internas.
c) um interesse de conhecer outras religiões e formas de culto, atitude estimulada, à época, pela Igreja Católica.
d) um apoio às iniciativas reformistas dos protestantes, que defendiam a completa liberdade de opção religiosa.
e) uma perspectiva ateísta, baseada na sua experiência familiar.

6. (UPE) No início da Idade Moderna, a Europa Ocidental experimentou uma profunda mudança na vivência religiosa do cristianismo. Sobre a Reforma Religiosa do século XVI, analise as afirmativas seguintes:

I. O pensamento de Jan Huss influenciou as ideias de Lutero.
II. Sobre a questão da salvação dos fiéis, Calvino e Lutero consideravam a teoria da predestinação.
III. Muitos franceses se converteram ao calvinismo, tornando-se conhecidos como huguenotes.
IV. A reforma anglicana teve início por meio das ações do monarca britânico Henrique VIII.
V. A Rússia converteu-se ao luteranismo durante o reinado de Pedro Romanov.

Estão CORRETAS

a) I, III e IV.
b) I, II e V.
c) I, II e III.
d) II, IV e V.
e) III, IV e V.

7. (Espcex (Aman)) A Reforma protestante foi um movimento ocorrido no século XVI que causou uma grande ruptura no mundo cristão e deu origem a novas doutrinas religiosas. Dentre os fatores que levaram a esse movimento, está(estão) o(a)(s):

a) apoio da Igreja católica à prática da usura e ao lucro.
b) críticas de alguns membros da Igreja a práticas promovidas pela instituição, como a venda de indulgências (perdão dos pecados).
c) reação à decisão da Igreja de restabelecer e reorganizar a Inquisição.
d) valorização do racionalismo e do cientificismo, além dos ideais iluministas.
e) estímulo à leitura e à livre interpretação da Bíblia, promovido pelo Vaticano.

8. (Ufpel-RS) A Reforma Religiosa, ocorrida no século XVI, trouxe profundas transformações ao contexto europeu durante a Idade Moderna. Sobre a mesma, é falso afirmar:

a) Foi severamente combatida pela Igreja Católica, que, em resposta, fez a Contrarreforma.
b) Iniciou na Alemanha, com Lutero, posteriormente se expandindo para outras regiões da Europa, como, por exemplo, na Inglaterra, onde surgiu o anglicanismo.
c) Calvino, um dos principais líderes reformistas, possuía uma visão positiva da riqueza, entendendo-a como bênção divina, o que muito agradou a burguesia.
d) Por ser um movimento exclusivamente religioso, não trouxe implicações de ordem econômica para a sociedade europeia.
e) Muitas das religiões protestantes recém-criadas, como o puritanismo, imigraram para a América, produzindo sociedades muito rígidas em seus preceitos morais.

9. (Cesgranrio-RJ) No contexto dos diversos conflitos religiosos que eclodiram na Europa, ao longo do século XVI, identificamos a convocação pela Igreja Católica, a partir de 1545, do Concílio de Trento. Dentre suas determinações, destacamos corretamente o (a):

a) reconhecimento da autoridade política e teológica da Igreja anglicana frente ao papado, encerrando os conflitos provocados na Inglaterra devido à luta de Henrique VIII contra o Vaticano.
b) fim do clero regular como solução para conter os abusos cometidos pela Igreja, tais como a venda de indulgências e sacramentos.
c) oficialização da doutrina calvinista que admitia o lucro comercial como uma dádiva divina e não mais como um pecado usurário, como um novo dogma católico.
d) submissão da Igreja católica aos Estados imperiais laicos e a validade da livre interpretação da Bíblia.
e) reafirmação da hierarquia eclesiástica católica e a reativação do tribunal do Santo Ofício da Inquisição.

10. (UFJF-MG) Leia, atentamente, os textos abaixo:

Erram os pregadores de indulgências quando dizem que pelas indulgências do papa o homem fica livre de todo o pecado e está salvo. [...] É preciso exortar os cristãos a esperar entrar no céu mais pela verdadeira penitência do que por uma ilusória tranquilidade." – Lutero

"Deus chama cada um para uma vocação particular cujo objetivo é a glorificação dele mesmo. O comerciante que busca o lucro, pelas qualidades econômicas que o sucesso econômico exige: o trabalho, a sobriedade, a ordem, responde também o chamado de Deus santificando de seu lado o mundo pelo esforço, e sua ação é santa." – Calvino

In: VICENTINO, Cláudio. *História Geral*, São Paulo, Scipione, 1997.

a) Identifique o movimento que promoveu a divulgação dessas ideias.
b) aponte duas características desse movimento.

O CAMINHO DAS MONARQUIAS EUROPEIAS NA IDADE MODERNA

Absolutismo
- Poder centrado no Rei
- Direito Divino

Principais teóricos
- Maquiavel (*O Príncipe*)
- Hobbes (*Leviatã*)
- Bossuet (*Política segundo a Sagrada Escritura*)

Poder econômico (burguesia) → **Deseja proteção econômica** → **Apoio à Monarquia**

Poder político (nobreza) → **Deseja manutenção dos privilégios** → **Apoio à Monarquia**

Apoio à Monarquia → **Monarquia centralizada**

França
- Principal exemplo de absolutismo
- Dinastia dos Valois – Guerras religiosas
- Sucessão dos Valois-Bourbons com Henrique IV / Edito de Nantes
- Conflitos externos e internos
- Fortalecimento real
- Luís XIV ("O Estado sou eu")

Inglaterra
- Magna Carta (1215)
- Guerra Civil (1642-1649) – Puritanos × Carlos I
- Revolução Puritana (1649) – Oliver Cromwell
- Revolução Gloriosa (1688-1689) – Guilherme III / *Bill of Rights* Restrição do poder real
- Parlamentarismo
- Fortalecimento da burguesia

Museu do Louvre, Paris

Coleção particular/SuperStock/Getty Images

Exercícios

1. (UFPR) Na figura abaixo vemos à esquerda uma ilustração de Guy Fawkes, inglês católico morto em 1605 após tentar explodir o Parlamento inglês na "Conspiração da Pólvora", e um manifestante inglês usando a máscara de Guy Fawkes em 2011 (inspirada na *graphic novel V de Vingança*, transformada em filme em 2006) e portando um cartaz no qual se lê: "O povo não deve temer seu governo".

(Fonte: http://abcnews.go.com/blogs/headlines/2011/11/how-did-guy-fawkes-become-a-symbol-of-occupy-wall-street/. Acesso em 23 jul. 2013.)

Sobre os contextos do século XVII e do século XXI em que a figura de Guy Fawkes aparece, identifique como verdadeiras (V) ou falsas (F) as seguintes afirmativas:

( ) Guy Fawkes pertenceu a uma legião de opositores católicos à dinastia dos Stuart, que tentou estabelecer um regime absolutista na Inglaterra ao longo do século XVII.

( ) Atualmente, o uso da máscara de Guy Fawkes mantém o ativismo católico do personagem original, ao defender a opção preferencial pelos pobres e uma teologia de libertação através do ciberativismo.

( ) Enquanto Guy Fawkes foi demonizado como traidor à Coroa inglesa desde o século XVII, atualmente as máscaras de Guy Fawkes representam a contestação ao autoritarismo e à injustiça, como no movimento Ocupe Wall Street e em diversos protestos pelo mundo.

( ) Após a Conspiração da Pólvora, outras revoltas ocorreram no século XVII na Inglaterra, culminando na Revolução Puritana (1640) e na Revolução Gloriosa (1688), seja por questões religiosas, seja pelos cercamentos, seja disputa de poder entre a monarquia e o parlamento.

Assinale a alternativa que apresenta a sequência correta, de cima para baixo.

a) V – F – F – V.
b) F – F – V – F.
c) F – V – F – V.
d) V – V – V – F.
e) V – F – V – V.

2. (UFG-GO) Leia os documentos apresentados a seguir.

Se rende-se culto ao Deus verdadeiro, servindo com sacrifícios sinceros e bons costumes, é útil que os bons reinem por muito tempo e onde quer que seja.

SANTO AGOSTINHO. *A cidade de Deus:* contra os pagãos. 3. ed. Petrópolis, RJ: Vozes, 1991. s. p.

O príncipe deve aparentar ser todo piedade, fé, integridade, humanidade, religião. Contudo não necessita possuir todas estas qualidades, sendo suficiente que aparente possuí-las. Até mesmo afirmo que se possuí-las e usá-las, elas lhes seriam prejudiciais.

MAQUIAVEL, Nicolau. *O Príncipe*. Disponível em: <www.culturabrasil.pro.br/oprincipe.htm>. Acesso em: 4 abr. 2012.

Ambos os documentos tratam da postura do governante na administração de uma cidade ou de um reino. O primeiro foi escrito por Santo Agostinho, no século V, e o segundo, por Nicolau Maquiavel, no século XVI. Com base nos documentos apresentados, explique a relação existente entre religião e política

a) no pensamento medieval;
b) no pensamento moderno.

3. (FGV-RJ) Diversas tensões e diversos conflitos europeus ocorridos nos séculos XVI e XVII foram motivados ou intensificados por questões de natureza religiosa. Dentre eles, um dos mais conhecidos episódios é a "Noite de São Bartolomeu", de 24 de agosto de 1572. A esse respeito, é correto afirmar:

a) Trata-se do massacre de judeus, em Amsterdã, por católicos holandeses, que precedeu o estabelecimento do Tribunal do Santo Ofício nas Províncias Unidas.
b) Trata-se da noite de celebração, na França, do acordo entre protestantes e católicos, que pôs fim a anos de intensos conflitos entre seguidores das duas religiões.
c) Trata-se da cerimônia de encerramento do Concílio de Trento, quando se decidiu pela condenação das ideias luteranas e pela perseguição de seus seguidores.
d) Trata-se da decisão tomada pelos monarcas Habsburgos no sentido de banir os protestantes do território do império espanhol.
e) Trata-se do massacre de cerca de 30 mil huguenotes, que intensificou, na França, a animosidade entre católicos e protestantes.

4. (Udesc) Em relação à Formação dos Estados Nacionais Modernos, é correto afirmar.

a) O absolutismo e o poder centralizado no monarca foram as bases iniciais para a formação do Estado Nacional Moderno.
b) Os Estados se formam sob bases democráticas e não sob as absolutistas.

c) O poder descentralizado foi uma das marcas da Instituição Estado Nacional Moderno.
d) A forte mobilidade social fez com que os burgueses produzissem a Instituição do Estado Nacional Moderno.
e) Os burgueses controlavam o exército e cobravam impostos do povo para as cortes.

5. (UFBA)

O Estado deve ser fundamentalmente diferenciado da Nação, porque o Estado consiste em uma organização política, um poder independente no plano externo, e supremo no interno, provido de recursos humanos e financeiros para sustentar sua independência e autoridade. Não podemos identificar o primeiro com a segunda, como se costumava fazer, até entre os próprios patriotas catalães, que falavam ou escreviam sobre uma nação catalã no sentido de um Estado catalão independente. [...]

CASTELLS, 1999, p. 60.

O conceito em análise, contido no texto, permite reconhecer como Estado

(01) os reinos e os impérios da Antiguidade, visto constituírem organizações políticas dirigidas por governos geralmente autoritários, apoiados no poder da classe dominante e na força militar, a fim de garantir as conquistas e a defesa de ameaças externas.
(02) os feudos da Europa medieval, por terem conservado as fronteiras e a divisão política vigentes no antigo Império Romano do Ocidente.
(04) as formações políticas que se construíram na Idade Moderna europeia, por possuírem fronteiras definidas, território unificado, sistema de leis e de justiça organizados, língua oficial predominante, moeda única e governo centralizado sob a forma de monarquias ou oligarquias aristocráticas.
(08) os reinos da Itália (1860) e da Alemanha (1871), depois das lutas travadas interna e externamente, por alcançarem a unificação dos seus respectivos territórios, fator indispensável à concepção do Estado e ao reconhecimento de sua existência por outros países europeus.
(16) a Nação Palestina, cujos cidadãos, dispersos no Egito, no Irã e em campos de refugiados da Síria, têm utilizado métodos pacifistas, para manterem o *status* de Estado, já reconhecido pela ONU desde o fim da Segunda Guerra Mundial.
(32) a Organização dos Estados Americanos (OEA), por aglutinar todos os países da América e por estar submetida aos princípios da Doutrina Monroe.

6. (Uerj) Leia.

Nasce daqui uma questão: se vale mais ser amado que temido ou temido que amado. Responde-se que ambas as coisas seriam de desejar; mas porque é difícil juntá-las, é muito mais seguro ser temido que amado, quando haja de faltar uma das duas. Deve, todavia, o príncipe fazer-se temer de modo que, se não adquire amizade, evite ser odiado, porque pode muito bem ser ao mesmo tempo temido e não odiado; o que sempre conseguirá desde que respeite os bens dos seus concidadãos e dos seus súditos porque os homens esquecem mais depressa a morte do pai que a perda do patrimônio.

Mas quando um príncipe está com os exércitos e tem uma multidão de soldados sob o seu comando, então é de todo necessário que não se importe de passar por cruel; porque sem esta fama não se mantém um exército unido, nem disposto a qualquer feito.

O Príncipe, de Nicolau Maquiavel. Adaptado de <www.arqnet.pt>.

Nicolau Maquiavel foi um pensador florentino que viveu na época do Renascimento. Ele é considerado um dos fundadores do pensamento político moderno e suas ideias serviram de base para a constituição do Absolutismo monárquico.

Identifique no texto duas práticas do Absolutismo monárquico.

7. (Uespi) O poder dos reis tinha, na época do absolutismo, respaldo em ideias de filósofos, como Hobbes, e fortalecia a centralização de suas ações colonizadoras no tempo das navegações. Os reis do absolutismo:

a) encontraram apoio dos papas da Igreja Católica que concordavam, sem problemas, com o autoritarismo dos reis e a existência das riquezas vindas das colônias.
b) eram desfavoráveis ao crescimento político da burguesia, pois se aliavam com a nobreza latifundiária e defensora da continuidade de princípios do feudalismo.
c) dominaram na Europa moderna, contribuindo para diminuir o poder do papa e reorganizar a economia conforme princípios do mercantilismo.
d) fortaleceram as alianças políticas entre grupos da aristocracia europeia que queriam a descentralização administrativa dos governos.
e) fizeram pactos com grupos da burguesia, embora fossem aliados da Igreja Católica e concordassem com a teoria do 'justo-preço'.

8. (PUC-PR) O minúsculo micróbio *Rickettsia prowazekii* é responsável por uma das doenças infecciosas mais arrasadoras que o mundo já viu: o tifo endêmico.

Essa doença é frequente entre tropas acampadas e, nesse caso, é chamada "febre de guerra". Durante a Guerra dos Trinta Anos (1618-1648), na Europa, o tifo, a peste e a fome atingiram cerca de 10 milhões de pessoas.

Sobre essa guerra do século XVII, considere as afirmativas que se seguem:

I. A Guerra dos Trinta Anos terminou com a paz de Vestfália em 1648, ocasião em que a Espanha reconheceu oficialmente a independência da Holanda.
II. A política defendida pelo cardeal Richelieu, primeiro-ministro de Luís XIII, garantiu que a França apoiasse a Espanha católica contra os protestantes nessa guerra no Santo Império Romano Germânico.

III. A participação da França na Guerra dos Trinta Anos fortaleceu o poderio francês no continente europeu no século XVII.

a) Estão corretas somente as alternativas I e III.
b) Somente a alternativa I está incorreta.
c) Somente a alternativa III está correta.
d) Todas as alternativas estão incorretas.
e) Todas as alternativas estão corretas.

9. (FGV-SP) Leia o fragmento.

> [...] *entre os séculos XVII e XVIII ocorreram fatos na França que é preciso recordar. Entre 1660-1680, os poderes comunais são desmantelados; as prerrogativas militares, judiciais e fiscais são revogadas; os privilégios provinciais reduzidos. Durante a época do Cardeal Richelieu (1585-1642) aparece a expressão "razão de Estado": o Estado tem suas razões próprias, seus objetivos, seus motivos específicos. A monarquia francesa é absoluta, ou pretende sê-lo. Sua autoridade legislativa e executiva e seus poderes impositivos, quase ilimitados, de uma forma geral são aceitos em todo o país. No entanto... sempre há um "no entanto". Na prática, a monarquia está limitada pelas imunidades, então intocáveis, de que gozam certas classes, corporações e indivíduos; e pela falta de uma fiscalização central dos amplos e heterogêneos corpos de funcionários.*
>
> POMER, Leon. O surgimento das nações. Apud Adhemar Marques et al, *História Moderna através de textos*.

No contexto apresentado, entre as "imunidades de que gozam certas classes", é correto considerar

a) os camponeses e os pequenos proprietários urbanos eram isentos do pagamento de impostos em épocas de secas ou de guerras de grande porte.
b) a burguesia ligada às transações financeiras com os espaços coloniais franceses não estava sujeita ao controle do Estado francês, pois atuava fora da Europa.
c) a nobreza das províncias mais distantes de Paris estava desobrigada de defender militarmente a França em conflitos fora do território nacional.
d) os grandes banqueiros e comerciantes não precisavam pagar os impostos devido a uma tradição relacionada à formação do Estado francês.
e) o privilégio da nobreza que não pagava tributos ao Estado francês, condição que contribuiu para o agravamento das finanças do país na segunda metade do século XVIII.

10. (UFG-GO) Leia o texto a seguir.

> *É notório que os reis que deixaram boa memória, cada um no seu tempo, buscaram a maneira de acrescentar as suas rendas e fazendas, sem dano e prejuízo dos seus súditos, para sustentar o seu estado real, a boa governança dos seus reinos, bem como a guarda e conservação deles para a conquista e guerra.*
>
> ARCHIVO GENERAL DE SIMANCAS. Diversos de Castela. Livro 3, fólio 85. Apud PEDRERO-SÁNCHEZ, Maria Guadalupe. *História da Idade Média:* textos e testemunhas. São Paulo: Unesp, 2000. p. 256. [Adaptado].

Escrito no século XV, o texto é parte de uma instrução régia de Fernando de Aragão e Isabel de Castela. Ele revela, como aspecto característico das monarquias europeias centralizadas, a organização das finanças régias,

a) considerando as despesas com a administração dos negócios militares.
b) implementando uma política de favorecimento da burguesia emergente.
c) estabelecendo uma remuneração à nobreza pelos serviços burocráticos.
d) impondo o controle estatal às atividades econômicas privadas.
e) justificando a intervenção na economia com base nos princípios de autossuficiência.

11. (Unifesp) Sobre as cidades europeias na época moderna (séculos XVI a XVIII), é correto afirmar que, em termos gerais,

a) mantiveram o mesmo grau de autonomia política que haviam gozado durante a Idade Média.
b) ganharam autonomia política na mesma proporção em que perderam importância econômica.
c) reforçaram sua segurança construindo muralhas cada vez maiores e mais difíceis de serem transpostas.
d) perderam, com os reis absolutistas, as imunidades políticas que haviam usufruído na Idade Média.
e) conquistaram um tal grau de autossuficiência econômica que puderam viver isoladas do entorno rural.

12. (UFPEL-RS)

> *"Daqui nasce um dilema: é melhor ser amado do que temido, ou o inverso? Respondo que seria preferível ambas as coisas, mas, como é muito difícil conciliá-las, parece-me muito mais seguro ser temido do que amado, se só se puder ser uma delas.* [...]
>
> *Os homens hesitam menos em prejudicar um homem que se torna amado do que outro que se torna temido, pois o amor mantém-se por um laço de obrigações que, em virtude de os homens serem maus, quebra-se quando surge ocasião de melhor proveito. Mas o medo mantém-se por um temor do castigo que nunca nos abandona. Contudo, o príncipe deve-se fazer temer de tal modo que, se não conseguir a amizade, possa pelo menos fugir à inimizade, visto haver a possibilidade de ser temido e não ser odiado, ao mesmo tempo."*
>
> MAQUIAVEL, Nicolau (1469-1527). *O Príncipe*. Lisboa: Europa-América, 1976.

O documento embasa

a) a organização de uma sociedade liberal, precursora dos ideais da Revolução Francesa.
b) o direito divino dos reis, reforçando as estruturas políticas e religiosas medievais.
c) o absolutismo monárquico, sob a ótica de um escritor renascentista.
d) a origem do Estado Moderno, através do Contrato Social.
e) o republicanismo como regime político, apropriado para os Estados Modernos.

AMÉRICA PORTUGUESA: EXPANSÃO E DIVERSIDADE ECONÔMICA

Presença estrangeira no Brasil

França
- Litoral
- França Antártica (Rio de Janeiro)
- França Equinocial (Maranhão)

Países Baixos
- Vínculos com a produção de açúcar
- Companhia das Índias Ocidentais
- Salvador
- Pernambuco

Países Baixos → **Busca de mão de obra indígena em razão do domínio holandês**; **Insurreição Pernambucana (1645)**

Busca de mão de obra indígena em razão do domínio holandês → **Ocupação do interior e ampliação das fronteiras**

Ocupação do interior e ampliação das fronteiras → **Outras atividades produtivas**; **Drogas do sertão**; **Expedições**; **Pecuária**

Outras atividades produtivas
- Mandioca
- Arroz
- Milho
- Feijão
- Tabaco
- Algodão
- Aguardente
- Rapadura

Expedições → **Bandeiras** → Ouro; Escravização dos indígenas

Escravização dos indígenas ↔ Destruição das missões no Sul → Estâncias

Pecuária → Estâncias → Charque

Museu do Louvre, Paris

Exercícios

1. (Unir-RO)

> *O fruto da teimosa ambição que desafiava durante um século [...] aos aventureiros e negociantes setecentistas. [...] e, ainda mais, de defender contra a cobiça do castelhano as terras que abrigavam aquela efêmera riqueza, nasceu o sistema de fortificações que ainda hoje serve para marcar ali a raia extrema dos antigos domínios e senhorios de Sua Majestade Fidelíssima. Por outro lado, articulada à do Guaporé, por conseguinte à Bacia Amazônica a via fluvial [...] constitui uma linha de mais de dez mil quilômetros de comprimento, que abraça a maior parte do Brasil e supera quaisquer outras linhas de circulação natural de nosso território [...]*
>
> HOLANDA, Sérgio Buarque de. *Monções*. São Paulo: Brasiliense, 2000. p. 315.

A partir da leitura do texto acima, analise as afirmativas.

I. As monções foram importante apoio à incorporação de territórios ao Império Luso.

II. A busca desenfreada pelo ouro levou os portugueses a conflitarem com os espanhóis pela posse do rio Amazonas.

III. As rotas abertas pelas expedições monçoeiras serviram de base para a posterior construção das rodovias federais na região amazônica.

IV. A permanência da ocupação lusa em pontos extremos do reino na América do Sul apenas foi possível graças a essas expedições.

Estão corretas as afirmativas

a) II e III, apenas.
b) III e IV, apenas.
c) I e IV, apenas.
d) I e III, apenas.
e) I e II, apenas.

2. (UFPB) A conquista, pelos portugueses, do atual território da Paraíba, em 1585, foi marcada por um duro enfrentamento militar. Sobre essa guerra, leia o fragmento do texto do Sumário das Armadas.

> *Chegando (os portugueses) à boca da barra do Paraíba, com a armada que trouxe, e alguns caravelões destas duas capitanias, Tamaracá e Pernambuco, entraram pelo rio acima, por terem aviso que sete ou oito naus francesas, que lá estavam surtas, estavam bem descuidadas, e varadas em terra, e a maior parte da gente nela, e os índios metidos pelo sertão, a fazer pau para a carga deles. E dando de súbito sobre elas, queimaram cinco, esbulhando-as primeiro, que foi um honrado feito: as outras fugiram com quase toda a gente.*
>
> HISTÓRIA da Conquista da Paraíba. Brasília: Senado Federal, 2006. p. 34.

Com base no texto e nos conhecimentos históricos sobre o tema nele abordado, é correto afirmar:

a) Portugal e suas colônias, entre elas o Brasil, eram parte, em 1585, do império espanhol, que desejava construir um porto em Cabedelo e expulsar os potiguara dessa área. Os portugueses mantinham boas relações com esse povo indígena, mas a Espanha impôs suas ordens aos lusitanos, que foram forçados à guerra contra os potiguara.
b) Os portugueses e os franceses haviam entrado em acordo, uma vez que ambos eram inimigos da Espanha. Por esse acerto, os franceses poderiam retirar o pau-brasil da Paraíba, mas os potiguara, senhores do território, não aceitaram a aliança franco-lusitana, o que impediu a exploração do território pelos franceses.
c) Portugal e suas colônias, desde 1580, estavam sob domínio da Espanha, o que gerou conflitos entre portugueses e espanhóis não só na Europa, mas também na América. Os espanhóis aliaram-se aos potiguara, habitantes do território hoje paraibano, e guerrearam contra os portugueses, o que levou os últimos a se apossarem das terras potiguara.
d) Os franceses aliaram-se aos índios potiguara, com os quais trocavam presentes e armas por pau-brasil. Essa aliança ameaçava os engenhos de açúcar da Capitania de Pernambuco e motivou os portugueses à guerra e à conquista do território que se tornaria a Capitania da Paraíba.
e) Os franceses já ocupavam, desde a metade do século XVI, as terras da atual Paraíba, em que estabeleceram contatos e acordos com os índios tabajara para a exploração do pau-brasil. Os portugueses consideravam essa aliança uma ameaça ao seu domínio e se aliaram aos índios potiguara, que eram inimigos dos tabajara.

3. (Unir-RO) A construção do Real Forte Príncipe da Beira obedeceu aos objetivos da Coroa Portuguesa, foi inaugurado em 20 de agosto de 1783 e constitui hoje o mais antigo monumento histórico de Rondônia. Assinale a alternativa que corresponde corretamente a esses objetivos:

a) pacificar os movimentos nativistas e emancipacionistas que ocorriam na Amazônia;
b) defender as fronteiras portuguesas dos confrontos contra os espanhóis e intensificar a atividade comercial ao longo dos rios Guaporé, Mamoré e Madeira;
c) fixar como territórios portugueses as terras ao longo do rio Amazonas;
d) intensificar a atividade comercial e fixar como territórios espanhóis as terras ao longo do rio Amazonas;
e) defender as fronteiras espanholas dos confrontos com os franceses ao longo dos rios Guaporé, Mamoré e Madeira.

TEXTO PARA AS PRÓXIMAS 2 QUESTÕES:

Leia o texto para responder à questão.

> *[Os tupinambás] têm muita graça quando falam [...]; mas faltam-lhe três letras das do ABC, que são F, L, R grande ou dobrado, coisa muito para se notar; porque, se não têm F, é porque não têm fé em nenhuma coisa que adoram; nem os nascidos entre os cristãos e doutrinados pelos padres da Companhia têm fé em Deus Nosso Senhor, nem têm verdade, nem lealdade a nenhuma pessoa que lhes faça bem. E se não têm L na sua pronunciação, é porque não têm lei alguma que guardar, nem preceitos para se governarem; e cada um faz lei a seu modo, e ao som da sua vontade; sem haver entre eles leis com que se governem, nem têm leis uns com os outros. E se não têm esta letra R na sua pronunciação, é porque não têm rei que os reja, e a quem obedeçam, nem obedecem a ninguém, nem ao pai o filho, nem o filho ao pai, e cada um vive ao som da sua vontade [...].*
>
> SOUZA, Gabriel Soares de. Tratado descritivo do Brasil em 1587, 1987.

4. (Vunesp-SP) O texto destaca três elementos que o autor considera inexistentes entre os tupinambás, no final do século XVI. Esses três elementos podem ser associados, respectivamente,
   a) à diversidade religiosa, ao poder judiciário e às relações familiares.
   b) à fé religiosa, à ordenação jurídica e à hierarquia política.
   c) ao catolicismo, ao sistema de governo e ao respeito pelos diferentes.
   d) à estrutura política, à anarquia social e ao desrespeito familiar.
   e) ao respeito por Deus, à obediência aos pais e à aceitação dos estrangeiros.

5. (Vunesp-SP) Os comentários de Gabriel Soares de Souza expõem
   a) a dificuldade dos colonizadores de reconhecer as peculiaridades das sociedades nativas.
   b) o desejo que os nativos sentiam de receber orientações políticas e religiosas dos colonizadores.
   c) a inferioridade da cultura e dos valores dos portugueses em relação aos dos tupinambás.
   d) a ausência de grupos sedentários nas Américas e a missão civilizadora dos portugueses.
   e) o interesse e a disposição dos europeus de aceitar as características culturais dos tupinambás.

6. (FGV-SP) Leia o fragmento.

> *Na segunda metade do século XVIII, a preocupação com o "bem governar" era um imperativo tanto para a manutenção do monarca, de modo a que não se fortalecessem outras pretensões de legitimidade, quanto para a conservação do próprio regime, da monarquia absolutista, pois tratava-se de evitar que certas ideias correntes, como governos elegíveis e parlamentos poderosos, tomassem corpo. [...]*
>
> *[...] o despotismo esclarecido varia de país para país, dependendo de cada processo histórico e de sua abertura ao movimento de ideias da ilustração [...]*
>
> JUNIOR, Antonio Mendes et al. *Brasil História: texto e consulta*, volume 1, Colônia.

Sobre o fenômeno histórico em referência, no caso de Portugal, é correto considerar que

a) o atraso econômico português gerava dependência política e militar, colocando em perigo inclusive o império colonial português, e nesse processo ocorreram as reformas pombalinas, que representaram um maior controle português sobre o Brasil.
b) as autoridades monárquicas portuguesas se anteciparam às ondas revolucionárias do mundo atlântico e criaram metas de aumento da participação das diversas classes sociais nas instâncias de poder, o que gerou o primeiro parlamento na Europa moderna.
c) coube ao Marquês de Pombal o apontamento de um acordo estratégico com a Inglaterra, concretizado com o Tratado de Methuen, que permitiu a independência econômica de Portugal e regalias para a mais importante colônia lusa, o Brasil.
d) as ideias iluministas foram abominadas pelas autoridades portuguesas, assim como pelas elites coloniais e metropolitanas, pois representavam um forte retrocesso nas concepções de liberdade de mercado, defendidas pelo mercantilismo.
e) o contundente crescimento da economia de Angola, por causa do tráfico de escravos e da produção de manufaturados, e da economia açucareira no Brasil, foram decisivos para a opção portuguesa em transferir a sede da Coroa portuguesa para a América.

7. (UEM-PR) Sobre o processo de evolução histórica das fronteiras do Estado do Paraná, assinale o que for correto.
   (01) A formação territorial do atual Estado do Paraná prende-se à história das fronteiras estabelecidas pelos portugueses, através do Tratado de Tordesilhas. Este Tratado foi assinado entre Portugal e Espanha no final do século XV, para dirimir dúvidas quanto ao domínio das terras que viessem a ser descobertas por esses países.
   (02) Na sua porção norte, o Paraná se limita apenas com o Estado de São Paulo. A evolução dessa linha divisória está ligada às Capitanias de São Vicente e de Santo Amaro, originando a Capitania de Paranaguá. Esta determinou o surgimento das Comarcas de Paranaguá e de Curitiba, as quais contribuíram para a criação da Província do Paraná, em 1853.
   (04) A atual configuração do território paranaense está ligada às missões religiosas, à ação dos bandeirantes vicentinos, ao tropeirismo e às atividades agrícola, pastoril e de mineração.
   (08) Entre os tratados que foram importantes na evolução histórica do território paranaense, estão os tratados de Nova York e de Sevilha e a criação da ouvidoria de Lima, que determinaram a expansão da fronteira litorânea além dos limites da plataforma continental.
   (16) Na década de 1940, o governo de Getúlio Vargas criou nas regiões Sudeste e Oeste do Estado do Paraná o Território Federal do Iguaçu, alterando os limites territoriais paranaenses. Após a queda de Getúlio Vargas, o Paraná incorporou novamente essa área ao seu território.

TEXTO PARA A PRÓXIMA QUESTÃO:

Leia o texto a seguir.

> *Nas primeiras três décadas que se seguiram à passagem da armada de Cabral, além das precárias guarnições das feitorias [...], apenas alguns náufragos [...] e "lançados" atestavam a soberania do rei de Portugal no litoral americano do Atlântico Sul.*
>
> (Adriana Lopez e Carlos Guilherme Mota. *História do Brasil: uma interpretação*, 2008.)

8. (Vunesp-SP) No processo de ocupação portuguesa do atual território do Brasil, as *primeiras três décadas que se seguiram à passagem da armada de Cabral* podem ser caracterizadas como um período em que

a) Portugal não se dedicou regularmente à sua colonização, pois estava voltado prioritariamente para a busca de riquezas no Oriente.
b) prevaleceram as atividades extrativistas, que tinham por principal foco a busca e a exploração de ouro nas regiões centrais da colônia.
c) Portugal estabeleceu rotas regulares de comunicação, interessado na imediata exploração agrícola das férteis terras que a colônia oferecia.
d) prevaleceram as disputas pela colônia com outros países europeus e sucessivos episódios de invasão holandesa e francesa no litoral brasileiro.
e) Portugal implantou fortificações ao longo do litoral e empenhou-se em estender seus domínios em direção ao sul, chegando até a região do Prata.

9. (UFMG-MG) Observe este mapa:

Tratados de Limites

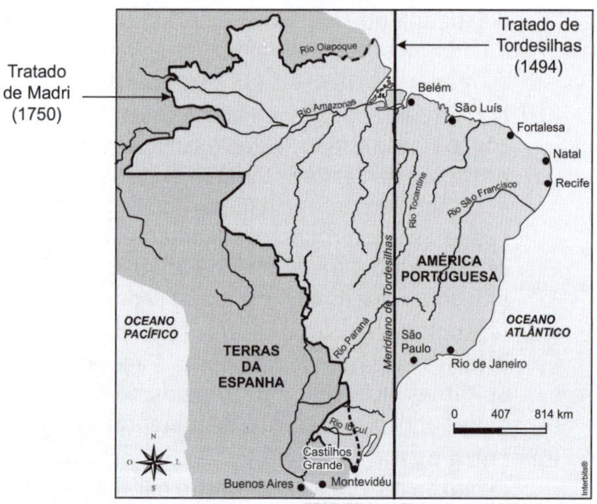

RESENDE, Maria Efigênia Lage; MORAES, Ana Maria. *Atlas Histórico do Brasil*. Belo Horizonte: Vigília, 1987, p.35. (Adaptado)

Nesse mapa, estão representados os limites territoriais da Colônia Portuguesa na América estabelecidos pelo Tratado de Tordesilhas, em 1494, e pelo Tratado de Madri, em 1750.

1. Considerando os respectivos períodos históricos, identifique e explique uma diferença que caracteriza o traçado correspondente a cada um desses tratados.

   Tratado de Tordesilhas:

   Tratado de Madri:

2. Caracterize o contexto em que cada um desses tratados foi estabelecido.

   Tratado de Tordesilhas:

   Tratado de Madri:

10. (UEM-PR) Sobre a ocupação europeia dos territórios que, atualmente, fazem parte do território do Estado do Paraná, assinale a(s) alternativa(s) correta(s).

(01) A presença de colonizadores espanhóis no território compreendido entre os rios Paraná, Paranapanema, Tibagi e Iguaçu, no atual Estado do Paraná, teve início na segunda metade do século XVI, com a fundação de vilas na região do Guairá.
(02) No início do século XVI, os jesuítas fundaram reduções, na região do Guairá, com o objetivo de catequizar os índios que habitavam a região.
(04) A presença europeia na Baía de Paranaguá remonta ao século XVI, com as primeiras descobertas de ouro na região.
(08) Os territórios que compreendiam as reduções jesuíticas do Guairá foram incorporados ao Brasil por tratados de limites assinados entre Portugal e Espanha.
(16) A região de Curitiba foi ocupada pelos europeus no século XVI, em razão da imigração polonesa. Devido a esse fato, o Estado do Paraná é um dos poucos estados brasileiros em que não ocorreu escravidão.

11. (UEMG) Leia atentamente o trecho selecionado, a seguir:

> *"... decadência em que se [achava] o povo das Minas, vexação em que se [via] causada da multidão de negros fugidos e aquilombados que [havia] em todas elas, de que [resultavam] os extraordinários casos que continuamente [estavam] sucedendo nos cruéis assassínios e roubos violentos que a cada instante [estavam] fazendo..."*
>
> Representação da Câmara de Vila Rica ao Rei de Portugal de 31 de agosto de 1743. Arquivo Público Mineiro. Seção Colonial. Códice CMOP 49 fl.81. Citada no livro *Vassalos Rebeldes*, de Carla M. J. Anastasia, Belo Horizonte: C/Arte, 1998. p. 130.

O aumento da violência nos sertões mineiros, durante o século XVIII, a que se refere o fragmento acima, é considerado resultado histórico

a) da substituição do trabalho escravo em Minas Gerais pelo trabalho imigrante italiano, após a proibição do tráfico negreiro.
b) do declínio da comercialização da cana-de-açúcar no território mineiro, em virtude da concorrência do produto oriundo das Antilhas Holandesas.
c) das crises de fome e abastecimento provocadas pela corrida do ouro ao território mineiro, constantes fugas de escravos e o aumento da cobrança de impostos sobre os alimentos.
d) dos abusos cometidos pelos jagunços contratados pelos senhores de engenhos, para matar os negros reconhecidos como assassinos profissionais.

TEMA 8

A ADMINISTRAÇÃO DA COLÔNIA ESPANHOLA E INGLESA

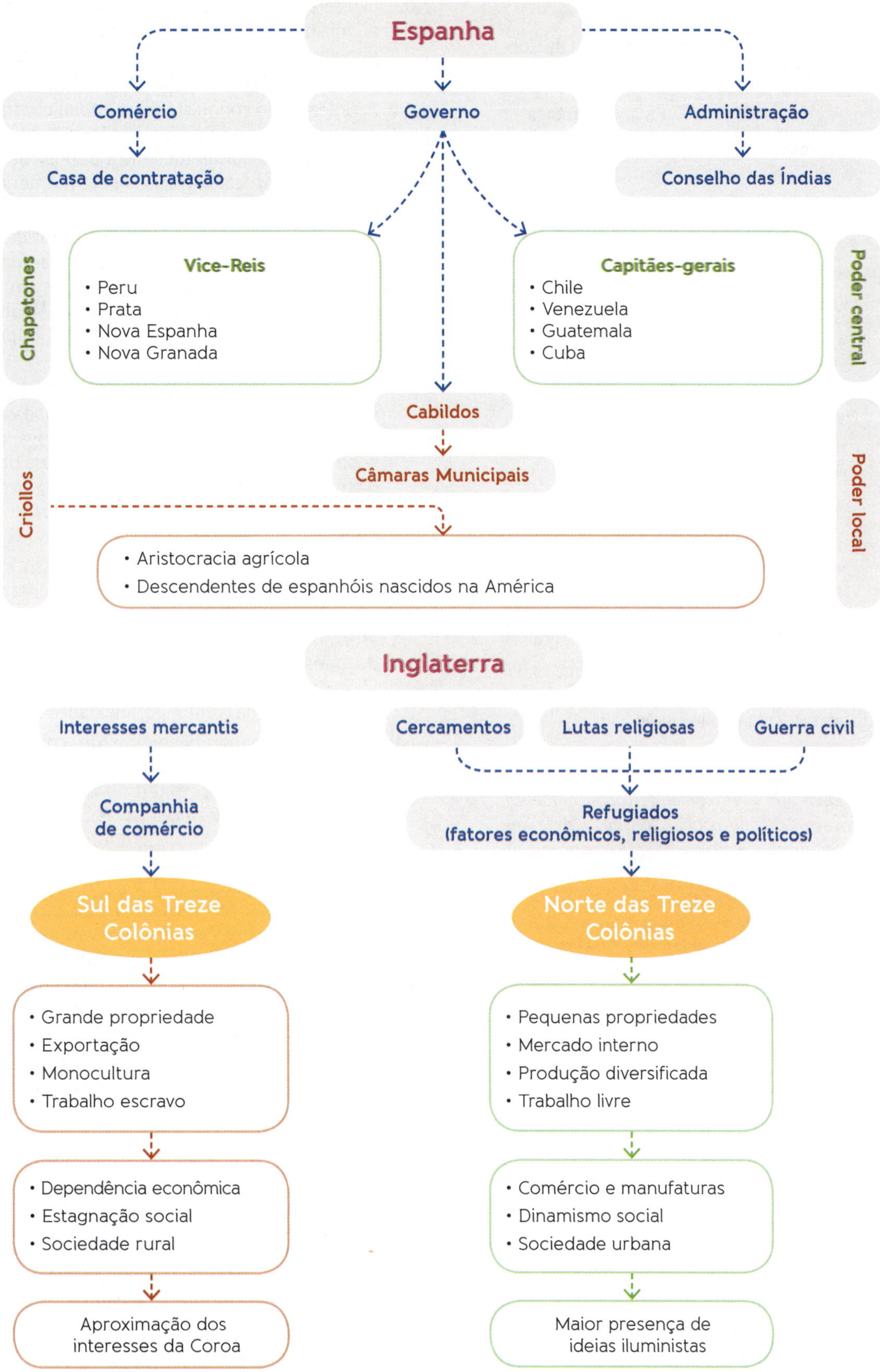

Exercícios

1. (Uerj)

Entradas de ouro e prata americanos na Casa de Contratação de Sevilha:

Período	kg de ouro	kg de prata	Valor total das entradas em milhões de pesos
1551/1560	42.620	303.121	17,86
1561/1570	11.530	942.858	25,34
1571/1580	9.429	1.118.592	29,15
1581/1590	12.101	2.103.027	53,20
1591/1600	19.451	2.707.626	69,60
1601/1610	11.764	2.213.631	53,38
1611/1620	8.855	2.192.255	52,10
1621/1630	3.889	2.145.339	49,67
1631/1640	1.240	1.396.759	31,98
1641/1650	1.549	1.056.430	24,36

SANTIAGO, Théo A. (org). *América colonial*. São Paulo: Ícone, 1988.

Utilizando as informações contidas na tabela, explique a razão do poderio econômico da Espanha de meados do século XVI até o início do XVII.

2. (UFBA)

Não se pode dizer que Colombo descobriu a América, afirmam os estudiosos do assunto, pois, quando ele aqui chegou pela primeira vez, o continente americano era habitado por milhões de indígenas. O historiador mexicano Miguel León Portilla sugeriu, então, que 12 de outubro de 1492 devia ser lembrado como data do "encontro de dois mundos": o mundo americano e o europeu. Já outros historiadores discordam dele: preferem dizer que o dia da chegada de Colombo foi o dia da invasão da América pelo europeu. Afirmam que, devido à violência do contato entre europeus e nativos, só nos primeiros cinquenta anos após a chegada de Colombo, morreu mais da metade dos 88 milhões de nativos que o continente americano possuía no final do século XV.

BOULOS JÚNIOR, 2004, p. 122.

Considerando-se o conteúdo do texto e os conhecimentos sobre o Continente Americano como espaço integrador de culturas, pode-se afirmar:

(01) Sociedades urbanizadas foram encontradas entre os "milhões de indígenas" citados no texto, nas quais havia divisão de trabalho entre o campo e a cidade, e a produção pode ser classificada na categoria de modo de produção asiático.

(02) O referido "encontro entre dois mundos" levou ao início das atividades do tráfico negreiro por genoveses e venezianos, tendo como destino as colônias inglesas do México e do Peru.

(04) A violência do conquistador europeu contra as populações indígenas do Novo Mundo é semelhante àquela cometida contra populações do Continente Africano, trazidas para a América e aqui escravizadas.

(08) A sobrevivência de idiomas e práticas cotidianas de origem indígena entre populações camponesas de países da América de língua espanhola demonstra a resistência das culturas locais às experiências de aculturação daquelas populações pelos dominadores europeus.

(16) As culturas africanas trazidas para o Brasil — mesmo na condição de culturas dominadas pelo sistema escravista — participaram ativamente da construção da sociedade brasileira, a partir da força de trabalho aplicada no âmbito da economia agrícola para exportação, vigente nos períodos Colonial e Monárquico.

(32) A integração dos povos que formaram a sociedade brasileira foi orientada pela Igreja Católica que, respeitando as culturas de indígenas, europeus e africanos, procurou harmonizar usos e costumes de todos os povos, tendo como resultado o equilíbrio de oportunidades, existente entre os cidadãos do Brasil na contemporaneidade.

(64) A América é, geograficamente, um continente peculiar, possui terras em todas as zonas climáticas, detém a maior extensão latitudinal em áreas sísmicas e vulcânicas ativas e está concentrada em três hemisférios simultaneamente.

3. (UFG-GO) O Tratado de Madri (1750) pretendeu atender à disputa de territórios entre Portugal e Espanha, representando também uma estratégia para melhor administrar os domínios ibéricos na chamada região das Missões. A tentativa de impô-lo gerou uma guerra que, ao seu final, terminou por definir o controle sobre as colônias que ocupavam a região dos Pampas. Esse tratado

a) determinou a troca entre os sete povos das missões, no Uruguai, e a colônia de Sacramento, no Brasil.
b) redefiniu as fronteiras territoriais na América do Sul, com base no *uti possidetis*.
c) permitiu aos jesuítas exercer um domínio que se estendeu por toda a região do Prata.
d) garantiu a consolidação da chamada "República dos Guaranis", sob influência da Igreja Católica.
e) possibilitou a anexação da região das Missões ao território argentino e do Chaco ao Uruguai.

4. (UFRGS-RS) Leia o enunciado abaixo.

A sede insaciável do ouro estimulou a tantos a deixarem suas terras e a meterem-se por caminhos tão ásperos como são os das minas, que dificultosamente se poderá dar conta do número de pessoas que atualmente lá estão [...]. Cada ano, vêm nas frotas quantidades de portugueses e de estrangeiros para passarem às minas. Das cidades, vilas e recôncavos e sertões do Brasil, vão brancos, pardos e pretos, e muitos índios, de que os paulistas se servem.

ANTONIL, André João. *Cultura e opulência do Brasil*. São Paulo: Melhoramentos; Brasília: INL, 1976. p. 167. [1ª edição: 1711].

A descrição acima refere-se à sociedade formada na região das Minas Gerais, no século XVIII.

A respeito dessa sociedade, considere as seguintes afirmações.

I. A possibilidade de ascensão social era mais facilitada do que na atividade açucareira empreendida no Nordeste.
II. A riqueza gerada promoveu o desenvolvimento de uma agricultura em grande escala, voltada para a exportação.
III. O desenvolvimento acarretou uma sociedade urbana, heterogênea, composta por comerciantes, funcionários reais, profissionais liberais e escravos.

Quais estão corretas?

a) Apenas I.
b) Apenas II.
c) Apenas I e II.
d) Apenas I e III.
e) Apenas II e III.

5. (Uerj)

Os fazendeiros, donos de loja, proprietários de estâncias e compradores de gado costumam vender seus trabalhadores juntamente com as propriedades. – O quê? Esses trabalhadores indígenas e empregados são livres ou escravos? – Não importa. Pertencem à fazenda e devem continuar nela a servir. Este indígena é propriedade do meu senhor.

Jerônimo de Mendieta. *História eclesiástica indiana*, 1596. Adaptado de PINSKY, Jaime (coord.). *História da América através de textos*. São Paulo: Contexto, 1989.

Os esforços realizados, principalmente na Inglaterra, para recrutar mão de obra no regime prevalecente de servidão, intensificaram-se com a prosperidade de negócios. Por todos os meios procurava-se induzir as pessoas que haviam cometido qualquer crime ou mesmo contravenção a vender-se para trabalhar na América em vez de ir para o cárcere. Contudo, o suprimento de mão de obra deveria ser insuficiente, pois a prática do rapto de adultos e crianças tendeu a transformar-se em calamidade pública nesse país.

Adaptado de FURTADO, Celso. *Formação econômica do Brasil*. São Paulo: Nacional, 1987.

A servidão como forma de trabalho compulsório foi empregada nas experiências colonizadoras espanhola e inglesa na América.

Com base nos textos, apresente a principal diferença na utilização dessa forma de trabalho nas colônias espanholas e inglesas.

6. (UFSC) Leia.

Imperialismo ecológico

Os emigrantes europeus e seus descendentes estão em toda parte, e isso exige uma explicação. Mais do que qualquer outra, é difícil explicar a distribuição pelo mundo dessa subdivisão da espécie humana. A localização das outras subdivisões faz sentido que é óbvio. É na Ásia que vive a maior parte das muitas variedades de asiáticos. Os africanos negros vivem em três continentes, mas a maioria concentra-se nas latitudes originais, os trópicos, situando-se face a face com o oceano de permeio. Os ameríndios, com poucas exceções, vivem nas Américas, e praticamente todos os aborígenes australianos habitam a Austrália. Os esquimós vivem nas terras circumpolares, e os melanésios, polinésios e micronésios espalham-se por ilhas de um só oceano, por maior que seja este. Todos esses povos expandiram-se geograficamente — cometeram, se assim quisermos, atos de imperialismo —, mas expandiram-se por áreas adjacentes ou pelo menos próximas àquelas em que já viviam, ou, no caso dos povos do Pacífico, foram para a ilha mais próxima e desta para a seguinte, não importa quantos quilômetros de água houvesse entre uma e outra. Os europeus, ao contrário, parecem ter brincado de pular carniça por todos os quadrantes do globo.

CROSBY, Alfred W. *Imperialismo ecológico:* a expansão biológica da Europa. 900-1900. São Paulo: Companhia das Letras. 1993. p. 13.

O texto de Alfred Crosby nos remete aos impactos sociais, econômicos, culturais e, também, ambientais da expansão e dominação europeia sobre as Américas. Considerando isso, assinale a(s) proposição(ões) CORRETA(S).

(01) No processo de dominação das Américas pelos europeus, ocorreu o genocídio da população ameríndia, tanto através das armas quanto de doenças como a varíola e a gripe, transmitidas pelos conquistadores.
(02) Como resultado da dominação europeia nas Américas, está a introdução de espécies animais, como o cavalo e a vaca, e vegetais, como o trigo e a cevada.
(04) O *plantation*, sistema adotado pelos europeus em suas colônias de exploração nas Américas, era muito utilizado na Europa pelos produtores rurais das mais diversas regiões do continente desde a Idade Média.
(08) A cana-de-açúcar e o milho são exemplos de culturas agrícolas nativas das Américas domesticadas pelos europeus e, posteriormente, transformadas em produtos básicos do sistema de *plantation* adotado no continente durante o período colonial.
(16) A introdução de diversas espécies vegetais nas Américas durante o período colonial demonstra a preocupação dos colonizadores europeus com o desmatamento das florestas no Novo Mundo.
(32) Durante o período colonial, os europeus desconsideraram completamente os conhecimentos das populações ameríndias e acabaram implantando nas Américas as mais modernas técnicas agrícolas adotadas na Europa.

7. (UEPB) Foi na América do Norte, no início do século XVII, que desembarcaram os primeiros colonos provenientes da Inglaterra para iniciarem a colonização britânica no novo continente.

Sobre o processo de formação das colônias inglesas na América do Norte e de como elas conseguiram se tornar independentes, assinale V para as verdadeiras e F para as falsas.

( ) O "comércio triangular" foi uma das fontes de renda na Nova Inglaterra. Os mercadores compravam açúcar e melaço nas Antilhas e transformavam em rum. A bebida era levada para a África e trocada por escravos, que eram revendidos para as colônias do sul e para as Antilhas.

( ) Em 1620, 41 colonos recém-chegados da Inglaterra, no navio *Mayflower*, assinaram um acordo pelo qual se comprometiam em estabelecer o autogoverno nas colônias. O "Pacto de *Mayflower*" manifestava o desejo de se ter liberdade. Na Independência das 13 colônias em 1776, o tal pacto foi lembrado como uma inspiração.

( ) A independência das 13 colônias ocorreu por uma imposição vinda da Europa e não por questões demandadas por elas próprias. Tendo perdido a Guerra dos Sete Anos (1756-63), a Inglaterra foi obrigada a indenizar a França; como não dispunha de recursos, ofereceu suas colônias americanas, ao mesmo tempo em que incentivava que elas se tomassem independentes.

( ) Enquanto as colônias do sul foram ocupadas por artesãos e agricultores pobres, além de aventureiros em busca de enriquecimento rápido para as colônias do norte, ou Nova Inglaterra, vieram os puritanos e pessoas pobres que fugiam das perseguições religiosas e da miséria que sofriam na Inglaterra.

Assinale a alternativa correta:

a) V – F – V – V
b) F – F – F – V
c) F – V – F – V
d) V – V – V – F
e) V – V – F – V

8. (Mack-SP)

Carlos Eduardo Novaes e César Lobo. *História do Brasil* para principiantes. São Paulo: Ática, 2003, p.61

A charge refere-se

a) à organização do Governo Geral, em 1549, dividindo o território brasileiro em extensos lotes de terras, entregues, por sua vez, a nobres portugueses responsáveis pelo início efetivo da colonização do Brasil.

b) às dificuldades encontradas pelo coroa portuguesa no início da colonização do Brasil, uma vez que, em virtude, dentre outros, do fracasso das Capitanias Hereditárias, a colônia sofria constantes ataques de piratas europeus.

c) ao fracasso do Governo Geral, em virtude da corrupção existente na corte portuguesa, transferida para o Brasil, responsável pela concessão de privilégios aos piratas franceses no comércio do pau-brasil.

d) ao Governo Geral, responsável pela efetivação da colonização brasileira, por meio de incentivos aos bandeirantes paulistas, para que ultrapassassem os limites de Tordesilhas e expulsassem os piratas franceses fixados no litoral.

e) às dificuldades encontradas pela coroa portuguesa na efetiva organização da exploração da colônia, uma vez que a abundância de metais preciosos ali despertou, nos piratas europeus, o interesse pelas terras lusas na América.

9. (Espcex (Aman)) Durante a colonização inglesa na América, as colônias do norte tiveram uma flexibilização política ao monopólio, pois, durante algum tempo, permitiram o comércio entre as colônias e com as Antilhas francesas e espanholas, além de a metrópole não reprimir o contrabando. Tal fato sucedeu-se devido a estas colônias

a) terem como características o trabalho livre e a grande propriedade.

b) estarem localizadas em área de clima temperado, que não favorecia o cultivo da cana-de-açúcar, tabaco e algodão, por isto não produziam produtos tropicais que interessavam à Inglaterra.

c) terem sido formadas por pessoas da nobreza parasitária, que desejavam manter o "status quo".

d) serem de origem holandesa, colônia fundada por Giovanni Caboto, italiano radicado em Amsterdã.

e) estarem numa posição geográfica próxima às Antilhas; além disso, a Inglaterra encontrava-se em guerra com a França e por isso sofriam com a escassez de mão de obra especializada.

10. (Enem)

Mas uma coisa ouso afirmar, porque há muitos testemunhos, e é que vi nesta terra de Veragua [Panamá] maiores indícios de ouro nos dois primeiros dias do que na Hispaniola em quatro anos, e que as terras da região não podem ser mais bonitas nem mais bem lavradas. Ali, se quiserem podem mandar extrair à vontade.

Carta de Colombo aos reis da Espanha, julho de 1503. Apud AMADO, J.; FIGUEIREDO, L. C. *Colombo e a América*: quinhentos anos depois. São Paulo: Atual, 1991 (adaptado).

O documento permite identificar um interesse econômico espanhol na colonização da América a partir do século XV. A implicação desse interesse na ocupação do espaço americano está indicada na

a) expulsão dos indígenas para fortalecer o clero católico.
b) promoção das guerras justas para conquistar o território.
c) imposição da catequese para explorar o trabalho africano.
d) opção pela policultura para garantir o povoamento ibérico.
e) fundação de cidades para controlar a circulação de riquezas.

11. (UnB-DF)

A maioria dos povos indígenas associa sua música ao universo transcendente e mágico, empregando-a em todos os rituais religiosos. A música indígena é ligada, desde suas origens imemoriais, a mitos fundadores e usada com finalidades de socialização, culto, ligação com os ancestrais, exorcismo, magia e cura. É importante também nos ritos catárticos, quando se trabalha a música com proporções, repetições e variações, instaura o conflito ao mesmo tempo em que o mantém sob controle.

Luís Fernando Hering Coelho. A nova edição de why Suya sing?, de Anthony Seeger, e alguns estudos recentes sobre música indígena nas terras baixas da América do Sul. Florianópolis: Universidade Federal de Santa Catarina, 2007.

Considerando o texto acima e aspectos a ele relacionados, julgue o item a seguir.

Na colonização europeia da América – empreendida pelos ingleses no Sul e pelos portugueses e espanhóis no Norte do continente –, foram marcantes, entre outros aspectos, a dizimação física dos povos indígenas e a eliminação de seus traços culturais.

12. (UEL-PR) Leia o texto a seguir:

"[...] *Aqueles que deixaram a Espanha para converter os índios viram-se incumbidos de uma missão de especial importância no esquema divino da história, pois a conversão do Novo Mundo era um prelúdio necessário para seu término e para a segunda vinda de Cristo. Acreditavam também que, entre esses povos inocentes da América ainda não contaminados pelos vícios da Europa, poderiam construir uma Igreja que se aproximasse da de Cristo e os primeiros apóstolos. Os primeiros estágios da missão americana, com o batismo em massa de centenas de milhares de índios, pareciam garantir o triunfo desse movimento em prol de um retorno ao cristianismo primitivo que havia tão repetidamente sido frustrado na Europa.* [...] *No entanto, embora o índice de conversão fosse espetacular, sua qualidade deixava muito a desejar. Havia sinais alarmantes de que os índios que haviam adotado a fé com aparente entusiasmo ainda veneravam seus velhos ídolos em segredo. Os missionários também se chocaram contra muralhas de resistência nos pontos em que suas tentativas de incutir os ensinamentos morais do cristianismo conflitavam com padrões de comportamento estabelecidos havia muito tempo. Não era fácil, por exemplo, inculcar as virtudes da monogamia a uma sociedade que via as mulheres como servas e o acúmulo de mulheres como fonte de riqueza.*

(ELLIOT, J. H. "A conquista espanhola e a colonização da América". In: BETHELL, L. (org.). *História da América Latina*: América Latina Colonial I. São Paulo: Editora da Universidade de São Paulo, 1998, v. 1 p. 185-186.)

Com base no texto e nos conhecimentos sobre a colonização das Américas portuguesa e espanhola, é correto afirmar:

a) As ordens religiosas que no novo mundo se instalaram utilizaram-se do ouro existente em abundância e do trabalho indígena para conquistá-los para a fé cristã, prometendo-lhes defender suas terras, espaço de sobrevivência terrena, e o reino dos céus, lugar do descanso após a morte.
b) A primeira geração de missionários percebeu que os índios não conseguiam compreender a diferença entre adoração a uma imagem e o conteúdo religioso que ela representava. Para solucionar esse problema, algumas imagens de deuses indígenas foram inseridas nas igrejas católicas construídas nas colônias.
c) Quando os missionários das diversas ordens religiosas perceberam que os indígenas eram desobedientes e necessitavam de cuidado especial, propuseram à Coroa espanhola que estimulasse o casamento misto como forma de forçar a adoção – por parte dos nativos – da fé Cristã.
d) As comunidades indígenas existentes nas Américas portuguesa e espanhola, juntamente com os missionários, investiram no cultivo da terra e exportação de produtos manufaturados para a Europa.
e) A Espanha, baluarte do catolicismo, investiu na conquista religiosa dos nativos acreditando, a princípio, que os indígenas, por não conhecerem nem terem tido contato com os defeitos morais e maus hábitos existentes no velho mundo, fossem mais propensos à conversão para a fé Católica.

13. (Fatec-SP) Organizada com base na exploração estabelecida pelo mercantilismo metropolitano espanhol, a sociedade colonial apresentava, no topo da escala hierárquica,

a) os *criollos*, grandes proprietários e comerciantes que, por constituírem a elite colonial, participavam das câmaras municipais.
b) os chapetones, que ocupavam altos postos militares e civis.
c) os *calpulletes*, que ocupavam altos cargos administrativos dos chamados *ayuntamientos*.
d) os mestiços, que, por serem filhos de espanhóis, podiam estar à frente dos cargos político-administrativos.
e) os curacas, donos de grande quantidade de terra, que administravam os cabildos.

APOGEU E DESAGREGAÇÃO DO SISTEMA COLONIAL

Mineração

- **Garimpo**
  - **Expansão territorial**
    Ocupação dos atuais estados de Minas Gerais, Goiás, Mato Grosso e Mato Grosso do Sul
  - **Migração**
    - **Escravos**
    - **Trabalhadores livres**
      - Mercado consumidor/integração regional
      - Urbanização
      - Dinamização do mercado interno
      - Tropeiros

      → Nova sociedade colonial

- **Maior controle da metrópole**
  - Transferência da capital de Salvador para o Rio de Janeiro
  - Intendência das minas
  - Casas de fundição

    - Impostos
    - Derrama
    - Quinto

    → Transferência de recursos para o exterior

Nova sociedade colonial ✕ Transferência de recursos para o exterior

Conflito de interesses

Confrontos coloniais
- Revolta de Beckman (MA)
- Guerra dos Mascates (PE)
- Guerra dos Emboabas (MG/SP)

Coleção particular

Exercícios

1. (FGV-SP)

Dom Pedro Miguel de Almeida Portugal – conde de Assumar – se casou em 1715 com D. Maria José de Lencastre. Daí a dois anos partiria para o Brasil como governador da capitania de São Paulo e Minas Gerais. Nas Minas, não teria sossego, dividido entre o cuidado ante virtuais levantes escravos e efetivos levantes de poderosos; o mais sério destes o celebrizaria como algoz: foi o conde de Assumar que, em 1720, mandou executar Felipe dos Santos sem julgamento, sendo a seguir chamado a Lisboa e amargurado um longo ostracismo.

SOUZA, Laura de Mello e. *Norma e conflito*: aspectos da história de Minas no século XVIII. Editora UFMG, 1999.

A morte de Felipe dos Santos esteve vinculada a

a) uma sublevação em Vila Rica, que envolveu vários grupos sociais, descontentes com a decisão de levar todo ouro extraído para ser quintado nas Casas de Fundição.
b) um movimento popular que exigia a autonomia das Minas Gerais da capitania do Rio de Janeiro e o imediato cancelamento das atividades da Companhia de Comércio do Brasil.
c) uma revolta denominada Guerra do Sertão, comandada por potentados locais, que não aceitavam as imposições colonialistas portuguesas, como a proibição do comércio com a Bahia.
d) uma insurreição comandada pela elite colonial, inspirada no sebastianismo, que defendia a emancipação da região das Minas do restante da América portuguesa, com a criação de uma nova monarquia.
e) uma rebelião, que contrapôs os paulistas – descobridores das minas e primeiros exploradores – e os chamados emboabas ou forasteiros – pessoas de outras regiões do Brasil, que vieram atrás das riquezas de Minas.

2. (Espcex (Aman)) No Brasil colônia, particularmente no séc. XVIII, ocorreram dois movimentos revolucionários que ficaram conhecidos como Inconfidência Mineira (1789) e Conjuração Baiana (1798).

Quais características são comuns entre eles?

a) A influência do pensamento iluminista e a participação maciça de pessoas da elite da sociedade local.
b) Foram inspiradas pelo lema Liberdade, Igualdade e Fraternidade e pretendiam acabar com a escravidão.
c) Queriam romper com a dominação colonial e tiveram influência do pensamento iluminista.
d) Foram sufocadas sem grande derramamento de sangue, pois havia grande participação de pessoas ligadas à elite da sociedade local.
e) Pretendiam acabar com a escravidão e estabelecer a independência política do Brasil.

3. (G1 - CFTRJ) Uma das características atribuídas às políticas mercantilistas, adotadas por muitas monarquias europeias, era a preocupação em acumular ouro e prata. Também conhecida como "metalismo", essa acumulação podia se dar através da exploração de minas de metais preciosos nas colônias ou através da(o):

a) existência de uma política liberal, sem a cobrança de taxas de importação;
b) cobrança de indulgências, como ocorreu na Inglaterra anglicana;
c) manutenção de uma balança comercial favorável;
d) controle dos gastos da nobreza e do clero, que pagavam mais impostos.

4. (Unicamp-SP)

Emboaba: nome indígena que significa "o estrangeiro", atribuído aos forasteiros pelos paulistas, primeiros povoadores da região das minas. Com a descoberta do ouro em fins do século XVII, milhares de pessoas da colônia e da metrópole vieram para as minas, causando grandes tumultos. Formaram-se duas facções, paulistas e emboabas, que disputavam o governo do território, tentando impor suas próprias leis.

Adaptado de: Maria Beatriz Nizza da Silva (coord.), *Dicionário da História da Colonização Portuguesa no Brasil*. Lisboa: Verbo, 1994, p. 285.

Sobre o período em questão é correto afirmar que:

a) As disputas pelo território emboaba colocaram em confronto paulistas e mineiros, que lutaram pela posse e exploração das minas.
b) A região das minas foi politicamente convulsionada desde sua formação, em fins do século XVII, o que explica a resistência local aos inconfidentes mineiros.
c) A luta dos emboabas ilustra o processo de conquista de fronteiras do império português nas Américas, enquanto na África os portugueses se retiravam definitivamente no século XVIII.
d) A monarquia portuguesa administrava territórios distintos e vários sujeitos sociais, muitos deles em disputa entre si, como paulistas e emboabas, ambos súditos da Coroa.

5. (ESPM-SP)

Em 1720, a Coroa portuguesa decidiu proibir definitivamente a circulação de ouro em pó, instalando a Casa de Fundição em Vila Rica, onde todo o metal extraído das minas deveria ser transformado em barras para depois ser transportado ao litoral.

A medida pretendia acabar com o contrabando e incrementar a arrecadação de impostos, prejudicando os interesses dos proprietários de lavras auríferas, comerciantes e profissionais liberais que recebiam ouro em pó pelos seus serviços, além dos tropeiros que escoavam a produção.

As novas diretrizes foram intensamente discutidas nos bares, nas tavernas, e críticas ferozes eram lançadas, nas rodas de conversa, contra a administração local. Uma revolta se levantaria contra as medidas de controle da Coroa.

RAMOS, Fábio Pestana; MORAIS, Marcus Vinicius de. *Eles formaram o Brasil.*

A revolta ocorrida contra as medidas de controle da Coroa portuguesa foi:

a) a Guerra dos Emboabas;
b) a Revolta de Felipe dos Santos;
c) a Inconfidência Mineira;
d) a Guerra dos Mascates;
e) a Revolta de Beckman.

6. (Espcex (Aman)) Diferentemente de outras atividades econômicas do Brasil Colônia, a mineração foi submetida a um rigoroso controle por parte da metrópole. Neste contexto:

a) os Códigos Mineiros de 1603 e 1618 já impediam a livre exploração das minas, impondo uma série de condições e restrições.
b) as Intendências das Minas criadas pelo Regimento de 1702 impuseram um controle absoluto sobre toda a produção mineradora, embora ainda estivessem subordinadas a outras autoridades coloniais.
c) a cobrança do quinto foi facilitada com a criação das Casas de Fundição, no final do século XVII, onde o ouro era fundido em barras timbradas com o selo real, embora a circulação do ouro em pó ainda fosse permitida.
d) foram instalados postos fiscais em pontos estratégicos das estradas, com o objetivo de fiscalizar se o pagamento do quinto havia sido realizado; cobrar impostos sobre a passagem de animais e pessoas e sobre a entrada de todas as mercadorias transportadas para as Minas.
e) a capitação foi um imposto que exigia do minerador o pagamento de uma taxa sobre cada um de seus escravos, do qual ficavam isentos os faiscadores que não possuíam escravos.

7. (Unicamp-SP)

Durante o século XVIII, a capitania de São Paulo sofreu grandes transformações territoriais e administrativas. Em 1709, nasceu a capitania de São Paulo e das Minas do ouro, abrangendo imenso território correspondente à quase totalidade das atuais regiões Sul, Sudeste e Centro-Oeste, à exceção da então capitania do Rio de Janeiro e do Espírito Santo. Até 1748, sucessivos desmembramentos formaram as regiões de Minas, Santa Catarina, Rio Grande de São Pedro, Goiás e Mato Grosso. O novo capitão-general, mais conhecido como Morgado de Mateus, foi diretamente instruído pelo futuro Marquês de Pombal a ocupar-se da fronteira oeste ameaçada pelos espanhóis e a fomentar a produção de gêneros de exportação.

Adaptado de: MEDICCI, Ana Paula. "São Paulo nos projetos de império", em Wilma Peres Costa e Cecília Helena de Oliveira, *De um império a outro:* formação do Brasil, séculos XVIII e XIX. São Paulo: Hucitec/Fapesp, 2007, p. 243.

a) Cite duas atividades econômicas que sustentavam a capitania de São Paulo no século XVIII.
b) Considerando a política territorial na América Portuguesa nos séculos XVI e XVII, comente as mudanças significativas do século XVIII nesse aspecto.

8. (UFRGS-RS) No bloco superior, abaixo, são citadas quatro razões que justificaram a articulação de movimentos sociais no período de 1708 a 1789, na região das Minas Gerais; no inferior, são listados três desses movimentos sociais. Associe adequadamente o bloco inferior ao superior.

1. A mobilização partiu dos setores subalternos da sociedade colonial, particularmente de escravos e libertos, que reivindicavam melhores condições de vida.
2. A supremacia paulista na região mineradora foi ameaçada pela chegada de forasteiros.
3. A criação das Casas de Fundição para a devida cobrança dos quintos e a proibição da circulação de ouro em pó levaram à insurreição da população local.
4. A decadência da produção aurífera e a ameaça da "derrama" sobre os habitantes da capitania acentuavam a crise do sistema colonial.

( ) Guerra dos Emboabas
( ) Revolta de Vila Rica
( ) Inconfidência Mineira

A sequência correta de preenchimento dos parênteses, de cima para baixo, é

a) 2 – 3 – 4.
b) 4 – 1 – 2.
c) 3 – 1 – 4.
d) 4 – 3 – 1.
e) 2 – 3 – 1.

9. (UFG-GO) Analise a imagem e leia os artigos da Lei n. 4897 a seguir.

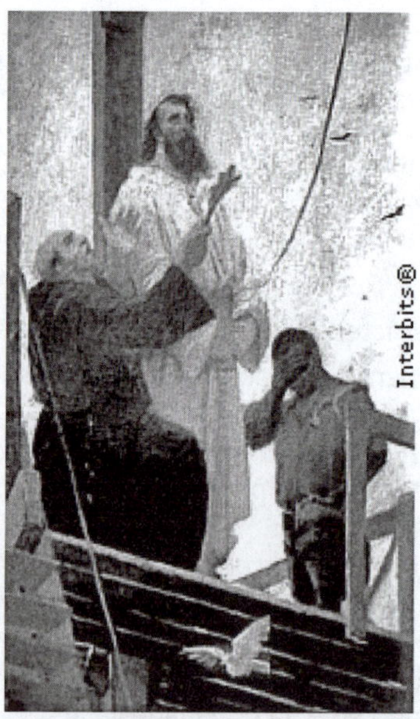

MELO, Francisco Aurélio Figueiredo. Martírio de Tiradentes, 1893. Óleo sobre tela. Museu Histórico Nacional, Rio de Janeiro. Disponível em: <www.clubeduquedecaxias.com.br >. Acesso em: 17 ago. 2011.

Art. 1º Joaquim José da Silva Xavier, o Tiradentes, é declarado patrono cívico da Nação Brasileira.

Art. 2º As Forças Armadas, os estabelecimentos de ensino, as repartições públicas e de economia mista homenagearão a excelsa memória desse patrono, nela inaugurando, com festividades, no próximo dia 21 de abril, efeméride comemorativa de seu holocausto, a efígie do glorioso republicano.

LEI Nº 4.897, de 9 de dezembro de 1965. Declara Joaquim José da Silva Xavier, o Tiradentes, Patrono da Nação Brasileira. Disponível em: <http://www2.camara.gov.br/legin/fed/lei/1960-1969/lei-4897-9-dezembro-1965-368995-publicacaooriginal-1-pl.html>. Acesso em: 27 ago. 2011.

As sucessivas representações sobre Tiradentes exemplificam o fenômeno de apropriação do passado, tal como se observa na pintura, elaborada no início da República, e na lei, promulgada durante o regime militar. Essas apropriações, em suas épocas, objetivavam

a) referendar o caráter religioso da Inconfidência.
b) unir a sociedade contra os ideais estrangeiros.
c) justificar a ação inconfidente contra o governo.
d) enfatizar o sacrifício individual em prol da nação.
e) destacar o caráter violento da história nacional.

10. (UFRGS-RS) Observe o gráfico a seguir, relativo à produção aurífera no Brasil do século XVIII.

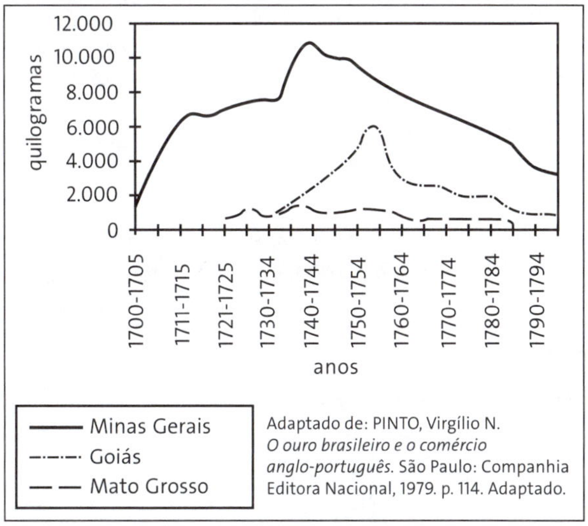

Adaptado de: PINTO, Virgílio N. *O ouro brasileiro e o comércio anglo-português*. São Paulo: Companhia Editora Nacional, 1979. p. 114. Adaptado.

Com base nos dados do gráfico, considere as seguintes afirmações.

I - O auge da produção de ouro em Minas Gerais foi atingido ainda na primeira metade do século XVIII, mas, na segunda metade do século, a extração aurífera na capitania entrou em declínio acentuado.

II - A produção aurífera conjunta de Goiás e de Mato Grosso suplantou durante alguns períodos a produção de ouro da capitania de Minas Gerais.

III - A produção aurífera de Goiás atingiu seu ápice ao mesmo tempo em que ocorria a queda nos rendimentos do ouro produzido na região de Minas Gerais.

Quais estão corretas?

a) Apenas I.
b) Apenas I e II.
c) Apenas I e III.
d) Apenas II e III.
e) I, II e III.

11. (Uece) A corrida do ouro em Minas Gerais no final do século XVII trouxe uma riqueza muito grande para a Coroa portuguesa mas também exigiu muitos esforços no sentido de fiscalizar a produção e punir o contrabando. Assinale a expressão correta a respeito das medidas fiscais empreendidas por Portugal na área das minas:

a) apesar dos protestos dos fidalgos encarregados da arrecadação, a Coroa portuguesa evitava pressionar os produtores através das derramas, limitando-se a aumentar os impostos.
b) sem conseguir se impor aos proprietários das minas, a administração colonial passou a permitir a livre comercialização do ouro, arrecadando impostos nos portos e nas estradas.
c) a administração colonial instalou as casas de fundição para regulamentar a produção do ouro e arrecadar mais impostos, obtendo total apoio dos proprietários das minas.
d) ao aumentar a carga fiscal e as casas de fundição, a Coroa logrou aumentar a arrecadação de impostos, mas provocou a revolta dos proprietários das minas.

12. (UFMG) Leia este trecho, que contém uma fala atribuída a Joaquim José da Silva Xavier:

> *"... se por acaso estes países chegassem a ser independentes, fazendo as suas negociações sobre a pedraria pelos seus legítimos valores, e não sendo obrigados a vender escondido pelo preço que lhe dessem, como presentemente sucedia pelo caminho dos contrabandos, em que cada um vai vendendo por qualquer lucro que acha, e só os estrangeiros lhe tiram a verdadeira utilidade, por fazerem a sua negociação livre, e levado o ouro ao seu legítimo valor, ainda ficava muito na Capitania, e escusavam os povos de viver em tanta miséria."*
>
> (*Autos de Devassa da Inconfidência Mineira*. 2. ed. Brasília: Câmara dos Deputados; Belo Horizonte: Imprensa Oficial de Minas Gerais, 1980. v. 5, p. 117.)

A partir dessa leitura e considerando-se outros conhecimentos sobre o assunto, é CORRETO afirmar que os Inconfidentes Mineiros de 1789

a) acreditavam que o contrabando aumentava o valor recebido pelas pedras e ouro, pois dificultava sua circulação.
b) consideravam que o monopólio comercial explicava por que as regiões de que se compunha Minas Gerais, cheias de pedras e ouro, ficavam mais ricas.
c) defendiam o livre-comércio, por meio do qual pedras e ouro adquiririam seu real valor, uma vez que seriam vendidos aos estrangeiros legalmente.
d) pensavam que os estrangeiros poderiam tirar vantagens do livre-comércio das pedras e ouro, visando a aumentar seus lucros.

TEMA 10

O PENSAMENTO ILUMINISTA E A INDEPENDÊNCIA DOS EUA

Iluminismo

Predomínio da razão
Combate a censura, a intolerância religiosa, o absolutismo e mercantilismo

Escola econômica

Liberalismo econômico

Adam Smith
- Combate ao mercantilismo
- Trabalho como fonte de riqueza

Fisiocratismo

Quesnay | **Gournay** | **Turgot**
- *Laissez faire laissez passer...*

Filósofos

John Locke
- Governo garante manutenção dos direitos naturais

Voltaire
- Reforma política
- Liberdade de expressão
- Despotismo esclarecido

Montesquieu
- Superação do Absolutismo

Rousseau
- Crítica à propriedade privada
- Sociedade democrática
- Revolução

Liberalismo político
- Três poderes independentes (Legislativo, Executivo e Judiciário)
- Constituição
- Eleições
- Liberdade de expressão

Desenvolvimento econômico: agrícola, comercial e manufatureiro

---

Inglaterra
Interesses em controlar a América

Guerra dos Sete anos (1756-1763)

Industrialização

×

Conflito de interesses

Treze Colônias
Relativa autonomia

Independência dos Estados Unidos

Criação de impostos
- Chá
- Açúcar
- Selo

Resistência dos Colonos
- *Boston Tea Party*

Leis intoleráveis

Declaração de Independência (1776)
Thomas Jefferson

Guerra de Independência

Vitória dos colonos

Princípios iluministas

Constituição de 1787
- Poder central forte, mas com autonomia dos Estados
- Presidencialismo
- Três poderes

Exercícios

1. (Espcex (Aman)) O século XVIII registrou profundas transformações na maneira de governar de diversos dirigentes:

> - *Frederico II, da Prússia, "aboliu as torturas aplicadas aos presos em seu país [...] incentivou as letras, as artes e as ciências [...] e dirigiu pessoalmente a reforma de Berlim, capital da Prússia na época".*
>
> BOULOS JR, 2011.
>
> *O Marquês de Pombal, "principal ministro do rei D. José I [...] valendo-se de seu enorme poder, decretou a emancipação dos indígenas na América portuguesa, a abolição da escravidão africana e a fundação da Imprensa Régia, em Portugal".*
>
> BOULOS JR, 2011.
>
> - *José II, da Áustria, adotou a tolerância religiosa, mas manteve intocados o militarismo e a servidão.*
>
> BOULOS JR, 2011.
>
> - *Catarina II, da Rússia, "mandou construir escolas, fundou hospitais, dirigiu a reforma da capital (São Petersburgo) e combateu a corrupção nos meios civis e religiosos".*
>
> BOULOS JR, 2011.

Sobre os dirigentes acima mencionados e seus governos, pode-se afirmar que

a) todos foram provavelmente inspirados por ideias iluministas, e o tipo de governo adotado por eles foi chamado pelos historiadores do Século XIX de despotismo esclarecido.
b) somente Frederico II e Catarina II foram inspirados por ideias iluministas, e o tipo de governo adotado por eles foi chamado de socialismo.
c) todos foram provavelmente inspirados pelo filósofo Jean-Jacques Rousseau, e o tipo de governo adotado por eles foi chamado de democracia.
d) Frederico II e o Marquês de Pombal militarizaram seus países e adotaram governos comunistas.
e) fundamentaram-se em correntes filosóficas diferentes, mas todos adotaram governos liberais.

2. (UEPB) Analise as proposições a seguir:

I. O fundamento do governo pombalino foi o controle do Estado sobre a economia, por meio da instituição de regulamentos, taxas, subsídios e monopólios — práticas mercantilistas que fortaleciam os grandes comerciantes locais e combatiam os contrabandistas.

II. Pombal pretendeu transformar a cidade no símbolo de uma nova fase da história do país, caracterizada pela ampliação da capacidade administrativa do Estado português e, por conseguinte, pela independência econômica nacional.

III. A principal justificativa da expulsão da Companhia de Jesus de todos os territórios portugueses pelo governo pombalino foi a total incompatibilidade entre o controle das práticas pedagógicas adotadas pelos jesuítas e o projeto educacional iluminista pombalino.

Está(ão) correta(s) a(s) proposição(ões):

a) Apenas I e II
b) I, II e III
c) Apenas I e III
d) Apenas II e III
e) Apenas II

3. (UFMG) Analise o trecho publicado na *Enciclopédia* pelo filósofo francês Denis Diderot.

> *A autoridade do príncipe é limitada pelas leis da natureza e do Estado. [...] O príncipe não pode, portanto, dispor de seu poder e de seus súditos sem o consentimento da nação e independentemente da escolha estabelecida no contrato de submissão [...].*
>
> Autoridade política, *Enciclopédia*, 1751.

A partir da leitura do trecho e considerando outros conhecimentos sobre o assunto,

a) IDENTIFIQUE a corrente de pensamento a qual pertenceu Denis Diderot.
b) DEFINA o sistema político criticado pelo trecho.
c) EXPLIQUE um dos motivos que mobilizou Diderot e muitos de seus contemporâneos a se oporem ao sistema político vigente.

4. (G1 - UTFPR) Voltaire, Rousseau, Montesquieu, entre outros filósofos, marcaram o Movimento Iluminista, do século XVIII, conhecido como o "Século das Luzes", principalmente na França.

Uma de suas marcas foi defender:

a) os dogmas da Igreja Católica.
b) o liberalismo econômico e combater o absolutismo.
c) a manutenção do sistema escravista.
d) o voto apenas para aqueles que dispusessem de certa renda.
e) a educação como forma de prevenir futuros castigos, como a prisão.

5. (UFG-GO) A segunda lei de Newton, divulgada em 1687, é conhecida como a equação fundamental da dinâmica e sintetiza os fundamentos da mecânica clássica. Nela estão contidas as ideias que influenciaram a modernidade europeia. De acordo com essa lei,

a) a aceleração é uma constante universal, tal como demonstrado pelos avanços científicos necessários à Revolução Industrial.

b) a massa pode ser considerada permanente, tal como anunciado pela concepção do Iluminismo sobre os regimes absolutistas.

c) a resultante das forças é uma constante, tal como explicado pelos estudos renascentistas sobre a função da musculatura humana.

d) o movimento acelerado de um corpo uniformiza as percepções sobre o tempo, tal como exposto pela visão apocalíptica da Contrarreforma.

e) as forças podem atuar sobre os corpos, tal como indicado pelo princípio liberal que trata da atuação do mercado na economia.

6. (UFPR) Considere o excerto abaixo, escrito pelo filósofo John Locke em 1689:

> *Ninguém pode impor-se a si mesmo ou aos outros, quer como obediente súdito de seu príncipe, quer como sincero venerador de Deus: considero isso necessário sobretudo para distinguir entre as funções do governo civil e da religião, e para demarcar as verdadeiras fronteiras entre a Igreja e a comunidade. Se isso não for feito, não se pode pôr um fim às controvérsias entre os que realmente têm, ou pretendem ter, um profundo interesse pela salvação das almas, de um lado, e, de outro, pela segurança da comunidade.*
>
> LOCKE, John. *Carta acerca da tolerância*. São Paulo: Abril Cultural, 1973, col. Os Pensadores, vol. XVIII, p. 11.

Sobre a relação desse pensamento de Locke com o contexto político e religioso da Europa do século XVII, identifique as afirmativas a seguir como verdadeiras (V) ou falsas (F):

( ) John Locke defende a separação entre poder político e poder espiritual como base para o estabelecimento de novas comunidades religiosas na Europa ocidental, em referência às novas ações da Inquisição nos reinos católicos.

( ) John Locke defende a tolerância religiosa e a separação entre a religião e o poder político civil como bases para a convivência pacífica entre os povos de religiões diferentes, em referência às guerras entre católicos e protestantes nos reinos europeus.

( ) John Locke defende a separação entre Igreja e Estado no contexto das perseguições empreendidas pelos puritanos na Inglaterra, após saírem vitoriosos da Revolução Gloriosa.

( ) John Locke defende a tolerância religiosa como condição primordial para a convivência entre diferentes religiões que nasciam na Europa no século XVII e que eram perseguidas pela Igreja Católica, como o espiritismo kardecista.

Assinale a alternativa que apresenta a sequência correta, de cima para baixo.

a) F – F – V – F.
b) F – V – F – F.
c) V – F – F – F.
d) F – F – F – V.
e) V – F – F – V.

7. (UPE) O pensamento de Jean-Jacques Rousseau, fruto do Iluminismo do século XVIII, serve de base, até hoje, para a estrutura política de vários países democráticos ocidentais.

Sobre essa realidade, assinale a alternativa CORRETA.

a) No pensamento de Rousseau, gesta-se a teoria do Estado Contratualista.

b) Os atuais regimes socialistas do ocidente condenam a propriedade privada com base nos textos de Rousseau.

c) A teoria da tripartição do poder é herança do pensamento de Rousseau.

d) A teoria contratualista foi desenvolvida por Rousseau na obra *Origem da desigualdade social entre os homens*.

e) Na obra *Do contrato social*, Rousseau defende a propriedade privada.

8. (UPE) Qual das alternativas a seguir apresenta apenas características associadas ao Liberalismo?

a) Monarquia parlamentarista, mínima participação do estado na economia, propriedade privada e metalismo.

b) O processo de cercamentos, tolerância religiosa, direito divino, crescimento urbano.

c) Sistema de livre concorrência, monarquia parlamentarista, divisão entre os poderes, sufrágio universal.

d) Livre comércio, o processo de cercamentos, a monarquia parlamentarista e o trabalho servil.

e) Propriedade privada, livre comércio, igualdade perante a lei e mínima participação do estado na economia.

9. (Espcex (Aman)) Leia as afirmações abaixo, referentes a fatos ocorridos e ideias desenvolvidas na Europa, e responda ao que se pede.

I. "Representou, na verdade, o momento culminante de um processo que começou no Renascimento, de afirmação da razão como base do conhecimento" (ARRUDA & PILETTI, 2007)

II. De acordo com Rosseau o "povo (...) é o verdadeiro soberano (...) Sua forma de expressão (...) deveria se manifestar por meio da maioria de votos da população em assembleias nas quais ele exerceria diretamente (...) o poder de decidir sobre os rumos a dar à sociedade". (AZEVEDO & SERIACOPI, 2007)

III. Provocaram transformações, dentre outras: proletarização definitiva dos produtores diretos; decadência da indústria doméstica rural; crescente divisão internacional do trabalho; aceleração do êxodo rural, antagonismo entre o proletariado nascente e a burguesia proprietária dos meios de produção.

IV. Irromperam movimentos sociais e políticos como o ludismo e o movimento cartista.

V. São algumas de suas ideias: críticas ao Estado absolutista, propondo a limitação do poder real; defesa da não intervenção do Estado no campo econômico; e defesa de um sistema constitucional.

Os números

a) I, II e V referem-se ao pensamento socialista; e os números III e IV são consequências e ideias positivistas.
b) I e III referem-se ao Macartismo, e os números II, IV e V referem-se ao Comunismo.
c) I, III e IV são ideias e consequências do Iluminismo; os números II e V são ideias e consequências das ideias bulionistas.
d) III e V são ideias e consequências dos ideais anarquistas; os números I, II e IV são ideias positivistas e algumas de suas consequências.
e) I, II e V referem-se a ideias e ao pensamento iluminista; os números III e IV ocorreram como consequência da Revolução Industrial.

10. (G1 - IFBA)

Texto I

Um reino bem governado deve ser como uma família cujo soberano é o pai e os cidadãos seus filhos... O monarca não poderia ser feliz quando seus povos são miseráveis. O príncipe é apenas o primeiro servidor do Estado, obrigado a agir com probidade, sabedoria e completo desinteresse, como se a cada momento tivesse que dar contas de sua administração a seus concidadãos.

Francisco II, rei da Prússia. 1740 - 1786

Texto II

A cada país é necessária uma lei fundamental, ou contrato, entre o povo e o soberano, que limite a autoridade e o poder deste último [...]. o poder executivo está no soberano, mas o legislativo no povo e seus representantes [...] O soberano deve prestar conta exata e anual ao povo a respeito de emprego das rendas públicas; ele não tem absolutamente o direito de impor arbitrariamente as taxas.

Leopoldo II, imperador da Alemanha, 1747-1792

RODRIGUES, Joelza Ester. *História em documento: imagem e texto.* São Paulo: FTD, 2001, p. 35.

Os textos apresentam ideias de alguns reis e imperadores europeus que, no século XVIII, implementaram reformas liberais, influenciados pelos iluministas, marcando um processo histórico conhecido como

a) Impérios Liberais.
b) Monarquias Iluminadas.
c) Despotismo Esclarecido.
d) Monarquias Reformistas.
e) Absolutismo Monárquico.

11. (Uerj) O Iluminismo é a saída do homem do estado de tutela, pelo qual ele próprio é responsável.

O estado de tutela é a incapacidade de utilizar o próprio entendimento sem a condução de outrem. Cada um é responsável por esse estado de tutela quando a causa se refere não a uma insuficiência do entendimento, mas à insuficiência da resolução e da coragem para usá-lo sem ser conduzido por outrem. Sapere aude! Tenha a coragem de usar seu próprio entendimento.*

Essa é a divisa do Iluminismo.

IMMANUEL KANT (1784)

*Expressão latina que significa "tenha a coragem de saber, de aprender".

In: BOMENY, Helena e FREIRE-MEDEIROS, Bianca. *Tempos modernos, tempos de sociologia.* São Paulo: Ed. do Brasil, 2010.

No contexto da expansão capitalista no século XIX, uma das ideias centrais do Iluminismo, de acordo com o texto, está associada diretamente à valorização da:

a) superioridade técnica
b) soberania econômica
c) liberdade política
d) razão científica

12. (UFMS)

"Classificar, delinear, dividir, sistematizar, criar um mapa mundi do saber. Esta era a ideia dos iluministas Diderot e D'Alambert: ordenar o mundo em categorias em uma enciclopédia com 17 volumes de texto. O projeto enciclopedista talvez seja a influência mais visível do iluminismo em nosso cotidiano. A escola, a divisão do conhecimento em disciplinas específicas, os livros didáticos, os telejornais revelam claramente essa busca classificatória. A Enciclopédia iniciava com um quadro esquemático do conhecimento humano, uma permanência que perpassa desde organogramas de empresas até as classificações da Biologia."

(DARNTON, Robert. *O Grande Massacre de Gatos.* RJ: Graal, 1986, p. 272-273)

Com base no texto e nos seus conhecimentos sobre o assunto, assinale a(s) afirmativa(s) correta(s) a respeito do Iluminismo.

(01) O impulso renovador das ideias iluministas provocou, na Europa, um grande interesse pelos problemas da vida em sociedade, possibilitando o surgimento de novas ideias e de teorias econômicas.
(02) Em seu conjunto, os iluministas sustentavam a tese de que só um Estado ditatorial, controlado pela classe trabalhadora, seria capaz de eliminar a resistência burguesa e abolir as desigualdades entre as classes sociais.
(04) O espírito renovador, presente no Iluminismo, conduziu a um profundo estudo das ciências, campo onde ocorreu um grande avanço.
(08) Originado na Inglaterra, difundido pela França, o Iluminismo pregava a razão, a liberdade do espírito, a livre crítica e a tolerância religiosa, contrapondo-se, assim, ao peso da tradição, do dogmatismo religioso e filosófico e ao absolutismo monárquico.
(16) O Iluminismo, em seu conjunto, fazia uma incisiva crítica ao mundo civilizado e propunha um retorno às formas de vida da sociedade primitiva.

TEMA 11

REVOLUÇÃO INDUSTRIAL

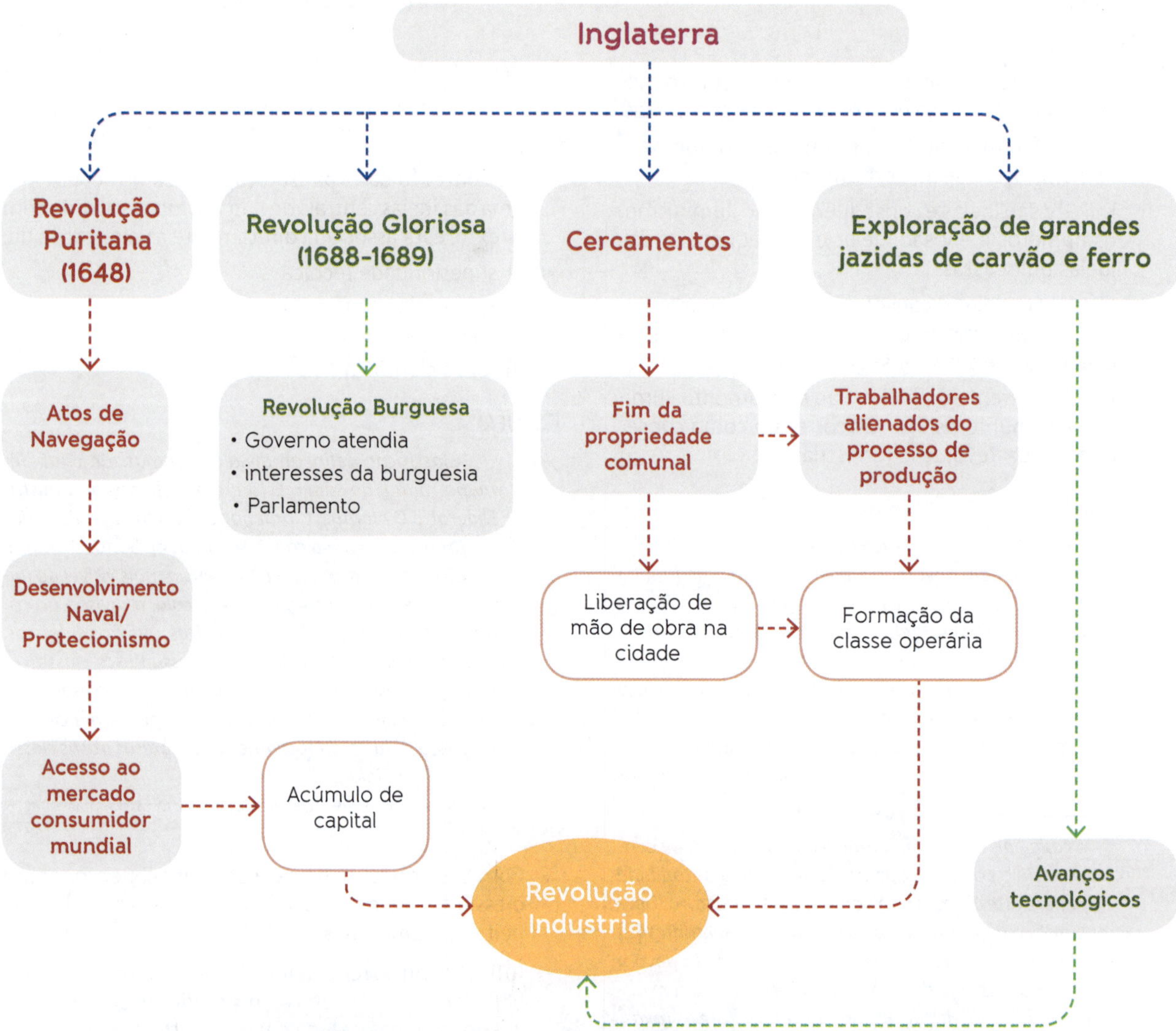

Leeds Museus e Galerias de Arte, Leeds, Reino Unido/The Bridgeman/Keystone

Exercícios

1. (UFG-GO) Leia as informações a seguir.

Em meados do século XVIII, James Watt patenteou na Inglaterra seu invento, sobre o qual escreveu a seu pai: "O negócio a que me dedico agora se tornou um grande sucesso. A máquina de fogo que eu inventei está funcionando e obtendo uma resposta muito melhor do que qualquer outra que tenha sido inventada até agora".

Disponível em: <http://www.ampltd.co.uk/digital_guides/ind-rev-series-3-parts-1-to-3/detailed-listing-part-1.aspx>. Acesso em: 29 out. 2012. (Adaptado).

A revolução histórica relacionada ao texto, a fonte primária de energia utilizada em tal máquina e a consequência ambiental de seu uso são, respectivamente,

a) puritana, gás natural e aumento na ocorrência de inversão térmica.
b) gloriosa, petróleo e destruição da camada de ozônio.
c) gloriosa, carvão mineral e aumento do processo de degelo das calotas polares.
d) industrial, gás natural e redução da umidade atmosférica.
e) industrial, carvão mineral e aumento da poluição atmosférica.

2. (Vunesp-SP) No final do século XVIII, a Inglaterra mantinha relações comerciais regulares com várias regiões do continente africano. O interesse de ingleses nesse comércio derivava, entre outras coisas, da necessidade de

a) mercado consumidor para os tecidos, produzidos em escala industrial nas fábricas inglesas e francesas.
b) especiarias e sal, utilizados na conservação de alimentos consumidos nas grandes cidades europeias.
c) petróleo, utilizado como fonte principal de energia nas fábricas instaladas em torno das grandes cidades inglesas.
d) matérias-primas, como o algodão e os óleos vegetais, que eram utilizadas pelas fábricas inglesas.
e) mão de obra a ser empregada nas manufaturas e fábricas que proliferavam na Inglaterra e na França.

3. (Vunesp-SP)

As redes de comércio, os fortes costeiros, as relações tecidas ao longo dos séculos entre comerciantes europeus e chefes africanos, continuaram a ser o sustentáculo do fornecimento de mercadorias para os europeus, só que agora estas não eram mais pessoas, e sim matérias-primas.

Marina de Mello e Souza. *África e Brasil africano*, 2007.

O texto refere-se à redefinição das relações comerciais entre europeus e africanos, ocorrida quando

a) portugueses e espanhóis libertaram suas colônias africanas e permitiram que elas comercializassem marfim, café e outros produtos livremente com o resto do mundo.
b) norte-americanos passaram a estimular a independência das colônias africanas, para ampliar o mercado consumidor de seus tecidos e produtos alimentícios.
c) ingleses e holandeses estabeleceram amplo comércio escravista entre os dois litorais do Atlântico Sul.
d) ingleses e franceses buscaram resinas, tinturas e outros produtos na África e desestimularam o comércio escravista.
e) portugueses e espanhóis conquistaram e colonizaram as costas leste e oeste da África.

4. (Vunesp-SP) Leia.

Todo processo de industrialização é necessariamente doloroso, porque envolve a erosão de padrões de vida tradicionais. Contudo, na Grã-Bretanha, ele ocorreu com uma violência excepcional, e nunca foi acompanhado por um sentimento de participação nacional num esforço comum. Sua única ideologia foi a dos patrões. O que ocorreu, na realidade, foi uma violência contra a natureza humana. De acordo com uma certa perspectiva, esta violência pode ser considerada como o resultado da ânsia pelo lucro, numa época em que a cobiça dos proprietários dos meios de produção estava livre das antigas restrições e não tinha ainda sido limitada pelos novos instrumentos de controle social. Não foram nem a pobreza, nem a doença os responsáveis pelas mais negras sombras que cobriram os anos da Revolução Industrial, mas sim o próprio trabalho.

Adaptado de: Edward P. Thompson. *A formação da classe operária inglesa*, vol. 2, 1987.

O texto afirma que a Revolução Industrial

a) aumentou os lucros dos capitalistas e gerou a convicção de que era desnecessário criar mecanismos de defesa e proteção dos trabalhadores.
b) provocou forte crescimento da economia britânica e, devido a isso, contou com esforço e apoio plenos de todos os segmentos da população.
c) representou mudanças radicais nas condições de vida e trabalho dos operários e envolveu-os num duro processo de produção.
d) piorou as condições de vida e de trabalho dos operários, mas trouxe o benefício de consolidar a ideia de que o trabalho enobrece o homem.
e) preservou as formas tradicionais de sociabilidade operária, mas aprofundou a miséria e facilitou o alastramento de epidemias.

5. (Fuvest-SP)

Maldito, maldito criador! Por que eu vivo? Por que não extingui, naquele instante, a centelha de vida que você tão desumanamente me concedeu? Não sei! O desespero ainda não se apoderara de mim. Meus sentimentos eram de raiva e vingança. Quando a noite caiu, deixei meu abrigo e vagueei pelos bosques. [...] Oh! Que noite miserável passei eu! Sentia um inferno devorar-me, e desejava despedaçar as árvores, devastar e assolar tudo o que me cercava, para depois sentar-me e contemplar satisfeito a destruição. Declarei uma guerra sem quartel à espécie humana e, acima de tudo, contra aquele que me havia criado e me lançara a esta insuportável desgraça!

Mary Shelley. *Frankenstein*. 2ª ed. Porto Alegre: LPM, 1985.

O trecho acima, extraído de uma obra literária publicada pela primeira vez em 1818, pode ser lido corretamente como uma

a) apologia à guerra imperialista, incorporando o desenvolvimento tecnológico do período.
b) crítica à condição humana em uma sociedade industrializada e de grandes avanços científicos.
c) defesa do clericalismo em meio à crescente laicização do mundo ocidental.
d) recusa do evolucionismo, bastante em voga no período.
e) adesão a ideias e formulações humanistas de igualdade social.

6. (UFRN) Segundo o historiador David Landes, a Revolução Industrial

[...] *começou na Inglaterra no século XVIII e expandiu-se de forma distinta nos países da Europa continental e em algumas áreas do ultramar. Em um espaço de menos de duas gerações, transformou a vida do homem ocidental, a natureza de sua sociedade e seu relacionamento com outros povos do mundo.*

LANDES, David S. *Prometeu desacorrentado*: transformação tecnológica e desenvolvimento industrial na Europa ocidental, desde 1750 até os dias de hoje. Rio de Janeiro: Elsevier, 2005. p. 1.

A Revolução Industrial significou mudanças radicais, promovendo

a) avanços técnicos, oposição entre a burguesia e o proletariado, e revalorização mundial dos princípios mercantilistas.
b) alteração no processo de produção, sujeição do proletariado ao capital e divisão internacional do trabalho.
c) aumento da produtividade, acelerada urbanização e equilíbrio geopolítico entre as nações europeias.
d) exploração de nova fonte de energia, modificações de estilos de vida e rejeição às práticas políticas imperialistas.

7. (UEL-PR) Leia o texto a seguir.

A tecnologia tem sido o catalizador da mudança social desde antes do matemático grego Arquimedes demonstrar que a água pode ser levantada para irrigar um terreno ressecado acima de um fluxo de água, por meio de um mecanismo contínuo propulsor dentro de um tubo flexível. Contudo, ao mesmo tempo, a diferença entre os contemplados e os tecnologicamente carentes tornou-se um abismo. Para cada um que agora compra sua passagem de avião, trem e ingresso de teatro online, *milhões ainda esperam pela eletricidade e por água limpa corrente.*

Adaptado de: JARDINE, L. Como a tecnologia afeta a transformação social. In: SWAIN, H. *Grandes questões da História*. Rio de Janeiro: José Olympio, 2010. p. 255-259.

a) Com base no texto, descreva duas características fundamentais da Revolução Industrial inglesa do século XVIII.
b) Discuta as relações entre desenvolvimento tecnológico e bem-estar social no mundo contemporâneo.

8. (G1 - IFSP)

Por volta dos séculos XV e XVI, os artesãos tinham grande interesse pelo seu trabalho específico e pela habilidade de realizá-lo. Assim, por exemplo, vidreiros, especialistas na difícil arte de fazer garrafas, copos e contas de vidro se realizavam, chegando até a revelar certo senso artístico. Dessa maneira, cada artesão se integrava totalmente em seu trabalho, interessando-se por ele.

Adaptado de: MARX, K. e ENGELS, F. *A ideologia alemã*. São Paulo: Hucitec. 1986. p. 81.

Passados alguns séculos, a Revolução Industrial do século XIX trouxe aos trabalhadores

a) a mesma satisfação que os artesãos dos séculos XV e XVI tinham em seu trabalho.
b) uma maior satisfação, pois, com a produção industrial, o fruto de seu trabalho era de melhor qualidade.
c) uma satisfação todo dia, pois, no século XIX, a jornada de trabalho era de apenas 6 horas diárias e sobrava muito tempo para o lazer.
d) uma satisfação a todo mês, quando ele recebia seu salário e, ao final de um ano, quando ele podia ter férias.
e) nenhuma satisfação, pois o operário não via o produto final de seu trabalho.

9. (Uerj)

Parlamento Britânico e a Torre do *Big Ben*, Londres, Inglaterra.
www.twip.org

Na Inglaterra, um horário ferroviário uniforme foi adotado em meados do século XIX. Baseava-se na hora do Tempo Médio de Greenwich, isto é, a hora do meridiano do Observatório Real de Greenwich, geralmente indicada pelas letras GMT (Greenwich Mean Time). No final da década de 1840, Sir George Airy, astrônomo real, insistiu para que o Big Ben, novo relógio a ser construído, fosse regulado pela hora de Greenwich. Airy expandiu muito o serviço público baseado na GMT, fazendo com que essa hora fosse transmitida por todo o país por cabos que corriam ao longo das linhas férreas. Em 1853, escreveu: "Não posso sentir senão satisfação ao pensar que o Observatório Real está assim contribuindo para a pontualidade dos negócios por toda uma grande extensão deste país".

Adaptado de: WHITROW, G. J. *O tempo na história*: concepções do tempo da pré-história aos nossos dias. Rio de Janeiro: Zahar, 1993.

As sociedades industriais modernas desenvolveram formas de medir o tempo associadas ao uso do relógio e à padronização dos horários em escala nacional, como no caso da Inglaterra, no decorrer do século XIX.

Um dos efeitos dessas medidas padronizadoras do tempo se manifestou basicamente na regulação dos:

a) ritmos do trabalho
b) sistemas de plantio
c) níveis de escolaridade
d) fluxos de investimentos

10. (G1 - IFSP) Leia o excerto.

Em 1843, a revista inglesa The Artisan *publicou um artigo sobre as condições sanitárias dos operários nas cidades.*

O artigo nos revela que as ruas eram tão estreitas que qualquer um podia saltá-las e entrar na casa da frente pela janela; os prédios eram muito altos e estreitos de modo que a luz mal penetrava no pátio ou ruazinha que os separava; não havia esgotos ou banheiros públicos ou mesmo sanitários nas casas: imundícies e excrementos de pelo menos 50.000 pessoas corriam nas valetas, trazendo um mau cheiro insuportável, que não só feria o olfato, mas representava um grande perigo à saúde das pessoas. As casas dessa gente pobre que ali morava pareciam ser sempre muito sujas. A maior parte delas se compunha de um único cômodo, com pouquíssima ventilação, com janelas quebradas ou mal colocadas, por onde entrava um cortante vento no inverno. Não raras vezes, um monte de palha servia de cama para a família toda: ali se amontoavam numa confusão revoltante, homens, mulheres, velhos e crianças. A água só existia nas bombas públicas e era muito difícil transportá-la, o que logicamente, favorecia tamanha imundície.

Adaptado de: ENGELS, Friedrich. *A situação da classe trabalhadora na Inglaterra*. São Paulo: Global. p. 47.

Na Inglaterra do século XIX, a vida miserável levada pelos operários se devia

a) à resistência desses trabalhadores aos ensinamentos dos patrões: para se ter saúde, a primeira condição é ter higiene.
b) à Revolução Gloriosa que, ao implantar o regime parlamentarista, deixou de lado as preocupações com a sociedade, pois isso não interessava economicamente aos lordes e aos burgueses.
c) à diminuição de empregos pelo fechamento das indústrias e à extinção dos programas habitacionais feitos pelo governo.
d) à crise econômica existente na Inglaterra, vítima de seguidas secas e excessivos gastos com a Coroa e com a nobreza britânicas.
e) aos baixíssimos salários que eram pagos, o que lhes impossibilitava viver de modo mais saudável e mais confortável.

11. (Enem)

KUCZYNSKIEGO, P. Ilustração, 2008.
Disponível em: <http://capu.pl>.
Acesso em 3 ago. 2012. (Foto: Reprodução)

O artista gráfico polonês Pawla Kuczynskiego nasceu em 1976 e recebeu diversos prêmios por suas ilustrações.

Nessa obra, ao abordar o trabalho infantil, Kuczynskiego usa sua arte para

a) difundir a origem de marcantes diferenças sociais.
b) estabelecer uma postura proativa da sociedade.
c) provocar a reflexão sobre essa realidade.
d) propor alternativas para solucionar esse problema.
e) retratar como a questão é enfrentada em vários países do mundo.

TEMA 12

REVOLUÇÃO FRANCESA

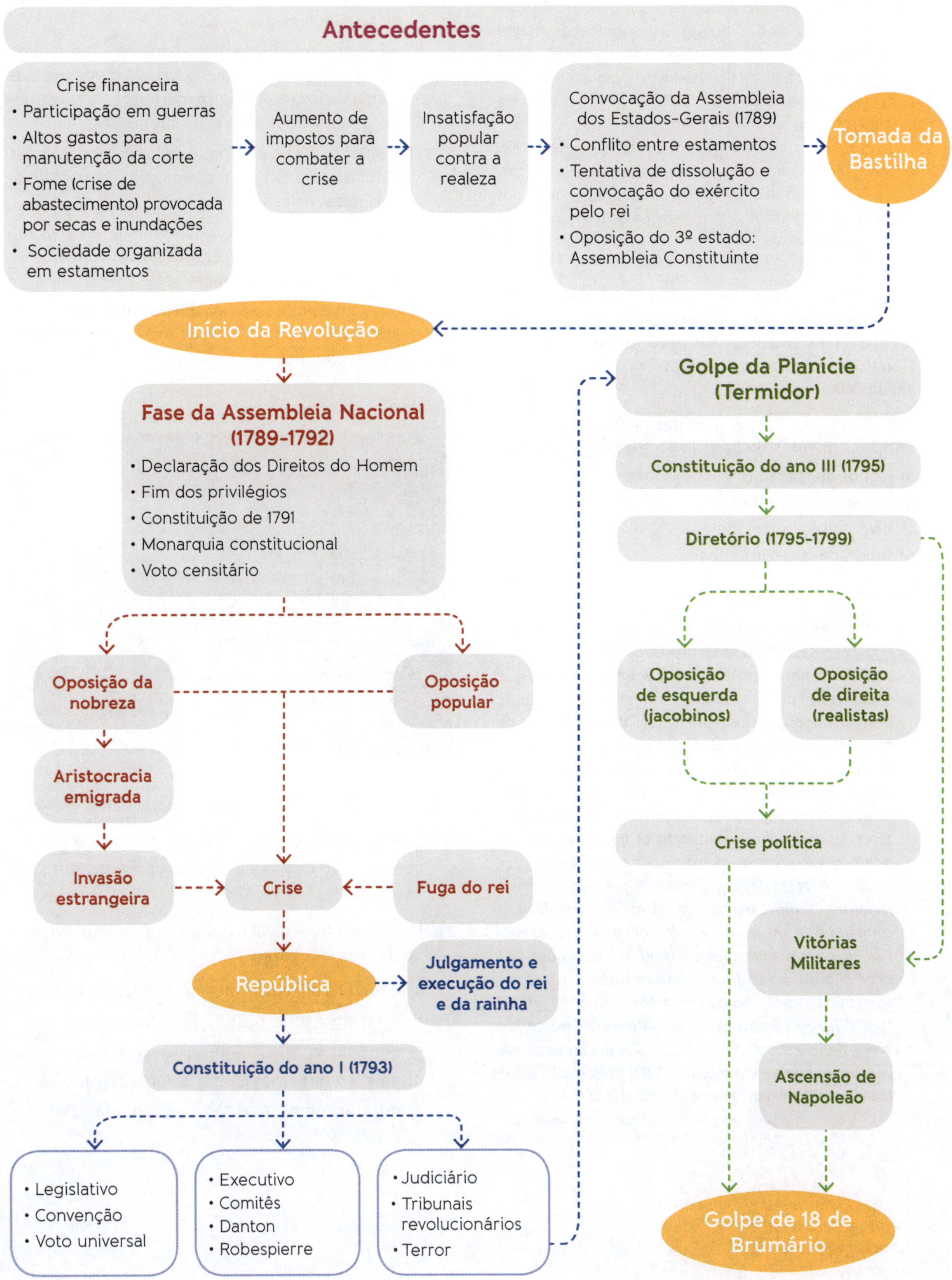

Exercícios

1. (Espcex (Aman))

> *"Em fins do Século XVIII, enquanto a Inglaterra se industrializava rapidamente, a França era ainda um país agrário. [...]*
>
> *Enquanto isso, na França, vigorava ainda uma organização social baseada em estamentos — chamados estados, ou ordens –, herdada da Idade Média."*
>
> (ARRUDA & PILETTI, 2007)

Sobre o tema, leia as afirmações abaixo.

I. O primeiro estado era constituído pela nobreza.
II. O clero estava subdividido em alto clero e baixo clero.
III. O terceiro estado lutava pela abolição dos privilégios e por igualdade de tratamento em relação à nobreza e clero.
IV. Os *sans-cullottes* eram os pobres que não tinham os privilégios da nobreza.
V. A Assembleia Nacional era composta por representantes dos três Estados, que possuíam igualdade de votos.

Assinale a única alternativa em que todos os itens estão corretos.

a) I, II e III
b) II, III e IV
c) I, III e V
d) I, IV e V
e) II, IV e V.

2. (PUC-RJ) As transformações ocorridas nas Américas durante a Era das Revoluções Atlânticas estiveram marcadas por dois grandes eventos, ambos igualmente radicais: (a) a Revolução Americana, que, com a independência das 13 colônias em 1776, causou uma primeira séria fratura na ordem do Antigo Regime e cujo pioneirismo na criação da primeira república moderna não seria esquecido e (b) a Revolução de Santo Domingo, no Haiti, nos anos de 1790, a qual veio associada a uma gigantesca, única e bem-sucedida rebelião de escravos nos tempos modernos. Esta libertou os escravos e criou a segunda república independente do novo mundo.

a) Explique a contribuição da Revolução Americana para a ideia de República no mundo moderno.
b) Caracterize como os cidadãos franceses, em meio às próprias experiências revolucionárias iniciadas em 1789 na metrópole, reagiram à rebelião dos escravos em sua colônia e à subsequente abolição da escravidão.

3. (Unicamp-SP) Observe a distribuição de custos dos camponeses franceses, em percentual da colheita, às vésperas da Revolução de 1789. Esses custos referem-se ao arrendamento da terra, ao custo das sementes e aos impostos pagos ao rei, ao senhor da terra e ao clero.

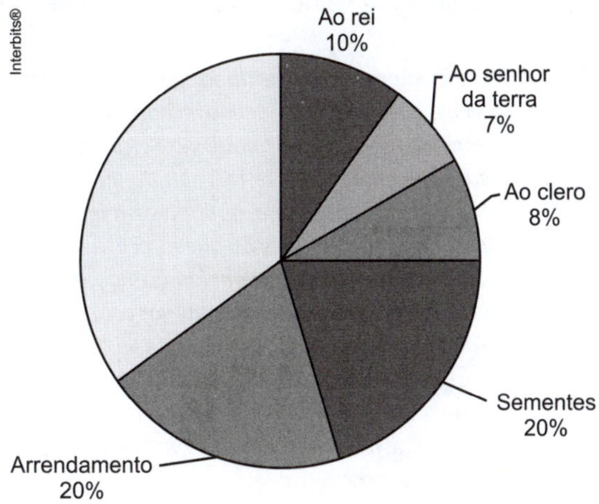

(Adaptado de L. Bourquin (coord.), *Histoire*. Paris: Belin, 2003, p. 187.)

a) Relacione os dados apresentados com as condições vividas pelos camponeses na França do final do século XVIII.
b) Por quais motivos a questão econômica foi um elemento importante para o Terceiro Estado durante a Revolução Francesa?

4. (Fuvest-SP)

> *Oh! Aquela alegria me deu náuseas. Sentia-me ao mesmo tempo satisfeito e descontente. E eu disse: tanto melhor e tanto pior. Eu entendia que o povo comum estava tomando a justiça em suas mãos. Aprovo essa justiça, mas poderia não ser cruel? Castigos de todos os tipos, arrastamentos e esquartejamentos, tortura, a roda, o cavalete, a fogueira, verdugos proliferando por toda parte trouxeram tanto prejuízo aos nossos costumes! Nossos senhores colherão o que semearam.*
>
> BABEUF, Graco, citado por R. Darnton. *O beijo de Lamourette. Mídia, cultura e revolução*. São Paulo: Companhia das Letras, 1990, p. 31. Adaptado.

O texto é parte de uma carta enviada por Graco Babeuf à sua mulher, no início da Revolução Francesa de 1789. O autor

a) discorda dos propósitos revolucionários e defende a continuidade do Antigo Regime, seus métodos e costumes políticos.
b) apoia incondicionalmente as ações dos revolucionários por acreditar que não havia outra maneira de transformar o país.
c) defende a criação de um poder judiciário, que atue junto ao rei.
d) caracteriza a violência revolucionária como uma reação aos castigos e à repressão antes existentes na França.
e) aceita os meios de tortura empregados pelos revolucionários e os considera uma novidade na história francesa.

5. (UFRN) Os diversos grupos envolvidos na Revolução Francesa interpretaram diferentemente os princípios teóricos que a fundamentaram. Uma interpretação desses princípios pode ser exemplificada no *Manifesto dos Iguais*, que se expressava nos seguintes termos:

> *Desde a própria existência da sociedade civil, o atributo mais belo do homem vem sendo reconhecido sem oposição, mas nem uma só vez pôde ver-se convertido em realidade: a igualdade nunca foi mais do que uma bela e estéril dicção da lei. E hoje, quando essa igualdade é exigida numa voz mais forte do que nunca, a resposta é esta: "Calai-vos, miseráveis! A igualdade não é realmente mais do que uma quimera; contentai-vos com a igualdade relativa: todos sois iguais em face da lei. Que quereis mais, miseráveis?" Que mais queremos? Queremos igualdade efetiva ou a morte. De que mais precisamos além da igualdade de direitos? Queremos vê-la entre nós, sob o teto das nossas casas.*
>
> BABEUF, Graco. Manifesto dos Iguais. Disponível em: <www.marxists.org/portugues/babeuf/1796/mes/ manifesto.htm>. Acesso em: 17 set. 2012. [Adaptado]

Elaborado na fase do Diretório, esse Manifesto inspirou a "Conspiração dos Iguais", que foi sufocada, e seu líder, Graco Babeuf, preso e executado.

No contexto da Revolução Francesa, esses acontecimentos evidenciam que

a) o partido conservador, cujos membros eram conhecidos como realistas, uniu-se à alta burguesia e lutava para restaurar a monarquia.
b) a facção dos radicais, liderada por Robespierre, temia a ascensão das massas operárias.
c) os ideais inspiradores do movimento revolucionário foram aplicados na medida em que atenderam os interesses da burguesia.
d) as ideias radicais orientaram a ação dos jacobinos, que assumiram a liderança do processo revolucionário.

6. (UFPA) A imagem do filme Danton (abaixo), com Robespierre, interpretado pelo ator Wojciech Pszoniak, e Danton, com os braços abertos, interpretado por Gérard Depardieu, evidencia a diferença de atitude entre os dois personagens da Revolução Francesa.

Interbits ®

Fonte: Danton. Direção de Andrzej Wajda, 1982, Universal Pictures.

A leitura da imagem e o conhecimento sobre o processo revolucionário na Europa de 1789 autorizam afirmar que os posicionamentos de Danton e Robespierre caracterizavam que

a) Danton defendeu as revindicações dos *sans-cullotes* e, por apoiar a criação de um exército revolucionário, entrou em conflito com Robespierre.
b) Robespierre, de peruca, símbolo da aristocracia do antigo regime, foi o representante dos monarquistas no Comitê de Salvação Pública.
c) Robespierre representou a burguesia francesa, e Danton representou o povo nos debates no Tribunal Revolucionário.
d) Danton tinha origem popular, e Robespierre vinha de uma linhagem nobre, por isso conflitaram em seus ideais sobre a revolução.
e) o filme é uma obra de ficção, por isso é incorreto dizer que houve conflitos entre Robespierre e Danton durante os acontecimentos da Revolução Francesa.

7. (Vunesp-SP)

Interbits ®

(Hubert Robert. *A Bastilha nos primeiros dias de sua demolição, 20 de julho de 1789.* Museu Carnavalet, Paris, França.)

Esta representação da Bastilha, prisão política do absolutismo monárquico, foi pintada em 1789. Indique dois elementos da tela que demonstrem a solidez e a força da construção e o significado político e social da jornada popular de 14 de julho de 1789.

8. (PUC-RJ)

> *"A Revolução Francesa constitui um dos capítulos mais importantes da longa e descontínua passagem histórica do feudalismo ao capitalismo. Com a Revolução (científica) do século XVII e a Revolução Industrial do século XVIII na Inglaterra, e ainda com a Revolução Americana de 1776, a* Grande Révolution *lança os fundamentos da História contemporânea".*
>
> Mota, C. G. *A Revolução Francesa.*

Entre as transformações promovidas pela Revolução na França, iniciada em 1789, é **CORRETO** afirmar que:

a) os privilégios feudais e o regime de servidão foram abolidos, destruindo a base social que sustentava o Antigo Regime absolutista francês.
b) a Revolução aboliu o trabalho servil e fortaleceu o clero católico instituindo uma série de medidas de caráter humanista.

c) os revolucionários derrubaram o rei e proclamaram uma República fundamentada no igualitarismo radical na qual a propriedade privada foi abolida.
d) a Revolução rompeu os laços com a Igreja católica iniciando uma reforma de cunho protestante que se aproximava dos ideais da ética do capitalismo moderno.
e) a Revolução, mesmo em seu momento mais radical, não foi capaz de romper com as formas de propriedade e trabalho vigentes no antigo regime.

9. (UFU-MG)

As mães, as filhas, as irmãs, representantes da Nação pedem ser constituídas em Assembleia Nacional. Considerando que a ignorância, o esquecimento ou o menosprezo dos direitos da mulher são as únicas causas das desgraças públicas e da corrupção do governo, resolvemos expor, numa declaração solene, os direitos naturais, inalteráveis e sagrados da mulher. Em consequência, o sexo superior em beleza, como em coragem nos sofrimentos maternais, reconhece e declara, em presença e sob os auspícios do Ser Supremo, os seguintes direitos da mulher e da cidadã.

Art. 1 - A mulher nasce livre e permanece igual ao homem em direitos. As distinções sociais não podem ser fundadas, senão, sobre a utilidade comum.

Art. 2 - A finalidade de toda associação política é a conservação dos direitos naturais e imprescritíveis da mulher e do homem. Estes direitos são: a liberdade, a prosperidade, a segurança e, sobretudo, a resistência à opressão.

Adaptado de: Declaração dos Direitos da Mulher e da Cidadã. 1791.

O documento acima foi proposto à Assembleia Nacional da França, durante a Revolução Francesa, por Marie Gouze. A autora propunha uma Declaração de Direitos da Mulher e da Cidadã para igualar-se à Declaração dos Direitos do Homem e do Cidadão, aprovada anteriormente. A proposta de Marie Gouze expressa

a) o reconhecimento da fragilidade feminina, devendo a Constituição francesa garantir ações legais e afirmativas com o objetivo de reparar séculos de exploração contra a mulher.
b) a participação das mulheres no processo revolucionário e a reivindicação de ampliação dos direitos de cidadania, com o intuito de abolir as diferenças de gênero na França.
c) a disputa política entre os Jacobinos e Girondinos, uma vez que estes últimos defendiam uma radicalização cada vez maior das conquistas sociais no processo revolucionário.
d) o descontentamento feminino ante as desigualdades que as leis francesas até então garantiam entre os integrantes do terceiro Estado e a aristocracia.

10. (UFRN) Em 1789, no contexto da Revolução Francesa, na Assembleia Nacional, os representantes do povo elaboraram a Declaração dos Direitos do Homem e do Cidadão, que, entre outras proposições, enunciou:

Os homens nascem livres e iguais em direitos. As distinções sociais só podem ter fundamento na utilidade comum.

O fim de toda associação política é a conservação dos direitos naturais e imprescritíveis do homem. Estes direitos são: a liberdade, a propriedade, a segurança e a resistência à opressão.

A lei é a expressão da vontade geral. Deve ser igual para todos, protegendo ou punindo.

Sendo todos os cidadãos iguais perante a lei, são, igualmente, admitidos a todas as dignidades, cargos e empregos públicos, segundo a capacidade de cada um e sem outra distinção que não seja a das suas virtudes ou talentos.

In: PAINE, T. *Os direitos do homem.* Petrópolis: Vozes, 1989. [Adaptado].

As proposições citadas, de ampla repercussão no Mundo Contemporâneo, estão fundamentadas

a) nas ideias liberais, defensoras do intervencionismo estatal com a adoção de minuciosa regulamentação de todos os aspectos da vida social.
b) nos valores defendidos pelos adeptos do liberalismo, em oposição aos governos autoritários e à organização social baseada em privilégios.
c) nas posições políticas burguesas, favoráveis à harmonia coletiva garantida pelo acesso de todos os grupos sociais à propriedade privada dos meios de produção.
d) nos princípios iluministas, alicerçados na defesa da igualdade econômica como um direito que garantiria a cidadania proletária.

11. (G1 - IFBA)

Interbits ®

No contexto da Revolução Francesa em 1789, a imagem expressa um conjunto de ações que ficou conhecido como

a) Período do Terror, marco das perseguições aos "inimigos da revolução", durante a Ditadura Jacobina.
b) Grande Medo, revolta dos camponeses contra a aristocracia francesa que os submetia ao regime de servidão.
c) Revolução Burguesa, marco inicial da luta da burguesia contra os privilégios da nobreza e do clero na França.
d) Período Napoleônico, marcado pela legitimação da rebelião camponesa no Código Civil para garantir a reforma agrária.
e) Queda da Bastilha, marco da adesão popular ao movimento revolucionário iniciado pelo Terceiro Estado na Assembleia Geral.

A ERA NAPOLEÔNICA

Golpe de 18 de Brumário

Consulado
- Domínios militares
- Reorganização da economia e sociedade
- Código civil napoleônico

Napoleão recebe o título de cônsul vitalício

Coroado Imperador (1804)

Política interna
- Código Civil
- Educação pública
- Banco da França (nova moeda: franco)

Política externa

Bloqueio Continental

Fuga da família real portuguesa (1808)
- Abertura dos portos
- Relações comerciais com a Inglaterra

Guerras

Oposição das potências europeias

Campanha russa

Derrota

Governo dos cem dias (1815)

Derrota final (Waterloo)

Museu do Louvre, Paris

Liberalismo burguês
- Doutrina Monroe (Estados Unidos)
- Princípio da não intervenção (Inglaterra)

×

Congresso de Viena (1815)
- Reação conservadora
- Legitimidade
- Equilíbrio europeu
- Santa Aliança

Exercícios

1. (UFRGS-RS) Em 1815, foi encerrado o Congresso de Viena que tinha como propósito reorganizar o mapa político da Europa.

A respeito desse Congresso, considere as seguintes afirmações.

I. Foi realizado após a derrota de Napoleão Bonaparte, que havia alterado o equilíbrio de forças na Europa.

II. Resultou na formação da Santa Aliança para coibir qualquer tentativa de revolução liberal.

III. Garantiu a Portugal e Espanha ganhos territoriais na Europa, por terem lutado contra as forças napoleônicas.

Quais estão corretas?

a) Apenas I.
b) Apenas II.
c) Apenas I e II.
d) Apenas I e III.
e) I,II e III.

2. (FGV-SP)

Restauração é o nome do regime estabelecido na França durante quinze anos, de 1815 a 1830, mas essa denominação convém a toda a Europa. Ela é múltipla e se aplica a todos os aspectos da vida social e política.

RÉMOND, René. *O século XIX*: introdução à história do nosso tempo.

Reconhece-se a Restauração no processo que

a) restituiu o poder aos monarcas europeus alinhados a Napoleão Bonaparte, provocando a generalização da contrarrevolução na América colonial, que havia sido varrida pelas independências nacionais.
b) alçou a Inglaterra à condição da nação mais poderosa do mundo, com capacidade de reverter a proibição do tráfico de escravos africanos para a América e de defender a recolonização de espaços coloniais espanhóis americanos.
c) restabeleceu as bases do sistema colonial na América e na Ásia, com a recriação de companhias de comércio marcadas pela rigidez metropolitana, além da prática do "mar fechado" e do porto único.
d) permitiu a volta das antigas dinastias ao poder, que o haviam perdido com as guerras napoleônicas, e que criou a Santa Aliança, nascida com o intuito de reprimir movimentos revolucionários.
e) ampliou os direitos trabalhistas em toda a Europa, condição que provocou as revoluções de 1820 e 1830, eventos fundamentais para a retomada dos valores políticos anteriores à Revolução Francesa.

3. (Fuvest-SP) As guerras napoleônicas, entre o final do século XVIII e as primeiras décadas do século XIX, tiveram consequências diretas muito importantes para diversas regiões do mundo. Mencione e explique uma delas, relativa

a) ao leste da Europa;
b) ao continente americano.

4. (UFU-MG)

Texto 1

Depois que o Estado ficou em estado de orfandade política devido à ausência e prisão de Fernando VII, os povos reassumiram o poder soberano. Ainda que seja verdade que a nação havia transmitido esse poder aos reis, sempre foi com um caráter reversível, não somente no caso de uma deficiência total, mas também no de uma deficiência momentânea e parcial.

Fragmento do Regulamento da Divisão de Poderes, Buenos Aires, 1811. Apud PAMPLONA, Marco A. e MÄDER, Maria Elisa (orgs.). *Revoluções de independências e nacionalismos nas Américas:* região do Prata e Chile. São Paulo: Paz e Terra, 2007, p. 251.

Texto 2

Para sustentar a escravidão dos povos, não têm outro recurso que transformar em mérito o orgulho de seus sequazes e cobri-los de distinções que criam uma distância imensa entre o infeliz escravo e seu pretendido senhor. Essa é a origem dos títulos de condes, marqueses, barões, etc., que a corte da Espanha prodigalizava para duplicar o peso de seu cetro de ferro que gravitava sobre a inocente América. Longe de nós tão execráveis e odiosas preeminências; um povo livre não pode ver brilhar o vício diante da virtude. Estas considerações estimularam a Assembleia a expedir a seguinte LEI:

A Assembleia Geral ordena a extinção de todos os títulos de condes, marqueses e barões no território das Províncias Unidas do Rio da Prata.

O redator da Assembleia, n. 9. 29 de maio de 1813. In. PAMPLONA, Marco Antônio e MÄDER, Maria Elisa (orgs.). *Revoluções de independências e nacionalismos nas Américas:* região do Prata e Chile. São Paulo: Paz e Terra, 2007, p.110. (Adaptado)

Os textos apontam para ânimos distintos relativos ao processo de independência na América espanhola.

a) Explique o contexto histórico europeu relacionado ao início do processo revolucionário na América espanhola.
b) Identifique as mudanças no processo de independência do Rio da Prata a partir dos documentos acima apresentados.

5. (UEG-GO) Em 1804, Napoleão Bonaparte recebeu o título de Imperador, mediante um plebiscito. Durante sua cerimônia de coroação, ele retirou do Papa a coroa e colocou-a em sua cabeça com as próprias mãos. Esse gesto ousado representou

a) o rompimento entre a Igreja Católica Romana e o novo Estado Revolucionário Francês.
b) que Napoleão estava assumindo todas as responsabilidades do Poder Moderador na França.
c) que Napoleão, símbolo máximo da força da burguesia, considerava-se mais importante que a tradição da Igreja.
d) a criação de uma religião de Estado, tendo como figura central o Imperador, a exemplo do Anglicanismo inglês.

6. (PUC-RJ) Surpreendidas pela invasão napoleônica em 1807, as duas Coroas ibéricas tiveram desdobramentos políticos diferenciados. No caso espanhol, a captura do Rei Fernando VII por Napoleão acelerou a luta pela autonomia nas cidades e províncias de todo o Império. No caso português, a transmigração da família real para a colônia permitiu desdobramentos mais lentos ao Império luso.

Tendo em vista a conjuntura descrita acima,

a) **cite duas** medidas tomadas pelo Príncipe Regente D. João, a partir de 1808, que tenham favorecido a manutenção do controle português sobre as províncias brasílicas e seus territórios;

b) **identifique uma** característica das independências na América hispânica também encontrada nos movimentos pela independência ocorridos na América portuguesa.

7. (Cesgranrio-RJ) Na caricatura, os vencedores de Napoleão – o rei da Inglaterra, o rei da Prússia, o czar da Rússia e o imperador austríaco – se preparam para dividir um patê, que contém o antigo Imperador. Sob a mesa, o rei francês Luís XVIII espera as migalhas.

Interbits ®

Anônimo – O Patê Indigesto – século XIX. In: ENDERS, Arnelle; MORAES, Marieta; e FRANCO, Renato. *História em Curso: da Antiguidade à Globalização*. São Paulo: Editora do Brasil; Rio de Janeiro: Fundação Getúlio Vargas, 2008, p 227.

No que se refere a esse momento histórico, é **incorreto** afirmar-se que

a) o Congresso de Viena, ao reformular o mapa europeu e favorecer os grandes rivais da França napoleônica, não respeitou as reivindicações nacionais das populações dos territórios ocupados.

b) a França recebeu algumas "migalhas", pois manteve sua integridade territorial e teve restaurada no poder a dinastia deposta pela Revolução Francesa, apesar de temporariamente ocupada por forças militares vencedoras.

c) as grandes reservas de matéria-prima necessárias ao desenvolvimento econômico dos países vencedores encontravam-se nas áreas submetidas, até então, ao domínio da França, o que explica a situação humilhante do rei francês na caricatura.

d) todos os soberanos sentados à mesa obtiveram vantagens territoriais pelo Congresso de Viena, contudo, coube à Inglaterra a anexação da maior parte de áreas estratégicas para a manutenção da supremacia marítima.

e) alguns dos países cujos soberanos foram retratados na caricatura reuniram-se, dando origem à Santa Aliança, na tentativa de evitar, a qualquer custo, a eclosão de revoluções liberais, contendo a burguesia e mantendo o Antigo Regime.

8. (Vunesp-SP)

Artigo 5º — O comércio de mercadorias inglesas é proibido, e qualquer mercadoria pertencente à Inglaterra, ou proveniente de suas fábricas e de suas colônias é declarada boa presa.

[...]

Artigo 7º — Nenhuma embarcação vinda diretamente da Inglaterra ou das colônias inglesas, ou lá tendo estado, desde a publicação do presente decreto, será recebida em porto algum.

Artigo 8º — Qualquer embarcação que, por meio de uma declaração, transgredir a disposição acima, será apresada e o navio e sua carga serão confiscados como se fossem propriedade inglesa.

Excerto do Bloqueio Continental, Napoleão Bonaparte. Citado por Kátia M. de Queirós Mattoso. *Textos e documentos para o estudo da história contemporânea (1789-1963)*, 1977.

Esses artigos do Bloqueio Continental, decretado pelo Imperador da França em 1806, permitem notar a disposição francesa de

a) estimular a autonomia das colônias inglesas na América, que passariam a depender mais de seu comércio interno.

b) impedir a Inglaterra de negociar com a França uma nova legislação para o comércio na Europa e nas áreas coloniais.

c) provocar a transferência da Corte portuguesa para o Brasil, por meio da ocupação militar da Península Ibérica.

d) ampliar a ação de corsários ingleses no norte do Oceano Atlântico e ampliar a hegemonia francesa nos mares europeus.

e) debilitar economicamente a Inglaterra, então em processo de industrialização, limitando seu comércio com o restante da Europa.

9. (Fuvest-SP) A cena retratada no quadro simboliza a

Interbits ®

Francisco José de Goya y Lucientes – 3 de maio [1808] em Madri.

a) estupefação diante da destruição e da mortalidade causadas por um tipo de guerra que começava a ser feita em escala até então inédita.
b) Razão, propalada por filósofos europeus do século XVIII, e seu triunfo universal sobre o autoritarismo do Antigo Regime.
c) perseverança da fé católica em momentos de adversidade, como os trazidos pelo advento das revoluções burguesas.
d) força do Estado nacional nascente, a impor sua disciplina civilizatória sobre populações rústicas e despolitizadas.
e) defesa da indústria bélica, considerada força motriz do desenvolvimento econômico dos Estados nacionais do século XIX.

10. (UFMG) Em 21 de novembro de 1806, em Berlim, Napoleão Bonaparte assinou um decreto, em que se estabeleciam as bases do que ele próprio denominou Bloqueio Continental.

Leia este trecho desse decreto:

Considerando [...] *Que a Inglaterra considera inimigo todo indivíduo que pertence a um Estado inimigo e, por conseguinte, faz prisioneiros de guerra não somente as equipagens dos navios armados para a guerra, mas ainda as equipagens das naves de comércio e até mesmo os negociantes que viajam para os seus negócios;* [...] *Decretamos o que segue: Artigo 1º As Ilhas Britânicas são declaradas em estado de bloqueio, Artigo 2º Qualquer comércio e qualquer correspondência com as Ilhas Britânicas ficam interditados* [...] *Artigo 3º Qualquer indivíduo, súdito da Inglaterra, qualquer que seja sua condição, que for encontrado nos países ocupados por nossas tropas ou pelas tropas de nossos aliados, será constituído prisioneiro de guerra. Artigo 4º Qualquer loja, qualquer mercadoria, qualquer propriedade pertencente a um súdito da Inglaterra será declarada boa presa. Artigo 5º O comércio de mercadorias inglesas é proibido, e qualquer mercadoria pertencente à Inglaterra, ou proveniente de suas fábricas e de suas colônias é declarada boa presa.*

Campo Imperial de Berlim, 21 de novembro de 1806.

A partir da leitura desse trecho e considerando outros conhecimento sobre o conflito, explique as diferenças relacionadas às políticas praticadas pela França e pela Inglaterra.

11. (Ufes)

"A Revolução Francesa dominou a história, a própria linguagem e o simbolismo da política ocidental, desde sua irrupção até o período que se seguiu à Primeira Grande Guerra Mundial".

Do texto anterior, de Eric Hobsbawm, pode-se inferir ter sido a Revolução Francesa um dos processos mais importantes do século XVIII. Entre os acontecimentos que a marcaram, destaca-se o golpe de 18 Brumário de 1799, pelo qual

a) a burguesia girondina reassumiu o poder, retomando o controle da Revolução.
b) Napoleão Bonaparte assumiu o poder, na condição de Primeiro Cônsul.
c) se instalou a Ditadura Montanhesa, sob a liderança de Robespierre.
d) se instalou o Regime do Terror, com a aprovação da Lei dos Suspeitos.
e) foi proclamada a República, após a vitória salvadora de Valmy.

12. (UFPR)

"Em nome da Santíssima e Indivisível Trindade e conforme as palavras das Sagradas Escrituras, segundo as quais todos os homens devem ter-se como irmãos, Suas Majestades o Imperador da Áustria, o Rei da Prússia e o Imperador da Rússia permanecerão unidos por laços de verdadeira e indissolúvel fraternidade: considerando-se compatriotas, em toda ocasião e em todo lugar, eles se prestarão assistência, ajuda e socorro".

(Trechos do Art. 1º do Tratado da Santa Aliança, citado por AQUINO, R. S. L. et alii. *História das sociedades*: das sociedades modernas às sociedades atuais. Rio de Janeiro: Ao Livro Técnico, 1979).

Considerando o exposto e a respeito da relação entre Napoleão Bonaparte e a "Santa Aliança", é correto afirmar:

(01) No processo de expansão do poder napoleônico na Europa, implantaram-se, em várias regiões do continente, reformas calcadas no modelo nacionalista, sob democrática liderança de Napoleão Bonaparte.
(02) Reunidos no Congresso de Viena em 1814-1815, os vencedores de Napoleão pretendiam refazer o mapa político europeu e restabelecer o equilíbrio político no continente europeu que existia antes da Revolução Francesa de 1789.
(04) A "Santa Aliança" foi um tratado idealizado pelo Czar Alexandre I da Rússia, após a derrota definitiva de Napoleão e dos franceses, e destinava-se a implantar um sistema de intervenção nos países ameaçados por revoluções.
(08) Apesar da oposição inglesa, em face de seus interesses nos mercados latino-americanos, o sistema da "Santa Aliança" reforçou-se nas décadas seguintes, principalmente em função da ativa liderança da Rússia, que pretendia impedir qualquer ação dos aliados contra a política da legitimidade.
(16) De maneira geral, as ações da "Santa Aliança" afirmavam a ascendência das forças de conservação sobre as forças de transformação. Estas estavam presentes nas reformas introduzidas por Napoleão durante suas conquistas na Europa, como a supressão dos direitos feudais e divulgação da ideia de igualdade civil.
(32) A conjuntura pós-napoleônica foi marcada pela ação da burguesia em prol dos ideais liberais e nacionais desencadeados com a Revolução Francesa, e contra a velha ordem absolutista representada pela Europa do Congresso de Viena.

BRASIL: SURGE UM PAÍS

Ideais Iluministas → **Revolução Francesa** → **Guerras Napoleônicas** → **Transferência da corte para o Brasil (1808)**

Ideais Iluministas → **Movimentos emancipatórios no Brasil**

Movimentos emancipatórios no Brasil →

Conjuração Mineira (1789)
- Movimento Republicano
- Independência de Minas e Rio de janeiro

→
- Denunciados
- A maioria condenada ao exílio
- Tiradentes condenado à morte

Conjuração Baiana (1798)
- Republica Baiense
- Caráter mais popular

→
- Condenados à morte e a castigos físicos

Revolução Pernambucana (1817)
- Derrubada do governo
- Extinção de parte dos impostos

→
- Violenta repressão
- Presos e executados

Guerras Napoleônicas → **Expulsão das tropas Napoleônicas de Portugal** → **Fim das guerras** → **Congresso de Viena**

Transferência da corte para o Brasil (1808) →

Período Joanino
- Abertura dos portos
- Reino Unido de Portugal Brasil e Algarves (1815)

Fim das guerras / **Congresso de Viena** / **Período Joanino** → **Revolução Liberal do Porto (1820)** → **Retorno de D. João VI para Portugal** →
- Medidas das Cortes desagradam elite brasileira
- Pressão para volta de D. Pedro

→ **Dia do Fico**

- Elites agrárias
- D. Pedro I

Dia do Fico / Elites agrárias, D. Pedro I → **Independência do Brasil (1822)** → Reconhecimento inglês (1825)

Bibliotheque Nationale, Paris

Exercícios

1. (FGV-RJ)

> *A história da construção do Estado brasileiro na primeira metade do século XIX foi a história da tensão entre unidade e autonomia. Por outro lado, no interior do Estado, de elites com fortes vínculos com os interesses de sua região de origem e ao mesmo tempo comprometidas com uma determinada política nacional, pautada pela negociação destes interesses e pela manutenção da exclusão social, marcou não apenas o século XIX, como também o século XX. Através do parlamento essas elites regionais têm imposto uma determinada dinâmica para o jogo político que se materializa na imensa dificuldade de empreender reformas sociais profundas.*
>
> DOLHNIKOFF, Miriam. *O pacto imperial.* As origens do federalismo no Brasil. São Paulo: Globo, 2005, p. 11-12.

De acordo com o ponto de vista apresentado no texto,

a) a história brasileira é marcada por práticas de tolerância política acentuadas nas últimas décadas com a redemocratização do país.

b) o parlamento é a única instituição política imune aos interesses e ao controle das elites regionais brasileiras.

c) as profundas reformas sociais só foram possíveis graças às transformações políticas ocorridas na primeira metade do século XIX no Brasil.

d) a dinâmica política do Estado nacional se constituiu com base em negociações entre as elites regionais e a exclusão social de outros setores.

e) as características descritas sobre o Estado revelam a supremacia do Poder Judiciário sobre o Poder Legislativo na história política brasileira.

2. (Vunesp-SP) O Brasil assistiu, nos últimos meses de 1822 e na primeira metade de 1823,

a) ao reconhecimento da Independência brasileira pelos Estados Unidos, pela Inglaterra e por Portugal.

b) ao esforço do imperador para impor seu poder às províncias que não haviam aderido à Independência.

c) à libertação da Província Cisplatina, que se tornou independente e recebeu o nome de Uruguai.

d) à pacífica unificação de todas as partes do território nacional, sob a liderança do governo central, no Rio de Janeiro.

e) à confirmação, pelas Cortes portuguesas e pela Assembleia Constituinte, do poder constitucional do imperador.

3. (UFPR)

> *"O processo de construção da unidade territorial e da formação do Estado no Brasil tem que ser visto como fruto de um longo consolidar de interesses e projetos em disputa, o que nos leva a concordar com Ilmar R. de Mattos, quando afirmou a impossibilidade de se conceber a consolidação do Estado brasileiro antes da década de 1840."*
>
> PEREIRA, Aline Pinto. *O Arquivo Nacional e a História Luso-brasileira.* Disponível em: <http://www.historiacolonial.arquivonacional.gov.br/cgi/cgilua. exe/sys/start.htm?infoid=1440&sid=128>.

Discorra sobre os interesses e projetos em disputa que impediram a consolidação do Estado nacional antes dos anos 1840.

4. (UFG-GO) Leia o poema a seguir.

A CANTIGA DO SERTANEJO

[...]
Pobre amor! o sertanejo
Tem apenas seu desejo
E as noites belas do val!
Só – o ponche adamascado,
O trabuco prateado
E o ferro de seu punhal!
[...]
Se tu viesses, donzela,
Verias que a vida é bela
No deserto do sertão!
Lá têm mais aroma as flores
E mais amor os amores
Que falam no coração!

AZEVEDO, Álvares de. Lira dos vinte anos. In: *Obra completa.* Organização de Alexei Bueno. Rio de Janeiro: Nova Aguilar, 2000. p. 131.

Álvares de Azevedo é um importante representante do Romantismo brasileiro oitocentista. No trecho da obra citada, o autor constrói uma imagem do sertão, decorrente

a) do compromisso dos artistas com o projeto de centralização do Império, que buscava integrar as províncias do interior ao Estado nacional.

b) do contato com as artes europeias, que favorecia a avaliação dos elementos individualizadores da identidade nacional emergente com a Independência.

c) da crítica aos problemas sociais das cidades litorâneas, que reforçava o saudosismo diante do declínio da economia cafeeira.

d) da elaboração de personagens caricatos, que marcava a geração de poetas influenciados pelos trabalhos da missão francesa.

e) da inspiração da literatura descritiva de jesuítas, que relatava o interior do Brasil, destacando o desenvolvimento da economia agropastoril.

5. (UEG-GO)

> *Foi fundamentalmente na conjuntura de desgaste da imagem do Imperador Pedro I, a partir de 1825, que iniciou-se um investimento simbólico em torno do Sete de Setembro [...]. Cristalizou-se, a partir de então, uma narrativa que atribuía à figura de Dom Pedro papel central nos acontecimentos que conduziram o Brasil ao rompimento de sua situação de Colônia, ou seja, à conquista da independência.*
>
> SANDES, Noé Freire. *A Invenção da nação – entre a Monarquia e a República*. Goiânia: Ed. da UFG, Agência Goiana de Cultura Pedro Ludovico Teixeira, 2000. p. 25.

Tendo em vista a leitura desse fragmento, percebe-se que a Independência do Brasil foi

a) um episódio que demonstrou a influência de José Bonifácio sobre o príncipe Pedro de Alcântara, que seria coroado Imperador.

b) um evento histórico que pode receber diferentes interpretações, segundo o contexto em que é analisado.

c) consequência do carisma exercido por D. Pedro I sobre a população brasileira.

d) resultado da união entre políticos do Partido Brasileiro, liderado por José Bonifácio, e pelo Partido Liberal.

6. (UFSM-RS) No texto "O Império enfermo", Cláudio Bertolli Filho afirma:

> *A vinda da Corte portuguesa para o Brasil em 1808 determinou mudanças na administração pública colonial, inclusive na área de saúde. Como sede provisória do império lusitano e principal porto do país, a cidade do Rio de Janeiro tornou-se o centro das ações sanitárias. Com elas, dom João VI procurou oferecer uma imagem nova de uma região que os europeus definiam como território da barbárie e da escravidão.*
>
> BERTOLLI FILHO, Cláudio. *História da saúde pública no Brasil*. 4. ed. São Paulo: Ática, 2001. p. 8.

As ocorrências mencionadas estão inseridas numa sucessão em que podem ser destacados, seja como antecedentes, seja como consequentes, os seguintes processos:

I. a Primeira Revolução Industrial e a busca da Inglaterra pela hegemonia comercial na Europa e no mundo.

II. a Revolução Francesa e as tentativas de expansão das conquistas dos revolucionários burgueses para a Europa.

III. as disputas entre a Inglaterra e a França, o decreto do Bloqueio Continental com as repercussões para a Espanha e Portugal e seus domínios ultramarinos.

IV. a crise do sistema colonial, os processos de independência nas Américas e a implantação de Estados Nacionais em ex-colônias da Inglaterra, França, Espanha e Portugal.

Estão corretas

a) apenas I e II.

b) apenas I e IV.

c) apenas II e III.

d) apenas III e IV.

e) I, II, III e IV.

7. (UFPE) Paulo Santos, em seu romance histórico intitulado *A noiva da Revolução*, escreve: "Eu já caíra no meio de vários *mata-marinheiros*, o esporte mais popular dos pernambucanos, mas eles não passavam de escaramuças de rua: era um galego apanhando aqui, outro tomando um trompaço acolá, um terceiro levando uma carreira, um grupo deles se armando de cacetes e devolvendo as gentilezas, uns balanços de vez em quando, a tropa descendo o pau na rafameia [...]". (p. 56). O referido romance tem como cenário o Pernambuco da Revolução de 1817. Sobre essa Revolução, analise as proposições abaixo.

( ) Foi caracterizada por um profundo sentimento antilusitano e intensa participação política do clero local, chegando, por isso, a ser também conhecida como "Revolução dos Padres".

( ) Organizada após instituição da derrama do ouro, não foi deflagrada, entre outros fatores, por ter sido delatada às autoridades portuguesas por um de seus adeptos.

( ) Foi um movimento representativo dos conflitos entre olindenses e recifenses na busca pela hegemonia política no Nordeste.

( ) Diversamente dos outros eventos que a precederam, somente ele rompeu efetivamente com a monarquia e seus valores.

( ) Foi um conflito cuja feição política representou a disputa de poder entre Liberais e Conservadores, em Pernambuco.

TEXTO PARA AS PRÓXIMAS 2 QUESTÕES:

> *Com a vinda da Corte, pela primeira vez, desde o início da colonização, configuravam-se nos trópicos portugueses preocupações próprias de uma colônia de povoamento e não apenas de exploração ou feitoria comercial, pois que no Rio teriam que viver e, para sobreviver, explorar "os enormes recursos naturais" e as potencialidades do Império nascente, tendo em vista o fomento do bem-estar da própria população local.*
>
> DIAS, Maria Odila Leite da Silva. *A interiorização da metrópole e outros estudos*, 2005.

8. (Vunesp-SP) A vinda da Corte portuguesa para o Brasil, ocorrida em 1808 e citada no texto, foi provocada, sobretudo,

a) pelo fim da ocupação francesa em Portugal e pelo projeto, defendido pelos liberais portugueses, de iniciar a gradual descolonização do Brasil.

b) pela pressão comercial espanhola e pela disposição, do príncipe regente, de impedir a expansão e o sucesso dos movimentos emancipacionistas na colônia.

c) pelo interesse de expandir as fronteiras da colônia, avançando sobre terras da América Espanhola, para assegurar o pleno domínio continental do Brasil.
d) pela invasão francesa em Portugal e pela proximidade e aliança do governo português com a política da Inglaterra.
e) pela intenção de expandir, para a América, o projeto de união ibérica, reunindo, sob a mesma administração colonial, as colônias espanholas e o Brasil.

9. (Vunesp-SP) A alteração na relação entre o governo português e o Brasil, mencionada no texto, pode ser notada, por exemplo,
a) na redução dos impostos sobre a exportação do açúcar e do algodão, no reforço do sistema colonial e na maior integração do território brasileiro.
b) no estreitamento dos vínculos diplomáticos com os Estados Unidos, na instalação de um modelo federalista e na modernização dos portos.
c) na ampliação do comércio com as colônias espanholas do Rio da Prata, na reurbanização do Rio de Janeiro e na redução do contingente do funcionalismo público.
d) na abertura de estradas, na melhoria das comunicações entre as capitanias e no maior aparelhamento militar e policial.
e) no restabelecimento de laços comerciais com França e Inglaterra, na fundação de casas bancárias e no aprimoramento da navegação de cabotagem.

TEXTO PARA AS PRÓXIMAS 2 QUESTÕES:

A(s) próxima(s) questão(ões) trata(m) da montagem do sistema político e de aspectos sociais e econômicos da sociedade brasileira à época do processo de emancipação de 1822. Na verdade, ela(s) trata(m) dos fundamentos de nossa sociedade e dá(ão) subsídios para que se possa entender como fomos nos formando combinando de forma desigual liberdade, participação política e justiça social. Como bem afirmou o historiador José Murilo de Carvalho: *"Temos liberdade, alguma participação e muita desigualdade"*.

10. (UEPB) Sobre aspectos sociais do processo de emancipação, assinale a única alternativa INCORRETA.
a) A composição demográfica do Brasil foi alterada a partir da segunda metade do século XIX com a abolição do tráfico de escravos, em 1850, e da própria escravidão, já em 1888. A adoção da mão de obra livre trouxe os imigrantes europeus e asiáticos, que contribuíram fortemente para que o país mudasse suas feições.
b) Um traço marcante da constituição do povo brasileiro é a cooperação entre as três raças (negro, branco e índio) no que ficou conhecido como a "mistura democrática das raças". Mas essa cooperação era algo impositivo, na medida em que cada uma das etnias era consciente de suas fraquezas e limitações.
c) No Império, a mulher brasileira tinha situação peculiar. Apenas as brancas podiam constituir famílias e legalizá-las. Eram privilegiadas em relação às mulheres escravas, mas não escapavam ao sistema patriarcal, que as submetia ao poder do chefe de família.
d) Quando do processo de emancipação, calculava-se a população brasileira em tomo de quatro milhões de habitantes. Quase a metade era formada por escravos africanos e indígenas. Mas a outra metade não era formada exclusivamente por brancos portugueses. Neste contingente incluíam-se mestiços de todos os tipos, sobretudo os mulatos e os mamelucos.
e) No Império, o catolicismo era a religião oficial do Estado brasileiro. Os padres eram funcionários públicos que recebiam ordenado do governo para cuidarem de tarefas administrativas como o registro de nascimento, casamento e óbito.

11. (UEPB) Sobre aspectos econômicos do processo de emancipação, assinale a única alternativa INCORRETA.
a) A emancipação de 1822 encontrou os centros mineradores do Brasil ainda produtivos, mas com acentuada decadência e grande número de pequenas propriedades voltadas para a agricultura e a pecuária de subsistência.
b) Mesmo sendo um importante produto de exportação brasileiro, o café não interferia nas relações político-econômicas internas, pois os cafeicultores do Rio de Janeiro e de São Paulo eram influenciados pelo liberalismo inglês e faziam oposição ao Imperador D. Pedro I.
c) Em 1822, a estrutura econômica brasileira era composta de latifúndios (voltados para a produção de mercadorias exportáveis, como açúcar, tabaco e algodão) e de médias e pequenas propriedades, que produziam para o mercado interno gêneros como feijão e milho.
d) No início do século XIX, a atividade predominante nas principais capitais do Brasil era o grande e pequeno comércio. Os comerciantes mais ricos eram aqueles que se dedicavam ao tráfico de escravos.
e) Com a emancipação, a economia brasileira se transformou com o desenvolvimento da cultura do café. A partir de 1830, ele assumiu o primeiro lugar na pauta de exportações do Brasil. No entanto, era um produto de exportação baseado no trabalho escravo.

A INDEPENDÊNCIA DA AMÉRICA ESPANHOLA

Espanha

- **Comércio monopolista**
- **Reorganização das leis fiscais**
- **Combate ao contrabando**

Aumento do custo de vida nas colônias

Insatisfação com a Metrópole

- **Rebeliões indígenas**
- **Rebelião dos colonos**

Rebelião de Tupac Amaru (1780)
- Maior revolta colonial americana
- 80 mil mortes

Invasões napoleônicas na Espanha

Enfraquecimento da Metrópole

Colonos depõem as autoridades
Formam juntas governativas,
Reprimidas pela coroa

Ideais separatistas se espalham

Inspiração
- Independência dos EUA
- Revolução Francesa

Guerras de independência entre 1817 e 1825

- Simón Bolívar (o Libertador)
- José de San Martín

Congresso do Panamá (1826)

Independência na América espanhola

Bolivanismo × **Caudilhismo**

República

Elite *criolla* + militarismo

Projetos diferentes para a América independente

Museu Bolívar, Caracas, Venezuela/Gianni Dagli Orti/The Art Archive/Other Images

Exercícios

1. (UFPR) Leia o trecho do discurso do presidente da República Bolivariana da Venezuela, Hugo Chávez, na 60ª assembleia da ONU, em 2005:

> *"Pois bem, nós lutaremos pela Venezuela, pela integração latino-americana e pelo mundo. Reafirmamos aqui nesse salão, nossa infinita fé no homem, hoje sedento de paz e de justiça para sobreviver como espécie. Simón Bolívar, pai de nossa pátria e guia de nossa revolução, jurou não dar descanso a seu braço, nem repouso a sua alma, até ver a América livre. Não demos nós descanso a nossos braços, nem repouso a nossas almas até salvar a humanidade."*

CHAVEZ, H. *apud* SOUZA, Maria de Fátima Rufino de; MARQUES DA SILVA, Maria Zélia. Bolívar, para além das representações e discursos políticos. *Amerindia*. Vol. 5, número 1/2008, p. 3.

Discorra sobre os problemas de implantação do projeto de desenvolvimento almejado por figuras políticas como Simón Bolívar e San Martin para as ex-colônias hispânicas no século XIX. Em seguida, explique por que e de que forma a figura de Bolívar é lembrada e cultuada nos dias atuais na política latino-americana.

2. (Vunesp-SP) Leia.

> *É uma ideia grandiosa pretender formar de todo o Novo Mundo uma única nação com um único vínculo que ligue as partes entre si e com o todo. Já que tem uma só origem, uma só língua, mesmos costumes e uma só religião, deveria, por conseguinte, ter um só governo que confederasse os diferentes Estados que haverão de se formar; mas tal não é possível, porque climas remotos, situações diversas, interesses opostos e caracteres dessemelhantes dividem a América.*

BOLÍVAR, Simón. Carta da Jamaica [06.09.1815]. *Simón Bolívar: política*, 1983.

O texto foi escrito durante as lutas de independência na América Hispânica. Podemos dizer que,

a) ao contrário do que afirma na carta, Bolívar não aceitou a diversidade americana e, em sua ação política e militar, reagiu à iniciativa autonomista do Brasil.
b) ao contrário do que afirma na carta, Bolívar combateu as propostas de independência e unidade da América e se empenhou na manutenção de sua condição de colônia espanhola.
c) conforme afirma na carta, Bolívar defendeu a unidade americana e se esforçou para que a América Hispânica se associasse ao Brasil na luta contra a hegemonia norte-americana no continente.
d) conforme afirma na carta, Bolívar aceitou a diversidade geográfica e política do continente, mas tentou submeter o Brasil à força militar hispano-americana.
e) conforme afirma na carta, Bolívar declarou diversas vezes seu sonho de unidade americana, mas, em sua ação política e militar, reconheceu que as diferenças internas eram insuperáveis.

3. (UFU-MG)

Texto 1

> *Depois que o Estado ficou em estado de orfandade política devido à ausência e prisão de Fernando VII, os povos reassumiram o poder soberano. Ainda que seja verdade que a nação havia transmitido esse poder aos reis, sempre foi com um caráter reversível, não somente no caso de uma deficiência total, mas também no de uma deficiência momentânea e parcial.*

Fragmento do Regulamento da Divisão de Poderes, Buenos Aires, 1811. Apud PAMPLONA, Marco A. e MÄDER, Maria Elisa (orgs.). *Revoluções de independências e nacionalismos nas Américas:* região do Prata e Chile. São Paulo: Paz e Terra, 2007, p. 251.

Texto 2

> *Para sustentar a escravidão dos povos, não têm outro recurso que transformar em mérito o orgulho de seus sequazes e cobri-los de distinções que criam uma distância imensa entre o infeliz escravo e seu pretendido senhor. Essa é a origem dos títulos de condes, marqueses, barões, etc., que a corte da Espanha prodigalizava para duplicar o peso de seu cetro de ferro que gravitava sobre a inocente América. Longe de nós tão execráveis e odiosas preeminências; um povo livre não pode ver brilhar o vício diante da virtude. Estas considerações estimularam a Assembleia a expedir a seguinte LEI:*
>
> *A Assembleia Geral ordena a extinção de todos os títulos de condes, marqueses e barões no território das Províncias Unidas do Rio da Prata.*

O redator da Assembleia, n. 9., 29 de maio de 1813. In. PAMPLONA, Marco Antônio e MÄDER, Maria Elisa (orgs.). *Revoluções de independências e nacionalismos nas Américas;* regiões do Prata e Chile. São Paulo: Paz e Terra, 2007, p. 110. (Adaptado)

Os textos apontam para ânimos distintos relativos ao processo de independência na América espanhola.

a) Explique o contexto histórico europeu relacionado ao início do processo revolucionário na América espanhola.
b) Identifique as mudanças no processo de independência do Rio da Prata a partir dos documentos acima apresentados.

4. (Unicamp-SP)

> *"Ninguém é mais do que eu partidário de uma política exterior baseada na amizade íntima com os Estados Unidos. A Doutrina Monroe impõe aos Estados Unidos uma política externa que se começa a desenhar. [...] Em tais condições a nossa diplomacia deve ser principalmente feita em Washington [...]. Para mim a Doutrina Monroe [...] significa que politicamente nós nos desprendemos da Europa tão completamente e definitivamente como a Lua da Terra."*

Adaptado de : NABUCO, Joaquim, citado por José Maria de Oliveira Silva, "Manoel Bonfim e a ideologia do imperialismo na América Latina", em *Revista de História*, n. 138. São Paulo, jul. 1988, p. 88.

Sobre o contexto ao qual o político e diplomata brasileiro Joaquim Nabuco se refere, é possível afirmar que:

a) A Doutrina Monroe a que Nabuco se refere, estabelecida em 1823, tinha por base a ideia de "a América para os americanos".

b) Joaquim Nabuco, em sua atuação como embaixador, antecipou a política imperialista americana de tornar o Brasil o "quintal" dos Estados Unidos.

c) Ao declarar que a América estava tão distante da Europa "como a Lua da Terra", Nabuco reforçava a necessidade imediata de o Brasil romper suas relações diplomáticas com Portugal.

d) O pensamento americano considerava legítimas as intenções norte-americanas na América Central, bem como o apoio às ditaduras na América do Sul, desde o século XIX.

5. (PUC-RJ) No curto período que vai de 1776 ao fim do primeiro quartel do século XIX, surgiram neste lado do Atlântico estados-nação, em sua maioria repúblicas, mas também monarquias constitucionais.

Assinale a afirmação que **NÃO EXEMPLIFICA** esse processo.

a) A independência das 13 colônias inglesas representou a primeira grande quebra no mundo colonial do Antigo Regime, e suas declarações chegaram a inspirar experiências similares entre os colonos hispano-americanos.

b) O Bloqueio Continental e a ocupação da península ibérica por Napoleão foram o principal estopim para o início da rápida desagregação dos dois maiores impérios atlânticos, o espanhol e o português.

c) A vinda de D. João VI para o Brasil permitiu uma sobrevida ao Império português. O antigo regime aqui sobreviveria até o final do século XIX, como bem demonstrou a continuação da monarquia e da escravidão.

d) Os quatro principais vice-reinos da América espanhola fragmentaram-se rapidamente e, após um longo período de guerras internas, chegou-se à metade do século com cerca de 17 novos estados soberanos.

e) Nem todo o hemisfério escapou do jugo colonial europeu à época. No Caribe, por exemplo, Cuba continuou ligada à Espanha até 1898, e o Domínio do Canadá, criado em 1867, à Confederação das Colônias Britânicas da América do Norte.

6. (Uerj)

http://oubarbarie.wordpress.com

No século XVIII, durante a Revolução Francesa, Saint Domingue, uma pequena colônia na América Central, rebelou-se contra sua metrópole, dando início à luta pela independência do Haiti, em um processo diferente daqueles que ocorreram nas demais colônias do continente americano.

Aponte uma proposta da Revolução Francesa que influenciou a independência do Haiti e a principal diferença entre este processo e as outras lutas pela independência das colônias americanas.

7. (Vunesp-SP) O caudilhismo é um fenômeno político hispano-americano do século XIX, que se associa

a) à resistência contra o intervencionismo norte-americano, sobretudo nas áreas do Caribe e América Central.

b) às guerras civis entre unitários e federalistas durante o processo de formação dos Estados nacionais.

c) aos pensadores liberais que lutaram pela emancipação política e econômica do continente.

d) às lideranças militares que atuaram nas guerras de independência e defenderam a unificação do continente.

e) ao temor, manifesto sobretudo na região do Prata, de que o Império brasileiro avançasse militarmente para o sul.

8. (UnB-DF) Com relação à história da América Latina no século XIX, julgue o próximo item.

O século XIX foi marcado, no México, por dois períodos em que se tentou consolidar um regime político monárquico. Os dois imperadores mexicanos, Augustín de Iturbide e Maximiliano de Habsburgo-Lorena, compartilharam não só o fato de terem governado por períodos relativamente curtos, mas também o destino de terem sido executados após a sua deposição.

9. (UFSM-RS)

> *Simón Bolívar (1783-1830) era "partidário da formação de grandes Estados e confederações, porque sabia que nações pequenas e fracas nada mais seriam do que dependências econômicas da Inglaterra e dos Estados Unidos".*
>
> CÁCERES, Florival. *História da América*. São Paulo: Moderna, 1992. p. 98.

O pensamento e a figura do libertador Simón Bolívar se tornaram representativos de um projeto de América Latina, a respeito do qual é possível afirmar:

I. Devido à sua origem mestiça, Simón Bolívar expressava a ideia de uma sociedade americana liberta do domínio espanhol e organizada politicamente, de modo a integrar os povos nativos da América e também os negros trazidos da África.

II. A formação de empresas estatais e a limitação do tamanho das propriedades rurais faziam parte do ideário de Simón Bolívar e foram combatidas pela aristocracia *criolla*, satisfeita com a estrutura econômica e social colonial.

III. A Confederação Pan-Americana esboçada por Bolívar enfrentou a oposição de grupos oligárquicos, dispostos tanto a se afirmarem como forças políticas dominantes em suas regiões quanto a negociarem com as potências imperialistas.

IV. O projeto de unidade política de Simón Bolívar chocou-se com os interesses das oligarquias rurais da Colômbia, Venezuela e Equador e também da Inglaterra e Estados Unidos.

Está(ão) correta(s)

a) apenas I e II.
b) apenas I e III.
c) apenas I, II e III.
d) apenas III e IV.
e) apenas IV.

10. (UEM-PR) A luta pela independência dos países americanos se desenvolveu nos séculos XVIII e XIX. Assinale o que for correto sobre os movimentos emancipacionistas desses países.

(01) A Igreja Católica ficou neutra durante as lutas pela independência das colônias americanas.
(02) A Revolução que culminou com a independência dos Estados Unidos foi inspirada nas teorias dos pensadores iluministas franceses e nas ideias de John Locke.
(04) A Rebelião dos Comuneros, liderada principalmente por índios e crioulos, lutou pela independência do Paraguai e pelo estabelecimento de um governo popular.
(08) A Inglaterra sempre se opôs à independência das colônias portuguesas e espanholas.
(16) No final da década de 1820, apenas Cuba e Porto Rico mantinham-se dependentes do Império Espanhol.

11. (UFJF-MG) A seguir se encontram descritas diferentes características dos processos de independência da América Latina e da América do Norte. Sobre esse contexto, leia as alternativas adiante.

I. Nos Estados Unidos, como ideias, ciência imediata de seu processo de independência, ocorreu a abolição da escravatura.

II. Em toda a América Espanhola ocorreu uma aliança entre as elites locais e os setores populares contra os interesses metropolitanos sem, contudo, produzir mudanças nas formas de governo.

III. Na América Portuguesa, a transferência da Corte para o Rio de Janeiro, bem como a abertura dos portos às nações amigas constituiu-se em importante fator para a crise do sistema colonial.

IV. O processo de independência no Haiti caracterizou-se por uma rebelião escrava, constituindo-se em um singular modelo de luta anticolonial.

Marque a opção CORRETA.

a) Todas estão corretas.
b) Todas estão incorretas.
c) Apenas a I e IV estão corretas.
d) Apenas a I e III estão corretas.
e) Apenas a III e IV estão corretas.

12. (UEL-PR) Jean Jaques Dessalines, um dos líderes da revolução do Haiti, declara:

> *"Salvei a minha pátria. Vinguei a América... Nunca mais um colono europeu porá o pé neste território com o título de amo ou de proprietário."*

Fonte: DOZER, D. M. *América Latina*: uma perspectiva histórica. Tradução de Leonel Zallandro. Porto Alegre; Editora Globo; São Paulo; Edusp, 1996. p.191, 192.

Baseado nesta declaração e nos conhecimentos sobre o tema, é correto afirmar que:

a) Após a independência, as rebeliões feitas pela população negra e mulata contra a exploração colonialista e os exércitos franceses deixaram de fazer parte do cotidiano da população haitiana.
b) Dessalines, como líder revolucionário, conseguiu promover a unidade territorial do Haiti, unindo a metade oriental da ilha com a parte ocidental, que continuava escravista.
c) A emancipação do Haiti deu-se em função das contradições sociais existentes nessa colônia e configurou-se num movimento de caráter político, econômico e social, visando estabelecer uma nova ordem sobre bases democráticas.
d) O Haiti emancipado foi dirigido por governantes democráticos, cujos princípios assemelhavam-se aos da Revolução Francesa, como liberdade, igualdade e fraternidade.
e) Os negros e mulatos, mesmo sendo a maioria, não tiveram força suficiente para promover a emancipação em função da superioridade estratégica e armamentícia do exército francês.

13. (UFPEL-RS)

CAMPOS, Flávio de e MIRANDA, Renan Garcia. *Oficina de História*. São Paulo: Moderna, 2000. [adapt.]

As emancipações políticas do México, da Grã-Colômbia, do Peru, do Chile, do Paraguai e da Argentina, expressas no mapa, estão relacionadas

a) aos interesses ingleses em oposição à política adotada por Napoleão sobre a península Ibérica, desde o Bloqueio Continental.
b) às determinações do Congresso de Viena, que restauraram as fronteiras europeias na América, vigorantes antes da Revolução Francesa.
c) às unificações alemã e italiana, e às ideias nacionalistas que inspiraram os movimentos de independência na América.
d) à política da "América para os americanos", que serviu de fundamento para a independência dos Estados Unidos.
e) à atuação da Santa Aliança na restauração das possessões na América Latina e à manutenção do equilíbrio político entre os países europeus.

TEMA 16

NOVOS PROJETOS POLÍTICOS: LIBERALISMO, SOCIALISMO E NACIONALISMO

Europa, século XIX

Crises Socias / Políticas

- Lutas trabalhistas
- *Trade Unions*
- Movimento Ludita

Movimentos revolucionários

Liberalismo

Adam Smith

- Propriedade privada
- Individualismo econômico
- Livre concorrência ("mão invisível")
- Sem controle estatal

Ricardo/Malthus

Socialismo

Socialismo utópico
- Fourier
- Ouser

Socialismo científico
- Luta de classes
- Fim da propriedade privada e da exploração (mais-valia)

Revolução socialista
Controle estatal dos meios de produção

Comunismo
- Fim do Estado
- Fim das classes sociais

- Karl Marx
- Friedrich Engels

Internacional Comunista/ Partidos comunistas

- 1ª Internacional (1864)
- 2ª Internacional (1889) → Reformistas → Internacional socialista (1923)
- 3ª Internacional (1919)

Anarquismo

Não passa pelo socialismo

Homens livres e iguais

Comunismo
- Fim do Estado
- Fim da Igreja

- Proudhon
- Bakunin

Nacionalismo

- Direito de se autogovernar
- Soberania sobre o território

Unificação da Itália (Cavour e Garibaldi) a partir do Piemonte-Sardenha

Unificação da Alemanha (Bismarck) a partir da Prússia

Expansão e disputas imperialistas

Museu Karl Marx, Trier, Alemanha/Erich Lessing/Album/Latinstock

Exercícios

1. (UFBA)

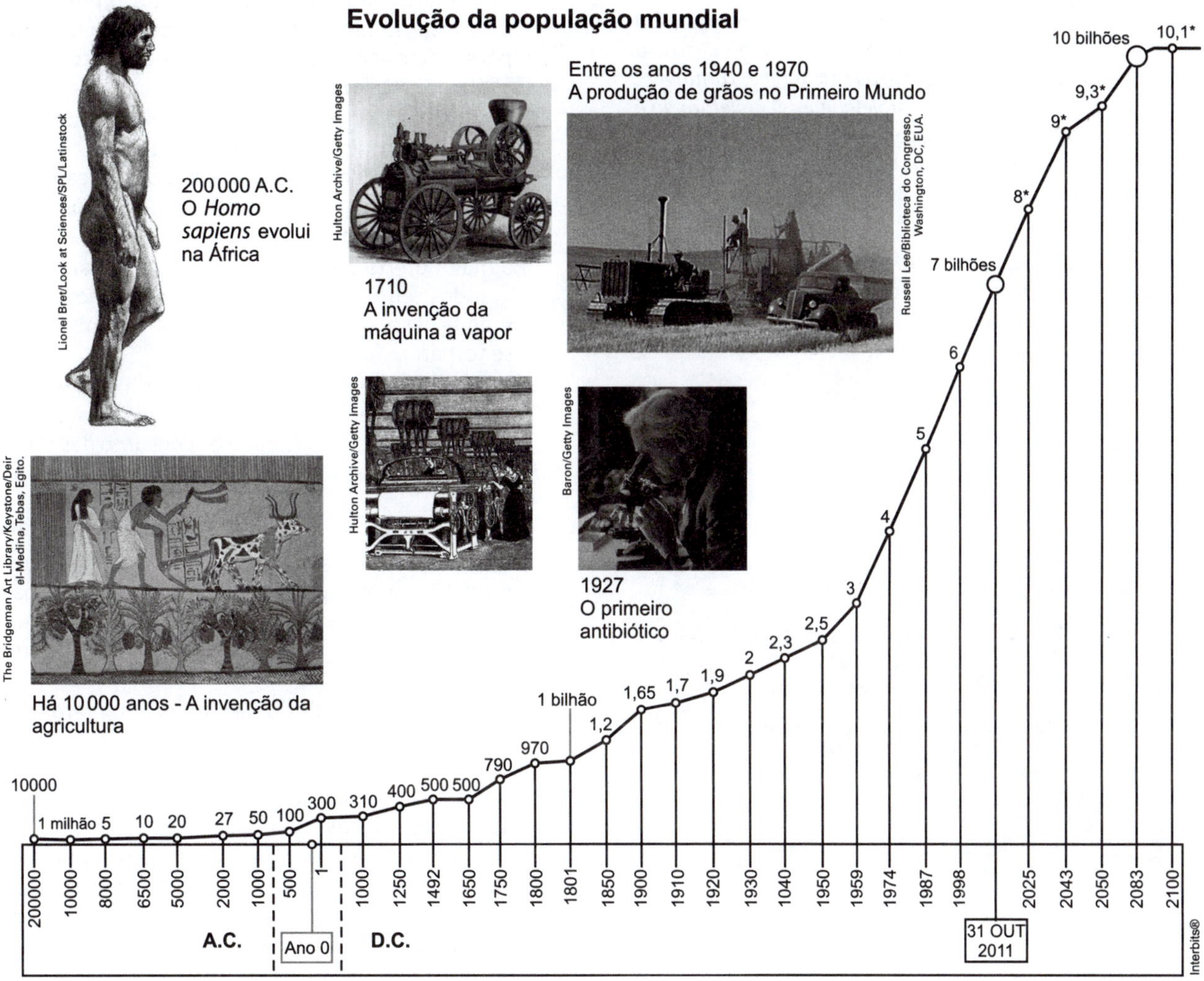

*Previsão estimada

Considerando-se os dados apresentados no gráfico e os conhecimentos sobre a evolução tecnológica, o crescimento, a distribuição e os principais movimentos migratórios da população mundial, é correto afirmar:

(01) A população avançou lentamente, com a evolução da espécie — há, aproximadamente, duzentos mil anos —, porém, a partir do surgimento da agricultura e da domesticação dos animais — promovendo o aumento de grãos e o suporte animal —, o crescimento populacional aumentou, apesar dos altos índices de mortalidade.

(02) A Revolução Industrial estava em pleno curso, com alta produtividade, transportes mais rápidos e a população mundial atingia um bilhão de habitantes, quando Thomas Malthus alertou para a desarmonia entre o crescimento populacional e a falta de alimentos.

(04) O século XIX, conhecido pelos avanços na educação e na saúde, ficou marcado pela queda da mortalidade infantil e pelas conquistas da medicina, acelerando, assim, o crescimento da população até os dias atuais.

(08) A Ásia é, atualmente, o continente mais populoso do planeta, a África tem as maiores taxas de crescimento demográfico, e os países ricos da Europa apresentam um envelhecimento da população.

(16) As projeções estatísticas das últimas décadas apontam para uma redução dos movimentos migratórios, principalmente por causa da globalização e da diminuição dos conflitos.

(32) O Brasil possui baixa densidade demográfica, mas a população está muito mal distribuída pelo território, havendo maior concentração na faixa litorânea, adentrando-se especialmente na Região Sudeste.

2. (Fatec-SP) Em 2012, o Brasil comemorou os 100 anos de nascimento do escritor baiano Jorge Amado. Uma das características de seus livros é a defesa de suas ideias políticas.

Leia atentamente o trecho do romance *Jubiabá*, publicado em 1937.

> *"Quando eu saio de casa, digo a meus filhos: vocês são irmãos de todas as crianças operárias do Brasil. Digo isso porque posso morrer e quero que meus filhos continuem a lutar pela redenção do proletariado. O proletariado é uma força e se souber se conduzir, se souber dirigir a sua luta, conseguirá o que quiser..."*
>
> Adaptado de: AMADO, Jorge. *Jubiabá*. São Paulo: Martins Fontes, s/d, p. 286.

Considerando que o trecho expressa o ponto de vista do escritor, conclui-se que Jorge Amado defendia uma posição política

a) integralista.
b) socialista.
c) neoliberal.
d) absolutista.
e) nazifascista.

3. (Mack-SP)

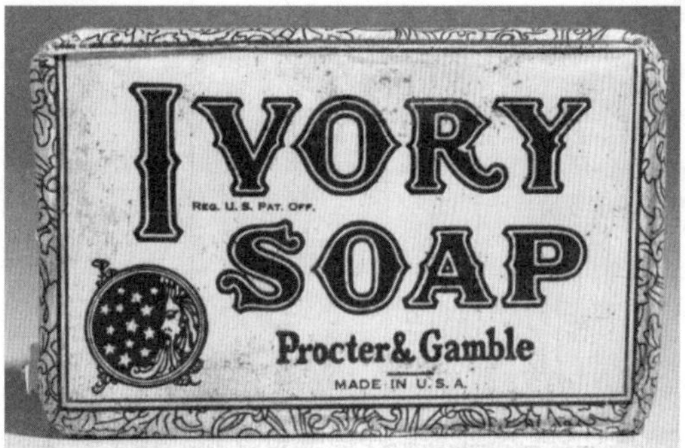

Fotos: Reprodução/Coleção particular

Sabão Ivory

1909 – Sabonete L'Aureole

Na segunda metade do século XIX, em todo mundo ocidental, verificou-se o crescimento das elites urbanas. A existência de um público leitor urbano, com determinado nível de renda e de instrução, determinou a reformulação da linguagem visual da época, como vemos nas imagens de embalagem de sabonete acima. Além das novas tecnologias introduzidas no setor gráfico, permitindo a produção e a veiculação em maior escala de informações e de imagens, o outro fator decisivo para essa expansão foi

a) a mudança na relação entre comerciante e consumidor que passou a depender muito mais do poder de influência da publicidade e da embalagem dos produtos, do que da real necessidade do consumidor em adquiri-los.
b) o apoio irrestrito dos governos nacionais, que se utilizaram dessa expansão inédita de impressos e do consumo tipográfico pela população urbana para anunciar e veicular símbolos patrióticos e incentivar o nacionalismo.
c) a ávida necessidade, nessas novas sociedades urbanas ocidentais, de informação e de ideais, como pátria e liberdade, civilização e tecnologia, capazes de unirem, em torno de um mesmo ideal, os diferentes grupos sociais.
d) a maior oferta de mão de obra especializada nos grandes centros urbanos, capaz de atender a demanda desse novo setor tipográfico e também de se tornarem futuros consumidores.
e) a busca constante de novidades que pudessem aumentar as vendas no comércio, dado ao aumento expressivo da capacidade de consumo das classes trabalhadoras urbanas.

4. (UFSJ-MG) Analise as afirmativas abaixo. (Adaptada)

I. As revoluções liberais do século XIX tiveram como modelos ideológicos as Revoluções Americana (1776), a Francesa (1789), bem como da Revolução Industrial Inglesa, que vinha acontecendo desde meados do século XVIII.
II. As revoluções liberais do século XIX atingiram seu ápice em 1848, trazendo, além do seu caráter liberal e burguês, um novo elemento: a participação da classe operária vinculada à indústria, com tendências socialistas.
III. As bases do liberalismo defendido pelos revolucionários liberais do século XIX eram: propriedade privada, individualismo econômico e liberdade de comércio, de produção e de contrato de trabalho sem controle do Estado.
IV. As revoluções liberais do século XIX tiveram caráter socialista e anarquista e defendiam uma sociedade livre, sem classes sociais, fim da propriedade privada e da livre concorrência.

Sobre as revoluções liberais do século XIX, estão **CORRETAS** apenas as afirmações:

a) I, II e IV
b) I, II e III
c) I, III e IV
d) II, III e IV

5. (Uespi) O capitalismo se propagou em busca de mercados e de novas técnicas de produção. No entanto, o progresso desejado não atingia a todos e provocava desigualdades. Uma crítica radical ao capitalismo se expressou na obra de Marx, que:

a) renovou a concepção econômica da época, negando todos os princípios defendidos pelos economistas clássicos e fisiocratas.

b) formulou propostas de revoluções sociais que lembram as teses anarquistas mais comuns no movimento bolchevique.
c) definiu utopias importantes para resolver as questões da desigualdade social, adotadas, com coerência, pelo socialismo no século XX.
d) acusou a existência de exploração do trabalho humano, que trazia dificuldades sociais para a maioria de população.
e) defendeu a organização da classe operária em sindicatos urbanos com a finalidade de constituir seus movimentos de reivindicação.

6. (UFPE) No século XIX, houve mudanças na forma de pensar as relações políticas e sociais. Observando os acontecimentos da época, nos diversos campos do saber, podemos assinalar que:

( ) o pensamento de Auguste Comte se destacou na formulação das pesquisas científicas, com repercussões na cultura internacional, embora não tenha ficado livre de críticas.
( ) os estudos históricos ganharam dinamismo, com interesses de muitas nações em formar seus acervos e sedimentar a atividade de intelectuais especialistas.
( ) as teorias de Marx tiveram presença no movimento dos trabalhadores, incentivando rebeldias e críticas ao capitalismo.
( ) as teses iluministas foram contestadas amplamente, com a crise do liberalismo e a ascensão dos partidos socialistas.
( ) a formação de novos conhecimentos contribuiu também para fortalecer preconceitos e criar hierarquias sociais violentas.

7. (Fatec-SP) Em 1848, dois jovens revolucionários alemães escreveram:

> *"Assim, o desenvolvimento da grande indústria mina sob os pés da burguesia as bases sobre as quais ela estabeleceu o seu sistema de produção e de apropriação. A burguesia produz, antes de mais nada, os seus próprios coveiros. A sua queda e a vitória do proletariado são igualmente inevitáveis."*
>
> Cf. K. Marx-F. Engels. *Obras escolhidas em três tomos*. Lisboa-Moscovo: Edições "Avante!"/Edições Progresso, 1982.

Esse texto expressa princípios da ideologia

a) fascista.
b) capitalista.
c) comunista.
d) iluminista.
e) darwinista.

8. (Uespi) A modernidade não se fez sem a multiplicidade de saberes e o confronto de concepções de mundo. Por exemplo, no século XIX, o movimento romântico:

a) incentivou ideais nacionalistas e construiu críticas ao Iluminismo.
b) negou as principais teorias de Rousseau e dos filósofos idealistas.
c) foi contra as tradições populares, o que favoreceu a escolha de caminhos elitistas.
d) aceitou muitas regras do classicismo, desprezando o individualismo burguês.
e) anulou a importância da memória histórica e do apego às tradições.

9. (ESPM-SP) Em conjunto com as grandes transformações econômicas, políticas e sociais do século XIX, surgiram doutrinas e correntes ideológicas. Uma delas foi o Anarquismo que pregava:

a) o respeito à propriedade privada, o controle demográfico e a observância da lei natural da oferta e da procura;
b) a revolução socialista, o controle do Estado pela ditadura do proletariado, o comunismo;
c) a erradicação do Estado, das classes, das instituições e tradições visando à imediata instalação do comunismo;
d) a necessidade de um contrato entre os governados e o Estado, o imperativo da moral e do bem comum como fundamentos do poder político;
e) a religião como instrumento de reforma e justiça social, além da formação de comunidades coletivistas.

10. (Unicamp-SP)

> *A história de todas as sociedades tem sido a história das lutas de classe. Classe oprimida pelo despotismo feudal, a burguesia conquistou a soberania política no Estado moderno, no qual uma exploração aberta e direta substituiu a exploração velada por ilusões religiosas.*
>
> *A estrutura econômica da sociedade condiciona as suas formas jurídicas, políticas, religiosas, artísticas ou filosóficas. Não é a consciência do homem que determina o seu ser, mas, ao contrário, são as relações de produção que ele contrai que determinam a sua consciência.*
>
> (Adaptado de K. Marx e F. Engels, *Obras escolhidas*. São Paulo: AlfaÔmega, s./d., vol. 1, p. 21-23, 301-302.

As proposições dos enunciados acima podem ser associadas ao pensamento conhecido como

a) materialismo histórico, que compreende as sociedades humanas a partir de ideias universais independentes da realidade histórica e social.
b) materialismo histórico, que concebe a história a partir da luta de classes e da determinação das formas ideológicas pelas relações de produção.
c) socialismo utópico, que propõe a destruição do capitalismo por meio de uma revolução e a implantação de uma ditadura do proletariado.
d) socialismo utópico, que defende a reforma do capitalismo, com o fim da exploração econômica e a abolição do Estado por meio da ação direta.

EUROPA E EUA NO SÉCULO XIX

Século XIX → **Europa** / **Estados Unidos**

Europa

Inglaterra

Era Vitoriana

- Movimento operário
- Carta do povo
- Movimento cartista

Grandes conquistas trabalhistas

- Legislação trabalhista
- Melhores salários
- Redução da jornada

França

Tentativa de restauração do Absolutismo (1815-1830)

- **Luís XVIII** (moderado)
- **Carlos X** (absolutista)

Oposição popular e da burguesia

Revolução Liberal (1830)

Luís Filipe (1830-1848) Rei burguês

Revoluções de 1848 (Primavera dos Povos)

- Conquistas dos trabalhadores
- Leis e direitos

2ª República (1848-1851) → **Eleição** → **Luís Bonaparte** → **Napoleão III** ↔ **Plebiscito** ↔ **2º Império** (1851-1870)

Derrota na Guerra Franco-Prussiana

3ª República (1870-1940) → **Comuna de Paris (1871)**

Estados Unidos

Doutrina Monroe (1823)

- América para os americanos
- Apoio às independências americanas
- Expansão territorial
- Conquista do Oeste

Guerra de Secessão (1861-1865)

- Vitória do norte industrial
- Lincoln
- Fim da escravidão

Corolário Roosevelt

- Política do *Big Stick*
- Intervenção nos países da América Latina

Potência Mundial

Museu do Louvre, Paris

Exercícios

1. (UFRGS-RS) Observe o mapa abaixo.

Resultado das eleições presidenciais norte-americanas (novembro 2012)

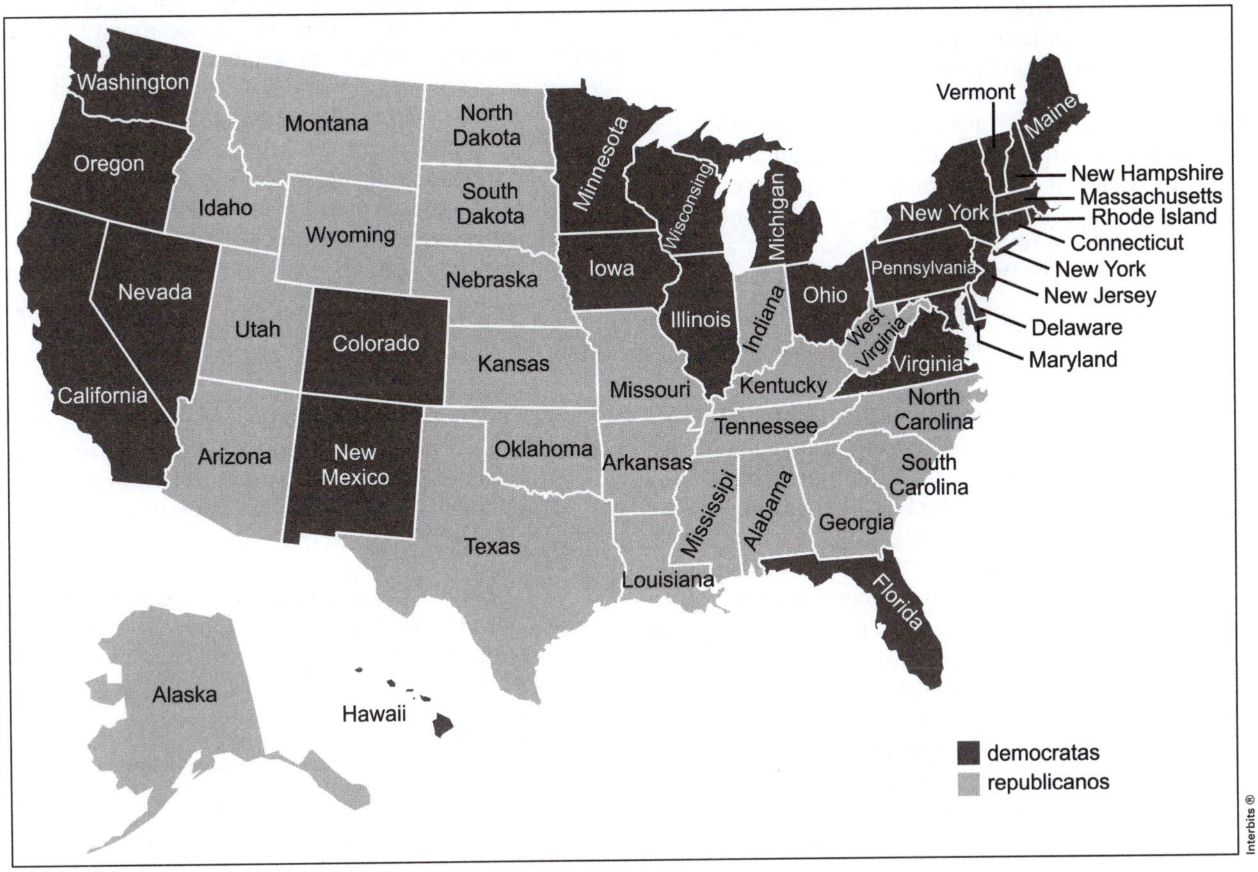

As afirmações abaixo estão relacionadas à Guerra da Secessão (1861-1865) e à situação político-eleitoral atual dos EUA.

I. O sistema eleitoral norte-americano, desde o final da Guerra da Secessão, passou a utilizar o voto direto nas eleições presidenciais.

II. Alguns dos estados que votaram no candidato republicano fizeram parte dos Estados Confederados.

III. Os estados que votaram no candidato democrata fizeram parte, na sua maioria, dos Estados da União.

Quais estão corretas?

a) Apenas I.
b) Apenas II.
c) Apenas III.
d) Apenas I e II.
e) Apenas II e III.

2. (FGV-SP) Entre 1861 e 1865, os Estados Unidos foram palco da chamada Guerra de Secessão.

A esse respeito é correto afirmar:

a) O conflito teve início com a reação dos fazendeiros sulistas provocada pela abolição da escravidão, implementada pelo presidente republicano Abraham Lincoln.
b) As diferentes estruturas socioeconômicas do Norte e do Sul e sua divergência com relação às tarifas de produtos importados estiveram entre as causas do conflito.
c) A economia sulista estava baseada na produção familiar e voltada para o mercado interno, enquanto no Norte produziam-se artigos destinados ao mercado externo.
d) A disputa entre o Norte e o Sul colocou frente a frente dois projetos políticos antagônicos, no que se refere à questão dos direitos trabalhistas e da livre organização sindical.
e) O conflito serviu para encerrar a política de segregação racial vigente em diversos estados norte-americanos e para consolidar a inclusão social dos povos indígenas no país.

3. (Unicamp-SP) As exposições universais do século XIX, sobretudo as de Londres e Paris, se caracterizavam
   a) pelo louvor à superioridade europeia e pela apresentação otimista da técnica e da ciência.
   b) pela crítica à expansão sobre a África, movimento considerado um freio ao progresso europeu.
   c) pela crítica marxista aos princípios burgueses dominantes nos centros urbanos europeus.
   d) pelo elogio das sociedades burguesas associadas às vanguardas da época, como o Cubismo, o Dadaísmo e o Surrealismo.

4. (UEPB) Entre as décadas de 60 e 70 do século XIX, o mundo experimentou a chamada "Segunda Revolução Industrial". Foi o momento em que a economia capitalista foi impulsionada com um ritmo ainda mais acelerado em termos de produção e com avanços significativos no processo de industrialização.

   Sobre este momento histórico, que Eric Hobsbawm chama de a "Era dos Impérios", assinale a única alternativa INCORRETA.
   a) O desenvolvimento de meios de transporte como o trem e o navio a vapor permitiu um aumento na circulação de mercadorias. Num processo cíclico, aumentava-se a produção na medida em que se desenvolviam as tecnologias fabris e isso levava ao incremento do modo como os produtos manufaturados circulariam pelo mundo inteiro.
   b) O imperialismo trouxe uma brutal concentração da produção e do capital. Mesmo com todo o apogeu, havia crises periódicas a partir da segunda metade do século XIX e isso levou as pequenas e médias empresas a desaparecerem ou serem absorvidas pelas grandes empresas.
   c) A 2ª Revolução Industrial propiciou outra revolução. O desenvolvimento do telégrafo e da imprensa escrita, além da invenção do telefone, se deu, dentre outras coisas, por uma demanda imposta pelo acelerado processo de desenvolvimento industrial e tecnológico.
   d) A 2ª Revolução Industrial fez com que o setor manufatureiro de matérias-primas dependesse cada vez mais das inversões e empréstimos bancários. A crescente complexidade do processo produtivo exigia que se investissem vultosas somas, fazendo com que cada vez mais se recorresse aos bancos para dinamizar o setor industrial.
   e) Importante consequência da 2ª Revolução Industrial foi o desaparecimento das chamadas oligarquias financeiras. Com economias capitalistas altamente desenvolvidas, baseadas no liberalismo inglês, não havia mais lugar no mundo para pequenos grupos controlando grandes quantidades de bens materiais.

5. (PUC-RJ) Ao longo do ano de 1848, o continente europeu passou por uma série de revoluções configurando um momento que muitos historiadores vieram a denominar de "Primavera dos Povos".

   Sobre esses movimentos, é **CORRETO** afirmar que:
   a) as revoluções de 1848 foram movimentos em defesa do retorno dos regimes monárquicos, uma vez que as tentativas de reformas políticas e econômicas de caráter burguês tinham fracassado e produzido uma grave crise econômica e social.
   b) este conjunto de revoluções, de caráter liberal e nacionalista, foi iniciado com demandas por governos constitucionais e, ao longo do processo, trabalhadores e camponeses se manifestaram contra os excessos da exploração capitalista.
   c) o movimento de 1848 deu prosseguimento às reformas religiosas estendendo o protestantismo para a Europa centro-oriental e enfraquecendo a posição dos regimes autocráticos católicos em países da região como a Áustria e Polônia.
   d) a "Primavera dos Povos" está relacionada à publicação do Manifesto Comunista em fevereiro de 1848 e com a organização de ações políticas revolucionárias de cunho anarquista, republicano e secular.
   e) essas revoluções estavam associadas às demandas burguesas por maior integração comercial e pelo fim das políticas mercantilistas intervencionistas ainda em vigor em países europeus dominados pela velha classe política aristocrática.

6. (ESPM-SP)

   > *Em 1903 Washington promoveu a Independência do Panamá em relação à Colômbia, onde anexou a área em que se encontravam interrompidas as obras do canal transoceânico, que os Estados Unidos concluíram e inauguraram em 1914.*
   >
   > VISENTINI, Paulo. *História do Mundo Contemporâneo:* da Pax Britânica do século XVIII ao choque das civilizações do século XXI.

   O texto deve ser relacionado com:
   a) a doutrina Monroe do presidente James Monroe;
   b) a teoria do Destino Manifesto do presidente James Polk;
   c) a doutrina Hay do secretário de Estado dos EUA John Hay;
   d) a política do *Big Stick* do presidente Theodore Roosevelt;
   e) a política da Boa Vizinhança do presidente Franklin Roosevelt.

7. (Unimontes-MG) Escreva **C** (correto) ou **I** (incorreto), ao lado das afirmativas sobre a Guerra de Secessão (1861-1865).
   ( ) A guerra civil norte-americana envolveu duas sociedades distintas: a do sul, baseada nas manufaturas, e a do norte, baseada na economia agrária de exportação.
   ( ) Ao final da guerra civil norte-americana, aprovou-se, através de uma Emenda à Constituição, a abolição da escravidão em todo o território americano, em 1865.
   ( ) A população escrava dos estados do sul foi declarada livre, em 1863, por Lincoln, em função de uma necessidade militar.

( ) Descontentes com a eleição de Lincoln para presidente, os estados do sul, liderados pela Carolina do Sul, separaram-se dos estados do norte e autodenominaram-se Estados Confederados.

A sequência **CORRETA** de respostas encontra-se na alternativa

a) I, I, C, C.
b) I, C, C, C.
c) C, I, C, I.
d) C, C, I, I.

8. (FGV-RJ) A chamada Segunda Revolução Industrial, ocorrida nas últimas décadas do século XIX, foi caracterizada:

a) pela concentração do processo de industrialização na Inglaterra e pela montagem do império colonial britânico.
b) pelo desenvolvimento da eletricidade e da siderurgia e pela expansão da industrialização para além do continente europeu.
c) pela industrialização e pela formação de Estados nacionais no continente africano, a partir das suas antigas fronteiras culturais e linguísticas.
d) pelo equilíbrio de forças entre as antigas colônias europeias e os Estados europeus devido à difusão da industrialização.
e) pela retração da economia mundial devido à mecanização da produção e à diminuição da oferta de produtos industrializados.

9. (UFG-GO) O ano de 1848 foi marcado por manifestações populares na Europa, conhecidas como "Primavera dos Povos". Em 2010, um protesto na Tunísia deflagrou um conjunto de manifestações populares em outros países árabes. A imprensa aproximou os eventos de 1848 e 2010, quando cunhou a expressão *Primavera dos povos árabes*. Essa aproximação advém

a) do interesse árabe em resolver conflitos entre minorias étnicas, as quais, como em 1848, encontram-se esmagadas por governos autoritários.
b) da expectativa ocidental de que os países árabes assimilem a democracia, assim como em 1848 se esperava a ampliação das reformas liberais.
c) do sentimento nacionalista laico das manifestações de 2010, que sustentou também as reivindicações das mobilizações de 1848.
d) do ideal romântico que, em 2010, se expressou no martírio dos rebeldes e, em 1848, na disposição para a luta nas barricadas.
e) da insatisfação com as constituições árabes que, assim como no constitucionalismo europeu de 1848, obstaculizam a participação popular.

10. (UFU-MG)

Acreditamos que a escravidão é um pecado – onde quer que seja, sempre um pecado – pecado em si, pecado na natureza que a cria. Pecado porque ela converte pessoas em coisas, faz dos homens propriedade, mercantilizando a imagem de Deus. Em outras palavras, porque a escravidão detém e usa os homens como meros meios para concretizar seus fins, aniquilando a distinção sagrada e eterna entre a pessoa e a coisa – uma distinção proclamada como axioma de toda consciência humana – uma distinção criada por Deus...

Adaptado de: Declaration of Sentiment, in *The Liberator*, vol. 5, n. 20, Boston, USA, maio 16, 1835.

O texto acima, veiculado no jornal *The Liberator*, traz um argumento antiescravista da primeira metade do século XIX que representa

a) a presença da religião na política estadunidense, que se pretende virtuosa.
b) o crescimento do movimento antiescravista que se propagava no sul do país.
c) a defesa do abolicionismo no período posterior à Guerra de Secessão.
d) o consenso nacional a respeito do atraso econômico imposto pela escravidão.

11. (UFRRJ) Leia o texto abaixo.

"As revoluções de 1848 [...] *tiveram muito em comum, não apenas pelo fato de terem ocorrido quase simultaneamente, mas também porque seus destinos estavam cruzados, todas possuíam um estilo e sentimento comuns, uma atmosfera curiosamente romântico-utópica e uma retórica similar,* [...] *Era a 'primavera dos povos' - e, como primavera, não durou."*

HOBSBAWM, Eric J. *A Era do capital*. Rio de Janeiro: Paz e Terra, 1977. p. 33.

A chamada "Primavera dos Povos", por sua amplitude e radicalidade, apresentou-se como uma enorme esperança de mudanças políticas e sociais no continente europeu e até fora dele (influência na Revolução Praieira em Pernambuco). A opção que caracteriza corretamente um dos movimentos revolucionários daquele período, é:

a) Em 1848, a rebelião popular em Viena não conseguiu depor o ministro Metternich, dado o apoio do Império Russo ao governo conservador.
b) Na França, a partir da Revolução de Fevereiro, formou-se um governo com a participação de socialistas, responsável pela criação das Oficinas Nacionais.
c) Influenciada pela rebelião ocorrida em Viena, a Lombardia-Veneza rebelou-se contra os austríacos, com sucesso, tornando-se o centro do processo de unificação italiana.
d) Como resistência à invasão prussiana, operários franceses tomaram as ruas e ocuparam as prefeituras das cidades, gerando o movimento da Comuna da Paris, primeiro governo socialista vitorioso da história da humanidade.
e) Na França, a classe média com o apoio dos camponeses pequenos-proprietários se rebelou contra Luís Bonaparte, que, apoiado pela burguesia, deu golpe de Estado e implantou uma ditadura.

TEMA 18

A CONSTRUÇÃO DO ESTADO BRASILEIRO

Primeiro Reinado

- **Dissolução da Constituinte (1823) e criação do Poder Moderador (1824)**
  - **Centralização do poder e da relação com Portugal**
    - **Insatisfação dos representantes das oligarquias**
- **Disputas por espaço político, revoltas e conflitos**
  - Confederação do Equador
  - Guerra da Cisplatina
  - Noite das Garrafadas
- **Fortalecimento das relações com a Inglaterra**
  - **Enfraquecimento da exportação: açúcar e algodão**
    - **Diminuição da receita e da produtividade**

Abdicação de D. Pedro I

Período Regencial

- **Aspectos Políticos**
  - **Regência Trina Provisória**
    - **Grupos políticos**
      - Restaurador
      - Liberal Moderado
      - Liberal Exaltado
    - **Ato Adicional: alterações na Constituição**
      - Crescimento da influência liberal
      - Golpe da Maioridade e coroação de Dom Pedro II
      - Ainda assim, governo de tendências centralizadoras
- **Aspectos Econômicos**
  - **Concretização da hegemonia das elites do Primeiro Reinado**
    - **Manutenção da mão de obra escravizada**
      - Garantia da territorialidade através do povoamento de regiões afastadas
      - Busca por colonos europeus atrelada às discussões sobre identidade nacional e branqueamento
- **Aspectos Sociais**
  - **Criação da Guarda Nacional**
    - **Disputas por espaço político, revoltas rebeliões e levantes locais**
      - Cabanagem, Sabinada, Balaiada e Revolução Farroupilha
      - Revoltas dos escravos: Malês, Carranca, Revolta de Manuel Congo
      - Fugas e organização de Quilombos

Exercícios

1. (UFG-GO) Leia o texto a seguir.

> *Fugiu da loja de tecidos da Rua do Queimado, n. 13, Recife, escravo Caetano, idade de 12 anos, pouco mais ou menos, nação Angola, levou vestido calça e camisa de algodão, tem uma cruz no braço esquerdo, marca de fogo, e no meio da cabeça tem falta de cabelo de carregar peso.*
>
> DIÁRIO DE PERNAMBUCO, 23 jan. 1830. In: FREYRE, Gilberto. *O escravo nos anúncios de jornais brasileiros do século XIX*. São Paulo: Global, 2010, p. 110-111. (Adaptado).

Publicado em 1830, o anúncio do jornal registra o cotidiano da sociedade escravocrata brasileira, cuja característica expressa-se

a) pela valorização do trabalho manual, destacando as marcas corporais na cabeça como expressão da aptidão do escravo ao trabalho.
b) pela denúncia das mazelas do cotidiano dos escravos, demonstrando a intolerância da imprensa com o tratamento destinado aos cativos.
c) pela demanda de escravos para o trabalho urbano, ampliando as possibilidades de fugas como estratégia de resistência ao cativeiro.
d) pela compra de escravos da mesma origem para facilitar a convivência nas senzalas, predominando a importação de escravos oriundos de Angola.
e) pela adesão dos escravos ao catolicismo, tendo expressa a devoção do cativo na marca da cruz que carrega no corpo.

2. (Espcex (Aman))

> *"O mais duradouro movimento rebelde do Império foi a Revolução Farroupilha, ocorrida no Rio Grande do Sul e em Santa Catarina, entre 1835-1845. [...] Em 1836, após importantes vitórias sobre as tropas legalistas, os farroupilhas proclamaram a República Rio Grandense".*
>
> BOULOS JR, 2011

Em 1842, Luís Alves de Lima e Silva, então Barão de Caxias, é enviado pelo Império para comandar as forças legalistas. A atuação de Caxias pacificou a região já no ano de 1845. Abaixo são listadas algumas medidas que poderiam ser utilizadas para solução do conflito:

I. Repressão violenta com prisão e fuzilamento de todos os líderes do movimento farroupilha.
II. Aumento de taxas de importação do charque platino para tornar o similar rio-grandense-do-sul mais competitivo no mercado nacional.
III. Cerco impiedoso sobre as maiores cidades rebeladas, provocando a morte de milhares de civis, minando a moral do inimigo e levando os insurretos à rendição.
IV. Incorporação ao Exército Brasileiro de comandantes farroupilhas com os mesmos postos que ocupavam nas tropas rebeldes.
V. Reconhecimento, pelo governo imperial, da liberdade dos escravos que lutaram na revolução como soldados.

Na ocasião, Caxias propôs

a) todas as medidas acima listadas.
b) apenas as medidas I, II e III.
c) apenas as medidas I, III e IV.
d) apenas as medidas II, III e V.
e) apenas as medidas II, IV e V.

3. (G1 – CFTMG) Observe a imagem.

Fonte: DEBRET, Jean Baptiste. *Loja de barbeiro*. 1821. Rio de Janeiro: Museu Castro Maya.

A partir da análise da aquarela, é correto afirmar que o artista apresenta os

a) africanos livres e suas belas roupas.
b) escravos de ganho e suas várias atividades.
c) negros displicentes e suas múltiplas funções.
d) serviçais urbanos e suas diferentes moradias.

4. (UFRGS-RS) Sobre o trabalho escravo no Rio Grande do Sul do século XIX, considere as seguintes afirmações.

I. Deixou de ser utilizado nas estâncias de criação de gado, pois a atividade pecuária tornou-se exclusiva de trabalhadores livres.
II. Promoveu o desenvolvimento da produção de charque e incrementou o tráfico de escravos para o Rio Grande do Sul.
III. Esteve presente também nos espaços urbanos, para execução de serviços domésticos.

Quais estão corretas?

a) Apenas I.
b) Apenas II.
c) Apenas I e II.
d) Apenas II e III.
e) I, II e III.

5. (Uerj)

Trecho da carta de despedida de D. Pedro I a seu filho Pedro II

Meu querido filho e imperador... Deixar filhos, pátria e amigos, não pode haver maior sacrifício; mas levar a honra ilibada, não pode haver maior glória. Lembre-se sempre de seu pai, ame a sua e a minha pátria, siga os conselhos que lhe derem aqueles que cuidarem de sua educação, e conte que o mundo o há de admirar... Eu me retiro para a Europa: assim é necessário para que o Brasil sossegue, e que Deus permita, e possa para o futuro chegar àquele grau de prosperidade de que é capaz.

Adeus, meu amado filho, receba a bênção de seu pai que se retira saudoso e sem mais esperanças de o ver.

D. Pedro de Alcântara, 12 de abril de 1831

<revistadehistoria.com.br>

Ainda permanece a imagem de Pedro I como um dos responsáveis pela autonomia política do Brasil. Contudo, nove anos após proclamar o 7 de setembro de 1822, o imperador abdicava de seu trono e retornava à Europa. A instabilidade política e econômica foi a marca de seu breve reinado.

Cite um setor da sociedade brasileira da época que se opunha à manutenção do governo de Pedro I e uma razão para essa oposição. Em seguida, aponte um motivo para a instabilidade econômica que caracterizou esse governo.

6. (UEPG-PR) Entre 1822 e 1889, o Brasil viveu sob a égide da Monarquia e foi no decorrer desse período que o país acompanhou a formação de seu Estado Nacional. A respeito desse tema, assinale o que for correto.

(01) Uma das principais marcas do Estado monárquico brasileiro, tanto no primeiro quanto no segundo reinado, foi a centralização de poder nas mãos do Imperador.

(02) O estímulo aos regionalismos e a autonomia provincial foram marcas essenciais do Estado Nacional brasileiro do século XIX.

(04) A Guerra dos Farrapos, ocorrida no Rio Grande do Sul entre 1835 e 1845, se caracterizou como um dos principais movimentos de apoio e fortalecimento do Estado Nacional no Brasil do século XIX.

(08) O período regencial, interregno entre o primeiro e o segundo reinado, se caracterizou como um momento de calmaria no cenário político brasileiro dos Oitocentos.

(16) A criação da Guarda Nacional significou, na prática, o reconhecimento, por parte do Estado, do poder político exercido pelos latifundiários em todo o território brasileiro.

7. (FGV-SP)

A independência, porém, pregou uma peça nessas elites. Um ano após ser convocada, a Assembleia Constituinte foi dissolvida e em seu lugar, o imperador designou um pequeno grupo para redigir uma Constituição "digna dele", ou seja, que lhe garantisse poderes semelhantes aos dos reis absolutistas. Um exemplo disso foi a criação do Poder Moderador [...]

Mary del Priore e Renato Venancio, *Uma breve história do Brasil.*

Esse poder

a) ampliava os direitos das Assembleias Provinciais, restringia a ação do Imperador no tocante à administração pública e a ação do Senado.
b) permitia que o Imperador reformasse a Constituição por decreto-lei e que escolhesse parte dos deputados provinciais.
c) sofria de uma única limitação institucional, pois o Estado brasileiro não tinha direito de interferir nos assuntos relacionados com a Igreja Católica.
d) proporcionava ao soberano poderes limitados, o que permitiu alargamento da autonomia política e econômica das províncias do Império.
e) oferecia importantes prerrogativas ao Imperador, como indicar presidentes de províncias, nomear senadores e suspender magistrados.

8. (Espcex (Aman))

Era "exclusivo do imperador e definido pela Constituição como 'chave mestra de toda organização política'. Estava acima dos demais poderes".

COTRIM, 2009.

O texto em epígrafe aborda a criação no Brasil, pela Constituição de 1824, do Poder

a) Moderador.
b) Justificador.
c) Executivo.
d) Judiciário.
e) Legislativo.

9. (UFPE) A organização do Estado Nacional Brasileiro teve, entre outras características, a codificação das leis, a exemplo do Código Criminal do Império (1830), do Código do Processo Penal (1832) e da Constituição de 1824. Sobre essa Constituição, analise o que se afirma a seguir.

( ) Definia o regime de governo como uma monarquia constitucional hereditária, e dividia os poderes em executivo, legislativo, judiciário e moderador.

( ) Determinava o catolicismo como religião oficial do Estado, proibindo o culto doméstico aos praticantes das demais religiões.

( ) Estabeleceu as eleições como primárias e secundárias, sendo que, nas primárias, o eleitor elegeria um colégio eleitoral que, por sua vez, nas secundárias, elegeriam senadores e deputados.

( ) Previa a extinção lenta e gradual da escravidão, instituindo um sistema de trabalho livre nas lavouras de café.

( ) Por ela, o poder moderador seria um instrumento para limitação do poder do monarca e dos seus ministros.

10. (UFRGS-RS) Em 1824, é outorgada a Constituição do Império do Brasil. Entre suas características, podemos afirmar que

a) dividia os poderes do Estado exclusivamente em Executivo, Legislativo e Magistratura.
b) separava a Igreja Católica do Estado Laico.
c) previa a eleição direta do primeiro-ministro.
d) estabelecia o voto universal e secreto para a população masculina.
e) dividia os poderes do Estado em Executivo, Legislativo, Judiciário e Moderador.

11. (UFG-GO) Leia o texto e analise a imagem apresentados a seguir.

Pela linha paterna, o príncipe imperial descendia de reis e antepassados ilustres. D. Pedro II era o oitavo duque de Bragança, cuja família estava entrelaçada com os Capetos da França. Pela linhagem materna, D. Pedro era ligado ao imperador Francisco I, da Alemanha, da Áustria, da Hungria e da Boêmia, ele mesmo filho de Leopoldo II, imperador da Alemanha e irmão de Maria Antonieta, mulher de Luís XVI. Ao mesmo tempo, isolado no Paço, esquecido em consequência das conturbações políticas e da doença da mãe, D. Pedro II se tornava o "órfão da nação".

SCHWARCZ, L. M. *As barbas do imperador:* D. Pedro II, um monarca nos trópicos. São Paulo: Companhia das Letras, 1998. p. 47-49. (Adaptado).

PALLIÈRE, A. J., (1830). In.: SCHWARCZ, L. M. As barbas do imperador: D. Pedro II, um monarca nos trópicos. São Paulo: Companhia das Letras, 1998. s. p.

O texto descreve a linhagem familiar de D. Pedro II, que descende de portugueses e austríacos, enquanto a imagem representa D. Pedro II criança, que seria considerado órfão da nação, desde a Abdicação de seu pai. Diante do exposto e com base nos documentos, explique a associação entre

a) a linhagem familiar e as relações internacionais, no Império;
b) a orfandade de D. Pedro II e a construção de um projeto de nação para o Brasil, no Segundo Império.

12. (Unimontes-MG)

"Quanto mais examinamos o universo, mais nos sentimos levados a crer que o mal vem de uma certa divisão que não sabemos explicar, e que o retorno do bem depende de uma força contrária, que nos impele sem cessar a uma certa unidade"

(Joseph de Maistre apud OLIVEIRA, Isabel Cristiane Gomes de. *Em Defesa Da Ordem, Unidade e Centralização*: o partido conservador imperial na primeira metade dos Oitocentos)

Entre as razões que explicam a grande repercussão, no Brasil, da ideia presente no pensamento de Maistre, durante o Período Regencial, é **INCORRETO** afirmar que

a) a descentralização político-administrativa, implantada em 1834, por meio do Ato Adicional, mostrava-se como a promotora da anarquia e não da satisfação provincial.
b) os liberais defendiam um governo central forte que mantivesse as condições únicas necessárias para o escoamento da produção das províncias e um papel unívoco na administração.
c) a defesa da unidade correspondia a uma concepção da liberdade como promotora de oposições dentro do Estado, e os grupos opositores eram vistos como propensos a separações e, por isso, instáveis.
d) o regente Diogo Antônio Feijó propagava ideias abolicionistas, considerando que o trabalho escravo deveria ser substituído, progressivamente, por meio da imigração.

13. (Uespi) Após a abdicação de D. Pedro I ao trono, o Brasil foi governado por Regências Trinas, conforme previa a Constituição, mas o Ato Adicional de 1834 provocou algumas mudanças, entre as quais se estabelecia:

a) a regência una, para a qual o candidato era eleito e não mais indicado pela Assembleia Nacional, saindo vitorioso no primeiro pleito o Padre Diogo Antônio Feijó.
b) a eleição direta e secreta de um regente, cuja candidatura era efetivada por seu partido político, ganhando em primeiro lugar o brigadeiro Francisco de Lima e Silva.
c) a nomeação de um regente escolhido pelo presidente do Senado, a partir de uma lista composta dos nomes de três deputados, sendo nomeado o ministro Diogo Antonio Feijó.
d) as regências unas provisórias, cujo regente seria escolhido entre os deputados provinciais, que revezavam-se no poder, sendo o primeiro, José da Costa Carvalho.
e) a eleição popular de um regente, que ocuparia o cargo até a maioridade do herdeiro do trono, sendo eleito em primeiro lugar o senador Nicolau Vergueiro.

ÁFRICA E ÁSIA NO SÉCULO XIX

Colonialismo no século XVI

Predominância Ibérica

- Gêneros tropicais
- Metais preciosos
- Liderança do Estado
- América

Neocolonialismo no século XIX

EUA e Japão

Conflitos pela hegemonia do Pacífico

Predominância inglesa e francesa

"Missão civilizadora"

- Matérias-primas
- Mercados consumidores
- Áreas de investimento
- Centros para excedentes demográficos
- África e Ásia

Disputa entre potências europeias

Conferencia de Berlim

- Partilha da África (1884-1885)

Resistência anti-imperialista

- África: Guerra dos Bôeres
- Índia: Guerra dos Sipaios
- China: Guerras do Ópio e dos Boxers

Choque entre as potências imperiais

- Paz armada
- *Belle Époque*

Rumo à 1ª Guerra Mundial

Coleção particular

Exercícios

1. (UFG-GO)

Fonte: Oficial alemão em Togolândia (África). In: REZENDE, Antonio Paulo; DIDIER, Maria Thereza. *Rumos da História*. História Geral e do Brasil. Ensino médio. São Paulo: Atual, 2001. p. 442.

Fonte: Oficial britânico na Índia (Ásia), cerca de 1870. Foto: Radio Times Hulton Picture Library. In: HOBSBAWM, Eric. *A era do Capital*. Rio de Janeiro: Paz e Terra, 1977.

As imagens representam oficiais europeus (britânico e alemão) fotografados em áreas coloniais (Togo e Índia). Uma identidade europeia (superior, civilizada) está sendo criada ao lado da representação de um "outro" (primitivo e inferior).

Com base nas relações da Europa com as áreas que sofreram sua influência cultural,

a) identifique duas razões da expansão imperialista e neocolonialista no século XIX.

b) explique o que é *apartheid* e pan-africanismo.

2. (UPE) A charge a seguir faz referência ao capitalista Cecil Rhodes, que investiu no expansionismo imperialista inglês.

Interbits ®

Disponível em: http://pos-aula.blogspot.com.br/2012/02/vozes-do-imperialismo.html

Com base na charge e nos conteúdos referentes ao neocolonialismo, analise as seguintes afirmações:

I. Podemos afirmar que os pés do capitalista estão assentados sobre as duas únicas possessões inglesas na África: Egito e África do Sul.

II. A projeção do personagem em relação ao continente expressa também a dimensão do interesse da Inglaterra pelos territórios africanos.

III. Os países europeus dividiram a África entre si, respeitando suas especificidades étnicas, religiosas e linguísticas.

IV. O Canal de Suez pode ser considerado uma consequência da presença inglesa na África.

V. O preconceito dos ingleses com os africanos foi de tal monta que deixou marcas até o presente, como o *apartheid* na África do Sul.

Estão CORRETAS

a) I, II e III.

b) I, II e V.

c) II, IV e V.

d) III, IV e V.

e) I, III e IV.

3. (UFSM-RS) Analise e complete o esquema histórico correspondente ao mundo do final do século XIX e início do século XX.

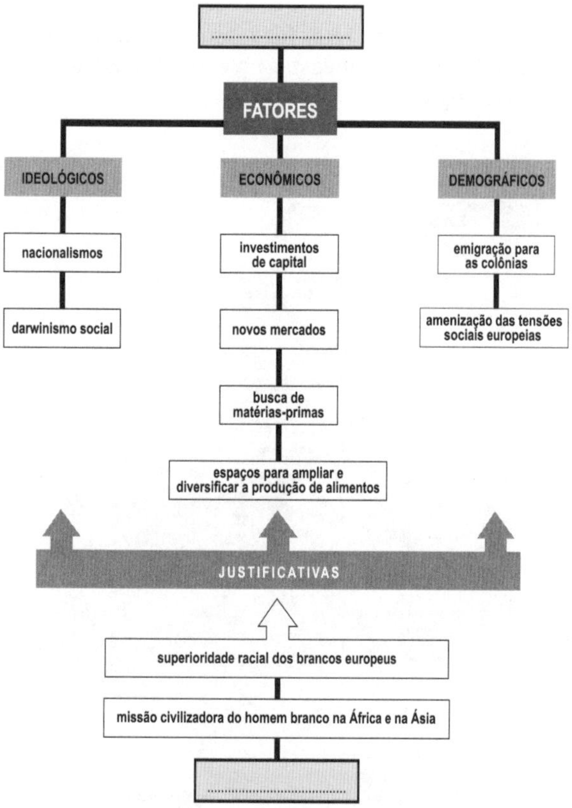

Fonte: Disponível em <http://historiacfb.blogspot.com.br>. Acesso em: 10 set. 2012. (adaptado)

Completam o quadro superior e inferior do esquema histórico, respectivamente, os seguintes conceitos:

a) Mercantilismo e Iluminismo.
b) Imperialismo e Racismo.
c) Colonialismo e Destino Manifesto.
d) Capitalismo e Predestinação.
e) Globalização e Neoliberalismo.

4. (UFSM-RS) Analise o fragmento a seguir.

> *A primeira grande fome registrou-se entre os anos de 1800 e 1825 e matou 1,4 milhão de pessoas. De 1827 a 1850, morreram de fome cinco milhões de pessoas. Entre 1875 e 1900, a Índia sofreu dezoito grandes epidemias de fome que mataram 26 milhões de pessoas. Em 1918, houve mais de oito milhões de mortos por desnutrição e gripe.*
>
> Fonte: BRUIT, Héctor, in VICENTINO, Cláudio. *História Geral: ensino médio*. São Paulo: Scipione, 2006. p. 356.

Essas acentuadas perdas humanas foram consequência da desestruturação da economia tradicional e da imposição de novos padrões de produção e consumo durante o período em que a Índia esteve sob a dominação colonial do(a)

a) China.
b) Império Otomano.
c) França.
d) Inglaterra.
e) Império Russo.

5. (Uerj)

Adaptado de HERGÉ. *Tintim na África*. Rio de Janeiro: Record, 1975.

Na década de 1930, foi publicada a primeira edição da história em quadrinhos em que o personagem Tintim, um jovem repórter belga, faz uma expedição ao Congo, colônia do seu país na época.

Com base nas imagens e nos diálogos apresentados, nota-se que Tintim simbolizava as práticas de colonização europeia na África, associadas à política de:

a) integração étnica
b) ação civilizadora
c) cooperação militar
d) proteção ambiental

6. (Cefet-MG)

> *"Art. 34 – A potência que de ora em diante tomar posse de um território [...] africano, fora de suas possessões atuais [...], acompanhará o ato respectivo de uma notificação às demais potências signatárias do presente Ato, a fim de que estejam em condições de formular, se for o caso, as suas reclamações".*
>
> ATO Geral da Conferência de Berlim (27/2/1885). IN: FALCON, Francisco; MOURA; Gerson. *A Formação do Mundo Contemporâneo*. Rio de Janeiro: Campus Ltda, 1986. p.118.

Esse Ato relaciona-se ao contexto histórico marcado pela(o)

a) criação de acordos entre os europeus para defender a tradição agrícola dos povos africanos.
b) processo de expansão colonial dos países europeus para garantir a partilha do continente africano.
c) estabelecimento de normas europeias para regular o tráfico de escravos africanos para as colônias.
d) investimento econômico europeu para promover a autonomia política dos chefes africanos locais.
e) parceria entre as grandes potências europeias para deslocar populações africanas de áreas de conflito.

7. (FGV-RJ) Entre novembro de 1884 e fevereiro de 1885, representantes de países europeus, dos Estados Unidos e do Império Otomano participaram de negociações sobre o continente africano. O conjunto de reuniões, que ficou conhecido como a Conferência de Berlim, tratou da

a) incorporação da Libéria aos domínios norte-americanos, em troca do controle da África do Sul pela Inglaterra e Holanda.
b) independência de Angola e Moçambique e da incorporação do Congo ao império ultramarino português.
c) ocupação e do controle do território africano de acordo com os interesses das diversas potências representadas.
d) condenação do regime do *apartheid* estabelecido na África do Sul e denunciado pelo governo britânico.
e) incorporação da Etiópia aos domínios italianos e à transformação do Egito em protetorado da Alemanha.

8. (UFU-MG) As pretensões expansionistas japonesas na Ásia, a construção da Grande Ásia Oriental, colidiam com os interesses norte-americanos para a região. Os imperialistas seguiam as estratégias siberiana e colonial. A primeira encarregou o Exército de expandir o domínio japonês para a China do Norte, Mongólia e Sibéria, rivalizando com a União Soviética. A estratégia colonial, delegada à Marinha, visava a conquista de colônias inglesas, francesas e holandesas na Ásia. O obstáculo para esse projeto era a força dos Estados Unidos no Pacífico (Alaska, Ilhas Aleutas, Filipinas e Havaí).

O projeto imperialista japonês

a) buscava contemporizar seus interesses com as forças chinesas, vistas como um importante apoio na luta contra o imperialismo norte-americano.
b) ganhou força com o bombardeamento de Pearl Harbor e a entrada dos EUA na guerra, forçando o recuo dos movimentos anti-imperialistas nipônicos.
c) manteve, com o fim da Segunda Guerra, suas anexações territoriais, o que lhe permitiu continuar como uma grande potência.
d) previa a mobilização de recursos das áreas ocupadas para realimentar o complexo industrial-militar que se fortalecia internamente.

9. (PUC-RJ)

Interbits ®

Fonte: www.radiomocambique.com

A imagem acima é uma caricatura sobre a política imperialista europeia na África no final do século XIX e início do século XX. Nela, Cecil Rhodes, um dos mais conhecidos exploradores do continente, coloca suas botas sobre o mapa da África ao mesmo tempo em que segura uma linha que representa o sonho inglês de construir uma estrada de ferro entre o Egito e o sul da África. Usando-a como referência, é **INCORRETO** fazer a seguinte afirmação sobre o imperialismo:

a) buscou-se a integração dos mercados coloniais para o desenvolvimento das potências europeias.
b) o continente africano foi ocupado e seus territórios tornados domínios das principais potências.
c) abandonou-se as ações militares em favor de uma política apoiada no uso da diplomacia internacional.
d) o colonialismo foi apresentado como "missão" civilizadora e progressista das potências do Ocidente.
e) os europeus foram exaltados como membros de uma sociedade tecnologicamente e militarmente superior às nações africanas.

10. (UEM-PR) A expansão imperialista a partir do século XIX pode ser vista como um novo passo no processo de mundialização da ordem capitalista e da globalização da economia, o qual, devido à procura de mercados consumidores de manufaturas e de fornecedores de matérias-primas, levou à subjugação de populações e povos, principalmente na Ásia e na África, ocasionando um neocolonialismo. Sobre o tema, assinale a(s) alternativa(s) correta(s).

01) Devido à tardia unificação alemã, a atuação imperialista desta nação se restringiu à exploração mineral de áreas insulares no eixo Pacífico-Índico, como as ilhas de Madagascar, Java e Salomão.

02) Na segunda metade do século XIX, o rei Leopoldo, da Bélgica, criou na África o Estado Independente do Congo Belga, em área que adquiriu como propriedade particular e dedicada à exploração do marfim e da borracha.

04) A rápida industrialização do Japão, após a Revolução Meiji, levou a nação a empreender uma política imperialista contra os chineses ao final do século XIX, obtendo o controle da ilha de Formosa e de seus recursos.

08) O império neocolonial francês foi o segundo no mundo em extensão, menor apenas que o britânico. Na Ásia, os franceses conquistaram a Indochina, onde exploravam plantações de seringueiras.

16) Na segunda metade do século XIX, o mais importante território colonial britânico era a Índia, dada a riqueza advinda dos negócios das companhias de comércio.

11. (UFG-GO) Leia o texto a seguir.

Por mais que retrocedamos na História, acharemos que a África está sempre fechada no contato com o resto do mundo, é um país criança envolvido na escuridão da noite, aquém da luz da história consciente. O negro representa o homem natural em toda a sua barbárie e violência; para compreendê-lo devemos esquecer todas as representações europeias. Devemos esquecer Deus e as leis morais.

HEGEL, Georg W. F. Filosofia de la historia universal. Apud HERNANDEZ, Leila M.G. *A África na sala de aula:* visita à história contemporânea. São Paulo: Selo Negro, 2005. p. 20-21. [Adaptado].

O fragmento é um indicador da forma predominante como os europeus observavam o continente africano, no século XIX. Essa observação relacionava-se a uma definição sobre a cultura, que se identificava com a ideia de

a) progresso social, materializado pelas realizações humanas como forma de se opor à natureza.

b) tolerância cívica, verificada no respeito ao contato com o outro, com vistas a manter seus hábitos.

c) autonomia política, expressa na escolha do homem negro por uma vida apartada da comunidade.

d) liberdade religiosa, manifesta na relativização dos padrões éticos europeus.

e) respeito às tradições, associado ao reconhecimento do valor do passado para as comunidades locais.

12. (Upe)

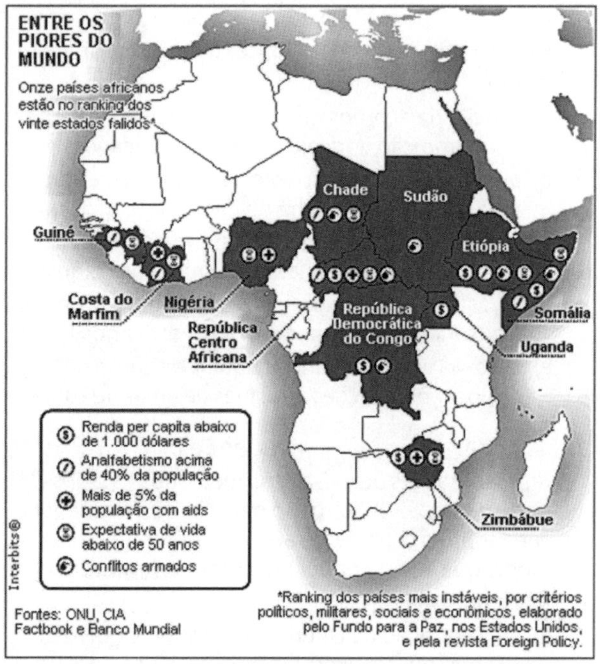

O caos e a violência no Zimbábue podem ser examinados como uma metáfora dos flagelos que fazem da África o continente com a maior concentração de países miseráveis.

(*Revista Veja*, 2 de julho, 2008, p. 97)

Podemos considerar que o neocolonialismo do século XIX sujeitou os países da África a essa miséria, justificado no princípio do (da)

a) Darwinismo social, que foi utilizado para fortalecer as ideias do imperialismo, do racismo, do nacionalismo e do militarismo.

b) Conferência Internacional de Berlim que mantinha a escravidão e o comércio de escravo na África.

c) Marxismo que determinava os arranjos sociais e políticos da sociedade em geral e as perspectivas intelectuais.

d) Internacionalismo que defendia o rompimento de todas as fronteiras nacionais.

e) Anarquismo que defendia a liberdade nas relações humanas.

TEMA 20

O SEGUNDO REINADO NO BRASIL

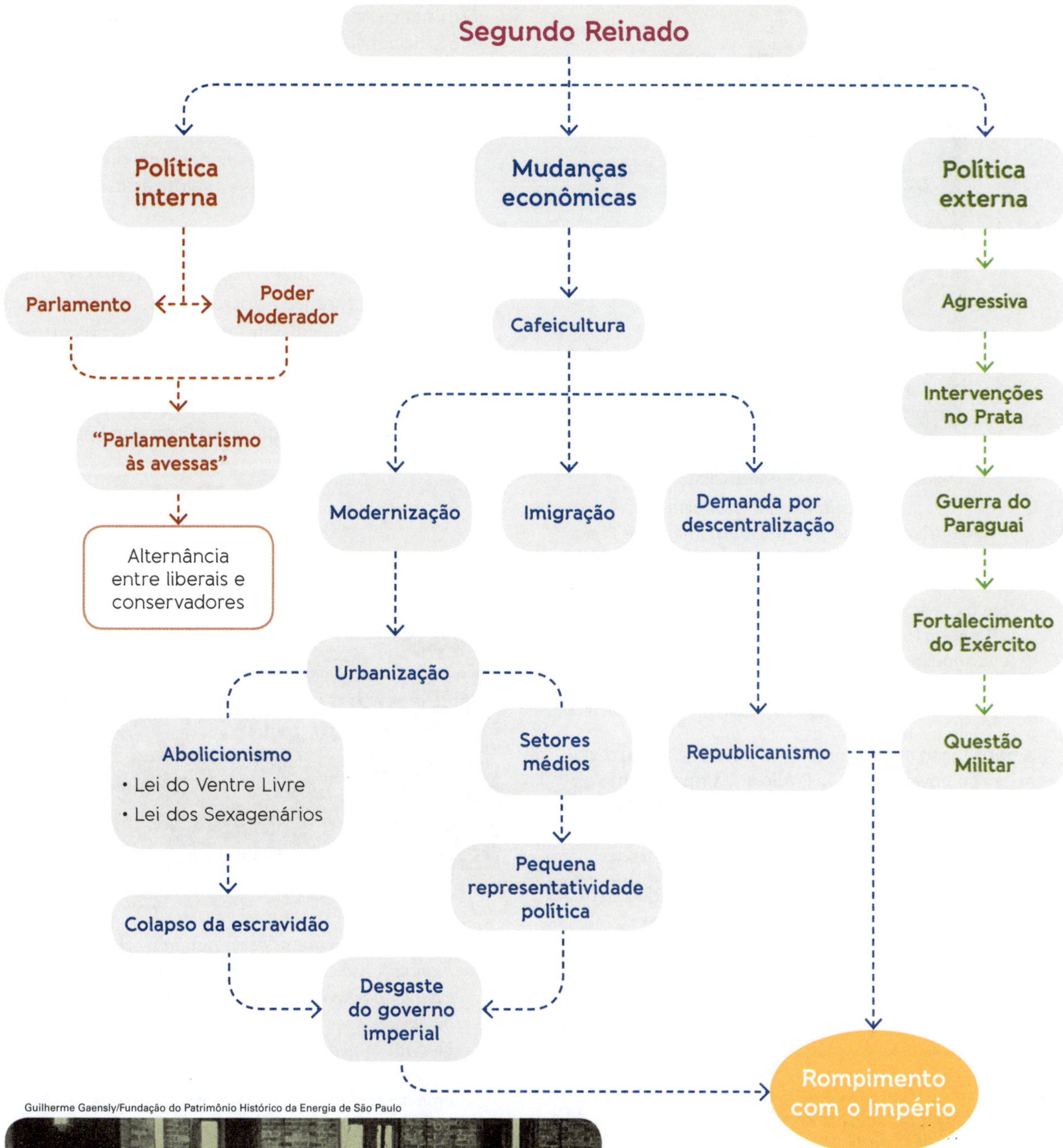

Guilherme Gaensly/Fundação do Patrimônio Histórico da Energia de São Paulo

Exercícios

1. (Uerj)

A restituição da passagem

As famílias chegadas a Santos com passagens de 3ª classe, tendo pelo menos 3 pessoas de 12 a 45 anos, sendo agricultores e destinando-se à lavoura do estado de São Paulo, como colonos nas fazendas ou estabelecendo-se por conta própria em terras adquiridas ou arrendadas de particulares ou do governo, fora dos subúrbios da cidade, podem obter a restituição da quantia que tiverem pago por suas passagens.

Adaptado de *O immigrante*, nº 1, janeiro de 1908.

A publicação da revista *O immigrante* fazia parte das ações do governo de São Paulo que tinham como objetivo estimular, no final do século XIX e início do XX, a ida de imigrantes para o estado. Para isso, ofereciam-se inclusive subsídios, como indica o texto.

Essa diretriz paulista era parte integrante da política nacional da época que visava à garantia da:

a) oferta de mão de obra para a cafeicultura
b) ampliação dos núcleos urbanos no interior
c) continuidade do processo de reforma agrária
d) expansão dos limites territoriais da federação

2. (Uerj)

Interbits ®

Iracema (1881), de José Maria de Medeiros. www.itaucultural.org.br

O romance *Iracema*, de José de Alencar, publicado em 1865, influenciou artistas, como José Maria de Medeiros, que nele encontraram inspiração para representar imagens do Brasil e do povo brasileiro no período imperial (1822-1889).

Na construção da identidade nacional durante o Império do Brasil, identifica-se a valorização dos seguintes aspectos:

a) clima ameno / índole guerreira dos ameríndios
b) grandeza territorial / integração racial das etnias
c) extensão litorânea / sincretismo religioso do povo
d) natureza tropical / herança cultural dos grupos nativos

3. (Uerj) A assinatura da Lei Áurea, em 13 de maio de 1888, reuniu uma multidão em frente ao Paço Imperial, no Rio de Janeiro.

Fotografia de Antonio Luiz Ferreira
www11.folha.uol.com.br

Essa ideia de que as pessoas saíram correndo e comemorando, isso é lenda. Depois do 13 de maio, meu bisavô e a maioria dos escravos continuaram vivendo onde trabalhavam. Registros históricos mostram que alguns receberam um pedaço de terra para plantar. Mas poucos passaram a ganhar ordenado, e houve quem recebesse uma porcentagem do café que plantava e colhia – conta o historiador Robson Luís Machado Martins, que pesquisa a história de sua família, e a do Brasil, desde a década de 1990.

Adaptado de *O Globo*, 12/05/2013.

A fotografia e a reportagem registram aspectos particulares sobre os significados da abolição, os quais podem ser associados aos seguintes fatores do contexto da época:

a) crise monárquica – exclusão social
b) estagnação política – ruptura econômica
c) expansão republicana – reforma fundiária
d) transição democrática – discriminação profissional

4. (UFPR) Se, durante décadas, o dia 13 de maio foi comemorado como a data da abolição da escravidão, recentemente o dia 20 de novembro foi instituído no Brasil como o Dia da Consciência Negra. Sobre os sentidos dessas duas datas, identifique como verdadeiras (V) ou falsas (F) as seguintes afirmativas:

( ) O 13 de maio simboliza uma libertação conquistada pelos escravos e pelos abolicionistas junto ao Império, que instituiu políticas de reparação aos ex-escravos e aos seus descendentes.

( ) O 20 de novembro tem se firmado como uma data que relembra a resistência escrava, pois a abolição da escravidão não ocorreu sem a luta de parte dos escravos, seja de forma coletiva organizada (quilombos), seja de forma individual (suicídio, fuga, abandono do trabalho).

( ) O 13 de maio foi resultado tanto da resistência dos escravos quanto da atuação dos abolicionistas, porém a abolição da escravidão foi um processo lento que seguiu a situação e as vontades política e econômica das elites.

( ) A razão pela demora em se estabelecer o 20 de novembro como uma data comemorativa deveu-se à escassez de indícios que confirmassem a luta política dos abolicionistas, visto que Rui Barbosa, então ministro da Fazenda do início da República, incinerou os documentos que comprovavam essas ações.

Assinale a alternativa que apresenta a sequência correta, de cima para baixo.

a) F – V – F – V.
b) F – F – V – V.
c) F – V – V – F.
d) V – F – V – V.
e) V – V – F – F.

5. (UFG-GO) Analise a fotografia a seguir.

LEUZINGER, Georges. Fotografia de fazenda de café. Disponível em: <http://veja.abril.com.br/130110/imagens/historia_6.jpg>. Acesso em: 28 jan. 2013.

Datada do século XIX, a fotografia retrata o cotidiano de uma fazenda produtora de café, no Rio de Janeiro. Da análise da fotografia conclui-se que

a) o terreiro de secagem do café demarca o domínio da pequena propriedade na economia escravista.
b) o convívio entre distintos grupos etários anuncia a inexistência de um espaço dedicado à infância.
c) a forma do edifício indica a influência dos migrantes na produção do espaço de trabalho.
d) o relevo montanhoso da região de exploração fragiliza o mercado interno voltado à produção cafeeira.
e) o apego às técnicas produtivas tradicionais impossibilita a dinamização da economia cafeeira.

6. (UEPB) No século XIX, a Paraíba era uma das províncias do Império brasileiro. Com a proclamação da República, tornou-se estado.

Sobre isso, assinale a única alternativa INCORRETA.

a) Com a Proclamação da República, depôs-se o governo provincial da Paraíba e se organizou uma junta governativa republicana. Em seguida se organizou eleição para escolha dos deputados que representariam a Paraíba na Assembleia Constituinte Estadual, na Câmara Federal e no Senado.
b) O período que antecedeu a proclamação da República foi de apatia política na Paraíba, onde não houve a criação nem atuação de agremiações ou partidos pró-movimento republicano, ao contrário do que aconteceu em Pernambuco, por exemplo.
c) Nas primeiras quatro décadas da República, dois chefes políticos comandaram a Paraíba — Álvaro Machado e Epitácio Pessoa. Eles controlavam a política com base no apoio que recebiam dos grandes proprietários de terras, chamados de coronéis.
d) A República não encontrou movimentos oposicionistas na Paraíba. A população paraibana não se posicionou nem contra nem a favor da proclamação. Os conflitos aconteceram apenas dentro dos grupos dominantes que lutavam por seus interesses.
e) A Paraíba teve importante papel no processo que culminou com a proclamação da República. O chamado "grupo da Paraíba", comandado por Aristides Lobo e Epitácio Pessoa, esteve nas articulações e no próprio ato da proclamação, no dia 15 de novembro de 1889, ao lado do Marechal Deodoro da Fonseca.

7. (UPE)

Quando alguém mencionava, no Brasil dos séculos XVIII e XIX, um africano, o mais provável é que estivesse a falar de um escravo, pois nessa condição amargava a maioria dos homens e mulheres que, vindos da África, aqui viviam. Mas podia também referir-se a um liberto, ou seja, a um ex-escravo. Ou a um emancipado, isto é, um negro retirado de um navio surpreendido no tráfico clandestino. Ou, o que era mais raro, a um homem livre que jamais sofrera o cativeiro.

SILVA, Alberto da Costa e. *Um rio chamado Atlântico*: A África no Brasil e o Brasil na África. 5ª edição. Rio de Janeiro: Nova Fronteira, 2011, p. 157.

Sobre o que afirma o texto, analise as seguintes proposições:

I. Nas décadas finais do século XIX, antes da Abolição, uma parcela da população africana do Brasil já estava liberta.

II. A Inglaterra destacou-se, no século XIX, pelo combate ao tráfico clandestino de africanos.
III. Os escravos urbanos não podiam se tornar libertos.
IV. O Brasil proibiu o tráfico negreiro já no final do século XVIII.
V. A presença africana no Brasil dos séculos XVIII e XIX caracterizava-se por uma diversidade de condições de vida.

Estão CORRETAS

a) I, II e III.
b) I, III e IV.
c) I, II e V.
d) II, III e V.
e) I, IV e V.

8. (UFSM-RS) Analise a afirmação a seguir.

Em São Paulo a questão principal não é a liberdade do escravo. A questão séria é a substituição do trabalho. Desde que o governo cure seriamente de empregar meios que facilitem a aquisição de braços livres, os paulistas estarão satisfeitos e podem abrir mão de escravos, mesmo sem indenização [...].

Fonte: Declaração de Prudente de Moraes, em 1885, em nome do Partido Republicano Paulista (PRP). BUENO, Eduardo. *Brasil: uma história*. SP: Ática, 2003. p. 266.

A partir dessa afirmativa, pode-se concluir que

a) a preocupação dominante na cafeicultura paulista, no final do Império, era a diversidade de modelos de organização do trabalho.
b) a mobilização dos trabalhadores das fazendas levava a classe dominante paulista a pleitear o auxílio do Governo Central para melhor enquadrá-los no mundo do trabalho.
c) a expansão da lavoura do café exigia adequação e reorganização do modelo de organização do trabalho, para enfrentar os novos tempos.
d) a cafeicultura exigia grandes recursos de capital e de terras, enquanto a mão de obra se solucionava com o incentivo a migrações do Norte e Nordeste.
e) a campanha abolicionista, em curso na sociedade brasileira dos anos 1880, atendia às demandas humanitárias da classe dominante paulista.

9. (UPE) Observe um trecho da letra do samba *Vai passar*, de Chico Buarque de Holanda:

[...] *aqui sambaram nossos ancestrais. / Num tempo, página infeliz da nossa história, / passagem desbotada na memória / Das nossas novas gerações. // Dormia a nossa pátria mãe tão distraída / sem perceber que era subtraída / Em tenebrosas transações. // Seus filhos erravam cegos pelo continente, / levavam pedras feito penitentes / erguendo estranhas catedrais.*

Com base no texto e nos conteúdos referentes à escravidão no Brasil imperial, assinale a alternativa CORRETA.

a) A música faz referência à utilização da mão de obra escrava que sozinha ergueu as cidades do passado.
b) A música retrata os aspectos desumanos das relações sociais do passado brasileiro que atingiam apenas os escravos.
c) Mesmo considerando as dificuldades vivenciadas pelos escravos, como afirma a canção, a conquista de sua liberdade dependia apenas dos seus esforços.
d) Apesar dos sofrimentos relativos à condição escrava, era comum, no século XIX, ver, nas grandes cidades, escravos que, por exercerem determinados ofícios, detinham uma certa autonomia.
e) Durante o século XIX, a escravidão se limitava aos africanos e a seus descendentes.

10. (Cefet-MG) **NÃO** caracteriza a sociedade brasileira na segunda metade do século XIX, a(o)

a) persistência do trabalho escravo conjugada com o apoio à imigração de trabalhadores livres.
b) existência de uma economia de base agrícola vinculada à dinâmica dos mercados internacionais.
c) início de um processo de urbanização acompanhado por investimentos em atividades comerciais.
d) configuração de partidos políticos defensores da estrutura latifundiária presente na economia imperial.
e) emprego de medidas protecionistas para incentivar a substituição de importações de produtos industrializados.

11. (UFPE) As agruras das secas, que periodicamente atingem o Brasil e, mais de perto, o Nordeste, têm servido de mote a poetas e cantadores, entre os quais se celebrizou Luiz Gonzaga, que, no ano de 2012, completaria 100 anos de vida. Flagelo antigo no Brasil, a seca de 1870 constituiu-se num dos muitos problemas enfrentados pelo imperador Dom Pedro II. Considerando-se a crise sociopolítica e econômica que se abateu sobre o governo desse Imperador, em seus anos finais, analise as proposições a seguir.

( ) Após a Guerra do Paraguai, houve um afastamento entre o Exército e o governo monárquico, agravado pelas manifestações públicas de descontentamento dos jovens cadetes e oficiais de baixa patente.
( ) Após a prisão do bispo de Recife e Olinda, Dom Vital, ocorreu a cisão entre o poder eclesiástico e o Estado, posicionando-se o monarca a favor do bispo, e aliando-se os generais aos demais clérigos.
( ) O ato abolicionista de maio de 1888 não previu indenizações para os ex-senhores de escravos, o que gerou grande descontentamento por parte desse grupo para com o Governo Imperial.
( ) A dispendiosa campanha militar levada adiante pelo Brasil no Paraguai contribuiu para a grave crise econômica que assolou o país nesse período.
( ) Após a Abolição, os escravos libertos foram realocados em outras fazendas, subsidiadas pelo governo, que garantia, assim, o sustento dessa grande parcela da população.

Desafio

Theo Szczepanski/
Arquivo da editora

Atividades

1. Descreva em seu caderno o esquema-resumo do tema 1, destacando os principais aspectos econômicos, sociais e políticos da expansão marítima.

2. Faça uma frase explicativa sobre a articulação dos três aspectos citados acima.

3. Com base no esquema-resumo do tema 2 e no que você estudou ao longo do capítulo 12, responda às questões abaixo:
   a) Faça um levantamento das atividades e produtos desenvolvidos com a colonização portuguesa.
   b) Quais elementos vistos no capítulo poderiam servir para apontar a existência de uma dinâmica colonial que não se restringia apenas a fornecer benefícios, mesmo que limitados, à Metrópole portuguesa?
   c) Quais as funções dos donatários das capitanias hereditárias e dos governadores-gerais?

4. Responda as questões propostas com base no esquema-resumo do tema 3 e no que você estudou ao longo do capítulo 13:
   a) Explique as razões do predomínio da mão de obra escravizada africana.
   b) Aponte os mecanismos de obtenção e fornecimento de escravizados africanos para a colônia portuguesa.

5. Com base no esquema-resumo do tema 4 e no que você estudou ao longo do capítulo 14, responda às questões abaixo.
   a) Registre os elementos e as influências medievais na produção artística e literária renascentista que você conheceu nesse capítulo.
   b) Elenque as obras citadas ao longo do capítulo que tiveram como fonte de inspiração elementos da Antiguidade Clássica.

6. Tomando por base o esquema-resumo do tema 5 e o conteúdo que você estudou ao longo do capítulo 15, responda:
   a) Quais são os movimentos e/ou práticas que entraram em choque com a Igreja católica nos séculos XVI e XVII?
   b) Registre as instituições eclesiásticas que se firmaram com a Reforma Católica.

7. A partir da análise do esquema-resumo do tema 6 e do conteúdo do capítulo 16 responda:
   - Qual a principal justificativa para a sustentação do poder nas monarquias europeias?

8. As monarquias centralizadas europeias diferenciaram-se entre si. De acordo com sua leitura do capítulo 16, aponte as principais distinções entre as monarquias francesa, inglesa e espanhola.

9. Com base no esquema-resumo do tema 7 e nas questões trabalhadas ao longo do capítulo 17, responda:
   a) Aponte o contexto (local, período e motivações) das incursões estrangeiras na colônia.
   b) Quais as principais atividades econômicas desenvolvidas durante o período colonial?

10. Tomando como referência o esquema-resumo do tema 7, explique os mecanismos empregados pela Coroa espanhola para tentar manter o controle sobre a exploração de suas colônias na América.

11. Com base no esquema-resumo do tema 8, identifique os focos de tensão política existentes nas colônias hispânicas na América.

12. Observe o esquema-resumo do tema 8 e explique por que as transformações econômicas e políticas ocorridas na Inglaterra no século XVII impulsionaram a colonização inglesa das terras norte-americanas.

13. Com base no esquema-resumo do tema 8, compare a colonização do sul e do norte das treze colônias inglesas na América.

14. De acordo com o esquema-resumo do tema 9, relacione no caderno as regiões ocupadas com a expansão territorial na América portuguesa e explique de que maneira a atividade mineradora contribuiu para essa expansão.

15. Em diferentes momentos do capítulo 19, afirma-se que a diversidade social e a dinâmica econômica das áreas mineradoras, foram decorrentes, entre outros fatores, da urbanização. Refaça o esquema-resumo do tema 9 no seu caderno ou numa folha avulsa, incluindo algumas das ocupações desempenhadas pelos colonos que faziam parte da camada média da América portuguesa, ampliando as informações dadas.

16. Orientando-se pelo esquema-resumo do tema 10, explique por que as transformações políticas propostas por Rousseau podem ser consideradas mais radicais do que as propostas por Voltaire e Montesquieu.

17. Consulte as informações oferecidas pelo capítulo 20 e aponte em que aspecto o pensamento de John Locke influenciou os demais teóricos do pensamento iluminista.

18. Consultando o esquema-resumo do tema 10, explique as alterações que ocorreram, a partir do século XVIII, nas relações entre as treze colônias na América e a metrópole britânica e comente as suas consequências.

19. Ainda tomando o esquema-resumo do tema 10 e as informações do capítulo 20, explique de que maneira a Revolução Americana, que culminou com a independência das treze colônias inglesas da América, refletia os ideais iluministas.

20. Utilize o esquema-resumo do tema 11 para estabelecer uma associação de cada um dos itens abaixo com o início da Revolução Industrial na Inglaterra no século XVIII.

a) O processo de cercamento das terras comunais (*enclosures*);

b) A existência de minas de carvão na Inglaterra.

21. Com base no esquema-resumo do tema 11, explique por que a Revolução Gloriosa favoreceu a projeção da Inglaterra como potência econômica no cenário europeu do século XVIII.

22. Crie um esquema-resumo em seu caderno para explicar os fatores que levaram à eclosão de uma revolução na França.

23. Orientando-se pelo esquema-resumo do tema 12, cite as principais etapas que marcaram o processo revolucionário francês, destacando os aspectos mais importantes de cada uma.

24. (UFG-GO) Leia o hino a seguir.

Avante, filhos da Pátria,
O dia de glória chegou!
Contra nós da tirania,
O estandarte ensanguentado se ergueu
Ouvis nos campos
Rugir esses ferozes soldados?
Vêm eles até os vossos braços
Degolar vossos filhos, vossas mulheres!

Às armas, cidadãos,
Formai vossos batalhões,
Marchemos, marchemos!
Que um sangue impuro
Banhe o nosso solo!

LISLE, Joseph Rouget de. A Marselhesa. Disponível em: <www.ambafrance-br.org/A-Marselhesa>. Acesso em: 14 nov. 2012. (Adaptado).

"A Marselhesa" foi apropriada como canção revolucionária em 1793, no ano III. Passando por modificações em sua letra, no final do século XIX, em meio à corrida imperialista europeia, a composição tornou-se hino nacional francês. Diante do exposto,

a) relacione um trecho da composição "A Marselhesa" ao contexto revolucionário francês;

b) explique a mudança ocorrida na ideia de nacionalismo no final do século XIX, relacionando-a à apropriação de "A Marselhesa" como hino nacional francês.

25. Observe onde está o item "bloqueio continental" no esquema-resumo do tema 13. Copie este trecho do esquema em seu caderno e crie uma nova conexão para "bloqueio continental", incluindo informações sobre o posicionamento de Portugal em relação ao bloqueio e suas consequências.

26. Explique o que foi o Congresso de Viena, destacando e ampliando as informações do esquema-resumo do tema 13.

27. Com base no que foi estudado ao longo do capítulo 24 e do esquema-resumo do tema 14, faça um novo esquema com as principais características das conjurações mineira e baiana e da Revolução Pernambucana.

28.

Bandeira da Confederação do Equador

www.historiabrasileira.com

O poder moderador de nova invenção maquiavélica é a chave mestra da opressão da nação brasileira e o garrote mais forte da liberdade dos povos. É princípio conhecido pelas Luzes do presente século que a soberania reside na nação essencialmente, logo é sem questão que a mesma nação ou pessoa da comissão é quem deve esboçar a sua constituição, purificá-la das imperfeições e afinal estatuí-la.

Frei Joaquim do Amor Divino Caneca. *Crítica da constituição outorgada*, 1824. Adaptado de JUNQUEIRA, Celina (org.). *Ensaios políticos*. Rio de Janeiro: Documentário, 1976.

A Confederação do Equador, ocorrida em 1824, apresentou propostas alternativas à organização do Império do Brasil, sendo, porém, reprimidas pelo governo de Pedro I.

Explicite o motivo central para a eclosão da Confederação do Equador e cite duas de suas propostas para a organização do poder de Estado.

29. Analise a imagem a seguir.

DEBRET, Jean-Baptiste. *Viagem pitoresca e histórica pelo Brasil*. Belo Horizonte: Itatiaia; São Paulo: Edusp, 1989. s. p. (Figura 144).

Produzida em 1822, esta pintura constituiu uma alegoria do Estado nacional por ocasião da Independência. Nela se construiu uma imagem positiva do Império e do papel político do monarca, aclamado como "Defensor Perpétuo do Brasil". Ao longo do Primeiro Reinado, entretanto, a imagem do monarca se modificou.

Diante do exposto e com base na análise da pintura, explique:

a) uma característica do projeto político monárquico do Primeiro Reinado;

b) um dos motivos que levaram à mudança da imagem de dom Pedro I ao longo do Primeiro Reinado.

30. Com base no esquema-resumo do tema 15, estabeleça relações entre o contexto político e econômico europeu do início do século XIX e a eclosão dos movimentos emancipacionistas hispano-americanos.

31. Consulte o capítulo 25 do livro e, com base nele e no esquema-resumo do tema 15, explique como as características das sociedades latino-americanas influenciaram o rumo da independência das colônias hispano-americanas.

32. Analise a imagem a seguir.

Produzida em 1959, a pintura de Jesús Helguera alude ao "Grito de Dolores" (1810), marco do processo de independência no México. Na referida obra, o pintor elege e representa, em primeiro plano, dois importantes símbolos que constituem a nacionalidade mexicana. Com base na análise dessa imagem e considerando o contexto histórico da independência, explique:

a) os símbolos nacionais presentes na composição do quadro;

b) a relação entre os referidos símbolos e o processo de independência no México.

33. Com base no esquema-resumo do tema 16 e no capítulo 26, descreva os principais líderes teóricos das correntes socialistas e liberais.

34.

"Os libertários – anarquistas e anarcossindicalistas – concentram sua atuação na vida educativa, feita através da propaganda escrita e oral – jornais, livros, folhetos, revistas, conferências, comícios, além de festas, piqueniques, peças teatrais –, no sentido de disseminar o ideal libertário de emancipação social [...]"

SFERRA, Giuseppina. *Anarquismo e Anarcossindicalismo*. São Paulo: Ática, 1987, p. 21.

Tomando como referência o fragmento de texto acima:

a) indique duas ideias ligadas ao movimento anarquista na Europa do século XIX;

b) analise a concepção de Estado defendida pelos anarquistas.

35. Observe o esquema-resumo do tema 17 e faça no seu caderno um novo esquema a partir do tópico "Guerra Franco-Prussiana", incluindo as consequências desse evento.

36. Explique a relação entre a Doutrina Monroe e o Destino Manifesto, indicada no esquema-resumo do tema 17.

37. No fim do século XIX, Frederick Jackson Turner elaborou uma tese sobre a "fronteira" como definidora do caráter dos Estados Unidos até então. A força do indivíduo, a democracia, a informalidade e até o caráter rude estariam presentes no diálogo entre a civilização e a barbárie que a fronteira propiciava. As tradições europeias foram sendo abandonadas à medida que o desbravador se aprofundava no território em expansão dos Estados Unidos.

Em relação à questão da fronteira nos Estados Unidos, responda:

a) De quais grupos ou países essas terras foram sendo retiradas no século XIX?

b) O que foi o "Destino Manifesto" e qual seu papel nessa expansão?

38. Leia a letra da canção e o documento que seguem.

Fruta estranha

Árvores do sul produzem uma fruta estranha,
sangue nas folhas e nas raízes,
corpos negros balançando na brisa do sul,
frutas estranhas penduradas nos álamos.

Cena pastoril do valente sul,
os olhos inchados e a boca torcida,
perfume de magnólias, doce e fresco,
então, o repentino cheiro de carne queimando.

Aqui está a fruta para os corvos arrancarem,
para a chuva recolher, para o vento sugar,
para o sol apodrecer, para as árvores derrubarem,
aqui está a estranha e amarga colheita.

MEEROPOL, Abel. Strange Fruit. In: MARGOLICK, David. *Strange Fruit*: Billie Holiday e a biografia de uma canção. São Paulo: Cosac Naify, 2012. (Adaptado).

Todas as pessoas nascidas e naturalizadas nos Estados Unidos, e sujeitas à sua jurisdição, são cidadãos dos Estados Unidos e dos estados em que residem. Nenhum Estado poderá fazer ou criar qualquer lei que crie privilégios e imunidades para cidadãos dos Estados Unidos; nenhum Estado poderá privar qualquer pessoa da vida, liberdade e propriedade, nem negar para qualquer pessoa a igual proteção das leis.

XIV EMENDA À CONSTITUIÇÃO DOS ESTADOS UNIDOS DA AMÉRICA, 1868. Disponível em: <direitosfundamentais.net/2008/10/23>. Acesso em: 15 abr. 2013. (Adaptado).

A composição "Fruta estranha" ficou conhecida, nos Estados Unidos, pela interpretação de Billie Holiday, que a cantou, pela primeira vez, em 1939. Desde então, essa composição tornou-se símbolo de protesto, aludindo a uma prática cotidiana contrária à emenda constitucional, datada de 1868. Considerando-se o exposto, explique:

a) a relação entre a composição e a questão racial, com base no contexto da Guerra Civil norte-americana (1860-1865);

b) como a metáfora "fruta estranha" refere-se à contradição entre as leis e as práticas político-sociais do sul dos Estados Unidos.

39. Tomando como exemplo o esquema-resumo do tema 18, elabore em seu caderno um novo esquema-resumo com foco nas forças político-partidárias do Brasil até o Golpe da Maioridade.

40. A partir do esquema-resumo do tema 18, elabore um novo esquema com o resumo das rebeliões regenciais, apoiando-se no que foi visto no capítulo 28 do livro. Pesquisas em outros livros e na internet podem ajudar a criar um quadro mais completo.

41. Leia o trecho:

> *O sete de abril de 1831, mais do que o sete de setembro de 1822, representou a verdadeira independência nacional, o início do governo do país por si mesmo, a Coroa agora representada apenas pela figura quase simbólica de uma criança de cinco anos. O governo do país por si mesmo [...] revelou-se difícil e conturbado. Rebeliões e revoltas pipocaram por todo o país, algumas lideradas por grupos de elite, outras pela população tanto urbana como rural, outras ainda por escravos.*
>
> CARVALHO, J. Murilo et al. *Documentação política, 1808-1840.* Brasiliana da Biblioteca Nacional. Rio de Janeiro: Fundação Biblioteca Nacional/Nova Fronteira, 2011, s/p.

a) EXPLIQUE o sentido da frase considerando o seu contexto histórico: "a Coroa agora representada apenas pela figura quase simbólica de uma criança de cinco anos".

b) APRESENTE dois fatores que contribuíram para as conturbações políticas e sociais que levaram às rebeliões e às revoltas do período.

42.

> *A fatalidade das revoluções é que sem os exaltados não é possível fazê-las e com eles é impossível governar. Cada revolução subentende uma luta posterior e aliança de um dos aliados, quase sempre os exaltados, com os vencidos. A irritação dos exaltados [trouxe] a agitação federalista extrema, o perigo separatista, que durante a Regência [ameaçou] o país de norte a sul, a anarquização das províncias. [...] durante este prazo, que é o da madureza de uma geração, se o governo do país tivesse funcionado de modo satisfatório – bastava não produzir abalos insuportáveis –, a desnecessidade do elemento dinástico teria ficado amplamente demonstrada.*
>
> NABUCO, Joaquim. *Um Estadista do Império:* Nabuco de Araújo, sua vida, suas opiniões, sua época. 2. ed. São Paulo: Editora Nacional, Rio de Janeiro: Civilização Brasileira, 1936, p.21.

Na obra *Um Estadista do Império,* escrita entre os anos de 1893 e 1894, Joaquim Nabuco faz uma análise da história do Brasil Imperial. O trecho acima remete ao período regencial (1831-1840) do país. Com base no texto e em seus conhecimentos, faça o que se pede.

a) Explique como Joaquim Nabuco interpretou o período regencial no Brasil.

b) O período da Regência é citado por diversos autores, incluindo Nabuco, como o de uma experiência republicana federalista. Aponte duas razões pelas quais a Regência no Brasil ganhou essa interpretação.

43. Compare o colonialismo no século XVI ao colonialismo no século XIX conforme as informações do esquema-resumo do tema 19 e registre em seu caderno.

44. Copie no seu caderno o tópico "resistência anti-imperialista" do esquema-resumo do tema 19, e complete-o com mais informações sobre os mecanismos de resistência ao imperialismo na África, na Índia e na China.

45. Visões eurocêntricas, com base em ideias de superioridade racial e intolerância religiosa, acompanharam e justificaram a violência da dominação das potências ocidentais de fins do século XIX. Considerando os povos colonizados "pouco desenvolvidos" ou "em estado de barbárie", os governantes dessas potências não raramente fizeram uso de um suposto "sentido de missão" para justificar as suas práticas de dominação.

a) Cite duas áreas de influência (colônias ou não) das potências europeias nas Américas, no referido período, e identifique as potências que dominavam tais áreas.

b) As elites locais, em sua maioria, também corroboraram, à época, as ideias de progresso e de civilização veiculadas pelas potências europeias. Medidas autoritárias e repressivas foram dirigidas ao elemento nativo, somadas a políticas de "branqueamento" de populações, pela via da imigração.

Dê o exemplo de dois países latino-americanos que se destacaram no período pondo em execução essas práticas.

46. Analise a charge apresentada a seguir.

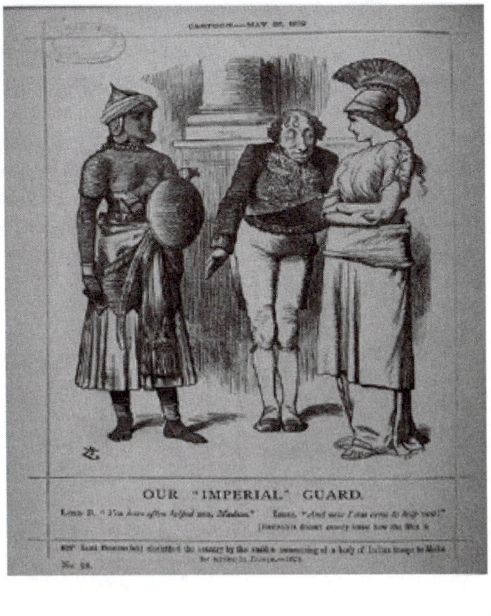

NOSSA GUARDA "IMPERIAL"

Lord B. (Benjamin Disraeli) diz: — Você os tem ajudado continuamente, Madame.

Índia (soldado indiano) diz: — E, agora, eu venho para ajudar vocês.

[A Grã-Bretanha não sabe exatamente como a Índia fará isso]

Charge de maio de 1878. Disponível em: <www.cartoonstock.com/vintage/directory/b/british_india.asp>. Acesso em: 26 mar. 2012. [Adaptado].

A charge apresentada ironiza o envio de tropas indianas pelo governo britânico para garantir a posse da ilha de Malta, em 1878. Ela expressa um conceito que permeia a política externa inglesa no período vitoriano. Considerando-se o exposto,

a) Identifique o conceito que sintetiza a ação política britânica, no período.

b) Explique de que forma a charge faz referência ao tratamento reservado às populações coloniais.

47. A Guerra do Paraguai, ocorrida durante o reinado de dom Pedro II, acabou produzindo uma das principais condições para a queda da Monarquia no Brasil. Explique tal condição, tomando por base o esquema-resumo do tema 20.

48. Segundo o esquema-resumo do tema 20, descreva a situação dos setores populares, médios e urbanos no último quartel do século XIX e explique como cada um se posicionava diante do regime monárquico.

49. Analise os documentos a seguir.

Art. 1º. As embarcações brasileiras encontradas em qualquer parte, e as estrangeiras encontradas nos portos do Brasil, tendo a seu bordo escravos, ou havendo-os desembarcado, serão apreendidas pelas autoridades, ou pelos navios de guerra brasileiros, e consideradas importadoras de escravos.

Art. 4. A importação de escravo no território do Império fica nele considerada como pirataria, e será punida pelos seus tribunais com as penas declaradas no Código Criminal.

LEI EUSÉBIO DE QUEIROZ, de 4 de setembro de 1850. Disponível em: <www.gptec.cfch.ufrj.br/html/eusebio.html>. Acesso em: 26 out. 2012. (Adaptado).

Art. 1º. Ficam proibidas as aquisições de terras devolutas por outro título que não seja o de compra.

Art. 18. O Governo fica autorizado a mandar vir anualmente à custa do Tesouro certo número de colonos livres para serem empregados, pelo tempo que for marcado, em estabelecimentos agrícolas, ou nos trabalhos dirigidos pela Administração pública, ou na formação de colônias nos lugares em que estas mais convierem; tomando antecipadamente as medidas necessárias para que tais colonos achem emprego logo que desembarcarem.

LEI DE TERRAS, de 18 de setembro de 1850. Disponível em: <www.planalto.gov.br/ccivil_03/Leis/L0601-1850.htm>. Acesso em: 26 out. 2012. (Adaptado).

A promulgação da Lei Eusébio de Queiroz e da Lei de Terras revela uma preocupação latente com a definição do estatuto da escravidão e da propriedade fundiária no Brasil. Com base nos documentos apresentados e considerando-se o contexto do Segundo Império, explique:

a) uma consequência socioeconômica da implementação da Lei Eusébio de Queiroz, no Rio de Janeiro;

b) as mudanças na estrutura produtiva brasileira, proporcionadas pelas duas leis.

50.

Representando apenas 19,6% das exportações brasileiras em 1822 (com a média de 18,4% nos anos 1820), o café passou a liderar as exportações brasileiras na década dos 1830 (com 28,6%), assumindo assim o lugar tradicionalmente ocupado pelo açúcar desde o período colonial. Nos meados do século XIX, passava a representar quase a metade do valor das exportações e, no último decênio do período monárquico, alcançava 61,5%. Já a participação do açúcar no quadro dos valores das exportações brasileiras passou de 30,1%, na década de 1820, a apenas 9,9%, nos anos 1880. O algodão alcançava 20,6%, na década de 1820, cifra jamais alcançada depois, em todo o período monárquico. Com exceção dos anos da guerra civil americana, que se refletiram na elevada participação do produto no conjunto das exportações dos anos 1870 (18,3%), verifica-se o declínio das exportações que, nos anos 1880, têm uma participação de apenas 4,2%. O comportamento das exportações de fumo revela que essas oscilaram em torno de baixas percentagens, durante todo o período monárquico. Alcançando 2,5% do valor global das exportações na década de 1820, decaiu, nas duas décadas seguintes (1,9% para os anos 1830 e 1,8% para os anos 1840). Na segunda metade do século, melhorou a posição do fumo no conjunto das exportações, tendo alcançado, nos anos 1860 e 1870, as maiores percentagens do período, com 3% e 3,4%. A participação do cacau no conjunto das exportações nacionais cresceu de 0,5% na década de 1820 para 1,6% na última década da monarquia, a mais alta percentagem do período.

Adaptado de: HOLANDA, Sérgio Buarque de. (org.). *História geral da civilização brasileira*. II. O Brasil Monárquico. 4. Declínio e queda do império. Rio de Janeiro: Difel, 1985, p. 119-126.

Com base no texto, responda ao que se pede:

a) Elabore um gráfico das exportações brasileiras de café, açúcar e algodão no período monárquico, incluindo os respectivos dados percentuais (aproximados).

b) Qual foi o principal produto de exportação brasileiro, respectivamente, nas décadas de 1820, 1830 e 1880?

Olimpíada Nacional em História do Brasil

Promovida pela Universidade de Campinas (Unicamp), desde 2009 propõe-se a questionar a História do Brasil através do uso de documentos, textos imagens e mapas, a partir dois quais são elaborados testes de múltipla escolha e realização de tarefas. No caso dos testes, apenas uma alternativa deve ser escolhida, embora existam diferentes possibilidades de respostas: resposta precisa (5 pontos), correta (4 pontos), menos correta (1 ponto) e inadequada (0 ponto). Os diferentes "pesos" das respostas são indicados ao final, no gabarito.

1. Leia o documento abaixo e selecione, dentre as alternativas, aquela que considerar a mais pertinente.

Trechos da carta de Pero Vaz de Caminha

Trechos de carta

Senhor:

Posto que o Capitão-mor desta vossa frota, e assim os outros capitães escrevam a Vossa Alteza a nova do achamento desta vossa terra nova, que ora nesta navegação se achou, não deixarei também de dar disso minha conta a Vossa Alteza, assim como eu melhor puder, ainda que — para o bem contar e falar — o saiba pior que todos fazer. [...]

Viu um deles [índio] umas contas de rosário, brancas; acenou que lhas dessem, folgou muito com elas, e lançou-as ao pescoço. Depois tirou-as e enrolou-as no braço e acenava para a terra e de novo para as contas e para o colar do Capitão, como dizendo que dariam ouro por aquilo.

Isto tomávamos nós assim por assim o desejarmos. Mas se ele queria dizer que levaria as contas e mais o colar, isto não o queríamos nós entender, porque não lho havíamos de dar. E depois tornou as contas a quem lhas dera. [...]

Parece-me gente de tal inocência que, se homem os entendesse e eles a nós, seriam logo cristãos, porque eles, segundo parece, não têm, nem entendem em nenhuma crença.

E portanto, se os degredados, que aqui hão de ficar aprenderem bem a sua fala e os entenderem, não duvido que eles, segundo a santa intenção de Vossa Alteza, se hão de fazer cristãos e crer em nossa santa fé, à qual praza a Nosso Senhor que os traga, porque, certo, esta gente é boa e de boa simplicidade. E imprimir-se-á ligeiramente neles qualquer cunho, que lhes quiserem dar. E pois Nosso Senhor, que lhes deu bons corpos e bons rostos, como a bons homens, por aqui nos trouxe, creio que não foi sem causa. Portanto Vossa Alteza, que tanto deseja acrescentar a santa fé católica, deve cuidar da sua salvação. E prazerá a Deus que com pouco trabalho seja assim.

Eles não lavram, nem criam. Não há aqui boi, nem vaca, nem cabra, nem ovelha, nem galinha, nem qualquer outra alimária, que costumada seja ao viver dos homens. Nem comem senão desse inhame, que aqui há muito, e dessa semente e frutos, que a terra e as árvores de si lançam. E com isto andam tais e tão rijos e tão nédios, que o não somos nós tanto, com quanto trigo e legumes comemos. [...] e a terra por cima toda chã e muito cheia de grandes arvoredos. [...] De ponta a ponta, é toda praia parma, muito chã e muito formosa.

Pelo sertão nos pareceu, vista do mar, muito grande, porque, a estender olhos, não podíamos ver senão terra com arvoredos, que nos parecia muito longa.

Nela, até agora, não pudemos saber que haja ouro, nem prata, nem coisa alguma de metal ou ferro; nem lho vimos. Porém a terra em si é de muito bons ares, assim frios e temperados como os de Entre Douro e Minho, porque neste tempo de agora os achávamos como os de lá.

Águas são muitas; infindas. E em tal maneira é graciosa que, querendo-a aproveitar, dar-se-á nela tudo, por bem das águas que tem.

Porém o melhor fruto, que nela se pode fazer, me parece que será salvar esta gente. E esta deve ser a principal semente que Vossa Alteza em ela deve lançar. [...]

Beijo as mãos de Vossa Alteza.

Deste Porto Seguro, da Vossa Ilha de Vera Cruz, hoje, sexta-feira, primeiro dia de maio de 1500.

Pero Vaz de Caminha

Sobre os excertos da carta de Pero Vaz de Caminha acima, podemos dizer:

Alternativas

a) Na carta ao rei de Portugal Pero Vaz de Caminha descreve a terra encontrada.
b) O documento descreve uma população nativa que o autor narra como generosa e gentil, e por este motivo deve ser cuidada.
c) A carta indica ao rei de Portugal formas de se apossar de riquezas e de expandir o cristianismo.
d) A carta indica que os índios produziam seus alimentos em roças e criavam rebanhos para seu sustento.

2. Jean de Walbeeck, no Relatório apresentado ao parlamento holandês em 1633, ao discorrer sobre a possibilidade de invasão de terras brasileiras, apontou:

Relatório apresentado ao parlamento holandês

Trecho de relatório

"O Brasil oferece grandes lucros aos portugueses. Em relação ao nosso país, verificar-se-á que esses lucros e vantagens serão maiores para nós. Os açúcares do Brasil enviados diretamente ao nosso país custarão bem menos do que custam agora, pois que serão libertados dos impostos que sobre eles se cobram em Portugal e, desta forma, destruiremos seu comércio de açúcar. Os artigos europeus, tais como tecidos, panos etc., poderão, pela mesma razão, ser fornecidos por nós ao Brasil muito mais barato; o mesmo se dá com a madeira [Brasil] e o fumo. Quanto à situação da parte norte do Brasil, verificar-se-á que nenhuma outra aparece situada tão

vantajosamente para o nosso país, pois é a mais oriental de toda a América meridional, de modo que uma viagem comum, seja de ida, seja de volta, pode ser calculada em dois meses. Uma vez de posse desta parte setentrional do Brasil, destruiríamos todo o comércio de açúcar português."

Baseado nos seus conhecimentos e nas informações contidas no documento acima, escolha a alternativa:

Alternativas

a) o documento refere-se à justificativa para a invasão holandesa no Brasil.
b) o documento indica interesse comercial holandês pelo Brasil.
c) a região setentrional à qual o documento se refere é a atual região Norte do país.
d) além do açúcar, havia vários interesses marítimo-comerciais dos holandeses incluindo a desmontagem do domínio português.

3.

Viagem à terra do Brasil de Jean de Léry

Texto de viajante

– Por que vindes vós outros, maírs e perôs buscar lenha de tão longe para vos aquecer? Não tendes madeira em vossa terra?

Respondi que tínhamos muita, mas não daquela qualidade, e que não a queimávamos, como ele o supunha, mas dela extraíamos tinta para tingir, tal qual o faziam eles com os seus cordões de algodão e suas plumas.

Retrucou o velho imediatamente:

– E porventura precisais de muito?

– Sim – respondi-lhe – pois no nosso país existem negociantes que possuem panos, facas, tesouras, espelhos e outras mercadorias do que podeis imaginar e um só deles compra todo o pau-brasil com que muitos navios voltam carregado.

– Há! – retrucou o selvagem – tu me contas maravilhas – acrescentando depois de bem compreender o que eu lhe dissera.

– Mas esse homem tão rico não morre?

– Sim – disse eu – morre como os outros.

Mas os selvagens são grandes discursadores e costumam ir em qualquer assunto até o fim, por isso perguntou-me de novo:

– E quando morrem para quem fica o que deixam?

– Para seus filhos se os têm – respondi – na falta destes para os irmãos ou parentes mais próximos.

– Na verdade – continuou o velho, que, como vereis, não era nenhum tolo – agora vejo que vós outros maírs sois grandes loucos, pois atravessais o mar e sofreis grandes incômodos, como dizeis quando aqui chegais, e trabalhais tanto para amontoar riquezas para vossos filhos ou para aqueles que vos sobrevivem! Não será a terra que vos nutriu suficiente para alimentá-los também? Temos pais, mães e filhos a quem amamos; mas estamos certos de que depois da nossa morte a terra que nos nutriu também os nutrirá, por isso descansamos sem maiores cuidados.

O diálogo anterior teria se passado na década de 1550 entre um tupinambá, do grupo nativo da costa brasileira, e o pastor calvinista Jean de Léry (1534-1611). O indígena queria saber por que os europeus vinham de terras longínquas a fim de buscar madeira para a extração de tintas.

Alternativas

a) o diálogo mostra visões de mundo muito diferentes em relação a temas como a natureza, o comércio, herança e riqueza.
b) ao falar em "maírs" e "perôs", o tupinambá mencionava franceses e portugueses, que disputavam a exploração da região.
c) pelo diálogo, podemos perceber indígenas e europeus em negociação, numa imagem distante da tradicional, marcada apenas por conflitos e destruição.
d) o diálogo nos mostra como, em suas origens, os indígenas têm um modo de vida nômade, caçador e coletor, pouco afeito ao trabalho e ao cuidado com seus descendentes.

4.

História do Brasil por Frei Vicente do Salvador, 1627

"Da largura que a terra do Brasil tem para o sertão não trato, porque até agora não houve quem a andasse por negligência dos portugueses, que, sendo grandes conquistadores de terras, não se aproveitam delas, mas contentam-se de as andar arranhando ao longo do mar como caranguejos.

[...]

Já [...] comecei a murmurar da negligência dos portugueses que não se aproveitavam das terras do Brasil que conquistam, e agora me é necessário continuar com a murmuração, havendo de tratar das minas do Brasil, pois, sendo contígua esta terra com a do Peru, que a não divide mais do que uma linha imaginária indivisível, tendo lá os castelhanos descobertas tantas e tão ricas minas, cá nem uma passada dão por isso, e quando vão ao sertão é a buscar índios forros [...] ainda que de caminho achem mostras ou novas de minas, não as cavam nem ainda as vêm ou as demarcam."

Alternativas

a) Os portugueses ignoravam as minas encontradas uma vez que os metais e pedras preciosas não eram, naquele momento, importantes para a economia europeia.
b) A comparação entre portugueses e caranguejos se explica pela ocupação exclusivamente litorânea do território.
c) Os portugueses são retratados como os que souberam conquistar, mas não souberam explorar de forma satisfatória as terras conquistadas.
d) A linha imaginária indivisível a que se refere o texto é a estabelecida pelo Tratado de Tordesilhas em 1494.

5. A partir da leitura do documento, escolha a alternativa mais pertinente:

Regimento de Tomé de Souza, 1548

Documento Legal

"Eu o Rei faço saber a vós Tome de Souza fidalgo de minha casa que Vendo Eu quanto serviço de Deus e meu é conservar e enobrecer as capitanias e povoações das terras do Brasil e dar ordem e maneira com que melhor e mais seguramente se possam ir povoando para exalçamento da nossa Santa Fé e proveito de meus reinos e senhorios e dos naturais deles ordenei ora de mandar nas ditas terras fazer uma fortaleza e povoação grande e forte em um lugar conveniente para daí se dar favor e ajuda às outras povoações e se ministrar Justiça e prover nas coisas que cumprirem a meu serviço e aos negócios de minha fazenda e a bem das partes e por ser informado que a Bahia de Todos os Santos é o lugar mais conveniente da costa do Brasil para se poder fazer a dita povoação e assento assim pela disposição do porto e rios que nela entram como pela bondade abastança e saúde da terra e por outros respeitos hei por meu serviço que na dita Bahia se faça a dita povoação e assento e para isso vá uma armada com gente artilharia armas e munições e todo o mais que for necessário. E pela muita confiança que tenho em vós que em caso de tal qualidade e de tanta importância me sabereis servir com aquela fieidade e diligência que se para isso requer hei por bem de vós enviar por governador às ditas terras do Brasil no qual cargo e assim no fazer da dita fortaleza tereis a maneira seguinte da qual fortaleza e terra da Bahia vós haveis de ser capitão".

Vocabulário:
Exalçamento: ato de exaltar; elevar.
Fieidade: fidelidade.

Em: Raphael Bluteau. Vocabulário Português e Latino. Coimbra, 1712-1789. Disponível em: <www.ieb.usp.br/online/index.asp>

Alternativas

a) A construção de uma fortaleza e a fundação de uma povoação na Baía de Todos os Santos era uma forma de assegurar a presença administrativa da Coroa portuguesa.
b) O documento revela uma estrutura de poder baseada em confiança e fidelidade na relação entre o Rei e o Governador Geral, que atuaria como representante do poder real em terras coloniais.
c) O sucesso encontrado por Tomé de Souza na execução do Regimento imposto pelo rei D. João III na região da Bahia fez com que ele ficasse no Nordeste e não estendesse seus compromissos para as demais capitanias.
d) O rei D. João III discorre sobre sua expectativa em relação à atuação de Tomé de Souza em terras brasileiras, indicando seus compromissos em conservar, fortalecer e povoar as capitanias hereditárias.

6. Leia a seguir trechos de petições de Irmandades religiosas ao presidente da Província da Bahia sobre a inauguração do cemitério na cidade de Salvador em 1836:

Cemitério em Salvador

Documento Legal

Ordem Terceira de São Domingos:

"grandes males o ser os cadáveres sepultados dentro dos Templos, e em covas subterrâneas, cujas exalações pútridas corrompiam o ar, e atacavam muito de perto o povo, que concorrendo aos mesmos Templos, principalmente aos Domingos e dias Festivos [...] tinham de ficar sobre as mesmas covas recebendo vapores, que delas saiam, e a eles se comunicavam."

Ordem Terceira do Carmo:

"prescindindo de entrar na análise da conveniência ou desconveniência da existência de um cemitério, que por ser geral se tornará talvez um foco de corrupção, pela grande quantidade de miasmas pútridos que dele devem instalar, deixando de parte a experiência de mais de trezentos anos, em que os quais enterrando-se nesta cidade constantemente nas Igrejas, ainda daí não nos resultou peste ou epidemia alguma".

A morte é uma festa

Leia mais sobre o tema em:

REIS, João José. *A morte é uma festa* – ritos fúnebres e revolta popular no Brasil. São Paulo: Companhia das Letras, 1991.

Escolha a alternativa mais pertinente:

Alternativas

a) Uma das crenças daquele período era que os vapores (miasmas) emitidos pelos mortos transmitiam doenças aos vivos.
b) A rejeição ao cemitério na Bahia naquele momento culminou em uma revolta popular que ficou conhecida como Cemiterada.
c) As duas petições se contrapõem à inauguração do cemitério por considerá-lo um foco de doenças.
d) A mudança dos enterros das igrejas para os cemitérios implicou a secularização dos procedimentos fúnebres.

7. Imagens como a abaixo, cujo interior é oco, foram comuns na região das Minas Gerais durante o século XVIII.

Sobre ela podemos dizer que:

Alternativas

a) Se trata de uma estátua feita em madeira, provavelmente por algum artista da região das minas.

b) Era utilizada para o contrabando de ouro, driblando a fiscalização colonial.

c) Era utilizada somente por fiéis que guardavam relíquias em seu interior.

d) O uso atual da expressão "santo do pau oco" deriva do uso desse objeto para a contravenção.

8. Texto adaptado de artigo de revista sobre a Conjuração Baiana.

O preço da liberdade

Artigo de revista

Em 8 de novembro de 1799, quatro homens foram enforcados e esquartejados em praça pública na cidade de Salvador. Condenados por conspirarem contra a Coroa de Portugal, os alfaiates João de Deus do Nascimento e Manuel Faustino dos Santos Lira, e os soldados Lucas Dantas de Amorim Torres e Luiz Gonzaga das Virgens e Veiga participaram do movimento que ficou conhecido como Conjuração Baiana, ou Conjuração dos Alfaiates. Era o fim de um processo deflagrado no ano anterior, quando em 12 de agosto, a população de Salvador fora convocada, por panfletos afixados em locais públicos da cidade, para uma "revolução" que instituiria uma "república democrática" no Brasil. A documentação sugere que a composição social da Conjuração Baiana de 1798 ficou circunscrita às médias e baixas camadas daquela sociedade desde os primeiros momentos do inquérito. No entanto, denúncias sobre a participação de homens ricos e poderosos no movimento chegaram a Lisboa, mas não foram adiante. Os homens de posses ofereceram à Justiça alguns de seus escravos, como se eles fossem, junto com outros suspeitos já arrolados, os únicos participantes da conspiração, permitindo que seus senhores saíssem ilesos da investigação. Estavam envolvidos senhores de engenho, negociantes, autoridades locais. O que surpreende é que até hoje o movimento seja conhecido como a "mais popular das revoltas" do fim do século XVIII, apesar dos depoimentos dos cativos denunciarem a participação de homens de "consideração".

Escolha a alternativa mais pertinente:

Alternativas

a) o texto põe em questão a representação historiográfica que caracteriza essa conjura como exclusivamente popular.

b) os homens de "consideração" envolvidos no movimento ocorrido em Salvador livraram-se das acusações culpando seus escravos.

c) não havia distinção social entre os envolvidos na Conjuração Baiana.

d) os revoltosos colocaram em pauta uma discussão sobre revolução, república, democracia e, nesta cultura política, os panfletos foram uma forma de comunicação importante.

9. Trecho de *Cultura e opulência do Brasil por suas Drogas e Minas*. Sobre as migrações às Minas, 1711, de autoria de André João Antonil.

Trecho de "Cultura e opulência do Brasil"

Trecho de livro

"A sede insaciável do ouro estimulou a tantos deixarem suas terras e a meterem-se por caminhos tão ásperos como são os das minas, que dificultosamente se poderá dar conta do número das pessoas que atualmente lá estão. Contudo, os que assistiram nela nestes últimos anos por largo tempo, e as correram todas, dizem que mais de trinta mil almas se ocupam, umas a catar, e outras a mandar catar nos ribeiros do ouro, e outras a negociar, vendendo e comprando o que se há mister não só para a vida, mas para o regalo, mais que nos portos do mar.

Cada ano, vêm nas frotas quantidade de portugueses e de estrangeiros, para passarem às minas. Das cidades, vilas, recôncavos e sertões do Brasil, vão brancos, pardos e pretos, e muitos índios, de que os paulistas se servem. A mistura é de toda a condição de pessoas: homens e mulheres, moços e velhos, pobres e ricos, nobres e plebeus, seculares e clérigos, e religiosos de diversos institutos, muitos dos quais não têm no Brasil convento nem casa."

Link para o texto completo: A Escola do Futuro da Universidade de São Paulo
Biblioteca Virtual do Estudante de Língua Portuguesa

O documento acima:

Alternativas

a) descreve a exploração das minas e a intensa movimentação étnica e social para a região da mineração no início do século XVIII.

b) relaciona o surto econômico mineiro ao povoamento da região.

c) indica que o ouro não era suficiente para enriquecer todo o fluxo migratório.

d) apresenta diferentes relações de trabalho indicando que a escravidão não era a única forma de exploração da riqueza do local.

10. Em 1º de junho de 1826, o navio *Frederico* partiu do porto de Bremen, na atual Alemanha, com destino ao Brasil. Um documento de registro mostra que os colonos transportados nesta embarcação eram os seguintes:

Documento de registro com listagem de passageiros do navio *Frederico*.

Lista de colonos

Listagem oficial

Família 1: Jorge Godofredo Engele, 37 anos, casado, mestre-escola, protestante, Würtenberg Margarida, sua mulher, 34 anos, Catarina, 3 anos, Jorge Miguel, 2 anos.

Família 2: Godofredo Gebert, 42 anos, casado, alf., prot. Würt, Cristina, sua 2ª mulher, 42 anos Sofia Carolina, filha do 1º matrimonio, 14 anos, Henrique, idem, 10 anos, Sofia, 8 anos Madalena, filha do 2º matrimônio, 15 anos, Miguel, idem, 2 anos, Frederico Ewerard, 5 sem., nascido no mar, em. 21 -V -26.

Família 3: (Ficou no Rio de Janeiro).

Família 4: José Weber, 36 anos, casado, oleiro, cat., Würt, Ana Maria; sua mulher, 37 anos, André, filho, 14 anos, Madalena, 12 anos, Bárbara, 8 anos, Mariana, 4 anos, Ana Cristina, 4 anos, Crescêncio, 11/2 ano.

Família 5: Francisco Schield, 39 anos, cas., fer., cat., Prússia, Izabel, sua mulher, 31 anos, Jacob, filho, 6 anos, Bárbara, 5 anos, Madalena, 3 anos, Margarida, 1 ano.

Família 6: Francisco José Salzlein, 40 anos, casado, carpinteiro, católico, Würtenberg, Margarida, sua mulher, 44 anos, Barbara Heiligenthal, filha do 1º matrimonio da mulher, 18 anos, João, filho do casal, 13 anos, Jose Francisco, 6 anos.

Família 7: Jacob Eckhardt, 46 anos, casado, sap., cat., Würt., Margarida, sua mulher, 43 anos, Margarida, filha, 18 anos, solteira, José, 12 anos, Dorotea, 8 anos, Mariana, 5 anos.

Família 8: João Jorge Raupp, 44 anos, cas., lav., cat., Würt, Apolônia, 42 anos, Francisco, filho, 10 anos, André, 5 anos, Julião, 3 anos.

Família 9: José Raupp, 46 anos, casado, lav., católico, Würt.,Cristina, sua mulher, 31 anos, Ana Maria, filha, 9 anos, Daniel, 6 anos, Maria Cristina, 2 anos, José Weber, sogro do chefe, 61 anos, viúvo, oleiro, católico, Würt.

Família 10: João Model, 33 anos, casado, lav. católico, Würt, Mariana, sua mulher, 27 anos, Anna Bárbara, filha, 2 anos, Ana Maria Bozel, 34 anos, cunhada do chefe, solt.

Família 11: Francisco Lippert, 40 anos, cas., sap., prot. Prus., Francisca, sua mulher, 30 anos, Jacob, filho, 11 anos, Marilia, 9 anos, Catarina, 7 anos, Nicolau, 4 anos, Margarida, 2 anos.

Família 12: Catarina Bárbara Gretschmann, 33 anos, solteira, prot., Würt. (Casou no Rio com um soldado do batalhão 27º Caçadores), Joana Rosita, filha, 5 anos.

Família 13: Ana Margarida Kern, 48 anos, cas., prot., Würt., Helena Bárbara, filha, 15 anos, solteira, Ana Margarida, 13 anos, Henrique Carros, 10 anos, Anna Bárbara, 7 anos.

AVULSOS

Conrado Cristiano Meyer, 25 anos, solteiro, ecônomo, prot., Hanover.

Adolio Schroder, 40 anos, solt., católico, Bremen.

João Jorge Rheinhardt, 28 anos, lav., prot. Würt.

João Sebastião Diez, 25 a., solt., padeiro, Würt.

Adão Nicolau Oreans, 35 anos, ecônomo, cat., Bade.

Observando essa lista e as informações nela contidas, podemos afirmar:

Alternativas

a) os chefes de família dos colonos que formavam estes grupos declaravam sua idade, estado civil, profissão, religião e local de origem.
b) eram exclusivamente famílias numerosas, condição necessária para o trabalho agrícola.
c) entre eles encontravam-se profissionais e artesãos de ofícios essenciais à vida cotidiana das pequenas comunidades rurais.
d) a experiência da imigração para o Brasil é um tema que antecede o advento da República.

11.

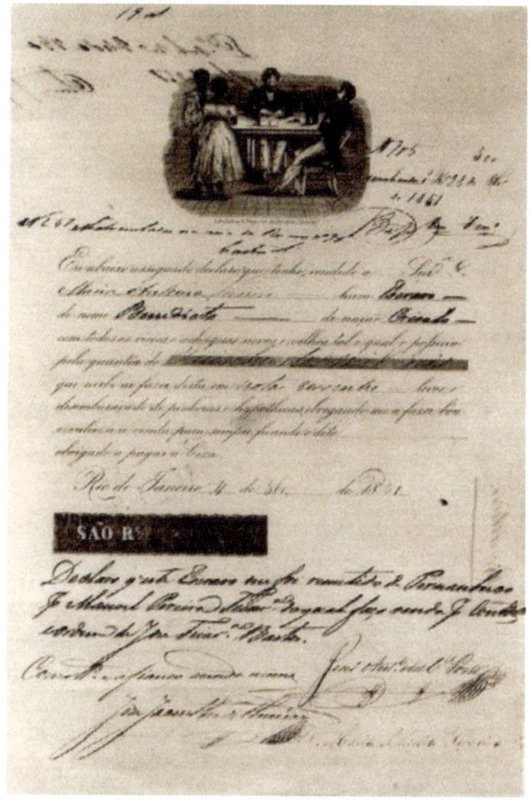

Transcrição:

"Eu abaixo assinado declaro que tenho vendido a Ilmª D. Maria Antonia Teixeira um Escravo de nome Benedicto de nação Crioulo com todos os vícios e achaques novos e velhos tal e qual o possuo pela quantia de Duzentos e dez mil réis que recebi em favor desta em notas correntes – livre e desembaraçado de penhores e hipotecas, obrigando esse se fazer boa e valiosa venda para sempre fazendo o dito ______________ obrigado a pagar a Ciza.

Rio de Janeiro 4 de Set de 1851

SÃO R500$010

Declaro que este escravo me foi remetido de Pernambuco por Manoel Pereira Teixeira, do qual faço venda por consentimento e ordem de José Teixeira Bastos.

Consentimento e afirmação acima João Antonio da C. Porto"

Glossário:

Crioulo:

O termo crioulo era utilizado para designar os descendentes de estrangeiros. Na América Espanhola o termo era utilizado para diferenciar os filhos dos espanhóis nascidos nas colônias dos próprios espanhóis. Também era utilizado para distinguir os negros nascidos no Brasil e nos EUA dos trazidos da África. No século XIX, no Brasil, era comum a utilização de vários tipos de indicações para identificar os escravos, uma delas era a sua origem, para isso geralmente o nome do cativo vinha acompanhado do local onde havia nascido. Os africanos eram identificados a partir do porto de embarque na África (Angola, Cabinda, Benguela, Guiné, etc.) e os filhos de africanos nascidos no Brasil identificados como crioulos.

Achaque:

Termo utilizado para descrever de forma geral as imperfeições morais, a más disposições, manias, vícios e tendência a doenças. No caso dos escravos o termo podia ser utilizado no momento da venda como declaração de que o cativo possuía vícios, garantindo assim que a informação fora dada antes de se efetuar a venda.

Afirmação:

Refere-se ao ato de afirmar ou firmar aquilo que foi dito ou escrito. Em documentos refere-se à assinatura daquele que realiza o negócio ou faz uma declaração.

Ciza:

O termo Ciza refere-se ao imposto que se deveria pagar ao Estado sobre a compra e venda de bens, nos quais se incluíam os escravos. Essa taxa é chamada nos dias de hoje de imposto de transmissão. É importante lembrar que no século XIX devido à não padronização da ortografia brasileira esse, como tantos outros termos, podia receber mais de uma grafia, sendo encontrado em documentos grafado como Sisa, Cisa ou Siza.

Observe o documento e indique a alternativa mais pertinente:

Alternativas

a) Trata-se de um documento que possui texto impresso, texto manuscrito e imagem.
b) A imagem de senhores e de escravos era utilizada porque muitas pessoas não alfabetizadas poderiam mesmo assim reconhecer que se tratava de um ato de compra e venda.
c) Não é um contrato comercial.
d) É um documento que comprova que a propriedade de escravos era regida por lei.

12. A imagem a seguir, sobre o fim da Guerra do Paraguai, foi publicada na revista *Semana Illustrada* de 27 março 1870. Com base na observação da imagem e de sua legenda podemos dizer que:

A morte de Solano Lopez

Alternativas

a) a morte de Solano Lopez foi descrita como um grande feito brasileiro.
b) o autor via como diabólica a participação brasileira na guerra.
c) para o autor a guerra do Paraguai foi uma batalha contra a tirania de um governante cruel.
d) a descrição do líder paraguaio como um monstro ajudou a construir a imagem do Brasil como o de libertador daquela nação.

13. Na *Revista Illustrada* de 6 de novembro de 1880 o artista Ângelo Agostini retratou, por meio dessa ilustração e da legenda "Uma nuvem que cresce cada vez mais", a abolição da escravidão.

Uma nuvem que cresce cada vez mais

Sobre o documento, podemos dizer que:

Alternativas

a) utiliza texto e imagem para criticar a escravidão do período.

b) mostra o senhor que tenta defender-se da "tempestade do abolicionismo" e ao mesmo tempo impedir que seu escravo, que continua a trabalhar, veja-a.

c) representa o movimento abolicionista como uma tempestade que se aproxima.

d) mostra que Agostini era a favor da escravidão ao representar as dificuldades enfrentadas pelos senhores de escravos em manter os cativos sob seu domínio.

14.

O Cortiço

...

"Eram cinco horas da manhã e o cortiço acordava, abrindo, não os olhos, mas a sua infinidade de portas e janelas alinhadas. Um acordar alegre e farto de quem dormiu de uma assentada sete horas de chumbo. Como que se sentiam ainda na indolência de neblina as derradeiras notas da última guitarra da noite antecedente, dissolvendo-se à luz loura e tenra da aurora, que nem um suspiro de saudade perdido em terra alheia. [...] Das portas surgiam cabeças congestionadas de sono; ouviam-se amplos bocejos, fortes como o marulhar das ondas; pigarreava-se grosso por toda a parte; começavam as xícaras a tilintar; o cheiro quente do café aquecia, suplantando todos os outros; trocavam-se de janela para janela as primeiras palavras, os bons-dias; reatavam-se conversas interrompidas à noite; a pequenada cá fora traquinava já, e lá dentro das casas vinham choros abafados de crianças que ainda não andam. No confuso rumor que se formava, destacavam-se risos, sons de vozes que altercavam, sem se saber onde, grasnar de marrecos, cantar de galos, cacarejar de galinhas. [...] Daí a pouco, em volta das bicas era um zunzum crescente; uma aglomeração tumultuosa de machos e fêmeas. Uns, após outros, lavavam a cara, incomodamente, debaixo do fio de água que escorria da altura de uns cinco palmos. O chão inundava-se. [...] As portas das latrinas não descansavam, era um abrir e fechar de cada instante, um entrar e sair sem tréguas."

Sobre o excerto do romance *O Cortiço* (1890) de Aluísio Azevedo, podemos afirmar que:

Alternativas

a) Assim como o cortiço é descrito como se fosse um organismo vivo, as personagens são descritas confundindo-se com os próprios animais que lá viviam.

b) O autor trata a questão dos cortiços como uma representação coletiva que trazia incômodo a outros grupos sociais.

c) Os cortiços foram os maiores culpados pelo crescimento desordenado da cidade do Rio de Janeiro e pela proliferação de doenças.

d) O cortiço é um reflexo de um planejamento urbano que não contemplava todas as classes sociais.

15. Observe a imagem publicada na capa do jornal *O Mequetrefe*, em maio de 1889 e escolha a alternativa mais pertinente:

Será esta a apotheose final da actual crise política.

Alternativas

a) A imagem faz referência direta à crise política nos últimos meses do Império.

b) Ao colocar a imagem da "República" acima e afastando-se dos símbolos do Império aponta-se para a superação de um sistema de governo ultrapassado para o país.

c) Trata-se de uma crítica ao movimento republicano que ao crescer traz destruição à ordem vigente.

d) A imagem nos permite estabelecer "O Mequetrefe" como um jornal marcado pela defesa da república e contra o Estado Monárquico.

16. A carta de Pero Vaz de Caminha foi recuperada pela historiografia nacional principalmente durante o século XIX. Foi reeditada e tornou-se de grande interesse, considerada a "certidão de nascimento" do Brasil. Ela pôde ser assim chamada porque:

Alternativas

a) Foi considerada o primeiro documento escrito sobre o Brasil.

b) Pero Vaz de Caminha foi o único a dar a boa nova do achamento do Brasil.

c) Por meio deste documento os portugueses declararam a posse do Brasil.

d) Descreve a natureza e as gentes.

17. Leia o documento abaixo atentamente e observe os mapas que elaboramos para esta questão, procurando localizar as colônias que o texto cita.

Documento do Conselho da Fazenda, 1657

Relatório

"As índias acham-se hoje miseravelmente reduzidas a seis praças principais, que são: Moçambique, sem defesa; Goa, pouco segura; Diu, arriscada; Cochim, dependente da amizade do rei; Columbo, invadida pelos holandeses; Macau, sem comércio, desesperada; Angola, nervo dos engenhos do Brasil, necessita de prevenção contra os desejos que os espanhóis, ingleses e holandeses têm de nos tirarem os negros [...]. A costa da Guiné, donde saía tanta riqueza [...] é toda dos estrangeiros [...]. O Brasil, reforço principal desta Coroa, pede socorros [...]. O Maranhão, mal se sustenta no que é, e receia a cobiça dos estrangeiros que o ameaçam [...]. Portugal, enfim, se acha sem forças, sem ânimo para se sustentar [...]; não só falta para grandes despesas e para pagar o que deve de justiça, mas ainda para as despesas miúdas."

Mapas: Allmaps/Arquivo da editora

Mapa da divisão territorial do país, séc. XVII

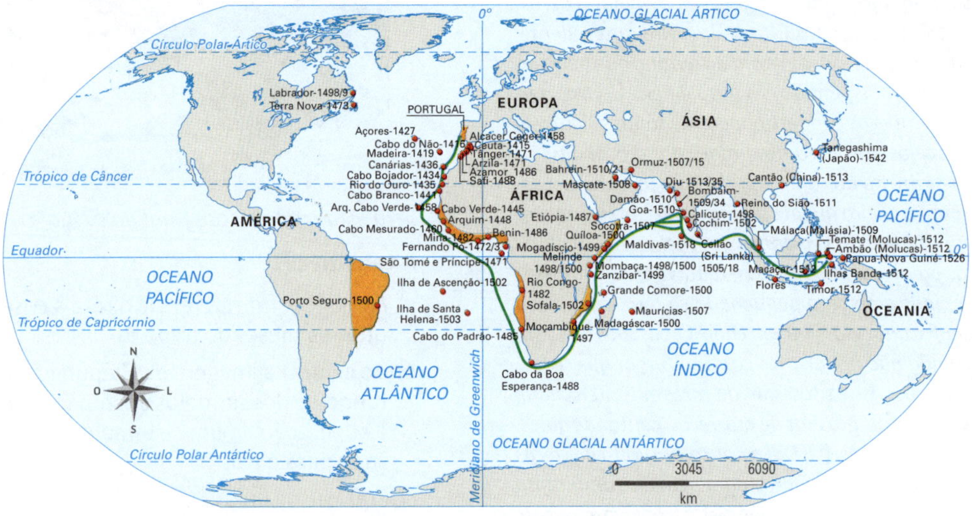

Mapa das colônias portuguesas à época das Grandes Navegações

Mapa indicando o local contemporâneo das antigas colônias e posses portuguesas

É pertinente afirmar que:

Alternativas

a) a metrópole colonial possuía vários portos importantes no território brasileiro, mas estavam todos em situação precária.

b) Portugal havia estabelecido colônias em diversos territórios durante as Grandes Navegações, que se viam ameaçados por outros impérios coloniais.

c) o autor do texto alerta que as posses portuguesas, ainda que ricas, passavam por dificuldades.

d) no século XVII, o Brasil já era uma colônia importante do mundo português.

18. Assinale a alternativa mais pertinente a partir da leitura do artigo sobre as navegações do século XV:

GPS à moda antiga

Artigo de revista

"Em um dos pequenos navios que faziam parte da extensa armada portuguesa de Pedro Álvares Cabral vinha o único astrônomo da expedição: Mestre João. Profundo conhecedor de astros e de toda a ciência náutica, ele foi o primeiro a estudar e a descrever o céu brasileiro, identificando a constelação do Cruzeiro do Sul.

A observação dos astros naquela época era fundamental, pois ajudava na localização das embarcações. Foi esta prática que permitiu que a navegação deixasse de ser costeira para partir rumo ao mar aberto do Atlântico na passagem do século XV para o XVI. As estrelas serviam de guia aos navegantes. Davam as coordenadas da direção que deveria ser seguida, assim como o GPS (Global Position System) nos dias de hoje. A grande diferença entre os dois sistemas é, como se pode imaginar, a precisão: enquanto o primeiro utilizava ferramentas rudimentares, o segundo conta com informações via satélite. A experiência e as descobertas de Mestre João estão descritas na carta enviada por ele ao rei de Portugal e elaborada entre os dias 28 de abril e 1º de maio de 1500, alguns dias depois do descobrimento do Brasil. Este registro, ao mesmo tempo científico e informativo, foi escrito durante a semana em que a frota ficou ancorada em Porto Seguro, na atual baía de Cabrália. É um documento precioso que não se conhecia até o século XIX, quando o historiador brasileiro Francisco Adolfo de Varnhagen (1816-1878) a descobriu em 1843 e a publicou pela primeira vez.

[...]

O texto mostra a variedade dos instrumentos da ciência náutica no início da Idade Moderna. O astrolábio, feito basicamente de bronze, verificava a distância entre o ponto de partida e o lugar onde estava localizado o navio. As tábuas da Índia, ou kamals, de formato triangular, constituídas de três réguas, destinavam-se a medir a altura das estrelas. Levada para Portugal por Vasco da Gama (1469-1524) no retorno de sua primeira viagem à Índia, de 1497 a 1499, a ferramenta demonstra que a troca cultural entre Ocidente e Oriente estava a pleno vapor.

[...]

Até chegar ao posto de astrônomo do rei, Mestre João recebeu uma formação bastante específica. Na carta, ao se apresentar, ele mostra todas as suas credenciais: "Senhor: O bacharel mestre João, físico e cirurgião de Vossa Alteza, beijo vossas reais mãos". Naquele período, "físico" era um termo empregado na Europa para quem exercia a medicina associada à astrologia. Já a denominação de mestre era, provavelmente, um título identificador dos sábios das comunidades judaicas e árabes. Judeu e espanhol, Mestre João transferiu-se para Portugal no reinado de D. João II (1481-1495) a fim de fugir da perseguição inquisitorial em sua terra natal. Evidências indicam que se formara em Salamanca, na Espanha, e tinha sido aluno do matemático e astrólogo Abraão Zacuto, autor do Almanach perpetuum*, livro básico da astronomia náutica, publicado em 1496, escrito em hebraico e depois traduzido para o latim e o espanhol. A universidade, uma das mais antigas da Europa, foi um grande centro de pesquisas no final da Idade Média e no alvorecer da Renascença, tendo contribuído muito para os estudos de náutica. Não fossem suas qualificações, Mestre João certamente não teria obtido sucesso na empreitada no Novo Mundo. Sua técnica, aliada à persistência, fez com que ele identificasse a constelação do Cruzeiro do Sul, uma referência fundamental para a navegação abaixo da linha do Equador. De tão importante, o conjunto de estrelas tornou-se simbólico e foi incorporado à bandeira do Brasil em 19 de novembro de 1889, logo após a Proclamação da República."*

Alternativas

a) Por conter informações científicas revolucionárias, o documento foi ocultado até meados do século XIX.

b) A biografia de Mestre João demonstra as ricas experiências dos homens que se lançavam aos mares no século XV, os quais puderam conhecer as mais diversas culturas e valer-se do novo conhecimento adquirido em seus empreendimentos náuticos.

c) A relação com a cultura árabe foi fundamental para que os portugueses e espanhóis pudessem alcançar novos territórios.

d) O histórico de perseguições religiosas vividas pelo Mestre João sugere que a história das navegações seja considerada para além dos interesses comerciais do período.

19. Sobre o texto *GPS à moda antiga*, de Paulo Roberto Pereira, escolha a alternativa mais pertinente:

Alternativas

a) A descoberta em 1843 da carta escrita por Mestre João em 1500 é importante porque ajuda a entender, através dos registros da história náutica, a cultura dos homens que se aventuraram pelos mares em busca de novas terras.

b) Conhecer o céu brasileiro era fundamental para a realização de navegações vindouras, embora não contribuísse para a ocupação e dominação dos novos territórios.

c) A comparação realizada pelo historiador entre o mapa das estrelas no início das navegações e o uso atual do GPS é um esforço de aproximar diferentes experiências históricas e de refletir sobre as diversas técnicas desenvolvidas pelo homem ao longo do tempo.

d) A importância do Cruzeiro do Sul foi apropriada como um símbolo de patriotismo pelo discurso republicano no final do século XIX.

Respostas

TEMA 1

A expansão europeia

1. d
2. a
3. b
4. e
5. c
6. a
7. a
8. c
9. d
10. e
11. b
12. d

TEMA 2

A colônia portuguesa na América

1. d
2. e
3. a
4. a
5. e
6. c
7. c
8. a
9. a
10. e
11. d
12. d

TEMA 3

A diáspora africana

1. e
2. e
3. b
4. c
5. a
6. c
7. b
8. e
9. a) A organização da defesa, a extensão geográfica e populacional do quilombo.
   b) A invasão francesa no Maranhão e de Salvador pelos holandeses.
10. d
11. e

TEMA 4

O Renascimento

1. b
2. d
3. e
4. V-V-F-F-V
5. c
6. b
7. c
8. A partir das imagens e do texto é possível depreender o Humanismo, o Racionalismo e o Classicismo.
   O mundo da transição feudo-capitalista, da Idade Média para a Moderna, por conta da decadência do poder feudal e clerical abriu espaço para novas mentalidades, que incluíam as características acima citadas. Percebe-se um mundo novo, curioso, empírico que se abre àqueles que buscam na erudição o conhecimento censurado pela chamada "Idade das Trevas" (termo este que foi utilizado pelos humanistas para caracterizar a época anterior a eles).
9. 8 + 16 + 32 = 56
10. e
11. a) Considerando a inquisição uma instituição de intolerância e afirmação da verdade absoluta, Giordano Bruno vê na magia a incorporação da ideia do novo e de possibilidades na visão de homem e de mundo.
    b) Giordano Bruno exalta o humanismo e o renascimento como movimentos de afirmação da crítica e do livre pensamento
12. Resposta: Na resposta é necessário destacar o humanismo antropocêntrico como desvio de eixo das preocupações culturais. Quanto a uma obra servem as pinturas de Rafael (Escola de Atenas), Michelangelo (teto da capela Sistina), etc.

TEMA 5

A Reforma religiosa

1. e
2. e
3. a
4. c
5. a
6. a
7. b
8. d
9. e
10. a) Reforma Protestante: Luteranismo e Calvinismo.
    b) Salvação pela fé, predestinação, livre interpretação da Bíblia e negação da hierarquia eclesiástica.

TEMA 6

O caminho das monarquias europeias na Idade Moderna

1. e
2. a) O pensamento agostiniano da Alta Idade Média europeia toma a religião cristã como eixo do bom viver e reinar. Fundamenta-se na integração dos princípios morais, espirituais e políticos, submetendo o governar à ética religiosa.
   b) No pensamento moderno expresso por Maquiavel destaca-se a separação entre política e ética, em que a efetividade do poder representado pelo monarca sobrepõe-se.
3. e
4. a
5. 01, 04, 08
6. Os trechos do texto que indicam práticas do absolutimo monárquico são: *Deve, todavia, o príncipe fazer-se temer* e *Mas quando um príncipe está com os exércitos e tem uma multidão de soldados sob o seu comando, então é de todo necessário que não se importe de passar por cruel; porque sem esta fama não se mantém um exército unido, nem disposto a qualquer feito.*
7. c
8. a
9. e
10. a
11. d
12. c

TEMA 7

América portuguesa: expansão e diversidade econômica

1. c
2. d
3. b
4. b
5. a
6. a
7. 01, 02, 04, 16
8. a
9. 1) Tratado de Tordesilhas: a preocupação era a delimitação de regiões a serem conquistadas pelos ibéricos; Tratado de Madri: disputas e ocupações definiram novas fronteiras – para a Espanha garantindo domínios a oeste e

para Portugal as novas áreas tomadas no expansionismo.

2) Tratado de Tordesilhas: durante a Expansão Marítima; Tratado de Madri: na crescente crise do antigo regime e seu colonialismo.

10. 01, 02, 04, 08
11. c

TEMA 8

A administração da colônia espanhola e a colonização inglesa

1. As toneladas de metais preciosos obtidos via exploração colonial e submissão dos nativos.
2. 01, 04, 08, 16, 64
3. b
4. d
5. As formas de trabalho estabelecidas pelas metrópoles europeias tiveram grande influência na constituição de diferentes tipos de sociedades no continente americano.
A implantação dessas formas de trabalho geralmente atendia à dinâmica econômica que caracterizava a relação colônia-metrópole durante a Idade Moderna. Sendo assim, apesar de ter sido utilizado nas colônias espanholas e inglesas, o trabalho compulsório assumiu caráter diferenciado nessas duas colonizações. Nas colônias espanholas, a servidão, quando utilizada, assumiu o caráter definitivo, ou seja, fixava para os nativos americanos o pagamento aos colonizadores europeus de tributos sob a forma de trabalho, como na *mita* e na *encomienda*. Já nas colônias inglesas, a servidão foi provisória. Normalmente, eram recrutados trabalhadores europeus que temporariamente prestavam serviços a proprietários colonizadores até o pagamento dos custos da viagem e dos primeiros gastos para seu estabelecimento e de sua família na América.
6. 01, 02
7. e
8. b
9. b
10. e
11. Texto está errado quanto à indicação regional da colonização dos ibéricos e dos ingleses e também não houve a eliminação dos traços culturais dos nativos.
12. e
13. b

TEMA 9

Apogeu e desagregação do sistema colonial

1. a
2. c
3. c
4. d
5. b
6. d
7. a) Em relação às atividades econômicas o aluno poderia citar: a pecuária (sobretudo de gado no sul) e criação de muares; a produção agrícola de subsistência (gêneros alimentares); o cultivo da cana-de-açúcar, etc.
b) No século XVI e XVII, Portugal pretendeu, primeiramente, reforçar a ocupação do litoral, área mais vulnerável ao ataque de nações estrangeiras inimigas. Além disso, Portugal preocupou-se também com a ocupação da região Norte, devido às drogas do sertão e da região sulina, devido à pecuária. No século XVIII, ocorreu uma alteração, sobretudo devido à influência do Marquês de Pombal. Tentando reforçar o absolutismo e a economia portuguesa, Pombal deu menos importância à luta por território na região sulina e preocupou-se em fortalecer o domínio sob a região mineradora tentando uma maior centralização metropolitana. Para isso, extinguiu o Tratado de Madri (1850) e as capitanias hereditárias e intensificou o controle sobre a região aurífera, contribuindo para a interiorização da colônia.
8. a
9. d
10. c
11. d
12. c

TEMA 10

O pensamento iluminista e a Independência dos EUA

1. a
2. b
3. a) Iluminismo.
b) Absolutismo.
c) Censura, despotismo e privilégios.
4. b
5. e
6. b
7. a
8. e
9. e
10. c
11. d
12. 01 + 04 + 08 = 13

TEMA 11

Revolução Industrial

1. e
2. d
3. d
4. c
5. b
6. b
7. a) O desenvolvimento tecnológico e o aumento do fosso social, das desigualdades sociais.
b) O desenvolvimento tecnológico e bem-estar social podem ser evidenciados na saúde e em diversos outros setores, como produção industrial, comunicações e transportes. Porém, esse mesmo desenvolvimento tem aumentado a poluição e efeitos negativos sobre o meio ambiente, como um bumerangue ruim contra o bem-estar social.
8. e
9. a
10. e
11. c

TEMA 12

Revolução Francesa

1. b
2. a) O rompimento com a metrópole e a construção de um governo próprio na América contribuíram de forma significativa para a consolidação dos ideais revolucionários do século XVIII. O processo de independência das 13 Colônias da América do Norte teve presente os ideais iluministas e liberais, portanto, pautado na igualdade e na liberdade como direitos universais. A ideia da construção de uma República com representantes eleitos pelo povo uniu as diversas federações em busca da construção de uma nação.

b) Os governos revolucionários franceses foram divergentes em relação à escravidão e suas relações coloniais: por um curto período, a escravidão nas colônias foi abolida no processo revolucionário francês, mas logo em seguida retomada. Era prática comum das metrópoles reforçarem a colonização, aumentando taxas e a repressão em momentos de crise econômica, o que foi retomado no processo revolucionário francês. O exercício pede a reação dos cidadãos franceses à abolição da escravidão e libertação coloniais. O grupo jacobino foi o que mais apoiou tais movimentos em busca da ampliação da ideia de cidadania, porém boa parte dos grupos mais conservadores (girondinos) limitava a cidadania de modo censitário não efetivando a igualdade universal.

3. a) A análise do gráfico permite aferir que cerca de 65% da produção agrícola eram destinadas aos pagamentos das obrigações servis. A França pré-revolucionária era uma sociedade estamental, pautada nos privilégios de nascimento. Sendo o primeiro e o segundo estamento os privilegiados, restava ao terceiro estado enfrentar a miséria e a fome (no caso dos camponeses), o aumento de impostos (no caso dos burgueses e camponeses) e mais ainda em épocas de guerra ou de crises gerando, portanto, o descontentamento e a insatisfação à situação vivida.

b) A questão econômica foi de suma importância no processo revolucionário francês ao trazer à tona as contradições vividas pelos três estamentos franceses da época: o aumento de tributos do terceiro estado, os privilégios de posse de terra e não pagamento de impostos dos primeiros estados, as crises financeiras derivadas de guerras ou a fome e a miséria vividas são elementos importantes para o processo revolucionário, além de presentes nos ideais e debates dos grupos envolvidos na Revolução Francesa.

4. d
5. c
6. a
7. Ao analisar a pintura de Robert Hubert, a Bastilha se destaca ao centro e pela luminosidade pretendida pelo artista ao mostrar uma muralha espessa, poucas aberturas e uma proteção que a cerca.

Sobre a jornada popular de 14 de julho de 1789 e seus significados sociais e políticos estão associados a derrubada de um símbolo da repressão do absolutismo monárquico vivido na França pré-revolucionária. A Bastilha fora local de prisão e tortura daqueles que se opunham ao Antigo Regime, ao mesmo tempo em que serviu de depósito de armas e pólvora. A tomada e derrubada deste símbolo representa o início do processo revolucionário francês que segue em suas variações até o Golpe 18 Brumário de Napoleão Bonaparte.

8. a
9. b
10. b
11. b

TEMA 13

A Era Napoleônica

1. c
2. d
3. a) As guerras napoleônicas expandiram e consolidaram os ideais liberais burgueses. Ampliaram as fontes de matéria-prima necessária para o desenvolvimento industrial francês do período e catalisaram as transformações dos governos da região. Por todo o leste, a principal resistência acabou acontecendo na Rússia, cuja campanha militar acabou se transformando num desastre para as forças francesas.

b) Na América hispânica é possível relacionar as guerras napoleônicas ao processo de independência. O controle francês sobre a metrópole espanhola abriu espaço para a formação das Juntas Governativas e lutas pela independência. No caso da América portuguesa, com o apoio inglês ocorre a transferência da monarquia e toda corte para o Brasil, dando início ao processo de transformações que culminariam no rompimento dos laços coloniais.

4. a) Devem ser relacionados os processos revolucionários na América espanhola às invasões napoleônicas de 1808, que, na Espanha, levaram à renúncia forçada de Fernando VII e a um vazio de poder posteriormente preenchido pelas Juntas de Governo.

b) A independência pode ser avaliada como um processo construído ao longo dos anos de 1810 a 1816, quando a independência política das Províncias Unidas do Rio da Prata foi formalmente declarada em 9 de julho. Assim, pode-se identificar o tom distinto dos dois textos: o primeiro, moderado, e, o segundo, radical. Esta diferença nos discursos aponta para a possibilidade, presente no primeiro texto, de uma reintegração do Vice-Reinado ao corpo de um Império espanhol reformado, enquanto no segundo texto percebe-se, claramente, um ataque ao absolutismo, com a dissolução de um dos seus mecanismos de dominação, os títulos de nobreza, e de considerar a Espanha como inimiga e a América como inocente usurpada. Foi com a tomada de poder em Buenos Aires por parte de um grupo partidário da independência do Rio da Prata e a restauração do regime absolutista com Fernando VII imediatamente após seu regresso ao trono em 1814, que a independência política das então chamadas Províncias Unidas do Rio da Prata foi formalmente declarada em 9 de julho de 1816.

5. c
6. a) Qualquer ideia de unidade territorial e político-administrativa entre as distintas províncias da América portuguesa, sem vínculos entre si, dependia necessariamente da submissão e obediência direta a Lisboa.

Tal situação viu-se transformada quando, com a vinda da Corte para o Brasil, a unidade do ponto de vista político-administrativo foi transferida de Lisboa para a nova sede da colônia, no Rio de Janeiro. Assim, podemos citar quaisquer medidas que tenham contribuído, direta ou

indiretamente, para fortalecer essa tentativa de manter as províncias e seus territórios unidos sob o domínio português no Brasil. Por exemplo:
- a transferência para a nova capital das secretarias de Estado;
- a abertura dos portos às nações amigas;
- a revogação do alvará de 1785 que proibia a instalação de manufaturas no Brasil;
- a criação do Banco do Brasil e a instalação da Junta de Comércio;
- a elevação do Brasil em 1815 à condição de Reino Unido a Portugal e Algarve;
- a criação da imprensa régia;
- a transformação da cidade do Rio de Janeiro em sede da Corte;
- as práticas de concessão de terras e títulos de nobreza; e
- Tratados de 1810 com a Inglaterra.

b) Quanto às características comuns entre as independências da América ibérica, pode-se mencionar:
- o fato de tanto a América espanhola como a portuguesa partilharem da mesma conjuntura política europeia como ponto de partida – isto é, o Bloqueio napoleônico e a guerra e invasão das respectivas metrópoles;
- a intensa luta pela autonomia das províncias, observada nos dois casos;
- o importante papel exercido pelos britânicos no auxílio às guerras para a criação dos novos estados-nação independentes e, logo, na manutenção e expansão do comércio com as demais nações europeias; e
- influência das ideias iluministas, do liberalismo e do constitucionalismo.

7. c
8. e
9. a
10. À época do decreto de Berlim, a Inglaterra estava consolidando o capitalismo industrial e estava na busca por mercados, não apenas na Europa, mas por todos os continentes. As revoluções burguesas anteriores na Inglaterra estabeleceram o modelo político liberal em uma monarquia parlamentar constitucional. A França via, portanto, a Inglaterra como uma ameaça ao seu desenvolvimento e procurou enfraquecer e bloquear as atividades comerciais inglesas. Dada a tentativa militar frustrada na Batalha de Trafalgar quando Napoleão tentara invadir a Inglaterra, seguia-se agora o bloqueio como tentativa de enfraquecer sua principal concorrente.
11. a
12. 02 + 04 + 16 + 32 = 54

TEMA 14

Brasil: surge um país

1. d
2. b
3. Estavam presentes os ideais da aristocracia que apoiara a independência e desejosa de um governo fortemente centralizado, oposta ao grupo lusitano que buscava a manutenção dos laços mercantis da época colonial. Durante o período regencial foi atuante a força das elites locais, reanimando projetos e interesses não contemplados na organização imperial, especialmente dos liberais exaltados (como profissionais liberais, advogados, etc.) que pleiteavam maior autonomia provincial. Outros até desejavam uma ordem republicana. Uns e outros, durante a fase regencial, chegaram a contar com apoio de vários setores populares contra a ordem centralizadora, a exemplo dos diversos levantes regenciais, que colocavam em risco a unidade do Estado sob o comando da tradicional aristocracia. A acomodação acabaria acontecendo com a montagem do Segundo Reinado.
4. b
5. b
6. e
7. V-F-F-V-F
8. d
9. d
10. b
11. b

TEMA 15

A Independência da América Espanhola

1. O pan-americanismo era um projeto de emancipação e desenvolvimento para as ex-colônias hispânicas, que estava baseado na integração continental das jovens nações, por conta de seu passado colonial e cultural em comum. Um projeto que almejava o desenvolvimento agrícola e industrial interdependente, que conferisse ao continente autonomia política e econômica em relação à Europa e aos Estados Unidos, baseado num ideal republicano, liberal e antiescravagista. Contudo, esse projeto não vislumbrou a heterogeneidade latino-americana nem os diversos interesses políticos e econômicos das elites "criollas" escravocratas e da Igreja Católica. Atualmente a figura de Bolívar é cultuada na política latino-americana por conta de seus ideais de integração e por representar um ideal de autonomia e de emancipação do continente em relação a outras nações – foi transformado em herói anti-imperialista por Hugo Chávez e Evo Morales, por exemplo, a fim de buscar uma identidade histórica para suas políticas nacionais.
2. e
3. a) O início do processo de independência na América espanhola dá-se no contexto das guerras napoleônicas na Europa. A invasão napoleônica na península Ibérica, o avanço e a consolidação das ideias iluministas e liberais, as lutas de independência na América do Norte e Central, ampliaram e reforçaram o desejo de rompimento dos laços coloniais na América hispânica, onde foram criadas Juntas Governativas, Assembleias e lutas pela independência.
   b) No primeiro texto, a dominação e deposição do rei espanhol Fernando VII pela França leva os colonos da região do Prata a criarem seus governos, pois a metrópole estava sob outro governo: o de José Bonaparte. O segundo texto aponta críticas ao modelo social e político colonizador, um modelo que impede a igualdade, pautado nos privilégios de títulos de nobreza que são extintos na Assembleia Geral descrita no texto.
4. a
5. c

6. A proposta jacobina pelo fim da escravidão, os ideais de liberdade, igualdade de cunho iluminista tiveram influência direta no processo de independência haitiano. Diferentemente das demais colônias, no Haiti ocorreu a luta dos escravizados e pelo fim da escravidão consolidando a independência em 1804, já no período napoleônico, que optou pelo retorno da escravidão nas demais colônias.
7. b
8. O item está correto.
9. d
10. 02 + 04 + 16 = 22
11. e
12. c
13. a

TEMA 16

Novos projetos políticos: liberalismo, socialismo e nacionalismo

1. 01 + 02 + 08 + 32 = 43
2. b
3. a
4. b
5. d
6. V-V-V-F-V
7. c
8. a
9. c
10. b

TEMA 17

Europa e EUA no século XIX

1. e
2. b
3. a
4. e
5. b
6. d
7. b
8. b
9. b
10. a
11. b

TEMA 18

A construção do Estado brasileiro

1. c
2. e
3. b
4. d
5. Um dos setores e uma das respectivas razões:
   - traficantes de escravos / discordância em relação ao acordo assinado com a Inglaterra pelo fim do tráfico de escravos;
   - comerciantes nativos / insatisfação com as vantagens e privilégios dispensados pelo imperador aos comerciantes portugueses e ingleses;
   - grandes proprietários de escravos e terras / insatisfação com os altos impostos, com a centralização política imposta por Pedro I e com o acordo relativo ao final do tráfico;
   - grupos médios urbanos liberais / defesa do federalismo, reivindicação de reformas à Constituição de 1824, crítica ao endividamento do Estado, aos rumos da Guerra da Cisplatina e ao envolvimento do Imperador na sucessão portuguesa.

   Um dos motivos:
   - crise da economia açucareira;
   - gastos com a estruturação do Estado Imperial;
   - dívidas geradas pelas Guerras de Independência e da Cisplatina;
   - acordos comerciais desfavoráveis assinados, principalmente, com Portugal e Inglaterra.
6. 01, 16
7. e
8. a
9. V-F-V-F-F
10. e
11. a) A linhagem familiar era utilizada como instrumento da diplomacia internacional. Por isso eram comuns os casamentos entre membros das aristocracias nacionais europeias. Os consortes e seus filhos legítimos garantiam assim a continuidade e manutenção do poder por parte da aristocracia europeia, na medida em que a ascendência legitimava a transmissão do poder monárquico. Os casamentos também eram realizados como instrumento garantidor dos tratados entre nações, selando a paz ou a união entre as monarquias.

    b) Tanto o fragmento quanto a imagem procuram associar a figura de D. Pedro II à construção da nação brasileira. Ao contrário de seu pai, um português, o jovem imperador, deixado aos cuidados de José Bonifácio de Andrada, após a abdicação de D. Pedro I, foi tomado como um símbolo de uma monarquia genuinamente brasileira. Assim, o tema da monarquia nacional (e, portanto, da construção da ideia de nação) se impôs a todas as representações do jovem imperador, como se observa na imagem em que o símbolo da monarquia destaca-se no tambor.
12. b
13. a

TEMA 19

África e Ásia no século XIX

1. a) Necessidade de matéria-prima, mercados para investimento e consumo.

   b) O *apartheid* é uma política de exclusão da população africana negra, típica da África no Sul, em que os negros ficavam proibidos de acessar diversas áreas que eram exclusivos da elite branca e dominadora. Já o pan-africanismo é uma política que busca unidade das nações africanas em defesa de seus direitos e de seus interesses.
2. c
3. b
4. d
5. b
6. b
7. c
8. d
9. c
10. 02 + 04 + 08 + 16 = 30
11. a
12. a

TEMA 20

O Segundo Reinado no Brasil

1. a
2. d
3. a
4. c
5. b
6. e
7. c
8. c
9. d
10. e
11. V-F-V-V-F

Desafio

Atividades

1. Devem ser incluídos: a) no aspecto econômico: o desenvolvimento comercial durante a Baixa Idade Média, a situação de crise no século XIV e a dinamização comercial do final do XV e especialmente no XVI.
   b) no aspecto social, o mercantilismo e seus atributos, o desenvolvimento da burguesia e sua aliança com o Rei.
   c) no aspecto político, as relações rei/burguesia/nobreza, o mercantilismo, a Revolução de Avis, 1385 e a crescente importância dos estudos náuticos, desde o início do XV, com a tomada de Ceuta em 1415, a chegada de Bartolomeu Dias ao Cabo da Boa Esperança, em 1488 e de Vasco da Gama às Índias, em 1498.
2. O ideal é que a frase articule boa parte dos elementos apontados na resposta anterior.
3. a) Podem ser citadas as seguintes atividades: a exploração do pau-brasil; o cultivo, refino e comercialização da cana-de-açúcar; o tráfico negreiro; o apresamento indígena; as lavouras de subsistência; a criação de animais; a produção de tabaco; a busca pelas drogas do sertão; a atividade mineradora. Entre os produtos desenvolvidos, temos: açúcar, melado, cachaça, tabaco, milho, feijão, arroz, as drogas do sertão (cacau, canela, baunilha, plantas medicinais, ervas aromáticas etc.) e metais preciosos.
   b) As atividades econômicas voltadas para o abastecimento interno, tais como os pequenos engenhos e as lavouras de subsistência.
   c) Cabia aos donatários: colonizar a capitania, fundar vilas, fiscalizar o monopólio real do pau-brasil e do comércio colonial e proteger a terra e seus colonos contra os ataques dos nativos e de estrangeiros. Cabia aos governadores-gerais: combater ataques indígenas ou propor alianças que neutralizassem suas ações, combater corsários, fundar povoações, construir navios e fortes, garantir o monopólio real sobre o pau-brasil, incentivar o plantio de cana-de-açúcar, procurar metais preciosos e defender os colonos.
4. a) A justificativa mais consolidada entre os historiadores para o predomínio da escravidão africana é econômica: o tráfico negreiro era uma importante atividade comercial, gerando altos lucros para os europeus e colonos negociantes. Outra explicação, sustentada pelo historiador Fernando Novais, é a de que a dispersão indígena dificultou o apressamento destes grupos, além de a população ter sido dizimada e desarticulada por epidemias, fugas, combates, alterações de sua economia de subsistência e trabalhos forçados.
   b) Na África, as guerras intertribais eram estimuladas pelos traficantes. Os escravizados eram negociados e vendidos nos principais portos da colônia, como Salvador, Recife e Rio de Janeiro.
5. a) Podem ser citados: as influências medievais na produção de Dante Alighieri; a religiosidade medieval em *Odes a Laura*, de Petrarca; o diálogo entre paganismo e cristianismo, em Sandro Botticelli; entre outros.
   b) Podem ser citadas as obras: *De África*, de Petrarca, de forte inspiração greco-romana; as pinturas de Rafael Sanzio, com destaque para *A Escola de Atenas*, entre outras.
6. a) As reformas luterana, calvinista e anglicana.
   b) A Companhia de Jesus e o Tribunal do Santo Ofício.
7. A justificativa divina.
8. Motive os alunos a construir um quadro comparativo entre as monarquias francesa, inglesa e espanhola, destacando os elementos semelhantes e as características peculiares a cada contexto histórico.
9. a) As incursões francesas no litoral brasileiro no início do século XVI ocorreram, entre outros motivos, para: a realização de contrabando de pau-brasil; a fundação da França Antártica, uma colônia no Rio de Janeiro; o estabelecimento da França Equinocial, uma colônia do Maranhão, etc. Já as incursões holandesas foram motivadas pela tentativa de invadir Salvador, em 1630; por uma expedição às áreas açucareiras da região de Olinda e Recife.
   b) O apresamento indígena, o tráfico de escravizados, a atividade mineradora, a produção de cana-de-açúcar, a pecuária, as expedições em busca das drogas do sertão.
10. A Coroa espanhola definiu a Casa de Contratação e o Conselho das Índias, para controlar todo o comércio, os administradores e a atuação colonial.
11. Os focos de conflitos localizavam-se nas relações entre os colonizadores e nativos (sujeitos à *encomienda* e à *mita*) e a relação com os *criollos*.
12. O desenvolvimento das manufaturas de tecido inglesas estimulou os cercamentos e a ascensão e fortalecimento da burguesia, cujo estilo de vida e mentalidade se aproximaram das religiões reformadas, principalmente do puritanismo. Com o passar do tempo, a burguesia passa a disputar o poder político com a nobreza tradicional e a contestar o poder absolutista dos reis. A reação dos setores conservadores se reveste de caráter religioso e os puritanos passam a ser perseguidos de maneira violenta. Ao mesmo tempo, a população rural, expulsa pelos cercamentos, se vê em uma situação de penúria. Nesse contexto, a migração para a América desponta como uma alternativa tanto para os puritanos, que desejavam praticar livremente sua religião, quanto para milhares de trabalhadores sem perspectivas econômicas na Inglaterra do século XVII. A eclosão da Guerra Civil em 1640 acelerará ainda mais a fuga de ingleses para o Novo Mundo, favorecendo o processo de colonização das terras além-mar.
13. Nas colônias inglesas do sul predominou o estabelecimento de grandes propriedades agrícolas, voltadas à monocultura de

exportação. Nessas colônias, o trabalho escravo foi largamente empregado e houve a formação de uma aristocracia dependente do comércio com a metrópole. Ao norte, as colônias assumiram características diferentes. Nessa região predominou a pequena propriedade voltada à produção de subsistência e o uso da mão de obra livre. Uma vez que seus vínculos com a metrópole eram mais frouxos, as colônias do norte formaram um mercado interno, impulsionando o desenvolvimento de uma sociedade mais diversificada e dinâmica.

14. As áreas ocupadas e povoadas no processo de expansão territorial foram: Minas Gerais, Goiás, Mato Grosso e Mato Grosso do Sul. Houve também uma articulação do Nordeste com o Sul e o deslocamento da capital de Salvador para o Rio de Janeiro. A mineração promoveu a chamada interiorização da metrópole, principalmente em decorrência da abertura de estradas, do desenvolvimento das atividades de transporte, do comércio de mercadorias e da necessidade de abastecer as regiões de extração dos metais preciosos.

15. Resposta pessoal na qual podem ser inclusas atividades ligadas ao comércio, à arte e a pequenas unidades produtivas agrícolas e mineradoras.

16. Para Rousseau, a fundação da sociedade civil resulta da necessidade do primeiro ocupante de uma terra de legitimar o seu direito à propriedade. Assim, coloca-se em questão a propriedade privada. Ele sugere uma ordem política assentada na vontade geral, democrática e não fundada em poderes econômicos. Já Voltaire e Montesquieu são mais propensos aos ideais liberais censitários e burgueses.

17. Tomando o texto do capítulo deve-se destacar que a ideia de Contrato Social em Locke é diferente da de Hobbes, representando um pacto entre homens livres que estabelecem um governo para atender o bem comum, os governados e não para servir tão somente o governante. Dessa forma, Locke lança a diretriz que seria seguida pelos iluministas no combate ao absolutismo e à sociedade fundada em privilégios.

18. Em meados do século XVIII, o governo da Inglaterra procurou aumentar o controle sobre suas colônias na América. Tal mudança estava associada tanto ao desenvolvimento industrial inglês, quanto à disputa pelo controle de áreas coloniais com a França. Primeiro, o governo metropolitano tentou impedir o livre comércio interno e externo, assim como as atividades manufatureiras nas colônias. Além disso, criou diversas taxas e impostos, aumentando a pressão fiscal sobre os colonos. Inconformados com a perda de autonomia, sobretudo nas colônias do norte da América, a reação dos colonos foi firme, o que despertou a fúria repressiva da metrópole. Diante da inflexibilidade do governo inglês, os colonos passaram a organizar um movimento armado pela independência.

19. No século XVIII, a Inglaterra tentou modificar sua relação com as colônias, apertando os laços de dominação sobre estas. Os colonos se recusaram a se submeter às novas leis e taxas que lhes eram impostas, argumentando, inspirados pelas ideias iluministas de representação política, que não tinham deputados no Parlamento britânico e, por conseguinte, não aceitavam nenhuma medida que tivesse sido tomada de maneira autoritária, sem sua participação. A Coroa reagiu prontamente à rebeldia dos colonos, enviando tropas para reprimi-los. Estes, por sua vez, não relutaram em pegar em armas para defender sua liberdade. Justificavam sua ação nas ideias de John Locke, segundo o qual um governante deve estar a serviço dos governados, assegurando-lhes o direito natural à liberdade, à igualdade e à propriedade. De acordo com Locke, caso o governante não cumpra sua função, é legítimo que os cidadãos se levantem contra ele. Em 1776, foi aprovada pelo Congresso Continental a Declaração de Independência dos Estados Unidos. O documento não só formalizou a primeira independência das colônias na América, mas realizou a primeira aplicação efetiva do ideal iluminista de liberdade e de direito individual, e a ideia de soberania popular.

20. a) O desenvolvimento das manufaturas de tecido inglesas estimulou os cercamentos, o que expulsou das terras a população rural. A partir disso, essa população migra para áreas urbanas em busca de empregos para tentar garantir sua sobrevivência. Contando com abundante oferta de mão de obra, o processo industrial inglês deslanchou.

b) As minas de carvão inglesas serviram de abundante matéria-prima para o processo industrial.

21. Com a Revolução Gloriosa, a Inglaterra conseguiu estabilidade política e instrumentos institucionais de estímulo ao empreendedorismo burguês, favorecendo a acumulação de capitais pelo século XVII e XVIII que serviriam para investimentos no processo de industrialização.

22. Devem aparecer no esquema-resumo a difusão das ideias iluministas, a crise financeira da França, a ascensão econômica, as aspirações políticas da burguesia e a crise social (más colheitas, alta dos preços e fome). Podemos ainda acrescentar o desprestígio da corte de Luís XVI, aspecto bastante explorado pela indústria cinematográfica.

23. Nessa questão é importante avaliar o respeito pela cronologia dos fatos e a maneira como foram articuladas as várias etapas do processo revolucionário. Devem constar nos resumos:

a) A formação da Assembleia Nacional Constituinte, a queda da Bastilha e a Declaração dos Direitos do Homem e do Cidadão;

b) A fase da monarquia constitucional, a ofensiva das nações absolutistas contra a França e a prisão do rei;

c) A fase da Convenção Nacional, os debates entre jacobinos e girondinos, a radicalização da revolução e o Terror jacobino;

d) A fase da Convenção Termidoriana, a guinada conservadora da revolução e a formação do Diretório;

e) A fase de instabilidade durante o governo do Diretório e o golpe do 18 Brumário.

24. a) As possíveis relações presentes no hino francês são: "Avante, filhos da Pátria,/O dia de glória chegou!": aqui a ideia revolucionária presente com a ideia de nação conclama à guerra contra invasores estrangeiros ("Contra nós da tirania,/O estandarte ensanguentado se ergueu") e à participação no processo revolucionário dos camponeses como soldados ("Ouvis nos campos/ Rugir esses ferozes soldados? [...]Às armas, cidadãos"). A ideia de liberdade, igualdade e fraternidade se fazem presentes nos versos constantemente contra os privilégios e dos governos tiranos do Antigo Regime.

b) Durante o século XIX o imperialismo europeu se colocou como modelo civilizatório na conquista por colônias e mercados. Nesse intuito "A Marselhesa" ao exaltar o nacionalismo francês se encaixa no quadro de conquistas e justifica o novo modelo colonial. Vale destacar as contradições que estão presentes no exercício ao descrever a cidadania francesa à época revolucionária como uma inclusão e expansão dos direitos e deveres na construção nacional francesa e, portanto, contrária às invasões estrangeiras; já na prática imperialista a invasão e controle das metrópoles na expansão civilizatória do homem branco europeu eram justificáveis e reforçavam o quadro das disputas entre as diversas nações europeias.

25. As informações sobre o Bloqueio Continental devem apontar as consequências da desobediência de Portugal à intervenção francesa imposta por Napoleão, o que levaria à transferência da corte portuguesa ao Brasil.

26. Deve-se articular as informações destacadas no esquema-resumo, com as obtidas na leitura do livro e com as explicações do professor sobre o Congresso de Viena.

27. A orientação é que sejam registradas as principais características dos movimentos, tais como: causas, líderes, consequências e o contexto histórico. Para isso, recorra ao texto do capítulo.

28. A outorga da Constituição de 1824, criando o poder moderador na figura do imperador D. Pedro I que por sua vez nomeava os presidentes das províncias levaram os republicanos separatistas à luta. Propunham um governo republicano e separatista.

29. a) O modelo monárquico brasileiro era centralizador na figura representativa do Império, acima de tudo e todos. Ao imperador, seu representante, cabia executar e também moderar os demais poderes. A pintura ressalta o Império ao centro, os grupos sociais a ele relacionados estão expostos como o exército defensor da coroa, a manutenção da escravidão e o sistema de cargos e títulos ligados ao centralismo monárquico. Está presente a ideia de representação dos diversos grupos sociais que compunham o território nacional pela monarquia que seria a defensora da nação representada por índios, negros, mestiços e brancos.

b) As mudanças devem-se ao caráter autoritário do monarca, às disputas entre as elites portuguesa e brasileira, à derrota na guerra Cisplatina, e às disputas pelo trono português na guerra de secessão.

30. O início do século XIX foi marcado pela crise do Antigo Regime na Europa e, com ela, pelo enfraquecimento do sistema colonial. A Revolução Industrial e a ascensão da burguesia ao poder exigiam o fim do sistema de monopólios e a abertura dos mercados coloniais. Ao mesmo tempo, na América, as elites *criollas* ansiavam por maior participação na vida política e pela conquista de liberdades comerciais. Com as guerras napoleônicas e o enfraquecimento da monarquia espanhola, os colonos encontraram a oportunidade ideal para iniciarem a luta contra os *chapetones* e pela independência americana.

31. Nas colônias espanholas, a grande maioria da população era formada por índios e mestiços, que era explorada pela elite econômica *criolla*. Esta, por sua vez, controlava o poder local por meio dos *cabildos*, mas se via impedida de ascender aos principais cargos decisórios, reservados aos *chapetones*. A independência atendia aos interesses dessa elite, uma vez que a livrava das amarras impostas pelo sistema colonial: assegurava a abertura dos mercados e lhe permitia assumir o controle político dos novos Estados que se formavam. Contudo, a manutenção do seu *status quo* exigia a preservação das estruturas socioeconômicas coloniais, o que significava manter a concentração fundiária e a submissão das massas indígenas. Assim, após as independências das colônias hispano-americanas, a tendência foi a implantação de Repúblicas controladas pelos *criollos*, sem participação política das camadas populares. Além disso, as disputas pelo controle do poder político entre os principais chefes locais impediram a união das colônias, que acabaram dando origem a vários estados independentes, marcados nas décadas seguintes pela instabilidade política.

32. a) No primeiro plano da pintura de Helguera, dois símbolos constitutivos da nacionalidade mexicana estão representados:

- a figura do padre Miguel Hidalgo, considerado o "Pai da Pátria", localizada no centro e com a mão e a cabeça levantadas, estabelece sua importância como liderança das rebeliões camponesas nas aldeias;

- o Estandarte da Nossa Senhora de Guadalupe, empunhado pelo padre, expressa a importância da Virgem como símbolo da interação entre as culturas hispânica e indígena.

b) Para construir a relação entre os referidos símbolos e a independência mexicana, há dois pontos a serem considerados:

- Primeiro, registre-se o apoio de religiosos do "baixo clero" às reivindicações populares que surgiram nesse contexto. No processo de independência mexicana, dois padres – Hidalgo e Morelos – defendiam a divisão da terra com os camponeses (inclusive, a terra que era patrimônio da Igreja). Em 1810, por meio do Decreto de Guadalajara, decretava-se, nas terras livres do domínio espanhol pela luta dos exércitos populares liderados por Hidalgo, a abolição da escravidão e do tributo indígena.
- Segundo, anote-se que a presença do Estandarte de Guadalupe indicava o potencial mobilizador desse símbolo em virtude da crença religiosa das populações camponesas, que lutavam pelo acesso à terra dominada pelos espanhóis.

33. Na descrição do esquema-resumo a resposta será pessoal. Podem ser citados os pensadores liberais: Adam Smith (1723-1790) e Thomas Malthus (1766-1834) e os pensadores socialistas: Karl Marx (1818-1883) e Friedrich Engels (1820-1895).

34. a) Várias ideias podem ser associadas aos anarquistas na Europa do século XIX: dentre elas a de que a educação deve ser um agente revolucionário e ter como objetivo destruir tudo que oprime e explora o ser humano. Outra ideia central do movimento anarquista é a da primazia do indivíduo sobre a sociedade, da qual decorre a noção de que o indivíduo é único e que possui, por sua natureza, direitos que não podem ser discutidos por nenhuma forma de organização social. O movimento também se posiciona contra o sistema de representação característico das democracias liberais, afirmando a ação direta do indivíduo na sociedade. As ideias anarquistas também contemplam a crítica a todas as formas de preconceitos morais e ideológicos. Desse modo, podemos sintetizar assim essas ideias: defesa de uma sociedade baseada na liberdade dos indivíduos, solidariedade, coexistência harmoniosa, propriedade coletiva, autodisciplina, responsabilidade (individual e coletiva) e forma de governo baseada na autogestão.

b) Os anarquistas defendem que em lugar de se apoderarem do Estado, os trabalhadores devem lutar pela sua abolição radical e imediata. Da mesma forma, acreditam que deve ser abolido todo o tipo de autoridade política opressora da liberdade humana. Preconizam a autogestão. E também concordam com a organização dos indivíduos. Essa organização deve levar em conta a ação consciente e voluntária de seus membros, promovendo a total igualdade de modo a limitar as formas tradicionais de domínio político. Os anarquistas defendem desde o século XIX a criação de sociedades mutualistas, cooperativas, associações de trabalhadores (sindicatos e confederações), escolas, colônias e experiências de autogestão.

35. Resposta pessoal.

36. A Doutrina Monroe ("A América para os americanos") e o Destino Manifesto (expansionismo como vontade divina e os norte-americanos como os povos eleitos para conduzir essa expansão) fundamentaram o sentimento nacionalista norte-americano e a ampliação das fronteiras do território, efetivada por meio da expropriação das terras de nativos e da compra de terras de potências europeias.

37. a) A questão solicitava a indicação das áreas de expansão territorial dos Estados Unidos. Poderiam ser indicados como exemplos: a retirada de terra dos indígenas e a expansão em domínios pertencentes ao México, à França, à Inglaterra, à Espanha, à Rússia e ao Havaí.

b) O Destino Manifesto foi um argumento utilizado pelos norte-americanos de que havia uma manifestação da providência divina que reconhecia sua excepcionalidade como defensores da liberdade e da democracia. Tal ideário foi utilizado como legitimador da expansão de seus domínios territoriais em relação a grupos considerados inferiores.

38. a) A relação entre a composição e a questão racial, considerando-se o contexto da Guerra Civil, encontra-se na permanência da segregação, abordada na música. A Guerra Civil norte-americana, declarada antes mesmo da posse de Abraham Lincoln, em 1860, opôs os estados do Sul (que tinham a economia marcada pela agricultura voltada à exportação, pela produção algodoeira, pelo livre-cambismo) e do Norte (onde, por sua vez, predominava o trabalho assalariado, a industrialização e o protecionismo). A discussão em torno da abolição da escravatura era fundamental no contexto da Guerra Civil. Ainda durante os conflitos, o governo Lincoln decretou a abolição nos estados rebeldes em 1862, tendo a abolição efetiva sido declarada em 1865, sem plano algum para a integração dos ex-escravizados à sociedade norte-americana. Entre 1865 e 1868, apesar da aprovação das XIII e XIV emendas à Constituição (que decretavam o fim da escravidão e a extensão dos direitos civis a todos os norte-americanos, incluindo os afrodescendentes), manteve-se, nos estados do Sul da federação, a segregação racial. Como exemplos dessa permanência pode-se citar: 1) a ação da Suprema Corte dos Estados Unidos, que, em diversas ocasiões, deliberou legítima a separação entre negros e brancos, em espaços públicos; 2) a ação da Ku Klux

Klan, fundada em 1867 por conservadores sulistas.

b) A metáfora expressava a contradição entre as leis e as práticas políticas no Sul dos Estados Unidos. Desde 1868, a lei federal estabelece cidadania norte-americana aos afro-descendentes, o que determina tratamento igualitário, com garantias constitucionais ("Todas as pessoas nascidas e naturalizadas nos Estados Unidos, e sujeitas à sua jurisdição, são cidadãos dos Estados Unidos e dos estados em que residem"). Então, observa-se uma contradição entre a lei e a prática política no Sul dos Estados Unidos, decorrente dos linchamentos (e outras práticas), muito comuns nessa parte da Federação, à época da produção da composição. A metáfora "fruta estranha" remete àquele que não é um igual, não está incorporado, é estranho – referência explícita à segregação racial, que tornou a composição um marco de protesto em relação à ausência de direitos civis. "Fruta estranha" é o negro que, depois de linchado, por acusações que independiam de provas (não havia processo jurídico que garantisse a proteção das leis aos negros) era pendurado em árvores. Seu corpo, propositadamente deixado à exposição pública, ficava à mercê do Sol (cheiro de carne queimando/para o sol apodrecer), do vento (para ser sugado), da chuva (que limpava o "sangue nas folhas e raízes").

39. Resposta pessoal.

40. Resposta pessoal.

41. a) A citação foca no período em que D. Pedro I abdica deixando o trono vago, pois seu filho tinha apenas 5 anos. O herdeiro assumiria o trono ao completar 18 anos, como previa a Constituição de 1824. Durante este período o Brasil viveu diversas revoltas, levantes, revoluções e experiências de governos locais.

b) São fatores que podem ser apresentados: a crise econômica, a miséria da população, o descontentamento com o governo regencial, a ambição por autonomia provincial, a escravidão, entre outros.

42. a) A análise do trecho permite perceber que o período regencial foi de grande agitação política. Ele faz críticas aos levantes e o "risco separatista" vivido no período, podendo inferir as críticas ao Ato de 1834.

b) A descentralização política e os diversos instrumentos administrativos do período que levaram à criação da guarda nacional que reforçava o controle das elites locais, criação dos códigos jurídicos e dos mecanismos de controle.

43. O colonialismo do século XVI foi liderado por Portugal e Espanha, motivado pela busca de gêneros tropicais e metais preciosos nos territórios americanos, sustentado pela lógica mercantilista e pela liderança dos estados metropolitanos e justificado pela necessidade de converter as populações colonizadas à fé católica. Já o colonialismo do século XIX foi liderado pela Inglaterra e por empresas privadas, motivado pela busca de matérias-primas (como ferro, cobre, petróleo, manganês, trigo e algodão) e mercados consumidores de manufaturados, transformando as áreas colonizadas – principalmente da África e Ásia – em locais de recepção dos excedentes populacionais e áreas de investimento e justificado pela missão civilizadora dos países europeus.

44. Resposta pessoal. Espera-se que sejam utilizados os exemplos de resistência ao imperialismo apontados no capítulo, como a resistência das forças armadas argelinas e senegalesas à conquista francesa; a resistência etíope ao domínio italiano; o Levante Indiano de 1857 contra os ingleses; a resistência das autoridades chinesas à disseminação do uso do ópio em 1839.

45. a) São exemplos de áreas: Influência inglesa: Chile, Argentina, Jamaica e Uruguai; Influência francesa: México, Brasil, Guianas; Influência alemã: México. Influência espanhola: Cuba.

b) Argentina, Brasil, Uruguai, Peru, Bolívia, Colômbia, Venezuela e Chile são países que podem servir de exemplos de tais práticas.

46. a) Imperialismo / Neocolonialismo.

b) Os interesses capitalistas britânicos estavam acima dos interesses indianos. Há uma incorporação de valores britânicos no soldado indiano, e assim era em difundir e impor o modelo civilizatório europeu.

47. A Guerra do Paraguai fortaleceu e institucionalizou o exército, na medida em que fez nascer um grande e disciplinado corpo de oficiais experientes, pronto a defender os interesses da instituição. Contudo, sua importância não era reconhecida pela monarquia, que continuava a subestimar esse grupo: os soldos eram baixos, contrariando as expectativas de setores das camadas médias urbanas, que buscavam fazer carreira militar; as promoções eram lentas e os investimentos, insignificantes; além disso, a participação de muitos escravos na guerra colaborou para aproximar o exército dos ideais abolicionistas. Soma-se a este quadro a penetração da filosofia positivista, amplamente divulgada entre os estudantes da Escola Militar, que defendiam a modernização do país. Assim, o corporativismo existente no exército, somado a sua adesão às ideias republicanas e abolicionistas, colocaram-no em rota de colisão com a monarquia. O ápice dessa tensão viria com a questão militar, em 1883.

48. No último quartel do século XIX, o principal produto de exportação brasileiro era o café, cujos rendimentos faziam a fortuna dos cafeicultores. Uma parcela desses fazendeiros começava a investir em outras atividades, como o comércio e a indústria, acelerando o crescimento urbano. Para os cafeicultores, a monarquia ia se tornando um entrave e as ideias republicanas ganhavam mais espaço. Enquanto isso, o trabalho escravo era progressivamente

substituído – principalmente em São Paulo – pelo trabalho assalariado de imigrantes vindos da Europa. Muitos imigrantes, contudo, abandonavam o campo e se dirigiam para as cidades, onde engrossavam a oferta de mão de obra disponível para atividades como o comércio e a indústria. Com isso, a composição das camadas populares diversificava-se e a vida urbana se dinamizava, dando origem a um setor médio em expansão. Se a grande maioria da população era mantida à margem da vida política e contava mesmo com muitos simpatizantes da monarquia, sobretudo entre os ex-escravizados, os setores médios passaram a desejar maior representatividade política, fortalecendo a defesa da República.

49. a) A implementação da Lei Eusébio de Queiroz teve as seguintes consequências socioeconômicas para a cidade do Rio de Janeiro (o candidato deve indicar apenas uma):

- inversão dos investimentos aplicados no tráfico de escravizados para a consolidação da infraestrutura da cidade. Nesse sentido, as ações podem assim ser descritas: 1) implantou-se a malha ferroviária, a partir de 1864, bem como a primeira linha de telégrafo, em 1852; 2) ampliou-se o sistema bancário;
- intensificação do comércio de produtos com a Europa, que incidiu no aumento das importações de bens de consumo;
- melhorias na estrutura urbana da capital, que podem ser identificadas por meio da construção de palácios, do calçamento de ruas, da instalação de iluminação a gás e de bonde com tração animal.
- Investimentos do Barão de Mauá no Rio de Janeiro.

b) As leis, aprovadas com uma diferença de duas semanas, transformaram diretamente a estrutura econômica do Segundo Império. Por um lado, a implementação da Lei Eusébio de Queiroz trouxe como consequência a diminuição da oferta de mão de obra escravizada, necessária à manutenção da vida econômica nacional, principalmente em São Paulo, onde a cafeicultura utilizava-se do trabalho compulsório em larga escala. Na indisponibilidade da utilização da mão de obra escravizada, o incentivo à imigração foi o mecanismo substitutivo encontrado, capaz de evitar a crise da economia nacional. Ao mesmo tempo, a implementação da mão de obra livre foi feita de modo condicional, com o objetivo de garantir o controle da propriedade fundiária, restringindo-lhe o acesso – esse controle e restrição foram normatizados pela Lei de Terras. Com a implementação dessa lei, o acesso à terra, que antes era considerada sem valor, ficou restrito àqueles que possuíam condições de adquiri-la por meio da compra e de registrá-la. Esse dispositivo visava impedir que os trabalhadores recém-chegados pleiteassem a posse do solo onde trabalhavam e, ao mesmo tempo, tornou-os dependentes das relações de trabalho impostas pelos proprietários da terra. Em virtude disso, por um lado, ambas as leis garantiram que o instrumento promotor da riqueza individual permanecesse nas mãos da elite proprietária, por outro, sua aplicação modificou a estrutura produtiva da agricultura brasileira.

50. a) No gráfico abaixo estão incluídos fumo e cacau, porém não eram exigidos no exercício.

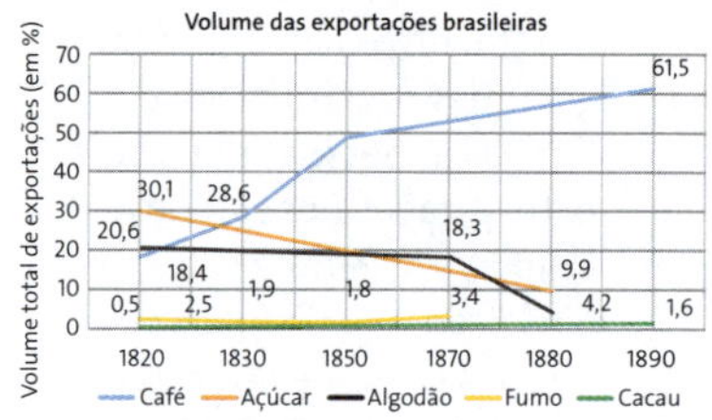

b) Principais produtos exportados por décadas no século XIX:

a- 1820 – açúcar

b- 1830 e 1880 – café.

Olimpíada Nacional em História do Brasil

1. a) 1, b) 4, c) 5, d) 0.
2. a) 4, b) 1, c) 0, d) 5.
3. a) 1, b) 5, c) 4, d) 0.
4. a) 0, b) 4, c) 5, d) 1.
5. a) 4, b) 5, c)0, d)1.
6. a) 1, b) 4, c) 0, d) 5.
7. a) 1, b) 4, c) 0, d) 5.
8. a) 5, b) 1, c) 0, d) 4.
9. a) 4, b) 1, c) 0, d) 5.
10. a) 1, b) 0, c) 5, d) 4.
11. a) 1, b) 5, c) 0, d) 4.
12. a) 1, b) 0, c) 4, d) 5.
13. a) 1, b) 5, c) 1, d) 0.
14. a) 1, b) 4, c) 0, d) 5.
15. a) 1, b) 5, c) 0, d) 4.
16. a) 5, b) 0, c) 4, d) 1.
17. a) 0, b) 5, c) 1, d) 4.
18. a) 0, b) 4, c) 1, d) 5.
19. a) 4, b) 0, c) 5, d) 1.

PROJETO
MÚLTIPLO

Caderno de Estudo

História

Ensino Médio

Cláudio Vicentino

Bacharel e licenciado em Ciências Sociais pela Universidade de São Paulo. Professor de História em cursos pré-vestibulares e de Ensino Médio. Autor de obras didáticas e paradidáticas para Ensino Fundamental e Médio.

Gianpaolo Dorigo

Bacharel e licenciado em História pela Universidade de São Paulo. Mestre em Filosofia pela Pontifícia Universidade Católica de São Paulo. Professor de História em cursos pré-vestibulares e de Ensino Médio. Autor de obras didáticas.

José Vicentino

Bacharel e licenciado em História pela Pontifícia Universidade Católica (PUC). Professor de História em cursos de Ensino Fundamental, Médio e pré-vestibulares.

editora scipione

editora scipione

Diretoria editorial: Lidiane Vivaldini Olo
Editoria de Ciências Humanas: Heloisa Pimentel
Edição: Vanessa Gregorut
Assistente editorial: Mirna Acras Abed Moraes Imperatore
Colaboradores: André Nicácio, Carina Carvalho
Supervisão de arte e produção: Sérgio Yutaka
Edição de arte: Eber Alexandre de Souza
Equipe de arte: Mauro Roberto Fernandes, Claudemir Camargo, Fábio Cavalcante
Supervisão de arte e criação: Didier Moraes
Coordenação de arte e criação: Andréa Dellamagna
Design gráfico (capa e miolo): UC Produção Editorial e Andréa Dellamagna
Grafismos: Shutterstock/Glow Images (utilizados na capa e aberturas de capítulos e seções)
Gerência de revisão: Hélia de Jesus Gonsaga
Equipe de revisão: Rosângela Muricy (coord.); Ana Paula Chabaribery Malfa, Gabriela Macedo de Andrade, Gloria Cunha, Patrícia Travanca e Vanessa de Paula Santos; Flávia Venézio dos Santos (estag.)
Supervisão de iconografia: Sílvio Kligin
Pesquisa iconográfica: Carlos Luvizari, Denise Duranol Kremer, Evelyn Torrecilla e Claudia Cristina Balista (assist.)
Tratamento de imagem: Cesar Wolf e Fernanda Crevin
Foto da capa: Justin Tallis/Agência France-Presse (Parte 3)

Direitos desta edição cedidos à Editora Scipione S.A.
Avenida das Nações Unidas, 7221, 3º andar, Setor D
Pinheiros – São Paulo – SP – CEP 05425-902
Tel.: 4003-3061
www.scipione.com.br/atendimento@scipione.com.br

Dados Internacionais de Catalogação na Publicação (CIP)
(Câmara Brasileira do Livro, SP, Brasil)

Vicentino, Cláudio
Projeto Múltiplo : história, volume único /
Cláudio Vicentino, José Vicentino, Gianpaolo Dorigo.
-- São Paulo : Scipione, 2014.

1. História (Ensino médio) I. Vicentino, José.
II. Dorigo, Gianpaolo. III. Título.

14-07955 CDD-907

Índice para catálogo sistemático:
1. História: Ensino médio 907

2022
ISBN 978 85 262 9394-6 (AL)
ISBN 978 85 262 9395-3 (PR)
Código da obra CL 738775
CAE 502788 (AL)
CAE 502789 (PR)
1ª edição
10ª impressão

Impressão e acabamento: Bercrom Gráfica e Editora

Uma publicação Abril EDUCAÇÃO

Apresentação

O Ensino Médio é a época na qual a maioria dos adolescentes faz uma escolha que os acompanhará por toda a vida: a da profissão que desejam seguir.

Além da profissão, a escolha da universidade também é um fator decisivo para o seu futuro sucesso profissional. E, para que você tenha um bom desempenho no exame vestibular da universidade que escolher, além de conhecer muito bem todo o conteúdo do Ensino Médio, você deve ter uma ótima habilidade em resolver exercícios. Por esse motivo, este caderno reúne mais de 200 questões das mais variadas e renomadas universidades do país, questões de níveis complexos, que, no todo, representam um momento único de preparação para o vestibular. Para auxiliá-lo com as resoluções, cada sequência de exercícios de um mesmo tema é precedida por quadros-resumos que sintetizam os principais tópicos do conteúdo.

Encare o período de estudo com este caderno como oportunidade de aperfeiçoar sua capacidade de resolver exercícios de forma rápida e segura.

Utilize este caderno como um instrumento de aperfeiçoamento de suas habilidades e não desista dos seus sonhos.

Bons estudos!

Sumário

Vestibular em foco

Theo Szczepanski/ Arquivo da editora

O NOSSO TEMPO E O BRASIL, UMA REPÚBLICA

República Velha

Questão Social

Repressão
- Canudos (1896-1897)
- Revolta da Vacina (1904)
- Revolta da Chibata (1910)
- Contestado (1914)
- Greves operárias

República Oligárquica

Prudente de Morais (1894-1898)

Campos Salles (1898-1902)
- Política dos governadores.
- *Funding Loan*

Rodrigues Alves (1902-1906)

Afonso Pena (1906-1909)
Aprovação do Convênio de Taubaté

Nilo Peçanha (1909-1910)

Hermes da Fonseca (1910-1914)
Política das Salvações

Mecanismo de poder

- Federal → Política do café com leite → Alternância entre SP e MG na presidência
- Estadual → Política dos governadores → Garantia da governabilidade
- Municipal → Coronelismo → Voto de cabresto

Iconographia

República da Espada

Governo Provisório
- Deodoro da Fonseca (novembro de 1889 a março de 1891)
- Assembleia Constituinte
- Ministro Rui Barbosa
- Crise do Encilhamento

Deodoro da Fonseca (março a novembro de 1891)
- Eleito pela Constituinte
- Ministro Barão de Lucena
- Oposição ao governo
- 1ª Revolta da Armada

Floriano Peixoto (novembro de 1891 a 1894)
- 2ª Revolta da Armada
- Revolta federalista

Exercícios

1. (FGV-RJ)

"A história da construção do Estado brasileiro na primeira metade do século XIX foi a história da tensão entre unidade e autonomia. Por outro lado, no interior do Estado, de elites com fortes vínculos com os interesses de sua região de origem e ao mesmo tempo comprometidas com uma determinada política nacional, pautada pela negociação destes interesses e pela manutenção da exclusão social, marcou não apenas o século XIX, como também o século XX. Através do parlamento essas elites regionais têm imposto uma determinada dinâmica para o jogo político que se materializa na imensa dificuldade de empreender reformas sociais profundas.

Dolhnikoff, Miriam. *O pacto imperial.* As origens do federalismo no Brasil. São Paulo: Globo, 2005, p. 11-12.

De acordo com o ponto de vista apresentado no texto:

a) a história brasileira é marcada por práticas de tolerância política acentuadas nas últimas décadas com a redemocratização do país.
b) o parlamento é a única instituição política imune aos interesses e ao controle das elites regionais brasileiras.
c) as profundas reformas sociais só foram possíveis graças às transformações políticas ocorridas na primeira metade do século XIX no Brasil.
d) a dinâmica política do Estado nacional se constituiu com base em negociações entre as elites regionais e a exclusão social de outros setores.
e) as características descritas sobre o Estado revelam a supremacia do Poder Judiciário sobre o Poder Legislativo na história política brasileira.

2. (UEPB) No século XIX, a Paraíba era uma das províncias do Império brasileiro. Com a proclamação da República, tornou-se estado.

Sobre isso, assinale a única alternativa INCORRETA.

a) Com a Proclamação da República, depôs-se o governo provincial da Paraíba e se organizou uma junta governativa republicana. Em seguida se organizou eleição para escolha dos deputados que representariam a Paraíba na Assembleia Constituinte Estadual, na Câmara Federal e no Senado.
b) O período que antecedeu a proclamação da República foi de apatia política na Paraíba, onde não houve a criação nem atuação de agremiações ou partidos pró-movimento republicano, ao contrário do que aconteceu em Pernambuco, por exemplo.
c) Nas primeiras quatro décadas da República, dois chefes políticos comandaram a Paraíba — Álvaro Machado e Epitácio Pessoa. Eles controlavam a política com base no apoio que recebiam dos grandes proprietários de terras, chamados de coronéis.
d) A República não encontrou movimentos oposicionistas na Paraíba. A população paraibana não se posicionou nem contra nem a favor da proclamação. Os conflitos aconteceram apenas dentro dos grupos dominantes que lutavam por seus interesses.
e) A Paraíba teve importante papel no processo que culminou com a proclamação da República. O chamado "grupo da Paraíba", comandado por Aristides Lobo e Epitácio Pessoa, esteve nas articulações e no próprio ato da proclamação, no dia 15 de novembro de 1889, ao lado do Marechal Deodoro da Fonseca.

3. (UFRN) Na obra *A formação das almas*, o historiador José Murilo de Carvalho mostra que, após a queda da monarquia, as diversas facções republicanas no Brasil evidenciaram suas diferenças nas disputas em torno da escolha da nova bandeira nacional.

Dois símbolos propostos nessa ocasião evidenciam aspectos dessa disputa entre as diferentes facções republicanas e estão reproduzidos a seguir.

I – Bandeira inicialmente utilizada após a proclamação da República.

Interbits ®

II – Bandeira adotada posteriormente, na República

Disponíveis em: <www.histoblogsu.blospot.com>. Acesso em: 6 jul. 2012.

Considerando as duas bandeiras propostas como símbolo nacional, é correto afirmar:

a) A escolha do lema que figura no pavilhão brasileiro deveu-se à influência do positivismo entre os militares partidários da República.
b) A adoção de elementos da bandeira norte-americana foi defendida pelos oficiais militares partidários do federalismo.
c) A adoção da bandeira semelhante à dos Estados Unidos reflete os ideais da corrente dos jacobinos, tendo à frente os grandes produtores de café.
d) A escolha do lema *Ordem e Progresso*, que figura no estandarte, evidencia o predomínio político do grupo democrático paulista.

4. (UFRGS-RS) A Primeira República no Brasil (1889-1930) iniciou com um golpe militar que derrubou a monarquia. Depois de alguns anos de profundas crises, o novo regime foi-se consolidando.

A esse respeito, considere as afirmações abaixo.

I. Uma figura muito comum no período é a do "coronel", geralmente um dos grandes proprietários rurais nos municípios interioranos, o qual controlava parte da população local, que o apoiava em lutas políticas.

II. Com a ampla autonomia permitida pela Constituição de 1891, estados mais ricos e populosos, e com economia integrada ao mercado, acabaram impondo seus interesses ao restante do país.

III. A instabilidade gerada pelo golpe de 15 de novembro de 1889 acarretou uma sucessão de governos militares que caracterizaram a política brasileira ao longo de todo o período da Primeira República.

Quais estão corretas?

a) Apenas I.
b) Apenas II.
c) Apenas I e II.
d) Apenas I e III.
e) I, II e III.

5. (UEG-GO) Leia o excerto abaixo.

O almirante, também, tinha grande confiança nos talentos guerreiros e de estadista de Floriano. A sua causa não ia lá muito bem. Perdera-a em primeira instância, estava gastando muito dinheiro... O governo precisava de oficiais de Marinha, quase todos estavam na revolta.

BARRETO, Lima. *Triste fim de Policarpo Quaresma*. Rio de Janeiro: Record, 2009. p. 152.

O trecho citado tem como pano de fundo um importante episódio da História do Brasil, conhecido como:

a) Revolta da Armada, quando oficiais da Marinha Brasileira deram ordem para que o Rio de Janeiro fosse alvejado com tiros de canhões de navios de guerra.
b) Revolta da Chibata, quando marinheiros, liderados pelo Almirante Negro, se revoltaram contra os maus-tratos sofridos dentro dos navios.
c) Revolta de Canudos, quando a recém-fundada República brasileira teve de enfrentar os sertanejos liderados por Antônio Conselheiro.
d) Revolta do Contestado, quando o Exército Brasileiro usou o recém-inventado avião para enfrentar os camponeses da região de fronteira entre Santa Catarina e Paraná.

6. (G1-CFTMG) São características marcantes do cenário sociopolítico da Primeira República no Brasil (1889-1930), **EXCETO** a:

a) existência de organizações de trabalhadores rurais, que se agrupavam em partidos nacionais.
b) constituição de partidos republicanos regionais, que decidiam os destinos da política brasileira.
c) concentração de poder nos chefes políticos locais, que controlavam os eleitores em sua área de influência.
d) presença de um pacto entre governos federal e estaduais, que foi denominado política dos governadores.

7. (UEG-GO) Leia o excerto que segue.

Os subúrbios do Rio de Janeiro são a mais curiosa coisa em matéria de edificação da cidade. A topografia do local, caprichosamente montanhosa, influiu decerto para tal aspecto, mais influíram, porém, os azares das construções.

Nada mais irregular, mais caprichoso, mais sem plano qualquer, pode ser imaginado. As casas surgiram como se fossem semeadas ao vento e, conforme as casas, as ruas se fizeram. Há algumas delas que começam largas como boulevards e acabam estreitas que nem vielas; dão voltas, circuitos inúteis e parecem fugir ao alinhamento reto com ódio tenaz e sagrado.

BARRETO, Lima. *Triste fim de Policarpo Quaresma*. São Paulo: Penguin, 2011. p. 191.

Neste fragmento, o autor descreve a irregularidade do traçado das ruas cariocas. Com o propósito de criar uma cidade mais moderna, com ruas e avenidas mais retilíneas, é que se efetivou:

a) a derrubada do antigo morro do Castelo, durante o governo do presidente Campos Sales.
b) a derrubada dos cortiços da cidade promovida pelo sanitarista Oswaldo Cruz.
c) a reforma urbana promovida por Pereira Passos, a qual ficou conhecida como o "Bota-abaixo".
d) o primeiro plano de se transferir a Capital Federal para a região Centro-Oeste.

8. (ESPM-SP)

A partir do fim do século XIX, a cotação do café no mercado internacional havia começado a cair, pois outros países também produziam café. O excesso de oferta do produto derrubou os preços. Os produtores brasileiros não se conformavam com a queda na cotação do produto. Em 1906, os governadores de São Paulo, Minas Gerais e Rio de Janeiro reuniram-se para tratar da situação.

(Adriana Lopez e Carlos Guilherme Mota. *História do Brasil: uma interpretação*)

Assinale a alternativa que apresente respectivamente o nome da reunião mencionada no texto, bem como a política dela derivada:

a) Convênio de Taubaté – fechamento da Caixa de Conversão.
b) Convênio de Taubaté – compra do excedente pelo governo a fim de manter o equilíbrio entre oferta e procura.
c) Pacto de Pedras Altas – manutenção do preço mínimo por saca.
d) Pacto de Pedras Altas – empréstimos externos de 15 milhões de libras.
e) Tratado de Petrópolis – queima dos estoques excedentes.

A PRIMEIRA GUERRA MUNDIAL (1914-1918)

Segunda Revolução Industrial

Política de alianças (Paz Armada)

- **Tríplice Aliança** Alemanha/Império Austro-Húngaro e Itália
- **Tríplice Entente** França/Inglaterra e Rússia

Assassinato do herdeiro do trono Austro-Húngaro

Início da Guerra (1914-1918)

Bloco Alemão
- Tríplice Aliança (menos a Itália)
- Turquia e Bulgária

×

Bloco Aliado
- Tríplice Entente
- Itália e EUA

1917

- Rússia sai da guerra (Revolução)
- EUA entram na guerra (Interesses econômicos)

Vitória militar dos aliados
- Plano de paz: 14 pontos de Wilson
- "Uma paz sem vencedores"

Armistício (novembro de 1918)
- Tratado de Versalhes
- Alemanha é a grande penalizada pela guerra
- Revanchismo alemão

Busca por novos mercados consumidores/fornecedores de matérias-primas

Neocolonialismo → África/Ásia

Imperialismo

Questão dos Bálcãs
- Império Austro-Húngaro e Alemanha
- Rússia e Sérvia → Pan-eslavismo grande Sérvia

Questão Marroquina (1904-1911)
- Alemanha
- França

Bettmann/Corbis/Latinstock

Exercícios

1. (EsPCEx-Aman-RJ) Leia os dois textos abaixo:

TEXTO I

"Em 1873, Bismarck instaurou a Liga dos Três Imperadores, da qual faziam parte a Alemanha, a Áustria-Hungria e a Rússia. Entretanto, as divergências entre a Rússia e a Áustria com relação à região dos Bálcãs, ocasionadas pelo fato de a Rússia apoiar as minorias eslavas da região, desejosas de independência, acabou com essa aliança em 1878. Em 1882, o Segundo Reich une-se ao Império Austro-Húngaro e à Itália."

(VICENTINO, 2007, modificado)

TEXTO II

"Somente na última década do século XIX, a França começou a sair do seu isolamento internacional, conseguindo estabelecer um pacto militar com a Rússia em 1894. No início do século XX, também a Inglaterra se aproximou da França, formando uma Aliança que fundia os interesses comuns dos dois países no plano internacional. Em 1907, a Rússia se aliou à França e à Inglaterra."

(VICENTINO, 2007, modificado)

Os dois textos descrevem a formação de blocos, antecedendo a Primeira Guerra Mundial. Os textos I e II narram, respectivamente, a formação da

a) Entente Cordiale e da Tríplice Entente.
b) Tríplice Aliança e da Tríplice Entente.
c) Tríplice Entente e da Entente Cordiale.
d) Entente Cordiale e da Tríplice Aliança.
e) Tríplice Aliança e da Entente Cordiale.

2. (Uece) O ano de 2014 será marcado pelos 100 anos do início da Primeira Guerra Mundial, conflito que envolveu, inicialmente, as maiores potências europeias e trouxe, ao final, mais de 9 milhões de combatentes mortos e outros tantos incapacitados e feridos; ainda hoje é difícil precisar o número de mortes em virtude de doenças e da fome que se espalharam por todos os países envolvidos no conflito.

Sobre este conflito armado que pôs fim à época da "Belle époque" europeia, pode-se afirmar corretamente que

a) foi desencadeado pela *Anschluss*, a anexação da Áustria pela Alemanha, em 1938.
b) teve como fator causador a tomada do poder na Rússia pelos bolcheviques, em 1917.
c) se deu como consequência das disputas imperialistas e da formação de alianças políticas na Europa, desde o séc. XIX.
d) resultou da acirrada disputa por influência política e econômica entre as duas superpotências: EUA e URSS.

3. (UPE) O período de duração da Primeira Guerra Mundial, entre 1914 e 1918, foi marcado por várias mudanças sociopolíticas que redefiniram o mundo de então. Sobre esse contexto, assinale a alternativa CORRETA.

a) A Rússia, potência diretamente envolvida no conflito, entrou num processo revolucionário interno, que a levou à adoção do socialismo.
b) O Império Austro-Húngaro perdeu domínios com o fim do conflito, embora tenha mantido dois terços do seu território.
c) A França acabou por perder territórios para a Alemanha após a assinatura do Tratado de Versalhes.
d) O Império Otomano conseguiu manter sua hegemonia na região dos Bálcãs, mesmo com o fim da guerra.
e) A Inglaterra, após a eclosão da Revolução de 1917, impôs perdas territoriais à Rússia.

4. (UFG-GO) Leia o fragmento a seguir.

Desde o primeiro conflito mundial, a "trégua dos padioleiros" se apaga e não reaparece mais, salvo de maneira excepcional; os feridos agonizam no local dos combates e, na maioria dos casos, o inimigo atira sobre os que lhes prestam socorro. Está livre o caminho para as atrocidades que têm o corpo como alvo.

AUDOIN-ROUZEAU, Stéphane. Massacres: o corpo e a guerra. In: COURTINE, Jean-Jacques; VIGARELLO, Georges. *História do corpo*: as mutações do olhar. Petrópolis, RJ: Vozes, 2009, p. 396. (Adaptado).

Ocorridas na primeira metade do século XX, as guerras mundiais causaram impacto na imagem civilizada que a Europa construíra de si. Esse impacto decorre de uma mudança na concepção de guerra, explorada no fragmento, que se associa:

a) à precariedade técnica do trabalho médico nas ambiências de conflito, indicando as dificuldades de atendimento aos soldados.
b) à ampliação da ideia de inimigo, demarcando a proteção física como um problema para os beligerantes, em meio à escalada da violência.
c) à disseminação de imagens dos corpos dilacerados, traduzindo a morte como uma circunstância natural no cenário da guerra.
d) à disciplina militar exigida dos socorristas, resultando em cursos de treinamento sobre métodos de sobrevivência em campo de batalha.
e) ao desrespeito aos tratados assinados para a guerra, considerando a proibição de maus-tratos direcionados ao inimigo aprisionado.

5. (UFRGS-RS) Em 1918, encerrava-se a Primeira Guerra Mundial, que se caracterizou pelo confronto armado direto entre as principais potências europeias.

A respeito do término dessa guerra, considere as seguintes afirmações.

I. Além da adoção do regime republicano, a Alemanha foi forçada a pagar indenizações pelos danos causados aos países vencedores.
II. Apesar das perdas econômicas e demográficas, a guerra não abalou a hegemonia da Europa que manteve seu poderio intacto.

III. A Áustria e a Hungria como estados independentes surgiram do colapso do Império Habsburgo.

Quais estão corretas?

a) Apenas I.
b) Apenas II.
c) Apenas I e II.
d) Apenas I e III.
e) I, II e III.

6. (Cefet-MG) O uso das trincheiras na Primeira Guerra Mundial:

a) acelerou o fim do embate entre os países beligerantes.
b) encerrou as disputas territoriais entre os países europeus.
c) marcou a memória de uma geração de forma traumática.
d) incentivou o seu emprego nas lutas europeias posteriores.
e) garantiu a proteção da população civil dos horrores do conflito.

7. (EsPCEx-Aman-RJ) A Primeira Grande Guerra teve início em 1914, estendeu-se até 1918 e envolveu países de todos os continentes. Sobre esse conflito, é correto afirmar que:

a) os anos que o antecederam foram marcados por intensa solidariedade e cordialidade entre os países.
b) em seus momentos finais, a Alemanha recusou-se a assinar o Tratado de Versalhes, levando os aliados a proporem uma outra paz chamada "Os Quatorze Pontos de Wilson".
c) os Estados Unidos não tiveram envolvimento, mantendo sua política isolacionista.
d) em 1917, com a ascensão de um governo socialista na Rússia, o país entra na guerra ao lado da Alemanha.
e) a segunda fase da guerra (1915-1917) foi marcada pela chamada "guerra de trincheiras", em que cada lado procurava garantir suas posições.

8. (Ibmec-RJ) A Primeira Guerra Mundial (1914-1918) foi responsável por uma importante consequência econômica para o Brasil. Assinale-a.

a) A queima expressiva de sacas de café, forma encontrada para estabilizar o preço internacional do produto.
b) Um aumento expressivo do comércio com o Oriente (especialmente China e Índia), em função das dificuldades de manutenção das trocas com os europeus.
c) Forte aumento da ação intervencionista do Estado, como prova a assinatura do Convênio de Taubaté.
d) O desenvolvimento de um "surto de substituição de importações", já que o comércio internacional ficou bastante prejudicado pelo conflito.
e) Uma série de falências e concordatas de bancos e empresas industriais, pela perda de mercados no exterior e aumento da onda inflacionária em nosso país.

9. (PUC-RJ) Em 1914, as tensões políticas entre as principais potências europeias levaram a uma guerra que se tornou, ao longo dos anos seguintes, um dos mais trágicos momentos da história da humanidade.

Em relação à Primeira Guerra Mundial, é **INCORRETO** afirmar que:

a) a Grande Guerra foi travada em duas frentes de combate e em ambas a perda de vidas humanas alcançou a dimensão de verdadeiros massacres.
b) na guerra de 1914-1918, foram utilizadas novas tecnologias de comunicação e transportes, proporcionando um avanço científico acelerado.
c) por envolver grandes potências coloniais, a Grande Guerra atingiu populações não europeias, o que deu ao conflito uma dimensão mundial.
d) através de bombardeios aéreos, racionamentos de alimentos e produtos, a guerra envolveu, em grande escala, a população civil dos países em conflito.
e) a Grande Guerra decorreu da tensão política e ideológica entre americanos e soviéticos na disputa por áreas de influência no continente europeu.

10. (UFTM-MG) Analise a tabela.

Gastos militares da Alemanha, Áustria-Hungria, Grã-Bretanha, Rússia, Itália e França	
Ano	**Valor (milhões de libras)**
1880	132
1890	158
1900	205
1910	288
1914	397

(Eric J. Hobsbawm. *A era dos impérios, 1875-1914*, 1988)

Sobre o crescimento dos gastos militares, é correto afirmar que:

a) foi um subproduto das crescentes disputas que envolveram esses países, que buscavam se fortalecer no cenário externo.
b) foi motivado pela necessidade de enfrentar os movimentos armados nas colônias da África e Ásia, que começavam a se rebelar.
c) incentivou a formação de grupos pacifistas, que combatiam os gastos com armas por meio de campanhas junto aos empresários.
d) deveu-se ao oligopólio da produção de equipamentos militares, cujos preços eram impostos pelas poucas empresas do setor.
e) resultou da necessidade de os Estados armarem-se para controlar a mobilização dos trabalhadores urbanos e suas greves.

REVOLUÇÃO RUSSA

Czarismo: Nicolau II

Guerra Russo-Japonesa (1904-1905)

Revolução de 1905
- Organização dos sovietes
- Duma (parlamento)

Oposição política

Primeira Guerra Mundial

Congresso social-democrata

Bolcheviques

Mencheviques

Bettmann/Corbis/Latinstock

Lênin: Teses de Abril

Revolução de fevereiro (março) de 1917
- Mencheviques
- Kerensky

Prosseguimento da guerra

Revolução de outubro de 1917
- Bolcheviques
- Guerra civil (brancos × vermelhos)
- NEP: "um passo atrás para dar dois à frente".

Fim da guerra Tratado de Brest-Litovsk

Implementação do socialismo

1924: morte de Lênin

Trótsky (revolução permanente)

Stálin (socialismo em um só país)

URSS sob Stálin (1924-1953)
- Planificação total da economia
- Planos quinquenais

Coleção particular

Exercícios

1. (UFPE) Último representante do regime absolutista na Europa, a Rússia vivenciou, no início do século XX, um processo revolucionário que destituiu o czarismo e instalou o governo socialista. Sobre a Revolução Russa de 1917, analise as seguintes proposições.

( ) Em princípios do ano de 1917, a Rússia dos czares vivenciava uma grave crise socioeconômica, com flagrante empobrecimento da população, deserção de soldados e greves.

( ) A desastrosa participação da Rússia na I Guerra Mundial agravou a crise política, que levou à abdicação compulsória do czar e à instalação de um governo provisório liderado pela "Duma".

( ) Com a subida de Lênin ao poder, formou-se a denominada República Soviética Russa, em cujo governo foram estatizados bancos, fábricas, estradas de ferro, entre outros.

( ) A vitoriosa campanha russa na I Guerra Mundial garantiu a esse país a recuperação econômica, por retomar as minas da Alsácia-Lorena, e a estabilidade política, com a instalação do regime de governo socialista.

( ) Com a implantação do governo stalinista, a Rússia aproximou-se das demais nações europeias, fortalecendo os laços comerciais e estabelecendo alianças políticas.

2. (UFRGS-RS) O colapso da União Soviética, reconhecido oficialmente em dezembro de 1991, foi o resultado da introdução de medidas reformistas que visavam modernizar o socialismo soviético.

A respeito dessas medidas reformistas, considere as afirmações abaixo.

I. Resultaram no surgimento de novas repúblicas, outrora submetidas a Moscou, que exigiam autonomia política e territorial.

II. Decorreram da ascensão de Mikhail Gorbachev, que instaurou as ações conhecidas como *perestroika* e *glasnost*.

III. Tinham um nítido caráter conservador, e foram gestadas por pressão de setores populares insatisfeitos com o rumo do país.

Quais estão corretas?

a) Apenas I.
b) Apenas II.
c) Apenas III.
d) Apenas I e II.
e) Apenas II e III.

3. (Vunesp-SP)

Os operários das fábricas e das usinas, assim como as tropas rebeldes, devem escolher sem demora seus representantes ao governo revolucionário provisório, que deve ser constituído sob a guarda do povo revolucionário amotinado e do exército.

(Manifesto de 27 de fevereiro de 1917. In: FERRO, Marc. A Revolução Russa de 1917, 1974.)

O manifesto, lançado em meio às tensões de 1917 na Rússia, revela a posição dos:

a) czaristas, que buscavam organizar a luta pela retomada do poder.
b) bolcheviques, que chamavam os operários a se mobilizarem nos sovietes.
c) social-democratas, que pretendiam controlar o governo provisório.
d) mencheviques, que defendiam o caráter democrático do novo governo.

4. (G1-CFTSC)

A Revolução Russa, ocorrida em 1917, deixou o mundo abalado. Pela primeira vez, tentava-se estabelecer um tipo de governo no qual os trabalhadores teriam participação ativa. Os líderes do novo Estado tinham plena convicção de que estava nascendo a sociedade socialista, em que as diferenças entre as classes sociais deveriam desaparecer. Era o aparecimento de um novo modo de organizar a produção, que substituiria o capitalismo.

Adaptado de: PEDRO, Antonio. *História do Mundo Ocidental.* São Paulo, 2005. p. 379.

Assinale a alternativa correta.

a) Quando os operários das fábricas e das fazendas da Rússia se mobilizaram para tomar o poder não encontraram resistência por parte do grupo que estava no poder.
b) Após a Revolução Russa, o Estado desapareceu juntamente com o fim das classes sociais e os operários passaram a ser os donos das fábricas.
c) A Revolução Russa causou uma Guerra Mundial envolvendo de um lado os países capitalistas e de outro lado, os socialistas.
d) O sistema descrito no texto acima baseou-se na teoria do filósofo Karl Marx, que tinha como uma de suas características a propriedade coletiva dos bens de produção.
e) O exemplo da Revolução Russa espalhou-se fazendo com que o sistema capitalista desaparecesse do mundo no século XX, dando lugar ao sistema comunista.

5. (FGV-SP) Leia as assertivas:

I. Com a hegemonia dos militantes do anarco-sindicalismo, organizou-se, em 1906, a Confederação Operária Brasileira.

II. Em julho de 1917, na cidade de São Paulo, ocorreu a primeira greve geral do país, envolvendo por volta de 70 mil operários.

III. Com a ampliação das ações dos operários, principalmente por meio das greves, foi aprovada a lei Adolfo Gordo, em 1907, que determinava a expulsão de estrangeiros que atentassem contra a segurança nacional.
IV. Sob a inspiração da vitoriosa Revolução Russa, foi fundado, em março de 1922, o Partido Comunista do Brasil.
V. No final dos anos 1920, os comunistas organizavam-se por meio do Bloco Operário Camponês (BOC), chegando a eleger representantes para a Câmara de Vereadores do Rio de Janeiro.

Está correto o contido em:

a) I, II e V, apenas.
b) I, III e V, apenas.
c) II, III e IV, apenas.
d) II, IV e V, apenas.
e) I, II, III, IV e V.

6. (Ibmec-RJ) Leia com atenção as afirmativas a seguir referentes à Revolução de Outubro de 1917, na Rússia:

I. A revolução foi liderada pelos sovietes, compostos em sua maioria por operários, soldados e industriais, descontentes com o czarismo;
II. Uma das primeiras consequências da Revolução de Outubro foi afastar a Rússia da Primeira Guerra Mundial, ao ser assinado com os alemães um tratado de paz;
III. Os analistas consideram que o único fator responsável diretamente pela ocorrência do movimento bolchevique foi a questão fundiária, negligenciada por Nicolau II.

Assinale:

a) se apenas a afirmativa I for correta.
b) se apenas a afirmativa II for correta.
c) se apenas a afirmativa III for correta.
d) se as afirmativas I e II forem corretas.
e) se as afirmativas II e III forem corretas.

7. (UEL-PR) Compreender o processo revolucionário socialista ocorrido na Rússia de 1917 implica discernir historicamente os seus autores e as atitudes assumidas por eles.

Desta forma, pode-se afirmar.

a) O partido comunista russo, criado por Marx e Engels em pleno vigor da lei de exceção imposta pelo Czar Nicolau II, adotou táticas de guerrilha de elevada eficácia sociopolítica, vencendo assim a guerra revolucionária.
b) O processo revolucionário leninista colocou um ponto final no período feudal soviético dos Petrogrados, unindo os comerciantes revolucionários das principais cidades e os camponeses como anteriormente havia ocorrido na Revolução francesa de 1789.
c) O comandante do exército bolchevique, Stálin, assumiu o poder no processo revolucionário expulsando o Czar e nomeando como seu líder no congresso socialista, Trótski, organizador das barricadas sindicais na Praça Vermelha.
d) Marx e Bakunin elaboraram os princípios revolucionários de uma sociedade socialista, no entanto, devido aos intensos debates entre eles sobre a forma como o processo deveria ocorrer, distanciaram-se, tornando-se adversários.
e) Proudhon, exilado na Rússia, organizou os operários em sindicatos comunistas que, na revolução, se integraram ao exército vermelho chefiado por Kerensky, estabelecendo a estratégia da guerra total contra o exército branco.

8. (Ufla-MG) A história permite associar fatos históricos que ocorreram em lugares e tempos diferentes, como, por exemplo, as Revoluções Francesa, de 1789, e Russa, de 1917. Assinale a alternativa em que as correlações entre ambas as Revoluções NÃO estão corretas.

a) Na Revolução Francesa, as massas populares eram representadas pelos *sans-culottes*, que pertenciam aos Jacobinos e, na Revolução Russa, eram os *soviets* de trabalhadores, que pertenciam aos bolcheviques.
b) Na Revolução Francesa e na Revolução Russa, as massas populares revoltaram-se, tomando o poder da nobreza e da burguesia, a exemplo do "Terror Branco" (1794-1795), na Revolução Francesa, e os acontecimentos de dezembro de 1905 e janeiro de 1906, na Revolução Russa.
c) Na Revolução Francesa e na Revolução Russa, a situação das massas era de extrema pobreza e miséria, devido à carestia dos alimentos e da exploração por parte da aristocracia rural, parasitária de origem feudal.
d) Tanto na Revolução Francesa como na Revolução Russa, as massas promoveram assassinatos de nobres, após assumirem o poder.

9. (PUC-MG) Em outubro de 1917, os bolcheviques assumiram o poder na Rússia. A Revolução Russa de 1917 anunciou o fim do capitalismo e o início do comunismo em escala planetária. Sobre a Revolução Russa e a consolidação do socialismo soviético, todas as afirmativas estão corretas, EXCETO:

a) Revelou-se um movimento de caráter radical, visto que morreram milhares de homens defendendo suas posições e impondo um sacrifício à população russa em nome de uma revolução social.
b) Foi um movimento de ruptura no processo do antigo Império Russo. A demolição quase instantânea do regime czarista significou uma mudança no destino da Rússia e da Europa.
c) Revelou-se como um movimento perverso. A ascensão do comunismo demonstrou um socialismo com regime autoritário comparável aos governos totalitários da Europa.
d) Foi um movimento isolado no processo de modernização da Rússia empreendido pelo Czar, refletiu os anseios do grupo dos camponeses pela coletivização da terra.

BRASIL, UMA JOVEM REPÚBLICA VELHA

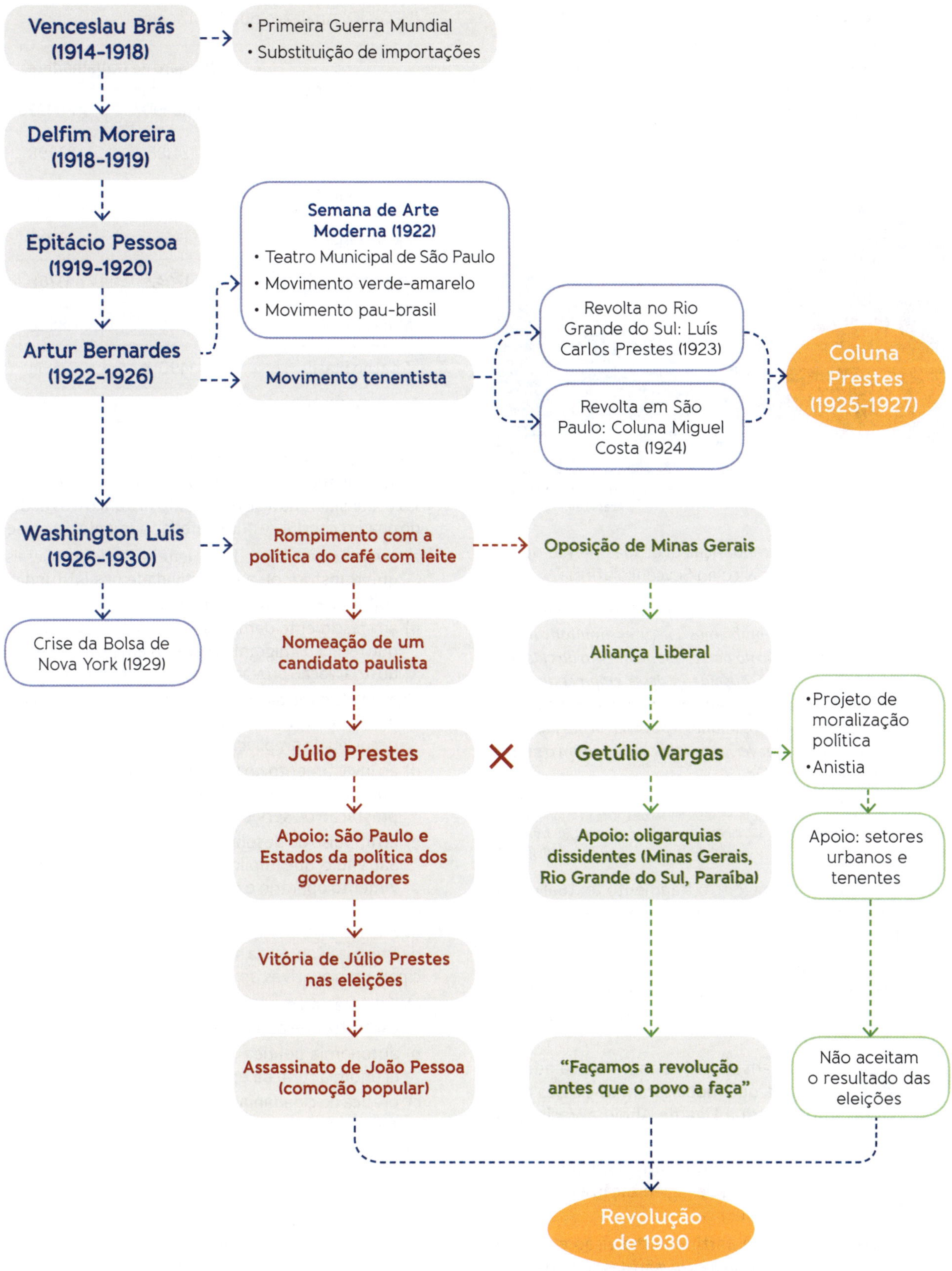

Exercícios

1. (UFRN) No início do século XX, a cidade do Rio de Janeiro, então capital da República, modernizou-se significativamente. Uma dessas mudanças pode ser observada na Avenida Central, conforme mostra a imagem abaixo.

Disponível em: <aprendario.com.br/rj_expovirtual.asp>. Acesso em: 28 jul. 2011.

Analisando essas mudanças ocorridas no Rio de Janeiro, o historiador Nicolau Sevcenko afirma:

> *As autoridades criaram um plano em três dimensões para enfrentar os problemas. Executar simultaneamente a modernização do porto, o saneamento da cidade e a reforma urbana. Aos líderes desse empreendimento foram dados poderes ilimitados para executarem suas tarefas, tornando-os imunes a possíveis ações judiciais. Como era de se prever, as mudanças atingiram o grosso da população pobre.*
>
> SEVCENKO, Nicolau. O prelúdio republicano, astúcias da ordem e ilusões do progresso. In: SEVCENKO, Nicolau (Org.). *História da vida privada no Brasil.* São Paulo: Companhia das Letras, 1998. p. 22-23. [Adaptado].

Considerando a imagem, o fragmento textual e seu conhecimento histórico sobre a temática, é possível inferir que:

a) o enfrentamento dos problemas urbanos foi realizado pelos governantes de maneira cautelosa, contando, por isso, com o apoio dos grupos mais politizados.

b) a política sanitarista contou com maciça adesão dos positivistas, que mobilizaram as classes operárias e fundaram a Liga de Apoio à Vacinação Obrigatória.

c) o apoio dos moradores do centro da cidade foi decisivo para o processo de higienização e a eliminação dos focos de doenças.

d) a reurbanização, a partir de uma visão elitista e autoritária, provocou a expulsão das camadas populares do centro da cidade para áreas periféricas.

2. (UFG-GO) Analise o quadro a seguir.

Estado	Número de trabalhadores	
	Ano 1907	Ano 1920
São Paulo	24186	83998
Rio Grande do Sul	15426	24661
Rio de Janeiro	13632	16796
Pernambuco	12042	15761
Minas Gerais	9405	18522
Total no Brasil	149018	275514

CARONE, Edgar. *República Velha:* instituições e classes sociais. São Paulo: Difel, 1972. p. 77. (Adaptado).

O quadro apresentado registra o aumento no número de trabalhadores por estado no Brasil, de 1907 para 1920. Considerando-se o contexto histórico e os dados do quadro, conclui-se que o referido aumento deveu-se:

a) à valorização da produção leiteira em Minas Gerais, que transformou a produtividade nos latifúndios voltados à indústria de laticínios.

b) ao crescimento demográfico no Rio Grande do Sul, que recebeu imigrantes platinos em razão da desindustrialização provocada pela Guerra do Paraguai.

c) à dinamização da produção com novas contratações na região do Vale do Paraíba no Rio de Janeiro, que decorreu da ampliação da exportação de café.

d) ao investimento no potencial turístico de Pernambuco, que demandou mão de obra interna para a prestação de serviços.

e) ao impulso do desenvolvimento das indústrias em São Paulo, que implicou no fortalecimento do movimento operário e das greves na capital paulista.

3. (Uece) No Brasil, o Coronelismo, fenômeno político da Primeira República, tinha como uma de suas principais prerrogativas a:

a) limitação do exercício da cidadania, com o voto de cabresto, que assegurava o controle do voto.

b) autonomia política resultante da organização da economia rural da época.

c) prática da cidadania política vinculada à estrutura social dominante no período.

d) adoção de valores éticos para o atendimento das demandas políticas da sociedade.

4. (EsPCEx-Aman-RJ)

> *No dia 5 de julho de 1922, três dias depois de ter sido decretada a prisão de Hermes da Fonseca, 302 jovens militares do Forte de Copacabana, no Rio de Janeiro, se su-*

blevaram. Para reprimi-los, o governo enviou para lá cerca de 3 mil soldados, que cercaram a fortaleza. Numericamente inferiorizados, a grande maioria dos amotinados se rendeu, mas poucos militares, mesmo sem condições de enfrentar as tropas legalistas, saíram pelas ruas de Copacabana de armas em punho. No meio do caminho, alguns rebeldes debandaram [...]. Nos tiroteios que se seguiram, apenas dois rebeldes sobreviveram."

(AZEVEDO; SERIACOPI, 2007).

O texto acima descreve o(a):

a) Intentona Comunista", movimento desencadeado a partir de alguns quartéis do Rio de Janeiro, Recife e Natal, e que seguindo o exemplo do que ocorria na Rússia, objetivava a implantação do comunismo no Brasil.

b) revolta dos "302 do Forte", tentativa de golpe de Estado que tinha como intuito colocar o Marechal Hermes da Fonseca na presidência do País.

c) "Intentona Integralista", tentativa de tomada de poder por forças de extrema direita, com o objetivo de introduzir um governo centralizado com fortalecimento do Poder Executivo.

d) episódio que ficou conhecido como os "18 do Forte", e que marca o início do movimento conhecido como Tenentismo.

e) "Revolta da Armada", iniciada no Rio de Janeiro e disseminada por todo o sul do Brasil, unindo forças com os integrantes da Revolta Federalista.

5. (FGV-SP)

O conhecimento da industrialização no Brasil, isto é, das formas particulares da industrialização no Brasil, deve estar, explícita ou implicitamente, apoiado na análise das relações entre o café e a indústria. E a análise correta dessas relações é impossível se considerarmos café e indústria como elementos opostos. É indispensável reunir café e indústria como partes da acumulação de capital no Brasil; mais precisamente, como partes das novas formas de acumulação cuja formação encontra as suas origens na década de 1880 a 1890.

(Sérgio Silva. *Expansão cafeeira e origens da indústria no Brasil*)

No contexto do Brasil da passagem do século XIX para o XX, acerca das relações entre a produção cafeeira e a indústria, é correto considerar que:

a) o avanço da produção industrial foi inversamente proporcional ao crescimento da produção cafeeira, uma vez que a entrada de recursos derivada da exportação de café era reaplicada apenas na produção cafeeira.

b) a ampliação do trabalho livre permitiu que parcelas dos capitais acumulados fossem investidas nas atividades industriais, desse modo, a economia cafeeira e a indústria fazem parte de um mesmo processo de desenvolvimento.

c) os empresários ligados à produção e exportação do café tinham representação política hegemônica e seus interesses eram defendidos pelo Estado brasileiro, que impedia a inversão de capitais cafeeiros na indústria.

d) os interesses dos cafeicultores e os dos industriais eram excludentes, visto que, com a expansão cafeeira, as maciças exportações desse produto atrapalharam os investimentos na indústria.

e) a exportação cafeeira atrelou o comércio externo brasileiro às importações de produtos industrializados da Europa e dos Estados Unidos, impedindo o desenvolvimento da indústria no Brasil antes de 1930.

6. (Vunesp-SP)

Os caminhões rodando, as carroças rodando,
Rápidas as ruas se desenrolando,
Rumor surdo e rouco, estrépitos, estalidos...
E o largo coro de ouro das sacas de café!...

Na confluência o grito inglês da São Paulo Railway...
Mas as ventaneiras da desilusão! a baixa do café!...

(Mário de Andrade. Paisagem nº 4. *Poesias completas*, 1987.)

O poema de Mário de Andrade, escrito em 1922, revela características da cidade de São Paulo na época. Entre elas, podemos citar:

a) o desinteresse dos cafeicultores em controlar o preço do café no mercado internacional.

b) o limitado crescimento econômico, que eliminou o peso e a influência da capital paulista nas decisões do governo federal.

c) a harmonização social, após o período de revoltas sociais do início da República.

d) a hegemonia do capital estrangeiro, que impedia o crescimento da burguesia nacional.

e) a persistência de aspectos tradicionais durante o processo de modernização e reurbanização.

7. (UFRGS-RS) Leia os versos abaixo, referentes à conjuntura de contestação do domínio do Partido Republicano Rio-grandense, no governo do Rio Grande do Sul.

Veio ao mundo tão flaquito,
Tão esmirrado e chochinho,
Disse espantada a comadre:
"Virgem do céu, Santo Padre!
Isto é gente ou passarinho?"

Tinha já mudado os dentes
E andava de camisola
O Chimango, um tramanzola,
Molhava à noite o pelego;
Tinha medo de morcego,
Corria, vendo pistola.

No meio da gurizada,
Quando brincava de laço,
Era o Chimango o paiaço,
Nunca acertava pealo;
E se montava a cavalo,
Não troteava... era no passo.

JUVENAL, Amaro. *Antonio Chimango: Poemeto campestre* (sátira política). Pseud. de Ramiro Fortes Barcellos. Porto Alegre: Martins Livreiro, 1982. p. 14 e 24. (estrofes 12,44 e 45).

Esses versos, publicados por Ramiro Barcelos, influenciaram a designação de "chimangos", aplicada a um grupo político identificado com a:

a) Revolução Farroupilha.
b) Revolução Federalista de 1893.
c) Revolta da Armada.
d) Revolução de 1923.
e) Revolta de Canudos.

8. (UFRGS-RS) Em 1924, grupos de militares rebeldes, que ficaram conhecidos como "tenentes", revoltaram-se em São Paulo e no Rio Grande do Sul. O movimento paulista liderado por Miguel Costa, e o rio-grandense, por Luís Carlos Prestes, unidos, iniciaram uma marcha de protesto que percorreu o país até 1927 e ficou conhecida como Coluna Prestes.

Uma das principais características do movimento foi:

a) a alta mobilidade dos rebeldes que percorreram o interior do país, evitando os choques diretos com as forças legalistas.
b) o combate às tropas legalistas em batalhas constantes, demoradas e sangrentas.
c) o levante das massas urbanas descontentes, provocado pela passagem do grupo nas grandes cidades do litoral do país.
d) a extinção da hierarquia interna do Exército, ocasionando a revolta dos sargentos e dos cabos.
e) a cooptação de operários, ligados ao movimento anarquista.

9. (Uerj)

É certo que a capa de um livro é a marca de um produto que quer atrair o leitor. A associação seria mais certeira se esse leitor a relacionasse ao contexto histórico dos anos 1920, em que se traçava o projeto modernista empenhado na construção de uma consciência do país, num processo de conhecimento da realidade brasileira. Os modernistas queriam mesmo "descobrir o Brasil".

RENATO CORDEIRO GOMES. Adaptado de: <www.revistadehistoria.com.br>.

Capa do livro *Pau-Brasil* (1925), de Oswald de Andrade. Disponível em: <http://pga.com.br>.

Por meio de manifestos, livros e exposições, os modernistas refletiram sobre a sociedade brasileira, avaliando suas principais características e propondo a revisão da identidade nacional.

Essa revisão está baseada na proposta de:

a) crítica da valorização romântica da natureza tropical.
b) desqualificação das heranças coloniais luso-africanas.
c) negação da cooperação cultural de artistas estrangeiros.
d) reformulação da composição multiétnica da população nativa.

10. (Fuvest-SP)

Durante os primeiros tempos de sua existência, o PCB prosseguiu em seu processo de diferenciação ideológica com o anarquismo, de onde provinha parte significativa de sua liderança e de sua militância. Nesse curso, foi necessário, no que se refere à questão parlamentar, também proceder a uma homogeneização de sua própria militância. Houve algumas tentativas de participação em eleições e de formulação de propostas a serem apresentadas à sociedade que se revelaram infrutíferas por questões conjunturais. A primeira vez em que isso ocorreu foi em 1925, no município portuário paulista de Santos, onde os comunistas locais, apresentando-se pela legenda da Coligação Operária, tiveram um resultado pífio. No entanto, como todos os atos pioneiros, essa participação deixou uma importante herança: a presença na cena política brasileira dos trabalhadores e suas reivindicações. Estas, em particular, expressavam um acúmulo de anos de lutas do movimento operário brasileiro.

Dainis Karepovs. *A classe operária vai ao Parlamento*. São Paulo: Alameda, 2006, p. 169.

A partir do texto acima, pode-se afirmar corretamente que:

a) as eleições de representantes parlamentares advindos de grupos comunistas e anarquistas foram frequentes, desde a Proclamação da República, e provocaram, inclusive, a chamada Revolução de 1930.
b) comunistas, anarquistas e outros grupos de representantes de trabalhadores eram formalmente proibidos de participar de eleições no Brasil desde a proclamação da República, cenário que só se modificaria com a Constituição de 1988.
c) as primeiras décadas do século XX representam um período de grande diversidade político-partidária no Brasil, o que favoreceu a emergência de variados grupos de esquerda, cuja excessiva divisão impediu-os de obter resultados eleitorais expressivos.
d) as experiências parlamentares envolvendo operários e camponeses, no Brasil da década de 1920, resultaram em sua presença dominante no cenário político nacional, após o colapso do primeiro regime encabeçado por Getúlio Vargas.
e) as primeiras participações eleitorais de candidatos trabalhadores ganharam importância histórica, uma vez que a política partidária brasileira da chamada Primeira República era dominada por grupos oriundos de grandes elites econômicas.

CRISE DE 1929

Predomínio do Partido Republicano

- **Warren G. Harding (1920-1923)** → "Lei Seca" (1920)
- **Calvin Coolidge (1924-1928)**
- **Herbert Hoover (1928-1932)**

Isolacionismo e liberalismo

- Não ratificação do tratado de Versalhes
- *Boom* econômico e financeiro
- Superprodução / subconsumo
- Especulação crescente

Quebra de Wall Street (Quinta-feira negra, 24 de outubro de 1929)

- Falências
- Desemprego
- Deflação

Efeitos internacionais

- Fim das importações
- Repatriamento financeiro
- Redução do comércio internacional
- Aumento do desemprego

Eleição do democrata Franklin D. Roosevelt (1932)

Política para conter a crise: *New Deal*

- Atuação estatal
- Keynesianismo
- Emissionismo e planejamento econômico
- Geração de empregos com obras públicas

A crise se espalha

- Europa (exceto URSS)
- Ásia
- América Latina

Estados intervencionistas

Nazifascismo
- Militarismo
- Armamentismo
- Expansionismo

Governos ditatoriais
- Salazarismo (Portugal)
- Franquismo (Espanha)

Segunda Guerra Mundial

Bettmann/Corbis/Latinstock

Exercícios

1. (UFPE) Após a Primeira Guerra Mundial, a febre de negócios baseada na especulação provocou a Crise de 1929. Identifique, nas alternativas a seguir, os principais fatos que a produziram.
   a) Aparecimento de ideologias como o Fascismo e o Nazismo.
   b) Superprodução de mercadorias e saturação dos mercados consumidores.
   c) Retraimento do crédito e proibição das exportações.
   d) Equilíbrio entre a agricultura e o comércio.
   e) Má colheita e demanda ilimitada da indústria.

2. (FGV-SP)

   "Duas pessoas inventaram o New Deal: o presidente do Brasil e o presidente dos Estados Unidos". O autor da frase foi o próprio criador do histórico plano de recuperação da economia norte-americana, Franklin Delano Roosevelt (1882-1945). O elogio foi feito em visita ao Rio de Janeiro, em novembro de 1936, e referia-se ao governo de Getúlio Vargas.

   (Flávio Limoncic. Os inventores do 'New Deal'. In: *Revista de História da Biblioteca Nacional*, agosto de 2009)

   Sobre o *New Deal*, é correto afirmar que:
   a) recuperou as doutrinas liberais de Adam Smith no sentido de restabelecer o dinamismo da economia por meio das regras de mercado, além de controlar as atividades sindicais para evitar aumentos salariais que comprometessem o crescimento nacional.
   b) foi decisivo na recuperação da economia capitalista por desenvolver práticas que reduziram a produção aos mesmos níveis da demanda, com a constituição de rígidos orçamentos públicos sem déficits.
   c) efetivou, a partir das ideias do economista John Keynes, a intervenção do Estado na ordem econômica, principalmente por meio dos investimentos públicos em grandes obras, o que resolveria parte do problema do desemprego.
   d) limitou-se em reorganizar as instituições bancárias, que passaram a sofrer com a intensa vigilância do governo norte-americano e foram obrigadas a conceder linhas de crédito populares para os agricultores.
   e) optou pela utilização de algumas ortodoxias econômicas, a partir do modelo teórico de J. K. Galbraith, como a concentração de capitais em atividades essenciais, principalmente as indústrias do aço e do petróleo.

3. (Vunesp-SP) Observe a imagem a seguir, cena do personagem Carlitos no filme *Tempos modernos*, 1936.

   Tempos modernos, de Charles Chaplin, representa a situação econômica e social dos Estados Unidos da América dos anos trinta do século passado. No filme, as aventuras de Carlitos transcorrem numa sociedade:
   a) capitalista em desenvolvimento e conflagrada pelos movimentos operários de destruição das máquinas.
   b) globalizada, em que o poder financeiro tornava desnecessário o uso das máquinas na produção de mercadorias.
   c) imperialista e mecanizada, que aplicava os lucros adquiridos na exploração dos países pobres em benefício dos operários americanos.
   d) abalada pelo desemprego e caracterizada pela submissão do trabalho humano ao movimento das máquinas.
   e) pós-capitalista, na qual o emprego da máquina libertava o homem da opressão do trabalho industrial.

4. (PUC-RJ)

   "O que aconteceu, como muitas vezes acontece nos booms *de mercados livres, era que, com os salários ficando para trás, os lucros cresceram desproporcionalmente, e os prósperos obtiveram uma fatia maior do bolo nacional. Mas como a demanda da massa não podia acompanhar a produtividade em rápido crescimento do sistema industrial [...] o resultado foi superprodução e especulação. Isso por sua vez provocou o colapso [do sistema econômico mundial]"*

   (HOBSBAWM, E. *A era dos extremos*)

   O trecho acima se refere à crise econômica ocorrida em 1929. Considerando a avaliação apresentada, faça o que se pede.
   a) Caracterize duas medidas tomadas pelo governo americano no combate à crise.
   b) Explique como a crise mundial afetou a economia brasileira.

5. (G1-CFTMG) Em 18 de janeiro de 1930, a capa do jornal norte-americano *The Saturday Evening Post* trazia uma ilustração na qual todos os personagens observavam atentamente um cartaz com as cotações da Bolsa de Valores.

Disponível em: <http://curtispublishing.com/timeline/SEP/1930.shtml>. Acesso em: 29 set. 2012.

A imagem satiriza o período imediatamente anterior à quebra da Bolsa, no qual a sociedade norte-americana vivenciou um:

a) ímpeto especulativo que afetava todas as camadas sociais.
b) clima de decadência que atingia os grandes investidores.
c) impulso econômico que impossibilitava o pleno emprego.
d) estado de miséria que afligia as grandes parcelas da população.

6. (FGV-SP)

Quando se processaram as eleições de novembro de 1932, o país estava numa situação pior do que nunca. Todas as "curas" do Sr. Hoover não conseguiram dar vigor ao paciente moribundo. Os trabalhadores eram assolados pelo desemprego; os lavradores eram arrasados pela crise da agricultura; a classe média tinha perdido suas economias nas falências dos bancos e temia pela sua segurança econômica.

Em 8 de novembro de 1932 o povo americano elegeu Franklin D. Roosevelt para presidente dos Estados Unidos.

O "New Deal" do Sr. Roosevelt foi chamado de revolução. Era e não era. Era uma revolução quanto às ideias, mas não na sua parte econômica.

[Leo Huberman. *História da riqueza dos EUA* (Nós, o povo)]

Não era uma revolução econômica, pois:

a) o volume de recursos destinados à recuperação econômica era pequeno e beneficiou apenas as regiões industrializadas.
b) não ocorreu qualquer alteração no direito à propriedade privada, assim como foi mantida a mesma estrutura de classe.
c) os operários e produtores rurais não tiveram nenhum ganho importante, uma vez que os benefícios atingiram exclusivamente as classes médias.
d) os principais causadores da crise – os grandes conglomerados oligopolistas – foram os que mais recursos receberam do governo americano.
e) privilegiaram-se os investimentos diretos em agentes econômicos tradicionais, como as grandes casas bancárias e as principais corporações.

7. (UEPB) Em 1933, Franklin Delano Roosevelt tomou posse para cumprir mandato como o 32º presidente dos Estados Unidos da América. Os EUA experimentavam a mais aguda de todas as suas crises, em consequência do "*Crack* da Bolsa de Nova York de 1929". Para se ter ideia da extensão dos danos, um quarto da força de trabalho norte-americana estava desempregado, sem contar os trabalhadores subempregados e os que tinham desistido de procurar emprego.

Assinale a única alternativa INCORRETA.

a) Roosevelt foi eleito uma vez e reeleito mais três vezes seguidas — caso único na história americana. Mas isso só foi possível pelas circunstâncias da época. A grande depressão e a Segunda Guerra Mundial criaram as condições para que ele obtivesse até mesmo um quarto mandato, encerrado precocemente devido à sua morte, em abril de 1945.
b) Roosevelt recebeu apoio total para governar. O Congresso americano e o Judiciário foram fundamentais para que o "New Deal" fosse um sucesso. A Suprema Corte dos EUA julgou o plano constitucional e deu plenos e absolutos poderes para que Roosevelt governasse, de tal forma que ele tomava decisões sem ter que consultar os outros poderes.
c) Roosevelt foi eleito presidente dos EUA não aceitando a visão de que crises são movimentos normais da economia. Ele defendia que a economia americana vivia um estado patológico incomum e que nenhuma teoria econômica poderia justificar o sofrimento da população.
d) Roosevelt teve como marca maior de seus governos o chamado "New Deal" (novo contrato), que não defendia um conjunto de medidas preestabelecidas, mas que o governo deveria se comprometer a assumir a responsabilidade de agir pela prosperidade da economia e pela melhoria do bem-estar da população.

e) Roosevelt foi eleito por ter oferecido ao povo americano um projeto pelo qual o governo interviria na economia com os instrumentos necessários para que se pudesse combater a grande depressão. Em sua posse ele pronunciou a frase, que se tornaria o lema de seu governo: "Não há o que temer, senão o próprio medo".

8. (UFSJ-MG)

"Na política, ele aplicou o princípio do Nunca mais. Com tantos pobres, com tantos famintos nos Estados Unidos, nunca mais o mercado como fator exclusivo de obtenção de recursos. Por isso, decidiu realizar sua política do pleno emprego. E desse modo não somente atenuou os efeitos sociais da crise como seus eventuais efeitos políticos de fascistização com base no medo massivo. O sistema de pleno emprego não modificou a raiz da sociedade, mas funcionou durante décadas. Funcionou razoavelmente bem nos Estados Unidos, funcionou na França, produziu a inclusão social de muita gente, baseou-se no bem-estar combinado com uma economia mista que teve resultados muito razoáveis [...]. *Alguns Estados foram mais sistemáticos, como a França, que implantou o capitalismo dirigido, mas em geral as economias eram mistas e o Estado estava presente de um modo ou de outro."*

Fonte: Entrevista do historiador Eric Hobsbawm, argentino, p. 12. Disponível em: <www.vermelho.org.br/base.asp?texto=53413>.

O texto faz referência às iniciativas do presidente norte-americano Franklin Roosevelt e remete:

a) à política protecionista implantada em quase todos os países industrializados em resposta ao crescimento da rivalidade internacional e à crise econômica das décadas de 1870 e 1880, quando apenas a Grã-Bretanha, na ocasião a maior potência mundial, insistiu na política de livre-comércio.

b) ao conjunto de medidas liberais tomadas na Europa e nos Estados Unidos durante as décadas de 1980 e 1990, que visavam a diminuir o papel do Estado na economia, a desregulamentar a circulação do capital financeiro e a diminuir os direitos sociais dos trabalhadores.

c) ao New Deal implantado nos Estados Unidos na década de 1930, um conjunto de políticas públicas que visavam a responder à crise econômica iniciada em 1929 e que influenciou a política de bem-estar social verificável em alguns países da Europa após a Segunda Guerra Mundial.

d) às medidas de recuperação da economia europeia implantadas logo após a Primeira Guerra Mundial, recuperação impulsionada pelo vertiginoso crescimento da economia norte-americana até a crise global de 1929.

TEXTO PARA A PRÓXIMA QUESTÃO:

Leia o texto a seguir.

A história dos vinte anos após 1973 é a de um mundo que perdeu suas referências e resvalou para a instabilidade e a crise. Só no início da década de 1990 encontramos o reconhecimento de que os problemas econômicos eram de fato piores que os da década de 1930. Em muitos aspectos, isso era intrigante. Por que deveria a economia mundial ter-se tornado menos estável?

(Eric Hobsbawm. *Era dos extremos*, 1995. Adaptado.)

9. (Vunesp-SP) Os problemas econômicos da década de 1930, citados no texto, derivaram, entre outros fatores:

a) dos fortes movimentos sociais e mobilizações revolucionárias na América Latina, em especial no México, que impediram a exportação de produtos industrializados norte-americanos para a região.

b) do conjunto de reformas financeiras e sociais realizadas na União Soviética após a Revolução de 1917, que fechou os mercados do bloco socialista aos países capitalistas do Ocidente.

c) da ascensão do nazismo alemão e dos regimes fascistas na Itália, Espanha e Portugal, que provocaram a Segunda Guerra Mundial e paralisaram a produção industrial europeia.

d) de uma ampla crise do liberalismo, que ganhou contornos mais nítidos após a Primeira Guerra Mundial e desembocou na quebra da Bolsa de Valores de Nova York, em 1929.

e) do forte crescimento econômico da Alemanha na passagem do século XIX para o XX e da acirrada competição comercial e naval deste país com a Grã-Bretanha e a França.

10. (G1-IFSP) O período entre guerras (1918-1939) foi marcado:

a) pela vitória das ideias liberais, pelas democracias na Europa, pela crise econômica nos EUA, devido aos grandes gastos com a Primeira Guerra Mundial.

b) pela rápida recuperação da Alemanha, uma das nações perdedoras na Primeira Guerra Mundial, graças ao Plano Marshall implantado pelos Estados Unidos.

c) pelo gangsterismo nos EUA devido à Lei Seca, pelo surgimento de regimes totalitários, como o Nazismo e o Fascismo, pelo crescimento da intolerância e do racismo.

d) pelo grande crescimento científico ocorrido principalmente com a Primeira Guerra Mundial. O homem descobriu novos remédios, como a penicilina, e a força atômica, usada pela Alemanha na Segunda Guerra Mundial.

e) pela "Belle époque", os chamados anos dourados, pela vida luxuosa da burguesia europeia, enriquecida com a Primeira Guerra Mundial. Ao mesmo tempo, a miséria devastava a Rússia, o que a levou à primeira revolução socialista da História.

FASCISMO E NAZISMO

Primeira Guerra Mundial

Crise de 1929

→ Crescimento da doutrina nazifascista.

→ Características

- Totalitarismo
- Nacionalismo
- Autoritarismo
- Romantismo
- Militarismo
- Antiliberal
- Antimarxista
- Antidemocrático

Fascismo na Itália

1919: criação do Partido Fascista por Mussolini.

1922: Marcha sobre Roma dos "camisas-negras" liderados por Mussolini.

1922: Mussolini como primeiro-ministro

1925: Estado corporativo (ditadura), Mussolini: Duce

- Violência.
- Carta do trabalho.
- Proibição de organizações sindicais.
- Proibição de greves.
- Apoio à Francisco Franco na Guerra Civil Espanhola (1936-1939).

Nazismo na Alemanha

1919: Fundação do Partido Nazista.

1923: Tentativa frustrada de golpe em Munique. Ascensão de Hitler à liderança do partido.

1933: Hitler como chanceler.

1934: Hitler: Führer

- Antissemitismo.
- Campos de concentração.
- SS (Seções de Segurança), SA (Seções de Assalto), Gestapo (Polícia Secreta).
- Fim dos sindicatos e dos partidos.
- Proibição de greves.
- Espaço vital (expansionismo).
- Estabelecimento do III Reich.

1936: Formação do Eixo Roma-Berlim

Fotos: Bettmann/Corbis/Latinstock

Exercícios

1. (Uespi) Os sistemas políticos totalitários utilizaram-se da violência e tumultuaram os sonhos dos democratas durante o século XX. Formaram-se ditaduras que defendiam a intolerância contra os adversários e o reforço das tradições mais conservadoras. Na Espanha, por exemplo, o totalitarismo:
   a) ocorreu nas primeiras décadas do século citado, com forte apoio do nazismo alemão e com a reação dos combates anarquistas.
   b) teve apoio de muitos membros da Igreja Católica e perseguiu os anarquistas que lhe faziam oposição.
   c) conseguiu a ajuda militar de Portugal e da Itália, ficando no poder durante duas décadas, marcadas, assim, pela opressão política.
   d) contou com o apoio da Igreja Católica, mas não firmou alianças com os outros totalitarismos da época.
   e) organizou seus principais quadros políticos na cidade de Barcelona, criando brigadas e polícias secretas violentas.

2. (UFPR)

   > "[...] *O totalitarismo difere essencialmente de outras formas de opressão política que conhecemos, como o despotismo, a tirania e a ditadura*".
   >
   > (ARENDT, Hannah. *As origens do totalitarismo*. São Paulo: Companhia das Letras, 1989, p. 512).

   Explique a especificidade do totalitarismo nazista, destacando seu contexto de desenvolvimento e suas características principais.

3. (UFG-GO) Com o fim da Segunda Guerra Mundial, os historiadores, que se voltaram para o estudo dos conflitos armados ocorridos na primeira metade do século XX, denominaram a Guerra Civil Espanhola, ocorrida entre 1936 e 1939, de "Ensaio Geral".

   Tendo em vista esta afirmação, explique:
   a) os princípios políticos defendidos pelas duas forças envolvidas na Guerra Civil Espanhola;
   b) o motivo para a utilização da denominação "Ensaio Geral" no contexto do pós-Segunda Guerra Mundial.

4. (Vunesp-SP)

   > *Nas primeiras sequências de* O triunfo da vontade *[filme alemão de 1935], Hitler chega de avião como um esperado Messias. O bimotor plaina sobre as nuvens que se abrem à medida que ele desce sobre a cidade. A propósito dessa cena, a cineasta escreveria: "O sol desapareceu atrás das nuvens. Mas quando o Führer chega, os raios de sol cortam o céu, o céu hitleriano".*
   >
   > (Alcir Lenharo. *Nazismo, o triunfo da vontade*, 1986.)

   O texto mostra algumas características centrais do nazismo:
   a) o desprezo pelas manifestações de massa e a defesa de princípios religiosos do catolicismo.
   b) a glorificação das principais lideranças políticas e a depreciação da natureza.
   c) o uso intenso do cinema como propaganda política e o culto da figura do líder.
   d) a valorização dos espaços urbanos e o estímulo à migração dos camponeses para as cidades.
   e) o apreço pelas conquistas tecnológicas e a identificação do líder como um homem comum.

5. (PUC-RJ) A ascensão dos partidos fascistas na Itália (1922) e na Alemanha (1933) apresenta muitas diferenças, mas, ao mesmo tempo, tem aspectos comuns. A esse respeito podemos afirmar:
   I. Diversos grupos sociais na Alemanha e na Itália se sentiam ameaçados politicamente após a Primeira Guerra Mundial e também após a revolução na Rússia pela ascensão política dos movimentos da esquerda revolucionária.
   II. O discurso sobre a superioridade racial unia italianos e alemães em um mesmo projeto ideológico e constituía uma base sólida de aliança entre o Partido Fascista Italiano e o Partido Nacional-Socialista dos Trabalhadores Alemães.
   III. Após a Primeira Guerra Mundial, crescia entre italianos e alemães, e mesmo em toda a Europa, uma forte descrença na adoção da democracia liberal como o modelo político a ser seguido. Com isso, teorias autoritárias ganharam espaço no cenário político desses países.
   IV. A rápida recuperação militar e econômica da Alemanha e da Itália precedeu a ascensão dos partidos fascistas que sustentavam uma plataforma política militarista e expansionista.

   São afirmativas corretas:
   a) I, II, III e IV.
   b) I e III, apenas.
   c) III e IV, apenas.
   d) II e IV, apenas.
   e) I e IV, apenas.

6. (IFCE-CE) Logo após a Primeira Guerra Mundial, a Itália se encontrava numa profunda crise econômica. Na Itália, esta crise acabou desencadeando:
   a) o enfraquecimento do ideário nazista.
   b) o desenvolvimento das ideias comunistas.
   c) o fortalecimento de um ideário ultranacionalista, oposto ao socialismo e à democracia.
   d) a queda de Benito Mussolini, o Duce.
   e) nesse cenário político, Benito Mussolini fundou o Partido Comunista da Itália.

7. (UFPE) A violência não se afasta da História, dificultando a afirmação da democracia e o fim do autoritarismo. No século XX, práticas políticas centralizadoras e coercitivas se fizeram presentes em várias situações. Podemos destacar, como exemplos:

( ) a atuação de Salazar, em Portugal, seguindo princípios fascistas e controlando os espaços políticos com força policial.

( ) O governo de Mussolini, na Itália, com preocupações etnocêntricas que levaram à fundação de vários campos de concentração para judeus.

( ) As perseguições feitas por Stálin aos seus adversários que trouxeram a deflagração de constantes guerras civis na URSS.

( ) A prevalência de sistemas de governos monopartidários em países que tiveram orientação política socialista.

( ) A existência do franquismo, na Espanha, durante a Segunda Guerra Mundial, com a ajuda dos favores de Hitler e Mussolini.

8. (IFCE-CE) O período entre as duas guerras mundiais (1919-1939) foi marcado pela:

a) crise do capitalismo, do liberalismo e da democracia e pela polarização ideológica entre fascismo e comunismo.
b) ascensão do capitalismo e da democracia e pela coexistência fraterna entre fascismo e comunismo.
c) estagnação das economias socialistas e capitalistas e pela aliança entre EUA e URSS, para deter o avanço fascista da Europa.
d) prosperidade das economias capitalistas e socialistas e pelo aparecimento da Guerra Fria.
e) crise na doutrina nazista na Alemanha.

9. (Udesc)

Para o historiador René Rémond, "entre 1919 e 1939, dificilmente se encontrarão países que não tenham sido tentados pelo fascismo. Mas se alguns sucumbiram a ele, outros lhe opuseram resistência. [...] Grosso modo, podemos dizer que os êxitos do fascismo são proporcionais à amplidão dos efeitos da crise. Nas sociedades abaladas em profundidade por ela, milhões de pessoas estão dispostas a acolher todas as doutrinas".

RÉMOND, René. *O século XX*: de 1914 aos nossos dias. 9. ed. São Paulo: Cultrix, 1993, p. 103-104.

Sobre o nazifascismo e as causas que ajudam a explicar a adesão de alguns países ao fenômeno, analise as proposições abaixo:

I. Na Espanha destaca-se a crise experienciada pelo país, traduzida por greves gerais, e os movimentos separatistas (basco e catalão), após a derrubada da monarquia e a proclamação da república. Insatisfeitos, os setores ultraconservadores apoiaram a Falange, grupo fascista ultraconservador, e as forças nacionalistas, chefiadas pelo general Francisco Franco. Estavam dadas as condições para a emergência da Espanha fascista de Franco.

II. Derrotada na Primeira Guerra, economicamente destruída e sujeita às imposições dos vitoriosos, como o pagamento de indenizações, a Alemanha enfrentou desordens sociais que se seguiram às crises econômicas. Essas são razões que contribuíram para explicar a grande adesão da Alemanha ao nazismo.

III. Na França, o nacional-socialismo foi motivado pela tradição nacionalista, pangermista, antissemita do país. Mas a principal explicação da sua adesão ao fascismo deve-se à grave crise econômica pela qual passava, desde o fim da Primeira Guerra, devido às pesadas indenizações que teve de pagar aos vitoriosos.

IV. No caso da Itália, o quadro político, econômico e social do país era bastante crítico no pós-guerra. Além da crise – marcada por milhares de mortos, devastação de algumas regiões, estagnação da produção industrial e agrícola, inflação, etc. –, o sentimento nacional foi duramente abalado pelo modo rude com que os aliados trataram o país, após a Primeira Guerra, exemplificado no Tratado de Versalhes.

Assinale a alternativa **correta**.

a) Somente as afirmativas I, II e III são verdadeiras.
b) Somente as afirmativas II e III são verdadeiras.
c) Somente as afirmativas I, II e IV são verdadeiras.
d) Somente as afirmativas III e IV são verdadeiras.
e) Todas as afirmativas são verdadeiras.

10. (UPE) Leia atentamente o trecho que se segue, extraído do livro de memórias do cineasta espanhol Luis Buñuel (1900-1983):

"Em julho de 1936, Franco desembarcava à frente de tropas marroquinas, com a intenção inabalável de acabar com a República e de restabelecer 'a ordem' na Espanha. Minha mulher e meu filho acabavam de retornar a Paris, fazia um mês. Eu estava sozinho em Madri. Em uma manhã, bem cedo, fui acordado por uma explosão, seguida de várias outras. Um avião republicano bombardeava o quartel de La Montaña, e ouvi também alguns disparos de canhão. [...]. Eu mal podia crer. [...]. A revolução violenta que sentíamos germinar havia alguns anos, e que pessoalmente eu tanto almejara, passava sob a minha janela, diante dos meus olhos. Ela me encontrava desorientado, descrente."

(BUÑUEL, Luis. *Meu último suspiro*. São Paulo: Cosac & Naify, 2009, p. 215. Adaptado.)

Baseando-se no texto acima e no fato histórico por ele mencionado, analise as afirmações seguintes:

I. Madri foi um dos palcos da Guerra Civil Espanhola (1936-1939), que dividiu a Espanha entre radicais conservadores de direita e republicanos de esquerda.
II. O general Franco tinha o apoio interno da Igreja, do exército e dos latifundiários, contando, ainda, com o apoio internacional da Alemanha hitlerista.
III. A fuga para o exterior, como fez a esposa e o filho de Buñuel, foi uma prática comum entre os cidadãos espanhóis, durante a guerra, a qual recebia apoio dos republicanos.
IV. Apoiados pela Igreja, os republicanos não aceitaram a participação de voluntários estrangeiros em seu exército.
V. Os republicanos de esquerda foram influenciados pelo pensamento socialista e anarquista.

Estão corretas:

a) I, III e IV.
b) I, IV e V.
c) II, III e IV.
d) II, IV e V.
e) I, II e V.

BRASIL: VARGAS DE 1930 A 1945

Getúlio Vargas

- **Após a Revolução de 1930: suspensão da Constituição**
  - 1932: "Revolução" constitucionalista de São Paulo
  - 1932: Ação Integralista Brasileira, liderada por Plínio Salgado
  - 1934: 2ª Constituição da República (voto secreto e voto feminino)
  - 1935: Criação da Aliança Nacional Libertadora (ANL)
  - 1935: "Intentona" comunista
  - 1937: Plano Cohen (pretexto para o golpe)
  - **Estado Novo (ditadura de Vargas)** →
    - Nova Constituição (Polaca).
    - Criação do DIP.
    - Fortalecimento do poder policial.
  - → **1945**
    - Fim da guerra.
    - Eleições.
    - "Queremismo".
    - Golpe de Góes Monteiro e Dutra.
  - → **Fim do Estado Novo**

- **Apoio do governo**
  - **Cafeicultores** → Compra e queima de café → Intervenção estatal na economia → Criação da Companhia Siderúrgica Nacional em Volta Redonda (RJ).
  - **Setores urbanos**
    - **Burguesia** → Investimento na indústria
    - **Classe média** → Anticomunismo
    - **Proletariado** → Sindicatos; Leis trabalhistas → Após 1937: prisões, deportações e repressão.
  - **Exército** → Participação na Segunda Guerra Mundial (FEB).

Coleção particular

Exercícios

1. (UFG-GO) Leia o fragmento a seguir.

> *Toda organização racional se assemelha ao corpo humano ou às suas partes componentes. Ela deve possuir o órgão de "direção", como o cérebro, capaz de receber as sensações exteriores, defini-las, conjugá-las e resolvê-las, determinando a reação adequada.*
>
> AZEVEDO, Aldo. Apud LENHARO, Alcir. *Sacralização da política*. Campinas, SP: Papirus, 1986. p. 149. (Adaptado).

Neste documento de 1932, o corpo humano é apropriado como metáfora pelo discurso político, orientado pela ação das instituições que abrigavam intelectuais varguistas. O fragmento apresentado é uma expressão de tal apropriação, que pretende justificar a

a) disseminação de práticas culturais comunitárias, definindo o cérebro como modulador de equilíbrio para o funcionamento dos sistemas do corpo humano.
b) desigualdade regional que advém do pacto federativo, enfocando o papel do hipotálamo na regulação hormonal.
c) necessidade de politizar a atuação dos sindicatos, destacando os diferentes córtices cerebrais na tomada de decisão.
d) organização hierárquica da sociedade, indicando o cérebro como decodificador dos impulsos nervosos sensoriais em respostas biológicas.
e) utilização do sentimento nacionalista, ressaltando o cérebro como o centro da expressão emocional do corpo humano.

2. (Uerj)

Interbits ®

Rio de Janeiro, 1942: família se reúne para ouvir rádio.

Nas décadas de 1930 e 1940, período de expansão do crescimento industrial, o cotidiano dos brasileiros residentes em grandes centros urbanos foi afetado por mudanças nos meios de comunicação, como ilustram as fotografias anteriores.

A multiplicação de meios de comunicação contribuiu principalmente para a crescente uniformização de:

a) práticas religiosas.
b) demandas políticas.
c) hábitos de consumo.
d) padrões tecnológicos.

3. (Cefet-MG)

Cartaz do MMDC, 1932. São Paulo (SP). CPDOC / CDA Rev. 32.

Ao analisar o cartaz, pode-se concluir que:

I. O sentimento de revolta dos paulistas era reforçado pelo apoio da Cruz Vermelha.
II. O uso massivo de propaganda visual foi decisivo para mobilizar a população paulista.
III. As iniciais dos jovens mortos em confronto contra Vargas – M.M.D.C. – tornaram-se símbolo do movimento.
IV. As vitórias militares dos paulistas contra as forças leais a Vargas asseguraram a convocação de uma Assembleia Constituinte.
V. Os líderes tenentistas foram atores decisivos para garantir o triunfo dos paulistas.

São corretos apenas os itens:

a) I e V.
b) II e III.
c) IV e V.
d) I, III e IV.
e) II, III e V.

4. (Fuvest-SP)

Subindo ao poder em outubro de 1930, Getúlio Vargas nele permaneceu por quinze anos, sucessivamente, como chefe de um governo provisório, presidente eleito pelo voto indireto e ditador. Deposto em 1945, seria eleito presidente pelo voto popular em 1950, não chegando a completar o mandato por se suicidar em 1954.

Boris Fausto. *História do Brasil*. 2. ed. São Paulo: Edusp, 1995, p. 331. Adaptado.

O primeiro período de governo de Getúlio Vargas (1930-1945) iniciou-se com um golpe; o último (1951-1954), com um processo eleitoral direto.

a) Identifique outras duas diferenças entre esses períodos.

b) Caracterize as relações entre o Brasil e os Estados Unidos da América em cada um desses períodos.

5. (EsPCEx-Aman-RJ) Durante o governo Vargas (1930-1945), surgiram no Brasil duas agremiações políticas, a Aliança Nacional Libertadora (ANL) e a Ação Integralista Brasileira (AIB).

Leia as afirmações abaixo.

I. A ANL era de tendência fascista e a AIB tinha tendência socialista.

II. Ambas defendiam a moratória (não pagamento da dívida externa), a nacionalização das empresas estrangeiras e o combate aos latifúndios.

III. O líder da AIB era Plínio Salgado.

IV. Argumentando a existência de um "Plano Cohen", o governo Vargas ordenou a dissolução do Congresso Nacional.

V. Em novembro de 1935, a ANL fracassou na tentativa de tomar o poder através de um golpe (Intentona Comunista).

Assinale a alternativa que apresenta apenas afirmações corretas.

a) I e III
b) II e IV
c) III e V
d) II e V
e) I e IV

6. (UFG-GO) Analise a imagem a seguir.

Construção dos edifícios da Praça Couto Magalhães (Praça Cívica), em Goiânia. In: CHAUL, Nasr Fayad. *A construção de Goiânia e a transferência da capital*. Goiânia: Cegraf, 1988, p. 128.

A imagem remete ao processo de construção de Goiânia, na década de 1930. Ao se analisar a fotografia, com base nos conceitos da física e no contexto histórico, percebe-se:

a) a eliminação do atrito para a realização do movimento circular uniforme do rolo compressor na pavimentação das ruas da cidade com o intuito de fomentar a construção de moradias para os trabalhadores.

b) o equilíbrio estático das edificações da nova capital, que apresentavam o *art déco* como estilo arquitetônico adequado às expectativas de modernização do estado.

c) um movimento translacional uniforme do rolo compressor do carro de boi, com o objetivo de reduzir a demanda por trabalhadores braçais e substituí-la por mão de obra qualificada.

d) a eliminação do atrito para a realização do movimento circular uniforme do rolo compressor, para adaptar o uso do carro de boi aos processos construtivos de uma cidade moderna.

e) o equilíbrio estático das edificações da nova capital, que reforçavam o domínio político das oligarquias regionais através de construções grandiosas.

7. (PUC-RJ)

Brasil pandeiro (Assis Valente – 1940)

Chegou a hora dessa/ gente bronzeada/ mostrar seu valor!
Eu fui à Penha/ E pedi à padroeira/ Pra me ajudar
Salve o morro do Vintém/ Pindura-Saia
eu quero ver/ eu quero ver/ eu quero ver
O Tio Sam tocar pandeiro/ Para o mundo sambar
O Tio Sam está querendo/ conhecer a nossa batucada
anda dizendo/ que o molho da baiana/ melhorou seu prato
Vai entrar no cuscuz/ acarajé e abará
Na Casa Branca/ já dançou a batucada/ com loiô e laiá

Brasil esquentai/ vossos pandeiros/ Iluminai os terreiros/ Que nós queremos sambar!
Há quem sambe diferente/ Outras terras, outras gentes/ Num batuque de matar
A batucada/ reúne nossos valores/ Pastorinhas e cantores/ Expressões que não têm par
Brasil esquentai/ vossos pandeiros/ Iluminai os terreiros/ Que nós queremos sambar!

O samba de Assis Valente foi elaborado no contexto de aproximação de relações diplomáticas, políticas e econômicas entre o Brasil e os Estados Unidos durante a Segunda Guerra Mundial.

Sobre as relações entre os dois países, neste contexto, **NÃO É CORRETO** afirmar:

a) que houve intenso intercâmbio cultural, gerando a criação nos Estados Unidos de um Escritório para Assuntos Interamericanos, chefiado por Nelson Rockfeller.

b) que, com a exportação de filmes produzidos em Hollywood, foi usual a visita de artistas e cineastas norte-americanos ao Brasil, como, por exemplo, Walt Disney.

c) que um dos efeitos da aproximação foi a imediata adesão ao liberalismo político, por parte do Governo Vargas, a partir de 1940, decretando o fim da ditadura estadonovista.

d) que o Brasil participou dos esforços de guerra, aliado aos Estados Unidos, chegando a enviar tropas para o cenário de guerra europeu.

e) que o governo norte-americano realizou empréstimos vultuosos para a construção de uma usina siderúrgica no Brasil.

8. (Cefet-MG) O populismo, presente no cenário político brasileiro desde a década de 1940 até 1964, caracteriza-se como:

a) forma de pressão dos movimentos tenentistas.

b) movimento deflagrado pelos partidos socialistas.

c) estilo de dominação exclusiva do poder dos coronéis.

d) fenômeno vinculado ao processo de industrialização.

e) estratégia adotada pelas comunidades eclesiais de base.

9. (UFSC) Leia.

Dois anos após Getúlio Vargas assumir a liderança do país, pondo um ponto final na Primeira República, já enfrentava a oposição numa guerra que tinha como bandeira o retorno à normalidade constitucional.

RODRIGUES, João Paulo. Uma multidão sai às ruas. *Revista de História da Biblioteca Nacional*. n. 82, ano 7, p. 30, jul. 2012.

Interbits ®

Disponível em: http://www.brasilcultura.com.br/historia/9-de-julho-revolucao-constitucionalista.Acesso em: 6 set. 2012.

Sobre a Revolução Constitucionalista de 1932 e a Era Vargas, assinale a(s) proposição(ões) CORRETA(S).

(01) Durante o governo provisório de Getúlio Vargas (1930-1934), as relações entre o governo federal e os políticos paulistas foram marcadas por grande tensão e instabilidade. Os paulistas, além de resistirem aos interventores, ainda suportavam a perda de controle sobre as decisões referentes à política econômica.

(02) Apesar da derrota militar do movimento constitucionalista de 1932 para as tropas federais, Vargas acabou atendendo à principal reivindicação dos paulistas e convocou eleições para a formação de uma Assembleia Nacional Constituinte. Em 1934, foi promulgada a nova constituição do país.

(04) Entre as principais disposições contidas na Constituição de 1934, destacavam-se as questões eleitorais, as leis trabalhistas e as ações nacionalistas.

(08) A política trabalhista de Vargas contribuiu para sua aproximação com os ideais comunistas e para a implantação da ditadura do Estado Novo (1937-1945), com o grande apoio da Aliança Nacional Libertadora.

(16) Após a Constituição de 1934, e com a positiva repercussão de suas ações no governo provisório, Getúlio Vargas foi eleito presidente pelo voto direto com expressiva votação e apoio popular.

10. (UFPR) Com base na figura abaixo, publicada em 1932, considere as seguintes afirmativas:

1. A figura refere-se à Revolução Constitucionalista, em que os paulistas exigiram do governo Vargas a implantação de uma Constituição democrática.
2. No contexto de 1932, a imagem do bandeirante servia de propaganda para mostrar que os paulistas eram avessos à submissão a um tirano, tal como os bandeirantes teriam sido avessos à tirania da Coroa portuguesa.
3. A chamada Revolução de 1932 culminou na derrota dos paulistas pelas forças de Vargas e com a continuação do Estado Novo.
4. Apesar da derrota dos paulistas, uma das principais consequências do movimento de 1932 foi a promulgação da Constituição de 1934.

Interbits ®

Assinale a alternativa correta.

a) Somente as afirmativas 1 e 3 são verdadeiras.

b) Somente as afirmativas 1 e 2 são verdadeiras.

c) Somente as afirmativas 1, 2 e 4 são verdadeiras.

d) Somente as afirmativas 1, 2 e 3 são verdadeiras.

e) Somente as afirmativas 2, 3 e 4 são verdadeiras.

TEMA 8

A SEGUNDA GUERRA MUNDIAL (1939-1945)

Antecedentes da Segunda Guerra Mundial

- Tratado de Versalhes (1919)
- Falência da Liga das Nações
- Seguidas crises econômicas (Crise de 1929)
- Nazifascismo → Guerra Civil Espanhola (1936-1939)
- Expansionismo →
  - Japão: Manchúria (1931)
  - Itália: Etiópia (1935)
  - Alemanha: Áustria (1938) Tchecoslováquia (1936) Polônia (1939)
- Política de apaziguamento

Início da Segunda Guerra Mundial

Primeira fase: avanço do Eixo (1939-1941)

- 1940: *Blitzkrieg* contra Países Baixos, Bélgica e França
- Invasão da URSS pela Alemanha
- Ataque a Pearl Harbor pelo Japão

Segunda fase: refluxo do Eixo (1942-1945)

- Batalha de Stalingrado (URSS)
- EUA: ofensiva no Pacífico
- Desembarque dos Aliados na Itália
- Dia D, desembarque dos Aliados na Normandia.

1945: derrota final do Eixo

- Queda alemã (maio de 1945)
- Queda japonesa (agosto de 1945)

Fim da Guerra

Acordos de paz

- Conferência de Teerã (1943): Stálin, Churchill e Roosevelt
- Conferência de Yalta (1945): criação da ONU, partilha mundial (EUA e URSS)
- Conferência de Postdam (1945): Stálin, Truman e Attlee
- Tribunal de Nuremberg

akg-images/Intercontinental Press

Exercícios

1. (UFG-GO) Analise o cartaz a seguir.

ANÔNIMO. Cartaz da Guerra Civil Espanhola. "Mulheres livres", CNT (Con-federação Nacional do Trabalho). Frases do cartaz: "Mulheres! Constituem vossa família todos os lutadores da liberdade". Disponível em: <www.lu-me.ufrgs.br/bitstream/handle/10183/36937/000819354.pdf>. Acesso em: 24set. 2014.

Elaborado durante a Guerra Civil Espanhola (1936-1939), o cartaz apresentado transmite uma imagem de família estruturada sobre um princípio que:

a) redefiniu o papel social da mulher em decorrência de sua mobilização para a luta.

b) elegeu o Estado como centro irradiador das relações entre homens e mulheres.

c) adotou a ideologia liberal para a formação da família nuclear.

d) pregou o sacrifício feminino como meio de proteção moral da família.

e) defendeu a organização hierárquica familiar como modelo para a luta política.

2. (Fuvest-SP)

Viktor Koretsky, Soldado, liberte sua Bielorrússia, 1943.

Anônimo, Libertadores, 1944

As duas imagens anteriores foram divulgadas durante a Segunda Guerra Mundial, respectivamente, na União Soviética e na Alemanha.

a) Indique semelhanças e diferenças de maior relevância entre elas, no tocante à relação forma-conteúdo.

b) Qual era a situação político-militar vivida por esses países, no momento em que os cartazes foram produzidos?

3. (Unicamp-SP) Em 1942, os estúdios Disney produziram o desenho "Alô Amigos", que apresenta a personagem Zé Carioca. Dois anos depois surgiu uma nova animação: *The Three Caballeros*, conhecida no Brasil como "Você já foi à Bahia?". Nos desenhos citados, o Brasil e a América Latina são mostrados de forma simpática, através de estereótipos. Para entender esses desenhos e o esforço de Walt Disney, devemos considerar o seguinte contexto:

a) a Segunda Guerra Mundial e a política de boa vizinhança.

b) o avanço da Guerra Fria e o episódio da Crise dos Mísseis de Cuba.

c) a política do "Big Stick" e os resultados da diplomacia do dólar.

d) o avanço do populismo e a tentativa de Truman de barrar esta influência.

4. (UPE) Entre os fatores que desencadearam a Segunda Guerra Mundial, podemos destacar o desejo de consolidação de zonas de influência internacional, bem como a busca por matéria-prima para fomentar a indústria das nações beligerantes. Com base nesses fatores, analise as seguintes proposições:

I. O Leste Europeu foi uma zona de influência requerida tanto pela União Soviética quanto pela Alemanha ao longo da Guerra.
II. Os EUA declararam guerra ao Japão, entre outras razões, por acreditarem que esse país estava comprometendo a influência estadunidense sobre o Pacífico.
III. A Força Expedicionária Brasileira (FEB) teve papel decisivo nos conflitos ocorridos no Norte da África.
IV. O general francês Charles de Gaulle apoiou a ação nazista para o domínio da França.
V. Apesar das proporções inimagináveis que a guerra alcançou, alguns países europeus conseguiram se manter neutros ao longo de todo o conflito.

Estão CORRETAS:

a) I, II e V.
b) II, III e IV.
c) I, II e IV.
d) I, III e V.
e) III, IV e V.

5. (Uerj)

Interbits ®

Cartaz de propaganda da Westinghouse (E.U.A., 1942-1943), em que uma operária diz: "Nós podemos fazer isso!". wdl.org

O cartaz acima, divulgado pelo Comitê de Coordenação e Produção de Guerra norte-americana durante a Segunda Guerra Mundial (1939-1945), tornou-se um dos símbolos dos esforços patrióticos frente ao conflito armado. Nele, retratava-se também um novo ideal para a condição feminina.

Explicite duas repercussões da Segunda Guerra Mundial para o mundo do trabalho na sociedade norte-americana.

6. (Uerj)

O direito ao solo e à terra pode se tornar um dever quando um grande povo, por falta de extensão, parece destinado à ruína. Ou a Alemanha será uma potência mundial ou então não será. Mas, para se tornar uma potência mundial, ela precisa dessa grandeza territorial que lhe dará na atualidade a importância necessária e que dará a seus cidadãos os meios para existir. O próprio destino parece querer nos apontar o caminho.

Adolf Hitler. *Minha luta*, 1925.
Adaptado de FERREIRA, Marieta de M. e outros. *História em curso: da Antiguidade à globalização*. São Paulo: Editora do Brasil; Rio de Janeiro: FGV, 2008.

As ideias contidas no projeto político do nazismo buscavam solucionar os problemas enfrentados pela Alemanha após o fim da Primeira Guerra Mundial.

Uma dessas ideias, abordada no texto, está associada ao conceito de:

a) xenofobia
b) espaço vital
c) purificação racial
d) revanchismo militar

7. (EsPCEx-Aman-RJ) Em março de 1938, a Alemanha, com o apoio de habitantes locais, endossada por um plebiscito, anexou uma região (país) de seu entorno. Essa anexação ficou conhecida como *Anschluss* (união).

A região (país) anexada(o) por Hitler, nesta ocasião, foi a(os):

a) Áustria.
b) Renânia.
c) Sudetos tchecoslovacos.
d) Polônia.
e) Dinamarca.

8. (Vunesp-SP) Apesar de católico, em seu poema "*O padre cego*" o poeta Murilo Mendes critica a Igreja Católica por apoiar Franco ou por calar-se diante da violência da ditadura franquista na Espanha: "És pai vigilante, ou assassino? / Não abençoes a espada".

Entre outros motivos, a cumplicidade da Igreja Católica com Franco explica-se:

a) pela defesa que Franco fazia dos valores católicos, em um contexto internacional desfavorável à Igreja devido à ascensão de Mussolini ao poder, na Itália.
b) pelo avanço do protestantismo entre os operários e camponeses espanhóis nos anos 1930, o que levou a Igreja a temer a perda de seu poder e de sua influência.
c) pelo anticlericalismo radical que existia entre alguns grupos de esquerda que lutaram contra os franquistas na guerra civil espanhola.
d) pelo apoio dado pela União Soviética ao ditador espanhol, o que poderia facilitar a aproximação dos católicos com o governo bolchevique.
e) pela promessa de Franco de conceder ao Papa um território sobre o qual a Igreja teria total autonomia e soberania, antes mesmo da existência do Vaticano, na Itália.

BRASIL: O PERÍODO LIBERAL DEMOCRÁTICO

1945: Queda de Getúlio Vargas (golpe)

↓

1946: Redemocratização

↓

Governo do Marechal Eurico Gaspar Dutra (1946-1950) →

- Plano SALTE.
- Nova Constituição.
- Liberalismo econômico.
- Cassação do PCB.

↓

Governo constitucional de Getúlio Vargas (1951-1954) →

- Retomada de políticas nacionalistas.
- Criação da Petrobras e da Eletrobrás.
- Ministro do trabalho: João Goulart.
- Oposição da UDN: Carlos Lacerda.
- Atentado a Carlos Lacerda.
- 1954: Suicídio de Vargas/ substituído por Café Filho.

↓

Governo Juscelino Kubitschek (1956-1961) →

- Desenvolvimentismo.
- Plano de metas.
- Construção de Brasília.
- Instalação da indústria automobilística.

↓

Governo Jânio Quadros (1961) →

- Condecoração de Che Guevara.
- Renúncia.

↓

Governo João Goulart (1961-1964) →

- Parlamentarismo e presidencialismo.
- Plano Trienal.
- Reformas de Base.

↓

1964: Golpe Militar: queda de João Goulart e início da ditadura.

Publicado na *Revista Doméstica*, dez. 1949 (RJ)

Publicado em *O Cruzeiro*, 3 maio 1947

Exercícios

1. (UEL-PR) A construção da cidade de Brasília fez parte do processo desenvolvimentista dos anos 1950 liderado pelo presidente Juscelino Kubitschek e seu vice, João Goulart. O projeto modernizante de JK assentava-se na política do "50 anos em 5", que preconizava, entre outras coisas, dotar o país de uma infraestrutura suficiente para sustentar a industrialização.

   Com base nos conhecimentos sobre a política econômica desse período histórico brasileiro, assinale a alternativa correta.

   a) Disseminou o ensino técnico para todas as regiões do país, por meio dos institutos técnicos federais.
   b) Expandiu a construção de usinas hidrelétricas e abasteceu de energia o setor produtivo.
   c) Implantou a Sudam, que realizou a modernização e a transformação da região amazônica.
   d) Priorizou a importação de veículos automotores para o país se inserir no mercado internacional.
   e) Privatizou a Companhia Siderúrgica Nacional, com a abertura do seu capital para investidores estrangeiros.

2. (Uerj)

Juscelino Kubitschek na inauguração da representação da Volkswagen no Brasil, em 1959.

folha.uol.com.br

Getúlio Vargas examinando o protótipo de um carro brasileiro produzido pela Fábrica Nacional de Motores, em 1951.

carroantigo.com

   Os governos de Getúlio Vargas e de Juscelino Kubitschek foram momentos marcantes da história econômica brasileira, especialmente no que se refere ao desenvolvimento industrial do país.

   Uma semelhança entre o processo de industrialização brasileiro verificado no governo de Vargas e no de JK está apontada em:

   a) expansão do mercado interno.
   b) flexibilização do monetarismo.
   c) regulação da política ambiental.
   d) autonomia do progresso tecnológico.

3. (UEPB)

> *"Passava pouco das seis horas da manhã quando o Presidente Jânio Quadros, como de hábito, trancou-se em seu gabinete. Naquele dia, porém, ele rascunhou os termos de sua renúncia, que horas depois encaminharia ao Congresso Nacional, despertando os políticos de uma sonolenta sessão de sexta-feira. Sem que nada em sua expressão ou nos seus gestos traísse a decisão tomada, Jânio compareceu à cerimônia do Dia do Soldado. Vencido pelo que chamou de 'forças terríveis', em seu bilhete-renúncia, foi fotografado pela última vez como presidente ao lado das 'forças ocultas'".*
>
> (Texto de abertura do documentário "Jango", do cineasta Silvio Tendler)

   Sobre o tumultuado e breve governo de Jânio Quadros, assinale a única alternativa INCORRETA.

   a) Jânio Quadros renunciou esperando que o povo pedisse sua volta à presidência, que o Congresso Nacional não aceitasse seu ato e que as Forças Armadas o preferissem, ao invés de seu vice, João Goulart. Como nada disso aconteceu, Jânio embarcou para uma temporada pela Europa.
   b) Jânio Quadros desenvolveu uma política externa objetivando se aproximar dos movimentos anticolonialistas do terceiro mundo e dos países socialistas. Por isso mesmo ele enviou seu vice, João Goulart, em visita oficial à China e à URSS e condecorou "Che" Guevara com a Ordem do Cruzeiro do Sul.
   c) Jânio Quadros começou a governar com um programa de reforma moral para agradar à conservadora classe média. Acabou com as corridas de cavalo, adotou um traje chamado "slack" como uniforme, fechou as rinhas de galo e proibiu mulheres usando biquínis na televisão. Dizia-se na imprensa que ao invés de um estadista, o Brasil tinha ganhado um delegado de costumes.
   d) Jânio Quadros tinha um programa de governo dos mais avançados para a época. Propunha ampla reforma agrária, reforma no sistema educacional e de saúde, estatização dos bancos privados e de todas as indústrias de base. Foi por isso mesmo

que as Forças Armadas e a UDN, seu próprio partido, o forçaram a renunciar.

e) Jânio Quadros tomou medidas econômicas como a Instrução 204 da Sumoc, que criava a taxa única do dólar, beneficiando os exportadores e investidores estrangeiros. Com o fim da subvenção na agricultura, elevou o preço dos alimentos, causando o aumento da inflação.

4. (CFTMG) Considere os seguintes gráficos.

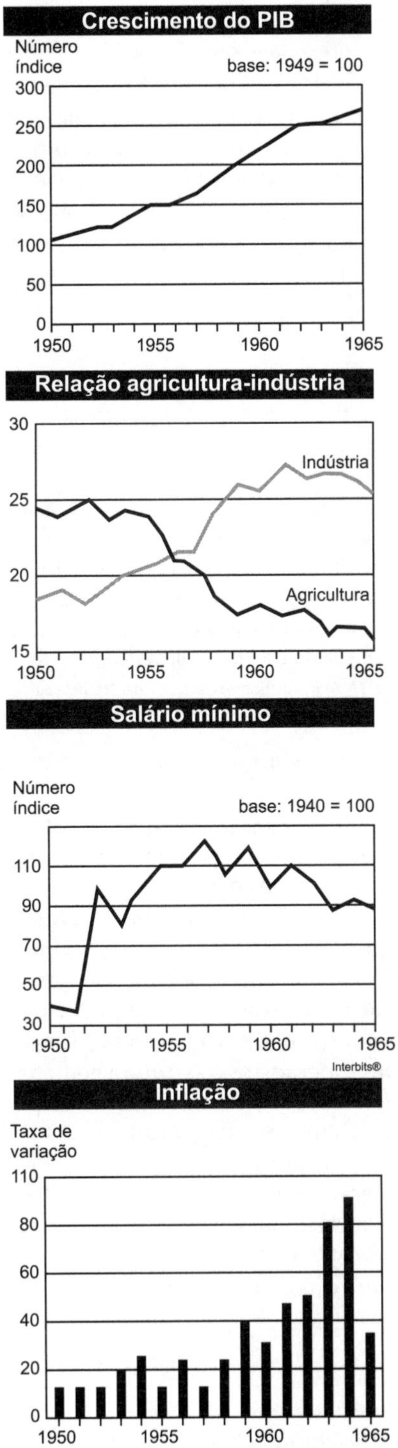

FREIRE, Américo et all. *História em curso*: o Brasil e suas relações com o mundo ocidental. Rio de Janeiro: Editora do Brasil; FGV, 2004. p. 303.

A partir da análise desses dados, é correto inferir que:

a) na administração de Juscelino Kubitschek, o declínio da produção agrícola levou a um aumento constante dos preços.

b) no início do período civil-militar, o país alcançou elevados índices inflacionários decorrentes da elevação da produção industrial.

c) no segundo governo de Vargas, a soma das riquezas produzidas no país cresceu independentemente das taxas inflacionárias.

d) na presidência de João Goulart, o crescimento da produção agrícola causou um aumento progressivo do valor do salário mínimo.

5. (Cefet-MG)

Não queremos viver na escravidão
Nem deixar o campo onde nascemos
Pela terra, pela paz e pelo pão:
Companheiros, unidos venceremos.

JULIÃO, Francisco. Hino Camponês. *Apud:* MEDEIROS, Leonilde Sérvolo de. *História dos movimentos sociais no campo.* Rio de Janeiro: Fase, 1989. p. 70.

Sobre as Ligas Camponesas atuantes no final da década de 1950, é **INCORRETO** afirmar que:

a) influenciaram grupos defensores da justiça social no campo.

b) prestaram assistência social jurídica aos trabalhadores rurais.

c) reuniram os trabalhadores dos engenhos na luta pelos seus direitos.

d) adotaram uma postura de colaboração com as oligarquias rurais.

e) mobilizaram os camponeses para a realização de uma reforma agrária.

6. (UFRN) A imagem e o fragmento textual a seguir fazem parte do material utilizado na Campanha *De Pé no Chão Também se Aprende a Ler*, promovida pela Prefeitura Municipal da Cidade de Natal, no período de 1961 a 1964, sob a administração de Djalma Maranhão.

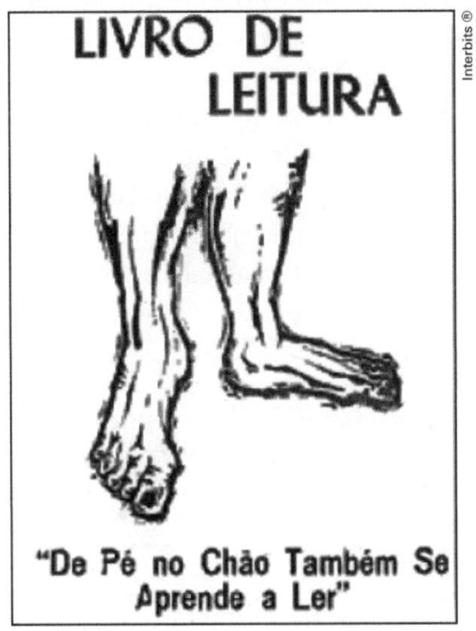

Capa de material didático da Campanha – "De Pé no Chão Também Se Aprende a Ler".

Êste "Livro de Leitura para Adultos da Campanha De Pé No Chão Também Se Aprende a Ler" não é um trabalho original; é uma adaptação, às condições locais do Rio G. do Norte do "Livro de Leitura para Adultos do Movimento de Cultura Popular do Recife". Se a "Cartilha" do MCP é válida, como acreditamos, então, o certo é que aproveitemos esta experiência válida e apliquemo-la entre nós. Se o MCP e a "Campanha De Pé No Chão" têm o mesmo embasamento, a autenticidade de uma cultura popular e se se propõem ao mesmo fim – o de liberação popular, através da educação [...].

O Brasil não pode mais perder tempo. Por isso, com humildade e coragem, a "Campanha De Pé No Chão", oferece êste seu livro ao Povo.

Mensagem de Moacyr de Góes, então Secretário de Educação da Prefeitura de Natal (1963), no Livro de Leitura para Adultos.

Considerando as ideias expressas nos documentos, é correto afirmar que essa campanha de alfabetização foi:

a) uma estratégia educacional que evidencia as diferenças ideológicas entre o projeto desenvolvido pela Prefeitura de Natal e uma experiência realizada no sertão.
b) uma proposta inovadora no campo educacional, desativada por falta de pessoal qualificado para a sua execução.
c) uma estratégia política de transformação social, reprimida pelos setores conservadores da sociedade, uma vez que objetivava a conscientização popular.
d) uma proposta de escolarização que, utilizando-se de práticas populistas, manipulava as classes trabalhadoras em proveito das elites locais.

7. (ESPM) A criação do Banco Nacional de Desenvolvimento Econômico (BNDE), para recolher fundos para a criação de empresas estatais de energia, transporte, siderurgia; a criação do Instituto Brasileiro do Café (IBC) e a do Ministério da Saúde (que se desliga do Ministério da Educação); a formulação de um Plano Geral de Industrialização; a criação do Serviço de Bem-Estar Social, do Instituto de Migração e Colonização, do Conselho Nacional de Pesquisa (CNPq) foram realizações:

a) do governo de Getúlio Vargas (1951-1954).
b) do governo de Eurico Dutra (1946-1950).
c) do governo de Juscelino Kubitschek (1956-1961).
d) do governo de João Goulart (1961-1964).
e) do governo do Marechal Castello Branco (1964-1967).

8. (CFT-MG)

"As Ligas Camponesas foram associações de trabalhadores rurais criadas inicialmente no estado de Pernambuco, posteriormente na Paraíba, no estado do Rio de Janeiro, Goiás e em outras regiões do Brasil, que exerceram intensa atividade no período que se estendeu de 1955 até a queda de João Goulart em 1964".

Fonte: CAMARGO, Aspásia. *O que foram as ligas camponesas?* Disponível em: <http://www.direitos.org.br/index.php?option=com_content&task=view&id=2322&Itemid=25>. Acesso em: 17 set. 2011.

Sobre o fato mencionado no fragmento anterior, assinale **(V)** para as afirmativas verdadeiras e **(F)** para as falsas.

( ) A finalidade das Ligas era prioritariamente a assistência jurídica e médica, e a autodefesa, nos casos de ameaças a seus membros.
( ) A partir da realização do I Congresso de Lavradores e Trabalhadores Agrícolas do Brasil, em Belo Horizonte, as Ligas passaram a defender uma "reforma agrária na lei ou na marra".
( ) O movimento que se tornou nacionalmente conhecido como Ligas Camponesas iniciou-se no engenho Galileia, na Zona da Mata de Pernambuco.
( ) A reforma agrária defendida pelas Ligas Camponesas visava à justiça social, ao aumento da produtividade no setor rural e à inviabilização do funcionamento do sistema capitalista.

A alternativa que contém a ordem correta, de cima para baixo, é:

a) F, F, F, V.
b) V, F, V, F.
c) F, V, V, V.
d) V, V, V, F.

9. (UFF-RJ)

"Visto que, de fato, a Constituição de 1946 estabeleceu normas e medidas para a instalação de uma estrutura democrática no país, dando ensejo a uma abertura do processo político nos dezoito anos subsequentes, ao observador mais descuidado a redemocratização pode parecer mais radical do que na realidade o foi."

SOUZA, Maria do Carmo Campello de. *Estado e partidos políticos no Brasil* (1930-1964). São Paulo: Alfa-Omega, 1976, p. 105.

Com base nas afirmações contidas no texto, é possível afirmar que:

a) a redemocratização iniciada em 1945 perdeu sua radicalidade por ter sido apenas um ritual político, vazio de efetivos partidos.
b) a redemocratização de 1945 só pôde existir em função da criação de três novos grandes partidos políticos, totalmente independentes de vínculos com o Estado Novo: o PSD, a UDN e o PTB.
c) o retorno do pluripartidarismo e de eleições diretas foram superpostos à estrutura herdada do Estado Novo, marcada pelo sindicalismo corporativista e pelo sistema de interventorias.
d) a redemocratização não foi radical devido à preponderância que teve, junto a ela, a União Democrática Nacional (UDN), partido formado com o beneplácito de Vargas.
e) a hipertrofia do Poder Legislativo foi uma das consequências da redemocratização.

10. (Vunesp-SP)

Bossa nova é ser presidente
desta terra descoberta por Cabral.
Para tanto basta ser tão simplesmente:
simpático, risonho, original.

Depois desfrutar da maravilha
de ser o presidente do Brasil,
voar da Velhacap pra Brasília,
ver Alvorada e voar de volta ao Rio.
Voar, voar, voar.
[...]

(Juca Chaves apud Isabel Lustosa. *Histórias de presidentes*, 2008.)

A canção *Presidente bossa-nova*, escrita no final dos anos 1950, brinca com a figura do presidente Juscelino Kubitschek. Ela pode ser interpretada como a:

a) representação de um Brasil moderno, manifestado na construção da nova capital e na busca de novos valores e formas de expressão cultural.
b) celebração dos novos meios de transporte, pois Kubitschek foi o primeiro presidente do Brasil a utilizar aviões nos seus deslocamentos internos.
c) rejeição à transferência da capital para o Planalto Central, pois o Rio de Janeiro continuava a ser o centro financeiro do país.
d) crítica violenta ao populismo que caracterizou a política brasileira durante todo o período republicano.
e) recusa da atuação política de Kubitschek, que permitia participação popular direta nas principais decisões governamentais.

(Vunesp-SP) Analise o cartaz da campanha presidencial do Marechal Henrique Teixeira Lott para responder às questões de números 11 e 12.

11. O cartaz, que foi empregado na campanha para a Presidência da República em 1960:

a) confirma a presença de Vargas como principal articulador da candidatura de Lott e relembra as dificuldades na construção da nova Capital.
b) demonstra a aliança do conjunto das classes sociais brasileiras com Lott e defende a necessidade de unidade política na busca pelo progresso do país.
c) celebra o desenvolvimentismo dos governos anteriores e alerta para o risco iminente de golpe militar.
d) ressalta a aliança partidária construída em torno do nome de Lott e destaca a continuidade política que sua candidatura representa.
e) apresenta a candidatura de Lott à presidência como expressão do populismo e do esforço de incorporar os setores trabalhadores à política.

12. A forma como Juscelino Kubitschek é representado no cartaz:

a) associa a construção de Brasília ao desbravamento do interior do país e sugere um projeto de integração nacional.
b) expressa o esforço para que ele seja aceito pelo eleitorado, que sempre o rejeitou por ser descendente de imigrantes.
c) questiona o autoritarismo de seu governo e a impopularidade do projeto de transferência da Capital para Brasília.
d) caracteriza a inauguração da nova Capital como estratégia de afastar o poder federal dos principais centros econômicos do país.
e) é uma crítica ao arcaísmo de suas ações políticas e uma defesa da modernização econômica e política do país.

13. (Mack-SP) Um dos episódios mais controvertidos e menos elucidados da História do Brasil foi a renúncia do presidente Jânio Quadros, em 1961, que completou cinquenta anos. A esse respeito, considere I, II, III e IV abaixo.

I. O vice-presidente João Goulart, considerado, por setores da elite, propenso ao comunismo, foi impedido de assumir o governo logo após a renúncia de Jânio.
II. A Campanha da Legalidade, liderada por Leonel Brizola, defendeu o cumprimento da Constituição federal, exigindo a posse de Jango na presidência.
III. Para diminuir os conflitos resultantes da renúncia de Jânio, o Congresso instituiu o parlamentarismo, sendo, assim, garantida a posse de Jango, mas com poderes sensivelmente diminuídos.
IV. Resultou em uma crise política, uma vez que setores poderosos faziam oposição a Jango, acusado de comunismo, sendo esse fato uma das justificativas para o Golpe militar em 1964.

Então:

a) somente I, III e IV estão corretas.
b) somente I, II e III estão corretas.
c) somente II e III estão corretas.
d) somente II e IV estão corretas.
e) I, II, III e IV estão corretas.

O PÓS-GUERRA E A GUERRA FRIA

1945: fim da Segunda Guerra Mundial → **Rompimento da aliança entre EUA e URSS: início da Guerra Fria**

URSS socialista

Josef Stálin (até 1953)
- 1948: Bloqueio a Berlim.
- 1949: Bomba atômica.
- 1949: Comecom.

N. Kruschev (até 1964)
- Desestalinização.
- 1953: Pacto de Varsóvia.
- 1956: Invasão da Hungria.
- 1959-60: Crise com o governo revolucionário chinês.
- 1961: Iuri Gagárin, primeiro russo no espaço.
- 1961: Muro de Berlim.
- 1962: Crise dos mísseis.

L. Brejnev (1964-1982)
- 1968: Primavera de Praga.
- Invasão da Tchecoslováquia com apoio do Pacto de Varsóvia.
- Piora das relações com a China.

Tensão na Guerra Fria

- Coexistência pacífica.
- Acordo para o fim dos testes nucleares.

Crises

Oxygène, 23 dez. 1949

EUA capitalista

H. Truman (1945-1952)
- Plano Marshall.
- 1949: Otan.

D. Eisenhower (1952-1960)
- Macarthismo.
- Corrida espacial.
- 1955: Conferência de Bandung

J. Kennedy (1961-1963)
- 1961: Invasão na Baía dos Porcos.
- Aliança para o progresso.
- *Welfare State*: educação e saúde.
- Fim da discriminação racial.
- 1963: Assassinato, em Dallas, Texas.

L. Johnson (1963-1968)
- Agressividade na Guerra do Vietnã.
- Manifestações estudantis.
- 1968: Assassinato de Martin Luther King.

Conflitos

Revolução Chinesa (1949)
- Mao Tse-Tung.

Guerra da Coreia (1950-1953)
- Divisão entre Coreia do Norte e Coreia do Sul.
- EUA apoiam o Sul.
- URSS apoia o Norte.

Revolução Cubana (1959)
- Fidel Castro e Che Guevara.
- Fim da ditadura de Fulgêncio Batista.
- Invasão americana na Baía dos Porcos.
- Vitória dos cubanos.

Guerra do Vietnã (1959-1975)
- Apoio dos EUA ao Sul.
- Apoio da URSS ao Norte.

Exercícios

1. (Uerj)

Em 25 de junho de 1950, tropas da Coreia do Norte ultrapassaram o Paralelo 38, que delimitava a fronteira com a Coreia do Sul. Com a aprovação do Conselho de Segurança da ONU, quinze países enviaram tropas em defesa da Coreia do Sul, comandadas pelo general norte-americano Douglas MacArthur. Após três anos de combate, foi assinado um armistício em 27 de julho de 1953, mantendo a divisão entre as Coreias.

Adaptado de: <cpdoc.fgv.br>.

O governo norte-coreano anunciou recentemente que não mais reconheceria o armistício assinado em 1953, o que trouxe novamente ao debate o episódio da Guerra da Coreia.

O fator que explica a dimensão assumida por essa guerra na década de 1950 está apresentado em:

a) mundialização do acesso a fontes de energia.
b) bipolaridade das relações políticas internacionais.
c) hegemonia soviética em países do Terceiro Mundo.
d) criação de multinacionais japonesas no extremo Oriente.

2. (Uerj)

woodstock-memories.com

Na década de 1960, muitas expressões artísticas representaram uma postura crítica frente a problemas da época, em especial os conflitos da Guerra Fria. Um exemplo é o Festival de Woodstock, ocorrido em 1969 nos E.U.A., em cujo cartaz se lê "Três dias de paz e música".

Nesse contexto da década de 1960, destacava-se a denúncia sobre:

a) presença soviética na China.
b) intervenção militar no Vietnã.
c) dominação europeia na África do Sul.
d) exploração econômica no Oriente Médio.

3. (UFG-GO) Analise as imagens a seguir.

JOGO DE XADREZ. Iluminura, século XI. Disponível em:<http://www.corbisimages.com/stock-photo/rights-managed/IH164151/medie-val-illuminated-manuscript-of-two-ladies-playing>. Acesso em: 22 out. 2012.

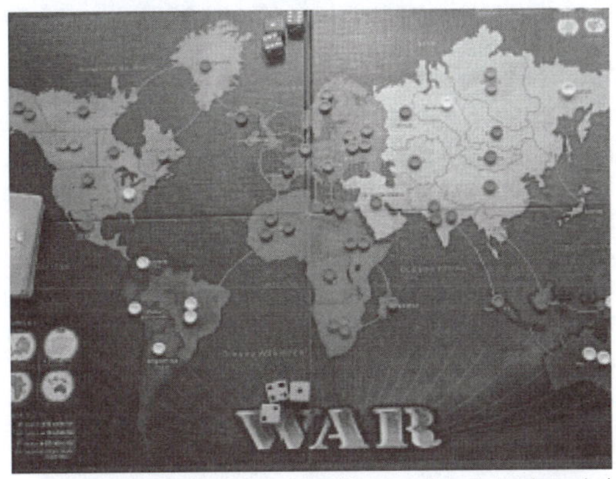

JOGO WAR. Disponível em:<http://fotos.noticias.bol.uol.com.br/entretenimento/2012/07/18/veja-jogos-de-tabuleiro-e-on-line-para-empreendedores.htm#fotoNav=10>. Acesso em: 22 out. 2012.

As imagens referem-se a dois jogos de tabuleiro: o xadrez, que popularizou-se na Europa a partir do século XI, representando um cenário de batalha medieval, e o *War*, que foi lançado no mercado mundial em 1959. Com base no exposto, explique como as imagens:

a) expressam uma transformação geopolítica da Idade Medieval para a Idade Contemporânea;
b) referem-se a uma prática comum às Idades Medieval e Contemporânea.

4. (Fuvest-SP)

Fosse com militares ou civis, a África esteve por vários anos entregue a ditadores. Em alguns países, vigorava uma espécie de semidemocracia, com uma oposição consentida e controlada, um regime que era, em última análise, um governo autoritário. A única saída para os insatisfeitos e também para aqueles que tinham ambições de poder passou a ser a luta armada. Alguns países foram castigados por ferozes guerras civis, que, em certos casos, foram alongadas por interesses extracontinentais.

Alberto da Costa e Silva. *A África explicada aos meus filhos*. Rio de Janeiro: Agir, 2008, p. 139.

Entre os exemplos do alongamento dos conflitos internos nos países africanos em função de "interesses extracontinentais", a que se refere o texto, pode-se citar a participação:

a) da Holanda e da Itália na guerra civil do Zaire, na década de 1960, motivada pelo controle sobre a mineração de cobre na região.

b) dos Estados Unidos na implantação do *apartheid* na África do Sul, na década de 1970, devido às tensões decorrentes do movimento pelos direitos civis.

c) da França no apoio à luta de independência na Argélia e no Marrocos, na década de 1950, motivada pelo interesse em controlar as reservas de gás natural desses países.

d) da China na luta pela estabilização política no Sudão e na Etiópia, na década de 1960, motivada pelas necessidades do governo Mao Tsé-Tung em obter fornecedores de petróleo.

e) da União Soviética e Cuba nas guerras civis de Angola e Moçambique, na década de 1970, motivada pelas rivalidades e interesses geopolíticos característicos da Guerra Fria.

5. (UEPB) No final da década de 60 do século passado, havia um tipo de ativismo político dos mais radicais. Nos EUA e em alguns países da Europa, a palavra de ordem era "lutar contra o sistema", mesmo que não se soubesse que tipo de novo sistema político seria implantado sobre os "escombros do velho sistema burguês e capitalista". Jovens desses países eram os militantes deste tipo de ativismo, e o *Rock n' Roll* era a trilha sonora de suas manifestações.

Assinale a única alternativa INCORRETA.

a) Se o *Rock n' Roll* era a trilha sonora das manifestações, o psicodelismo era o combustível. O *Rock* e as drogas alucinógenas embalavam eventos políticos como a "Marcha sobre o Pentágono", que levou cerca de 500 mil pessoas a Washington em protesto contra a Guerra do Vietnã.

b) Foi em meio a um cenário de manifestações políticas em favor dos direitos humanos, por exemplo, que o *Rock n' Roll* foi se tornando um poderoso instrumento de contestação cultural, social e política. Bob Dylan e The Beatles tiveram papel fundamental nesse processo, na medida em que aliavam seu trabalho artístico a uma atuação político-cultural.

c) O ativismo político do final dos anos 1960 desapareceu da mesma forma como surgiu – rápida e intempestivamente. A prova maior que o *Rock n' Roll* não teve relação alguma com as manifestações é que elas deixaram de acontecer e ele, o *Rock*, seguiu crescendo e se transformou no movimento cultural mais forte do século XX.

d) A luta pelo fim da Guerra do Vietnã era um dos principais fatores de mobilização entre 1968 e 1969. Ao se colocarem contra a atuação do exército norte-americano no Vietnã, os jovens norte-americanos questionavam, também, o *status quo* e as velhas estruturas do sistema capitalista.

e) A Guerra, como uma reflexão filosófica ou política, virou tema das bandas de *Rock*. John Lennon, por exemplo, compôs (e The Beatles gravaram) a música *Revolution*. Uma espécie de manual teórico-político para orientar todos os jovens que quisessem participar das manifestações pacifistas.

6. (UFSC)

Disponível em: <http://www.eurthisnthat.com/2010/10/14/legendary-1968-olympic-track-gold-medalist-auctions -medal>. Acesso em: 6 set. 2012.

Sobre o contexto das décadas de 1960 e 1970, é CORRETO afirmar que:

(01) Martin Luther King foi um dos líderes do movimento negro nos Estados Unidos. Inspirado no indiano Mahatma Gandhi, defendia a desobediência civil e a não violência.

(02) "Maio de 68" foi um movimento estudantil que ocorreu na França e que, entre outros objetivos, visava restituir a hierarquia universitária, restabelecendo a autoridade dos professores e o formalismo nas relações entre docentes e discentes.

(04) entre os objetivos dos movimentos de contracultura dos anos 1960, estavam o restabelecimento do consumo, em declínio nos Estados Unidos desde a Segunda Guerra Mundial, o retorno das mulheres ao lar e às responsabilidades domésticas, o fim do divórcio e a recuperação do *American way of life*.

(08) o gesto de Tommie Smith e John Carlos nas Olimpíadas de 1968 era característico do *Black Power,* movimento que lutava pela valorização da cultura negra.

(16) a Tropicália foi um movimento musical que teve reflexos no teatro, no cinema e nas artes plásticas. Retomou princípios do movimento modernista de 1922, principalmente de Oswald de Andrade.

(32) tanto a sociedade capitalista quanto a comunista eram alvo de protestos nos anos 1960, que tiveram no movimento *hippie* uma de suas expressões.

(64) a poesia marginal dos anos 1970 era extremamente elitista: seu objetivo era usar linguagem erudita e direcionar sua produção para a formação da vanguarda intelectual brasileira.

7. (UFG-GO) As guerras da Coreia (1950-1953) e do Vietnã (1963-1973) são comumente analisadas como fruto da disputa entre comunistas e capitalistas, no interior da lógica da Guerra Fria. Tal interpretação desconsidera que, para coreanos e vietnamitas, essa disputa ideológica foi utilizada para:

a) lidar com os conflitos regionais, angariando apoio das potências estrangeiras.

b) justificar a divisão de seus estados, considerando as diferenças étnicas entre suas populações.

c) arrefecer o conteúdo nacionalista das disputas territoriais, conclamando o apoio estrangeiro.

d) iniciar o processo de descolonização europeia no continente asiático, aderindo à causa independentista.

e) equilibrar a pressão chinesa na região, reivindicando a autonomia política.

8. (Vunesp-SP)

Henry Kissinger, o homem-chave da diplomacia americana, escreveu: "A diplomacia contemporânea se desenvolve em circunstâncias sem precedentes. Raras vezes existiu base menor de entendimento entre as grandes potências, mas tampouco jamais foi tão coibido o uso da força". Guerra Fria foi a expressão cunhada para definir o paradoxo contido nessas relações entre os Estados Unidos e a União Soviética.

(Demétrio Magnoli. *Da guerra fria à détente.* Adaptado.)

Segundo o texto, Guerra Fria significa:

a) a importância da diplomacia no sentido de evitar a "guerra quente" entre as duas superpotências e os países periféricos.

b) uma situação de paz, pois a ação diplomática caminha no sentido das grandes potências compartilharem sua tecnologia militar.

c) a equitativa distribuição internacional do poder, que suprime o uso da força bélica para garantir as negociações desejadas pelas grandes potências.

d) o jogo de relações que polariza a situação internacional entre os Estados Unidos e a União Soviética e não leva à guerra, mas não garante a paz.

e) o equilíbrio do terror, pois, se não há guerra, as superpotências aliam-se para conter o desenvolvimento científico.

9. (UFMG) Os anos posteriores à Segunda Guerra Mundial foram tensos entre as grandes potências mundiais. Considerando-se a Organização do Tratado do Atlântico Norte (Otan) e o Pacto de Varsóvia, criados nesse período, é **CORRETO** afirmar que:

a) a Otan visava a apaziguar os conflitos relacionados à divisão da cidade de Berlim, bem como a proteger os países sob sua influência econômica das ameaças de invasão externa e de conflitos militares.

b) ambos desenvolveram políticas que incentivaram a chamada corrida armamentista, que, durante o período da Guerra Fria, colocou o Planeta sob a ameaça de uma guerra nuclear.

c) ambos foram estabelecidos, simultaneamente, para defender os interesses dos países que disputavam, após a Segunda Guerra, uma reordenação dos espaços europeu e americano.

d) os países signatários do Pacto de Varsóvia se aliaram e, para defender seus interesses financeiros, formaram um bloco econômico, a fim de competir com a Alemanha, a Inglaterra e os Estados Unidos.

10. (UFTM-MG)

Oficialmente, o mundo não acordou para a crise dos mísseis em Cuba até o anoitecer da segunda-feira, 22 de outubro de 1962, quando o presidente [John] Kennedy falou pela primeira vez na televisão para anunciar a presença de mísseis soviéticos em Cuba e declarar sua intenção de impor um bloqueio naval. [...] Pela primeira vez desde que os Estados Unidos jogaram bombas atômicas em Hiroshima e Nagasaki em 1945, centenas de milhões de pessoas em todo o globo temeram que armas nucleares pudessem ser usadas outra vez.

(Richard Gott. *Cuba*: uma nova história, 2006.)

O texto se refere à chamada "crise dos mísseis de Cuba",

a) início do embargo comercial e do bloqueio militar norte-americano em relação à Cuba, estratégias de isolamento político e comercial da ilha que persistem até hoje.

b) consumação do sucesso da Revolução Cubana, com a derrubada do regime pró-soviético e o restabelecimento do controle norte-americano sobre a produção cubana de açúcar.

c) momento de tensão política que definiu o fim da hegemonia norte-americana sobre o Caribe e a América Central e ampliou a influência soviética na região.

d) ponto de partida para uma nova forma de relações diplomáticas e políticas entre Estados Unidos e América Latina, pois iniciou um ciclo de revoluções sociais no continente.

e) episódio central da Guerra Fria e demonstração do esforço norte-americano de manter sua hegemonia sobre a América Latina depois da Revolução Cubana.

DESCOLONIZAÇÃO E LUTAS SOCIAIS NO "TERCEIRO MUNDO"

1945: fim da Segunda Guerra Mundial

Ascensão das superpotências. Bipolarização mundial

União Soviética
- "Luta Anti-imperialista".

Estados Unidos
- "Direito à autodetermi-nação dos povos."

Apoio às lutas anticoloniais

Pressão política pela descolonização

Decadência das antigas potências coloniais

Inglaterra, França, Bélgica, Holanda, Portugal

Independência das colônias

África
- Congo Belga.
- Angola.
- Moçambique.
- África do Sul.

Ásia
- Índia.
- Vietnã.
- Palestina.

Aprofundamento da questão social na América Latina

- Expansão demográfica.
- Êxodo rural.
- Crescimento e desigualdade.

Ditaduras militares anticomunistas

X

Regimes de esquerda

Campos de batalha da Guerra Fria.

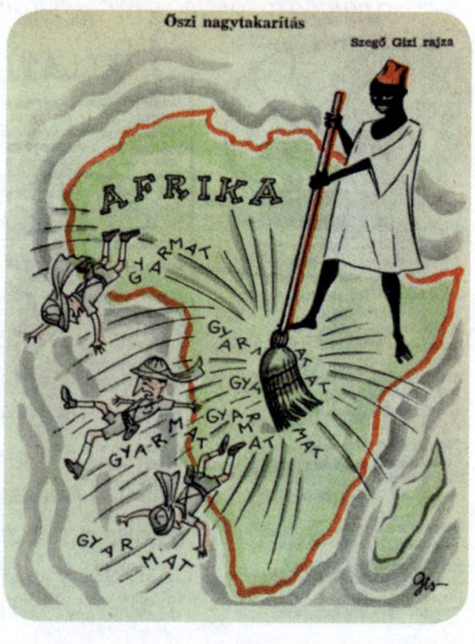

The Bridgeman/Keystone

Exercícios

1. (Uerj) A Declaração Universal dos Direitos Humanos (ONU, 1948) conta hoje com a adesão da maioria dos estados-nacionais. O conteúdo desse documento, no entanto, permanece como um ideal a ser alcançado. Observe o que está disposto em seu artigo XV:

   1. Toda pessoa tem direito a uma nacionalidade.

   2. Ninguém será arbitrariamente privado de sua nacionalidade, nem do direito de mudar de nacionalidade.

   Disponível em: <portal.mj.gov.br>.

   Desde a década de 1960, em virtude de conflitos, o direito expresso nesse artigo vem sendo sonegado à maior parte da população pertencente ao seguinte povo e respectivo recorte espacial:

   a) árabe – regiões ocupadas pela Índia.
   b) esloveno – distritos anexados pela Sérvia.
   c) palestino – territórios controlados por Israel.
   d) afegão – províncias dominadas pelo Paquistão.

2. (Fuvest-SP) Entre os fatores que permitem associar o contexto histórico de Portugal, na década de 1970, às independências de suas colônias na África, encontram-se

   a) o Salazarismo, que dominou Portugal desde a década de 1930, e a intensificação dos laços coloniais com Cabo Verde e Guiné-Bissau, 40 anos depois.
   b) a influência política e militar do Pacto de Varsóvia, no norte do continente africano, e o surgimento de movimentos contra o *apartheid* nas colônias portuguesas.
   c) o não cumprimento, por Portugal, da exigência internacional de que libertasse suas colônias africanas e sua exclusão da Comunidade Europeia, no princípio da década de 1970.
   d) a Revolução dos Cravos, de 1974, que encerrou o longo período ditatorial português, e a ampliação dos movimentos de libertação nacional, como os de Angola e Moçambique.
   e) o imediato cessar-fogo estabelecido pelo regime democrático português, implantado em 1974, e o fim dos conflitos internos nas colônias portuguesas da África.

3. (UEPB) Foi a partir de 1945, com o fim da Segunda Guerra Mundial, que o processo de descolonização na Ásia e na África ganhou força. Até o início da década de 70 do século XX, cerca de 40 países reafirmaram suas independências, se opondo à dominação efetivada pelas potências capitalistas do mundo ocidental.

   Assinale a alternativa que possui três fatores que influenciaram na descolonização afro-asiática.

   a) Transferência tecnológica e cultural do colonizador para o colonizado, que possibilitou o desenvolvimento \ Confronto das condições materiais de vida entre colonizados e colonizadores \ Influência das ideias socialistas nas colônias afro-asiáticas.
   b) Constatação das potências capitalistas de que os países afro-asiáticos nada tinham a oferecer \ Surgimento de ideias libertárias nas colônias \ Confronto das condições materiais de vida entre colonizados e colonizadores.
   c) Reorientação das atenções geopolíticas das potências para a América Latina \ Confronto das condições materiais de vida entre colonizados e colonizadores \ Pressão exercida pelo Bloco Socialista para que EUA e Inglaterra abandonassem suas colônias.
   d) Influência das ideias socialistas nas colônias afro-asiáticas \ Sucessão de tragédias naturais nos países afro-asiáticos, que escasseou o fornecimento de matérias-primas \ Grave crise econômica na Europa e nos Estados Unidos entre as décadas de 40 e 50.
   e) Transferência tecnológica e cultural do colonizador para o colonizado, que possibilitou o desenvolvimento \ Reorientação das atenções geopolíticas das potências para a América Latina \ Forte pressão diplomática, exercida pela ONU, para que o processo de descolonização realmente fosse iniciado.

4. (Fuvest-SP)

   Fosse com militares ou civis, a África esteve por vários anos entregue a ditadores. Em alguns países, vigorava uma espécie de semidemocracia, com uma oposição consentida e controlada, um regime que era, em última análise, um governo autoritário. A única saída para os insatisfeitos e também para aqueles que tinham ambições de poder passou a ser a luta armada. Alguns países foram castigados por ferozes guerras civis, que, em certos casos, foram alongadas por interesses extracontinentais.

   Alberto da Costa e Silva. *A África explicada aos meus filhos*. Rio de Janeiro: Agir, 2008, p. 139.

   Entre os exemplos do alongamento dos conflitos internos nos países africanos em função de "interesses extracontinentais", a que se refere o texto, pode-se citar a participação:

   a) da Holanda e da Itália na guerra civil do Zaire, na década de 1960, motivada pelo controle sobre a mineração de cobre na região.
   b) dos Estados Unidos na implantação do *apartheid* na África do Sul, na década de 1970, devido às tensões decorrentes do movimento pelos direitos civis.
   c) da França no apoio à luta de independência na Argélia e no Marrocos, na década de 1950, motivada pelo interesse em controlar as reservas de gás natural desses países.
   d) da China na luta pela estabilização política no Sudão e na Etiópia, na década de 1960, motivada pelas necessidades do governo Mao Tsé-Tung em obter fornecedores de petróleo.
   e) da União Soviética e Cuba nas guerras civis de Angola e Moçambique, na década de 1970, motivada pelas rivalidades e interesses geopolíticos característicos da Guerra Fria.

BRASIL: O REGIME MILITAR

Ditadura política ← Apoio dos EUA

- **Governos militares**
  - **Castelo Branco (1964-1967)**
  - **Costa e Silva (1967-1969)**
    - AI-5
  - **Médici (1969-1974)**
    - SNI
    - DOI-Codi
    - Oban
    - Milagre econômico.
  - **Geisel (1974-1979)**
    - Morte sob tortura de Wladimir Herzog e Fiel Filho.
    - Revogação do AI-5.
  - **Figueiredo (1979-1985)**
    - Linha dura fracassa.
    - 1979: Lei da Anistia.
    - Movimento Diretas Já.
  - → Emenda Constitucional das Diretas Já (Dante de Oliveira) não é aprovada. Eleição para presidente via Colégio Eleitoral.
  - → **Vitória de Tancredo Neves/José Sarney (vice)**
- **Repressão**
  - **Censura, prisões, torturas e execuções**
- **Anticomunismo**
  - **Segurança aos investidores de que não haveria governo de esquerda no Brasil** → **Entrada de capital estrangeiro**

Apoio dos EUA → **Entrada de capital estrangeiro**

- **Empréstimos**
  - **Empresas estatais** → **Setores estratégicos**
    - Comunicação
    - Mineração
    - Siderurgia
  - **Empresas privadas nacionais** → Bens de consumo não duráveis
- **Investimentos diretos**
  - **Empresas multinacionais** → **Bens de consumo duráveis**

Arquivo Agência O Globo

Exercícios

1. (Uerj) Volks *na Amazônia*

Em 1973, Wolfgang Sauer foi chamado para conversar com os executivos alemães da Volkswagen na sede alemã da empresa. Voltou como o chefe da maior fábrica de automóveis em funcionamento do hemisfério sul, instalada em São Paulo. No mesmo ano, quando foi a Brasília conversar com o ministro do interior, Rangel Reis, este lhe disse que o governo federal queria mudar a diretriz da ocupação da Amazônia. Desde o início da construção da Transamazônica, três anos antes, a ênfase era na colonização. Essa diretriz, de objetivos sociais, não atendia mais à prioridade definida pelo terceiro governo militar desde o golpe de Estado de 1964: tornar a Amazônia uma fonte de divisas para o país.

Adaptado de: <br.noticias.yahoo>. Acesso em: 26 fev. 2013.

O texto da reportagem faz referência a duas fases distintas da política territorial na Amazônia durante o regime militar.

Dois exemplos dessa política de ocupação, para o período 1964/1973 e para o período 1973/1985, respectivamente, foram as implantações de:

a) polos de turismo e lazer – extensas redes ferroviárias inter-regionais.
b) centros comerciais fronteiriços – imensas áreas de monocultura de soja.
c) distritos industriais exportadores – numerosas áreas de produção de borracha.
d) assentamentos de agricultura familiar – grandes projetos de grupos empresariais.

2. (Uerj) Em junho de 2013, várias manifestações mobilizaram a população das capitais brasileiras. A fotografia mostra a ocupação da área externa do Congresso Nacional por manifestantes:

noticias.uol.com.br

É inevitável a comparação com as grandes manifestações ocorridas anteriormente, como a Passeata dos Cem Mil, no Rio de Janeiro, em 1968. Se, nesta, a extensão e o tipo de repressão policial aumentaram o custo da participação e restringiram o escopo da manifestação a um grupo mais restrito e específico de manifestantes, na de agora, 45 anos depois, o uso de meios não letais de repressão baixou o risco de danos e aumentou, por consequência, a presença de uma gama mais ampla de setores da sociedade. Uma coisa é bala de chumbo e o grito de "abaixo a ditadura"; outra é bala de borracha e o aviso de que o "pote de mágoa vazou".

Marly Motta. Adaptado de: <noticias.uol.com.br>.

Uma diferença entre as manifestações populares na sociedade brasileira datadas do ano de 1968 e as ocorridas em junho de 2013 está associada hoje à vigência de:

a) restrição ao voto.
b) estado de direito.
c) soberania do legislativo.
d) supremacia do executivo.

3. (Vunesp-SP) Em 1977, o Regime Militar, por meio da Agência Nacional de Comunicação, lançou uma propaganda que ensinava a população a fazer um cata-vento verde-amarelo e convocava-a a sair às ruas com esses brinquedos para comemorar a Semana da Pátria. Por meio de uma charge, o cartunista Henfil ironizou essa iniciativa do governo, sublinhando um outro problema enfrentado pelo país nessa época.

(IstoÉ, 19.10.1977. Adaptado.)

Considerando o contexto histórico no qual a charge se insere, é correto afirmar que o cartunista chamava a atenção para:

a) a alienação social frente à falta de planejamento econômico.
b) o gasto excessivo do governo no setor da energia eólica.
c) a falta de investimento público no setor de transporte.
d) os impactos ambientais em decorrência da mecanização.
e) a abertura econômica do país ao capital estrangeiro.

4. (UFG-GO) Leia os textos a seguir.

Dom Fernando, pela graça de Deus, Rei de Portugal e do Algarve, considerando que as terras, que deviam ser lavradas e semeadas (porque são boas para dar pão e outros frutos com que os povos se manterão), são deixadas sem proveito, com grande dano dos povos, estabelece que: 1) todos os que têm terras aforadas sejam obrigados a lavrá-las e semeá-las; 2) se o senhor das ditas terras não puder lavrá-las por si, que se faça por outros ou as dê a lavrador que as lavre e semeie, de modo que as terras, que servem para dar pão, sejam todas lavradas, aproveitadas e semeadas.

LEI DAS SESMARIAS, 1375. Disponível em: <www.cm-coimbra.pt/index.php?>. Acesso em: 9 set. 2013. (Adaptado).

Art. 1º; *§ 1º Considera-se Reforma Agrária o conjunto de medidas que visem a promover melhor distribuição da terra, mediante modificações no regime de sua posse e uso, a fim de atender aos princípios de justiça social e ao aumento de produtividade.*

Art. 17. *O acesso à propriedade rural será promovido mediante a distribuição ou a redistribuição de terras, pela execução de qualquer das seguintes medidas:*

a) desapropriação por interesse social;
b) doação;
c) compra e venda;
d) arrecadação dos bens vagos;
e) herança ou legado.

ESTATUTO DA TERRA, 1964. Disponível em:<http://www.planalto.gov.br/ccivil_03/leis/l4504.htm>. Acesso em: 9 set. 2013. (Adaptado).

A lei das sesmarias, originalmente aplicada a Portugal e ao processo de colonização do Brasil, e o Estatuto da Terra, elaborado no governo de Castelo Branco (1964-1967), remetem a uma característica do espaço agrário brasileiro. Tal característica, presente nos dois períodos mencionados, pode ser identificada

a) pela tendência à policultura na produção agrícola.
b) pela existência de uma crise de abastecimento.
c) pela mecanização dos sistemas produtivos.
d) pelo processo de concentração fundiária.
e) pela ausência de conflitos pela posse da terra.

5. (UFG-GO) Leia o trecho da composição a seguir.

Mas se você achar
Que eu tô derrotado
Saiba que ainda estão rolando os dados
Porque o tempo, o tempo não para.

A tua piscina tá cheia de ratos
Tuas ideias não correspondem aos fatos
O tempo não para

Eu vejo o futuro repetir o passado
Eu vejo um museu de grandes novidades
O tempo não para
Não para, não, não para.

CAZUZA. O tempo não para. Álbum *O tempo não para*. Gravadora Universal Music Brasil, 1989. Faixa 6. (Adaptado).

Datada de 1989, a composição de Cazuza integra o repertório do *rock* nacional. Atingindo um público amplo, essa composição exprime uma relação entre a vivência dos jovens e a apreensão de seu tempo, quando:

a) vincula presente e futuro, expressando a incapacidade de mudança na cultura juvenil dominada pelo autoritarismo.
b) contraria a vivência subjetiva do tempo, subordinando a experiência do indivíduo ao coletivo em defesa do patriotismo.
c) recusa a memória sobre o passado, tentando se liberar das ocorrências opressoras da década anterior que afetaram a juventude resistente.
d) identifica o conflito entre gerações, revelando o desejo da juventude do presente em criticar as referências éticas que conduziram a transição à democracia.
e) explora a desaceleração do tempo, aludindo ao sentimento de um presente que se repete porque o ideal democrático parecia distante.

6. (IBMEC-RJ) Governando o Brasil de 1974 a 1979, o presidente Ernesto Geisel teve uma enorme preocupação com a questão energética, uma consequência natural da chamada Primeira Crise do Petróleo. Foram medidas tomadas por sua administração, EXCETO:

a) a aceleração da construção da hidrelétrica de Itaipu, cuja inauguração ocorreria no governo João Figueiredo.
b) a criação do Proálcool, buscando uma fonte energética renovável com base na produção de cana-de-açúcar.
c) a assinatura de um acordo nuclear com a Alemanha Ocidental, que volta a ser debatido em função da construção da usina Angra-3.
d) o rompimento do monopólio da Petrobras em relação à extração do petróleo, com a criação dos chamados "contratos de risco".
e) a privatização de todas as refinarias do país, começando pela Reduc, de forma a estimular a realização de investimentos estrangeiros nesse setor.

7. (PUC-RJ)

Interbits ®

Revista Veja, 16/10/1968

É CORRETO afirmar que o evento caracterizado na capa da Revista *Veja* é a expressão:

a) do contexto político do Governo Médici, com a instituição da ditadura e a proibição de qualquer manifestação política de oposição.

b) do clima libertário, relacionado ao movimento *hippie* internacional, que era compartilhado pelos estudantes brasileiros, compreendido como desregramento moral pelo governo brasileiro.

c) de manifestações violentas de estudantes, vinculados à União Nacional dos Estudantes, posta na ilegalidade desde o governo João Goulart, em 1962.

d) do acirramento das tensões políticas que gerou mobilização da sociedade contra as medidas autoritárias do governo e que culminou, no final de 1968, no decreto do AI-5.

e) da intolerância do regime militar a qualquer manifestação política, razão pela qual o Congresso Nacional ficou fechado desde 1964.

8. (CFT-MG) O período compreendido entre 1969 e 1973 é conhecido como "Anos de Chumbo" do regime militar brasileiro. Esse período caracterizou-se pelo:

a) embate entre facções do exército e milícias estatais.

b) conflito entre partidos nacionalistas e entreguistas.

c) confronto entre governo federal e guerrilhas urbanas e rurais.

d) choque entre forças políticas de tendências federalista e regionalista.

9. (UEPB) Sobre as manifestações culturais, promovidas principalmente pela intelectualidade jovem entre as décadas de 50 e 60 do século passado, assinale a única alternativa INCORRETA.

a) Os integrantes do movimento do Cinema Novo defendiam uma nova forma de fazer cinema. Propunham a produção de filmes em prazos curtos, com pequenos orçamentos, privilegiando o conteúdo e não a qualidade técnica.

b) A Jovem Guarda, por ser influenciada pela contracultura norte-americana, foi responsável pela formação de muitos jovens que saíam do ativismo cultural universitário para as lutas contra a ditadura militar. Além das angústias e anseios da juventude, as músicas tratavam da necessidade de engajamento político.

c) A jovem intelectualidade pregava a necessidade de realizar uma arte engajada politicamente, que fosse capaz de conscientizar o povo e transformar a sociedade. A tentativa de colocar essa concepção em prática deu origem à criação, em 1962, dos Centros Populares de Cultura (CPCs), da União Nacional dos Estudantes.

d) A Bossa Nova era o ritmo dos jovens de classe média da zona sul do Rio de Janeiro. As composições bossa-novistas eram influenciadas pelo samba e pelo *jazz* originário dos EUA. Suas letras eram leves, românticas, e falavam da praia, do sol e das mulheres cariocas.

e) A Companhia Teatro de Arena, fundada em 1953 em São Paulo, era composta por atores e diretores vindos das escolas de teatro ligadas às universidades. Propunha a montagem de espetáculos de baixo custo, preparados para serem realizados em espaços circulares com a plateia ao redor, ou seja, em arenas.

10. (PUC-RJ) A Comissão da Verdade, sancionada pela Presidente Dilma Rousseff em 18 de novembro de 2011, tem como objetivo principal apurar violações aos direitos humanos praticados entre 1946 e 1988, "a fim de efetivar o direito à memória e à verdade histórica e promover a reconciliação nacional". Instalada oficialmente em 16 de maio de 2012, é formada oficialmente por 7 membros nomeados pela presidente, e seus trabalhos devem durar dois anos.

Levando em consideração o contexto histórico objeto de apuração da Comissão:

a) identifique uma situação de violação dos direitos humanos ocorrida no Brasil e justifique a sua relação com a instalação da Comissão da Verdade;

b) caracterize situação similar ocorrida em um país latino-americano, no mesmo período.

11. (UFRGS-RS) A reforma partidária brasileira (Lei Orgânica dos Partidos, de dezembro de 1979) visou dividir a oposição e dar uma nova roupagem à legenda de apoio ao regime então vigente.

A respeito dessa reforma, é correto afirmar que uma de suas disposições foi:

a) o retorno do pluripartidarismo.

b) o ressurgimento do bipartidarismo.

c) a proibição da criação de novos partidos.

d) o fim do pluripartidarismo.

e) a proibição de legendas de oposição.

O FIM DA GUERRA FRIA E A NOVA ORDEM INTERNACIONAL

URSS

L. Brejnev (1964-1982)
- Invasão do Afeganistão.
- Crise econômica.
- Partidos comunistas europeus.

M. Gorbatchev (1985-1990)
- *Perestroika* (reestruturação).
- *Glasnost* (transparência).
- 1989: queda do Muro de Berlim.

B. Yeltsin (1990-1991)
- 1991: Fim da URSS
- 1991: Acordos de Minsk
- Comunidade dos Estados Independentes (CEI)

Rússia
- V. Putin e D. Medvedev dividem os cargos de presidente e primeiro-ministro

Detente: acordos bilaterais
- Objetivo: diminuir as chances de guerras nucleares.
- Acordos de Salt (1972 e 1979).

- Crises e tensões.
- Programa Guerra nas Estrelas.
- Com receio de uma guerra nuclear, a Europa pressiona por novo acordo de desarmamento.

1991: Fim da Guerra Fria.

EUA

R. Nixon (1968-1974)
- 1971: encontros com líderes da China e URSS.
- Salt 1.
- Vietnamização da guerra.
- Caso *Watergate*.

G. Ford (1974-1976)
- Derrota no Vietnã.
- Crise do petróleo.

J. Carter (1977-1980)
- Política dos direitos humanos.
- Acordo de paz entre Israel e Egito.

R. Reagan (1981-1989)
- Instalação de mísseis na Europa.
- Neoliberalismo.

G. Bush (1989-1993)
- Guerra do Golfo.

Bill Clinton (1993-2001)
- Crescimento econômico.
- Ameaça de *impeachment*.

G. W. Bush (2001-2009)
- Ataque às torres gêmeas (11 de setembro).
- Crise econômica.
- Invasão no Iraque.

B. Obama (desde 2009)
- Crise econômica.

Nova ordem mundial.

Neoliberalismo
- M. Thatcher, R. Reagan e H. Kohl.
- Estado mínimo.
- Exclusão social.
- Fim do *Welfare State*.

Blocos econômicos
- Nafta
- Mercosul
- União Europeia

China: nova potência econômica mundial

Brics: Brasil, Rússia, Índia, China e África do Sul

Exercícios

1. (Uerj)

O que unia toda a oposição ao programa de Margaret Thatcher era uma suspeita de que a filha do merceeiro estava determinada a monetarizar o valor humano, de que ela não tinha coração. Mas, se os leitores de hoje voltassem no tempo até o fim dos anos 70, poderiam ficar irritados ao descobrir que a programação da TV do dia seguinte era um segredo de Estado que não se compartilhava com os jornais. Thatcher transformou de tal maneira a vida cotidiana que hoje mal nos damos conta.

Ian McEwan. Adaptado de *Folha de S. Paulo*, 14/04/2013

A morte de Margaret Thatcher, em abril de 2013, ocasionou muitos debates na imprensa acerca de suas ações como primeira-ministra do Reino Unido entre 1979 e 1990, como exemplifica o texto.

No contexto internacional da época, a política econômica da governante britânica foi associada a estratégias vinculadas à prática do:

a) fordismo.
b) trabalhismo.
c) corporativismo.
d) neoliberalismo.

2. (Uerj) O nível de concentração de renda em uma sociedade capitalista relaciona-se com as doutrinas econômicas que fundamentam as ações do Estado. Observe, no gráfico abaixo, a variação da participação da população que constitui o 1% mais rico na renda total nos Estados Unidos.

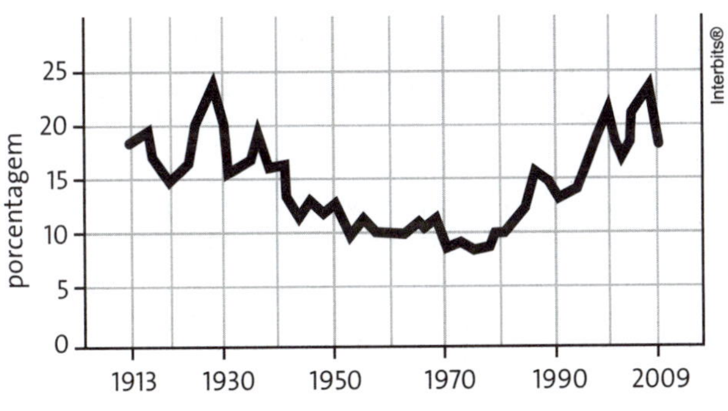

Mundo: geografia e política internacional, março de 2012.

Nos Estados Unidos, as doutrinas que predominaram na orientação das políticas públicas nos períodos de 1930 a 1980 e de 1980 a 2009 foram, respectivamente:

a) liberalismo – estatismo
b) estruturalismo – classicismo
c) fisiocratismo – institucionalismo
d) keynesianismo – neoliberalismo

3. (Fuvest-SP)

A fotografia acima, tirada em Beijing, China, em 1989, pode ser identificada, corretamente, como

a) reveladora do sucateamento do exército chinês, sinal mais visível da crise econômica que então se abateu sobre aquela potência comunista.
b) emblema do conflito cultural entre Ocidente e Oriente, que resultou na recuperação de valores religiosos ancestrais na China.
c) demonstração da incapacidade do Partido Comunista Chinês de impor sua política pela força, já que o levante daquele ano derrubou o regime.
d) montagem jornalística, logo desmascarada pela revelação de que o homem que nela aparece é chinês, enquanto os tanques são soviéticos.
e) símbolo do confronto entre liberdade de expressão e autoritarismo político, ainda hoje marcante naquele país.

4. (Uerj)

Tratados de Roma: 50º aniversário

A Europa foi, durante séculos, uma ideia, uma esperança de paz e de entendimento. Enfrentamos, na atualidade, grandes desafios que não conhecem fronteiras nacionais, e a União Europeia é a resposta que temos para lhes dar. Neste modelo europeu, conjugam-se sucesso econômico e responsabilidade social. A unificação da Europa veio dar vida a um sonho de gerações passadas. Manda a nossa história que preservemos tal fortuna para as gerações vindouras. Por isso nos une, cinquenta anos passados da assinatura dos Tratados de Roma, o objetivo de dotar a União Europeia de uma base comum e renovada.

HANS-GERT PÖTTERING; ANGELA MERKEL; JOSÉ M. BARROSO.
Adaptado de: europa.eu, 25/03/2007.

Os Tratados de Roma, assinados em 1957, instituíram a Comunidade Econômica Europeia e a Comunidade Europeia da Energia Atômica.

Apresente um aspecto da conjuntura internacional da época que justifique a assinatura dos Tratados de Roma. Em seguida, identifique dois desafios enfrentados pela União Europeia na atualidade.

5. (UPE)

Segundo Alexandre de Freitas, "A globalização caracteriza-se, portanto, pela expansão dos fluxos de informações — que atingem todos os países, afetando empresas, indivíduos e movimentos sociais —, pela aceleração das transações econômicas — envolvendo mercadorias, capitais e aplicações financeiras que ultrapassam as fronteiras nacionais — e pela crescente difusão de valores políticos e morais em escala universal".

BARBOSA, Alexandre de Freitas. *O mundo globalizado*: política, sociedade e economia. São Paulo: Contexto, 2010, p. 12-13.

Com base na definição acima e nos estudos sobre globalização, é **CORRETO** afirmar que:

a) o autor não leva em consideração a internet e a tecnologia para a construção de computadores no processo de globalização.
b) segundo a definição de Freitas, a globalização se restringe aos eventos em escala internacional.
c) a globalização, por sua natureza planetária, é um duro golpe contra a expansão religiosa.
d) há autores que consideram a Expansão Marítima do século XVI como primeiro ato na história do processo de globalização.
e) por suas carências políticas, sociais e financeiras, os países pobres não participam do processo de globalização.

6. (UFSC)

URGENTE...

Disponível em: <http://www.perolasbrasil.com/2012/06/rio20.html>. Acesso em: 6 set. 2012.

Sobre a preocupação com as questões ambientais, é CORRETO afirmar que:

(01) apesar do impacto causado pelo lançamento de bombas atômicas, o século XX foi isento de catástrofes ambientais.
(02) a Conferência de Estocolmo sobre o Entorno Humano, ocorrida em 1972, foi um encontro a portas fechadas no qual os debates eram monopolizados pelos representantes dos governos das nações que compunham a ONU.
(04) a explosão das bombas atômicas sobre Hiroshima e Nagasaki foi um dos fatores que levantaram questões importantes sobre o quanto as decisões humanas podem determinar o desaparecimento do homem bem como o de outras espécies do planeta.
(08) a WWF e o Greenpeace são duas organizações ambientalistas de alcance internacional, criadas para desenvolver projetos de conservação, educação ambiental e ações que visem pressionar governos e empresas a tomarem medidas de proteção ambiental.
(16) em 1992 aconteceu, no Rio de Janeiro, a Eco-92, um fórum de discussão que tratou de inúmeros problemas ambientais.

7. (UFSM-RS) Observe a figura:

Fonte: OLIVEIRA, Letícia; ALVES, Alexandre. Conexões com a História. São Paulo: Moderna, 2010. Vol. 3, p. 311.

A partir da tira, é possível inferir, a respeito do impacto das novas tecnologias nas sociedades contemporâneas:

a) o aumento do tempo dedicado ao lazer, devido à diminuição da jornada de trabalho.
b) a diminuição das horas de trabalho e a massificação do uso de fontes de energia alternativas, associadas à valorização do ócio e da vida natural.
c) a transformação das cidades em espaços de vida socioeconômica harmonizados com os ritmos do corpo e da natureza.
d) a presença constante dos meios de comunicação na vida cotidiana e a difusão de ideologia anticonsumista.
e) a aceleração do tempo histórico, devido a mudanças econômicas, sociais e políticas cada vez mais rápidas.

8. (Vunesp-SP) O colapso e o fim da União Soviética, no princípio da década de 1990, derivaram, entre outros fatores:

a) da ascensão comercial e militar da China e da Coreia do Sul, o que provocou acelerada redução nas exportações soviéticas de armamentos para os países do leste europeu.
b) da implantação do socialismo nos países do leste europeu e da perda de influência política e comercial sobre a África, o Oriente Médio e o sul asiático.
c) dos altos gastos militares e das disputas internas do partido hegemônico, e facilitaram a eclosão de movimentos separatistas nas repúblicas controladas pela Rússia.
d) da derrubada do Muro de Berlim, que representava a principal proteção, por terra, do mundo socialista, o que facilitou o avanço das tropas ocidentais.
e) da ascensão política dos partidos de extrema direita na Rússia e do surgimento de um sindicalismo independente nas repúblicas da Ásia.

9. (Uerj) Observe a imagem abaixo, do episódio ocorrido nos E.U.A., no dia 11 de setembro de 2001.

Interbits®

blogs.estadao.com.br

A queda das torres do World Trade Center foi certamente a mais abrangente experiência de catástrofe que se tem na História, inclusive por ter sido acompanhada em cada aparelho de televisão, nos dois hemisférios do planeta. Nunca houve algo assim. E sendo imagens tão dramáticas, não surpreende que ainda causem forte impressão e tenham se convertido em ícones. Agora, elas representam uma guinada histórica?

Eric Hobsbawm. Disponível em: <www.estadao.com.br>. Acesso em: 10 set. 2009.

A guinada histórica colocada em questão pelo historiador Eric Hobsbawm associa-se à seguinte repercussão internacional da queda das torres do World Trade Center:

a) concentração de atentados terroristas na Ásia Meridional.
b) crescimento do movimento migratório de grupos islâmicos.
c) intensificação da presença militar norte-americana no Oriente Médio.
d) ampliação da competição econômica entre a União Europeia e os países árabes.

10. (UFG-GO) Leia os enunciados a seguir.

"Não confio em ninguém com mais de 30."

"Corram pessoal, o velho mundo está atrás de vocês."

"Trabalhador: tu tens 25 anos, mas o teu sindicato é de outro século."

"Professores, vocês são tão velhos quanto a vossa cultura."

"Professores, vocês nos fazem envelhecer."

SLOGANS DO MAIO DE 1968. In: DO Ó, Alarcon Agra. A cultura é a inversão da vida: velhice, juventude e política no maio de 1968. *Revista Espaço Acadêmico*, n. 98, jul. 2009. Disponível em: <http://mympt.blogspot.com.br/2008_05_01_archive.html>. Acesso em: 28 jan. 2013.

Estes enunciados tornaram-se emblemas das mobilizações ocorridas em maio de 1968, na França. Com sua utilização, as mobilizações traziam como tema a:

a) imposição de políticas de governo, que fomentassem a produção artística da juventude influenciada pelas práticas da contracultura.
b) reformulação do sindicato, que permitisse substituir o quadro dirigente no interior das fábricas para a humanização das relações de trabalho.
c) transformação do ensino nas escolas, que estabelecesse uma pedagogia voltada para o desenvolvimento tecnológico assistido pelo pós-guerra.
d) fundação de uma cultura voltada para o cuidado com a saúde pública, que prevenisse as causas do envelhecimento da população ativa.
e) adoção de valores subjetivos como norteadores da mudança cultural, que abolisse as instituições representativas da continuidade entre gerações.

11. (UFG-GO) Analise a charge a seguir.

RALL, Ted. Capitalismo: os anos finais, 1997. Disponível em: <http://www.rall.com/rallblog/searchablearchives?g2_itemId=10406&g2_ima-geViewsIndex=1>. Acesso em: 14 nov. 2012. (Adaptado).

A charge refere-se a dois temas: o papel do Estado na economia e as relações de trabalho. A respeito desses temas, mudanças, discutidas desde a década de 1970 e consolidadas na década de 1990, foram sintetizadas pela denominação "nova ordem mundial". Considerando-se a forma como a charge explora os temas anunciados, identifique e explique a mudança, no que se refere à:

a) relação entre Estado e economia;
b) organização das relações de trabalho.

BRASIL: SÉCULO XXI

Até os anos 1980: projetos modernizadores

- Controle estatal das áreas estratégicas.
- Desenvolvimentismo.
- Protecionismo e fortalecimento de um empresariado nacional.

Terceira Revolução Industrial. → **Defasagem tecnológica brasileira.**

Fracassos do projeto modernizador dos anos 1980. → **Adesão ao neoliberalismo**

Fim da Guerra Fria. → **Exigência internacional pela abertura dos mercados.**

Programas econômicos do período de democratização.

	Governo José Sarney (1985-1990)	Governo Fernando Collor (1990-1992)	Governo Itamar Franco (1992-1995)	Governo Fernando Henrique Cardoso (1995-2002)	Governo Luiz Inácio Lula da Silva (2003-2010)	Governo Dilma Rousseff (desde 2011)
Economia e sociedade	• Plano Cruzado. • Plano Cruzado II. • Plano Bresser • Plano Verão	• Plano Collor. • Plano Collor II.	• Plano Real (1994). • Estabilização monetária. • Equilíbrio fiscal.	• Implementação do Plano Real. • Fragilização econômica.	• Manutenção do Plano da estabilidade e dos programas sociais.	• Manifestação de junho de 2014. • Copa do Mundo. • Prioridade social.
Política	• 1º presidente civil depois de 21 anos de ditadura. • Constituição de 1988: Constituição cidadã.	• Abertura econômica. • *Impeachment*.	• Desregulamentação.	• Privatizações. • Crises intermitentes.	• Mensalão.	• Condenação dos envolvidos no Mensalão. • Eleições.

Exercícios

1. (PUC-RS) Fernando Collor de Mello foi o primeiro presidente eleito após o período da ditadura militar. Sua trajetória política se deu em Alagoas, onde era conhecido como "Caçador de Marajás". Ao assumir a presidência, em 15 de março de 1990, anunciou medidas de cunho econômico, tais como:

   a) aumento de impostos e tarifas, congelamento de salários e preços, adoção de política de juros altos, redução de tarifas de importação e corte nos gastos públicos.

   b) livre mercado, fim de subsídios, amplo programa de privatização, extinção do cruzado novo, reintrodução do cruzeiro e confisco do saldo das cadernetas de poupança, contas correntes e investimentos com valores acima de 50 mil cruzeiros.

   c) instituição do seguro-desemprego, correção da poupança e aplicações financeiras pelo Índice de Preços ao Consumidor (IPC), adoção do "gatilho salarial", com reajuste automático do salário mínimo quando com inflação superior a 20%.

   d) redução dos gastos públicos, aumento da arrecadação por meio de impostos, incentivos ao crescimento das exportações e renegociação dos acordos com o Fundo Monetário Internacional (FMI).

   e) funcionamento do mercado sem interferências estatais, corte nos benefícios sociais, privatizações em larga escala, descongelamento de preços e serviços e alteração do cálculo da inflação.

2. (FGV-SP-adaptada) Em julho de 2011 faleceu o ex-presidente Itamar Franco. A respeito da sua chegada ao poder e do seu governo, é correto afirmar:

   a) Venceu Luiz Inácio Lula da Silva no primeiro turno das eleições disputadas em 1994, graças ao sucesso do Plano Real, implementado no governo de Fernando Henrique Cardoso.

   b) Venceu Luiz Inácio Lula da Silva nas eleições de 1989 e organizou um governo de coalizão nacional, do qual participaram todos os demais partidos políticos brasileiros, inclusive o PT.

   c) Assumiu a presidência após o processo de *impeachment* do presidente Fernando Collor de Mello e, com seu ministro Fernando Henrique Cardoso, implementou o Plano Real.

   d) Foi eleito em janeiro de 1985, em eleição direta pelo colégio eleitoral, e organizou um governo de reformas políticas e econômicas que permitiram sua reeleição em 1994.

   e) Foi eleito em 1994 devido ao sucesso do Plano Real implementado no governo do presidente Fernando Henrique Cardoso, do qual participou como ministro da Fazenda.

3. (Mack-SP) A respeito do Plano Real, programa brasileiro com o objetivo de estabilização econômica, é correto afirmar que:

   a) foi elaborado pelo ministro da Economia da época, Dílson Funaro, e apesar da resistência por parte dos partidos de oposição, foi implantado, com sucesso, no final do governo José Sarney.

   b) o ministro Fernando Henrique Cardoso, durante o governo Itamar Franco, anunciou o programa que tinha como objetivo acabar com a inflação e estabilizar a economia.

   c) o plano econômico, idealizado pela equipe econômica do governo Itamar Franco, não apresentou, inicialmente, resultados expressivos no combate à inflação, o que gerou um desgaste político para o presidente Itamar.

   d) a desconfiança, por parte dos partidos de oposição, na eficácia do Plano Real em efetivamente combater a inflação não permitiu que o presidente Itamar pudesse se candidatar à reeleição como presidente da República.

   e) o presidente Fernando Henrique Cardoso, para tentar solucionar os problemas relacionados à ineficácia do Plano Real instituiu, no início do seu governo em 1995, uma nova moeda, o real.

4. (UFPR) Com relação ao modelo econômico que prevalece no Brasil desde o início da década de 1990, é correto afirmar:

   a) Radicalizou o protecionismo tarifário a fim de proteger as indústrias nacionais frente à concorrência estrangeira.

   b) Promoveu a intensificação da internacionalização da economia, abrindo novos setores econômicos à participação do capital estrangeiro e recorrendo às privatizações.

   c) Criou novas empresas estatais e expandiu as já existentes, a fim de aumentar a participação do Estado Nacional na economia, prevenindo crises econômicas e financeiras.

   d) Restringiu a participação do capital estrangeiro em diversos setores de atividade, visando limitar a evasão de divisas representada pela remessa de lucros praticada pelas empresas multinacionais desde a ditadura militar.

   e) Para que o governo mantivesse sua legitimidade e sua popularidade, optou pela não redução de quaisquer direitos trabalhistas ou previdenciários.

5. (UFSC)

FOLHA DE S. PAULO. São Paulo: 29 jun. 2003. p. A2.

Assinale a(s) proposição(ões) **VERDADEIRA(S)** referente(s) a acontecimentos históricos relevantes ocorridos no Brasil nos primeiros anos do século XXI.

(01) No Brasil um cidadão nordestino e metalúrgico foi eleito pelo Partido dos Trabalhadores, aliado a outros partidos, para ocupar o cargo de Presidente da República.

(02) Com a eleição de um presidente filiado ao Partido dos Trabalhadores, as mulheres passaram a ter seus salários equiparados aos dos homens quando no exercício da mesma profissão. E os estudantes negros passaram a ter direito a cotas nas universidades públicas.

(04) Mesmo pertencendo aos quadros do Partido dos Trabalhadores, Luiz Inácio Lula da Silva, já no exercício da presidência, não conseguiu impedir que as lideranças do Movimento dos Trabalhadores Sem Terra, descontentes com o ritmo da reforma agrária, promovessem invasões de propriedades rurais.

(08) Os trabalhadores, empresários e o Movimento dos Trabalhadores Sem Terra demonstraram publicamente seu apoio ao presidente Luiz Inácio Lula da Silva evitando críticas, greves e invasões de propriedades rurais após sua posse.

(16) Os servidores públicos descontentes com a proposta de reforma da Previdência, encaminhada ao Congresso Nacional pelo presidente Luiz Inácio Lula da Silva, manifestaram publicamente o seu descontentamento.

6. (UPF-RS) Analise o fragmento a seguir.

A CPI por si só, em mãos de correligionários, muitos profundamente envolvidos em atos de corrupção – como se verá em seguida no escândalo dos Anões do Orçamento – não seria o bastante para chegar ao impeachment. Este foi, em verdade, obra de brasileiros humildes, como o motorista Eriberto com seu depoimento, e uma maioria revoltada que ocupava as ruas. A jovem democracia brasileira vivera sua prova de fogo.

(LINHARES, Maria Yedda (Org.) *História Geral do Brasil.* Rio de Janeiro: Elsevier,1990)

O contexto mencionado acima se refere ao governo do presidente:

a) Juscelino Kubitschek.
b) Tancredo Neves.
c) Floriano Peixoto.
d) Fernando Henrique Cardoso.
e) Fernando Collor de Mello.

7. (UFSC)

Manifestações 2013

A partir do início de junho de 2013, testemunhamos no Brasil intensas manifestações nas principais capitais e regiões metropolitanas do país para protestar contra o aumento das passagens de ônibus, trem e metrô e reclamar contra o aumento dos alimentos, dos aluguéis, e contra o empobrecimento da qualidade dos serviços públicos no Brasil (saúde, educação, moradia e respeito aos direitos civis).

Sem lideranças unânimes, sem predomínio de grandes partidos políticos, as manifestações surgiram como uma forte onda social nas principais praças e ruas, reunindo milhares de pessoas que compartilhavam a pergunta já presente no consciente coletivo há tempo:

"Como um país que financia 20 bilhões de reais para construção de estádios para a Copa 2014 não pode financiar e investir a nossa verba para construção de escolas de alto nível, hospitais de excelência e segurança pública?".

Fernando Rebouças
Disponível em: <http://www.infoescola.com/atualidades/ensaio-sobre-as-manifestacoes-no-brasil-em-2013/> [Adaptado].
Acesso em: 16 out. 2013.

Sobre as manifestações populares ao longo da história do Brasil e suas consequências, é **CORRETO** afirmar que:

(01) em 1964, a "Marcha da Família com Deus pela Liberdade" levou cerca de 500 mil pessoas às ruas da cidade de São Paulo com o objetivo de defender o governo de João Goulart e evitar um golpe militar no país.

(02) a campanha "Diretas Já", de 1984, articulou diversos setores da sociedade brasileira em grandes comícios populares por todo o país. A enorme mobilização foi decisiva para a aprovação da emenda Dante de Oliveira, que restabeleceu o voto direto nas eleições para a Presidência do Brasil em 1985.

(04) o processo de *impeachment* contra o presidente Fernando Collor ganhou força com o movimento "Fora Collor", promovido em 1992 por jovens que ficaram conhecidos como caras-pintadas.

(08) nas primeiras décadas do século XX, o movimento operário brasileiro começou a se articular em sindicatos. Estimulados principalmente pelos ideais de anarquistas italianos, realizaram uma série de mobilizações e greves pelas ruas de cidades como São Paulo e Rio de Janeiro.

(16) por causa da enorme e violenta repressão durante o período da ditadura militar (1964-1985), não ocorreram grandes mobilizações populares de resistência contra o regime.

(32) o movimento conhecido como "Novembrada", ocorrido em 1979, colocou Santa Catarina no cenário político nacional por expressar apoio ao então presidente general João Baptista Figueiredo.

Desafio

Theo Szczepanski/ Arquivo da Editora

Atividades

1. Com base no esquema-resumo do tema 1 faça um texto sobre a forma como o governo brasileiro lidava com os problemas sociais no período conhecido como República Velha.

2. Tomando o esquema-resumo do tema 1, explique a relação existente entre as práticas coronelistas e a política dos governadores.

3. (UFPR)

> *"Diria o historiador cearense Gustavo Barroso sobre os cangaceiros: foram heróis e bandidos. Barroso prefere unir os dois adjetivos com a conjunção 'e' do que usar 'ou' para excluir uma das opções."*
>
> (MILLAN, Polianna. "Heróis ou bandidos?". Gazeta do Povo. Disponível em: <http://www.gazetadopovo.com.br/vidaecidadania/conteudo.phtml?id=786236>. Acesso em: 12 jul. 2008.

Comente a ideia defendida pelo historiador, explicando o contexto histórico da atuação dos bandos de cangaceiros do final do século XIX até 1940 e explorando as diferentes interpretações conferidas a esses personagens.

Com base no esquema-resumo do tema 2 e nas informações estudadas, faça as atividades a seguir:

4. (Uerj)

A Europa antes...

e depois da Primeira Guerra Mundial

Adaptado de *Jornal do Século*, encarte do *Jornal do Brasil*, 12/11/2000

A Primeira Guerra Mundial provocou uma reorganização político-territorial da Europa, como se observa nos mapas. Duas ideias orientaram essa reorganização: a do Estado-nação e, no caso da fronteira russa, a do cordão sanitário.

A partir da análise dos mapas, identifique a mudança ocorrida na organização política europeia após a Primeira Guerra Mundial.

Em seguida, indique o motivo que levou ao estabelecimento da política do cordão sanitário naquele momento.

5. Explique os interesses em jogo que levaram à formação do sistema de alianças na Europa às vésperas da Primeira Guerra Mundial.

6. Explique as diferenças entre a fase da guerra de movimento e a fase da guerra de trincheiras que marcaram o desenvolvimento da Primeira Guerra Mundial.

7. Identifique no esquema-resumo do tema 2 e anote em seu caderno os dois fatos determinantes para uma mudança de rumo da guerra e a vitória da Tríplice Entente na Primeira Guerra Mundial.

8. Tomando o esquema-resumo do tema 3, explique de que maneira a participação da Rússia na Primeira Guerra Mundial favoreceu a eclosão da Revolução socialista.

9. Explique as diferenças existentes entre os projetos políticos defendidos para a Rússia pós-revolucionária por Trótsky e por Stálin.

10. (Vunesp-SP)

> *O Governo Provisório foi deposto; a maioria de seus membros está presa. O poder soviético proporá uma paz democrática imediata a todas as nações. Ele procederá à entrega aos comitês camponeses dos bens dos grandes proprietários, da Coroa e da Igreja... Ele estabelecerá o controle operário sobre a produção, garantirá a convocação da Assembleia Constituinte para a data marcada... garantirá a todas as nacionalidades que vivem na Rússia o direito absoluto de disporem de si mesmas.*
>
> *O Congresso decide que o exercício de todo o poder nas províncias é transferido para os Soviets dos deputados operários, camponeses e soldados, que terão de assegurar uma disciplina revolucionária perfeita. O Congresso dos Soviets está persuadido de que o exército revolucionário saberá defender a Revolução contra os ataques imperialistas.*
>
> (Proclamação do Congresso dos Soviets, outubro de 1917. Apud: Marc Ferro. *A Revolução Russa de 1917*, 1974.)

O documento, divulgado em outubro de 1917, relaciona diversas decisões do novo governo russo.

Quais eram as principais diferenças políticas e sociais entre o governo que se iniciava (Congresso dos Soviets) e o que se encerrava (Governo Provisório)? Cite uma das realizações do novo governo, explicando o contexto em que se deu.

11. (PUC-RJ)

> *"O movimento operário brasileiro viveu anos de fortalecimento entre 1917 e 1920, quando as principais cidades brasileiras foram sacudidas por greves. Vários grupos operários no Brasil e no mundo acreditavam que havia chegado o momento de colocar um fim à exploração capitalista e construir uma nova sociedade."*
>
> Movimento Operário. In: Disponível em: <www.cpdoc.fgv.br>.

a) Identifique um acontecimento mundial, à época, que se relacione diretamente com o fortalecimento do movimento operário no Brasil.
b) Caracterize duas propostas do movimento operário brasileiro, durante a Primeira República.

12. (Vunesp-SP) Discorra sobre a experiência socialista iniciada na Europa no período entre as duas Guerras Mundiais.

13. Relacione o desenvolvimento urbano e industrial brasileiro ocorrido no início do século XX ao surgimento dos movimentos tenentista e operário nessa mesma época.

14. Explique a ruptura ocorrida no seio das elites paulista e mineira e a formação da Aliança Liberal.

15. Explique a seguinte afirmação, atribuída ao mineiro Antônio Carlos: "Façamos a revolução antes que o povo a faça".

16. (Fuvest-SP)

> *A República não foi uma transformação pacífica. Bem ao contrário. Para além da surpresa provocada pelo golpe de Estado de 15 de novembro, seguiu-se uma década de conflitos e violências de toda ordem, na qual se sucederam as dissensões militares, os conflitos intraoligárquicos, os motins populares, a guerra civil, o atentado político contra a vida de um presidente da República. No interior dessas lutas se forjou a transformação do Estado Imperial em Estado Republicano, do Império Unitário em República Federativa, do parlamentarismo em presidencialismo, do bipartidarismo organizado nacionalmente em um sistema de partidos únicos estaduais. Forjou-se um novo pacto entre as elites e um novo papel para as forças armadas.*
>
> Wilma Peres Costa. *A espada de Dâmocles*. São Paulo: Hucitec, 1996, p. 16.

a) Identifique e caracterize um episódio conflituoso próprio dos primeiros anos da República no Brasil.
b) Explique o "novo papel para as forças armadas" a que se refere o texto.

Com base no esquema-resumo do tema 5 e nas informações estudadas, faça as atividades a seguir:

17. Explique as causas da crise financeira de 1929.

18. Escreva um texto coeso e coerente, no qual apareçam os seguintes termos: nacionalismo – nazifascismo – militarismo.

19. (PUC-RJ)

> *"No campo da política mundial, eu dedicarei esta nação à política da boa vizinhança – uma vizinhança que resulte do respeito mútuo e, devido a isso, respeite o direito dos outros – uma vizinhança que respeite suas obrigações e respeite a santidade dos seus acordos para com todos os seus vizinhos do mundo inteiro."*
>
> Discurso de posse de Franklin D. Roosevelt, em 1933.
> Fonte: Disponível em: <http://educaterra.terra.com.br/voltaire/mundo/eua_vizinhanca.htm>.

a) Apresente dois objetivos da política de Roosevelt, relacionando-os ao contexto mundial do entreguerras.
b) Identifique dois efeitos da política inaugurada por esse discurso para as relações entre os países americanos no contexto da Segunda Guerra Mundial.

20. No início da década de 1930, a Alemanha, sob a liderança de Hitler, passou a desrespeitar sistematicamente as determinações do Tratado de Versalhes, firmado ao final da Primeira Guerra Mundial.

a) Qual foi a reação das potências europeias vencedoras da Primeira Guerra diante dessa situação?
b) Explique os motivos que levaram essas potências a reagirem dessa forma na ocasião.

21. Com base no esquema-resumo do tema 6 e nos seus estudos, elabore um texto coeso e coerente descrevendo a ascensão de Mussolini e Hitler ao poder.

22. Analise a relação mantida entre Getúlio Vargas e os diversos grupos de pressão existentes no Brasil nas décadas de 1930 e 1940.

23. Explique o papel do Departamento de Imprensa e Propaganda no Estado Novo.

24. (Unicamp-SP)

> *Em janeiro de 1932, o aniversário de São Paulo foi comemorado com enorme comício na Praça da Sé. A multidão empunhava bandeiras do Estado, além de cartazes com palavras de ordem como "Tudo pelo Brasil! Tudo por São Paulo!", "Abaixo a ditadura!", ou ainda "Constituição é Ordem e Justiça!".*
>
> (Ilka Stern Cohen. "Quando perder é vencer". *Revista de História da Biblioteca Nacional*, Rio de Janeiro, jul. 2012. Disponível em: <http://www.revistadehistoria.com.br/secao/dossie-imigracao-italiana/quando-perder-e-vencer>. Acesso em: 05 out. 2012.

a) Aponte dois aspectos que contribuíram para a tensão entre o governo Vargas e o Estado de São Paulo, em 1932.
b) Explique por que a Constituinte era uma reivindicação dos paulistas.

25. (Uerj)

Adaptado de diarioweb.com.br

discuthistoria.blogspot.com.br

As imagens reproduzem ilustrações de cartilhas escolares difundidas nos governos de Getúlio Vargas, no Brasil, e de Juan Domingo Perón, na Argentina. Durante o Estado Novo no Brasil, toda informação divulgada era controlada pelo Departamento de Imprensa e Propaganda – DIP.

Cite, a partir do conteúdo das imagens, uma característica do governo Vargas e outra do governo peronista, respectivamente. Aponte, ainda, duas medidas aplicadas pelo DIP que tenham fortalecido a proposta política do Estado Novo.

26. Com base no esquema-resumo do tema 8 e nos seus estudos, escreva em seu caderno três fatores que contribuíram para a eclosão da Segunda Guerra Mundial.

27. A Segunda Guerra Mundial envolveu dois blocos antagônicos: o Eixo e os Aliados.

a) Quais foram os principais países que compuseram cada um desses blocos?
b) Os governos dos países ocidentais que compunham o Eixo defendiam a mesma ideologia política do que os governos dos países que compunham o bloco dos Aliados? Explique.
c) Que fato determinou a entrada dos Estados Unidos na Segunda Guerra Mundial, em 1941?

28. (Uerj)

guiadosquadrinhos.com

O personagem Capitão América, criado em 1941, é um cidadão norte-americano, voluntário na experiência para criar supersoldados que defendam o mundo de ameaças.

Identifique o conflito internacional em curso na época da criação do personagem. Em seguida, aponte duas medidas adotadas, nos anos de 1941 e 1942, pelo governo dos E.U.A. com relação ao conflito.

29. Com base no esquema-resumo do tema 9 e no que você estudou ao longo do capítulo, escreva um parágrafo sobre parlamentarismo e presidencialismo e as disputadas políticas no governo Jango.

30. (Unicamp-SP) 1549 e 1763 são os anos do estabelecimento de Salvador e Rio de Janeiro, respectivamente, como capitais da área que viria a ser o Brasil. Em 1960, a terceira capital foi inaugurada.

Em relação ao estabelecimento das capitais, responda:

a) Quais os objetivos políticos do estabelecimento das duas primeiras capitais?
b) Por que a mudança da capital do Rio de Janeiro para Brasília pode ser vista como uma mudança política e estratégica?

31. (Vunesp-SP)

(Augusto Bandeira. *Correio da Manhã*, 08.07.1962. In: Rodrigo Patto Sá Motta. *Jango e o golpe de 1964 na caricatura*, 2006. Adaptado.)

A charge representa João Goulart e Juscelino Kubitschek. A que episódio político a imagem se refere? Qual é o contexto político interno em que tal episódio se insere? Justifique sua resposta.

Responda as questões propostas com base no esquema-resumo do tema 10 e no que você estudou ao longo do capítulo.

32. Faça uma lista dos conflitos relacionados à Guerra Fria citados no capítulo e no esquema-resumo do tema 10. Em seguida, responda as questões em seu caderno:

a) É possível caracterizar a Guerra Fria como um conflito localizado e que envolveu apenas Estados Unidos e União Soviética? Justifique sua resposta com exemplos.

b) Retome as nações citadas ao longo do capítulo. Divida-as em duas listas: uma destacando os aliados dos Estados Unidos e outra elencando aliados da União Soviética.

33. A Guerra Fria, além de ter sido uma disputa pelo poder econômico e político entre duas nações, envolveu também um componente ideológico.

a) Identifique quais eram as ideologias apoiadas por Estados Unidos e URSS.

b) Em seguida, explique como essa disputa por projetos de sociedades esteve presente em pelo menos dois conflitos do período estudado.

34. (Uerj)

Phan Thi Kim Phuc:
um símbolo da Guerra do Vietnã

http://blogs.estadao.com.br

O destino da menina que foi a cara de uma guerra

Ela se transformou no símbolo da Guerra do Vietnã (1959-1975). Hoje, Phan Thi Kim Phuc ainda carrega as marcas do bombardeio, mas se esforça para superar o trauma. A bomba foi lançada sobre seu vilarejo, quando tinha 9 anos, por soldados do Vietnã do Sul contra tropas norte-vietnamitas. A operação foi coordenada por militares americanos.

No regime comunista, Phan obteve a autorização para estudar medicina em Cuba, onde conheceu seu marido. Na viagem de lua de mel, o avião fez uma escala no Canadá, de onde o casal nunca mais saiu. Nos anos 1990, a vietnamita passou a atuar como ativista de direitos humanos, tornou-se embaixadora da Unesco e criou uma fundação. Até hoje, Phan se lembra dos comentários do então presidente americano Richard Nixon, que duvidava da autenticidade da foto que correu o mundo, na qual ela foge nua após o ataque com bomba de napalm.

Adaptado de: <www.estadao.com.br>. Acesso em: 13 dez. 2009.

A Guerra do Vietnã, no sudeste asiático, foi um dos conflitos mais sangrentos do século XX, estando diretamente relacionado às tensões do contexto internacional, nas décadas de 1960 e 1970.

Identifique um fator que caracteriza a Guerra do Vietnã como um conflito típico da Guerra Fria. Apresente, também, duas consequências desse conflito para esse país.

35. (PUC-SP) Ao longo do século XX, grandes eventos esportivos revestiram-se, muitas vezes, de significado político. Nas décadas de 1970 e 1980, três edições dos Jogos Olímpicos foram alvo de boicotes por parte de alguns países. Interesses econômicos e esportes também se misturaram. As disputas entre países e cidades para sediar eventos esportivos internacionais são muito acirradas e plenas de estratégias diversas. Despertam tanta atenção do público quanto as próprias competições esportivas.

Para analisar essas relações, observe o mapa abaixo, consulte as tabelas e leia os textos na página seguinte.

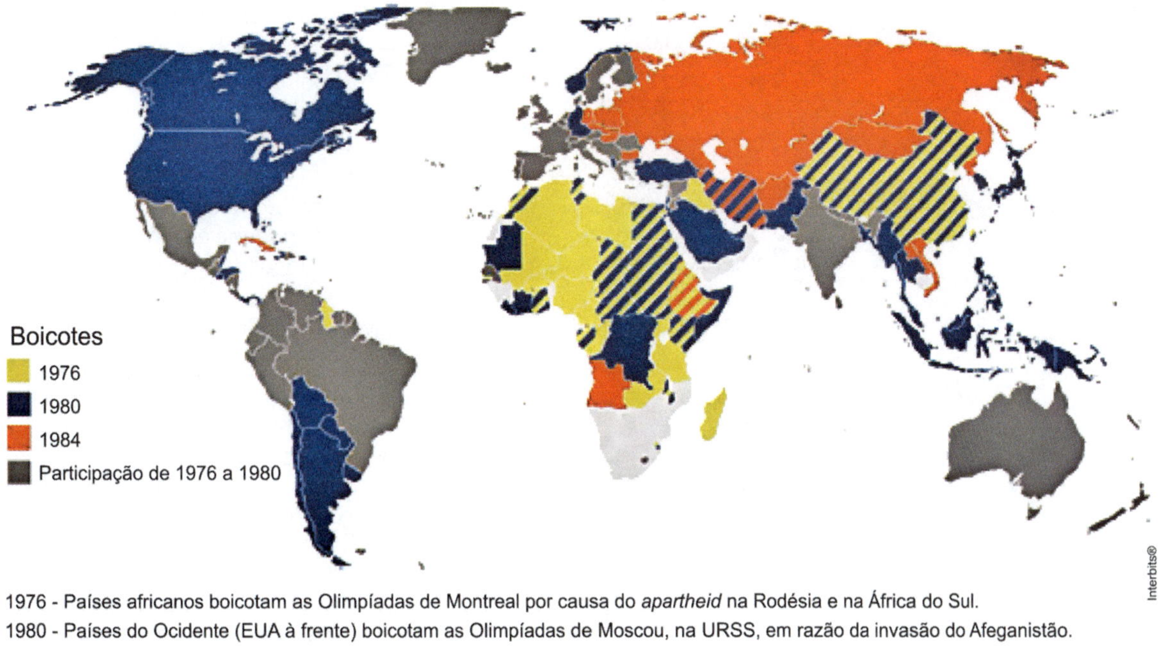

1976 - Países africanos boicotam as Olimpíadas de Montreal por causa do *apartheid* na Rodésia e na África do Sul.
1980 - Países do Ocidente (EUA à frente) boicotam as Olimpíadas de Moscou, na URSS, em razão da invasão do Afeganistão.
1984 - URSS e alguns aliados boicotam as Olimpíadas de Los Angeles, nos EUA.

"A Guerra Fria chegou aos Jogos Olímpicos em 1980. Os Estados Unidos lideraram um boicote massivo aos jogos de Moscou, em protesto contra a invasão do Afeganistão pela União Soviética, em 1979. Os Jogos Olímpicos sempre procuraram se desvincular das injunções políticas, porém, em 1980, o evento se converteu num peão da Guerra Fria, no confronto de gato e rato entre as duas superpotências: os Estados Unidos e a União Soviética."

(DEUTSCHE Welle. Moscow 1980: Cold War, Cold Shoulder. DW-World. DE, 31-07-2008. In: Disponível em: <http://www.dw.de/dw/article/0,2144,3524906,00.html>. Acesso em: 15 maio 2012, tradução nossa)

"Propor a candidatura de Paris aos Jogos de 2012 representou, acima de tudo, propor um enredo. Diferentes fatos e realidades foram combinados numa só história, marcada por grandes eventos – como o do renascimento do olimpismo em Paris, graças a Pierre de Coubertin –, grandes homens (o próprio Coubertin), grandes lugares do passado, presente e futuro. Ao narrar o encontro da grande cidade com o espírito olímpico, esse enredo não significava um mero truque para a ação, mas constituía seu centro, pois embasava o discurso que justificava o que estava sendo feito."*

Michel Lussault. *L'Homme Spacial*. Paris: Éditions du Seuil, 2007. p. 234-235, tradução nossa)

(*) Paris perdeu a indicação para Londres, onde se realizaram os Jogos Olímpicos de 2012.

Quadro de medalhas – Jogos Olímpicos de Montreal (1976)

País	Ouro	Prata	Bronze	Total
União Soviética	49	41	35	125
Alemanha Oriental	40	25	25	90
Estados Unidos	34	35	25	94
Alemanha Ocidental	10	12	17	39
Japão	9	6	10	25
Polônia	7	6	13	26
Bulgária	6	9	7	22
Cuba	6	4	3	13
Romênia	4	9	14	27
Hungria	4	5	13	22

Quadro de medalhas – Jogos Olímpicos de Moscou (1980)

País	Ouro	Prata	Bronze	Total
União Soviética	80	69	46	195
Alemanha Oriental	47	37	42	126
Bulgária	8	16	17	41
Cuba	8	7	5	20
Itália	8	3	4	15
Hungria	7	10	15	32
Romênia	6	6	13	25
Grã-Bretanha	5	7	9	21
Polônia	3	14	15	32
Suécia	3	3	6	12

Quadro de medalhas – Jogos Olímpicos de Los Angeles (1984)

País	Ouro	Prata	Bronze	Total
Estados Unidos	83	61	30	174
Romênia	20	16	17	53
Alemanha Ocidental	17	19	23	59
China	15	8	9	32
Itália	14	6	12	32
Canadá	10	18	16	44
Japão	10	8	14	32
Nova Zelândia	8	1	2	11
Iugoslávia	7	4	7	18
Coreia do Sul	6	6	7	19

Quadro de medalhas – Jogos Olímpicos de Pequim (2008)

País	Ouro	Prata	Bronze	Total
China	51	21	27	99
Estados Unidos	36	38	37	111
Rússia	23	21	27	71
Grã-Bretanha	19	13	15	47
Alemanha	16	10	15	41
Austrália	14	15	17	46
Coreia do Sul	13	10	8	31
Japão	9	6	10	25
Itália	8	10	10	28
França	7	16	17	40

Redija um texto sobre o tema, explorando os dados oferecidos na prova e considerando:

a) Os boicotes de 1976, 1980 e 1984 como formas de manifestação política e sua relação com o contexto geral da Guerra Fria;
b) As variações de desempenho dos países antes e depois do fim da Guerra Fria;
c) A importância dos grandes eventos esportivos como expressão de poderio econômico e de força na política internacional dos países.
d) O interesse dos países (e de cidades) em sediar os grandes eventos esportivos.

Responda as questões propostas a seguir com base no esquema-resumo do tema 11 e no que você estudou.

36. De que maneira a ascensão dos Estados Unidos e da União Soviética após o fim da Segunda Guerra Mundial colaborou com o processo de descolonização da África e Ásia? Justifique.

37. É possível afirmar que a América Latina, durante a Guerra Fria, se transformou em um campo de batalha "ideológico"? Justifique com exemplos.

38. (PUC-RJ)

Interbits®

A foto acima registra os representantes da China (Zhou Enlai) e da Índia (J. Nehru) na conferência de países "não alinhados", realizada em Bandung, na Indonésia, em abril de 1955. Considerando a importância desse encontro político, faça o que se pede.

a) Cite e explique um dos objetivos da reunião em Bandung.

b) Explique o princípio do "não alinhamento" que marcou essa conferência.

39. Identifique, resumidamente, as principais características das políticas econômicas aplicadas em cada um dos governos da ditadura militar.

40. (UEL-PR) Analise a foto, a seguir, tirada durante o período do Regime Militar no Brasil (1964-1985).

Interbits®

(VALENTE, R. Fotografias da ditadura são liberadas para consulta. Imagem no acervo do Arquivo Nacional. 1979. Folha de São Paulo. Disponível em: < http://www1.folha.uol.com.br/poder/1115936-fotografias-da-ditadura-sao-liberadas-para-consulta.shtml>. Acesso em: 1 ago. 2012.)

a) Identifique e descreva dois elementos da foto que permitam caracterizar o Regime Militar no Brasil.

b) A luta pela anistia ampla, geral e irrestrita tem desdobramentos no presente, a exemplo da Comissão da Verdade. Discorra sobre essa Comissão.

41. Orientando-se pelo esquema-resumo do tema 13 e mobilizando informações do capítulo, explique os fatores que contribuíram para o fim da União Soviética em 1991.

42. Partindo do esquema-resumo do tema 13, associe o processo de globalização ao fortalecimento das teorias neoliberais.

43. (Uerj)

Interbits®

Cartaz divulgando os benefícios concedidos pelo Estado inglês. Nele lê-se: "Saudações do Estado do Bem-estar Social".

Operários da siderúrgica ArcelorMittal protestam, em Marselha, contra plano do governo de Nicolas Sarkozy de aumentar a idade mínima de aposentadoria para 62 anos. Desde que a degradação da economia grega chamou atenção para os déficits explosivos europeus, os governos do continente se sucedem em anúncios de medidas de austeridade. Na Grécia, cortam-se salários e aposentadorias, aumentam-se impostos, e o resultado é uma economia de 30 bilhões de euros. A Espanha adiantou-se ao perigo e decidiu fazer cortes de 65 bilhões. Principal economia do continente, a Alemanha de Angela Merkel promete cortar 80 bilhões de euros até 2014.

Adaptado de: <dirleydossantos.blogspot.com.br>.

A imagem e o texto apresentados refletem momentos de grave crise social em duas épocas distintas. Na década de 1930, a solução encontrada para a crise foi o estabelecimento do Estado do Bem-estar Social. Este modelo, contudo, vem sendo contestado nas duas últimas décadas em função das decisões do Consenso de Washington, assinado por alguns países em 1989.

Apresente uma proposta do Consenso de Washington para a crise das sociedades capitalistas. Em seguida, aponte a prática do Estado de Bem-estar Social que contraria a proposta apresentada.

Olimpíada Nacional em História do Brasil

Promovida pela Universidade de Campinas (Unicamp), desde 2009 propõe-se a questionar a História do Brasil através do uso de documentos, textos, imagens e mapas, a partir dos quais são elaborados testes de múltipla escolha e realização de tarefas. No caso dos testes, apenas uma alternativa deve ser escolhida, embora existam diferentes possibilidades de respostas: resposta precisa (5 pontos), correta (4 pontos), menos correta (1 ponto) e inadequada (0 ponto). Os diferentes "pesos" das respostas são indicados ao final, no gabarito.

1. Numa entrevista para Ana de Oliveira no *site* Tropicália, o poeta e compositor José Carlos Capinan afirmou, sobre a canção "Soy loco por ti, América", composta em 1967, em parceria com Gilberto Gil:

Documento

A minha intenção era registrar a emoção pela morte de Che Guevara. Não quis dizer que eu era latino-americano, embora me sentisse assim. Sentia Cuba desde a revolução de Fidel Castro. [...]

Documento

Soy loco por ti, América
Soy loco por ti, América, yo voy traer una mujer playera
Que su nombre sea Marti, que su nombre sea Marti
Soy loco por ti de amores tenga como colores la espuma blanca de Latinoamérica
Y el cielo como bandera, y el cielo como bandera
Soy loco por ti, América, soy loco por ti de amores [...].

Alternativas:

a) Ainda hoje, essa canção aparece com sua autoria atribuída também a Torquato Neto, já que o nome deste poeta apareceu como parceiro na primeira edição do LP Caetano Veloso, de 1967.

b) Na canção, Che Guevara é apresentado como "el hombre muerto" de quem não se podia dizer o nome. Essa foi a forma de os compositores burlarem a censura na ditadura militar.

c) No verso "Espero a manhã que cante" Capinan utiliza uma imagem comum às canções de protesto dos anos 1960: a ideia de um futuro revolucionário.

d) Entre os problemas comuns citados pelo compositor estava a grande quantidade de ditaduras de esquerda nos países da América do Sul nas décadas de 1960 e 1970.

2. A seguir há um pequeno trecho do romance *Vidas Secas* (1937-1938), de Graciliano Ramos. Após lê-lo atentamente, e refletir sobre a obra, assinale a alternativa que julgar a melhor.

"[...] *Sinha Vitória desejava possuir uma cama igual à de seu Tomás da bolandeira. Doidice. Não dizia nada para não contrariá-la, mas sabia que era doidice.*[...]"

Graciliano Ramos, *Vidas Secas*.

Alternativas:

a) No romance *Vidas Secas*, Graciliano Ramos retrata a miséria do sertão focado numa família de retirantes que vive em constante deslocamento e opressão.

b) O pensamento de Sinhá Vitória em querer uma cama 'de verdade' traz a simbologia do desejo de fincar raízes, estabelecer um lugar de morada, contrário à vida de retirantes que perambulam pelo sertão.

c) A obra *Vidas Secas* de Graciliano Ramos reflete o engajamento do autor e sua denúncia social.

d) As décadas de 1930 e 1940 no Brasil foram marcadas por grandes secas no nordeste, retratadas na literatura regionalista, e levaram o presidente Vargas a criar a Sudene em 1948.

3. Em sua edição de fevereiro de 1893 a *Revista Illustrada* publicou em sua capa uma imagem e texto em referência à demolição do maior cortiço do Rio de Janeiro – localizado na Rua Barão de São Felix nº 154 –, no dia 26 de janeiro.

Interpretando a imagem, os versos e recorrendo a seus conhecimentos sobre a destruição do cortiço "Cabeça de Porco" escolha uma das alternativas.

Alternativas:

a) Há desigualdade de forças entre o poder público e as centenas de indivíduos pobres que viviam em locais populosos no centro da cidade.

b) A imagem e os versos trazem como personagens principais dos acontecimentos o cortiço Cabeça de Porco e o prefeito Barata Ribeiro.

c) A imagem e os versos omitem a violência envolvida no ato de despejar centenas de pessoas sem nenhum planejamento para realojá-las.

d) O planejamento público conseguiu reverter o problema das moradias irregulares no centro da cidade.

4. Observe a pintura de Di Cavalcanti e leia a notícia, publicada em agosto de 2012.

"Uma das mais importantes e significativas obras da arte brasileira, a pintura 'Samba', de Di Cavalcanti, foi destruída no incêndio que atingiu o apartamento do marchand e colecionador romeno Jean Boghici [...]*"*

Revista Brasileiros

Alternativas:

a) Na pintura, observamos características do movimento modernista brasileiro, como a predominância da representação de personagens negros e mestiços.

b) A pintura associa samba, sensualidade da mulher e natureza.

c) A tela Samba, apesar de sua importância, era propriedade particular e mantida longe das vistas do público, o que indica que a arte é também uma mercadoria.

d) O fato de a tela ter sido destruída no incêndio não é grave, uma vez que a partir dos registros existentes ela pode ser refeita.

5. O texto a seguir é um trecho de um conto do escritor Luís Antônio Matias Soares, que romanceou uma notícia de um episódio ocorrido em 02/05/2003, na periferia de Salvador, em que o tratorista Hamilton dos Santos se recusou a demolir as casas de duas famílias – num processo de reintegração de posse – construídas em um terreno que, judicialmente, era de propriedade privada.

"Com a chegada do operador Hamilton dos Santos e da retroescavadeira ao local, os oficiais de justiça se puseram finalmente a ler para todos os presentes – e em especial para aquelas duas famílias desalojadas [...]*".*

Hamilton dos Santos, brasileiro, casado, 53 anos, pai de família: profissão Cidadão

Alternativas:

a) Soares, ao romancear uma notícia de jornal, expõe a história do episódio ocorrido na periferia de Salvador em 2003 dividindo os personagens em heróis e vilões.

b) A atitude de Hamilton dos Santos foi uma afronta a um poder de Estado e pode ser interpretada como desobediência civil.

c) Relembrando o cortiço "Cabeça de Porco", pode-se afirmar que existe uma marca de violência na forma de tratar os problemas de terra urbana no Brasil.

d) O texto nos indica que Hamilton dos Santos se nega a demolir a casa de D. Telma Sueli por medo de retaliação por parte de outros moradores do bairro.

6.

"Quando cerca de 400 operários e operárias da seção têxtil do Cotonifício Crespi entraram em greve depois que a diretoria da fábrica tinha se recusado a conceder um aumento entre 15% e 20% do salário e [...]*"*

"A greve geral de 1917 em São Paulo e a imigração italiana", Texto acadêmico.

A partir do texto lido e sobre a Greve de 1917 em São Paulo pode-se afirmar que:

Alternativas:

a) As repressões enfrentadas no Brasil foram significativamente mais brandas do que as ocorridas após greves em países europeus.

b) Começou como um fato localizado em uma fábrica, mas com o passar do tempo ganhou amplas proporções e envolveu vastas parcelas do operariado urbano.

c) Inaugurou um período de organização política que agregou os operários em São Paulo, com destaque para os de origem estrangeira.

d) Está inserida em uma rede ampla de acontecimentos mundiais que alçaram os operários urbanos ao papel de protagonistas de transformações históricas.

7.

Sobre o grafite exibido responda:

Alternativas:

a) Denuncia a presença de políticos corruptos nas eleições brasileiras; o grafite os associa à imagem de um porco, animal considerado sujo, mas que na época da eleição aparece na televisão enganosamente limpo.

b) Apresenta a imagem de um muro composta por um fragmento de cartaz em prol de uma campanha salarial, pichações, e um grafite representando um porco, que aparece em um aparelho de televisão, fumando charuto, bem vestido e com o bolso do paletó cheio de dinheiro.

c) Faz referência à sanção e execução da lei da Ficha Limpa, de fevereiro de 2008, que proibiu todos os candidatos julgados e condenados por crimes contra o patrimônio público de participarem da campanha eleitoral daquele ano.

d) Questiona o sistema eleitoral republicano por suas contradições, visto que este, no passado, proibia a mulher de votar e hoje não impede que políticos corruptos se candidatem.

8.

"Quando, em abril de 1917, entraram no conflito os Estados Unidos, país com o qual o Brasil tentava estabelecer uma aliança especial desde anos antes, as pressões internas para a entrada na guerra cresceram. [...]*"*

João Fábio Bertonha. *A Primeira Guerra Mundial – o conflito que mudou o mundo (1914-1918).*

Escolha a alternativa mais pertinente.

Alternativas:

a) A crescente animosidade contra os alemães que viviam no Brasil e a desigualdade de forças entre o Exército Brasileiro e o Exército Alemão no contexto da Primeira Guerra Mundial são ressaltadas no texto.

b) A Primeira Grande Guerra atingiu o Brasil de diferentes maneiras, como por exemplo, pela crise da economia agroexportadora de café e pelo acirramento do sentimento de nacionalismo.

c) O mau estado das tropas e das munições e as condições precárias da frota naval da Marinha do Brasil trouxeram a morte a centenas de marinheiros brasileiros no confronto direto com os alemães.

d) A entrada do Brasil na Primeira Guerra Mundial levou à adoção de medidas contra a comunidade alemã que aqui vivia como, por exemplo, o fechamento de escolas alemãs no sul do país.

9. *"Tornou-se um lugar comum chamar o regime político existente entre 1964 e 1979 de "ditadura militar". Trata-se de um exercício de memória, que se mantém graças a diferentes interesses, a hábitos adquiridos e à preguiça intelectual. [...]".*

Daniel Aarão Reis. *A ditadura civil-militar* (O Globo, 31/3/2012)

Escolha a alternativa mais pertinente.

a) Celebra o insucesso da revisão da Lei de Anistia de 2010, para que estes temas do passado não tragam instabilidade à democracia atual.

b) Defende que a memória é seletiva para ocultar relações e benefícios que setores da sociedade obtiveram com a ditadura.

c) Associa a memória que busca elidir a participação civil na ditadura ao desejo de ocultar as pontes entre o passado recente e o presente.

d) Argumenta que a instauração da ditadura militar no Brasil teve apoio civil que se manifestou, por exemplo, por meio de marchas.

10. Observe a fotografia e o cartaz e assinale a alternativa mais pertinente:

Alunos da escola Darci Vargas, São Carlos, Relatório da Delegacia Regional de São Carlos, 94.

Cartaz com imagem de Getúlio Vargas

Alternativas:

a) A disposição da cena – postura das crianças e da professora, o uniforme escolar, as imagens ao fundo – nos permite inferir que a disciplina e o patriotismo eram conceitos importantes para a educação do período.

b) A fotografia apresenta uma classe escolar disposta organizadamente ao ar livre, composta por meninos e meninas que estão em torno da professora e, ao fundo, a imagem de Getúlio Vargas e da bandeira do Brasil.

c) As escolas particulares eram mais patrióticas do que as escolas públicas, pois como mostra a fotografia, primavam pelo uso obrigatório do uniforme e pela referência aos símbolos nacionais.

d) A exaltação às leis de amparo ao trabalhador, presente no texto do cartaz, faz alusão à Reforma Capanema, a qual institui o ensino profissionalizante no país.

11. *"Realizado de 26 a 28 de julho de 1957 nas dependências do palácio da Assembleia Legislativa do estado do Espírito Santo, em Vitória [XVI Congresso Nacional do Partido da Representação Popular (PRP)], o conclave daria suporte às comemorações integralistas que se prolongaram por mais de seis meses. [...]".*

Rodrigo Christofoletti. "Rapsódia verde: as comemorações do jubileu de prata integralista e a manutenção de seu passado/presente (1957-1958)". *Rev. Bras. Hist.* [*online*]. 2011

Assinale a alternativa mais pertinente, considerando que o congresso integralista:

a) Caracterizou-se pela recuperação de antigos símbolos, além de firmar em assembleia o compromisso institucional partidário do PRP com o presidente JK.

b) Esforçou-se para reafirmar a memória e identidade do grupo, no sentido de revigorá-las no novo contexto democrático, vinculando o passado ao presente.

c) Procurou restabelecer um vínculo com o seu período de fundação, convocando antigos militantes, que ficaram descontentes com as alianças político partidárias do PRP.

d) A volta de símbolos integralistas do passado, tal como o sigma, revelava a intenção do partido em democratizar seus princípios e adaptá-los a um Brasil moderno.

12. Observe o cartaz e escolha a alternativa mais pertinente:

Ribamar de Castro e Cláudia Moretto, fotografia de Cláudio Freitas. *Greve Geral. Proteja-se deste Plano Verão*, São Paulo: Editora CUT, 1989.

Alternativas:

a) O cartaz propaga a ideia de que o alcance da pauta de reivindicações só será possível por meio de um protesto organizado, liderado pela central sindical, utilizando-se da "greve geral" como instrumento de proteção ao trabalhador.

b) É possível perceber, na pauta de reivindicações do cartaz, propostas que já haviam sido adotadas pelo governo Sarney, tais como "reforma agrária" e "política de reajustes salariais".

c) A mensagem da propaganda "brinca" com o símbolo de um produto consumido no verão (protetor solar) para veicular sua crítica e oposição a um plano econômico conhecido por "Plano Verão".

d) O cartaz evidencia a mobilização de uma central sindical de trabalhadores contra os planos de ajustes econômicos e fiscais elaborados durante o governo do então presidente José Sarney.

13. Leia um trecho do jornal *Gazeta de Notícias* de 14 de novembro de 1904 e assinale a alternativa mais pertinente:

> *"Os acontecimentos de ontem foram mais graves que os dos dias antecedentes. As arruaças tomaram maiores proporções estendendo-se pela cidade que pode-se dizer, esteve nos seus pontos principais em completa desordem, desde 1 da tarde. [...]"*

Gazeta de notícias de 14 de novembro de 1904.

Alternativas:

a) O término da revolta contra a vacina ocorreu quando o presidente Rodrigues Alves destituiu Oswaldo Cruz da responsabilidade pelo saneamento na capital federal, responsabilizando-o pelas mortes ocorridas em 1904.

b) A diversidade de grupos sociais aglutinados em torno da não obrigatoriedade da vacina nos permite inferir que uma parcela da população estava insatisfeita com os rumos da política republicana.

c) O texto jornalístico apresenta um momento de intensificação da revolta contra a vacina obrigatória por meio do enfrentamento marcado pela violência entre os populares e a força policial.

d) As obras citadas no texto aludem ao discurso modernizador de Rodrigues Alves que, além de estabelecer políticas de saneamento para a capital, implementava reformas urbanas de caráter excludente.

14. Observe a charge e assinale a alternativa mais pertinente:

Voto de Cabresto

...

a) A prática de voto descrita como "cabresto" estava na base da política dos governadores posta em prática pelos grupos oligárquicos na chamada República Velha, com o objetivo de manterem-se no poder.

b) A charge mostra o eleitor na forma de um burro sendo levado até as urnas pelo político e recebido por uma mulher representando a "soberania".

c) A charge representa uma das fraudes eleitorais da Primeira República, quando o eleitor recebia e depositava na urna um papel com o nome do candidato do coronel da região, sem fazer sua própria escolha.

d) A charge mostra o papel da mulher como eleitora na década de 1920, representada no documento pela soberania.

15. Após observar a fotografia selecione a alternativa mais pertinente:

Obras da Rodovia Acre-Brasília, 1960

...

a) É possível concluir que o plano de integração nacional se baseou na ampliação da malha rodoviária, como a rodovia Acre-Brasília sugere.

b) Interiorização, rodovia e progresso eram ideias afins que acabavam por se chocar com outras realidades existentes no interior do Brasil.

c) O plano de integração nacional possibilitou que o município de Rio Branco, no Estado do Acre, até então completamente isolado, se conectasse ao restante do país.

d) A fotografia retrata o contexto das ações político-econômicas que visavam à integração nacional ao longo das décadas de 1950 a 1970.

Respostas

TEMA 1

O nosso tempo e o Brasil, uma república

1. d
2. e
3. a
4. c
5. a
6. a
7. c
8. b

TEMA 2

A Primeira Guerra Mundial (1914-1918)

1. b
2. c
3. a
4. b
5. d
6. c
7. e
8. d
9. e
10. a

TEMA 3

Revolução Russa

1. V – V – V – F – F
2. d
3. b
4. d
5. e
6. b
7. d
8. b
9. d

TEMA 4

Brasil, uma jovem República velha

1. d
2. e
3. a
4. d
5. b
6. e
7. d
8. a
9. a
10. e

TEMA 5

Crise de 1929

1. b
2. c
3. d
4. a) Entre as medidas, destaque para a emissão de moeda e criação de empregos em obras públicas.
   b) A diminuição das exportações de café levou o Estado a um rígido controle via Conselho Nacional do Café; houve redução de salários, aumento do desemprego e redução de recursos estrangeiros.
5. a
6. b
7. b
8. c
9. d
10. c

TEMA 6

Fascismo e nazismo

1. b
2. O totalitarismo nazista estava assentado no antissemitismo, na conquista do "espaço vital", na eliminação de toda e qualquer oposição. No contexto de sua emergência destaca-se a derrota alemã na Primeira Guerra Mundial, nas determinações do Tratado de Versalhes que apontou a Alemanha como "culpada" pela guerra e o forte sentimento nacionalista em meio à República de Weimar, sob crescente pressão dos grupos revolucionários de esquerda inspirados na Rússia revolucionária. No nazismo estão presentes, além do antissemitismo e do nacionalismo, o militarismo, o anticomunismo e antiliberalismo.
3. a) o nacionalismo, o militarismo, o anticomunismo e o antiliberalismo.
   b) "Ensaio Geral" por ter sido um teste bélico para a guerra.
4. c
5. b
6. c
7. V – F – F – V – F
8. a
9. c
10. e

TEMA 7

Brasil: Vargas de 1930 a 1945

1. d
2. c
3. b
4. a) Até 1945: leis trabalhistas com amplo controle estatal dos sindicatos e da imprensa. 1951/1954: agitação sindical/ trabalhista, crescente pressão liberal por parte da UDN.
   b) No primeiro os efeitos da Crise de 1929, as pressões para alinhar-se aos aliados na Segunda Guerra Mundial. No segundo, política nacionalista sob fortes pressões dos Estados Unidos para abertura de mercado e alinhamento.
5. c
6. b
7. c
8. d
9. 01 – 02 – 04
10. c

TEMA 8

A Segunda Guerra Mundial (1939-1945)

1. a
2. a) Na primeira imagem temos uma russa (representando uma mãe russa) sobre os soldados pedindo Liberte sua Bielorússia. Na segunda, a imagem alemã aponta o invasor com bombas, armas, aviação, saco de dinheiro, com o símbolo da estrela de Davi, um índio corneteando o avanço destruidor. Também na mão que segura um disco de vinil desce uma corda de enforcar, no peito uma gaiola de prisioneiros e no ventre o tambor ritmando a invasão. Abaixo do destruidor (Liberators), a destruição e, ao fundo, a estátua da Liberdade.
   b) Em 1943, primeira imagem, a URSS dava início à expulsão dos alemães, sendo a batalha de

Stalingrado o principal marco do início daquilo que acabou sendo denominado de Primeira Frente contra a Alemanha. Já em 1944, segunda imagem, temos as forças aliadas atacando a Alemanha, já na confluência das outras frentes de avanço sobre a Alemanha.

3. a
4. a
5. Houve ampliação dos turnos de trabalho (esforço de guerra) e maior emprego da mão de obra feminina na indústria, já que a masculina, em grande parte, tinha sido recrutada para a guerra.
6. b
7. a
8. c

TEMA 9

Brasil: o período liberal democrático

1. b
2. a
3. d
4. c
5. d
6. c
7. a
8. d
9. c
10. a
11. d
12. a
13. e

TEMA 10

O Pós-Guerra e a Guerra Fria

1. b
2. b
3. a) As imagens expressam uma transformação geopolítica da Idade Medieval para a Idade Contemporânea. São projetados os quadros de guerra em ambos os jogos. Na primeira temos o jogo de xadrez com um cenário de batalha medieval, com dois exércitos em confrontação. No caso, estão as peças tradicionais do jogo de xadrez (peões, torres, cavalos e reis). Em tudo lembra o mundo medieval europeu do século XI. Já na outra imagem todo o planeta está envolvido na confrontação da Guerra Fria.
   b) São imagens que apontam confrontações típicas de seus contextos históricos: um da Idade Média europeia e outro do mundo contemporâneo do século XX; um restrito a certos espaços europeus e outro que atinge todo o planeta.
4. e
5. c
6. 01 – 08 – 16 – 32
7. a
8. d
9. b
10. e

TEMA 11

Descolonização e lutas sociais no "Terceiro Mundo"

1. c
2. d
3. a
4. e
5. a
6. V – V – F – F – V
7. e
8. b
9. c
10. a) A dominação inglesa e o desejo de autonomia; a atuação repressiva colonialista e a subordinação produtiva. b) O trabalho lento e desmotivado e a pouca produtividade representam uma reação de resistência à imposição do patrão, que nada ou quase nada divide adequadamente dos proventos do trabalho com seus empregados.
11. c

TEMA 12

Brasil: o Regime Militar

1. d
2. b
3. e
4. d
5. d
6. e
7. d
8. c
9. b
10. a) Tortura e morte de Wladimir Herzog e de Fiel Filho correspondem a exemplos de violação aos direitos humanos e que foram descritos oficialmente na época do Regime militar como suicídios.
    b) Na Argentina e no Chile, na Operação Condor, com a prisão, tortura, sequestro de filhos recém-nascidos e morte por autoridades militares de opositores ou pretensos opositores.
11. a

TEMA 13

O fim da Guerra Fria e a Nova Ordem Mundial

1. d
2. d
3. e
4. O contexto era o do pós-Guerra Fria, do avanço da Globalização (mundialização capitalista), que buscam a integração, a formação do Mercado Comum Europeu. O objetivo era enfrentar os desafios do novo quadro regional com as fragmentações do Leste europeu, pós-URSS. Na atualidade, entre os grandes desafios, estão o elevado desemprego em alguns de seus membros, especialmente entre os mais jovens, e a diversidade das economias, consequência para muitos de uma maior expansão alemã, que não distribui vantagens para vários países do Mercado Comum.
5. d
6. 04 – 08 – 16
7. e
8. c
9. c
10. e
11. a) Anunciar que não se precisa de sindicato, de estabilidade, de benefícios é apontar a ausência da intermediação do Estado. É admitir que não cabe ao Estado a regulação das relações de trabalho, um discurso típico da "economia de mercado" neoliberal com seu Estado mínimo da década de 1980 e 1990. Integram tal discurso as denominações de pós-industrialismo, globalização, reestruturação e, de certa forma, voluntariado.
    b) As relações de trabalho não mais teriam as garantias conseguidas na época do "bem-estar social", nem sindicatos, estabilidade no emprego, numa "flexibilização" quanto ao ordenamento que prevalecia até então.

TEMA 14

Brasil: século XXI

1. b
2. c
3. b
4. b
5. 01 + 04 + 16 = 21
6. e
7. 04 + 08 = 12

Desafio

Atividades

1. Resposta livre em que deve constar a estrutura oligárquica assentada no coronelismo, que excluía a maioria da população da ordenação política. Questões sociais que representassem ameaça ao *status quo* eram reprimidas pela força.
2. Resposta livre em que deve constar a união entre a esfera federal, estadual e local para o domínio político e sua manutenção. Para tanto, ver no primeiro capítulo do Livro 3 o texto com o subtítulo: "Mecanismos políticos do poder oligárquico."
3. Pouco ou nada mudou do final do século XIX até meados do século XX no sertão nordestino. A política coronelista e a estrutura assentada no latifúndio impunham uma ordem social excludente, em meio ao mandonismo e à violência. Há quem veja os cangaceiros tão somente como bandidos, promotores impiedosos da violência. Também há quem aponte que eram contestadores da ordem estabelecida e gerados pela própria opressão social. Heróis e bandidos e não heróis ou bandidos. Certo mesmo é que espalharam medo e morte pelo sertão, saqueando povoados, fazendas e cidades. Algumas vezes mantinham ligação com os poderes estabelecidos, fazendo acordos de proteção armada nas disputas regionais. Outras vezes eram rivais de coronéis, quase sempre perseguidos pelas volantes, os grupos temporários de soldados para combater o cangaço. Tanto cangaceiros como os membros das volantes eram de famílias sertanejas pobres, exploradas pelos coronéis. O número de bandos de cangaceiros variou ao longo das décadas, sendo o mais famoso de todos o de Virgulino Ferreira da Silva, conhecido como Lampião.
4. Após a Guerra houve o desmembramento do Império Austro-Húngaro e do Império Otomano. Firmou-se a independência da Iugoslávia, Hungria e a Polônia obteve da Alemanha o "corredor" com o porto de Danzig (Gdansk). Do mar Báltico (Finlândia, Estônia, Letônia e Lituânia) ao Mar Negro (Romênia, Bulgária e Turquia) formou-se um cordão sanitário contra a Rússia socialista que logo passou a ser a URSS.
5. A criação do sistema de alianças, com a Liga dos Três Imperadores pela Alemanha visava isolar a França, evitar o seu revanchismo contra os acordos que se viu obrigada na Guerra Franco-prussiana. Porém, os atritos da Rússia com o Império Austro-Húngaro na região balcânica logo desfizeram a Liga que acabou substituída pela Tríplice Aliança, juntando a Alemanha com a Áustria-Hungria, aquela interessada em avançar pela saída balcânica para o Mediterrâneo, e a Itália, tanto como a Alemanha, desejando participar da partilha colonial, já que tinham se unificado tardiamente. O contrapeso à Tríplice Aliança foi a aproximação da Inglaterra à França (Entente Cordiale) e depois com a Rússia (Tríplice Entente). A Inglaterra percebeu o avanço alemão sobre áreas de seu interesse e a Rússia estava em atritos nos Bálcãs com seu "pan-eslavismo".
6. Na guerra de movimento os exércitos buscavam avançar com rapidez para dominar áreas inimigas. Na guerra de trincheiras, os lados em combate estacionaram suas forças, sem grandes perdas ou conquistas.
7. Resposta livre.
8. Resposta Livre.
9. Trótsky: tese da "revolução permanente", internacionalizar a revolução; Stálin: "socialismo num só país", fechamento da URSS.
10. O governo provisório liderado pelos mencheviques optou pela manutenção na Primeira Guerra Mundial, tinham ideais de promover o desenvolvimento do país para posterior passagem de poder aos trabalhadores. O novo governo bolchevique, iniciado em outubro, dava o poder aos trabalhadores organizados nos soviets. A Rússia retira-se da guerra, o governo revolucionário adota o comunismo de guerra e implementa a NEP.
11. a) Revolução Russa de outubro de 1917 com o poder controlado pelos trabalhadores.
    b) Regulamentações trabalhistas, melhores condições de trabalho, melhores salários, seguridade, entre outros.
12. Após a instalação do governo bolchevique ocorre a implantação do socialismo na Rússia com a estatização de bancos e empresas, reforma agrária, controle do poder pelas organizações dos trabalhadores, a NEP, o comunismo de guerra e posterior URSS, que ampliou a planificação econômica.
13. O controle oligárquico do Estado republicano e as divergências com os militares mantinham excluída grande parte da população. O voto aberto permitia o controle dos coronéis e até mesmo a criação de instituições para formalizar as fraudes sob controle político das elites. Neste contexto político o desenvolvimento industrial e a chegada de imigrantes levaram à organização nas pressões reivindicatórias das classes médias urbanas, como demonstrado nas greves operárias e nos levantes tenentistas contrários à ordem oligárquica do período.
14. A formação da Aliança Liberal representa o rompimento da política do café com leite predominante. A indicação por Washington Luís de um sucessor paulista (Júlio Prestes) para as próximas eleições levou os oligarcas dissidentes a pleitearem um candidato próprio.
15. A elite percebe que a fragmentação política e a crise na sucessão de Washington Luís poderiam levar à tomada do poder por grupos sociais populares. Essa afirmação demonstra a aversão e o temor de um governo bem diverso do oligárquico e também as pressões de diversas organizações contrárias à ordem estabelecida, como o movimento tenentista, os anarquistas e comunistas, e demais movimentos sociais.
16. a) Os episódios que podem ser identificados são: Revolta da Armada (dissenções militares entre a marinha e o governo), Revolução Federalista (conflitos intraoligárquicos no Rio Grande do Sul), Canudos (o atentado ao presidente Prudente de Morais ao fim da guerra).
    b) As forças armadas

desempenhavam papel político desde a derrubada de D. Pedro II barrando golpes do período republicano. Além disso, foram responsáveis pela atuação nas questões sociais do período quanto à repressão, que tornava caso de polícia manifestações e lutas sociais. As forças armadas desempenhavam, portanto, papel fundamental na construção daquela República.

17. Especulação financeira, superprodução agrícola/industrial e a política liberal.
18. Resposta livre.
19. a) A "política da boa vizinhança" buscava aproximação com outros países num quadro internacional de tensão e de confrontos, especialmente com as políticas militaristas dos nazifascistas.
    b) Favoreceu a aproximação dos EUA com os governos dos países americanos, processo que culminaria no alinhamento de alguns deles (como o Brasil) aos EUA na Segunda Guerra Mundial e posterior alinhamento na época pós-Guerra Fria.
20. a) A reação foi de concessões, no que ficou conhecido como "política de apaziguamento".
    b) As concessões eram feitas a governos que representavam barreiras à "ameaça vermelha"; buscavam evitar a confrontação que poucos anos antes arruinara a Europa.
21. Resposta livre.
22. Com relação aos cafeicultores, o governo de Getúlio deu incentivo ao setor seguindo a política de valorização, porém enfrentou a reação paulista em 1932. Foram nomeados como interventores nos estados. A Constituição de 1934 estendeu o voto às mulheres e o voto secreto. O setor empresarial foi apoiado pela política de substituição de importações e também com a criação de estatais na área de infraestrutura. Leis trabalhistas beneficiaram a classe proletária.
23. O DIP foi importante instrumento de controle e propaganda do Estado. Dentre suas práticas estavam a censura e a fiscalização das publicações. Durante o Estado Novo foi instrumento de coerção e propaganda da figura pessoal do presidente. Foi instrumento de informação entre ministérios e de combate a qualquer forma de perturbação à unidade federal.
24. a) A tensão entre o governo Vargas e o Estado de São Paulo em 1932 pode ser observada no descontentamento dos paulistas com os rumos políticos após a derrubada de Washington Luís em 1930, com a política de interventores de Vargas e com as práticas autoritárias do governo central. O intervencionismo estatal na política de valorização do café desagradou aos produtores, que compunham a base da elite econômica do Estado. Também houve manifestações populares e trabalhistas contra o caráter repressor do governo.
    b) Para os paulistas, a convocação de uma Constituinte deveria restabelecer a ordem legal, encerrar o caráter excepcional e autoritário do governo provisório, incorporar a pauta trabalhista e, ao restaurar o federalismo, recuperar o prestígio político anterior do estado de São Paulo. Os enfrentamentos entre setores paulistas e o governo Vargas em 1932 constituem a base da questão. Os itens **a** e **b** estavam associados a um mesmo processo, mas se exigia na parte inicial a descrição do quadro de tensão que poderia ser extraído do próprio enunciado, pela atenta leitura, quando os manifestantes paulistas apontavam a existência de uma ditadura, a perda do prestígio político do estado e a inexistência de um regime constitucional. O item **b**, como complemento, focalizava a demanda pelo restabelecimento da ordem constitucional. Entretanto, para responder adequadamente, os candidatos deveriam compreender qual é a função de uma Constituição em um Estado de Direito. A maior dificuldade encontrada pelos estudantes na questão foi identificar o período com o Estado Novo (1937-1945), sem levar em conta que a questão abordava um período anterior, 1932.
25. Uma das características do governo Vargas:
    - nacionalismo
    - culto ao líder
    - culto ao modelo tradicional de família
    - valorização da escola como espaço para construção da cidadania

    Uma das características do governo peronista:
    - nacionalismo
    - culto ao líder
    - valorização da escola como espaço para construção da cidadania

    Duas das medidas:
    - censura à imprensa
    - controle dos meios de comunicação
    - valorização da radiodifusão e do cinema como instrumentos de propaganda estatal
    - regulamentação de manifestações culturais populares na defesa de ideias nacionalistas do governo Vargas
26. Resposta livre.
27. a) Entre os principais tivemos: Eixo: Alemanha, Itália e Japão; Aliados: Inglaterra, EUA e URSS.
    b) Sim, para o Eixo, prevalecia o nazifascismo. Já entre os Aliados estavam países capitalistas e comunistas.
    c) Foi o ataque japonês à base norte-americana de Pearl-Harbor no Pacífico.
28. Foi criado durante a Segunda Guerra Mundial. Diante da expansão japonesa no Pacífico e pressionados pelos vínculos com os ingleses, os EUA entraram na guerra contra o Eixo. Também ampliaram o apoio bélico aos seus aliados, prenderam indivíduos tidos como potenciais ameaças aos EUA em seu próprio território (caso dos campos de prisioneiros japoneses) e lideraram nos combates na região do Pacífico.
29. Resposta livre.
30. a) A questão solicitava a identificação dos objetivos políticos no estabelecimento das duas primeiras capitais brasileiras. Salvador, em 1549, marcou o

processo de centralização política, com a criação do Governo Geral, e atendia aos interesses metropolitanos de ampliar a presença da coroa e aumentar a defesa da colônia. A transferência da capital para o Rio de Janeiro, em 1763, deslocou a administração para o sul da colônia, tornando-a mais próxima do novo eixo econômico surgido a partir da exploração das minas, além de reforçar o domínio português no processo de expansão territorial em áreas de conflito com a América Espanhola.

b) A transferência da capital para Brasília contemplava oficialmente os objetivos de promover a interiorização do país, de promover a integração regional e assegurar a defesa dos órgãos governamentais contra eventuais ataques externos. Também significou o distanciamento do poder político das áreas mais populosas, o que diminuía a pressão pública sobre os governantes. Outro uso político foi a caracterização da cidade como símbolo da modernidade do governo JK.

31. A charge representa o referendo que confirmava a opção pelo presidencialismo. O contexto político de que faz parte este episódio foi o da implantação de um regime parlamentarista que reduziu os poderes de Jango, porém frágil, devido à queda sucessiva de quatro primeiros-ministros.

32. a) Resposta livre com base em pesquisa.
b) Resposta livre com base em pesquisa.

33. a) Capitalismo/liberal-democrático e socialismo/comunismo.
b) Guerra da Coreia, Guerra do Vietnã, Revolução Cubana, independência de Angola, Moçambique, etc.

34. A Guerra do Vietnã pertence à confrontação leste/oeste da Guerra Fria, integrada à descolonização. Os EUA apoiavam o Vietnã do Sul e seus vietnamitas, e a URSS, o Vietnã do Norte e seus vietnamitas, como também os guerrilheiros do Vietnã do Sul, os vietcongues. Foi uma guerra localizada, pois não envolveu diretamente soldados soviéticos na confrontação. Como resultado, houve a vitória nortista e a unificação do Vietnã, que adotou um modelo socialista.

35. Bem além da confraternização sempre destacada pelos Jogos Olímpicos e das disputas esportivas, há outros vieses, como as disputas ideológicas, políticas e econômicas. Entram nacionalismos e poderes. Na época da Guerra Fria (1945-1991), União Soviética e Estados Unidos e seus principais aliados buscavam mostrar força nas Olimpíadas. URSS, Cuba, Alemanha Oriental, entre outros, de um lado, destacavam suas conquistas como reflexo de seus desenvolvimentos sociais, o mesmo acontecendo com o lado oposto, tendo à frente os EUA e a Alemanha Ocidental, entre outros. Algumas vezes, nos atritos e confrontos da Guerra Fria, houve boicotes como o dos EUA nos Jogos de Moscou (1980) como crítica à invasão soviética no Afeganistão. O mesmo aconteceu, nos Jogos de Los Angeles (1984), quando a URSS e alguns de seus aliados boicotaram os Jogos.
Com o final da Guerra Fria, os jogos ganharam novas tonalidades, reflexo das mudanças geopolíticas e econômicas da Nova Ordem Mundial. No caso, a queda no quadro de medalhas de alguns países do leste europeu e da Rússia servem de exemplo, além da participação de novos países que surgiram na fragmentação territorial da Iugoslávia e da URSS. Também ganhou impulso a participação de alguns países emergentes, destaque para a China e a escolha do Rio de Janeiro para sediar os jogos de 2016.

36. Com as divergências entre EUA e URSS, a busca de áreas de influência favorecem as lutas contra as metrópoles coloniais e a independência política.

37. Na medida em que surgiram na América Latina projetos de transformação em direção ao socialismo em contraposição à ordem capitalista, firmou-se um quadro de batalha "ideológica" que nem sempre ficou restrito ao campo das ideias, mas chegam aos embates políticos e mesmo à confrontação armada. Exemplos são Revolução Cubana e seu apoio a grupos de outros países, a guerrilhas e insurreições militares (Araguaia, Caparaó, Nicarágua, El, Salvador, etc.)

38. a) Representou o repúdio à ordem bipolarizada de alinhamento aos modelos dos EUA e da URSS, bem como estímulo às independências e autonomias de países do então denominados "Terceiro Mundo".
b) "Não alinhamento" era a não adesão automática ao que se denominava de 1º Mundo, capitaneado pelos EUA capitalista, e nem ao 2º Mundo, liderado pela URSS socialista.

39. Resposta livre.

40. a) A perda de direitos políticos por parte de opositores e líderes políticos, bem como o assassinato do jornalista Wladimir Herzog pela repressão ditatorial.
b) Tenta resgatar a memória de acontecimentos da época da ditadura e trazer ao conhecimento público (e da História) os atos de repressão, tortura e assassinatos avessos aos direitos humanos.

41. Resposta livre.

42. Resposta livre.

43. Entre as propostas estão o fim das barreiras alfandegárias, o livre-comércio e o Estado mínimo. O Estado de Bem-estar Social assegura: garantias trabalhistas, seguro-desemprego, maior intervenção estatal, regulamentação das relações empresa/empregado.

Olimpíada Nacional em História do Brasil

1. a) 4 b) 1 c) 5 d) 0
2. a) 1 b) 5 c) 4 d) 0
3. a) 4 b) 1 c) 5 d) 0
4. a) 4 b) 1 c) 5 d) 0
5. a) 1 b) 5 c) 4 d) 0
6. a) 0 b) 1 c) 4 d) 5
7. a) 4 b) 1 c) 0 d) 5
8. a) 1 b) 5 c) 0 d) 4
9. a) 0 b) 4 c) 5 d) 1
10. a) 4 b) 1 c) 0 d) 5
11. a) 1 b) 5 c) 4 d) 0
12. a) 5 b) 0 c) 4 d) 1
13. a) 0 b) 4 c) 1 d) 5
14. a) 5 b) 1 c) 4 d) 0
15. a) 4 b) 5 c) 0 d) 1

PROJETO MÚLTIPLO

Caderno do Enem

História

Ensino Médio

editora scipione

editora scipione

Diretoria editorial: Lidiane Vivaldini Olo

Editoria de Ciências Humanas: Heloísa Pimentel

Editora: Vanessa Gregorut

Colaboradores: André Nicácio, Carina Carvalho

Supervisão de arte e produção: Sérgio Yutaka

Equipe de arte: Eber Alexandre de Souza, Mauro Roberto Fernandes, Ester Harue Inakake, Cleiton Caliman

Supervisão de arte e criação: Didier Moraes

Edição de arte e criação: Tyago Bonifácio da Silva

Design gráfico (capa e miolo): UC Produção Editorial

Gerência de revisão: Hélia de Jesus Gonsaga

Equipe de revisão: Rosângela Muricy (coord.); Ana Curci, Gloria Cunha, Luís Maurício Boa Nova e Vanessa de Paula; Flávia Venézio dos Santos e Gabriela Macedo de Andrade (estags.)

Coordenação de iconografia: Fabiana Manna da Silva

Pesquisa iconográfica: Ellen Finta, Graziele Costa, Marcella Doratioto e Tamires Castillo

Fotos da capa: Universal History Archive/The Bridgeman Art Library/Keystone, The Bridgeman Art Library/Keystone/World Religion Photo Library/Coleção particular, Justin Tallis/Agência France-Presse

Grafismos: Shutterstock/Glow Images

Av. das Nações Unidas, 7221, 3º andar, setor D

Pinheiros – São Paulo – SP – CEP 05425-902

Tel.: 4003-3061

www.scipione.com.br/atendimento@scipione.com.br

2022

ISBN 978 85 262 9394-6 (AL)

ISBN 978 85 262 9395-3 (PR)

Código da obra CL 738775

CAE 502788 (AL)

CAE 502789 (PR)

1ª edição

10ª impressão

Impressão e acabamento: Bercrom Gráfica e Editora

Uma publicação Abril EDUCAÇÃO

Material elaborado por:

Andréa da Silva C. Podda

Filipe Couto de Souza

Nelson da Costa Seckler

Veronica André da Silva Campos

Eduardo Quintas da Silva

Luis Felipe Silva Abad

Gabriel Carvalho Magno

Luis da Costa

Rui Alves Gomes de Sá

Sérgio Augusto Domingues

Claudio Ribeiro Falcão

Iara Vieira Guimarães

Paulo Rogério de Andrade Santos

Rafael Barreto de Campos

Rogério Rocha de Athayde Selva Guimarães

Valéria Trevizani Burla de Aguiar

Sumário

AULA 1

Competência 5 Utilizar os conhecimentos históricos para compreender e valorizar os fundamentos da cidadania e da democracia, favorecendo uma atuação consciente do indivíduo na sociedade.

Habilidade 23 Analisar a importância dos valores éticos na estruturação política das sociedades.

Em classe

ÉTICA

Significado de ética e seu dilema

- Definição de ética: preocupação com a conduta pessoal em relação ao outro tendo em vista uma convivência justa e harmoniosa.
- Dilema ético: o julgamento do bem e do mal depende das circunstâncias.

Ética e moral: a questão das normas

- Características da ética: a) refere-se a decisões que afetam os outros; b) não tem conteúdo fixo.
- A moral é normativa e possui conteúdo (regras e costumes); a ética é reflexiva.

A liberdade

- Ética envolve liberdade: respeitar a liberdade do outro e conter os próprios impulsos por livre e espontânea vontade.
- Há duas concepções éticas: justiça inata (o homem nasce com senso de justiça); justiça imposta (o homem deve ser ensinado a ser justo por meio da coerção).

Ética e razão

- Três fundamentos da ética: racionalidade (Platão, Kant); sentimento e compaixão (Rousseau).

CAPELA ARENA, PÁDUA, ITÁLIA

Detalhe de afresco localizado na capela Arena, em Pádua, na Itália. Giotto (1266-1337), autor da obra, representa o vício da estultícia. A personagem encarna o inexperiente, que julga mal seus atos. Por imaturidade, o estulto não medita sobre suas ações, escolhendo falsos bens e valores.

(Enem)

Na ética contemporânea, o sujeito não é mais um sujeito substancial, soberano e absolutamente livre, nem um sujeito empírico puramente natural. Ele é simultaneamente os dois, à medida que é um sujeito histórico-social. Assim, a ética atinge um dimensionamento político, uma vez que a ação do sujeito não pode mais ser vista e avaliada fora da relação social coletiva. Desse modo, a ética se entrelaça necessariamente com a política, entendida esta como a área de avaliação de valores que atravessa as relações sociais e que interliga os indivíduos entre si.

O texto, ao evocar a dimensão histórica do processo de formação da ética na sociedade contemporânea, ressalta:

a) os conteúdos éticos decorrentes das ideologias político-partidárias.

b) o valor da ação humana derivada de preceitos metafísicos.

c) a sistematização de valores desassociados da cultura.

d) o sentido coletivo e político das ações humanas individuais.

e) o julgamento da ação ética pelos políticos eleitos politicamente.

Em casa

TEXTO DE APOIO

Significado de ética e seu dilema

Etimologicamente, "ética" vem da palavra grega *ethos*, cujo significado original era "morada, lar, lugar de acolhimento". O sentido estendeu-se ao longo do tempo. "Ética" passou a significar o "costume", o "hábito" que permitiria tornar um ambiente habitável. Mais recentemente, a palavra passou a se aplicar ao esforço de cada indivíduo em promover uma morada coletiva, minimizando os conflitos e estabelecendo como padrão de relacionamento mútuo o cuidado com o outro. A ética, portanto, refere-se ao comportamento do indivíduo que, no momento de uma escolha ou de uma decisão, leva em consideração não somente o próximo, mas a própria comunidade em que vive. Diz-se "ético" aquele que não aceita ser corrompido (honesto); preocupa-se com o futuro das gerações (altruísta); indigna-se contra a desigualdade social (justo); cumpre sua promessa (confiável), etc.

Talvez pudéssemos traduzir a palavra ética de uma maneira mais simples, como: "a arte de viver de forma correta". O problema está em definir esse "correto" ou "justo", como preferiria Platão (c. 427-347 a.C.). O filósofo grego soube como ninguém explicar qual é o dilema ético. Em um de seus diálogos (livro I de *A República*), a seguinte questão é colocada: "Suponha que alguém tenha pedido uma arma emprestada e o dono, que agora exige a restituição, encontra-se fora de si e na iminência de cometer um crime; seria justo devolver-lhe a arma?". O conceito de justiça que temos, nesse caso, diria que deveríamos devolvê-la, mas a circunstância mudou e o mais justo talvez seja não devolver a arma. Platão percebeu que aquilo que é justo não o é em absoluto, mas muda conforme a situação. Uma lei ou regra que dissesse "sempre restitua o que lhe foi emprestado" seria, nesse caso, uma lei injusta.

Ética e moral: a questão das normas

Nesse ponto, podemos já destacar duas características da ética: (1) diz respeito às decisões que podem afetar os outros; e (2) não tem conteúdo fixo. O que esse último aspecto significa? À ética não cabe determinar o que um sujeito deve ou não fazer. Para isso já existem as leis ou a moral. Alguns autores diferenciam ética de moral. Moral é o conjunto de regras e valores de uma sociedade que serve como guia para a escolha de um determinado comportamento. O cumprimento ou não de um dispositivo moral traz sobre o indivíduo punições por parte da sociedade. Sabemos pelas leis que não devemos matar, roubar, caluniar alguém, não só porque corremos o risco de ser presos, mas também porque seremos considerados cidadãos de segunda classe. Além disso, temos consciência de que é prudente não sermos arrogantes, fofoqueiros, mentirosos, porque seremos malvistos pelas pessoas com as quais convivemos. Nos dois casos, as regras são externas e manifestam bom senso, tanto que qualquer indivíduo ético não teria dificuldade em aderir a essas regras. Nesse ponto, moral e ética parecem a mesma coisa. Não é bem assim.

A pessoa que age temendo a penalidade social não age eticamente, obedece por medo de ser penalizada e não por ter um cuidado genuíno com sua comunidade. Além disso, as regras morais nem sempre são justificáveis eticamente. É óbvio que um assassino é malvisto pela sociedade, mas o que dizer de uma pessoa que recrimina uma mulher por ter comportamento semelhante ao do homem? Dentro da moral vigente, tal pessoa não receberia qualquer punição por parte da sociedade, isso é moralmente aceito. Do ponto de vista ético, isso seria reprovável, pois tal ação promoveria a humilhação e a violência contra a liberdade da mulher.

A liberdade

A liberdade está presente na questão ética de duas formas. Em primeiro lugar, ser ético é saber respeitar a liberdade do outro. Uma morada coletiva em relativa harmonia só é possível se as pessoas da mesma comunidade se tratarem como iguais. Sempre que alguém for submetido à vontade do outro sem seu consentimento comete-se um ato de violência. Agir eticamente significa estar atento para não coagir o outro. Em segundo lugar, ser ético é conter nossas vontades e desejos não por causa de alguma possível penalidade, mas por uma decisão pessoal: o indivíduo escolhe por livre e espontânea vontade conter seus impulsos, pois reconhece no outro um valor similar ao seu.

Essa questão sempre instigou pensadores, afinal, é surpreendente que uma pessoa, por pensar no outro, deixe de lado um prazer particular. Diante desse dilema, já na Antiguidade observam-se duas respostas: ou há uma justiça inata (o homem já nasce com senso de justiça) ou a justiça sempre lhe é imposta (o homem é coagido a agir de forma justa). Platão, em outro diálogo de *A República*, esclarece a questão. Um dos debatedores é adepto da ideia de que a justiça não está inscrita no coração do homem. Narra, então, o mito do pastor Giges, que teria encontrado um anel mágico cujas propriedades permitiriam ao seu dono tornar-se invisível. Nesse momento, o pacato e honesto pastor, movido pela vontade de desfrutar das coisas boas da vida e tendo um meio para isso – a invisibilidade –, passa a cometer todo tipo de atrocidades: rouba, seduz, mata. A conclusão é, no mínimo, preocupante: comportamo-nos bem por medo das penalidades sociais. Essa história não é muito diferente das que ouvimos no cotidiano: alguns políticos, acreditando serem invisíveis ao julgamento social por ocuparem uma posição social em que a "lei" parece não alcançá-los, envolvem-se em esquemas de corrupção. Isso expõe a fragilidade ética do homem.

Ética e razão

Platão não compartilhava da ideia de que o homem aprendia a agir de forma justa porque era obrigado a isso. No diálogo, ele usa outro debatedor para defender a tese de que a noção de justiça está dentro de cada ser humano. Assim, por que em algumas circunstâncias agimos de forma injusta? Isso se dá pela falta de conhecimento. Platão e a filosofia antiga em geral estabelecem um vínculo entre comportamento ético e uso da razão. A metáfora do barco no mar ilustra muito bem o papel do conhecimento. O homem seria como um barco em alto-mar, lançado de um lado para o outro pelas ondas e tempestades. Para que alcance o porto seguro, é necessário um bom piloto que, sabendo ler os sinais do céu e do próprio mar, conseguirá levar toda a tripulação à terra firme. As ondas são as nossas paixões, que muitas vezes são prejudiciais a nós mesmos; as tempestades, as dificuldades externas que não controlamos; o piloto, nossa capacidade racional de avaliar as fontes de prazeres e angústias e, com base nisso, tomar decisões que podem nos levar a uma vida mais tranquila.

Filósofos posteriores mantiveram esse tom otimista: o homem racional é capaz de ser virtuoso. Em *Ética a Nicômaco*, Aristóteles (384-322 a.C.) estabelece o que é virtude, segundo seu ponto de vista: adotar a justa medida. O filósofo propunha que não devemos nem nos entregar aos desejos mais violentos e nem à falta de desejo. Ter coragem demais é ser imprudente, ter coragem de menos é ser covarde. Essa norma pode ser estendida para todos os afetos humanos: coragem, temperança, liberalidade, amizade, gentileza, etc. O meio-termo depende do uso da razão para nos habituarmos a controlar as nossas paixões. A ética deriva da formação do indivíduo baseada no ensino intelectual e na aquisição de virtudes.

Na modernidade, esse vínculo entre racionalidade e comportamento ético foi discutido por autores como Immanuel Kant (1724-1804). Para o filósofo alemão, há uma racionalidade prática inscrita nos homens que os faz agir de forma universal. Quando alguém infringe algum preceito ético, percebe isso imediatamente, pois sabe que não poderia propor isso como norma de comportamento para todos. Ao mentir, o mentiroso tem consciência de que, se todos mentissem, não haveria possibilidade de viver em sociedade. Essa consciência dos outros, própria do homem, é o que garante a racionalidade no comportamento ético.

1 (Enem)

A ética precisa ser compreendida como um empreendimento coletivo a ser constantemente retomado e rediscutido, porque é o produto da relação interpessoal e social. A ética supõe ainda que cada grupo social se organize sentindo-se responsável por todos e que crie condições para um exercício de pensar e agir autônomos. A relação entre ética e política é uma questão de educação e luta pela soberania dos povos. É necessária uma ética renovada, que se construa a partir da natureza de valores para organizar também uma nova prática política.

CORDI et al. *Para filosofar*. São Paulo: Scipione, 2007. Adaptado.

O século XX teve de repensar a ética para enfrentar novos problemas oriundos de diferentes crises sociais, conflitos ideológicos e contradições da realidade. Sob este enfoque e a partir do texto, a ética pode ser compreendida como:

a) instrumento de garantia da cidadania, porque por meio dela os cidadãos passam a pensar e agir de acordo com valores coletivos.
b) mecanismo de criação dos direitos humanos, porque é da natureza do homem ser ético e virtuoso.
c) meio para resolver os conflitos sociais no cenário da globalização, pois a partir do entendimento do que é efetivamente a ética, a política internacional se realiza.
d) parâmetro para assegurar o exercício político primando pelos interesses da ação privada dos cidadãos.
e) aceitação de valores universais implícitos numa sociedade que busca dimensionar sua vinculação às outras sociedades.

2

Pois a natureza dos homens é tal que, embora sejam capazes de reconhecer em muitos outros maior inteligência, maior eloquência ou maior saber, dificilmente acreditam que haja muitos tão sábios como eles próprios; porque veem sua própria sabedoria bem de perto, e a dos outros homens a distância.

[...] Portanto, se dois homens desejam a mesma coisa, ao mesmo tempo, é impossível ela ser gozada por ambos, eles tornam-se inimigos. E no seu caminho para seu fim (que é principalmente sua própria conservação, e às vezes apenas seu deleite) esforçam-se por se destruir ou subjugar um ao outro.

[...] Por outro lado, os homens não tiram prazer algum da companhia uns dos outros (e sim, pelo contrário, um enorme desprazer), quando não existe um poder capaz de manter a todos em respeito. Porque cada um pretende que seu companheiro lhe atribua o mesmo valor que ele se atribui a si próprio e, na presença de todos os sinais de desprezo ou de subestimação, naturalmente se esforça, na medida em que a tal se atreva... por arrancar de seus contendores a atribuição de maior valor, causando-lhes dano, e dos outros também, através do exemplo.

De modo que na natureza do homem encontramos três causas principais para a discórdia. Primeiro, a competição; segundo, a desconfiança; e terceiro, a glória.

HOBBES, Thomas. *O Leviatã*.

Considerando que, durante a história da filosofia, os conceitos de ética oscilaram entre diversas vertentes, classifique a qual vertente pertence a concepção presente no texto.

a) A ética é inata no homem, isso significa que é necessário coagir o homem para que ele seja ético.
b) A ética não é inata ao homem, ou seja, o homem já tem dentro de si o senso de moral.
c) A ética não é inata ao homem, ou seja, ele sempre vê o próximo como inimigo.
d) A ética não é inata ao homem e por isso é necessário que haja algum poder coercitivo para a convivência social.
e) A ética é inata ao homem, mas depende do contexto cultural e pessoal que permite ao homem manifestá-la.

Anotações

AULA 2

Competência 5 Utilizar os conhecimentos históricos para compreender e valorizar os fundamentos da cidadania e da democracia, favorecendo uma atuação consciente do indivíduo na sociedade.

Habilidade 24 Relacionar cidadania e democracia na organização das sociedades.

Em classe

CIDADANIA ANTIGA E MODERNA

Democracia e cidadania ontem

- A democracia teve suas origens na Grécia, e foi nesse contexto que surgiu a primeira forma de cidadania. Mais tarde, a ideia de cidadania ressurgiu na República de Roma.
- Apesar das diferenças em relação aos regimes políticos contemporâneos, a democracia ateniense e a República romana fundavam-se em princípios universais, estendidos a todos aqueles que fossem considerados cidadãos.
- Um valor comum a ambos os regimes era a questão ética, vista como forma de relacionamento do cidadão com o Estado, com seus direitos e, principalmente, obrigações.

Democracia e cidadania hoje

- Vários movimentos políticos ocorridos entre os séculos XVII e XVIII resgataram princípios políticos da Antiguidade, notadamente a Revolução Francesa.
- Hoje se pode considerar a cidadania fundada na prática e no reconhecimento de uma série de direitos: civis, políticos e sociais.
- No Estado brasileiro, historicamente, a cidadania foi privilégio de poucos. Mesmo hoje, a permanência da miséria e o legado da escravidão exigem a ação do estado democrático para ampliar o alcance dos direitos sociais. A questão torna-se ética, uma vez que a democracia representa uma forma de resolver o "viver junto".

A pólis *na Grécia, ou a* civitas *em Roma, se compara a um navio. Mas [o historiador] Paul Veyne lembra que a nau do Estado, antiga, não leva passageiros. Ela tem piloto e tripulantes: ninguém embarca pagando só a passagem.*

Nós, modernos, somos passageiros da nau do Estado. Pagamos impostos, obedecemos às leis [...] mas não nos chamem para mexer nos cordames e ajeitar a vela!

RIBEIRO, Renato J. *A democracia*. São Paulo: Publifolha, 2001.

O texto acima aponta para uma característica das democracias modernas que as diferenciam das antigas, qual seja:

a) na Antiguidade, ao contrário de hoje, existiam repúblicas democráticas.

b) o comando do Estado, tanto na Grécia quanto em Roma, estava nas mãos de um ditador, o "capitão do navio".

c) nas democracias modernas elegemos representantes e esperamos que eles dirijam o Estado da melhor maneira possível.

d) tanto a democracia quanto a República geram tensão social, que se expressa na imagem da "nau sem rumo".

e) a participação política é uma constante, seja nos regimes políticos antigos, seja nos modernos.

Em casa

TEXTO DE APOIO

Democracia e cidadania ontem

Todos sabemos da origem grega da democracia, e o sentido original da palavra: "governo do povo". Sabemos também que a democracia surgiu na Grécia antiga no âmbito das cidades-Estado (a *pólis*) e como resultado de prolongadas lutas sociais. A democracia grega, que atingiu seu apogeu no século V a.C., foi a forma que a sociedade ateniense encontrou de aplacar as tensões sociais entre homens livres ricos e pobres, ampliando os direitos políticos e a participação nos assuntos de interesse coletivo. Daí o conceito de cidadania, entendido justamente como o envolvimento de todos na política, e que acabou sendo estendido à participação em atividades culturais e religiosas.

A democracia grega, bem como a ideia de cidadania associada a ela, partia do princípio da igualdade entre os cidadãos, desprezando a riqueza, a origem social e o "sangue" dos indivíduos (ou seja, a família a que se pertence). Em seu lugar, valorizava-se o mérito.

Nas palavras de Péricles, importante cidadão ateniense do século V a.C.:

> *Vivemos sob uma forma de governo que não se baseia nas instituições de nossos vizinhos; ao contrário, servimos de modelo a alguns ao invés de imitar outros. Seu nome, como tudo depende não de poucos mas da maioria, é democracia. Nela, enquanto no tocante às leis todos são iguais para a solução de suas divergências privadas, quando se trata de escolher [...], não é o fato de pertencer a uma classe, mas o mérito, que dá acesso aos postos mais honrosos; inversamente, a pobreza não é razão para que alguém, sendo capaz de prestar serviços à cidade, seja impedido de fazê-lo pela obscuridade de sua condição.*
>
> *Conduzimo-nos liberalmente em nossa vida pública, e não observamos com uma curiosidade suspicaz a vida privada de nossos concidadãos, pois não nos ressentimos com nosso vizinho se ele age como lhe apraz, nem o olhamos com ares de reprovação que, embora inócuos, lhe causariam desgosto. Ao mesmo tempo que evitamos ofender os outros em nosso convívio privado, em nossa vida pública nos afastamos da ilegalidade principalmente por causa de um temor reverente, pois somos submissos às autoridades e às leis, especialmente aquelas promulgadas para socorrer os oprimidos e as que, embora não escritas, trazem aos transgressores uma desonra visível a todos.*

TUCÍDIDES. *História da Guerra do Peloponeso*. Brasília/São Paulo: Editora Universidade de Brasília, Instituto de Pesquisa de Relações Internacionais/Imprensa Oficial do Estado de São Paulo, 2001. p. 107. Disponível em: <www.funag.gov.br/biblioteca/dmdocuments/0041.pdf>. Acesso em: 19 mar. 2013.

Mais tarde, em Roma, desenvolveu-se a forma de governo intitulada República, atrelada ao conceito de *civitas*, a cidadania romana. Aos romanos, pedia-se a dedicação ao *ager publicus*, ao bem público, a que deveriam se submeter todos os cidadãos. Assim, interesses individuais deveriam ser colocados de lado diante daquilo que é do interesse de todos, e é justamente essa virtude republicana que é expressa no quadro ao lado.

MUSEU DO LOUVRE, PARIS, FRANÇA

Os litores trazendo a Brutus os corpos de seus filhos, de Jacques-Louis David (1748-1825), 1789.

A cena representada pelo artista francês refere-se a um episódio do início da história de Roma republicana, quando o cônsul Brutus, ao ser informado da participação de seus filhos em um complô visando restaurar a monarquia, não hesitou em prendê-los e, seguindo a lei, condená-los à morte por terem atentado contra a República. A imagem mostra o momento em que os litores (ou carregadores) trazem os corpos dos filhos à casa de Brutus, onde será chorado pelas mulheres (mãe e irmãs, representadas à direita), diante do silêncio do pai (à esquerda).

Na defesa da República (que é sua responsabilidade enquanto cônsul), Brutus vê-se na obrigação de deixar de lado seus sentimentos paternos e segue a lei à risca, condenando seus filhos à morte. Embora estejamos diante de um exemplo radical, a ideia de desprendimento dos interesses e afetos individuais em benefício do coletivo torna-se um fundamento da política. E foi justamente esse fundamento que fez do quadro de Jacques-Louis David – datado de 1789 – um objeto valorizado e bastante estimado durante os anos conturbados da Revolução Francesa. Diante da ameaça de guerra e enfrentando conspirações de inimigos, a jovem República Francesa precisava mais do que nunca da dedicação e empenho de seus cidadãos, do exercício da sua virtude e da aceitação de sacrifícios para salvar um regime que, aparentemente, contemplava a todos.

Todavia, a cidadania antiga, seja na democracia grega, seja na República romana, era diferente da atual em diversos aspectos. Em primeiro lugar, ela era restrita, limitada a certos habitantes da cidade. Assim, na democracia de Atenas somente eram considerados cidadãos os homens livres nascidos na cidade, excluindo-se, portanto, mulheres, escravos e estrangeiros. Já a República romana era oligárquica, com a ocupação dos principais cargos políticos como privilégio das famílias aristocráticas. Além disso, em ambos os regimes, a participação política dos que eram considerados cidadãos era direta, por meio de assembleias.

No caso contemporâneo, das democracias ditas "liberais", que existem quase sempre em regimes republicanos, o sistema é representativo. Ou seja, elegemos indivíduos que nos representam, fazendo as leis e dirigindo o Estado em nosso nome. A virtude (ou seja, o tratamento ético das questões que envolvem interesses comuns) continua sendo um pré-requisito para o exercício da cidadania, tornando-se um atributo essencial para aqueles que administram os interesses públicos em nome dos cidadãos.

Democracia e cidadania hoje

A referência feita acima à Revolução Francesa não é gratuita: foi justamente em meio a esse processo revolucionário – e, sobretudo, durante sua fase republicana de 1792 a 1804 – que o princípio de cidadania foi resgatado e surgiu a ideia de ampliá-lo, para além das restrições existentes na Antiguidade. Além disso, o resgate e a ampliação do princípio de cidadania acabaram se generalizando, à medida que a Revolução transbordava para além das fronteiras francesas e influenciava diversos países, inclusive em outros continentes. O processo de criação da República norte-americana, a partir de 1776, e o antecessor de todos esses movimentos, a Declaração dos Direitos (*Bill of Rights*) inglesa de 1689, lançaram os fundamentos sobre os quais se construiu a ideia contemporânea de cidadania.

Pode-se dizer que uma noção abrangente de cidadania, hoje, inclui o respeito a uma série de direitos, considerados prerrogativas dos cidadãos: direitos civis, políticos e sociais. Os **direitos civis** incluem certas liberdades fundamentais, como a igualdade diante da lei e a garantia de julgamento justo por tribunal isento, direito à livre circulação, à livre expressão da opinião, etc. Os **direitos políticos** incluem um grau de participação na atividade política, como o direito de votar e ser eleito, em eleições fiscalizadas por tribunal qualificado, e práticas como o voto secreto. Finalmente, os **direitos sociais** podem incluir garantias, por exemplo, quanto à oferta de educação e saúde, consideradas atribuições do Estado.

Com essa abordagem, percebe-se a dificuldade do pleno exercício da cidadania no Estado brasileiro hoje. Historicamente, quase quatrocentos anos de escravidão, atrelada à permanência do latifúndio, impediram o exercício de **direitos civis** durante séculos. Os diversos critérios de restrição às práticas políticas (como o voto censitário, conforme a Constituição de 1824 e a proibição do voto de analfabetos, pela Constituição republicana de 1891) restringiram tremendamente o exercício dos **direitos políticos** também durante muitos anos. No Brasil, ao contrário de muitos outros países, os **direitos sociais** vieram em primeiro lugar, ainda que de uma forma tímida e sob o tacão autoritário de Getúlio Vargas. Trata-se das leis trabalhistas, criadas, sobretudo, nas décadas de 1930 e 1940.

Somente a partir de 1945 (final do Estado Novo) é que a prática da cidadania avançou, em que pese o longo interlúdio autoritário de 1964 a 1985. Atualmente, a luta pelo aprimoramento dos direitos civis e políticos continua. A persistência da miséria, assim como o legado nefasto dos séculos de escravidão, exige do Estado brasileiro uma ampla ofensiva no sentido de fazer avançar os direitos sociais. A questão torna-se ética: o convívio em sociedade e a democracia, como forma de regular esse convívio sob o prisma da igualdade, obrigam o Estado a tomar ações nessa direção.

1 (Enem)

A ética nasceu na *pólis* grega com a pergunta pelos critérios que pudessem tornar possível o enfrentamento da vida com dignidade. Isto significa dizer que o ponto de partida da ética é a vida, a realidade humana, que, em nosso caso, é uma realidade de fome e miséria, de exploração e exclusão, de desespero e desencanto frente a um sentido da vida. É neste ponto que somos remetidos diretamente à questão da democracia, um projeto que se realiza nas relações da sociabilidade humana.

Disponível em: <www.jornaldeopiniao.com.br>. Acesso em: 3 maio 2009.

O texto pretende que o leitor se convença de que a:

a) ética é a vivência da realidade das classes pobres, como mostra o fragmento "é uma realidade de fome e miséria".

b) ética é o cultivo dos valores morais para encontrar sentido na vida, como mostra o fragmento "de desespero e desencanto frente a um sentido da vida".

c) experiência democrática deve ser um projeto vivido na coletividade, como mostra o fragmento "um projeto que se realiza nas relações da sociabilidade humana".

d) experiência democrática precisa ser exercitada em benefício dos mais pobres, com base no fragmento "tornar possível o enfrentamento da vida com dignidade".

e) democracia é a melhor forma de governo para as classes menos favorecidas, como mostra o fragmento "É neste ponto que somos remetidos diretamente à questão da democracia".

2 (Enem)

Um aspecto importante derivado da natureza histórica da cidadania é que esta se desenvolveu dentro do fenômeno, também histórico, a que se denomina Estado-nação. Nessa perspectiva, a construção da cidadania na modernidade tem a ver com a relação das pessoas com o Estado e com a nação.

CARVALHO, J. M. *Cidadania no Brasil*: o longo caminho. Rio de Janeiro: Civilização Brasileira, 2004. Adaptado.

Considerando-se a reflexão anterior, um exemplo relacionado a essa perspectiva de construção da cidadania é encontrado:

a) em D. Pedro I, que concedeu amplos direitos sociais aos trabalhadores, posteriormente ampliados por Getúlio Vargas com a criação da Consolidação das Leis do Trabalho (CLT).

b) na Independência, que abriu caminho para a democracia e a liberdade, ampliando o direito político de votar aos cidadãos brasileiros, inclusive às mulheres.

c) no fato de os direitos civis terem sido prejudicados pela Constituição de 1988, que desprezou os grandes avanços que, nessa área, havia estabelecido a Constituição anterior.

d) no Código de Defesa do Consumidor, ao pretender reforçar uma tendência que se anunciava na área dos direitos civis desde a primeira Constituição republicana.

e) na Constituição de 1988, que, pela primeira vez na história do país, definiu o racismo como crime inafiançável e imprescritível, alargando o alcance dos direitos civis.

Anotações

AULA 3

Competência 1 Compreender os elementos culturais que constituem as identidades.

Habilidade 1 Interpretar historicamente e/ou geograficamente fontes documentais acerca de aspectos da cultura.

Em classe

AS CIDADES NA HISTÓRIA: DA CIDADE ANTIGA À CIDADE INDUSTRIAL

Das cidades antigas às cidades industriais

- A vida das populações humanas em cidades resultou no desenvolvimento de formas de sociabilidade e governabilidade específicas.
- Foi nas cidades que a atividade política ganhou autonomia, com a emancipação da tutela dos "deuses". Mais tarde, na Idade Média, as cidades converteram-se em centros dinâmicos, em que as formas de sociabilidade foram ajustadas a uma nova realidade econômica.
- O desenvolvimento da indústria modificou o aspecto e as dimensões das cidades, que se tornaram grandes conglomerados ocupados por vastos contingentes de trabalhadores vivendo em condições de pobreza.

As fontes documentais

- O espaço urbano é constantemente transformado e as formas de sociabilidade acompanham essas mudanças.
- A cidade em si é uma fonte documental viva, pois preserva construções ou camadas de construções que testemunham suas mudanças.
- O discurso sobre as cidades e as imagens produzidas a seu respeito são um exemplo da forma como o historiador lida com as diversas manifestações da cultura humana.

(Enem)

Se a mania de fechar, verdadeiro *habitus* da mentalidade medieval nascido talvez de um profundo sentimento de insegurança, estava difundida no mundo rural, estava do mesmo modo no meio urbano, pois que uma das características da cidade era de ser limitada por portas e por uma muralha.

DUBY, G. et al. Séculos XIV-XV. In: ARIÈS, P.; DUBY, G. *História da vida privada*: da Europa feudal à Renascença. São Paulo: Companhia das Letras, 1990. Adaptado.

As práticas e os usos das muralhas sofreram importantes mudanças no final da Idade Média, quando elas assumiram a função de pontos de passagem ou pórticos.

Esse processo está diretamente relacionado com:

a) o crescimento das atividades comerciais e urbanas.
b) a migração de camponeses e artesãos.
c) a expansão dos parques industriais e fabris.
d) o aumento do número de castelos e feudos.
e) a contenção das epidemias e doenças.

Anotações

Em casa

TEXTO DE APOIO

Das cidades antigas às cidades industriais

O que leva o ser humano a viver em cidades? Do ponto de vista histórico, a cidade foi, em um primeiro momento, garantia de segurança, uma vez que era cercada por muralhas ou outro tipo de proteção. Representava sobrevivência, pois erguia-se em torno do celeiro e do local de culto religioso. Mais tarde, o palácio do governante iria dominar o espaço central da cidade. Seja como for, desde cedo a cidade foi ponto de encontro, local de sociabilidade, em que eram facilitadas as relações que perpetuam a espécie.

Foram os gregos que deram outro sentido ao viver em cidades. Para eles, a vida na cidade era um requisito para o exercício da liberdade. Ser um homem livre em uma *pólis* independente: disso se orgulhavam e em nome desse ideal eram capazes de dar a vida. Se os gregos "inventaram" a liberdade (ou, ao menos, deram voz a essa aspiração humana), foi nas cidades que buscaram racionalmente exercê-la de forma prática pela primeira vez.

Ao contrário das cidades anteriores, as *pólis* gregas tinham em seu centro um espaço aberto, a *ágora*, em que os habitantes se encontravam para discutir assuntos de interesse comum. Cada *pólis* era independente, tinha suas próprias instituições e eventualmente entrava em atrito com as outras. Sua dimensão era pequena; a maioria delas tinha menos de cinco mil cidadãos do sexo masculino. Atenas, que era uma grande cidade-Estado, contava com cerca de 35 mil cidadãos homens; o resto de seus 350 mil habitantes era constituído de mulheres, crianças, estrangeiros residentes e escravos, nenhum dos quais tinha direitos políticos.

A *pólis* amadurecida era uma comunidade com governo próprio que expressava a vontade dos cidadãos livres, não os desejos de deuses, monarcas hereditários ou sacerdotes. O ponto culminante desse amadurecimento deu-se no século V a.C. com o apogeu e a ampliação da democracia. A Roma antiga levou adiante essa busca pelo governo dos homens, principalmente no período republicano, entre os séculos V e I a.C.

Já no período medieval, as cidades se voltaram, sobretudo, a uma vocação econômica, com o desenvolvimento do comércio e do artesanato e de uma série de serviços para receber e alojar os negociantes. A vida urbana atraía parte dos trabalhadores rurais, estimulando a fuga de servos e o estabelecimento de artesãos. Pelo costume da época, todo servo que permanecesse um ano e um dia em determinada cidade, sem que seu senhor o reclamasse de volta ao seu domínio, passava a ser considerado livre. Um provérbio medieval dizia: "O ar das cidades traz a liberdade". De fato, encravadas no mundo feudal e resultantes do desenvolvimento dessa economia, as cidades acabaram por acelerar as alterações sociais do período.

Os habitantes das cidades eram conhecidos como burgueses, por viverem sob a proteção de muros fortificados que circundavam o espaço urbano, denominados *forisburgos*. Banqueiros, mascates, artesãos e grandes comerciantes criaram associações, as comunas, que representavam formas de ação antagônicas àquelas que norteavam o clero e a nobreza. Muitas comunas, sob o comando de ricos comerciantes, procuraram obter liberdade de organização. Por meio da compra de cartas de franquia ou mesmo de lutas e rebeliões, os burgueses conseguiam administrar suas cidades e restringir (às vezes, até impedir) a interferência dos nobres.

PALÁCIO PÚBLICO SIENA, ITÁLIA

Alegoria do bom governo, afresco de Ambrogio Lorenzetti (c. 1290-1348), 1338-1339. Lorenzetti apresenta uma visão idealizada de como deveriam ser a cidade medieval e seu entorno rural. No centro da cidade, as pessoas dançam, expressando a concórdia e a alegria. Ao redor, nas ruas estreitas e bazares, dominados por construções assobradadas, cada um se entrega a uma atividade. Apesar de a cidade aparecer bem delimitada por uma muralha (à direita), as relações com a zona rural são intensas. A produção rural abastece a cidade.

O crescimento das atividades comerciais e bancárias, bem como das oficinas de artesãos, levou também ao crescimento das áreas urbanas. Em meio a esse processo dinâmico de expansão econômica e de transformações sociais, mudanças ocorreram na forma de utilização das muralhas, que deixaram de ser apenas uma proteção para se tornar também "pontos de passagem ou pórticos".

A cidade europeia da Idade Moderna é herdeira desse modelo medieval. De um lado mantinha relações íntimas com a sociedade medieval; de outro, representou um novo núcleo de poder que provocaria atritos com as esferas de poder feudal. Clero e nobreza tiveram que se adaptar à nova realidade colocada pelo desenvolvimento das atividades comerciais e urbanas.

A dinâmica das fábricas na Inglaterra do século XIX promoveria novas alterações na paisagem urbana. O surgimento de complexos industriais, com a necessidade de milhares de trabalhadores, promoveu a concentração de operários em cortiços. A cidade avançava em todas as direções, graças a um sistema de transportes que rasgava os velhos bairros e favorecia o nascimento dos subúrbios-dormitórios, de onde grandes multidões podiam se deslocar rapidamente para as zonas de trabalho, e vice-versa. As torres das igrejas ainda marcariam a paisagem urbana, mas as chaminés das fábricas iriam suplantar as edificações religiosas.

<HTTP://HISTORIANOVEST.BLOGSPOT.COM.BR>

Crianças brincando em bairro pobre de Londres. Gravura de Gustave Doré (1832-1883), para o livro *A Pilgrimage* de Blanchard Jerrold (1826-1884), de 1872. No prefácio do livro *Oliver Twist*, o escritor Charles Dickens (1812-1870), que presenciou o desenvolvimento das cidades industriais na Inglaterra, escreveu: "as ruas de Londres à meia-noite, frias, úmidas, desabrigadas [...]". DICKENS, Charles. *Oliver Twist*. São Paulo: Círculo do Livro, 1983. p. 4.

As fontes documentais

A cidade em si faz parte do patrimônio cultural da humanidade, não apenas enquanto patrimônio material, mas como espaço privilegiado de múltiplas manifestações da atividade humana. O resgate, a preservação e a compreensão desse patrimônio são funções do historiador, não apenas como forma de entender ou lançar novos olhares sobre a experiência humana no passado, mas como modo de preservar a memória, sem a qual não se constitui a identidade de um grupo.

Para isso, o historiador lida com diversos tipos de registros. Tais registros podem ser entendidos como a herança material (ferramentas, construções, documentos escritos, etc.) e imaterial (cultura transmitida oralmente ou por gestos) deixada por nossos antepassados e que serve de base para a compreensão dos percursos históricos construídos pela humanidade. Em suas pesquisas, os historiadores dedicam-se à análise de fontes documentais como: filmes, pinturas, vestimentas, hábitos alimentares e documentos escritos. Tanto a gravura de Doré quanto o texto de Dickens, mostrados acima, são fontes que nos informam sobre as primeiras cidades industriais.

Com as fontes documentais, o historiador questiona: "Quem é seu autor e o que pensava sobre a realidade ao seu redor? Há outras fontes tratando do mesmo acontecimento?". Em outras palavras, procura-se conhecer a origem de um documento e sua ligação com a sociedade que o produziu.

Outra questão fundamental é: Como os vestígios do passado chegaram até nós? Quantas receitas não se perderam? Quantas cartas não se queimaram? Quantos monumentos não foram deliberadamente destruídos? Não se pode desconsiderar que os vestígios a que temos acesso não são um conjunto completo daquilo que existiu, mas uma seleção. E quem selecionou o que "sobreviveu"? Quem elegeu o monumento que seria construído? Quem decidiu que documento deveria ser conservado? Pessoas ou grupos que exercem o poder selecionam quais elementos sobre o passado devem ser preservados. Em meio a essa diversidade de interpretações, as visões acerca do passado vão sendo constantemente modificadas.

1 (Enem)

Não só de aspectos físicos se constitui a cultura de um povo. Há muito mais, contido nas tradições, no folclore, nos saberes, nas línguas, nas festas e em diversos outros aspectos e manifestações transmitidos oral ou gestualmente, recriados coletivamente e modificados ao longo do tempo. A essa porção intangível da herança cultural dos povos dá-se o nome de patrimônio cultural imaterial.

Extraído de: <www.unesco.org.br>.

Qual das figuras a seguir retrata o patrimônio imaterial da cultura de um povo?

a) 

ENEM

Cristo Redentor.

b) 

ENEM

Pelourinho.

c) 

ENEM

Bumba meu boi.

d) 

ENEM

Cataratas do Iguaçu.

e) 

ENEM

Esfinge de Gizé.

2 Há algum tempo, textos falsamente atribuídos ao escritor gaúcho Luis Fernando Verissimo circularam na internet. Leia a seguir o que ele escreveu sobre isso e assinale a alternativa correta acerca da importância das fontes documentais.

Uma das incomodações menores da internet [...] é o texto com autor falso, ou o falso texto de autor verdadeiro. Ainda não entendi o recato ou a estranha lógica de quem inventa um texto e põe na internet com o nome de outro, mas o fato é que os ares estão cheios de atribuições mentirosas ou duvidosas. Já li vários textos com assinaturas improváveis na internet, inclusive vários meus que nunca assinei, ou assinaria. Um, que circulou bastante, comparava duplas sertanejas com drogas e aconselhava o leitor a evitar qualquer cantor saído de Goiânia, o que me valeu muita correspondência indignada. Outro era sobre uma dor de barriga desastrosa, que muitos acharam nojento ou, pior, sensacional. O incômodo, além dos eventuais xingamentos, é só a obrigação de saber o que responder em casos como o da senhora que declarou que odiava tudo que eu escrevia até ler, na internet, um texto meu que adorara, e que, claro, não era meu. Agradeci, modestamente. Admiradora nova a gente não rejeita, mesmo quando não merece.

VERISSIMO, Luis Fernando. *Zero Hora*, 24 mar. 2005. Disponível em: <www.observatoriodaimprensa.com.br/news/imprimir/1067>. Acesso em: 19 mar. 2013.

a) Luis Fernando Verissimo afirma que as fontes documentais na internet são confiáveis, pois os autores têm mecanismos eficientes sobre o que é publicado em seu nome.

b) Luis Fernando Verissimo aborda o problema do quanto nenhuma fonte documental é confiável na internet, pois o autor do texto jamais é verdadeiro.

c) Luis Fernando Verissimo aborda o problema das fontes documentais na internet, onde ocorre a veiculação de textos com autor falso, ou de falsos textos de autor verdadeiro.

d) O autor aborda um problema a que devemos estar atentos sobre as fontes documentais na internet, onde ocorre com frequência a veiculação de textos com autor verdadeiro, embora não haja nenhum mecanismo para verificar sua autenticidade.

e) Pelo texto podemos concluir que por um lado a internet traz muitas dificuldades para o acesso às informações e, por outro, traz informações cuja qualidade e veracidade são sempre confiáveis.

AULA 4

Competência 1 Compreender os elementos culturais que constituem as identidades.

Habilidade 5 Identificar as manifestações ou representações da diversidade do patrimônio cultural e artístico em diferentes sociedades.

Em classe

RELIGIÃO E CULTURA NO BRASIL COLONIAL

Introdução

- A colonização do Brasil foi caracterizada pela violência da escravidão.
- Os portugueses menosprezavam as culturas dos indígenas e dos negros, considerados povos pagãos.

Igreja e jesuítas na terra de Satã: a colonização do pensamento

- A Coroa e a Igreja católica enviaram jesuítas para catequizar os indígenas. O processo de aculturação desenvolvido nas missões procurava destruir os valores do universo cultural indígena e europeizar tais povos.
- Nesse contexto, ocorreu a atuação, no Brasil, do tribunal do Santo Ofício (a Inquisição).

Uma cultura sincrética: entre o sagrado e o profano

- A interação cotidiana entre africanos, indígenas e brancos europeus, a escravidão e a intensa miscigenação conduziram a um sincretismo cultural.

(Enem) Na América inglesa, não houve nenhum processo sistemático de catequese e de conversão dos indígenas ao cristianismo, apesar de algumas iniciativas nesse sentido. Brancos e índios confrontaram-se muitas vezes e mantiveram-se separados. Na América portuguesa, a catequese dos índios começou com o próprio processo de colonização, e a mestiçagem teve dimensões significativas. Tanto na América inglesa quanto na portuguesa, as populações indígenas foram muito sacrificadas. Os índios não tinham defesas contra as doenças trazidas pelos brancos, foram derrotados pelas armas de fogo destes últimos e, muitas vezes, escravizados.

No processo de colonização das Américas, as populações indígenas da América portuguesa:

a) foram submetidas a um processo de doutrinação religiosa que não ocorreu com os indígenas da América inglesa.

b) mantiveram sua cultura tão intacta quanto a dos indígenas da América inglesa.

c) passaram pelo processo de mestiçagem, que ocorreu amplamente com os indígenas da América inglesa.

d) diferenciaram-se dos indígenas da América inglesa por terem suas terras devolvidas.

e) resistiram, como os indígenas da América inglesa, às doenças trazidas pelos brancos.

Anotações

Em casa

TEXTO DE APOIO

Introdução

A partir de 1530, o Estado monárquico português, associado à nobreza, Igreja e burguesia, iniciou a colonização do Brasil. A conquista da terra americana atendia a várias necessidades: organizar a defesa militar, isto é, garantir a posse do território e de suas prováveis riquezas minerais, buscar o proveito econômico da área ocupada e, ao mesmo tempo, difundir a fé católica.

Nos séculos XVI e XVII, no Brasil colonial, a Zona da Mata nordestina, principalmente Pernambuco e o Recôncavo Baiano, foi a principal área povoada por causa do açúcar. Apenas no século XVIII, com a organização da atividade mineradora de ouro e diamantes, é que Minas Gerais, Goiás e Mato Grosso foram ocupados. Por todo o território e em quase todas as atividades econômicas, o colono português usou de forma generalizada a escravidão.

Para os indígenas e negros africanos a colonização do Novo Mundo foi uma verdadeira tragédia. A imposição da escravidão, as guerras e o choque microbiano ceifaram a vida de dezenas de milhões de indivíduos em todo o continente. Pela amplitude da queda demográfica verificada na América e na África, muitos estudiosos afirmam que esse foi o maior genocídio da História: centenas de grupos étnicos, talvez milhares, foram exterminados.

FUNDAÇÃO BIBLIOTECA NACIONAL, RJ

O pelourinho. Gravura de Jean-Baptiste Debret (1768-1848), extraída de *Viagem pitoresca e histórica ao Brasil*.

Igreja e jesuítas na terra de Satã: a colonização do pensamento

Os colonos não tinham dúvida em classificar os indígenas como animais, selvagens e bárbaros porque praticavam o canibalismo e andavam nus. De acordo com os europeus, eles seriam escravos naturais que deveriam servir aos empreendimentos agroexportadores e mineradores. Por outro lado, a Igreja e a Coroa consideravam o Brasil como território do Demônio, uma vez que indígenas e negros eram pagãos, isto é, não eram batizados e acreditavam em vários deuses. Os sacerdotes desses povos eram rotulados de feiticeiros, agentes do diabo: frei Vicente do Salvador dizia que o próprio nome do Brasil simbolizava as brasas do inferno e o jesuíta José de Anchieta identificava no Curupira dos indígenas o capeta. Por todos os cantos, os colonos denunciavam a presença de satã.

Essa incapacidade que os portugueses demonstravam em compreender e aceitar a cultura dos africanos e ameríndios derivava do etnocentrismo que marcava a sociedade europeia. Denomina-se etnocentrismo a vocação para julgar as diferenças por sua própria cultura. A Europa acreditava ser portadora dos ideais da civilização e que o cristianismo era a religião perfeita. De acordo com essa concepção, haveria uma hierarquia das culturas. Existiriam culturas superiores e inferiores. E como a cultura europeia era superior, as demais deveriam ser negadas, rejeitadas e modificadas.

O eurocentrismo explica porque, durante os três séculos da era colonial, toda a produção cultural valorizada e prestigiada foi a do colonizador português. As elites brancas e católicas, compostas pelos senhores de engenhos, proprietários de terras e de minas de ouro, comerciantes, clérigos e funcionários do rei, consideravam que somente o que vinha da Europa era bom, bonito e importante. A cultura dos escravos, dos indígenas, dos negros e dos mestiços era considerada inferior, e por isso foi desvalorizada e reprimida. Esse aspecto central da cultura colonial foi analisado pelo historiador Sérgio Buarque de Holanda: "Trazendo de países distantes nossas formas de convívio, nossas instituições, nossas ideias e timbrando em manter tudo isso em ambiente muitas vezes desfavorável e hostil, somos ainda hoje uns desterrados em nossa terra".

Como o paganismo era considerado inaceitável, deveria ser eliminado. Era necessário conduzir o selvagem, o bárbaro, o inferior à "civilização", através do caminho da "verdadeira fé". Para alcançar esse objetivo, a Coroa exigiu que os senhores fossem os responsáveis pela evangelização dos escravos e elaborou uma legislação repressiva. Feiticeiros, *calunduzeiros* (praticantes dos rituais religiosos africanos) e curandeiros eram perseguidos pela Justiça. Podiam ser presos, açoitados, multados e até degredados.

Mas as autoridades sabiam que não bastava apenas a força. Por isso recorreram à ajuda da Igreja. A espada e a cruz aliaram-se nessa cruzada. Os missionários, propagadores militantes da fé cristã, especialmente os jesuítas, esforçaram-se em substituir as crenças dos pagãos pela religião do Ocidente.

A Companhia de Jesus foi a ordem religiosa mais disciplinada, organizada e rica da colônia. Os soldados de Jesus eram sacerdotes muito bem preparados e prestavam explícita obediência ao papa. A atividade desses padres estendeu-se por vários setores. Possuíam muitas fazendas e casas alugadas, administravam colégios, seminários e hospitais. Mas, sem dúvida, a principal atuação dos jesuítas foi com os indígenas.

Os missionários embrenhavam-se na selva para catequizar as populações tribais. Para alcançar esse propósito, reuniam os indígenas em grandes aldeamentos chamados de Missões (ou Reduções). A catequese, na verdade, era um processo metódico de europeização e aculturação do indígena: os padres de Jesus procuravam transformá-los em homens europeus de religião católica. Atuando principalmente com as crianças, a Companhia de Jesus exerceu uma influência que, aos poucos, foi destruindo os valores do universo cultural indígena, concentrando os nativos em grandes aldeias, impondo o vestuário europeu, proibindo a poligamia e o politeísmo, aplicando a legislação metropolitana e suprimindo a autoridade dos chefes e dos pajés, entre outros aspectos.

Esse processo de destruição sistemática do modo de vida e do pensamento dos brasilíndios é conhecido hoje por etnocídio. Com o intuito de "civilizá-los", os jesuítas, agentes da colonização europeia, na verdade estavam matando-os em seu espírito. A Igreja católica e as elites coloniais viam outras religiões como conjuntos de superstições. Espalhava-se, dessa forma, a cultura da intolerância.

Nesse contexto, foram enviados para o Brasil os agentes da Santa Inquisição, tribunal da Igreja instalado em Portugal, em caráter permanente, a partir de 1536. O Brasil permaneceu, até 1821, sob a alçada do Tribunal de Lisboa, que enviava os Visitadores para a colônia. Apurada a culpa dos réus, eram conduzidos presos para a metrópole, julgados e punidos. A atuação do Santo Ofício no Brasil não se restringiu às Visitações. Foi organizada uma engrenagem inquisitorial composta pelos bispos, comissários e familiares, espalhados por todas as capitanias. Pelas denúncias anônimas, o Santo Ofício podia determinar a prisão, os interrogatórios, as sessões de torturas e as punições (censura, açoitamento, degredo, prisão, enforcamento, esquartejamento e a morte na fogueira).

Diversos comportamentos sexuais e morais eram considerados erros de fé e enquadrados como heresia. Dentre eles a fornicação, a poligamia, o concubinato, o protestantismo, a blasfêmia e a sodomia, especialmente aquela que decorria do homoerotismo. Os cristãos-velhos, portanto, também eram condenados pela Inquisição ibérica. Curiosamente, a perseguição aos casos de feitiçaria, bruxaria e curandeirismo foi muito frouxa, e é fácil entender o motivo. Essas eram práticas realizadas pelos escravos e acobertadas pelos senhores; caso fossem denunciados, os escravos seriam presos e os proprietários não seriam indenizados. Em outras palavras, não era possível reprimir as religiosidades africana e indígena e, ao mesmo tempo, manter a escravidão e o sistema produtivo colonial.

A ação inquisitorial foi caracterizada por vários historiadores como **pedagogia do medo**. Acreditava-se que, por meio de severas punições, seria possível manter os habitantes do Brasil no caminho da fé cristã. Até mesmo Anchieta, o piedoso jesuíta, uma vez afirmou: "Espada e vara de ferro, que é a melhor pregação". Cada vez que chegava um Visitador à colônia, espalhava-se o terror entre os colonos. Como se observa, incompreensão, intolerância e autoritarismo impregnaram a vida da população colonial.

FUNDAÇÃO BIBLIOTECA NACIONAL, RJ

Capoeira. Gravura de Johann Moritz Rugendas (1802-1858), extraída de *Viagem pitoresca através do Brasil*.

Uma cultura sincrética: entre o sagrado e o profano

A presença de uma imensa quantidade de negros e indígenas, escravos ou livres, nas plantações, na zona mineradora e também nas cidades, em contato diário com os brancos portugueses, estimulou o surgimento de uma cultura muito original. Os elementos culturais de cada etnia combinaram-se, mesclaram-se. Em poucas palavras, nasceu uma cultura sincrética. Algo que favoreceu muito a organização dessa civilização híbrida foi a intensa mestiçagem. Os senhores frequentemente mantinham relações sexuais com as escravas negras e indígenas, quase sempre à força, e no ambiente das senzalas não foi incomum o amor entre indígenas e negros. Os mulatos, caboclos e cafuzos, desde bebês, assimilavam a cultura dos pais, que pertenciam a etnias diferentes.

A síntese ocorrida pode ser constatada em todas as dimensões da vida brasileira: alimentação, música, dança, festas, canções de ninar, histórias infantis, língua falada, etc. No campo da religião, verificamos que os negros ouviam a missa e depois participavam do *calundu* (que a partir do século XIX passou a ser conhecido como candomblé); faziam orações para Nossa Senhora do Rosário, são Benedito e santa Bárbara, depois cultuavam Xangô, Oxum e Iansã. Os brancos católicos, inclusive padres, recorriam à ajuda de feiticeiros e curandeiros; usavam também as bolsas de mandingas dos africanos para fechar o corpo contra faca e tiro. Os indígenas sabiam rezar o Pai-nosso e a Ave-maria, mas o tempo todo procuravam aconselhar-se com os pajés. A população participava das missas, das procissões, das romarias e das festas católicas, mas não conseguia entender o que o padre dizia nem os dogmas da fé cristã. Pode-se afirmar que havia um cristianismo de fachada. Muitas vezes as camadas populares revelaram o desagrado, a má-vontade e a irritação contra a religião oficial com blasfêmias e desacatos que dirigiam contra Deus, os santos, a Virgem Maria, os mandamentos e os dogmas. Os responsáveis por esse descrédito e amargura foram a dura vida na colônia, as terríveis práticas inquisitoriais e também o comportamento inadequado de muitos padres.

Era impossível reprimir e eliminar todas essas manifestações sincréticas, no campo da magia e da religião, porque a maioria dos sacerdotes, dos senhores e das autoridades era indiferente, quando não conivente. Eles deixavam aflorar esses sincretismos como forma de controle social e ideológico dos escravos. Antonil, o erudito jesuíta, escreveu: "Negar-lhes totalmente os seus folguedos, que são o único alívio do seu cativeiro, é querê-los desconsolados e melancólicos, de pouca vida e saúde. Portanto, não lhes estranhem os senhores o criarem seus reis, cantar e bailar por algumas horas honestamente em alguns dias do ano, e o alegrarem-se inocentemente à tarde depois de terem feito pela manhã suas festas de Nossa Senhora do Rosário, de são Benedito e do orago da capela do Engenho...".

Nesse encontro de diferentes culturas, por baixo da violência crua, floresceu o culto ao Divino Espírito Santo, uma corrente mística medieval que chegou ao Brasil por meio de colonos oriundos das ilhas dos Açores. Ela profetizava que a cristandade iria entrar na era do Espírito Santo. Nesse novo tempo, toda desigualdade e injustiça seriam eliminadas, os bens divididos, os prisioneiros libertados e as pessoas viveriam para sempre em estado de fraternidade e harmonia. Na colônia, as celebrações do Divino Espírito Santo se tornaram a essência do catolicismo popular. Isso revela a existência de camadas subterrâneas na cultura brasileira que convergem para a defesa da solidariedade, da justiça e da concórdia, as quais destoam diretamente do destino de desigualdade, violência e obscurantismo que marcaram nossa História.

1 (Enem)

"Pecado nefando" era expressão correntemente utilizada pelos inquisidores para a sodomia. *Nefandus*: o que não pode ser dito. A assembleia de clérigos reunida em Salvador, em 1707, considerou a sodomia "tão péssimo e horrendo crime", tão contrária à lei da natureza, que "era indigno de ser nomeado" e, por isso mesmo, nefando.

NOVAIS, F.; MELLO E SOUZA, L. *História da vida privada no Brasil*. v. 1. São Paulo: Companhia das Letras, 1997. Adaptado.

O número de homossexuais assassinados no Brasil bateu o recorde histórico em 2009. De acordo com o Relatório Anual de Assassinato de Homossexuais (LGBT – Lésbicas, Gays, Bissexuais e Travestis, Transexuais e Trangêneros), nesse ano foram registrados 195 mortos por motivação homofóbica no país.

Disponível em: <www.alemdanoticia.com.br/utimas_noticias.php?codnoticia=3871>. Acesso em: 29 abr. 2010. Adaptado.

A homofobia é a rejeição e o menosprezo à orientação sexual do outro e, muitas vezes, expressa-se sob a forma de comportamentos violentos. Os textos indicam que as condenações públicas, perseguições e assassinatos de homossexuais no país estão associadas:

a) à baixa representatividade política de grupos organizados que defendem os direitos de cidadania dos homossexuais.
b) à falência da democracia no país, que torna impeditiva a divulgação de estatísticas relacionadas à violência contra homossexuais.
c) à Constituição de 1988, que exclui do tecido social os homossexuais, além de impedi-los de exercer seus direitos políticos.
d) a um passado histórico marcado pela demonização do corpo e por formas recorrentes de tabus e intolerância.
e) a uma política eugênica desenvolvida pelo Estado, justificada a partir dos posicionamentos de correntes filosófico-científicas.

2 (Enem) Hoje em dia, nas grandes cidades, enterrar os mortos é uma prática quase íntima, que diz respeito apenas à família. A menos, é claro, que se trate de uma personalidade conhecida. Entretanto, isso nem sempre foi assim. Para um historiador, os sepultamentos são uma fonte de informações importantes para que se compreenda, por exemplo, a vida política das sociedades.

No que se refere às práticas sociais ligadas aos sepultamentos:

a) na Grécia antiga, as cerimônias fúnebres eram desvalorizadas, porque o mais importante era a democracia experimentada pelos vivos.
b) na Idade Média, a Igreja tinha pouca influência sobre os rituais fúnebres, preocupando-se mais com a salvação da alma.
c) no Brasil colônia, o sepultamento dos mortos nas igrejas era regido pela observância da hierarquia social.
d) na época da Reforma, o catolicismo condenou os excessos de gastos que a burguesia fazia para sepultar seus mortos.
e) no período posterior à Revolução Francesa, devido às grandes perturbações sociais, abandona-se a prática do luto.

Anotações

AULA 5

Competência 1 Compreender os elementos culturais que constituem as identidades.

Habilidade 4 Comparar pontos de vista expressos em diferentes fontes sobre determinado aspecto da cultura.

Em classe

HISTÓRIA E IMAGEM

As imagens como fontes históricas

- Imagens representam uma rica fonte de informações para o historiador, indo muito além da simples descrição da cena ou do personagem retratado.
- Diante de uma imagem, o historiador deve indagar as condições e o contexto em que a obra foi produzida, entendendo, assim, aspectos de uma época.

Pintura

- Pinturas históricas são exemplos de como o estudioso pode ir além da descrição pura e simples da imagem, desvendando significados nem sempre explícitos.

Fotografia

- A fotografia, por mais realista que seja, também deve ser considerada uma potencial "construção".

1 (Enem) Cândido Portinari (1903-1962), um dos mais importantes artistas brasileiros do século XX, tratou de diferentes aspectos da nossa realidade em seus quadros.

Sobre a temática dos "retirantes", Portinari também escreveu o seguinte poema:

[...]
Os retirantes vêm vindo com trouxas e embrulhos
Vêm das terras secas e escuras; pedregulhos
Doloridos como fagulhas de carvão aceso
Corpos disformes, uns panos sujos,
Rasgados e sem cor, dependurados
Homens de enorme ventre bojudo
Mulheres com trouxas caídas para o lado
Pançudas, carregando ao colo um garoto
Choramingando, remelento
[...]

PORTINARI, Cândido. *Poemas*. Rio de Janeiro: J. Olympio, 1964.

ENEM

ENEM

ENEM

ENEM

Das quatro obras reproduzidas, assinale aquelas que abordam a problemática que é tema do poema.

a) 1 e 2.
b) 1 e 3.
c) 2 e 3.
d) 3 e 4.
e) 2 e 4.

2 (Enem) A primeira imagem abaixo (publicada no século XVI) mostra um ritual antropofágico dos índios do Brasil. A segunda mostra Tiradentes esquartejado por ordem dos representantes da Coroa portuguesa.

Gravura de Theodor De Bry, século XVI.

Tiradentes esquartejado, de Pedro Américo, 1893.

A comparação entre as reproduções possibilita as seguintes afirmações:

I. Os artistas registraram a antropofagia e o esquartejamento praticados no Brasil.

II. A antropofagia era parte do universo cultural indígena e o esquartejamento era uma forma de se fazer justiça entre luso-brasileiros.

III. A comparação das imagens faz ver como é relativa a diferença entre "bárbaros" e "civilizados", indígenas e europeus.

Está correto o que se afirma em:

a) I apenas.
b) II apenas.
c) III apenas.
d) I e II apenas.
e) I, II e III.

Em casa

TEXTO DE APOIO

As imagens como fontes históricas

Ninguém traz o passado de volta. Essa afirmação, comum em nosso cotidiano, resume uma das principais questões dos estudos historiográficos: na intenção de reconstituir os fatos, o historiador não pode entrar em uma "máquina do tempo", voltar ao passado e descrever em detalhes o que viu. É possível apenas lidar com os registros do passado.

Durante muito tempo prevaleceu a ideia de que o historiador deveria dedicar-se à análise de documentos escritos, também chamados de fontes documentais. Por essa perspectiva, a tarefa do historiador seria recolher os textos escritos, comprovar sua autenticidade e estabelecer uma interpretação. Todavia, na primeira metade do século XX, ganharam corpo diversas críticas a essa concepção de documento. O conceito de fonte histórica sofreu uma mudança significativa e diversos pesquisadores começaram a se dedicar à pesquisa de outros objetos, como vestimentas, hábitos alimentares e os mais variados tipos de imagens.

As imagens, cujo conjunto caracteriza uma iconografia, podem assumir a forma de desenhos, pinturas, caricaturas, esculturas, fotografias, cinema, propaganda, *outdoors*, etc. Elas podem ser vistas como representações de sonhos, medos, crenças e das relações sociais de uma época. Essas iconografias não podem ser consideradas meras ilustrações ou representações fiéis da realidade e cabe ao historiador entender o contexto em que determinada imagem foi elaborada. Quais suas condições de produção? Quem é seu autor? Por que foi feita? O que o autor decidiu e o que foi colocado em segundo plano? Como a sociedade lidava com ela?

Pintura

Um exemplo do trato do historiador com imagens é representado pela chamada "pintura histórica", produzida para exaltar ou celebrar determinado episódio ou personagem histórico, muitas vezes reconhecendo a sua importância no momento mesmo em que o episódio ocorreu (cenas de batalhas) ou a personagem viveu (reis e governantes).

A pintura ao lado foi elaborada em 1701 pelo artista francês Hyacinthe Rigaud (1659-1743) e mostra o rei da França Luís XIV. A obra foi encomendada pelo monarca, com o objetivo de deixar uma imagem para a posteridade e servir de base para reproduções que deveriam ser exibidas em toda a França, para que os súditos o conhecessem e admirassem. A tela original deveria permanecer no Palácio de Versalhes, sede da Corte, e ser contemplada por todos os nobres que dela fizessem parte.

A grandiosidade da obra fez com que seus sucessores fossem retratados de forma semelhante, buscando copiar o aspecto da pintura de Rigaud. Observe a seguir os retratos de Luís XV (por Louis Michel Van Loo, em 1760) e Luís XVI (por Antoine François-Callet, em 1789).

MUSEU DO LOUVRE, PARIS, FRANÇA

Luís XIV, de Hyacinthe Rigaud, 1701.

PALÁCIO DE VERSAILLES, FRANÇA

Luís XV, de Louis Michel Van Loo (1707-1771), 1760.

PALÁCIO DE VERSAILLES, FRANÇA

Luís XVI, de Antoine François-Callet (1741-1823), 1789.

A semelhança dos quadros sugere o desejo dos sucessores de repetir a grandeza do "Rei-Sol" (como era conhecido Luís XIV), marcando assim a continuidade do poder do monarca como forma de legitimá-lo. Voltando ao quadro de Rigaud, notamos nele os símbolos do poder real: a coroa (poder real hereditário), a espada (monopólio da força), o cetro (autoridade) e a "mão de justiça" (utilizada na França como forma de representar o monopólio real da Justiça). Observe que esses objetos se repetem nos três quadros.

Na época de Luís XIV, uma das formas de legitimação do poder do rei era a teoria do Direito Divino, segundo a qual os reis teriam recebido de Deus o direito de governar, encontrando-se em patamar superior às demais pessoas e mais próximos da divindade, de onde emanava o poder político. No quadro, o artista habilmente representa um rei de rosto particularmente inexpressivo, ou seja, distante das emoções consideradas humanas. Seria uma forma de expressar esse distanciamento das coisas terrenas e a superioridade sobre as pessoas.

MUSEU DO LOUVRE, PARIS

Detalhe da obra de Hyacinthe Rigaud, 1701.

Por fim, deve-se considerar que a obra estaria exposta em Versalhes e, portanto, seria objeto de comentários da Corte. Grupo até certo ponto fechado, vivendo junto no Palácio e disputando privilégios concedidos pelo rei, a sociedade da Corte vivia em meio a intrigas e jogos de poder. O artista, participando desses jogos, retratou (no baixo-relevo à esquerda do monarca) uma mulher, de braços estendidos e voltada para o rei. Seria uma das amantes de Luís XIV? Quem teria entendido a referência? Seja como for, imersa em intrigas, a Corte se distanciava da sociedade real, e tensões logo iriam surgir.

Fotografia

A fotografia é aparentemente mais realista do que a pintura, uma vez que é baseada na captura de imagens reais por meios mecânicos (químicos ou digitais). Porém, ao delimitar um espaço e sendo capaz de fixar determinado instante no tempo, ela adquire a capacidade de apresentar, simultaneamente, criação e inventividade, termos geralmente adotados para caracterizar o trabalho de artistas. Em muitos casos, o fotógrafo corre o risco de "criar uma realidade", como no caso da foto ao lado, que ficou famosa em 2010. A imagem mostra a presidenta Dilma Rousseff em uma cerimônia militar em Brasília, mas, sem legenda, pode assumir um aspecto assustador.

WILTON JUNIOR/AGÊNCIA ESTADO/AE

Esta foto necessita de uma legenda, parecendo assustadora à primeira vista.

Paralisando o instante, a fotografia tem a instigante capacidade de nos levar à reflexão e, nesse sentido, a fotografia mais trivial ganha um potencial interpretativo bastante amplo; como é o caso da imagem ao lado, tomada por volta de 1870 em um estúdio fotográfico da cidade de São Paulo.

Eis como o historiador Luís Felipe de Alencastro descreve a cena retratada:

JOSÉ ROSAEL/MUSEU PAULISTA, USP, SP

Um senhor e seus escravos no Brasil, em foto de cerca de 1870.

O homem branco é o senhor, dono, proprietário dos cinco outros homens negros e mulatos. Está na frente, na posição de autoridade e domínio. Os outros se encontram atrás. O primeiro à esquerda do senhor é mulato, está bem vestido. Ao contrário dos outros, deixou o cabelo meio liso crescer, penteou-o, fez uma risca no lado esquerdo, como o seu senhor. Mas não pode usar sapatos, privilégio e marca distintiva dos livres e libertos.

Tirar fotografia era uma operação demorada. Ninguém podia se mexer durante quase dois minutos. Outras tentativas já podiam ter falhado. O fotógrafo Militão, que fez esta fotografia em São Paulo, deve ter reclamado. Por isso, ou por outras razões mais secretas, o senhor está zangado, de cara amarrada. O escravo situado à sua direita, assustado, encolheu-se. Na extrema esquerda, um homem com a varinha na mão – pastor de cabras ou de vaca leiteira na cidade – tem um olhar altivo, talvez porque traga nas mãos o objeto de seu ofício, que o distingue dos outros cativos, paus para toda obra.

Na extrema direita, o homem de branco se mexeu: estragou a foto da ordem escravista programada pelo seu senhor. Vai apanhar. No seu rosto fora de foco vislumbra-se o medo. Vai apanhar.

Alencastro, L. F. Vida privada e ordem privada no Império. In: *História da vida privada no Brasil*. v. 2. *Império: corte e a modernidade nacional*. São Paulo: Companhia das Letras, 1997.

Percebe-se aqui como a imagem fotográfica, por meio da interpretação do historiador, torna-se um pungente testemunho sobre a realidade da escravidão no século XIX, no Brasil.

1 (Enem)

ENEM

Entrudo, de Jean-Baptiste Debret, 1834.

Na obra *Entrudo*, de Jean-Baptiste Debret (1768-1848), apresentada ao lado,

a) registram-se cenas da vida íntima dos senhores de engenho e suas relações com os escravos.

b) identifica-se a presença de traços marcantes do movimento artístico denominado Cubismo.

c) identificam-se, nas fisionomias, sentimentos de angústia e inquietações que revelam as relações conflituosas entre senhores e escravos.

d) observa-se a composição harmoniosa e destacam-se as imagens que representam figuras humanas.

e) constata-se que o artista utilizava a técnica do óleo sobre tela, com pinceladas breves e manchas, sem delinear as figuras ou as fisionomias.

2 (Enem) As imagens abaixo reproduzem quadros de D. João VI e de seu filho D. Pedro I nos respectivos papéis de monarcas. A arte do retrato foi amplamente utilizada pela nobreza ocidental, com objetivos de representação política e de promoção social. No caso dos reis, essa era uma forma de se fazer presente em várias partes do reino e, sobretudo, de se mostrar em majestade.

Retrato de D. João VI, de Jean-Baptiste Debret, 1817. Óleo sobre tela, 60 cm × 42 cm.

Retrato do imperador em trajes majestáticos, de Henrique José da Silva. Gravura sobre metal feita por Urbain Massard, 64 cm × 44 cm.

A comparação das imagens permite concluir que:

a) as obras apresentam substantivas diferenças no que diz respeito à representação do poder.

b) o quadro de D. João VI é mais suntuoso, porque retrata um monarca europeu típico do século XIX.

c) os quadros dos monarcas têm baixo impacto promocional, uma vez que não estão usando a coroa, nem ocupam o trono.

d) a arte dos retratos, no Brasil do século XIX, era monopólio de pintores franceses, como Debret.

e) o fato de pai e filho aparecerem pintados de forma semelhante sublinha o caráter de continuidade dinástica, aspecto político essencial ao exercício do poder régio.

AULA 6

Competência 3 Compreender a produção e o papel histórico das instituições sociais, políticas e econômicas, associando-as aos diferentes grupos, conflitos e movimentos sociais.

Habilidade 12 Analisar o papel da justiça como instituição na organização das sociedades.

Em classe

AMÉRICA COLONIAL: IDENTIDADE E JUSTIÇA

A América indígena: um velho Novo Mundo

- Chamado de "Novo Mundo" pelos europeus, o continente americano já há muito abrigava civilizações complexas, como a dos maias, incas e mexicas (ou astecas).

A conquista e o choque de culturas: a espada e a cruz

- A conquista da América pelos europeus foi violenta e incluiu não só o massacre físico de populações, como a repressão à cultura e ao modo de vida dos nativos.

A organização das colônias: administração, economia e sociedade

- Priorizando a exploração mercantilista, os espanhóis criaram na América uma sociedade rígida, fundada em padrões culturais ("raciais" e religiosos) e em funções econômicas.

A Inquisição na América espanhola: a justiça cristã na construção da América

- Os tribunais da Inquisição instalados na América tiveram importante papel na manutenção do domínio espanhol, reprimindo comportamentos e práticas considerados inadequados e expressando, assim, grande intolerância.

(Enem) O desenho do artista uruguaio Joaquín Torres-García trabalha com uma representação da América Latina diferente da usual.

Em artigo publicado em 1941, em que apresenta a imagem e trata do assunto, Joaquín afirma:

Quem e com que interesse dita o que é o norte e o sul? Defendo a chamada Escola do Sul porque na realidade, nosso norte é o sul. Não deve haver norte, senão em oposição ao nosso sul. Por isso colocamos o mapa ao revés, desde já, e então teremos a justa ideia de nossa posição, e não como querem no resto do mundo. A ponta da América assinala insistentemente o sul, nosso norte.

TORRES-GARCÍA, Joaquín. *Universalismo constructivo.* Buenos Aires: Poseidón, 1941. Adaptado.

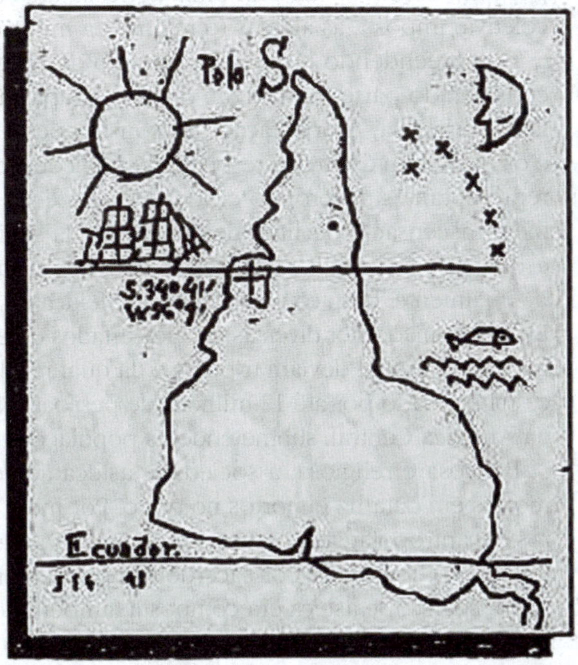

ENEM

O referido autor, no texto e imagem anteriores,

a) privilegiou a visão dos colonizadores da América.

b) questionou as noções eurocêntricas sobre o mundo.

c) resgatou a imagem da América como centro do mundo.

d) defendeu a Doutrina Monroe expressa no lema "América para os americanos".

e) propôs que o sul fosse chamado de norte e vice-versa.

Em casa

TEXTO DE APOIO

A América indígena: um velho Novo Mundo

Civilizações com séculos de cultura, com suas cidades e impérios, exércitos e burocratas: era assim o Novo Mundo, que espanhóis descobriram, no início dos tempos modernos. Essas terras foram conquistadas em nome da monarquia e da fé católica e, em seguida, exploradas conforme os interesses econômicos mercantilistas.

Até mesmo a forma como as "novas" terras foram denominadas expressa essa visão: vice-reino de Nova Espanha, província de Santa Fé e rio da Prata são nomes que atestam isso. Antes, porém, da chegada de Colombo, o território já possuía uma história, cuja herança e continuidade mostram-se hoje fundamentais para a compreensão do continente americano.

Uma das mais notáveis civilizações pré-colombianas era a dos maias. Tendo seu apogeu entre os séculos III e XI, no atual México, e estendendo sua influência sobre a América Central, ela era organizada em cidades autônomas, construídas sobre locais sagrados, que tinham principalmente função cerimonial. Palenque, na atual província mexicana de Chiapas, é um exemplo. A sofisticação cultural da civilização maia e sua influência sobre os povos mesoamericanos é perceptível em suas ruínas, múmias, escrita, em nossos conhecimentos matemáticos e astronômicos. Os maias dividiam seu calendário em grandes ciclos, seus anos tinham 365 dias e eles conheciam o conceito do zero.

Além dos maias, apresentou grande desenvolvimento o império dos chamados incas – ou, em língua quéchua, o império *tawantinsuyu*, que significa "as quatro províncias". Unindo tribos quéchua e submetendo outros grupos étnicos em uma extensa federação, o diversificado Império Inca se estendia por cerca de quatro mil quilômetros da atual América do Sul, atingido uma população de até 6 milhões de pessoas.

Cidades como Cuzco e, mais tarde, Machu Picchu reuniam até 100 mil habitantes, e eram abastecidas por uma desenvolvida economia agrícola, até certo ponto controlada pelo Estado e baseada na servidão coletiva, imposta às aldeias (o regime da mita). Contavam também com extensas rotas comerciais.

Compreendendo o mundo por meio da religião, a sociedade inca era governada por um imperador considerado parte do panteão divino, o Sapa Inca ("filho do Sol"), e por uma aristocracia de função militar e religiosa. A orientação das construções nas cidades, pirâmides e templos, a prática da agricultura e os ritos eram definidos respeitando tradições mitológicas e os ciclos astronômicos, compreendidos como representantes do próprio ciclo do tempo e da história: passado e presente, vida e morte, plantio e colheita, ascensão e declínio de impérios. Sua sociedade estratificada era compreendida como parte de um esquema mítico inalterável, sendo marcada pela pouca possibilidade de mobilidade social.

Finalmente, destacou-se o Império Mexica ou Asteca – em *nahuatl*: "povo do lugar sagrado de Aztlan". Ele era formado por diversas cidades-estados de etnia mexica, submissas a Tenóchtitlan, a capital de 500 mil habitantes à qual deviam tributos e da qual recebiam forte influência cultural. O Império Mexica ou Asteca foi povoado por até 12 milhões de pessoas. No século XVI se estendia do atual México a grande parte da América Central, submetendo as populações conquistadas a um regime de servidão (o *cuatéquil*).

Belicosa e religiosa, a sociedade asteca acreditava em um paraíso, o Império do Sol, reservado aos mortos em batalha e mortos no parto. Por meio de rituais religiosos envolvendo o sacrifício de prisioneiros e a antropofagia, os astecas procuravam garantir o favor dos deuses, a fertilidade da terra e as vitórias militares. Governada por sacerdotes representantes do Rei-deus e pela nobreza guerreira hereditária, a rígida sociedade asteca era composta também de mercadores, artesãos e grande número de camponeses.

A conquista e o choque de culturas: a espada e a cruz

Estendendo à América o espírito cruzadista (a "guerra justa" em nome da expansão da fé cristã) e, ao mesmo tempo, fascinados pela riqueza da região e horrorizados com os costumes que consideravam bárbaros, os espanhóis submeteram as populações e a cultura indígenas a um violento processo de conquista.

Equipados com armas de fogo e cavalos (desconhecidos dos nativos), trazendo novas e mortais doenças do velho mundo, e se aproveitando dos conflitos políticos internos do continente, poucas centenas de espanhóis subjugaram milhões de indígenas. Esse processo foi liderado por adelantados, conquistadores nomeados pela Coroa, como Hernán Cortéz e Francisco Pizarro. Juntas, a conquista, a exploração do trabalho e a imposição cultural tiveram, por consequência, o extermínio de milhões de indígenas, assim como a desestruturação de suas sociedades e economias.

Durante séculos, a imposição de uma história dos vencedores considerou positiva a vitória da civilização europeia sobre uma América vista como selvagem ou bárbara, desmerecendo os relatos, a visão e o papel dos índios. Apenas recentemente a história da América tem sido revista, em um difícil processo de reconstrução da memória e de valorização da importância e da herança desse velho mundo nativo americano.

A organização das colônias: administração, economia e sociedade

Os vice-reinos e capitanias criados pelos espanhóis na América estavam subordinados politicamente à metrópole e eram administrados de forma centralizada pelo Conselho Real das Índias. Os chapetones, uma elite de origem metropolitana, representavam a monarquia nas colônias, controlando os altos cargos de governo, da justiça e da Igreja.

A economia colonial, dentro de um modelo de exploração mercantilista monopolista, estava voltada à satisfação dos interesses comerciais metropolitanos, tendo como principais atividades a mineração e a exportação de gêneros agrícolas, como o açúcar, produzido em sistema de *plantation* (latifúndios monocultores). Sob rígido controle do sistema de "porto único" (com o qual todo comércio com a América era feito a partir de algumas poucas cidades espanholas), as colônias enviavam à Europa enormes quantidades de metais preciosos.

Marcada pela desigualdade, a sociedade colonial traz dos colonizadores a noção de superioridade da civilização, da religião e dos nascidos na Espanha, conhecidos como gente de *razón*. Os chamados "estatutos de sangue" reservavam os melhores cargos aos que não tinham ascendência judaica ou indígena, unindo velhos e novos preconceitos e dificultando a mobilidade social.

Por exemplo, a elite colonial ou *criolla* nascida na América, apesar da ascendência espanhola e do controle sobre atividades econômicas, estava excluída dos principais cargos na administração colonial, restringindo-se à política regional e ao controle dos *cabildos* e *ayuntamentos*, órgãos de poder municipal.

Aos indígenas, também chamados de "negros da terra", e aos de origem africana, estavam reservadas a submissão e a exploração do trabalho compulsório em diversas formas, como a servidão de tradição indígena, apropriada pelos espanhóis (a mita e o *cuatéquil*), assim como a obrigação de trabalhar em troca da catequização e inserção social (a *encomienda*), enquanto a escravidão era justificada pela ideia de guerra justa cristã. Confinados a aldeamentos controlados por jesuítas e obrigados a observar leis espanholas e comportamentos cristãos, os indígenas tiveram suas sociedades tradicionais e economias comunais desestruturadas, enfrentando dificuldades na preservação de seus costumes e de sua cultura.

A Inquisição na América espanhola: a justiça cristã na construção da América

Enxergando a conquista como uma missão catequizadora e parte do plano divino, os espanhóis julgaram a variedade religiosa da sociedade americana como um desvio a ser combatido com a conversão, a educação religiosa e a repressão com base nas leis do rei e de Deus.

A importação dos Tribunais Inquisitoriais ou do Santo Ofício teve por objetivo o controle dos costumes e práticas e a repressão das crenças consideradas heréticas, judaizantes ou nativas. Em grandes autos de fé (cerimônias públicas), os julgados culpados de desvios eram castigados, humilhados e, em alguns casos, executados na fogueira. Era o que os inquisidores chamavam de "limpeza de sangue". Arderam também os cristãos novos (judeus convertidos ao cristianismo), acusados de em segredo manterem seus rituais, além de indivíduos acusados de sodomia, bruxaria e heresia.

Indígenas recém-convertidos, geralmente considerados novos na fé e, portanto, tratados com relativa tolerância, foram em alguns casos punidos por idolatria e paganismo. Isso demonstra a tentativa de impor um modelo de sociedade e justiça de origem europeia ao que os espanhóis consideravam a extensão de seu Estado e mundo cristão.

À violência contra os corpos e crenças somou-se o ataque à cultura considerada profana, ao saber indígena e a tudo que representasse o outro, o não cristão. Por meio da queima de ídolos, textos e demais objetos, buscava-se destruir fisicamente o que representasse a diferença. A destruição desses documentos trouxe enormes dificuldades ao estudo e à compreensão do passado e da visão dos indígenas, contribuindo para a imposição de uma história unilateral relatada pelos vencedores. Como comentado anteriormente, ainda é recente o esforço de historiadores, artistas e pensadores no sentido de rever e aprofundar os estudos sobre essas fontes, buscando valorizar as contribuições indígenas e sua herança, participando assim da recuperação da memória e da construção da história da América.

DE LA FUNDACIÓN DE LA PROVINCIA FRANCISCANA DE GUATEMALA

Diego de Landa destrói os ídolos em Maní, de Leonardo Paz. Na obra acima, podemos observar a queima de códices (textos) e de ídolos maias no chamado auto de fé na cidade de Maní (Yucatán), no século XVI, realizado por membros do clero católico e autoridades espanholas, demonstrando o caráter duplo da dominação.
O teor de denúncia e crítica à violência e à intolerância evidencia-se na agonia dos indígenas submissos. A pintura é o retrato da destruição da história de um povo, justificada nas palavras do bispo Diego de Landa: "Encontramos um grande número de livros escritos com estes caracteres, como não continham nada que não pudesse ser visto como superstição e mentiras do diabo, a todos queimamos, o que eles [os maias] muito lamentaram, causando-lhes grande aflição".
O mural é parte de um esforço de resgate da violenta história da construção da América.

1 (UFU-MG) Leia o trecho a seguir.

Como na Espanha, o instrumento para lidar com a dissensão religiosa foi a Inquisição, que fora instalada por Fernando e Isabel. Ela fora transferida para a América pelo menos em 1519 e, mais tarde, funcionou através de tribunais em Lima (fundado em 1570), na Cidade do México (fundado em 1571) e em Cartagena (fundado em 1610). Entretanto, rigorosamente falando, a Inquisição não tinha jurisdição sobre os índios. Sua principal tarefa era suprimir o judaísmo e o protestantismo (bem como a feitiçaria e o desvio sexual).

BARNADAS, Josep Maria. A Igreja católica na América espanhola colonial. In: BETHELL, Leslie (Org.). *História da América Latina*. v. 1. São Paulo: Edusp, 1998. p. 540.

Sobre o ambiente cultural e religioso da América espanhola colonial e a atuação da Inquisição nesse contexto, marque a alternativa INCORRETA.

a) A Inquisição, como instituição católica e metropolitana, teve participação direta na destruição dos templos religiosos dos povos pré-colombianos, no genocídio das populações nativas e na desfiguração das identidades culturais e religiosas dos povos andinos e mexicanos.

b) Para fugir da perseguição do Santo Ofício, a maior parte dos judeus que vivia nas colônias aceitava formalmente a religião católica, contudo, continuava praticando, secretamente, a sua religião. Os criptojudeus ou "cristãos novos", como eram chamados, passaram a ter suas práticas vigiadas pelas autoridades religiosas.

c) Estimulado pela Igreja católica, o sincretismo de crenças e ritos cristãos e indígenas foi usado como forma de aproximação e convencimento pela igreja, que buscava assim facilitar o processo de conversão.

d) Os autos de fé eram espetáculos promovidos pelos Tribunais do Santo Ofício, nos quais os condenados eram exemplarmente punidos em público. Para os espetáculos, concorria um grande número de espectadores, de modo que constituíam um poderoso instrumento de propaganda religiosa a serviço da ortodoxia cristã na América.

e) As visitações inquisitoriais, as missões dos jesuítas e a ação dos *encomenderos* na América espanhola foram importantes instrumentos na imposição de valores culturais e comportamentos europeus.

2 (Enem – Adaptada) O Império Inca, que corresponde principalmente aos territórios da Bolívia e do Peru, chegou a englobar enorme contingente populacional. Cuzco, a cidade sagrada, era o centro administrativo, com uma sociedade fortemente estratificada e composta por imperadores, nobres, sacerdotes, funcionários do governo, artesãos, camponeses, escravos e soldados. A religião contava com vários deuses, e a base da economia era a agricultura, principalmente o cultivo da batata e do milho.

A principal característica da sociedade inca era a:

a) ditadura teocrática, que igualava a todos.

b) existência da igualdade social e da coletivização da terra.

c) estrutura social desigual compensada pela coletivização de todos os bens.

d) existência de mobilidade social, o que levou à composição da elite pelo mérito.

e) exígua possibilidade de se mudar de estrato social e a existência de uma aristocracia hereditária.

Anotações

AULA 7

Competência 1 Compreender os elementos culturais que constituem as identidades.

Habilidade 2 Analisar a produção da memória pelas sociedades humanas.

Em classe

REVOLUÇÃO INDUSTRIAL: MEMÓRIA E HISTÓRIA

A Revolução Industrial e a precocidade inglesa

- Definição de Revolução Industrial: processo de aceleração da produção caracterizado pela substituição da ferramenta manual por máquinas movidas por força motriz, além da substituição de oficinas artesanais domésticas pelo sistema fabril de produção.
- A Inglaterra foi precoce no processo de industrialização por uma série de fatores: políticos (Revolução Burguesa), econômicos (acúmulo de capital) e sociais (cercamentos).

A Revolução Industrial e a formação do operariado

- Em meio ao processo de industrialização, ocorreu a formação do operariado (ou proletariado), submetido a condições de vida e de trabalho aviltantes.

Revolução Industrial e memória operária

- A experiência operária pode ser resgatada e mais bem compreendida por meio da memória, e o depoimento ou testemunho de operários são fontes privilegiadas sobre o tema.

(Enem)

Homens da Inglaterra, por que arar para os senhores que vos mantêm na miséria? Por que tecer com esforços e cuidado as ricas roupas que vossos tiranos vestem? Por que alimentar, vestir e poupar do berço até o túmulo esses parasitas ingratos que exploram vosso suor – ah, que bebem vosso sangue?

SHELLEY. *Os homens da Inglaterra*. Apud HUBERMAN, Leo. *História da riqueza do homem*. Rio de Janeiro: Zahar, 1982.

A análise do trecho permite identificar que o poeta romântico Shelley (1792-1822) registrou uma contradição nas condições socioeconômicas da nascente classe trabalhadora inglesa durante a Revolução Industrial. Tal contradição está identificada:

a) na pobreza dos empregados, que estava dissociada da riqueza dos patrões.
b) no salário dos operários, que era proporcional aos seus esforços nas indústrias.
c) na burguesia, que tinha seus negócios financiados pelo proletariado.
d) no trabalho, que era considerado uma garantia de liberdade.
e) na riqueza, que não era usufruída por aqueles que a produziam.

Em casa

TEXTO DE APOIO

A Revolução Industrial e a precocidade inglesa

James Watt, Richard Arkwright, James Hargreaves, Robert Fulton, Eli Whitney, John Kay, George Stephenson, Jethro Tull, etc. Esses são nomes de pessoas que viveram no mesmo século (XVIII), a maioria na Inglaterra. Foram inventores e criaram máquinas capazes de aumentar a produção de alguns bens (grãos, carvão e, principalmente, tecidos) e de transportá-los em uma velocidade nunca vista até então. Essas invenções fazem parte de um processo mais amplo, que chamamos de Revolução Industrial.

Em um sentido estrito, chamamos de Revolução Industrial o processo de aceleração da produção caracterizado pela substituição de ferramentas manuais por máquinas movidas por força motriz (isto é, energia não humana), além da substituição das oficinas artesanais domésticas pelo sistema fabril de produção.

A maneira pela qual as novas máquinas foram introduzidas transformou de forma radical os métodos tradicionais de produção e a própria noção de trabalho humano. Seus efeitos repercutiram ainda na própria realidade social dos países que adotaram esses novos métodos. Todo esse processo de mudança começou na Inglaterra, país que contava, no século XVIII, com as melhores condições gerais para assimilar tais transformações.

Do ponto de vista político, a Inglaterra já estava livre de governos absolutistas. Desde a bem-sucedida Revolução Gloriosa de 1688-1689, o Parlamento britânico era responsável pelo governo do país e controlado pela classe dos homens de negócio. Assim, a legislação inglesa tendia a facilitar a implantação de empreendimentos industriais e o clima geral era favorável aos negócios.

Do ponto de vista econômico, o país dispunha do maior volume de capital acumulado em comparação a qualquer outro país da época. Isso foi possível graças ao excepcional desenvolvimento mercantil e naval, também articulados à precoce instalação de um governo burguês em 1688-1689. Esse capital encontrava-se disponível para investimento no setor produtivo, destinado, por exemplo, a unidades manufatureiras cada vez maiores e inovações técnicas.

Do ponto de vista social, havia mão de obra disponível, fruto dos cercamentos. Em um longo processo remontando o final da Idade Média, muitas terras antes voltadas à produção de alimentos foram fechadas por cercas e transformadas em grandes lotes nos quais os proprietários começaram a produzir excedentes visando à comercialização. O exemplo mais característico foi a criação de ovelhas, com o objetivo de comercializar a lã. Dessa forma, os grandes proprietários tornavam-se verdadeiros homens de negócios baseados no campo e o excedente de população rural, não mais necessário, foi expulso para as cidades, formando um grande contingente de mão de obra disponível e disposta a submeter-se à dura disciplina de trabalho predominante nas oficinas.

A Revolução Industrial e a formação do operariado

Com a chegada desses camponeses às cidades, começaram a surgir as manufaturas – para as quais grandes contingentes de trabalhadores eram contratados para realizar tarefas manuais, sob as ordens de um proprietário –, que acabaram substituindo as pequenas oficinas artesanais (aliás, abandonadas nas áreas rurais). Mais tarde, em pleno processo da Revolução Industrial, as manufaturas tornaram-se maquinofaturas, com a introdução de máquinas.

As máquinas não trabalhavam sozinhas. Precisavam de "operadores" para ligá-las, acompanhar seu funcionamento, introduzir a matéria-prima e reparar eventuais falhas. Ou seja, necessitavam de operários para funcionarem bem. Só que os proprietários das máquinas não estavam dispostos a dividir com esses trabalhadores a tarefa de determinar qual seria a cota ideal de produção por dia ou por hora. Nem mesmo estavam interessados em permitir que estes estipulassem um valor mínimo aceitável como remuneração pelo trabalho. Ao contrário: sendo eles os donos das máquinas, queriam ter a prerrogativa de determinar "quando", "como", "onde", e "por quanto" os operários deveriam trabalhar. Em outras palavras: desejavam eles próprios ditar as regras e condições de trabalho, como horários, salários, distribuição de tarefas, punições. Podiam, assim, explorar ao máximo o potencial da mão de obra, obter mais produção e, consequentemente, aumentar os lucros.

Para tanto, a solução encontrada foi concentrar as máquinas em ambientes fechados, espaçosos e com poucas janelas, organizado de forma que os patrões pudessem vigiar constantemente o comportamento dos empregados e exigir deles total concentração, a fim de alcançarem cotas de produção predeterminadas.

Desse modo, podemos afirmar que, com a Revolução Industrial, nasceu também um novo método de produção: o sistema de fábrica, caracterizado pela rígida disciplina exigida dos operadores e pela explícita divisão entre o capital (proprietários) e o trabalho (empregados).

Para ser um operário, era necessário, portanto, agir quase como uma máquina. Proibiam-se conversas, pausas em horários não estipulados, e mesmo assoviar ou cantar. Nas fábricas, em meio ao barulho ensurdecedor das máquinas, a carga horária de trabalho variava entre 14 e 16 horas diárias, com algumas poucas pausas para descanso e alimentação. E com salários humilhantes de tão baixos – sem falar no assédio moral e até em castigos corporais que, por vezes, eram usados pelos capatazes e demais encarregados de "vigiar" a produção.

Revolução Industrial e memória operária

A situação de penúria dos operários, marcada pela violenta exploração do trabalho e pelas miseráveis condições de existência material, repetiu-se nos países que passaram pelo processo de industrialização. Nesse sentido, foi criada uma memória – presente em vários documentos, como jornais, registros médicos, ocorrências policiais, canções, relatórios de comissões parlamentares e até em obras literárias – sobre o cenário trágico desses primeiros tempos da Revolução Industrial.

Mas existe, porém, um tipo de memória independentemente de um suporte material (ou documental): trata-se da memória em si, do conjunto de lembranças que um indivíduo recolhe ao longo da vida. Tais lembranças, filtradas (conscientemente ou não), confundidas e até modificadas ao longo do tempo, consistem em um patrimônio cultural de valor incalculável. No que se refere à Revolução Industrial, tais memórias nos colocam em contato direto com a experiência operária e se constituem em valiosa fonte de informação sobre o passado e a reflexão sobre o presente.

Leia, por exemplo, o depoimento abaixo, redigido pela intelectual francesa Simone Weil, que, na década de 1930, largou uma vida de classe média e foi trabalhar como operária em uma usina metalúrgica:

De 4h30 às 5h15, forno [...]. Na primeira noite, lá pelas 5 horas, a dor da queimadura, o esgotamento e as dores de cabeça me fazem perder completamente o domínio dos meus movimentos. Não consigo abaixar a tampa do forno. Um caldeireiro se precipita e a abaixa para mim. Que gratidão por esses momentos! Também quando o garotinho me acendeu o forno e me mostrou como baixar a tampa com um gancho, com muito menos trabalho. Em troca, quando Mouquet me sugere que ponha as peças à minha direita para passar menos vezes pela frente do forno, sinto principalmente despeito por não ter pensado nisso por mim mesma. Cada vez que me queimei, o soldador me dirigiu um sorriso de simpatia [...].

Quinta-feira, de 7 às 9h15: forno. Evidentemente menos penoso que na véspera, apesar de uma dor de cabeça muito violenta desde que acordei. Aprendi a não me expor tanto às labaredas e a correr poucos riscos de me matar. Mesmo assim é muito duro. Barulho terrível de macetadas a poucos metros [...]. Os chefes nunca vêm aqui. Atmosfera livre, fraterna, nada mais de servil ou mesquinho [...].

O tempo era um peso intolerável. O receio – o medo – do que se ia seguir não parava de me apertar o coração até chegar o sábado de tarde e o domingo de manhã. E o motivo do medo eram as ordens [...]. O fato capital não é o sofrimento, mas a humilhação [...]. Uma opressão evidentemente inevitável e invencível não gera, como reação imediata, a revolta, mas a submissão. Na fábrica Alstom só aos domingos eu me revoltava [...].

Conversa na fábrica: Um dia, uma operária traz ao vestiário um garoto de nove anos. Chovem as gozações. "Você trouxe ele para trabalhar?". Ela responde: "Bem que eu gostaria que ele pudesse trabalhar". Tem dois garotos e um marido doente para cuidar. Ganha entre 3 e 5 francos por hora. Sonha com o momento em que, afinal, este garoto possa ser trancado o dia inteiro numa fábrica para ganhar alguns centavos. Uma outra, boa colega e afetuosa, respondendo sobre sua família: "Você tem filhos?" – "Não, felizmente. Isto é, um, mas morreu". Fala de um marido doente que teve de cuidar durante oito anos. "Morreu, felizmente...". Os sentimentos são belos, mas a vida é dura demais [...].

Que bom seria poder depositar a alma, à entrada, no cartão de ponto, e retomá-la intacta à saída! Mas é o contrário que se dá. Ela vai com a gente para a fábrica, onde sofre; de noite este esgotamento como que a anulou.

WEIL, Simone. *A condição operária e outros estudos sobre a opressão.* Rio de Janeiro: Paz e Terra, 1979. Adaptado.

1 (Enem) A evolução do processo de transformação de matérias-primas em produtos acabados ocorreu em três estágios: artesanato, manufatura e maquinofatura. Um desses estágios foi o artesanato, em que se:

a) trabalhava conforme o ritmo das máquinas e de maneira padronizada.
b) trabalhava geralmente sem o uso de máquinas e de modo diferente do modelo de produção em série.
c) empregavam fontes de energia abundantes para o funcionamento das máquinas.
d) realizava parte da produção pelo operário, com uso de máquinas e trabalho assalariado.
e) faziam interferências do processo produtivo por técnicos e gerentes com vistas a determinar o ritmo de produção.

2 (Enem – Adaptada)

A prosperidade induzida pela emergência das máquinas de tear escondia uma acentuada perda de prestígio. Foi nessa idade de ouro que os artesãos, ou os tecelões temporários, passaram a ser denominados, de modo genérico, tecelões de teares manuais. Exceto em alguns ramos especializados, os velhos artesãos foram colocados lado a lado com novos imigrantes, enquanto pequenos fazendeiros-tecelões abandonaram suas pequenas propriedades para se concentrar na atividade de tecer. Reduzidos à completa dependência dos teares mecanizados ou dos fornecedores de matéria-prima, os tecelões ficaram expostos a sucessivas reduções dos rendimentos.

THOMPSON, Edward Palmer. *The making of the English working class.* Harmondsworth: Penguim Books, 1979. Adaptado.

Com a mudança tecnológica ocorrida durante a Revolução Industrial, a forma de trabalhar alterou-se porque:

a) a invenção do tear manual propiciou o surgimento de novas relações sociais.
b) os tecelões mais hábeis prevaleceram sobre os inexperientes.
c) os novos teares exigiam treinamento especializado para serem operados.
d) os artesãos, no período anterior, combinavam a tecelagem com o cultivo de subsistência.
e) os trabalhadores não especializados se apropriaram dos lugares dos antigos artesãos nas fábricas.

3 (Enem)

A Inglaterra pedia lucros e recebia lucros. Tudo se transformava em lucro. As cidades tinham sua sujeira lucrativa, suas favelas lucrativas, sua fumaça lucrativa, sua desordem lucrativa, sua ignorância lucrativa, seu desespero lucrativo. As novas fábricas e os novos altos-fornos eram como as Pirâmides, mostrando mais a escravização do homem que seu poder.

DEANE, Phyllis. *A Revolução Industrial.* Rio de Janeiro: Zahar, 1979. Adaptado.

Qual relação é estabelecida no texto entre os avanços tecnológicos ocorridos no contexto da Revolução Industrial inglesa e as características das cidades industriais no início do século XIX?

a) A facilidade em se estabelecer relações lucrativas transformava as cidades em espaços privilegiados para a livre-iniciativa, característica da nova sociedade capitalista.
b) O desenvolvimento de métodos de planejamento urbano aumentava a eficiência do trabalho industrial.
c) A construção de núcleos urbanos integrados por meios de transporte facilitava o deslocamento dos trabalhadores das periferias até as fábricas.
d) A grandiosidade dos prédios onde se localizavam as fábricas revelava os avanços da engenharia e da arquitetura do período, transformando as cidades em locais de experimentação estética e artística.
e) O alto nível de exploração dos trabalhadores industriais ocasionava o surgimento de aglomerados urbanos marcados por péssimas condições de moradia, saúde e higiene.

Anotações

AULA 8

Competência 5 Utilizar os conhecimentos históricos para compreender e valorizar os fundamentos da cidadania e da democracia, favorecendo uma atuação consciente do indivíduo na sociedade.

Habilidade 25 Identificar estratégias que promovam formas de inclusão social.

Em classe

ESCRAVIDÃO E EMANCIPAÇÃO NO SÉCULO XIX

Estruturação do sistema escravista

- O sistema escravista no Brasil foi criado em íntima ligação com o projeto de exploração mercantilista da colônia. Ele foi marcado pela violência e teve de lidar com várias formas de resistência dos escravos.
- A prática da escravidão, a longo prazo, acabou sendo decisiva na formação da economia brasileira, assim como na conformação social e cultural do país.

Crise do sistema escravista

- A partir do século XIX, mudanças econômicas e o desenvolvimento da ideologia liberal dificultaram a manutenção da escravidão.
- O governo inglês esteve particularmente envolvido no processo, por meio de diversas iniciativas que visavam abolir o tráfico negreiro.
- Também existiam pressões dentro do Brasil, com a formação, ao longo do século XIX, de grupos abolicionistas e com a crescente mobilização de escravos.
- A legislação abolicionista culminou com a Abolição em 1888. Porém, a exclusão da população de origem africana e a permanência do preconceito racial são questões que ainda afetam a sociedade brasileira.

(Enem) O abolicionista Joaquim Nabuco fez um resumo dos fatores que levaram à abolição da escravatura com as seguintes palavras:

Cinco ações ou concursos diferentes cooperaram para o resultado final: 1º) o espírito daqueles que criavam a opinião pela ideia, pela palavra, pelo sentimento, e que a faziam valer por meio do Parlamento, dos *meetings* [reuniões públicas], da imprensa, do Ensino Superior, do púlpito, dos tribunais; 2º) a ação coercitiva dos que se propunham a destruir materialmente o formidável aparelho da escravidão, arrebatando os escravos ao poder dos senhores; 3º) a ação complementar dos proprietários, que, à medida que o movimento se precipitava, iam libertando em massa as suas "fábricas"; 4º) a ação política dos estadistas, representando as concessões do governo; 5º) a ação da família imperial.

NABUCO, Joaquim. *Minha formação*. São Paulo: Martin Claret, 2005. p. 144. Adaptado.

Nesse texto, Joaquim Nabuco afirma que a abolição da escravatura foi o resultado de uma luta:

a) de ideias, associada a ações contra a organização escravista, com o auxílio de proprietários que libertavam seus escravos, de estadistas e da ação da família imperial.
b) de classes, associada a ações contra a organização escravista, que foi seguida pela ajuda de proprietários que substituíam os escravos por assalariados, o que provocou a adesão de estadistas e, posteriormente, ações republicanas.
c) partidária, associada a ações contra a organização escravista, com o auxílio de proprietários que mudavam seu foco de investimento e da ação da família imperial.
d) política, associada a ações contra a organização escravista, sabotada por proprietários que buscavam manter o escravismo, por estadistas e pela ação republicana contra a realeza.
e) religiosa, associada a ações contra a organização escravista, que fora apoiada por proprietários que haviam substituído os seus escravos por imigrantes, o que resultou na adesão de estadistas republicanos na luta contra a realeza.

Em casa

TEXTO DE APOIO

Estruturação do sistema escravista

O trabalho escravo foi introduzido no Brasil no século XVI a partir da lógica mercantilista. Uma colônia complementava a economia de sua metrópole, ou seja, enviava produtos tropicais e metais preciosos para a Europa. Não havia interesse por parte de Portugal em criar um mercado consumidor no Brasil, e por isso a escravidão atendia aos interesses metropolitanos e viabilizava a produção. Além disso, o escravo era visto como uma mercadoria, comercializada de maneira lucrativa e rentável por vendedores europeus e intermediários da colônia; o tráfico negreiro era uma atividade importante na economia portuguesa e trazer escravos da África para a América em grande quantidade gerava riquezas para Portugal.

A escravidão indígena foi a primeira a ser praticada pelos colonos. Tal prática, porém, acabou proibida pela Coroa portuguesa, por pressão dos jesuítas (que desejavam catequizar os índios) e em razão dos lucros do tráfico negreiro. O extermínio de grandes contingentes de indígenas, sobretudo por causa das doenças provocadas pelo contato com o europeu, também contribuiu para inviabilizar a manutenção desse tipo de escravidão na colônia.

Em diversas regiões, do século XVI ao século XIX, os escravos africanos formavam a base da sociedade colonial, tendo sido a principal força de trabalho da economia açucareira e da mineração, e mesmo após a Independência, quando o Brasil deixou de ser colônia portuguesa, a prática escravista não foi abandonada, marcando a formação social e cultural do novo país.

Do ponto de vista econômico, a escravidão dificultou a formação de um mercado consumidor sólido, o que limitou a ascensão da industrialização brasileira e agravou a dependência do Brasil em relação a produtos industrializados importados. Dentre as heranças sociais, pode ser destacada a discriminação racial, a exclusão de grupos de escravos e afrodescendentes. O próprio preconceito contra o trabalho (visto como atividade que deve ser deixada a cargo de grupos considerados "inferiores") foi uma consequência bastante negativa do longo processo da escravidão no Brasil. Nesse contexto, cabe perguntar: por que a escravidão durou tanto e como foi abolida?

A duração do sistema escravista para além do período colonial está ligada a um forte esquema de domínio sobre os escravos e a uma mentalidade escravocrata elitista e persistente, que tinha receio de uma revolta escrava e, ao mesmo tempo, desejava limitar a ascensão social dos afrodescendentes. Para controlar a população escrava foram estabelecidas diversas práticas de dominação, a começar pelo uso da violência contra escravos desobedientes: chibatadas em público, castigos físicos e maus-tratos eram formas de punição àqueles que não obedeciam aos seus senhores.

Além da violência, a sociedade escravista criou regras de controle social: pessoas livres tinham poder sobre escravos, e a vigilância social ficou maior após a Revolução Haitiana (1792-1804). O medo de que o Brasil pudesse assistir a uma revolução feita por escravos, como ocorreu no Haiti, fez aumentar a percepção dos escravos como uma fonte de perigo. Até mesmo regalias cedidas a alguns cativos poderiam servir para manter o controle sobre a maioria dessa população. Melhores condições nas senzalas e a alforria só eram cedidas a escravos de comportamento exemplar, para que eles servissem como modelo de conduta aos demais.

Crise do sistema escravista

Durante os séculos XVI, XVII e XVIII, a escravidão africana no Brasil estabeleceu-se sem grandes opositores. O enquadramento do trabalho escravo na produção de cana-de-açúcar e na extração aurífera atendeu ao modelo econômico vigente no período (mercantilismo) e não entrou em choque com o pensamento filosófico e religioso da época, que não via a escravidão africana como um problema.

A partir do início do século XIX, a escravidão passou a ser combatida, a economia mercantilista começou a sofrer críticas do pensamento liberal (iluminista) e o escravo passou a ser um problema para o desenvolvimento da economia industrial inglesa. Para a crescente produção industrial da Inglaterra, o escravo não se enquadrava como um potencial consumidor. Por isso os ingleses se tornaram uma importante voz para criticar e combater a escravidão em todo o mundo. Convém lembrar também a intensa mobilização social inglesa, sobretudo em grupos religiosos protestantes, que por motivos ideológicos rejeitavam a escravidão. A própria expansão das ideias liberais, fundadas nos princípios de liberdade e igualdade, chegou a favorecer a formação de grupos políticos atuantes no Parlamento inglês e voltados ao combate ao tráfico negreiro.

A partir de 1810, os ingleses induziram assinaturas de compromissos e de leis para acabar com a entrada de escravos africanos no Brasil (Tratados de Navegação, Amizade e Comércio), mas a elite escravocrata não aceitou facilmente tais pressões. Diversas leis foram desrespeitadas até que, em 1850, com a assinatura da Lei Eusébio de Queirós, a entrada de escravos no país foi proibida. Convém lembrar que as dificuldades de reprodução da mão de obra escrava tornaram o fim do tráfico um elemento decisivo na extinção da escravidão, ainda que a longo prazo.

Um dos motivos da não aceitação de tais imposições inglesas foi o surto da cafeicultura. A partir dos anos 1840, a economia fortaleceu-se com a cultura do café. O Brasil tornou-se um dos maiores produtores mundiais e parte da elite cafeicultora não aceitava o fim da escravidão, alegando que lucrariam menos se pagassem por trabalhadores assalariados.

Após a assinatura da Lei Eusébio de Queirós, o preço do escravo disparou. Buscando manter o lucro, a elite cafeicultora teve de optar pelo trabalho dos imigrantes europeus. Além da atuação inglesa, os donos de escravos passaram a sofrer pressões internas para abolir a escravidão. O Exército brasileiro, intelectuais e a elite liberal urbana passaram a clamar pela extinção do trabalho escravo, que era visto como responsável pelo atraso no desenvolvimento e modernização do Brasil.

Sociedades protetoras de escravos começaram a surgir e atuar na defesa de fugitivos, na manutenção de quilombos e na luta pela abolição. Nesse mesmo contexto, as fugas das senzalas tornaram-se mais frequentes, e manifestações contrárias aos senhores passaram a desafiar as políticas de domínio estabelecidas há quase quatro séculos.

Uma das evidências da crise do sistema escravista foi a batalha judicial travada pela abolição da escravidão. Em 1871 foi assinada a Lei do Ventre Livre, que libertava escravos nascidos a partir de então. A pressão continuou e, em 1885, a Lei dos Sexagenários foi promulgada. De acordo com ela, os escravos com mais de 60 anos de idade ficavam livres. O sistema escravista não resistiria muito. Em 1888, durante uma viagem de D. Pedro II, a princesa Isabel, assinou a Lei Áurea, abolindo finalmente a escravidão no Brasil.

Contudo, não houve um projeto ou esforço de integração dos ex-escravos. A exclusão social, a miséria e o desemprego rondavam as famílias dos descendentes de escravos. Os reflexos da abolição tardia no Brasil são observados ainda hoje. Há um esforço de compensação histórica nas políticas de cotas para as universidades que contemplam afrodescendentes, políticas de inclusão e secretarias governamentais para cuidar dos erros cometidos no passado, mas qual o efetivo resultado de tais medidas? Como corrigir séculos de exclusão social e promover uma sociedade com oportunidades e direitos iguais a todos? Como corrigir os efeitos da prática escravista? São heranças da escravidão e desafios colocados em nossos dias.

1 (Enem)

Foto de Militão, São Paulo, 1879.

ALENCASTRO, Luiz Felipe (Org.). *História da vida privada no Brasil. Império:* a corte e a modernidade nacional. São Paulo: Companhia das Letras, 1997.

Que aspecto histórico da escravidão no Brasil do século XIX pode ser identificado a partir da análise do vestuário do casal retratado ao lado?

a) O uso de trajes simples indica a rápida incorporação dos ex-escravos ao mundo do trabalho urbano.

b) A presença de acessórios como chapéu e sombrinha aponta para a manutenção de elementos culturais de origem africana.

c) O uso de sapatos é um importante elemento de diferenciação social entre negros libertos ou em melhores condições na ordem escravocrata.

d) A utilização do paletó e do vestido demonstra a tentativa de assimilação de um estilo europeu como forma de distinção em relação aos brasileiros.

e) A adoção de roupas próprias para o trabalho doméstico tinha como finalidade demarcar as fronteiras da exclusão social naquele contexto.

2 (Enem)

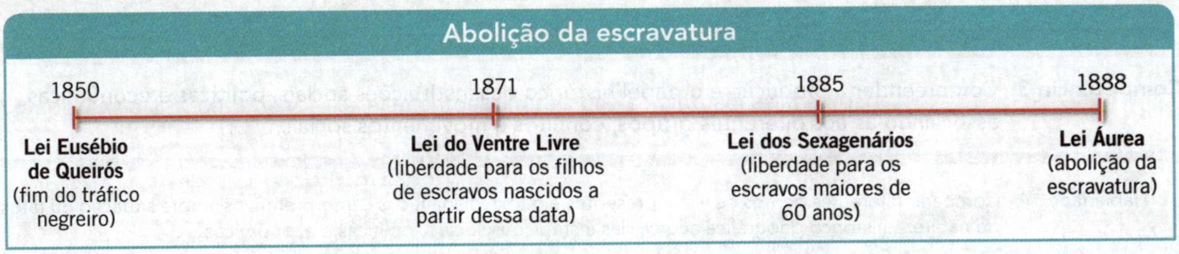

Considerando a linha do tempo acima e o processo de abolição da escravatura no Brasil, assinale a opção correta.

a) O processo abolicionista foi rápido porque recebeu a adesão de todas as correntes políticas do país.

b) O primeiro passo para a abolição da escravatura foi a proibição do uso dos serviços das crianças nascidas em cativeiro.

c) Antes que a compra de escravos no exterior fosse proibida, decidiu-se pela libertação dos cativos mais velhos.

d) Assinada pela princesa Isabel, a Lei Áurea concluiu o processo abolicionista, tornando ilegal a escravidão no Brasil.

e) Ao abolir o tráfico negreiro, a Lei Eusébio de Queirós bloqueou a formulação de novas leis antiescravidão no Brasil.

3 (Enem)

Negro, filho de escrava e fidalgo português, o baiano Luiz Gama fez da lei e das letras suas armas na luta pela liberdade. Foi vendido ilegalmente como escravo pelo seu pai para cobrir dívidas de jogo. Sabendo ler e escrever, aos 18 anos de idade conseguiu provas de que havia nascido livre. Autodidata, advogado sem diploma, fez do Direito o seu ofício e transformou-se, em pouco tempo, em proeminente advogado da causa abolicionista.

AZEVEDO, Elciene. O Orfeu de carapinha. In: *Revista de História*. Ano 1, n. 3. Rio de Janeiro: Biblioteca Nacional, jan. 2004. Adaptado.

A conquista da liberdade pelos afro-brasileiros na segunda metade do século XIX foi resultado de importantes lutas sociais condicionadas historicamente. A biografia de Luiz Gama exemplifica a:

a) impossibilidade de ascensão social do negro forro em uma sociedade escravocrata, mesmo sendo alfabetizado.

b) extrema dificuldade de projeção dos intelectuais negros nesse contexto e a utilização do Direito como canal de luta pela liberdade.

c) rigidez de uma sociedade, assentada na escravidão, que inviabilizava os mecanismos de ascensão social.

d) possibilidade de ascensão social, viabilizada pelo apoio das elites dominantes, a um mestiço filho de pai português.

e) troca de favores entre um representante negro e a elite agrária escravista, que outorgara o direito advocatício ao mesmo.

Anotações

AULA 9

Competência 3 Compreender a produção e o papel histórico das instituições sociais, políticas e econômicas, associando-as aos diferentes grupos, conflitos e movimentos sociais.

Habilidade 14 Comparar diferentes pontos de vista, presentes em textos analíticos e interpretativos, sobre situação ou fatos de natureza histórico-geográfica acerca das instituições sociais, políticas e econômicas.

Em classe

FORMAÇÃO DO ESTADO BRASILEIRO

Independência e Primeiro Reinado

- A criação do Estado brasileiro antecede a Proclamação da Independência: suas origens podem ser buscadas na transferência da Corte portuguesa para o Rio de Janeiro em 1808.
- A instalação do Primeiro Reinado consolidou o Estado e as elites, mas o regime passou por violenta crise política que culminou na abdicação de D. Pedro I.

Período Regencial e Segundo Reinado

- Durante o Período Regencial, multiplicaram-se os confrontos armados, inclusive de viés separatista, pondo em risco a integridade territorial da nova nação. Tais conflitos expressavam a violenta luta política do período, entre os projetos de centralização e descentralização (federalismo).
- A ascensão de D. Pedro II ao trono e a crescente prosperidade trazida pelo café acalmaram os ânimos na segunda metade do século XIX.
- Todavia, o confronto saiu do plano interno e deslocou-se para o externo, resultando em guerras com países vizinhos. A mais importante foi contra o Paraguai (1864-1870).

Visões da História

- A evolução da historiografia sobre a Guerra do Paraguai demonstra as particularidades da forma como é construído o conhecimento histórico, tendo surgido até hoje nada menos que três explicações abrangentes sobre as causas do conflito.

(Enem – Adaptada)

Substitui-se então uma história crítica, profunda, por uma crônica de detalhes onde o patriotismo e a bravura dos nossos soldados encobrem a vilania dos motivos que levaram a Inglaterra a armar brasileiros e argentinos para a destruição da mais gloriosa república que já se viu na América Latina, a do Paraguai.

CHIAVENATTO, Júlio José. *Genocídio americano:* a Guerra do Paraguai. São Paulo: Brasiliense, 1979. Adaptado.

O imperialismo inglês, "destruindo o Paraguai, mantém o *status* na América Meridional, impedindo a ascensão do seu único Estado economicamente livre". Essa teoria conspiratória vai contra a realidade dos fatos e não tem provas documentais. Contudo essa teoria tem alguma repercussão.

DORATIOTO, Francisco. *Maldita guerra:* nova história da Guerra do Paraguai. São Paulo: Companhia das Letras, 2002. Adaptado.

Uma leitura dessas narrativas divergentes sobre a Guerra do Paraguai demonstra que ambas estão refletindo sobre:

a) a carência de fontes para a pesquisa sobre os reais motivos dessa guerra.
b) o caráter positivista das diferentes versões sobre essa guerra.
c) o resultado das intervenções britânicas nos cenários de batalha.
d) a dificuldade de elaborar explicações definitivas sobre os motivos dessa guerra.
e) o nível de crueldade das ações dos Exércitos brasileiro e argentino durante o conflito.

Em casa

TEXTO DE APOIO

Independência e Primeiro Reinado

O Estado brasileiro foi estruturado e organizado ao longo do século XIX. O primeiro grande episódio histórico de sua formação foi a transferência da família real portuguesa para o Brasil, em 1808. D. João, príncipe regente português, instalou um extenso organismo burocrático para governar do Rio de Janeiro os territórios portugueses: órgãos governamentais, instituições políticas, administrativas e culturais. A Corte portuguesa concedeu liberdades comerciais aos brasileiros, as quais foram irreversíveis. Entre elas a abertura dos portos às nações amigas, que permitiu a entrada direta de produtos estrangeiros, sobretudo ingleses, no Brasil.

Após o retorno da Corte portuguesa a Lisboa, em 1821, os brasileiros pressionaram o filho de D. João, D. Pedro, para que a Independência fosse concretizada. Havia o temor de que o Brasil pudesse perder as liberdades adquiridas durante o período joanino. Muito se discute entre os historiadores sobre as motivações para a Independência, mas seguramente as elites brasileiras desejavam manter as vantagens comerciais adquiridas e, portanto, um projeto de independência deveria ser implementado. A escolha de D. Pedro, membro da família real portuguesa, para conduzir o processo de emancipação não foi ao acaso, pois permitiria a manutenção de boa parte das instituições e da organização de Estado criados entre 1808 e 1821. Dessa forma, a estruturação do Estado brasileiro iniciou-se antes da Independência, que acabou sendo proclamada em 7 de setembro de 1822.

Durante o Primeiro Reinado (1822-1831), surgiram outros elementos para estruturação do Estado brasileiro. As elites agrárias elaboraram a primeira Constituição, mas seu conteúdo não agradou ao imperador D. Pedro I, que a rejeitou. A revogação da apelidada "Constituição da Mandioca" gerou descontentamento entre as elites. Um novo texto foi elaborado e outorgado, ou seja, imposto, em 1824. Essa nova Constituição garantia mais poderes ao imperador, principalmente por meio de um artifício denominado "Poder Moderador". Com ele, estabelecia-se a supremacia do imperador em relação aos poderes Legislativo, Executivo e Judiciário.

D. Pedro I sofreu forte oposição desde a publicação da Constituição Outorgada e a revogação do primeiro projeto constitucional. Revoltas internas, protestos políticos e guerras externas, combinadas a uma crise econômica provocada pela queda do comércio externo e pela dificuldade de arrecadações de impostos. O reinado de D. Pedro I foi complexo e muito se discutiu sobre seu papel e sua influência na formação do Estado brasileiro. No dia 7 de abril de 1831, D. Pedro I abdicou do trono brasileiro e retornou a Portugal, onde governaria com o título de D. Pedro IV.

Entre 1831 e 1840, o Estado brasileiro passou por um período conturbado. O sucessor do trono brasileiro, D. Pedro II, tinha apenas 6 anos quando o pai renunciou e não poderia governar até atingir a maioridade.

Aproveitando a situação, a elite agrária (desfavorecida durante o Primeiro Reinado) assumiu o controle da política brasileira até 1840. A esse intervalo entre o Primeiro e o Segundo Reinado damos o nome de Período Regencial.

Período Regencial e Segundo Reinado

Nos nove anos de governo regencial, o Estado brasileiro entrou em profunda crise institucional. A unidade nacional não havia sido completamente consolidada durante o Primeiro Reinado, várias regiões não viam sentido em permanecer unidas a um Estado fraco, com poucos recursos e sem sentimento de unidade nacional.

Farroupilha, Cabanagem, Sabinada e Balaiada foram revoltas que apontavam diversos problemas, como a insatisfação social e até o desejo de separatismo. Algumas delas obtiveram sucesso temporário, como no caso da primeira, em que o país chegou a ficar sem a região Sul durante alguns anos. Lá foi criada uma nova República, muito frágil, mas que expressava o desejo de se desligar do gigantesco e desorganizado Império.

Parte da elite – com receio de uma centralização política semelhante à do Primeiro Reinado – tentava federalizar o país, o que delegaria maiores poderes às províncias. Ao mesmo tempo, temia-se que essa descentralização pudesse levar o Império à fragmentação e que a sobrevivência de repúblicas pequenas e frágeis era mais insegura que a débil proteção e organização do Estado imperial. Essa acabou sendo a tônica das disputas políticas do período: centralização contra federalismo.

Depois de quase uma década de disputas políticas e guerras civis, o grupo que acreditava no projeto centralista conseguiu colocar D. Pedro II no trono, por meio de um golpe, e antes mesmo que o imperador atingisse a maioridade. O grupo defendia a ideia de que um novo imperador poderia trazer ordem e unidade e transformar o Brasil em um país forte. Os federalistas foram vencidos e as revoltas foram abafadas pelo poder central.

O Segundo Reinado trouxe grandes avanços à organização do Estado brasileiro. O café plantado no vale do Paraíba (entre as províncias de Rio de Janeiro e São Paulo) passou a ser exportado em larga escala e assegurou certa prosperidade ao Império. D. Pedro II conseguiu reorganizar o Exército e consolidar, por meio da força, a unidade nacional. A cafeicultura, expandindo-se rumo ao oeste da província de São Paulo, não parava de crescer, gerando a prosperidade de uma elite cafeeira cada vez mais forte, a expansão do trabalho assalariado e a diversificação econômica.

Nesse contexto de crescimento e estabilidade, o jovem imperador iniciou um processo de reformas políticas e mascarou o tão criticado "Poder Moderador" com uma fachada parlamentar. No fundo, quem organizava o poder parlamentar era D. Pedro II, mas as eleições e o jogo de disputas políticas (incluindo a alternância de partidos no poder) davam à elite uma leve ilusão de que o poder não era tão concentrado no trono. Tratava-se de um "parlamentarismo às avessas", que começava e terminava na vontade do imperador, mas que trouxe estabilidade e longevidade ao Segundo Reinado. O jovem imperador, que assumira com 15 anos, com cara de menino e cheio de desconfianças, governou por mais de 50 anos, até tornar-se idoso.

Um episódio importante para a consolidação do Império e suas fronteiras foi a Guerra do Paraguai (1864-1870). O Brasil era visto com certo receio por seus vizinhos, devido a seu imenso território e sua próspera economia baseada no café, além de ser a única monarquia no continente. Era um Império também que gerava temores quanto a um eventual expansionismo. Os vizinhos do Brasil eram, geralmente, governos republicanos, de dimensões e economias modestas, e o governo imperial efetivamente se aproveitava dessa situação para interferir e atuar na política de países próximos.

A complicada questão dos direitos sobre a navegação na bacia do Prata gerava forte tensão entre os países da região e acabava precipitando ações de força. Convém lembrar que a bacia do Prata era praticamente a única via de acesso ao interior do continente e era utilizada por navios de diversas nações. O Paraguai, muito dependente dos rios da região, relutava em aceitar a interferência brasileira na bacia e colocava-se como uma ameaça aos interesses do Império. Em 1864, após uma invasão de tropas imperiais no Uruguai, o Paraguai declarou-se contra tal intervenção e partiu para o confronto com o vizinho. O quadro geopolítico e diplomático da época gerou a formação de uma Tríplice Aliança (Brasil, Argentina e Uruguai) que acabou invadindo e derrotando o Paraguai.

Visões da História

Durante muitos anos, a Guerra do Paraguai foi explicada como um confronto no qual o Brasil, agredido, foi obrigado a se defender. Nessa visão, o ditador paraguaio Solano López era visto como responsável pela guerra, devido a seu temperamento explosivo e ambicioso. Em contraste, o pacífico Império brasileiro – personificado na figura sonolenta do velho imperador de barbas brancas – organizou um exército de origem popular, no qual os Voluntários da Pátria, habilmente comandados por heroicos oficiais do Exército e da Marinha, venceram uma sucessão de batalhas impressionantes, não poupando sacrifícios. Trata-se essa de uma visão patriota, fundada na exaltação da nação brasileira e no destaque de heróis individuais.

Mais tarde, por volta da década de 1970, surgiu uma nova interpretação. De acordo com ela, após a Independência, o Paraguai obteve um grande avanço econômico, chegando às portas da industrialização. Diante dessa possibilidade, a Inglaterra, temerosa de perder mercados no continente e desejando esmagar esse "péssimo exemplo" paraguaio, teria manipulado a política do Império brasileiro no sentido de jogá-lo contra o Paraguai. Assim, teríamos feito a guerra em defesa de interesses ingleses e, inclusive, nos endividado com bancos dessa nação devido aos gastos no conflito.

Recentemente, o trabalho mais apurado com os documentos da época, bem como a reflexão e o debate permanente sobre o assunto, levou a uma terceira interpretação. Os interesses ingleses foram deixados em segundo plano e as ambições brasileiras (e também argentinas) passaram a ser valorizadas como causa principal do conflito.

Sobre as mudanças ocorridas na interpretação da Guerra do Paraguai, pode-se concluir: a História está em constante mudança e, em vez de enunciar verdades definitivas, está sempre aberta a novas interpretações, que, se por um lado esvaziam explicações anteriores, por outro, fortalecem a disciplina, sempre em constante atualização e vinculada a debates que ocorrem no presente.

1 (Enem) Após a abdicação de D. Pedro I, o Brasil atravessou um período marcado por inúmeras crises: as diversas forças políticas lutavam pelo poder e as reivindicações populares eram por melhores condições de vida e pelo direito de participação na vida política do país. Os conflitos representavam também o protesto contra a centralização do governo. Nesse período, ocorreu também a expansão da cultura cafeeira e o surgimento do poderoso grupo dos "barões do café", para o qual era fundamental a manutenção da escravidão e do tráfico negreiro.

O contexto do Período Regencial foi marcado:

a) por revoltas populares que reclamavam a volta da Monarquia.
b) por várias crises e pela submissão das forças políticas ao poder central.
c) pela luta entre os principais grupos políticos que reivindicavam melhores condições de vida.
d) pelo governo dos chamados regentes, que promoveram a ascensão social dos "barões do café".
e) pela convulsão política e por novas realidades econômicas que exigiam o reforço de velhas realidades sociais.

2 (Enem)

Art. 92. São excluídos de votar nas Assembleias Paroquiais:

I. Os menores de vinte e cinco anos, nos quais não se compreendam os casados, e oficiais militares, que forem maiores de vinte e um anos, os bacharéis formados e clérigos de ordens sacras.

[...]

IV. Os religiosos, e quaisquer que vivam em comunidade claustral.

V. Os que não tiverem de renda líquida anual cem mil réis por bens de raiz, indústria, comércio ou empregos.

Constituição Política do Império do Brasil (1824).
Extraído de: <http://legislacao.planalto.gov.br>.
Acesso em: 27 abr. 2010. Adaptado.

A legislação espelha os conflitos políticos e sociais do contexto histórico de sua formulação. A Constituição de 1824 regulamentou o direito de voto dos "cidadãos brasileiros" com o objetivo de garantir:

a) o fim da inspiração liberal sobre a estrutura política brasileira.
b) a ampliação do direito de voto para a maioria dos brasileiros nascidos livres.
c) a concentração de poderes na região produtora de café, o Sudeste brasileiro.
d) o controle do poder político nas mãos dos grandes proprietários e comerciantes.
e) a diminuição da interferência da Igreja católica nas decisões político-administrativas.

Anotações

AULA 10

Competência 3 Compreender a produção e o papel histórico das instituições sociais, políticas e econômicas, associando-as aos diferentes grupos, conflitos e movimentos sociais.

Habilidade 11 Identificar registros de práticas de grupos sociais no tempo e no espaço.

Em classe

MOVIMENTOS SOCIAIS NA REPÚBLICA VELHA

A oligarquia na República Velha

- A República brasileira, após proclamada, assumiu um caráter oligárquico, marginalizando grupos sociais populares que, volta e meia, protestavam violentamente.

A Revolta da Vacina (1904)

- Essa revolta foi resultado do projeto de urbanização e saneamento do Rio de Janeiro, promovido durante o governo de Rodrigues Alves.
- A modernização da cidade foi realizada de forma autoritária, e a Lei da Vacina Obrigatória serviu de estopim para a manifestação de grupos sociais urbanos marginalizados.
- Não havia um projeto político ou proposta concreta de mudança, o que chama a atenção para o caráter espontâneo do movimento.

A Guerra do Contestado (1912-1916)

- A Guerra do Contestado foi um movimento de caráter social e religioso ocorrido na região fronteiriça do Paraná com Santa Catarina.
- Seu caráter religioso adquiriu um viés messiânico, com setores humildes se articulando em torno de líderes espirituais populares e carismáticos, os "monges".
- A repressão ao movimento foi violenta, incluindo ampla mobilização do Exército.

(Enem) A imagem representa as manifestações nas ruas da cidade do Rio de Janeiro, na primeira década do século XX, que integraram a Revolta da Vacina. Considerando o contexto político-social da época, essa revolta revela:

MUSEU DA VIDA/FIOCRUZ

Charge capa da revista *O Malho*, de 1904. Extraído de: <http://1.bp.blogspot.com>.

a) a insatisfação da população com os benefícios de uma modernização urbana autoritária.

b) a consciência da população pobre sobre a necessidade de vacinação para a erradicação das epidemias.

c) a garantia do processo democrático instaurado com a República, por meio da defesa da liberdade de expressão da população.

d) o planejamento do governo republicano na área de saúde, que abrangia a população em geral.

e) o apoio ao governo republicano pela atitude de vacinar toda a população em vez de privilegiar a elite.

Em casa

TEXTO DE APOIO

A oligarquia na República Velha

O movimento republicano vitorioso, embora tenha derrubado a Monarquia, não proporcionou mudanças significativas para as camadas mais baixas da sociedade brasileira. A dinâmica política ligada à terra e ao patriarcalismo foi preservada. O "braço da lei" republicano não atingia boa parte do território, o que possibilitava a personificação das instituições públicas e a manutenção do poder dos latifundiários.

O povo foi excluído do processo histórico de 1889 e as novas instituições políticas foram oligarquizadas, ou seja, o Estado e seus recursos seriam controlados por uma elite agrária, marginalizando-se as camadas mais humildes da sociedade brasileira. Essa situação acabou provocando o surgimento de diversos movimentos sociais, que contestavam a ordem vigente.

Na época, dois tipos de movimentos sociais se destacaram: os rurais e os urbanos. Ambos podem ser entendidos como respostas a uma histórica marginalização social estrutural, e como reações a atitudes específicas do governo ou dos latifundiários, como veremos. Destacaremos, como estudo de caso, dois deles: um urbano – a Revolta da Vacina, em 1904 –, e um rural – a Guerra do Contestado, entre 1912 e 1916.

A Revolta da Vacina (1904)

As cidades de São Paulo e Rio de Janeiro passaram por grandes transformações socioeconômicas durante as primeiras décadas do século XX. Nota-se nesse período o crescimento da indústria e dos setores ligados ao comércio e aos serviços urbanos. Muitos imigrantes chegaram para trabalhar nas fábricas e oficinas, aumentando significativamente o número de habitantes desses locais.

Assim como nas fazendas do interior, os trabalhadores urbanos eram submetidos a péssimas condições de vida, mas nas cidades a circulação de pessoas e de ideias era maior, a comunicação entre os trabalhadores e o reconhecimento dos problemas que tinham em comum era mais fácil. Nesse contexto de mudanças, ocorreu uma importante revolta popular no Rio de Janeiro em 1904, a chamada Revolta da Vacina.

Durante o governo do presidente Rodrigues Alves (1902-1906), iniciou-se uma radical reforma urbana na cidade do Rio de Janeiro. A proposta era introduzir o Brasil na *belle époque* europeia, acompanhando os projetos de reurbanização das cidades do velho continente, principalmente Paris. Para isso era necessário eliminar tudo o que fosse considerado feio e atrasado. O Rio de Janeiro deveria ser moderno, iluminado, limpo e bonito, ou seja, um cartão-postal do Brasil: a porta de entrada da mais nova e encantadora República dos trópicos americanos. Para muitos, Rodrigues Alves governava de frente para a Europa, mas de costas para o Brasil.

A revitalização da capital brasileira foi feita sem considerar as consequências para as camadas populares, ocasionando diversos problemas sociais. O projeto de modernização acarretou a destruição dos antigos casarões e dos cortiços situados à beira-mar. Seus antigos moradores eram pessoas humildes, que ficaram desabrigadas após a demolição das velhas construções. Isso tudo levou ao significativo crescimento das periferias e morros do Rio de Janeiro, em que essas pessoas se juntaram a outros marginalizados, como ex-escravos e seus descendentes.

Pode-se perceber que, a fim de criar um ambiente europeizado, moderno e belo para a tradicional elite da capital do país, uma grande parcela da população foi desalojada e excluída dos novos espaços da cidade. Nos novos calçadões das praias, por exemplo, somente pessoas bem vestidas poderiam passear, ou seja, os pobres e "malvestidos" teriam de se contentar com as áreas mais distantes e de difícil acesso.

Além do projeto de reurbanização da cidade do Rio de Janeiro, o governo de Rodrigues Alves promoveu também, com a organização e liderança do jovem médico Oswaldo Cruz, uma reforma sanitária. O objetivo era erradicar as epidemias de doenças, principalmente de febre amarela e varíola. Para isso foram necessários trabalhos de "brigadas sanitárias" que visitavam as casas das periferias aplicando inseticidas e venenos contra ratos, além da vacinação obrigatória contra a varíola. Para muitos, esse projeto era positivo e por isso era inadmissível qualquer manifestação contrária. Mas devemos considerar que a vacina contra varíola era desconhecida no Brasil e, por essa razão, encarada com desconfiança. Outra consideração importante é que os agentes das "brigadas sanitárias" tinham a autorização do governo para invadir as casas dos que não permitissem sua entrada, o que era feito de maneira extremamente violenta.

Não houve nenhuma campanha de informação e conscientização da população para o problema e a maneira como a reforma sanitária foi feita, repleta de violência e desprezo pelas camadas pobres, afetou os ânimos dos populares que, em 1904, se revoltaram contra a vacinação obrigatória e a forma como ela foi praticada.

A revolta durou quatro dias e espalhou-se rapidamente pela cidade do Rio de Janeiro. Os manifestantes depredaram o centro, incendiaram e tombaram bondes, além de terem saqueado vários estabelecimentos comerciais. Chama a atenção o caráter espontâneo do movimento, assim como sua falta de projeto político ou proposta concreta de mudança. Nas palavras do historiador Nicolau Sevcenko:

> *A revolta não visava ao poder, não pretendia vencer, não podia ganhar nada. Era somente um grito, uma convulsão de dor, uma vertigem de horror e indignação. Até que ponto um homem suporta ser espezinhado, desprezado e assustado? Quanto sofrimento é preciso para que um homem se atreva a encarar a morte sem medo? E quando a ousadia chega a esse ponto, ele é capaz de pressentir a presença do poder que o aflige nos seus menores sinais: na luz elétrica, nos jardins elegantes, nas estátuas, nas vitrines de cristal, nos bancos decorados dos parques, nos relógios públicos, nos bondes, nos carros, nas fachadas de mármore, nas delegacias, agências de correio e postos de vacinação, nos uniformes, nos ministérios e nas placas de sinalização. Tudo que o constrange, o humilha, o subordina e reduz sua humanidade. Eis os seus alvos, eis a fonte de sua revolta, e o seu objetivo é sentir e expor, ainda que por um gesto radical, ainda que por uma só e última vez, a sua própria dignidade.*

SEVCENKO, Nicolau. *A Revolta da Vacina*: mentes insanas em corpos rebeldes.
São Paulo: Cosac Naify, 2010. p. 93-96.

A Guerra do Contestado (1912-1916)

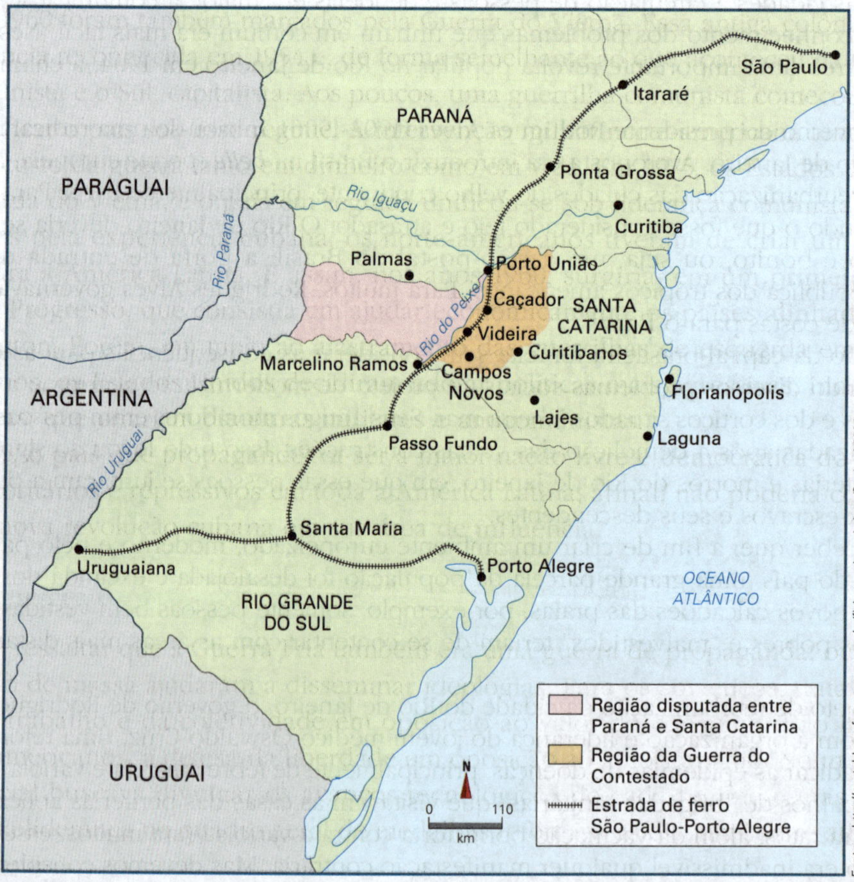

Fonte: <http://portaldoprofessor.mec.gov.br/fichatecnicaaula.html?aula=27038>. Acesso em: 29 maio 2013.

Na fronteira de Santa Catarina e Paraná localiza-se um território, economicamente muito importante – por suas florestas, pastos e plantações de erva-mate –, disputado por ambos os estados: a região do Contestado. Ali, no início do século XX, desenvolveu-se um movimento social de forte conteúdo religioso e messiânico.

Desde seu povoamento, ocorrido no século XVIII, essa área era marcada pelos conflitos com indígenas e pelas lutas entre as famílias, que disputavam as melhores terras. Como não havia definição sobre o verdadeiro "dono" da região, a presença de instituições governamentais e de autoridades era bastante pequena, o que aumentava a violência do lugar.

A importância econômica do Contestado, no começo do século XX, fez que a região recebesse um número significativo de pessoas. A população local chegou a aproximadamente 58 mil habitantes. A partir de 1900 a região começou a ser ocupada por sertanejos desempregados e desabrigados. A primeira razão para isso foi a concessão do governo à companhia norte-americana *Brazil-Railway* – como uma das formas de pagamento pela construção de uma ferrovia que ligava São Paulo a Porto Alegre – de uma faixa de terra de 30 quilômetros às margens dos trilhos e que se estendia por quase toda a ferrovia. A população que ocupava essas terras foi desalojada e viu suas antigas moradias serem vendidas a colonos europeus. Sem ter para onde ir, acabaram deslocando-se para o Contestado.

Após a conclusão da ferrovia, os aproximadamente 8 mil funcionários que a construíram, em sua maioria nordestinos, sem ter dinheiro para voltar a seus estados, foram para o Contestado. A segunda razão foi a venda de uma enorme área de dezenas de milhões de hectares a uma moderna madeireira – a *Southern Brazil Lumber & Colonization Company* –, desestabilizando a economia tradicional da região e desalojando mais algumas centenas de famílias, que também foram para o Contestado.

A região era ocupada por grande número de sertanejos miseráveis e marginalizados que, desprovidos de propriedade, tinham de se submeter à exploração dos fazendeiros de erva-mate, dos criadores de gado e da grande madeireira norte-americana. A ausência de leis e de fiscalização governamental, a miséria e a exploração do trabalho dos sertanejos intensificaram a violência no Contestado, que se transformou em uma região repleta de bandidismos, com saques às propriedades agrárias e aos pastos de gado bovino, além de emboscadas a diversos habitantes locais. Ao lado da violência e do bandidismo dessa sociedade, desenvolveu-se ali um catolicismo "rústico" (fanático, segundo alguns) desvinculado da Igreja, organizado e representado por monges que lideravam essa enorme massa de descontentes sob a promessa, em nome de Deus, da cura e do amparo aos miseráveis. Entre eles, o monge José Maria, que em torno de suas pregações organizou o estabelecimento de diversos acampamentos baseados na igualdade e na fraternidade entre os seus membros.

Temendo a formação de uma comunidade que se desenvolvesse à revelia do Estado e da supremacia das elites locais, foi enviada uma expedição do Exército para destruir o movimento comunitário-religioso. O Estado não podia admitir a presença de organizações locais que escapavam à autoridade da República, mesmo sabendo que naquela região as leis e as autoridades governamentais eram praticamente inexistentes. A expedição militar foi derrotada, mas José Maria foi assassinado e pouco depois "santificado" pelos seus seguidores.

Aos poucos os sertanejos se organizaram novamente e passaram a reivindicar a posse documental da terra, enquanto esperavam a ressurreição do "monge". É interessante notar como o movimento se radicalizava nos argumentos religiosos e nas reivindicações sociais. Outras expedições foram enviadas para destruir as comunidades, que resistiam. Em 1914, porém, aproximadamente 7 mil soldados, sob o comando do general Setembrino de Carvalho e com a utilização de pesado material bélico, incluindo aviões, derrotaram os sertanejos. Ficava claro que o governo federal não iria tolerar nenhum movimento que questionasse a forma oligárquica como a República estava sendo conduzida no Brasil.

Terminada a guerra, do ponto de vista das autoridades e das elites locais, o problema estava resolvido. Os privilégios econômicos das empresas estrangeiras e dos grandes proprietários foram preservados e o questionamento social foi aniquilado. O saldo da guerra foi de aproximadamente 20 mil mortos.

1 (Enem)

A serraria construía ramais ferroviários que adentravam as grandes matas, onde grandes locomotivas com guindastes e correntes gigantescas de mais de 100 metros arrastavam, para as composições de trem, as toras que jaziam abatidas por equipes de trabalhadores que anteriormente passavam pelo local. Quando o guindaste arrastava as grandes toras em direção à composição de trem, os ervais nativos que existiam em meio às matas eram destruídos por este deslocamento.

MACHADO, Paulo Pinheiro. *Lideranças do Contestado*. Campinas: Unicamp, 2004. Adaptado.

No início do século XX, uma série de empreendimentos capitalistas chegou à região do meio-oeste de Santa Catarina – ferrovias, serrarias e projetos de colonização. Os impactos sociais gerados por esse processo estão na origem da chamada Guerra do Contestado. Entre tais impactos, encontrava-se:

a) a absorção dos trabalhadores rurais como trabalhadores da serraria, resultando em um processo de êxodo rural.
b) o desemprego gerado pela introdução das novas máquinas, que diminuíam a necessidade de mão de obra.
c) a desorganização da economia tradicional, que sustentava os posseiros e os trabalhadores rurais da região.
d) a diminuição do poder dos grandes coronéis da região, que passavam a disputar o poder político com os novos agentes.
e) o crescimento dos conflitos entre os operários empregados nesses empreendimentos e os seus proprietários, ligados ao capital internacional.

2 (Enem)

O artigo 402 do Código Penal Brasileiro de 1890 dizia: "Fazer nas ruas e praças públicas exercícios de agilidade e destreza corporal, conhecidos pela denominação capoeiragem: andar em correrias, com armas ou instrumentos capazes de produzir uma lesão corporal, provocando tumulto ou desordens. Pena: Prisão de dois a seis meses".

SOARES, Carlos Eugênio Libano. *A negregada instituição: os capoeiras no Rio de Janeiro: 1850-1890*. Rio de Janeiro: Secretaria Municipal de Cultura, 1994. Adaptado.

O artigo do primeiro Código Penal Republicano naturaliza medidas socialmente excludentes. Nesse contexto, tal regulamento expressava:

a) a manutenção de parte da legislação do Império com vistas ao controle da criminalidade urbana.
b) a defesa do retorno do cativeiro e da escravidão pelos primeiros governos do período republicano.
c) o caráter disciplinador de uma sociedade industrializada, desejosa de um equilíbrio entre progresso e civilização.
d) a criminalização de práticas culturais e a persistência de valores que vinculavam certos grupos ao passado de escravidão.
e) o poder do regime escravista, que mantinha os negros como categoria social inferior, discriminada e segregada.

Anotações

AULA 11

Competência 3 Compreender a produção e o papel histórico das instituições sociais, políticas e econômicas, associando-as aos diferentes grupos, conflitos e movimentos sociais.

Habilidade 13 Analisar a atuação dos movimentos sociais que contribuíram para mudanças ou rupturas em processos de disputa pelo poder.

Em classe

CORONELISMO E ELEIÇÕES NA REPÚBLICA VELHA

O advento da República e os limites da modernização

- A instalação da República não resultou em mudanças sociais ou econômicas significativas no país.
- Os ideais republicanos foram deixados em segundo plano diante da emergência de grupos oligárquicos, notadamente os cafeicultores paulistas.

Coronelismo e eleições

- Além da marginalização política de amplos setores, os coronéis dominavam o processo eleitoral, resultando em fraudes generalizadas.

Política dos governadores e aliança do "café com leite"

- Os votos dos estados eram canalizados para o presidente da República; este, em troca, aceitava o poder local das oligarquias estaduais, caracterizando a política dos governadores.
- No plano federal, a oligarquia mineira articulou-se com a paulista, visando à alternância no poder. Era a política do "café com leite".

A sociedade em mudança e o fim da República Velha

- A diversificação da economia e o crescimento da classe média e do proletariado urbano inseriram novos atores no cenário político.
- A República Oligárquica chegou ao fim com o rompimento da política do "café com leite". Uma nova era política começou no Brasil: a Era Vargas.

(Enem)

A figura do coronel era muito comum durante os anos iniciais da República, principalmente nas regiões do interior do Brasil. Normalmente, tratava-se de grandes fazendeiros que utilizavam seu poder para formar uma rede de clientes políticos e garantir resultados de eleições. Era usado o voto de cabresto, por meio do qual o coronel obrigava os eleitores de seu "curral eleitoral" a votar nos candidatos apoiados por ele. Como o voto era aberto, os eleitores eram pressionados e fiscalizados por capangas, para que votassem de acordo com os interesses do coronel. Mas recorria-se também a outras estratégias, como compra de votos, eleitores-fantasma, troca de favores, fraudes na apuração dos escrutínios e violência.

Disponível em: <www.historiadobrasil.net/republica>. Acesso em: 12 dez. 2008. Adaptado.

Com relação ao processo democrático do período registrado no texto, é possível afirmar que:

a) o coronel se servia de todo tipo de recursos para atingir seus objetivos políticos.
b) o eleitor não podia eleger o presidente da República.
c) o coronel aprimorou o processo democrático ao instituir o voto secreto.
d) o eleitor era soberano em sua relação com o coronel.
e) os coronéis tinham influência maior nos centros urbanos.

Em casa

TEXTO DE APOIO

O advento da República e os limites da modernização

Em 15 de novembro de 1889, o desgastado regime de D. Pedro II chegava ao fim e o Brasil deixava de ser uma Monarquia. O alvorecer da República carregava consigo ares de mudança e renovação. Embora logo em seus primórdios o regime republicano tivesse efetivamente modernizado alguns aspectos do jovem país, implantando, por exemplo, a separação entre Estado e Igreja, em sua essência a nação continuaria a mesma. Isso é verificado especialmente no que se refere àqueles que detinham o poder: os grandes proprietários de terra. Apesar de complexa e dividida em grupos que ora se antagonizavam, ora se reconciliavam, a elite latifundiária estaria onde sempre estivera até então: no centro das decisões políticas.

REVISTA ILUSTRADA

MUSEU DE ARTE DA BAHIA (SALVADOR)

Perceba a diferença na forma como a Monarquia e a República eram retratadas pelos artistas da época. Na charge de Angelo Agostini, D. Pedro II é o retrato da Monarquia: velha, cansada, sonolenta. Já no quadro de Manoel Lopes Rodrigues, a República é uma mulher jovem, altiva e imponente. Porém teria conseguido a República eliminar, como num passe de mágica, todos os velhos vícios?

Em um país cuja principal atividade econômica era a cafeicultura, o grupo dos cafeicultores, especialmente os do Oeste paulista (articuladores protagonistas do movimento republicano), assumiu as rédeas da nação. A partir de 1894, com a posse de Prudente de Morais, primeiro presidente civil e intimamente ligado à elite cafeeira, ocorreu a consolidação deste grupo no controle do Estado. E, apesar de o discurso oficial dos líderes políticos enaltecer valores republicanos, como o revezamento no poder e a separação entre o público e o privado, na realidade velhas práticas coercitivas e corruptas seriam mantidas e até ampliadas. Dessa forma, o conceito de República seria deturpado e o Brasil se transformaria numa oligarquia, uma nação governada por poucos e para poucos.

Coronelismo e eleições

A Constituição republicana, de 1891, marginalizava politicamente um grande contingente populacional: mulheres, analfabetos, soldados, mendigos e religiosos de ordens monásticas não podiam votar. Mesmo entre os que votavam, era difícil o livre-exercício desse direito, pois em todo o país se verificava a existência de um fenômeno que controlaria a política localmente: o coronelismo.

A origem do termo está associada à criação da Guarda Nacional, ainda nos tempos do período regencial (1831-1840). Naquela época, em face da instabilidade política do momento e diante do temor de rebeliões populares, o Estado concedeu aos grandes fazendeiros a possibilidade de obter o título de coronel da Guarda Nacional, recrutar membros dessa força e exercer o controle da segurança municipal. Portanto, estes latifundiários teriam grande autonomia local. Com o tempo, a Guarda Nacional foi reorganizada e os latifundiários perderam o poder de polícia oficial, mas a imagem dos poderosos em diversas regiões do interior brasileiro estaria para sempre associada ao título de *coronel*.

Percebe-se que a propriedade da terra era o principal fator para a liderança política local. Como após a proclamação da República o Brasil manteve-se essencialmente agrícola e profundamente desigual em termos sociais, esta relação latifúndio/poder político permaneceu. A partir dessa lógica, compreendem-se os mecanismos de controle de voto que caracterizam o coronelismo. Soberano diante de uma comunidade rural e pobre, em época de eleição ficava fácil para o coronel eleger seus correligionários. Distribuindo comida, remédios, roupas e ferramentas de trabalho e prometendo emprego e melhorias na região, o candidato apoiado pelo chefe político local recebia os votos de muitos eleitores. A essa troca de favores dá-se o nome de clientelismo. Caso aparecesse algum eleitor "rebelde", o coronel não hesitaria em empregar a violência, usando seus jagunços para obrigar o cidadão a votar no seu preferido. Esse voto direcionado, conduzido, é o voto de cabresto, que era facilitado pelo voto aberto, ou seja, não existia voto secreto. Tranquilamente, o chefe político local sabia se o eleitorado lhe tinha sido fiel ou não.

Para aumentar artificialmente a quantidade de votos, havia ainda a prática do bico de pena. Tratava-se da falsificação pura e simples. Era muito comum os registros de votação apresentarem os votos escritos com uma mesma letra, ou mesmo o voto de cidadãos mortos aparecer nas listas, como se eles estivessem vivos. Se ocorresse a situação quase impossível de um oposicionista ser eleito para a Câmara Federal, mesmo assim ele não tomaria posse: a Comissão Verificadora dos Poderes, encarregada de diplomar e, portanto, dar posse a um deputado federal, se recusava a validar a eleição de um oposicionista, usando para isso qualquer pretexto.

ACERVO DA BIBLIOTECA NACIONAL/RIO DE JANEIRO

Detalhe da charge "Como se faz uma eleição", de Amaro do Amaral. *Revista da Semana*, n. 495, 1909, Rio de Janeiro. Biblioteca Nacional.

Política dos governadores e aliança do "café com leite"

Se, em nível municipal, o fenômeno do coronelismo caracterizava o controle eleitoral, nos planos estadual e federal, também existiam políticas com o objetivo de manter o poder nas mãos de poucos. No âmbito dos estados, a oligarquização consolidou-se com a política dos governadores. Implantada pelo presidente Campos Sales durante seu governo, entre 1898 e 1902, essa política visava estabelecer um equilíbrio entre os interesses do poder estadual e os do poder federal. Durante as eleições para os governos e as Assembleias estaduais, era comum diferentes grupos oligárquicos estaduais disputarem o poder.

O presidente da República não interferia nessa disputa, apoiando sempre o vencedor. Em troca, o governo federal receberia o apoio da oligarquia eleita. Como na República os estados tinham obtido grande autonomia política, essa articulação servia para garantir estabilidade política ao país, vinculando os interesses regionais aos da União. Nos dizeres do presidente Campos Sales: "Outros deram à minha política a denominação 'política dos governadores'. Teriam acertado se dissessem 'política dos estados'. Essa denominação exprimiria melhor o meu pensamento! Neste regime, disse eu na minha última mensagem, a verdadeira força política, que no apertado unitarismo do Império residia no poder central, deslocou-se para os estados. A política dos estados, isto é, a política que fortifica os vínculos de harmonia entre os estados e a União é, pois, na sua essência, a política nacional. É lá, na soma dessas unidades autônomas, que se encontra a verdadeira soberania da opinião. O que pensam os estados pensa a União!". Esse processo fortalecia a eternização dos mesmos grupos no poder.

Em termos federais, a partir do governo de Campos Sales foi estabelecido um pacto entre os dois estados mais poderosos: São Paulo e Minas Gerais. Foi a aliança ou política do "café com leite", em alusão à tradição cafeeira de São Paulo e leiteira de Minas Gerais. Fundava-se no revezamento entre paulistas e mineiros na Presidência da República. Dessa maneira, buscava-se equilibrar o poder no plano federal entre as oligarquias mais poderosas do Brasil. Embora efetivamente esse rodízio no poder tenha sido praticado, essa aliança nunca foi totalmente estável. A aparente alternância sem sobressaltos tinha como pano de fundo disputas pesadas entre esses dois grupos de poder. Mesmo internamente, tanto em São Paulo como em Minas Gerais, havia conflitos entre diferentes grupos, defensores de interesses próprios às vezes inconciliáveis. No fim da década de 1920, a aliança do "café com leite" chegou ao fim, e o país passou por grandes mudanças.

A sociedade em mudança e o fim da República Velha

Embora a elite política insistisse em não reconhecer, a década de 1920 demonstrou que a sociedade brasileira já não era mais a mesma do início do século. A diversificação da economia (ainda que localizada) e o crescimento da classe média e do proletariado urbano inseriram novos atores no cenário político. A Semana de Arte Moderna de 1922, em São Paulo, exemplificou a efervescência cultural e social do período ao propor a quebra de paradigmas artísticos convencionais, causando espanto entre as classes tradicionais. Em março do mesmo ano, foi fundado o Partido Comunista Brasileiro (PCB). A doutrina marxista chegava oficialmente ao Brasil, contestando a sociedade capitalista e propondo a tomada do poder pelos trabalhadores. Ainda no fim do tumultuado 1922, a revolta dos Dezoito do Forte de Copacabana impulsionou o surgimento do Tenentismo. Composto de jovens oficiais do Exército, esse movimento, apesar de difuso e sem propostas claras, ecoou as insatisfações das camadas urbanas, propondo o fim de um regime político considerado corrupto, elitista e subordinado aos interesses do capital estrangeiro. Seus desdobramentos seriam os dramáticos episódios da Revolução de 1924, em São Paulo, e da Coluna Prestes (1924-1927).

As transformações pelas quais o Brasil passou ao longo do primeiro quarto do século XX tornaram a República Oligárquica anacrônica, ou seja, um modelo que não mais condizia com a realidade da sociedade brasileira. O golpe mortal contra a situação vigente ocorreu em 1929, com o rompimento definitivo da política do "café com leite". Em vez de apoiar o lançamento de uma candidatura mineira, como mandava o acordo, o presidente Washington Luís, originário da política paulista, lançou Júlio Prestes, governador de São Paulo, candidato à Presidência da República. Como resposta, a elite mineira articulou a formação de um bloco político de oposição, a Aliança Liberal, formado pelas oligarquias gaúcha e paraibana, além da mineira. A coalizão contou também com o apoio do PD (Partido Democrático), fundado em São Paulo e composto em sua maioria de cafeicultores dissidentes, profissionais liberais ligados à classe média paulistana e alguns industriais. O candidato do grupo seria o governador do Rio Grande do Sul, Getúlio Vargas, tendo como vice João Pessoa, político da Paraíba. Em uma conjuntura de crise econômica internacional, que derrubou os preços do café no mercado e enfraqueceu a posição da elite cafeeira, as eleições ocorreram de forma tensa. Porém, contados os votos, a vitória foi do candidato do governo. Embora incialmente os líderes da Aliança Liberal se recusassem a apoiar um levante armado contra Washington Luís e Júlio Prestes, não conseguiriam conter o ímpeto revolucionário de seus membros mais radicais. Em outubro de 1930, o presidente foi deposto e uma nova era política começou no Brasil: a Era Vargas.

1 (Enem)

Até que ponto, a partir de posturas e interesses diversos, as oligarquias paulista e mineira dominaram a cena política nacional na Primeira República? A união de ambas foi um traço fundamental, mas que não conta toda a história do período. A união foi feita com a preponderância de uma ou de outra das duas frações. Com o tempo, surgiram as discussões e um grande desacerto final.

FAUSTO, Boris. *História do Brasil*. São Paulo: Edusp, 2004. Adaptado.

A imagem de um bem-sucedido acordo "café com leite" entre São Paulo e Minas, um acordo de alternância de presidência entre os dois estados, não passa de uma idealização de um processo muito mais caótico e cheio de conflitos. Profundas divergências políticas colocavam-nos em confronto por causa de diferentes graus de envolvimento no comércio exterior.

TOPIK, Steven. *A presença do estado na economia política do Brasil de 1889 a 1930*. Rio de Janeiro: Record, 1989. Adaptado.

Para a caracterização do processo político durante a Primeira República, utiliza-se com frequência a expressão política do "café com leite". No entanto, os textos apresentam a seguinte ressalva à sua utilização:

a) A riqueza gerada pelo café dava à oligarquia paulista a prerrogativa de indicar os candidatos à presidência, sem necessidade de alianças.
b) As divisões políticas internas de cada estado da federação invalidavam o uso do conceito de aliança entre estados para este período.
c) As disputas políticas do período contradiziam a suposta estabilidade da aliança entre mineiros e paulistas.
d) A centralização do poder no executivo federal impedia a formação de uma aliança duradoura entre as oligarquias.
e) A diversificação da produção e a preocupação com o mercado interno unificavam os interesses das oligarquias.

2 (Enem)

Completamente analfabeto, ou quase, sem assistência médica, não lendo jornais, nem revistas, nas quais se limita a ver as figuras, o trabalhador rural, a não ser em casos esporádicos, tem o patrão na conta de benfeitor. No plano político, ele luta com o "coronel" e pelo "coronel". Aí estão os votos de cabresto, que resultam, em grande parte, da nossa organização econômica rural.

LEAL, Victor Nunes. *Coronelismo, enxada e voto*. São Paulo: Alfa-Ômega, 1978. Adaptado.

O coronelismo, fenômeno político da Primeira República (1889-1930), tinha como uma de suas principais características o controle do voto, o que limitava, portanto, o exercício da cidadania. Nesse período, esta prática estava vinculada a uma estrutura social:

a) igualitária, com um nível satisfatório de distribuição da renda.
b) estagnada, com uma relativa harmonia entre as classes.
c) tradicional, com a manutenção da escravidão nos engenhos como forma produtiva típica.
d) ditatorial, perturbada por um constante clima de opressão mantido pelo Exército e pela polícia.
e) agrária, marcada pela concentração da terra e do poder político local e regional.

3 (Enem) A definição de eleitor foi tema de artigos nas Constituições brasileiras de 1891 e de 1934.

Diz a Constituição da República dos Estados Unidos do Brasil de 1891:

Art. 70. São eleitores os cidadãos maiores de 21 anos que se alistarem na forma da lei.

A Constituição da República dos Estados Unidos do Brasil de 1934, por sua vez, estabelece que:

Art. 180. São eleitores os brasileiros de um e de outro sexo, maiores de 18 anos, que se alistarem na forma da lei.

Ao se comparar os dois artigos, no que diz respeito ao gênero dos eleitores, depreende-se que:

a) a Constituição de 1934 avançou ao reduzir a idade mínima para votar.
b) a Constituição de 1891, ao se referir a cidadãos, referia-se também às mulheres.
c) os textos de ambas as Cartas permitiam que qualquer cidadão fosse eleitor.
d) o texto da carta de 1891 já permitia o voto feminino.
e) a Constituição de 1891 considerava eleitores apenas os indivíduos do sexo masculino.

Anotações

AULA 12

Competência 5 Utilizar os conhecimentos históricos para compreender e valorizar os fundamentos da cidadania e da democracia, favorecendo uma atuação consciente do indivíduo na sociedade.

Habilidade 22 Analisar as lutas sociais e conquistas obtidas no que se refere às mudanças nas legislações ou nas políticas públicas.

Em classe

LUTAS SOCIAIS E POLÍTICAS NA REPÚBLICA POPULISTA

O populismo com Vargas

O autoritarismo trabalhista de Getúlio Vargas

- A Revolução de 1930 encerrou a República Velha e instituiu um regime de aspecto autoritário que caracterizou a Era Vargas. Já em 1930, foi criado o Ministério do Trabalho, que organizou sindicatos atrelados ao Estado e uma ampla legislação trabalhista.

Populismo, nacionalismo e industrialização

- O getulismo assumiu características populistas e nacionalistas, dando ao Estado um caráter paternalista em relação às massas populares urbanas. Acelerou-se o processo de industrialização com ênfase nos setores de base.
- O apoio brasileiro aos Aliados na Segunda Guerra Mundial enfraqueceu a ditadura do Estado Novo, que chegou ao fim em 1945 com a deposição de Getúlio Vargas.

O populismo sem Vargas

O populismo liberal e o desenvolvimento

- De 1945 a 1964, o populismo liberal promoveu uma política desenvolvimentista com destaque para a fundação da Petrobras e para o Plano de Metas do governo Juscelino Kubitschek.

Sindicatos, partidos políticos e desenvolvimento

- A crescente participação política popular expôs os antagonismos que envolveram sindicatos, partidos, militares, intelectuais, estudantes, a imprensa e a Igreja. A inflação, a desvalorização dos salários e o desemprego provocaram greves e agitações no início dos anos 1960.
- A proposta das Reformas de Base do governo João Goulart precipitou as articulações civis e militares que culminaram no golpe de Estado de 1964.

(Enem)

De março de 1931 a fevereiro de 1940, foram decretadas mais de 150 leis novas de proteção social e de regulamentação do trabalho em todos os seus setores. Todas elas têm sido simplesmente uma dádiva do governo. Desde aí, o trabalhador brasileiro encontra nos quadros gerais do regime o seu verdadeiro lugar.

DANTAS, Mercedes. *A força nacionalizadora do Estado Novo*. Rio de Janeiro: DIP, 1942. Apud BERCITO, Sônia de Deus Rodrigues. *Nos tempos de Getúlio*: da Revolução de 30 ao fim do Estado Novo. São Paulo: Atual, 1990.

A adoção de novas políticas públicas e as mudanças jurídico-institucionais ocorridas no Brasil, com a ascensão de Getúlio Vargas ao poder, evidenciam o papel histórico de certas lideranças e a importância das lutas sociais na conquista da cidadania.

Desse processo resultou a:

a) criação do Ministério do Trabalho, Indústria e Comércio, que garantiu ao operariado autonomia para o exercício de atividades sindicais.
b) legislação previdenciária, que proibiu migrantes de ocuparem cargos de direção nos sindicatos.
c) criação da Justiça do Trabalho, para coibir ideologias consideradas perturbadoras da "harmonia social".
d) legislação trabalhista, que atendeu reivindicações dos operários, garantindo-lhes vários direitos e formas de proteção.
e) decretação da Consolidação das Leis do Trabalho (CLT), que impediu o controle estatal sobre as atividades políticas da classe operária.

Em casa

TEXTO DE APOIO

O populismo com Vargas

O autoritarismo trabalhista de Getúlio Vargas

A Revolução de 1930 encerrou no Brasil o regime das oligarquias coronelistas e instituiu uma política de Estado autoritária e trabalhista sob a regência do líder gaúcho Getúlio Vargas. Com o apoio de setores da burguesia ascendente e dos militares organizados no Tenentismo, Vargas ordenou o fechamento do Congresso Nacional e nomeou interventores para os governos estaduais, estabelecendo um governo provisório que perdurou até 1934. A reação armada dos paulistas na Revolução Constitucionalista de 1932 forçou a eleição de uma Assembleia Constituinte, que promulgou a Constituição de 1934 e elegeu Vargas para um governo legal. Este foi interrompido pelo golpe de 1937, que instituiu o regime do Estado Novo até 1945.

No período entre 1930 e 1945, chamado de Era Vargas, foi criado o Ministério do Trabalho, Indústria e Comércio, que cuidou de organizar os primeiros sindicatos urbanos atrelados ao Estado. Os sindicatos, por sua vez, mobilizaram as massas de trabalhadores urbanos em apoio ao regime varguista em troca do atendimento de antigas reivindicações operárias. Assim, uma legislação trabalhista gradativamente estabeleceu direitos como: registro em carteira profissional, férias remuneradas, justiça trabalhista, salário-mínimo e previdência social, entre outros. Tais medidas estabeleceram o trabalhismo no país e deram grande popularidade a Getúlio Vargas, apelidado por seus seguidores de "pai dos pobres".

Populismo, nacionalismo e industrialização

No século XX, a América Latina conheceu vários regimes políticos baseados em perspectivas trabalhistas e na mobilização de massas urbanas. Chamados de populistas, governos como os de Getúlio Vargas no Brasil, Juan Domingo Perón na Argentina e Lázaro Cárdenas no México estiveram à frente de seus países em meio ao processo de industrialização que se acelerou em certas áreas do continente, caracterizado pela substituição de importações.

Nesse contexto, surgiu o populismo, caracterizado como uma prática política baseada na criação de uma estrutura sindical de inspiração corporativista, em projetos nacionalistas de desenvolvimento, programas sociais orientados pelos interesses trabalhistas e na postura paternalista do Estado em relação às massas urbanas. No poder, um setor da burguesia nacional assumiu uma postura de defesa de alguns interesses populares como se fossem seus próprios e procurou direcionar, assim, as organizações operárias para longe de posições radicais ou revolucionárias. Apresentou-se, então, contraditoriamente, como um regime ao mesmo tempo progressista e conservador.

A caracterização do populismo como um regime paternalista não deve servir para minimizar o papel dos operários e de sua constante mobilização na conquista de direitos. De fato, deve-se pensar o populismo como uma resposta à crescente importância do operariado, que passou a ser considerado uma força com grande potencial de mobilização política e social e que, portanto, deveria ser objeto de algum tipo de atuação do Estado.

No Brasil de Vargas, a execução de uma política econômica baseada na defesa do setor exportador de café e na industrialização possibilitou o enfrentamento dos efeitos da grande crise mundial pós-1929, além do controle da inflação, que corroía o dinheiro, e do desemprego, que desestabilizava governos nas décadas de 1930 e 1940. O setor industrial, já em crescimento desde a Primeira Guerra Mundial (1914-1918), viveu forte impulso com a intervenção direta do Estado na economia, por meio de empresas estatais voltadas, sobretudo, para a indústria de base e a participação de empréstimos estrangeiros, principalmente dos Estados Unidos da América. A eclosão da Segunda Guerra Mundial em 1939 contribuiu para que o Estado Novo criasse a Companhia Siderúrgica Nacional (CSN), em Volta Redonda (RJ), a Companhia Vale do Rio Doce, em Itabira (MG), e outras tantas estatais importantes nos setores da indústria pesada e de energia.

O populismo sem Vargas

O populismo liberal e o desenvolvimentismo

O envolvimento militar direto do Brasil na Segunda Guerra Mundial acirrou a contradição entre a ditadura do Estado Novo, assemelhada aos regimes fascistas, e a luta das Forças Armadas ao lado dos Aliados na Campanha da Itália contra o nazifascismo. Em 1945, Getúlio Vargas foi deposto pelos militares e o populismo assumiu feições liberais, com a promulgação da Constituição de 1946 e a instauração de eleições diretas em todos os níveis nacionais.

No plano econômico, o novo regime assumiu uma perspectiva desenvolvimentista com projetos radicalmente nacionalistas, como o da empresa Petróleo Brasileiro S.A. (Petrobras), criada em 1953, e mais liberais em relação ao capital estrangeiro no país, como foi o caso do Plano de Metas no governo Juscelino Kubitschek (1956-1961). O empreendimento estatal da Petrobras foi viabilizado pelo retorno de Vargas ao poder em 1951, que promoveu a campanha "O Petróleo é Nosso" dois anos depois. Aquela que foi a maior das mobilizações populares da história do Brasil até então não impediu, contudo, as articulações de oposição que mergulharam o país em grave crise política, só encerrada com o suicídio do presidente Vargas em 1954.

Vargas e a industrialização

ACERVO ICONOGRAPHIA/REMINISCÊNCIAS

O presidente Vargas e "O Petróleo é Nosso" em 1953.

Dois empreendimentos simbolizaram a constante preocupação de Getúlio Vargas com a indústria de base nacional: a Companhia Siderúrgica Nacional (CSN) e a Petrobras. O apoio corporativista dos sindicatos operários foi um fator fundamental na concretização desses projetos. Tal atrelamento valeu aos sindicatos a pecha de "pelegos" ou amortecedores de relações entre patrões e empregados.

A sobrevivência do regime por mais dez anos deveu-se em boa parte à eleição do mineiro Juscelino Kubitschek para a presidência em 1956. Seu Plano de Metas priorizou a educação, a alimentação, os transportes, a energia e a indústria pesada num processo de acelerado crescimento econômico, a que o presidente apelidou de desenvolvimento de "50 anos em 5". Esse legado positivo, entretanto, foi acompanhado pelo aumento da dívida externa e da inflação, que comprometeu os passos futuros do regime e da própria economia nacional.

Sindicatos, partidos políticos e desenvolvimento

O período 1945-1964 no Brasil marcou a inserção das massas urbanas na vida política do país, expondo as contradições de interesses em plena conjuntura mundial da chamada Guerra Fria. Sindicatos, partidos, militares, intelectuais, estudantes e a imprensa polarizaram os debates políticos e ideológicos em torno de projetos de desenvolvimento social e econômico.

O quadro pluripartidário bem espelhou a conjuntura de confronto pelas visões de três grandes agremiações: o Partido Trabalhista Brasileiro (PTB), o Partido Social Democrático (PSD) e a União Democrática Nacional (UDN). As duas primeiras eram de inspiração getulista e a última, de ação oposta ao varguismo. O PTB e o PSD atuavam na defesa de projetos populistas, e a UDN estava alinhada com a perspectiva liberal ditada pelos Estados Unidos para o continente. O envolvimento dos sindicatos operários, das Ligas Camponesas de inspiração esquerdista e, de outro lado, das Forças Armadas regidas nos princípios da Escola Superior de Guerra (ESG) apimentou a crise política dos anos 1960.

O último governo eleito na fase populista desdobrou-se em duas presidências: a de Jânio Quadros, que renunciou aos sete meses de gestão condenando o país a nova crise institucional, e a de João Goulart, líder petebista que assumiu com a proposta das Reformas de Base. Seu programa incluía profundas mudanças nos setores tributário, bancário, eleitoral e educacional, além das reformas urbana e agrária.

O plebiscito de 1963, que encerrou a experiência parlamentarista do governo Jango e restaurou o presidencialismo na República, acirrou as oposições conservadoras que acusavam o presidente de esquerdismo e golpismo. Em março de 1964, as articulações lideradas pela UDN e pelo Alto Comando do Exército detonaram o golpe de Estado que depôs o presidente João Goulart e encerrou o regime populista no Brasil.

1 (Enem)

A partir de 1942 e estendendo-se até o final do Estado Novo, o Ministro do Trabalho, Indústria e Comércio de Getúlio Vargas falou aos ouvintes da Rádio Nacional semanalmente, por dez minutos, no programa "Hora do Brasil". O objetivo declarado do governo era esclarecer os trabalhadores acerca das inovações na legislação de proteção ao trabalho.

GOMES, Angela de Castro. *A invenção do trabalhismo*. Rio de Janeiro/São Paulo: IUPERJ/Vértice/ Revista dos Tribunais, 1988. Adaptado.

Os programas "Hora do Brasil" contribuíram para:

a) conscientizar os trabalhadores de que os direitos sociais foram conquistados por seu esforço, após anos de lutas sindicais.
b) promover a autonomia dos grupos sociais, por meio de uma linguagem simples e de fácil entendimento.
c) estimular os movimentos grevistas, que reivindicavam um aprofundamento dos direitos trabalhistas.
d) consolidar a imagem de Vargas como um governante protetor das massas.
e) aumentar os grupos de discussão política dos trabalhadores, estimulados pelas palavras do ministro.

2 (Enem)

Não é difícil entender o que ocorreu no Brasil nos anos imediatamente anteriores ao golpe militar de 1964. A diminuição da oferta de empregos e a desvalorização dos salários, provocadas pela inflação, levaram a uma intensa mobilização política popular, marcada por sucessivas ondas grevistas de várias categorias profissionais, o que aprofundou as tensões sociais. Dessa vez, as classes trabalhadoras se recusaram a pagar o pato pelas "sobras" do modelo econômico juscelinista.

MENDONÇA, Sonia Regina de. *A industrialização brasileira*. São Paulo: Moderna, 2002. Adaptado.

Segundo o texto, os conflitos sociais ocorridos no início dos anos 1960 decorreram principalmente:

a) da manipulação política empreendida pelo governo João Goulart.
b) das contradições econômicas do modelo desenvolvimentista.
c) do poder político adquirido pelos sindicatos populistas.
d) da desmobilização das classes dominantes frente ao avanço das greves.
e) da recusa dos sindicatos em aceitar mudanças na legislação trabalhista.

3 (Enem)

A consolidação do regime democrático no Brasil contra os extremismos da esquerda e da direita exige ação enérgica e permanente no sentido do aprimoramento das instituições políticas e da realização de reformas corajosas no terreno econômico, financeiro e social.

Mensagem programática da União Democrática Nacional (UDN) – 1957.

Os trabalhadores deverão exigir a constituição de um governo nacionalista e democrático, com participação dos trabalhadores para a realização das seguintes medidas: a) Reforma bancária progressista; b) Reforma agrária que extinga o latifúndio; c) Regulamentação da Lei de Remessas de Lucros.

Manifesto do Comando Geral dos Trabalhadores (CGT) – 1962.

BONAVIDES, Paulo; AMARAL, Roberto. *Textos políticos da história do Brasil*. Brasília: Senado Federal, 2002.

Nos anos 1960 eram comuns as disputas pelo significado de termos usados no debate político, como democracia e reforma. Se, para os setores aglutinados em torno da UDN, as reformas deveriam assegurar o livre-mercado, para aqueles organizados no CGT, elas deveriam resultar em:

a) fim da intervenção estatal na economia.
b) crescimento do setor de bens de consumo.
c) controle do desenvolvimento industrial.
d) atração de investimentos estrangeiros.
e) limitação da propriedade privada.

Anotações

AULA 13

Competência 5 Utilizar os conhecimentos históricos para compreender e valorizar os fundamentos da cidadania e da democracia, favorecendo uma atuação consciente do indivíduo na sociedade.

Habilidade 21 Identificar o papel dos meios de comunicação na construção da vida social.

Em classe

OS MEIOS DE COMUNICAÇÃO E A VIDA SOCIAL

As comunicações entre os homens: das cavernas aos satélites

- Os grupos humanos se comunicam desde a Pré-história. Das pinturas rupestres à internet, os meios de comunicação se desenvolveram pelas linguagens da imprensa, do rádio, da televisão e da telefonia.
- O termo "mídia", do latim *media*, quer dizer "mediador, meio ou elemento intermediário" e deu origem a expressões como "sociedade midiática".

O rádio, a TV e as comunicações de massa

- A economia de mercado desenvolveu meios de comunicação de massa que possibilitaram às classes dominantes conceber a construção de uma cultura de massa no mundo contemporâneo.

A indústria cultural e a cultura de massa

- Produto de uma indústria cultural na qual poucos geram informações e opiniões para muitos, a cultura de massa é produzida pelas classes dominantes e difundida nas massas populares.

Sociedade do espetáculo e alienação

- O resultado é uma sociedade do espetáculo baseada na "coisificação" das relações sociais, o que contribui para a alienação dos indivíduos em relação aos outros e a si mesmos, reforçando um individualismo que, contraditoriamente, segrega os homens na sociedade globalizada.

(Enem)

A chegada da televisão

A caixa de pandora tecnológica penetra nos lares e libera suas cabeças falantes, astros, novelas, noticiários e as fabulosas, irresistíveis, garotas-propaganda, versões modernizadas do tradicional homem-sanduíche.

SEVCENKO, Nicolau (Org.). *História da vida privada no Brasil 3*: República: da Belle Époque à Era do Rádio. São Paulo: Companhia das Letras, 1998.

A TV, a partir da década de 1950, entrou nos lares brasileiros provocando mudanças consideráveis nos hábitos da população. Certos episódios da história brasileira revelaram que a TV, especialmente como espaço de ação da imprensa, tornou-se também veículo de utilidade pública, a favor da democracia, à medida que:

a) amplificou os discursos nacionalistas e autoritários durante o governo Vargas.
b) revelou para o país casos de corrupção na esfera política de vários governos.
c) maquiou indicadores sociais negativos durante as décadas de 1970 e 1980.
d) apoiou, no governo Castelo Branco, as iniciativas de fechamento do parlamento.
e) corroborou a construção de obras telefônicas durante os governos militares.

Em casa

TEXTO DE APOIO

As comunicações entre os homens: das cavernas aos satélites

Os grupos humanos sempre se comunicaram desde que a linguagem entre os indivíduos acelerou a integração ou os confrontos entre as comunidades tribais há milhares de anos. Superando o diálogo face a face, os sinais de fogo e as pinturas rupestres na pedra permitiram os primeiros passos na comunicação a distância, seguidos pela invenção da escrita e, posteriormente, da prensa. Mas foi no século XX que se deu asas às comunicações, com o advento do rádio, do telefone, do cinema, da televisão, da internet e dos aparelhos celulares.

A ideia de um "elemento intermediário" ou "meio de comunicação" em larga escala associou-se, então, aos suportes de difusão de informações capazes de transmitir mensagens geradas pela sociedade, sobretudo nos âmbitos da cultura e da política. Ora, o termo "médium" em latim significa precisamente "meio, mediador ou elemento intermediário" e tem o seu plural em *media* que, por sua vez, é pronunciado em inglês **mídia**; modo pelo qual chegou até nós. Temos, então, no Brasil a designação dos meios de comunicação em geral como mídia, que tem origem na força de penetração comercial, financeira e cultural das empresas e agências de publicidade, sobretudo norte-americanas. Deriva da consolidação do uso do termo a expressão **sociedade midiática**, em referência ao mundo atual em que a mídia desempenha papel fundamental nas relações sociais.

O rádio, a TV e as comunicações de massa

É importante ressaltar que as comunicações no século XX desenvolveram-se subordinadas à economia de mercado. É ela que rege os demais setores da sociedade e torna também a política e a cultura mercadorias para consumo. Assim, para a compreensão da sociedade midiática contemporânea, é imprescindível o estudo dos chamados **meios de comunicação de massa** ou *mass media*. Somente a partir da criação de meios como o rádio e a televisão, que possibilitam a transmissão de informações consideradas mais relevantes pelos grupos detentores desses meios, é que se concebeu a construção de uma **cultura de massa** voltada para a padronização das visões de mundo e para a tentativa de unificar todos os indivíduos num mesmo grupo de consumidores.

Encontramos referências claras do início do processo de construção de uma cultura de massa na Primeira Guerra Mundial (1914-1918) e na Revolução Russa de 1917. Por aquelas experiências, os regimes nazifascistas europeus deram grande impulso ao uso do rádio e do cinema para a propaganda político-ideológica. No Brasil, o rádio teve discreta estreia na Exposição Internacional de Amostras comemorativa do Centenário da Independência, em 1922, na capital federal, onde, no ano seguinte, Edgard Roquete Pinto fundou a Rádio Sociedade do Rio de Janeiro, pioneira no país.

Mas somente nas décadas seguintes, durante a fase autoritária de Getúlio Vargas, entre 1930 e 1945, é que o país viveu a chamada Era do Rádio. Além da explosão musical de talentos nacionais, como Carmen Miranda e Francisco Alves, a expansão de emissoras acendeu o debate político e chegou a criar porta-vozes oficiais do Estado, como no caso da Rádio Nacional encampada pelo governo Vargas e posta a serviço do Departamento de Imprensa e Propaganda (DIP). A televisão chegou em 1950 e veio para ficar. Das programações da Emissora Associada de São Paulo (PRF-3), a extinta TV Tupi, logo seguida de outras tantas, a televisão ocupou os espaços de noticiários, musicais, programas esportivos e telenovelas que fizeram o entretenimento de várias gerações. Seja na divulgação do trabalhismo populista, de uma modernidade crítica nos anos 1960 e da propaganda oficial da Ditadura Militar (1964-1985) ou na vigilância contra a corrupção a favor do regime democrático, a televisão tem desempenhado funções diversamente influentes sobre as massas de telespectadores brasileiros.

A indústria cultural e a cultura de massa

Mas o que é "massa", afinal? Na definição do sociólogo Delson Ferreira:

> *Uma coleção abstrata de indivíduos que viveriam a receber impressões e opiniões já formadas, antes construídas e depois veiculadas pelos meios de comunicação de massa. O termo massificar refere-se à ação de orientar e/ou influenciar indivíduos e grupos por meio desse tipo de comunicação social.*

FERREIRA, Delson. *Manual de Sociologia*: dos clássicos à sociedade da informação. São Paulo: Atlas, 2003.

A marca básica, então, da comunicação de massa é a relação entre o número de pessoas que geram e formam opiniões e o número daqueles que as recebem; este sempre muito maior que o primeiro. Como ressaltaram os filósofos Theodor Adorno e Max Horkheimer, expoentes da Escola de Frankfurt, em uma sociedade massificada há "poucos centros de produção e uma recepção difusa" de todo o conjunto de informações propagadas na mídia. Esse raciocínio aponta, em termos econômico-culturais, para as defasagens entre os interesses da classe dominante (os "centros de produção") e os das classes trabalhadoras (a "recepção difusa"), gerando a dominação cultural.

Tal dominação resultaria não da cultura produzida como livre expressão crítica e de conhecimento, mas de outra feita em série, como um produto industrial trocado por dinheiro e consumido como qualquer mercadoria. Assim, Adorno e Horkheimer conceberam o conceito de **indústria cultural** em contraponto ao que seria uma cultura espontânea das massas, como as formas contemporâneas de arte popular. Para eles, ao contrário da cultura gerada pelas classes populares, a indústria cultural brota das classes dominantes e se espalha na massa popular com a forma de mercadorias comercializadas.

É difícil hoje imaginar a vida sem os produtos da indústria cultural planejados para agradar e entreter, tornando o cotidiano suportável. Ainda segundo os filósofos, "o sistema inflado pela indústria dos divertimentos não torna, de fato, a vida mais humana", mas seduz os indivíduos e contribui para a permanência das desigualdades sociais.

Essa cultura industrializada e artificial, então, promete aos consumidores o que ela mesma os impede de possuir. O que poderia tornar a vida mais feliz? No Ocidente, pelo menos, a sociedade não parece disposta a abrir mão da cultura industrializada.

Sociedade do espetáculo e alienação

Se, na sociedade capitalista contemporânea, o poder do mercado tende a transformar tudo em coisas trocáveis por dinheiro, a cultura de massa também não poderia escapar do processo de "coisificação" ou "reificação". E, assim como a exploração do trabalho impede (aliena) o homem de se apropriar plenamente dos benefícios do próprio trabalho, a cultura de massa está intimamente ligada à alienação que atinge indiscriminadamente indivíduos de todos os setores sociais. A sociedade midiática nos coloca muito mais diante de representações do mundo do que do próprio mundo. E, a partir dessas representações da mídia, formamos opiniões e juízos de valor, ou seja, nossa ideologia ou visão de mundo e de nós mesmos.

Espetáculos de imagens e reificação

ARQUIVO DA EDITORA

Ataque terrorista ao World Trade Center, Nova York, em 11 de setembro de 2001.

Segundo Guy Debord, "o espetáculo não é um conjunto de imagens, mas uma relação social entre pessoas, mediatizada por imagens. [...] O mundo ao mesmo tempo presente e ausente que o espetáculo faz ver é o mundo da mercadoria dominando tudo o que é vivido. E o mundo da mercadoria é assim mostrado como ele é, pois o seu movimento é idêntico ao afastamento dos homens entre si". Ou seja, as imagens da mídia são "meios" de relações entre indivíduos; por isso, não podem ser consideradas inofensivas no mundo globalizado.

Em 1967, Guy Debord publicou *A sociedade do espetáculo*, obra em que analisa a época: "Toda a vida das sociedades nas quais reinam as condições modernas de produção se anuncia como uma imensa acumulação de espetáculos. Tudo o que era diretamente vivido se afastou numa representação".

A ideia, aparentemente simples, denuncia a espetacularização das notícias, das edições de revistas, dos programas televisivos e dos *sites* num sensacionalismo determinado pelo interesse comercial. Assim, o espetáculo da vida moderna busca funcionar como instrumento de unificação da sociedade de massa: a nossa consciência permanece subordinada ao espetáculo como "inversão concreta da vida", pois, em vez de unificar, a falsa consciência produz a alienação das relações sociais que leva os homens a se afastar uns dos outros na sociedade do espetáculo.

1 (Enem)

Um volume imenso de pesquisas tem sido produzido para tentar avaliar os efeitos dos programas de televisão. A maioria desses estudos diz respeito às crianças – o que é bastante compreensível pela quantidade de tempo que elas passam em frente ao aparelho e pelas possíveis implicações desse comportamento para a socialização. Dois dos tópicos mais pesquisados são o impacto da televisão no âmbito do crime e da violência e a natureza das notícias exibidas na televisão.

GIDDENS, Anthony. *Sociologia*. Porto Alegre: Artmed, 2004.

O texto indica que existe uma significativa produção científica sobre os impactos socioculturais da televisão na vida do ser humano. E as crianças, em particular, são as mais vulneráveis a essas influências, porque:

a) codificam informações transmitidas nos programas infantis por meio da observação.
b) adquirem conhecimentos variados que incentivam o processo de interação social.
c) interiorizam padrões de comportamento e papéis sociais com menor visão crítica.
d) observam formas de convivência social baseadas na tolerância e no respeito.
e) apreendem modelos de sociedade pautados na observância das leis.

2 (Enem)

O índio do Xingu, que ainda acredita em Tupã, assiste pela televisão a uma partida de futebol que acontece em Barcelona ou a um *show* dos Rolling Stones na praia de Copacabana. Não obstante, não há que se iludir: o índio não vive na mesma realidade em que o morador do Harlem ou de Hong Kong, uma vez que são distintas as relações dessas diferentes pessoas com a realidade do mundo moderno; isso porque o homem é um ser cultural, que se apoia nos valores da sua comunidade, que, de fato, são os seus.

GULLAR, Ferreira. *Folha de S.Paulo*. São Paulo, 19 out. 2008. Adaptado.

Ao comparar essas diferentes sociedades em seu contexto histórico, verifica-se que:

a) pessoas de diferentes lugares, por fazerem uso de tecnologias de vanguarda, desfrutam a mesma realidade cultural.
b) o índio assiste ao futebol e ao *show*, mas não é capaz de entendê-los, porque não pertencem à sua cultura.
c) pessoas com culturas, valores e relações diversas têm, hoje em dia, acesso às mesmas informações.
d) os moradores do Harlem e de Hong Kong, devido à riqueza de sua história, têm uma visão mais aprimorada da realidade.
e) a crença em Tupã revela um povo atrasado, enquanto os moradores do Harlem e de Hong Kong, mais ricos, vivem de acordo com o presente.

Anotações

AULA 14

Competência 1 Compreender os elementos culturais que constituem as identidades.

Habilidade 3 Associar as manifestações culturais do presente aos seus processos históricos.

Em classe

CULTURA BRASILEIRA NOS ANOS 1960

A efervescência dos anos 1960

- No início da década, as manifestações de contestação foram cada vez mais frequentes: era a contracultura que nascia, visando a mudanças, sobretudo, de comportamento.
- No Brasil, a implantação da Ditadura Militar definiu o campo da luta contestatória sob o primado do engajamento político.
- O ano de 1968 simboliza a mobilização da década, com movimentos em larga escala envolvendo a juventude mundial.

As consequências

- O esgotamento da contracultura deveu-se não só à sua absorção pela cultura de massa, mas também pela falta de um projeto que fosse além do comportamental.
- Mesmo assim, grandes avanços foram obtidos, podendo-se citar a forma como lidamos com questões ambientais e a relação com as minorias.

(Enem)

Opinião

Podem me prender
Podem me bater
Podem até deixar-me sem comer
Que eu não mudo de opinião
Daqui do morro
Eu não saio, não

Se não tem água
Eu furo um poço
Se não tem carne
Eu compro um osso
E ponho na sopa
E deixa andar
Fale de mim quem quiser falar
Aqui eu não pago aluguel
Se eu morrer amanhã, seu doutor
Estou pertinho do céu

Zé Kéti. *Opinião*. Disponível em: <www.mpbnet.com.br/musicos/ze.keti/letras/opiniao.htm>. Acesso em: 10 jun. 2013.

Essa música fez parte de um importante espetáculo teatral que estreou no ano de 1964, no Rio de Janeiro. O papel exercido pela Música Popular Brasileira (MPB) nesse contexto, evidenciado pela letra da canção citada, foi o de:

a) entretenimento para os grupos intelectuais.
b) valorização do progresso econômico do país.
c) crítica à passividade dos setores populares.
d) denúncia da situação social e política do país.
e) mobilização dos setores que apoiavam a Ditadura Militar.

Em casa

TEXTO DE APOIO

A efervescência dos anos 1960

Apesar da anunciada coexistência pacífica na relação entre as superpotências, pode-se dizer que houve um recrudescimento da Guerra Fria durante os anos 1960. Episódios como a construção do Muro de Berlim e a invasão da Baía dos Porcos (1961), a Crise dos Mísseis (1962) e a escalada da Guerra do Vietnã (a partir de 1964) ampliaram a tensão internacional.

Nessa época, jovens de todo o mundo passaram a se manifestar contra a "gerontocracia" que governava vários países (e diversas universidades). Nos Estados Unidos, ampliavam-se as lutas pelos direitos civis em diversas áreas, como igualdade racial, liberdade de expressão, defesa dos direitos das mulheres. Além disso, espalhavam-se as comunidades *drop-outs*, cujos membros pregavam uma vida mais simples em contato com a natureza. O som do *rock* embalava o culto ao *self* (si mesmo). Em breve, a liberdade plena do indivíduo, a liberdade sexual e o uso de drogas como instrumentos de autoconhecimento e conexão com o universo se alinharam a esses projetos. O movimento passou a ser conhecido como **contracultura**.

Os *hippies* pregavam o amor livre e a não violência sob influência de religiões orientais como o budismo e o hinduísmo. Não reconheciam a legitimidade do Estado nem dos valores típicos da classe média. Nos Estados Unidos, o recrutamento de jovens para combater na Guerra do Vietnã avançava, ao mesmo tempo que o número de desertores crescia.

O predomínio da sociedade industrial e tecnocrática que estabelecia padrões de controle, comportamento e conduta para todos, assim como a retórica clássica do radicalismo de esquerda, teve como efeito inverso a busca por alternativas que preenchessem a vida de uma geração aturdida pelas imagens do Vietnã. Em 1969, o festival de Woodstock foi um momento épico. Joan Baez, Janis Joplin, The Who e Jimi Hendrix foram alguns dos ícones daquela geração que se apresentaram no palco, enquanto milhares de jovens embalados pelo som cortante da guitarra viviam um final de semana pleno de amor livre, *rock'n'roll*, paz e drogas alucinógenas.

No Brasil, o governo João Goulart (1961-1964) foi palco de acaloradas disputas. Herdeiro político de Vargas, ícone nacionalista, Jango, como era conhecido, aproximava-se dos movimentos sociais e propunha as Reformas de Base, tidas pelos conservadores como de inspiração socialista. No campo, desde os anos 1950, Francisco Julião liderava a organização das Ligas Camponesas para a defesa dos trabalhadores rurais. Os movimentos grevistas saltaram de 31, em 1958, para 172, em 1963. A UNE (União Nacional dos Estudantes) marcava posição a favor das Reformas de Base e promoveu a criação dos CPCs (Centros Populares de Cultura), divulgando a cultura e o debate político por meio dela por todo o país.

O temor da radicalização política acabou levando setores conservadores ao golpe de 1964, encabeçado pelas Forças Armadas. Justificado inicialmente como uma breve "intervenção", o governo dos generais se estendeu por 21 anos, ganhando violência cada vez maior ao fim da década de 1960.

Desde fins dos anos 1950, com a encenação de peças como *Eles Não Usam Black Tie*, de Gianfrancesco Guarnieri, o teatro apontava para a direção da discussão de questões sociais. Augusto Boal e Oduvaldo Vianna Filho foram protagonistas desse processo, que, no Teatro de Arena em São Paulo e, posteriormente, no CPC no Rio de Janeiro, arrebatou o interesse de estudantes universitários de esquerda, além de setores da classe média. O catártico *show Opinião* estreou em 1964, no Rio, em meio à proximidade do golpe, protagonizado pela figura popular de Zé Kéti, dividindo o palco com a musa da Bossa Nova, Nara Leão. Uma sucessão de peças, como *Arena conta Zumbi* (1965), *Morte e Vida Severina* (1966) e *Arena conta Tiradentes* (1967), tornou referencial do teatro engajado, ou seja, de esquerda no Brasil. Filmes como *Deus e o Diabo na Terra do Sol* (1964) e *Terra em Transe* (1967) foram exibidos na mesma época, exemplos do experimentalismo do cineasta Glauber Rocha.

ACERVO ICONOGRAPHIA/REMINISCÊNCIAS

Nara Leão, Zé Kéti e João do Vale no *show* *Opinião*, em 1964.

Porém, era a música que movimentava maiores multidões. Enquanto enorme parcela da juventude se identificava com o movimento da Jovem Guarda (inspirado na música *pop* em língua inglesa), outros tantos a consideravam alienada e distante do mundo real. Era preciso valorizar a cultura nacional e fazer da arte um instrumento de repulsa ao imperialismo norte-americano e à Ditadura Militar. Os grandes Festivais da Música Popular Brasileira, transmitidos pela televisão, foram palcos desses embates ideológicos e terreno fértil do qual brotaram verdadeiros clássicos do cancioneiro nacional. Em 1966, *A Banda*, de Chico Buarque, e *Disparada*, de Geraldo Vandré e Théo de Barros, dividiram o prêmio. Emergia a talentosa geração de intérpretes e compositores que dominaram a cena da Música Popular Brasileira da época, como Edu Lobo, Elis Regina, Jair Rodrigues, Chico Buarque, Geraldo Vandré, Gilberto Gil, Caetano Veloso, entre outros.

O ano de 1968 pode ser considerado um marco da contracultura. Em abril daquele ano, Alexander Dubcek, líder da Tchecoslováquia, encabeçou a Primavera de Praga, conjunto de reformas amplamente apoiadas pela população que pretendia romper com o socialismo autoritário soviético. O movimento foi duramente reprimido pelas tropas soviéticas, que invadiram o país. Nos Estados Unidos, a mobilização estudantil contra a Guerra do Vietnã se ampliou e, na França, teve início no mês de maio uma ampla jornada de manifestações estudantis, culminando com as barricadas nas ruas de Paris e em intensos confrontos com a polícia. Intelectuais, anarquistas e sindicatos aderiram ao movimento que vociferava frases como: "Abaixo a sociedade espetacular mercantil" e "É proibido proibir". Esse movimento serviu de referência para muitos outros que se seguiram em outras partes.

No Brasil, em 1968, ocorreu a Passeata dos Cem Mil, maior mobilização contra a ditadura até então. Os confrontos entre manifestantes e as forças da repressão eram cada vez mais frequentes. No final do ano, o presidente Artur da Costa e Silva decretou o Ato Institucional nº 5, fechando de vez o regime e provocando uma nova série de prisões e expurgos que resultaram na saída do país de grande número de importantes líderes políticos, intelectuais e artistas de oposição.

No plano cultural, o artista plástico Hélio Oiticica expôs em 1966 a obra *Tropicália*, em que seus "penetráveis" coloridos só tinham o efeito desejado com a incursão do espectador. No começo de 1968, José Celso Martinez Corrêa estreou a peça *Roda Viva*, de Chico Buarque. A linguagem foi impactante, desconstruindo a estética e a forma, tanto do teatro tradicional como do teatro de esquerda politizado.

Bebendo na fonte da primeira geração modernista e do Manifesto Antropófago, Gilberto Gil, Caetano Veloso, Torquato Neto, Rogério Duprat e Os Mutantes foram alguns dos protagonistas do movimento chamado de Tropicalismo. O berimbau, a percussão do candomblé, o violão e o pandeiro se fundiam ao som de baixos elétricos e (para desespero dos nacionalistas) da guitarra elétrica. Diferentemente do que se costuma denominar "arte engajada" ou de "esquerda", que tinha na ditadura e no imperialismo norte-americano os inimigos a ser batidos, o Tropicalismo mirava na sociedade e em suas convenções urbanas de classe média, o que devia ser superado.

No III Festival Internacional da Canção, Geraldo Vandré apresentou a canção *Pra Não Dizer Que Não Falei Das Flores*, cujos versos ("Quem sabe faz a hora, não espera acontecer") caíram no gosto de uma plateia ávida por se expressar e a cada dia mais encurralada pela censura do Regime Militar, que não dava indícios de acabar tão cedo. No mesmo ano, *É Proibido Proibir*, de Caetano Veloso, clara referência ao movimento de maio na França, foi alvo de vaias acaloradas. Para os de esquerda, o projeto estético da Tropicália era alienado, por se afastar do explicitamente político.

ARQUIVO AGÊNCIA ESTADO/AE BRASIL

Em 6 de junho de 1968, em São Paulo, os músicos Caetano Veloso e Gilberto Gil, assessorados por Augusto de Campos, promoveram debate e falaram sobre o movimento Tropicalista no auditório do campus da Faculdade de Arquitetura e Urbanismo (FAU), da USP.

As consequências

O movimento de maio de 1968 em Paris esgotou-se subitamente. Ícones da contracultura, como Janis Joplin e Jimi Hendrix, morreram jovens. Martin Luther King, líder do movimento pelos direitos civis nos Estados Unidos, foi assassinado. A ditadura no Brasil permaneceu no poder por mais alguns anos. O que ficou da mobilização política e cultural do período?

Sem dúvida, o Estado e o sistema – em suas mais diversas dimensões – apertaram o cerco sobre aquela geração e seus valores. Mas é fato também que, depois de todos aqueles eventos, nunca mais os indivíduos no Ocidente se relacionaram da mesma maneira. Valores como tolerância e respeito racial, liberdade sexual, direitos femininos e ambientalismo tornaram-se universais e defendidos por grande parte das pessoas, por mais que estejam ainda longe do ideal. Crimes de racismo, homofobia e contra o meio ambiente geram atualmente uma repulsa que em outros tempos não geravam. A quantidade de agremiações e organizações não governamentais (ONGs) que se formaram em torno dos direitos humanos e contra os abusos inerentes a um sistema que continua fundado na busca do "progresso", no consumo e na padronização cultural é muito grande. A arte foi em parte absorvida pela grande mídia, que transformou a contracultura em cultura mercantilizada. Porém, ainda existem os que fazem da arte um instrumento cortante e desafiador, utilizando-se de novas linguagens e estéticas. Nas palavras do historiador inglês Eric Hobsbawm, "portanto, 1968 não foi nem um fim, nem um princípio, mas apenas um sinal".

1 (Enem) O ano de 1968 ficou conhecido pela efervescência social, tal como se pode comprovar pelo seguinte trecho, retirado de texto sobre propostas preliminares para uma revolução cultural.

É preciso discutir em todos os lugares e com todos. O dever de ser responsável e pensar politicamente diz respeito a todos, não é privilégio de uma minoria de iniciados. Não devemos nos surpreender com o caos das ideias, pois essa é a condição para a emergência de novas ideias. Os pais do regime devem compreender que autonomia não é uma palavra vã; ela supõe a partilha do poder, ou seja, a mudança de sua natureza. Que ninguém tente rotular o movimento atual; ele não tem etiquetas e não precisa delas.

Journal de la comune étudiante. Textes et documents. Paris: Seuil, 1969. Adaptado.

Os movimentos sociais, que marcaram o ano de 1968:

a) foram manifestações desprovidas de conotação política, que tinham o objetivo de questionar a rigidez dos padrões de comportamento social fundados em valores tradicionais da moral religiosa.

b) restringiram-se às sociedades de países desenvolvidos, onde a industrialização avançada, a penetração dos meios de comunicação de massa e a alienação cultural que deles resultava eram mais evidentes.

c) resultaram no fortalecimento do conservadorismo político, social e religioso que prevaleceu nos países ocidentais durante as décadas de 1970 e 1980.

d) tiveram baixa repercussão no plano político, apesar de seus fortes desdobramentos nos planos social e cultural, expressos na mudança de costumes e na contracultura.

e) inspiraram futuras mobilizações, como o pacifismo, o ambientalismo, a promoção da equidade de gêneros e a defesa dos direitos das minorias.

2 (Enem)

Em meio às turbulências vividas na primeira metade dos anos 1960, tinha-se a impressão de que as tendências de esquerda estavam se fortalecendo na área cultural. O Centro Popular de Cultura (CPC) da União Nacional dos Estudantes (UNE) encenava peças de teatro que faziam agitação e propaganda em favor da luta pelas reformas de base e satirizavam o "imperialismo" e seus "aliados internos".

KONDER, Leandro. *História das ideias socialistas no Brasil.* São Paulo: Expressão Popular, 2003.

No início da década de 1960, enquanto vários setores da esquerda brasileira consideravam que o CPC da UNE era uma importante forma de conscientização das classes trabalhadoras, os setores conservadores e de direita (políticos vinculados à União Democrática Nacional – UDN –, Igreja católica, grandes empresários, etc.) entendiam que esta organização:

a) constituía mais uma ameaça para a democracia brasileira, ao difundir a ideologia comunista.

b) contribuía com a valorização da genuína cultura nacional, ao encenar peças de cunho popular.

c) realizava uma tarefa que deveria ser exclusiva do Estado, ao pretender educar o povo por meio da cultura.

d) prestava um serviço importante à sociedade brasileira, ao incentivar a participação política dos mais pobres.

e) diminuía a força dos operários urbanos, ao substituir os sindicatos como instituição de pressão política sobre o governo.

Anotações

AULA 15

Competência 3 Compreender a produção e o papel histórico das instituições sociais, políticas e econômicas, associando-as aos diferentes grupos, conflitos e movimentos sociais.

Habilidade 15 Avaliar criticamente conflitos culturais, sociais, políticos, econômicos ou ambientais ao longo da história.

Em classe

GUERRA FRIA

Guerra Fria: conflito ideológico e geopolítico

- A Guerra Fria pode ser vista como um confronto entre duas ideologias no final da Segunda Guerra Mundial: a capitalista, encabeçada pelos Estados Unidos, e a comunista, pela União Soviética.

Guerra Fria: tensões e conflitos militares

- Apesar da inexistência do confronto direto entre Estados Unidos e União Soviética, guerras localizadas foram travadas em áreas consideradas periféricas, como a Coreia e o Vietnã.

Guerra Fria: guerra de propaganda

- Com a finalidade de divulgar modelos políticos e promover o modo de vida e as respectivas ideologias, construiu-se uma verdadeira guerra de propaganda, esforço no qual o esporte, a arte e a cultura eram muitas vezes utilizados.

Guerra Fria: conflito econômico

- Após a Segunda Guerra Mundial, ambos os regimes apresentavam grandes índices de desenvolvimento econômico, o que possibilitou a ampliação dos gastos com armas. Na década de 1970, crises econômicas internacionais afetaram as economias do mundo inteiro, freando a Guerra Fria e gerando uma distensão.
- Na década de 1980, com a volta dos investimentos, os EUA prometiam retomar a dianteira na corrida armamentista, jogando, com isso, mais pressão sobre a já frágil economia soviética, que, desgastada, entraria em colapso.

(Enem)

Os 45 anos que vão do lançamento das bombas atômicas até o fim da União Soviética não foram um período homogêneo único na história do mundo. [...] dividem-se em duas metades, tendo como divisor de águas o início da década de 70. Apesar disso, a história deste período foi reunida sob um padrão único pela situação internacional peculiar que o dominou até a queda da URSS.

HOBSBAWM, Eric J. *Era dos extremos.* São Paulo: Companhia das Letras, 1996.

O período citado no texto e conhecido por "Guerra Fria" pode ser definido como aquele momento histórico em que houve:

a) corrida armamentista entre as potências imperialistas europeias, ocasionando a Primeira Guerra Mundial.
b) domínio dos países socialistas do Sul pelos países capitalistas do Norte.
c) choque ideológico entre a Alemanha nazista e a União Soviética stalinista, durante os anos 1930.
d) disputa pela supremacia da economia mundial entre o Ocidente e as potências orientais, como a China e o Japão.
e) constante confronto das duas superpotências que emergiram da Segunda Guerra Mundial.

Em casa

TEXTO DE APOIO

Guerra Fria: conflito ideológico e geopolítico

O mundo capitalista, liderado pelos Estados Unidos, e o mundo socialista, liderado pela União Soviética, foram os polos da Guerra Fria na segunda metade do século XX. Porém, esse conflito englobava muito mais do que uma disputa ideológica. Questões como interesses econômicos, corrida armamentista, busca por áreas de influência indicam um quadro mais complexo. Qual seria, então, a origem da Guerra Fria?

No desfecho da Segunda Guerra Mundial, os Aliados, liderados pelos Estados Unidos, União Soviética e Inglaterra, venceram as forças nazifascistas. Sem o perigo representado por Hitler, as atenções se voltaram para a construção das novas relações no pós-guerra. Essas relações foram marcadas, inicialmente, pela divisão da Europa a partir da Conferência de Yalta em fevereiro de 1945. Pelo acordo, quase todo o Leste europeu ficaria sob controle soviético, ao passo que a Europa ocidental ficaria sob influência norte-americana, sendo a fronteira entre as duas europas logo conhecida como "Cortina de Ferro". Na Conferência de Potsdam, entre julho e agosto de 1945, uma nova rodada de conversações levou à definição do futuro da Alemanha: dividir o país em quatro zonas de ocupação – uma inglesa, uma francesa, uma norte-americana e outra soviética – conferindo concretude à ideia de um mundo dividido.

Apesar desses arranjos políticos, a paz e a integração dos dois mundos (comunista e capitalista) pareciam impossíveis pelo próprio antagonismo dos sistemas, levando a uma situação de tensão permanente e pesados investimentos em armas. A corrida armamentista marcou a Guerra Fria como uma forma de garantir a supremacia militar. O poderio bélico reunido pelas superpotências, notadamente com a construção de arsenais nucleares, colaborou com o crescente ambiente de medo e tensão que marcou o período. Ironicamente, o equilíbrio de forças e a possibilidade da destruição mútua tornavam a guerra direta entre as superpotências algo bastante improvável.

A partir de 1947, com a Doutrina Truman, o governo norte-americano ampliou a tensão internacional com uma política externa de contenção ao avanço do comunismo pelo mundo. Nesse contexto, em um esforço para garantir sua influência na Europa, os Estados Unidos lançaram o Plano Marshall, que visava à injeção de um grande volume de investimentos no velho continente, a fim de estimular as economias capitalistas europeias e garantir a supremacia norte-americana. Em resposta ao Plano Marshall, no Leste europeu os governos comunistas criariam o Comecon, um acordo de cooperação econômica entre os regimes aliados da União Soviética. Finalmente, os dois lados criariam pactos militares, como a Otan (Organização do Tratado do Atlântico Norte), do lado ocidental, e o Pacto de Varsóvia, do lado oriental.

A diretriz anticomunista não marcou apenas a política externa dos EUA. Também internamente, a histeria anticomunista criaria um medo que foi explorado por Joseph McCarthy, senador norte-americano. O macarthismo foi, assim, uma verdadeira "caça às bruxas" na sociedade norte-americana. Políticos, artistas, jornalistas, cientistas, entre outros, foram vítimas das perseguições impostas por esse senador. Convém lembrar que, na mesma época, início dos anos 1950, a União Soviética vivia em regime político fechado, uma ditadura de partido único.

Guerra Fria: tensões e conflitos militares

Os conflitos ideológicos e geopolíticos, assim como a corrida armamentista, não levaram ao confronto direto, mas a algumas guerras localizadas, a exemplo do que aconteceu na Coreia e no Vietnã.

Em 1950, ocorreu o primeiro conflito militar expressivo da Guerra Fria: a Guerra da Coreia. Esse território estava dividido desde o fim da Segunda Guerra Mundial em Coreia do Norte (comunista) e Coreia do Sul (capitalista). Inspirados pelo sucesso da Revolução Comunista na China em 1949, os norte-coreanos tentaram uma intervenção militar no sul para unificar os dois territórios sob a bandeira do comunismo. Os Estados Unidos intervieram militarmente na Coreia do Sul para impedir esse processo. Depois de três anos de conflito e um saldo de mais de 2 milhões de mortos, a guerra terminou como começou, ou seja, com as Coreias divididas – situação que perdura até hoje – e com os respectivos regimes mantidos.

Em 1953, com o fim da Guerra da Coreia e a morte de Stálin, seguiu-se um período de coexistência pacífica nas relações bilaterais. A ascensão de Nikita Krushev no comando soviético inaugurou uma fase de reaproximação com o Ocidente e de diminuição da tensão internacional. Seu governo foi marcado também pela desestalinização, ou seja, pela desmontagem de parte da estrutura autoritária, centralista e repressiva de Stálin. Diminuir a tensão não significou, porém, abrir mão da área de influência soviética, o que se pode observar em dois casos específicos. Em 1956, o líder húngaro Imre Nagy tentou iniciar reformas em seu país, buscando a implantação de um socialismo menos autoritário.

Do mesmo modo, em 1968, na Tchecoslováquia, o líder Alexander Dubcek tentou mudanças de flexibilização do regime, episódio que ficou conhecido como Primavera de Praga. O governo soviético não tolerou a dissidência e realizou violentas ocupações militares nos dois países, que acabaram com qualquer possibilidade reformista.

Já a década de 1960 foi marcada por uma série de problemas que elevaram novamente a tensão da Guerra Fria. Além da repressão à Primavera de Praga, vale destacar as revoltas dos jovens em maio de 1968 – que, iniciadas em Paris, acabaram por explodir em várias partes do mundo. Na América Latina, após a Revolução Cubana em 1959, houve a aproximação de Cuba com a União Soviética. Em 1962, a instalação em Cuba de mísseis soviéticos capazes de transportar ogivas nucleares provocou ameaça norte-americana de retaliação, fazendo que os soviéticos recuassem e retirassem os mísseis da ilha. O episódio todo ficou conhecido como Crise dos Mísseis e foi o ponto mais próximo de um confronto militar generalizado durante a Guerra Fria.

Os anos de 1960 foram também marcados pela Guerra do Vietnã. Essa antiga colônia francesa teve sua independência reconhecida em 1954 e, de forma semelhante ao que aconteceu na Coreia, o Norte se tornou comunista e o Sul, capitalista. Aos poucos, uma guerrilha comunista começou a atuar no Sul para tentar unificar o país sob esse regime. A intervenção militar norte-americana tentava evitar isso, apesar do alto custo da guerra tanto em dinheiro como em vida. Em 1975, os Estados Unidos completaram sua retirada do Vietnã, e o país em seguida unificou-se sob liderança comunista.

Influenciados pela experiência cubana, os norte-americanos tiveram de criar uma política mais direcionada para a América Latina. E assim, nos anos 1960, surgiria, em um primeiro momento, a Aliança para o Progresso, que consistia em ajudar economicamente os países alinhados aos interesses de Washington. Porém, em meio ao alastramento das guerrilhas de esquerda em muitos países latino-americanos, os Estados Unidos decidiram adotar políticas mais agressivas, inclusive de apoio a ações golpistas, que criariam ditaduras militares e anticomunistas.

Ironicamente, o país que propagandeava ser a maior nação livre e democrática do planeta apoiaria regimes autoritários e repressivos em toda a América Latina; afinal, não poderia correr o risco de assistir a uma nova revolução cubana em sua área de influência.

Guerra Fria: guerra de propaganda

É importante ressaltar que a Guerra Fria também era uma guerra de propaganda, ou seja, os meios de comunicação de massa ajudaram a disseminar ideologias. Para os soviéticos, tratava-se de divulgar o valor do trabalho e da coletividade em oposição ao valor do consumo e do individualismo; para os norte-americanos, a defesa da liberdade em oposição ao autoritarismo. No mesmo contexto, a corrida espacial buscava divulgar os avanços tecnológicos de cada regime e, nas Olimpíadas, a competição pela liderança no quadro geral de medalhas reforçava as disputas entre atletas soviéticos e norte-americanos.

No cinema, a poderosa indústria cinematográfica hollywoodiana construía personagens como Agente 007, Rambo e Rocky Balboa, que ajudavam a demonizar os comunistas e difundir os valores capitalistas. Do lado soviético, desfiles militares buscavam demonstrar de forma intimidatória o poderio militar da União Soviética e a união da coletividade em torno de seus líderes.

Guerra Fria: conflito econômico

A euforia econômica vivida pelos EUA, principalmente nos anos 1950, ampliou a sociedade de consumo, projetando uma imagem de prosperidade, consumo e felicidade que tentava se opor à austeridade socialista. Porém, algumas contradições eram evidentes. Os norte-americanos, defensores da democracia, realizavam violenta perseguição a quem fosse considerado comunista, além de manter, até as décadas de 1950 e 1960, políticas segregacionistas contra os negros nos estados do Sul. A União Soviética também vivia suas contradições, pois, na qualidade de maior representante do socialismo no mundo, colocava-se no papel de defensora do igualitarismo e da democracia popular, enquanto mantinha, efetivamente, um regime marcado pela censura e pela repressão a qualquer oposição.

Os anos 1970 foram marcados pela *détente* (distensão), principalmente pelo recuo norte-americano nas relações internacionais. Essa situação foi motivada pela crise econômica ligada ao choque do petróleo e pela humilhante retirada do Vietnã. Finalmente, nos anos 1980, os Estados Unidos retomaram os investimentos na indústria bélica, buscando desse modo se recolocar à frente na corrida armamentista e causar dificuldades internas na União Soviética, que já apresentava problemas econômicos. O fato é que essa estratégia se tornaria desnecessária, tamanha era a estagnação econômica e o excesso de centralismo e de burocracia estatal da União Soviética, paralisando a economia e levando o regime ao esfacelamento.

Mikhail Gorbatchev, o líder soviético no auge da crise, em uma tentativa de reformar a economia e o Estado, lançou os programas da *perestroika* (reestruturação) para levantar a economia e da *glasnost* (transparência) para reformar o Estado. Contudo, pressões internas de grupos conservadores contrários às reformas, em confronto com pressões de grupos mais radicais que queriam acelerar as reformas, tornaram seu governo muito difícil.

Nesse contexto, manter as áreas de influência e o patrocínio a governos aliados tornou-se impossível. Um a um, os governos comunistas do Leste europeu foram caindo, mas o grande símbolo desse declínio foi a queda do Muro de Berlim em 1989, com a consequente reunificação das Alemanhas. A queda do muro, construído em 1961 por iniciativa da União Soviética para impedir a saída de alemães orientais em direção ao capitalismo ocidental, simbolizava o fim da Guerra Fria. Em 1991, chegou a vez de a própria União Soviética se desintegrar, com a queda do regime comunista e a divisão do país em inúmeras repúblicas, sendo a mais importante a atual Rússia.

1 (Enem)

A América se tornara a maior força política e financeira do mundo capitalista. Havia se transformado de país devedor em país que emprestava dinheiro. Era agora uma nação credora.

HUBERMAN, Leo. *História da riqueza do homem*. Rio de Janeiro: Zahar, 1962.

Em 1948, os EUA lançavam o Plano Marshall, que consistiu no empréstimo de 17 bilhões de dólares para que os países europeus reconstruíssem suas economias. Um dos resultados desse plano, para os EUA, foi:

a) o aumento dos investimentos europeus em indústrias sediadas nos EUA.

b) a redução da demanda dos países europeus por produtos e insumos agrícolas.

c) o crescimento da compra de máquinas e veículos estadunidenses pelos europeus.

d) o declínio dos empréstimos estadunidenses aos países da América Latina e da Ásia.

e) a criação de organismos que visavam regulamentar todas as operações de crédito.

2 (Uerj)

CALVIN & HOBBES, BILL WATTERSON, 1986. WATTERSON/DIST. BY UNIVERSAL UCLICK

Disponível em: <www.roguestatesmen.blogspot.com>. Adaptado.

Os quadrinhos ironizam a bipolaridade característica da Guerra Fria, ordem de poder mundial que marcou a maior parte da segunda metade do século XX. A crítica central do texto recai sobre a seguinte característica desse contexto geopolítico:

a) formação de blocos militares, que deu origem à política do *Big Stick*.

b) corrida armamentista, que gerou a doutrina da Destruição Mútua Assegurada.

c) conflitos bélicos diretos entre EUA e URSS, que estabeleceram o Equilíbrio do Terror.

d) confrontos regionais manipulados pelas superpotências, que resultaram na *détente*.

3 (Enem) Do ponto de vista geopolítico, a Guerra Fria dividiu a Europa em dois blocos. Essa divisão propiciou a formação de alianças antagônicas de caráter militar, como a Otan, que aglutinava os países do bloco ocidental, e o Pacto de Varsóvia, que concentrava os do bloco oriental. É importante destacar que, na formação da Otan, estavam presentes, além dos países do Oeste europeu, os EUA e o Canadá. Essa divisão histórica atingiu igualmente os âmbitos político e econômico e se refletia pela opção entre os modelos capitalista e socialista.

Essa divisão europeia ficou conhecida como:

a) Cortina de Ferro.

b) Muro de Berlim.

c) União Europeia.

d) Convenção de Ramsar.

e) Conferência de Estocolmo.

PROJETO MÚLTIPLO

Revisão

História

Ensino Médio

Cláudio Vicentino

Bacharel e licenciado em Ciências Sociais pela Universidade de São Paulo. Professor de História em cursos pré-vestibulares e de Ensino Médio. Autor de obras didáticas e paradidáticas para Ensino Fundamental e Médio.

Gianpaolo Dorigo

Bacharel e licenciado em História pela Universidade de São Paulo. Mestre em Filosofia pela Pontifícia Universidade Católica de São Paulo. Professor de História em cursos pré-vestibulares e de Ensino Médio. Autor de obras didáticas.

José Vicentino

Bacharel e licenciado em História pela Pontifícia Universidade Católica (PUC). Professor de História em cursos de Ensino Fundamental, Médio e pré-vestibulares.

editora scipione

editora scipione

Diretoria editorial: Lidiane Vivaldini Olo
Editoria de Ciências Humanas: Heloisa Pimentel
Edição: Vanessa Gregorut, Guilherme Reghin Gaspar
Assistente editorial: Mirna Acras Abed Moraes Imperatore
Colaboração: Duda Albuquerque
Supervisão de arte e produção: Sérgio Yutaka
Edição de arte: Eber Alexandre de Souza
Equipe de arte: Mauro Roberto Fernandes, Claudemir Camargo, Fábio Cavalcante
Supervisão de arte e criação: Didier Moraes
Coordenação de arte e criação: Andréa Dellamagna
Design gráfico (capa e miolo): UC Produção Editorial e Andréa Dellamagna
Grafismos: Shutterstock/Glow Images (utilizados na capa e aberturas de capítulos e seções)
Gerência de revisão: Hélia de Jesus Gonsaga
Equipe de revisão: Rosângela Muricy (coord.); Ana Paula Chabaribery Malfa, Célia Carvalho, Gabriela Macedo de Andrade e Patrícia Travanca; Flávia Venézio dos Santos (estag.)
Supervisão de iconografia: Sílvio Kligin
Pesquisa iconográfica: Carlos Luvizari, Denise Duranol Kremer, Evelyn Torrecilla e Claudia Cristina Balista (assist.)
Tratamento de imagem: Cesar Wolf e Fernanda Crevin
Foto da capa: Universal History Archive/The Bridgeman Art Library/Keystone (Parte 1) The Bridgeman Art Library/Keystone/World Religion Photo Library/Coleção particular (Parte 2) Justin Tallis/Agência France-Presse (Parte 3)

Direitos desta edição cedidos à Editora Scipione S.A.
Avenida das Nações Unidas, 7221, 3º andar, Setor D
Pinheiros – São Paulo – SP – CEP 05425-902
Tel.: 4003-3061
www.scipione.com.br/atendimento@scipione.com.br

Dados Internacionais de Catalogação na Publicação (CIP)
(Câmara Brasileira do Livro, SP, Brasil)

Vicentino, Cláudio
Projeto Múltiplo : história, volume único /
Cláudio Vicentino, José Vicentino, Gianpaolo Dorigo.
-- São Paulo : Scipione, 2014.

1. História (Ensino médio) I. Vicentino, José.
II. Dorigo, Gianpaolo. III. Título.

14-07955 CDD-907

Índice para catálogo sistemático:
1. História: Ensino médio 907

2022
ISBN 978 85 262 9394-6 (AL)
ISBN 978 85 262 9395-3 (PR)
Código da obra CL 738775
CAE 502788 (AL)
CAE 502789 (PR)
1ª edição
10ª impressão

Impressão e acabamento: Bercrom Gráfica e Editora

Uma publicação Abril EDUCAÇÃO

Apresentação

Você já está se aproximando do final do Ensino Médio e, consequentemente, do momento de prestar o exame vestibular ou um concurso. Esses exames vão verificar seu conhecimento sobre o conteúdo estudado nos últimos três anos. Portanto, esse é o momento oportuno para você resgatar tudo o que aprendeu, estudar um pouco mais aquele assunto que deixou dúvidas e resolver muitos exercícios.

Neste caderno de revisão você encontrará resumos de todo o conteúdo do Ensino Médio, além de questões resolvidas e propostas para auxiliá-lo nessa etapa decisiva de sua futura vida profissional.

Aproveite a oportunidade que este material lhe oferece: faça uma revisão consistente dos conteúdos estudados e resolva os exercícios propostos e os exercícios-tarefa. Dessa forma, você aumentará, e muito, suas chances de sucesso nos exames.

Bom estudo!

Sumário geral

Revisão 1

Revisão 2

Revisão 1

MÓDULO 1 • Em busca de nossos ancestrais e a ocupação do continente em que vivemos

Olhares sobre o conhecimento histórico

Várias são as mudanças no conhecimento histórico ao longo das últimas décadas. Os olhares — antes direcionados apenas aos grandes nomes, aos vencedores e aos líderes políticos — voltaram-se com o tempo aos demais grupos sociais. A história dos "pequenos", dos "ausentes", tem merecido sucessivas pesquisas em busca de evidências, de novos documentos, produz diferentes enfoques e os traz, assim, para o primeiro plano das discussões sobre as ações no passado histórico.

É o caso, por exemplo, dos povos da chamada "Pré-História". Essa denominação, por si só, já é bastante discutível, uma vez que atribui uma "ausência de história" a diversos grupos sociais que estavam à margem da história europeia, como asiáticos, americanos, africanos e tantos outros.

Essa revisitação ao passado faz-se por meio de variadas evidências, como discursos (escritos ou orais), monumentos, pinturas, obras literárias ou artísticas, objetos cotidianos e até corpos preservados. São essas fontes ou documentos históricos que trazem as tais "vozes" do passado, sempre com uma realidade fragmentada. Ao historiador cabe analisar e desvendar os diferentes interesses e pontos de vista nesse passado, assumindo a impossibilidade de reproduzir toda a História, mas definindo enfoques, escolhas, sem desconsiderar a existência do outro.

Nos recortes da exposição do conhecimento histórico é preciso considerar a tradicional visão eurocêntrica, com suas escolhas e temas que precisam ser discutidos e questionados, uma vez que refletem interesses e poderes expressos em discursos, datas e encaminhamentos.

África: nosso lugar de origem e a vida dos primeiros agrupamentos humanos

Na busca de respostas sobre nossas origens, vale considerar a teoria mais aceita pela ciência, a do *big-bang*. Segundo essa teoria, o Universo surgiu em decorrência de uma grande explosão, ocorrida há cerca de 13,8 bilhões de anos, que originou as galáxias, o Sistema Solar e a Terra (esta há aproximadamente 4,5 bilhões de anos).

Na longa formação dos continentes (da Pangea aos continentes atuais) deu-se o surgimento dos primeiros organismos vivos (por volta de 3,5 bilhões de anos), primeiros vertebrados adaptados à vida terrestre (417 milhões), os primeiros mamíferos (248 milhões), os ancestrais dos primatas (65 milhões), os ancestrais da espécie humana (4 milhões), o *Homo erectus* (2 milhões), o homem de Neanderthal (200 mil) e o *Homo sapiens* (cerca de 150 mil anos).

Tudo indica que nossos mais remotos ancestrais tenham surgido no continente africano, espalhando-se pelo planeta. A esse período inicial da evolução humana — que durou até cerca de 10 mil a.C. — convencionou-se chamar de **Paleolítico** (ou **Idade da Pedra Lascada**), época em que prevalecia o uso de instrumentos feitos basicamente de lascas de pedra, ossos e madeira. Cenas cotidianas desse período podem ser encontradas em diversas pinturas rupestres.

Lionel Bonaventure/Agência France-Presse

Pintura rupestre na caverna de Lascaux, França, datada em cerca de 17 mil anos.

Sobrevivendo da caça, da coleta e da pesca, os grupos viviam em constante deslocamento, o que caracteriza o nomadismo. Com o fim da última glaciação (há aproximadamente 18 milhões de anos), surgiram novas formas de sobrevivência, culminando, a partir de cerca de 10 mil a.C., na domesticação de animais e no cultivo de plantas. Era o início do período **Neolítico** (ou **Idade da Pedra Polida**), época em que a vida sedentária ganhou impulso entre os diversos grupos humanos e que se estenderia até cerca de 4 mil a.C. Ao final desse período, ocorreu o surgimento da escrita e o desenvolvimento do uso de metais em utensílios e armas (daí o nome **Idade dos Metais**).

A ocupação do continente em que vivemos e a diversidade de culturas

Há divergências entre os estudiosos sobre como e quando chegaram os primeiros povoadores do continente americano. As vias de caminhos migratórios teriam sido duas: o estreito de Bering (rota mais provável) e o Pacífico, a partir da Austrália e das ilhas polinésias. Com relação ao período, há muitas discordâncias. O que temos certeza é que há 10 mil anos eles já haviam alcançado a Patagônia, no extremo sul do continente.

No Brasil, o povoamento deu-se por várias rotas. Foram encontradas evidências bastante antigas, como as pinturas rupestres, na Serra da Capivara (Piauí), e as ossadas de ancestrais, como Luzia, em Minas Gerais, e Luzio, em São Paulo. Existem ainda inúmeros sítios arqueológicos que atestam a antiguidade do povoamento em nosso território, como Agreste, Humaitá, Umbu, Itararé, Taquara, Santarém, Marajoara, Aratu, Sapucaí, Guarita e os povos sambaquianos.

Até a chegada dos europeus, no século XV, o território americano era ocupado por dezenas de milhões de habitantes, descendentes desses primeiros migrantes povoadores da América. Por milênios, esses povos desenvolveram suas culturas (ainda muito pouco conhecidas) na América do Norte (como os cherokees, iroqueses, comanches e apaches) e na América Central e do Sul (como os povos andinos e mesoamericanos, além dos inúmeros grupos citados acima).

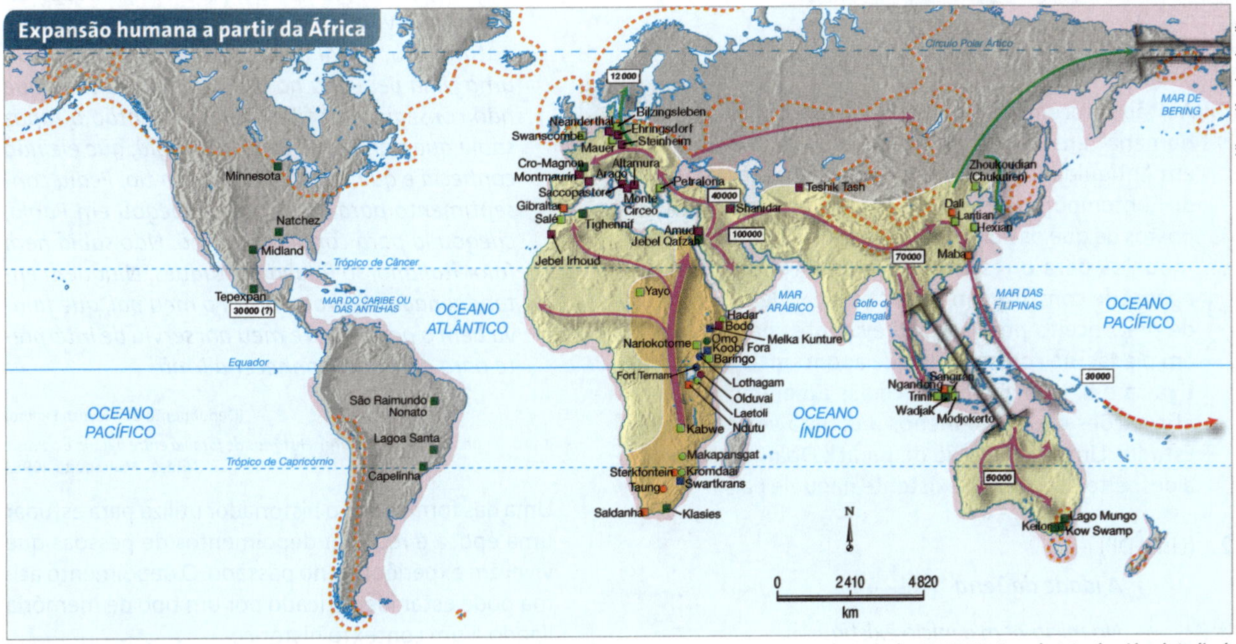

Adaptado de: FONTANA, Joseph. *Introducción al studio de la Historia*. Barcelona: Crítica, 1999. p. 47.

- - - - Máxima extensão da glaciação no Período Quaternário
Limite de terras emersas durante a glaciação

Principais ocorrências de:

- *Australopithecus ramidus*
- *Australopithecus afarensis*
- *Australopithecus africanus*
- *Paranthropus boisei*
- *Paranthropus robustus*
- *Homo habilis*

Processo de expansão

- Área inicial de ocupação humana
- Área povoada até 40 mil anos atrás
- Migrações até 40 mil anos atrás
- Migrações a partir de 40 mil anos atrás
- Possível migração pelo Pacífico
- 200000 Data provável da migração

Exercícios resolvidos

1. (Ufac) Embora o conceito de raça tenha sido desautorizado pela ciência atual, a prática do racismo permanece ativa. Para Hernandez (2005. 131-2):

Essa situação a partir da modernidade tem raízes histórico-estruturais no tráfico atlântico de escravos, elemento fundamental do sistema colonial do século XVI, e foi reforçado pelo imperialismo colonial de fins do século XIX na África. Mas, enquanto este tem sido por vezes qualificado como contingente, o racismo integra um corpo ideológico que antecede e transcende o imperialismo colonial.

O texto acima nos permite afirmar que:

a) como o Brasil não é mais colônia, racismo é coisa do passado.

b) o racismo atualmente só é identificado nas piadas de programas humorísticos.

c) o racismo existe dos dois lados porque há negros que não gostam de brancos e vice-versa.

d) o racismo é saudável, pois nos Estados Unidos essa prática levou ao desenvolvimento e, atualmente, temos um negro na presidência daquele país.

e) o eurocentrismo e a ideia de que uns são "mais capazes, mais aptos" do que os outros consideram, como natural, a submissão de povos dominados, notadamente na África.

Resposta: alternativa **e**

A visão eurocêntrica proposta na divisão da "evolução humana" em etapas (Pré-História e História, e esta em Antiguidade, Idade Média, Idade Moderna e Idade Contemporânea) leva em consideração os pressupostos de que os europeus são aqueles que ditam os modelos para o restante do mundo. Atualmente, apesar de constituírem crime, práticas de racismo e de preconceito no Brasil são evidentes não apenas em piadas, ao contrário do que apontam as alternativas **a** e **b**. Não estão associadas ao enunciado as afirmações **c** e muito menos a **d**, uma vez que nos Estados Unidos a eleição de Barack Obama ocorreu a despeito do racismo existente naquele país.

2. (UnB-DF)

A idade da Terra

No início nem o início existia
o tempo era antes de antes
e depois ainda havia
um outro vazio maior
o vácuo incompleto
havia gases — ares impraticáveis —
e aí se passaram as noites e os anos
o tempo foi tomando forma de algas
moluscos répteis e folhas
o homem era apenas
uma tímida ideia de deus
que logo o decepcionou
(o resto da história você conhece)

Nicolas Behr. *Peregrino do estranho.* Brasília: Pau-Brasília, 2004. p. 13.

Com relação ao poema acima e aos múltiplos aspectos que ele suscita, julgue o item a seguir.
O chamado Paleolítico (Idade da Pedra Lascada) foi sucedido pelo Neolítico (Idade da Pedra Polida), período marcado por novidades como a introdução da agricultura e a domesticação de animais.

Resposta:
O item pode ser apontado como correto, considerando a divisão tradicional da história mais antiga da humanidade. O poema realça, contudo, a questão do reinado do "homem" sobre o planeta e os desdobramentos de disputas por seu domínio.

Exercícios propostos

1. (Uerj)

Eu era garotão ainda quando a Força Expedicionária Brasileira chegou à Itália. Passaram na minha cidade, porque foram de Salermo para Siena. Fazia parte do batalhão um cidadão italiano, que veio para cá pequenino e depois se naturalizou. O pai deste soldado tinha deixado uma filha pequena na Itália com um irmão que não conseguia ter filho nenhum. Então o rapaz sabia que tinha uma irmã em Paola, que ele não conhecia e que era criada por um tio. Pediu consentimento para os oficiais e chegou em Paola, chegou lá para conhecer a irmã. Não sabia nem falar italiano, só falava português. Ninguém entendia nada. Aí procuraram o meu pai, que falava bem o português e meu pai serviu de intérprete para ele poder conhecer a irmã.

(Depoimento de Vicenzo Figlino)
(In: GOMES, A. C. (org). *Histórias de família entre a Itália e o Brasil.* Niterói: Muiraquitã, 1999.)

Uma das formas que o historiador utiliza para estudar uma época é recolher depoimentos de pessoas que viveram experiências no passado. O depoimento acima pode estar identificado por um tipo de memória ligado a um contexto histórico.
A alternativa que apresenta, respectivamente, a qualificação para este tipo de memória e uma referência relacionada ao depoimento é:

a) social — imigração italiana

b) oficial — Segunda Guerra Mundial

c) oficial — Força Expedicionária Brasileira

d) social — construção da cidadania italiana

2. (UnB-DF) No limiar do século XX, às vésperas da Primeira Guerra Mundial, o historiador francês Ernest Lavisse fornecia as instruções para o ensino da História aos jovens de seu tempo, das quais reproduz-se o trecho seguinte:

> *Ao ensino histórico incumbe o dever glorioso de fazer amar e de fazer compreender a pátria, todos os nossos heróis do passado, mesmo envolto em lendas. Se o estudante não leva consigo a viva lembrança de nossas glórias nacionais, se não sabe que nossos ancestrais combateram por mil campos de batalhas por nobres causas, se não aprendeu o que custou o sangue e o esforço para constituir a unidade da pátria e retirar, em seguida do caos de nossas instituições envelhecidas, as leis sagradas que nos fizeram livres, se não se torna um cidadão compenetrado de seus deveres e um soldado que ama a sua bandeira, o professor perdeu seu tempo.*

Com o auxílio das ideias defendidas pelo historiador Lavisse, julgue os itens que se seguem.

(1) A História é escrita pelos pesquisadores e deve ser ensinada pelos mestres com o compromisso de quem pesquisa e ensina as grandes questões de seu tempo.

(2) A visão excessivamente patriótica do autor expõe concepções que, no alvorecer do século XX, entendiam que o historiador tinha como função glorificar a nação, o Estado e as instituições.

(3) O "ensino histórico", no contexto do Brasil contemporâneo, deve ser, sobretudo, um instrumento de combate para fazer que as armas intelectuais estejam a favor da unidade da pátria e do amor de cada cidadão pela sua bandeira.

(4) A revolução metodológica no ensino da História tornou-se, no fim do século XX, completamente racional e neutra, sem qualquer possibilidade de interferência da ideologia na teoria.

3. (UFPB) O conhecimento histórico evoluiu muito no Ocidente. Suas linguagens, teorias e conceitos exigem do historiador uma formação profissional complexa e abrangente.
Sobre a historiografia e sua evolução, é correto afirmar que

a) a História-crônica surgiu no século XIX, influenciada pelo positivismo.

b) o conceito de representação é chave para a História-ciência, especialmente na investigação das realidades econômicas.

c) a análise quantitativa é muito utilizada pela Nova História Social para compreender o cotidiano e os mitos.

d) a ciência da História surgiu na Antiguidade, fruto da criação do método crítico por Heródoto.

e) a perspectiva da História Total foi contribuição do marxismo para a abordagem das estruturas econômico-sociais.

4. (UFRN) A prática da agricultura e a criação de rebanhos implicaram alterações nas sociedades neolíticas. Nesse contexto, em diversas comunidades do Oriente Próximo, identifica-se, entre outras transformações, o (a)

a) desenvolvimento de Impérios caracterizados pelo afastamento das tradições mítico-religiosas em favor de um pensamento racional e naturalista.

b) ampliação das atividades lucrativas, como, por exemplo, o comércio realizado pelos estrangeiros e seus escravos nos domínios das diversas cidades.

c) surgimento de uma prática política descentralizadora, que permitiu o livre desenvolvimento econômico das diferentes regiões ocupadas.

d) diferenciação social baseada na riqueza e no poder, com o surgimento do Estado, instrumento de controle e apropriação dos recursos naturais.

5. (UFRR) Considere as afirmações sobre o período paleolítico:

I. Paleolítico é o primeiro e mais extenso período que conhecemos da história da humanidade, nele surgem os primeiros hominídeos antepassados do homem moderno;

II. Com o desenvolvimento da mente e a acumulação de experiências e conhecimentos, os homens primitivos foram aperfeiçoando seus instrumentos, utensílios domésticos e armas, suas técnicas e meios de subsistência;

III. Os homens do paleolítico viviam de uma maneira muito primitiva, em grupos nômades, ou seja, se deslocavam constantemente de região para região em busca de alimentos. Habitavam em cavernas, copas de árvores, saliências rochosas, ou tendas feitas de galhos e cobertas de folhas ou de pele de animais;

IV. Os instrumentos ou ferramentas do paleolítico eram de pedra, madeira ou osso. A técnica usada para fabricar seus instrumentos era de bater na pedra de maneira a lhe dar a forma adequada para cortar, raspar ou furar.

Em relação às proposições acima podemos afirmar que:

a) Todos os itens são falsos.

b) Todas estão corretas.

c) Apenas o item I é verdadeiro.

d) Apenas o item II é falso.

e) Os itens II, III e IV são falsos.

MÓDULO 2 • Civilizações antigas

Ao longo da Antiguidade, o adensamento populacional deu origem a cidades e, a partir delas, surgiram cidades-Estado, reinos e impérios. Isso, entretanto, não aconteceu ao mesmo tempo, nem em todas as regiões. Foi resultado de diferentes respostas dos diversos grupos humanos aos seus meios, o que compôs assim as civilizações antigas.

Vamos destacar a seguir algumas dessas importantes culturas.

A civilização mesopotâmica

Situava-se no Oriente Médio, numa área que hoje corresponde ao atual Iraque e parte do Irã, mais especificamente entre os rios Tigre e Eufrates (o nome *Mesopotâmia* quer dizer "[terra] entre rios"). Prevalecia um regime de cheias pouco regular e muitas vezes violento, que formou uma planície aberta a invasões. A agricultura firmou-se como a principal atividade econômica da região.

Ocupada desde cerca de 10 mil a.C., a Mesopotâmia apresentou um significativo crescimento populacional ao longo dos anos, que levou à formação de grandes núcleos urbanos por volta de 4 mil a.C. Era a época dos povos **sumérios**, que formaram cidades autônomas (cidades-Estado), como Uruk, Ur, Nipur, Lagash, governadas por chefes conhecidos como ***pateis***. Esses povos foram também os criadores da **escrita cuneiforme**.

Primeiros assentamentos e impérios (do VI ao II milênio a.C.)

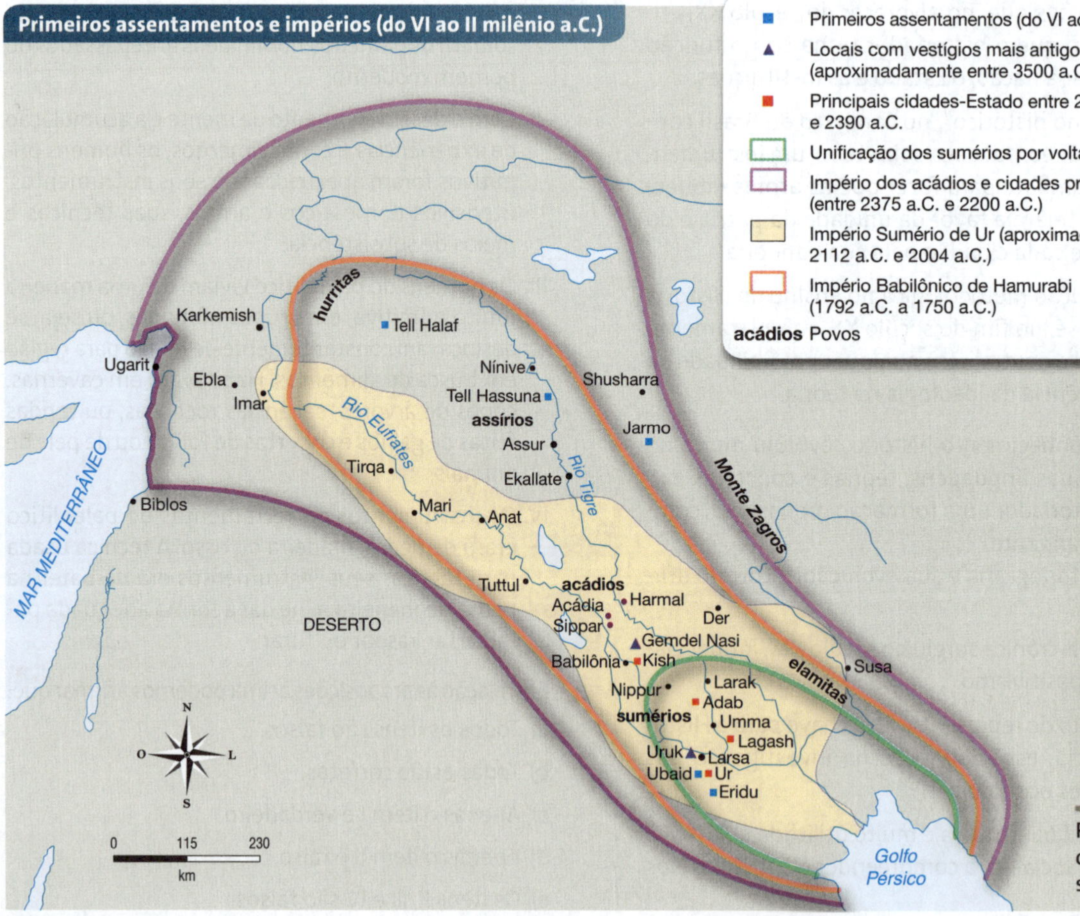

Erick Lessing/Album/Album/Art/Latinstock

Representação de Gilgamesh, século VIII a.C.

Por volta de 2400 a.C., a Mesopotâmia foi invadida pelos **acádios**, que unificaram boa parte da região. Durante os séculos seguintes, aconteceram novas invasões, com destaque para os **amoritas**. O rei amorita **Hamurabi** (1792-1750 a.C.) foi o governante do Primeiro Império Babilônico (Babilônia era a capital da Mesopotâmia) e o responsável pelo famoso **Código de Hamurabi**, um conjunto de leis escritas que determinava penas para delitos domésticos, comerciais, referentes a propriedade, herança, escravidão e falsas acusações. Entre as leis está a clássica **lei de talião**, que pregava o princípio do "olho por olho, dente por dente".

As invasões prosseguiram, e a região foi então tomada pelos **assírios**, famosos pelo rigoroso militarismo e pela violência imposta aos vencidos. Mais tarde, estes foram dominados pelos **caldeus**, que formaram o Segundo Império Babilônico, com destaque para o rei **Nabucodonosor** (604-561 a.C.), responsável por grandes obras urbanas na capital. No século VI a região foi então conquistada e transformada em província do Império persa.

A **economia** era caracterizada por uma forte atividade comercial e de artesanato. No plano **político**, o Estado controlava as obras hidráulicas, a administração de estoques de alimentos e a cobrança de impostos. Isso fez com que se formasse uma estrutura social na qual uma pequena elite, atrelada a governos despóticos, dominava grande parte da população.

Na **religião**, prevalecia o politeísmo, com grande poder dos sacerdotes e sobretudo do governante, considerado um representante dos deuses.

Nas **construções** destacavam-se os arcos, a decoração em baixo-relevo, os palácios e os zigurates, templos em forma piramidal.

São também criações dos mesopotâmicos o calendário de 12 meses, a semana de 7 dias (divididos em 12 horas), a divisão do círculo em 360 graus, a raiz quadrada e a cúbica. Na **literatura** destaca-se a *Epopeia de Gilgamesh*, em que há referências ao **dilúvio**, bastante recorrente em culturas de vários povos, como no Antigo Testamento de judeus e cristãos.

A civilização egípcia

Localizada na região nordeste da África, às margens do **rio Nilo**, a civilização egípcia originou-se da fixação de grupos desde o Neolítico, que formou coletividades chamadas **nomos**. Perto de 3500 a.C., surgiram as primeiras cidades, e os nomos foram reunidos em dois reinos: o **Alto Egito**, ao sul, e o **Baixo Egito**, ao norte. A reunificação ocorreu por volta de 3200 a.C., e a capital era a cidade de Tinis.

Na **economia** é possível ressaltar a produção de cereais e outras culturas — como trigo, algodão, linho e papiro —, a criação de cabras, carneiros e gansos, além de farta pesca fornecida pelo rio Nilo. Na **sociedade**, predominava uma base de servidão coletiva, em que os camponeses eram obrigados a executar grandes obras — como templos, palácios e monumentos funerários — coordenadas pelo Estado. A autoridade do faraó consolidava uma monarquia teocrática, na qual nomarcas, sacerdotes, burocratas (destaque para os escribas) e chefes militares formavam um grupo de maior poder sobre a massa de camponeses e artesãos.

Colheita de frutas para a produção de vinho em pintura egípcia feita na tumba de Khaemuese, na cidade de Tebas.

Na **religião** prevalecia o politeísmo, com uma breve exceção à época do faraó **Amenófis IV** (Akhenaton) (1377-1358 a.C.), que valorizou o culto monoteísta. A adoração aos vários deuses atrelada à crença na vida após a morte desenvolveu o conhecimento da mumificação e da anatomia humana, com aplicações medicinais. A **arte** foi fortemente impregnada pela religião, seja na pintura, na escultura ou na arquitetura. Na **escrita** destaca-se a criação de três formas: a hieroglífica (sagrada), a hierática (mais simplificada) e a demótica (mais recente e popular). Sua decifração coube ao linguista e egiptólogo francês Jean-François Champollion (1790-1832).

O longo período de quase 3 mil anos, em que se revezaram 26 dinastias governantes, é tradicionalmente dividido em:

- **Antigo Império** (cerca de 3200 a.C. a 2300 a.C.) — época da construção das três grandes pirâmides (Quéops, Quéfren e Miquerinos);
- **Médio Império** (cerca de 2300 a.C. a 1580 a.C.) — época de invasões e domínio dos hicsos;
- **Novo Império** (de 1580 a.C. a 525 a.C.) — época de grandes atividades militares, que culminou com a conquista do rei persa Cambises em 525 a.C., na batalha de Pelusa.

Dali em diante, por 2500 anos, o Egito foi dominado por diversos povos, como assírios, persas, gregos, romanos e, mais tarde, árabes.

Representação da Batalha de Kadesh, gravura do século XIX/Biblioteca de Artes Decorativas, Paris/Gianni Dagli Orti/The Art Archive/AFP

Batalha de Kadesh: Ramsés II contra os hititas.

A civilização hebraica

Grande parte das informações que temos dos hebreus são provenientes do Antigo Testamento bíblico, que mistura relatos históricos, místicos e religiosos.

Tendo se desenvolvido desde 2000 a.C. às margens do rio Jordão, na Palestina, região do atual Israel, a civilização hebraica apoiava-se sobretudo na agricultura e no pastoreio.

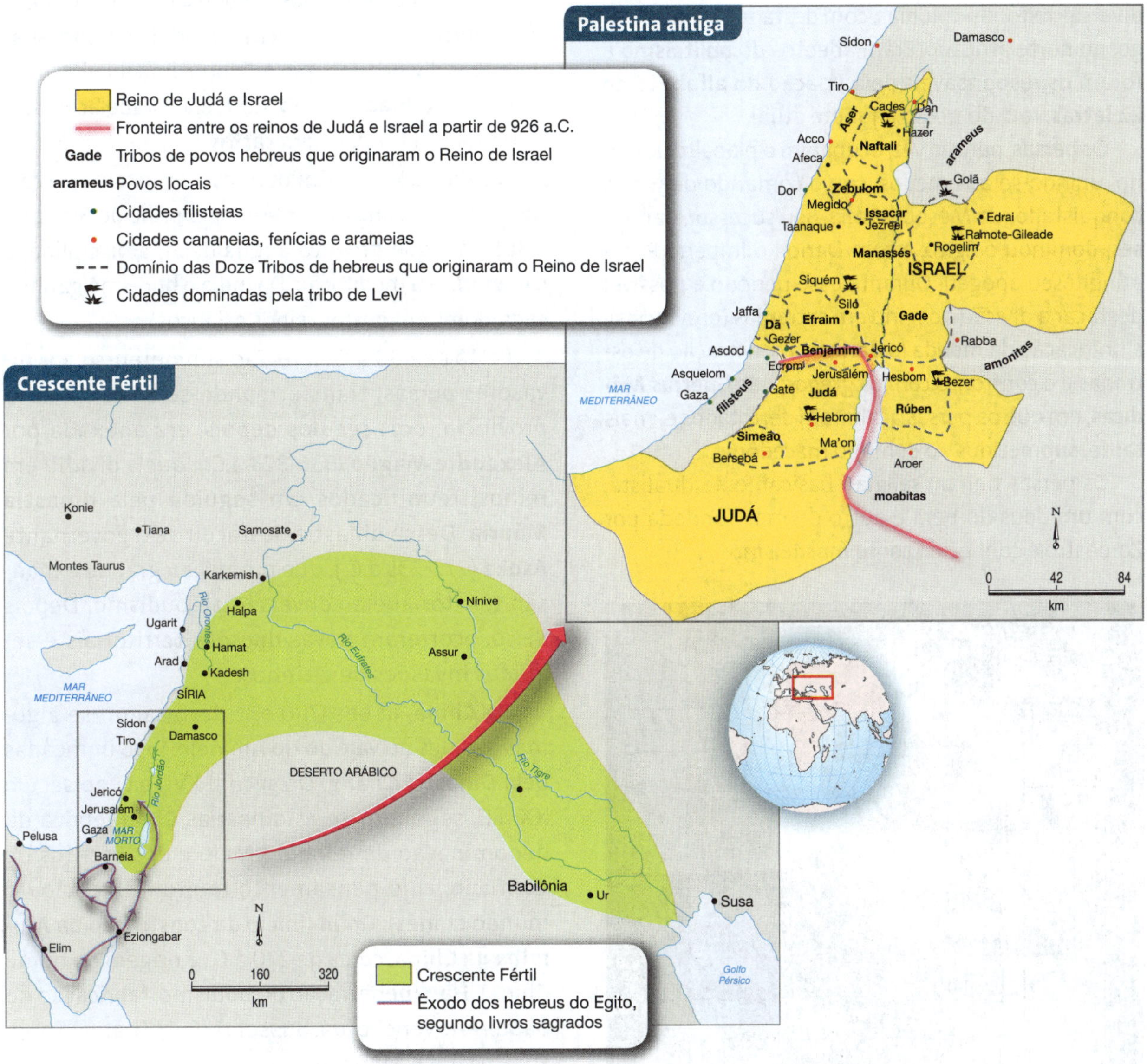

De acordo com a tradição, o primeiro grande líder hebreu foi **Abraão**. O patriarca — mencionado no Antigo Testamento, assim como seus sucessores Isaac e Jacó — pregava uma nova **religião** monoteísta, que serviu de elemento unificador de seu povo.

Da fuga da escravidão no Egito (**Êxodo**), segundo o relato bíblico, evidenciou-se a figura de **Moisés**. Depois dos **patriarcas**, tiveram destaque os chefes militares — os chamados **juízes**, como Sansão e Samuel — e, em seguida, os governantes Saul, Davi e Salomão, responsáveis pela **unidade do reino**. Seguiram-se disputas e o reino foi dividido em dois: Israel e Judá.

Durante a dominação romana, os hebreus se dispersaram por outras regiões, movimento conhecido como **diáspora**.

As civilizações fenícia e persa

Os fenícios estabeleceram-se no litoral da Síria, onde hoje é o Líbano, numa região ocupada desde 3000 a.C. por povos semitas.

Dividiram-se em **cidades-Estado**, como Biblos, Sídon e Tiro, governadas pela **talassocracia** (forma de poder centralizado no controle marítimo). Fundaram diversas feitorias-colônias, com destaque para Cartago, no norte africano. Eram adeptos do **politeísmo** e foram os responsáveis pela criação do **alfabeto de 22 letras**, raiz do nosso alfabeto atual.

Os persas, por sua vez, ocuparam o planalto iraniano, unindo-se aos medos, sob o comando de Ciro I, conquistador da Mesopotâmia. Seu sucessor, Cambises, dominou o Egito, e com Dario I o Império Persa atingiu seu apogeu. Durante esse período é possível destacar a divisão do reino em **satrapias** (províncias), a unificação da moeda (o **dárico**), a construção de estradas e o confronto com os gregos, nas **Guerras Médicas**, em que os persas acabaram derrotados e, mais tarde, submetidos ao domínio macedônio.

Os persas tinham **religião** basicamente dualista, com um deus do bem e outro do mal, fundada por Zoroastro e conhecida como **masdeísmo**.

Album/Dea Picture Library/Latinstock

Arqueiro persa representado em mural do século V a.C. do Palácio de Dario I em Susa, atual Irã.

As civilizações indiana, chinesa, africana e americana

No **vale do rio Indo**, onde hoje se situa o Paquistão, encontram-se as cidades de Mohenjo-Daro e Harappa, erigidas perto de 3000 a.C. pela **civilização dravidiana**. No segundo milênio a.C. houve migrações e a região foi invadida pelos arianos, responsáveis pela **civilização védica**. É destes a crença no hinduísmo, com suas inúmeras divindades, que originou uma religião mais complexa, o **bramanismo**. Com ela estabeleceu-se a ordem social fundada em **castas**.

No século VI a.C., em oposição ao sistema de castas, surgiu o **budismo**, criado pelo príncipe Sidharta Gautama, que pregava a igualdade, a disciplina, a sabedoria e a meditação. Da Índia o budismo ganhou seguidores em outros reinos asiáticos.

Perto de 500 a.C., a região submeteu-se aos invasores persas, transformando-se em uma nova província; dois séculos depois, era anexada por **Alexandre Magno** (336-323 a.C.), que a dividiu em reinos, reunificados em seguida pela **dinastia Máuria**. Dessa dinastia destacou-se o governante **Asoka** (272-235 a.C.), que promoveu grande expansão territorial e a conversão ao budismo. Depois disso, ocorreram novas divisões territoriais e seguidas invasões de vizinhos.

Na **China**, já em 1700 a.C. destacaram-se algumas cidades no vale do rio Amarelo, logo unificadas pela **Dinastia Chang**. Do século XVII a.C. ao século XX d.C. seguiram-se as dinastias **Chou** (época da denominação de reino do Meio e dos escritos de **Confúcio**, cujo pensamento muito influenciou o mundo chinês), **Ch'in** (início da construção da **Muralha da China**, cerca de 220 a.C., e origem do nome China), **Han** (penetração do budismo, fabricação do papel e invenção da bússola), Sui, Thang, Song, Yuan, Ming e Manchu.

Desde o século VIII a.C. há registros de forte atividade comercial marítima entre a China e outras regiões, como o Oriente Médio e depois o Mediterrâneo. A mais famosa das rotas comerciais é conhecida como **Rota da Seda**, que levava o produto (entre outras mercadorias) para o Ocidente.

Na **África**, além do já destacado Egito, emergiram os reinos da **Etiópia**, de **Cartago** (origem fenícia) e de **Kush** (região da Núbia, atual Sudão). Foram os kushitas que chegaram a dominar o Egito antigo por algumas décadas durante o Novo Império, época conhecida como a dos "faraós negros". Em 325 d.C. Kush foi conquistado pelo reino de **Axum**. Além desses destaques, são inúmeras as cidades antigas africanas que hoje são alvo de grandes pesquisas.

Na **América**, vivendo de forma esparsa pelo continente, algumas populações concentraram-se em determinadas áreas, como aconteceu com os **olmecas**, nas fronteiras dos atuais México e Estados Unidos, por volta de 1200 a.C.

Os olmecas, que já utilizavam um sistema de escrita, foram provavelmente a fonte originária de várias outras civilizações americanas, como os **maias**, os **incas** e os **astecas**.

Um dos mais antigos centros urbanos americanos — com ruínas de palácios, templos e canais de irrigação — é **Teotihuacán**, próxima da atual Cidade do México. Acredita-se que a cidade tenha sido ocupada por diferentes povos em épocas diversas. Do século III ao X, na região entre o México e a Guatemala, floresceu a **civilização maia**, com dezenas de cidades-Estado. Mais tarde, no século XIII, os **incas** formaram um grande império, com cerca de 10 milhões de pessoas, cuja capital era Cuzco.

Exercícios resolvidos

1. (Vunesp-SP) Um dos mais antigos registros escritos conhecidos surgiu no Egito. A região foi também berço do Estado e da diferenciação social. Escrever requeria anos de aprendizado e apenas alguns poucos, como os escribas, dedicavam-se a essa tarefa. Nos dias atuais, o conceito de analfabetismo mudou. A Unesco adota a noção de analfabeto funcional: pessoa capaz de escrever e de ler frases simples, mas que não consegue usar informações escritas para satisfazer suas necessidades diárias e para desenvolver seu conhecimento. Explique para que servia a escrita no Egito antigo e relacione o conceito contemporâneo de analfabetismo com a ideia de exclusão social.

Resposta:

A escrita no Egito antigo servia para fiscalizar a produção, estocagem e distribuição de riquezas. Cabia aos escribas controlar o que era produzido e auxiliar a perpetuar a ordem teocrática centrada na figura do faraó. Na atualidade há analfabetos, sem qualquer acesso à escrita, e os analfabetos funcionais, que pouco compreendem aquilo que leem. Tanto uns quanto outros formam um grupo de excluídos da sociedade. Mais que isso, acabam alijados da atuação cidadã, o que prejudica a consolidação de uma sociedade plenamente democrática.

2. (Fuvest-SP) No antigo Egito e na Mesopotâmia, assim como nos demais lugares onde foi inventada, a escrita esteve vinculada ao poder estatal. Este, por sua vez, dependeu de um certo tipo de economia para surgir e se desenvolver.
Considerando as afirmações acima, explique as relações entre:
a) escrita e Estado;
b) Estado e economia.

Resposta:

a) Na Antiguidade Oriental, o Estado teocêntrico usava a escrita como instrumento de gerenciamento da ordem produtiva e burocrática.
b) Controlador das terras e das comunidades camponesas, o Estado organizava a estrutura de produção e de trabalho.

Exercícios propostos

1. (UFPE) Não se pode esquecer a luta de alguns povos da Antiguidade para construir seus vastos impérios. Contudo, esses povos também expressaram, na arte, seus sonhos e desejos. Numa análise mais geral dessas manifestações, podemos afirmar que:
a) os egípcios conseguiram realizar revoluções na arte de pintar murais, mas não se preocuparam com a arquitetura de seus templos religiosos.
b) a arte assíria não merece destaque, devido à preocupação excessiva do seu povo com a guerra e com o imperialismo.
c) a grandiosidade da arte dos caldeus manifesta-se com especial destaque nas suas obras arquitetônicas.
d) a escrita suméria expressava a habilidade artística do seu povo, que era bastante envolvido com uma religião liderada pelos escribas.
e) os hebreus conseguiram construir uma arte original, desarticulada das manifestações religiosas.

2. (PUC-PR Adaptado) O Império Babilônico dominou diferentes povos como os sumérios, os acádios e os assírios. Para governar povos tão diferentes, o rei

Hamurábi organizou um código de leis escritas, o Código de Hamurábi.

- Se um homem acusou outro de assassinato mas não puder comprovar, então o acusador será morto.
- Se um homem ajudou a apagar o incêndio da casa de outro e aproveitou para pegar um objeto do dono da casa, este homem será lançado ao fogo.
- Se um homem cegou o olho de outro homem, o seu próprio será cegado. Mas se foi olho de um escravo, pagará metade do valor desse escravo.
- Se um escravo bateu na face de um homem livre, cortarão a sua orelha.
- Se um médico tratou com faca de metal a ferida grave de um homem e lhe causou a morte ou lhe inutilizou o olho, as suas mãos serão cortadas. Se a vítima for um escravo, o médico dará um escravo por escravo.
- Se uma mulher tomou aversão a seu marido e não quiser mais dormir com ele, seu caso será examinado em seu distrito. Se ela se guarda e não tem falta e o seu marido sai com outras mulheres e despreza sua esposa, ela tomará seu dote de volta e irá para a casa do seu pai.

Assinale a alternativa correta:

a) As leis aplicavam-se somente aos homens livres e que possuíssem propriedades.

b) Estabeleceu o princípio que todos eram iguais perante a lei e por isso um escravo teria os mesmos direitos que um homem livre.

c) O Código de Hamurábi representava os ideais democráticos do Império Babilônico.

d) O código tinha como princípio a "pena de talião" resumida na expressão "olho por olho, dente por dente".

e) O Código considerava a mulher propriedade do homem e sem direitos.

3. (PUC-PR) Algumas civilizações da Idade Antiga, embora brilhantes, não formaram estados unificados, ou seja, sempre foram politicamente fragmentadas, mostrando o predomínio periódico de algumas cidades. São exemplos desse enunciado as civilizações:

a) persa e egípcia.

b) romana e hebraica.

c) sumeriana e romana.

d) acadiana e persa.

e) grega e fenícia.

4. (Fuvest-SP) Na Antiguidade, a Europa mediterrânea e o Oriente Próximo viram o surgimento e o esfacelamento de diversos impérios. Sobre eles pode-se afirmar que

a) a unidade política acabou depois de algum tempo por se fazer acompanhar de uma unidade religiosa.

b) a diversidade racial e cultural enfraquecia-os, apesar da existência de mecanismos que pretendiam estabelecer uma real unidade.

c) os centros políticos coincidiam sempre com os centros econômicos.

d) com exceção do Império Romano, todos nasceram de confederações de cidades-Estado em constante luta interna.

e) seus centros dinâmicos localizavam-se nas zonas litorâneas, por terem economias essencialmente mercantis.

5. (Vunesp-SP) É certo que as civilizações da Antiguidade legaram à posteridade um respeitável acervo cultural. No entanto, para superar equívoco, assinale a alternativa INCORRETA:

a) A pintura egípcia revela belos exemplos de descrição de movimento, sendo a figura humana representada com a cabeça e os pés de perfil.

b) Entre as Civilizações Mesopotâmicas que se desenvolveram no vale dos rios Tigre e Eufrates, predominou, durante certo tempo, a forma asiática de produção.

c) No período denominado Homérico, houve a dissolução das comunidades gentílicas e a formação gradativa das Cidades-Estado da Grécia.

d) A escrita egípcia era em caracteres cuneiformes.

e) O Direito Romano, sujeito a novas interpretações, tornou-se parte importante do Código de Justiniano, influenciou juristas da Idade Média e até das fases históricas subsequentes.

6. (PUC-SP) O cristianismo, na sua origem, está repleto de heranças (em geral modificadas) da religião judaica; mas há, também, elementos que não são partilhados por essas duas concepções religiosas. Dentre eles, podemos destacar

a) a referência ao Antigo Testamento como escritura sagrada.

b) o conceito de culpa como elemento estruturante da moral religiosa.

c) a fé em um deus único.

d) o alcance universal do ideal de salvação.

e) a adoção de uma moral sexual que valoriza a monogamia.

MÓDULO 3 • A Grécia antiga: das origens ao período helenístico

Os gregos chamavam a si mesmos de ***héllas*** (helenos), e de **Hélade** à região que habitavam. Eles formavam um conjunto de povos que se desenvolveu ao sul da península Balcânica, nas ilhas dos mares Egeu e Jônio e no litoral da Ásia Menor.

Desde o segundo milênio antes de Cristo, essa região também viu florescerem as **civilizações cretense** (ou minoica) e **micênica**. Posteriormente, a área sofreu bruscas mudanças ocasionadas pela mescla de culturas e pela dominação imposta por ondas migratórias de aqueus, eólios, jônios e dórios, que impactaram diretamente a estrutura e a composição do povo grego e deram origem às cidades-Estado. A chegada dos dórios no século XII a.C. dispersou os povos pelas ilhas e pelo litoral da Ásia Menor, fenômeno conhecido como a **Primeira Diáspora** e que marca o início do Período Homérico, termo decorrente das obras *Ilíada* e *Odisseia*, atribuídas a Homero.

Costuma-se dividir a história grega nos seguintes períodos: **Pré-homérico** (séc. XX a.C. ao séc. XII a.C.), **Período Homérico** (séc. XII a.C. ao séc. VIII a.C.), **Período Arcaico** (séc. VIII a.C. ao séc. VI a.C.), **Período Clássico** (séc. V a.C. ao séc. IV a.C.) e **Período Helenístico** (séc. IV a.C. ao séc. II a.C.).

A Grécia antiga

Adaptado de: BARRACLOUGH, G. *The Times Concise Atlas of World History*. London: Times Books Limited, 1986. p. 19.

Com a diáspora (início do Período Homérico), formaram-se as **comunidades** conhecidas como **genos**. A desintegração dos genos, por volta do século VIII a.C., deu origem a outra dispersão dos povos gregos, conhecida como **Segunda Diáspora**. Esse fato acarretou o surgimento de diversas pólis (mais de cem) e a ocupação do sul da península Itálica e da ilha da Sicília (**Magna Grécia**), no começo do Período Arcaico. Dentre as pólis, duas são as principais referências do desenvolvimento do mundo grego: Esparta e Atenas.

A pólis de **Esparta** foi fundada pelos **dórios** na região da **Lacônia**. Os povos locais eram submetidos à servidão e sua formação social era a seguinte: os **espartanos** (espartíates), descendentes dos dórios conquistadores e dominadores da pólis; os **periecos** (habitantes livres da periferia da pólis) e os **hilotas**, os servos, propriedade da cidade-Estado. A ordenação política, segundo a lenda, fora construída por **Licurgo.** Todo o controle ficava nas mãos dos espartanos adultos. Era uma **ordem oligárquica**, exclusiva dos espartanos, formada pela **Apela** (assembleia de guerreiros), pela **Gerúsia** (conselho de anciãos) e pelo **Eforato** (5 membros). A educação espartana era voltada basicamente para a **formação militar**, inclusive da mulher, estimulada e instruída a gerar filhos robustos e corajosos.

A pólis de **Atenas**, formada por aqueus, eólios e jônios, desenvolveu-se no litoral da **Ática**, por volta do séc. X a.C. Sua evolução política na **época arcaica foi da monarquia para a oligarquia**, com uma estrutura social dividida entre os **eupátridas** (os bem-nascidos), os ***georgoi*** (pequenos proprietários, artesãos e comerciantes), os ***thetas*** (marginalizados) e os **escravos** (endividados e vencidos). Na ordenação política, o **basileu** (rei) foi logo substituído pelos órgãos dos eupátridas, Areópago e Arcontado. Nas lutas sociais, destacaram-se os legisladores **Drácon** (621 a.C. – leis escritas), **Sólon** (594 a.C. – fim da escravidão por dívidas; criação da Bulé, Conselho dos 400, com participação censitária; a Eclésia, assembleia popular que aprovava as decisões da Bulé; e o Helieu, tribunal de justiça aberto a todos os cidadãos.). É importante salientar que a ampliação da cidadania levou em conta a renda dos cidadãos e que eram considerados cidadãos os homens adultos nascidos em Atenas.

Os seguidos embates político-sociais após as reformas de Sólon fizeram surgir as **tiranias**, com destaque para os **ditadores** Psístrato, Hípias e Hiparco. Com elas, novos enfrentamentos sociais vieram e resultaram nas reformas do **legislador Clístenes** (510 a.C.), cujas medidas encerrariam a época arcaica ateniense e dariam início ao Período Clássico. Nele, a Bulé aumentou o número de participantes para 500 membros e a cidadania deixou de ser baseada na renda e passou a levar em consideração a origem ateniense. Nesse tempo, a Eclésia teve seu poder aumentado. Para garantir a nova ordem política, denominada de **democracia**, instituiu-se o **ostracismo**, o exílio por dez anos daqueles que ameaçassem a ordem política democrática ateniense.

O **Período Clássico** ateniense assistiu à **ameaça persa**, com seu expansionismo sobre a Ásia Menor e Balcânica. Era o início das **Guerras Médicas** (séc. V a.C.), durante as quais foi formada a **Liga de Delos**, sob a liderança de Atenas. Com a derrota persa, firmava-se a supremacia de Atenas sobre as demais pólis gregas. O governante que se destacou nesse período foi **Péricles** (V a.C.), com suas inúmeras obras públicas e grande desenvolvimento cultural (daí a denominação "século de Péricles").

A hegemonia ateniense acirrou a rivalidade com **Esparta**, líder da **Liga do Peloponeso**, e provocou o embate entre as duas pólis que ficou conhecido como **Guerra do Peloponeso** (431 a.C.) e que levou Atenas à derrota. Era o começo da hegemonia espartana, que duraria até a derrota para Tebas, que daria origem a outra hegemonia, a tebana.

As seguidas guerras esgotaram as pólis gregas, enfraquecendo-as e possibilitando a invasão e a **conquista pelos macedônios**, sob a liderança de **Filipe II**, em **Queroneia**, em 338 a.C. Era o início do **Período Helenístico**, com o domínio macedônio sob o comando do sucessor de Filipe, **Alexandre Magno**. Este, além de dominar a Grécia, expandiu suas conquistas pelo Egito e pelo Oriente, fundou diversas cidades até a Índia e fundiu a cultura grega com a oriental, mescla que ficou conhecida como cultura **helenística**. Com a morte de Alexandre, em 323 a.C., o império por ele

Museu Terma, Roma/The Bridgeman/Keystone

Mulher tocando flauta, relevo grego de cerca de 470 a.C.-60 a.C.

montado passou a ser disputado e cobiçado por seus generais, os diádocos Seleuco, Lisímaco e Ptolomeu, que acabaram por fragmentá-lo, enfraquecendo-o. Mais tarde, a região se sujeitaria à expansão de uma nova potência imperial, **Roma**.

Na cultura grega, prevaleceu a **religião politeísta antropomórfica**, com deuses que habitavam o **Olimpo** e comandavam os destinos humanos. Na **época clássica**, o pensamento grego, apoiado na razão e na valorização do ser humano, serviu de impulso para grandes realizações e grandes homens: na filosofia, **Sócrates, Platão e Aristóteles**; no teatro, **Ésquilo**, **Sófocles**, **Aristófanes** e **Eurípedes**; na história, **Heródoto, Xenofonte e Tucídides**; na arquitetura, **Ictínio** e **Calícrates**; na escultura, **Fídias** e **Míron**; na medicina, **Hipócrates**. Na **época helenística**, sobressaíram outras realizações, articuladas com o contexto das guerras imperiais: na política, destaque para o **despotismo;** na pintura e na escultura, com sentido mais realista, a expressão da **dor**, o **sofrimento** e a **sensualidade**; na **arquitetura**, prevaleceram o **luxo** e a **grandiosidade**. As ciências avançaram: na **geografia**, podemos citar **Eratóstenes**; na astronomia, Aristarco, Hiparco e **Ptolomeu**, este com seu **sistema geocêntrico**. Na **filosofia**, as correntes do **estoicismo** de Zenão, o **epicurismo** de Epicuro e o **ceticismo** de Pirro.

Exercícios resolvidos

1. (Fuvest-SP) Analise, no processo histórico da Grécia, a relação entre os elementos citados abaixo.
   a) Confederação de Delos.
   b) Imperialismo ateniense.
   c) Guerras do Peloponeso.

Resposta:

No processo histórico grego, Atenas lidera a criação de uma Liga militar entre as cidades-Estado gregas no propósito de impedir o avanço persa sobre a região. A dominação e controle ateniense após as Guerras Médicas levou às guerras entre as pólis gregas (Liga de Delos × Liga do Peloponeso).

2. (Unicamp-SP)

Nada é mais presente na vida cotidiana da coletividade do que a oratória, que partilha com o teatro a característica de ser a manifestação cultural mais popular e mais praticada na Atenas clássica. A civilização da Atenas clássica é uma civilização do debate. As reações dos atenienses na Assembleia eram influenciadas por sua experiência como público do teatro e vice-versa. Trata-se de uma civilização substancialmente oral. O grego era educado para escutar. O caminho de Sócrates a Aristóteles ilustra perfeitamente o percurso da cultura grega da oralidade à civilização da escrita, que corresponde, no plano político e social, à passagem da cidade-Estado ao ecumenismo helenístico.

Adaptado de MASARACCHIA, Agostino. *La prosa greca del V e del IV secolo a.C.* In: D'ANNA, Giovanni (Org.). *Storia della letteratura greca.* Roma: Tascabile Economici Newton, 1995. p. 52-4.

a) Estabeleça relações entre o modelo político vigente na Atenas clássica e a importância assumida pelo teatro e pela oratória nesse período.
b) Aponte características do Período Helenístico que o diferenciam da Atenas clássica.

Resposta:

a) Durante o período clássico a democracia era a base do regime ateniense. Os debates públicos, os discursos, a oratória e a retórica têm papel de destaque, pois são de grande importância para a vida do cidadão ateniense. No teatro encontramos elementos tanto políticos como dos costumes, que apontam reflexões, dialogam com o modo de viver dos cidadãos. Na prática política, o discurso passa a ter grande importância nas Assembleias, local de debate democrático e, portanto, das defesas dos ideais.
b) São características do período helenístico a presença de uma unidade imperial e de elementos orientais.

Exercícios propostos

1. (Mack-SP) A importância de Clístenes para a história ateniense está associada à:
   a) eliminação da escravidão por dívidas
   b) elaboração de um código de leis escritas
   c) sua atuação enquanto tirano
   d) implantação da democracia
   e) defesa dos privilégios da aristocracia

2. (Vunesp-SP)

A consequência mais aparente das invasões foi a destruição quase integral da civilização micênica. No espaço de um século, as criações orgulhosas dos arquitetos aqueus, palácios e cidadelas, não são mais do que ruínas. Ao mesmo tempo vemos desaparecer a realeza burocrática, a escrita, que não passava de uma técnica de administração, e todas as criações artísticas...

(Pierre Lévêque. *A aventura grega.*)

O texto refere-se às invasões

a) persas.
b) germânicas.
c) macedônias.
d) dórias.
e) cretenses.

3. (Mack-SP) No território da Antiga Grécia existiam dezenas de cidades-Estados, com área e população variáveis, destacando-se Atenas, Tebas, Mégara, Esparta, Corinto, Mileto e Argos.
Acerca das cidades-Estados, base da organização política que caracterizou o povo grego, é correto afirmar que:

a) possuíam uma organização econômica solidária.
b) eram politicamente autônomas.
c) mantinham política comum.
d) possuíam princípios religiosos antagônicos.
e) estavam unidas na política de organização do Mediterrâneo.

4. (PUC-SP) Atenas foi dividida por Clístenes, no ano 508 a.C., em distritos (demos). Neles,

a) as decisões eram tomadas pelo conjunto de habitantes, independentemente do fato de serem ou não livres.
b) os cidadãos eram reconhecidos como iguais perante as leis, que derivavam de sua vontade.
c) as guerras eram preparadas por meio de uma rigorosa organização militar, que envolvia todos os moradores.
d) os estrangeiros eram plenamente aceitos e tinham direito a voz e a voto nas assembleias.
e) as divisões sociais eram estabelecidas de forma rígida e os plebeus eram excluídos das tomadas de decisão.

5. (UFRGS-RS) Leia o excerto a seguir

Quem quer que, por ignorância, vá ter às Sereias,
[e o canto
delas ouvir, nunca mais a mulher nem os tenros
[filhinhos
hão de saudá-lo contentes, por não mais voltar
[para casa.
Enfeitiçado será pela voz das Sereias maviosas.

Este excerto faz parte da obra escrita por um importante poeta grego, por volta do século VIII a. C. O nome do autor do poema e o título da respectiva obra são

a) Homero, "A Ilíada".
b) Hesíodo, "Os Trabalhos e os Dias".
c) Hesíodo, "Teogonia".
d) Homero, "A Odisseia".
e) Heródoto, "História".

6. (Fuvest-SP) Ajudaram os espartanos a vencer os atenienses na Guerra do Peloponeso, mas não foram eles que acabaram por conquistar toda a Grécia. Pelo contrário, posteriormente, eles foram também conquistados e integrados a um novo império. Trata-se dos

a) egípcios e do Império Romano.
b) fenícios e do Império Cartaginês.
c) persas e do Império Helenístico.
d) siracusanos e do Império Siciliota.
e) macedônios e do Império Babilônico.

7. (Unifesp) A democracia na Grécia antiga esteve intimamente ligada

a) ao período homérico (séculos XII a VIII a.C.), ao trabalho servil, às lutas entre grandes e pequenos proprietários de terras e ao voto censitário.
b) ao período arcaico (séculos VIII a VI a.C.), ao trabalho livre, à pacificação do conflito entre as classes e ao sufrágio universal.
c) ao período clássico (séculos V e IV a.C.), ao trabalho escravo, às lutas entre os cidadãos ricos e pobres e ao voto direto.
d) ao período helenístico (séculos III e II a.C.), ao trabalho livre, à pacificação dos conflitos entre os cidadãos e ao voto por sorteio.
e) a todos os períodos (séculos XII a III a.C.), ao trabalho escravo, à desigualdade entre os cidadãos e à eleição de representantes.

8. (FEI-SP) No chamado Período Clássico da Grécia antiga, Atenas e Esparta eram as cidades-Estados mais poderosas. Sobre essas duas cidades e seu relacionamento no período, podemos afirmar que:

a) Esparta liderou a criação da Liga do Peloponeso para fazer frente ao domínio ateniense.
b) A forte rivalidade existente entre elas advinha da semelhança de formas de governo e de organização social.
c) Houve uma aliança que perdurou durante todo o período entre Atenas e Esparta, aliança essa que garantiu a soberania de toda a Grécia frente aos persas e macedônios.

d) A vitória de Atenas sobre Esparta na Guerra do Peloponeso foi fundamental para a construção da democracia como um regime político que ultrapassou as fronteiras da Grécia.

e) As duas adotaram a forma democrática e se amparavam no trabalho escravo.

9. (PUC-PR) A Civilização Grega apresentou unidade cultural e fragmentação política.
Sobre o assunto, assinale a alternativa correta:

a) Quando as tribos arianas ou indo-europeias dos aqueus, eólicos, jônios e dóricos penetraram na Grécia encontraram a região desabitada, o que facilitou-lhes a fixação.

b) A conquista da Grécia por Felipe II da Macedônia foi anterior ao domínio romano na região.

c) Atenas e Esparta, as principais pólis gregas, foram igualmente fundadas pelos descendentes dos eólicos, o que explica serem suas economias iguais, baseadas na pesca, artesanato e intenso comércio, inclusive marítimo.

d) Tanto Atenas quanto Esparta implantaram governos tipicamente democráticos nos séculos V e IV a.C., tendo a primeira, contudo, mantido a forma monárquica de governo.

e) A agressividade das pólis, ou cidades-estados de Tebas e Corinto, provocou a primeira onda colonizadora grega, que povoou inclusive as ilhas do mar Egeu.

10. (PUC-PR)

Quando o maior império da época resolveu destruir as isoladas cidades que formavam a Grécia, ou torná-las tributárias do Grande Rei, esqueceu-se de que na Ática encontraria a resistência de homens que eram donos das terras que lavravam e que governavam o Estado que os governava. Foi uma felicidade para a Grécia e para a Europa que, 12 anos antes da batalha de Maratona, Clístenes tivesse podido completar sua obra e a de Sólon.

(Durant, Will. *Nossa Herança Clássica*. Rio de Janeiro, Record, 1966, p. 101).

Sobre o texto acima, analise os itens a seguir:

I. O maior império da época, referido no texto, era o Império Romano.

II. A batalha de Maratona foi um dos confrontos nas Guerras Médicas.

III. Os gregos foram os grandes vencedores na guerra mencionada no texto.

IV. A grande obra de Clístenes e Sólon foi a militarização de sua cidade-estado, onde também todas as pessoas passaram a ter os mesmos direitos políticos.

V. Na Ática encontrava-se Atenas, que teve seu maior esplendor na época da liderança política de Péricles.

Estão corretos:

a) II, III e V

b) I, II e V

c) I, II e IV

d) II, III e IV

e) II, IV e V

11. (Vunesp-SP) A palavra democracia originou-se na Grécia antiga e ganhou conteúdo diferente a partir do século XIX. Ao contrário do seu significado contemporâneo, a democracia na pólis grega:

a) funcionava num quadro de restrições específicas de direitos políticos, convivendo com a escravidão, excluindo do direito de participação os estrangeiros e as mulheres.

b) abrangia o conjunto da população da cidade, reconhecendo o direito de participação de camponeses e artesãos em assembleias plebeias livremente eleitas.

c) pregava a igualdade de todas as camadas sociais perante a lei, garantindo a todos o direito de tomar a palavra na Assembleia dos cidadãos reunida na praça da cidade.

d) evitava a participação dos militares e guerreiros, considerando-os incapazes para o exercício da livre discussão e para a tomada de decisões consensuais.

e) era exercida pelos cidadãos de maneira indireta, considerando que estes escolhiam seus representantes políticos por intermédio de eleições periódicas e regulares.

12. (Unifesp)

Nunca temi homens que têm no centro de sua cidade um local para reunirem-se e enganarem-se uns aos outros com juramentos. Com estas palavras, Ciro insultou todos os gregos, pois eles têm suas ágoras [praças] onde se reúnem para comprar e vender; os persas ignoram completamente o uso de ágoras e não têm lugar algum com essa finalidade.

(Heródoto, Histórias, séc. V a.C.)

O texto expressa:

a) a inferioridade dos persas que, ao contrário dos gregos, não conheciam ainda a vida em cidades.

b) a desigualdade entre gregos e persas, apesar dos mesmos usos que ambos faziam do espaço urbano.

c) o caráter grego, fundamentado no uso específico do espaço cívico, construído em oposição aos outros.

d) a incapacidade do autor olhar com objetividade os persas e descrever seus costumes diferentes.

e) a complacência dos persas para com os gregos, decorrente da superioridade de seu poderio econômico e militar.

13. (FGV-SP) A batalha de Maratona, ocorrida em 490 a.C., deve ser compreendida como:

a) Um dos episódios das Guerras Médicas, que marcou a vitória dos gregos e transcorreu no período da democracia ateniense.

b) Um dos episódios da Guerra de Troia, que marcou o início da expansão grega pela região do Peloponeso.

c) Uma das batalhas das Guerras Púnicas, que marcou a anexação da Grécia e de Cartago pelo Império Romano.

d) Um dos confrontos entre gregos e persas, que marcou o início da hegemonia espartana e o fim da democracia ateniense.

e) Um dos episódios da conquista da Pérsia por Alexandre, que marcou a expansão do modelo democrático grego para o Oriente.

14. (Unb-DF) Leia o trecho adiante, extraído do poema de Tirteu (séc. VII a.C – Esparta) chamado *ARETÉ* (excelência).

É um bem comum para a cidade e todo o povo / que um homem aguarde, de pés fincados, na primeira fila, / encarniçado e de todo esquecido da fuga vergonhosa, / expondo sua vida e ânimo sofredor, e, aproximando-se, inspire confiança com suas palavras ao que lhe fica ao lado. / Um homem assim distingue-se no combate. / Em breve derrota as falanges furiosas dos inimigos, / com seu ardor detém as vagas da batalha. / Se ele cair na primeira fila, perdendo a cara vida, / deu glória à cidade, ao povo e ao pai, / [...]. O seu túmulo, os seus filhos serão notáveis entre os homens, bem como os filhos dos filhos, e toda a posteridade. / Jamais perecerá a sua nobre glória e o seu renome, / [...].

Com o auxílio do texto, julgue os itens seguintes, relativos à história da Grécia arcaica.

(0) No momento de constituição da "polis", valores e poderes aristocráticos ainda se encontravam presentes na formação do homem grego.

(1) No séc. VII a.C. espartano, a antiga aristeia – combate singular entre dois guerreiros – já cede lugar às batalhas hoplíticas, em que o sucesso militar depende do desempenho coletivo da falange, dos "pés fincados, na primeira fila", do compromisso com o companheiro "que lhe fica ao lado".

(2) O atributo maior do herói homérico, a valentia, fundamental para a conquista da fama mantém-se e transforma-se no renome do soldado da "polis", que dá "glória à cidade, ao povo e ao pai".

(3) A definição do estatuto dos cidadãos como semelhantes e iguais, base para consolidação da "polis", contradiz as transformações militares que substituem o combate individual pelo soldado hoplita.

15. (UFSC)

Entre os pobres muitos se dirigem a terras estranhas, vendidos e cobertos de correntes [...].

Quantos dos que tinham sido vendidos, uns injustamente, outros com justiça, fiz voltar para Atenas, sua pátria, fundada pelos deuses [...].

Dei liberdade a outros que, aqui mesmo (em Atenas), sofriam servidão indigna e tremiam diante do humor dos patrões.

Eis o que realizei, graças à soberania da lei, fazendo com que a força e a justiça agissem concordemente.

(Sólon, Elegias. Apud HOLANDA, S. Buarque de. *História da Civilização*. 6. ed. São Paulo: Nacional, 1979. p. 58.)

Com base no texto anterior e nos seus conhecimentos sobre a sociedade e a democracia ateniense, assinale a(s) proposição(ões) correta(s).

(01) Na experiência democrática vivida pelos atenienses durante o período helenístico, a escravidão foi eliminada através da legislação elaborada por Sólon, sobrevivendo apenas a servidão voluntária.

(02) As leis de Sólon, consideradas avançadas para a época da sua promulgação, admitiam a escravização dos endividados ou filhos de escravos, pois a perda de direitos individuais não feria os princípios da democracia ateniense.

(04) Na sociedade ateniense, as três principais classes sociais eram representadas por: cidadãos nobres, homens livres nascidos de pai e mãe ateniense; metecos, estrangeiros autorizados a viver na Ática; e escravos, prisioneiros de guerra ou filhos de escravos.

(08) Drácon publicou as primeiras leis escritas em Atenas e com elas reforçou o direito dos nobres de interpretar as leis segundo as próprias conveniências, dando origem à tirania e ao adjetivo "draconiano", que significa severo, rígido.

(16) As reformas implantadas por Sólon foram rechaçadas pelos tiranos, nobres empobrecidos pelas decisões democráticas, tomadas em praça pública e com a participação de toda a população de Atenas.

(32) As manifestações de descontentamento com as leis de Drácon fizeram com que a administração de Atenas fosse confiada ao arconte Sólon, que realizou importantes reformas: proibiu a escravização de pessoas endividadas e perdoou as dívidas dos pequenos lavradores, devolvendo-lhes as terras perdidas.

MÓDULO 4 • Roma antiga: das origens ao fim do império

Há duas versões sobre a origem de Roma: a **histórica** afirma que, perto do séc. VIII a.C., povos latinos, sabinos e etruscos povoaram a região do Lácio e ergueram a cidade. Além deles, diversos outros povos habitavam a península, como os gregos (Magna Grécia no sul) e os gauleses (no norte); já a **lendária** atribui a fundação da cidade aos irmãos Rômulo e Remo, descendentes do herói troiano Enéas (por parte de mãe) e do deus Marte (por parte de pai). Na disputa entre os irmãos, Rômulo transformou-se no primeiro rei.

A história romana é tradicionalmente dividida em Monarquia, República e Império.

No **período monárquico** (até 509 a.C.), a sociedade era dividida em **patrícios**, **plebeus** e poucos **escravos**. Foi uma época de disputas entre latinos, sabinos e etruscos. Entre os reis lendários latinos e sabinos, estão Rômulo, Numa Pompílio, Túlio Ostílio e Anco Marzio. Dos etruscos estão os reis Tarquínio Prisco, Sérvio Túlio e Tarquínio, o Soberbo.

A estrutura política era composta pelo rei, pelo Senado e pelas Assembleias, e o rei tinha suprema autoridade religiosa e comandava o exército, o poder judiciário e o legislativo. Os conflitos entre os patrícios e o rei levaram à proclamação da República.

No **período republicano** (509 a 31 a.C.) firmou-se a **supremacia patrícia**. Os mais prestigiados participavam do **Senado**, que era composto de trezentos membros. No século I a.C., passou a ter novecentos membros. Tinha funções legislativas, controlava a administração, as finanças e decidia a política externa.

Além do Senado, havia as Assembleias, que elegiam os Magistrados (por 1 ano), controlados pelo Senado.

> Os **Magistrados** eram formados por: dois cônsules, que chefiavam o exército e o governo; dois pretores, que aplicavam a justiça; quatro edis, que fiscalizavam os mercados, as ruas, os edifícios e organizavam os jogos (**mais tarde, os plebeus conquistaram alguns direitos** e surgiram os **10 Tribunos da Plebe**, eleitos pelos plebeus, invioláveis e com direito a veto sobre as decisões do Senado (494 a.C.)); dois censores (eleitos entre os cônsules), que faziam o recenseamento e o policiamento romano.

Em caso de grande crise, havia ainda o **ditador** (com plenos poderes), eleito pelos cônsules, por seis meses, para conduzir a guerra e o restabelecimento da ordem.

Nas **lutas sociais e políticas republicanas** entre patrícios e plebeus, destacaram-se os seguintes acontecimentos: 494 a.C.: **os plebeus retiram-se no Monte Sagrado** exigindo representação política, e os patrícios cedem (é criado o **Tribunato da Plebe**); 450 a.C.: **Lei das Doze Tábuas** – leis escritas; 447 a.C.: criação dos questores; 445 a.C.: Lei Canuleia (liberdade de casamento entre os plebeus e os patrícios); 443 a.C.: criação dos censores; 366 a.C.: criação dos edis; efeitos das guerras de conquista do Mediterrâneo e da proletarização da plebe: proposta de **Reforma Agrária** com os tribunos **Tibério Graco (133 a.C.) e Caio Graco (123 a.C.)**. O insucesso das mudanças impulsionou a confrontação política e o envolvimento das legiões (exército).

O **expansionismo romano** primeiro teve como alvo a **conquista da Itália**, seguida da disputa com Cartago pela Sicília e pelo Mediterrâneo, o que originou as **Guerras Púnicas** (264-146 a.C.). Resultados dos confrontos: efetivou-se o domínio do Mediterrâneo ocidental, a expansão para o Oriente, o aumento do escravismo, o êxodo rural e a proletarização da plebe. Tal quadro desembocou nas **Guerras civis**.

Com o insucesso da Reforma Agrária dos Gracos, ocorreu a polarização política entre os patrícios e os plebeus enriquecidos *versus* os populares. Entre 107 a.C. e 88 a.C. teve destaque o **general Mário**, de origem popular, que modificou a estrutura do exército, criando o soldo (remuneração), a participação nos espólios e o recebimento de lotes de terras.

Araldo de Luca/Corbis/Latinstock

Estátua de Otávio, de 20 a.C., aproximadamente, vestido como um comandante vitorioso (imperador).

Bacia mediterrânea: *mare est nostrum*

Allmaps/arquivo da editora

Adaptado de: DI SACCO, Paolo (Coord.) . *Corso di storia antica e medievale.* Milano: Edizioni Scolastiche Bruno Mondadori, 1997. p. 171 e 219.

A oposição ficou com o **general Sila**, aristocrata que estabeleceu, a partir de 82 a.C., a ditadura e as **proscrições** (perseguições e execuções de aliados dos populares para enfraquecê-los). Ao deixar o poder em 79 a.C., continuavam as divergências, amplificadas décadas depois com a revolta dos escravos em Cápua (**Espártaco**, em 73 a.C.).

Para enfrentar a crise, ocorreu a composição política entre as facções e os chefes das legiões, formando os triunviratos. O **primeiro triunvirato** (60 a.C.) foi formado por Júlio César (sobrinho do General Mário, sobrevivente das Proscrições de Sila), Pompeu (líder aristocrata) e Crasso (vencedor dos escravos e gladiadores de Espártaco).

Mais divergências e conflitos surgiram entre Júlio César e Pompeu (Crasso morreu em 54 a.C.), até que o senado proclamou Pompeu como único Cônsul de Roma. César invadiu Roma (atravessou o Rubicão com a famosa sentença *Alea jacta est* – A sorte está lançada!) e perseguiu Pompeu, derrotando-o.

Ampliando progressivamente seus poderes, **Júlio César foi proclamado ditador vitalício** em 49 a.C. Realizou a reforma do calendário, fundou colônias, distribuiu lotes de terras e acabou **assassinado** pelos senadores em 44 a.C. A reação de lideranças militares, especialmente de Marco Antônio e do sobrinho de César, Otávio, acabaram revertendo a situação e levando à formação do **Segundo Triunvirato** (44-31 a.C.), composto por Marco Antônio, Otávio e Lépido.

Nesse período, ocorreram novas disputas e confrontos: **Otávio derrotou Marco Antônio em Ácio**, em 31 a.C., recebendo progressivamente os títulos de Imperador, Augusto e Príncipe, dando **início ao Império Romano** (31 a.C. a 476 d.C.), que pode ser dividido em duas fases: Alto Império e Baixo Império.

O **Alto Império** (séculos I a.C. a III d.C.) foi caracterizado pela expansão territorial, pela ampliação da riqueza romana e pelo aumento da quantidade de escravos. Ao mesmo tempo, prevaleceu o controle por parte do imperador e dos administradores sobre a elite romana.

No governo de **Otávio Augusto** (31 a.C. a 14 d.C.), houve grande desenvolvimento das obras públicas e da cultura (contando com a atuação do ministro **Mecenas**). Nessa época, a população imperial chegava perto de 60 milhões, e a sociedade era dividida em cidadãos (5,5 milhões), provinciais e escravos.

Os cidadãos eram divididos segundo a fortuna: na ordem senatorial estavam os grandes proprietários (± 2 mil); abaixo, ficava a ordem equestre com os grandes comerciantes (± 20 mil); mais abaixo ainda, a ordem plebeia, formada pelos camponeses, artífices e homens livres. O exército tinha mais de 300 mil homens que garantiam a *Pax romana*.

Cidadania em Roma

Até 49 a.C.: cidadania plena só aos nascidos em Roma e àqueles que se destacaram por valor.

49 a.C. a 212 d.C.: cidadania extensiva a toda a Itália.

212 d.C.: cidadania a todos os cidadãos livres do Império.

1º Censo romano com Otávio Augusto, em 28 a.C.= 4.063.000 cidadãos romanos (homens adultos);

2º Censo, em 8 a.C. = 4.233.000 (crescimento de 4,1%);

3º Censo, em 14 d.C. = 4.937.000 (aumento de 16,6%). Estima-se que a população cidadã, com esposas e filhos, seria de 10 milhões.

Na sucessão de Otávio Augusto, o governo passou para a dinastia Júlio-Claudiana (14 d.C. a 68 d.C.), a dinastia dos Flávios (68 d.C. a 96 d.C.), a dinastia dos Antoninos (96 d.C. a 192 d.C.) e a dinastia dos Severos (193 d.C. a 235 d.C.).

O **Baixo Império** (séculos III d.C. a V d.C.) foi a **época de seguidas crises e de anarquia política e militar**, marcada pela interrupção das conquistas, ruína da economia imperial baseada nos escravos (vencidos) e na exploração das províncias, escassez de tributos impostos aos vencidos e esgotamento econômico.

Como destaques desse período, podemos citar: **Diocleciano** (284-305 d.C.) e seu **Édito Máximo** (congelamento de preços e salários) e a criação da **Tetrarquia** (divisão do Império entre quatro generais para buscar manter a ordem imperial e a paz social). Depois, **Constantino** (306-337 d.C.), com o **Édito de Milão** (liberdade aos cristãos) e o **colonato** (fixação do colono à terra) em virtude da falta de mão de obra. Ele também fundou a **segunda capital do Império: Bizâncio**; **Teodósio** (378-395 d.C.), que **oficializou o cristianismo** (Tessalônica) e **dividiu o Império** em Ocidente e Oriente.

O enfraquecimento romano favoreceu a penetração de povos vizinhos, conhecidos como **bárbaros**: em 410 d.C., houve o saque de Roma pelos godos e em 455 d.C., o saque pelos vândalos. O esgotamento do Império completou-se em **476 d.C., com a invasão dos hérulos**, sob a chefia de Odoacro, que destronou o último imperador romano do Ocidente: Rômulo Augusto. Era o **fim do Império Romano do Ocidente**.

Na cultura, os romanos herdaram a visão humanística dos gregos. Assim como estes, eram politeístas, adotavam as mesmas divindades, mas sob nomes diferentes. O código de leis foi seu grande legado, bem como a língua, base das futuras línguas neolatinas. Deixaram grandes obras públicas, como muralhas, aquedutos, pontes, estradas e uma prestigiada produção artística.

Exercícios resolvidos

1. (UFG-GO) Leia o texto a seguir:

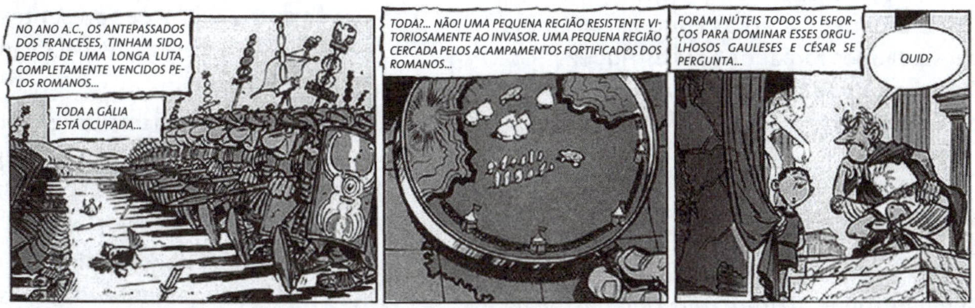

UERZO, A.; GOSCINNY, R. *Uma aventura de Asterix, o gaulês*. Rio de Janeiro: Record, 1968. p. 5. (Adaptado).

O texto oferece subsídios para a compreensão do processo de

a) fixação de colônias romanas nas regiões conquistadas.
b) cobrança dos tributos em escravos e em espécie para Roma.
c) expansão romana em direção ao Norte, no final do período republicano.
d) estabelecimento de alianças políticas de Roma com os povos vencidos.
e) fortalecimento do poder senatorial romano em relação ao poder imperial.

Resposta: alternativa **c**

Asterix e Obelix são os principais personagens. Eles vivem por volta de 50 a.C. e, acompanhados pelo cachorro Ideiafix e demais membros da aldeia gaulesa, resistem à dominação romana. O autor dessa história em quadrinhos brinca com a ideia de que o enorme poderio romano não consegue conquistar uma minúscula aldeia e representa a expansão romana para o Norte, durante a fase republicana de Júlio César.

2. (UFPR) O trecho abaixo foi escrito por Suetônio, biógrafo dos primeiros imperadores romanos, nascido no final do século I d.C. Trata-se do registro de algumas reformas feitas por Júlio César, logo após este ter assumido o poder. A partir da leitura do texto, analise as principais mudanças na vida dos romanos no contexto do final da República e início do Império romano.

> *Distribuiu oitenta mil cidadãos em colônias transmarinas. Para garantir que a cidade de Roma não ficasse despovoada, proibiu a todo cidadão de mais de vinte e menos de sessenta anos, à exceção dos que servissem no exército, ficar mais de três anos fora da Itália. Proibiu os filhos de senadores de se ausentarem a não ser que estivessem acompanhados de um comandante militar ou magistrado. Obrigou que os pastores tivessem, ao menos, um terço dos criadores púberes livres de nascimento. Aos médicos e profissionais liberais atuantes em Roma conferiu a cidadania, a fim de fixá-los aí e atrair outros profissionais.*
>
> (Suetônio, *A vida dos doze césares*, Vida de Júlio César, 42.)

Resposta:

O governo de Júlio César, membro do 1º Triunvirato e depois ditador de Roma, buscou dar conta da crescente instabilidade decorrente dos efeitos do expansionismo das guerras de conquistas e dos confrontos sociais entre seguidores do tribunato e de generais (guerras civis) pela ordenação econômica e política. Diante da expansão, houve o temor do despovoamento de Roma, em virtude da colonização de imensas áreas conquistadas, e a atração de cidadãos romanos para as riquezas coloniais (o texto aponta as medidas tomadas na época de César).

Exercícios propostos

1. (Mack-SP) Identifique a alternativa que destaca a situação presente tanto na Grécia Clássica como em Roma:

a) utilização da mão de obra escrava no processo produtivo
b) defesa dos ideais democráticos, observada na participação política de todos os habitantes
c) ausência de rivalidade entre as cidades e defesa de autodeterminação dos povos
d) pregação do cristianismo e fim do politeísmo
e) abandono das práticas militares e das ideias imperialistas

2. (FGV-SP) Leia atentamente os textos:

I. "Como tudo entre nós depende não de uma minoria, mas de todo o povo, [...] quando se trata de resolver as questões de cada um, todos são iguais perante a lei; quando se trata de escolher entre uma pessoa e outra para posições de responsabilidade pública, o que vale não é o fato de pertencer a determinada classe, mas o mérito real que o homem possui."

II. "se alguém atentar contra os tribunos da plebe, [...] ele terá a cabeça imolada a Júpiter, e todos os seus bens vendidos em benefício dos templos."

Estes textos se referem, respectivamente:

a) à república espartana e à democracia romana;
b) à democracia grega e à oligarquia de Esparta;
c) à democracia ateniense e à república romana;
d) à oligarquia ateniense e à democracia romana;
e) à democracia ateniense e à tirania de Esparta.

3. (PUC-PR) A civilização romana politicamente apresentou as fases da Realeza, República e Império ou Principado.
Sobre o tema, assinale a alternativa correta:

a) Durante a fase da Realeza ocorreu notável expansão territorial, tendo ocorrido a conquista de toda a Península Itálica.
b) Roma revelou-se potência marítima durante o Império, quando conquistou o mar Mediterrâneo, após derrotar Cartago, nas Guerras Púnicas.
c) Fundada no Lácio, Roma contou com a contribuição de duas civilizações presentes no solo italiano, a etrusca e a grega, respectivamente situadas ao norte e ao sul.
d) O auge da expansão territorial do Império Romano ocorreu sob o governo de Augusto ou Caio Otávio, quando as legiões conquistaram a Dácia, atual Romênia.
e) Durante a fase da República, já enfraquecida, Roma lutou longamente contra os bárbaros germânicos e o hunos, povos bárbaros que forçavam suas fronteiras.

4. (Mack-SP)

> *As feras que percorrem os bosques da Itália têm cada uma o seu abrigo e os que morrem pela defesa da Itália têm como bens somente a luz e o ar que respiram. Sem teto para se abrigar, eles vagueiam com suas mulheres e seus filhos. Os generais os enganam quando os exortam a combater pelos templos de seus deuses, pelas sepulturas de seus pais. Isto porque de um grande número de romanos não*

há um só que tenha o seu altar doméstico, o seu jazigo familiar. Eles combatem e morrem para alimentar a opulência e o luxo de outros.

Plutarco – *Vidas paralelas*

Segundo Plutarco, o fragmento acima contém as palavras ditas por Tibério Graco, eleito tribuno da plebe em 133 a.C., em um discurso dirigido aos pobres, com o objetivo de:

a) implementar uma campanha de conquistas territoriais no Oriente, que impulsionasse o desenvolvimento econômico da classe dos plebeus.

b) promulgar a Lei das Doze Tábuas.

c) destruir a civilização cartaginense, que impedia o controle romano do Mar Mediterrâneo.

d) resolver o problema da plebe marginalizada e sem terra, fazendo valer uma lei que proibia a qualquer pessoa usar mais de 312 acres de terra pertencentes ao Estado.

e) conquistar a simpatia da plebe com a política que ficou conhecida por "pão e circo", abrindo caminho para a sua aclamação ao posto de imperador.

5. (Fuvest-SP) Quando, a partir do final do último século a.C., Roma conquistou o Egito, e áreas da Mesopotâmia, encontrou nesses territórios uma forte presença de elementos gregos. Isto foi devido

a) ao recrutamento de soldados gregos pelos monarcas persas e egípcios.

b) à colonização grega, semelhante à realizada na Sicília e Magna Grécia.

c) à expansão comercial egípcia no Mediterrâneo Oriental.

d) à dominação persa na Grécia durante o reinado de Dario.

e) ao helenismo, resultante das conquistas de Alexandre, o Grande.

6. (Fatec-SP)

Não é sem razão que os deuses e os homens escolheram este lugar para a fundação da cidade: a extrema salubridade dos seus outeiros; a vantagem de um rio capaz de trazer as colheitas do seu interior, bem como de receber os aprovisionamentos marítimos, as comodidades da vizinhança do mar, sem os perigos a que as frotas estrangeiras exporiam a uma excessiva proximidade; uma posição central relativamente às diferentes regiões da Itália, posição que parece ter sido prevista unicamente para favorecer a expansão da cidade. Acha-se no seu 365º ano, e durante esse tempo o círculo dos povos estrangeiros que a rodeia nunca deixou [...] *de estar em guerra convosco; e, todavia, não puderam vencer-nos.*

Tito Lívio (adaptação)

O autor do fragmento acima destaca

a) a privilegiada posição geográfica da cidade de Roma, situada na região do Lácio e às margens do Tibre, mas que, devido à proximidade com outros povos, viveu, incessantemente, a falta de alimentos pelo bloqueio de suas fronteiras.

b) as razões pelas quais Roma teria sido favorecida desde sua fundação, exemplificando com a impossibilidade de ataques inimigos.

c) a relação harmoniosa entre o espaço físico de Roma e os objetivos desta cidade, que se pretende expansionista, independente e segura.

d) as diferenças entre a região do Lácio e da Toscana, na Itália, apontando na primeira as condições ideais para a fundação de uma cidade totalmente isolada das fronteiras inimigas.

e) a necessidade de Roma aproximar-se do círculo dos povos estrangeiros, para poder garantir seus aprovisionamentos e garantir a paz, em uma região de relevo muito recortado e sujeita, portanto, a ataques relâmpago.

7. (UEL-PR)

Os animais da Itália possuem cada um sua toca, seu abrigo, seu refúgio. No entanto, os homens que combatem e morrem pela Itália estão à mercê do ar e da luz e nada mais: sem lar, sem casa, erram com suas mulheres e crianças. Os generais mentem aos soldados quando, na hora do combate, os exortam a defender contra o inimigo suas tumbas e seus lugares de culto, pois nenhum destes romanos possui nem altar de família, nem sepultura de ancestral. É para o luxo e enriquecimento de outrem que combatem e morrem tais pretensos senhores do mundo, que não possuem sequer um torrão de terra.

(Plutarco, Tibério Graco, IX, 4. In: PINSKY, J. *100 Textos de História Antiga*. São Paulo: Contexto, 1991. p. 20.)

Com base no texto e nos conhecimentos sobre o tema, pode-se afirmar que a Lei da Reforma Agrária na Roma Antiga

a) proposta pelos irmãos Graco, Tibério e Caio, era uma tentativa de ganhar apoio popular para uma nova eleição de Tribunos da Plebe, pois pretendiam reeleger-se para aqueles cargos.

b) proposta por Tibério Graco, tinha como verdadeiro objetivo beneficiar os patrícios, ocupantes das terras públicas que haviam sido conquistadas com a expansão do Império.

c) tinha o objetivo de criar uma guerra civil, visto que seria a única forma de colocar os plebeus numa situação de igualdade com os patrícios, grandes latifundiários.

d) era vista pelos generais do exército romano como uma possibilidade de enriquecer, apropriando-se das terras conquistadas e, por isto, tinham um acordo firmado com Tibério.

e) foi proposta pelos irmãos Graco, que viam na distribuição de terras uma forma de superar a crise provocada pelas conquistas do período republicano, satisfazendo as necessidades de uma plebe numerosa e empobrecida.

8. (FGV-SP)

> [...] *os domínios [grandes propriedades] foram divididos em pequenas unidades, confiadas a granjeiros, chamados colonos, e o termo 'colonus', que outrora designava o agricultor, ou seja, o camponês proprietário, tendeu a se aplicar exclusivamente ao colono do grande proprietário.*
>
> Paul Petit, *A Paz Romana*, 1969.

O texto descreve o campo, no mundo romano antigo:

a) No período que se segue à crise do século III d.C., quando a escassez de mão de obra inviabilizou o escravismo.

b) No momento da tentativa, malsucedida, de reforma agrária dos irmãos Caio e Tibério Graco.

c) No início da República, quando Roma foi inundada por enormes contingentes de escravos.

d) No final da conquista da península Itálica, quando Roma ainda não passava de uma potência regional.

e) No auge do Império, quando o campo passou a produzir gêneros apenas para abastecer Roma.

9. (PUC-PR) Após a expansão no Mediterrâneo, a sociedade romana experimentou uma série de mudanças.

I. Com o enriquecimento geral da população, não houve mais necessidade de escravos.

II. Multiplicou-se o número de desocupados nas cidades, em virtude do aumento da mão de obra escrava.

III. A religião sofreu uma grande reforma em face das influências monoteístas oriundas do Oriente, já no início do Império.

IV. Houve o enriquecimento da minoria patrícia, enquanto que a maioria plebeia empobreceu, aumentando o número de clientes.

V. A conquista do Oriente trouxe uma orientalização dos costumes e a tendência à divinização dos imperadores.

São afirmações corretas:

a) I, II e V.
b) I, III e IV.
c) I, III e V.
d) II, III e IV.
e) II, IV e V.

10. (PUC-PR) A importância de Otávio Augusto em Roma antiga concentra-se principalmente no seu esforço para:

a) solucionar a crise agrícola decorrente da falta de pequenas propriedades.

b) vencer as guerras púnicas, trazendo paz para a sociedade romana.

c) estruturar um império com governo centralizado, apoiado em instituições republicanas.

d) impedir que as reformas introduzidas pelos Gracos alterassem a estrutura agrária de Roma.

e) favorecer a expansão do cristianismo, conciliando seus princípios com a filosofia romana.

11. (PUC-RS) Responder à questão com base nas afirmativas a seguir, sobre o período de crise socioeconômica e política da civilização romana, entre os séculos III e V.

I. A excessiva oferta de mão de obra escrava, em virtude das perseguições religiosas, levou a crises de superprodução no setor agrícola.

II. A desvalorização da moeda desorganizou o sistema de cobrança de impostos, levando à progressiva substituição dos pagamentos em dinheiro por pagamentos em espécie.

III. A crise no setor rural determinou o crescimento da importância econômica, política e cultural das cidades na península itálica e nas províncias.

IV. Concepções políticas orientais foram incorporadas às instituições romanas, o que se revela nas tentativas de dar um caráter divino ao poder imperial.

A análise das afirmativas permite concluir que é correta a alternativa

a) I e II
b) I e IV
c) II e III
d) II e IV
e) III e IV

12. (PUC-PR)

> *A grande realização de Roma foi transcender a estreita orientação política da cidade-Estado e criar um Estado Universal que unificou diferentes nações do mundo mediterrâneo.*
>
> (Marvin Perry).

Com relação à antiga civilização romana:

I. Os cônsules romanos eram encarregados da administração da justiça e da cobrança de impostos.

II. A principal herança da civilização romana para o mundo foi o seu sistema de leis.

III. A civilização helenística surgiu da fusão das civilizações grega e romana.

IV. Após Otávio ter posto ordem na anarquia, Roma atingiu a idade de ouro com os imperadores. Por quase duzentos anos o mundo mediterrâneo desfrutou a "pax romana", com ordem, eficiência e prosperidade.

São corretas as afirmações:

a) Apenas I e III.
b) Apenas I e IV.
c) I, II e III.
d) I, II e IV.
e) Apenas II e IV.

13. (PUCC-SP)

Preparando seu livro sobre o imperador Adriano, Marguerite Yourcenar encontrou numa carta de Flaubert esta frase: "Quando os deuses tinham deixado de existir e o Cristo ainda não viera, houve um momento único na história, entre Cícero e Marco Aurélio, em que o homem ficou sozinho". Os deuses pagãos nunca deixaram de existir, mesmo com o triunfo cristão, e Roma não era o mundo, mas no breve momento de solidão flagrado por Flaubert o homem ocidental se viu livre da metafísica — e não gostou, claro. Quem quer ficar sozinho num mundo que não domina e mal compreende, sem o apoio e o consolo de uma teologia, qualquer teologia?

(Luiz Fernando Veríssimo. *Banquete com os deuses*).

A compreensão do mundo por meio da religião é uma disposição que traduz o pensamento medieval, cujo pressuposto é

a) o antropocentrismo: a valorização do homem como centro do Universo e a crença no caráter divino da natureza humana.
b) a escolástica: a busca da salvação através do conhecimento da filosofia clássica e da assimilação do paganismo.
c) o panteísmo: a defesa da convivência harmônica de fé e razão, uma vez que o Universo, infinito, é parte da substância divina.
d) o positivismo: submissão do homem aos dogmas instituídos pela Igreja e não questionamento das leis divinas.
e) o teocentrismo: concepção predominante na produção intelectual e artística medieval, que considera Deus o centro do Universo.

14. (Unifesp)

Fomos em busca dos homens fugidos de nosso povoado e descobrimos que cinco deles e suas famílias estavam nas terras de Eulogio, mas os homens deste senhor impediram nos com violência de nos aproximar da entrada do domínio.

(Egito romano, em 332 d.C.)

... os colonos não têm liberdade para abandonar o campo ao qual estão atados por sua condição e seu nascimento. Se dele se afastam em busca de outra casa, devem ser devolvidos, acorrentados e castigados.

(Valentiniano, em 371 d.C.)

Os textos mostram a

a) capacidade do Império romano de controlar a situação no campo, ao levar a cabo a política de transformar os escravos em colonos presos à terra.
b) luta de classes, entre camponeses e grandes proprietários, pela posse das terras que o Estado romano, depois da crise do século III, é incapaz de controlar.
c) transformação, dirigida pelo governo do Baixo Império, das grandes unidades de produção escravistas em unidades menores e com trabalho servil.
d) permanência de uma política agrária, mesmo depois da crise do século III, no sentido de assegurar um número mínimo de camponeses soldados.
e) impotência do governo romano do Baixo Império em controlar a política agrária, por ele mesmo adotada, de fixar os pobres livres no campo.

15. (UFRGS-RS) Durante a República Romana, a escravidão aumentou consideravelmente sua importância na sociedade e na economia, contribuindo para a crescente dependência da República Romana em relação à mão de obra escrava.
A dependência da mão de obra escrava na República Romana devia-se

a) à expansão das grandes propriedades e ao aniquilamento da pequena propriedade rural.
b) às guerras de conquista empreendidas por Roma, as quais contribuíram decisivamente para predomínio dessa relação de trabalho.
c) à inexistência de mão de obra livre e ao desinteresse da população pelos trabalhos manuais.
d) aos conflitos entre patrícios e plebeus na luta pela terra.
e) à necessidade de ampliação da oferta de mão de obra para o desenvolvimento do artesanato.

MÓDULO 5 • O Império Bizantino e o Islã na época medieval europeia

As origens do **Império Romano do Oriente** (Constantinopla ou Bizâncio) estão ligadas à construção da nova capital pelo imperador **Constantino** (330 d.C.) e à divisão do Império Romano por **Teodósio** em 395 d.C. Com a conquista "bárbara" da Roma Ocidental, a Roma Oriental passou a figurar como uma "continuação" imperial romana, mas com novas características como: o **cesaropapismo**, com o imperador (César) reunindo o poder político e religioso; o **despotismo**; a **autocracia**; os contínuos conflitos com a Igreja de Roma; a imensa burocracia na administração do Império oriental.

Bizâncio teve grande destaque no comércio marítimo, no consumo e na produção baseada nas fazendas estatais e privadas, contando com mão de obra de camponeses e escravos. Além do latim ocidental, na Roma Oriental **prevaleceu a língua grega**. A arte sofreu forte influência de valores orientais, destacando-se os vitrais, os mosaicos e as grandes abóbodas. Nas pinturas, predominaram as figuras frontais. Deve-se a Bizâncio a sobrevivência de manuscritos gregos como as obras de Aristóteles (*Ética*, *Política*, *Poética*); Homero (*Odisseia*, *Ilíada*); Sófocles (*Antígona*); Platão (*Fedro*, *Górgias*); Ésquilo (*Os persas*); Heródoto (*Histórias*), Euclides (*Os elementos*) entre outras.

Giraudon/The Bridgeman Art Library/Keystone/San Vitale, Ravena, Itália.

Mosaico do século VI, localizado na Igreja de San Vitale, em Ravena, na Itália.

Na política, o grande destaque foi o imperador **Justiniano** (século VI), que fez a compilação das leis dos direitos romanos, no ***Corpus Juris Civilis***, composto pelo **Código** (conjunto de leis romanas), **Digesto** (comentários dos juristas), **Institutas** (princípios fundamentais do direito romano) e **Novelas** (novas leis do período Justiniano). Durante seu governo, teve grande repercussão o **Levante de Nika** (532), motim controlado pelo imperador e sua esposa Teodora, além da participação do general Belisário. Também foi a época da construção da **Igreja de Santa Sofia**.

Entre os séculos VI e VIII cresceram as pressões nas fronteiras ocidentais e orientais. Foi também a época das heresias e da destruição de imagens no movimento chamado de **iconoclastia.** Durante o governo de **Leão III** (717-741), foi determinada a proibição do uso de ícones (imagens sagradas) e, por isso, ele recebeu a oposição do papado de Roma. As divergências com a Roma Ocidental cristã continuaram crescendo até que, em 1054, no governo de Basílio II, se deu o rompimento definitivo: com o **Cisma do Oriente**, a **Igreja grega ortodoxa** tornou-se independente do papado romano.

No século IX, merece destaque a atuação de **Cirilo** de Tessalônica (827-869) e seu irmão **Metódio** (815-885) com seu **alfabeto cirílico** e a tradução da Bíblia, cristianizando povos, como os eslavos, e diversas regiões do Império.

No século XIII, Bizâncio foi **saqueada pela 4ª Cruzada**, que instalou o breve **Império Latino do Oriente**, o que acelerou a decadência do Império do Ocidente. A contínua expansão turca alcançou a região Balcânica e a Ásia Menor e, no início do século XV, sob o comando do sultão Maomé II (1451-1481) avançou sobre Constantinopla, **tomando a cidade em 1453**. Era o fim do Império Romano do Oriente.

Na **África**, na época da queda do Império Romano Ocidental, destacava-se o **Reino de Axum**, na região do Chifre da África, ao sul do mar Vermelho. Dono de um alfabeto próprio, acabou, a partir do século VII, sendo pressionado pela expansão islâmica. Na África ocidental, por volta do século IV, o **Reino de Gana** consolidou-se entre os rios Níger e Senegal e o deserto do Saara. Negociava ouro, escravos e sal com os nômades do deserto, com os berberes e com os islâmicos das regiões mediterrâneas.

Na **península Arábica**, por volta do século VI, existiam cerca de 300 tribos árabes (origem semita), com concentrações urbanas de destaque em **Meca** e **Iatreb**. Em Meca fica a **Caaba** (nessa época, era um santuário politeísta), sob o controle da tribo dos **coraixitas. Maomé** passou a difundir uma nova fé monoteísta, o **Islamismo**, e foi obrigado a deixar Meca. Rumou para Iatreb, em 622, fuga que ficou conhecida como **Hégira**, o marco inicial do calendário muçulmano (lunar).

A conquista de Meca possibilitou a **unificação árabe** e, pouco depois da morte de Maomé, o esforço de expansão religiosa sob o comando dos califas, denominado *jihad*, intensificou-se.

O islamismo surgiu de um sincretismo entre o judaísmo e o cristianismo presentes na região. Na expansão para o Ocidente, os muçulmanos **conquistaram a bacia do Mediterrâneo** e **a península Ibérica**, sendo barrados em **Poitiers**, em 732. No Oriente, tomaram territórios bizantinos e persas e foram até a Índia. Era a época da dinastia **Omíada**. A unidade do império foi quebrada com a dinastia **Abássida**, acompanhada pela divisão religiosa na qual sobressaíram duas seitas, **xiitas** e **sunitas**.

Na **China**, a **dinastia Sui** reunificou a região no século VI d.C., continuando a construção da **Muralha da China**. Foi seguida pela dinastia **Tang** (VII ao X), o ponto alto da civilização chinesa, com imensas conquistas territoriais, intenso comércio com a Índia, adoção do budismo, criação da imprensa e de siderúrgicas.

A dinastia sucessora foi a **Song** (X ao XIII), que no fim sofreu contínuas investidas dos povos nômades turcos e **mongóis** (com destaque para o chefe mongol **Gengis Khan**). O neto de Gengis Khan efetivou a conquista da China e iniciou a dinastia mongol **Yuan** (XIII ao XIV), época em que a população chinesa, que havia chegado a cerca de 120 milhões no século XII, reduziu-se a menos de 70 milhões no século XIV.

Allmaps/Arquivo da editora

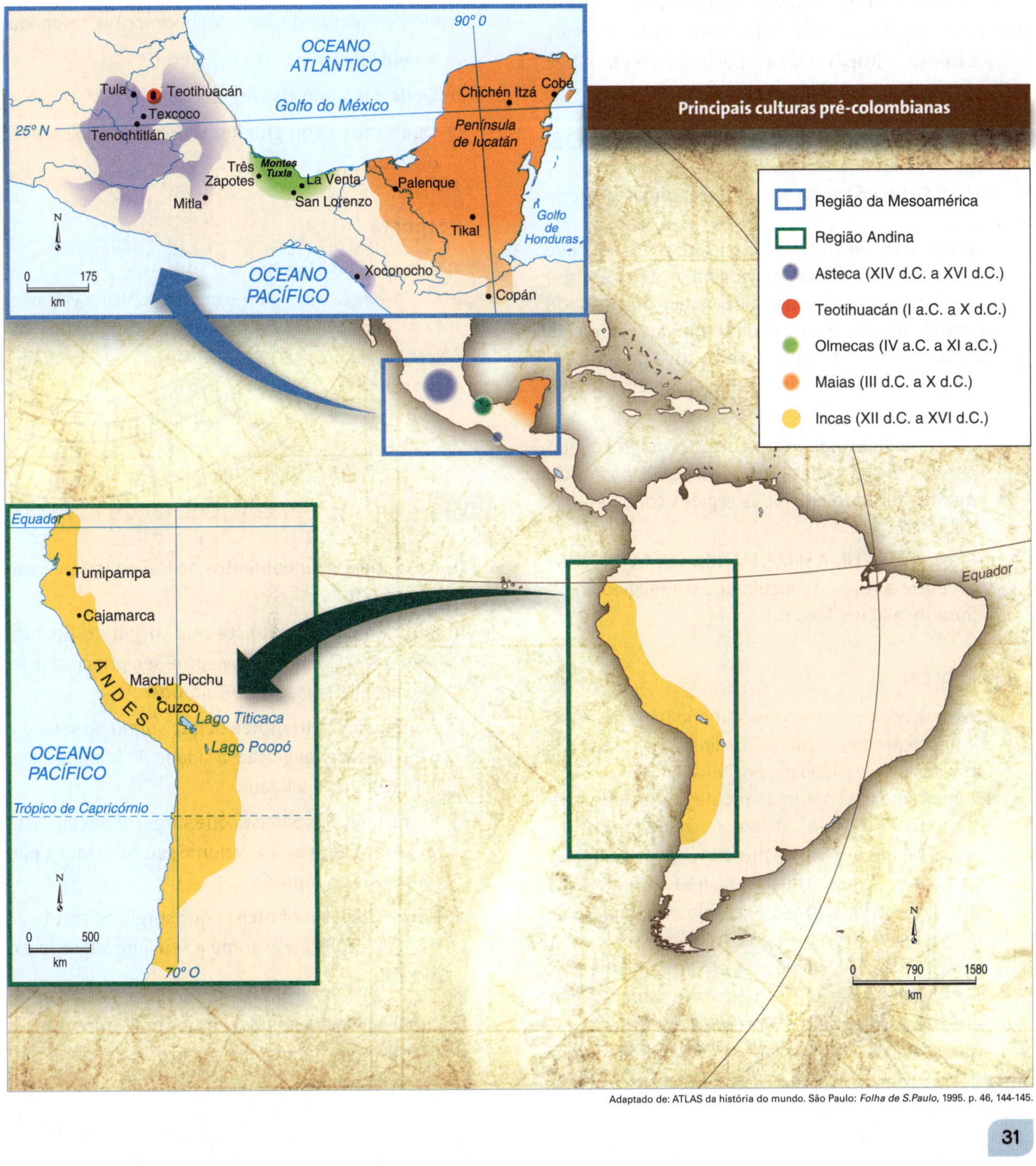

Adaptado de: ATLAS da história do mundo. São Paulo: *Folha de S.Paulo*, 1995. p. 46, 144-145.

Na **América**, do século I a.C. até o século X d.C. prevalecia a **cultura de Teotihuacán** na região do atual México. Mais ao sul, na Mesoamérica, desenvolveu-se a **civilização maia**, organizada em **cidades-Estado**, como Palenke, Tikal e Copán. Cada uma delas era dirigida pelo *halach*, assessorado por um conselho. Dividida entre nobres, sacerdotes, populares e escravos (cativos de guerra), os maias cultivavam o cacau e tinham no milho a base de sua alimentação. Faziam uso de uma escrita próxima à hieroglífica e construíram muitos palácios e templos. Até hoje pairam incógnitas sobre as razões que teriam levado ao declínio dessa civilização.

Mais ao sul, na região andina do atual Peru, floresceram as civilizações dos **impérios Tiahuanaco** e **Huari**, entre os séculos VI e X, e, sobretudo, como veremos mais à frente, o Império **Inca** a partir do século XII.

Exercícios resolvidos

1. (UFJF-MG) Leia o trecho abaixo e responda ao que se pede.

Quando Maomé fixou residência em Yatrib, teve início uma fase decisiva na vida do profeta, em seu empenho de fazer triunfar a nova religião. A cidade de Yatrib, que doravante seria chamada Medina (cidade do profeta), tornou-se sede ativa de uma comunidade da qual Maomé era o chefe espiritual e temporal.

a) Que tipo de Estado (forma de governo) foi criado por Maomé na Arábia por volta de 615 e, posteriormente, adotado em várias regiões conquistadas pelo Islã?

b) Cite e analise UMA SEMELHANÇA e UMA DIFERENÇA entre a religião muçulmana e a religião cristã durante a Idade Média.

Resposta:

a) Maomé cria um Estado muçulmano teocrático. Vale destacar que os califas da dinastia Omíada comandaram o período expansionista.

b) **Semelhanças**: o monoteísmo de origem comum, o universalismo que justificava a conversão, a existência de um profeta ou messias (Jesus e Maomé), as esmolas, o jejum no mês sagrado, o expansionismo e a pregação são exemplos de similaridades do islamismo com o cristianismo, pois há a presença de tais elementos em ambos. **Diferenças**: o calendário muçulmano tem marco inicial em 622 da era cristã e tem por base as fases lunares; o livro sagrado para os muçulmanos é o Corão, e para os cristãos, a Bíblia. Durante a Idade Média na Europa cristã, a Inquisição combateu tanto os hereges quantos os considerados infiéis, enquanto na expansão islâmica houve maior tolerância com relação a outras religiões, em especial no norte africano.

2. (UFC-CE Adaptado) Leia o texto a seguir.

Às margens de dois grandes impérios, surgiu um movimento religioso. Em pouco tempo, em nome dessa nova religião, exércitos foram recrutados, países foram conquistados e foi fundado um novo império, que incluiu grande parte do território do Império Bizantino e todo o Sassânida, na Pérsia, e estendeu-se da Ásia Central até a Espanha.

A partir do texto e dos seus conhecimentos, responda:

a) A qual religião o texto se refere?

b) Onde e quando ela surgiu?

c) Quais são os dois grandes grupos em que ela está dividida?

Resposta:

a) Refere-se ao islamismo.

b) O Islã surge com Maomé no século VII na Península Arábica (região de Meca e Medina, antiga Yatreb). A Hégira marca o início do calendário muçulmano em 622 depois de Cristo.

c) Os dois grupos são sunitas e xiitas.

Exercícios propostos

1. (Uece) Sobre os fundamentos do Islã ou Islame, assinale o correto.

a) É uma religião politeísta que surgiu no final do século IV d.C. e tem em Maomé seu principal mártir. Seu livro sagrado é o Talmude.

b) É uma religião monoteísta que surgiu no século X d.C. Sua sede religiosa é a cidade de Medina e seu livro sagrado é a Kaaba.

c) É uma religião politeísta que surgiu no século I d.C. Sua sede é Jerusalém, Maomé seu fundador e não tem um livro sagrado.

d) É uma religião monoteísta que surgiu no século VII d.C. Seu profeta é Maomé e seu livro sagrado é o Alcorão.

2. (FGV-SP) A Hégira, um dos eventos mais importantes do islamismo e que marca o início do calendário islâmico, corresponde:

a) à entrada triunfal de Maomé em Meca em 630.

b) ao casamento de Maomé com uma rica viúva, dona de camelos.

c) à fuga de Maomé e seus seguidores de Meca para Medina.

d) à revelação de Maomé que lhe foi transmitida pelo arcanjo Gabriel.

e) ao grande incêndio da Caaba em Meca em 615.

3. (Fuvest-SP) Os movimentos fundamentalistas, que tudo querem subordinar à lei islâmica (Sharia), são hoje muito ativos em vários países da África, do Oriente Médio e da Ásia. Eles tiveram a sua origem histórica:

a) no desenvolvimento do Islamismo, durante a Antiguidade, na Península Arábica;

b) na expansão da civilização árabe, durante a Idade Média, tanto a Ocidente quanto a Oriente;

c) na derrocada do Socialismo, depois do fim da União Soviética, no início dos anos noventa;

d) no estabelecimento do Império Turco-Otomano, com base em Istambul, durante a Idade Moderna;

e) na ocupação do mundo árabe pelos europeus, entre a segunda metade do século XIX e a primeira do século XX.

4. (ESPM-SP)

> *A obra pode ser considerada autêntica tradição muçulmana formada pelo conjunto das tradições ou narrativas orais fragmentadas chamadas "hadiths". Apresenta os comportamentos do profeta, as maneiras que tinha de comer, de beber, de se vestir, de cumprir os seus deveres religiosos, de lidar com os crentes e os infiéis.*

(Anne-Marie Delcambre. "*Maomé*: a palavra de Alá".)

O enunciado deve ser relacionado com:

a) Alcorão.

b) Rubbayat.

c) Suna.

d) Zend Avesta.

e) Torá.

5. (UFPB) O Império Islâmico, um dos maiores da História, formado a partir da unificação dos árabes (630), orientados pelos princípios da religião monoteísta do Profeta Maomé (falecido em 632), constituiu-se em três fases políticas, durante as quais se fundaram as bases da Civilização Muçulmana.
Sobre a caracterização dessas três fases, observe o mapa a seguir.

Expansão do Islã entre os séculos VII e X

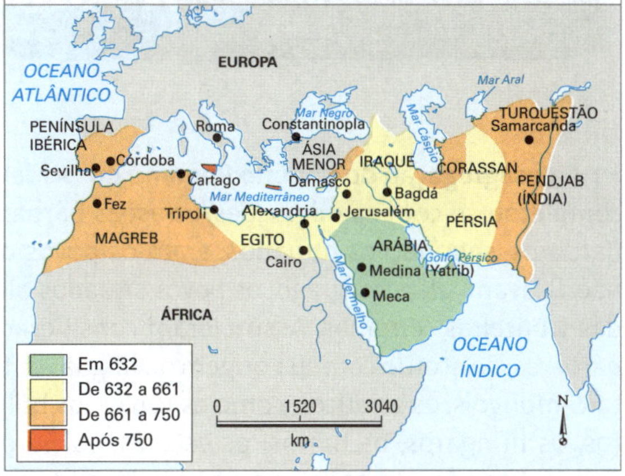

Considerando as informações apresentadas, analise as afirmativas a seguir.

I. O período dos Califas Piedosos (632-661) foi liderado pela aristocracia árabe, tendo Meca como capital do Império. Nesse período, iniciou-se a expansão para além das fronteiras da Arábia, com a adoção de um modelo de Estado em que, apesar de certa distribuição de terras entre os conquistadores, o principal objetivo era o controle militar e a cobrança de impostos dos povos conquistados.

II. O período dos Omíadas (661-750), liderado pela aristocracia da Síria, tinha por capital Damasco. Nesse período, as conquistas ampliaram-se até a Península Ibérica e a Índia, com a conversão das populações locais ao Islã. A época também foi marcada pelo surgimento do xiismo, que, com o sunismo, constituem, até hoje, as duas principais correntes de pensamento da civilização muçulmana.

III. O período dos Abássidas (750-1258) foi o último do Império Islâmico unificado, quando, então, se processou, a partir do século X, a descentralização do poder. Essa fase caracterizou-se pelo domínio da aristocracia Persa e por um grande refinamento nos mais diversos aspectos civilizacionais, a exemplo da construção, no Iraque, de uma nova capital, Bagdá.

Está(ão) correta(s):

a) apenas I.

b) apenas III.

c) apenas I e II.

d) apenas II e III.

e) I, II e III.

MÓDULO 6 • O surgimento da Europa: A Alta Idade Média

A **desagregação do Império Romano do Ocidente** completou-se com as migrações/invasões bárbaras. Bárbaros, segundo os romanos, eram os povos que não falavam latim ou grego, os povos situados além das fronteiras romanas. Assim, eram considerados bárbaros, de acordo com sua origem ou língua: os tártaro-mongóis, os asiáticos, como os turcos, os búlgaros, os húngaros, os hunos; os eslavos, da Europa Oriental e da Ásia, como os russos, os polacos, os tchecos, os sérvios, os bósnios; e os germanos da fronteira europeia do Império Romano, como os visigodos, os ostrogodos, os francos, os vândalos, os anglos, os saxões, os hérulos, entre outros.

Os bárbaros não conheciam um Estado organizado (formavam várias tribos) e apoiavam-se em leis consuetudinárias (baseadas nos costumes) transmitidas oralmente, destacando-se o costume dos laços de lealdade nas relações, conhecidos por *Comitatus*.

Viviam da caça, da pesca, da coleta, da agricultura, do pastoreio e dos saques de guerra. Cultuavam forças da natureza e ancestrais (como Thor, deus do Trovão). As migrações, especialmente as dos germanos, responsáveis pela conquista da cidade de Roma, contribuíram também para a fusão de costumes com os latinos.

Com a queda do Império Romano, teve início a **Alta Idade Média europeia** (séc. V-X) e a progressiva formação do **feudalismo**, ordem cuja estrutura social tinha no topo os **senhores feudais**, formados pela nobreza. Esses senhores estabeleceram relações de **suserania** e **vassalagem**, dedicaram-se à guerra e detinham o monopólio da força. O **clero**, dividido em regular e secular, articulava o maior poder de toda a Idade Média: a Igreja cristã. Submetidos aos senhores feudais estavam os **servos**, que pagavam diversos tributos, como a talha, a corveia, a capitação e as banalidades.

Com as invasões "bárbaras", formou-se o **Reino dos Francos** na Europa Ocidental. Os francos, originários da Gália, tiveram como primeira dinastia governante a dos Merovíngios. Segundo a "lenda", o líder Meroveu foi o vencedor dos Hunos de Átila na batalha dos Campos Catalúnicos. Seu neto, Clóvis, em 496, converteu-se ao cristianismo e fundou o reino franco. A partir do século VII predominaram entre os merovíngios os Reis Indolentes (fracos), que transferiram maior poder aos mordomos (prefeitos), verdadeiros primeiros-ministros.

Nesse período, vale destacar a atuação de: Carlos Martel (prefeito do Palácio), que venceu os árabes em Poitiers (732), detendo a expansão deles; o filho de Carlos Martel, Pepino, o Breve, que em 751 depôs o último rei Merovíngio, Childerico III, e iniciou uma nova dinastia reinante entre os francos, a Carolíngia. Foi Pepino quem venceu os lombardos e doou à Igreja os territórios denominados de Patrimônio de São Pedro (origem dos Estados Pontifícios que sobreviveriam até o séc. XIX).

O grande desenvolvimento da nova dinastia deu-se com o reinado de **Carlos Magno**, de 768 a 814, com inúmeras conquistas territoriais. Carlos Magno foi coroado Imperador do Ocidente pelo papa Leão III em 800. Na cultura, houve forte efervescência, conhecida como **Renascimento Carolíngio**. Ele também emitiu inúmeros decretos (conhecidos como Capitulares) e impulsionou as letras e as artes, fundando várias escolas (destaque para a Escola Palatina – do Palácio – dirigida pelo teólogo e pedagogo Alcuíno 735-804).

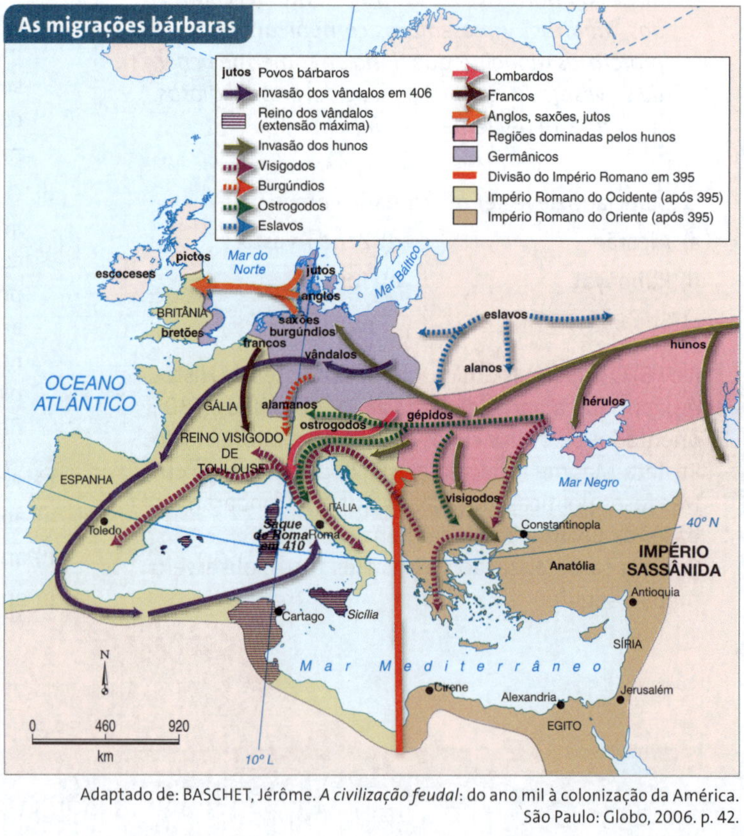

As migrações bárbaras

Allmaps/Arquivo da editora

Adaptado de: BASCHET, Jérôme. *A civilização feudal*: do ano mil à colonização da América. São Paulo: Globo, 2006. p. 42.

Na administração imperial foram criados os condes, os duques, os barões e os marqueses, articulados com o Imperador sob os laços de suserania e vassalagem. Na supervisão, surgiram os fiscais denominados *missi dominici* (emissários do Senhor). A sucessão de Carlos Magno coube a Luís, o Piedoso, que governou até 841. Com sua morte, o império mergulhou em disputas entre os herdeiros. Depois de confrontos, os irmãos assinaram o **Tratado de Verdun** (843), que dividiu o Império Carolíngio: Carlos, o Calvo, ficou com a região da França; Luís, o Germânico, ficou com a França Oriental, denominada Germânia; Lotário ficou com a região entre os dois (do centro da atual Itália até o mar do Norte), reino denominado Lotaríngia. A divisão enfraqueceu ainda mais o poder real de cada um deles e favoreceu os condes, os duques e os marqueses, símbolos da descentralização política do mundo medieval europeu.

Coleção particular/Costa/Leemage/Other Images

Monge copista em manuscrito do século XV.

No século IX, os *vikings* (escandinavos) aproveitaram a fraqueza continental e tomaram o litoral norte europeu, fundando o **reino da Normandia**. Mais tarde (1066), também invadiram a Inglaterra. Já os magiares (descendentes dos Hunos) ocuparam partes da Europa Oriental, enquanto o sul do continente submetia-se ao domínio dos árabes.

Com a progressiva fraqueza real, na Germânia a dinastia Carolíngia foi sucedida por Otão I, que anexou também a Lotaríngia e foi coroado imperador do **Sacro Império Romano Germânico** pelo papa João XII em 962. Depois de Otão I, prevaleceram na região os poderes locais feudais (nobres) e das autoridades da Igreja. Na França ocidental, tal enfraquecimento monárquico favoreceu o conde de Paris, Hugo Capeto, que assumiu o poder real, dando início a outra dinastia, a **Capetíngia** (987).

Na estruturação feudal da Alta Idade Média (séculos V ao X) montou-se uma ordem sem mobilidade social, **estamental**. Entre os senhores feudais, os membros da Igreja dividiam-se em Alto Clero (bispos, arcebispos, papa) e Baixo Clero (padres, diáconos, frades, monges). A Igreja católica (universal) cresceu com a conversão dos "bárbaros" e o apoio dos reis. Com isso, obteve não apenas o poder espiritual mas também o temporal com os territórios e os feudos da Igreja.

Até o séc. VII predominou a filosofia patrística: estabelecimento de costumes, ideias, cerimônias e dogmas. Já os nobres tinham contratos vassálicos entre os senhores, firmados na cerimônia da Homenagem — juramento de fidelidade. Quase sempre os suseranos eram proprietários de vastas áreas e distribuíam terras e cargos. Os cavaleiros nobres formavam o exército feudal, que garantia a ordem feudal. Nos feudos, prevalecia uma organização dividida em: feudo senhorial, local do castelo e as terras de uso exclusivo do senhor; feudo servil, formado por lotes (tenências), entregue aos servos; feudo comunal: bosques e pastos usados tanto pelo senhor como pelos servos.

Do século XI até o século XV, a Europa medieval caracterizou-se pela transformação feudal, período usualmente denominado de **Baixa Idade Média**.

Exercícios resolvidos

1. (UFSM-RS) A respeito do feudalismo na Europa medieval, pode-se afirmar:

   a) O trabalho era fundado na servidão, o que mantinha os trabalhadores presos à terra e subordinados a uma série de obrigações como impostos e serviços.

   b) A utilização da tecnologia mais avançada no século V até o VII, como o uso do arado e a rotação de culturas, permitiu uma produção agrícola em larga escala, comercializada entre os reinos.

   c) O cultivo da terra, a qual era propriedade dos servos, atendia ao consumo local; áreas restritas eram exploradas em benefício dos senhores feudais.

   d) A sociedade feudal era dividida em dois grupos sociais, senhores e servos, que repartiam a terra, de forma que cada grupo ficasse com a parte que conseguia explorar.

   e) O capital comercial acumulado com a produção agrícola permitiu que os estados nacionais europeus se lançassem às grandes navegações no século XIII.

Resposta: alternativa **a**

2. (Fuvest-SP) Na representação que a sociedade feudal, da Europa Ocidental, deixou de si mesma (em textos e em outros documentos não escritos),

a) os nobres, por guerrearem, ocupavam o primeiro lugar na escala social.

b) as mulheres, quando ricas, ocupavam um alto lugar na escala social.

c) os clérigos, por orarem, ocupavam o segundo lugar na escala social.

d) os burgueses, por viverem no ócio, ocupavam um lugar médio na escala social.

e) os camponeses, por labutarem, ocupavam o último lugar na escala social.

Resposta: alternativa **e**

Exercícios propostos

1. (PUC-PR) Textos de todos os povos falam do excesso e do peso do pagamento de tributos, incluindo os camponeses ou servos de gleba medievais no Ocidente da Europa. Para estes, das várias obrigações, cita-se o pagamento de tributo em espécie e fornecimento de mão de obra gratuita para reparo de pontes, estradas, canais, etc., respectivamente com os nomes de:

a) corveia – talha.

b) censo – capitação.

c) banalidades – talha.

d) talha – corveia.

e) taxa de casamento – mão morta.

2. (Ufscar-SP)

Dois pobres homens refugiaram-se na igreja dos bem-aventurados Marcelino e Pedro, mártires de Cristo, confessando que eram culpados e que tinham sido convictos de roubo em vossa presença, como tendo furtado caça grossa numa floresta senhorial.

Já pagaram uma parte da composição e deveriam pagar o resto, mas declararam que não têm com que fazer, por causa da sua pobreza. Venho, pois, implorar a vossa benevolência, na esperança de que [...] *vos digneis tratá-los com toda a indulgência possível* [...].

("Eginhard". França, século IX.)

A partir da análise do documento, é correto afirmar que, durante boa parte da Idade Média

a) a floresta senhorial era área comum de caça para servos e senhores.

b) os padres católicos opunham-se às leis senhoriais.

c) os servos burlavam leis feudais por conta de sua condição social.

d) as penas para crimes só eram estabelecidas por magistrados eclesiásticos.

e) os senhores feudais não podiam contrariar as leis.

3. (UFV-MG) O mundo medieval foi dominado pela ideia da existência de uma ordem universal hierarquizada, criada e ordenada por Deus, abrangendo a sociedade e a natureza. A representação típica dessa ideia era materializada na imagem de:

a) uma competição desenfreada dos indivíduos no mercado, sem qualquer vínculo à tradição.

b) uma divisão tripartite dos poderes do Estado: executivo, legislativo e judiciário.

c) uma sociedade composta de três ordens: os sacerdotes, os cavaleiros e os camponeses.

d) uma democracia em que todos os cidadãos têm idênticos direitos civis, políticos e sociais.

e) um Estado de poderes ilimitados e despóticos, como é representado na obra "Leviatã", de Thomas Hobbes.

4. (PUC-SP) As "três ordens" que caracterizam o funcionamento da sociedade na Idade Média europeia podem ser identificadas com:

a) plebe, patriciado e tribunos.

b) monarquia, república e império.

c) militares, políticos e escravos.

d) tirania, autoritarismo e democracia.

e) religiosos, nobres e servos.

5. (UFG-GO) Leia o texto a seguir, que se refere à história do significado do trabalho.

Do ponto de vista da história, uma das revoluções do cristianismo no Ocidente, reforçada pela tradição monástica hostil ao ócio, é ter feito do trabalho um valor.

IOGNA-PRAT, Dominique. Ordem (ns). In: *"Dicionário temático do ocidente medieval."* Bauru/SP: EDUSC: Imprensa Oficial do Estado de São Paulo. p. 313. [Adaptado].

A respeito da história da concepção de trabalho, pode-se afirmar que, na

a) Grécia Antiga, as atividades manuais eram consideradas socialmente superiores.

b) Roma Antiga, o estatuto da escravidão limitava o trabalho do escravo às atividades no campo.

c) Roma republicana, o trabalho foi pensado como preço a ser pago pelo castigo decorrente do pecado original.

d) Idade Média, concebeu-se o trabalho como meio pelo qual o fiel poderia elevar-se de sua condição mundana.

e) Baixa Idade Média, o estatuto do trabalho nas cidades era semelhante ao da servidão nos campos.

MÓDULO 7 • As Cruzadas da Europa Medieval e o renascimento comercial e urbano

A **Baixa Idade Média** foi o período de transformação do feudalismo europeu, desde o século XI até o XV, tendo as Cruzadas como impulso expansionista do período. As **Cruzadas** eram expedições basicamente militares que tinham por objetivo reconquistar a região da Palestina e, principalmente, Jerusalém, tida como a "Terra Santa", dominada pelos muçulmanos.

Os **bizantinos** já haviam solicitado auxílio ao Ocidente para conter alguns avanços, como os dos turcos seldjúcidas. No século XI, tais solicitações juntaram-se a diversos interesses ocidentais como: os da Igreja romana em estender sua influência ao território bizantino, dominado pela Igreja Ortodoxa; os dos cavaleiros feudais em busca de aventuras e domínios; os de populares, desejosos de peregrinações e conquistas; os dos comerciantes, em busca de entrepostos e da ampliação dos negócios, entre outros.

Em 1095, o papa **Urbano II** convocou as expedições cruzadistas no **Concílio de Clermont**. De início, houve um movimento extraoficial popular comandado por Pedro, o Eremita, e Gautier Sem Vintém, conhecido como **Cruzada dos Mendigos**, que foi massacrado pelos turcos. Resumida e cronologicamente, podemos relacionar as seguintes Cruzadas:

1096-1099: **Primeira Cruzada**, dos Nobres. Única que obteve efetivos sucessos, reconquistando Jerusalém por um breve período.

1147-1149: **Segunda Cruzada**, liderada por Luís VII (França), sem resultados significativos.

1189-1192: **Terceira Cruzada**, Cruzada dos Reis: Ricardo Coração de Leão (Inglaterra), Filipe Augusto (França) e Frederico Barba-Ruiva (Sacro Império) conseguiram acordo com Saladino e permissão de peregrinação a Jerusalém.

1202-1204: **Quarta Cruzada**, Cruzada Comercial: foi liderada pelo doge Dândalo de Veneza, que desviou a rota e saqueou Zara e Constantinopla, fundando nesta última o breve Reino Latino do Oriente. Reabriu o Mediterrâneo aos Venezianos, intensificando o comércio Ocidente-Oriente.

1212: **Cruzada das Crianças**: movimento extraoficial que levou à venda de crianças como escravas na África do Norte.

1218-1221: **Quinta Cruzada**: dirigida por André II, da Hungria, sem resultados significativos.

1228-1229: **Sexta Cruzada**: liderada por Frederico II do Sacro Império, conseguiu acordos diplomáticos com os turcos.

1250 e 1270: **Sétima e Oitava Cruzadas**: comandadas por Luís IX (França), sem sucesso.

The Pierpont Morgan Library, Nova York, EUA.

Miniatura do século XIII representando um ataque de cavaleiros medievais a uma cidade muçulmana.

Na Baixa Idade Média europeia, deu-se o **renascimento comercial e urbano**. Novas práticas agrícolas implementaram a produção e o abastecimento de centros urbanos. Essas práticas articularam-se com o **aumento do comércio**, do **artesanato,** com o surgimento dos **banqueiros** e dos **mercadores**, numa época marcada pela crescente circulação monetária com base no ouro e prata.

As cidades e as vilas antigas assistiram a um aumento populacional significativo. Novas vilas surgiram em entroncamentos de rios e estradas. Ao mesmo tempo, certos centros construíram seus muros de defesa e passaram por um período de incremento comercial, os **burgos**. Nos campos, novas técnicas de produção foram adotadas, novas áreas foram ocupadas, o que ampliou o espaço agrícola. Destaque para a **expansão germânica** (alemã-teutônica) para o leste, conhecida como ***Drang nach Osten***, que subjulgou a região báltica e as áreas russas.

Na **região mediterrânea**, as Repúblicas de Veneza, Gênova, Pisa e Milão obtiveram grande desenvolvimento comercial com as Cruzadas e reabriram as trocas marítimas entre o Ocidente e o Oriente. Em **Flandres**, região da atual Bélgica e norte da França, houve impulso no comércio de roupas de lã de alta qualidade, e surgiram importantes centros de distribuição dos produtos para o norte da Europa (Inglaterra, França, Escandinávia, Alemanha e Rússia), logo articulados com as repúblicas italianas, que distribuíam roupas, espadas, seda, açúcar e especiarias, entre outros produtos.

Nessa prosperidade comercial, sobressaiu o desenvolvimento das **Feiras**, grandes centros comerciais onde eram vendidos peles, estanho, mel e inúmeros produtos, e que contaram com o surgimento das **Letras de câmbio**. As **Companhias de Comércio**, os **bancos** (banqueiros) e a compra e venda de bens também cresceram nesse período.

Nas cidades, surgiram iniciativas por direitos e autonomia diante dos Senhores Feudais, com as **Cartas de Franquia**, destacando-se as **Comunas** na França, as **Cidades Livres** na Germânia, as **Repúblicas** na Itália e os **Conselhos** na península Ibérica.

Ainda nas cidades, com as atividades comerciais e artesanais, cresceram as associações urbanas, como as Corporações de Mercadores (**guildas**), que procuravam garantir o domínio do comércio local. Os artesãos formaram as **Corporações de Ofício**, que controlavam os ramos de atividades e a qualidade e impediam a concorrência. Em sua hierarquia, as corporações eram formadas por: **mestres artesãos** (proprietários da oficina, da matéria-prima, das ferramentas e do produto final); **companheiros** ou **oficiais** (auxiliares da oficina), remunerados pela jornada do trabalho (daí o nome "jornaleiros"); **aprendizes** (jovens), que aprendiam o ofício em troca de alimentação, alojamento e vestuário.

British Library, Londres

Iluminura italiana de 1390 retratando um alfaiate.

O comércio foi ganhando maior dimensão, o que acarretou o surgimento das ligas ou **hansas**, poderosas associações mercantis que realizavam o comércio em larga escala: destaque para a ***Merchants of the Staple*** (que controlava a exportação de lã da Inglaterra e a importação de mercadorias flamengas) e para a **Hansa Teutônica**, depois transformada em **Liga Hanseática**, formada por mercadores alemães que comandavam o comércio no mar do Norte e no mar Báltico, que reunia 80 cidades e tinha como eixo Lübeck. Sua área de atuação ia de Londres a Novgorod. Quanto às rotas comerciais, havia as constituídas por terra e rios, que ligavam o Mediterrâneo ao mar do Norte e à região russa, e, no século XIV a que ligava o Mediterrâneo, via península Ibérica, ao mar do Norte, com acesso a rios e territórios.

Eram novos tempos em que os interesses e os valores urbano-comerciais cresciam mais e mais e durante os quais sobreviviam, com novas tonalidades, os valores da ordem feudal rural da nobreza cristã, que compunham o quadro geral da Baixa Idade Média.

Exercícios resolvidos

1. (UFG-GO) Analise a imagem a seguir.

SANTIAGO MATAMOUROS. Disponível em: <http://www.wga.hu/art/c/carreno/st_james.jpg>. Acesso em: 29 fev. 2012.

Desde a Idade Média, São Tiago Maior foi retratado de várias formas. Nessa imagem do século XVII, que recorre à Reconquista na Península Ibérica, sua figura é representada como Matamouros. Com base na imagem, conclui-se que essa recorrência alude à

a) valorização da cultura islâmica, derivada do contato com os muçulmanos.

b) apropriação de personagens bíblicos, utilizados para legitimar a disputa territorial e religiosa.

c) formação de uma matriz cultural ibérica, renovada pela fusão entre belicismo islâmico e apostolicismo cristão.

d) incorporação do princípio muçulmano da Guerra Santa, favorecida pela expansão árabe.

e) adoção do ideal muçulmano de martírio, advindo da experiência adquirida nas Cruzadas.

Resposta: alternativa **b**

A expansão do cristianismo e o restabelecimento do controle sobre os territórios ibéricos pelos europeus compuseram o que se chamou de Guerra de Reconquista. Os árabes haviam dominado a península desde sua expansão no século VII até o século IX. A imagem aponta uma apropriação religiosa numa guerra também política e econômica que serviu de incentivo à formação dos reinos e das monarquias centralizadas na península Ibérica e à consequente expansão marítima.

2. (UFPR) Durante o período das Cruzadas, São Bernardo de Claraval (1090-1153) escreveu:

> *Mas os soldados de Cristo combatem confiantes nas batalhas do Senhor, sem nenhum temor de pecar por pôr-se em perigo de morte e por matar o inimigo. Para eles, morrer ou matar por Cristo não implica qualquer crime, pelo contrário, traz a máxima glória. [...] Em outras palavras: o soldado de Cristo mata com a consciência tranquila e morre com a consciência mais tranquila ainda.*

(São Bernardo de Claraval apud COSTA, Ricardo da. Apresentação: A Cruzada Renasceu? BLASCO VALLÈS, Almudena, e COSTA, Ricardo da (coord.). Mirabilia 10. *A Idade Média e as Cruzadas*. jan.-jun. 2010/ISSN 1676- 5818, p. XIII.)

No que se refere às Cruzadas no período medieval, determine quem eram esses soldados de Cristo referenciados no trecho acima, quais eram as motivações para empreender suas batalhas e quais eram as suas consequências para o mundo ocidental daquele período.

Resposta:
Os soldados de Cristo foram camponeses, nobres e monarcas que lutaram na defesa dos ideais cristãos no período medieval. O que os levaram à participação nesses grupos foram motivações econômicas, políticas e religiosas: a fé e a luta contra os infiéis pela libertação da Terra Santa; a possibilidade de conquistas de novas terras e novas rotas comerciais, bem como o incremento de novas atividades. Como consequências do movimento cruzadista, para o mundo ocidental, tivemos a reabertura do comércio à Europa ocidental (em especial, o Mediterrâneo – renascimento comercial), as novas rotas terrestres (a exemplo da famosa rota da seda), os conhecimentos científicos oriundos do contato com os povos do Oriente e o impulso ao renascimento urbano.

Exercícios propostos

1. (UFRN- adaptada) Em 1095, um cronista, testemunha dos eventos do Concílio de Clermont, registrou o seguinte pronunciamento do papa Urbano II:

> *Considerando as exigências do tempo presente, eu, Urbano, tendo, pela misericórdia de Deus, a tiara pontifical, pontífice de toda a Terra, venho até vós, servidores de Deus, como mensageiro para desvendar-vos o mandato divino [...] é urgente levar com diligência aos nossos irmãos do Oriente a ajuda prometida e tão necessária no momento presente.*

Foucher de Chartres. Apud PEDRERO-SÁNCHEZ, Maria Guadalupe. *História da Idade Média*: textos e testemunhas. São Paulo: Ed. UNESP, 2000. p. 83.

Essa declaração papal favoreceu

a) a aproximação entre cristãos latinos e gregos, que ficaram, depois das Cruzadas, sob o comando do papado romano.

b) um projeto de união da Cristandade contra os “infiéis”, detentores dos Lugares Santos, que há séculos estavam sob o domínio muçulmano.

c) a desorganização da economia mercantil italiana, uma vez que as relações comerciais com o Oriente foram prejudicadas em razão do conflito com os “infiéis”.

d) um enriquecimento da cultura muçulmana, que, por meio dos cruzados, recebeu a rica herança da ciência e da filosofia greco-romana.

e) a instalação do Tribunal do Santo Ofício contra os muçulmanos.

2. (UFPE) Analise as afirmativas abaixo relacionadas com a existência das Cruzadas.

1) As Cruzadas eram expedições organizadas pelos senhores feudais, com a finalidade de reativar a vida nos feudos.

2) As Cruzadas, expedições marcadas por interesses religiosos e econômicos, contavam com a participação da Igreja Católica.

3) As Cruzadas não trouxeram contribuições para a economia no Ocidente, pois criaram conflitos inexpressivos e exacerbaram o fanatismo religioso.

4) A participação da população pobre nas Cruzadas foi significativa e aponta para um dos momentos de crise do sistema feudal.

5) Os lucros dos nobres nas Cruzadas contribuíram para revitalizar a economia feudal, com a adoção do trabalho assalariado.

Está(ão) correta(s):

a) 5 apenas
b) 2 e 3 apenas
c) 1 apenas
d) 1, 2, 3, 4 e 5
e) 2 e 4 apenas

3. (PUC-SP) A cidade de Jerusalém, na Palestina, é considerada sagrada por judeus, cristãos e muçulmanos. Sua história conheceu vários movimentos históricos e religiosos, da Antiguidade aos dias atuais. Por Jerusalém passaram ou lá se fixaram os

a) hebreus, que viveram na região a que chamavam de Canaã até o século VI a.C., quando preferiram invadir as férteis terras egípcias e abandonaram voluntariamente a cidade.
b) gregos, que ocuparam a Palestina durante o governo democrático de Clístenes sobre Atenas, no século V a.C., e criaram um polo de difusão da cultura grega na cidade.
c) romanos, que no século I ampliaram os limites de seu Império, levando-os até a Palestina, e expulsaram os judeus e os muçulmanos da cidade.
d) egípcios, que estabeleceram na região, por volta do século V a.C., a capital de seu império unificado, proibindo a presença de cristãos e judeus na cidade.
e) muçulmanos, que na expansão iniciada no século VII, que também se dirigiu ao Ocidente e chegou a conquistar parte da Península Ibérica, tomaram a cidade.

4. (Fuvest-SP)

> *Os cristãos fazem os muçulmanos pagar uma taxa que é aplicada sem abusos. Os comerciantes cristãos, por sua vez, pagam direitos sobre suas mercadorias quando atravessam o território dos muçulmanos. O entendimento entre eles é perfeito e a equidade é respeitada.*
>
> *Ibn Jobair, em visita a Damasco*, Síria, 1184. In: Amin Maalouf, 1988.

Com base no texto, pode-se afirmar que, na Idade Média,

a) as relações comerciais entre as civilizações do Ocidente e do Oriente eram realizadas pelos judeus e bizantinos.
b) o conflito entre xiitas e sunitas pôs a perder o florescente comércio que se havia estabelecido gradativamente entre cristãos e muçulmanos.
c) o comércio, entre o Ocidente cristão e o Oriente islâmico, permaneceu imune a qualquer interferência de caráter político.
d) a Península Ibérica desempenhou o papel de centro econômico entre os mundos cristão e islâmico por ser a única área de contato entre ambos.
e) as cruzadas e a ocupação da Terra Santa pelos cristãos engendraram a intensificação das relações comerciais entre cristãos e muçulmanos.

5. (FGV-SP)

> [...] *as cruzadas não foram as responsáveis pelas grandes transformações econômicas, mas produtos delas. Contudo, elas não deixaram de contribuir para os avanços daquelas transformações.* [...] *O intenso comércio praticado pelas cidades italianas, Gênova e Veneza, cresceu bastante com a abertura dos mercados orientais, para o que as cruzadas desempenharam papel decisivo* [...]
>
> (Hilário Franco Júnior, *As cruzadas*)

Além da decorrência apresentada, pode-se atribuir a essas expedições

a) o desaparecimento das ordens mendicantes — especialmente franciscanos e dominicanos —, assim como a superação das heresias católicas.
b) o fortalecimento nas relações de vassalagem em toda a Europa Ocidental e um forte retraimento do poder econômico da burguesia comercial.
c) a estagnação das atividades comerciais entre algumas cidades comerciais do mar do Norte — como Bruges e Gand — e as cidades do litoral oeste da África.
d) a radicalização no processo de fragmentação político-territorial da Europa, com a importante ampliação do poder econômico da nobreza togada.
e) a relação entre os cruzados com bizantinos e muçulmanos, permitindo que a Europa voltasse a ter contato com algumas obras de filosofia greco-romana.

6. (UFPR) O Papa Francisco, eleito em março de 2013, chamou atenção novamente para a figura de Francisco de Assis, considerado o fundador da Ordem dos Franciscanos (ou dos Frades Menores) na Baixa Idade Média. Assinale a alternativa que relaciona o contexto de surgimento dos Franciscanos e sua motivação de ação.

a) Com a retração do renascimento comercial e urbano, aumentaram a pobreza e o abandono de crianças, que eram recolhidas pelas Ordens Mendicantes, dentre elas a dos Franciscanos, para evitar que fossem recrutadas nas Cruzadas.
b) Com o renascimento comercial e urbano, aprofundaram-se a pobreza e as desigualdades sociais, suscitando o aparecimento de várias Ordens Mendicantes, que pretendiam atuar junto aos necessitados, entre elas a Ordem dos Franciscanos.
c) O renascimento comercial e urbano gerou um empobrecimento da Igreja Católica na Baixa Idade Média, suscitando o aparecimento das Ordens Mendicantes, dentre elas a dos Franciscanos.
d) Com o renascimento comercial e urbano, surgem as Ordens Mendicantes, dentre elas a dos Franciscanos, que constituíram uma força de contestação da ordem feudal e do poder econômico da Igreja.
e) Com a crescente ruralização e o aumento da pobreza no espaço europeu, surgiram as Ordens Mendicantes, como a dos Franciscanos, para se tornar a principal instância da Igreja Católica.

MÓDULO 8 • As relações de poder na Europa Ocidental medieval

A estruturação do **feudalismo** favoreceu a **descentralização política** com o poder dos **senhores feudais** (o domínio local dos **nobres**) e a influência universal da **Igreja**. As monarquias enfraquecidas buscaram reverter as transformações impostas pelo feudalismo na Baixa Idade Média e substituíram progressivamente os diferentes tributos e a aplicação de leis locais/regionais por nacionais, incluindo uma moeda e a formação de um exército nacional, o que despertou forte interesse e conquistou apoio da burguesia, o novo grupo social emergente. A nobreza, apesar de perder certos domínios e poderes, ganhou uma monarquia forte o suficiente para garantir a ordem social e enfrentar as sublevações camponesas, que constantemente ameaçavam seus privilégios.

A formação da monarquia centralizada francesa

Começou com a dinastia **Capetíngia**, a partir do reinado de Hugo Capeto (987). Com **Filipe Augusto (Filipe II, 1180-1223)** teve início a formação de um exército nacional, a venda de Cartas de Franquias ganhou impulso e foram criados impostos nacionais. Na área da justiça, foram nomeados os bailios e os senescais, juízes que recolhiam impostos e aplicavam as leis reais. Com **Luís IX** (1226-1270) foram implantadas novas reformas, como uma moeda nacional, os tribunais reais e a participação na Sétima e na Oitava Cruzada.

Outro monarca de destaque foi **Filipe IV** (1285-1314), que teve diversos conflitos com a Igreja (especificamente com o papa Bonifácio VIII) quando convocou a Assembleia dos Estados Gerais (1302). Com a morte de Bonifácio, Filipe nomeou o papa Clemente V e transferiu o papado para Avignon (França), período (1307-1377) que acabou sendo denominado Cativeiro de Avignon. A separação da Igreja entre o papa de Roma e o de Avignon ficou conhecida como **Cisma do Ocidente** e durou até 1417, data do Concílio de Constância, que unificou o papado e fez a sede retornar para Roma.

Guerra dos Cem Anos (1337-1453)

Um dos motivos que provocaram a guerra foi a **questão sucessória francesa**. Com a morte de Carlos IV capetíngio, abriu-se a disputa pelo trono: de um lado, Eduardo III da Inglaterra (neto de Filipe, o Belo, pelo lado materno); de outro, Filipe de Valois (sobrinho de Filipe, o Belo). Para decidir a questão, evocou-se a Lei Sálica, que determinava que a sucessão não poderia ser transmitida pela via materna (caso de Eduardo III).

Outra causa da guerra foram as **disputas por territórios** ao norte da França, já que os produtores de tecidos de Flandres que tinham interesses comerciais com a Inglaterra levantaram-se contra Filipe de Valois (Filipe VI), atraindo o apoio inglês e dando início ao conflito.

Etapas da guerra:

1ª fase (1337-1422): expressivas vitórias dos soldados ingleses nas batalhas de Ecluse, Crecy e Poitiers (eles ocuparam quase 1/3 do território francês) impuseram em 1360 a Paz de Brétigny. Foi uma época de grande penúria na Europa e que ficou conhecida como Grande Fome. A peste negra espalhou-se pela Europa e matou cerca de 25 milhões de pessoas entre 1347 e 1350. Nessa fase, houve grandes rebeliões camponesas, como as ***Jacqueries***. Com Carlos V, a partir de 1364, os franceses recuperaram territórios.

Biblioteca Nacional de Paris

Na gravura, o combate entre franceses e ingleses em 1346, em Crécy, França, a primeira grande batalha da Guerra dos Cem Anos.

2ª fase (1422-1453): a França estava dividida: ao norte, o governo do rei inglês Henrique V (apoiado pelos franceses borguinhões); ao sul, o francês Carlos

VII (apoiado pelos armagnacs). Destacou-se na ofensiva francesa a atuação de Joana d'Arc, que liderou combates e libertou boa parte da França. Joana foi presa pelos borguinhões e entregue aos ingleses. Acusada de feitiçaria e heresia, foi queimada viva em 1431. Sua morte estimulou os soldados franceses, que expulsaram os ingleses do continente, dando fim à guerra em 1453.

A formação da monarquia centralizada inglesa

Até o século XI, a Inglaterra ficou dividida em sete reinos, formados por ceutas, anglos, saxões e jutos, que acabaram formando outros três reinos. Em 1066, **Guilherme, o Conquistador** (duque da Normandia), derrota o último rei anglo-saxão (Haroldo II) na **batalha de Hasting**, dando início à **dinastia Normanda**. Guilherme I buscou centralizar o poder e subordinar a nobreza, dividindo a Inglaterra em Condados (*Shires*) supervisionados pelos *Sheriffs*. Em 1154, com a morte do último rei normando, subiu ao trono Henrique, conde de Anjou: era o começo da nova **dinastia Angevina ou Plantageneta**, com o título de Henrique II (1154-1189).

Em seu governo, Henrique impôs um conjunto de leis reais (Justiça real), conhecido como *Common law*, a todo o território. Foi sucedido por **Ricardo Coração de Leão** (1189-1199), que participou da Terceira Cruzada (Cruzada dos Reis) e afastou-se do governo inglês. Seu sucessor, o irmão **João Sem Terra**, continuou aumentando os impostos e confrontando a França por demarcações de fronteiras e posses territoriais (Filipe II disputou a Normandia ao norte francês).

Além disso, João confiscou terras da Igreja e foi ameaçado de excomunhão, voltando atrás na decisão. Enfraquecido e derrotado pelos franceses em Bouvines (1214) e contestado pela população pelas abusivas taxas tributárias, sofreu a revolta dos senhores feudais, que impuseram a **Magna Carta** em 1215, limitando seus poderes monárquicos. Com ela, fortaleceu-se o **Grande Conselho** (assembleia de nobres e clérigos com poderes para aprovar ou vetar a cobrança de impostos).

Também foi estabelecido o ***habeas corpus***: julgamento só por seus pares. Décadas depois, o Grande Conselho passou a ter representantes da burguesia (1265, com os Estatutos ou Provisões de Oxford). Em 1295, o Grande Conselho transformou-se num **Parlamento**. No século seguinte, em 1341, o Parlamento foi dividido em **Câmara dos Lordes** (nobres e clérigos) e **Câmara dos Comuns** (burguesia), já durante a Guerra dos Cem Anos.

Pouco depois do final dessa guerra, quando os ingleses foram expulsos da França, abriu-se a disputa pelo trono inglês, o que deu início à **Guerra das Duas Rosas** (1455-1485), que acabou enfraquecendo a aristocracia feudal e fortalecendo a monarquia.

A guerra foi uma confrontação civil inglesa em que duas famílias disputavam a sucessão do rei Henrique VI Plantageneta: os **Lancaster** (que tinham a rosa vermelha como símbolo em seu brasão) e os **York** (que adotavam a rosa branca). A guerra devastou boa parte da nobreza inglesa. Em 1485, **Henrique Tudor**, descendente dos Lancaster e casado como uma York, pôs fim à guerra, sagrando-se rei com o nome de Henrique VII, iniciando a **dinastia Tudor**.

Erich Lessing/Latinstock/Biblioteca do Arsenal, Paris, França.

O rei Ricardo Coração de Leão embarca na Terceira Cruzada. Iluminura do século XV.

O Sacro Império Romano Germânico

Em 962, após a reunião dos reinos da Germânia e da Lotaríngea, **Otão I** foi coroado imperador do Sacro Império Romano Germânico (**SIRG**). Seus sucessores disputaram poderes com os nobres, com os clérigos e com o papa. O papa **Gregório VII** (1073-1085) promoveu uma reforma na Igreja para que reis e imperadores não interferissem em assuntos da Igreja, como a nomeação de bispos. Recebeu pronta oposição do imperador **Henrique IV**, que não aceitou a decisão, iniciando os conflitos conhecidos por **Querela** ou **Questão das Investiduras**.

Em 1075, o imperador foi excomungado pelo papa. Buscando reconciliação, o imperador foi até o papa em Canossa (norte da Itália) e obteve o perdão. Pouco depois, retomou o confronto com o papa, obrigando-o a fugir de Roma. Somente em 1122, com a **Concordata**

de Worms, o papado e o imperador do SIRG entraram em acordo, interrompendo o conflito e as disputas entre o poder secular e o espiritual.

Além das investiduras, merece destaque o reinado de **Frederico Barba-Ruiva** (1159-1190), participante da Cruzada dos Reis. Vários dos sucessores continuaram disputas com partidários do papa, resultando na independência do norte da Itália (repúblicas italianas, como Veneza, Gênova, Milão, Florença, Verona e Siena). A partir da Baixa Idade Média, o SIRG fracionou-se em centenas de ducados, arcebispados e principados, com fraco poder central.

Formação das monarquias centralizadas ibéricas

A península Ibérica foi inicialmente ocupada pelos iberos, celtas, lígures, fenícios e cartagineses e colonizada pelos romanos. Foi durante a invasão e a ocupação dos visigodos, no final do Baixo Império Romano, que se efetivou a cristianização.

A partir de 711, deu-se a ocupação árabe, islâmica, que destruiu o reino visigótico-cristão. Começando pelas Astúrias (norte), os cristãos lutaram contra os muçulmanos para recuperar territórios: era o início da **Guerra da Reconquista** (Cruzada Ocidental). Ao longo dos séculos XI e XII, formaram-se os **reinos cristãos de Leão**, **Castela**, **Navarra** e **Aragão**. Castela e Aragão incorporaram Leão e Navarra e novos territórios recuperados dos muçulmanos. Em 1469, com o casamento dos reis **Fernando de Aragão** e **Isabel de Castela**, efetivou-se a **unificação dos dois reinos**, restando, ao sul, o reino muçulmano de Granada. Em 1492, com a **conquista de Granada**, último domínio muçulmano na península Ibérica, **completou-se a formação da monarquia nacional espanhola**.

Quanto a Portugal, **Henrique de Borgonha** casou-se com a filha do rei de Leão, Afonso VI, e recebeu, como dote, o **Condado Portucalense** (região que abrangia as cidades de Braga, Coimbra, Viseu, Lamego e Porto). Em 1139, **Afonso Henrique** (filho de Henrique de Borgonha) proclamou a **independência de Portugal**, dando início à **dinastia de Borgonha**. A expansão de seu território começou com a tomada progressiva das áreas dos mouros. No século XIV, a rota marítima comercial Mediterrâneo/mar do Norte fez de Portugal um importante entreposto e impulsionou o desenvolvimento de comerciantes lusos.

Em 1383, com a morte de D. Fernando (o último de Borgonha), começaram as disputas pelo trono, causa da **Revolução de Avis**. Com ela, em 1385, **D. João** assumiu o trono e inaugurou a **dinastia de Avis**, responsável por forte desenvolvimento comercial e pelo expansionismo, tendo como destaque a **tomada de Ceuta** em 1415, ponto de partida para o périplo africano e a expansão marítima, com as Grandes Navegações.

Exercícios resolvidos

1. (Vunesp-SP)

> *Era uma doença exótica, contra a qual os organismos dos europeus não tinham defesas. Veio da Ásia pela rota da seda. Veja: a epidemia, essa catástrofe, é, portanto, também um dos efeitos do progresso, do crescimento.*
>
> (Georges Duby. *Ano 1000, ano 2000. Na pista de nossos medos*, 1998.)

O texto refere-se à peste que atingiu a Europa no século XIV. Indique dois fatores, além da falta de defesa dos organismos dos europeus, que ajudaram na propagação da doença, e explique a associação, feita pelo texto, da peste com o progresso.

Resposta:

A população numerosa nos centros urbanos somada ao baixo conhecimento científico de combate à peste e às péssimas condições de higiene contribuíram para a propagação endêmica da doença no período. O texto, portanto, refere-se ao progresso comercial das novas rotas, aos novos produtos que chegavam à Europa ocidental, aos novos olhares e pensamentos, porém numa realidade medieval que levou à dizimação de uma enorme quantidade de pessoas.

2. (UFPR) Leia os seguintes excertos da Magna Carta inglesa de 1215:

> *12 – Nenhum imposto ou pedido será estabelecido no nosso reino sem o consenso geral.* [...] *que tudo se passe da mesma maneira no que respeita às contribuições da cidade de Londres* [...]
>
> *61 –* [...] *Instituímos e concedemos aos nossos barões a seguinte garantia: elegerão vinte e cinco barões do reino, os quais deverão com todo o seu poder observar, manter e fazer cumprir a paz e as liberdades que nós concedemos.* [...]
>
> (C. R. C. Davis, Magna Carta, The Trustees of the British Museum, 1963, p. 16-23 *apud* ESPINOSA, Fernanda. *Antologia de textos medievais*. Lisboa: Sá da Costa Editora, p. 326-327).

A partir dos trechos acima e de seus conhecimentos sobre a monarquia inglesa na Idade Média, discorra sobre a relação dos nobres e dos burgueses ingleses com a sua realeza e justifique por que a Magna Carta é considerada uma precursora das constituições modernas.

Resposta:

Os trechos do exercício extraídos da Magna Carta demonstram um período de transformação nas relações políticas com a monarquia. O rei João Sem Terra firma nela um compromisso com o Conselho aristocrático e clerical (precursor do parlamento inglês) que iria aprovar novas decisões com relação a impostos ou guerras (a exemplo dos trechos do exercício). A burguesia era uma classe nascente que ganhava espaço nesse conselho. A Carta Magna pode ser considerada precursora das constituições modernas no sentido de demonstrar os diversos interesses de diversos grupos sociais, presentes (ou posteriormente inseridos) nos artigos da carta (a exemplo das liberdades comerciais ou dos protecionismos alfandegários).

Exercícios propostos

1. (UFMG) Todas as alternativas apresentam fatos que podem ser associados à decadência do feudalismo, EXCETO:

a) a ocorrência da fome e da Peste Negra que dizimaram a Europa na primeira metade do século XIV.

b) o aumento do número de cidades tanto de origem rural como surgidas de acampamentos de mercadores.

c) o desenvolvimento da cavalaria, que se empenhou nas Cruzadas e difundiu pelo mundo os valores cristãos.

d) o desenvolvimento das atividades comerciais nos mares Mediterrâneo, Negro, do Norte e Báltico.

e) uma série de insurreições e perturbações sociais que ocorreram na Europa Ocidental e atingiram a cidade e o campo.

2. (UNIBH-MG)

> *O Feudalismo europeu ocidental entrou num período de crise aguda no século XIV e daí por diante se desintegrou, com maior ou menor rapidez, em diferentes regiões.*
>
> (SWEEZY, Paul et al. *A transição do feudalismo para o capitalismo – um debate.*)

As razões fundamentais dessa crise foram, EXCETO,

a) a superexploração do trabalho dos servos pelos nobres, que exigiam deles um maior tempo de trabalho.

b) as revoltas camponesas e urbanas atribuídas à miséria que passou a caracterizar a vida de camponeses e trabalhadores.

c) o esgotamento das forças produtivas acentuado pela crise demográfica derivada da Peste Negra.

d) a descoberta de novas minas de ouro e prata em territórios alemães, gerando a disputa entre várias nações pelo seu domínio.

3. (Uece) A peste, a fome e a guerra constituíram os elementos mais visíveis daquela que ficou conhecida como a crise do século XIV, na Europa. Como consequência dessa crise ocorrida na Baixa Idade Média,

a) o movimento de renascimento urbano foi iniciado e depois interrompido por mais de três séculos, reaparecendo somente na Revolução Industrial do século XVIII.

b) os camponeses, que estavam em via de conquistar a liberdade, voltaram a apoiar o sistema feudal por mais alguns séculos, como forma de superar a crise.

c) o processo de centralização e concentração do poder político nas mãos dos reis, com o apoio da burguesia, intensificou-se até se tornar absoluto no início da modernidade.

d) entre as classes sociais, a nobreza foi a menos prejudicada pela crise, ao contrário do que ocorreu com a burguesia.

4. (UFSM-RS) Analise o mapa e o texto a seguir.

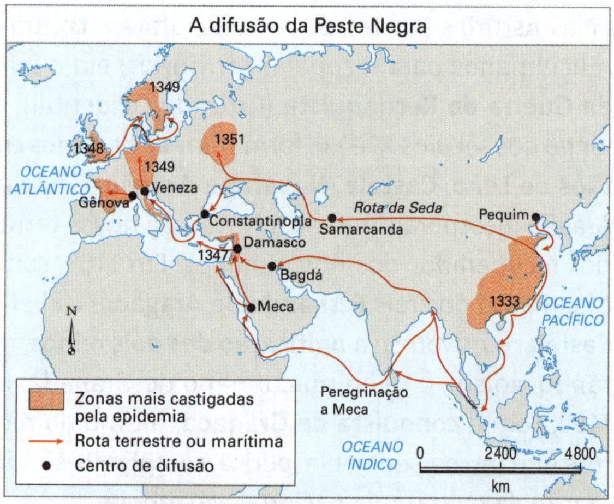

Fonte: Disponível em <http://vascogama.no.sapo.pt/Crise_1383_85/peste_negra.htm>. Acesso em: 15 ago. 2012. (adaptado)

> *Todos os testemunhos concordam em situar a origem da peste na Ásia Central, onde ela existia em estado endêmico. O grande viajante Ibn Batouta, que visitou a Índia Meridional pouco depois de 1342, assinalou-a ali. Em 1347, os próprios mongóis, que sitiavam o estabelecimento mercantil genovês em Caffa, no mar Negro, foram atingidos e, por um requinte de crueldade, enviaram vários cadáveres para a cidade através de suas máquinas de guerra. Um navio que partiu de Caffa para a Itália semeou, na passagem, a peste em Constantinopla [...] depois chegou a Gênova: quando se deram conta do mal que transportavam e ordenaram que partisse, era tarde demais. A peste atacava a Itália pelos portos.*

As cidades do interior não souberam organizar nenhuma defesa.

Fonte: WOLFF, Philippe. *Outono da Idade Média ou Primavera dos Tempos Modernos?* São Paulo: Martins Fontes, 1988. p. 15. (adaptado)

A análise permite associar a rápida propagação da Peste Negra, na Baixa Idade Média europeia, a fatores, como

a) o êxito das navegações ibéricas na abertura do caminho marítimo para as Índias orientais.

b) a retomada das peregrinações a Jerusalém após a vitória dos cristãos europeus nas guerras das Cruzadas.

c) o aumento do intercâmbio comercial entre a China e os países europeus, intercâmbio esse estimulado e protegido nos domínios do Império Mongol.

d) a intensificação das transações econômicas entre o Ocidente europeu, em pleno renascimento comercial urbano, e o Oriente, através das cidades italianas e de Constantinopla.

e) o dinamismo comercial dos Turcos Otomanos, ao transformarem a Constantinopla bizantina na Istambul moderna.

5. (FGV-SP)

Guerra dos Cem Anos – Denominação dada a uma série de conflitos ocorridos entre a França e a Inglaterra no período 1337-1475. O termo, que vem sendo considerado impróprio, é uma criação moderna dos historiadores do século XIX, introduzido nos manuais escolares. [...] *Alguns historiadores têm mesmo proposto que seja utilizada a expressão "cem anos de guerra" e não a tradicional.*

(Antônio Carlos do Amaral Azevedo, *Dicionário de nomes, termos e conceitos históricos* apud Luiz Koshiba, História: origens, estruturas e processos)

Sobre essa guerra, é correto afirmar que

a) decorreu diretamente da chamada Crise do Século XIV, pois a Inglaterra e a França tinham leituras divergentes da paralisia econômica que atingiu a Europa ocidental desde os primeiros anos desse século.

b) resultou da imediata reação da França, aliada dos reinos de Castela e Aragão, à aliança econômica e militar entre a Inglaterra e Portugal, iniciando o mais sangrento conflito bélico da Europa moderna.

c) desenrolou-se quase toda em território francês, com batalhas entremeadas por tréguas e períodos de paz, e as suas origens se ligam à sucessão do trono francês, também disputado pela Inglaterra.

d) derivou da disputa por territórios recém-descobertos por franceses no norte da África, mas que eram estratégicos para a expansão da economia inglesa, já produtora de manufaturados.

e) desenvolveu-se no contexto das reformas religiosas, obrigando cada nação europeia a se posicionar na defesa ou não do papado, fator principal do conflito bélico entre franceses e ingleses.

6. (UFRGS-RS) Diversos fatores motivaram a denominada "Crise do século XIV", ocorrida na Europa da Baixa Idade Média. Dentre esses fatores, pode-se citar corretamente

a) a disseminação das guerras pelo continente europeu, a quebra da produção de alimentos e a mortandade causada pela peste bubônica.

b) a efervescência religiosa das Cruzadas, a eclosão da Revolução dos Trinta Anos e o despovoamento do Sacro Império.

c) a eclosão da Guerra dos Sete Anos, a conquista da França pelos muçulmanos e a epidemia de varíola.

d) a deflagração da Guerra da Sucessão Espanhola, a dissolução da Liga Hanseática e a decadência das comunas.

e) o advento da Reforma Protestante, o abandono dos arroteamentos e a eclosão de guerras entre as cidades italianas.

MÓDULO 9 • A cultura medieval

O fim do Império Romano do Ocidente resultou num novo reordenamento cultural, com uma ordem mais teológica e subordinada à Igreja Cristã e menos ligada aos valores clássicos.

O deslocamento das populações urbanas para o campo durante a Alta Idade Média foi acompanhado por realizações nos mosteiros e nas escolas episcopais. Na educação, com as mudanças posteriores da Baixa Idade Média, muitas escolas da época carolíngia transformaram-se em centros baseados no ensino do *Trivium* (gramática, retórica e lógica) e do *Quadrivium* (aritmética, geometria, astronomia e música), e serviram de preparativo para quem pretendia a profissionalização nas Artes Liberais ou seguir para Medicina, Direito e Teologia. As **universidades** proliferaram a partir do século XI.

Na Filosofia, prevaleceram durante a Alta Idade Média a teologia de **Santo Agostinho**, com sua síntese cristã da filosofia clássica platônica. Já na Baixa Idade Média, cresceu a influência da escolástica, que procurava harmonizar a **fé** com a **razão**, sinais precursores de novos tempos e valores. Entre seus maiores expoentes, estão Pedro Abelardo e **São Tomás de Aquino**. Este último se destacou com sua *Suma teológica*, que aceitava o comércio emergente, mas defendia o "justo preço".

Na literatura da Baixa Idade Média, as **línguas vulgares** foram ganhando o terreno que antes era do latim, base da formação das **línguas nacionais** e de suas produções literárias. São desse período os poemas épicos *Canção de Rolando*, *Poema do Cid* e *Canção dos Nibelungos*. A partir do século XII, ganhou força na poesia medieval o trovadorismo, com destaque também para a literatura produzida pelos poetas goliardos e o *Romance da rosa*, de Guilherme de Lorris e João Meung. Já na música, no final do século XII, surgia nas Igrejas a *Ars Antique*, substituída no século XIV pela *Ars Nova*.

Na arquitetura, a Idade Média ressaltou dois grandes estilos, o **românico** e o **gótico**. O primeiro, com seus meios-arcos e paredes grossas e pesadas, teve grande impulso no século XI com a construção de mosteiros, igrejas e castelos. Já o gótico, com seus arcos cruzados, paredes elevadas e mais leves, ganhou preferência na construção das catedrais das cidades, que cresciam mais e mais nos séculos XII e XIII. Com seus vitrais coloridos e banhadas pela luz e pelas cores, as catedrais transformaram-se nos novos sinais da grandiosidade cristã e urbana medieval.

Biblioteca com diversos manuscritos representada em iluminura do século XV.

Exercícios resolvidos

1. (Fuvest-SP) Leia o texto e examine a imagem.

> *A arte gótica reúne e desenvolve os fermentos novos [...] e os organiza em sistema; e esse sistema tem um lugar seguro na mais vasta organização do saber.*
>
> G. C. Argan. *História da arte italiana.* Da Antiguidade a Duccio. São Paulo: Cosac & Naif, 2003, v. 1, p. 337. Adaptado.

a) Identifique, a partir da imagem, dois elementos característicos do chamado estilo gótico.

b) Do ponto de vista cultural, apresente e explique uma característica do "sistema", que, segundo o texto, "tem um lugar seguro na mais vasta organização do saber".

Resposta:

a) O estilo gótico imponente de uma época predominante do pensamento escolástico está representado na imagem: os vitrais e a distribuição da luminosidade são elementos que expressam o pensamento teológico. Arco em ogiva ou em ponta e uma verticalização com abóbodas cruzadas cobrem os espaços, compondo a característica gótica.

b) A escolástica, que buscava a conciliação entre a razão e a fé característica do poder da Igreja medieval e que levou ao surgimento de várias universidades, era decorrente das transformações da Baixa Idade Média.

2. (UEG-GO)

© Dik Browne/King Features Syndicate/Ipress

"O POPULAR", Goiânia, 23 abr. 2005. Magazine

A personagem Hagar, criada pelo cartunista Dick Browne, pode ser considerada um guerreiro viking que viveu na Europa durante a Idade Média. Analise as proposições a seguir acerca desse período histórico:

I. Do ponto de vista histórico, a situação mostrada na tira está correta, pois a expressão "Idade das Trevas" era de uso corrente na sociedade medieval.

II. A expressão "Idade das Trevas", utilizada na tira, é imprópria para designar a Idade Média, pois ela só surgiu durante a Idade Moderna.

III. Expressões como "Idade das Trevas" ou "longa noite dos mil anos", referindo-se à Idade Média, são historicamente coerentes, pois nesse período houve uma completa estagnação econômica, cultural e social na Europa.

Marque a alternativa CORRETA:

a) Apenas as proposições I e II são verdadeiras.
b) Apenas as proposições II e III são verdadeiras.
c) Apenas as proposições I e III são verdadeiras.
d) Apenas a proposição II é verdadeira.
e) Apenas a proposição III é verdadeira.

Resposta: alternativa **d**

Exercícios propostos

1. (PUC-SP) A Idade Média Ocidental

a) conheceu, até o século X, intensa atividade comercial e urbana, que foi substituída posteriormente pelo predomínio do campo e da produção agrícola de subsistência, realizada nos arredores das cidades.
b) apresentou, nas várias regiões, forte unidade política, herdada do Império Romano, até o século VIII, ocorrendo, posteriormente, crescente fragmentação até o século XVI.
c) teve, no início, um período de pouca hierarquia social, com privilégio apenas para os setores eclesiásticos, e gradativa ampliação do poder camponês a partir do século XI.
d) foi um período de absorções, negações e adequações entre a cultura clerical e a laica, havendo claro predomínio da primeira até o século XII e gradativo crescimento da postura laico-humanista a partir de então.
e) representou, nos primeiros séculos, a persistência do politeísmo herdado da tradição greco-romana e, após o século XI, a vitória rápida do protestantismo contra o catolicismo.

2. (UFPI) Sobre a cultura na Idade Média, é correto afirmar que:

a) as primeiras universidades europeias foram criadas nesse período, sendo as mais antigas localizadas na atual Itália.
b) a escolástica foi a doutrina filosófica que negou as explicações religiosas e ajudou a aprofundar os conhecimentos do mundo natural.
c) o românico e o gótico foram os estilos arquitetônicos presentes em todo o período e predominaram nas construções não religiosas.
d) as bibliotecas, entre as quais as da Igreja, foram destruídas durante as invasões germânicas, o que impediu qualquer forma de estudo aprofundado no período.
e) a Igreja efetuou a eliminação de todos os traços da herança greco-romana, inexistindo o estudo do direito formal, pois todos os comportamentos eram ditados pelo costume.

3. (Vunesp-SP)

Em cada letra da página divina [a Bíblia] há tantas verdades sobre as virtudes, tantos tesouros de sabedoria acumulados, que apenas aquele a quem Deus concedeu o dom do saber [dela] pode usufruir plenamente. Poderiam estas "pérolas" ser distribuídas aos "porcos", e a palavra a ignorantes incapazes de recebê-la e, sobretudo, de propagar aquilo que receberam?

(Texto escrito pelo inglês Gautier Map, por volta de 1181.)

Comparando o conteúdo do texto com a história do cristianismo, conclui-se que o autor

a) interditava aos pecadores a leitura da Bíblia, reservando-a à interpretação coletiva nos mosteiros medievais.

b) considerava aptos para interpretarem individualmente a Bíblia todos os fiéis que participassem do culto católico.

c) postulava a exigência de comunicação direta do fiel com Deus, independentemente da leitura dos textos sagrados.

d) referia-se a um dogma da Igreja medieval abolido pela reforma católica promovida pelo Concílio de Trento.

e) opunha-se a um princípio defendido por heresias medievais e que foi retomado pelas reformas protestantes.

4. (UFG-GO) Leia o texto.

> *Somos anões carregados nos ombros de gigantes. Assim vemos mais, e vemos mais longe do que eles, não porque nossa visão seja mais aguda ou nossa estatura mais elevada, mas porque eles nos carregam no alto e nos levantam acima de sua altura gigantesca.*
>
> (LE GOFF, Jacques. *Os intelectuais na Idade Média*. Rio de Janeiro: José Olímpio, 2003. p. 36.)

As Universidades nasceram no Ocidente, nos séculos XII e XIII, no cenário do renascimento urbano, ligadas ao desenvolvimento da escolástica e sob o peso da contribuição greco-árabe. O texto apresentado acima é uma citação do mestre Bernard, professor do principal centro científico do século XII, a Escola de Chartres, e expressa uma nova concepção do que é a ciência e o conhecimento. Nesse período, conhecer significava:

a) produzir um saber singular, que se diferenciasse da tradição clássica.

b) desenvolver a tradição por meio do comentário dos textos herdados da cultura antiga.

c) utilizar instrumentos científicos, que permitissem alcançar a verdade.

d) observar os fenômenos naturais para encontrar as leis que regiam seu funcionamento.

e) cultivar o espírito racional por meio da refutação da autoridade dos textos teológicos.

5. (Unifesp) Houve, nos últimos séculos da Idade Média ocidental, um grande florescimento no campo da literatura e da arquitetura. Contudo, se no âmbito da primeira predominou a diversidade (literária), no da segunda predominou a unidade (arquitetônica). O estilo que marcou essa unidade arquitetônica corresponde ao

a) renascentista.

b) românico.

c) clássico.

d) barroco.

e) gótico.

6. (UEL-PR) Observe a imagem a seguir

The Bridgeman Art Library/ Keystone/Museu da Tapeçaria, Bayeux, França.

Detalhe da Tapeçaria de Bayeux (c. 1066-1077). Disponível em: www.ricardocosta.com/textos/bayeux1.htm. Acesso em: 24 out. 2007.

Com base na imagem, considere as afirmativas a seguir:

I. A cultura medieval caracterizou-se pela ausência de uma expressão artística própria, o que redundou na retomada dos elementos da cultura clássica no Renascimento.

II. A exemplo da Tapeçaria de Bayeux, manta encomendada para cobrir o corpo de Carlos Magno, a expressão cultural dos homens do período medieval era fundada na confecção de objetos menores, fáceis de transportar.

III. O bordado conservado é um exemplar de expressão cultural não voltado para a liturgia ou culto cristão, o que não era comum, pois grande parte da arte que se conservou está relacionada à religiosidade.

IV. A tapeçaria apresenta um relato da invasão normanda na Inglaterra e traz características da arte do período como a simplicidade das formas e economia de elementos.

A partir da imagem dada e dos conhecimentos sobre o tema, assinale a alternativa que contém todas as afirmativas corretas.

a) I e IV.

b) III e IV.

c) II e III.

d) I, II e III.

e) I, II e IV.

MÓDULO 10 • A expansão europeia e a montagem da colonização

Com a expansão europeia dos séculos XV e XVI, surgiu a característica central da **modernidade**: de periferia do mundo, a Europa passa a ser construtora de periferias.

Na construção do conhecimento histórico, as Grandes Navegações serviram de impulso para o olhar eurocêntrico. **Portugal** foi o pioneiro no expansionismo, e a tomada de Ceuta (1415), o marco inicial desse empreendimento que contou com o apoio do grupo mercantil, dos nobres e com o estímulo do governo de **Avis**. Era o início do périplo africano, que culminaria com o domínio da rota para as Índias (Vasco da Gama) e com a tomada de posse do que seria o Brasil (Pedro Álvares Cabral).

A expansão espanhola (Cristóvão Colombo) provocou algumas disputas com os lusos. Em alguns casos, a solução só veio com a assinatura de acordos, como os da Bula Intercoetera (1493) e o de Tordesilhas (1494), o que garantiu à Espanha a conquista de boa parte do Novo Mundo.

A dinamização econômica europeia seguiu em paralelo com o fortalecimento do **Estado moderno** europeu, destacando-se a adoção da **política mercantilista** (denominação criada somente no século XVIII), que variou de Estado para Estado. O mercantilismo expressou-se no ideal metalista, na balança comercial favorável, no protecionismo, no industrialismo e na colonização.

Na **colonização portuguesa** da América houve uma gradativa tomada de posse, com viagens exploradoras, guarda-costeiras (ameaça estrangeira) e exploração do pau-brasil. Quanto a este, prevalecia o escambo, passo inicial que desembocou na escravização indígena, os "negros da terra". Em seguida, veio a expedição colonizadora de Martim Afonso de Souza (ele chegou em 1531), que distribuiu sesmarias, iniciou a plantação de cana-de-açúcar e instalou o primeiro engenho, além de fundar São Vicente e Santo André.

O projeto colonizador de Portugal centrou-se a partir da agricultura da cana, já desenvolvida nas ilhas Atlânticas. Com ele, firmou-se a **açucarocracia**, o poderio dos senhores de engenho apoiado no latifúndio monocultor escravista (***plantation***). Contavam com a parceria dos holandeses no financiamento, no refino e na comercialização, e com comerciantes lusos no tráfico de escravos africanos. No poderio local, eles efetivaram seus poderes pelas câmaras municipais.

Na viabilização da empresa açucareira, foi adotado o sistema de **capitanias hereditárias** (inicialmente 15, destacando-se Pernambuco, de Duarte Coelho, e São Vicente, de Martim Afonso). Depois, vieram os **Governos Gerais**, com sede em Salvador, que centralizavam a administração (Tomé de Souza, Duarte da Costa, Mem de Sá) visando também a defesa do território luso na América. Com a **União das Coroas Ibéricas** (1580-1640), os domínios da América portuguesa foram alvo dos ataques holandeses e de outros inimigos da Espanha. Na restauração da autonomia lusa com a dinastia de Bragança, fortaleceu-se a administração com o Conselho Ultramarino.

A divisão do território colonial brasileiro em capitanias

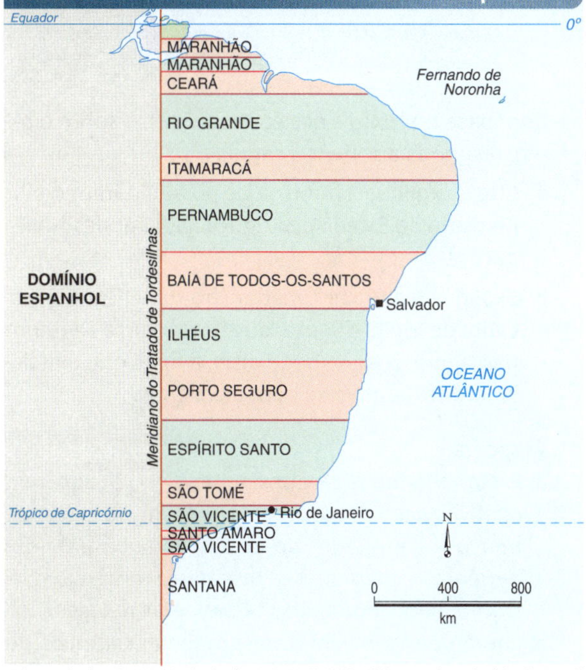

Allmaps/Arquivo da editora

Adaptado de: CAMPOS, Flavio de; DOLHNIKOFF, Miriam. *Atlas História do Brasil*. São Paulo: Scipione, 2002. p. 7.

Quanto ao **escravismo africano**, pode-se falar numa "diáspora" que deixou inúmeros efeitos nefastos para o continente e sua população. No total, ao longo dos séculos, foram levados cerca de 12 milhões de africanos para a América, 38% deles para o

Brasil. Eles eram recrutados à força e trazidos nos tumbeiros. Quando sobreviviam à viagem, eram vendidos aos fazendeiros para o trabalho escravo. Procuravam resistir com a formação de quilombos (destaque para o dos Palmares, de Ganga Zumba e Zumbi) ou por meio de fugas, revoltas, assassinatos, suicídios, abortos, etc.

Exercícios resolvidos

1. (UEL-PR) Leia o texto a seguir.

> *Tocadas em 1500 pelos homens de Pedro Álvares Cabral, as terras que hoje são brasileiras foram desde então oficialmente incorporadas à coroa portuguesa. Se haviam sido frequentadas antes, como sugere o* Esmeraldo de Situ Orbis, *e defendem alguns historiadores portugueses, disso não ficou maior registro, e não há, pois, como fugir da data consagrada e recentemente celebrada – para o bem e para o mal – por brasileiros e portugueses. Descoberto oficialmente, pois, em 1500, sob o pontificado de Alexandre VI Borgia, não se pode dizer, a rigor, que existisse, então, nem Brasil nem brasileiros. Vários são os sentidos dessa não existência.*
>
> (Adaptado de: SOUZA, L. M. O nome do Brasil. *Revista de História.* São Paulo, 2001. n. 145. p. 61-86. Disponível em: <http://revhistoria.usp.br/images/stories/revistas/145/RH-145_-_Laura_de_Mello_e_Souza.pdf>. Acesso em: 7 jun. 2013.)

Com base no texto e nos conhecimentos sobre o tema, responda aos itens a seguir.

a) Cite e explique 2 fatores que possibilitaram o pioneirismo do Estado português nas Grandes Navegações.

b) Explique o que a historiadora e autora desse texto, Laura de Mello e Souza, quer dizer com a seguinte passagem: "não se pode dizer, a rigor, que existisse, então, nem Brasil nem brasileiros.".

Resposta:

a) O pioneirismo português pode ser explicado pela centralização precoce, pela presença de grupos mercantis atrelados ao Estado vigente, pela experiência e pelo conhecimento no comércio marítimo, bem como pelas tecnologias navais.

b) Laura de Mello e Souza afirma a inexistência de um Brasil tal qual conhecemos no período da chegada dos europeus à América. Civilizações pré-colombianas ou anteriores à chegada de Cabral não constituíam uma unidade política ou cultural ("nem Brasil" e "nem brasileiros"). Tal processo afirmou-se no século XIX, porém ideias acerca da identidade nacional brasileira ainda compõem debates na historiografia. Vale ressaltar que no século XVIII a questão da territorialidade brasileira foi levantada neste período conhecido como Crise do Sistema Colonial. Portanto, pensar em Brasil ou brasileiros à época do descobrimento leva a um anacronismo.

2. (UFG-GO) Analise a fábula a seguir.

A cigarra e a formiga

Tendo a cigarra em cantigas
Passado todo o verão
Achou-se em penúria extrema
Na tormentosa estação.
Não lhe restando migalha
Que trincasse, a tagarela
Foi valer-se da formiga,
Que morava perto dela.
Rogou-lhe que lhe emprestasse,
Pois tinha riqueza e brilho,
Algum grão com que manter-se
Até voltar o aceso estio.
– "Amiga", diz a cigarra,
– "Prometo, à fé d'animal,
Pagar-vos antes d'agosto
Os juros e o principal."
A formiga nunca empresta,
Nunca dá, por isso junta.
– "No verão em que lidavas?"
À pedinte ela pergunta.
Responde a outra: – "Eu cantava
Noite e dia, a toda a hora."
– "Oh! bravo!", torna a formiga.
– "Cantavas? Pois dança agora!"

ESOPO. *A cigarra e a formiga.* Disponível em: <http://peregrinacultural.wordpress.com/2009/07/06/a-cigarra-e-a-formiga-em-versos-por-bocage/>. Acesso em: 20 mar. 2013.

A fábula apresentada é originalmente atribuída a um escritor da Grécia Antiga, tendo sido contada em diferentes versões que alcançaram o Antigo Regime, no século XVIII. Assim como os mitos, as lendas e as histórias, as fábulas são indicadores do repertório sociocultural das comunidades. Com base no exposto e considerando-se o enredo da fábula,

a) identifique uma característica da organização econômica, que é comum tanto à Grécia Antiga quanto ao Antigo Regime;

b) explique a função desse tipo de relato na vida cotidiana.

Resposta:

a) O comércio marítimo e o escravismo foram comuns a ambos.

b) As fábulas podem retratar aspectos culturais da mentalidade à época descrita e compõem aspectos das práticas sociais e morais.

3. (Uerj)

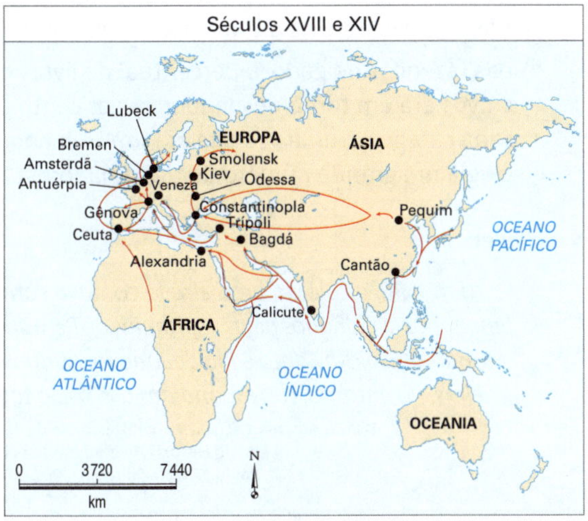

Adaptado de olhonahistoria.blogspot.com.br

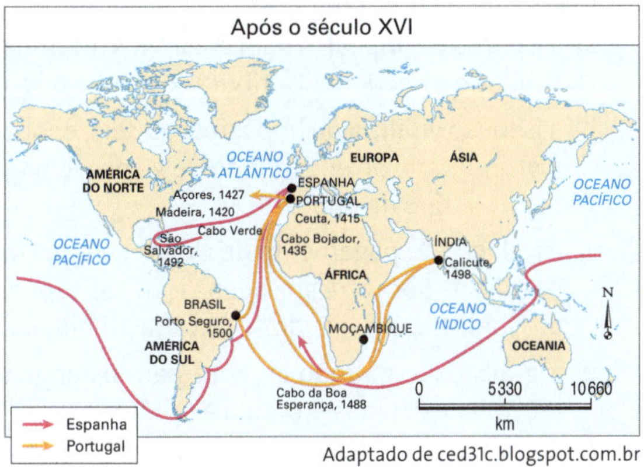

Adaptado de ced31c.blogspot.com.br

Nos mapas, estão indicadas as principais rotas comerciais europeias, respectivamente, na Baixa Idade Média e na Idade Moderna. Comparando-os, percebem-se alterações significativas nesses caminhos a partir do século XVI, provocadas pela chamada Revolução Comercial iniciada no século XV.

Indique a mudança provocada pela Revolução Comercial e duas de suas consequências econômicas, uma para a Europa e outra para os demais continentes conhecidos à época.

Resposta:

Ao analisar os mapas, é possível perceber a mudança do comércio terrestre para o comércio marítimo, principalmente do Mar Mediterrâneo ao Atlântico. As consequências econômicas que decorrem da Revolução Comercial são: ascensão e fortalecimento do grupo mercantil (burguesia), acúmulo de capitais e metais preciosos e afirmação do mercantilismo. Nos demais continentes, podemos destacar o tráfico de escravos africanos, estabelecimento de portos e sistemas de proteção, dizimação de populações nativas, imposições de sistemas atrelados aos interesses mercantilistas dos Estados europeus, exploração da mão de obra nativa e inclusão de novas práticas e produtos que serviam aos interesses europeus.

4. (Uerj) Leia.

Uma questão acadêmica, mas interessante, acerca da "descoberta" do Brasil é a seguinte: ela resultou de um acidente, de um acaso da sorte? Não, ao que tudo indica. Os defensores da casualidade são hoje uma corrente minoritária. A célebre carta de Caminha não refere a ocorrência de calmarias. Além disso, é difícil aceitar que uma frota com 13 caravelas, bússola e marinheiros experimentados se perdesse em pleno oceano Atlântico e viesse bater nas costas da Bahia por acidente.

Rejeitado o acaso como fonte de explicação no que tange aos objetivos da "descoberta", fica de pé a seguinte pergunta: qual foi, portanto, a finalidade, a intenção da expedição de Cabral?

Adaptado de LOPEZ, Luiz Roberto. *História do Brasil colonial.* Porto Alegre: Mercado Aberto, 1983.

Os descobrimentos marítimos dos séculos XV e XVI foram processos importantes para a construção do mundo moderno. A chegada dos portugueses ao Brasil decorre dos projetos que levaram diferentes nações europeias às grandes navegações. Formule uma resposta à pergunta do autor, ao final do texto: *qual foi a finalidade da expedição de Cabral?* Em seguida, cite dois motivos que justificam as grandes navegações marítimas nos séculos XV e XVI.

Resposta:

A expedição de Cabral fazia parte do projeto expansionista do Estado português, buscando novas terras e reconhecimento do território, o que pode ser afirmado pelo acordo anteriormente firmado entre Portugal e Espanha pelo Tratado de Tordesilhas (1494). O interesse em controlar as rotas comerciais de especiarias também foi determinante para a empreitada do Estado português. O ideal de posse e ocupação era de interesse do Estado e dos grupos atrelados a este. As grandes navegações foram a solução para a crise econômica europeia do século XIV, sendo base para a consolidação do Estado Nacional lusitano.

Exercícios propostos

1. (Fuvest-SP)

Não há trabalho, nem gênero de vida no mundo mais parecido à cruz e à paixão de Cristo, que o vosso em um destes engenhos [...]. A paixão de Cristo parte foi de noite sem dormir, parte foi de dia sem descansar, e tais são as vossas noites e os vossos dias. Cristo despido, e vós despidos; Cristo sem comer, e vós famintos; Cristo em tudo maltratado, e vós maltratados em tudo. Os ferros, as prisões, os açoites, as chagas, os nomes afrontosos, de tudo isto se compõe a vossa imitação, que, se for acompanhada de paciência, também terá merecimento e martírio [...]. De todos os mistérios da vida, morte e ressurreição de Cristo, os que pertencem por condição aos pretos, e como por herança, são os mais dolorosos.

P. Antônio Vieira, "Sermão décimo quarto". In: I. Inácio & T. Lucca (org.). *Documentos do Brasil colonial*. São Paulo: Ática, 1993, p. 73-75.

A partir da leitura do texto acima, escrito pelo padre jesuíta Antônio Vieira em 1633, pode-se afirmar, corretamente, que, nas terras portuguesas da América,

a) a Igreja Católica defendia os escravos dos excessos cometidos pelos seus senhores e os incitava a se revoltar.

b) as formas de escravidão nos engenhos eram mais brandas do que em outros setores econômicos, pois ali vigorava uma ética religiosa inspirada na Bíblia.

c) a Igreja Católica apoiava, com a maioria de seus membros, a escravidão dos africanos, tratando, portanto, de justificá-la com base na Bíblia.

d) clérigos, como P. Vieira, se mostravam indecisos quanto às atitudes que deveriam tomar em relação à escravidão negra, pois a própria Igreja se mantinha neutra na questão.

e) havia formas de discriminação religiosa que se sobrepunham às formas de discriminação racial, sendo estas, assim, pouco significativas.

2. (Fuvest-SP) O tráfico de escravos africanos para o Brasil

a) teve início no final do século XVII, quando as primeiras jazidas de ouro foram descobertas nas Minas Gerais.

b) foi pouco expressivo no século XVII, ao contrário do que ocorreu nos séculos XVI e XVIII, e foi extinto, de vez, no início do século XIX.

c) teve início na metade do século XVI, e foi praticado, de forma regular, até a metade do século XIX.

d) foi extinto, quando da Independência do Brasil, a despeito da pressão contrária das regiões auríferas.

e) dependeu, desde o seu início, diretamente do bom sucesso das capitanias hereditárias, e, por isso, esteve concentrado nas capitanias de Pernambuco e de São Vicente, até o século XVIII.

3. (Uece) A peculiaridade da pecuária sertaneja no Brasil do século XVIII esteve ligada principalmente às relações de trabalho nela estabelecidas. Acerca dessas relações, é correto afirmar-se que

a) predominava o trabalho escravo em larga escala, semelhante ao sistema aplicado nos grandes engenhos de açúcar.

b) havia predominância do trabalho de negros libertos, mestiços livres, brancos pobres e, em pequena escala, escravos africanos.

c) a mão de obra negra e escrava na pecuária era maioria em relação a outros trabalhadores, mas diferenciava-se pelo fato de o trabalho ser mais brando.

d) nas fazendas de gado, o percentual de livres e escravos era em torno de cinquenta por cento para cada categoria, uma vez que era um trabalho que exigia um grande número de trabalhadores.

4. (Uece)

Em 1590, a colônia brasileira já contava com 150 engenhos espalhados pelas capitanias de Pernambuco, Bahia, Espírito Santo e Rio de Janeiro. As duas primeiras, no entanto, correspondiam a 80% do total.

LOPEZ, Adriana. "Açúcar: esse doce objeto de desejo". *Revista História Viva*: Temas Brasileiros. São Paulo: Duetto Editorial, 2007. p. 20-23.

Dentre os incentivos fiscais e privilégios oferecidos pela Coroa aos produtores de cana, encontrava(m)-se

a) a isenção de impostos para engenhos recém-construídos e os benefícios tributários sobre o açúcar.

b) a isenção vitalícia de impostos, ou seja, enquanto o proprietário de engenho fosse vivo, não pagaria nenhum tipo de imposto.

c) a redução de pagamento de taxas na importação de mão de obra africana apenas para as capitanias do Nordeste, em virtude de sua alta produtividade.

d) a gratuidade da mão de obra para os engenhos recém-construídos em toda a Colônia.

5. (Unicamp-SP)

A história de São Paulo no século XVII se confunde com a história dos povos indígenas. Os índios não se limitaram ao papel de tábula rasa dos missionários ou vítimas passivas dos colonizadores. Foram participantes ativos e conscientes de uma história que foi pouco generosa com eles.

(Adaptado de John M. Monteiro, *Sangue Nativo*, em <www.revistadehistoria.com.br/secao/capa/sangue-nativo>. Acesso em: 28 ago. 2014.)

Sobre a atuação dos indígenas no período colonial, pode-se afirmar que:

a) A escravidão foi por eles aceita, na expectativa de sua proibição pela Coroa portuguesa, por pressão dos jesuítas.

b) Sua participação nos aldeamentos fez parte da integração entre os projetos religioso e bélico de domínio português, executados por jesuítas e bandeirantes.

c) A existência de alianças entre indígenas e portugueses não exclui as rivalidades entre grupos indígenas e entre os nativos e os europeus.

d) A adoção do trabalho remunerado dos indígenas nos engenhos de São Vicente contrasta com as práticas de trabalho escravo na Bahia e Pernambuco.

6. (UPE) Observe a imagem a seguir:

Disponível em: <http://pt.m.wikipedia.org/wiki/Ficheiro:Engenho_de_acucar_1816.jpg>. Acesso em: 28 ago. 2014.

Ela ilustra um engenho de açúcar, típica unidade de produção do nordeste colonial. Com base na imagem e na realidade histórica por ela ilustrada, assinale a alternativa **CORRETA.**

a) Esse engenho movido por força hidráulica é uma realidade do século XVIII, embora anteriormente fosse utilizada a força humana ou a força animal para fazê-lo funcionar.

b) A presença exclusiva de mão de obra escrava negra, na imagem, denota a exclusão dos indígenas como trabalhadores, escravos ou livres, da indústria açucareira.

c) Engenhos de grande porte, como o da ilustração, só foram introduzidos na América Portuguesa em meados do século XVII, pelos holandeses que ocupavam a capitania de Pernambuco.

d) A mão de obra utilizada nos engenhos, escrava ou livre, muitas vezes, era formada por trabalhadores especializados.

e) A mão de obra indígena só foi utilizada, no período colonial, em regiões como São Paulo e Rio de Janeiro, não se fazendo presente nos engenhos do nordeste colonial.

7. (Vunesp-SP)

O comércio foi de fato o nervo da colonização do Antigo Regime, isto é, para incrementar as atividades mercantis processava-se a ocupação, povoamento e valorização das novas áreas. E aqui ressalta de novo o sentido da colonização da época Moderna; indo em curso na Europa a expansão da economia de mercado, com a mercantilização crescente dos vários setores produtivos antes à margem da circulação de mercadorias – a produção colonial era uma produção mercantil, ligada às grandes linhas do tráfico internacional.

Adaptado de NOVAIS, Fernando A. *Portugal e Brasil na crise do Antigo Sistema Colonial (1777-1808)*, 1981. (Adaptado.)

O mecanismo principal da colonização foi o comércio entre colônia e metrópole, fato que se manifesta

a) na ampliação do movimento de integração econômica europeia por meio do amplo acesso de outras potências aos mercados coloniais.

b) na ausência de preocupações capitalistas por parte dos colonos, que preferiam manter o modelo feudal e a hegemonia dos senhores de terras.

c) nas críticas das autoridades metropolitanas à persistência do escravismo, que impedia a ampliação do mercado consumidor na colônia.

d) no desinteresse metropolitano de ocupar as novas terras conquistadas, limitando-se à exploração imediatista das riquezas encontradas.

e) no condicionamento político, demográfico e econômico dos espaços coloniais, que deveriam gerar lucros para as economias metropolitanas.

8. (UERN)

Os habitantes de Pernambuco iniciaram uma guerrilha contra os invasores. As ações estavam equilibradas até que Domingos Fernandes Calabar, nascido em Alagoas, passou para o lado dos invasores e os auxiliou. Aos poucos, toda a costa do Rio Grande do Norte e o campo de Santo Agostinho foram dominados. Em 1635, o governador Matias de Albuquerque ordenou a retirada para Alagoas, onde prendeu e fez executar Calabar. Os invasores conseguiram dominar ainda por alguns anos.

(Barbeiro, Heródoto. *Coleção de olho no mundo do trabalho.* História. Volume único para o Ensino Médio. São Paulo: Scipione. 2004. p. 220-221.)

O episódio, descrito anteriormente, eclodiu no Brasil ainda no período colonial, no contexto do ciclo da cana-de-açúcar, envolvendo várias províncias do Nordeste, inclusive o Rio Grande do Norte. Trata-se da(s)

a) invasões francesas, cujo objetivo era redistribuir as terras divididas entre Portugal, Espanha, França e Inglaterra através do Tratado de Madri.

b) invasões holandesas ocorridas, entre outras razões, com o intuito de permitir um comércio e refino do açúcar pelos holandeses, diretamente em terras brasileiras.

c) Guerra dos Mascates, envolvendo os comerciantes portugueses e os senhores de engenho nordestinos, revoltados com os abusos cometidos em relação ao preço do açúcar.

d) Revolta dos Malês, conflito grave que envolveu todo o nordeste, cuja causa principal era a invasão de terras devolutas, demarcadas pelo governo português na região açucareira.

MÓDULO 11 • A efervescência cultural europeia: o Renascimento

Renascimento é a denominação do movimento artístico-cultural europeu que ocorreu entre os séculos XIV e XVI. Deu-se em meio ao enorme poderio da nobreza e da Igreja em relação à dinamização comercial que fortaleceu a emergente burguesia, e influiu nos rumos políticos, religiosos e culturais da Europa. Foi impulsionado também pela centralização política e pela Reforma protestante.

O movimento floresceu nas cidades italianas a partir do século XIV. A inspiração nos ideais clássicos greco-romanos e a rejeição dos valores medievais serviam de justificativa para o chamarem de Renascimento. Apontavam o período anterior como uma "idade das trevas", apesar de a Idade Média ter produzido uma rica e variada cultura com a qual parte dos renascentistas não rompeu completamente.

O eixo central do movimento foi o humanismo – a valorização do ser humano como ser racional, um antropocentrismo oposto ao medievalismo, que tinha Deus como centro de todas as coisas. Outras características foram o naturalismo, o hedonismo e o neoplatonismo.

O Renascimento surgiu e ganhou maior expressividade nas cidades italianas, em grandes centros comerciais mercantis como Florença, Veneza, Milão e Roma e também pela atuação dos mecenas. Um precursor do Renascimento foi **Dante Alighieri**, autor de *A divina comédia*, obra em que há o predomínio do dialeto toscano, que serviu de matriz da língua italiana.

Archivo iconografico, S.A./Corbis/Latinstock/Capela Scrovegni, Padua, Itália

Lamentação (1304-1306), afresco de Giotto di Bondone.

Durante os anos 1300, chamado de período do ***Trecento***, destacou-se na literatura o "pai do humanismo", **Petrarca**, autor de *De África*; e também **Giovani Boccaccio**, autor de *Decameron*. Na pintura, **Giotto** foi o grande destaque com as obras *São Francisco pregando aos pássaros* e *Lamento ante Cristo morto*.

Nos anos 1400, período do ***Quattrocento*** das cidades italianas, destacaram-se os artistas de Florença, como o pintor **Masaccio**, o arquiteto **Brunelleschi**, o escultor **Donatello**. Um grande nome da pintura do período foi **Sandro Botticelli**, com sua famosa obra *Nascimento de Vênus*. O maior nome de então foi **Leonardo da Vinci**, na transição do *Quattrocento* para o ***Cinquecento*** (anos 1500), com sua famosa *Mona Lisa*, entre tantas outras obras.

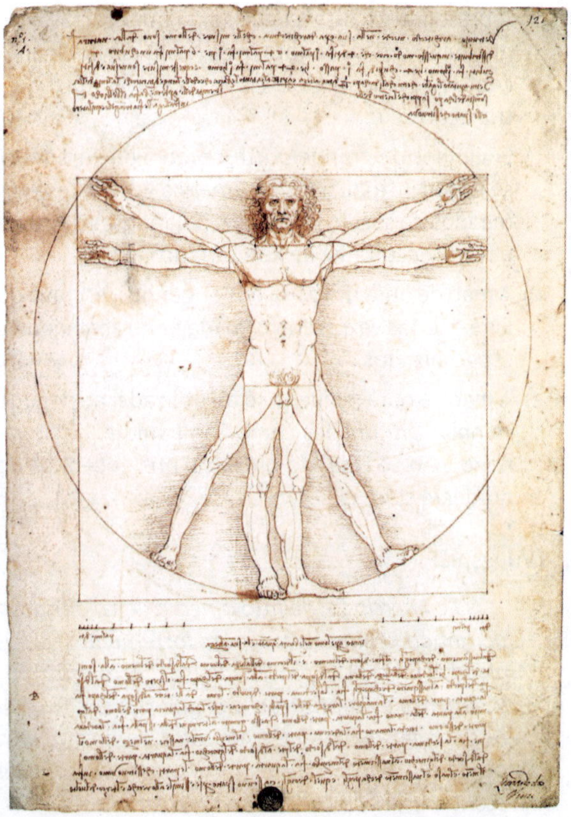

Reprodução/Galeria da Academia, Veneza, Itália

Vitrúvio foi um engenheiro do Império Romano que viveu no século I a.C., autor de tratados sobre as proporções dos templos em conformidade com as do corpo humano. Da Vinci apoiou-se em cópias de desenhos de monges medievais sobre a obra de Vitrúvio para o seu *Homem Vitruviano* de 1490.

Durante os anos 1500, período do ***Cinquecento***, com eixos importantes em Florença e principalmente em Roma, estão os nomes de **Nicolau Maquiavel**, autor de *O Príncipe*; **Rafael Sanzio**, com sua pintura *Escola de Atenas*; e **Michelangelo Buonarroti**, com seus afrescos pintados na Capela Sistina.

O movimento renascentista espalhou-se pela Europa. Nos Países Baixos, destacam-se **Erasmo de Rotardã**, com seu *Elogio da Loucura*, e as pintura dos irmãos **Van Eyck**, **Pieter Brueghel** e **Hieronymus Bosch**. Na região alemã, os grandes expoentes foram **Albrecht Dürer** e **Hans Holbein**. Na Inglaterra, **Thomas Morus**, autor de *Utopia*, e **William Shakespeare**. Na França, **Michel Montaigne** e **Rabelais**, este autor de *Gargântua e Pantacruel*. Na Espanha, **El Greco** na pintura e **Miguel de Cervantes** na literatura. Em Portugal, **Luís Vaz de Camões**.

Além das artes, a ciência teve uma fecunda produção, destacando-se, entre outros, **Galileu Galilei**, **Johannes Kepler** e **Nicolau Copérnico**, com seu heliocentrismo.

Em outras regiões do mundo, durante o Renascimento europeu, prevaleciam outras formas de convívio com a arte e a tecnologia. São áreas em que o contato e até mesmo a posterior dominação dos europeus tiveram grande repercussão com seu expansionismo comercial e colonizador.

Exercícios resolvidos

1. (Uerj)

"O casal Arnolfini"

Reprodução/Galeria Nacional, Londres, Inglaterra

Jan Van Eyck (1389-1441)

Sempre que se evoca o tema do Renascimento, a imagem que nos vem à mente é a dos grandes artistas e de suas obras mais famosas. Isso nos coloca a questão: por que razão o Renascimento implica esse destaque tão grande dado às artes visuais? De fato, as artes plásticas acabaram se convertendo num centro de convergência de todas as principais tendências da cultura renascentista. E mais do que isso, acabaram espelhando os impulsos mais marcantes do processo de evolução das relações sociais e mercantis.

NICOLAU SEVCENKO
Adaptado de *O Renascimento*. São Paulo: Atual; Campinas: Ed. Unicamp, 1984.

As diversas manifestações da cultura renascentista na Europa ocidental, entre os séculos XIV e XVI, estiveram relacionadas à criação de novos valores e práticas sociais que se confrontaram com aqueles da sociedade medieval.
Cite dois aspectos da cultura renascentista que justifiquem a sua importância para o início dos tempos modernos.

Resposta:
Podem ser citados a crítica ao modelo teocêntrico, a valorização do indivíduo e do homem com defesa dos ideais humanistas, a sobreposição da razão e da experiência como explicação de mundo e defesa dos ideais burgueses.

2. (Fuvest-SP)

Se utilizássemos, numa conversa com homens medievais, a expressão "Idade Média", eles não teriam ideia do que isso poderia significar. Eles, como todos os homens de todos os períodos históricos, se viam vivendo na época contemporânea. De fato, falarmos em Idade Antiga ou Média representa uma rotulação posterior, uma satisfação da necessidade de se dar nome aos momentos passados. No caso do que chamamos de Idade Média, foi o século XVI que elaborou tal conceito. Ou melhor, tal preconceito, pois o termo expressava um desprezo indisfarçado pelos séculos localizados entre a Antiguidade Clássica e o próprio século XVI.

Hilário Franco Júnior. *A Idade Média. Nascimento do Ocidente.* 3ª ed. São Paulo: Brasiliense, s.d. [1986]. p. 17. Adaptado.

A partir desse trecho, responda:

a) Em que termos a expressão "Idade Média" pode carregar consigo um valor depreciativo?

b) Como o período comumente abarcado pela expressão "Idade Média" poderia ser analisado de outra maneira, isto é, sem um julgamento de valor?

Resposta:

a) O movimento de grande desenvolvimento intelectual, artístico e científico do período renascentista cunhou o termo "Idade Média". A Idade Média torna-se, portanto, um período de "trevas", do obscurantismo da razão, quando o pensamento religioso estava acima das questões científicas.

b) A valorização renascentista não leva em conta as diversas transformações ocorridas durante o medievo que levaram à própria era moderna. A Idade Média deve, portanto, ser compreendida em seu tempo, isto é, dentro de seu contexto, e não considerando valores que revelam anacronismo ou valores que não compunham o período.

3. (Fuvest-SP) Observe a imagem e leia o texto a seguir.

Capela Sistina/Museus e Galerias do Vaticano

Fonte: Michelangelo, *A criação de Adão*, detalhe do teto da Capela Sistina, Vaticano (c. 1511). www.rastel.com

Michelangelo começou cedo na arte de dissecar cadáveres. Tinha apenas 13 anos quando participou das primeiras sessões. A ligação do artista com a medicina foi reflexo da efervescência cultural e científica do Renascimento. A prática da dissecação, que se encontrava dormente havia 1.400 anos, foi retomada e exerceu influência decisiva sobre a arte que então se produzia.

Clayton Levy, "Pesquisadores dissecam lição de anatomia de Michelangelo". *Jornal da Unicamp*, nº 256, junho de 2004, <www.unicamp.br/unicamp/unicamp_hoje/ju/junho2004/ju256pag1.htm>. Acesso em: 11 jun. 2010.

a) Explique a relação, mencionada no texto, entre artes plásticas e dissecação de cadáveres, no contexto do Renascimento.

b) Identifique, na imagem acima, duas características da arte renascentista.

Resposta:

a) Característico da arte renascentista, a valorização do homem e do realismo foram fundamentais para uma pintura rica em detalhes.

b) A presença de perspectiva, valores religiosos e antropocentrismo podem ser percebidos na pintura.

4. (UFBA) O Renascimento, como expressão de concepções inovadoras de artistas, escritores e cientistas, marcou o campo cultural e o científico da civilização europeia ocidental.

Partindo dos conhecimentos sobre o movimento renascentista, indique uma concepção, relativa a cada grupo indicado, responsável por modificações na mentalidade da época.

Concepção inovadora de

- artistas:
- escritores:
- cientistas:

Resposta:

O antropocentrismo, o humanismo e a valorização da razão fazem parte do Renascentismo. Em especial às artes, a perspectiva e o realismo. Na literatura, a presença da temática política, a crítica aos textos clássicos, o uso das línguas nacionais que demonstravam temas locais ou profanos. Na ciência, o experimentalismo e as novas visões do Universo pelos estudos da Física ou da Medicina.

Exercícios propostos

1. (UFSC)

A revolução da imprensa

Reprodução/UFSC, 2014.

Disponível em: <http://midiatecaunivali.wordpress.com/2012/06/20/prensa-de-gutenberg/> Acesso em: 16 out. 2013.

No final do século XV, a reprodução de materiais escritos começou a transferir-se da escrivaninha do copista para a oficina do impressor. Essa mudança, que revolucionou todas as formas de aprendizado, foi particularmente importante para o estudo da história. Desde então, os historiadores passaram a dever muito à invenção de Gutenberg: a imprensa intervém no seu trabalho desde o início até o fim, desde a consulta aos fichários até a revisão do texto final.

EISENSTEIN, Elisabeth L. *A revolução da cultura impressa*. Os primórdios da Europa Moderna. São Paulo: Ática, 1998. p. 17.

Sobre a revolução da imprensa e seus impactos, é **CORRETO** afirmar que:

(01) a invenção dos tipos móveis de metal por Johannes Gutenberg tornou possível a rápida difusão de livros e, consequentemente, dos ideais do Humanismo e do Renascimento.

(02) com a invenção da Imprensa, a Igreja católica passou a ter acesso a diversas obras, já que até então as bibliotecas eram praticamente um monopólio das realezas europeias.

(04) a transformação proporcionada pela revolução da imprensa foi facilitada, principalmente, pelo fato de a grande maioria da população europeia já ser alfabetizada no século XVI.

(08) antes dos tipos móveis de Gutenberg, a atividade dos monges copistas era de fundamental importância para a preservação e a reprodução das mais diferentes obras.

(16) a revolução da imprensa estava diretamente conectada às transformações sociais desencadeadas pelos pensadores iluministas, fato que contribuiu para que a primeira obra impressa com tipos móveis por Johannes Gutenberg fosse *O contrato social*, de Jean-Jacques Rousseau.

(32) como resultado das novas técnicas de impressão, as gravuras desapareceram para dar lugar a uma nova manifestação de arte gráfica: as iluminuras.

2. (UPE)

Que obra de arte é o homem! Que nobre na razão, que infinito nas faculdades, na expressão e nos movimentos, que determinado e admirável nas ações; que parecido a um anjo de inteligência, que semelhante a um deus!

(SHAKESPEARE, William. *Hamlet*. São Paulo: Abril Cultural, 1976. p. 87.)

Partindo da análise da fala da personagem shakespeariana, assinale a alternativa que a associa às características do Renascimento Cultural.

a) A fala de Hamlet ilustra o teor teocêntrico do Renascimento ao associar o homem a anjos e deuses.

b) O texto apresenta Deus como centro do universo ao explorar a semelhança entre o homem e o divino.

c) Hamlet apresenta o homem como uma obra-prima nata, dialogando com a perspectiva filosófica do empirismo.

d) O texto explora o hedonismo ao destacar o homem como "infinito nas faculdades, na expressão e nos movimentos".

e) Hamlet apresenta uma elegia ao homem, ilustrando o antropocentrismo característico do Renascimento Cultural.

3. (CFT-RJ) Movimento cultural ocorrido na Europa nos séculos XV e XVI, caracterizado, entre outros, pela inspiração na Antiguidade Clássica greco-romana, pela centralidade da figura humana e pelo racionalismo. Estamos nos referindo ao:

a) Iluminismo.

b) Renascimento.

c) Barroco.

d) Eurocentrismo.

4. (Mack-SP)

A Idade Média não existe. Esse episódio de quase mil anos [...] é uma fabricação, uma construção, um mito, quer dizer, um conjunto de representações e de imagens em perpétuo movimento, amplamente difundidas na sociedade, de geração em geração [...]

Christian Amalvi. "Idade Média". In: Jacques Le Goff e Jean-Claude Schmitt. *Dicionário Temático do Ocidente Medieval*. Bauru, SP: EDUSC, 2006, p. 537.

A respeito do tema, considere as seguintes afirmativas:

I. As representações depreciativas do período remontam às tentativas, principalmente de humanistas italianos desde o século XIV, de retornar às fontes da Antiguidade clássica.

II. O século XVIII, com sua revalorização do racionalismo e antropocentrismo, assiste ao dualismo "obscurantismo" – representado pela Idade Média – e as "Luzes" – representadas pelo Iluminismo.

III. A visão de uma Idade Média plena de cultura e da qual se originou a civilização europeia deve-se, em grande parte, ao século XIX, com o Romantismo.

Assinale

a) se apenas I estiver correta.

b) se apenas I e II estiverem corretas.

c) se apenas II e III estiverem corretas.

d) se apenas I e III estiverem corretas.

e) se I, II e III estiverem corretas.

5. (PUC-RS) A renovação literária que se verifica no norte da Itália no século XIV, com as obras de Dante Alighieri (1265-1321), Francesco Petrarca (1304-1374) e Giovani Boccaccio (1313-1375), é considerada um marco para o chamado Renascimento Cultural. Produzindo obras de transição para a cultura renascentista, esses autores NÃO

a) glorificavam as conquistas humanas.

b) utilizavam uma linguagem popular.

c) ironizavam a moral corrente.

d) criticavam a cultura medieval.

e) ignoravam a temática religiosa.

6. (UEMG) As transformações históricas geralmente não acontecem de forma repentina; elas se dão de forma gradual, com o passar dos anos, décadas ou séculos. Se levarmos em consideração as mudanças culturais, as transformações são ainda mais demoradas. No período medieval, não foi diferente: as mudanças culturais começaram a ser percebidas nos dois séculos anteriores. Sobre esse assunto, leia a passagem seguinte:

> *Mas o novo humanismo era, mais geralmente, um humanismo cristão. 'Somos anões empoleirados nos ombros de gigantes': esta fórmula de Bernard de Chartres (cerca de 1130), muitas vezes repetida, ilustra a extensão da dívida que os espíritos mais sérios da época reconheciam ter para com a cultura clássica.*
>
> BLOCH, Marc. *A Sociedade Feudal*. Lisboa: Edições 70, 1979, p. 135.

Segundo o relato de Marc Bloch sobre o pensamento de Bernard de Chartres, é CORRETO afirmar:

a) A sociedade do tempo de Chartres, após as descobertas dos originais gregos, via-se como independente das influências clássicas.

b) Faziam parte do contexto da época de Chartres a mediocridade dos intelectuais que lhe foram contemporâneos e a supremacia da mentalidade grega.

c) Todo o universo acadêmico estava dedicado a suplantar suas heranças passadas, motivo pelo qual os intelectuais contemporâneos a Chartres dedicavam-se ao estudo dos clássicos.

d) Os intelectuais da geração de Chartres são gratos aos clássicos, pois, com suas obras em mãos, podiam perceber a magnitude de seus conceitos.

7. (UEL-PR)

Sandro Botticelli. *O Nascimento de Vênus*, 1482. Têmpera sobre tela. 172,5 cm × 278,5 cm. Galeria Uffizi, Florença (Itália).

Com base nos conhecimentos sobre a pintura no período do Renascimento e na obra de Sandro Botticelli considere as afirmativas a seguir.

I. Há, nessa obra renascentista, a preocupação com o naturalismo, a proporção e o efeito de profundidade, sendo o pintor florentino Sandro Botticelli um dos principais representantes do *Quattrocento*.

II. Essa obra marca o início da Arte Moderna na Itália ao retratar o conflito entre o homem e a natureza, expresso na ação do vento que afeta os principais elementos da composição.

III. Essa obra tem como temática um episódio mitológico que aborda o nascimento de uma deusa, apresentando a movimentação do ar como um importante elemento para expressar leveza.

IV. O Renascimento é um período histórico caracterizado pelo teocentrismo e a obra *O Nascimento de Vênus* é emblemática por apresentar o sopro divino como temática da composição.

Assinale a alternativa correta.

a) Somente as afirmativas I e II são corretas.

b) Somente as afirmativas I e III são corretas.

c) Somente as afirmativas III e IV são corretas.

d) Somente as afirmativas I, II e IV são corretas.

e) Somente as afirmativas II, III e IV são corretas.

8. (UFPE) O Renascimento – um importante período na história da vida europeia – trouxe:

( ) a ruptura da nobreza com o poder da Igreja, reforçando o fim do domínio político do papa e o crescimento das aspirações republicanas, relacionadas com as reflexões de Maquiavel.

( ) as redefinições no mundo das artes, com mudanças na sensibilidade e na percepção do pensamento e dos valores da época.

( ) o fortalecimento do saber científico, com mudanças nas concepções da astronomia e da Matemática, que contribuíram para a secularização da cultura.

( ) a aceitação incondicional de crenças religiosas próprias do Cristianismo, anulando as tradições clássicas predominantes no mundo das artes.

( ) a busca por espaços literários renovadores, com obras expressivas, como *Dom Quixote de La Mancha*, importantes para afirmação das línguas nacionais europeias.

MÓDULO 12 • A Reforma Religiosa – cristianismo em transformação

O processo de fortalecimento dos reis e as transformações socioeconômicas serviram de pano de fundo para a **Reforma Religiosa**, que originou as Igrejas protestantes e a reformulação da Igreja católica. Dentre os fatores que deram impulso ao reformismo religioso estão:

- o poderio espiritual e econômico da Igreja em atrito com as pretensões centralizadoras dos monarcas;
- o desenvolvimento comercial e financeiro que esbarrava nas concepções tomistas (Tomás de Aquino), centradas na ideia do "justo preço";
- dois sistemas teológicos: tomismo (boas obras e livre-arbítrio), em que se apoiava a Igreja; e a teologia agostiniana (fé e predestinação);
- a ânsia por um cristianismo mais popular em meio a pestes, fome e guerras;
- o combate à imoralidade de parte de membros da Igreja, com abusos e venda de indulgências, principalmente na época do papa Leão X;
- as críticas e propostas de pensadores como John Wyclif (Universidade de Oxford); John Huss (Universidade de Praga), este queimado vivo por decisão do Concílio de Constança (1415); bem como de Erasmo de Roterdã e Thomas Morus.

Reprodução/Museu do Louvre, Paris, França

Retrato de Erasmo de Roterdã pintado por Hans Holbein (1497-1543).

A Reforma no Sacro Império Romano-Germânico (SIRG – região da Alemanha)

A liderança coube ao frade agostiniano Martinho Lutero, que defendia a doutrina da "salvação pela fé". Revoltado com a venda de indulgências pelo dominicano João Tetzel, Lutero fixou as 95 teses na porta da Igreja de Wittenberg contra a Igreja papal e recebeu amplo apoio da população. Em 1520, o papa Leão X condenou Lutero por meio de uma bula, que foi queimada pelo frade. O imperador Carlos V convocou a Dieta de Worms, na qual Lutero foi condenado. Com apoio da nobreza, refugiou-se no Castelo de Wartburg, onde traduziu a Bíblia para o alemão (primeiro documento escrito em língua alemã moderna).

A disseminação das ideias luteranas estimulou a revolta camponesa dos anabatistas. Liderados por Thomas Münzer (milenarismo), os revoltosos foram condenados por Lutero e reprimidos.

Em 1529, por meio da Dieta de Spira de Carlos V, decidiu-se tolerar o luteranismo nas regiões convertidas, mas nas demais continuou proibido, motivo de protesto dos luteranos.

A organização da doutrina coube ao teólogo Felipe Melanchton, na Confissão de Augsburg, que definiu as Escrituras sagradas como único dogma; a fé como única fonte de salvação; a negação da transubstanciação; a supressão do clero, celibato e imagens; a livre interpretação da Bíblia; o alemão como idioma nos cultos; a manutenção somente de dois sacramentos (batismo e eucaristia); e a submissão da Igreja ao Estado. Em 1555, foi assinada a Paz de Augsburg, fundada no princípio do *Cujus regio ejus religio* ("Tal príncipe, sua religião").

Max Weber

No século XIX, Weber, em sua obra *A ética protestante e o espírito do capitalismo*, faz uma análise que relaciona o desenvolvimento capitalista aos ideais protestantes.

A Reforma na Suíça

A região de próspero comércio, independente do SIRG em 1499, iniciou-se na Reforma seguindo as pregações de Lutero, sob a liderança de Ulrich Zwinglio, e mergulhou na guerra civil até a Paz de Kappel. O mais importante líder reformista foi João Calvino, que conquistou Genebra e submeteu o comando da cidade ao Consistório. Defensor da predestinação, estabeleceu o sábado como o dia da graça (Antigo Testamento), as Escrituras Sagradas como base, o batismo e a eucaristia como únicos sacramentos. O calvinismo ganhou apoio da burguesia emergente e espalhou-se pela Europa (na Escócia, com John Knox, os presbiterianos; na França, os huguenotes; na Inglaterra, os puritanos).

Reforma na Inglaterra

Deu-se com a liderança real de Henrique VIII, que baixou em 1534 o Ato de Supremacia, motivada pela questão de seu casamento. O rei passou a ser o chefe da Igreja inglesa, mais tarde denominada de anglicana. A obra reformista inglesa foi completada no reinado de Elizabeth I, que mesclou o anglicanismo com o calvinismo.

A Contrarreforma ou Reforma Católica

Em resposta ao movimento reformista protestante que se espalhava pela Europa, a Igreja Católica tomou medidas como:

- a criação da **Companhia de Jesus** (1534), idealizada por Ignácio de Loyola e que empregava padres jesuítas na catequização, principalmente no Novo Mundo.
- a convocação do **Concílio de Trento** (Papa Paulo III), que reafirmou o tomismo, o celibato, a hierarquia eclesiástica, o culto às imagens, a existência do purgatório, a indissolubilidade do casamento e a condenação do protestantismo. Além disso, proibiu a venda de indulgências e determinou a formação dos clérigos nos seminários. A **Inquisição** foi reativada e recebeu o nome de Tribunal do Santo Ofício; o **Index**, índice dos livros proibidos, foi estabelecido.

Exercícios resolvidos

1. (Unicamp-SP) Observe a imagem abaixo:

Adriaen van de Venne. *A pesca de almas* (1614). Rijksmuseum, Amsterdã, Holanda. Detalhe.

a) A imagem representa a disputa entre calvinistas e católicos. Como estão representados os calvinistas na obra do artista holandês?

b) Explique a importância econômica da Holanda como potência marítima no contexto europeu do século XVII.

Resposta:

a) Os calvinistas estão no primeiro plano à esquerda, com suas vestes negras e com livros em mãos. A representação sugere a sobriedade individual, o rigor religioso e a utilização da Bíblia como elementos que fazem parte do ideário calvinista utilizado pelo artista.

b) O século XVII é o período do apogeu comercial holandês, que pode ser explicado a partir de aspectos como a constituição das companhias marítimas de comércio, o predomínio batavo no refino e comercialização do açúcar produzido no Brasil e nas Antilhas, e a utilização de capitais holandeses nas áreas coloniais da Ásia, África e América. Os lucros obtidos nas atividades manufatureiras e a condição de potência marítima tornaram a Holanda um dos principais centros econômicos europeus, ao mesmo tempo em que os holandeses enfrentaram a concorrência com Portugal, Espanha e Inglaterra no comércio marítimo.

2. (Uerj)

De forma especial, queria que esse mandato ressoasse em vocês, jovens da Igreja na América Latina, comprometidos com a Missão Continental promovida pelos Bispos. Este continente recebeu o anúncio do Evangelho, que marcou o seu caminho e produziu muito fruto. Agora este anúncio é confiado também a vocês, para que ressoe com uma força renovada. A Igreja precisa de vocês, do entusiasmo, da criatividade e da alegria que os caracterizam! Um grande apóstolo do Brasil, o Bem-aventurado José de Anchieta, partiu em missão quando tinha apenas dezenove anos! Sabem qual é o melhor instrumento para evangelizar os jovens? Outro jovem! Este é o caminho a ser percorrido por vocês.

PAPA FRANCISCO. Adaptado de estadao.com.br, 28/07/2013.

A visita do Papa Francisco ao Brasil, em julho de 2013, por ocasião da Jornada Mundial da Juventude, mobilizou milhares de fiéis, representando valores e práticas do projeto missionário da Igreja Católica para a América Latina. No texto, a menção a José de Anchieta aponta para outra época da ação da Igreja: a colonização da América portuguesa no século XVI.
Explicite o principal objetivo do projeto missionário da Igreja Católica no século XVI. Em seguida, cite uma proposta atual da Igreja Católica associada ao projeto missionário para a América Latina.

Resposta:
No século XVI, os objetivos estavam na expansão da fé cristã, principalmente no Novo Mundo, após a criação da Companhia de Jesus na Reforma Católica. Essa expansão era reflexo da busca em retomar prestígio após o rompimento da cristandade ocidental. Atualmente pode-se notar a preocupação do papa Francisco em investigar casos de corrupção e pedofilia, promover a evangelização e aproximar-se dos menos favorecidos.

3. (UFPR) Texto para a próxima questão:

O direito de criticar dogmas e encaminhamentos é assegurado como liberdade de expressão, mas atitudes agressivas, ofensas e tratamento diferenciado a alguém em função de crença ou de não ter religião são crimes inafiançáveis e imprescritíveis.

("Intolerância religiosa é crime de ódio e fere a dignidade". *Portal de Notícias do Senado Federal*. Publicado em 16 de abril de 2013. Disponível em: <www12.senado.gov.br/jornal/edicoes/2013/04/16/intolerancia-religiosa-e-crime-de-odio-e-fere-a-dignidade>).

Destaque dois conflitos religiosos ocorridos após a Reforma Protestante na Europa, entre os séculos XVI e XVII, discorrendo sobre os motivos de seu desenvolvimento.

Resposta:
Podem ser destacadas a Noite de São Bartolomeu, a Guerra dos Trinta Anos e a Revolução Puritana. A liberdade de culto e as disputas da nobreza e da burguesia fizeram parte desses movimentos.

Exercícios propostos

1. (UTFPR) O processo de transformações econômicas, políticas e sociais ocorridas na Europa no final da Idade Média culminou no século XVI com a grande revolução espiritual da sociedade europeia, caracterizada por um amplo movimento de contestação à autoridade do clero e do poder material da Igreja de Roma. Esse movimento, identificado como Reforma Protestante, criticava também a prática da simonia que era:
   a) a atitude mundana do alto clero que usava os recursos da Igreja em benefício próprio.
   b) a herança de uma prática medieval, por parte do clero, que valorizava a administração das terras em prejuízo das questões espirituais.
   c) o comércio dos bens sagrados, como cargos eclesiásticos e as indulgências (perdão dos pecados).
   d) a prática do alto clero em acompanhar os reis nas batalhas em troca de bens, como terras e títulos.
   e) o costume de o baixo clero abandonar temporariamente suas funções espirituais para se dedicar às guerras em troca de dinheiro.

2. (CFT-RJ) As reformas religiosas do século XVI ocorreram em diferentes lugares e com algumas características próprias. Houve tanto um movimento com várias tendências protestantes quanto um movimento católico. É possível fazer a seguinte relação entre as seguintes lideranças religiosas e os movimentos dos quais participaram.

I. Calvino	( ) Reformador alemão que acreditava na salvação pela fé
II. Henrique VIII	( ) Acreditava na teoria da predestinação
III. Inácio de Loyola	( ) Rei que estabeleceu a Igreja Anglicana
IV. Lutero	( ) Padre que criou a Companhia de Jesus (jesuítas)

   a) I, II, III e IV.
   b) I, III, II e IV.
   c) IV, I, III e II.
   d) IV, I, II e III.

3. (Udesc) Em 1545, o papa convocou uma reunião entre os membros mais importantes da Igreja Católica a fim de debater sobre questões doutrinárias e disciplinares. O Concílio de Trento, como ficou conhecida esta reunião, durou 18 anos e foi motivado pelos questionamentos à Igreja Católica os quais se tornaram cada vez mais frequentes no início do século XVI, e que levaram à Reforma Protestante.
Analise as proposições em relação ao contexto.

I. A Reforma Protestante difundiu-se em várias regiões da Europa, entre as quais as regiões que atualmente compõem a Alemanha, Suíça, Inglaterra e Holanda.

II. Martinho Lutero foi um crítico da Igreja Católica. Após a publicação das suas críticas, conhecidas como 95 teses, que foram afixadas na porta da Igreja de Wittenberg, ele foi excomungado pelo Papa Leão X.

III. Entre as novas doutrinas que surgiram com a Reforma Protestante estão o Luteranismo, o Calvinismo e o Anglicanismo.

IV. A Reforma Protestante ocorreu juntamente com outras mudanças, como o aumento do poder dos reis e o fortalecimento dos Estados Nacionais.

Assinale a alternativa **correta**.

a) Somente as afirmativas I, II e III são verdadeiras.
b) Somente as afirmativas I, III e IV são verdadeiras.
c) Somente as afirmativas I, II e IV são verdadeiras.
d) Somente as afirmativas II, III e IV são verdadeiras.
e) Todas as afirmativas são verdadeiras.

4. (CFT-RJ)

Embora a origem da reforma de Lutero se deva a uma experiência pessoal, ela refletiu, na verdade, o estado de espírito comum a muitos seguidores da Igreja Romana. De fato, a iniciativa da livre interpretação da Bíblia deve ser compreendida como mais uma das muitas manifestações típicas do individualismo do homem renascentista.

(Carmem Peris, Glória Vergés e Oriol Vérges, *El renacimiento*. Barcelona: Parramón Ediciones, s/d, p. 32)

A Reforma Protestante fez parte do processo de transição da Idade Média para a Idade Moderna e teve na religião seu alvo principal. A partir do que foi dito acima, podemos dizer sobre a reforma religiosa:

a) A livre interpretação da bíblia levou ao surgimento de diversas igrejas que renegavam a necessidade das obras e da fé absoluta em Deus como forma de organização da sociedade.
b) A manutenção do estado de espírito do catolicismo, presente na manutenção, pelos reformadores, dos principais dogmas da Igreja Romana, como a infalibilidade do papa e o culto à Virgem Maria.
c) Um amplo movimento de mudanças sociais, na medida em que alterou hábitos e costumes da época, integrando dois contextos: o das modificações ligadas ao desenvolvimento do comércio e seus efeitos e o do processo de centralização monárquico, que deu surgimento ao Estado Moderno.
d) Um processo de transformação espiritual que teve repercussões em outros setores da sociedade, como a expansão marítima ibérica, que levou a religião de Lutero para o Novo Mundo.

5. (UEM-PR) No início da modernidade, ao longo do século XVI, ocorreu uma série de transformações nas instituições religiosas e na espiritualidade dos cristãos ocidentais. Tais transformações deram origem à Reforma. A esse respeito, assinale a(s) alternativa(s) correta(s).

(01) Segundo os estudiosos, a reforma religiosa relaciona-se à busca, por parte dos humanistas, de um cristianismo revigorado e rejuvenescido que fosse ao encontro das necessidades dos indivíduos.
(02) A ética cristã escolástica condenava a usura e o lucro; sendo assim, havia necessidade de uma nova ética adequada aos novos tempos de crescimento das atividades mercantis.
(04) A reforma católica, ou contrarreforma, foi uma tentativa da Igreja Romana de se apropriar dos novos princípios teológicos estabelecidos por Lutero e por Calvino.
(08) As contradições entre o universalismo da Igreja e os interesses dos nascentes Estados Nacionais motivaram um conflito entre o poder temporal e o espiritual; esse conflito foi um elemento importante para a disseminação da Reforma.
(16) Na península Ibérica, o "Padroado Régio" se constituiu no principal braço da Reforma luterana.

6. (UFRN) Ao comentar a Reforma Protestante do século XVI, Márcio Ferrari afirma:

O nascimento do protestantismo teve profundas implicações sociais, econômicas e políticas. Na educação, o pensamento de Lutero produziu uma reforma global do sistema de ensino alemão, que inaugurou a escola moderna. [...]

A ideia da escola pública e para todos, organizada em três grandes ciclos (fundamental, médio e superior) e voltada para o saber útil nasce do projeto educacional de Lutero.

FERRARI, Márcio. *Martinho Lutero*: o criador do conceito de educação útil. Nova escola. n. 187, nov. 2005. p. 30.

A proposta educacional de Lutero, referida no comentário acima, está diretamente relacionada

a) à defesa, por parte dos reformadores, da liberdade de interpretar a Bíblia, de modo que qualquer fiel tivesse acesso às fontes da doutrina.
b) ao desejo de facilitar para os fiéis a leitura da Vulgata, tradução da Bíblia em latim, aceita como versão oficial da Igreja Luterana.
c) ao projeto de melhoria da instrução do povo para que este pudesse compreender a doutrina luterana, cujo ensino era de competência exclusiva dos sacerdotes.
d) à proposta de difusão da leitura entre o povo, para que este conhecesse os catecismos produzidos no Concílio de Trento.

MÓDULO 13 • O caminho das monarquias europeias na Idade Moderna

A Europa Moderna foi a Europa dos governos centralizados. Apoiavam-se em pensadores de ordem política que fundaram teorias justificadoras do **Estado absolutista**. Dentre eles destacam-se:

- **Nicolau Maquiavel**, autor de *O Príncipe* e crítico das disputas italianas entre as repúblicas. Em sua obra, defendia que o Príncipe deveria ficar acima das considerações morais, fazendo prevalecer a razão do Estado;
- **Thomas Hobbes**, autor de *Leviatã* e que apontava o Estado absoluto como resultado da superação do "estado de natureza", na qual prevalecia a guerra de todos contra todos. Defendia que no "contrato" todos tinham cedido seus direitos ao soberano, único capaz de evitar o caos e a violência generalizada;
- **Jacques-Bénigne. Bossuet**, autor de *Política retirada da Sagrada Escritura*, em que aponta o poder real emanado de Deus, o direito divino dos reis;
- **Jean Bodin**, autor de *Da República*, e **Hugo Grotius**, autor de *Do direito da paz e da guerra*, também defensores do direito absoluto real.

Em suma, o Absolutismo foi uma forma de governo característica do Antigo Regime, na qual o poder era centralizado na figura do rei, apoiado e justificado pela Igreja e pela nobreza. Entre as práticas econômicas, era comum aos Estados centralizados o controle rígido sobre a exploração colonial, reforçado com o apoio da burguesia que se consolidou no período.

França

A centralização política remonta à dinastia **Capetíngea** e ganhou grande impulso com os **Valois**, após a Guerra dos Cem anos. Com Carlos X, acirrou-se a luta entre católicos e huguenotes, cujo ápice foi a **Noite de São Bartolomeu** (24/08/1572), em que milhares de protestantes foram massacrados e mortos, como o líder huguenote Gaspar de Coligny. Após o reinado de Carlos X, as disputas pelo trono foram denominadas Guerra dos Três Henriques, seguida da ascensão ao trono da dinastia dos **Bourbon**, aquela que representou o apogeu da ordem absolutista. Com Henrique IV foi proclamado o **Édito de Nantes** (1598), que concedia liberdade de culto aos protestantes. Com Luís XIII teve destaque a atuação do cardeal Richelieu e sua participação na Guerra dos Trinta Anos. Com Luís XIV, a Guerra dos Trinta Anos chegou ao fim com a Paz de Westfália, que teve como um dos artífices o cardeal Mazarino, que derrotou as "frondas" e alcançou o apogeu absolutista. É atribuída a Luís XIV a frase *"L'Etat c'est moi"*. Destacam-se a atuação do ministro das Finanças, Jean-Baptiste Colbert, e a transferência da Corte para o palácio de Versalhes. Foi uma época de efervescência cultural, sobressaindo-se Descartes, Pascal, La Fontaine, Racine e Molière, entre outros. Com Luís XV (Guerra dos Sete Anos) e Luís XVI (Guerra de Independência dos Estados Unidos), cresceram a asfixia financeira e o esgotamento do Antigo Regime, que levou à Revolução Francesa.

Inglaterra

Após a Guerra das Duas Rosas, a dinastia **Tudor** avançou na centralização com Henrique VII, Henrique VIII (Ato de Supremacia) e Elizabeth I. Com a dinastia **Stuart**, avanços e recuos marcaram a ordem política quanto à centralização do poder nas mãos do rei. Com Jaime I fez-se a união da Inglaterra com a Escócia e ampliaram-se as levas de colonizadores para a América. Com Carlos I explodiu a Guerra Civil com os puritanos (Cabeças Redondas) liderados por **Oliver Cromwell**, na qual derrotaram os Cavaleiros e executaram o rei em 1649. Cromwell tornou-se lorde protetor da República, responsável pelos Atos de Navegação contra a concorrência naval estrangeira. Na volta dos Stuart, destacaram-se Carlos II e, em seguida, Jaime II, este último derrubado pela **Revolução Gloriosa** (1688-1689). Subiu ao trono Guilherme III, que assinou a Declaração de Direitos (*Bill of Rights*), que estabeleceu a monarquia parlamentar, e o Ato de Tolerância (*Act of Toleration*), que concedeu liberdade religiosa aos protestantes.

A Monarquia moderna centralizada em outros países

Na Prússia: assume o poder a dinastia **Hohenzollern**, com Frederico Guilherme, Frederico I e Frederico II.

Na Rússia: o destaque ficou para Ivan, o Grande (czar de toda a Rússia), e a construção do Kremlin. Com Pedro, o Grande, valorizou-se a europeização, e com Catarina II, a busca de modernização do país.

Na Áustria, o destaque coube a José II, da dinastia dos **Habsburgo**.

Exercícios resolvidos

1. (Uerj)

Felipe II, Espanha

Museu do Louvre, Paris.

Luís XIV, França

Museu do Louvre, Paris.

www.consciencia.org

Os séculos XVI e XVII marcaram a afirmação do absolutismo político na Europa, embora com particularidades em cada reino. Dois exemplos de reis absolutistas são Felipe II, cujos domínios eram tão vastos que se dizia que neles "o sol nunca se punha", e Luís XIV, conhecido como "rei sol".
Indique duas medidas estabelecidas pelo poder real que tenham auxiliado a afirmação do absolutismo político e dois fatores que funcionaram como resistência ao processo de centralização política.

Resposta:
Duas das medidas: unificação da moeda; unificação de pesos e medidas; criação de uma burocracia real; uniformização da língua nacional; unificação da cobrança de impostos; apoio à colonização de novos territórios; formação de exércitos regulares nacionais; estabelecimento de práticas mercantilistas; aplicação da justiça real sobre todo o reino; estabelecimento de relações de controle e convivência com a nobreza.
Dois dos fatores: manutenção dos poderes locais; existência de leis gerais do reino; fortalecimento gradativo do individualismo burguês; resistência de setores nobres à perda de seu poder político; manutenção dos poderes tradicionais ligados à nobreza e à Igreja.

2. (UFRJ)

> *A sociedade feudal era uma estrutura hierárquica: alguns eram senhores, outros, seus servidores. Numa peça teatral da época, um personagem indagava:*
> *– De quem és homem?*
> *– Sou um servidor, porém não tenho senhor ou cavaleiro.*
> *– Como pode ser isto? Retrucava o personagem.*
>
> Fonte: Adaptado de HILL, Christopher. *O mundo de ponta-cabeça*. São Paulo: Companhia das Letras, 1987, p. 55.

No século XVI, a sociedade rural inglesa, até então relativamente estática, estava se desagregando. Apresente um processo socioeconômico que tenha contribuído para essa desagregação.

Resposta:
Durante o século XVI na Inglaterra, a burguesia já se afirmava como um forte grupo econômico e se opunha a antiga ordem estamental. O incremento da população urbana, com a política dos cercamentos de terras e as transformações na produção manufatureira, bem como as lutas religiosas, fizeram parte daquele período de agitação e transformação, que levou ao rompimento com o tradicionalismo senhorial. A ordem feudal foi, portanto, questionada e superada.

3. (UFG-GO) Leia o fragmento a seguir.

> *O regime dos Césares era muito diferente das monarquias que nos são familiares, a saber: a realeza medieval e moderna. Sob o Império Romano (40 a.C.-476 d.C.), a palavra "República" nunca cessará de ser pronunciada. Sob o Absolutismo, todos estarão a serviço do Rei; um Imperador, ao contrário, estava a serviço da República: ele não reinava para a sua própria glória, à maneira de um Rei, mas para a glória dos Romanos.*
>
> VEYNE, Paul. *L'Empire Gréco-Romain*. Paris: Seuil, 2006. p. 15-41. [Adaptado].

O texto acima compara e distingue dois regimes políticos. Explique o que diferenciava a legitimidade do poder político de um imperador romano da legitimidade do poder político de um rei absolutista.

Resposta:

A legitimidade política de um Imperador Romano era oriunda da soberania popular: do poder que lhe era delegado pelo povo e pelo Senado. Ele não ocupava o trono na qualidade de seu proprietário, mas como mandatário da coletividade encarregado por ela de dirigir a República. Mesmo que um descendente substituísse ao pai imperador, essa substituição não era assegurada pelo princípio da sucessão dinástica, tal como no Absolutismo. A legitimidade política de um rei absolutista, ao contrário, era oriunda do poder divino. Um rei era proprietário de um reino, que era seu patrimônio familiar legítimo. Esse poder era transmitido a um descendente que lhe sucedia pelo princípio da hereditariedade.

4. (UFMG) Observe esta imagem:

Frontispício da 1ª edição da obra de Hobbes, *Leviatã* (1651)

Thomas Hobbes (1588-1679) ficou conhecido como um dos teóricos do Absolutismo. Nessa ilustração da sua obra, sintetiza-se a formação do Estado Absolutista.

a) CITE três características do Estado Absolutista.

b) EXPLIQUE a representação de poder expressa nessa imagem.

Resposta:

a) Podem ser citadas a centralização política monárquica, a prática mercantilista e uma sociedade de ordens ou estamentos.

b) Na imagem podemos destacar a figura do monarca simbolizando o Estado e carregando a espada e um cetro, estando, assim, acima dos interesses particulares. O controle das armas (militar), religioso, das terras e dos demais interesses estava concentrado na figura do rei. A obra faz alusão ao Leviatã, figura mitológica que assegura proteção às minorias.

Exercícios propostos

1. (UFG-GO) Analise as imagens a seguir.

Figura 1

AUTOR DESCONHECIDO. Retrato da Rainha Elizabeth (1600). Disponível em: <www.npg.org.uk>. Acesso em: 23 set. 2013.

Figura 2

RODRIGUES, Manuel Lopes. Alegoria da República (1896). In: CARVALHO, José Murilo. *A formação das almas*. São Paulo: Companhia das Letras, 1995. p. 85.

As pinturas se relacionam a distintas concepções de poder, uma absolutista e outra republicana, expressas nas figuras 1 e 2 ao

	Figura 1	Figura 2
a)	destacar a cruz no alto da coroa, reforçando a submissão do Estado ao poder religioso.	relacionar o modelo de feminilidade à laicização do Estado, projetando novos costumes.
b)	explorar os símbolos monárquicos, caracterizando uma estética barroca.	recorrer à saturação ornamental por meio dos símbolos, apoiando-se na estética neoclássica.
c)	associar a figura feminina à autoridade, instituindo a rainha como mãe do Estado-nação.	utilizar a personagem feminina como representação da liberdade, expondo a emancipação das mulheres.
d)	ostentar as joias da Coroa, expressando a ascensão econômica da aristocracia feudal.	eleger um vestuário modesto, estabelecendo correspondência entre República e simplicidade popular.
e)	fundir a figura do governante ao Estado, consagrando o poder do soberano.	personificar o regime político em uma figura anônima, afirmando os princípios da soberania popular.

2. (UEMG) O Absolutismo como forma de governo esteve presente na península Ibérica, na França e na Inglaterra, tendo impactado e influenciado as maiores economias de seu tempo. Seus pensadores mais conhecidos e suas teorias foram:

a) Nicolau Maquiavel e sua teoria de que o indivíduo estava subordinado ao Estado; Thomas Hobbes, criador da teoria do Contrato; Jacques Bossuet e Jean Bodin, que defenderam que o Rei era um representante divino.

b) Nicolau Maquiavel e a teoria do Contrato; Thomas Hobbes e a teoria da supremacia do Rei como representante divino; Jacques Bossuet e Jean Bodin, que defenderam a subordinação do indivíduo ao Estado.

c) Maquiavel, Jacques Bossuet e Jean Bodin, cujas teorias só se diferenciaram na aplicabilidade teológica, bem como Thomas Hobbes, que preconizou o indivíduo como senhor de seus direitos.

d) Maquiavel e Thomas Hobbes, que conceberam o Contrato Social, Jacques Bossuet, que estabeleceu o conceito de individualismo primordial, e Jean Bodin, que defendeu a primazia da esfera governamental.

3. (Unicamp-SP)

> *À medida que as maneiras se refinam, tornam-se distintivas de uma superioridade: não é por acaso que o exemplo parece vir de cima e, logo, é retomado pelas camadas médias da sociedade, desejosas de ascender socialmente. É exibindo os gestos prestigiosos que os burgueses adquirem estatuto nobre. O ser de um homem se confunde com a sua aparência. Quem age como nobre é nobre.*
>
> (Adaptado de Renato Janine Ribeiro, *A Etiqueta no Antigo Regime*. São Paulo: Editora Moderna, 1998, p. 12.)

O texto faz referência à prática da etiqueta na França do século XVIII. Sobre o tema, é correto afirmar que:

a) A etiqueta era um elemento de distinção social na sociedade de corte e definia os lugares ocupados pelos grupos próximos ao rei.

b) O jogo das aparências era uma forma de disfarçar os conluios políticos da aristocracia, composta por burgueses e nobres, e negar benefícios ao Terceiro Estado.

c) Os *sans-culottes* imitavam as maneiras da nobreza, pois isso era uma forma de adquirir refinamento e tornar-se parte do poder econômico no estado absolutista.

d) Durante o século XIX, a etiqueta deixou de ser um elemento distintivo de grupos sociais, pois houve a abolição da sociedade de privilégios.

4. (ESPM-SP) A França no século XVI viveu mergulhada em uma instabilidade que envolvia aspectos políticos e religiosos, como foi exemplo o infame massacre da Noite de São Bartolomeu, em 1572. Com a intenção de pacificar o país, o rei Henrique IV promulgou o Edito de Nantes pelo qual:

a) foi concedida liberdade de culto aos protestantes, bem como o direito de conservar algumas praças de guerra para sua defesa.

b) o rei renunciou ao protestantismo e se fez batizar católico.

c) revogou a liberdade de culto permitida aos franceses e impôs o catolicismo.

d) o rei obteve o direito de nomear bispos e cardeais o que permitiu que a dinastia Bourbon pudesse exercer influência sobre a Igreja Católica.

e) foi criada a Igreja Anglicana, separada da Igreja Católica Romana, subordinada ao poder do rei.

5. (Mack-SP)

Museu do Louvre, Paris

"O Estado sou eu", frase atribuída ao rei francês Luís XIV, traduzia o grau de centralização de poderes típica dos Estados absolutistas europeus. Tal forma de organização política destacava a figura do monarca como bem caracteriza a imagem acima.

Assinale a alternativa correta que expressa o papel da monarquia absolutista.

a) O regente, ao aparecer publicamente com trajes suntuosos, exprimia a união entre o poder temporal e o espiritual, apoiado publicamente pelo Papa em cada aparição pública.

b) O monarca, ao se utilizar da pompa e da suntuosidade, sintetizava os anseios da própria nação e dos diversos grupos religiosos existentes no território francês.

c) A exposição pública da figura do monarca enfraquecia a nobreza e as tradições aristocráticas, ao mesmo tempo, que fortalecia os interesses burgueses.

d) O rei, ao simbolizar o próprio Estado francês, consegue articular o anseio do grupo mercantil em ascensão, articulando-os com os interesses da nobreza nacional.

e) Eliminar as revoltas camponesas francesas, recorrendo luxo e majestade configurados na imagem do monarca, garantia estabilidade à nação.

MÓDULO 14 • América portuguesa: expansão, diversidade econômica e a desagregação do sistema colonial

A **colonização** portuguesa na América teve sua instalação ameaçada por alguns Estados europeus.

Os franceses fundaram, em 1555, a **França Antártica** no litoral do Rio de Janeiro e foram expulsos pelo governador-geral Mem de Sá. Mais tarde, tentaram fundar a **França Equinocial** no Maranhão e também fracassaram.

Os holandeses, que durante a União Ibérica (1580-1640) estavam em guerra contra a Espanha, fundaram a Cia. da Índias Ocidentais em 1621 com o objetivo de se apossar dos domínios ibéricos de economia açucareira. Sem sucesso, tentaram invadir Salvador em 1630. Em seguida, tomaram a região de Olinda e Recife, dominando parte do Nordeste por 25 anos, numa área que se estendeu até o litoral do Maranhão. Destaca-se a administração holandesa de **Maurício de Nassau** (1637-1644). A resistência à dominação e a saída de Nassau ampliaram a luta contra a presença holandesa, que culminou na **Insurreição Pernambucana** (1645-1654), cujo desfecho foi a expulsão dos invasores.

No que se refere à economia, além do açúcar, havia inúmeros outros produtos e atividades econômicas além daquelas subordinadas ao controle metropolitano. São exemplos a produção de alimentos e o comércio com a região do Prata e com áreas africanas. A mandioca era a base da alimentação na época; também foi significativa a produção colonial de fumo, aguardente, rapadura e algodão. Destacam-se, ainda, a pecuária e a extração das drogas do sertão como impulsionadoras da ocupação do interior, para conter invasores e procurar metais preciosos. A criação de gado seguiu o rio São Francisco (**rio dos currais**), ocupando o interior nordestino, mais tarde estimulada pela população das Minas Gerais. Na região amazônica, a ocupação contou com a atuação do Estado, dos jesuítas e da busca de **drogas do sertão**. No sul, a atuação bandeiran-

Definições das fronteiras brasileiras

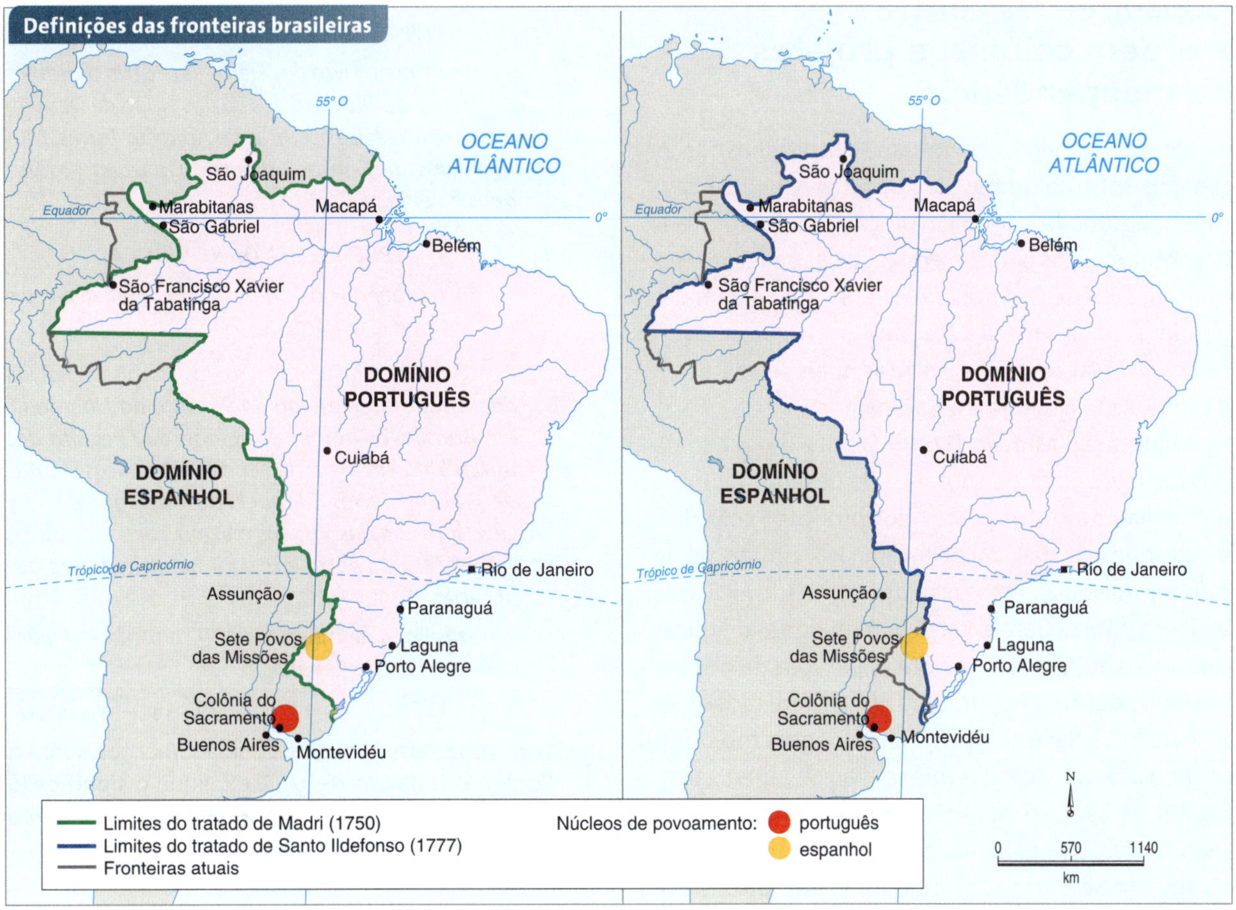

Adaptado de: CAMPOS, Flavio de; DOLHNIKOFF, Miriam. *Atlas História do Brasil*. São Paulo: Scipione, 2002. p. 16.

te, jesuítica e as estâncias (grandes fazendas de gado) garantiram a ocupação. Entre os tratados para a definição das fronteiras ao sul estão o **Tratado de Madri** (1750), o de **Santo Ildefonso** (1777) e o de **Badajós** (1801).

A **atividade mineradora** atraiu muitos portugueses e colonos para o interior do território e impulsionou o comércio e o **tropeirismo**. Na administração mineradora, a metrópole contou com a **Intendência das Minas**, criada em 1702 e responsável pela distribuição das datas e cobrança do quinto. Em 1720, foram criadas as **Casas de Fundição**. Com o esgotamento das minas e a tributação (derrama), estimulou-se a contestação colonial. Em meio à crise, **Pombal**, ministro do reinado de dom José I, enfrentou a oposição de nobres e jesuítas e usou a Guerra Guaranítica como pretexto para expulsar os jesuítas. Também criou o subsídio literário.

Dentre as revoltas coloniais contra as medidas metropolitanas, destacam-se a Revolta de Beckman, no Maranhão; a Guerra dos Emboabas, em Minas Gerais; e a Guerra dos Mascates, em Pernambuco.

Conspirações contra a ordem colonial e projetos de independência

Desde o século XVIII vinham se multiplicando as tensões entre colonos e metrópole. A convulsão europeia detonada com a Revolução Francesa e seus desdobramentos colocou em xeque as sedes metropolitanas ibéricas. Antes de se efetivarem as independências na América hispano-portuguesa, ocorreram diversas rebeliões, entre as quais se destacam a Conjuração Mineira e a Baiana.

Conjuração Mineira (1789): Diante da queda da produção de ouro, da cobrança de pesados tributos (derrama), dos altos preços dos produtos coloniais e da influência das ideias iluministas, um grupo de colonos iniciou a preparação de uma insurreição em Vila Rica, Minas Gerais. Participaram donos de terras e escravos, intelectuais e poucas pessoas de origem humilde, dentre elas Tiradentes (o alferes Joaquim José da Silva Xavier). Defendiam um governo republicano para a região das minas e Rio de Janeiro, com capital em São João del-Rei, além da industrialização (não havia definição quanto à escravidão). O início da revolta se daria com a cobrança de uma nova derrama, mas os revoltosos acabaram denunciados. Joaquim Silvério dos Reis foi um dos delatores. Consequentemente, não houve a derrama e os conspiradores foram presos e condenados ao desterro. Apenas Tiradentes foi condenado à morte e enforcado em 21 de abril de 1792. Sua transformação em herói nacional só aconteceu no período republicano.

Conjuração Baiana (1798): Tida como a mais popular das rebeliões coloniais, também é conhecida como Rebelião dos Alfaiates. Contribuíram para essa conspiração as ideias iluministas, a independência dos EUA, a Revolução Francesa, a rebelião escrava de São Domingos (Haiti), a situação de dificuldade econômica da Bahia, a escravidão, a pobreza e a miséria. Os revoltosos propunham a fundação de um governo democrático, a República Bahiense. O movimento foi descoberto e uma forte repressão derrotou a insurgência. Os envolvidos foram presos, os mais populares receberam penas mais duras com castigos corporais, e outros rebeldes foram enforcados e esquartejados.

Exercícios resolvidos

1. (UFBA)

LEI Nº 12.391, DE 4 DE MARÇO DE 2011.

Inscreve no Livro dos Heróis da Pátria os nomes dos heróis da "Revolta dos Búzios" João de Deus do Nascimento, Lucas Dantas de Amorim Torres, Manuel Faustino Santos Lira e Luís Gonzaga das Virgens e Veiga.

A PRESIDENTA DA REPÚBLICA

Faço saber que o Congresso Nacional decreta e eu sanciono a seguinte Lei:

Art. 1º Inscrevam-se no Livro dos Heróis da Pátria, depositado no Panteão da Pátria e da Liberdade, em Brasília, os nomes dos heróis da "Revolta dos Búzios" João de Deus do Nascimento, Lucas Dantas de Amorim Torres, Manuel Faustino Santos Lira e Luís Gonzaga das Virgens e Veiga.
Art. 2º Esta Lei entra em vigor na data de sua publicação.

Brasília, 4 de março de 2011; 190º da Independência e 123º da República.

DILMA ROUSSEFF
Anna Maria Buarque de Hollanda

Com base nessa Lei e nos conhecimentos sobre a Conjuração Baiana de 1798, explique o **significado histórico e político** do reconhecimento dos heróis do passado para a Bahia de hoje.

a) Histórico.

b) Político.

Resposta:

a) Histórico: é o reconhecimento de personagens históricos que atuaram contra o sistema colonial, escravista e excludente. Também uma importante manifestação para valorizar o olhar para outro projeto de vida e de sociedade, bem distinto do que prevalecia sob o controle dos que exerciam os poderes coloniais.

b) Político: uma medida inclusiva de personagens populares para reforçar a ideia de que a ordenação política envolve todos os segmentos sociais, não é restrita a acordos e atuações elitistas. É a valorização de movimentos negros e populares na negação à discriminação e ao preconceito.

2. (UnB-DF)

Em termos de contribuição para o ordenamento territorial, sobressai, na Região de Influência da Estrada Real, o processo de ocupação e de constituição de núcleos pioneiros de atividade econômica – como foram os polos de mineração –, e a criação e a organização de aldeias, vilas e cidades, muitas das quais incorporavam arruamentos, infraestruturas, serviços básicos e técnicas construtivas do mais elevado nível tecnológico, equivalente àquele prevalente no Portugal de correspondente época.

G. D. Calaes; G.Ferreira (Eds.). *A estrada real e a transferência da corte portuguesa. Programa Rumys – Projeto Estrada Real.* Rio de Janeiro: CETEM/MCT/CNPq/CYTED, 2009, p. 36 (com adaptações).

A partir das informações acima, julgue os itens seguir.

a) No século XVIII, o desenvolvimento da economia mineradora na região da Estrada Real foi acompanhado de significativos movimentos populacionais e culminou com o deslocamento do eixo administrativo e econômico do Brasil Colônia para a região Centro-Sul. É nesse contexto que se pode entender a transferência da capital do Vice-Reinado do Brasil, de Belém para o Rio de Janeiro, em 1763.

b) No século XVIII, no Centro-Sul do Brasil Colônia, onde se encontram atualmente as cidades de Goiás e Pirenópolis, surgiu a capitania de Goiás. O modelo de organização urbana e econômica utilizado nas cidades dessa capitania, que esteve na Região de Influência da Estrada Real, serviu de base para a criação do Distrito Diamantino, retardatário com relação ao processo de expansão da atividade de extrativismo mineral no Brasil.

Resposta:

Ambos os itens estão incorretos.

3. (FGV-RJ) Frans Post chegou ao Brasil em 1637 e integrou o grupo de artistas ligados à administração holandesa sob o comando de Maurício de Nassau. Paisagens, cenas cotidianas e personagens foram os temas principais representados por Post durante os anos vividos no Brasil. Observe atentamente a imagem abaixo, de sua autoria, e depois responda às questões propostas.

Reprodução/Museu Boijmans Van Beuningen, Roterdã, Holanda.

a) Identifique na pintura: a instalação representada; a força motriz utilizada; a mão de obra predominante e o produto processado.

b) Depois de estabelecidos em Pernambuco, os holandeses conquistaram Angola. Qual era a articulação entre essas duas regiões?

Resposta:

a) Pode ser identificada no engenho uma moenda movida por escravizados para o processamento do principal produto de exportação: o açúcar.

b) Angola fornecia mão de obra para ser escravizada no Brasil e trabalhar na produção açucareira no Nordeste holandês.

4. (Unicamp-SP)

> *No quadro das revoltas ocorridas em Minas Gerais na primeira metade do século XVIII – entre 1707 e 1736 –, verificamos, em algumas delas, elementos de marcante originalidade, por contestarem abertamente os direitos do Rei e envolverem participação ativa de segmentos procedentes dos estratos sociais inferiores.*

(Adaptado de Luciano Raposo de Almeida Figueiredo, "O Império em apuros: notas para o estudo das relações ultramarinas no Império Português, séculos XVII e XVIII", em Júnia Furtado (org.). *Diálogos oceânicos*: Minas Gerais e as novas abordagens para uma história do Império Ultramarino Português. Belo Horizonte: UFMG, 2001, p. 236.)

a) Segundo o texto, quais eram as características originais apresentadas por algumas revoltas ocorridas na primeira metade do século XVIII?

b) Dê duas características da Inconfidência Mineira que a diferenciam das revoltas ocorridas na primeira metade do século XVIII.

Resposta:

a) Segundo o texto, a originalidade de algumas revoltas ocorridas na primeira metade do século XVIII consistia na contestação dos direitos do Rei e na participação dos estratos sociais inferiores.

b) Diferentemente do que ocorria nas revoltas da primeira metade do século XVIII, a participação na Inconfidência Mineira era restrita às camadas mais abastadas da sociedade. Além disso, a Inconfidência tinha um conteúdo ideológico emancipacionista e republicano.

5. (Unicamp-SP) Em 1750, o governador do Rio de Janeiro, conde de Bobadela, enviou uma carta ao Rei de Portugal, D. João V, na qual comentava a assinatura do Tratado de Madri:

> *No tratado, a nossa demarcação passa por parte das Missões jesuítas, e surpreende-me como os jesuítas, tão poderosos na Corte de Madri, não embaraçaram a conclusão desse tratado. Porém, pode ser que armem tantas dificuldades à execução do tratado que tenhamos barreira para muitos anos. Como me persuado, Sua Majestade determinará não seja evacuada a Colônia do Sacramento, enquanto não houverem sido evacuadas as áreas das Missões.*

(Adaptado de <www.historiacolonial.arquivonacional.gov.br/cgi/cgilua.exe/sys/start.htm>)

a) Quais as resoluções do Tratado de Madri em relação às fronteiras coloniais?

b) Quais as consequências do Tratado de Madri para a atuação dos jesuítas na América portuguesa?

Resposta:

a) As principais resoluções do tratado de Madri estabeleciam que Portugal entregaria à Espanha a Colônia do Sacramento, enquanto a Espanha entregaria a Portugal a região dos Sete Povos das Missões, além de reconhecer o domínio português sobre a região amazônica.

b) Os jesuítas resistiram às resoluções do tratado e, junto aos indígenas, deflagraram Guerra Guaranítica, da qual saíram derrotados. Foram expulsos da colônia, tendo seus bens confiscados e seus colégios fechados pela coroa portuguesa.

Exercícios propostos

1. (UFTPR) Os principais movimentos que refletiram a crise do sistema colonial brasileiro tiveram vários pontos em comum, mas apenas um deles discutiu a abolição da escravatura e contava com a participação das camadas mais pobres. Esse enunciado se refere à:

a) Inconfidência Mineira.

b) Sabinada.

c) Confederação do Equador.

d) Conjuração Baiana.

e) Cabanagem.

2. (PUC-MG) Hoje, fala-se muito da Estrada Real como patrimônio histórico nacional que rememora o passado dos caminhos que levavam e traziam mercadorias e escoavam o ouro que ia ser levado a Portugal. Assinale a afirmativa mais ADEQUADA para definir Estrada Real.

a) Os pontos de descanso e pousada dos tropeiros, viajantes que seguiam em tropas de burro ou mula cuja viagem era longa, cansativa e extremamente perigosa, já que envolvia carregamentos de ouro real que ia ser levado para as Minas.

b) Locais da pastagem de gado e do comércio de mulas e burros que constituíam, na época da mineração, o principal meio de transporte de mercadorias e ouro controlados pelos tropeiros na região de Minas Gerais.

c) As Bandeiras Oficiais, denominadas Entradas, que estabeleciam a criação de estradas com o selo real, identificadas como propriedade do rei de Portugal para a política de posse e ocupação do território brasileiro.

d) Os caminhos abertos pelos portugueses como picadas nas matas, que, poucos anos depois, levaram ao surgimento de povoamentos urbanos nos seus arredores e onde foram erguidos postos de fiscalização para controlar o escoamento do ouro.

3. (Ufpel-RS)

Fronteiras Meridionais do Brasil

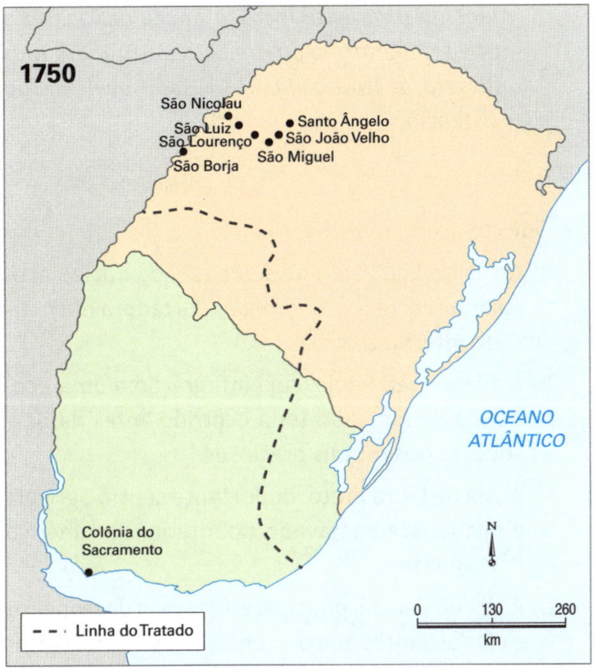

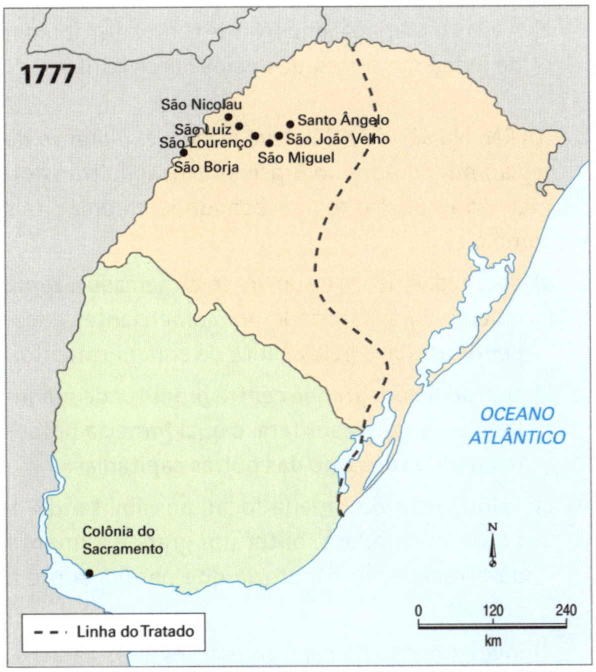

FERREIRA FILHO, Arthur. *História Geral do RS — 1503-1957.* Porto Alegre: Globo, 1958.

As linhas dos Tratados tracejadas nos mapas representam, respectivamente,

a) o Tratado de Santo Ildefonso – quando as missões jesuíticas foram entregues aos portugueses pelos espanhóis – e a demarcação do Tratado de Tordesilhas.

b) o Tratado de Badajoz (1750) – que determinou a criação dos Campos Neutrais – e o Tratado de Madri (1777), que, ao contrário, manteve a Colônia do Sacramento como portuguesa.

c) o Tratado de Madri – pelo qual os portugueses entregaram as missões para os espanhóis em troca da Colônia do Sacramento – e o limite meridional do Tratado de Tordesilhas no sul do Brasil.

d) o Tratado de Santo Ildefonso (1750) – que garantiu a posse da Província Cisplatina para o Império brasileiro – e a representação geográfica dada pelo Tratado de Badajoz (1777), que contrastou com o tratado anterior e antecedeu a Guerra Guaranítica.

e) a fronteira determinada pelo Tratado de Madri (1750) – que eliminou os limites do Tratado de Tordesilhas – e a demarcação do Tratado de Santo Ildefonso (1777).

4. (Ufpel-RS)

> [...] *da amizade dos índios depende em parte o sossego e a conservação da colônia do Brasil e que se tendo isto em vista deve-se-lhe permitir conservar a sua natural liberdade, mesmo aos que no tempo do rei de Espanha caíram ou por qualquer meio foram constrangidos à escravidão, como eu próprio fiz libertando alguns. Devem-se dar ordens, também, para que não sejam ultrajados pelos seus 'capitães', ou alugados a dinheiro ou obrigados contra sua vontade a trabalhar nos engenhos; ao contrário deve-se permitir a cada um viver do modo que entender e trabalhar onde quiser, como os da nossa nação* [...].

Fragmento do relatório de Maurício de Nassau aos diretores da Companhia das Índias Ocidentais, em 1644.

O documento demonstra que, durante

a) a Insurreição Pernambucana, a Companhia das Índias Ocidentais era contrária a qualquer trabalho escravo na produção açucareira.

b) a União Ibérica, os holandeses proibiram o tráfico de escravos para o Brasil e promoveram a liberdade aos indígenas.

c) o período Colonial, a escravização indígena foi inexistente, devido aos interesses estratégicos e comerciais dos europeus.

d) as ocupações francesas, no nordeste do Brasil, ocorreram transformações nas relações dos europeus com as populações nativas, no que se refere ao trabalho cativo.

e) a ocupação holandesa, no nordeste brasileiro, foi combatida a escravização indígena promovida pelos ibéricos.

5. (Fuvest-SP)

Museu Nacional de Belas Artes / IPHAN / MinC / Rio de Janeiro, RJ

Este quadro, pintado por Frans Post por volta de 1660, pode ser corretamente relacionado

a) à iniciativa pioneira dos holandeses de construção dos primeiros engenhos no Nordeste.

b) à riqueza do açúcar, alvo principal do interesse dos holandeses no Nordeste.

c) à condição especial dispensada pelos holandeses aos escravos africanos.

d) ao início da exportação do açúcar para a Europa por determinação de Maurício de Nassau.

e) ao incentivo à vinda de holandeses para a constituição de pequenas propriedades rurais.

6. (UFMG) Em 2004, a Escola de Samba Mangueira, em sintonia com as políticas de recuperação do eixo turístico mineiro, escolheu como enredo a Estrada Real. É CORRETO afirmar que essa Estrada era um conjunto de caminhos que ligava Minas Gerais

a) às Capitanias de São Paulo e Rio de Janeiro e, por eles, chegavam as mercadorias destinadas ao consumo da população e escoavam os impostos cobrados sobre a produção aurífera.

b) às Capitanias do sul do Brasil, de onde chegava a carne-seca, base da alimentação dos escravos, e, por eles, circulavam os tropeiros, responsáveis por todo o comércio interno, com suas tropas de muares.

c) ao Rio de Janeiro, São Paulo e Espírito Santo e, por eles, as safras de café produzidas nesses estados escoavam até o porto de Santos, para serem exportadas.

d) à Bahia e, por eles, também conhecidos como Caminho Velho, desciam as tropas de gado e os escravos que abasteciam as populações ocupadas na exploração aurífera e diamantífera.

7. (FGV-SP)

> [...] *assistimos no final do século XVII, após a descoberta das minas, não a uma nova configuração da vila nem à ruptura brusca com o padrão anterior, ao contrário, à consolidação de todo um processo de expansão econômica, de mercantilização e de concentração de poder nas mãos de uma elite local. A articulação com o núcleo mineratório dinamizará este quadro mas não será, de forma alguma, responsável por sua existência.*
>
> BLAJ, Ilana. *A trama das tensões.* São Paulo, Humanitas, 2002, p. 125.

O texto acima refere-se:

a) À vila de São Luís e ao seu papel de núcleo articulador entre a economia exportadora e o mercado interno colonial.

b) À vila de São Paulo, cuja integração a uma economia de mercado teria ocorrido antes da descoberta dos metais preciosos.

c) À vila de Ouro Preto, importante centro agrícola e pecuarista encravado no interior da América Portuguesa.

d) À vila de Cuiabá, principal entreposto de tropeiros e comerciantes que percorriam as precárias rotas do Centro-Sul.

e) À vila de Mariana, importante centro distribuidor de indígenas apresados pelos bandeirantes.

8. (UFRN) No século XVIII, teve início a exploração da região mineradora no Brasil, provocando transformações importantes na economia colonial, tais como o(a)

a) desenvolvimento de um intenso mercado interno na colônia, dinamizado por comerciantes e tropeiros atraídos pela chance de enriquecimento.

b) criação de um grande centro produtor de manufaturas, na zona aurífera, o qual fornecia produtos para o consumo das outras capitanias.

c) valorização da moeda local, possibilitando, à Coroa portuguesa, obter um grande aumento da arrecadação tributária que pesava sobre a colônia.

d) investimento de capitais estrangeiros na atividade agroexportadora açucareira, para fazer frente ao rápido processo de crescimento da mineração.

MÓDULO 15 • Administração Colonial: América Espanhola e Inglesa

Conquista espanhola e exploração das civilizações pré-colombianas

A conquista da América resultou no exclusivo colonial, denominado por muitos como pacto colonial com subordinação dos colonizados. Estima-se que no século XV a população na América pré-colombiana chegava próximo a 100 milhões de nativos.

Muitos dos nativos pertenciam a grandes civilizações, como o Império Inca, na Cordilheira dos Andes, cujo centro era a cidade de Cuzco. Entre os incas, o imperador era também chefe militar e tido como "filho do Sol", uma divindade. O império teve seu declínio com a chegada dos espanhóis em 1531. A disputa entre Huascar e Atahualpa para ocupar o trono contribuiu para a conquista espanhola e o sucesso da invasão sob comando de Francisco Pizarro.

Mais ao norte, outra grande civilização foi a maia, na América Central, que teve como eixo as cidades-Estado da península de Iucatã. Na época da chegada dos europeus, as cidades maias estavam abandonadas e em ruínas, e pouco restava, portanto, dessa civilização.

Na região mesoamericana, com capital em Tenochtitlán, o Império Asteca acabou conquistado pelo comandante espanhol Fernão Cortez entre 1519 e 1521.

A subordinação e a exploração dos povos pré-colombianos ocorreram sob o pretexto da expansão da fé católica, realizada pelos espanhóis com violência, narrada pelo frade dominicano Bartolomeu de Las Casas. Os colonizadores concentraram-se na extração de metais preciosos (ouro e prata) e organizavam a distribuição das terras entre si, formando as *haciendas*. No trabalho, submetiam os nativos à *mita*, trabalho nas minas, e à *encomienda*.

A sociedade colonial espanhola dividia-se em *chapetones* (espanhóis) e *criollos* (descendentes dos espanhóis nascidos na América), que formavam os grupos poderosos da colonização. Abaixo estavam os mestiços livres, os indígenas e poucos escravos de origem africana.

Adaptado de: ATLAS da História do mundo. São Paulo: Folha de S.Paulo, 1995.

Na administração, o gerenciamento cabia ao Conselho Real e Supremo das Índias, que tinha como função nomear os vice-reis (representantes do Vice-Reinado de Nova Espanha, Vice-Reinado de Nova Granada, Vice-Reinado do Peru e Vice-Reinado do Prata, além das várias capitanias gerais). A arrecadação de impostos ficava a cargo da Casa de Contratação, que adotava o regime de "porto único", no qual um porto espanhol (Sevilha e depois Cádiz) fazia o vínculo comercial com a América (porto de Veracruz, no México; Porto Belo, no Panamá; e Cartagena, na Colômbia). Com o crescimento das cidades, algumas universidades foram fundadas.

Diferentemente da colonização portuguesa, os espanhóis exploraram grandes jazidas que já eram conhecidas pelos ameríndios. A utilização de mão de obra escravizada teve maior destaque na região central da América, com produção agrícola voltada ao abastecimento mercantil metropolitano.

Colonização Inglesa

Os ingleses disputaram territórios na América do Norte com outros países europeus. As primeiras investidas colonizadoras ocorreram no final do século XVI, com Walter Raleigh, que fracassou.

No início do século XVII, foi fundada a colônia de Virgínia, seguida da vinda de colonos em razão dos "cercamentos" e de conflitos político-religiosos na metrópole. Foram formadas as treze colônias inglesas com destaque para a produção de tabaco, índigo, arroz e algodão.

As colônias do sul têm sido chamadas de colônias de exploração, baseadas em *plantation* (latifúndio monocultor, com trabalho escravo e produção voltada para o mercado externo). Já nas colônias do norte, ocupadas principalmente por perseguidos religiosos e comerciantes, prevaleciam a pequena e a média propriedade com predomínio do trabalho livre.

O controle metropolitano sobre as treze colônias não se apoiou numa fiscalização rigorosa, o que permitiu o desenvolvimento interno da área colonial. O impulso manufatureiro e comercial (comércio triangular), especialmente no norte, logo resultaria em conflitos com as políticas metropolitanas, que acabaram provocando a guerra de independência.

Exercícios resolvidos

1. (Unicamp-SP)

Durante a conquista espanhola no México, iniciada em 1519 por Cortés, a superioridade tecnológica dos europeus era amplamente compensada pela superioridade numérica dos indígenas e muitos truques foram inventados para atrapalhar o deslocamento dos cavalos: os indígenas acostumaram-se a cavar fossas profundas nas quais espetavam paus em que as montarias eram empaladas. Mais tarde, em 1521, canoas "encouraçadas" resistiriam às armas de fogo. A tática indígena evoluiu e adaptou-se às práticas do adversário: os mexicas, contrariamente ao costume, armaram ataques noturnos ou em terreno coberto. Por outro lado, se as epidemias de varíola já estavam dizimando as tropas de México-Tenochtitlán, também não poupavam os índios de Tlaxcala ou de Texcoco, que apoiavam os espanhóis.

(Adaptado de Carmen Bernand e Serge Gruzinski, *História do Novo Mundo*. São Paulo: Edusp, 1997, p. 351.)

a) Identifique uma estratégia utilizada por espanhóis e outra pelos indígenas durante as disputas pelo domínio do México.

b) Explique por que houve acentuada queda demográfica entre as populações indígenas nas primeiras décadas após a conquista espanhola.

Resposta:

a) A partir do texto, podem ser identificadas algumas estratégias utilizadas pelos espanhóis, tais como o uso de tecnologia, a superioridade bélica, as alianças com grupos indígenas locais e as epidemias. Os indígenas, por sua vez, valiam-se da superioridade numérica, do conhecimento do território, da sabotagem e da incorporação de práticas utilizadas pelos espanhóis.

b) Entre as explicações possíveis para o declínio da população indígena estão as batalhas e as guerras de conquista, que causaram a morte de uma população jovem e fértil, e o trabalho forçado, que causou uma desestruturação da economia de subsistência e precárias condições de vida. Também foram causas para as mortes as enfermidades adquiridas pelos indígenas, que não tinham resistência contra as doenças trazidas pelos europeus.

2. (Vunesp-SP)

> *O início foi o problema mais complexo que a colonização do Brasil teve de enfrentar. Tornou-se tal – e é nisto que se distingue do caso norte-americano tão citado em paralelo com o nosso – pelo objetivo que se teve em vista: aproveitar o indígena na obra da colonização. Nos atuais Estados Unidos, como no Canadá, nunca se pensou em incorporar o índio, fosse a que título, na obra colonizadora do branco.*
>
> *O caso da colonização lusitana foi outro.*
>
> (Caio Prado Júnior. *Formação do Brasil contemporâneo*, 1987. Adaptado.)

Caracterize a relação entre colonos e indígenas na colonização dos Estados Unidos e identifique duas formas de "aproveitamento" do indígena na colonização do Brasil.

Resposta:

Na colonização da América inglesa ocorre a ocupação do território primeiramente litorâneo, visando a montagem de uma nova sociedade que excluía os povos nativos. Os pioneiros na travessia do Mississípi ou na chegada à costa do Pacífico descreviam suas "aventuras" sempre enfrentando indígenas que soavam como animais selvagens hostis. A ocupação do território a oeste das treze colônias inglesas foi incentivado pelo Estado, e muitas caravanas ou tropas declaravam verdadeiras guerras contra os indígenas da região, chegando a dizimar ou escravizar diversos povos em nome do Destino Manifesto, isto é, a incorporação de características teológicas para a justificativa da terra predestinada. Vale destacar que as colônias do Norte e do Sul diferiram em relação à escravidão indígena e africana a partir do final do século XVIII.

No caso brasileiro, o "aproveitamento" do indígena pelos colonizadores pode ser notado, por exemplo, na exploração do pau-brasil, na exploração do território e dos caminhos pelo interior e também na catequização pelos jesuítas.

3. (UFRJ)

> *O início da colonização da costa leste da América inglesa encontrou inúmeras dificuldades. Por exemplo, em áreas como a baía de Chesapeake, a mortalidade entre os recém-chegados alcançava cerca de 40% nos dois primeiros anos de estadia. Apesar disso, do século XVI ao XVIII, a América inglesa conheceu ondas crescentes de imigrantes provenientes de diferentes partes da Europa, dentre os quais ingleses, irlandeses, escoceses e alemães.*
>
> (ELLIOTT, J. H. *Empires of the Atlantic World*: Britain and Spain in America 1492-1830. New Haven: Yale University Press, 2006, p. 156)

Cite dois aspectos, um de natureza religiosa e outro de natureza econômica, que estimularam a emigração de europeus para a América inglesa entre os séculos XVI e XVIII.

Resposta:

Podem ser citados: as guerras de religião entre católicos e protestantes, no aspecto religioso; o desemprego e a expropriação das terras camponesas decorrentes da política dos cercamentos de terras do mesmo período; a possibilidade de lucros na América.

4. (Unicamp-SP)

> *Como defensor dos índios e denunciante das atrocidades dos conquistadores, frei Bartolomé de Las Casas desenvolveu a imagem da "destruição das Índias", que era produto da preocupação do frade com o futuro da sociedade que se organizava: a nova sociedade começava distorcida, prenhe de desequilíbrios e de injustiças, carente dos mais elementares direitos. Com exceção de Las Casas, no século XVI prevaleceu a visão otimista da conquista: acreditava-se que a nova sociedade era inteiramente benéfica para os aborígenes, pois se partia da premissa de que a civilização europeia era superior à civilização americana. O importante era o resultado final, a propagação de valores cristãos e a organização de uma sociedade alicerçada nesses valores.*
>
> (Adaptado de Hector Hernán Bruit, "*Bartolomé de Las Casas e a simulação dos vencidos*: ensaio sobre a conquista hispânica da América". Campinas: Editora da Unicamp; São Paulo: Iluminuras, 1995, p. 17, 55.)

a) A partir do texto, identifique duas visões opostas sobre a conquista da América, presentes no século XVI.

b) Cite dois exemplos de mobilização política das populações indígenas na América Latina contemporânea.

Resposta:

a) A partir da leitura do texto, é possível identificar duas visões opostas a respeito da conquista da América presentes no século XVI: de um lado, uma visão que se caracterizava pela denúncia do desequilíbrio, da injustiça e da ausência de direitos na sociedade que se organizava naquele período; de outro lado, uma visão otimista, que defendia que aquela sociedade era benéfica para os indígenas, uma vez que a civilização europeia era superior às civilizações americanas encontradas pelo colonizador.

b) São numerosos os exemplos que poderiam ser citados; dentre eles, os mais conhecidos são: o movimento zapatista de Chiapas, no México, e o movimento dos *cocaleros* da Bolívia, do qual emergiu o atual presidente Evo Morales.

Exercícios propostos

1. (CFTRJ) O processo de conquista da América pelos Estados europeus na Época Moderna foi possível com o uso da força militar, da exploração econômica e da imposição de valores culturais aos povos indígenas americanos. A partir desta constatação, deve ser assinalado que:

a) A colonização inglesa na América do Norte desenvolveu relações pacíficas com os povos indígenas locais, em razão de interesses comerciais e da necessidade de conseguir aliados para enfrentar os espanhóis.

b) A colonização portuguesa em partes da América do Sul exterminou os indígenas, vistos como inúteis para o trabalho, e eliminou sua herança cultural ao longo da montagem e desenvolvimento da colonização.

c) A colonização espanhola se utilizou, em áreas como o planalto mexicano e a região andina, de hierarquias sociais e formas de trabalho desenvolvidas pelas civilizações indígenas ali existentes, que foram aproveitadas em benefício da dominação metropolitana.

d) Ao contrário do que ocorreu na América do Norte, a colonização inglesa no Caribe e em partes da América do Sul recorreu largamente à escravização indígena, como forma de contornar o monopólio do tráfico de africanos exercido pelos espanhóis.

2. (UFTM)

> *Os homens ilustrados da nossa época não podem deixar de aqui enxergar o fator histórico predominante da revolução de independência sul-americana, inspirada e movida, de maneira assaz evidente, pelos interesses da população crioula [descendentes de espanhóis nascidos na América] e, ainda, da espanhola, muito mais do que pelos interesses da população indígena. Analisada, no contexto da história mundial, a independência sul-americana apresenta-se ditada pelas necessidades do desenvolvimento da civilização ocidental ou, mais exatamente, capitalista.*
>
> (José Carlos Mariátegui. *Sete ensaios de interpretação da realidade peruana*, 1975.)

A partir do texto, infere-se que

a) o movimento de independência da América do Sul foi resultado das lutas internas que opuseram indígenas e brancos.

b) a independência abalou o domínio da população crioula, que não mais contava com a proteção da metrópole europeia.

c) os interesses dos índios da América só foram respeitados após a independência, quando foram reconhecidos como civilizados.

d) a noção de igualdade entre nações e povos levou ao reconhecimento do direito à independência das áreas coloniais.

e) o fim dos domínios espanhol e português na América do Sul estava em consonância com as necessidades do capital industrial.

3. (UFT-TO)

> *Em todas as áreas das Américas onde se estabeleceram grupos de fugitivos, destaca-se a maneira como se forjaram políticas de alianças destes com outros setores da sociedade envolvente. Assim foi na Jamaica, nas Guianas, na Colômbia, no Brasil, na Venezuela e em outras regiões onde quilombolas, cimarrones, palenques, cumbes e marrons procuraram se organizar econômica e socialmente em grupos e comunidades.*
>
> GOMES, Flávio dos Santos. *A hidra e os pântanos*. São Paulo: Editora da Unesp, 2005, p. 25.

Quilombolas, "cimarrones", "palenques", "cumbes" e "marrons" são palavras usadas nas diversas regiões da América para se referir à mesma questão, durante o chamado período colonial, qual seja, as resistências de africanos e afrodescendentes escravizados. Sobre essa resistência na forma de quilombos é correto afirmar:

a) Os quilombolas, ao mesmo tempo que tentavam a todo custo manter sua liberdade, procuravam agenciar estratégias de resistências, nem sempre pacíficas, junto a comerciantes, piratas, indígenas, fazendeiros e escravos.

b) Viviam isolados em regiões distantes, sem nenhum contato com a sociedade colonial.

c) Os quilombos foram combatidos e derrotados no Brasil ainda durante o período colonial como mostra o fato de não se encontrar remanescentes desses grupos fugitivos em território nacional.

d) No Brasil, os maiores quilombos estavam nas regiões Sul e Centro-Oeste.

e) Além da luta contra a ordem escravista, os quilombolas tinham como objetivo organizar reinos e fundar impérios no interior das Américas.

4. (PUC-RJ)

Depois de esfolado, toma-o um homem e corta-lhe as pernas, acima dos joelhos, e os braços, junto ao corpo. Vêm então as quatro mulheres, apanham os quatro pedaços, comem com eles em torno das cabanas, fazendo grande alarido, em sinal de alegria.

Hans Staden, 1557

E são tão cruéis e bestiais, que assim matam aos que nunca lhes fizeram mal, clérigos, frades, mulheres [...]. *Sujeitando-se o gentio* [...], *terão os homens escravos legítimos, tomados em guerras justas.*

Padre Manoel da Nóbrega, 1558

Fui à outra aldeia de 150 casas e fiz ajuntar os moços [...]. *Achei alguns aqui mui hábeis e de tal capacidade que bem ensinados e doutrinados podiam fazer muito fruto, para o que temos necessidade de um colégio nesta Bahia para ensinar os filhos dos índios.*

Padre Azpicuelta Navarro, 1551

Sobre as concepções dos colonizadores europeus acerca das populações indígenas com as quais se depararam na América, examine as afirmativas abaixo:

I. A criação de escolas e os aldeamentos missionários preparavam os índios para viver em Portugal.

II. O canibalismo, ao lado do incesto e da nudez, demonstrava a sua falta de humanidade.

III. Os costumes demoníacos e a irreligiosidade justificavam a sua escravização.

IV. A vida desregrada e os costumes exóticos justificavam o extermínio dos nativos em guerras justas.

Assinale a alternativa correta.

a) Somente I e II são corretas.

b) Somente III e IV são corretas.

c) Somente I e IV são corretas.

d) Somente II e III são corretas.

e) Somente I e III são corretas.

5. (UPE) A conquista e a colonização da América não estavam unicamente ligadas ao processo de expansão mercantilista da Europa moderna. Faziam parte, também, da ação da igreja tridentina no combate ao protestantismo e na luta em prol da ampliação do número de fiéis católicos. Nessa perspectiva,

a) a catequese dos povos americanos não teve destaque na ação das coroas portuguesa e hispânica no Novo Mundo.

b) a instituição do padroado régio na Espanha e em Portugal assim como em suas possessões no além-mar comprova o caráter religioso da conquista da América.

c) a ação dos jesuítas na catequese dos ameríndios e na colonização ibérica na América se restringiu aos territórios hispânicos.

d) a presença massiva de protestantes na América colonial sob a tutela das monarquias ibéricas ressalta a pequena atuação da igreja católica na colonização do Novo Mundo.

e) na América Portuguesa, os jesuítas não tiveram espaço para a atuação catequética, cabendo essa ação, nos territórios lusos da América, a outras ordens, como os franciscanos e beneditinos.

6. (EsPCEx-SP) Leia atentamente os itens abaixo.

I. O grande motivo da ida de ingleses para a América do Norte foram as perseguições religiosas e políticas.

II. Ao contrário do que ocorreu na América espanhola e na América portuguesa, a Coroa inglesa foi a grande articuladora da colonização na América do Norte.

III. Ao longo do Século XVI, os franceses estiveram na América, mas não como uma atitude sistemática e coerente da Coroa. Eram, na maioria das vezes, os corsários e uns poucos indivíduos que atuavam.

IV. A *mita* era um sistema de divisão da produção agrícola entre os donos das "haciendas" (fazendas) e os "miteiros" (arrendatários), adotado pelos espanhóis para colonizar a América.

V. Para operar seu imenso comércio mundial, os holandeses criaram grandes empresas mercantis e de navegação, como a Companhia Holandesa das Índias Ocidentais.

Assinale a única alternativa em que todos os itens listam características corretas da Colonização Europeia na América.

a) I, II e III.

b) I, III e V.

c) II, IV e V.

d) II, III e IV.

e) I, III e IV.

MÓDULO 16 • O Iluminismo e a Independência dos EUA

O Iluminismo

O século XVIII representou o auge do Antigo Regime, que contava com Estados centralizados que garantiam a ordem de privilégios. Foi também o Século das Luzes, das novas ideias que serviram de ideologia para as mudanças e lutas revolucionárias do final daquele século e que impulsionaram as turbulências políticas do século XIX.

Um dos precursores do Iluminismo foi John Locke, que lançou as bases do pensamento contrário ao Antigo Regime. Autor de *Segundo Tratado do Governo Civil*, defendia que os homens são possuidores de direitos naturais, como a vida, a liberdade e a propriedade, cabendo aos governantes garanti-las. Assim, Locke rejeitava as premissas defendidas por Hobbes e Bossuet.

Bettmann/Corbis/Latinstock

Locke envolve-se com a Revolução Gloriosa, sendo um dos principais ideólogos do liberalismo.

No Século das Luzes (XVIII), com base no racionalismo e na crítica ao Antigo Regime, destacaram-se como maiores representantes iluministas: **Voltaire**, autor de *Cartas inglesas*, que muito contribuiu para os monarcas reformistas, denominados déspotas esclarecidos; **Montesquieu**, autor de *O espírito das leis*, defensor da tripartição do poder; e **Rousseau**, autor de *O contrato social*, defensor da democracia e crítico da propriedade privada.

Os filósofos **Diderot** e **D'Alembert** foram os responsáveis pela elaboração da *Enciclopédia*, instrumento divulgador dos ideais iluministas. Na economia destacaram-se: os **fisiocratas**, assentados na frase "*Laissez faire, laissez passer...*", foram defensores de que a terra era fonte da riqueza; e o **liberalismo**, cujo principal defensor foi **Adam Smith**, autor de *A riqueza das nações*, que apontou o trabalho como fonte da riqueza.

O conjunto de ideias iluministas casava com os interesses burgueses na contestação do mercantilismo e de todo o sistema de privilégios típicos do Antigo Regime. O Iluminismo serviu de aparato teórico-ideológico para o período revolucionário conhecido como "era das revoluções". Nesse contexto ocorreram a Independência dos EUA, a Revolução Francesa e a Revolução Industrial, matrizes das grandes mudanças do mundo contemporâneo.

A fundação dos Estados Unidos da América

Após a Guerra dos Sete Anos (1756-1763), em razão da crise financeira, o governo inglês apertou a política fiscal e aumentou tribu*tos*. Em 1764, lançou a Lei do Açúcar e, no ano seguinte, a Lei do Selo. Em 1773, os colonos reagiram à Lei do Chá com a *Boston Tea Party*, e a metrópole endureceu com o que foi chamado de "leis intoleráveis". Em 1774, os colonos reuniram-se na Filadélfia no **Primeiro Congresso** e decidiram boicotar produtos metropolitanos e exigir participação nas decisões do Parlamento inglês. No ano seguinte, no **Segundo Congresso**, decidiram pela separação da Inglaterra. Em 4 de julho de 1776, foi publicada a **Declaração de Independência**, inspirada nas ideias de John Locke e redigida por Thomas Jefferson, com a colaboração de Benjamin Franklin e John Adams.

Reprodução/Galeria de Arte da Universidade de Yale, New Haven, EUA

Declaração de Independência, 4 de julho de 1776, obra de John Trumbull, do século XVIII.

Na Guerra de Independência, com apoio de franceses e espanhóis, a liderança coube a **George Washington**, até que em 1781, após a Batalha de Yorktown, começaram as negociações que foram finalizadas no **Tratado de Versalhes**, pelo qual era reconhecida a independência das treze colônias.

Na elaboração da Constituição de 1787, definiu-se a criação dos Estados Unidos da América, que formaram uma República Federativa. Adotou-se o sistema presidencialista com George Washington como primeiro presidente.

Exercícios resolvidos

1. (Uerj)

O século das luzes

Reprodução/UERJ, 2014

RAYMOND DUMOUX
VAINFAS, Ronaldo e outros. *História*. Volume 2. São Paulo: Saraiva, 2011.

Na pintura *O século das luzes*, observam-se elementos representativos do movimento intelectual denominado Iluminismo. Em 1784, o filósofo alemão Immanuel Kant definiu esse movimento como um processo de esclarecimento que permitiu ao homem chegar à sua maioridade.
Identifique na imagem dois elementos representativos do pensamento iluminista. Associe, também, um desses elementos a uma característica do Iluminismo.

Resposta: O uso da biblioteca – desenvolvimento da razão como elemento fundamental para o esclarecimento do homem; venda de panfletos – liberdade de pensamento e busca pela divulgação das ideias pela imprensa; vida ao ar livre – valorização de uma vida mais ligada à natureza e menos presa aos preceitos religiosos; homens em torno do globo terrestre – desenvolvimento de diversas invenções, o que ampliou os horizontes europeus.

2. (Ufes) No apogeu da crítica ao Antigo Regime, o filósofo e escritor francês Denis Diderot (1713-1784) afirmou: "Os homens somente serão livres quando o último rei for enforcado nas tripas do último padre". Ao lado de D'Alembert, Rousseau, Montesquieu, Voltaire e outros pensadores do seu tempo, Diderot produziu a famosa *Enciclopédia*, obra em 33 volumes, com 71.818 artigos e 2.885 ilustrações, redigida entre 1750 e 1772. Essa obra integrava um importante movimento filosófico conhecido como Iluminismo, que realizou forte crítica às monarquias de então e aos costumes da época, consolidando a modernidade.

a) Aponte duas das principais ideias do Iluminismo.

b) Analise a relação entre o pensamento iluminista e o surgimento do despotismo esclarecido, adotado por algumas monarquias europeias.

Resposta:

a)
- O Iluminismo foi um movimento cultural e filosófico que agitou as elites durante o século XVIII na Europa, que mobilizou a razão no sentido de transformar a sociedade e o pensamento existentes e representou um momento de intenso intercâmbio cultural.
- A principal ideia era o uso da razão e não da crença religiosa como instrumento para a emancipação humana.
- O Iluminismo constituiu-se como um conjunto de concepções de grande influência em diversos domínios: político, filosófico, social, econômico e cultural.
- Outro pressuposto fundamental consistia na defesa da liberdade humana, reivindicando o fim de tudo aquilo que prendesse ou mantivesse os homens na servidão.
- Além de uma reação ao Absolutismo, o Iluminismo também representou uma reação contra a influência da Igreja na política e na vida sociocultural. Assim, reivindicava a necessidade de um ensino laico e da liberdade de culto.
- O próprio nome do movimento, Luzes – tal como era conhecido na França –, indica a negação da presença da Igreja como algo medieval, como uma era de obscurantismo e superstição que atravancava o desenvolvimento humano. Outro desdobramento importante desse ideário foi a defesa da renovação, da produção e da difusão de novos saberes tal como preconizada por Diderot e D'Alembert na elaboração da *Enciclopédia*.
- Outra ideia fundamental presente no Iluminismo é a defesa de uma maior igualdade entre os homens, tal como proposta nos textos de Rousseau e naquilo que esse pensador definiu como vontade geral.

b) **Respostas possíveis:**
- O desenvolvimento do ideário iluminista acabou inspirando e pressionando os monarcas reinantes a adotarem alguns de seus preceitos e im-

plementarem reformas na condução dos aspectos políticos e administrativos. Isso representou uma mudança social e política mais abrangente, que foi denominada como despotismo esclarecido (ou ilustrado, ou ainda absolutismo ilustrado), uma expressão que identifica uma forma de governar característica da Europa continental a partir da segunda metade do século XVIII.

- Embora o poder dos soberanos não fosse questionado e estes se mantivessem à frente da condução dos assuntos ou negócios dos Estados, foram assumidos ou incorporados determinados princípios reformistas do Iluminismo. Ou seja, foi alterado o princípio que fundamentava o poder real desde a Idade Média, inclusive o direito divino dos reis, sendo adotadas algumas ideias defendidas pelo Iluminismo. Dessa forma a autoridade absoluta dos reis foi abrandada por reformas cujos princípios inspiravam-se no pensamento iluminista, o que deu sobrevida ao Antigo Regime.
- Os déspotas esclarecidos implementaram reformas administrativas, políticas, jurídicas e econômicas, bem como incentivaram reformas no ensino e incorporaram uma maior dose de tolerância e de liberdade ao pensamento e a certas práticas. Isso representou a consolidação daquilo que entendemos como modernidade, que teve reflexos importantes no processo de modernização na Europa.
- Do ponto de vista político, o despotismo esclarecido representa uma abertura da monarquia a determinadas pressões sociais, aproximando-se dos intelectuais, da burguesia em expansão e acolhendo, no interior do Estado, segmentos de uma burocracia administrativa, em especial os magistrados, que têm cada vez mais importância na condução do governo. Lentamente agentes patrimoniais deram lugar a funcionários que ingressam na burocracia estatal, cujo exercício profissional encontra-se definido principalmente na retração do princípio da hereditariedade no cargo. Em alguns países o déspota manteve alianças com a religião.
- Em Portugal, o expoente do despotismo esclarecido foi o marquês de Pombal, ministro do rei dom José I; na Prússia, o rei Frederico II; na Rússia, a representante do despotismo esclarecido foi Catarina II; na Suécia, foi Gustavo III; na Áustria destacaram-se d. Maria Teresa e seu ministro Kaunitz, bem como José II; nos Estados italianos os principais representantes foram o arquiduque Leopoldo de Habsburgo e o grão-duque da Toscana; no Reino de Nápoles, o ministro Bernardo Tanuci; na Espanha, os reis Filipe V, Fernando VI e Carlos III.

3. (UFRN) Durante o século XVIII, ganhou corpo na Europa o Iluminismo, um movimento intelectual que propunha a transformação das relações sociopolíticas que caracterizavam o Antigo Regime. Montesquieu e Rousseau, citados abaixo, são pensadores cujas ideias exemplificam as posições iluministas.

> *Tudo estaria perdido se o mesmo homem ou o mesmo corpo dos principais, ou dos nobres, ou do povo, exercesse esses três poderes: o de fazer as leis, o de executar as resoluções públicas, e o de julgar os crimes ou as divergências dos indivíduos.*

MONTESQUIEU, Charles de. *O espírito das leis*. Brasília: Editora Universidade de Brasília, 1982. p. 187. (Pensamento Político).

> *A primeira e mais importante consequência decorrente dos princípios até aqui estabelecidos é que só a vontade geral pode dirigir as forças do Estado de acordo com a finalidade de sua instituição, que é o bem comum, porque, se a oposição dos interesses particulares tornou necessário o estabelecimento das sociedades, foi o acordo desses mesmos interesses que o possibilitou. [...] Somente com base nesse interesse comum é que a sociedade pode ser governada.*

ROUSSEAU, Jean-Jacques. *Os pensadores*. São Paulo: Nova Cultural, 1987. p. 43.

a) A partir dos fragmentos textuais acima, identifique uma característica do Antigo Regime e explique-a.

b) Explique outras duas características do Antigo Regime às quais se opunha o pensamento iluminista.

Resposta:

a) Pode ser identificado o Absolutismo monárquico, no qual o rei desempenhava os três poderes.

b) A liberdade de expressão, a vontade geral ou a tripartição dos poderes independentes entre si eram ambições iluministas na derrubada do Antigo Regime.

Exercícios propostos

1. (Unimontes-MG) A conciliação das ideias absolutistas com as ideias liberais do século XVIII caracterizou

a) o Governo Tudor, na Inglaterra.

b) o Contrato Social.

c) o Despotismo Esclarecido.

d) o Governo de Luís XIV, na França.

2. (Vunesp-SP)

> *Encontrar uma forma de associação que defenda e proteja a pessoa e os bens de cada associado com toda a força comum, e pela qual cada um, unindo-se a todos, só obedece contudo a si mesmo, permanecendo assim tão livre quanto antes. Esse, o problema fundamental cuja solução o contrato social oferece.*
>
> [...]
>
> *Cada um de nós põe em comum sua pessoa e todo o seu poder sob a direção suprema da vontade geral, e recebemos, enquanto corpo, cada membro como parte indivisível do todo.*
>
> (Jean-Jacques Rousseau. *Do contrato social*, 1983.)

O texto apresenta características

a) iluministas e defende a liberdade e a igualdade social plenas entre todos os membros de uma sociedade.

b) socialistas e propõe a prevalência dos interesses coletivos sobre os interesses individuais.

c) iluministas e defende a liberdade individual e a necessidade de uma convenção entre os membros de uma sociedade.

d) socialistas e propõe a criação de mecanismos de união e defesa de todos os trabalhadores.

e) iluministas e defende o estabelecimento de um poder rigidamente concentrado nas mãos do Estado.

3. (Uespi) As teorias dos economistas clássicos foram importantes para consolidar o capitalismo e reorganizar a produção da época, quebrando tradições nos negócios e rompendo preconceitos com relação ao uso do trabalho assalariado. Os economistas clássicos:

a) definiam a necessidade de intensificar a colonização, focalizando a produção no avanço das técnicas agrícolas e na exportação de mercadorias.

b) reforçaram as teses dos mercantilistas, mas redefiniram o lugar do trabalho, defendendo a melhoria salarial e o fim da escravidão.

c) criticavam a excessiva interferência do Estado na economia, derrubando teses mercantilistas e valorizando o trabalho produtivo.

d) admitiram a ideia de que a agricultura era a grande fonte de riqueza e seguiram os caminhos sugeridos pelos fisiocratas.

e) estavam desatualizados com as questões financeiras da época, sendo criticados pelos pensadores iluministas franceses.

4. (Uespi) Rousseau foi um pensador que atuou, com destaque, no século XVIII. Sua obra mais famosa é *O Contrato Social*. No entanto, Rousseau também:

a) formulou teses defensivas para consolidação do liberalismo econômico, continuando as reflexões de Adam Smith.

b) defendeu o retorno aos governos monárquicos, desde que respeitassem a vontade coletiva da maioria que vivia na pobreza.

c) criticou a existência da escravidão, mas não se colocou contra o mercantilismo e os projetos colonizadores europeus.

d) preocupou-se com a pedagogia, redefinindo princípios e combatendo preconceitos comuns entre os mais conservadores.

e) fortaleceu o liberalismo político e exaltou a liberdade do cidadão, embora não tocasse no problema da soberania popular.

5. (Unicamp-SP) Sobre *Do Contrato Social*, publicado em 1762, e seu autor, é correto afirmar que:

a) Rousseau, um dos grandes autores do Iluminismo, defende a necessidade de o Estado francês substituir os impostos por contratos comerciais com os cidadãos.

b) A obra inspirou os ideais da Revolução Francesa, ao explicar o nascimento da sociedade pelo contrato social e pregar a soberania do povo.

c) Rousseau defendia a necessidade de o homem voltar a seu estado natural, para assim garantir a sobrevivência da sociedade.

d) O livro, inspirado pelos acontecimentos da Independência Americana, chegou a ser proibido e queimado em solo francês.

MÓDULO 17 • Revolução Industrial

A partir da segunda metade do século XVIII, a produção de mercadorias ganhou um imenso impulso com a mecanização industrial – a produção em larga escala. Investimento de capitais e novas tecnologias (máquina de fiar, tear hidráulico, tear mecânico, máquina a vapor) dinamizaram a produtividade e logo se alastraram e fizeram surgir novas invenções e máquinas, até mesmo no setor de metalurgia e de transportes (barcos a vapor, locomotivas).

Todo esse processo teve início na área têxtil na Inglaterra, país que tinha acumulado imenso capital nos séculos anteriores de liderança comercial. Além disso, o Estado inglês tinha ordenação política com maior atendimento aos interesses burgueses (governo monárquico-parlamentar desde a Revolução Gloriosa de 1689); abundância de mão de obra disponível nos centros urbanos, decorrente em boa parte dos "cercamentos", de amplas áreas coloniais; e abundância do carvão como matéria-prima. Da Inglaterra, a industrialização alastrou-se para outros países europeus, Estados Unidos e Japão. Um dos efeitos ligados à dinamização do acúmulo de capitais por meio da industrialização foi a especialização do trabalho. Com isso, o trabalhador deixou de ser o antigo artesão, conhecedor de todo o processo da produção e dono dos instrumentos de trabalho, e formou a classe operária – o proletariado, dono tão somente de sua força de trabalho vendida aos empresários.

Dadas as péssimas condições de trabalho, a imensa exploração e a baixa remuneração, surgiram as organizações trabalhistas – as *trade-unions* (sindicatos).

Disputas por mercados, guerras entre Estados nacionais e as difíceis condições de sobrevivência motivaram a grande migração de europeus para a América e a Oceania (Austrália, principalmente), num total superior a 40 milhões de pessoas entre 1815 e 1914.

O desenvolvimento industrial logo desembocaria numa segunda fase ainda mais dinâmica – **Segunda Revolução Industrial** –, em que em lugar do uso do vapor passaram a ser usados eletricidade e derivados de petróleo; e em lugar do ferro, o aço. Foi o impulso para o surgimento de novos meios de transporte como o trem e o automóvel e, nas comunicações, o aparecimento do telégrafo e do telefone. Depreende-se disso que a especialização do trabalho ampliou-se ainda mais, com a racionalização da produção por meio do fordismo e do taylorismo, originando os grandes conglomerados industriais.

Na outra ponta do desenvolvimento empresarial, os operários pressionavam por direitos e garantias. Dos movimentos de destruição das máquinas – **movimento ludita** – para o fortalecimento das *trade-unions* e a incorporação de ideais reformistas e/ou revolucionários, como as ideias nacionalistas e socialistas (marxistas e anarquistas).

Corbis/Latinstock/Hall of Electrical History Foundation, Museu de Inovação e Ciência, Schenectady, Nova York, EUA

Trabalhadores da Fundição Krupp, em Essen, na Alemanha, representada em pintura sobre metal de Otto Bolhangen (século XX).

Exercícios resolvidos

1. (Unicamp-SP)

Um motivo para a melhoria da dieta ao longo do século XIX era que chegavam cada vez mais alimentos do que chamamos de "periferia" da Europa, denominação vaga que engloba a Rússia e a Europa do Leste, como também das zonas de abastecimento do Novo e do Velho Mundo. Grande parte da Europa acabou por beneficiar-se dessas importações, mas os países mais necessitados desses produtos eram aqueles onde a industrialização e o desenvolvimento urbano ocorreram com maior ímpeto, ou seja, Grã-Bretanha, os Países Baixos e a Alemanha. Do Novo Mundo chegavam o açúcar, o café e o cacau, e da China, do Ceilão e da Índia chegavam o chá e o arroz.

(Adaptado de Norman J. G. Pounds, *La Vida Cotidiana*: historia de la cultura material. Barcelona: Editorial Crítica, 1992, p. 507-509.)

a) Explique a relação entre o processo de industrialização e importação de alimentos na Europa.

b) Por que a dieta europeia melhorou ao longo do século XIX?

Resposta:

a) A industrialização e urbanização crescentes na Europa do século XIX geraram demandas por alimentos produzidos em outras áreas. Com o deslocamento da mão de obra do campo para as áreas urbanas industriais, a população já não era produtora de seu próprio alimento, e as economias periféricas passaram a ser fornecedoras de matérias-primas básicas para abastecer a população urbana industrial.

b) O maior poder econômico da Europa industrial permitiu o acesso a novos produtos para alimentar a população. Os avanços tecnológicos da época permitiram o transporte e o armazenamento de alimentos vindos de áreas distantes, como África, América e Ásia. Tal processo melhorou a dieta da população europeia, por permitir a superação das condições precárias do início da industrialização.

2. (UFPR) Leia o excerto de texto escrito pelo anarquista Neno Vasco (1878-1920), na edição de Primeiro de Maio de 1914 do jornal brasileiro *"A Voz do Trabalhador"*:

> *Eis a festa do 1º de Maio, isto é, a manifestação proletária que a inconsciência de uns, a astúcia e velhacaria de outros e a cumplicidade de todos reduziram em tantas partes a uma absurda 'festa do trabalho', como lhe chamam os burgueses complacentes.* [...] *Vós, só o podereis festejar quando tiverdes conquistado. E é dessa conquista que se trata, tanto no 1º de Maio como nos outros dias.*

(Neno Vasco. O Significado do 1º de Maio. In: *A Voz do Trabalhador*, Ano VII, números 53-64, 1º de maio de 1914) – <http://passapalavra.info/2009/09/11694>.

Discorra sobre o sentido original do Primeiro de Maio no final do século XIX e explique as razões da indignação expressa no texto acima.

Resposta:

O sentido original advém da luta operária europeia e norte-americana a partir da segunda metade do século XIX, com a constituição de partidos socialistas e sindicatos de proporções nacionais, que se uniram para reivindicar a redução da jornada de trabalho, melhores condições de trabalho, leis regulamentadoras do trabalho. A data foi criada pela Segunda Internacional Socialista para homenagear os trabalhadores mortos nas manifestações de Chicago, em 1886. O autor do texto é um anarquista, que ataca a apropriação da data pela "burguesia", isto é, pelo Estado e pelos patrões, que transforma a data de luta em uma data de festa para desmobilizar as reivindicações trabalhistas, num contexto brasileiro do final do XIX e início do XX em que predominavam a oligarquia, a economia do café, a vinda dos imigrantes europeus e a introdução do ideário anarquista.

Ao responder este exercício, é importante levar em consideração os seguintes aspectos:

- Associação entre a data 1º de maio e as reivindicações trabalhistas no final do século XIX;
- Luta dos trabalhadores por melhores condições de trabalho (redução de jornada, etc.);
- Contexto brasileiro do final do XIX e início do XX (oligarquia, economia do café, vinda dos imigrantes europeus, introdução do ideário anarquista, greve de 1917);
- Relação temporal entre as lutas operárias do final do século XIX e a consolidação das leis de trabalho no Brasil, durante o governo Vargas;
- Percepção do papel da "burguesia" na apropriação da data com o intuito de desmobilizar os trabalhadores.

3. (Vunesp-SP)

> *Noite após noite, quando tudo está tranquilo*
> *E a lua se esconde por trás da colina,*
> *Marchamos, marchamos para realizar nosso desejo.*
> *Com machado, lança e fuzil!*
> *Oh! meus valentes cortadores!*
> *Os que com golpes fortes*
> *As máquinas de cortar destroem.*
> *Oh! meus valentes cortadores!* [...].

(Canção popular inglesa do início do século XIX. Citada por: Luzia Margareth Rago e Eduardo F. P. Moreira. *O que é Taylorismo*, 1986.)

A canção menciona os "quebradores de máquinas", que agiram em muitas cidades inglesas nas primeiras décadas da industrialização. Alguns historiadores os consideram "rebeldes ingênuos", enquanto outros os veem como "revolucionários conscientes". Justifique as duas interpretações acerca do movimento.

Resposta:

O movimento dos "quebradores de máquinas" ocorrido na Inglaterra, também chamado de "luditas", apresenta na historiografia interpretações diversas. A visão de ingenuidade recai sobre a falta de propostas ideológicas e objetivos concretos, enquanto a visão revolucionária aponta a transformação ou implicações decorrentes desse movimento. O movimento contrário à mecanização industrial e à exploração do trabalhador se firmou como questionamento ao desenvolvimento industrial ou à visão burguesa e romântica de que as máquinas iriam libertar o homem do trabalho braçal e exploratório.

Exercícios propostos

1. (IFSP) Observe a imagem a seguir, que apresenta uma das formas de luta e resistência dos trabalhadores europeus contra a profunda exploração que sofriam nas primeiras etapas da Revolução Industrial.

Reprodução/IFSP, 2014

(http://polisfelixtorras.blogspot.com.br/ Acesso em 07. 11. 2013. Original colorido)

Analisando a imagem, é correto afirmar que a estratégia de luta apresentada é o

a) anarquismo, no qual os trabalhadores recusam-se a trabalhar até que os patrões ofereçam melhorias.
b) trotskismo, no qual os trabalhadores agridem fisicamente os patrões para negociar melhorias nas fábricas.
c) ludismo, no qual os trabalhadores destroem as máquinas das fábricas, consideradas símbolos da opressão.
d) vandalismo, no qual os trabalhadores destroem as fábricas com a intenção de prejudicar o governo.
e) socialismo, no qual os trabalhadores quebram a propriedade privada para construir o sindicato.

2. (UEL-PR) A Revolução Industrial foi acompanhada por profundas transformações na Europa. Os novos meios de transporte, que utilizavam as máquinas térmicas recém-criadas, foram essenciais aos avanços relacionados à industrialização por todo o continente. Naquele período, foi demonstrado teoricamente que uma máquina térmica ideal é aquela que descreve um ciclo especial, denominado ciclo de Carnot.
Sobre os princípios físicos da termodinâmica e do ciclo de Carnot, assinale a alternativa correta.

a) As máquinas térmicas, que operam em ciclos, são incapazes de retirar o calor de uma fonte e o transformar integralmente em trabalho.
b) Em uma máquina térmica que opera em ciclos de Carnot, ocorrem duas transformações isobáricas e duas isovolumétricas.
c) No ciclo de Carnot, ocorre uma transformação reversível, enquanto as demais são irreversíveis.
d) O rendimento de uma máquina térmica é nulo quando as etapas do ciclo de Carnot forem transformações reversíveis.
e) Uma máquina térmica é capaz de transferir calor de um ambiente frio para um quente sem a necessidade de consumir energia externa.

3. (Udesc) Analise as proposições que se referem aos séculos XVII, XVIII e XIX.

I. A Doutrina Monroe, estabelecida em 1823 pelo presidente norte-americano James Monroe, definiu os princípios sobre a segurança dos EUA, justificando intervenções e guerras contra vários países da América Latina.
II. A dominação inglesa, no território indiano, foi ampliada ao longo do século XVII e início do século XVIII por meio do comércio e da compra de grandes extensões de terras pelas empresas como a Companhia Britânica das Índias Orientais.
III. A partir do final do século XVIII e no decorrer do século XIX, as condições de vida na Europa sofreram transformações em decorrência de vários fatores, entre os quais a melhoria dos meios de transporte e comunicação, a introdução de novas técnicas de trabalho no campo e nas indústrias, além do aumento populacional.
IV. A maioria dos países que surgiram após a Independência da América Espanhola se tornaram países republicanos e democráticos, devido à participação das populações descendentes de indígenas e de mestiços que tiveram suas reivindicações por terras e trabalhos atendidas.

Assinale a alternativa **correta**.

a) Somente as afirmativas I, III e IV são verdadeiras.

b) Somente as afirmativas I, II e IV são verdadeiras.

c) Somente as afirmativas I, II e III são verdadeiras.

d) Somente as afirmativas II e III são verdadeiras.

e) Todas as afirmativas são verdadeiras.

4. (Udesc) Segundo o historiador Eric Hobsbawm, a Revolução Industrial

> [...] *sob qualquer aspecto [este] foi provavelmente o mais importante acontecimento na história do mundo, pelo menos desde a invenção da agricultura e das cidades. E foi iniciado pela Grã-Bretanha.*
>
> HOBSBAWM, Eric. *A Era das Revoluções – 1789-1848*. Rio de Janeiro: Paz e Terra, 1977, p. 45.

Com relação ao excerto acima, assinale a alternativa **incorreta**.

a) Não ocorreram movimentos de resistência dos trabalhadores às novas formas de trabalho estabelecidas pela Revolução Industrial.

b) A Revolução Industrial propiciou o surgimento de novas formas de organização da produção de bens, sendo que o sistema de fábricas tornou-se o preponderante, difundindo-se para outros países e continentes, no decorrer dos séculos XIX e XX.

c) Possibilitou o estabelecimento de uma nova forma de controle do tempo, que passou a ser marcado pelo relógio e não mais pela natureza.

d) O sistema de fábricas, no qual os trabalhadores estão concentrados em um mesmo espaço, possibilitou que o dono da fábrica controlasse também a mão de obra, além da matéria-prima.

e) Entre as principais inovações tecnológicas advindas com a Revolução Industrial, pode-se citar a substituição das máquinas movidas à tração animal ou à força da água pelas máquinas a vapor.

5. (UERN) O movimento Cartista, retratado na charge, e o movimento Ludista ocorridos na Inglaterra, estão diretamente ligados

(Disponível em: http://1.bp.blogspot.com/-Pqns5CuawTQ/UF8Gsz3BQWI/AAAAAAAAAsE/LhiBm-B-Quk/s1600/cartismo.jpg.)

a) à luta pela liberdade religiosa empreendida pelos anglicanos, a partir da carta papal que os impedia de escolher o culto que mais lhes conviesse.

b) ao processo de unificação engendrado pelos países da Grã-Bretanha – Escócia, Inglaterra e Irlanda –, com o objetivo de fortalecer a hegemonia inglesa.

c) aos embates entre capitalistas e socialistas radicais, em luta pela supremacia política no parlamento inglês, até então dominado pela Câmara dos Lordes.

d) ao processo conhecido como Revolução Industrial, que trouxe, entre outras consequências, a mobilização operária por melhores condições de trabalho.

6. (CFTRJ)

> *De pé ficaremos todos*
> *E com firmeza juramos*
> *Quebrar tesouras e válvulas*
> *E pôr fogo às fábricas daninhas.*
>
> ("Canção dos quebradores de máquinas do século XIX", citada por Leo Huberman, *História da riqueza do homem*, 1979.)

A partir do texto, aponte o movimento que tinha, na quebra das máquinas, sua principal característica

a) Cartismo.

b) Anarquismo.

c) Socialismo.

d) Ludismo.

MÓDULO 18 • A Revolução Francesa (1789-1799)

A Revolução Francesa é tida como o marco inicial do mundo contemporâneo. Com ela a sociedade de privilégios e o Estado centralizado – características do Antigo Regime – receberam um golpe forte e decisivo que resultou na montagem da nova ordem política do capitalismo, assentada nos ideais iluministas.

Desde o final do século XVI, a dinastia dos Bourbon que governava a França era o símbolo dessa forma de governo. No século XVIII, também conhecido como Século das Luzes, as críticas e as transformações vividas não se adequavam àquela realidade, e parte da sociedade contestava tal regime, inspirada em ideias reformistas ou revolucionárias que foram ganhando força. As dificuldades econômicas decorrentes da concorrência inglesa e das derrotas nas guerras, somadas à situação de miséria da grande maioria da população, levavam o reinado de Luís XVI à tentativa de adotar tributação sobre o clero e a nobreza, até então isentos. Nessa época ainda era sustentado o direito divino dos reis e garantidos privilégios sociais de nobres e clérigos. A ordenação estamental entravava a dinâmica burguesa e garantia a submissão dos camponeses.

Na Convocação dos Estados Gerais para buscar soluções financeiras e sociais, o Terceiro Estado exigiu a votação por cabeça e não por Estado, como até então acontecia, motivo pelo qual houve oposição do Primeiro e do Segundo Estados (clero e nobreza, respectivamente). O aguçamento das divergências ganhou apoio de populares e culminou na **Tomada da Bastilha** em 14 de julho de 1789, que marcou o início da revolução.

A gravura do século XVIII representa a abertura da Assembleia dos Estados-Gerais em maio de 1789.

O processo revolucionário na sua primeira fase – a **Assembleia Nacional** – caracterizou-se pelo predomínio da burguesia, apesar da crescente atuação camponesa no interior da França. Foram abolidos os privilégios feudais e estabelecidas a Declaração dos Direitos do Homem e do Cidadão e a Constituição Civil do Clero. Em 1791, ficou pronta a primeira Constituição da França – **Constituição de 1791** –, que estabeleceu uma monarquia constitucional de base censitária, enquanto cresciam as divergências entre **girondinos** (burguesia) e **jacobinos** (pequena burguesia e populares). Luís XVI tentou fugir da França e foi preso em Varennes. As potências vizinhas invadiram a França com apoio dos emigrados (nobreza que fugira da revolução) e do clero, que não aceitou a perda dos bens da Igreja (base dos *assignats*) e a Constituição Civil do Clero (clero refratário).

Na formação do exército popular diante da "**Pátria em perigo**", ganharam força os ***sans-culottes*** – ligados aos jacobinos, destacando-se a liderança de Marat, Danton e Robespierre –, que conseguiram deter os estrangeiros invasores na **batalha de Valmy**.

A Assembleia transformou-se na **Convenção Nacional**, a fase mais radical da revolução, quando o rei foi julgado por traição e guilhotinado. Houve predomínio do **partido da Montanha**, de esquerda, que reunia principalmente a pequena burguesia e os *sans-culottes*. Em 1793 foi aprovada uma nova constituição – **Constituição do Ano I** –, fundamentada no sufrágio universal e na democratização. É dessa fase a lei do preço máximo, que regulou o valor das mercadorias na França e decretou o fim da escravidão nas colônias.

Além do ataque continuado dos estrangeiros e as crescentes dificuldades políticas e financeiras, houve a **revolta da Vendeia**, contrária às mudanças revolucionárias. Nesse período da Convenção o **assassinato de Marat** ampliou a radicalização política e teve início o **período do Terror** com inúmeras execuções na guilhotina. Nas cisões revolucionárias Danton também é levado à guilhotina, bem como o líder mais radical, Hérbert, por determinação de Robespierre.

Em 1794, dada a situação de aprofundamento da crise e de seguidas cisões jacobinas, líderes da alta burguesia realizaram a **reação termidoriana**, que derrubou Robespierre e Saint-Just e os levou à guilhotina. Era o início da **Convenção Termidoriana**, responsável pela elaboração de uma nova constituição – **Constituição do Ano III** (1795) –, que restabelecia o critério censitário para as eleições legislativas e definia um grupo de cinco membros para o poder executivo, os **diretores**. Seguiram-se perseguições aos jacobinos e o fim da ordem popular republicana. A repressão ficou conhecida como **Terror Branco**, período que fortaleceu os jovens radicais de direita, os *muscadins*.

Com a nova constituição, tinha início a última fase da Revolução, a do **Diretório**, que conseguiu vencer as tentativas golpistas realistas e também de **"Graco" Babeuf**, líder da **Conspiração dos Iguais**. A continuada ameaça externa e as dificuldades internas contribuíram para que o militar **Napoleão Bonaparte** desse o **golpe do 18 brumário** (9/11/1799), que encerrou a revolução.

Historical Picture Archive/Corbis/Latinstock

A pintura do século XIX retrata a Batalha de Aboukir, em 1799, quando o exército de Napoleão foi derrotado pelos ingleses.

Exercícios resolvidos

1. (Fuvest-SP)

> *O problema agrário era portanto o fundamental no ano de 1789, e é fácil compreender por que a primeira escola sistematizada de economia do continente, os fisiocratas franceses, tomara como verdade o fato de que a terra, e o aluguel da terra, era a única fonte de renda líquida. E o ponto crucial do problema agrário era a relação entre os que cultivavam a terra e os que a possuíam, os que produziam sua riqueza e os que a acumulavam.*
>
> Eric Hobsbawm. *A era das revoluções*. 1789-1848. Rio de Janeiro: Paz e Terra, 1982, p. 29.

a) Caracterize o momento social e econômico por que a França passava no período a que se refere o texto.

b) Quais são as principais diferenças entre as propostas fisiocratas e as práticas mercantilistas anteriores a elas?

Resposta:

a) A sociedade francesa era estamental, ou seja, as ordens eram definidas por origem/títulos: clero, nobres e os demais (camponeses e burgueses). Os dois primeiros estados tinham privilégios, não pagavam impostos e eram os grande proprietários de terras. O Antigo Regime, centrado no absolutismo e na política do mercantilismo, era o alvo das críticas do pensamento iluminista. A sociedade era rural, em sua grande maioria, e o terceiro estado representava mais de 90% do total. As crises econômicas advinham de derrotas em guerras, perda de territórios coloniais, da competição inglesa e da falta de abastecimento. Uma grande parcela da sociedade era miserável e portanto contestadora da ordem.

b) Os fisiocratas criticavam o intervencionismo e o controle estatal na área econômica típico do mercantilismo protecionista. Os fisiocratas consideravam a riqueza natural e oriunda da terra (agricultura) e pregavam a liberdade econômica (*laissez faire, laissez passer*). Seus principais mentores foram Quesnay e Gournay.

2. (UFPR)

> *O século XVIII é considerado o século das revoluções burguesas, assim como foi também um período de grandes convulsões populares, rurais e urbanas. Para o historiador George Rudé, apesar da prosperidade econômica que França e Inglaterra viviam, "o motim da fome continuava sendo a expressão constante e típica do descontentamento popular", tanto no campo como na cidade.*
>
> Rudé, G. *A multidão na história*. Rio de Janeiro: Campus, 1991, p. 22.

Comente as causas da fome na Europa do século XVIII, apesar da prosperidade.

Resposta:

A prosperidade refere-se ao crescimento econômico nesses países, impulsionado pela Revolução Industrial e pela expansão do comércio. Estimulado pela demanda, houve um aumento da produção agrícola, em especial de alimentos, e intensificação dos cercamentos dos campos ou "enclousures". O crescimento da população, sobretudo a urbano-industrial, fazia com que aumentasse a especulação e os preços. Nos momentos mais críticos, o trigo, a farinha e o pão eram os alimentos escolhidos para serem taxados.

3. (UFBA)

Texto I

Trecho da Declaração de Independência dos Estados Unidos

São verdades incontestáveis para nós: que todos os homens nascem iguais; que lhes conferiu o Criador certos direitos inalienáveis, entre os quais o de vida, o de liberdade e o de buscar a felicidade; que, para assegurar esses direitos, se constituíram entre os homens governos, cujos poderes justos emanam do consentimento dos governados; que, sempre que qualquer forma de governo tenda a destruir esses fins, assiste ao povo o direito de mudá-la ou aboli-la, instituindo um novo governo, cujos princípios básicos e organização de poderes obedecem às normas que lhes pareçam mais próprias para promover a segurança e a felicidade gerais.

AQUINO, 2005, p. 203.

Texto II

Declaração dos direitos do homem e do cidadão

No dia 26 de agosto de 1789, a Assembleia Nacional Constituinte proclamou a célebre Declaração dos Direitos do Homem e do Cidadão, tendo como base o ideário burguês do Iluminismo. Entre os principais pontos defendidos por esse documento, destacam-se:

- *o respeito, pelo Estado, à dignidade da pessoa humana;*
- *a liberdade e a igualdade dos cidadãos perante a lei;*
- *o direito à propriedade individual;*
- *o direito de resistência à opressão política;*
- *a liberdade de pensamento e de opinião.*

De maneira solene, a Declaração tornava explícitos os pressupostos filosóficos sobre os quais deveria ser construída a nova sociedade liberal burguesa.

COTRIM, 1994, p. 290.

Com base nas declarações que compõem os textos I e II, cite duas características comuns que marcaram o momento histórico no qual foram produzidas essas duas Declarações.

Resposta:
O período foi marcado pelos ideais iluministas, pela ascensão da burguesia e do pensamento liberal. As transformações na produção se deram com a experiência da industrialização em um período conhecido por crise do Antigo Regime e do sistema colonial.

Exercícios propostos

1. (Uece)

Quem era a burguesia? Eram os escritores, os doutores, os professores, os advogados, os juízes, os funcionários – as classes educadas; eram os mercadores, os fabricantes, os banqueiros – as classes abastadas, que já tinham direitos e queriam mais. Acima de tudo, queriam – ou melhor, precisavam – lançar fora o jugo da lei feudal numa sociedade que realmente já não era feudal. Precisavam deitar fora o apertado gibão feudal e substituí-lo pelo folgado paletó capitalista. Encontraram a expressão de suas necessidades no campo econômico, nos escritos dos fisiocratas de Adam Smith; e a expressão de suas necessidades, no campo social, nos trabalhos de Voltaire, Diderot e dos enciclopedistas. O laissez-faire *no comércio e indústria teve sua contrapartida no "domínio da razão" na religião e na ciência.*

HUBERMAN, Leo. *História da Riqueza do Homem*. 21ª ed. Rio de Janeiro, Editora Guanabara, 1986, p. 149.

Essa Burguesia, descrita por Leo Huberman, foi responsável por uma das principais transformações políticas e sociais, que teve um impacto duradouro na história do país onde ocorreu e, mais amplamente, em todo o continente europeu. Essa Burguesia está ligada à

a) Revolução Gloriosa, de 1688 a 1689.
b) Revolução Francesa, de 1789 a 1799.
c) Revolução Russa, de 1917.
d) Revolução de Avis, de 1383 a 1385.

2. (Unicamp-SP)

Reprodução/Museu do Louvre, Paris, França.

Observe a obra do pintor Delacroix, intitulada *A Liberdade guiando o povo* (1830), e assinale a alternativa correta.

a) Os sujeitos envolvidos na ação política representada na tela são homens do campo com seus instrumentos de ofício nas mãos.
b) O quadro evoca temas da Revolução Francesa, como a bandeira tricolor e a figura da Liberdade, mas retrata um ato político assentado na teoria bolchevique.
c) O quadro mostra tanto o ideário da Revolução Francesa reavivado pelas lutas políticas de 1830 na França quanto a posição política do pintor.
d) No quadro, vê-se uma barricada do *front* militar da guerra entre nobres e servos durante a Revolução Francesa, sendo que a Liberdade encarna os ideais aristocráticos.

3. (Uern)

Felizmente, a Revolução Francesa ainda está viva. Pois a Liberdade, a Igualdade, a Fraternidade, os valores da Razão e do Iluminismo – os valores que construíram a civilização moderna [...] *– são mais necessários do que nunca, na medida em que o irracionalismo, a religião fundamentalista, o obscurantismo e a barbárie estão, mais uma vez, avançando sobre nós. É, portanto, uma boa coisa que, no ano de seu bicentenário (1989), tenhamos a ocasião de pensar novamente sobre os acontecimentos históricos que há dois séculos transformaram o mundo. Para melhor.*

Hobsbawm, Eric. *Ecos da Marselhesa*: Dois séculos reveem a Revolução Francesa. São Paulo: Companhia da Letras, 1996. p. 127. In: Marques, Adhemar. *Pelos caminhos da história*. Ensino médio. Curitiba: Positivo, 2006. p. 254.

Na visão do autor do texto, um dos mais conceituados historiadores de nosso tempo, a "Revolução Francesa ainda está viva". Acerca do pensamento de Hobsbawm e os acontecimentos que permeiam o cotidiano atual, é correto afirmar que:

a) é possível estabelecer relações de semelhança entre os atores sociais, que protagonizaram a revolução burguesa em questão, e os embates que ainda permanecem presentes em nossa sociedade.
b) a presença de sinais de conflito, tais como o "irracionalismo" e o "obscurantismo", citados pelo historiador, comprova a total ineficácia do processo revolucionário empreendido em 1789.
c) percebe-se, nos dias atuais, que os entraves feudais, os quais foram os grandes causadores da Revolução Francesa, permanecem como uma constante na realidade de toda a Europa Ocidental.
d) como ainda existem, na atualidade, as mesmas classes sociais do período moderno, palco da Revolução Francesa, a história permanece a mesma, sem alterações que possam ser consideradas válidas.

4. (UFTM-MG)

A cada um a sua função e o seu lugar na terra. No topo estão os religiosos, intermediários indispensáveis entre a cidade terrestre e a cidade celeste [...]. *Depois vêm os nobres, que receberam da Providência a qualidade de guerreiros e estão, portanto, investidos da missão de manutenção da ordem. Finalmente, para o último lugar são relegados os trabalhadores, destinados ao trabalho e ao sofrimento para o bem comum.*

Pierre Bonnassie. *Dicionário de história medieval*, 1985. Adaptado.

O texto faz referência

a) a um tipo de organização social que se apoiava nas diferentes aptidões dos seres humanos.
b) às crenças milenaristas, segundo as quais apenas os pobres alcançariam o reino dos céus.
c) à igualdade social, que caracteriza a sociedade ocidental desde a Antiguidade.
d) ao antropocentrismo, que reservava lugar de destaque para a vontade dos indivíduos.
e) à divisão da sociedade em três ordens, colocada em xeque pela Revolução Francesa.

5. (UFTM-MG) O esquema refere-se à situação da receita e da despesa do Estado francês na década de 1780.

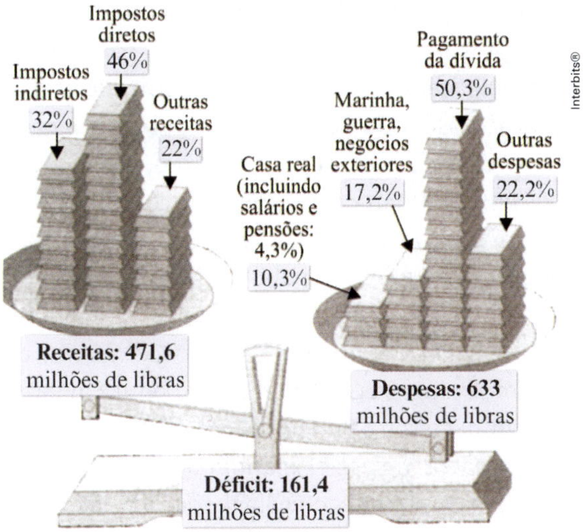

Anne Bernet. Sem nenhum tostão em caixa. In: *História Viva*, 2004.

A partir da observação dos dados, pode-se inferir

a) o equilíbrio da economia do país, obtido pela administração centralizada, típica do absolutismo.
b) a fragilidade das contas públicas, agravada pelo envolvimento do país em guerras externas, que aprofundaram a crise econômica.
c) a importância das taxas pagas pela nobreza, que compunham grande parte das receitas do poder público.
d) a necessidade de se aumentar o controle das fronteiras, para evitar a evasão de divisas para outros países europeus.
e) os efeitos das revoltas camponesas, que desestruturaram a produção rural e diminuíram a arrecadação de impostos.

MÓDULO 19 • Napoleão e o Congresso de Viena

Napoleão Bonaparte

Napoleão destacou-se na carreira militar durante a Revolução Francesa, chegando a general com 26 anos de idade. Em 1799, com apoio da burguesia, liderou o golpe do 18 Brumário, que dissolveu o Diretório. Montou o Consulado, que de triplo passou a uno e depois, via plebiscito, Napoleão tornou-se imperador dos franceses em 1804.

Ainda durante o Consulado destacou-se com medidas de grande efeito, como a criação do Banco da França, a normalização das relações com a Igreja, a promulgação do Código Civil, a reforma do ensino e a criação dos liceus. Coroado imperador na Catedral de Notre Dame, viveu um período de prosperidade apesar dos enfrentamentos externos que continuavam.

Fracassou na tentativa de invadir a Inglaterra (Trafalgar), mas venceu as potências europeias continentais (em Ulm, a Prússia; em Austerlitz, a Áustria) e extinguiu o Sacro Império Romano-Germânico, criando em seu lugar a Confederação do Reno. Em 1806, em Berlim, decretou o **Bloqueio Continental**, para esgotar e derrotar os ingleses. Expandiu seus domínios na Europa em direção à Península Ibérica e à Rússia.

Em Portugal, a família real fugiu para o Brasil com apoio da Marinha inglesa. Com a vinda da família real para o Brasil, o Rio de Janeiro transformou-se na sede da Monarquia portuguesa (1808-1821). Em 1808, a Coroa portuguesa decretou a Abertura dos Portos e, dois anos depois, os Tratados de 1810, com taxação privilegiada aos ingleses. Declarando guerra à França, o rei português Dom João invadiu a Guiana Francesa e o território sul do Rio Grande do Sul, a Província da Cisplatina. Em 1828, o território tornou-se um país independente, o Uruguai.

Os insucessos de Napoleão diante da resistência na Espanha e a retirada da Rússia do Bloqueio marcam seu declínio. Na campanha da Rússia a numerosa força francesa acabou arruinada. A seguir, Napoleão, foi derrotado na Batalha das Nações em 1813. Pelo Tratado de Fontainebleau, foi exilado para a ilha de Elba enquanto os Bourbon retornavam ao trono na França, com Luís XVIII.

Napoleão, porém, retornou à França, assumiu novamente o poder e formou seu último governo, período conhecido como os Cem Dias. Mas acabou derrotado em Waterloo, em 1815, e foi exilado em Santa Helena, onde faleceu em 1821.

Antes mesmo dos Cem Dias, as potências decidiram reunir-se em Viena para realizar o "concerto europeu".

Museu do Louvre, Paris, França.

A consagração do imperador Napoleão e a coroação da imperatriz Josefina retratada pelo pintor Jacques-Louis David.

O Congresso de Viena

Acordos foram estabelecidos sob a liderança do príncipe austríaco Metternich para evitar novos conflitos. Tinham por fundamento o Princípio da Legitimidade (proposto por Talleyrand), pelo qual se visava o retorno dos governos e fronteiras que vigoraram antes da Revolução Francesa. Além disso, determinou-se a dominação da Bélgica pela Holanda, a neutralidade da Suíça, a divisão da Polônia e da Itália e, no lugar da Confederação do Reno, a criação da Confederação Germânica. Também se criou a Santa Aliança para garantir a "nova ordem". O caráter conservador do Congresso gerou oposição da Inglaterra, com seu princípio de não intervenção (com isso apoiava as independências latino-americanas), e também dos Estados Unidos, com a Doutrina Monroe, "América para os americanos". Os domínios estabelecidos no Congresso e o intervencionismo da Santa Aliança aguçaram levantes nacionais e logo a retomada liberal ganhou força e desmoronou a ordem estabelecida.

Assim, as consequências da Revolução Francesa e do Congresso de Viena foram: o despertar dos princípios burgueses e dos valores reacionários do Antigo Regime; o nacionalismo bastante difundido e forte no mundo contemporâneo, que serviu até mesmo para impulsionar o desenvolvimento capitalista industrial; e a determinação da burguesia no projeto de deter não apenas o controle econômico, mas também o indispensável poder político.

Christel Gerstenberg/Corbis/Latinstock

A Revolução Haitiana

Durante a Revolução Francesa, em 1791, escravos, ex-escravizados e mestiços tomaram o poder no Haiti, sob a liderança inicial de Toussaint Louverture, e aboliram a escravidão. Após a prisão e morte de Toussaint, a liderança coube a Jacques Dessalines, que proclamou a independência do Haiti em 1804. Esta foi a primeira nação negra independente da história americana. No entanto, em 1806 Dessalines foi assassinado e somente em 1825 o Haiti teve sua independência reconhecida.

Exercícios resolvidos

1. (Uerj)

Reprodução/<www.inpeau.ufsc.br>

O mapa político apresentado demonstra a fragmentação ocorrida na América colonial espanhola, a partir dos movimentos de independência. Esse processo resultou não só de fatores internos, mas também de fatores externos às colônias, como a tentativa de restauração levada a cabo pela Santa Aliança, utilizando como regra básica o princípio de legitimidade enunciado no Congresso de Viena (1814-1815).

Cite duas consequências políticas ou territoriais para a Europa pós-napoleônica da utilização do princípio de legitimidade. Em seguida, explique a influência desse princípio nas lutas pela independência das colônias espanholas na América.

Resposta:

Consequências que podem ser citadas: dissolução da Confederação do Reno; ausência de partilha territorial da França; recolocação no poder das dinastias europeias, destronadas durante a expansão napoleônica; reorganização do mapa europeu, levando-se em consideração os direitos tradicionais das dinastias consideradas legítimas e restaurando-se as fronteiras anteriores a 1791.

Esse princípio, por tentar frear os processos de autonomia que haviam se instalado na região, ampliou ainda mais as insatisfações dos diferentes setores das aristocracias coloniais que, organizadas em cabildos livres, comandaram as lutas pela independência dos vice-reinos coloniais.

2. (Fuvest-SP)

> *A mais extravagante ideia que possa germinar no cérebro de um político é acreditar que basta a um povo entrar de mão armada num país estrangeiro para lhe fazer adotar as suas leis e a sua Constituição. Ninguém estima os missionários armados, e o primeiro conselho que a natureza e a prudência dão é repeli-los como inimigos.*
>
> Robespierre, janeiro de 1792.

a) Por que a ocupação da Espanha pelo exército napoleônico, em 1808, tornou o texto profético?

b) Há no momento atual alguma situação à qual o texto pode ser referido? Por quê?

Resposta:

a) O motivo é que a entrada das tropas napoleônicas na Espanha esbarrou na resistência crescente contra os franceses, apesar de serem os propagadores dos ideais revolucionários contrários ao Antigo Regime. Eram soldados integrados aos ideais de liberdade e assim, pode-se dizer, como se fossem missionários armados, mas mesmo assim inimigos.

b) De fato, são vários exemplos recentes. O mais evidente foi a invasão do Iraque por tropas norte-americanas e seus aliados (a questão é de meados da primeira década do século XXI). Os portadores e promotores da democracia e da liberdade no país, é evidente, encontraram resistências locais e regionais. O Afeganistão seria outro exemplo. Nacionalismo, divergências religiosas e culturais servem de justificativa para as atuações contrárias aos invasores.

3. (FGV-SP) A Revolução Francesa foi marcada por uma série de reviravoltas políticas. Em novembro de 1799, o general Napoleão Bonaparte liderou um golpe de Estado que pôs fim ao Diretório, inaugurando uma nova fase da História francesa.

a) Quais eram as características do Código Civil estabelecido por Napoleão?

b) Em que medida o Código Civil chocava-se com a Declaração dos Direitos do Homem e do Cidadão de 1789?

Resposta:

a) O Código Civil francês de 1804 é considerado uma extensão das conquistas burguesas da Revolução Francesa por atender aos interesses da burguesia, como assegurar a propriedade privada e a liberdade econômica, além de estabelecer um Estado laico.

b) Um exemplo distinto é em relação à escravidão nas colônias e à proibição de organização de sindicatos de trabalhadores e greves, fatos que se chocavam com o princípio da igualdade, de que todos os homens têm direitos iguais. O Código napoleônico privilegia a liberdade individual.

4. (UFRRJ)

> *Em nome da Santíssima e Indivisível Trindade e conforme as palavras das Sagradas Escrituras* [...], *Suas Majestades o Imperador da Áustria, o Rei da Prússia e o Imperador da Rússia* [...] *permanecerão unidos por laços de verdadeira e indissolúvel fraternidade; considerando-se compatriotas, EM TODA OCASIÃO E EM TODO LUGAR ELES PRESTARÃO ASSISTÊNCIA, AJUDA E SOCORRO* [...].
>
> Artigo 1º do Tratado da Santa Aliança.

O trecho destacado no texto anterior demonstra o caráter intervencionista da Santa Aliança no processo de Restauração europeia após a derrota napoleônica (1814-1815).

Esta política das grandes potências absolutistas não conseguiu, porém, impedir por muito tempo o processo histórico que se desenvolvia, então, no continente europeu.

a) Explique o que as potências continentais europeias pretendiam evitar com a criação da Santa Aliança.

b) Cite um inibidor da ação da Santa Aliança na América Latina neste período.

Resposta:

a) A Santa Aliança pretendia conter o avanço liberal e eventuais revoluções que impedissem a restauração do absolutismo monárquico na Europa.

b) A Inglaterra opõe-se ao retorno das práticas mercantilistas e coloniais na América que ameaçavam seus interesses econômicos na região.

Exercícios propostos

1. (CFT-RJ) As guerras napoleônicas e a invasão francesa da península Ibérica (1807-1808) resultaram na transferência da Corte portuguesa e de setores dirigentes do Estado português para o Brasil, criando uma situação inédita para a principal colônia portuguesa. Entre as mudanças trazidas, assinale a opção que expressa a opção verdadeira:

a) A transformação do Rio de Janeiro em sede da monarquia portuguesa trouxe uma série de benefícios para esta cidade, como a criação de indústrias, centros culturais e universidades.

b) A transferência da sede do Império português para o Brasil era um projeto existente desde o século XVII, prevendo a modernização econômica da colônia e a gradativa abolição da escravidão.

c) A vinda da família real democratizou de certa forma as relações políticas existentes no Brasil, abrindo caminho para uma maior participação de camadas populares livres na vida política.

d) A abertura dos portos, em 1808, e os tratados comerciais assinados em 1810 resultaram, na prática, no fim do exclusivo colonial português, em benefício dos interesses econômicos ingleses.

2. (UFC-CE) Entre 1792 e 1815, a Europa esteve em guerra quase permanente. No final, os exércitos napoleônicos foram derrotados. Em seguida, as potências vencedoras, Rússia, Prússia, Grã-Bretanha e Áustria, conjuntamente com a França, reuniram-se no Congresso de Viena, que teve como consequência política a formação da Santa Aliança. A partir do comentário acima, marque a alternativa que contenha duas decisões geopolíticas aprovadas pelo citado Congresso:

a) defesa do liberalismo e auxílio aos movimentos socialistas na Europa.

b) restabelecimento das fronteiras anteriores a 1789 e isolamento da França do cenário político europeu.

c) valorização das aristocracias em toda a Europa continental e ascensão dos girondinos no governo da França a partir de 1815.

d) reentronização das casas reais destituídas pelos exércitos napoleônicos e criação de um pacto político de equilíbrio entre as potências europeias.

e) apoio aos movimentos republicanos e concentração de poderes na coroa britânica, permitindo a esta a utilização da sua marinha de guerra como instrumento contrarrevolucionário.

3. (UFF-RJ) A Revolução Francesa de 1789 foi pródiga em gerar ideias e projetos de reforma social dos mais diversos e radicais. Um deles, por sua projeção futura, merece ser destacado: a Conspiração dos Iguais, cuja crítica à propriedade estava respaldada na crença de que ela era "odiosa em seus princípios e mortífera nos seus efeitos". No entanto, a Conspiração dos Iguais não conseguiu concretizar seu projeto de defesa da abolição da propriedade privada.
Com base nesta afirmativa:
   a) mencione o principal líder da Conspiração dos Iguais;
   b) discuta a principal reforma napoleônica em relação à propriedade e suas repercussões na Europa.

4. (UFRGS-RS) No Congresso de Viena, concluído em 1815, pouco antes da derrota de Napoleão em Waterloo, os soberanos europeus vitoriosos fixaram os destinos da Europa. Nessa reconstrução geopolítica,
   a) a Inglaterra, lesada em posições estratégicas, perdeu definitivamente o domínio dos mares para potências emergentes, como Espanha e Itália.
   b) a nova carta político-territorial da Europa assegurou o equilíbrio entre as grandes potências ao reconhecer as aspirações nacionais.
   c) a França, apesar da derrota, foi poupada, não perdendo seus territórios nem sendo obrigada a pagar indenizações de guerra, em nome do equilíbrio europeu.
   d) a Rússia abdicou de qualquer pretensão de tornar-se a potência dominante da Europa oriental, enquanto a Áustria, que conquistou a Bélgica, perdeu seus domínios na Itália.
   e) o Brasil foi elevado à categoria de Reino Unido de Portugal e Algarves, o que permitiu a permanência da família real no continente americano, sem perda do trono.

5. (PUC-MG) O mapa a seguir mostra a Europa Ocidental nos anos iniciais do século XIX. A situação assinalada resultou na vinda da Corte Portuguesa para o Brasil, em 1808.

Portanto, o mapa retrata:
   a) O Tratado de Comércio e Navegação, assinado entre D. João e lord Strangford, que garantia liberdade comercial para ingleses e portugueses.
   b) O Tratado de Fontainebleau, assinado por França e Espanha, que supunha a invasão de Portugal e divisão de suas colônias.
   c) A Convenção Secreta, acordo entre Inglaterra e Portugal, que determinava a defesa marítima dos lusitanos pelos ingleses.
   d) o Bloqueio Continental determinado por Napoleão Bonaparte, que proibia os países europeus de comercializarem com os ingleses.

6. (UFRGS-RS) Por volta de 1811, o Império napoleônico atingiu o seu apogeu. Direta ou indiretamente, Napoleão dominou mais da metade do continente europeu. Tal conjuntura, no entanto, reforçou os sentimentos nacionalistas da população dessas regiões. A ideia de nação, inspirada nas próprias concepções francesas, passou a ser uma arma desses nacionalistas contra Napoleão.
Assinale a afirmação correta, relativa à conjuntura acima delineada.
   a) Após o bloqueio continental, em todos os Estados submetidos à dominação napoleônica, os operários e os camponeses, beneficiados pela prosperidade econômica, atuaram na defesa de Napoleão contra o nacionalismo das elites locais.
   b) A Inglaterra, procurando manter-se longe dos problemas do continente, isolou-se e não interveio nos conflitos desencadeados pelos anseios de Napoleão de construir um Império.
   c) A Espanha, vinculada à França pela dinastia dos Bourbon desde o século XVIII, não reagiu à dominação francesa. Em nome do respeito às suas tradições e ao seu nacionalismo, a Espanha aceitou a soberania estrangeira imposta por Napoleão.
   d) Em 1812, Napoleão estabeleceu sólida aliança com o Papa, provocando a adesão generalizada dos católicos. Temporariamente, os surtos nacionalistas foram controlados, o que o levou a garantir suas progressivas vitórias na Rússia.
   e) Herdeira da Filosofia das Luzes, a ideia de nação, tal como difundida na França, fundou-se sobre uma concepção universalista do homem e de seus direitos naturais. Essa concepção, porém, pressupunha o princípio do direito dos povos de dispor sobre si mesmos.

No século XVIII as tensões entre colonos e metrópole tinham se multiplicado, a exemplo da Inconfidência Mineira e Conjuração Baiana. Juntando a expansão das ideias iluministas, a independência dos Estados Unidos e a convulsão europeia desencadeada pela Revolução Francesa e seus desdobramentos, toda a área colonial acabou envolvida. Foi o caso da América portuguesa, bem como o da América espanhola. Um exemplo singular e importante foi o **Haiti** (São Domingos), em que a revolução negra suprimiu a ordem colonial francesa em meio à Revolução Francesa. No caso ibérico, as sedes metropolitanas ruíram com as guerras napoleônicas, o mesmo acontecendo com as estruturas coloniais americanas.

O Período Joanino e a Independência

O processo de independência do Brasil se relaciona, assim, com a "era das revoluções". A expansão napoleônica para a península Ibérica levou o príncipe regente, dom João, a transferir a sede administrativa do Império luso para o Brasil. A transformação do Rio de Janeiro na sede do Império português trouxe enormes mudanças, com destaques para: a abertura dos portos às nações amigas (fim do exclusivo colonial); o fim da proibição de instalação de indústrias; os Tratados de 1810 (Comércio e Navegação e também Aliança e Amizade); a criação de órgãos públicos (ministérios, tribunais), da Casa da Moeda, Banco do Brasil, Jardim Botânico, escolas de Direito e Medicina, Imprensa Real, Academia Real Militar, Academia Real das Belas-Artes

Os refrescos do Largo do Palácio, gravura de Jean-Baptiste Debret.

e Biblioteca Real. Na política externa, conquistou a Guiana Francesa e o Uruguai (Província Cisplatina). Em 1815, o Brasil foi elevado à categoria de Reino Unido de Portugal e Algarves e deixou de ser colônia.

Revolução Pernambucana de 1817

Região de outros levantes, como a Insurreição Pernambucana (1645-1654) e a Guerra dos Mascates (1709), sofreu elevação dos tributos para custear as despesas da Corte do Rio de Janeiro. Essa situação causou dificuldades para a economia da região e acentuou a desigualdade social, sendo esses os principais fatores que estimularam a revolta de grandes proprietários, comerciantes, padres, militares, intelectuais e indivíduos pobres e não proprietários. Em março de 1817, foi derrubado o governador e instalado um novo governo republicano. Houve a abolição de impostos, foi permitida a liberdade de imprensa e de religião e decretada a igualdade entre os cidadãos, mas com a manutenção da escravidão. A rebelião, que se espalhou pelo interior e teve a adesão de outras províncias nordestinas, não obteve apoio nem reconhecimento por parte dos Estados Unidos e da Inglaterra. Os revoltosos acabaram cercados pelas tropas das autoridades portuguesas e seus líderes foram presos e executados.

Após a derrota das tropas napoleônicas, em Portugal, eclodiu, em 1820, a **Revolução Liberal do Porto**, cujo objetivo era promulgar uma Constituição. A revolução exigiu o imediato regresso de dom João VI, o que resultou na sua volta em 1821, deixando no Brasil seu filho, **dom Pedro, como príncipe regente**. Havia no parlamento luso, assim como por toda a Europa, ideias recolonizadoras oriundas do reacionarismo do Congresso de Viena.

Na regência de Dom Pedro aguçaram-se as divergências entre um grupo – geralmente denominado de "Partido Brasileiro" – e as Cortes, com suas medidas controladoras. Dom Pedro foi pressionado para voltar a Portugal, mas obteve apoio. No **Dia do Fico**, 9 de janeiro de 1822, decidiu permanecer. Com isso, o Brasil acabou rompendo definitivamente seus vínculos políticos.

As pressões portuguesas cresceram ainda mais com o decreto "**Cumpra-se**" de maio de 1822, pelo qual só se poderiam executar as ordens de Portugal com a expressa autorização de dom Pedro. Em 7 de setembro de 1822, completou-se o rompimento com a **Declaração de Independência do Brasil**, um projeto monárquico sob o comando de dom Pedro.

Proclamação da independência (1844), pintura de François-René Moreaux.

Exercícios resolvidos

1. (Fuvest-SP)

Não parece fácil determinar a época em que os habitantes da América lusitana, dispersos pela distância, pela dificuldade de comunicação, pela mútua ignorância, pela diversidade, não raro, de interesses locais, começam a sentir-se unidos por vínculos mais fortes do que todos os contrastes ou indiferenças que os separam, e a querer associar esse sentimento ao desejo de emancipação política. No Brasil, as duas aspirações – a da independência e a da unidade – não nascem juntas e, por longo tempo ainda, não caminham de mãos dadas.

Sérgio Buarque de Holanda, "A herança colonial – sua desagregação". *História geral da civilização brasileira*, tomo II, volume 1, 2ª ed., São Paulo: DIFEL, 1965. p. 9.

a) Explique qual a diferença entre as aspirações de "independência" e de "unidade" a que o autor se refere.

b) Indique e caracterize ao menos um acontecimento histórico relacionado a cada uma das aspirações mencionadas no item **a**).

Resposta:

a) As lutas contrárias à colonização lusa, com inspiração iluminista, ocorrem desde o século XVIII, porém sem uma característica unitária. Foram lutas regionais e até mesmo separatistas. O processo de independência é mais decorrente das transformações internas, das novas relações econômicas e da política externa do que uma luta ou guerra contra a metrópole (apesar de existirem correntes recolonizadoras na Europa). Portanto as aspirações (e lutas) de unidade/separatismo se farão presentes muito mais durante o reinado de D. Pedro e na sua ausência (período regencial) do que no período anterior à independência.

b) Podem ser mencionados: abertura dos Portos às Nações Amigas, suspensão do alvará que proibia manufaturas na colônia, criação do Banco do Brasil, Academia de Belas-Artes, Observatório Astronômico, Jardim Botânico, faculdades de Direito e Medicina, Inconfidência Mineira, Conjuração Baiana, Independência das Treze Colônias, Independência da América hispânica, Iluminismo, Guerra na Guiana Francesa e Guerra Cisplatina.

2. (Unicamp-SP)

Passar de Reino a Colônia
É desar [derrota]
É humilhação
que sofrer jamais podia
brasileiro de coração.

A quadrinha acima reflete o temor vivido no Brasil depois do retorno de D. João VI a Portugal em 1821. Apesar de seu filho Pedro ter ficado como regente, acirrou-se o antagonismo entre "brasileiros" e "portugueses" até que, em dezembro de 1821, as Cortes de Portugal determinaram o retorno do príncipe. Se ele acatasse, tudo poderia acontecer. Inclusive, dizia d. Leopoldina, "uma Confederação de Povos no sistema democrático como nos Estados Livres da América do Norte".

Adaptado de Eduardo Schnoor,"Senhores do Brasil", *Revista de História da Biblioteca Nacional*, nº. 48. Rio de Janeiro, set. 2009, p. 36.

a) Identifique os riscos temidos pelas elites do centro-sul do Brasil com o retorno de D. João VI a Lisboa e a pressão das Cortes para que D. Pedro I retornasse a Portugal.

b) Explique o que foi a Confederação do Equador.

Resposta:

a) As elites do centro-sul temiam: a recolonização do Brasil; a perda de vantagens políticas e econômicas obtidas com a chegada da família real portuguesa; a adoção de um modelo federalista inspirado nos EUA.

b) A Confederação do Equador, que veremos mais à frente, foi um movimento separatista ocorrido no Nordeste, sob a liderança de Pernambuco, em reação à centralização política estabelecida pela Constituição de 1824. O movimento tinha inspiração federalista e foi fortemente reprimido por D. Pedro I.

Exercícios propostos

1. (UEPB) Sobre aspectos políticos do processo de emancipação assinale a única alternativa INCORRETA.

a) O sistema representativo, criado com a emancipação política de 1822, permitia a eleição de deputados gerais para um mandato de quatro anos, mas os senadores tinham que ser eleitos através de lista tríplice e para mandatos vitalícios.

b) A Constituição de 1824, outorgada por D. Pedro I, continha direitos civis e políticos reconhecidos nos países europeus, mas, ao mesmo tempo, adotava o Poder Moderador, que permitia ao Imperador controlar o sistema político brasileiro.

c) Como forma de conseguir que Portugal aceitasse a emancipação do Brasil, D. Pedro I determinou que se implantasse um sistema eleitoral em que os governantes municipais e estaduais fossem escolhidos livre e democraticamente pela população.

d) Com a emancipação do Brasil em 1822, a elite político-econômica brasileira optou por um sistema de governo baseado numa monarquia representativa. O objetivo era preservar a unidade do país em torno da figura do Imperador e manter a paz e a ordem social.

e) O arranjo institucional pós-emancipação legou um sistema político em que o Imperador era o chefe absoluto do governo e do Estado. Dentre outras coisas, o Imperador escolhia seus ministros entre os líderes dos partidos Liberal e Conservador.

2. (FGV-SP) Leia a entrevista.

> *FOLHA – Estamos vivendo um momento de novas interpretações em relação ao período imperial?*
>
> *MAXWELL – [...] o movimento de independência da década de 1820 não aconteceu no Brasil, mas em Portugal. Foram os portugueses que não quiseram ser dominados por uma monarquia baseada na América.*
>
> *Com a rejeição da dominação brasileira, eles atraíram muitos dos problemas de fragmentação, guerras civis e descontinuidade que são parecidos com aqueles que estavam acontecendo na América espanhola.*
>
> *É sempre importante, ao pensar a história do Brasil, considerar que ela não se encaixa em interpretações convencionais. É sempre necessário pensar um pouco de forma contrafactual, porque a história brasileira não segue a mesma trajetória de outras histórias das Américas. O rei estava aqui, a revolução liberal estava lá. A continuidade estava aqui, a descontinuidade estava lá.*
>
> *Acho que isto explica muito das coisas que aconteceram depois no Brasil, no século 19.*

Marcos Strecker, Para Maxwell, país não permite leituras convencionais. *Folha de S.Paulo*, 25-11-2007.

"A história brasileira não segue a mesma trajetória de outras histórias das Américas", pois

a) em 1824 foi promulgada a primeira constituição do Brasil, caracterizada pela divisão e autonomia dos três poderes e por uma legislação social avançada para os padrões da época, pois garantia o direito de voto a todos os brasileiros.

b) com a grave crise estrutural que atingiu as atividades produtivas da Europa no início do século XIX, restou ao Brasil um papel relevante no processo de recuperação das bases econômicas industriais, com o fornecimento de algodão, tabaco e açúcar.

c) os princípios e as práticas liberais do príncipe-regente Dom Pedro se chocavam com o conservadorismo das elites coloniais do centro-sul, defensoras de restrições mercantilistas com o intuito de conter a ganância britânica pela riqueza brasileira.

d) com as invasões napoleônicas, desorganizaram-se os contatos entre a metrópole espanhola e seus espaços coloniais na América, situação diversa da verificada em relação ao Brasil, que abrigou a Corte portuguesa.

e) a elite colonial nordestina – voltada para o mercado interno, defensora do centralismo político-administrativo e da abolição da escravatura – apostava na liderança e na continuidade no Brasil de Dom João VI para a efetivação desse projeto histórico.

3. (UFF-RJ) Como "mito de origem nacional" para a Bahia, a Guerra de Independência, de 2 de julho de 1823, é sempre relembrada em festas e comemorações oficiais. Assinale a alternativa que melhor identifica o papel dos baianos no contexto da independência brasileira.

a) A articulação revolucionária das camadas populares da capital baiana esteve restrita aos interesses dos libertos e dos homens livres e pobres, sem o apoio de parte dos intelectuais da cidade de Salvador.

b) As independências do Brasil e da Bahia ocorreram no mesmo contexto político, sem particularismos locais. Nesse sentido, não é possível considerar a existência de duas datas que marcam a independência do país.

c) A sedição de 1798 na Bahia sepultou os desejos separatistas dos baianos e os afastou da política brasileira de 1822. Por essa razão, a população baiana esteve alijada do contexto político da independência.

d) A comemoração da independência da Bahia justifica-se, pois nessa data, as tropas do Exército e da Marinha expulsaram definitivamente os portugueses da cidade do Salvador.

e) A independência do Brasil esteve estritamente associada aos interesses ingleses e holandeses, instalados no Brasil e beneficiários da Abertura dos Portos.

4. (UPF-RS) Em setembro de 1822, o príncipe regente dom Pedro proclamou a separação do Brasil em relação ao reino de Portugal. Sobre a independência do Brasil é correto afirmar:

a) Modificou parcialmente as estruturas do país, pois, embora tivesse mantido o latifúndio, a monocultura e a escravidão, o Brasil tornou-se política e economicamente independente.

b) Não modificou o país em profundidade, pois manteve a concentração da terra, a monocultura e a escravidão.

c) Modificou o país, pois a Lei de Terras propiciou um maior acesso à terra pela população.

d) Não chegou a modificar o país concretamente, pois as ideias de fim de escravidão e de adoção de uma política agrária para o país não foram cumpridas, como queriam os cafeicultores.

e) Representou um avanço social, pois o país passou a ser governado por uma família real cuja mentalidade era abolicionista.

5. (IFBA)

> *O Brasil constituía então uma base essencial da economia portuguesa. A nossa exportação era quase toda (excetuando o vinho do Porto) canalizada para os portos brasileiros; a nossa importação vinha quase toda do Brasil; as matérias-primas tropicais faziam escala em Lisboa e daqui eram exportadas para o exterior.* [...] *A emancipação econômica do Brasil (em 1808) teve, portanto, consequências graves na economia portuguesa. A antiga colônia passara, em poucos anos, de fonte de rendimento à fonte de despesa.*
>
> SARAIVA, J. H. *História de Portugal.* Lisboa: Europa-América, 1996. p. 274.

No contexto das medidas liberais decretadas por D. João VI no Brasil, a "emancipação econômica do Brasil", que o historiador português apresenta como danosa à economia portuguesa, é resultado da

a) autonomia administrativa advinda da elevação do Brasil a Reino Unido de Portugal e Algarves.

b) autonomia financeira garantida com a criação do Banco do Brasil, que passou a emitir papel-moeda.

c) liberação manufatureira estabelecida pelo Alvará de 1º de abril, que permitiu as instalações de indústrias no Brasil.

d) incrementação do comércio brasileiro a partir da assinatura do Tratado de Comércio e Navegação com a Inglaterra.

e) liberdade de comércio estabelecida pelo decreto de Abertura dos Portos Brasileiros às Nações Amigas de Portugal.

Exercícios-tarefa

MÓDULO 1

1. (UPE) Entre os nômades, o trabalho não tem o mesmo valor que nas sociedades agrárias. Os índios Ianomâmi, da Amazônia, desenvolvem suas atividades, em média, três horas por dia e não valorizam o trabalho nem o progresso tecnológico. Os Guaiaqui, caçadores nômades da floresta paraguaia, passam, pelo menos, metade do dia em completa ociosidade. Quanto ao desenvolvimento social, do pensar e do fazer dos primeiros humanos, é correto afirmar que a
   a) produção de novas ferramentas de pedra polida foi a transformação mais importante ocorrida nesse período.
   b) fabricação de ferramentas e a utilização do fogo evidenciam que a sobrevivência humana não está diretamente relacionada à adaptação cultural do homem.
   c) abundância de recursos animais e vegetais promoveu a sedentarização do homem.
   d) capacidade de conseguir mais alimentos deu ao homem menor controle sobre o meio ambiente.
   e) troca da caça e da coleta pela agricultura ocorreu de maneira súbita.

2. (FCSCL-SP) Examine as três proposições, julgando se são verdadeiras ou falsas. Em seguida, assinale a alternativa correta.
   I. A Pré-História, época compreendida entre o aparecimento do homem sobre a Terra e o uso da escrita, é dividida tradicionalmente em dois períodos: Paleolítico e Neolítico.
   II. A domesticação de animais e o surgimento da agricultura ocorreram apenas após a invenção da escrita, posterior, portanto, ao Neolítico.
   III. A duração do Paleolítico é bem mais extensa que a do Neolítico, envolvendo níveis técnicos naturalmente mais primitivos.
   a) Todas as proposições são verdadeiras.
   b) Apenas as proposições I e II são verdadeiras.
   c) Apenas as proposições I e III são verdadeiras.
   d) Apenas as proposições II e III são verdadeiras.
   e) Todas as proposições são falsas.

3. (UFMS) O Monumento megalítico, ou megálito, do grego *mega*, *megalos*, grande; e *lithos*, pedra, designa uma construção monumental com base em grandes blocos de pedras rudes. Stonehenge é um monumento megalítico, localizado próximo a Amesbury, no condado de Wiltshire, cerca de 13 quilômetros a Noroeste de Salisbury, na Inglaterra. A que época histórica pertence o monumento megalítico ou megálito?
   a) Idade do Bronze.
   b) Classicismo.
   c) Renascimento.
   d) Antiguidade Clássica.
   e) Período Helenístico.

4. (Udesc) A pré-história do Brasil tem sido alvo de reflexões e pesquisas recentes, evidenciando a existência de populações numerosas, na configuração dos sambaquis.
   A partir dessa afirmativa, é incorreto dizer que:
   a) Os homens e as mulheres dos sambaquis se alimentavam exclusivamente da caça e coleta de frutos silvestres, o que levou ao extermínio, pela falta de alimento adequado.
   b) No litoral do Brasil, que vai do Sul da Bahia ao Rio Grande do Sul, existem aglomerados de concha, chamados de concheiras ou sambaquis, em cujo interior se encontravam vestígios dos antigos habitantes.
   c) Existem sambaquis com até 8 mil anos de antiguidade.
   d) No litoral de Santa Catarina os sambaquis atingem proporções que impressionam, com até 30 metros de altura (o que equivale a um prédio de dez andares).
   e) No interior dos sambaquis são encontrados esqueletos humanos, o que evidencia sua utilização para rituais funerários.

5. (Udesc) O estudo da Pré-História abrange um longo período da história humana. Uma das periodizações mais conhecidas distingue pelo menos dois grandes períodos. Sobre esses períodos e suas distinções, é incorreto afirmar:
   a) No período denominado como neolítico dá-se a descoberta e o controle do fogo, uma das maiores conquistas desse período, que permitiu aos seres humanos a fundição dos metais.
   b) De modo bem geral, o período paleolítico está para as sociedades de caçadores-coletores assim como o período neolítico está para a agricultura e a criação de animais.

c) Tanto o termo paleolítico quanto o neolítico referem-se à forma de tratamento da pedra.

d) O período denominado como paleolítico se inicia há aproximadamente 4 milhões de anos, e se estende até cerca de 10 000 anos.

e) O período denominado como neolítico se inicia há aproximadamente 8000 a.C. e se estende até, aproximadamente, 4000 a.C.

6. (UEMS) Os homens das sociedades pré-históricas, gradativamente, superam suas limitações físicas e de raciocínio, bem como de adaptação ao meio, criando condições materiais para garantir sobrevivência e expansão geográfica. Sobre esse longo período, no qual viveram essas sociedades, é correto afirmar que:

a) a principal conquista do Neolítico foi o domínio do fogo, que possibilitou ao homem defender-se de animais, cozer os alimentos, aquecer-se no frio e sedentarizar-se, organizando-se em tribos e vivendo em aldeias agrícolas.

b) a principal conquista do Paleolítico foi a Revolução Agrícola, que possibilitou ao homem se tornar sedentário e garantir sua alimentação.

c) o Mesolítico é a fase de transição entre o Neolítico e o Paleolítico inferior.

d) o Paleolítico Superior é o período mais extenso da Antiga Idade da Pedra, no qual temos o surgimento do *Homo sapiens*.

e) o Paleolítico é caracterizado como período da pedra lascada, em que o homem era nômade e travava a luta pela sobrevivência tendo por base a caça, a pesca e a coleta.

7. (UFBA) Os usos, os costumes, as tradições, as técnicas e as formas de ser que caracterizam os povos ao longo da história da humanidade e que constituem a cultura relacionam-se e influenciam-se mutuamente. Com base nessa afirmação e nos conhecimentos sobre cultura, pode-se concluir:

(01) Costumes cotidianos e técnicas de produção de utensílios eram passados de um povo para outro desde a Antiguidade, através do comércio, das campanhas militares e das migrações sistemáticas.

(02) A tradição oral como fonte de recuperação da memória nas sociedades modernas foi extinta e superada pelo aparecimento da escrita e do registro gráfico dos fatos acontecidos ao longo da história dessas sociedades.

(04) As expressões populares da cultura caracterizam-se pela diversidade de formas e origens, pela espontaneidade e pela marca das experiências regionais, o que contribui para a formação da consciência regional dos diferentes grupos sociais.

(08) A dominação política e militar por povos culturalmente diferentes daqueles que foram conquistados pode resultar em variadas formas de síntese cultural, observadas, dentre outras, através de transformações produzidas nas línguas faladas entre eles.

(16) Os povos ágrafos, por não usarem a escrita, valem-se de outros recursos para se comunicar, destacando-se, dentre esses, os rituais, as festas e as cerimônias, de cunho religioso e/ou profano.

(32) A preservação de hábitos do cotidiano e de valores sociais antigos, por parte de populações das áreas rurais brasileiras, tem contribuído para impedir a penetração dos meios de comunicação mais eficientes, a exemplo do rádio e da televisão.

8. (Unicamp-SP) Desde o período neolítico, os povos de distintas partes do mundo desenvolveram sistemas agrários próprios aproveitando as condições naturais de seus *habitats* e do conhecimento adquirido e transmitido entre os membros da comunidade.
Assinale a alternativa que estabelece corretamente a relação entre o povo habitante de uma determinada área, o sistema produtivo por ele desenvolvido, as condições naturais aproveitadas e os produtos cultivados.

a) Egípcios; uso da irrigação e drenagem; planícies úmidas e férteis dos rios Tigres e Eufrates; arroz e café.

b) Incas; uso de terraços com técnicas de curvas de nível e irrigação de vales; aproveitamento dos altiplanos andinos; batata e milho.

c) Chineses; uso intensivo dos terraços das altas montanhas; planalto de Anatólia no extremo leste da Ásia; café e cacau.

d) Mesopotâmicos; uso de cultivos de inundação e de regadio; vales férteis dos rios Ganges e Amarelo; cana-de-açúcar e feijão.

9. (UERN) *O primeiro meio pelo qual o ser humano registrou sua própria existência foi a pedra – as pinturas rupestres mais antigas, encontradas em cavernas da Espanha, datam de cerca de quarenta mil anos atrás. Quando a escrita foi encontrada na Mesopotâmia, em 4.000 a.C., foi preciso um suporte que a tornasse portátil. A solução foram as tabuletas de argila, pranchas do tamanho de uma folha de papel, gravadas com argila ainda úmida, usando uma ponta afiada de madeira. Se as tabuletas se destinavam a uso definitivo, eram cozidas em fornos, como vasos de cerâmica – se não, eram apagadas. Um estilo de escrita desenvolvido foi chamado cuneiforme.*

Revista *Aventuras na História*. Edição 114. Janeiro de 2013. p. 14.

A partir dessas formas de registro, outras foram surgindo e a escrita tornou-se um meio para a transmissão de tradições, transformando-se num veículo de expressão e organização social. Com base na relação entre o surgimento da escrita e a aceleração do desenvolvimento das civilizações, é correto afirmar que

a) tanto nas primeiras civilizações quanto nas civilizações vindouras, a escrita possui um papel fundamental na cultura.

b) foi a escrita, na medida em que se transformava em um sistema informacional, a grande responsável pelo surgimento do Estado.

c) não são consideradas "civilizações" as sociedades que não desenvolveram a escrita, já que não deixaram registro de sua cultura.

d) comprovadamente, as civilizações que dominaram a escrita, tais como a Mesopotâmia e o Egito, tornaram-se superiores às demais, dominando-as.

10. (UERN) *Ötzi, o homem do gelo, morto devido a uma flechada 5,3 mil anos atrás, já foi esquadrinhado dos pés à cabeça desde que foi descoberto por um casal de montanhistas alemães nos Alpes italianos, perto da fronteira da Áustria.* [...] *o seu genoma completo foi apresentado em fevereiro de 2012. Agora, usando os recursos nanotecnológicos de um microscópio atômico, cientistas conseguiram isolar o sangue da múmia. A amostra tem as hemácias mais antigas do mundo de que se têm notícia. Além da constatação de que Ötzi morreu apenas 30 minutos depois da flechada no ombro, a nova técnica poderá ajudar os médicos forenses a pesquisar crimes contemporâneos... os cientistas forenses encontram dificuldades em dizer se o sangue da cena de um crime tem dias ou meses de idade, mas, estudando a elasticidade de 5 mil anos de sangue, esperam ser capazes de fazer uma contribuição real para a compreensão do envelhecimento sanguíneo.*

Revista *Aventuras na História*. Junho de 2012. p. 8.

Elucidar os mistérios do cotidiano pré-histórico é uma das funções das pesquisas arqueológicas atuais. A descoberta do passado não é fácil e passa por processos complexos e, às vezes, demorados.
Analise as afirmativas a seguir.

I. Utilizando processos como a coleta e a escavação, a arqueologia estuda os costumes e as culturas dos povos antigos por meio de artefatos, monumentos etc.

II. As informações coletadas devem ser analisadas de forma isolada, de maneira que os antigos vestígios possam ser utilizados apenas numa perspectiva atual e definitiva.

III. Através da observação somente, os cientistas podem datar fatos e objetos históricos com precisão e interpretar fatos remotos sobre a vida de nossos ancestrais.

Está(ão) correta(s) a(s) afirmativa(s)

a) I, II e III.

b) II, apenas.

c) I, apenas.

d) II e III, apenas.

11. (UERN) As gravuras se referem aos monumentos megalíticos, constantes objetos de estudo de arqueólogos e historiadores. Observe.

Jaroslava V/Shutterstock/Glow Images

Martin Gray/National Geographic/Getty Images

Goodcat/Shutterstock/Glow Images

Disponível em: http:/www.infoescola.com/arquitetura/monumentos-megaliticos/

Acerca dessas formações rochosas misteriosas, devidamente arrumadas na natureza por nossos antepassados, é correto afirmar que

a) são consideradas monumentos pela sua formação. Acredita-se que podem ter surgido durante o período Neolítico (Idade da Pedra) e a finalidade de sua existência não é totalmente conhecida.

b) muitas eram contempladas e cultuadas pelos religiosos fundadores da Igreja Católica, que acreditavam em seus poderes esotéricos e na presença de relíquias sagradas entre as pedras utilizadas em sua construção.

c) são construções feitas por seres detentores de altos conhecimentos, pois a maioria das pedras chega a pesar toneladas. Os templos seriam destinados aos alquimistas e magos, donos do conhecimento científico no período Homérico.

d) algumas são construções de indivíduos solitários, conhecidos como *menires* (em celta significa "pedras compridas") e tinham o objetivo comprovado de abrigar as tribos nômades em suas incursões em busca de alimento e moradia.

12. (Unioeste-PR) O Estado surgiu quando a tradicional autoridade dos chefes de famílias, adequada para comunidades pastoris, mostrou-se insuficiente para gerir uma sociedade mais complexa, baseada na articulação entre aldeias e cidades. Sobre o Estado, é INCORRETO afirmar que

a) o aparecimento do Estado não ocorreu simultaneamente em todas as sociedades, nem devido aos mesmos fatores em todas as regiões.

b) a maioria dos estudiosos admite que o surgimento do poder político esteve ligado às necessidades surgidas com a diversificação das atividades econômicas.

c) em algumas sociedades, como aquelas localizadas no Crescente Fértil, o poder político característico do Estado nasceu vinculado a religião.

d) o Estado nem sempre existiu ao longo da história. Muitas sociedades se organizaram sem ele. Nas sociedades sem Estado, as funções políticas não estavam claramente definidas numa determinada instância de poder.

e) a constituição da propriedade privada e a divisão do trabalho não guardam qualquer relação com o processo histórico da formação do Estado.

13. (CPS) TEXTO PARA A PRÓXIMA QUESTÃO:

Uma galinha é cultura também

Além dos seres vivos e da matéria cósmica, existem, também, coisas culturais, muitíssimo mais complicadas. Chama-se cultura tudo o que é feito pelos homens, ou resulta do trabalho deles e de seus pensamentos. Por exemplo, uma cadeira está na cara que é cultural porque foi feita por alguém. Mesmo o banquinho mais vagabundo, que mal se põe em pé, é uma coisa cultural. Uma galinha é cultura também, porque feita pelos homens. Sem a intervenção humana, que criou os bichos domésticos, as galinhas, as vacas, os porcos, os cabritos, as cabras não existiriam. Só haveria animais selvagens.

Uma casa qualquer é claramente um produto cultural, porque é feita pelos homens. A mesma coisa se pode dizer de um prato de sopa, de um picolé ou de um diário. Mas estas são coisas de cultura material, que se pode ver, medir, pesar.

Há, também, para complicar, as coisas da cultura imaterial, impropriamente chamadas de espiritual – muitíssimo mais complicadas. A fala, por exemplo, que se revela quando a gente conversa, e que existe independentemente de qualquer boca falante, é criação cultural. Aliás, a mais importante. Sem a fala, os homens seriam uns macacos, porque não poderiam se entender uns com os outros, para acumular conhecimento e mudar o mundo como temos mudado. A fala está aí, onde existe gente, para qualquer um aprender. Além da fala, temos as crenças, as artes, que são criações culturais, porque inventadas pelos homens e transmitidas uns aos outros através das gerações. Elas se tornam visíveis, se manifestam, através de criações artísticas, ou de ritos e práticas – o batizado, o casamento, a missa – em que a gente vê os conceitos e as ideias religiosas ou artísticas se realizarem...

Adaptado de: RIBEIRO, Darcy. *Noções de Coisas*. São Paulo: Ed. FTD, 1995.

O texto e a tabela comparativa relacionam, do ponto de vista científico, o homem de Neandertal e o *Homo sapiens*, segundo dados de uma pesquisa realizada na Universidade de Wyoming, liderada pelo cientista Jason Shogren.

O *Homo sapiens* – homem atual – surgiu há aproximadamente 150 mil anos, possivelmente na África e, desde então, vem evoluindo e aumentando seu número.

Por outro lado, o homem de Neandertal surgiu há aproximadamente 200 mil anos e tinha certas vantagens naturais em relação ao *sapiens*, pois seu corpo mais atarracado e forte, com ossos mais robustos e caixa torácica mais larga, tornava-o mais adaptado aos rigores do frio.

No entanto, há aproximadamente 27 mil anos atrás, os homens de Neandertal entraram em extinção, menos de 10 mil anos depois da chegada do *Homo sapiens* à Europa. A proximidade entre as duas datas faz do *sapiens* o principal suspeito dessa extinção.

Tabela comparativa entre essas duas espécies

Neandertal		***Sapiens***
Não há indícios de um sistema de troca entre eles	COMÉRCIO	Trocavam alimentos e artefatos
Não tinham	DIVISÃO DO TRABALHO	Os caçadores mais habilidosos iam atrás dos animais, os demais se dedicavam a outras tarefas
Rudimentar	LINGUAGEM	A fala articulada aumentou a capacidade de organização do grupo
Não entendiam símbolos, por isso não faziam arte	CULTURA	O pensamento simbólico permitiu a evolução da linguagem e a comunicação
As ferramentas evoluíram muito pouco	EVOLUÇÃO TECNOLÓGICA	A troca entre diferentes grupos acelerou o desenvolvimento tecnológico

Adaptado de: *Revista Veja* – 8 de junho de 2005.

De acordo com as informações fornecidas no texto e na tabela, assinale a alternativa correta.

a) Os homens de Neandertal morreram de fome e frio, porque utilizavam ferramentas rudimentares, não conheciam o fogo e não caçavam.

b) Os homens de Neandertal eram melhores do que os *sapiens* no comércio e na divisão de trabalho.

c) Os *sapiens* não apresentavam linguagem inteligível, o que impediu a divisão de tarefas e a organização dos grupos.

d) Os homens de Neandertal expressavam suas ideias, experiências e sentimentos através de esculturas e hieróglifos nas paredes das cavernas.

e) Os *sapiens*, apesar de mais fracos fisicamente, com o passar do tempo, ultrapassaram os homens de Neandertal na organização dos grupos e na tecnologia.

14. (Ufes) *À grande transformação econômica da Idade do Bronze dá-se o nome de Revolução Urbana. Essa revolução correspondeu à passagem das comunidades agrícolas autossuficientes para cidades, com comércio e artesanato especializado. A agricultura continuou como a principal atividade econômica, mas a economia, antes agrícola e pastoril, ganhou maior diversidade e complexidade com a multiplicação dos ofícios ou profissões e com o estabelecimento de um sistema regular de trocas. Assim, por volta de 3000 a.C., o Egito, a Mesopotâmia e o Vale do Indo já não eram mais um conjunto de aldeias de agricultores autossuficientes, mas constituíam Estados, com uma complexa organização social.*

(AQUINO, R. S. et al. "História das sociedades, das comunidades primitivas às sociedades medievais". Rio de Janeiro: Ao Livro Técnico, 1980. p. 77-78. Adaptado.)

Dos itens a seguir, o único que NÃO pode ser considerado característica da Revolução Urbana que resultou na formação da Civilização Mesopotâmica por volta de 3000 a.C. é

a) a escrita cuneiforme.

b) a metalurgia do bronze.

c) o modo de produção escravista.

d) a arquitetura monumental, com destaque para os "zigurates".

e) o sistema de Cidades-Estados independentes (Ur, Lagash, Nippur, Umma e outras).

15. (Ufpel-RS)

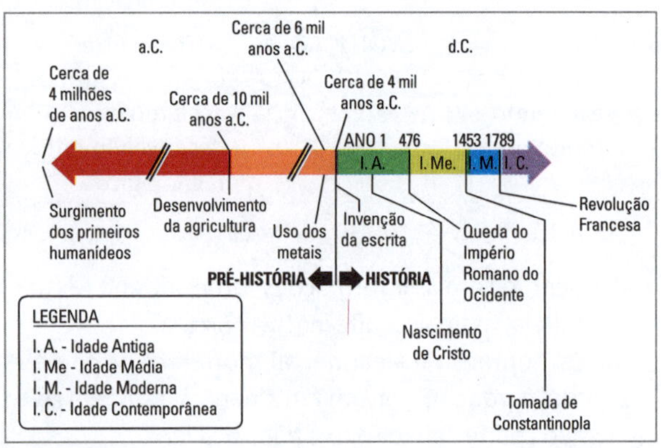

Analisando a linha do tempo, no período que vai do surgimento do homem até o desenvolvimento da agricultura, encontra-se a fase

a) Neolítica.

b) da invenção da escrita.

c) dos Metais.

d) da Antiguidade.

e) Paleolítica.

MÓDULO 2

1. (UEL-PR) *... essencialmente mercadores, exportavam pescado, vinhos, ouro e prata, armas, praticavam a pirataria, e desenvolviam um intenso comércio de escravos no Mediterrâneo...*

O texto refere-se a características que identificam, na Antiguidade Oriental, os

a) fenícios.

b) hebreus.

c) caldeus.

d) egípcios.

e) persas.

2. (UFPE) Em relação à religião no antigo Egito, pode-se afirmar que:

a) a religião dominava todos os aspectos da vida pública e privada do antigo Egito. Cerimônias eram realizadas pelos sacerdotes a cada ano, para garantir a chegada da inundação e, dessa forma, boas colheitas, que eram agradecidas pelo rei em solenidades às divindades.

b) a religião no antigo Egito, como nos demais povos da Antiguidade, não tinha grande influência, já que estes povos, para sobreviverem, tiveram que desenvolver uma enorme disciplina no trabalho e viviam em constantes guerras.

c) a religião tinha apenas influência na vida da família dos reis, que a usava como forma de manter o povo submetido a sua autoridade.

d) o período conhecido como antigo Egito constitui o único em que a religião foi quase inteiramente esquecida, e o rei como também o povo dedicaram-se muito mais a seguir a tradição dos seus antepassados, considerados os únicos povos ateus da Antiguidade.

e) a religião do povo no antigo Egito era bastante distinta da do rei, em razão do caráter supersticioso que as camadas mais pobres das sociedades antigas tinham, sobretudo por não terem acesso à escola e a outros saberes só permitidos à família real.

3. (UFRGS-RS) O soberano dividiu o seu império em províncias, chamadas satrapias, sendo a terra considerada como propriedade real e trabalhada pelas comunidades.
Estas características identificam o
a) império dos persas durante o reinado de Dario.
b) império babilônico durante o governo de Hamurabi.
c) antigo império egípcio durante a dinastia de Quéops.
d) reino de Israel sob o comando de Davi.
e) estado espartano durante a vigência das leis de Dracon.

4. (UFRGS-RS) A chamada Revolução Urbana foi antecedida pelos avanços verificados no período neolítico, a saber, a sedentarização das comunidades humanas, a domesticação de animais e o surgimento da agricultura. Porém, há cerca de cinco mil anos ocorreram novos avanços, quase simultaneamente, em pelo menos duas regiões do Oriente Próximo: na Mesopotâmia e no Egito.
Assinale a única alternativa que NÃO corresponde a transformações ocorridas nesse período.
a) Diversificação social: ocorreu o surgimento de uma elite social composta por sacerdotes, príncipes e escribas, diretamente ligada ao poder político e afastada da tarefa primária de produzir alimentos.
b) Expansão populacional: verificou-se o surgimento de grandes cidades, densamente povoadas, especialmente na região mesopotâmica.
c) Desenvolvimento econômico: a economia deixou de estar baseada somente na produção autossuficiente de alimentos para basear-se na manufatura especializada e no comércio externo de matérias-primas ou de manufaturados.
d) Descentralização político-econômica: o controle econômico passou a ser feito pelos poderes locais, sediados nas comunidades aldeãs, que funcionavam como centros de redistribuição da produção.
e) Surgimento da escrita: foi uma decorrência do aumento da complexidade contábil. Serviu inicialmente para controlar as atividades econômicas dos templos e palácios, mas depois teve profundas implicações culturais, como o surgimento da literatura.

5. (UFSM-RS) A região da Mesopotâmia ocupa lugar central na história da humanidade. Na Antiguidade, foi berço da civilização sumeriana devido ao fato de
a) ser ponto de confluência de rotas comerciais de povos de diversas culturas.
b) ter um subsolo rico em minérios, possibilitando o salto tecnológico da idade da pedra para a idade dos metais.
c) apresentar um relevo peculiar e favorável ao isolamento necessário para o crescimento socioeconômico.
d) possuir uma área agriculturável extensa, favorecida pelos rios Tigre e Eufrates.
e) abrigar um sistema hidrográfico ideal para locomoção de pessoas e apropriado para desenvolvimento comercial.

6. (UEL-PR) As cidades antigas, construídas por diversas sociedades, expressaram através do tempo sua cultura, arquitetura, ciência e modo de vida. Muitas se tornaram monumentos ao ar livre, nos quais se desenvolveram pesquisas arqueológicas que abasteceram de objetos históricos as maiores coleções museográficas europeias.
Relacione as cidades, na coluna da esquerda, com as suas respectivas sociedades, na coluna da direita.

(I) Biblos	(A) Suméria
(II) Chichén-Itza	(B) Persa
(III) Lagash	(C) Maia
(IV) Machu-Picchu	(D) Inca
(V) Pasárgada	(E) Fenícia

Assinale a alternativa que contém a associação correta.
a) I-B, II-D, III-E, IV-A, V-C.
b) I-C, II-A, III-D, IV-E, V-B.
c) I-C, II-D, III-E, IV-B, V-A.
d) I-E, II-A, III-D, IV-B, V-C.
e) I-E, II-C, III-A, IV-D, V-B.

7. (Uece) Atente para o que é dito sobre a religiosidade nas sociedades do antigo oriente próximo. Em seguida, assinale com V as afirmações verdadeiras e com F as afirmações falsas.
( ) Entre os persas, desenvolveu-se uma religião dualista, criada por Zoroastro, em que Aura-Mazda, deus do bem, e Ahriman, deus do mal, lutavam pelo domínio das ações humanas.
( ) Os egípcios acreditavam que, após a morte, a alma seria julgada por Anúbis e iria para o céu ou para o inferno, de acordo com suas ações na Terra.
( ) O faraó Amenófis IV promoveu uma revolução religiosa no Egito, estabelecendo o culto a um só deus, Aton, simbolizado pelo disco solar.
( ) A mumificação garantia a preservação do corpo após a morte, para o eventual retorno da alma após o julgamento no tribunal de Osíris.
( ) Os hebreus evoluíram de um monoteísmo ético para um panteísmo religioso.
A sequência correta, de cima para baixo, é:

a) V – V – F – V – F.

b) F – V – F – F – V.

c) V – F – V – V – F.

d) F – F – V – V – V.

8. (Uern)

Por que o dia tem 24 horas?

Foram os sumérios, por volta de 2000 a.C., que tiveram essa ideia. Esse povo viveu no sul da Mesopotâmia, entre os rios Tigre e Eufrates, onde fica hoje o sul do Iraque, no Oriente Médio. O povo sumério dividiu o dia em: 12 horas para a parte clara (dia) e 12 horas para a parte escura (noite), criando assim as 24 horas. Dividiram também o ano em 12 meses, baseados no tempo para plantar e para colher.

Disponível em: http://www.planetaeducacao.com.br/portal/artigo.asp?artigo=419. Acesso em: 29 out. 2014.

A civilização egípcia também foi muito criativa no campo artístico e cultural. Desenvolveram um tipo especial de escrita, além de requintes de astronomia, matemática e medicina. O calendário de 365 dias foi organizado por eles.

MORAES, José Geraldo Vinci de. *Caminhos das civilizações – história integrada:* Geral e do Brasil. São Paulo: Atual, 1998. p. 23.

Os textos fazem referência ao tempo cronológico, ou seja, as datas se sucedem, com uma duração precisa. Ele se difere do tempo histórico que, por sua vez, diz respeito ao tempo de duração de determinado processo histórico ou modo de vida de uma sociedade. Diante do exposto, é correto afirmar que

a) o relógio, bem como os outros marcadores de tempo, seguem criteriosamente os ritmos da natureza, logo, têm suas marcações derivadas de um processo natural, ou seja, universal.

b) o modo como o dia terrestre é dividido em horas, segundos e minutos pode ser considerado como uma conveniência social, ou seja, não é válido para todas as épocas e todos os povos.

c) o tempo histórico, apesar das divergências em relação ao tempo cronológico, está ligado às concepções que cada um tem de seu tempo e de sua cultura, sendo, portanto, pessoal e subjetivo.

d) tanto o tempo histórico quanto o tempo cronológico são determinantes da superioridade cultural e racial de uma sociedade, sendo considerados como marcos divisórios entre a barbárie e a civilização.

9. (UFRGS-RS) Na África, durante a Antiguidade, entre 3.000 a.C. e 332 a.C., desenvolveu-se o primeiro Império unificado historicamente conhecido, cuja longevidade e continuidade ainda despertam a atenção de arqueólogos e historiadores.

Esse Império

a) legou à humanidade códigos e compilações de leis.

b) desenvolveu a escrita alfabética, dominada por amplos setores da sociedade.

c) retinha parcela insignificante do excedente econômico disponível.

d) sustentou a crença de que o caráter divino dos reis se transmitia exclusivamente pela via paterna.

e) dependia das cheias do rio Nilo para a prática da agricultura.

10. (UFTM-MG) *A irrigação não pode ser vista como a causa do surgimento do Estado centralizado e da civilização egípcia: pelo contrário, um sistema centralizado de obras hidráulicas para a agricultura irrigada surgiu como resultado tardio de um Estado forte.*

Ciro F. Cardoso. *O Egito Antigo*, 1982.

A partir do texto conclui-se que, no Egito Antigo,

a) as cheias do Nilo, irregulares e responsáveis por inundações que destruíam tudo o que havia nas margens, não favoreceram o processo de sedentarização.

b) o poder do Faraó era simbólico, uma vez que o soberano não dispunha de exércitos nem de burocracia para fazer valer sua vontade.

c) a concentração do poder nas mãos de uma dinastia centralizadora não pode ser explicada a partir das necessidades agrícolas.

d) dependia-se do comércio externo para alimentar a população, uma vez que a produção agrícola era muito limitada.

e) o sistema político em vigor resultava de necessidades impostas pelas características geográficas da região.

11. (UFSC) *Bagdá – O famoso tesouro de Nimrud, desaparecido há dois meses em Bagdá, foi encontrado em boas condições em um cofre no Banco Central do Iraque em Bagdá, submerso em água de esgoto, segundo informaram autoridades do exército norte-americano. Cerca de 50 itens, do Museu Nacional do Iraque, estavam desaparecidos desde os saques que seguiram à invasão de Bagdá pelas forças da coalizão anglo-americana.*
Os tesouros de Nimrud datam de aproximadamente 900 a.C. e foram descobertos por arqueólogos iraquianos nos anos 80, em quatro túmulos reais na cidade de Nimrud, perto de Mosul, no norte do país. Os objetos, de ouro e pedras preciosas, foram encontrados no cofre do Banco Central, em Bagdá, dentro de um outro cofre, submerso pela água da rede de esgoto. Os tesouros, um dos achados arqueológicos mais significativos do século 20, não eram expostos ao público desde a década de 90. Uma equipe de pesquisadores do Museu Britânico chegará na próxima semana a Bagdá para estudar como proteger os objetos.

O ESTADO DE S. PAULO. Versão eletrônica. São Paulo: 07 jun. 2003. Disponível em: www.estadao.com.br

Assinale a(s) proposição(ões) CORRETA(S) em relação às sociedades que se desenvolveram naquela região na Antiguidade.

(01) A região compreendida entre os rios Tigre e Eufrates, onde hoje se localizam os territórios do Iraque, do Kweite (Kwait) e parte da Síria, era conhecida como Mesopotâmia.

(02) Na Mesopotâmia viveram diversos povos, entre os quais podemos destacar os sumérios, acádios, assírios e babilônios.

(04) A religião teve notável influência na vida dos povos da Mesopotâmia. Entre eles surgiu a crença em uma única divindade (monoteísmo).

(08) Os babilônios ergueram magníficas construções feitas com blocos de pedra, das quais são exemplos as pirâmides de Gisé.

(16) Os povos da Mesopotâmia, além da significativa contribuição no campo da Matemática, destacaram-se na Astronomia e entre eles surgiu um dos mais famosos códigos de leis da Antiguidade, o de Hamurábi.

(32) Muitos dos povos da Mesopotâmia possuíram governos autocráticos. Entre os caldeus surgiu o sistema democrático de governo.

12. (PUC-PR) Numere a coluna 1 de acordo com a coluna 2:

COLUNA 1

(1) Local em que viveu o patriarca bíblico Abraão.

(2) Mastabas e hipogeus, exemplos de arquitetura funerária.

(3) Ormuz e Ariman – princípios do bem e do mal.

(4) Politeísmo, deuses com paixões e virtudes humanas.

(5) Sacrifícios humanos em culto a seus deuses, em especial a Moloc.

(6) Condução dos espíritos dos mortos em combate a Walhala, através das Valquírias.

COLUNA 2

( ) Suméria, sul da Mesopotâmia.

( ) Civilização grega.

( ) Civilização fenícia.

( ) Tribos germânicas.

( ) Civilização persa.

( ) Civilização egípcia.

A sequência correta é:

a) 1; 4; 5; 6; 3; 2.

b) 4; 3; 6; 5; 2; 1.

c) 1; 4; 5; 3; 6; 2.

d) 2; 4; 1; 6; 5; 3.

e) 3; 4; 6; 5; 1; 2.

13. (UFPE) Os hebreus construíram uma forte identidade cultural através da sua religião, desde os tempos das suas histórias mais remotas. Em certo período, observa-se uma maior preocupação com a ética e as críticas às desigualdades sociais, por parte dos profetas Oseias, Amós, Isaías e Miqueias. Estamos nos referindo:

( ) ao período em que Moisés tinha grande liderança política, livrando os hebreus da dominação egípcia.

( ) à época em que os hebreus estiveram dominados pelos caldeus e construíram o início do culto a Iavé.

( ) ao período histórico em que a religião hebraica seguiu os rituais semelhantes aos da religião persa, cultuando o deus Mazda.

( ) ao crescimento do significado político da religião, quando ela ajudou os imperadores hebreus a construírem seus impérios.

( ) ao período em que Iavé tornou-se Deus de todos os homens, e a religião ganhou um conteúdo ético importante.

14. (Ufpel-RS) No esquema a seguir, os algarismos I, II, III e IV correspondem às civilizações da Antiguidade.

Civilizações	Localização	Base	Organização política	Religião
I	Nordeste da África	Predominância de agricultura	Monarquia teocrática	Predominância de politeísmo antropo-zoomórfico
II	Atual Líbano	Comércio	Talassocracia	Politeísmo
III	Da Ásia Menor à Ásia Central	Agricultura e comércio	Divisão do Império em satrapias	Zoroastrismo
IV	Atual Israel	Pastoril e agrária	Governo dos patriarcas, juízes e reis, sucessivamente	Monoteísmo

Assinale a alternativa que denomina corretamente as civilizações indicadas, respectivamente, por I, II, III e IV.

a) Fenícia, Hebraica, Egípcia e Persa.

b) Egípcia, Fenícia, Persa e Hebraica.

c) Persa, Fenícia, Hebraica e Egípcia.

d) Egípcia, Persa, Fenícia e Hebraica.
e) Hebraica, Egípcia, Fenícia e Persa.

15. (UFPB) Sobre os povos da Antiguidade Oriental, é correto afirmar:
a) A agricultura foi o principal fator de enriquecimento e desenvolvimento dos hebreus, devido ao aproveitamento das águas através de complexos e amplos sistemas de irrigação.
b) A religião constituiu a principal herança deixada pelos egípcios, de onde provém o monoteísmo judaico.
c) O comércio marítimo marcou a presença histórica dos fenícios, que estabeleceram contatos com diversos povos, ao longo da costa do Mar Mediterrâneo.
d) A guerra de conquista foi a principal característica dos sumérios, povo que construiu um império que se estendia do Egito às fronteiras da Índia.
e) A escrita cuneiforme, uma das mais importantes formas de registro escrito, produzido em blocos de argila, foi a principal contribuição dos persas, povo que habitou a Mesopotâmia.

16. (UFSC) Sobre o Egito antigo, é CORRETO afirmar que:
(01) o rio Nilo foi de suma importância em vários aspectos da vida dos antigos egípcios. Não só a agricultura foi possível devido ao seu ciclo de cheias, como também a noção de tempo cíclico, base do pensamento egípcio, levou à crença na vida após a morte.
(02) a construção das pirâmides atendia às necessidades da vida após a morte dos faraós. Esse tipo de construção foi característica da arquitetura funerária durante todo o período do Egito antigo e só foi possível graças à enorme mão de obra escrava existente desde o Antigo Reino.
(04) os egípcios antigos acreditavam em vários deuses que se relacionavam entre si e formavam seu sistema mitológico.
(08) a despeito da influência islâmica, o Egito atual mantém as mesmas crenças religiosas do Egito antigo.

17. (UFC-CE) Observe a ilustração, apresentada a seguir.

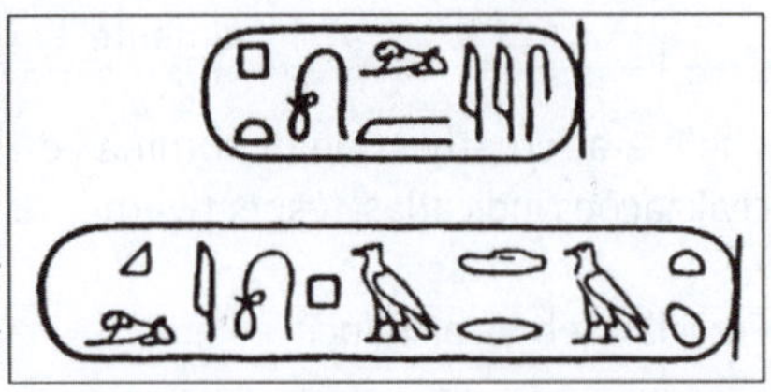

MELLA, Frederico A., "O Egito dos Faraós: história, civilização, cultura". 3ª ed. São Paulo: Hermes Ed., 1998. p. 18.

Considerando a representação da escrita egípcia, é correto afirmar que:
a) a utilização de recursos decorativos favoreceu a escrita em virtude de facilitar a compreensão popular.
b) os sinais apresentados constituíam um aperfeiçoamento da arte profana como forma de expressão.
c) a diversidade de sinais utilizados tornava complexa a representação do que se queria exprimir.
d) a diversidade de sinais utilizados na escrita resultou de uma imposição religiosa.
e) os desenhos elaborados representavam uma simplificação da escrita hierática.

MÓDULO 3

1. (Faap-SP) As consequências das conquistas de Alexandre, entre outras, foram:
1. Formação de grandes focos da cultura helenística: Alexandre fomentou a fusão entre vencedores e vencidos. Dez mil soldados gregos e macedônicos casaram-se com mulheres persas. Ele mesmo desposou a filha do rei Dario III, Estátira;
2. Difusão da cultura grega: a língua grega foi assimilada por muitos povos. A escrita grega substituiu a escrita cuneiforme e demótica. A indumentária grega e o mobiliário foram adotados pelos vencidos, bem como cerimônias, danças e canções;
3. Progresso econômico: com o desenvolvimento do comércio e o renascimento da agricultura. O tráfico da seda e da porcelana intensificou-se. As cidades tornaram-se grandes centros mercantis. Os portos foram restaurados. Estradas foram abertas. Levantaram-se fortalezas para proteger as caravanas de mercadores;

Responda com apoio no seguinte código:
a) desde que apenas 1 esteja correta
b) desde que apenas 2 esteja correta
c) desde que apenas 3 esteja correta
d) desde que todas estejam corretas
e) desde que todas estejam erradas

2. (Fatec-SP) *"Vivemos sob uma forma de governo que não se baseia nas instituições de nossos vizinhos; ao contrário, servimos de modelo a alguns ao invés de imitar outros. Seu nome é democracia, pois a administração serve aos interesses da maioria e não de uma minoria."*

Tucídides, "História da Guerra do Peloponeso". Texto adaptado.

O trecho acima faz parte do discurso feito por Péricles em homenagem aos atenienses mortos na guerra do Peloponeso. Por esse discurso é correto afirmar que

a) a guerra do Peloponeso foi injusta e trouxe muitas mortes tanto para os atenienses como para os espartanos, que lutavam em lados opostos pela hegemonia da Grécia.

b) Péricles se orgulhava da cidade de Atenas por ser ela uma cidade democrática, que não imitava o sistema político de outras cidades-Estado, mas era imitada por elas.

c) Atenas e Esparta possuíam o mesmo sistema político descrito por Péricles, a democracia, mas divergiam sobre como implantá-lo nas demais cidades-Estado gregas.

d) Atenas, por não partilhar do sistema político democrático de Esparta, criou a Liga de Delos e declarou Guerra à Liga do Peloponeso.

e) Esparta era a única cidade-Estado democrática em toda a Grécia antiga e desejava implantar esse sistema nas cidades-Estado gregas.

3. (PUC-PR) Foi uma forma de governo estranha a Atenas e a Esparta, as duas principais *polis* ou cidades-estados da civilização grega:

a) Monarquia-diarquia.

b) Tirania.

c) Teocracia.

d) Democracia.

e) Oligarquia.

4. (UEL-PR) Uma das características da cultura política grega é a noção de cidadania. Tal noção define a vinculação da pessoa a uma determinada pólis, por laços essencialmente familiares, e estabelece, concomitantemente, a permanente obrigação de defesa da cidade, a contribuição para seu bem geral, e o direito de opinar sobre seus destinos.
Foi em virtude desta última implicação do conceito de cidadania que, em sentido lato, quase todas as cidades gregas tenderam à democracia. As diferenças se fazem sentir quanto à forma de participação do cidadão.
Com base no texto e nos conhecimentos sobre a cidadania grega, é correto afirmar:

a) As reformas de Péricles buscaram, entre outras coisas, incorporar todos os cidadãos ao processo decisório da Eclésia e dos tribunais, tornando possível a participação dos menos abastados, por meio de modesta remuneração.

b) Nas pólis que se mantinham institucionalmente oligárquicas, ou sujeitas a modalidades de tirania, era vedado aos cidadãos comuns externar suas opiniões sobre as decisões públicas.

c) As mulheres, numa cultura patriarcal que reservava a vida pública exclusivamente aos homens, eram cidadãs partícipes da discussão política, tendo voz ativa e voto na assembleia.

d) Nas cidades gregas, o estrangeiro era um hóspede destituído da cidadania, tendo os seus direitos privados devidamente assegurados, sem restrições quanto à propriedade fundiária e aos direitos cívicos.

e) O escravo, que antes de tudo estava excluído da cidadania, era considerado como parte da comunidade e, portanto, capacitado a opinar sobre os negócios públicos.

5. (FGV-SP) *Fui atrás dos assassinos de meu pai e depois de semear o terror entre os gregos com a destruição de Tebas, fui aclamado comandante por eles. E ao assumir o reino da Macedônia, não achei digno de me contentar em comandar só com o que meu pai tinha me deixado; ao contrário, lançando meus pensamentos por toda a terra e pensando que seria perigoso se eu não dominasse todos os povos, à frente de poucos homens invadi a Ásia e no Granico, em grande batalha, fui vencedor. Depois de conquistar a Lídia, a Jônia e a Frígia, em resumo, depois de submeter todos os que se apresentaram diante de meus pés, cheguei a Issos. Lá Dario me esperava, à frente de muitas miríades de soldados* [...] *Para terminar: eu morri enquanto reinava* [...] *dando pouco valor às coisas do Ocidente preferi lançar-me na direção da Aurora.*

AOYKIANOY, Luciano. *Diálogo dos Mortos*. Trad., São Paulo: Edusp/Palas Athena, 1999, p. 189 e 191.

O comandante militar que se apresenta no trecho anterior é:

a) César, o general romano responsável pela conquista da Gália no século I a.C.

b) Ulisses, o herói grego da conquista de Troia em torno do século XIII a.C.

c) Átila, rei dos hunos, cujas campanhas assolaram a Gália e a Itália no século V.

d) Alexandre, o imperador macedônico conquistador da Pérsia no século IV a.C.

e) Aníbal, general cartaginês que impôs várias derrotas aos romanos no século III.

6. (UEM-PR) Considerando o mito como um dos aspectos mais importantes da cultura grega, leia o texto abaixo e responda o que for correto.
Os mitos, para nós, servem como importante fonte de conhecimento sobre o pensamento grego e as características de sua religião. Além disso, embora muitas das histórias dos heróis e suas aventuras sejam imaginárias, revelam aos historiadores como os gregos se relacionavam com a natureza, suas ocupações, seus instrumentos, seus costumes e os lugares que visitavam e conheceram. Os mitos servem, também, para que possamos entender melhor a nós mesmos. Por quê? Por tratarem de sentimentos humanos, como o amor e o ódio, a inveja e admiração e, muitas vezes, tradu-

zirem ou procurarem responder a indagações morais e existenciais que rondam a mente humana. Por isso, ainda hoje, essas histórias mitológicas gregas falam à nossa sensibilidade.

A maneira de tratar as questões e os sentimentos humanos mais profundos continua atual, suas narrativas ainda nos emocionam.

FUNARI, P. P. *Grécia e Roma*. São Paulo: Contexto, 2001, p. 59.

(01) O mito não refletia a realidade concreta dos gregos, pois ele existia apenas na literatura filosófica e teológica e no imaginário dos grandes escritores da época.

(02) Os mitos gregos também tinham uma função pedagógica, pois traziam, em seus temas, os castigos e as recompensas para os atos cometidos pelos homens.

(04) A filosofia grega rompe com as explicações míticas, ao expor que a existência humana deve ser explicada pela lógica e pela razão, e não pelo sentido mágico e divino.

(08) Aristófanes, Eurípides e Sófocles estão entre os principais escritores dos mitos gregos.

(16) De acordo com o texto, em razão de abordarem os sentimentos humanos, ainda em nossos dias a mitologia grega mexe com a nossa sensibilidade.

7. (Vunesp-SP)

Franco Volpato/Shutterstock/Glow Images

Templo da Concórdia, Agrigento, Itália.

O Templo da Concórdia foi construído no sul da Sicília, no século V a.C., e é um marco da

a) arte românica, caracterizada pelos arcos de meia volta e pela inspiração religiosa politeísta.

b) arquitetura clássica, imposta pelos macedônios à ilha no processo de helenização empreendido por Alexandre, o Grande.

c) arte etrusca, oriunda do norte da península itálica e desenvolvida no Mediterrâneo durante o período de hegemonia romana.

d) arquitetura dórica, levada à ilha pelos gregos na expansão e colonização mediterrânea da chamada Magna Grécia.

e) arte gótica, marcada pela verticalização das construções e pela sugestão de ascese dos homens ao reino dos céus.

8. (Vunesp-SP) *Para os gregos antigos, a ideia de confronto entre oponentes, até que um dos contendores superasse os demais, atingindo um grau de excelência reconhecido e admirado por todos os circunstantes, era um ritual central em sua cultura. Os gregos faziam com que ele integrasse várias de suas cerimônias, as mais importantes e as mais sagradas.*

(Nicolau Sevcenko. *A corrida para o século XXI. No loop da montanha-russa*, 2004. Adaptado.)

O texto afirma que as Olimpíadas na Grécia Antiga

a) tinham a função de adequar os corpos dos praticantes às necessidades do mundo do trabalho, tornando-os capazes de produzir mais.

b) permitiam que a população se divertisse, dissolvendo as tensões sociais e facilitando a dominação política por parte dos governantes.

c) estavam integradas a outros aspectos da vida social e religiosa, associando-se a momentos de festa e celebração.

d) estimulavam a competitividade e o individualismo, preparando os homens para as disputas profissionais na vida adulta.

e) visavam exercitar e fortalecer os guerreiros, melhorando sua atuação política e militar nos períodos de guerra.

9. (UFTM-MG) A cultura helenística originou-se a partir

a) da conquista da Grécia pela Macedônia e da expansão da cultura grega pelo Oriente.

b) da vitória dos romanos sobre a Grécia, que impuseram sua cultura às regiões conquistadas.

c) da crise das cidades-estado gregas que, durante o século V a.C., digladiavam-se pelo poder.

d) dos valores democráticos, que se difundiram a partir do governo de Péricles.

e) do fortalecimento do cristianismo, que impôs o monoteísmo ao mundo greco-romano.

10. (Unifesp) *Chegamos à terra dos Ciclopes, homens soberbos e sem leis* [...] *Não têm assembleias que julguem ou deliberem, nem leis; vivem em grutas, no cimo das altas montanhas: e cada um dita a lei a seus filhos e mulheres, sem se preocupar uns com os outros.*

(Homero. *Odisseia*, Século VIII a.C.)

Parece-me gente de tal inocência que, se homem os entendesse e eles a nós, seriam logo cristãos, porque eles não têm nem entendem nenhuma crença, segundo pa-

rece. E, portanto, se os degredados que aqui hão-de ficar aprenderem bem a sua fala e os entenderem, não duvido, segundo a santa intenção de Vossa Alteza, fazerem-se cristãos e crerem na nossa santa fé, à qual praza a Nosso Senhor que os traga, porque, certo, esta gente é boa e de boa simplicidade e imprimir-se-á [facilmente] neles qualquer cunho que lhes quiserem dar.

Pero Vaz de Caminha. Carta a el-rei dom Manuel sobre o achamento do Brasil, 1º de maio de 1500.

Os textos apresentados expressam valores próprios às sociedades em que foram produzidos: a Grécia da antiguidade e a ibérica do século XV.

a) Que diferença de valores pode ser constatada entre essas sociedades, a partir dos textos?

b) Além do objetivo expresso pela Carta de Caminha, a colonização portuguesa do Brasil teve uma clara finalidade econômica. Qual finalidade era essa?

11. (UFSC) Leia o texto abaixo com atenção.

Nossa forma de governo não se baseia nas instituições dos povos vizinhos. Não imitamos os outros. Servimos de modelo para eles. Somos uma democracia porque a administração pública depende da maioria, e não de poucos. Nessa democracia, todos os cidadãos são iguais perante as leis para resolver os conflitos particulares. Mas quando se trata de escolher um cidadão para a vida pública, o talento e o mérito reconhecidos em cada um dão acesso aos postos mais honrosos. [...] Usamos a riqueza como um instrumento para agir, e não como motivo de orgulho e ostentação. Entre nós, a pobreza não é causa de vergonha. Vergonhoso é não fazer o possível para evitá-la. Todo o cidadão tem o direito de cuidar de sua vida particular e de seus negócios privados. Mas aquele que não manifestar interesse pela política, pela vida pública, é considerado um inútil. Em resumo, digo que nossa cidade é uma escola para toda Hélade, e cada cidadão ateniense, por suas características, mostra-se capaz de realizar as mais variadas formas de atividade.

TUCÍDEDES. *História da Guerra do Peloponeso*. Brasília/São Paulo: UnB/Hucitec, 1986, cap. 37-41, Livro II.

Com base neste texto do historiador ateniense Tucídedes e sobre história antiga ocidental, é correto afirmar que:

(01) Atenas era considerada um modelo de cidade para todo o Império Romano.

(02) a riqueza mencionada por Tucídedes era vista como ingrediente necessário para projetar a cidade de Atenas no cenário do mundo antigo.

(04) o texto evidencia que todos os cidadãos deviam interessar-se por política para não serem considerados inúteis.

(08) a mobilização em busca de riqueza era mais importante para a democracia do que o debate político, visto que a riqueza era "... um instrumento para agir."

(16) os postos administrativos de destaque na cidade de Atenas estavam vinculados à quantidade de bens que o cidadão ateniense possuía.

(32) de acordo com Tucídedes, os povos vizinhos de Atenas eram seus imitadores. Podemos concluir que, dada à proximidade geográfica, Esparta adotou este modelo.

(64) pobreza e riqueza não podiam existir paralelamente na cidade de Atenas, razão pela qual devia haver um esforço para evitar a pobreza.

12. (ESPM-SP)

Prisma/Album/Latinstock

Algumas das obras da escultura clássica que desfrutaram de maior fama em épocas posteriores foram criadas durante o período helenístico, como o Laocoonte e seus filhos. A obra representa a terrível cena em que o sacerdote troiano Laocoonte e seus dois infelizes filhos são envolvidos por duas gigantescas serpentes, em seus anéis, que os estrangulam.

E. H. Gombrich. *A História da Arte*.

Sobre a cultura helenística mencionada no texto, é correto assinalar:

a) foi uma cultura exclusivamente grega e, portanto, nacionalista, exprimindo o orgulho do povo por sua cidade;

b) foi uma cultura exclusivamente oriental, desprezando o humanismo;

c) a cultura helenística fundiu aspectos da cultura grega com a cultura oriental, tornando-se mais realista e exprimindo a violência e a dor;

d) foi uma cultura influenciada pelo cristianismo e serviu para expressar o poder e a influência da Igreja Católica;

e) foi uma cultura influenciada pelo islamismo e limitada pelas especificações religiosas.

13. (UFG-GO) Leia o texto.

A guerra não é nem pode ser anomia, ausência de regras. Ao contrário ela se desenrola no quadro de normas aceitas por todos os gregos, precisamente porque essas regras se originam do conjunto de práticas, de valores, de crenças comuns. Ainda aqui, o quadro só é verdadeiro até certo ponto. De início porque a guerra jamais ficou confinada unicamente nas fronteiras do mundo grego. Desde então, dividida em dois campos antagônicos, a Grécia engajou-se numa luta cujo risco, escala e forma não eram mais os mesmos. Foi todo um sistema de regras antigas que se rompeu.

VERNANT, Jean-Pierre. *Mito e sociedade na Grécia Antiga.* Rio de Janeiro: José Olympio, 1992. p. 38-39. (Adaptado).

Neste fragmento, o historiador Jean-Pierre Vernant avalia a transformação no ordenamento das cidades-Estados, advinda com as guerras contra os persas. Diante do exposto, explique:

a) a ordem política das cidades-Estados, anterior à guerra contra os persas;

b) a mudança ocorrida na ordenação das cidades-Estados em virtude da guerra contra os persas.

14. (UFC-CE) *Na cidade grega antiga, ser cidadão não significava apenas fazer parte de uma entidade "nacional", mas também participar numa vida comum.*

MOSSÉ, Claude. *O cidadão na Grécia antiga.* Lisboa: Edições 70, 1999, p. 51.

Tomando por base a afirmativa acima, pode-se compreender corretamente que a vida na *polis*, para o cidadão, significava:

a) romper com a religião e os mitos e adotar o modo de vida proposto pelos filósofos, o de disseminar a filosofia e a democracia para todas as cidades-estado gregas.

b) realizar o ideal grego de unificação política, militar, geográfica, econômica, religiosa e cultural de todas as cidades-estados e assim suprimir as tiranias e as oligarquias.

c) exercer obrigatoriamente uma magistratura ao longo da vida, pois o aprendizado político por todos representava a garantia do bem-estar social e da manutenção da democracia.

d) formar um corpo de súditos cujas decisões políticas se orientavam para a manutenção do poder econômico e religioso das famílias detentoras de frotas que comercializavam pelo Mediterrâneo.

e) integrar uma comunidade que visava ao seu bem comum por meio de decisões políticas, da adoção de uma defesa militar e de práticas religiosas que buscavam benefícios e proteção dos deuses da cidade.

15. (UFC-CE) Leia o texto abaixo e responda às questões a seguir.

Os pensadores gregos confirmaram os romanos nessa convicção natural, "as artes do vulgo, as artes sórdidas", escreveu Sêneca, "são, segundo o filósofo Posidônio, as dos trabalhadores braçais, que empregam todo seu tempo em ganhar a vida; tais ofícios nada têm de belo e em nada se parecem com o bem".

AIRÊS, Philippe e DUBY, George. (Org.) *História da Vida Privada.* v. I. São Paulo: Companhia das Letras, 1985, p. 115.

a) Explique o que significam "as artes do vulgo, as artes sórdidas", citadas no texto.

b) Por que, de acordo com Posidônio, o trabalho "nada tem de belo"?

16. (UFMS) Leia com atenção os textos a seguir.

Tu, Sólon, encontraste uma lei para todos os homens. Ao que se diz foste o primeiro a tomar essa medida salutar e democrática, Por Zeus! Vendo muitos jovens que sofriam os impulsos da natureza e se perdiam pelos maus caminhos, ele comprou mulheres e as instalou em diferentes bairros, prontas e dispostas a atender a todo mundo.

Filemon, *Os Adelfos*, citado por Ateneu, XIII, 565, apud SALLES, Catherine – *Nos Submundos da Antiguidade.* SP: Brasiliense, 1982, p. 18.

Os jovens de nossa cidade [Atenas] podem encontrar no lupanar belas mulheres, que podem ser vistas aquecendo-se ao sol, com o busto nu, dispostas em fileiras. Cada um pode escolher a jovem que convenha a seus gostos, esbelta ou gorda, roliça, alta, magra, jovem, velha, ainda fresca ou já bastante madura [...] Elas vos convidam a entrar e vos tratam de "avô", se sois velhos, ou de "paizinho", se sois jovens. E pode-se frequentar cada uma delas sem temor, sem gastar muito dinheiro, de dia ou de noite, como se preferir. [...] Temos as prostitutas para o prazer; as companheiras ["hetairas"] para os cuidados diários; e as esposas para ganharmos uma descendência legítima [...].

Xernarco, *O Pentatlon*, citado por Ateneu, 568; apud SALLES, Catherine – *Nos Submundos da Antiguidade.* SP: Brasiliense, 1982, p. 20.

Com base nos textos e nos seus conhecimentos sobre a Antiguidade Clássica, assinale a(s) afirmativa(s) correta(s).

(01) Os textos indicam uma evolução dos costumes em Atenas do período clássico em relação à época homérica, época em que a mulher ocupava uma posição social totalmente submissa, da qual as tragédias de Ésquilo, Sófocles e Eurípedes ainda conservavam uma lembrança.

(02) Atribui-se a Sólon, considerado o pai da democracia ateniense, a compra de escravas e sua distribuição por diversas casas de prostituição, bem como a implantação de uma legislação sobre esse tipo de atividade em Atenas.

(04) Ao que tudo indica, a legislação de Sólon sobre a prostituição apresentava-se como uma medida de saúde pública, destinada a conter os ardores

dos jovens, para proteger a castidade das mulheres livres e para preservar a pureza da descendência dos cidadãos atenienses.

(08) Os textos indicam as concepções particulares que os gregos da época clássica tinham do amor, bastante dissecadas por Platão e Plutarco, a partir das quais o desejo que um homem poderia sentir por uma mulher elevava-se às mais altas tendências do amor celeste sendo, portanto, altamente valorizado pelos homens cultos.

(16) Entre as inúmeras modificações introduzidas por Sólon nas estruturas sociais de Atenas, há a que classificava os cidadãos do sexo masculino conforme as atribuições sexuais. Porém, esse critério não se aplicava às mulheres, que eram classificadas hierarquicamente, com base na fortuna, em classes censitárias.

MÓDULO 4

1. (UFPE) As sucessivas conquistas dos romanos levaram à construção de um poder complexo e cheio de dificuldades administrativas. Por exemplo, no período de governo de Otávio Augusto:
   ( ) tomaram-se medidas que estabeleceram as leis e o poder do Senado, acabando definitivamente com a corrupção e a violência política.
   ( ) houve a publicação de leis, contra os estrangeiros, bastante restritivas, além de um aumento do poder do Senado e da nobreza.
   ( ) fez-se uma grande reforma agrária, o que facilitou o combate à miséria e à violência, ainda tão frequentes em Roma.
   ( ) buscou-se diminuir a corrupção e se promoveu uma reforma importante na arrecadação dos impostos, gerando a expansão do comércio.
   ( ) ampliaram-se os gastos com a ostentação e o exército, o que provocou desentendimentos entre os grupos políticos.

2. (UFPR) O cristianismo católico tornou-se religião oficial do Império Romano no ano de 380 d.C., data da edição do famoso édito de Tessalônica, outorgado pelo Imperador Teodósio. Desde a sua criação até este momento, a caminhada foi dura e difícil para os seguidores de Cristo. Exemplo disso foram as perseguições movidas por alguns imperadores romanos, eternizadas pelos relatos fantásticos e emotivos de vários escritores e historiadores cristãos.
   Podemos apontar como principais causas dessas perseguições:
   a) O ódio e a intolerância tanto das autoridades como da população pagã do mundo romano, que viam na figura de Cristo e na comunidade cristã uma ameaça ao poder do Imperador.
   b) A constante penetração de elementos cristãos tanto nas filas do exército imperial romano como em cargos administrativos de elevada importância, que poderiam servir de "mau exemplo" tanto em termos políticos como ideológicos.
   c) Aspectos de índole moral, na medida em que os cristãos eram acusados pelos pagãos de realizarem orgias e assassinatos de crianças em seus rituais.
   d) A associação entre os cristãos e os inimigos bárbaros que punha em risco a estabilidade política e religiosa interna do mundo imperial romano.
   e) A necessidade de oferecer à população de Roma "pão e circo", com os cristãos sendo sacrificados na arena do Coliseu para minimizar a ameaça de revoltas populares contra as autoridades imperiais.

3. (UEG-GO) Sobrevivendo à queda do Império Romano do Ocidente, o Império Bizantino durou até 1453, quando foi conquistado pelos turcos otomanos. O principal elemento da identidade bizantina era a sua religião oficial, expressa pelo
   a) catolicismo romano, sob a liderança do papa.
   b) islamismo, sob a liderança do califa de Bagdá.
   c) catolicismo ortodoxo, sob a liderança do patriarca.
   d) anglicanismo, sob a liderança do arcebispo de Canterbury.

4. (UFG-GO) Leia o fragmento da Lei das Doze Tábuas, datada de 450 a.C.

   1. Se alguém for chamado a Juízo, compareça.
   2. Se não comparecer, aquele que o citou tome testemunhas e o prenda.

   Tábua Primeira, do chamamento a Juízo.

   3. Se alguém cometer furto à noite e for morto em flagrante, aquele que o matou não será punido.
   [...]
   7. Se, pela procura, a coisa furtada for encontrada na casa de alguém, que esse alguém seja punido como se fora um furto manifesto.

   Tábua segunda, dos julgamentos e dos furtos.

   LEI DAS DOZE TÁBUAS. Disponível em: <http://www.jurisciencia.com/legislacoes/legislacao-diversa/lei-das-doze-tabuas-lei-das-12-tabuas-lei-das-xiitabuas/210/>. Acesso em: 13 out. 2014. (Adaptado)

   Esse código de leis estabeleceu os princípios do Direito Romano, que forneceu as bases para o direito no Ocidente. De acordo com o historiador Paul Veyne, "os costumes romanos são traduzidos com bastante exatidão pelo direito civil". Diante do exposto e considerando a leitura do fragmento,
   a) analise os conflitos sociais na República Romana, que explicitam a relação entre lei e costume;
   b) explique o papel da testemunha e a importância da prova, explícitos na Lei das Doze Tábuas.

5. (UFSM-RS) *Os romanos costumavam vender uma parte das terras conquistadas, anexar outras e arrendá-las aos cidadãos que nada possuíssem, mediante um ligeiro censo (renda anual) ao tesouro público. Os ricos, porém, tinham conseguido apoderar-se dessas terras; eis por que foi feita uma lei que proibia a todos os cidadãos ter mais de 125 hectares. Mas os ricos conseguiram a obtenção de terras sob nomes de empréstimos; por fim, tomaram-nas abertamente em seu nome, então os pobres, espoliados da sua posse, trataram de evitar o serviço militar e a criação de filhos. Assim, a Itália seria em breve despovoada de habitantes livres e cheia de escravos bárbaros que os ricos empregavam na cultura das terras, para substituir os cidadãos que haviam expulsado delas.*

PLUTARCO. Vida de Tibério e de Caio Graco. In: ARRUDA & PILETTI. *Toda a História* – vol. 1. São Paulo: Ática, 2008. p. 76.

O texto aponta as modificações na estrutura fundiária da Itália, no século II a.C. Sobre essas transformações, é incorreto afirmar:

a) A substituição dos camponeses por escravos, nas terras da península Itálica, está relacionada com a expansão militar romana e com o aumento da oferta de escravos.

b) O Senado romano, dominado pelo patriciado, barrou a formação de latifúndios com mão de obra escrava, pois entendeu que essa mudança alterava a base social da sociedade.

c) O Senado romano, controlado por grandes proprietários de terra, viu de forma favorável a formação do latifúndio escravista e o desmantelamento das unidades de produção camponesa.

d) A vitória militar sobre Cartago e a expansão territorial pelas terras banhadas pelo Mediterrâneo favoreceram o aumento da oferta de mão de obra escrava no mercado romano.

e) A expansão político-militar da República romana pelo Mediterrâneo teve implicações no sistema socioeconômico e transformou as relações da sociedade com o meio ambiente da península Itálica.

6. (IFCE) Acerca das civilizações clássicas, considere as seguintes afirmativas.

I. A civilização grega fixou-se, em princípio, no sul da península Balcânica, nas ilhas do mar Egeu e no litoral da Ásia Menor.

II. Roma foi fundada, segundo a lenda, na região do Lácio, pelos irmãos gêmeos Rômulo e Remo.

III. Ao conquistarem as cidades gregas, os romanos impuseram sobre elas sua própria cultura, eliminando, com isso, os valores filosóficos, racionais, artísticos e religiosos gregos.

IV. Gregos e romanos legaram para a posteridade importantes valores ligados, respectivamente, à participação política dos cidadãos e ao Direito.

Está correto o afirmado em

a) I, II e III, apenas.

b) II e III, apenas.

c) I, III e IV, apenas.

d) I, II e IV, apenas.

e) I, II, III e IV.

7. (UFV-MG) Assinale a alternativa em que NÃO aparece representada uma das características do Império Romano durante a Antiguidade Clássica:

a) Pax Romana.

b) Surgimento do Colonato.

c) Difusão e triunfo do cristianismo.

d) Apogeu do Triunvirato.

8. (UFPE) A grandiosidade do Império Romano criava muitos problemas administrativos e conflitos de poder, dificultando a ação dos seus governantes. Na arte, os romanos seguiram soluções práticas para facilitar sua vida urbana. A arquitetura romana, por exemplo, foi:

( ) marcada pela influência dos etruscos no uso do arco e da abóbada.

( ) definida pelas influências grega e egípcia, o que resultou em construções grandiosas em homenagem aos deuses.

( ) marcada pela utilização de pedras e tijolos, utilizados em grandes edifícios públicos.

( ) suntuosa nas construções públicas, que eram de grande originalidade para a época.

( ) baseada no uso exclusivo do arco, graças à influência dos mesopotâmicos.

9. (Mack-SP) A crise do Império Romano ganhou visibilidade a partir do século III. Assinale a alternativa correta a respeito dos aspectos característicos dessa crise.

a) O excedente de mão de obra escrava, que pesava sobre os custos de produção, não era acompanhado pelo aumento da produtividade.

b) O elevado custo de manutenção da máquina burocrática e do exército, que asfixiava as finanças do Império.

c) O enfraquecimento do Cristianismo, diante da incompatibilidade entre as suas ideias e as necessidades do povo romano.

d) O choque entre patrícios e plebeus, estes últimos exigindo cidadania e representação política.

e) A ocorrência das Guerras Púnicas, que fragilizaram as fronteiras e permitiram invasões bárbaras e exauriram os cofres públicos.

10. (Unifesp) [...] *não era a falta de mecanização [na Grécia e em Roma] que tornava indispensável o recurso à escravidão; ocorrera exatamente o contrário: a presença maciça da escravidão determinou a "estagnação tecnológica" greco-romana.*

(Aldo Schiavone. "Uma história rompida: Roma antiga e ocidente moderno". São Paulo: Edusp, 2005.)

A escravidão na Grécia e na Roma antigas:

a) Baseava-se em características raciais dos trabalhadores.

b) Expandia-se nos períodos de conquistas e domínio de outros povos.

c) Dependia da tolerância e da passividade dos escravos.

d) Foi abolida nas cidades democráticas.

e) Restringia-se às atividades domésticas e urbanas.

11. (Fatec-SP) As civilizações da antiguidade clássica — Grécia e Roma — desenvolveram uma estrutura socioeconômica alicerçada no escravismo. Sobre essa temática, pode-se afirmar que:

I. a escravidão foi indispensável para a manutenção do ideal democrático em Atenas, uma vez que os cidadãos ficavam desincumbidos dos trabalhos manuais e das tarefas ligadas à sobrevivência.

II. a escravidão foi abolida em Atenas quando Péricles estabeleceu o direito político a todos os cidadãos, reconhecendo, dessa forma, a igualdade jurídica e social da população da Grécia.

III. os escravos romanos, por terem pequenas propriedades e direitos políticos, conviveram pacificamente com os cidadãos romanos, como forma de evitar conflitos e a perda de direitos.

IV. os escravos romanos, que se multiplicavam com o expansionismo de Roma, estavam submetidos à autoridade de seu senhor, e sua condição obedecia mais ao direito privado do que ao direito público.

É correto apenas o que se apresenta em:

a) I e II.

b) I e IV.

c) II e III.

d) II e IV.

e) III e IV.

12. (PUC-PR) O pão faz parte da alimentação básica de vários povos ao longo da história. Os habitantes da Roma Antiga comiam, sobretudo, pão feito de trigo. Preocupado com as populações mais pobres de Roma, o legislador Caio Graco conseguiu a aprovação de uma lei que venderia o trigo mais barato para o povo pobre das regiões urbanas.
Essa lei ficou conhecida como:

a) Lei Canuleia.

b) Lei Agrária.

c) Lei Frumentária.

d) Lei do Colonato.

e) Lei Calpúrnia.

13. (UEL-PR) *Lucius Aurelius, liberto de Lucius César, Nicomedes, chamado Ceionius e Aelius; foi criado de quarto de Lucius César e preceptor do divino Verus imperador; foi distinguido pelo divino Antonino com o cavalo público e com o sacerdócio de Caenina, bem como com o pontificado menor; foi feito por este mesmo imperador procurador da pavimentação das ruas e prefeito dos veículos; foi encarregado pelo imperador Antonio Augusto e pelo divino Verus do abastecimento do exército e ganhou uma lança pura, um estandarte e uma coroa mural; procurador das contas municipais; está enterrado aqui com sua mulher Ceionia Laena.*

(Inscrição Funerária. Roma. Século II d. C. In: CARDOSO, C. F. "Trabalho compulsório na Antiguidade". Rio de Janeiro: Graal, 1984. p. 138.)

É correto afirmar que o texto:

a) Representa o quotidiano de um aristocrata rural empobrecido e que se tornou funcionário público para sobreviver, indicando uma mobilidade social descendente, o que comprova a seletividade das castas militares na Roma Antiga.

b) Descreve as funções públicas que um homem livre pobre exerceu ao longo de sua vida, evidenciando que este se tornou rico e poderoso, o que comprova a dissolução das antigas castas da sociedade imperial.

c) Trata-se de um ex-escravo que deixou registrado em seu epitáfio o processo de ascensão econômica e política pelo qual passou ao longo de sua vida, o que comprova a existência de um processo de mobilidade social na Roma imperial.

d) Descreve o quotidiano de um nobre pertencente à aristocracia, cujas atividades durante a República eram a guerra e o comércio o que comprova a impermeabilidade dessa casta aos novos ricos vinculado às atividades agrícolas.

e) Representa o dia a dia de um homem pobre que, ao longo de sua vida, trabalhou como funcionário público, o que comprova a eficácia da mobilidade social na Roma republicana.

14. (UFV-MG) A respeito das classes que compunham a sociedade romana na Antiguidade, é CORRETO afirmar que:

a) os "plebeus" podiam casar-se com membros das famílias patrícias, forma pela qual conseguiam quitar suas pendências de terra e dinheiro, conseguindo assim certa ascensão social.

b) os "plebeus" compunham a classe formada pelos camponeses, artesãos e alguns que conseguiam enriquecer-se por meio do comércio, atividade que lhes era permitida.

c) os "clientes" eram estrangeiros acolhidos pelos patrícios e transformados em escravos, quando sua conduta moral não condizia com a de seus protetores.

d) os "patrícios" foram igualados aos plebeus, durante a democracia romana, quando da revolta dos clientes, que lutaram contra a exclusão social da qual eram vítimas.

e) os "escravos" por dívida eram o resultado da transformação de qualquer romano em propriedade de outrem, o que ocorria para todos que violassem a obrigação de pagar os impostos que sustentavam o Estado expansionista.

15. (UEPB) Dentre os movimentos sociais que marcaram a República Romana, podemos destacar as lutas entre patrícios e plebeus. Sobre estas lutas, é correto afirmar:

a) O casamento entre patrícios e plebeus não foi permitido, apesar das conquistas do povo romano nas lutas contra os patrícios.

b) Apesar da marginalização política, não havia discriminação entre patrícios e plebeus.

c) Os plebeus conquistaram, em 367 a.C, o direito de participar do consulado com a promulgação da Lei Licínia, que também regulamentou a exploração das terras públicas.

d) Quando um patrício tornava-se insolvente, sem condições de pagar dívidas, tinha de se submeter ao *nexum*. Este foi um dos fatores que causou os conflitos entre plebeus e patrícios.

e) Em 450 a.C, foi publicada a Lei das Doze Tábuas, um dos fundamentos do Direito Romano, que não assegurou a igualdade jurídica entre patrícios e plebeus.

16. (UEPG-PR) A antiguidade Greco-romana tornou a escravidão absoluta na forma e dominante na extensão, convertendo-se maciça e generalizada na Grécia (séculos V e IV a.C.) e em Roma (entre II a.C. e II d.C.). Nesse contexto, assinale o que for correto.

(01) A escravidão e a liberdade helênicas eram indivisíveis, pois uma era a condição estrutural da outra; uma condição polarizada da perda completa de liberdade justaposta a uma nova liberdade sem impedimentos.

(02) Embora solidamente enraizado na sociedade clássica antiga, o sistema escravista foi sendo paulatinamente abolido no período.

(04) Os escravos conseguiram melhores condições de vida após promoverem constantes revoltas, como a de Spartacus (73-71 a.C.), que liderou o último movimento rebelde contra Roma.

(08) Nesse período assistiu-se ao aparecimento de uma classe média de proprietários rurais e o desaparecimento do latifúndio.

(16) Foi na República romana que se efetivou a união entre a grande propriedade agrícola e a escravidão em grande escala, ou seja, sua sistematização por uma aristocracia urbana, cujo resultado foi a instituição rural do latifúndio escravo extensivo.

MÓDULO 5

1. (UPE) O *Islamismo* – religião pregada por Maomé e seus seguidores – tem hoje mais de 1 bilhão de fiéis espalhados pelo mundo, sendo ainda predominante no Oriente Médio, região onde surgiu. Um dos principais fundamentos da expansão muçulmana é a Guerra Santa. A respeito dos muçulmanos, é correto afirmar que

a) a expansão árabe-muçulmana acabou por islamizar uma série de povos, exclusivamente árabes.

b) o povo árabe palestino, atuando na revolução armada palestina, rejeita qualquer solução que não a libertação total do Estado de Israel.

c) em Medina, a religião criada por Maomé, embora tenha crescido rapidamente e tenha criado a Guerra Santa – Gihad – não teve caráter expansionista.

d) a história do Líbano contemporâneo esteve sempre ligada à busca de um certo equilíbrio entre várias comunidades que compõem o país, especialmente as duas mais importantes: xiitas e cristãos.

e) a facção dos fundamentalistas islâmicos pertence à corrente xiita, sendo que os mais radicais repudiam os valores do mundo ocidental moderno.

2. (Udesc) O Irã é oficialmente uma República Islâmica, conhecido até a primeira metade do século XX apenas como Pérsia. Em 1979 houve uma revolução que fez aquele país sair da condição de Monarquia Autocrática para República Islâmica. Sobre o Irã e a condição de República Islâmica, é **incorreto** afirmar que:

a) o Aiatolá Khomeini foi o grande promotor da Revolução Islâmica, que visivelmente começava a se opor à ocidentalização pela qual o Irã passava.

b) a Revolução Iraniana que derrubou o Xá Mohammad Reza Pahlevi contou com apoio de amplos setores sociais num primeiro momento, para em seguida fazer chegar ao poder os aiatolás.

c) o Irã Persa é árabe e, por extensão, islâmico, pois todos os islâmicos são árabes e vice-versa.

d) entre 1980 e 1988, o Irã entrou em sangrento conflito com o Iraque, pouco tempo depois de ter passado pela Revolução.

e) recentemente o Irã foi acusado pela comunidade internacional de possuir armas nucleares.

3. (Fuvest-SP) *A Idade Média europeia é inseparável da civilização islâmica já que consiste precisamente na convivência, ao mesmo tempo positiva e negativa, do cristianismo e do islamismo, sobre uma área comum impregnada pela cultura ideia-romana.*

José Ortega y Gasset (1883-1955).

O texto citado permite afirmar que, na Europa ocidental medieval,

a) formou-se uma civilização complementar à islâmica, pois ambas tiveram um mesmo ponto de partida.
b) originou-se uma civilização menos complexa que a islâmica devido à predominância da cultura germânica.
c) desenvolveu-se uma civilização que se beneficiou tanto da herança ideia-romana quanto da islâmica.
d) cristalizou-se uma civilização marcada pela flexibilidade religiosa e tolerância cultural.
e) criou-se uma civilização sem dinamismo, em virtude de sua dependência de Bizâncio e do Islão.

4. (Vunesp-SP) O culto de imagens de pessoas divinas, mártires e santos foi motivo de seguidas controvérsias na história do cristianismo. Nos séculos VIII e IX, o Império bizantino foi sacudido por violento movimento de destruição de imagens, denominado "querela dos iconoclastas". A questão iconoclasta.
a) derivou da oposição do cristianismo primitivo ao culto que as religiões pagãs greco-romanas devotavam às representações plásticas de seus deuses.
b) foi pouco importante para a história do cristianismo na Europa ocidental, considerando a crença dos fiéis nos poderes das estátuas.
c) produziu um movimento de renovação do cristianismo empreendido pelas ordens mendicantes dominicanas e franciscanas.
d) deixou as igrejas católicas renascentistas e barrocas desprovidas de decoração e de ostentação de riquezas.
e) inviabilizou a conversão para o cristianismo das multidões supersticiosas e incultas da Idade Média europeia.

5. (UFRGS-RS) A Alta Idade Média foi um período marcado por sucessivas invasões do mundo cristão.
Assinale a alternativa correta com relação a essas invasões.
a) Em meados do século VII, após a batalha de Poitiers, o mundo islâmico avançou por todo o sul da França, penetrando no norte italiano.
b) Durante vários séculos, os "vikings" tentaram, sem sucesso, pilhar as ricas cidades cristãs.
c) No século IX, os francos derrotaram Clóvis, desintegrando o reino merovíngio.
d) Em fins do século IX, sob a pressão crescente das invasões normandas e magiares, surgiram na Europa inúmeros castelos privados fortificados.
e) Em 843, o Tratado de Verdun unificou o Império Carolíngio, facilitando sua defesa contra os ávaros.

6. (UFPB) O Império Bizantino dominou vastas regiões de diferentes etnias, em três continentes (Europa, Ásia e África), sob a égide de um modelo teocrático centralizado, conhecido como cesaropapismo, no qual o Basileus concentrava, em suas mãos, a chefia suprema do exército, da administração do Estado (Poder de César) e da religião cristã (Poder de Papa). Por conseguinte, os conflitos de natureza política, econômica, social e cultural se manifestavam como questões de religião: as famosas "querelas religiosas" bizantinas.
Sobre essas querelas, é correto afirmar:
a) O Monofisismo, uma corrente religiosa europeia, concebia o caráter unicamente humano de Cristo, contrapondo-se ao poder central e à influência das províncias asiáticas, que defendiam a dupla natureza de Cristo (divina e humana).
b) A Questão Iconoclasta expressou as divergências entre os sacerdotes orientais (egípcios e maronitas) – defensores do culto das imagens – e os sacerdotes ocidentais (gregos e latinos) – contrários ao culto das imagens.
c) O Cisma do Oriente (1054) dividiu o Cristianismo em duas Igrejas, a Católica Romana e a Cristã Ortodoxa, significando um dos passos decisivos para a afirmação do poder papal na Europa Ocidental e da influência bizantina no leste europeu.
d) O Tribunal do Santo Ofício (a Inquisição) servia para garantir a ortodoxia da Igreja e foi criado pelo Basileus como instrumento de controle do poder central sobre as heresias, que explodiram primeiramente no Império Bizantino.
e) O Arianismo, uma heresia religiosa, foi responsável pela conversão dos povos germânicos (os "Bárbaros") ao cristianismo, defendendo a superioridade dos povos arianos sobre asiáticos e semitas.

7. (UFRGS-RS) O assim denominado Grande Cisma do Oriente foi uma consequência
a) da Reforma Calvinista, que, ao pregar a predestinação e o livre-arbítrio, acabou com a unidade da Igreja Católica.
b) da Querela das Investiduras, travada entre o Papa e o Imperador, a qual versava sobre a proibição de leigos concederem a posse de cargos na Igreja.
c) da emergência do islamismo, que propiciou aos árabes um ponto de união e identidade, mas os separou dos ocidentais.
d) do confronto entre a Igreja de Roma e a de Constantinopla, que resultou na cisão entre os ramos grego e romano do catolicismo.
e) do conflito religioso que instalou um papa em Avignon e outro em Roma, perturbando por décadas a concórdia interna da Igreja.

8. (UFSC) *O grande patriarca da Bíblia Hebraica é também o antepassado espiritual do Novo Testamento e o grande arquiteto sagrado do Alcorão. Abraão é o ancestral comum do judaísmo, do cristianismo e do islamismo. É a chave do conflito árabe-israelense. É a peça central da batalha entre o Ocidente e os extremistas islâmicos. É o pai – e, em muitos casos, o suposto pai biológico – de doze milhões de judeus, dois bilhões de cristãos e um bilhão de muçulmanos em todo o mundo. É o primeiro monoteísta da história.*

(FEILER, Bruce. *Abraão*. Rio de Janeiro: Sextante, 2003. p. 19.)

Assinale a(s) proposição(ões) CORRETA(S) com base no texto e nos seus conhecimentos sobre os assuntos a que ele se refere.

(01) O judaísmo, o cristianismo e o islamismo são religiões monoteístas que nasceram na mesma região do mundo, o Oriente Médio.

(02) Embora os judeus e os cristãos encontrem na Bíblia muitas das suas crenças, o Alcorão é o livro sagrado comum ao judaísmo, ao cristianismo e ao islamismo.

(04) O judaísmo, o cristianismo e o islamismo possuem elementos comuns em sua tradição.

(08) Podemos encontrar, entre as muitas causas do conflito árabe-israelense, elementos relacionados à religião, como, por exemplo, a disputa por Jerusalém, cidade sagrada para judeus, muçulmanos e cristãos.

(16) A História registra uma convivência pacífica e a tolerância entre judeus, muçulmanos e cristãos, até a criação do Estado de Israel no século XX.

9. (Vunesp-SP) Assinale a alternativa correta sobre a civilização muçulmana durante o período medieval.

a) Os constantes ataques de invasores árabes, provenientes das áreas do Saara, criaram instabilidade na Europa e contribuíram decisivamente para a queda do Império Romano.

b) A civilização muçulmana não desempenhou papel significativo no período, em função da inexistência de um líder capaz de reunir, sob um mesmo estado, sunitas e xiitas.

c) Os pensadores árabes desempenharam papel fundamental na renovação do pensamento da Europa Ocidental, uma vez que foram responsáveis pela difusão, via Espanha muçulmana, do legado greco-romano.

d) O distanciamento entre muçulmanos e cristãos aprofundou-se com a pregação de Maomé, que postulou a superioridade da religião islâmica e negou-se a aceitar os tratados de paz propostos pelo Papa.

e) A partir do século VIII, a civilização muçulmana passou a ser regida pelo Alcorão, cujas recomendações aplicavam-se à vida cotidiana, contribuindo para o declínio do Império Otomano.

10. (PUC-PR) O Império Bizantino ou Romano do Oriente existiu durante a Idade Média, sendo-lhe cronologicamente coincidente.

Sobre o tema, assinale a alternativa correta:

a) Seu período de maior esplendor e expansão ocorreu sob o governo de Justiniano, que mandou fazer a codificação das leis romanas.

b) Sua posição geográfica correspondia às terras da parte ocidental do Império Romano.

c) Apresentava excessiva descentralização política, o que enfraquecia os imperadores (baliseus).

d) Reprimiu violentamente a heresia dos cátaros, que ameaçava a sua unidade religiosa.

e) A força da cultura romana fez com que o latim fosse língua de emprego geral.

11. (UFRGS-RS) Maomé, nascido em Meca, na Arábia, insatisfeito com o paganismo geralmente praticado na região, declarou ter visto o anjo Gabriel que lhe apresentara um texto com a ordem de recitá-lo. Considerando-se então o último e maior de todos os profetas, Maomé promoveu a conversão das tribos da Arábia.

A era muçulmana caracterizou-se pela

a) divisão das esferas de poder político e de poder religioso, constituindo um Estado laico, onde porém a Igreja assumia um lugar privilegiado.

b) expansão territorial do Islã, que se fez inclusive às custas do Império Persa e do Império Bizantino, enfraquecidos por graves crises internas.

c) conversão forçada dos povos conquistados à nova religião do Islã, com a proibição dos cultos judeus e cristãos e o confisco de terras.

d) rejeição total à assimilação da cultura dos povos conquistados e das culturas antigas, em nome da verdadeira compreensão da palavra de Deus.

e) proibição das concentrações urbanas, do comércio e do desenvolvimento de novas técnicas de trabalho, considerados contrários aos preceitos do Corão.

12. (PUC-PR) A História do Império Bizantino abrangeu um período equivalente ao da Idade Média, apesar da instabilidade social, decorrente, entre outros fatores:

a) dos frequentes conflitos internos originados por controvérsias políticas e religiosas.

b) da excessiva descentralização política que enfraquecia os imperadores.

c) da posição geográfica de sua capital, Constantinopla, vulnerável aos bárbaros que com facilidade a invadiam frequentemente.

d) da constante intromissão dos imperadores de Roma em sua política.

e) da falta de um ordenamento jurídico para controle da vida social.

13. (Vunesp-SP) A Civilização Bizantina floresceu na Idade Média, deixando em muitas regiões da Ásia e da Europa testemunhos de sua irradiação cultural. Assinale importante e preponderante contribuição artística bizantina que se difundiu expressando forte destinação religiosa:

a) Adornos de bronze e cobre.

b) Aquedutos e esgotos.

c) Telhados de beirais recurvos.

d) Mosaicos coloridos e cúpulas arredondadas.

e) Vias calçadas com artefatos de couro.

14. (UFPR) Considere a seguinte afirmação sobre o termo bizantino:

É essencial lembrar que bizantino não tem conotação étnica, mas civilizacional [...]. O termo bizantino foi vulgarizado apenas a partir do século XVI, depois do desmembramento do império, que, em vida, se via como herdeiro e continuador do império Romano.

FRANCO JR., Hilário; ANDRADE FILHO, Ruy de Oliveira. *O Império Bizantino*. SP: Brasiliense, 1987, p. 7-8.

Em que medida o Império Bizantino pode ser considerado herdeiro e continuador do Império Romano? Estabeleça as diferenças entre esses dois impérios entre os séculos V e VII.

15. (UPE) *Maomé pertenceu a um ramo menor do clã dos Quraysh (coraixitas), um dos mais poderosos de Meca. Foi criado como mercador e casou-se aos 25 anos com uma rica viúva bem mais velha que ele, chamada Khadija. Supõe-se que, nas suas viagens de negócios, Maomé teria entrado em contato com árabes judaicos e cristãos e sido influenciado por eles.*

DEMANT, Peter. *O mundo muçulmano*. 3. ed. São Paulo: Contexto, 2011. p. 25. (Adaptado.)

Sobre a realidade apresentada no texto, assinale a alternativa **CORRETA.**

a) A principal influência que Maomé sofreu do judaísmo e do cristianismo foi a crença no monoteísmo.

b) Maomé não obteve sucesso na tentativa de unificar a península arábica em nome do Islã.

c) O profeta Maomé não obteve resistência para empreender a conquista de Meca.

d) O comércio, atividade desenvolvida por Maomé, não era comum entre os povos árabes do século VII.

e) Os árabes, no século VII, não tinham contato com cristãos, só com judeus.

16. (UPE) *A civilização bizantina foi muito mais original e criativa que, em geral, lhe creditam. Suas igrejas abobadadas desafiam em originalidade e ousadia os templos clássicos e as catedrais góticas, enquanto os mosaicos competem, como supremas obras de arte, com a escultura clássica e a pintura renascentista.*

ANGOLD, Michael. *Bizâncio*: A ponte da antiguidade para a Idade Média. Rio de Janeiro: Imago, 2002. p. 9. (Adaptado.)

Sobre o legado cultural bizantino, assinale a alternativa **CORRETA**.

a) Herdando elementos da cultura grega, os bizantinos desenvolveram estudos sobre a aritmética e a álgebra.

b) Negando a tradição jurídica romana, o império bizantino pautou sua jurisdição no direito consuetudinário.

c) A filosofia estoica influenciou o movimento iconoclasta, provocando o cisma cristão do Oriente no século XI.

d) O catolicismo ortodoxo tornou-se a religião oficial do império após a denominada querela das investiduras.

e) A catedral de Santa Sofia sintetiza a tradição artística bizantina com seus ícones e mosaicos.

MÓDULO 6

1. (Ufpel-RS)

Os clérigos devem por todos orar
os cavaleiros sem demora
devem defender e honrar
e os camponeses, sofrer
cavaleiros e clero sem falha
vivem de quem trabalha
têm grande canseira e dor
pagam primícias, corveias, orações ou talha
e cem coisas costumeiras
e quanto mais pobre viver
mais mérito terá
das faltas que cometeu
se paga a todos o que deve
se cumpre com lealdade a sua fé
se suporta paciente o que lhe cabe:
angústias e sofrimentos.

ESTEVÃO DE FOUREGES. In: COTRIM, Gilberto. *História global: Brasil e Geral*. 6 ed. São Paulo: Saraiva, 2002.

O poema está diretamente relacionado

a) à Revolução Francesa, enfatizando as obrigações servis, como a corveia — que era a entrega da primeira colheita ao senhor.

b) à estratificação social, no feudalismo europeu, justificada pela Igreja, e composta pelo clero, pela nobreza e pelo povo.

c) ao final da Idade Média, durante a expansão colonial europeia na América, com o apoio da Igreja.

d) à ideologia burguesa, nas Cruzadas, quando os cavaleiros defenderam os valores cristãos ocidentais contra os muçulmanos.

e) ao período medieval, por referir a exploração dos camponeses através de trabalho escravizado, bem como pela talha — que era o pagamento pelo uso do moinho.

2. (UEL-PR) No medievo a ordem social era organizada segundo as funções de orar, guerrear e trabalhar. Ou seja, uma sociedade hierarquicamente estratificada da seguinte maneira:

a) Evangélicos, exércitos e negociantes.

b) Padres, soldados e artífices urbanos.

c) Clero, nobreza e camponeses.

d) Santos, guerreiros e pastores.

e) Monges, oficiais e operários.

3. (FGV-SP) *A palavra "servo" vem de "servus" (latim), que significa "escravo". No período medieval, esse termo adquiriu um novo sentido, passando a designar a categoria social dos homens não livres, ou seja, dependentes de um senhor. [...] A condição servil era marcada por um conjunto de direitos senhoriais ou, do ponto de vista dos servos, de obrigações servis.*

KOSHIBA, Luiz. *História: origens, estruturas e processos.* São Paulo: Atual, 2000.

Assinale a alternativa que caracterize corretamente uma dessas obrigações servis.

a) Dízimo era um imposto pago por todos os servos para o senhor feudal custear as despesas de proteção do feudo.

b) Talha era a cobrança pelo uso da terra e dos equipamentos do feudo e não podia ser paga com mercadorias e sim com moeda.

c) Mão morta era um tributo anual e *per capita*, que recaía apenas sobre o baixo clero, os vilões e os cavaleiros.

d) Corveia foi um tributo aplicado apenas no período decadente do feudalismo e que recaía sobre os servos mais velhos.

e) Banalidades eram o pagamento de taxas pelo uso das instalações pertencentes ao senhor feudal, como o moinho e o forno.

4. (UEL-PR) *Aqui embaixo uns rezam, outros combatem e outros ainda trabalham.*

DE LAON, Adalberão. Carmen ad Rodbertum Regem. In: DUBY, G. *As três ordens: o imaginário do feudalismo.* Lisboa: Editora Estampa, 1982. p. 25.

Esse preceito, apresentado inicialmente pelo bispo Adalberão, no século XI, em parte reflete as funções/atividades mais características do período medieval, em parte tem função ideológica, pois esse ordenamento pretendia fortalecer a divisão e a hierarquia. Ainda sobre a sociedade medieval, é correto afirmar:

a) A divisão mencionada reflete uma sociedade na qual a religiosidade se impõe nas várias esferas da vida, em que o braço armado tende a impor seu poder sobre os desarmados, em que a economia se fundamenta no trabalho agrícola.

b) Definida a sociedade entre religiosos, guerreiros e camponeses a partir do Tratado de Verdun, as atividades não permitidas pela Igreja foram perseguidas pelos tribunais inquisitoriais.

c) Diante da limitação das funções às três ordens e perseguição aos comerciantes promovida pelas monarquias nascentes, a atividade comercial declinou, situação essa que se reverteu no século XVI no contexto do Renascimento Comercial.

d) O poder eclesiástico se impunha a partir do momento do batismo, quando era definido o destino de cada criança, de acordo com as necessidades fundadas na sociedade de ordens.

e) A divisão apresentada, característica do período entre os séculos XI e XIII, revela a estagnação econômica da sociedade, o que explica a crise agrícola e o recuo demográfico.

5. (UFPI) Entre as características do feudalismo, sistema político, social e econômico estruturado na Europa medieval, estão:

a) A existência de uma forte concentração de poder nas mãos dos monarcas.

b) Uma forte monetarização das relações econômicas, favorecendo o crescimento dos núcleos urbanos.

c) A terra não tinha valor, sendo inúmeras vezes concedida aos servos para que cultivassem a agricultura livremente.

d) A existência de uma sociedade estamental, formada por grupos sociais com *status* fixos, os senhores e os servos, em que os servos eram presos à terra e obrigados a prestar serviços e pagar impostos aos senhores.

e) Uma base econômica voltada ao comércio entre os vários feudos existentes.

6. (Fuvest-SP) – Qual das características abaixo não se refere ao feudalismo na Europa Ocidental?

a) Organização econômica baseada na produção agrária.

b) Regime de trabalho servil.

c) Estrutura social rigidamente estratificada.

d) Predomínio da economia de subsistência.

e) Centralização do poder político.

7. (UFPR) Durante as manifestações de junho de 2013 no Brasil, circulou pelas redes sociais uma imagem semelhante à abaixo:

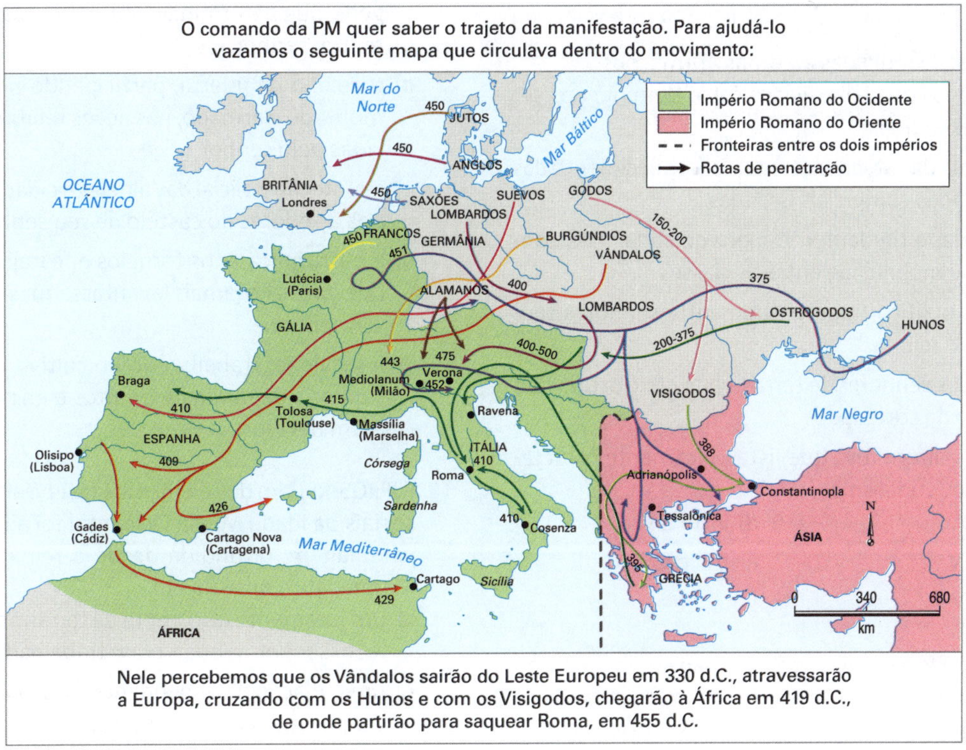

Explique os motivos que levaram esses povos a realizarem as movimentações descritas no mapa acima, e por que o termo "vândalo" adquiriu uma conotação negativa até os dias atuais.

8. (FGV-SP) Pode-se afirmar que o feudalismo é um sistema:

a) De suserania e vassalagem, no qual o direito de governar é concebido como um direito de propriedade, cabendo a quem quer que possua um feudo; a relação entre o suserano e seus vassalos é uma relação contratual, que envolve obrigações recíprocas.

b) De suserania e vassalagem, no qual o direito de governar é hereditariamente transferido, independente da posse de terras; o filho primogênito do suserano é automaticamente o novo suserano quando ele vier a falecer.

c) De mando e subordinação, que não deriva de qualquer contrato, e no qual os vassalos são considerados como propriedade dos suseranos.

d) Onde o poder de mando é estabelecido através de eleições periódicas que envolvem a participação de todos os habitantes do feudo, independentemente de sua condição social.

e) Em que os governantes possuem poder ilimitado; é um governo de homens e não de leis.

9. (Uece) Era costume submeter o acusado de cometer um crime a um perigo, para ver se era ou não culpado. Por exemplo, colocar sua mão em água fervendo, ou fazê-lo segurar um ferro em brasa dentre outras atrocidades. Acreditava-se que, se inocente, Deus produziria um milagre, não deixando que algum mal acontecesse ao presumível culpado. A Igreja Católica lutou contra e procurou extinguir esse costume que era

a) herança do Direito Romano, no qual os acusados não tinham direito a uma defesa baseada em fatos fundamentados.

b) uma prática originária dos primeiros cristãos que, apoiados pela Igreja Católica, acreditavam na intervenção divina como única forma de justiça.

c) proveniente da tradição bárbara dos povos germânicos, que tinham uma cultura monoteísta desde antes da chegada do cristianismo na Europa.

d) uma tradição que, mesmo rejeitada pela Igreja Católica, perdurou na Europa e em outras regiões do mundo até mesmo depois da Idade Média.

10. (EsPCEx-SP) *"O feudalismo foi a forma de organização política, social e econômica dominante na Europa Ocidental durante a Idade Média."*

(AZEVEDO & SERIACOPI, 2007.)

Abaixo estão redigidas algumas afirmações:

I. Os servos da gleba viviam sob o domínio dos senhores feudais.

II. Declínio das atividades rurais e fortalecimento das atividades comerciais urbanas.

III. Sociedade rigidamente hierarquizada, mas com grande mobilidade entre as classes.

IV. Poder político fragmentado entre senhores feudais e o rei.

V. Grandes senhores de terras e alto clero ocupavam o topo da sociedade.

Assinale a alternativa que lista unicamente características do feudalismo.

a) I, II e III.
b) II, III e V.
c) I, IV e V.
d) III, IV e V.
e) I, III e V.

11. (Unicamp-SP) No Natal de 800, o papa Leão III coroou Carlos Magno como Imperador dos Romanos. O Imperador recebeu o antigo título de Augusto.

a) Caracterize a autoridade de Carlos Magno como Imperador naquele momento.
b) Apresente dois aspectos do renascimento carolíngio.

12. (Fatec-SP) *A partir do ano 1000, a população europeia tem um grande aumento. Este crescimento demográfico se relaciona com as tecnologias desenvolvidas naquela época, as quais aumentaram a produção agrícola e melhoraram as condições de saúde e alimentação: a charrua, substituindo o arado, a utilização do cavalo nas lavouras, e a rotatividade de plantações, aproveitando melhor os solos. As populações do período agrupavam-se em aldeias em volta da igreja e do castelo.*

LE GOFF , Jacques. *São Francisco de Assis*. Rio de Janeiro: Record, 2007, p. 24. (Adaptado.)

A partir das informações do texto, é correto afirmar que o contexto histórico em questão é o

a) escravismo antigo.
b) capitalismo industrial.
c) socialismo soviético.
d) feudalismo medieval.
e) mercantilismo moderno.

13. (Vunesp-SP) *"Servir" ou, como também se dizia, "auxiliar", – "proteger": era nestes termos tão simples que os textos mais antigos resumiam as obrigações recíprocas do fiel armado e do seu chefe."*

(Marc Bloch. *A sociedade feudal*, 1987.)

O mais importante dos deveres que, na sociedade feudal, o vassalo tinha em relação ao seu senhor era:

a) o respeito à hierarquia e à unicidade de homenagens, que determinava que cada vassalo só podia ter um senhor.
b) o auxílio na guerra, participando pessoalmente, montado e armado, nas ações militares desenvolvidas pelo senhor.
c) a proteção policial das aldeias e cidades existentes nos arredores do castelo de seu senhor.
d) a participação nos torneios e festejos locais, sem que o vassalo jamais levantasse suas armas contra seu senhor.
e) a servidão, trabalhando no cultivo das terras do senhor e pagando os tributos e encargos que lhe eram devidos.

14. (UFRGS-RS) Um dos elementos essenciais nas relações sociais da Idade Média Ocidental foi a instituição da vassalagem, difundida desde o reinado de Carlos Magno, que consistia em

a) um juramento de compra de terras por um vassalo a um senhor, as quais eram trabalhadas por servos.
b) uma relação de dependência pessoal que vinculava, por meio de um juramento, um senhor a um subordinado, vassalo.
c) uma concessão temporária de terras do rei a funcionários especializados da alta administração, que exploravam o trabalho dos servos da gleba.
d) uma relação contratual entre um senhor e seus servos, que prestavam serviços em troca de proteção.
e) um contrato revogável de prestação de serviços temporários por parte de um cavaleiro profissional, a serviço de um senhor.

15. (UEPB) Analise as proposições a seguir:

I. As transformações ocorridas durante a primeira parte da Alta Idade Média foram fundamentais para a integração de diferentes povos e culturas e responsáveis por mudanças significativas, como o fim da estrutura política centralizada e o fortalecimento institucional da Igreja Católica.

II. Uma das preocupações de Carlos Magno, imperador carolíngio, foi a elevação do nível educacional do clero e o aumento da alfabetização entre os religiosos e servidores que compunham a estrutura administrativa do Império.

III. As relações entre o suserano e o vassalo eram marcadas por noções como fidelidade, obediência e reciprocidade, isto é, relações de dependência.

Está(ão) correta(s) a(s) proposição(ões):

a) I, II e III
b) Apenas I e II
c) Apenas II e III
d) Apenas I e III
e) Apenas I

16. (UEPG-PR) A Igreja Católica exerceu um papel preponderante durante todo o período medieval. Além de orientar espiritualmente os fiéis, a instituição teve atuação ativa na vida política e nos princípios econômicos que nortearam o mundo feudal. A respeito da Igreja medieval, assinale o que for correto.

(01) A desorganização política e administrativa gerada pelas invasões germânicas e o desmantelamento do Império Romano foram acontecimentos que contribuíram para que a Igreja Católica se projetasse como principal instituição na Europa medieval.

(02) Beneditinos, carmelitas, agostinianos, franciscanos e dominicanos figuram entre as ordens que atuaram na Igreja Católica na Europa medieval.

(04) O poder temporal obtido pela Igreja Católica no mundo medieval resultou no envolvimento da instituição em diversos conflitos e disputas políticas registrados entre monarquias medievais, nas quais a Igreja atuou como mediadora.

(08) O Tribunal da Inquisição foi criado pela Igreja Católica com o objetivo de descobrir e julgar pessoas consideradas hereges. As penas variavam do confisco de bens até a morte na fogueira.

(16) As Cruzadas foram movimentos militares incentivados pela Igreja Católica na luta contra a expansão do islamismo e pela preservação da hegemonia cristã na Europa.

17. (Vunesp-SP) Leia.

Nos arredores de Assis, dois leprosários [...] *hospedavam os homens e mulheres de visão repugnante escorraçados por todos: considerava-se que os leprosos eram assim por castigo de Deus, por causa dos pecados cometidos, ou porque tinham sido concebidos em pecado. Por isso, ao se movimentarem, eram obrigados a bater certas castanholas, para que os sãos pudessem evitá-los, fugindo a tempo.*

(Chiara Frugoni. *Vida de um homem*: Francisco de Assis, 2011.)

A lepra e as demais doenças recorrentes durante a Idade Média

a) resultavam do descuido das vítimas e os médicos se dedicavam apenas aos doentes graves ou terminais.

b) atingiam basicamente as populações rurais, pois as condições de higiene e saneamento nas cidades eram melhores.

c) atacavam e matavam igualmente nobres e pobres, pois não existiam hospitais ou remédios.

d) eram consideradas contagiosas e, devido a isso, não havia pessoas dispostas a cuidar dos enfermos.

e) eram muitas vezes atribuídas à ação divina e as vítimas eram tratadas como responsáveis pelo mal.

MÓDULO 7

1. (Vunesp-SP) *Mais ou menos a partir do século XI, os cristãos organizaram expedições em comum contra os muçulmanos, na Palestina, para reconquistar os "lugares santos" onde Cristo tinha morrido e ressuscitado. São as cruzadas* [...]. *Os homens e as mulheres da Idade Média tiveram então o sentimento de pertencer a um mesmo grupo de instituições, de crenças e de hábitos: a cristandade.*

(Jacques Le Goff. *A Idade Média explicada aos meus filhos*, 2007.)

Segundo o texto, as cruzadas

a) contribuíram para a construção da unidade interna do cristianismo, o que reforçou o poder da Igreja Católica Romana e do Papa.

b) resultaram na conquista definitiva da Palestina pelos cristãos e na decorrente derrota e submissão dos muçulmanos.

c) determinaram o aumento do poder dos reis e dos imperadores, uma vez que a derrota dos cristãos debilitou o poder político do Papa.

d) estabeleceram o caráter monoteísta do cristianismo medieval, o que ajudou a reduzir a influência judaica e muçulmana na Palestina.

e) definiram a separação oficial entre Igreja e Estado, estipulando funções e papéis diferentes para os líderes políticos e religiosos.

2. (UEL-PR) No período da Baixa Idade Média, a cidade de Veneza foi progressivamente revigorada pelo comércio, o qual produziu instituições políticas autônomas, libertando-se do poder papal.

Com base na influência político-econômica das cidades mercantis nesse período, considere as afirmativas a seguir.

I. Os senhores feudais detentores dos domínios aristocráticos atacaram o poder político das cidades nascentes, pois este os impedia de arrecadar os seus tributos e taxas.

II. As guildas e as corporações de ofícios inseriram nos burgos a concorrência ao libertarem o comércio do monopólio e os trabalhadores de seus padrões rígidos de produção.

III. As rotas comerciais tornaram-se pontos de confluência de inúmeras culturas e credos, professados por diversos povos, entre os quais judeus, muçulmanos e chineses.

IV. Na Europa, as cidades de Veneza e Gênova eram consideradas portas de entrada de produtos muito valorizados, como especiarias e tecidos, advindos do Oriente.

Assinale a alternativa correta.

a) Somente as afirmativas I e II são corretas.

b) Somente as afirmativas I e IV são corretas.

c) Somente as afirmativas III e IV são corretas.

d) Somente as afirmativas I, II e III são corretas.

e) Somente as afirmativas II, III e IV são corretas.

3. (UFSC) *A cidade contemporânea, apesar de grandes transformações, está mais próxima da cidade medieval do que esta última da cidade antiga. A cidade da Idade Média é uma sociedade abundante, concentrada em um pequeno espaço, um lugar de produção e de trocas em que se mesclam o artesanato e o comércio alimentados por uma economia monetária. É também o cadinho de um novo sistema de valores nascido na prática laboriosa e criadora do trabalho, do gosto pelo negócio e pelo dinheiro. É assim que se delineiam, ao mesmo tempo, um ideal de igualdade e uma divisão social da cidade, na qual os judeus são as primeiras vítimas. Mas a cidade concentra também os prazeres, os da festa, os dos diálogos na rua, nas tabernas, nas escolas, nas igrejas e mesmo nos cemitérios. Uma concentração de criatividade de que é testemunha a jovem universidade que adquire rapidamente poder e prestígio, na falta de uma plena autonomia.*

LE GOFF, Jacques. *Por amor às cidades: conversações com Jean Lebrun*. São Paulo: UNESP, 1998. p. 25. Apud: VICENTINO, Cláudio; DORIGO, Gianpaolo. *História Geral e do Brasil*. São Paulo: Scipione, 2011. p. 187.2. v. 1.

Sobre o período medieval, é **CORRETO** afirmar que:

(01) as Cruzadas quase impediram o desenvolvimento das cidades medievais por dois motivos: ocorreram em áreas rurais e tinham como objetivo impor os ideais cristãos que condenavam a cobiça e o desejo por lucro.

(02) com a intensificação das atividades comerciais nas cidades, foram organizadas as *hansas* ou associações de mercadores. A reunião de várias *hansas* no norte da atual Alemanha deu origem à Liga Hanseática.

(04) muitas cidades medievais se originaram dos burgos, aglomerações surgidas a partir da intensificação do comércio.

(08) as corporações de ofício surgiram com o desenvolvimento da mão de obra especializada dedicada ao artesanato e foram responsáveis por organizar o aprendizado e o controle destas atividades.

(16) as universidades surgiram da iniciativa de um grupo de intelectuais europeus que pretendia tornar o ensino independente da Igreja.

(32) a atividade bancária não se consolidou no período, pois havia falta de matéria-prima para a fabricação de moedas. Isso fez com que o comércio se realizasse exclusivamente por meio do escambo.

4. (FGV-SP) *Chegam a Jerusalém a 7 de junho de 1099. Jejuam e fazem procissões em redor da cidade, esperando que as suas orações deitem abaixo as muralhas, do mesmo jeito que as trombetas de Josué tinham derrubado as de Jericó. A chegada a Jafa de navios genoveses, pisanos e venezianos é para eles de um grande auxílio [...] A cidade tão cobiçada é tomada a 15 de julho de 1099. Assistimos, então, à pilhagem e ao massacre sistemático de toda a população. Depois do regresso dos cruzados ao Ocidente, a posse de Jerusalém torna-se precária.*

Tate, G. "Dois séculos de confronto entre o Oriente e o Ocidente". In Arneville, M.-B. D' e outros, *As Cruzadas*. Trad. Cascais: Pergaminho, 2001, p. 22.

O texto acima refere-se à

a) terceira Cruzada e revela os interesses bizantinos nessa expedição.

b) Reconquista Ibérica e apresenta as motivações religiosas dessa empreitada.

c) sétima Cruzada e demonstra a forte presença da monarquia francesa.

d) primeira Cruzada e revela a forte religiosidade da peregrinação armada.

e) quarta Cruzada e revela a participação exclusiva dos fiéis franceses.

5. (UEPB) No contexto bélico medieval, surgiram as Cruzadas, expedições militares empreendidas pelos cristãos e legitimadas pela Igreja, que concediam a seus participantes supostas recompensas espirituais. Sobre estas expedições é correto afirmar:

a) Em decorrência de terem alcançado todos os seus objetivos, as cruzadas são responsáveis por provocarem grandes transformações no ocidente europeu.

b) As Cruzadas fortaleceram o sistema feudal, fortalecendo o poder dos nobres e dificultando a centralização política por parte dos reis.

c) O espírito cruzadista ficou restrito à nobreza guerreira e à ação dos cavaleiros, porque os pobres eram considerados impuros.

d) As Cruzadas possibilitaram aos ocidentais o contato com importantes conhecimentos produzidos pelos muçulmanos, no campo da matemática, da medicina e da astronomia.

e) Os comerciantes das repúblicas italianas foram prejudicados com o advento das Cruzadas, porque estas favoreceram a permanência dos árabes, que monopolizavam o comércio no Mediterrâneo.

6. (FGV-RJ) *A partir do século X, mas principalmente do XI, é o grande período de urbanização – prefiro utilizar esse termo mais do que o de renascimento urbano, já que penso que, salvo exceção, não há continuidade entre a Idade Média e a Antiguidade.*

LE GOFF, Jacques. *Por amor às cidades*. Conversações com Jean Lebrun. São Paulo: Unesp, 1998, p. 16.

A respeito das cidades medievais, após o ano mil, é CORRETO afirmar:

a) Tornaram-se centros econômicos e financeiros e vinculados às rotas mercantis e à produção agrária das áreas rurais próximas.

b) Eram fundamentalmente sedes episcopais e centros administrativos do Sacro Império Romano Germânico.

c) Tornaram-se núcleos da produção industrial que começou a desenvolver-se sobretudo no norte da Itália, a partir do século XI.

d) Tornaram-se os principais entrepostos do comércio de escravos africanos desde o início das Cruzadas.

e) Apresentaram-se como legado das *póleis* gregas e das cidades romanas da Antiguidade.

7. (UFRN) *O historiador Jacques Le Goff, analisando o Ocidente europeu na Idade Média, comenta:*

O conflito entre o tempo da Igreja e o tempo dos mercadores afirma-se pois em plena Idade Média, como um dos acontecimentos maiores da história mental destes séculos, durante os quais se elabora a ideologia do mundo moderno, sob a pressão da alteração das estruturas e das práticas econômicas.

LE GOFF, Jacques. *Para um novo conceito de Idade Média*: tempo, trabalho e cultura no Ocidente. Lisboa: Estampa, 1979. p. 45.

Esse conflito referido pelo autor diz respeito

a) à tensão entre a moral burguesa, que defendia o "justo preço" e a moderação do lucro, e os valores clericais, que enalteciam o ócio, como expressão da confiança na Providência.

b) à contradição entre a exploração dos servos, a qual sustentava a produção nos domínios feudais, e a concepção de uma sociedade fraterna defendida pela Igreja.

c) às dificuldades de conciliação entre os interesses religiosos das Cruzadas e as ambições das cidades italianas, que lucravam com as novas rotas comerciais abertas pelo movimento cruzadista.

d) à incompatibilidade entre o ponto de vista defendido pela Igreja sobre a economia e as ideias capitalistas da burguesia, a qual gradativamente se consolidava.

8. (UFSJ-MG) A partir do século XI, os povoados denominados burgos começaram a crescer pelo desenvolvimento do comércio. Artigos manufaturados, como tecidos, eram produzidos, fazendo com que novas cidades surgissem e as mais antigas se desenvolvessem. Esses artesãos começaram a se organizar em Corporações de Ofício estruturadas em associações de

a) artesãos que reuniam todos aqueles que se dedicavam ao mesmo ofício.

b) associações de artesãos dos mais diversos ofícios que se uniam com o objetivo de atuar no livre mercado.

c) artesãos de diversos ofícios e trabalhadores assalariados que se uniam com o objetivo de atuar no livre mercado.

d) camponeses que se reuniam para reivindicar maior participação política nas cidades

9. (UFPE) O Renascimento urbano, ocorrido em fins do período medieval, motivou mudanças nos hábitos e nas relações de trabalho. Acerca desse Renascimento, analise as proposições dadas a seguir.

( ) O processo de urbanização ocorrido a partir dos finais do século XI na Europa foi estimulado pela produção de excedentes agrícolas e pela conquista de novos territórios.

( ) Os servos passaram a cultivar seus próprios lotes de terra, cuja produção era comercializada nas feiras.

( ) O surgimento das cidades possibilitou uma maior monetarização da economia, introduzindo banqueiros e mercadores no seu cotidiano.

( ) O surgimento das cidades não provocou mudanças nas formas de comercialização, que continuou a ser feita exclusivamente através do escambo.

( ) As corporações de ofício não exerciam qualquer influência sobre a produção artesanal e a comercialização dos produtos.

10. (UEM-PR) Sobre as cruzadas, assinale a(s) alternativa(s) correta(s).

(01) A primeira cruzada tinha como objetivo a conquista da Terra Santa, a ajuda aos bizantinos e a união da cristandade contra os mulçumanos.

(02) As cruzadas foram uma demonstração de força e de prestígio da nobreza, em um mundo com forte sentimento religioso, mas já com a perda do poder papal após a Querela das Investiduras.

(04) A marginalização dos cavaleiros, com a crise do feudalismo, foi um fator importante para as campanhas militares dos cruzados.

(08) Os estados cristãos, que surgiram com as cruzadas na Terra Santa, abandonaram o feudalismo e reproduziram as instituições do Oriente.

(16) O fracasso das cruzadas levou à estagnação do comércio entre o Oriente e o Ocidente, atividade reaberta apenas com as grandes navegações dos séculos XV e XVI.

11. (Vunesp-SP) As feiras foram muito difundidas pela Europa a partir do século XI. Entre os motivos que provocaram tal fenômeno, podemos citar

a) a unificação da moeda europeia, que facilitou a atividade dos banqueiros e a aquisição de mercadorias.

b) o aumento da produção agrícola, provocado pelos desmatamentos, que ampliavam a quantidade de terras cultiváveis.

c) a eliminação das práticas feudais, que prendiam os camponeses à terra e reduziam a monetarização da economia.

d) o crescimento urbano, provocado pelas doenças e epidemias que grassavam nas áreas rurais e provocavam êxodo em direção às cidades.

e) a regionalização das economias, que limitou significativamente a obtenção de mercadorias provenientes de terras distantes.

12. (UFTM-MG) [...] *para satisfazer as faltas e necessidades dos da fortaleza, começaram a afluir diante da porta, junto da saída do castelo, negociantes,* [...] *mercadores de artigos custosos, em seguida taberneiros, depois hospedeiros para a alimentação e albergue dos que mantinham negócios com o senhor* [...]. *Os habitantes de tal maneira se agarraram ao local que em breve aí nasceu uma cidade importante.*

(Jean Lelong, cronista do século XIII, *apud* Fernanda Espinosa. *Antologia de textos históricos medievais*, 1972.)

O texto refere-se

a) às transformações ocorridas na Europa Ocidental a partir do século XI, quando as atividades comerciais intensificaram-se.

b) ao processo de criação das corporações de ofícios, com suas regras e rituais específicos para cada profissão.

c) à crescente insegurança que marcou o período medieval, razão pela qual se procurava viver em torno de fortificações.

d) à baixa produção dos feudos, que dependiam de fornecedores externos para assegurar a sobrevivência de seus moradores.

e) às lutas entre senhores feudais e senhores urbanos pelo controle da produção agrícola, principal fonte de impostos.

13. (UPE) Na Baixa Idade Média (séculos X-XV), a sociedade feudal europeia assistiu a mudanças em sua estruturação e dinâmica de funcionamento que foram essenciais para a construção do mundo moderno. Sendo assim, é correto afirmar que, neste período,

a) a burguesia surge e começa a atuar predominantemente, no contexto social dos incipientes centros urbanos feudais.

b) a igreja católica assiste a uma redução drástica do seu poder no contexto sociopolítico mais amplo com a eclosão da Reforma Protestante.

c) o poder régio nas monarquias feudais, em especial na França e Inglaterra, passa a restringir a atuação da burguesia por meio de medidas de repressão fiscal.

d) há uma expansão do modelo agrário feudal na economia europeia de então, com a diminuição dos centros urbanos.

e) as cidades feudais passam a sofrer com guerras locais ligadas aos conflitos religiosos entre os cristãos e os judeus, em especial na Península Ibérica.

14. (Vunesp-SP) Com o crescimento comercial, na Baixa Idade Média, a Europa atravessou períodos de pânico coletivo, provocados por manifestações endêmicas ou epidêmicas da peste bubônica e de outras doenças, como tifo, varíola, gripe pulmonar e disenteria. A disseminação de várias dessas doenças era facilitada, entre outros motivos, pela

a) condição precária de higiene, enfrentada principalmente pelos habitantes das cidades.

b) crença de que as epidemias não podiam ser combatidas, pois advinham da vontade divina.

c) dificuldade de contato e comunicação entre as populações do continente europeu.

d) proibição religiosa das pesquisas médicas e científicas durante toda a Idade Média.

e) omissão dos poderes políticos, uma vez que as doenças só atingiam as camadas pobres.

15. (EsPCEx-SP) O período conhecido por Baixa Idade Média estendeu-se dos séculos X ao XV e foi marcado por profundas transformações, entre elas o renascimento comercial. É correto afirmar que essa transformação esteve relacionada com

a) a formação das feiras, que eram pontos de comércio temporário, tendo-se destacado inicialmente as regiões de Champanhe e, posteriormente, a região de Flandres.

b) o aparecimento de um novo grupo social, os mercadores, que passaram a ocupar o lugar da nobreza na sociedade estamental durante toda a Idade Moderna.

c) o reaparecimento da moeda e das transações financeiras, que ficaram limitadas às cidades italianas, mais próximas do mercado oriental.

d) o surgimento de hansas ou ligas, poderosas associações de comerciantes, cujos interesses se chocavam com os dos nobres, que percebiam nas atividades daquelas uma ameaça à segurança das cidades destes.

e) o surgimento do movimento comunal, uma disputa entre senhores feudais e burgueses, em torno das taxas de impostos cobrados sobre as atividades comerciais realizadas nos feudos.

16. (ESPM-SP) *A antiga Flandres situava-se no nordeste da França, ocupando também uma parte da Bélgica e constituía-se num ponto central e de fácil acesso no Ocidente da Europa.*

(Raymundo Campos. *História Geral*)

Sobre a importância da Flandres na Baixa Idade Média é correto assinalar que:

a) era uma região sob domínio dos muçulmanos, desde quando estes invadiram a Europa no século VIII;

b) era uma região banhada pelo Mar Báltico e importante centro de produtos como mel, peixe salgado, cereais, madeiras;

c) foi o berço de uma gigantesca associação de comerciantes denominada Liga Hanseática, conhecida ainda como Hansa Teotônica;

d) era uma região em que se realizavam feiras, que após o século XIII tornaram-se as mais procuradas do continente, famosas por seus tecidos de lã de carneiro;

e) era uma região cortada pelos varegues, comerciantes nórdicos, conhecidos pelo controle sobre o comércio de produtos orientais.

17. (PUC-RS) Dentre os fatores responsáveis pelo chamado Renascimento Comercial e Urbano, que ocorre a partir do século XI na Europa Ocidental, NÃO se pode referir

a) a diminuição de epidemias e pestes.

b) o término das grandes invasões.

c) a amenização dos costumes guerreiros da nobreza.

d) o desaparecimento das corporações de ofício nas cidades.

e) a queda da mortalidade e o aumento da natalidade na população.

18. (PUC-SP)

Que Deus te dê coragem e ousadia,
Força, vigor e grande bravura
E grande vitória sobre os Infiéis.

Citado por Georges Duby. *A Europa na Idade Média*. São Paulo: Martins Fontes, 1988, p. 13

Os três versos são do século XII e reproduzem a fala de um rei na sagração de um cavaleiro. Eles sugerem:

a) O caráter religioso predominante nas relações de servidão, que uniam os nobres medievais e asseguravam a mão de obra nos feudos.

b) A ausência de centralização política na Alta Idade Média, quando todos podiam, por decisão real, ser sagrados nobres e cavaleiros.

c) O reconhecimento do poder de Deus como supremo e a crença de que a coragem dependia apenas da ação e da capacidade humanas.

d) A hierarquia nas relações de vassalagem e o significado político e religioso, para os nobres, das ações militares contra os muçulmanos.

e) O juramento que todos os nobres deviam fazer diante do rei e do Papa e a exigência de valentia e força para participação nos torneios.

MÓDULO 8

1. (UFC-CE) Durante os séculos XII e XIII, a introdução de novos métodos de trabalho agrícola, de tecnologias, de plantio e desenvolvimento da pecuária provocou o crescimento econômico da sociedade feudal, que produziu cada vez mais alimentos. Entre o século 1000 e 1300, está estimado que a produção de alimentos na Europa e sua população dobraram. O crescimento econômico também criou as bases para o desenvolvimento de atividade comercial, cultural e para a expansão de cidades. As transformações introduzidas na sociedade feudal estimularam também mudanças nas relações sociais e políticas. Porém, ao se entrar no século XIV, o período de crescimento econômico e avanços tecnológicos rapidamente deu lugar à fome e à doença.

a) Apresente quatro exemplos de novos métodos de tecnologia e produção agrícola que foram introduzidos na sociedade feudal durante os séculos XII e XIII.

b) Cite quatro razões para a crise e o declínio da sociedade feudal na Europa no século XIV.

c) Que grande epidemia ocorrida no século XIV reduziu drasticamente a população europeia?

2. (PUC-PR) A peste negra matou mais da metade da população europeia em meados do século XIV. Causada pela bactéria *Yersinia pestis*, a doença representou uma ameaça às áreas mais pobres e infestadas de ratos. A partir do contexto das adversidades vividas na Europa desse período, marque a alternativa **CORRETA**:

a) Esse período também é marcado pelo fortalecimento do poder e do prestígio do papado. O ideal medieval de uma comunidade cristã unificada e guiada pelo papa foi reforçado.

b) Marca esse período a assinatura do Tratado de Verdun, que acabou com o reino construído por Carlos Magno.

c) A peste negra influenciou, positivamente, o fortalecimento do poder dos senhores feudais e marcou o declínio das atividades comerciais.

d) O pensamento escolástico de Santo Agostinho (1225-1274) predomina nesse contexto em detrimento da perspectiva cristã de São Tomás de Aquino (354-430).

e) Pertence a esse período a série de conflitos conhecida como Guerra dos Cem Anos (1337-1453). Entre franceses e ingleses, essa guerra se iniciou no século XIV, perdurando até o século XV, e contribuiu para a formação dos Estados Nacionais inglês e francês.

3. (FGV-SP) *Caro, o pão faltava nas mesas dos pobres. Na Inglaterra, após mais de cem anos de estabilidade, seu valor quintuplicou em 1315. Na França, aumentou 25 vezes em 1313 e multiplicou-se por 21 em 1316. A carestia disseminou-se por toda a Europa e perdurou por décadas.*

[...]

Faltava comida não por ausência de braços ou de terras.

[...]

Afinal, se os camponeses — esteio do crescimento demográfico verificado desde o ano 1000 — não conseguiam produzir mais, era porque já haviam cultivado toda a terra a que tinham acesso legal.

Já os senhores não faziam pura e simplesmente porque não queriam. Moeda sonante não era exatamente a base de seu poder e glória.

(Manolo Florentino, Os sem-marmita, *Folha de S.Paulo*, 07.09.2008)

O texto traz alguns elementos da chamada crise do século XIV, sobre a qual é correto afirmar que:

a) resultou da discrepância entre o aumento da produtividade nos domínios senhoriais desde o século XI e o recuo da produção urbana de manufaturas.

b) foi decorrência direta da peste negra, que assolou o norte da Europa durante todo o século XIV, e fez que os salários fossem fixados em níveis muito baixos.

c) resultou do recrudescimento das obrigações feudais, que gerou a concentração da produção de trigo e cevada nas mãos de poucos senhores feudais da França.

d) foi deflagrada, após as inúmeras revoltas operárias, no campo e na cidade, que quebraram com a longa estabilidade do mundo feudal europeu.

e) teve ligação com as estruturas feudais que impediam que a produção crescesse no mesmo ritmo do crescimento da população em certas regiões da Europa.

4. (UEL-PR) [...] *O rei fora um aliado forte das cidades na luta contra os senhores. Tudo o que reduzisse a força dos barões fortalecia o poder real. Em recompensa pela sua ajuda, os cidadãos estavam prontos a auxiliá-lo com empréstimos em dinheiro. Isso era importante, porque com o dinheiro o rei podia dispensar a ajuda militar de seus vassalos. Podia contratar e pagar um exército pronto, sempre a seu serviço, sem depender da lealdade de um senhor. Seria também um exército melhor, porque tinha uma única ocupação: lutar. Os soldados feudais não tinham preparo, nem organização regular que lhes permitisse atuar em conjunto, com harmonia. Por isso, um exército pago para combater, bem treinado e disciplinado, e sempre pronto quando dele se necessitava, constituía um grande avanço.*

(HUBERMAN, L. *História da riqueza do homem*. Rio de Janeiro: Zahar, 1977. p. 80-81.)

Com base no texto e nos conhecimentos sobre o tema, é correto afirmar.

I. A organização de exércitos sob o comando do rei contribui para o processo de formação dos Estados Nacionais.

II. A decadência da burguesia possibilitou o fortalecimento do poder real e a constituição dos Estados Nacionais europeus.

III. A teoria política do período sacralizou a figura do monarca, já que afirmava serem os reis escolhidos por Deus para exercer o governo.

IV. Com os Estados Nacionais constituídos, a Igreja continuou a ocupar um espaço importante dentro dos reinados, baseada na autoridade suprema do Papa.

Assinale a alternativa correta.

a) Somente as afirmativas I e II são corretas.

b) Somente as afirmativas I e III são corretas.

c) Somente as afirmativas II e IV são corretas.

d) Somente as afirmativas I, III e IV são corretas.

e) Somente as afirmativas II, III e IV são corretas.

5. (UFPA) Leia atentamente o texto a seguir:

Na sexta-feira foram de novo prestadas homenagens ao conde, as quais eram feitas por esta ordem, em expressão de fidelidade e garantia. Primeiro prestaram homenagem desta maneira: o conde perguntou se ele desejava tornar-se o seu homem, sem reservas, e ele respondeu 'quero'. [...] *Em segundo lugar, aquele que havia prestado homenagem jurou fidelidade ao porta-voz do conde, com estas palavras: 'comprometo-me por minha fé a ser fiel daqui por diante ao conde Guilherme e a cumprir integralmente a minha homenagem, de boa fé e sem dolo, contra todos';* [...] *Finalmente, com uma varinha na mão, o conde deu a investidura a todos aqueles que por este fato tinham prestado lealdade, homenagem e juramento.*

(*Antologia de textos históricos medievais*. Editado por Fernanda Espinosa. Lisboa: Sá da Costa Editora, 1981, p. 172-173).

O texto acima foi registrado no século XII e descreve um rito que marcava uma relação de dependência entre dois homens, típica do mundo medieval. Pode-se definir essa relação como a que se estabelecia entre o

a) senhor e seu escravo, que demarcava a condição de proprietário daquele sobre este.

b) senhor e seu servo, que determinava as obrigações pecuniárias e tributárias deste.

c) senhor e seu vassalo, que consagrava as alianças e as relações de dependência no seio da nobreza.

d) patrão e seu empregado, em que se estabelecia um contrato de trabalho.

e) mestre e os aprendizes de uma corporação de ofício, que juravam obediência ao primeiro.

6. (PUC-RS) Responder a questão com base nas afirmativas a seguir, sobre a crise do sistema feudal na Europa, ao longo do século XIV.
   I. No início do século XIV, a produção agrícola diminuiu significativamente, devido à exploração predatória de novas terras, ao consequente desgaste geral do solo e às alterações ecológicas e climáticas provocadas pelo desmatamento.
   II. A elevação de preços, a escassez de produtos e a fome enfraqueceram e desorganizaram o campesinato, o que provocou o fim das grandes revoltas camponesas e uma considerável redução do deslocamento desse grupo social para as cidades, a partir do ano 1340.
   III. A escassez de mão de obra, devida à Peste Negra, levou a nobreza da Europa Ocidental a extinguir as obrigações pagas em dinheiro pelos camponeses e a reforçar os laços tradicionais de servidão, como a prestação em trabalho, conhecida como Corveia.
   IV. Os mercadores das cidades, em geral, lucravam com a inflação do período, pois seus produtos estavam quase sempre em alta, enquanto seus gastos com salários, aluguéis e arrendamentos diminuíam.

   Estão corretas apenas:
   a) I e III.
   b) I e IV.
   c) II e III.
   d) I, II e III.
   e) II, III e IV.

7. (Unicamp-SP) *Em 1348 a peste negra invadiu a França e, dali para a frente, nada mais seria como antes. Uma terrível mortalidade atingiu o reino. A escassez de mão de obra desorganizou as relações sociais e de trabalho. Os trabalhadores que restaram aumentaram suas exigências. Um rogo foi dirigido a Deus, e também aos homens incumbidos de preservar Sua ordem na Terra. Mas foi preciso entender que nem a Igreja nem o rei podiam fazer coisa alguma. Não era isso uma prova de que nada valiam? De que o pecado dos governantes recaía sobre a população? Quando o historiador começa a encontrar tantas maldições contra os príncipes, novas formas de devoção e tantos feiticeiros sendo perseguidos, é porque de repente começou a se estender o império da dúvida e do desvio.*

   (Adaptado de Georges Duby, "*A Idade Média na França (987-1460)*: de Hugo Capeto a Joana D'arc". Rio de Janeiro: Jorge Zahar Editor, 1992, p. 256-258.)

   a) A partir do texto, identifique de que maneira a peste negra repercutiu na sociedade da Europa medieval, em seus aspectos econômico e religioso.
   b) Indique características da organização social da Europa medieval que refletiam a ordem de Deus na Terra.

8. (UFC-CE) Nos séculos XIV e XV, o Ocidente cristão passou por crises que levaram ao declínio do modelo social, econômico e político então vigente. Sobre esse período, responda as questões a seguir.
   a) A que modelo se refere o enunciado acima?
   b) Cite quatro características do modelo acima referido.

9. (Uece) A formação das monarquias absolutistas na França e na Inglaterra esteve ligada à Guerra dos Cem Anos. Sobre as mudanças proporcionadas por esta Guerra, analise as seguintes afirmativas:
   I. Os monarcas, tanto da Inglaterra quanto da França, tiveram a sua autoridade fortalecida.
   II. As alianças entre a nobreza feudal e a burguesia fortaleceram a centralização dos feudos.
   III. O poder dos nobres, que exerciam autoridade particular nos feudos, foi abalado.

   São corretas
   a) apenas I e II.
   b) apenas I e III.
   c) apenas II e III.
   d) I, II e III.

10. (Unifesp) Ao longo da Baixa Idade Média, a Igreja (com o papa à frente) e o Estado (com o imperador ou rei à frente) mantiveram relações conflituosas como, por exemplo, durante a chamada "Querela das Investiduras", nos séculos XI e XII, e a transferência do papado para Avignon, no sul da França, no século XIV. Sobre essa disputa, indique
    a) os motivos.
    b) os resultantes e sua importância ou significação histórica.

11. (UFRGS-RS) Durante a Baixa Idade Média, ocorreu em Portugal a denominada Revolução de Avis (1383-1385), que resultou em uma mudança dinástica, cuja principal consequência foi
    a) o enfraquecimento do poder monárquico diante das pressões localistas que ainda sobreviviam nas pequenas circunscrições territoriais do Reino.
    b) o surgimento de uma burguesia industrial cosmopolita e afinada com a mentalidade capitalista que se instaura na Europa.
    c) o início das grandes navegações marítimas, que resultaram no descobrimento da América e no reconhecimento da Oceania pelos lusitanos.
    d) o início do processo de expansão ultramarina, que levaria às conquistas no Oriente, além da ocupação e do desenvolvimento econômico da América portuguesa.

e) o surgimento de uma aristocracia completamente independente do Estado, que tinha como projeto político mais relevante a expansão do ideal cruzadista.

12. (Ufal) Considere a ilustração.

Dois reinos bárbaros, francos e saxões, defrontando-se num combate armado no início da década de 780.

(In: Susan Banfield. *Os grandes líderes:* Carlos Magno. Trad. São Paulo: Nova Cultural, 1988. p. 31)

Os dois povos envolvidos no combate representado na ilustração voltaram a se enfrentar no século XIV, quando teve início

a) a Guerra das Duas Rosas.

b) a Guerra dos Cem Anos.

c) a Batalha de Salamina.

d) a Batalha de Poitiers.

e) as Guerras Púnicas.

13. (UFPE) A Idade Média foi um período em que ocorreram também articulações políticas que procuravam fortalecer certas monarquias nacionais existentes. Na França, logo no início da Idade Média, houve tentativas de centralização política. Na análise da monarquia francesa, no período dos Capetíngios, podemos destacar que:

( ) houve fortalecimento da nobreza, na época de Hugo Capeto, com uma política de esvaziamento dos interesses da burguesia emergente.

( ) os contatos entre o rei Felipe Augusto e a burguesia foram significativos, favorecendo o fortalecimento do exército.

( ) o rei Felipe Augusto fracassou em suas tentativas de conquistar a Normandia, sendo derrotado pelo exército de João Sem Terra.

( ) no reinado de Felipe Augusto IV, as relações diplomáticas se tornaram tensas com a Igreja Católica, que ameaçou o rei de excomunhão.

( ) existiram tentativas de centralização política, que ajudaram no fortalecimento de certos interesses da burguesia emergente.

14. (UFJF-MG) Do século XI em diante, ocorreram os primeiros esforços rumo à centralização política na Europa Ocidental. Acerca deste processo, assinale a alternativa incorreta:

a) A Magna Carta, que limitou os poderes do soberano, como, por exemplo, com a criação de novos impostos, não impediu a centralização política da Inglaterra.

b) A atuação de Joana D'Arc fez parte dos esforços de centralização política e de legitimação do soberano francês no decorrer da Guerra dos Cem Anos.

c) No Sacro Império Romano-Germânico, as fortes identidades regionais e os interesses do papado dificultaram o processo de centralização política.

d) A união dos reinos de Leão e Castela e Aragão foi um marco significativo para a criação da unidade territorial da Espanha.

e) A centralização portuguesa, a mais tardia da Europa Ocidental, diferentemente da espanhola, esteve relacionada à Reconquista territorial da Península Ibérica.

15. (Vunesp-SP) No período denominado Baixa Idade Média, houve desenvolvimento do comércio e florescimento de cidades. O crescimento econômico da Europa ocidental intensificou-se com a expansão ultramarina do século XV. Considera-se essencial para tal expansão:

a) a crise e o enfraquecimento comercial das cidades-estados italianas, fornecedoras na Europa dos produtos orientais.

b) a centralização do poder político e a possibilidade de investimento de recursos monetários estatais em expedições marítimas.

c) a ocupação de Constantinopla pelos turcos otomanos e o fim dos contatos pacíficos entre o Ocidente e o Oriente.

d) a abundância de metais na Europa e o crescimento de circulação monetária em condições de financiar empreendimentos dispendiosos.

e) a ruptura da unidade cristã do Ocidente e a formação de religiões cristãs adaptadas à ética da acumulação capitalista.

16. (UPE) *Até o início do século XX, os historiadores davam pouca importância ao período final do chamado Mundo antigo, ainda deslumbrados com a grandeza alcançada pela civilização criada pelos gregos e romanos e entristecidos diante da trágica visão de uma Europa barbarizada. Pouco se reconhecia das contribuições trazidas pelos povos germanos para a formação de uma nova sociedade.*

(OLIVEIRA, Waldir Freitas. *A Antiguidade Tardia.* São Paulo: Editora Ática, 1990).

Sobre as modificações ocorridas nesse período de transição, analise as afirmativas a seguir:

I. No século IV, no Ocidente, a Igreja triunfara e se tornara, na prática, a dirigente das mentalidades no Império.

II. As manifestações artísticas da época, a presença de cenas e de figuras ligadas ao cristianismo passam a ser dominantes.

III. Os germanos destruíram a cultura romana e adaptaram a sua à nova sociedade, mudando completamente o cenário.

IV. O surgimento do latim vulgar foi utilizado como língua franca, principalmente pelos proprietários, pelos cobradores de impostos e pelos bispos, o qual vai dar origem às línguas neolatinas.

V. As principais estruturas germânicas que entraram na composição do feudalismo foram: colonato, vilas romanas, direito consuetudinário.

Estão corretas

a) I, II e III.

b) I, IV e V.

c) I, II e IV.

d) II, III e IV.

e) III, IV e V.

MÓDULO 9

1. (UFG-GO) Leia o texto a seguir.

O corpo é considerado perigoso: é o lugar das tentações; nele se manifesta o que depende do mal; sobre ele se aplicam os castigos purificadores que expulsam o pecado. Testemunha, o corpo denuncia as particularidades da alma por seus traços específicos, mas também pela maneira pela qual suporta a prova da água ou do ferro em brasa.

DUBY, Georges. A solidão nos séculos XI a XIII. In: DUBY, G.; ARIÈS, P. (Orgs.). *História da vida privada*: da Europa feudal à Renascença. São Paulo: Companhia das Letras, 2006. p. 515-516. (Adaptado).

O dualismo entre corpo e alma era uma característica da cultura europeia, nos séculos XII e XIII. Com base no texto, esse dualismo expressava-se

a) no desprezo com a higienização do corpo, que era um recurso para encobrir os pecados da alma.

b) na prática caritativa com os doentes, que se tornavam exemplo em virtude do sofrimento do corpo.

c) no controle do comportamento, que revelava a alma resguardada pelo corpo.

d) na hierarquização entre homens e mulheres, que regulava a moral segundo os preceitos bíblicos.

e) no exercício do ritual de exorcismo, que expulsava o pecado do corpo.

2. (ESPM-SP)

Francesco R. Iacomino/Shutterstock/Glow Images

ImageBroker/Alamy/Latinstock

As imagens em questão são exemplares da influência deixada na Europa Medieval pela:

a) civilização bizantina;

b) civilização persa;

c) civilização romana;

d) civilização grega;

e) civilização muçulmana.

3. (UEPB) Considerando o espaço urbano, o mundo citadino, assinale a alternativa correta:

a) Os citadinos da Idade Média, diferentemente dos da contemporaneidade, não se preocupavam com a segurança, nem mesmo no período da noite, porque não havia bandos rurais ou bandos de salteadores urbanos que os atormentassem.

b) As festas medievais eram essencialmente religiosas e tinham apenas a função do regozijo, que era o da glorificação de Deus e de seus santos, não permitindo o repouso dos cristãos por ocasião destas festas.

c) As cidades medievais do século XIII proibiam as peças teatrais, inclusive as Paixões, até mesmo no espaço das catedrais, porque os burgueses não tinham interesse em seu desenvolvimento.

d) O carnaval, que era na Alta Idade Média uma festa rústica, camponesa, com forte conotação pagã, invade a cidade, urbaniza-se, e aí introduz uma contestação ideológica, transformando-se em algo que se opõe à quaresma e combate a mentalidade penitencial e ascética da religião cristã.

e) A desruralização das cidades é um fenômeno do século XIII. Desde este período, foi abolida do meio urbano qualquer atividade rural, sendo um espaço exclusivo de produção de manufaturas, e tendo, inclusive, proibido a criação de animais pelas famílias citadinas.

4. (UFPE) Não existe dominação absoluta. Há, sempre, espaços para dúvidas e transgressões. Na Idade Média, por exemplo, houve protestos e formas diferentes de pensar o mundo. Nesse período, a Igreja Católica:

( ) teve dificuldades de conviver politicamente com a nobreza, pois estava afastada da distribuição das riquezas territoriais da época.

( ) manteve as crenças do Cristianismo romano, dificultando a convivência do catolicismo com a cultura das camadas mais pobres.

( ) sofreu críticas de religiosos que queriam mais simplicidade e coerência na prática social da instituição, tão entusiasmada com as relações de poder.

( ) preocupou-se em firmar suas articulações políticas, controlando as manifestações culturais e interferindo na distribuição dos feudos existentes.

( ) consolidou tradições, disputou poder com a nobreza e procurou censurar aqueles que criticavam suas crenças.

5. (Mack-SP) A História nos mostra que as concepções acerca do trabalho, suas funções e significações se transformaram ao longo do tempo. A esse respeito, leia o texto que se segue:

[...] *conforme o esquema trifuncional indo-europeu estruturado por Georges Dumézil, a partir do século XI, a sociedade cristã é frequentemente descrita como composta de homens que oram* (oratores, *os clérigos*), *de homens que guerreiam* (bellatores, *os guerreiros*) *e, enfim, de homens que trabalham* (laboratores, *na época, essencialmente camponeses*). *Mesmo que vários textos enfatizem que os* laboratores *são inferiores aos* oratores *e* bellatores, *o surgimento dos trabalhadores no esquema constitutivo da sociedade exprime a promoção do trabalho e daqueles que o praticam.*

Jacques Le Goff. *Dicionário temático do Ocidente Medieval*, v.II, pp. 568-569.

Pela análise do trecho, é **incorreto** afirmar que

a) a crise do feudalismo, a partir do século XI, promoveu alterações na mentalidade medieval acerca do trabalho, uma vez que, mesmo depreciado, reconhecia-se sua importância para a própria existência do mundo feudal.

b) mesmo que a Idade Média seja, tradicionalmente, um período de depreciação do trabalho manual, houve inegáveis mudanças nesse sentido, principalmente a partir do século XI, como apontado no texto.

c) os *bellatores*, terceira ordem feudal, responsáveis pela defesa dos camponeses, determinavam todas as concepções acerca do trabalho, uma vez que eram os donos das terras e os responsáveis pela produção agrícola.

d) a divisão tradicional da sociedade medieval em três ordens revela a importância que o trabalho adquiria naquele momento, mas também nos mostra a necessidade de se justificar o domínio sobre os camponeses.

e) diferentes civilizações, ao longo da História, necessitam de justificativas e de padrões culturais aceitos pelo conjunto da sociedade, com o intuito de garantir o domínio, de certas parcelas, sobre o conjunto da população.

6. (UFPR) Considere os dois trechos de documento a seguir:

1º trecho (século XI):

I – A Igreja Romana foi fundada só pelo Senhor. [...]
III – Só ele [o pontífice romano] pode depor ou absolver os bispos. [...]
IX – O papa é o único homem a quem todos os príncipes beijam os pés. [...]
XII – É-lhe permitido depor os imperadores. [...]

(Papa Gregório VII – 1075 *apud* ESPINOSA, Fernanda. *Antologia de textos medievais*. Lisboa: Sá da Costa Editora, 1981, p. 289).

2º trecho (século XIV):

E aprendemos das palavras do Evangelho que nesta Igreja e em seu poder estão duas espadas, a espiritual e a temporal. Uma espada, portanto, deverá estar sob a outra, e a autoridade temporal sujeita à espiritual. [...] Por tudo isso que declaramos, estabelecemos e definimos que é necessário para a salvação de toda criatura humana estar submetida ao pontífice romano.

(Papa Bonifácio VIII, 1302 *apud* ESPINOSA, Fernanda. *Antologia de textos medievais*. Lisboa: Sá da Costa Editora, p. 337-338).

Identifique nesses dois trechos o conflito a que os dois papas se referem e explique as razões de sua persistência no período da Baixa Idade Média europeia.

7. (UFG-GO) Leia o poema a seguir.

A morte para todos faz capa escura,
E faz da terra uma toalha;
Sem distinção, ela nos serve,
Põe os segredos a descoberto,
A morte libera o escravo,
A morte submete rei e papa
E paga a cada um seu salário,
E devolve ao pobre o que ele perde
E toma do rico o que ele abocanha.

FROIDMONT, Hélinand. *Os versos da morte*. São Paulo: Ateliê/Imaginário, 1996. p. 50. (Adaptado).

Este poema do século XII refere-se ao impacto das mudanças ocorridas no Ocidente Medieval, relacionadas à expansão urbana e comercial. Tendo em vista esse ambiente, ao transformar a morte em personagem, o poema caracteriza-a com uma atitude

a) moralizadora, que expressa a necessidade de correção dos costumes na vida terrena.

b) racionalista, que manifesta a retomada do pensamento aristotélico.

c) idealista, que constrói uma imagem sublime do homem como criatura de Deus.

d) heroica, que denota o desejo de incentivar a coragem nos homens.

e) indulgente, que promove a convivência tolerante entre cristãos e pagãos.

8. (UFG-GO) Leia o texto a seguir.

Embora a Igreja se satisfaça com um julgamento sacerdotal e não realize execuções sangrentas, ela deve recorrer às leis seculares e pedir ajuda aos príncipes para que o temor de um suplício temporal obrigue os homens a utilizar o remédio espiritual. Desse modo, como os heréticos fizeram grandes progressos, ensinando erros e se esforçando em perverter os simples, nós os excomungamos, bem como a seus protetores. Nós proibimos a todos de ter qualquer relação com eles.

CONCILIA. *Apud* FALBEL, Nachman. *Heresias medievais*. São Paulo: Perspectiva, 2007. p. 48. (Adaptado).

Este texto é um fragmento do cânone 27 do Terceiro Concílio de Latrão, ocorrido em 1179. Ele examina a situação dos movimentos heréticos da França.

Com base no exposto, no que diz respeito às heresias,

a) explique a estratégia política adotada pelo papado e expressa no texto;

b) identifique, no texto, dois procedimentos para seu combate.

9. (FGV-GO) Leia o documento.

Deus criador do universo fixou duas grandes luminárias no firmamento do céu: a luminária maior para dirigir o dia e a luminária menor para dirigir a noite. Da mesma maneira, para o firmamento da Igreja universal, como se se tratasse do Céu, nomeou duas grandes dignidades; a maior para tomar a direção das almas, como se estas fossem dias, a menor para tomar a direção dos corpos, como se estes fossem as noites. Estas dignidades são a autoridade pontifícia e o poder real. Assim como a Lua deriva a sua luz da do Sol e na verdade é inferior ao Sol tanto em quantidade como em qualidade, em posição como em efeito, da mesma maneira o poder real deriva o esplendor da sua dignidade da autoridade pontifícia: e quanto mais intimamente se lhe unir, tanto maior será a luz com que é adornado; quanto mais prolongar [essa união], mais crescerá em esplendor.

Apud Luiz Koshiba, História: origens, estruturas e processos.

No documento – escrito pelo papa Inocêncio III, em 1198 – é correto identificar

a) a recuperação de um preceito dos primeiros tempos do cristianismo, que defendia a pureza da alma e a pecaminosidade do corpo.

b) uma associação entre a estrutura moral dos monarcas e a aprovação dos seus governos pelas autoridades religiosas.

c) a condenação de todas as teorias que adotavam a cosmologia divina sobre a constituição do poder dos líderes da Igreja Católica.

d) uma determinada visão sobre as relações hierárquicas entre o poder espiritual e o poder temporal no mundo medieval europeu.

e) os resquícios de uma concepção da Antiguidade Oriental que reconhecia a supremacia das religiões monoteístas sobre o paganismo.

10. (UFRGS-RS) A Idade Média também foi denominada o "tempo das catedrais". Data deste período da História a construção da catedral de Burgos, na Espanha, reproduzida na figura abaixo

Eurasia Press/Photononstop/Agência France-Presse

O estilo arquitetônico da catedral de Burgos é o

a) renascentista.

b) românico.

c) gótico.

d) barroco.

e) moderno.

11. (UEPG-PR) A Igreja marcou presença na sociedade europeia do medievo, contribuindo na elaboração de um espaço mental em que o conhecimento de si e do mundo pressupunha a percepção dos princípios da ordenação divina em todas as esferas da vida. Essa presença da Igreja manifestou-se:

(01) No projeto de uma sociedade de ordens, composta por clérigos, guerreiros e trabalhadores.

(02) Na economia, libertando o comerciante da proibição da usura.

(04) No meio intelectual, especialmente nas artes e na vida universitária.

(08) Nas formulações políticas quanto à supremacia do poder espiritual sobre o poder temporal, como a Teoria dos Dois Gládios.

(16) No ensino, que priorizava o desenvolvimento da educação popular sem restrições.

12. (UFSC) *O roubo usurário é um pecado contra a justiça. [...] Tomás de Aquino diz: Receber uma usura pelo dinheiro emprestado é em si injusto: pois se vende o que não existe, instaurando com isso manifestamente uma desigualdade contrária à justiça.*

LE GOFF, Jacques. *A Bolsa e a Vida:* Economia e religião na Idade Média. São Paulo: Brasiliense, 1986. p. 27.

Com base no texto apresentado e nos seus conhecimentos, assinale a(s) proposição(ões) CORRETA(S) referente(s) à Idade Média.

(01) A usura, considerada roubo e pecado durante a Idade Média, era uma prática permitida pela Igreja aos banqueiros, aos estrangeiros e aos agiotas.

(02) Receber usura pelo dinheiro emprestado, além de ser prática injusta era também considerada pecaminosa.

(04) Durante a Idade Média, a Igreja e os clérigos influenciavam a vida religiosa e econômica dos cristãos da sociedade feudal.

(08) Os padres e bispos que atuaram durante o período medieval envolviam-se nas questões econômicas para manter o monopólio da Igreja sobre os empréstimos que envolviam usura.

(16) Santo Tomás de Aquino considerava a usura um roubo e uma injustiça, porém, necessária e legítima quando praticada com moderação.

(32) Durante a Idade Média, a proibição da usura, considerada roubo e pecado contra a justiça, provocou a falência de um número considerável de servos e banqueiros.

(64) Os teólogos cristãos medievais e os clérigos recomendavam aos fiéis que, nas suas relações econômicas, agissem de acordo com os princípios cristãos.

13. (UFPI) O período situado entre os séculos X e XV da Era Cristã, didaticamente nomeado de "Baixa Idade Média", foi marcado por profundas transformações, que conduziriam à superação das estruturas feudais e à progressiva estruturação da modernidade, está marcada pela emergência do racionalismo e do método científico. As alternativas a seguir apresentam alguns aspectos dessas modificações, exceto:

a) Um profundo processo de secularização, que contribuirá para um crescente atrelamento da razão à religião e do natural ao sobrenatural.

b) O individualismo emergirá como forma de um novo humanismo, o que se acentuará no século XVIII com a vitória do Iluminismo.

c) As práticas políticas e econômicas, lenta mas progressivamente, vão se libertando da tutela até então exercida pela Metafísica e pela Teologia;

d) Dá-se uma ampliação do espaço físico, do que decorre o conhecimento de novos mundos e povos.

e) Dá-se a passagem da transcendência à imanência, processo através do qual a verdade revelada cederá lugar à verdade da natureza, com sua própria linguagem e leis.

14. (Unifesp)

Manuel Cohen/Agência France-Presse

Catedral de Saint Denis, França, 1133.

Essa oposição entre o alto e o baixo, expressa na construção dos castelos fortificados e das catedrais, é muito importante na Idade Média. Corresponde, evidentemente, à oposição entre o céu e a terra, entre "lá em cima" e "aqui em baixo". É daí que vem a importância dada a elementos como a muralha e a torre. As igrejas medievais possuem, geralmente, torres extraordinárias. As casas dos habitantes ricos das aldeias também tinham torres [...].

LE GOFF, Jacques. *A Idade Média explicada aos meus filhos.* Rio de Janeiro: Agir, 2007.

A partir da imagem e do texto, indique:

a) Um estilo arquitetônico medieval que corresponda à descrição.

b) A relação entre poder político e religioso na Idade Média.

15. (Ufpel-RS)

AKG-Images/Album/Latinstock/Biblioteca Britânica, Londres, Inglaterra

Execução na fogueira por ordem do Tribunal da Inquisição, Inglaterra – 1314.

Arrancada a confissão do réu, os inquisidores proferiam a sentença em uma sessão pública denominada sermão geral. As sentenças previam três tipos básicos de penas: confiscação de bens, prisão e morte.

A maioria dos condenados à morte eram queimados vivos numa grande fogueira. Somente a alguns permitia-se o estrangulamento antes de serem lançados ao fogo.

COTRIM, Gilberto. 6ª ed. São Paulo: Saraiva, 2001.

O texto didático faz uma análise das ações do Tribunal da Inquisição, criado pela

a) Igreja Anglicana, durante a Reforma Religiosa.

b) Religião muçulmana, no período das Cruzadas.

c) França dos Huguenotes, no período da Contrarreforma.

d) Reforma Protestante, liderada por Lutero, no fim da Idade Média.

e) Igreja Católica Romana, durante a Idade Média.

16. (UFG-GO)

Você me proibiu, senhora,
de que lhe dissesse qualquer coisa
sobre o quanto sofro por sua causa.
Mas então me diga,
por Deus, senhora: a quem falarei
o quanto sofro e já sofri por você
senão a você mesma?

DON DINIS. Cantiga de amor. *Apud* CEREJA, Willian Rodrigues; MAGALHÃES, Thereza Cochar. "Panorama da literatura Portuguesa". São Paulo: Atual, 1997. p. 13. [Adaptado].

Na produção poética medieval, entre outros gêneros, encontram-se as cantigas de amor, que evocam o ideal de amor cortês e encenam, no jogo amoroso, as relações entre os nobres. Com base no trecho citado,

a) identifique quem ocupa o papel de suserano, na cena do jogo amoroso;

b) caracterize o ideal de amor cortês introduzido no universo da nobreza a partir do século XII.

17. (UFSC)

SÃO FRANCISCO

"Lá vai São Francisco
Pelo caminho
De pé descalço
Tão pobrezinho
Dormindo à noite
Junto ao moinho
Bebendo a água
Do ribeirinho."

MORAES, Vinicius de. *Nova antologia poética*. São Paulo: Cia. de Bolso, 2005, p. 227.

Sobre a Baixa Idade Média, período no qual São Francisco viveu, é CORRETO afirmar que:

(01) foi um período no qual a produção e difusão intelectual se estagnou: daí a expressão "Idade das Trevas" que caracteriza a Idade Média.

(02) foi o período no qual a expansão comercial provocou um maior contato entre diferentes povos, principalmente do Oriente, diversificando os valores europeus.

(04) foi o período das Cruzadas, expedições organizadas pela Igreja que tinham como único objetivo difundir o cristianismo entre os povos do Oriente.

(08) foi o período de surgimento de várias ordens religiosas, algumas delas formadas por monges-cavaleiros, como foi o caso dos Templários.

(16) foi o período no qual se desenvolveu uma literatura épica que exaltava os atos heroicos dos cavaleiros, como os romances inspirados no rei Artur e os Cavaleiros da Távola Redonda.

(32) foi o período de emergência de pensadores católicos como Santo Agostinho e São Tomás de Aquino, que criticavam a ideia da existência de um Deus único.

18. (UFSM-RS)

Anna Kucherova/Shutterstock/Glow Images

In: PROENÇA, Graça. *História da Arte*. São Paulo, Ática, 2001. p. 66

As igrejas góticas — a exemplo da Catedral de Notre Dame — começaram a ser construídas no século doze e estão relacionadas com um momento histórico caracterizado pelo(a)

a) declínio da tecnologia e das cidades comerciais, em decorrência da desagregação do Império Romano.
b) papel das ordens monásticas na estagnação da cultura, da tecnologia e da economia das sociedades feudais.
c) desenvolvimento comercial, pelo enriquecimento das cidades e pelo declínio da Igreja como elemento organizador do mundo medieval.
d) desenvolvimento das cidades, em função da atividade comercial, e pelo papel da Igreja como polo de poder político e cultural.
e) desestruturação do mundo feudal, provocada por meio do renascimento comercial, pelo declínio das monarquias e pela decadência política e cultural da Igreja.

19. (UFJF-MG) As primeiras universidades criadas na Baixa Idade Média foram a Universidade de Bolonha e a de Paris. Em sua grande maioria, eram ligadas à Igreja, fundadas pelo Papa ou por ele confirmadas. Monarcas e príncipes também julgavam-se no direito de poder criá-las. Sobre as universidades medievais, é INCORRETO afirmar que:

a) o crescimento do número de universidades, principalmente após o século XII, estava atrelado à expansão dos setores urbano e comercial.
b) desde seu início, as universidades conseguiram manter-se afastadas da influência do pensamento predominante da Igreja Católica.
c) a criação das universidades ampliou a atividade de ensino, anteriormente centralizada junto aos mosteiros situados no campo.
d) o ensino abordava áreas de conhecimento como a gramática, a retórica, a lógica, a aritmética, a geometria, a astronomia e a música.
e) a filosofia escolástica, estudada nas universidades, buscava harmonizar a razão com a fé.

MÓDULO 10

1. (Uece) Leia o fragmento abaixo atentamente.

[...] *é junto ao papado que os reinos ibéricos buscam autoridade para dirimir as disputas pela partilha dos mundos a descobrir; e, a partir daí, a legitimação da conquista pela catequese* [...]

NOVAIS, Fernando A. In SOUZA, Laura de Mello. *História da vida privada no Brasil*. São Paulo: Companhia das Letras, 1997.

A partir do excerto acima, considere as seguintes afirmações:

I. A cristianização interligou-se às necessidades do desenvolvimento mercantil e aos interesses políticos, assumindo uma importância decisiva no projeto português para o novo mundo.
II. A religião forneceu a base ideológica da conquista e da colonização brasileira; além disso, a catequese possibilitou algumas atrocidades cometidas em nome da fé.
III. A colonização foi motivada por questões materiais e políticas, e o discurso universalista da Igreja, de conversão dos povos, pouco contribuiu para o projeto da colonização.

Está correto o que se afirma somente em

a) I e III.
b) I e II.
c) II.
d) III.

2. (Vunesp-SP)

Ó mar salgado, quanto do teu sal
São lágrimas de Portugal!
Por te cruzarmos, quantas mães choraram,
Quantos filhos em vão rezaram!
Quantas noivas ficaram por casar
Para que fosses nosso, ó mar!

Valeu a pena? Tudo vale a pena
Se a alma não é pequena.
Quem quer passar além do Bojador
Tem que passar além da dor.
Deus ao mar o perigo e o abismo deu,
Mas nele é que espelhou o céu.

(Fernando Pessoa. Mar Português. *Obra poética*, 1960. Adaptado.)

Entre outros aspectos da expansão marítima portuguesa a partir do século XV, o poema menciona

a) o sucesso da empreitada, que transformou Portugal na principal potência europeia por quatro séculos.

b) o reconhecimento do papel determinante da Coroa no estímulo às navegações e no apoio financeiro aos familiares dos navegadores.

c) a crença religiosa como principal motor das navegações, o que justifica o reconhecimento da grandeza da alma dos portugueses.

d) a percepção das perdas e dos ganhos individuais e coletivos provocados pelas navegações e pelos riscos que elas comportavam.

e) a dificuldade dos navegadores de reconhecer as diferenças entre os oceanos, que os levou a confundir a América com as Índias.

3. (Mack-SP)

ip Archive/Glow Images/Museu de Arte Metropolitano, Nova York, EUA

América. Adrien Collaert e Marten de Vos, c. 1600, Rijksmuseum, Amsterdam.

Os homens que saíram para o Atlântico em 1492 não tinham a certeza de que chegariam às Índias, apesar do incentivo de Colombo nesse sentido. Em 12 de outubro daquele ano, um Novo Mundo se descortinou àqueles homens, extasiados com as diversas possibilidades daquela "descoberta". A partir daquele momento, civilizações diferentes – em diversos sentidos – entrariam em contato, alterando definitivamente os rumos históricos de ambas as partes (nativos e europeus).

Nesse sentido, a gravura

a) contém elementos que indicam a visão, entre os séculos XVI e XVII, de uma América exótica e exuberante que ainda povoava o imaginário europeu.

b) demonstra que as guerras entre os povos ameríndios era uma prática combatida pelos europeus e, por isso, extinta do continente.

c) que é encomendada pelas coroas ibéricas, revela a preocupação em demonstrar uma América exótica e perigosa e, assim, evitar ataques piratas ao continente.

d) enfatiza a existência de fauna e flora muito diferentes do continente europeu, representando animais efetivamente encontrados pelos colonizadores.

e) procura desqualificar práticas habituais das ameríndias, como a nudez, ao representar uma mulher sentada sobre um animal exótico.

4. (EsPCEX-SP) As Grandes Navegações iniciaram transformações significativas no cenário mundial. Leia atentamente os itens abaixo:

I. O Oceano Atlântico passou a ser mais importante que o Mar Mediterrâneo;

II. A peste negra, com a qual os europeus se contaminaram, era até então desconhecida na Europa;

III. Houve a ascensão econômica das cidades italianas e o declínio das cidades banhadas pelo Mar do Norte;

IV. Os europeus ergueram vastos impérios coloniais e se apropriaram da riqueza dos povos africanos, asiáticos e americanos;

V. A propagação da fé cristã.

Assinale a única alternativa em que todos os itens listam características corretas desse período.

a) I, III e V.

b) II, III e V.

c) I, IV e V.

d) II, III e IV.

e) I, II e IV.

5. (UERN)

O velho do Restelo

Dura inquietação d'alma e da vida,
Fonte de desamparos e adultérios,
Sagaz consumidora conhecida
De fazendas, de reinos e de impérios:
Chamam-te ilustre, chamam-te subida,
Sendo dina de infames vitupérios;
Chamam-te Fama e Glória soberana,
Nomes com quem se o povo néscio engana!

A que novos desastres determinas
De levar estes reinos e esta gente?
Que perigos, que mortes lhe destinas
Debaixo dalgum nome preminente?
Que promessas de reinos, e de minas
D'ouro, que lhe farás tão facilmente?
Que famas lhe prometerás? que histórias?
Que triunfos, que palmas, que vitórias?

(Luís de Camões. *Os Lusíadas*, Canto IV. Disponível em: http://www.passeiweb.com/na_ponta_lingua/livros/analises_completas/o/os_lusiadas_o_velho_do_restelo.)

O contexto descrito no poema remete à Expansão Ultramarina Portuguesa dos séculos XV e XVI.

Uma das causas do pioneirismo português nas Grandes Navegações foi

a) o desenvolvimento industrial, que possibilitou a utilização de tecnologias de ponta na empreitada ultramarina.

b) a hegemonia comercial lusa, ou seja, Portugal controlava o comércio mediterrâneo, principalmente na rota veneziana.

c) a centralização político-administrativa, pois Portugal já era um Estado nacional, aliás, o primeiro a se formar na Europa.

d) a acumulação primitiva do capital, empreendida por Portugal na Revolução de Avis, que colocou a nobreza no comando da nação.

6. (UFSC)

Oronoz/Album/Latinstock/ Biblioteca Nacional, Madri, Espanha

Universalis Cosmographia Secundum Ptholomei Traditionem e et Americi Vespucci Aliorum Lustrationes (mapa mundo) – Martin Waldseemüller, 1507.

Disponível em: <www.novomilenio.inf.br/santos/major 18.htm>. Acesso em: 19 set. 2011

As grandes navegações foram responsáveis por transformações importantes, tanto na Europa como nas Américas. Sobre as grandes navegações, assinale a(s) proposição(ões) **CORRETA(S)**.

(01) Portugal possui um grande litoral e, consequentemente, só poderia se dedicar ao comércio marítimo: o pioneirismo português nas navegações se deu exclusivamente a uma dádiva natural.

(02) Dois importantes concorrentes portugueses nas grandes navegações foram França e Inglaterra que, assim como Portugal, foram países favorecidos pela paz reinante em seus territórios durante os séculos XIV e XV.

(04) São consequências importantes das grandes navegações o crescimento de operações comerciais e a diversificação de produtos provenientes das Américas, como o tabaco, o milho, a batata e o cacau.

(08) A conquista espanhola nas Américas ocorreu de forma pacífica, uma vez que os incas tiveram a liberdade de exercer suas atividades culturais e econômicas de modo independente da Espanha.

(16) Dentre os habitantes das Américas estavam astecas, incas e maias. Os maias desenvolveram um sistema matemático e astronômico bastante apurado.

7. (Udesc) *O século XVI assistiu à transição da geografia fantástica para a da experiência. Os relatos de viagem que surgiram neste período, portanto, estão impregnados pela mudança na forma de ver e de descrever o mundo. [...] O imaginário europeu quinhentista caracterizava-se pelo 'fantástico', pelo 'maravilhoso', pelo 'prodigioso', pelo 'monstruoso', etc. Esse imaginário aplicava-se ao remoto, ao distante, ao longínquo... Quanto maior o afastamento da Europa civilizada, maior também o 'maravilhoso'! [...] O imaginário europeu foi transplantado para o novo mundo. Os seres e lugares fantásticos que existiram na Ásia e na África, também passaram a existir na América.*

STEIGLEDER, Carlos Geovane. *Staden, Thevet e Léry.* Olhares europeus sobre os índios e sua religiosidade. São Luís/MA: EDUFMA, 2010, p. 23-50.

Analise as proposições considerando o contexto histórico e as questões a ele referentes, abordadas no excerto:

I. Os viajantes europeus do século XVI destacavam, em seus relatos, a produção de um olhar eurocêntrico sobre os continentes africano, asiático e americano.

II. O contexto abordado pelo autor refere-se à Idade Média. Os escritores medievais – em sua maioria pertencentes à Igreja Católica – escreviam histórias fantásticas sobre os lugares do mundo, para além da Europa. Esses lugares e os personagens que neles habitavam quase sempre eram caracterizados com elementos do inferno, demônios e outros monstros fantásticos.

III. Ao escrever que "o século XVI assistiu à transição da geografia fantástica para a da experiência", o autor do excerto refere-se ao fato de que a ideia de uma geografia fantástica marcada por mapas ilustrados de monstros marinhos e abismos que informavam o "fim do mundo" passaria, aos poucos, a ser substituída por uma geografia marcada pela observação e experiência de diferentes viajantes que se lançaram aos mares, no contexto da expansão marítima europeia.

IV. Ao escrever que "Os seres e lugares fantásticos que existiram na Ásia e na África, também passaram a existir na América", o autor do excerto refere-se ao fato de que as viagens no contexto da expansão marítima europeia acabaram também fortalecendo as relações culturais nos diferentes continentes, haja vista que os viajantes não apenas levavam nativos americanos para a Europa, mas também traziam asiáticos e africanos para o Brasil.

Assinale a alternativa **correta**.

a) Somente as afirmativas I, II e III são verdadeiras.

b) Somente as afirmativas II e III são verdadeiras.

c) Somente as afirmativas I e III são verdadeiras.

d) Somente as afirmativas I, II e IV são verdadeiras.

e) Todas as afirmativas são verdadeiras.

8. (EsPCEx-SP) As grandes navegações produziram o expansionismo do século XV e contribuíram para acelerar a transição do feudalismo/capitalismo.

Provocaram mudanças no comércio europeu, tais como:

a) deslocamento do eixo econômico do Atlântico para o Pacífico; ascensão econômica das repúblicas italianas paralelamente ao declínio das potências mercantis atlânticas; acúmulo de capitais nas mãos da realeza.

b) perda do monopólio do comércio de especiarias por parte dos italianos; declínio econômico das potências mercantis atlânticas; intenso afluxo de metais preciosos da América para a Europa.

c) empobrecimento da burguesia europeia; deslocamento do eixo econômico do Mediterrâneo para o Atlântico; ascensão econômica das repúblicas italianas, paralelamente ao declínio das potências mercantis atlânticas.

d) intenso afluxo de metais preciosos da América para a Europa, o que determinou a chamada "revolução dos preços do Século XVI"; deslocamento do eixo econômico do Mediterrâneo para o Atlântico; acúmulo de capitais nas mãos da burguesia europeia, em consequência da abundância de metais que afluiu para a Europa.

e) ascensão econômica das repúblicas italianas, paralelamente ao declínio econômico de países como Portugal, Espanha, Inglaterra e Holanda; incorporação das áreas do continente americano e do litoral africano às rotas já tradicionais de comércio Europa-Ásia; acumulação de capitais nas mãos da nobreza e realeza europeias.

9. (Fuvest-SP) Quando a expansão comercial europeia ganhou os oceanos, a partir do século XV, rapidamente o mundo conheceu um fenômeno até então inédito: populações que jamais tinham tido qualquer contato umas com as outras passaram a se aproximar, em diferentes graus. Uma das dimensões dramáticas desses novos contatos foi o choque entre ambientes bacteriológicos estranhos, do qual resultou a "mundialização" de doenças e, consequentemente, altas taxas de mortalidade em sociedades cujos indivíduos não possuíam anticorpos para enfrentar tais doenças. Isso ocorreu, primeiro, entre as populações

a) orientais do continente europeu.

b) nativas da Oceania.

c) africanas do Magreb.

d) indígenas da América Central.

e) asiáticas da Indonésia.

10. (UFRGS-RS) A chegada de Cristóvão Colombo ao continente americano, em 1492, a serviço da Espanha, é um fato significativo na História. Considere as afirmações abaixo, a respeito dos fatores que possibilitaram a viagem de Cristóvão Colombo em 1492.

I. Esta viagem constituiu-se em um desdobramento da expansão portuguesa iniciada no século XV.

II. Esta viagem foi resultado dos esforços conjuntos de Espanha e de Portugal nas navegações.

III. Cristóvão Colombo valeu-se dos conhecimentos náuticos e cartográficos dos portugueses para empreender suas viagens.

Quais estão corretas?

a) Apenas I.

b) Apenas II.

c) Apenas III.

d) Apenas I e III.

e) I, II e III.

11. (UEMG) Observe o mapa, a seguir:

Mapas Históricos Brasileiros, da enciclopédia Grandes Personagens da Nossa História, ed. Abril Cultural, São Paulo/SP, 1969. Reprodução do fac-símile da mapoteca do Ministério das Relações Exteriores, situada no Rio de Janeiro, no então estado da Guanabara (mapa adaptado).

Esse mapa-múndi, produzido em 1512 pelo veneziano Jerônimo Marini, é a primeira carta onde aparece o nome Brasil para designar as terras até então conhecidas como Vera Cruz, Santa Cruz, ou Papagaios. Desenhado em pergaminho, é um dos poucos mapas manuscritos do início do século XVI, hoje existentes. Considerando o mapa apresentado e o contexto político, econômico e cultural em que foi produzido, assinale, a seguir, a alternativa CORRETA:

a) O mapa apresenta uma visão de mundo veneziana orientada pelo sul, com possíveis influências árabes, valorizando a Ásia, que atraía os europeus em função de suas especiarias.

b) O mapa foi produzido a pedido dos portugueses, pois estes tinham pouco conhecimento do mar, diferentemente dos venezianos, que já haviam iniciado seu processo de expansão.

c) O mapa tem a África como centro, já que, nesta época, os europeus passaram a conhecer melhor as civilizações africanas, como a egípcia, a ashanti e a zulu, e passaram a valorizar mais o continente.

d) A representação geográfica em questão é um famoso erro histórico, no qual Marini, como grande renascentista, quis inverter o mapa, buscando demonstrar a relatividade da ciência.

12. (UFG-GO) O Barroco foi um estilo artístico predominante na Europa entre os séculos XVII e XVIII, alcançando a América Portuguesa. Esse estilo é representativo do trânsito cultural entre os continentes, pois

a) incorporou à arquitetura religiosa os vitrais góticos, auxiliando a Igreja reformista na conversão das populações nativas ao protestantismo.

b) implicou em uma adaptação das técnicas às condições da Colônia, utilizando como material a pedra-sabão em lugar do mármore.

c) consolidou a pintura como modalidade artística na Colônia, disseminando escolas para o ensino dessa técnica nas cidades.

d) privilegiou a proporcionalidade, a racionalidade e o equilíbrio, associando-se às características da empresa colonial.

e) ampliou o horizonte temático dos artistas coloniais, enfatizando cenas do cotidiano que substituíram as cenas bíblicas renascentistas.

13. (PUC-RS) A União Ibérica (1580-1640) provocou o acirramento de conflitos europeus, alguns dos quais foram transferidos para os territórios coloniais de Portugal e Espanha. A situação que **NÃO** tem relação com os conflitos do contexto da União Ibérica é:

a) Os portugueses fundam a cidade de Rio Grande e a Colônia de Sacramento, utilizando-se da temporária nulidade dos limites territoriais estabelecidos pelo Tratado de Tordesilhas.

b) Os espanhóis não reconhecem a independência dos territórios holandeses que formaram as Províncias Unidas dos Países Baixos, sob a liderança da Casa de Orange.

c) Os holandeses criam as Companhias de Comércio (Oriente e Ocidente), que lhes possibilitam recursos para as invasões no nordeste brasileiro e na costa africana.

d) Os ingleses, que apoiavam a independência das Províncias Unidas dos Países Baixos, aliam-se aos franceses para invadir o Recife em 1595.

e) Os franceses ocupam cidades brasileiras no Sudeste, como Santos e Rio de Janeiro, e em estados do Nordeste, como Maranhão, Paraíba e Rio Grande do Norte.

14. (PUC-SP) *Coube a Portugal a tarefa de encontrar uma forma de utilização econômica das terras americanas que não fosse a fácil extração de metais preciosos. Somente assim seria possível cobrir os gastos de defesa dessas terras.* [...] *De simples empresa espoliativa e extrativa – idêntica à que na mesma época estava sendo empreendida na costa da África e nas Índias Orientais – a América passa a constituir parte integrante da economia reprodutiva europeia, cuja técnica e capitais a ela se aplicam para criar de forma permanente um fluxo de bens destinados ao mercado europeu.*

Celso Furtado. *Formação econômica do Brasil.* São Paulo: Companhia Editora Nacional, 1971, p. 8. (Adaptado)

Segundo o texto, a colonização sistemática do território brasileiro por Portugal favoreceu

a) a integração da América a uma economia internacionalizada, que tinha a Europa como centro.

b) o estabelecimento das feitorias na costa atlântica do Brasil, responsáveis pela extração e pelo comércio de pau-brasil.

c) a constituição de forte hegemonia portuguesa sobre o Oceano Atlântico, que persistiu até o século XVIII.

d) o início de trocas comerciais regulares e intensas do Brasil com as colônias portuguesas das Índias Orientais.

e) a construção de fortalezas no litoral brasileiro, para rechaçar, no século XVI e no XVII, as tentativas de invasões francesas e holandesas.

15. (Mack-SP) A primeira arte a surgir no Brasil pós-descobrimento foi a arquitetura, sendo os fortes militares e as Igrejas os tipos mais comuns de edificações. Se os primeiros visavam salvaguardar as populações litorâneas e combater a pirataria estrangeira, as construções religiosas, edificadas durante muito tempo pedra por pedra enviada de Portugal, e apenas montadas no Brasil por arquitetos locais, cumpriam dois importantes papéis. Nos séculos XVI e XVII, além da preocupação das autoridades portuguesas em ensinar o modelo civilizatório europeu aos indígenas, a construção de igrejas, seguindo o modelo metropolitano, servia

a) à preocupação de acompanhar de perto a veracidade e a sinceridade do processo de conversão dos cristãos novos, residentes no Brasil, muitos deles ainda seguidores secretos do judaísmo.

b) à manutenção da memória dos europeus emigrados para que, no espaço físico dessas igrejas, não se esquecessem de sua própria cultura, já que muitos haviam se acostumado com os hábitos locais.

c) à manifestação irrefutável da superioridade civilizatória europeia perante as rudimentares construções indígenas, que não poderiam competir com o monumentalismo português.

d) à necessidade de registrar o número de índios cristianizados e, portanto, leais à Coroa Portuguesa, além de realizar casamentos, batismos e todos os cerimoniais cristãos para os portugueses residentes no Brasil.

e) para combater, no campo religioso, os ataques de corsários e huguenotes franceses que, além de se interessarem em ocupar o território nacional, desejavam converter os indígenas ao protestantismo.

16. (ESPM-SP) *No exame dos aspectos essenciais da economia europeia entre 1480 e 1560, a atenção dos historiadores é imediatamente atraída para o vasto fenômeno que se convencionou chamar 'revolução dos preços', fenômeno especialmente notável a partir de 1520.*

No uso que se faz, habitualmente, dessa expressão 'revolução dos preços' não se aplica apenas ao movimento altista dos preços, mas também de uma outra finalidade, mais ou menos explicitamente expressa, de recordar outro grande fenômeno paralelo.

(Ruggiero Romano e Arberto Tenenti. *História Universal siglo XXI*: los fundamentos del mundo moderno.)

O outro grande fenômeno paralelo mencionado no final do texto foi:

a) a chegada ao continente europeu de escravos indígenas;

b) a chegada ao continente europeu de especiarias asiáticas;

c) a chegada ao continente europeu do açúcar produzido na América;

d) a chegada ao continente europeu dos carregamentos de ouro e prata extraídos das minas americanas;

e) a chegada ao continente europeu de toneladas de matérias-primas extraídas do continente africano.

MÓDULO 11

1. (Vunesp-SP) *Os centros artísticos, na verdade, poderiam ser definidos como lugares caracterizados pela presença de um número razoável de artistas e de grupos significativos de consumidores, que por motivações variadas — glorificação familiar ou individual, desejo de hegemonia ou ânsia de salvação eterna — estão dispostos a investir em obras de arte uma parte das suas riquezas. Este último ponto implica, evidentemente, que o centro seja um lugar ao qual afluem quantidades consideráveis de recursos eventualmente destinados à produção artística. Além disso, poderá ser dotado de instituições de tutela, formação e promoção de artistas, bem como de distribuição das obras. Por fim, terá um público muito mais vasto que o dos consumidores propriamente ditos: um público não homogêneo, certamente [...].*

(Carlo Ginzburg. *A micro-história e outros ensaios*, 1991.)

Os "centros artísticos" descritos no texto podem ser identificados

a) nos mosteiros medievais, onde se valorizava especialmente a arte sacra.

b) nas cidades modernas, onde floresceu o Renascimento cultural.

c) nos centros urbanos romanos, onde predominava a escultura gótica.

d) nas cidades-estados gregas, onde o estilo dórico era hegemônico.

e) nos castelos senhoriais, onde prevalecia a arquitetura românica.

2. (Unicamp-SP) *De uma forma inteiramente inédita, os humanistas, entre os séculos XV e XVI, criaram uma nova forma de entender a realidade. Magia e ciência, poesia e filosofia misturavam-se e auxiliavam-se, numa sociedade atravessada por inquietações religiosas e por exigências práticas de todo gênero.*

(Adaptado de Eugenio Garin, *Ciência e vida civil no Renascimento italiano*. São Paulo: Ed. Unesp, 1994, p. 11.)

Sobre o tema, é correto afirmar que:

a) O pensamento humanista implicava a total recusa da existência de Deus nas artes e na ciência, o que libertava o homem para conhecer a natureza e a sociedade.

b) A mistura de conhecimentos das mais diferentes origens – como a magia e a ciência – levou a uma instabilidade imprevisível, que lançou a Europa numa onda de obscurantismo que apenas o Iluminismo pôde reverter.

c) As transformações artísticas e políticas do Renascimento incluíram a inspiração nos ideais da Antiguidade Clássica na pintura, na arquitetura e na escultura.

d) As inquietações religiosas vividas principalmente ao longo do século XVI culminaram nas Reformas Calvinista, Luterana, Anglicana e finalmente no movimento da Contrarreforma, que defendeu a fé protestante contra seus inimigos.

3. (UFJF-MG) As imagens abaixo ilustram alguns procedimentos utilizados por um novo modo de conhecer e explicar a realidade que se estruturou entre os séculos XVI e XVIII.

Hulton Archive/Getty Images

Ilustração do Sistema Solar no manuscrito de Copérnico na obra "Das Revoluções das esferas celestes"

Disponível em: <http://pt.wikipedia.org>. Acesso em: 8 out. 2011.

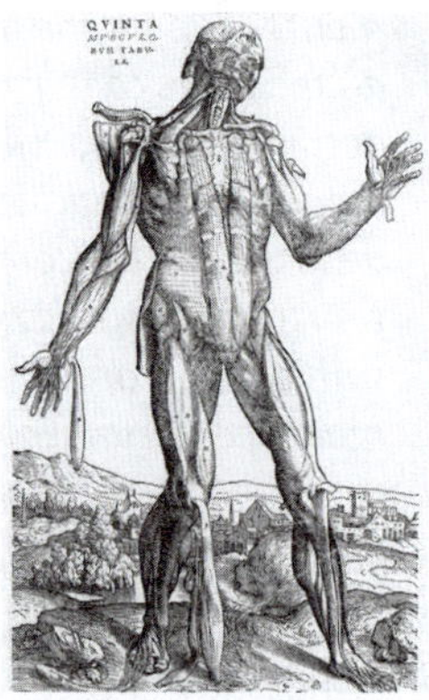

Archives Charmet/The Bridgeman Art Library/Keystone/ Biblioteca da Faculdade de Medicina, Paris, França.

Ilustração do Andreas Vesalius na obra "Da Organização do Corpo Humano"

Disponível em: <http://pt.wikipedia.org>. Acesso em: 8 out. 2011.

Com base nas informações acima e em seus conhecimentos, responda ao que se pede:

a) Que processo histórico pode ser identificado pelas referências acima?

b) Cite e analise uma característica desse novo modo de conceber o conhecimento.

c) Explique o impacto desse novo modo de conceber o conhecimento sobre os dogmas religiosos vigentes na época.

4. (UFTM-MG) Leia a definição de renascença.

1. Ato ou efeito de renascer; renascimento 2. Qualquer movimento caracterizado pela ideia de renovação, de restauração; retorno 3. Nova vida, nova existência.

(Dicionário Houaiss da língua portuguesa)

O termo "renascença" é utilizado para caracterizar a arte, no mundo ocidental, entre os séculos XIV e XVI. A escolha do termo pode ser explicada

a) pelo fato de a produção artística ocidental nascer, de fato, neste período.

b) pela revalorização de ideais estéticos vigentes na Antiguidade Clássica.

c) pela renovação da pintura, fruto da difusão dos ideais protestantes.

d) pelo contato com a arte africana, descoberta graças às viagens marítimas.

e) pelo fim da política do mecenato, que financiava a recuperação das obras de arte.

5. (PUC-RJ) À EXCEÇÃO DE UMA, as alternativas abaixo apresentam de modo correto características do Renascimento. Assinale-a.

a) O retorno aos valores do mundo clássico, na literatura, nas artes, nas ciências e na filosofia.

b) A valorização da experimentação como um dos caminhos para a investigação dos fenômenos da natureza.

c) A possibilidade de uma estreita relação entre os diferentes campos do conhecimento.

d) O fato de ter ocorrido com exclusividade nas cidades italianas.

e) O uso da linguagem matemática e da experimentação nos estudos dos fenômenos da natureza.

6. (Unemat-MT) A última grande novidade do mercado editorial é o polêmico livro do escritor Dan Brown chamado *Código Da Vinci*. No centro dessa obra, encontra-se a vida de Jesus Cristo e a obra do pintor italiano Leonardo da Vinci. Quem estuda história sabe muito bem a importância deste pintor para o desenvolvimento da arte e da ciência, pois ele é o expoente máximo de um período histórico bem definido. Assinale a alternativa que descreve esse período:

a) O iluminismo, movimento intelectual e cultural que pregava o racionalismo e a ciência como alavanca do progresso da humanidade.

b) O Renascimento, movimento intelectual e cultural que desejava recuperar a cultura greco-romana.

c) O Racionalismo, movimento intelectual e cultural que pregava o fim dos dogmas religiosos e o avanço científico.

d) A Reforma Protestante, movimento intelectual e religioso que desejava reviver o cristianismo primitivo dos tempos de Jesus e dos apóstolos.

e) A Contrarreforma, movimento intelectual e religioso que pregava a defesa do Cristianismo sem as determinações e interferências papais.

7. (Ufes) A imagem do "Homem Vitruviano" é uma representação elaborada no final do século XV por Leonardo da Vinci e exprime o antropocentrismo e a harmonia das formas que caracterizaram as obras artísticas do período renascentista. Sobre o renascimento, não é correto afirmar que:

a) um dos seus principais fundamentos intelectuais foi o Humanismo, concepção segundo a qual o homem deveria ser valorizado como o epicentro do mundo e da história, como havia ocorrido na Antiguidade Clássica.

b) o estudo do homem e da natureza, nesse período, fundamentava-se no espírito crítico, o que possibilitou o desenvolvimento do pensamento científico, como se comprova na defesa da teoria heliocêntrica por Nicolau de Cusa e Nicolau Copérnico.

c) os homens da época tenderam a valorizar a produção artística e intelectual das civilizações do Oriente Médio, especialmente a egípcia e a mesopotâmica, pela conexão que estas guardavam com a história hebraica descrita na Bíblia.

d) um dos seus maiores expoentes foi Leonardo da Vinci, um modelo do intelectual renascentista, pelo fato de se ter dedicado a múltiplas áreas do conhecimento, como, por exemplo, à Anatomia, à Física e à Botânica, além de à Pintura.

e) o termo "Renascimento" designa uma modalidade de expressão intelectual urbana e burguesa originária da Península Itálica, que se constituiu a partir do sincretismo entre a Cultura Clássica e a tradição judaico-cristã.

8. (UPE) O quadro de Sandro Botticelli, *O Nascimento de Vênus*, é uma expressão singular das mudanças artísticas trazidas pelo Renascimento e inspiradas na Antiguidade Clássica. Alguns o consideram a primeira pintura renascentista com tema exclusivamente mitológico e leigo. Nesse sentido, podemos afirmar que:

a) há pouca originalidade na arte renascentista, prevalecendo os modelos clássicos em contraste com a pintura medieval;

b) a pintura renascentista trouxe padrões estéticos renovadores, apesar da importância da influência clássica;

c) a arte renascentista trouxe a profissionalização do artista com o afastamento dos temas religiosos e a ausência da Igreja no financiamento das suas obras;

d) apenas o quadro de Botticelli expressa a influência da mitologia, sendo uma bela e marcante exceção;

e) O mundo renascentista expressou concepções estéticas renovadoras que não tiveram permanência na arte ocidental.

9. (UFU-MG) A pintura e a escrita em latim eram práticas das elites artísticas e intelectuais indígenas no processo de conquista e colonização da América. O estudo de tais práticas permite, assim, analisar aspectos da participação dessas elites naquele período histórico.

Gilles Mermet/AKG-Images/Album/Latinstock/Igreja do Monastério Franciscano, Tecamachalco, Puebla, México

Juan Gerson – *Os Cavaleiros do Apocalipse*. 1952 – papel Amate

Texto 1

Na metade do século XVI, um pintor nativo mexicano, batizado Juan Gerson, criou um extraordinário ciclo de pinturas para a igreja franciscana de Tecamachalco, no atual estado de Puebla. O ciclo representa os eventos bíblicos do Apocalipse, no formato oval, pintados em papel amate, tradicionalmente usado pelos mexicas.

PERRY, Richard. Mexico's fortress monasteries. Espadana, 1993. Trecho disponível em: <http://www.colonial-mexico.com/PueblaTlaxcala/apocalypse.html, com acesso em 05/07/2012>. Acesso em: 3 jul. 2012. (Adaptado.)

Texto 2

Os espanhóis, assustados de ver os progressos da adoção da escrita em latim entre os índios, escreviam já na década de 1540: "Os índios têm escritores tão bons e tão numerosos que não sei dizer o número deles, e esses escritores redigem cartas que os colocam a par de todos os negócios do país de um mar a outro, o que antes da Conquista era coisa impossível.".

GRUZINSKI. Serge. O Renascimento ameríndio. In. NOVAES, Adauto. *A outra margem do Ocidente*. São Paulo: Companhia das Letras, 1999, p. 294. (Adaptado.)

As informações sobre as práticas artísticas e intelectuais da elite indígena no processo de conquista e colonização da América evidenciam

a) a mistura de elementos artísticos e culturais da tradição indígena e da cultura ocidental na sociedade colonial em construção.

b) a dificuldade espanhola em impedir o acesso à formação acadêmica e artística dos índios que se projetaram no cenário artístico europeu.

c) o poder da Igreja de destruir a cultura e a religião indígenas no processo de cristianização e ocidentalização da América.

d) o potencial civilizador europeu, que permitiu retirar da barbárie e do paganismo populações até então isoladas da civilização.

10. (CFT-RJ) *Em um dicionário histórico, encontramos a seguinte definição: "Contrarreforma – O termo abrange tanto a ofensiva ideológica contra o protestantismo quanto os movimentos de Reforma e reorganização da Igreja Católica, a partir de meados do século XVI."*

(*Dicionário do Renascimento Italiano*, Zahar Editores, 1988)

Umas das principais vítimas da Contrarreforma, o italiano Galileu Galilei (1564-1642), ingressou para a História das ciências com uma trajetória especial. A reação da Igreja Católica contra Galileu explica-se, sobretudo, porque suas teorias contribuíram para:

a) defender a concepção de que o universo estava em movimento.
b) reafirmar a ideia de um universo aberto e finito, presente nos textos aristotélicos.
c) negar a autoridade da Igreja, ao questionar os textos sagrados.
d) expor a contradição presente nas teorias da época, que afirmavam a esfericidade da terra.

11. (CPS) *A natação, hoje considerada um dos esportes mais completos, já era mencionada na Grã-Bretanha, desde os tempos da dominação romana, época em que era considerada uma prática da elite. Com a chegada do feudalismo, a natação torna-se rara, pois era incompatível com guerreiros que frequentemente usavam armaduras. Mas o interesse pelo esporte ressurgiu no fim do século XVI, quando em 1587, o professor Everard Digby publicou o livro intitulado* A arte de nadar. *Ele queria transformar a natação em um esporte para fidalgos, na tentativa de torná-los mais parecidos com os romanos. A obra de Digby, cujos capítulos explicam e ilustram como nadar, foi indicada, por outros educadores, aos fidalgos da Inglaterra dos Tudor e dos Stuarts.*

(Revista *BBC Knowledge*, maio de 2010. Adaptado.)

Sobre o livro de Digby, é valido afirmar que foi

a) escrito na Antiguidade Clássica, período em que prevaleceu a cultura cristã.
b) divulgado quando o antropocentrismo e o individualismo renascentista prevaleciam.
c) indicado às necessidades dos senhores feudais que estavam interessados na natação.
d) escrito no período do Iluminismo, filosofia que tinha como base o racionalismo, o liberalismo e o pensamento científico.
e) publicado pelo autor numa época em que a Inglaterra passava por profundas mudanças econômicas, devido à Revolução Industrial.

12. (UEM-PR) Nos séculos XV e XVI, algumas regiões da Europa ocidental viveram um grande movimento cultural conhecido como Renascimento. A esse respeito, assinale a(s) alternativa(s) correta(s).

(01) De uma maneira geral, os historiadores relacionam o Renascimento às novas condições socioeconômicas da Europa, produzidas em um período de transição do Feudalismo para o Capitalismo.
(02) O termo humanismo designava, no Renascimento, o movimento intelectual que procurava analisar criticamente as condições sociais em que os homens viviam, a partir de uma visão que se contrapunha àquela que predominava no Feudalismo.
(04) O surgimento do Renascimento na Itália relacionava-se às condições favoráveis, possibilitadas pelo desenvolvimento das repúblicas italianas enriquecidas com o comércio de especiarias orientais.
(08) Na ciência, a busca do conhecimento empírico conduziu ao desenvolvimento do método experimental, base da ciência moderna.
(16) Um dos traços característicos do Renascimento foi a exaltação dos valores culturais sistematizados por Tomás de Aquino, na obra *A Cidade dos Homens*.

13. (UFT-TO) *Os livros eram também compartilhados em grupos de leitura, que, como no mundo rural, juntavam letrados e iletrados. O cenário, entretanto, não era a tradicional* veillée *de inverno, já que, fora dos ofícios de construção, muitos artesãos trabalhavam até as oito ou dez horas da noite, à luz de velas se necessário, inverno e verão. Reuniões familiares e de amigos para cantar, jogar cartas, contar histórias e talvez ler ocorriam mais provavelmente em ocasiões de festa. Alguns livros eram editados para ser lidos em voz alta ou consultados na loja, como os livros de padrões de desenho têxtil* [...].

DAVIS, Natalie Zemon. *Cultura dos povos:* sociedade e cultura no início da França moderna. Rio de Janeiro: Paz e Terra, 1990, p. 175.

O texto acima trata da história da leitura e da circulação de livros na França, no século XVI. Com base nas considerações da autora, é **incorreto** afirmar que:

a) O ato da leitura entre os artesãos, mesmo com o advento da imprensa, dependia de reuniões que juntavam os que sabiam e os que não sabiam ler.
b) O cenário de leitura privilegiado não era a tradicional "veillée" de inverno.
c) Os artesãos, com o advento da imprensa, dado que o livro passou a ser disponível a grande parcela da população, fizeram da leitura um ato estritamente individual e tradicional.

d) Em dias de festas, quando os artesãos reuniam suas famílias, o ato da leitura passou a se propagar, pois ler se tornou parte dos momentos de deleite.

e) Grupos de leitura, festas, edições especiais, livros para ser lidos em voz alta, traduziram-se em "espaços" pouco tradicionais de propagação do ato de ler.

14. (UFU-MG) Observe a imagem e leia o texto abaixo.

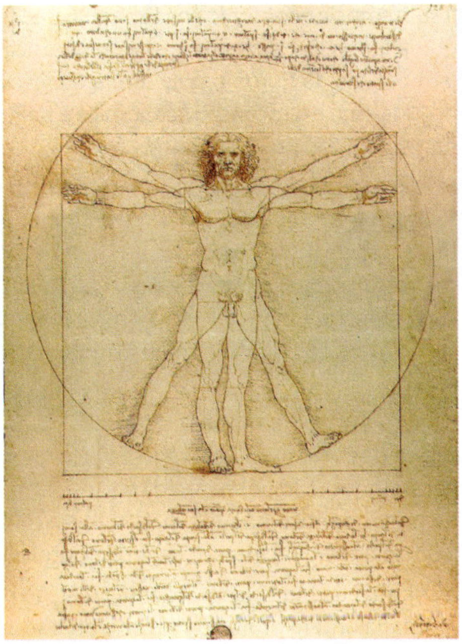

Reprodução/Galeria da Academia, Veneza, Itália

O homem Vitruviano (1490) – Leonardo da Vinci

[...] *Podemos dizer sem exagero que no Renascimento a humanidade começou a se libertar das condições que lhe eram impostas pela natureza. O homem deixou de ser apenas uma parte da natureza. A natureza passou a ser algo que se podia usar e explorar. 'Saber é poder', dizia o filósofo inglês Francis Bacon, sublinhando com isto a aplicação prática do conhecimento.*
E isto era uma coisa nova.

GAARDER, Jostein. *O mundo de Sofia*. São Paulo: Companhia das Letras, 1997.

Sobre o movimento renascentista, assinale a alternativa **incorreta**.

a) O Renascimento significou uma importante mudança na forma de expressão cultural e na relação do homem com a natureza.

b) O movimento renascentista estudou o homem e a natureza, fundamentado no espírito crítico e na razão.

c) O racionalismo renascentista resgatou o princípio da autoridade da ciência teológica e a concepção teocêntrica de mundo.

d) O antropocentrismo valorizava o homem, difundindo a confiança nas potencialidades humanas e contrapondo-se ao teocentrismo.

MÓDULO 12

1. (Unemat-MT) A Contrarreforma foi um movimento organizado pela Igreja Católica para combater as heresias protestantes que ganharam muita força e adeptos nos séculos XVI e XVII. Um dos instrumentos utilizados pelos reformistas foi a atuação das ordens religiosas. Com base nesse enunciado, assinale a única alternativa correta:

a) Destaca-se a Ordem Franciscana, criada por Francisco de Assis, exatamente com o intuito de combater hereges protestantes.

b) Destaca-se a Ordem Beneditina, famosa pela cultura e saber científico, que recebeu o chamado para rebater as heresias protestantes de forma científica.

c) Destaca-se a Ordem Agostiniana, que desde a Idade Média controlava a Inquisição e recebeu a ordem de perseguir hereges, principalmente os judeus.

d) Destacavam-se as Ordens Terceiras, formadas por pessoas comuns, que receberam do Papa a incumbência de preservar a fé católica.

e) Destaca-se a Companhia de Jesus, ou Ordem dos Jesuítas, que tentou catequizar outras terras e expandir a crença no catolicismo.

2. (UFPR) A Reforma Protestante e a Contrarreforma envolveram aspectos ligados à doutrina da religião cristã e à forma como se organizava a Igreja Católica com sede em Roma. No contexto desses movimentos, considere as afirmativas abaixo:

I. Os protestantes eram contrários à autoridade do Papa e à intermediação dos padres na leitura da Bíblia.

II. Os protestantes eram contrários ao casamento dos padres e ao sacramento da confissão.

III. As ideias protestantes tiveram grande aceitação por parte dos monarcas portugueses, espanhóis e ingleses.

IV. Os jesuítas foram designados para a ação missionária nas terras da América, Ásia e África, a fim de garantir a expansão da fé católica.

V. O Concílio de Trento definiu algumas ações para reagir à expansão do protestantismo, como o fortalecimento dos sacramentos e uma melhor formação do clero para o atendimento dos fiéis.

Assinale a alternativa correta.

a) Somente as afirmativas I, IV e V são verdadeiras.

b) Somente as afirmativas II e III são verdadeiras.

c) Somente as afirmativas I e II são verdadeiras.

d) Somente a afirmativa IV é verdadeira.

e) Somente as afirmativas III e V são verdadeiras.

3. (PUC-MG) Na Alemanha, no século XVI, o monge agostiniano Martinho Lutero levantou-se contra os abusos cometidos pelo papado de Roma, desencadeando um movimento que ficou conhecido por Reforma Protestante. Sobre esse movimento, é incorreto afirmar:

a) O movimento da Reforma teve os seus objetivos defendidos, ampliando o poder da burguesia contra a ideologia senhorial.

b) As ideias veiculadas na Europa, no contexto do século XVI, significaram uma brecha importante na estrutura política feudal.

c) A disseminação dos ideais reformadores no seio da população possibilitou a vitória do nacionalismo contra o poder do papado.

d) A revolta dos camponeses contra a cobiça dos grandes senhores feudais pelos bens da Igreja contou com o apoio de Lutero.

4. (Mack-SP) *A Inquisição em Roma não foi objeto de uma verdadeira refundação, mas sim de uma reorganização, em 4 de julho de 1542, através da bula Licet ab initio. Ao contrário dos motivos invocados para o estabelecimento das Inquisições na Espanha e em Portugal, onde a difusão do judaísmo justificava a organização do tribunal, aqui era a heresia protestante o alvo da nova configuração do Santo Ofício da Inquisição.*

Francisco Bethencourt, *História das Inquisições*.

A reorganização da Inquisição foi uma entre várias providências tomadas pela Igreja Católica em sua luta contra a "heresia protestante". Assinale a alternativa em que aparece outra dessas providências.

a) A convocação do Concílio de Trento, que, entre outras coisas, ratificou o dogma católico da transubstanciação e a doutrina da salvação por meio das obras.

b) A tradução da Bíblia para os idiomas modernos, de maneira a permitir ao fiel a leitura individual dos textos sagrados.

c) O combate a práticas populares consideradas supersticiosas, como as romarias, o culto a imagens e as novenas.

d) O afastamento dos religiosos em relação à vida secular, dando-se preferência à vida meditativa, retirada do mundo, como o faziam os jesuítas.

e) A eliminação da hierarquia eclesiástica, passando a figura do Papa a ser mero título honorífico.

5. (UFMS) Durante a Época Moderna, isto é, nos séculos XVI, XVII e XVIII, a Inquisição atingiu seu apogeu na Espanha e em Portugal, países que, durante a Idade Média, foram os mais tolerantes da Europa, pois em seus territórios coexistiram diferentes grupos étnicos e religiosos. No que diz respeito à história da Inquisição na Península Ibérica, pode-se afirmar que:

a) um fenômeno básico levou ao estabelecimento do Tribunal da Inquisição na região, qual seja a existência, na Europa e em Portugal, de três grandes comunidades: a cristã, a mulçumana e a judia, grupos que viveram, durante séculos, segundo suas próprias leis religiosas e, embora seus hábitos fossem diferentes entre si, eram mutuamente respeitados;

b) no século XV, os judeus eram bastante numerosos e influentes na sociedade ibérica, tendo alcançado a supremacia econômica na Espanha; isso fez com que a Igreja Católica recorresse à Inquisição para expulsá-los da Europa, pois temia o crescimento do judaísmo e a ascensão econômica e política dos judeus em todo o continente;

c) no decorrer do século XIV, aumentaram as manifestações anticristãs, culminando, em 1391, no massacre de 4 000 católicos por judeus e muçulmanos nas ruas de Sevilha; essa onda anticristã levou a Igreja Católica a lançar mão da Inquisição como meio de expulsar judeus e muçulmanos da região;

d) no século XVI, durante o reinado de D. João III, sucessor de D. Manuel, Portugal se viu livre do Tribunal da Inquisição por conta da forte centralização do poder político naquele país, o que ocorreu devido ao enfraquecimento da Igreja Católica;

e) o Tribunal da Inquisição utilizou a religião para legitimar a ordem arbitrária sobre a qual se apoiava o sistema político de dominação em que não havia lugar para judeus, cristãos-novos, muçulmanos, negros, ciganos, heterodoxos ou contestadores de qualquer espécie.

6. (Fuvest-SP) Em 1748, Benjamin Franklin escreveu os seguintes conselhos a jovens homens de negócios: "Lembra-te que o tempo é dinheiro... Lembra-te que o crédito é dinheiro... Lembra-te que o dinheiro é produtivo e se multiplica... Lembra-te que, segundo o provérbio, um bom pagador é senhor de todas as bolsas... A par da sobriedade e do trabalho, nada é mais útil a um moço que pretende progredir no mundo que a pontualidade e a retidão em todos os negócios". Tendo em vista a rigorosa educação religiosa do autor, esses princípios econômicos foram usados para exemplificar a ligação entre:

a) protestantismo e permissão da usura;

b) anglicanismo e industrialização;

c) ética protestante e capitalismo;

d) catolicismo e mercantilismo;

e) ética puritana e monetarismo.

7. (Ufscar-SP) O calvinismo, doutrina constituída no século XVI europeu, foi tributário, em muitos aspectos,

dos princípios elaborados por Santo Agostinho, sobretudo aquele que reafirma:

a) o automartírio da carne como meio de purificação dos pecados;

b) a necessidade da concessão da graça divina para a salvação dos homens;

c) a superioridade do poder religioso sobre os negócios do Estado;

d) a necessidade de obras meritórias e santas para a salvação das almas;

e) a autoridade da instituição religiosa na absolvição dos pecados humanos.

8. (Ufes) Às vésperas da reforma, verdadeiras multidões de peregrinos buscavam a redução de suas penas do purgatório. O texto a seguir dá exemplos dos excessos em torno de tal procedimento religioso:

Uma igreja romana, se a pessoa simplesmente entrasse nela tirava-lhe quarenta e oito mil anos de sua sentença no purgatório. A cidade alemã de Wittemberg possuía dezessete mil relíquias, inclusive uma palha da manjedoura de Jesus, uma gota de leite de Maria e duzentos e quatro fragmentos das crianças trucidadas por Herodes. A catedral de Exeter, na Inglaterra, possuía a vela que iluminou o túmulo de Cristo e um raminho da Sarça Ardente da qual Deus falara a Moisés. Um mosteiro, Durhman, guardava zelosamente a camisa da Virgem e mostrava-a aos peregrinos, após a recepção de um pequeno donativo.

(LA MURE, P. *A vida privada de Mona Lisa*. São Paulo: Circulo do Livro. 1963-94.)

Contra os abusos da Igreja não é correto afirmar que Martinho Lutero defendeu:

a) a substituição do latim pelo idioma alemão nos cultos religiosos;

b) a preservação de apenas dois sacramentos: batismo e eucaristia;

c) a rejeição do celibato obrigatório dos sacerdotes;

d) o fortalecimento da supremacia do papa como líder universal da Igreja;

e) a centralização do culto na leitura das Escrituras pelos próprios fiéis.

9. (UFPE) A Reforma Protestante tem seus fundamentos iniciados nos estudos e na doutrina defendida por Martinho Lutero. Sobre sua atuação como líder religioso, assinale a alternativa correta.

a) Martinho Lutero foi um religioso católico pregador de um novo cristianismo – o protestantismo – que apoiou os camponeses alemães na luta contra o regime de servidão.

b) Martinho Lutero foi um monge agostiniano no século XVI; criticou a Igreja Católica por não aplicar o produto das indulgências às populações mais necessitadas.

c) Martinho Lutero, reformador religioso, foi responsável pela tradução da Bíblia da língua latina para a língua alemã, facilitando a difusão das ideias protestantes e fundando uma nova religião.

d) Martinho Lutero, líder religioso alemão, lutou para modificar preceitos e dogmas da Igreja Católica e defendeu a livre leitura da Bíblia e a preservação dos sacramentos do batismo e da eucaristia.

e) Martinho Lutero recebeu apoio dos camponeses alemães; em contrapartida foi perseguido por príncipes. A religião fundada por ele foi, portanto, uma religião popular.

10. (FGV-SP) *Em 1939, atendendo ao apelo do Papa Pio XII, o Conselho de Imigração e Colonização do Ministério das Relações Exteriores do Brasil resolveu autorizar a entrada de 3 000 imigrantes de origem "semita". Condição* sine qua non *para obter "o visto da salvação": a conversão ao catolicismo. Pressionados pelos acontecimentos que marcavam a história do III Reich, os judeus, mais uma vez, foram obrigados a abandonar seus valores culturais em troca do título de cristão.*

[Maria Luiza Tucci Carneiro. *O antissemitismo na Era Vargas (1930-1945)*]

A situação apresentada tem semelhança com o processo histórico da

a) permissão apenas do culto católico no Brasil, conforme preceito presente na primeira Constituição, de 1891.

b) repressão ao arraial de Canudos, no sertão baiano, pois recaiu sobre os sertanejos a acusação de ateísmo.

c) obrigatoriedade, conforme costume colonial, dos negros alforriados de conversão ao catolicismo para a obtenção da efetiva liberdade.

d) conversão obrigatória dos judeus na Espanha e em Portugal, a partir do final do século XV, o que gerou a denominação cristão-novo.

e) separação entre Estado e Igreja no Brasil, determinada pelo Governo Provisório da República, comandada por Deodoro da Fonseca.

11. (FGV-RJ) *A Reforma, a despeito de sua hostilidade à magia, estimulara o espírito de profecia. A abolição dos intermediários entre o homem e a dividade, bem como a ênfase na consciência individual, deixavam Deus falar diretamente a seus eleitos. Era obrigação destes tornar conhecida a Sua mensagem. E Deus não fazia acepção de pessoas: preferia falar a John Knox do que à sua rainha, Maria Stuart da Escócia. O próprio Knox agradeceu a Deus ter-lhe dado o dom de profetizar, que assim estabelecia que ele era um homem de boa-fé.*

Na Inglaterra, as décadas revolucionárias deram ampla difusão ao que praticamente constituía uma profissão nova – a do profeta, quer na qualidade de intér-

prete dos astros, ou dos mitos populares tradicionais, ou, ainda, da Bíblia.

HILL, Christopher, *O mundo de ponta-cabeça*. Ideias radicais durante a Revolução Inglesa de 1640. Trad. Renato Janine Ribeiro. São Paulo: Companhia das Letras, 1987, p. 103.

O texto se refere ao ambiente político e religioso da Inglaterra no século XVII. A esse respeito é CORRETO afirmar:

a) A insatisfação popular na Inglaterra era decorrente da perspectiva protestante de manter os sacerdotes como intermediários entre Deus e os homens.

b) Os revolucionários basearam-se em princípios estritamente racionais e científicos, em uma nítida ruptura com as crenças e o profetismo da época.

c) Apesar de todas as disputas religiosas dos séculos XVI e XVII, os monarcas ingleses mantiveram-se neutros, o que permitiu a preservação da monarquia.

d) Para os revolucionários ingleses, Deus considerava apenas os parlamentares como pessoas aptas a transmitir a doutrina e indicar os caminhos da salvação.

e) A movimentação revolucionária esteve vinculada aos conflitos religiosos decorrentes da chamada Reforma Protestante iniciada no século XVI.

12. (IFSP) O trabalho passou a ser exaltado e visto não apenas como uma forma concreta para se obter o êxito material, mas também como a maneira inequívoca de se agradar a Deus e confirmar ou atingir a salvação. Tal mudança ocorreu no século XVI e pode ser associada ao pensamento religioso

a) luterano.
b) católico.
c) calvinista.
d) anglicano.
e) islâmico.

13. (Unioeste) *Em primeiro lugar, nosso modesto pedido* [...] *nos sejam dados poder e autoridade para que cada comunidade possa eleger o seu pastor* [...]. *Ele nos pregará o Evangelho de maneira acessível e sem deturpá-lo* [...]. *Em terceiro lugar, até agora éramos tratados como escravos, o que é uma vergonha, pois, com o seu precioso sangue, Jesus Cristo nos salvou a todos,* [...]. *Por esse motivo, deduzimos das Sagradas Escrituras que somos livres, e livres queremos ser.* [...] *Em quarto lugar, somos prejudicados ainda pelos nossos senhores, que se apoderam de todas as florestas. Se o pobre precisa de lenha ou madeira tem que pagar o dobro por ela. Nós somos da opinião que deve ser restituída à comunidade toda e qualquer floresta que se encontra em mãos de leigos ou religiosos que não adquiriram legalmente.* [...].

Manifesto dos Camponeses em 1525. In: *Antologia Humanística Alemã*. Porto Alegre: Globo, 1972. pp. 15-16.

O trecho reproduz parte do manifesto elaborado durante as Revoltas Camponesas ocorridas no contexto da Reforma Protestante. Sobre o sentido da Reforma Protestante e Revoltas Camponesas, pode-se afirmar que

a) a Reforma Protestante foi um movimento de caráter estritamente religioso sem qualquer conotação política ou social.

b) inspirados na doutrina calvinista de que todos os cristãos já nasciam salvos, os camponeses liquidaram com a servidão existente nos principados alemães.

c) sob a influência da reforma luterana os camponeses alemães questionaram os privilégios da Igreja Católica e dos príncipes alemães.

d) a revolta dos camponeses alemães culminou num evento trágico conhecido como a Noite de São Bartolomeu em que o ódio religioso dos protestantes matou centenas de católicos.

e) com o apoio da Igreja Anglicana, interessada no rompimento com o controle exercido pelo Papa, os camponeses lutaram pela distribuição das terras da Igreja Católica.

14. (UFPR) As guerras de religião na França (século XVI) e a Guerra dos Trinta Anos (1618-1648) marcaram profundamente as sensibilidades coletivas e exerceram uma influência considerável na reflexão política produzida por católicos e protestantes. Sobre as relações entre religião e poder político no contexto de consolidação dos Estados monárquicos modernos, é correto afirmar:

a) Os conflitos religiosos desencadeados com a Reforma Protestante estão na origem dos poderes teocráticos das monarquias modernas.

b) Desde que a tolerância religiosa se consolidou nos domínios do Sacro Império Romano Germânico, sob o poder de Carlos V, houve um enfraquecimento do poder papal, que ficou restringido somente ao Vaticano.

c) Autores como Maquiavel, Montaigne e Jean Bodin foram defensores da religião protestante, e seus escritos constituíram um ataque à monarquia centralizada.

d) Apesar da violência crescente contra os protestantes, Lutero e Calvino defenderam a autoridade civil e condenaram qualquer forma de resistência aos poderes legitimamente instituídos.

e) As guerras de religião foram desencadeadas pelas classes populares (artesãos urbanos e camponeses), em luta contra a nobreza e a monarquia.

15. (EsPCEx-SP) A Reforma foi um movimento religioso ocorrido no século XVI, marcado pelo surgimento de novas religiões cristãs. Dentre suas consequências, observamos

a) uma grande ruptura na Igreja Católica, levando ao retrocesso de práticas, como a usura e os juros nas regiões onde foi adotado o luteranismo.

b) o aumento da interferência da Igreja Católica em questões políticas, nos países que se tornaram calvinistas.

c) o surgimento da Igreja Anglicana na Inglaterra, que adotou o calvinismo e criou um novo papa, para se tornar o chefe da nova igreja.

d) a reação da Igreja Católica, para tentar acabar com o avanço do movimento, promovendo guerras religiosas contra os países protestantes e revendo alguns de seus dogmas.

e) a tentativa da Igreja Católica de se fortalecer novamente, promovendo uma reorganização da Instituição e reafirmando princípios tradicionais.

MÓDULO 13

1. (UFRJ) *Meu Senhor, por sua graça, favoreceu tanto nossos negócios que terminei minha fortaleza e a coloquei em tal estado que penso ainda não ter visto uma outra tão fácil de guardar. Por isso, pude colocar em terra sessenta pessoas num forte de madeira que fiz à vista de meu castelo, ao alcance de minha artilharia, onde eles têm o cuidado de plantar e semear para viver de seu trabalho. Prendi uns quarenta escravos de uma aldeia de inimigos que destruí. Mandei visitar todas as nossas fronteiras depois da partida dos nossos navios e experimentar a vontade dos amigos de nossos vizinhos. Tive uma resposta muito boa. Eles me prometeram se rebelar e persegui-los quando eu quiser. Nossos selvagens preparam um exército de mais de três mil homens para vingar os danos que aqueles nossos vizinhos lhes fizeram no ano passado. Eu mandei um navio em boa ordem costear todo o nosso país até trinta e seis graus aproximando-se de nosso polo, onde tenho notícia de que os castelhanos vêm por terra do Peru, procurar metais. Espero que envieis notícias pelo primeiro de nossos navios. Eu vos suplico, mas que lhe apraza me socorrer com algum dinheiro para ajudar a trazer meus navios, e espero satisfazer o seu desejo, de sorte que não terá o socorro que lhe aprouver me conceder por mal empregado.*

Fonte: "Carta de Villegaignon ao Duque de Guise, par de França, de 30 de novembro de 1557, da fortaleza de Coligny, na França Antártica". In: *Cartas por N. D. de Villegaignon e textos correlatos por Nicolas Barré e Jean Crespin*. Coleção Franceses no Brasil, séculos XVI e XVII. Rio de Janeiro: Fundação Darcy Ribeiro, 2009, vol. 1, pp. 37-38.

A despeito do relato otimista de Villegaignon sobre o futuro do empreendimento, dez anos após esta carta os franceses foram definitivamente expulsos da região meridional da América portuguesa.

Cite um objetivo econômico e outro religioso que motivaram os franceses a invadir a Baía de Guanabara e ali fundar a "França Antártica".

2. (ESPM-SP) Leia os textos e responda:

Do lado do rei estavam os católicos da Inglaterra e da Irlanda, os anglicanos do norte e do oeste e os lordes, alta nobreza possuidora da terra feudal. Militarmente, as tropas reais eram constituídas pelos cavaleiros. Pelo Parlamento lutavam os puritanos, pequenos proprietários rurais e comerciantes, e os artesãos das cidades; Londres apoiava o Parlamento e lhe fornecia muitos recursos. Os componentes do exército do Parlamento eram chamados de Cabeças Redondas.

(Christopher Hill. *O Eleito de Deus*)

Entre 1648-1652, a França viveu lutas. Para reprimir a rebelião burguesa que tendia a se alastrar de Paris para outras cidades, Mazarino contou com a ajuda de elementos da nobreza, como o príncipe de Condé. Na repressão aos revoltosos, Condé adquiriu poderes e passou a rivalizar com a autoridade de Mazarino. Quando o cardeal tentou reagir, destituindo Condé do comando do exército, desencadeou-se a rebelião da nobreza contra o poder central.

(Raymundo de Campos. *História Geral*)

Os textos apresentados devem ser relacionados respectivamente com:

a) Revolução Gloriosa – Revolução Francesa;

b) Revolução Puritana – As Guerras da Fronda;

c) Revolução Puritana – Revolução Francesa;

d) Rebelião de Wat Tyler – As Guerras da Fronda;

e) Revolução Gloriosa – Jacquerries.

3. (Vunesp-SP) *O fim último causa final e desígnio dos homens* [...], *ao introduzir aquela restrição sobre si mesmos sob a qual os vemos viver nos Estados, é o cuidado com sua própria conservação e com uma vida mais satisfeita. Quer dizer, o desejo de sair daquela mísera condição de guerra que é a consequência necessária* [...] *das paixões naturais dos homens, quando não há um poder visível capaz de os manter em respeito, forçando-os, por medo do castigo, ao cumprimento de seus pactos* [...].

(Thomas Hobbes. *Leviatã*, 1651. In: Os pensadores, 1983.)

De acordo com o texto,

a) os homens são bons por natureza, mas a sociedade instiga a disputa e a competição entre eles.

b) as sociedades dependem de pactos internos de funcionamento que diferenciem os homens bons dos maus.

c) os castigos permitem que as pessoas aprendam valores religiosos, necessários para sua convivência.

d) as guerras são consequências dos interesses dos Estados, preocupados em expandir seus domínios territoriais.

e) os Estados controlam os homens, permitindo sua sobrevivência e o convívio social entre eles.

4. (Unicamp-SP) *Os impérios desenvolveram diferentes estratégias de inclusão. O império romano permitia a multiplicidade de crenças, desde que a lealdade política estivesse assegurada. Espanha e Portugal, entretanto, apesar de terem incorporado povos de línguas e culturas diversas sob seus governos, impuseram uma uniformidade legal e religiosa, praticando políticas de intolerância religiosa como caminho preferencial para assegurar a submissão e a lealdade de seus súditos.*

(Adaptado de Stuart B. Schwartz, Impérios intolerantes: unidade religiosa e perigo da tolerância nos impérios ibéricos da época moderna, em R. Vainfas & Rodrigo B. Monteiro (orgs.), *Império de várias faces*. São Paulo: Alameda, 2009, p. 26.)

a) A partir do texto, diferencie o império Romano dos impérios ibéricos modernos.

b) Quais as políticas praticadas pelas monarquias ibéricas na Era Moderna que caracterizam a intolerância religiosa?

5. (UFJF-MG) Acerca do início da Idade Moderna, leia a afirmação a seguir. Em seguida, com base na citação e em seus conhecimentos, responda ao que se pede.

Atividades econômicas, estruturas e relações sociais, formas políticas, ideologias, manifestações culturais, tudo afinal se modificou em maior ou menor grau, embora em ritmos e proporções bastante diferenciados entre si. Tal conjunto permite-nos considerar essa época o começo de um período distinto do medieval, quaisquer que tenham sido as permanências e continuidades então verificadas.

Explica-se assim o hábito há muito difundido entre os historiadores de procurar sintetizar todas as transformações do período que então se iniciava utilizando a noção de moderno.

Fonte: FALCON, Francisco; RODRIGUES, Antonio E. *A formação do mundo moderno:* a construção do Ocidente dos séculos XIV ao XVIII. 2. ed. Rio de Janeiro: Elsevier, 2006, p. 2.

Sobre as diversas modificações ocorridas no período, marque a alternativa INCORRETA.

a) O movimento conhecido como Renascimento Cultural tinha como uma de suas características centrais o antropocentrismo.

b) O desenvolvimento dos Estados Modernos foi caracterizado pela crescente descentralização dos poderes, que enfraqueceu o poder dos monarcas.

c) O movimento da Reforma Protestante criticou as práticas da Igreja Católica e dividiu a Cristandade Ocidental.

d) Ocorreu a propagação de importantes correntes de pensamento tais como as teorias de direito divino dos Reis.

e) O surgimento de avanços tecnológicos como a bússola e o astrolábio colaborou para a realização das grandes navegações.

6. (UEG-GO) Atualmente, o ataque de piratas africanos a navios comerciais é um grave desafio ao comércio internacional. Desde a antiguidade, piratas e corsários são presença permanente nos mares, desafiando potências e provocando insegurança nos navegantes. Em relação a esse fato, responda ao que se pede:

a) Qual é a diferença entre piratas e corsários?

b) Qual foi a motivação da rainha britânica Elisabeth I ao apoiar os saques de corsários ingleses?

7. (UEPG-PR) Sobre os Estados Nacionais Modernos, assinale o que for correto.

(01) Nicolau Maquiavel, Thomas Hobbes e Jean Bodin figuram entre os teóricos que construíram as concepções gerais nas quais se assentam os Estados Nacionais Modernos.

(02) No caso do Estado inglês, o que mais o caracterizou durante sua criação foi a negação ao absolutismo e a sua proximidade com a Igreja Católica.

(04) Na França, o Estado Nacional se formou, a partir do século XII, defendendo a República e combatendo os princípios monárquicos.

(08) A reconquista da Península Ibérica, luta travada contra os muçulmanos que ocupavam aquela região desde a Idade Média, favoreceu ao processo de unificação e de formação do Estado Nacional espanhol.

(16) Em termos gerais, a noção de cidadania, a divisão dos três poderes (executivo, legislativo, judiciário), dos direitos civis e da representatividade política estão presentes na gênese dos Estados Nacionais Modernos.

8. (UFRJ) Durante a Guerra dos Trinta Anos (1618-1648), o atual território da Alemanha perdeu cerca de 40% de sua população, algo comparável, na Europa, apenas às perdas demográficas decorrentes das ondas de fome e de epidemias do século XIV. No século XVII, tal catástrofe populacional abarcou apenas a Europa Central. Para o historiador francês Emmanuel Le Roy Ladurie, isso se deveu ao fato de a Germânia desconhecer o fenômeno do Estado Moderno.

Explique um aspecto político-militar, próprio do Estado Moderno, cuja ausência contribuiu para a catástrofe demográfica ocorrida na Germânia no século XVII.

9. (Unifesp) *O fim último, causa final e desígnio dos homens (que amam naturalmente a liberdade e o domínio sobre os outros), ao introduzir aquela restrição sobre si mesmos sob a qual os vemos viver nos Estados, é o cuidado com sua própria conservação e com uma vida mais satisfeita. Quer dizer, o desejo de sair daquela mísera condição de guerra que é a consequência ne-*

cessária (conforme se mostrou) das paixões naturais dos homens, quando não há um poder visível capaz de os manter em respeito, forçando-os, por medo do castigo, ao cumprimento de seus pactos e ao respeito àquelas leis de natureza.

(Thomas Hobbes (1588-1679). "Leviatã". Os Pensadores. São Paulo: Abril Cultural, 1979.)

O príncipe não precisa ser piedoso, fiel, humano, íntegro e religioso, bastando que aparente possuir tais qualidades [...]. *O príncipe não deve se desviar do bem, mas deve estar sempre pronto a fazer o mal, se necessário.*

(Nicolau Maquiavel (1469-1527). "O Príncipe". Os Pensadores. São Paulo: Abril Cultural, 1986.)

Os dois fragmentos ilustram visões diferentes do Estado moderno. É possível afirmar que:

a) Ambos defendem o absolutismo, mas Hobbes vê o Estado como uma forma de proteger os homens de sua própria periculosidade, e Maquiavel se preocupa em orientar o governante sobre a forma adequada de usar seu poder.

b) Hobbes defende o absolutismo, por tomá-lo como a melhor forma de assegurar a paz, e Maquiavel o recusa, por não aceitar que um governante deva se comportar apenas para realizar o bem da sociedade.

c) Ambos rejeitam o absolutismo, por considerarem que ele impede o bem público e a democracia, valores que jamais podem ser sacrificados e que fundamentam a vida em sociedade.

d) Maquiavel defende o absolutismo, por acreditar que os fins positivos das ações dos governantes justificam seus meios violentos, e Hobbes o recusa, por acreditar que o Estado impede os homens de viverem de maneira harmoniosa.

e) Ambos defendem o absolutismo, mas Maquiavel acredita que o poder deve se concentrar nas mãos de uma só pessoa, e Hobbes insiste na necessidade da sociedade participar diretamente das decisões do soberano.

10. (UERN) *As origens do Antigo Regime estão ainda no final do período Medieval, quando começaram a se formar Estados Nacionais. Na transição da Idade Média para Idade Moderna, as monarquias que se colocavam no domínio político dos nascentes Estados cooptaram a nobreza para integrar o corpo aristocrático que incluía ainda o clero.*

(Disponível em: www.infoescola.com)

Sobre o Antigo Regime, marque V para as afirmativas verdadeiras e F para as falsas.

( ) A expressão Antigo Regime é uma construção *a posteriori*, que se reveste de fortes conotações ideológicas em função da legitimação da Revolução Francesa.

( ) Foi um processo de construção histórica que culminou nas regiões de Alexandria, Constantinopla e Jerusalém, nos séculos XV e XVI.

( ) Buscou, no século XVII, unificar toda a Europa em torno de um único rei absolutista caracterizado pela sua ligação com a igreja e o respeito às individualidades.

( ) Constitui basicamente um fenômeno típico das regiões centro-ocidentais da Europa.

A sequência está correta em

a) V – F – V – F
b) V – V – F – F
c) V – F – F – V
d) F – F – V – V

11. (Vunesp-SP) [...] *O trono real não é o trono de um homem, mas o trono do próprio Deus. Os reis são deuses e participam de alguma maneira da independência divina. O rei vê de mais longe e de mais alto; deve-se acreditar que ele vê melhor, e deve obedecer-se-lhe sem murmurar, pois o murmúrio é uma disposição para a sedição.*

(Jacques-Bénigne Bossuet (1627-1704), Política tirada da Sagrada Escritura. *Apud* Gustavo de Freitas, *900 textos e documentos de História)*

Com base no texto, assinale a alternativa correta.

a) O autor critica o absolutismo do rei e enfatiza o limite da sua autoridade em relação aos homens.

b) Para Bossuet, o poder real tem legitimidade divina e não admite nenhum tipo de oposição dos homens.

c) Bossuet defende a autoridade do rei, mas alerta para as limitações impostas pelas obrigações para com Deus.

d) Os princípios de Bossuet defendem a soberania dos homens diante da autoridade divina dos reis.

e) O autor reconhece o direito humano de revolta contra o soberano que não se mostre digno de sua função.

12. (Vunesp-SP) *Quando sucumbe o monarca, a majestade real não morre só, mas, como um vórtice, arrasta consigo tudo quanto o rodeia* [...] *Basta que o rei suspire para que todo o reino gema.*

(*Hamlet*, 1603.)

Essas palavras, pronunciadas por Rosencrantz, personagem de um drama teatral de William Shakespeare, aludem

a) ao absolutismo monárquico, regime político predominante nos países europeus da Idade Moderna.

b) à monarquia parlamentarista, na qual os poderes políticos derivam do consentimento popular.

c) ao poder mais simbólico do que verdadeiro do rei, expresso pela máxima "o rei reina, mas não governa".

d) à oposição dos Estados europeus à ascensão da burguesia e à emergência das revoluções democráticas.

e) à decapitação do monarca inglês pelo Parlamento durante as Revoluções Puritana e Gloriosa.

13. (UEL-PR) *Aliás, o governo, embora seja hereditário numa família, e colocado nas mãos de um só, não é um particular, mas um bem público que, consequentemente, nunca pode ser tirado das mãos do povo, a quem pertence exclusiva e essencialmente e como plena propriedade. [...] Não é o Estado que pertence ao Príncipe, é o Príncipe que pertence ao Estado. Mas governar o Estado, porque foi escolhido para isto, e se comprometeu com os povos a administrar os seus negócios, e estes por seu lado, comprometeram-se a obedecê-lo de acordo com as leis.*

(DIDEROT, D. (1717-1784). "Verbetes políticos da Enciclopédia". São Paulo: Discurso, 2006.)

Com base no texto, é correto afirmar:

a) Mesmo em monarquias absolutas, o soberano é responsável pelos seus súditos.
b) Ao Príncipe são concedidos todos os poderes, inclusive contra o povo de seu reino.
c) O governante é ungido pelo povo, podendo agir como bem lhe convier.
d) O povo governa mediante representante eleito por sufrágio universal.
e) Príncipes, junto com o povo, administram em prol do bem comum.

14. (Unifesp) Do ponto de vista sociopolítico, o Estado típico, ou dominante, ao longo do Antigo Regime (séculos XVI a XVIII), na Europa continental, pode ser definido como

a) burguês-despótico.
b) nobiliárquico-constitucional.
c) oligárquico-tirânico.
d) aristocrático-absolutista.
e) patrício-republicano.

15. (Unifesp) Sobre as cidades europeias na época moderna (séculos XVI a XVIII), é correto afirmar que, em termos gerais,

a) mantiveram o mesmo grau de autonomia política que haviam gozado durante a Idade Média.
b) ganharam autonomia política na mesma proporção em que perderam importância econômica.
c) reforçaram sua segurança construindo muralhas cada vez maiores e mais difíceis de serem transpostas.
d) perderam, com os reis absolutistas, as imunidades políticas que haviam usufruído na Idade Média.
e) conquistaram um tal grau de autossuficiência econômica que puderam viver isoladas do entorno rural.

16. (Ufpel-RS) *Daqui nasce um dilema: é melhor ser amado do que temido, ou o inverso? Respondo que seria preferível ambas as coisas, mas, como é muito difícil conciliá-las, parece-me muito mais seguro ser temido do que amado, se só se puder ser uma delas. [...]*
Os homens hesitam menos em prejudicar um homem que se torna amado do que outro que se torna temido, pois o amor mantém-se por um laço de obrigações que, em virtude de os homens serem maus, quebra-se quando surge ocasião de melhor proveito. Mas o medo mantém-se por um temor do castigo que nunca nos abandona. Contudo, o príncipe deve-se fazer temer de tal modo que, se não conseguir a amizade, possa pelo menos fugir à inimizade, visto haver a possibilidade de ser temido e não ser odiado, ao mesmo tempo.

MAQUIAVEL, Nicolau (1469-1527). "O Príncipe". Lisboa: Europa-América, 1976.

O documento embasa

a) a organização de uma sociedade liberal, precursora dos ideais da Revolução Francesa.
b) o direito divino dos reis, reforçando as estruturas políticas e religiosas medievais.
c) o absolutismo monárquico, sob a ótica de um escritor renascentista.
d) a origem do Estado Moderno, através do Contrato Social.
e) o republicanismo como regime político, apropriado para os Estados Modernos.

MÓDULO 14

1. (CPS) *Desde o alvorecer de São Paulo, as águas amarelas e quietas do Tietê despertaram sonhos de aventura e de riqueza.*

(NÓBREGA, Mello. *História do Rio Tietê*. 3. ed. Belo Horizonte: Itatiaia; São Paulo: Ed. da Universidade de São Paulo, 1981, pág. 61)

Sobre esse rio, pode-se afirmar corretamente que

a) foi utilizado pelos bandeirantes, como meio de transporte, na procura de ouro e na captura de indígenas.
b) possibilitou o acesso de nordestinos para São Paulo, por ser o mais importante afluente do rio São Francisco.
c) se tornou poluído a partir do século XIX, em decorrência da intensa mineração desenvolvida ao longo de seu leito.
d) facilitou a intensa urbanização da capital paulista pelo fato de suas águas correrem no sentido interior-litoral e de ter sua foz no litoral.
e) exerceu importante papel no século XVIII, uma vez que possibilitou o escoamento da produção cafeeira do oeste paulista até o porto de Santos.

2. (UEPG-PR) Herança portuguesa, o trabalho escravo se constituiu num exercício comum no Brasil ao longo dos séculos coloniais. A respeito das práticas e variações no uso dessa modalidade de trabalho durante esse período histórico, assinale o que for correto.

(01) Alguns senhores de engenho liberavam o uso de lotes de suas propriedades para que os escravos pudessem produzir gêneros agrícolas destinados ao próprio consumo e também à venda no mercado interno do nordeste açucareiro.

(02) Apesar da concentração de um grande número de escravos negros na região da mineração (século XVIII), o número de fugas e de quilombos registrados nessa atividade é menor do que o encontrado, por exemplo, na sociedade açucareira do século XVI.

(04) Indiferentemente da atividade em que foi empregada, a escravidão colonial esteve associada à exploração e à violência (física e moral) contra o trabalhador cativo, o que, muitas vezes, levou a casos de rebeldia individual ou coletiva por parte dos escravos.

(08) Os escravos artesãos e que prestavam serviços domésticos possuíam vestimentas melhores do que aqueles que atuavam, por exemplo, nas atividades agrícolas.

(16) Por conta de suas características próprias, não há registros de que a pecuária colonial tenha se utilizado de mão de obra escrava, seja ela africana ou indígena.

3. (FGV-SP) A presença da Companhia das Índias Ocidentais no nordeste da América portuguesa, especialmente durante a administração de Maurício de Nassau (1637-1644), caracterizou-se pelo

a) oferecimento de privilégios aos pernambucanos que se convertessem ao judaísmo, como a isenção tributária e a possibilidade de obter empréstimos bancários.

b) incentivo à utilização do trabalho livre, considerado pelos holandeses mais produtivo, em detrimento do trabalho compulsório dos africanos.

c) favorecimento à participação dos proprietários luso-brasileiros nas instâncias de poder no Brasil holandês, como na Câmara dos Escabinos.

d) confisco das propriedades dos cristãos-novos pernambucanos que lutaram contra a presença holandesa, assim como de todos os bens da Igreja Católica.

e) processo de reorganização das atividades econômicas em Pernambuco, sobretudo com a troca da produção de algodão pela de manufatura.

4. (UFSM-RS)

Reprodução/ Fundação Biblioteca Nacional, Rio de Janeiro, RJ

http://4.bp.blogspot.com/_ylHkOkofUss/TFFbbkkiBkl/AAAAAAAACo8/HBW_UanfHBw/s320/mineracao.jpg

The Granger Collection/Glow Images

http://tuia.com.br/Historia_Geral/revolucao_industrial.html

As duas figuras simbolizam dois processos econômicos que se consolidaram e se expandiram no século XVIII, provocando amplas e irreversíveis modificações nos respectivos ecossistemas.

As relações históricas entre os dois processos podem ser consideradas

a) meramente cronológicas, pois ambos se desenvolveram nos inícios do século XVIII, época em que se expandia, tanto na Europa quanto nas Américas colonizadas pelos europeus, a utilização do trabalho escravo dos negros africanos devidamente controlados e administrados pelos seus proprietários, os membros da elite branca.

b) muito tênues, na medida em que apenas representam dois exemplos isolados de destruição predatória dos ambientes naturais, seja para extrair riquezas minerais em zonas rurais despovoadas, seja para promover a urbanização das cidades industriais afetadas pela poluição, prevenindo os efeitos danosos dessa poluição na vida e na saúde da crescente população.

c) significativas, pois, desde a assinatura do tratado de Methuen (1703), o Estado português ficou subordinado aos interesses da Inglaterra: como as importações dos 'panos' tecidos pelas manufaturas inglesas custavam mais caro para Portugal do que as receitas com as exportações de 'vinhos' para o mercado inglês, o ouro extraído das regiões mineiras da América colonial lusitana foi amplamente transferido para o mercado inglês, aí contribuindo para sedimentar as precondições para o desenvolvimento da Revolução Industrial.

d) de reciprocidade, pois o processo de urbanização das cidades industriais inglesas inspirou o planejamento urbano das povoações coloniais americanas que se expandiram para o interior, permitindo antecipar e corrigir problemas como: ocupação intensa e acelerada, traçado das ruas e das praças, integração do setor rural com o urbano, articulação com as demais vilas e cidades e com os portos de escoamento da produção mineira.

e) de modernização, pois os novos produtos da moderna tecnologia industrial inglesa puderam ser importados pelos proprietários das minas e dos escravos, permitindo incrementar a produção colonial, diminuir os custos e obter maiores lucros, dinamizando a economia e a sociedade da mineração e encaminhando o Estado português para a emancipação da hegemonia da Inglaterra.

5. (UFRGS-RS) Assinale com V (verdadeiro) ou F (falso) as afirmações abaixo, referentes ao período das invasões holandesas no Nordeste brasileiro.

( ) A motivação principal das invasões batavas ao Brasil está relacionada à conjuntura da União Ibérica, que fez com que os adversários da Espanha se tornassem hostis a Portugal.

( ) O ataque às regiões produtoras de açúcar, inicialmente na Bahia e depois em Pernambuco, foi realizado pela Companhia das Índias Orientais.

( ) Em função do desenvolvimento urbano e de uma política conciliadora entre luso-brasileiros e batavos, o governo de Nassau é considerado a "idade de ouro" do domínio holandês na América.

( ) A chamada Restauração Pernambucana foi uma consequência do processo de endividamento dos lavradores de cana luso-brasileiros com o governo holandês.

A sequência correta de preenchimento dos parênteses, de cima para baixo, é

a) V – F – V – V.
b) V – F – F – V.
c) F – V – V – F.
d) F – F – V – V.
e) V – V – F – F.

6. (UEM-PR) A descoberta de ouro, nos sertões do Brasil, na última década do século XVII, promoveu grandes transformações em toda a colônia. A esse respeito, assinale a(s) alternativa(s) correta(s).

(01) Após o período inicial da mineração, o seu crescimento tornou a região mineira um próspero mercado de consumo, abastecido, em grande parte, por tropas de mulas que traziam gêneros, ferramentas e utensílios de outras regiões.

(02) A crescente importância econômica levou a uma presença mais efetiva do Estado português na região mineira, com a criação da Intendência das Minas e, posteriormente, com a formação da capitania de Minas Gerais.

(04) Segundo escritos da época, os primeiros tempos da região mineradora foram de escassez de alimentos, o que decorria da inexistência de um sistema de abastecimento organizado.

(08) Nos primeiros tempos da mineração, predominavam os faiscadores e os pequenos mineradores. Com o passar do tempo, o esgotamento do ouro de aluvião tornou a extração do ouro tecnicamente mais difícil e passou a exigir maiores investimentos.

(16) A descoberta do ouro aumentou significativamente a população, mudou a economia, que passou a ter um novo centro dinâmico, e transformou a sociedade e a cultura coloniais.

7. (Fatec-SP) *Neste caso, como em quase tudo, os adventícios [que chegaram depois] deveriam habituar-se às soluções e muitas vezes aos recursos materiais dos primitivos moradores da terra. Às estreitas veredas e atalhos que estes tinham aberto para uso próprio nada acrescentariam aqueles de considerável, ao menos durante os primeiros tempos. Para o sertanista branco ou mameluco, o incipiente sistema de viação que aqui encontrou foi um auxiliar tão prestimoso e necessário quanto o fora para o indígena. Donos de uma capacidade de orientação nas brenhas selvagens, em que tão bem se revelam suas afinidades com o gentio, mestre e colaborador inigualável nas entradas, sabiam os paulistas como transpor pelas passagens mais convenientes as matas espessas ou as montanhas aprumadas, e como escolher sítio para fazer pouso e plantar mantimentos.*

(HOLANDA, Sérgio Buarque de. *Caminhos e Fronteiras*. São Paulo: Companhia das Letras, 2008, pág. 19. Adaptado.)

Segundo o historiador Sérgio Buarque de Holanda, sobre os indígenas e os sertanistas que circulavam pelo sistema de estradas que ligavam a vila de São Paulo ao sertão e à costa, é correto afirmar que

a) os sertanistas precisaram construir muitas vias de acesso entre São Paulo e o sertão, substituindo as poucas e estreitas veredas abertas pelos indígenas.

b) os indígenas foram importantes colaboradores dos paulistas nas entradas.

c) os sertanistas, ao contrário dos indígenas, pouco sabiam da arte de transpor as matas e escolher o melhor lugar para fazer pouso.

d) os sertanistas não conseguiram se adaptar aos recursos materiais dos indígenas.

e) os indígenas se diferenciavam dos sertanistas por terem uma capacidade maior de transpor montanhas e plantar mantimentos.

8. (Cesgranrio-RJ) Analise os dados relativos ao século XVIII apresentados no quadro a seguir.

Os altos preços cobrados nas Minas		
Mercadorias	**Valor em São Paulo**	**Valor nas Minas**
1 cavalo	10 mil réis	120 mil réis
1 libra de açúcar	120 réis	1.200 réis
1 boi de corte	2 mil réis	120 mil réis

FREIRE, Américo e outros. *História em curso* – O Brasil e suas relações com o mundo ocidental. Rio de Janeiro: FGV, 2008, p. 91.

A justificativa das cifras apresentadas é que

a) os preços das mercadorias em São Paulo tornaram-se os menores do Brasil com a urbanização e o povoamento das regiões mineradoras, já que os trabalhadores e, consequentemente, os consumidores migraram para o interior da colônia.

b) os preços tornaram-se elevados na região das Minas, devido à necessidade de abastecimento da população em crescimento, à dificuldade de acesso à região e à pequena disponibilidade de mão de obra, empregada preferencialmente na mineração.

c) os preços tornaram-se exorbitantes na área da mineração porque não havia disponibilidade de mão de obra na região mineira, já que a escravidão era proibida e todo e qualquer trabalho deveria ser assalariado ou contratado.

d) os preços elevados dos alimentos e do transporte na região das Minas serviram como atrativo para a manutenção da população que retornava para a área açucareira de Pernambuco e constituíram uma tentativa de manter Minas Gerais como polo econômico da colônia.

e) o alto valor das mercadorias, com a decadência da mineração, foi mantido pela Corte Portuguesa, atendendo aos comerciantes mineiros, como forma de garantir seu poder político e frear o deslocamento da população para São Paulo, onde já corriam boatos sobre a emancipação.

9. (Mack-SP) *Os bandeirantes foram romantizados [...] e postos como símbolo dos paulistas e do progresso, associação enobrecedora. A simbologia bandeirante servia para construir a imagem da trajetória paulista como um único e decidido percurso rumo ao progresso, encobrindo conflitos e diferenças.*

(Abud, K. Maria. In: Matos, M. I. S. de São Paulo e Adoniram Barbosa)

Ainda que essa imagem idealizada do bandeirante tenha sido uma construção ideológica, sua importância, no período colonial brasileiro, decorre:

a) de sua iniciativa em atender à demanda de mão de obra escrava do Brasil Holandês, durante o governo de Maurício de Nassau.

b) de sua extrema habilidade para lidar com o nativo hostil, garantindo sua colaboração espontânea na busca pelo ouro.

c) de sua colaboração no processo de expansão territorial brasileira, à medida que ultrapassou o Tratado de Tordesilhas e fundou povoados, garantindo, futuramente, o direito de Portugal sobre essas terras.

d) de sua atuação decisiva na Insurreição Pernambucana, que resultou na expulsão dos holandeses do nordeste, em 1654, considerada como o primeiro movimento de cunho emancipacionista da colônia.

e) da colaboração dos mesmos na formação das Missões Jesuíticas, cujo objetivo era a proteção e catequização de índios tupis, obstáculo à ocupação do território colonial.

10. (Fatec-SP) *Naquela época, a sociedade da América Portuguesa já era suficientemente complexa para abrigar tensões e conflitos variados, nem sempre redutíveis a meras oposições. Assim, colonos se engalfinharam com colonos, e autoridades da metrópole se opuseram a companheiros de administração. O século (XVIII) começava tenso, e seus primeiros vinte anos seriam marcados por uma sucessão de revoltas e motins, constituindo um conjunto em que, pela primeira vez, a dominação portuguesa na América do Sul corria sério risco.*

(L. de Mello e Souza e M. F. B. Bicalho, 1689-1720. *O império deste mundo.*)

O texto faz referência aos movimentos

a) pela independência do Brasil, tais como a Inconfidência Mineira e a Conjuração Baiana.

b) políticos separatistas, como a Farroupilha e o Movimento Constitucionalista paulista.

c) pela instituição da república no Brasil, denominados pelos historiadores de Cabanagem e Balaiada.

d) pela abolição da escravidão, tais como a Guerra dos Palmares e a Guerra dos Malês.

e) de insubordinação à autoridade metropolitana, como os Motins do Maneta e a Guerra dos Mascates.

11. (Ufpel-RS)

Texto 1

O abastecimento dependia dos navios da Companhia das Índias, a carestia também era corriqueira, o que levou Maurício de Nassau (1604-1679) a adotar medidas enérgicas para obrigar os senhores de engenho a plantar farinha e hortaliças, tendo sido tais medidas consideradas, inclusive, as primeiras a combater os efeitos da monocultura, pois Pernambuco era tradicionalmente a capitania onde os produtos custavam mais caro, em consequência do domínio total da lavoura de cana-de-açúcar. Assim, com breves hiatos, a cozinha e a mesa pernambucana padeceram dos mesmos males que as de seus companheiros do resto da colônia.

SOUZA, Laura de Mello e (org.). *História da Vida Privada no Brasil:* cotidiano e vida privada na América portuguesa. São Paulo: Cia. das Letras, 1997.

Texto 2

ONU diz que biocombustíveis são crime contra humanidade

A produção em massa de biocombustíveis é crime contra a humanidade por seu impacto nos preços dos alimentos. A declaração foi feita ontem pelo relator especial da ONU para o Direito à Alimentação, o suíço Jean Ziegler. [...] Ele também acusou a União Europeia de dumping *agrícola na África.*

– A UE financia exportações de superávits agrícolas europeus à África, onde são oferecidos pela metade ou a um terço de seu preço de produção, o que arruína a agricultura africana, acrescentou.

"Diário Popular", 15 de abril de 2008.

Nos textos, apesar de contextos históricos diferentes, há uma preocupação relacionada à (ao):

a) Déficit no balanço comercial e às políticas econômicas promotoras de *dumpings* agrícolas no Brasil.

b) Impacto ambiental provocado pela plantação de culturas exóticas – iniciadas no período Imperial do Brasil, destinadas à exportação.

c) Perda do monopólio agrícola açucareiro na capitania de Pernambuco, por parte de Nassau, e à concorrência desleal que a produção agrícola africana causa na Europa.

d) Alimentação pelas camadas pobres da sociedade colonial brasileira, defendida por Nassau; e a socialização dos meios de produção na economia africana, defendida pelo técnico da ONU.

e) Escassez e carestia de alimentos (que geram a fome) provocadas pela cobiça do capital, nas monoculturas.

12. (Uece) Sobre a Inconfidência Mineira (1789), são feitas as seguintes afirmações:

I. Estava entre os objetivos de boa parte dos conspiradores de Vila Rica a constituição de um regime republicano no Brasil.

II. Havia, também, por parte dos inconfidentes, a preocupação com o desenvolvimento de produtos manufaturados ou, em outras palavras, objetivavam a diminuição da dependência de artigos importados.

III. A nova capital seria transferida para Belo Horizonte, por encontrar-se localizada numa área mais favorável para a expansão da lavoura e da pecuária.

Assinale o correto.

a) Apenas as afirmações I e II são verdadeiras.

b) Apenas as afirmações I e III são verdadeiras.

c) Apenas as afirmações II e III são verdadeiras.

d) Todas as afirmações são verdadeiras.

13. (UFPR) *Herói desequilibrado, paladino da liberdade, falastrão, corajoso, imprudente, bode expiatório, patrono da República [...]. Os olhares sobre Tiradentes são tão variados quanto os olhares sobre a Inconfidência Mineira, em particular, e sobre o próprio passado do Brasil.*

(Dossiê Tiradentes na Berlinda. In: *Revista de História da Biblioteca Nacional*. Rio de Janeiro: Biblioteca Nacional, Ano 2, nº 19, abr. 2007, p. 17.)

Com base no texto e nos conhecimentos sobre o episódio da Inconfidência Mineira, considere as afirmativas a seguir:

1. A Inconfidência Mineira teve a sua influência teórica limitada ao ideário iluminista preconizado pela Revolução Francesa, apesar da diversidade social verificada entre os conspiradores.

2. A conversão de Tiradentes em herói nacional foi amplamente utilizada pelos setores à esquerda e à direita do quadro político brasileiro, o que aponta para a discussão sobre o papel social da construção e da apropriação dos mitos.

3. Ao examinar o período colonial brasileiro, vale lembrar que, além da Inconfidência Mineira de 1789, Minas Gerais foi palco de vários outros motins e conspirações.

4. O desfecho desfavorável aos inconfidentes pode ser atribuído a dois fatores centrais: a desistência da cobrança da derrama pelo governo português e a delação da conspiração às autoridades da época.

Assinale a alternativa correta.

a) Somente as afirmativas 1 e 2 são verdadeiras.

b) Somente as afirmativas 1 e 4 são verdadeiras.

c) Somente as afirmativas 2 e 3 são verdadeiras.

d) Somente as afirmativas 1, 3 e 4 são verdadeiras.

e) Somente as afirmativas 2, 3 e 4 são verdadeiras.

14. (UFRGS-RS) Com respeito à Conjuração Baiana, considere as afirmações a seguir.

I. Ela seguiu o exemplo das Inconfidências Mineira e do Rio de Janeiro, pois apresentava as mesmas motivações e características.

II. Ela objetivou a proclamação imediata da República, sob inspiração da Revolução Francesa, e defendeu o fim da escravidão.

III. Ela envolveu, entre seus participantes, pessoas oriundas das camadas populares, como escravos, artesãos e soldados, quase todos negros ou mulatos.

Quais estão corretas?

a) Apenas II.
b) Apenas I e II.
c) Apenas I e III.
d) Apenas II e III.
e) I, II e III.

15. (UFMG) Leia este trecho, que contém uma fala atribuída a Joaquim José da Silva Xavier:

... se por acaso estes países chegassem a ser independentes, fazendo as suas negociações sobre a pedraria pelos seus legítimos valores, e não sendo obrigados a vender escondido pelo preço que lhe dessem, como presentemente sucedia pelo caminho dos contrabandos, em que cada um vai vendendo por qualquer lucro que acha, e só os estrangeiros lhe tiram a verdadeira utilidade, por fazerem a sua negociação livre, e levado o ouro ao seu legítimo valor, ainda ficava muito na Capitania, e escusavam os povos de viver em tanta miséria.

(*Autos de Devassa da Inconfidência Mineira*. 2. ed. Brasília: Câmara dos Deputados; Belo Horizonte: Imprensa Oficial de Minas Gerais, 1980. v. 5, p. 117.)

A partir dessa leitura e considerando-se outros conhecimentos sobre o assunto, é CORRETO afirmar que os Inconfidentes Mineiros de 1789

a) acreditavam que o contrabando aumentava o valor recebido pelas pedras e ouro, pois dificultava sua circulação.
b) consideravam que o monopólio comercial explicava por que as regiões de que se compunha Minas Gerais, cheias de pedras e ouro, ficavam mais ricas.
c) defendiam o livre-comércio, por meio do qual pedras e ouro adquiririam seu real valor, uma vez que seriam vendidos aos estrangeiros legalmente.
d) pensavam que os estrangeiros poderiam tirar vantagens do livre-comércio das pedras e ouro, visando a aumentar seus lucros.

MÓDULO 15

1. (UnB-DF) Leia o texto a seguir.

Sem colonização não há uma boa conquista e, se a terra não é conquistada, as pessoas não serão convertidas. Portanto, o lema do conquistador deve ser colonizar.

Francisco López de Gómara. *Historia general de las Indias*. Madri: 1852, p. 181.

A apreciação acima, proferida por um eclesiástico do século XVI, expõe aspectos envolvidos no assentamento e desenvolvimento do império espanhol na América. Acerca desses aspectos, assinale a opção correta.

a) Na região andina, desde o primeiro momento, houve forte resistência ao avanço da conquista espanhola, principalmente nas cidades de Potosi e La Plata.
b) A área que atualmente pertence ao Chile foi a que menos resistência ofereceu à colonização espanhola, em virtude de sua baixa densidade demográfica e do caráter tribal da população.
c) A Mesoamérica, onde havia uma organização político-administrativa pré-colombiana, é exemplo de colonização de sucesso, uma vez que, nesse território, os espanhóis deram continuidade às estruturas existentes.
d) No vice-reino do Peru, os espanhóis permitiram que o cargo de *gobernador* fosse exercido por membros das famílias da elite indígena, estratégia que perdurou até o fim da era colonial.

2. (UEM-PR) Sobre a imigração e colonização na América, assinale a(s) alternativa(s) correta(s).

(01) Na busca de ouro e prata, os espanhóis conquistaram territórios desde o México até o extremo sul do continente americano, submetendo povos nativos que viviam em toda essa região, como os maias, os incas e os astecas.
(02) No século XIX, com a crise da escravidão, o Brasil passou a receber imigrantes europeus, que colonizaram o País e contribuíram para a formação do mercado de trabalho livre.
(04) Na América do Norte, os franceses estabeleceram-se em parte do atual Canadá, na América Central, fixaram-se no Haiti e, na América do Sul, instalaram-se na Guiana Francesa.
(08) A penetração no interior do território brasileiro, por bandeirantes, garantiu a posse de terras aos portugueses. Embora essa ocupação fosse dispersa, foi efetiva, com os portugueses incorporando territórios em direção ao interior do continente.
(16) A ocupação da região Sul no Brasil começou no século XV, com a fundação de reduções ou missões: aldeamentos indígenas organizados e administrados pelos jesuítas persas.

3. (FGV-SP) *Na ilha Espanhola que foi a primeira, como se disse, a que chegaram os espanhóis, começaram as grandes matanças e perdas de gente, tendo os espanhóis começado a tomar as mulheres e filhos dos índios para deles servir-se e usar mal e a comer seus víveres adquiridos por seus suores e trabalhos, não se contentando com o que os índios de bom grado lhes davam, cada qual segundo sua faculdade, a qual é sempre pequena porque estão acostumados a não ter de provisão mais do que necessitam e que obtêm com pouco trabalho. E o que pode bastar durante um mês para três lares de dez pessoas, um espanhol o come ou destrói num só dia. Depois de muitos outros abusos, violências e tormentos a que os submetiam, os índios começaram a perceber que esses homens não podiam* *ter descido do céu. Alguns escondiam suas carnes, outros suas mulheres e seus filhos e outros fugiam para as montanhas a fim de se afastar dessa Nação. Os espanhóis lhes davam bofetadas, socos e bastonadas e se ingeriam em sua vida até deitar a mão sobre os senhores das cidades.*

Frei Bartolomeu de Las Casas, *O Paraíso Destruído* (1502). São Paulo: L&M Pocket, 2001, pág. 32 e 33.

Assinale a alternativa que interpreta corretamente o texto acima.

a) Frei Bartolomeu de Las Casas faz referência aos atos violentos praticados pelos cruzados castelhanos, aragoneses e leonenses – aqui vagamente chamados de "espanhóis" – ao tomarem Jerusalém, a Terra Santa.

b) O excerto refere-se à chegada dos navegadores espanhóis, durante o reinado de Felipe II, às ilhas Filipinas, que receberam tal nome em homenagem ao monarca.

c) Trata-se de uma crítica da Igreja Católica à escravidão de africanos na Ilha de Madagascar, na África Oriental, iniciada quando Vasco da Gama ultrapassou o Cabo das Tormentas, em 1488 d.C.

d) Frei Bartolomeu de Las Casas denuncia o massacre físico, cultural e ideológico das populações autóctones americanas, praticado pelos conquistadores espanhóis, que atingiram a região em 1492.

e) Frei Bartolomeu de Las Casas refere-se aos métodos de conquista e colonização efetivados pela Coroa Espanhola, sobretudo na Índia, razão pela qual se denominou a possessão como Ilha Espanhola e seus habitantes, índios.

4. (UEM-PR) O domínio espanhol na América abarcou uma extensa área e ocorreu por um longo tempo. Sobre este tema, assinale a(s) alternativa(s) correta(s).

(01) Sob o comando de Francisco Pizarro, deu-se a conquista de uma grande civilização andina: a civilização Inca.

(02) A estrutura burocrática montada pela monarquia espanhola contava com instituições na metrópole e na colônia. Na metrópole, uma delas foi a Casa de Contratação, responsável por organizar o comércio e a arrecadação de impostos.

(04) A área colonial era dividida em Vice-reinados. No século XVI, eles eram apenas dois: o da Nova Espanha e o do Peru. No século XVIII, de divisões da área deste último, surgiram outros dois: o da Nova Granada e o do Prata.

(08) A rebelião indígena liderada por Tupac Amaru, em Cuba, deu-se no final do século XVIII e deflagrou a luta de independência na ilha, que se tornou a primeira região a libertar-se do domínio colonial hispânico.

(16) As lutas de independência no Vice-reinado da Nova Espanha e na Capitania Geral da Guatemala contaram com as lideranças de San Martín, Simón Bolívar e Duque de Caxias.

5. (Uece) O processo de colonização da América Espanhola foi intenso e violento. Os espanhóis utilizaram largamente de agressividade, superioridade técnica militar, assim como de diferentes formas de exploração do trabalho indígena, sendo a *encomienda* a mais comum. Sobre a *encomienda* assinale o correto.

a) Constituía-se em forma de trabalho remunerado com algumas moedas de prata, proposta pelo rei da Espanha para a população indígena.

b) Era o direito de capturar indígenas, dado pelo rei aos *encomienderos* que, em troca, deveriam proporcionar aos nativos educação cristã.

c) Constituía-se em trabalho compulsório temporário no qual o indígena trabalhava por um período e depois podia livremente deixar de prestar serviços para a coroa espanhola.

d) Era um acordo firmado entre espanhóis e líderes indígenas para fornecimento de mão de obra nas minas de prata.

6. (Fuvest-SP) Carlos III, rei da Espanha entre 1759 e 1788, implementou profundas reformas – conhecidas como bourbônicas – que tiveram grandes repercussões sobre as colônias espanholas na América. Entre elas,

a) o estabelecimento de medidas econômicas e políticas, para maior controle da Coroa sobre as colônias.

b) o redirecionamento da economia colonial, para valorizar a indústria em detrimento da agricultura de exportação.

c) a promulgação de medidas políticas, levando à separação entre a Igreja Católica e a Coroa.

d) a reestruturação das tradicionais comunidades indígenas, visando instituir a propriedade privada.

e) a decretação de medidas excepcionais, permitindo a escravização dos africanos e, também, a dos indígenas.

7. (Vunesp-SP) [...] *como puder, direi algumas coisas das que vi, que, ainda que mal ditas, bem sei que serão de tanta admiração que não se poderão crer, porque os que cá com nossos próprios olhos as vemos não as podemos com o entendimento compreender.*

(Hernán Cortés. *Cartas de Relación de la Conquista de Mexico*, escritas de 1519 a 1526.)

O processo de conquista do México por Cortés estendeu-se de 1519 a 1521. A passagem acima manifesta a reação de Hernán Cortés diante das maravilhas de Tenochtitlán, capital da Confederação Mexica. A reação dos europeus face ao novo mundo teve, no entanto, muitos aspectos, compondo admiração com estranhamento e repúdio. Tal fato decorre

a) do desinteresse dos conquistadores pelas riquezas dos Astecas.
b) do desconhecimento pelos europeus das línguas dos índios.
c) do encontro de padrões culturais diferentes.
d) das semelhanças culturais existentes entre os povos do mundo.
e) do espírito guerreiro e aventureiro das nações europeias.

8. (PUC-PR) *Segundo Stefan Ujvari, "O Novo Mundo saiu perdendo no intercâmbio de doenças. Os europeus podem ter levado a sífilis, que só raramente era mortal; em compensação, trouxeram para as Américas numerosas doenças, inclusive e, principalmente, a varíola, que dizimou populações indígenas e facilitou a tarefa de conquistadores como Cortez e Pizarro. Os índios não tinham defesas contra tais enfermidades e até a gripe podia matá-los".*

UJVARI, Stefan Cunha. *A história e suas epidemias*: a convivência do homem com os micro-organismos. Rio de Janeiro: SENAC, 2003, p. 11.

São elementos que caracterizam a conquista espanhola, **EXCETO**:

a) Não foram apenas o ouro e a prata que atraíram os espanhóis para o Novo Mundo. O desejo de conquistar e converter pagãos também contribuiu para isso.
b) Em 1519, Fernão Cortez desembarcou no litoral mexicano com um pequeno exército e, durante dois anos de campanha, conseguiu derrotar os astecas e conquistar o México para a coroa espanhola.
c) No final da década de 1520, Francisco Pizarro saiu vitorioso sobre o império inca e conquistou o Peru para a Espanha.
d) O interesse pelo Novo Mundo se dava principalmente pela política empreendida pela Espanha de distribuir poderes e terras de forma igualitária entre os colonos. Nesse sentido, a Igreja e os funcionários reais acabaram sendo os que menos receberam privilégios e riquezas.
e) O ouro e a prata, resultados da conquista sobre o Novo Mundo, representaram a principal fonte econômica para o financiamento das guerras empreendidas por Filipe II contra os turcos muçulmanos e os protestantes holandeses e ingleses em meados do século XVI.

9. (UFV-MG) Leia as afirmativas a seguir:

I. A conquista e a colonização europeia da América do Norte foi realizada, nos seus momentos iniciais, por colonos oriundos de diversos países europeus, destacando-se os espanhóis, os ingleses, os franceses, os holandeses, os suecos, entre outros.

II. A religião católica, nas regiões colonizadas pelos espanhóis, desempenhou um importante papel de agregação cultural e social ao contribuir para integrar e submeter ao domínio castelhano os diversos grupos indígenas americanos.

III. Em todas as regiões da América colonizada pelos países europeus, a atividade econômica predominante foi a mineração e, do ponto de vista social, houve a utilização em larga escala do trabalho africano escravo.

Está CORRETO o que se afirma em:

a) II e III, apenas.
b) I e III, apenas.
c) I e II, apenas.
d) I, II e III.

10. (UFC-CE) Sobre a conquista da América, é verdade dizer que astecas, incas e maias foram subjugados pelos espanhóis, embora houvesse superioridade numérica de índios. Para isso contribuíram o uso de armas de fogo, os conflitos internos entre os nativos e as doenças transmitidas pelos conquistadores.
Sobre a conquista dos incas, assinale a alternativa correta.

a) Os incas foram derrotados porque acreditaram que os conquistadores eram deuses de volta aos Andes e se sacrificaram em frente deles.
b) A conquista do vasto território inca foi se consolidando sem resistência por parte dos indígenas, sobretudo dos quéchuas, que foram exterminados.
c) O aventureiro Fernão Cortez cruzou o Panamá, chegou ao Pacífico e comandou a conquista dos incas, aproveitando-se das lutas internas que enfraqueciam o Império.
d) Atahualpa consultou os sacerdotes adivinhos para que explicassem a invasão dos conquistadores. Por não obter resposta, o rei os matou e dessa forma o Império teocrático colapsou.
e) O conquistador espanhol, após ter tido contato direto com Atahualpa, armou-lhe uma cilada e o fez prisioneiro; pediu resgate em ouro, mas, mesmo assim, o matou. Sem o rei, o Império desestabilizou-se e caiu.

11. (FGV-SP) *Uma antiga profecia maia, datada do século XIII, afirmava: "a terra queimará e haverá grandes círculos brancos no céu. A amargura surgirá e a abundância desaparecerá. A época mergulhará em graves trabalhos. De qualquer modo, isso será visto. Será o tempo da dor, das lágrimas e da miséria. É o que está por vir".*
Frei Bartolomeu de Las Casas, teólogo e missionário dominicano espanhol (século XVI), retomou essa curiosa profecia para retratar um episódio marcante para a história da América e do próprio Ocidente.

Trata-se:

a) Do genocídio das populações de iroqueses e outras etnias pelos colonos ingleses na América do Norte, o que explica a predominância de população de origem europeia, até recentemente, nos Estados Unidos da América.

b) Das guerras de independência que as colônias da América Espanhola precisaram travar contra sua Metrópole, no primeiro quartel do século XIX.

c) Da fundação da cidade-estado de Tenochtitlán, no Vale do México (1235 d.C.), e do imperialismo mexica (asteca), que subjugou as demais cidades-estado da região.

d) Da conquista da América pelos espanhóis, que resultou num desastre demográfico das populações americanas e na imposição de formas compulsórias de trabalho, como a *mita* e a *encomienda*.

e) Da disputa interna, no Império Inca, entre Atahualpa e Huascar pela soberania em Cuzco, que gerou destruição, miséria e retração da economia agrícola.

12. (Mack-SP) *Há dois lados na Divisão Internacional do Trabalho: um, em que alguns países se especializam em ganhar e, outro, em que se especializaram em perder. Nossa comarca do mundo, que hoje chamamos de América Latina, foi precoce: especializou-se em perder desde os remotos tempos em que os europeus do Renascimento se abalançaram pelo mar e fincaram os dentes em sua garganta.*

(Eduardo Galeano. "As veias abertas da América Latina", Rio de Janeiro: Paz e Terra, 1978.)

I. A economia colonial da América Latina tinha um caráter complementar em relação às suas metrópoles europeias.

II. O exclusivo metropolitano resultava em superávit comercial para as colônias.

III. A opção pela *plantation* de cana-de-açúcar, em diferentes áreas da América Latina, respondia aos propósitos estabelecidos pela política Mercantilista.

Considerando I, II e III acima, a tese defendida pelo autor do texto se reforça:

a) somente em I.

b) somente em III.

c) somente em I e em III.

d) somente em II e em III.

e) somente em I e em II.

13. (Fuvest-SP) *"Podemos dar conta boa e certa que em quarenta anos, pela tirania e ações diabólicas dos espanhóis, morreram injustamente mais de doze milhões de pessoas..."*

Bartolomé de Las Casas, 1474-1566.

"A espada, a cruz e a fome iam dizimando a família selvagem."

Pablo Neruda, 1904-1973.

As duas frases lidas colocam como causa da dizimação das populações indígenas a ação violenta dos espanhóis durante a Conquista da América. Pesquisas históricas recentes apontam outra causa, além da já indicada, que foi

a) a incapacidade das populações indígenas em se adaptarem aos padrões culturais do colonizador.

b) o conflito entre populações indígenas rivais, estimulado pelos colonizadores.

c) a passividade completa das populações indígenas, decorrente de suas crenças religiosas.

d) a ausência de técnicas agrícolas por parte das populações indígenas, diante de novos problemas ambientais.

e) a série de doenças trazidas pelos espanhóis (varíola, tifo e gripe), para as quais as populações indígenas não possuíam anticorpos.

14. (UEL-PR) Leia o texto a seguir:

[...] *Aqueles que deixaram a Espanha para converter os índios viram-se incumbidos de uma missão de especial importância no esquema divino da história, pois a conversão do Novo Mundo era um prelúdio necessário para seu término e para a segunda vinda de Cristo. Acreditavam também que, entre esses povos inocentes da América ainda não contaminados pelos vícios da Europa, poderiam construir uma Igreja que se aproximasse da de Cristo e os primeiros apóstolos. Os primeiros estágios da missão americana, com o batismo em massa de centenas de milhares de índios, pareciam garantir o triunfo desse movimento em prol de um retorno ao cristianismo primitivo que havia tão repetidamente sido frustrado na Europa.* [...] *No entanto, embora o índice de conversão fosse espetacular, sua qualidade deixava muito a desejar. Havia sinais alarmantes de que os índios que haviam adotado a fé com aparente entusiasmo ainda veneravam seus velhos ídolos em segredo. Os missionários também se chocaram contra muralhas de resistência nos pontos em que suas tentativas de incutir os ensinamentos morais do cristianismo conflitavam com padrões de comportamento estabelecidos havia muito tempo. Não era fácil, por exemplo, inculcar as virtudes da monogamia a uma sociedade que via as mulheres como servas e o acúmulo de mulheres como fonte de riqueza.*

(ELLIOT, J. H. "A conquista espanhola e a colonização da América". In: BETHELL, L. (org.). História da América Latina: América Latina Colonial I. São Paulo: Editora da Universidade de São Paulo, 1998, v. 1 p. 185-186.)

Com base no texto e nos conhecimentos sobre a colonização das Américas portuguesa e espanhola, é correto afirmar:

a) As ordens religiosas que no novo mundo se instalaram utilizaram-se do ouro existente em abundância e do trabalho indígena para conquistá-los para a fé cristã, prometendo-lhes defender suas terras, espaço de sobrevivência terrena, e o reino dos céus, lugar do descanso após a morte.
b) A primeira geração de missionários percebeu que os índios não conseguiam compreender a diferença entre adoração a uma imagem e o conteúdo religioso que ela representava. Para solucionar esse problema, algumas imagens de deuses indígenas foram inseridas nas igrejas católicas construídas nas colônias.
c) Quando os missionários das diversas ordens religiosas perceberam que os indígenas eram desobedientes e necessitavam de cuidado especial, propuseram à Coroa espanhola que estimulasse o casamento misto como forma de forçar a adoção – por parte dos nativos – da Fé Cristã.
d) As comunidades indígenas existentes nas Américas portuguesa e espanhola, juntamente com os missionários, investiram no cultivo da terra e exportação de produtos manufaturados para a Europa.
e) A Espanha, baluarte do catolicismo, investiu na conquista religiosa dos nativos acreditando, a princípio, que os indígenas, por não conhecerem nem terem tido contato com os defeitos morais e maus hábitos existentes no velho mundo, fossem mais propensos à conversão para a Fé Católica.

15. (Fatec-SP) Organizada com base na exploração estabelecida pelo mercantilismo metropolitano espanhol, a sociedade colonial apresentava, no topo da escala hierárquica,
a) os *criollos*, grandes proprietários e comerciantes que, por constituírem a elite colonial, participavam das câmaras municipais.
b) os *chapetones*, que ocupavam altos postos militares e civis.
c) os *calpulletes*, que ocupavam altos cargos administrativos dos chamados *ayuntamientos*.
d) os mestiços, que, por serem filhos de espanhóis, podiam estar à frente dos cargos político-administrativos.
e) os *curacas*, donos de grande quantidade de terra, que administravam os *cabildos*.

16. (Mack-SP) Sobre a América de colonização espanhola, assinale a alternativa INCORRETA.
a) Apresentava os "Chapetones" no topo da hierarquia social, geralmente originários da pequena nobreza empobrecida da Espanha, que ocupavam na colônia os altos cargos da administração públçççica, militar e eclesiástica.
b) Utilizou-se da "Mita" – sistema de trabalho obrigatório temporário, em que os índios de uma comunidade eram escolhidos por sorteio e recebiam em troca salários irrisórios.
c) Os filhos de espanhóis nascidos na América, os "Criollos", eram grandes proprietários de terras, comerciantes e formavam a elite intelectual da colônia.
d) Os chefes indígenas convertidos ao cristianismo, os "adelantados", estavam desobrigados da prática da "Encomienda", sujeitos, entretanto, à prestação de serviços obrigatórios e à obediência aos Vice-reis.
e) Abaixo dos "Criollos", havia a massa dos mestiços de brancos e índios, de brancos e negros e de negros e índios. Eram capatazes das minas e das fazendas, artesãos, vaqueiros e caçadores de escravos.

MÓDULO 16

1. (CPS) Quando falamos da cidade de Nova Iorque, uma das primeiras coisas que vem à nossa mente é a Estátua da Liberdade. Você sabe o verdadeiro nome desse monumento? Na realidade, chama-se *A Liberdade iluminando o mundo*, e foi, em 1886, um presente dado pelo governo francês para os Estados Unidos, que comemoravam o centenário de sua independência.

Reprodução/Vestibulinho ETEC-Centro Paula Souza 2012

Imagem: Clip-art Word

Considerando essas informações, é correto afirmar que esse monumento
a) foi dado pelos franceses aos estadunidenses, pois os Estados Unidos haviam sido uma colônia francesa de exploração.
b) representa a aliança firmada entre os EUA e a França naquele momento, devido ao início da Segunda Guerra Mundial.

c) aponta para a possibilidade da construção de um regime socialista nos EUA, semelhante ao da França pós-revolucionária.

d) demonstra que, desde a independência, os EUA aboliram a escravidão, garantindo assim a liberdade de todos os seus habitantes.

e) simboliza a relação histórica entre a independência dos Estados Unidos e os princípios da filosofia iluminista surgidos na França.

2. (ESPM-SP) *Em 1773, procurando aliviar as dificuldades financeiras da Companhia das Índias Orientais, o governo britânico concedeu-lhe o monopólio do chá nas colônias. Os colonos reagiram e disfarçados de índios, patriotas de Boston, abordaram navios que transportavam chá, lançando a mercadoria nas águas do porto.*

(H. C. Allen. *História dos Estados Unidos da América*)

A ação descrita pelo texto levou o parlamento britânico a promulgar, em 1774, as Leis Coercitivas ou, como foram chamadas pelos colonos, Intoleráveis. Tais leis:

a) lançavam impostos sobre vidro e corantes;

b) interditavam o porto de Boston até que fosse pago o prejuízo causado pelos colonos;

c) proibiam a emissão de papéis de crédito na colônia que, até então, eram usados como moeda;

d) impunham aos colonos os custos do alojamento e fornecimento de víveres para as tropas britânicas enviadas para a colônia;

e) enfraqueceram a autoridade do governador de Massachusetts.

3. (FGV-SP) *Consideramos* [...] *que todos os homens são criados iguais, que são dotados pelo Criador de certos direitos inalienáveis, que entre estes estão a vida, a liberdade e a busca da felicidade. Que para garantir esses direitos são instituídos entre os homens governos que derivam os seus justos poderes do consentimento dos governados; que toda vez que uma forma qualquer de governo ameace destruir esses fins, cabe ao povo o direito de alterá-la ou aboli-la e instituir um novo governo, assentando a sua fundação sobre tais princípios e organizando-lhe os poderes da forma que pareça mais provável de proporcionar segurança e felicidade.*

A Declaração de Independência dos Estados Unidos. Rio de Janeiro: Zahar, 2004, p. 53.

Sobre a Declaração de Independência dos Estados Unidos, é correto afirmar que:

a) Defendia o princípio da igualdade de direitos dos seres humanos, mas condenava o direito à rebelião como uma afronta à ordem social.

b) O radicalismo da sua formulação, com respeito ao direito de rebelião dos escravos, provocou forte reação dos proprietários de escravos em toda a América.

c) Sua formulação foi baseada no ideário liberal-iluminista e acabou influenciando outros movimentos políticos na América e na Europa.

d) Influenciada pelos tratadistas espanhóis, a declaração defendia a origem do poder divino e condenava a desobediência dos subordinados.

e) A declaração sustentava que os governos poderiam cercear a liberdade dos indivíduos em nome da segurança e da felicidade coletivas.

4. (UFRGS-RS) Considere o enunciado abaixo e as três propostas para completá-lo.

A Independência das treze colônias inglesas na costa leste da América está inserida na conjuntura das revoluções atlânticas. A declaração da independência dessas colônias sustentava que

1. todos os homens nascem iguais, sendo dotados de direitos inalienáveis, como a vida, a liberdade e a aspiração à felicidade.

2. a origem de todo o poder reside no povo, cabendo a ele a organização de seu próprio governo.

3. os direitos inalienáveis deveriam ser estendidos a toda população, extinguindo-se a escravidão e o extermínio dos índios.

Quais propostas estão corretas?

a) Apenas 1.

b) Apenas 2.

c) Apenas 3.

d) Apenas 1 e 2.

e) 1, 2 e 3.

5. (Unicamp-SP) *O homem nasce livre, e por toda a parte encontra-se a ferros. O que se crê senhor dos demais não deixa de ser mais escravo do que eles.* [...] *A ordem social, porém, é um direito sagrado que serve de base a todos os outros.* [...] *Haverá sempre uma grande diferença entre subjugar uma multidão e reger uma sociedade. Sejam homens isolados, quantos possam ser submetidos sucessivamente a um só, e não verei nisso senão um senhor e escravos, de modo algum considerando-os um povo e seu chefe. Trata-se, caso se queira, de uma agregação, mas não de uma associação; nela não existe bem público, nem corpo político.*

(Jean-Jacques Rousseau, *Do Contrato Social.* [1762]. São Paulo: Ed. Abril, 1973, p. 28,36.)

No trecho apresentado, o autor

a) argumenta que um corpo político existe quando os homens encontram-se associados em estado de igualdade política.

b) reconhece os direitos sagrados como base para os direitos políticos e sociais.

c) defende a necessidade de os homens se unirem em agregações, em busca de seus direitos políticos.

d) denuncia a prática da escravidão nas Américas, que obrigava multidões de homens a se submeterem a um único senhor.

6. (UPE) A passagem do século XVIII para o XIX foi marcada por um desequilíbrio nas relações entre a Europa e o Novo Mundo. As lutas políticas na América estavam ligadas à resistência contra a colonização europeia e às influências das ideias liberais. Sobre essa crise do Antigo Regime e suas implicações na América, assinale a alternativa **CORRETA.**

a) A Guerra de Independência dos Estados Unidos acirrou as tensões políticas pré-existentes entre a França e a Inglaterra, servindo de palco para um confronto indireto entre essas duas nações.

b) As tensões políticas entre a Espanha e suas colônias na América acabaram por reestruturar o império espanhol que, mediante as reformas bourbonianas, conseguiu manter seu poderio na América, até o final do século XIX.

c) As relações entre Portugal e a América Portuguesa só se agravaram após a transmigração da família real para o Brasil em 1808, fugindo da invasão napoleônica.

d) A Guerra do Paraguai, envolvendo Brasil, Portugal, Paraguai, Espanha e Inglaterra, é fruto direto desse contexto.

e) As Conjurações Baiana e Mineira, ocorridas no início do século XIX, são reflexos desse quadro de desequilíbrio político entre Portugal e sua colônia na América.

7. (UFSJ-MG) Entre os processos políticos citados abaixo, aquele que instaurou um regime republicano fundamentado em princípios liberais como a eleição do chefe de Estado e a defesa da propriedade privada foi a

a) Revolução Gloriosa na Inglaterra, em 1688.

b) Independência dos Estados Unidos da América, em 1776.

c) Independência do Brasil, em 1822.

d) Revolução Russa, em 1917.

8. (UPE) *O Iluminismo foi um movimento intelectual, portador de uma visão unitária do mundo e do homem, apesar da diversidade de leituras que lhe são contemporâneas, conservou uma grande certeza quanto à racionalidade do mundo e do homem, a qual seria imanente em sua essência.*

FALCON, F. J. C. *Iluminismo*, São Paulo: Ática, 1986. Adaptado.

Suas principais linhas de força foram:

a) o pensamento crítico, o primado da razão, a antropologia e a pedagogia.

b) a ideia de progresso, a antropologia, a manutenção das tradições e a explicação racional para tudo.

c) o direito coletivo, o direito à propriedade, o primado da razão, a ideia de progresso.

d) o sentimento humanitário, a futilidade da guerra, a manutenção das tradições e a explicação racional para tudo.

e) a ideia de socialismo, o pensamento crítico, o antropocentrismo e o naturalismo.

9. (UFPA) *O texto abaixo recupera uma obra iluminista dirigida por Denis Diderot e Jean Le Rond d'Alembert em 1772 na França intitulada de* Enciclopédia *ou* Dicionário racional das ciências, das artes e dos ofícios. *No texto afirma-se que: na* Enciclopédia *não havia área do engenho humano que não tivesse sido coberta. Ali se observava a confiança de que os homens eram, ou poderiam ser em breve, senhores de seu próprio destino, que poderiam moldar o mundo e a sociedade de acordo com as suas conveniências e vantagens. Era o poder da razão. Por isso mesmo a* Enciclopédia *não foi universalmente aceita. Poderes absolutistas civis e religiosos foram seus combatentes.*

(DENT, N. J. H. *Dicionário de Rousseau.* Rio de Janeiro: Zahar, 1996, p. 125. Texto adaptado).

A *Enciclopédia* proposta por homens iluministas como Diderot e D'Alembert foi criticada no contexto francês do final do século XVIII, porque nesse momento o absolutismo e razão significavam

a) modos de viver compatíveis, nos quais as novas e modernas ideias iluministas eram absorvidas pelos reis absolutistas, que percebiam nelas as vantagens de se moldar o mundo à sua forma e maneira, tal qual Diderot em sua *Enciclopédia,* o que possibilitou o advento da monarquia constitucional.

b) maneiras de fazer política muito diversas. Para os racionalistas, a política absolutista deveria ser reestruturada ou revolucionada, pois os novos saberes deveriam vir das experiências e das novas ciências e não de Deus e seus emissários.

c) formas incompatíveis de fazer política, pois o povo francês era governado por um velho monarca autoritário que se mantinha no poder devido à ignorância do povo. Já livros como a *Enciclopédia* seriam a base da nova sociedade revolucionária e anarquista proposta por Diderot.

d) formas de governo inconciliáveis, pois o absolutismo era autoritário e ultrapassado. Já os enciclopedistas, como Diderot e D'Alembert, desejavam a derrubada do Rei pelos revolucionários comunistas, formadores de ideias socialistas vinculadas ao marxismo contemporâneo.

e) maneiras de governar muito distintas, pois os enciclopedistas eram homens de letras, que iniciavam carreira política nas fileiras dos liberais exaltados, e o monarca absolutista era do partido conservador francês.

10. (EsPCEx-SP) A independência dos Estados Unidos da América foi o primeiro grande indicador histórico da ruína do Antigo Regime. Durante esse processo de independência,

a) a criação da Lei do Selo foi uma consequência do esforço inglês em fortalecer o pacto colonial e levou os colonos americanos a efetuar um boicote comercial à Inglaterra.

b) a "marcha para o oeste" despertou os sentimentos expansionistas e nacionalistas dos colonos americanos, incentivando os movimentos de independência.

c) o Primeiro e o Segundo Congresso Continental da Filadélfia resultaram na suspensão dos tributos impostos por Townshend, exceto o que se referia ao comércio do chá.

d) os colonos americanos receberam apoio militar da Holanda e da Espanha nas lutas pela emancipação.

e) Thomas Jefferson exerceu um papel importante, tendo sido nomeado comandante das tropas americanas na guerra e se tornado o primeiro presidente americano.

11. (UFJF-MG) Como se vê na figura abaixo, a Europa, na segunda metade do século XVIII, foi abalada por revoluções e reivindicações que envolviam também suas colônias americanas.

AQUINO, R.; LEMOS, N. J. F.; LOPES, O. & OSCAR. *História das sociedades americanas*. Rio de Janeiro: Record, 1990, p. 109.

Baseando-se na imagem e em seus conhecimentos, responda ao que se pede:

a) Qual foi o primeiro movimento vitorioso da história americana que ilustra a vitória das reivindicações das elites locais contra o sistema colonial europeu?

b) Analise uma repercussão desse episódio no restante do continente americano.

12. (UFRGS-RS) A Guerra dos Sete Anos (1756-1763) conferiu à Inglaterra a condição de principal potência marítima da Europa. Esse conflito

a) possibilitou a recuperação econômica da Inglaterra.

b) foi travado entre potências imperiais, tendo desdobramentos em territórios americanos.

c) decorreu da rivalidade entre Inglaterra e Portugal.

d) contou com expressiva participação de escravos africanos nas disputas.

e) foi encerrado com a assinatura do Tratado de Londres.

13. (UFMS) *"Classificar, delinear, dividir, sistematizar, criar um mapa-múndi do saber. Esta era a ideia dos iluministas Diderot e D'Alambert: ordenar o mundo em categorias em uma enciclopédia com 17 volumes de texto. O projeto enciclopedista talvez seja a influência mais visível do Iluminismo em nosso cotidiano. A escola, a divisão do conhecimento em disciplinas específicas, os livros didáticos, os telejornais revelam claramente essa busca classificatória.* A Enciclopédia *iniciava com um quadro esquemático do conhecimento humano, uma permanência que perpassa desde organogramas de empresas até as classificações da biologia."*

(DARNTON, Robert – *O Grande Massacre de Gatos*. Rio de Janeiro: Graal, 1986, p. 272-273)

Com base no texto e nos seus conhecimentos sobre o assunto, assinale a(s) afirmativa(s) correta(s) a respeito do Iluminismo.

(01) O impulso renovador das ideias iluministas provocou, na Europa, um grande interesse pelos problemas da vida em sociedade, possibilitando o surgimento de novas ideias e de teorias econômicas.

(02) Em seu conjunto, os iluministas sustentavam a tese de que só um Estado ditatorial, controlado pela classe trabalhadora, seria capaz de eliminar a resistência burguesa e abolir as desigualdades entre as classes sociais.

(04) O espírito renovador, presente no Iluminismo, conduziu a um profundo estudo das ciências, campo onde ocorreu um grande avanço.

(08) Originado na Inglaterra, difundido pela França, o Iluminismo pregava a razão, a liberdade do espírito, a livre crítica e a tolerância religiosa, contrapondo-se, assim, ao peso da tradição, do dogmatismo religioso e filosófico e ao absolutismo monárquico.

(16) O Iluminismo, em seu conjunto, fazia uma incisiva crítica ao mundo civilizado e propunha um retorno às formas de vida da sociedade primitiva.

14. (PUC-MG) O pensamento fisiocrático na França pretendia:

a) a concessão de plena liberdade para o exercício de atividades econômicas, resumida na expressão *"laissez faire"*.

b) a manutenção das condições econômicas e políticas estabelecidas na França no período mercantilista.

c) a instituição do liberalismo político, combinado com a fixação, pelo Estado, de rígidas regras para as atividades econômicas.

d) o fim do socialismo utópico de Fourier e formação do proletariado de Karl Marx na Inglaterra do século XIX.

MÓDULO 17

1. (Unimontes-MG) Sobre a Revolução Industrial inglesa, é **CORRETO** afirmar que

a) se caracterizou pela manufatura, assim como os cercamentos caracterizaram o período anterior a ela.

b) se destacam, entre os fatores econômicos da Revolução Industrial, a acumulação de capitais e a retração do comércio inglês.

c) a passagem do poder político para as mãos da burguesia inglesa atrasou em décadas a Revolução Industrial.

d) se caracterizou por grandes mudanças econômico-sociais e avanços tecnológicos importantes.

2. (Feevale-RS) A Revolução Industrial, ocorrida na Inglaterra a partir de meados do século XVIII, pode ser compreendida como uma revolução sem precedentes, que resultou em transformações de ordem econômica e social.

Sobre essa Revolução, são feitas algumas afirmações.

I. Implicou em um processo de mecanização do campo, alterando costumes e paisagens.

II. Implicou em mudanças de grande amplitude, como a nova organização das relações trabalhistas.

III. Implicou em uma nova concepção de tempo, vinculada à produção e ao trabalho nas fábricas.

Marque a alternativa correta.

a) Apenas a afirmação I está correta.

b) Apenas a afirmação II está correta.

c) Apenas a afirmação III está correta.

d) Apenas as afirmações II e III estão corretas.

e) Todas as afirmações estão corretas.

3. (Unisinos-RS) *"O capitalismo é um sistema em que os bens e serviços, inclusive as necessidades mais básicas da vida, são produzidos para fins de troca lucrativa; em que até a capacidade humana de trabalho é uma mercadoria à venda no mercado; e em que, como todos os agentes econômicos dependem do mercado, os requisitos da competição e da maximização do lucro são as regras fundamentais da vida.* [...] *O objetivo básico do sistema capitalista, em outras palavras, é a produção e a autoexpansão do capital"*

(WOOD, Ellen Meiksins. *A origem do capitalismo*. Rio de Janeiro: Jorge Zahar, 2001, p. 12).

Houve um momento, na história, em que ficaram mais evidentes os efeitos negativos do sistema capitalista sobre os trabalhadores. No início do processo de industrialização europeu, a situação dos operários das fábricas comprovava o que diz Ellen Wood, no trecho acima. Estamos falando, respectivamente, de *qual período da história* e de *qual país europeu*, que viveu essa experiência de maneira pioneira?

a) História Moderna; França.

b) História Medieval; Inglaterra.

c) História Moderna; Inglaterra.

d) História Contemporânea; França.

e) História Moderna; Alemanha.

4. (PUC-RJ) Entre 1837 e 1839, o escritor inglês Charles Dickens publicou o romance "Oliver Twist". Abaixo, estão reproduzidos os primeiros parágrafos desse texto de Dickens:

Dentre os vários monumentos públicos que enobrecem uma cidade de Inglaterra, cujo nome tenho a prudência de não dizer, e à qual não quero dar um nome imaginário, um existe comum à maior parte das cidades grandes ou pequenas: é o asilo da mendicidade.

Lá em certo dia, cuja data não é necessário indicar, tanto mais que nenhuma importância tem, nasceu o pequeno mortal que dá nome a este livro.

Muito tempo depois de ter o cirurgião dos pobres da paróquia introduzido o pequeno Oliver neste vale de lágrimas, ainda se duvidava se a pobre criança viveria ou não; se sucumbisse, é mais que provável que estas memórias nunca aparecessem, ou então ocupariam poucas páginas, e deste modo teriam o inapreciável mérito de ser o modelo de biografia mais curioso e exato que nenhum país em nenhuma época jamais produziu.

(Charles Dickens, *Oliver Twist*, Tradução de Machado de Assis e Ricardo Lísias, 1. ed., São Paulo: Hedra, 2002.)

Considerando a passagem acima, assinale a alternativa que indica corretamente as características do período a que Dickens se refere.

a) Crescimento urbano e pobreza que acompanharam o desenvolvimento material da revolução industrial.

b) Revolução comercial, reforma protestante e surgimento de uma nova ética de trabalho.

c) Crise econômica do feudalismo e ascensão das ideias científicas do liberalismo.

d) Espírito regenerador dos valores cristãos praticados pela Contrarreforma na Inglaterra.

e) Exaltação da classe operária inglesa e suas propensões naturais para o socialismo e a revolução.

5. (UFU-MG) *Da forma pela qual a fabricação de alfinetes é hoje executada, um operário desenrola o arame, outro o endireita, um terceiro corta, um quarto faz as pontas, um quinto o afia nas pontas para a colocação da cabeça do alfinete e assim por diante. Dessa forma, a importante atividade de fabricar um alfinete está dividida em aproximadamente dezoito operações distintas. Trabalhando desta maneira, dez pessoas conseguiam produzir entre elas mais de quarenta e oito mil alfinetes por dia. Assim, pode-se considerar que cada uma produzia 4.800 alfinetes diariamente. Se, porém, tivessem trabalhado independentemente um do outro, sem que nenhum tivesse sido treinado para este ramo de atividade, certamente cada um deles não teria conseguido fabricar vinte alfinetes por dia, e talvez nem mesmo um.*

SMITH, Adam. *A riqueza das nações*. São Paulo: Abril Cultural, 1996, p. 65.

Sobre a divisão do trabalho instituída a partir da Revolução Industrial e seus desdobramentos, é correto afirmar que:

a) o toyotismo é uma forma de gerenciamento de estoque das indústrias, que proporcionou melhores meios de lidar com o meio ambiente e o controle de matérias-primas.

b) o fordismo é uma forma de gerenciamento científico que serviu para os trabalhadores exercitarem suas melhores habilidades em atividades específicas.

c) a redução da exigência do desenvolvimento das habilidades do trabalhador teve impacto sobre o processo produtivo e restringiu o conhecimento integral do trabalhador sobre seu ofício.

d) a especialização do trabalhador obrigou que somente homens, bem treinados e com instrução sólida, fossem absorvidos pelas vagas de trabalho geradas com o processo de industrialização.

6. (UFTM-MG) Leia o texto.

Em 1801, em todo o continente [europeu], não havia mais de 23 cidades com mais de 100 mil habitantes, agrupando menos de 2% da população da Europa. Em meados do século, seu número já se elevava para 42; em 1900 eram 135 e, em 1913, 15% dos europeus moravam em cidades. Quanto às cidades com mais de 500 mil habitantes que, na época, pareciam monstros, só existiam duas no início do século XIX: Londres e Paris. Às vésperas da Primeira Guerra Mundial, elas já eram 149.

(René Rémond. *Introdução à história do nosso tempo – O Século XIX*, 1976.)

A situação descrita pode ser explicada

a) pela pressão dos senhores feudais, que substituíram os antigos servos por trabalhadores livres.

b) pela descoberta dos antibióticos, que contribuiu para erradicar doenças e aumentar a expectativa média de vida.

c) pelo crescimento da publicidade, que incentivava o deslocamento de populações por todo o continente.

d) pelo processo de industrialização, que concentrou a produção e a mão de obra nos centros urbanos.

e) pela política armamentista, que incentivava o serviço militar obrigatório e o crescimento do exército nas áreas urbanas.

7. (IFSP) A Revolução Industrial, ocorrida na Inglaterra no final do século XVIII e no século XIX
   a) trouxe a substituição da maquinofatura pela manufatura e pelo trabalho artesanal.
   b) provocou profundas transformações sociais, pois os salários masculinos subiram vertiginosamente, levando as mulheres a voltarem ao seu papel tradicional de mãe e esposa.
   c) rapidamente se espalhou pelo restante da Europa, sendo a Alemanha o segundo país a se industrializar.
   d) mudou substancialmente a vida do homem, que não mais era dono de seu tempo, como os mestres artesãos o eram.
   e) provocou mudanças políticas ao trazer a substituição da monarquia absolutista pela monarquia parlamentarista, regime em vigor até hoje.

8. (UEM-PR) *Na segunda metade do século XIX, teve início na Europa ocidental um novo processo de mudanças econômicas e inovações tecnológicas. Embora fossem decorrentes da expansão industrial iniciada no século anterior, essas transformações apresentavam características próprias.*

   PAZZINATO, Alceu L.; SENISE, Maria Helena V. *História Moderna e Contemporânea*. São Paulo: Ática: 2002, p. 185.

   Considerando o trecho acima e as discussões sobre a Revolução Industrial e o desenvolvimento do capitalismo, assinale o que for correto.
   (01) No final do século XIX, Frederick Taylor propôs a aplicação de princípios científicos na organização do trabalho. Tais princípios objetivavam uma maior racionalização do processo produtivo.
   (02) As inovações tecnológicas do século XIX primavam por possibilitar uma maior liberdade à mão de obra das indústrias, no uso das horas de trabalho.
   (04) As mudanças provocadas pelo desenvolvimento científico da época se fizeram sentir no campo da medicina e da higiene, com o desenvolvimento de políticas sanitaristas de forte controle social e intenso combate a doenças contagiosas.
   (08) No Brasil, o governo imperial deu início à chamada revolução burguesa brasileira, com a crescente substituição da economia cafeeira por uma economia pautada pela produção industrial.
   (16) A crescente acumulação de capital em países periféricos da Ásia e da África permitiu que tais regiões desenvolvessem inovações tecnológicas e processos produtivos que sustentaram as guerras pela descolonização.

9. (UEPG-PR) Compreende-se por Revolução Industrial o conjunto de mudanças tecnológicas com impacto no processo produtivo e consequências econômicas e sociais, iniciadas no século XVIII na Inglaterra e que se expandiu ao redor do mundo no século XIX. A respeito da Revolução Industrial, assinale o que for correto.
   (01) Antes da Revolução Industrial as atividades produtivas eram manuais e artesanais, no máximo, empregando algumas máquinas simples.
   (02) Com a Revolução Industrial o controle do processo produtivo ficou restrito aos patrões, uma vez que estes passaram a contratar os operários, comprar a matéria-prima e, por consequência, ficavam com o lucro da produção.
   (04) Do ponto de vista filosófico, o liberalismo, conjunto de ideias originalmente concebidas por Adam Smith, deu suporte para o desenvolvimento da Revolução Industrial.
   (08) Em razão dos desdobramentos da Revolução Industrial, o século XIX foi marcado pela hegemonia britânica, pelo contínuo avanço tecnológico, pela expansão colonialista e pelo início das lutas dos trabalhadores.
   (16) O movimento ludista e o movimento cartista são exemplos de ações promovidas pelos trabalhadores com o objetivo de questionar as condições de trabalho e de vida geradas pela Revolução Industrial.

10. (CPS) *Desta vala imunda a maior corrente da indústria humana flui para fertilizar o mundo todo. Deste esgoto imundo jorra ouro puro. Aqui a humanidade atinge o seu mais completo desenvolvimento e sua maior brutalidade, aqui a civilização faz milagres e o homem civilizado torna-se quase um selvagem.*

    (HOBSBAWM, Eric J. *A era das revoluções*. Rio de Janeiro: Paz & Terra, 1979.)

    Esta observação, feita por Alexis de Tocqueville em 1835, descreve a cidade de Manchester (Inglaterra) durante a Revolução Industrial. A leitura do texto permite afirmar que o autor
    a) tinha um ponto de vista teocêntrico, pois a ação humana era compreendida como um verdadeiro milagre.
    b) exaltava o processo de industrialização, que tornaria ainda melhores os seres humanos e a natureza ao seu redor.
    c) fazia uma defesa da política mercantilista, que tinha como prioridades o metalismo e as inovações tecnológicas.
    d) constatava que a industrialização poderia trazer, como consequência, a degradação socioambiental.
    e) defendia que a vida selvagem era melhor que a vida desenvolvida nas cidades industrializadas.

11. (PUC-RS) A Revolução Industrial que se consolidou na Inglaterra da segunda metade do século XVIII apresentava fatores condicionantes em variados campos da sociedade britânica. No campo institucional, tem-se a __________; no que se refere ao pensamento econômico, apresenta-se o __________; no plano ético de fundamentação religiosa, cita-se o __________ e, no campo econômico, verifica-se a liberação de mão de obra causada pela prática dos __________.

a) Monarquia Parlamentar / mercantilismo / protestantismo / cercamentos.
b) República Parlamentar / liberalismo / catolicismo / campos abertos.
c) Monarquia Parlamentar / liberalismo / protestantismo / cercamentos.
d) República Parlamentar / mercantilismo / protestantismo / campos abertos.
e) Monarquia Parlamentar / liberalismo / catolicismo / cercamentos.

12. (Vunesp-SP) *Este considerável aumento de produção que, devido à divisão do trabalho, o mesmo número de pessoas é capaz de realizar, é resultante de três circunstâncias diferentes: primeiro, ao aumento da destreza de cada trabalhador; segundo, à economia de tempo, que antes era perdido ao passar de uma operação para outra; terceiro, à invenção de um grande número de máquinas que facilitam o trabalho e reduzem o tempo indispensável para o realizar, permitindo a um só homem fazer o trabalho de muitos.*

(Adam Smith. "Investigação sobre a Natureza e as Causas da Riqueza das Nações (1776)". In: Adam Smith/Ricardo. *Os pensadores*. São Paulo: Abril Cultural, 1984.)

O texto, publicado originalmente em 1776, destaca três características da organização do trabalho no contexto da Revolução Industrial:

a) a introdução de máquinas, a valorização do artesanato e o aparecimento da figura do patrão.
b) o aumento do mercado consumidor, a liberdade no emprego do tempo e a diminuição na exigência de mão de obra.
c) a escassez de mão de obra qualificada, o esforço de importação e a disciplinarização do trabalhador.
d) o controle rigoroso de qualidade, a introdução do relógio de ponto e a melhoria do sistema de distribuição de mercadorias.
e) a especialização do trabalhador, o parcelamento de tarefas e a maquinização da produção.

13. (Ibmec-RJ) A Primeira Revolução Industrial introduziu:

a) a substituição do ferro pelo aço, como principal matéria-prima;
b) um maior controle do Estado na economia, em substituição ao mercantilismo clássico;
c) uma ampla utilização da máquina, em substituição ao trabalho humano;
d) o petróleo, como fonte energética principal;
e) a substituição do artesanato doméstico pela produção fabril, em especial têxtil.

14. (Ibmec-RJ) *A expressão Revolução Industrial tem sido utilizada para designar um conjunto de transformações econômicas, sociais e tecnológicas que teve início na Inglaterra, na segunda metade do século XVIII. Em pouco tempo, essas mudanças afetariam outros países da Europa e outros continentes, alterando definitivamente as relações entre as sociedades humanas.*

FIGUEIRA, D. G. "História". São Paulo: Ática, 2005. p. 193.

Sobre esse tema são feitas as seguintes afirmativas:

I. A produção de tecidos foi um dos primeiros setores a desenvolver o processo industrializador.
II. Ao aumentar a produtividade de cada trabalhador, aumentou a oferta de mercadoria e, por consequência, possibilitou uma redução nos preços dos produtos.
III. O sucesso da Revolução Industrial foi tão significativo que originou um apoio à utilização de máquinas, processo que ficou conhecido como ludismo.

Assinale:

a) Se apenas a afirmativa I for correta.
b) Se apenas a afirmativa II for correta.
c) Se apenas a afirmativa III for correta.
d) Se as afirmativas I e II forem corretas.
e) Se as afirmativas II e III forem corretas.

15. (Ibmec-SP) Assinale a alternativa correta sobre as modificações ocorridas no mundo do trabalho a partir da Revolução Industrial:

a) Desde o início da industrialização, sindicatos e partidos comunistas já se colocavam à frente dos operários para reivindicar melhores condições de trabalho.
b) Os artesãos foram desaparecendo à medida que o número de trabalhadores fabris aumentava pela multiplicação das máquinas.
c) Havia profundas diferenças entre os operários das fábricas e os artesãos, pois estes últimos estavam estabelecidos no campo de onde forneciam seus produtos para as cidades.
d) Apesar das privações passadas pelos operários a presença constante dos patrões dentro das fábricas aliviava as tensões grevistas.
e) As condições de trabalho do campo e da cidade eram as mesmas, existindo em ambas a figura do capataz, o regime de privações, e a igreja como refúgio espiritual.

16. (PUC-PR) O consumo da batata inglesa difundiu-se na Europa somente a partir do século XVIII. Alimento muito nutritivo e relativamente fácil de cultivar e transportar ajudou a matar a fome de grande quantidade de camponeses europeus. No entanto, a fome era uma grande preocupação das grandes cidades no século XIX, graças ao crescimento desmedido das populações urbanas, resultado da Revolução Industrial. Nesse sentido, leia as afirmativas:

I. Cidades como Londres e Paris tornaram-se grandes aglomerados humanos e tiveram vários problemas além da fome: falta de saneamento básico, iluminação inadequada, habitações precárias, entre outros.

II. O grande êxodo rural levou a uma oferta de mão de obra muito superior à oferta de emprego, o que resultou em redução de salários, desemprego e aumento das horas de trabalho dos operários europeus.

III. O período é marcado por conflitos entre operários e patrões, gerando frequentes greves e revoltas.

IV. Destaca-se, nessa época, o movimento de trabalhadores conhecido como luddismo, que reivindicava, entre outras coisas, a extensão do direito de voto às camadas menos favorecidas da Inglaterra.

Agora, marque a alternativa CORRETA:

a) Todas as alternativas estão corretas.
b) Todas as alternativas estão incorretas.
c) Somente a alternativa I está incorreta.
d) Somente a alternativa III está correta.
e) Estão corretas somente as alternativas I, II e III.

17. (UEL-PR) Sobre a Revolução Industrial nos séculos XVIII e XIX, é correto afirmar.

a) Uma condição indispensável para a transição do artesanato para a manufatura e desta para a indústria moderna foi a concentração da propriedade dos meios de produção nas mãos do capitalista.
b) O crescimento industrial na Inglaterra resultou em um processo conhecido como "segunda servidão", na qual os antigos servos rurais foram transferidos para as indústrias urbanas, visando ao aumento de produtividade das mesmas.
c) Embora detivessem o poder político, tanto a burguesia rural como a aristocracia urbana não possuíam capitais que possibilitassem o desenvolvimento da Revolução Industrial, sendo esta, portanto, financiada pelos pequenos proprietários rurais.
d) A industrialização na Grã-Bretanha iniciou-se com a instalação das indústrias de bens de capital (aço e maquinário) e, depois de estruturada essa base, partiu-se para a produção de bens de consumo semiduráveis e não duráveis (tecidos, alimentos, bebidas).
e) Por não haver complementaridade entre a atividade industrial e a pecuária (gado bovino, ovino), este foi o setor mais duramente atingido pela conversão da Europa rural em industrial.

18. (UFC-CE) Leia o texto a seguir.

A cada 1º de maio, lembramos de Parsons, Spies e seus companheiros de patíbulo. Mas poucos lembram do nome de James Towle, que foi, em 1816, o último "destruidor de máquinas" enforcado. Caiu pelo poço da forca gritando um hino luddita [sic] até que suas cordas vocais se fecharam num só nó.

FERRER, Christian. Os destruidores de máquinas. In: "Libertárias", n. 4, dez/1998, São Paulo, p. 5.

Sobre os destruidores de máquinas, de que trata o texto acima, assinale a alternativa correta.

a) Foram trabalhadores ingleses que combateram com ações diretas a mecanização dos teares durante a Revolução Industrial.
b) Eram grupos de rebeldes irlandeses liderados pelos radicais jacobinos insatisfeitos com a restauração da monarquia dos Bourbon na França.
c) Eram integrantes das vanguardas das *trade unions*, os primeiros sindicatos de trabalhadores da Inglaterra, que elaboraram a "Carta do Povo".
d) Foram trabalhadores anarquistas que morreram enforcados por terem lutado pela jornada de oito horas durante a greve geral de Haymarket Riot, em Chicago.
e) Eram grupos de indígenas do Meio-Oeste dos EUA, entre eles os *sioux*, que atacavam os trens (cavalos de aço) que dividiam as manadas de búfalos dentro de seus territórios.

19. (UEL-PR) Leia o texto seguinte sobre a Revolução Industrial e algumas de suas consequências:

Essa revolução industrial, que nasceu na Inglaterra do século XVIII e se propaga, no século XIX, pelo continente, na França, na Bélgica, a Oeste da Alemanha, no Norte da Itália e em alguns pontos da península ibérica, repousa no uso de uma nova fonte de energia, o carvão, e nos desenvolvimentos das máquinas, depois das invenções que modificam as técnicas de fabricação. A conjunção desses dois fatores, a aplicação dessa energia nova à maquinaria, constitui a origem da revolução industrial, cujo símbolo é a máquina a vapor.

(RÉMOND, R. O século XIX: 1815-1914. "Introdução à história de nosso tempo" – 2. São Paulo: Editora Cultrix, 1976. p. 103.)

Considere as afirmativas a seguir:

I. Com a Revolução Industrial e o crescimento da nova indústria, surgiu uma classe inteiramente nova de trabalhadores que são os operários assalariados.

II. O crescimento das unidades industriais a partir da Revolução Industrial propiciou também o surgimento da categoria de empresários possuidores de capitais.

III. A Revolução Industrial atingiu mais a população campesina que a urbana, pois esta se constituía em parcela da sociedade excluída das transformações empreendidas nas cidades.

IV. A Revolução Industrial não solucionou os problemas dos trabalhadores. O número de empregos era menor que o de mão de obra disponível e, assim, surgiu o chamado "exército de reserva de mão de obra".

Assinale a alternativa que contém todas as afirmativas corretas.

a) I e II.
b) II e III.
c) III e IV.
d) I, II e IV.
e) I, III e IV.

MÓDULO 18

1. (CFT-RJ) No início da Revolução Francesa, a Assembleia Nacional Constituinte promulgou, em 26 de agosto de 1789, a Declaração dos Direitos do Homem e do Cidadão, que estabelecia: "Os homens nascem e são livres e iguais em direitos" (art. 1º). Tal texto reflete uma característica do pensamento liberal, que:

a) eliminava a ordem social e política calcada nos privilégios de nascimento;
b) fortalece o poder real;
c) preservava os direitos seculares do clero e da nobreza;
d) proclamava a igualdade econômica de todos.

2. (UEM-PR) No século XVII, na Inglaterra, e no final do século XVIII, na França, ocorreram processos revolucionários que são conhecidos como revoluções burguesas. A esse respeito, assinale a(s) alternativa(s) correta(s).

(01) Na França do Antigo Regime, o primeiro e o segundo estados, clero e nobreza detinham direitos exclusivos, tais como a isenção de pagamento de impostos.

(02) Tanto na Inglaterra quanto na França, era disseminada a crença no caráter sagrado do poder dos reis.

(04) Embora realizada em nome da liberdade e da igualdade, os revolucionários franceses mantiveram os privilégios jurídicos da nobreza.

(08) A revolução gloriosa, no final do século XVII, estabeleceu a república na Inglaterra. Somente no início do século XVIII, a monarquia foi restaurada e se estabeleceu o parlamentarismo.

(16) Na obra *O Leviatã*, Thomas Hobbes defendeu o primado da razão sobre a fé, o direito à autodeterminação dos povos e fez a defesa da república.

3. (IFBA) *Os habitantes da paróquia de Chateaubourg, na Bretanha, consideram que o regime priva o proprietário do direito da propriedade, o mais sagrado, pois todo ano ele é obrigado a pagar a seu senhor uma renda em dinheiro ou em espécie. A dependência em relação aos moinhos também deve ser levada em consideração: ela sujeita [camponês] a utilizar os moinhos do senhor; dessa forma, ele é forçado a levar suas sementes a moleiros de honestidade nem sempre reconhecida, embora pudesse moer mais perto e escolher um moleiro de sua confiança."*

Caderno de queixas de Rennes para os Estados Gerais de 1789. Coletânea de Documentos Históricos para o 1º Grau. São Paulo: SE/CENP, 1980, p. 87.

O trecho do documento acima aponta para uma realidade da sociedade francesa do final do século XVIII, que pode ser relacionada à

a) submissão do campesinato francês a um regime de servidão, característico do feudalismo medieval europeu.
b) decadência da atividade agrária, consequência do forte processo de industrialização vivido pela França.
c) manutenção de regras e normas típicas do colonato, herdado das relações camponesas do Império Carolíngio.
d) continuidade do regime de cercamentos de terras, empreendidos pela aristocracia com apoio da monarquia francesa.
e) exploração dos camponeses, obrigados, pela política fiscal do governo, a sustentar o Estado, a nobreza e a burguesia francesa.

4. (UnB-DF) Texto para a próxima questão:
No processo da Revolução Francesa, quando destruíram os últimos resquícios do feudalismo na eufórica noite de 4 de agosto de 1789, os deputados concordaram em manter o dízimo da Igreja, em vez de simplesmente aboli-lo sem qualquer compensação. Mas, desde então, houve sinais de que a promessa seria abandonada. "Eles desejam ser livres, mas não sabem ser justos", reclamou o abade de Seyès, referindo-se a alguns colegas da Assembleia. Robespierre não era nem antipadres nem anticlerical; é difícil determinar sua posição quanto ao futuro da Igreja na Revolução. Às vezes, era veemente crítico e, em outras vezes, retornava à interpretação da doutrina cristã, pois, a seu ver, o cristianismo era a religião dos pobres e daqueles de coração puro — riqueza chamativa e luxo não deveriam fazer parte dele. Os pobres, segundo ele, eram oprimidos não apenas pela fome, mas também pelo espetáculo escandaloso de clérigos autoindulgentes, que

esbanjavam insensivelmente o que pertencia aos pobres por direito.

Ruth Scurr. *Pureza fatal: Robespierre e a Revolução Francesa.* Rio de Janeiro/São Paulo: Record, 2009, p. 140-1 (com adaptações).

Com base no texto acima, julgue os itens a seguir.

a) A invasão da Península Ibérica, etapa do expansionismo francês conduzido por Bonaparte, gerou cenário estimulador do processo de independência das colônias espanholas e portuguesa na América.

b) As características aristocráticas, conservadoras e eclesiásticas do sistema feudal, que impediam práticas comerciais e financeiras, explicam a sobrevivência desse sistema até 1789.

c) O dízimo, imposto que abrangia o universo dos cristãos, possibilitou que os papas, desde a Idade Média até o final do Antigo Regime, destinassem a Roma 10% da riqueza produzida na Europa, o que transformou a Igreja na principal instituição a ser combatida pelos iluministas e revolucionários do século XVIII.

d) A Reforma, ocorrida quase três séculos antes da Revolução Francesa, constituiu evento de ruptura no interior do cristianismo. Entre outros aspectos, ela condenava o *espetáculo* pouco cristão dos eclesiásticos católicos, quer no plano econômico, quer no plano dos costumes.

e) A forma como a autora do texto refere-se ao abade de Seyès e a Robespierre permite compreender a convivência, no auge dos acontecimentos da Revolução Francesa, de duas perspectivas, a tradicional e a moderna, assumidas, inclusive, por um mesmo indivíduo.

f) Os miseráveis da época mencionada no texto não eram representantes da totalidade do povo, o qual, como categoria social, compreendia também indivíduos e grupos que estavam além da linha de miséria. Essa categoria teria, em seguida, seu significado ampliado ao nível político da nação.

5. (IFSP) No período da Convenção Republicana na França revolucionária (1792-93), girondinos e jacobinos ocupavam assentos opostos na Assembleia Republicana. Com lugares distintos, os dois grupos apresentavam também posições políticas divergentes: enquanto os girondinos eram moderados, os jacobinos tendiam ao radicalismo.

A tradição política uniu o local onde se sentavam à prática política, daí nascendo expressões que até hoje significam a moderação e o radicalismo em política, como os

a) ortodoxos e os pragmáticos.

b) da frente e os de trás.

c) avançados e os retrógrados.

d) republicanos e os monarquistas.

e) de direita e os de esquerda.

6. (IFSP) Antes de 1789, inúmeros problemas devastavam a França, o que a levou à grande revolução de 14 de Julho.

Assinale a alternativa que contém os fatores que propiciaram o surgimento da Revolução.

a) O decreto do Bloqueio Continental por Napoleão Bonaparte, o que levou praticamente toda a Europa a uma guerra. Esta, fazendo milhares de vítimas entre os franceses, trouxe um colapso à economia (pela diminuição da mão de obra) o que levou o país à revolução de 14 de julho.

b) A coroação de Luis XIV como o "rei Sol". Monarca vaidoso e perdulário, construiu Versalhes, solapando as finanças francesas, o que levou o país a imensos *deficits*. Descontentes com a situação, filósofos iluministas pregavam a substituição da Monarquia por uma República e a luta entre monarquistas e republicanos levou ao início da Revolução.

c) O enorme *deficit* causado por altos gastos com a Corte e o pagamento de dívidas aliado às baixas receitas, recaindo todo o ônus dos impostos sobre o Terceiro Estado. Além disso, o ideário iluminista adotado pela burguesia fez com que esta se dispusesse a lutar por uma igualdade jurídica.

d) A França estava devastada pelas guerras de religião, havendo perseguições e assassinatos de huguenotes pelos católicos. Buscando a paz social, o rei Luis XIV estabeleceu o Edito de Nantes, trazendo a liberdade religiosa. Descontentes com a medida real, os católicos depuseram e aprisionaram o rei, o que deu início à revolução.

e) O surgimento da Revolução Industrial na França, o que levou milhares de camponeses às cidades, em busca de melhores condições de vida. Não encontrando trabalho (não conheciam o trabalho fabril), vivendo nas ruas e lançados à miséria, grande parte da população de Paris invadiu a Bastilha, buscando um teto para se abrigar do rigoroso inverno francês. O rei reagiu expulsando os invasores, o que deu início à revolução.

7. (Udesc) Entre 1789 e 1799, a França atravessou um período profundamente transformador conhecido por Revolução Francesa. Em relação às características desse processo revolucionário e seus desdobramentos, analise cada proposição e assinale (V) para verdadeira ou (F) para falsa.

( ) A França foi inovadora, pois não havia notícias de uma Revolução de Caráter Burguês e Liberal na Europa do século XVIII.

( ) Durante os dez anos do processo revolucionário, houve uma série de acordos que garantiram uma transição tranquila e pacífica da Monarquia Absolutista para a República Federativa.

( ) A Revolução Francesa pode ser subdividida em quatro momentos: a Assembleia Constituinte, a Assembleia Legislativa, a Convenção e o Diretório.

( ) A Revolução Francesa disseminou nova concepção política e organizacional do Estado; suas ideias influenciaram a disseminação de guerras e conflitos e seus ideais de Liberdade, Igualdade e Fraternidade passaram a ser buscados por quase todas as nações do mundo contemporâneo.

Assinale a alternativa que apresenta a sequência **correta**, de cima para baixo.

a) V – F – V – F
b) V – V – F – F
c) F – V – V – V
d) V – V – V – V
e) F – F – V – V

8. (UnB-DF) Texto para a próxima questão:

Tornou-se costume desdobrar a cidadania em direitos civis, políticos e sociais. O cidadão pleno seria aquele que fosse titular dos três direitos. Cidadãos incompletos seriam os que possuíssem apenas alguns dos direitos. Os que não se beneficiassem de nenhum dos direitos seriam não cidadãos. Esclareço os conceitos. Direitos civis são os direitos fundamentais à vida, à liberdade, à propriedade, à igualdade perante a lei. Eles se desdobram na garantia de ir e vir, de escolher o trabalho, de manifestar o pensamento, de organizar-se, de ter respeitada a inviolabilidade do lar e da correspondência, de não ser preso a não ser pela autoridade competente e de acordo com as leis, de não ser condenado sem processo legal regular.

É possível haver direitos civis sem direitos políticos. Estes se referem à participação do cidadão no governo da sociedade. Seu exercício é limitado a parcela da população e consiste na capacidade de fazer demonstrações políticas, de organizar partidos, de votar, de ser votado. Finalmente, há os direitos sociais. Se os direitos civis garantem a vida em sociedade, se os direitos políticos garantem a participação no governo da sociedade, os direitos sociais garantem a participação na riqueza coletiva. Eles incluem o direito à educação, ao trabalho, ao salário justo, à saúde, à aposentadoria. A garantia de sua vigência depende da existência de uma eficiente máquina administrativa do Poder Executivo. Em tese, eles podem existir sem os direitos civis e, certamente, sem os direitos políticos.

José Murilo de Carvalho. *Cidadania no Brasil: o longo caminho.* Rio de Janeiro: Civilização Brasileira, 2001, p. 9-10.

A Revolução Francesa representou um momento crucial de expansão de direitos no mundo ocidental. Tal expansão, no entanto, desencadeou, ao longo dos séculos XIX e XX, complexo processo em que nem todos esses direitos foram, simultaneamente, concedidos a todos os grupos sociais. Acerca do processo da expansão de direitos civis, políticos e sociais na França, nos vinte anos subsequentes ao início da Revolução Francesa, é correto afirmar que

a) a Constituição francesa de 1791 aboliu a escravidão tanto no território metropolitano quanto nas zonas coloniais, conferindo, com isso, direitos civis e políticos aos ex-escravos.
b) o Estado francês, logo nos primeiros anos após a tomada da Bastilha, passou a garantir direitos políticos aos homens de proveniência protestante e judia que residiam no território francês.
c) o Código Civil francês, instituído por Napoleão Bonaparte, concedeu às mulheres direitos políticos, como o de votar nas eleições municipais e nas eleições para o parlamento nacional.
d) o período da Convenção Nacional, sob o comando dos jacobinos, caracterizou-se pela ampla proteção aos direitos civis por parte do Estado.

9. (UFMS) [...] *pode não ter sido um fenômeno isolado, mas foi muito mais fundamental do que outros fenômenos contemporâneos, e suas consequências foram, portanto, mais profundas. Em primeiro lugar ela se deu no mais populoso e poderoso Estado da Europa (não considerando a Rússia). Em 1789, cerca de um em cada cinco europeus era francês. Em segundo lugar, ela foi, diferentemente de todas as revoluções que a precederam e a seguiram, uma revolução social de massa, e incomensuravelmente mais radical do que qualquer levante comparável.* [...] *Em terceiro lugar, entre todas as revoluções* [...] *foi a única ecumênica. Seus exércitos partiram para revolucionar o mundo; suas ideias de fato o revolucionaram.*

(HOBSBAWM, Eric J. – *A Era das Revoluções*. 4ª edição. Rio de Janeiro: Paz e Terra, 1982. p. 72).

A respeito do evento revolucionário tratado no texto, assinale a(s) afirmativa(s) correta(s).

(01) A enorme influência internacional dessa revolução está relacionada ao fato de ela ter sido a primeira experiência bem-sucedida de coletivização das terras, de estatização dos meios de produção e de estabilização política por meio da implantação de um regime de partido único.

(02) Com a revolução, e inspirados na Declaração dos Direitos do Homem e do Cidadão, os camponeses e as classes populares francesas viram reconhecidas as suas principais reivindicações como, por exemplo, a partilha da terra.

(04) Inspirada nos princípios de liberdade, igualdade e fraternidade, essa revolução pôs fim aos entraves que representavam, para o desenvolvimento econômico da burguesia, a estrutura de

propriedade e os direitos da aristocracia do Antigo Regime.

(08) A condução do processo revolucionário pelos membros da alta burguesia, após 1794 com o chamado "golpe do Termidor", assegurou-lhes a efetivação do projeto político mais moderado de sua classe, em detrimento do projeto político radical dos representantes da pequena burguesia e das camadas populares.

(16) Dentre as ideias que revolucionaram o mundo, resultantes dessa revolução, podem ser arroladas a implantação de um tipo de codificação legal atualmente seguida por metade dos sistemas legais do mundo, o surgimento de Estados nacionais territoriais estruturados no modelo trazido ao mundo contemporâneo por ela, além do uso de um sistema métrico que ela criou e propagou.

10. (Cesgranrio-RJ)

Santa Guilhotina, protetora dos patriotas, rogai por nós;
Santa Guilhotina, terror dos aristocratas, protegei-nos;
Máquina adorável, tende piedade de nós;
Máquina adorável, tende piedade de nós;
Santa Guilhotina, livrai-nos de nossos inimigos.

(In: ARASSE, Daniel. *A guilhotina e o imaginário do terror.* São Paulo: Ática, 1989. p 106-107)

A leitura do texto remete ao período da Revolução Francesa conhecido como Terror, que pode ser identificado como o momento

a) de diversas revoltas lideradas por trabalhadores rurais que pleiteavam o direito à terra, e contra os quais o governo girondino utilizou a guilhotina indiscriminadamente.

b) de medidas populares, tais como o controle de preços e a reforma agrária, sob a liderança jacobina, durante o qual a guilhotina representava para muitos a justiça revolucionária.

c) do apogeu do domínio burguês, caracterizado pela criação do Banco de França e pelo aumento do comércio francês com as nações europeias, durante o qual a guilhotina simbolizava a eliminação dos resquícios feudais.

d) do retorno da nobreza em uma ação contrarrevolucionária, que eliminou as lideranças burguesas e populares que haviam iniciado o processo revolucionário e utilizou a guilhotina como protetora da pátria ameaçada.

e) resultante da Lei de Cercamentos, que provocou a expulsão dos camponeses de suas terras e sua execução sumária, através do uso da guilhotina.

11. (Unicamp-SP) *As primeiras vítimas da Revolução Francesa foram os coelhos. Pelotões armados de paus e foices saíam à cata de coelhos e colocavam armadilhas em desafio às leis de caça. Mas os ataques mais espetaculares foram contra os pombais, castelos em miniatura; dali partiam verdadeiras esquadrilhas contra os grãos dos camponeses, voltando em absoluta segurança para suas fortalezas senhoriais. Os camponeses não estavam dispostos a deixar que sua safra se transformasse em alimento para coelhos e pombos e afirmavam ser a "vontade geral da nação" que a caça fosse destruída. Aos olhos de 1789, matar caça era um ato não só de desespero, mas também de patriotismo, e cumpria uma função simbólica: derrotando privilégios, celebrava-se a liberdade.*

(Adaptado de Simon Schama, "Cidadãos: uma crônica da Revolução Francesa". São Paulo: Companhia das Letras, 1989. pp. 271-272.)

a) De acordo com o texto, por que os camponeses defendiam a matança de animais?

b) Cite dois privilégios senhoriais eliminados pela Revolução Francesa.

12. (Uerj) *De um modo geral, observa-se como numa sociedade a intervenção dos detentores do poder no controle do tempo é um elemento essencial* [...]. *Depositário dos acontecimentos, lugar das ocasiões místicas, o quadro temporal adquire um interesse particular para quem quer que seja, deus, herói ou chefe, que queira triunfar, reinar, fundar.*

JACQUES LE GOFF

Adaptado de "Memória-História". Lisboa: Imprensa Nacional; Casa da Moeda, 1984.

Diversas experiências políticas contemporâneas alteraram as representações do tempo histórico, na forma como são mencionadas no texto.
Uma ação política que exemplifica essa intervenção no controle do tempo, e que resultou na implantação de um novo calendário, ocorreu no contexto da revolução denominada:

a) Cubana
b) Francesa
c) Mexicana
d) Americana

13. (UEL-PR) A Revolução Francesa representou uma ruptura da ordem política (o Antigo Regime) e sua proposta social desencadeou

a) a concentração do poder nas mãos da burguesia, que passou a zelar pelo bem-estar das novas ordens sociais.

b) a formação de uma sociedade fundada nas concepções de direitos dos homens, segundo as quais todos nascem iguais e sem distinção perante a lei.

c) a formação de uma sociedade igualitária regida pelas comunas, organizadas a partir do campo e das periferias urbanas.

d) convulsões sociais, que culminaram com as guerras napoleônicas e com a conquista das Américas.

e) o surgimento da soberania popular, com eleição de representantes de todos os segmentos sociais.

14. (Uece) Sobre as Revoluções Burguesas, são feitas as seguintes afirmações:

I. Consolidam o liberalismo e marcam mudanças nas estruturas econômicas, políticas e sociais de suas respectivas sociedades.

II. Têm como base a defesa do Antigo Regime e iniciam a transição do feudalismo para o capitalismo.

III. Seus exemplos mais expressivos são: Revolução Inglesa (1644), Revolução Americana (1776) e Revolução Francesa (1789).

Assinale o correto.

a) Apenas as afirmações I e II são verdadeiras.

b) Apenas as afirmações I e III são falsas.

c) Apenas as afirmações II e III são falsas.

d) Apenas as afirmações I e III são verdadeiras.

15. (Ufpel-RS)

Reprodução/Museu Carnavalet, Paris, França

O Terceiro Estado sustentava as ordens privilegiadas.

In: ARRUDA, José Jobson de A. *História Moderna e Contemporânea*. 12ª ed. São Paulo: Ática, 1980.

A situação expressa na charge foi um dos fatores da:

a) Revolução Francesa, iniciada pelos burgueses, proletários e camponeses, indignados com a ordem monárquica feudal.

b) Revolução Inglesa, promovida pelos radicais de Cromwell que buscavam a igualdade de todos perante a lei.

c) Revolução Gloriosa, idealizada pelo holandês Guilherme de Orange, com o objetivo de chegar ao trono inglês.

d) Revolta do 18 Brumário, planejado pelos jacobinos, aliados da aristocracia rural francesa, para chegar ao poder.

e) Revolução de 1789, quando a pobreza urbana e rural insurgiu-se contra as classes burguesas, proclamando a Comuna de Paris.

MÓDULO 19

1. (UFMG) Leia este texto:

Antes, Napoleão havia levado o Grande Exército à conquista da Europa. Se nada sobrou do império continental que ele sonhou fundar, todavia ele aniquilou o Antigo Regime, por toda parte onde encontrou tempo para fazê-lo; por isso também, seu reinado prolongou a Revolução, e ele foi o soldado desta, como seus inimigos jamais cessaram de proclamar.

LEFEBVRE, Georges. *A Revolução Francesa*. São Paulo: Ibrasa, 1966. p. 573.

Tendo-se em vista a expansão dos ideais revolucionários proporcionada pelas guerras conduzidas por Bonaparte, é CORRETO afirmar que

a) os governos sob influência de Napoleão investiram no fortalecimento das corporações de ofício e dos monopólios.

b) as transformações provocadas pelas conquistas napoleônicas implicaram o fortalecimento das formas de trabalho compulsório.

c) Napoleão, em todas as regiões conquistadas, derrubou o sistema monárquico e implantou repúblicas.

d) o domínio napoleônico levou a uma redefinição do mapa europeu, pois fundiu pequenos territórios, antes autônomos, e criou, assim, Estados maiores.

2. (PUCC-SP) Texto para a próxima questão:

Sob os preceitos do Iluminismo [...] a Academia Francesa de Ciências assumiu a incumbência de criar medições padronizadas. [...] A Academia convencionou que a unidade-padrão de comprimento seria a décima milionésima parte da distância entre o Polo Norte e o Equador. [...] Os padrões de massa e de volume foram calculados a partir do metro, seguindo o mesmo princípio. O grama foi definido como a massa de 1 decímetro cúbico de água pura a 4 °C, temperatura em que atinge a maior densidade. O litro passou a equivaler ao volume de um cubo com 10 centímetros de lado (ou seja, 1 centímetro cúbico). Foi uma mudança e tanto. [...] Apesar da revolução no pensamento e na concepção de mundo, um fator não mudou: as medidas continuaram a ser usadas como instrumento de poder. [...] Na época, dois impérios rivalizavam em equilíbrio de poder: o francês, sob o comando de Napoleão Bonaparte, e o inglês. Por isso, a França e todos sob sua influência direta ou indireta adotaram o sistema métrico decimal, como o Brasil, que, em 1862, por decreto de dom Pedro II, abandonou as medidas de varas, braças, léguas e quintais para aderir ao metro.

(Revista *Superinteressante*, nº 186, São Paulo: Abril, 2003. p. 45-6)

O iluminismo inspira o movimento revolucionário francês no final do século XVIII. No tocante a esse movimento, pode-se afirmar que

a) a ascensão de Napoleão Bonaparte ao poder estava relacionada à garantia de consolidar o poder político da alta burguesia contra ameaças da esquerda e de forças externas contrárias à difusão dos ideais da Revolução Francesa.
b) o governo de Napoleão Bonaparte tornou-se conhecido pela intensa repressão política, sendo inclusive o responsável direto pela ordem de execução de Luís XV e de sua família, durante a segunda fase da Revolução Francesa.
c) a Comuna de Paris, sob o comando de Robespierre, Marat e Danton, desencadeou a luta política que provocou a deposição do Império Napoleônico, iniciado com a Revolução Francesa.
d) a queda de Napoleão Bonaparte, no início da Revolução Francesa, teve grande repercussão na Assembleia Constituinte, já que os senhores feudais perderam a hegemonia sobre o poder legislativo.
e) os jacobinos, que tiveram uma participação ativa na Revolução Francesa, aliaram-se à Napoleão Bonaparte buscando garantir, no seu governo, garantias sociais para os camponeses e para os operários de Paris.

3. (PUC-MG) A transferência da Corte Portuguesa para o Brasil, em 1808, encontra-se associada, EXCETO:
a) à submissão lusitana em relação aos interesses ingleses.
b) à expansão napoleônica no continente europeu.
c) à necessidade de recrudescimento do pacto colonial.
d) à busca de segurança para o trono português.

4. (Mack-SP) *Os soberanos do Antigo Regime venceram Napoleão, que eles viam como o herdeiro da Revolução. A escolha de Viena para a realização do Congresso, para a sede de todos os Estados Europeus, foi simbólica, pois Viena era uma das únicas cidades que não havia sido sacudida pela Revolução e a dinastia dos Habsburgos era símbolo da ordem tradicional, da Contrarreforma e do Antigo Regime.*

René Rémond

Dentre as decisões acordadas no Congresso de Viena em 1814-1815, podemos assinalar a:
a) criação de um organismo multinacional, denominado Santa Aliança.
b) convocação da Reunião dos Estados Gerais.
c) criação do Comitê de Segurança Geral.
d) formação da II Coligação antifrancesa.
e) restauração dos princípios revolucionários.

5. (UFRGS-RS) Considere as afirmações a seguir, referentes ao período napoleônico.

I. Um dos objetivos do Bloqueio Continental era anular a defasagem industrial da França em relação à Inglaterra.
II. As Guerras Napoleônicas produziram desdobramentos de cunho político na América do Sul.
III. A expansão napoleônica debilitou os fundamentos do Antigo Regime europeu e estimulou o surgimento dos nacionalismos.
IV. O Bloqueio Continental possibilitou a hegemonia do capitalismo industrial francês em toda a Europa.
V. O Congresso de Viena confirmou, na Europa, os avanços sociais e políticos conquistados durante a Revolução Francesa.

Quais estão corretas?
a) Apenas I e II.
b) Apenas I e III.
c) Apenas I, II e III.
d) Apenas III, IV e V.
e) I, II, III, IV e V.

6. (PUC-MG) O Congresso de Viena, de 1815, reuniu representantes dos países europeus com o objetivo de:
a) apoiar a Doutrina Monroe para impedir a recolonização da América.
b) organizar uma aliança militar para conter a expansão napoleônica no continente.
c) combater as ideias socialistas difundidas pelos operários nas indústrias.
d) reorganizar o mapa político europeu e promover a paz entre os países beligerantes.

7. (Mack-SP) *Minha maior glória não consistiu em ter ganho quarenta batalhas; Waterloo apagará a memória de tantas vitórias. O que nada apagará, o que viverá eternamente, é o meu Código Civil.*

Napoleão Bonaparte

O Código Civil Napoleônico, promulgado em 1804, assegurava:
a) que os reis franceses só poderiam aumentar impostos ou alterar as leis com a aprovação do Grande Conselho, composto por membros do clero, burgueses e nobres.
b) as conquistas burguesas, como a igualdade do indivíduo perante a lei, o direito à propriedade e a proibição da organização de sindicatos de trabalhadores e das greves.
c) uma organização da Europa em novas bases econômicas e sociais, fixando uma bipolarização ideológica marcada pela tensão internacional, o que reativou o confronto com a Inglaterra.
d) a harmonização dos interesses conflitantes do capital e do trabalho dentro dos quadros das corporações, defendendo que tudo deveria ser feito para a nação, pois esta representava a mais alta forma de sociedade.

e) um planejamento econômico e social baseado na intervenção do Estado na economia, através de investimentos estatais de monta, estimulando uma política de pleno emprego.

8. (PUC-MG) Em perfeita sintonia com o espírito restaurador do Congresso de Viena, a criação da Santa Aliança tinha por objetivo:
a) reprimir os movimentos revolucionários e liberais que eclodissem em qualquer parte do continente europeu.
b) difundir os princípios democráticos e parlamentaristas, promovendo a modernização das monarquias europeias.
c) garantir a liberdade comercial, tida como elemento indispensável à industrialização e à acumulação de capitais.
d) combater os focos da resistência aristocrática, geradores de tensão social e alimentadores da oposição burguesa.
e) inibir a formação de alianças entre as principais potências, o que ameaçava o equilíbrio de forças na Europa.

9. (FGV-SP) A reconstrução da Europa, após as guerras napoleônicas, foi direcionada pelo Congresso de Viena. É incorreto afirmar que ele estabeleceu a:
a) criação de um pacto militar internacional (Santa Aliança para intervir onde houvesse manifestações revolucionárias;
b) devolução dos territórios conquistados pela França, desde a Revolução;
c) desobrigação de pagamento de indenização pelos franceses por terem ocupado territórios de outros países;
d) restauração da monarquia dos Bourbon na França;
e) autonomia da Itália e da Alemanha, divididas e submetidas à hegemonia húngara.

10. (Ufal) A respeito do Golpe do 18 Brumário é correto afirmar que
a) a ditadura bonapartista atendeu aos interesses da burguesia francesa.
b) provocou a convocação da Assembleia Nacional Constituinte.
c) reforçou a composição política entre girondinos e jacobinos.
d) a ditadura napoleônica instituiu o Terror.
e) aprovou a Declaração dos Direitos do Homem.

11. (UFRRJ)

AKG-Images/Album/Latinstock/Museu Histórico Alemão, Berlim, Alemanha.

Ordens de Napoleão: soldados franceses queimando importações britânicas em 1810.

(HENDERSON, W. O. *A Revolução Industrial*. São Paulo, Verbo/Edusp, 1979. p.27.)

A explicação para o quadro anterior está
a) na repulsa da população francesa aos produtos ingleses vendidos na Europa Continental, em geral muito caros e de péssima qualidade.
b) no protesto de operários franceses contra o desemprego causado na Inglaterra pela introdução de máquinas no processo produtivo (início da chamada "Revolução Industrial').
c) na disputa, até militar, entre uma Inglaterra já em acelerado estado de industrialização e uma França que busca o mesmo intento, abrindo concorrência ao produto inglês.
d) na tentativa francesa de evitar que matérias-primas, mais baratas, oriundas da Inglaterra, arruinassem os produtos franceses.
e) na revolta dos franceses contra o apoio dado pela monarquia inglesa à Família Real portuguesa quando esta decidiu retornar à Europa, após sua estadia no Brasil.

12. (Mack-SP) Sobre o Período Napoleônico é correto afirmar que:
a) as campanhas napoleônicas apoiaram o movimento denominado Conjura dos Iguais e disseminaram os ideais do proletariado revolucionário francês.
b) de uma maneira geral, pode ser apontado como o momento em que se consolidaram as instituições burguesas na França.
c) Portugal, tradicional aliado da França, foi um dos primeiros países a aderir ao Bloqueio Continental em troca da ajuda na transferência da família real para a colônia Brasil.
d) o império foi marcado pelos acordos de paz com a Inglaterra, que via na França uma aliada na propaganda da mentalidade capitalista burguesa.
e) a ascensão do império de Bonaparte foi concretizada a partir dos acordos políticos da Península Ibérica, evitando as lutas nacionalistas e oposicionistas.

13. (PUC-MG) A ascensão de Napoleão Bonaparte ao poder na França representou:

a) a adoção de uma política de reconciliação, assegurando a paz interna e canalizando o furor revolucionário para as campanhas externas.

b) o estabelecimento de um governo popular, garantindo a efetiva participação das massas na condução das coisas públicas.

c) a busca de um equilíbrio de poder no continente europeu, através da celebração de uma série de alianças com as principais potências.

d) o fim da política isolacionista até então mantida pelo governo francês, que passa a interferir diretamente nas questões europeias.

e) a reação da sociedade francesa ao avanço das forças capitalistas de produção e a valorização das estruturas produtivas tradicionais.

14. (Ufes) *A Revolução Francesa dominou a história, a própria linguagem e o simbolismo da política ocidental, desde sua irrupção até o período que se seguiu à Primeira Grande Guerra Mundial.*

Do texto anterior, de Eric Hobsbawm, pode-se inferir ter sido a Revolução Francesa um dos processos mais importantes do século XVIII. Entre os acontecimentos que a marcaram, destaca-se o golpe de 18 Brumário de 1799, pelo qual

a) a burguesia girondina reassumiu o poder, retomando o controle da Revolução.

b) Napoleão Bonaparte assumiu o poder, na condição de Primeiro Cônsul.

c) se instalou a Ditadura Montanhesa, sob a liderança de Robespierre.

d) se instalou o Regime do Terror, com a aprovação da Lei dos Suspeitos.

e) foi proclamada a República, após a vitória salvadora de Valmy.

15. (UFPR) *Em nome da Santíssima e Indivisível Trindade e conforme as palavras das Sagradas Escrituras, segundo as quais todos os homens devem ter-se como irmãos, Suas Majestades o Imperador da Áustria, o Rei da Prússia e o Imperador da Rússia permanecerão unidos por laços de verdadeira e indissolúvel fraternidade: considerando-se compatriotas, em toda ocasião e em todo lugar, eles se prestarão assistência, ajuda e socorro.*

(Trechos do Art. 1º do Tratado da Santa Aliança, citado por AQUINO, R. S. L. et alii. *História das Sociedades:* das sociedades modernas às sociedades atuais. Rio de Janeiro: Ao Livro Técnico, 1979).

Considerando o exposto e a respeito da relação entre Napoleão Bonaparte e a "Santa Aliança", é correto afirmar:

(01) No processo de expansão do poder napoleônico na Europa, implantaram-se, em várias regiões do continente, reformas calcadas no modelo nacionalista, sob democrática liderança de Napoleão Bonaparte.

(02) Reunidos no Congresso de Viena em 1814-1815, os vencedores de Napoleão pretendiam refazer o mapa político europeu e restabelecer o equilíbrio político no continente europeu que existia antes da Revolução Francesa de 1789.

(04) A "Santa Aliança" foi um tratado idealizado pelo Czar Alexandre I da Rússia, após a derrota definitiva de Napoleão e dos franceses, e destinava-se a implantar um sistema de intervenção nos países ameaçados por revoluções.

(08) Apesar da oposição inglesa, em face de seus interesses nos mercados latino-americanos, o sistema da "Santa Aliança" reforçou-se nas décadas seguintes, principalmente em função da ativa liderança da Rússia, que pretendia impedir qualquer ação dos aliados contra a política da legitimidade.

(16) De maneira geral, as ações da "Santa Aliança" afirmavam a ascendência das forças de conservação sobre as forças de transformação. Estas estavam presentes nas reformas introduzidas por Napoleão durante suas conquistas na Europa, como a supressão dos direitos feudais e divulgação da ideia de igualdade civil.

(32) A conjuntura pós-napoleônica foi marcada pela ação da burguesia em prol dos ideais liberais e nacionais desencadeados com a Revolução Francesa, e contra a velha ordem absolutista representada pela Europa do Congresso de Viena.

MÓDULO 20

1. (IFBA) *Obrigado pelas imperiosas circunstâncias* [...] *a transportar a sede do império temporariamente para outra parte dos meus domínios,* [...] *foi necessário procurar elevar a prosperidade daquelas partes do império* [...] *para que elas pudessem concorrer às despesas necessárias para sustentar a honra e o esplendor do trono e para segurar sua defesa contra a invasão de um poderoso inimigo. Para este fim* [...] *fui servido a adotar os princípios* [...] *da liberdade e franquia do comércio e diminuição dos direitos de alfândegas* [...].

Príncipe regente, D. João VI, Rio de Janeiro, 7/3/1810. In: INÁCIO, I. C. & LUCA, T. R. de. *Documentos de Brasil Colonial.* São Paulo: Ática, 1983. p. 173.

A diminuição dos direitos de alfândega de que trata o texto, consequências dos Tratados de 1810, resultou no

a) aumento das exportações brasileiras na medida em que se legalizou o comércio com outros países da Europa.

b) incremento e consolidação do domínio inglês sobre o Brasil em função dos privilégios comerciais garantidos à Inglaterra.

c) estabelecimento no Brasil, das primeiras estradas de ferro interligando áreas produtoras aos portos, agilizando as exportações.

d) desenvolvimento da indústria manufatureira do Brasil incentivada pela entrada de capitais estrangeiros, em particular ingleses.

e) crescimento da produção agrária da colônia para atender a demanda dos vários países que passaram a comprar matéria-prima brasileira.

2. (Fuvest-SP) *Fui à terra fazer compras com Glennie. Há muitas casas inglesas, tais como celeiros e armazéns não diferentes do que chamamos na Inglaterra de armazéns italianos, de secos e molhados, mas, em geral, os ingleses aqui vendem suas mercadorias em grosso a retalhistas nativos ou franceses.* [...] *As ruas estão, em geral, repletas de mercadorias inglesas. A cada porta as palavras Superfino de Londres saltam aos olhos: algodão estampado, panos largos, louça de barro, mas, acima de tudo, ferragens de Birmingham, podem-se obter um pouco mais caro do que em nossa terra nas lojas do Brasil.*

Maria Graham. *Diário de uma viagem ao Brasil*. São Paulo: Edusp, 1990, p. 230 (publicado originalmente em 1824). Adaptado.

Esse trecho do diário da inglesa Maria Graham refere-se à sua estada no Rio de Janeiro em 1822 e foi escrito em 21 de janeiro deste mesmo ano. Essas anotações mostram alguns efeitos

a) do Ato de Navegação, de 1651, que retirou da Inglaterra o controle militar e comercial dos mares do norte, mas permitiu sua interferência nas colônias ultramarinas do sul.

b) do Tratado de Methuen, de 1703, que estabeleceu a troca regular de produtos portugueses por mercadorias de outros países europeus, que seriam também distribuídas nas colônias.

c) da abertura dos portos do Brasil às nações amigas, decretada por D. João em 1808, após a chegada da família real portuguesa à América.

d) do Tratado de Comércio e Navegação, de 1810, que deu início à exportação de produtos do Brasil para a Inglaterra e eliminou a concorrência hispano-americana.

e) da ação expansionista inglesa sobre a América do Sul, gradualmente anexada ao Império Britânico, após sua vitória sobre as tropas napoleônicas, em 1815.

3. (UEM-PR) No início do século XIX, em razão das guerras napoleônicas, a Corte Portuguesa transfere-se para o Rio de Janeiro. A colônia portuguesa na América torna-se a sede da Corte. A esse respeito, assinale a(s) alternativa(s) correta(s).

(01) Ao chegar ao Rio de Janeiro, o rei de Portugal realiza uma série de reformas administrativas e culturais para adaptar a cidade às necessidades da vida cortesã.

(02) Nesse período, o Brasil recebe uma grande influência da cultura europeia, sobretudo, após a chegada da missão artística francesa.

(04) Nesse período, Jean-Baptiste Debret documentou, em seus desenhos e aquarelas, dentre outros temas, cenas da sociedade do Rio de Janeiro, os usos e costumes dos habitantes da colônia.

(08) Na arquitetura, a missão artística francesa desenvolveu o estilo neoclássico, abandonando os princípios barrocos.

(16) Com o final do período joanino e o retorno da missão artística francesa à Europa, cessou, no Brasil, a influência cultural francesa e se iniciou o movimento modernista brasileiro.

4. (Uespi) O historiador Oliveira Lima define D. João VI, como um grande estadista. Com relação às medidas adotadas por esse monarca, logo após sua chegada ao Brasil, em 1808, destaca-se:

a) a transposição da estrutura administrativa portuguesa, como tribunais, ministérios e cartórios, cujos cargos foram preenchidos apenas por brasileiros.

b) o estreitamento das relações comerciais com a Inglaterra, simbolizado pela abertura dos portos brasileiros ao comércio exterior.

c) a assinatura do Tratado de Madri, com a Espanha, distendendo as fronteiras territoriais da região sul do Brasil.

d) a criação do Instituto Histórico e Geográfico Brasileiro (IHGB), no Rio de Janeiro, para construção de uma nova identidade para a nação recém-fundada.

e) a concessão do perdão para os participantes na Revolução Pernambucana, também reconhecida como Revolução dos Padres.

5. (Uerj) O impacto da vinda da Família Real portuguesa para o Brasil implicou alterações significativas para a cidade do Rio de Janeiro que se prolongaram durante todo o período conhecido como "joanino". Essas alterações produziram uma nova dinâmica socioeconômica e redefiniram, em vários aspectos, a inserção da cidade no contexto internacional.

Uma função urbana associada a essa nova inserção está indicada em:

a) crescente polo turístico em função da chegada da Missão Artística Francesa.

b) expressivo núcleo comercial articulado à nascente rede ferroviária brasileira.

c) principal porto brasileiro relacionado à importação legal de manufaturas britânicas.

d) importante centro religioso decorrente da instalação do Tribunal da Santa Inquisição.

6. (PUC-RJ) Sobre as transformações político-sociais e econômicas ocorridas durante a permanência da Corte portuguesa no Brasil (1808-1821), estão corretas as afirmações a seguir, À EXCEÇÃO DE:

a) A vinda da família real para o Brasil transformou a colônia no principal centro das decisões políticas e econômicas do Império português.

b) A abertura dos portos favoreceu os interesses dos proprietários rurais produtores de açúcar e algodão, uma vez que se viram livres do monopólio comercial.

c) A permanência da Corte portuguesa no Rio de Janeiro satisfez os interesses dos diferentes grupos sociais da colônia e trouxe benefícios para todas as regiões do Brasil.

d) Durante o Período Joanino, organizaram-se novos órgãos e instituições, como o Banco do Brasil e a Casa da Moeda.

e) Dentre as medidas que mudaram o perfil político-econômico da colônia, destacaram-se os tratados de Aliança e Amizade e de Comércio e Navegação, que deram benefícios aos ingleses.

7. (PUC-RJ) *O Rio de Janeiro é a capital do Brasil há bastante tempo, muito antes de a família real deixar Lisboa. Traçarei uma breve descrição dessa cidade a partir do que pude apurar durante a minha estada.* [...]
O comércio [...] *progrediu muito depois que a cidade tornou-se residência real* [...]
Os ingleses têm aberto muitos cafés no Rio de Janeiro, uma novidade, que tenho certeza, será bem acolhida. De fato, desde março de 1808, toda a cidade vem passando por transformações e recebendo melhorias.

Conde Thomas O'Neill, 1809. Apud Jean Marcel Carvalho França. "Outras visões do Rio de Janeiro Colonial – Antologia de Textos". Rio de Janeiro: José Olympio, 2000. p. 310-320.

A descrição do inglês Thomas O'Neill destaca algumas das transformações ocorridas desde a chegada da Corte portuguesa ao Rio de Janeiro no ano de 1808.

a) Explique por que, a partir da abertura dos portos (1808), ocorreu a preponderância dos ingleses nas transações comerciais com o Brasil.

b) Cite duas transformações culturais ocorridas na cidade do Rio de Janeiro durante o Período Joanino (1808-1821).

8. (Uece) *A história do Período Joanino no Brasil é inseparável do anedotário que traça o perfil de sua mais importante personagem feminina: a Princesa Carlota Joaquina de Bourbon e Bragança.*

(Fonte: AZEVEDO, Francisca L. Nogueira. "Carlota Joaquina na Corte do Brasil". Rio de Janeiro: Civilização Brasileira, 2003, p. 17).

Sobre a princesa Carlota Joaquina, são feitas as seguintes afirmações:

I. A historiografia tanto brasileira, quanto portuguesa, foi comumente parcial tanto no tocante à vida pública quanto à vida privada da Princesa.

II. O tratamento dado à figura da Princesa fixou no imaginário social a imagem de uma mulher vulgar, ambiciosa e transgressora de todas as normas morais e éticas do seu tempo.

III. Enquanto no Brasil a imagem da princesa foi construída de modo negativo, em Portugal sua memória foi construída de forma apologética e D. Carlota é vista até hoje como heroína.

Assinale o correto.

a) Apenas as afirmações II e III são verdadeiras.

b) Apenas as afirmações I e III são falsas.

c) Apenas as afirmações I e II são verdadeiras.

d) Apenas as afirmações I e II são falsas.

9. (PUC-RJ) À EXCEÇÃO DE UMA, as alternativas a seguir apresentam de modo correto algumas das transformações culturais e científicas promovidas pelo governo joanino (1808-1821), durante a permanência da Corte portuguesa no Brasil. ASSINALE-A.

a) Ainda que tivessem sido criados a Impressão Régia e o primeiro jornal do Brasil, a existência da censura e a ação da Intendência Geral de Polícia coibiram com sucesso a difusão de ideias contrárias ao governo joanino.

b) Pouco depois de chegar ao Brasil, D. João fundou o Real Horto (o Jardim Botânico do Rio de Janeiro), onde foram aclimatadas e introduzidas novas espécies vegetais.

c) Logo após a elevação do Brasil à categoria de Reino-Unido a Portugal e Algarves, o Príncipe-regente autorizou a vinda da Missão Artística Francesa, chefiada por Joaquim Lebreton, da qual faziam parte artistas como Jean-Baptiste Debret.

d) Com o acervo trazido do velho Reino, foi criada a Biblioteca Real, origem da atual Biblioteca Nacional.

e) Chegaram à América portuguesa cientistas e viajantes estrangeiros, como o zoólogo Spix, o botânico Martius e o naturalista Saint-Hilaire, que percorreram o território realizando inventários de comunidades, da geografia, da fauna e da flora.

10. (UFRGS-RS) Assinale com V (verdadeiro) ou F (falso) as afirmações a seguir, com relação às contestações ao poder monárquico ocorridas no Brasil oitocentista.

( ) Durante o período joanino, não ocorreram revoltas contra a monarquia portuguesa estabelecida nos trópicos.

( ) O Primeiro Reinado foi um período muito conturbado, durante o qual a principal revolta interna foi a Confederação do Equador.

( ) No período regencial, as revoltas disseminaram-se pelo Brasil afora, atingindo as províncias fronteiriças do Rio Grande do Sul e do Pará.

( ) O Segundo Reinado foi o período de consolidação do projeto centralizador da Coroa, não havendo ocorrência de revoltas.

A sequência correta de preenchimento dos parênteses, de cima para baixo, é

a) V – V – F – V.
b) V – F – V – F.
c) F – V – V – F.
d) F – V – F – V.
e) F – F – V – V.

11. (PUC-RJ) Entre as ações empreendidas pelo governo joanino durante a permanência da Corte portuguesa no Rio de Janeiro (1808-1821), NÃO É CORRETO afirmar que houve:

a) a extinção do monopólio português sobre o comércio com o Brasil.
b) a concessão de vantagens econômicas aos comerciantes ingleses.
c) a suspensão do tráfico intercontinental de escravos.
d) a efetivação de uma política de expansão territorial.
e) a elevação do Brasil à condição de reino.

12. (UFRGS-RS) Assinale a alternativa que preenche corretamente as lacunas do texto a seguir, na ordem em que aparecem.

Com a transferência da Corte portuguesa para o Brasil, uma das primeiras medidas tomadas por Dom João foi a __________. Como resultado dessa medida, o pacto colonial foi na prática eliminado. No campo da política externa, as atenções do novo Império luso-brasileiro miraram os dois extremos da fronteira da América portuguesa, ou seja, a __________ e a __________, onde aconteceram intervenções militares. Durante o período joanino, houve ainda a abertura do Brasil ao olhar estrangeiro, que teve como decorrência a vinda de expedições científicas e artísticas ao país, dentre as quais se destacou a ________.

a) assinatura do Tratado de 1810 com a Inglaterra – Guiana Inglesa – Cisplatina – Missão Francesa
b) abertura dos portos às nações amigas – Guiana Inglesa – Cisplatina – Missão Holandesa
c) assinatura do Tratado de 1810 com a Inglaterra – Guiana Francesa – Argentina – Missão Inglesa
d) abertura dos portos às nações amigas – Guiana Francesa – Cisplatina – Missão Francesa
e) assinatura do Tratado de 1810 com a Inglaterra – Guiana Holandesa – Argentina – Missão Inglesa

13. (PUCC-SP) *Na limpidez transparente de um universo sem culpa, entrevemos o contorno de uma terra sem males definitivos ou irremediáveis, regida por uma encantadora neutralidade moral. Lá não se trabalha, não se passa necessidade, tudo se remedeia. Na sociedade parasitária e indolente, que era a dos homens livres do Brasil de então, haveria muito disto, graças à brutalidade do trabalho escravo, que o autor elide junto com outras formas de violência. [...] Por isso, tomamos com reserva a ideia de que as "Memórias de um sargento de milícias" são um panorama documentário do Brasil joanino [...].*

(Antonio Candido, *Dialética da malandragem.* "Memórias de um sargento de milícias")

Analise as afirmações sobre o período a que o texto se refere.

I. A Coroa portuguesa suspendeu todas as concessões de futuras sesmarias, até o estabelecimento de um novo regime de propriedade legal da terra. Essas medidas favoreciam diretamente os interesses ingleses.
II. O governo português autorizou o livre-comércio entre o Brasil e as demais nações não aliadas da França; o imposto de importação a ser pago nas alfândegas brasileiras pelos produtos estrangeiros foi fixado em 24%; os produtos portugueses pagavam 16%.
III. Portugal, ao mesmo tempo que deu aos produtos ingleses tarifa preferencial de 15% no Brasil, inferior a dos seus próprios artigos, comprometeu-se a limitar o tráfico de escravos.
IV. O governo foi responsável pela implantação de diversas academias e obras culturais no Brasil e pela contratação de artistas e professores estrangeiros.
V. Os acordos realizados com a Inglaterra impulsionaram a imigração europeia para o Brasil, deslocando o eixo econômico do Nordeste para a região Sudeste, no final do século XIX.

É correto o que está afirmado SOMENTE em

a) I, II e IV.
b) I, II e V.
c) I, III e IV.
d) II, III e IV.
e) II, III e V.

14. (Mack-SP) *A Abertura de Portos foi um ato historicamente previsível, mas ao mesmo tempo impulsionado pelas circunstâncias do momento. Portugal estava ocupado por tropas francesas e o comércio não podia ser feito através dele. Para a Coroa, era preferível legalizar o extenso contrabando existente entre Colônia e a Inglaterra e receber os tributos devidos.*

Boris Fausto

A Abertura de Portos produziu inúmeras transformações EXCETO:

a) a escalada inglesa pelo controle do mercado colonial brasileiro, consolidada nos Tratados de 1810.
b) a necessidade do governo Joanino de conciliar os interesses dos grandes proprietários brasileiros e comerciantes reinóis.
c) que a medida foi acompanhada da revogação dos decretos de proibição da produção de manufaturas na Colônia.
d) que a presença inglesa não anulou nossos esforços de industrialização, em virtude das tarifas protecionistas e do pequeno volume de importações inglesas.
e) a questão da escravidão, que interessava à Inglaterra nesse momento, foi incluída nos tratados e acordos entre Portugal e Inglaterra.

Respostas

Exercícios propostos

MÓDULO 1

1. b
2. 2 e 3 estão corretos.
3. e
4. d
5. b

MÓDULO 2

1. c
2. d
3. e
4. b
5. d
6. d

MÓDULO 3

1. d
2. d
3. b
4. b
5. d
6. c
7. c
8. a
9. b
10. a
11. a
12. c
13. a
14. 0, 1 e 2 estão corretos.
15. 04 + 32 = 36

MÓDULO 4

1. a
2. c
3. c
4. d
5. e
6. c
7. e
8. a
9. e
10. c
11. d
12. e
13. e
14. c
15. b

MÓDULO 5

1. d
2. c
3. b
4. c
5. e

MÓDULO 6

1. d
2. c
3. c
4. e
5. d

MÓDULO 7

1. b
2. e
3. e
4. e
5. e
6. b

MÓDULO 8

1. c
2. d
3. c
4. d
5. c
6. a

MÓDULO 9

1. d
2. a
3. e
4. b
5. e
6. b

MÓDULO 10

1. c
2. c
3. b
4. a
5. c
6. d
7. e
8. b

MÓDULO 11

1. 01 + 08 = 09
2. e
3. b
4. e
5. e
6. d
7. b
8. F – V – V – F – V

MÓDULO 12

1. c
2. d
3. e
4. c
5. 01 + 02 + 08 = 11
6. a

MÓDULO 13

1. e
2. a
3. a
4. a
5. d

MÓDULO 14

1. d
2. d
3. e
4. e
5. b
6. a
7. b
8. a

MÓDULO 15

1. c
2. e
3. a
4. d
5. b
6. b

MÓDULO 16

1. c
2. c
3. c
4. d
5. b

MÓDULO 17

1. c
2. a
3. d
4. a
5. d
6. d

MÓDULO 18

1. b
2. c
3. a
4. e
5. b

MÓDULO 19

1. d
2. d
3. a) Ficou conhecido por Graco Babeuf (Françoise Noël Babeuf).
   b) Na medida em que Napoleão consagrou o direito à propriedade e sua garantia no Código Civil de 1804, ele também firmou o eixo da jurisprudência garantidora da ordem capitalista que se cristalizava por toda a Europa.
4. e
5. d
6. e

MÓDULO 20

1. c
2. d
3. d
4. b
5. e

Exercícios-tarefa

MÓDULO 1

1. c
2. c
3. a
4. a
5. a
6. e
7. 01 + 04 + 08 + 16 = 29
8. b
9. a
10. c
11. a
12. e
13. e
14. c
15. e

MÓDULO 2

1. a
2. a
3. a
4. d
5. d
6. e
7. c
8. b
9. e
10. c
11. 01 + 02 + 16 = 19
12. a
13. F – F – F – F – V
14. b
15. c
16. 01 + 04 = 05
17. c

MÓDULO 3

1. d
2. b
3. c
4. a
5. d
6. 02 + 04 + 16 = 22
7. d
8. c
9. a
10. a) O texto de Homero, da Grécia antiga, mostra a visão grega sobre a sociedade dos ciclopes. Ressalta o contraste com a vida urbana grega, o papel das assembleias, a ordenação comum das leis entre os que viviam no cimo das montanhas. Já a Carta de Caminha mostra a ótica cristã na definição dos nativos, prontos para serem doutrinados na fé portuguesa.
    b) Na finalidade econômica sobressaiam os interesses de exploração, da conquista de riquezas, da efetivação da colonização exploradora. Metais preciosos e outros bens promoveriam o enriquecimento metropolitano com seus agentes e grupos sociais envolvidos.
11. 02 + 04 = 6
12. c
13. a) A ordenação política grega antes das Guerras Médicas era a divisão em cidades-Estados autônomas, umas estruturadas de forma oligárquica e outras, como Atenas, de forma democrática.
    b) Com a guerra, as cidades-Estado tiveram que buscar alguma unidade no enfrentamento do inimigo comum, os persas. Foi o caso da Confederação de Delos, sob a liderança de Atenas. Também os custos das guerras e o gerenciamento da aliança das *polis* resultou em divergências e confrontos militares nas Guerras do Peloponeso. O desdobramento de tantos conflitos foi um certo esgotamento das *polis* e a posterior conquista macedônia, que unificou o mundo helênico.
14. e
15. a/b) A estrutura social da sociedade antiga privilegiava a riqueza e o ócio, duas características vistas como virtudes. A vida e a dignidade do homem não são medidas pelo seu trabalho, mas por sua habilidade em viver de renda. A vida ociosa permite o tempo necessário de se dedicar a tarefas reservadas para aqueles moralmente dignos, que enaltecem a existência humana, tais como a filosofia e o serviço público. A

hierarquia social da sociedade antiga foi baseada na divisão entre aqueles com meios de garantir seu sustento sem ter que trabalhar e os demais, que desenvolviam tarefas braçais ou serviços considerados menos dignos. Assim, o trabalho é visto como obrigação relegada àqueles que, por causa de sua condição social, são incapazes de contribuir para o desenvolvimento humano, uma condição perniciosa à sociedade antiga. O poder político na sociedade antiga estava altamente limitado e reservado para aqueles que vivam de renda e dedicavam a vida à ociosidade.

16. 02 + 04 = 6

MÓDULO 4

1. F – F – F – V – F
2. d
3. c
4. a) Até a Lei das 12 Tábuas, as leis romanas eram orais e dependiam da interpretação dos juízes patrícios, o que causou seguidas revoltas por parte dos plebeus. A rebelião plebeia de 454 a.C. culminou com a Lei das 12 Tábuas. Sua estruturação fundamentava o Direito Romano, assentado nos costumes (leis consuetudinárias) tradicionais e em princípios populares como os apontados acima.
   b) O fragmento apresentado da Lei das 12 Tábuas mostra a importância da testemunha na ordenação jurídica romana como meio de comprovar a acusação apresentada. Por sua vez, a prova serve de fundo da punição.
5. b
6. d
7. d
8. V – F – V – F – F
9. b
10. b
11. b
12. c
13. c
14. b
15. c
16. 01 + 16 = 17

MÓDULO 5

1. d
2. c
3. c
4. a
5. d
6. c
7. d
8. 01 + 04 + 08 = 13
9. c
10. a
11. b
12. a
13. d
14. O Império Bizantino nasce do desmembramento do Império Romano, cuja capital é transferida para Constantinopla no século IV (em 330 pelo imperador Constantino), e manteve centralidade de poder na figura do imperador. O Império Romano do Ocidente tinha uma cultura predominantemente latina, e seus territórios estavam em processo de desmembramento político com as invasões de povos germânicos, o que favorecia a centralidade política da Igreja Católica e o esvaziamento das cidades. Já o Império Romano do Oriente tinha uma cultura predominantemente grega e manteve nesse período uma unidade política e territorial urbanizada, com centralização política na figura do imperador (nesse período destacou-se, dentre outros, o imperador Justiniano, de 527 a 565), que manteve forte controle sobre a Igreja cristã (cesaropapismo).
15. a
16. e

MÓDULO 6

1. b
2. c
3. e
4. a
5. d
6. e
7. As migrações ou invasões bárbaras sobre o Império Romano do Ocidente tiveram em sua origem as pressões dos hunos e os acordos com o Império na defesa de terras e regiões fronteiriças e posterior ocupação do próprio Império. O sentido adjetivado vândalos surge pela característica violenta destes povos.
8. a
9. d
10. c
11. a) A coroação de Carlos Magno pelo Papa Leão III caracterizava o Imperador como detentor do poder religioso e militar, cujo alcance se estendia por praticamente toda a Europa, o que lhe conferia um poder superior ao dos demais monarcas do período.
    b) O Renascimento Carolíngio pode ser caracterizado pela produção artística e cultural que remete a elementos greco-romanos, germânicos e cristãos, pela criação de escolas em mosteiros, catedrais e palácios, pela valorização dos estudos clássicos como parte do dever religioso que Carlos Magno se atribuía como defensor da fé cristã.
12. d
13. b
14. b
15. a
16. 01 + 02 + 04 + 08 + 16 = 31
17. e

MÓDULO 7

1. a
2. c
3. 02 + 04 + 08 = 14
4. d
5. d
6. a
7. d
8. a
9. V – F – V – F – F
10. 01 + 04 = 05
11. b
12. a
13. a
14. a
15. a
16. d
17. d
18. d

MÓDULO 8

1. a) O arado, a rotatividade do plantio, o uso da tração animal, as novas ferramentas e os novos produtos agrícolas fizeram parte das transformações desse período.
   b) As cruzadas, as novas rotas e a reabertura do Mediterrâneo ao controle cristão ocidental, a emergência de novos grupos ligados a essa atividade, como banqueiros, artesãos e grandes mercadores, e o aumento populacional.
   c) A peste negra dizimou grande parte da população europeia.
2. c
3. e
4. b
5. c
6. b
7. a) A partir do texto, o candidato poderia mencionar, no aspecto econômico, o impacto causado pela alta mortalidade sobre a mão de obra, o que desorganizou as relações sociais e de trabalho. No aspecto religioso, o texto faz referência à concepção da peste como um castigo pelo pecado dos governantes, o que repercutiria, por exemplo, no surgimento de novas formas de devoção.
   b) Neste item, o candidato poderia mencionar, entre outras características, a concepção de uma sociedade dividida em três ordens (religiosos, guerreiros e trabalhadores), bem como o próprio caráter sagrado do laço de fidelidade que prendia suseranos a vassalos.
8. a) O modelo feudal.
   b) Descentralização política, com maior controle dos senhores locais. A servidão estabelecia as relações de obrigatoriedade do camponês numa economia ruralizada. Entre os nobres, a suserania e a vassalagem eram a forma de estabelecer a hierarquia. O pensamento cristão predominava no mundo feudal, que tinha uma sociedade estamental.
9. b
10. a) Os motivos que levaram às disputas medievais entre o Estado (monarquias) e a Igreja (papa) decorrem da busca pelo controle político. Ambas instituições tinham uma base aristocrática que mantinha o controle de vasta gama de fiéis seguidores. O papa, por meio da Igreja, no entanto, possuía um poder além dos limites nacionais e estabelecia influência direta na cultura e nas práticas sociais da época, chegando até mesmo ao controle do poder temporal em determinadas regiões.
    b) No período seguinte a esses conflitos houve um maior controle do poder temporal por mais de uma monarquia centralizadora que intermediava os interesses da nobreza, do clero e do emergente grupo mercantil, que tinham, nessas monarquias, o controle militar. A Igreja era parte das práticas políticas, porém dividia espaço com os demais grupos e pensamentos científico-racionais que ganhariam força no período seguinte.
11. d
12. b
13. F – V – F – V – V
14. e
15. b
16. c

MÓDULO 9

1. c
2. e
3. d
4. F – F – V – V – V
5. c
6. O conflito entre o poder do papa e o dos reis, imperadores ou príncipes. A disputa entre o poder da Igreja (espiritual) e o do Estado (reis, príncipes ou imperadores – temporal) fez parte do período, como os episódios das Querelas das Investiduras ou do Papado de Avignon.
7. a
8. a) Conforme o texto expressa, a estratégia adotada pelo papado, a partir do Terceiro Concílio de Latrão, esteve associada à aliança com o poder temporal. O papado recorria às leis seculares e aos príncipes no combate às heresias.
   b) Considerando o texto, os seguintes procedimentos podem ser elencados:
      – o julgamento;
      – a excomunhão dos hereges e dos seus protetores;
      – o suplício;
      – o isolamento social.
9. d
10. c
11. 01 + 04 + 08 = 13
12. 02 + 04 + 64 = 70
13. a
14. a) O estilo gótico. A catedral de Saint Denis é tida como primeiro monumento da arquitetura gótica.
    b) A Igreja desempenha poder econômico (terras e obrigações servis), cultural (universidades e mosteiros) e disputa o poder político com reis, príncipes e imperadores, por vezes submetendo estes à sua autoridade.
15. e
16. a) A mulher.
    b) O trovadorismo tem característica no drama amoroso que passeia pela fidelidade amorosa, dos cortejos cultivados e submissões à dama.
17. 02 + 08 + 16 = 26
18. d
19. b

MÓDULO 10

1. b
2. d
3. a
4. c
5. c
6. 04 + 16 = 20
7. c
8. d
9. d
10. d
11. a
12. b
13. a
14. a
15. b
16. d

MÓDULO 11

1. b
2. c
3. a) Ao Renascimento.

   b) Podem ser citadas: individualismo, valorização da razão ou humanismo. Mesmo não escapando por vezes do tema religioso, deu-se mais força ao homem como eixo do saber e da busca do conhecimento.

   c) O novo saber chocou-se com dogmas estabelecidos, a exemplo do heliocentrismo em oposição ao geocentrismo adotado pela Igreja. Esta, por sua vez, recorreu à repressão, via Tribunal do Santo Ofício, como no caso de Galileu Galilei.
4. b
5. d
6. b
7. c
8. b
9. a
10. a
11. b
12. 01 + 02 + 04 + 08 = 15
13. c
14. c

MÓDULO 12

1. e
2. a
3. d
4. a
5. a
6. c
7. b
8. d
9. c
10. d
11. e
12. c
13. c
14. d
15. e

MÓDULO 13

1. Como objetivo econômico, participar da partilha colonial, firmar um domínio na América do Sul (região do Rio de Janeiro) e assim ter acesso às riquezas do Novo Mundo, a exemplo do pau-brasil. No plano religioso, as guerras de religião dominavam a França do período e colocavam em lados opostos os católicos e os huguenotes (protestantes), sendo Colligny um dos importantes representantes destes últimos.
2. b
3. e
4. a) No mundo romano antigo o politeísmo mesclava-se com o dos demais povos conquistados. Já no império ibérico prevaleceu o catolicismo da Contrarreforma, único admitido em seus domínios.

   b) As visitas dos integrantes dos Tribunais do Santo Ofício (Inquisição) e até mesmo condenações, que impuseram valores e reprimiram costumes e práticas tidas como condenáveis.
5. b
6. a) Piratas eram particulares e corsários tinham apoio governamental.

   b) Enfraquecer a rival Espanha, combater os católicos e tomar riquezas coloniais.
7. 01 + 08 = 09
8. A unidade e centralização políticas estavam ausentes na Germânia, sendo importante barreira à dinamização de um Estado moderno e capacitado a enfrentar outros Estados rivais.
9. a
10. c
11. b
12. a
13. a
14. d
15. d
16. c

MÓDULO 14

1. a
2. 01 + 02 + 04 + 08 = 15
3. c
4. c
5. a
6. 01 + 02 + 04 + 08 + 16 = 31
7. b
8. b
9. c
10. e
11. e
12. a
13. e
14. d
15. c

MÓDULO 15

1. d
2. 01 + 02 + 04 + 08 = 15
3. d
4. 01 + 02 + 04 = 07
5. b
6. a
7. c
8. d
9. c
10. e
11. d
12. c
13. e
14. e
15. b
16. d

MÓDULO 16

1. e
2. b
3. c
4. d
5. a
6. a
7. b
8. a
9. b
10. a
11. a) A independência das 13 colônias da América do Norte.

    b) A influência da independência no continente americano pode ser observada no pensamento republicano e federalista. Na América Central, destaque para o Haiti; e na América espanhola, as independências no século XIX.
12. b
13. 01 + 04 + 08 = 13
14. a

MÓDULO 17

1. d
2. e
3. c
4. a
5. c
6. d
7. d
8. 01 + 04 = 05
9. 01 + 02 + 04 + 08 + 16 = 31
10. d
11. c
12. e
13. e
14. d
15. b
16. e
17. a
18. a
19. d

MÓDULO 18

1. a
2. 01 + 02 = 03
3. a
4. Apenas os itens b e c estão incorretos.
5. e
6. c
7. e
8. b
9. 04 + 08 + 16 = 28
10. b
11. a) Nesse item o candidato deveria perceber que, segundo o texto, havia mais de uma razão para os camponeses matarem coelhos e pombos: por um lado, os animais destruíam a produção agrícola dos camponeses; por outro, sendo a caça um direito exclusivo da nobreza, a matança desses animais simbolizava uma afronta a um privilégio aristocrático.
    b) O candidato poderia mencionar, entre outros, os seguintes privilégios eliminados pela Revolução Francesa: a exclusividade na caça, a cobrança de obrigações feudais pela nobreza, o uso de títulos de nobreza, a exploração do trabalho servil, a existência de tribunais especiais para os nobres, a isenção de impostos, a exclusividade no exercício de altos cargos na administração pública, justiça, exército e Igreja.
12. b
13. b
14. d
15. a

MÓDULO 19

1. d
2. a
3. c
4. a
5. c
6. d
7. b
8. a
9. e
10. a
11. c
12. b
13. a
14. b
15. 02 + 04 + 16 = 22

MÓDULO 20

1. b
2. c
3. 01 + 02 + 04 = 07
4. b
5. c
6. c
7. a) No momento do decreto as nações amigas resumiam-se praticamente à Inglaterra e referiam-se ao acordo firmado pela escolta da família real de Portugal à colônia. Apesar da suspensão do alvará que proibia manufaturas no Brasil, os produtos ingleses predominaram em razão dos tratados comerciais e de navegação. A Inglaterra era grande potência marítima e industrial, além de contar com taxações privilegiadas no comércio sob os domínios portugueses.
   b) Podem ser citados a criação do Jardim Botânico, a escola de Medicina e de Direito, o Teatro Real, a Imprensa Real, a Academia Real de Belas Artes, a Biblioteca Real e outros.
8. c
9. a
10. c
11. c
12. d
13. d
14. d

Revisão 2

MÓDULO 21 • A independência da América Espanhola

O reinado espanhol de Carlos III **Bourbon** (1759-1788) baseou-se no "**despotismo esclarecido**": ao mesmo tempo em que modernizou a administração, fundou escolas e estimulou a produção, ampliou a rivalidade com a Inglaterra, e suas mudanças fiscais trouxeram mais dificuldades para os colonos da América.

Durante o reinado de seu sucessor, Carlos IV (1788-1808), a situação agravou-se ainda mais. Com a invasão das tropas napoleônicas, Carlos foi destituído e José Bonaparte (irmão de Napoleão) foi coroado, gerando a insatisfação colonial que desencadeou o processo de independência da América Espanhola.

Os *criollos* lideraram o processo de independência, contando com as Câmaras Municipais (**cabildos**), instalando as Juntas Governativas, assumindo a administração e transformando-se de 1810 a 1814 na irradiação dos ideais emancipacionistas. Em 1814 (derrota de Napoleão), os Bourbon voltaram ao governo espanhol e reprimiram os separatistas.

Chapetones

Criollos

Mestiços

Indígenas

Escravizados

Ilustrações: Rodval Matias/Arquivo da editora

A partir de 1817, desencadeou-se o processo de independência, tendo à frente **Simón Bolívar** e **San Martín**, que lideraram os *criollos* e ganharam o apoio da Inglaterra e dos EUA. Simón Bolívar, conhecido como "O Libertador", partiu da capitania geral da Venezuela (onde nasceu) e Peru para a guerra de independência em direção ao Sul, defendendo seu ideal de uma América do Sul livre, unida e republicana.

Já San Martín, da região que viria a ser a Argentina, liderou o "Exército dos Andes" em direção ao Norte e defendeu a independência por meio da Monarquia Constitucional. Participou da independência do Chile junto com **Bernardo O'Higgins**. De lá, San Martín dirigiu-se para o Peru, com a ajuda do lorde inglês Cochrane, libertando Lima em 1821. Bolívar, com apoio inglês e norte-americano, firmou a independência de Venezuela (1817), Colômbia (1819) e Equador (1821), encontrando com as forças de San Martín em Guayaquil (Equador) no ano seguinte. Nesse encontro, San Martín desistiu de seu projeto monárquico e Bolívar seguiu para consumar a independência do Peru, em 1824. Dois anos depois, no Congresso do Panamá, Bolívar defendeu seu ideal de unidade da América Latina (bolivarismo).

No México, a maioria da população era formada por indígenas e mestiços (80%). Foram várias as tentativas frustradas de emancipação política com Miguel Hidalgo, o padre Morellos e Vicente Guerrero que lutaram pelas reformas sociais populares e pelo fim da escravidão, recebendo oposição da aristocracia *criolla* e dos altos funcionários.

Enviado pelo vice-rei contra os insurgentes, Agustín Iturbide aliou-se a Guerrero em 1821 e formulou o **Plano de Iguala** (independência, igualdade de direitos entre os *criollos* e os espanhóis, supremacia da Igreja católica, garantia à propriedade e monarquia). O trono foi oferecido ao rei espanhol Fernando VII, que não aceitou. No ano seguinte, Iturbide proclamou-se imperador **Agustín I**, mas acabou sendo deposto e fuzilado por um levante republicano.

A América Central, inicialmente unida ao México, proclamou sua independência em 1824 (Províncias Unidas da América Central) e fragmentou-se em repúblicas autônomas a partir de 1838.

Na América do Sul, o Paraguai constituiu uma república em 1813, com Gaspar Francia; a Argentina, em 1816, com Manuel Belgrano e San Martín.

Após a independência, prevaleceu a luta entre os chefes locais e os líderes das forças *criollas* libertadoras, conhecidos como **caudilhos**, responsáveis pela instabilidade e pela desunião das novas repúblicas independentes.

Exercícios resolvidos

1. (Unicamp-SP)

> *A Revolução de Saint Domingue (Haiti), entre 1791 e 1803, destruiu a economia de* plantation *na colônia europeia mais rica da época. Como resultado disso e da abolição do tráfico de escravos para as colônias britânicas, em 1807, a exportação de açúcar, café e outros produtos tropicais cresceu em Cuba e no Brasil, que experimentaram um enorme aumento no afluxo de escravos. Essas regiões são caracterizadas no século XIX por uma "segunda escravidão", mais próxima de um sistema industrial na disciplina do trabalho e na inovação técnica na produção. Longe de ser uma instituição moribunda durante o século XIX, esta "segunda escravidão" demonstrou sua adaptabilidade e vitalidade.*
>
> Adaptado de Dale W. *Tomich, Through the Prism of Slavery*: Labor, Capital, and World Economy. Lanham: Rowman & Littlefield Publishers, 2004, p. 69, 80.

a) Segundo o texto, o que caracterizava a vitalidade e a adaptabilidade da "segunda escravidão", desenvolvida no século XIX?

b) Identifique duas características da Revolução de Saint Domingue (Haiti).

Resposta:

a) As seguintes características da segunda escravidão podem ser identificadas a partir da leitura do texto: desenvolveu-se após a crise de produção no Haiti e o fim do tráfico para as colônias britânicas; levou a um crescimento do trabalho escravo em Cuba e no Brasil; aproximou-se de um sistema industrial pela disciplina de trabalho e pela inovação técnica na produção.

b) Pode ser identificado, por exemplo, a influência da Revolução Francesa, o fato de ser realizada por escravos, levando à independência da colônia francesa.

2. (UFU-MG) José Bernardo de Monteagudo, nome emblemático do movimento de independência da América Espanhola, escreveu em 1823:

> *[...] as mútuas relações que existem entre as várias classes que formam a sociedade do Peru tocam no máximo da contradição com os princípios democráticos. A diversidade de condições e variedades de castas, a forte aversão que umas professam pelas outras, o caráter diametralmente oposto de cada uma delas, enfim, a diferença nas ideias, nos usos, nos costumes, nas necessidades e nos meios de satisfazê-las apresentam um quadro de antipatias que ameaçam a existência social, se um governo sábio e vigoroso não for capaz de prever seu influxo.*
>
> MONTEAGUDO, J. B. Apud PRADO, Maria Ligia Coelho. Esperança Radical e desencanto conservador na independência da América Espanhola. In. *História. São Paulo, 22* (2):15-34, 2003. p. 30.

Relacione a ideia de governo presente na fala de José Bernardo de Monteagudo a um dos projetos de Estado vigentes na América Latina no início do século XIX.

Resposta: Na fala é possível perceber a desigualdade da sociedade à época e a contradição do regime republicano democrático em meio ao caudilhismo pós-independência.

3. (Vunesp-SP) Leia atentamente o texto.

> *O período de pré-independência assistiu ao nascimento de uma literatura de identidade, na qual os americanos glorificavam seus países, proclamavam seus recursos e louvavam seu povo. Enquanto mostravam a seus compatriotas as suas qualidades, esses autores apontavam as qualificações dos americanos para os cargos públicos e na verdade para o autogoverno. Os próprios termos instilavam confiança por repetição – pátria, país, nação, nossa América, nós americanos. Embora ainda se tratasse de um nacionalismo mais cultural do que político e não fosse incompatível com a unidade imperial, mesmo assim ele preparava as mentes dos homens para a independência, ao lembrar-lhes que a América tinha recursos independentes e as pessoas para administrá-los.*
>
> LYNCH, John. As origens da independência da América Espanhola. In: BETHELL, Leslie (Org.). *História da América Latina*. São Paulo: Edusp, 2001.

Indique os principais motivos que levaram as colônias espanholas à independência.

Resposta: A crise do sistema colonial, a ascensão do pensamento iluminista, com reforço do liberalismo econômico e político, a independência das 13 colônias da América do Norte, a Revolução Francesa de 1789 e posterior invasão napoleônica sobre a Península Ibérica motivaram as colônias espanholas a criarem governos próprios, como as Juntas Governativas no início do processo de independência. Vale destacar a participação dos *criollos* e dos chapetones, as lutas antiescravistas e a participação popular no processo.

Exercícios propostos

1. (UFG-GO) O processo de emancipação das colônias espanholas na América, no início do século XIX, foi marcado por lutas prolongadas contra a Coroa. As independências na América do Sul espanhola foram uma decorrência da

a) direção política da elite "criolla", restringindo a participação popular aos campos de batalha.

b) interferência da Inglaterra, apoiando o projeto político de uma confederação americana.

c) abolição da escravidão, com a crescente utilização de ex-escravos nas tropas patriotas.

d) participação norte-americana por meio do envio de soldados.

e) aliança entre Napoleão e os Bourbons, quando a França invadiu a Espanha.

2. (FGV-RJ) A primeira tentativa de emancipação das antigas colônias espanholas na América foi liderada pelo padre Miguel Hidalgo em 1810. Tal movimentação acabou também combatida por grande parte das elites *criollas* do Vice-reino da Nova Espanha (México e Guatemala) porque:

a) apesar de se apresentar como liderança contra a dominação espanhola, Hidalgo estabeleceu uma série de acordos com as autoridades metropolitanas, o que desagradou setores das elites mexicanas.

b) profundamente influenciadas pela independência do Haiti, tais setores das elites mexicanas desejavam o aprofundamento das transformações sociais, e não apenas a emancipação política.

c) o projeto de Hidalgo não atendia às reivindicações das populações mestiças, alijadas tanto da administração colonial quanto das estruturas locais de representação.

d) tais elites da Nova Espanha estavam profundamente influenciadas pelas ideias ilustradas e pela Revolução Francesa e aliaram-se a José Bonaparte, que ocupou o trono espanhol entre 1808 e 1813.

e) tais elites temeram a implementação de grandes mudanças nas estruturas econômicas e sociais, uma vez que o discurso de Hidalgo incorporara os interesses da população indígena e dos camponeses.

3. (Vunesp-SP) O Haiti se tornou livre da França em 1804. Cuba libertou-se da Espanha apenas em 1898, quase um século depois. Sobre os dois processos de independência, é possível afirmar que

a) a ação autonomista dos senhores de escravos determinou a precocidade da independência do Haiti e a demora na de Cuba.

b) as lutas emancipacionistas nos dois países receberam ajuda militar e financeira de países do Ocidente europeu.

c) a libertação do Haiti nasceu de uma rebelião escrava e a de Cuba contou com participação norte-americana.

d) as lavouras canavieiras das duas colônias foram totalmente destruídas durante os conflitos de independência.

e) a independência de Cuba permitiu a instalação do socialismo na ilha e a do Haiti gerou o cenário miserável da atualidade.

4. (UFG-GO) O processo de emancipação das colônias espanholas na América, no início do século XIX, foi marcado por lutas prolongadas contra a Coroa. As independências na América do Sul espanhola foram uma decorrência da

a) direção política da elite "criolla", restringindo a participação popular aos campos de batalha.

b) interferência da Inglaterra, apoiando o projeto político de uma confederação americana.

c) abolição da escravidão, com a crescente utilização de ex-escravos nas tropas patriotas.

d) participação norte-americana por meio do envio de soldados.

e) aliança entre Napoleão e os Bourbons, quando a França invadiu a Espanha.

5. (UFSM-RS) A expulsão das tropas napoleônicas da Espanha, em 1813, possibilita a restauração do trono espanhol. Com o objetivo de restabelecer a ordem, o novo rei reprime os movimentos de emancipação política que vinham ocorrendo nas colônias americanas, desde 1810. Essas novas determinações da Metrópole abalam o quadro sociopolítico da América, gerando:

a) aceitação pacífica da elite *criolla*, tendo em vista que a desordem comercial e política ocasionada pelas revoltas seria superada.

b) restabelecimento do sistema de monopólio e incremento dos polos comerciais americanos, tanto para exportação de produtos primários quanto para importação de manufaturas.

c) consolidação do poder político da Coroa e controle dos grupos sociais nativos que aspiravam à independência política.

d) incremento das revoltas coloniais, em especial aquelas protagonizadas pelos trabalhadores das minas, dos campos e das oficinas de artesanato.

e) revitalização e fortalecimento dos projetos independentistas, liderados por membros da classe dos grandes proprietários de terras e minas.

6. (Fuvest-SP) Nas reivindicações dos movimentos políticos que levaram à independência dos países da América Espanhola, encontram-se alguns traços comuns. Entre eles, a

a) proposta de igualdade social e étnica.

b) proposição de aliança com a França revolucionária.

c) defesa da liberdade de comércio.

d) adoção do voto universal masculino.

e) decisão de separar o Estado da Igreja.

7. (PUC-MG) Com relação aos movimentos de emancipação política da América Espanhola a partir do século XIX, é CORRETO afirmar que:

a) a aristocracia colonial espanhola, pelo seu poder econômico e cultural, pretendia manter o pacto colonial, considerando as vantagens competitivas que o mercado naquele momento espelhava.

b) a classe social dos "criollos" dominava e controlava toda a economia colonial, como a propriedade das terras, o comércio e a organização da cultura religiosa da época.

c) a Revolução Francesa, com seu ideário de liberdade e igualdade, potencializou a perspectiva e a ação política da classe "criolla", estimulando inclusive a criação de um Estado Nacional Republicano na América Espanhola.

d) a classe dos "criollos" era maioria na América Espanhola em relação à dos indígenas, mestiços e negros.

8. (FGV-SP) Comparando-se o processo de independência das colônias da América Espanhola com o do Brasil, no início do século XIX, é correto afirmar que

a) em ambos, a ideologia predominante foi o liberalismo, que influenciou a organização dos novos Estados sob governos republicanos com três poderes.

b) no primeiro, os "criollos" conduziram a emancipação política, mas, no segundo, as camadas médias conseguiram controlar o aparelho de Estado.

c) em ambos, o domínio econômico das respectivas metrópoles foi encerrado e desenvolveu-se o caudilhismo, forma de dominação local das elites de origem nativa.

d) no primeiro, ocorreu a fragmentação do território em vários países, já o Brasil manteve-se politicamente unido e governado pelo herdeiro português.

e) em ambos, o contexto das guerras napoleônicas foi determinante, embora o primeiro tenha sido singularizado pela transferência da Corte para a América.

Liberalismo – Socialismo – Nacionalismo

As transformações econômicas e sociais na passagem do século XVIII para o XIX serviram de campo fértil para a atuação de doutrinas político-sociais, umas justificando e regulando a ordem econômica capitalista em expansão, outras defendendo reformas nessa ordem, e outras ainda condenando-a e buscando sua supressão.

Liberalismo

Herdada de Adam Smith e sua obra *A riqueza das Nações*, o **projeto liberal** defendia a divisão do trabalho como fundamental ao crescimento econômico, a livre concorrência, a garantia da propriedade privada e a "lei" da oferta e da procura, harmonizando os interesses individuais com sua "mão invisível". Seguindo esses princípios, destacaram-se alguns teóricos como David Ricardo e Thomas Malthus, este com a obra *Ensaio sobre o princípio da população*, inspirando a Lei dos Pobres (1834) na Inglaterra e as *workhouses*.

Socialismo

Em oposição à ordem reinante, estavam os defensores do projeto socialista, que propunham reformas ou sua supressão. Inicialmente, com o que se convencionou chamar de **socialistas utópicos**, críticos profundos do progresso social e da situação social, eles primaram por suas propostas reformistas. Entre os que se destacaram, podemos citar: Conde de Saint-Simon, autor de *Cartas de um habitante de Genebra*; Charles Fourier, defensor da criação dos falanstérios (fazendas coletivistas agroindustriais); Robert Owen, com suas comunidades.

Já os **socialistas marxistas** (ou científicos, como também foram denominados) seguiam as ideias de Karl Marx e F. Engels e apontavam a luta de classe como principal motor das transformações sociais, aguçada pela exploração capitalista (mais-valia, que é, em grande parte, apropriada pelos donos dos meios de produção, a burguesia), que leva à insurreição. Afirmavam que a Revolução Socialista seria inevitável e que, tomado o Estado pelo proletariado (por meio suas lideranças), a etapa socialista começaria para realizar a transição em que se daria a completa supressão das desigualdades (propriedade e Estado), quando então teria início o **comunismo**.

Outra corrente socialista foi o **anarquismo**, destacando-se Pierre-Joseph Proudhon, crítico da propriedade, cujas ideias inspiraram Leon Tolstói, Kropotkin e, principalmente, Mikhail Bakunin. Este foi o líder do anarquismo terrorista. Os anarquistas não concordavam com os marxistas quanto à transição socialista, como se fosse um estágio antecessor ao comunismo, e defendiam o salto direto para o comunismo libertário, sem desigualdade e sem Estado.

A efervescência das ideias e projetos políticos, bem como as condições trabalhistas e suas lutas, também motivaram a intervenção da Igreja, com as ideias propagadas na encíclica **Rerum Novarum**, de Leão XIII. Por ela, defendia-se o reformismo contra a injustiça social e também se condenava a ideia de luta de classes e as propostas socialistas revolucionárias.

Nos embates sociais, os socialistas fundaram as **Internacionais**, que resultariam, no século XX, na origem dos partidos socialistas e dos partidos comunistas.

Outra forte corrente política que ganhou impulso com a Revolução Francesa, e mais ainda com as determinações do Congresso de Viena, foi o **nacionalismo**. Ora servindo às mudanças na ordem estabelecida, ora garantindo-a, serviu até mesmo aos seguidores liberais ou socialistas. Foi nessa emergência de valorização de nacionalidades que se deu a unificação da Itália e da Alemanha, novos participantes das disputas internacionais do final do século XIX.

The Bridgeman Art Library/Keystone/Museu Russo, São Petesburgo, Rússia

Abertura do II Congresso da Internacional Comunista em Petrogrado, 1920. Obra de Boris M. Kustodiev, de 1921.

Unificação Italiana

Dividida no Congresso de Viena, a Itália era "uma expressão geográfica", e não uma unidade política. A unificação contou com a liderança de Camilo de Cavour (monarquista), Giuseppe Garibaldi (republicano), comandante dos "camisas vermelhas", e completou-se com o rei da Sardenha-Piemonte, Vitor Emanuel II. A conquista de Roma deu origem à questão romana com o papa (1871), só resolvida no Tratado de Latrão (1929), que criou o Estado do Vaticano.

Unificação Alemã

Região transformada em Confederação Germânica pelo Congresso de Viena, teve na Prússia a sua liderança. Um passo importante foi o *Zollverein* (1834), a união aduaneira entre os estados alemães. Para a unificação, Otto von Bismarck empreendeu diversas guerras: a Guerra dos Ducados, contra a Dinamarca, a Guerra das Sete Semanas, contra a Áustria, e a Guerra Franco-Prussiana, que permitiu completar a unificação. O II Reich alemão foi fundado, e o Tratado de Frankfurt foi imposto à França. A Alsácia e a Lorena dos franceses foram tomadas.

Exercícios resolvidos

1. (UFRRJ) Leia os trechos a seguir, extraídos do Manifesto Comunista de Karl Marx e Friedrich Engels, e responda ao que se pede.

> *O operário moderno, ao invés de ascender com o progresso da indústria, afunda-se cada vez mais abaixo das condições de sua própria classe. [...] A burguesia produz, antes de mais nada, seus próprios coveiros. Seu declínio e a vitória do proletariado são igualmente inevitáveis. [...] O que caracteriza o comunismo não é a supressão da propriedade privada em si, mas a supressão da propriedade burguesa. [...] A propriedade burguesa moderna constitui a última e mais completa expressão do modo de produção e apropriação baseado em antagonismos de classe, na exploração de uma classe por outra.*
>
> FILHO, Daniel Aarão Reis (Org.). *O Manifesto Comunista 150 anos depois.* São Paulo: Fundação Perseu Abramo, 1998, p. 19-21.

a) A Igreja toma posição sobre as ideias socialistas por meio da Encíclica "Rerum Novarum" do Papa Leão XIII. Mencione um posicionamento da Igreja que contradizia as ideias defendidas, pelo texto apresentado, por Karl Marx e Friedrich Engels.
b) Relacione o capitalismo industrial com o surgimento dos movimentos socialistas.

Resposta:
a) Condena a luta de classes e as injustiças sociais, defesa da propriedade privada e reformismo.
b) Os movimentos socialistas partem na defesa do trabalhador e a contradição da geração de riqueza com a industrialização e a desigualdade e miséria da classe trabalhadora.

2. (Fuvest-SP) O cartaz a seguir, parte de uma campanha sindical pela redução da jornada diária de trabalho, foi divulgado em 1919 pela União Interdepartamental da Confederação Geral dos Trabalhadores da Região do Sena, na França.
Tradução dos escritos do cartaz: "União dos Sindicatos de Trabalhadores do Sena". "As 8 horas". "Operário, a regra foi aprovada, mas apenas sua ação a fará ser aplicada".

Reprodução/Coleção particular

http://lewebpedagogique.com/ericdarrasse/category/non-classe.

a) Identifique um elemento visual no cartaz que caracterize a principal reivindicação dos sindicatos e o explique.
b) Identifique e analise a visão de luta social que a cena principal do cartaz apresenta.

Resposta:
a) A luta pela jornada de trabalho de 8 horas diárias é pauta central do cartaz. Essa é uma reivindicação pela melhoria das condições de trabalho, geração de emprego e valorização do descanso.
b) O ponteiro é puxado de um lado por operários que demonstram a necessidade da organização e entendimento pelos trabalhadores para efetivar as conquistas quanto à jornada de trabalho: 8 horas de trabalho é a meta; de outro lado, estão os empresários que buscam aumentar o horário de trabalho, para além das 8 horas.

3. (UFJF-MG) Leia, atentamente, a citação a seguir e responda:

> *Marx defendia a necessidade da ação política e da conquista do poder pelo proletariado organizado em um partido político. Bakunin propunha a necessidade da solidariedade e a prática da revolução, ou seja, a realização da revolução. Bakunin considerava que a manutenção do Estado, mesmo que na forma da ditadura do proletariado, acabaria levando à formação de uma nova classe exploradora e privilegiada, que perpetuaria a opressão econômica e política do Estado.*
>
> TOLEDO, Edilene. "Travessias revolucionárias". Campinas, SP: Ed. Unicamp, 2004, p. 100.

a) Bakunin e Marx representaram duas correntes ideológicas de contestação da ordem liberal burguesa na segunda metade do século XIX. Qual o nome das duas correntes?

b) Explique, com suas palavras, o que defendia o movimento idealizado por Bakunin.

Resposta:

a) Anarquismo e socialismo científico ou marxismo.

b) O anarquismo era contrário às instituições que delegassem hierarquização da sociedade, portanto haveria a revolução em direção da extinção dessas instituições (Estado, Igreja, partido político, família, etc.).

4. (Ufscar-SP) Observe a figura.

Reprodução/Coleção particular

Neste cartaz do século XIX está escrito: oito horas de trabalho, oito horas de lazer e oito horas de repouso.

a) Qual o contexto histórico que produziu essa frase?

b) Relacione o conteúdo da frase com a situação atual dos trabalhadores brasileiros.

Resposta:

a) A frase faz parte do movimento operário do século XIX.

b) A jornada de trabalho ilustrada no cartaz ainda é comum no Brasil. Aqui as organizações trabalhistas buscam limitar a 40 horas semanais, nos cinco dias de trabalho.

Exercícios propostos

1. (Uece) Leia com atenção o texto a seguir.

Os homens fazem sua própria história, mas não a fazem como querem; não a fazem sob circunstâncias de sua escolha, e sim sob aquelas com que se defrontam diretamente, legadas e transmitidas pelo passado.

MARX, Karl. *O Dezoito Brumário de Louis Bonaparte.* São Paulo: Centauro, 2006.

Baseado no texto, assinale a afirmação verdadeira.

a) A história não é construída pelos homens porque ela é predefinida pelo destino.

b) A história permite perceber que a realidade depende unicamente das escolhas dos homens.

c) A história é feita pelos homens dentro de condicionamentos herdados do passado.

d) A história não é feita pelo passado, e sim pelas circunstâncias das escolhas.

2. (Ibmec-SP) Tanto na Europa quanto no Brasil, o ano de 1848 foi pródigo em manifestações contrárias aos modelos políticos e sociais vigentes à época. Considere as seguintes proposições sobre esses eventos:

I. Na Europa, o ano ficou caracterizado pela publicação da obra "O Manifesto Comunista" de Marx e Engels, uma das bases do "Socialismo Científico".

II. No Brasil, D. Pedro II recebia críticas relacionadas à excessiva centralização imperial, sendo algumas defensoras do modelo republicano.

III. Muitas manifestações foram vistas na Europa germânica, com destaque àquelas contrárias ao poder da nobreza e às de cunho nacionalista.

São corretas:

a) Apenas a proposição I.

b) Apenas a proposição III.

c) Apenas as proposições I e II.

d) Apenas as proposições II e III.

e) Todas as proposições.

3. (Fuvest-SP)

O livre comércio é um bem — como a virtude, a santidade e a retidão — a ser amado, admirado, honrado e firmemente adotado, por si mesmo, ainda que todo o resto do mundo ame restrições e proibições, que, em si mesmas, são males — como o vício e o crime — a serem odiados e detestados sob quaisquer circunstâncias e em todos os tempos.

"The Economist", em 1848.

Tendo em vista o contexto histórico da época, tal formulação favorecia particularmente os interesses

a) do comércio internacional, mas não do inglês.

b) da agricultura inglesa e da estrangeira.

c) da indústria inglesa, mas não da estrangeira.

d) da agricultura e da indústria estrangeiras.

e) dos produtores de todos os países.

4. (UFPE) O século XIX foi cenário de movimentos políticos que criticaram o capitalismo. Pensadores como Karl Marx defenderam alternativas políticas diferentes e formularam utopias. Sobre as ideias de Marx, podemos afirmar que elas:

a) ressaltaram a necessidade política de fazer reformas no capitalismo, contudo, sem grandes radicalizações.

b) restringiram-se ao mundo europeu e ao catolicismo da época, marcados pelo conservadorismo.

c) denunciaram, de forma apaixonada, as injustiças sociais e políticas do capitalismo, sem construir utopias.

d) sofreram influências de algumas ideias do liberalismo, embora construíssem outra concepção de mundo.

e) fortaleceram a crítica à classe dominante, sem contudo oferecer alternativas políticas para mudar.

MÓDULO 23 • Europa e Estados Unidos no século XIX

Depois das reações que se corporificaram no **Congresso de Viena** de 1815 e nas aplicações de suas decisões, uma nova onda liberal ganhou impulso por volta dos anos 1830, desmontando o "concerto conservador" do sistema Metternich. Para tanto, contribuiu também a dinamização econômica da **Segunda Revolução Industrial**, que favoreceu o ativismo político de muitos outros atores sociais e seus projetos de poder e de ordem social (liberalismo, socialismo, nacionalismo). Em meio à grande urbanização, os grupos médios da sociedade e o proletariado assumiram protagonismos políticos nas lutas do período, enquanto os poderes estabelecidos e seus participantes mergulharam nas disputas por áreas de domínio neocolonialista. É nesse cenário conturbado, com vários países europeus à frente da dinâmica política, social e ideológica da história do período, que os Estados Unidos avançaram no desenvolvimento, emergindo como poderosa potência na passagem para o século XX.

A Era Vitoriana e a "Pax Britânica"

Principal potência da época, após vencer as forças napoleônicas, a Inglaterra teve a **rainha Vitória** (1837-1901) no governo, em grande parte desse período. Foram tempos de importantes conquistas trabalhistas, por causa do ativismo e das pressões por direitos via ***trade unions*** (sindicatos). Destaque para a **Carta do Povo** (1838), que foi rejeitada pelo Parlamento, mas motivou o movimento cartista, que conseguiu oficializar garantias e direitos nas décadas seguintes: o sufrágio universal britânico só foi alcançado em 1918. Como força motriz da dinâmica capitalista e exercendo hegemonia internacional, representou a era da libra esterlina como a moeda internacional de maior garantia e uso, também denominada de "Pax Britânica".

A França: da Monarquia dos Bourbon à III República

Diante da derrota de Napoleão (antes e depois dos Cem Dias de 1815), o governo passou às mãos dos Bourbon de **Luís XVIII** (até 1824) e depois a **Carlos X**. Com este, buscou-se o restabelecimento do centralismo do Antigo Regime, que ganhou forte oposição e desembocou na **Revolução Liberal de 1830**, passando o poder a **Luís Felipe de Orléans** (rei burguês). O avanço liberal de Luís Felipe esbarrou no ativismo das massas urbanas populares, sendo derrubado **na Revolução de Fevereiro de 1848**. Proclamava-se a II República, que teria diversos reflexos no mundo. Por suas propostas de mudanças profundas de cunho social, foi chamada de "Primavera dos Povos".

The Bridgeman Art Library/Keystone/Museu Carnavalet, Paris, França.

Primavera dos Povos, de Frederic Sorrieu, século XIX.

Nas eleições de 1848. **Luís Bonaparte** venceu, transformando-se em ditador em 1851. No ano seguinte, tornou-se imperador, com o título de **Napoleão III**, e envolveu-se em diversos conflitos internacionais: na Itália, primeiro apoiou, depois combateu os nacionalistas que lutavam pela unificação; na Guerra da Crimeia (1854-1856), foi contra a expansão russa sobre o Império Otomano; no México, coroou Maximiliano de Habsburgo, que acabou fuzilado (1867); na Guerra Franco-Prussiana, acabou derrotado e preso (Sedan 1870). Proclamava-se a III República. Em Paris, formou-se um governo dissidente, socialista — a **Comuna de Paris** (1871), o "assalto ao céu" —, que logo acabou derrotado.

A III República nasceu em meio à humilhação do **Tratado de Frankfurt**, da perda da Alsácia e Lorena e desenvolveu uma intensa política nacionalista e imperialista. Foi a época do Caso Dreyfus (1894) e da *Belle Époque*, que desembocaria na Primeira Guerra Mundial de 1914.

Estados Unidos: do separatismo à potência emergente

Com a independência (1776), destacaram-se duas principais tendências políticas: a **republicana**, a favor da autonomia dos Estados (origem do Partido Democrata), e a **federalista**, defensora de um governo central forte (embrião do Partido Republicano). A Constituição de 1787 fundiu as duas numa república federativa e presidencialista (George Washington 1º), com cada Estado (13) tendo a própria Constituição.

A expansão demográfica e territorial prevaleceu nas décadas seguintes, época da **Doutrina Monroe** (1823), chegando à dimensão continental em meados do século XIX. Os Estados Unidos compraram a Louisiana da França, a Flórida da Espanha, o Alasca da Rússia e anexaram territórios mexicanos (Texas, Califórnia, Novo México, Arizona, Utah e Nevada) por meio da guerra (1845-1848). Nessa dilatação das fronteiras, ganhou força o **Destino Manifesto**, ideal de destino glorioso dos EUA.

Concomitantemente à expansão, houve o desenvolvimento comercial e industrial, o que agravou as divergências entre os Estados: **os sulistas**, escravocratas, defendiam tarifas alfandegárias baixas nas importações; já **os nortistas** eram favoráveis à abolição e às tarifas protecionistas de seus negócios. Na eleição de 1860, venceu o pró-nortista **Abraham Lincoln**. Isso motivou a dissidência sulista, que pregou a separação da União, proclamando a criação dos Estados Confederados da América. Era o início da **Guerra de Secessão**, que custou a vida de mais de 600 mil pessoas. A vitória nortista confirmou a libertação dos escravos (4,5 milhões). Lincoln foi assassinado em 1865.

Após a guerra, merecem destaque a reação da **Ku Klux Klan** e o progressismo (de 16 Estados em 1800 passou-se a 45 em 1900; a população, de 35 milhões em 1865, subiu para mais de 90 milhões em 1900). Os Estados Unidos emergiram como potência capitalista e expansionista. O governo de Theodore Roosevelt (1901-1909) e seu **Corolário Roosevelt** passaram a intervir em países do continente americano com a política do "***Big Stick***" ("grande porrete").

The Bridgeman Art Library/Keystone/Coleção particular

Charge que retrata o presidente Roosevelt como um enorme policial que tenta estabelecer relação entre os Estados Unidos e outros países de acordo com sua "nova diplomacia".

Exercícios resolvidos

1. (Unicamp-SP)

> *A guerra civil americana afetou diretamente a indústria têxtil inglesa. A carência de matéria-prima levou a Inglaterra a incentivar o cultivo do algodão em várias partes do mundo. Em 1861, chegaram remessas de sementes de algodão a São Paulo distribuídas pela Associação para Suprimento do Algodão de Manchester. Em 1863, foram enviados os primeiros sacos produzidos nas terras do coronel Manoel Lopes de Oliveira. Os relatórios confirmaram a boa qualidade do algodão paulista.*
>
> Adaptado de CANABRAVA, Alice. *O algodão em São Paulo – 1861-75.* São Paulo: T.A. Queiroz Editor, 1984. p. 3-11.

a) Explique por que se pode considerar a guerra civil americana uma experiência decisiva para o capitalismo nos EUA.

b) A partir do texto, quais os vínculos entre a agricultura paulista e a indústria inglesa?

Resposta:

a) A guerra civil americana, ou Guerra da Secessão, pode ser considerada uma experiência decisiva para o capitalismo nos Estados Unidos porque, ao opor dois modelos econômicos, o sul agrário e escravista e o norte industrializado, a vitória do norte nesse conflito significou o fim do sistema de *plantation*, com a abolição da escravidão, o aumento do mercado consumidor e o incentivo ao desenvolvimento da industrialização em nível nacional.

b) Os vínculos entre a agricultura paulista e a indústria inglesa se estabelecem, na medida em que a Inglaterra, necessitando de matéria-prima para suas indústrias têxteis, e não podendo mais adquiri-la onde costumava, nos estados do sul dos Estados Unidos, incentivou a produção do algodão em outras regiões, chegando a fornecer as sementes para o cultivo na província de São Paulo.

2. (Uerj)

Reprodução/Coleção particular

JOHN GAST
www.askart.com

A tela de John Gast simboliza a difusão de progressos materiais, como as ferrovias e o telégrafo, nos EUA, no decorrer do século XIX.
Essas mudanças contribuíram para a conquista de novos territórios e foram justificadas pelo seguinte conjunto de ideias:

a) Doutrina Monroe
b) Política do Big Stick
c) Política da Boa Vizinhança
d) Doutrina do Destino Manifesto

Resposta:

O ideal da Destino Manifesto, segundo o qual Deus teria reservado um destino glorioso aos Estados Unidos, integra a "corrida para o oeste", a conquista de novas fronteiras integradas à pretensão de irrefreável progressismo norte-americano.

3. (Uerj)

> *Os líderes dos estados do Norte dos Estados Unidos, durante o movimento contra o Sul escravista na Guerra de Secessão (1861-1865), tinham ideias a respeito da escravidão que podem ser resumidas com a seguinte frase: a escravidão era, para eles, "remanescente de um mundo agonizante de barão e servo, nobre e escravo".*
>
> Adaptado de MOORE Jr., Barrington. *As origens sociais da ditadura e da democracia*. São Paulo: Martins Fontes, 1983.

De acordo com a Constituição norte-americana, de 1787, cada estado da federação poderia decidir pela manutenção ou não do trabalho escravo. A permanência da escravidão no Sul, no entanto, ampliou os conflitos com o Norte do país, levando à Guerra de Secessão. Indique uma oposição de ordem política, econômica ou social entre os estados do Norte e os do Sul que tenha contribuído para deflagrar a guerra civil. Apresente, também, a principal consequência político-econômica da vitória dos estados do Norte para o país.

Resposta:

O norte defendia o protecionismo, tinha um setor manufatureiro, enquanto o sul era agroexportador e defendia o uso da mão de obra escrava. A vitória do modelo nortista e o progresso.

4. (Vunesp-SP)

Reprodução/Museu do Louvre, Paris, França.

A liberdade guiando o povo, Museu do Louvre, Paris, 1831.

A tela de Eugène Delacroix celebra a revolução de julho de 1830 na França, que derrubou o rei Carlos X e encerrou o período da Restauração.
Explique o significado do movimento de 1830 e identifique, através da análise da tela, dois elementos que atestem sua relação com a Revolução de 1789.

Resposta:

Contexto das Revoluções liberais de 1830, que almejavam conquistas burguesas contrárias ao conservadorismo instaurado desde o Congresso de Viena. O nacionalismo é fator da ascensão de Luís Filipe de Orléans aos interesses burgueses. Na tela, a mulher, a liberdade, a bandeira que reflete o lema de 1789, a presença de trabalhadores, *sans-culottes* e da burguesia, foram comuns na luta contra o Antigo Regime.

Exercícios propostos

1. (Fuvest-SP) No século XIX, o surgimento do transporte ferroviário provocou profundas modificações em diversas partes do mundo, possibilitando maior e melhor circulação de pessoas e mercadorias entre grandes distâncias. Dentre tais modificações, as ferrovias
   a) facilitaram a integração entre os Estados nacionais latino-americanos, ampliaram a venda do café brasileiro para os países vizinhos e estimularam a constituição de amplo mercado regional.
   b) permitiram que a cidade de Manchester se conectasse diretamente com os portos do sul da Inglaterra e, dessa forma, provocaram o surgimento do sistema de fábrica.

c) facilitaram a integração comercial do Ocidente com o Extremo Oriente, substituíram o transporte de mercadorias pelo Mar Mediterrâneo e despertaram o sonho de integração mundial.

d) permitiram uma ligação mais rápida e ágil, nos Estados Unidos, entre a Costa Leste e a Costa Oeste, chegando até a Califórnia, palco da famosa corrida do ouro.

e) permitiram a chegada dos europeus ao centro da África, reforçaram a crença no poder transformador da tecnologia e demonstraram a capacidade humana de se impor à natureza.

2. (Uerj)

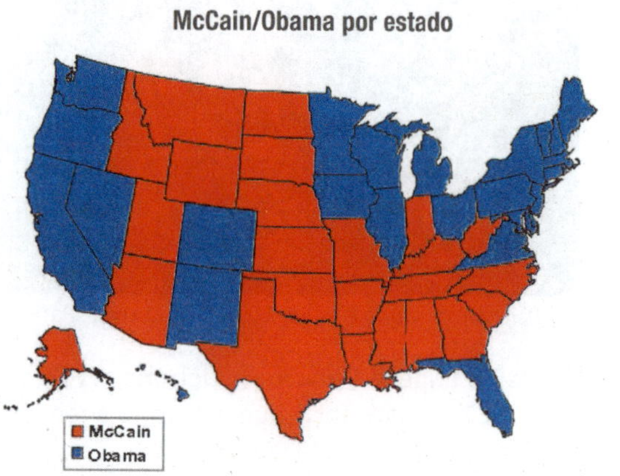

http://blog.estadao.com.br

A vitória de Barack Obama nas eleições presidenciais de 2008 foi revestida de grande significado. O mapa dos resultados finais do último pleito nacional norte-americano revela que a história do país continua afetando a sua geografia eleitoral.

É possível associar cerca de metade dos estados onde Barack Obama foi derrotado em 2008 ao seguinte aspecto da história dos Estados Unidos:

a) utilização da mão de obra escrava.

b) proibição da entrada de imigrantes.

c) implantação das primeiras unidades industriais.

d) consolidação das principais organizações sindicais.

3. (FGV-SP) As eleições presidenciais de 1860 nos Estados Unidos foram vencidas por Abraham Lincoln, nortista e líder do Partido Republicano. Nem todas as unidades da federação aceitaram o resultado eleitoral, e alguns estados sulistas criaram os Estados Confederados da América. Era o início da Guerra de Secessão, resultado das inúmeras divergências entre os estados do Norte e do Sul. Entre essas divergências, pode-se apontar

a) a questão fundiária, na qual o Sul defendia o acesso à terra para negros libertos, e o Norte defendia o acesso apenas por meio da compra.

b) a questão bancária, em que o Sul defendia a criação de um banco emissor nacional, e o Norte, a formação de bancos regionais e particulares.

c) a proposta antagônica para a política alfandegária, em que o Norte defendia o protecionismo, enquanto o Sul apoiava o livre-cambismo.

d) a questão da escravidão, na qual o Sul defendia a imediata abolição dessa instituição, e o Norte queria o fim gradual do escravismo.

e) a defesa do Homestead Act pelo Norte e pelo Sul, apesar de que, na visão do Norte, essa lei só deveria atender aos homens recém-libertos da escravidão.

4. (ESPM-SP)

> *Um ex-líder do grupo Ku Klux Klan foi preso anteontem acusado de ter matado, há quarenta anos, três jovens no estado americano do Mississipi. O crime ficou famoso graças ao filme "Mississipi em Chamas", do diretor Alan Parker. Edgar Rey Killen, setenta e nove anos, foi apresentado ontem à Justiça e se declarou inocente. O caso foi reaberto em 1999.*
>
> *Folha de S.Paulo*, 8 jan. 2005.

A Ku Klux Klan surgiu ao final da Guerra de Secessão, como uma sociedade secreta. Aponte a alternativa que apresenta o tipo de atuação desenvolvida por essa sociedade secreta:

a) Promoviam a intolerância contra os negros e contra os brancos que com eles simpatizavam.

b) Lutavam para garantir a integração dos negros como homens livres, com direitos defendidos por lei.

c) Nascida na cidade de Nashville, no sul dos Estados Unidos, foi extinta em 1915, tendo desaparecido definitivamente.

d) A atuação dessa sociedade demonstra que a Guerra de Secessão sepultou qualquer tipo de intolerância nos Estados Unidos.

e) A atuação dessa sociedade ficou sempre restrita ao sul dos Estados Unidos e limitada à ação contra os negros.

MÓDULO 24 • A construção do Estado brasileiro

Com a Independência (7/9/1822), teve início o **Primeiro Reinado**, a vitória de um dos projetos do Brasil independente, sendo **dom Pedro I** o eixo da nova ordem política. A monarquia tinha base nas elites locais (altos funcionários públicos e membros da aristocracia rural). O sucesso da emancipação política, contudo, não foi pacífico, enfrentando fortes resistências, principalmente nas províncias do Norte e Nordeste e na Cisplatina, com vários combates. Os Estados Unidos foram os primeiros a reconhecer a Independência (1824) e a Inglaterra atuou como mediadora junto a Portugal, que acabou reconhecendo-a em 1825 com o **Tratado de Paz e Aliança entre Portugal e Brasil**, sob indenização (empréstimo inglês). A Inglaterra conseguiu, com sua atuação, a reafirmação dos **Tratados de 1810** (1827).

O projeto vitorioso da emancipação também não foi o único. Na organização do novo Estado, os 90 deputados da Assembleia Constituinte – projeto da **Constituição da Mandioca** – defendiam um regime oligárquico com predomínio do Legislativo, limitando o poder do imperador. Dom Pedro fechou a Constituinte e nomeou um Conselho de Estado para elaborar a nova Constituição. A sua concretização efetivou-se com a **Constituição de 1824**, que teria quatro poderes: **Executivo** (imperador e ministros), **Legislativo** (deputados e senadores), **Judiciário** (juízes e tribunais) e **Moderador** (imperador regulando os demais poderes). A escolha dos deputados era fundada no **critério censitário**: havia os eleitores de paróquia que escolhiam os eleitores de província e estes escolhiam os deputados e senadores. Assim, os cidadãos foram classificados em **cidadãos passivos** (sem renda para votar), **cidadãos ativos votantes** (votantes, mas sem renda para serem votados) e **cidadãos ativos eleitores elegíveis** (os que votavam e podiam ser eleitos). Por sua vez, as províncias seriam governadas por presidentes nomeados pelo imperador, a religião católica seria oficial e a Igreja ficaria sob o controle do Estado.

A **Confederação do Equador**: foi outro projeto de país desencadeado em várias províncias do Nordeste. Em meio às dificuldades econômicas, o estopim foi a nomeação por dom Pedro I de um novo presidente para a província de Pernambuco. O presidente deposto, Manuel de Carvalho Paes de Andrade, liderou o movimento separatista e republicano com **Frei Caneca** e **Cipriano Barata**, que se espalhou pelo Nordeste, obtendo adesão no Rio Grande do Norte, Ceará, Paraíba, Alagoas, Sergipe, e com movimentos de apoio em províncias vizinhas como Piauí e Pará. Formaram a Confederação do Equador e extinguiram o tráfico negreiro. A repressão imperial venceu os rebeldes e 16 deles foram condenados à morte e executados.

Confederação do Equador, confronto entre tropas rebeldes e forças legalistas na Batalha dos Afogados, Recife, 1824, por Leandro Martins.

A **abdicação de dom Pedro I**: a dívida externa, a situação econômica deficitária e a fragilidade econômica decorrente da dependência do mercado internacional, apesar do início da emergência da produção cafeeira, juntaram-se ao autoritarismo de dom Pedro I (sem Legislativo até 1826), aos gastos com a Guerra da Cisplatina (independência do Uruguai em 1828), à guerra de sucessão em Portugal e também às críticas do jornalista Líbero Badaró, que acabou assassinado em 1830, ano de revoluções liberais pela Europa. A "**Noite das Garrafadas**", de 1831, serviu para aumentar as pressões contra o imperador, que acabou abdicando em favor de seu filho de 5 anos e voltando para Portugal, onde chegou a assumir o trono com título de dom Pedro IV.

Período Regencial: Com a abdicação, formou-se uma Regência Trina Provisória (1831), seguida pela Regência Trina Permanente (1831-1835), depois pela Regência Una de Feijó (1835-1838) e a Regência Una de Araújo Lima (1838-1840), finalizada com a maioridade de dom Pedro II (com apenas 14 anos).

Na Regência Trina Permanente, o ministro da Justiça, Padre Feijó, criou a **Guarda Nacional**, milícia armada dirigida por brasileiros abastados (coronéis) para reprimir levantes populares. Na política destacaram-se o grupo Restaurador ou Caramuru (que queria a volta de dom Pedro I), o grupo Liberal Moderado ou Chimango (que queria um governo centralizado e forte no Rio de Janeiro) e o Liberal Exaltado (que desejava a autonomia das províncias). De 1831 a 1835, houve algum avanço liberal, destacando-se o **Ato Adicional de 1834**, que alterava a Constituição combinando as duas tendências, criando as Assembleias Legislativas Provinciais (autonomia) e a Regência Una (centralismo), eleita pelas Assembleias Provinciais. Com a Regência Una de Araújo Lima, prevaleceu o centralismo conservador. Com esse quadro, surgiram os progressistas e os regressistas, convertendo-se nas duas principais forças do Império: o Partido Liberal e o Partido Conservador. Durante esta última regência, o Ministério das Capacidades, de Bernardo Pereira de Vasconcelos, criou o Colégio Pedro II, o **Arquivo Público Nacional** e o **Instituto Histórico e Geográfico Brasileiro**. Frente às diversas revoltas, foi criada a **Lei Interpretativa do Ato Adicional (1840)**, que devolvia o poder ao centralismo do Rio de Janeiro. A oposição liberal fundou o **Clube da Maioridade** e terminou com a Regência Una: era o Golpe da Maioridade.

Outros projetos: as rebeliões regenciais

A **Cabanagem** (PA, 1835-1840): com a adesão da população pobre, proclamou a independência da província.

A **Sabinada** (BA, 1837-1838): com o líder Francisco Sabino Barroso, proclamou a República Bahiense.

A **Balaiada** (MA, 1838-1841): liderada por Raimundo Gomes, Manuel dos Anjos Ferreira e Cosme Bento, ganhou o apoio de revoltosos do Piauí.

A **Revolução Farroupilha** (1835-1845): a mais longa rebelião brasileira, também chamada de Guerra dos Farrapos. Sob o comando de Bento Gonçalves, proclamou a República Rio-grandense, com sede em Piratini, alastrando-se por Santa Catarina (República Juliana), apoiada pelo líder italiano Giuseppe Garibaldi.

Na ordem escravista do Brasil independente estava excluída da direção do novo país a grande maioria da população, especialmente os indígenas e os escravos. Entre as inúmeras revoltas contra a escravidão, com seus outros projetos de Brasil, merecem destaque a **Revolta de Carrancas** (MG), em 1833, e a **Revolta dos Malês** (BA), em 1835.

A Revolução Farroupilha foi a mais longa rebelião brasileira. Acima, trecho do quadro A batalha dos Farrapos, de Wasth Rodrigues, 1937.

Exercícios resolvidos

1. (FGV-SP) Entre 1831 e 1845, estouraram revoltas em diversas províncias brasileiras. A Revolta dos Malês (1835) teve por base a cidade de Salvador, na Bahia. A Balaiada (1838-1841) alastrou-se pelo Maranhão e Piauí. A Farroupilha (1835-1845) desenrolou-se no Rio Grande do Sul e Santa Catarina.
   a) Aponte uma característica de cada revolta indicada no enunciado.
   b) Do ponto de vista das propostas sociais, qual a grande diferença entre os projetos da Balaiada, em sua fase final, e os da Farroupilha?
   c) Em que contexto da política brasileira ocorreram tais revoltas?

   Resposta:

   a) Farroupilha: republicanismo, federalismo e separatismo. Balaiada: briga pelo poder local. Malês: crítica à escravidão e ao catolicismo impositivo.
   b) A Balaiada teve seu declínio decorrente das divergências e da falta de um projeto único. No caso da Farroupilha, para evitar o separatismo com forte presença da elite, foram necessárias negociações com os revoltosos mesmo sendo derrotados.
   c) No Período Regencial, época de contestação contra o poder central do Rio de Janeiro e de divergências de propostas entre os partidos políticos.

2. (Uerj)

   Em nome do povo do Rio Grande, depus o governador e entreguei o governo ao seu substituto legal. E, em nome do Rio Grande do Sul, digo que nesta província extrema, afastada da Corte, não toleramos imposições humilhantes. O Rio Grande é a sentinela do Brasil que olha vigilante o Rio da Prata. Não pode e nem deve ser oprimido pelo despotismo. Exigimos que o governo imperial nos dê um governador de nossa confiança, que olhe pelos nossos interesses, ou, com a espada na mão, saberemos morrer com honra, ou viver com liberdade.

   Carta escrita em 1835 por Bento Gonçalves, líder farroupilha, ao regente Feijó. Adaptado de PESAVENTO, S. J. *A Revolução Farroupilha*. São Paulo: Brasiliense, 1990.

Rio-grandenses! Tenho o prazer de anunciar-vos que a guerra civil que por mais de nove anos devastou esta bela província está terminada. Os irmãos contra quem combatíamos estão hoje congratulados conosco e já obedecem ao legítimo governo do Império do Brasil.

União e tranquilidade sejam de hoje em diante nossa divisa. Viva a religião, viva o Imperador Constitucional e Defensor Perpétuo do Brasil. Viva a integridade do Império.

Proclamação feita pelo Barão de Caxias em 1845, fim da Revolução Farroupilha. Adaptado de SOUZA, A. B. de. *Duque de Caxias:* o homem por trás do monumento. Rio de Janeiro: Civilização Brasileira, 2008.

A consolidação do Império do Brasil, entre as décadas de 1830 e 1850, significou a vitória de determinado projeto político e também o combate de propostas, como as defendidas pelos que lutaram na Revolução Farroupilha. Aponte uma das propostas dos líderes farroupilhas e explique por que esse movimento foi considerado ameaçador pelos dirigentes do Império do Brasil.

Resposta:
Entre as propostas, podemos destacar a abolição da escravidão, o federalismo e o republicanismo. Significava uma ameaça ao poder central em relação ao unitarismo territorial e a medidas constitucionais autoritárias.

3. (UnB-DF)

Durante séculos, os escravos afro-americanos aprenderam a ler em condições extraordinariamente difíceis, arriscando a vida. Aqueles que quisessem se alfabetizar eram forçados a encontrar métodos tortuosos de aprender. Aprender a ler, para os escravos, não era um passaporte imediato para a liberdade, mas uma maneira de ter acesso a um dos instrumentos poderosos de seus opressores: o livro. Os donos de escravos (tal como os ditadores, tiranos, monarcas absolutos e outros detentores do poder) acreditavam firmemente no poder da palavra escrita. Como séculos de ditadores souberam, uma multidão analfabeta é mais fácil de dominar; uma vez que a arte da leitura não pode ser desaprendida; o segundo melhor recurso é limitar seu alcance. Os livros, escreveu Voltaire no panfleto satírico ***Sobre o Terrível Perigo da Leitura****, "dissipam a ignorância, a custódia e a salvaguarda dos estados bem policiados".*

Adaptado de MANGUEL, Alberto. *Uma história da leitura.* Trad. Pedro Maia Soares. São Paulo: Companhia das Letras, 1997, p. 312-15.

A partir do texto acima, julgue o item abaixo.
Em Salvador, na rebelião conhecida como a Revolta dos Malês — confronto sangrento entre escravos africanos seguidores do islamismo e tropas do governo brasileiro —, destaca-se o fato de muitos revoltosos estarem aptos para ler e escrever no idioma árabe, o que contribuiu para a preparação da insurreição.

Resposta: o item está correto.

4. (Unicamp-SP)

Passar de Reino a Colônia
É desar [derrota]
É humilhação
que sofrer jamais podia
brasileiro de coração.

A quadrinha acima reflete o temor vivido no Brasil depois do retorno de D. João VI a Portugal em 1821. Apesar de seu filho Pedro ter ficado como regente, acirrou-se o antagonismo entre "brasileiros" e "portugueses" até que, em dezembro de 1821, as Cortes de Portugal determinaram o retorno do príncipe. Se ele acatasse, tudo poderia acontecer. Inclusive, dizia D. Leopoldina, "uma Confederação de Povos no sistema democrático como nos Estados Livres da América do Norte".

Adaptado de SCHNOOR, Eduardo. Senhores do Brasil. *Revista de História da Biblioteca Nacional*, n. 48. Rio de Janeiro, set. 2009, p. 36.

a) Identifique os riscos temidos pelas elites do Centro-Sul do Brasil com o retorno de D. João VI a Lisboa e a pressão das Cortes para que D. Pedro I retornasse a Portugal.
b) Explique o que foi a Confederação do Equador.

Resposta:
a) As elites do Centro-Sul temiam: a recolonização do Brasil, a perda de vantagens políticas e econômicas obtidas com a chegada da família real portuguesa, a adoção de um modelo federalista inspirado nos EUA.
b) A Confederação do Equador foi um movimento separatista ocorrido no Nordeste, sob a liderança de Pernambuco, em reação à centralização política estabelecida pela Constituição de 1824. O movimento tinha inspiração federalista e foi fortemente reprimido por D. Pedro I.

Exercícios propostos

1. (Unicamp-SP)

Para Portugal, não era interessante trazer para o Brasil imigrantes de estados possuidores de colônias, tais como França, Inglaterra, Holanda e Espanha. Abrir as portas da colônia e, depois, do recém-criado império do Brasil poderia significar um risco. Daí, a preferência por imigrantes dos estados alemães, da Suíça, e da Itália. Pedro I continuou essa política enfatizando que era necessário apoiar o desenvolvimento da agricultura, pelo aliciamento de bons colonos que aumentassem o número de braços dos quais necessitávamos.

Adaptado de João Klug, "Imigração no Sul do Brasil", em Keila Grinberg e Ricardo Sales (Org.). *O Brasil Imperial.* V. III. 1870-1889. Rio de Janeiro: Civilização Brasileira, 2009, p. 247.

Assinale a alternativa correta.

a) A grande entrada de imigrantes no Brasil ocorreu a partir do Primeiro Reinado, em função do fim do tráfico negreiro e da maciça propaganda promovida pelo governo brasileiro na Europa.

b) No Primeiro Reinado, a entrada de imigrantes associava-se ao incremento da produção agrícola e tinha em conta o cenário internacional, no qual as metrópoles europeias disputavam territórios e riquezas.

c) Em meio à corrida imperialista do século XIX, Portugal empenhou-se pelo fim da escravidão em Lisboa e do tráfico negreiro em suas colônias africanas.

d) A imigração no Brasil surgiu como questão a partir da implantação da Lei Áurea, que alterou os modos de pagamento do trabalho livre.

2. (Uece) No Brasil, o período que seguiu logo após a abdicação de D. Pedro I foi marcado por um conjunto de crises. Observe o que é dito sobre o que ocorria nesse momento.

I. As diversas forças políticas lutavam pelo poder, e as reivindicações populares eram por melhores condições de vida.

II. Os conflitos ocorridos representavam o protesto do povo contra a centralização do governo, e eram marcados pela reivindicação por maior participação popular na vida política do País.

III. As convulsões populares do período exigiam o reforço das antigas realidades sociais, bem como a submissão das forças políticas ao poder central.

Está correto o que se afirma somente em:

a) II e III

b) I.

c) I e II.

d) III.

3. (Vunesp-SP) A Revolução Farroupilha foi um dos movimentos armados contrários ao poder central no Período Regencial brasileiro (1831-1840). O movimento dos Farrapos teve algumas particularidades, quando comparado aos demais.

> *Em nome do povo do Rio Grande, depus o governador Braga e entreguei o governo ao seu substituto legal Marciano Ribeiro. E em nome do Rio Grande do Sul eu lhe digo que nesta província extrema [...] não toleramos imposições humilhantes, nem insultos de qualquer espécie. [...] O Rio Grande é a sentinela do Brasil, que olha vigilante para o Rio da Prata. Merece, pois, maior consideração e respeito. Não pode e nem deve ser oprimido pelo despotismo. Exigimos que o governo imperial nos dê um governador de nossa confiança, que olhe pelos nossos interesses, pelo nosso progresso, pela nossa dignidade, ou nos separaremos do centro e com a espada na mão saberemos morrer com honra, ou viver com liberdade.*

Carta de Bento Gonçalves ao regente Feijó, setembro de 1835.
PESAVENTO, Sandra Jatahy. *A Revolução Farroupilha.* São Paulo: Editora Brasiliense, 1986.

Entre os motivos da Revolução Farroupilha, podemos citar

a) o desejo rio-grandense de maior autonomia política e econômica da província frente ao poder imperial, sediado no Rio de Janeiro.

b) a incorporação, ao território brasileiro, da Província Cisplatina, que passou a concorrer com os gaúchos pelo controle do mercado interno do charque.

c) a dificuldade de controle e vigilância da fronteira sul do império, que representava constante ameaça de invasão espanhola e platina.

d) a proteção do charque rio-grandense pela Corte, evitando a concorrência do charque estrangeiro e garantindo os baixos preços dos produtos locais.

e) a destruição das lavouras gaúchas pelas guerras de independência na região do Prata e a decorrente redução da produção agrícola no Sul do Brasil.

4. (ESPM)

> *Principal artífice da Independência, José Bonifácio de Andrada e Silva nasceu no porto de Santos, em 1763, filho de família das mais ricas da cidade, dedicada à exportação de açúcar. Após estudar com religiosos em São Paulo, partiu em 1783 para estudar Ciências Naturais na Universidade de Coimbra, cursando as Faculdades de Filosofia e de Matemática, especialidades em que aí se formou.*
>
> *Como bolsista, efetuara longa viagem de estudos pela Europa: esteve vários anos na França, entre 1790 e 1799, em Freiburg, na Áustria, na Itália e por mais dois anos na Suécia e Dinamarca. Em Paris, entre outros cientistas, esteve em contato com Lavoisier.*
>
> *Ao voltar a Lisboa, destacou-se como cientista, geólogo e metalurgista, tendo organizado a cadeira de Metalurgia da Universidade de Coimbra. Ocupou vários postos técnico-administrativos, tendo sido nomeado intendente-geral das minas de Portugal. Como oficial do Corpo Voluntário Acadêmico, lutou contra as tropas de Napoleão que invadiram Portugal [...]*
>
> *Monarquista de índole reformista e liberal, foi engolfado nas contradições do processo de independência [...]*
>
> *Em 1823, eleito deputado à Assembleia Geral Constituinte, atuou durante curto período, tendo proposto dois projetos de lei importantíssimos. Um sobre a integração dos índios na sociedade brasileira, e o outro sobre a abolição da escravatura, prevendo a emancipação gradual dos escravos.*

LOPEZ, Adriana; MOTA, Carlos Guilherme. *História do Brasil: uma interpretação.* São Paulo: Senac, 2008.

Sobre a participação de José Bonifácio, durante o Primeiro Reinado, em episódios como a Assembleia Constituinte, é correto afirmar que:

a) foi o ideólogo da Constituição outorgada por D. Pedro I, em 1824, sendo transformado no principal ministro do imperador;

b) juntamente com seus irmãos, Martim Francisco e Antônio Carlos, apoiou o fechamento da Assembleia Constituinte, em 1823, através de jornais como *O Tamoio e Sentinela da Liberdade*;

c) no projeto constitucional de 1823, defendia a concentração da autoridade política no imperador e a existência de quatro poderes: executivo, legislativo, judiciário e moderador;

d) liderou o Partido Brasileiro, que queria um governo mais democrático e que restringisse o poder do monarca, concedendo maior autonomia às províncias e voto universal;

e) rompeu com D. Pedro I e apoiou o Projeto da Mandioca, redigido por seu irmão Antônio Carlos, que limitava os poderes do imperador, foi preso e exilado para a França.

5. (UFG-GO) Analise os mapas a seguir.

Unidades administrativas brasileiras, 1822

Unidades administrativas brasileiras, 1889

Disponível em: <http://neccint.wordpress.com/direito-internacional/mapas-do-brasil>. Acesso em: 8 set. 2011. (Adaptado).

No Brasil, entre 1822 e 1889, ocorreram mudanças nas unidades administrativas, fruto de uma política de Estado, conforme a representação gráfica dos mapas. Essas mudanças objetivavam

a) a punição das províncias envolvidas em movimentos separatistas, como no caso da Confederação do Equador, em Pernambuco.

b) o alcance de maior equilíbrio político-administrativo entre as províncias, como no caso da criação do Paraná com a divisão de São Paulo.

c) o cumprimento de acordos diplomáticos externos, como no caso da concessão da província da Cisplatina à Argentina.

d) o aumento do controle fiscal nas regiões produtoras de ouro para garantir recursos ao governo, como no caso de Goiás e Minas Gerais.

e) a dinamização econômica dos espaços distantes do litoral com a criação de novos territórios, como no caso da divisão da província do Grão-Pará.

MÓDULO 25 • Imperialismo do século XIX

O **desenvolvimento industrial capitalista** impulsionou a busca por mercados e áreas de domínio, resultando na partilha de continentes (África e Ásia) e também domínios em várias regiões, como a da península Balcânica e do Oriente Médio. À frente estava a Inglaterra, seguida de perto pela França e por outros países europeus. Os Estados Unidos também ampliaram sua atuação internacional, especialmente na América Latina e em regiões asiáticas, assim como teve início a corrida por colônias por parte da Alemanha e da Itália unificadas.

O **neocolonialismo** buscava mercados consumidores de manufaturados e fornecedores de matérias-primas (ferro, cobre, petróleo, manganês, algodão, trigo, etc.). Também buscava dominar bases estratégicas de acesso aos seus domínios e contava com a ideologia da "**missão civilizadora**".

O **continente africano** foi fatiado pelas potências, o que deixa marcas até o presente, pois a divisão geográfica dos países após suas independências não corresponde à diversidade étnica de sua população. Destaques da partilha africana: a construção do canal de Suez (1869); a resistência da Argélia aos franceses e da Etiópia aos italianos; a Guerra dos Bôeres, na África do Sul, e o domínio britânico, que deixou como herança a estruturação do *Apartheid* (segregação racial); o Congo Belga (Zaire) sob o domínio do rei belga Leopoldo; o domínio do Sudão (hoje Sudão e Sudão do Sul) pelos britânicos; e o **Congresso de Berlim** (1884-1885), do qual participaram 14 países europeus, Estados Unidos e Rússia, que montaram o mapa das fronteiras africanas sem conseguir eliminar divergências sobre a partilha.

Na **Ásia**, a **China** foi obrigada a abrir seu mercado a partir da Guerra do Ópio (1841) e, mesmo com a Guerra dos Boxers ("punhos fechados"), acabou cedendo à dominação das potências imperialistas. Em 1911, o Partido Nacionalista Chinês (**Kuomintang**), sob a liderança de Sun Yat-sem, derrubou a monarquia milenar chinesa e proclamou a **República**. No **Japão**, a esquadra do almirante norte-americano Perry forçou a abertura dos portos japoneses ao comércio mundial, o que se desdobrou na **Era Meiji**, a era da industrialização e modernização japonesa sob o comando do imperador Mutsu Ito. Em sua expansão, o Japão visou à região chinesa da Manchúria e teve oposição russa, o que originou a Guerra Russo-Japonesa de 1894, derrotando a Rússia. Na **Indochina**, a expansão dominadora coube aos franceses que formaram a União Indochinesa. Na **Índia**, a dominação inglesa ganhou impulso a partir da Guerra dos Sete Anos (1756-1763), aumentando progressivamente seu domínio na região indiana e áreas vizinhas. Na resistência indiana, destaque para a Guerra dos Cipaios (1857), que não obteve sucesso, e para a coroação da rainha Vitória como imperatriz da Índia em 1876. A presença imperialista inglesa contava ainda com domínios no Afeganistão, Birmânia, Tibete, indo do Índico ao mar Vermelho, e, mais ao sul, a Austrália; e, na África, do Egito à África do Sul, formando o maior império do mundo.

Exercícios resolvidos

1. (Fuvest-SP) Leia este texto, que se refere à dominação europeia sobre povos e terras africanas.

> *Desde o século XVI, os portugueses e, trezentos anos mais tarde, os franceses, britânicos e alemães souberam usar os povos [africanos] mais fracos contra os mais fortes que desejavam submeter. Aliaram-se àqueles e somaram os seus grandes números aos contingentes, em geral pequenos, de militares europeus.*
>
> SILVA, Alberto da Costa e. *A África explicada aos meus filhos*. Rio de Janeiro: Agir, 2008. p. 98.

a) Diferencie a presença europeia na África nos dois períodos aos quais o texto se refere.

b) Indique uma decorrência, para o continente africano, dessa política colonial de estimular conflitos internos.

Resposta:

a) No que diz respeito à colonização do século XVI, os interesses europeus residiam no mercantilismo. Entrepostos comerciais que tinham ligação com as Índias Orientais e fornecedores de escravizados para as colônias eram as principais atividades de interesse dos europeus. Já no século XIX, a busca por matéria-prima e a imposição de governos aos modelos civilizatórios europeus abasteciam os interesses industriais europeus.

b) Uma decorrência dessa política colonial de estimular conflitos internos foi a escravização dos povos africanos derrotados (prática comum na colonização a partir do século XVI), o que levou, no século XIX, à sujeição e exploração de mão de obra, à violência e à pobreza, entre outros problemas.

2. (UFRN) A charge a seguir, publicada na França em 1885, refere-se a um episódio específico de um fenômeno histórico, cujas repercussões atingiram diversos continentes até as primeiras décadas do século XX.

AKG-Images/Album/Latinstock

Disponível em: <www.chaodeareia.agcolares.org>. Acesso em: 20 jun. 2011.

Analise os elementos que compõem a charge e responda:

a) Qual o fenômeno histórico a que ela faz referência? Entre o século XIX e as primeiras décadas do século XX, que relações de poder existiam entre as nações?

b) Mencione dois aspectos (acontecimentos ou ideias) que se relacionam a esse fenômeno histórico.

Resposta:

a) A Conferência de Berlim, também chamada de "Partilha da África". As disputas coloniais foram constantes no período entre a Guerra Franco-Prussiana e o início da Primeira Guerra Mundial. Na charge, é possível perceber o continente africano como um bolo sendo fatiado pelas potências reunidas.

b) Podem ser mencionados a entrada da Alemanha na corrida imperialista; o fardo do homem branco europeu e sua teoria do darwinismo social; o imperialismo e o neocolonialismo; guerras como a do Ópio, dos Böers, dos Boxers e dos Cipaios; a Questão Marroquina e a Questão Balcânica; o início da Primeira Guerra Mundial.

Exercícios propostos

1. (UFRN) No século XIX, na Europa, desenvolveram-se estudos que, reivindicando bases científicas, valorizavam a raça branca, considerada superior a todas as demais. Essas teorias concebiam uma Nação em termos biológicos e valorizavam a homogeneidade racial. "A mistura de raças heterogêneas era sempre um erro e levava à degeneração não só do indivíduo como de toda a coletividade." (SCHWARCZ, Lilia Moritz. Espetáculo da miscigenação. *Estudos avançados*, v. 8, n. 20, abr. 1994. Disponível em: <www.scielo.br>. Acesso em: abr. 2009.) Frente a essas concepções, a constatação de que o Brasil era uma nação mestiça gerou dilemas para os intelectuais brasileiros no século XIX. Na tentativa de resolver esses dilemas, alguns intelectuais da época

a) defenderam o progressivo branqueamento da população, como resultado da miscigenação e da imigração europeia.

b) rejeitaram as ideias europeias, as quais apoiavam a constituição de sociedades puras e homogeneizadas e condenavam as sociedades racialmente híbridas.

c) sustentaram a igual capacidade civilizatória de todos os grupos étnicos, combatendo a afirmação da existência de uma "raça degenerada".

d) ampliaram as concepções europeias, ao propor que a miscigenação racial favorecia as trocas culturais, fazendo mais rica a cultura nacional.

2. (UFPA) Em 1909, o orientalista americano Duncan Macdonald, estudioso do mundo muçulmano, fez a seguinte afirmação:

> *Os árabes não se mostram especialmente fáceis na crença, mas teimosos, materialistas, questionadores, desconfiados, zombando de suas próprias superstições e usos, gostando de testes do sobrenatural – e tudo isso de um modo curiosamente irrefletido, quase infantil.*
>
> MACDONALD, Duncan. *A vida e atitude religiosas no Islã*, 1909.

A imagem dos árabes construída por Macdonald, no início do século XX, em pleno período do Imperialismo, demonstra claramente a concepção que os ocidentais desenvolveram sobre as populações asiáticas e africanas que estavam sendo conquistadas e submetidas ao domínio imperialista das potências ocidentais. A alternativa que retrata essa concepção é:

a) Os povos asiáticos e africanos ainda estavam na infância do processo civilizatório, mas poderiam chegar, por si mesmos, à fase adulta, bastando apenas aceitar o domínio Ocidental.

b) A Ásia e a África eram reconhecidas pelos europeus como os continentes onde nasceu a civilização e, por isso, com fortes laços com a Europa, que herdou os elementos civilizatórios que caracterizam a cultura oriental.

c) As populações asiáticas e africanas eram vistas pelos europeus como inferiores, bárbaras, supersticiosas, e, por isso, incapazes de dirigir seus próprios destinos, o que exigia a intervenção civilizadora dos europeus.

d) Para os europeus, a conquista da Ásia e da África revestia-se de um caráter meritório, já que representaria a confirmação da tese do arianismo, ou seja, da supremacia da raça branca. Caberia, assim, aos europeus o dever de civilizar os outros povos.

e) O mundo muçulmano, criado pela expansão árabe, por meio da "Guerra Santa", seria, na visão dos europeus, o principal aliado do Mundo Cristão Ocidental na eliminação de seitas heréticas, que infestavam o Oriente.

3. (UFPR) Segundo o historiador Edward Said, "o lucro e a perspectiva de mais lucro foram, evidentemente, de enorme importância, mas o imperialismo não é só isso" (*Cultura e Imperialismo*. São Paulo: Companhia das Letras, 1995. p. 41). Comente essa afirmação, demonstrando as principais motivações que impulsionaram o imperialismo europeu no século XIX.

4. (Unicamp-SP)

> *No século XIX, surgiu um novo modo de explicar as diferenças entre os povos: o racismo. No entanto, os argumentos raciais encontravam muitas dificuldades: se os arianos originaram tanto os povos da Índia quanto os da Europa, o que poderia justificar o domínio dos ingleses sobre a Índia, ou a sua superioridade em relação aos indianos? A única resposta possível parecia ser a miscigenação. Em algum momento de sua história, os arianos da Índia teriam se enfraquecido ao se misturarem às raças aborígenes consideradas inferiores. Mas ninguém podia explicar realmente por que essa ideia não foi aplicada nos dois sentidos, ou seja, por que os arianos da Índia não aperfeiçoaram aquelas raças em vez de se enfraquecerem.*

Adaptado de PAGDEN, Anthony. *Povos e Impérios*. Rio de Janeiro: Objetiva, 2002. p. 188-194.

a) Segundo o texto, quais as incoerências presentes no pensamento racista do século XIX?

b) O que foi o imperialismo?

5. (Vunesp-SP)

> *O mundo está quase todo parcelado e o que dele resta está sendo dividido, conquistado, colonizado. Pense nas estrelas que vemos à noite, esses mundos que jamais poderemos atingir. Eu anexaria os planetas, se pudesse... Sustento que somos a primeira raça do mundo e, quanto mais do mundo habitarmos, tanto melhor será para a raça humana ... Se houver um Deus, creio que Ele gostaria que eu pintasse o mapa da África com as cores britânicas.*

RHODES, Cecil. O último desejo e testamento de Cecil Rhodes apud Leo HUBERMAN, Leo. *História da riqueza do homem*. Rio de Janeiro: LTC Editora, 1986

O texto refere-se à

a) partilha do continente africano deliberada em 1885, na Conferência de Berlim, que teve por objetivo maior promover a riqueza dos países pobres por meio dos investimentos europeus.

b) expansão europeia, realizada segundo os preceitos mercantis, que visava ao acúmulo de metais preciosos abundantes e pouco valorizados pelos habitantes nativos do continente africano.

c) procura de novos mercados para a produção industrial e os capitais bancários europeus, prejudicados pela instabilidade política da América Latina, que impedia o crescimento das trocas.

d) expansão imperialista na África, liderada pela Inglaterra e França no século XIX, ligada ao capitalismo industrial, evidenciando a ideia de superioridade e de preconceito contra os colonizados.

e) fragmentação do continente africano desde meados do século XIX para garantir a ajuda aos nativos que, incapazes de explorar suas próprias riquezas, necessitavam de capitais europeus.

6. (Cefet-SC)

> [...] *o sentimento político contra nós na Índia, como estrangeiros e destruidores de tantas raças e estados, é o forte* [...] *O sentimento religioso contra nós e, em particular, o sentimento religioso dos maometanos, é um elemento ainda mais perigoso.*

REZENDE, A. P.; DIDIER, M. T. *Rumos da História*: novos tempos: o Brasil. São Paulo: Atual, 2005. p. 446.

O texto anterior é uma transcrição do depoimento de Charles Trevelyan, funcionário britânico. Após sua leitura, podemos afirmar:

a) Subjugados pela dominação britânica, os indianos estavam excluídos das decisões políticas, mas isso não significava que eles aceitassem passivamente essa condição.

b) O domínio britânico tornou a Índia economicamente dependente, mas não excluiu os indianos da política institucional.

c) Os governantes britânicos ignoravam completamente a insatisfação dos indianos com relação à dominação britânica.

d) Os governantes britânicos consideravam as especificidades culturais dos territórios ocupados.

e) A coroa britânica nunca subjugou os indianos, eles é que se sentiam inferiores.

MÓDULO 26 • O Segundo Reinado

O **Golpe da Maioridade** deu início ao Segundo Reinado, com dom Pedro II (1840-1889).

A "pacificação do país" fez-se com repressão e acordos que firmavam o domínio aristocrático. Ela se assentava na ordem escravista açucareira e cafeeira. Houve também o surto industrial denominado "**Era Mauá**" e um forte processo de urbanização na segunda metade do século XIX, além de grande aumento da produção de cacau e borracha.

Quanto ao escravismo, houve um significativo aumento até 1850 e um declínio acentuado até 1880, com crescimento no número de indivíduos livres. Com a liderança crescente da exportação de café após 1820, garantiu-se o predomínio dos "**barões do café**" (em 1880, a produção cafeeira brasileira era responsável por 56% da produção mundial), acompanhado pelo desenvolvimento dos meios de transporte e comunicação, comércio, bancos e indústrias.

Em 1842, o governo não renovou o Tratado de Comércio com a Inglaterra e em 1844 baixou a **Tarifa Alves Branco**, que elevava os tributos sobre os importados buscando ampliar a arrecadação, o que também contribuiu para o surto industrial.

A questão da mão de obra foi um dos grandes eixos nos enfrentamentos sociopolíticos do Segundo Reinado, destacando-se a **Lei Eusébio de Queirós**, de 1850, e a política de incentivo à imigração, que começou com o sistema de parceria e garantias dos grandes proprietários, e com a **Lei de Terra** de 1850, evitando o desvio de trabalhadores do café para outras atividades.

Na **evolução política**, predominaram os embates entre o Partido Liberal e o Partido Conservador, não substancialmente diferentes quanto aos interesses que representavam, já que sustentavam a ordem oligárquica e escravista. Mesmo assim, disputas por espaços políticos algumas vezes desdobraram-se em confrontos, como nas "**Eleições do Cacete**", e em conflitos pelo poder central, a exemplo da **Revolução Liberal** de 1842. Em 1847, foi estabelecido o **parlamentarismo** ("às avessas") e, em 1853, a **conciliação partidária**, com um novo ministério formado por liberais e conservadores. A partir de 1858, prevaleceu o revezamento de liberais e conservadores no poder.

Somente com a Guerra do Paraguai (1865-1870) e a emergência de novos setores sociais urbanos é que membros liberais passaram a exigir mudanças mais profundas. É a época da fundação do Partido Republicano (1870).

A **Revolução Praieira** (1848-1850): a última das rebeliões provinciais deu-se em Pernambuco e se junta ao que ficou conhecido como rebeliões da "**Primavera dos Povos**". Em 1848, um jornal com sede na Rua da Praia divulgou seu "Manifesto ao Mundo", de autoria de Borges da Fonseca, que reivindicava o voto livre e universal, a liberdade de imprensa, a nacionalização do comércio, o fim do poder Moderador. Outros participantes de destaque foram o capitão Pedro Ivo e o general Abreu e Lima, que pregavam a divisão das fortunas. Acabou derrotada em 1850 por tropas governamentais.

O movimento republicano se articulava; a adesão dos cafeicultores do Oeste Paulista foi decisiva. Ao lado, *Convenção de Itu*, óleo de J. Barros, de 1873.

Na **política externa**, destaca-se o contencioso com a Inglaterra: Tarifas Alves Branco, o **Bill Aberdeen** (1845) e, em 1860, a **Questão Christie**, que levou ao rompimento das relações diplomáticas com a Inglaterra, só retomadas em 1865. Tiveram destaque também as intervenções brasileiras na região do rio da Prata: guerras com o Uruguai contra Oribe (1850-1851) e contra Aguirre (1864-1865); com a Argentina contra o ditador Rosas (1852); e com o Paraguai contra Solano Lopes (1864-1870).

No fim do Império, a questão da escravidão galvanizou a atenção e as divergências. Em 1871, foi assinada a **Lei do Ventre Livre** e, em 1885, a **Lei dos Sexagenários**, que impulsionaram o movimento abolicionista e ao mesmo tempo o republicanismo. Foi a época dos caifazes (organizadores de fugas em massa de escravos). Em 1888, a **Lei Áurea** decretou o fim da escravidão no Brasil.

Entre os republicanos, merecem destaque a mentalidade positivista e os atritos na **Questão Militar**, de Sena Madureira, de 1883 e 1886. Na **Convenção de Itu** (1873), os principais cafeicultores paulistas aderiram ao movimento republicano e finalmente em 1889, com Deodoro da Fonseca, aconteceu a Proclamação da República.

Exercícios resolvidos

1. (UFG-GO) Leia o documento a seguir.

> *A que causa devíamos atribuir esta irrupção da cólera ou, melhor, a que causa não a atribuirmos – Seria talvez a carne estragada que éramos obrigados a comer, ou a fome curtida quando as náuseas venciam o apetite, ou ainda o insuportável ardor dos incêndios que nos escaldavam o sangue, quiçá a infecção oriunda de todas as substâncias vegetais que devorávamos, brotos, frutos verdes e podres, ou também, enfim, a insalubridade do ar viciado pela água estagnada dos charcos e lodaçais que naquela região tanto abundam.*
>
> *Supunham alguns fosse o próprio inimigo o veiculador do cólera. É muito possível que aos paraguaios houvesse acontecido – embora jamais suportassem as mesmas privações que nós – porque, de seu exército do Sul, dizimado pelo flagelo, tinham recebido reforços. Uma circunstância ocorria fazendo-nos crer que também reinasse o mal em suas fileiras: a frouxidão, para o fim, dos ataques, embora sempre frequentes.*
>
> Adaptado de TAUNAY, Alfredo d'Escragnolle. *A retirada de Laguna*. 1870. p. 57. Disponível em: <http://www.dominiopublico.gov.br/download/texto/bv00304a.pdf>. Acesso em: 20 mar. 2013.

O documento apresentado, publicado em 1870, relata um dos principais eventos da Guerra do Paraguai, a Retirada de Laguna. Com base na leitura do documento, explique:

a) as condições a que as tropas brasileiras foram submetidas, durante o conflito;

b) uma consequência para a política interna brasileira, com o fim da Guerra do Paraguai.

Resposta:

a) No relato identificam-se as condições às quais as tropas brasileiras foram submetidas, que podem ser explicadas pela:
- inexistência de uma rede de abastecimento das tropas, tornando a fome uma presença constante no palco da guerra. A referência à carne estragada, às "privações" e à necessidade de os soldados recorrerem a "brotos, frutos verdes e podres" da região sustenta essa afirmação;
- presença constante de doenças, nas tropas de ambos os lados. Cólera, tifo e beribéri eram as principais doenças que afetavam o Exército brasileiro. O documento faz referência explícita à cólera, também chamada de morbo, às infecções e à "insalubridade do ar viciado pela água estagnada dos charcos e lodaçais";
- possibilidade de a cólera e do fogo terem sido utilizados como estratégias militares.

b) Para a política interna brasileira, o fim da Guerra do Paraguai teve três consequências principais:
- o enfraquecimento da popularidade do imperador. Ao tratar a Guerra do Paraguai como uma questão pessoal, Pedro II acabou por tornar o conflito platense uma guerra punitiva contra o Paraguai e de perseguição a seu governante, Francisco Solano Lopes. Essa condução da guerra, por parte do imperador, gerou inúmeras críticas na imprensa carioca;
- a desestruturação da economia brasileira. A mobilização de soldados e equipamentos para a Guerra do Paraguai teve altos custos, que foram financiados por meio de empréstimos tomados da Inglaterra. Com o final da guerra e a subsequente deterioração socioeconômica do Paraguai, as reparações a serem pagas não puderam ser executadas;
- a agitação da vida política brasileira, na medida em que a guerra fomentou, principalmente no Exército brasileiro, o abolicionismo e o republicanismo. Influenciado pela doutrina positivista, o Exército tornou-se um foco de oposição ao governo e importante força política no Segundo Império, contribuindo significativamente para a Proclamação da República.

2. (Vunesp-SP)

Cheio de glória, coberto de louros, depois de ter derramado seu sangue em defesa da pátria e libertado um povo da escravidão, o voluntário volta ao país natal para ver sua mãe amarrada a um tronco! Horrível realidade!...

Adaptado de AGOSTINI, Ângelo. *A vida fluminense*, 11 jun. 1870.

Identifique a tensão apresentada pela representação e por sua legenda e analise a importância da Guerra do Paraguai para a luta de abolição da escravidão.

Resposta:

A tensão presente na obra de Ângelo Agostini reside na questão da escravidão ainda presente no país, após o soldado retornar da Guerra do Paraguai. Após a guerra, o Exército brasileiro incorpora ideais liberais de grande influência positivista, assume posição progressista e associa a escravidão e a monarquia ao atraso. A luta abolicionista e republicana toma maior força, portanto, após a Guerra do Paraguai.

Exercícios propostos

1. (Unicamp-SP)

Após a queda da monarquia, a República tentou ligar-se à memória da abolição. Seu principal argumento era a recusa do Exército em capturar os escravos fugidos. Reivindicava-se, assim, o reconhecimento dos republicanos militares como atores da abolição e redentores da pátria livre. Nas comemorações oficiais da abolição, o 13 de maio e o 15 de novembro eram apresentados como datas complementares de um mesmo processo de modernização do país, abrindo as portas do Brasil ao progresso e à civilização. De modo complementar, ligava-se o sistema monárquico à escravidão e ao atraso do país.

Adaptado de DAIBERT JUNIOR, Robert. Guerra de versões. *Revista de História da Biblioteca Nacional*. Rio de Janeiro, jun. 2008. Disponível em: <http://www.revistadehistoria.com.br/secao/capa/guerra-de-versoes>. Acesso em: 30 set. 2012.

a) Explique por que o regime republicano associou a monarquia à escravidão.

b) Como a Questão Militar contribuiu para o fim do Império do Brasil?

2. (Vunesp-SP)

O rei, nosso Senhor e amo, dorme o sono da... indiferença.

Os jornais, que diariamente trazem os desmandos desta situação, parecem produzir em Sua Majestade o efeito de um narcótico.

Bem aventurado, Senhor! Para vós, o reino do céu e para o nosso povo... o do inferno!

Adaptado de AGOSTINI, Angelo. Revista *Illustrada*, 5 Fev. 1887.

Cite dois elementos presentes na charge ou na sua legenda, que mostrem críticas ao imperador D. Pedro II, e identifique duas dificuldades enfrentadas pela monarquia nas décadas de 1870 e 1880.

3. (ESPM-SP)

Caifazes foi o nome adotado pelos seguidores de Antonio Bento. O jornal A Redenção, *publicado durante os anos de 1887 e 1888, era a face mais visível e conhecida do movimento que sempre manteve um caráter secreto e conspiratório, apesar de penetrar nas diversas esferas da sociedade paulista.*

VAINFAS, Ronaldo (Dir.). *Dicionário do Brasil Imperial*. Rio de Janeiro: Objetiva, 2002.

Os caifazes, citados no texto, devem ser relacionados com o seguinte fato ocorrido no Brasil Imperial:

a) Movimento Republicano;

b) Movimento Abolicionista;

c) Movimento Constitucionalista;

d) Movimento Federalista;

e) Movimento Parlamentarista.

4. (Fatec-SP) Observe atentamente o mapa que traz dados do primeiro Censo, realizado no Brasil em 1872. Leve em consideração que a delimitação das províncias imperiais corresponde aproximadamente à delimitação dos atuais estados da federação.

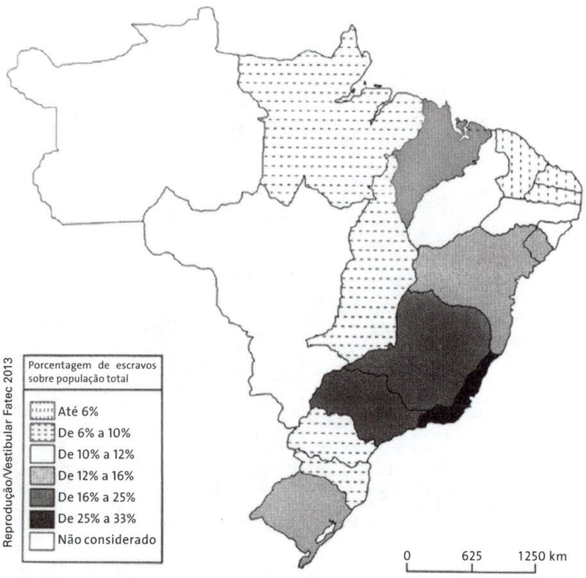

ALENCASTRO, Luiz Felipe de (Org.) *História da Vida Privada no Brasil*. Vol. 2 São Paulo: Cia. da Letras, 1997, p. 247.

Baseando-se na proposta do IBGE, a qual divide o Brasil em cinco regiões (Sul, Sudeste, Centro-Oeste, Norte e Nordeste) e estabelecendo uma comparação entre elas, é correto afirmar que a porcentagem de escravos no Brasil, em 1872, era

a) menor na região Sul, pois as missões jesuíticas combatiam a escravidão africana.

b) menor na região Nordeste, pois naquela época a economia açucareira estava no auge.

c) menor na região Norte, devido à industrialização e urbanização precoces na região.

d) maior na região Centro-Oeste do que no litoral, devido à economia agropecuária.

e) maior na região Sudeste, graças ao crescimento da economia de exportação de café.

5. (UEPB) Quanto ao trabalho escravo no sertão paraibano, é correto afirmar:

a) A captura de negros fugitivos era feita exclusivamente por autoridades policiais, que colocavam os escravizados capturados na cadeia antes de serem entregues a seus senhores.

b) O açoitamento era considerado um crime desde o período colonial, mas na Paraíba era permitido de acordo com o Código Criminal do Império do Brasil, de 1830.

c) Os escravos negros, além das funções corriqueiras em uma fazenda, como realizar atividades domésticas (rachar lenhas, pegar água, fazer comida, entre outros serviços), eram também auxiliares de vaqueiros ou vaqueiros e trabalhavam na roça.

d) Os escravos negros da Paraíba do século XIX não desenvolveram formas de resistência porque tinham uma vida diferenciada dos escravos da zona da mata e podiam adquirir cabeças de gado já que a principal atividade era a pecuária extensiva.

e) A ausência da luta contra a escravidão no sertão paraibano levou os negros ao cangaceirismo e diversos bandos infestaram a Paraíba na segunda metade do século XIX.

6. (UEPG-PR) A grande imigração europeia para o Brasil foi uma das marcas do país no século XIX. Além de contribuir para a ocupação dos espaços vazios existentes em nosso território, os imigrantes ajudaram a compor a sociedade e a cultura nacionais e foram decisivos para o desenvolvimento econômico brasileiro a partir de então. A respeito desse processo imigratório, assinale o que for correto.

(01) O Centro-Oeste brasileiro, região que iniciou seu processo de ocupação e formação em meados dos Oitocentos, abrigou consideráveis levas de imigrantes italianos, alemães e poloneses.

(02) No Paraná, apesar da presença de outras etnias, predominou a imigração eslava, especialmente a polonesa.

(04) O estado de São Paulo recebeu um grande contingente de imigrantes italianos, os quais, inicialmente, foram alocados nas fazendas cafeeiras do oeste paulista.

(08) Mesmo que em menor número, grupos de espanhóis, franceses e suíços também se radicaram no Brasil a partir do século XIX.

(16) Foi comum a formação de colônias alemãs e italianas nos estados do sul, sobretudo em Santa Catarina e no Rio Grande do Sul.

MÓDULO 27 • Brasil, uma República

O fim do período monárquico brasileiro deu-se pela aliança dos cafeicultores paulistas com o Exército nacional, um ano após a abolição da escravidão. Os diversos grupos possuíam projetos políticos e econômicos distintos para o país: de um lado, os ideais **liberais** defendidos principalmente pelos cafeicultores; de outro, os ideais **jacobinos** da população urbana; e havia também os **positivistas**, que tinham ampla aceitação entre os oficiais militares. Eram projetos de grupos sociais divergentes quanto ao modelo republicano a ser implantado.

A República, proclamada a 15 de novembro de 1889, teve início com o governo provisório do **marechal Deodoro da Fonseca**, num consenso entre cafeicultores e o Exército na busca de garantir a recém-proclamada República. Foram convocadas eleições diretas para uma Assembleia Constituinte para elaborar as diretrizes do Estado republicano e medidas extinguindo as antigas instituições imperiais: a destituição dos antigos ministros ligados ao governo imperial e o banimento da família imperial. Deodoro nomeou para ministro da Fazenda o baiano **Rui Barbosa**, que buscou pôr em prática os ideais de progresso industrial, agradando aos interesses positivistas. Contudo, isso resultou em especulação e inflação elevada na crise denominada **Encilhamento**.

A primeira **Constituição** republicana foi promulgada em 1891 e estabelecia: uma República Federativa dividida em 20 estados; o voto aberto (não secreto) limitado aos homens alfabetizados e maiores de 21 anos (exceto padres, soldados e mendigos); separava o Estado da Igreja; e determinava eleições pela Assembleia Constituinte para o primeiro presidente constitucional. Foram eleitos para o cargo executivo federal os marechais Deodoro da Fonseca e Floriano Peixoto (como vice), dando início à República da Espada.

Reprodução/Fundação Maria Luisa e Oscar Americano, São Paulo, SP

Alegoria à proclamação da República e à partida da família imperial, de autor anônimo, século XIX.

República da Espada

Durante a presidência, o marechal Deodoro decretou estado de sítio, fechou o Congresso e enfrentou forte oposição com a **Revolta da Armada**, liderada por Custódio de Melo. Acabou deixando a presidência para seu vice, o **marechal Floriano Peixoto**, que atuou de forma mais autoritária, aproximando-se dos positivistas defensores da modernização e dos republicanos mais radicais, que tinham interesses mais sociais e populares.

Em 1892, Floriano enfrentou o **manifesto dos 13 generais** que exigiam a realização de eleições, pois, segundo a Constituição, Deodoro não havia completado dois anos no governo. Acabaram afastados por insubordinação. No ano seguinte, os federalistas entram em conflito com os republicanos na disputa política do Rio Grande do Sul. Floriano saiu em defesa dos republicanos, liderados por Júlio de Castilhos, obtendo ampla oposição e levando seus opositores a unirem-se aos federalistas. A **Revolução Federalista** espalhou-se para outros estados e acabou juntando-se à **Revolta da Armada**, de 1893, exigindo a renúncia do presidente. Floriano resistiu e suas tropas venceram os revoltosos.

A montagem da República Oligárquica

O sucessor de Floriano foi o republicano **Prudente de Morais**, que formou um governo de transição na consolidação da **oligarquia cafeeira** no poder. Seu governo enfrentou os conselheiristas no Sertão nordestino. Os conflitos de **Canudos** decorreram da situação miserável, da falta de oportunidades e da concentração fundiária na região. O abandono e o descaso levaram muitos seguidores de Antônio Conselheiro a criar uma comunidade fundada em uma ordem livre e distante da exploração a que os camponeses eram submetidos. Canudos atraiu um grande número de sertanejos – de 1893 a 1897, chegou a ter cerca de 30 mil habitantes –, foi duramente combatido e acabou destruído pelo Exército federal, após diversos confrontos com os coronéis locais. A religiosidade e o messianismo estavam presentes na comunidade tanto como as críticas à República. Conselheiro também foi acusado de monarquista.

A partir do governo de **Campos Sales**, sucessor de Prudente, garantiu-se o predomínio dos interesses dos fazendeiros de café na ordem política e na defesa do café no campo da economia.

A prática emissionista de Rui Barbosa, como ministro de Deodoro, e seus projetos progressistas deixaram uma forte crise inflacionária que se juntou a um período de crise do café e aumento da dívida externa, quadro que levou Campos Sales a negociar novos empréstimos, política conhecida como ***funding loan***.

O ministro da Fazenda de Campos Sales, **Joaquim Murtinho**, implementou diversas medidas visando ao **saneamento financeiro**, reduzindo os gastos governamentais e aumentando os impostos. Arrocho salarial e busca de valorização cambial foram comuns no controle inflacionário, diminuindo a emissão de papel-moeda.

Quanto ao café, principal produto de exportação brasileiro, o aumento da oferta no mercado mundial e a consequente queda de preço levaram três governadores dos estados produtores (São Paulo, Minas Gerais e Rio de Janeiro) a comprar toda a produção cafeeira e criar estoques reguladores. O acordo ficou conhecido como **Convênio de Taubaté**.

Outro produto de destaque neste início do século XX foi a **borracha** derivada das seringueiras amazônicas, que teve um surto de produção, atingindo cerca de 40% nas exportações ao final da primeira década. Sua exploração deu-se por nativos da região ou migrantes nordestinos em busca de alternativas de sobrevivência na situação excludente em que viviam. Vale destacar também a atuação do Estado brasileiro nas negociações pela anexação ao Brasil do território do Acre, pertencente à Bolívia, firmado no **Tratado de Petrópolis**.

Lutas sociais

Durante o governo de **Rodrigues Alves** (1902-1906), a capital passou por um período de reformas modernizadoras comandadas pelo prefeito Pereira Passos. O projeto de urbanização tinha por inspiração as reformas do arquiteto Haussman e previa a construção de amplas avenidas e bulevares na região central do Rio de Janeiro. Essas obras levaram à demolição de antigas construções imperiais, ocupadas pela população mais humilde. À demolição dos cortiços somaram-se as insatisfações da população a respeito das políticas excludentes da oligarquia política.

Oswaldo Cruz liderou o projeto de combate a doenças que assolavam a população, como malária, peste bubônica, febre amarela e varíola. Em 1904, ao ser estabelecida a vacinação obrigatória contra a varíola, eclodiram revoltas no Rio de Janeiro contra essa imposição. A **Revolta da Vacina** foi duramente reprimida.

Duas outras rebeliões importantes no período foram a **Revolta da Chibata** (1910), sob o comando de João Cândido, e a **Revolta do Contestado** (1913). Ambas tiveram final sangrento e demonstraram o tratamento republicano usual com a população descontente e carente de programas sociais.

Nos centros urbanos, o desenvolvimento industrial e o grande fluxo migratório transformaram as organizações sociais. O proletariado urbano passou a se organizar em sindicatos e associações para fazer reivindicações na luta contra a exploração e por melhores condições de vida. Greves no período foram frequentes e duramente reprimidas. A influência anarquista e comunista prevaleceu entre os operários.

A Redenção de Cã, de Modesto Brocos, de 1895, tem sido interpretada como uma representação da ideologia do branqueamento da população brasileira: a matriarca negra em posição de agradecimento ou prece religiosa diante de seu neto, fruto da união entre sua filha mestiça e um homem branco. O título dado à pintura, fundamental para essa interpretação, retoma uma visão bíblica sobre o filho de Noé, Cã, do qual teriam surgido os descendentes negros.

Mecanismos de poder oligárquico

O controle político pela oligarquia coube ao PRP e ao PRM, partidos representantes das elites cafeeiras paulista e mineira, respectivamente, que detinham também o maior poder econômico do país.

As eleições eram instrumentos de manutenção da ordem oligárquica, pois o **coronelismo** atuava paralelamente às fraudes eleitorais, com coerção e violência. O **voto de cabresto**, como foi chamado, garantia o controle.

Desde Campos Sales, a chamada **Política dos Governadores** firmava as trocas de favores entre o Executivo federal e os chefes executivos estaduais, e estes, articulados com os poderes locais, garantiam benesses por eleger candidatos do governo para cargos do Legislativo. Ficou conhecida como **política do café com leite**, por causa do predomínio de paulistas e mineiros na política federal.

A ordem oligárquica estruturada no sistema de poder republicano acabou sendo incapaz de ficar imune a divergências e conflitos. Entre os exemplos, destacam-se as eleições de 1910, com a **Campanha Civilista** de Rui Barbosa contra o marechal Hermes da Fonseca, na qual este acabou vencedor. Na Presidência, Hermes da Fonseca substituiu oligarquias dissidentes nos estados com a **Política das Salvações**, outro exemplo de fissuras na ordem oligárquica, obtendo sucesso em alguns estados e fracassando em outros, como no Ceará, onde se destacou a atuação do padre **Cícero Romão Batista**.

Exercícios resolvidos

1. (Fuvest-SP)

> *Canudos não se rendeu. Exemplo único em toda a História, resistiu até ao esgotamento completo.* [...] *Caiu no dia 5, ao entardecer, quando caíram os seus últimos defensores, que todos morreram. Eram quatro apenas: um velho, dois homens feitos e uma criança, na frente dos quais rugiam raivosamente cinco mil soldados.*
>
> *Euclides da Cunha,* Os sertões.

Relacione o movimento de Canudos com

a) os problemas econômico-sociais da região;

b) a crença religiosa e a luta política da população.

Resposta:

a) Canudos foi, em grande parte, fruto do regime de concentração fundiária e exclusão social predominante no interior do Nordeste, que incluía formas de exploração do trabalho temporário. A decadência econômica da região, aliada à excessiva pobreza, estimulou o surgimento de movimentos de contestação social, inclusive de cunho messiânico.

b) O misticismo religioso, de fundo cristão, era uma forma de conviver com a miséria, santificando a pobreza e trazendo a promessa de redenção para os desafortunados. Dessa forma, a luta pela emancipação social (que trazia embutida a luta política contra o regime dos grandes proprietários) acabava ganhando força com a organização religiosa de grandes grupos.

2. (Unicamp-SP)

> *A denominação de república oligárquica é frequentemente atribuída aos primeiros 40 anos da República no Brasil. Coronelismo, oligarquia e política dos governadores fazem parte do vocabulário político necessário ao entendimento desse período.*
>
> Adaptado de RESENDE, Maria Efigênia Lage de. O processo político na Primeira República e o liberalismo oligárquico. In: FERREIRA, Jorge; DELGADO, Lucilia de Almeida Neves (Org.). *O tempo do liberalismo excludente* – da Proclamação da República à Revolução de 1930. Rio de Janeiro: Civilização Brasileira, 2006, p. 91.

Relacionando os termos do enunciado, a chamada "república oligárquica" pode ser explicada da seguinte maneira:

a) Os governadores representavam as oligarquias estaduais e controlavam as eleições, realizadas com voto aberto. Isso sustentava a República da Espada, na qual vários coronéis governaram o país, retribuindo o apoio político dos governadores.

b) Diante das revoltas populares do período, que ameaçavam as oligarquias estaduais, os governadores se aliaram aos coronéis, para que chefiassem as expedições militares contra as revoltas, garantindo a ordem, em troca de maior poder político.

c) As oligarquias estaduais se aliavam aos coronéis, que detinham o poder político nos municípios, e estes fraudavam as eleições. Assim, os governadores elegiam candidatos que apoiariam o presidente da República, e este retribuía com recursos aos estados.

d) Os governadores excluídos da política do "café com leite" se aliaram às oligarquias nordestinas, a fim de superar São Paulo e Minas Gerais. Essas alianças favoreceram uma série de revoltas chefiadas por coronéis, que comandavam bandos de jagunços.

Resposta: alternativa *c*.

Os mecanismos de controle político da oligarquia predominaram durante o período conhecido por República Oligárquica. O coronelismo e a manipulação do voto aberto, fraudes eleitorais, a Política dos Governadores e a política do café com leite foram instrumentos de controle do poder por parte da oligarquia.

Exercícios propostos

1. (Fuvest-SP)

A República não foi uma transformação pacífica. Bem ao contrário. Para além da surpresa provocada pelo golpe de Estado de 15 de novembro, seguiu-se uma década de conflitos e violências de toda ordem, na qual se sucederam as dissensões militares, os conflitos intraoligárquicos, os motins populares, a guerra civil, o atentado político contra a vida de um presidente da República. No interior dessas lutas se forjou a transformação do Estado Imperial em Estado Republicano, do Império Unitário em República Federativa, do parlamentarismo em presidencialismo, do bipartidarismo organizado nacionalmente em um sistema de partidos únicos estaduais. Forjou-se um novo pacto entre as elites e um novo papel para as forças armadas.

COSTA, Wilma Peres. *A espada de Dâmocles.* São Paulo: Hucitec, 1996. p. 16.

a) Identifique e caracterize um episódio conflituoso próprio dos primeiros anos da República no Brasil.

b) Explique o "novo papel para as forças armadas" a que se refere o texto.

2. (UFPR) No Brasil, os vinte primeiros anos do século XX foram marcados por uma série de greves em vários setores produtivos nos nascentes centros urbanos. Disserte sobre as principais reivindicações dos grevistas naquela época, a importância dos trabalhadores imigrantes no movimento e os resultados deste movimento social ao final dos anos 1910.

3. (UFSC) Leia.

— Nós somos a geração do deserto! Como a nação dos judeus nós estamos neste deserto, em busca da Terra Prometida. Faz quase quatro anos que nós declaramos a Guerra Santa e estamos lutando para conquistar a nossa terra. Muita gente tem morrido, e os seus ossos estão apodrecendo nos descampados. Mas a Guerra Santa tem que continuar, porque nós somos a geração do deserto, os que devem ser sacrificados. A nossa geração tem que vencer esta guerra, nem que todos tenham que morrer. No tempo de Moisés ele também guiou o povo pelo deserto, e toda a geração velha morreu. Mas os que nasceram no deserto chegaram à Terra de Canaã, prometida por Deus. São José Maria também prometeu que o nosso povo ia ter uma terra. Este Contestado é um país enorme, do qual todos terão o seu pedaço. Mas para isso temos que lutar!

SASSI, Guido Wilmar. *Geração do deserto.* 5. ed. Porto Alegre: Movimento, 2012. p. 116-117.

Considerando o trecho acima e a história do Movimento do Contestado (1912-1916), assinale a(s) proposição(ões) CORRETA(S).

(01) O monge José Maria ainda hoje é venerado por descendentes caboclos da região do sul do país onde ocorreu a Guerra do Contestado.

(02) Conduzido principalmente pela população de origem cabocla, o Contestado pode ser reconhecido como um movimento messiânico de luta pela terra numa região disputada pelos estados de Santa Catarina e Paraná.

(04) A extração de erva-mate e de madeira estava entre as principais atividades dos sertanejos do Contestado antes da construção da ferrovia São Paulo–Rio Grande do Sul pela companhia Brazil Railway.

(08) Ao representar uma alternativa ao poder dos "coronéis", o Movimento do Contestado era visto como um perigo que, segundo as elites, deveria ser eliminado.

(16) Assim como ocorreu anos antes em Canudos (1893-1896), a Guerra do Contestado colocou em lados opostos a Igreja Católica e o governo brasileiro, razão pela qual muitos padres das mais diversas paróquias da região se armaram contra o exército republicano em defesa do retorno da família real brasileira ao comando do país.

(32) A vitória dos seguidores do monge José Maria contra as tropas republicanas na Guerra do Contestado determinou a fragmentação dos grandes latifúndios da região do Contestado em pequenas propriedades, que ainda caracterizam o meio rural catarinense.

4. (UFPE) "A república que não foi" é uma expressão cunhada pelo historiador José Murilo de Carvalho, para se referir à frustração das expectativas de mudanças prometidas pelos republicanos. Os primeiros anos da República foram marcados por diversos movimentos contestatórios populares. Acerca desses movimentos, analise as proposições a seguir.

( ) Caracterizada tradicionalmente como um movimento messiânico, a Revolta do Contestado teve entre suas motivações o protesto contra a construção de uma ferrovia, que ligava São Paulo à região Sul.

( ) A Revolta dos Cabanos, ocorrida no Pará, se deveu à irrelevância política à qual esse estado foi relegado após a proclamação da República.

( ) Em 1912, marinheiros estacionados no Rio de Janeiro revoltaram-se contra os rigorosos castigos físicos aos quais eram submetidos, num movimento conhecido como Revolta da Chibata, liderada por João Cândido.

( ) Ocorrida no Rio de Janeiro em 1904, a Revolta da Vacina originou-se, entre outras razões, devido à repugnância que a população demonstrava pela inoculação obrigatória do vírus da varíola.

( ) Os revoltosos de Canudos, na Bahia, foram facilmente massacrados pelas tropas enviadas pelo governo federal, que não precisou lançar mão de grandes esforços para destruir de vez o Arraial de Belo Monte.

MÓDULO 28 • Primeira Guerra Mundial (1914-1918)

A crença no avanço ininterrupto do progresso, da modernidade, bem como a supremacia burguesa nas grandes cidades e os avanços tecnológicos das últimas décadas do século XIX e das iniciais do XX, forjaram a expressão francesa ***Belle Époque*** (Bela Época) para o período. Era o mundo elegante das exposições, da arte, da moda, cujo centro era Paris. Uma impressão positiva de progresso e paz que desabou na Grande Guerra de 1914.

As motivações para a guerra

A dinâmica imperialista, a divergência de interesses entre as potências e os conflitos decorrentes foram acumulando tensões e disputas insuperáveis por meio de acordos e entendimentos diplomáticos. Nesse quadro, destacaram-se:

1. A **Guerra Franco-Prussiana** e a humilhação francesa de 1871, quando perdeu a Alsácia-Lorena no Tratado de Frankfurt – **revanchismo francês**;
2. O **sistema de alianças**: A Liga dos Três Imperadores (Alemanha, Áustria-Hungria e Rússia) buscava isolar a França, sucedida pela **Tríplice Aliança** (Alemanha, Áustria-Hungria e Itália); a Entente Cordiale (Inglaterra e França) foi sucedida pela **Tríplice Entente** (Inglaterra, França e Rússia).
3. O **armamentismo crescente**, definindo o período também como Paz Armada, com os blocos ampliando suas capacidades bélicas.
4. A **Questão Marroquina**: a disputa entre a França e a Inglaterra pelo Marrocos resultou num acordo em que a Inglaterra teria o aval sobre o Egito e a França sobre o Marrocos, esbarrando no interesse da Alemanha na região.
5. A **Questão Balcânica**: a anexação de regiões eslavas da Bósnia-Herzegovina pelo Império Austro-Húngaro teve a oposição da Sérvia, que buscava reunir os povos eslavos. A Áustria-Hungria tinha o apoio da Alemanha e esta pretendia construir a estrada de ferro Berlim-Bagdá, chegando ao Golfo Pérsico (petróleo). Já a Sérvia tinha o apoio da Rússia e se opunha às pretensões alemãs.
6. O **estopim** da guerra: em 28 de junho de 1914 foi assassinado em Sarajevo, na Bósnia, o herdeiro do trono austro-húngaro, Francisco Ferdinando, e sua esposa, Sofia, por um estudante sérvio, membro da Mão Negra, da organização União ou Morte. O Império Austro-Húngaro lançou um ultimato à Sérvia, que se desdobrou na declaração de guerra. O governo russo, segundo acordos militares, deu apoio à Sérvia e a partir daí a engrenagem do sistema de alianças entrou em operação, iniciando o confronto.

O desenrolar da guerra

O conflito começou como **guerra de movimento**, com os exércitos movimentando suas tropas para conquistar territórios. Os alemães (Plano Schlieffen) ocuparam a Bélgica e entraram na França, sendo contidos na Batalha de Marne. Do lado alemão, além da Áustria-Hungria, juntaram-se as forças do Império Turco-Otomano e da Bulgária. Do lado da Entente, formando o Bloco dos Aliados, juntaram-se à Rússia a França e a Inglaterra, o Japão, a Itália, a Romênia e a Grécia, e depois os Estados Unidos.

Na Europa, a guerra de movimento acabou substituída pela **guerra de trincheiras**, sem grandes avanços ofensivos dos dois lados. A tecnologia a serviço da guerra ampliava os desastres e as vítimas, com os bombardeios aéreos, os submarinos, os tanques, as armas químicas, etc. Na frente oriental, as vitórias sucessivas dos alemães sobre os russos enfraqueciam o poderio do czar Nicolau II. Devido aos laços, sobretudo econômicos, dos EUA com os Aliados (e em especial a Inglaterra), a guerra submarina serviu de pretexto para a entrada estadunidense na contenda. Na Rússia, a fragilidade czarista desembocou na Revolução Socialista de 1917, com o novo governo bolchevique assinando um acordo de paz em separado com a Alemanha (Paz Brest-Litovski), retirando-se da guerra.

Na frente ocidental, o governo alemão não avançava e se desgastava, levando o *kaiser* Guilherme II a renunciar ao trono. Foi instaurada a República, com sede em Weimar. Com as derrotas, o novo governo alemão aceitou um acordo de paz proposto por Woodrow Wilson (EUA), o chamado 14 Pontos de Wilson, assinando o Armistício de Compiégne (1918), que acabou com a guerra. Ficou o saldo de mais de 13 milhões de mortos, 20 milhões de mutilados e feridos e enorme destruição.

Hulton-Deutsch Collection/Corbis/Latinstock

Soldados búlgaros comem em trincheira. Foto de 1915, aproximadamente.

Os tratados de paz

Em 1919, os governantes dos países vitoriosos reuniram-se no Palácio de Versalhes (França), destacando-se os três grandes (Wilson, Lloyd George e George Clemenceau), que firmaram o **Tratado de Versalhes** com a Alemanha, pelo qual ela ficou obrigada a: devolver a Alsácia-Lorena à França; perder suas colônias; entregar uma faixa de terra à Polônia (o "corredor polonês", Dantzig); pagar indenização de US$ 33 bilhões; reduzir suas forças bélicas. O tratado também definiu a criação da **Liga das Nações** para garantir a paz mundial.

Para a Áustria, foi imposto o **Tratado de Saint-Germain**, que desmembrava seu território em vários Estados independentes: Polônia, Tchecoslováquia, Hungria e Iugoslávia. Outros acordos garantiram a autonomia frente à Rússia (Finlândia) e também dos Estados Bálticos (Estônia, Letônia e Lituânia). Com a Hungria, foi assinado o Tratado de Trianon; com a Bulgária, o Tratado Neully; e, com a Turquia, o de Sèvres, depois reformado pelo de Lausanne.

Exercícios resolvidos

1. (Fuvest-SP)

> *Este livro não pretende ser um libelo nem uma confissão, e menos ainda uma aventura, pois a morte não é uma aventura para aqueles que se deparam face a face com ela. Apenas procura mostrar o que foi uma geração de homens que, mesmo tendo escapado às granadas, foram destruídos pela guerra.*
>
> REMARQUE, Erich Maria. *Nada de novo no front*. São Paulo: Abril, 1974. p. 9.

Publicado originalmente em 1929, logo transformado em *best-seller* mundial, o livro de Remarque é, em boa parte, autobiográfico, já que seu autor foi combatente do exército alemão na Primeira Guerra Mundial, ocorrida entre 1914 e 1918. Discuta a ideia transmitida por "uma geração de homens que, mesmo tendo escapado às granadas, foram destruídos pela guerra", considerando:

a) As formas tradicionais de realização de guerras internacionais vigentes até 1914 e, a partir daí, modificadas.

b) A relação da guerra com a economia mundial, entre as últimas décadas do século XIX e as primeiras do século XX.

Resposta:

a) A referência a "uma geração de homens" aponta para a Primeira Guerra Mundial como o primeiro grande conflito generalizado da era industrial. De fato, a mobilização tecnológica e industrial possibilitou não só a organização de exércitos formados por milhões de soldados, mas também a produção, em larga escala, de armas de grande efeito destrutivo.

b) As últimas décadas do século XIX foram marcadas pelo rápido desenvolvimento industrial de vários países europeus. Esse processo levaria a disputas imperialistas pelo mundo que contribuiriam para o desencadeamento da Primeira Guerra Mundial. A guerra, como um conflito industrial em larga escala, traria efeitos para a economia mundial, como a valorização de matérias-primas. Para os países diretamente envolvidos, implicaria a conversão da indústria convencional em bélica e o alto grau de endividamento, gerando grave crise econômica, desemprego e, portanto, um cenário desolador. Nesse contexto, o próprio modelo econômico liberal passaria por questionamentos.

2. (UFJF-MG) Observe o mapa abaixo:

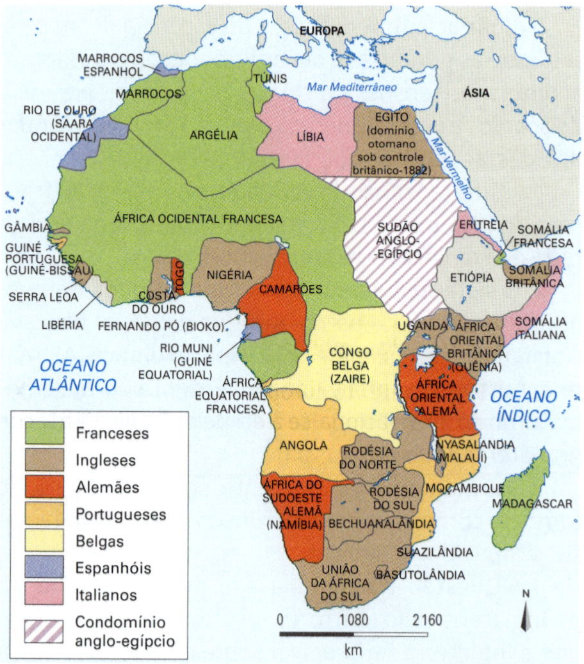

Disponível em: <www.culturabrasil.pro.br/neocolonialismo.htm>. Acesso em: 13 set. 2010. Adaptado.

O mapa retrata a África partilhada por países europeus em um processo conhecido como imperialismo.

a) Analise as repercussões desse processo de desenvolvimento do capitalismo desde o final do século XIX.

b) Relacione os impactos desse processo sobre as origens da Primeira Grande Guerra Mundial.

Resposta:

a) O capitalismo monopolista decorrente do imperialismo europeu colocou-se na disputa por matérias-primas e pedras preciosas. O continente africano passou, assim, a ser um mercado disputado pelas potências europeias que impuseram segregações e exploração na expansão civilizatória.

b) As disputas por colônias fortaleceram as políticas de alianças que foram se desenhando até a eclosão da guerra. Exemplos como o do Marrocos e o dos Bálcãs demonstram a disputa colonial decorrente do imperialismo como motivo da Primeira Guerra Mundial.

Exercícios propostos

1. (Vunesp-SP)

> *De forma mais geral, o imperialismo encorajou as massas, e sobretudo as potencialmente descontentes, a se identificarem com o Estado e a nação imperiais, outorgando assim, inconscientemente, ao sistema político e social representado por esse estado justificação e legitimidade.*
>
> HOBSBAWM, Eric. *A era dos Impérios:* 1875-1914. Rio de Janeiro: Paz e Terra, 1997.

De acordo com o texto acima,

a) os novos regimes socialistas surgidos encontraram na expansão imperialista uma forma de legitimação.

b) a conquista imperialista da Ásia e África serviu de válvula de escape para os excedentes populacionais europeus.

c) uma vez que sua legitimação era falsa, a conquista imperialista resultou em ampla rivalidade entre as nações, culminando com a Primeira Guerra Mundial.

d) ao promoverem uma identificação das massas com o Estado, o imperialismo diminui seu potencial revolucionário.

e) os princípios de igualdade e liberdade que fundamentam o estado burguês foram legitimados pelas conquistas imperialistas.

2. (FGV-SP) O contexto europeu do final do século XIX e início do XX relaciona-se à eclosão da Primeira Guerra Mundial porque:

a) a Primeira Revolução Industrial desencadeou uma disputa, entre os países europeus, por fontes de carvão e ferro e por consumidores dos excedentes europeus.

b) a unificação da Itália rompeu o equilíbrio europeu, pois fez emergir uma nova potência industrial, rival da Grã-Bretanha e do Império Austríaco.

c) o revanchismo alemão, devido à derrota na Guerra Franco-Prussiana, fez a Alemanha desenvolver uma política militarista e expansionista.

d) a difusão do socialismo, principalmente nos Bálcãs, acirrou os movimentos emancipacionistas na área, então sob domínio do Império Turco.

e) a corrida imperialista, com o estabelecimento de colônias e áreas de influência na África e na Ásia, aumentou as rivalidades entre os países europeus.

3. (FGV-SP) A I Guerra Mundial (1914-1918) provocou mudanças importantes no mapa político da Europa. Entre essas, é correto apontar a

a) devolução da Alsácia-Lorena, então com a Alemanha, para a França e a concessão de uma saída para o mar para a Polônia, criando o chamado Corredor Polonês.

b) perda, pela Itália, da região de Trieste para a Iugoslávia, e a cessão, pela França, da região basca para a Espanha.

c) anexação do norte da Bélgica pela França e o reconhecimento da independência da Grécia.

d) incorporação de Montenegro ao território grego e a fragmentação do Reino Unido, com a independência do País de Gales.

e) ampliação do Império Austro-Húngaro, com o ajuntamento da Sérvia, e a devolução da Armênia para o Império Turco.

4. (Mack-SP)

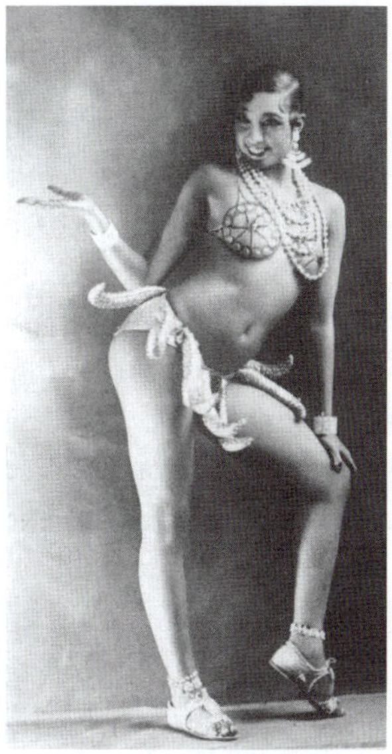

Baker com a famosa saia de bananas, 1926-1927.

Josephine Baker foi uma célebre cantora e dançarina norte-americana, naturalizada francesa em 1937, e conhecida pelo apelido de Vênus Negra. Em 1925, estreou em Paris, no Théâtre des Champs-Elysées, fazendo enorme sucesso com sua dança, dentre elas uma em que vestia uma saia feita de bananas. A explicação para a trajetória vitoriosa dessa artista negra, mulher e estrangeira nos palcos franceses, na década de 1920, deveu-se

a) à busca de maiores relações diplomáticas e artísticas com os EUA, que, após a Primeira Grande Guerra, se tornaram o maior credor dos países europeus envolvidos no conflito, especialmente da França.

b) à idealização da beleza da mulher africana, que contrastava com os padrões femininos europeus, desgastados pela pseudomasculinização da mulher após a efetiva participação das mesmas no esforço de guerra.

c) a seu enorme talento pessoal, que se impôs em meio a um ambiente ainda dominado por preconceitos raciais e pela prepotência cultural francesa perante a cultura dos demais países.

d) à busca por inspiração e motivação em expressões artísticas consideradas exóticas, como era considerada a cultura negra, capaz de dar um novo sentido às sociedades europeias, ainda desiludidas após o episódio da Grande Guerra.

e) ao intercâmbio cultural e artístico entre a França e os Estados Unidos da América, estabelecido entre os dois países no pós-guerra, na tentativa de estreitar as relações diplomáticas entre eles.

A Revolução Russa aconteceu em meio aos confrontos da **Primeira Guerra Mundial** e seus ideais tomaram bandeiras dos movimentos sociais do século XIX e suas ideias socialistas.

O último czar russo, Nicolau II (1894-1917), manteve a política de industrialização tomando empréstimos internacionais e participou das disputas por mercados na Ásia (derrotado na Guerra com o Japão, em 1904). Em 1905, uma manifestação em frente ao Palácio de Inverno (Petrogrado), sede do governo, foi violentamente reprimida. O episódio ficou conhecido como "**Domingo Sangrento**". Seguiu-se uma onda de protestos, com destaque para a ocupação da esquadra do Mar Negro com os marinheiros do **Encouraçado Potemkin**.

AKG-Images/Latinstock

A foto de maio de 1906 mostra o czar Nicolau II e a czarina Alexandra abrindo os trabalhos da Duma no Palácio de Inverno de São Petersburgo.

Entre os russos, destacavam-se duas tendências que ficaram evidenciadas no Congresso da Social-Democracia: os **mencheviques** ("minoria" em russo), favoráveis a uma revolução burguesa para depor o czarismo, e os **bolcheviques** ("maioria" em russo), defensores de uma revolução socialista imediata.

Com as derrotas na Primeira Guerra Mundial e seus efeitos na Rússia, os mencheviques tomaram o poder e derrubaram o czar (fevereiro de 1917 no calendário russo, março no nosso), formando a República da Duma (parlamento), sob a liderança de **Kerensky**. Como o novo governo manteve a Rússia na guerra, o desgaste agora se deu com o novo governo menchevique. Enquanto isso, os bolcheviques, liderados por **Lênin e Trotsky**, conquistaram a liderança popular, divulgaram as **Teses de Abril**, pelas quais defendiam *Paz* (saída da guerra), *Terra* (reforma agrária) e *Pão* (normalização do abastecimento de gêneros de primeira necessidade) e organizaram a **Guarda Vermelha** via Soviete de Petrogrado.

Em novembro de 1917 (outubro no calendário russo), os bolcheviques tomaram o poder, que passou a ser exercido pelo Conselho dos Comissários do Povo, liderado por Lênin. Ele estatizou as indústrias, bancos e acabou com as grandes propriedades rurais, além de firmar o acordo de paz com os alemães, saindo da guerra (**Paz Brest-Litovski**). O controle do governo acabou ficando nas mãos do Partido Comunista. A oposição à Revolução Bolchevique (**Russos Brancos**) ganhou o apoio das potências aliadas da Primeira Guerra, que enfrentaram o **Exército Vermelho**. Durante a Guerra Civil (Brancos contra Vermelhos), Lênin adotou a **Nova Política Econômica** (NEP) para reativar a economia, admitindo a produção privada e o pequeno comércio, sob a alegação de que era "dar um passo atrás para dar dois à frente". Em 1922, os vários Estados que se juntaram à Rússia no governo revolucionário constituíram a **União das Repúblicas Socialistas Soviéticas (URSS)**.

A morte de Lênin, em 1924, abriu a disputa pelo poder máximo da URSS entre **Trotsky** (defensor da **Revolução Permanente**, ou seja, espalhar a revolução para outros países) e **Stálin** (a favor da construção do **socialismo num só país**, fechando a URSS). A vitória coube a Stálin, que adotou os **Planos Quinquenais** a partir de 1928, empreendendo a socialização total, a coletivização forçada do campo. O resultado dos Planos Quinquenais foi o fechamento da URSS ao capitalismo (e suas crises) e um enorme desenvolvimento industrial, fazendo da URSS uma potência já nos anos da Segunda Guerra Mundial. Contudo, o regime estalinista também ficou marcado pelo autoritarismo, pelos expurgos de dissidentes e pelo domínio progressivo da burocracia.

Underwood & Underwood/Corbis/Latinstock

As sucessivas derrotas russas na Primeira Guerra Mundial aceleraram a decomposição do Estado liberal menchevique. Na foto de 1925, Trótski discursa para tropas do Exército Vermelho.

Exercícios resolvidos

1. (Unicamp-SP)

Alguns comunistas franceses encontravam conforto na ideia de que as atitudes de Stalin em relação aos opositores do regime político vigente na União Soviética eram tão justificadas pela necessidade quanto havia sido o Terror de 1793-1794, liderado por Robespierre. Talvez em outros países, onde a palavra Terror não sugerisse tão prontamente episódios de glória nacional e triunfo revolucionário, essa comparação entre Robespierre e Stálin não tenha sido feita.

Adaptado de HOBSBAWN, Eric. *Ecos da Marselhesa:* dois séculos reveem a Revolução Francesa. São Paulo: Companhia das Letras, 1996. p. 67-68.

a) De acordo com o texto, o que permitiu aos comunistas a comparação entre os regimes de Robespierre e de Stálin?

b) Quais os princípios políticos que definiam o regime soviético?

Resposta:

a) O "endurecimento" do governo revolucionário de Robespierre foi explicado, na época, como uma resposta a duas ameaças contrarrevolucionárias: a interna (representada por grupos políticos de oposição aos jacobinos) e a externa (representada por invasores estrangeiros). As mesmas ameaças passaram a pairar sobre a União Soviética a partir do triunfo da Revolução de 1917.

b) O regime político soviético pretendia ser uma democracia popular, fundada na atuação dos sovietes (conselhos de trabalhadores). A tutela do Partido Comunista sobre a vida política e social do país acabou resultando na criação de uma ditadura de partido único que progressivamente se tornava totalitária.

2. (UFRJ)

Como a Revolução Francesa, em fins do século XVIII e começo do século XIX, as Revoluções Russas que levaram à fundação da URSS modificaram a face do mundo. Para muitos deram início ao século XX. Seja qual for nossa opinião a respeito, é inegável que imprimiram sua marca a um século que só terminou com o desaparecimento dos resultados criados por elas.

REIS FILHO, Daniel Aarão. *As revoluções russas.* Rio de Janeiro: Civilização Brasileira, 2002. p. 37.

a) Identifique duas medidas adotadas pelos bolcheviques entre 1917 e a criação da União Soviética (1922).

b) Explique uma questão de ordem interna à União Soviética que contribuiu para o seu fim em 1991.

Resposta:

a) Dentre as medidas, podem ser identificados o tratado de Brest-Litovsky, o comunismo de guerra e a NEP.

b) A decadência da política de manutenção do socialismo em outras regiões, a implementação da *perestroika* e da *glasnost* por Gorbatchev.

Exercícios propostos

1. (Ibmec-RJ) Leia com atenção as afirmativas a seguir referentes à Revolução de Outubro de 1917, na Rússia:

I. A revolução foi liderada pelos sovietes, compostos em sua maioria por operários, soldados e industriais descontentes com o czarismo;

II. Uma das primeiras consequências da Revolução de Outubro foi afastar a Rússia da Primeira Guerra Mundial, ao ser assinado com os alemães um tratado de paz;

III. Os analistas consideram que o único fator responsável diretamente pela ocorrência do movimento bolchevique foi a questão fundiária, negligenciada por Nicolau II.

Assinale:

a) se apenas a afirmativa I for correta;

b) se apenas a afirmativa II for correta;

c) se apenas a afirmativa III for correta;

d) se as afirmativas I e II forem corretas;

e) se as afirmativas II e III forem corretas.

2. (UEL-PR) Compreender o processo revolucionário socialista ocorrido na Rússia de 1917 implica discernir historicamente os seus autores e as atitudes assumidas por eles.

Desta forma, pode-se afirmar.

a) O partido comunista russo, criado por Marx e Engels em pleno vigor da lei de exceção imposta pelo Czar Nicolau II, adotou táticas de guerrilha de elevada eficácia sócio-política, vencendo assim a guerra revolucionária.

b) O processo revolucionário leninista colocou um ponto-final no período feudal soviético dos Petrogrados, unindo os comerciantes revolucionários das principais cidades e os camponeses como anteriormente havia ocorrido na Revolução francesa de 1789.

c) O comandante do exército bolchevique, Stálin, assumiu o poder no processo revolucionário expulsando o Czar e nomeando como seu líder no congresso socialista, Trotski, organizador das barricadas sindicais na Praça Vermelha.

d) Marx e Bakunin elaboraram os princípios revolucionários de uma sociedade socialista, no entanto, devido aos intensos debates entre eles sobre a forma como o processo deveria ocorrer, distanciaram-se, tornando-se adversários.

e) Proudhon, exilado na Rússia, organizou os operários em sindicatos comunistas que, na revolução, se integraram ao exército vermelho chefiado por Kerensky, estabelecendo a estratégia da guerra total contra o exército branco.

3. (Ufla-MG) A história permite associar fatos históricos que ocorreram em lugares e tempos diferentes, como, por exemplo, as Revoluções Francesa, de 1789, e Russa, de 1917. Assinale a alternativa em que as correlações entre ambas as Revoluções NÃO está correta.

a) Na Revolução Francesa, as massas populares eram representadas pelos *Sans-Culottes*, que pertenciam aos Jacobinos e, na Revolução Russa, eram os sovietes de trabalhadores, que pertenciam aos bolcheviques.

b) Na Revolução Francesa e na Revolução Russa, as massas populares revoltaram-se, tomando o poder da nobreza e da burguesia, a exemplo do "Terror Branco" (1794-1795), na Revolução Francesa, e os acontecimentos de dezembro de 1905 e janeiro de 1906, na Revolução Russa.

c) Na Revolução Francesa e na Revolução Russa, a situação das massas era de extrema pobreza e miséria, devido à carestia dos alimentos e da exploração por parte da aristocracia rural, parasitária de origem feudal.

d) Tanto na Revolução Francesa como na Revolução Russa, as massas promoveram assassinatos de nobres, após assumirem o poder.

4. (Uerj)

Viva o Exército Vermelho: verdadeiro guardião das conquistas de Outubro.

Construção de Kuznetsk: em ritmo bolchevique por *K. Vialov, 1931.*

In: SEBASTIÃO DO REGO BARROS. "A Revolução de Outubro: 800 anos". *Revista Estudos Avançados*. São Paulo: USP, nº 32, 1998.

Nos cartazes anteriores, identificam-se elementos fundamentais para a consolidação do socialismo na Rússia durante o período stalinista (1927-1953).

Explique a importância do exército e do modelo de desenvolvimento industrial adotado para a chamada "segunda revolução russa", a partir de 1930.

5. (PUC-MG) Em outubro de 1917, os bolcheviques assumiram o poder na Rússia. A Revolução Russa de 1917 anunciou o fim do capitalismo e o início do comunismo em escala planetária. Sobre a Revolução Russa e a consolidação do socialismo soviético, todas as afirmativas estão corretas, EXCETO:

a) Revelou-se um movimento de caráter radical, visto que morreram milhares de homens defendendo suas posições e impondo um sacrifício à população russa em nome de uma revolução social.

b) Foi um movimento de ruptura no processo do antigo Império Russo. A demolição quase instantânea do regime czarista significou uma mudança no destino da Rússia e da Europa.

c) Revelou-se como um movimento perverso. A ascensão do comunismo demonstrou um socialismo com regime autoritário comparável aos governos totalitários da Europa.

d) Foi um movimento isolado no processo de modernização da Rússia empreendido pelo Czar, refletiu os anseios do grupo dos camponeses pela coletivização da terra.

MÓDULO 30 • Uma jovem República Velha (1914-1930)

Crise política

O Estado brasileiro republicano apresentava um modelo político-econômico baseado na exportação de produtos primários e importação de industrializados e tecnologias. Nesse período, eram crescentes a dívida externa e a instabilidade financeira decorrente da dependência dos mercados internacionais, somando-se ao fato de o poder político estar restrito às mesmas famílias ou grupos oligárquicos que obtinham vantagens e privilégios.

Nesse quadro, a oposição fazia-se por grupos secundários ou oligarquias de outros estados que não Minas Gerais, São Paulo ou Rio de Janeiro, aquelas conhecidas por oligarquias dissidentes. Novos grupos sociais foram formados nos centros urbanos, que passaram a demandar novas exigências em direitos político-sociais. Atuavam contra a ordem oligárquica de forma independente. Destaque para o Exército que, por meio de jovens líderes, teve atuação contra a ordem oligárquica.

As transformações sociais e econômicas

Desde a proclamação da República, uma grande parcela da população vivia excluída do Estado. Depois da abolição da escravidão, a falta de políticas públicas levou à formação de cortiços e favelas, somando-se ao grande aumento da população decorrente da imigração europeia, em especial nas regiões Sul e Sudeste. Foi uma época de intensa urbanização, contando com o desenvolvimento de ferrovias, bancos, comércio e meios de comunicação, além das indústrias, em especial nas regiões articuladas à economia cafeeira, como São Paulo. Destaque para a formação da classe operária, suas manifestações e organizações no quadro social do período.

A Primeira Guerra Mundial (governo de Venceslau Brás, 1914-1918) alterou o quadro econômico brasileiro: com a diminuição da importação de industrializados, estimulou-se a produção nacional.

Novos sujeitos na cena histórica

A industrialização levou à formação de novos grupos sociais urbanos como o operariado, a classe média, a burguesia industrial, além dos muitos excluídos sociais que passaram a pressionar a ordem vigente, impulsionando a crise oligárquica.

O setor industrial de maior expansão no período foi o de bens de consumo, atrelado em grande parte ao capital proveniente das exportações cafeeiras ou de comerciantes e banqueiros. Estes compunham uma burguesia industrial que se fortalecia e ganhava importância econômica e força política, vinculando-se ou disputando uma fatia do poder sob controle oligárquico. Mesmo os grupos médios da sociedade em seus espaços juntaram-se às críticas à ordem oligárquica e seus mecanismos de controle. Outro ator que ganhava importância, especialmente nos grandes centros urbanos, era a imprensa. A circulação de periódicos nacionais e internacionais acabava atingindo um enorme contingente de imigrantes europeus que, por sua vez, formavam grande parte da classe operária. Entre as novas ideias, destacavam-se as dos anarquistas e comunistas, em paralelo com a força crescente dos sindicatos e organizações de luta por direitos trabalhistas.

As greves operárias foram comuns no período, bem como a repressão policial, num contexto mundial mergulhado nos efeitos da Grande Guerra e da Revolução Russa de 1917. Nesse contexto, houve a fundação, em 1922, do PCB.

Mulheres trabalhando na Fiação e Tecidos Progresso da Fronteira, em foto de 1916.

O tenentismo

Do grupo médio da sociedade, emergiu no Exército um movimento de jovens oficiais de baixa patente contrário à política oligárquica. Acreditavam no Exército como instituição responsável pela promoção do progresso nacional, defendiam o voto secreto e a moralização na política, com o fim das fraudes eleitorais, e exigiam reformas políticas, sociais e educacionais.

Nas eleições de 1922, bastante agitadas, a vitória foi de Artur Bernardes, candidato das oligarquias cafeeiras paulista e mineira, que recebeu manifestações de oposição em vários quartéis, destacando-se a **Revolta do Forte de Copacabana**, tida como o primeiro levante tenentista, que teve ampla repercussão nacional. No ano seguinte, eclodiu a **Revolução Gaúcha**, em reação à quarta reeleição de **Borges de Medeiros**. Em São Paulo, houve **Revolução Paulista de 1924**, sob o comando do general **Isidoro Dias Lopes**, com Miguel Costa. Foi um período de intensos embates e repressão pelo governo federal. Os revoltosos acabaram por se deslocar para oeste, em direção à fronteira com Paraguai e Argentina. Em abril de 1925, encontraram-se com rebeldes liderados por **Luís Carlos Prestes**, organizados a partir do Rio Grande do Sul, próximo a Foz do Iguaçu. A **Coluna Prestes** surgiu, assim, no contexto do desgaste do governo de Artur Bernardes, reflexo da crise oligárquica. Durou quase dois anos, marchando por mais de 25 mil quilômetros pelo interior do país, enfrentando coronéis e forças governamentais. Enfim, no governo de Artur Bernardes foi comum o "estado de sítio", censuras à imprensa, prisão de adversários pela polícia política institucionalizada.

A Semana de Arte Moderna

O Teatro Municipal de São Paulo foi palco de uma importante exposição de 11 a 18 de fevereiro de 1922. Eixo intelectual e artístico, recebeu influências das vanguardas dos movimentos europeus, como o surrealismo, o expressionismo e o cubismo, que rompiam com o realismo tradicional. A Semana de Arte Moderna teve grande repercussão, mesmo tendo obras e peças vaiadas e criticadas.

O movimento modernista seguiu duas vertentes: o Movimento Verde-Amarelo (1924) e o Movimento Pau-Brasil. O primeiro pregava a ideia de uma "cultura original", fortemente caracterizada por um nacionalismo conservador, com rejeição às influências estrangeiras. Os principais nomes foram Menotti del Picchia, Cassiano Ricardo e Plínio Salgado.

Já o Movimento Pau-Brasil, ao contrário, segue pela dinâmica da criatividade. O Movimento Antropofágico, de Oswald de Andrade, é característico da ideia de uma produção que possa ter influências estrangeiras, mas que seja crítica. Isso aparece nas obras de Anita Malfatti, Mário de Andrade, Tarsila do Amaral, Emiliano Di Cavalcanti, Guiomar Novais, Heitor Villa-Lobos e Victor Brecheret.

Reprodução/Museu de Arte Latino-Americano de Buenos Aires, Argentina/Cedida por Tarsila Educação/<www.tarsiladoamaral.com.br>

Quadro *Abaporu*, de Tarsila do Amaral, pintado em 1928. No tupi-guarani, *aba* e *poru* significam '*o homem que come*'. A composição teria inspirado Oswald de Andrade a escrever o *Manifesto Antropófago*, publicado no mesmo ano.

O governo de Washington Luís (1926-1930)

As eleições para a sucessão de Artur Bernardes tiveram ampla maioria do candidato dos partidos republicanos paulista e mineiro, saindo vitorioso o paulista Washington Luís. Vencidos os movimentos contestatórios da oposição, ele decretou o fim de mais de dois anos de estado de sítio e o fechamento das prisões políticas. Contudo não concedeu anistia política e, com a **Lei Celerada**, anulava a liberdade de imprensa e previa penas por "delitos ideológicos".

O lema de Washington Luís era ampliar a rede de transportes, em especial as rodovias. Nomeou Getúlio Vargas como ministro da Fazenda e determinou uma reforma monetária e financeira com o objetivo de estabilização cambial, ampliando o lastro do ouro para fortalecer a moeda, estabelecendo taxas fixas no câmbio. Os efeitos da Crise da Bolsa de Valores de Nova Iorque (1929) levaram à queda dos preços do café e o presidente não auxiliou os cafeicultores, o que levou à perda do apoio dos paulistas.

Eleições de 1930

Em resposta à candidatura de **Júlio Prestes**, também paulista, apoiada por Washington Luís, e não de um mineiro como se esperava da política do café com leite, foi formada a **Aliança Liberal**, que levou o nome de Getúlio Vargas à disputa presidencial. O rompimento da política do café com leite e a aproximação de opositores com o sistema oligárquico fortaleceram a Aliança Liberal, reunindo o Rio Grande do Sul, a Paraíba (o vice-presidente João Pessoa), o Partido Democrático e amplos setores da classe média urbana descontentes ou contrários à ordem oligárquica. Com propostas reformistas, como o voto secreto, e oposição à fraude eleitoral, ganharam adeptos. Na obtenção de forças, a Aliança Liberal tentou conseguir o apoio de Luís Carlos Prestes, que era contrário a ambos os candidatos e lançou em maio um manifesto contrário ao imperialismo das potências estrangeiras, pela reforma agrária, nacionalização de empresas estrangeiras e anulação da dívida externa – notadamente uma base teórica marxista ao pregar a revolução a partir da classe trabalhadora em busca de um governo democrático e popular.

O desfecho: A Revolução de 1930

O candidato da situação, Júlio Prestes, saiu vitorioso, e uma parte da Aliança Liberal recusou-se a aceitar o pleito com propostas de revolução. Em julho, João Pessoa, paraibano candidato a vice-presidente na chapa de Getúlio Vargas, foi assassinado e o episódio acabou desencadeando o processo revolucionário. Com o apoio do Exército e da Marinha, Góis Monteiro, Juarez Távora, Tasso Fragoso, Mena Barreto e Isaías Noronha lideraram a destituição de Washington Luís, impedindo Júlio Prestes de subir ao poder e colocando Getúlio Vargas como presidente provisório.

Exercícios resolvidos

1. (PUC-RJ)

> *Até 1924 houve uma preocupação com a renovação estética. Modernizar significava incorporar o Brasil ao "concerto das nações cultas", isto é, incorporar a parte ao todo universal, de forma imediata. Em 1924, houve um redirecionamento do Modernismo, com a publicação do Manifesto do Pau-Brasil, de Oswald de Andrade. Nesse momento, passou-se a exigir que o processo de modernização não fosse mais feito de forma imediata, pela simples adoção de linguagens artísticas modernas, mas que ele dependia da afirmação de traços nacionais da cultura brasileira.*
>
> Eduardo Jardim. Entrevista. *Revista de História da Biblioteca Nacional*, ano 7, n. 77, fev. 2012, p. 38.

A "crise dos anos 20" ou "crise da Primeira República" foi um período de críticas à ordem política e social vigente e de reflexões sobre a identidade nacional brasileira. O movimento artístico e literário modernista, no Brasil, foi uma das expressões da crise dos anos 20.

a) Identifique uma proposta do modernismo brasileiro, justificando sua relação com a crise dos anos 20.

b) Caracterize outro movimento que foi expressão da crise dos anos 20.

Resposta:

a) O modernismo brasileiro teve como característica principal a preocupação com a afirmação da especificidade e da singularidade cultural brasileira, assim compreendida como uma busca por uma identidade nacional. Essa perspectiva impregnou o ambiente político e intelectual da época, que se caracterizou pela demanda por um governo adequado à "realidade nacional", assim como pela formulação de projetos para a reordenação social e a incorporação do "povo". Nesses termos, a formulação modernista foi um paradigma, nos anos 1920, para os projetos de transformação da sociedade e do Estado oligárquico.

b) A crise dos anos 1920 expressou-se por meio de projetos formulados por vários movimentos sociais, entre os quais:
- o tenentismo, liderado por jovens oficiais do Exército descontentes com os interesses particularistas das oligarquias estaduais;
- o movimento dos educadores, preocupado com a constituição de um sistema escolar brasileiro e com a formulação de novas práticas educacionais;
- o movimento dos higienistas, que investiu na criação de órgãos públicos para a promoção do saneamento e da saúde pública;
- o movimento operário, organizado por sindicatos para reivindicar a promulgação de leis de proteção ao trabalho.

2. (Fuvest-SP) Examine estas imagens, que reproduzem, em preto e branco, dois quadros da pintura brasileira.

Anita Malfati, *O homem das sete cores*, 1915-1916, MBA-FAAP.

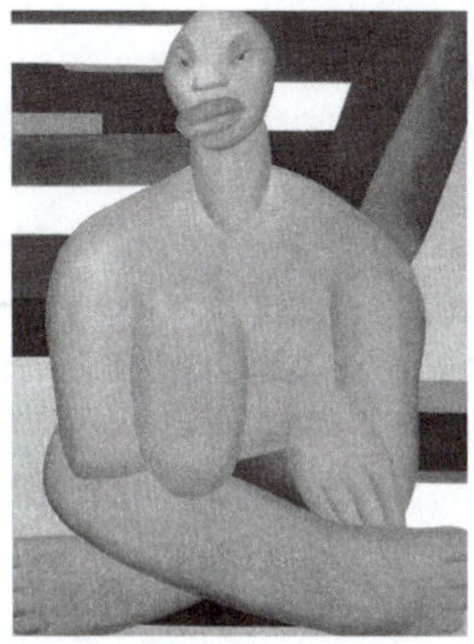

Tarsila do Amaral, *A negra*, 1923, MAC-USP.

a) Identifique o movimento artístico a que elas pertencem e aponte uma característica de sua proposta estética.

b) Cite e caracterize um evento brasileiro importante relacionado a esse movimento.

Resposta:

a) O movimento é o modernismo, que pretendia romper com os padrões clássicos e usar formas geométricas.

b) A Semana de Arte Moderna realizada em São Paulo foi uma importante expressão desse movimento que chocou a sociedade conservadora da época.

Exercícios propostos

1. (UEMG)

Nos anos vinte a sociedade brasileira viveu um período de grande efervescência e profundas transformações. Mergulhado numa crise cujos sintomas se manifestaram nos mais variados planos, o país experimentou uma fase de transição cujas rupturas mais drásticas se concretizariam a partir do movimento de 1930.

FERREIRA, Marieta de Moraes; PINTO, Surama Conde Sá. *A crise dos anos 20 e a Revolução de Trinta*. Rio de Janeiro: CPDOC, 2006.

Dentre as diversas manifestações que compõem a crise da República Velha brasileira, nos anos 20 do século XX, encontra-se o movimento tenentista.
É correto identificar o Tenentismo como

a) movimento liderado pelos membros do exército filiados ao recém-fundado PCB e que visava fazer no Brasil uma revolução socialista nos moldes da Revolução Russa, que havia eclodido alguns anos antes.

b) motim acontecido no seio do exército e que objetivava a imediata destituição do ministro civil da guerra, que havia impedido os militares brasileiros de participarem da Primeira Grande Guerra.

c) revolta de militares de patentes intermediárias, representantes das camadas médias da população, que questionavam a estrutura política vigente no país e desejavam reformas que levassem à moralização da política brasileira.

d) movimento de militares de alta patente que, insatisfeitos com sua exclusão política, entraram em confronto com o exército legalista, derrubando o presidente Washington Luís e pondo fim à República Velha.

2. (UFRGS-RS) Leia as informações a seguir sobre a República Velha (1889-1930) e preencha os parênteses com V (verdadeiro) ou F (falso).

( ) A famosa política econômica do "encilhamento", levada a efeito durante a presidência do Marechal Deodoro da Fonseca (1889-1891), primeiro presidente da República do Brasil, caracterizou-se por diminuir a emissão de moedas e o crédito, com o objetivo de controlar a alta inflação do período.

( ) A "política dos governadores" foi instituída a partir da presidência de Campos Sales, com o objetivo de garantir a estabilidade do governo federal. Por ela, a Presidência da República dava apoio aos governadores eleitos nos Estados e garantia a posse dos seus deputados na Câmara Federal; em troca, essas bancadas federais seriam fiéis ao presidente da República.

( ) O movimento tenentista, de orientação autoritária, foi uma forma de contestação do sistema de poder da República Velha, na medida em que combatia o sistema eleitoral da época, baseado no voto secreto e censitário.

O correto preenchimento dos parênteses, de cima para baixo, é

a) V – V – V

b) V – F – V

c) F – F – V

d) V – F – F

e) F – V – F

3. (Fuvest-SP)

Durante os primeiros tempos de sua existência, o PCB prosseguiu em seu processo de diferenciação ideológica com o anarquismo, de onde provinha parte significativa de sua liderança e de sua militância. Nesse curso, foi necessário, no que se refere à questão parlamentar, também proceder a uma homogeneização de sua própria militância. Houve algumas tentativas de participação em eleições e de formulação de propostas a serem apresentadas à sociedade que se revelaram infrutíferas por questões conjunturais. A primeira vez em que isso ocorreu foi, em 1925, no município portuário paulista de Santos, onde os comunistas locais, apresentando-se pela legenda da Coligação Operária, tiveram um resultado pífio. No entanto, como todos os atos pioneiros, essa participação deixou uma importante herança: a presença na cena política brasileira dos trabalhadores e suas reivindicações. Estas, em particular, expressavam um acúmulo de anos de lutas do movimento operário brasileiro.

Dainis Karepovs. *A classe operária vai ao Parlamento*. São Paulo: Alameda, 2006. p. 169.

A partir do texto anterior, pode-se afirmar corretamente que

a) as eleições de representantes parlamentares advindos de grupos comunistas e anarquistas foram frequentes, desde a Proclamação da República, e provocaram, inclusive, a chamada Revolução de 1930.

b) comunistas, anarquistas e outros grupos de representantes de trabalhadores eram formalmente proibidos de participar de eleições no Brasil desde a proclamação da República, cenário que só se modificaria com a Constituição de 1988.

c) as primeiras décadas do século XX representam um período de grande diversidade político-partidária no Brasil, o que favoreceu a emergência de variados grupos de esquerda, cuja excessiva divisão impediu-os de obter resultados eleitorais expressivos.

d) as experiências parlamentares envolvendo operários e camponeses, no Brasil da década de 1920, resultaram em sua presença dominante no cenário político nacional, após o colapso do primeiro regime encabeçado por Getúlio Vargas.

e) as primeiras participações eleitorais de candidatos trabalhadores ganharam importância histórica, uma vez que a política partidária brasileira da chamada Primeira República era dominada por grupos oriundos de grandes elites econômicas.

4. (UFSC) Leia.

Manifesto antropofágico

Só a antropofagia nos une. Socialmente. Economicamente.

Filosoficamente.

Única lei do mundo. Expressão mascarada de todos os individualismos, de todos os coletivismos.

De todas as religiões.

De todos os tratados de paz.

Tupy or not tupy that is the question.

Revista de Antropofagia. São Paulo, n. 1, ano 1, maio 1928. Disponível em: <www.mac.usp.br>. Acesso em: 12 ago. 2012.

Sobre a Semana de Arte Moderna de 1922 e seu contexto, é CORRETO afirmar que:

(01) o evento teve consenso em sua aceitação e foi muito bem recebido pelo público, que rapidamente adotou as novas tendências artísticas apresentadas.

(02) a Semana de Arte Moderna teve impacto restrito sobre alguns poucos artistas plásticos paulistas.

(04) a Semana de Arte Moderna quase não ocorreu, pois o então presidente, Getúlio Vargas, opunha-se a qualquer manifestação cultural que não tivesse sido organizada pelo governo.

(08) o movimento antropofágico aceitava a cultura europeia desde que reelaborada e transformada em um produto nacional.

(16) os modernistas rejeitavam as tendências artísticas do século XIX, principalmente o romantismo e o parnasianismo.

5. (Mack-SP)

Acervo Iconographia/Reminiscências

Atribui-se ao governador mineiro Antônio Carlos uma frase que simboliza a tensão existente no Brasil, em 1930: ***"Façamos a revolução, antes que o povo a faça"***. Tal demonstração de preocupação, por parte das elites da Aliança Liberal, mostra que elas tinham consciência de que era necessário agir para assumir o controle político e conter as insatisfações populares. A respeito da Revolução de 1930, como ilustra a foto da época, é correto afirmar que

a) a ascensão do gaúcho Getúlio Vargas, como novo presidente, representava a aliança das antigas oligarquias e também dos setores sociais urbanos e do tenentismo, aparentemente vitorioso dentro das Forças Armadas. O compromisso entre esses grupos era o de permanência do sistema econômico e político do governo anterior com o apoio das Forças Armadas.

b) a Revolução de 1930 não pode ser considerada um rompimento decisivo na história do país, pois, além da permanência de grupos ligados ao governo anterior, não ocorreu nenhuma mudança no sistema representativo brasileiro. Continuamos verificando a defesa dos interesses políticos e econômicos de uma única categoria social e o prestígio dos militares.

c) os que assumiram o poder, com a Revolução de 1930, buscaram, de todas as maneiras, criar a imagem de um Brasil totalmente diferente a partir do levante. Podemos considerar tal episódio político como sendo a vitória da burguesia industrial sobre as tradicionais oligarquias cafeeiras e que as Forças Armadas promoveriam a integração e a união nacional.

d) a derrota do paulista Júlio Prestes, nas eleições presidenciais de 1930, precipitou o levante revolucionário, responsável por entregar o poder a Getúlio Vargas, que governou durante 15 anos. Para se manter na liderança política, o político gaúcho contou com o apoio irrestrito das Forças Armadas.

e) ao assumir o comando político da nação, logo após o movimento de 1930, Getúlio Vargas divulgou imagens envergando um uniforme militar, influenciando a opinião pública de que, sob sua liderança, iniciava-se um novo período de combate aos males da Velha República e em prol da ordem e do progresso.

MÓDULO 31 • Crise de 1929

Durante o período entreguerras (1918-1939), os Estados Unidos firmaram-se como a maior potência financeira capitalista do mundo. Saíram da Primeira Guerra Mundial como o maior credor mundial (11 bilhões de dólares), sem nenhuma destruição em seu território e munidos de um grande expansionismo exportador e de investimentos. Era o *boom* econômico que se alastrava pela sociedade, com enormes efeitos na cultura e nas comunicações, com novidades como automóvel, rádio, cinema, música (*jazz*), etc.

No governo, após Wilson, seguiram-se os presidentes do **Partido Republicano** (1920-1932) Warren G. Harding, Calvin Coolidge e Herbert Hoover, ferrenhos defensores do liberalismo econômico e do isolacionismo, que defendiam a ideia de não se engajar totalmente nos assuntos internacionais. Eles não ratificaram o Tratado de Versalhes e decidiram não participar da Liga das Nações. Entre as leis restritivas à imigração e de exaltação aos valores nacionais, aprovou-se a 18ª emenda à Constituição (**Volstead Act** ou Lei Volstead), proibindo a produção e venda de bebidas alcoólicas. Nesse contexto é que gângsteres como Al Capone ganharam destaque, em meio à **Lei Seca**. Esta, também conhecida como Emenda Sheppard, só foi abolida em 1933, depois de ter sido encontrada na fazenda do próprio Morris Sheppard (autor da Lei Volstead) uma destilaria de uísque.

Na economia, **prevalecia o padrão liberal** (regulado pelo mercado e não pelo Estado), surgindo novas e mais poderosas empresas cujas ações eram negociadas na Bolsa de Nova York. Num cenário de aumento do número de investidores, otimismo econômico, superprodução e sem mercado suficiente, o presidente Hoover optou por não intervir na especulação descontrolada, o que culminou, em 24 de outubro de 1929, na **Quinta-feira Negra**, em que do dia para a noite empresários acionistas passaram a ter apenas papéis sem valor em suas mãos. Era a quebra da bolsa, o ***crack* de 1929**, que logo espalhou seus estragos, gerando seguidas falências de bancos e empresas, resultando em milhões de desempregados. Era a **Grande Depressão**, em que os Estados Unidos retomaram seus capitais investidos em outros países e cortaram importações, alastrando a crise para o mundo (exceto para a URSS, que estava fechada com os Planos Quinquenais).

Nas eleições presidenciais de 1932, venceu o candidato **Franklin Delano Roosevelt**, do **Partido Democrata**, que adotou o plano emergencial do **New Deal** (Novo Acordo), apoiado nas ideias de **John Maynard Keynes**, que defendia a regulação estatal na economia para mantê-la estável e equilibrada. Era a vitória do intervencionismo estatal frente ao liberalismo tradicional. Com o *New Deal*, houve pesado investimento em grandes obras públicas, criação de empregos, política de proteção ao trabalhador (salário-desemprego) para ativar o reerguimento do consumo e da economia.

Mais tarde, a aplicação desse ideal keynesiano de buscar o "**pleno emprego**" e uma ordem social mais equilibrada ganhou a denominação de ***Welfare State***, a política de bem-estar social, adotada mais largamente após a década de 1940 por vários países.

Bettmann/Corbis/Latinstock

Multidão de desempregados aguarda em frente a um restaurante que iria servir refeições gratuitas em Nova York. Os efeitos da crise de 1929 podiam ser vistos em cenas como essas nas ruas das principais cidades norte-americanas. Foto de 1930.

Exercícios resolvidos

1. (PUC-RJ) A Grande Depressão, iniciada em 1929, com a crise da Bolsa de Nova York, foi, possivelmente, o acontecimento do século XX cujas repercussões se fizeram sentir sobre um maior número de homens e mulheres em todo o planeta.
   a) Explique por que os efeitos da Grande Depressão afetaram mais a economia da Alemanha do que a economia da União Soviética.
   b) Roosevelt, ao assumir a presidência em 1933, deu início à implementação do New Deal, um conjunto de medidas que visava combater os efeitos recessivos da Grande Depressão sobre a economia norte-americana. Indique 1 (uma) dessas medidas.

Resposta:

a) A Alemanha sentiu mais os efeitos da crise de 1929 porque tinha sua economia inserida no contexto das relações capitalistas internacionais. Dessa forma, sentiu os efeitos da retração do comércio internacional e do repatriamento de capital norte-americano. A União Soviética, ao contrário, encontrava-se praticamente excluída do circuito econômico internacional. Enquanto único país socialista do mundo, tinha sua economia fechada e, portanto, era imune ao "contágio" da crise externa.

b) Entre outras, pode-se citar:
- investimentos estatais em grandes obras públicas, com o objetivo de criar emprego e aumentar renda e consumo (por meio do pagamento de salários);
- ampla política de concessão de crédito industrial e agrícola;
- medidas sociais, como o seguro-desemprego;
- reorganização do sistema bancário.

2. (Uerj)

A liberdade política é esta tranquilidade de espírito que provém da opinião que cada um tem sobre a sua segurança; e para que se tenha esta liberdade é preciso que o governo seja tal que um cidadão não possa temer outro cidadão. Quando o poder legislativo está reunido ao poder executivo, não existe liberdade. Tampouco existe liberdade se o poder de julgar não for separado do poder legislativo e do executivo.

Montesquieu. *O espírito das leis*, 1748.

O direito eleitoral ampliado, a dominação do parlamento, a debilidade do governo, a insignificância do presidente e a prática do referendo não respondem nem ao caráter, nem à missão que o Estado alemão deve cumprir tanto no presente como no futuro próximo.

Jornal *Kölnishe Zeitung*, 4/8/1919.
Adaptado de REIS FILHO, Daniel Aarão (Org.).
História do século XX. Vol. 2. Rio de Janeiro: Record, 2002.

Os trechos apresentam aspectos do pensamento político em duas épocas distintas: o liberalismo proposto por Montesquieu no século XVIII e a crise do liberalismo na crítica de um jornal alemão na recém-estabelecida República de Weimar.

Identifique um dos princípios liberais expresso no texto de Montesquieu e a opinião no texto do jornal alemão que contradiz esse princípio. Apresente, também, um fator que explique a crise do liberalismo no período entre as duas grandes guerras.

Resposta:

O princípio liberal, expresso por Montesquieu, defende a separação e o equilíbrio entre os poderes políticos e a liberdade do indivíduo. O jornal alemão, ao contrário, defende o fortalecimento do poder executivo em detrimento dos poderes legislativo e judiciário e dos direitos do indivíduo.

Uma das respostas:
- grande depressão
- falência econômica das potências europeias
- não intervenção econômica do Estado liberal
- interdependência econômica do mundo capitalista
- aumento das pressões sociais pela maior presença do Estado

Exercícios propostos

1. (Uerj)

Durante os últimos três meses, visitei uns vinte estados deste belo país extraordinariamente rico. As estradas do oeste e do sudoeste pululam de pessoas famintas pedindo carona. As fogueiras dos acampamentos dos desabrigados são visíveis ao longo de todas as estradas de ferro. Os fazendeiros estão sendo pauperizados pela pobreza das populações industriais, e as populações industriais, pauperizadas pela pobreza dos fazendeiros. Nenhum deles tem dinheiro para comprar o produto do outro; consequentemente há excesso de produção e carência de consumo, ao mesmo tempo e no mesmo país.

Relato feito em 1932 por Oscar Ameringer à Câmara dos Representantes dos Estados Unidos.
Adaptado de MARQUES, A. M. et al. *História contemporânea através de textos*. São Paulo: Contexto, 1990.

O depoimento acima faz referência a efeitos da Crise de 1929 para a sociedade norte-americana. Apresente dois fatores que contribuíram para deflagrar essa crise e cite seu principal desdobramento para a economia europeia naquele momento.

2. (Cefet-MG) A questão refere-se à tabela seguinte.

Índice de preços e salários nos Estados Unidos		
Anos	**Preços**	**Salários**
1929	95,3	100,5
1930	86,4	81,3
1931	73,0	61,5
1932	64,8	41,6
1933	65,9	44,0

Analisando esses dados, conclui-se, corretamente, que a crise

a) fez parte da Grande Depressão atenuada pelos efeitos da implementação do New Deal.

b) afetou os preços da economia americana com impacto significativo na massa salarial.

c) foi de superprodução, pois os preços se elevaram, devido à grande quantidade de produtos disponíveis.

d) constitui uma avaliação histórica equivocada, uma vez que no ano de 1929 a economia americana era satisfatória.

3. (PUC-RS) Inicialmente favorecida pelas condições internacionais do pós-Primeira Guerra, a economia dos Estados Unidos conheceu um período de forte expansão e euforia nos anos 1920. Todavia, ao final dessa década, o país seria um dos focos da crise mundial de 1929 e da Grande Depressão que a seguiu. Um dos motivos dessa violenta reversão de expectativas foi

a) a falência das principais medidas estabilizadoras do New Deal.

b) a política antitruste determinada pela Sociedade das Nações.

c) a perda de mercados devido à descolonização afro-asiática.

d) a superprodução no setor primário dos Estados Unidos.

e) o crescimento da dívida norte-americana em relação às principais potências europeias.

4. (UFC-CE) Ante a grande depressão de 1929, o economista John M. Keynes defendia o déficit público como uma forma de enfrentar a recessão. Nos Estados Unidos, o presidente Franklin Roosevelt, a partir de 1930, financiou obras públicas a fim de diminuir o desemprego. A partir desse período, as mudanças na política econômica propiciaram:

a) a oposição do governo norte-americano ao desenvolvimento do intervencionismo na economia.

b) a intervenção do Estado na economia, como estratégia de ampliação do mercado de trabalho.

c) a consolidação dos grupos econômicos que impediam a intervenção estatal.

d) o fechamento do comércio europeu ao capital norte-americano.

e) a livre aplicação do capital pela iniciativa privada.

5. (Unicamp-SP)

> *Socialmente, os governos democratas de John F. Kennedy (1960-63) e Lyndon B. Johnson (1963--68) tentaram consolidar um "New Deal suavizado". Ao mesmo tempo, os dois presidentes comprometeram o país com uma guerra sangrenta no Vietnã.*
>
> Adaptado de PURDY, Sean. O século americano. In: KARNAL, Leandro; PURDY, Sean; FERNANDES, Luiz Estevam; MORAIS, Marcus Vinicius de (Org.). *História dos Estados Unidos:* Das origens ao século XXI. São Paulo: Contexto, 2007, p. 235.

a) O que foi o "New Deal" na década de 1930?

b) Identifique as bandeiras políticas dos movimentos sociais nos Estados Unidos desse período.

6. (Unemat-MT) Em outubro de 2009, completou 80 anos uma das maiores crises da economia capitalista conhecida como "Queda da Bolsa de Nova Iorque de 1929", cujas implicações tiveram proporções globais. A partir dessa informação, assinale a alternativa incorreta.

a) Na União Soviética, a crise de 1929 teve um impacto avassalador, impedindo que este país colocasse em prática o seu programa de rápida industrialização e estabilidade econômica.

b) Esta crise reduziu drasticamente os empréstimos norte-americanos e com isso agravou ainda mais a situação dos países europeus que estavam se recuperando dos excessivos gastos com a I Guerra Mundial.

c) Os países da América Latina como o Brasil, que dependiam da exportação de matérias-primas e alimentos, reduziram fortemente o seu comércio com os países industrializados.

d) Nos Estados Unidos, com a crise, a economia foi reduzida pela metade e o número de desempregados teve um aumento expressivo.

e) Na Europa, a crise de 1929 fortaleceu e, ao mesmo tempo, favoreceu os grupos políticos que combatiam e defendiam os regimes totalitários.

MÓDULO 32 • O nazifascismo no entreguerras

Os principais fundamentos do **nazifascismo** são: **totalitarismo** (o Partido – Fascista na Itália ou Nazista na Alemanha – confundia-se com o Estado e nada poderia ser contra, fora ou acima dele); **nacionalismo** (tudo pela nação, a mais alta forma de sociedade); **idealismo** (instintos e anseios fundamentais para realizar um objetivo); **romantismo** (negação da razão e defesa da fé, do autossacrifício, do heroísmo e da força); **autoritarismo** (o líder, chefe – *Duce* na Itália, *Führer* na Alemanha –, autoridade indiscutível); **militarismo** (a luta e a expansão são indispensáveis e a guerra regenera); **anticomunismo** (negação da luta de classes e atribuição de culpa aos comunistas pelo caos). O **nazismo** incorporava também o **racismo** com seu **antissemitismo**. No **fascismo**, havia a particularidade do **corporativismo**, em que o Estado (Partido Fascista) representava a harmonização dos interesses conflitantes entre capital e trabalho.

Eram movimentos nacionalistas, antidemocráticos, antissocialistas e antiliberais que se firmaram na Europa no pós-Primeira Guerra Mundial.

Fascismo italiano

Em 1919, Benito **Mussolini** fundou o Partido Fascista Italiano, organizando as ***squadre d' azione***, milícias armadas formadas pelos **camisas negras**, que atacava comunistas e adversários do ideário fascista e tinha apoio da elite empresarial e da classe média.

Em 1921, os fascistas elegeram um grande número de representantes no Parlamento e, no ano seguinte, Mussolini e 50 mil *squadres* marcharam sobre Roma exigindo o poder (**Marcha sobre Roma**). Vitor Emanuel III nomeou Mussolini chefe do gabinete governamental. Em 1924, em eleições fraudulentas, os fascistas ganharam a maioria parlamentar e o deputado de oposição **Matteotti** foi raptado e assassinado.

Em 1925, Mussolini tornou-se o ***Duce***, o condutor supremo da Itália, recebendo apoio da Confederação Geral da Indústria, da OVRA (polícia política fascista) e do Tribunal Especial e firmando o Estado Totalitário Fascista.

Em 1929, Mussolini assinou o **Tratado de Latrão** com o clero, que normalizava as relações com o papa Pio XI e criava o **Estado do Vaticano**, enquanto a religião católica era definida como religião oficial. Com a crise de 1929, o governo fascista intensificou a produção armamentista e voltou-se para as conquistas territoriais (restauração do antigo Império Romano), invadindo a Abissínia (Etiópia) e juntando-se depois à Alemanha e ao Japão.

Nazismo alemão

A derrota alemã na Primeira Guerra e os efeitos humilhantes do **Tratado de Versalhes** (1919) criaram as condições para o desenvolvimento do nazismo. A **República de Weimar** (1918-1933) seria marcada pela derrota e por sucessivas crises. Já em 1923, a República decidiu cancelar o pagamento das indenizações de guerra, o que resultou na tomada do vale do Ruhr pela França como represália. A **crise de 1923** que se seguiu resultou numa imensa espiral inflacionária (32 000% ao mês), confirmando a debilidade da ordem econômica alemã.

Hulton-Deutsch Collection/Corbis/Latinstock

Adolf Hitler atravessa a multidão de trabalhadores de uma fábrica alemã. Foto de novembro de 1933.

Em 1919, em **Munique**, foi fundado o **Partido Nacional-Socialista dos Trabalhadores Alemães** (Nazi), que contava com as Seções de Assalto (SA), os "camisas pardas" que atacavam os adversários. Na crise de 1923, Hitler liderou o **Putsh de Munique**, um malogrado golpe em que acabou sendo preso. Na prisão, redigiu o ***Mein Kampf*** (*Minha Luta*), no qual desenvolveu o ideário nazista racista, anticomunista, totalitário e defendeu o "**espaço vital**", territórios indispensáveis a serem conquistados pelos alemães. De 1923 a 1929, houve um refluxo nas forças nazistas, revertido com a grande crise de 1929 e a retomada de atuações mais intensas das SA.

Em 1932, o presidente **Hindenburg** ofereceu a Hitler a chancelaria, ou seja, o comando do Estado, ampliando a atuação contra os opositores, com os nazistas recebendo a maioria dos votos para o Parlamento. Com o incêndio do *Reichstag* (que foi obra dos nazistas), a culpa foi colocada nos comunistas e seus deputados e líderes foram presos e levados para campos de concentração.

Em 1933, Hitler proclamou a criação do **Terceiro Reich** e, no ano seguinte, com a morte de Hindenburg, proclamou-se *Führer*. Na propaganda dos ideais nazistas, teve destaque **Joseph Goebbels**, divulgador dos grandiosos planos do ***Führer***. Ampliando suas forças, Hitler criou também as Seções de Segurança (SS), uma polícia do Estado e a Gestapo, a polícia secreta, iniciando as perseguições a comunistas, liberais, judeus, ciganos e homossexuais, "nazificando" a Alemanha. Os passos seguintes foram o armamentismo e a busca do "espaço vital", que desembocaram na Segunda Guerra Mundial.

Exercícios resolvidos

1. (FGV-SP) Os textos a seguir tratam de alguns dos principais problemas agitados pelo movimento nazista, na Alemanha, a partir dos anos 1920. Depois da leitura, responda as questões.

> *Feliz sentença do destino me fez nascer em Braunau, à margem do Inn. Esta cidadezinha acha-se na fronteira de dois Estados alemães cuja reunião nos parece, a nós que pertencemos à nova geração, a obra que devemos realizar por todos os meios possíveis. A Áustria alemã deve tornar à grande mãe-pátria alemã. Os homens de um mesmo sangue devem pertencer ao mesmo Reich. Eis porque a cidadezinha fronteiriça de Braunau me aparece como símbolo de uma grande missão. [...]*
>
> *O movimento nacional-socialista deve esforçar-se por suprimir a desarmonia atual entre a cifra de nossa população e a superfície do nosso território, sendo este considerado tanto como fonte de subsistência como ponto de apoio do poder político, por suprimir também a desarmonia existente entre o nosso passado histórico e a nossa impotência atual.*
>
> HITLER, Adolf. *Minha Luta*. São Paulo: Centauro, 2005.

a) De acordo com os textos, quais os grandes objetivos do Nacional Socialismo alemão e de que forma eles seriam realizados por um governo nazista?

b) Explique o desempenho eleitoral que levou à ascensão do Partido Nazista ao poder, utilizando três fatores: o nacionalismo, a crise econômica a partir de 1929 e o comportamento político de algumas classes sociais.

c) A crise econômica a partir de 1929 foi marcada pela superprodução e pelo desemprego. Em um pensamento que se tornou famoso, Hermann Goering, um dos líderes do governo nazista, afirmava que os alemães deviam preferir canhões à manteiga, "que só faz engordar". Explique de que forma essa afirmativa está relacionada com a crise econômica interna, e com os principais objetivos da política externa seguida pelo Terceiro Reich.

Resposta:

a) No primeiro fragmento, a cidade fronteiriça de Braunau aparece como metáfora da posição de Hitler em favor da união entre Áustria e Alemanha em nome do *"nacionalismo racial"*. No segundo trecho de *Minha Luta*, defende-se que o nacional-socialismo busque a coesão entre a população e o espaço alemão. O passado do país serviria de instrumento para retirar seu povo da suposta posição de impotência em que se encontrava na década de 1920, em consequência da derrota na Primeira Guerra Mundial. Assim, para o Partido Nazista, ampliar o sentimento nacionalista seria uma forma de garantir a superação da crise e gestar uma Alemanha racialmente unida.

b) Até 1929, o Partido Nazista tinha um fraco desempenho nas urnas. No entanto, a crise econômica e o início da Grande Depressão agravaram a situação da Alemanha, levando os nazistas a ampliar seus esforços eleitorais. Hitler, que dava explicações simples para as desgraças do país, era retratado como o salvador, como alguém que compreendia as necessidades do povo e insistia que só os nazistas poderiam trazer a salvação. Com isso, a representação do partido no *Reichstag* (Parlamento) ampliou-se. O nazismo, a essa altura, atraía os desiludidos de todas as camadas da população: veteranos de guerra amargurados, intelectuais idealistas, industriais e grandes latifundiários temerosos do comunismo, desempregados e jovens que ansiavam por uma causa. Além disso, muitos alemães votaram em Hitler não por suas ideias, mas por ele ser um adversário forte da República de Weimar. O que eles queriam, acima de tudo, era o fim de uma República que odiavam. Nas eleições de 1932, os nazistas receberam mais votos que qualquer outro partido alemão e, como consequência, o presidente Hindenburg nomeou Hitler como chanceler.

c) O nazismo foi marcado pela intensa valorização do espírito guerreiro. A frase de Goering, inserida num contexto de militarização do país, aponta para a austeridade e os sacrifícios que o povo alemão deveria realizar em prol da superação da crise econômica. Além disso, a militarização permitiria à Alemanha gerar empregos, eliminar o Tratado de Versalhes, conquistar a Europa Oriental, bem como dominar e explorar as raças "inferiores" na opinião dos nazistas.

2. (UEL-PR) Observe a figura a seguir.

Disponível em: <http://codigodacultura.files.wordpress.com/2010/04/mapa-vaticano.gif>. Acesso em: 6 ago. 2013.

A bênção *Urbi et Orbi*, dirigida à cidade de Roma e ao mundo, foi proferida pelo Papa Francisco logo após sua eleição, durante os ofícios da Páscoa cristã, diretamente da Basílica de São Pedro, na cidade do Vaticano. O Vaticano é uma cidade-estado encravada na urbe romana e conquistou sua autonomia política por meio do Tratado de

a) Methuen, assinado por Childerico, em 830.

b) Presburgo, assinado pelo papa Inocêncio I, em 1314.

c) Santo Ildefonso, assinado pelo Duque de Ferrara, em 1754.

d) Latrão, assinado por Benito Mussolini, em 1929.

e) Roma, assinado pelo Papa João XXIII, em 1963.

Resposta: Alternativa *d*.

O Tratado de Latrão, assinado em 1929 entre Mussolini e o papa Pio XI, punha fim à "Questão Romana" nascida na unificação italiana quando da conquista de Roma pelos unificadores. Pelo tratado, foi criado o Estado do Vaticano, encravado na Itália, para fornecer respaldo católico ao governo fascista.

Exercícios propostos

1. (UFF-RJ) Diante dos resultados da Primeira Guerra Mundial na Europa, entraram em decadência os valores civilizacionais construídos no século XIX e com eles as matrizes fundadoras do Ocidente, sendo substituídos por novos valores. Assinale a alternativa que relaciona corretamente eventos do período posterior a 1918 com os eventos anteriores a 1930.

a) Começo da militarização europeia com a criação da Otan. / Crise econômica de 1929.

b) Início da hegemonia norte-americana com a Segunda Revolução Industrial. / Construção do Muro de Berlim.

c) Ascensão do nazismo na Alemanha com a liderança de Hitler. / Crise do socialismo real.

d) Fim da hegemonia inglesa e de seu modelo industrial. / Início de movimentos sociais críticos do liberalismo, como o fascismo italiano.

e) Inauguração dos movimentos vanguardistas europeus. / Surgimento das teorias psicanalistas com Freud.

2. (UFMG) Leia este trecho:

> *Camisas negras de Milão, camaradas operários! Há cinco anos as colunas de um templo que parecia desafiar os séculos desabaram. O que havia debaixo destas ruínas? O fim de um período da história contemporânea, o fim da economia liberal e capitalista* [...] *Diante deste declínio constatado e irrevogável, duas soluções aparecem: a primeira seria estatizar toda a economia da Nação. Afastamo-la, pois não queremos multiplicar por dez o número dos funcionários do Estado. Outra impõe-se pela lógica: é o corporativismo englobando os elementos produtores da Nação e, quando digo produtores, não me refiro somente aos industriais mas também aos operários. O fascismo estabeleceu a igualdade de todos diante do trabalho. A diferença existe somente na escala das diversas responsabilidades.* [...] *O Estado deve resolver o problema da repartição de maneira que não mais seja visto o fato paradoxal e cruel da miséria no meio da opulência.*
>
> Discurso de Mussolini dirigido aos operários milaneses, em 7 de outubro de 1934. In: MATTOSO, Kátia M. de Queirós. *Textos e documentos para o estudo da história contemporânea (1789-1963)*. São Paulo: Hucitec: Edusp, 1977. p. 175-177.

A partir dessa leitura e considerando-se outros conhecimentos sobre o assunto, é incorreto afirmar que o fascismo italiano:

a) era anticapitalista e se propunha a instalar uma nova ordem social coletivista sem classes.

b) fazia a defesa veemente do trabalho destacando-se como elemento unificador das forças sociais.

c) propunha a união do capital e do trabalho, mediada pelo Estado e baseada no corporativismo.

d) se considerava criador de um tempo e um homem novos, no que se rivalizava com o discurso socialista.

3. (Insper-SP)

> *Quando pensamos em Weimar [na República de Weimar], pensamos em modernismo em arte, literatura e pensamento; pensamos em rebelião, dos filhos com os pais, dos dadaístas contra a arte, berlinenses contra os musculosos filisteus, libertinos contra moralistas retrógrados; pensamos em "A Ópera dos três vinténs", "O Gabinete do Dr. Caligari", "A Montanha Mágica", Bauhaus, Marlene Dietrich. E pensamos, acima de tudo, nos exilados que exportaram a cultura de Weimar para todo o Mundo.*
>
> GAY, Peter. *A cultura de Weimar*. São Paulo: Paz e Terra, 1978.

Podemos relacionar o trecho "os exilados que exportaram a cultura de Weimar para todo o Mundo" com:

a) o final da Grande Guerra em 1918, quando a Alemanha, obrigada a assinar o Tratado de Versalhes, caiu numa forte crise política e econômica.

b) a quebra da bolsa de Nova Iorque em 1929, que afetou a Alemanha, em melhores condições econômicas nesse momento, e levou-a ao colapso.

c) o início da Primeira Guerra Mundial em 1914, quando a Alemanha e a Áustria-Hungria declararam guerra à Rússia e à França.

d) a ascensão do nazismo em 1933, que trouxe consigo a suspensão dos direitos civis e a gradativa marginalização dos judeus.

e) o início da Segunda Guerra Mundial em 1939, quando a Alemanha realizou a *Blitzkrieg* (guerra-relâmpago) sobre a Polônia, anunciando o desejo de um império alemão.

4. (Uerj)

> A fita branca, *que venceu o Festival de Cinema de Cannes em 2009, conta a história de uma comunidade rural na Alemanha, entre 1913 e 1914, onde estranhos e violentos incidentes começam a ocorrer. O diretor do filme comentou: "Não ficaria feliz se o filme fosse visto apenas como um filme sobre um problema alemão. Ele significa mais que isso. É um filme sobre as raízes do mal. É sobre um grupo de crianças que são doutrinadas com alguns ideais e se tornam juízes dos outros – justamente daqueles que empurraram aquela ideologia goela abaixo delas".*
>
> Maurício Stycer. Adaptado de: <colunistas.ig.com.br>, 24/10/2009.

A Primeira Guerra Mundial (1914-1918) provocou transformações nas vidas de crianças e jovens europeus. Uma dessas transformações é apresentada no filme

A fita branca e está associada ao que o diretor denominou de "raízes do mal".
Nas décadas de 1920 e 1930, os efeitos dessas raízes do mal se manifestaram no seguinte processo histórico:

a) expansão do comunismo
b) difusão do etnocentrismo
c) ascensão do totalitarismo
d) renascimento do liberalismo

5. (UPE) Observe a gravura seguinte.

The Bridgeman Art Library/Keystone/Coleção particular

Disponível em: <http://www.ushmm.org/wlc/ptbr/media_ph.php?ModuleId=10005175&MediaId=522>.

Leia atentamente o texto a seguir:

> *Para alguns, o sobrenome Levy na lista telefônica ainda é numeroso demais. Paul Riche, no jornal* Au Pilori, *advoga a eliminação total dos judeus, sem ambiguidade: "Morte ao judeu! Morte à vilania, à duplicidade, à esperteza judaica! Morte ao argumento judaico! Morte à usura judaica! Morte à demagogia judaica! Morte a tudo que é falso, feio, sujo, repugnante, negroide, mestiço, judeu! Este é o último recurso dos homens brancos perseguidos, roubados, pilhados, assassinados pelos semitas e que ainda encontram forças para se libertarem dessa abominável opressão.*
>
> *Morte! Morte ao judeu! Sim. Repetimos. Repetimos! Morte! M.O.R.T.E. AO JUDEU! Aqui! O judeu não é um homem. É uma besta malcheirosa. As pessoas se livram dos piolhos. Combatem as epidemias. Lutam contra as invasões microbianas. Defendem-se contra o mal, contra a morte – portanto, contra os judeus".*

Do jornal *Au Pilori*. 14 de março de 1941. In. FERRO, Marc. *História da Segunda Guerra Mundial*. São Paulo: Ática, 1997. p. 144.

"Judeus não são bem-vindos aqui!" diz, em tradução livre, a ilustração antissemita que se encontra em um livro infantil publicado na Alemanha, em 1936. A matéria de jornal citada, publicada em Paris, em 1941, reproduz o mesmo discurso nazista da imagem. Os danos causados pelos poderes que se tornam fora de controle e fora de equilíbrio racional e emocional geram sementes que se espalham e se difundem, podendo até criar "monstros", como o do caso do atentado na Bélgica, que matou 76 inocentes, em julho próximo passado.
Essa ideia, presente no cartaz e no texto, permanece, embora em outra dimensão, contribuindo para a violência global.
Analise as sentenças a seguir que tratam sobre esta afirmação:

I. Expressões ideológicas seculares foram substituídas por formulações ideológicas democráticas e humanistas, embora violentas.
II. O presidente Bush, dando continuidade à política de Reagan, alimentou um "dualismo cósmico" entre as nações do bem, lideradas pelos Estados Unidos, e as forças do mal, referindo-se aos regimes islâmicos do Oriente Médio.
III. Ressentimentos gerados globalmente flutuam no espaço global tão facilmente quanto as finanças ou a última moda de música e roupa.
IV. O encontro entre mensagens e ouvintes é dificultado em um planeta transformado em um mosaico de diáspora étnica e religiosa.
V. Num círculo vicioso de ódio e preconceito, os "mentores" persuadem o imaginário coletivo do Ocidente, transferindo o preconceito alimentado contra os judeus para os islâmicos e os árabes.

Estão corretas

a) I, II e III.
b) I, III e V.
c) II, III e V.
d) II, IV e V.
e) III, IV e V.

6. (UEG-GO) O governo nazista da Alemanha pretendia usar os Jogos Olímpicos de Berlim de 1936 para provar as teses racistas que defendiam a superioridade da chamada raça ariana. Porém, ao longo do evento, ocorreram fatos que desmentiram essas teses, com destaque ao seguinte:

a) o atleta norte-americano Jesse Owens ganhou quatro medalhas de ouro: nos 100 e 200 metros rasos, no salto a distância e no revezamento 4 × 100.
b) o Brasil participou dos jogos com 94 atletas e não conquistou medalhas em nenhuma modalidade esportiva.
c) o Comitê Olímpico Internacional impôs a presença da alemã de origem judaica Helene Mayer na equipe de esgrima da Alemanha.
d) o jogo de futebol entre Áustria e Peru, pelas quartas de final, foi remarcado porque torcedores peruanos agrediram um jogador austríaco.

MÓDULO 33 • Brasil: Vargas de 1930 a 1945

A **Revolução de 1930** foi vitoriosa e teve apoio das oligarquias dissidentes, das classes médias, dos setores da burguesia urbana e do exército. Foi o rompimento com a exclusividade política da oligarquia, característica da república até então.

O **Governo Provisório de Getúlio Vargas** teve início com a intermediação política e o fortalecimento da figura pessoal do presidente no novo cenário político. Grande parte dos ministérios foi encabeçada pelos líderes da **Aliança Liberal**. A intervenção federal nos estados coube aos líderes "**tenentistas**" nomeados, que possuíam amplos poderes. A **população urbana** foi atraída pela possibilidade de benefícios e leis trabalhistas, e os setores **cafeeiro** e **industrial** foram estimulados durante esse período.

Economia

Na obtenção de apoio do grupo econômico mais poderoso do país, Vargas lançou a **política de valorização do café** com a compra, a estocagem e a posterior queima pelo governo. O café ainda sofria consequências da **Grande Depressão pós-1929** com forte depreciação no cenário internacional.

A diminuição de entrada de capital internacional, junto com a redução das importações e a desvalorização da moeda, serviu de oportunidade ao expressivo **desenvolvimento industrial** do período de 1933 a 1939 nos setores têxteis e alimentícios e foi importante na expansão do emprego e do mercado interno. Nesse período, o modelo adotado foi o da **industrialização, em substituição às importações**, com forte intervenção estatal.

A Revolução Constitucionalista de 1932

O fortalecimento do setor cafeeiro, somado às insatisfações pela nomeação de um interventor tenentista pernambucano em São Paulo, elevou as tensões do Governo Provisório. A **Frente Única Paulista**, formada da união entre o **Partido Republicano Paulista** e o **Partido Democrático**, exigiu um governador paulista e civil, além da reconstitucionalização do país.

Em **9 de julho de 1932** teve início o processo revolucionário. Os paulistas se mobilizaram contra as tropas federais, formando grupos como o **MMDC** e um exército constitucionalista que recrutava a população. Contavam com investimentos na confrontação, com forte propaganda e promessas de alimentação e vestimentas. Mesmo com o intenso apoio da burguesia paulista, e especialmente o da elite cafeeira, o exército constitucionalista era frágil em comparação com as tropas federais e foi derrotado após três meses de combates.

Por um lado, a derrota dos combatentes não alterou o quadro de importância política e econômica da elite paulista, e Vargas voltou-se para a constitucionalização: em 1933, instituiu o **Código Eleitoral** e eleições para a **Assembleia Constituinte**.

Avelino Ginjo/Museu da Imagem e do Som, São Paulo, SP

Passeata no centro da cidade de São Paulo durante a Revolução Constitucionalista, em 1932.

A Constituição de 1934

O **Código Eleitoral** introduziu o voto secreto, o voto feminino, a justiça eleitoral e os deputados classistas. O **Tribunal do Trabalho** regulamentou e legitimou as organizações sindicais e as relações de trabalho, a nacionalização dos recursos naturais, ou seja, o monopólio estatal sobre determinados setores.

Assim como a carta de 1891, a eleição do próximo presidente foi feita por meio indireto, pela Assembleia Constituinte, e Vargas foi eleito, sem direito à reeleição.

O Governo Constitucional (1934-1937)

A **radicalização ideológica** do período, após a Primeira Guerra Mundial, foi um fenômeno mundial que apresentava como alternativas o capitalismo e o socialismo. Nesse período, surgiram as ideias fascistas e o nazismo alemão como terceira via. Por outro lado, a crise liberal advinda da quebra da Bolsa de Nova York motivou o programa econômico intervencionista de Franklin Roosevelt, com o *New Deal*. No Brasil, essas ideias inspiraram a formação de diversas organizações políticas.

A **Ação Integralista Brasileira (AIB)** tinha inspiração fascista e era contrária ao comunismo e à democracia liberal. Nacionalistas, progressistas, xenofóbicos e até racistas, os integralistas tiveram expressões na Semana de Arte Moderna de 1922 com o "verde-amarelismo". Um de seus líderes foi **Plínio Salgado**.

A **Aliança Nacional Libertadora (ANL)** formou-se como oposição ao integralismo brasileiro. Tinha integrantes de diversos setores da sociedade, e parte da liderança tinha grande influência comunista (PCB). Entre suas propostas, defendia a nacionalização das empresas estrangeiras, a suspensão do pagamento da dívida externa, a liberdade individual, o combate ao fascismo, a reforma agrária e um governo popular. Obteve apoio de **Luís Carlos Prestes**, que pedia a adesão e a liderança das Forças Armadas à revolução pregada pelos aliancistas.

Vargas tornou a ANL ilegal pelo seu caráter revolucionário. Assim, o controle da ANL ficou com o PCB. Em outubro de 1935, ocorreu a **Intentona Comunista** com levantes em diversos quartéis que fracassaram sem terem conseguido o apoio popular esperado. A repressão do governo levou à decretação do **estado de sítio** e à criação do **Tribunal de Segurança Nacional**, subordinado à justiça militar, e da **Comissão Nacional de Repressão ao Comunismo**, fortalecendo o poder executivo federal e as forças policiais.

Vivia-se sob a **Lei de Segurança Nacional**, a polícia política chefiada por **Filinto Müller**, e a decretação do **estado de guerra** se apresentava no ideal militar como possibilidade de uma ditadura em conjunto com políticas estatais que promoveriam o desenvolvimento das indústrias de base com capital nacional.

Sob o pretexto de um falso plano comunista (o **Plano Cohen**), Getúlio Vargas, com o apoio militar, ordenou o fechamento do Congresso Nacional, das Assembleias Legislativas e das Câmaras Municipais, decretando a extinção dos partidos políticos e a suspensão das eleições em 1937. Era a instalação do Estado Novo, a ditadura varguista.

O Estado Novo (1937-1935)

A ditadura do período após o golpe tinha respaldo na **Constituição de 1937**, conhecida por **Polaca** em virtude da inspiração fascista. Fortalecia o poder executivo federal extinguindo o legislativo, colocando o judiciário sob o controle militar e subordinado ao presidente, bem como o domínio dos estados, com a nomeação dos interventores estaduais, além de uma legislação trabalhista.

A oposição durante o **Estado Novo** foi duramente reprimida e fragmentada nas disputas políticas, ficando impotente diante dos amplos poderes do presidente.

Acervo Iconographia/Reminiscências

Cartaz do Departamento de Imprensa e Propaganda (DIP) de 1944, poderosa arma nas mãos de Vargas.

O desenvolvimento industrial e o crescimento do operariado urbano estabeleceram novas diretrizes quanto às políticas governamentais, compondo um setor importante no novo cenário político brasileiro.

Em 1938, integralistas tentaram derrubar o presidente numa tentativa frustrada de golpe conhecida como **Intentona Integralista** (Putsh).

A ditadura varguista passou a reprimir os opositores, tanto os de esquerda como os integralistas. O Departamento de Imprensa e Propaganda (DIP) foi um órgão importante, pois nesse período de ditadura aproximou Vargas das massas e em especial da classe trabalhadora. Era instrumento de fortalecimento da figura presidencial e do poder do Estado, característica do "**populismo**".

A modernização conservadora, característica do período, teve foco na indústria pesada, como siderúrgicas, mineradoras, mecânicas, químicas e hidrelétricas. O modelo de substituição de importações fortaleceu-se com a eclosão da Segunda Guerra Mundial.

Em 1943, o Manifesto dos Mineiros pela redemocratização e os apelos por eleições dos demais setores levaram Vargas a optar pela liderança do Partido dos Trabalhadores Brasileiro (PTB) com apoio sindical e do Partido Social Democrata (PSB).

A oposição organizou-se, e nesse período destacaram-se: a **União Democrática Nacional (UDN)**; os pracinhas da **Força Expedicionária Brasileira (FEB)**, que retornaram da guerra vitoriosos ao lutarem ao lado dos aliados (capitalistas e comunistas) contra os fascistas; o **Partido Comunista Brasileiro (PCB)**, com Prestes libertado.

Getúlio contou com amplo apoio do movimento queremista, de grande aceitação, porém o exército impediu o continuísmo de Getúlio e o depôs, garantindo eleições em 1945.

Exercícios resolvidos

1. (Vunesp-SP) A década de 1930 no Brasil é normalmente associada ao varguismo. Além da liderança de Getúlio Vargas, o período também apresentou forte radicalização política. Como podemos associar tal fenômeno ao panorama internacional de então? Cite dois exemplos de agrupamentos políticos radicais atuantes no Brasil dos anos 1930 e algumas de suas principais propostas.

Resposta:

Um dos grupos atuantes era o dos integralistas, que, sob a influência do fascismo, defendia o Estado corporativo, conservador e autoritário — era a versão brasileira do nazifascismo, representando a extrema-direita. Outro grupo atuante era a Aliança Nacional Libertadora, verdadeira frente política que, dando espaço aos comunistas, acenava com ideias de esquerda, propondo um governo popular legitimamente eleito, a reforma agrária e o anti-imperialismo.

2. (Uerj)

cpdpc.fgv.br

Os cartazes acima foram produzidos para atrair apoio popular para um movimento de oposição ao governo provisório de Getúlio Vargas (1930-1934). Esse movimento colocou do mesmo lado o Partido Republicano Paulista e o Partido Democrático, tradicionais adversários políticos no estado de São Paulo.
Nomeie esse movimento e indique uma justificativa apresentada pelos paulistas para considerar o governo provisório de Vargas "uma ditadura".

Resposta:

Revolução Constitucionalista de 1932.
Algumas das justificativas:
- governar por meio de decretos-leis
- adiar a convocação da Assembleia Constituinte
- nomear interventores para os governos estaduais
- dissolver o Congresso Nacional e os legislativos estaduais e municipais

Exercícios propostos

1. (PUC-RS) Para responder à questão abaixo, considere as possíveis características do Governo Provisório e Constitucional (1930-1937).
   I. Centralização do poder e crescimento do setor industrial.
   II. Elaboração da Constituição de 1934 (na qual são incorporados o voto feminino e os direitos trabalhistas).
   III. Identificação com o socialismo e com a coletivização da produção agrícola.
   IV. Fortalecimento do federalismo, cabendo às polícias militares estaduais conter os extremismos dos grupos de direita.

   Estão corretas apenas as afirmativas
   a) I e II.
   b) I e III.
   c) III e IV.
   d) I, II e IV.
   e) II, III e IV.

2. (FGV-SP) Em muitos aspectos, a Era Vargas (1930-1945) implementou mudanças no país em relação à Primeira República (1889-1930), pois
   a) promoveu as bases da industrialização, ao empreender uma política econômica intervencionista e protecionista, além de orientar sua política externa na busca de recursos para implantar empresas nacionais.
   b) passou a tratar a questão social como caso de polícia, reprimindo as organizações da classe operária com o fechamento de jornais, associações e sindicatos, embora permitisse sua representação no Congresso.
   c) estabeleceu um Estado federativo, conferindo aos estados bastante autonomia ao permitir que contraíssem empréstimos no exterior e estabelecessem impostos, sem necessidade de consulta ao governo federal.
   d) desenvolveu uma nova política de valorização do café, por meio da compra e estocagem dos excedentes pelos governos estaduais e por constantes desvalorizações cambiais para favorecer os exportadores.
   e) autorizou a pluralidade sindical, porém os sindicatos ficaram atrelados ao Ministério do Trabalho, graças ao imposto de seus associados, e reuniam patrões e empregados, à semelhança do corporativismo fascista.

3. (UFPR) Com relação ao Estado Novo, de 1937 a 1945, é correto afirmar:
   a) Foi um período de desenvolvimento do liberalismo democrático no país, permitindo com isso a consolidação da liderança política de Getúlio Vargas.
   b) Ampliou os conflitos oligárquicos e a pressão do capital internacional, culminando com o suicídio de Vargas.
   c) A política desenvolvimentista de abertura ao capital estrangeiro permitiu o crescimento das alianças políticas e comerciais entre Brasil e Estados Unidos.
   d) A proximidade política de Vargas com os regimes totalitários nazifascistas levou o Brasil a apoiar militarmente os países do Eixo na Segunda Guerra Mundial.
   e) Foi marcado pela crítica à democracia liberal e pela organização de um estado autoritário, encarregado de promover o progresso dentro da ordem.

4. (PUC-SP)

> *O direito às férias é adquirido depois de doze meses de trabalho no mesmo estabelecimento ou empresa [...], e exclusivamente assegurado aos empregados que forem associados de sindicatos de classe reconhecidos pelo Ministério do Trabalho, Indústria e Comércio.*
>
> Artigo 4º do Decreto 23 768, de 1934, citado por Kazumi Munakata. *A legislação trabalhista no Brasil*. São Paulo: Brasiliense, 1984. p. 82.

O artigo revela uma característica da relação entre o Estado e os trabalhadores industriais no período Vargas: o
   a) socialismo.
   b) militarismo.
   c) corporativismo.
   d) sectarismo.
   e) anarquismo.

5. (UEPB) A "Revolução Constitucionalista" de São Paulo é aceita por muitos como o maior conflito armado do Brasil no século XX. Entre 9 de julho e 2 de outubro de 1932, tropas do governo federal combateram a revolta do chamado "Exército Constitucionalista", que defendia, dentre outras coisas, que o governo Vargas convocasse uma Constituinte e ampliasse a autonomia política dos estados. Assinale V para as verdadeiras e F para as falsas.
   ( ) O movimento de 1932 é a rebelião de um pequeno grupo de militares e de alguns intelectuais liberais da capital paulistana. Os primeiros queriam ascender na hierarquia militar e os segundos queriam tomar o poder e decretar a separação de São Paulo do resto do Brasil.
   ( ) A Revolução Constitucionalista foi uma reação dos paulistanos ao governo de Getúlio Vargas, que fechou o Congresso Nacional e as Assembleias Estaduais objetivando pôr fim à hegemonia das oligarquias regionais. O estopim da revolta foi o fato de o presidente da República ter cassado vários presidentes de estados e colocado em seus lugares interventores e delegados.
   ( ) A derrota sofrida pelos paulistanos não foi apenas de ordem militar. Depois de sufocar a revolta, o governo federal aprofundou o regime ditatorial. No lugar da Assembleia Nacional Constituinte, convocada para maio de 1933, foi decretado um pacote de medidas autoritárias, como o fechamento dos jornais que apoiaram o movimento e a prisão de seus líderes militares e civis.
   ( ) Formada por militares rebeldes, membros da Força Pública Paulista (FPP) e voluntários vindos de vários setores da sociedade paulistana, a tropa rebelde se levantou contra o governo federal acreditando que venceria. Mas, sem receber apoio de outros estados e com poucos armamentos, foi derrotada num espaço curto de quase três meses.

   Assinale a alternativa correta:
   a) V – F – V – F
   b) V – V – F – F
   c) F – F – V – F
   d) F – V – F – V
   e) F – V – V – F

MÓDULO 34 • A Segunda Guerra Mundial

As heranças advindas da Grande Guerra de 1914 e do Tratado de Versalhes nas relações internacionais e os conflitos nos anos 1920 e 1930 contaram com um órgão internacional débil e frágil: a **Liga das Nações**. No período entre as grandes guerras, especialmente nos anos 1930, prevaleceu a **política de apaziguamento**, centrada em concessões que tinham como objetivo evitar confrontos, o que não serviu para garantir a paz mundial.

Na **Ásia**, o Japão invadiu a Manchúria em 1931 e seguiu para as ilhas do Pacífico. Na Europa, as novas potências nazifascistas buscaram mais domínios: a Itália tomou a Abissínia (1935); a Alemanha reincorporou o Sarre (1935) e ocupou militarmente a Renânia (1936), na fronteira francesa. Com a política de apaziguamento, aceitavam-se as agressões e confirmava-se a falência da Liga das Nações.

Na **Guerra Civil Espanhola** (1936-1939), o golpista General Franco derrubou a República com apoio de forças alemãs e italianas, o que serviu de teste bélico para a Segunda Guerra Mundial. Nessa intervenção, firmou-se o **Eixo Berlim-Roma**.

A expansão japonesa na Ásia levou a conflitos com a URSS e outras potências imperialistas ocidentais (como os Estados Unidos), possibilitando a formação do **Eixo Roma-Berlim-Tóquio**, que assinou o **Pacto anti-Komintern** de combate ao comunismo internacional.

O expansionismo alemão tornou-se o ápice desse processo na ameaça da paz europeia. Sob o pretexto de unir os povos germânicos, os alemães invadiram progressivamente a Áustria desde 1934. Em 1938, o Führer efetivou o **Anschluss**, a união alemã-austríaca, sem que houvesse significativa oposição internacional. Em seguida, voltou-se para a Tchecoslováquia, com o pretexto de que a região dos Sudetos contava com população predominantemente alemã. Inglaterra e França, **aliados** da Primeira Guerra Mundial e responsáveis pela criação da Tchecoslováquia, alegando evitar uma confrontação geral, reuniram-se na **Conferência de Munique** (1938) – com a participação dos líderes Chamberlain, Daladier, Mussolini e Hitler. A decisão tomada foi a de cederem os Sudetos à Alemanha, ou seja, chegava-se ao **apaziguamento por meio de concessões**.

O expansionismo alemão deu outro salto ao assinar com a URSS o **Pacto Germano-Soviético**, elaborado por Ribbentrop e Molotov. Por ele, se Hitler conquistasse o corredor polonês (Dantzig ou Gdansk), teria a neutralidade soviética. E a URSS, nesse caso, tomaria a Finlândia e a parte da Polônia oriental sob o pretexto de garantir suas fronteiras ocidentais. Em 1º de setembro de 1939, a Alemanha invadiu a Polônia, dando início à Segunda Guerra Mundial.

A guerra

Em 1939, poucos foram os confrontos. Por isso, o período ficou conhecido como "**Guerra de Mentira**": o que ocorria era a preparação para a guerra.

Em 1940, os alemães colocaram em ação as **Blitzkrieg**, "guerras-relâmpago" — ataques maciços de blindados (Panzer), da aviação (Luftwaffe) e navios e submarinos de guerra. Era a expansão militar nazista pela Europa. Em seguida, vieram os ataques aéreos à Inglaterra, o duelo entre a **Royal Air Force** (**RAF**) e a **Luftwaffe**, a conquista da região Balcânica e o avanço no norte africano.

Fotógrafo alemão anônimo/The Bridgeman Art Library/Keystone

Soldados alemães em ofensiva, durante a Batalha de Moscou, em 1941. Na foto podemos observar um dos tanques da divisão Panzer.

Em 1941, Hitler marchou sobre a URSS (**Plano Barba Ruiva**), infringindo o pacto de não agressão germano-soviético. Nesse mesmo ano, o Japão atacou a base norte-americana de **Pearl Harbor**, no Pacífico, provocando a entrada dos Estados Unidos na guerra.

Até o início de 1942, a Alemanha, a Itália e o Japão dominaram a guerra, expandindo seus domínios. Depois, começou o progressivo refluxo do Eixo, com as seguidas derrotas. A **primeira frente** aliada formou-se na URSS, a partir da vitória na batalha de Stalingrado (1943), avançando até chegar a Berlim em 1945. Uma **segunda frente** formou-se com a derrota alemã-italiana no norte da África (1943), seguindo o desembarque aliado na Sicília e sul da Itália e que avançaria em direção à Alemanha até 1945. A **terceira frente** se deu com o desembarque aliado na Normandia (o **Dia D**), no norte da França, libertando áreas tomadas pelos alemães e avançando em direção à Alemanha. Em agosto de 1944, Paris foi libertada, e as três frentes convergiram para a Alemanha. O Duce acabou caçado por populares e executado. Em maio de 1945, caía a Alemanha nazista.

Na Ásia, os norte-americanos retomaram domínios tomados pelos japoneses e, em agosto de 1945, lançaram as **bombas atômicas de Hiroxima e Nagasáqui**, obtendo a rendição japonesa.

Balanço da guerra e os acordos

Com cerca de 50 milhões de mortos, 30 milhões de feridos e perdas materiais incalculáveis, deixou ainda o terror do genocídio judaico (mais de 5 milhões) — grande parte nos campos de extermínio (entre eles Auschwitz, Treblinka e Sobibor) — e o uso da bomba atômica.

Antes do término da guerra, os grandes estadistas da União Soviética (Stálin), do Reino Unido (Churchill) e dos Estados Unidos (Roosevelt) se encontraram em Teerã — **Conferência de Teerã** —, definindo o avanço sobre a Alemanha e as futuras divisões territoriais. Em fevereiro de 1945, na **Conferência de Yalta**, os três grandes estadistas discutiram a criação da Organização das Nações Unidas (ONU) e outras partilhas mundiais.

Meses depois, na **Conferência de Potsdam**, com a rendição alemã, Stálin, Trumann e Attlee decidiram pela desnazificação da Alemanha com o Tribunal de Nurembergue e a divisão alemã em quatro zonas de ocupação, que mais tarde dariam origem à República Democrática Alemã (Oriental) e à República Federal Alemã (ocidental).

A **Carta das Nações Unidas** foi redigida pelos representantes de 50 países reunidos em São Francisco (Estados Unidos) em junho de 1945, passando a existir oficialmente em 24 de outubro de 1945. Fundamentada na igualdade soberana, a supremacia coube ao Conselho de Segurança, composto por cinco membros permanentes e com direito a veto. Já a Assembleia Geral é composta por todos os países-membros, que discutem a paz, a segurança, o bem-estar e a justiça no mundo.

Hulton-Deutsch Collection/Corbis/Latinstock

Civis alemães entre os escombros da Segunda Guerra Mundial. Foto de março de 1945.

Exercícios resolvidos

1. (UFR-RJ)

> *Em todo caso, a intervenção alemã (importante também para a formação de oficiais e dos soldados) foi rapidamente julgada na Europa. Nos meios populares e em certos círculos intelectuais, como prova da agressividade nazista, anúncio do perigo aéreo. Mas a paixão conservadora e o medo das responsabilidades, na maior parte dos governos, determinaram uma total passividade diante daquilo que as "conventrizações [destruição por bombardeio] e os rasantes dos Stukas [aviação de combate] anunciavam para um futuro próximo.*
>
> VILAR, Pierre. *A Guerra da Espanha*. 1936-1939. Rio de Janeiro: Paz e Terra, 1989. p. 101.

A partir das afirmações do historiador espanhol Pierre Vilar:

a) destaque duas razões para a eclosão da Guerra Civil Espanhola;

b) explique em que sentido a Guerra Civil Espanhola é retratada pelos historiadores como o "ensaio geral" da Segunda Grande Guerra.

Resposta:

a) Algumas razões para a eclosão da Guerra Civil Espanhola. 1) o nacionalismo catalão; 2) o nacionalismo basco; 3) os desequilíbrios regionais na Espanha; 4) a crise econômica dos anos 1930; 5) a crise agrícola; 6) os partidos de direita e a hostilidade às autonomias regionais; 7) o anticlericalismo; 8) a ascensão dos fascismos na Europa; 9) a força dos anarcossindicalistas; 10) a precária base política da jovem república; 11) as disputas entre grupos e/ou partidos que formavam o governo republicano.

b) A Guerra Civil Espanhola é tida como o ensaio geral da Segunda Grande Guerra porque os franquistas receberam apoio militar dos países fascistas, Itália e Alemanha. Ao invadirem a Espanha, ao lado das forças franquistas, os fascistas não somente favoreceram a vitória de Franco como também experimentaram armamentos e várias táticas de guerras. Também é possível responder que a Guerra Civil Espanhola foi o mais importante conflito militar do período entre as duas grandes guerras. Nesse sentido, ela também pode ser considerada um "ensaio geral" das forças políticas que se enfrentariam na Segunda Grande Guerra, ou seja, a aliança entre os partidos de centro e de esquerda *versus* o partido de direita fascista. Foi também, como "ensaio geral", uma revelação da divisão e das contradições da esquerda.

2. (Unicamp-SP)

A tentativa dos nazistas de dissimular suas atrocidades nos campos de concentração e de extermínio resultou em completo fracasso. Muitos sobreviventes desses campos sentiram-se investidos da missão de testemunhar e não deixaram de cumpri-la, alguns logo depois de serem libertados e outros, quarenta e até cinquenta anos mais tarde.

Adaptado de: TODOROV, Tzvetan. *Memória do mal, tentação do bem.* Indagações sobre o século XX. São Paulo: Arx, 2002. p. 211.

a) Caracterize o contexto histórico em que surgiram os campos de concentração e de extermínio.

b) Que parcelas da população foram aprisionadas nesses campos?

c) Com base no texto, explique a importância do testemunho dos sobreviventes.

Resposta:

a) Este item trata do contexto histórico em que foram organizados os campos de concentração e de extermínio. Ao realizar uma localização histórica da ascensão do nazismo e da situação da Alemanha a partir, principalmente, da década de 1930, é interessante levar em consideração aspectos da política expansionista nazista, da ideologia do nazismo e de características da política alemã em meio à Segunda Guerra Mundial.

b) Além da perseguição nazista aos judeus, também foram aprisionados e exterminados comunistas, ciganos, homossexuais, doentes mentais e testemunhas de Jeová, entre outras minorias.

c) Os sobreviventes dos campos viram-se imbuídos da missão de impedir que atrocidades como as que foram cometidas nos campos de concentração e de extermínio fossem diminuídas ou esquecidas, impedindo assim que o passado fosse dissimulado ou esquecido.

Exercícios propostos

1. (EsPCEx-SP) Durante a década de 1930, enquanto a Alemanha, sob liderança nazista, armava-se e preparava-se para a Guerra, outros países aderiam à "política de apaziguamento", que

a) foi um pacote de ajuda econômica destinado a apoiar os países ameaçados pelo nazismo.

b) consistia em ceder territórios à Alemanha a fim de evitar a guerra.

c) objetivava apoiar, financeiramente, o movimento comunista internacional para neutralizar o poder nazista.

d) foi um acordo de não agressão pactuado entre germanos e soviéticos e apoiado pela maioria dos países europeus.

e) foi a postura adotada pela Áustria, Tchecoslováquia e Polônia, de anexar-se à Alemanha, sem disparar um único tiro.

2. (ESPM-SP) Em julho de 1944 ocorreu a Conferência de Bretton Woods, no Mount Washington Hotel, em New Hampshire, nos Estados Unidos. Nela participaram 730 delegados de 44 nações que deliberaram sobre:

a) a criação da Organização das Nações Unidas, a ONU;

b) a criação da Organização Mundial de Comércio, a OMC;

c) a criação da Organização do Tratado do Atlântico Norte, a OTAN;

d) a confirmação do padrão ouro como referência para o Sistema Monetário Internacional;

e) a criação do Banco Internacional para a Reconstrução e Desenvolvimento, o (BIRD), e o Fundo Monetário Internacional, o (FMI).

3. (UEG-GO) Leia o fragmento a seguir.

Mas ele olhou, rápido, quando a porta se abriu de repente. Era um americano que vinha pedir-lhe dinheiro para voltar para os Estados Unidos. Estava fugindo de Mitterrand. Rick o ignorou.

VERÍSSIMO, Luís Fernando. As time goes by. In: *O melhor das comédias da vida privada.* Rio de Janeiro: Objetiva, 2004. p. 71.

O trecho citado foi extraído da crônica "As time goes by", em que o autor relata um suposto encontro em Paris com Rick Blaine, o protagonista do filme clássico *Casablanca*. Nessa crônica, é possível identificar referências tanto ao clássico cinematográfico celebrado pelo autor quanto à História contemporânea, quando é sugerido que:

a) a França foi ocupada pelo exército nazista durante a Segunda Guerra Mundial, tendo sido formada uma resistência para combater os invasores.

b) a relação entre Rick Blaine e as autoridades francesas nunca se estabilizou, uma vez que ele queria fugir para os Estados Unidos.

c) o americano que tentava fugir do presidente francês representava os refugiados que almejavam vistos para escapar do nazismo a partir de Marrocos.

d) o presidente francês François Mitterrand participou da Resistência Francesa durante os combates da Segunda Guerra Mundial.

4. (Fuvest-SP)

> *Quando a guerra mundial de 1914-1918 se iniciou, a ciência médica tinha feito progressos tão grandes que se esperava uma conflagração sem a interferência de grandes epidemias. Isso sucedeu na frente ocidental, mas a leste o tifo precisou de apenas três meses para aparecer e se estabelecer como o principal estrategista na região [...]. No momento em que a Segunda Guerra Mundial está acontecendo, em territórios em que o tifo é endêmico, o espectro de uma grande epidemia constitui ameaça constante. Enquanto estas linhas estão sendo escritas (primavera de 1942) já foram recebidas notificações de surtos locais, e pequenos, mas a doença parece continuar sob controle e muito provavelmente permanecerá assim por algum tempo.*
>
> SIGERIST, Henry E. *Civilização e doença*. São Paulo: Hucitec, 2010. p. 130-132.

O correto entendimento do texto anterior permite afirmar que

a) o tifo, quando a humanidade enfrentou as duas grandes guerras mundiais do século XX, era uma ameaça porque ainda não tinha se desenvolvido a biologia microscópica, que anos depois permitiria identificar a existência da doença.

b) parte significativa da pesquisa biológica foi abandonada em prol do atendimento de demandas militares advindas dessas duas guerras, o que causou um generalizado abandono dos recursos necessários ao controle de doenças como o tifo.

c) as epidemias, nas duas guerras mundiais, não afetaram os combatentes dos países ricos, já que estes, ao contrário dos combatentes dos países pobres, encontravam-se imunizados contra doenças causadas por vírus.

d) a ameaça constante de epidemia de tifo resultava da precariedade das condições de higiene e saneamento decorrentes do enfrentamento de populações humanas submetidas a uma escala de destruição incomum promovida pelas duas guerras mundiais.

e) o tifo, principalmente na Primeira Guerra Mundial, foi utilizado como arma letal contra exércitos inimigos no Leste Europeu, que eram propositadamente contaminados com o vírus da doença.

5. (PUC-SP)

De Agostini Picture Library/The Bridgeman Art Library/Keystone

A charge acima, de autoria desconhecida, foi publicada em 1939. Ela se refere ao tratado assinado naquele ano pela Alemanha e a União Soviética, que

a) assegurou a aliança militar entre os dois países durante a Segunda Guerra Mundial e a partição da Polônia.

b) consagrou o apoio bélico dos dois países aos fascistas na Guerra Civil Espanhola e ampliou a influência política alemã no Leste Europeu.

c) impediu a eclosão de guerra aberta entre os dois países e freou o avanço militar nazifascista na Europa.

d) determinou a nova divisão política do Leste Europeu, no período posterior à Segunda Guerra Mundial, e consolidou a hegemonia soviética na região.

e) estabeleceu a intensificação dos laços comerciais e o compromisso de não agressão mútua entre os dois países.

Mudanças no mundo e mudanças na construção do saber histórico

Em meados do século XX, ganhou força a busca de uma virada no saber histórico, numa tentativa de compreender melhor o mundo. Era o impulso da crítica à visão eurocêntrica e suas construções: as ideias de superioridade, de modelos, como as apontadas pela "civilização ocidental" e seus "progressos". Para tanto, tomavam-se as guerras e seus desdobramentos, incluindo a bipolarização mundial, como rastros que evidenciavam a necessidade de novos olhares. Nessa relativização quanto a culturas e sociedades, ganhou importância a crítica à indiferença da dinamização da sociedade de consumo e seus efeitos ao meio ambiente.

Da mesma forma, no entendimento dos processos históricos, também ganharam importância outros sujeitos históricos até então desprezados ou pouco destacados. São os casos das atuações na produção do saber histórico das mulheres, dos negros, dos indígenas, dos terceiro-mundistas, etc. Era necessário não apenas centrar a atenção no projeto vencedor mas também no dos vencidos, fugindo da história tradicional recheada de heróis e dos poderosos de sempre.

Brasil: novos ares na política

A deposição de Getúlio Vargas e as eleições de 1945 puseram fim ao Estado Novo. **Eurico Gaspar Dutra** (coligação PSD-PTB) assumiu a presidência. Em 1946, foi promulgada a nova Constituição e em 1947 Dutra adotou o Plano Salte (Saúde, Alimentação, Transporte e Energia). No conjunto das medidas, houve uma aceleração da economia e das importações, o que minou as reservas cambiais.

Na política, o PCB foi cassado (1947), passando à clandestinidade, e houve intervenção nos sindicatos que estavam sob sua influência. No quadro geral das ideias políticas, comungando com o panorama internacional bipolarizado, estavam em campo o projeto liberal e o projeto nacionalista. O projeto socialista foi descartado pela cassação e ilegalidade. Nas eleições sucessórias, venceu Getúlio Vargas.

O governo de Getúlio Vargas (1951-1954)

Mais envolvido com o projeto nacionalista, Vargas criou a **Petrobras** (1953) e expandiu a Siderúrgica de Volta Redonda, além de estabelecer planos para a Eletrobras. No Ministério do Trabalho, nomeou o gaúcho **João "Jango" Goulart**, que defendeu a elevação do salário mínimo em 100%, motivo do Manifesto dos Coronéis que exigiu sua demissão. Na oposição, da UDN de **Carlos Lacerda**, intensificaram-se as críticas a Getúlio, acusado de "esquerdização" e corrupção no Executivo. Em 5 de agosto de 1954, Lacerda foi ferido num atentado em que morreu o major Rubens Florentino Vaz, seu guarda-costas. As investigações apontavam como mandante do atentado o chefe da guarda pessoal de Getúlio, **Gregório Fortunato**.

Em meio às pressões, Getúlio suicidou-se em 24 de agosto de 1954, deixando uma "Carta Testamento" que provocou violenta comoção popular e manifestações contra seus opositores. A presidência foi assumida pelo vice, **Café Filho** (1954-1955). Nas eleições seguintes, **Juscelino Kubitschek** foi eleito presidente, e "Jango", vice. Para evitar a sucessão, Lacerda tentou organizar um golpe, que foi abortado com a atuação de Henrique Teixeira Lott, ministro da Guerra.

O desenvolvimentismo de Juscelino Kubitschek (1956-1961)

Foi um período de certa tranquilidade política e prosperidade econômica em que podemos destacar a construção de **Brasília** e a transferência da capital, a instalação da indústria automotiva, das Hidrelétricas de Furnas e Três Marias e, principalmente, seu **Plano de Metas** (energia, transporte, indústria, educação e alimentação). Nas eleições de 1960, Jânio Quadros tornou-se presidente, e João Goulart, vice (este com mais votos).

Arquivo Nacional/Jornal Correio da Manhã

Congresso Nacional, atual sede do Poder Legislativo. Brasília, Distrito Federal, 2013.

O Governo Jânio Quadros (1961)

Eleito com o símbolo da vassoura (que "varreria a corrupção"), destacou-se com medidas como a proibição de brigas de galo, de lança-perfume e do uso de biquínis na praia, além da expedição dos "bilhetinhos". Falando em política externa independente, condecorou "Che" Guevara. Em 1961, subitamente, numa tentativa de conseguir um poder fortalecido, Jânio renunciou ao cargo, imaginando que voltaria nos braços do povo, o que não aconteceu.

O Governo João Goulart (1961-1964)

Na inesperada renúncia de Jânio, Goulart se encontrava na China, em missão oficial. Ministros militares tentaram evitar a sua sucessão e tiveram a resistência do governador do Rio Grande do Sul, Leonel Brizola. A saída negociada foi a instalação do regime parlamentar, até que, no plebiscito de 1963, decidiu-se pela volta do presidencialismo e o poder foi entregue a João Goulart. Jango tentava implementar seu **Plano Trienal** para conter a inflação (80% em 1963) e promover o desenvolvimento.

As pressões populares cresceram, e o presidente passou a defender as **reformas de base** (reforma agrária, tributária, financeira e administrativa), sendo acusado de medidas esquerdizantes. Em 1964, consumou-se o golpe civil-militar e a instalação do regime militar ditatorial.

Exercícios resolvidos

1. (PUC-RJ)

> *Da figura e da atuação de Juscelino Kubitschek terá ficado, para adversários e admiradores, a imagem de seu espírito otimista e criador, iluminado por inegável tolerância política. Não deixa de seduzir o fascínio do "50 anos em 5" do presidente que ousou duvidar da eterna vocação agrícola do país e que aliou ao desenvolvimento acelerado uma experiência bem-sucedida de governo democrático.*

BENEVIDES, Maria Victoria. In: GOMES, Ângela de Castro. *O Brasil de JK*. Rio de Janeiro: Editora da FGV/CPDOC, 1991. p. 9.

a) Caracterize **duas** ações do governo JK relacionadas à superação do subdesenvolvimento.

b) Explique a percepção de que o governo JK foi "uma experiência bem-sucedida de governo democrático".

Resposta:

a) As ações do governo JK relacionadas à superação do subdesenvolvimento estão relacionadas ao Plano de Metas. O desenvolvimentismo foi consolidado num conjunto de 30 objetivos a serem alcançados em cinco setores básicos da economia. Os setores que mais recursos receberam foram energia, transportes e indústrias de base. Os outros dois setores incluídos no plano eram alimentação e educação. As metas, em sua maioria, alcançaram resultados considerados positivos. O crescimento das indústrias de base, fundamentais ao processo de industrialização, foi de praticamente 100% no quinquênio 1956-1961. Como exemplos, podemos citar a criação de hidrelétricas e a produção de energia elétrica, a ampliação da produção de petróleo e da produção siderúrgica, a instalação das multinacionais da indústria automotiva, entre outros. A construção de Brasília, não incluída no Plano, foi considerada a 31ª meta, concernente ao projeto de integração nacional, através das comunicações e dos transportes.

b) Em meio às experiências de interrupção dos mandatos presidenciais durante o período democrático de 1946 a 1964, Juscelino Kubitschek foi o único presidente civil a completar o seu mandato. Getúlio Vargas suicidou-se, Jânio Quadros renunciou, João Goulart foi deposto. Logo a seguir, o país vivenciou 21 anos de governos militares. A memória histórica nacional apresenta JK como um presidente tolerante e conciliador que lidava com o movimento social sem medidas repressivas, negociava com adversários políticos e anistiava os golpistas militares.

2. (Unicamp-SP) Na foto abaixo reproduzida, o presidente Jânio Quadros condecora o líder da Revolução Cubana, Ernesto "Che" Guevara.

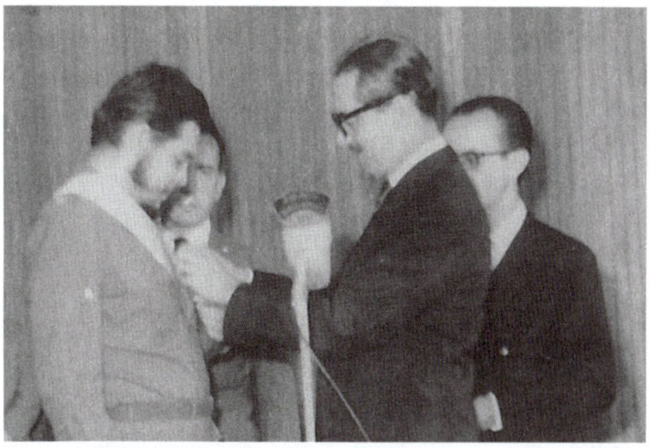

Acervo Iconographia/Reminiscências

Fonte: <http://bloghistoriacritica.blogspot.com.br>. Acesso em: 30 jan. 2013.

a) Como essa condecoração pode ser explicada no contexto das propostas do governo Jânio Quadros para as relações externas do Brasil?

b) Quais grupos, no Brasil, criticaram esse acontecimento?

Resposta:

a) O candidato deveria indicar que a principal proposta diplomática do governo Jânio Quadros foi a adoção da Política Externa Independente (PEI), pela qual o Brasil se distanciava do alinhamento automático com os Estados Unidos. A condecoração de "Che" Guevara, revolucionário integrante do governo cubano, representava essa política.
b) A política externa de Jânio desagradou ao próprio partido, a UDN, e às Forças Armadas, ideologicamente alinhadas aos Estados Unidos, e às demais forças conservadoras do país.

Exercícios propostos

1. (FGV-SP) Leia o texto.

> *Classicamente, existem três grandes formas de abordagens analíticas do populismo. Ele pode ser estudado como um fenômeno de origem social, como uma forma de governo ou como uma ideologia específica. Em qualquer de suas formas, o populismo necessita de alguns elementos básicos para se concretizar: independente das particularidades das ocorrências, ele surge quando há uma massificação de amplas camadas da sociedade que desvincula os indivíduos de seus quadros sociais de origem e os reúne na massa, relacionados entre si por uma sociabilidade periférica e mecânica; quando há uma perda da representatividade e da exemplaridade da classe dirigente; quando há a presença de um líder dotado de carisma de massas.*

CERVI, Emerson Urizzi. As sete vidas do populismo. In: *Revista de Sociologia e Política*, n. 17, Curitiba, nov. 2001.

Na história do Brasil, o mais comum é associar o populismo ao período compreendido entre

a) 1889 – ano da proclamação da república e da posse de um militar na presidência – e 1894 – data da eleição do primeiro presidente civil do país.
b) 1894 – quando o paulista Prudente de Morais assume a presidência – e 1926 – ano do encerramento do mandato de presidente do mineiro Artur Bernardes.
c) 1930 – ano de uma ruptura institucional: a chamada Revolução de 1930 – e 1964 – por causa do golpe de Estado que derrubou o presidente João Goulart.
d) 1968 – ano da imposição do Ato Institucional nº 5 – e 1978 – quando este mesmo instrumento autoritário deixou de vigorar.
e) 1985 – com o fim do ciclo autoritário nascido em 1964 – e 1989 – ano da eleição do presidente Fernando Collor de Mello pelo voto direto.

2. (UFBA) Tendo como foco o caráter dependente da economia brasileira, resultante do seu processo histórico, apresente **uma informação** relativa a essa dependência:
a) Na República Velha (1889-1930);
b) No Período Desenvolvimentista (década de 1950).

3. (UFMG) Analise esta charge.

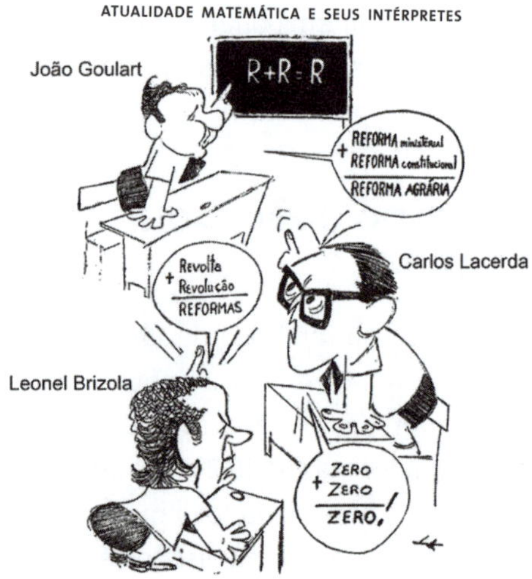

Lan. Jornal do Brasil, 5 jun. 1963. In: MOTTA, Rodrigo P. Sá. *Jango e o golpe de 1964 na caricatura*. Rio de Janeiro: Jorge Zahar, 2006. p. 117. (Adaptado).

No início da década de 1960, o debate político sobre a implementação das Reformas de Base gerou uma forte mobilização e radicalização política no país. A partir da análise dessa charge e considerando outros conhecimentos sobre o assunto:
a) Explique em que consistia a proposta de Reformas de Base do Governo João Goulart.
b) Explique o posicionamento de cada uma das lideranças políticas representadas na charge.
c) Cite duas manifestações contrárias ao Governo João Goulart que foram estimuladas pelas propostas de Reformas de Base.

4. (Mack-SP) Um dos episódios mais controvertidos e menos elucidados da história do Brasil foi a renúncia do presidente Jânio Quadros, em 1961, que completa cinquenta anos. A esse respeito, considere I, II, III e IV abaixo.
I. O vice-presidente João Goulart, considerado, por setores da elite, propenso ao comunismo, foi impedido de assumir o governo logo após a renúncia de Jânio.
II. A Campanha da Legalidade, liderada por Leonel Brizola, defendeu o cumprimento da Constituição federal, exigindo a posse de Jango na presidência.
III. Para diminuir os conflitos resultantes da renúncia de Jânio, o Congresso instituiu o parlamentarismo, sendo, assim, garantida a posse de Jango, mas com poderes sensivelmente diminuídos.
IV. Resultou em uma crise política, uma vez que setores poderosos faziam oposição a Jango, acusado de comunismo, sendo esse fato uma das justificativas para o golpe militar em 1964.

a) somente I, III e IV estão corretas.
b) somente I, II e III estão corretas.
c) somente II e III estão corretas.
d) somente II e IV estão corretas.
e) I, II, III e IV estão corretas.

5. (Feevale-RS) Para responder à questão, leia o texto que segue.

Assim, meus amigos, meus conterrâneos e patrícios ficarão sabendo por que esta rádio silenciou. Foi porque ela foi atingida pela destruição e porque isso ocorreu contra a nossa vontade. E quero vos dizer por que penso que chegamos a viver horas decisivas.

Disponível em:<www.clicrbs.com.br>. Acesso em: 16 set. 2011.

O trecho do discurso remete ao episódio conhecido como Campanha da Legalidade, ocorrido em 1961. Sobre a Campanha da Legalidade, são feitas algumas afirmações.

I. Pode ser compreendida como um reflexo da instabilidade política do Brasil, ocasionada pela renúncia do Presidente Jânio Quadros no ano de 1961.
II. Contou com uma rede de rádio, a chamada Voz da Legalidade, que defendia a posse do vice-presidente João Goulart e o cumprimento da Constituição do Brasil.
III. Foi liderada por Leonel Brizola, então governador do Rio Grande do Sul.

Marque a alternativa correta.
a) Apenas a afirmação I está correta.
b) Apenas a afirmação II está correta.
c) Apenas a afirmação III está correta.
d) Todas as afirmações estão corretas.
e) Todas as afirmações estão incorretas.

6. (Cefet-MG) Analise a tabela seguinte.

Cadeiras conquistadas pelos partidos: PSD, PTB e UDN na Câmara dos Deputados (1945-1962)					
Partido	**1945**	**1950**	**1954**	**1958**	**1962**
PSD	151 (52,8%)	112 (36,8%)	114 (34,9%)	115 (35,2%)	118 (28,8%)
PTB	22 (7,6%)	51 (16,7%)	56 (17,1%)	66 (20,2%)	116 (28,4%)
UDN	77 (26,9%)	81 (26,6%)	74 (22,6%)	70 (21,4%)	91 (22,9%)
Outros	36 (12,7%)	60 (19,9%)	82 (25,4%)	75 (23,2%)	84 (19,9%)
Total de cadeiras	286 (100%)	304 (100%)	326 (100%)	326 (100%)	409 (100%)

Adaptada de: HIPPOLITO, Lúcia. *PSD*: de raposas a reformistas. Rio de Janeiro: Paz e Terra, 1984. p. 198.

Sobre os dados acima e a partir dos seus conhecimentos, pode-se inferir que
I. O PTB cresceu obtendo o voto das camadas populares urbanas.
II. O conjunto dos resultados eleitorais indicava a tendência à concentração do debate político em dois partidos.
III. O PSD constituía as maiores bancadas por ser um partido de esquerda.
IV. A UDN sofreu uma diminuição proporcional do tamanho de sua bancada.

Estão corretos apenas os itens
a) I e II.
b) I e IV.
c) II e III.
d) III e IV.

Mesmo após a Segunda Guerra Mundial em 1945, o armamentismo continuou intenso, ao contrário do que ocorreu ao final da Primeira Guerra Mundial. As duas potências do pós-guerra, Estados Unidos e União Soviética, foram protagonistas do que acabou ganhando a denominação de Guerra Fria e criaram uma divisão de cunho ideológico que praticamente dividiu o mundo em duas partes.

No Leste Europeu, os países alinharam-se ao bloco soviético em meio à instalação da ordem socialista das democracias populares. Em 1947, o presidente dos Estados Unidos, Harry Truman, apoiou quem resistisse à investida soviética. No alinhamento da Europa com os Estados Unidos merece destaque o **Plano Marshall** — plano de recuperação econômica. Foi também a época da criação da **CIA** (Central Intelligence Agency).

Na Ásia, o Japão contou com apoio norte-americano para dar início a sua reconstrução e dinamização econômica. No lado soviético, foi lançado o **Kominform**, órgão que coordenava os partidos comunistas. Os investimentos dos Estados Unidos na recuperação da Alemanha Ocidental levaram a URSS, em 1948, a bloquear a cidade de Berlim, situada na parte soviética, e, no ano seguinte, a estabelecer a divisão das duas Alemanhas (Ocidental e Oriental). Em agosto de 1961, no lado oriental, decidiu-se pela construção do **Muro de Berlim**, que separou concretamente os dois lados da cidade e reafirmou a lógica bipolar internacional.

Em 1949, os países ocidentais firmaram a aliança político-militar da Organização dos Tratados do Atlântico Norte (**Otan**). Em 1955, o bloco comunista criou o **Pacto de Varsóvia**.

Associated Press/Glow Images

O Muro de Berlim, construído em 1961, foi um dos principais símbolos da Guerra Fria. Na foto de 1961, trecho do muro diante do Portão de Brandemburgo.

A Revolução Chinesa

Depois de ser, por décadas, espaço do domínio imperialista internacional, a ordem imperial acabou derrubada em 1911 com a proclamação da República Chinesa, tendo à frente Sun Yatsen. A invasão japonesa à Manchúria e o estabelecimento de um Estado-satélite (Manchukuo) no norte da China levaram as tropas nacionalistas chinesas (Kuomintang), comandadas por **Chiang Kai-shek**, à guerra contra o Japão. Dentro da China, os nacionalistas lutavam também contra o Partido Comunista e seus seguidores. Em 1934, os 100 mil homens do Exército de Libertação (comunista), liderados por **Mao Tsé-tung**, fugiram para o interior — evento que ficou conhecido como a **Longa Marcha**.

Dado o avanço japonês, comunistas e nacionalistas juntaram forças para enfrentar os invasores. Com a derrota japonesa em 1945, terminaram a aliança e retomaram as lutas pelo poder chinês. De 1946 a 1949, as forças comunistas de Mao Tsé-tung avançaram progressivamente e derrotaram Chiang Kai-shek, fundando a **República Popular da China**. Já Chiang Kai-shek dirigiu-se para Formosa e instalou ali a **China Nacionalista**, com apoio dos Estados Unidos.

A Guerra da Coreia (1950-1953)

Após a derrota japonesa na guerra (1945), a dominação sobre a Coreia foi substituída pela divisão em duas: o **Norte** (influência soviética) e o **Sul** (influência dos Estados Unidos), tomando-se por base o paralelo 38°. Com a vitória de Mao Tsé-tung na China, os norte-coreanos tentaram unificar o país. A ONU considerou a Coreia do Norte agressora, o que resultou na intervenção dos Estados Unidos. Sob o comando de MacArthur, os norte-americanos enviaram tropas para lutar a favor do Sul. Enquanto isso, os soviéticos e os chineses davam apoio às forças da Coreia do Norte.

Em 1953, finalmente, foi assinado o Acordo de Paz de Pan Munjon, restabelecendo a divisão em Coreia do Norte e Coreia do Sul.

Estados Unidos e União Soviética na Guerra Fria

O armamentismo e a tensão foram crescentes entre os dois blocos formados após a Segunda Guerra Mundial. Em 1953, com a morte de Stálin, estabeleceu-se um período de aproximação e conversações entre os dois lados, denominado de **Coexistência Pacífica**. Durante esse período, houve reuniões e acordos parciais de limitação de armamentos. No bloco socialista, Nikita Kruschev, o sucessor de Stálin, adotou a política de "desestalinização" do XX Congresso do Partido Comunista da União Soviética (PCUS). Também surgiram novos focos de tensão, como a Guerra do Vietnã, a descolonização africana e a Revolução cubana, entre outros.

Foi nesse contexto que, na Indonésia, em 1955, deu-se a **Conferência de Bandung**, que reuniu países que desejavam formar outro bloco independente e ganharam a denominação de **Terceiro Mundo**. Eles não se atrelavam nem ao bloco dos soviéticos nem ao dos Estados Unidos.

Os Estados Unidos até os anos 1960

Na confrontação com o bloco socialista, destacaram-se a "**doutrina Truman**" e o **Macartismo** (derivado do nome do senador Joseph MacCarthy), que implantou uma verdadeira "caça às bruxas" (histeria política de delações e prisões de supostos pró-comunistas) cujo auge foi o "Caso Rosenberg" — os acusados de passar segredos aos soviéticos foram julgados e executados. Com o presidente **Dwight Eisenhower** (1952-1960) e, depois, com o **John Fitzgerald Kennedy** (1961-1963), continuaram os atritos com os socialistas e a afirmação de alianças no bloco capitalista. Destaque para a fracassada invasão da Baía dos Porcos em Cuba, em 1961, a construção do Muro de Berlim e, no ano seguinte, a Crise dos Mísseis. Intensificou-se a política de programas econômicos com a América Latina, a denominada Aliança para o Progresso. Com o assassinato de Kennedy em 1963, **Lyndon Johnson** (1964-1968) assumiu o governo e intensificou a participação dos Estados Unidos na **Guerra do Vietnã**. Nessa época, destacou-se a atuação do líder negro **Martin Luther King**, assassinado em 1968.

Hulton-Deutsch Collection/Corbis/Latinstock

Martin Luther King (1929-1968), líder do movimento contra a segregação racial e pela igualdade de direitos civis da população negra dos Estados Unidos, numa manifestação em Washington em 1963.

A URSS até o início dos anos 1960

A desestalinização de Kruschev centrou-se na condenação do "culto da personalidade", desenvolvido no governo Stálin, e ao burocratismo. Em 1957, foi lançado o primeiro satélite artificial, o **Sputnik**, e em 1961, com **Iúri Gagárin**, ocorreu o primeiro voo espacial tripulado, marco do início da corrida espacial. Em 1956, tropas soviéticas invadiram Budapeste (Hungria) contra o processo de abertura política. Ao mesmo tempo, buscava-se a aproximação com o governo chinês e reconhecia-se o governo socialista de Tito na Iugoslávia. Em 1964, Kruschev foi destituído, e o comando maior soviético passou às mãos de L. Brejnev.

A China Socialista

Com a revolução e a tomada do poder por Mao Tsé-tung, a República Popular da China fechou-se em seus planos quinquenais, coletivizando a economia. Em 1956, época em que Kruschev fazia a desestalinização soviética, Mao Tsé-tung lançou o Movimento das 100 Flores, numa tentativa de liberalização interna que, contudo, não deu certo, já que foi visto como uma ameaça ao Partido Comunista Chinês (PCC). No ano seguinte, foi adotado um programa de reformas denominado **Grande Salto à Frente**, buscando a industrialização do país. Em meados da década de 1960, com a **Revolução Cultural**, implantou-se uma política que visava expurgar os opositores.

Com a morte de Mao Tsé-tung em 1976, o comando governamental passou a Hua Kuofeng. Em seguida, a Deng Xiaoping. Este deu início à "**desmaoização**" e à adoção de metas para a modernização chinesa. Com os sucessores Jiang Zemin e Hu Jintao, intensificou-se a integração ao capitalismo globalizado, mantendo a ordenação controlada socialista e a dinamização econômica capitalista. Nesse quadro geral, destacou-se em 1989 a ocupação da **Praça da Paz Celestial** por exigências de liberalização política, ocupação essa que acabou sendo sufocada com a repressão. Nessas primeiras décadas do século XXI, a China manteve essa dupla estrutura de fechamento político e abertura econômica, transformando-se na segunda maior potência econômica mundial.

A Revolução Cubana (1959)

A independência de Cuba em 1898, sob a liderança de José Martí, esbarrou na política do *Big Stick* do presidente Theodore Roosevelt. Essa política obrigou Cuba a incluir em sua Constituição a Emenda Platt (tutela sobre Cuba) e a ceder aos Estados Unidos a Baía de Guantánamo (117 km²). A ditadura de Gerardo Machado foi sucedida pela de **Fulgêncio Batista**, ao mesmo tempo que cresciam movimentos guerrilheiros sob a liderança de **Fidel Castro** e **Ernesto "Che" Guevara**, que, a partir de 1956, conseguiram sucessivas vitórias. Em 1959, Batista foi derrubado, e Fidel deu início a políticas de mudanças revolucionárias, como a reforma agrária e a nacionalização das refinarias de açúcar, das usinas e das indústrias (boa parte delas eram norte-americanas), o que levou os Estados Unidos a suspender a compra do açúcar cubano (seu principal produto).

O governo cubano se aproximou dos soviéticos, e em 1961 os Estados Unidos romperam relações diplomáticas com Cuba. Em seguida, houve a frustrada **invasão da Baía dos Porcos**. Com a vitória, Fidel proclamou a ordenação socialista de Cuba. Em 1962, diante da instalação de mísseis soviéticos, criou-se o que ficou conhecido como a **Crise dos Mísseis**. Nesse mesmo ano, Cuba foi expulsa da Organização dos Estados Americanos (na tentativa de isolar ainda mais esse país). Na política externa, Cuba apoiou ações que confrontavam os poderes estabelecidos pelos aliados dos Estados Unidos, destacando-se a atuação de "Che" Guevara na Colômbia e na Bolívia (país onde foi morto em 1967).

Exercícios resolvidos

1. (UEL-PR) Leia os textos a seguir.

> *Se a bomba fugir ao controle, se não aprendermos a conviver, para que a ciência venha a trabalhar para nós e não contra nós, nosso futuro é certo. As cidades dos homens irão desaparecer da face da Terra.*
>
> MORRISON, Philip. *Se a bomba fugir ao controle*. 1946. In: MARSTERS, Dexter; WAY, Katharine (Org.). *Um mundo ou nenhum*: um relatório ao público sobre o pleno significado da bomba atômica. Rio de Janeiro: Paz e Terra, 2008. p. 37.

> *É de se esperar que conflitos de interesse entre as grandes potências venham a surgir no futuro da mesma forma como surgiram no passado, e não existe no mundo uma autoridade com o poder de adjudicar esses conflitos [...] As negociações têm lugar à sombra do poderio militar que as grandes potências conseguem reunir; [...]. Enquanto esse estado de coisas vigorar, o perigo de guerra estará presente. Contra esse cenário, a existência das bombas atômicas aumenta ainda mais o risco de guerras virem a ocorrer. Se dois países – usemos como exemplo os dois mais poderosos, os Estados Unidos e a Rússia – acumularem grandes estoques de bombas atômicas, é provável que uma guerra venha a eclodir mesmo que nenhum deles deseje lutar.*
>
> SZILARD, Leo. Seria possível evitar uma corrida armamentista por meio de um sistema de inspeções? 1946. In: MARSTERS, Dexter; WAY, Katharine (Org.). *Um mundo ou nenhum*: um relatório ao público sobre o pleno significado da bomba atômica. Rio de Janeiro: Paz e Terra, 2008. p. 181-182.

a) Com base nos textos e nos conhecimentos sobre o tema, discorra sobre a chamada "Guerra Fria" ocorrida após a Segunda Guerra Mundial.

b) A partir dos textos, analise as relações entre desenvolvimento científico, tecnologia e poder no mundo contemporâneo.

Resposta:

a) Esta questão pode ser analisada sob diferentes ópticas: uma delas, mais tradicional, na qual se expõem as características do período: a divisão do mundo em áreas de influência, comunista e capitalista, a corrida armamentista, a corrida espacial e o terror nuclear. Estas questões devem ser necessariamente tocadas; há versões mais recentes que procuram "revisar" a ideia de "Guerra Fria" ou ao menos relativizá-la, pois além de se considerar as nuances que, de certo modo, contrariam aquela de um mundo em preto e branco (por exemplo nunca cessaram relações comerciais entre Estados Unidos e URSS) também consideram-na uma perspectiva etnocêntrica, pois considera apenas a ausência de "guerras quentes" entre os países centrais, quando na periferia estas continuam a ocorrer até mesmo sob a influência das duas potências nucleares. Aqui o candidato pode optar por uma ou outra visão, mas cuidando para manter a fundamentação e a coerência da argumentação desenvolvida.

b) A resposta pode ser articulada em torno da questão das relações entre revolução industrial – desenvolvimento científico produzindo tecnologias. A distinção entre ciência (conhecimento) e a tecnologia (produção de artefatos) é fundamental. No que toca à questão do poder, a ascensão da burguesia como novo ator social no mundo contemporâneo, mas também é fundamental destacar as transformações ocorridas no equilíbrio de poder mundial a partir do desenvolvimento científico e técnico, como, por exemplo, o domínio do conhecimento sobre a energia nuclear.

2. (UEL-PR) Leia os documentos a seguir.
   1. Mafalda é uma personagem criada em 1962 pelo cartunista argentino Quino. Através destas tirinhas, Quino critica a sociedade em que vive.

© Joaquín Salvador Lavado (Quino)/Acervo do cartunista

QUINO. Toda Mafalda. *Da primeira à última tira*. São Paulo: Martins Fontes, 1998. p. 233.

   2. *A pretexto de contrabalançar a influência do "comunismo", dos movimentos "subversivos", os técnicos e ideólogos do imperialismo põem em prática programas culturais: reformas de sistemas de ensino; programas de intercâmbio cultural envolvendo professores, pesquisadores, lideranças políticas, estudantis e sindicais; edições de livros; revistas e jornais; indução de temas e recursos de pesquisas em diversos campos do conhecimento; desenvolvimento da indústria cultural como espaço de luta ideológica; e setor de investimentos lucrativos.*

Adaptado de: IANNI, O. *Revolução e cultura*. Rio de Janeiro: Civilização Brasileira, 1983. p. 52-55.

Honestamente, a melhor maneira de nos desembaraçarmos dessa pequena área de dificuldades [o sentimento antiamericano na América Latina] não é cessar os investimentos americanos, mas fomentá-los. Portanto, a empresa americana, sendo hóspede desses países, deve agir como um correto cidadão industrial.

UNITED STATES POLICIES IN BRASIL. Washington, 1971. *Coletânea de Documentos de História da América para o 2º Grau*. São Paulo: SE/CENP, 1983. p. 228.

a) Com base nos documentos citados e nos conhecimentos sobre o tema, contextualize o poder dos Estados Unidos da América em relação à América Latina nos anos de 1960-1970.

b) Os documentos citados interpretam o mesmo contexto de diferentes formas. Identifique as diferenças entre eles.

Resposta:

a) Alguns fatores de dominação imperialista, isto é, econômica e cultural dos Estados Unidos em relação à América Latina nos anos de 1960-1970: a importância do desenvolvimento industrial dos Estados Unidos pós-Segunda Guerra; a projeção de poder global e a transformação dos Estados Unidos em líder do mundo ocidental; a Guerra Fria e a oposição ao comunismo; desenvolvimento de estratégias de submissão aos Estados Unidos por meio de empréstimos e investimentos, intervenção política e apoio a golpes militares e programas culturais que enfatizem os valores ocidentais e anticomunistas.

b) Os documentos falam desse imperialismo de formas diferentes: 1) a tirinha de Quino, com a personagem Mafalda, aborda a questão com humor crítico de um latino-americano; 2) o documento – texto de um sociólogo que enfatiza a elaboração de dispositivos culturais utilizados no período contra o comunismo e 3) o documento três – um documento oficial do governo estadunidense, que traz as orientações para as multinacionais que precisam lidar com o antiamericanismo para ter lucros na América Latina.

Exercícios propostos

1. (EsPCEx-SP) No fim da década de 1980, profundas alterações começaram a ocorrer na União Soviética e no seu bloco de aliados. Sobre esse fato, é correto afirmar que, na

   a) Tchecoslováquia, as mudanças foram impulsionadas pela criação do sindicato livre Solidariedade.

   b) Romênia, o ditador Nicolau Ceausescu e sua esposa foram executados após julgamento sumário.

   c) Alemanha Ocidental, pressões populares levaram à substituição de Erich Honecker.

   d) Polônia, ocorreu, em janeiro de 1993, um desmembramento, surgindo as três Repúblicas Bálticas.

   e) Iugoslávia, a Revolução do Veludo realizada por Slobodan Milosevic acarretou a fragmentação pacífica do Estado.

2. (EsPCEx-SP) Espesso e perigoso, o Muro de Berlim separou bairros, cortou cemitérios ao meio e fechou entradas de igrejas. Existiu por 28 anos,

durante os quais se estima que 125 pessoas morreram ao tentar transpô-lo. Sobre o Muro de Berlim, é correto afirmar que

a) na noite de 29 de novembro de 1947, o governo da Alemanha Oriental conduziu sua construção.
b) apesar de todo o aparato de segurança que ele continha, não impediu a fuga em massa de seus cidadãos.
c) tornou-se o maior símbolo da Guerra Fria, pois dividia uma cidade nos dois sistemas econômico-ideológicos existentes.
d) por ocasião do bloqueio ocorrido à cidade de Berlim (junho de 1948 a maio de 1949), seus acessos foram fechados.
e) sua construção foi motivada pela fuga de alemães ocidentais para o Leste Europeu, através de Berlim Oriental.

3. (EsPCEx-SP)

> *Na política externa a aproximação com as potências ocidentais praticamente determinou o fim da Guerra Fria, trazendo desdobramentos como a queda do Muro de Berlim e a derrubada – pacífica ou violenta – dos ditadores na Europa Oriental [...] A Alemanha Oriental foi finalmente reunida à sua parte Ocidental, formando um só país.*
>
> BERUTTI, 2004.

Com base nas informações do fragmento, é correto concluir que o autor se refere a(à)

a) unificação do Estado alemão, em 1871.
b) política externa adotada pela Rússia logo após a revolução bolchevique.
c) algumas consequências das medidas liberalizantes adotadas na União Soviética na década de 1980.
d) formação do COMECOM reunindo as principais economias da Europa Oriental aos Estados Unidos, na década de 1940.
e) algumas consequências do Plano Marshall adotado na década de 1940 para recuperar a economia europeia.

4. (Fatec-SP) No dia 25 de agosto de 2012, o jornal *O Estado de S. Paulo* publicou a seguinte notícia:

> *O astronauta norte-americano Neil Armstrong, primeiro homem a pisar na Lua, morreu neste sábado aos 82 anos. Em 1958, Armstrong foi selecionado para ser um dos pilotos-engenheiros do programa "Homem no Espaço Mais Cedo", da Força Aérea, com o qual os EUA pretendiam competir com o programa espacial soviético, mais avançado à época. A partir de 1962, ele passou a integrar o corpo de astronautas da Nasa (Administração Nacional de Aeronáutica e Espaço), do qual era um dos dois únicos civis. Sua frase mais famosa foi quando seus pés tocaram a superfície lunar pela primeira vez: "Um pequeno passo para um homem, mas um grande passo para a humanidade". (Adaptado)*

Considerando as informações da reportagem sobre o astronauta Neil Armstrong e o programa espacial dos Estados Unidos, é correto afirmar que

a) os Estados Unidos realizaram o programa de envio do homem à Lua com apoio do governo soviético.
b) o astronauta Neil Armstrong pode ser considerado um herói da Segunda Guerra Mundial.
c) o desenvolvimento de programas espaciais foi uma das características da Guerra Fria.
d) o astronauta Neil Armstrong participou da equipe soviética que chegou primeiro à Lua.
e) os programas espaciais dos Estados Unidos contavam apenas com a participação de militares.

5. (Fuvest-SP)

> *O que acontece quando a gente se vê duplicado na televisão? [...] Aprendemos não só durante os anos de formação mas também na prática a lidar com nós mesmos com esse "eu" duplo. E, mais tarde, [...] em 1974, ainda detido para averiguação na penitenciária de Colônia-Ossendorf, quando me foi atendida, sem problemas, a solicitação de um aparelho de televisão na cela, apenas durante o período da Copa do Mundo, os acontecimentos na tela me dividiram em vários sentidos. Não quando os poloneses jogaram uma partida fantástica sob uma chuva torrencial, não quando a partida contra a Austrália foi vitoriosa e houve um empate contra o Chile, aconteceu quando a Alemanha jogou contra a Alemanha. Torcer para quem? Eu ou eu torci para quem? Para que lado vibrar? Qual Alemanha venceu?*
>
> Adaptado de: GRASS, Gunter. *Meu século.* Rio de Janeiro: Record, 2000. p. 237.

O trecho acima, extraído de uma obra literária, alude a um acontecimento diretamente relacionado

a) à política nazista de fomento aos esportes considerados "arianos" na Alemanha.
b) ao aumento da criminalidade na Alemanha, com o fim da Segunda Guerra Mundial.
c) à Guerra Fria e à divisão política da Alemanha em duas partes, a "ocidental" e a "oriental".
d) ao recente aumento da população de imigrantes na Alemanha e reforço de sentimentos xenófobos.
e) ao caráter despolitizado dos esportes em um contexto de capitalismo globalizado.

MÓDULO 37 • Descolonização e lutas sociais no "Terceiro Mundo"

As colônias africanas e asiáticas buscaram suas independências, a descolonização. Durante a Guerra Fria, transformaram-se em palco de seguidas guerras e de disputas entre as superpotências. Na **Conferência de Bandung** (1955), o então denominado "Terceiro Mundo" buscou uma alternativa à bipolarização mundial (Estados Unidos × URSS), com o não alinhamento.

Na **Ásia**, a liderança da independência na **Índia** em relação à Inglaterra coube a **Mahatma Gandhi** (que disseminou o projeto de não violência e boicote aos produtos ingleses) em 1947. Seguiu-se a divisão entre hindus e muçulmanos e a firmação da União Indiana e o Paquistão (muçulmano) e, em 1948, o assassinato de Gandhi. Na Indochina, a colonização francesa foi seguida pela invasão japonesa e pelo retorno dos franceses após 1945, emergindo o exército de libertação *Vietminh*, sob a liderança de **Ho Chi-minh**. Em 1954, os franceses foram derrotados na batalha de Dien Bien-phu, o que provocou as negociações pela independência.

Na **Conferência de Genebra**, decidiu-se pela divisão do Vietnã: o Vietnã do Norte ficou sob o comando de Ho Chi-minh, comunista; o Vietnã do Sul, capitalista, ficou com Bao Dai. No sul, a guerrilha pró-norte dos **vietcongs** serviu de pretexto para o apoio norte-americano aos vietnamitas (capitalistas), transformando em palco de confronto da Guerra Fria, com os blocos se alinhando ao Vietnã. A intervenção direta no governo L. Johnson impulsionou a Guerra do Vietnã, que só terminaria em 1975, quando os EUA acabaram derrotados diante da tomada de Saigon e da unificação do país.

Em 1947, no **Oriente Médio**, a ONU decidiu pela divisão da Palestina em área judaica e palestina e, em 1948, pela criação do **Estado de Israel**, motivo para a Primeira Guerra Árabe-Israelense (1948-1949). Em 1956, quando o Egito, governado por Gamal Abdel Nasser, decidiu nacionalizar o Canal de Suez, teve início a Segunda Guerra Árabe-Israelense. Em 1967, o bloqueio pelo Egito dos portos israelenses desencadeou a **Guerra dos Seis Dias** (ou Terceira Guerra Árabe-Israelense). Em 1973, o domínio israelense sobre territórios ocupados motivou a Quarta Guerra Árabe-Israelense. Em 1979, com o governante egípcio Anuar Sadat e o israelense Menachem Begin, foram assinados os **Acordos de Camp David**, com mediação do presidente norte-americano Jimmy Carter. Dali em diante, a questão palestina, as intifadas, os atentados, os bombardeios, as incursões militares e as tentativas de entendimentos prevaleceram sem que se conseguisse avançar numa plena pacificação da região.

Na **África**, a colônia francesa **Argélia** conseguiu sua independência após violenta guerra em 1962. O **Congo** efetivou sua independência da Bélgica em 1959, o que não impediu a formação de facções em disputas pelo poder, com projetos capitalistas e socialistas, mergulhando a região em seguidas guerras civis, com destaque para o líder africano **Patrice Lumumba**.

Central Press/Getty Images

Populares comemorando a independência nas ruas de Argel.

Nas **colônias portuguesas**, afetadas pelos movimentos guerrilheiros, a libertação só aconteceu com o fim do regime salazarista em Portugal, com a **Revolução dos Cravos** de 1974, destacando-se a independência de Angola, Moçambique, Guiné-Bissau e Cabo Verde, e a guerra civil provocada pelas divergências entre os alinhamentos ao socialismo e ao capitalismo. Na **África do Sul**, onde prevalecia o regime do ***apartheid*** (segregação racial), destacou-se o líder **Nelson Mandela**, que se tornou governante em 1994.

Na **América Latina**, apesar da independência política conquistada no século XIX, prevaleciam os laços de dependência econômica com as grandes potências. No **México**, após a longa ditadura de **Porfírio Díaz** (1887-1880 e 1884-1911), garantidor das grandes propriedades e da conservação dos vínculos com o capital internacional, a insatisfação popular serviu de escopo para as lutas revolucionárias lideradas por **Emiliano Zapata e Pancho Villa**, que foram derrotados e mortos: Zapata, em 1919, e Villa, em 1923. Nos anos 1930, continuaram as pressões pela reforma agrária, que acabou sendo implantada, junto com a nacionalização do petróleo e as companhias estrangeiras, por **Lázaro Cárdenas** (1934-1940). Em 1948, o partido do governo passou a se denominar **Partido Revolucionário Institucional (PRI)**, assumindo a bandeira das ideias revolucionárias de 1910, sem conseguir a concreta efetivação. O PRI controlou o governo mexicano até o ano 2000 e retornou à presidência em 2012.

No **Chile**, projetos conservadores e de mudanças se incorporaram às disputas da Guerra Fria, destacando-se o governo de **Salvador Allende**, da Unidade Popular, derrubado por um golpe militar sob o comando de **Augusto Pinochet** (apoiado pelos EUA), que instalou uma violenta ditadura até os anos 1990, quando se buscou uma transição para a democracia, no que se denominou de ***Concertación***.

Na **América Central**, no Panamá, destacou-se a retomada do controle do Canal do Panamá em 1999, depois de seguidos movimentos guerrilheiros. Na Nicarágua, a **Revolução Sandinista** de 1979 derrubou a ditadura de Somoza e sofreu a pressão crescente dos "contras", apoiados pelos norte-americanos no combate ao governo sandinista.

América Latina: na transição do século XX ao XXI

Das violentas ditaduras instaladas na região, destacamos: a da **Argentina**, iniciada com o golpe militar de 1976 de **Rafael Videla**; a do **Chile**, com **Pinochet**; a do Brasil, em 1964, entre outras, que procuraram integrar-se ao bloco capitalista sem abrir mão de instrumentos como repressão, prisão e tortura aos opositores, especialmente os defensores de outros projetos de sociedade e governos. Destaque para a **Operação Condor**, acordo de cooperação internacional entre os governos militares do Brasil, Argentina, Uruguai, Paraguai e Chile, além da colaboração da Bolívia, que vigorou dos anos 1970 ao início dos 1980.

Dessa década em diante, prevaleceu por toda a região a redemocratização, no geral integrando os mercados latino-americanos à globalização capitalista. Mesmo assim, os países latino-americanos carregaram as heranças da época colonial (dependência econômica, quadro social de imensas desigualdades, exclusão) e da época da ditadura, somados aos novos desafios das dinâmicas do capitalismo globalizado, juntando-se ainda outras questões como a do narcotráfico e a da crescente criminalidade.

Exercícios resolvidos

1. (Fuvest-SP) Índia e China ocupam, no atual cenário mundial, um lugar tão importante que já se fala, entre estudiosos de geopolítica, em denominar o século XXI como o "século asiático".

Sobre as trajetórias históricas contemporâneas desses dois países, iniciadas, respectivamente, em 1947 e 1949, é possível estabelecer mais de um paralelo, ressaltando semelhanças e contrastes. Indique o processo histórico

a) da Índia, a partir de 1947, e seus desdobramentos posteriores.

b) da China, a partir de 1949, e seus desdobramentos posteriores.

Resposta:

a) A Índia obteve sua independência em 1947, após quase dois séculos de domínio inglês. Consolidando-se como um regime democrático e liberal, o país se encaminhou para uma posição geopolítica de destaque, em função de vários fatores, como o vasto território, a população numerosa, o domínio da tecnologia nuclear para fins militares (a partir de 1974) e o expressivo desenvolvimento econômico, notadamente em setores de ponta (como informática e tecnologia de foguetes).

b) Em 1949, triunfou a Revolução Chinesa, liderada por Mao Tsé-tung, seguindo-se a implantação do socialismo. Apesar das dificuldades trazidas pelo regime maoísta (fome, intolerância política), o país foi se modernizando. Após a morte de Mao, profundas reformas econômicas de viés capitalista iniciaram um espantoso processo de crescimento econômico. Seu vasto território, a maior população do planeta e a posse de um arsenal nuclear contribuem para fazer da China uma potência do século XXI.

2. (UFPR)

> *A descolonização, essa 'troca de soberania', não teve como causa exclusiva a luta dos povos por sua libertação.*
>
> FERRO, Marc. *História das colonizações*: das conquistas à independência – séculos XIII a XX. São Paulo: Cia. das Letras, 1996, p. 346

Comente essa frase, dissertando sobre os fatores que influenciaram de forma geral os movimentos de emancipação nacional das colônias europeias na Ásia e na África dos anos 1940 a 1970. Em seguida, explique por que o autor referiu-se à descolonização como "troca de soberania".

Resposta:

Além das lutas por libertação nacional ocorridas em vários países colonizados por europeus, a chamada "descolonização" possui relação com vários fatores: após a Segunda Guerra Mundial, houve promessas de emancipação não cumpridas, além da transferência de ideário nacionalista, reapropriado por grupos coloniais. Com a Guerra Fria, houve a articulação das colônias com um dos dois blocos ou não alinhamento, o que atrelou guerras civis com os interesses internacionais – beneficiando principalmente o lado soviético, visto que boa parte das principais metrópoles era aliada dos Estados Unidos, e muitos movimentos de libertação nacional contavam com apoio soviético ou eram de orientação socialista. Além disso, com o crescimento do Estado de bem-estar social europeu, houve a defesa na opinião pública de maiores recursos para metrópoles (em especial no caso de Grã-Bretanha e França). Por fim, houve a articulação das nações de "Terceiro Mundo" não alinhadas, anticoloniais e antirracistas. A frase de Marc Ferro refere-se à situação de uma troca de soberania nas nações emancipadas – a libertação nacional, em muitos casos, não alterou as estruturas políticas e econômicas existentes, perpetuando situações de desigualdade social, opressão política e conflitos civis e tribais.

Exercícios propostos

1. (Uerj) A Segunda Grande Guerra (1939-1945), por suas dimensões, perdas humanas e materiais e por seus impactos, provocou uma série de modificações no cenário das relações internacionais. Considerando essas modificações, avalie as afirmações a seguir.
   I. Houve a configuração da bipolaridade de interesses e disputas entre blocos de países liderados pelos governos dos EUA e da URSS.
   II. Assistiu-se ao incremento das lutas de descolonização em regiões asiáticas e africanas.
   III. Concretizou-se a hegemonia britânica sobre a exploração de reservas petrolíferas no Oriente Médio.
   IV. Proibiu-se o uso de armas nucleares, devido ao impacto causado pelo lançamento das bombas atômicas sobre o Japão.
   V. Encerraram-se, em função do Holocausto, as perseguições e conflitos políticos por motivos étnicos, religiosos ou raciais.

   Assinale:
   a) se apenas as afirmativas I e III estiverem corretas.
   b) se apenas as afirmativas II e IV estiverem corretas.
   c) se apenas as afirmativas I e II estiverem corretas.
   d) se apenas as afirmativas III e V estiverem corretas.
   e) se apenas as afirmativas IV e V estiverem corretas

2. (Fuvest-SP)

   > *África vive* [...] *prisioneira de um passado inventado por outros.*
   >
   > COUTO, Mia. Um retrato sem moldura. In: HERNANDEZ, Leila. *A África na sala de aula*. São Paulo: Selo Negro, p. 11, 2005.

   A frase acima se justifica porque
   a) os movimentos de independência na África foram patrocinados pelos países imperialistas, com o objetivo de garantir a exploração econômica do continente.
   b) os distintos povos da África preferem negar suas origens étnicas e culturais, pois não há espaço, no mundo de hoje, para a defesa da identidade cultural africana.
   c) a colonização britânica do litoral atlântico da África provocou a definitiva associação do continente à escravidão e sua submissão aos projetos de hegemonia europeia no Ocidente.
   d) os atuais conflitos dentro do continente são comandados por potências estrangeiras, interessadas em dividir a África para explorar mais facilmente suas riquezas.
   e) a maioria das divisões políticas da África definidas pelos colonizadores se manteve, em linhas gerais, mesmo após os movimentos de independência.

3. (PUC-RS) Em 1963, fundou-se, em Adis-Abeba, a Organização para a Unidade Africana (OUA), com o objetivo de defender a soberania de seus membros e de auxiliar na completa erradicação do colonialismo na África, logo após o reconhecimento da independência de 17 ex-colônias da França e da Inglaterra. Ficou de fora da OUA, devido a seu regime político, então racista,
   a) o Congo.
   b) o Zaire.
   c) a Argélia.
   d) a África do Sul.
   e) o Marrocos.

4. (Vunesp-SP)

   > *Mohandas Karamchand Gandhi (1869-1948) iria acabar conseguindo mobilizar as aldeias e bazares da Índia, às dezenas de milhões, em grande parte com o mesmo apelo ao nacionalismo da espiritualidade hindu, embora tendo o cuidado de não romper a frente comum com os modernizadores (dos quais, num sentido real, ele fazia parte) e de evitar o antagonismo à Índia maometana, sempre implícito na visão militantemente hindu do nacionalismo.*
   >
   > HOBSBAWM, Eric. *Era dos extremos:* O breve século XX. São Paulo: Companhia das Letras, 1995.

   Acerca do processo de independência da Índia britânica, é correto afirmar que:
   a) as relações entre hindus e maometanos permaneceram harmoniosas no subcontinente.
   b) o fundamentalismo hindu tornou-se hegemônico na Índia, eliminando a liberdade religiosa.
   c) houve uma divisão entre as forças que Gandhi tentou manter unidas na luta de libertação.
   d) os valores tradicionais foram abandonados em nome da ocidentalização e da aproximação dos EUA.
   e) Gandhi tornou-se um herói nacional e assumiu a direção política e religiosa do subcontinente.

5. (Fuvest-SP) Existem semelhanças entre as ditaduras militares brasileira (1964-1985), argentina (1976-1983), uruguaia (1973-1985) e chilena (1973-1990). Todas elas
   a) receberam amplo apoio internacional tanto dos Estados Unidos quanto da Europa Ocidental.
   b) combateram um inimigo comum, os grupos esquerdistas, recorrendo a métodos violentos.
   c) tiveram forte sustentação social interna, especialmente dos partidos políticos organizados.
   d) apoiaram-se em ideias populistas para justificar a manutenção da ordem.
   e) defenderam programas econômicos nacionalistas, promovendo o desenvolvimento industrial de seus países.

MÓDULO 38 • Brasil, Regime Militar

A "onda" de governos militares na América Latina dos anos 1960 aos 1980 está ligada ao contexto da Guerra Fria. O exemplo da Revolução Cubana (1959) foi combatido pelos governos norte-americanos e pelas elites regionais por meio da sustentação de regimes de força, com base na reformulação da **Doutrina de Segurança Nacional**: os inimigos dos países ocidentais não estavam em outro país, e sim entre os próprios cidadãos. Impunha-se a garantia do alinhamento à órbita capitalista.

A montagem da ditadura

A tomada do poder pelos militares em 1964 se estendeu por 21 anos, apesar de o discurso inicial apontar um governo de exceção temporário e eleições em 1965. Contou, na sua subida ao poder, com o apoio de diversos setores civis e da mídia. Com os **Atos Institucionais**, foram impostas eleições indiretas (presidente, governadores). **Castello Branco** foi nomeado presidente, recebeu apoio dos governadores dos estados que participaram do golpe — Lacerda, na Guanabara, hoje Rio de Janeiro; Ademar de Barros, em São Paulo; Magalhães Pinto, em Minas Gerais), e teve seu mandato prorrogado até 1967. Em seguida, veio o **bipartidarismo**: **Arena** (Aliança Renovadora Nacional), que representava a situação, e **MDB** (Movimento Democrático Brasileiro), a oposição consentida. A cassação de mandatos apontava para um crescente "fechamento", bem como a nova Carta Constitucional (5ª Constituição), que foi seguida de novos atos do governo militar.

Em 1967, **Costa e Silva** assumiu a presidência, enquanto Lacerda, Juscelino Kubitschek e João Goulart formavam a Frente Ampla de oposição: em contrapartida, Juscelino e Lacerda tiveram seus direitos políticos cassados. Em 1968, foram acontecimentos marcantes: a morte do estudante **Edson Luís de Lima Souto** na Universidade Federal do Rio de Janeiro (**Calabouço**), seguida de manifestações, como a **Passeata dos Cem Mil**; as greves contra o arrocho salarial em Osasco e Contagem; as agitações que envolviam a cultura teatral (os CPCs), a musical (Festivais bem como a Tropicália) e o Cinema Novo (Glauber Rocha e Nelson Pereira dos Santos). Em dezembro de 1968, foi baixado o **Ato Institucional 5 (AI-5)**, o mais violento de todos os atos: o Legislativo foi fechado, os direitos foram suspensos, instituiu-se a intervenção federal nos estados e nos municípios, impondo a ditadura total.

Durante o Congresso da União Nacional dos Estudantes (UNE) foram presos 1200 estudantes, em Ibiúna, outubro de 1968.

Carlos Namba/Arquivo da editora

Em 1969, Costa e Silva sofreu um derrame, e a junta militar que assumiu o governo indicou o novo presidente, **Garrastazu Médici**, cujo governo representou o ápice do endurecimento ditatorial, da repressão e da tortura como política de Estado. Ampliou-se o combate aos focos guerrilheiros (Serra de Caparaó, em Minas Gerais; Vale do Ribeira, em São Paulo; e Araguaia, no Pará) e às atuações da guerrilha urbana, bem como o aparato da força de órgãos de informação e repressão: Centro de Informação do Exército (CIEx), Centro de Informações da Marinha (Cenimar), Centro de Informação Social (Cisa) e o Serviço Nacional de Informações (SNI), este subordinado diretamente à presidência. Contavam ainda, nas regiões militares, com o Comando de Operações de Defesa Interna (Codi) e os Destacamentos de Operações Internas (DOI). Em 1969, para a coordenação dos vários grupos, subordinando-os, foi criada a Operação Bandeirantes (**Oban**), comandada pelo delegado Sérgio Paranhos Fleury, então ligado aos "esquadrões da morte".

Na área econômica, com o ministro da Fazenda **Delfim Netto**, o crescimento via arrocho ganhou o apelido de "milagre", com o ingresso maciço de capitais estrangeiros e o aumento da dívida externa do país.

Em 1974, a presidência passou a **Ernesto Geisel**. Durante seu governo, ganharam força a **reabertura política** e o processo de redemocratização do país, porém de forma "lenta, gradual e segura", com destaque para a atuação de **Golbery do Couto e Silva**. Era o início da desmontagem do aparato repressivo, apesar da resistência e da atuação da denominada "linha-dura". A morte em 1975 de **Wladimir Herzog** no Doi-Codi e a de **Manoel Fiel Filho** (1976), que resultaram na demissão do general Ednardo D'Ávila Melo, do II Exército, e o desmantelamento da tentativa golpista do general Sylvio Frota enfraqueceram os membros da "linha-dura". Em 1978, Geisel anistiou os exilados políticos (que começaram a voltar ao Brasil) e a Lei de Segurança Nacional foi abrandada. Em 1979, o AI-5 foi revogado, mais um sinal de que se avançava rumo à abertura.

Em 1979, **João Batista Figueiredo** assumiu a presidência e prosseguiu com o processo de abertura. O quadro econômico se agravava com a **estagflação** (estagnação econômica e inflação). Nas greves, ganhava destaque a liderança de **Luiz Inácio da Silva**, o **Lula**, do Sindicato dos Metalúrgicos do ABC paulista.

A **Lei de Anistia** e, em contrapartida, o **atentado no Riocentro** (1981), ainda traziam à tona as duas tendências em disputa. A reordenação partidária transformou a Arena em PDS (Partido Democrático Social), e o MDB em PMDB (Partido do Movimento Democrático Brasileiro), enquanto surgiam novas agremiações (PTB, PDT, PT).

Na campanha das "**Diretas Já**" reivindicou-se a sucessão por meio de eleições diretas para presidente da República, o que dependia de emenda a ser votada e aprovada no Colégio Eleitoral — que acabou sendo negada. A escolha da sucessão de Figueiredo ocorreu de forma **indireta**, via Colégio Eleitoral, e o vitorioso foi **Tancredo Neves**.

Exercícios resolvidos

1. (Unicamp-SP)

> *No dia 14 de dezembro de 1968, os leitores mais atentos do* Jornal do Brasil *puderam perceber que o jornal apresentava mudanças. Apesar do sol de dezembro, por exemplo, a previsão meteorológica anunciava no alto da primeira página, à esquerda: "Tempo negro. Temperatura sufocante. O ar está irrespirável. O país está sendo varrido por fortes ventos". Pela primeira vez, no lugar dos editoriais, eram publicadas fotos: na maior, um lutador de judô, gigante, dominando um garoto. O título da foto: "Força hercúlea".*
>
> Adaptado de VENTURA, Zuenir. *1968: o ano que não terminou.* Rio de Janeiro: Nova Fronteira, 1988, p. 288-289.

a) Por que o *Jornal do Brasil* apresentava alterações no dia seguinte à edição do Ato Institucional 5 (AI-5), de 13/12/1968?

b) Que relação o jornal quis estabelecer entre o contexto político e a foto do lutador e o garoto?

Resposta:

a) A publicação do AI-5 resultou no "endurecimento" do regime, ou seja, a implantação de uma ditadura sem disfarces. Diante dessa nova situação – que incluía a possibilidade de censura aos meios de comunicação –, o jornal carioca optou por usar da ironia e de uma linguagem enviesada para denunciar a situação.

b) A imagem demonstra a discrepância entre a força bruta do regime militar (representado pelo lutador) e a fragilidade da sociedade (representada pelo garoto).

2. (Fuvest-SP) Leia os textos abaixo:

> *Coube ao general Mourão Filho, comandante da 4ª Região Militar, essa histórica iniciativa, a 31 de março, nas altaneiras montanhas de Minas. E a Revolução, sem que tivesse havido elaboradas articulações prévias entre os Chefes Militares – não*

teria havido tempo para isto –, empolga o Exército, a Marinha e a Aeronáutica, para ter seu epílogo às 11h45min do dia 2 de abril, no Aeroporto Salgado Filho, em Porto Alegre, com a partida do ex-Presidente João Goulart para o estrangeiro.

Adaptado de FIGUEIREDO, M. P. *A Revolução de 1964. Um depoimento para a história pátria.* Rio de Janeiro: APEC, 1970, p. 11-12.

Lembro-me bem do dia 31 de março de 1964. Era aluno do curso de Sociologia e Política da Faculdade de Ciências Econômicas da antiga Universidade de Minas Gerais e militava na Ação Popular, grupo de esquerda católica [...] No dia seguinte, 1º de abril, já não havia dúvida sobre a vitória do golpe. Saí em companhia de colegas a vagar pelas ruas de Belo Horizonte [...] Contemplávamos, perplexos, a alegria dos que celebravam a vitória e assistíamos, assustados, ao início da violência contra os derrotados.

CARVALHO, J. M. de. *Forças Armadas e política no Brasil.* Rio de Janeiro: Jorge Zahar Editor, 2005, p. 118.

a) Que denominação cada autor utilizou para se referir ao regime instaurado após 31 de março de 1964? A que se deve essa diferença de denominação?

b) Tal diferença se relaciona com a criação da Comissão da Verdade em 2012? Justifique.

Resposta:

a) No primeiro, fala em revolução; no segundo, em golpe. As visões se distinguem devido à historiografia recente — ainda não amplamente conhecida — e aos setores que apoiaram o golpe e que se beneficiaram do regime procurarem minimizar os efeitos ou parte dos registros da época.

b) A criação da Comissão da Verdade e de outras muitas comissões da verdade buscaram trazer à tona resíduos daquele período a serem solucionados. As informações, os documentos, os vídeos, os jornais, os áudios, os depoimentos e as entrevistas esclareceram e apontaram outros olhares para a história do período militar brasileiro.

Exercícios propostos

1. (FGV-RJ) Leia com atenção os textos abaixo, a respeito do Festival Internacional da Canção ocorrido no Rio de Janeiro em 1968, e depois escolha a alternativa correta.

Vou voltar
Sei que ainda vou voltar para o meu lugar
Foi lá e é ainda lá
Que eu hei de ouvir cantar
Uma sabiá

Sabiá. Chico Buarque de Hollanda e Tom Jobim.

Vem, vamos embora que esperar não é saber
Quem sabe faz a hora, não espera acontecer
Pra não dizer que não falei das flores.

Geraldo Vandré.

As 20 mil pessoas que estavam no Maracanãzinho [em 1968] transformaram-se em coral dessa variante melódica do conceito marighelista de que 'a vanguarda faz a ação'. 'Sabiá' derrotou 'Caminhando', mas Tom Jobim mal conseguiu tocá-la. A arquibancada vaiou-o por 23 minutos. Talvez tenha sido a mais longa das vaias ouvidas nos auditórios do país. Não era a Tom que se apupava, muito menos ao júri, que deixara 'Caminhando' em segundo lugar. A vaia era contra a ditadura, e aquela seria a última manifestação vocalista das multidões brasileiras. Passariam uma década em silêncio, gritando pouco mais que 'gol'. Poucas semanas depois, o governo proibiu a execução de 'Caminhando' nas rádios e em locais públicos. Temia que se tornasse 'o ponto de partida para a aceleração e ampliação de um processo de dominação das massas'.

GASPARI, Elio, *A ditadura envergonhada.* São Paulo, Companhia das Letras, 2002, p. 322.

a) O resultado do Festival Internacional da Canção de 1968, devido à vitória da canção *Sabiá*, forneceu o argumento decisivo para o regime estabelecer o AI-5 em 13 de dezembro de 1968.

b) Muitos dos presentes ao Maracanãzinho vaiaram a canção *Sabiá* porque desejavam a vitória da canção de Vandré, que defendia uma ação direta contra a ditadura e expressava claramente ideais da esquerda da época.

c) A proibição da canção *Caminhando* ocorreu porque isso encorajou os militares a iniciarem as conspirações contra o governo do presidente João Goulart.

d) A radicalização política experimentada no Brasil ao final da década de 1960 manteve-se alheia à movimentação cultural das vanguardas artísticas e musicais desse período.

e) Todos os demais festivais que se seguiram ao de 1968 foram marcados pela intensa radicalização política e pela apresentação de canções revolucionárias provocando seguidas repreensões dos dirigentes militares.

2. (Cefet-MG) Sobre a violação de direitos praticada pelo regime militar (1964-1985), é correto afirmar que

a) a Lei Falcão permitiu a divulgação das críticas dos partidos oposicionistas.

b) a Lei da Anistia garantiu a responsabilização criminal dos agentes públicos envolvidos.

c) a Comissão da Verdade reinseriu o debate da questão do autoritarismo na sociedade.

d) o Ato Institucional nº 5 restringiu a reprodução dos abusos praticados pelo poder público.

e) o Serviço Nacional de Informação mediou os conflitos ideológicos entre grupos de resistência.

3. (ESPM-SP) No Brasil, autoritário, sinais evidentes de crise. O mandato presidencial do general Figueiredo caminhava para o final e se temia que mais uma vez o presidente fosse escolhido por um colégio eleitoral, que deveria, como sempre, referendar o nome indicado pelos detentores do poder. Para alterar tal perspectiva, a oposição apresentou uma emenda constitucional que pretendia introduzir as eleições diretas. A emenda Dante de Oliveira, nome do deputado do PMDB, por Mato Grosso, que a apresentou foi votada sob grande expectativa popular, depois de ampla mobilização popular na campanha DIRETAS JÁ.
A decisão do Congresso Nacional, quando da votação (25/4/1984) na Câmara dos Deputados foi de:

a) rejeição, pois a emenda necessitava de 2/3 dos membros do Congresso e faltaram 22 votos para alcançar tal marca.

b) aprovação, resultado que garantiu a vitória de Tancredo Neves, candidato das oposições, nas eleições diretas para a presidência em 1985.

c) aprovação, entretanto a eleição direta para presidente não valeria para a eleição de 1985 e só passaria a valer na eleição seguinte.

d) aprovação, entretanto a intervenção das Forças Armadas impediu a realização da eleição.

e) rejeição, tendo a interferência das Forças Armadas imposto a eleição de José Sarney, candidato do governo.

4. (Vunesp-SP) Durante o regime militar brasileiro (1964-1985), ocorreram:

a) fim do intervencionismo estatal na economia, ampliação da autonomia dos estados e controle militar do sistema de informações.

b) ampliação dos programas sociais voltados à saúde e à educação, crescimento industrial e saneamento completo das contas públicas.

c) limitação dos investimentos estrangeiros no país, erradicação da inflação e pagamento da dívida externa brasileira.

d) fortalecimento do poder executivo, relativo esvaziamento do legislativo e do judiciário e aumento da participação estatal na economia.

e) modernização tecnológica nas comunicações, incremento dos transportes aéreo e ferroviário e maior equilíbrio na distribuição de renda.

5. (FGV-SP) Em 1982, foram realizadas no Brasil as primeiras eleições diretas pluripartidárias desde 1965, quando o regime militar aboliu os partidos políticos então existentes, através do Ato Complementar número 4. A respeito dessas eleições, é correto afirmar:

a) Foram disputados os cargos de presidente da República, governadores dos estados, deputados estaduais e federais e senadores.

b) Apenas cinco partidos políticos disputaram essas eleições: PDS, PDT, PT, PTB e PMDB.

c) Os candidatos puderam utilizar o horário eleitoral ao vivo, para apresentarem suas propostas e discursos.

d) A aliança entre PDS e PTB garantiu ao governo a vitória nos principais estados do país, como São Paulo, Minas Gerais e Rio de Janeiro.

e) A radicalização dos comunistas provocou uma série de cassações e impugnações de candidaturas durante a campanha eleitoral.

6. (UFSM-RS) Analise o fragmento a seguir.

> *Irarrazabal chama-se a rua por onde caminhávamos em setembro. Foi ali, pela primeira vez, que vimos passar um caminhão cheio de cadáveres. Era uma tarde de setembro de 1973, em Santiago do Chile, a apenas alguns minutos antes do toque de recolher. Caminhávamos rumo à Embaixada da Argentina e nossas chances eram estas: ou saltávamos para dentro dos jardins da Embaixada e ganhávamos asilo político, ou ficávamos na rua, em pleno toque de recolher. Se ficássemos na rua, certamente seríamos presos e teríamos, pelo menos, algumas noites de tortura.*
>
> Adaptado de GABEIRA, Fernando. *O que é isso, companheiro?* SP: Cia. das Letras, 2009. p. 10-11.

O texto acima refere-se

I. à situação dos militantes de esquerda nos países do Cone Sul, nos anos 1960 e 1970: a prisão, a tortura e a morte realizadas pelos órgãos de segurança dos regimes militares.

II. ao modo como os golpes militares se processavam, com eliminação física da oposição política e militar, muitas vezes com uso sistemático da tortura.

III. ao contexto político que acompanhou a derrota dos governos nacional-desenvolvimentistas ou socialistas e à implantação de um modelo que privilegiava a internacionalização econômica.

IV. à dura reação do bloco conservador latino-americano frente aos avanços das organizações de esquerda que pleiteavam a reforma socioeconômica ou, algumas vezes, o socialismo.

Está(ão) correta(s)

a) apenas I.

b) apenas II.

c) apenas I, II e III.

d) apenas III e IV.

e) I, II, III e IV.

MÓDULO 39 • Fim da Guerra Fria e a Nova Ordem Mundial

Nos anos 1970, as relações soviéticas e norte-americanas deram novos sinais de busca de entendimentos, a exemplo da ***Deténte***, com seus acordos bilaterais para evitar uma guerra nuclear e amenizar os conflitos leste/oeste, como a série **Salt** (*Strategic Arms Limitations Talks*). Contudo, nos anos 1980, com o presidente Ronald Reagan, ganhou força a política de intimidação e a corrida armamentista.

Os EUA a partir dos anos 1960

O revezamento na presidência entre republicanos e democratas levou ao poder o republicano **Richard Nixon** (1968-1974), responsável pela aproximação com a China de Mao Tsé-tung e pela assinatura do Salt 1 com a URSS. Em meio ao fracasso na Guerra do Vietnã teve início a retirada progressiva do exército norte-americano, o que se denominou de "vietnamização" da guerra. Nixon também apoiou a derrubada de Allende no Chile e acabou recebendo a ameaça de ***impeachment*** com o "**caso Watergate**", sendo obrigado a renunciar. Seu sucessor, **Gerald Ford** (1974-1976), foi marcado pela **derrota na Indochina** (Vietnã, Laos e Cambodja). Seguiu-se a sucessão com o democrata **Jimmy Carter** (1977-1980) que assinou o Salt 2 e adotou a **política dos direitos humanos**, motivando a redemocratização de países capitalistas governados por ditaduras.

Em 1979, Reza Pahlevi, o **xá do Irã**, apoiado pelos Estados Unidos, foi derrubado pela **revolução islâmica**, liderada pelo **aiatolá Khomeini**. No mesmo ano, os **sandinistas** tomaram o poder na **Nicarágua**. A sucessão de Carter deu-se com o republicano Ronald Reagan (1981--1988), defensor do neoliberalismo e do armamentismo, que retomou a intimidação aos regimes tidos como contrários aos EUA. Mesmo assim, assinou acordos de desarmamento com o governo soviético de **Gorbatchev**.

O sucessor de Reagan foi o republicano **George Bush**, que conduziu a **Guerra do Golfo** contra o Iraque de **Saddam Hussein**. Foi sucedido pelo democrata **Bill Clinton** (1993-2000), que conseguiu reativar a economia norte-americana. Depois, foi a vez do republicano **George Walker Bush** (filho do ex-presidente George Bush). Durante seu governo, aconteceu o atentado de 11 de setembro de 2001 às torres do **World Trade Center**, em Nova York, e ao **Pentágono**. Era o início da "**guerra ao terror**" que levou à invasão do Iraque, à caça de **Osama bin Laden**, e à prisão de Saddam Hussein. Os ataques preventivos do governo Bush receberam o apelido de "**doutrina Bush**", vindo à tona a violência nas prisões de **Guantánamo** e **Abu Ghraib**. Na sucessão, a presidência passou ao democrata **Barack Obama** (2009-). Sob seu comando ocorreu a **execução de Osama bin Laden**, intensificaram-se as ações na **Líbia**, na **Síria** e no **Egito** e sobressaíram os novos conflitos com a Rússia por causa da **Ucrânia**, especificamente pela anexação da **Crimeia à Rússia**.

Agência France-Presse/Getty Images

Escombros num quarteirão da cidade de Fallujah, no Iraque, após um ataque aéreo norte-americano em setembro de 2004. Muitas mulheres e crianças foram mortas.

A URSS de 1964 a 1991

O governo de **L. Brejnev** (1964-1982) retomou o centralismo político-administrativo que reforçou a máquina burocrática, afetando a produtividade e a competitividade tecnológica com o Ocidente. Em 1968, sufocou a liberalização tentada na Tchecoslováquia (**Primavera de Praga**) com a invasão das tropas do Pacto de Varsóvia. Nas relações internacionais, o dirigismo soviético foi perdendo liderança: era a época do eurocomunismo e de seguidas críticas à ***nomenklatura*** (a elite burocrática). Outro fator de desgaste soviético foi a **invasão do Afeganistão** (1979), visto como um "Vietnã" da URSS.

À morte de Brejnev seguiram-se vários dirigentes na URSS até que **Mikhail Gorbatchev** (1985-1991) assumiu o comando e imprimiu ao país uma política de reestruturação econômica (***perestroika***) e abertura política (***glasnost***). Ele procurou retomar a produtividade e arejar a ordem política, ganhando oposição da *no-*

menklatura. Retirou a URSS do Afeganistão (1988). Com as mudanças, o leste europeu socialista trilhou caminhos próprios (a Hungria adotou o multipartidarismo em 1998; a Polônia legalizou o Solidariedade em 1989; na Bulgária, deu-se a renúncia do dirigente Todor Jivkov; na Tchecoslováquia, a **Revolução de Veludo** ampliou a democratização e, em 1993, o país dividiu-se em República Tcheca e Eslováquia; na Romênia, em 1989, Nicolae Ceausescu e sua mulher foram presos e executados; na Alemanha Oriental, Erick Honecker foi deposto em outubro de 1989 e, em novembro, foi derrubado o **Muro de Berlim**, abrindo-se o caminho da reunificação da Alemanha, que aconteceu no ano seguinte; a Albânia foi a última a implementar mudanças liberalizantes; nas eleições de 1990, os comunistas foram derrotados na Iugoslávia, mas saíram-se vencedores na Sérvia e em Montenegro, onde ocorreu violenta guerra civil e étnica que, com a intervenção da União Europeia, desmembrou o país e botou abaixo o socialismo real, tendo fim também o Pacto de Varsóvia em 1991.

No governo, Gorbatchev viu crescer o descontrole externo às áreas de hegemonia do bloco socialista e a crescente oposição interna. Em agosto de 1991, Gorbatchev foi afastado do governo (golpe conservador) e deu-se a reação dos que defendiam o **ultraperestroikismo**, que tinha à frente **Bóris Yeltsin**. Este abortou o golpe e trouxe de volta Gorbatchev, que pôs **fim ao PCUS**, aceitou a separação das Repúblicas Bálticas (Estônia, Lituânia e Letônia) e, em dezembro de 1991, proclamou o **fim da URSS** e a criação da **Comunidade dos Estados Independentes** (**CEI**). Em seguida, renunciou ao cargo de presidente da URSS, país que já não existia.

No quadro do ex-bloco socialista, prevaleceu a turbulência política e econômica na transição do século XX para o XXI. Destaque para as confrontações étnico-políticas na Bósnia-Herzegovina, na Croácia, em Kozovo (na ex-Iugoslávia) e na Chechênia (na Rússia). Mais recentemente, as tensões chegaram à **Ucrânia**, com a **anexação da Crimeia** pela Rússia, e às áreas vizinhas. Na Rússia, o governo foi exercido por **Yeltsin**, que chegou a fechar o Parlamento (1993), realizando novas eleições legislativas e governando até 1999, quando **Vladimir Putin** assumiu o governo e, com **Dmitri Medvedev**, dividiu ora o comando da Presidência, ora o cargo de primeiro-ministro. Em 2001, em referência ao grupo de países emergentes (Brasil, Rússia, Índia e China) surgiu a denominação **Bric**. Em 2011, com a entrada da África do Sul no grupo, a formação passou a ser chamada de **Brics** —bloco de potencial crescimento no panorama mundial globalizado.

A Nova Ordem Internacional

O fim da Guerra Fria foi anunciado pela queda do Muro de Berlim (1989) e efetivado com a desintegração da URSS (1991). Houve a dinamização da completa hegemonia da ordem capitalista, contando com o impulso da **Terceira Revolução Industrial**. Esta, iniciada décadas antes (anos 1960), tinha por base um enorme impulso produtivo com sofisticada tecnologia centrada na microeletrônica (nas áreas de computação, comunicações e robótica), na biotecnologia e na química fina. Exigindo imensos investimentos e também amplos mercados desprovidos de barreiras, impulsionou a **globalização econômica**, contando com o **neoliberalismo**, a defesa da **economia de mercado**, o "estado mínimo", apoiado nas ideias de F. Hayek e M. Friedman**,** e com a atuação política de Thatcher, Reagan e Kohl.

Merecem destaque também o **Consenso de Washington**, que se comprometeu com as medidas liberalizantes, e a imensa capitalização das grandes corporações. Esse quadro serviu de estímulo aos continuados avanços tecnológicos, ao mesmo tempo que a financeirização da economia mundial resultava em crises localizadas e outras mais generalizadas, algumas de grande repercussão — a maior delas foi a de 2008 nos Estados Unidos, núcleo maior do capitalismo, que irradiou efeitos desastrosos pelo mundo, especialmente quanto às taxas de desemprego.

Outro aspecto característico na nova ordem foi o aumento das desigualdades econômicas e sociais, seja entre os países líderes da mundialização capitalista, seja entre os países ditos "emergentes". A sociedade de consumo, impulsionada com a dinamização produtiva, tem sido alvo de críticas, especialmente quanto ao meio ambiente, já que representa enormes riscos para o futuro próximo da humanidade.

Exercícios resolvidos

1. (PUC-RJ)

> *Entre 1985 e 1991, a União Soviética, tentando enfrentar desafios internos e externos que se acumulavam, passou por um período de profundas turbulências [...]. O sistema não poderia continuar como estava, todos concordavam, mas foi difícil definir e trilhar caminhos que levassem à superação dos problemas. Diante dos impasses, num jogo político cerrado e exacerbado por tensões crescentes, a segunda superpotência mundial desintegrou-se.*
>
> REIS, Daniel Aarão, *As revoluções russas e o socialismo soviético*. p. 135

a) Cite uma iniciativa do governo da extinta União Soviética para enfrentar a crise mencionada no texto.

b) Identifique um desdobramento decorrente da desintegração da "segunda superpotência mundial" e o relacione à nova ordem mundial que surgiu ao final do século passado.

Resposta:

a) O período mencionado no trecho selecionado corresponde ao governo de Mikhail Gorbatchov. Na época, a União Soviética vivia um período de grandes dificuldades: o gasto militar com a impopular guerra no Afeganistão estava gerando um déficit orçamentário grave; a queda do preço do petróleo diminuiu a entrada de receitas no país, dificultando a importação de alimentos; a burocracia do Estado e do partido comunista dificultavam a circulação de ideias. Com o intuito de recuperar a economia, Gorbatchov programou uma série de reformas. Entre as mais conhecidas estão a *Perestroika* (reconstrução econômica) e a *Glasnost* (transparência política).
A *Perestroika* foi concebida para introduzir um novo dinamismo na economia soviética. Para alcançar tal objetivo foram introduzidos mecanismos para estimular a livre concorrência (e acabar com o monopólio estatal), desenvolver setores secundários de produção (bens de consumo e serviços não essenciais) por meio da iniciativa privada e descentralizar as operações empresariais. No campo, foi estimulada a criação de cooperativas por grupos familiares e arrendamento de terras estatais. A proposta também foi incentivar empresas estrangeiras a atuarem no país.
A *glasnost* pretendia criar um novo modelo de gestão para a sociedade socialista soviética. Para isso, foram propostos programas de desburocratização do Estado, de combate à corrupção e de estímulo à participação política dos cidadãos.

b) Como desdobramentos do fim da União Soviética podemos citar: o surgimento de diversos Estados nacionais que antes faziam parte do arranjo federalista soviético, como a Ucrânia, a Geórgia, o Cazaquistão; o fim do domínio soviético sobre os países da chamada "cortina de ferro", como a Polônia, a Romênia, a Hungria; a redefinição da situação de ameaça nuclear com a redução do poder militar da extinta URSS; o ressurgimento da Rússia como Estado nacional não federativo, após um período de transição; uma crise ideológica decorrente do enfraquecimento do socialismo como modelo alternativo à sociedade capitalista. A crise da URSS levou a uma recomposição do cenário político internacional: as novas nações, e mesmo aquelas ligadas à esfera da influência soviética, teceram novas alianças, e muitas delas caminharam na direção de uma integração com a União Europeia. A marca mais importante desse período, no entanto, é a retórica da vitória do capitalismo diante do socialismo; essa vitória esteve associada a uma nova ordem internacional dominada por apenas uma grande potência. A ascensão de um sistema internacional unipolar marcou o final do século passado e estimulou os governos americanos do período a traçar uma linha de atuação voltada para uma posição unilateral.

2. (Uerj)

Carta de Princípios

O Fórum Social Mundial é um espaço aberto de encontro para o aprofundamento da reflexão, o debate democrático de ideias, a formulação de propostas, a troca livre de experiências e a articulação para ações eficazes de entidades e movimentos da sociedade que estão empenhados na construção de uma sociedade planetária orientada a uma relação fecunda entre os seres humanos e destes com a Terra.

Adaptado de <forumsocialmundial.org.br>.

O Fórum Social Mundial se realizou pela primeira vez em janeiro de 2001, na cidade de Porto Alegre. Desde então, tem acontecido anualmente em diversos países do mundo onde grupos variados apoiam suas ações.

Cite duas propostas do Fórum Social Mundial que se opõem à globalização capitalista.

Resposta:

Entre as suas propostas estão a defesa dos direitos de minorias étnicas, dos movimentos ambientalistas e de uma globalização solidária e humanizada. São contrários aos princípios neoliberais na regulação da economia mundial e às práticas de exclusão e reprodução das desigualdades sociais.

Exercícios propostos

1. (UFSJ-MG)

No outono de 1989, a expressão revolução de veludo foi cunhada para descrever uma mudança de regime pacífica, teatral e negociada em um pequeno país da Europa central que não existe mais. Esse rótulo sedutor foi então aplicado de forma retrospectiva aos acontecimentos de importância cumulativa que se desenrolaram na Polônia, na Hungria e na Alemanha Oriental [...].

TIMOTHY, G. Rebelião a sangue frio. *Folha de S.Paulo*, 22 nov. 2009.

O texto acima refere-se ao processo histórico representado pelo

a) surgimento, na Europa, do bloco de repúblicas socialistas sob influência da União Soviética no início da Guerra Fria.
b) desmoronamento do bloco de repúblicas socialistas na Europa, concomitante ao início da crise que conduziu ao fim da União Soviética.
c) conjunto de rebeliões que sacudiram o bloco das repúblicas socialistas da Europa Oriental e foram duramente reprimidas pela União Soviética.
d) conjunto de conflitos políticos entre Estados Unidos e União Soviética que conduziu, na Europa Central, à construção do Muro de Berlim.

2. (PUC-RJ) Sobre a importância e o significado políticos da queda do Muro de Berlim (nov./1989), assinale a afirmativa correta:
a) A queda do Muro significou a extensão do socialismo para Berlim ocidental.
b) A queda do Muro foi o primeiro momento no processo de unificação da Europa.
c) A queda do Muro ampliou o turismo na Alemanha Oriental.
d) A queda do Muro deu início ao processo de reunificação da Alemanha.
e) A crise política provocada pela queda do Muro quase levou as duas Alemanha à guerra.

3. (Vunesp-SP)

A história dos vinte anos após 1973 é a de um mundo que perdeu suas referências e resvalou para a instabilidade e a crise. Só no início da década de 1990 encontramos o reconhecimento de que os problemas econômicos eram de fato piores que os da década de 1930. Em muitos aspectos, isso era intrigante. Por que deveria a economia mundial ter-se tornado menos estável?

Adaptado de HOBSBAWM, Eric. *Era dos extremos:* O breve século XX, 1995.

A instabilidade econômica mundial nos anos 1970-1990, citada no texto, derivou, entre outros fatores,
a) da queda da produção industrial nos países capitalistas ricos do Ocidente, que determinou o fim da hegemonia financeira e do controle do mercado internacional pelos Estados Unidos e pela Alemanha.
b) do fim dos impérios coloniais britânico e francês, da intensificação da corrida armamentista e da expansão dos conflitos étnicos e religiosos no Oriente Médio e no sul asiático.
c) da onda de protestos sociais e reivindicações trabalhistas do início da década de 1980 no Leste Europeu, da ação militar norte-americana no Vietnã e da ininterrupta ascensão da economia japonesa.
d) do crescimento econômico da China e dos chamados Tigres Asiáticos, que rompeu o equilíbrio econômico internacional e determinou o acelerado declínio da hegemonia norte-americana.
e) da crise do petróleo no princípio da década de 1970, do aumento da desigualdade social nos países capitalistas ricos e da gradativa desintegração da economia da União Soviética.

4. (EsPCEx-SP) Nas décadas finais do século XX, a União Soviética passou por uma série de transformações que levaram ao fim do socialismo. Essas mudanças foram marcadas por:
a) acordos de eliminação de mísseis entre as superpotências, interrompidos com a entrada soviética no Afeganistão em 1988.
b) políticas que levaram a uma abertura política e econômica, conhecidas como *glasnost* e *perestroika*.
c) aprofundamento do processo de distensão e fortalecimento do Pacto de Varsóvia.
d) fim do monopólio do Partido Comunista, implantação do unipartidarismo e instauração de eleições diretas em 1989.
e) restabelecimento dos Kolkoses e Sovekoses nos campos, abertura do país a empresas estrangeiras e intensificação das alianças geopolíticas bipolares.

5. (UPE)

Foi a política megalomaníaca dos Estados Unidos, a partir do Onze de Setembro, que destruiu, quase por completo, as bases políticas e ideológicas da sua influência hegemônica anterior e deixou o país com poucos elementos, além de um poder militar francamente atemorizante, que pudessem reforçar a herança da era da Guerra Fria.

HOBSBAWM, Eric. *Globalização, Democracia e Terrorismo.* São Paulo: Companhia das Letras, 2007. p. 51.

Sob o ponto de vista da política externa dos Estados Unidos, com o episódio de Onze de Setembro, conclui-se que
a) os Estados Unidos recuperaram sua hegemonia política, quando conseguiram matar o temido Osama bin Laden.
b) a força militar dos Estados Unidos dá relevo à economia do país.
c) os exércitos terroristas são ameaçadores, porque pertencem a quartéis de Estados Tiranos.
d) a externalidade do terrorismo que ameaça a vida é tão imaginária quanto a internalidade do capital que a sustenta.
e) a "religionização" da política, dos ressentimentos sociais e das batalhas por identidade e por reconhecimento é uma tendência exclusiva dos Estados Unidos.

MÓDULO 40 • Brasil no século XXI

Com a Terceira Revolução Industrial, ampliou-se o distanciamento entre o modelo desenvolvimentista brasileiro e a vanguarda capitalista mundial. A carência tecnológica e a necessidade de imensos investimentos, num quadro de infraestruturas deficientes que se somava a inflação descontrolada, dívida externa e crise financeira, serviram de afronta às barreiras protecionistas, época do surgimento de grandes blocos econômicos e da negação do Estado intervencionista e protecionista segundo o neoliberalismo. Foi na transição para o século XXI que esses enfoques se juntaram à redemocratização e às correntes políticas e seus projetos de Brasil.

O Governo de José Sarney (1985-1990)

Devido à internação e morte do presidente eleito **Tancredo Neves**, quem assumiu a presidência foi o vice, José Sarney, que teve como preocupação central a busca por conter a crescente crise inflacionária. Em 1986, lançou o **Plano Cruzado**, que foi seguido de novos planos (**Cruzado II**, **Plano Bresser** e **Verão**). Sem sucesso, a inflação chegou a 933% em 1988 e a 1 764% no ano seguinte. Na política, a convocação da **Assembleia Nacional Constituinte** em 1986 resultou na **Constituição de 1988**, apelidada de "**Constituição Cidadã**". Na disputa pela sucessão presidencial, Lula (Luiz Inácio da Silva) foi vencido por Fernando Collor de Mello.

O Governo Fernando Collor de Mello (1990-1992)

O **Plano Collor** aplicado no início de seu mandato seguiu a motivação e a trajetória dos planos anteriores, sucedido pelo **Plano Collor II** em 1991. A abertura para as importações e as privatizações deram o **tom neoliberal** do novo governo. O escândalo que envolveu o seu tesoureiro de campanha, Paulo César Farias ("esquema PC"), avolumou-se, levando ao ***impeachment*** do presidente. Em seu lugar, Itamar Franco, vice-presidente, assumiria o comando.

O Governo Itamar Franco (1992-1995)

O principal destaque de seu governo foi o **Plano Real** (1994), tendo à frente o ministro da Fazenda Fernando Henrique Cardoso. Esse plano conseguiu conter a hiperinflação (de março de 1989 a março de 1990 atingiu 4 800%). O êxito favoreceu a eleição de Fernando Henrique Cardoso, que derrotou seu oponente, Lula.

O Governo Fernando Henrique Cardoso (1995-2002)

A **política de privatização** foi o tom forte de seu governo. Foram privatizados a Vale do Rio Doce em 1997; a Telebrás (1998); o Banespa (1998). Essa política trouxe recursos e integração à política neoliberal. Em 1997, foi aprovada uma emenda à Constituição que permitia a **reeleição** ao cargo de presidente. Abria-se o caminho para o segundo mandato de Fernando Henrique Cardoso a partir de 1998.

Na política externa, em 1995, foram removidas, simbolicamente, as barreiras alfandegárias entre Brasil, Argentina, Uruguai e Paraguai, dando sequência ao processo iniciado em 1986, pelo presidente Sarney, para a formação do **Mercosul**. Na questão social, o destaque ficou com as atuações do Movimento dos Trabalhadores Rurais Sem Terra **(MST)**.

O Governo Luiz Inácio Lula da Silva (2003-2010)

O governo Lula ampliou as políticas sociais, com destaque para o programa **Bolsa Família** e para a diminuição das desigualdades sociais. Na economia, prevaleceram certa estabilidade e bons resultados produtivos, garantindo a popularidade do presidente. No quadro político, sobressaiu o **escândalo do Mensalão**, derrubando nomes importantes da cúpula governamental do PT.

O Governo Dilma Rousseff (2011-)

Sucessora indicada por Lula, Dilma buscou manter as linhas do governo anterior, apesar de emergirem dificuldades na economia quanto ao tímido crescimento e à elevação das taxas inflacionárias. Os assuntos em maior evidência durante o seu mandato foram o julgamento e a condenação dos acusados do Mensalão pelo Supremo Tribunal Federal, seguidos das prisões, e a questão das obras para a Copa do Mundo de Futebol 2014, afora os novos e seguidos escândalos de corrupção que envolviam congressistas e empresas.

Exercícios resolvidos

1. (Vunesp-SP)

> *O que há no Brasil de liberal e democrático vem de suas constituintes e o que há no Brasil de estamental e elitista vem das outorgas, das emendas e dos atos de força.*
>
> FAORO, Raymundo. *Assembleia Constituinte, a legitimidade recuperada*. São Paulo: Brasiliense, 1981.

a) Dê um exemplo de outorga, de emenda ou de ato de força, referidos pelo autor.

b) Qual o significado do termo constituinte?

Resposta:

a) Dentre os variados exemplos, é possível destacar: a Carta Constitucional outorgada por D. Pedro I, em 1824; a emenda constitucional aprovada pelo Congresso Nacional, em setembro de 1961, que substituiu o regime presidencialista pelo parlamentarista; e o Ato Institucional nº 5, imposto pelo governo do general Artur da Costa e Silva, em 13 de dezembro de 1968.

b) O termo "constituinte" se refere à Assembleia Nacional Constituinte, formada por representantes eleitos pelos cidadãos, convocada para redigir e promulgar um texto constitucional.

2. (Unicamp-SP)

> [...] *o desencanto com a Nova República era provocado principalmente pelo fracasso dos vários planos econômicos que não conseguiram domar o dragão da inflação. Depois do breve sucesso do Plano Cruzado, de 1986, a arrancada dos preços disparou, esmagando o poder de compra dos brasileiros, especialmente dos mais pobres.*
>
> MOTTA, Marly. Rumo ao planalto. Disponível em: <http://www.revistadehistoria.com.br/secao/artigos-revista/especial-nova-republica-rumo-ao-planalto>. Acesso em: 9 ago. 2013.

a) Explique o que é inflação.

b) Quais os efeitos do congelamento de preços, base do Plano Cruzado, para a economia brasileira do período?

Resposta:

a) Inflação é um processo econômico decorrente da defasagem entre o lastro e o meio circulante, com efeitos como a elevação contínua de preços, ocasionada por elementos diversos como os desajustes entre a lei da oferta e da procura, os gastos governamentais descontrolados, o repasse de custos às mercadorias, influência do câmbio, etc.

b) O congelamento de preços provocou imediatamente a queda da inflação e o aquecimento do mercado interno, que foram acompanhados pela escassez de produtos, pelo descompasso entre os preços das mercadorias e o mercado internacional e pelo fortalecimento do mercado paralelo, que desrespeitava o congelamento de preços com a prática do ágio.

Exercícios propostos

1. (UPE) Segundo o historiador Paulo Fagundes Vizentini, os governos Fernando Henrique Cardoso, em sua dimensão política, instituíram a chamada diplomacia presidencial. Seus mandatos contribuíram para a expansão do universalismo da política exterior brasileira por meio de uma diplomacia pessoal.
Sobre a política externa brasileira nesse período, assinale a alternativa que **NÃO** corresponde à ação prioritária desse governo.

a) Avanço no caminho da integração regional, aprofundando o Mercosul.

b) Estímulo à estratégia de diversificação de parceiros nas relações bilaterais.

c) Defesa do multilateralismo junto com organizações econômicas multilaterais, em especial a Organização Mundial de Comércio.

d) Tentativa de elevação do Brasil à condição de potência internacional, pleiteando o *status* de membro permanente no Conselho de Segurança da ONU.

e) Rompimento das relações diplomáticas com a União Europeia, priorizando novos acordos bilaterais com a China.

2. (Uneb-BA) Sobre os diversos planos econômicos implantados no Brasil, é correto afirmar que o

a) Plano de Metas conseguiu eliminar as desigualdades regionais e promover a industrialização das regiões periféricas.

b) "milagre econômico" ocorreu na década de 80 do século passado e provocou uma grande mobilidade social.

c) Plano Collor fracassou porque se limitou a conter a inflação e a incentivar as indústrias de bens de consumo não duráveis.

d) Plano Verão criou uma nova moeda, o cruzeiro, tendo sido registrado, no período de sua implantação, o menor pico de inflação do país em toda sua história.

e) sucesso do Plano Real esteve relacionado, entre outros fatores, à criação de um indexador transitório da URV.

3. (UFSC) Sobre a criação da Petrobras, seu contexto histórico e a produção de combustíveis no Brasil, é correto afirmar que:

(01) a Petrobras (Petróleo Brasileiro S.A.) foi criada no governo Juscelino Kubitschek como uma das ações do Plano de Metas que proporcionou importantes mudanças econômicas e sociais no Brasil.

(02) a campanha "O Petróleo é Nosso", entre o fim dos anos 1940 e início dos anos 1950, esteve diretamente vinculada à criação da Petrobras em clara

ação nacionalista do então governo brasileiro, contrário ao excessivo intervencionismo estrangeiro no país.

(04) durante o governo de Fernando Henrique Cardoso (1995-2002), a Petrobras obteve o monopólio da exploração de petróleo no Brasil, fato que rapidamente garantiu sua autossuficiência para o abastecimento interno.

(08) entre as consequências da crise internacional do petróleo dos anos 1970, está a criação do Proálcool (Programa Nacional do Álcool) pelo governo brasileiro, com o objetivo de investir na produção de álcool combustível (etanol) como alternativa à gasolina.

(16) criado durante o Estado Novo (1937-1945), o Conselho Nacional do Petróleo (CNP) determinou várias diretrizes a respeito do petróleo e que as jazidas pertencessem à União.

(32) para viabilizar a criação da Petrobras, o governo brasileiro contou com o apoio financeiro dos Estados Unidos, através de empréstimos. Em troca, foi exigido o apoio declarado do Brasil ao bloco capitalista durante a Guerra Fria.

4. (UFPR)

> *O direito de criticar dogmas e encaminhamentos é assegurado como liberdade de expressão, mas atitudes agressivas, ofensas e tratamento diferenciado a alguém em função de crença ou de não ter religião são crimes inafiançáveis e imprescritíveis.*
>
> Intolerância religiosa é crime de ódio e fere a dignidade. Portal de Notícias do Senado Federal. Publicado em 16 de abril de 2013. Disponível em: <http://www12.senado.gov.br/jornal/edicoes/2013/04/16/intolerancia-religiosa-e-crime-de-odio-e-fere-a-dignidade>. Acesso em: 25 jul. 2014.

Podemos afirmar que atualmente há conflitos religiosos no Brasil da mesma forma como ocorreram na Idade Moderna na Europa, após a Reforma Protestante, entre os séculos XVI e XVII? Justifique sua resposta, oferecendo dois exemplos que confirmem sua explicação.

5. (Uneb-BA)

I.

> *Antes que o país se abrisse, no fim dos anos 70 [século XX], o sistema de ciência e tecnologia da China empregava um modelo soviético: instituições especializadas conduziam a pesquisa e as universidades, com foco mais restrito, se encarregavam da educação e do treinamento. Esse modelo fracassou porque a pesquisa era separada do ensino, o trabalho interdisciplinar era impossível, os recursos eram escassos e os rígidos controles políticos e a ideologia dominavam. A revolução cultural de 1966 a 1976 fechou todo o ensino superior por uma década e destruiu muito do que havia sido construído anteriormente. Nos anos 90, a China expandiu e reestruturou o ensino superior de forma a atender suas ambições econômicas.*
>
> ALTBACH; WANG. 2012. p. 44-45.

II.

> *Quem acha que o Brasil de hoje é um país pobre — e é mesmo — pode ter uma certeza com teor de verdade 100%: o Brasil de quarenta anos atrás era várias vezes pior. Por pior que fosse, porém, era melhor que a China no quesito pobreza.*
>
> (SILÊNCIO..., 2013. p. 148).

A história do Brasil sempre esteve vinculada aos desdobramentos do desenvolvimento econômico e à conjuntura política mundial.

Dessa forma, pode-se afirmar que a influência dos ideais socialistas no país se fez sentir

a) na Guerrilha do Araguaia, quando os militantes do Partido Comunista do Brasil, inspirados na Revolução Chinesa, buscaram optar pela luta armada de base camponesa, para a derrubada do regime ditatorial militar.
b) nas ações terroristas contra o governo João Figueiredo, como o ataque ao Riocentro, em 1981, que minou as bases do governo autoritário e provocou a imediata adoção de eleições diretas para o Executivo e a redemocratização do país.
c) nas medidas adotadas pelo Plano Cruzado, no governo José Sarney, que adotou medidas de estatização da economia, como o congelamento dos preços e salários, conseguindo conter a inflação e permitindo uma equitativa distribuição de renda.
d) no governo Collor que, inspirado no modelo econômico chinês, mesclou medidas de caráter socialista, como o confisco da poupança, com medidas de caráter capitalista, como a privatização das empresas estatais.
e) no pragmatismo da política externa do governo de Luiz Inácio Lula da Silva, que, como os chineses, defendia a dissolução do Conselho de Segurança da ONU, instrumento defensor dos interesses dos Estados Unidos.

6. (PUC-RS) Apesar das diversas reformas encaminhadas no primeiro governo de Fernando Henrique Cardoso (1995-1999), a demora em resolver os conflitos do campo e em adotar um plano para a Reforma Agrária resultou em confrontos entre o Movimento dos Sem Terra e o governo, que mobilizaram a opinião pública nacional e internacional, tendo como consequência, por exemplo,

a) a morte de Chico Mendes.
b) o massacre de Eldorado dos Carajás.
c) a chacina da Candelária.
d) a morte de Dorothy Stang.
e) a morte de Zilda Arns.

Exercícios-tarefa

MÓDULO 21

1. (Mack-SP)

Se a América Latina não foi esquartejada como a África, deveu-se ao fato – é preciso reconhecê-lo – de ter tido, sem que houvesse solicitado, um 'tutor'. Um tutor ousado, porque se atreveu a dizer que a América era para os americanos, num momento em que apenas tinha a ilusão de ser uma potência. No entanto, quando esse tutor se transformou em grande potência, mudou seu discurso e gritou que era dono.

BRUIT, Héctor Hernan. *O Imperialismo*. São Paulo: Atual, 1994. p. 49.

A partir da análise do texto, é correto afirmar que

a) a América Latina, desde a primeira metade do século XIX, é um instrumento do imperialismo estadunidense, que, historicamente, impôs àqueles países políticas como a Doutrina Monroe e a Política do Big Stick.

b) as divisões sofridas pela África, decorrentes do imperialismo do século XIX, não puderem acontecer no continente americano em virtude da imposição ao respeito, feita na Conferência de Berlim, entre EUA e potências europeias, da autodeterminação da América Latina.

c) o século XIX viu nascer a pretensa hegemonia estadunidense sobre os países latino-americanos, envolvendo disputas – desde aquela época – entre capitalistas e socialistas, ambientados na Guerra Fria.

d) os americanos, há dois séculos, convivem com a supremacia estadunidense sobre os diversos países do continente, resultando em políticas impositivas como a da "Boa Vizinhança" e a Aliança para o Progresso.

e) a América sempre foi protegida, resultando na criação de diversos acordos econômicos e na aliança de todo o continente em torno deles, apesar do domínio que os Estados Unidos exercem sobre o restante do mundo.

2. (Udesc) Analise as proposições em relação à Independência dos países latino-americanos, e assinale (V) para verdadeira e (F) para falsa.

( ) As guerras da independência dos países da América, de colonização espanhola, ocorreram principalmente na primeira metade do século XIX e estão vinculadas à ocupação da Espanha pelo exército francês de Napoleão Bonaparte.

( ) Ao se tornarem independentes de suas metrópoles, na primeira metade do século XIX, a maioria dos novos países latino-americanos também proclamaram a libertação dos escravos e o fim da escravidão.

( ) Muitos países latino-americanos independentes tinham uma população majoritariamente descendente de grupos indígenas. Um exemplo é o México, que em 1821, ano da independência, tinha 40% da população indígena, 40% da população mestiça e 20% da população europeia ou de seus descendentes.

( ) Um dos países mais pobres da América Central, na atualidade, é o Haiti, que teve sua capital, Porto Príncipe, arrasada por um terremoto em 12 de janeiro de 2010. Este país foi colônia francesa e sua economia era baseada em grandes propriedades para a exportação com a utilização do trabalho escravo. Foi o último país da América Latina a se tornar independente e a abolir a escravidão.

Assinale a alternativa que contém a sequência **correta**, de cima para baixo.

a) F – F – V – F
b) V – F – V – F
c) V – F – F – V
d) V – F – V – V
e) F – V – F – F

3. (Uern) O fato de a América Latina ser, nos dias atuais, organizada em países autônomos e soberanos, com condições econômicas e políticas distintas, pode estar diretamente relacionado à(ao)

a) Tratado de Tordesilhas, que dividiu as terras descobertas por Portugal e Espanha, orientando a forma da divisão política e territorial da então chamada América espanhola.

b) luta pela proclamação de suas Repúblicas e abolição da escravidão, processadas na América de forma lenta e gradual, com mais de um século de atraso em relação às suas independências.

c) processo de Independência da América espanhola, que se deu em etapas e de forma seccionada, ou seja, as colônias foram se tornando livres e estabelecendo suas fronteiras e formas de governo.

d) Congresso de Viena e Santa Aliança, realizado na Europa logo após o período napoleônico. Tal processo definiu o equilíbrio político americano e o destino das colônias ibéricas no Novo Mundo.

4. (UFSM-RS) Observe a imagem:

Jean-Pierre Courau/The Bridgeman Art Library/Keystone/ Museu Nacional de História, Castillo de Chapultepec, México.

Mural "Retábulo da Independência", de Juan O'Gorman (1961).

MOTA, B. Myriam; BRIECK, R. Patrícia. *História das cavernas ao terceiro milênio*. SP: Moderna, 2010. Vol. 2, p. 268. (adaptado)

Nesse mural da segunda metade do século XX, o pintor mexicano apresentou uma interpretação visual da história da Independência do México, processo ocorrido nos inícios do século XIX. A comparação entre as visões sobre esse processo histórico e a interpretação feita por O'Gorman permite afirmar:

I. O pintor mexicano não considerou as revoltas lideradas pelos padres Hidalgo e Morelos como o ponto de partida da independência do seu país, haja vista que, no centro da pintura, estão em destaque as figuras de militares e políticos, dando início à luta contra a metrópole espanhola.

II. Os padres Hidalgo e Morelos são figuras destacadas, porque iniciaram o processo de rompimento com a Espanha ao projetarem um governo que tinha a população nativa e a propriedade comunal indígena como principais esteios.

III. A derrota do movimento liderado pelos padres Hidalgo e Morelos não impediu a continuidade e a vitória do movimento independentista sob a liderança de militares e políticos, representantes e defensores da vontade popular na República instaurada.

IV. Ao representar a independência do México com um painel em que se localizam os diferentes setores sociais, o artista está endossando uma visão: a de que a formação do Estado mexicano é o resultado de um amplo movimento que envolveu diversos grupos sociais.

Está(ão) correta(s)

a) apenas I e II.
b) apenas I, II e III.
c) apenas III.
d) apenas II e IV.
e) apenas IV.

5. (FGV-SP)

> *Na Carta da Jamaica, de 1815, [Simón Bolívar] escreveu: "Eu desejo, mais do que qualquer outro, ver formar-se na América a maior nação do mundo, menos por sua extensão e riquezas do que pela liberdade e glória.*

CAMPOS, Flavio de; MIRANDA, Renan Garcia. *Oficina de História* – História integrada

A intenção de uma América hispânica independente e formando um único país, entre outros motivos, não prevaleceu em razão:

a) de um acordo entre franceses e ingleses, assinado no Congresso de Viena.
b) do interesse espanhol em enfraquecer o poderoso Vice-Reinado da Nova Granada.
c) dos fortes e decisivos interesses ingleses, norte-americanos e das próprias elites locais da América.
d) da deliberada ação do Brasil, preocupado com a formação de um poderoso Estado na América.
e) das tensões entre as elites do México e Peru, que disputavam a hegemonia sobre a América.

6. (Ibmec-RJ) Ao longo do século XIX as colônias espanholas obtiveram as suas independências, resultado principalmente:

a) do apoio decisivo, inclusive militar, que receberam da França.
b) da aliança entre criollos e chapetones, fundamental para enfrentar a resistência espanhola.
c) da manutenção da escravidão, eliminando um fator de apoio à política espanhola no continente.
d) do apoio da Igreja, descontente com a adesão espanhola ao movimento reformista.
e) da insatisfação geral causada, especialmente junto à elite, da manutenção do Pacto Colonial.

7. (PUC-RJ) Sobre os movimentos de independência ocorridos na América inglesa, em 1776, e na América hispânica nas primeiras décadas do século XIX, estão corretas as alternativas, à exceção de uma. Indique-a.

a) Em meados do século XVIII, nas treze colônias inglesas, os colonos americanos reagiram contra as leis impostas pelo Parlamento britânico e organizaram-se para defender a sua autonomia político-administrativa, a liberdade de comércio e a igualdade de direitos entre os habitantes do Reino e das colônias.
b) Em 1776, as colônias inglesas votaram a Declaração de Independência, que defendia princípios fundamentais do Iluminismo como a igualdade, o direito à liberdade e a instituição de governos fundados no consentimento dos governados.

c) Os movimentos de independência na América hispânica estão diretamente relacionados à invasão napoleônica da Espanha em 1808 e à deposição do rei Fernando VII, que resultaram no estabelecimento de juntas de governos locais na América, iniciando um intenso e amplo período revolucionário.

d) Assim como ocorreu com as treze colônias inglesas, todas as colônias espanholas na América tornaram-se independentes ao mesmo tempo, apesar de não terem mantido a unidade territorial existente e terem se dividido em vários estados nacionais independentes.

e) A revolução de independência das treze colônias inglesas e também os ideais iluministas depositários de novos princípios de organização política e social, contrários à monarquia, ao direito divino dos reis e a favor da soberania popular, tiveram uma enorme influência nos movimentos de independência da América hispânica.

8. (PUC-SP) As independências políticas na América assumiram diversas formas. Sobre elas, é possível afirmar que a

a) do Haiti, em 1804, foi a única que contou com participação escrava e levou à abolição da escravidão e à organização de um governo de colaboração entre os negros haitianos e os ex-colonizadores franceses.

b) de Cuba, em 1898, foi a última dentre as posses coloniais da Espanha na América e levou à anexação da ilha caribenha ao território dos Estados Unidos, com quem Cuba já comercializava desde o início de sua colonização.

c) dos Estados Unidos, em 1776, foi a primeira emancipação nas Américas e levou à adoção de um modelo federalista que reconhecia as diferenças políticas e econômicas entre as ex-colônias do sul e do norte do litoral atlântico.

d) da Argentina, em 1816, foi a responsável pela fragmentação política do antigo Vice-Reino do Rio da Prata e levou à libertação imediata das terras do Chile até o México e à expulsão da Espanha do continente americano.

e) do Brasil, em 1822, foi a única que contou com a aceitação imediata do colonizador e levou à adoção de uma monarquia que unificava os reinos de Portugal e do Brasil sob uma mesma base constitucional.

9. (UEL-PR) Com base nos conhecimentos sobre a crise do sistema colonial, é correto afirmar:

a) A forma de organização econômica das colônias das Américas portuguesa, hispânica e anglo-saxônica refletia os interesses dos setores mercantis das respectivas metrópoles e, por contrastar com as perspectivas da nova ideologia liberal do século XIX, provocou o descontentamento dos trabalhadores, levando-os às revoluções socialistas.

b) A invasão francesa na Espanha contou com a simpatia da Inglaterra e da Prússia que buscavam acabar com o monopólio espanhol no comércio com as colônias americanas.

c) Nas Américas, em função de um comércio intercolonial intenso e vantajoso, cresceu a classe dos produtores de matérias-primas e de bens de consumo. A burguesia que havia se constituído nas colônias era a principal consumidora desta produção, o que contribui ainda mais para a crise do sistema colonial.

d) O Pacto Colonial, que se baseava no livre-comércio, foi responsável pelo enriquecimento dos produtores de mercadorias na América, uma vez que estes podiam contar com um mercado consumidor e distribuidor de seus produtos.

e) No caso da América espanhola, a manutenção do Pacto Colonial pela metrópole deixava à margem do processo a classe dominante colonial, que era produtora e tinha interesse na liberdade de comércio e na condução dos seus negócios, sem a interferência da Espanha.

10. (UEL-PR) Baseado nos conhecimentos sobre a formação dos Estados Nacionais americanos, assinale a alternativa correta:

a) O motivo para as independências e consequente formação dos Estados Nacionais americanos pode ser encontrado na experiência política do Pacto Colonial imposto pela Inglaterra, que visava ao estabelecimento do monopólio comercial com as colônias ibéricas.

b) Os movimentos de independência que aconteceram nas diversas regiões da América hispânica contaram com a participação de camponeses, indígenas e burgueses. O resultado dessas lutas foram sentidos por todas as classes sociais envolvidas, em especial pelos trabalhadores rurais nativos, que puderam reaver parte da terra que lhes pertencia.

c) Assim que terminaram as lutas pelas independências na América hispânica, nos primeiros vinte anos do século XIX, a elite crioula assumiu o poder político das regiões recém-independentes e não empreenderam mudanças que proporcionassem a todas as classes usufruir dos resultados da emancipação.

d) A conformação dos Estados Nacionais veio em auxílio dos nativos, denominados "índios de caráter dócil", escravizados desde o período da conquista e expropriados de suas terras — ejidos. A Constituição Americana, elaborada após as independências, formalizou e legalizou o direito de todos à liberdade, à igualdade racial.

e) No período das lutas pela emancipação na América portuguesa, sobressaiu a figura do caudilho, líder militar e proprietário de terras, que conduziu as revoluções nas diversas regiões e contribui com a quebra da exclusividade comercial entre a metrópole e a ex-colônia.

11. (UEL-PR)

A emancipação das colônias hispano-americanas, liderada pelos grandes senhores de terras e pela burguesia "criolla", encontrou apoio nos setores médios e populares, os quais, em alguns momentos, chegaram a ameaçar a estrutura de dominação de classe imposta pelo regime colonial. Entretanto, com exceção dos Estados Unidos, que implantaram um regime liberal burguês, no restante da América a independência revelou-se um fato político. Realizada a autonomia, rompidos os vínculos com as metrópoles, as classes dominantes das antigas colônias tomaram o poder e constituíram Estados Nacionais que mantiveram afastada das decisões políticas a massa da população trabalhadora (majoritariamente indígena, camponesa ou não). A estrutura colonial não sofreu qualquer alteração de peso. A Inglaterra abriu mais ainda a sua porta no continente, assegurando-se de mercados consumidores e de matérias-primas; a propriedade territorial continuou nas mesmas mãos, a despeito de algumas tentativas de líderes liberais das Guerras de Independência; a população camponesa permaneceu sob a exploração e o domínio dos seus antigos senhores.

AQUINO, R. S. L. de; LEMOS, N. J. F.; LOPES, O. G. P. C. *História das sociedades americanas*. Rio de Janeiro: Record, 2000. p. 165-166.

De acordo com o texto, é correto afirmar:

a) A América hispânica estava vivenciando, já há algum tempo, um maior grau de liberdade comercial em função da crise econômica metropolitana, bem como a crise política desencadeada pelo domínio francês, entre os anos de 1808 a 1813.

b) O fenômeno da emancipação política na Nova Espanha foi peculiar na América. A Revolução Mexicana foi o movimento mais representativo do descontentamento da parcela camponesa da população contra o autoritarismo e dominação da Espanha, culminando na emancipação do território do México.

c) Em toda a América hispânica e também na portuguesa, o processo de lutas pela emancipação dos diversos espaços geográficos que futuramente se constituíram em espaços nacionais, foi conduzido pela Igreja, que lucraria com as emancipações, agregando mais terras ao seu já rico patrimônio.

d) A participação dos Estados Unidos nos processos de independência das Américas foi de crucial importância para a adoção do Regime Republicano pelos espaços recém-independentes.

e) Após sua independência, a América portuguesa rompeu os laços com a metrópole — Portugal — e aliou-se às forças de Napoleão Bonaparte, adotando para esse espaço recém-independente os princípios da Revolução Francesa.

12. (UFJF-MG) Segundo José Murilo de Carvalho, "a principal característica da independência brasileira foi a negociação entre a elite nacional, a coroa portuguesa e a Inglaterra." (CARVALHO, J.M. *Cidadania no Brasil*.)

Desta forma, em comparação com os demais países da América Latina, é INCORRETO dizer que:

a) no Brasil, o processo de independência foi relativamente pacífico, com conflitos militares isolados, como no Maranhão e na Bahia.

b) na América hispânica, houve a formação de grandes exércitos e a ascensão de figuras emblemáticas de "libertadores" como Simón Bolívar e Sucre.

c) um ponto comum no processo de independência da América Espanhola e do Brasil envolve a questão do trabalho, ou seja, em ambos, o processo levou à abolição da escravidão indígena e africana.

d) enquanto no Brasil foi instituída uma monarquia constitucional e mantida a unidade territorial, na América Hispânica o movimento de independência, em geral, resultou na criação de diversas repúblicas.

e) a Inglaterra, direta ou indiretamente, apoiou o movimento de Independência do Brasil e do restante da América Latina e também a formação do exército de libertação de Bolívar.

13. (PUC-SP) As independências políticas na maior parte da América Hispânica e no Brasil aconteceram nas três primeiras décadas do século XIX. Sobre elas, pode-se afirmar que

a) as independências na América Hispânica foram bastante influenciadas pela Revolução do Haiti, daí o caráter popular e antiescravista que assumiram, enquanto a do Brasil não provocou qualquer mudança social.

b) a independência do Brasil envolveu disputas políticas e combates militares de caráter localista, o chamado caudilhismo, à semelhança do que aconteceu na América Hispânica.

c) as independências na América Hispânica, à semelhança do que aconteceu no Brasil, contaram com apoio militar e financeiro dos Estados Unidos, interessados em ampliar o mercado para seus produtos industriais.

d) a independência do Brasil manteve a unidade política oriunda do período da colonização, daí o temor que provocou nos vizinhos hispano-americanos, receosos de que o Império brasileiro tivesse intenções expansionistas.

e) as independências na América Hispânica mantiveram no poder a elite criola, composta por descendentes de brancos nascidos na América, enquanto a do Brasil acarretou o banimento dos portugueses.

MÓDULO 22

1. (UEL-PR) O quadro a seguir, criado pelo italiano Giuseppe Pellizza, é uma expressiva representação da emergência dos movimentos sociais no final do século XIX, ao mostrar uma multidão de trabalhadores que, determinadamente, avança para reivindicar seus direitos. Esse fenômeno de desenvolvimento das organizações coletivas, como o movimento sindical e os partidos políticos, teve início na Europa e Estados Unidos do século XIX, espalhando-se por todo o mundo ocidental.

Alinari/The Bridgeman Art Library/Keystone/ Galeria de Arte Moderna, Milão, Itália.

Fonte: SCOTTI, A. *Il Quarto Stato di Giuseppe Pellizza da Volpedo.* Milano: TEA Arte, 1998.

Qual das afirmativas a seguir corresponde às condições sociais daquele período?

a) A rígida estratificação social impedia que os camponeses procurassem trabalho fora dos limites feudais.

b) A estagnação do setor econômico-produtivo, centralizado num mundo agrário incapaz de atender às necessidades humanas de subsistência.

c) Leis trabalhistas que reconheciam os direitos dos homens, mulheres e crianças.

d) As péssimas condições de vida dos mais pobres, com longas jornadas de trabalho e precárias condições de habitação.

e) A expansão dos governos democráticos, abertos à participação popular e à inclusão dos mais pobres na política.

2. (Fatec-SP) A reação operária aos efeitos da Revolução Industrial fez surgirem críticos ao progresso industrial, os quais propunham reformulações sociais e a construção de um mundo mais justo — os teóricos socialistas.

Sabe-se que

a) Pierre Joseph Proudhon propunha a formação de uma sociedade em que não haveria ociosos nem a exploração do homem pelo homem.

b) Robert Owen tornou-se o líder do anarquismo terrorista ao apontar a violência como a única forma de alcançar uma sociedade sem Estado e sem desigualdade.

c) Friederich Engels acreditava ser possível reorganizar a sociedade com a criação dos falanstérios, fazendas coletivistas agroindustriais.

d) Charles Fourier implantou na Escócia uma comunidade de alto padrão e de igualdade absoluta; contudo, suas críticas à propriedade e à religião o forçaram a abandonar a Grã-Bretanha.

e) Karl Marx considerava inevitável a ação política do operariado, a Revolução Socialista, que inauguraria a construção de uma nova sociedade.

3. (UFG-GO) Leia o texto a seguir.

Viva o Esporte Proletário!

A necessidade de esporte para a juventude é um fato incontestável.

A burguesia se aproveita desse fato para canalizar todos os jovens das fábricas para seus clubes.

Que fazem os jovens nos clubes burgueses?

Defendem as cores desses clubes. Se o clube é de uma fábrica, é o nome e a cor da fábrica que defendem; a burguesia cultiva neles a paixão e a luta contra a juventude de outras empresas [...]

Todo operário footballer *deve ingressar nos clubes proletários.*

Adaptado de O trabalhador gráfico. 25 jun. 1928. Apud DECCA, Maria Auxiliadora Guzzo de. *Indústria, trabalho e cotidiano. Brasil – 1889 a 1930.* São Paulo: Atual, 1991. p. 71.

O fragmento do jornal conclama a uma prática organizativa própria do movimento anarquista brasileiro, segundo a qual

a) o exercício físico seria o meio para o fortalecimento do espírito dos militantes.

b) a militância política deveria ser exercida em todas as dimensões da vida do trabalhador.

c) a participação dos cidadãos nos clubes de futebol das fábricas reforçaria a harmonia social.

d) a aliança proletário-burguesa deveria ser buscada por intermédio das práticas desportivas.

e) os militantes deveriam conscientizar os operários de que o futebol é um esporte alienante.

4. (UFC-CE)

> *A maneira como os indivíduos manifestam sua vida reflete exatamente o que são. O que eles são coincide, pois, com sua produção, isto é, tanto com o que eles produzem quanto com a maneira como produzem. O que os indivíduos são depende, portanto, das condições materiais da sua produção.*

MARX, Karl e ENGELS, Friedrich. *A ideologia alemã*. São Paulo: Martins Fontes, 1989. p. 13.

Com base nessa citação do livro *A ideologia alemã*, que trata da teoria marxista para a interpretação da sociedade, é correto afirmar que:

a) o capitalismo teve origem no modo de produção socialista, a partir de uma revolução burguesa.

b) o capitalismo teve origem em ideias religiosas, a partir do Renascimento, e no crescimento da burguesia.

c) a produção de ideias na vida social, no decorrer da história, está separada da produção da vida material.

d) a perspectiva de análise marxista examina a sociedade levando em consideração as relações sociais estabelecidas no modo de produção.

e) o pensamento marxista surgiu no início da Revolução Francesa, com a defesa da igualdade e da fraternidade entre todos os seres humanos.

5. (Uece) O século XIX foi marcado pelo surgimento de correntes de pensamento que contestavam o modelo capitalista de produção e propunham novas formas de organizar os meios de produção e a distribuição de bens e riquezas, buscando uma sociedade que se caracterizasse pela igualdade de oportunidades. No que diz respeito a essas correntes, assinale a afirmação verdadeira.

a) O socialismo cristão buscava aplicar os ensinamentos de Cristo sobre amor e respeito ao próximo aos problemas sociais gerados pela industrialização, mas apesar de vários teóricos importantes o defenderem, a Igreja o rejeitou através da *Encíclica Rerum Novarum*, lançada pelo Papa Leão XIII.

b) No socialismo utópico, a doutrina defendida por Robert Owen e Charles Fourrier, prevaleciam as ideias de transformar a realidade por meio da luta de classes, da superação da mais-valia e da revolução socialista.

c) O socialismo científico proposto por Karl Marx e Friedrich Engels, através do Manifesto Comunista de 1848, defendia uma interpretação socioeconômica da história dos povos, denominada materialismo histórico.

d) O anarquismo do russo Mikhail Bakunin defendia a formação de cooperativas, mas não negava a importância e a necessidade do Estado para a eliminação das desigualdades.

6. (UFPR) No Brasil, desde 2011, tem havido diversas comemorações dos 150 anos da Unificação Italiana, relembrando os fortes laços culturais entre os dois países. Sobre a relação entre a Unificação Italiana e a imigração de italianos para as Américas, é correto afirmar:

a) A Unificação Italiana foi o resultado de uma série de revoltas populares, que culminaram em 1861 com a formação de uma república socialista sob a direção de Giuseppe Mazzini. A burguesia, que não concordava com o novo regime, emigrou para as Américas, levando capital suficiente para iniciar a industrialização em países como a Argentina, o Brasil e os Estados Unidos.

b) O processo da Unificação Italiana contou com a intensa participação do Império brasileiro, pois D. Pedro II almejava estabelecer relações comerciais com os italianos. É notória a participação de Giuseppe Garibaldi na política brasileira do período imperial. Após a unificação, contudo, nem o Brasil nem os demais países aliados conseguiram levantar a Itália de uma profunda crise econômica, o que levou a uma grande leva emigratória para as Américas de 1880 a 1930.

c) A Unificação Italiana foi um processo iniciado no início do século XIX, que se concluiu em 1861, com uma monarquia constitucionalista, sob o comando de uma aliança entre burgueses e latifundiários, que afastou os setores populares do poder. Muitos italianos camponeses e trabalhadores saíram empobrecidos após a unificação, o que estimulou uma intensa emigração para as Américas entre 1880 e 1930, engrossando fileiras de trabalhadores agrícolas e operários.

d) A Unificação Italiana durou de 1861 a 1870, agregando estados independentes sob a direção do reino de Piemonte-Sardenha. Porém, sua conclusão só foi possível após a Unificação Alemã, que marcou o fim da ingerência de Otto Von Bismark na política europeia. Após esse processo, o monarca instituído perseguiu duramente seus inimigos políticos, que emigraram para as Américas.

e) A emigração italiana para as Américas teve início por conta de uma série de dificuldades financeiras causadas por problemas climáticos, que, por volta de 1850, prejudicaram as colheitas. O volume de emigrantes intensificou-se após a Unificação em 1861, em decorrência do fato de que o governo anarquista instituído fracassou na tentativa de reerguer o país.

7. (UFSJ-MG) Leia o texto com atenção:

As barreiras institucionais sobreviventes ao livre movimento dos fatores de produção, à livre iniciativa ou a qualquer coisa que concebivelmente pudesse vir a tolher sua operacionalidade lucrativa caíram diante de uma ofensiva mundial. O que torna esta suspensão geral de barreiras tão extraordinária é que ela não estava limitada aos Estados onde o liberalismo político era triunfante ou mesmo influente. Se tinha sido mais drástica nas monarquias absolutas restauradas e principados da Europa que na Inglaterra, França ou Países Baixos, era porque ali muito mais havia a ser levado de roldão.

HOBSBAWM, E. *A era do capital*. Rio de Janeiro: Paz e Terra, 1988.

O texto acima trata

a) de meados do século XVII, período de forte depressão econômica em toda Europa e marcado por políticas protecionistas que tolhiam o livre comércio.

b) da segunda metade do século XIX, período de forte crescimento da economia capitalista na Europa e nos Estados Unidos e marcado por medidas liberais favoráveis ao livre comércio.

c) de meados do século XIV, período de forte crise econômica em boa parte da Europa e marcado pela desagregação da estrutura feudal da produção.

d) do início do século XIX, período em que Napoleão, controlando boa parte da Europa, impôs um embargo comercial à Grã-Bretanha, afetando o livre comércio e o crescimento econômico.

8. (ESPM-SP) As imagens mostram dois importantes personagens da história europeia do século XIX, figuras que expressaram com sua liderança o sentimento nacionalista:

A

B

Interbits®

a) a figura I é de Bismarck, ministro prussiano e articulador do processo de unificação da Alemanha – a figura II é de Vitor Emanuel, rei do Piemonte-Sardenha e primeiro rei da Itália unificada;

b) a figura I é de Guilherme I, declarado kaiser do II Reich alemão em 1871 – a figura II é de Vitor Emanuel, rei do Piemonte-Sardenha e primeiro rei da Itália unificada;

c) a figura I é de Von Moltke, o comandante prussiano responsável pela unificação alemã – a figura II é de Giuseppe Garibaldi, líder dos camisas vermelhas, forças populares republicanas, que combateram pela unificação da Itália;

d) a figura I é de Bismarck, representante da aristocracia prussiana e artífice da unidade alemã – a figura II é Giuseppe Garibaldi, herói da unificação italiana e líder dos camisas vermelhas;

e) a figura I é do kaiser Guilherme I, fundador do II Reich alemão – a figura II é de Camilo Cavour, ministro do reino do Piemonte-Sardenha e artífice da unificação italiana.

9. (Uerj) Socialista surgiu como descrição filosófica em princípios do século XIX. Sua raiz linguística era o sentido desenvolvido de social.

A distinção decisiva entre socialista e comunista, como em certo sentido esses termos são hoje comumente utilizados, veio com a mudança de nome, em 1918, do Partido Operário Social-democrata Russo para Partido Comunista Panrusso. Dessa época em diante, uma distinção entre socialista e comunista tornou-se amplamente vigente.

Adaptado de WILLIAMS, Raymond. Socialista. *In*: *Palavras-chave*: um vocabulário de cultura e sociedade. São Paulo: Boitempo, 2007.

Na história europeia, durante o século XX, estabeleceu-se uma diferença entre socialismo e comunismo relacionada ao seguinte aspecto:

a) crítica dos valores liberais

b) controle da indústria pelo Estado

c) defesa da ditadura do proletariado

d) importância do sentimento patriótico

10. (UFV-MG) A expressão Risorgimento designa o conjunto de movimentos heterogêneos que desejaram a unificação da Itália no século XIX. A vertente vitoriosa que promoveu a unificação da Itália foi:

a) o projeto republicano de Giuseppe Mazzini, que criou o movimento Jovem Itália.

b) o movimento popular e secreto dos Carbonários, que defendeu a instituição de um Estado unitário e laico, contra a influência da Igreja e do Império Austríaco.

c) o Papado, que defendeu a instituição de uma monarquia teocrática com sede no Vaticano.

d) o movimento liderado pelo reino do Piemonte-Sardenha, que adotou uma monarquia constitucional laica e favoreceu a industrialização.

11. (UEPG-PR) A respeito dos princípios fundamentais do socialismo, assinale o que for correto.

(01) A luta de classes como agente transformador da sociedade e da história.

(02) O metalismo e a balança comercial favorável, como princípios reguladores das transações internacionais.

(04) A livre concorrência, para estimular o avanço tecnológico e a qualidade dos produtos e reduzir os custos de produção, enfim, promover a justiça social.

(08) A defesa da supressão imediata de qualquer forma de governo e da lei da oferta e da procura, "mão invisível" que regulamenta as relações econômicas.

(16) A negação da mais-valia como fonte de riqueza, a partir da ideia de que ela resulta da exploração do trabalhador, mediante a apropriação de horas de trabalho.

12. (UEL-PR) Partindo dos princípios da lei da mais-valia absoluta e relativa em Marx, um industrial, para aumentar seus lucros deve

a) investir em novas tecnologias e diminuir a jornada de trabalho dos empregados, intensificando o ritmo e diminuindo a quantidade de horas de produção, com aumento de salários.

b) ampliar a jornada de trabalho dos empregados, intensificando o ritmo e aumentando a quantidade de horas de produção, com aumento de salários.

c) investir em novas tecnologias, diminuindo o ritmo e a quantidade de horas de produção, sem aumento de salários, pois as novas tecnologias são suficientes para aumentar os lucros.

d) aumentar o tempo das horas extras dos empregados, com aumento de salários, estimulando a melhoria do ritmo e da intensidade da produção sem introdução de novas tecnologias.

e) investir em novas tecnologias e ampliar a jornada de trabalho dos empregados, intensificando o ritmo e aumentando a quantidade de horas de produção, sem aumento de salários.

13. (Fuvest-SP) No final do século XIX, a Europa Ocidental torna-se "teatro de atentados contra as pessoas e contra os bens. Sem poupar os países do Norte... esta agitação afeta mais a França, a Bélgica e os Estados do Sul... Na Itália e na Espanha, provoca ou sustenta revoltas camponesas. Numerosos e espetaculares atentados são cometidos contra soberanos e chefes de governo" (R. Schnerb, *O Século XIX*, 1969).

O texto trata das ações empreendidas, em geral, por

a) anarquistas.

b) fascistas.

c) comunistas.

d) militaristas.

e) fundamentalistas.

14. (UFRGS-RS) A Unificação Alemã, habilmente arquitetada por Otto Von Bismarck, realizou-se em torno de guerras bem-sucedidas contra potências vizinhas.

Assinale a alternativa correta em relação às motivações e aos acontecimentos que desencadearam esse processo de unificação.

a) A fragmentação política obstaculizava o pleno desenvolvimento comercial e industrial da região. A unificação promoveria um mercado ágil e ampliado, com condições de enfrentar a concorrência inglesa através da proteção governamental.

b) A unificação foi liderada pela Áustria, o mais poderoso dos Estados germânicos e sucessora do extinto Sacro-Império, capaz de eliminar as pretensões da Prússia. Aliado da França, o país austríaco contou com o seu apoio para vencer as resistências germânicas do sul.

c) A constituição, redigida por Bismarck, inaugurou uma era democrática nos estados alemães, sob influência dos ideais da Revolução Francesa, baseados na soberania e na participação popular.

d) As decisões do Congresso de Viena, ao reconhecerem o direito de independência da Alemanha, foram fundamentais para a consolidação da unificação, pois inibiram as pretensões italianas aos territórios do sul da Alemanha.

e) O processo de unificação alemã contou com o apoio da França, que, acossada pela supremacia britânica, via no novo Estado um importante aliado na corrida imperialista.

15. (UFG-GO) A unificação italiana, no final do século XIX, ameaçou a integridade territorial da Igreja. Esse impasse resultou

a) no reforço dos sentimentos nacionalistas na Itália, provocando a expropriação das terras da Igreja.

b) no envolvimento da Igreja em lutas nacionais, criando congregações para a expansão do catolicismo.

c) na adoção de atitudes liberais pelo Papa Pio IX, como forma de deter as forças fascistas.

d) na assinatura do Tratado de Latrão, em 1929, quando Mussolini criou o Estado do Vaticano.

e) no "Risorgimento", processo em que segmentos ligados à Igreja defenderam a Itália independente.

16. (UFRGS-RS) Dentre as alternativas a seguir, assinale aquela que está correta em relação ao processo de unificação italiana, concluída na segunda metade do século XIX.

a) O Congresso de Viena concluiu o processo de integração nacional italiano na medida em que este veio ao encontro dos interesses das elites locais.

b) O processo de unificação nacional resultou das fortes pressões da burguesia do sul do país, cuja economia demandava um mercado interno homogêneo, dinâmico e integrado para a colocação da sua moderna produção industrial.

c) A construção do Estado Nacional implicou enfrentar e expulsar as tropas de ocupação pertencentes aos impérios britânico, russo e espanhol, estabelecidas na Península Itálica desde os acontecimentos de 1848.

d) O movimento de unificação partiu das áreas mais industrializadas, teve forte presença de uma burguesia interessada na ampliação do mercado interno e foi sustentado pela ideologia do nacionalismo.

e) A consolidação da formação do Estado nacional italiano ocorreu com a anuência do papa Pio IX e o reconhecimento, pelo primeiro-ministro Cavour, da existência e da soberania do Estado do Vaticano, após as negociações da Questão Romana.

17. (PUC-RS) Em 1871, alterava-se profundamente o quadro geopolítico europeu com a conclusão do processo de unificação da Alemanha sob hegemonia prussiana e a criação do "Segundo Reich". É correto afirmar que um componente político fundamental da estratégia prussiana de unificação foi o ___________, tendo como base social decisiva ___________.

a) republicanismo/a alta burguesia

b) nacional-socialismo/os operários fabris

c) militarismo/aristocracia fundiária

d) nacional-socialismo/a alta burguesia

e) militarismo/os operários fabris

MÓDULO 23

1. (Uerj)

O compromisso de Missouri (1820) e a delimitação entre territórios livres e escravistas

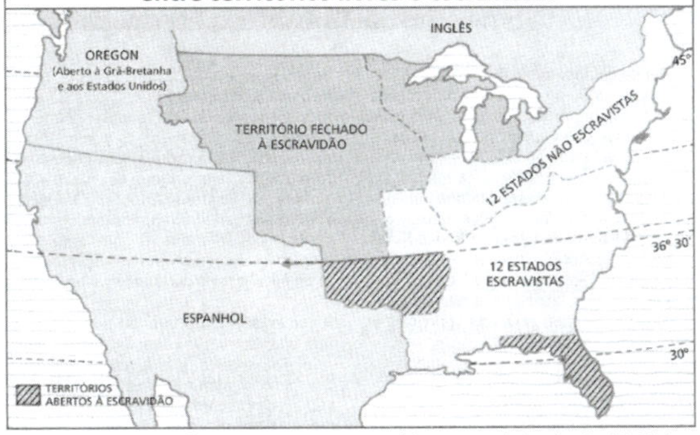

KOSHIBA, L. & PEREIRA, D. M. F. *Américas:* uma introdução histórica. São Paulo: Atual, 1992.

O motivo que levou à assinatura do compromisso de Missouri, apresentado graficamente acima, está expresso em:

a) controle do apoio do norte capitalista à luta abolicionista no sul

b) defesa dos territórios escravocratas diante do expansionismo capitalista do norte

c) ampliação do comércio entre o norte manufatureiro e o sul produtor de matérias primas

d) manutenção do equilíbrio de poder entre representantes congressistas escravistas e não escravistas

2. (UFV-MG)

> *Os Estados Confederados podem adquirir novo território.* [...] *Em todos esses territórios, a instituição da escravidão negra, tal como ora existe nos Estados Confederados, será reconhecida e protegida pelo Congresso e pelo governo territorial; e os habitantes dos vários Estados Confederados e Territórios terão o direito de levar para esse território quaisquer escravos legalmente possuídos por eles em quaisquer Estados ou Territórios dos Estados Confederados* [...].
>
> Constituição dos Estados Confederados da América, Art. IV, seção 3, 1861.

O texto acima reflete um dos pontos centrais de discórdia que geraram a Guerra Civil Americana. Esta guerra civil foi o resultado:

a) da ação imperialista americana que, a partir da Doutrina Monroe, passou a intervir na América Latina.

b) da luta entre os colonos e a Metrópole Inglesa, o que redundaria na independência dos Estados Unidos.

c) da Grande Depressão, intensificando a pobreza e o desemprego nas grandes cidades americanas.

d) da luta pelos direitos civis, particularmente dos negros, forçando uma reinterpretação da Constituição Americana.

e) da oposição dos interesses dos Estados do Sul e do Norte em torno da questão da escravidão e da expansão para o Oeste.

3. (UEM-PR) Em 1848, aconteceram revoluções em vários países europeus. Sobre essas revoluções, assinale a(s) alternativa(s) correta(s).

(01) Essas revoluções foram marcadas pelo avanço das ideias liberais e nacionalistas.

(02) Na França, devido à ausência do operariado urbano, a revolução adquiriu características predominantemente burguesas.

(04) O movimento revolucionário também atingiu a Confederação dos Estados Germânicos, exigindo governos liberais e uma unificação política.

(08) Na Península Itálica, revolucionários ligados ao operariado urbano idealizavam um governo descentralizado, com Estados autônomos e o papa como soberano do país.

(16) A autodeterminação dos povos constituiu-se em um dos princípios que nortearam os diversos movimentos revolucionários daquela época.

4. (Udesc) O filme *E o vento levou*, de 1939, com direção de Victor Fleming, retrata um período da História dos Estados Unidos conhecido como a Guerra de Secessão (ou Guerra Civil Americana), ocorrida entre os anos de 1861 a 1865.

Analise as proposições sobre este período, e assinale (V) para verdadeira e (F) para falsa.

( ) Os estados que formavam os EUA estiveram envolvidos em uma sangrenta guerra (norte × sul) na qual estava em jogo, entre outros motivos, a oposição entre a utilização do trabalho livre e o trabalho escravo.

( ) Os sulistas defendiam o fim do trabalho escravo em todo o território dos EUA, e o movimento pela abolição dos escravos tornou-se maior durante a primeira metade do século XIX.

( ) O fim da escravidão nos EUA não significou igualdade de condições para as populações de ex-escravos e seus descendentes, uma vez que em muitos estados dos EUA foram criadas leis segregacionistas, como, por exemplo, a que separava negros de brancos em espaços públicos como ônibus, banheiros, bares e restaurantes.

( ) Além da divergência sobre a escravidão, outros temas que opunham os estados do Norte aos do Sul referiam-se às tarifas sobre importação, ao acesso a novas terras localizadas a oeste, à atuação do governo federal em relação ao sistema bancário e ao sistema de transportes.

Assinale a alternativa que contém a sequência **correta**, de cima para baixo.

a) V – F – F – F.

b) F – F – F – V.

c) F – F – V – V.

d) V – F – F – V.

e) V – F – V – V.

5. (FGV-SP)

> *A nova onda se propagou rapidamente por toda a Europa. Uma semana depois da queda de Luís Filipe I, o movimento revolucionário tomou conta de uma parte da Alemanha e, em menos de um mês, já estava na Hungria, passando pela Itália e pela Áustria. Em poucas semanas, os governos dessa vasta região foram derrubados, e supostamente se inaugurava uma nova etapa da História europeia, a Primavera dos Povos.*

KOSHIBA, Luiz. *História – origens, estruturas e processos.* São Paulo: Atual, 2004.

O texto faz referência:

a) à *Belle Epoque*.

b) às Revoluções de 1848.

c) à Restauração de 1815.

d) à Guerra Franco-Prussiana.

e) às Revoluções liberais de 1820.

6. (PUC-PR) As revoluções liberais burguesas inspiraram-se em ideias de intelectuais iluministas que muito valorizavam a razão, procurando explicações racionais para todas as coisas.

Dentre estas ideias, as que mais estavam diretamente relacionadas àqueles movimentos revolucionários eram:

I. A liberdade individual era um entrave ao funcionamento do Estado e deveria ser abolida.

II. O estado nada mais era do que o poder conjunto de todos os membros da sociedade, poder este limitado.

III. O poder político deve ser indivisível e uno, pois somente assim pode atender suas finalidades.

IV. Em oposição ao Antigo Regime, a centralização administrativa devia concentrar os poderes políticos.

V. O Mercantilismo deveria ser substituído pelo Liberalismo, em oposição a qualquer tipo de regulamentação.

São corretas as afirmações:

a) I e IV
b) I e III
c) II e V
d) III e IV
e) IV e V

7. (Unifesp)

Signos infalíveis anunciam que, dentro de poucos anos, as questões das nacionalidades, combinadas com as questões sociais, dominarão sobre todas as demais no continente europeu.

Henri Martin, 1847.

Tendo em vista o que ocorreu século e meio depois dessa declaração, pode-se afirmar que o autor

a) estava desinformado, pois naquele momento tais questões já apareciam como parcialmente resolvidas em grande parte da Europa.
b) soube identificar, nas linhas de força da história europeia, a articulação entre intelectuais e nacionalismo.
c) foi incapaz de perceber que as forças do antigo regime eram suficientemente flexíveis para incorporar e anular tais questões.
d) demonstrou sensibilidade ao perceber que aquelas duas questões estavam na ordem do dia e como tal iriam por muito tempo ficar.
e) exemplificou a impossibilidade de se preverem as tendências da história, tendo em vista que uma das questões foi logo resolvida.

8. (PUC-SP) Texto para as próximas 3 questões:

A razão mais profunda do Naturalismo foi a experiência política da geração de 1848: o fracasso da revolução, a repressão, a ascensão de Luís Napoleão — uma torva experiência que obrigou os escritores a uma concentração nos fatos, a um enfrentamento com a realidade, à mais rigorosa objetividade, no plano artístico, e, no plano ético, à solidariedade social e ao ativismo político.

OLIVEIRA, Franklin de. *Literatura e Civilização.* Rio de Janeiro: Difel/INL, 1978. p. 74.

No contexto histórico da geração de 1848, a França tornou-se palco inicial e de expansão de revoltas em toda a Europa que enfraqueceram definitivamente os movimentos

a) liberais, que ganhavam força política com a restauração dos Estados Absolutistas.
b) socialistas, que pregavam o fim da propriedade privada e da sociedade sem classes.
c) nacionalistas, que procuravam enfraquecer a política intervencionista da Santa Aliança.
d) conservadores, que procuravam restaurar o Antigo Regime desde o Congresso de Viena.
e) anarquistas, que defendiam o fim do poder político e o domínio superior do ideal humanista.

9. (PUC-SP) O século XIX, no qual está inserida a geração a que o texto se refere, teve como um dos seus eixos a

a) luta pela abolição de resquícios medievais e pelo fortalecimento do capitalismo em formação.
b) luta pela igualdade, pela ampliação dos direitos de cidadania e pela sociedade democrática.
c) descoberta da liberdade como valor fundamental da sociedade liberal e dos ideais absolutistas.
d) transformação do Estado em importante agente econômico, com prática da política mercantilista.
e) vitória das revoluções socialistas e a ampliação do confronto entre o capitalismo e o comunismo.

10. (PUC-SP) Considere os itens a seguir.

I. O Manifesto Comunista insistia que a finalidade imediata dos comunistas era pôr fim à dominação burguesa, mesmo em sua versão "civilizada", liberal, e levar o proletariado à conquista do poder político.

II. Nesse ano foram tomadas, na Europa, diversas medidas, que tinham por objetivo conter o avanço das ideias liberais disseminadas durante a expansão napoleônica, bem como restaurar a situação vigente antes da Revolução Burguesa.

III. As revoluções da Primavera dos Povos foram desencadeadas e vencidas em um período mínimo de tempo. Porém, contribuíram para o fim da política tradicional das monarquias na Europa ocidental, que acreditavam na Teoria do Direito Divino.

IV. O Haiti, influenciado pelos ideais liberais dos movimentos revolucionários dessa década, tornou-se o primeiro país latino-americano a se constituir como nação negra independente, após a revolta dos escravos.

Sobre os acontecimentos que marcaram o ano a que o texto se refere é correto SOMENTE o que está afirmado em

a) I e II.
b) I e III.
c) I e IV.
d) II e III.
e) II e IV.

11. (Unifesp) O movimento revolucionário de 1848, que abalou, mas não destruiu, a ordem social vigente na Europa, pode ser caracterizado como um conflito no qual

a) a burguesia, ou frações desta classe, face ao perigo representado pelo proletariado, não tomou o poder.
b) o campesinato, em luta encarniçada contra a nobreza, abriu espaço para a burguesia tomar o poder.
c) a nobreza, diante da ameaça representada pela burguesia, fez concessões ao proletariado para se manter no poder.
d) o proletariado, embora fosse uma classe já madura e com experiência, ficou a reboque dos acontecimentos.
e) não houve luta de classes, e sim disputas derivadas das tensões e contradições existentes entre ricos e pobres.

12. (UFU-MG)

> *No início de 1848, o eminente pensador político francês Alexis de Tocqueville tomou a tribuna da Câmara dos Deputados para expressar sentimentos que muitos europeus partilhavam: 'Nós dormimos sobre um vulcão... Os senhores não perceberam que a terra treme mais uma vez? Sopra o vento das revoluções, a tempestade está no horizonte.' 1848 foi a primeira revolução potencialmente global [...] foi a única a afetar tanto as partes desenvolvidas quanto as atrasadas do continente. Foi ao mesmo tempo a mais ampla e a menos sucedida desse tipo de revolução.*
>
> HOBSBAWN, Eric. *A Era do capital*. Rio de Janeiro: Paz e Terra, 1988.

A respeito deste contexto histórico, marcado pela chamada "Primavera dos Povos", podemos afirmar que

I. na França, as barricadas foram empreendidas pelos camponeses, influenciados pelos ideais nacionalistas, e estas promoveram, após a tomada do poder pelos rebeldes e a restauração da monarquia, o enfraquecimento do liberalismo burguês e a democracia representativa em nome da democracia direta.
II. a crise econômica que assolava a Europa, agravada por pragas e pela seca, prejudicou os camponeses, levando-os às ruas em apoio às novas ideologias baseadas nas ideias socialistas, divulgadas com a publicação do Manifesto Comunista de Karl Marx e Friedrich Engels em 1848.
III. as revoltas de 1848, embora tivessem se alastrado pela Europa, não tiveram repercussão no Brasil. Em função do seu caráter fragmentado e das disputas internas entre nacionalistas e liberais, dificultaram os processos de Unificações da Itália e Alemanha.
IV. as diferentes ondas revolucionárias da Primavera dos Povos tiveram em comum o espírito romântico, a construção de barricadas, as bandeiras coloridas e o ideal de liberdade, pondo em xeque o poder e a tradição aristocrática europeia.

Assinale a alternativa correta.

a) Apenas I e II são corretas.
b) Apenas II e IV são corretas.
c) Apenas III e IV são corretas.
d) Apenas I e III são corretas.

13. (UEM-PR)

> *Em 1848, a Europa foi varrida por uma nova onda de revoluções que, pela primeira vez, contaram com ativa participação política da classe operária. Nesse ano, enquanto o continente era sacudido pela 'primavera dos povos', ocorreu a publicação do Manifesto Comunista, assinalando o surgimento do socialismo científico, cujos fundadores foram Karl Marx e Friedrich Engels. A passagem do socialismo utópico para o científico representou a passagem da infância para a maturidade política do proletariado industrial.*
>
> MELLO, L. I. A. & COSTA, L. C. A. *História moderna e contemporânea*. São Paulo: Scipione, 1993.

Em relação ao Manifesto Comunista, de Marx e de Engels, assinale o que for correto.

(01) Marx e Engels combatiam a sociedade capitalista apelando para que os burgueses abrissem mão de suas propriedades e organizassem uma sociedade socialista.
(02) Marx e Engels afirmavam que a divisão da sociedade em classes seria determinada por fatores de ordem econômica e, sobretudo, pela existência da propriedade privada. Os interesses econômicos antagônicos estavam na base do conflito entre as classes sociais, e essa luta, por sua vez, constituiria a força motriz das grandes transformações históricas.
(04) Segundo Marx e Engels, a história é a história das lutas de classes, que, na sociedade capitalista, caracteriza-se pelo antagonismo social entre a burguesia industrial e a nobreza encastelada, ávida para reconquistar sua condição de classe dominante.
(08) Marx e Engels escreveram o Manifesto Comunista com o objetivo de mostrar ao mundo que existia uma teoria consolidada que propunha o fim da propriedade privada dos meios de produção.
(16) Marx e Engels entendiam que a construção da nova sociedade passaria necessariamente por uma revolução que faria a destruição violenta da burguesia e promoveria a socialização dos meios de produção.

14. (UFC-CE) Podemos definir o crescimento industrial inglês, como um processo longo e complexo, que se inicia com produção doméstica, com instrumentos simples e sem que a energia do vapor tenha contribuído muito. Mais tarde a situação se modifica com o surgimento de novas tecnologias. É característica desta segunda fase:

a) o surgimento da fábrica, com meios de produção pertencentes a um empresário que utiliza trabalho assalariado.
b) o trabalho em oficinas, com controle corporativo da produção manual e com meios de produção pertencentes a um capitalista.
c) a utilização do trabalho assalariado de artesãos que dominam o processo produtivo.
d) a propriedade coletiva dos meios de produção e estatização do comércio.
e) o surgimento de cooperativas para a compra de matérias-primas e sua manufatura, utilizando trabalho assalariado.

MÓDULO 24

1. (IFBA)

> *Havendo esta assembleia perjurado ao tão solene juramento, que prestou à Nação, de defender a integridade do Império, sua independência e a minha dinastia: hei por bem, como imperador e defensor perpétuo do Brasil, dissolver a mesma Assembleia e convocar já uma outra* [...] *a qual deverá trabalhar sobre o projeto de constituição que eu hei de em breve apresentar.*
>
> Decreto de D. Pedro I de 12 de novembro de 1823 *apud* BENEVIDES, P. & VIEIRA, R. A. A. *Textos políticos da história do Brasil.* Fortaleza: Universidade Federal do Ceará, s/d. p. 124.

A constituição outorgada por D. Pedro I, em 1824, foi criticada pelos brasileiros, principalmente, porque

a) garantiu a indissolubilidade ao Poder Legislativo e o direito de vetar projetos imperiais.
b) estabeleceu o sufrágio universal e a periodicidade dos Poderes Legislativo e Judiciário.
c) conferiu ao Imperador grandes poderes, estabelecendo uma Monarquia de caráter absolutista.
d) estabeleceu uma Monarquia Parlamentar, seguindo o modelo clássico do parlamentarismo inglês.
e) criou o Poder Moderador que funcionava como um agente fiscalizador da harmonia e independência dos demais poderes.

2. (UEM-PR) Sobre as revoltas ocorridas no período imperial da história do Brasil, assinale o que for correto.

(01) A Cabanagem foi uma importante revolta que envolveu toda a região amazônica e se estendeu aos territórios da Guiana Francesa.
(02) A Sabinada foi uma revolta que ocorreu no Estado de Mato Grosso, entre 1850 e 1869, e se estendeu por todo o Centro-Oeste do Brasil.
(04) A Guerra dos Farrapos ou Revolução Farroupilha se originou no Rio Grande do Sul e se estendeu a territórios que fazem parte do atual Estado de Santa Catarina.
(08) Mesmo com o grande número de revoltas que chegaram a ameaçar a unidade do País, foi durante o período regencial que se consolidou o Estado Nacional.
(16) A Balaiada foi uma revolta das elites maranhenses contra o poder imperial. Iniciou-se no Maranhão e teve adesão das elites regionais dos atuais estados do Piauí e do Ceará.

3. (Vunesp-SP) A maioridade do príncipe D. Pedro foi antecipada, em 1840, para que ele pudesse assumir o trono brasileiro. Entre os objetivos do chamado Golpe da Maioridade, podemos citar o esforço de

a) obter o apoio das oligarquias regionais, insatisfeitas com a centralização política ocorrida durante o Período Regencial.
b) ampliar a autonomia das províncias e reduzir a interferência do poder central nas unidades administrativas.
c) abolir o Ato Adicional de 1834 e aumentar os efeitos federalistas da Lei Interpretativa do Ato, editada seis anos depois.
d) promover ampla reforma constitucional de caráter liberal e democrático no país, reagindo ao centralismo da Constituição de 1824.
e) restabelecer a estabilidade política, comprometida durante o Período Regencial, e conter revoltas de caráter regionalista.

4. (UFRGS-RS) Considere as seguintes afirmações, relativas à participação dos escravos na Guerra dos Farrapos (1835-1845):

I. Nesta Guerra ocorreu o polêmico episódio conhecido como “Surpresa de Porongos”, o qual resultou no massacre de muitos escravos.
II. Nos últimos anos da Guerra, os escravos representavam o principal contingente militar dos rebeldes, em função da dificuldade dos farroupilhas para recrutar soldados.
III. No final desta Guerra, foi assinada a Paz de Ponche Verde, que concedia liberdade aos escravos que lutaram ao lado dos farroupilhas.

Quais estão corretas?

a) Apenas I.

b) Apenas II.

c) Apenas I e III.

d) Apenas II e III.

e) I, II e III.

5. (Uespi) Durante o governo Regencial, foi criada no Brasil a Guarda Nacional (1831), que teve entre seus objetivos:

a) apoiar o reinado de D. Pedro I na consolidação da Independência.

b) proteger os grupos que lideravam a oposição à aristocracia rural.

c) substituir as tropas das milícias do exército e reforçar o poder das elites agrárias.

d) proteger as fronteiras quanto a possíveis invasões, sobretudo as do Nordeste.

e) conter as rebeliões e motins que pudessem perturbar a ordem institucional militar.

6. (UEPB) A(s) próxima(s) questão(ões) tratam da montagem do sistema político e de aspectos sociais e econômicos da sociedade brasileira à época do processo de emancipação de 1822. Na verdade, ela(s) trata(m) dos fundamentos de nossa sociedade e dá(ão) subsídios para que se possa entender como fomos nos formando combinando de forma desigual liberdade, participação política e justiça social. Como bem afirmou o historiador José Murilo de Carvalho: *"Temos liberdade, alguma participação e muita desigualdade".*

Sobre aspectos políticos do processo de emancipação assinale a única alternativa incorreta.

a) O sistema representativo, criado com a emancipação política de 1822, permitia a eleição de deputados gerais para um mandato de quatro anos, mas os senadores tinham que ser eleitos através de lista tríplice e para mandatos vitalícios.

b) A Constituição de 1824, outorgada por D. Pedro I, continha direitos civis e políticos reconhecidos nos países europeus, mas, ao mesmo tempo, adotava o Poder Moderador, que permitia ao Imperador controlar o sistema político brasileiro.

c) Como forma de conseguir que Portugal aceitasse a emancipação do Brasil, D. Pedro I determinou que se implantasse um sistema eleitoral em que os governantes municipais e estaduais fossem escolhidos livre e democraticamente pela população.

d) Com a emancipação do Brasil em 1822, a elite político-econômica brasileira optou por um sistema de governo baseado numa monarquia representativa. O objetivo era preservar a unidade do país em torno da figura do Imperador e manter a paz e a ordem social.

e) O arranjo institucional pós-emancipação legou um sistema político em que o Imperador era o chefe absoluto do governo e do Estado. Dentre outras coisas, o Imperador escolhia seus ministros entre os líderes dos partidos Liberal e Conservador.

7. (FGV-SP) Leia a entrevista.

> *FOLHA – Estamos vivendo um momento de novas interpretações em relação ao período imperial?*
>
> *MAXWELL – [...] o movimento de independência da década de 1820 não aconteceu no Brasil, mas em Portugal. Foram os portugueses que não quiseram ser dominados por uma monarquia baseada na América.*
>
> *Com a rejeição da dominação brasileira, eles atraíram muitos dos problemas de fragmentação, guerras civis e descontinuidade que são parecidos com aqueles que estavam acontecendo na América espanhola.*
>
> *É sempre importante, ao pensar a história do Brasil, considerar que ela não se encaixa em interpretações convencionais. É sempre necessário pensar um pouco de forma contrafactual, porque a história brasileira não segue a mesma trajetória de outras histórias das Américas. O rei estava aqui, a revolução liberal estava lá. A continuidade estava aqui, a descontinuidade estava lá.*
>
> *Acho que isto explica muito das coisas que aconteceram depois no Brasil, no século 19.*
>
> STRECKER, Marcos. Para Maxwell, país não permite leituras convencionais. *Folha de S.Paulo*, 25 nov. 2007.

"A história brasileira não segue a mesma trajetória de outras histórias das Américas", pois

a) em 1824 foi promulgada a primeira constituição do Brasil, caracterizada pela divisão e autonomia dos três poderes e por uma legislação social avançada para os padrões da época, pois garantia o direito de voto a todos os brasileiros.

b) com a grave crise estrutural que atingiu as atividades produtivas da Europa no início do século XIX, restou ao Brasil um papel relevante no processo de recuperação das bases econômicas industriais, com o fornecimento de algodão, tabaco e açúcar.

c) os princípios e as práticas liberais do príncipe regente Dom Pedro se chocavam com o conservadorismo das elites coloniais do centro-sul, defensoras de restrições mercantilistas com o intuito de conter a ganância britânica pela riqueza brasileira.

d) com as invasões napoleônicas, desorganizaram-se os contatos entre a metrópole espanhola e seus espaços coloniais na América, situação diversa da verificada em relação ao Brasil, que abrigou a Corte portuguesa.

e) a elite colonial nordestina – voltada para o mercado interno, defensora do centralismo político-administrativo e da abolição da escravatura – apostava na liderança e na continuidade no Brasil de Dom João VI para a efetivação desse projeto histórico.

8. (UFF-RJ) Como "mito de origem nacional" para a Bahia, a Guerra de Independência, de 2 de julho de 1823, é sempre relembrada em festas e comemorações oficiais.

Assinale a alternativa que melhor identifica o papel dos baianos no contexto da independência brasileira.

a) A articulação revolucionária das camadas populares da capital baiana esteve restrita aos interesses dos libertos e dos homens livres e pobres, sem o apoio de parte dos intelectuais da cidade de Salvador.

b) As independências do Brasil e da Bahia ocorreram no mesmo contexto político, sem particularismos locais. Nesse sentido, não é possível considerar a existência de duas datas que marcam a independência do país.

c) A sedição de 1798 na Bahia sepultou os desejos separatistas dos baianos e os afastou da política brasileira de 1822. Por essa razão, a população baiana esteve alijada do contexto político da independência.

d) A comemoração da independência da Bahia justifica-se, pois nessa data, as tropas do Exército e da Marinha expulsaram definitivamente os portugueses da cidade de Salvador.

e) A independência do Brasil esteve estritamente associada aos interesses ingleses e holandeses, instalados no Brasil e beneficiários da Abertura dos Portos.

9. (UPF-RS) Em setembro de 1822, o príncipe regente Dom Pedro proclamou a separação do Brasil em relação ao reino de Portugal. Sobre a independência do Brasil é **correto** afirmar:

a) Modificou parcialmente as estruturas do país, pois, embora tivesse mantido o latifúndio, a monocultura e a escravidão, o Brasil tornou-se política e economicamente independente.

b) Não modificou o país em profundidade, pois manteve a concentração da terra, a monocultura e a escravidão.

c) Modificou o país, pois a Lei de Terras propiciou um maior acesso à terra pela população.

d) Não chegou a modificar o país concretamente, pois as ideias de fim de escravidão e de adoção de uma política agrária para o país não foram cumpridas, como queriam os cafeicultores.

e) Representou um avanço social, pois o país passou a ser governado por uma família real cuja mentalidade era abolicionista.

10. (IFBA)

O Brasil constituía então uma base essencial da economia portuguesa. A nossa exportação era quase toda (excetuando o vinho do Porto) canalizada para os portos brasileiros; a nossa importação vinha quase toda do Brasil; as matérias-primas tropicais faziam escala em Lisboa e daqui eram exportadas para o exterior. [...] A emancipação econômica do Brasil (em 18(08) teve, portanto, consequências graves na economia portuguesa. A antiga colônia passara, em poucos anos, de fonte de rendimento a fonte de despesa.

SARAIVA, J. H. *História de Portugal*. Lisboa: Europa-América, 1996. p. 274.

No contexto das medidas liberais decretadas por D. João VI no Brasil, a "emancipação econômica do Brasil", que o historiador português apresenta como danosa à economia portuguesa, é resultado da

a) autonomia administrativa advinda da elevação do Brasil a Reino Unido de Portugal e Algarves.

b) autonomia financeira garantida com a criação do Banco do Brasil, que passou a emitir papel-moeda.

c) liberação manufatureira estabelecida pelo Alvará de 1º de abril, que permitiu as instalações de indústrias no Brasil.

d) incrementação do comércio brasileiro a partir da assinatura do Tratado de Comércio e Navegação com a Inglaterra.

e) liberdade de comércio estabelecida pelo decreto de Abertura dos Portos Brasileiros às Nações Amigas de Portugal.

11. (IFBA)

Obrigado pelas imperiosas circunstâncias [...] a transportar a sede do império temporariamente para outra parte dos meus domínios, [...] foi necessário procurar elevar a prosperidade daquelas partes do império [...] para que elas pudessem concorrer às despesas necessárias para sustentar a honra e o esplendor do trono e para segurar sua defesa contra a invasão de um poderoso inimigo. Para este fim [...] fui servido a adotar os princípios [...] da liberdade e franquia do comércio e diminuição dos direitos de alfândegas [...].

Príncipe regente D. João VI, Rio de Janeiro, 7/3/1810. In: INÁCIO, I. C. & LUCA, T. R. de. *Documentos do Brasil Colonial.* São Paulo: Ática, 1983. p. 173.

A diminuição dos direitos de alfândega de que trata o texto, consequências dos Tratados de 1810, resultou no

a) aumento das exportações brasileiras na medida em que se legalizou o comércio com outros países da Europa.

b) incremento e consolidação do domínio inglês sobre o Brasil em função dos privilégios comerciais garantidos à Inglaterra.

c) estabelecimento no Brasil, das primeiras estradas de ferro interligando áreas produtoras aos portos, agilizando as exportações.

d) desenvolvimento da indústria manufatureira do Brasil incentivada pela entrada de capitais estrangeiros, em particular ingleses.

e) crescimento da produção agrária da colônia para atender a demanda dos vários países que passaram a comprar matéria-prima brasileira.

12. (Fuvest-SP)

Fui à terra fazer compras com Glennie. Há muitas casas inglesas, tais como celeiros e armazéns não diferentes do que chamamos na Inglaterra de armazéns italianos, de secos e molhados, mas, em geral, os ingleses aqui vendem suas mercadorias em grosso a retalhistas nativos ou franceses. [...] As ruas estão, em geral, repletas de mercadorias inglesas. A cada porta as palavras Superfino de Londres saltam aos olhos: algodão estampado, panos largos, louça de barro, mas, acima de tudo, ferragens de Birmingham, podem-se obter um pouco mais caro do que em nossa terra nas lojas do Brasil.

Adaptado de GRAHAM, Maria. *Diário de uma viagem ao Brasil.* São Paulo: Edusp, 1990. p. 230.

Esse trecho do diário da inglesa Maria Graham refere-se à sua estada no Rio de Janeiro em 1822 e foi escrito em 21 de janeiro deste mesmo ano. Essas anotações mostram alguns efeitos

a) do Ato de Navegação, de 1651, que retirou da Inglaterra o controle militar e comercial dos mares do norte, mas permitiu sua interferência nas colônias ultramarinas do sul.

b) do Tratado de Methuen, de 1703, que estabeleceu a troca regular de produtos portugueses por mercadorias de outros países europeus, que seriam também distribuídas nas colônias.

c) da abertura dos portos do Brasil às nações amigas, decretada por D. João em 1808, após a chegada da família real portuguesa à América.

d) do Tratado de Comércio e Navegação, de 1810, que deu início à exportação de produtos do Brasil para a Inglaterra e eliminou a concorrência hispano-americana.

e) da ação expansionista inglesa sobre a América do Sul, gradualmente anexada ao Império Britânico, após sua vitória sobre as tropas napoleônicas, em 1815.

13. (UEM-PR) No início do século XIX, em razão das guerras napoleônicas, a Corte Portuguesa transfere-se para o Rio de Janeiro. A colônia portuguesa na América torna-se a sede da Corte. A esse respeito, assinale a(s) alternativa(s) correta(s).

(01) Ao chegar ao Rio de Janeiro, o rei de Portugal realiza uma série de reformas administrativas e culturais para adaptar a cidade às necessidades da vida cortesã.

(02) Nesse período, o Brasil recebe uma grande influência da cultura europeia, sobretudo, após a chegada da missão artística francesa.

(04) Nesse período, Jean-Baptiste Debret documentou, em seus desenhos e aquarelas, dentre outros temas, cenas da sociedade do Rio de Janeiro, os usos e costumes dos habitantes da colônia.

(08) Na arquitetura, a missão artística francesa desenvolveu o estilo neoclássico, abandonando os princípios barrocos.

(16) Com o final do período joanino e o retorno da missão artística francesa à Europa, cessou, no Brasil, a influência cultural francesa e se iniciou o movimento modernista brasileiro.

14. (Uespi) O historiador Oliveira Lima define D. João VI como um grande estadista. Com relação às medidas adotadas por esse monarca, logo após sua chegada ao Brasil, em 1808, destaca-se:

a) a transposição da estrutura administrativa portuguesa, como tribunais, ministérios e cartórios, cujos cargos foram preenchidos apenas por brasileiros.

b) o estreitamento das relações comerciais com a Inglaterra, simbolizado pela abertura dos portos brasileiros ao comércio exterior.

c) a assinatura do Tratado de Madri, com a Espanha, distendendo as fronteiras territoriais da região Sul do Brasil.

d) a criação do Instituto Histórico e Geográfico Brasileiro (IHGB), no Rio de Janeiro, para construção de uma nova identidade para a nação recém-fundada.

e) a concessão do perdão para os participantes na Revolução Pernambucana, também reconhecida como Revolução dos Padres.

MÓDULO 25

1. (UPE) O último Estado independente da Índia, o reino de Panjab, foi conquistado no período de 1846-1848; daí por diante, a dominação inglesa se estendeu por todo o território. Apesar da completa sujeição em que se encontravam reinos e Estados, o povo indiano empreendeu vários esforços para recobrar a liberdade.

Sobre a dominação inglesa na Índia, assinale a alternativa correta.

a) As revoltas pela libertação nacional da Índia obtiveram pleno êxito no século XIX, devolvendo a independência ao país em 1898.

b) A Grande Revolta de 1857-1858 foi promovida pela classe liberal indiana, preocupada em recuperar seus poderes perdidos para o proletariado inglês.

c) Durante a segunda metade do século XX, a Índia foi, de fato e de direito, uma possessão britânica, gerida para seu exclusivo interesse.

d) A Índia oferecia um mercado de monopólio à Inglaterra no momento em que esta se encontrava em plena expansão industrial.

e) A administração inglesa colonial vetou que indianos assumissem qualquer cargo na administração pública.

2. (Uneb-BA)

Lembranças de Makoko, uma das mais famigeradas comunidades de posseiros em Lagos, na Nigéria — metrópole presa entre a modernidade e a miséria. Com centenas de modos de transferência assíncronos (ATM, na sigla em inglês), recordes de centros de internet e milhões de telefones celulares, essa cidade agitada e congestionada com 8 milhões a 17 milhões de habitantes (dependendo de onde se traça a linha de contorno ou de quem faz a contagem) está conectada à grade global. Centro internacional de negócios empresariais e capital comercial do país mais populoso da África, Lagos atrai perto de 600 mil novos visitantes todos os anos. Mas a maioria dos bairros, mesmo alguns dos melhores, não dispõe de água encanada, saneamento básico e eletricidade. Makoko — parte sobre terra firme, parte flutuando sobre lagoas — é uma das comunidades mais carentes da megalópole.

Bairros como esse existem no mundo todo. [...]

Quando os governos negam a essas comunidades o direito de existir, as pessoas demoram mais para melhorar suas casas.

Quando as autoridades do Rio de Janeiro decretaram guerra às favelas nos anos 60, por exemplo, as pessoas temiam ser expulsas de suas casas, ou que estas fossem incendiadas e por isso não tinham pressa em melhorá-las. A maioria das favelas permaneceu primitiva — pouco diferentes das cabanas de barro e dos barracos de madeira de Mumbai e Nairóbi. Mas, quando os políticos perceberam a reação e passaram a se comprometer com as comunidades, elas começaram a proliferar sem controle.

NEUWIRTH, 2013. p. 22-24-26.

A África é um continente marcado pelos contrastes e teve sua história intimamente relacionada ao desenvolvimento econômico da Europa, durante

a) a utilização, pelo europeu, do modelo de escravidão africano e de sua modalidade de tráfico, na implantação do sistema colonial americano.

b) a penetração do elemento europeu no interior do continente a partir da expansão imperialista do século XIX, interessada na ampliação dos mercados e na aplicação do excedente de capital industrial.

c) a Segunda Guerra Mundial, contribuindo para o desenvolvimento autônomo das sociedades africanas, em função de os conflitos armados terem sido restritos ao continente europeu.

d) a Guerra Fria, quando se estabeleceu uma política desinteressada dos europeus e dos norte-americanos em relação a esse continente, devido ao fato de estarem focados nas suas divergências com a União Soviética.

e) o processo de descolonização, que estabeleceu por princípio o pan-africanismo, conquistada pela Unidade Africana, por meio de negociações pacíficas e de retorno de vantagens econômicas com a Inglaterra e a França.

3. (PUC-RS) Considere as afirmações sobre o Imperialismo e o Neocolonialismo na segunda metade do século XIX e princípio do século XX.

I. A chamada Segunda Revolução Industrial é o fenômeno econômico condicionante do neocolonialismo, à medida que amplia, nos países industrializados, a necessidade de fontes externas de matérias-primas, bem como de novas áreas fornecedoras de mão de obra escrava em larga escala.

II. A descoberta de diamantes no Transvaal (1867) e de ouro e cobre na Rodésia (1889) motivaram os países industrializados da Europa a tentar garantir domínio exclusivo sobre parcelas do continente africano.

III. A Conferência de Berlim (1885-1887), convocada por Otto von Bismarck, fixou regras para a chamada partilha da África, as quais favoreceram a Alemanha e a Itália recém-unificadas, que assim compensaram seu ingresso tardio na corrida imperialista.

IV. O Japão e os Estados Unidos, como potências não europeias, participaram ativamente da corrida imperialista, buscando estabelecer áreas de influência colonial ou semicolonial, em guerras contra a Rússia e a Espanha, respectivamente.

Estão corretas somente as afirmativas

a) I e II.

b) I e III.

c) II e III.

d) II e IV.

e) I, III e IV.

4. (Udesc) O excerto e a charge abaixo referem-se à colonização da África no século XIX.

Universal History Archive/Getty Images

Charge representando *Cecil Rhodes*, agente britânico de colonização da África. Disponível em: <http://passapalavra.info/?p=26512>.

As potências europeias puderam conquistar a África com relativa facilidade porque a balança pendia a seu favor, sob todos os aspectos. Em primeiro lugar, graças às atividades dos missionários e dos exploradores, os europeus sabiam mais a respeito da África e do interior do continente – aspecto físico, terreno, economia e recursos, força e debilidade de seus Estados e de suas sociedades – do que os africanos a respeito da Europa. Em segundo lugar, em função das transformações revolucionárias verificadas no domínio da tecnologia médica e, em particular, devido à descoberta do uso profilático do quinino contra a malária, os europeus temiam menos a África do que antes de meados do século XIX. Em terceiro lugar, em consequência da natureza desigual do comércio entre a Europa e a África até os anos de 1870 e mesmo mais tarde, bem como do ritmo crescente da revolução industrial, os recursos materiais e financeiros da Europa eram muitíssimo superiores aos da África. Por isso, se as potências europeias podiam gastar milhões de libras nas campanhas ultramarinas, os Estados africanos não tinham condições de sustentar um conflito armado com elas. Em quarto lugar, [...] a Europa podia concentrar-se militarmente de maneira quase exclusiva nas atividades imperiais ultramarinas, mas os países e os Estados africanos tinham suas forças paralisadas pelas lutas intestinas. Além disso, as potências europeias conviviam pacificamente, conseguindo resolver os problemas coloniais que as dividiam no decorrer da era da partilha e até 1914 sem recurso à guerra.

UZOIGWE, Godfrey N. Partilha europeia e conquista da África: apanhado geral. In: BOAHEN, Albert Adu (Org.). *História geral da África, VII*: África sob dominação colonial, 1880-1935. 2. ed. rev. Brasília: Unesco, 2010. p. 44-45.

Analise as proposições.

I. Apesar de o Continente Africano já ser conhecido e ocupado, desde o século XV, pelos europeus, foi no século XIX que a conquista de todo o território africano foi consolidada, com a ocupação do interior e da sua divisão entre os países colonizadores.

II. A ocupação do território africano pelos europeus diferenciou-se conforme as características econômicas, políticas e culturais da população local, que era muito diversa, dependendo da região do continente.

III. Entre as condições que possibilitaram a ocupação do território africano, pode-se citar a disponibilidade de recursos econômicos e o desenvolvimento da tecnologia.

IV. As diferenças entre os próprios estados africanos foi um dos fatores que facilitaram o domínio das sociedades africanas, no século XIX, uma vez que permitiram que acordos entre os governos europeus e os governos ou grupos locais fossem estabelecidos.

Assinale a alternativa **correta**.

a) Somente as afirmativas I e II são verdadeiras.

b) Somente as afirmativas II e III são verdadeiras.

c) Somente as afirmativas II, III e IV são verdadeiras.

d) Somente as afirmativas I, II e IV são verdadeiras.

e) Todas as afirmativas são verdadeiras.

5. (UEMG) O mapa a seguir representa a África em 1914:

História geral da África, VII: África sob dominação colonial, 1880-1935 / editado por Albert Adu Boahen. – 2. ed. rev. – Brasília: Unesco, 2010, p. 77. Adaptado.

No final do século XIX, na Conferência de Berlim, os europeus definiram a partilha da África entre as potências europeias, conforme mostra o mapa. De acordo com esse mapa e sua relação com a história do continente africano nos séculos XX/XXI, é correto afirmar:

a) A divisão política imposta à África pelos países europeus no período do imperialismo foi completamente desfeita pelos movimentos de independência e pelas consequentes guerras civis que tomaram o continente no século XX.
b) As constantes guerras civis e os conflitos por fronteiras na África contemporânea são consequência da manutenção de descendentes de europeus nos mais altos cargos políticos dos países africanos.
c) A organizada colonização inglesa e holandesa possibilitou que a África do Sul se desenvolvesse; como resultado dessa colonização, hoje o país tem baixíssimos índices de violência e de pobreza.
d) As fronteiras políticas impostas pela dominação europeia desconsideraram a divisão étnica da África, o que levou, no período pós-independência, ao acirramento dos ânimos e, em últimas consequências, a conflitos de diversas ordens.

6. (Uerj)

A palavra "imperialismo", no sentido moderno, desenvolveu-se primordialmente na língua inglesa, sobretudo depois de 1870. Seu significado sempre foi objeto de discussão, à medida que se propunham diferentes justificativas para formas de comércio e de governo organizados. Havia, por exemplo, uma campanha política sistemática para equiparar imperialismo e "missão civilizatória".

Adaptado de WILLIAMS, Raymond. *Um vocabulário de cultura e sociedade*. São Paulo: Boitempo, 2007.

No final do século XIX, os europeus defendiam seus interesses imperialistas nas regiões africanas e asiáticas, justificando-os como missão civilizatória.

Uma das ações empreendidas pelos europeus como missão civilizatória nessas regiões foi:

a) aplicação do livre comércio
b) qualificação da mão de obra
c) padronização da estrutura produtiva
d) modernização dos sistemas de circulação

7. (Udesc) O imperialismo, ou neocolonialismo, como também é conhecido, é constituído por práticas dos Estados Nacionais, que pretendem colocar-se como expansores de seus domínios, controlando outras nações supostamente imaginadas como mais frágeis e mesmo até menos civilizadas. Sobre o imperialismo das últimas décadas do século XIX, é **correto** afirmar que:

a) o Brasil foi colaborador da política imperialista na África.
b) os países latino-americanos, no final do século XIX, em sua maioria ainda colônias das metrópoles, também sofreram com o neocolonialismo.
c) os Estados Unidos foram o Estado mais ostensivo em sua política imperialista no período citado.
d) as investidas dos países europeus na expansão de seus domínios foram centradas sobretudo na África e Ásia.
e) Alemanha e Itália, países há muito tempo constituídos como Estados Nacionais, tiveram papel de destaque no imperialismo do final do século XIX.

8. (IFCE) A supremacia britânica, na Europa e no mundo, foi indiscutível no século XIX, atingindo seu apogeu entre 1850 e 1875. O desenvolvimento econômico, o progresso social e a estabilidade política geraram as condições necessárias para a formação de um vasto império colonial na América, na África e na Ásia, no qual se dizia que o sol nunca se punha.

O texto acima se refere ao período da história inglesa conhecido como

a) Revolução Comercial.
b) Revolução Gloriosa.
c) Era Puritana.
d) Era Vitoriana.
e) República Britânica.

9. (UFSM-RS)

Reprodução/Coleção particular

<http://2.blogspot.com/hw9v9pBbqis/TEW3PU5Kjyl/AAAAAAAAB94/3d7N6F8SHOY/s1600/Americanprogress.jpg>

Interbits®

<http://2alerce.pntic.mec.es/~pong0000/CausasImperialismo/mision%20civilizadora.jpg>

Na pintura de John Gast (Figura 1), Colúmbia, a mulher angelical, carrega a "luz da civilização" para iluminar os caminhos e guiar homens e carroças na marcha para o oeste dos Estados Unidos; enquanto ela avança e expande os cabos do telégrafo nos caminhos por onde passa, tanto os indígenas nativos como os animais selvagens fogem amedrontados.

No centro do cartaz (Figura 2), a mulher com armadura (uma referência à heroína Joana d'Arc) traz, na mão direita erguida, um ramo de oliveira, símbolo da sabedoria universal; a mão esquerda segura o escudo com as cores da bandeira francesa e o lema "progresso – civilização – comércio". É a alegoria da França conquistadora que se expande para a Ásia e África distantes, levando as luzes do progresso e do comércio para os povos que, por desconhecerem o majestoso brilho da civilização europeia, vivem na escuridão.

Essas imagens são alegorias de duas ideologias imperialistas do século XIX sintetizadas, respectivamente, nas expressões históricas

a) "ética dos peregrinos" e "luta contra a barbárie".
b) "ideologia do branco anglo-saxão protestante" e "salvacionismo imperial".
c) "aliança para o progresso" e "processo civilizatório afro-asiático".
d) "guerra justa" e "ocidentalização do mundo oriental".
e) "destino manifesto" e "fardo do homem branco".

10. (PUC-MG)

> *Enquanto isso, o capitão Nemo, encarnação da revolta contra os donos do mundo, proclama-se indiano das Índias, por conseguinte, anti-inglês, como são os heróis de La Maison à Vapeur (1880), ou os Maoris da Nova Zelândia, esses "homens orgulhosos que resistem pau a pau aos invasores".*

FERRO, Marc. *História das colonizações*: das conquistas às independências, séculos XIII a XX. São Paulo: Companhia das Letras, 1996.

O capitão Nemo é uma personagem criada por Júlio Verne em *Vinte Mil Léguas Submarinas*, numa crítica explícita do autor ao sistema inglês de colonização. O colonialismo do século XIX, criticado por Júlio Verne, tem suas bases correlacionadas de forma correta em todas as alternativas a seguir, **EXCETO**:

a) **Nacionalismo** – na ótica da política internacional da época, a posse de colônias era fonte de prestígio e prova de força do país que as conquistava.
b) **Racismo** – impregnado de visões a respeito do nativo como inferior e do europeu como orgulho racial e superior, detentor do direito de dominação.

c) **Civilização** – os europeus comparavam todas as formas de governo, numa tentativa de apreender uma forma de vida mais natural.

d) **Alteridade** – na qualidade de outro, o nativo não existe. Eles são caçados como animais selvagens ou considerados "foras da lei".

11. (PUC-PR) A partir da segunda metade do século XIX, as potências europeias começaram a disputar áreas coloniais na África, na Ásia e na Oceania. Seus objetivos eram a busca por fontes de matérias-primas, mercado consumidor, mão de obra e oportunidades para investimento. As justificativas morais para essa colonização, no entanto, estavam relacionadas com o que se chamava de darwinismo social, cujo significado é:

a) O homem branco tinha a tarefa de cristianizar as populações pagãs de outros continentes, resgatando-as de religiões animistas e de práticas antropofágicas.

b) O homem branco de origem europeia estava imbuído de uma missão civilizadora, através da qual deveria levar para seus irmãos de outras cores, incapazes de fazer isso por si mesmos, as vantagens da civilização e do progresso, resgatando-os da barbárie e do atraso aos quais estavam submetidos.

c) Os colonizadores europeus tinham a tarefa de ensinar os princípios fundamentais da democracia, ensinando aos povos colonizados o processo de governo democrático, permitindo-lhes se afastar de governos tirânicos e autocratas.

d) A colonização tinha como tarefa repassar aos povos colonizados os fundamentos da economia capitalista, para que eles mesmos pudessem gerenciar as riquezas de seus territórios e, com isso, possibilitar o desenvolvimento social de seu país.

e) Estudar, segundo uma perspectiva antropológica, a organização das sociedades colonizadas, conhecer seus princípios religiosos, políticos, culturais e sociais, com o objetivo de ajudar a preservá-los.

12. (UFMG) Considerando-se as intervenções do Imperialismo europeu na Ásia durante os séculos XIX e XX, é **CORRETO** afirmar que

a) a Austrália se lançou com voracidade à conquista de territórios vizinhos à Oceania, com vistas a fortalecer sua posição de colônia recém-liberta (1905).

b) a conquista da Coreia foi uma das expressões do Imperialismo japonês, ocupação que, iniciada em 1910, abriu caminho à posterior invasão da China.

c) o Império Chinês foi extinto e, em seu território, surgiram várias colônias europeias, como desdobramentos da intervenção estrangeira na Revolta dos Boxer de 1911.

d) os ingleses ocuparam e colonizaram a Indochina, na última década do século XIX, para garantir a segurança de suas possessões na Indonésia.

13. (Vunesp-SP) O imperialismo colonial europeu do final do século XIX e início do século XX mudou a geopolítica do continente africano, fragmentando-o em fronteiras representadas pelo aparecimento de novos espaços linguísticos e novas dinâmicas espaciais e econômicas.

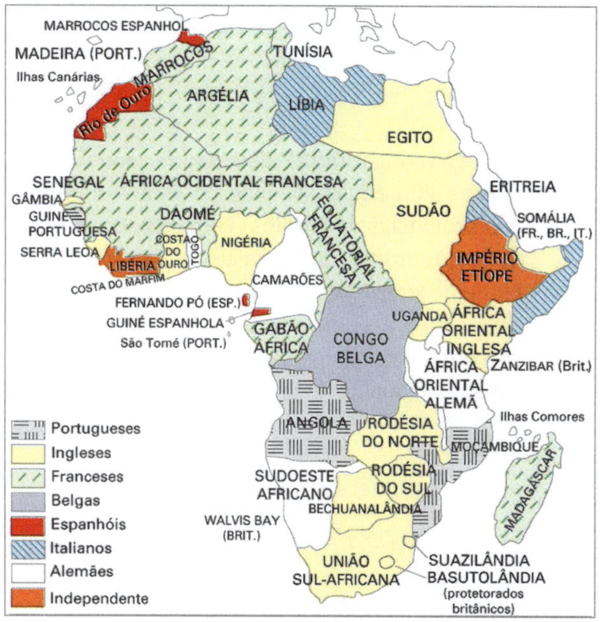

Marc Ferro, *História das Colonizações*, 1996. Adaptado.

Analisando o mapa, pode-se afirmar que

a) em 1895, França, Grã-Bretanha, Portugal, Espanha, Alemanha e Itália fizeram um acordo de divisão da totalidade do continente africano.

b) os impérios coloniais, a partir da Conferência de Berlim, dominaram a África para instalar indústrias, visto que era algo inexistente na Europa.

c) os países envolvidos nesse processo necessitavam de mercados exteriores, matérias-primas agrícolas e minerais para compensar o declínio da industrialização na Europa.

d) a repartição da África foi um projeto civilizador europeu, que, para ser estabelecido, exigiu a destruição social das oligarquias locais.

e) o imperialismo apoiou-se também nas rivalidades nacionalistas britânica, francesa e alemã, que originaram novos espaços linguísticos na África.

MÓDULO 26

1. (UEPB) Sobre os movimentos sociais na Paraíba do século XIX, é correto afirmar:

a) A principal ação dos integrantes do movimento Ronco da Abelha foi quebrar os instrumentos de aferição dos pesos das novas medidas métrico-decimal.

b) O movimento Quebra-quilos ocorreu em todas as províncias do território nacional e foi motivado por questões de ordem fiscal.

c) O movimento Ronco da Abelha ocorreu devido à implantação do novo sistema métrico-decimal.

d) A Paraíba foi a província apática diante das revoltas populares que ocorreu no Império do Brasil, não participando nem direta nem indiretamente dos movimentos do Ronco da Abelha e Quebra-quilos.

e) A Guerra dos Moribundos eclodiu nos últimos dias de 1851 em várias vilas, povoados e cidades das províncias da Paraíba, Pernambuco e Ceará, em razão imediata dos decretos 797 e 798, que estabeleceram que, a partir de então, os registros de nascimento e de óbito teriam de ser feitos nos cartórios cíveis, além de prever a realização do censo nacional.

2. (EsPCEx-SP)

> *Os interesses na região platina levaram o Brasil a participar de três guerras: contra Oribe e Rosas (presidentes do Uruguai e da Argentina, respectivamente), contra Aguirre (do Uruguai) e a Guerra do Paraguai.*
>
> COTRIM, 2009.

Sobre esse tema, leia as afirmações a seguir:

I. Garantir o direito de navegação pelo rio da Prata, formado pela junção dos rios Paraná e Uruguai;

II. Garantir a permanência de Solano Lopes na presidência do Paraguai;

III. Manter o Uruguai como província;

IV. Impedir que a Argentina anexasse o Uruguai;

V. Conquistar uma saída para o Oceano Pacífico.

Assinale a única alternativa que apresenta todas as afirmações corretas sobre os objetivos brasileiros nesses conflitos:

a) I e IV.

b) II, III e V.

c) II e III.

d) I, IV e V.

e) I e III.

3. (UFSC) Sobre o Segundo Reinado brasileiro, é CORRETO afirmar que:

(01) a Lei de Terras de 1850, proposta por D. Pedro II, garantiu uma melhor distribuição das terras no território nacional, demonstrando o caráter democrático e popular das ações do imperador-cidadão.

(02) o café consolida-se como o principal produto nacional de exportação e contribui para a maior estabilidade da economia brasileira em relação às primeiras décadas do século XIX.

(04) do ponto de vista político, os partidos Liberal e Conservador disputaram o poder durante todo o Segundo Reinado, por possuírem princípios e ações completamente opostas.

(08) o "surto industrial" brasileiro entre os anos de 1844 e 1860 esteve relacionado ao aumento das tarifas sobre os produtos importados e teve na figura de Irineu Evangelista de Souza, o Barão de Mauá, um de seus principais ícones.

(16) na política externa, o Brasil esteve envolvido em conflitos militares na região do rio da Prata contra Oribe (Uruguai) e Rosas (Argentina) e, posteriormente, contra Aguirre (Uruguai), onde conseguiu depor seus adversários e colocar no poder seus aliados.

(32) a crise que derrubou o Império está relacionada ao crescimento do movimento republicano conduzido pelos estancieiros gaúchos, conhecidos como farroupilhas, liderados por Giuseppe Garibaldi e Bento Gonçalves.

(64) a questão da mão de obra esteve no centro dos debates; uma das principais ações neste sentido foi a lei Eusébio de Queiroz (1850), que pretendia extinguir o tráfico de escravos, mas acabou ficando conhecida como "lei para inglês ver".

4. (UEPB) Analise as proposições a seguir:

I. A Itália e a Alemanha passavam, no século XIX, pelo seu processo de unificação e pela modernização das relações de trabalho em moldes capitalistas, o que causou a expulsão de pequenos proprietários e favoreceu fortemente a emigração para a produção cafeeira do Brasil.

II. A elite colonial via na ideologia do branqueamento a justificava da vinda de imigrantes da Europa para o Brasil porque a raça branca teria uma tarefa civilizacional nas terras brasileiras.

III. Os imigrantes teriam destinação para as fazendas de café do Nordeste do Brasil e recebiam salários por seu trabalho, não podendo adquirir sua própria terra.

Está(ão) correta(s) a(s) proposição(ões):

a) Apenas I.

b) I, II e III.

c) Apenas II e III.

d) Apenas I e III.

e) Apenas I e II.

5. (Unicamp-SP) Assinale a afirmação correta sobre a política no Segundo Reinado no Brasil.

a) Tratava-se de um Estado centralizado, política e administrativamente, sem condições de promover a expansão das forças produtivas no país.

b) O imperador se opunha ao sistema eleitoral e exercia os poderes Moderador e Executivo, monopolizando os elementos centrais do sistema político e jurídico.

c) O surgimento do Partido Republicano, em 1870, institucionalizou uma proposta federalista que já existia em momentos anteriores.

d) A política imigratória, o abolicionismo e a separação entre a Igreja e o Estado fortaleceram a monarquia e suas bases sociais, na década de 1870.

6. (Mack-SP) A partir de 1850, a tradicional dependência política e econômica do Brasil com relação à Inglaterra já não era total, o que levou Dom Pedro II a afirmar que *"é política consolidada do Brasil evitar aceitar estipulações de tratados com países estrangeiros mais fortes e que não sejam limítrofes"*. Na prática, a maior autonomia nacional perante o capital inglês possibilitou adotarmos uma certa autonomia perante o imperialismo inglês. Tal "política consolidada" foi resultado

a) da ação de empresários nacionais como Irineu Evangelista de Souza, o Barão de Mauá, que, quebrando a "vocação agrária" do nosso país, passou a investir no setor industrial e financeiro, contando com apoio irrestrito por parte do governo imperial.

b) da adoção de políticas alfandegárias protecionistas, como a Tarifa Alves Branco, que perdurou até o final do Segundo Reinado, auxiliando no desenvolvimento das nossas indústrias e aumentando a oferta de manufaturados nacionais.

c) dentre outros fatores, da superação da Inglaterra, nesse período, como principal importadora dos produtos brasileiros, pelos Estados Unidos. Tal fato permitiu que o Brasil adotasse uma política de maior independência com relação aos interesses ingleses.

d) do aumento da exportação de café que, nessa fase, proporcionou um superávit na balança comercial brasileira, o que nos levou a lançar mão do recurso amplamente até então utilizado pelo nosso governo, de tomar empréstimos junto aos bancos ingleses.

e) de acordos realizados entre os governos do Brasil e da Inglaterra para resolver as questões relativas ao fim do tráfico negreiro, que atenderam de comum acordo a ambas as partes não gerando qualquer tipo de desgaste político entre as nações amigas.

7. (UFU-MG) A Lei nº 601, de 18 de setembro de 1850, ficou conhecida como a "Lei de Terras" no Brasil Imperial.

Sobre as consequências desta lei para o Brasil, é correto afirmar que:

a) Esta lei tornou possível a compra e a regulamentação de terras, inclusive por pequenos proprietários, alterando as formas de acesso à propriedade fundiária no país.

b) A "Lei de Terras" deu aos grandes proprietários a possibilidade de aumentar suas posses e de regularizá-las junto ao governo, mediante o pagamento de um imposto adicional.

c) A "Lei de Terras" iniciou a reforma agrária no Brasil, possibilitando a divisão dos latifúndios improdutivos entre os sem-terra, o que inaugurou uma nova era de política agrária no país.

d) Esta lei tornou possível a doação das terras devolutas a pequenos e a grandes proprietários, brasileiros e estrangeiros, para a formação de novas colônias agrícolas no país.

8. (UFMG) O Reinado de D. Pedro II foi marcado por ações que demonstravam o interesse da Monarquia em estimular o crescimento intelectual da nação. Considerando-se essa informação e outros conhecimentos sobre o assunto, é CORRETO afirmar que, entre as principais ações nesse sentido, se destaca

a) a criação de instituições de ensino – como a Escola de Minas de Ouro Preto, que, embora voltada à formação das elites, cumpriu importante função na pesquisa e na prospecção de minerais.

b) a fundação do Museu da Inconfidência – um museu-escola –, que representou um ato de reparação aos mineiros pela perda, no processo de devassa da Inconfidência Mineira, de seus ilustres intelectuais.

c) o financiamento da vinda da Missão Artística Francesa, que se propôs estimular e ensinar as mais diversas formas de expressão artística a artistas brasileiros.

d) o resgate e proteção do Barroco Mineiro – e, consequentemente, de Aleijadinho, seu principal representante – como forma de valorização da produção cultural brasileira.

9. (FGV-SP) A Lei Áurea, de 13 de maio de 1888, marca o fim da escravidão no Império brasileiro. A lei assinada pela princesa Isabel foi precedida por diversos movimentos e resistências de escravos em diversas partes do Brasil. Com base nessa temática, considere as seguintes afirmações:

I. Líderes negros, como o advogado Luís da Gama e o jornalista José do Patrocínio, tiveram atuação destacada na defesa do fim da escravidão no Brasil.

II. Fugas em massa foram estimuladas pelos Caifazes, que encaminhavam ex-escravos para o quilombo do Jabaquara, em São Paulo, e até para o Ceará, onde a escravidão já havia sido abolida.

III. A abolição implementada pela monarquia não previa medidas que preparassem os ex-escravos para o pleno exercício da cidadania, o que só viria a ser realizado pelos governos republicanos a partir de 1889.

Está correto somente o que se afirma em

a) I.
b) II.
c) III.
d) I e II.
e) I, II e III.

10. (PUC-RJ) Sobre a vinda de imigrantes ao Brasil, ocorrida durante a segunda metade do século XIX, estão corretas as afirmações abaixo, À EXCEÇÃO DE:

a) No Brasil, com a expansão da economia cafeeira, grande parte dos fazendeiros da região do Oeste Paulista optou em empregar imigrantes europeus como trabalhadores assalariados.

b) Quando chegavam ao Brasil, os imigrantes europeus encontravam boas condições de trabalho, tanto nas fazendas de café como nas fábricas em expansão, recebendo tratamento diferenciado daquele dispensado aos escravos.

c) A vinda de imigrantes para o Brasil relacionou-se com o processo de mudanças ocorrido na produção agrícola europeia, que deixou pequenos proprietários sem terras e camponeses sem trabalho.

d) Foi na década de 1870, sobretudo após a aprovação da Lei do Ventre Livre, que o governo imperial passou a subvencionar a vinda de imigrantes ao Brasil, pagando viagem, hospedagem e o deslocamento até as fazendas.

e) Entre os elaboradores das políticas imigrantistas no período imperial predominou a preferência pela vinda do branco europeu, considerado como elemento capaz de "civilizar" a nação brasileira em construção.

11. (Ufpel-RS)

Texto 1:

Decreto nº 528 de 28 de junho de 1890

Art. 1º – É inteiramente livre a entrada nos portos da república dos indivíduos válidos e aptos para o trabalho que não se acharem sujeitos à ação criminal do seu país, excetuados os indígenas da Ásia ou da África, que somente mediante autorização do congresso nacional, poderão ser admitidos de acordo com as condições que forem então estipuladas.

Texto 2:

PF detém africanos clandestinos no porto Rio Grande – Três africanos estão hospedados em um hotel do município aguardando a repatriação. Eles viajavam clandestinamente a bordo do navio Maersk Varna, de bandeira do Chipre, que chegou segunda-feira ao porto de Rio Grande. Dois deles são de Gana e o terceiro de Serra Leoa. O grupo tem idades entre 17 e 21 anos e não portava documentos. Eles foram detidos pela Polícia Federal (PF) logo após o desembarque. [...] Quando a embarcação chegou, os federais retiraram os jovens e os encaminharam à Delegacia da PF para depoimento. Eles alegaram que entraram no navio para escapar das condições que viviam.

Diário Popular, 30 abr. 2008.

Com base na história brasileira, na legislação citada e no artigo do jornal, conclui-se que

a) o ingresso de trabalhadores escravizados, no Brasil colonial, foi uma constante, chegando aos milhões. O escravismo foi eliminado com a Lei Eusébio de Queirós (1850), e na República houve a livre imigração.

b) a política republicana buscou, através da política imigratória, a "democracia racial", apesar do escravismo mantido até o final do século XIX. Hoje, o Brasil é um país de imigrantes que se miscigenaram com as populações indígenas.

c) a "política do branqueamento" levada a efeito no início da República passou a proibir o ingresso de africanos e a promover a vinda de europeus. Contudo, em função da dívida histórica que o Brasil tem com a África, atualmente qualquer imigração é estimulada pelas autoridades.

d) milhões de imigrantes contribuíram para construir a nação brasileira, como alemães e italianos assalariados, que substituíram a mão de obra escrava nas charqueadas gaúchas, e, no período republicano, tem sido livre o ingresso para todas as etnias.

e) o Brasil importou, durante os períodos Colonial e Imperial, avidamente, milhões de africanos, fazendo com que os ingleses interviessem com a "Bill Aberdeen" (1845) para inibir o tráfico, porém, no início da República, há evidentes discriminações étnicas na política imigratória que se refletem no Brasil contemporâneo.

12. (PUC-RS) Na segunda metade do séc. XIX, no Brasil, os projetos de modernização e urbanização e as transformações econômicas, advindas do aquecimento do mercado pela produção do café, possibilitaram novos empreendimentos, fazendo surgir grupos sociais com interesses divergentes daqueles ligados à produção mais tradicional. A própria Revolução Industrial europeia, do séc. XVIII, estimulara negócios no Brasil, que forçavam a ampliação dos mercados consumidores, fato que implicou uma gradual modificação nas relações de trabalho neste país. Essas transformações iniciaram com a Lei Eusébio de Queirós (1850), em resposta ao decreto inglês – Bill Aberdeen – e resultaram na proibição do tráfico negreiro no Brasil. Antes da Lei Áurea (1888), outras duas leis compunham o processo gradual de substituição da mão de obra, de escrava para livre. São elas a Lei __________ e a Lei __________.

a) Sena Madureira (1870), de Terras (1850).
b) do Beneplácito (1824), do Padroado (1824).
c) do Ventre Livre (1871), do Sexagenário (1885).
d) Christie (1865), Reacionária (1846).
e) do voto censitário (1824), Reacionária (1846).

13. (UEM-PR) Na década de setenta do século XIX, os movimentos que defendiam o fim da monarquia no Brasil adquirem mais consistência. Tais movimentos culminam com um golpe de Estado que proclamou a República no Brasil em 1889. Sobre a participação do Paraná nesse processo, assinale a(s) alternativa(s) **correta(s)**.

(01) A campanha republicana no Paraná foi marcada por uma grande participação popular. Na região Norte do Estado, a população foi às ruas lutar pelo fim do Império.
(02) Nos primeiros anos da República, ocorreu a Revolta Federalista. Os federalistas (chamados maragatos) partiram do Rio Grande do Sul e avançaram sobre Santa Catarina e o Paraná, tomando as cidades de Paranaguá e Curitiba.
(04) Com a proclamação da República, o Paraná deixou de fazer parte de São Paulo e foi criada a Província do Paraná.
(08) Em defesa da República, na década de oitenta do século XIX, foram fundados, em Curitiba e Paranaguá, clubes republicanos.
(16) O fim da escravidão, estabelecido pelo Império em 1888, desagradou os proprietários de escravos. Uma parte desses proprietários passou a apoiar a República.

14. (UFRS) Na coluna da esquerda, abaixo, são citados cinco fluxos migratórios ocorridos no Rio Grande do Sul e, na coluna da direita, os estabelecimentos de quatro daquelas correntes de povoamento.

Associe adequadamente as duas colunas.

1. Imigração alemã
2. Imigração italiana
3. Imigração judaica
4. Imigração polonesa
5. Imigração francesa

( ) Colônias Philiphson e Quatro Irmãos
( ) Colônias Conde d'Eu e Dona Isabel
( ) Colônias Dom Feliciano e Guarani das Missões
( ) Colônias de São Leopoldo e São Lourenço do Sul

A sequência correta de preenchimento dos parênteses, de cima para baixo, é

a) 3 — 5 — 2 — 1.
b) 1 — 2 — 3 — 5.
c) 5 — 3 — 2 — 4.
d) 3 — 2 — 4 — 1.
e) 1 — 4 — 3 — 2.

MÓDULO 27

1. (Cefet-MG) Em junho de 1917, começou a maior greve até então ocorrida no Brasil. Cerca de 50 mil trabalhadores cruzaram os braços, exigindo melhores salários e condições dignas de trabalho.

Sobre esse movimento, é correto afirmar que

a) a mulher esteve ausente da greve, pois era pequena a sua presença entre os operários da época.
b) a imprensa operária era inexpressiva na ação grevista, pois havia um grande número de operários analfabetos.
c) o governo manteve-se neutro no conflito, pois entendia tratar-se de um embate entre empresários e trabalhadores.
d) a liderança dos grevistas estava nas mãos dos comunistas, pois o anarquismo ainda era incipiente no meio operário.
e) o teatro era uma das estratégias usadas pelos líderes dos trabalhadores, pois atraía os operários para a mobilização grevista.

2. (UFF-RJ) Um dos elementos decisivos no tocante à simbologia do regime republicano que foi inaugurado no Brasil em 1889 foi a definição de sua bandeira, de adoção obrigatória e legalmente estabelecida. Segundo alguns autores, essa foi uma batalha decisiva, que revelou clivagens entre os próprios republicanos, apesar de a vitória ter pertencido a um grupo: os positivistas. Sua vitória, nesse caso, pode ser explicada pelo fato de

a) os positivistas ortodoxos constituírem-se numa seita religiosa que pregava o fim do estágio fetichista em que vivia a totalidade da população brasileira.
b) os positivistas ortodoxos considerarem que apenas sob o regime monárquico estariam assegurados a ordem e o progresso, tal como o pregara Comte.
c) os positivistas constituírem a base de apoio ao regime republicano, sobretudo devido a seu prestígio junto aos antigos setores aristocratas e conservadores da população.
d) os positivistas ortodoxos contarem com maioria no Congresso, fazendo com que os demais projetos de bandeiras apresentados fossem sistematicamente vetados por imitarem ora o modelo francês, ora o modelo norte-americano.
e) a bandeira ter incorporado o lema dos positivistas ortodoxos, "Ordem e Progresso", e elementos da antiga bandeira imperial, combinando passado e futuro, além de valores como a fraternidade universal e a conciliação entre extremismos.

3. (Fuvest-SP)

Reprodução/Fundação Biblioteca Nacional, Rio de Janeiro, RJ.

Stomi. *Careta*, 19/02/1927. Apud: Renato Lemos (org.) *Uma história do Brasil através da caricatura. 1840-2006*. Rio de Janeiro: Bom Texto, 2006, p. 35. Adaptado.

A charge satiriza uma prática eleitoral presente no Brasil da chamada "Primeira República". Tal prática revelava a

a) ignorância, por parte dos eleitores, dos rumos políticos do país, tornando esses eleitores adeptos de ideologias políticas nazifascistas.
b) ausência de autonomia dos eleitores e sua fidelidade forçada a alguns políticos, as quais limitavam o direito de escolha e demonstravam a fragilidade das instituições republicanas.
c) restrição provocada pelo voto censitário, que limitava o direito de participação política àqueles que possuíam um certo número de animais.
d) facilidade de acesso à informação e propaganda política, permitindo, aos eleitores, a rápida identificação dos candidatos que defendiam a soberania nacional frente às ameaças estrangeiras.
e) ampliação do direito de voto trazida pela República, que passou a incluir os analfabetos e facilitou sua manipulação por políticos inescrupulosos.

4. (UFPA) Acerca da natureza e dinâmica da economia exportadora brasileira durante o Império (1822-1889) e a Primeira República (1889-1930), é correto dizer que

a) a borracha se tornou não somente o principal produto de exportação da região amazônica, mas o segundo produto brasileiro da pauta de exportações, apenas atrás do café, sendo a exportação da borracha uma importante atividade no cenário econômico brasileiro.
b) houve a hegemonia da produção açucareira; o açúcar de cana brasileiro foi beneficiado pela expansão de mercados consumidores europeu e norte-americano, face ao aumento do consumo de cafés, chás e chocolates nos países desenvolvidos. O açúcar de beterraba de origem russa, entretanto, ocupava uma posição cada vez mais secundária.
c) houve o declínio da economia lastreada na cafeicultura por conta do fim da escravidão, uma vez que o trabalho escravo havia sido o suporte da produção do café, tanto que era comum se dizer que "O Brasil era o café, o café era o escravo"; consequentemente o Brasil passou à condição de importador do café de origem africana.
d) não houve qualquer vínculo entre o processo de industrialização brasileiro e a economia agroexportadora, uma vez que a indústria no Brasil surgiu do trabalho e de investimentos de imigrantes europeus recém-chegados e instalados em centros urbanos. Os brasileiros vinculados à economia agroexportadora mantiveram-se, assim, afastados.
e) a economia da borracha, apesar de sua importância na geração de riquezas na região amazônica, teve tal importância restrita ao norte do Brasil, uma vez que entre os principais produtos brasileiros exportados a borracha ficava entre os últimos, por isso mesmo tornou-se incapaz de gerar recursos para a nação como um todo.

5. (EsPCEx-SP)

> *O período da história política brasileira que vai de 1889 a 1930 costuma ser designado pelos historiadores de diferentes modos: República Oligárquica, República do 'Café com Leite', República Velha ou Primeira República. Neste período, em troca de 'favores', os coronéis exigiam que os eleitores votassem nos candidatos por eles indicados. Tal prática ficou conhecida como 'voto de cabresto'."*
>
> Adaptado de COTRIM, 2009.

As duas expressões grifadas ("coronéis" e "voto de cabresto") referem-se, respectivamente,

a) aos grandes proprietários de terras e ao voto secreto.

b) aos oficiais de carreira que exerciam cargos políticos e ao voto censitário.

c) à influência de oficiais do Exército na tomada de decisões políticas e ao voto censitário.

d) aos grandes proprietários de terras e ao voto aberto dado sob pressão.

e) aos grandes proprietários de terras e ao voto censitário.

6. (UFPA) Borracha e borracheiro, segundo o dicionário *Houaiss*, podem significar:

> *Borracha: substância elástica e impermeável, resultante da coagulação do látex de vários vegetais, esp. de árvores dos gên.* Hevea e Ficus, *com propriedades diversas e inúmeros usos industriais, segundo os vários tipos de tratamento a que é submetida; caucho, goma-elástica.*
>
> *Borracheiro: 1) aquele que produz, industrializa ou vende borracha ('substância'); 2) Regionalismo: Brasil. indivíduo que repara e/ou vende pneus; 3) Regionalismo: Norte do Brasil. m. q. seringueiro ('trabalhador').*
>
> *Houaiss*. Dicionário da Língua portuguesa. Verbetes Borracha e borracheiro. Versão digital. São Paulo: Instituto Antônio Houaiss/Objetiva, 2009.

Os verbetes acima esclarecem os significados do termo "borracha" no Brasil. Um desses significados põe em evidência o Norte do país, em que a palavra tem um emprego diferenciado historicamente porque

a) o norte do Brasil teve um contato mais próximo com a produção do látex e, nesta região, a palavra borracheiro passou a significar mais do que a produção da borracha em si, definindo também o seu produtor (trabalhador), o seringueiro.

b) o Brasil, como um todo, conheceu a borracha como um produto que se industrializa, pois esse produto era extraído da Amazônia e industrializado no Centro-Sul. Assim, no Norte o significado da borracha ligou-se ao campo do trabalho e no Sul vinculou-se ao da produção.

c) o Norte do Brasil percebe a goma-elástica de maneira mais ampla e correta, pois, distinguindo-se do resto do Brasil, os nortistas conhecem o processo de produção e trabalho com o látex, diferentemente do que ocorre com os nordestinos e sulistas.

d) o Centro-Sul do Brasil visualiza a borracha em seus produtos como os pneus; já o povo do Norte e Centro-Oeste percebem o produto em todo o seu processo produtivo, desde a extração do látex até a sua produção e comercialização.

e) o Centro-Sul do Brasil é o reduto da produção e do trabalho com o látex, por isso o significado da palavra é mais amplo. Já no Norte e Nordeste apenas se sabe que a borracha tem utilidades como a fabricação do pneu, o que justifica o uso mais simplificado da palavra.

7. (Vunesp-SP)

> *A proclamação da República não é um ato fortuito, nem obra do acaso, como chegaram a insinuar os monarquistas; não é tampouco o fruto inesperado de uma parada militar. Os militares não foram meros instrumentos dos civis, nem foi um ato de indisciplina que os levou a liderar o movimento da manhã de 15 de novembro, como tem sido dito às vezes. Alguns deles tinham sólidas convicções republicanas e já vinham conspirando há algum tempo* [...]. *Imbuídos de ideias republicanas, estavam convencidos de que resolveriam os problemas brasileiros liquidando a Monarquia e instalando a República.*
>
> COSTA, Emília Viotti da. *Da monarquia à república*, 1987.

O texto identifica a proclamação da República como resultado

a) da unidade dos militares, que agiram de forma coerente e constante na luta contra o poder civil que prevalecia durante o Império.

b) da fragilidade do comando exercido pelo imperador frente às rebeliões republicanas que agitaram o país nas últimas décadas do Império.

c) de um projeto militar de assumir o comando do Estado brasileiro e implantar uma ditadura armada, afastando os civis da vida política.

d) da disseminação de ideais republicanos e salvacionistas nos meios militares, que articularam a ação de derrubada da Monarquia.

e) de uma conspiração de civis, que recorreram aos militares para derrubar a Monarquia e assumir o controle do Estado brasileiro.

8. (Uece) A Revolta da Chibata, de 1910, foi um(a)

a) revolta de marinheiros que faziam o tráfico negreiro dos portos africanos para o Rio de Janeiro.

b) rebelião de escravos, ocorrida no Vale do Paraíba, contra os castigos corporais por eles sofridos.

c) rebelião de marinheiros negros e mulatos contra os castigos corporais e as condições de trabalho nos navios da Marinha Brasileira.

d) protesto organizado por soldados do Exército contra os baixos soldos e os castigos aplicados aos militares de baixa patente considerados insubordinados.

9. (Udesc) Sobre a Guerra do Contestado (1912-1916), assinale a alternativa incorreta.

a) Iniciou-se como um fenômeno religioso de características messiânicas, mas acabou também por ganhar feições de luta política e social ao integrar diferentes grupos como posseiros e sitiantes expulsos de suas terras, comunidades negras e caboclas, dentre outros insatisfeitos com suas precárias condições de vida.

b) A região, historicamente caracterizada por latifúndios improdutivos, secas cíclicas e desemprego crônico, passava por uma grave crise econômica e social. Esta crise fez com que sertanejos, muitos deles ex-escravos, passassem a seguir o monge Antonio Conselheiro, que pregava a criação de um mundo novo, regido pelas leis de Deus, onde todos viveriam em paz, com prosperidade, justiça e teriam terras para trabalhar.

c) Ganhou este nome em razão de os conflitos terem ocorrido em uma área de disputa territorial entre os estados do Paraná e Santa Catarina.

d) A construção da ferrovia na região, realizada pela empresa concessionária Brazil Railway, contribuiu fortemente para a instabilidade social e, assim, para os conflitos que resultaram na Guerra do Contestado.

e) Os conflitos na região do Contestado podem ser lidos como parte integrante de um movimento social que se apresentou de forma bastante heterogênea. Paralelamente ao discurso religioso da "guerra santa" os sertanejos acabaram demonstrando por discursos e ações que desenvolveram consciência das condições sociais e políticas e de sua marginalização.

10. (Udesc) Sobre a Revolta da Chibata (1910), assinale a alternativa **correta**.

a) Movimento revoltoso desenvolvido entre facções políticas rivais encontradas no governo do Rio Grande do Sul, que acabou alcançando também os estados de Santa Catarina e Paraná.

b) Ficou assim conhecido o movimento de rebelião promovido por marinheiros contra o governo do marechal Floriano Peixoto.

c) Ficou assim conhecido o protesto de marinheiros dos couraçados Minas Gerais e São Paulo. Eles protestavam sobre a sua dura rotina de trabalho, baixos salários e castigos físicos a que eram submetidos os membros de baixa patente sempre que não cumpriam uma ordem estabelecida.

d) Conhecida como uma das primeiras manifestações do movimento tenentista, foi uma das mais significativas demonstrações de crise da hegemonia oligárquica na República Velha.

e) Revolta em que negros e índios se insurgiram contra a elite política e tomaram o poder no Pará (Brasil). Entre as causas da revolta encontra-se a extrema pobreza das populações.

11. (UFG-GO) Analise o quadro a seguir.

Estado	Número de trabalhadores	
	Ano 1907	**Ano 1920**
São Paulo	24.186	83.998
Rio Grande do Sul	15.426	24.661
Rio de Janeiro	13.632	16.796
Pernambuco	12.042	15.761
Minas Gerais	9.405	18.522
Total no Brasil	149.018	275.514

Adaptado de CARONE, Edgar. *República Velha:* instituições e classes sociais. São Paulo: Difel, 1972. p. 77.

O quadro apresentado registra o aumento no número de trabalhadores por estado no Brasil, de 1907 para 1920. Considerando-se o contexto histórico e os dados do quadro, conclui-se que o referido aumento deveu-se

a) à valorização da produção leiteira em Minas Gerais, que transformou a produtividade nos latifúndios voltados à indústria de laticínios.

b) ao crescimento demográfico no Rio Grande do Sul, que recebeu imigrantes platinos em razão da desindustrialização provocada pela Guerra do Paraguai.

c) à dinamização da produção com novas contratações na região do Vale do Paraíba no Rio de Janeiro, que decorreu da ampliação da exportação de café.

d) ao investimento no potencial turístico de Pernambuco, que demandou mão de obra interna para a prestação de serviços.

e) ao impulso do desenvolvimento das indústrias em São Paulo, que implicou o fortalecimento do movimento operário e das greves na capital paulista.

12. (Uece) No Brasil, o coronelismo, fenômeno político da Primeira República, tinha como uma de suas principais prerrogativas a

a) limitação do exercício da cidadania, com o voto de cabresto, que assegurava o controle do voto.
b) autonomia política resultante da organização da economia rural da época.
c) prática da cidadania política vinculada à estrutura social dominante no período.
d) adoção de valores éticos para o atendimento das demandas políticas da sociedade.

13. (Unifesp)

> *Mete dinheiro na bolsa – ou no bolso, diremos hoje – e anda, vai para diante, firme, confiança na alma, ainda que tenhas feito algum negócio escuro. Não há escuridão quando há fósforos. Mete dinheiro no bolso. Vende-te bem, não compres mal os outros, corrompe e sê corrompido, mas não te esqueças do dinheiro... E depressa, depressa, antes que o dinheiro acabe.*
>
> Machado de Assis, 1896.

Essa passagem evoca o clima que se criou no país com

a) a valorização do café.
b) a Abolição.
c) a Guerra do Paraguai.
d) o Encilhamento.
e) o ciclo da borracha.

14. (PUCC-SP) Sobre o fracasso da exploração da seringueira (produção da borracha) na Amazônia, é correto afirmar que uma de suas principais causas foi

a) a falta de mão de obra especializada na região, suprida pela migração nordestina que, no entanto, mostrou-se insuficiente.
b) a concorrência com a borracha produzida nas colônias britânicas do Sudeste asiático, cujo preço no mercado internacional era inferior.
c) a inadequação dessa atividade ao clima tropical úmido, que dificultava o transporte e o armazenamento do látex.
d) a crise econômica decorrente da Primeira Guerra Mundial, que paralisou as exportações brasileiras e a produção da borracha.
e) o subsídio governamental à produção de algodão, fumo e cacau no Nordeste, que tornou esses produtos mais lucrativos.

MÓDULO 28

1. (UEM-PR) Sobre a Primeira Guerra Mundial (1914-1918), assinale a(s) alternativa(s) correta(s).

(01) Chama-se Paz Armada às décadas anteriores ao conflito, na qual as grandes potências europeias se lançaram numa política armamentista, alimentada pela rivalidade na corrida imperialista.
(02) Derrotada na guerra, a Alemanha se submeteu às condições do Tratado de Versalhes, sendo obrigada a pagar pesadas indenizações aos países vencedores.
(04) O nacionalismo e a exaltação patriótica do projeto da Grande Sérvia, do revanchismo francês, do pangermanismo alemão e do pan-eslavismo russo alimentaram um "barril de pólvora" que estourou em 1914.
(08) No confronto iniciado em 1914, entre os dois blocos europeus, a Itália, rompendo seu acordo na Tríplice Entente, manteve-se inicialmente neutra, vindo, após, a combater ao lado da Tríplice Aliança.
(16) Para a Tríplice Entente, a entrada dos Estados Unidos da América na guerra, em 1917, compensou a saída da Rússia, imersa em uma revolução socialista.

2. (Mack-SP) Os reflexos da Primeira Guerra Mundial para a economia brasileira, durante o governo de Wenceslau Brás (1914-1918), ocasionaram

a) o aumento do déficit orçamentário, pois, para corrigir os problemas financeiros do governo anterior, Wenceslau Brás teve de recorrer a um novo *Funding Loan*.
b) a ampliação da produção industrial brasileira e a criação de novas fábricas para suprir o mercado nacional, devido à queda das importações de produtos industrializados estrangeiros.
c) a sensível diminuição na produção industrial brasileira, devido à enorme evasão de mão de obra das indústrias, pois grande contingente de operários foi enviado, como soldados, para lutar no conflito.
d) o aumento de empréstimos e investimentos em diversos setores da nossa economia, por parte de banqueiros e industriais estrangeiros que, temerosos dos rumos do conflito mundial, passaram a investir no país.
e) a drástica redução dos investimentos no setor industrial e a queda de sua produção, uma vez que o governo brasileiro incentivou os produtores agrícolas a aumentarem suas safras a fim de abastecer o mercado externo.

3. (UPE) Em 2014, a Primeira Guerra Mundial, conflito bélico entre 1914-1918, completa 100 anos de sua deflagração. Ela ficou conhecida como a Guerra mais devastadora, até então, existente na Europa. O Brasil, mediante política de aliança, não ficou alheio a esse conflito. Sobre isso, analise as afirmativas a seguir:

I. Quando a Primeira Guerra Mundial começou em 1914, a Inglaterra figurava como o principal parceiro comercial do Brasil.

II. O Brasil não participou da guerra, mantendo-se neutro até o término do conflito.

III. Em abril de 1917, o governo brasileiro rompe relações diplomáticas e comerciais com a Alemanha, e o afundamento do navio mercante Paraná constituiu-se como o episódio decisório para esse rompimento.

IV. O presidente Venceslau Brás revogou a neutralidade do Brasil em 1917, posicionando-se ao lado dos Estados Unidos, o que corroborou a política diplomática de solidariedade continental.

V. Em razão de o ministro das Relações Exteriores Lauro Müller ser pró-Alemanha, o Brasil se associou com as potências aliadas (Alemanha, Áustria-Hungria, Império Otomano e Bulgária) desde 1914.

Estão corretas

a) II, IV e V.

b) I, IV e V.

c) I, III e IV.

d) II, III e IV.

e) I, II e V.

4. (ESPM-SP) As imagens apresentadas são emblemáticas de um devastador conflito e fizeram o crítico literário, ensaísta, tradutor, ficcionista e poeta Walter Benjamin afirmar:

> *Em vista de tais armas o ritmo do conflito bélico vindouro será ditado pela tentativa não só de defender-se, mas também de suplantar os terrores provocados pelo inimigo por terrores dez vezes maiores.*
>
> BENJAMIN, Walter. As armas do futuro. In: Ilustríssima. *Folha de S.Paulo*, 28 jul. 2013.

Mansell/The LIFE Picture Collection/Getty Images

Coll. O. Calonge/Adoc-photos/Album/Latinstock

Hulton Archive/Getty Images

As imagens e o texto remetem para:

a) Guerra Civil Norte-Americana.

b) Guerra dos Bôeres.

c) Guerra Civil Espanhola.

d) Primeira Guerra Mundial.

e) Guerra Fria.

5. (Mack-SP) A respeito da Primeira Guerra Mundial (1914-1918), analise o texto e a imagem que se seguem.

Cartaz francês da Primeira Guerra Mundial

Galerie Bilderwelt/The Bridgeman Art Library/Keystone/Coleção particular

Biblioteca Nacional de Portugal, disponível em: <http://purl.pt/609/1>.

[Na França] [...] a bandeira tricolor, ou seja, o repúdio da bandeira branca (a monarquia) e da bandeira vermelha (o socialismo), e a soma das duas cores ao azul simbolizam emblematicamente um consenso que reunia laicos e cristãos. Os padres se revelaram oficiais tão bons quanto os professores. [...]. A França e a Alemanha, duas nações cristãs, se massacraram durante mais de quatro anos. Hoje é possível apontar certa ingenuidade nesse ardor patriótico: no entanto, foi ele que permitiu a vitória à França e, para os alemães, evitou que suas forças armadas se desintegrassem em 1918.

VINCENTE, Gérard. Uma história do segredo?. In: *História da vida privada vol. 5:* Da Primeira Guerra aos nossos dias. São Paulo: Companhia das Letras, 2009,

Em 1º plano, globo terrestre com mancha de sangue alastrando a partir da França; por detrás, soldado francês tentando, com dificuldade, fixar nesse ponto uma bandeira um pouco esfarrapada com a palavra "Liberté" ("Liberdade"). O soldado veste uma farda de cor azul; a bandeira é branca, com letras vermelhas, mesma cor do sangue que escorre sobre o globo. Vermelho, azul e branco são as cores da bandeira francesa.

Pela análise do texto e da imagem, conclui-se que uma ideologia está por trás, tanto da discussão realizada no excerto, quanto na montagem e na organização do cartaz. Essa mesma ideologia esteve não somente entre as causas da Grande Guerra, mas também nas insatisfações que levariam à Segunda Guerra Mundial (1939-1945). Trata-se do

a) internacionalismo.
b) socialismo.
c) nacionalismo.
d) liberalismo econômico.
e) nazifascismo.

6. (UEPG-PR) A Primeira Guerra Mundial (1914-1918) envolveu todas as grandes potências do começo do século XX e trouxe vários problemas políticos e econômicos principalmente para a Europa. A respeito desse conflito, assinale o que for correto.

(01) O submarino foi uma das principais armas tecnológicas utilizadas durante os combates ocorridos durante todo o conflito.

(02) A disputa pelo controle de mercados por parte das potências foi mais decisiva para a ocorrência da guerra do que, propriamente, uma disputa ideológica.

(04) A Primeira Guerra começou como um conflito essencialmente europeu entre a Tríplice Aliança (França, Grã-Bretanha e Rússia) e as potências centrais (Alemanha e Áustria-Hungria).

(08) Durante a Primeira Guerra Mundial, a Alemanha utilizou gás venenoso, produto que posteriormente foi banido das guerras pela Convenção de Genebra.

7. (UFSJ-MG) Observe a imagem.

Corbis/Latinstock

Fonte: www.cheirinhoahistoria.blogspot.com

Essa é uma imagem da Primeira Guerra Mundial que ficou conhecida como

a) Guerra dos Bálcãs.
b) Guerra Fria.
c) Guerra das Malvinas.
d) Guerra de Trincheiras.

8. (UFTM-MG) Leia o trecho, escrito por uma operária inglesa que trabalhou durante a Primeira Guerra Mundial, 1914-1918, em uma fábrica de munição, e observe o cartaz produzido nos EUA por J. Howard Miller, durante a Segunda Guerra Mundial, 1939-1945.

Não sei dizer quanto as outras ganhavam na fábrica de bombas, mas sei que eles pagavam apenas 25 centavos por semana a cada moça para enchê-las, o que não era muito. Aliás, não dava para viver com esse dinheiro, pois precisávamos comer e não ganhávamos refeições. Mas, quando elas entraram em greve, o salário aumentou uns 5 ou 6 centavos por semana, e foi criado um sistema de bonificação.

Mary Brough-Robertson *apud* ARTHUR, Max de. *Vozes esquecidas da 1ª Guerra Mundial.* Rio de Janeiro: Bertrand Brasil, 2011.

Reprodução/Coleção particular

We can do it! Nós podemos fazer!

www.history.com

Os documentos permitem afirmar:

a) graças ao feminismo, que se tornou uma força social, as mulheres conquistaram igualdade de direitos no mercado de trabalho.

b) as guerras mundiais travadas na primeira metade do século XX exigiram a mobilização de toda a sociedade no esforço para vencer os inimigos.

c) as tentativas de se valer do trabalho feminino foram improdutivas, pois as mulheres não se adaptaram ao rigor do ritmo fabril.

d) os modernos armamentos industriais, graças a sua precisão, protegem a população civil dos enfrentamentos bélicos.

e) a produção industrial do período era pouco especializada, uma vez que ainda comportava o trabalho feminino.

9. (Ibmec-RJ) Podemos considerar como consequências importantes da Primeira Guerra Mundial (1914-1918), **exceto**:

a) a criação da Liga das Nações, objetivando preservar a paz mundial;

b) a ascensão dos Estados Unidos como potência mundial;

c) uma sensível modificação no mapa europeu, com o surgimento de novos países como Iugoslávia e Tchecoslováquia;

d) a imposição aos alemães do Tratado de Versalhes, considerado extremamente duro e um dos fatores impulsionadores do nazismo;

e) a divisão da Alemanha em quatro zonas de ocupação.

10. (Mack-SP)

Em 1916, em meio à guerra, Marcel Duchamp (1887-1968) produzia a obra Roda de bicicleta. Nem a roda servia para andar, nem o banco servia para sentar. Algo aparentemente irracional, ilógico, diriam muitos [...]. Mais do que uma outra forma de produzir arte, Duchamp estava propondo uma outra forma de ver a arte, de olhar para o mundo. [...] Depois de sua Roda de bicicleta, o mundo das artes não seria mais o mesmo. Depois da Primeira Guerra Mundial, o mundo não seria mais o mesmo.

CAMPOS, Flávio de; MIRANDA, Renan G. *Primeira Guerra Mundial (1914-1918).*

De acordo com o texto acima, a Primeira Guerra Mundial (1914-1918)

a) fortaleceu a crença dos homens da época na capacidade de construção de uma sociedade melhor, por meio da racionalidade tecnológica.

b) consolidou a hegemonia cultural europeia perante o mundo ocidental, desprezando as demais manifestações artísticas.

c) possibilitou o surgimento de novas vanguardas artísticas, preocupadas em defender os modelos acadêmicos clássicos europeus.

d) assinalou a crise da cultura europeia, baseada no racionalismo e no fascínio iluminista pela tecnologia e pelo progresso.

e) manifestou a decadência cultural em que se encontrava o mundo ocidental na segunda metade do século XIX.

11. (UPE) Em 1916, em plena guerra, Marcel Duchamp lançou a obra *Roda de bicicleta*. Nem a roda servia para andar nem o banco servia para sentar. O que a obra de Duchamp anunciava?

a) Fascínio pela tecnologia, que conduziria o homem ao progresso.

b) Apego pela ciência que produziria homens cada vez mais sábios.

c) Incentivo para se produzirem, cada vez mais, armas.

d) Olhar mais questionador no mundo das artes.

e) Busca pela preservação dos princípios iluministas.

12. (PUC-RJ) As relações internacionais no entreguerras (1918-1939) foram marcadas por uma tentativa de criar um órgão internacional que teria como uma de suas funções evitar um novo conflito mundial.

Essa organização ficou conhecida como:

a) Organização dos Estados Americanos (OEA).

b) Sociedade das Nações ou Liga das Nações.

c) Organização das Nações Unidas (ONU).

d) Organização do Tratado do Atlântico Norte (Otan).

e) Organização Mundial do Comércio (OMC).

13. (UFPR)

A Grande Guerra Mundial de 1939 a 1945 estava umbilicalmente ligada à Grande Guerra de 1914-1918. [...] Estes dois conflitos constituíram nada menos que a Guerra dos Trinta Anos da crise geral do século XX. [...] A Grande Guerra de 1914, ou a fase primeira e protogênica dessa crise geral, foi uma consequência da remobilização contemporânea dos "anciens regimes" da Europa. Embora perdendo terreno para as forças do capitalismo industrial, as forças da antiga ordem ainda estavam suficientemente dispostas e poderosas para resistir e retardar o curso da história, se necessário recorrendo à violência. [...] Após 1918-1919 as forças da permanência se recobraram o suficiente para agravar a crise geral da Europa, promover o fascismo e contribuir para a retomada da guerra total em 1939.

MAYER, Arno. *A força da tradição*: a persistência do Antigo Regime. São Paulo: Companhia das Letras, 1987. p. 13-14.

Com base no texto e nos conhecimentos sobre o período, é correto afirmar:

a) A imobilização dos exércitos na chamada "guerra de trincheiras", característica da I Guerra Mundial, foi atribuída ao desequilíbrio econômico dos principais países envolvidos na disputa, já que a unificação tardia da Alemanha impossibilitou um desenvolvimento capaz de fazer frente ao poderio da Inglaterra e da França.

b) No episódio da I Grande Guerra Mundial, a identificação de elementos sociais oriundos do Antigo Regime destaca a importância da tensão constante entre o potencial para as transformações e a força das permanências na análise dos acontecimentos históricos.

c) As organizações de militantes fascistas e nazistas, surgidas no contexto dos anos entreguerras, tinham por base uma concepção aristocrática de mundo herdada do "ancien régime", caracterizando-se assim mais como forças da antiga ordem do que como resultado da modernidade capitalista.

d) A retomada da guerra total, em 1939, foi marcada por uma mudança radical no cenário econômico internacional, pois, ao contrário das disputas imperialistas que antecederam o conflito na I Guerra Mundial, a Europa beneficiou-se amplamente da Grande Depressão que atingiu os Estados Unidos da América.

e) É fundamental reconhecer o fracasso do socialismo e da social-democracia a partir da emergência do nazifascismo, o que explica a inequívoca opção do movimento trabalhista internacional pelas forças partidárias da denominada antiga ordem, sobretudo nos anos que sucederam as duas Grandes Guerras Mundiais.

14. (UFG-GO) A Primeira Guerra Mundial foi denominada por seus contemporâneos como "Grande Guerra". Essa denominação aponta para uma diferença substantiva desse conflito. Comparada às guerras do século XIX, na Primeira Guerra,

a) a duração do conflito foi maior, pois a guerra de trincheiras impedia os avanços militares.

b) a infantaria destacou-se como opção estratégica no combate ao inimigo.

c) os acordos diplomáticos foram responsáveis pelo fortalecimento do equilíbrio europeu.

d) as ações bélicas tiveram alcance mundial porque se desenvolveram em todos os continentes.

e) as inovações tecnológicas, utilizadas em larga escala, ampliaram o potencial beligerante.

15. (Cefet-CE) É coerente com as razões que levaram à 1ª Grande Guerra Mundial:

a) O processo de imperialismo, promovido pelas grandes potências capitalistas da Europa, principalmente França, Inglaterra e Alemanha, gerou conflitos e até confrontos pela disputa de territórios, ao ponto de desencadear a 1ª Guerra.

b) O pan-eslavismo defendia a união da Rússia com a Alemanha, objetivando a fusão dos povos germânicos.

c) Temendo uma ofensiva alemã, Japão, Inglaterra e França formaram a Tríplice Aliança.

d) O início da guerra se deu quando as tropas alemãs invadiram a Polônia, apresentando ao mundo a famosa Guerra Relâmpago, deixando marcas desastrosas para os poloneses.

e) Um dos fatos que contribuiu para o final do confronto foi a entrada da Rússia na guerra, pois tinha um exército grande e bem preparado, impondo aos alemães derrotas vexatórias.

MÓDULO 29

1. (UEG-GO) Duas revoluções marcaram o mundo ocidental: a Revolução Francesa, ocorrida em 1789, e a Revolução Russa, ocorrida em 1917. Sobre estas revoluções, é incorreto afirmar que, em ambas,

a) as nobrezas feudais recuperaram rapidamente o seu prestígio e poder político: na França, a restauração feudal ocorreu durante o governo de Napoleão Bonaparte; na Rússia, no governo de Stálin.

b) duas rainhas de origem alemã serviram como símbolo do descontentamento popular contra a Monarquia absolutista: a rainha Maria Antonieta, na França, e a rainha Alexandra, na Rússia.

c) fortes crises econômicas antecederam os processos revolucionários, encarecendo o preço dos alimentos e acirrando o descontentamento dos camponeses e das massas urbanas.

d) houve a execução dos monarcas e o aniquilamento dos regimes absolutistas: na França, com a decapitação do rei Luis XVI; na Rússia, com o fuzilamento do czar Nicolau II.

2. (UFU-MG) Interprete as imagens a seguir.

ANTES

The Bridgeman Art Library/Keystone/ Collection Kharbine-Tapabor, Paris, França.

DEPOIS

Universal History Archive/The Bridgeman Art Library/Keystone

MORAES, José Geraldo Vinci de. *História geral e Brasil*. Vol. único, 1. ed. São Paulo: Atual, 2003, p. 316

Essas imagens apresentam um dos recursos utilizados pelo stalinismo para a anulação dos "inimigos" do regime soviético.

A respeito do stalinismo na União Soviética, marque a alternativa correta.

a) Stálin empreendeu um governo autoritário, com características totalitárias, espalhando o terror, massacrando grupos considerados oposicionistas, cujas práticas foram denunciadas e apuradas após sua morte, o que desencadeou uma grande crise do socialismo real e do marxismo ocidental.

b) No plano econômico, foram estabelecidos os chamados Planos Quinquenais, responsáveis pela implementação da reforma agrária com distribuição de pequenas propriedades aos camponeses e incentivo ao consumo de bens domésticos que promoveu a melhoria do padrão de vida dos trabalhadores em relação ao mundo capitalista.

c) A segunda fotografia, ao retirar a figura de Trotsky, demonstra a tentativa de eliminar não só a presença deste líder dos documentos oficiais, mas a sua própria memória em relação à Revolução Russa, quando defendia que a revolução socialista deveria ser limitada ao território russo para depois estendê-la a outros países, na chamada política do socialismo em um só país.

d) A imagem de Stálin como o grande líder da revolução pode ser atestada pela sua postura diante dos trabalhadores na foto e pela técnica de adulteração de fotografias que retirou Trotsky da segunda imagem. Estas iniciativas foram também implementadas nos programas radiofônicos e na produção de filmes pelo governo de Stálin, a fim de justificar as suas medidas impopulares no chamado "comunismo de guerra".

3. (UFRGS-RS) Assinale com V (verdadeiro) ou F (falso) as seguintes afirmações, referentes à Revolução Russa.

( ) Ela resultou na formação do primeiro Estado socialista do mundo, provocando uma ruptura no sistema capitalista mundial e influenciando os movimentos revolucionários no pós-guerra.

( ) Ela foi fundamentada nas Teses de Abril, de Lênin, em que este defendia a aliança do proletariado com a burguesia e a formação de um governo de conciliação de classes como forma de derrotar os setores aristocráticos.

( ) Ela teve no Ensaio Geral, apesar da derrota, um importante acúmulo de experiência revolucionária, particularmente com o surgimento dos primeiros sovietes.

( ) A intensa luta pelo poder entre Lênin e Trotsky impediu a tomada do poder pelos bolcheviques, em fevereiro de 1917, postergando o avanço revolucionário até outubro do mesmo ano.

( ) Os sovietes foram o núcleo propulsor da articulação das forças revolucionárias lideradas pelos bolcheviques.

A sequência correta de preenchimento dos parênteses, de cima para baixo, é

a) V – F – V – F – V.
b) F – F – F – V – F.
c) V – F – F – V – V.
d) F – V – V – F – V.
e) V – V – F – V – F.

4. (UFV-MG) A Revolução Russa de 1917 significou a formação do primeiro Estado Socialista do mundo, provocando uma ruptura no sistema capitalista mundial e influenciando os movimentos revolucionários no pós-guerra e a divisão do mundo em Socialismo e Capitalismo, com os consequentes conflitos de interesses.

a) Cite duas condições existentes na Rússia czarista que contribuíram para a eclosão da Revolução de 1917.

b) O que eram os "soviets" e qual o seu papel no processo revolucionário?

5. (Vunesp-SP)

Os operários das fábricas e das usinas, assim como as tropas rebeldes, devem escolher sem demora seus representantes ao governo revolucionário provisório, que deve ser constituído sob a guarda do povo revolucionário amotinado e do exército.

Manifesto de 27 de fevereiro de 1917. In: FERRO, Marc. *A Revolução Russa de 1917*. São Paulo: Perspectiva, 1974.

O manifesto, lançado em meio às tensões de 1917 na Rússia, revela a posição dos

a) czaristas, que buscavam organizar a luta pela retomada do poder.

b) bolcheviques, que chamavam os operários a se mobilizarem nos sovietes.

c) social-democratas, que pretendiam controlar o governo provisório.

d) mencheviques, que defendiam o caráter democrático do novo governo.

e) militares, que tentavam controlar a revolta popular.

6. (FGV-SP)

A liberdade reservada só aos partidários do governo, só aos membros do partido — por numerosos que sejam — não é liberdade. A liberdade é sempre unicamente liberdade para quem pensa de modo diferente. Não é por fanatismo de justiça, mas porque tudo o que pode haver de instrutivo, saudável e purificador na liberdade política depende disso, e perde toda eficácia quando a liberdade torna-se um privilégio.

Rosa Luxemburgo, Crítica da Revolução Russa.

Nesse texto, Rosa Luxemburgo critica os bolcheviques por estes:

a) implementarem a ditadura do proletariado, suprimindo os partidos políticos de oposição.

b) proibirem a livre-iniciativa, ao colocarem nas mãos do Estado todos os meios de produção.

c) restringirem o acesso ao consumo de bens duráveis aos membros do Partido Comunista.

d) permitirem o funcionamento da Igreja Ortodoxa Cristã na Rússia como igreja oficial.

e) adotarem posturas excessivamente liberais com os inúmeros partidos políticos opositores.

7. (UFMT)

O campo, em 1922, colheu 50% a mais de grãos do que no ano anterior. A indústria de consumo dava mostras de recuperação, sobretudo a têxtil. Embora o volume da produção fosse ainda um quinto, em 1922, do que fora no período anterior à 1ª Guerra Mundial, em relação ao ano anterior crescera aproximadamente 50%. O tráfego ferroviário fora reativado em todo o país.

HECKER, A. *Revolução Russa*: uma história em debate. São Paulo: Expressão e Arte Editora, 2007.

No trecho acima, o autor fala sobre a Nova Política Econômica (NEP), instalada por Lênin pouco tempo depois da tomada do poder na Rússia. Sobre a NEP, analise as afirmativas.

I. Representou uma suavização da política econômica anterior, admitindo algumas manifestações capitalistas ou de economia mista para reorganizar o aparelho produtivo.

II. Contribuiu para o surgimento de uma nova categoria social, os *nepmen*, empresários da iniciativa privada que colaborariam com o governo bolchevique e dispostos a uma adaptação ao comunismo.

III. Expressou o rompimento definitivo da Rússia com o sistema capitalista e uma forte guinada ao comunismo socialista.

IV. Significou melhoria nas condições do trabalhador industrial: aumento salarial e diminuição da jornada de trabalho.

Estão corretas as afirmativas

a) I e IV, apenas.

b) II e III, apenas.

c) III e IV, apenas.

d) I, II, III e IV.

e) I e II, apenas.

8. (Fuvest-SP)

Há oitenta anos, a Rússia era forte por causa do dinamismo revolucionário do comunismo, incluindo o poder de atração da sua ideologia. Há quarenta anos, a Rússia Soviética era forte por causa do poderio do Exército Vermelho. Hoje, a Rússia de Putin é forte por causa do gás e do petróleo.

Timothy Garton Ash, historiador inglês, janeiro de 2007.

Do texto, depreende-se que a Rússia

a) manteve inalterada sua posição de grande potência em todo o período mencionado.

b) recuperou, na atualidade, o seu papel de país líder da Europa.

c) conheceu períodos de altos e baixos em função das conjunturas externas.

d) passou de força política a força militar e desta, a força econômica.

e) conservou, sempre, a sua preeminência graças ao incomparável poderio militar.

9. (Unicamp-SP)

> *A Primeira Guerra Mundial abalou profundamente todos os povos envolvidos, e as revoluções de 1917-1918 foram, acima de tudo, revoltas contra aquele holocausto sem precedentes, principalmente nos países do lado que estava perdendo. Mas em certas áreas da Europa, e em nenhuma outra mais que na Rússia, foram mais que isso: foram revoluções sociais, rejeições populares do Estado, das classes dominantes e do* status quo.
>
> Adaptado de HOBSBAWM, Eric. *Sobre história*. São Paulo: Companhia das Letras, 1998. p. 262-263.

a) Relacione a Primeira Guerra Mundial e a situação da Rússia na época.

b) Cite e explique um princípio da Revolução Russa de 1917.

10. (Unicamp-SP)

> *Existem épocas em que os acontecimentos concentrados num curto período de tempo são imediatamente vistos como históricos. A Revolução Francesa e 1917 foram ocasiões desse tipo, e também 1989. Aqueles que acreditavam que a Revolução Russa havia sido a porta para o futuro da história mundial estavam errados. E quando sua hora chegou, todos se deram conta disso. Nem mesmo os mais frios ideólogos da guerra fria esperavam a desintegração quase sem resistência verificada em 1989.*
>
> Adaptado de HOBSBAWM, Eric. 1989 – O que sobrou para os vitoriosos. *Folha de S.Paulo*, 12 nov. 1990.

a) No contexto entre as duas guerras mundiais, quais seriam as razões para a Revolução Russa ter simbolizado uma porta para o futuro?

b) Identifique dois fatores que levaram à derrocada dos regimes socialistas da Europa após 1989.

11. (Vunesp-SP)

> *A Revolução Russa é o acontecimento mais importante da Guerra Mundial.*
>
> LUXEMBURGO, Rosa. *A revolução russa*. Lisboa: Ulmeiro, 1975.

A frase de Rosa Luxemburgo, polonesa então radicada na Alemanha, associa diretamente a ocorrência da Revolução Russa com a Primeira Guerra Mundial.

Indique e analise possíveis vínculos entre os dois processos, destacando os efeitos da Guerra na vida interna da Rússia.

12. (Uerj)

Viva o Exército Vermelho: verdadeiro guardião das conquistas de Outubro.

Construção de Kuznetsk: em ritmo bolchevique por *K. Vialov, 1931*.

In: SEBASTIÃO DO REGO BARROS. "A Revolução de Outubro: 80 anos". *Revista Estudos Avançados*. São Paulo: USP, nº 32, 1998.

Nos cartazes acima, identificam-se elementos fundamentais para a consolidação do socialismo na Rússia durante o período stalinista (1927-1953).

Explique a importância do exército e do modelo de desenvolvimento industrial adotado para a chamada "segunda revolução russa", a partir de 1930.

13. (UTFPR) Em 1917, o governo czarista russo sofria a oposição de várias forças políticas, especialmente dos mencheviques e dos bolcheviques. Às dificuldades econômicas e resistências ao absolutismo dos Romanov somaram-se os efeitos da Primeira Guerra Mundial e as derrotas russas. Em fevereiro de 1917, o czar Nicolau II foi deposto com a revolução liberal liderada por Kerensky. Sobre o desenrolar da Revolução Russa e o surgimento da URSS é incorreto afirmar que:

a) o governo de Kerensky, ao manter a Rússia na Primeira Guerra, enfraqueceu-se, favorecendo seus opositores, liderados por Lênin, que defendia as "Teses de Abril", sintetizadas no *slogan* "paz, terra e pão".

b) em outubro (novembro no calendário gregoriano) de 1917, teve início a Revolução Socialista, liderada por Lênin, que fez o Tratado de Brest-Litovsk, que tirou a Rússia da Primeira Guerra.

c) a resistência nacional e internacional ao governo revolucionário socialista mergulhou a Rússia numa sangrenta guerra civil, contrapondo os "vermelhos" (revolucionários) contra os "brancos" (monarquistas, reacionários e imperialistas). Com a vitória dos seguidores de Lênin, o governo socialista implementou a NEP (Nova Política Econômica), ao mesmo tempo que era constituída a União das Repúblicas Socialistas Soviéticas (URSS).

d) a morte de Lênin, em 1924, abriu a disputa pelo poder soviético entre Stálin, favorável ao socialismo num só país, e Trotsky, favorável à internacionalização da revolução.

e) Trotsky saiu vitorioso e implantou planos quinquenais de desenvolvimento, nos quais procuraram-se a socialização total da economia, ampla burocratização da administração e a eliminação física dos opositores ao regime, entre eles Stálin, assassinado em 1940, no México.

MÓDULO 30

1. (UFTM-MG) Observe a tabela.

São Paulo – Indicadores de preços e salários – 1913-1920			
Anos	Gêneros alimentícios	Aluguel de casa	Salários de operários industriais
1913	100	100	100
1914	105	106	100
1915	123	113	75
1916	125	120	86
1917	139	126	86
1918	155	133	130
1919	153	146	160
1920	181	160	147

Adaptado de FAUSTO, Boris. *Trabalho urbano e conflito social.* Rio de Janeiro: Difel, 1977.

Os dados sobre preços e salários no período de 1913 a 1920 permitem concluir que

a) a presença da inflação foi um elemento constante, que corroeu o poder de compra dos assalariados.

b) o valor real dos salários foi preservado e conheceu ganhos reais na maior parte do período.

c) a Primeira Guerra Mundial, 1914-1918, teve efeito positivo sobre os ganhos dos trabalhadores.

d) o período foi marcado por estabilidade nos preços dos alimentos, o que não ocorreu em relação aos aluguéis.

e) a variação salarial permite afirmar que as condições de vida dos trabalhadores mantiveram-se inalteradas.

2. (Cefet-MG)

Cícero Dantas Martins (1838-1903), barão de Jeremoabo, foi um homem público de considerável influência [...]. Dificilmente alguém poderia disputar-lhe o posto de maior proprietário fundiário da região de Canudos. Suas 61 fazendas espalhavam-se pelos municípios baianos [...]. Vários de seu sangue desempenhavam algum papel. Um sobrinho, João Dantas de Magalhães, era médico do exército e exerceu suas funções na campanha [contra Canudos], tendo o barão lhe confiado carros de boi para ajudar no transporte dos feridos. [...] Um primo, Genes Martins Fontes, era juiz em Monte Santo, e seu irmão Paulo Fontes ocupava idêntico posto; ambos possuíam várias fazendas perto de Canudos. Outro primo, Antônio Ferreira de Brito, era chefe político em Pombal, ameaçada pelos conselheiristas. Mais um, Sebastião de Sousa Dantas, fora promotor em Monte Santo, e seria deputado federal [...]. Outro, Francisco Dantas, ocupava o cargo de intendente em Soure. E um parente, o coronel José Américo Camelo de Souza Neto, foi dos mais aguerridos opositores dos canudenses e um dos maiores fornecedores do exército na região. Esses são nomes do clã do barão, sem falar nos aliados e clientes, que aparecem a toda hora nos relatos da guerra.

Adaptado de GALVÃO, Walnice Nogueira. *O império do Belo Monte*: vida e morte de Canudos. São Paulo: Fundação Perseu Abramo, 2001. p. 19, 23, 26.

O texto acima faz referência à

a) precariedade dos recursos destinados aos miseráveis atingidos pelas devastadoras guerras do sertão.

b) hostilidade entre membros da elite latifundiária frente à ameaça representada pelos canudenses.

c) disputa interna na elite baiana pela divisão de prestigiosos cargos políticos e sociais.

d) resistência dos conselheiristas ao tradicional regime de exploração do sertanejo.

3. (UFRN) Na obra *Raízes do Brasil*, publicada pela primeira vez em 1936, Sérgio Buarque de Holanda, ao analisar o processo histórico de formação da nossa sociedade, afirma:

Desde o período colonial, para os detentores dos cargos públicos, a gestão política apresentava-se como assunto de seus interesses particulares. Isso caracteriza justamente o que separa o funcionário patrimonial e o puro burocrata. Para o funcionário patrimonial, as funções, os empregos e os benefícios que deles recebe relacionam-se a direitos pessoais dos funcionários e não a interesses objetivos, como ocorre no verdadeiro Estado burocrático. Assim, no Brasil, pode-se dizer que só excepcionalmente tivemos um sistema administrativo e um corpo de funcionários puramente dedicados a interesses objetivos e fundados nesses interesses.

Adaptado de HOLANDA, Sérgio Buarque de. *Raízes do Brasil.* São Paulo: Companhia das Letras, 1995.

Considerando as reflexões do autor e levando em conta práticas políticas constatadas no Brasil Republicano, é possível inferir que

a) os limites entre os domínios do público e do privado, no âmbito da administração pública, se confundem, não obstante as leis que visam a combater o patrimonialismo.

b) o patrimonialismo está presente nas regiões mais carentes do País, em razão apenas do baixo nível de formação dos quadros da administração pública.

c) as estruturas do poder administrativo no Brasil permanecem as mesmas do período colonial, daí a manutenção do patrimonialismo disseminado na sociedade.

d) o predomínio do interesse particular sobre o interesse público, no Brasil, foi efetivamente rompido com o êxito da Revolução de 1930.

4. (ESPM-SP) Em 2012 se completa o centenário do desaparecimento de um dos mais influentes brasileiros do século passado. A seu respeito leia o que declararam alguns outros importantes brasileiros que foram seus contemporâneos:

Um nome universal: uma reputação imaculada; uma glória brasileira; serviços incomparáveis; popularidade sem rival; o hábito de ver os interesses nacionais do alto, acima do horizonte visual dos partidos.

Rui Barbosa

Felizmente continuo a olhar para o ministro a quem tenho servido com a mesma admiração e simpatia. Único grande homem vivo desta terra, traça na universal chateza destes dias uma linha superior e firme de estadista.

Euclides da Cunha

O brasileiro em questão exerceu a função de chanceler do Brasil e representou o país na negociação do Tratado de Petrópolis em que foi negociada a incorporação ao Brasil de um território.
Assinale a alternativa que traga, respectivamente, o chanceler e o território:

a) Joaquim Nabuco – Amapá;

b) Lauro Müller – Rondônia;

c) Barão do Rio Branco – Acre;

d) Afrânio de Mello Franco – Território das Missões;

e) José Carlos de Macedo Soares – Roraima.

5. (Uerj)

Cheio de apreensões e receios despontou o dia de ontem, 14 de novembro de 1904. Muito cedo tiveram início os tumultos e depredações. Foi grande o tiroteio que se travou. Estavam formadas em toda a rua do Regente, estreita e cheia de casas velhas, grandes e fortes barricadas feitas de montões de pedras, sacos de areia, bondes virados, postes e pedaços de madeira arrancados às casas e às obras da avenida Passos.

Jornal do Comércio, 15 nov. 1904. Adaptado de *Nosso Século* (1900-1910). São Paulo: Abril Cultural, 1980.

O progresso envaidecera a cidade vestida de novo, principalmente inundada de claridade, com jornais nervosos que a convenciam de ser a mais bela do mundo. Era a transição da cidade doente para a maravilhosa.

Adaptado de CALMON, Pedro. *Nosso Século* (1900-1910). São Paulo: Abril Cultural, 1980.

Os textos referem-se aos efeitos da gestão do prefeito Pereira Passos (1902-1906), momento em que a cidade do Rio de Janeiro passou por uma de suas mais importantes reformas urbanas. Uma intervenção de destaque foi a abertura da avenida Central, hoje avenida Rio Branco, provocando não só elogios, como também conflitos sociais. A principal motivação para esses conflitos esteve relacionada à:

a) restrição ao comércio popular

b) devastação de áreas florestais

c) demolição de moradias coletivas

d) elevação das tarifas de transporte

6. (Cefet-MG)

Em 1927, Mário de Andrade esteve em visita à cidade de Manaus e em carta a um amigo declarou: [...] De Manaus gostei do pessoal, gostei de certos passeios, de certos momentos, mas a cidade propriamente me desagradou. [...] todo esse mau gosto exasperado e... morto de grandezas passadas [...].

SANTOS JÚNIOR, Paulo Marreiro dos. *Manaus da Belle Époque*: um cotidiano em tensão. Disponível em: <http://www.ichs.ufop.br/cadernosdehistoria/download/CadernosDeHistoria-03-08-Livre.pdf>. Acesso em: 3 out. 2011.

As impressões desse poeta sobre a cidade de Manaus relacionam-se às(ao)

a) crescimento desordenado da cidade e à grande migração de nordestinos.

b) obras urbanísticas modernizadoras e desenvolvimento da borracha no Norte.

c) habitações ribeirinhas dos trabalhadores e à extração da seiva das seringueiras amazônicas.

d) descompasso entre a vida simples dos populares amazonenses e o tratamento luxuoso dispensado a visitantes.

7. (Vunesp-SP) A Coluna Prestes, que percorreu cerca de 25 mil quilômetros no interior do Brasil entre 1924 e 1927, associa-se

a) ao florianismo, do qual se originou, e ao repúdio às fraudes eleitorais da Primeira República.

b) à tentativa de implantação de um poder popular, expressa na defesa de pressupostos marxistas.

c) ao movimento tenentista, do qual foi oriunda, e à tentativa de derrubar o presidente Artur Bernardes.

d) à crítica ao caráter oligárquico da Primeira República e ao apoio à candidatura presidencial de Getúlio Vargas.

e) ao esforço de implantação de um regime militar e à primeira mobilização política de massas na história brasileira.

8. (IFBA) Leia.

O encontro de Rodolfo Cavalcante com Lampião

(Trecho de cordel)
Foi Virgulino Ferreira
Pobre homem injustiçado
E por isto vingativo
Se tornou um acelerado,
Se a justiça fosse reta
Nem jornalista ou poeta,
O teria decantado.
[...]
Embora seja criança
Com meus 15 anos de idade
Pude ver em Lampião
Vítima da sociedade.
Talvez ele em outro meio
(Posso dizer sem receio)
Era útil à humanidade! [...]

CAVALCANTE, Rodolfo Coelho. O encontro de Rodolfo Cavalcante com Lampião Virgulino. Salvador: [s.n.], 1973. In: CATELLI Jr., Roberto. *História*: texto e contexto. São Paulo: Scipione, 2006. p. 499.

Para o autor do cordel Lampião é uma "vítima da sociedade". Dentro desta perspectiva histórica, o cangaço é um fenômeno social resultante

a) das alianças firmadas entre jagunços e coronéis no sentido de perpetuar o poder oligárquico no sertão brasileiro.

b) das brigas entre os grandes coronéis, que incentivavam a formação de grupos de cangaceiros para se fortalecerem.

c) dos conflitos entre famílias poderosas, que levavam alguns de seus membros a entrarem no cangaço para eliminar os inimigos.

d) das poucas oportunidades oferecidas aos sertanejos em um contexto social marcado pela exploração oligárquica, pela miséria e pela fome.

e) das disputas políticas entre grupos de jovens sertanejos, que se armavam e lutavam entre si para garantir o domínio de algumas cidades ou região.

9. (Vunesp-SP) Tarsila do Amaral é uma das artistas que melhor traduziu o "espírito de brasilidade", como se pode observar no quadro *Abaporu*.

Reprodução/Museu de Arte Latino-Americano de Buenos Aires, Argentina/ Cedida por Tarsila Educação/<www.tarsiladoamaral.com.br>

Partindo de seus conhecimentos sobre a década de 1920, analise as afirmações.

I. O quadro *Abaporu*, de 1928, inspirou o Manifesto Antropofágico, e os quadros de Tarsila serviram para divulgar o modernismo brasileiro.

II. As formas ousadas e cores de tons fortes e vibrantes usadas nos quadros de Tarsila traduziram o espírito de brasilidade.

III. Em 1929, a cafeicultura no Brasil, sobretudo a paulista, sofreu um forte abalo com a quebra da bolsa de Nova Iorque.

IV. A cultura cafeeira paulista, buscando as manchas de terras roxas, possibilitou a conservação do solo e a preservação das florestas, minimizando as ações antrópicas.

Estão corretas as afirmações

a) II e III, apenas.
b) I, II e III, apenas.
c) III e IV, apenas.
d) I e IV, apenas.
e) I, II, III e IV.

10. (Unimontes-MG) Campos Sales governou o Brasil entre 1898 e 1902. Em sua presidência, foi consolidada a República Liberal Oligárquica Brasileira. Acerca de sua atuação no governo, pode-se afirmar que

a) concebeu o arranjo que garantiu um acordo entre a União e os Estados, colocando fim nas hostilidades entre Executivo e Legislativo.

b) implantou a chamada política do "Café com leite", que consistia na alternância de paulistas e mineiros no poder.

c) governou por meio de decretos, marginalizando o poder Legislativo e limitando o funcionamento da Constituição de 1891.

d) criou o sistema coronelista, garantindo a hegemonia política dos grandes proprietários de terras.

11. (UFF-RJ) A chamada República Velha, no Brasil, também conhecida como "República Oligárquica", é normalmente caracterizada como um período de amplo acordo entre os grupos dominantes regionais, quase sem fissuras entre os poderosos do país. Um olhar mais cuidadoso, porém, demonstra que, desde o início, as disputas entre esses grupos se fizeram presentes. No início da década de 1920, as frações de classe que dominavam os estados do Rio de Janeiro, Pernambuco e Rio Grande do Sul se aliaram, na disputa pela Presidência da República, para enfrentar o acordo entre São Paulo e Minas Gerais – a política do café com leite. Esse movimento ficou conhecido como

a) Reação Republicana.

b) Convênio de Taubaté.

c) Frente Ampla.

d) União Democrática Nacional.

e) Campanha Civilista.

12. (IFCE) A "República Velha" é o período histórico brasileiro associado

a) à política do "café com leite".

b) à alternância de poder entre mineiros e gaúchos.

c) ao poder centralizado de Getúlio Vargas.

d) ao domínio político dos produtores do charque gaúcho.

e) à promoção de medidas favoráveis às classes trabalhadoras, como a implantação da CLT.

13. (UFRGS-RS) Em 1918, ocorreu no Brasil uma grande mortalidade entre a população do país, ocasionada pela epidemia de "gripe espanhola". A respeito desse surto epidêmico, considere as afirmações abaixo.

I. A doença chegou ao Brasil com o afluxo de imigrantes vindos da Europa.

II. O cotidiano dos brasileiros foi profundamente alterado, com o fechamento de locais públicos e a proibição de reuniões noturnas.

III. Rodrigues Alves eleito à Presidência da República em 1918, não pode tomar posse a 15 de novembro por estar acometido da "gripe espanhola".

Quais estão corretas?

a) Apenas I.

b) Apenas II.

c) Apenas I e III.

d) Apenas II e III.

e) I, II e III.

14. (UFPE) O movimento de 1930 criou muitas expectativas na vida política brasileira. Não há que negar a sua importância na reorganização do poder central e nas mudanças administrativas do Estado. No entanto, não devemos esquecer que, nas primeiras décadas republicanas, a sociedade mostrou inquietações e exigiu mudanças. Muitas manifestações operárias aconteceram, mostrando que não existia, apenas, a arrogância do coronelismo. A participação do operariado se deu:

( ) na estruturação de partidos nacionais, com programas marxistas, atuantes na região sudeste, com presença destacada de imigrantes.

( ) na organização de greves nas grandes cidades, com reivindicações que traziam críticas ao governo e às extensas jornadas de trabalho.

( ) na formulação de propostas contra a dominação capitalista, todas de base anarquista e contra a existência das monoculturas.

( ) na articulação política dos sindicatos que criticavam a produção burguesa e defendiam, com frequência, a democracia parlamentar.

( ) nas atividades contra a exploração do trabalho e na busca de organizar os sindicatos de forma mais combativa.

15. (FGV-SP) Leia o texto.

> *A Semana de 22 não foi um fato isolado e sem origens. As discussões em torno da necessidade de renovação das artes surgem em meados da década de 1910 em textos de revistas e em exposições, como a de Anita Malfatti em 1917. Em 1921 já existe, por parte de intelectuais como Oswald de Andrade e Menotti Del Picchia, a intenção de transformar as comemorações do centenário em momento de emancipação artística.* [...]
>
> Disponível em: <www.itaucultural.org.br>.

Em geral, os artistas participantes da Semana de Arte Moderna propunham

a) que a arte, especialmente a literatura, abandonasse as preocupações com os destinos brasileiros e se voltasse para o princípio da arte pela arte.

b) a rejeição ao conservadorismo presente na produção artística brasileira, defendendo novas estéticas e temáticas, como a discussão sobre as questões brasileiras.

c) que os artistas estabelecessem vínculos com correntes filosóficas, mas não com projetos políticos e ideológicos, fossem estes progressistas ou conservadores.

d) o reconhecimento da superioridade da arte europeia e da importância da civilização portuguesa no notável desenvolvimento cultural brasileiro.

e) que apenas as artes plásticas, com destaque para a pintura, poderiam representar avanços revolucionários em direção a uma arte de fato inovadora.

MÓDULO 31

1. (Uerj) Alan Greenspan, ex-presidente do Banco Central dos Estados Unidos, ao comentar a recente turbulência econômica que abalou os principais mercados financeiros mundiais no mês de agosto, afirmou que tendemos a pensar que os mesmos fatores regem tanto a expansão quanto a retração do mercado.

> *A fase de expansão da economia é bastante diferente, e o medo como suporte, como ocorre atualmente, é muito mais potente do que a euforia.*
>
> Adaptado do *Jornal de Brasília*, 8 set. 2007.

Euforia e medo são elementos que já se fizeram presentes em outras crises econômicas mundiais, como a Grande Depressão de 1929 e seus desdobramentos na América Latina. Aponte duas características da conjuntura econômica mundial de 1929 que possibilitaram a Grande Depressão e indique um desdobramento deste processo na Argentina.

2. (Ibmec-RJ) A crise que atingiu a Bolsa de Nova York, em 1929, serviu para demonstrar a crise do modelo liberal aplicado na economia norte-americana e para superá-la foi executado um programa que tinha como base:

a) A não intervenção do Estado, objetivando dar ao mercado condições próprias de superação do grave momento econômico.

b) Uma política de investimento maciço em obras públicas, que ficou conhecido como "Aliança para o progresso".

c) Um conjunto de medidas intervencionistas que ficou conhecido como "New Deal".

d) A supressão de uma série de conquistas da classe trabalhadora, como o salário mínimo, com a finalidade de facilitar a geração de empregos.

e) O rompimento dos acordos anteriormente firmados com o FMI, acordos que haviam sido assinados numa época de expansão econômica e que agora ficaram inviabilizados.

3. (Ibmec-RJ) Inúmeras foram as consequências da Crise de 1929. Dos itens a seguir, assinale o que NÃO está relacionado a ela:

a) vitória dos democratas com a eleição de Franklin Roosevelt para o governo dos Estados Unidos;

b) agravamento da crise na Alemanha, facilitando a ascensão do nazismo ao poder;

c) retração do comércio internacional e da produção industrial;

d) problemas com a comercialização do café brasileiro, produto considerado supérfluo;

e) crescimento econômico soviético em função da aplicação da NEP.

4. (Cefet-PR) No período chamado de Entre Guerras, um acontecimento norte-americano alcançou repercussão mundial. Trata-se da Quebra da Bolsa de Valores de Nova Iorque, em outubro de 1929. Foram causas dessa crise econômica:

a) intervenção do Estado na economia, contrariando o ideal do liberalismo, profundamente arraigado na cultura norte-americana.

b) retomada da produção europeia, aumento do preço do petróleo no mercado internacional e redução do consumo interno.

c) explosão do consumo, aumento das taxas de juros e uma sequência de nacionalizações de empresas estrangeiras.

d) aumento das exportações e dos preços dos produtos, sem que houvesse um aumento de produção de matérias-primas.

e) superprodução agrícola e industrial, diminuição nos níveis de exportação e queda nos preços no mercado interno.

5. (Cefet-MG) Sobre a crise do capitalismo na década de 1930 e o colapso do socialismo na década de 1980, pode-se afirmar corretamente que

a) os dois fatos fomentaram a polarização ideológica, ameaçando o estado do bem-estar social.

b) ambos provocaram desemprego e frustração, fazendo surgir agitações fascistas e terroristas com amplo respaldo popular.

c) ambos levaram à descrença sobre a capacidade do Estado para resolver os problemas colocados pelo desemprego em massa.

d) o primeiro fato reforçou a necessidade de não se deixar a economia controlada pelo mercado; e o segundo, a de que uma economia não funciona sem mercado.

6. (UFMG) Considerando-se a crise econômica mundial iniciada, em 1929, com a quebra da Bolsa de Nova Iorque, é correto afirmar que:

a) A Alemanha sofreu impacto imediato e violento desse evento, em razão dos laços econômicos estreitos que vinha mantendo com os Estados Unidos.

b) A escassez de matérias-primas e de crédito, entre outras causas do *crash* norte-americano, muito contribuiu, na época, para alimentar a espiral inflacionária.

c) A URSS foi um dos países atingidos por esse evento, pois a recessão no mundo capitalista prejudicou as exportações de petróleo do país.

d) Os países da América do Sul sentiram os efeitos desse evento, devido à repatriação do capital estrangeiro anteriormente investido nessa região.

7. (UEL-PR) Com base nos conhecimentos sobre a crise econômica mundial do período de 1929, considere as afirmativas a seguir.

I. Após a Primeira Guerra Mundial, as nações derrotadas, como a Alemanha e a Áustria, foram auxiliadas em sua reconstrução econômica pelas potências vencedoras, Inglaterra e França, com pesados investimentos nos setores de energia e siderurgia.

II. O impacto da Crise de 1929 foi mundial, estendendo-se dos Estados Unidos para todos os países capitalistas, desenvolvidos ou não.

III. O excesso de intervenção dos Estados Nacionais na economia foi a principal causa da Grande Depressão, ao desestimular o crescimento econômico da iniciativa privada.

IV. Nos Estados Unidos, a Grande Depressão começou a ser combatida através do New Deal, política pela qual o Estado Nacional interveio na economia, injetando recursos públicos em reformas sociais e econômicas bem como disciplinando as relações capitalistas.

Assinale a alternativa correta.

a) Somente as afirmativas I e II são corretas.
b) Somente as afirmativas I e III são corretas.
c) Somente as afirmativas II e IV são corretas.
d) Somente as afirmativas I, III e IV são corretas.
e) Somente as afirmativas II, III e IV são corretas.

8. (Ibmec-RJ) A Crise de 1929 volta a ser muito lembrada atualmente, consequência natural dos enormes problemas que a economia está sofrendo nas últimas semanas. Naquele período, coube ao presidente democrata Franklin Roosevelt, eleito para a presidência dos Estados Unidos pela primeira vez em 1932, apresentar um plano que ficou conhecido como "New Deal" (Novo Acordo ou Novo Tratamento), plano esse que mudou de forma radical a visão econômica norte-americana, até então praticada. São medidas desse período de governo, EXCETO:

a) Controlar rigidamente a jornada de trabalho, para impedir, entre outras práticas, a realização de horas extras.
b) Estimular pesados investimentos em obras públicas, incluindo a construção de pontes, estradas e portos, como forma de ampliar a geração de empregos.
c) Impedir a organização de qualquer tipo de sindicato no país, afinal em função da crise cresceu significativamente nos Estados Unidos o apoio popular às ideologias esquerdistas.
d) Promover uma política de assistência ao trabalhador, que incluiu a criação de um auxílio desemprego e a fixação de um salário mínimo.
e) Conceder empréstimos amplos ao sistema bancário, para permitir a disponibilização de uma linha de créditos aos que estivessem interessados em retomar as atividades produtivas.

9. (UFRGS-RS) O "New Deal" consistiu em um programa adotado pelos EUA para superar os terríveis efeitos da Grande Depressão gerados pela quebra da Bolsa de Valores de Nova Iorque.

Em relação às medidas aplicadas nesse programa, são feitas as seguintes afirmações.

I. O Estado tomou a iniciativa de realizar diversas obras públicas com o objetivo de criar postos de trabalho para milhões de desempregados.

II. As diretrizes keynesianas foram abandonadas em benefício do liberalismo econômico e da autonomia das forças do mercado como marcos reguladores da relação capital-trabalho.

III. A aplicação do programa contou com forte oposição dos setores conservadores, que denunciavam a intervenção do Estado na economia como um processo de socialização da vida nacional.

Quais estão corretas?

a) Apenas I.
b) Apenas II.
c) Apenas III.
d) Apenas I e II.
e) Apenas I e III.

10. (UFG-GO) A crise de 1929 abalou os Estados Unidos. Em 1933, Franklin Delano Roosevelt foi eleito com o objetivo de recuperar o país por meio do programa conhecido como New Deal, que propunha

a) a defesa do isolacionismo e do planejamento econômico, por meio dos quais os Estados Unidos abdicavam do engajamento em questões internacionais.
b) a mudança do centro das decisões econômicas de Nova York, símbolo do poder dos grandes banqueiros, para Washington, sede do poder federal.
c) a redução das importações estadunidenses que afetaram os países dependentes de seu mercado, repatriando capitais norte-americanos.
d) a intervenção e o planejamento do Estado na economia, em quatro setores: agricultura, trabalho, segurança social e administração.
e) o conservadorismo em questões econômicas e na política externa, ampliando a "missão civilizadora" dos Estados Unidos.

11. (UFSM-RS) Considerando a crise do capitalismo liberal nos EUA, nas décadas de 1920 e 30, é possível afirmar:

a) A quebra da Bolsa de Valores de Nova York, em outubro de 1929, foi o fato gerador da crise de superprodução da economia norte-americana.

b) A produção industrial mantida num patamar elevado, sem que houvesse mercado consumidor, foi o elemento desencadeador da crise.

c) O crescimento econômico dos anos 20 aparelhou a agricultura e a indústria dos EUA, para enfrentar as crises decorrentes da retração do mercado.

d) A Bolsa de Valores de Nova York, ao longo da década de 1920, pautou seus negócios com objetividade, sem permitir especulações com o valor das ações.

e) A aspiração por enriquecimento rápido e fácil, comum na sociedade dos EUA, não colaborou para a quebra da Bolsa de Valores de Nova York.

12. (UFV-MG) O "crash" da Bolsa de Nova York em 1929 afetou a economia mundial. Os Estados Unidos, sob o comando do Presidente Franklin Delano Roosevelt, adotaram o "New Deal" como saída para a crise que o país atravessava. São características do "New Deal":

I. a intervenção deliberada do Estado na economia, contrapondo-se à tradição liberal americana.

II. a criação de um amplo plano de obras públicas, como barragens e autoestradas, para gerar novos empregos.

III. o incentivo ao aumento da produção para alimentar a população desempregada.

IV. a criação de um fundo monetário destinado a financiar os países europeus em crise.

V. a adoção de medidas visando ao equilíbrio entre o custo da produção e o valor final das mercadorias.

Das alternativas abaixo, assinale aquela que apresenta apenas as características corretas:

a) I, II e V.

b) I, III e IV.

c) I, IV e V.

d) II, III e IV.

e) II, III e V.

13. (UFSM-RS) Observe a figura:

Reprodução/Vestibular UFSM 2005

Quanto ao Super-Homem, criado em 1938, pode-se afirmar que cumpriu o papel de

a) estimular a conciliação entre americanos e nazistas.

b) restabelecer os valores que orientaram a formação dos EUA.

c) difundir o ideário da participação coletiva própria do capitalismo liberal.

d) produzir reflexão crítica a respeito do individualismo burguês.

e) fortalecer a autoestima da sociedade abalada pela depressão econômica.

14. (PUC-RS) Para responder à questão, analise atentamente a fotografia a seguir.

Margaret Bourke-White/Time & Life Pictures/Getty Images

PAZZINATO, A. L.; SENISE, M. H. V. *História moderna e contemporânea*. São Paulo: Ática, 1992.

Tradução:

"World's highest standard of living." = *"O mais alto padrão de vida do mundo."*

"There's no way like the american way." = *"Nada melhor que o modo de vida americano."*

A fotografia acima, que se insere no contexto do início dos anos 1930, nos Estados Unidos da América, buscava captar a contradição entre

a) o crescimento da indústria americana, no período, e o acesso da classe operária aos novos bens de consumo.

b) os conflitos sociais entre as elites urbanas brancas e as maiorias de trabalhadores rurais negros das classes populares, no Norte do EUA.

c) a ideologia do novo estilo de vida americano e a depressão econômica e o desemprego.

d) a expansão do capitalismo liberal, após 1929, e o crescimento do emprego para a classe operária nas fábricas.

e) a retração do mercado de consumo e uma economia de pleno emprego.

15. (Mack-SP)

Os Estados Unidos viviam seus dias de glória. A dança agitava os salões, principalmente aquelas que tivessem características menos convencionais como a valsa, que predominou no século XIX. Houve uma verdadeira busca de ritmos e sons diferentes, emocionantes, como os africanos e latino-americanos.

[...] *o* jazz *e o* blues *conseguiram espaços e se espalharam por todo o mundo, com muita rapidez, auxiliados pelo gramofone e pela prosperidade dos "Anos Felizes" do capitalismo norte-americano.*

HOBSBAWM, Eric J. *História social do jazz.* Rio de Janeiro: Paz e Terra, 1996.

Assinale a alternativa que NÃO corresponde ao período caracterizado no fragmento de texto acima.

a) O clima de otimismo econômico do período do pós-guerra dissimulou os conflitos envolvendo negros e imigrantes, assim como a intolerância social, o crime organizado e a corrupção política.

b) Possuindo aproximadamente a metade de todo o ouro que circulava nos mercados financeiros do mundo, os EUA saíram da Primeira Guerra como grandes credores da Europa.

c) O pós-guerra, período conhecido como os "anos felizes", foi uma fase de enorme euforia e prosperidade para os EUA, que durou até a crise econômica de 1929.

d) A prosperidade econômica dos EUA, na década de 1920, não era partilhada por todos os norte-americanos; havia grande concentração de renda e cerca de 50% da população vivia abaixo da linha de pobreza.

e) Nessa época, as leis de segregação racial, que proibiam os negros de frequentar as mesmas escolas e bares que os brancos e até de entrar em ônibus e banheiros públicos exclusivos dos brancos, foram abolidas na região sul dos EUA.

MÓDULO 32

1. (Cefet-MG) O período entreguerras foi marcado pela ocorrência de movimentos nacionalistas extremistas, de estrutura hierárquica e ditatorial, que fundaram ou tentaram fundar regimes estatais autoritários. Antiliberais e antidemocráticos, esses movimentos são definidos como

a) fascistas.

b) anarquistas.

c) comunistas.

d) monarquistas.

2. (ESPM-SP)

Frequentemente os símbolos permanecem mais vivos na memória do que os fatos que os geraram. Sem eles, grande parte do fascínio atribuído aos movimentos totalitários dos anos 20, 30 e 40, do século XX, não estaria presente.

DIEHL, Paula. *Propaganda e persuasão.*

Interbits®

O símbolo exibido remete ao:

a) imperialismo japonês;

b) franquismo espanhol;

c) salazarismo português;

d) fascismo italiano;

e) nazismo alemão.

3. (Vunesp-SP) Leia.

A Itália deseja a paz, mas não teme a guerra.
A justiça sem a força é uma palavra sem sentido.
Nós sonhamos com a Itália romana.

Os três lemas acima foram amplamente divulgados durante o governo de Benito Mussolini (1922-1943) e revelam características centrais do fascismo italiano:

a) a perseguição aos judeus, a liberdade de expressão e a valorização do direito romano.

b) o culto ao corpo, o pacificismo e a ânsia de voltar ao passado.

c) o nacionalismo, a valorização do espírito clássico e o materialismo.

d) a beligerância, o culto à ação e o esforço expansionista.

e) o revanchismo, a socialização da economia industrial e a perseguição aos estrangeiros.

4. (UFPE) Sobre o nazifascismo, como base ideológica das ações imperialistas de Hitler e Mussolini, analise as proposições a seguir.

( ) Entre as características do fenômeno nazista alemão está a intolerância frente às diferenças étnicas, religiosas e políticas.

( ) Fugindo da perseguição dos nazistas alemães, milhares de judeus instalaram-se em países sul-americanos.

( ) O nazifascismo na Itália e na Alemanha teve características em comum, podendo-se destacar: o excessivo militarismo, o anticomunismo e o nacionalismo exacerbado.

( ) Por força da ação dos católicos em todo o mundo, as ideias nazifascistas morreram junto com Adolf Hitler.

( ) A população judia da cidade de Amsterdã foi poupada dos horrores da guerra, apesar de sua proximidade territorial com a Alemanha.

5. (UEL-PR)

> *O surgimento da bioética coincidiu com o clamor generalizado levantado pelos horrores da Segunda Guerra Mundial, reação que culminou com a Declaração Universal dos Direitos Humanos. O objetivo primordial da bioética se baseia no princípio humanista de afirmar a primazia do ser humano e defender a dignidade e a liberdade inerentes ao mero fato de pertencer à espécie.*
>
> Adaptado de: BERGEL, S. Desafios da bioética. *Planeta*, ano 40, ed. 472, jan. 2012, p. 70.

O período a que se refere o texto envolve também a ruptura com a democracia pela República de Weimar, a qual foi engendrada pelas conjunturas políticas da Alemanha nos anos 30 do século XX. É nesse quadro democrático que se pode compreender a ascensão do Partido Nacional-Socialista dos Trabalhadores Alemães e a fundação do *III Reich*, criando um totalitarismo com faces eugênicas.

Com base no texto e nos conhecimentos sobre o totalitarismo eugênico, assinale a alternativa que apresenta, corretamente, os eventos que comprovam essa prática.

a) A capitulação da Alemanha, a independência das nações africanas e a perseguição aos arianos.

b) A nacionalização dos portos, o fim do corredor polonês e o Pacto Ribbentrop-Molotov.

c) A ocupação da Áustria, o fortalecimento dos bancos públicos e o antifascismo.

d) A tomada de Paris, a invasão da URSS e a libertação dos Sudetos.

e) As Leis de Nüremberg, a Solução Final e a criação dos campos de extermínio.

6. (Fatec-SP) Na Alemanha, foram desenvolvidos os balões dirigíveis, como o famoso *Graf Zeppelin*, uma máquina capaz de atravessar o Atlântico. Em 1930, o *Zeppelin* cruzou os ares do Brasil em voos demonstrativos pelas cidades de Recife e Rio de Janeiro.

> *Este balão era um dos principais elementos de propaganda de uma Alemanha que havia sido derrotada em 1918, na Primeira Guerra. O grande aparelho, com a tecnologia mais avançada da época, mostrava como a Alemanha tinha se recuperado dos estragos sofridos na guerra.*
>
> Adaptado de *Revista de História da Biblioteca Nacional*, maio de 2010, p. 51.

Considerando as informações do texto, é possível concluir corretamente que a Alemanha, após a Primeira Guerra Mundial,

a) evidenciava não ter condições de enfrentar uma nova guerra, após a derrota de 1918.

b) desenvolvia novas tecnologias e pretendia demonstrar ao mundo uma imagem arrojada.

c) utilizava os balões dirigíveis para comprometer a soberania do Brasil, ameaçando atacá-lo.

d) pretendia utilizar os balões como forma de estímulo à expansão da Internacional Socialista.

e) diminuiu os investimentos na área tecnológica em benefício das estratégias de propaganda.

7. (Uerj) O filme *O Ovo da Serpente* tem como cenário a cidade de Berlim, no ano de 1923. Trata-se, sobretudo, de uma fábula de advertência. Dez anos antes da subida dos nazistas ao poder, já se podia ver um fantasma rondando as vielas da Alemanha e pressupor que, em meio à desordem, à crise econômica e ao vácuo político, uma semente de radicalismo e violência estava para brotar. Como afirma um dos personagens, a vitória só chegaria em alguns anos, quando os jovens do país se tornassem adultos e se vissem cansados de viver em uma terra amargurada. Ao cabo da trama, sentencia-se que o fascismo era uma ameaça perceptível: "É como o ovo de uma serpente. Através das finas membranas, você pode claramente discernir o réptil já perfeito".

O filme *O ovo da serpente* retrata o contexto de crise alemã após a Primeira Guerra Mundial, que favoreceu a subida ao poder de Hitler, principal figura do Partido Nazista.

Retire do texto dois problemas da sociedade alemã que contribuíram para a ascensão do nazismo ao poder em 1933. Indique, também, a ação tomada pelo Partido Nazista em relação a cada um desses problemas.

8. (UFPA)

> *Os judeus tinham que usar uma estrela amarela, [...] tinham que entregar as bicicletas, [...] não podiam andar de bonde, [...] ficavam proibidos de dirigir automóveis. [...] só podiam fazer compras*

das três às cinco horas e só em casas que tivessem placa dizendo 'casa israelita'. Os judeus deviam recolher-se às suas casas às oito da noite [...]. Ficavam proibidos de ir a teatros, cinemas e outros lugares de diversão.

FRANK, Anne. *Diário de uma jovem*. 3. ed. São Paulo: Editora Mérito S.A., 1958. p. 14.

Esse trecho, que foi retirado do diário de uma adolescente judia prisioneira num campo de concentração, na Alemanha, onde morreu em 1945, revela

a) poucas e distorcidas informações para se compreender o que foi a 2ª Guerra Mundial.

b) detalhes das perseguições sofridas pelos judeus na Alemanha, durante a 1ª Guerra Mundial.

c) ideias falsas, pois os alemães não podiam abrir mão do dinheiro que os judeus gastavam em locais como cinemas e teatros.

d) aspectos importantes para nossa compreensão acerca das perseguições sofridas pelos judeus, desde a 2ª Guerra Mundial até os ano de 1960, com o fim do *apartheid*.

e) a importância desse diário como documento histórico que registrou, para a posteridade, a perseguição sofrida pelos judeus durante a 2ª Guerra Mundial.

9. (UFU-MG) Sobre as características da propaganda nazista, assinale a alternativa correta.

a) A ascensão de Hitler se deu pela natureza científica de suas afirmações, sendo a propaganda e o terror utilizados apenas quando se tratava da oposição política.

b) A propaganda utiliza fundamentos dissociados da cultura e das disposições sociais da população, por esta razão usa de insinuações indiretas, veladas.

c) O terror e a propaganda tiveram semelhante grau de importância no estabelecimento da ideologia nazista, ao mostrar à população os benefícios de quem a ela aderisse e o horror destinado aos inimigos.

d) A ameaça, a efetiva violência, o uso político da ciência e a propaganda alinhada aos princípios culturais de um povo nunca foram usados como estratégia de doutrinação das massas.

10. (PUC-SP)

Assim como os nazistas e os fascistas, os integralistas pregavam a substituição da luta de classes pela ascensão dos melhores, para renovar as camadas dirigentes e continuar estrutural e funcionalmente o seu papel na sociedade.

Adaptado de CANDIDO, Antonio. *Teresina etc.* Rio de Janeiro: Paz e Terra, 1980. p. 129.

O texto compara nazismo, fascismo e integralismo, identificando-os

a) no anseio de estabelecer um governo proletário, capaz de frear a ascensão da burguesia e de patrocinar amplas reformas sociais e políticas.

b) na aceitação da luta de classes como princípio das relações sociais e na valorização da reforma administrativa como forma de eliminar os problemas políticos.

c) no esforço de valorizar a identidade nacional, único traço capaz de impedir a luta de classes e assegurar a formação de um governo socialista.

d) na rejeição da ideia de que a sociedade seja movida pela luta de classes e na defesa de que o poder seja exercido por um grupo limitado e privilegiado de pessoas.

e) na busca de uma revolução proletária internacional e no reconhecimento do papel central que o governo deve exercer na harmonização das relações sociais.

11. (Unisinos-RS)

Começam com as monstruosas condições dos transportes a caminho do campo, onde centenas de seres humanos amontoam-se num vagão de gado, completamente nus, colados uns aos outros, e são transportados de uma estação para outra, de desvio a desvio, dia após dia; continuam quando chegam ao campo: o choque bem organizado das primeiras horas, a raspagem dos cabelos, as grotescas roupas do campo; e terminam nas torturas inteiramente inimagináveis, dosadas de modo a não matar o corpo ou, pelo menos, não matá-lo rapidamente. O objetivo desses métodos, em qualquer caso, é manipular o corpo humano – com as suas infinitas possibilidades de dor – de forma a fazê-lo destruir a pessoa humana tão inexoravelmente como certas doenças mentais de origem orgânica.

ARENDT, Hannah. *Origens do totalitarismo*. São Paulo: Companhia das Letras, 1990. p. 504.

O relato acima, escrito pela filósofa alemã Hannah Arendt, aborda a situação a que prisioneiros do regime nazista eram submetidos durante o governo de Adolf Hitler. No Brasil, no mesmo período em que se deu a ascensão e o desenvolvimento do nazismo, o país era governado por

a) Emílio Médici.

b) Getúlio Vargas.

c) Ernesto Geisel.

d) Jânio Quadros.

e) Eurico Dutra.

12. (FGV-RJ) O período entre as duas grandes guerras mundiais, de 1918 a 1939, caracterizou-se por uma intensa polarização ideológica e política. Assinale a

alternativa que apresenta somente elementos vinculados a esse período:

a) New Deal; Globalização; Guerra do Vietnã.
b) Guerra do Vietnã; Revolução Cubana; Muro de Berlim.
c) Guerra Civil Espanhola; Nazifascismo; Quebra da Bolsa de Nova York.
d) Nazifascismo; New Deal; Crise dos Mísseis.
e) Doutrina Truman; República de Weimar; Revolução Sandinista.

13. (Uerj) Exibido pela primeira vez em outubro de 1940, o filme *O Grande Ditador*, de Charles Chaplin, faz uma crítica a um projeto político vigente na época.

Observe abaixo o fotograma de uma cena do filme e o discurso apresentado em seu final:

Reprodução/United Artists

http://passosdesvairados.blogspot.com

A aviação e o rádio nos aproximou. A própria natureza dessas coisas é um apelo eloquente à bondade do homem, um apelo à fraternidade universal, à união de todos nós. Neste mesmo instante a minha voz chega a milhares de pessoas pelo mundo afora. Milhões de desesperados: homens, mulheres, criancinhas, vítimas de um sistema que tortura seres humanos e encarcera inocentes. Aos que podem me ouvir eu digo: não desespereis! A desgraça que tem caído sobre nós não é mais do que o produto da cobiça em agonia, da amargura de homens que temem o avanço do progresso humano. Os homens que odeiam desaparecerão, os ditadores sucumbem e o poder que do povo arrebataram há de retornar ao povo. E assim, enquanto morrem homens, a liberdade nunca perecerá.

Discurso final do filme *O Grande Ditador*.
(Adaptado de www.pedagogiaemfoco.pro.br.)

Identifique o projeto político-ideológico criticado e apresente duas características desse projeto que se opunham aos ideais defendidos no discurso final.

14. (UTFPR) O Fascismo se configurou no século XX a partir da crise que a sociedade capitalista viveu após a Primeira Guerra Mundial. O Nazismo foi o regime fascista totalitário mais intenso, pregava a raça pura e a eliminação sistemática de outros povos. Estas ideias, porém, nasceram em séculos anteriores. Germes das ideias nazistas podem ser apontados em correntes de pensamento como:

a) o determinismo biológico que explicava as diferenças entre os povos pelas características raciais.
b) o evolucionismo que explicava a superioridade da raça europeia.
c) a teoria da cultura que confirmava a superioridade da população europeia.
d) o Fascismo presente no Imperialismo do século XIX.
e) o Franquismo nascido na Espanha que visava eliminar a população basca.

15. (CPS)

Em 1931, quando o Nazismo ainda não tinha chegado ao poder na Alemanha, Berlim foi eleita para receber os Jogos Olímpicos de 1936. Com a ascensão do 3º Reich, porém, o Comitê Olímpico Internacional (COI) tentou tirar, sem sucesso, os jogos dos alemães. Os norte-americanos, inclusive, programaram os Jogos Alternativos, em Barcelona, porém eles foram cancelados devido à Guerra Civil Espanhola. Os nazistas não pouparam esforços para fazer das Olimpíadas uma propaganda do regime.

Adaptado de <http://olimpiadas.uol.com.br/2008/historia /1936/historia.htm>. Acesso em: 19 ago. 2010.

Considerando o período a que se refere o texto, é válido afirmar que

a) ele foi marcado pela ascensão dos regimes totalitários: o Fascismo na Itália, em Portugal e na Espanha e o Nazismo, na Alemanha.
b) a década de 30, na Alemanha, viu a ascensão dos partidos socialistas que receberam apoio da burguesia alemã, notadamente a industrial.
c) as democracias liberais se fortaleceram, o que resolveu o problema do desemprego causado pela Crise de 1929.
d) o "New Deal" foi um programa do governo norte-americano de ajuda financeira aos países não comunistas, prontamente apoiado pelos nazistas.
e) o mundo estava dividido, à época, em dois blocos: o socialista, liderado pela Rússia, e o capitalista, liderado pelos Estados Unidos.

16. (Cefet-MG) As décadas de 1920 e 1930 foram marcadas pela ascensão do fascismo na Europa, caracterizado como um movimento que resultou em regimes antiliberais, antidemocráticos e antissocialistas.

Considerando essa informação, é correto afirmar que o fascismo

a) representou uma saída liberal para a crise europeia do pós-Primeira Guerra Mundial.

b) resumiu-se, no Brasil, à emergência da Ação Integralista Brasileira, sob o comando de Plínio Salgado.

c) reproduziu-se ao longo da História através dos regimes militares latino-americanos contemporâneos.

d) buscou atender aos apelos dos empobrecidos, bem como salvaguardar os interesses das classes médias ocidentais.

17. (FGV-SP) Em 1936, a Espanha viu-se envolvida em uma sangrenta guerra civil que se estendeu até 1939 e causou cerca de um milhão de mortos. A respeito desse conflito, é correto afirmar:

a) Foi provocado por uma revolução popular que proclamou a república, estabeleceu um regime socialista em fevereiro de 1936 e contou com o apoio de tropas do exército soviético.

b) Foi provocado pela reação de setores conservadores e antirrepublicanos à vitória da Frente Popular nas eleições de fevereiro de 1936 e contou com o apoio de forças militares nazifascistas.

c) Foi provocado pelo movimento separatista da Catalunha, que se recusou a integrar a República espanhola a partir de 1936 e contou com a intervenção militar de tropas francesas.

d) Foi provocado por setores antimonarquistas derrotados nas eleições de fevereiro de 1936 e que desejavam proclamar uma república na Espanha, e contou com o apoio de brigadas de voluntários vindos de diversos países.

e) Foi provocado pela reação de monarquistas, militares, fascistas e setores da Igreja católica contra a instauração da república na Espanha, em 1931, e contou com o apoio de tropas militares da Inglaterra.

MÓDULO 33

1. (Ibmec-RJ) Um dos mais importantes períodos da história republicana brasileira, a Era Vargas (1930-1945) foi marcada por uma série de importantes acontecimentos, exceto:

a) a criação da Petrobras;

b) uma simpatia inicial de Getúlio pelo nazifascismo;

c) pela entrada em vigor do salário mínimo;

d) o funcionamento do DIP (Departamento de Imprensa e Propaganda);

e) pela criação da CSN (Companhia Siderúrgica Nacional).

2. (UFSM-RS) Analise os fragmentos a seguir.

> *Nós, no Brasil, queremos, acima de tudo, nos encontrar com o povo, que andava perdido. E podemos dizer que encontramos este povo fabuloso, espalhado nos mais distantes recantos de nossa terra. O romance de nossos dias está todo batido nesta massa, está composto com a carne e o sangue de nossa gente.*
>
> José Lins do Rego
>
> NICOLA, José de. *Literatura Brasileira.* São Paulo: Scipione, 2003. p. 352.

> *Quem trabalha é quem tem razão / Eu digo e não tenho medo de errar / O bonde de São Januário / Leva mais um operário / Sou eu que vou trabalhar.*
>
> Wilson Batista & Ataulfo Alves, 1940.

O discurso do romancista Lins do Rego e o samba de Wilson Batista e Ataulfo Alves permitem inferir que a literatura e a música popular na década de 1940 acompanhavam as mudanças sociopolíticas do Estado Novo (1937-45), expressando

a) a presença das massas trabalhadoras nas preocupações do Chefe de Estado, Getúlio Vargas, o que se exemplifica na Consolidação das Leis do Trabalho.

b) a consolidação dos partidos políticos que representavam os interesses dos trabalhadores das fazendas, das fábricas e também do setor de serviços.

c) a preocupação de Getúlio Vargas em reprimir as massas populares, assim como ignorar as suas demandas socioeconômicas.

d) o desprestígio das manifestações culturais populares e a ênfase, por parte do Ministério da Educação, em favorecer a importação de modelos culturais europeus.

e) a valorização da perspectiva liberal e oligárquica, dando especial destaque aos dramas das massas rurais e ao tradicional problema das secas do Nordeste.

3. (Udesc) Leia o excerto abaixo:

> *Na década de vinte, o tenentismo é o centro mais importante de ataque ao predomínio da burguesia cafeeira, revelando traços específicos, que não podem ser reduzidos simplesmente ao protesto das classes médias. Se sua contestação tem um conteúdo moderno, expresso em um tímido programa modernizador, a tática posta em prática é radical e altera as regras do jogo, com a tentativa aberta de assumir o poder pelo caminho das armas.*
>
> FAUSTO, Boris. *A Revolução de 1930*: historiografia e história. São Paulo: Companhia das Letras, 1997, p. 113.

A partir das considerações de Boris Fausto a respeito do tenentismo na história do Brasil, analise as proposições.

I. Surgido no interior das forças armadas, o movimento tenentista foi um dos fatores de instabilidade política e militar na década de 1920.

II. As rebeliões militares, que marcaram a década de 1920, evidenciam tanto a insatisfação de parte das camadas urbanas com o regime oligárquico quanto a própria situação dos militares que recebiam baixos salários e ocupavam posição inferior no Estado.

III. Na década de 1920, uma série de ações de protestos de jovens oficiais, tenentes e capitães que pregavam maior moralidade política e administrativa, no governo republicano, ficou conhecida como tenentismo.

Assinale a alternativa **correta**.

a) Somente a afirmativa I é verdadeira.

b) Somente as afirmativas II e III são verdadeiras.

c) Somente as afirmativas I e II são verdadeiras.

d) Somente as afirmativas I e III são verdadeiras.

e) Todas as afirmativas são verdadeiras.

4. (UFRGS-RS) A Revolução de 1930 promoveu uma ruptura da ordem constitucional, levando ao poder o rio-grandense Getúlio Vargas. A esse respeito, considere as afirmações abaixo.

I. A Revolução foi uma reação das oligarquias dos Estados da região Sul contra os desmandos e desperdícios do governo da União, controlado pelos Estados da região Norte.

II. O movimento era em sua maioria composto por militares de alto escalão, desgostosos com os rumos políticos do governo de Washington Luiz.

III. A Revolução foi sustentada por uma coalizão de antigas lideranças político-partidárias, militares de baixas patentes e grupos urbanos descontentes.

Quais estão corretas?

a) Apenas I.

b) Apenas II.

c) Apenas III.

d) Apenas II e III.

e) I, II e III.

5. (UEPB) Após a Revolução Constitucionalista de 1932, experimentamos o "Período Constitucionalista" (1934/1937). Em 1934, foi instalada a Assembleia Nacional Constituinte, da qual participou Carlota Pereira de Queirós (única mulher entre os constituintes), primeira deputada federal no Brasil.

Assinale a única alternativa incorreta.

a) Mais marcante do que a própria Assembleia Nacional Constituinte de 1934, foi o fato de as mulheres terem conquistado o direito ao voto. A luta das sufragistas brasileiras, iniciada com o próprio século XX, finalmente conseguia um feito em nível nacional.

b) A Constituição de 1934 incorporou a legislação trabalhista, já em vigor, e ainda acrescentou a instituição do salário mínimo. Criou, também, o Tribunal do Trabalho. Mas a nova carta seguia não reconhecendo o direito ao voto de analfabetos e soldados.

c) Com a promulgação da nova Constituição e a eleição de Getúlio Vargas, quando se aboliu de vez o governo provisório que vinha desde 1930, o Brasil viu surgirem dois movimentos antagônicos: a Aliança Libertadora Nacional (ANL) e a Ação Integralista Brasileira (AIB).

d) A promulgação da Constituição de 1934 foi prova inequívoca de que o Brasil caminhava para a implantação de um sólido sistema democrático. Enquanto na Europa as ditaduras totalitárias iam se enraizando no poder, no Brasil se fazia eleição, promulgava-se constituição e se aumentavam as liberdades individuais.

e) Mesmo com uma Constituição promulgada e um governo eleito, no Brasil só se pensava em golpes e revoluções. Em 1935, militares comunistas ou não promovem uma insurreição para derrubar o governo federal e implantar o comunismo no Brasil.

6. (UEPG-PR) O Brasil experimentou, ao longo do século XX, três períodos em que o Estado Nacional gerenciou um processo de desenvolvimento nacional com base na ideia da modernização da infraestrutura e da capacidade produtiva nacional: a Era Vargas (1930-1945), o governo JK (1956-1961) e a ditadura militar (1964-1985). A respeito da modernização promovida no Brasil nesses momentos específicos, assinale o que for correto.

(01) A construção da Companhia Siderúrgica Nacional, na década de 1940, deu início a uma industrialização de base no país.

(02) As grandes obras, como as usinas de Itaipu e de Angra dos Reis, a Transamazônica e a Ponte Rio-Niterói, se inserem na perspectiva do "Brasil potência" disseminada durante a ditadura militar e simbolizam materialmente o projeto de modernização nacional do período.

(04) O modelo desenvolvimentista aplicado no Brasil durante a ditadura militar se pautava no princípio do fechamento do país para a entrada de capitais estrangeiros, uma vez que o que se buscava era uma modernização autônoma, livre da dependência financeira internacional.

(08) Durante a "Era Vargas" a indústria automobilística deu os primeiros passos no Brasil. A implantação da Fábrica Nacional de Motores – FNM representou o início da produção automotiva no país.

(16) O "Plano de Metas" estruturado por Juscelino Kubitschek visava incentivar o desenvolvimento e a modernização nacional a partir do investimento em setores como transporte, educação e industrialização.

7. (UFRGS-RS) Observe a figura abaixo.

Cartaz produzido pelo Departamento de Imprensa e Propaganda (DIP) durante o Estado Novo. In: FAUSTO, Boris. *História do Brasil*. São Paulo: Edusp, 2009, p. 377.

Em 1º de maio de 1943, por decreto presidencial, foi aprovada uma legislação, até hoje em vigor, que marcou o governo Getúlio Vargas.

A respeito dessa legislação, é correto afirmar que

a) garantiu a extensão dos direitos trabalhistas a todos os trabalhadores rurais do país – Lei da Reforma Agrária.

b) desregulamentou a relação entre o capital e o trabalho, consolidando a livre negociação trabalhista – Lei do Trabalho Remunerado.

c) atendeu a demanda não somente dos trabalhadores, mas também de muitos setores da sociedade, interessados em ver o país novamente sob o Estado de Direito – Emenda Constitucional.

d) regulamentou o acesso às terras devolutas pertencentes ao Estado, o que beneficiou especialmente os pequenos proprietários rurais – Lei de Terras.

e) reuniu e racionalizou a legislação vigente e introduziu e regulamentou novos direitos na área trabalhista – Consolidação das Leis do Trabalho.

8. (Cefet-MG) Entre 1937-1945, o Brasil viveu um período político conhecido como Estado Novo. O governo da época adotou estratégias, dentre as quais destaca-se a

a) utilização de medidas econômicas para bloquear o ritmo do crescimento industrial.

b) expansão dos meios de comunicação de massa para estimular os ideais democráticos.

c) promoção de festas cívicas para construir a identidade entre Estado e classe trabalhadora.

d) manutenção de partidos socialistas para garantir a eficácia das instituições da Sociedade Civil.

9. (IFSP) No Brasil republicano, a história do trabalho assalariado se pautou por duas afirmações:

I. "Questão de operário é caso de polícia." (Washington Luiz)

II. "Questão de operário é caso de política." (Getúlio Vargas)

Sobre essas duas afirmações **é correto** afirmar que

a) o Brasil caminhou da República Oligárquica para a centralização de poder que, com a CLT de 1943, encontrou no trabalhador sua legitimidade.

b) o peleguismo, praticado na república dos Coronéis, foi substituído pela liberdade sindical, defendida com veemência pelo presidente Getúlio Vargas em 1937.

c) "questão de operário", à época de Washington Luiz, significou o desejo de participação política dos operários, o que lhes era negado por ser o voto censitário.

d) "caso de política" significa que operários também podiam participar da política, mas só através do PTB (Partido Trabalhista Brasileiro), fundado por Getúlio Vargas.

e) o governo de Washington Luiz perseguia operários que pertenciam ao PCB (Partido Comunista Brasileiro), o que não aconteceu durante o Estado Novo, uma vez que Getúlio Vargas estendeu a todos os partidos o direito de participar da política.

10. (Uece) Para Sérgio Buarque de Holanda, o Brasil se modernizaria quando superasse a autoritária herança rural portuguesa. Com base nessa asserção, pode-se afirmar corretamente que, para o autor,

a) o desenvolvimento econômico do Brasil somente ocorreria quando as decisões acerca de seu futuro estivessem nas mãos do povo.

b) o Brasil teria que ampliar sua base agrícola e escravocrata.

c) o Brasil teria que romper com as antigas estruturas sociais e econômicas herdadas da Colônia.

d) o desenvolvimento socioeconômico brasileiro só ocorreria se estivesse ancorado na herança colonial portuguesa.

11. (Uece) Com Getúlio Vargas, o modelo populista ganhou força e o Estado passou a atuar como mediador, reconhecendo novos grupos sociais. Em relação a esse modelo, assinale a afirmação **FALSA**.

a) O governo inaugurado por Getúlio, em 1930, atendeu às reivindicações de alguns grupos sociais;

contudo, promoveu uma forte tutela sobre eles.

b) No contexto de atendimento às reivindicações dos trabalhadores, destacou-se a criação de leis trabalhistas.

c) No âmbito das conquistas femininas, ocorreu a concessão do voto feminino.

d) O governo getulista restituiu a democracia em 1937, após o estado de exceção iniciado em 1930.

12. (Udesc) Leia o excerto abaixo:

> *A chamada revolução de 1932 completa oitenta anos no mês que vem. Se a ideia era não mais do que a reconstitucionalização do país, como apregoavam as lideranças paulistas, ou a reação de uma oligarquia que se imaginava ameaçada, é assunto para outros e mais doutos espaços. Neste, mais modesto, vai interessar o lado em que estavam certos personagens, e o comportamento que tiveram...*
>
> TOLEDO, Roberto Pompeu de. Gente de 1932. Revista *Veja*. Ed. Abril, edição 2273, ano 45, n. 24, 13 de junho de 2012, p. 142.

Analise as proposições sobre o ponto de vista expresso por Roberto Pompeu de Toledo no excerto acima, e as questões históricas relacionadas à chamada "revolução de 1932", e assinale (V) para verdadeira e (F) para falsa.

( ) "A chamada revolução de 1932", a que se refere Roberto Pompeu de Toledo, deve ser entendida dentro do quadro conflituoso que remonta a crise da década de 1920 e culmina com a deposição do presidente Washington Luís, e com Getúlio Vargas assumindo a presidência de um governo provisório, em 1930.

( ) Para alguns historiadores, a Revolução de 1930 foi o movimento vitorioso que levou Getúlio Vargas ao poder, após a deposição de Washington Luís, e o acontecimento de 1932 foi um movimento de oposição ao governo de Getúlio Vargas que eclodiu na capital paulista e rapidamente se expandiu pelo Estado de São Paulo.

( ) Roberto Pompeu de Toledo acredita que a "chamada revolução de 1932" objetivou a reconstitucionalização do país, afinal o presidente eleito, Washington Luís, foi deposto e em seu lugar assumiu – apesar de haver perdido a eleição presidencial – Getúlio Vargas.

( ) Roberto Pompeu de Toledo não está interessado nas diferentes razões que visam explicar a "chamada revolução de 1932", sua questão é outra, são os próprios personagens dessa história que lhe interessam.

( ) "A chamada revolução de 1932", a que se refere Roberto Pompeu de Toledo, foi um movimento vitorioso de oposição ao governo de Getúlio Vargas, levado a cabo por paulistas que, mesmo em menor número, venceram a revolução de 1932.

Assinale a alternativa que contém a sequência **correta**, de cima para baixo.

a) V – F – V – F – F
b) V – V – V – F – V
c) F – V – F – V – V
d) V – V – F – V – F
e) F – V – V – F – F

13. (PUC-RJ) Analise as afirmativas abaixo referentes ao Estado Novo (1937-1945) no Brasil.

I. O Estado Novo contou com forte apoio das oligarquias estaduais, da Igreja católica e de setores da esquerda defensores de um estado autoritário, que tomavam o stalinismo soviético como exemplo.

II. O novo modelo de Estado, inaugurado em 1937, foi uma quebra na normalidade constitucional brasileira e se legitimou através de uma nova constituição que tinha um explícito conteúdo autoritário.

III. O Estado Novo foi um período marcado pelo autoritarismo, com intensa propaganda política estatal, controle de informação, proibição de organizações políticas e forte repressão policial.

IV. O Estado Novo se caracterizou por um esfriamento das relações diplomáticas entre Brasil e Estados Unidos e por um alinhamento progressivo com os países fascistas da Europa.

São afirmativas corretas:

a) I, II, III e IV.
b) III e IV, apenas.
c) II e III, apenas.
d) II e IV, apenas.
e) I e IV, apenas.

14. (Uerj)

In: GONÇALVES, Adelaide e COSTA, Pedro E. B. (orgs.). *Mais borracha para a vitória*. Brasília: Ideal Gráfica, 2008.

No governo Vargas, foi criado o Serviço Especial de Mobilização de Trabalhadores para a Amazônia – S.E.M.T.A., uma medida direcionada para a participação do Brasil na Segunda Guerra Mundial (1939-1945). Com base no cartaz, as ações programadas por esse serviço tiveram como principal objetivo:

a) ocupação militar relacionada à redefinição das fronteiras nacionais.

b) proteção dos trabalhadores rurais em resposta à depressão econômica.

c) estímulo à migração para exploração de recursos naturais estratégicos.

d) demarcação de reservas florestais associada à política de defesa ambiental.

15. (PUC-SP)

> *A revolução não se fez para assumir a tutela da Nação senão para entregar à Nação o governo de si mesma. Se a Nação entender, pelo voto de seus genuínos representantes, organizar-se antes de um modo do que de outro, devemos nos inclinar diante de sua soberania. Podemos e devemos instruir o povo, convertendo-o às ideias que nos parecem mais acertadas; mas não é lícito impor-lhe o nosso pensamento e vontade. Seria o despotismo. O Partido Democrático não pode desviar-se desta linha. No frontispício de seu programa, como a doirar a cúpula dos compromissos assumidos, figura a bela tricotomia americana do governo do povo, pelo povo e para o povo.*

Declaração do Partido Democrático de São Paulo, 13 de janeiro de 1932, in Déa Ribeiro Fenelon (org.). *50 textos de história do Brasil*. São Paulo: Hucitec, 1986, p. 152-153.

O documento acima pode ser compreendido como uma demonstração

a) da insatisfação paulista com a política varguista de proteção à produção e exportação de café, que incluía um rigoroso controle de preços e tarifas aduaneiras.

b) do projeto de implantação do socialismo no Brasil, defendido pelo Partido Democrático e por outros setores da esquerda nos primeiros anos do governo Vargas.

c) da divisão entre antigos aliados no movimento de 1930, que, dois anos depois, entravam em conflito por causa de seus interesses políticos e econômicos distintos.

d) do amplo apoio popular que o Partido Democrático recebeu desde sua fundação, em 1926, e que o fez opor-se tanto aos governos da Primeira República, quanto ao governo de Vargas.

e) da defesa, pelo Partido Democrático, da proposta de separação de São Paulo do restante do Brasil, apoiada majoritariamente pelos participantes da revolução constitucionalista de 1932.

MÓDULO 34

1. (Mack-SP) Com relação aos dois grandes conflitos mundiais, de 1914-1918 e de 1939-1945, considere as afirmativas.

I. O imperialismo e o nacionalismo encontram-se nas origens dos dois conflitos mundiais, uma vez que o primeiro intensificou as tensões mundiais devido à disputa por áreas de influência e o segundo favoreceu a formação dos regimes totalitários fascistas.

II. As duas guerras mundiais, envolvendo povos extraeuropeus, desenvolveram a consciência nacional deles, influenciando decisivamente no processo de descolonização afro-asiática.

III. O questionamento dos postulados liberais do capitalismo foi intensificado a partir dos dois conflitos, o que criou as condições favoráveis para a expansão dos ideais anarquistas em todo o mundo.

Assinale a alternativa correta.

a) Somente a afirmativa I está correta.

b) Somente a afirmativa II está correta.

c) Somente a afirmativa III está correta.

d) Somente as afirmativas I e II estão corretas.

e) Somente as afirmativas II e III estão corretas.

2. (Udesc) Analise as proposições sobre a II Guerra Mundial (1939-1945), e assinale (V) para verdadeira e (F) para falsa.

( ) A II Guerra Mundial foi marcada por atrocidades de ambos os lados, como, por exemplo, os campos de concentração, o extermínio nazista e o lançamento das bombas atômicas contra as cidades de Hiroshima e Nagasaki pelos EUA.

( ) O Brasil, que durante o período da guerra era governado pelo presidente Getúlio Vargas, apoiou os países do Eixo. Entre os motivos que levaram o Brasil a enviar tropas para lutar nesta guerra foram os ataques de submarinos alemães a navios brasileiros e a defesa da democracia e da liberdade.

( ) A guerra iniciou em 1939, quando as tropas alemãs invadiram a Polônia. Nos primeiros anos o Eixo (Alemanha, Itália e Japão) obteve várias vitórias contra os Aliados. Os rumos da guerra começam a modificar no ano de 1941, quando o governo de Adolf Hitler decidiu invadir a União Soviética, e os EUA declaram guerra aos países do Eixo, após o ataque japonês a Pearl Harbour.

( ) Um dos fatores que levou à guerra foi o apoio da população alemã às ideias de Adolf Hitler, difundidas no livro *Mein Kampf* (Minha Luta), conhecidas como nazistas e que pregavam a superioridade da *raça germânica* em relação a outros grupos, como os judeus, comunistas e ciganos.

Assinale a alternativa que contém a sequência **correta**, de cima para baixo.

a) F – F – V – V
b) V – V – F – V
c) V – F – V – V
d) V – F – V – F
e) V – V – V – V

3. (Uerj)

Reprodução/Fundação Biblioteca Nacional, Rio de Janeiro, RJ.

DAPIEVE, Arthur e LOREDANO, Cássio. J. Carlos contra a guerra: as grandes tragédias do século XX na visão de um caricaturista brasileiro. Rio de Janeiro: Casa da Palavra, 2000.

A charge de J. Carlos na capa da revista *Careta* representa a ofensiva dos aliados, em julho de 1944, que delineou os rumos da Segunda Guerra Mundial.

No que se refere às relações internacionais, a vitória dos aliados provocou mudanças que tiveram como um dos seus efeitos:

a) extinção dos regimes totalitários.
b) redefinição da ordem geopolítica.
c) controle do expansionismo tecnológico.
d) multipolaridade das relações diplomáticas.

4. (UnB-DF)

AP Photo/Glow Images

Banco dos réus no Tribunal Militar Internacional de Nürembergue, em 1945-46. Primeira fileira, de cima para baixo: Hermann Göring, Rudolf Heβ, Joachim von Ribbentrop, Wilhelm Keitel. Segunda fileira, de cima para baixo: Karl Dönitz, Erich Raeder, Baldur von Schirach, Fritz Sauckel.

O privilégio de iniciar o primeiro julgamento da história por crimes contra a paz no mundo impõe uma grave responsabilidade. Os crimes que procuraremos condenar e punir foram tão premeditados, tão maléficos e devastadores, que o mundo civilizado não pode tolerar que sejam ignorados, uma vez que este não seria capaz de sobreviver à repetição daqueles. Que quatro grandes nações, arrebatadas pela vitória e ainda ofendidas pela injúria, optem por evitar a vingança e entreguem voluntariamente à lei os seus inimigos capturados é um dos mais significativos tributos já pagos pelo Poder à Razão. O senso comum da humanidade exige que a lei não se restrinja a punir os pequenos crimes da gente miúda. A lei deve atingir também aqueles que detenham grandes poderes e que os usem de forma deliberada e articulada para pôr em ação males os quais não deixam ileso nenhum lar deste mundo. É um caso dessa magnitude que as Nações Unidas apresentarão a Vossas Excelências.

Robert H. Jackson. "Opening address for the United States." *In: Office of United States chief counsel for prosecution of axis criminality. Nazi conspiracy and aggression.* Washington: United States Government Printing Office, 1946, p. 114 (tradução com adaptações).

A partir do texto, extraído do discurso proferido na abertura do Tribunal Internacional de Nürembergue, em 1945, julgue os itens a seguir.

a) Vários réus levados à Corte Penal de Nürembergue, entre 1945 e 1946, foram julgados culpados por crimes contra a humanidade, condenação que já se havia tornado comum na Europa, desde a promulgação da Declaração Universal dos Direitos Humanos pela Assembleia Nacional francesa, em 1791.

b) Entre os crimes julgados pelo referido tribunal, está o de extermínio sistemático de milhões de pessoas que pertenciam a grupos considerados politicamente indesejáveis pelo regime nacional-socialista alemão. Os judeus europeus foram as principais vítimas do Holocausto e, em menor escala, também foram perseguidos cidadãos da Polônia e da União Soviética, pessoas com deficiências físicas, comunistas e socialdemocratas alemães, homossexuais, bem como testemunhas de Jeová.

c) Entre as causas que levaram o Partido Nacional-Socialista a conquistar o poder na Alemanha no período que antecedeu a Segunda Grande Guerra, destaca-se o ressentimento generalizado da sociedade alemã devido às indenizações de guerra impostas no Tratado de Versalhes. Tais indenizações inviabilizaram, na década de 1920 do século passado, o crescimento econômico e sacrificaram a vida social desse país, fato que marcou todo o período denominado República de Weimar. A crise econômica e social da Alemanha, nessa época, justificou a posterior ofensiva militar nacional-socialista em busca da ampliação dos limites territoriais do terceiro Reich.

d) O pagamento, pela Alemanha, das indenizações estipuladas no Tratado de Versalhes foi concluído apenas em 2010, a título de comemoração pelo quadragésimo aniversário da reunificação alemã.

5. (Fatec-SP) Considere o texto e a charge para responder à questão.

GDANSK – O presidente e o primeiro-ministro da Polônia, Lech Kaczynski e Donald Tusk, comandaram nesta terça-feira, 1º, em Gdansk, a cerimônia que lembrou o momento exato dos 70 anos do início da Segunda Guerra Mundial.

Às 4h45 de 1º de setembro de 1939, o encouraçado alemão Schleswig-Holstein abriu fogo contra a guarnição da península de Westerplatte, nas cercanias de Gdansk, dando início à Segunda Guerra Mundial. "Westerplatte é o símbolo da luta do fraco contra o forte", assinalou Kaczynski, em discurso no qual reivindicou o papel de vítima da Polônia contra "os totalitarismos nazista e bolchevique".

Disponível em: <http://www.estadao.com.br/noticias/internacional,polemica-historica-marca cerimonia-de-70-anos-da-2-guerra, 427842, 0.htm>. Acesso em 5.9.2009)

Reprodução/Vestibular Fatec 2010

Dois bons camaradas

http://www.integral.br/zoom/imgs/324/image001.jpg, acessado em 01.09.2009. Adaptado.

O trecho do artigo e a charge de Belmonte remontam a um importante e polêmico episódio ligado à 2ª Guerra Mundial. Esse episódio foi

a) a divisão da Alemanha, logo após a Segunda Guerra Mundial, em Alemanha Ocidental, pertencente ao bloco capitalista, e Alemanha Oriental, pertencente ao bloco comunista.

b) a operação Barba Ruiva, executada pela Alemanha e por ela descrita como uma cruzada para salvar a Europa do bolchevismo judaico.

c) a batalha de Stalingrado, em que soldados e civis russos defenderam a cidade de Stalingrado do ataque alemão, interessado no domínio do centro industrial existente às margens do rio Volga.

d) o Dia D, momento que marcou o avanço da força aliada, liderada pela Rússia, sobre o exército alemão, ocorrido na região da Normandia.

e) a assinatura do pacto de não agressão, assinado pela Rússia comunista e pela Alemanha nazista, pacto esse que previa, em segredo, a divisão da Polônia entre as duas partes.

6. (Unesp-SP) Observe a figura.

The Bridgeman Art Library/Keystone/Museu Nacional Centro de Arte Rainha Sofia, Madri, Espanha/Succession Pablo Picasso/ Licenciado por AUTVIS, Brasil, 2014.

Pablo Picasso, *Guernica*, 1937.

Carol Strickland. Arte comentada, 1999.

A Europa já não é a liberdade e a paz, mas a violência e a guerra.

Durante a ocupação alemã de Paris, a alguns críticos alemães que virão lhe falar de Guernica, Picasso responderá com amargura:

Não fui eu que a fiz, fizeram-na vocês.

ARGAN, Giulio Carlo. *Arte moderna.* São Paulo: Companhia das Letras, 1992.

O comentário de Pablo Picasso, em relação à sua obra *Guernica*, refere-se

a) à separação entre manifestações artísticas e realidade histórica.

b) ao bombardeio alemão da cidade basca em apoio ao general Franco.

c) aos massacres cometidos pelos nazistas durante a Segunda Guerra Mundial.

d) à denúncia da anexação do território espanhol pelas tropas nazistas.

e) à aliança dos nazistas com os comunistas no início da Segunda Guerra Mundial.

7. (Mack-SP)

O inimigo é cruel e implacável. Pretende tomar nossas terras regadas com o suor de nossos rostos, tomar nosso cereal, nosso petróleo, obtidos com o trabalho de nossas mãos. Pretende restaurar o domínio dos latifundiários, restaurar o czarismo... germanizar os povos da União Soviética e torná-los escravos de príncipes e barões alemães...

[...] em caso de retirada forçada... todo o material rodante tem que ser evacuado. Ao inimigo não se deve deixar um único motor, um único vagão de trem, um único quilo de cereal ou galão de combustível. Todos os artigos de valor [...] que não puderem ser retirados, devem ser destruídos sem falta.

Após 70 anos da 2ª Guerra Mundial, o discurso anterior, de Joseph Stálin, nos remete

a) à invasão soviética ao território alemão, marco na derrocada nazista frente à ofensiva Aliada nos *fronts* Ocidental e Oriental.

b) à Operação Barbarossa, decorrente da assinatura do Pacto Ribbentrop-Molotov, estopim para a 2ª Guerra Mundial.

c) ao Anschluss, quando a anexação da Áustria pelo Terceiro Reich provocou a reação soviética contra os alemães.

d) à estratégia soviética frente à invasão alemã, conhecida como tática da 'terra arrasada', a mesma utilizada pelos russos contra Napoleão, no início do século XIX.

e) à Batalha de Stalingrado, uma das mais sangrentas e memoráveis de todo o conflito, decisiva para a vitória Nazista.

8. (UEPG-PR) A II Guerra Mundial, ocorrida entre 1939 e 1945, marcou a derrota do nazifascismo e a origem de uma nova ordem mundial. A respeito desse conflito e de seus antecedentes, assinale o que for correto.

(01) Oficialmente a II Guerra Mundial teve início com a invasão da Polônia pela Alemanha e com a declaração de guerra por parte da Inglaterra e da França aos germânicos.

(02) Apesar da proximidade com a Europa, o norte da África foi uma região na qual não se registrou nenhum combate envolvendo as forças do Eixo e os Aliados.

(04) A entrada efetiva dos Estados Unidos no conflito se deu logo após o ataque nipônico à base militar de Pearl Harbour, no Havaí.

(08) Uma das maiores surpresas produzidas pela II Guerra Mundial foi a aliança entre a Alemanha nazista de Hitler e a União Soviética comunista de Stálin, a qual só foi desfeita após o final do conflito e da tomada de Moscou pelos norte-americanos.

9. (UEPG-PR) Um dos maiores conflitos da história da humanidade, a II Guerra Mundial, ocorrida entre 1939 e 1945, mudou a feição mundial na segunda metade do século XX. A respeito desse conflito, assinale o que for correto.

(01) A invasão da Polônia pela Alemanha nazista gerou uma reação imediata da França e da Inglaterra, que declararam guerra à Alemanha, dando início a II Guerra Mundial.

(02) O inesperado ataque japonês à base naval de Pearl Harbour, no Hawai, provocou a entrada efetiva dos Estados Unidos na Guerra.

(04) O norte da África, região estratégica durante a Guerra, foi cenário de grandes batalhas entre aliados e nazistas.

(08) O lançamento da bomba atômica nas cidades de Hiroshima e Nagasaki fez com que o Japão se rendesse incondicionalmente, simbolizando a derrocada do Eixo no conflito.

(16) O holocausto comandado pelos nazistas foi uma estratégia para a solução do "problema judeu" e levou à morte cerca de seis milhões de pessoas nos diversos campos de concentração montados nas regiões controladas pelos alemães durante a Guerra.

10. (Vunesp-SP)

De Agostini Picture Library/The Bridgeman Art Library/Keystone

Charles K. Berryman, 1939. www.bancodeimagens.blogspot.com/2008/07/charges-e-caricaturas.html

A figura faz referência ao Pacto Ribbentrop-Molotov, de 1939, como se fosse o casamento de Hitler e Stálin.

O referido pacto estabelecia

a) a aliança entre a URSS e a Alemanha em seus projetos de destruição da ordem capitalista, só rompida com a invasão alemã no território soviético, em 1941.

b) o compromisso de Stálin em colaborar com a política de perseguição a judeus, homossexuais e ciganos, iniciada na "Noite dos Cristais".

c) o apoio decidido dos soviéticos à política expansionista de Hitler, fornecendo recursos para o esforço de guerra alemão na Tchecoslováquia.

d) a união de forças soviéticas e alemãs para combater a ameaça representada pela presença inglesa nos estreitos de Bósforo e Dardanelos.

e) o compromisso de não agressão entre alemães e soviéticos, com a partilha da Polônia e a ocupação dos países Bálticos e da Finlândia pelos soviéticos.

11. (FGV-SP) Uma das conferências que selaram o fim da II Guerra Mundial (1939-1945), a Conferência de São Francisco, originou a Carta de São Francisco (26 de junho de 1945), que estabeleceu a Organização das Na-

ções Unidas (ONU). Seu artigo 23 estabelece os Estados Unidos da América, a União Soviética (URSS), a França, a Grã-Bretanha e a China como membros permanentes do Conselho de Segurança, órgão responsável pela "manutenção da paz e segurança internacionais", podendo declarar ou vetar guerras em nome de todos os membros. A escolha desses países deve-se:

a) Ao reconhecimento jurídico da contribuição da China, aliada ao Japão do imperador Hiroito, para a derrota da Alemanha nazista.
b) À preocupação de repartir o poder numa nova ordem internacional, para que não houvesse qualquer nova potência hegemônica.
c) À recusa de Alemanha, Japão e Itália ao convite para integrar o Conselho de Segurança devido ao ressentimento popular com respeito aos países aliados.
d) À preocupação de proteger os países em desenvolvimento de agressões imperialistas e dificultar o surgimento de regimes totalitários.
e) À nova correlação internacional de forças que, em 1945, já prenunciava a polarização entre estadunidenses e soviéticos, além de conceder poder decisório aos países que haviam enfrentado as potências do Eixo.

12. (Fuvest-SP) As bombas atômicas, lançadas contra Hiroshima e Nagasaki em 1945, resultaram na morte de aproximadamente 300.000 pessoas, vítimas imediatas das explosões ou de doenças causadas pela exposição à radiação. Esses eventos marcaram o início de uma nova etapa histórica na corrida armamentista entre as nações, caracterizada pelo desenvolvimento de programas nucleares com finalidades bélicas.

Considerando essa etapa e os efeitos das bombas atômicas, analise as afirmações a seguir.

I. As bombas atômicas que atingiram Hiroshima e Nagasaki foram lançadas pelos Estados Unidos, único país que possuía esse tipo de armamento ao fim da Segunda Guerra Mundial.
II. As radiações liberadas numa explosão atômica podem produzir mutações no material genético humano, que causam doenças como o câncer ou são transmitidas para a geração seguinte, caso tenham ocorrido nas células germinativas.
III. Desde o fim da Segunda Guerra Mundial, várias nações desenvolveram armas atômicas e, atualmente, entre as que possuem esse tipo de armamento, têm-se China, Estados Unidos, França, Índia, Israel, Paquistão, Reino Unido e Rússia.

Está correto o que se afirma em:

a) I, somente.
b) II, somente.
c) I e II, somente.
d) II e III, somente.
e) I, II e III.

13. (PUC-MG) O personagem Zé Carioca foi criado pelo americano Walt Disney há mais de 65 anos, fruto de uma estratégia política norte-americana de aproximação com os países latino-americanos, para o crescimento das relações comerciais e sob a preocupação de afastar a influência alemã nos governos desses países. O primeiro filme do Zé Carioca, *Alô, Amigos*, exibido em 1942, começava assim: "Alô, amigos, a vocês uma querida saudação, um gostoso aperto de mão. Amigos fazem assim, alô, amigos". O Zé Carioca (ou Joe Carioca como foi concebido por Disney e sua equipe) teve a influência de um notório boêmio da noite do Rio de Janeiro, conhecido como Dr. Jacarandá, de quem Zé Carioca tomou emprestado o fraque, o chapéu e o guarda-chuva, e de um músico paulista, José Patrocínio de Oliveira, o Zezinho, de quem recebeu o espírito malandro.

Todos os eventos a seguir ilustram a aproximação dos Estados Unidos com o Brasil durante a Segunda Grande Guerra, EXCETO:

a) A adoção de acordos e tratados internacionais como a Política de Boa Vizinhança Pan-americana, assinada em Lima (Peru), entre países da América Latina e os Estados Unidos em 1941.
b) A entrada no Brasil na Segunda Grande Guerra com a participação da Força Expedicionária Brasileira (FEB) lutando ao lado das tropas norte-americanas na Itália, em cinco escalões durante 1944 e 1945.
c) A liberação de empréstimos de bancos dos Estados Unidos na construção de hidrelétricas e estatais, como foi o caso da construção da Usina de Volta Redonda, durante o governo Vargas.
d) A pressão dos Estados Unidos para manter a ditadura varguista, após o fim da guerra, diminuindo a influência dos setores da UDN e reafirmando o modelo de estrutura e ideologia do governo de Vargas.

14. (Unifesp) Este é o maior evento da história (do presidente norte-americano H. Truman, ao ser informado do lançamento da bomba atômica sobre Hiroshima). Era importante que a bomba atômica fosse um sucesso. Havia-se gastado tanto para construí-la... Todas as pessoas interessadas experimentaram um alívio enorme quando a bomba foi lançada (do alto oficial cujo nome em código era Manhattan District Project).

Essas afirmações revelam que o governo norte-americano

a) desconhecia que a bomba poderia matar milhares de pessoas inocentes.
b) sabia que sem essa experiência terrível não haveria avanço no campo nuclear.
c) esperava que a bomba atômica passasse despercebida da opinião pública.
d) estava decidido a tudo para eliminar sua inferioridade militar frente à URSS.
e) ignorava princípios éticos para impor a sua primazia político-militar no mundo.

15. (EsPCEx-SP) A Segunda Guerra Mundial (1939-1945) vitimou milhões de pessoas e alastrou-se por terras, mares, oceanos e ares de quase todo o planeta.

A postura brasileira durante o conflito foi a de

a) neutralidade durante todo o tempo, em virtude da posição pró-Eixo do governo brasileiro.
b) aliar-se ao Eixo, sem, no entanto, participar diretamente do conflito com o envio de tropas.
c) após declarar guerra ao Eixo, enviar a Força Expedicionária Brasileira (FEB), que combateu em terras italianas.
d) manter neutralidade durante todo o conflito, pois o continente americano e os mares que o cercam não foram ameaçados nessa Guerra.
e) declarar guerra ao Eixo, sem, no entanto, enviar tropas para os campos de batalhas europeus, em respeito à tradicional postura não belicista do País.

16. (UFRGS-RS) Entre 1939 e 1945, o mundo esteve envolvido na Segunda Guerra Mundial. A respeito dessa guerra, considere as seguintes afirmações.

I. Caracterizou-se pela perseguição de vários grupos populacionais, sendo alguns deles vítimas de práticas sistemáticas de extermínio.
II. Trouxe o enfraquecimento geral dos países europeus e o avanço do processo de descolonização, principalmente na Ásia e na África.
III. Teve como consequência o fim da divisão ideológica mundial entre os países com sistemas políticos inspirados no liberalismo e aqueles baseados no marxismo.

Quais estão corretas?

a) Apenas I.
b) Apenas II.
c) Apenas I e II.
d) Apenas I e III.
e) Apenas II e III.

MÓDULO 35

1. (IFCE) Após a renúncia de Getúlio Vargas, em 1945, o primeiro governo eleito é do general Eurico Gaspar Dutra. Sobre seu governo, é **correto** afirmar-se que

a) definiu o Brasil nos planos da política externa, como aliado cubano.
b) adotou princípios do liberalismo como base da política econômica brasileira.
c) proibiu a entrada de capitais estrangeiros no país.
d) privilegiou uma economia estatal no desenvolvimento econômico.
e) permitiu a atuação do partido comunista brasileiro.

2. (UFPR) As duas figuras a seguir são propagandas de carro publicadas na famosa revista *O Cruzeiro*, em 1960 (O Cruzeiro, nº 27, 16 de abril de 1960). Analise as figuras, explicando o que foi o Plano de Metas e quais suas consequências para a sociedade brasileira no período do governo Juscelino Kubitschek (1956-1960).

Fotos: Reprodução/Coleção particular

3. (Vunesp-SP)

Reprodução/Vestibular Vunesp 2012

Augusto Bandeira apud Rodrigo Patto Sá Motta. *Jango e o golpe de 1964 na caricatura*, 2006.

Analise a charge, publicada originalmente em 17.5.1963, e identifique como ela representa as dificuldades enfrentadas pelo governo João Goulart em seu projeto de reformas sociais.

4. (FGV-RJ) A eleição de Jânio Quadros, em 1960, significou certa alteração de rumos da política brasileira com relação ao período iniciado em 1945. Tal alteração baseou-se:

a) No apoio que os comunistas emprestaram à candidatura de Jânio em troca da legalização do PCB, que ocorreria em 1961.
b) Na primeira vitória das forças trabalhistas em pleitos nacionais e no fortalecimento de novas lideranças sindicais.
c) No rompimento da hegemonia paulista e no descontentamento militar provocado pelas propostas eleitorais janistas.
d) Na vitória de uma candidatura da UDN, que interrompeu a série de vitórias do PSD e do PTB, em arranjo político orquestrado por Getúlio Vargas.
e) Na inauguração de um novo estilo político baseado na valorização das estruturas partidárias e na definição clara de propostas políticas programáticas.

5. (ESPM-SP) No dia 25 de agosto de 2011 completaram-se cinquenta anos da renúncia do presidente Jânio Quadros.

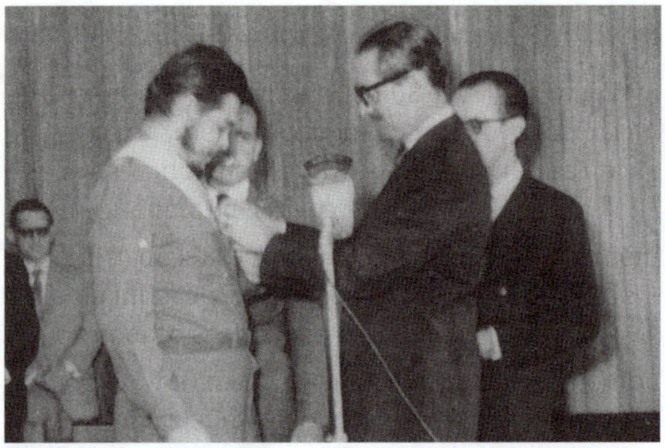
Acervo Iconographia/Reminiscências

A imagem apresentada nesta questão remete para uma das passagens mais polêmicas do governo do presidente Jânio Quadros. Sobre ela é correto afirmar:

a) mostra o presidente Jânio Quadros, que havia sido eleito pela ARENA, partido situado à direita do cenário político brasileiro da época, condecorando, com a Ordem do Cruzeiro do Sul, o revolucionário cubano-argentino Che Guevara;

b) mostra o presidente Jânio Quadros, que havia sido eleito pelo Partido Comunista Brasileiro, condecorando, com a Ordem do Cruzeiro do Sul, o revolucionário cubano-argentino Che Guevara;

c) mostra a condecoração, com a Ordem do Cruzeiro do Sul, do revolucionário cubano-argentino Che Guevara, pelo presidente Jânio Quadros, fato que levou o exército brasileiro a exigir a renúncia do presidente;

d) mostra a condecoração de Che Guevara pelo presidente Jânio Quadros, que levou a embaixada dos Estados Unidos a articular com o exército brasileiro o movimento que produziu a renúncia do presidente;

e) mostra a condecoração do revolucionário cubano-argentino Che Guevara, com a Ordem do Cruzeiro do Sul, ato que pretendia expressar a adoção pelo Brasil de uma Política Externa Independente.

6. (UFRGS-RS) Observe a charge a seguir, relativa à administração do presidente João Goulart (1961-1964).

Reprodução/Vestibular UFRGS 2012

Correio da Manhã, 03.10.1962, p. 12

A respeito da orientação política do governo de João Goulart, é correto afirmar que ela defendia

a) a continuidade do projeto político getulista, originário de uma dissidência oligárquica, mas com ênfase nas reformas sociais.

b) a implementação de um projeto político socialista, apoiado nos trabalhadores urbanos, tendo um cunho revolucionário acentuado.

c) a hegemonia dos setores conservadores no cenário político brasileiro, sustentado pelas oligarquias regionais.

d) a expressão dos interesses do imperialismo norte-americano no Brasil, interessado em combater uma suposta influência soviética.

e) a continuidade da tradicional política oligárquica da República Velha, assentada na defesa dos interesses das elites industriais.

7. (PUC-RJ)

Interbits®

Posição de Brasília no Planalto Central brasileiro e as distâncias a que se acha das capitais e territórios. *Revista Brasília*, jan. 1957. (Adaptado).

Desenvolvimento e integração nacional foram objetivos de vários governos republicanos brasileiros. O presidente Juscelino Kubitschek (1956-1960) considerava a construção de Brasília um dos objetivos do seu projeto de governo.

a) Qual a importância da construção de Brasília para as ações desenvolvimentistas propostas no Plano de Metas?

b) Assim como JK, os governos militares (1964-1985) também buscaram implementar ações para a integração nacional. Identifique duas dessas ações utilizando a concepção de integração presente na imagem apresentada.

8. (IFSP) Pedreiro *Valdemar*

Você conhece o pedreiro Valdemar?
Não conhece
Mas eu vou lhe apresentar
De madrugada toma o trem da circular
Faz tanta casa e não tem casa pra morar
Leva a marmita embrulhada no jornal
Se tem almoço, nem sempre tem jantar
O Valdemar, que é mestre no ofício
Constrói um edifício e depois não pode entrar

Pedreiro Waldemar, samba composto por Wilson Batista e Roberto Martins, em 1946,

a) livre da censura do Estado Novo, aponta para a luta de classes, denunciando o intenso grau de exploração a que estavam submetidos os trabalhadores brasileiros.
b) devido às imposições do Estado Novo, realiza uma exaltação ao trabalho e ressalta o valor do trabalhador brasileiro.
c) faz parte da propaganda ufanista desenvolvida ao longo da ditadura militar, que exaltava as realizações do povo brasileiro.
d) ia na contramão do discurso oficial da época e exaltava o trabalho, visto pelos compositores como o único meio de ascensão social para as pessoas de classe baixa.
e) denunciava as formas de trabalho escravo que persistiam no Brasil logo após a aprovação da Lei Áurea.

9. (ESPM-SP) Sobre o processo industrial brasileiro, está correto afirmar:

a) A primeira grande indústria de base nacional, instalada no município de Volta Redonda, coincide com a primeira fase da substituição de importação iniciada na Primeira Guerra Mundial.
b) O rodoviarismo que se instaurou no Brasil está ligado à ação das montadoras automotivas que se expandiram no Brasil, sobretudo a partir do Plano de Metas.
c) A era Vargas incentivou a presença do capital estrangeiro junto ao parque industrial nacional contra a perspectiva estatista vigente até os anos 1930.
d) A fixação do capital industrial no estado de São Paulo está ligada à chegada ao poder dos paulistas nos anos 1930 que concentraram os investimentos no estado.
e) Os anos 1990 caracterizam-se pela polarização das indústrias no sudeste, ratificando um processo iniciado desde anos remotos da indústria brasileira.

10. (Ufes)

Texto 1

[...] Depois de decênios de domínio e espoliação, fiz-me chefe de uma revolução e venci. Iniciei o trabalho de libertação e instaurei o regime de liberdade social. Tive que renunciar. Voltei ao governo nos braços do povo. A campanha subterrânea dos grupos internacionais aliou-se à dos grupos nacionais revoltados contra o regime de garantia do trabalho.

[...] Eu vos dei a minha vida. Agora vos ofereço a minha morte. Nada receio. Serenamente, dou o primeiro passo no caminho da eternidade e saio da vida para entrar na história.

Carta-testamento deixada por Getúlio Vargas, em 24 de agosto de 1954 – citada por JUNIOR, Antonio Mendes; MARANHÃO, Ricardo (orgs.) *Brasil – História – Texto e Consulta – Era Vargas*. São Paulo: Hucitec, 1989, p. 258.

Texto 2

Fui vencido pela reação, e assim deixo o governo [...] desejei um Brasil para os brasileiros, afrontando, nesse sonho, a corrupção, a mentira e a covardia, que subordinam os interesses gerais aos apetites e às ambições de grupos internos e externos. Sinto-me, porém, esmagado. Forças terríveis levantam-se contra mim e intrigam ou infamam, até com a desculpa da colaboração. Se permanecesse, não manteria a confiança e a tranquilidade, ora quebradas e indispensáveis ao exercício da minha autoridade. Encerro, assim, com o pensamento voltado para a nossa gente, para os estudantes e para os operários... a mim não falta a coragem da renúncia.

Adaptado de QUADROS, Jânio; ARINOS, Afonso. *História do Povo Brasileiro (vol. VI)*. São Paulo: Jânio Quadros Editora, 1967. p. 237, 238.

a) Mencione duas razões comuns a estes dois acontecimentos históricos: o suicídio de Vargas, em 1954, e a renúncia de Jânio Quadros, em 1961.
b) Analise dois elementos que caracterizam o discurso político do populismo.

11. (UFG-GO) Analise a imagem a seguir.

Reprodução/Coleção particular

O CRUZEIRO. Rio de Janeiro, 1950. Disponível em: <http://www.memoriaviva.com.br/cruzeiro/>. Acesso em: 27 fev 2012.

Para um lar que está se formando agora... ou para a dona de um lar que já se formou há muito tempo... não há outro presente tão desejado, útil e oportuno como estes belíssimos Aparelhos ARNO!

Publicado na revista *O Cruzeiro*, na década de 1950, a imagem integra um anúncio publicitário que, associado às mudanças na política brasileira, expressa

a) a acessibilidade aos produtos domésticos para as distintas parcelas da população, que podiam consumir tendo em vista o cenário de pleno emprego.

b) a presença feminina no mercado de trabalho, que permitia à mulher tornar-se uma consumidora privilegiada dos produtos industrializados.

c) o crescimento do setor de bens de consumo, que advinha do investimento externo e transformava o cotidiano doméstico.

d) a ausência de diversidade na indústria, que investia na fabricação de um único modelo por produto em virtude da produção em série.

e) o incentivo governamental ao casamento, que ampliava o mercado consumidor de produtos domésticos para o conforto familiar.

12. (Vunesp-SP)

Bossa nova é ser presidente
desta terra descoberta por Cabral.
Para tanto basta ser tão simplesmente:
simpático, risonho, original.
Depois desfrutar da maravilha
de ser o presidente do Brasil,
voar da Velhacap pra Brasília,
ver Alvorada e voar de volta ao Rio.
Voar, voar, voar.
[...]

Juca Chaves *apud* Isabel Lustosa. *Histórias de presidentes.* Rio de Janeiro: Agir, 2008.

A canção *Presidente bossa-nova*, escrita no final dos anos 1950, brinca com a figura do presidente Juscelino Kubitschek. Ela pode ser interpretada como a

a) representação de um Brasil moderno, manifestado na construção da nova capital e na busca de novos valores e formas de expressão cultural.

b) celebração dos novos meios de transporte, pois Kubitschek foi o primeiro presidente do Brasil a utilizar aviões nos seus deslocamentos internos.

c) rejeição à transferência da capital para o Planalto Central, pois o Rio de Janeiro continuava a ser o centro financeiro do país.

d) crítica violenta ao populismo que caracterizou a política brasileira durante todo o período republicano.

e) recusa da atuação política de Kubitschek, que permitia participação popular direta nas principais decisões governamentais.

13. (Cefet-MG) Observe a imagem, de autoria de Hilde Weber, publicada no jornal carioca *Tribuna da Imprensa*, em 13 de agosto de 1954.

A partir de seus conhecimentos e da análise da imagem, afirma-se:

I. A charge faz referência ao contexto de crise política que resultou no suicídio do presidente.

II. O pequeno tamanho do governante, sentado numa imponente cadeira, revela o enfraquecimento de seu poder e a perda de apoio político.

III. A frase do personagem traduz sua determinação em manter as propostas incendiárias dos defensores da reforma agrária.

IV. O fogo que cerca o indivíduo representa sua demonização, devido às suas relações com o movimento trabalhista.

Estão corretas apenas as afirmativas

a) I e II. b) I e III. c) II e IV. d) III e IV.

14. (Fatec-SP) Considere os dados da tabela abaixo:

Movimento de capitais estrangeiros diretos no Brasil (em milhões de dólares)			
Períodos	**Entrada**	**Lucros remetidos para o exterior**	**Saldo**
1947-1953	97	327	(230)
1954-1961	721	269	452

Fonte: PEREIRA, Luiz Carlos Bresser. *Desenvolvimento e crise no Brasil.* São Paulo: Editora Brasiliense, 1985.

O significativo aumento na entrada de capitais estrangeiros, entre 1954 e 1961, pode ser explicado

a) pela política desenvolvimentista do governo de Juscelino Kubitschek.

b) pela criação da Petrobras e da Companhia Vale do Rio Doce.

c) pela política nacionalista de Getúlio Vargas durante o Estado Novo.

d) pela queda dos preços internacionais do café durante a Depressão.

e) pelo crescimento acelerado da indústria durante o "Milagre Brasileiro".

15. (Uespi) Sob a presidência de Juscelino Kubitschek (1955-1961), a nação brasileira assistiu à criação de Brasília – considerada, pela UNESCO, patrimônio cultural da humanidade –, e vivenciou:

a) momentos de euforia resultantes, em boa parte, da política desenvolvimentista de incremento à indústria nacional e aumento do poder aquisitivo da classe média.

b) importante papel político para a aproximação dos países da América Latina com os Estados Unidos, em vista da estratégica posição do Brasil no Atlântico Sul.

c) época de forte repressão política ao operariado e descaso para com a interiorização do desenvolvimento econômico.

d) um período predominantemente liberal, em termos econômicos, o que pode ser exemplificado pelo início da construção da Companhia Siderúrgica Nacional.

e) uma forte recessão econômica em que a indústria nacional não deu sinais de crescimento e o poder aquisitivo da classe média caiu.

MÓDULO 36

1. (UnB-DF)

> *É tremenda injustiça comparar Khrushtchev a Hitler. A arrogância, a truculência, a insensibilidade brutal do ditador soviético são inéditas na História do mundo. Nunca se viu, desde os tempos de Gengis Khan, tamanho desprezo pelos valores da civilização ou maior falta de escrúpulos. Estarrecido, o mundo, ao mesmo tempo em que se inteirava da consumação das ameaças de Khrushtchev de fazer explodir a superbomba de 50 megatons, lia a resposta dele ao apelo dos deputados trabalhistas ingleses para que desistisse da explosão. Em lugar de responder como faria um homem civilizado e dotado de qualquer vestígio de decência ou de sentimento de humanidade, Khrushtchev replicou, com todo o seu furor vesânico, para ameaçar a Inglaterra de destruição total, assegurando que ela seria riscada do mapa.*

O trecho acima, extraído e adaptado do jornal *O Globo*, é parte do editorial "Ditador fanático quer subjugar o mundo pelo terror", publicado na primeira página da edição de 1º de novembro de 1961. Considerando a retórica do editorial, o ano em que foi publicado e o contexto histórico em que se inscreve, além de aspectos marcantes da história do século XX, julgue os itens subsequentes.

a) O texto traduz um discurso típico do período da Guerra Fria, quando a retórica de forte passionalidade era utilizada pelos dois campos ideológicos em luta: o capitalista, conduzido por Washington, e o socialista, liderado por Moscou.

b) No governo de Gaspar Dutra, o Brasil tomou partido na disputa ideológica que convulsionava o mundo: rompeu relações diplomáticas com a URSS e tornou ilegal o Partido Comunista no país.

c) Os regimes totalitários, que dominaram a cena histórica mundial em determinada época do século XX, caracterizavam-se, entre outros aspectos, pela construção mítica da imagem de seus líderes, a exemplo de Hitler, na Alemanha, Mussolini, na Itália, e Stálin, na URSS. Getúlio Vargas, no Brasil do Estado Novo, representou esse culto à imagem do líder.

d) No ano em que o mencionado editorial foi publicado, a Revolução Cubana assumiu a opção marxista, mas, diante do temor de que, com essa decisão, o clima de dramaticidade da Guerra Fria fosse transportado para as Américas, Fidel Castro afastou Cuba da influência soviética.

e) Sucessor de Lênin, Khrushtchev foi a liderança que fez da União das Repúblicas Socialistas Soviéticas (URSS) uma potência mundial, promovendo a coletivização forçada no campo e privilegiando, no setor industrial, a produção de bens de consumo.

2. (Cefet-MG)

> *[...] A CIA [Agência Central de Inteligência norte-americana] e o arcebispo titular da arquidiocese de Miami arquitetaram um plano de transferência massiva de crianças de Cuba para os Estados Unidos, para o qual contaram com o apoio da Igreja cubana. Batizada de Operação Peter Pan, inspiradora de livros e filmes, a ação teve início numa noite de outubro de 1960. Um locutor da rádio de uma estação da CIA, instalada em território hondurenho, transmitia a seguinte mensagem: "Mães cubanas! O governo revolucionário está planejando roubar seus filhos! Quando fizerem 5 anos, seus filhos serão retirados de suas famílias e só retornarão aos 18 anos, transformados em monstros materialistas!" Segundo uma ONG norte-americana, foram retirados de Cuba cerca de 14.000 menores, de ambos os sexos, que foram instalados em orfanatos católicos e em instituições de caridade. No começo de 1962 chegava ao fim a Operação Peter Pan.*
>
> Adaptado de MORAIS, Fernando. *Os últimos soldados da Guerra Fria*. São Paulo: Companhia das Letras, 2011. p. 64, 66, 68.

No contexto acima descrito, é correto inferir que a

a) preocupação com a formação de seus filhos como cidadãos solidários, nos anos 1960, levou mães cubanas a enviá-los para outro país.

b) harmonia entre as crenças religiosas, na década de 1960, levou igrejas de diferentes países a se unirem em causas humanitárias.

c) indústria cinematográfica norte-americana, desde meados do século XX, difundiu valores que interessavam a todos os povos.

d) bipolarização das forças políticas mundiais, na segunda metade do século XX, acirrou conflitos regionais.

3. (UTFPR) Após 1945, a Europa, que foi palco das operações militares durante a Segunda Guerra Mundial, viveu um período de estagnação, em função da desaceleração de atividades econômicas, especialmente a agricultura, e dos problemas com a rede ferroviária destruída. A recuperação pós-guerra esbarrou na diminuição da população economicamente ativa em função do enorme número de mortes durante os combates. Logo, na esfera da política internacional formaram-se dois blocos hegemônicos que se rivalizaram entre si e envolveram boa parte do mundo até o final dos anos 1980. Os blocos eram formados por:

a) Alemanha e Japão.
b) Alemanha e Inglaterra.
c) Inglaterra e Estados Unidos.
d) Estados Unidos e União Soviética.
e) União Soviética e Alemanha.

4. (Unicamp-SP) Em discurso proferido no dia 12/3/1947, o presidente dos EUA, Harry Truman, afirmou:

> *O governo grego tem operado numa atmosfera de caos e extremismo. A extensão da ajuda a esse país não quer dizer que os Estados Unidos estão de acordo com tudo o que o seu governo tem feito ou fará. No momento atual da história do mundo quase todas as nações se veem na contingência de escolher entre modos alternativos de vida. E a escolha, frequentes vezes, não é livre."*
>
> SYRETT Harold C. (org.). *Documentos históricos dos Estados Unidos.* São Paulo: Cultrix, 1980. p. 316-317.

Considerando o discurso do presidente Truman, bem como os processos históricos do pós-Segunda Guerra Mundial, é correto afirmar que:

a) A "contingência de escolher entre modos alternativos de vida" se referia à escolha entre o fascismo alemão e a democracia liberal.
b) O caos do governo grego era uma referência aos problemas da Grécia com o Mercado Comum Europeu e a necessidade de ajuda ao governo de Atenas.
c) O discurso nasceu do declínio do auxílio britânico na região da Grécia e da ascensão norte-americana no contexto da Guerra Fria.
d) O discurso é uma resposta ao Plano Marshall, que o governo de Londres tentava impor à Grécia, por meio do Banco Central Europeu.

5. (Udesc) Leia o trecho abaixo:

> *Os 45 anos que vão do lançamento das bombas atômicas até o fim da União Soviética não formam um período homogêneo único na História do Mundo. Apesar disso, a História desse período foi reunida sob um padrão único pela situação internacional peculiar que dominou até a queda da URSS: o constante confronto das duas superpotências que emergiram da Segunda Guerra Mundial na chamada "Guerra Fria".*
>
> HOBSBAWM, Eric. *Era dos extremos*: o breve século XX. São Paulo: Companhia das Letras, 1995. p. 223.

Sobre o exposto pelo historiador Eric Hobsbawm, é correto afirmar:

a) A URSS citada pelo historiador foi um dos polos do mundo bipolarizado, e o seu adversário no campo político e ideológico, no período, foram os Estados Unidos.
b) Durante o período citado, ocorreram conflitos significativos, como a Guerra da Coreia e a Queda da Bastilha.
c) A Guerra Fria ainda é uma realidade, pois a Rússia se recusa a entrar para a OTAN e ainda há o perigo crescente de uma guerra entre russos e americanos.
d) O atentado contra as torres gêmeas em Nova York, em setembro de 2001, pôs fim à Guerra Fria.
e) Uma das duas potências que emergiram como resultado da Segunda Guerra, como cita Hobsbawm, foi a Alemanha.

6. (UEL-PR) Leia os textos a seguir.

> *Se a bomba fugir ao controle, se não aprendermos a conviver, para que a ciência venha a trabalhar para nós e não contra nós, nosso futuro é certo. As cidades dos homens irão desaparecer da face da terra.*
>
> MORRISON, Philip. Se a bomba fugir ao controle. 1946.In: MARSTERS, Dexter; WAY, Katharine (Orgs.). *Um mundo ou nenhum*: um relatório ao público sobre o pleno significado da bomba atômica. Rio de Janeiro: Paz e Terra, 2008. p. 37.

> *É de se esperar que conflitos de interesse entre as grandes potências venham a surgir no futuro da mesma forma como surgiram no passado, e não existe no mundo uma autoridade com o poder de adjudicar esses conflitos [...] As negociações têm lugar à sombra do poderio militar que as grandes potências conseguem reunir; [...]. Enquanto esse estado de coisas vigorar, o perigo de guerra estará presente. Contra esse cenário, a existência das bombas atômicas aumenta ainda mais o risco de guerras virem a ocorrer. Se dois países – usemos como exemplo os dois mais poderosos, os Estados Unidos e a Rússia – acumularem grandes estoques de bombas atômicas, é provável que uma guerra venha a eclodir mesmo que nenhum deles deseje lutar.*
>
> SZILARD, Leo. Seria possível evitar uma corrida armamentista por meio de um sistema de inspeções? 1946. In: MARSTERS, Dexter; WAY, Katharine (Orgs.). *Um mundo ou nenhum*: um relatório ao público sobre o pleno significado da bomba atômica. Rio de Janeiro: Paz e Terra, 2008. p. 181-182.

a) Com base nos textos e nos conhecimentos sobre o tema, discorra sobre a chamada "Guerra Fria" ocorrida após a Segunda Guerra Mundial.
b) A partir dos textos, analise as relações entre desenvolvimento científico, tecnologia e poder no mundo contemporâneo.

7. (UnB-DF) Julgue o item a seguir, a respeito do processo de integração de espaços no mundo.

Ao fim da Segunda Guerra, a Europa perdeu a posição de supremacia: o Leste do continente submeteu-se à liderança soviética e a Europa Ocidental precisou do apoio norte-americano para se soerguer economicamente.

8. (UFMG) Analise estes mapas:

Mapa 1

Distribuição das forças no confronto entre Estados Unidos e União Soviética

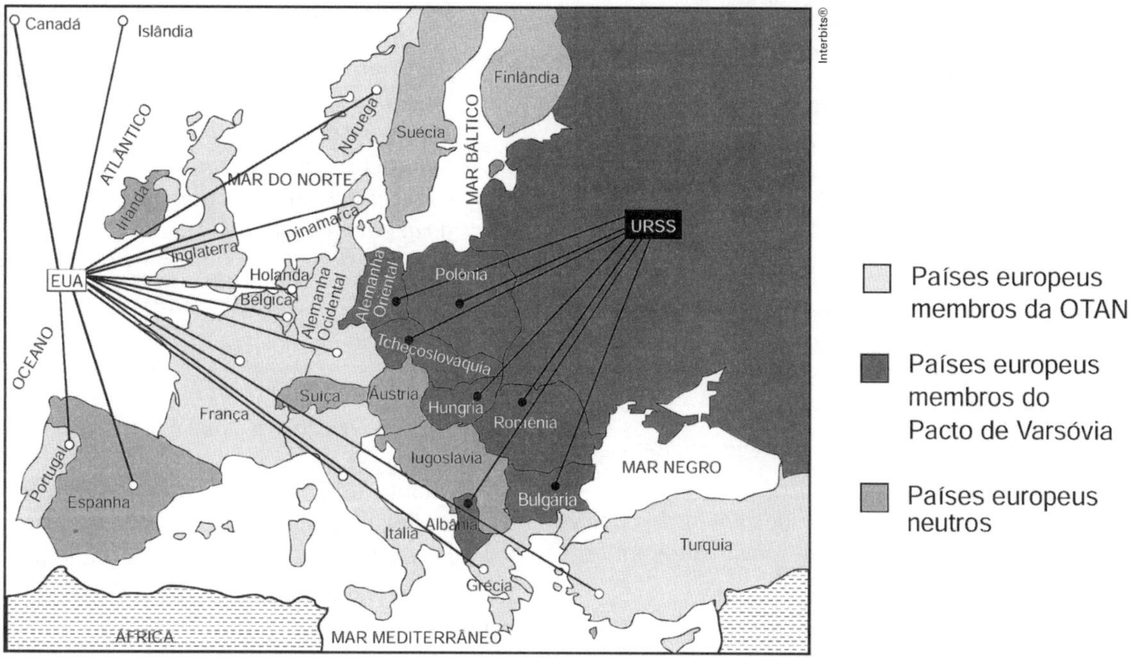

Disponível em: <http://guerrafria 1945.blogspot.com/2010/10/mapas-guerra-fria.html>. Acesso em: 1º jun. 2011. (Adaptado)

Mapa 2

Distribuição das usinas nucleares no mundo

Disponível em: <http://sedentario.org?internet/mapa-das-usinas-nucleares-ao-redor-do-mundo-38575>. Acesso em: 25 maio 2011. (Adaptado)

Nos Mapas 1 e 2 estão representados dois contextos históricos que envolvem a produção de energia nuclear no século XX.

a) Cite esses dois contextos.

b) Explique a produção de energia nuclear em cada um desses dois contextos históricos.

9. (UFRGS-RS) Observe a charge a seguir.

Disponível em: <http://www.infoescola.com/historia>. Acesso em: 21 ago. 2011.

Esta charge caracteriza um momento de confronto ocorrido nos anos 1960 entre o presidente John Kennedy, dos Estados Unidos, e Nikita Kruschev, líder da União Soviética.

Considere os itens abaixo sobre as consequências desse confronto.

I. Preocupação dos Estados Unidos em isolar Cuba para impedir o crescimento de movimentos antiamericanos na América Latina.

II. Apoio da União Soviética para a consolidação de um regime socialista em Cuba.

III. Instalação de mísseis nucleares em Cuba pela União Soviética, dirigidos para os Estados Unidos.

Quais estão corretos?

a) Apenas I.
b) Apenas II.
c) Apenas III.
d) Apenas I e III.
e) I, II e III.

10. (FGV-SP) A OTAN (Organização do Tratado do Atlântico Norte) foi estabelecida em Washington, em 4 de abril de 1949. Sua criação está relacionada:

a) Ao contexto de aproximação das potências vencedoras da Segunda Guerra Mundial.
b) Ao processo de liberalização da economia mundial que lançaria as bases da globalização.
c) Ao processo de descolonização nos continentes africano e asiático.
d) Ao contexto de polarização político-militar entre os países capitalistas e socialistas.
e) Ao contexto de endividamento dos países europeus com as instituições financeiras internacionais.

11. (Ufes)

Nos anos oitenta do século passado, em plena Guerra Fria, após a queda de um avião no mar, um grupo de cadetes militares americanos se vê isolado em uma ilha deserta. Percebendo que as chances de resgate são mínimas, os jovens se aproximam pelo medo e desespero. À medida que vão tomando conta da ilha, a competição pelo poder começa a dividi-los em dois grupos. Ralph lidera um grupo e prega a engenhosidade civilizada e cooperação, mas Jack não quer saber nada disso e constrói uma facção de caçadores impiedosos. Essa poderosa mudança de consciência transforma garotos normais em assassinos primitivos, iniciando uma batalha devastadora do bem contra o mal e trazendo à baila a perturbadora metáfora do selvagem que há dentro de todos nós.

LOPES, José de Sousa Miguel. O senhor das Moscas: os labirintos do poder. In: *A diversidade cultural vai ao cinema*. TEIXEIRA, Ines Castro; LOPES, José de Sousa Miguel (Orgs.). Belo Horizonte: Atlântica, 2006. p. 65.

Explique

a) o que foi a Guerra Fria;
b) o que é civilização e o que é barbárie.

12. (Unimontes-MG) Sobre as nações do leste europeu, após a Segunda Guerra Mundial, pode-se afirmar que

a) a Iugoslávia, apesar de comunista, conseguiu manter-se fora das influências soviéticas.
b) a Romênia se tornou comunista, mas recebia forte influência econômica italiana.
c) a Polônia não se tornou comunista porque a população do seu país era católica.
d) a Albânia foi a única nação do leste europeu que adotou o capitalismo.

13. (EsPCEx-SP) Durante a Guerra Fria, a política americana formulou a Teoria do Dominó. Nela comparavam-se os países de uma determinada região do globo terrestre a uma fileira de peças de dominó posta em pé, em que, se uma peça cedesse ao Comunismo, arrastaria com ela todas as outras.

Essa teoria referia-se

a) à China.
b) ao Vietnã do Sul.
c) a Israel.
d) à Indonésia.
e) ao Japão.

14. (IFCE) Em 1947, visando reduzir possíveis influências soviéticas no mundo ocidental, os americanos colocaram em prática um plano econômico de auxílio aos países europeus, denominado

a) Plano Truman.
b) Plano Cohen.
c) Plano Marshall.
d) Plano McCarthy.
e) Planos Quinquenais.

15. (UFU-MG)

Bill Watterson. Disponível em: <http://kdimagens.com/imagem/por-que-a-gente-brinca-de-guerra-e-nao-de-paz-818>. Acesso em: 6 jul. 2012.

O século XX é considerado o século dos Estados Unidos. O país tornou-se uma superpotência mundial, internacionalizou valores e comportamentos por meio de Hollywood, esteve presente em todos os conflitos mundiais e em grande parte dos conflitos regionais e construiu um império com a ampliação de sua área de influência após a Segunda Guerra Mundial. Neste processo, as guerras empreendidas pelos Estados Unidos ao longo do século XX tiveram grande importância. Contudo, nem todos os norte-americanos aprovam as guerras empreendidas pelo país.

Na visão de Bill Watterson, a guerra é indesejável,

a) pois impõe a derrota a todos os lados envolvidos, inclusive aos Estados Unidos.

b) quando os Estados Unidos têm poucas chances de vencer o inimigo.

c) mas ensina à população, e em especial às crianças, que o bem deve vencer o mal.

d) porém própria da natureza humana, contra a qual não se pode lutar.

MÓDULO 37

1. (UFF-RJ) Ao se referir à sociedade da então colônia portuguesa Guiné-Bissau, o historiador Armando Castro afirmou:

> *As autoridades coloniais utilizam, para os castigos corporais, a palmatória, o chicote e a vergasta. Nas transações, os brancos praticam correntemente o roubo: roubo nos preços, nas quantidades, nas qualidades. Vai-se, nesta sociedade colonialista, até o desprezo total pela vida dos africanos. Morrem no trabalho de abate das árvores, na recolha do coconote e nos trabalhos públicos ou afogam-se nos pântanos, quando se fazem as secagens, etc. Há alguns anos, dezenas de trabalhadores africanos encontraram a morte nos trabalhos dos pântanos de Bissau. A mulher africana é vítima de numerosos crimes: violações, prostituição, etc.*
>
> CASTRO, A. *O Sistema Colonial Português em África* (meados do século XX). 2. ed. Lisboa: Caminho, 1980. p. 366.

O texto acima mostra as consequências do processo de colonização. Ao se juntarem as duas pontas, colonização e descolonização, pode-se afirmar sobre a descolonização que

a) o processo de independência dos países africanos foi iniciado no imediato pós-Segunda Guerra Mundial. No entanto, a instabilidade política e econômica de muitas das nações é ainda uma realidade, já que os estados nacionais africanos herdaram a diferenciação étnica e cultural e a estrutura de poder de suas antigas metrópoles.

b) a descolonização constitui-se num processo histórico marcado por intensa mobilização internacional a favor da libertação das áreas coloniais. Os debates em prol da independência dos países africanos tiveram como protagonistas os representantes do governo francês que, desde os anos 1940, defenderam a libertação pacífica do povo africano.

c) apesar do caráter marcadamente violento da colonização portuguesa na Argélia, sua independência ocorreu de forma pacífica. O novo país foi beneficiado pelos embates políticos entre os Estados Unidos e a União Soviética no contexto geral da Guerra Fria.

d) os países africanos são um mosaico muito diferenciado de culturas e de desigualdades sociais. Alguns países, como a Somália, podem ser considerados em vias de desenvolvimento, outros, como Angola, não têm o seu governo reconhecido pelos organismos internacionais.

e) as migrações africanas são o resultado das dificuldades de adaptação de algumas etnias às normas democráticas de representação das minorias nos parlamentos. Por isso, a análise do fenômeno migratório deve levar em conta que há legítimos valores culturais que sustentam e legitimam a supremacia de uma etnia sobre a outra.

2. (UFU-MG) Leia atentamente o texto a seguir.

> *O imperialismo não acabou, não virou de repente "passado" ao se iniciar, com a descolonização, a desmontagem dos impérios clássicos. Toda uma herança de vínculos ainda liga países como Argélia e Índia à França e Inglaterra, respectivamente. Um novo e imenso continente de mulçumanos, africanos e centro-americanos dos antigos territórios coloniais agora reside na Europa metropolitana; mesmo a Itália, Alemanha e Escandinávia têm, hoje, de enfrentar esses movimentos populacionais, que em larga medida resultam do imperialismo e da descolonização, bem como da expansão da população europeia. Ademais, o fim da Guerra Fria e da União Soviética alterou definitivamente o mapa mundial.*
>
> SAID, Edward W. *Cultura e Imperialismo.* São Paulo: Companhia das Letras, 1995. p. 349.

Sobre o processo de descolonização, marque a alternativa correta.

a) O processo de descolonização se deu de forma pacífica e de modo homogêneo a partir da queda da União Soviética, reconhecendo-se a soberania política de inúmeros povos.

b) O processo de descolonização afro-asiática possibilitou a independência política dos Estados, dando início ao que se denominou neocolonialismo, tendo sido mantidas a dependência e os vínculos econômicos.

c) A descolonização na África e na Ásia significou a oportunidade de os povos se colocarem em movimento, uma vez que sua soberania havia sido reconhecida e sua cultura respeitada.

d) Os processos de descolonização ocorreram com o fim da Guerra Fria, pois foi necessário que os membros dos dois antigos blocos negociassem a independência com suas colônias.

3. (UFSM-RS)

> *"A primeira coisa, portanto, é dizer-vos a vós mesmos: Não aceitarei mais o papel de escravo. Não obedecerei às ordens como tais, mas desobedecerei quando estiverem em conflito com a minha consciência. O assim chamado patrão poderá sussurrar-vos e tentar forçar-vos a servi-lo. Direis: Não, não vos servirei por vosso dinheiro ou sob ameaça. Isso poderá implicar sofrimentos. Vossa prontidão em sofrer acenderá a tocha da liberdade que não pode jamais ser apagada." (Mahatma Gandhi)*
>
> In: MOTA, Myriam; BRAICK, Patrícia. *História das cavernas ao Terceiro Milênio.* São Paulo: Moderna, 2005. p. 119.

"Acenderá a tocha da liberdade que não pode jamais ser apagada" são palavras de Mahatma Gandhi (1869-1948) que, no contexto da Guerra Fria, inspiraram movimentos como

a) o acirramento da disputa por armamentos nucleares entre os EUA e a URSS, objetivando a utilização do arsenal nuclear como instrumento de dissuasão e amenização das disputas.
b) a reação dos países colonialistas europeus visando a diminuir o poder da Assembleia Geral da ONU e reforçar o poder do Secretário Geral e do Conselho de Segurança.
c) as concessões unilaterais de independência às colônias que concordassem em formar alianças econômicas, políticas e estratégicas com suas antigas metrópoles, como a Comunidade Britânica de Nações e a União Francófona.
d) o reforço do regime de "apartheid" na África do Sul que, após prender o líder Nelson Mandela e condená-lo à prisão perpétua, procurou expandir a segregação racial para os países vizinhos, como a Rodésia e a Namíbia.
e) o não alinhamento político, econômico e militar aos EUA ou à URSS, decisão tomada pelos países do Terceiro Mundo reunidos na Conferência de Bandung, na Indonésia.

4. (Vunesp-SP) No início dos anos 1990, o presidente Frederik de Klerk declarou oficialmente o fim do *apartheid* na África do Sul. Esta política racista

a) prevaleceu durante toda a história independente do país e assegurou o convívio harmonioso de brancos e negros sul-africanos.
b) foi implantada após o final da Segunda Guerra Mundial e prolongou o domínio britânico sobre o país por mais cinquenta anos.
c) vigorou por mais de quarenta anos e foi um dos instrumentos da minoria branca sul-africana para se impor à maioria negra.
d) foi encerrada apesar do amplo apoio internacional e revelou a dificuldade dos africanos de solidificarem suas instituições políticas.
e) determinou o prevalecimento socioeconômico de uma elite mestiça e aprofundou as relações inter-raciais no país.

5. (Uerj)

Veja bem, este país, em seus dias de glória, parecia até um zoológico. Um zoológico limpinho e bem arrumado. Todos tinham o seu lugar e viviam felizes. Quem era chamado de halwai fazia doces. Quem era chamado de criador de gado criava gado. Os intocáveis limpavam latrina.

Até que, em 1947, quando os britânicos foram embora, todas as jaulas foram abertas. Aí a lei da selva substituiu a lei do zoológico. Os mais ferozes devoraram os demais e ficaram barrigudos.

Resumindo: antigamente havia mil castas e destinos na Índia. Hoje só há duas castas: a dos homens barrigudos e a dos homens sem barriga.

Adaptado de ADIGA, Aravind. *O tigre branco*. Rio de Janeiro: Nova Fronteira, 2008.

O fragmento de texto acima faz referência a uma das transformações ocorridas na Índia, a partir de 1947.

Essa transformação explicita a relação entre as seguintes características na sociedade indiana:

a) diversidade de etnias – liberdade de expressão.
b) divisão do trabalho – hierarquização dos grupos.
c) centralização do Estado – eliminação da censura.
d) racionalização da produção – preservação das tradições.

6. (Uece) Vários fatores contribuíram para o processo de descolonização afro-asiática que culminou, de fato, na quebra dos elos coloniais há muito tempo presentes no continente africano e no continente asiático. Assinale a alternativa que melhor sinaliza os principais fatores desse processo.

a) Perda da hegemonia europeia, graças ao desgaste material e humano provocado pelas duas grandes guerras, e o desenvolvimento do sentimento nacionalista nos povos colonizados.
b) Os acordos pactuados entre os EUA e a União Soviética, após a Primeira Guerra Mundial, comprometendo-se em não interferir em ambos os continentes.
c) Várias insurreições e movimentos emancipatórios dos vários países afro-asiáticos que se organizaram livremente e lutaram por sua independência após o final da Primeira Guerra Mundial.
d) Ausência de princípios de autodeterminação entre os diferentes povos afro-asiáticos que os impulsionasse a se libertar do domínio europeu.

7. (PUC-RS) Em 1963, fundou-se, em Adis-Abeba, a Organização para a Unidade Africana (OUA), com o objetivo de defender a soberania de seus membros e de auxiliar na completa erradicação do colonialismo na África, logo após o reconhecimento da independência de 17 ex-colônias da França e da Inglaterra. Ficou de fora da OUA, devido a seu regime político, então racista,

a) o Congo.
b) o Zaire.
c) a Argélia.
d) a África do Sul.
e) o Marrocos.

8. (PUC-RJ) A partir da observação dos mapas a seguir sobre a Descolonização no Sudeste Asiático e na África, entre 1945 e 1990, é correto afirmar que:

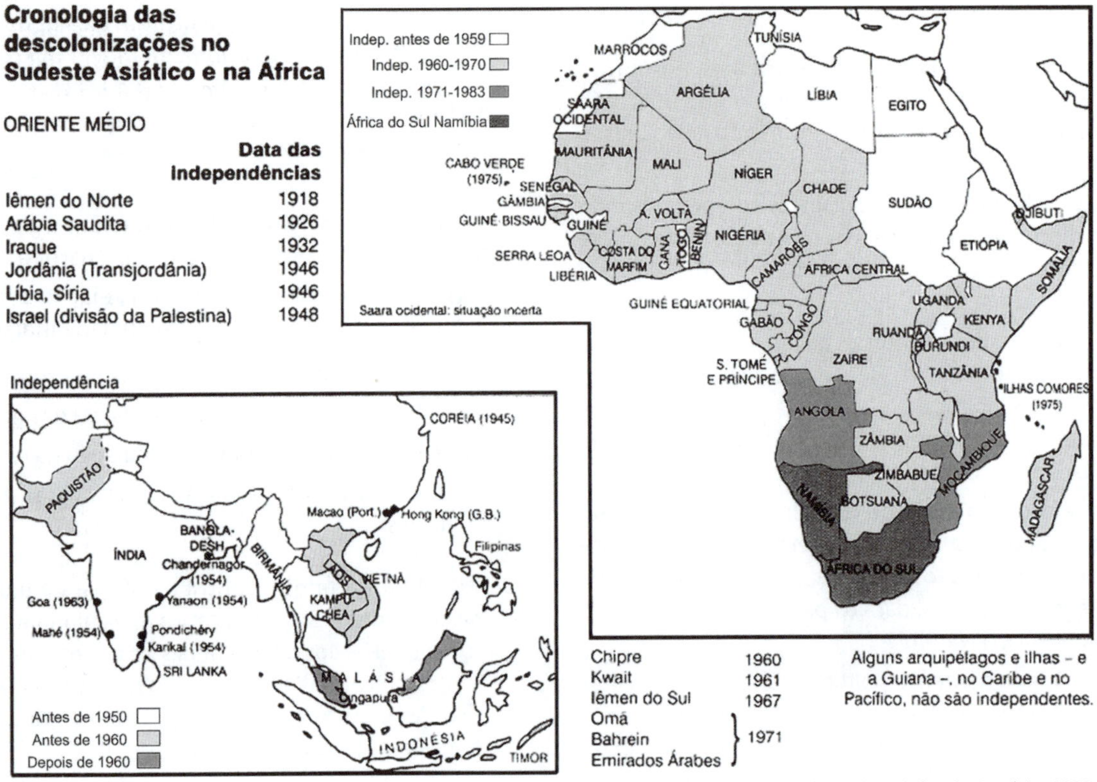

Fonte: *O século XX*. Volume II. Rio de Janeiro: Civilização Brasileira. 2000.

a) na década de 1960, observou-se um declínio dos processos de independência na África e na Ásia provocado pelo acirramento da Guerra Fria envolvendo as potências colonizadoras.

b) a Ásia precedeu a África no processo de descolonização, devido ao fato de os grandes impérios ali existentes terem mantido suas tradições políticas e culturais e resistido ao processo de modernização capitalista iniciado com o Imperialismo.

c) o processo de descolonização da maior parte dos territórios da África e do Sudeste Asiático ocorreu na década de 1950 devido à influência das resoluções tomadas na Conferência de Bandung, em 1955.

d) na década de 1970, ocorreram na África os últimos movimentos de independência nas regiões colonizadas pelos portugueses, fato relacionado à ascensão da ditadura de Salazar em Portugal.

e) o processo de descolonização da África e da Ásia ganhou força a partir do final da Segunda Guerra Mundial, momento de declínio político da Europa e de crescimento das aspirações de independência dos povos dominados.

9. (PUC-SP) O século XX já foi definido como um século de guerras e revoluções. Sobre elas, pode-se afirmar que a

a) guerra do Vietnã representou um marco na história dos conflitos internacionais, dada a grande proporção de civis mortos nos ataques norte-americanos e a reação pacifista que, dentro dos Estados Unidos, exigia o final da luta.

b) revolução mais longa e violenta foi a russa, de 1917, que se estendeu por mais de vinte anos e, ao final da longa disputa entre mencheviques, bolcheviques e russos brancos, criou o comunismo e levou Lênin e Trotski ao poder.

c) guerra de independência das colônias francesas na África e no sul da Ásia encerrou o ciclo imperialista europeu e permitiu a redefinição das fronteiras nos dois continentes, que retomaram a divisão política anterior ao domínio estrangeiro.

d) revolução cultural aboliu a monarquia na China e promoveu, sob o comando de Mao Tsé-Tung, uma ampla democratização das práticas políticas e da produção cultural nacional, até então voltada apenas aos interesses da nobreza.

e) guerra do Golfo, iniciada em 1990, opôs o Iraque e o Kuwait aos Estados Unidos e a Israel, interrompeu o abastecimento de petróleo no Ocidente, aprofundou a divergência entre árabes e judeus e resultou em rápida vitória americana.

10. (UFRGS-RS) Nos anos 1970, a Península Ibérica foi sacudida pelos acordes da canção "Grandola", "Vila Morena", transformada no sinal que desencadeou as primeiras ações da Revolução dos Cravos, movimento de jovens militares que derrubou

a) a ditadura espanhola, instalou a Monarquia do rei Juan Carlos e restabeleceu a democracia no país.
b) a ditadura portuguesa, prendeu o primeiro-ministro Mário Soares e impôs o governo do Estado Novo.
c) a ditadura espanhola, impôs um governo de frente popular e gerou as condições para a eclosão da Guerra Civil.
d) a ditadura portuguesa, iniciou a redemocratização do país e encaminhou as negociações políticas para a independência de Angola e Moçambique.
e) a ditadura espanhola, abriu espaço para a ascensão política de Felipe González e impediu a redemocratização do país.

11. (ESPM-SP)

Matéria do diário britânico "The Guardian", do dia 19/10/2006, citando autoridades antiterrorismo comenta que o Reino Unido se tornou o maior alvo para a Al Qaeda, que realizaria atentados para promover perdas de vidas e embaraço às autoridades. O jornal afirma que as ligações tradicionais entre o Reino Unido e o Paquistão tornam o primeiro um alvo fácil, já que milhares de pessoas viajam entre os dois países anualmente, dificultando o monitoramento de suspeitos pelas autoridades inglesas.

Folha de S.Paulo, 23 out. 2006

Sobre as ligações tradicionais entre o Reino Unido e o Paquistão, a que o enunciado faz referência, podemos afirmar que:

a) O Paquistão foi vítima do imperialismo inglês, mas obteve a independência em meio ao movimento de descolonização ocorrido no século XIX.
b) O Paquistão foi vítima do imperialismo inglês, mas obteve sua independência por decisão da Conferência de Berlim de 1885, reunião comprometida com o movimento de descolonização.
c) O Paquistão foi vítima do imperialismo inglês, mas obteve sua independência por decisão dos tratados firmados após a I Guerra Mundial.
d) O Paquistão foi vítima do imperialismo inglês, mas obteve sua independência após a Conferência de Bandung de 1955, quando surgiram dois estados soberanos: União Indiana e Paquistão.
e) O Paquistão foi vítima do imperialismo inglês, mas obteve sua independência em 1947, quando surgiram dois estados soberanos: a União Indiana (com maioria hinduísta) e o Paquistão (com maioria muçulmana).

12. (Ufpel-RS)

A primeira coisa, portanto, é dizer-vos a vós mesmos: 'Não aceitarei mais o papel de escravo. Não obedecerei às ordens como tais, mas desobedecerei quando estiverem em conflito com minha consciência'. O assim chamado patrão poderá surrar-vos e tentar forçar-vos a servi-lo. Direis: 'Não, não vos servirei por vosso dinheiro ou sob ameaça'. Isso poderá implicar sofrimentos. Vossa prontidão em sofrer acenderá a tocha da liberdade, que não pode jamais ser apagada.

PAZZINATO, Alceu L. e SENISE, Maria Helena V. *História moderna e contemporânea* São Paulo: Ática, 2002.

O texto caracteriza a política de Desobediência Civil defendida por:

a) Mahatma Gandhi, como estratégia para a independência da Índia.
b) Nelson Mandela, no processo de descolonização e independência da África do Sul.
c) Agostinho Neto, na luta pela independência de Angola.
d) Patrice Lumumba, líder nacionalista do Congo Belga.
e) Abdel Nasser, na luta pela libertação do Egito.

13. (Ufpel-RS)

Durante a Guerra Fria, a estratégia da Casa Branca tinha como horizonte mudar a aparência da dominação colonial para na verdade não mudar nada: as novas nações manteriam o vínculo de dependência econômica e sofreriam um certo grau de ingerência política por parte das antigas metrópoles. Eventualmente, as metrópoles apoiariam a formação de ditaduras que lhes fossem "fiéis". Assim, nos anos 1950 e 1960, a África conheceu intensamente um processo hoje chamado "descolonização". Apenas no ano de 1960, dezessete colônias da França e da Inglaterra conquistaram o status *de nações autônomas.*

Adaptado de ARBEX JR., José. *Guerra Fria*: terror de Estado, política e cultura. São Paulo: Moderna, 1997.

Contrariando essa estratégia dos Estados Unidos da América, através da qual os processos colonizatórios haviam sido reforçados, ocorreram na segunda metade do século XX, na África, movimentos com características revolucionárias e emancipações políticas com o apoio da União Soviética. Entre os países que vivenciaram este último processo transformador no período referido, estão

a) Argélia, Congo e África do Sul.
b) Sudão, Etiópia e Marrocos.
c) Sudão, Argélia e Gabão.
d) Angola, Moçambique e Guiné-Bissau.
e) Costa do Marfim, Uganda e Senegal.

14. (UFPI) Assinale a alternativa que caracteriza, corretamente, a formação do chamado "Terceiro Mundo".

a) A união de países africanos e asiáticos a favor do bloco econômico dirigido pela União Soviética, no pós-Primeira Guerra Mundial.

b) O apoio dos países latino-americanos, recém-saídos de processos de independência, no século XIX, aos Estados Unidos da América.

c) O alinhamento de países africanos e asiáticos com o bloco econômico liderado pelos Estados Unidos, no pós-Segunda Guerra Mundial.

d) A autonomia de países africanos, asiáticos e latino-americanos em relação aos Estados Unidos e à União Soviética, no pós-Segunda Guerra Mundial.

e) A aliança entre os países latino-americanos, recém-saídos de processos de independência, no século XIX, a favor da criação de uma rede de solidariedade entre os países da América Latina.

15. (ESPM-SP)

Ocorreu em Cuba, durante o mês de setembro, cúpula com 56 chefes de Estado e de Governo em que houve um virtual relançamento do movimento nascido durante a Guerra Fria. O Brasil, que participou como observador, enviou o chanceler Celso Amorim.

Folha de S.Paulo, 17 set. 2006.

O movimento em questão, citado no enunciado, é:

a) O movimento dos países emergentes.

b) O movimento pan-americano.

c) O movimento dos não alinhados.

d) O movimento de coexistência pacífica.

e) O movimento de neutralismo.

MÓDULO 38

1. (Mack-SP)

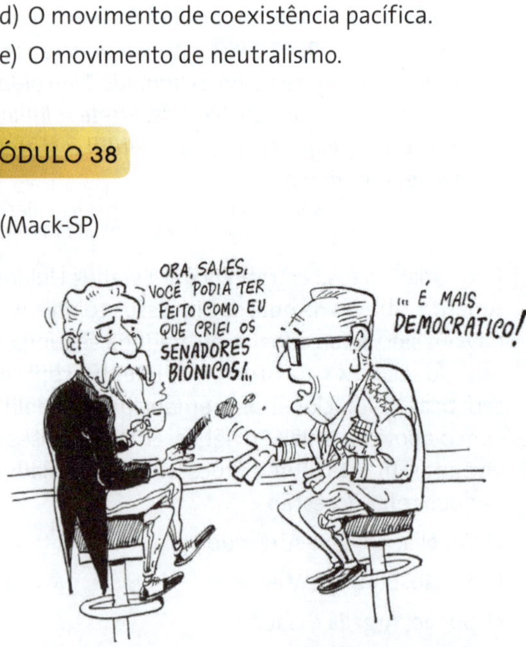

Carlos Eduardo Novaes e César Lobo/ Editora Ática

Carlos Eduardo Novaes e César Lobo. *História do Brasil para principiantes.* São Paulo: Ática, 4. ed, 2003, p. 204

Sabendo-se que as personagens retratadas na charge são dois ex-presidentes do Brasil – o da esquerda, Campos Sales (1898-1902), e o da direita, Ernesto Geisel (1974-1979), e ainda que o primeiro governou durante a vigência da República das Oligarquias (1894-1930) e o segundo durante o Regime Militar (1964-1985), a ironia consiste no(a)

a) fato de que os dois presidentes adotaram práticas autoritárias. Campos Sales foi o responsável pelo início do militarismo na República brasileira. Geisel, por sua vez, iniciou a intervenção do Executivo nas eleições para o Legislativo.

b) percepção de que os dois instituíram práticas antidemocráticas no Brasil. O primeiro, a não diplomação de deputados federais oposicionistas à "Política dos Governadores". O segundo, a determinação de eleições indiretas para senadores, dentro do chamado "Pacote de Abril".

c) certeza de que ambos adotaram medidas autoritárias. Porém, é correto afirmar, ao mesmo tempo, que se deve a Geisel a percepção de que medidas autoritárias não seriam mais toleradas no Brasil, por isso o hipotético diálogo com Campos Sales, e a crítica feita às práticas desse.

d) dúvida gerada pelo diálogo. Não fica claro se foi o primeiro o responsável pela criação de medidas antidemocráticas, ou se foi o segundo. Ao mesmo tempo, percebe-se a inclinação democrática do governo Geisel, referindo-se à eleição direta dos "senadores biônicos".

e) percepção de que os governos de ambos instituíram medidas antidemocráticas. Campos Sales foi o responsável pelo início da "República do Café com Leite". Já Geisel, o responsável pelo período de maior perseguição aos opositores, legalizada pela criação dos "senadores biônicos".

2. (FGV-SP) Leia um fragmento de memória de um jornalista brasileiro, escritor, ex-preso político e exilado.

Para mim, que havia sido, no limiar da década [de 1960], um rebelde sem causa concreta, fã de James Dean e simpatizante da "juventude transviada", o golpe significou, de imediato, mais um salto à frente na conscientização da realidade. Inclusive porque as medidas inaugurais do regime implantado em 1º de abril não deixavam margem a dúvidas: contra a reforma agrária no campo, o tabelamento dos aluguéis nas cidades e a limitação das remessas de lucros ao exterior, assim como – diante da imposição norte-americana – pelo rompimento das relações diplomáticas com Cuba.

POERNER, Arthur José. O céu é das elites. In: SOUZA, Daniel; CHAVES, Gilmar (Org.). *Nossa paixão era inventar um novo tempo.* São Paulo: Record, 1999.

A partir do fragmento, pode-se identificar, entre outros, como fatores responsáveis pela ruptura político-institucional de 1964,

a) a omissão do governo brasileiro durante a Crise dos Mísseis de Cuba e a aprovação das Reformas de Base pelo Congresso Nacional.

b) os grupos ligados ao latifúndio, ao temor da participação dos setores populares nas questões nacionais e os interesses das empresas multinacionais.

c) a repressão do governo Jango contra os militares de baixa patente, os aumentos salariais excessivos e as recorrentes greves estudantis.

d) a decisiva oposição de Juscelino Kubitschek ao governo Jânio, o acordo econômico com a União Soviética e a crise do petróleo.

e) as classes médias preocupadas com a corrupção no governo Jango, as facilidades para a entrada do capital estrangeiro no país e o aumento do desemprego.

3. (Vunesp-SP)

> *Eu acho que a anistia foi a solução, mas ela não foi completa. Quer dizer, não podiam ser anistiados aqueles que mataram torturando, porque esse é um crime inafiançável. Quem mata calmamente, friamente, tem de sofrer um processo e tem de sofrer também as consequências do seu ato. Isso nunca foi executado no Brasil como foi executado na Argentina com todos os generais. O Brasil fez uma anistia pela metade, mas nós ficamos contentes porque não houve derramamento de sangue.*
>
> D. Paulo Evaristo Arns. *Cult*, março de 2004.

Segundo a declaração de D. Paulo Evaristo Arns, Arcebispo de São Paulo entre 1970 e 1998, a Lei da Anistia no Brasil, de 1979,

a) perdoou opositores e defensores do regime militar e, a despeito de suas imperfeições, impediu confrontos e mortes entre setores políticos rivais.

b) inspirou-se na lei de anistia argentina, que julgou e condenou militares que mataram e torturaram durante o regime militar.

c) foi inútil, uma vez que não puniu aqueles que atuaram, durante o regime militar, nos órgãos de repressão política e policial.

d) foi equivocada, pois determinou o posterior levantamento, análise e julgamento dos crimes cometidos durante o período do regime militar.

e) beneficiou os opositores do regime militar e condenou aqueles que os reprimiram por meio da violência e da tortura.

4. (FGV-SP) Observe o gráfico.

Dívida externa brasileira: 1960 a 1981

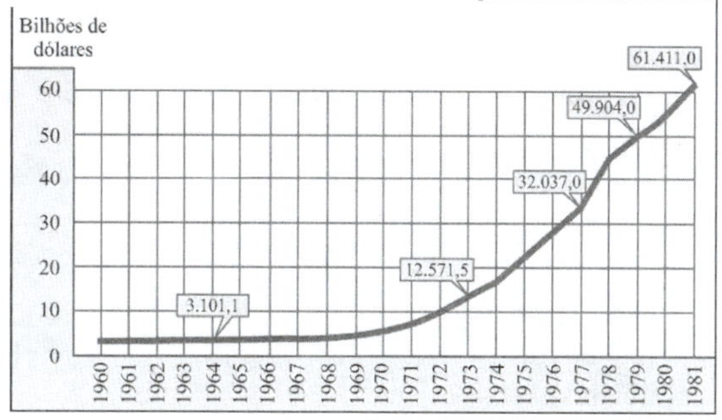

Fonte: Maria Helena M. Alves, Estado e oposição no Brasil (1964-1984), p. 332. (*Apud* Flavio de Campos, *Oficina de História do Brasil*)

A partir dos dados apresentados, é correto considerar que

a) o endividamento público, a partir de meados dos anos 1960, deve ser atribuído aos investimentos realizados na prospecção de petróleo, pois os governos ditatoriais objetivavam a autossuficiência nessa área.

b) durante o governo Geisel, mesmo diante de um contexto de crise econômica internacional, optou-se pelo endividamento externo para financiar o II Plano Nacional de Desenvolvimento.

c) o progressivo aumento da dívida externa durante a ditadura foi compensado pelas altas taxas do PIB, que atingiram os seus melhores níveis durante os governos Geisel e Figueiredo.

d) o governo Médici impôs um modelo econômico baseado na industrialização dos bens de consumo não duráveis, objetivando a universalização do consumo nacional, mas que gerou a dívida externa.

e) a dívida externa brasileira não trouxe maiores preocupações dos economistas durante a ditadura, porque o seu crescimento garantiu uma melhora importante na distribuição das riquezas nacionais.

5. (Vunesp-SP) Entre o final da década de 1960 e o início da década de 1970, a economia brasileira obteve altos índices de crescimento. O fenômeno se tornou conhecido como milagre econômico e derivou da aplicação de uma política que provocou, entre outros efeitos,

a) êxodo rural e incremento no setor ferroviário.

b) crescimento imediato dos níveis salariais e das taxas de inflação.

c) aumento do endividamento externo e da concentração de renda.

d) estatização do aparato industrial e do setor energético.

e) crise energética e novos investimentos em pesquisas tecnológicas.

6. (Uerj) Entre a posse do presidente João Goulart, em 1961, e a abertura política, iniciada em 1979-1980, a economia brasileira enfrentou conjunturas de crise e de prosperidade, perceptíveis nas variações dos índices econômicos apresentados na tabela a seguir.

Ano	1963	1964	1965	1966	1967	1968	1969	1970	1971	1972	1973	1974	1975
Crescimento do PIB (%)	1	3	2	7	4	10	10	10	11	12	14	8	5
Inflação (%)	78	90	58	38	27	27	20	16	20	20	23	35	34
Exportação (bilhões de dólares)	1,4	1,4	1,6	1,7	1,7	1,9	2,3	2,7	2,9	4,0	6,2	8,0	8,7
Importação (bilhões de dólares)	1,3	1,1	0,9	1,3	1,4	1,9	2,0	2,5	3,2	4,2	6,2	12,6	12,2
Dívida externa (bilhões de dólares)	4,0	3,9	4,8	5,2	3,3	3,8	4,4	5,3	6,6	9,5	12,6	17,2	21,2

Adaptado de FREIRE, Amério e outros. *História em curso:* o Brasil e suas relações com o mundo ocidental. São Paulo: Editora do Brasil, 2004.

As particularidades do período conhecido como “Milagre Econômico” foram caracterizadas por:

a) redução das taxas de inflação e crescimento do PIB.

b) incremento da dívida externa e retração das importações.

c) estagnação das exportações e manutenção das taxas de inflação.

d) estabilização da balança comercial e diminuição da dívida externa.

7. (UFPR) Ao longo do período que se estende de 1964 a 1983, no Brasil, estima-se que 50 mil pessoas foram diretamente atingidas com os atos repressivos do governo militar, tendo, a maioria, passagem nas prisões; destas, 20 mil sofreram tortura física, e pelo menos 360 foram mortas. Destas, 144 são oficialmente consideradas desaparecidas; 7.367 foram acusadas; 10.034 atingidas na fase de inquérito em 707 processos judiciais; 4.862 cassadas em definitivo; 6.592 militares atingidos principalmente com a exoneração de seus postos; finalmente, 780 cassações de mandato por 10 anos.

Sobre o período em que se vivenciou tal violência de Estado, considere as seguintes afirmativas:

1. As medidas repressivas eram justificadas em nome da defesa da segurança nacional.
2. Em paralelo à tentativa de eliminar os adversários, o governo fazia ampla propaganda sobre a expansão econômico-industrial, o que era designado como “milagre brasileiro”.
3. O governo objetivava perseguir os membros dos partidos de inspiração marxista, cujos ideólogos defendiam a luta armada.
4. Os atos de “exceção”, como foram conhecidas tais medidas, levaram a que as oposições ao governo se mobilizassem em favor da anistia, iniciativa que buscava também o retorno ao Estado de Direito.
5. Os responsáveis pelas torturas e prisões arbitrárias foram processados e condenados após a redemocratização do país.

Assinale a alternativa correta.

a) Somente as afirmativas 1, 3 e 4 são verdadeiras.

b) Somente as afirmativas 1, 2, 3 e 5 são verdadeiras.

c) Somente as afirmativas 2 e 5 são verdadeiras.

d) Somente as afirmativas 1, 2 e 4 são verdadeiras.

e) As afirmativas 1, 2, 3, 4 e 5 são verdadeiras.

8. (UFCE)

É preciso dizer que o que ocorreu comigo não é exceção, é regra. Raros os presos políticos brasileiros que não sofreram torturas. Muitos, como Schael Schreiber e Virgílio Gomes da Silva, morreram na sala de torturas. Outros ficaram surdos, estéreis ou com outros defeitos físicos.

BETO, Frei. *Batismo de Sangue:* guerrilha e morte de Carlos Marighella. 14. ed. rev. e ampliada. Rio de Janeiro: Rocco, 2006.

A partir desse trecho do depoimento de frei Tito de Alencar, escrito na prisão, em 1970, assinale a alternativa correta sobre a situação dos direitos humanos no decorrer da ditadura instalada no Brasil em 1964.

a) Os governos estabelecidos depois de 1964 conseguiram provar que os que morreram na prisão já estavam doentes e não aceitavam o tratamento médico oferecido.

b) A tortura realizada nas delegacias de polícia era uma exceção, na medida em que havia a publicação de reportagens na imprensa com o objetivo de defender os direitos humanos.

c) A tortura de presos começou a ser utilizada no Brasil a partir de 1972 e foi abolida com o movimento em torno da Anistia em 1979, em sintonia com os movimentos pelos direitos humanos.

d) A coerção em torno dos meios de comunicação e a tortura em presos políticos eram meios utilizados pelo regime de 1964 para reprimir movimentos e opiniões divergentes da ideologia oficial.

e) A repressão aos meios de comunicação se realizou a partir do Governo do Presidente Médici, momento em que se inaugura a prática da tortura para obter depoimentos de subversivos.

9. (PUC-RS) O ano de 1968 é considerado um período de recrudescimento da repressão política da Ditadura Militar instalada em 1964, no Brasil. Nesse contexto, ainda no governo do general Costa e Silva, o Ato Institucional nº 5 (AI-5), de 13 de dezembro de 1968, foi o ápice institucional das medidas de fechamento político do sistema, vigorando até dezembro de 1978. Dentre as medidas estabelecidas por esse ato, permitindo poderes excepcionais ao presidente da República, NÃO consta a

a) extinção do pluripartidarismo e a instituição do bipartidarismo.

b) autorização para decretar o recesso do Congresso Nacional.

c) cassação de mandatos parlamentares.

d) suspensão, por dez anos, dos direitos políticos de qualquer cidadão.

e) suspensão da garantia do *habeas corpus*.

10. (PUC-RJ) Após dez anos do Golpe de 1964, no Brasil, o regime militar iniciou um processo de distensão política. Este período de "abertura política" durou até 1985, quando o país voltou a ter um presidente civil.

Sobre este período (1974-1985), é incorreto afirmar:

a) que o governo Geisel (1974-1979) buscou manter altos índices de crescimento econômico através de investimentos estatais.

b) que, durante o governo Figueiredo (1979-1985), foi concedida anistia política, permitindo a volta ao país de exilados que atuaram na reformulação partidária.

c) que, ao longo do período, surgiram vários movimentos sociais reivindicatórios, vinculados aos operários, estudantes, trabalhadores rurais e classes médias urbanas.

d) que alguns setores militares atuaram para desacreditar o projeto de distensão política; uma de suas principais expressões foi o atentado do Rio-centro, em 1981.

e) que, a despeito do projeto de liberalização política, este período representou o auge da repressão e da violação dos direitos humanos, sendo denominado de "anos de chumbo".

11. (UFSC)

© Joaquín Salvador Lavado (Quino)/ Acervo do cartunista

QUINO. Toda Mafalda. 2. ed. São Paulo: Martins Fontes, 2010. p. 372.

Sobre meios de comunicação na história, é **CORRETO** afirmar que:

(01) os aparelhos de televisão estavam entre os bens duráveis cujo consumo foi favorecido pelo "milagre econômico" durante a ditadura militar brasileira.

(02) no Brasil da década de 1960, os programas de televisão dedicados às atrações musicais, como o "Programa Jovem Guarda", foram referência de moda e comportamento para os jovens.

(04) uma cena bastante conhecida veiculada pela televisão foi a chegada do homem na Lua, em 1969. O desenvolvimento da tecnologia espacial fez parte da chamada Guerra Fria.

(08) durante o governo de Getúlio Vargas, foi criado o Departamento de Imprensa e Propaganda (DIP), cuja função principal era promover a pluralidade partidária, o debate político e a liberdade de imprensa.

(16) a censura, ocorrida durante a ditadura militar brasileira, atingiu somente o cinema e o teatro, pois ambos eram veículos de divulgação artística. Veículos de informação, como os jornais, não foram afetados.

(32) no Brasil do início do século XX, a imprensa jornalística tinha importante papel como palco de debates políticos. Por este motivo, ficou concentrada nas mãos da elite, não existindo jornais operários no país.

(64) o rádio teve sucesso no Brasil na década de 1930 como veículo de notícias e entretenimento, sendo utilizado pelo Estado Novo como meio para a construção de uma identidade nacional.

12. (UFSC)

Manifestações 2013

A partir do início de junho de 2013, testemunhamos no Brasil intensas manifestações nas principais capitais e regiões metropolitanas do país para protestar contra o aumento das passagens de ônibus, trem e metrô e reclamar contra o aumento dos alimentos, dos aluguéis, e contra o empobrecimento da qualidade dos serviços públicos no Brasil (saúde, educação, moradia e respeito aos direitos civis).

Sem lideranças unânimes, sem predomínio de grandes partidos políticos, as manifestações surgiram como uma forte onda social nas principais praças e ruas, reunindo milhares de pessoas que compartilhavam a pergunta já presente no consciente coletivo há tempo:

"Como um país que financia 20 bilhões de reais para construção de estádios para a Copa 2014 não pode financiar e investir a nossa verba para construção de escolas de alto nível, hospitais de excelência e segurança pública?".

Fernando Rebouças. Disponível em: <http://www.infoescola.com/atualidades/ensaio-sobre-as-manifestacoes-no-brasil-em-2013/> [Adaptado]. Acesso em: 16 out. 2013.

Sobre as manifestações populares ao longo da história do Brasil e suas consequências, é correto afirmar que:

(01) em 1964, a "Marcha da Família com Deus pela Liberdade" levou cerca de 500 mil pessoas às ruas da cidade de São Paulo com o objetivo de defender o governo de João Goulart e evitar um golpe militar no país.

(02) a campanha "Diretas Já", de 1984, articulou diversos setores da sociedade brasileira em grandes comícios populares por todo o país. A enorme mobilização foi decisiva para a aprovação da emenda Dante de Oliveira, que restabeleceu o voto direto nas eleições para a Presidência do Brasil em 1985.

(04) o processo de *impeachment* contra o presidente Fernando Collor ganhou força com o movimento "Fora Collor", promovido em 1992 por jovens que ficaram conhecidos como caras-pintadas.

(08) nas primeiras décadas do século XX, o movimento operário brasileiro começou a se articular em sindicatos. Estimulados principalmente pelos ideais de anarquistas italianos, realizaram uma série de mobilizações e greves pelas ruas de cidades como São Paulo e Rio de Janeiro.

(16) por causa da enorme e violenta repressão durante o período da ditadura militar (1964-1985), não ocorreram grandes mobilizações populares de resistência contra o regime.

(32) o movimento conhecido como "Novembrada", ocorrido em 1979, colocou Santa Catarina no cenário político nacional por expressar apoio ao então presidente general João Baptista Figueiredo.

13. (Mack-SP)

Havia dois golpes em marcha. O de Jango viria amparado no "dispositivo militar" e nas bases sindicais, que cairiam sobre o Congresso, obrigando-o a aprovar um pacote de reformas e a mudança das regras do jogo da sucessão presidencial. [...]

O ex-governador gaúcho Leonel Brizola achava que viria de cá, do presidente, seu cunhado... Fazia tempo que Brizola repetia:

"Se não dermos o golpe, eles o darão contra nós".

GASPARI, Elio. *A ditadura envergonhada*. São Paulo: Companhia das Letras, 2002. p. 51.

O texto acima relata os momentos decisivos que levaram ao golpe contra João Goulart, em 1964. Nele, há a citação de "dois golpes em marcha". Um está explicitado do excerto, o outro está corretamente indicado em uma das alternativas abaixo. Trata-se

a) das articulações do capital externo, capitaneado pelos Estados Unidos, tendo à frente, no Brasil, partidos da oposição ao presidente Goulart, como o PTB.

b) do golpe civil-militar – setores opositores das medidas tidas como esquerdizantes do até então presidente Goulart – apoiados decisivamente pelos Estados Unidos.

c) do golpe militar que resultou na retirada de João Goulart da presidência, impondo um governo de exceção ao Brasil, marcado, por sua vez, pelas garantias das liberdades individuais.

d) de conspirações oposicionistas às "Reformas de Bases" – amplo programa de base populista, visando às reformas estruturais –, consolidando uma reforma agrária radical já em curso no Brasil.

e) da luta armada a João Goulart, pois, com sua ascensão, o capital externo passou a consolidar seu domínio sobre o país, com a marginalização das camadas populares.

14. (Uern)

Texto I

Propaganda na Era Vargas

O programa "Hora do Brasil" era irradiado por todas as emissoras de rádio do Brasil entre 19 e 20 horas. O aproveitamento sistemático desse programa foi determinado pelo DIP, Departamento de Imprensa e Propaganda, um órgão criado em 1939 pelo governo Vargas. (...)

CAMPOS, Flávio de; CLARO, Regina. *A escrita da história*. São Paulo: Escala Educacional, 2009. p. 553.

Texto II

Propaganda no Regime Militar

O apelo ao consumo era o "milagre econômico" alcançando a população. Enceradeiras, ventiladores, ferros elétricos, geladeiras, batedeiras, torradeiras, aspiradores de pó etc. A julgar pela enxurrada de eletrodomésticos que invadia as casas da classe média e os sonhos de consumo da sociedade brasileira, o país não deixava nada a dever aos ricos e invejados primos norte-americanos.

CAMPOS, Flávio de; CLARO, Regina. *A escrita da história*. São Paulo: Escala Educacional, 2009. p. 553.

Com base no papel desempenhado pela propaganda nos momentos expressos nos textos e nos dias atuais, é correto afirmar que

a) tendo em vista a clara distinção entre "propaganda" e "notícia", justifica-se a liberdade da propaganda em ser sempre fictícia ou metafórica.

b) a propaganda, independente do tempo ou do espaço em que é utilizada, mantém sua integridade e seu compromisso inalienável com a verdade dos fatos.

c) tanto no período da Ditadura Vargas (1937-1945), quanto no Regime Militar (1964-1985), a propaganda, por sua ligação com a arte, foi poupada da censura.

d) ao longo do tempo e da história, muitas vezes de acordo com interesses políticos e/ou pessoais, a propaganda pode ser (e é) utilizada como meio de manipulação ideológica.

15. (UEPG-PR) A ditadura militar no Brasil teve início com o golpe militar de 31 de março de 1964 e se estendeu até 1985 quando o general João Figueiredo, último presidente militar, passou o cargo para José Sarney. A respeito de casos de tortura, morte e desaparecimento de presos políticos no país durante esse período, assinale o que for correto.

(01) Em um dos casos emblemáticos da tortura durante a ditadura militar, pessoas armadas invadiram a casa de Rubens Paiva, um ex-líder estudantil e ex-deputado conhecido por se opor ao regime, e o levaram para a sede do DOI-CODI, em São Paulo onde teria sido torturado e morto.

(02) Manuel Fiel Filho, um metalúrgico cearense radicado em São Paulo, foi preso por agentes do DOI-CODI, acusado de pertencer ao Partido Comunista Brasileiro. Poucas horas após a sua prisão, os órgãos de segurança informaram que o operário havia cometido suicídio na cela em que estava detido.

(04) O capitão Carlos Lamarca desertou do Exército brasileiro por não concordar com as práticas políticas adotadas pelos militares no poder. Perseguido e acusado de subversivo, passou a promover práticas de guerrilha até ser morto por tropas de repressão na região do agreste baiano.

(08) Um dos militantes políticos mais perseguidos durante a ditadura militar, Carlos Marighella foi morto em São Paulo, em uma emboscada organizada pelo delegado Sérgio Paranhos Fleury, um dos mais ativos agentes da repressão daquele período.

(16) A morte de Vladimir Herzog, jornalista e professor da USP, em meados da década de 1970, causou grande repercussão. Vlado, como era conhecido, foi encontrado enforcado nas dependências do DOI-CODI. A versão oficial foi a de suicídio.

MÓDULO 39

1. (UEG-GO) No dia 13 de agosto de 2011, completou-se 50 anos do início da construção do Muro de Berlim, que separou a Alemanha Oriental da Alemanha Ocidental. O contexto histórico que explica a construção do muro foi

a) o do Pacto de Varsóvia, que levou os países socialistas a erigirem uma verdadeira "cortina de ferro" para impedir uma possível invasão ocidental.

b) o do Plano Marshall, que provocou a recuperação econômica da Alemanha Ocidental, atraindo pessoas do lado comunista.

c) o da Segunda Guerra, que levou o exército alemão a construir uma barreira para impedir o avanço dos Aliados no desembarque da Normandia.

d) o do Tratado da OTAN, que motivou os países capitalistas a tentarem estancar a expansão do socialismo para a Europa Ocidental.

2. (Mack-SP)

Atacar não significa apenas assaltar cidades muradas ou golpear um exército em ordem de batalha, deve também incluir o ato de assaltar o inimigo no seu equilíbrio mental.

Sun Tzu-Ping-fa, *A Arte da Guerra*, séc. IV a.C.

***Terrorismo:** 1. Modo de coagir, ameaçar ou influenciar outras pessoas, ou de impor-lhes a vontade pelo uso sistemático do terror; 2. Forma de ação política que combate o poder estabelecido mediante o emprego da violência.*

Novo Dicionário Aurélio da Língua Portuguesa

A respeito do atentado terrorista, ocorrido em 11 de setembro de 2001, nos Estados Unidos, e as consequências desse episódio para as relações geopolíticas internacionais no século XXI, é correto afirmar que

a) foi mais uma ação liderada pelos grupos extremistas Hamas e do Hezbollah, contra a política norte-americana no Oriente Médio, utilizando, para tais ações suicidas, somente jovens de baixa renda e de pouca instrução, que acreditavam que tais atos lhes garantiriam o direito de ingressar no paraíso celestial.

b) a resposta americana ao ataque de 11 de setembro foi a perseguição sistemática ao milionário saudita Osama bin Laden que, em transmissões realizadas pela mídia na época, assumiu publicamente a autoria do atentado, provocando o aumento do sentimento xenofóbico do povo norte-americano aos imigrantes de origem árabe residentes no país.

c) formou-se uma coalização internacional contando, principalmente, com o apoio da Inglaterra junto aos Estados Unidos, a fim de combater os focos terroristas no Oriente Médio, dando início à Guerra do Golfo e a um esforço, perante as agências internacionais de notícia, de combater o islamismo fundamentalista.

d) o ataque sofrido pelos EUA em 2001 tem relação direta com a atuação política norte-americana no Oriente Médio, que sempre visou atender aos interesses econômicos americanos na região, e resultou no aumento da insegurança junto à sociedade americana, jamais atacada anteriormente em seu próprio território.

e) a partir desse episódio, os EUA cortaram relações diplomáticas com o Paquistão, pois houve relutância, por parte da liderança religiosa paquistanesa, em indicar o local exato do esconderijo de bin Laden, o que possibilitaria a sua prisão imediatamente após o atentado de 11 de setembro.

3. (UFPR) O dia 11 de setembro é significativo para dois países em particular: o Chile, que sofreu um golpe militar liderado pelo general Pinochet em 11/9/1973, e os Estados Unidos, por conta do ataque às Torres Gêmeas do World Trade Center, em 11/9/2001. Tendo em vista esses fatos, relacione a esses dois contextos históricos destacados as estratégias da política externa norte-americana.

4. (UFG-GO) Na primeira metade do século XX, em virtude do aperfeiçoamento da fotografia, o cinema emergia como uma arte capaz de impactar multidões. Esse impacto decorria

a) do uso das técnicas teatrais para compor as personagens, retirando-lhes complexidade psicológica.

b) da aliança entre imagem em movimento e efeitos sonoros, aprimorando os recursos para contar histórias.

c) da eleição de roteiros nos quais era atribuída relevância ao ator por meio de monólogos.

d) do investimento em cenários suntuosos como estratégia de convencimento dos espectadores.

e) do privilégio concedido às histórias de penúria, tornando o drama um gênero de sucesso.

5. (UFRN) Os dois documentos abaixo reproduzidos dizem respeito a aspectos das relações internacionais no início do século XXI.

Documento 1

Ataque ao *World Trade Center* em 11 de setembro de 2001

Spencer Platt/Getty Images

Disponível em: <www.jornaldigital.com/noticiasphp/>. Acesso em: 04 jul. 2011.

Documento 2

Fragmento textual de Eric Hobsbawm

A reação aos atentados de 11 de setembro de 2001 provou que vivemos todos em um mundo no qual um único hiperpoder global finalmente resolveu que, a partir do fim da União Soviética, não há limites de curto prazo para seu poderio nem para sua disposição em utilizá-lo, embora os objetivos de seu uso não sejam nada claros – exceto a manifestação de sua supremacia.

Adaptado de HOBSBAWM, Eric. *Tempos interessantes*. São Paulo: Companhia das Letras, 2002.

Analisando a imagem e o fragmento textual, é possível inferir que

a) a reação bélica dos EUA a esses ataques contou com o respaldo do Conselho de Segurança da ONU, que se indignou com a ação terrorista em Nova Iorque.

b) a geopolítica no mundo pós-Guerra Fria foi abalada e surgiram outras formas de contestação ao poder que se pretende hegemônico.

c) a destruição de um símbolo do capitalismo internacional fragilizou a economia estadunidense, desencadeando o maior abalo financeiro das últimas décadas.

d) a política externa dos EUA tornou-se pacifista, em claro antagonismo àquela adotada no período da Guerra Fria.

6. (IFCE) O Hammas é um grupo político que está associado à questão que envolve conflitos entre

a) Israel e a Palestina.

b) a Líbia e a Palestina.

c) a Palestina e o Egito.

d) Israel e o Egito.

e) o Iraque e os Estados Unidos.

7. (PUC-RJ) Sobre a importância e o significado políticos da queda do Muro de Berlim (novembro, 1989), assinale a afirmativa CORRETA:

a) A queda do Muro significou a extensão do socialismo para Berlim ocidental.

b) A queda do Muro foi o primeiro momento no processo de unificação da Europa.

c) A queda do Muro ampliou o turismo na Alemanha Oriental.

d) A queda do Muro deu início ao processo de reunificação da Alemanha.

e) A crise política provocada pela queda do Muro quase levou as duas Alemanha à guerra.

8. (UEG-GO) A segunda metade do século XX foi marcada pela chamada Guerra Fria entre os Estados Unidos e a URSS (União das Repúblicas Socialistas Soviéticas). Considerando esse momento histórico,

a) quais ideologias estavam em choque nesse conflito?

b) Cite três momentos de tensão entre as duas superpotências.

9. (UFJF-MG) Observe as imagens abaixo:

Sovfoto/UIG/Getty Images

Praga – Tchecoslováquia – 1968
Disponível em: <http://bp3.blogger.com>
Acesso em: 5 nov. 2011

Richard Engel/NBC

Cairo – Egito – 2010
Disponível em: <http://exame.abril.com.br>
Acesso em: 5 nov. 2011

Em maio de 1968, a Europa foi abalada por várias ondas de protesto, com destaque para as manifestações a favor de liberdades civis nas ruas de Paris. Na mesma ocasião, a Tchecoslováquia foi invadida pela União Soviética para interromper as reformas em curso no país, desencadeando intensas reações que ficaram conhecidas como Primavera de Praga. Em dezembro de 2010, teve início uma onda de manifestações e protestos no mundo árabe (norte da África e Oriente Médio) que vem sendo chamada Primavera Árabe.

Com base nessas informações e em seus conhecimentos, compare a Primavera de Praga e a Primavera Árabe, apontando e analisando:

a) Uma semelhança;

b) Uma diferença.

10. (Vunesp-SP)

Nunca houve um ano como 1968 e é improvável que volte a haver. Numa ocasião em que nações e culturas ainda eram separadas e muito diferentes — e, em 1968, Polônia, França, Estados Unidos e México eram muito mais diferentes um do outro do que são hoje —, ocorreu uma combustão espontânea de espíritos rebeldes no mundo inteiro.

KURLANSKY, Mark. *1968 – O ano que abalou o mundo*. Rio de Janeiro: José Olympio, 2005.

Indique dois movimentos de "espíritos rebeldes" ocorridos em 1968 e identifique, em cada um deles, o caráter "espontâneo" mencionado no texto.

11. (ESPM-SP) Em 2011, completam-se vinte anos dos lamentáveis episódios da violenta Guerra dos Bálcãs, que levou à dissolução da Iugoslávia. Com o auxílio do mapa abaixo, indique a assertiva correta:

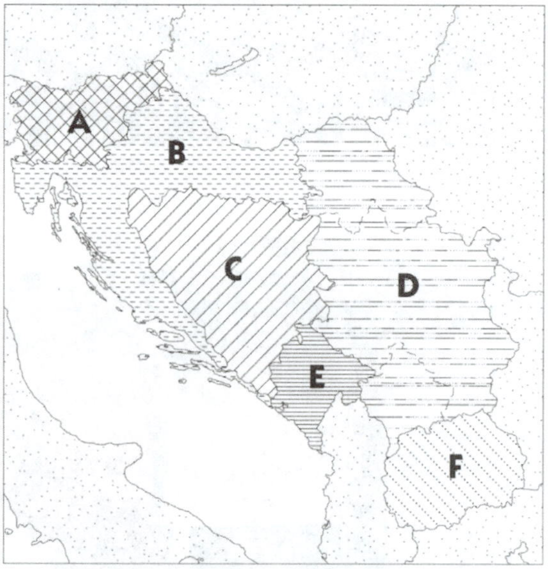

Interbits®

a) A – a próspera Eslovênia foi a primeira das repúblicas a se separar da Iugoslávia e teve o imediato reconhecimento da União Europeia, bloco que ingressou posteriormente.

b) B – Bósnia foi palco da mais sangrenta das guerras e envolveu bósnios muçulmanos, croatas ortodoxos e sérvios católicos.

c) C – a Croácia sempre alimentou forte rivalidade com os sérvios desde a Segunda Guerra Mundial, quando os croatas apoiaram a invasão nazista e puseram-se contra Tito.

d) D – Sérvia, apesar de não ter o controle político da ex-Iugoslávia, era a província mais rica, situação alcançada graças à condução do sérvio Joseph Broz Tito que canalizava os recursos para a república.

e) E – em Kossovo, a maioria cristã sempre alimentou o desejo separatista de juntar-se à Albânia, uma vez que os kossovares igualmente são, majoritariamente, albaneses.

12. (UFPE) A continuidade de práticas de violência mostra a existência de insatisfações sociais, mas também a persistência de desigualdade e de miséria em muitas regiões do mundo. A massificação das ações culturais impede uma maior reflexão sobre as alternativas para transformar a sociedade e firmar pactos de solidariedade. A competição, a exploração do trabalho humano, as guerras religiosas não desapareceram. Apesar das mudanças na tecnologia, nos meios de comunicação e na forma de se relacionar, o mundo atual:

( ) enfrenta problemas que dificultam articulações políticas no sentido de diminuir as rivalidades e as lutas constantes por mercados econômicos, gerando incertezas crescentes.

( ) preocupa-se com as questões culturais e religiosas, conseguindo erradicar divergências políticas e garantir o fortalecimento das democracias em todas as regiões.

( ) fixa-se na busca de soluções para seus impasses econômicos, não investindo na educação e saúde dos países mais pobres.

( ) está perdido nas aventuras da sociedade de consumo, sem perspectivas de mudanças nas relações familiares e sem reações rebeldes e criativas para se desfazer da mesmice das propagandas.

( ) vive confrontos que relembram o passado, mas que podem trazer reflexões sobre as dificuldades de o ser humano superar suas lacunas e incompletudes.

13. (Uespi) Com o fim da Segunda Guerra Mundial, houve mudanças na política internacional, que redefiniram poderes e trouxeram transformações para a organização econômica da época. O mundo passou por intenso processo de globalização, o qual ainda perdura. A globalização:

a) firmou o poder dos Estados Unidos que não têm enfrentado problemas com os países europeus e continua seguro na ordem internacional.

b) aproximou países com perspectivas culturais diferentes, evitando conflitos e divulgando a importância da democracia para a sociedade humana.

c) fortaleceu a atuação da ONU e dos seus órgãos, que continuam sendo respeitados pela grande eficiência na formulação de novas políticas.

d) favoreceu as grandes potências, não modificando as relações sociais nas regiões mais pobres, preocupadas, apenas, com a economia.

e) ajudou na massificação da sociedade, criando eventos culturais milionários e condições propícias para a atuação marcante dos meios de comunicação.

14. (UFPR) O fim do comunismo na Europa Oriental e na União Soviética, entre 1989 e 1991, foi um fato inesperado para a maioria da comunidade acadêmica e política, pois ele não apresentava sinais aparentes de deterioração. O historiador Mark Mazower declarou: "A liberdade foi a consequência; o desejo de liberdade não foi necessariamente a causa". Segundo essa afirmação e os conhecimentos sobre o assunto, é correto afirmar:

a) O comunismo terminou com a queda do Muro de Berlim e a reunificação alemã, depois que os comunistas reconheceram a legitimidade do sindicato Solidariedade, cujo líder era Lech Walesa, levando a economia dos países a se modernizar.

b) Nesse processo, predominaram os interesses do capital privado ocidental, que desejava acabar com o comunismo para implantar o liberalismo no leste, com o desmonte do Estado de Bem-Estar sem uma base alternativa para sustentar as economias daqueles países.

c) O que fez o comunismo sucumbir foi a dissolução da União Soviética, após a assinatura dos tratados de desarmamento nuclear com os Estados Unidos, dando fim à Guerra Fria e, por consequência, à necessidade de manter a cortina de ferro.

d) O fator preponderante foi a desistência da União Soviética em manter seu império, pois se tornara uma política dispendiosa e que levava à instabilidade político-militar dos países satélites.

e) O fim do comunismo foi resultado de muitos fatores, nos quais as lutas populares só tiveram peso decisivo no final (com exceção da Polônia): crise da indústria pesada, aliada a desabastecimentos e aumento de preços, conduzidos por um partido único em lento declínio, após décadas de ditadura e de repressão à oposição.

MÓDULO 40

1. (Udesc) A década de 90, sobretudo a primeira metade, é reconhecida como um período de estabilidade da economia e de avanços sociais importantes, no Brasil.

Analise as proposições sobre a década de 90 e as questões correlatas.

I. De maneira geral pode-se inferir que a implantação da nova moeda – o Real – e o controle da inflação permitiram aumento do consumo e dos índices de desenvolvimento humano, diminuição da pobreza, melhor distribuição de renda.

II. Certamente, pode-se afirmar que houve avanços sociais importantes no Brasil, mas a década de 90 também foi marcada por conflitos e lutas travadas em prol de direitos e ampliação de conquistas sociais. A exemplo, foram as lutas do Movimento dos Trabalhadores Rurais Sem Terra (MST), dos movimentos em defesa dos indígenas, movimentos negros, feministas, afrodescendentes e ecologistas.

III. A década de 90 também foi marcada por crises. A exemplo, a crise econômica internacional no final da década que colocou a economia brasileira em dificuldades; a ocorrência de privatizações controversas e o crescimento do déficit público.

IV. Na década de 90, inserção do país na ordem política internacional, os principais pontos da política externa pautavam-se no cultivo de relacionamento pacífico com os países vizinhos e na política de fortalecimento das relações regionais e conjuntas, como as voltadas ao Mercosul e à União Europeia, dentre outras.

Assinale a alternativa correta.

a) Somente as afirmativas I e IV são verdadeiras.
b) Somente as afirmativas II e III são verdadeiras.
c) Somente as afirmativas I e II são verdadeiras.
d) Somente as afirmativas II, III e IV são verdadeiras.
e) Todas as afirmativas são verdadeiras.

2. (UEM-PR) Leia o texto abaixo e assinale a(s) alternativa(s) correta(s).

> *Nos anos 1990, o Brasil começou a abrir sua economia e a mudar regras e princípios de sua política econômica e social. Pode-se dizer que, mais de meio século depois, encerrou-se finalmente a era Vargas e com ela o modelo varguista de desenvolvimento baseado na substituição de importações, na proteção do mercado interno e dos direitos dos trabalhadores, no estímulo à indústria nacional e na forte atuação do Estado como agente impulsionador e orientador do crescimento econômico.*
>
> TEIXEIRA, Francisco M. P. *Brasil história e sociedade.* São Paulo: Ática, 2000. p. 324.

(01) Segundo economistas protecionistas, o modelo adotado pelo Governo Collor, caracterizado pela abertura econômica, foi uma estratégia neoliberal imposta pelas nações hegemônicas do capitalismo mundial.

(02) Durante o governo do presidente Fernando Henrique Cardoso, a Consolidação das Leis do Trabalho (CLT), implantada durante a ditadura estado novista de Getúlio Vargas, foi completamente abolida.

(04) Durante os oito anos do governo do Presidente Lula, a política macroeconômica dos governos anteriores foi completamente alterada. Exemplo dessa alteração foi a retomada do monopólio estatal sobre as telecomunicações.

(08) Segundo os analistas liberais, o modelo econômico implantado nos anos noventa do século passado, caracterizado por uma menor participação do Estado na vida econômica e na maior concorrência entre capitais nacionais e estrangeiros, é adequado e necessário.

(16) Durante os anos sessenta do século passado, quando os militares assumiram o poder por meio de um golpe de Estado, a política econômica baseada no nacional desenvolvimentismo foi completamente abandonada.

3. (FGV-SP) Em 15 de janeiro de 1985, Tancredo Neves e José Sarney foram eleitos, respectivamente, presidente e vice-presidente pelo Colégio Eleitoral. A respeito do funcionamento das eleições indiretas no Brasil, no tempo da ditadura militar, é correto afirmar:

a) As eleições diretas para presidente foram mantidas entre 1964 e 1982 e o Colégio Eleitoral instituído em 1983, diante do avanço das forças oposicionistas.

b) Entre 1964 e 1973, os presidentes da república foram eleitos pelos governadores estaduais, prefeitos das capitais e pelos comandantes das Forças Armadas.

c) Senadores, deputados federais e deputados escolhidos nas Assembleias Legislativas Estaduais tinham direito a voto no Colégio Eleitoral de 1985.

d) Até 1985, os cinco candidatos mais votados nas Assembleias Legislativas Estaduais eram submetidos à escolha dos integrantes do Colégio Eleitoral.

e) As duas chapas mais votadas pelos deputados federais e senadores eram submetidas ao Colégio Eleitoral composto pelos comandantes das Forças Armadas.

4. (Uerj)

O Globo, 21/04/2010

Os altos salários renderam a Brasília a fama de ilha da fantasia. No chamado entorno da cidade, um milhão de pessoas vivem sem saneamento, utilizam transporte público de baixa qualidade e sofrem com a violência.

Adaptado de *O Globo*, 21 abr. 2010.

A comparação entre a propaganda comemorativa do cinquentenário de Brasília e o trecho da reportagem explicita aspectos contraditórios do processo de crescimento urbano do Distrito Federal. Um dos principais aspectos responsáveis por essas contradições é:

a) inexistência de recursos públicos destinados à infraestrutura habitacional.

b) concentração fundiária derivada da demanda por mão de obra qualificada.

c) retração das atividades industriais ligada à modernização do setor de serviços.

d) intensificação do fluxo migratório associada à insuficiência de postos de trabalho formal.

5. (Vunesp-SP) A campanha pelo restabelecimento das eleições diretas para presidente da República do Brasil, em 1984, intitulada "Diretas Já!",

a) tentava garantir que o primeiro presidente pós-regime militar fosse escolhido, em 1985, pelo Colégio Eleitoral.

b) defendia a continuidade dos militares no poder, desde que fossem escolhidos pelo voto direto dos brasileiros.

c) foi a primeira mobilização pública de membros da sociedade civil brasileira desde o golpe militar de 1964.

d) reuniu diferentes partidos políticos em torno da aprovação de emenda constitucional que reintroduzia o voto direto para presidente.

e) teve sucesso, pois contou com apoio oficial da Igreja Católica, dos sindicatos, das forças armadas e do partido situacionista.

6. (UFPE) A presença do Partido dos Trabalhadores marcou a vida política nacional nas últimas décadas. Nas suas origens, o PT teve dificuldades para eleger seus candidatos e recebeu muitas críticas dos setores mais tradicionais. Atualmente, o Partido dos Trabalhadores:

( ) segue uma linha de atuação em defesa do socialismo, não construindo alianças com outros partidos ditos liberais.

( ) firmou-se como força de poder nas diversas esferas da vida social brasileira, depois dos governos de Luís Inácio.

( ) afastou-se do seu ideário socialista, assumindo o capitalismo e se articulando apenas com os grupos mais ricos.

( ) tem uma representatividade política importante no Congresso Nacional, além de contar com o governo de alguns Estados.

( ) rompeu com os movimentos populares e construiu uma economia que não quebrou o modo capitalista de produção.

7. (UFF-RJ)

Miséria é imoral. Pobreza é imoral. Talvez seja o maior crime moral que uma sociedade possa cometer.

Betinho

O Bolsa Família é um programa de transferência de renda, cujo objetivo é auxiliar famílias em situação de pobreza. Sobre esse projeto pode-se afirmar

a) que houve uma redução de quinze pontos percentuais no número de pobres da população rural brasileira, entre 2003 e 2008, como indicam dados das Nações Unidas.
b) que é considerado, por muitos, o mais importante projeto de transferência de renda do mundo, criado pela primeira vez por Getúlio Vargas, tido até hoje como o "pai dos pobres".
c) que o sucesso do programa pode ser verificado pela diminuição do êxodo rural da população pobre brasileira.
d) que foi um dos programas responsáveis pela concentração da população miserável no campo, segundo os dados da Fundação Getúlio Vargas.
e) que desestimula a agricultura familiar, já que os contemplados não são constrangidos a trabalhar, em razão do auxílio dado pelo governo.

8. (FGV-RJ) Assinale a alternativa que apresente apenas presidentes eleitos pelo voto direto dos cidadãos brasileiros.
a) Fernando Collor de Mello, Fernando Henrique Cardoso e Luis Inácio Lula da Silva.
b) José Sarney, Fernando Collor de Mello e Fernando Henrique Cardoso.
c) Tancredo Neves, Itamar Franco e Luis Inácio Lula da Silva.
d) Ulysses Guimarães, Fernando Collor de Mello e Fernando Henrique Cardoso.
e) José Sarney, Fernando Henrique Cardoso e Luis Inácio Lula da Silva.

9. (Fuvest-SP) A partir da redemocratização do Brasil (1985), é possível observar mudanças econômicas significativas no país. Entre elas, a
a) exclusão de produtos agrícolas do rol das principais exportações brasileiras.
b) privatização de empresas estatais em diversos setores como os de comunicação e de mineração.
c) ampliação das tarifas alfandegárias de importação, protegendo a indústria nacional.
d) implementação da reforma agrária sem pagamento de indenização aos proprietários.
e) continuidade do comércio internacional voltado prioritariamente aos mercados africanos e asiáticos.

10. (UFG-GO) Em 2010, assiste-se à comemoração dos cem anos de nascimento de Tancredo Neves, personalidade que marcou o processo de transição democrática, na década de 1980, ao definir a estratégia política capaz de superar o impasse do último governo militar, presidido pelo general Figueiredo. Essa estratégia consistia em
a) reunir uma frente de partidos, sob a liderança do Partido do Movimento Democrático Brasileiro (PMDB), exigindo a saída dos militares do poder.
b) liderar a campanha das Diretas Já, confiante no fato de que o regime militar seria deposto por meio da pressão social advinda das ruas.
c) concorrer à presidência da República, em uma eleição conduzida por um colégio eleitoral, e, vitorioso, negociar com os representantes do regime militar.
d) vencer a primeira eleição direta para presidente do Brasil e convocar uma nova constituinte, visando reordenar as forças políticas da sociedade brasileira.
e) organizar partidos políticos com ampla participação popular, esperando que a vitória no colégio eleitoral adviesse da atuação desses partidos.

11. (PUC-MG) O PAC (Programa de Aceleração do Crescimento, do governo Lula), lançado em 2007 pela Ministra da Casa Civil Dilma Rousseff, tem inspiração nas teses desenvolvimentistas criadas na década de 60:
a) pela OEA (Organização dos Estados Americanos).
b) pela UNESCO (Organização das Nações Unidas para a Educação, a Ciência e a Cultura).
c) pela CEPAL (Comissão Econômica para América Latina).
d) pelo FMI (Fundo Monetário Internacional).

12. (Ibmec-RJ) Sobre o período conhecido como Nova República, são feitas as seguintes afirmativas de natureza econômica:
I. Durante o governo Fernando Collor, entrou em vigor um novo padrão monetário, o cruzado, objetivando controlar a inflação que estava em ascensão acelerada;
II. Coube ao ministro da Fazenda do governo Itamar Franco, Fernando Henrique Cardoso, executar a aplicação do chamado Plano Real, com a finalidade de estabilizar a economia;
III. A entrada em vigor da Constituição de 1988, que ficou conhecida como "Constituição Cidadã" é um dos marcos mais significativos do governo José Sarney.

Assinale:
a) se apenas a afirmativa I for correta;
b) se apenas a afirmativa II for correta;
c) se apenas a afirmativa III for correta;
d) se as afirmativas I e II forem corretas;
e) se as afirmativas II e III forem corretas.

13. (UFJF-MG) Acerca do desenvolvimento econômico brasileiro, ocorrido entre as décadas de 1950 e 1990, marque a alternativa INCORRETA.
a) Entre 1954 e 1964, mudaram os padrões de consumo de uma parcela expressiva da população bra-

sileira, a partir da produção e disseminação dos bens de consumo duráveis.

b) No governo João Goulart (1961-1964), foi elaborado o Plano Trienal. O fracasso do plano contribuiu para a derrubada do governo pelos militares.

c) O período do "milagre" (1968-1973) foi marcado pelo crescimento econômico, que teve na expansão das indústrias estatais e multinacionais um de seus aspectos decisivos.

d) A partir de 1980, ainda no regime militar, o aumento da inflação e da dívida externa freou o desenvolvimento econômico brasileiro.

e) Em 1994, foi criado o Plano Cruzado que aumentou ainda mais a inflação, mas conseguiu retomar o crescimento econômico.

14. (Vunesp-SP) Desde a década de 1980 vários governos brasileiros adotaram planos econômicos que pretendiam controlar a inflação. Entre as características destes planos, podemos destacar

a) o Plano Cruzado, implementado em 1986, que eliminou a inflação, congelou preços, proporcionou aumento salarial e gerou recursos para o pagamento integral da dívida externa.

b) o Plano Collor, implementado em 1990, que determinou o confisco de ativos financeiros e eliminou incentivos fiscais em vários setores da economia.

c) o Plano Real, implementado em 1994, que reduziu as taxas inflacionárias, estabilizou o valor da moeda, proibiu aumentos de preços no varejo e provocou forte crescimento industrial.

d) o Plano de Metas, implementado em 2006, que projetou um desenvolvimento industrial acelerado e a inserção ativa do Brasil no mercado internacional.

e) o Plano de Aceleração do Crescimento, implementado em 2007, que apoiou projetos imobiliários, determinou investimentos em infraestrutura e estimulou o crédito.

15. (UEPG-PR) A respeito da atual política nacional, assinale o que for correto.

(01) Dilma Rousseff, ministra da Casa Civil, tem aparecido na mídia como possível candidata do Partido dos Trabalhadores à sucessão do presidente Lula.

(02) José Sarney e Michel Temer, ambos do PMDB, ocupam, respectivamente, a presidência do Senado e da Câmara dos Deputados.

(04) A partir de 1º de janeiro de 2009 novas regras ortográficas entraram em vigor no Brasil. Contudo, o Ministério da Educação estipulou que livros didáticos terão até 2012 para se adaptar a essas novas regras.

(08) A cidade italiana de Áquila, capital da província de mesmo nome, foi atingida por um forte terremoto que atingiu 6,3 graus na escala Richter. Surpreendentemente, não houve nenhum registro de morte nesse episódio.

16. (FGV-SP)

O Plano Collor foi o mais violento ato de intervenção estatal na economia brasileira, na segunda metade do século. No entanto, ao estrangular a inflação, ele abriu as portas para uma ampla liberalização".

BRENER, Jayme. *Jornal do século XX*. São Paulo: Moderna, 1998.

Sobre esse plano, inserido em uma ordem neoliberal, é correto afirmar que:

a) se pautou pela ampliação do meio circulante, por meio do aumento dos salários e das aposentadorias; liquidou empresas públicas e de economia mista que geravam prejuízo; estabeleceu uma política fiscal de proteção à indústria nacional.

b) criou um imposto compulsório sobre os investimentos especulativos para o financiamento da infraestrutura industrial; liberou a importação dos insumos industriais e restringiu a importação de bens de consumo não duráveis.

c) estabeleceu-se uma nova política cambial, com um controle mais rígido realizado pelo Banco Central; demissão em massa de funcionários públicos concursados; aumentou a renda tributária por meio da criação do Imposto sobre Valor Agregado.

d) objetivou a privatização de empresas estatais; diminuiu as restrições à presença do capital estrangeiro no Brasil; gerou a ampliação das importações e eliminou subsídios, especialmente das tarifas públicas.

e) aumentou a liberdade sindical com uma ampla reforma na CLT e revogou a opressiva lei de greve; recriou empresas estatais ligadas à exploração e refino de petróleo; congelou os capitais especulativos dos bancos e dos investidores estrangeiros.

Respostas

Exercícios propostos

MÓDULO 21

1. a
2. e
3. c
4. a
5. a
6. c
7. b
8. d

MÓDULO 22

1. c
2. e
3. c
4. d

MÓDULO 23

1. d
2. a
3. c
4. a

MÓDULO 24

1. b
2. c
3. a
4. e
5. a

MÓDULO 25

1. a
2. c
3. A utilização da força militar, dos valores cristãos, e toda a complexidade de instrumentos na colonização promoveram o lucro capitalista industrial. O conceito de imperialismo reside nessa expansão capitalista industrial europeia na forma neocolonialista. A ampliação de mercados fornecedores de matéria-prima, a grande oferta de mão de obra assalariada e todo o desenvolvimento industrial relacionado a essa exploração contaram também com a imposição cultural e religiosa de valores e costumes europeus, as novas formas de dominação no continente africano.
4. a) A base do argumento racista era incoerente, uma vez que, embora os britânicos se considerassem superiores aos indianos, ambos possuíam a mesma origem racial. Além disso, o racismo era incapaz de explicar por que a miscigenação só havia enfraquecido as raças superiores e não fortalecido as inferiores.
   b) Entre alguns dos elementos que constituem o conceito de imperialismo, estão: a dominação dos países europeus sobre o resto do mundo por meio da política colonialista, levando à partilha da África e da Ásia; o endividamento dos países da América Latina por meio de empréstimos ou investimentos pelos países europeus; e a busca de mercados consumidores para produtos industriais e de matéria-prima para a Europa.
5. d
6. a

MÓDULO 26

1. a) De acordo com o texto, o regime republicano associou a escravidão ao atraso e a abolição da escravatura à modernização do país. Desse modo, os republicanos se autorrepresentaram como libertadores que se recusaram a perseguir escravos fugitivos, como redentores da pátria livre, ao mesmo tempo em que reforçavam a relação da privação da liberdade dos escravos ao regime monárquico, derrubado pelos mesmos republicanos.
   b) A chamada Questão Militar, uma série de desavenças entre a monarquia e o Exército brasileiro, expressava o descontentamento dos militares com Pedro II, sobretudo após a participação na Guerra do Paraguai, quando os oficiais reivindicaram maior atuação no cenário político. A incorporação do positivismo e do abolicionismo por membros da hierarquia militar potencializou as críticas à administração de Pedro II e fez com que esses militares assumissem a liderança no processo de proclamação da República.
2. Na charge, é possível observar a figura do imperador dormindo. Diversos periódicos faziam críticas a ele e, na legenda, o sono expressa uma atitude de indiferença com os problemas nacionais e os mais diversos anseios do período. Vale lembrar de questões como o fim da escravatura, o republicanismo e o positivismo, que desgastaram a figura do imperador, que teve momentos conflituosos com a Igreja também.
3. b
4. e
5. c
6. 02 + 04 + 08 + 16 = 30.

MÓDULO 27

1. a) Dentre os episódios que poderiam ser identificados estão: Revolta da Armada, Revolução Federalista, Canudos, Contestado, Revolta da Chibata, greves operárias e Revolta da Vacina.
   b) Os militares foram decisivos na implantação da República e assumiram o governo durante a República da Espada. Como protagonistas políticos, seguiram reprimindo os movimentos e levantes sociais.
2. Neste exercício espera-se uma dissertação acerca da luta dos proletários urbanos durante a República Oligárquica. Espera-se na dissertação as influências estrangeiras, a presença dos imigrantes (italianos e espanhóis), a exploração e as condições degradantes tanto do ambiente de trabalho como habitacional. Apontar o tratamento do Estado com repressão, expulsão, deportações, mortes e prisões de muitos integrantes destes levantes da época.
3. 01 + 02 + 04 + 08 = 15
4. V – F – V – V – F

MÓDULO 28

1. d
2. e
3. a
4. d

MÓDULO 29

1. b
2. d
3. b
4. O desenvolvimento industrial russo teve destaque nos setores de base e bens de capital, gerando riqueza para a implantação de medidas sociais. O exército e a força foram instrumentos de expurgos e imobilização da oposição, facilitando assim a implantação do regime. A geração de empregos e o desenvolvimento da educação e saúde eram novidades ao povo russo.
5. d

MÓDULO 30

1. c
2. e
3. e
4. 08 + 16 = 24
5. e

MÓDULO 31

1. Dois dos fatores:
   - especulação financeira;
   - superprodução agrícola;
   - superprodução industrial;
   - desaceleração do consumo
   - quebra da Bolsa de Nova York;
   - reaquecimento das economias europeias.

   A crise econômica e financeira foi iniciada com a falência de empreendimentos agrícolas e industriais dependentes de capitais norte-americanos repatriados em função da quebra da Bolsa de Nova York.
2. a
3. d
4. b
5. a) O New Deal da década de 1930, a que faz referência o enunciado ao caracterizar as políticas da década de 1960 como um "New Deal suavizado", foi a política econômica implantada no governo Roosevelt como uma reação à grande depressão iniciada em 1929. Várias características dessa política poderiam ser citadas, tais como a regulamentação do setor financeiro, a concessão de subsídios à produção agrícola, a promoção de obras públicas para aumentar o nível de emprego, entre outras.
   b) Ao articular duas temporalidades distintas, a questão permitia ao candidato mobilizar, dentre os seus conhecimentos, as informações referentes tanto aos movimentos sociais da década de 1930 quanto aos da década de 1960, desde que apresentadas de maneira pertinente. Para o primeiro caso, poderiam ser mencionados, por exemplo, o sindicalismo e a luta contra o desemprego gerado pela crise de 1929. No segundo caso, caberiam ser citados, entre outros, o pacifismo, o feminismo e a luta pela igualdade racial e pelos direitos civis.
6. a

MÓDULO 32

1. d
2. a
3. d
4. c
5. c
6. a

MÓDULO 33

1. a
2. a
3. e
4. c
5. c

MÓDULO 34

1. b
2. e
3. c
4. d
5. e

MÓDULO 35

1. c
2. a) Setor econômico agroexportador com dívidas externas que tornavam o país dependente do mercado internacional.
   b) Economia pautada na substituição de importações devido ao período da Guerra Fria.
3. a) Reforma agrária, tributária, financeira e administrativa.
   b) Jango se coloca como intermediador das propostas por reformas como referência às implementações dos direitos e conquistas dos trabalhadores; já Lacerda representa a oposição e clara insatisfação na

elite por arrocho em seus lucros exorbitantes e empréstimos desregulamentados. Brizola se apresenta como referência das insatisfações populares com revoltas e revoluções, ou seja, o fim do trabalho idêntico ao escravo e as transformações necessárias.

c) Marcha da Família com Deus pela Propriedade, Tradição, Família e Propriedade, o Golpe arquitetado e executado de março a abril de 1964 encerrando o governo de João Goulart do período democrático brasileiro.

4. e
5. d
6. b

MÓDULO 36

1. b
2. c
3. c
4. c
5. c

MÓDULO 37

1. c
2. e
3. d
4. c
5. b

MÓDULO 38

1. b
2. c
3. a
4. d
5. b
6. e

MÓDULO 39

1. b
2. d
3. e
4. b
5. d

MÓDULO 40

1. e
2. e
3. 02 + 08 + 16 = 26
4. Na Europa dos séculos XVI e XVII, a religião e a política eram instâncias interdependentes, o que contribuiu para que guerras de religião proliferassem entre esses séculos, envolvendo reinos inteiros e resultando em mortes. Nesse sentido, não encontramos uma perseguição religiosa que resulte nestas proporções no Brasil, visto que se trata de um Estado laico desde a proclamação da República e a Constituição de 1891. Contudo, no Brasil, a diversidade religiosa convive com casos de intolerância religiosa, resultando em violência simbólica e física entre membros de religiões diferentes. Exemplos: discriminação sofrida por praticantes de umbanda e candomblé (que resulta em destruição de terreiros e profanação de eventos); discriminação sofrida por evangélicos por parte de diferentes grupos religiosos e não religiosos; discriminação de *gays*, lésbicas e transgêneros por parte de grupos religiosos cristãos; etc. O enunciado da questão remete a uma realidade que perdura no Brasil.
5. a
6. b

Exercícios-tarefa

MÓDULO 21

1. a
2. b
3. c
4. d
5. c
6. e
7. d
8. c
9. e
10. c
11. a
12. c
13. d

MÓDULO 22

1. d
2. e
3. b
4. d
5. d
6. c
7. b
8. d
9. c
10. d
11. 01 + 16 = 17
12. e
13. a
14. a
15. d
16. d
17. c

MÓDULO 23

1. d
2. e
3. 01 + 04 + 16 = 21
4. e
5. b
6. c
7. d
8. d
9. b
10. b
11. a
12. b
13. 02 + 08 + 16 = 26
14. a

MÓDULO 24

1. c
2. 04 + 08 = 12
3. e
4. e
5. c
6. c
7. d
8. d
9. b
10. e
11. b
12. e
13. 01 + 02 + 04 + 08 = 15
14. b

MÓDULO 25

1. d
2. b
3. d

4. e
5. d
6. d
7. d
8. d
9. e
10. c
11. b
12. b
13. e

MÓDULO 26

1. e
2. a
3. 02 + 08 + 16 = 26
4. e
5. c
6. c
7. d
8. a
9. d
10. b
11. e
12. c
13. 02 + 08 + 16 = 26
14. d

MÓDULO 27

1. e
2. e
3. b
4. a
5. d
6. a
7. d
8. c
9. b
10. c
11. e
12. a
13. d
14. b

MÓDULO 28

1. 01 + 02 + 04 + 16 = 23
2. b
3. c
4. d
5. c
6. 01 + 02 + 08 = 11
7. d
8. b
9. e
10. d
11. d
12. b
13. b
14. e
15. a

MÓDULO 29

1. a
2. a
3. a
4. a) Desenvolvimento industrial praticamente concentrado em Moscou e Petrogrado evidencia uma Rússia czarista rural controlada por uma aristocracia atrasada, sendo comparada à situação com o modelo feudal. A baixa tecnologia foi decisiva na derrota da guerra de 1905 contra o imperialismo japonês. Na política, a formação de partidos revolucionários ligados aos trabalhadores ou de partidos constitucionalistas que buscavam a implantação do socialismo.
   b) Os sovietes eram organizações dos trabalhadores e, no processo revolucionário, apoiado pelos bolcheviques, exerciam o poder.
5. b
6. a
7. e
8. d
9. a) A Rússia vivia um regime czarista e os interesses imperialistas levaram à eclosão da Primeira Guerra Mundial. O exército não havia sido modernizado e as baixas na guerra foram significativas a ponto de os russos computarem a maior parte das mortes enquanto permaneceram na guerra. Essa realidade, somada às insatisfações internas contrárias ao Estado, levaram às revoluções de 1917.
   b) Expressaram ideais socialistas, de poder aos trabalhadores, de retirada da Rússia da guerra e de reforma agrária, como apresentadas nas Teses de Abril por Lênin.
10. a) A Revolução Russa representava uma experiência inédita, ao implantar um regime socialista; além disso, no contexto entre as duas guerras mundiais, a Rússia socialista não sofria as crises do capitalismo pós-1929, e as próprias democracias liberais pareciam estar em risco nos anos 30, diante da ascensão de diversos regimes ditatoriais, de caráter fascista, na Europa ocidental.
    b) Entre os fatores que levaram à derrocada dos regimes socialistas, pode-se citar, por exemplo, a estagnação econômica devida ao atraso tecnológico e aos altos investimentos na indústria bélica. Nesse cenário, a economia soviética torna-se incapaz de sustentar os regimes dos outros países socialistas. Além disso, há um enfraquecimento político do regime, em razão da derrota ocorrida após dez anos de ocupação do Afeganistão. Com a ascensão de Gorbatchev, tem início um movimento de abertura política e econômica que levará ao fim dos regimes socialistas e da própria União Soviética.
11. A manutenção da Rússia na guerra levou à Revolução de Outubro e à consequente tomada do poder pelos bolcheviques, que instauraram um Estado socialista.
12. O uso da força foi fundamental para calar e expurgar qualquer tipo de oposição política e para consolidar e ampliar seu domínio multinacional e assim obter matérias-primas fundamentais para o projeto de industrialização do país.
    O desenvolvimento industrial, com ênfase na indústria de base e em bens de capital, provocou o crescimento econômico soviético, permitindo ao Estado implantar uma série de benefícios sociais antes

inexistentes na sociedade russa, criar milhões de empregos, principalmente na indústria e na burocracia estatal, além de garantir educação e saúde para a população.
13. e

MÓDULO 30

1. a
2. c
3. a
4. c
5. c
6. b
7. c
8. d
9. b
10. a
11. a
12. a
13. e
14. F– V – F – F – V
15. b

MÓDULO 31

1. Duas das características:
   - crescimento econômico dos países capitalistas sem sustentação na produção;
   - especulação financeira nas bolsas de valores;
   - dependência financeira da Europa em relação aos EUA;
   - aumento gradativo do desemprego em todas as áreas de produção;
   - forte dependência em relação aos bancos por parte dos setores produtivos;
   - crescimento desordenado da produção, com presença de fontes de estrangulamento;

   Um dos desdobramentos:
   - enfraquecimento do comércio externo;
   - diminuição das exportações de gêneros agropecuários;
   - crescimento de uma indústria de transformação destinada ao consumo local;
   - controle estatal de câmbio;
   - tentativas do Partido Radical de apropriar-se das bases do poder;
   - tentativas do Partido Radical de afastar do poder as oligarquias dominantes.
2. c
3. e
4. e
5. d
6. a
7. c
8. c
9. e
10. d
11. b
12. a
13. e
14. c
15. e

MÓDULO 32

1. a
2. d
3. d
4. V – V – V – F – F
5. e
6. b
7. Dois dos problemas e respectiva ação:
   - desordem social / instauração do Estado corporativo e centralizador para enfrentar a crise das propostas liberais;
   - crise econômica / intervencionismo estatal para controlar os conflitos entre capital e trabalho;
   - vácuo político / fim do sistema político representativo liberal, com o estabelecimento do partido único e fortalecimento de Hitler como liderança nacional.
8. e
9. c
10. d
11. b
12. d
13. Nazismo.
    Duas das características:
    - militarismo;
    - governo totalitário;
    - Estado intervencionista;
    - nacionalismo expansionista;
    - restrição das liberdades individuais.
14. a
15. a
16. d
17. b

MÓDULO 33

1. a
2. a
3. e
4. d
5. d
6. 1 + 2 + 16 = 19
7. e
8. c
9. a
10. c
11. d
12. d
13. c
14. c
15. c

MÓDULO 34

1. d
2. c
3. b
4. Apenas o item *b* está correto.
5. e
6. b
7. d
8. 01 + 04 = 05
9. 01 + 02 + 04 + 08 + 16 = 31
10. e
11. e
12. e
13. d
14. e
15. c
16. c

MÓDULO 35

1. b
2. As duas figuras mostram um dos maiores símbolos deste período, o carro, representando a indústria automotiva estrangeira que se instalou no país. O Plano de Metas do governo de JK visava desenvolver o Brasil ("50 anos em 5"), promovendo a integração nacional pela infraestrutura de transportes (estradas) e de energia, pela industrialização (de base e de bens de consumo duráveis e não duráveis), e pelo maior desenvolvimento do interior do país, simbolizado pela construção de Brasília, mudando a capital do país do Rio de Janeiro para a região central do território.

As consequências foram tanto um rápido desenvolvimento econômico e a formação de uma sociedade de consumo mais ampla, com o desenvolvimento também dos meios de comunicação de massa (rádio, TV, imprensa, publicidade), quanto uma grande dívida externa e a má distribuição de renda.

3. Dentre as reformas propostas por João Goulart estava a Reforma Agrária, que encontrava entraves na UDN e no PSD para execução.
4. d
5. e
6. a
7. a) Incentivo à ocupação do Centro-Oeste e do interior, visando à integração nacional, geração de emprego e transformação da região em polo político.
   b) Rodovias, e localização estratégica eram debatidas à época. Brasília estaria em posição central com relação aos interesses dos demais estados da federação.
8. a
9. b
10. a) Tanto Vargas quanto Jânio Quadros ocuparam a presidência em períodos de expansão do imperialismo, sobretudo o norte-americano, e de radicalização da Guerra Fria; 2. Ambos tinham contra si: a) a fragilidade das instituições políticas, com nítida dificuldade em absorver a participação política das massas; b) a UDN e todos os grupos apartidários que simpatizavam com os "entreguistas" e eram amigos dos americanos; c) a quase totalidade dos Chefes das Forças Armadas, que desconfiavam do "estado de compromisso" urdido por Vargas, que mobilizava diversas classes e facções de classe que se destacavam no cenário político com vistas a resolver demandas sociais – e da política externa de Jânio que restabeleceu as relações diplomáticas e comerciais com os países socialistas do leste da Europa, da Ásia (China), dando apoio aos revolucionários cubanos e condecorando Ernesto Guevara; d) toda força dos trustes e monopólios que não engoliam a Petrobras e a adoção de medidas econômicas de controle de remessa de lucro para o exterior; e) os mais importantes jornais do país, frações da burguesia industrial e rural, setores jurídicos e profissionais liberais da classe média urbana e da Igreja católica, que se uniram em torno de uma pauta comum: a apuração do que se cunhou como "mar de lama"; defesa do nacionalismo contra o comunismo; o perigo da cessão às pressões das manifestações de massa e dos movimentos populares.
    b) Possibilidade 1 – Apelo à razão e à sensibilidade das massas trabalhadoras das grandes cidades e centros industriais no sentido do apoio ao "estado de compromisso", acenando com a garantia do emprego e a consolidação de uma legislação trabalhista ampliadora dos direitos sociais jurídicos e políticos da cidadania.
    Possibilidade 2 – A conclamação à conciliação das classes e categorias sociais em nome do nacionalismo, em contraposição ao imperialismo – cujos interesses apontam para a exploração das riquezas nacionais e para a dependência econômica do país aos trustes e multinacionais, principalmente dos Estados Unidos.
    Possibilidade 3 – O discurso é paternalista e carismático e estabelece uma autoridade e um poder ao líder populista que o legitima a mediar as demandas de um conglomerado de indivíduos que tem dificuldade de fazer prevalecer seu interesse de classe e não pode representar-se, tem de ser representado.
    Possibilidade 4 – Tentativa de preservar o papel de líder de massas que, pelo próprio sacrifício (o suicídio e a renúncia) – teatraliza uma exemplaridade de ética, coragem e retidão moral.
11. c
12. a
13. a
14. a
15. a

MÓDULO 36

1. Estão corretas apenas *a*, *b* e *c*.
2. d
3. d
4. c
5. a
6. a) A "chamada Guerra Fria". Esta questão pode ser analisada sob diferentes óticas: uma delas, mais tradicional, na qual se expõem as características do período: a divisão do mundo em áreas de influência, comunista e capitalista, a corrida armamentista, a corrida espacial e o terror nuclear. Estas questões devem ser necessariamente tocadas; há versões mais recentes que procuram "revisar" a ideia de "Guerra Fria" ou ao menos relativizá-la, pois além de considerar as nuances que, de certo modo, contrariam aquela de um mundo em preto e branco (por exemplo, nunca cessaram relações comerciais entre EUA e URSS), também a consideram uma perspectiva etnocêntrica, pois considera apenas a ausência de "guerras quentes" entre os países centrais; quando na periferia; estas continuam a ocorrer inclusive sob a influência das duas potências nucleares. Aqui o candidato pode optar por uma ou outra visão, mas cuidando para manter a fundamentação e a coerência da argumentação desenvolvida.

b) A resposta pode ser articulada em torno da questão das relações entre Revolução Industrial e desenvolvimento científico produzindo tecnologias. A distinção entre ciência (conhecimento) e a tecnologia (produção de artefatos) é fundamental. No que toca à questão do poder, a ascensão da burguesia como novo ator social no mundo contemporâneo, mas também é fundamental destacar as transformações ocorridas no equilíbrio de poder mundial a partir do desenvolvimento científico e técnico, no caso em tela, e mesmo como caso limite, o domínio do conhecimento sobre a energia nuclear criou o mundo contemporâneo, diferente de tudo o que havia antes.

7. O item está correto.
8. a) O primeiro representa o contexto da Guerra Fria e a corrida nuclear; o segundo contexto, já no século XXI, com predomínio europeu e norte--americano na utilização da energia nuclear, coloca em discussão o fim do uso de tal energia.
   b) Na Guerra Fria, a bomba nuclear encerrara a Segunda Guerra Mundial e era usada como uma garantia de soberania. Já no segundo momento expõe problemas como a desativação, o resíduo e o lixo derivado da produção de energia, além das possíveis tragédias/acidentes como o que ocorreu no Japão recentemente.
9. e
10. d
11. a) Foi a tensão entre o mundo capitalista e o socialista, iniciada logo após a Segunda Guerra Mundial (1939–1945) e que não se limitou ao confronto ideológico e às ações de caráter bélico.
   - O confronto denominado Guerra Fria manifestou-se de diversas formas: na corrida espacial, nos modelos de desenvolvimento econômico e social e no acesso da população a bens de consumo.
   - Durante a Guerra Fria, em ambos os lados, houve perseguição política a artistas e intelectuais que questionavam ou eram suspeitos de criticar os governos de seus países.
   - No imaginário do Ocidente, os EUA se projetavam como tendo o padrão de consumo desejado, sedutoramente apresentado ao mundo através dos filmes de Hollywood. Além disso, ostentavam enorme poderio econômico e bélico, expresso em seu papel de agente financiador da reconstrução e do desenvolvimento do mundo capitalista e no avanço da pesquisa e da produção de artefatos atômicos. Já a URSS, que teve de fazer um enorme esforço de reconstrução pós-guerra, destacava-se por apresentar políticas de pleno emprego, ampliação de programas sociais e um projeto de sociedade igualitária.
   - Essa rivalidade entre as potências resultou em incidentes diplomáticos e militares, colocando o mundo em situação de alerta e temor. O ponto culminante foi quando, em 1962, o governo de Cuba autorizou a instalação de mísseis soviéticos em seu território. Após um período dramático de negociação, em que os dois países fizeram concessões mútuas, a URSS desmantelou suas bases em Cuba.
   - Essa rivalidade entre as duas potências se transformou em outros tipos de tensões após a queda do muro de Berlim e da implosão do mundo soviético no início da década de 90 do século passado.

   b) Possibilidade 1 – Atualmente, não há atividade intelectual – história, literatura, moral, política, ciência social, estética – que não se pergunte o que é ser civilizado, e, em consequência, o que é barbárie. Possibilidade 2 – De fato, se no passado a tradição cientificista europeia e anglo-saxã, embasada em um discurso da razão, civilidade e urbanização como elementos julgadores e hierarquizados do real, designava civilização como o conjunto de caracteres em oposição à barbárie – rudeza, ferocidade, selvageria dos estranhos e inferiores povos latino-americanos, africanos, asiáticos –, hoje, após as invasões e os bombardeios no Iraque e no Afeganistão e também os ataques terroristas, é necessário relativizar a condição de civilizado e ponderar que o equilíbrio entre a civilização e a barbárie é tão frágil que, por vezes, esses dois extremos trocam de lugar.
12. a
13. b
14. c
15. a

MÓDULO 37

1. a
2. b
3. e
4. c
5. b
6. a
7. d
8. e
9. a
10. d
11. e
12. a
13. d
14. d
15. c

MÓDULO 38

1. b
2. b
3. a
4. b
5. c
6. a
7. d
8. d
9. a
10. e
11. 01 + 02 + 04 + 64 = 71
12. 04 + 08 = 12
13. b
14. d
15. 01 + 02 + 04 + 08 + 16 = 31

MÓDULO 39

1. b
2. d
3. O 11 de setembro de 1973 no Chile esteve relacionado ao contexto bipolarizado da Guerra Fria, em que a política externa americana se engajou na luta anticomunista, intervindo militar e financeiramente em países que estariam supostamente ameaçados pelo comunismo, como no caso do Chile no governo de Salvador Allende, derrubado por militares chilenos com apoio dos Estados Unidos. Já o 11 de setembro de 2011 sinaliza outro momento da política externa, que continua intervencionista, que declara guerra ao terror em escala global, o que justifica a intervenção militar em países supostamente envolvidos com o terrorismo, como o Afeganistão e o Iraque, a fim de demonstrar o poder e a hegemonia americana perante um mundo cada vez mais multipolarizado em termos econômicos.
4. b
5. b
6. a
7. d
8. a) Os EUA defendiam o capitalismo; a URSS, o socialismo.
   b) Guerras no Vietnã, no Egito, no Afeganistão, em Cuba, na China, entre outras.
9. Como semelhança, destaca-se o reformismo por mais liberdades civis e democracia. Como diferença, na Primavera de Praga havia uma negação do centralismo socialista capitaneado pelos partidos comunistas e suas lideranças, enquanto naquilo que a mídia denominou de Primavera Árabe prevalecia a contestação contra governos ditatoriais, militares, há muito instalados no poder e articulados com interesses internacionais. A Primavera de Praga acabou sufocada pelas tropas do Pacto de Varsóvia, tendo como bandeira de inspiração a salvaguarda de ideais socialistas contra o perigo capitalista, enquanto na Primavera Árabe os desdobramentos políticos integrantes da ordem capitalista não desembocaram numa real democratização, seguida de golpes e instalação de governos contrários a uma plena abertura democrática, a exemplo do caso egípcio.
10. Denominado por alguns de eixo dos "anos rebeldes" dos anos 1960, 1968 representou o ápice do inconformismo com a ordem nacional e internacional vigente. Além da contestação às guerras e às dominações, o lado "espontâneo" ficou mais evidente na repulsa aos comportamentos sociais e aos valores morais, incluindo-se a crítica ao poder familiar dos pais sobre os jovens, a desigualdade de direitos entre homens e mulheres e a subordinação das mulheres aos homens, condenando a cultura machista. Incluem-se também o pacifismo do movimento *hippie* e os protestos musicais e a negação do comportamento convencional. Minissaia, cabelos compridos, roupas coloridas, pílula anticoncepcional, amor livre e uso de drogas representavam, de alguma forma, a condenação ao modo de vida vigente da ordem estabelecida.
11. a
12. V – F – F – F – V
13. e
14. e

MÓDULO 40

1. e
2. 01 + 08 = 09
3. c
4. d
5. d
6. F – V – F – V – F
7. a
8. a
9. b
10. c
11. c
12. e
13. e
14. b
15. 01 + 02 + 04 = 07
16. d

PROJETO MÚLTIPLO

Atlas

História

Ensino Médio

MAPAS DE APOIO AO LIVRO-TEXTO

Cláudio Vicentino

Bacharel e licenciado em Ciências Sociais pela Universidade de São Paulo. Professor de História em cursos pré-vestibulares e de Ensino Médio. Autor de obras didáticas e paradidáticas para Ensino Fundamental e Médio.

editora scipione

editora scipione

Diretoria editorial: Lidiane Vivaldini Olo
Editoria de Ciências Humanas: Heloisa Pimentel
Edição: Vanessa Gregorut
Supervisão de arte e produção: Sérgio Yutaka
Edição de arte: Eber Alexandre de Souza
Equipe de arte: Mauro Roberto Fernandes, Claudemir Camargo, Fábio Cavalcante
Supervisão de arte e criação: Didier Moraes
Coordenação de arte e criação: Andréa Dellamagna
Design gráfico (capa e miolo): UC Produção Editorial e Andréa Dellamagna
Grafismos: Shutterstock/Glow Images (utilizados na capa e aberturas de capítulos e seções)
Gerência de revisão: Hélia de Jesus Gonsaga
Equipe de revisão: Rosângela Muricy (coord.); Ana Paula Chabaribery Malfa, Gabriela Macedo de Andrade e Patrícia Travanca; Flávia Venézio dos Santos (estag.)
Supervisão de iconografia: Sílvio Kligin
Pesquisa iconográfica: Carlos Luvizari, Denise Duranol Kremer, Evelyn Torrecilla e Claudia Cristina Balista (assist.)
Tratamento de imagem: Cesar Wolf e Fernanda Crevin
Foto da capa: Mike Agliolo/Corbis/Latinstock
Cartografia: Allmaps

Direitos desta edição cedidos à Editora Scipione S.A.
Avenida das Nações Unidas, 7221, 3º andar, Setor D
Pinheiros – São Paulo – SP – CEP 05425-902
Tel.: 4003-3061
www.scipione.com.br/atendimento@scipione.com.br

Dados Internacionais de Catalogação na Publicação (CIP)
(Câmara Brasileira do Livro, SP, Brasil)

Vicentino, Cláudio
Projeto Múltiplo : história, volume único / Cláudio Vicentino. -- São Paulo : Scipione, 2014.

1. História (Ensino médio) I. Vicentino, José. II. Dorigo, Gianpaolo. III. Título.

14-07955 CDD-907

Índice para catálogo sistemático:
1. História: Ensino médio 907

2022
ISBN 978 85 262 9394-6 (AL)
ISBN 978 85 262 9395-3 (PR)
Código da obra CL 738775
CAE 502788 (AL)
CAE 502789 (PR)
1ª edição
10ª impressão

Impressão e acabamento: Bercrom Gráfica e Editora

Uma publicação Abril EDUCAÇÃO

Apresentação

Os mapas deste *Atlas* complementam os que estão apresentados ao longo do conjunto do livro-texto, Cadernos de estudo e Revisão do Projeto Múltiplo. Utilizamos a linguagem cartográfica para apresentar assuntos sob outro olhar. Este é mais um caminho para consultas, permitindo visualizar o caráter espacial dos assuntos estudados e refletir sobre seus desdobramentos. São 29 mapas, começando com uma representação da época em que a humanidade passou do nomadismo ao sedentarismo, até chegar ao Brasil contemporâneo e seus conflitos em consequência da estrutura fundiária.

Integra este *Atlas* uma **linha do tempo** que organiza cronologicamente alguns dos principais acontecimentos históricos: desde o surgimento dos hominídeos até a atualidade. A função dessa linha do tempo é permitir visualizar o todo da evolução histórica, articulando certos acontecimentos (os apontados e/ou outros de sua escolha) das mais variadas regiões do planeta, incluindo os principais tópicos da América portuguesa e do Brasil.

Créditos/legendas das imagens dos mapas e da linha do tempo

p. 6: Alfredo Dagli Orti/The Art Archive/Other Images; Igreja de São Jorge, Jordânia/The Bridgeman/Keystone; p. 7: Museu das civilizações da Anatólia, Ancara, Turquia/ Nathan Benn/Corbis/Latinstock; Museu Nacional, Belgrado, Iugoslávia/Erich Lessing/Album/Latinstock; Erich Lessing/ Album/Album Art/Latinstock; p. 8: Museu Capitolino, Roma/akg-images/Album/Latinstock; p. 9: Album/akg-images/Latinstock; p. 10: akg-images/Album/Latinstock; akg-images/Album/Latinstock; p. 11: Album/Prisma/ Latinstock; p. 12: Coleção particular/The Bridgeman/ Keystone; Bibliotecas do Instituto Smithsonian, Washington, D.C., Estados Unidos/Album/Latinstock; p. 13: Biblioteca Britânica, Londres/Album/akg-images/Latinstock; p. 14: Igreja de Jesus, Roma, Itália/Album/Oronoz/Latinstock; p. 15: Biblioteca de Artes Decorativas, Paris/DeA Picture Library/Album/Latinstock; Coleção particular/The Bridgeman/Keystone; Linha do tempo (na ordem em que elas aparecem): Representação de um *Homo habilis* fazendo uma ferramenta com pedra; Pontas de setas encontradas na região do atual Novo México (Estados Unidos), datadas de cerca de 1 200 anos; Esquema mostrando o caminho evolucionário do ser humano; Pintura egípcia representando Horemheb, último rei da 18ª dinastia (cerca de 1567 a.C. a 1320 a.C.), e o deus Horus. Vale dos Reis, Tebas (Egito); Estatueta em bronze, datada entre 3000 a.C. e 1500 a.C., de Mohenjo Daro (Vale do Indo); Abraão, Sara e o Anjo, pintura de Jan Provost feita no século XVI; Recipiente em bronze, datado entre 1045 a.C. e 771 a.C., da dinastia Zhou; Arte olmeca, datada entre 500 a.C. e o século II d.C.; Vaso grego de cerca de 375 a.C. a 370 a.C.; Detalhe de vaso grego do século VI a.C., mostrando um hoplita; Detalhe do pilar do imperador Asoka, localizado em Sarnath (Índia), datado entre 264 a.C. e 223 a.C.; Estatueta funerária feita em barro pela dinastia Han (206 a.C.-220 d.C.); Peça moche, em cerâmica, datada entre 400 e 600; Serpente asteca de duas cabeças em turquesa, um dos símbolos do deus da chuva Tlaloc. Peça esculpida em madeira e datada entre 1400 a 1521; Incenso maia descoberto no Templo do Sol, em Chiapas (México), de cerca de 1200 a.C.; Cabeça de Buda, em pedra. Gupta, Índia, século V; Anverso de um soldo (moeda romana de ouro) do século IV, mostrando Teodósio I; O batismo de Clóvis representado em iluminura presente na obra *Grandes crônicas da França*, do século XV; Estatueta em terracota, do período dinástico Tang (618-907); Detalhe da parede do Palácio de Alhambra, em Granada, na Espanha (meados do século XIV); Coroação de Carlos Magno pelo papa Leo III, iluminura presente na obra *Grandes crônicas da França*, do século XV; Urna funerária em cerâmica. Arte zapoteca, datada entre 200 e 900; A tomada de Jerusalém por franceses, iluminura presente na obra *Crônicas das Cruzadas*, do século XV; *Gengis Khan lutando contra os tártaros*, ilustração presente em livro persa de Rashid-al-Din, do século XIV; O comércio medieval em iluminura presente em livro de Gilles Romain, do século XV; A Jacquerie em Meaux, iluminura presente na obra *Crônicas*, de Jean Froissart, do século XIV; O reino Monomotapa e o sudeste do continente africano (la Cafrerie), em mapa de Allain Manesson Mallet, de 1683; Maomé II, sultão otomano durante a conquista de Constantinopla, em retrato feito por Gentile Bellini, em 1479; Punho de faca cerimonial utilizada pela cultura Chimu (séculos X a XV); Página da versão portuguesa do Tratado de Tordesilhas; Nau de Nicolau Coelho, ilustração presente na obra *Livro de Lisuarte de Abreu*, de cerca de 1558-1564; Representação de Atahualpa, último rei inca, em tela do século XVIII; Representação das capitanias hereditárias, em mapa presente na obra *Roteiro de todos os sinais que há na Costa do Brasil*, de Luís Teixeira, cerca de 1586; Minas de prata em Potosí (Bolívia) em gravura de Petrus Bertius, de 1618; Maurício de Nassau em gravura do livro História dos feitos recentemente praticados durante oito anos no Brasil, de Gaspar Barléus, de 1647; Barras de ouro provenientes de Vila Rica (MG), fundidas entre 1796 e 1808; O início da Revolução Francesa, pintura de Lesueur Brothers, do século XVIII; *Independência ou Morte!*, pintura de Pedro Américo, de 1888; Otto von Bismarck, em gravura inglesa do século XIX; Caricatura de Pereira Neto, publicada na Revista Illustrada, em 1889; Soldados britânicos com metralhadoras durante a Batalha do Somme, na França, em 1916; Aglomeração de pessoas em frente ao Banco Clarke Brothers, em Manhattan (Nova York, Estados Unidos), em 1929, após a quebra da Bolsa de Nova York; Adolf Hitler faz saudações à multidão durante comício em Nuremberg (Alemanha), em 1935; Mao Tsé-tung lê a proclamação da fundação da República Popular da China, na Praça da Paz Celestial, em outubro de 1949; Tanque do exército norte-americano na Coreia do Sul durante a Guerra da Coreia, em 1950; Vista do comício das Diretas Já, ocorrido na Praça da Sé, em São Paulo, em 25 de janeiro de 1984; Cartaz de propaganda da Revolução Cultural chinesa, em litografia colorida de 1969; Capa do jornal *O Estado de S. Paulo* de 30 de setembro de 1992, informando o afastamento de Collor da presidência da República; As duas torres do World Trade Center após a colisão de dois aviões sequestrados pelo grupo terrorista Al-Qaeda (Nova York, 11 de setembro de 2001); Cerimônia de apresentação da proposta do modelo regulatório do pré-sal, no Centro de Convenções Ulysses Guimarães, em Brasília (DF), em 31 de agosto de 2009; Barack Hussein Obama, em foto de 2009; Dilma Rousseff em foto de 2012; p. 24: Biblioteca Nacional, Paris, França/The Bridgeman/ Keystone; p. 26: Museu Histórico Nacional/Rio de Janeiro; p. 28: White Images/Scala, Florença/Glow Images; Coleção particular/The Bridgeman/ Keystone; p. 31: Troféus de Angico/Coleção Frederico Pernambucano; p. 32: Egberto Nogueira/Arquivo da editora.

Sumário

Cultura nas cidades gregas (até século V a.C.)

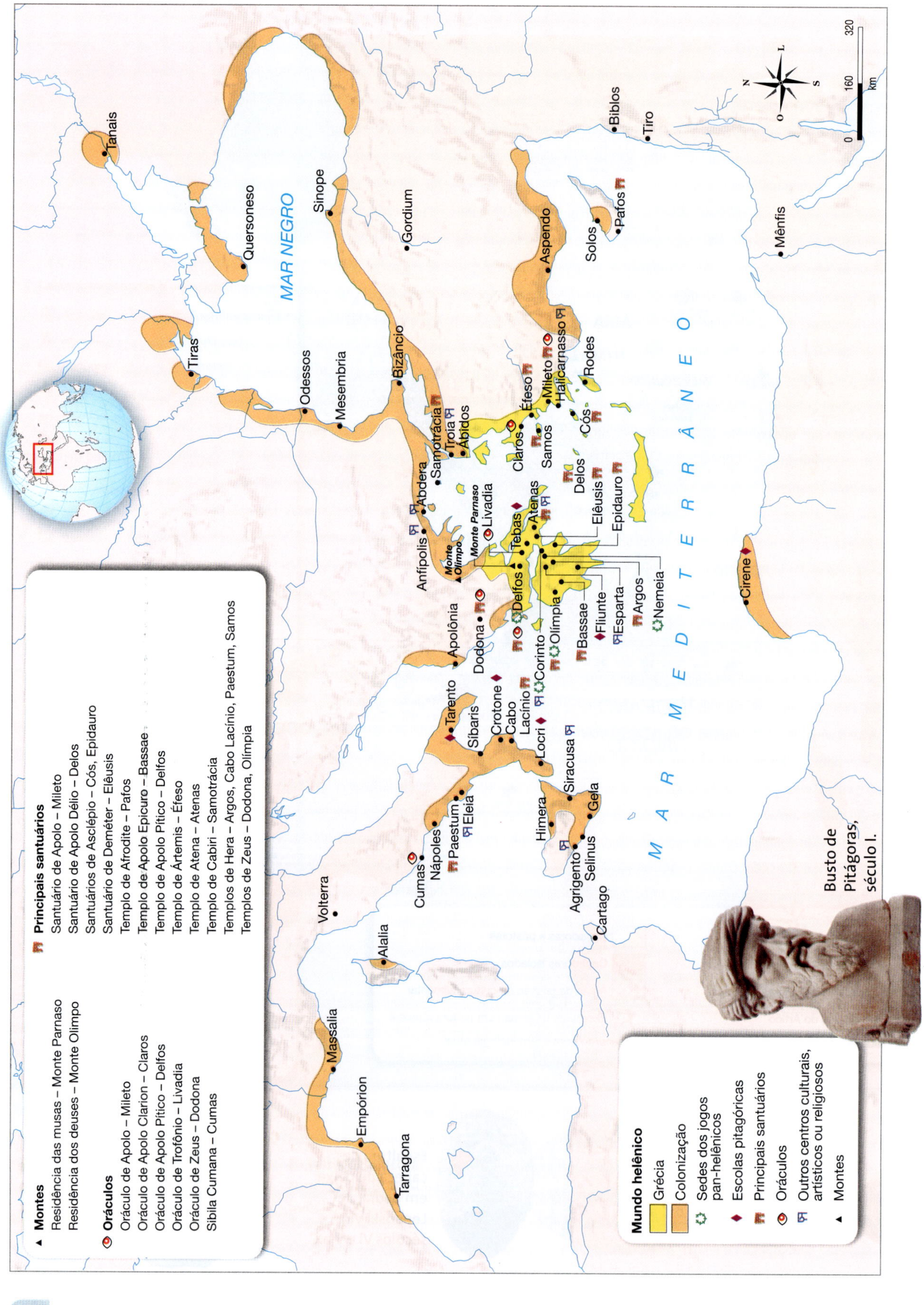

Busto de Pitágoras, século I.

O Império Romano

A expansão romana (200 a.C. a 44 a.C.)

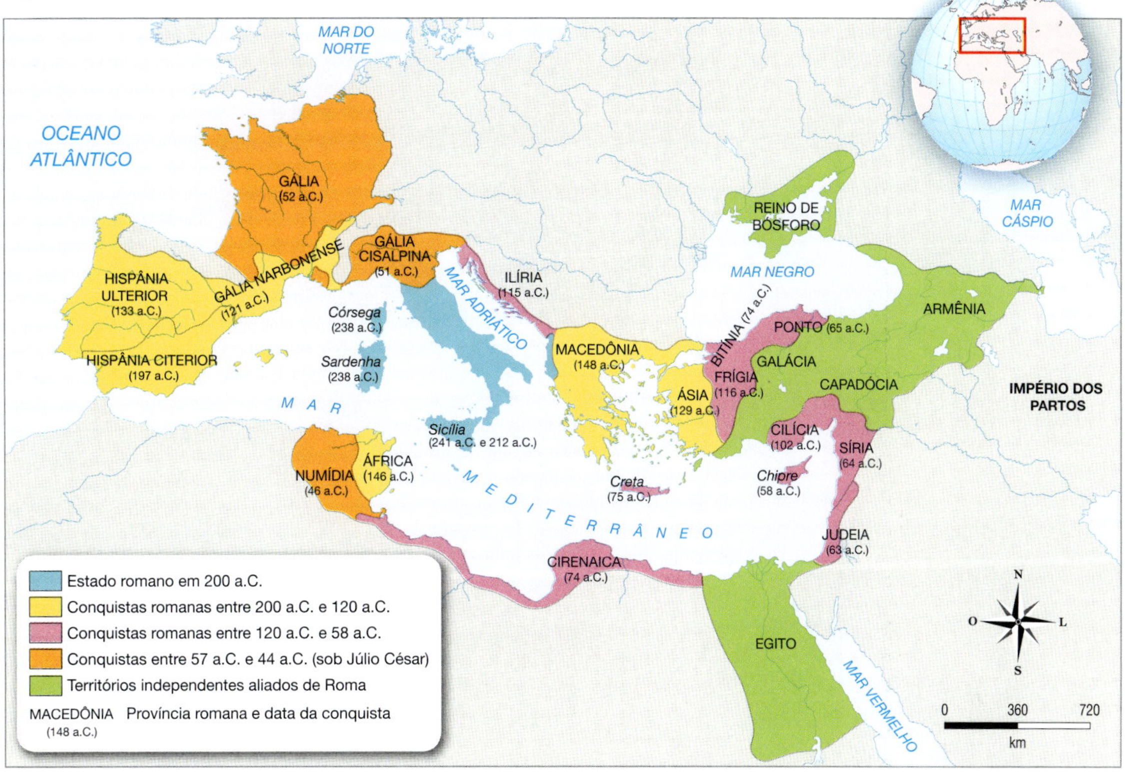

Império Romano: rotas comerciais (séculos I e II)

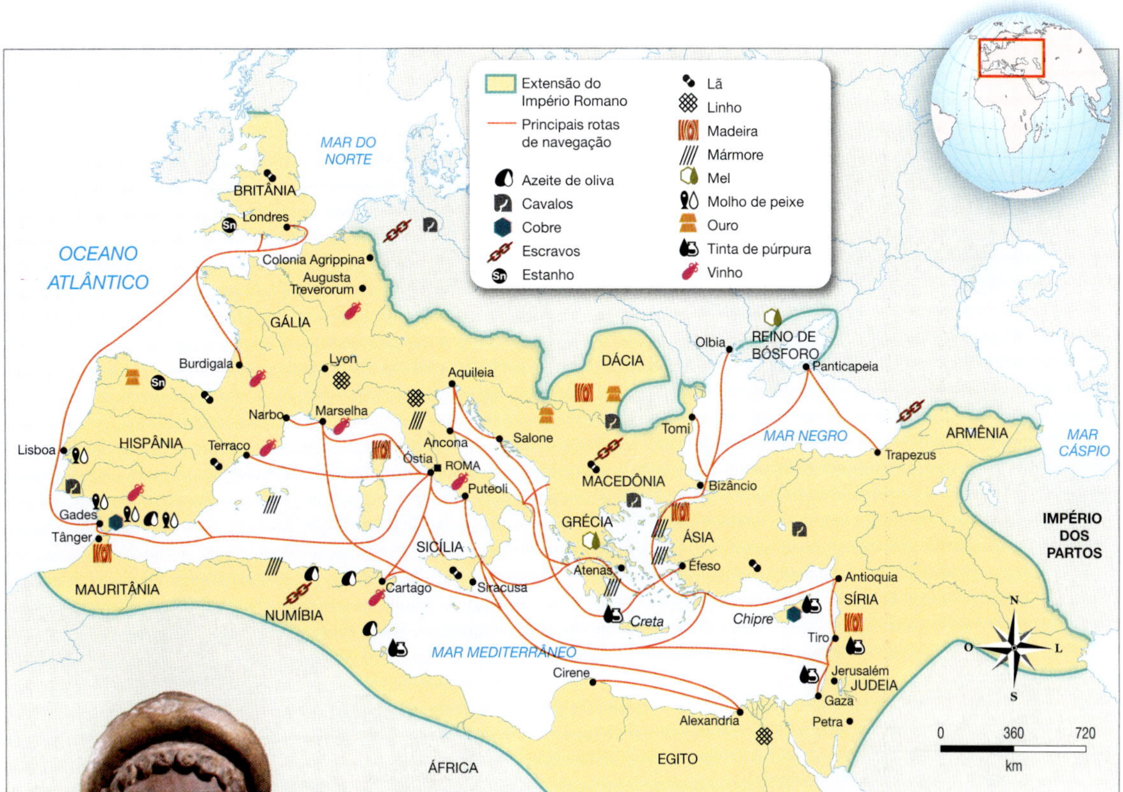

Escultura etrusca, cerca de 500 a.C.

As migrações bárbaras (séculos IV e V)

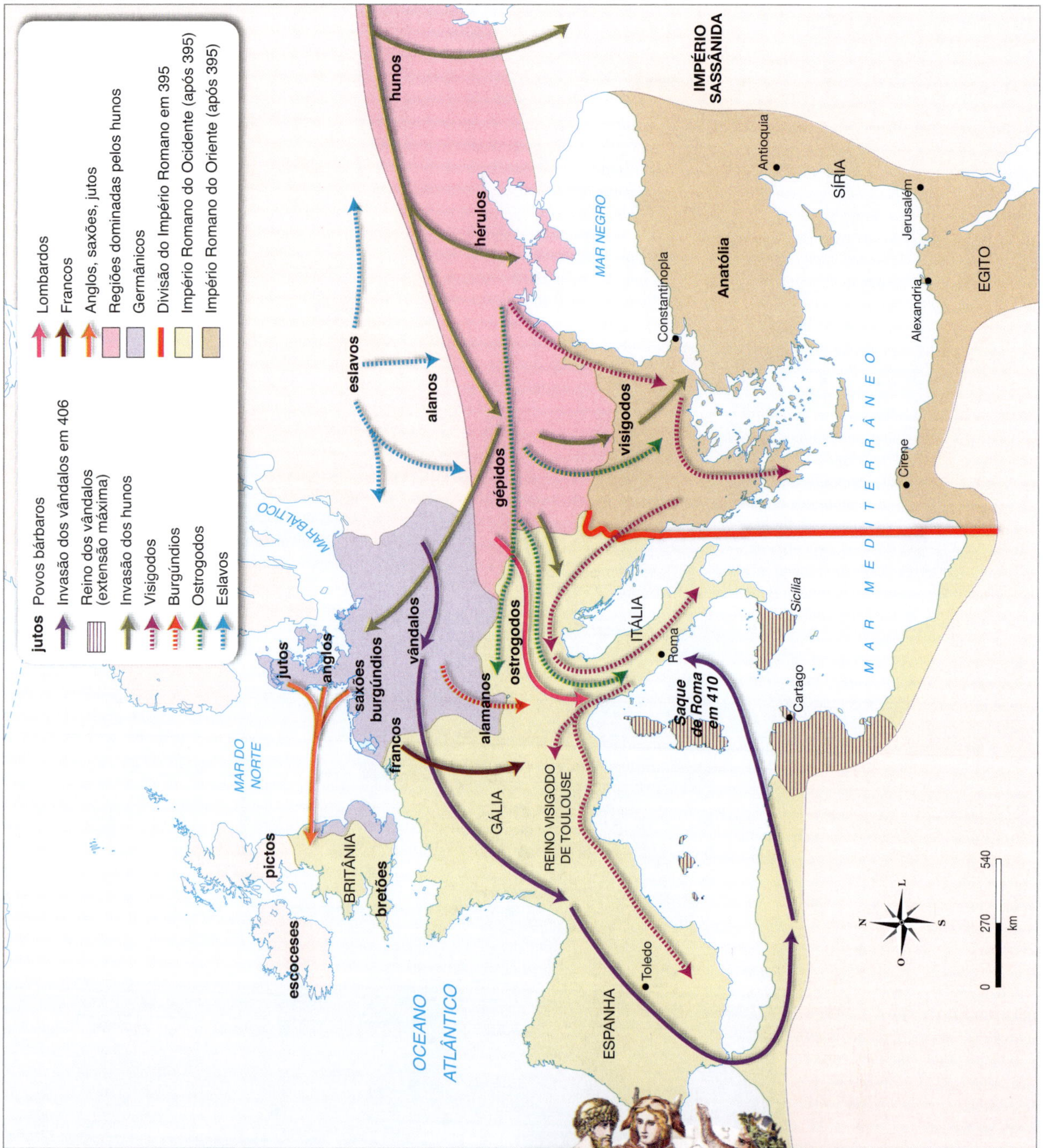

Representação da campanha dos visigodos sobre a Itália, gravura de Eduard Bendemann, século XIX.

A conquista anglo-saxã da Grã-Bretanha, tela de Johann Nepomuk Geiger, século XIX.

Os francos: de reino a império

Os merovíngios nos séculos V e VI

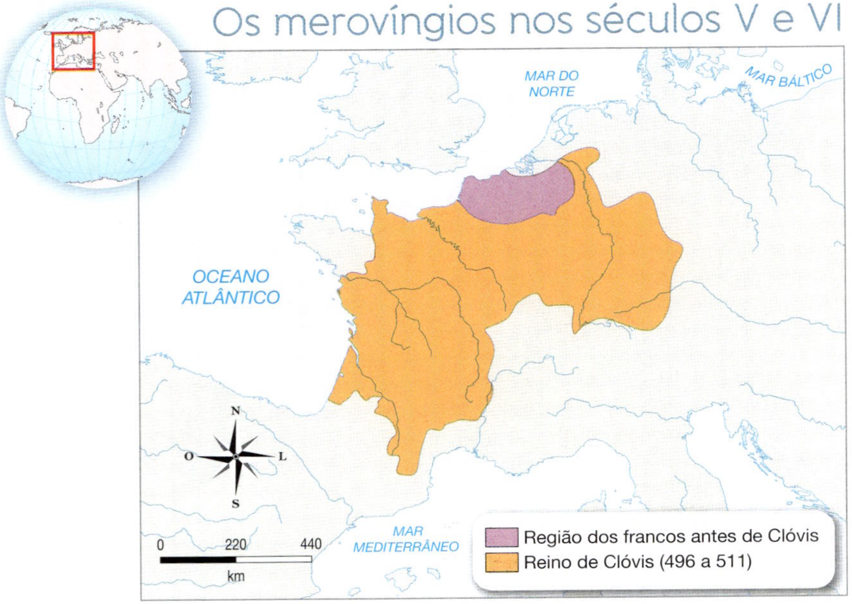

O Império Carolíngio (séculos VIII e IX)

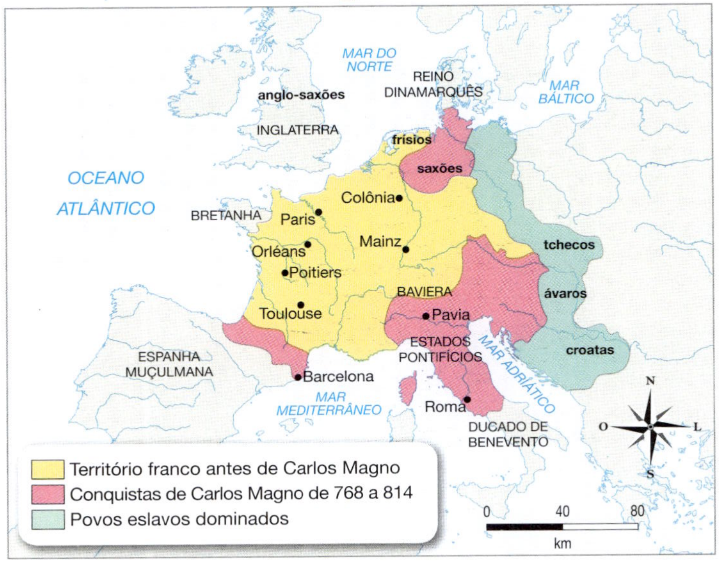

O desenvolvimento do Império Carolíngio (século IX)

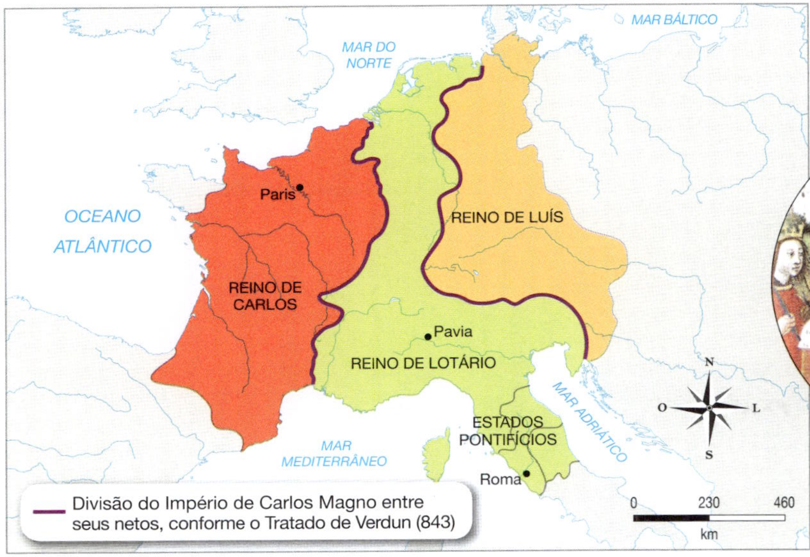

Representação do Tratado de Verdun, em miniatura do século XV.

Europa e África na expansão islâmica (séculos VIII e IX)

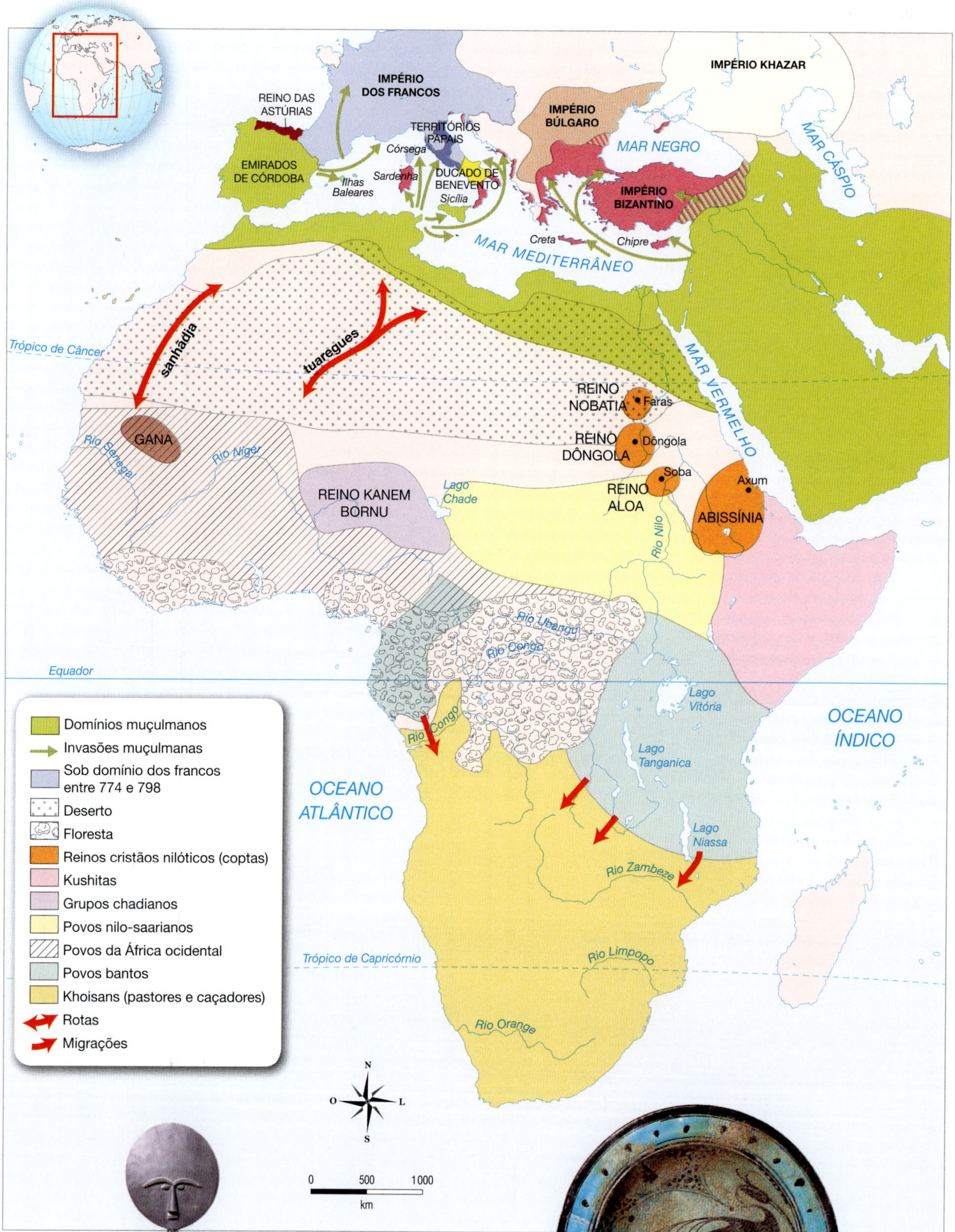

Estatueta ashanti, de Gana.

Cerâmica pintada abássida, século XII.

Coleção particular – Planisfério de Lopo Homem (1519)

Os principais acontecimentos entre o surgimento dos hominídeos e a atualidade

SPL/Latinstock

Do surgimento dos hominídeos ao século V a.C.

Entre 6 e 7 milhões – Aparecimento dos hominídeos

Museu de Antropologia Maxwell, Albuquerque, Estados Unidos/Werner Forman Archive/Imageplus

Até cerca de 130 mil a.C. – Desenvolvimento do *Homo erectus* até o *Homo sapiens sapiens*

Entre 50 e 15 mil a.C. – O *Homo sapiens sapiens* chega à América do Sul

SPL/Latinstock

264 a.C.-146 a.C. – Guerras Púnicas (Roma/Cartago)

Museu Nacional de Arte Oriental Giuseppe Tucci, Roma/Scala Archives/Imageplus

202 a.C. – Início da dinastia Han que perdurou por 400 anos na China

117 a.C.-115 a.C. – Máxima expansão do Império Romano

Museu de Belas Artes, Houston, Texas/The Bridgeman/Keystone

100 a.C. – Início da civilização moche (Vale do Moche, costa do Peru)

cerca de 6 a.C. – Nascimento de Jesus de Nazaré – Jesus Cristo

Antes de Cristo (a.C.)

Início da Era Cristã

Depois de Cristo (d.C.)

cerca de 1 – Início da cultura d… Teotihuacán (Mé…

Biblioteca Nacional, Paris/Album/akg-images/Latinstock

751 – Início da dinastia carolíngia com Pepino, o Breve

768 – Coroação de seu filho, Carlos Magno

800 – Carlos Magno torna-se imperador do Novo Império Romano do Ocidente

843 – Tratado de Verdun (partilha do Império Carolíngio)

800 – Origens da escrita zapoteca (Mesoamérica)

Museu das Culturas de Oaxaca, México/Gianni Dagli Orti/The Art Archive/Other Images

882 – Kiev torna-se a capital do primeiro estado russo

1517 – Reforma Protestante Publicação das 95 teses de Lutero (início do Luteranismo)

1519-1521 – Fernão Cortez conquista o império asteca (México)

Museu de Arte do Brooklyn, Nova York/Bridgeman/Keystone

1529-1697 – Conquista dos maias pelos espanhóis

1531-1533 – Francisco Pizarro conquista a região habitada pelos incas (Peru)

1534 – Criação da Igreja anglicana (Inglaterra)

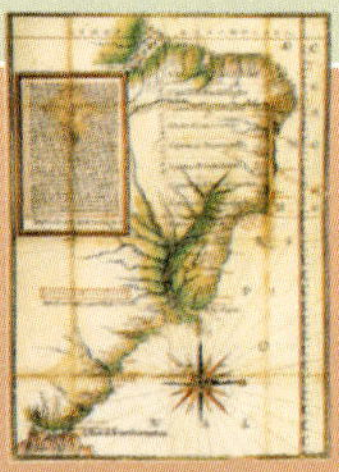
Biblioteca da Ajuda, Lisboa

1534-1549 – Implantação das capitanias hereditárias (América portuguesa)

Hulton-Deutsch Collection/Corbis/Latinstock

1914-1918 – Primeira Guerra Mundial

1917 – Revolução Russa

1919 – Tratado de Versalhes

Bettmann/Corbis/Latinstock

1929 – Quebra da Bolsa de Nova York

década de 1930-década de 1980 – Regimes militares na América Latina

1935-1945 – *New Deal* nos Estados Unidos

1936-1939 – Guerra Civil Espanhola

1939-1945 – S… G…

Cerca de 10 mil a.C.
Desenvolvimento da agricultura

cerca de 3500 a.C.
Primeiros registros de escrita
Formação das primeiras cidades sumérias: Ur, Uruk, Nipur e Lagash (sul do Iraque)
Origem dos reinos do Alto Egito e do Baixo Egito

cerca de 3200 a.C.
Unificação do Egito

Vale dos Reis, Tebas/The Bridgeman/Keystone

cerca de 3000 a.C.
Desenvolvimento da cultura de Harappa e Mohenjo Daro (Vale do Indo)

Museu Nacional da Índia, Nova Délhi/The Bridgeman/Keystone

cerca de 2400 a.C.
Chefiados por Sargão I, os acádios se estabelecem na Mesopotâmia

A partir de 2000 a.C.
Ocupação da região do Planalto do Irã e formação do Reino Persa

cerca de 2000 a.C.
Fixação do povo hebreu na região da Palestina

Museu Britânico, Londres/Werner Forman Archive/Imageplus

e
co)

cerca de 150
Construção da pirâmide do sol em Teotihuacán

79
Destruição de Pompeia pelo vulcão Vesúvio (Império Romano)

Até o ano 100
Expansão do Reino de Axum (Etiópia)

A partir de 200
Florescimento da civilização maia (Mesoamérica)

Museu de Palenque, Chiapas, México/The Bridgeman/Keystone

A partir de 300
Invasões bárbaras na Europa

cerca de 320
Início do reinado da dinastia Gupta (Índia)

Museu Nacional da Índia, Nova Délhi/Scala Archive/Imageplus

1054
Cisma do Oriente: Igreja Católica Romana e Igreja Católica Ortodoxa

1095 – O Papa Urbano II convoca a primeira cruzada para expulsar os muçulmanos da Terra Santa

Biblioteca Nacional, Viena/Album/Oronoz/Latinstock

1200
Chegada dos astecas no Vale do México

1325
Fundação de Tenochtitlán pelos astecas

cerca de 1215
Centralização do poder na região da Mongólia por Gengis Khan

O neto de Gengis Khan, Kublai Khan, conclui a conquista da China pelos mon
e declara-se imperador chinês, dando i
à dinastia Yuan (1271-1368)

Biblioteca Nacional, Paris/The Bridgeman/Keystone

1534-1564
Contrarreforma

1545
Descoberta de jazidas de prata em Potosí (Bolívia)

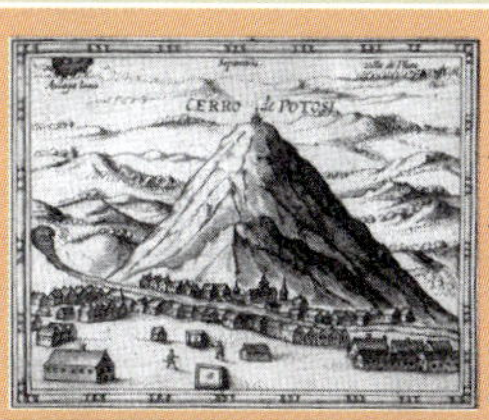

Coleção particular/Album/akg-images/Latinstock

1545-1563
Concílio de Trento

1580-1640
União Ibérica

1584
Chegada dos ingleses à América do Norte

1624-1654
Invasão holandesa no Nordeste do Brasil

Biblioteca Nacional, Rio de Janeiro

1643
Luís XIV se torna r
(reino da França)

Keystone/Corbis/Latinstock

gunda
erra Mundial

cerca de 1945
Início da Guerra Fria

1948
Criação do Estado de Israel

1949
Revolução Chinesa (Comunista)

Bettmann/Corbis/Latinstock

1950-1953
Guerra da Coreia

The Granger Collection/Other Images

1959-1975
Guerra do Vietnã

1959
Revolução Cubana

1964-1985
Regime militar no Brasil

1985 – Processo
redemocratização
no Brasil

Editora Abril

O Cisma do Ocidente cristão e a peste negra

O Grande Cisma do Ocidente (1378 a 1417)

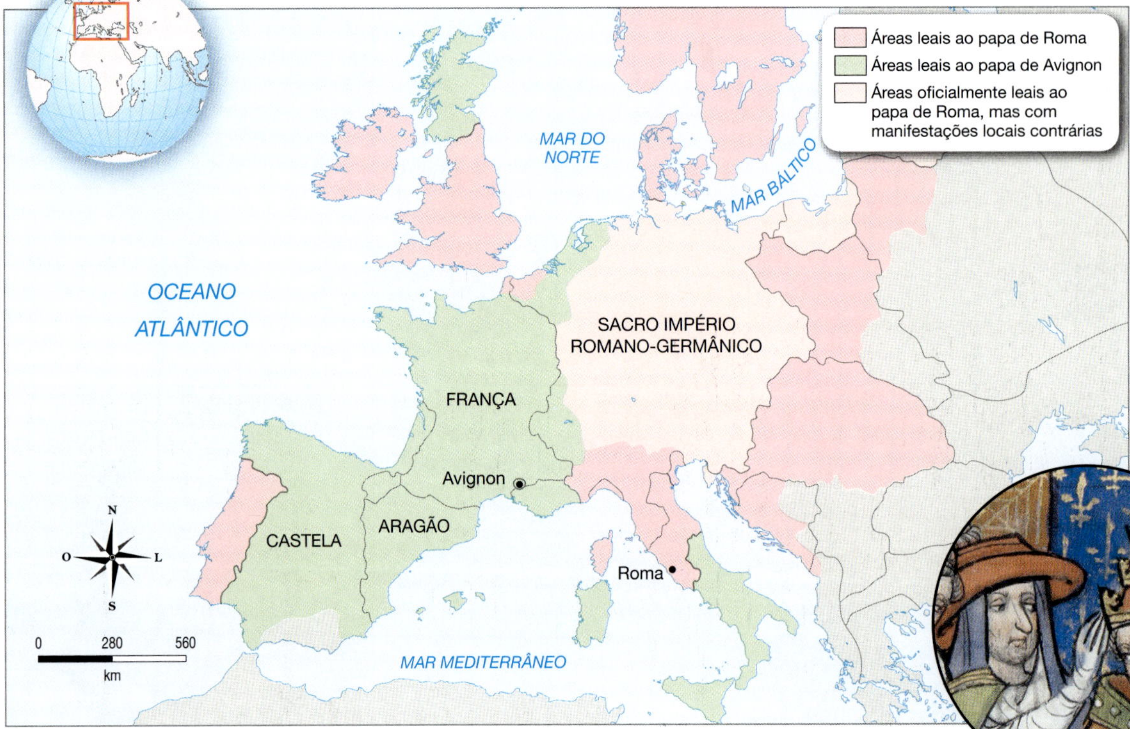

Coroação de Clemente VII, iluminura do século XIV.

A peste negra na Europa (século XIV)

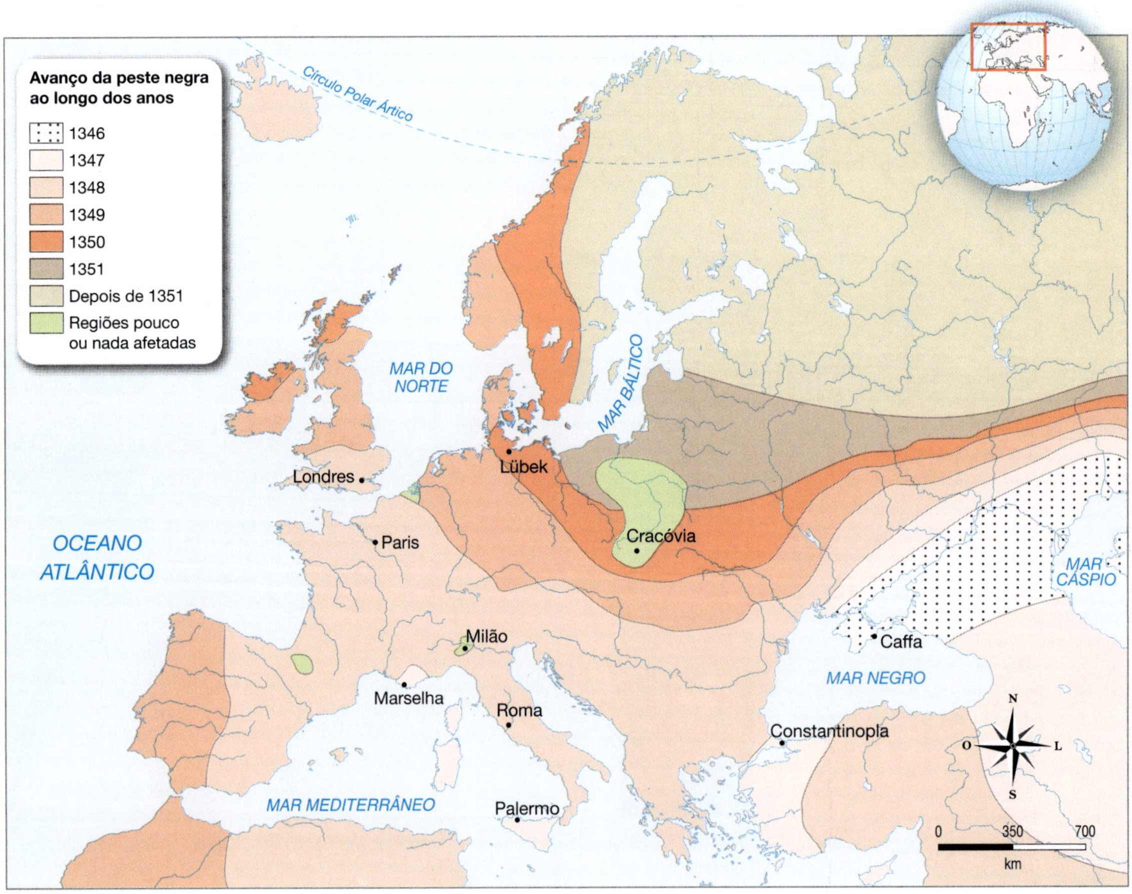

Religiões na Europa durante a Reforma (século XVI)

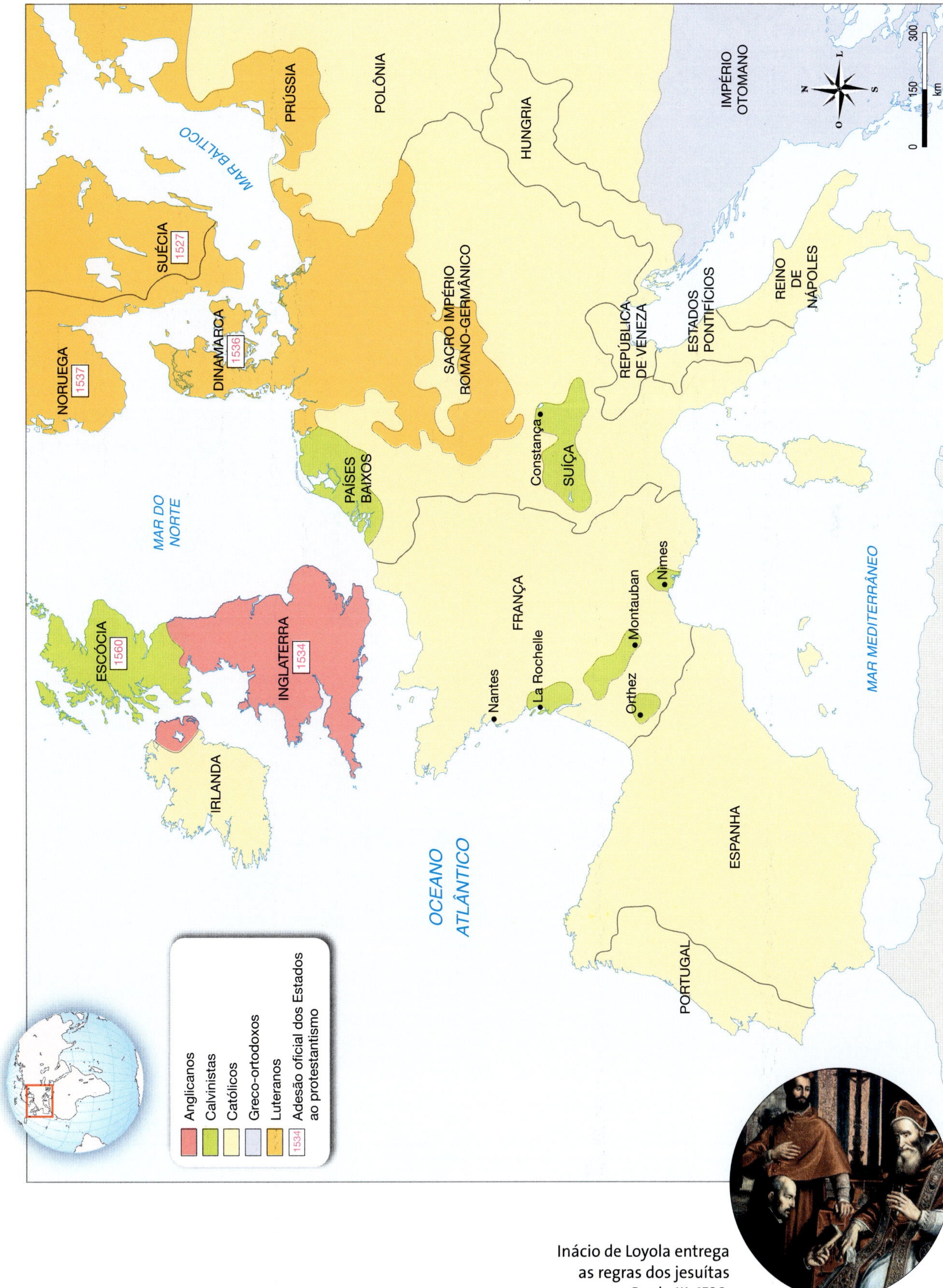

Inácio de Loyola entrega as regras dos jesuítas ao papa Paulo III, 1539.

-1100 a.C.
Primeira dinastia chinesa (Chang)

cerca de 1100 a.C.
A dinastia Zhou derruba a dinastia Chang

Museu de Arte de Indianápolis, Indiana, Estado Unidos/The Bridgeman/Keystone

cerca de 221 a.C.
Fim da dinastia Zhou, início da dinastia Qin

cerca de 1400 a.C.-700 a.C.
Civilização dos zapotecas (Mesoamérica)

cerca de 1200 a.C.
Chegada dos olmecas na região do Golfo do México

Fundação das bases do Império Inca, com a chegada do povo quíchua na região de Cuzco

Museu Nacional de Antropologia, Cidade do México/Scala Archive/Imageplus

cerca de 900 a.C.
Surgimento do Reino de Kush (Núbia)

800-700 a.C. (século VIII a.C.)
Desintegração dos genos e formação das pólis gregas

Fundação de Roma

Fundação de Constantinopla (antiga Bizâncio, atual Istambul), que se tornaria a capital do Império Romano do Oriente

325
O Reino de Axum conquista o Reino de Kush (Núbia, atual região do Sudão, África)

Coleção particular/The Bridgeman/Keystone

378-395
Durante o governo de Teodósio, o cristianismo torna-se religião oficial e há a divisão do Império Romano em Ocidental (capital em Roma) e Oriental (capital em Constantinopla)

476
Desagregação do Império Romano do Ocidente

Séculos VI ao XIV

503
Clóvis franc… a dina… mero…

…blioteca Arsenal, Paris

…nascimento …bano e …mercial

1333-1352
Peste negra

1337
Início da *Guerra dos Cem Anos* entre França e Inglaterra

Biblioteca Nacional, Paris/Erich Lessing/Album/Latinstock

1358
Revolta Jacquerie em Meaux (França), marco das revoltas camponesas do século XIV

Séculos XV ao XVIII

cerca de 1400
Florescimento do reino Monomotapa na região do antigo Reino do Zimbábue

Coleção particular

1415
Chegada dos portugueses à cidade de Ceuta, na África

República Puritana (Inglaterra)

Museu do Banco de Portugal, Lisboa

1693
Descoberta de ouro em Minas Gerais (América Portuguesa)

cerca de 1760-1850
Primeira fase da Revolução Industrial

1776
Independência dos Estados Unidos

Museu Carnavalet, Paris/The Bridgeman/Keystone

1789
Revolução Francesa

1799 – Napoleão assume o poder
1799-1815 – Período das Guerras Napoleônicas
1815 – Batalha de Waterloo

Século XIX aos dias atuais

Galeria Chambers, Londres/The Bridgeman/Keystone

Início da Revolução Cultural na China

1989
Queda do Muro de Berlim

década de 1990
Formação dos Tigres Asiáticos

1991
Fim da União Soviética

Divulgação/AE

1992
Impeachment de Fernando Collor de Mello no Brasil

2001-2002
Guerra do Afeganistão e queda do Taleban

Spencer Platt/Getty Images

2001
Ataque às torres do World Trade Center, em Nova York (EUA)

2003
Invasão do Iraque pelos Estados Unidos

cerca de 776 a.C. – Primeiros jogos em Olímpia, em homenagem a Zeus (Grécia)

Instituto de Arte de Detroit, Michigan/The Bridgeman/Keystone

539 a.C.-525 a.C. – Conquista da Babilônia pelo Império Persa

490 a.C.-479 a.C. – Guerras Médicas ou Greco-Persas

431 a.C.-371 a.C. – Guerra do Peloponeso (Atenas/Esparta)

Museu do Louvre, Paris/Hervé Lewandowski/RMN/Other Images

Séculos IV a.C. ao V d.C.

338 a.C. – Batalha da Queroneia – Filipe II anexa a Grécia ao Império Macedônico

272 a.C.-235 a.C. – Florescimento do Império Máuria durante a dinastia de Asoka (Índia)

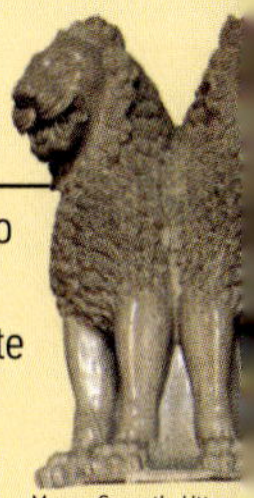
Museu Sarnath, Uttar Pradesh, Índia/The Bridgeman/Keystone

oteca Nacional, Paris/ a Archives/Imageplus

rei dos s, inicia stia íngia

cerca de 600 – Formação dos primeiros impérios andinos (América do Sul)

618-907 – Período da dinastia Tang (China)

Scala Archive/Imageplus

622 – Fuga de Maomé de Meca para Medina (a hégira) – primeiro ano do calendário muçulmano

635-698 – Conquista da Síria, Palestina, Egito e norte da África do Império Bizantino pelos árabes

Philip Lange/Shutterstock/Imageplus

711 – Invasão dos árabes muçulmanos na Península Ibérica

738 – Incursão dos árabes na África Ocidental em busca de escravos

Galeria Nacional, Londres/Erich Lessing/Album/Latinstock

1453 – Fim do Império Bizantino e tomada de Constantinopla pelos turcos otomanos

1455 – Publicação do primeiro livro impresso (a Bíblia) por Gutenberg, na Alemanha

Museu do Ouro, Lima, Peru/The Art Archive/Other Images

cerca de 1470 – Conquista do Reino Chimu pelos incas (América do Sul)

1492 – Chegada de Cristóvão Colombo à América

Arquivo Nacional da Torre do Tombo, Lisboa

1494 – Assinatura do Tratado de Tordesilhas por portugueses e espanhóis

1498 – Chegada de Vasco da Gama a Calicute, na Índia

Biblioteca Pierpont Morgan, Nova York

1500 – Pedro Álvares Cabral chega ao Brasil

Museu Paulista da USP, São Paulo

1804-1821 – Independência de vários países latino-americanos (Haiti, México, Argentina, Venezuela, Chile, Colômbia, Equador, Uruguai e Paraguai)
- 1822 – Independência do Brasil

1848 – Primavera dos Povos

Bettmann/Corbis/Latinstock

1862-1866 – Processo de unificação alemã chefiado por Otto von Bismarck

1870 – Unificação da Itália

1889 – Proclamação da República do Brasil

Biblioteca Nacional, Rio de Janeiro

2003-2010 – Luiz Inácio Lula da Silva é presidente do Brasil

Sérgio Lima/Folhapress

2008 – Descoberta de petróleo na camada pré-sal entre o litoral de Santa Catarina e o Espírito Santo (Brasil)
- Crise econômica mundial

Pete Souza/Obama Transition Team/Handout/CNP/Corbis/Latinstock

2009 – Início do governo Barack Hussein Obama nos Estados Unidos

Pedro Ladeira/Agência France-Presse

2011 – Início do governo Dilma Housseff no Brasil

2014 – Crise na Ucrânia: anexação russa da Crimeia
- Copa do Mundo no Brasil

truest De scriptions latest Discoueries & best Obseruations y^t haue beene made by English or Strangers
AIRE
A Figure of the Spheare
A Figure to proue y^e spheri-call roundnes of y^e Sea
NORTH
THE TARTARIAN SEA
Straights of Anian
Mr Thomas Candish
THE ATLANTICK SEA
IA PAN
THE CHINENSIS OCEAN
MEDITERRANEAN SEA
THE INDIAN SEA
MARE LANTCHIDOL
THE WESTERNE OCEAN
This South part of the world containing almost the third part of the Globe is yet unknowne certaine sea coasts excepted which rather shews there is a land then descry either Land people or Comodities
THE SOUTHERNE UNKNOWNE LAND
Oliverus Vander Noort
SOUTH
WATER
The Eclipse of the Moone

O Reino da Rússia e sua expansão

O primeiro Estado russo: Reino de Kiev (do século IX ao início do século XIII)

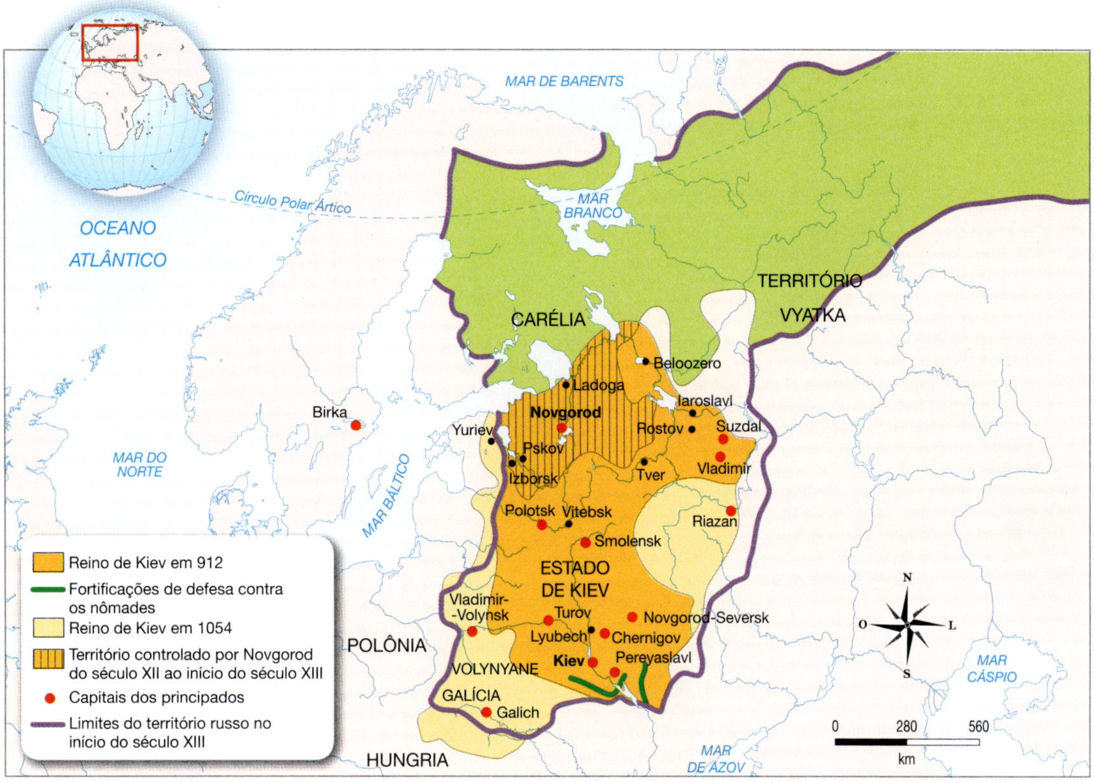

De Moscóvia ao Império Russo: a expansão da Rússia (séculos XIV a XVIII)

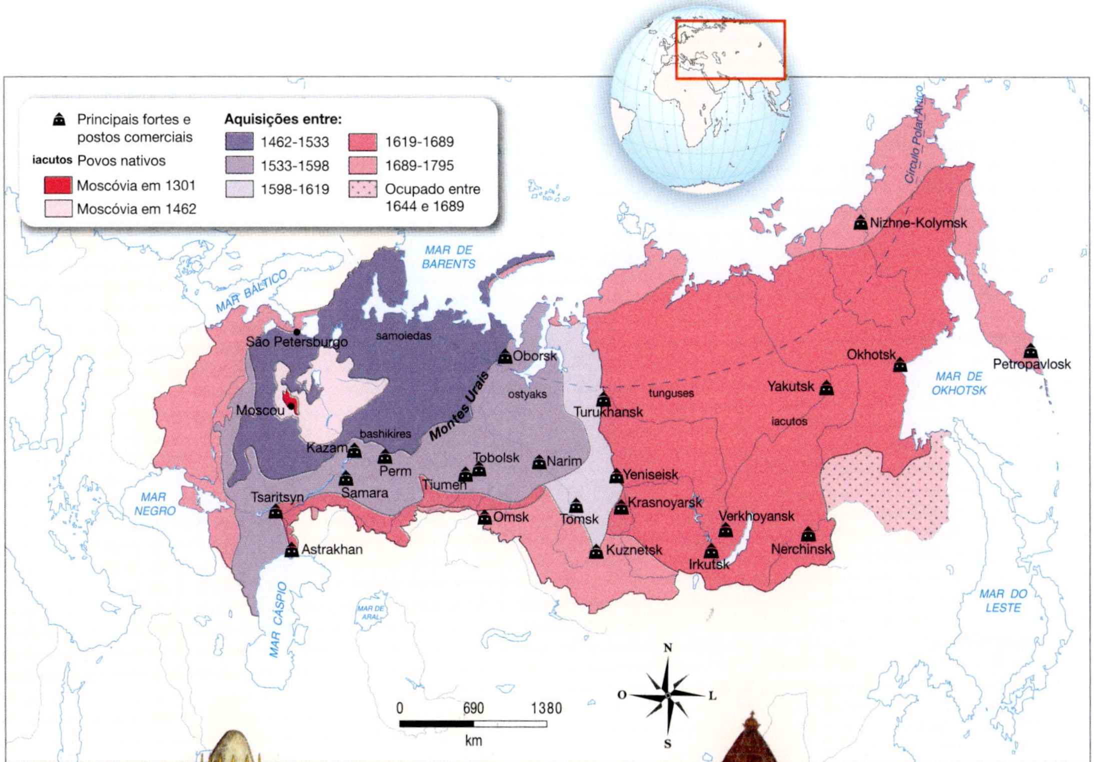

Ivan IV, em gravura do século XVI.

Retrato de Miguel I, século XVII.

Tratados e limites da América portuguesa

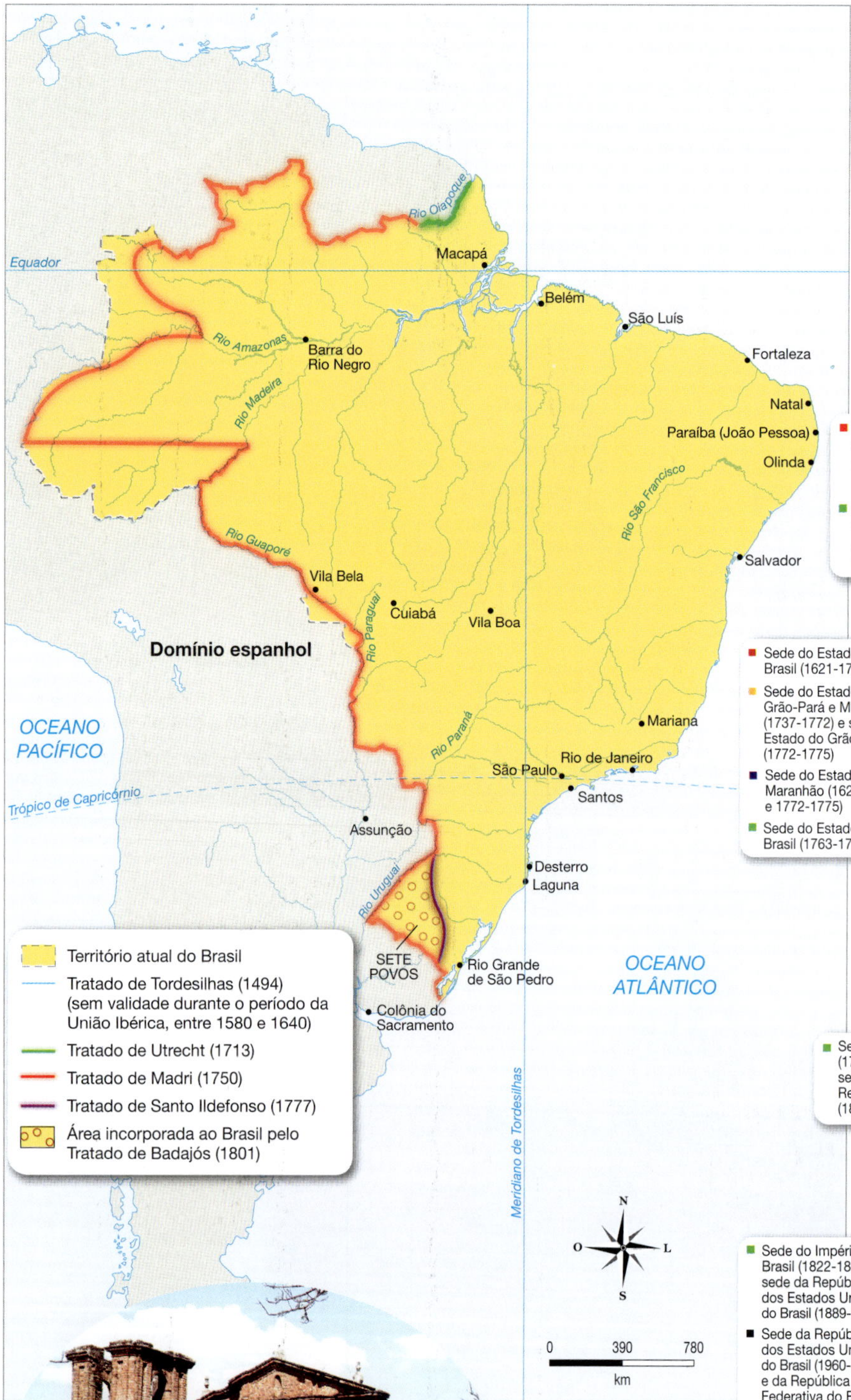

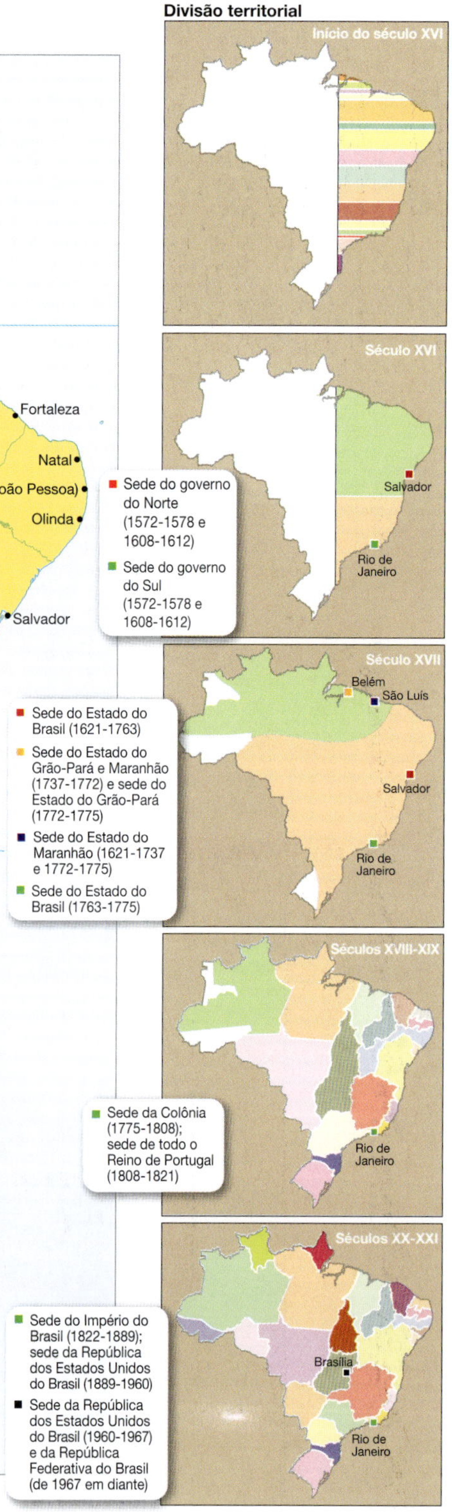

Ruínas da missão de São Miguel, uma das que compunham os Sete Povos. São Miguel das Missões, foto de 2009.

América portuguesa: centros de poder, escravismo e conflitos coloniais

América portuguesa: cidades e administração colonial (séculos XVII e XVIII)

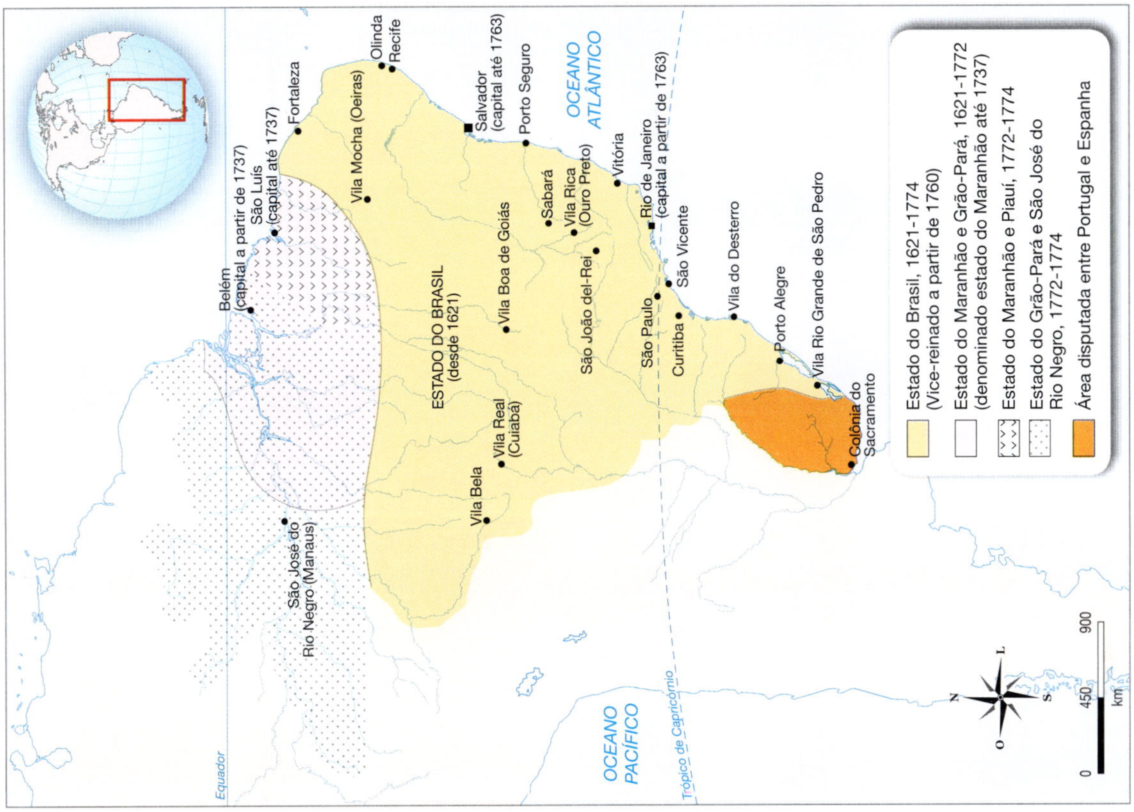

América portuguesa: escravismo e conflitos coloniais (séculos XVI a XVIII)

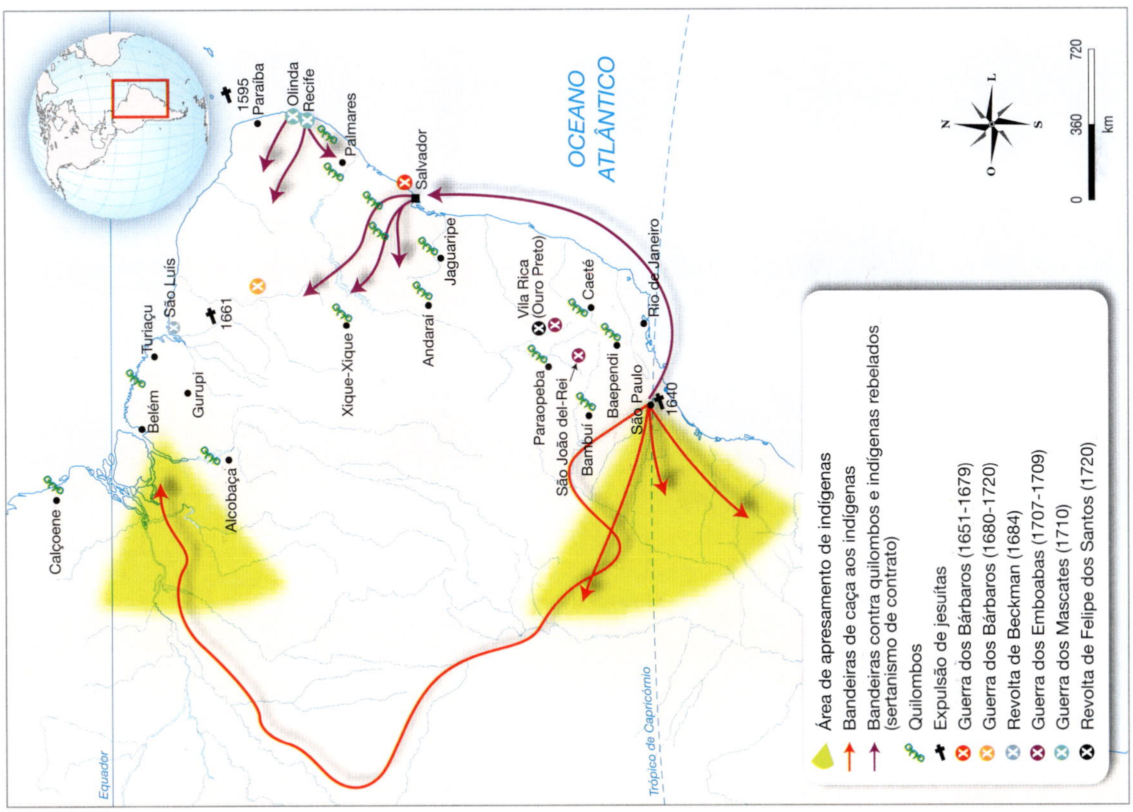

Movimentos anticoloniais latino-americanos (1780 a 1801)

Toussaint Louverture, líder da Revolução Haitiana. Gravura do século XIX.

Conflitos sociais e políticos no Brasil Império (1822 a 1849)

Fronteiras e guerras brasileiras (1828 a 1907)

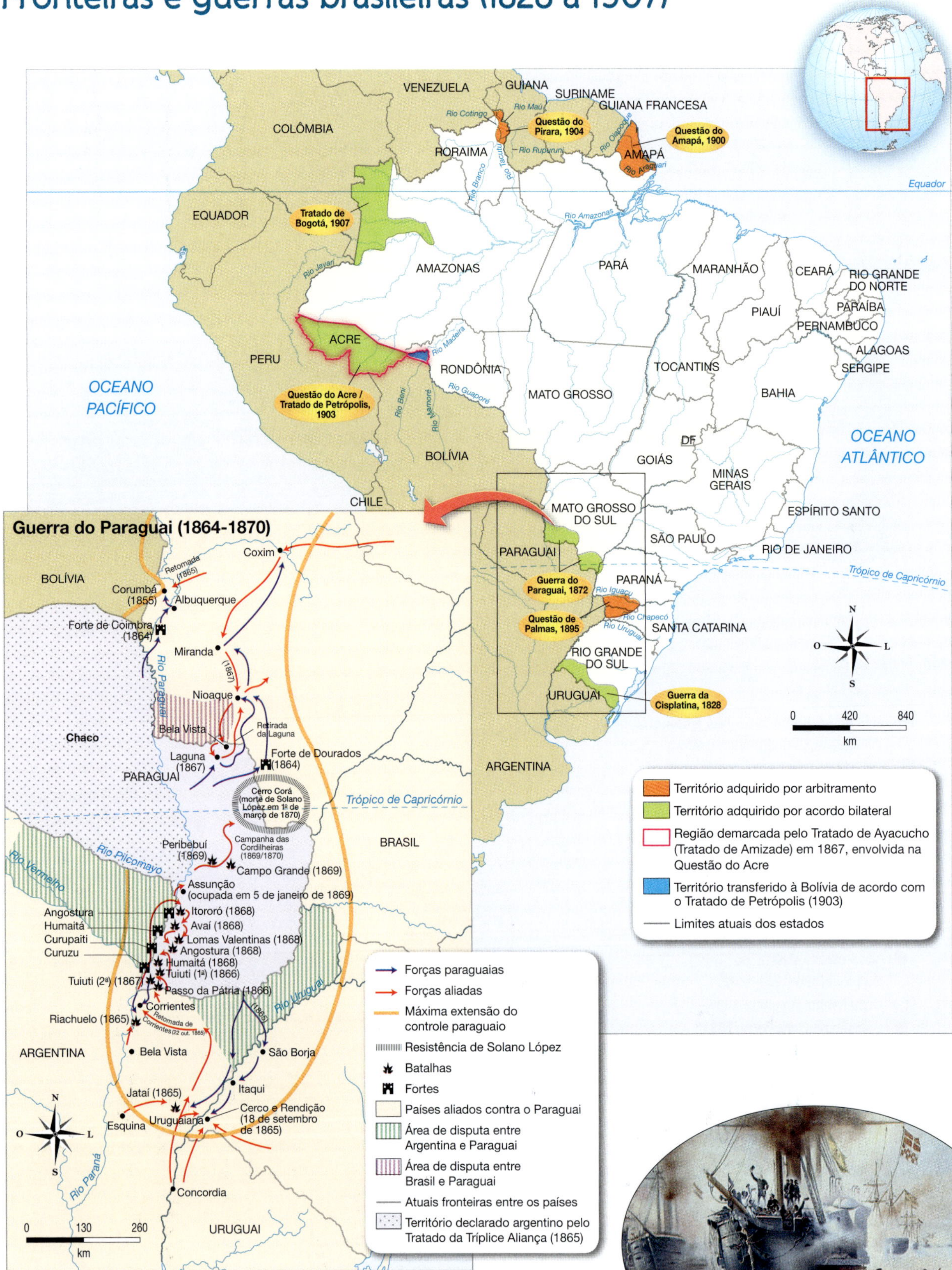

Batalha naval do Riachuelo, de Victor Meireles, 1882-1883. O quadro retrata a batalha travada no Arroio Riachuelo, em 1865, entre forças nacionais e paraguaias.

O início do século XX na Europa, Ásia e América do Norte

A Europa no início do século XX

Áreas disputadas durante a Guerra Russo-Japonesa (1904-1905)

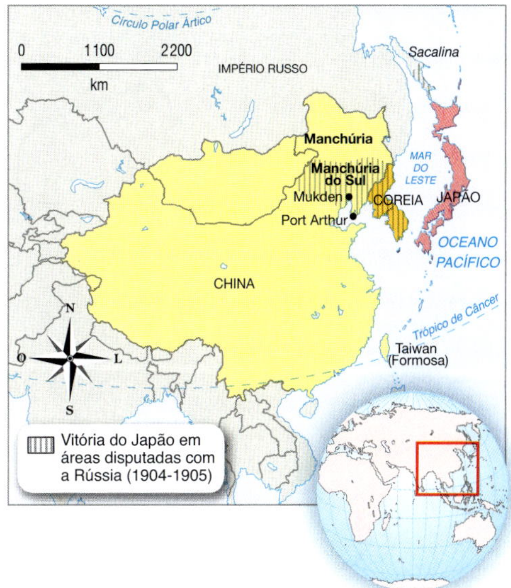

Áreas de expansão dos Estados Unidos e Japão até 1915

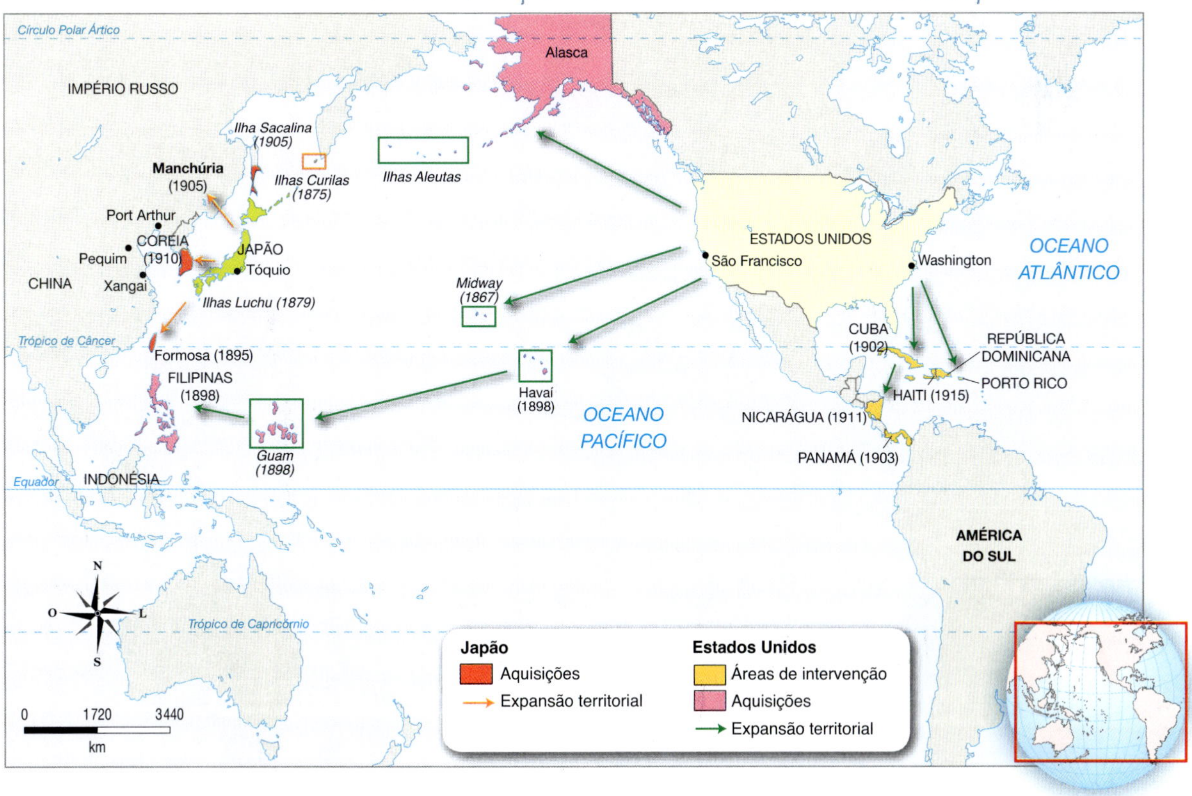

Revolução Russa, Guerra Civil e fronteiras soviéticas

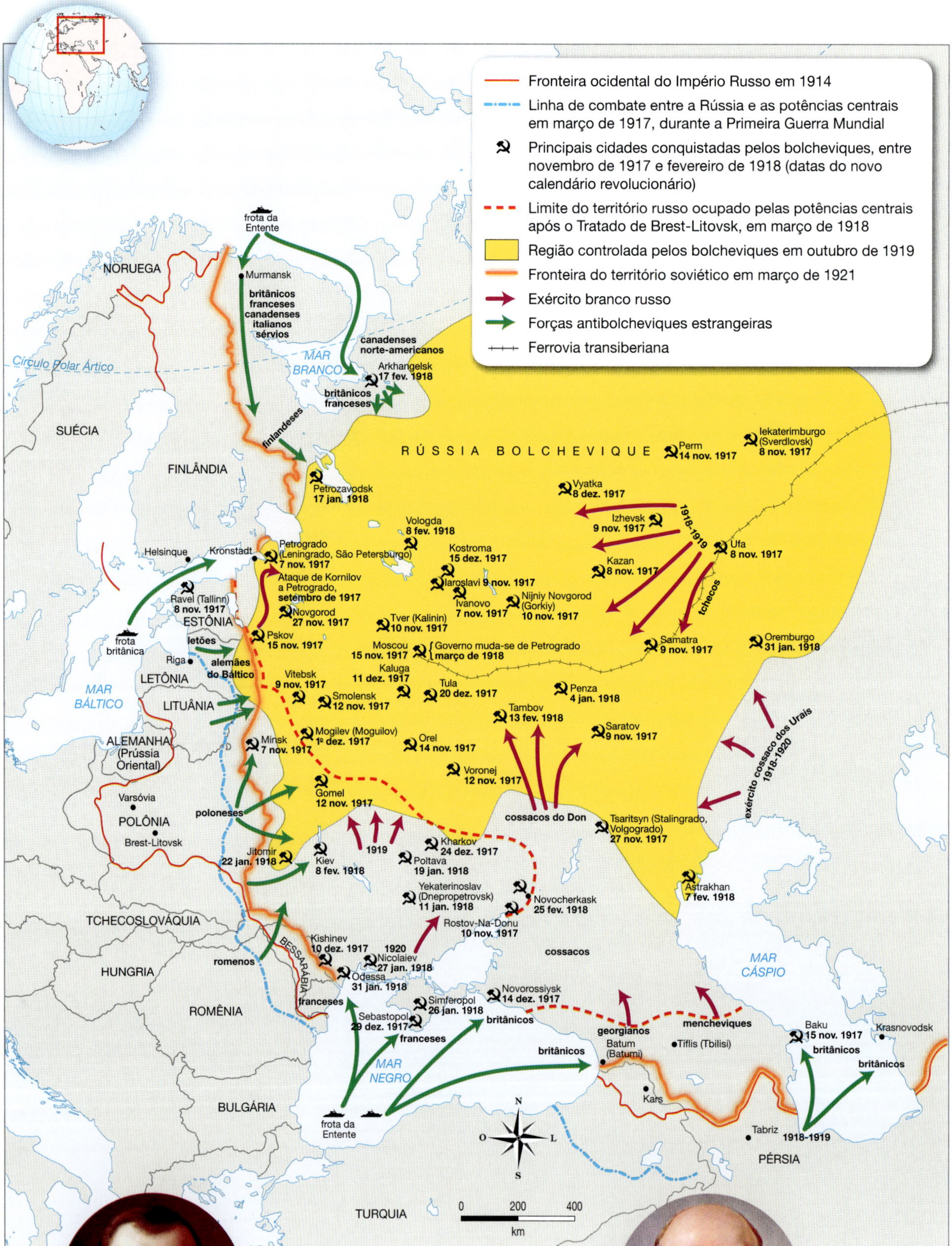

Reinado do czar Nicolau II, tela do século XX.

Lênin, em litografia de c. 1971.

Guerra Fria: o mundo bipolar (1945 a 1989)

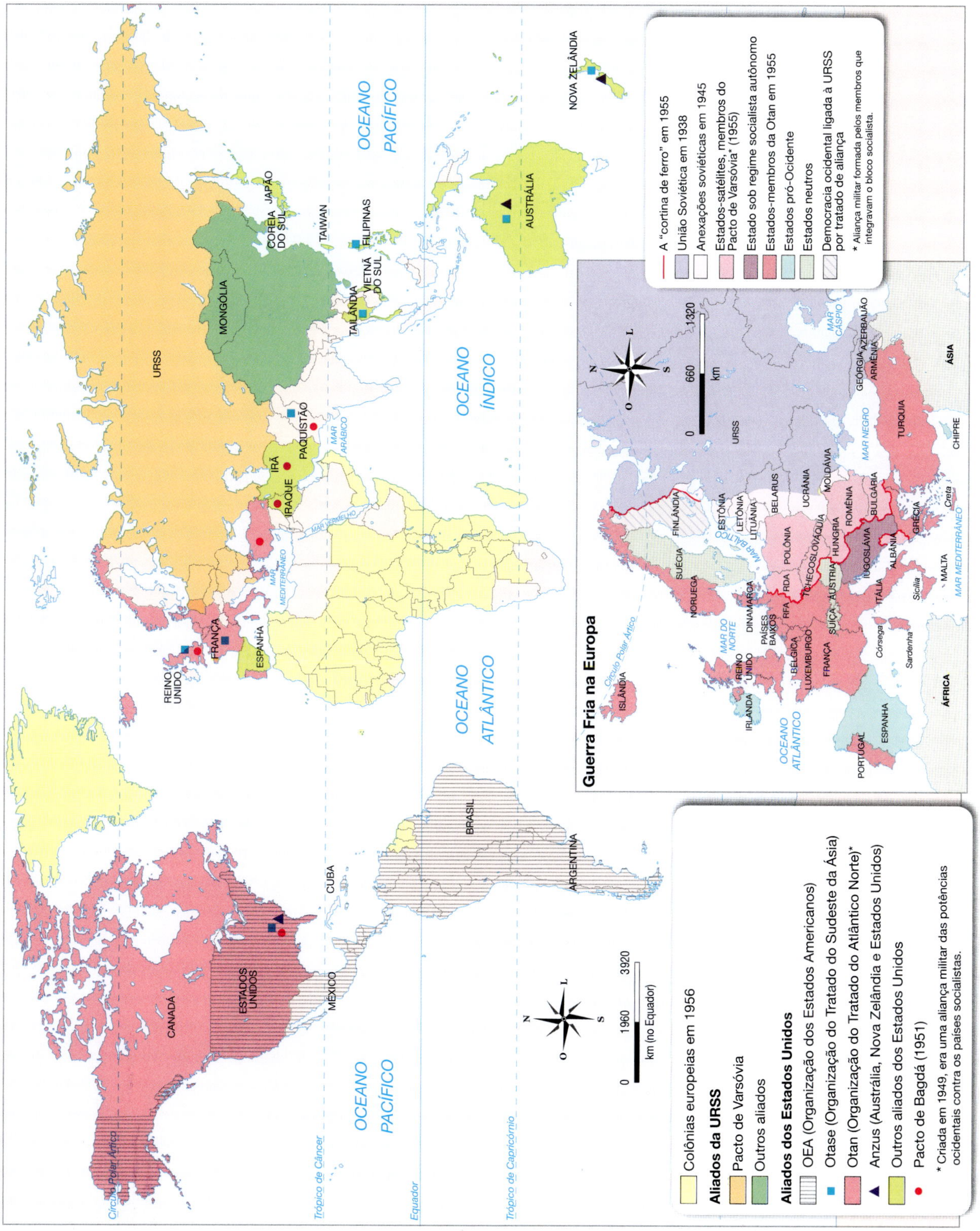

A Indochina e a Guerra do Vietnã

Guerra da Indochina (1946 a 1954)

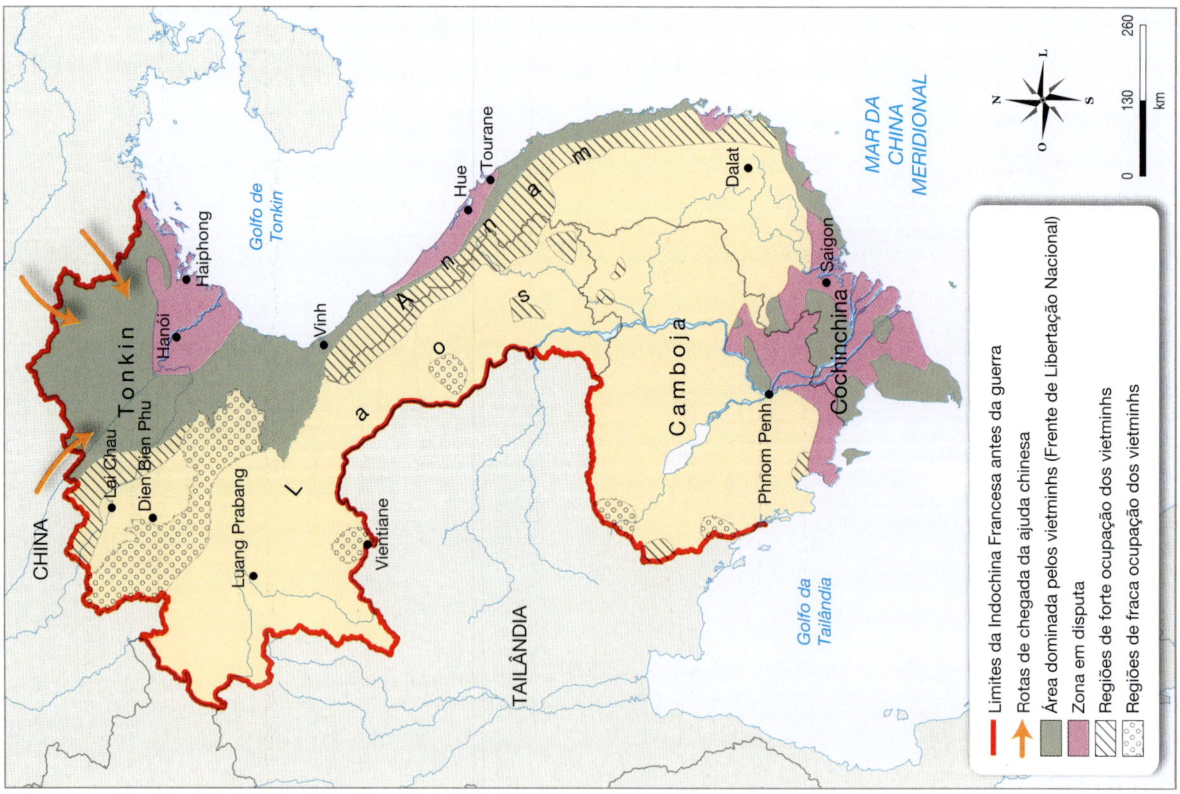

Guerra do Vietnã (1957 a 1975)

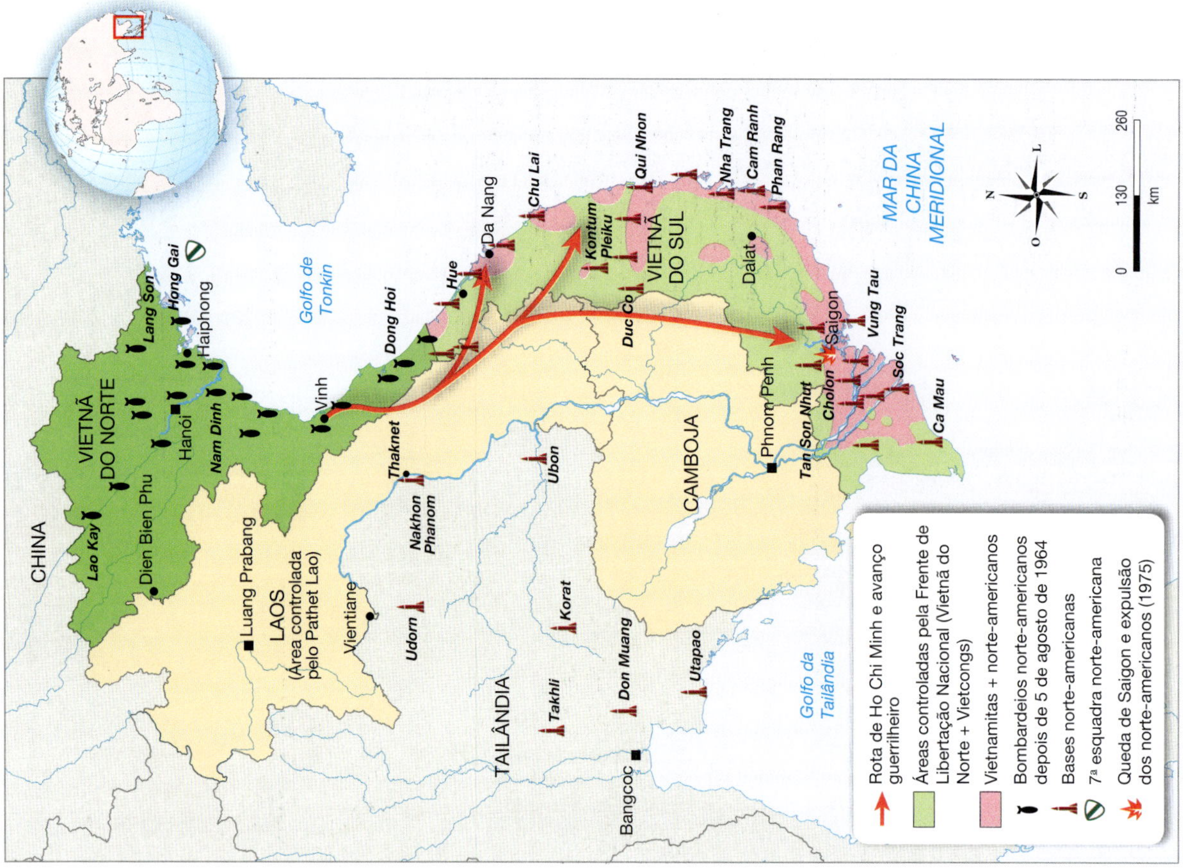

Conflitos sociais no interior do Brasil: posse da terra e fanatismo religioso (do final do século XIX ao final do século XX)

Cabeças de Lampião, Maria Bonita e parte do seu bando. Sergipe, foto de 1938.

Brasil: estrutura fundiária e conflitos pela terra

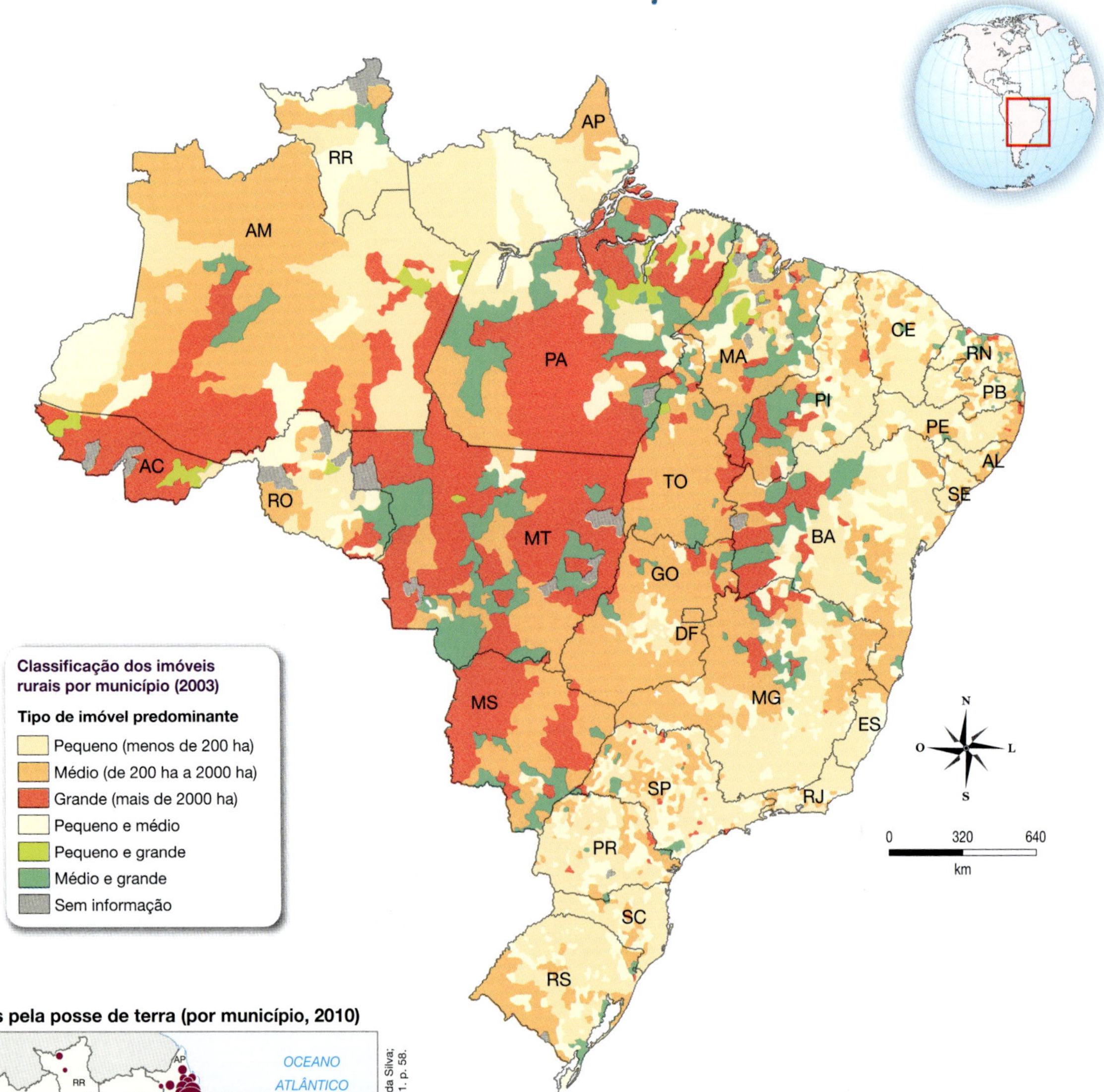

Dados do Incra. Adap.: GIRARDI, Eduardo Paulon. *Atlas da questão agrária brasileira*. Disponível em: <www4.fct.unesp.br/nera/atlas/estrutura_fundiaria.htm#utilizacao_terra>. Acesso em: 20 maio 2014.

Conflitos pela posse de terra (por município, 2010)

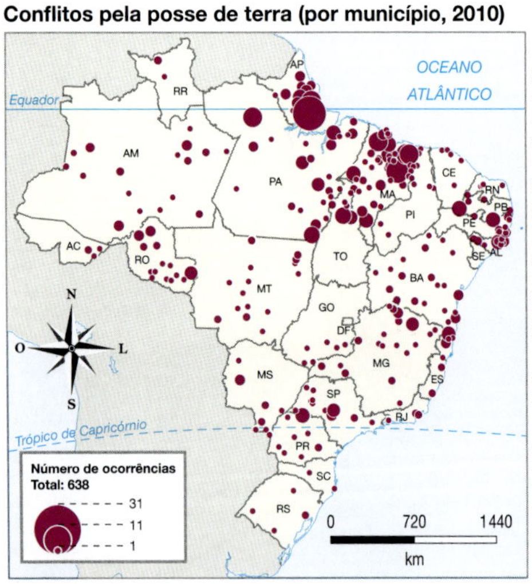

Dados da Comissão Pastoral da Terra. CANUTO, Antônio; LUZ, Cássia Regina da Silva; WICHINIESKI, Isolete (Org.). *Conflitos no campo Brasil 2010*. Goiânia: CPT, 2011. p. 58.

Homicídios relacionados a conflitos por terra no Brasil (2003 a 2010)

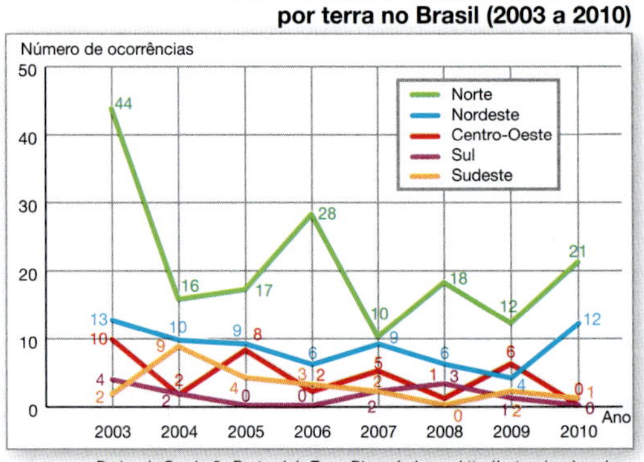

Dados da Comissão Pastoral da Terra. Disponível em: <http://cptnacional.org.br>. Acesso em: 27 maio 2014.

Encontro nacional do MST, cartaz de 1995.